Princípios *de* Finanças Corporativas

Aviso ao Leitor

Originalmente este livro foi produzido em papel do tipo **revestido** couché silk 70g. Nesta reimpressão, optamos por substituir o papel original pelo papel offset 63g.

Alertamos para o fato de que o conteúdo da obra permanece o mesmo, e que a substituição decorre de adequação mercadológica do produto.

B828p   Brealey, Richard A.
          Princípios de finanças corporativas / Richard A.
        Brealey, Stewart C. Myers, Franklin Allen ; tradução:
        Ronald Saraiva de Menezes. – 12. ed. – Porto Alegre :
        AMGH, 2018.
          xxiv, 905 p. : il. color. ; 28 cm.

          ISBN 978-85-8055-610-0

          1. Finanças. 2. Finanças corporativas. I. Myers, Stewart
        C. II. Allen, Franklin. III. Título.

                                                      CDU 336

Catalogação na publicação: Karin Lorien Menoncin – CRB 10/2147

Richard A. Brealey
Professor de Finanças na London Business School

Stewart C. Myers
Professor titular de Finanças da cátedra Robert C. Merton (1970) na Sloan School of Management, Massachusetts Institute of Technology

Franklin Allen
Professor de Finanças e Economia do Imperial College London e titular da cátedra Nippon Life de Finanças na The Wharton School, University of Pennsylvania

Princípios de Finanças Corporativas

12ª Edição

Tradução da 12ª ed.
Ronald Saraiva de Menezes

Reimpressão 2023

McGraw Hill Education

bookman

AMGH Editora Ltda.
2018

Obra originalmente publicada sob o título
Principles of Corporate Finance, twelfth edition
ISBN 9781259144387/1259144380

Copyright © 2016, McGraw-Hill Global Education Holdings, LLC, New York, New York 10121.
Todos os direitos reservados.

Gerente editorial: *Arysinha Jacques Affonso*

Colaboraram nesta edição:

Capa: *Márcio Monticelli*

Imagem da capa: ©shutterstock.com/fuyu liu, modern business center in Hong Kong

Leitura final: *Clara Allyegra Lyra Petter*

Tradução da 10ª ed.: *Celso Roberto Paschoa*
Revisão técnica: *João Carlos Douat*

Editoração: *Techbooks*

Reservados todos os direitos de publicação, em língua portuguesa, à
AMGH EDITORA LTDA., uma parceria entre GRUPO A EDUCAÇÃO S.A. e McGRAW-HILL EDUCATION
Av. Jerônimo de Ornelas, 670 – Santana
90040-340 Porto Alegre RS
Fone: (51) 3027-7000   Fax: (51) 3027-7070

Unidade São Paulo
Rua Doutor Cesário Mota Jr., 63 – Vila Buarque
01221-020 São Paulo SP
Fone: (11) 3221-9033

SAC 0800 703-3444 – www.grupoa.com.br

É proibida a duplicação ou reprodução deste volume, no todo ou em parte, sob quaisquer
formas ou por quaisquer meios (eletrônico, mecânico, gravação, fotocópia, distribuição na Web
e outros), sem permissão expressa da Editora.

IMPRESSO NO BRASIL
PRINTED IN BRAZIL

Os autores

▶ Richard A. Brealey

Professor de Finanças da London Business School. Foi presidente da European Finance Association e diretor da American Finance Association. É membro da British Academy e tem atuado como conselheiro especial do presidente do Bank of England e diretor de várias instituições financeiras. Entre outras obras escritas pelo professor Brealey está o livro *Introduction to Risk and Return from Common Stocks*.

▶ Stewart C. Myers

Professor de Economia Financeira da Sloan School of Management, no MIT. Foi presidente da American Finance Association, pesquisador associado do National Bureau of Economic Research, titular do Brattle Group, Inc., além de ser diretor aposentado da Entergy Corporation. O foco principal de suas pesquisas é o cálculo de valor de ativos reais e financeiros, as políticas financeiras corporativas e os aspectos financeiros da regulamentação governamental dos negócios. É autor de influentes artigos científicos sobre diversos tópicos, incluindo valor presente ajustado (VPA), regulação da taxa de retorno, precificação e alocação de capital em seguros, opções reais e perigo moral e questões informacionais em decisões de estrutura de capital.

▶ Franklin Allen

Professor de Finanças e Economia no Imperial College London e de Finanças da cátedra Nippon Life da Wharton School, na University of Pennsylvania. Foi presidente da American Finance Association, da Western Finance Association, da Society for Financial Studies, da Financial Intermediation Research Society e da Financial Management Association. Suas áreas de estudo focam em inovação financeira, bolhas na avaliação de ativos, comparação de sistemas financeiros e crises financeiras. Atua como diretor executivo do Brevan Howard Centre for Financial Analysis, na Imperial College Business School.

Para Maureen McGuire Myers
1941–2014

Material de apoio

Nesta edição, nos esforçamos muito para assegurar que os nossos suplementos fossem elaborados com a mesma integridade e qualidade do texto do livro.

▶ Para o professor

Os professores cadastrados no *site* do Grupo A (loja.grupoa.com.br) devem buscar a página do livro para ter acesso aos recursos existentes em inglês e/ou português para apoio ao trabalho em sala de aula. Professores que ainda não efetuaram seu cadastro podem fazê-lo neste mesmo momento. Os seguintes materiais estão disponíveis:

Manual do professor (em inglês)

Este manual foi extensivamente revisado e atualizado por Matthew Will, da University of Indianapolis. Contém uma descrição geral de cada um dos capítulos, sugestões para os professores, objetivos de aprendizagem, matérias mais difíceis, termos-chave e anotações para apresentações em PowerPoint®.

Banco de testes (em inglês)

Este banco, também revisado por Matthew Will, foi atualizado para incluir centenas de novas perguntas de múltipla escolha e respostas curtas, e questões de discussão com base na revisão dos autores. Possui um nível de dificuldade variado, indicado pelas etiquetas: fácil, médio e difícil.

Apresentações em PowerPoint (em inglês)

Matthew Will, da University of Indianapolis, preparou uma apresentação em PowerPoint contendo ilustrações, descrições, pontos-chave e resumos em uma coleção de *slides* visualmente estimulante. É possível editar, imprimir ou reorganizar os *slides* para atender às necessidades de seu curso.

▶ Para o estudante (em inglês)

Os materiais adicionais disponíveis para utilização pelos leitores podem ser acessados mediante cadastro no *site* do Grupo A. Procure pela página do livro e faça seu cadastro.

- **Gabaritos Excel** Há modelos para apresentações selecionadas (*live* Excel), bem como vários problemas nos finais dos capítulos apresentados como planilhas do Excel – todos designados por um ícone. Estão relacionados com conceitos específicos do texto do livro e permitem aos estudantes resolver problemas financeiros e ganhar experiência na utilização de planilhas. Também se correlacionam aos valiosos quadros de "Funções úteis para planilhas", que aparecem distribuídos no texto para fornecer dicas valiosas sobre o uso do Excel

Prefácio

Este livro descreve a teoria e a prática da gestão financeira das empresas. Não precisamos explicar a razão pela qual os gestores financeiros devem dominar os aspectos práticos da sua função, mas não deixará de ser útil tecer algumas considerações sobre a importância da teoria.

Os gestores aprendem a resolver os problemas de rotina com a experiência; os mais capacitados, porém, conseguem, além disso, responder racionalmente às mudanças. Para isso, é necessário perceber as *razões* do comportamento das empresas e dos mercados financeiros. Em outras palavras, é necessária uma *teoria* financeira.

Parece assustador? Não deveria. Uma boa teoria ajuda você a compreender o que ocorre no mundo à sua volta, ajuda-o a fazer as perguntas certas quando os tempos mudam e é necessário analisar novos problemas, e permite que você conheça os problemas com os quais *não* precisa se preocupar. Ao longo desta obra, mostramos como os gestores utilizam a teoria financeira para resolver os problemas do dia a dia.

É claro que a teoria apresentada neste livro não é perfeita nem completa – nenhuma teoria o é. Existem algumas controvérsias famosas acerca das quais os especialistas financeiros não conseguem chegar a um acordo, e não ocultamos essas controvérsias. Expomos os argumentos de cada autor e apresentamos a nossa opinião.

Grande parte deste livro é dedicada à compreensão do que os gestores financeiros fazem e as razões dos seus atos, mas também revelamos o que eles *devem* fazer para aumentar o valor das empresas. Quando a teoria sugere que os gestores financeiros estão cometendo erros, avisamos, e ao mesmo tempo admitimos, que poderá haver razões ocultas para suas ações. Resumindo, tentamos ser justos, mas sem fazer cerimônias.

Este livro pode ser a sua primeira visão da teoria financeira moderna. Se esse for o caso, você primeiro o lerá para encontrar novas ideias, para obter um entendimento de como a teoria financeira se traduz na prática, e por último, assim esperamos, para fins de entretenimento. Mas, ocasionalmente, você poderá estar em posição de tomar decisões financeiras, e não meramente de estudá-las. Nesse ponto, você poderá recorrer a esta obra como uma referência ou uma orientação.

▸ Alterações incluídas na 12ª edição

Estamos orgulhosos do êxito obtido com as edições anteriores de *Princípios de finanças corporativas*, e temos nos esforçado ao máximo para tornar a 12ª edição ainda melhor.

Usuários de edições anteriores deste livro não encontrarão mudanças drásticas nem no material nem na ordem dos tópicos, mas em geral tentamos deixar o livro mais atualizado e mais fácil de ler. Em muitos casos, as alterações consistem na atualização de alguns dados aqui e na inclusão de um novo exemplo ali. Essas adições frequentemente refletem algum desenvolvimento recente nos mercados financeiros ou em práticas empresariais. Você encontrará, por exemplo, breves referências a empréstimos *peer-to-peer* (Capítulo 14), *crowdfunding* (Capítulo 15) e inversão fiscal (Capítulo 31).

Em outros casos, removemos o entulho acumulado por edições sucessivas. Podamos, por exemplo, nossa discussão sobre eficiência de mercado no Capítulo 13, tanto para simplificá-la quanto para atualizá-la. Economistas comportamentais costumam ressaltar a importância do sentimento dos investidores na determinação dos preços das ações. Expandimos, portanto, nossa análise das finanças comportamentais para abordar o papel de tais sentimentos, que ilustramos com um gráfico dos níveis variáveis de otimismo e pessimismo dos investidores. As análises do planejamento financeiro e do capital de giro a curto prazo nos Capítulos 29 e 30 são outro exemplo de reescrita com intuito de simplificar e evitar sobreposição.

Alguns tópicos importantes recebem mais ênfase do que em edições anteriores. Eventos recentes destacaram, por exemplo, a necessidade de comportamento ético. Sendo assim, ampliamos nossa discussão das questões éticas no Capítulo 1. Existe uma tendência de concentrar as atenções em atividades descaradamente ilegais como exemplos de comportamento antiético, mas para a maioria das empresas as decisões difíceis e importantes são aquelas que envolvem zonas nebulosas: evitação fiscal agressiva, aquisições hostis e vendas a descoberto. Destacamos também uma questão-chave: a atividade antiética resulta simplesmente de algumas maçãs podres ou é mais provavelmente resultado de uma cultura empresarial que tolera mau comportamento?

Outra questão que mereceu maior ênfase foi a alavancagem oculta. Introduzimos este tema no Capítulo 14. Retornamos a ele no Capítulo 17, com um exemplo da aquisição de equipamentos pela Reeby Sports e um novo minicaso, e novamente nos Capítulos 18 e 22, quando examinamos a alavancagem criada por opções de crescimento.

▸ Facilitando a aprendizagem

Cada um dos capítulos deste livro contém uma apresentação introdutória, um resumo e uma lista com sugestões para leituras adicionais. A lista de possíveis candidatos para uma leitura posterior é volumosa atualmente. Em vez de tentar incluir todos os artigos importantes, listamos essencialmente os artigos de pesquisa ou os livros de caráter mais geral. Oferecemos referências mais específicas em notas de rodapé.

Cada capítulo é seguido por uma série de problemas básicos, problemas intermediários sobre tópicos numéricos e conceituais e alguns problemas com características de desafio. O Apêndice no final do livro apresenta as respostas aos problemas básicos com numeração ímpar.

Adicionamos uma seção intitulada Finanças na Web em capítulos onde era racional fazê-lo. Essa seção agora abriga diversos dos Projetos da Web que você viu na edição anterior, juntamente com os novos problemas da Análise de Dados. Esses exercícios buscam familiarizar o leitor com alguns *sites* úteis e explicar como "baixar" e processar os dados da internet.

O livro ainda contém 13 Minicasos ao final de certos capítulos, os quais incluem perguntas específicas para guiá-lo nas análises de casos. As respostas a essas questões estão disponíveis aos professores no *site* deste livro.

Programas de planilhas, como o Excel, são personalizados para muitos cálculos financeiros. Diversos capítulos desta edição incluem quadros que introduzem as funções financeiras mais úteis e fornecem algumas questões práticas curtas. Mostramos como utilizar a chave da função do Excel para localizar a função e, em seguida, digitar os dados. Acreditamos que essa abordagem é mais fácil do que tentar lembrar a fórmula de cada função.

Concluímos o livro com um glossário de termos financeiros.

Os 34 capítulos deste livro estão divididos em 11 partes. As Partes 1 a 3 abordam a avaliação e as decisões de investimento de capital, incluindo a teoria da carteira, os modelos de avaliação de ativos e o custo de capital. As Partes 4 a 8 abordam a política de distribuição de lucros, a estrutura de capital e as opções (incluindo as opções reais), o débito corporativo e a gestão de riscos. A Parte 9 aborda a análise financeira, o planejamento e a gestão de capital de giro. A Parte 10 aborda as fusões e as aquisições, a reestruturação das empresas e a governança corporativa ao redor do mundo. A Parte 11 encerra o livro.

Percebemos que os professores buscarão selecionar os tópicos e podem optar por uma sequência diferente. Por isso, elaboramos os capítulos de tal forma que os tópicos podem ser introduzidos em diversas ordenações lógicas. Não deverá existir nenhuma dificuldade, por exemplo, em se ler capítulos sobre análise e planejamento financeiro antes dos capítulos sobre avaliação e investimento de capital.

▶ Agradecimentos

Temos uma longa lista de pessoas a quem queremos agradecer pelas críticas valiosas que fizeram às edições anteriores e pela contribuição na preparação desta edição: Faiza Arshad, Aleijda de Cazenove Balsan, Kedran Garrison, Robert Pindyck, Donna Cheung e Gretchen Slemmons do MIT; Elroy Dimson, Paul Marsh, Mike Staunton e Stefania Uccheddu da London Business School; Lynda Borucki, Michael Barhum, Marjorie Fischer, Larry Kolbe, Michael Vilbert, Bente Villadsen e Fiona Wang do The Brattle Group Inc.; Alex Triantis da University of Maryland; Adam Kolasinski da University of Washington; Simon Gervais da Duke University; Michael Chui do The Bank for International Settlements; Pedro Matos da University of Southern California; Yupana Wiwattanakantang da National University of Singapore; Nickolay Gantchev, University of North Carolina Chapel Hill; Tina Horowitz, Lin Shen e Chenying Zhang da University of Pennsylvania; Julie Wulf da Harvard University; Jinghua Yan da SAC Capital; Douglas Dwyer da Moody's Analytics; Bennett Stewart da EVA Dimensions; e James Matthews da Towers Perrin.

Também gostaríamos de agradecer aos especialistas dedicados que ajudaram a atualizar os materiais ao professor e o conteúdo online no Connect e no LearnSmart, incluindo Kay Johnson, Blaise Roncagli, Deb Bauer, Mishal Rawaf, Marc-Anthony Issacs, Frank Ryan, Peter Crabb, Victoria Mahan, Nicholas Racculia, Angela Treinen e Kent Ragan.

Queremos expressar os nossos agradecimentos aos professores que ofereceram comentários e sugestões muito valiosas durante o processo de revisão:

Ibrahim Affaneh *Indiana University of Pennsylvania*
Neyaz Ahmed *University of Maryland*
Alexander Amati *Rutgers University, New Brunswick*
Anne Anderson *Lehigh University*
Noyan Arsen *Koc University*
Anders Axvarn *Gothenburg University*
John Banko *University of Florida, Gainesville*
Michael Barry *Boston College*
Jan Bartholdy *ASB, Denmark*
Penny Belk *Loughborough University*
Omar Benkato *Ball State University*
Eric Benrud *University of Baltimore*
Ronald Benson *University of Maryland, University College*
Peter Berman *University of New Haven*
Tom Boulton *Miami University of Ohio*
Edward Boyer *Temple University*
Alon Brav *Duke University*
Jean Canil *University of Adelaide*
Robert Carlson *Bethany College*
Chuck Chahyadi *Eastern Illinois University*
Fan Chen *University of Mississippi*
Celtin Ciner *University of North Carolina, Wilmington*
John Cooney *Texas Tech University*
Charles Cuny *Washington University, St. Louis*
John Davenport *Regent University*
Ray DeGennaro *University of Tennessee, Knoxville*
Adri DeRidder *Gotland University*
William Dimovski *Deakin University, Melbourne*

David Ding *Nanyang Technological University*
Robert Duvic *University of Texas at Austin*
Alex Edmans *London Business School*
Susan Edwards *Grand Valley State University*
Riza Emekter *Robert Morris University*
Robert Everett *Johns Hopkins University*
Dave Fehr *Southern New Hampshire University*
Donald Flagg *University of Tampa*
Frank Flanegin *Robert Morris University*
Zsuzanna Fluck *Michigan State University*
Connel Fullenkamp *Duke University*
Mark Garmaise *University of California, Los Angeles*
Sharon Garrison *University of Arizona*
Christopher Geczy *University of Pennsylvania*
George Geis *University of Virginia*
Stuart Gillan *University of Delaware*
Felix Goltz *Edhec Business School*
Ning Gong *Melbourne Business School*
Levon Goukasian *Pepperdine University*
Gary Gray *Pennsylvania State University*
C. J. Green *Loughborough University*
Mark Griffiths *Thunderbird, American School of International Management*
Re-Jin Guo *University of Illinois, Chicago*
Ann Hackert *Idaho State University*
Winfried Hallerbach *Erasmus University, Rotterdam*
Milton Harris *University of Chicago*
Mary Hartman *Bentley College*
Glenn Henderson *University of Cincinnati*
Donna Hitscherich *Columbia University*
Ronald Hoffmeister *Arizona State University*
James Howard *University of Maryland, College Park*
George Jabbour *George Washington University*
Ravi Jagannathan *Northwestern University*
Abu Jalal *Suffolk University*
Nancy Jay *Mercer University*
Thadavillil (Nathan) Jithendranathan *University of Saint Thomas*
Kathleen Kahle *University of Arizona*
Jarl Kallberg *NYU, Stern School of Business*
Ron Kaniel *Rochester University*
Steve Kaplan *University of Chicago*
Eric Kelley *University of Arizona*
Arif Khurshed *Manchester Business School*
Ken Kim *University of Wisconsin, Milwaukee*
Jiro Eduoard Kondo *Northwestern University Kellogg School of Management*
C. R. Krishnaswamy *Western Michigan University*
George Kutner *Marquette University*
Dirk Laschanzky *University of Iowa*
Scott Lee *Texas A&M University*
Bob Lightner *San Diego Christian College*
David Lins *University of Illinois, Urbana*
Brandon Lockhart *University of Nebraska, Lincoln*

David Lovatt *University of East Anglia*
Greg Lucado *University of the Sciences in Philadelphia*
Debbie Lucas *Northwestern University*
Brian Lucey *Trinity College, Dublin*
Suren Mansinghka *University of California, Irvine*
Ernst Maug *Mannheim University*
George McCabe *University of Nebraska*
Eric McLaughlin *California State University, Pomona*
Joe Messina *San Francisco State University*
Tim Michael *University of Houston, Clear Lake*
Dag Michalson *Bl, Oslo*
Franklin Michello *Middle Tennessee State University*
Peter Moles *University of Edinburgh*
Katherine Morgan *Columbia University*
James Nelson *East Carolina University*
James Owens *West Texas A&M University*
Darshana Palkar *Minnesota State University, Mankato*
Claus Parum *Copenhagen Business School*
Dilip Patro *Rutgers University*
John Percival *University of Pennsylvania*
Birsel Pirim *University of Illinois, Urbana*
Latha *Ramchand University of Houston*
Rathin Rathinasamy *Ball State University*
Raghavendra Rau *Purdue University*
Joshua Raugh *University of Chicago*
Charu Reheja *Wake Forest University*
Thomas Rhee *California State University, Long Beach*
Tom Rietz *University of Iowa*
Robert Ritchey *Texas Tech University*
Michael Roberts *University of Pennsylvania*
Mo Rodriguez *Texas Christian University*
John Rozycki *Drake University*
Frank Ryan *San Diego State University*
Marc Schauten *Eramus University*
Brad Scott *Webster University*
Nejat Seyhun *University of Michigan*
Jay Shanken *Emory University*
Chander Shekhar *University of Melbourne*
Hamid Shomali *Golden Gate University*
Richard Simonds *Michigan State University*
Bernell Stone *Brigham Young University*
John Strong *College of William & Mary*
Avanidhar Subrahmanyam *University of California, Los Angeles*
Tim Sullivan *Bentley College*
Shrinivasan Sundaram *Ball State University*
Chu-Sheng Tai *Texas Southern University*
Tom Tallerico *Dowling College*
Stephen Todd *Loyola University, Chicago*
Walter Torous *University of California, Los Angeles*
Emery Trahan *Northeastern University*
Gary Tripp *Southern New Hampshire University*
Ilias Tsiakas *University of Warwick*
Narendar V. Rao *Northeastern University*

David Vang St. *Thomas University*
Steve Venti *Dartmouth College*
Joseph Vu *DePaul University*
John Wald *Rutgers University*
Chong Wang *Naval Postgraduate School*
Faye Wang *University of Illinois, Chicago*
Kelly Welch *University of Kansas*
Jill Wetmore *Saginaw Valley State University*
Patrick Wilkie *University of Virginia*
Matt Will *University of Indianapolis*
David Williams *Texas A&M University, Commerce*
Art Wilson *George Washington University*
Shee Wong *University of Minnesota, Duluth*
Bob Wood *Tennessee Tech University*
Fei Xie *George Mason University*
Minhua Yang *University of Central Florida*
David Zalewski *Providence College*
Chenying Zhang *University of Pennsylvania*

É claro que esta lista está incompleta. Sabemos o quanto devemos aos nossos colegas da London Business School, da Sloan School of Management (MIT), do Imperial College London e da Wharton School (University of Pennsylvania). Em muitos casos, os conceitos que apresentamos neste livro são tanto nossos como deles.

Gostaríamos de agradecer também aos profissionais da McGraw-Hill Education que trabalharam no livro, incluindo: Chuck Synovec, gerente executivo de marca; Noelle Bathurst, desenvolvedora sênior de produtos; Melissa Caughlin, gerente executiva de marketing; Dave O'Donnell, especialista em marketing; Kathryn Wright e Kristin Bradley, gerentes de projeto; Laurie Entringer, designer; e Kevin Shanahan, analista digital de produtos.

Richard A. Brealey
Stewart C. Myers
Franklin Allen

Sumário resumido

Parte I: Valor

1. Objetivos e governança de uma empresa 1
2. Como calcular valores presentes 18
3. Calculando o valor dos títulos 43
4. O valor das ações ordinárias 72
5. O valor presente líquido e outros critérios de investimento 100
6. Tomando decisões de investimento com base no critério do valor presente líquido 124

Parte II: Risco

7. Introdução ao risco e ao retorno 151
8. Teoria da carteira e modelo CAPM de avaliação de ativos 179
9. Risco e o custo de capital 205

Parte III: Melhores práticas em decisões de investimento

10. Análise de projeto 231
11. Investimentos, estratégia e lucros econômicos 259
12. Problemas de agência, compensação e avaliação de desempenho 280

Parte IV: Decisões de financiamento e eficiência do mercado

13. Mercados eficientes e finanças comportamentais 305
14. Visão geral sobre o financiamento de empresas 332
15. Como as empresas emitem títulos 356

Parte V: Política de distribuição de lucros e estrutura de capital

16. A política de distribuição de lucros 385
17. A política de endividamento tem importância? 410
18. Quanto uma empresa deve se endividar? 432
19. Financiamento e avaliação 463

Parte VI: Opções

20. Entendendo as opções 495
21. Avaliação das opções 516
22. Opções reais 541

Parte VII: Financiamento por dívida

23. O risco do crédito e o valor da dívida corporativa 565
24. Os diferentes tipos de dívida 585
25. Leasing 618

Parte VIII: Gestão de risco

26. Gerindo o risco 639
27. Gestão de riscos internacionais 671

Parte IX: Planejamento financeiro e gestão do capital de giro

28. Análise financeira 695
29. Planejamento financeiro 721
30. Gestão do capital de giro 747

Parte X: Fusões, controle corporativo e governança

31. Fusões 771
32. Reestruturação de empresas 800
33. Governança e controle corporativo ao redor do mundo 824

Parte XI: Conclusão

34. Conclusão: o que sabemos e o que não sabemos sobre finanças 845

Sumário

Parte I: Valor

1 Objetivos e governança de uma empresa 1

- 1.1 Investimento corporativo e decisões de financiamento 2
  Decisões de investimento/Decisões de financiamento/O que é uma corporação?/O papel do gestor financeiro
- 1.1 Objetivos financeiros da empresa 7
  Os acionistas querem que os gestores maximizem o valor de mercado/Um resultado fundamental/O cobertor curto dos investimentos/Os gestores deveriam cuidar dos interesses de seus acionistas?/Problemas de agência e governança corporativa
- 1.3 Amostra prévia das próximas atrações 13

Resumo 14 • Problemas 14 • Apêndice: Por que faz sentido maximizar o valor aos acionistas 16

2 Como calcular valores presentes 18

- 2.1 Valores futuros e valores presentes 18
  Cálculo de valores futuros/Cálculo de valores presentes/Avaliação de uma oportunidade de investimento/Valor presente líquido/Risco e valor presente/Valores presentes e taxas de retorno/Cálculo de valores presentes quando há múltiplos fluxos de caixa/O custo de oportunidade do capital
- 2.2 Procura de atalhos = perpetuidades e anuidades 26
  Como avaliar perpetuidades/Como avaliar anuidades/Avaliando anuidades imediatas/Cálculos de pagamentos anuais/Valor futuro de uma anuidade
- 2.3 Mais atalhos – perpetuidades e anuidades crescentes 33
  Perpetuidades crescentes/Anuidades crescentes
- 2.4 Como o juro é pago e cotado 35
  Capitalização contínua

Resumo 38 • Problemas 39 • Finanças na Web 42

3 Calculando o valor dos títulos 43

- 3.1 Utilização de fórmulas do valor presente para avaliar títulos 44
  Uma viagem até Paris para avaliar um título do governo/De volta aos Estados Unidos: cupons semestrais e preços dos títulos
- 3. Como os preços dos títulos variam com as taxas de juros 47
  Duração e volatilidade
- 3.3 A estrutura temporal das taxas de juros 51
  Taxas à vista, preços de títulos e a regra do preço único/Medindo a estrutura temporal/Por que o fator de desconto decresce com o tempo – e uma digressão sobre as máquinas de fazer dinheiro
- 3.4 Explicação da estrutura temporal 55
  Teoria das expectativas da estrutura temporal/Introdução do risco/Inflação e estrutura temporal
- 3.5 Taxa de juros nominal e real 57
  Títulos indexados e a taxa de juros real/O que determina a taxa real de juros?/Inflação e taxas nominais de juros
- 3.6 Risco de inadimplência 61
  Títulos corporativos e o risco de inadimplência/Títulos soberanos e risco de inadimplência

Resumo 67 • Leituras adicionais 67
Problemas 68 • Finanças na Web 71

4 O valor das ações ordinárias 72

- 4.1 Como as ações são comercializadas 72
  Resultados de transações para a GE
- 4.2 Como as ações são avaliadas 74
  Avaliação por comparabilidade/Os preços das ações e os dividendos
- 4.3 Estimativa do custo do capital próprio 81
  Utilização do modelo de FCD para a fixação dos preços do gás e da eletricidade/Perigos ocultos nas fórmulas de crescimento constante
- 4.4 Relação entre o preço das ações e os lucros por ação 86
  Cálculo do valor presente das oportunidades de crescimento da Fledgling Electronics
- 4.5 Avaliação de ações de empresas pelo fluxo de caixa descontado 90
  Avaliando a divisão de concatenadores/Formato da avaliação/Estimativas do valor no horizonte de tempo/Uma verificação adicional da realidade/Fluxo de caixa livre, dividendos e recompras

Resumo 94 • Problemas 95
Finanças na WEB 98 • Minicaso: Reeby Sports 98

Sumário xvii

5 O valor presente líquido e outros critérios de investimento 100

- 5.1 Uma revisão dos aspectos básicos 100
  Quem concorre com o valor presente líquido/Três pontos para lembrar sobre o VPL/O VPL depende dos fluxos de caixa, não do retorno contábil
- 5.2 O período de recuperação (*payback*) 104
  Payback descontado
- 5.3 Taxa interna de retorno (ou do fluxo de caixa descontado) 106
  Cálculo da TIR/O critério da TIR/Armadilha 1 – emprestar ou tomar emprestado/Armadilha 2 – taxas de retorno múltiplas/Armadilha 3 – projetos mutuamente excludentes/Armadilha 4 – O que acontece quando há mais de um custo de oportunidade do capital?/O veredito sobre a TIR
- 5.4 Decisões de investimento quando os recursos são limitados 114
  Um problema fácil de restrição de capital/Utilização dos modelos de restrição de capital

Resumo 118 • Leitura adicional 119
Problemas 119 • Minicaso: O diretor financeiro da Vegetron aparece novamente 122

6 Tomando decisões de investimento com base no critério do valor presente líquido 124

- 6.1 Aplicando o critério do valor presente líquido 124
  Regra 1: apenas o fluxo de caixa é relevante/Regra 2: estime os fluxos de caixa em uma base incremental/Regra 3: seja consistente no modo de tratar a inflação/Regra 4: Separe decisões de investimento e de financiamento
- 6.2 Exemplo – o projeto do IM&C 131
  Separação entre as decisões de investimento e de financiamento/Investimentos no capital de giro/Uma observação adicional sobre a depreciação/Um comentário final sobre impostos/Análise de projetos/Cálculo do VPL em outros países e em outras moedas
- 6.3 Uso do critério do VPL para a escolha de projetos 138
  Problema 1: a decisão sobre o timing do investimento/Problema 2: a escolha entre equipamentos de longa e curta vida útil/Problema 3: quando substituir maquinário antigo/Problema 4: custos da capacidade excedente

Resumo 143 • Problemas 143
Minicaso: New Economy Transport (A) e (B) 149

Parte II: Risco

7 Introdução ao risco e ao retorno 151

- 7.1 Mais de um século de história do mercado de capitais em uma única e fácil lição 151
  Médias aritméticas e retornos anuais compostos/Utilização de dados históricos para avaliar o custo do capital no presente/Ganhos em dividendos e o prêmio de risco
- 7.2 Medida do risco da carteira 158
  Medida de variabilidade/Como a diversificação reduz o risco
- 7.3 Cálculo do risco da carteira 165
  Fórmula geral para calcular o risco da carteira/Será que preciso mesmo somar 25 milhões de blocos?
- 7.4 Como os títulos considerados individualmente afetam o risco da carteira 169
  O risco de mercado é medido pelo beta/Por que o beta dos títulos determina o risco da carteira?
- 7.5 Diversificação e aditividade do valor 173

Resumo 174 • Leituras adicionais 174
Problemas 175 • Finanças na Web 178

8 Teoria da carteira e modelo CAPM de avaliação de ativos 179

- 8.1 Harry Markowitz e o nascimento da Teoria da Carteira 179
  Combinações de ações em carteiras/Contrair e conceder empréstimos
- 8.2 A relação entre risco e retorno 186
  Algumas estimativas de retornos esperados/Revisão do modelo CAPM/O que aconteceria a uma ação que não estivesse na linha de títulos de mercado?
- 8.3 Validade e função do modelo CAPM 189
  Testes do CAPM/Pressupostos subjacentes ao modelo CAPM
- 8.4 Algumas teorias alternativas 194
  Teoria da avaliação por arbitragem/Comparação entre o modelo CAPM e a teoria da avaliação por arbitragem/O modelo dos três fatores

Resumo 198 • Leituras adicionais 198
Problemas 199 • Minicaso: John e Marsha na seleção de carteiras 203

9 Risco e o custo de capital 205

- 9.1 Custos de capital da empresa e do projeto 206
  O tom certo e o custo do capital/Passivo e o custo de capital da empresa
- 9.2 Medição do custo do capital próprio 209
  Estimativa do Beta/O retorno esperado das ações ordinárias da Union Pacific Corporation/O CMPC após os impostos da Union Pacific/O beta do ativo da Union Pacific
- 9.3 Análises do risco de um projeto 213
  O que determina os betas do ativo?/Não se deixe enganar pelo risco diversificável/Evite fatores de risco em taxas de desconto/Taxas de desconto para projetos internacionais
- 9.4 Fluxos equivalentes certos – outra maneira de se ajustar ao risco 219
  Avaliação por fluxos equivalentes certos/Quando utilizar uma única taxa de desconto ajustada ao risco para ativos duradouros/Um erro comum/Quando não é possível utilizar uma única taxa de desconto ajustada ao risco para ativos duradouros

Resumo 225 • Leituras adicionais 225
Problemas 225 • Finanças na WEB 228
Minicaso: A Família Jones Ltda. 229

Parte III: Melhores práticas em decisões de investimento

10 Análise de projeto 231

- 10.1 O processo de investimento de capital 232
  Autorização de projetos – e o problema das previsões tendenciosas/Pós-auditorias
- 10.2 Análise de sensibilidade 234
  Valor da informação/Limites da análise de sensibilidade/Análise de cenários/Análise do ponto de equilíbrio/A alavancagem operacional e o ponto de equilíbrio
- 10.3 Simulação de Monte Carlo 241
  Simulação do projeto das scooters
- 10.4 Opções reais e árvores de decisão 244
  A opção de expansão/A opção de abandono/Opções de produção/Opções temporais/Mais sobre as árvores de decisão/Prós e contras das árvores de decisão

Resumo 252 • Leituras adicionais 253
Problemas 253 • Minicaso: Waldo County 257

11 Investimentos, estratégia e lucros econômicos 259

- 11.1 Observe primeiro os valores de mercado 259
  O Cadillac e a estrela de cinema
- 11.2 Lucros econômicos e vantagem competitiva 264
- 11.3 A Marvin Enterprises decide explorar uma nova tecnologia – um exemplo 268
  Previsão dos preços dos antissépticos bucais/O valor da nova expansão da Marvin/Planos de expansão alternativos/O valor das ações da Marvin/Ensinamentos da Marvin Enterprises

Resumo 275 • Leituras adicionais 275
Problemas 275 • Minicaso: Ecsy-Cola 279

12 Problemas de agência, compensação e avaliação de desempenho 280

- 12.1 Incentivos e compensação 280
  Problemas de agência no investimento de capital/Problemas de agência e riscos assumidos/Monitoramento/Compensação dos gestores/Compensação por incentivos/Monitoramento do pagamento por desempenho
- 12.2 Medição e recompensa do desempenho: lucro residual e EVA 290
  Prós e contras do EVA
- 12.3 Vieses dos indicadores contábeis de desempenho 293
  Exemplo: cálculo do retorno do supermercado de Nodhead/Mensuração do retorno econômico/Os vieses desaparecem a longo prazo?/O que pode ser feito quanto aos vieses dos indicadores de retorno contábil?/Lucros e metas de lucros

Resumo 299 • Leituras adicionais 300
Problemas 300

Parte IV: Decisões de financiamento e eficiência do mercado

13 Mercados eficientes e finanças comportamentais 305

- 13.1 Voltamos sempre ao VPL 306
  Diferenças entre as decisões de investimento e as decisões de financiamento
- 13.2 O que é um mercado eficiente? 307
  Uma descoberta alarmante: as variações dos preços são aleatórias/Concorrência e a hipótese do mercado eficiente/Mercados eficientes: as provas

13.3 A evidência contra a eficiência do mercado 314
Os investidores respondem lentamente a novas informações?/Bolhas e eficiência do mercado

13.4 Finanças comportamentais 317
Sentimento/Limites à arbitragem/Problemas de incentivos e a crise do subprime

13.5 As cinco lições da eficiência do mercado 322
Lição 1. Os mercados não têm memória/Lição 2. Confie nos preços de mercado/Lição 3. Leia nas entrelinhas/Lição 4. A alternativa do faça você mesmo/Lição 5. Quem viu uma ação, viu todas/E se os mercados não são eficientes? Implicações para o gestor financeiro

Resumo 327 • Leituras adicionais 328
Problemas 329 • Finanças na WEB 331

14 Visão geral sobre o financiamento de empresas 332

14.1 Padrões de financiamento de empresas 332
As empresas dependem excessivamente dos recursos internos?/Quanto as empresas pedem emprestado?

14.2 Ações ordinárias 335
Procedimentos das votações/Ações de classe dupla e benefícios privados/Capital próprio sob disfarce/Ações preferenciais

14.3 Endividamento 340
O endividamento surge sob muitas formas/Uma dívida com qualquer outro nome/A variedade é o tempero da vida

14.4 Mercados financeiros e intermediários 343
Mercados financeiros/Intermediários financeiros/Fundos de investimento/Instituições financeiras

14.5 O papel do mercados e intermediários financeiros 349
O mecanismo de pagamento/Receber emprestado e emprestar/Concentração de riscos/Informações fornecidas por mercados financeiros/A crise financeira de 2007-2009

Resumo 353 • Leituras adicionais 353
Problemas 354 • Finanças na WEB 355

15 Como as empresas emitem títulos 356

15.1 Capital de risco 356
Mercado de capital de risco

15.2 Oferta pública inicial 361
Organização de uma oferta pública inicial/A venda das ações da Marvin/Os intermediários financeiros/Custos de uma nova emissão / Subavaliação das IPOs/Períodos de novas emissões "quentes"

15.3 Outros procedimentos nas emissões primárias 369
Tipos de leilões: uma digressão

15.4 Ofertas públicas de títulos de empresas de capital aberto 371
Ofertas públicas de subscrição/Emissões internacionais de títulos/O custo de uma oferta pública/A reação do mercado às emissões de ações/Emissões com direitos de preferência

15.5 Colocação privada e emissões públicas 377

Resumo 377 • Leituras adicionais 378
Problemas 378 • Finanças na WEB 381
Apêndice: Prospecto da nova emissão da Marvin 382

Parte V: Política de distribuição de lucros e estrutura de capital

16 A política de distribuição de lucros 385

16.1 Fatos sobre a distribuição de lucros 386
Como as empresas pagam dividendos/Como as empresas recompram ações

16.2 O conteúdo informativo dos dividendos e das recompras 388
Conteúdo informativo das recompras de ações

16.3 Dividendos ou recompras? A controvérsia da distribuição de lucros 391
A política de distribuição de lucros é irrelevante em mercados de capitais perfeitos/Dividendos ou recompras? Um exemplo/Recompras de ações e modelos FCD de preços de ações/Questões envolvendo dividendos e ações

16.4 Os direitistas 396
Dividendos, política de investimentos e incentivos à direção

16.5 Impostos e a esquerda radical 397
As evidências empíricas sobre dividendos e impostos/Sistemas fiscais alternativos/Impostos e distribuição de lucros – um resumo

16.6 Política de distirbuição de lucros e o ciclo de vida da empresa 401
Distribuição de lucros e governança corporativa

Resumo 404 • Leituras adicionais 405
Problemas 405

17 A política de endividamento tem importância? 410

17.1 O efeito da alavancagem financeira em uma economia competitiva livre de impostos 411
Modigliani e Miller entram em cena/Lei da conservação do valor/Exemplo da Proposição I

17.2 Risco financeiro e retornos esperados 416
Proposição II/Como as mudanças da estrutura de capital afetam o beta/Cuidado com a alavancagem oculta

17.3 O custo médio ponderado do capital 422
Duas advertências/Taxas de retorno de ações alavancadas – a posição tradicional/As atuais clientelas insatisfeitas estão provavelmente interessadas em títulos exóticos/Imperfeições e oportunidades

17.4 Uma palavra final sobre o custo médio ponderado do capital após impostos 426

Resumo 427 • Leituras adicionais 427
Problemas 428 • Minicaso: Claxton Drywall vem ao resgate 431

18 Quanto uma empresa deve se endividar? 432

18.1 Tributação das empresas 433
Qual a contribuição do benefício fiscal dos juros para o valor das ações?/Remodelação da estrutura de capital da Johnson & Johnson/MM e os impostos

18.2 Tributação das empresas e das pessoas físicas 436

18.3 Os custos das dificuldades financeiras 439
Os custos das falências/Exemplos reais de custos da falência/Custos diretos versus indiretos da falência/Dificuldades financeiras sem falência/ Dívida e incentivos/Transferência de risco: o primeiro jogo/A recusa em contribuir com capital próprio: o segundo jogo/E, sucintamente, mais três jogos/O custo dos jogos/Os custos das dificuldades financeiras variam com o tipo de ativo/A teoria do trade-off *da estrutura de capital*

18.4 A hierarquia das fontes nos financiamentos 452
Emissões de títulos de dívida e de ações com informação assimétrica/Implicações da hierarquia de fontes/Teoria do trade-off × *teoria da hierarquia de fontes – algumas evidências/O lado benigno e o lado maligno da folga financeira/ Existe uma teoria de estrutura ideal do capital?*

Resumo 458 • Leituras adicionais 459
Problemas 459

19 Financiamento e avaliação 463

19.1 O custo médio ponderado do capital após impostos 463
Revisão dos pressupostos/Erros cometidos ao utilizar a fórmula do custo médio ponderado

19.2 Avaliação das empresas 468
Avaliação da Rio Corporation/Estimativa do valor no horizonte/CMPC versus método do fluxo/ capital próprio

19.3 Utilizando o CMPC na prática 473
Alguns truques do ramo/Ajuste do CMPC para diferentes índices de endividamento e riscos de negócio/Desalavancar e voltar a alavancar os betas/A importância de rebalancear/A fórmula de Modigliani-Miller e um conselho final

19.4 O valor presente ajustado 480
VPA da prensa perpétua/Outros efeitos secundários do financiamento/VPA para negócios/ VPA de investimentos internacionais

19.5 Respostas às suas perguntas 484

Resumo 486 • Leituras adicionais 487
Problemas 487 • Finanças na WEB 490
Apêndice: Desconto de fluxos de caixa, certos e nominais 491

Parte VI: Opções

20 Entendendo as opções 495

20.1 Opções de compra, opções de venda e ações 496
Opções de compra e diagramas de posição/ Opções de venda/Venda de opções de compra e opções de venda/Os diagramas de posição não são diagramas de lucros

20.2 Alquimia financeira com opções 500
Identificando as opções

20.3 O que determina o valor das opções? 506
Risco e valor das opções

Resumo 511 • Leituras adicionais 511
Problemas 511 • Finanças na WEB 515

21 Avaliação das opções 516

21.1 Um método simples de avaliação de opções 517
Por que o método dos fluxos de caixa descontados não funciona com as opções/Carteira equivalente a uma opção com ações ordinárias e empréstimos/ Avaliação de uma opção de venda sobre a Google

21.2 O método binomial de avaliação de opções 521
Exemplo: o método binomial em duas fases/O método binomial geral/O método binomial e as árvores de decisão

21.3 A fórmula de Black-Scholes 526
Utilização da fórmula de Black-Scholes/O risco de uma opção/A fórmula de Black-Scholes e o método binomial

21.4 A fórmula de Black-Scholes em ação 530
Executive Stock Options (remuneração de executivos com base em opções de ações)/Warrants/Seguro de carteira/Cálculo de volatilidades implícitas

21.5 Valor imediato de opções 533

21.6 Mistura variada de opções 535

Resumo 536 • Leituras adicionais 536
Problemas 536 • Finanças na WEB 539
Minicaso: A invenção de Bruce Honiball 539

22 Opções reais 541

22.1 O valor de poder prosseguir com as oportunidades de investimento 541
Perguntas e respostas sobre o Blitzen Mark II/Outras opções de expansão

22.2 A opção do timing 545
Avaliação da opção do arenque maltado/Timing ideal para empreendimento imobiliário

22.3 A opção de abandono 548
Más notícias para a prensa perpétua/Valor de abandono e vida útil do projeto/Abandono temporário

22.4 Flexibilidade de produção e de compra de suprimentos 551
Opções de compra de aviões

22.5 Investimento em P&D no setor farmacêutico 555

22.6 Avaliação de opções reais 556
Um problema conceitual?/E quanto aos impostos?/Desafios práticos

Resumo 559 • Leituras adicionais 560
Problemas 560

Parte VII: Financiamento por dívida

23 O risco do crédito e o valor da dívida corporativa 565

23.1 Retornos sobre a dívida corporativa 565
O que determina o spread da rentabilidade?

23.2 A opção de inadimplência 570
Como a opção de inadimplência afeta o risco e o rendimento de uma obrigação/Uma digressão: avaliação de garantias financeiras do governo

23.3 Rating das obrigações e a probabilidade de inadimplência 575

23.4 Previsão da probabilidade de inadimplência 577
Escore de crédito (credit scoring)/Modelos de risco com base no mercado

23.5 Capital em risco (*value-at-risk*) 581

Resumo 582 • Leituras adicionais 583
Problemas 583 • Finanças na WEB 584

24 Os diferentes tipos de dívida 585

24.1 Obrigações de longo prazo 586
As cláusulas das obrigações/Garantias e prioridades no pagamento/Obrigações lastreadas por ativos/Fundos de amortização/Cláusulas de resgate antecipado/Cláusulas restritivas de obrigações/Obrigações privadamente colocadas/Obrigações estrangeiras, eurobonds *e obrigações globais*

24.2 Títulos conversíveis e algumas obrigações incomuns 597
O valor de uma obrigação conversível no vencimento/Forçando a conversão/Por que as empresas emitem obrigações conversíveis?/Avaliação das obrigações conversíveis/Variação de obrigações conversíveis: o conjunto obrigações e warrants/Inovação no mercado de obrigações

24.3 Empréstimos bancários 604
Compromisso/Vencimento/Taxas de juros/Empréstimos sindicalizados/Garantias/Cláusulas de dívidas

24.4 Comercial paper e obrigações de médio prazo não garantidas 607
Commercial paper/Obrigações de médio prazo não garantidas

Resumo 609 • Leituras adicionais 610
Problemas 610 • Minicaso: A morte chocante do Sr. Thorndike 614 • Apêndice: Project finance 615

25 Leasing 618

25.1 O que é o *leasing*? 618

25.2 Vantagens do *leasing*? 619
Justificativas sensatas para o leasing*/Algumas justificativas duvidosas para o* leasing

25.3 Leasing operacional 623
Exemplo de um leasing *operacional/Leasing ou compra?*

25.4 Avaliação do *leasing financeiro* 626
Exemplo de um leasing financeiro/Quem é o verdadeiro proprietário do ativo sob leasing?/Leasing *e o Internal Revenue Service/Um primeiro passo para avaliar um contrato de* leasing/A *história até aqui*

25.5 Quando é que o *leasing* vale a pena? 631
Leasings *pelo mundo*

25.6 Leasings alavancados 632

Resumo 633 • Leituras adicionais 634
Problemas 634

Parte VIII: Gestão de risco

26 Gerindo o risco 639

- 26.1 Por que gerir o risco? 639
  Diminuição do risco de dificuldades de caixa ou tensões financeiras/Os custos de agência podem ser mitigados pela gestão de risco/Evidências sobre a gestão de risco
- 26.2 Seguros 643
- 26.3 Redução do risco com opções 644
- 26.4 Contratos a termo e futuros 645
  Um contrato a termo simples/Bolsas de futuros/A mecânica das transações com futuros/Transação e precificação dos contratos de futuros financeiros/Preços à vista e preços dos futuros – commodities/Mais sobre contratos a termo/Contratos a termo caseiros
- 26.5 Swaps 653
  Swaps de taxas de juro/Swaps de divisas/Outros tipos de swaps
- 26.6 Como estabelecer uma cobertura de risco 657
  Cobertura contra riscos de taxa de juros/Índice de cobertura e risco residual
- 26.7 "Derivativo" é um palavrão? 661

Resumo 663 • Leituras adicionais 663
Problemas 664 • Finanças na WEB 668
Minicaso: Rensselaer Advisers 668

27 Gestão de riscos internacionais 671

- 27.1 O mercado cambial estrangeiro 671
- 27.2 Algumas relações básicas 673
  Taxas de juro e taxas de câmbio/O prêmio da taxa a termo e as alterações nas taxas à vista/Alterações das taxas de câmbio e de inflação/Taxas de juros e taxas de inflação/A vida será assim tão simples?
- 27.3 Cobertura de riscos cambiais 682
  Risco de transação e risco econômico
- 27.4 Risco cambial e decisões de investimento internacional 684
  O custo de capital para investimentos internacionais
- 27.5 Risco político 687

Resumo 689 • Leituras adicionais 690
Problemas 690 • Finanças na WEB 692
Minicaso: Exacta S.A. 693

Parte IX: Planejamento financeiro e gestão do capital de giro

28 Análise financeira 695

- 28.1 Índices financeiros 695
- 28.2 Demonstrativos financeiros 696
- 28.3 Demonstrativos financeiros da Home Depot 697
  O balanço patrimonial/O demonstrativo de resultados
- 28.4 Avaliação do desempenho da Home Depot 700
  Valor econômico adicionado (EVA)/Taxas contábeis de retorno/Problemas com o EVA e com as taxas contábeis de retorno
- 28.5 Medição da eficiência 704
- 28.6 Análises do retorno dos ativos: o Sistema Du Pont 706
  O Sistema Du Pont
- 28.7 Medição da alavancagem 707
  Alavancagem e o retorno do capital próprio
- 28.8 Medição da liquidez 710
- 28.9 Interpretação dos índices financeiros 711

Resumo 715 • Leituras adicionais 716
Problemas 716 • Finanças na WEB 720

29 Planejamento financeiro 721

- 29.1 Ligações entre as decisões financeiras de curto e de longo prazo 721
- 29.2 Controle das alterações nas disponibilidades de caixa 724
  O ciclo de caixa
- 29.3 Orçamentos de caixa 729
  Elaboração do orçamento de caixa: entradas de caixa/Elaboração do orçamento de caixa: saídas de caixa
- 29.4 O plano de financiamento de curto prazo 731
  Opções para o financiamento de curto prazo/O plano de financiamento da Dynamic/Avaliação do plano/Uma nota sobre os modelos de planejamento financeiro de curto prazo
- 29.5 Planejamento financeiro de longo prazo 734
  Por que elaborar planos financeiros?/Um modelo de planejamento financeiro de longo prazo para a Dynamic Mattress/Armadilhas na concepção dos modelos/Escolha de um plano
- 29.6 Crescimento e financiamento externo 739

Resumo 740 • Leituras adicionais 741
Problemas 741 • Finanças na WEB 746

Sumário xxiii

30 Gestão do capital de giro 747
  30.1 Estoques 748
  30.2 Gestão do crédito 750
  Condições de venda/A promessa de pagar/ Análise de crédito/A decisão de crédito/Política de cobranças
  30.3 Caixa 756
  Como as compras são pagas/Acelerando a cobrança de cheques/Gestão de caixa internacional/Pagamento pelos serviços bancários
  30.4 Títulos negociáveis 760
  Cálculo do rendimento dos investimentos no mercado financeiro/Rendimentos dos investimentos no mercado financeiro/O mercado financeiro internacional/Instrumentos do mercado financeiro

Resumo 766 • Leituras adicionais 766
Problemas 767 • Finanças na WEB 770

Parte X: Fusões, controle corporativo e governança

31 Fusões 771
  31.1 Motivos lógicos para as fusões 772
  Economias de escala/Economias de integração vertical/Recursos complementares/Fundos excedentes/Eliminação de ineficiências/ Consolidação da indústria
  31.2 Algumas justificativas duvidosas para uma fusão 777
  Diversificação/Aumento do lucro por ação: a ilusão financeira/Custos financeiros mais baixos
  31.3 Estimativa dos ganhos e custos das fusões 780
  Métodos certos e errados de estimar os benefícios das fusões/Mais sobre a estimativa dos custos – e se o preço da empresa-alvo na bolsa incluir a antecipação da fusão?/Estimativa dos custos quando a aquisição é paga em ações/Informação assimétrica
  31.4 A mecânica de uma fusão 784
  Fusões, lei antitruste e oposição popular/O modo de aquisição/Contabilidade das fusões/ Algumas considerações de ordem fiscal/Fusões transfronteiriças e inversão fiscal
  31.5 Disputas por procuração, aquisições e o mercado para o controle corporativo 788
  Disputas por procuração/Aquisições/A Oracle tenta adquirir a PeopleSoft/Defesas contra aquisição/Quem ganha mais com as fusões?
  31.6 As fusões e a economia 794
  As fusões geram ganhos líquidos?

Resumo 795 • Leituras adicionais 796
Problemas 796 • Apêndice: Fusões em conglomerado e aditividade de valor 798

32 Reestruturação de empresas 800
  32.1 Aquisições alavancadas 800
  A LBO da RJR Nabisco/Bárbaros à porta?/ Reestruturações alavancadas/LBOs e reestruturações alavancadas
  32.2 Fusão e cisão nas finanças empresariais 805
  Spin-offs/Carve-outs/Venda de ativos/Privatização e nacionalização
  32.3 Private equity 810
  Sociedades de private equity/*Os fundos de* private equity *são os conglomerados de hoje?*
  32.4 Falência 815
  *O Capítulo 11 é eficiente?/Acordos (*workouts*)/ Procedimentos alternativos de falências*

Resumo 820 • Leituras adicionais 821
Problemas 822

33 Governança e controle corporativo ao redor do mundo 824
  33.1 Instituições e mercados financeiros 824
  Proteção dos investidores e desenvolvimento dos mercados financeiros
  33.2 Propriedade, controle e governança 828
  Propriedade e controle no Japão/Propriedade e controle na Alemanha/Os conselhos administrativos na Europa/Acionistas X stakeholders/Propriedade e controle em outros países/Os conglomerados revisitados
  33.3 Essas diferenças têm importância? 837
  Risco e visão de curto prazo/Setores em crescimento e setores em declínio/Transparência e governança

Resumo 841 • Leituras adicionais 842
Problemas 842

Parte XI: Conclusão

34 Conclusão: o que sabemos e o que não sabemos sobre finanças 845
  34.1 O que sabemos: os sete conceitos mais importantes em finanças 845
  1. Valor presente líquido/2. O modelo de avaliação de ativos de capital/3. Mercados de capitais eficientes/4. Aditividade do valor e lei da conservação do valor/5. Teoria da estrutura do capital/6. Teoria das opções/7. Teoria da agência

34.2 O que não sabemos: 10 problemas não resolvidos sobre finanças 848
1. O que determina o risco do projeto e o valor presente?/2. Risco e retorno – nos esquecemos de alguma coisa?/3. Qual a importância das exceções à teoria dos mercados eficientes?/4. A administração de uma empresa será um passivo fora do balanço?/5. Como podemos explicar o êxito dos novos tipos de títulos e dos novos mercados?/6. Como podemos resolver a controvérsia sobre os dividendos?/7. Quais riscos uma empresa deve assumir?/8. Qual é o valor da liquidez?/9. Como podemos explicar as ondas de fusões?/10. Por que os sistemas financeiros são tão propensos a crises?

34.3 Uma palavra final 854

Apêndice 855

Glossário 865

Índice 883

PARTE I Valor

CAPÍTULO 1

Objetivos e governança de uma empresa

Este livro aborda de que maneira as corporações tomam decisões financeiras, e começamos explicando quais são essas decisões e o que se deseja atingir com elas.

As empresas investem em ativos reais, que geram lucros. Alguns desses ativos, como as instalações fabris e os equipamentos, são tangíveis; outros, como as marcas registradas e as patentes, são intangíveis. As empresas financiam seus investimentos contraindo empréstimos, retendo e reinvestindo fluxos de caixa, e vendendo cotas adicionais de ações a seus acionistas. Assim, o administrador, ou gestor financeiro, tem de resolver duas questões de ampla dimensão: a primeira é que investimentos a empresa deve fazer, e a segunda, como financiará esses investimentos. A decisão de investimento envolve a aplicação de recursos, enquanto a de financiamento envolve a obtenção de tal recurso.

Uma grande empresa pode ter centenas de milhares de acionistas, os quais diferem sob muitos aspectos, tais como suas posses, tolerância a riscos e horizonte de investimentos. Entretanto, veremos que eles normalmente compartilham o mesmo objetivo financeiro: desejam que o gestor financeiro aumente o valor da empresa e o preço corrente de suas ações.

Desse modo, o segredo do sucesso da gestão financeira é a criação de valor. Isso é fácil de dizer, mas não é muito útil. Instruir o administrador financeiro a gerar valor é como aconselhar um investidor no mercado de ações a "comprar na baixa e vender na alta"; o problema está em como fazê-lo.

Algumas atividades podem exigir apenas a leitura de um manual e sua simples aplicação, mas não é isso que acontece com a gestão financeira, e esse é o principal motivo pelo qual vale a pena estudar finanças. Alguém se sentiria atraído a trabalhar em uma área na qual não houvesse nenhum bom senso, nenhuma experiência, criatividade ou um pouco de sorte? Embora este livro não possa assegurar nenhum desses elementos, ele abrange os conceitos que governam as boas decisões financeiras e mostra como devem ser utilizadas as ferramentas dessa gestão moderna.

Este capítulo começa com exemplos específicos de recentes decisões de investimento e financiamento tomadas por empresas bem conhecidas. O capítulo se encerra declarando a meta financeira da empresa, que é aumentar, e idealmente maximizar, o valor de mercado. Explicamos por que essa meta faz sentido. A parte intermediária do capítulo aborda o que é uma empresa e o que fazem os seus gestores financeiros.

Os gestores financeiros agregam valor sempre que a empresa tem a possibilidade de obter um retorno maior do que os acionistas conseguem por si próprios. Como as oportunidades de investimento dos acionistas *externos* à organização determinam o padrão para os seus investimentos *internos*, os gestores financeiros recorrem, portanto, ao *custo de oportunidade* do capital com que os acionistas contribuem para a organização.

Os gestores são, é claro, seres humanos com seus próprios interesses e circunstâncias; eles nem sempre são servidores perfeitos dos acionistas. Por isso, as empresas devem combinar regras e procedimentos de governança com os incentivos apropriados para garantir que todos os gestores e funcionários – e não apenas os gestores financeiros – remem para o mesmo lado a fim de aumentar o valor.

Uma boa governança e incentivos apropriados também ajudam a bloquear tentativas de aumentar o preço das ações por meios ilegais ou desonestos. Os acionistas ponderados não querem o preço das ações no valor máximo possível; pelo contrário, querem o valor obtido da forma mais honesta possível.

Este capítulo apresenta cinco temas que são examinados repetidamente de várias maneiras e em diversas circunstâncias ao longo do livro:

1. A essência das finanças corporativas é a maximização do valor.
2. O custo de oportunidade do capital estabelece o padrão para as decisões de investimento.
3. Um dólar seguro vale mais do que um dólar arriscado.
4. Decisões inteligentes de investimento criam mais valor do que decisões inteligentes de financiamento.
5. Boa governança faz a diferença.

1.1 Investimento corporativo e decisões de financiamento

Para desenvolver a sua atividade, as empresas necessitam de uma variedade quase infindável de **ativos reais**, os quais não caem do céu; eles têm de ser comprados. A empresa paga pelos ativos reais vendendo promessas sobre eles e sobre o fluxo de caixa que irão gerar. Essas promessas são chamadas de **ativos financeiros** ou **títulos**. Considere, por exemplo, um empréstimo bancário, no qual banco fornece dinheiro à empresa em troca por um ativo financeiro, que é a promessa desta de pagá-lo com juros. Um empréstimo bancário comum não é um título, pois é detido pelo banco e não é vendido ou negociado em mercados financeiros.

Considere, como um segundo exemplo, uma obrigação corporativa. A empresa vende o título a investidores em troca pela promessa de pagamento de juros e de sua liquidação na maturidade. A obrigação é um ativo financeiro, mas também um título, pois pode ser retida e negociada por muitos investidores em mercados financeiros. Os ativos financeiros incluem obrigações, ações e uma variedade incrível de instrumentos especializados. As obrigações serão descritas no Capítulo 3, as ações no Capítulo 4 e outros valores mobiliários em capítulos posteriores.

Isso sugere as definições a seguir:

Decisão de investimento = compra de ativos reais

Decisão de financiamento = venda de ativos financeiros

Entretanto, essas equações são extremamente simples. As decisões de investimento ainda envolvem a gestão de ativos já implantados, bem como a decisão de quando fechar as portas e dispor deles se houver um declínio nos lucros. Uma empresa também tem de gerir e controlar os riscos de seus investimentos, uma vez que as decisões de financiamento envolvem não apenas a captação de recursos, mas também satisfazer as obrigações com os bancos, os detentores de obrigações e os acionistas que contribuíram para os financiamentos no passado. Por exemplo, a empresa tem de saldar suas dívidas em seus vencimentos, pois, se não conseguir, isso acaba em insolvência e falência. Mais cedo ou mais tarde, ela também vai querer remunerar seus acionistas.[1]

Vamos citar alguns exemplos mais específicos. O Quadro 1.1 lista dez companhias de todo o mundo. Escolhemos empresas de capital aberto de grande porte com as quais provavelmente você já está familiarizado. É bem provável que você já tenha usado o Facebook para se conectar com seus amigos, já tenha feito compras no Walmart ou usado a pasta de dente Crest.

Decisões de investimento

A segunda coluna do Quadro 1.1 exibe uma importante e recente decisão de investimento para cada empresa. Essas decisões de investimento são geralmente referidas como decisões de **orçamento de capital** ou de **dispêndios com ativos fixos**, pois a maioria das empresas de grande porte prepara um orçamento anual com os principais projetos aprovados em que haverá investimentos. Alguns dos investimentos no Quadro 1.1, como as minas de carvão da Vale ou as novas locomotivas da Union Pacific, envolvem a compra de ativos tangíveis – ativos estes passíveis de ser tocados e sentidos. Todavia, as empresas também precisam investir em ativos intangíveis, tais como pesquisa e desenvolvimento (P&D), os anúncios publicitários e os esforços de marketing. Por exemplo, a GlaxoSmithKline e outras empresas farmacêuticas influentes investem bilhões todos os anos em P&D dedicada a novos medicamentos. Similarmente, empresas de bens de consumo como a Procter & Gamble investem somas imensas em publicidade e marketing para seus produtos. Esses desembolsos representam investimentos porque geram reconhecimento de marca e reputação a longo prazo.

Os investimentos de capital atuais geram retornos de caixa futuros. Às vezes, os influxos de caixa duram por décadas. Nos Estados Unidos, por exemplo, muitas plantas nucleares que receberam licenças da Nuclear Regulatory Commission para operar por 40 anos estão agora sendo relicenciadas por mais 20 anos e talvez possam operar eficientemente por 80 anos no total.

---

[1] Em inglês, denominamos os proprietários de corporações como *shareholders* e *stockholders*. Os dois termos significam exatamente a mesma coisa e são usados de maneira intercambiável.

QUADRO 1.1 Exemplos de decisões de investimento e financiamento recentes tomadas por empresas de capital aberto influentes

Empresa	Decisões de investimento recentes	Decisões de financiamento recentes
Facebook (EUA)	Adquire o WhatsApp por $22 bilhões.	Paga pelo investimento com uma mistura de caixa e ações do Facebook.
Fiat Chrysler (Itália)	Anuncia planos de desmembrar sua unidade Ferrari de carros de luxo.	Paga de volta €2,5 bilhões de dívida a médio prazo.
GlaxoSmithKline (Reino Unido)	Gasta $6,6 bilhões em pesquisa e desenvolvimento para novos medicamentos.	Arrecada $5 bilhões via uma emissão de obrigações nos Estados Unidos.
LVMH* (França)	Adquire a Clos des Lambrays, uma das vinícolas mais prestigiosas da Borgonha.	Arrecada €1,1 bilhão adicional mediante contração de empréstimo a curto prazo.
Procter & Gamble (EUA)	Gasta cerca de $9,7 bilhões em publicidade.	Reinveste $4 bilhões de lucros.
Tesla Motors (EUA)	Gasta $250 milhões principalmente em instalações de fabricação para um novo modelo de carro elétrico.	Arrecada mais de $300 milhões mediante a venda de novas ações.
Union Pacific (EUA)	Anuncia planos de gastar $3,9 bilhões, incluindo a aquisição de 200 novas locomotivas.	Paga $1,5 bilhão na forma de dividendos.
Vale (Brasil)	Reserva $2,6 bilhões para desenvolver sua enorme mina de carvão em Moçambique.	Mantém linhas de crédito com seus bancos para permitir que a empresa tome até $5 bilhões emprestados a qualquer momento.
Walmart (EUA)	Planeja investir de $1,2 a $1,5 bilhão em *e-commerce* e iniciativas digitais.	Compra de volta $6,7 bilhões de suas ações.
Exxon Mobile (EUA)	Compromete-se com cerca de $7 bilhões em desenvolver extração de óleo das areias de Fort McMurray, Alberta, Canadá.	Reinveste $1,8 bilhão de lucros.

*LVMH Moët Henessy Louis Vuitton (geralmente abreviada para LVMH) comercializa perfumes e cosméticos, vinhos e bebidas alcoólicas, relógios e outros produtos luxuosos. E, sim, nós sabemos no que você está pensando, mas a LVMH realmente é a sigla para Moët Henessy Louis Vuitton.

Ainda assim, fluxos de entradas de caixa que duram mais de 40 anos talvez não sejam suficientes. A Southern Company, por exemplo, recebeu autorização para construir duas novas plantas nucleares. O custo das plantas foi estimado (talvez com otimismo exagerado) em $14 bilhões. A construção vai durar sete anos (talvez outra estimativa otimista). Assim, se a Southern decidir ir em frente, precisará investir pelo menos $14 bilhões e esperar no mínimo sete anos para qualquer retorno de caixa. Quanto mais precisar esperar pelas entradas de caixa, maiores deverão ser as somas dessas entradas para justificar o investimento. Por isso, o gestor financeiro deve prestar atenção em *quando* as entradas de caixa ocorrerão, e não apenas em seus valores acumulados.

Nem todos os investimentos, é claro, compensam apenas no futuro distante. O Walmart, por exemplo, gasta cerca de $45 bilhões ao ano para estocar suas lojas e depósitos antes das festas de fim de ano. O retorno à empresa sobre esse investimento não leva mais do que alguns meses, assim que os estoques começam a baixar e as mercadorias são vendidas.

Além disso, os gestores financeiros sabem (ou aprendem rapidamente) que os retornos em caixa não são garantidos. Um investimento pode ser um sucesso estrondoso ou um fracasso retumbante. O sistema de comunicações via satélite Iridium, por exemplo, que oferecia conexões instantâneas por telefone no mundo inteiro, consumiu $5 bilhões em investimentos antes de iniciar suas operações em 1998. O projeto exigia 400 mil assinantes para ficar no azul, mas atraiu apenas uma pequena fração desse número. A Iridium deu o calote na sua dívida e declarou falência em 1999. O sistema Iridium foi vendido um ano mais tarde por apenas $25 milhões. (Contudo, a empresa se recuperou, atualmente é lucrativa e está se expandindo.)[2]

Dentre os candidatos ao pior investimento de todos os tempos estava a compra da empresa britânica de *software* Autonomy pela Hewlett-Packard (HP). A HP pagou $1,1 bilhão pela Autonomy. Apenas 13 meses mais tarde, ela depreciou o valor desse investimento em $8,8 bilhões. A HP alegou

---

[2] Os investidores privados que compraram o sistema falido passaram a se concentrar nos mercados aeronáutico, marítimo e de defesa, em vez de em consumidores no varejo. Em 2010, a empresa arrecadou $1,8 bilhão em novos financiamentos para substituir e aprimorar seus sistema de satélites. Os primeiros lançamentos de uma frota de 66 novos satélites estavam agendados para 2015.

que fora ludibriada por contabilidade imprópria por parte da Autonomy. De qualquer forma, a aquisição representou um investimento desastroso, e o CEO da HP foi demitido logo depois do ocorrido.

Os administradores financeiros não tomam decisões importantes de investimento em completo isolamento. Eles podem trabalhar como membros de uma equipe de engenheiros e gestores das áreas de manufatura, marketing e outros departamentos de negócios. Além disso, não pense em um gestor financeiro como um profissional que faz investimentos bilionários no dia a dia, pois a maior parte das decisões de investimentos têm importância menor e são mais simples, tais como a compra de um caminhão, uma máquina-operatriz ou um sistema de computador. As empresas tomam milhares dessas decisões menores de investimento todos os anos. A quantidade acumulada de pequenos investimentos pode ser tão grande como a de eventuais investimentos de grandes proporções, como mostra o Quadro 1.1.

Decisões de financiamento

A terceira coluna do Quadro 1.1 lista uma decisão de financiamento recente de cada uma das empresas. Uma empresa pode captar dinheiro junto a credores ou acionistas. Se ela contrai um empréstimo, os credores contribuem com o dinheiro e a empresa promete pagar a dívida acrescida de uma taxa de juro fixa. Se os acionistas levantam o dinheiro, eles não obtêm um retorno fixo, mas detêm ações e, portanto, obtêm uma fração do fluxo de caixa e dos lucros futuros. Os acionistas *investem em ações*, que contribuem para o financiamento de capital próprio, e a escolha entre financiamento de capital próprio e de dívida é chamada de decisão de **estrutura de capital**. O *capital* refere-se às fontes de financiamento de longo prazo da organização.

As opções de financiamento disponíveis para as grandes empresas parecem ser praticamente intermináveis. Suponha que a empresa decida contrair um empréstimo. Ela deve fazer isso recorrendo a um banco ou pela emissão de obrigações que podem ser negociadas pelos investidores? Deve tomar emprestado por 1 ou 20 anos? Se tomar emprestado por 20 anos, deve se reservar o direito de liquidar a dívida antecipadamente se as taxas de juro caírem? Deve contrair o empréstimo em Paris, com recebimento e promessa de pagamento em euros, ou tomar emprestado dólares em Nova York?

As empresas levantam financiamento de dois modos. Primeiro, elas podem emitir novas ações, ou seja, os investidores que as compram colocam dinheiro em troca por uma fração dos futuros fluxos de caixa e lucros da organização. Segundo, a empresa pode reservar o fluxo de caixa gerado por seus ativos existentes e reinvestir o montante em novos ativos. Nesse caso, ela está reinvestindo em nome de seus acionistas, uma vez que não são emitidas novas ações.

O que acontece quando uma empresa não reinveste todos seus fluxos de caixa gerados pelos ativos? Ela pode reter esses recursos em uma reserva para futuros investimentos ou remunerar seus acionistas. O Quadro 1.1 mostra que, em 2014, a Union Pacific pagou $1,5 bilhão em dividendos. No mesmo ano, o Walmart remunerou seus acionistas em $6,7 bilhões pela recompra de ações, medida esta que reforçou os $6,9 bilhões pagos como dividendos. A decisão de pagar dividendos ou de recomprar ações é chamada *decisão "de payout"*, tema que será abordado no Capítulo 16.

Sob certos aspectos, as decisões de financiamento são menos importantes que as de investimento, e os gestores financeiros dizem que o "valor deriva essencialmente do lado dos ativos do balanço patrimonial". De fato, a maior parte das organizações bem-sucedidas às vezes têm as estratégias de financiamento mais simples. Tomemos como exemplo a Microsoft, que é uma das empresas mais valiosas do mundo. Em dezembro de 2014, suas ações individuais estavam cotadas a $47,5. Havia cerca de 8,2 bilhões de ações em circulação, portanto o valor de mercado global da Microsoft – sua *capitalização* ou *market cap* – era de $47,5 × 8,2 = $390 bilhões.

De onde se originou esse valor de mercado? Ele veio do desenvolvimento de produtos da empresa, de sua marca e da base de clientes espalhados mundo afora, do departamento de pesquisa e desenvolvimento, e de sua capacidade de tornar seus investimentos futuros rentáveis. O valor *não* resultou de financiamentos sofisticados, pois a estratégia de financiamento da Microsoft é muito simples: ela não carrega nenhum endividamento e financia praticamente todos os investimentos por reter e reinvestir fluxos de caixa.

As decisões de financiamento talvez não possam agregar muito valor se comparadas às boas decisões de investimento, mas podem destruí-lo se forem estúpidas ou logradas por más notícias.

Em 2007, por exemplo, depois que um consórcio de empresas de investimento comprou a TXU, uma gigante do ramo de energia, a empresa contraiu uma dívida extra de $50 bilhões. Essa talvez não tenha sido uma decisão burra, mas revelou-se quase fatal. O consórcio não previra a expansão da produção de gás de xisto e a queda acentuada resultante nos preços do gás natural e da eletricidade. Em 2014, a empresa (rebatizada como Energy Future Holdings) viu-se incapaz de arcar com o serviço de suas dívidas e declarou falência.

O mundo dos negócios é inerentemente arriscado, por isso o gestor financeiro deve identificar os riscos e ter certeza de que eles são administrados apropriadamente. Por exemplo, o endividamento tem suas vantagens, mas se for muito grande pode levar uma organização à falência, como descobriram os compradores da TXU. As organizações podem também desviar de seus cursos pelas recessões, por alterações nos preços de *commodities*, taxas de juro e de câmbio ou por desenvolvimentos políticos adversos. Todavia, alguns desses riscos podem ser protegidos ou segurados conforme explicamos nos Capítulos 26 e 27.

O que é uma corporação?

Estamos nos referindo a "corporações de sociedade anônima". Antes de nos aprofundarmos ou avançarmos ainda mais, precisamos oferecer algumas definições básicas e, à medida que for necessário, daremos mais detalhes nos capítulos posteriores.

Uma **corporação de sociedade anônima** é uma entidade legal. Na visão da lei, trata-se de uma *pessoa* jurídica cuja propriedade é de seus acionistas e, nessa qualidade, ela pode firmar contratos, conduzir atividades, tomar emprestado ou emprestar dinheiro, e processar ou ser processada. Uma empresa pode fazer uma oferta por outra empresa e, assim, ocorrer uma fusão dos dois negócios. As empresas pagam impostos – mas não podem votar!

Nos Estados Unidos, elas são constituídas sob as legislações estaduais, com base em seus *estatutos*, que definem o propósito do negócio e como ele deve ser governado e operado.[3] Por exemplo, o estatuto especifica a composição e o papel do *conselho de administração*.[4] Os conselheiros de uma corporação são eleitos pelos acionistas. Eles escolhem e aconselham a alta administração, e são requeridos para executar algumas ações corporativas importantes, tais como fusões ou o pagamento de dividendos aos acionistas.

Os acionistas detêm o poder de uma empresa, mas ela possui uma personalidade jurídica diferente, portanto, os acionistas têm uma **responsabilidade limitada**, o que indica que não podem ser pessoalmente responsabilizados pelas dívidas contraídas pela organização. Quando houve a quebra da financeira norte-americana Lehman Brothers, em 2008, não houve demandas para que seus acionistas entrassem com mais dinheiro para saldar suas dívidas volumosas. Eles podem perder todos seus investimentos em uma organização, mas esse é o limite de suas perdas.

Quando uma sociedade anônima é criada, suas ações podem pertencer a um pequeno grupo privado de investidores, talvez seus gestores e alguns financiadores. Nesse caso, as ações não são vendidas ao público, e a empresa é considerada de *capital fechado*, porém, se a empresa crescer e se forem emitidas mais ações para obtenção de capital adicional, as ações passam a ser vendidas em mercados públicos, como a Bolsa de Valores de Nova York. Essas sociedades são conhecidas como de *capital aberto* – a maior parte das corporações mais conhecidas nos Estados Unidos são desse tipo, com um número muito disperso de acionistas. Em outros países, é mais comum que as grandes corporações permaneçam com o capital fechado, e muitas delas podem ser controladas somente por um punhado de investidores. Essa última categoria inclui nomes famosos, como BMW, Benetton, L'Oréal e o Swatch Group.

Uma empresa de *capital aberto* de grande porte pode ter um número bem grande de acionistas, que detêm o negócio, mas possivelmente não podem controlá-lo ou gerenciá-lo diretamente.

---

[3] Nos Estados Unidos, as corporações são identificadas pelos nomes "Corporation", "Incorporated" ou "Inc.", como no US Airways Group Inc. No Reino Unido, identifica-se *public corporations* por "plc" (sigla para "Public Limited Corporation"). As corporações francesas têm o sufixo "SA" ("Société Anonyme"). Os nomes alemães correspondentes são "GmbH" ("Gesellschaft mit beschränkter Haftung") ou "AG" ("Aktiengesellschaft").

[4] Os estatutos das empresas estabelecem em mais detalhes os deveres do conselho de administração e como a organização deve conduzir seus negócios.

PRÁTICA FINANCEIRA

Outras formas de organização empresarial

Corporações não precisam ser empreendimentos proeminentes e multinacionais como aqueles listados no Quadro 1.1. Dando-se ao trabalho, é possível organizar o empreendimento de um encanador ou de uma barbearia como uma corporação. Mas em sua maioria, as corporações são empreendimentos de maior porte ou que visam crescer. Pequenos negócios familiares geralmente são organizados como propriedades individuais.

E quanto ao meio-termo? E quanto aos empreendimentos que crescem demais para se manterem propriedades pessoais, mas não querem se reorganizar como corporações. Suponha, por exemplo, que você deseje agregar dinheiro e conhecimentos especializados junto com alguns amigos ou sócios. A solução é formar um acordo de *sociedade* estabelecendo como as decisões deverão ser tomadas e como os lucros deverão ser divididos. Sócios, assim como proprietários individuais, arcam com responsabilidade ilimitada. Caso o empreendimento venha a enfrentar dificuldades, cada sócio pode ser considerado responsável por toda a dívida da empresa.

Nos Estados Unidos, sociedades têm vantagem fiscal. Sociedades, diferentemente das corporações, não pagam impostos sobre a receita. Os sócios pagam imposto somente sobre sua parcela dos lucros.

Alguns empreendimentos são híbridos que combinam a vantagem fiscal de uma sociedade com a vantagem de responsabilização limitada de uma corporação. Numa sociedade limitada, os sócios são classificados como gerais ou limitados. Sócios gerais administram o empreendimento e arcam com responsabilidade pessoal ilimitada por suas dívidas. Parceiros limitados são responsáveis apenas pelo dinheiro que investem e não participam da administração do negócio.

Muitos estados norte-americanos permitem *sociedades de responsabilidade limitada (LLPs – limited liability partnerships)* ou, de modo equivalente, *empresas de responsabilidade limitada (LLCs – limited liability companies)*. Trata-se de parcerias nas quais todos os sócios arcam com responsabilidade limitada.

Outra variação do mesmo tema é a *corporação profissional (PC – professional corporation)*, que é bastante usada por médicos, advogados e contadores. Nesse caso, o empreendimento tem responsabilidade limitada, mas os profissionais ainda podem ser processados pessoalmente, como por imperícia, por exemplo.

Em sua maioria, os grandes bancos de investimento como o Morgan Stanley e o Goldman Sachs começaram seus negócios como sociedades. Com o tempo, porém, essas empresas e suas exigências de financiamento ficaram grandes demais para que continuassem sendo sociedades, e se reorganizaram como corporações. A forma societária de organização não funciona bem quando a propriedade é difundida e quando a separação entre posse e gestão é essencial.

A *separação existente entre propriedade e controle* proporciona às sociedades anônimas a sua permanência. Mesmo que os administradores se demitam ou sejam demitidos ou substituídos, a sociedade permanece ativa. Atualmente, os acionistas podem vender todas as ações a novos investidores sem interromper as atividades da empresa.

As corporações de sociedade anônima podem, em princípio, ter uma continuidade infinita e, na prática, sobreviver durante muitas gerações. Uma das sociedades anônimas mais antigas é a Hudson's Bay Company, que foi formada em 1670 para se beneficiar do comércio de peles estabelecido entre a região norte do Canadá e a Inglaterra. Ela ainda opera como uma das cadeias de varejo canadenses mais importantes.

A separação entre propriedade e controle pode apresentar também uma desvantagem, pois ela abre as portas para que os administradores e conselheiros atuem em seus próprios interesses, e não no interesse dos acionistas (retornaremos a esse problema posteriormente no capítulo).

Há algumas desvantagens em ser uma corporação. Uma é o custo, tanto em termos de tempo quanto de dinheiro, de gerir o maquinário legal da corporação. Esses custos são especialmente penosos para pequenos negócios. Nos Estados Unidos, há também um importante inconveniente fiscal para as corporações. Como elas representam uma entidade legal em separado, são tributadas à parte. Assim, as corporações pagam impostos sobre seus lucros, e os acionistas são tributados novamente quando recebem dividendos da empresa ou quando vendem suas ações obtendo lucro. Em contraste, rendimentos gerados por negócios que não são incorporados são tributados como rendimento pessoal.

Quase todos os negócios de grande ou médio porte são corporações, mas o quadro Prática Financeira descreve como empresas de menor porte podem ser organizadas.

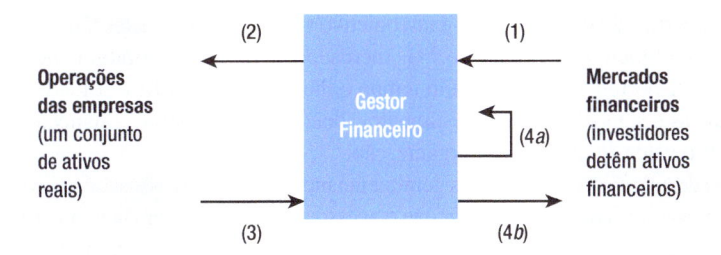

▶ **FIGURA 1.1** Fluxos monetários entre os mercados financeiros e as operações das empresas. Legenda: (1) fundos resultantes da venda de ativos financeiros aos investidores; (2) fundos investidos nas operações das empresas e utilizados para adquirir ativos reais; (3) fundos gerados pelas operações das empresas; (4a) fundos reinvestidos; (4b) retorno aos investidores.

O papel do gestor financeiro

Qual é a função essencial de um gestor financeiro? A resposta está na Figura 1.1, que traça como o dinheiro flui dos investidores para a empresa e como o dinheiro retorna aos investidores. O fluxo inicia-se quando os investidores captam o dinheiro (seta 1 da figura), e o montante pode vir dos bancos ou dos títulos vendidos aos investidores nos mercados financeiros. Eles são aplicados na compra de ativos reais (projetos de investimento de capital) usados nas operações da empresa (seta 2). Mais tarde, com o desenvolvimento das operações, os ativos geram fluxos de caixa (seta 3). Essa quantia ou é reinvestida (seta 4a) ou volta aos investidores que forneceram inicialmente o dinheiro (seta 4b). Claro que não é completamente livre a escolha entre as setas 4a e 4b; ela é restringida pelas promessas feitas quando houve o levantamento do dinheiro na seta 1. Por exemplo, se um banco empresta dinheiro à empresa na seta 1, esse dinheiro deve ser reembolsado ao banco, acrescido dos juros, na seta 4b.

Você pode ver exemplos das setas 4a e 4b no Quadro 1.1. A Exxon Mobile financiou seus projetos reinvestindo os lucros (seta 4a). O Walmart decidiu remunerar os acionistas ao recomprar suas ações (seta 4b), mas poderia ter escolhido distribuir dividendos adicionais na forma de dinheiro.

Observe como o gestor financeiro posiciona-se entre a empresa e os investidores externos. De um lado, o gestor financeiro ajuda a gerenciar as operações da empresa, particularmente quando colabora para que se tomem boas decisões de investimento. Por outro, ele lida com investidores – não apenas com os acionistas, mas também com instituições financeiras, como bancos e mercados financeiros, tais como a Bolsa de Valores de Nova York.

1.2 Objetivos financeiros da empresa

Os acionistas querem que os gestores maximizem o valor de mercado

O Walmart tem mais de 250 mil acionistas, e não é possível que todos eles estejam ativamente envolvidos na gestão, pois isso seria como tentar gerir a cidade de Nova York por meio de reuniões com a participação de todos os moradores. Sendo assim, a autoridade tem de ser delegada aos gestores profissionais. Mas como os gestores do Walmart podem tomar decisões que satisfaçam a todos seus acionistas? Nem entre dois acionistas conseguimos encontrar similaridades, pois eles diferem em idade, gostos, riqueza, horizonte de tempo, tolerância a riscos e estratégia de investimentos. Delegar a operação de uma organização a gestores profissionais somente pode dar certo se os acionistas tiverem um objetivo comum. Felizmente, há um objetivo financeiro natural sobre o qual praticamente todos os acionistas concordam: maximizar o valor corrente de mercado do investimento dos acionistas na empresa.

Um gestor eficiente e inteligente toma decisões que aumentam o valor corrente das ações da empresa e a riqueza de seus acionistas. Esse aumento de riqueza pode então ser colocado para qualquer propósito desejado pelos acionistas. Podem doar seu dinheiro para instituições de caridade ou gastá-lo em boates glamorosas, bem como poupá-lo ou gastá-lo na mesma hora. Independentemente de suas preferências ou objetivos pessoais, eles podem fazer mais quando suas cotas na organização valem mais.

Maximizar a riqueza dos acionistas é um objetivo sensível quando estes têm acesso a mercados financeiros que funcionam a contento.[5] Os mercados financeiros permitem que eles compartilhem riscos e transportem economias pelo tempo e lhes concedem a flexibilidade de gerir suas próprias poupanças e seus planos de investimentos, deixando aos gestores financeiros uma única tarefa: aumentar o valor de mercado da organização.

Um grupo de acionistas corporativos geralmente inclui tanto os avessos a risco como os investidores tolerantes a risco. Você pode esperar que o avesso a risco diga: "tudo bem maximizar o valor, mas tocar excessivamente projetos de alto risco não". Contrariamente, eles diriam: "não há problema com projetos arriscados, *contanto que* os lucros previstos sejam mais do que suficientes para compensar os riscos. Se a organização acaba sendo, em minha opinião, arriscada demais, ajustarei minha carteira de investimentos para torná-la mais segura". Por exemplo, os acionistas avessos a risco podem alterar uma boa parte de suas carteiras para ativos mais seguros, como os títulos do governo norte-americano, e simplesmente dizer adeus, vendendo as ações da empresa arriscada e comprando ações de uma mais segura. Se os investimentos arriscados aumentam o valor de mercado, os acionistas que partiram estão melhores do que se os investimentos arriscados fossem rejeitados.

Um resultado fundamental

O objetivo de maximizar o valor aos acionistas é amplamente aceito na teoria e na prática, e é importante entender o motivo. Vamos examinar os argumentos passo a passo, assumindo que o gestor financeiro deve atuar no interesse dos proprietários da organização, seus acionistas.

1. Cada acionista deseja três coisas:
    a. ser tão rico quanto possível, ou seja, maximizar sua riqueza atual;
    b. transformar essa riqueza no padrão temporal de consumo que mais deseja, quer contraindo empréstimo para gastar agora ou investir para gastar depois;
    c. escolher as características do risco desse plano de consumo.

2. Entretanto, os acionistas não precisam da ajuda do gestor financeiro para alcançar o melhor padrão temporal de consumo, uma vez que podem fazê-lo por si próprios, desde que tenham livre acesso a mercados financeiros competitivos. Podem, também, escolher as características de risco do seu plano de consumo ao investir em títulos com maior ou menor risco.

3. Como pode, então, um gestor financeiro ajudar os acionistas da empresa? Só há uma maneira: aumentar suas riquezas, o que significa aumentar o valor de mercado da organização e os preços correntes de suas ações.

Os economistas comprovaram esse princípio de maximização do valor com grande rigor e generalidade. Após ter estudado este capítulo, veja o Apêndice ao final dele, que contém um exemplo extra, o qual, embora simples, ilustra como o princípio da maximização do valor deriva do raciocínio econômico formal.

Temos sugerido que os acionistas querem ser mais ricos do que mais pobres e ouvimos, às vezes, os gestores falarem como se os acionistas tivessem outros objetivos. Podem dizer, por exemplo, que a sua função é "maximizar os lucros", o que não deixa de ser razoável. Afinal, não é verdade que os acionistas preferem possuir uma empresa lucrativa? Porém, ao pé da letra, a maximização de lucros não é um objetivo financeiro bem definido por, no mínimo, duas razões:

1. Maximização de lucros? Os lucros de que ano? Uma empresa pode conseguir aumentar os lucros correntes cortando as despesas com manutenção ou o treinamento dos funcionários, mas esses dispêndios podem ter agregado um valor a longo prazo. Os acionistas não acolherão bem lucros mais altos no curto prazo se os ganhos a longo prazo forem prejudicados.

---

[5] Aqui, utilizamos "mercados financeiros" como abreviatura para o setor financeiro da economia. Estritamente falando, devemos dizer "acesso a instituições e mercados financeiros que funcionam adequadamente". Muitos investidores lidam essencialmente com instituições financeiras, como bancos, seguradoras ou fundos mútuos. As instituições financeiras então se engajam em mercados financeiros, incluindo os mercados de ações e de obrigações, e atuam como intermediários financeiros em nome dos investidores individuais.

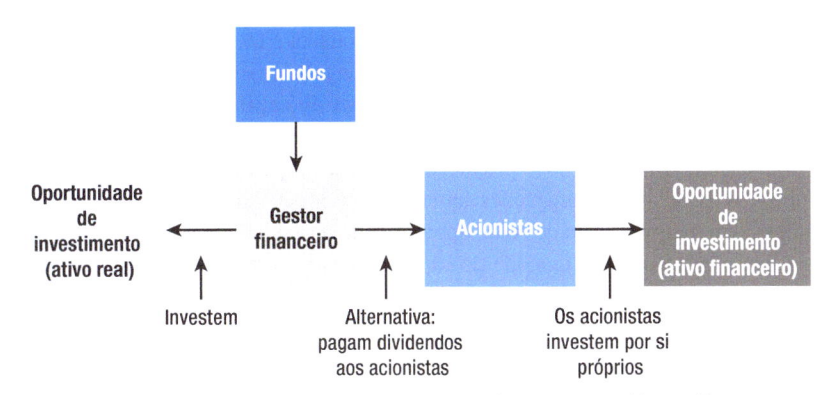

▶ **FIGURA 1.2** A empresa pode reter e reinvestir fundos ou retorná-los aos investidores. (As setas representam possíveis fluxos de caixa ou transferências.) Se os recursos são reinvestidos, o custo de oportunidade é a taxa de retorno esperada que os acionistas poderiam ter obtido se tivessem investido em ativos financeiros.

2. Uma empresa pode conseguir aumentar os lucros futuros diminuindo os dividendos deste ano e investindo esses fundos, atitude esta que irá contra os interesses dos acionistas se a empresa obtiver apenas um retorno modesto sobre o capital.

O cobertor curto dos investimentos

Ok, vamos analisar o objetivo de maximizar o valor de mercado. Mas por que alguns investimentos aumentam o valor de mercado, enquanto outros o diminuem? A resposta é dada pela Figura 1.2, que exibe as alternativas mutuamente excludentes das decisões corporativas sobre investimentos. A empresa tem um projeto de investimento proposto (um ativo real). Suponha que ela tenha recursos disponíveis suficientes para financiar o projeto. O gestor financeiro está tentando decidir se deve investir no projeto. Se ele decidir pelo não investimento, a empresa pode remunerar os acionistas, digamos, como um dividendo extra (as setas relativas ao investimento e ao dividendo da Figura 1.2 são as setas 2 e 4*b* na Figura 1.1).

Suponha que o gestor financeiro esteja atuando em benefício dos proprietários da organização, seus acionistas. O que esses acionistas querem que o gestor faça? A resposta depende da taxa de retorno com o projeto de investimento e da taxa de retorno que os acionistas podem obter se investirem nos mercados financeiros. Se o retorno oferecido pelo projeto de investimento for maior que a taxa de retorno que os acionistas podem obter ao investir em seus próprios termos, então estes últimos votarão pelo projeto de investimento. Se o projeto de investimento oferecer um retorno mais baixo do que os acionistas podem atingir por si próprios, eles votarão pelo cancelamento do projeto e, contrariamente, para receber o dinheiro.

A Figura 1.2 poderia ser aplicada, por exemplo, às decisões do Walmart de investir em novas lojas de varejo. Suponha que o Walmart tenha um montante reservado para construir 100 novas unidades em 2017. Ele poderia avançar com as novas unidades ou optar por cancelar o projeto de investimento e, depois, remunerar seus acionistas. Se proceder dessa forma, os acionistas poderiam investir por si próprios.

Suponha que o projeto das novas unidades seja exatamente tão arriscado quanto o mercado de ações norte-americano e que o investimento nesse mercado ofereça uma taxa de retorno esperada de 10%. Se as novas unidades oferecem uma taxa de retorno superior, por exemplo, de 20%, então os acionistas da organização ficariam satisfeitos deixando que a organização retivesse o montante e o investisse nas novas unidades. Se as novas unidades oferecem apenas um retorno de 5%, então os investidores preferem ficar com o dinheiro e sem as novas unidades; nesse caso, o gestor financeiro deve abortar o projeto de investimento.

Contanto que os investimentos propostos pela empresa ofereçam taxas de retorno mais altas do que seus acionistas podem obter em seus próprios termos no mercado de ações (ou em outros mercados financeiros), seus acionistas aprovarão os investimentos e aumentarão os preços de suas ações. Todavia, se a organização obtém um retorno inferior, os acionistas irão rejeitá-los, os preços das ações cairão e os próprios acionistas vão exigir seu dinheiro de volta de modo que possam investir sozinhos.

Em nosso exemplo, a taxa de retorno mínima aceitável para as novas unidades do Walmart é de 10%. Essa taxa mínima de retorno é denominada de *taxa de obstáculo* (*hurdle rate*), ou *custo do capital*, e é efetivamente um **custo de oportunidade do capital**, pois depende das *oportunidades* de investimento disponíveis aos investidores nos mercados financeiros. Sempre que uma empresa investe dinheiro em um novo projeto, seus acionistas perdem a oportunidade de investi-lo em seus próprios termos. As organizações aumentam o valor aceitando todos os projetos de investimento que obtêm mais do que o custo de oportunidade do capital.

Note que o custo de oportunidade do capital depende do risco do projeto de investimento proposto. Por quê? Não se trata apenas de por que os acionistas são avessos a riscos, mas sim por que eles têm de compensar o risco com base no retorno quando investem em seus próprios termos. Os investimentos mais seguros, como a dívida do governo norte-americano, oferecem baixas taxas de retorno, e investimentos com taxas de retorno esperadas mais altas – o mercado de ações, por exemplo – são mais arriscados e, por vezes, geram perdas dolorosas (o mercado de ações norte-americano caiu 38% em 2008, por exemplo). Outros investimentos são ainda mais arriscados. Por exemplo, as ações de crescimento de empresas de alta tecnologia oferecem a perspectiva de taxas de retorno maiores, porém ainda mais voláteis.

Note também que o custo de oportunidade do capital geralmente *não* é o que a empresa paga em um empréstimo bancário. Se a organização está fazendo um investimento arriscado, o custo de oportunidade é o retorno esperado que os investidores podem atingir em mercados financeiros no mesmo nível de risco. O retorno esperado em títulos arriscados fica normalmente bem acima da taxa de juro sobre o empréstimo bancário.

Os gestores analisam os mercados financeiros a fim de medir o custo de oportunidade do capital para os projetos de investimentos da empresa. Eles podem observar o custo de oportunidade do capital para investimentos seguros examinando as taxas de juros correntes em títulos de dívida seguros e, para investimentos arriscados, o custo de oportunidade do capital deve ser estimado. Começaremos a enfrentar essa tarefa no Capítulo 7.

Os gestores deveriam cuidar dos interesses de seus acionistas?

Até aqui, partimos do princípio de que os gestores financeiros atuam em nome dos acionistas, que desejam maximizar suas riquezas, mas talvez isso levante uma questão: é *desejável* que os gestores atuem no interesse egoísta dos acionistas? O enfoque no enriquecimento dos acionistas significa que os gestores devam atuar como mercenários ávidos, cavalgando tiranicamente sobre os fracos e indefesos?

A maior parte deste livro é dedicada às políticas financeiras que aumentam o valor de uma empresa. Nenhuma dessas políticas requer que se galope sobre os fracos e indefesos, pois na maioria das vezes há pouco conflito entre se dar bem (maximizando o valor) e fazer o bem. As empresas lucrativas são as que têm clientes satisfeitos e funcionários leais; as empresas com clientes insatisfeitos e uma força de trabalho descontente acabam, provavelmente, diminuindo os seus lucros e o preço de suas ações.

A maior parte das organizações estabelecidas pode agregar valor construindo relações de longo prazo com seus clientes e estabelecendo uma reputação de honestidade nos negócios e de integridade financeira. Quando acontece algo para minar essa reputação, os custos podem ser enormes.

Então quando afirmamos que o objetivo da empresa é maximizar a riqueza dos acionistas, não queremos dizer que "vale tudo". A lei impede os administradores de tomar decisões manifestamente desonestas, mas a maioria desses profissionais não está preocupada apenas com a letra da lei ou com o cumprimento dos contratos. Nos negócios e nas finanças, tal como em outras atividades do dia a dia, há regras de comportamento implícitas não escritas, as quais tornam as transações financeiras rotineiras viáveis, pois cada parte envolvida na transação tem de confiar na outra para manter seu lado da barganha.[6]

---

[6] Veja L. Guiso, L. Zingales and P. Sapienza. "Trusting the Stock Market". *Journal of Finance* 63 (December 2008), pp. 2.557-600. Os autores mostram que a falta de confiança de um indivíduo é um impedimento significativo para sua participação no mercado de ações. "Falta de confiança" significa um medo subjetivo de ser enganado.

PRÁTICA FINANCEIRA

Disputas éticas nas finanças

Vendas a descoberto

Investidores que assumem posições vendidas estão apostando que os preços dos títulos irão cair. Geralmente eles fazem isso tomando o título emprestado, vendendo-o por dinheiro e então aguardando na esperança de poder comprá-lo de volta mais barato.* Em 2007, o gestor de *hedge fund* John Paulson assumiu uma enorme posição vendida em títulos lastreados por hipotecas. A aposta deu certo, e naquele ano a transação de Paulson obteve um lucro de $1 bilhão para o seu fundo.**

Será que a transação de Paulson foi antiética? Alguns acreditam que ele não apenas lucrou com a miséria resultante do *crash* dos títulos lastreados por hipotecas como também acentuou o colapso. É bem verdade que os vendedores a descoberto jamais foram populares. Após o *crash* de 1929, por exemplo, um comentarista comparou a venda a descoberto com perversidade de "criaturas que, em todos os terremotos e incêndios, surgem para saquear residências e mortos e feridos".

Investidores que vendem suas ações são muitas vezes descritos como "dando a Caminhada de Wall Street". Pois a venda a descoberto é a Caminhada de Wall Street com esteroides. Não apenas os vendedores a descoberto vendem aquelas ações que eventualmente já possuem como também tomam emprestado mais ações para vendê-las, esperando comprá-las de volta por menos, quando seus preços caírem. Empresas que apresentam mau desempenho são alvos naturais para os vendedores a descoberto, e os gestores de tais empresas naturalmente reclamam, muitas vezes amargamente. Em 2008, por exemplo, o governo norte-americano baniu temporariamente as vendas a descoberto de ações financeiras numa tentativa de interromper seu declínio.

Contudo, os defensores das vendas a descoberto argumentam que vender títulos quando se acredita que estejam supervalorizados é tão legítimo quanto comprá-los quando parecem estar subvalorizados. O objetivo de um mercado em bom funcionamento é estabelecer os preços corretos para as ações, e não preços sempre mais altos. Por que impedir as vendas a descoberto se elas transmitem verdadeiras más notícias, colocam pressão sobre empresas com mau desempenho e ajudam no funcionamento da governança corporativa?

Predadores corporativos

No filme *Uma Linda Mulher*, Richard Gere interpreta o papel de um predador de ativos, Edward Lewis. Ele compra empresas, desmembra-as e vende seus pedaços por mais do que pagou pelo pacote completo. No filme *Wall Street*, Gordon Gekko compra uma companhia aérea moribunda, divide-a e vende seus pedaços. Predadores corporativos reais talvez não sejam tão impiedosos quanto Edward Lewis ou Gordon Gekko, mas eles realmente miram empresas cujos ativos podem ser lucrativamente desmembrados e reaproveitados.

Isso levou muitos a reclamarem que os predadores buscam desmembrar empresas já estabelecidas, deixando-as muitas vezes com o fardo de pesadas dívidas, com o objetivo básico de ficarem ricos rapidamente. Um político alemão comparou-os a "nuvens de gafanhotos que caem sobre as empresa, devoram tudo que podem e depois partem para outra".

Mas às vezes os ataques podem aumentar o valor aos acionistas. Em 2012 e 2013, por exemplo, a Relational Investors formou uma parceria com o Sistema de Aposentadorias dos professores do Estado da Califórnia (o CSTRS, um fundo de pensão) para tentar forçar a Timken Co. a se dividir em duas empresas, uma para sua divisão de aço e outra para sua divisão de rolamentos industriais. A Relational e o CSTRS acreditavam que a combinação de divisões não relacionadas da Timken era ineficiente e sem foco. A gestão da Timken respondeu que um desmembramento iria "privar nossos acionistas de valor a longo prazo – tudo isso por uma tentativa de criar ganhos ilusórios a curto prazo por meio de engenharia financeira". Mas o preço das ações da Timken subiram com a possibilidade de um desmembramento, e um voto não vinculativo dos acionistas sobre a proposta da Relational atraiu uma maioria de 53%.

Onde você delimita a fronteira ética em tais exemplos? Será que a Relational Inverstors foi um predador (que soa mal) ou um "investidor ativista" (que soa bem)? Desmembrar uma carteira de negócios pode criar ajustes difíceis e demissões. Algumas partes interessadas, como os funcionários da empresa, podem sair perdendo. Mas os acionistas e a economia em geral saem ganhando quando empreendimentos são administrados de forma mais eficiente.

Evitação de impostos

Em 2012, foi revelado que durante os 14 anos em que a Starbucks vinha operando no Reino Unido, ela quase não pagou impostos. A indignação pública levou a um boicote às lojas da Starbucks, e a empresa reagiu prometendo que iria pagar ao erário cerca de $16 milhões a mais do que era obrigada por lei. Vários meses depois, um comitê do senado norte-americano que estava investigando evitação fiscal por em-

---

*Não precisamos nos aprofundar na mecânica das vendas a descoberto aqui, mas repare que o vendedor fica obrigado a comprar o título de volta, mesmo se o preço decolar muito acima do preço de venda. Como diz o ditado: "Aquele que vende o que não é seu, compra de volta ou vai para a cadeia".

**A história de Paulson é contada em G. Zuckerman, *The Greatest Trade Ever*, Broadway Business, 2009. A transação foi polêmica por motivos que vão além da venda a descoberto.

presas de tecnologia divulgou que a Apple utilizou uma teia "altamente questionável" de entidades *offshore* para evitar bilhões em impostos nos Estados Unidos.

Empresas multinacionais, como a Starbucks e a Apple, são capazes de reduzir seu pagamento de impostos usando técnicas legais com nomes exóticos, tais como "Sanduíche Holandês", "Irlandês Duplo" e "Marque a Opção". Mas o ultraje público suscitado por essas revelações sugere que para muita gente, embora legais, essas brechas são antiéticas. Se forem de fato antiéticas, isso impõe uma questão capciosa: como as empresas podem decidir quais esquemas fiscais são éticos e quais não são? Será que uma empresa estará agindo segundo os interesses de seus acionistas se pagar voluntariamente mais impostos do que é obrigada a pagar?

É certo que a confiança é eventualmente má colocada. Charlatões e fraudadores, de modo geral, são capazes de se esconder por trás de mercados em grande desenvolvimento. Apenas "quando a maré baixa é que você identifica quem estava nadando nu".[7] A onda passou em 2008 e foram expostas várias fraudes. Um exemplo notório foi o do esquema de Ponzi (também conhecido como esquema de pirâmide), operado pelo financiador nova-iorquino Bernard Madoff.[8] Indivíduos e instituições aplicaram $65 bilhões no esquema antes de ele colapsar, em 2008. (Não ficou claro o que Madoff fez com todos esses recursos, mas uma grande parte aparentemente serviu para reembolsar os primeiros investidores do esquema de modo a criar a impressão de um desempenho superior nos investimentos.) Em retrospecto, os investidores não deviam ter confiado em Madoff ou nos consultores financeiros que desviaram o dinheiro para ele.

O esquema de pirâmide de Madoff foi (assim esperamos) algo que ocorre uma vez na vida, outra na morte.[9] Ele foi espantosamente antiético, ilegal e triste, isso é óbvio. Os problemas difíceis para os gestores financeiros residem nas zonas cinzentas. Veja, por exemplo o quadro Prática Financeira aqui próximo, que apresenta três problemas éticos. Reflita sobre sua própria posição quanto a essas questões e onde você delimita a fronteira ética.

Qual é a fonte subjacente de comportamento empresarial antiético? Às vezes um funcionário simplesmente é desonesto. Frequentemente, porém, o comportamento parte de uma cultura de dentro da empresa que encoraja forte pressão para vender ou transações inescrupulosas. Nesse caso, a raiz do problema recai sobre o alto escalão que promove tais valores.

Problemas de agência e governança corporativa

Enfatizamos a *separação entre propriedade e controle* em sociedades anônimas de capital aberto. Os proprietários (acionistas) não conseguem controlar os atos dos gestores, exceto indiretamente por meio do conselho de administração, separação esta que é necessária, mas também perigosa, e cujos riscos podem ser vistos. Os gestores podem se sentir tentados a comprar jatos corporativos suntuosos ou agendar reuniões de negócio em *resorts* luxuosos. Podem se esquivar de projetos atrativos, porém arriscados, pois estão mais preocupados com a manutenção de seus cargos do que com a maximização do valor aos acionistas. Eles talvez trabalhem simplesmente para maximizar seus próprios bônus, e, com isso, redobrem seus esforços para formar e revender hipotecas *subprime* defeituosas.

Os conflitos entre os objetivos dos acionistas e dos gestores criam *problemas de agência*, e esses problemas surgem quando os *agentes* trabalham para os *mandantes*. Os acionistas são os *mandantes* e os gestores, seus agentes. Incorre-se em **custos de agência** quando: (1) os gestores não tentam maximizar o valor da empresa; e (2) quando os acionistas incorrem em custos para monitorar os gestores e restringir seus atos.

---

[7] A citação deve-se à carta anual de Warren Buffett aos acionistas da Berkshire Hathaway, março de 2008.

[8] Os esquemas de Ponzi receberam esse nome por causa de Charles Ponzi, que fundou uma empresa de investimento em 1920 prometendo retornos incrivelmente altos aos investidores. Logo, houve uma enxurrada de fundos de investidores na Nova Inglaterra, com aporte de $1 milhão durante um período de três horas. Ponzi aplicou apenas cerca de $30 mil do montante levantado, mas utilizou parte do dinheiro fornecido pelos últimos investidores para pagar generosos dividendos aos investidores originais. Em questão de meses, o esquema colapsou e Ponzi foi condenado a uma sentença de cinco anos de prisão.

[9] Os esquemas de Ponzi surgem repentinamente com uma certa frequência, mas nenhum se aproximou tanto do seu escopo e duração como o de Madoff.

Os problemas de agência podem levar, por vezes, a comportamentos extravagantes. Isso ocorreu, por exemplo, quando Dennis Kozlowski, CEO da Tyco, fez uma festa em comemoração aos 40 anos de aniversário de sua esposa no valor de $2 milhões, debitando praticamente a metade do custo para sua empresa. Isso naturalmente foi um conflito de interesses extremo, bem como ilegal, mas surgem mais problemas de agência moderados e sutis sempre que os gestores pensam de forma um pouco mais leviana sobre gastar dinheiro quando este não lhes pertence.

Mais adiante neste livro, examinaremos como bons sistemas de governança garantem que os bolsos dos acionistas fiquem perto dos corações dos gestores. Isso inclui itens como: incentivos bem desenhados para gestores; padrões de contabilidade e de divulgação a investidores; exigências para conselhos de administração; e sanções legais para transações internas entre a gestão. Quando escândalos surgem, dizemos que a governança corporativa não funcionou bem. Quando empresas competem de forma eficaz e ética para entregar valor aos acionistas, nos reconfortamos que a governança esteja funcionando de modo apropriado.

1.3 Amostra prévia das próximas atrações

A Figura 1.2 ilustra como o gestor financeiro pode adicionar valor à empresa e a seus acionistas. Ele busca por investimentos que oferecem taxas de retorno superiores ao custo de oportunidade do capital. Mas essa busca abre um baú de tesouros repleto de novas perguntas relacionadas.

- *Como faço para calcular a taxa de retorno?* A taxa de retorno é calculada a partir das entradas e saídas de caixa geradas pelo projeto de investimento. Veja os Capítulos 2 e 5.

- *Uma taxa mais alta de retorno sobre o investimento é sempre melhor?* Nem sempre, por dois motivos. Primeiro, uma taxa mais baixa mas mais segura de retorno pode ser melhor do que uma taxa mais alta mas mais arriscada de retorno. Segundo, um investimento com um percentual mais alto de retorno pode gerar menos valor do que um investimento de menor retorno que é mais volumoso ou que dura mais tempo. Mostraremos como calcular o valor presente (VP) de uma vazão de fluxo de caixa no Capítulo 2. O valor presente é um conceito do tipo "pau para toda obra" nas finanças corporativas, e fará sua aparição em quase todos os capítulos.

- *O que são fluxos de caixa?* Os fluxos de caixa futuros de um projeto de investimento devem somar todas as entradas e saídas de caixa geradas pela decisão de investir. Os fluxos de caixa são calculados após o pagamento dos impostos corporativos. Eles representam os fluxos de caixa livres que podem ser pagos aos acionistas ou reinvestidos em nome deles. O Capítulo 6 explica os fluxos de caixa livre em detalhe.

- *Como o gestor financeiro sabe ao certo se as previsões de fluxo de caixa são realistas?* Como observou Niels Bohr, vencedor do Prêmio Nobel de Física: "É difícil fazer previsões, sobretudo se for sobre o futuro". Mas bons gestores financeiros conseguem agregar informações relevantes e isentar suas previsões de vieses ou de otimismo impensado. Veja os Capítulos 6 e 9 até o 11.

- *Como mensuramos o risco?* Examinamos o risco arcado pelos acionistas, reconhecendo que os investidores podem diluir ou eliminar alguns riscos ao manterem carteiras diversificadas (Capítulos 7 e 8).

- *De que forma o risco afeta o custo de oportunidade do capital?* Aqui precisamos de uma teoria sobre o risco e o retorno em mercados financeiros. A teoria mais amplamente usada é do *Capital Asset Pricing Model* (Capítulos 8 e 9).

- *O que determina o valor em mercados financeiros?* Abordamos a avaliação de obrigações e ações ordinárias nos Capítulos 3 e 4. Retornaremos aos princípios da atribuição de valor diversas vezes em capítulos posteriores. Como você verá, a essência das finanças corporativas é a atribuição de valor.

- *De onde vem os financiamentos?* Em termos gerais, vêm da contração de empréstimos ou de caixa investido ou reinvestido pelos acionistas. Mas o financiamento pode ficar complicado quando mergulhamos em suas especificidades. O Capítulo 14 apresenta uma visão geral do financiamento. Os Capítulos 23 a 25 abordam as fontes de financiamento por endividamento, incluindo *leasing* financeiro, que nada mais é do que uma dívida disfarçada.

- *Dívida ou capital próprio? Faz alguma diferença?* Não em um mundo de mercados financeiros perfeitos. No mundo real, porém, a escolha entre dívida ou capital próprio faz, sim, diferença, mas por muitas razões possíveis, incluindo impostos, riscos de falência, diferenças de informação e incentivos. Veja os Capítulos 17 e 18.

Eis perguntas suficientes para começar, mas você já pode ver temas marginais emergindo. Por exemplo, a essência das finanças corporativas é a atribuição de valor, mas não apenas pelos motivos recém listados, e sim porque a maximização de valor é a meta financeira natural da empresa. Outro tema é a importância do custo de oportunidade do capital, que é estabelecido em mercados financeiros. O gestor financeiro é um intermediário, o qual precisa entender os mercados financeiros tão bem quanto as operações e investimentos da empresa.

RESUMO

Uma empresa tem de tomar duas principais decisões financeiras. Primeiro, que investimentos ela deve fazer? Segundo, como ela deve financiar os investimentos? A primeira decisão é a de investimento e a segunda, a de financiamento.

Os acionistas que detêm a empresa querem que seus gestores maximizem seu valor global e o preço corrente de seus ativos. Todos eles podem concordar com o objetivo de maximização do valor, contanto que os mercados financeiros lhes deem a flexibilidade para gerir suas próprias poupanças e seus planos de investimentos. Certamente, o objetivo da maximização de riqueza não justifica comportamentos antiéticos. Os acionistas não querem o máximo valor possível para as ações, mas sim o valor mais honesto possível para elas.

Como os gestores financeiros podem aumentar o valor de uma empresa? Essencialmente tomando boas decisões de investimento. As decisões de financiamento podem também agregar valor, e certamente podem destruí-lo se você arruína tudo. Mas em geral é a rentabilidade dos investimentos corporativos que separam os vitoriosos do valor do restante do grupo.

As decisões de investimento envolvem alternativas mutuamente excludentes. A empresa pode ou investir dinheiro ou retorná-lo para os acionistas, por exemplo, como um dividendo extra. Quando a empresa investe esses recursos em vez de remunerar os acionistas, estes últimos privam-se da oportunidade de investir em seus próprios termos nos mercados financeiros. O retorno do qual estão abrindo mão é, portanto, o custo de oportunidade do capital. Quando os investimentos da organização conseguem obter um retorno mais alto do que o custo de oportunidade do capital, o preço das ações aumenta. Quando os investimentos da empresa dão retornos abaixo do custo de oportunidade do capital, o preço das ações diminui.

Os gestores não são dotados com um gene especial de maximização do valor e considerarão seus próprios interesses pessoais, o que gera conflito potencial de interesses com os acionistas externos. Esse conflito é chamado problema do agente principal, e qualquer perda de valor resultante é chamada custo de agência.

Os investidores só confiam seus recursos à empresa quando sentem-se confiantes de que os gestores atuarão eticamente em seu nome. Empresas bem-sucedidas contam com sistemas de governança que ajudam a alinhar os interesses dos gestores com os dos acionistas.

Lembre-se dos cinco temas a seguir, pois você os verá muitas vezes ao longo deste livro:

1. A essência das finanças corporativas é a maximização do valor.
2. O custo de oportunidade do capital estabelece o padrão para as decisões de investimento.
3. Um dólar seguro vale mais do que um dólar arriscado.
4. Decisões inteligentes de investimento criam mais valor do que decisões inteligentes de financiamento.
5. Boa governança faz a diferença.

PROBLEMAS

BÁSICO

1. **Decisões de investimento e de financiamento** Leia o seguinte texto: "As empresas geralmente compram ativos (*a*). Estes incluem não só ativos tangíveis, tais como (*b*), mas também ativos intangíveis, tais como (*c*). Para poder pagar esses ativos, a empresa vende ativos (*d*), tais como (*e*). A decisão relativa à escolha dos ativos a adquirir em geral é designada por decisão de (*f*) ou (*g*). A decisão relativa à obtenção dos recursos financeiros é usualmente designada por decisão de (*h*)". Agora, preencha cada um dos espaços com o termo mais apropriado: *financiamento*, *reais*, *obrigações*, *investimento*, *aviões*, *financeiros*, *orçamento de capital*, *marcas comerciais da empresa*.

2. **Decisões de investimento e de financiamento** Quais dos seguintes ativos são reais e quais são financeiros?
   a. Uma participação no capital social.

b. Um documento representativo de uma dívida pessoal.
c. Uma marca comercial.
d. Uma fábrica.
e. Um terreno não urbanizado.
f. O saldo da conta de depósitos à ordem da empresa.
g. Uma força de vendas experiente e diligente.
h. Um título de uma empresa.

3. **Decisões de investimento e de financiamento** Teste de vocabulário. Explique as diferenças entre:
   a. Ativos reais e financeiros.
   b. Orçamento de capital e decisões de financiamento.
   c. Empresas de capital fechado e empresas de capital aberto.
   d. Responsabilidade limitada e responsabilidade ilimitada.

4. **Corporações** Quais das seguintes declarações se aplicam sempre às sociedades anônimas?
   a. Responsabilidade ilimitada.
   b. Vida limitada.
   c. A propriedade pode ser transferida sem afetar a operacionalidade.
   d. Os gestores podem ser demitidos sem efeitos na propriedade.

INTERMEDIÁRIO

5. **Separação de propriedade** Na maior parte das grandes empresas, a propriedade e a gestão estão separadas. Quais são as implicações principais dessa separação?

6. **Custo de oportunidae de capital** A F&H Corp. continua a investir pesadamente em uma indústria em declínio. Eis aqui um trecho de uma palestra recente dada pelo seu CFO:

    Nós da F&H certamente ficamos atentos às reclamações de alguns investidores amorais e analistas de títulos desinformados sobre o crescimento lento dos lucros e dos dividendos. À diferença desses crédulos contumazes, temos confiança na demanda de longo prazo no setor de transmissores mecânicos, apesar da competição com os produtos digitais. Portanto, estamos determinados a investir de modo a manter nossa fatia no mercado de transmissores global. Nossa empresa possui um processo de aprovação rigoroso do dispêndio com ativos fixos e estamos confiantes na obtenção de retornos sobre o investimento da ordem de 8%. Esse é um retorno muito melhor do que os ganhos obtidos com a manutenção do dinheiro em caixa.

    O CFO começou a explicar que a F&H investia o excesso de caixa em títulos governamentais norte-americanos de curto prazo, que são praticamente isentos de risco, mas oferecem uma taxa de retorno de somente 4%.

   a. A previsão de um retorno de 8% na linha dos transmissores é necessariamente melhor do que um retorno seguro de 4% nos títulos governamentais dos Estados Unidos? Por quê ou por que não?
   b. O custo de oportunidade do capital da F&H é de 4%? Como, em princípio, deve o CFO determinar o custo do capital?

7. **Metas empresariais** Podemos imaginar o gestor financeiro fazendo diversas coisas em nome dos acionistas da empresa. Por exemplo, ele poderia:
   a. Aumentar a riqueza dos acionistas o máximo possível investindo em ativos reais.
   b. Modificar o plano de investimentos da empresa de modo a ajudar os acionistas a atingir um particular padrão de consumo.
   c. Escolher ativos de alto ou baixo risco para concordar com as preferências de riscos dos acionistas.
   d. Ajudar a equilibrar os pagamentos aos acionistas.

    Entretanto, nos mercados de capital com funcionamento adequado, os acionistas votarão em *apenas* um desses objetivos. Qual deles? Por quê?

8. A Sra. Espinoza está aposentada e o seu rendimento depende dos seus investimentos. O Sr. Liu é um jovem executivo que quer poupar para o futuro. Ambos são acionistas na Scaled Composites, LLC, que está construindo a *SpaceShipOne* para fazer viagens comerciais ao espaço, mas o retorno desse investimento somente será percebido em um futuro relativamente distante. Considere que ela possui um VPL positivo para o Sr. Liu. Explique por que o investimento também faz sentido para a Sra. Espinoza.

9. **Problemas de agência** Por que é possível esperar que os gestores atuem nos interesses dos acionistas? Dê algumas razões.

10. **Problemas de agência** Muitas empresas têm implantado barreiras que tornam mais difícil ou custoso o processo de aquisição por outras empresas. Como essas barreiras podem afetar seus problemas de agência? Os gestores das organizações com barreiras formidáveis contra *takeovers* têm maior ou menor probabilidade de atuar no interesse dos acionistas em vez de em seus próprios interesses? O que você acha que aconteceria com o preço das ações se os gestores acabassem propondo a instituição de tais barreiras?

11. **Questões éticas** A maioria dos gestores não tem dificuldade em evitar ações descaradamente desonestas. Mas há algumas zonas cinzentas, nas quais é questionável se uma ação é de fato antiética e inaceitável. Dê uma sugestão de um importante dilema ético que as empresas podem enfrentar. Quais princípios devem nortear suas decisões?

APÊNDICE

Por que faz sentido maximizar o valor aos acionistas

Temos sugerido que mercados financeiros que funcionam adequadamente permitem que diferentes investidores concordem sobre o objetivo de se maximizar o valor. Essa ideia é suficientemente importante e requer que façamos uma pausa para examiná-la mais cuidadosamente.

Como os mercados financeiros conciliam as preferências entre o consumo atual e o consumo futuro

Suponha que há dois investidores potenciais com preferências completamente diferentes. Considere que F seja a Formiga, que quer poupar para o futuro, e que C seja a Cigarra, que prefere gastar toda a sua riqueza imediatamente, esquecendo-se do futuro. Suponha que cada um deles tenha um "pé de meia" de exatamente $100 mil em moeda corrente. C escolhe gastar ainda hoje todo o montante, enquanto F prefere investir no mercado financeiro. Se a taxa de juros é de 10%, F então teria 1,10 × $100 mil = $110 mil para gastar no fim de um ano. Certamente há muitas estratégias intermediárias possíveis. Por exemplo, F ou C poderiam optar por dividir a diferença, gastando $50 mil agora e depositando os $50 mil restantes para obter 1,10 × $50 mil = $55 mil no próximo ano. A faixa inteira de possibilidades é mostrada pela linha verde na Figura 1A.1.

Em nosso exemplo, F usou o mercado financeiro para adiar o consumo, mas o mercado também pode ser utilizado para antecipar o consumo no tempo. Vamos ilustrar supondo que, em vez de ter disponível $100 mil, nossas duas amigas deverão receber, individualmente, $110 mil no fim do ano. Nesse caso, F estará feliz por esperar e gastar a renda quando a obtiver, mas C preferirá tomar emprestada sua renda futura e continuar a participar ininterruptamente de festas. Com uma taxa de juros de 10%, C pode contrair um empréstimo e gastar $110 mil/1,10 = $100 mil. Assim, o mercado financeiro fornece uma espécie de máquina do tempo que possibilita às pessoas separarem o *timing* de suas rendas do *timing* de seus gastos. Observe que, com uma taxa de juros de 10%, F e C estão igualmente satisfeitos com os $100 mil disponíveis, ou um rendimento de $110 mil no fim do ano. Eles não se preocupam com o *timing* do fluxo de caixa; apenas preferem que este tenha o valor mais alto no presente ($100 mil em nosso exemplo).

Investimentos em ativos reais

Na prática, os indivíduos não estão limitados a investir em mercados financeiros; eles podem também adquirir fábricas, máquinas e outros ativos reais. Por exemplo, suponha que F e C tenham a oportunidade de investir os $100 mil em uma nova empresa que um amigo em comum está fundando, o que gerará um pagamento único seguro de $121 mil no próximo ano.

Claramente, F estaria satisfeita de investir no empreendimento, uma vez que isso lhe proporcionaria $121 mil para gastar no final do ano, em vez dos $110 mil que obteria pelo investimento do montante inicial no mercado financeiro. Mas, e sobre C, que quer agora o dinheiro, não no intervalo de um ano? Ela também estaria satisfeita por investir, contanto que possa tomar emprestado com base no futuro pagamento do projeto de investimento. A uma taxa de juro dessa ordem, C pode tomar emprestado $110 mil e, portanto, terá um rendimento extra de $10 mil para gastar no presente. Tanto F como C preferem investir no negócio do amigo, e o investimento aumenta suas riquezas, deslocando-as para cima, da linha preta para a linha verde na Figura 1A.1.

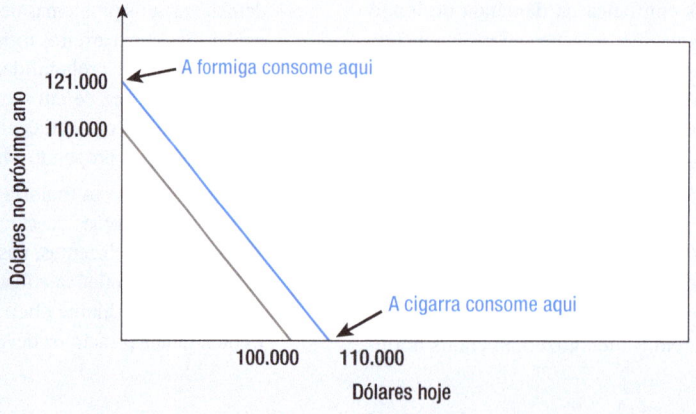

FIGURA 1A.1 A linha preta mostra os padrões de gasto possíveis para a formiga e a cigarra se investirem $100 mil no mercado de capitais. A linha verde mostra os padrões de gasto possíveis se ambas investirem no negócio do amigo. Ambas lucram mais se investirem no empreendimento, contanto que a cigarra possa tomar emprestada uma quantia com base no rendimento futuro.

Uma aceitação crucial

A condição-chave que permite que F e C concordem em investir no novo negócio é que ambas têm acesso a um mercado de capitais competitivo funcionando adequadamente, no qual podem contrair empréstimos e emprestar na mesma taxa de juro. Sempre que os acionistas de uma empresa tiverem igual acesso a mercados de capitais competitivos, o objetivo de maximizar o valor de mercado faz sentido.

É fácil ver como essa regra seria prejudicada se eles não tivessem um mercado de capitais funcionando adequadamente. Por exemplo, suponha que C não consiga contrair um empréstimo facilmente para fazer frente à renda futura. Nesse caso, ele poderia muito bem preferir gastar seu dinheiro no presente a investir em um novo negócio. Se F e C fossem acionistas da mesma empresa, a primeira estaria satisfeita pelo fato de a empresa investir, enquanto a segunda estaria solicitando dividendos correntes mais altos.

Ninguém acredita cegamente que os mercados financeiros funcionem perfeitamente. Adiante, analisaremos, neste livro, vários casos em que diferenças em impostos, custos de transação e outras imperfeições devem ser consideradas na elaboração das decisões financeiras. Contudo, também discutiremos estudos que indicam, na maioria dos casos, que os mercados financeiros funcionam razoavelmente bem. Nesse caso, maximizar o valor aos acionistas é um objetivo corporativo sensível, mas, por ora, depois de termos vislumbrados os problemas dos mercados imperfeitos, devemos, tal como um economista em um naufrágio, simplesmente *assumir* o nosso colete salva-vidas e nadar em segurança para a terra.

QUESTÕES

1. **Maximização de valor aos acionistas** Confira o exemplo numérico ilustrado da Figura 1A.1. Suponha que a taxa de juros seja de 20%. O que faria a Formiga (F) e a Cigarra (C) se começassem ambas com $100 mil? Investiriam no negócio do amigo? Contrairiam um empréstimo ou emprestariam? Quanto e como consumiria cada uma delas?

2. **Maximização de valor aos acionistas** Responda a esta questão desenhando gráficos como o da Figura 1A.1. Casper Milktoast dispõe de $200 mil para consumir nos períodos entre 0 (agora) e 1 (próximo ano). Quer consumir *exatamente* o mesmo em cada período. A taxa de juros é de 8%. Não há risco.

   a. Quanto deve investir e quanto pode consumir em cada período?

   b Suponha que Casper tenha a oportunidade de investir até $200 mil a 10%, sem risco. A taxa de juros continua a 8%. O que deve fazer? Quanto pode consumir em cada período?

CAPÍTULO 2

Como calcular valores presentes

Empresas investem em diversos tipos de coisas. Algumas são *ativos tangíveis* – isto é, ativos que você pode chutar, como fábricas, maquinário e escritórios. Outras são *ativos intangíveis,* tais como patentes e marcas registradas. Em ambos os casos, a empresa desembolsa algum dinheiro agora na esperança de receber ainda mais dinheiro depois.

Indivíduos também fazem investimentos. Sua educação universitária, por exemplo, pode lhe custar $40 mil ao ano. Este é um investimento que você espera ver compensado na forma de um salário mais alto daqui a algum tempo. Você está plantando agora para colher mais tarde.

Empresas pagam por seus investimentos arrecadando dinheiro e, nesse processo, assumindo passivos. Elas podem, por exemplo, contrair um empréstimo junto a um banco e prometer pagá-lo mais adiante. Talvez você também tenha financiado seu investimento em educação universitária tomando dinheiro emprestado com o plano de pagá-lo de volta com aquele salário generoso.

Todas essas decisões financeiras exigem comparações de pagamentos em dinheiro em diferentes datas. Será que seu salário futuro vai ser suficiente para justificar seus gastos atuais em mensalidades universitárias? Quanto você precisará pagar de volta ao banco se contrair um empréstimo para pagar pelo seu diploma?

Neste capítulo, daremos os primeiros passos para compreender a relação entre os valores em dinheiro hoje e os valores em dinheiro no futuro. Começaremos analisando como fundos de investimento a uma taxa de juros específica crescem com o passar do tempo. Em seguida, perguntaremos quanto você precisaria investir hoje para produzir uma soma específica de dinheiro no futuro, e descreveremos alguns atalhos para calcular o valor de uma série de pagamentos em dinheiro.

O termo *taxa de juros* parece suficientemente claro, mas as taxas podem ser cotadas de várias maneiras. Concluiremos o capítulo explicando a distinção entre a taxa cotada (nominal) e a taxa real ou efetiva de juros.

Depois que você aprender a avaliar fluxos de caixa que ocorrem em períodos diferentes no tempo, poderemos avançar e examinar nos próximos dois capítulos, como títulos e ações são avaliados. Depois, abordaremos as decisões de investimento de capital de uma maneira mais detalhada.

Para simplificar, cada um dos problemas apresentados neste capítulo está em dólares, mas os conceitos e cálculos são idênticos em euros, em ienes ou em quaisquer outras moedas.

2.1 Valores futuros e valores presentes

Cálculo de valores futuros

Pode-se investir dinheiro para a obtenção de juros. Assim, se lhe for dada a opção entre dispor de $100 agora ou no próximo ano, você naturalmente aceita o dinheiro agora para obter os juros de um ano. Os gestores financeiros adotam a mesma perspectiva quando dizem que o dinheiro tem um *valor temporal* ou quando citam o princípio mais básico das finanças: *um dólar na sua mão hoje é mais valioso do que um dólar amanhã.*

Suponha que você deposite $100 em uma conta bancária que pague juros de $r = 7\%$ ao ano. Ao fim do ano 1, você obtém $0,07 \times \$100 = \$7$, e o valor de seu investimento aumentará para $107:

$$\text{Valor do investimento após 1 ano} = \$100 \times (1 + r) = 100 \times 1,07 = \$107$$

Ao investir, você descarta a oportunidade de gastar $100 hoje, mas ganha a chance de gastar $107 no próximo ano.

Se você deixa seu dinheiro depositado no banco ao longo do ano 2, obterá $0,07 \times \$107 = \$7,49$, e seu investimento aumentará para $114,49:

$$\text{Valor do investimento após 2 anos} = \$107 = \$100 \times 1,07^2 = \$114,49$$

Hoje		Ano 2
$100	$\times 1,07^2$	$114,49

Observe que no ano 2 você obteve juro tanto de seu investimento inicial ($100) quanto do juro obtido no ano anterior ($7). Assim, sua riqueza cresceu a uma *taxa composta*, e o juro que você recebe é chamado **juro composto**.

Se você investe os $100 durante t anos, seu investimento continuará a crescer a uma taxa composta de 7% até $\$100 \times (1,07)^t$. Para qualquer taxa de juros r, o valor futuro de seu investimento de $100 será:

$$\text{Valor futuro de } \$100 = \$100 \times (1 + r)^t$$

Quanto maior a taxa de juros, mais rápido será o crescimento de suas economias. A Figura 2.1 ilustra que alguns pontos percentuais a mais na taxa de juros podem fazer maravilhas em sua futura riqueza. Por exemplo, ao fim de 20 anos, os $100 investidos a 10% renderão $\$100 \times (1,10)^{20} = \$672,75$. Se a taxa de juros for de 5%, o rendimento será de apenas $\$100 \times (1,05)^{20} = \$265,33$.

Cálculo de valores presentes

Vimos que os $100 investidos por dois anos a 7% gerariam um valor futuro de $100 \times 1,07^2 = \$114,49$. Vamos inverter isso e perguntar quanto você precisaria investir *hoje* para gerar $114,49 ao fim do ano 2. Em outras palavras, qual é o **valor presente (VP)** do rendimento de $114,49?

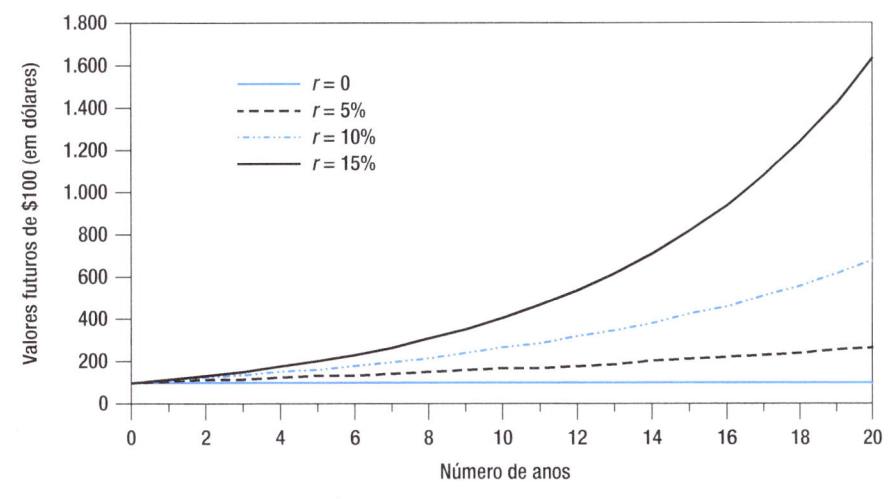

▶ **FIGURA 2.1** Como um investimento de $100 aumenta com juros compostos a diferentes taxas de juros.

Você já sabe que a resposta é $100, mas, se não sabia ou esqueceu, pode simplesmente fazer o cálculo inverso do valor futuro e dividir o rendimento futuro por (1,07).

$$\text{Valor presente} = VP = \frac{\$114,49}{(1,07)^2} = \$100$$

Hoje		Ano 2
$100	÷ 1,07²	$114,49

De modo geral, suponha que você receba um fluxo de caixa de C_t dólares no fim do ano t. O valor presente desse pagamento futuro é:

$$\text{Valor presente} = VP = \frac{C_t}{(1+r)^t}$$

A taxa, r, na fórmula é chamada de taxa de desconto, e o valor presente é o valor descontado do fluxo de caixa, C_t. Essa fórmula do valor presente eventualmente pode ser representada de maneira diferente. Em vez de *dividir* o futuro pagamento por $(1+r)^t$, é possível também *multiplicar* o pagamento por $1/(1+r)^t$. A expressão $1/(1+r)^t$ é chamada **fator de desconto** e mede o valor presente de um dólar recebido no ano t. Por exemplo, a uma taxa de juros de 7%, o fator de desconto de dois anos é:

$$FD_2 = 1/(1,07)^2 = 0,8734$$

Os investidores estão dispostos a pagar $0,8734 hoje para render $1 no fim de dois anos. Se cada dólar recebido no ano 2 vale $0,8734 hoje, então o valor presente de seu pagamento de $114,49 no ano 2 deverá ser:

$$\text{Valor presente} = FD_2 \times C_2 = 0,8734 \times 114,49 = \$100$$

Quanto mais tempo você tem de esperar pelo resgate de seu dinheiro, menor será o valor presente. Isso é ilustrado na Figura 2.2. Observe como pequenas variações na taxa de juros podem ter um efeito significativo no valor presente de fluxos de caixa distantes. A uma taxa de juros de 5%, um pagamento de $100 no ano 20 vale $37,69 hoje. Se a taxa de juros aumenta a 10%, o valor do futuro pagamento cai cerca de 60%, para $14,86.

Avaliação de uma oportunidade de investimento

Como você decide se uma oportunidade de investimento vale a pena? Suponha que você seja o dono de uma pequena empresa que está contemplando a construção de um edifício de escritórios no subúrbio. O custo da compra do terreno e da construção do edifício seria de $700 mil. Sua empresa possui caixa no banco para financiar a construção. Seu consultor imobiliário prevê uma escassez de espaço de escritório e projeta que você conseguirá vender o imóvel no ano que vem por $800 mil. Por simplicidade, assumimos inicialmente que esses $800 são garantidos.

A taxa de retorno sobre este projeto de um único período é fácil de calcular. Divida o lucro esperado ($800.000 – 700.000 = $100.000) pelo investimento necessário ($700.000). O resultado é 100.000/700.000 = 0,143, ou 14,3%.

A Figura 2.3 resume as suas escolhas. (Repare na semelhança com a Figura 1.2 no capítulo anterior.) Você pode investir no projeto, ou reembolsar seus acionistas, que podem investir por conta própria. Assumimos que eles podem obter 7% de lucro investindo durante um ano em ativos seguros (títulos da dívida do Tesouro norte-americano, por exemplo). Ou podem investir no mercado acionário, que é arriscado mas oferece um retorno médio de 12%.

Qual é o custo de oportunidade do capital, 7% ou 12%? A resposta é 7%: esta é a taxa de retorno que os acionistas da sua empresa poderiam obter investindo por conta própria com o mes-

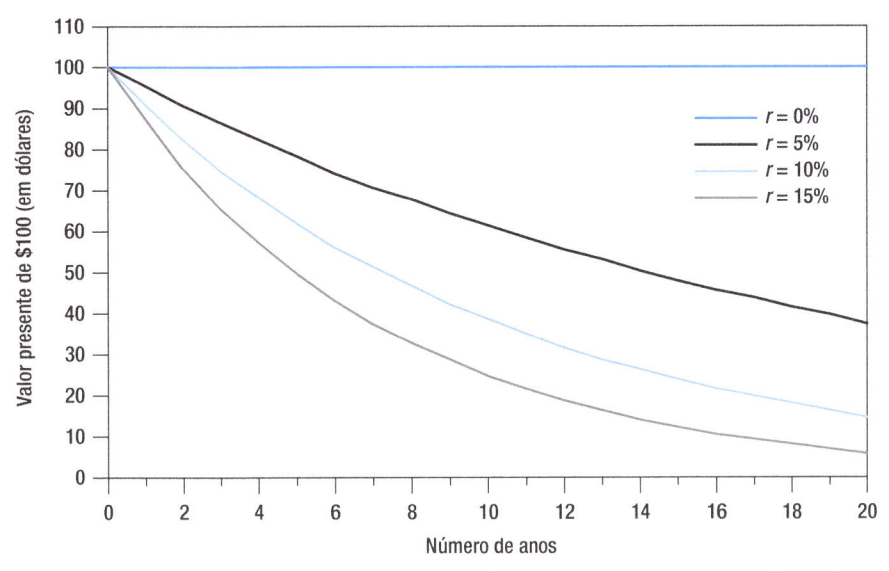

▶ **FIGURA 2.2** Valor presente de um fluxo de caixa futuro de $100. Note que quanto mais você tem de esperar por seu dinheiro, menos ele vale hoje.

mo nível de risco que o do projeto proposto. Aqui o nível de risco é zero. (Lembre-se, estamos assumindo por ora que o valor futuro do prédio de escritórios é conhecido com certeza.) Seus acionistas votariam unanimemente a favor do projeto de investimento, já que oferece um retorno seguro de 14% *versus* um retorno seguro de 7% nos mercados financeiros.

O projeto do prédio de escritórios, portanto, recebe "luz verde", mas qual o seu valor e quanto o investimento acrescentará à sua riqueza? O projeto produz um fluxo de caixa ao final do primeiro ano. Para encontrar o seu valor presente, descontamos esse fluxo de caixa pelo custo de oportunidade do capital:

$$\text{Valor presente} = \text{VP} = \frac{C_1}{1+r} = \frac{800.000}{1{,}07} = \$747.664$$

Vamos supor que, assim que comprou o terreno e pagou a construção, você tenha decidido pela venda do projeto. Por quanto poderia vendê-lo? Essa é uma pergunta fácil. Como o imóvel valerá seguramente $800 mil daqui a um ano, então a propriedade deve valer o seu VP de $747.664 hoje.

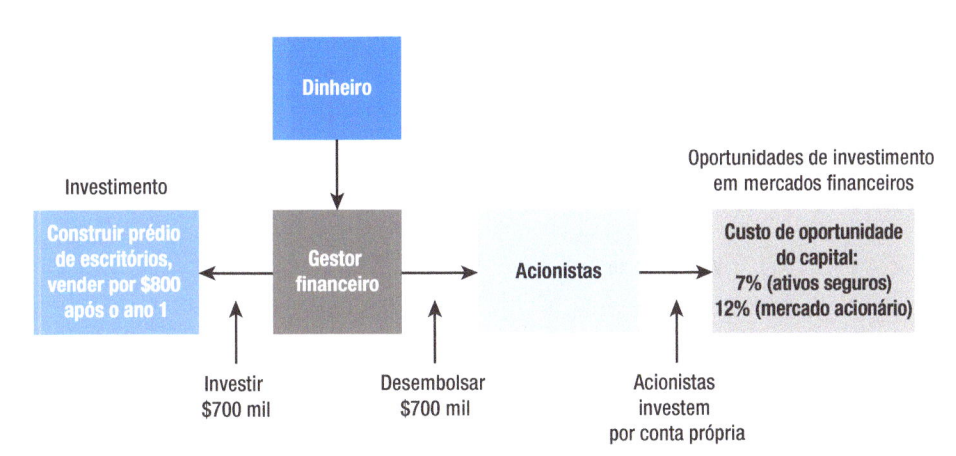

▶ **FIGURA 2.3** A sua empresa pode ou investir $700 mil em um prédio de escritórios e vendê-lo após o primeiro ano por $800 mil, ou pode devolver os $700 mil aos acionistas para que eles invistam nos mercados financeiros.

Essa é a quantia que investidores em mercados financeiros precisariam pagar para obter o mesmo rendimento futuro. Se você tentasse vender sua propriedade por mais, não haveria compradores, pois esta ofereceria, portanto, uma taxa de retorno esperada menor do que os 7% disponíveis nos títulos do governo. Naturalmente, você poderia vender a sua propriedade por menos, mas por que vender por menos do que o mercado se dispõe a pagar? O valor presente de $747.664 mil é o único preço praticável que satisfaz o comprador e o vendedor. O valor presente da propriedade, portanto, é também o seu preço de mercado.

Valor presente líquido

O edifício de escritórios vale $747.664 hoje, mas isso não significa que você lucraria $747.664. Tendo aplicado $700 mil, portanto, o seu **valor presente líquido (VPL)** é de $47.6640. O VPL é obtido subtraindo o valor do investimento necessário:

$$VPL = VP - \text{investimento necessário} = 747.664 - 700.000 = \$47.664$$

Em outras palavras, o seu edifício de escritórios vale mais do que custa – proporciona uma contribuição *líquida* para o valor. A fórmula de cálculo do VPL de seu projeto pode ser expressa da seguinte forma:

$$VPL = C_0 + C_1/1 + r$$

Lembre-se de que C_0, o fluxo de caixa no momento 0 (isto é, hoje), será geralmente um valor negativo. Ou seja, C_0 é um investimento e, portanto, um fluxo negativo de caixa. No nosso exemplo, $C_0 = -\$700$ mil.

Quando os fluxos de caixa incidem em diferentes momentos do tempo, de modo geral é útil traçar uma linha de tempo mostrando os dados e valores de cada fluxo de caixa. A Figura 2.4 mostra uma dessas linhas para o seu edifício de escritórios e exibe o cálculo do valor presente líquido supondo que a taxa de desconto r é de 7%.[1]

Risco e valor presente

Na nossa discussão sobre o edifício de escritórios admitimos uma hipótese não realista: o consultor imobiliário não pode ter a certeza dos valores futuros de edifícios de escritórios. Esses fluxos de caixa futuros representam uma previsão ideal, porém não são uma certeza.

Se os fluxos de caixa são incertos, seu cálculo de VPL está errado. Os investidores podem obter, sem qualquer incerteza, esses fluxos de caixa ao comprar $747.664 em títulos do governo

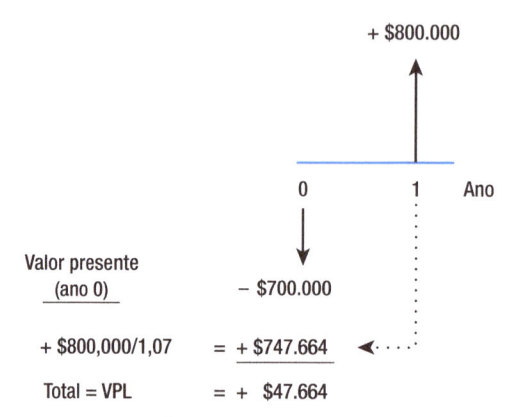

```
                                    + $800.000
                                        ↑
                                        |
                              _____|_____
                              0         1         Ano
                              |
                              ↓
Valor presente
   (ano 0)              - $700.000

+ $800,000/1,07      = + $747.664  ◄······

Total = VPL          = + $47.664
```

▶ **FIGURA 2.4** Cálculo com o valor presente líquido do projeto de construção do edifício de escritórios.

---

[1] É comum você ouvir leigos se referindo a "valor presente líquido" quando querem dizer "valor presente", e vice-versa. Basta lembrar: *valor presente* é o valor do investimento hoje; *valor presente líquido* é o acréscimo que o investimento representa para a sua riqueza.

e, portanto, não comprariam o seu edifício por esse montante. Você teria de baixar o seu preço de venda para atrair o interesse dos investidores.

Podemos, agora, invocar um segundo princípio financeiro básico: *dinheiro certo vale mais do que dinheiro com risco*. A maioria dos investidores tem aversão a negócios arriscados e investe neles apenas se perceberem o potencial de um retorno mais elevado. Os conceitos de valor presente e de custo de oportunidade do capital, entretanto, continuam a fazer sentido para investimentos com risco. Continua a ser correto descontar os ganhos futuros por meio da taxa de retorno oferecida por um investimento comparável quanto ao risco nos mercados financeiros. Mas devemos pensar em termos de *lucros esperados* e de *taxas de retorno esperadas* em outros investimentos.[2]

Não são todos os investimentos que possuem os mesmos riscos. O edifício de escritórios tem maior risco do que os títulos do governo, mas tem, provavelmente, um risco menor do que uma empresa nova na área de biotecnologia. Suponha que você pense que o projeto possui um risco igual ao de um investimento no mercado de ações e que as previsões nesse mercado projetem uma taxa de retorno de 12%. Nesse caso, o custo de oportunidade do capital para o seu projeto passa a ser de 12%. É isso o que você perderá por investir no escritório de edifícios, e não em títulos com riscos comparáveis. Faça, agora, um novo cálculo do VPL com $r = 0{,}12$:

$$\text{VP} = \frac{800.000}{1{,}12} = \$714.286$$

$$\text{VPL} = \text{VP} - 700.000 = \$14.286$$

O edifício de escritórios ainda contribui de forma líquida para o valor, mas o aumento de sua riqueza é menor do que no nosso primeiro cálculo, em que se presumiu que os fluxos de caixa do projeto eram livres de risco.

O valor do edifício de escritórios depende, portanto, do *timing* dos ganhos e de sua incerteza. O recebimento de $800 mil valeria exatamente este montante se pudesse ser realizado imediatamente. Se o edifício de escritórios for como os títulos do governo, livres de risco, o adiamento daquele ganho reduz o valor em $52.336, para $747.664. Se o edifício de escritórios tem um risco idêntico ao de um investimento no mercado de ações, então a incerteza ainda reduz o seu valor em mais $33.378, valendo $714.286.

Infelizmente, ajustar o valor dos ativos considerando-se o tempo e o risco, é frequentemente mais complicado do que em nosso exemplo. Por isso, consideramos os dois efeitos separadamente. Abordaremos, em linhas gerais, o problema do risco entre os Capítulos 2 e 6, tratando todos os ganhos como se fossem conhecidos, sem qualquer incerteza, e analisando os fluxos de caixa esperados e as taxas de retorno esperadas sem nos preocuparmos com a definição ou a quantificação do risco. Então, no Capítulo 7, retomaremos o problema de compreender o modo como os mercados financeiros lidam com o risco.

Valores presentes e taxas de retorno

Decidimos que o edifício de escritórios é uma decisão inteligente por valer mais do que custa. Para calcular o seu valor, estimamos o que você teria de pagar para obter o mesmo rendimento, investindo diretamente em títulos. Essa é a razão pela qual descontamos o rendimento futuro do projeto pela taxa de retorno oferecida por títulos de riscos equivalentes – no nosso exemplo, o mercado de ações global.

Podemos definir o nosso critério de outra maneira: o negócio imobiliário deve ser concretizado, porque o seu retorno excede o custo do capital. A taxa de retorno é, simplesmente, a relação entre o lucro e o desembolso inicial:

$$\text{Retorno} = \frac{\text{lucro}}{\text{investimento}} = \frac{800.000 - 700.000}{700.000} = 0{,}143 \text{ ou } 14{,}3\%$$

O custo do capital investido é, uma vez mais, apenas o retorno perdido pela *não* realização do investimento em títulos. No nosso caso, se o edifício de escritórios é tão arriscado como um investi-

---

[2] Definimos "esperado" com maior cuidado no Capítulo 9. Por enquanto, considere um ganho esperado uma previsão realista, nem otimista nem pessimista. As previsões de ganhos esperados são, em média, corretas.

mento no mercado de ações, o retorno perdido é de 12%. Dado que o retorno de 14,3% do edifício de escritórios é superior ao custo de 12%, devemos continuar com o projeto.

Construir um prédio de escritórios é uma decisão inteligente, mesmo se a compensação for tão arriscada quanto o mercado acionário. Podemos justificar o investimento por qualquer uma das duas regras a seguir:[3]

- *Critério do valor presente líquido*. Aceitar os investimentos que tenham valores presentes líquidos.
- *Critério da taxa de retorno*. Aceitar os investimentos que ofereçam taxas de retorno superiores ao custo de oportunidade do capital.

Ambas regras produzem a mesma resposta, ainda que venhamos a encontrar alguns casos no Capítulo 5 em que o critério da taxa de retorno não é confiável. Nesses casos, você deve usar o critério do valor presente líquido.

Cálculo de valores presentes quando há múltiplos fluxos de caixa

Um dos atrativos dos valores presentes é o fato de serem todos expressos em valores atuais – por isso você pode somá-los. Em outras palavras, o valor presente do fluxo de caixa A + B é igual ao valor presente do fluxo de caixa A somado ao valor presente do fluxo de caixa B.

Suponha que você deseje calcular fluxos de caixa que se estendem durante vários anos. O nosso método para adicionar valores presentes nos diz que o *total* do valor presente do investimento é:

$$VP = \frac{C_1}{(1+r)} + \frac{C_2}{(1+r)^2} + \frac{C_3}{(1+r)^3} + \cdots + \frac{C_T}{(1+r)^T}$$

Essa é a fórmula dos **fluxos de caixa descontados (ou FCDs)**, e uma maneira de abreviá-la é:

$$VP = \sum_{t=1}^{T} \frac{C_t}{(1+r)^t}$$

onde o símbolo Σ se refere ao somatório da série. Para se determinar o valor presente *líquido* (VPL), adiciona-se o fluxo de caixa inicial (geralmente negativo):

$$VPL = C_0 + VP = C_0 + \sum_{t=1}^{T} \frac{C_t}{(1+r)^t}$$

EXEMPLO 2.1 ● Valores presentes com múltiplos fluxos de caixa

Seu consultor imobiliário volta a lhe contatar com algumas previsões revisadas. Ele sugere que você alugue o edifício de escritórios durante dois anos a $30 mil ao ano, e prevê que no fim desse período você será capaz de vendê-lo por $840 mil. Portanto, temos agora dois fluxos de caixa futuros – um fluxo de caixa C_1 = $30 mil ao fim do ano 1 e outro fluxo de caixa C_2 = (30 mil + 840 mil) = $870 mil ao fim do ano 2.

O valor presente do seu escritório de edifícios é igual ao valor presente de C_1 mais o valor presente de C_2. A Figura 2.5 mostra que o valor do fluxo de caixa do ano 1 é $C_1/(1 + r)$ = 30.000/1,12 = $26.786, e o valor do fluxo de caixa do ano 2 é $C_2/(1 + r)^2$ = 870.000/1,12² = $693.559. Portanto, nosso método de adição de valores presentes nos diz que o valor presente *total* de seu investimento é:

$$VP = \frac{C_1}{1+r} + \frac{C_2}{(1+r)^2} = \frac{30.000}{1,12} + \frac{870.000}{1,12^2} = 26.786 + 693.559 = \$720.344$$

---

[3] Você mesmo pode verificar que essas regras são equivalentes. Ou seja, se o retorno de $100.000/700.000 for superior a r, o valor presente líquido –700.000 + [$800.000/(1 + r)] *deve* ser maior do que 0.

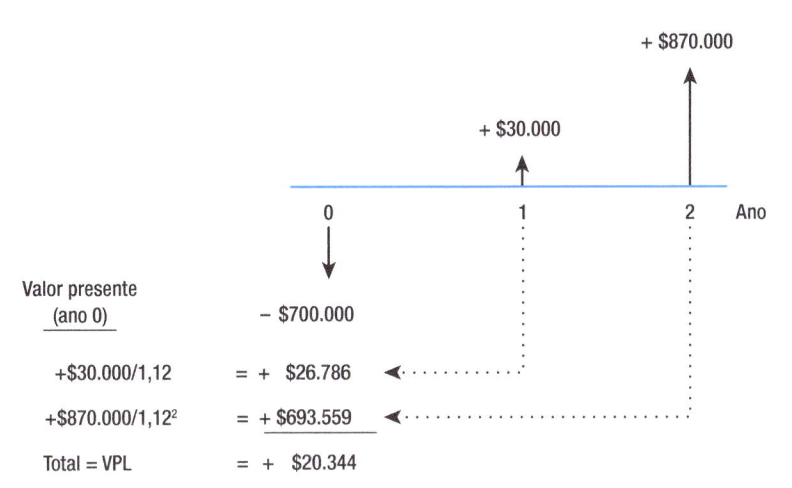

```
                                              + $870.000
                                                  ↑
                                                  |
                              + $30.000           |
                                  ↑               |
                                  |               |
          ────────────────────────────────────────────────
          0                       1               2        Ano
          |
          ↓
Valor presente
   (ano 0)            – $700.000

+$30.000/1,12      = + $26.786   ◄·············
+$870.000/1,12²    = + $693.559  ◄······················
Total = VPL        = + $20.344
```

▶ **FIGURA 2.5** Cálculo com o valor presente líquido do projeto de construção do edifício de escritórios revisado.

Parece que você deve aceitar a sugestão do seu consultor. O VPL é maior do que se você vendesse no ano 1:

$$\text{VPL} = \$720.344 - 700.000 = -\$20.344$$

Para obter os cálculos envolvendo dois períodos do Exemplo 2.1, foi preciso apenas utilizar mais algumas teclas da calculadora. Os problemas da vida real podem ser muito mais complicados, de modo que os gestores financeiros geralmente utilizam calculadoras financeiras especialmente programadas para efetuar cálculos de valor presente ou programas de planilhas eletrônicas. Há um quadro próximo ao final do capítulo que apresenta algumas funções úteis do Excel que podem ser usadas para a resolução de problemas de descontos.

O custo de oportunidade do capital

Ao investir no edifício de escritórios, você está descartando a oportunidade de obter um retorno esperado de 12% no mercado de ações, e o custo de oportunidade do capital é, portanto, de 12%. Quando você desconta os fluxos de caixa esperados pelo custo de oportunidade do capital, está perguntando qual é a quantia que os investidores estão dispostos a pagar por um título que gera um fluxo similar de recebimentos futuros. Seus cálculos mostraram que esses investidores precisariam aplicar apenas $720.344 por um investimento que rende fluxos de caixa de $30 mil ao fim do ano 1 e $870 mil ao fim do ano 2. Portanto, eles não pagarão mais do que isso pelo seu empreendimento.

Nas discussões sobre o custo do capital, há, por vezes, uma possível causa de confusão. Suponha que um banco lhe faz a seguinte proposta: "A sua empresa é sólida, tem uma atividade segura e poucas dívidas. Vamos lhe emprestar os $700 mil necessários para o projeto com uma taxa de juros de 8%". Será que isso significa que o custo do capital para o projeto é de 8%? Se fosse assim, o projeto compensaria ainda mais. Com o custo do capital a 8%, o VP seria $30.000/1,08 + 870.000/1,08^2 = \$773.663$ e o VPL = $773.663 – 700.000 = + $73.663.

Mas isso não pode estar certo. Em primeiro lugar, a taxa de juros do empréstimo não possui nenhuma relação com o risco do projeto. É apenas um reflexo da boa situação de sua empresa. Em segundo lugar, aceitando ou não o empréstimo, você continua em dúvida sobre escolher entre o projeto e um investimento de igual risco no mercado de ações. O investimento no mercado de ações pode lhe oferecer o mesmo rendimento previsto de seu projeto a um custo mais baixo. Um gestor financeiro que tenha emprestado $700.000 a 8% de juros e invista esse mesmo valor no seu projeto não é inteligente, mas estúpido, se a sua empresa ou os acionistas conseguem obter um empréstimo a 8%, podendo fazer um investimento com um retorno ainda maior. É por isso que o retorno esperado das ações (12%) é o custo de oportunidade do capital nesse projeto.

2.2 Procura de atalhos = perpetuidades e anuidades

Como avaliar perpetuidades

Existem, por vezes, atalhos que facilitam o cálculo de valores presentes. Vejamos alguns exemplos.

Eventualmente, a França e a Inglaterra são conhecidas pelas discórdias e, por vezes, até pelas disputas que travaram entre si. No final de algumas dessas guerras, os britânicos consolidaram as dívidas que haviam emitido durante os períodos turbulentos. Os títulos emitidos nesses casos eram chamados consolidados (dívida pública), e esses consolidados são **perpetuidades**. Trata-se de obrigações que o governo não tem o ônus de reembolsar, mas que oferecem uma renda fixa anual perpétua. O governo britânico ainda paga juros sobre todos os consolidados emitidos naqueles períodos. A taxa de retorno de uma perpetuidade é igual ao pagamento anual prometido dividido pelo valor presente:[4]

$$\text{Retorno} = \frac{\text{fluxo de caixa}}{\text{valor presente}}$$

$$r = \frac{C}{\text{VP}}$$

Podemos, obviamente, inverter o procedimento e calcular o valor presente de uma perpetuidade, considerados a taxa de desconto r e o pagamento C.

$$\text{VP} = \frac{C}{r}$$

Estamos no ano de 2030. Você teve uma carreira extremamente bem-sucedida e é, agora, um multimilionário. Felizmente, foi uma sorte incrível ter feito aquele curso de finanças há muito tempo, e você decidiu seguir os passos de dois de seus ídolos filantrópicos, Bill Gates e Warren Buffett. A malária ainda é uma praga, e seu desejo é erradicá-la, bem como erradicar outras doenças infecciosas, criando uma fundação que as combata. Sua meta é doar $1 bilhão ao ano em um modelo de perpetuidade, que começaria no próximo ano. Assim, se a taxa de juros é de 10%, você terá de fazer um cheque hoje no valor de:

$$\text{Valor presente de perpetuidade} = \frac{C}{r} = \frac{\$1 \text{ bilhão}}{0{,}1} = \$10 \text{ bilhões}$$

Duas advertências sobre a fórmula da perpetuidade. Primeiro, em uma análise rápida, você pode confundir facilmente essa fórmula com o valor presente de um investimento com um único pagamento. Um pagamento de $1 ao fim de um ano tem um valor presente de $1/1(1 + r)$. A perpetuidade tem um valor de $1/r$ e os resultados são bastante diferentes.

Segundo, a fórmula da perpetuidade nos indica o valor de um fluxo regular de pagamentos que começa de hoje até um dado período. Portanto, sua doação de $10 bilhões fornece o primeiro pagamento à fundação daqui a um ano. Se você também quiser proporcionar uma quantia inicial, precisará despender $1 bilhão extra.

---

[4] Você pode comprovar isso com a seguinte fórmula do valor presente

$$\text{VP} = \frac{C}{1+r} + \frac{C}{(1+r)^2} + \frac{C}{(1+r)^3} + \cdots$$

Agora seja $C/(1+r) = a$ e $1/(1+r) = x$. Logo, temos (1) $\text{VP} = a(1 + x + x^2 + \cdots)$. Multiplicando ambos os membros por x, temos (2) $\text{VP}x = a(x + x^2 + \cdots)$. Subtraindo (2) de (1), temos $\text{VP}(1 - x) = a$. Portanto, substituindo a e x:

$$\text{VP}\left(1 - \frac{1}{1+r}\right) = \frac{C}{1+r}$$

Multiplicando ambos os membros por $(1 + r)$ e reagrupando, temos:

$$\text{VP} = \frac{C}{r}$$

```
Ano                    $1bi  $1bi  $1bi
|----|----|----|----|----|----|----| ...
0    1    2    3    4    5    6
```

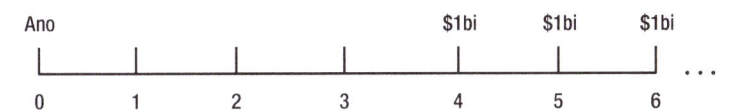

▶ **FIGURA 2.6** Essa perpetuidade faz uma série de pagamentos de $1 bilhão ao ano a começar pelo ano 4.

Às vezes você também poderá precisar calcular o valor de uma perpetuidade que não começa a fazer pagamentos durante vários anos. Por exemplo, suponha que você decida doar $1 bilhão ao ano, com o primeiro pagamento daqui a quatro anos. A Figura 2.6 apresenta uma linha do tempo desses pagamentos. Reflita sobre quanto eles valerão no ano 3. A essa altura, a doação seria uma perpetuidade ordinária com o primeiro pagamento para o final do ano. Portanto, nossa fórmula da perpetuidade nos informa que, no ano 3, a doação será de $1/r = 1/0,1 = $10 bilhões. Entretanto, hoje ela não vale todo esse montante, e para calcular o valor *atualizado* precisamos multiplicá-lo pelo fator de desconto de três anos $1/(1 + r)^3 = 1/(1,1)^3 = 0,751$. Portanto, a perpetuidade "diferida" é de $10 bilhões × 0,751 = $7,51 bilhões. O cálculo completo é:

$$VP = \$1 \text{ bilhão} \times \frac{1}{r} \times \frac{1}{(1+r)^3} = \$1 \text{ bilhão} \times \frac{1}{0,10} \times \frac{1}{(1,10)^3} = \$7,51 \text{ bilhões}$$

Como avaliar anuidades

Uma **anuidade** é um ativo que proporciona anualmente uma quantia fixa durante um determinado número de anos. A hipoteca de uma casa, com pagamentos anuais constantes, ou o pagamento de compras a prestações são exemplos típicos de anuidades. Fazem parte dessa classe também as remunerações de juros na maior parte dos títulos, como veremos no próximo capítulo.

Você sempre pode avaliar uma anuidade calculando o valor de cada fluxo de caixa e encontrando o total. Contudo, geralmente é mais rápido usar uma fórmula simples que estipula que, se a taxa de juros for r, então o valor presente de uma anuidade que paga C por período para cada um dos períodos t é:

$$\text{Valor presente de uma anuidade de } t \text{ anos} = C\left[\frac{1}{r} - \frac{1}{r(1+r)^t}\right]$$

A expressão entre colchetes apresenta o valor presente de $1 ao ano para cada um dos anos t. Isso geralmente é conhecido como **fator de anuidade** do ano t.

	Fluxo de caixa Ano: 1 2 3 4 5 6 ...	*Valor presente*
1. Perpetuidade A	$1 $1 $1 $1 $1 $1 ...	$\frac{1}{r}$
2. Perpetuidade B	$1 $1 $1 ...	$\frac{1}{r(1+r)^3}$
3. Anuidade de três anos (1 − 2)	$1 $1 $1	$\frac{1}{r} - \frac{1}{r(1+r)^3}$

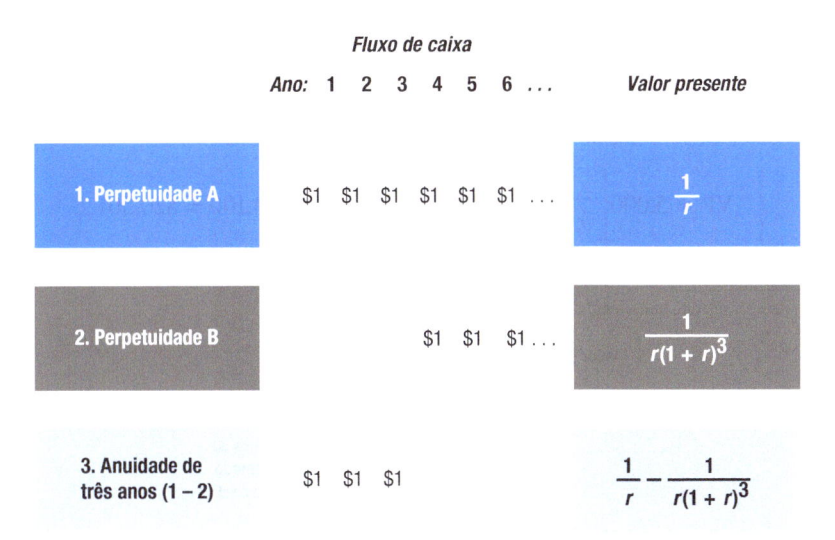

▶ **FIGURA 2.7** Uma anuidade que produz pagamentos a cada ano de 1 a 3 equivale à diferença entre duas perpetuidades.

Se você está pensando de onde vem essa fórmula, olhe a Figura 2.7. Ela mostra os pagamentos e valores de três investimentos.

Fila 1 O investimento na primeira fila fornece um fluxo perpétuo de $1, que começa no fim do ano 1. Já vimos que essa perpetuidade tem um valor presente de $1/r$.

Fila 2 Observe agora o investimento mostrado na segunda fila da Figura 2.7,, o qual também fornece um fluxo perpétuo de $1, mas não há pagamentos até o ano 4. Essa corrente de pagamentos é idêntica aos pagamentos na fila 1, exceto por serem retardados em três anos adicionais. No ano 3, o investimento será uma perpetuidade ordinária com pagamentos começando em um ano, e, portanto, valerá $1/r$ no ano 3. Para encontrar o valor *hoje*, simplesmente multiplicamos esse valor pelo fator de desconto de três anos. Assim,

$$VP = \frac{1}{r} \times \frac{1}{(1+r)^3}$$

Fila 3 Por fim, examine o investimento mostrado na terceira fila da Figura 2.7. Ele proporciona um pagamento homogêneo de $1 ao ano durante três anos. Em outras palavras, trata-se de uma anuidade de três anos. Você também pode ver que, no todo, os investimentos nas filas 2 e 3 proporcionam exatamente os mesmos pagamentos que o investimento na fila 1. Por isso, o valor da nossa anuidade (fila 3) precisa ser igual ao valor da perpetuidade da fila 1 menos o valor da perpetuidade retardada da fila 2:

$$\text{VP de uma anuidade de 3 anos de \$1 ao ano} = \frac{1}{r} - \frac{1}{r(1+r)^3}$$

Lembrar-se de fórmulas é praticamente tão difícil quanto lembrar dos aniversários de outras pessoas. Mas, contanto que você se lembre de que uma anuidade é equivalente à diferença entre uma perpetuidade imediata e uma diferida, provavelmente não terá nenhuma dificuldade. [5]

EXEMPLO 2.2 ● Cálculo de um plano de prestações

A maior parte dos planos com prestações exige fluxos constantes de pagamentos. Suponha que a Tiburon Autos ofereça um plano "facilitado" para a compra de um novo Toyota de $5 mil ao ano, pago no fim de cada um dos cinco próximos anos, sem que haja qualquer prestação intermediária. Qual é o custo real desse carro?

Primeiro, deixe-nos calcular pelo método mais lento, para mostrar que, se a taxa de juros for de 7%, o valor presente desses pagamentos será $20.501. A programação da Figura 2.6 exibe o valor de cada pagamento e também o valor presente total. A fórmula da anuidade, entretanto, fornece geralmente um resultado mais rápido; você simplesmente precisa multiplicar o fluxo de caixa de $5 mil pelo fator de anuidade:

$$VP = 5.000 \left[\frac{1}{0{,}07} - \frac{1}{0{,}07(1{,}07)^5} \right] = 5.000 \times 4{,}100 = \$20.501$$

---

[5] Algumas pessoas consideram que a seguinte fórmula equivalente é mais intuitiva:

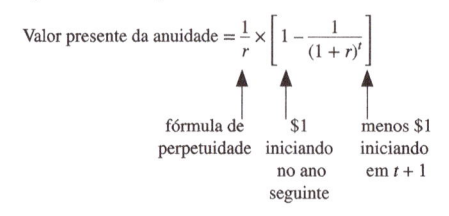

$$\text{Valor presente da anuidade} = \frac{1}{r} \times \left[1 - \frac{1}{(1+r)^t} \right]$$

fórmula de perpetuidade ↑ $1 iniciando no ano seguinte ↑   menos $1 iniciando em $t+1$ ↑

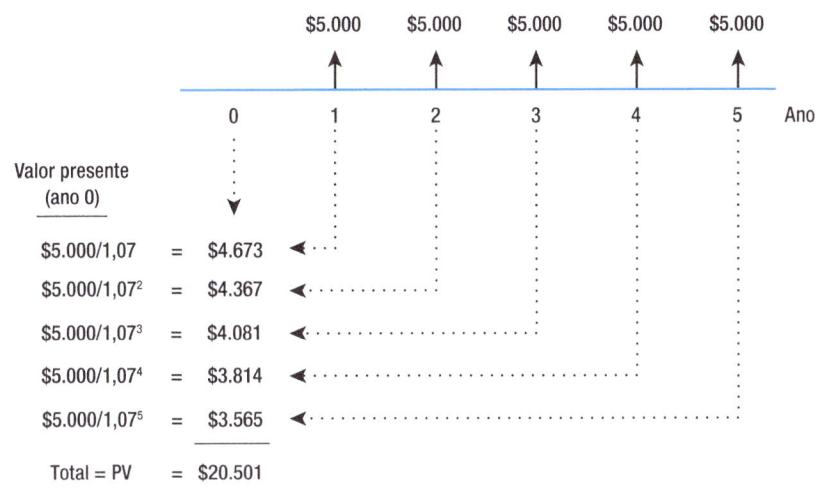

```
                        $5.000   $5.000   $5.000   $5.000   $5.000
                          ↑        ↑        ↑        ↑        ↑
                0         1        2        3        4        5    Ano
Valor presente
   (ano 0)
   _____
                ▼
$5.000/1,07   =  $4.673  ◄┈┈
$5.000/1,07²  =  $4.367  ◄┈┈┈┈┈┈┈
$5.000/1,07³  =  $4.081  ◄┈┈┈┈┈┈┈┈┈┈┈┈┈┈
$5.000/1,07⁴  =  $3.814  ◄┈┈┈┈┈┈┈┈┈┈┈┈┈┈┈┈┈┈┈┈┈
$5.000/1,07⁵  =  $3.565  ◄┈┈┈┈┈┈┈┈┈┈┈┈┈┈┈┈┈┈┈┈┈┈┈┈┈┈┈
                _____
   Total = PV  =  $20.501
```

▶ **FIGURA 2.8** Cálculos com o valor presente ano após ano dos pagamentos das prestações.

EXEMPLO 2.3 ● Ganhando uma bolada na loteria

Em maio de 2013, uma mulher de 84 anos investiu $10 em cinco bilhetes da loteria Powerball e ganhou um prêmio recorde de $590,5 milhões. Suspeitamos que ela tenha recebido cumprimentos não solicitados, desejos de felicidade e pedidos de doação de mais de uma dezena de entidades filantrópicas, parentes e novos amigos dedicados. Em resposta, poderia facilmente argumentar que o prêmio realmente não foi o do valor citado. Essa soma tinha de ser paga em 30 parcelas anuais de $19,683 milhões. Supondo que o primeiro pagamento ocorreu após um ano, qual foi o valor presente do prêmio? A taxa de juros à época era de aproximadamente 3,6%.

Essas parcelas constituíam uma anuidade de 30 anos. Para calcular esse valor, simplesmente multiplicamos $19,683 milhões pelo fator de anuidade de 30 anos:

$$VP = 19,683 \times \text{fator de anuidade de 30 anos}$$
$$= 19,683 \times \left[\frac{1}{r} - \frac{1}{r(1+r)^{30}} \right]$$

A uma taxa de juros de 3,6%, o fator de anuidade é:

$$\left[\frac{1}{0,036} - \frac{1}{0,036(1,036)^{30}} \right] = 18,1638$$

Portanto, o valor presente das parcelas é de $19,683 × 18,1683 = $357,5 milhões, muito abaixo do prêmio amplamente anunciado, mas, certamente, ainda uma ótima bolada!

Os operadores de loteria geralmente negociam com aqueles ganhadores ávidos por consumo imediato para que recebam uma soma equivalente total. No nosso exemplo, a ganhadora podia ou retirar o *spread* de $590,5 milhões durante 30 anos ou receber imediatamente $357,5 milhões. Ambas as modalidades tinham o mesmo valor presente.

Avaliando anuidades imediatas

Quando usamos a fórmula da anuidade para calcular o prêmio da loteria Powerball no Exemplo 2.3, pressupomos que o primeiro pagamento foi feito ao fim de um ano. Na realidade, o primeiro dos 30 pagamentos anuais foi feito imediatamente. Como isso muda o valor do prêmio?

Se descontarmos cada fluxo de caixa por menos um ano, o valor presente é aumentado pelo múltiplo $(1 + r)$. No caso do prêmio lotérico, o valor passa a ser de $357,5 \times (1 + r) = 357,5 \times 1,036 = \$370,4$ milhões.

Um fluxo constante de pagamentos que comecem imediatamente recebe a denominação de **anuidades imediatas**. Uma anuidade imediata vale $(1 + r)$ vezes o valor de uma anuidade comum.

Cálculos de pagamentos anuais

Os problemas com anuidades podem parecer confusos no início, mas você perceberá que, com a prática, eles geralmente se tornam fáceis de resolver. Eis aqui um exemplo em que é preciso utilizar a fórmula da anuidade para determinar o montante do pagamento *considerando-se* o valor presente.

EXEMPLO 2.4 • Pagando um empréstimo bancário

Empréstimos bancários são quitados em prestações iguais. Suponha que você contraia um empréstimo de quatro anos no valor de $1 mil. O banco exige que você repague o empréstimo homogeneamente ao longo dos quatro anos. Ele precisa, portanto, estipular os quatro pagamentos anuais de tal forma que tenham um valor presente de $1 mil. Sendo assim:

VP = pagamento anual do empréstimo × fator de anuidade de 4 anos = $1.000

Pagamento anual do empréstimo = $1.000/fator de anuidade de 4 anos

Suponha que a taxa de juros é de 10% ao ano. Então:

$$\text{Fator de anuidade de 4 anos} = \left[\frac{1}{0,10} - \frac{1}{0,10(1,10)^4} \right] = 3,17$$

e

Pagamento anual do empréstimo = 1.000/3,17 = $315,47

Vamos conferir se esse pagamento anual é suficiente para pagar de volta o empréstimo. O Quadro 2.1 apresenta os cálculos. No fim do primeiro ano, o montante de juros é de 10% de 1 mil, ou seja, $100. Portanto, $100 do primeiro pagamento são absorvidos pelos juros, e os $215,47 restantes são utilizados para reduzir (ou "amortizar") o total do empréstimo para $784,53.

QUADRO 2.1 Exemplo de uma amortização de empréstimo. Se você contrair um empréstimo de $1 mil a uma taxa de juros de 10%, terá que fazer um pagamento anual de $315,47 durante quatro anos para pagar o empréstimo e os juros

Ano	Saldo no início do ano	Saldo de juros no final do ano	Pagamento total no final do ano	Amortização do empréstimo	Saldo no final do ano
1	$1.000,00	$100,00	$315,47	$215,47	$784,53
2	784,53	78,45	315,47	237,02	547,51
3	547,51	54,75	315,47	260,72	286,79
4	286,79	28,68	315,47	286,79	0

No ano seguinte, o valor restante é mais baixo e, por isso, os juros são apenas $78,45. Assim, $315,47 − $78,45 = $237,02 podem ser utilizados para quitar a dívida. Como o empréstimo vai sendo progressivamente pago, a fração de cada pagamento dedicado aos juros cai progressivamente ao longo do tempo, enquanto a parte utilizada para fazer diminuir o empréstimo aumenta. No fim do quarto ano, a amortização é suficiente para reduzir o montante do empréstimo a zero.

Empréstimos que envolvem uma série contínua de pagamentos são conhecidos com empréstimos amortizados. Amortizar significa que parte do pagamento regular é usado para pagar os juros do empréstimo e parte é usado para reduzir o montante da dívida.

EXEMPLO 2.5 • Cálculo de pagamentos hipotecários

A maioria das hipotecas são empréstimos amortizados. Suponha, por exemplo, que você assuma uma hipoteca residencial de $250 mil junto ao seu banco local quando a taxa de juros está em 12%. O banco exige que você quite a hipoteca em parcelas iguais ao longo dos próximos 30 anos. Assim:

$$\text{Pagamento anual da hipoteca} = 250.000/\text{fator de anuidade de 30 anos}$$

$$\text{Fator de anuidade de 30 anos} = \left[\frac{1}{0,12} - \frac{1}{0,12(1,12)^{30}}\right] = 8,055$$

e

$$\text{Pagamento anual da hipoteca} = 250.000/8,055 = \$31.036$$

A Figura 2.9 mostra que nos primeiros anos, quase todo o pagamento da hipoteca é engolido pelos juros e apenas uma pequena fração é usada para abater o montante do empréstimo. Mesmo após 15 anos, o grosso do pagamento anual vai para pagar juros sobre a dívida. Daí em diante, o montante do empréstimo começa a diminuir rapidamente.

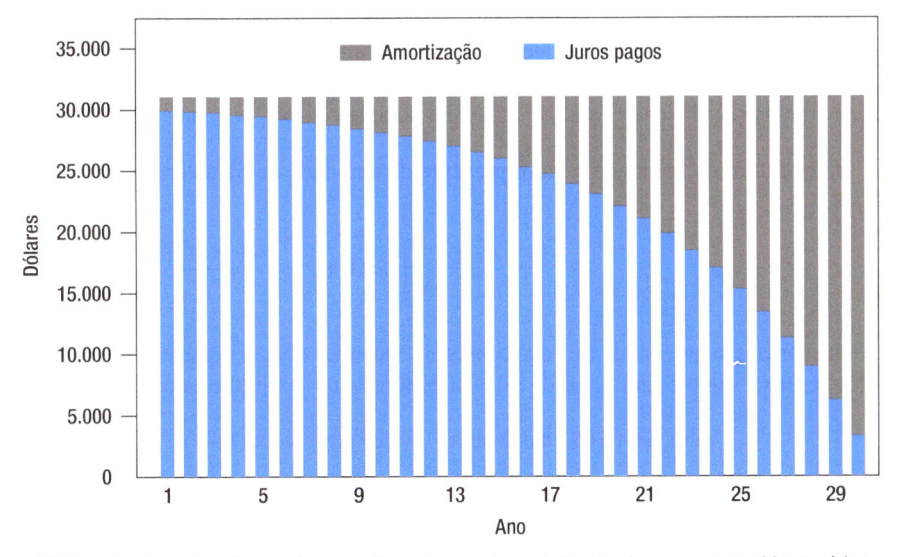

▶ **FIGURA 2.9** Amortização de hipoteca. Essa figura mostra a divisão de pagamentos hipotecários entre juros e amortização.

Valor futuro de uma anuidade

Às vezes é preciso calcular o valor *futuro* de um fluxo constante de pagamentos.

EXEMPLO 2.6 ● Poupando para comprar um barco

Talvez sua ambição seja a de comprar um barco; um modelo como um Beneteau de 40 pés se adequaria muito bem ao seu bolso, mas isso implica economizar um grande montante em dinheiro. Suas estimativas são que, assim que começar a trabalhar, possa poupar $20 mil ao ano reservado de sua renda e, ainda, obter um retorno de 8% sobre essas economias. Qual será o seu rendimento após cinco anos?

Neste exemplo, estamos falando de uma série contínua de fluxos de caixa – uma anuidade. Temos visto que há uma fórmula abreviada de calcular o valor *presente* de uma anuidade. Assim, provavelmente, há uma fórmula similar para calcular o valor *futuro* de uma série contínua de fluxos de caixa.

Pense inicialmente no valor atual de suas economias. Você separará $20 mil em cada um dos próximos cinco anos. O valor presente dessa anuidade de cinco anos é, portanto, igual a:

$$VP = \$20 \text{ mil} \times \text{fator de anuidade de 5 anos}$$

$$= \$20.000 \times \left[\frac{1}{0{,}08} - \frac{1}{0{,}08(1{,}08)^5}\right] = \$79.854$$

Depois que você conhece o valor atual da vazão de fluxos de caixa, é facil calcular o seu valor no futuro. Basta multiplicar por $(1{,}08)$:[5]

$$\text{Valor ao final do ano 5} = \$79.854 \times 1{,}08^5 = \$117.332$$

Você deve ser capaz de comprar um ótimo barco por $117 mil.

● ● ● ●

No Exemplo 2.6, calculamos o valor futuro de uma anuidade, calculando primeiramente seu valor presente e, em seguida, multiplicando-o por $(1 + r)^t$. A fórmula geral para o valor futuro de uma série contínua de fluxos de caixa de $1 ao ano durante t anos é, portanto,

$$\text{Valor futuro da anuidade} = \text{valor presente da anuidade de \$1 ao ano} \times (1 + r)^t$$

$$= \left[\frac{1}{r} - \frac{1}{r(1+r)^t}\right] \times (1+r)^t = \frac{(1+r)^t - 1}{r}$$

Existe uma conclusão geral aqui. Se você conseguir encontrar o valor presente de *qualquer* série de fluxos de caixa, sempre será capaz de calcular o valor futuro multiplicando por $(1 + r)^t$:

$$\text{Valor futuro ao final do ano t} = \text{valor presente} \times (1+r)^t$$

2.3 Mais atalhos – perpetuidades e anuidades crescentes

Perpetuidades crescentes

Você sabe calcular uma série contínua de fluxos de caixa, mas, de modo geral, é preciso calcular uma corrente de fluxos de caixa com crescimento constante. Por exemplo, imagine novamente os seus planos de doar $10 bilhões de modo a combater a malária e outras doenças infecciosas. Infelizmente, você não fez nenhuma reserva para o crescimento dos salários e outros custos, que provavelmente tiveram um aumento médio de cerca de 4% ao ano, começando no ano 1. Portanto, em vez de $1 bilhão por ano, indefinidamente, você deverá doar $1 bilhão no ano 1, 1,04 × 1 bilhão no ano 2, e assim sucessivamente. Se designarmos por g a taxa de crescimento dos custos, poderemos calcular o valor presente dessa série de fluxos de caixa, como a seguir:

$$VP = \frac{C_1}{1+r} + \frac{C_2}{(1+r)^2} + \frac{C_3}{(1+r)^3} + \cdots$$

$$= \frac{C_1}{1+r} + \frac{C_1(1+g)}{(1+r)^2} + \frac{C_1(1+g)^2}{(1+r)^3} + \cdots$$

Felizmente, há uma fórmula simples para a soma dessas séries geométricas.[6] Se assumirmos que r é maior que g, nosso cálculo complexo simplifica-se para:

$$\text{Valor presente da perpetuidade crescente} = \frac{C_1}{r-g}$$

Portanto, se você quer doar uma série de montantes perpétuos que equilibrem a taxa de crescimento dos custos, a quantia que você deverá reservar hoje é:

$$VP = \frac{C_1}{r-g} = \frac{\$1 \text{ bilhão}}{0{,}10 - 0{,}04} = \$16{,}667 \text{ bilhões}$$

Você verá essa fórmula do crescimento perpétuo novamente no Capítulo 4, onde a usamos para calcular o valor de ações de empresas maduras, com crescimento lento.

Anuidades crescentes

Você está contemplando entrar como sócio no St. Swithin's and Ancient Golf Club. A taxa anual para o próximo ano está em $5 mil, mas você pode fazer um único pagamento de $12.750, o que lhe confere a oportunidade de ser sócio pelos próximos três anos. Em cada caso, não há pagamentos previstos até o fim do primeiro ano. Qual é o melhor negócio? A resposta depende do grau de rapidez com que as taxas do clube provavelmente aumentarão durante o período de três anos. Por exemplo, suponha que a taxa deva ser paga no fim de cada ano e que é previsto que ela aumente em 6% ao ano. A taxa de desconto é de 10%.

O problema é calcular o valor presente da vazão de três anos de pagamentos crescentes. O primeiro pagamento ocorre ao final do ano 1 e é $C = \$5.000$. Daí em diante, os pagamentos crescem a taxa $g = 0{,}06$ a cada ano. Assim, no ano 2 o pagamento esperado é de $5.000 × 1,06$, e no ano 3 é de $5.000 × 1{,}06^2$. Você poderia, é claro, calcular esses fluxos de caixa e descontá-

---

[6] Precisamos calcular a soma dos termos de uma progressão geométrica infinita $VP = a(1 + x + x^2 + \cdots)$, onde $a = C_1/(1+r)$ e $x = (1+g)/(1+r)$. Na nota 4, mostramos que a soma de tais séries é $a/(1-x)$. Substituindo a por x nesta fórmula,

$$VP = \frac{C_1}{(r-g)}$$

QUADRO 2.2 Algumas fórmulas reduzidas úteis. Tanto a fórmula da perpetuidade crescente quanto da anuidade crescente devem assumir que a taxa de desconto r é maior do que a taxa de crescimento g. Se $r = g$, as fórmulas dão errado e se tornam inúteis

	Fluxo de caixa ($)						
Ano	0	1	2 ...	... t – 1	t	t + 1 ...	Valor presente
Perpetuidade		1	1 ...	1	1	1 ...	$\dfrac{1}{r}$
Anuidade com t períodos		1	1 ...	1	1		$\dfrac{1}{r} - \dfrac{1}{r(1+r)^t}$
Anuidade imediata com t períodos	1	1	1 ...	1			$(1+r)\left(\dfrac{1}{r} - \dfrac{1}{r(1+r)^t}\right)$
Perpetuidade crescente		1	$1 \times (1+g)$ ...	$1 \times (1+g)^{t-2}$	$1 \times (1+g)^{t-1}$	$1 \times (1+g)^t$	$\dfrac{1}{r-g}$
Anuidade crescente com t períodos		1	$1 \times (1+g)$ ...	$1 \times (1+g)^{t-2}$	$1 \times (1+g)^{t-1}$		$\dfrac{1}{r-g}\left[1 - \dfrac{(1+g)^t}{(1+r)^t}\right]$

-los a 10%. A alternativa é usar a seguinte fórmula para o valor presente de uma anuidade crescente:[7]

$$\text{VP da anuidade crescente} = C \times \frac{1}{r-g}\left[1 - \frac{(1+g)^t}{(1+r)^t}\right]$$

No nosso exemplo do clube de golfe, o valor presente das três taxas anuais seria:

$$\text{VP} = \$5.000 \times \frac{0,1}{0,10 - 0,06}\left[1 - \frac{(1,06)^3}{(1,10)^3}\right] = \$5.000 \times 2,629 = \$13.147$$

Se você tiver o dinheiro disponível, a melhor opção seria pagar agora para usufruir das instalações do clube durante três anos.

Um número muito excessivo de fórmulas faz mal à digestão. Assim, pararemos neste ponto e o pouparemos delas. As fórmulas discutidas até o momento são exibidas no Quadro 2.2.

---

[7] Podemos derivar a fórmula para uma anuidade crescente tirando proveito do nosso truque anterior de encontrar a diferença entre os valores de duas perpetuidades. Imagine três investimentos (A, B e C) que fazem os seguintes pagamentos em dinheiro:

Ano	1	2	3	4	5	6	...
A	$1	$(1+g)$	$(1+g)^2$	$(1+g)^3$	$(1+g)^4$	$(1+g)^5$	etc.
B				$(1+g)^3$	$(1+g)^4$	$(1+g)^5$	etc.
C	$1	$(1+g)$	$(1+g)^2$				

Os investimentos A e B são perpetuidades crescentes; A faz seu primeiro pagamento de $1 no ano 1, enquanto B faz seu primeiro pagamento de $(1+g)^3$ no ano 4. C é uma anuidade crescente de três anos; seus fluxos de caixa são iguais à diferença entre os fluxos de caixa de A e B. Você sabe calcular o valor de perpetuidades crescentes como A e B. Então, deve ser capaz de derivar a fórmula para o valor de anuidades crescentes, tais como C:

$$\text{VP(A)} = \frac{1}{(r-g)}$$

$$\text{VP(B)} = \frac{(1+g)^3}{(r-g)} \times \frac{1}{(1+r)^3}$$

Então,

$$\text{VP(C)} = \text{VP(A)} - \text{VP(B)} = \frac{1}{(r-g)} - \frac{(1+g)^3}{(r-g)} \times \frac{1}{(1+r)^3} = \frac{1}{r-g}\left[1 - \frac{(1+g)^3}{(1+r)^3}\right]$$

Se $r = g$, então a fórmula não funciona. Neste caso, os fluxos de caixa crescem à mesma taxa que a quantidade pela qual são descontados. Portanto, cada fluxo de caixa tem um valor presente de $C/(1+r)$ e o valor presente total da anuidade é igual a $t \times C/(1+r)$. Se $r < g$, então esta fórmula específica continua válida, embora ainda traiçoeira.

2.4 Como o juro é pago e cotado

Nos nossos exemplos, temos partido do princípio de que cada fluxo de caixa ocorre somente no final do ano e, por vezes, esse é o caso. Na França e na Alemanha, por exemplo, os governos pagam anualmente os juros de suas obrigações, enquanto nos Estados Unidos e na Grã-Bretanha os títulos do governo são remunerados semestralmente. Dessa forma, se um título do governo norte-americano prometer pagar juros de 10% ao ano, o investidor na prática recebe juros de 5% a cada seis meses.

Se o primeiro pagamento dos juros é feito semestralmente, você pode ganhar juros adicionais de seis meses sobre esse pagamento. Por exemplo, se você investe $100 em um título que remunera juros de 10% capitalizados semestralmente, sua riqueza aumentará a 1,05 × $100 = $105 no fim de seis meses, e para 1,05 × $105 = $110,25 no fim do ano. Em outras palavras, 10% capitalizados semestralmente são equivalentes a 10,25% capitalizados anualmente. A *taxa de juro anual efetiva* sobre o título é de 10,25%.

Vejamos outro exemplo. Suponha que um banco lhe ofereça um empréstimo para comprar um automóvel a uma **taxa de juro anual**, ou **TJA**, de 12% a ser paga mensalmente. Sendo exigido um pagamento mensal dos juros, você terá de pagar todos os meses um duodécimo da taxa anual, ou seja, 12/12 = 1% mensal. Portanto, o banco está cobrando uma taxa de 12%, mas a taxa real de juros sobre o seu empréstimo é de $1,01^{12} - 1 = 0,1268$, ou 12,68%.[8]

Nossos exemplos ilustram que você precisa distinguir entre a taxa anual *cotada* (nominal) e a taxa anual *efetiva* de juros. A primeira é normalmente calculada como o pagamento anual total dividido pelo número de pagamentos no ano. Quando a taxa é paga apenas uma vez ao ano, as duas taxas são iguais, mas quando a taxa é paga com maior frequência, a taxa real é maior do que a taxa cotada (nominal).

De um modo geral, se você aplica $1 à taxa anual r, capitalizável m vezes por ano, seu investimento ascende, no fim do ano, a $[1 + (r/m)]^m$. No nosso exemplo do empréstimo automotivo $r = 0,12$ e $m = 12$. Assim, a taxa de juro anual real seria $[1 + 0,12/12]^{12} - 1 = 0,1268$ ou 12,68%.

Capitalização contínua

Em vez de capitalizar mensal ou semestralmente a taxa, a capitalização poderia ser semanal ($m = 52$) ou diária ($m = 365$). Na realidade, não há limite para a frequência de pagamentos. Pode-se imaginar uma situação em que os pagamentos estão separados por intervalos regulares ao longo do ano e, dessa forma, a taxa de juros é continuamente capitalizada.[9] Nesse caso m é infinito.

Entretanto, em finanças há muitas situações em que a capitalização contínua é útil. Por exemplo, uma aplicação importante é nos modelos de avaliação de opções, como o de Black-Scholes, que apresentaremos no Capítulo 21. Esses modelos têm avaliação temporal contínua, por isso você verificará que a maioria dos programas de computador que calculam o valor de opções necessita da taxa de juros com capitalização contínua.

Pode parecer que seria necessária uma grande quantidade de cálculos para se determinar a taxa de juros com capitalização contínua. Contudo, pense na álgebra aprendida no colégio e lembre-se de que quando m tende para o infinito, $[1 + (r/m)]^m$ tende para $(2,718)^r$. O número 2,718 – ou e, como é designado –, é simplesmente a base dos logaritmos naturais. A quantia de $1 investida a uma taxa de juro com capitalização contínua r crescerá até $e^r = 2,718^r$ ao fim do primeiro ano. Ao fim de t anos se elevará para $e^{rt} = (2,718)^{rt}$.

---

[8] Nos Estados Unidos, as leis que regem os empréstimos obrigam as empresas a apresentar uma taxa de juro anual (TJA) que seja calculada multiplicando-se o pagamento de cada período pelo número de pagamentos no ano. Na União Europeia, por exemplo, as TJAs devem ser expressas como taxas com capitalização anual, de modo que os consumidores saibam as taxas efetivas de juros que estão pagando.

[9] Quando falamos de pagamentos *contínuos*, supomos que o dinheiro flui sob a forma de corrente contínua, como a água jorra de uma fonte. Isso não é de todo possível. Por exemplo, em vez de pagar $1 bilhão a cada ano para combater a malária, você poderia pagar cerca de $1 milhão a cada $8^{3}/_{4}$ horas, ou $10 mil a cada $5^{1}/_{4}$ minutos, ou 10 centavos a cada $3^{1}/_{6}$ segundos, mas não seria possível efetuar os pagamentos continuamente. Os gestores financeiros *simulam* que os pagamentos são contínuos, em vez de horários, diários ou semanais, porque (1) isso simplifica os cálculos e (2) permite uma boa aproximação ao VPL dos pagamentos frequentes.

Exemplo 1 Suponha que você invista $1 a uma taxa de juros com capitalização contínua de 11% ($r = 0,11$) por um ano ($t = 1$). O valor no fim do ano é, simplesmente, e^{11}, ou $1,116. Ou seja, investir por um ano, a uma taxa de juros de 11%, com capitalização *contínua*, é o mesmo que investir por um ano a 11,6% com capitalização *anual*.

Exemplo 2 Suponha que você investe $1 a uma taxa de juros com capitalização contínua de 11% ($r = 0,11$) por dois anos ($t = 2$). O valor final do investimento é $e^{rt} = e^{0,22}$, ou $1,246.

Às vezes pode ser mais razoável pressupor que o fluxo de caixa de um projeto se distribui, uniformemente, ao longo do ano, do que assumir que ele surja somente ao final desse mesmo ano. É fácil adaptar as nossas fórmulas anteriores para resolver essa questão. Suponha, por exemplo, que desejemos calcular o valor presente de uma perpetuidade de C dólares por ano. Já sabemos que, se o pagamento ocorrer no final do ano, dividimos o pagamento pela taxa de juros *anual* composta r:

$$PV = \frac{C}{r}$$

Se o mesmo pagamento total for efetuado de maneira contínua ao longo do ano, utilizaremos a mesma fórmula, substituindo r pela taxa de juros com capitalização *contínua*.

Suponha que a taxa de juros com capitalização contínua seja de 18,5%. O valor presente de uma perpetuidade de $100, com cada um dos fluxos recebidos no fim do ano, é 100/0,185 = $540,54. Se os fluxos de caixa são recebidos continuamente, devemos dividir 100 por 17%, porque 17% capitalizados continuamente são equivalentes a 18,5% capitalizados anualmente ($e^{0,17} = 1,185$). O valor presente dos fluxos de caixa contínuos é 100/0,17 = $588,24. Os investidores estão preparados para pagar mais pelos fluxos de caixa contínuos porque os pagamentos começam imediatamente.

Exemplo 3 Depois que você se aposentar, planeja gastar $200 mil ao ano durante 20 anos. A taxa de juros composta anualmente é de 10%. Quanto você deve poupar até o momento de se aposentar a fim de sustentar seu plano de gastos?

Antes de mais nada, vamos fazer os cálculos assumindo que você gasta o dinheiro ao final de cada ano. Nesse caso, podemos utilizar a fórmula simples da anuidade que derivamos anteriormente:

$$VP = C\left(\frac{1}{r} - \frac{1}{r(1+r)^t}\right)$$

$$= \$200.000\left(\frac{1}{0,10} - \frac{1}{0,10(1,10)^{20}}\right) = \$200.000 \times 8,514 = \$1.702.800$$

Assim, você precisará ter poupado quase 1^{3}/_{4}$ milhão até a hora de se aposentar.

Em vez de esperar até o fim de cada ano antes de gastar qualquer dinheiro, é mais razoável admitir que seus gastos se espalharão uniformemente ao longo do ano. Nesse caso, em vez de utilizar a taxa de juros composta de 10%, precisamos empregar a taxa de juros com capitalização contínua de $r = 9,53\%$ ($e^{0,953} = 1,10$). Portanto, para cobrir uma vasão contínua de gastos, você precisa deixar reservado o seguinte montante:[10]

---

[10] Lembre-se de que uma anuidade é simplesmente a diferença entre uma perpetuidade recebida hoje e uma perpetuidade recebida no ano t. Uma corrente contínua de C dólares anuais em perpetuidade vale C/r, onde r é a taxa de juros com capitalização contínua. A nossa anuidade vale, então:

$$VP = \frac{C}{r} - \text{valor presente de } \frac{C}{r} \text{ recebido no ano } t$$

Uma vez que r é a taxa de juros com capitalização contínua, C/r recebido no ano t vale hoje $(C/r) \times (1/e^{rt})$. A nossa fórmula de anuidade é, portanto:

$$VP = \frac{C}{r} - \frac{C}{r} \times \frac{1}{e^{rt}}$$

às vezes expressa da seguinte forma:

$$\frac{C}{r}(1 - e^{-rt})$$

FUNÇÕES ÚTEIS PARA PLANILHAS

Descontos de fluxos de caixa

Os programas de elaboração de planilhas, como o Excel, apresentam funções internas para a resolução de problemas de fluxos de caixa descontado (FCDs). É possível encontrá-las pressionando a aba *fx* na barra de ferramentas do Excel. Se, em seguida, você der um clique na função que deseja usar, o programa lhe pede os dados necessários. No botão à esquerda da caixa de funções há o recurso "Ajuda sobre esta opção", dotado de um exemplo de como a função é utilizada.

Eis aqui uma lista das funções úteis para a resolução desses problemas e alguns pontos para lembrar quando se digitar os dados:

- **VF:** valor futuro do investimento ou anuidade individuais.
- **VP:** valor presente do fluxo de caixa ou anuidade individuais.
- **TAXA:** taxa de juros (ou taxa de retorno) necessária para gerar um dado valor futuro ou uma anuidade.
- **NPER:** número de períodos (por exemplo, anos) que um investimento leva para gerar um dado valor futuro ou uma série de fluxos de caixa futuros.
- **PGTO:** quantidade de pagamentos de anuidade com um dado valor presente ou futuro.
- **VPL:** calcula o valor de uma série de fluxos de caixa negativos e positivos. (Quando utilizar essa função, observe o aviso a seguir.)
- **XVPL:** calcula o valor presente líquido de uma série de fluxos de caixa desiguais na data do primeiro fluxo de caixa.
- **EFETIVA:** a taxa de juros anual efetiva, dada a taxa de juro anual (TJA) e o número de pagamentos de juros em um ano.
- **NOMINAL:** a taxa de juro anual (TJA) dada a taxa anual efetiva de juros.

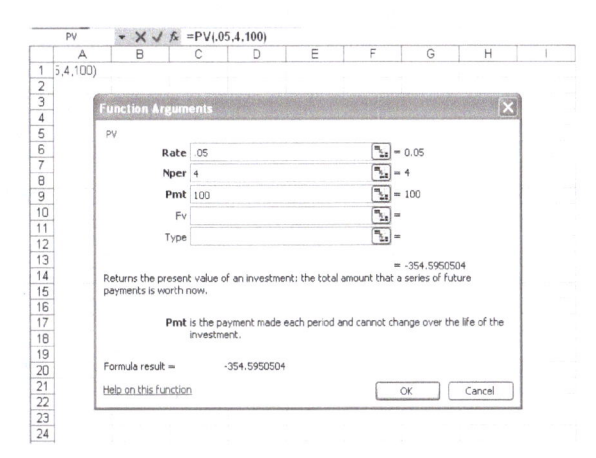

Podemos digitar todos os dados diretamente nessas funções como números ou como endereços de células contendo os números.

Três avisos:

1. VP é a quantia que precisa ser investida hoje para gerar um determinado valor futuro. Portanto, deve-se digitá-lo como um número negativo. Digitar VP e VF com o mesmo sinal na solução de problemas com a função TAXA resulta em uma mensagem de erro.

2. Entre sempre com a taxa de juros ou de desconto como um valor decimal (tal como 0,05, em vez de 5%).

3. Use a função VPL com cuidado. Melhor ainda: nem chegue a usá-la. Ela fornece o valor dos fluxos de caixa em um período *anterior* ao primeiro fluxo de caixa, e não o valor na data do primeiro fluxo de caixa.

Questões com planilhas

As questões a seguir oferecem oportunidades de praticar cada uma das funções do Excel.

1. (VF) Em 1880, foi prometida uma recompensa equivalente a 100 dólares australianos a cinco batedores aborígines, por ajudarem na captura do famoso bandido Ned Kelley. Em 1993, as netas de dois desses batedores reclamaram que a recompensa não tinha sido paga. Se a taxa de juros durante esse período oscilou próximo de 4,5%, qual seria o montante acumulado da época até agora?

2. O seu consultor revisou os valores referentes ao seu prédio de escritórios. Conforme a previsão, ele produzirá um fluxo de caixa de $40 mil no ano 1, mas de apenas $850 mil no ano 2, quando você vier a vendê-lo. Se o custo do capital é de 12%, qual é o valor do prédio?

3. (VP) Sua empresa pode alugar um caminhão por $10 mil ao ano (pagos no fim do ano) durante seis anos, ou pode comprá-lo hoje por $50 mil. Após seis anos, o caminhão não terá valor nenhum. Se a taxa de juros é de 6%, qual é o valor presente dos pagamentos do *leasing*? Vale a pena fazer o *leasing*?

4. (TAXA) As ações da Ford Motor foram uma das vítimas da crise de crédito de 2008. Em junho de 2007, o preço das ações ficava em $9,42. Passados 18 meses, caíram a $2,72. Para um investidor nesses papéis, qual foi a taxa de retorno anual nesse período?

5. (NPER) Uma consultora de investimentos prometeu dobrar o seu dinheiro. Se a taxa de juros é de 7% ao ano, em quantos anos ela conseguirá fazer isso?

6. **(PGTO)** Você precisa contrair uma hipoteca de $200 mil para a compra de uma casa. Se os pagamentos são feitos anualmente durante 30 anos e a taxa de juros é de 8%, qual é o seu pagamento anual total?

7. **(XVPL)** Seu edifício de escritórios está precisando de um dispêndio em capital inicial de $370 mil. Suponha que você pretende alugá-lo durante três anos a $20 mil ao ano e, depois, vendê-lo por $40 mil. Se o custo do capital é de 12%, qual é o seu valor presente líquido?

8. **(EFETIVA)** O First National Bank paga 6,2% de juros compostos anuais. O Second National Bank paga 6% de juros compostos mensais. Qual é o banco que oferece a taxa efetiva de juros anual mais alta?

9. **(NOMINAL)** Que taxa de juros compostos mensalmente o Second National Bank precisaria pagar para depósitos em poupança de modo a oferecer uma taxa efetiva de 6,2%?

$$VP = C\left(\frac{1}{r} - \frac{1}{r} \times \frac{1}{e^{rt}}\right)$$

$$= \$200.000\left(\frac{1}{0,0953} - \frac{1}{0,0953} \times \frac{1}{6,727}\right) = \$200.000 \times 8,932 = \$1.786.400$$

Para sustentar uma vazão contínua de desembolsos, você precisará ter poupado $83.600 adicionais.

Frequentemente, em finanças, necessitamos apenas de uma estimativa aproximada do valor presente. Um erro de 5% no cálculo de um valor presente pode ser perfeitamente aceitável. Normalmente, nesses casos, não faz diferença supor que os fluxos de caixa surjam no final do ano, ou sob a forma de uma corrente contínua. Em outras circunstâncias, a precisão é importante e temos mesmo de nos preocupar com a frequência exata dos fluxos de caixa.

RESUMO

As empresas podem ajudar seus acionistas aceitando todos os projetos que valham mais do que seus custos; ou seja, devem procurar projetos com um valor presente líquido positivo. Para determinarmos o valor presente líquido, calculamos primeiro o valor presente. Basta descontar os fluxos de caixa futuros com a taxa r correta, geralmente chamada *taxa de desconto*, *taxa mínima de retorno* ou *custo de oportunidade do capital*:

$$\text{Valor presente (VP)} = \frac{C_1}{(1+r)} + \frac{C_2}{(1+r)^2} + \frac{C_3}{(1+r)^3} + \cdots$$

O valor presente líquido é o valor presente somado a qualquer fluxo de caixa imediato:

$$\text{Valor presente líquido (VPL)} = C_0 + VP$$

Lembre-se de que C_0 é negativo se o fluxo de caixa imediato for um investimento, isto é, se representar um fluxo negativo de caixa.

A taxa de desconto r é determinada por meio de taxas de retorno que prevalecem nos mercados financeiros. Se o fluxo de caixa futuro for absolutamente seguro, então a taxa de desconto será a taxa de juros de títulos sem risco, como os da dívida do Tesouro dos Estados Unidos. Se o montante do fluxo de caixa futuro for incerto, então o fluxo de caixa esperado deverá ser descontado pela taxa de retorno esperada e oferecida por títulos de risco equivalente. (Falaremos mais sobre riscos e o custo do capital entre os Capítulos 7 e 9).

Os fluxos de caixa são descontados por duas simples razões: (1) porque o dinheiro disponível hoje vale mais do que o dinheiro disponível amanhã e (2) porque dinheiro com risco vale menos do que dinheiro sem risco. As fórmulas do VP e VPL são expressões numéricas dessas noções.

Os mercados financeiros, incluindo o mercado de ações e o de obrigações, são os mercados nos quais fluxos de caixa futuros, com ou sem risco, são trocados e avaliados. É por isso que damos atenção às taxas de remuneração que prevalecem nos mercados financeiros, para determinar a influência do tempo e do risco sobre a taxa de desconto. Ao calcularmos o valor presente de um ativo, estamos, na verdade, estimando quanto as pessoas estariam dispostas a pagar por ele se tivessem a alternativa de fazer um investimento no mercado de capitais.

Você sempre pode calcular qualquer valor presente usando a fórmula básica, mas há algumas fórmulas reduzidas que podem minimizar o tédio. Mostramos como avaliar um investimento que gera uma série contínua de fluxos de caixa interminavelmente (uma *perpetuidade*) e um que gera uma série contínua durante um período limitado (uma *anuidade*). Mostramos também como avaliar investimentos que geram séries crescentes de fluxos de caixa.

Quando alguém se oferece para lhe emprestar um dólar a uma taxa de juros nominal, você deve sempre verificar com que frequência os juros devem ser pagos. Por exemplo, suponha que um empréstimo de $100 peça pagamentos de $3 durante seis meses. O pagamento total da taxa de juros anual será de $6, e os próprios juros serão cotados com uma taxa capitalizada semestral de 6%. A taxa *capitalizada anual equivalente* é $(1,03)^2 - 1 = 0,061$, ou 6,1%. Por vezes, pode ser conveniente supor que o pagamento do juro deva ser uniforme durante o ano inteiro, de forma tal que ele seja cotado como uma taxa de juros de capitalização contínua.

PROBLEMAS

BÁSICO

1. **Valores futuros** Se você investir $100 a uma taxa de juros de 12%, quanto terá ao final de oito anos?

2. **Fatores de desconto** Se o valor presente de $139 for de $125, qual será o fator de desconto?

3. **Valores presentes** Se o custo do capital for de 9%, qual será o VP de $374 a ser pago no ano 9?

4. **Valores presentes** Um projeto gera um fluxo de caixa de $432 no ano 1, $137 no ano 2 e $797 no ano 3. Se o custo do capital for de 15%, qual é o VP do projeto? Se o projeto exigir um investimento de $1.200, qual será seu VPL?

5. **Custo de oportunidade do capital** Quais das seguintes afirmações são verdadeiras? O custo de oportunidade do capital:
    a. Equivale à taxa de juros mediante a qual a empresa pode contrair um empréstimo.
    b. Depende do risco dos fluxos de caixa a serem avaliados.
    c. Depende das taxas de retorno que os acionistas podem esperar receber ao investirem por conta própria.
    d. Equivale a zero se a empresa tiver excesso de caixa em sua conta bancária e a conta bancária não render juros.

6. **Perpetuidades** Um investimento de $1.548 rende $138 em perpetuidade. Se a taxa de juros for de 9%, qual será o seu valor presente líquido?

7. **Perpetuidades crescentes** Uma ação ordinária proporcionará um dividendo de $4 no próximo ano. Depois disso, espera-se que os dividendos aumentem indefinidamente a 4% ao ano. Se a taxa de desconto for de 14%, qual será o VP da série de dividendos?

8. **Perpetuidades e anuidades** A taxa de juro é de 10%.
    a. Qual é o VP de um ativo que rende $1 por ano em perpetuidade?
    b. O valor de um ativo que se valoriza a uma taxa de 10% ao ano duplica aproximadamente em um período de sete anos. Qual é o VP aproximado de uma ativo que rende $1 por ano em perpetuidade, começando no ano 8?
    c. Qual é o VP aproximado de um ativo que rende $1 por ano em cada um dos próximos sete anos?
    d. Um lote de terreno produz um rendimento que cresce 5% ao ano. Se o rendimento do primeiro ano for de $10 mil, qual é o valor do terreno?

9. **Valores presentes** Qual é o VP de $100 recebidos em:
    a. Ano 10 (a uma taxa de desconto de 1%)?
    b. Ano 10 (a uma taxa de desconto de 13%)?
    c. Ano 15 (a uma taxa de desconto de 25%)?
    d. Cada um dos anos 1 a 3 (a uma taxa de desconto de 12%)?

10. **Capitalização contínua** A taxa de juros com capitalização contínua é de 12%.
    a. Você investiu $1 mil com essa taxa. Qual é o valor do investimento daqui a cinco anos?
    b. Qual é o VP de $5 milhões que você receberá em oito anos?
    c. Qual é o VP de uma série contínua de fluxos de caixa que totalizam $2 mil por ano, começando imediatamente, por um período contínuo de quinze anos?

11. **Intervalos de capitalização** Foi oferecida a você uma taxa de juros de 6% em um investimento de $10 milhões. Qual é o valor de seu investimento, decorridos quatro anos, se a taxa de juros é composta:
    a. Anualmente?
    b. Mensalmente?
    c. Continuamente?

INTERMEDIÁRIO

12. **Valores futuros e anuidades**
    a. O custo de um automóvel novo é $10 mil. Se a taxa de juros for de 5%, quanto é que você terá de reservar agora para obter esse valor em cinco anos?
    b. Você tem de pagar $12 mil por ano em mensalidades escolares no fim de cada um dos próximos seis anos. Se a taxa de juros for de 8%, que quantia você terá que reservar hoje para pagar aqueles montantes?
    c. Você investiu $60.476 a 8%. Depois de ter pago as mensalidades escolares do item anterior, quanto restará no fim dos seis anos?

13. **Fatores de desconto e valores presentes**
    a. Se a taxa de desconto anual é de 0,905, qual é a taxa de juros anual?
    b. Se a taxa de juros por dois anos é de 10,5%, qual é o fator de desconto por dois anos?
    c. Dados esses fatores de desconto por um ano e por dois anos, calcule o fator de anuidade por dois anos.
    d. Se o VP de $10 anual durante três anos é de $24,65, calcule o fator de anuidade por três anos?
    e. Com base nas respostas nos itens (c) e (d) calcule o fator de desconto por três anos.

14. **Valores presentes** Uma fábrica custa $800 mil. Você sabe que vai produzir um fluxo de caixa positivo, depois de descontados os custos operacionais, de $170 mil durante 10 anos. Se o custo de oportunidade do capital for de 14%, qual é o valor presente líquido da fábrica? Qual será o seu valor ao fim de cinco anos?

15. **Valores presentes** Uma máquina custa $380 mil e espera-se que produza os seguintes fluxos de caixa:

Ano	1	2	3	4	5	6	7	8	9	10
Fluxo de caixa ($000)	50	57	75	80	85	92	92	80	68	50

Se o custo do capital é de 12%, qual é o VPL da máquina?

16. **Custo de oportunidade do capital** Explique por que nos referimos ao custo de *oportunidade* do capital, em vez de apenas "custo do capital" ou "taxa de desconto". Aproveitando o ensejo, explique também a seguinte declaração: "O custo de oportunidade do capital depende do uso proposto do dinheiro, não da fonte de financiamento".

17. **Valores presentes** Uma fábrica custa $400 mil. Produzirá um fluxo de caixa positivo, depois de descontados os custos operacionais, de $100 mil no ano 1, $200 no ano 2 e $300 mil no ano 3. O custo de oportunidade do capital é de 12%. Mostre os seus cálculos numa linha do tempo como nas Figuras 2.4 e 2.5. Calcule o VPL.

18. **Valores presentes e custo de oportunidade do capital** A Halcyon Lines está considerando a compra de um novo cargueiro por $8 milhões. As receitas anuais previstas são de $5 milhões, e os custos operacionais anuais de $4 milhões. Será necessária uma grande reforma, no final do quinto e do décimo anos, no valor de $2 milhões. Depois de 15 anos, o valor de sucata do navio será de $1,5 milhão.
    a. Qual o VPL se o custo de oportunidade do capital foi de 8%?
    b. A Halcyon poderia comprar o navio contraindo um empréstimo no valor total do investimento a uma taxa de juros de 4,5%. Como essa oportunidade de empréstimo afeta seu cálculo do VPL?

19. **Valores presentes** Como vencedor de uma licitação para cereal matinal, você pode escolher entre um dos seguintes pagamentos:
    a. $100 mil agora.
    b. $180 mil ao fim de cinco anos.
    c. $11.400 por ano, indefinidamente.
    d. 19 mil durante cada um dos próximos 10 anos.
    e. $6.500 no próximo ano, aumentando, a partir de então e indefinidamente, 5% ao ano.

    Se a taxa de juros for de 12%, qual será o pagamento mais valioso?

20. **Anuidades** Siegfried Basset tem 65 anos e a sua expectativa de vida é de 12 anos. Ele pretende investir $20 mil em uma anuidade que produza rendimentos constantes no fim de cada ano, até a sua morte. Se a taxa de juros for de 8%, que rendimento o sr. Basset poderá esperar receber em cada ano?

21. **Anuidades** David e Helen Zhang estão economizando para comprar um barco ao final de cinco anos. Se o barco custar $20 mil e se eles puderem ganhar 10% por ano sobre as suas economias, quanto precisarão depositar entre o fim do ano 1 e o fim do ano 5?

22. **Anuidades** A Kangaroo Autos está facultando um crédito gratuito para a compra de carros novos no valor de $10 mil. Para tanto, você deverá fazer um pagamento inicial de $1 mil e liquidar $300 por mês durante os próximos meses. A Turtle Motors, situada na porta ao lado, não oferece qualquer crédito gratuito, mas oferece um desconto de $1 mil sobre o preço de tabela. Se a taxa de juros anual for de 10% (cerca de 0,83% ao mês), qual das duas empresas oferece melhores condições de compra?

23. **Valores presentes** Volte a calcular o valor presente líquido do empreendimento do edifício de escritórios do Exemplo 2.1, às taxas de juros de juros de 5%, 10% e 15%. Com esses valores, desenhe um gráfico com o VPL no eixo vertical e as taxas de desconto no eixo horizontal. A que taxa de desconto (aproximadamente) o projeto terá um VPL igual a zero? Justifique a sua resposta.

24. **Perpetuidades e capitalização contínua** Se a taxa de juros for de 7%, qual será o valor dos três investimentos seguintes?
    a. Um investimento que lhe oferece $100 anuais, indefinidamente, com pagamento no *fim* de cada ano.
    b. Um investimento semelhante ao anterior, com pagamento no *princípio* de cada ano.
    c. Um investimento semelhante, com pagamento distribuído uniformemente durante cada ano.

25. **Perpetuidades e anuidades** Consulte novamente as Seções 2.3 a 2.4. Se a taxa de juros for de 8% em vez de 10%, quanto você precisará reservar para fazer uma doação de cada uma das seguintes verbas:
    a. $1 bilhão no final de cada ano, em perpetuidade.
    b. Uma perpetuidade que proporcione $1 bilhão no final do primeiro ano e que aumente 4% ao ano.
    c. $1 bilhão no final de cada ano e durante 20 anos.
    d. $1 bilhão por ano, distribuídos uniformemente por 20 anos.

26. **Capitalização contínua** Quanto se terá ao fim de 20 anos, se for investida hoje a quantia de $100 a 15%, com capitalização *composta*? E com capitalização *contínua*?

27. **Perpetuidades** Você acabou de ler o seguinte anúncio: "Pague hoje $100 por ano, durante dez anos, e, depois, nós lhe pagaremos $100 por ano, indefinidamente". Se esse for um negócio justo, qual é a taxa de juros?

28. **Intervalos de capitalização** Qual dos seguintes investimentos você escolheria?
    a. Um investimento com juros de 12% com capitalização anual.
    b. Um investimento com juros de 11,7% com capitalização semestral.

c. Um investimento com juros de 11,5% com capitalização contínua.

Calcule o valor de cada um desses investimentos ao fim de 1, 5 e 20 anos.

29. **Intervalos de capitalização**   Um contrato de locação exige o pagamento imediato de $100 mil e, subsequentemente, nove pagamentos semestrais de $100 mil. Qual é o VP desses pagamentos se a taxa de desconto *anual* for de 8%?

30. **Anuidades**   Há muitos anos, o *The Wall Street Journal* noticiou que o vencedor do prêmio da loteria do estado de Massachusetts havia tido o infortúnio de estar falido e preso por fraude. O prêmio era de $9.420.713 a ser pago em 19 prestações anuais iguais. (Eram 20 prestações, mas o premiado já havia recebido uma.) O tribunal de falências decidiu que o prêmio deveria ser vendido ao maior licitador e as receitas, utilizadas para pagar os credores.

    a. Se a taxa de juros fosse de 8%, quanto você estaria disposto a oferecer pelo prêmio?

    b. Consta que a Enhance Reinsurance Company ofereceu $4,2 milhões. Utilize o Excel para calcular o retorno que a empresa desejava obter.

31. **Amortização de empréstimos**   Uma hipoteca lhe obriga a pagar $70 mil no fim de cada um dos próximos oito anos. A taxa de juros é de 8%.

    a. Qual é o valor presente desses pagamentos?

    b. Calcule, para cada ano do empréstimo, a quantia que continua por ser paga, o pagamento dos juros e a redução do capital.

32. **Anuidades crescentes**   Segundo suas estimativas, quando se aposentar, dentro de 35 anos, você terá acumulado economias no valor de $2 milhões. Se a taxa de juros for de 8% e você viver 15 anos depois de se aposentar, qual o nível anual de despesas compatível com essas economias?

    Infelizmente, a inflação vai afetar o valor da sua aposentadoria. Pressupondo uma taxa de inflação de 4%, faça um plano de despesas para os seus $2 milhões de poupança para aposentadoria que lhe permita aumentar seus gastos de acordo com a inflação.

33. **Anuidades**   A taxa de desconto, em uma capitalização *anual*, é de 5,5%. Pedem-lhe para calcular o valor presente de uma anuidade por 12 anos com pagamentos de $50 mil ao ano. Calcule o VP para cada um dos seguintes casos:

    a. Os pagamentos da anuidade são feitos em intervalos de um ano. O primeiro pagamento é realizado daqui a um ano.

    b. O primeiro pagamento é realizado em seis meses. Os pagamentos seguintes o são em intervalos de um ano (ou seja, em 1 ano e meio, 2 anos e meio etc.).

34. **Anuidades**   Caro Assessor Financeiro.

    Eu e minha esposa temos 62 anos e esperamos nos aposentar em três anos. Após a aposentadoria, receberemos $7.500 por mês, descontados os impostos, de nossos planos de pensão particulares, e $1.500 por mês, descontados os impostos, da Previdência Social. Infelizmente, nossas despesas habituais mensais são de $15 mil. Nossas obrigações sociais impedem que tenhamos mais economias.

    Temos um fundo mútuo municipal de alto grau e livre de imposto no valor de $1 milhão. O retorno desse fundo é de 3,5% ao ano. Planejamos fazer retiradas no fundo para cobrirmos a diferença entre nossos rendimentos da pensão e da Previdência Social e de nossas despesas do dia a dia. Quantos anos ainda teremos antes de consumirmos todo o nosso dinheiro?

    Atenciosamente,

    Rico Desafiado

    Marblehead, MA

    Você pode supor que as retiradas (uma por ano) ficarão em uma conta corrente (sem juros) até serem gastas. O casal utilizará essa conta pra cobrir as despesas mensais.

35. **Valores presentes**   Os geólogos de sua empresa descobriram um pequeno poço petrolífero no condado de Westcherst, no estado de Nova York. As previsões são de que ele produzirá um fluxo de caixa C_1 de $2 milhões no primeiro ano. Você estima que pode obter um retorno r de 12% se investir em ações com grau similar de risco ao de seu poço petrolífero. Portanto, a oportunidade do custo de capital é de 12%.

    Qual é o valor presente? A resposta, é certo, depende do que acontece nos pagamentos após o primeiro ano. Calcule o valor presente para os seguintes casos:

    a. Prevê-se que os fluxos de caixa continuarão indefinidamente, sem que haja aumentos ou declínios.

    b. Prevê-se que os fluxos de caixa durarão apenas 20 anos, mas sem aumentos ou declínios nesse período.

    c. Prevê-se que os fluxos de caixa continuarão indefinidamente, com aumentos de 3% ao ano em virtude da inflação.

    d. Prevê-se que os fluxos de caixa durarão apenas por 20 anos, mas com aumentos de 3% ao ano devido à inflação.

36. **Amortização de empréstimos**   Suponha que você contraia um empréstimo hipotecário de 20 anos no valor de $200 mil para comprar um apartamento. A taxa de juros sobre o empréstimo é de 6%, e os pagamentos são feitos anualmente ao final de cada ano.

    a. Qual deve ser o pagamento anual para quitar o empréstimo?

    b. Construa uma tabela de amortização hipotecária no Excel similar ao Quadro 2.1, exibindo o pagamento de juros, a amortização do empréstimo e o saldo devedor para cada ano.

    c. Qual fração do seu pagamento inicial do empréstimo vai para cobrir os juros? E quanto ao último pagamento? Qual fração do empréstimo terá sido quitada após 10 anos? Por que essa fração é menos do que a metade do total?

DESAFIO

37. **Valores futuros e capitalização contínua**   Aqui estão duas regras úteis. A "Regra dos 72", que afirma que com uma capitalização normal (discreta) o tempo que um investimento leva para duplicar é de cerca de 72/taxa de juros (em %). A "Regra dos 69", que afirma que com uma capitalização contínua o tempo que o investimento leva para duplicar é, exatamente, 69,3/taxa de juros (em %).

    a. Se a taxa de juros anual composta é de 12%, utilize a Regra dos 72 para calcular, aproximadamente, o tempo que o dinheiro demora para duplicar. Em seguida, calcule o valor exato.

    b. Você consegue demonstrar a Regra dos 69?

38. **Anuidades**   Utilize o Excel para construir o seu próprio conjunto de quadros de anuidade, mostrando o fator de anuidade para uma seleção de taxas de juros e anos.

39. **Perpetuidades e anuidades decrescentes**   Você possui um oleoduto que gerará $2 milhões de fluxos de caixa durante o próximo ano. Os custos de operação do oleoduto são indiferentes e a sua durabilidade é muito extensa. Infelizmente, o volume do petróleo transportado tem diminuído e prevê-se que os fluxos de caixa diminuam 4% ao ano. A taxa de desconto é de 10%.

    a. Qual é o VP dos fluxos de caixa do oleoduto, se se assumir que os fluxos de caixa durarão para sempre.

    b. Qual é o VP dos fluxos de caixa, se o oleoduto for abandonado depois de decorridos 20 anos?

FINANÇAS NA WEB

Finance.yahoo.com é uma fonte maravilhosa de dados sobre preços de ações. É bom você se acostumar a usá-la.

1. Visite **finance.yahoo.com** e procure "Analyst Estimates" para a Apple (AAPL). Você deve encontrar lucros por ação (LPA, ou EPS, na sigla em inglês) para o ano atual, a taxa percentual de crescimento anual de LPA para os últimos cinco anos e também uma previsão de taxa de crescimento de LPA para os próximos cinco anos. Qual será o LPA da Apple daqui a cinco anos se o LPA crescer à mesma taxa média dos últimos cinco anos? Experimente o mesmo exercício com outras ações, tais como Microsoft (MSFT), Merck (MRK) ou ferrovias CSX (CSX).

2. Você precisa acumular uma poupança de $2 milhões para quando se aposentar, daqui a 20 anos. Atualmente, suas economias giram em torno de $200 mil. Quanto você precisará poupar a cada ano para cumprir sua meta se suas economias renderem 10% ao ano? Encontre a calculadora de poupanças no **www.finance.yahoo.com** para conferir sua resposta.

CAPÍTULO 3

Calculando o valor dos títulos

Os investimentos em novas instalações fabris e equipamentos exigem dinheiro; de modo geral, muito dinheiro. Às vezes, as empresas conseguem reter e acumular ganhos para cobrir os custos dos investimentos, mas, com frequência, precisam levantar fundos extras com os investidores. Se optarem por não vender cotas de suas ações ordinárias, o dinheiro obrigatoriamente origina-se da contração de empréstimos. Se for preciso dinheiro por um curto período de tempo, podem contrair empréstimos em um banco. Se, em contrapartida, a meta for para investimentos de longo prazo, geralmente emitem títulos, que nada mais são do que empréstimos de longo prazo.

As empresas não são as únicas emissoras de títulos, pois as cidades também levantam fundos pela venda de títulos, bem como os governos federais.

Iniciamos nossa análise no mercado de títulos examinando a avaliação dos títulos governamentais e das taxas de juros com que o governo remunera nessas captações de fundos. Não confunda essa taxa de juro com o custo do capital para uma organização. Os projetos executados pelas empresas são quase invariavelmente arriscados, e os investidores exigem retornos potenciais mais altos neles do que nos seguros títulos governamentais. (No Capítulo 7, começaremos a abordar os retornos adicionais que os investidores requerem de ativos arriscados).

Os mercados de títulos governamentais são imensos. Em novembro de 2014, os investidores detinham $12,9 trilhões em títulos do Tesouro norte-americano, fora os $5,1 trilhões de posse das próprias agências governamentais do país. Os mercados de títulos também são sofisticados, e os *traders* desses papéis fazem transações maciças motivados por diminutas discrepâncias nos preços. Este livro não é para *traders* de títulos profissionais, mas se você pretende se dedicar ao gerenciamento de dívidas corporativas terá de se aprofundar mais no tema, e não apenas conhecer propriamente a mecânica simples do sistema de avaliação de títulos. Os administradores financeiros qualificados compreendem a leitura dos cadernos de negócios da mídia impressa e saber o que os profissionais da área querem dizer quando se referem à taxa à vista ou ao retorno até a maturidade. Começam a perceber por que as taxas de curto prazo geralmente são mais baixas (mas, por vezes, mais altas) do que as taxas de longo prazo, e por que os preços dos títulos com maturidades mais longas são os mais sensíveis com as flutuações nas taxas de juros. Podem distinguir entre taxa de juros nominal (monetária) e real (ajustada pela inflação), e antecipar como a inflação futura pode afetá-las. Abordaremos todos esses tópicos neste capítulo.

As empresas podem contrair empréstimos às mesmas baixas taxas de juros ditadas pelos governos. Contudo, as taxas de juros de títulos governamentais são padrões de referência para todas as taxas de juros. Quando as taxas de juros do governo sobem ou descem, as taxas corporativas seguem mais ou menos proporcionalmente essas tendências. Portanto, seria recomendável que os gestores financeiros entendessem como as taxas governamentais são determinadas e o que ocorre quando elas se alteram.

Os títulos corporativos são instrumentos mais complexos do que os títulos do governo. É mais provável que uma empresa não cumpra o pagamento de suas dívidas, de modo que os investidores têm de se preocupar sobre o risco de *default* (inadimplência). Os títulos corporativos têm menos liquidez que os governamentais: não são tão fáceis de comprar ou de vender, particularmente em grandes lotes ou com pouca antecedência. Essas dificuldades afetam o "*spread*" de taxas de juros de títulos corporativos em relação às taxas de títulos do governo com maturidades similares.

Este capítulo apresenta apenas a dívida de empresas. Faremos um exame mais detalhado desse ponto nos Capítulos 23 e 24.

3.1 Utilização de fórmulas do valor presente para avaliar títulos

Se você detém um título, fica intitulado a receber um conjunto fixo de pagamentos. A cada ano, até o título atingir o vencimento, você recebe pagamentos regulares de juros. Na data de vencimento, quando você obtém o pagamento final dos juros, também recebe o **valor de face** do título, que é denominado **capital** [do título].

Uma viagem até Paris para avaliar um título do governo

Qual é a razão de fazermos uma visita a Paris, além de seus cafés, restaurantes ou vida noturna sofisticada? Porque queremos iniciar com a modalidade de título mais simples, um que faz pagamentos apenas uma vez ao ano.

Os títulos do governo francês, conhecidos como OATs (Obligations Assimilables du Trésor), pagam os juros e o capital em euros (€). Suponha que, em outubro de 2014, você decidiu comprar €100 de títulos OAT com rentabilidade de 4,25% e com vencimento para outubro de 2018. Em cada ano, até que haja o vencimento do título, você está intitulado a receber um pagamento de juros de 0,0425 × 100 = €4,25. Esse montante é o **cupom** do título.[1] Em 2018, quando o título vencer, o governo deverá lhe pagar o juro final, €4,25, mais o pagamento do capital, ou valor de face, €100. O seu primeiro pagamento do cupom é após um ano, em outubro de 2015, portanto, os fluxos de caixa referentes aos pagamentos do título são os seguintes:

Fluxos de caixa (pagamentos) (€)			
2015	2016	2017	2018
€4,25	€4,25	€4,25	€104,25

Qual é o valor presente desses pagamentos? Depende da oportunidade do custo de capital que, nesse caso, equivale à taxa de retorno obtida por outros títulos da dívida do governo denominados em euros. Em outubro de 2014, outro título de médio prazo do governo francês ofereceu um retorno de apenas 0,15%. É desse valor que você abriu mão quando comprou os OATs a 4,25%. Por isso, para calcular o valor desse título, você deve descontar os fluxos de caixa a 0,15%.

$$VP = \frac{4,25}{1,0015} + \frac{4,25}{1,0015^2} + \frac{4,25}{1,0015^3} + \frac{104,25}{1,0015^4} = €116,34$$

Os preços dos títulos geralmente são expressos como uma porcentagem do valor de face, por isso podemos dizer que o seu OAT com rentabilidade de 4,25% foi cotado a 116,34%.

Você poderá observar uma fórmula simplificada para avaliar esse título. Seu OAT equivale a um conjunto de dois investimentos. O primeiro possui quatro cupons anuais de €4,25 cada, e o segundo possui um valor de face de €100 no vencimento. Você pode usar a fórmula da anuidade do Capítulo 2 para avaliar os pagamentos dos cupons e, depois, adicionar o valor presente do pagamento final.

VP (título) = VP (anuidade dos pagamentos dos cupons) + VP (pagamento final do principal)

= (cupom × fator de anuidade de 4 anos) + (pagamento final × valor de desconto)

$$= 4,25 \left[\frac{1}{0,0015} - \frac{1}{0,0015(1,0015)^4} \right] + \frac{100}{1,0015^4} = 16,93 + 99,40 = €116,34$$

---

[1] Os títulos costumavam vir com cupons agregados que tinham de ser destacados e entregues ao emissor para obter os pagamentos. Esse continua sendo o caso dos *títulos ao portador* (*bearer bonds*), para o qual a única prova de não pagamento é o próprio título. Em muitos países ainda se emitem títulos ao portador, e estes são populares entre os investidores que querem manter o anonimato. A opção é a dos *títulos registrados*, em que a identidade do proprietário do título fica gravada e o pagamento dos cupons é enviado automaticamente. Os OATs são títulos registrados.

Portanto, o título pode ser avaliado como um conjunto constituído por uma anuidade (os pagamentos dos cupons) mais um único e final pagamento (a devolução do capital).[2]

Acabamos de utilizar a taxa de juros de 0,15% para calcular o valor presente do OAT. Agora, podemos fazer uma avaliação inversa: se o preço do OAT é 116,34%, qual é a sua taxa de juros? Qual é o retorno que os investidores obtêm se comprarem o título e o mantiverem até o vencimento? Para responder a essa questão, é preciso determinar o valor da variável y que resolve a seguinte equação:

$$116,34 = \frac{4,25}{1+y} + \frac{4,25}{(1+y)^2} + \frac{4,25}{(1+y)^3} + \frac{104,25}{(1+y)^4}$$

A taxa de retorno y é denominada como **retorno até o vencimento**. Nesse caso, nós já sabemos que o valor presente do título é €16,34 a uma taxa de desconto de 0,15%, de modo que o retorno até o vencimento deve ser de 0,15%. Se você compra o título a 116,34% e o detém até o vencimento, obterá um retorno de 0,15% ao ano.

Por que esse retorno até o vencimento tem um valor inferior ao do pagamento dos cupons de 4,25%? Porque você está pagando €116,34 por um título com um valor de face de apenas €100. Você perde a diferença de €16,34 se retiver o título até o vencimento. Em contrapartida, obtém quatro pagamentos anuais de €4,25. (O retorno *corrente*, imediato, sobre seu investimento é 4,25/116,34 = 0,0365, ou 3,65%.) O retorno até o vencimento combina o retorno dos pagamentos dos cupons com o valor decrescente do título durante sua vida remanescente.

Vamos generalizar. Quando uma obrigação, como nosso OAT, está com seu preço acima do seu valor de face, diz-se que está sendo vendida a um *prêmio*. Como os investidores que compram uma obrigação pagando um prêmio encaram uma perda de capital durante a vida útil da obrigação, o retorno até o vencimento sobre essas obrigações sempre é inferior ao retorno atual. Quando uma obrigação está com seu preço abaixo do seu valor de face, diz-se que está sendo vendida com *desconto*. Como os investidores em obrigações com desconto esperam um *ganho* de capital durante a vida útil da obrigação, o retorno até o vencimento sobre uma obrigação com desconto é superior ao retorno atual.

O único procedimento geral para calcular o retorno até o vencimento é por tentativa e erro, ou seja, você arrisca uma taxa de juros e calcula o valor presente dos pagamentos do título. Se o valor presente for maior que o preço efetivo, sua taxa de desconto deve estar muito baixa, e você precisa testar uma taxa mais alta. Para calcular os retornos, a solução mais prática é utilizar um programa de elaboração de planilhas ou uma calculadora especialmente programada. No final deste capítulo, você encontrará um quadro que lista as funções do Excel que calculam o retorno até o vencimento, além de oferecer outras funções úteis para os analistas de títulos.

De volta aos Estados Unidos: cupons semestrais e preços dos títulos

A exemplo do governo francês, o Tesouro dos Estados Unidos capta fundos por meio de leilões regulares de novas emissões de títulos. Alguns desses títulos têm vencimentos superiores a 20 ou 30 anos; outros, conhecidos como *obrigações*, vencem em um prazo inferior ou igual a 10 anos. O Tesouro também emite dívida de curto prazo com vencimento inferior ou igual a 1 ano, os quais são conhecidos como *letras do Tesouro*. Os títulos, obrigações e letras do Tesouro são negociados no mercado de renda fixa.

Vamos analisar o exemplo de uma obrigação do governo norte-americano. Em 2007, o Tesouro emitiu obrigações de 4,25% com vencimento em 2017. Essas obrigações eram chamadas "as 4,25s de 2017". Tanto os títulos como as obrigações do Tesouro têm valores de face de $1 mil, de modo que se você é o detentor esses papéis, o Tesouro lhe devolverá essa quantia no vencimento. Você também pode desejar um cupom regular, mas, diferentemente de nosso título francês, os cupons indexados a

---

[2] Você também poderia avaliar uma anuidade de três anos de €4,25 mais um pagamento final de €104,25.

QUADRO 3.1 Cotações de obrigações do Tesouro, novembro de 2014

Vencimento	Cupom	Preço de venda	Retorno até o vencimento
Novembro 2017	4,25	109,69	0,965
Novembro 2018	9,00	130,07	1,267
Novembro 2019	1,00	96,96	1,636
Novembro 2020	2,625	104,34	1,857
Novembro 2021	8,00	139,46	1,943
Novembro 2022	7,625	141,03	2,040
Novembro 2023	2,75	104,21	2,231
Novembro 2024	2,25	99,40	2,318
Novembro 2028	5,25	131,25	2,577

Fonte: Site do The Wall Street Journal (www.wsj.com).

títulos e obrigações do Tesouro têm uma remuneração *semestral*.[3] Assim, "as 4,25s de 2017" fornecem um pagamento dos cupons de 4,25/2 = 2,125% de valor de face a cada semestre.

Não é possível comprar títulos, obrigações ou letras do Tesouro na bolsa de valores. Eles são negociados por uma rede de *dealers*, que cotam os preços pelos quais são preparados para a compra e venda. Por exemplo, suponha que, em 2014, você decidiu comprar "as 4,25s de 2017". Basta telefonar a um corretor que confere o preço corrente em sua tela. Se você estiver satisfeito e quiser dar andamento à compra, seu corretor contata um *dealer* e a transação é realizada.

Os preços pelos quais você compra ou vende títulos e obrigações do Tesouro são exibidos diariamente na imprensa financeira e na Internet. O Quadro 3.1 mostra os preços de uma amostra de títulos e obrigações do Tesouro em novembro de 2014. Veja a entrada para as nossas 4,25s de 2017. O **preço de venda** de 109,69 é o valor que você precisa pagar para comprar a obrigação de um *dealer*. Isso significa que a obrigação de 4,25% custa 109,69% do valor de face. Como o valor de face da obrigação é de $1 mil, então cada obrigação custa $1.096,90.[4]

A coluna final do quadro exibe o retorno até o vencimento. Como os juros são semestrais, os rendimentos anuais sobre as obrigações do Tesouro costumam ser cotados como o dobro dos rendimentos semestrais. Assim, se você comprar a obrigação de 4,25% ao preço de venda e mantê-la até o vencimento, a cada seis meses você receberá um retorno de 0,965/2 = 0,4825%.

Você pode agora repetir os cálculos do valor presente que fizemos para o título do governo francês. Basta reconhecer que os títulos nos Estados Unidos têm um valor de face de $1 mil, que seus cupons são pagos semestralmente e que o rendimento cotado é uma taxa de capitalização semestral.

Eis os pagamentos em dinheiro das 4,25s de 2017.

Fluxos de caixa (pagamentos) ($)					
Maio 2015	Nov. 2015	Maio 2016	Nov. 2016	Maio 2017	Nov. 2017
$21,25	$21,25	$21,25	$21,25	$21,25	$1.021,25

---

[3] A frequência dos pagamentos de juros varia de país para país. Por exemplo, a maioria dos títulos lastreados em euros paga juros anualmente, enquanto a maioria dos títulos no Reino Unido, Canadá e Japão paga semestralmente.

[4] O preço nominal do título é conhecido como *clean price*, ou *flat price* (preço limpo). O preço que o comprador efetivamente paga (por vezes, chamado de *full* ou *dirty* price) é igual ao preço limpo mais o juro que o vendedor já ganhou no título desde o último pagamento dos juros. O método preciso para calcular esse juro vencido varia de um tipo de título para outro. Utilizamos o preço limpo para calcular o rendimento.

Se os investidores exigem um retorno semestral de 0,6003%, então o valor presente desses fluxos de caixa é:

$$VP = \frac{21,25}{1,004825} + \frac{21,25}{1,004825^2} + \frac{21,25}{1,004825^3} + \frac{21,25}{1,004825^4} + \frac{21,25}{1,004825^5} + \frac{1.021,25}{1,004825^6} = €1.096,90$$

Cada obrigação vale $1.096,90, ou seja, 109,69% de seu valor de face.

Novamente, poderíamos fazer a avaliação inversa: dado o preço, qual é o retorno até o vencimento? Refaça os cálculos e você descobrirá (sem surpresas) que o retorno até o vencimento, y, é de 0,004825. Essa é a taxa de retorno semestral que você pode ganhar sobre os seis períodos semestrais remanescentes até o vencimento da obrigação. Cuidado ao lembrar que o rendimento é reportado como uma taxa anual, calculado como $2 \times 0,004825 = 0,00965$, ou 0,965%. Caso você veja um retorno até o vencimento *reportado* como $R\%$, terá de lembrar-se de utilizar $y = R/2\%$ como a taxa semestral para os fluxos de caixa descontados recebidos a cada seis meses.

3.2 Como os preços dos títulos variam com as taxas de juros

A Figura 3.1 ilustra o retorno até o vencimento sobre obrigações do Tesouro norte-americano de 10 anos,[5] de 1900 a 2014. Repare o nível de variação das taxas. Por exemplo, as taxas de juros subiram acentuadamente após 1979, quando Paul Vocker, o novo presidente do Fed, instituiu uma política de restrição de crédito para o controle da inflação. No intervalo de dois anos, a taxa de juros sobre os títulos do Tesouro de 10 anos subiu de 9% a um pico de 15,8% na metade do ano. Compare essa situação com a de 2008, quando os investidores procuraram a segurança dos títulos do governo norte-americano. No fim daquele ano, esses títulos de longo prazo ofereciam uma taxa de juros de míseros 2,2%.

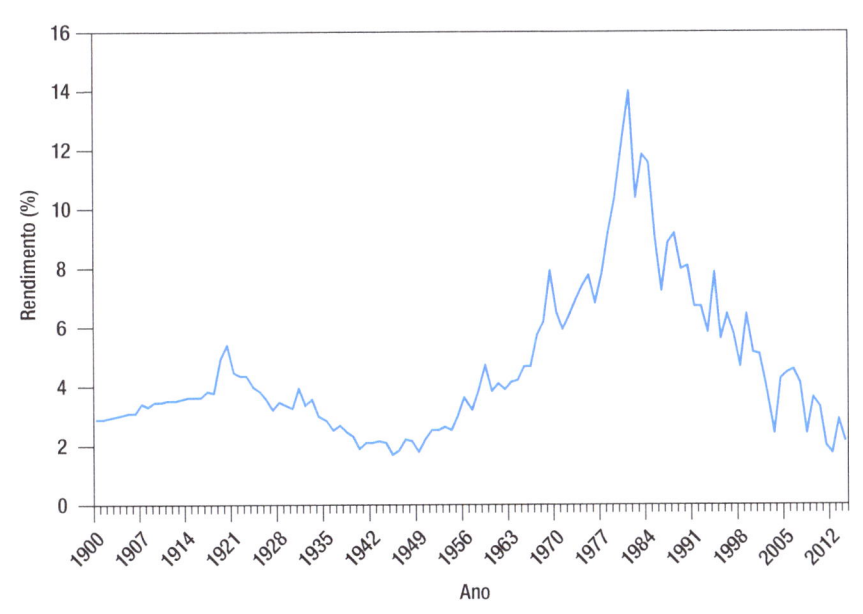

▶ **FIGURA 3.1** A taxa de juros em títulos do Tesouro norte-americano com vencimento para 10 anos.

---

[5] A partir desse ponto, diremos apenas "títulos" e não distinguiremos entre obrigações e títulos a menos que estejamos nos referindo a um valor mobiliário específico. Observe que os títulos com vencimentos longos acabam ficando com maturidade curta quando se aproximam da data final de pagamento. Portanto, você encontrará títulos de 30 anos negociáveis 20 anos depois com os mesmos preços das novas notas de 10 anos (considerando cupons iguais).

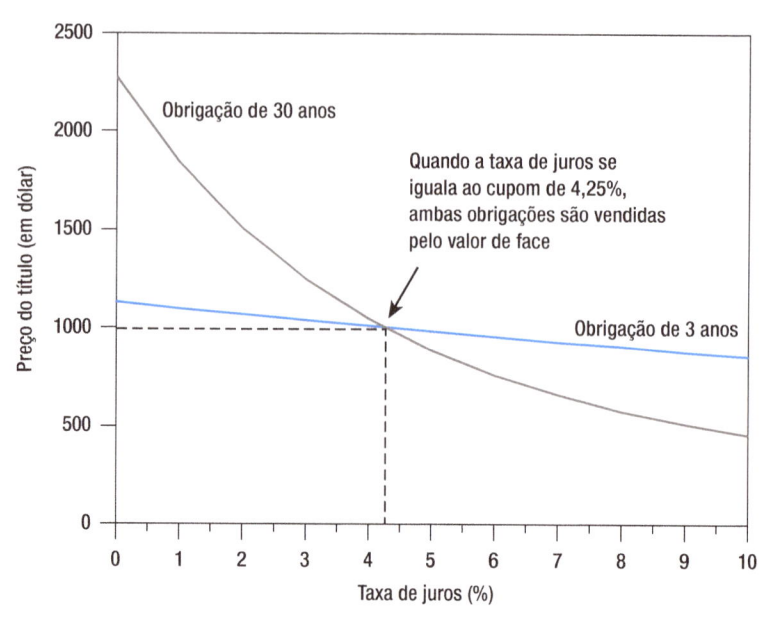

▶ **FIGURA 3.2** Diagrama dos preços de títulos como função das taxas de juros. O preço de títulos de longo prazo é mais sensível às alterações na taxa de juros do que o preço dos de curto prazo.

Quando as taxas de juros se alteram, o mesmo se dá com os preços dos títulos. Por exemplo, suponha que os investidores exigissem um retorno semestral de 4% nas 4,25s de 2017, em vez do retorno semestral de 0,4825% que utilizamos anteriormente. Nesse caso, o preço seria:

$$VP = \frac{21,25}{1,04} + \frac{21,25}{1,04^2} + \frac{21,25}{1,04^3} + \frac{21,25}{1,04^4} + \frac{21,25}{1,04^5} + \frac{1.021,25}{1,04^6} = \$901,71$$

Quanto maiores as taxas de juros, menores os preços dos títulos.

Os preços dos títulos e as taxas de juros *devem* se mover em direções opostas. O retorno até o vencimento, nossa medida da taxa de juros de um título, é *definido* como a taxa de desconto que explica os preços dos títulos. Quando esses preços caem, as taxas de juros (ou seja, os retornos até o vencimento) devem subir. Quando as taxas de juros sobem, os preços dos títulos devem cair. Lembremo-nos da entonação de uma infeliz "autoridade" no assunto na TV: "a diminuição recente nas taxas de juros de longo prazo sugere que os preços dos títulos de longo prazo poderão subir durante a primeira ou segunda semana". Na realidade, os preços já subiram. Acreditamos que você não cometerá o mesmo erro do estudioso.

A linha azul na Figura 3.2 mostra o valor de nossa obrigação de 4,25% para diferentes taxas de juros. À medida que o retorno até o vencimento cai, há um aumento no preço da obrigação, e quando o rendimento anual é igual à taxa do cupom anual da obrigação (4,25%), ela é vendida por exatamente o seu valor de face. Quando o rendimento é superior a 4,25%, ela é vendida com desconto do valor de face, e quando o rendimento é inferior a 4,25%, a obrigação é vendida a um prêmio.

Os investidores em títulos cruzam os dedos quando as taxas de juros do mercado caem, para que haja um aumento nos preços de seus títulos. Se eles não têm sorte, e se as taxas de juros sobem repentinamente, o valor de seus investimentos diminui.

EXEMPLO 3.1 ● Mudanças nas taxas de juros e retornos de obrigações

Em 15 de maio de 2008, o Tesouro dos Estados Unidos vendeu $9 bilhões em obrigações de 4,375% com vencimento para fevereiro de 2038. As obrigações foram emitidas a um preço de 96,38% e oferecidas a um retorno até o vencimento de 4,60%. Este era o retorno para qualquer pessoa que comprasse e mantivesse as obrigações até o vencimento. Nos meses subsequentes à emissão, a crise financeira atingiu seu auge. O Lehman Brothers declarou falência com ativos de $691 bilhões, e o governo despejou dinheiro para resgatar Fannie Mae, Freddie Mac, AIG e inúmeros bancos. Conforme os investidores passaram a migrar para a segurança das obrigações do Tesouro, os preços começaram a decolar. Em meados de dezembro, o preço das 4,375s de 2038 havia alcançado 138,05% do valor de face e o retorno caíra para 2,5%. Os sortudos que tivessem tido a sorte de comprar a obrigação ao preço de emissão realizariam um ganho de capital de $1.380,50 – $963,80 = $416,70. Além disso, em 15 de agosto a obrigação fez o seu primeiro pagamento de cupom, no valor de $21,875 (este é o pagamento semestral sobre a obrigação de cupom 4,375% com valor de face de $1 mil). Nosso investidor sortudo teria, portanto, recebido em sete meses uma **taxa de retorno** de 45,5%:

$$\text{Taxa de retorno} = \frac{\text{rendimento de cupom + alteração de preço}}{\text{investimento}}$$

$$= \frac{\$21,875 + 416,70}{\$963,80} = 0,455 \text{ ou } 45,5\%$$

De repente, as obrigações do governo já não pareciam tão chatas quanto antes.

Uma mudança nas taxas de juros tem somente um impacto modesto no valor dos fluxos de caixa de curto prazo, mas um impacto muito maior no valor dos de longo prazo. Portanto, o preço dos títulos de longo prazo é afetado muito mais pelas alterações nas taxas de juros do que o preço dos títulos de curto prazo. Compare, por exemplo, as duas curvas da Figura 3.2. A linha azul mostra as variações de preço de uma obrigação de 4,25% de três anos; a linha cinza, as de uma obrigação de 4,25% de 30 anos. Você pode verificar que o segundo é muito mais sensível a flutuações nas taxas de juros do que a primeira.

Duração e volatilidade

As alterações nas taxas de juros têm maior impacto nos preços de títulos de longo prazo do que nos de curto prazo. Mas o que queremos dizer com "curto prazo" e "longo prazo"? Um título com cupom e vencimento no ano 30 produz pagamentos em *cada um* dos anos, do primeiro ao trigésimo. Gera confusão se descrevermos o título como um título de 30 anos; o tempo médio de recebimento dos pagamentos se dará em um intervalo menor.

EXEMPLO 3.2 ● Qual é a obrigação com prazo mais longo?

O Quadro 3.2 calcula os preços de duas obrigações de sete anos. Supomos pagamentos anuais de cupom e um retorno até o vencimento de 4% ao ano. Examine o padrão temporal dos pagamentos em dinheiro de cada obrigação e revise como os preços são calculados:

Qual dessas dos obrigações é o investimento de prazo mais longo? Ambas têm o mesmo vencimento final, é claro. Mas o *timing* dos pagamentos em dinheiro não é o mesmo. No caso da obrigação de 3%, o prazo *médio* para cada fluxo de caixa é mais longo, já que uma maior proporção dos fluxos de caixa ocorrem no vencimento, quando o valor de face é pago integralmente.

Agora suponha que o retorno até o vencimento de cada obrigação caia para 3%. Qual obrigação você preferiria ter? A obrigação de 3%, é claro. Como ela tem o vencimento efetivo mais longo, deve se beneficiar mais de uma queda no retorno. O Quadro 3.3 confirma que este é mesmo o caso:

QUADRO 3.2 Uma comparação dos fluxos de caixa e dos preços de duas obrigações do Tesouro. O preço é calculado assumindo pagamentos anuais de cupom e um retorno até o vencimento de 4%

		Pagamentos ($)			
Cupom	Preço ($)	Ano 1	Ano 2 ...	Ano 6	Ano 7
3%	$939,98	$30	$30	$30	$1.030
9%	1.300,10	90	90	90	1.090

Obs.: ambos os títulos vencem ao final do ano 7.

QUADRO 3.3 O efeito de uma queda de 1% em retorno sobre os preços das duas obrigações de sete anos do Tesouro

Retorno = 4%		Retorno = 3%	
Cupom	Preço ($)	Preço ($)	Alteração no preço (%)
3%	$939,98	$1.000,00	+6,4%
9%	1.300,10	1.373,82	+5,7

A obrigação de 9% tem um vencimento médio mais curto, e, portanto, uma alteração nas taxas de juros exerce um efeito mais brando sobre o seu preço. Isso fica bem claro. No entanto, seria útil dispor de uma medida precisa para o vencimento médio, que pudesse ser usada para prever a exposição do preço de cada obrigação a flutuações nas taxas de juros. Tal medida existe, e é chamada de **duração** ou **duração de Macaulay**, em homenagem a seu desenvolvedor.

A duração é a média ponderada dos prazos de cada um dos pagamentos dos títulos recebidos. Os tempos são os anos futuros 1, 2 e 3 etc., que se estendem até a data final do vencimento, o qual denominamos *T*. O peso de cada ano é o valor presente do fluxo de caixa recebido naquele tempo dividido pelo valor presente total do título.

$$\text{Duração} = \frac{1 \times \text{VP}(C_1)}{\text{VP}} + \frac{2 \times \text{VP}(C_2)}{\text{VP}} + \frac{3 \times \text{VP}(C_3)}{\text{VP}} + \cdots + \frac{T \times \text{VP}(C_T)}{\text{VP}}$$

O Quadro 3.4 mostra como calcular a duração para as obrigações do Tesouro de 9% para sete anos, assumindo pagamentos anuais. Primeiro, avaliamos cada um dos pagamentos de cupons de $90 e o pagamento final do cupom mais o valor de face de €1.090. É certo que os valores presentes desses pagamentos somam ao preço do título, de $1.300,10. Portanto, calculamos a fração do preço que responde individualmente pelos fluxos de caixa e multiplicamos cada fração pelo ano do fluxo de caixa. A soma dos resultados englobou uma duração de 5,69 anos.

QUADRO 3.4 Cálculo da duração para as obrigações de 9% com vencimento dentro de sete anos. O retorno até o vencimento é de 4%

	1	2	3	4	5	6	7	
Pagamento	$90	$90	$90	$90	$90	$90	$1.090	
VP(C_t) a 4%	$86,54	$83,21	$80,01	$76,93	$73,97	$71,13	$828,31	VP = 1.300,10
Fração do valor total [VP(C_t)/VP]	0,0666	0,0640	0,0615	0,0592	0,0569	0,0547	0,6371	
Ano × Fração do valor total [$t \times$ VP(C_t)/VP]	0,0666	0,1280	0,1846	0,2367	0,2845	0,3283	4,4598	Total = duração = 5,69

Deixamos para que você calcule durações das obrigações de 3% do Quadro 3.2. Você descobrirá que a duração aumenta para 6,40 anos.

Mencionamos que os investidores e gestores financeiros controlam a duração, pois ela mede como os preços dos títulos variam quando há variações nas taxas de juros. Para esse propósito, é mais conveniente utilizarmos a *duração modificada* ou *volatilidade*, que é simplesmente a duração dividida por um mais o retorno até o vencimento.

$$\text{Duração modificada} = \text{volatilidade (\%)} = \frac{\text{duração}}{1 + \text{rendimento}}$$

A duração modificada mede a alteração porcentual no preço do título em virtude de uma alteração de um ponto percentual no retorno.[6] Vamos testar essa fórmula para a obrigação de 9% para sete anos do Quadro 3.3. A duração modificada do título é a duração/(1 + retorno) = 5,69/1,04 = 5,47%. Isso significa que uma alteração de 1% no retorno até o vencimento deve alterar o preço do título em 5,47%.

Vamos verificar essa previsão. Considere que o retorno até o vencimento aumente ou diminua em 0,5%:

Retorno até o vencimento (%)	Preço ($)	Alteração (%)
4,5%	1.265,17	– 2,687
4,0	1.300,10	–
3,5	1.336,30	+ 2,784

A diferença total entre retorno de 4,5% e 3,5% é 2,687 + 2,784 = 5,47%. Portanto, uma alteração de 1% nas taxas de juros significa uma alteração de 5,47% no preço do título, conforme previsto.[7]

A duração modificada para o título do Tesouro norte-americano de 3% do Quadro 3.3 é 6,40/1,04 = 6,15%. Em outras palavras, uma alteração de 1% no retorno até o vencimento resulta em uma alteração de 6,15% no preço do título.

Você pode verificar por que a duração (ou duração modificada) é uma medida útil do risco das taxas de juros.[8] No capítulo 26, por exemplo, examinaremos como os gestores financeiros usam a medida para proteger o plano de pensão contra mudanças inesperadas nas taxas de juros.

3.3 A estrutura temporal das taxas de juros

Quando explicamos no Capítulo 2 como calcular valores presentes, usamos a mesma taxa de desconto para calcular o valor do fluxo de caixa de cada período. Um único retorno até o vencimento, *y*, também pode ser utilizado para descontar todos os futuros pagamentos de um título. Por muitas razões, utilizar uma única taxa de desconto é uma aproximação perfeitamente aceitável, mas há também ocasiões em que você precisa reconhecer que as taxas de juros de curto prazo são diferentes das de longo prazo.

A relação entre taxas de juros de curto e longo prazos é chamada **estrutura temporal das taxas de juros**. Veja o exemplo da Figura 3.3, que mostra a estrutura temporal em dois anos diferentes. Repare que no último ano a estrutura temporal teve uma queda; as taxas de juros de longo prazo eram menores que as de curto prazo. No ano anterior, o padrão era inverso, e os títulos de

---

[6] Em outras palavras, a derivada do preço do título em relação à variação no retorno até o vencimento é dPV/dy = – duração/(1 + y) = – duração modificada.

[7] Se você examinar novamente a Figura 3.2, verá que a plotagem de preço *versus* retorno não forma uma linha reta. Isso significa que a duração modificada é um bom previsor do efeito de alterações na taxa de juros apenas para pequenas flutuações nessa taxa.

[8] Por simplicidade, partimos do princípio de que as das obrigações do Tesouro pagam cupons anuais. Na hora de calcular a duração de Macaulay para uma obrigação com cupons semestrais, a única diferença é que haverá duas vezes mais fluxos de caixa. Para calcular a duração modificada com cupons semestrais, você precisa dividir a duração de Macaulay pelo retorno semestral até o vencimento.

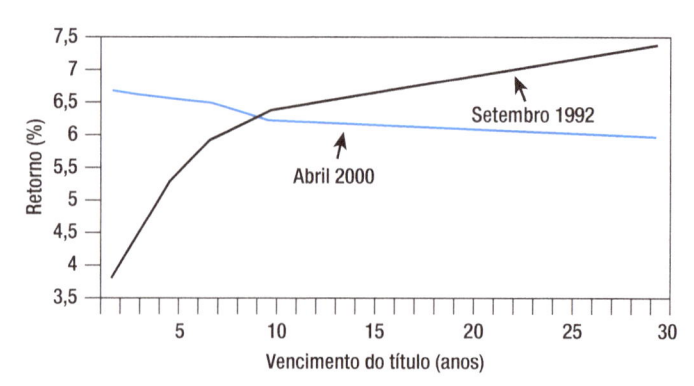

▶ **FIGURA 3.3** Taxas de juros de curto e longo prazos nem sempre se movem paralelamente. Entre setembro de 1992 e abril de 2000, as taxas de curto prazo norte-americanas subiram acentuadamente, enquanto as de longo prazo declinaram.

longo prazo ofereciam uma taxa de juros muito maior que os de curto prazo. Agora você precisa aprender a medir a estrutura temporal e entender por que as taxas de curto e longo prazos diferem.

Considere um empréstimo simples que rende $1 ao fim de um ano. Para calcular o valor presente desse empréstimo é necessário descontar o fluxo de caixa pela taxa de juros de um ano, r_1:

$$VP = 1/(1 + r_1)$$

Essa taxa, r_1, é chamada **taxa à vista** de um ano. Para calcular o valor presente de um empréstimo que rende $1 no fim de dois anos, é necessário descontar pela taxa à vista de dois anos, r_2:

$$VP = 1/(1 + r_2)^2$$

O fluxo de caixa do ano 1 é descontado na taxa à vista de um ano de hoje, e o fluxo do ano 2 é descontado na taxa à vista de dois anos de hoje. A série de taxas à vista $r_1, r_2, ..., r_n...$ descreve a estrutura temporal das taxas de juros.

Agora, suponha que você tenha de avaliar $1 pago no fim dos anos 1 e 2. Se as taxas à vista forem diferentes, digamos $r_1 = 3\%$ e $r_2 = 4\%$, então precisamos de duas taxas de desconto para calcular o valor presente:

$$VP = \frac{1}{1{,}03} + \frac{1}{1{,}04^2} = 1{,}895$$

Assim que soubermos que VP = 1,895, podemos continuar para calcular uma taxa de desconto única que daria a resposta correta. Ou seja, poderíamos calcular o retorno até o vencimento pelo cálculo de y na seguinte equação:

$$VP = 1{,}895 = \frac{1}{(1 + y)} + \frac{1}{(1 + y)^2}$$

Esse cálculo fornece um retorno até o vencimento de 3,66%. Quando tivermos o retorno, poderíamos utilizá-lo para calcular outras anuidades de dois anos. Mas não podemos obter o retorno até o vencimento antes de conhecermos o preço, o qual é determinado pelas taxas de juros à vista para as datas 1 e 2. As taxas à vista têm prioridade, e os retornos até o vencimento vêm depois, após a determinação dos preços dos títulos. Essa é a razão pela qual os profissionais identificam taxas de juros à vista e descontam cada fluxo de caixa na taxa à vista para a data quando o fluxo de caixa for recebido.

Taxas à vista, preços de títulos e a regra do preço único

A *regra do preço único* estabelece que a mesma *commodity* deve ser vendida ao mesmo preço em um mercado que funciona apropriadamente. Portanto, todos os pagamentos seguros realizados na mesma data devem ser descontados na mesma taxa à vista.

QUADRO 3.4 A lei do preço único aplicada aos títulos do governo

	Ano (t)				Preço do título (VP)	Retorno até o vencimento (y,%)
	1	2	3	4		
Taxas à vista	0,03	0,04	0,05	0,06		
Fatores de desconto	0,9709	0,9246	0,8638	0,7921		
Título A (cupom de 8%):						
Pagamento (C_t)	$80,00	1.080,00				
VP(C_t)	$77,67	998,52			$1.076,19	3,96
Título B (cupom de 8%):						
Pagamento (C_t)	$80,00	80,00	1.080,00			
VP(C_t)	$77,67	73,96	932,94		$1.084,58	4,90
Título C (cupom de 8%):						
Pagamento (C_t)	$80,00	80,00	80,00	1.080,00		
VP(C_t)	$77,67	73,96	69,11	855,46	$1.076,20	5,81

O Quadro 3.5 ilustra como a regra do preço único aplica-se aos títulos do governo. Ela lista três títulos governamentais que, supomos, realizem pagamentos de cupons anuais. Todos os títulos têm o mesmo cupom, mas vencimentos diferentes. O mais curto (título A) vence dentro de dois anos e o mais longo (título C), em quatro.

No topo de cada coluna temos as taxas à vista e os fatores de desconto. A regra do preço único diz que os investidores colocam o mesmo valor em um dólar sem risco independentemente de que ele seja proporcionado pelo título A, B ou C. Você pode verificar que a regra se mantém vigente.

Cada título é precificado pela adição dos valores presentes de cada um de seus fluxos de caixa. Assim que o VP total é calculado, temos o preço do título, e somente então o retorno até o vencimento pode ser calculado.

Repare como o retorno até o vencimento aumenta à medida que a maturidade do título aumenta. Os retornos aumentam com a maturidade porque a estrutura temporal das taxas à vista tem uma inclinação ascendente, e os retornos até o vencimento são médias complexas das taxas à vista. Você pode ver, por exemplo, que o retorno sobre a obrigação de quatro anos (5,81%) fica entre as taxas à vista de um e de quatro anos (3% e 6%).

Os gestores financeiros que desejam uma medida resumida, rápida, das taxas de juros, evitam as taxas de juros à vista e pesquisam nos cadernos financeiros os retornos até o vencimento. Eles podem recorrer à *curva de rendimentos*, que traça retornos até o vencimento, em vez de recorrer à estrutura temporal, que traça taxas à vista. Podem utilizar o retorno até o vencimento em um título para avaliar outro título com praticamente os mesmos cupom e maturidade. Podem falar de modo mais geral e dizer, o "Ampersand Bank nos cobrará 6% em um empréstimo de três anos", referindo-se a um retorno até o vencimento de 6%.

Ao longo deste livro, usaremos também o retorno até o vencimento para resumir o retorno requerido pelos investidores em títulos. Mas talvez você precise entender as limitações das medidas quando as taxas à vista são diferentes.

Medindo a estrutura temporal

Você pode pensar na taxa à vista, r_t, como a taxa de juros em um título que realiza um único pagamento no tempo *t*. Títulos simples como esse efetivamente existem. Eles são conhecidos como **stripped bonds**, ou **strips**. Sob solicitação, o Tesouro norte-americano desdobrará um título de cupom normal em um pacote de minititulos, cada um dos quais realizando apenas um

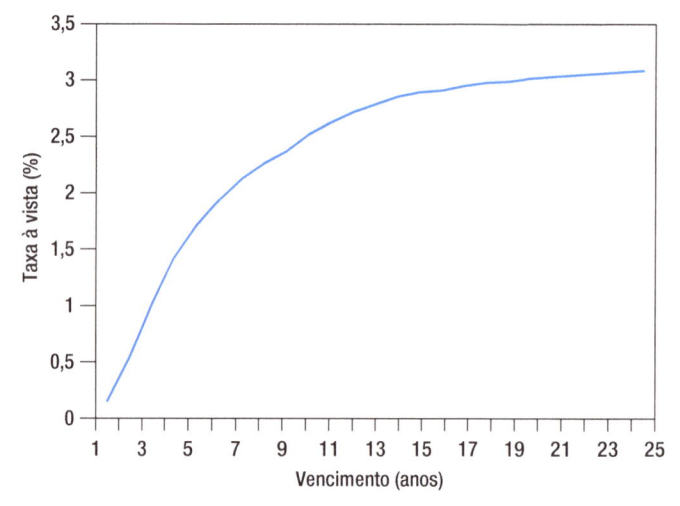

▶ **FIGURA 3.4** Taxas à vista nos *strips* do Tesouro norte-americano, novembro de 2014

pagamento. Nossas obrigações de 4,25% de 2017 podem ser trocadas por seis *strips* de cupons semestrais, cada um pagando $21,25, e um *strip* do principal pagando $1 mil. Em novembro de 2014, esse pacote de *strips* de cupom teria custado $126,00 e o *strip* do principal teria custado $971,86, configurando um custo total de $1.097,86, apenas um pouco a mais do que o custo de comprar uma obrigação de 4,25%. Não deve haver surpresa nenhuma neste ponto, pois, como os dois investimentos geram pagamentos idênticos, devem valer praticamente o mesmo preço.

Podemos utilizar o preço dos *strips* para medir a estrutura temporal das taxas de juros. Por exemplo, em novembro de 2014, um *strip* de 10 anos custava $789,63. Em retorno, os investidores poderiam esperar um único pagamento de $1 mil em novembro de 2024. Assim, os investidores estavam preparados pra pagar $0,78963 pela promessa de receber $1 ao fim de 10 anos. O fator de desconto de 10 anos era $FD_{10} = 1/(1 + r_{10})^{10} = 0,78963$, e a taxa à vista de 10 anos, $r_{10} = (1/0,78963)^{0,10} - 1 = 0,0239$, ou 2,39%. Na Figura 3.4, utilizamos os preços dos *strips* com diferentes maturidades pra traçar a estrutura temporal das taxas à vista de 1 a 25 anos. É possível verificar que, em 2014, os investidores exigiam uma taxa de juros bem mais alta para emprestar por 25 anos do que por 1 ano.

Por que o fator de desconto decresce com o tempo – e uma digressão sobre as máquinas de fazer dinheiro

No Capítulo 2, vimos que, quanto mais você tem de esperar pelo seu dinheiro, menor é o seu valor presente. Ou seja, o fator de desconto de dois anos, $FD_2 = 1/1(1 + r_2)^2$, deve ser inferior ao fator de atualização de um ano, $FD_1 = (1 + r_1)$. Mas é *necessariamente* assim quando há uma taxa de juros à vista diferente para cada período?

Suponha que r_1 seja de 20%, e que r_2 seja de 7%. Nesse caso, o $FD_1 = 1/1,20 = 0,833$ e o $FD_2 = 1/1,07^2 = 0,873$. Aparentemente, um dólar a receber depois de amanhã não vale, necessariamente, menos do que o dólar por receber amanhã.

Mas existe algo de errado nesse exemplo. Qualquer pessoa que pudesse pedir dinheiro emprestado e emprestar dinheiro (investir) a essas taxas de juros poderia tornar-se milionário de um dia para o outro. Vejamos como funcionaria uma "máquina de fazer dinheiro" desse tipo. Suponha que a primeira pessoa a descobrir essa oportunidade seja a Sra. Hermione Kraft. Ela primeiro compra um *strip* do Tesouro de um ano por 0,833 × $1 mil = $833. Agora ela repara que existe uma maneira de obter um lucro *imediato* sobre o seu investimento. Raciocina do seguinte modo. No ano seguinte o *strip* lhe renderá $1 mil, que poderão ser reinvestidos por mais um ano. Embora não saiba as taxas de juros que estarão vigorando a essa altura, ela sabe que pode sempre depositar o dinheiro em sua conta bancária e assegurar $1 mil no fim do ano 2. O seu passo seguinte será, portanto, dirigir-se ao banco e pedir emprestado o valor presente desses $1 mil. Com um taxa de juros de 7%, o valor presente é VP = 1.000/(1,07)² = $873.

Assim, a Sra. Kraft pede emprestado $873, investe $830 e fica com um lucro de $43. Embora não pareça muito, repare que, se ela pedir emprestado mais vezes e investir mais, pode obter lucros muito maiores. Por exemplo, se ela pedir emprestado $21.778.584 e investir $20.778.584, ela se tornaria uma milionária.[9]

É claro que essa história não passa de uma fantasia. Uma oportunidade desse tipo não duraria muito tempo em mercados de capitais como os nossos. Qualquer banco que permitisse a você tomar emprestado dinheiro por dois anos a 7%, quando a taxa de juros de um ano fosse de 20%, desaparecia rapidamente, com a corrida de pequenos investidores na esperança de se tornarem milionários, e de milionários desejosos de se tornarem bilionários. Dessa nossa história, no entanto, podemos observar duas lições. A primeira é a de que o dinheiro amanhã *não pode* valer menos do que o dinheiro depois de amanhã. Em outras palavras, o valor de um dólar recebido ao fim de 1 ano (FD_1) deverá ser maior do que o valor de um dólar recebido ao fim de 2 anos (FD_2). Tem de haver algum ganho adicional resultante de um empréstimo concedido por 2 períodos, em vez de apenas por 1 período: $(1 + r_2)^2$ tem de ser maior do que $1 + r_1$.

A nossa segunda lição é de caráter geral e pode ser resumida no seguinte postulado: "Não existem máquinas de fazer dinheiro". O termo técnico para as "máquinas de fazer dinheiro" é **arbitragem**. Nos mercados que funcionam bem, em que os custos de compra e venda são baixos, as oportunidades de arbitragem são eliminadas quase instantaneamente pelos investidores que tentam se beneficiar delas.

Mais adiante, faremos referência à *inexistência* de oportunidades de arbitragem para provar várias propriedades úteis dos preços dos títulos. Isso significa que faremos afirmações como a seguinte: "Os preços dos títulos X e Y devem manter a seguinte relação – de outro modo, poderiam existir lucros potenciais de arbitragem e os mercados de capitais não estariam em equilíbrio".

3.4 Explicação da estrutura temporal

A estrutura temporal que mostramos na Figura 3.4 tinha uma inclinação ascendente. As taxas de juros de longo prazo em novembro 2014 eram superiores a 3%, e as de curto prazo mal foram registradas. Por que, então, não houve uma corrida de investidores para comprar os títulos de longo prazo? Quem eram os investidores (tolos?) que aplicaram seu dinheiro na parte de curto prazo da estrutura?

Suponha que você detivesse uma carteira de títulos do Tesouro norte-americano de um ano em novembro de 2014. Seguem adiante as possíveis razões pelas quais você poderia decidir retê-los, apesar de suas baixas taxas de retorno:

1. Você acredita que as taxas e os juros de curto prazo aumentarão no futuro.
2. Você está preocupado com a maior exposição dos títulos de longo prazo às variações das taxas de juros.
3. Você está preocupado sobre o risco de uma inflação mais alta no futuro.

Analisaremos cada uma delas agora.

Teoria das expectativas da estrutura temporal

Lembre-se de que você possui uma carteira de títulos do Tesouro de um ano. Daqui a um ano, quando os títulos ficarem maduros, é possível reinvestir o lote para outro período de um ano e desfrutar de qualquer taxa de juros que o mercado de títulos oferecer à época. A taxa para o segundo ano pode ser suficientemente alta de modo a compensar o baixo retorno do primeiro ano. As estruturas temporais geralmente apresentam uma inclinação ascendente quando se espera um aumento das taxas de juros futuras.

---

[9] Exageramos os lucros da Sra. Kraft. Há sempre custos das transações financeiras, embora eles possam ser muito reduzidos. Por exemplo, a Sra. Kraft poderia usar seu investimento no *strip* de um ano como proteção contra o empréstimo bancário, mas o banco precisaria cobrar mais 7% sobre o empréstimo para cobrir seus custos.

> **EXEMPLO 3.3 ● Expectativas e a estrutura temporal**
>
> Suponha que a taxa de juros de um ano, r_1, seja de 5%, e a taxa de dois anos, r_2, de 7%. Se você investe $100 por um ano, seu investimento aumenta a $100 \times 1{,}05 = \$105$; se você investe por dois anos, o crescimento atinge $100 \times 1{,}07^2 = \$114{,}49$. O retorno *extra* que você obtém para o segundo ano é $1{,}07^2/1{,}05 - 1 = 0{,}090$, ou 9,0%.[10]
>
> Você se satisfaria em ganhar esse adicional de 9% por investir durante dois anos em vez de em um ano? A resposta depende de como você espera que as taxas de juros variem no próximo ano. Se estiver confiante de que em um período de 12 meses os títulos de um ano renderão mais do que 9,0%, então seria melhor investir no título de um ano, e quando este vencesse, reinvestir o dinheiro disponível para o próximo ano a uma taxa mais alta. Se a sua previsão é a de que a futura taxa de um ano será exatamente 9,0%, então será indiferente comprar um título de dois anos ou investir em um de um ano e, depois, rolar o investimento a uma taxa de curto prazo para o ano seguinte.
>
> Se todos os investidores estiverem pensando como você, então a taxa de juros de dois anos tem de se ajustar de modo que todo mundo fique igualmente satisfeito para investir no título de um ano ou no de dois. Portanto, a taxa de dois anos incorporará tanto a taxa de um ano de hoje como a previsão consensual sobre a taxa de um ano para o próximo ano.

No Exemplo 3.3, acabamos de ilustrar a **teoria das expectativas** da estrutura temporal. Ela estabelece que, no equilíbrio, o investimento em uma série de títulos com maturidade curta deve oferecer o mesmo retorno esperado que um investimento em um único título de maturidade longa. Somente nesse caso é que os investidores se preparariam para deter tanto os títulos de maturidade curta como os de longa.

A teoria das expectativas implica que a *única* razão para a existência de uma estrutura temporal de inclinação ascendente é que os investidores esperam um aumento das taxas de juros de curto prazo; a *única* razão para uma de inclinação descendente é que é esperado uma diminuição delas.

Se as taxas de juros de curto prazo forem significativamente menores do que as de longo prazo, é mais tentador pedir empréstimos com curto prazo do que com longo prazo. A teoria das expectativas implica que tais estratégias ingênuas não dão certo. Se as taxas de curto prazo forem menores que as de longo prazo, então os investidores devem estar esperando um aumento nas taxas de juros. Quando a estrutura temporal tem uma inclinação ascendente, provavelmente você lucrará tomando emprestado no curto prazo somente se os investidores estiverem *superestimando* os aumentos futuros das taxas de juros.

Até mesmo em uma análise superficial, a teoria das expectativas não parece dar uma explicação completa sobre a estrutura temporal. Por exemplo, se examinarmos em retrospectiva o período entre 1900 e 2014, descobriremos que o retorno sobre os títulos do Tesouro norte-americano de longo prazo estavam, em média, 1,5% maiores do que o retorno sobre as letras do Tesouro de curto prazo. Talvez as taxas de juros de curto prazo tenham permanecido mais baixas do que os investidores esperavam, mas parece mais provável que eles desejavam algum retorno extra para reter títulos de longo prazo, e que, na média, conseguiram isso. Nesse caso, a teoria das expectativas não passa de uma primeira etapa.

Na atualidade, há poucos entusiastas apaixonados por essa teoria. No entanto, a maior parte dos economistas acredita que as expectativas sobre futuras taxas de juros têm um efeito importante na estrutura temporal. Por exemplo, você frequentemente escutará analistas do mercado assinalarem que, como a taxa de juros semestral é maior que a trimestral, o mercado deve estar esperando que o Federal Reserve Board aumente as taxas de juros.

---

[10] O retorno extra para o empréstimo durante mais um ano é denominado *taxa de juro futura*. No nosso exemplo, a taxa futura é de 9,0%. No exemplo de arbitragem da Sra. Kraft, a taxa futura era negativa, mas no mundo real essas taxas não podem ser negativas. Na pior das hipóteses, seu valor é zero.

Introdução do risco

O que a teoria das expectativas nos deixa como lição? A resposta mais óbvia é "risco". Se você está confiante sobre o nível futuro das taxas de juros, escolherá simplesmente a estratégia que oferece o retorno mais alto. Mas, se não estiver certo de suas previsões, opte talvez por uma estratégia menos perigosa mesmo que isso signifique o descarte de algum retorno.

Lembre-se de que os preços dos títulos de longa duração são mais voláteis do que os preços dos de curta duração. Um aumento acentuado das taxas de juros pode depreciar os preços dos títulos de longo prazo em 30 ou 40%.

Para alguns investidores, essa volatilidade extra dos títulos de longa duração talvez não seja um problema. Por exemplo, as empresas de fundos de pensão e de seguros de vida têm fixado obrigações de longo prazo, e talvez prefiram se ater aos retornos futuros investindo em títulos de longo prazo. Todavia, a volatilidade destes últimos *efetivamente* cria um risco adicional para os investidores que não possuam essas obrigações de longo prazo. Tais investidores estarão preparados para reter títulos de longo prazo somente se estes oferecerem a compensação de retornos mais altos. Nesse caso, a estrutura temporal terá uma inclinação ascendente com mais frequência do que nunca. Certamente, se é esperado que as taxas de juros caiam, a estrutura temporal poderia ter esse tipo de tendência e, ainda, remunerar os investidores por empréstimos de longo prazo. Todavia, a recompensa extra pelo risco oferecida pelos títulos de longo prazo resultaria em uma tendência ascendente menos pronunciada.

Inflação e estrutura temporal

Suponha que você esteja poupando para a sua aposentadoria daqui a 20 anos. Qual das seguintes estratégias é a mais arriscada? Investir em uma série de letras do Tesouro de um ano, rolados ano após ano, ou investir pontualmente em *strips* de 20 anos. A resposta depende de seu grau de confiança sobre a futura inflação.

Se você comprar os *strips* de 20 anos, sabe exatamente quanto dinheiro terá no ano 20, mas não sabe o que essa quantia comprará. A inflação pode ser benigna hoje, mas quem sabe como ela será daqui a 10 ou 15 anos? Essa incerteza sobre a inflação pode representar um risco desconfortável para você se ater a uma taxa de juros de 20 anos se comprar os *strips*. Esse foi um dos problemas enfrentados pelos investidores em 2009, quando ninguém podia ter a certeza se o país passava pela perspectiva de uma deflação prolongada ou se os altos níveis de empréstimos concedidos pelo governo provocariam uma inflação rápida.

É possível atenuar a exposição ao risco investindo em papéis de curto prazo e rolando-os sobre o investimento. Você não sabe o valor das taxas de juros de curto prazo futuras, mas efetivamente sabe que as taxas de juros futuras se adaptarão à inflação. Se a inflação decolar, provavelmente você rolará seu investimento a taxas de juros mais altas.

Se a inflação é uma fonte importante de risco para os investidores em papéis de longo prazo, os tomadores de empréstimos devem oferecer algum incentivo extra se quiserem que os investidores permaneçam nessa modalidade. Essa é a razão por que geralmente vemos uma estrutura temporal de inclinação acentuadamente ascendente quando a inflação é particularmente incerta.

3.5 Taxa de juros nominal e real

Agora é a hora de revermos a relação entre inflação e taxas de juros com mais cuidado. Suponha que você invista $1 mil em um título com vencimento para um ano que faz um único pagamento de $1.100 ao fim de um ano. Seu fluxo de caixa é certo, mas o governo não lhe faz nenhuma promessa sobre o que conseguirá comprar com esses $1.100. Se os preços dos bens e dos serviços aumentarem mais de 10%, você perderá poder de compra.

Há vários índices para representar a evolução do nível geral dos preços, e o mais conhecido deles é o Índice de Preços ao Consumidor (IPC), que mede a quantidade de dinheiro necessária para comprar a cesta básica de produtos que atendem às necessidades de uma família típica. A variação do IPC de um ano para o ano seguinte é a taxa de inflação.

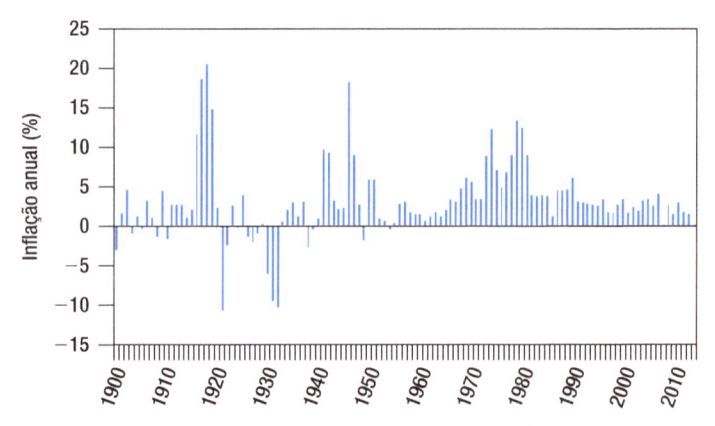

▶ **FIGURA 3.5** Taxas anuais de inflação dos Estados Unidos desde 1900 até 2014.
Fonte: E. Dimson, P.R. Marsh and M. Staunton. *Triumph of the Optimists: 101 Years of Investment Returns* (Princeton, NJ: Princeton University Press, 2002), com atualizações fornecidas pelos autores.

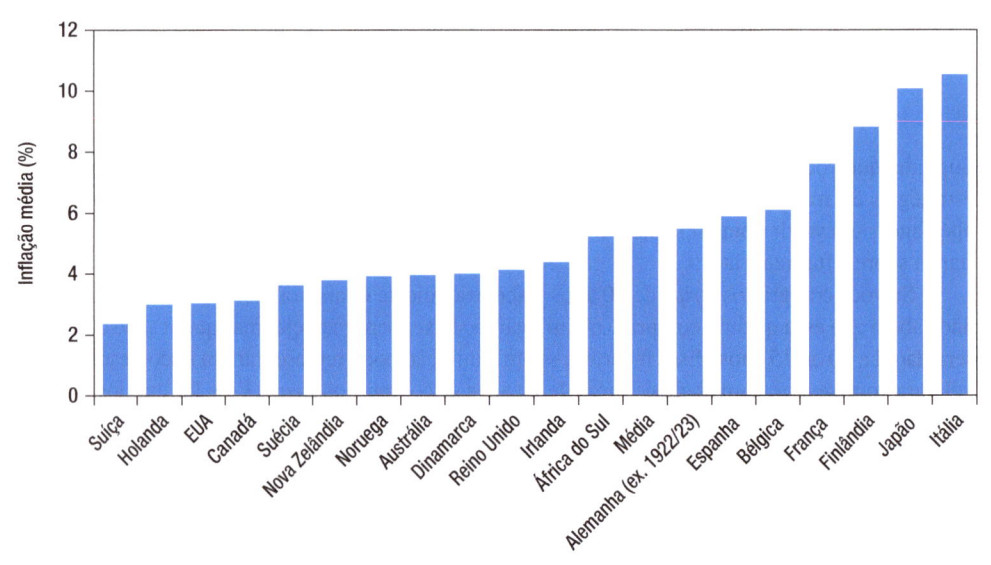

▶ **FIGURA 3.6** Taxas médias de inflação em 19 países desde 1900 até 2014.
Fonte: E. Dimson, P. R. Marsh and M. Staunton, *Triumph of the Optimists: 101 Years of Investment Returns* (Princeton, NJ: Princeton University Press, 2002), com atualizações fornecidas pelos autores.

A Figura 3.5 mostra a taxa de inflação dos Estados Unidos desde 1900. A inflação atingiu um pico no fim da I Guerra Mundial ao alcançar 21%. No entanto, esse número é insignificante, comparado à inflação do Zimbábue, em 2008. Os preços nesse país aumentaram tão rapidamente que uma nota de Z$50 trilhões mal dava para comprar um pedaço de pão.

Os preços podem tanto cair como subir. Os Estados Unidos sofreram várias *deflações* graves na Grande Depressão, quando os preços caíram 24% em três anos. No japão, que já passou por deflação persistente, os preços em 2014 estavam mais baixos do que estiveram 20 anos antes.

A taxa de inflação norte-americana *média* de 1900 a 2014 foi de 3%. Como pode ser visto na Figura 3.6, entre as grandes economias, os Estados Unidos têm sido praticamente um dos países que mais bem controlam a inflação. Países despedaçados por guerras geralmente têm sofrido inflações muito mais altas. Por exemplo, na Itália e no Japão, os números de inflação desde 1900 apontam para uma média acima de 10% ao ano.

Os economistas e gestores financeiros referem-se, por vezes, a dólares correntes, ou *nominais*, em oposição a dólares constantes, ou *reais*. O fluxo de caixa nominal do nosso título com vencimento para um ano, por exemplo, é de $1.100. Mas suponha que durante o ano os preços dos bens subam 6%; se assim for, cada dólar comprará no próximo ano menos 6% de bens do que compra hoje. Assim, ao fim do ano $1.100 comprarão a mesma quantidade de bens que $1.100/1,06 = $1.037,74 compram atualmente. O rendimento nominal futuro do título será de $1.100, mas seu rendimento real será de apenas $1.037,74.

A fórmula geral para converter fluxos de caixa nominais em um período futuro t em fluxos de caixa reais é:

$$\text{Fluxo de caixa real na data } t = \frac{\text{fluxo de caixa nominal na data } t}{(1 + \text{taxa de inflação})^t}$$

Suponha, por exemplo, que você invista em um *strip* do Tesouro de 20 anos, mas que a inflação nesse período tenha uma média de 6% ao ano. O *strip* paga $1 mil no ano 20, mas o valor real dessa remuneração é de apenas $1 mil/$1,06^{20}$ = $311,80. Nesse exemplo, o poder de compra de um dólar hoje cai para apenas 31 centavos após 20 anos.

Esses exemplos mostram como você pode calcular os fluxos reais de caixa a partir dos fluxos nominais. A trajetória das taxas de juros nominais para as reais é similar. Quando um *dealer* diz que seu título rende 10%, está se referindo a uma taxa nominal de juros, a qual lhe informa com que rapidez seu dinheiro crescerá, digamos, durante um ano:

Investe (dólares correntes) agora	Recebe (dólares) no ano 1	Resultado
$1.000 →	$1.100	Taxa de retorno *nominal* de 10%

Contudo, com uma taxa de inflação esperada de 6%, você terá, em relação ao início do ano, apenas mais 3,774% no fim dele:

Investe (dólares correntes) agora	Valor esperado real (dólares) no ano 1	Resultado
$1.000 →	$1.037,74 (= $1.100/1,06)	Taxa de retorno *real* esperada de 3,774%

Assim, podemos afirmar que "o título tanto proporciona uma taxa de retorno nominal de 10%", como "proporciona uma taxa de retorno real esperada de 3,774%".

A fórmula para calcular a taxa de retorno real é a seguinte:

$$1 + r_{\text{real}} = (1 + r_{\text{nominal}})/(1 + \text{taxa de inflação})$$

No nosso exemplo, $1 + r_{\text{real}} = 1,10/1,06 = 1,03774$. Uma regra prática comum estabelece que $r_{\text{real}} = r_{\text{nominal}}$ – taxa de inflação. No nosso exemplo, temos $r_{\text{real}} = 0,10 - 0,06 = 0,04$, ou 4%. Essa não é uma aproximação ruim para a taxa de juros real verdadeira de 3,774%. Mas quando a inflação é alta, compensa utilizar a fórmula completa.

Títulos indexados e a taxa de juros real

A maioria dos títulos é semelhante aos nossos títulos do Tesouro norte-americano, uma vez que prometem a você uma taxa de juros nominal fixa. A taxa de juros *real* que você recebe é incerta e depende da inflação. Se, porventura, a inflação for maior do que o esperado, o retorno real sobre seus títulos será menor.

No entanto, você *pode* obter um retorno real comprando um *título indexado* que faz os pagamentos em dinheiro vinculados à inflação. Esses tipos de títulos são comuns nos mercados de muitos países há décadas, mas eram praticamente desconhecidos nos Estados Unidos até 1997, quando o Tesouro começou a emitir títulos indexados pela inflação, conhecidos como *Treasury Inflation-Protected Securities* (TIPS).[11]

---

[11] Os títulos indexados não eram completamente desconhecidos nos Estados Unidos antes de 1997. Por exemplo, em 1780, os soldados da Revolução Americana eram compensados com títulos indexados correspondentes ao valor de "cinco sacas de milho, 68 libras e 4/7 de uma libra de carne de vaca, 10 libras de lã de ovelha e 16 libras de sola de sapato".

Os fluxos de caixa reais dos TIPS são fixados, mas os fluxos de caixa nominais (juro e capital) aumentam com o aumento do IPC.[12] Por exemplo, suponha que o Tesouro norte-americano emita TIPS de 20 anos a 3% a um preço igual ao seu valor de face de $1 mil. Se durante o primeiro ano o IPC sobe 10%, então o pagamento do cupom no título aumenta 10%, de $30 a 30 × 1,10 = $33. A quantia que será paga no vencimento também aumenta, de $1 mil × 1,10 = $1.100. O poder de compra do cupom e do valor de face permanece constante, em $33/1,10 = $30 e $1.100/1,10 = $1 mil. Portanto, um investidor que compra o título ao preço da emissão obtém uma taxa de juros real de 3%.

Os TIPS de longo prazo ofereciam um retorno de cerca de 0,5% em dezembro de 2014,[13] o típico retorno *real* até o vencimento, e medem os bens e serviço extras que o seu investimento possibilitará comprar. O retorno de 0,5% dos TIPS era cerca de 1,6% menor do que o retorno nominal dos títulos ordinários do Tesouro. Se a taxa de inflação anual passa a ser maior que 1,6%, os investidores obtêm um retorno mais alto retendo os TIPS de longo prazo; se ela passa a ser menor que aquele patamar, eles obtêm um retorno mais alto com os títulos nominais.

O que determina a taxa real de juros?

A taxa real de juros depende da disposição das pessoas de economizar (a oferta de capital)[14] e das oportunidades de investimento produtivo oferecidas pelos governos e pelas empresas (a demanda de capital). Por exemplo, suponha que, de modo geral, as oportunidades de investimento aumentem. As corporações têm um maior número de bons projetos, de modo que desejam investir mais que antes com a taxa atual de juro. Desse modo, a taxa tem de aumentar para induzir os indivíduos a poupar a soma adicional que as organizações querem investir.[15] Inversamente, se há uma diminuição nas oportunidades de investimento, haverá uma queda na taxa real de juros.

As taxas de juros de curto e médio prazos também são afetadas pela política monetária dos bancos centrais. Por exemplo, às vezes os bancos centrais mantêm baixas as taxas de juros nominais de curto prazo apesar de uma inflação significativa, e as taxas reais resultantes podem ser negativas. Todavia, as taxas nominais não podem ser negativas, pois os investidores podem simplesmente reter dinheiro. O dinheiro em espécie invariavelmente não paga juros, o que é melhor do que um juro negativo.

Durante muitos anos, as taxas de juros reais eram muito mais estáveis do que as taxas nominais, mas, como você pode ver na Figura 3.7, tanto as taxas de juros reais quanto as nominais despencaram desde a crise financeiras.

Inflação e taxas nominais de juros

Como a perspectiva da inflação afeta a taxa nominal de juros? Eis como o economista Irving Fisher respondeu à questão. Suponha que os consumidores estejam igualmente felizes com 100 maçãs hoje ou 103 maçãs daqui a um ano. Nesse caso, a taxa de juro da "maçã", ou real, é de 3%. Se o preço das maçãs for constante em, digamos, $1 cada, então ficaremos igualmente satisfeitos se recebermos $100 hoje ou $103 no fim do ano. Esses $3 adicionais nos possibilitarão comprar 3% a mais de maçãs no fim do ano do que podemos comprar atualmente.

Mas suponha agora que é previsto que o preço da maçã sofra um aumento de 5%, a $1,05 cada. Nesse caso, *não* gostaríamos de descartar $100 hoje diante da promessa de $103 no próximo ano. Para comprar 103 maçãs em um ano, precisaríamos receber 1,05 × $103 = $108,15. Ou seja, a taxa nominal de juros deve aumentar pela taxa esperada de inflação de 8,15%.

---

[12] Acontece o inverso se houver deflação. Nesse caso, os pagamentos do juro e do capital são ajustados para baixo. No entanto, o governo norte-americano garante que, nos vencimentos de um título, não pagará menos que seu valor de face original.

[13] Na primeira parte de 2014, o retorno sobre TIPS de curto prazo foi negativo. Em termos reais, você estava efetivamente *perdendo* dinheiro.

[14] Uma parte dessas economias é feita indiretamente. Por exemplo, se você possui 100 ações da IBM e essa empresa retém e reinveste ganhos de $1 por ação, está poupando $100 em seu nome. O governo também pode obrigá-lo a poupar ao aumentar os impostos para investir em estradas, hospitais etc.

[15] Consideramos que os investidores poupam mais à medida que as taxas de juros sobem. Isso não tem de ser desse jeito. Suponha que, daqui a 20 anos, você precise de $50 mil em dinheiro atual como reserva para a faculdade de seus filhos. Quanto é que você terá de economizar hoje para cobrir essa obrigação? A resposta é o valor presente de um dispêndio efetivo de $50 mil após 20 anos, ou 50.000/(1 + taxa de juros real)[20]. Quanto maior a taxa de juros real, menor o valor presente e menos você tem para poupar.

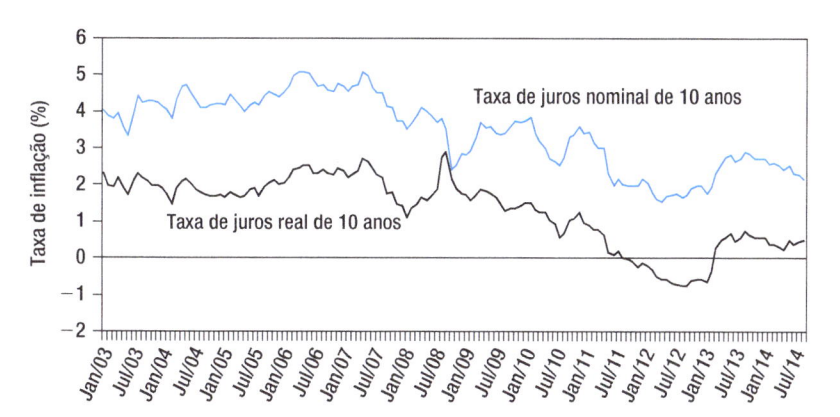

▶ **FIGURA 3.7** A linha verde mostra o retorno real sobre TIPS de longo prazo emitidos pelo governo norte-americano. A linha preta mostra o retorno sobre obrigações nominais de longo prazo.

Esta é a teoria de Fisher: uma variação na taxa esperada de inflação provoca a mesma variação proporcional na taxa nominal de juros, o que não tem efeito nenhum na taxa real de juros requerida. A fórmula referente à taxa nominal de juros e à inflação prevista é:

$$1 + r_{nominal} = (1 + r_{real})(1 + i)$$

onde r_{real} é a taxa real de juros requerida pelos consumidores e i, a taxa esperada de inflação. No nosso exemplo, a perspectiva de inflação provoca um aumento em $1 + r_{nominal}$ de $1,03 \times 1,05 = 1,0815$.

Nem todos os economistas concordariam com Fisher que a taxa real de juros não é afetada pela taxa de inflação. Por exemplo, se as variações nos preços são associadas às mudanças no nível de atividade industrial, então em condições inflacionárias eu poderia querer mais ou menos que 103 maçãs em um ano para me compensar pela perda de 100 hoje.

Queríamos poder mostrar a você o comportamento passado de taxas de juros e inflação prevista. Em vez disso, fizemos a melhor coisa possível e comparamos, na Figura 3.8, o retorno sobre as letras do Tesouro (dívida governamental de curto prazo) contra a inflação *efetiva* para Estados Unidos, Reino Unido e Alemanha. Repare que, desde 1953, o retorno sobre esses papéis geralmente tem sido um pouco acima da taxa de inflação, e os investidores nesses países obtiveram um retorno real médio entre 1% e 2% durante esse período.

Veja agora a relação entre a taxa de inflação e a taxa da letra do Tesouro. A Figura 3.8 mostra que, na maior parte do tempo, os investidores exigiram uma taxa de juros mais alta quando a inflação era alta. Assim, tem-se a impressão que a teoria de Fisher fornece uma regra prática útil para gestores financeiros. Se a taxa esperada de inflação varia, é um bom sinal de que haverá uma correspondente variação na taxa de juros. Ou seja, uma estratégia de rolar investimentos de curto prazo confere certa proteção contra as incertezas da inflação.

3.6 Risco de inadimplência

Títulos corporativos e o risco de inadimplência

Examine o Quadro 3.6, que exibe os retornos até o vencimento de uma amostra de títulos corporativos. Observe que todos os títulos vencem em 2017, mas seus retornos até o vencimento são drasticamente diferentes. Com um rendimento superior a 20%, os títulos da Alpha Natural Resources parecem oferecer uma taxa de retorno de dar água na boca. No entanto, a empresa vinha operando no vermelho e tinha dívidas substanciais. Os investidores anteviram que havia uma boa chance da empresa declarar falência e que eles não veriam seu dinheiro de volta. Por isso, os pagamentos prometidos aos detentores dos títulos representam a melhor das hipóteses: a empresa jamais pagará mais do que os fluxos de caixa prometidos, mas em períodos de turbulência, pode pagar menos.

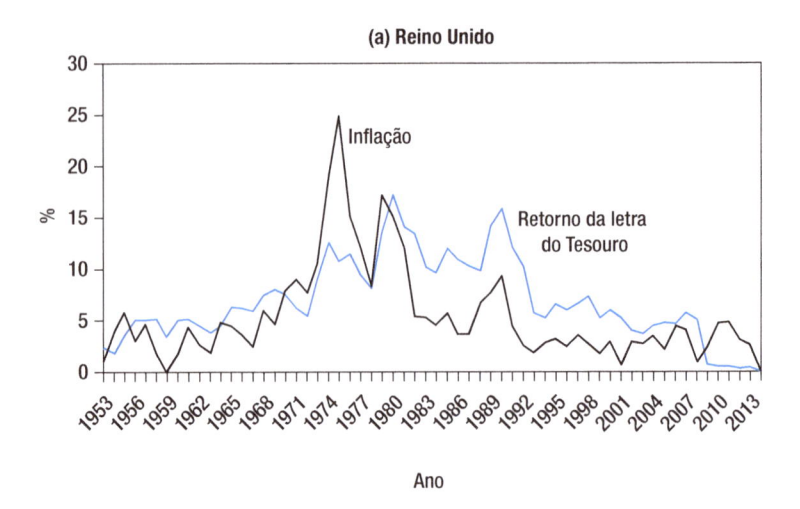

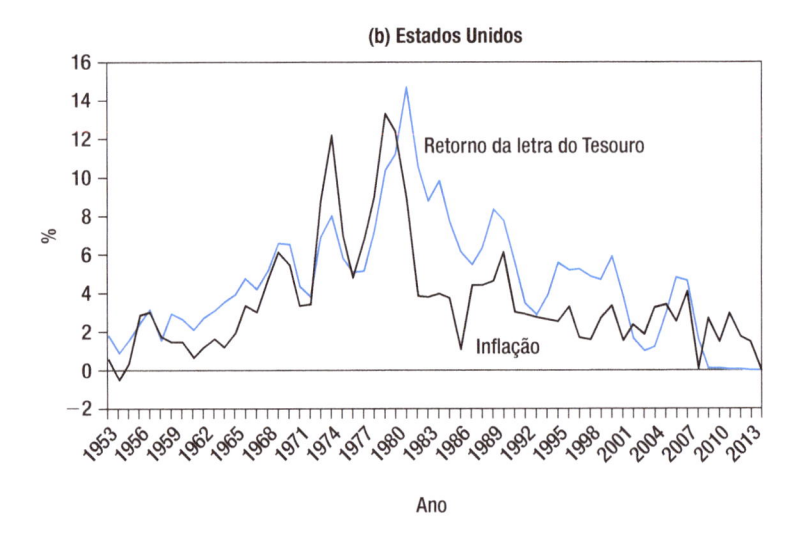

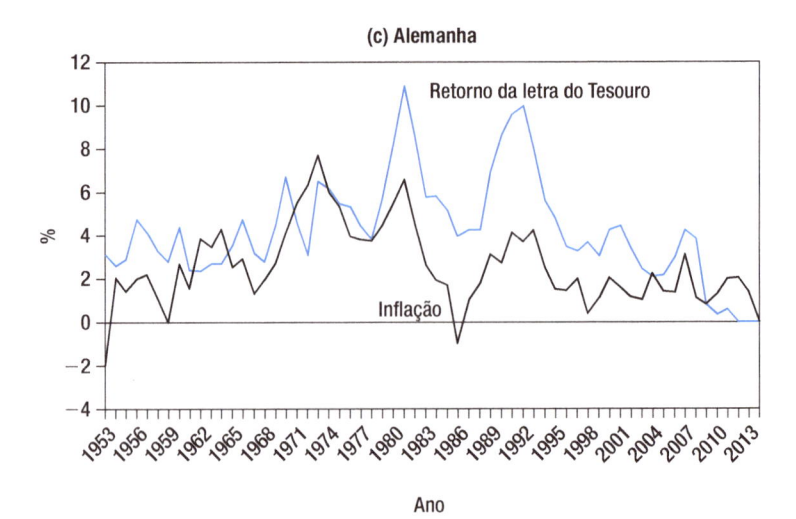

▶ **FIGURA 3.8** O retorno sobre letras do Tesouro e a taxa de inflação no Reino Unido, nos Estados Unidos e na Alemanha desde 1953 até 2014.

Fonte: E. Dimson, P.R. Marsh and M. Staunton, *Triumph of the Optimists: 101 Years of Investment Returns* (Princeton, NJ: Princeton University Press, 2002), com atualizações fornecidas pelos autores.

QUADRO 3.6 Preços e retornos de uma amostra de títulos corporativos

Nome do emissor	Cupom (%)	Vencimento	Rating da S&P	Preço (%)	Retorno (%)
Johnson & Johnson	3,55	2021	AAA	108,35	2,16
Walmart	4,25	2021	AA	110,44	2,48
Alabama Power	3,95	2021	A	105,84	2,97
Dow Chemical	8,85	2021	BBB	132,39	3,49
Rosetta Restaurants	5,625	2021	BB	97,00	6,20
Elizabeth Arden	7,375	2021	B	96,25	8,14
Alpha Natural Resources	6,25	2021	CCC	50,20	20,37

Fonte: Transações de títulos divulgadas no serviço TRACE da FINRA: http://finra-markets.morningstar.com/BondCenter/Screener.jsp.

Em certa medida, o risco se aplica a todos os títulos corporativos, mas os investidores estavam muito mais confiantes de que a Johnson & Johnson seria capaz de honrar o serviço da sua dívida, e isso se reflete no baixo rendimento de seus títulos.

A segurança da maior parte dos títulos corporativos pode ser julgada graças às avaliações de títulos fornecidas pela Moody's, Standard & Poor's (S&P) e pela Fitch. O Quadro 3.7 lista os possíveis *ratings* de títulos em ordem decrescente de qualidade. Por exemplo, os títulos que recebem o *rating* mais alto da Standart & Poor's são conhecidos como títulos AAA (ou "triplo A"). Em seguida, temos os títulos AA (duplo A), A e BBB, etc. Os títulos classificados como BBB e acima são chamados de **grau de investimento**, enquanto os com um *rating* de BB ou abaixo são referidos como de *grau especulativo*, *alto rendimento* ou *junk bonds*. Observe que os títulos nas quatro primeiras fileiras do Quadro 3.7 todos têm grau de investimento; os demais são *junk bonds*.

A ocorrência de *default* em títulos com alta classificação é muito rara. Entretanto, quando um título de classe de investimento "desce ladeira abaixo", as ondas de choque se propagam para todos os principais centros financeiros. Por exemplo, em maio de 2001 a WorldCom vendeu $11,8 bilhões de títulos com *rating* de baixo risco. Por volta de um ano depois a organização pediu falência, fazendo os detentores dos títulos perderem mais de 80% de seus investimentos. Para esses aplicadores, as agências que tinham atribuído tais *ratings* não foram de todo confiáveis.

Devido ao risco de inadimplência, os retornos sobre os títulos corporativos são superiores àqueles dos títulos do governo. A Figura 3.9 mostra, por exemplo, o *spread* de retorno entre os

QUADRO 3.7 Chave para os *ratings* de títulos. Os títulos da mais alta qualidade classificados como Baa/BBB ou acima são de grau de investimento

Moody's	Standard & Poor's e Fitch
Títulos com grau de investimento	
Aaa	AAA
Aa	AA
A	A
Baa	BBB
Títulos sem grau de investimento (*junk bonds*)	
Ba	BB
B	B
Caa	CCC
Ca	CC
C	C

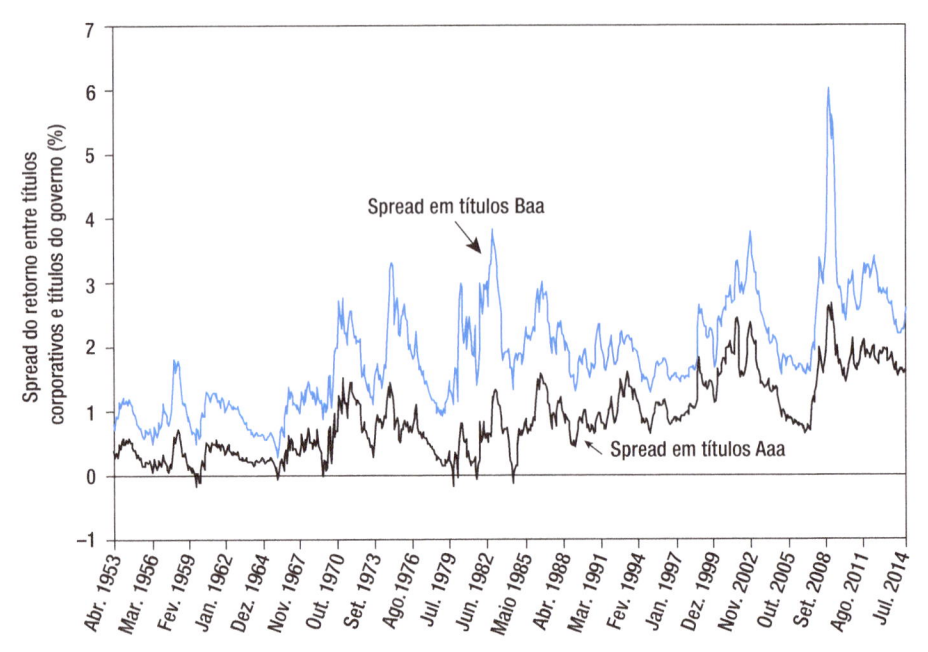

▶ **FIGURA 3.9** *Spreads* do retorno entre títulos corporativos e títulos do Tesouro com vencimentos para 10 anos.

títulos corporativos e os títulos do Tesouro norte-americano. Repare que o *spread* se amplia conforme a segurança diminui. Observe também como os *spreads* variam ao longo do tempo. Eles se ampliaram drasticamente, por exemplo, durante a retração de crédito de 2007 a 2009.[16]

Títulos soberanos e risco de inadimplência

Quando os investidores compram títulos corporativos ou quando um banco concede um empréstimo a uma empresa, eles temem quanto à possibilidade de inadimplência e gastam tempo e esforços consideráveis avaliando diferenças em riscos de crédito. Em contraste, quando o governo dos Estados Unidos emite títulos em dólar, os investidores geralmente podem ficar confiantes de que esses títulos serão honrados plenamente e dentro do prazo. Os detentores desses títulos, é claro, não sabem quanto esse dinheiro valerá. O governo tem um péssimo hábito de reduzir o valor real de suas dívidas por meio de políticas inflacionárias.

Embora as dívidas soberanas costumem apresentar menor risco do que as dívidas corporativas, não devemos deixá-lo com a impressão de que são *sempre* seguras mesmo em termos monetários. Na verdade, como o quadro "Prática Financeira" explica, até mesmo nos Estados Unidos os investidores que compram títulos governamentais passam por seus momentos assustadores. Alguns países efetivamente dão o calote em suas dívidas e, quando o fazem, os efeitos são por vezes catastróficos. Examinaremos brevemente três circunstâncias em que países podem deixar de honrar suas dívidas.

Dívida em moeda estrangeira A maioria das inadimplências governamentais ocorre quando um governo estrangeiro contrai empréstimos em dólar. Nesses casos, os investidores temem que em alguma crise futura o governo possa esgotar sua capacidade arrecadatória e não conseguir dispor de dólares suficientes para honrar a dívida. Esse temor se manifesta no preço dos títulos e nos retornos até o vencimento. Em 2001, por exemplo, o governo da Argentina deixou de honrar

---

[16] Os títulos corporativos também têm menos liquidez do que os títulos do Tesouro: eles são mais difíceis e mais caros de negociar, sobretudo em grandes quantidades ou com pouca antecedência. Muitos investidores valorizam a liquidez e acabam exigindo taxas de juros mais altas sobre títulos de menor liquidez. A falta de liquidez responde por uma parte do *spread* entre os retornos sobre títulos corporativos e do Tesouro.

PRÁTICA FINANCEIRA

Um jogo político de quem pisca primeiro

Em 2010, o Congresso dos Estados Unidos estabeleceu um teto de $14,3 trilhões como o limite de endividamento do governo federal. Contudo, os gastos do governo estavam ficando bem à frente das receitas, e, a menos que o Congresso votasse para elevar o teto de endividamento, o governo norte-americano previa que até 2 de agosto de 2011, ficaria sem caixa para honrar suas contas. Ele enfrentaria, então, a dolorosa escolha entre realizar cortes drásticos nos gastos governamentais ou deixar de honrar suas dívidas. O Secretário do Tesouro Tim Geithner advertiu que "se o limite não for elevado, haverá inadimplência por parte dos Estados Unidos. Isso imporia um fardo pesado e duradouro sobre todos os norte-americanos e suas empresas e poderia levar à perda de milhões de empregos no país. Mesmo uma inadimplência a curtíssimo prazo ou limitada teria consequências catastróficas que durariam por décadas".

Embora houvesse uma concordância geral de que qualquer elevação no teto de endividamento deveria ser acompanhada por um acordo em reduzir o déficit, havia pouco consenso quanto a como conseguir isso. Poucos observadores acreditavam que os Estados Unidos realmente dariam o calote em sua dívida, mas, conforme a disputa se arrastava, o impensável passou a ser pensável. As negociações se estenderam até o limite. Em 2 de agosto, no dia previsto para o país esgotar todo o seu poder de endividamento, o Presidente Obama finalmente assinou o Budget Control Act (Lei do Controle Orçamentário), que aumentou o teto de endividamento em $900 bilhões. Dois dias depois, a Standard & Poor's rebaixou a classificação de crédito de longo prazo do governo norte-americano de AAA para AA.*

---

* "Secretary Geithner Sends Debt Limit Letter to Congress," U.S. Department of the Treasury, January 6, 2011. **http://treasury.gov/connect/blog/Pages/letter.aspx**

Tesouro norte-americano. E a Argentina tem bastante companhia. Desde 1970, já houve mais de 100 ocasiões em que governos soberanos deram o calote em seus títulos em moeda estrangeira.[17]

Dívida em moeda própria Quando um governo contrai dívidas em sua própria moeda, existe menor probabilidade de inadimplência. Afinal de contas, o governo sempre pode imprimir o dinheiro necessário para honrar os títulos. Muito ocasionalmente, governos optaram por inadimplir em suas dívidas domésticas em vez de criar dinheiro para quitá-las. Esse foi o caso da Rússia em meados de 1998, quando uma instabilidade política se somou a uma queda nos preços do petróleo, diminuição nas receitas governamentais e pressão na taxa cambial. Em agosto daquele ano, os retornos sobre os títulos governamentais em rublos alcançaram 200% e já não fazia mais sentido para a Rússia criar dinheiro para honrar o serviço de sua dívida. Naquele mês, o governo desvalorizou o rublo e deu o calote na sua dívida doméstica em moeda própria.

Dívida na Zona do Euro Os 19 países na Zona do Euro nem mesmo têm a opção de imprimirem moeda para honrarem o serviço de suas dívidas internas; eles concederam o controle sobre o suprimento de sua própria moeda ao Banco Central Europeu. Isso acabou gerando um grande problema para o governo da Grécia, que havia acumulado uma enorme dívida de €330 bilhões (ou cerca de $440 bilhões). Em maio de 2010, outros governos da Zona do Euro e o Fundo Monetário Internacional (FMI) correram para ajudar a Grécia, mas os investidores não se convenceram de que seu auxílio seria suficiente. Em novembro de 2011, o retorno sobre títulos de 10 anos do governo grego haviam subido para quase 27%. Naquele mês, após longas reuniões envolvendo o FMI e outros membros da Zona do Euro, um outro pacote de resgate foi acordado. Em troca desse novo financiamento, investidores em títulos gregos ficavam obrigados a aceitar uma depreciação de cerca de $100 bilhões no valor de seus títulos. Este foi o mais grave caso de inadimplência de

---

[17] Ocasionalmente, a inadimplência é resultado de uma atitude "não quero pagar", em vez de "não posso pagar". Em 2008, por exemplo, o presidente do Equador anunciou que seu país iria se eximir de $3.9 bilhões em dívidas "ilegais" contraídas por regimes anteriores. Ao lidar com credores internacionais, ele afirmou: "Estamos indo contra verdadeiros monstros".

FUNÇÕES ÚTEIS PARA PLANILHAS

Avaliação de títulos

Os programas de elaboração de planilhas, como o Excel, apresentam funções internas para a resolução de problemas de cálculo de valores de títulos. É possível encontrá-las pressionando a aba *fx* na barra de ferramentas do Excel. Se, em seguida, você der um clique na função que deseja usar, o programa lhe pede os dados necessários. À esquerda da caixa de funções há o recurso "Ajuda sobre esta função", que apresenta um exemplo de como a função é utilizada.

Eis aqui uma lista das funções úteis para a resolução desses problemas e alguns pontos para lembrar quando se digitar os dados:

- **PREÇO:** preço de um título dado seu retorno até o vencimento.
- **YLD (YIELD):** retorno até o vencimento de um título dado seu preço.
- **DURAÇÃO:** duração de um título.
- **MDURAÇÃO:** duração (ou volatilidade) modificada de um título.

Observação:

- Você pode digitar todos os dados diretamente nessas funções como números ou como endereços de células contendo os números.

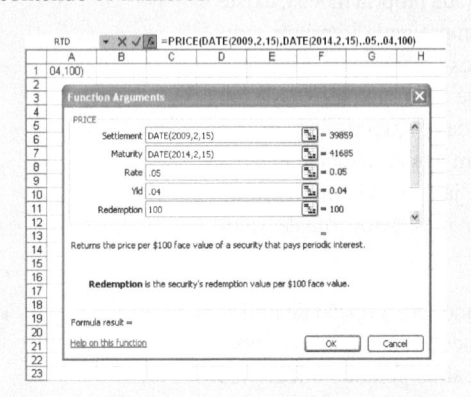

- Você deve digitar os dados de retorno e cupom como valores decimais; por exemplo, para 3% digite 0,03.
- Liquidação é a data em que é feito o resgate do título e maturidade, a data de vencimento. Você pode digitar esses dados diretamente utilizando a função de data do Excel; por exemplo, digitaria 15 Fev 2009 como DATA(15/02/2009). Inversamente, poderia digitar esses dados em uma célula e, depois, digitar o endereço dela na função.
- Nas funções para PREÇO e YLD, é preciso deslizar o cursor para baixo na caixa de funções para digitar a frequência dos pagamentos dos cupons. Digite 1 para pagamentos anuais ou 2 para os semestrais.
- As funções para PREÇO e YLD pedem uma entrada para "base". Sugerimos que você deixe isso em branco. (Veja o recurso "Ajuda sobre esta função" para explicações.)

Questões com planilhas

As questões a seguir oferecem oportunidades de praticar cada uma das funções do Excel.

1. (PREÇO) Em fevereiro de 2009, os 8,5s do Tesouro de 2020 renderam 3,2976% (veja a Figura 3.1). Qual era o preço deles? Se o retorno aumentasse a 4%, o que ocorreria com o preço?

2. (YLD) No mesmo dia, os 3,5s do Tesouro de 2018 estavam cotados a 107,46875%. Qual era o retorno até o vencimento deles? Suponha que o preço fosse 110,0%. O que ocorreria com o retorno?

3. (DURAÇÃO) Qual era a duração dos 8,5s do Tesouro? Como a duração se alteraria se o retorno aumentasse a 4%? Pode explicar o porquê?

4. (MDURAÇÃO) Qual era a duração modificada dos 8,5s do Tesouro? Como uma duração modificada iria diferir se o cupom fosse somente de 7,5%?

nacional e numa miséria considerável. No início de 2015, a insatisfação popular levou à eleição de um governo de esquerda comprometido em acabar com a austeridade e em renegociar mais uma vez suas dívidas. Em julho do mesmo ano, as negociações não tinha avançado e a Grécia deixou de honrar um pagamento ao FMI, sendo o primeiro país desenvolvido a fazê-lo.

A crise das dívidas soberanas não se ateve apenas à Grécia. Chipre também atrasou a quitação de seus títulos, e as dívidas dos governos da Irlanda e de Portugal foram rebaixadas para o nível *junk*. Entre os investidores, a piada era que, ao invés de oferecerem retorno livre de risco, os títulos governamentais da Zona do Euro ofereciam apenas risco livre de retorno.

RESUMO

Os títulos são simplesmente empréstimos de longo prazo. Se você possui um título, está intitulado a obter pagamentos de *cupons* (ou juros) regulares e, no vencimento, reembolsar o valor de face (ou *capital*). Nos Estados Unidos, os cupons, de modo geral, são pagos semestralmente, mas em outros países podem ser pagos anualmente.

O valor de qualquer título é igual a seus pagamentos em dinheiro descontados às taxas de juro à vista. Por exemplo, o valor presente de um título com cupom de 5% de dez anos remunera anualmente prestações iguais de:

$$\text{VP (\% do valor de face)} = \frac{5}{(1+r_1)} + \frac{5}{(1+r_2)^2} + \cdots + \frac{105}{(1+r_{10})^{10}}$$

Esse cálculo usa uma taxa à vista diferente para cada período. Um diagrama de taxas à vista pela maturidade mostra a estrutura temporal das taxas de juros.

As taxas de juros à vista são mais convenientemente calculadas a partir dos preços dos *strip*s, que são títulos que rendem um único pagamento de valor de face no vencimento, sem cupons nos intervalos do período. O preço de um *strip* que vence em uma data futura *t* revela o fator de desconto e a taxa à vista para fluxos de caixa naquela data. Todos os outros pagamentos certos na data são avaliados naquela mesma taxa de juros à vista.

Os investidores e gestores financeiros utilizam o retorno até o vencimento sobre um título para resumir seu potencial retorno. Para calcular o retorno até o vencimento nos 5s de 10 anos, é preciso determinar *y* na seguinte equação:

$$\text{VP (\% do valor de face)} = \frac{5}{(1+y)} + \frac{5}{(1+y)^2} + \cdots + \frac{105}{(1+y)^{10}}$$

O retorno até o vencimento desconta todos os pagamentos à mesma taxa, mesmo se elas forem diferentes. Repare que o retorno até o vencimento para um título não pode ser calculado antes de você conhecer o preço ou valor presente deste.

A maturidade de um título lhe informa a data de seu pagamento final, mas também é útil para sabermos o tempo *médio* de cada pagamento. Isso é chamado de *duração* do título, que é importante porque há uma relação direta entre a duração de um título e a exposição de seu preço a alterações nas taxas de juros.

Uma mudança nas taxas de juros tem um efeito maior no preço de títulos de longa duração.

A estrutura temporal de taxas de juros tem, na maior parte das vezes, uma inclinação ascendente. Isso significa que as taxas de juros à vista de longo prazo são superiores às taxas à vista de curto prazo. Mas isso *não* significa que investir em títulos de longo prazo é mais rentável do que nos de curto prazo. A *teoria das expectativas* da estrutura temporal nos informa que os títulos são cotados de modo que um investidor que detenha uma série de títulos de curto prazo pode esperar o mesmo retorno do que um que possua um de longo prazo. Essa teoria prevê uma estrutura temporal com inclinação ascendente somente quando se espera um aumento das taxas de juros futuras de curto prazo.

A teoria das expectativas não consegue explicar completamente a estrutura temporal se os investidores estão preocupados com os riscos. Os títulos de longo prazo podem ser um abrigo seguro para investidores com obrigações fixas de longo prazo, mas outros investidores talvez não gostem da volatilidade extra de títulos de longo prazo ou podem estar preocupados com o fato de que um surto repentino de inflação venha a dissipar extensamente o valor real desses títulos. Esses investidores estarão preparados para os títulos de longo prazo somente se eles oferecerem a compensação de uma taxa de juros mais alta.

Os títulos prometem pagamentos nominais fixos, mas a taxa de juro *real* que eles proporcionam depende da inflação. A teoria mais conhecida sobre o efeito da inflação nas taxas de juros foi sugerida por Irving Fisher, o qual argumentou que a taxa de juro nominal, ou monetária, é igual à taxa de juro requerida mais a taxa esperada de inflação. Se esta última aumenta 1%, o mesmo ocorrerá com a taxa de juro monetária. Durante os últimos 50 anos, a teoria simples de Fisher tem feito um bom trabalho para explicar as variações nas taxas de juros de curto prazo.

Quando você compra um título do Tesouro norte-americano, pode ficar bastante confiante de que terá o seu dinheiro de volta, mas quando empresta para uma empresa, assume o risco de que ela entre em falência e não seja capaz de quitar seus títulos. As empresas cujos títulos têm grau de baixo risco raramente ficam inadimplentes, mas de qualquer forma sempre há a preocupação dos investidores. Sendo assim, as organizações precisam compensar os investidores pelo risco de inadimplência prometendo remuneração com taxas de juros mais altas.

LEITURAS ADICIONAIS

Dois bons textos gerais sobre mercado de dívidas são:

S. Sundaresan, *Fixed Income Markets and Their Derivatives*, 3rd ed. (San Diego, CA: Academic Press, 2009).

F.J. Fabozzi and S.V. Mann, *Handbook of Fixed Income Markets*, 8th ed. (New York: Mc Graw - Hill, 2011)

O artigo de Schaefer contém uma boa revisão sobre durações e como elas são utilizadas para proteger obrigações fixas:

S.M. Schaefer, "Immunisation and Duration: A Review of Theory, Performance and Application," in *The Revolution in Corporate Finance*, ed. J. M. Stern and D. H. Chew, Jr. (Oxford: Basil Blackwell, 1986).

PROBLEMAS

BÁSICO

1. **Preços e retornos** Um título de 10 anos é emitido com um valor de face de $1 mil, com uma remuneração anual de $60 ao ano. Se os retornos até o vencimento aumentarem logo após o título ser emitido, o que acontece a estes itens:
   a. Taxa do cupom?
   b. Preço?
   c. Retorno até o vencimento?

2. **Preços e retornos** As seguintes afirmações são verdadeiras. Explique por quê?
   a. Se a taxa do cupom de um título é superior ao seu retorno até o vencimento, então o título valerá mais que seu valor de face.
   b. Se a taxa do cupom de um título é inferior ao seu retorno até o vencimento, então o preço do título aumentará durante sua maturidade remanescente.

3. **Preços e retornos** Em fevereiro de 2015, os $4^{3/4}$s do Tesouro de 2041 ofereciam um retorno até o vencimento com capitalização semestral de 2,70%. Reconhecendo que todos os cupons são pagos semestralmente, calcule o preço do título.

4. **Preços e retornos** Um título de 10 anos do governo alemão (*bund*) tem um valor de face de €100 e uma taxa de cupom de 5% paga anualmente. Suponha que a taxa de juros (em euros) é igual a 6% ao ano. Qual é o VP do título?

5. **Preços e retornos** Crie alguns exemplos simples para ilustrar suas respostas aos seguintes itens:
   a. Se as taxas de juros sobem, os preços dos títulos sobem ou caem?
   b. Se o retorno até o vencimento é superior ao do cupom, o preço do título é maior ou menor que 100?
   c. Se o preço de um título é superior a 100, o seu rendimento é maior ou menor do que o do cupom?
   d. Os títulos com cupons altos vendem a preços inferiores ou superiores aos dos títulos com cupons baixos.
   e. Se as taxas de juros variam, será que o preço dos títulos de cupom alto variam proporcionalmente mais do que os de cupom baixo?

6. **Taxas de juros e preços à vista** O que se prefere no mercado de títulos do Tesouro norte-americano?
   a. Taxas de juros à vista ou retornos até o vencimento?
   b. Preços do título ou retornos até o vencimento?

7. **Taxas de juros e preços à vista** Examine novamente o Quadro 3.5. Suponha que todas as taxas de juros à vista mudem para 4% – uma estrutura temporal "constante" de taxas de juros – e responda às seguintes questões:
   a. Qual é o novo retorno até o vencimento para cada título na mesa?
   b. Recalcule o preço do título A.

8. **Taxas de juros e preços à vista** Suponha cupons anuais.
   a. Qual é a fórmula para o valor de um título a 5% de juros de dois anos em termos de taxas à vista?
   b. Qual é a fórmula para o seu valor em termos de retorno até o vencimento?
   c. Se a taxa de juros à vista de dois anos é superior à de um ano, o retorno até o vencimento é maior ou menor do que a taxa à vista de dois anos?

9. **Medida da estrutura temporal** A tabela a seguir mostra os preços de uma coleção de *strips* do Tesouro norte-americano em fevereiro de 2012. Cada *strip* rende um único pagamento de $1 mil no vencimento.
   a. Calcule a taxa de juros à vista, composta anualmente, para cada ano.
   b. A estrutura temporal tem uma inclinação ascendente, descendente ou plana?
   c. Você esperaria que o retorno de um título de cupom que vence em fevereiro de 2017 seja superior ou inferior ao de um retorno no *strip* de 2014?

Vencimento	Preço (%)
Fevereiro de 2014	99,523%
Fevereiro de 2015	98,937
Fevereiro de 2016	97,904
Fevereiro de 2017	96,034

10. **Retornos de títulos**
    a. Um título com taxa de 8% de cinco anos rende 6%. Se esse retorno até o vencimento permanecer inalterado, qual será o seu preço daqui a um ano? Assuma que os pagamentos dos cupons são anuais e um valor de face de $100.
    b. Qual é o retorno total para um investidor que detenha o título durante esse ano?
    c. O que você pode deduzir sobre a relação entre o retorno do título durante um particular período e os retornos até o vencimento no início e no final daquele período?

11. **Duração** Verdadeiro ou falso? Explique.
    a. Os títulos de maturidade mais longa necessariamente têm durações mais longas.
    b. Quanto mais longa a duração de um título, menor sua volatilidade.
    c. Mantendo-se os outros itens constantes, quanto menor o cupom do título, maior sua volatilidade.
    d. Se as taxas de juros sobem, as durações dos títulos também sobem.

12. **Duração** Calcule as durações e volatilidades dos títulos A, B e C. Seus fluxos de caixa são mostrados a seguir. A taxa de juros é de 8%.

	Período 1	Período 2	Período 3
A	40	40	40
B	20	20	120
C	10	10	110

13. **Teorias da estrutura temporal** A taxa de juros à vista de um ano é $r_1 = 5\%$ e a de dois anos é $r_2 = 6\%$. Se a teoria das expectativas é correta, qual é a taxa de juros esperada de um ano no período de um ano?

14. **Taxas de juros reais** A taxa de juros de dois anos é de 10% e a taxa de inflação esperada anual é de 5%.

    a. Qual é a taxa de juros real esperada?

    b. Se a taxa de inflação esperada repentinamente sobe a 7%, o que a teoria de Fisher diz sobre o grau de variação da taxa real de juros? E sobre a taxa nominal?

INTERMEDIÁRIO

15. **Preços e retornos** Eis os preços de três títulos com vencimento para 10 anos:

Cupom do Título (%)	Preço (%)
2%	81,62%
4	98,39
8	133,42

    Se os cupons forem pagos anualmente, qual título oferece o maior retorno até o vencimento? Qual oferece o menor? Quais títulos apresentam as durações mais longa e mais curta?

16. **Preços e retornos** Um título do Tesouro norte-americano com vencimento para 10 anos e um valor de face de $10 mil paga um cupom de 5,5% (2,75% do valor de face a cada seis meses). O retorno até o vencimento divulgado é de 5,2% (uma taxa de desconto de seis meses de 5,2/2 = 2,6%).

    a. Qual é o valor presente do título?

    b. Faça um gráfico ou tabela mostrando como o valor presente do título varia com as taxas de juros compostas semestralmente entre 1% e 15%.

17. **Preços e retornos** Um título do governo com vencimento para seis anos faz pagamentos anuais de 5% e dá um rendimento anual a uma taxa de juros composta de 3%. Suponha que ao fim de um ano o título ainda tenha uma rentabilidade de 3%. Qual é o rendimento do título ao fim de um período de 12 meses? Agora, suponha que o rendimento do título seja de 2% ao fim do ano. Qual foi o rendimento do titular neste caso?

18. **Taxas de juros e retornos à vista** Um título a 6% com vencimento para seis anos rende 12% e outro a 10% com o mesmo vencimento rende 8%. Calcule a taxa à vista ao fim de seis anos. Suponha que os pagamentos de juros sejam anuais. (*Dica*: como seriam seus fluxos de caixa se você comprasse títulos 1,2 a 10%?)

19. **Taxas de juros e retornos à vista** O retorno dos títulos de cupom alto tem maior probabilidade de ser superior ao dos títulos de cupom baixo quando a estrutura temporal tem uma inclinação ascendente ou quando ela é descendente? Explique.

20. **Taxas de juros e retornos à vista** Você estimou que as taxas de juros à vista seriam as seguintes: $r_1 = 5{,}00\%$, $r_2 = 5{,}40\%$, $r_3 = 5{,}70\%$, $r_4 = 5{,}90\%$, $r_5 = 6{,}00\%$.

    a. Quais são os fatores de desconto para cada data (ou seja, o valor presente de $1 pago no ano t)?

    b. Calcule o VP dos seguintes títulos presumindo cupons anuais e valores de face de $1 mil: (i) título a 5% de dois anos; (ii) título a 5% de cinco anos; e (iii) título a 10% de cinco anos.

    c. Explique intuitivamente por que o retorno até o vencimento no título a 10% é menor do que no título a 5%.

    d. Qual seria o retorno até o vencimento em um título sem cupom de cinco anos?

    e. Mostre que o retorno correto até o vencimento em uma anuidade de cinco anos é de 5,75%.

    f. Explique intuitivamente por que o retorno dos títulos de cinco anos descritos na parte (c) devem situar-se entre o retorno no título sem cupom de cinco anos e em uma anuidade de cinco anos.

21. **Duração** Calcule durações e durações modificadas para o título com cupom de 3% no Quadro 3.2. Você pode seguir o procedimento exibido no Quadro 3.4 para os títulos com cupom de 9%. Confirme que a duração modificada prevê de perto o impacto de uma variação de 1% das taxas de juros nos preços dos títulos.

22. **Duração** Encontre a planilha *live* para o Quadro 3.4. no *site* deste livro, loja.grupoa.com.br. Mostre como a duração e a volatilidade mudam se (a) o cupom do título for 8% do valor de face e (b) se o retorno do título for de 6%. Explique seus achados.

23. **Duração** A fórmula para a duração de um título perpétuo que faz um pagamento igual a cada ano em perpetuidade é (1 + retorno)/retorno. Se cada título rende 5%, qual deles tem a maior duração – um título perpétuo ou um título sem cupom de 15 anos? E se o rendimento fosse de 10%?

24. **Preços e retornos** Calcule preços de 10 títulos do Tesouro norte-americano com diferentes cupons e diferentes maturidades. Calcule como seus preços mudariam se seus retornos até o vencimento aumentassem em 1%. Os títulos mais afetados pela mudança no rendimento seriam os de curto ou de longo prazo? (Suponha pagamentos anuais de cupom.)

25. **Taxas de juros e retornos à vista** Examine novamente o Quadro 3.5. Suponha que as taxas de juros à vista mudem para a seguinte estrutura temporal de inclinação descendente: $r_1 = 4{,}6\%$, $r_2 = 4{,}4\%$, $r_3 = 4{,}2\%$ e $r_4 = 4{,}0\%$. Recalcule os fatores de desconto, os preços dos títulos e os retornos até o vencimento para cada um dos títulos listados no quadro.

26. **Taxas de juros e retornos à vista** Examine as taxas de juros à vista mostradas no Problema 25. Suponha que alguma pessoa lhe disse que a taxa à vista de cinco anos era de 2,5%. Por que você não acreditaria nela? Como poderia ganhar dinheiro se ela estivesse certa? Qual é o mínimo valor sensível para a taxa à vista de cinco anos?

27. **Teorias da estrutura temporal** Examine novamente as taxas de juros à vista mostradas no Problema 25. O que você pode deduzir sobre a taxa de juros à vista de um ano em três anos se...
    a. Estiver correta a teoria de expectativas da estrutura temporal?
    b. Investir em títulos de longo prazo gera riscos extras?

28. **Retornos nominais e reais** Suponha que você compre um título com vencimento para dois anos a 8% no seu valor de face.
    a. Qual será seu retorno nominal durante os dois anos se a inflação for de 3% no primeiro ano e 5% no segundo? Qual será seu retorno real?
    b. Agora suponha que o título seja um TIPS. Qual será seu retorno real e nominal total em dois anos?

29. *Ratings* **de títulos** O *rating* de crédito de um título fornece uma orientação para o seu preço. Enquanto escrevemos isso no início de 2015, os títulos Aaa rendiam 3,4% e os Baa, 4,4%. Se alguma notícia ruim provoca o rebaixamento de classe de um título de cinco anos a 10%, de Aaa para Baa, qual seria o efeito no preço do título? (Suponha cupons anuais).

30. **Preços e retornos** Se o retorno até o vencimento de um título não mudar, o retorno do título a cada ano será igual ao retorno até o vencimento. Confirme isso com um exemplo simples de um título de quatro anos sendo vendido a um valor de face com prêmio. Agora faça o mesmo para um título de quatro anos sendo vendido com desconto. Por conveniência, assuma pagamentos anuais de cupom.

DESAFIO

31. **Preços e retornos** Em uma planilha de cálculo, construa uma série de quadros de títulos que demonstrem o valor presente de um título dados a taxa dos cupons, o vencimento e o retorno até o vencimento. Considere que o pagamento dos cupons é semestral e que o rendimento é composto semestralmente.

32. **Preço e taxas de juros à vista** Encontre a(s) oportunidade(s) de arbitragem. Considere, para facilitar, que os cupons são pagos anualmente. Em cada caso, o valor de face do título é de $1 mil.

Título	Vencimento (anos)	Cupom, $	Preço ($)
A	3	0	751,30
B	4	50	842,30
C	4	120	1.065,28
D	4	100	980,57
E	3	140	1.120,12
F	3	70	1.001,62
G	2	0	834,00

33. **Duração** A duração de um título que faz pagamentos iguais todos os anos em perpetuidade é $(1 + \text{retorno})/\text{retorno}$. Prove isso.

34. **Preços e taxas de juros à vista** Quais taxas de juros à vista são sugeridas pelos títulos do Tesouro a seguir? Por simplicidade, suponha que os títulos pagam cupons anuais. O preço de um *strip* de um ano é de 97,56% e o preço de um *strip* de quatro anos é de 87,48%.

Vencimento (anos)	Cupom	Preço (%)
5	2	92,89
5	3	97,43
3	5	105,42

35. **Preços e taxas de juros à vista** Examine novamente o Quadro 3.5.
    a. Suponha que você conheça o preço dos títulos, mas não suas taxas de juros à vista. Explique como as calcularia. (*Dica:* você tem quatro taxas desconhecidas, de modo que necessita de quatro equações.)
    b. Suponha que você pudesse comprar o título C em grandes quantidades a $1.040, e não no seu preço de equilíbrio de $1.076,20. Mostre como você poderia ganhar uma quantia fabulosa de dinheiro sem assumir nenhum risco.

FINANÇAS NA WEB

Os *sites* do *The Wall Street Journal* (**www.wsj.com**) e do *Financial Times* (**www.ft.com**) são fontes excelentes de dados de mercado. Você deve familiarizar-se com eles.

1. Use o primeiro para responder às seguintes questões:

    a. Calcule os preços dos *strips* de cupom. Utilize-os para traçar a estrutura temporal. Se a teoria das expectativas é correta, qual é a taxa esperada de um ano daqui a três anos?

    b. Calcule o preço de um título com vencimento para três anos e quatro anos e construa um pacote de *strips* com cupons e capitais que forneçam os mesmos fluxos de caixa. A regra de um único preço prevê que o custo do pacote deve ser muito próximo ao do título? É isso mesmo?

    c. Descubra um título do Tesouro de longo prazo com um cupom baixo e calcule sua duração. Agora, encontre outro título com uma maturidade similar e um cupom mais alto. Qual deles tem a maior duração?

    d. Calcule os retornos para títulos nominais do Tesouro de 10 anos e para Tips. Se você tem confiança que a inflação será, em média, de 2% ao ano, que título lhe proporcionará o retorno real mais alto?

2. Transações de títulos são divulgadas no serviço TRACE da FINRA, que foi a fonte dos dados do Quadro 3.6. Use o dispositivo Advanced Search (Busca Avançada) no TRACE para encontrar preços de títulos da Johnson & Johnson (JNJ), Walmart (WMT), Disney (DIS), SunTrust Banks (STI) e U.S. Steel (X). Se possível, exclua emissões com opção de compra que a empresa pode comprar de volta. As classificações dos títulos sofreram alterações? O que aconteceu com os retornos dos títulos dessas empresas? (Você descobrirá que títulos emitidos pela mesma empresa podem apresentar retornos diferentes, por isso, precisará do seu melhor juízo para responder esta segunda pergunta.)

CAPÍTULO 4

O valor das ações ordinárias

Devemos alertá-lo para o fato de que ser um especialista em finanças tem os seus inconvenientes. Um deles é o de ser abordado em coquetéis por pessoas interessadas em explicar os seus esquemas para obtenção de grandes lucros com investimentos em ações. Uma das poucas boas coisas sobre uma crise financeira é que essas pessoas inconvenientes tendem a desaparecer, ao menos temporariamente.

Talvez estejamos exagerando quanto aos perigos da profissão. O fato é que não existe uma fórmula fácil para assegurar um resultado excelente em um investimento. Nos próximos capítulos demonstraremos que, em mercados de capitais competitivos, é impossível prever as oscilações dos preços dos títulos. Assim, neste capítulo, quando utilizamos o conceito do valor presente para avaliar as ações, não estamos prometendo a chave do sucesso para a realização de investimentos; acreditamos apenas que esse conceito poderá ajudá-lo a compreender a razão pela qual alguns investimentos são mais bem-sucedidos do que outros.

Mas por que isso deverá ser objeto de preocupação? Se você quiser saber o valor das ações de uma empresa, por que não consultar sua cotação na bolsa de valores pela Internet? Infelizmente, nem sempre isso é possível. Por exemplo, se você for o fundador de uma empresa bem-sucedida. É possível que você seja o dono de todas as ações, mas esteja pensando em vender ao público parte do capital da organização. Nesse caso, você e os seus consultores precisam estimar o valor pelo qual essas ações podem ser vendidas.

Existe também outra razão, mais profunda, pela qual os gestores necessitam entender como são avaliadas as ações. Se uma empresa cuida dos interesses dos acionistas, deveria aceitar os investimentos que aumentam o valor da participação deles na empresa. Mas, para alcançar esse objetivo, é essencial que se compreenda o que compõe e determina o valor das ações.

Iniciamos o capítulo vendo como as ações ordinárias são transacionadas. Em seguida, explicamos os princípios básicos da avaliação de ações e a utilização de modelos de fluxo de caixa descontado (FCD) para estimar taxas de retorno esperadas. Mais adiante neste capítulo, mostraremos como os modelos FCD podem ser usados para estimar o valor de empresas inteiras, e não apenas de ações individuais.

Explicaremos também a diferença fundamental entre ações de crescimento e ações de rendimento. Uma ação de crescimento não se limita a aumentar os lucros, e os investimentos futuros nela também supostamente obterão taxas de retorno superiores ao do custo do capital. Trata-se da *combinação* de crescimento e retornos superiores que gera altos índices preço-lucro para esses tipos de ações.

E mais uma advertência: todos sabem que as ações ordinárias envolvem riscos e que algumas apresentam um grau mais elevado de risco do que outras. Por conseguinte, os investidores não aplicarão em ações a não ser que as taxas de retorno esperadas sejam compatíveis com os riscos assumidos. Mas, neste capítulo, praticamente não abordamos a ligação entre o risco e o retorno esperado. No Capítulo 7 iniciaremos o estudo do risco mais cuidadosamente.

4.1 Como as ações são comercializadas

A General Electric (GE) tem cerca de 10,4 bilhões de ações de posse do público. Os acionistas incluem grandes fundos de pensões e companhias de seguros são detentores de muitos milhões de ações, e particulares possuem poucas ações cada um. Se você possuísse uma ação da GE, possuiria 0,00000001% da empresa e teria direito a receber a mesma parte ínfima dos lucros. Obviamente, quanto maior for o número de ações que você possuir, maior será a sua "participação" na organização.

Se a GE pretende levantar novo capital, poderá fazê-lo mediante um empréstimo ou pela venda de novas ações aos investidores. A venda de ações para obter fundos adicionais ocorre no *mercado primário*. No entanto, a maior parte das transações das ações da GE é efetuada na bolsa, onde os investidores compram e vendem ações já existentes. As bolsas de valores são realmente mercados de ações em segunda-mão, mas elas preferem se descrever a si mesmas como *mercados secundários*, o que lhes dá uma aparência de maior importância.

As duas principais bolsas de valores dos Estados Unidos são a Bolsa de Valores de Nova York (NYSE) e a Nasdaq. Ambas competem acirradamente por negócios e de forma igualmente vigorosa se aproveitam das vantagens de seus sistemas de transação, e o volume de negócios que operam é gigantesco. Por exemplo, a NYSE comercializa, em um dia comum, 4 bilhões de ações emitidas por cerca de 2.800 empresas.

Além da NYSE e da Nasdaq, há uma série de redes de computadores denominadas redes de comunicação eletrônica (*electronic communication networks* – ECNs) que conectam os *traders* entre si. As grandes organizações norte-americanas também podem providenciar para que suas ações sejam negociadas em bolsas estrangeiras, tais como a bolsa de Londres ou a Euronest, em Paris. Ao mesmo tempo, muitas empresas estrangeiras estão listadas nas bolsas norte-americanas. A NYSE, por exemplo, transaciona ações de empresas como Sony, Royal Dutch Shell, Canadian Pacific, Tata Motors, Deutsche Bank, Telefônica Brasil, China Eastern Airlines e de mais de 500 outras organizações.

Suponha que a sra. Jones, uma acionista da GE de longa data, não mais deseja reter suas ações. Ela pode vendê-la na NYSE ao sr. Brown, que quer aumentar a sua participação na empresa. A transação meramente transfere a propriedade parcial da organização de um investidor para outro, isto é, não são criadas novas ações, e a GE tampouco se importa ou sabe que a transação foi feita.

Tanto a sra. Jones como o sr. Brown não negociam as ações da GE por suas próprias contas. Pelo contrário, suas ordens devem passar por uma corretora. A sra. Jones, que está ansiosa para vender, pode dar ao seu corretor uma *ordem de mercado* para a venda de suas ações com o melhor preço disponível possível. Por outro lado, o sr. Brown pode determinar um preço limite com o qual está disposto a comprar as ações. Se a sua *ordem limite* não pode ser executada imediatamente, ela fica registrada no livro de ordens limites da bolsa até que possa ser executada.

Quando os dois transacionam na NYSE, estão participando em um mercado de leilão imenso no qual os especialistas de mercado designados pela própria bolsa comparam as ordens de milhares de investidores. A maioria das principais bolsas mundiais, como a Tokyo Stock Exchange, a London Stock Exchange e a Deutsche Börse, é também de mercados de leilão, mas, nesses casos, o leiloeiro é um computador.[1] Isso significa que não há um *floor* para comentar as notícias da tarde e ninguém tem de tocar o sino para começar a negociar.

A Nasdaq não é um mercado de leilão. Todas as trocas lá efetuadas se dão entre os investidores e um grupo de *dealers* (intermediários) profissionais que estão dispostos a comercializar ações. Os mercados de intermediários são comuns para outros instrumentos financeiros. Por exemplo, a maior parte dos títulos é comercializada em mercados de intermediários.

Resultados de transações para a GE

Você pode acompanhar as transações referentes à GE e a outras empresas de capital aberto na Internet. Se você acessar **finance.yahoo.com**, por exemplo, inserir o símbolo *ticker* da GE e entrar em "Get Quotes", encontrará resultados como os da tabela a seguir.[2] Aqui, nos concentraremos em alguns dos itens mais importantes.

---

[1] As transações ainda são feitas no corpo a corpo entre os operadores no *floor* da NYSE, mas as transações computadorizadas estão se expandindo rapidamente. Em 2006, a NYSE fez uma fusão com o Archipelago, um sistema eletrônico de transações. No ano seguinte, fundiu-se com o Euronext, um sistema eletrônico de transações europeu. Seu proprietário atual é a Intercontinental Exchange, Inc., uma rede norte-americana de câmaras de comércio e de compensação.

[2] Outras boas fontes de dados sobre transações são **moneycentral.msn.com** e a edição *online* do *The Wall Street Journal* em **www.wsj.com** (procure a aba "Market" e depois "Market Data").

O preço de fechamento da GE em 16 de dezembro de 2014 foi $24,49, caindo $0,10, ou 0,41%, desde o fechamento do dia anterior. Como a GE tinha 10,04 bilhões em ações em circulações, a sua capitalização de mercado era de 10,04 × $24,49 = $245,93 bilhões.

Ações ordinárias da GE (NYSE)

24,49 ↓ 0,10(0,41%) **Dez 16 4:00 PM EST**

Fechamento anterior	24,59	Faixa diária	24,40–25,18
Abertura	24,54	Faixa de 52 sem	23,69–28,09
Est.-alvo de 1 ano	29,17	Volume	48.387.978
Beta	1,19	Volume méd (3m)	33.138.700
Próxima data de rendimentos	23-Jan-15	Cap. de mercado	245,93B
		P/L (ttm)	18,71
		LPA (ttm)	1,31
		Div & retorno	0,88 (3,50%)

Fonte: finance.yahoo.com

Os lucros por ação (LPA) da GE durante os 12 meses anteriores foram de $1,31 ("ttm" é sigla de "*trailing 12 months*" [12 meses anteriores]). O índice de preço da ação/LPA (o índice P/L) era de 18,71. Observe que esse índice P/L emprega LPA passado. Os índices P/L que utilizam LPA previsto geralmente são mais úteis. Analistas de títulos previram que o LPA da GE aumentaria para 1,67 por ação em 2014, o que produz um P/L futuro de 14,7.[3]

A GE pagou dividendos de $0,88 por ação ao ano, então seu retorno de dividendos (o índice de dividendo/preço) foi de 3,50%.

Comprar ações é uma atividade arriscada. Em 2007, as ações da GE estavam sendo vendidas a pouco abaixo de $29. Já em 5 de março de 2009, a GE fechou em $5,58, fazendo o investidor azarado que comprou a GE a $29 perder 80% do seu investimento. É claro que você não encontrará essas pessoas em coquetéis, pois elas se mantêm silenciosas a respeito, ou não são convidadas.

Uma grande parte das negociações na NYSE e na Nasdaq é de ações ordinárias, mas outros títulos também são transacionados, incluindo as ações preferenciais, abordadas no Capítulo 14, e as opções de compra de longo prazo (*warrants*), abordadas no Capítulo 21. Os investidores podem escolher também entre centenas de ETFs (*exchange-traded funds*) ou fundos de índices, que são carteiras de ações passíveis de ser negociadas em uma única transação. Com poucas exceções, ETFs não são geridos ativamente. Muitos visam simplesmente espelhar um índice bem conhecido de mercado, como o Dow Jones Industrial Average ou o S&P 500. Já outros, rastreiam *commodities* ou indústrias específicas. (Examinamos os ETFs mais plenamente no Capítulo 14) Você pode comprar também ações em fundos mútuos fechados[4] que investem em portfólios de títulos. Tais fundos incluem os fundos nacionais, por exemplo, os fundos do México e do Chile, que investem em portfólios de ações em países específicos. Ao contrário dos ETFs, a maioria dos fundos fechados é gerida ativamente e visa "bater o mercado".

4.2 Como as ações são avaliadas

Calcular o valor da ação da GE pode parecer um problema simples. A cada trimestre, a empresa publica um balanço patrimonial que lista os valores de seus ativos e passivos. No fim de setembro de 2014, o *valor contábil* de todos os ativos da empresa – fábricas e maquinário, estoques de materiais, dinheiro no banco etc. – era de $650 bilhões, e o seu passivo – dinheiro devido aos

---

[3] O Yahoo! Finance oferece informações e estatísticas extensivas sobre empresas comercializadas, incluindo resumos de previsões de analistas. Você pode clicar, por exemplo, em "Key Statistics" ou em "Analyst Estimates" sob "More on GE".

[4] Os fundos mútuos *fechados* emitem ações que são negociadas nas bolsas de valores, mas os fundos mútuos *abertos* não. Os investidores nesses fundos transacionam diretamente com o fundo, o qual emite novas ações aos investidores e resgata ações de investidores que queiram fazer retiradas de dinheiro do fundo.

bancos, impostos a pagar e itens afins – totalizavam $515 bilhões. A diferença entre os valores do ativo e do passivo era de $135 bilhões, e isso constituía o valor contábil do patrimônio líquido da organização.

O valor contábil é um número definido de maneira tranquilizadora. A cada ano, a KPMG, uma das maiores empresas norte-americanas de assessoria contábil, dá seu parecer atestando que os demonstrativos financeiros da GE são consistentemente honestos sobre todas as questões de sua posição financeira, em conformidade com os princípios contábeis geralmente aceitos (*generally accepted accounting principles* – geralmente conhecidos como GAAP). No entanto, o valor contábil dos ativos da GE mede apenas seus custos originais (ou "históricos") e subtrai uma dedução em razão da depreciação, o que pode não ser uma boa orientação para determinar o valor atual dos ativos. Poderíamos discorrer longamente sobre as deficiências do valor contábil como uma medida do valor de mercado. Os valores contábeis representam custos históricos que não incorporam a inflação. (Países com inflação alta ou volátil, porém, costumam exigir valores contábeis ajustados pela inflação.) Valores contábeis geralmente excluem ativos intangíveis como marcas registradas e patentes. Além disso, os contadores simplesmente somam os valores contábeis dos ativos individuais, e, assim, não capturam o *valor vigente relevante*. O valor vigente relevante é criado quando uma coleção de ativos é organizada na forma de um empreendimento operacionalmente saudável.

Ainda assim, os valores contábeis podem ser úteis se usados como *benchmark*. Quando um analista financeiro afirma: "A Holstein Oil é vendida a duas vezes o valor contábil", ele está dizendo que a Holstein dobrou os investimentos passados de seus investidores na empresa.

Os valores contábeis também podem ser úteis para sugerir o *valor de liquidação*. Este valor é aquilo que os investidores obtêm quando uma empresa falida é fechada e seus ativos são todos vendidos. Os valores contábeis de ativos "palpáveis" como terrenos, prédios, veículos e maquinário podem indicar possíveis valores de liquidação.

Os ativos intangíveis, porém, podem ser importantes até mesmo em liquidações. A Eatsman Kodak oferece um bom exemplo recente. A Kodak, cujas ações figuravam entre as 50 de maior crescimento nos anos 60, sofreu um longo declínio e acabou declarando falência em janeiro de 2012. Qual foi o seu ativo mais valorizado na falência? A sua carteira de patentes, que foi colocada à venda. O valor presente das patentes foi estimado, talvez com excesso de otimismo, em $3 bilhões.

Avaliação por comparabilidade

Quando os analistas financeiros precisam calcular o valor de uma empresa, geralmente começam identificando uma amostra de empresas similares como potenciais *comparáveis*. Em seguida, examinam o quanto os investidores da empresa estão preparados a pagar por dólar de rendimentos ou ativos contábeis. Eles calculam quanto a empresa valeria se fosse comercializada a índices comparáveis de preço/lucro ou preço/valor contábil. Essa abordagem de valorização é chamada de *avaliação por comparabilidade*.

O Quadro 4.1 experimenta esse método de avaliação para quatro empresas e setores.[5] Vamos começar pela Dow Chemical. Em dezembro de 2014, as ações da Dow eram comercializadas a $42,71. Os lucros por ação (LPA) para os 12 meses anteriores eram de $3,05, considerando-se um índice P/L de 14,0. O índice de valor de mercado/valor contábil da Dow (preço dividido pelo valor contábil por ação) era P/C = 2,3.

P/Ls e P/Cs referentes a diversos concorrentes da Dow são apresentados no lado direito do quadro. Repare que o P/L da Dow geralmente é mais alto do que o P/L dessas comparáveis. Se você não conhecesse o preço das ações da Dow, poderia obter uma estimativa multiplicando o LPA pelo P/L médio das comparáveis. A estimativa seria um tanto baixa (a 3,05 × 12,6 = $38,43), mas ainda assim útil. Por outro lado, o P/C da Dow é bem mais baixo que o das comparáveis. Caso você usasse os índices de preço/contábil dessas empresas para avaliar a Dow, obteria um valor substancialmente *superestimado* para o preço real da Dow.

---

[5] Tome cuidado extra ao extrair médias de P/Ls. Fique atento a empresas com lucros próximos a zero ou negativos. Uma empresa com lucro zero e, portanto, P/L infinito torna qualquer média sem sentido. Muitas vezes é mais fácil usar P/Ls medianos do que médios.

QUADRO 4.1 Preço das ações, preço/lucro (P/L) e valor de mercado/contábil (P/C) em dezembro de 2014. Empresas selecionadas são comparadas a potenciais comparáveis

Empresa	Preço da ação	P/L	P/C	Comparável	P/L	P/C
Dow (produtos químicos)	$42,71	14,0	2,3	BASF	12,6	2,3
				Celanese	6,4	3,0
				Dupont	20,5	4,0
				Eastman Chemical	10,1	2,7
				PPG	13,4	4,9
				Média	12,6	3,4
Union Pacific (ferrovias)	$112	20,7	4,6	Canadian Pacific	33,2	4,9
				CSX	18,7	3,1
				Kansas City Southern	25,9	3,4
				Norfolk Southern	16,0	2,5
				Média	23,5	3,5
Johnson & Johnson (produtos farmacêuticos e de saúde)	$103	17,0	3,8	Astra Zeneca	85,3	4,3
				Covidien	27,3	4,5
				Merck	30,9	3,6
				Novartis	21,1	3,1
				Pfizer	18,9	2,5
				Média	24,6	3,6
Devon Energy (petróleo e gás)	$54	10,0	1,0	Anadarko	n/d	1,8
				Chesapeake Energy	21,5	0,9
				Encana	3,1	0,9
				EOG	15,3	2,6
				Laredo Petroleum	8,3	0,8
				Média	12,1	1,4

Examine agora o caso da Union Pacific e de suas comparáveis no Quadro 4.1. Aqui, os índices P/C das comparáveis são menores que o da Union Pacific (uma média de 3,5 *versus* 4,6). Já o P/L médio das comparáveis é um pouco mais alto (23,5 *versus* 20,7). Sendo assim, a avaliação por comparabilidade não produziria o preço correto para a Union Pacific, mas chegaria perto.

Você obteria um noção bastante aproximada para o valor da Johnson & Johnson caso examinasse os índices de preço/contábil de suas comparáveis, mas a ampla gama de índices P/L lhe daria uma dica de que esses índices podem representar um *benchmark* traiçoeiro no setor farmacêutico. O mais recomendável, sem dúvida, seria descartar os pontos fora da curva, como o índice P/L da Astra Zeneca.

Os índices da Devon Energy ilustram as dificuldades potenciais da avaliação por comparabilidade. Os índices P/L variam entre 3,1 para a Encana até 21,5 para a Chesapeake Energy. A Anadarko, que estava operando no vermelho em 2014, nem sequer apresentava um índice P/L.

Tais dificuldades, não invalidam o uso de comparáveis para avaliar empresas. Talvez o Quadro 4.1 não mostre as empresas mais intimamente comparáveis. Um gestor ou analista financeiro teria de escavar mais fundo para compreender o ramo de atuação da Devon e seus concorrentes.

Ademais, o método poderia funcionar melhor com índices diferentes.[6] Os índices P/L, por exemplo, são quase inúteis como guia do valor de novas empresas *start-up*, a maioria das quais não apresenta lucro algum a ser comparado.

É claro que os investidores não precisam de avaliação por comparabilidade para estimar o valor da Devon Energy ou de outras empresa no Quadro 4.1. São todas empresas de capital aberto com ações comercializadas ativamente. Mas você pode achar útil a avaliação por comparabilidade quando não dispõe dos preços das ações. Em junho de 2013, por exemplo, a Hess, uma empresa de capital fechado, anunciou que aceitaria ofertas pelos seus ativos de petróleo e gás na Ásia. Estimativas preliminares estipularam o seu valor em $2 bilhões. Muito provavelmente, a Hess e seus conselheiros deviam estar mergulhados em pesquisas tentando identificar as melhores comparáveis para seu empreendimento asiático e conferindo qual seria seu valor se fosse comercializado aos índices P/L e P/C das comparáveis.

Mas a Hess precisaria ser muito cautelosa. Conforme o Quadro 4.1 mostra, esses índices podem apresentar uma enorme variação, inclusive dentro do mesmo setor. Para entender por que isso ocorre, precisamos examinar com mais cuidado o que determina o valor de mercado de uma ação. Começaremos vinculando preços de ações aos fluxos de caixa que os acionistas recebem da empresa em forma de dividendos. Isso nos levará até o modelo de fluxo de caixa descontado (FCD) dos preços das ações.

Os preços das ações e os dividendos

Nem todas as empresas pagam dividendos. Empresas em crescimento acelerado geralmente reinvestem seus lucros, em vez de distribuí-los entre os acionistas. Porém, a maioria das empresas maduras e lucrativas paga dividendos regulares.

Relembre o Capítulo 3, onde explicamos como o valor das obrigações é apreciado. O valor de mercado de uma obrigação equivale ao valor presente (VP) descontado dos fluxos de caixa (pagamentos de juros e principal) que a obrigação renderá durante sua vida útil. Vamos importar e aplicar essa ideia a ações ordinárias. Os fluxos de caixa futuros ao detentor de uma ação ordinária são os dividendos futuros por ação que a empresa distribuirá. Sendo assim, a lógica do fluxo de caixa descontado sugere que:

$$VP(\text{ação}) = VP(\text{dividendos futuros esperados por ação})$$

À primeira vista, essa afirmação pode parecer surpreendente. Os investidores esperam ganhos de capital bem como dividendos. Ou seja, eles esperam vender suas ações por mais do que pagaram por elas. Por que o VP de uma ação não depende dos ganhos de capital? Como explicaremos a seguir, não existe inconsistência alguma nisso.

O preço atual Quando você possui uma ação ordinária, a sua remuneração vem de duas formas: (1) dividendos em dinheiro e (2) ganhos ou perdas de capital. Suponha que o preço corrente de uma ação seja P_0, que o preço esperado ao fim de um ano seja P_1 e que o dividendo esperado por ação seja DIV_1. A taxa de retorno que os investidores esperam dessa ação no final do ano seguinte é definida como o dividendo esperado por ação, DIV_1, adicionado do ganho de capital esperado por ação, $P_1 - P_0$, divididos pelo preço da ação no princípio do ano P_0:

$$\text{Rentabilidade esperada} = r = \frac{DIV_1 + P_1 - P_0}{P_0}$$

Suponha que as ações da Fledgling Electronics sejam vendidas a $100 cada ($P_0 = 100$). Os investidores preveem, para o ano seguinte, um dividendo em dinheiro de $5 ($DIV_1 = 5$) e esperam

---

[6] Analistas financeiros usam muitas vezes índices de LAJIR (lucros antes de juros e impostos sobre rendimentos) ou LAJIRDA (lucros antes de juros e impostos sobre rendimentos mais depreciações e amortizações) para estimar o valor de empresas (a soma das dívidas circulantes e a capitalização de mercado do patrimônio). Os índices de LAJIR e LAJIRDA são menos sensíveis do que os índices P/L para diferenças de financiamento. No Capítulo 19, abordamos a estimativa de valor quando o financiamento provém de uma mescla de dívidas e capital próprio. Analisamos outros índices no Capítulo 28.

também que as ações sejam vendidas no ano seguinte a $110 ($P_1 = 110$). Assim, para os acionistas o retorno esperado é de 15%:

$$r = \frac{5 + 110 - 100}{100} = 0{,}15 \text{ ou } 15\%$$

Por sua vez, se o acionista conhecer as previsões dos investidores acerca dos dividendos e dos preços, bem como o retorno esperado oferecido por outras ações de risco equivalente, ele poderá prever o preço atual:

$$\text{Preço} = P_0 = \frac{\text{DIV}_1 + P_1}{1 + r}$$

Para a Fledgling Electronics, $\text{DIV}_1 = 5$ e $P_1 = 110$. Se r, o retorno esperado para a empresa, é de 15%, então o preço atual deveria ser $100:

$$P_0 = \frac{5 + 110}{1{,}15} = \$100$$

O que é exatamente a taxa de desconto, r, nesse cálculo? Ela é denominada **taxa de capitalização de mercado** ou **custo de capital próprio**, que são apenas nomes alternativos para o custo de oportunidade do capital, definido como a taxa esperada em outros títulos com os mesmos riscos que as ações da Fledgling.

Muitas ações são mais seguras do que as da Fledgling, e tantas outras mais arriscadas. Mas, entre as milhares de ações negociadas, haverá um grupo com essencialmente os mesmos riscos. Denomine esse grupo de *classe de risco* da Fledgling. Consequentemente, todas as ações dessa classe de risco têm de ser avaliadas de modo a oferecer a mesma taxa esperada de retorno.

Vamos supor que todos os outros títulos na classe de risco da Fledgling ofereçam o mesmo retorno esperado de 15%. De fato, esse é o único preço possível. O que aconteceria se o preço das ações da Fledgling fosse superior a $P_0 = 100$? Nesse caso, os investidores aplicariam o seu capital em outros títulos, provocando a queda do preço das ações da Fledgling. Se P_0 fosse inferior a $100, o processo se inverteria. Os investidores não hesitariam em comprar, provocando, assim, o aumento do preço para $100. Portanto, em cada momento, *todos os títulos de risco equivalente são avaliados para oferecer o mesmo retorno esperado*. Essa é uma condição para o equilíbrio dos mercados de capitais que funcionam bem e, também, uma questão de bom senso.

O que determina o preço do ano seguinte? Tentamos explicar o preço atual, P_0, em termos do dividendo DIV_1, e do preço esperado para o ano seguinte P_1. Os preços futuros das ações não são fáceis de serem previstos diretamente. Mas reflita sobre o que determina o preço no ano seguinte. Se a nossa fórmula para calcular o preço for válida agora, também terá de sê-lo depois:

$$P_1 = \frac{\text{DIV}_2 + P_2}{1 + r}$$

Ou seja, no próximo ano os investidores terão em conta os lucros do ano 2, bem como o preço no final do ano 2. Assim, podemos considerar P_1 por meio da previsão de DIV_2 e de P_2, e podemos expressar P_0 em termos de DIV_1, DIV_2 e P_2:

$$P_0 = \frac{1}{1+r}(\text{DIV}_1 + P_1) = \frac{1}{1+r}\left(\text{DIV}_1 + \frac{\text{DIV}_2 + P_2}{1+r}\right) = \frac{\text{DIV}_1}{1+r} + \frac{\text{DIV}_2 + P_2}{(1+r)^2}$$

Considere o exemplo da Fledgling Electronics. Uma razão plausível para que os investidores prevejam um aumento do preço das suas ações no final do primeiro ano é esperarem dividendos mais elevados, bem como mais ganhos de capital no segundo ano. Por exemplo, suponha que esperem hoje lucros de $5,50 no ano 2, e um preço subsequente de $121. Isso implica, no final do ano 1, um preço de:

$$P_1 = \frac{5{,}50 + 121}{1{,}15} = \$110$$

O preço atual pode então ser calculado também a partir da mesma fórmula original:

$$P_0 = \frac{\text{DIV}_1 + P_1}{1 + r} = \frac{5{,}00 + 110}{1{,}15} = \$100$$

ou a partir da nossa fórmula desenvolvida:

$$P_0 = \frac{\text{DIV}_1}{1 + r} + \frac{\text{DIV}_2 + P_2}{(1 + r)^2} = \frac{5{,}00}{1{,}15} + \frac{5{,}50 + 121}{(1{,}15)^2} = \$100$$

Conseguimos relacionar o preço corrente com os dividendos previstos para dois anos (DIV_1 e DIV_2) mais o preço previsto para o final do *segundo* ano (P_2). Você não se surpreenderá se verificar que podemos continuar a substituir P_2 por $(\text{DIV}_3 + P_3)/(1 + r)$ e relacionar o preço atual com os dividendos previstos para três anos (DIV_1, DIV_2 e DIV_3), mais o preço previsto para o final do *terceiro* ano (P_3). Na verdade, podemos continuar fazendo as previsões tão distantes quanto quisermos, alterando os valores P como fizemos até agora. Chamemos H a esse período final. Obtemos, assim, uma fórmula geral para o preço das ações:

$$P_0 = \frac{\text{DIV}_1}{1 + r} + \frac{\text{DIV}_2}{(1 + r)^2} + \cdots + \frac{\text{DIV}_H + P_H}{(1 + r)^H}$$

$$= \sum_{t=1}^{H} \frac{\text{DIV}_t}{(1 + r)^t} + \frac{P_H}{(1 + r)^H}$$

A expressão $\sum_{t=1}^{H}$ indica a soma dos dividendos descontados desde o ano 1 até o ano H.

O Quadro 4.2 continua com o exemplo da Fledgling Electronics para vários horizontes de tempo, supondo que os lucros aumentarão a uma taxa composta constante de 10%. O preço esperado, P_t, aumenta em cada ano à mesma taxa. Cada linha do quadro representa uma aplicação da nossa fórmula geral para um valor diferente de H. A Figura 4.1 é um gráfico do quadro. Cada coluna mostra o valor presente dos dividendos até o final do horizonte de tempo e o valor presente do preço no horizonte. À medida que o horizonte de tempo se aproxima do fim, a série de dividendos representa uma proporção crescente do valor presente, porém, o valor presente *total* dos dividendos mais o preço final é sempre igual a $100.

QUADRO 4.2 Aplicação da fórmula de avaliação de ações à Fledgling Electronics

	Valores futuros esperados		Valores presentes		
Horizonte de tempo (*H*)	Lucros (dividendos) (DIV_t)	Preço (P_t)	Lcros (dividendos) cumulativos	Preço futuro	Total
0	–	100	–	–	100
1	5,00	110	4,35	95,65	100
2	5,50	121	8,51	91,49	100
3	6,05	133,10	12,48	87,52	100
4	6,66	146,41	16,29	83,71	100
10	11,79	259,37	35,89	64,11	100
20	30,58	672,75	58,89	41,11	100
50	533,59	11.739,09	89,17	10,83	100
100	62.639,15	1.378.061,23	98,83	1,17	100

Pressupostos:
1. Os dividendos aumentam à taxa de 10% ao ano em regime de juros compostos.
2. A taxa de capitalização é de 15%.

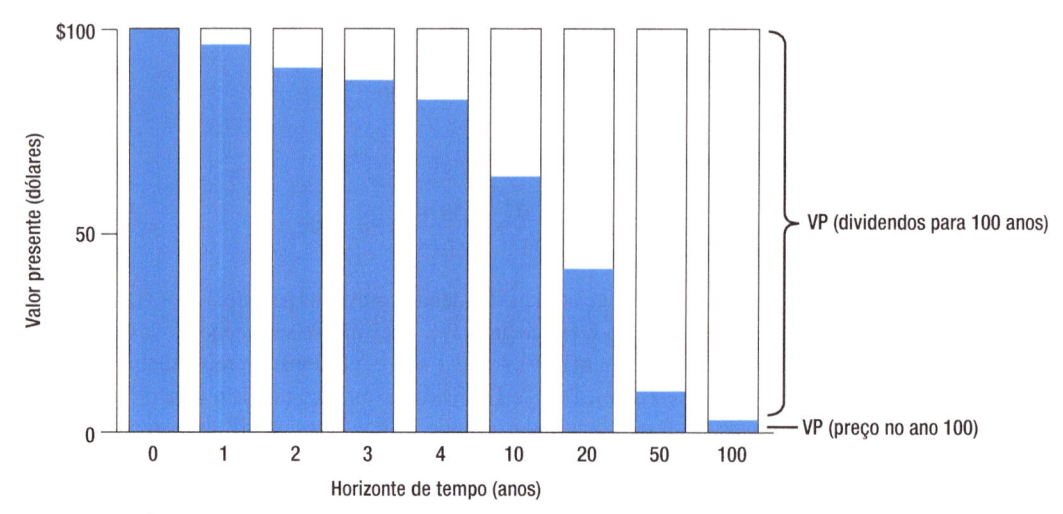

▶ **FIGURA 4.1** À medida que o horizonte de tempo se aproxima do fim, o valor presente do preço futuro (área escura) diminui, mas o valor presente da série de dividendos (área clara) aumenta. O valor presente total (preço e lucros futuros) mantém-se.

Até onde se pode chegar? Em princípio, o período H do horizonte de tempo poderia ser infinitamente distante. As ações não se extinguem com a idade. Excetuando casos excepcionais, como falência ou aquisição, as ações são perpétuas. À medida que H se aproxima do infinito, o valor presente do preço final deve se aproximar de zero, como acontece na última coluna da Figura 4.1. Podemos, por conseguinte, ignorar totalmente o preço final e determinar o preço atual como o valor presente de uma série perpétua de dividendos em dinheiro. Isso se expressa normalmente assim:

$$P_0 = \sum_{t=1}^{\infty} \frac{\text{DIV}_t}{(1+r)^t}$$

onde o símbolo ∞ é utilizado para representar o infinito. Essa fórmula é o **FCD** ou **modelo de desconto de dividendos** de preços de ações. Trata-se de outra fórmula do valor presente.[7] Descontamos os fluxos de caixa – nesse caso, a série de dividendos – por meio do retorno que pode ser obtido no mercado de capitais sobre títulos de risco equivalente. Alguns consideram a fórmula FCD inadequada, pois parece ignorar os ganhos de capital, mas sabemos que a fórmula *deriva* do pressuposto segundo o qual, em qualquer período, o preço é determinado pelos dividendos esperados *e* pelos ganhos de capital do período seguinte.

Repare que *não* é correto dizer que o valor de uma ação é igual à série descontada de *lucros* por ação. Os lucros são geralmente maiores do que os dividendos, porque parte desses é reinvestida em novas fábricas, equipamentos e capital de giro. O desconto dos lucros deveria considerar as recompensas daquele investimento (lucros e dividendos *futuros* mais elevados), mas não o sacrifício (um dividendo mais baixo *hoje*). A formulação correta afirma que o valor de uma ação é igual à série descontada dos dividendos por ação. O preço da ação está vinculado a lucros futuros por ação, mas via uma fórmula diferente, que abordaremos mais adiante neste capítulo.

Embora empresas maduras costumem pagar dividendos, milhares de empresas não o fazem. A Amazon, por exemplo, jamais pagou dividendos, e ainda assim é uma empresa bem-sucedida com uma capitalização de mercado em dezembro de 2014 de $137 bilhões. Por que uma empresa bem-sucedida decide *não* distribuir dividendos a seus investidores? Há pelo menos dois motivos. Primeiro, uma empresa em crescimento pode maximizar valor reinvestindo todos os seus lucros,

---

[7] Observe que essa fórmula do FCD utiliza uma única taxa de desconto para todos os fluxos de caixa futuros. Isso implicitamente supõe que a empresa é financiada integralmente por capital próprio ou que as frações de dívidas e de capital próprio manter-se-ão constantes. Nos Capítulos 17 a 19, analisamos como o custo do capital próprio varia quando os índices de endividamento se alteram.

em vez de distribui-los como remuneração. Essa política é preferível para os acionistas, contanto que os investimentos ofereçam uma taxa esperada de retorno maior do que aquela que os acionistas obteriam investindo por conta própria. Em outras palavras, o valor aos acionistas é maximizado quando a empresa investe em projetos capazes de lucrarem mais do que o custo de oportunidade do capital. Se tais projetos forem abundantes, os acionistas estarão preparados para abdicar de dividendos imediatos. Ficarão felizes em esperar e receber dividendos diferidos.[8]

O modelo de desconto de dividendos ainda é logicamente correto para empresas em franco crescimento, mas de difícil aplicação quando a distribuição de dividendos está programada para o futuro distante. Neste caso, a maioria dos analistas adota a avaliação por comparáveis ou fórmulas baseadas em lucros, que abordaremos na Seção 4.4.

Em segundo lugar, uma empresa pode remunerar seus acionistas não na forma de dividendos, e sim recomprando as ações detidas por eles. Analisaremos a escolha entre dividendos e recompras no Capítulo 16, onde explicamos também por que as recompras não invalidam o modelo de desconto de dividendos.[9]

Todavia, o modelo de desconto de dividendos pode ser difícil de aplicar se as recompras forem irregulares e imprevisíveis. Nesses casos, pode ser melhor começar pelo cálculo do valor presente do fluxo de caixa total disponível para dividendos e recompras. O desconto do fluxo de caixa livre produz o valor presente da empresa como um todo. E ao dividir-se esse resultado pelo número de ações em circulação, obtém-se o valor presente por ação. Abordaremos esse método de atribuição de valor na Seção 4.5.

A próxima seção examina versões simplificadas do modelo de desconto de dividendos.

4.3 Estimativa do custo do capital próprio

No Capítulo 2, encontramos algumas versões simplificadas da fórmula básica do valor presente. Vejamos se oferecem alguma maneira de compreendermos o valor das ações. Suponha, por exemplo, que previmos uma taxa de crescimento constante para os dividendos de uma empresa, o que não exclui os desvios anuais dessa tendência: significa apenas que os lucros *esperados* crescem a uma taxa constante. Esse investimento é mais um exemplo de uma renda em perpetuidade crescente que avaliamos no Capítulo 2. Para determinar o seu valor presente, temos que dividir o pagamento anual do primeiro ano pela diferença entre a taxa de desconto e a taxa de crescimento:

$$P_0 = \frac{DIV_1}{r - g}$$

Lembre-se de que apenas podemos utilizar essa fórmula quando g, a taxa de crescimento antecipada, é menor do que r, a taxa de desconto. À medida que g se aproxima de r, o preço das ações aproxima-se do infinito. Obviamente, r tem que ser superior a g, se o crescimento for realmente vitalício.

A nossa fórmula com lucros crescentes expressa P_0 em termos do dividendo DIV_1, esperado para o próximo ano, da tendência de crescimento projetada, g, e da taxa de retorno esperada de outros títulos com risco equivalente, r. Por outro lado, a fórmula pode ser invertida para obter uma estimativa de r a partir de DIV_1, P_0 e g:

$$r = \frac{DIV_1}{P_0} + g$$

---
[8] A remuneração diferida pode vir toda de uma só vez se a empresa for adquirida por outra. O preço de venda por ação é equivalente a esse dividendo farto e único.

[9] Observe que derivamos o modelo do desconto de dividendos usando *dividendos por ação*. A remuneração dos acionistas mediante recompras, em vez de dividendos, reduz o número de ações em circulação e aumenta os lucros futuros e dividendos por ação. Quanto mais ações forem recompradas, mais rápido aumentarão os lucros e dividendos por ação. Por isso, as recompras de ações beneficiam tanto os acionistas que não as vendem quanto os que as vendem. Mostraremos alguns exemplos no Capítulo 16.

A taxa de retorno esperada é igual à **taxa de retorno por dividendos** (DIV_1/P_0), acrescida da taxa de crescimento esperada dos lucros (g).

Essas duas fórmulas são mais fáceis de ser empregadas do que o princípio geral segundo o qual "o preço é igual ao valor presente dos dividendos futuros esperados".[10] Eis um exemplo prático.

Utilização do modelo de FCD para a fixação dos preços do gás e da eletricidade

Nos Estados Unidos, os preços cobrados pelas empresas de serviços públicos de gás e energia são controlados por agências reguladoras. Os agentes reguladores tentam manter os preços baixos para os consumidores, porém, supostamente, devem fazer que os serviços obtenham uma taxa justa de retorno. Mas o que significa uma taxa "justa"? Ela geralmente é interpretada por r, a taxa de capitalização de mercado para as ações da empresa. Em outras palavras, a taxa de retorno justa do capital próprio de uma empresa de serviços públicos tem de ser o custo do capital próprio, ou seja, a taxa oferecida pelos títulos que possuem um risco semelhante ao das ações dessas empresas.[11]

As pequenas variações nas estimativas desse retorno poderão ter efeitos significativos nos preços cobrados aos consumidores e nos lucros da empresa. Portanto, tanto empresas quanto agentes reguladores trabalham com empenho para estimar precisamente o custo do capital próprio. Eles notaram que, em sua maioria, as empresas de serviços públicos são "maduras" e estáveis, pagando dividendos regulares. Tais empresas devem ser perfeitas para a aplicação da fórmula de FCD de crescimento constante.

Suponha que você pretendesse estimar o custo do capital próprio da Northwest Natural Gas, uma empresa local distribuidora de gás natural. Suas ações eram vendidas por $49,43 cada, no início de 2015. Esperamos que os pagamentos de dividendos para o ano seguinte sejam de $2,00 por ação. Desse modo, bastaria simplesmente calcular a primeira metade da fórmula de FCD:

$$\text{Taxa de retorno dos dividendos} = \frac{DIV_1}{P_0} = \frac{2,00}{49,43} = 0,041 \text{ ou } 4,1\%$$

A parte mais difícil seria estimar g, a taxa esperada de crescimento dos lucros. Uma solução seria consultar os pareceres de analistas financeiros que estudam as perspectivas de cada empresa. Os analistas raramente estão dispostos a prever o montante de lucros a serem distribuídos, mas preveem, muitas vezes, taxas de crescimento para os cinco anos seguintes, e essas estimativas podem fornecer uma indicação da trajetória de crescimento de longo prazo esperado. No caso da Northwest, os analistas em 2015 previram um crescimento anual de 7,7%.[12] Essa taxa de crescimento, somada à taxa de retorno dos dividendos, possibilitou uma estimativa do custo do capital próprio:

$$r = \frac{DIV_1}{P_0} + g = 0,041 + 0,077 = 0,118 \text{ ou } 11,8\%$$

Uma abordagem alternativa para estimar o crescimento de longo prazo parte do **índice de distribuição de dividendos**, o índice dividendos/lucros por ação (LPA). Para a Northwest, a média desse índice ficou em cerca de 60%. Em outras palavras, todos os anos a empresa reinveste em si mesma cerca de 40% dos lucros por ação:

$$\text{Índice de retenção} = 1 - \text{índice de distribuição de dividendos} = 1 - \frac{DIV}{LPA} = 1 - 0,60 = 0,40$$

---

[10] Essas fórmulas foram inicialmente desenvolvidas em 1938 por Williams e foram redescobertas por Gordon e Shapiro. Veja J. B. Williams, *The Theory of Investment Value* (Cambridge, MA: Harvard University Press, 1938); e M. J. Gordon and E. Shapiro, "Capital Equipment Analysis: The Required Rate of Profit," *Management Science* 3 (October 1956), pp. 102-110.

[11] Essa é a interpretação da diretriz de 1944 do Supremo Tribunal dos Estados Unidos: "O retorno dos capitais próprios [de uma atividade regulamentada] deve equiparar-se ao retorno dos investimentos de outras empresas com um risco equivalente" (*Federal Power Commission v. Hope Natural Gas Company*, 302 U. S. 591 a 603.)

[12] Nesse cálculo, consideramos que os lucros e os dividendos crescem em perpetuidade à mesma taxa g. A taxa de crescimento baseou-se nas previsões de lucros médios feitas pela Value Line e pela Ibes. A primeira publica as previsões feitas por seus próprios analistas e a segunda faz compilações e publica as previsões médias feitas por analistas de ações.

Além disso, o índice médio de lucros por ação em relação ao valor contábil por ação da Northwest é de cerca de 11%. Este é o **retorno do capital próprio**, ou **RCP**:

$$\text{Retorno dos capitais próprios} = \text{RCP} = \frac{\text{LPA}}{\text{valor contabilístico dos capitais por ação}} = 0{,}11$$

Se a empresa ganhar 11% do valor contábil do capital próprio e reinvestir 40% desse montante, então o valor contábil do capital aumentará em 0,40 × 0,11 = 0,044, ou 4,4%. Os lucros e os dividendos por ação também aumentarão cerca de 4,4%:

$$\text{Taxa de crescimento de dividendo} = g = \text{Índice de distribuição de dividendos} \times \text{RCP}$$
$$= 0{,}40 \times 0{,}11 = 0{,}044$$

Isso permite uma segunda estimativa da taxa de capitalização do mercado:

$$r = \frac{\text{DIV}_1}{P_0} + g = 0{,}041 + 0{,}044 = 0{,}085 \text{ ou } 8{,}5\%$$

Embora essas estimativas de custo do capital próprio da Northwest pareçam suficientemente aceitáveis, existem riscos óbvios ao se analisarem ações de qualquer empresa com base em regras práticas simples, como a fórmula de FCD de crescimento constante. Em primeiro lugar, o pressuposto implícito de um crescimento regular futuro é, na melhor das hipóteses, uma aproximação. Em segundo, e mesmo que seja aceitável, surgem erros inevitáveis no cálculo de g.

Lembre-se de que o custo do capital próprio da Northwest não é determinado internamente na empresa. Nos mercados de capitais que funcionam bem, os investidores capitalizam os dividendos de todos os títulos da mesma classe de risco que a Northwest exatamente à mesma taxa. Mas qualquer estimativa de r para uma simples ação está sujeita a interferências e a erro. A experiência nos diz que não se deve dar muita relevância a estimativas de custo do capital próprio de uma única empresa. São recolhidas amostras de empresas idênticas, faz-se uma estimativa r para cada uma delas e calcula-se a média, a qual dá uma informação mais confiável para a tomada de decisões.

QUADRO 4.3 Estimativas de custo de capital de empresas distribuidoras de gás no início de 2015. A taxa de crescimento de longo prazo baseia-se nas previsões de especialistas do mercado de ações. No modelo de FCD em várias fases, presume-se que o crescimento após cinco anos deve-se ajustar gradualmente às previsões da taxa de crescimento de longo prazo do Produto Interno Bruto (PIB)

Empresa	Preço da ação	Dividendo[a]	Taxa de dividendos	Taxa de crescimento de longo prazo	Custo de capital próprio baseado em FCD	Custo de capital próprio baseado em FCD de várias fases[b]
Atmos Energy Corp.	$55,01	$1,66	3,0%	6,1%	9,1%	7,8%
The Laclede Group Inc.	52,53	1,98	3,8	7,5	11,3	9,0
New Jersey Resources Corp.	59,97	1,87	3,1	4,0	7,1	7,0
NiSource Inc.	41,95	1,14	2,7	9,3	12,0	8,0
Northwest Natural Gas Co.	49,43	2,00	4,1	7,7	11,8	9,3
Piedmont Natural Gas Co.	38,91	1,33	3,4	3,8	7,2	7,8
South Jersey Industries Inc.	58,35	2,16	3,7	7,5	11,2	8,9
Southwest Gas Corp.	60,10	1,54	2,6	5,7	8,3	7,3
WGL Holdings Inc.	53,22	1,85	3,5	5,3	8,7	8,2
				Média:	8,9	8,2

[a] Dividendo previsto por ação para o próximo ano. Observe que a fórmula do FCD exige DIV_1, o dividendo pago na data 1.
[b] O crescimento a longo prazo previsto para o PIB era de 4,5%.
Fonte: The Brattle Group Inc.

A penúltima coluna do Quadro 4.3 fornece as estimativas do custo do capital próprio, segundo o método dos FCDs, para a Northwest e de mais sete empresas distribuidoras de gás. São todas empresas estáveis, em que a fórmula dos FCDs de crescimento constante deveria funcionar. Repare nas variações nas estimativas do custo dos capitais próprios. Algumas poderão ser o reflexo de diferenças no risco, mas outras são apenas aleatórias. A média da estimativa é 8,9%.

O valor de estimativas desse tipo depende das estimativas de longo prazo em que ele se baseia. Por exemplo, há vários estudos que revelam que os analistas de mercado de ações estão sujeitos a desvios comportamentais e que suas previsões tendem a ser demasiadamente otimistas. Se assim for, as estimativas com base em FCDs do custo do capital próprio devem ser consideradas elevadas em relação aos valores reais.

Perigos ocultos nas fórmulas de crescimento constante

Essa fórmula simples do crescimento constante do FCD é uma regra prática extremamente útil, mas não mais do que isso. A confiança cega nessa fórmula levou muitos analistas financeiros a conclusões ridículas.

Salientamos a dificuldade de estimar r por meio da análise de uma ação isolada. Tente utilizar uma grande amostra de títulos de risco equivalente. Mesmo essa metodologia pode não ter bom resultado, mas pelo menos o analista tem uma oportunidade de investigar, pois os erros inevitáveis na estimativa de r para um único título tendem a atenuar quando a amostra é grande.

Além disso, resista à tentação de aplicar a fórmula em empresas com elevadas taxas atuais de crescimento. Em geral, esse crescimento não se mantém indefinidamente, mas a fórmula do FCD de crescimento constante pressupõe que isso ocorra, e tal pressuposto errado leva a uma superavaliação de r.

Exemplo O Conselho de Transporte por Superfície (STB – Surface Transportation Board) dos Estados Unidos rastreia a "adequação de receitas" das ferrovias norte-americanas ao comparar seus retornos sobre o patrimônio contábil com o custo do capital próprio. Para estimar o custo do capital próprio, o STB tradicionalmente usava a fórmula do crescimento constante. O g era medido por previsões de analistas acionários quanto ao crescimento dos lucros a longo prazo. A fórmula assume que os lucros e os dividendos crescem a uma taxa constante e perpétua, mas as previsões dos analistas "a longo prazo" anteviam no máximo os cinco seguintes. Conforme a lucratividade das ferrovias aumentava, os analistas iam ficando cada vez mais otimistas. Em 2009, a média de suas previsões de crescimento foi de 12,5% ao ano. Como a remuneração média por dividendos foi de 2,6%, o modelo de crescimento constante estimou o custo de capital para o setor em $2,6 + 12,5 = 15,1\%$.

Isso levou o STB a se pronunciar: "Esperem um pouco: os lucros e dividendos ferroviários não podem crescer 12,5% para sempre. A fórmula do crescimento constante já não funciona para ferrovias. Precisamos encontrar um método mais preciso". Atualmente, o STB emprega o modelo de crescimento em dois estágios, que passamos a examinar agora.

Modelos FCD com dois estágios de crescimento Considere a Growth-Tech Inc., uma empresa com $DIV_1 = \$0,50$ e $P_0 = \$50$. Essa companhia reinvestiu 80% dos lucros e obteve um retorno dos capitais próprios (RCP) de 25%. Isso significa que, *no passado*:

Taxa de crescimento de dividendos = índice de retenção × RCP = $0,80 \times 0,25 = 0,20$

A tentação é supor que a taxa de crescimento de longo prazo (g) também seja igual a 0,20. Isso implicaria:

$$r = \frac{0,50}{50,00} + 0,20 = 0,21$$

Isso é ridículo. Nenhuma empresa pode continuar a crescer para sempre a um ritmo de 20% por ano, exceto e possivelmente em condições inflacionárias extremas. Eventualmente, o retorno cairá, e a empresa reagirá reduzindo o montante de investimentos.

QUADRO 4.4 Lucros e os dividendos previstos para a Growth-Tech. Repare nas alterações no ano 3: o RCP e os lucros diminuem, mas o índice de distribuição dos dividendos aumenta, o que provoca uma elevação significativa dos dividendos. Contudo, o subsequente crescimento dos lucros e dos dividendos diminui para 8% ao ano. Repare que o aumento dos capitais próprios é igual ao montante dos lucros não distribuídos como dividendos

	Ano			
	1	2	3	4
Valor contábil dos capitais próprios	10,00	12,00	14,40	15,55
Lucros por ação, LPA	2,50	3,00	2,30	2,48
Retorno dos capitais próprios, RCP	0,25	0,25	0,16	0,16
Índice de distribuição de dividendos	0,20	0,20	0,50	0,50
Dividendos por ação, DIV	0,50	0,60	1,15	1,24
Taxa de crescimento dos dividendos (%)	–	20	92	8

Na vida real, o retorno dos investimentos cai gradualmente ao longo do tempo, mas, para simplificarmos, vamos supor que tenha caído de repente para 16% no ano 3 e que a empresa reaja por meio do reinvestimento de apenas 50% dos lucros. Então, g baixa para $0,50 \times 0,16 = 0,08$.

O Quadro 4.4 mostra o que acontece. A Growth-Tech começa no ano 1 com ativos de $10,00 por ação. Ganha $2,50, distribui $0,50 como dividendos e reinveste $2. Assim, começa o ano 2 com $10 + $2 = $12. Um ano depois, com o mesmo RCP e a distribuição de dividendos, começa o ano com capitais próprios de $14,40. Contudo, o RCP baixa para 0,16, e a empresa ganha apenas $2,30. Os dividendos aumentam para $1,15, porque o índice de distribuição de lucros se eleva, mas a empresa tem apenas $1,15 para reinvestir. Assim, o crescimento subsequente dos lucros e dos dividendos cai para 8%.

Agora, podemos utilizar a nossa fórmula geral dos FCDs:

$$P_0 = \frac{DIV_1}{1+r} + \frac{DIV_2}{(1+r)^2} + \frac{DIV_3 + P_3}{(1+r)^3}$$

No ano 3, os investidores esperam que a Growth-Tech proporcione um crescimento anual dos dividendos de 8%. Aplicando a fórmula de crescimento constante para calcular P_3:

$$P_3 = \frac{DIV_4}{r - 0,08}$$

$$P_0 = \frac{DIV_1}{1+r} + \frac{DIV_2}{(1+r)^2} + \frac{DIV_3}{(1+r)^3} + \frac{1}{(1+r)^3} \times \frac{DIV_4}{r - 0,08}$$

$$= \frac{0,50}{1+r} + \frac{0,60}{(1+r)^2} + \frac{1,15}{(1+r)^3} + \frac{1}{(1+r)^3} \times \frac{1,24}{r - 0,08}$$

É necessário utilizarmos o método das aproximações sucessivas para encontrar o valor de r que faz com que P_0 seja igual a $50. Torna-se claro que a taxa r, implícita nessas previsões mais realistas, é aproximadamente de 0,099, o que representa uma grande diferença com relação à nossa estimativa de "crescimento constante" de 0,21.

Nossos cálculos de valor presente para a Growth-Tech usaram um modelo de FCD em *dois estágios*. No primeiro (anos 1 e 2), a empresa é altamente rentável (RCP = 25%) e reinveste 80% do lucros. Tanto o capital próprio contábil quanto os lucros e os dividendos crescem a 20% ao ano. No segundo estágio, começando no ano 3, a rentabilidade e o reinvestimento caem, e os lucros se estabelecem com uma taxa de crescimento de longo prazo de 8%. Os dividendos se elevam a $1,15 no ano 3 e, então, passam a crescer também a 8%.

As taxas de crescimento podem variar por muitas razões. Por vezes, o crescimento é alto no curto prazo, não porque a empresa foi especialmente lucrativa, mas sim porque está se recuperan-

QUADRO 4.5 Previsão dos lucros e dos dividendos da Phoenix Corp. A empresa pode começar a pagar e a aumentar os dividendos à medida que o retorno (RCP) se recupere. Repare que o aumento no valor contábil dos capitais próprios é igual ao montante dos lucros não pagos com dividendos

	Ano			
	1	2	3	4
Valor contábil dos capitais próprios no início do ano	10,00	10,40	10,82	11,25
Lucros por ação, LPA	0,40	0,73	1,08	1,12
Retorno dos capitais próprios, RCP	0,04	0,07	0,10	0,10
Dividendos por ação, DIV	0	0,31	0,65	0,67
Taxa de crescimento dos dividendos (%)	–	–	110	4

do de um episódio de *baixa* lucratividade. O Quadro 4.5 apresenta os lucros e os dividendos projetados da Phoenix Corp., que vem, aos poucos, recuperando sua saúde financeira depois de quase ter sido extinta. Os capitais próprios da empresa têm crescido a moderados 4%. O RCP no ano 1 é de apenas 4%, contudo a Phoenix tem de reinvestir todos os seus lucros, ficando sem dinheiro para dividendos. À medida que a lucratividade vai aumentando nos anos 2 e 3, pode ser pago um dividendo crescente. Por fim, começando no ano 4, a Phoenix alcança uma taxa de crescimento estável, em que o capital próprio, os lucros e os dividendos aumentam 4% ao ano.

Presuma que o custo de capital próprio seja de 10%. Então, cada uma das ações da Phoenix deve valer $9,13:

$$P_0 = \underbrace{\frac{0}{1,1} + \frac{0,31}{(1,1)^2} + \frac{0,65}{(1,1)^3}}_{\substack{\text{VP} \\ \text{(dividendos da primeira fase)}}} + \underbrace{\frac{1}{(1,1)^3} \times \frac{0,67}{(0,10 - 0,04)}}_{\substack{\text{VP} \\ \text{(dividendos da segunda fase)}}} = \$9,13$$

É possível optar por modelos de avaliação com três fases ou mais. Por exemplo, a coluna mais à direita do Quadro 4.3 apresenta estimativas do custo de capital baseadas em FDC em várias fases para as nossas empresas distribuidoras locais de gás e do setor ferroviário. Nesse caso, as taxas de crescimento de longo prazo apresentadas no quadro não continuam indefinidamente. Depois de cinco anos, a taxa de crescimento de cada uma das empresas ajusta-se gradualmente à previsão de crescimento de longo prazo do Produto Interno Bruto (PIB).

Temos que transmitir aqui dois avisos sobre as fórmulas do FCD para a avaliação de ações ou para a estimativa do custo de capitais próprios. Primeiro, quase sempre vale a pena conceber uma planilha de cálculo simples, como a do Quadro 4.4 ou a do Quadro 4.5, para se assegurar de que as projeções dos dividendos são consistentes com o lucro da empresa e com os investimentos requeridos. Segundo, seja cuidadoso na utilização de fórmulas de avaliação com base em FCD, para testar se o mercado avalia corretamente. o valor de uma ação. Se a sua estimativa de valor for diferente da avaliação do mercado é porque, provavelmente, você utilizou as previsões fracas dos dividendos. Lembre-se do que dissemos no início deste capítulo sobre maneiras fáceis de ganhar dinheiro no mercado de ações: não há nenhuma.

4.4 Relação entre o preço das ações e os lucros por ação

Os investidores distinguem as *ações de crescimento* das *ações de rendimento*. Parecem comprar ações de crescimento essencialmente na esperança de ter ganhos de capital, e estão mais interessados no crescimento futuro dos lucros do que nos dividendos do ano seguinte. Eles compram ações de rendimento basicamente por causa dos dividendos em dinheiro. Vejamos se essas diferenças fazem sentido.

Primeiro, imagine o caso de uma empresa que não tem nenhum tipo de crescimento. Não reinveste quaisquer lucros e limita-se a produzir um fluxo constante de dividendos. As ações seriam semelhantes às obrigações perpétuas descritas no Capítulo 2. Lembre-se de que o retorno de uma perpetuidade é igual ao fluxo anual de caixa dividido pelo valor presente. Assim, o retorno esperado da nossa ação seria igual aos dividendos anuais divididos pelo preço da ação (isto é, a taxa de dividendos). Uma vez que todos os lucros são distribuídos sob a forma de dividendos, o retorno esperado também é igual aos lucros por ação divididos pelo preço das ações (isto é, o índice lucro-preço por ação). Por exemplo, se o dividendo for de $10 por ação e o preço da ação for de $100, temos:[13]

Rentabilidade esperada início do dividendo = índice lucros-preço por ação

$$= \frac{DIV_1}{P_0} \quad = \frac{LPA_1}{P_0}$$

$$= \frac{10{,}00}{100} \quad = 0{,}10$$

O preço é igual a:

$$P_0 = \frac{DIV_1}{r} = \frac{LPA_1}{r} = \frac{10{,}00}{0{,}10} = 100$$

O retorno esperado para as empresas de *crescimento* pode também igualar o índice lucro-preço por ação. A questão essencial é saber se os lucros são reinvestidos para produzir um retorno igual à taxa de capitalização do mercado. Suponha, por exemplo, que a nossa monótona empresa tenha conhecimento de uma oportunidade para investir $10 por ação no ano seguinte. Isso significa que não haveria dividendos em $t = 1$. Contudo, a empresa espera que em cada ano subsequente o projeto proporcione $1 por ação, e que, consequentemente, os dividendos por ação aumentem para $11.

Vamos presumir que essa oportunidade de investimento comporta, mais ou menos, o mesmo risco que a atividade atual. Podemos, então, descontar os fluxos de caixa a 10% para obter o seu valor presente líquido no ano 1:

$$\text{Valor presente líquido por ação no ano} = -10 + \frac{1}{0{,}10} = 0$$

Consequentemente, a oportunidade de investimento não contribuirá para o valor da empresa, e o seu retorno previsto é igual ao custo de oportunidade do capital.

QUADRO 4.6 Efeito sobre o preço das ações resultante de um investimento adicional de $10 no ano 1 com diferentes taxas de retorno. Observe que o índice lucro-preço por ação superestima *r* quando o projeto tem um VPL negativo, e o subestima quando o projeto tem um VPL positivo

Taxa de retorno do projeto	Fluxos de caixa incrementais, *C*	VPL do projeto no ano 1[a]	Impacto do projeto sobre o preço das ações no ano 0[b]	Preço da ação no ano 0, P_0	LPA_1/P_0	*r*
0,05	$ 0,50	−$ 5,00	−$4,55	$ 95,45	0,105	0,10
0,10	1,00	0	0	100,00	0,10	0,10
0,15	1,50	+ 5,00	+ 4,55	104,55	0,096	0,10
0,20	2,00	+ 10,00	+ 9,09	109,09	0,092	0,10

[a] Custo do projeto é de $10,00 ($LPA_1$).VPL = −10 + C/r, onde r = 0,10.
[b] O VPL foi calculado no ano 1. Para calcular o impacto sobre P_0, descontar durante um ano a r = 0,10.

---

[13] Observe que usamos o LPA do próximo ano para os índices L/P e P/L. Assim, estamos usando P/L futuro, e não passado.

Que efeito terá a decisão de realização do projeto sobre o preço das ações da empresa? Nenhum, claro. A redução do valor provocada pela ausência de dividendos no ano 1 é exatamente compensada pelo aumento do valor resultante dos dividendos extraordinários nos anos posteriores. Por conseguinte, uma vez mais a taxa de capitalização do mercado é igual ao índice lucro-preço por ação:

$$r = \frac{\text{LPA}_1}{P_0} = \frac{10}{100} = 0,10$$

O Quadro 4.6 repete o nosso exemplo para diferentes pressupostos sobre os fluxos de caixa gerados pelo novo projeto. Observe que o índice lucro-preço por ação, medido em termos de LPA_1, (os lucros esperados para o ano seguinte), é igual à taxa de capitalização do mercado (r) *apenas* quando o VPL do novo projeto = 0. Esse aspecto é extremamente importante. Muitas vezes, os gestores tomam decisões financeiras equivocadas porque confundem os índices lucro--preço por ação com a taxa de capitalização do mercado.

Geralmente, consideramos o preço das ações como o valor capitalizado dos lucros médios sob uma política de crescimento nulo, mais o **valor presente das oportunidades de crescimento** (**VPOC**).

$$P_0 = \frac{\text{LPA}_1}{r} + \text{VPOC}$$

Assim, o índice lucro-preço por ação é igual a:

$$\frac{\text{LPA}}{P_0} = r\left(1 - \frac{\text{VPOC}}{P_0}\right)$$

O r será subestimado se o VPOC for positivo, e superestimado se o VPOC for negativo. O último caso é menos provável, uma vez que as empresas raramente são obrigadas a empreender projetos com valores presentes líquidos negativos.

Cálculo do valor presente das oportunidades de crescimento da Fledgling Electronics

No nosso último exemplo, esperava-se que os dividendos e os lucros crescessem; esse crescimento em nada contribuiu para o preço das ações. As ações eram, nesse caso, "de rendimento". Preste atenção para não igualar o desempenho da empresa com o crescimento dos lucros por ação. Uma empresa que reinveste lucros a uma taxa inferior à taxa de capitalização r do mercado pode aumentar os lucros, mas certamente reduzirá o valor da ação.

Voltemos agora às conhecidas ações de crescimento da Fledgling Electronics. Talvez você se lembre de que a taxa de capitalização do mercado da Fledgling, r, é de 15%. Espera-se que a empresa pague um dividendo de $5 no primeiro ano, prevendo-se depois um aumento indefinido dos dividendos de 10% ao ano. Podemos utilizar a fórmula simplificada do crescimento constante para determinar o preço da Fledgling:

$$P_0 = \frac{\text{DIV}_1}{r - g} = \frac{5}{0,15 - 0,10} = \$100$$

Suponha que a Fledgling tenha lucros por ação, LPA_1, de $8,33. O seu índice de distribuição dos dividendos é, então:

$$\text{Índice de distribuição dos dividendos} = \frac{\text{DIV}_1}{\text{LPA}_1} = \frac{5,00}{8,33} = 0,6$$

Em outras palavras, a empresa está reinvestindo 1 – 0,6, ou 40% dos lucros. Suponha também que o índice de retorno dos capitais próprios contábeis da Fledgling seja RCP = 0,25. Isso explica a taxa de crescimento de 10%:

$$\text{Taxa de crescimento} = g = \text{índice de retenção} \times \text{RCP} = 0,4 \times 0,25 = 0,10$$

O valor capitalizado dos lucros por ação da Fledgling, se esta tivesse uma política de crescimento nulo, seria:

$$\frac{\text{LPA}_1}{r} = \frac{8{,}33}{0{,}15} = \$55{,}56$$

Mas sabemos que o valor da ação da Fledgling é $100. A diferença de $44,44 deve ser o montante que os investidores estão pagando pelas oportunidades de crescimento. Vejamos se podemos explicar aquele número.

Todos os anos a Fledgling reinveste 40% dos seus lucros em novos ativos. No primeiro ano, a Fledgling investe $3,33 a uma taxa permanente de retorno dos capitais próprios de 25%. Assim, as disponibilidades geradas por esse investimento são de 0,25 × 3,33 × $0,83 por ano, a começar em $t = 2$. O valor presente líquido do investimento em $t = 1$ é:

$$\text{VPL}_1 = -3{,}33 + \frac{0{,}83}{0{,}15} = \$2{,}22$$

Tudo se mantém no ano 2, exceto que a Fledgling investirá $3,67, ou seja, mais 10% do que no ano 1 (lembre-se de que $g = 0{,}10$). Por conseguinte, em $t = 2$, faz-se um investimento cujo valor presente líquido é:

$$\text{VPL}_2 = -3{,}67 + \frac{0{,}83 \times 1{,}10}{0{,}15} = \$2{,}44$$

Assim, a remuneração dos acionistas da Fledgling Electronics pode ser representada como a soma de (1) uma série de lucros, que poderia ser distribuída como dividendos se a empresa não crescesse, e (2) um conjunto de "cupons", um para cada ano futuro, representando a oportunidade de realizar investimentos com um VPL positivo. Nós sabemos que o primeiro componente do valor da ação é:

$$\text{Valor presente da série regular de lucros} = \frac{\text{LPA}_1}{r} = \frac{8{,}33}{0{,}15} = \$55{,}56$$

O primeiro "cupom" vale $2,22 em $t = 1$, o segundo vale $2,22 × 1,10 = $2,44 em $t = 2$, o terceiro vale $2,44 × 1,10 = $2,69 em $t = 3$. Essas são as previsões dos valores monetários dos "cupons". Sabemos como avaliar um fluxo futuro de receitas que cresce à taxa de 10% ao ano: utilize a fórmula simplificada do FCD, substituindo os dividendos previstos pelos valores previstos dos "cupons":

$$\text{Valor presente das oportunidades de crescimento} = \text{VOPC} = \frac{\text{VPL}_1}{r - g} = \frac{2{,}22}{0{,}15 - 0{,}10} = \$44{,}44$$

Agora tudo confere:

$$\begin{aligned}
\text{Preço por ação} &= \text{valor presente do fluxo regular de lucros} \\
&\quad + \text{valor presente das oportunidades de crescimento} \\
&= \frac{\text{LPA}_1}{r} + \text{VPOC} \\
&= \$55{,}56 + \$44{,}44 \\
&= \$100
\end{aligned}$$

Por que as ações da Fledgling Electronics são de crescimento? Não é por aumentarem 10% ao ano. São ações de crescimento porque o valor presente líquido de seus investimentos futuros representa uma fração significativa (cerca de 44%) do preço das ações.

Hoje, o preço das ações reflete as expectativas dos investidores sobre a capacidade de gerar lucros com os ativos correntes e futuros da organização. Considere, por exemplo, a Google. A empresa jamais pagou dividendos. Ela injeta de volta todo o seu lucro em seus empreendimentos. Em dezembro de 2014, suas ações eram vendidas a $495 cada, com um P/L futuro de aproximadamente 19. O LPA previsto para 2014 era de $26,05.

Suponha que a Google apresentasse crescimento zero, e que o LPA futuro fosse esperado como constante em $26,05. Nesse caso, a Google poderia pagar um dividendo constante de $26,05 por ação. Se o custo do capital próprio for, digamos, de 10%, o valor de mercado seria VP = 26,05/0,10 = $260,50 por ação, $235 a menos que o preço atual de $495 por ação. Assim, parece que os investidores estavam valorizando as oportunidades futuras de investimento da Google em $235 por ação, quase metade do preço efetivo de cada ação. As ações da Google são de crescimento porque essa grande fração do seu valor de mercado provém do VPL esperado de seus investimentos futuros.

4.5 Avaliação de ações de empresas pelo fluxo de caixa descontado

Os investidores compram ou vendem rotineiramente cotas de ações ordinárias, e as empresas frequentemente compram ou vendem empresas inteiras ou participações importantes de empresas. Mencionamos, por exemplo, os planos da Hess de vender seus negócios de petróleo e gás na Ásia. Tanto a Hess quanto os potenciais compradores estavam fazendo seu melhor para estimar o valor desse empreendimento via fluxo de caixa descontado.

Os modelos FCD funcionam tão bem para empresas inteiras quanto para cotas de ações ordinárias. Não importa se você está prevendo dividendos por ação ou o fluxo de caixa livre total de uma organização, pois o valor sempre iguala os fluxos de caixa descontados futuros à taxa do custo de oportunidade do capital.

Avaliando a divisão de concatenadores

Há rumores de que a Establishment Industries está interessada na compra da divisão de manufatura de concatenadores de sua empresa. Por sua vez, sua empresa está disposta a vendê-la se puder obter o valor integral dessa atividade de rápido crescimento. O problema é descobrir qual é o seu valor presente.

O Quadro 4.7 fornece uma previsão do **fluxo de caixa livre** (FCL) para a divisão de concatenadores. O fluxo de caixa livre é o montante que uma empresa pode pagar aos investidores após saldar todos os investimentos necessários para o seu crescimento. Como veremos, esse fluxo pode ser negativo para operações com crescimento extremamente rápido.

O Quadro 4.7 é similar ao Quadro 4.4, que previa os lucros e os dividendos por ação para a Growth-Tech, baseado em premissas sobre os capitais próprios por ação, o retorno das ações e o

QUADRO 4.7 Previsões do fluxo de caixa livre (em $ milhões) para a Concatenator Manufacturing Division. A rápida expansão entre os anos 1 a 6 indica que o fluxo de caixa livre é negativo, pois o investimento adicional necessário supera os ganhos. O fluxo de caixa livre torna-se positivo quando o crescimento sofre uma desaceleração após o ano 6

	Ano									
	1	2	3	4	5	6	7	8	9	10
Valor do ativo, início do ano	**10,00**	11,20	12,54	14,05	15,31	16,69	18,19	19,29	20,44	21,67
Lucros	1,20	1,34	1,51	1,69	1,84	2,00	2,18	2,31	2,45	2,60
Investimento	1,20	1,34	1,51	1,26	1,38	1,50	1,09	1,16	1,23	1,30
Fluxo de caixa livre (FCL)	0,00	0,00	0,00	0,42	0,46	0,50	1,09	1,16	1,23	1,30
Valor do ativo, fim do ano	11,20	12,54	14,05	15,31	16,69	18,19	19,29	20,44	21,67	22,97
Retorno sobre os ativos (RSA)	**0,12**	**0,12**	**0,12**	**0,12**	**0,12**	**0,12**	**0,12**	**0,12**	**0,12**	**0,12**
Taxa do crescimento dos ativos	**0,12**	**0,12**	**0,12**	**0,09**	**0,09**	**0,09**	**0,06**	**0,06**	**0,06**	**0,06**
Crescimento dos lucros em relação ao período anterior		0,12	0,12	0,12	0,09	0,09	0,09	0,06	0,06	0,06

Obs:
1. O valor inicial do ativo é de $10 milhões. Os ativos crescem inicialmente a 12% ao ano, depois a 9% e, por fim, a 6%, perpetuamente. Assume-se que a lucratividade é constante em 12%.
2. Os fluxos de caixa livres são iguais aos lucros menos o investimento. O investimento líquido é igual ao dispêndio total menos a depreciação. Assumimos que o investimento para substituição de ativos existentes é coberto pela depreciação e que o investimento líquido é dedicado ao crescimento. Os lucros são também calculados livres da depreciação.

crescimento de sua atividade. Para a divisão de concatenadores, também temos premissas sobre ativos, lucratividade – nesse caso, com os ganhos operacionais após o desconto de impostos relativos aos ativos – e com o crescimento. O crescimento começa com rápidos 12% ao ano, depois cai em duas etapas até uma taxa moderada de 6%, que continua no longo prazo. A taxa de crescimento determina o investimento adicional líquido exigido para a expansão de ativos, e a taxa de rentabilidade determina os lucros extraídos no negócio.

O fluxo de caixa livre, na quarta linha do Quadro 4.7, é igual ao lucro da empresa descontado de quaisquer novos custos de investimento. O fluxo de caixa livre é zero dos anos 1 a 3, muito embora a empresa matriz esteja investindo mais de $3 milhões durante o período.

Será que esses zeros iniciais para o fluxo de caixa livre são um mau sinal? Não: o fluxo de caixa livre é zero porque o empreendimento está crescendo rapidamente, e não porque seu lucro é zero. Crescimento acelerado é uma notícia boa, e não ruim, já que o negócio está lucrando 12%, dois pontos percentuais acima dos 10% de custo do capital. Se o negócio pudesse crescer a 20%, a Establishment Industries e seus acionistas continuariam alegres, embora um crescimento nesse ritmo fosse representar investimentos ainda mais altos e um fluxo de caixa livre negativo.

Formato da avaliação

O valor de uma atividade geralmente é calculado como o valor dos fluxos de caixa descontados de um *horizonte de tempo de avaliação* (*H*) mais o valor previsto do negócio no horizonte, também descontado novamente do valor presente. Ou seja,

$$VP = \underbrace{\frac{FCL_1}{1+r} + \frac{FCL_2}{(1+r)^2} + \cdots + \frac{FCL_H}{(1+r)^H}}_{\text{VP (fluxo de caixa livre)}} + \underbrace{\frac{VP_H}{(1+r)^H}}_{\substack{\text{VP (valor no} \\ \text{horizonte de tempo)}}}$$

Naturalmente, a divisão dos concatenadores continuará sua operação após o horizonte de tempo, mas não é prático prever fluxos de caixa livres indefinidamente até o infinito. O VP_H significa os fluxos de caixa livres nos períodos $H+1$, $H+2$ etc.

De modo geral, os horizontes de tempo dessas avaliações são escolhidos arbitrariamente. Por vezes, o chefe diz a todos seus subordinados para utilizarem 10 anos, pois este é um número redondo. Tentaremos com o ano 6, pois o crescimento do negócio dos concatenadores parece ter uma tendência de estabilização no longo prazo somente após o sétimo ano.

Estimativas do valor no horizonte de tempo

Há diversas fórmulas comuns ou regras práticas para estimarmos o valor no horizonte de tempo. Primeiro, vamos testar a fórmula dos FCDs de crescimento constante. São necessários um fluxo de caixa livre para o ano 7, que está disponível no Quadro 4.7; uma taxa de crescimento no longo prazo, que parece ser de 6%; e uma taxa de desconto, que algum consultor acostumado a superestimar valores nos informou que é de 10%. Portanto,

$$\text{Horizonte de avaliação (VP progressivo a partir do período 6)} = VP_H = \frac{1,09}{0,10 - 0,06} = \$27,3 \text{ milhões}$$

$$\text{Horizonte de avaliação (descontado retroativamente para o VP no período 0)} = VP_H = \frac{1,09}{0,10 - 0,06} = \$27,3 \text{ milhões}$$

O VP dos fluxos de caixa de curto prazo é $0,9 milhão. Portanto, o valor presente da divisão concatenadora é:

$$VP \text{ (negócios)} = VP(\text{fluxo de caixa livre}) + VP(\text{valor no horizonte de tempo})$$

$$= 0,9 + 15,4$$

$$= \$16,3 \text{ milhões}$$

Agora, será que acabamos? Bem, as mecânicas desse cálculo são perfeitas, mas não deve lhe importunar um pouco se você descobrir que 94% do valor da atividade situa-se no valor no horizonte de tempo? Além disso, basta fazermos uma rápida verificação para constatarmos que o valor no horizonte de tempo pode variar drasticamente em resposta a variações aparentemente insignificantes nos pressupostos. Por exemplo, se a taxa de crescimento no longo prazo for de 7% em vez de 6%, o valor da atividade aumenta de $16,3 a $19,2 milhões.[14]

Ou seja, é fácil a avaliação do negócio pelo método dos fluxos de caixa descontados ser mecanicamente perfeita e praticamente errada. Gestores financeiros perspicazes tentam conferir os resultados calculando o valor no horizonte de tempo sob diversas formas. Vamos experimentar a avaliação por comparáveis, usando índices de P/L e de valor de mercado/valor contábil.

Valor no horizonte de tempo baseado em índices P/L Suponha que você possa observar preços de bons "comparáveis", ou seja, de manufaturadoras maduras cujas perspectivas atuais de escala, risco e crescimento são grosseiramente comparáveis com as projetadas para a divisão dos concatenadores no ano 6.[15] Suponha ainda que essas companhias tendam a vender a índices de P/L de cerca de 11. Dessa forma, você poderia conjeturar razoavelmente que o índice P/L de uma operação madura de concatenadores provavelmente seria de 11. Isso implica:

$$\text{VP (valor no horizonte de tempo)} = \frac{1}{(1,1)^6}(11 \times 2,18) = 13,5$$

$$\text{VP (negócios)} = 0,9 + 13,5 = \$14,4 \text{ milhões}$$

Valor no horizonte de tempo baseado em índices valor de mercado/valor contábil Suponha também que os índices valor de mercado/valor contábil da coleção de manufaturadoras maduras tendem a se agrupar em torno de 1,5. Se o índice valor de mercado/valor contábil da operação dos concatenadores for 1,5 no ano 6,

$$\text{VP (valor no horizonte de tempo)} = \frac{1}{(1,1)^6}(1,5 \times 16,69) = 14,1$$

$$\text{VP (negócios)} = 0,9 + 14,1 = \$15,0 \text{ milhões}$$

É fácil "acharmos furos" nesses dois últimos cálculos. O valor contábil, por exemplo, é de modo geral uma fraca medida do valor real dos ativos de uma empresa. Ele pode ficar bem atrás dos valores efetivos dos ativos quando há uma inflação rápida e em geral omite inteiramente ativos intangíveis importantes, tais como as suas patentes para o projeto dos concatenadores. Os ganhos também podem ser prejudicados pela inflação e por uma longa lista de escolhas contábeis arbitrárias. Por fim, você nunca sabe quando encontrou uma série de organizações realmente similares para serem usadas como comparáveis.

Mas lembre-se: o propósito do método dos fluxos de caixa descontados é estimar o valor de mercado – estimar o que os investidores pagariam por uma participação na empresa. Quando você consegue *observar* o que eles efetivamente pagam por empresas similares, essa é uma evidência valiosa, portanto, tente descobrir um modo de usar isso. Um deles é por meio da avaliação comparativa com base em índices P/L ou de valor de mercado/valor contábil. As regras práticas de avaliação, empregadas habilidosamente, por vezes simplificam os cálculos dos fluxos de caixa descontados.

---

[14] Se o crescimento de longo prazo é de 7%, e não 6%, um valor extra de 1% de ativos terá de ser reinvestido nos negócios dos concatenadores. Isso reduz o fluxo de caixa livre de $1,09 milhão para $0,97 milhão. O VP dos fluxos de caixa das datas 1 a 6 permanece em $0,9 milhão.

$$\text{Horizonte de avaliação (descontado retroativamente para VP na data 0)} = \frac{1}{(1,1)^6} \times \frac{0,97}{0,10 - 0,07} = \$18,3 \text{ milhões}$$

$$\text{VP (negócios)} = 0,9 + 18,3 = \$19,2 \text{ milhões}$$

[15] Não perguntamos como os negócios do concatenador são financiados. Estamos assumindo implicitamente 100% de capital próprio e dívida zero. Portanto, os comparáveis também devem ter pouca ou nenhuma dívida. Caso tenham dívidas, os índices de LAJIR e LAJIRDA seriam melhores do que os índices P/L. Veja a nota de rodapé 6 e os exemplos na Seção 19.2.

Uma verificação adicional da realidade

Eis aqui outro método para se avaliar as ações de uma empresa. Ele é baseado no que você tem aprendido sobre os índices P/L e o valor presente de oportunidades de crescimento.

Suponha que o horizonte de tempo de avaliação seja determinado não pela procura do primeiro ano de crescimento estável, e sim perguntando quando a indústria provavelmente se estabilizará em um equilíbrio competitivo. Você pode se dirigir ao gerente operacional mais familiarizado com a atividade dos concatenadores e perguntar:

> Mais cedo ou mais tarde você e seus competidores estarão no mesmo compasso no que diz respeito a novos investimentos importantes. Você ainda pode estar obtendo um retorno superior na sua atividade principal, mas constatará que introduções de novos produtos ou tentativas de expandir as vendas de produtos existentes desencadeiam uma intensa resistência dos competidores que são exatamente tão inteligentes e eficientes como você. Apresente uma avaliação realística de quando chegará esse momento.

"Esse momento" é o horizonte de tempo após o qual o valor presente líquido das oportunidades de crescimento, VPOC, será zero. Afinal, VPOC é positivo somente quando se espera que os investimentos rendam mais do que o custo do capital. Quando a concorrência se iguala a você, desaparece essa perspectiva afortunada.

Sabemos que o valor presente em qualquer período é igual ao valor capitalizado dos lucros do período seguinte, somado ao VPOC:

$$VP_t = \frac{\text{lucros}_{t+1}}{r} + \text{VPOC}$$

Mas e se VPOC = 0? No horizonte de tempo H, então,

$$VP_H = \frac{\text{lucros}_{H+1}}{r}$$

Em outras palavras, quando a concorrência se iguala a você, o índice P/L é igual a $1/r$, pois não temos mais o VPOC.[16]

Suponha que a concorrência provavelmente se igualará no período 7. Portanto, podemos calcular o valor no horizonte de tempo no período 6 como o valor presente de uma série de lucros começando no período 7 e que continuam indefinidamente. O valor resultante para o negócio dos concatenadores é:

$$\text{VP (valor no horizonte de tempo)} = \frac{1}{(1+r)^6}\left(\frac{\text{lucros no período 7}}{r}\right)$$

$$= \frac{1}{(1,1)^6}\left(\frac{2,18}{0,10}\right)$$

$$= \$12,3 \text{ milhões}$$

$$\text{VP (negócios)} = 0,9 + 12,3 = \$13,2 \text{ milhões}$$

Agora temos quatro estimativas sobre o valor que a Establishment Industries deve pagar pela divisão dos concatenadores. As estimativas refletem quatro diferentes métodos para se estimar o valor

---

[16] Em outras palavras, podemos calcular o valor no horizonte de tempo *como se* os lucros não fossem crescer após a data-horizonte, pois o crescimento não agrega nenhum valor. Mas o que significa um "não crescimento"? Suponha que a atividade dos concatenadores mantenha seus ativos e lucros em termos reais (ajustados pela inflação). Os lucros nominais crescerão na taxa da inflação, o que nos remete à fórmula do crescimento constante: os lucros no período H + 1 devem ser calculados dividindo-os por $r - g$, onde g, nesse caso, iguala-se à taxa de inflação.

Temos simplificado o exemplo dos concatenadores. Nas avaliações reais, com o envolvimento de polpudos orçamentos, tenha cuidado para rastrear o crescimento com base na inflação, bem como com base no investimento. Para fins de orientação, consulte M. Bradley and G. Jarrell, "Expected Inflation and the Constant-Growth Valuation Model", *Journal of Applied Corporate Finance* 20 (Spring 2008), pp. 66-78.

no horizonte de tempo. Não há o melhor método, embora gostemos deste ao último, que determina a data-horizonte no ponto em que os gestores esperam que o VPOC desapareça. O último método força os gerentes a se lembrar de que, mais cedo ou mais tarde, haverá a nivelação entre os competidores.

Nossos valores calculados para o negócio dos concatenadores oscilam de $13,2 a $16,3 milhões, diferença essa de cerca de $3 milhões. A amplitude da faixa pode trazer preocupações, mas ela é frequente. As fórmulas dos fluxos de caixa descontados apenas estimam o valor do mercado, e as estimativas oscilam com as variações das previsões e dos pressupostos. Os gestores não podem saber exatamente qual é o valor de mercado até que ocorra algum tipo de transação.

Fluxo de caixa livre, dividendos e recompras

Assumimos anteriormente que o empreendimento do concatenador era uma divisão da Establishment Industries, e não uma empresa à parte. Mas suponhamos que se trata de uma corporação em separado com 1 milhão de ações em circulação. Como calcularíamos o preço por ação? Simples: calculamos o VP do negócio e dividimos por 1 milhão. Se decidirmos que o negócio vale $16,3 milhões, o preço por ação é de $16,30.

Se o empreendimento do concatenador fosse uma empresa de capital aberto chamada Concatenator Corp., sem nenhum outro ativo ou operação, poderia desembolsar seus fluxos de caixa na forma de dividendos. Os dividendos por ação seriam o fluxo de caixa livre mostrado no Quadro 4.7 dividido por 1 milhão de ações: zero nos períodos 1 a 3, depois $0,42 por ação no período 4, $0,46 por ação no período 5, etc.

Mencionamos as recompras de ações como uma alternativa à remuneração via dividendos. Se as recompras forem importantes, muitas vezes é mais simples estimar o valor total do fluxo de caixa livre do que os dividendos por ação. Suponha que a Concatenator Corp. opte por não pagar dividendos. Em vez disso, ela irá remunerar seus investidores recomprando ações. A capitalização de mercado da empresa não deve se alterar, já que os acionistas enquanto grupo ainda receberão todo o fluxo de caixa livre.

Talvez a intuição a seguir sirva de ajuda. Suponha que você detenha integralmente 1 milhão de ações da Concatenator. Faz alguma diferença você receber o fluxo de caixa livre na forma de dividendos ou pela venda de suas ações de volta para a empresa? Os seus fluxos de caixa em cada período futuro sempre equivalerão aos fluxos de caixa mostrados no Quadro 4.7. Sua avaliação do FCD da empresa dependerá, portanto, dos fluxos de caixa livres, e não de como eles são distribuídos.

O Capítulo 16 aborda a escolha entre remuneração por dividendos ou por recompras (incluindo questões fiscais e outras complicações). Mas você pode ver porque é atrativo avaliar uma empresa como um todo prevendo e descontando o fluxo de caixa livre. Você não precisa perguntar como o fluxo de caixa livre será desembolsado. Você não precisa prever recompras.

RESUMO

Neste capítulo utilizamos os nossos conhecimentos recentes dos valores presentes para analisar o preço de mercado das ações. O valor da ação é igual à série de pagamentos, descontado à taxa de retorno que os investidores esperam obter de outros títulos com risco equivalente.

As ações não têm uma data de vencimento fixa; os pagamentos consistem em uma perpetuidade de dividendos. Por conseguinte, o valor presente de uma cota de ação ordinária é:

$$VP = \sum_{t=1}^{\infty} \frac{DIV_t}{(1+r)^t}$$

Contudo, não nos limitamos a *assumir* que os investidores adquirem ações apenas pelos dividendos. De fato, partimos do pressuposto de que eles têm horizontes relativamente curtos e investem por causa dos dividendos e dos ganhos de capital. Portanto, a nossa fórmula fundamental de avaliação é:

$$P_0 = \frac{DIV_1 + P_1}{1+r}$$

Trata-se de uma condição para o equilíbrio do mercado: se não fosse mantido, a ação seria superavaliada ou subavaliada, e os investidores se apressariam em vendê-la ou comprá-la. A afluência de vendedores ou de compradores obrigaria o preço a ajustar-se até que a fórmula fundamental de avaliação fosse válida.

Utilizamos também a fórmula para uma perpetuidade crescente, apresentada no Capítulo 2. Se esperarmos que os dividendos cresçam indefinidamente à taxa constante g, então:

$$P_0 = \frac{DIV_1}{r-g}$$

Muitas vezes é aconselhável inverter essa fórmula e utilizá-la para estimar a taxa de capitalização de mercado, r, uma vez conhecidos P_0 e as estimativas de DIV_1 e de g.

$$r = \frac{DIV_1}{P_0} + g$$

Lembre-se, contudo, de que essa fórmula está fundamentada em um pressuposto *muito* rígido: crescimento constante de dividendos em perpetuidade. Esse pressuposto pode ser aceitável para empresas maduras e de baixo risco, mas para muitas empresas o crescimento de curto prazo é insustentavelmente alto. Nesses casos, você poderá recorrer a uma fórmula de *duas fases* para os FCDs, em que os dividendos de curto prazo são previstos e avaliados, e a fórmula do crescimento constante para os FCDs é utilizada para a previsão do valor de ações no início do longo prazo. Os dividendos de curto prazo e o valor futuro da ação são depois descontados para o valor presente.

A fórmula geral dos FCDs pode ser transformada em uma expressão dependente dos lucros e das oportunidades de crescimento:

$$P_0 = \frac{LPA_1}{r} + VPOC$$

O índice LPA_1/r é o valor presente capitalizado dos lucros por ação que a empresa geraria sob a política de não crescimento e VPOC, o valor presente líquido do montante que a empresa deverá investir para crescer. Uma ação de crescimento é aquela para a qual o VPOC é elevado relativamente ao valor presente capitalizado dos LPAs, assumindo crescimento zero. A maioria das ações de crescimento é de empresas em rápida expansão, mas somente a expansão não é suficiente para criar um VPOC elevado. O que interessa é o retorno dos novos investimentos.

As mesmas fórmulas que utilizamos para avaliar ações ordinárias podem também servir para a avaliação de empresas inteiras. Nesses casos, descontamos não os dividendos por ação, mas sim o fluxo de caixa livre total gerado pela atividade, e geralmente é utilizado um modelo de FCDs de duas fases. Os fluxos de caixa livres são previstos até um horizonte de tempo e descontados para o valor presente. Em seguida, é previsto um valor no horizonte de tempo, descontado e somado ao valor dos fluxos de caixa livres. A soma é o valor do negócio.

Avaliar uma empresa se baseia em um princípio simples, mas não é tão fácil na prática, uma vez que a previsão de valores no horizonte de tempo razoáveis é particularmente difícil. A premissa usual é um moderado crescimento de longo prazo após o horizonte, que nos permite utilizar a fórmula dos FCDs de perpetuidade crescente nesse horizonte. Os valores no horizonte de tempo podem também ser calculados supondo-se índices P/L ou de valor de mercado/valor contábil "normais" na data-horizonte.

Os modelos de desconto de dividendos derivados neste capítulo funcionam melhor para empresas maduras que pagam dividendos regulares. Os modelos também funcionam quando empresas remuneram seus acionistas mediante recompra de ações, além de dividendos. Isto posto, também é verdade que o modelo de desconto de dividendos é difícil de usar quando a empresa não paga dividendo algum ou quando a divisão entre remuneração por dividendos e por recompras é imprevisível. Nesse caso, é mais fácil obter o preço por ação prevendo e avaliando o fluxo de caixa total da empresa e então dividindo este valor pelo número atual de ações em circulação.

PROBLEMAS

BÁSICO

1. **Verdadeiro ou falso**   Verdadeiro ou falso?
   a. Todas as ações com risco equivalente têm a mesma taxa de retorno esperada.
   b. O valor de uma ação é igual ao VP dos dividendos futuros da ação.

2. **Modelo de desconto de dividendos**   Responda resumidamente à seguinte afirmação:
   "Diz-se que o preço de uma ação é igual ao valor presente dos dividendos futuros? Isso é uma loucura! Todos os investidores que conheço estão à procura de ganhos de capital."

3. **Modelo de desconto de dividendos**   A empresa X espera pagar no fim do ano um dividendo de $5 por ação. Depois dos dividendos, espera-se que suas ações sejam vendidas a $110. Se a taxa de capitalização do mercado for de 8%, qual será o preço corrente das ações?

4. **Modelo de desconto de dividendos**   A empresa Y não reinveste nenhum lucro, e prevê-se que proporcionará uma série regular de dividendos de $5 por ação. Se o preço corrente das ações for $40, qual será a taxa de capitalização do mercado?

5. **Modelo de desconto de dividendos**   Prevê-se que os lucros e os dividendos por ação da empresa Z cresçam indefinidamente a 5% ao ano. Se os dividendos do ano seguinte forem de $10 e a taxa de capitalização do mercado for de 8%, qual será o preço corrente das ações?

6. **Modelo de desconto de dividendos**   A empresa Z-prime é como a Z em todos os pontos, exceto em um: o seu crescimento termina após o ano 4. No ano 5 e nos seguintes, pagará todos os lucros como dividendos. Qual é o preço das ações da Z-prime? Parta do princípio de que o valor dos LPAs é $15 no próximo ano.

7. **Modelo de desconto de dividendos**   Se a empresa Z (veja o Problema 5) distribuísse todos os lucros, poderia manter um fluxo regular de dividendos de $15 por ação. Por conseguinte, quanto o mercado está realmente pagando por ação pelas oportunidades de crescimento?

8. **Modelo de desconto de dividendos**   Considere três investidores:
   a. O Sr. Único investe durante um ano.
   b. O Sr. Duplo investe durante dois anos.
   c. O Sr. Triplo investe durante três anos.

Presuma que cada um invista na empresa Z (veja o Problema 5). Demonstre que cada um deles pretende obter uma taxa de rentabilidade anual de 8%.

9. **Verdadeiro ou falso** Qual das seguintes afirmações é verdadeira? Explique.

    a. O valor de uma ação é igual ao fluxo descontado dos lucros futuros por ação

    b. O valor de uma ação é igual ao VP dos lucros por ação, na hipótese de a empresa não crescer, adicionado do valor presente líquido das oportunidades futuras de crescimento.

10. **Fluxo de caixa livre** Em que condições r é uma taxa de capitalização do mercado de ações igual ao seu índice lucro-preço, LPA_1/P_0?

11. **Fluxo de caixa livre** O que os gestores financeiros querem dizer com "fluxo de caixa livre"? Como ele é calculado? Explique resumidamente.

12. **Valor no horizonte de tempo** Qual é o significado do "valor no horizonte de tempo" de uma empresa? Como ele pode ser estimado?

13. **Valor no horizonte de tempo** Suponha que o valor no horizonte de tempo seja fixado em um momento quando a organização não terá mais oportunidades de investimentos com VPL positivo. Como você calcularia o valor no horizonte de tempo? (*Sugestão*: Qual é o índice P/LPA quando VPOC = 0?)

INTERMEDIÁRIO

14. **Índices e cotações acionárias** Visite **finance.yahoo.com** e obtenha cotações acionárias para a IBM.

    a. Quais são os preços das ações e a capitalização de mercado mais recentes da IBM?

    b. Quais são o pagamento de dividendos e a taxa de retorno por dividendos da IBM?

    c. Qual é o índice P/L retroativo da IBM?

    d. Calcule o índice P/L futuro da IBM usando o LPA previsto por analistas para o próximo ano.

    e. Qual é o índice preço/contábil (P/C) da IBM?

15. **Cotações acionárias e índices P/L** Procure Intel (INTC), Oracle (ORCL) e Hewlett Packard (HPQ) em **finance.yahoo.com**. Ranqueie os índices P/L futuros do mais alto ao mais baixo. Quais são as possíveis razões para os diferentes índices? Quais dessas empresas parecem ter as oportunidades mais valiosas de crescimento?

16. **Avaliação por comparáveis** Procure os índices P/L e P/C para a Entergy (símbolo ETR), usando Yahoo! Finance ou outra fonte na Internet. Calcule os mesmos índices para os seguintes comparáveis em potencial: American Electric Power (AEP), CenterPoint Energy (CNP) e Southern Company (SO). Organize os índices no mesmo formato que o do Quadro 4.1. Os índices dessas companhias elétricas estão bem agrupados ou dispersos? Se você não conhecesse o preço das ações da Entergy, será que os comparáveis serviriam de boa estimativa?

17. **Índices P/L e o modelo de desconto de dividendos** Procure General Mills (GIS), Kellogg (K), Campbell Soup (CPB) e Seneca Foods (SENEA).

    a. Quais são os índices P/L e P/C atuais para essas empresas alimentícias? Quais são os dividendos e a taxa de retorno por dividendos para cada empresa?

    b. Quais são as taxas de crescimento de LPA e dividendos de cada empresa nos últimos cinco anos? Quais taxas de crescimento de LPA são previstas pelos analistas? Essas taxas de crescimento parecem formar uma tendência constante que poderia ser projetada a longo prazo?

    c. Você ficaria confiante em aplicar o modelo FCD de crescimento constante para medir o custo de capital próprio dessas empresa? Por quê?

18. **Modelo de desconto de dividendos** Considere as três ações seguintes:

    a. Espera-se que a ação A permita um dividendo de $10 por ação para sempre.

    b. Espera-se que a ação B pague um dividendo de $5 no ano seguinte. A partir daí, espera-se que o crescimento dos dividendos seja de 4% por ano para sempre.

    c. Espera-se que a ação C pague um dividendo de $5 no ano seguinte. A partir dessa data, espera-se que o crescimento dos dividendos seja de 20% por ano durante cinco anos (ou seja, do ano 2 até o ano 6), e zero a partir daí.

    Se a taxa de capitalização do mercado para cada ação for de 10%, qual é a ação de maior valor? E se a taxa de capitalização for de 7%?

19. **Modelo FCD de crescimento constante** A Pharmecology acabou de pagar dividendos anuais de $1,35 por ação. Trata-se de uma empresa madura, mas se espera que os futuros lucros e dividendos cresçam com a inflação, que está prevista em 2,75% ao ano.

    a. Qual é o preço corrente das ações da Pharmecology? O custo nominal do capital é de 9,5%.

    b. Refaça a parte (a) utilizando dividendos reais previstos e uma taxa real de desconto.

20. **Modelo FCD de duas fases** O retorno do capital próprio (RCP) corrente da empresa Q é de 14%. Ele paga a metade dos lucros como dividendos (índice de distribuição de dividendos = 0,5). O valor contábil corrente por ação é de $50. Esse valor por ação crescerá à medida que Q reinvestir seus lucros.

    Suponha que o RCP e o índice de *payout* permaneçam constantes pelos próximos quatro anos. Afinal, a competição força a queda do RCP para 11,5% e o índice de *payout* aumenta a 0,8%. O custo do capital é de 11,5%.

    a. Quais são o LPA e os dividendos da empresa para o próximo ano? Como o LPA e os dividendos crescerão nos anos 2, 3, 4 e 5, e nos anos subsequentes?

    b. Qual é o valor de uma ação da empresa? Como esse valor depende do índice de *payout* e da taxa de crescimento após o ano 4?

21. **Lucros e dividendos** As fórmulas seguintes para a determinação da taxa de retorno exigidas pelos investidores podem estar certas ou erradas, conforme as circunstâncias:

   a. $r = \dfrac{DIV_1}{P_0} + g$

   b. $r = \dfrac{LPA_1}{P_0}$

   Para cada fórmula, conceba um exemplo numérico *simples* que mostre que a fórmula pode dar respostas erradas e explique por quê. Conceba ainda outro exemplo numérico simples para o qual a fórmula dê uma resposta correta.

22. **VPOC** Os lucros e os dividendos da Alpha Corp. estão crescendo 15% ao ano. Os lucros e os dividendos da Beta Corp. estão crescendo 8% ao ano. Os ativos das empresas, os lucros e os dividendos por ação são agora (no momento 0) exatamente iguais. No entanto, o VPOC indica uma fração maior do preço das ações da Beta Corp. Como isso é possível? (*Dica*: Há mais de uma explicação possível).

23. **Modelo FCD e VPOC** Reveja as previsões financeiras da Growth-Tech, dadas no Quadro 4.4. Dessa vez, suponha que você *saiba* que o custo de oportunidade do capital é $r = 0,12$ (ignore o número 0,099, calculado no texto). Suponha que você *não* saiba qual é o valor das ações da Growth-Tech. Para o restante, siga os pressupostos do texto.

    a. Calcule o valor das ações da Growth-Tech.

    b. Que parcela desse valor reflete o valor descontado de P_3, o preço previsto para o ano 3?

    c. Que parcela de P_3 reflete o valor presente das oportunidades de crescimento (VPOC) depois do ano 3?

    d. Suponha que a concorrência se igualará à Growth-Tech a partir do ano 4, de modo que só será possível obter um retorno igual ao custo do capital nos investimentos feitos no ano 4 e nos seguintes. Nessas condições, qual é o valor das ações da Growth-Tech? (Imagine outros pressupostos, caso seja necessário.)

24. **FCD e fluxo de caixa livre** A atividade da Compost Science Inc. (CSI) consiste na conversão dos resíduos das águas e esgotos de Boston em adubos. A atividade em si não é muito lucrativa, contudo, para incentivar a CSI a permanecer no negócio, a Metropolitan District Commission (MDC) aceita pagar o montante necessário para a CSI ter uma remuneração dos capitais próprios contábeis de 10%. No final do ano, espera-se que a CSI pague um dividendo de $4, venha a reinvestir 40% dos lucros e cresça 4% ao ano.

    a. Suponha que a CSI continue a crescer nesse ritmo. Qual será a taxa de retorno esperada de longo prazo, se as suas ações forem adquiridas por $100? Que parte do preço de $100 pode ser atribuída ao valor presente das oportunidades de crescimento?

    b. A MDC anuncia agora um plano para a CSI tratar os resíduos dos esgotos de Cambridge. A estação de tratamento da CSI, por conseguinte, se expandirá gradualmente durante cinco anos. Isso significa que a CSI terá de reinvestir 80% dos seus lucros durante cinco anos. Contudo, e a partir do ano 6, estará de novo em condições de distribuir 60% dos lucros. Qual será o preço das ações da CSI quando esse contrato for anunciado e forem conhecidas as suas consequências para a organização?

25. **FCD e fluxo de caixa livre** A Permian Partners (PP) tem sua produção baseada nos campos petrolíferos já desgastados da região oeste do Texas. A produção foi de 1,8 milhão de barris de petróleo em 2016, mas esse número está decrescendo 7% ao ano para um futuro previsível. Os custos de produção, transporte e administração acrescem até $25 por barril. O preço médio do barril era de $65 em 2016.

    A PP tem 7 milhões de ações em circulação. O custo do capital é de 9%. Todos os lucros líquidos da empresa são distribuídos como dividendos. Para facilitar, suponha que a organização permanecerá no negócio indefinidamente e que os custos por barril são constantes a $25. Além disso, ignore os impostos.

    a. Qual é o valor de fechamento de 2016 de uma ação da PP? Suponha que o preço do petróleo tenha caído a $60 por barril em 2017, $55 em 2018 e $50 em 2019. Após esse ano, suponha uma tendência de o preço do petróleo aumentar 5% ao ano.

    b. Qual é o índice LPA/P da organização e por que ele não é igual ao custo do capital de 9%?

26. **FCD e fluxo de caixa livre** Refaça uma nova versão do Quadro 4.7, supondo que a concorrência diminua a rentabilidade (tanto dos ativos existentes como dos novos) a 11,5% no ano 6, 11% no ano 7, 10,5% no ano 8, 8% no ano 9 e em todos os anos subsequentes. Qual é o valor da divisão de concatenadores?

27. **Avaliação de fluxo de caixa livre** A capitalização de mercado da Mexican Motors é de 200 bilhões de pesos. O fluxo de caixa livre do próximo ano é de 8,5 bilhões de pesos. Analistas de investimento estão prevendo que o fluxo de caixa livre crescerá 7,5% ao ano pelos próximos cinco anos.

    a. Assuma que a taxa de crescimento de 7,5% é projetada para continuar para sempre. Qual taxa de retorno os investidores estão esperando?

    b. A Mexican Motors vem obtendo 12% de lucro sobre o patrimônio contábil (RCP = 12%) e reinvestindo 50% dos lucros. Os 50% restantes vão para o fluxo de caixa livre. Suponha que a empresa mantém o mesmo RCP e a mesma taxa de investimento a longo prazo. Qual é a implicação para a taxa de crescimento dos lucros e do fluxo de caixa livre? E para o custo do capital próprio? Será que você deve revisar a sua resposta da parte (a) desta questão?

28. **Avaliação de fluxo de caixa livre** A Phoenix Corp. fraquejou na recessão recente, mas está se recuperando. O fluxo de caixa livre vem crescendo rapidamente. As previsões feitas em 2016 são as seguintes.

($ milhões)	2017	2018	2019	2020	2021
Receita líquida	1,0	2,0	3,2	3,7	4,0
Investimento	1,0	1,0	1,2	1,4	1,4
Fluxo de caixa livre	0	1,0	2,0	2,3	2,6

A recuperação da Phoenix estará completa em 2021, e não haverá mais crescimento adicional em fluxo de caixa livre.

a. Calcule o VP do fluxo de caixa livre, assumindo um custo de capital próprio de 9%.

b. Assuma que a Phoenix possui 12 milhões de ações em circulação. Qual é o preço por ação?

c. Se a receita líquida é de $1 milhão, qual é o índice P/L da Phoenix? Qual evolução você espera para o índice P/L de 2017 a 2021?

d. Confirme que a taxa de retorno esperada para as ações da Phoenix é de exatamente 9% em cada um dos anos de 2017 a 2021.

DESAFIO

29. **Fórmula FCD de crescimento constante** A fórmula dos FCDs de crescimento constante:

$$P_0 = \frac{DIV_1}{r - g}$$

é redigida, muitas vezes, assim:

$$P_0 = \frac{RCP(1 - b)\,VCPA}{r - b\,RCP}$$

onde VCPA é o valor contábil por ação; b, o índice de reinvestimento dos lucros e RCP, o retorno do capital próprio para o VCPA. Utilize essa equação para mostrar como o índice preço-valor contábil varia com as alterações do RCP. Qual é o índice preço-valor contábil quando RCP = r?

30. **Avaliação por FCD** Os gerentes de carteira frequentemente recebem uma remuneração proporcional aos fundos geridos. Suponha que você seja gerente de uma carteira de capitais próprios de $100 milhões oferecendo uma taxa de retorno de dividendos (DIV_1/P_0) de 5%. Espera-se que o valor dos dividendos e da carteira cresça a uma taxa constante. A sua remuneração anual por gerir essa carteira é de 0,5% do valor da carteira, e é calculada no final de cada ano. Partindo do princípio de que você continuará a gerir essa carteira para sempre, qual é o valor presente do contrato de gestão? Qual seria o valor do contrato se tivesse investido em ações com um retorno de 4%?

31. **Avaliação de fluxo de caixa livre** Construa uma nova versão do Quadro 4.7, supondo que a divisão concatenadora cresce a 20%, 12% e 6%, em vez de 12%, 9% e 6%. Você obterá fluxos de caixa iniciais negativos.

a. Recalcule o VP do fluxo de caixa livre. O que o seu VP revisado diz sobre o VPOC da divisão?

b. Suponha que a divisão é a empresa de capital aberto Concatco, sem quaisquer outros recursos. Sendo assim, você precisará emitir ações para cobrir dos fluxos de caixa livres negativos. A necessidade de emitir ações altera a sua avaliação? Explique. (*Dica:* suponha primeiro que os acionistas existentes da Concatco comprem todas as ações recém emitidas. Qual é o valor da empresa para esses acionistas? Agora suponha que, em vez disso, todas as ações sejam emitidas para novos acionistas, de modo que os acionistas existentes não tenham de contribuir com nenhum dinheiro. Será que o valor da empresa para os acionistas existentes se altera, assumindo que as novas ações são vendidas a um preço justo?)

FINANÇAS NA WEB

As bolsas de valores mais importantes têm *sites* maravilhosos. Comece pelo da bolsa de Nova York (**www.nyse.com**) e da Nasdaq (**www.nasdaq.com**). Certifique-se de saber como as transações são conduzidas nessas bolsas.

MINICASO

Reeby Sports

Dez anos atrás, em 2007, George Reeby fundou uma pequena companhia de venda de equipamento desportivo de alta qualidade pelos correios. Desde então, a empresa tem crescido consistentemente e dado lucros. Foram emitidos dois milhões de ações, de posse de George Reeby e de seus cinco filhos.

Faz alguns meses que George anda considerando se não teria chegado a hora de a empresa se tornar de capital aberto. Isso lhe permitiria recuperar parte do seu investimento e seria mais fácil angariar capital para, se quisesse, expandir futuramente.

Mas qual seria o valor das ações? A primeira ideia de George foi consultar o balanço da empresa, que indica que o valor contábil dos capitais próprios é de $26,34 milhões, ou seja, $13,17 por ação. Esse preço daria às ações um índice P/L de 6,6, valor que é bastante inferior ao índice P/L de 13,1 da Molly Sports, a maior rival da Reeby.

George desconfia que o valor contábil não deve ser um bom indicador para o valor de mercado de uma ação. Lembra-se da filha, Jenny, que trabalha em um banco de investimentos. Ela sabe, com certeza, o valor das ações e resolve então telefonar a ela ainda no mesmo dia.

Antes de telefonar, George reúne alguns dados sobre a rentabilidade da empresa. Depois de ter se recuperado dos primeiros prejuízos, a empresa tem tido uma rentabilidade superior aos 10% estimados para o custo do capital. George pensa que a empresa pode continuar a crescer estavelmente durante mais de seis a oito anos. Na realidade, ele crê que o crescimento da empresa foi prejudicado nos últimos anos pela imposição feita por dois de seus filhos para pagarem maiores dividendos. Talvez a empresa consiga reter dividendos e reinvestir mais dinheiro no negócio se mudar para capital aberto.

Há algumas nuvens no horizonte. A competição vem aumentando e, ainda naquela manhã, a Molly Sports anunciou os seus planos de formar um Departamento de Vendas pelos correios. George tem receio de que daqui a seis anos, aproximadamente, seja difícil encontrar oportunidades de investimento que valham a pena.

George chega à conclusão de que sua filha Jenny precisa saber muito mais sobre o futuro do negócio para poder avaliar com precisão a Reeby Sports, mas pensa que a informação talvez já seja suficiente para ela dar uma indicação preliminar sobre o valor das ações.

	2008	2009	2010	2011	2012	2013	2014	2015	2016	2017E
Lucros por ação ($)	−2,10	−0,70	0,23	0,81	1,10	1,30	1,52	1,64	2,00	2,03
Dividendos ($)	0,00	0,00	0,00	0,20	0,20	0,30	0,30	0,60	0,60	0,80
Valor contábil por ação ($)	9,80	7,70	7,00	7,61	8,51	9,51	10,73	11,77	13,17	14,40
RCP (%)	−27,10	−7,1	3,0	11,6	14,5	15,3	16,0	15,3	17,0	15,4

QUESTÕES

1. Ajude Jenny a fazer a previsão dos pagamentos de dividendos da Reeby Sports e a estimar o valor das ações. Não é necessário obter-se um valor único. Por exemplo, você pode calcular dois valores, um considerando que a oportunidade de mais investimentos rentáveis desaparece após em seis anos e outro considerando que desaparece após oito anos.

2. Da sua estimativa do valor das ações da Reeby Sports, qual é a parte que resulta do valor presente das oportunidades de crescimento?

CAPÍTULO 5

O valor presente líquido e outros critérios de investimento

Os acionistas de uma empresa, evidentemente, preferem ser ricos a ser pobres e, por esse motivo, querem que a empresa invista em todos os projetos que valham mais do que os seus custos. A diferença entre o valor de um projeto e o seu custo é o *valor presente líquido* (*VPL*). As empresas ajudam os seus acionistas, investindo em todos os projetos com um VPL positivo e rejeitando todos os projetos que tenham um VPL negativo.

Iniciamos este capítulo com uma revisão da regra do valor presente líquido. Em seguida, analisaremos outros métodos que as empresas podem utilizar para tomar decisões de investimento. Os dois primeiros, o período de recuperação (*payback*) de um projeto e o retorno do valor contábil, são pouco mais do que empíricas, fáceis de aplicar e de explicar. Apesar de as regras simples terem utilidade, um arquiteto precisa de algo a mais para desenhar um prédio de 100 andares, e um gestor financeiro também precisa mais do que simples regras empíricas para tomar decisões sobre grandes investimentos.

Muitas vezes, em vez de calcular o VPL de um projeto, as empresas comparam a taxa de retorno esperada do projeto com o retorno que os acionistas poderiam obter em investimentos com riscos equivalentes no mercado de capitais. As empresas aceitam os projetos com rentabilidade superior àquela que os acionistas conseguiriam obter por eles mesmos. Se utilizada corretamente, a regra da taxa de retorno reconhecerá sempre aqueles projetos que aumentam o valor da organização. Veremos que essa regra, contudo, esconde várias armadilhas que podem apanhar os menos atentos.

Concluiremos o capítulo mostrando como lidar com situações em que a empresa tem capitais limitados. Isso levanta dois problemas. Um é de cálculo. Nos casos simples, nos limitamos a escolher projetos com maior VPL por dólar investido, mas, por vezes, são necessárias técnicas mais elaboradas para ordenar as alternativas possíveis. O outro problema está em decidir se existe realmente restrição de capital e se isso invalida o método do valor presente líquido. Adivinhem. No final, o VPL, interpretado corretamente, ganha.

5.1 Uma revisão dos aspectos básicos

O diretor financeiro da Vegetron está pensando no modo de analisar uma proposta de investimento de $1 milhão em um novo empreendimento, denominado projeto X. Ele pergunta o que você pensa a respeito desse assunto.

A sua resposta deveria ser a seguinte: "primeiro, faça uma previsão dos fluxos de caixa gerados pelo projeto X ao longo de sua vida econômica. Segundo, determine o custo de oportunidade apropriado do capital, (r), o qual deverá refletir tanto o valor temporal do dinheiro como o risco envolvido no projeto X. Terceiro, utilize esse custo de oportunidade do capital para descontar os fluxos de caixa futuros do projeto X. A soma dos fluxos de caixa descontados é denominada valor presente (VP). Quarto, calcule o valor presente *líquido* (VPL), subtraindo do VP o investimento de $1 milhão. Se denominarmos os fluxos de caixa de C_0, C_1 etc., então

$$\text{VPL} = C_0 + \frac{C_1}{1+r} + \frac{C_2}{(1+r)^2} + \cdots$$

onde $C_0 = -\$1$ milhão. Deveríamos investir no projeto X se o seu VPL for maior do que zero".

O gestor financeiro da Vegetron, contudo, não se convence com a sua sagacidade. Pergunta, então, por que o VPL é tão importante.

Você responde: Vamos ver o que é melhor para os acionistas da Vegetron, e eles querem que o senhor leve as ações da empresa ao maior valor possível.

Neste momento, o valor total de mercado da Vegetron (preço por ação multiplicado pelo número de ações em circulação) é de \$10 milhões. Esse valor inclui \$1 milhão disponível, que podemos investir no projeto X. O valor dos outros ativos e das oportunidades da Vegetron deve, portanto, ser de \$9 milhões. Temos de decidir se é melhor manter disponível \$1 milhão e rejeitar o projeto X ou aplicar esse dinheiro no projeto X. Designemos por VP o valor do novo projeto. Então, a escolha é a seguinte:

Ativo	Valor de mercado (\$ milhões)	
	Rejeitar o projeto X	Aceitar o projeto X
Disponibilidades	1	0
Outros ativos	9	9
Projeto X	0	VP
	10	9 + VP

Obviamente, o projeto X terá interesse se o seu valor presente (VP) for maior do que \$1 milhão, isto é, se o seu valor presente líquido for positivo.

Diretor financeiro: Como posso saber se o VP do projeto X contribuirá para um aumento efetivo do valor de mercado da Vegetron?.

Você responde: Suponha que constituamos uma nova empresa independente, X, cujo único ativo seja o projeto X. Qual será o valor de mercado da empresa X?

Os investidores fariam uma previsão dos dividendos que a empresa X pagaria e descontariam esses dividendos à taxa de retorno esperada para títulos com um risco comparável ao da empresa X. Sabemos que o preço das ações é igual ao valor presente dos dividendos estimados.

Dado que o único ativo da empresa X é o projeto X, os dividendos que podemos esperar que venham a ser pagos por essa empresa são, exatamente, os fluxos de caixa que haviam sido previstos para o referido projeto. Além disso, a taxa que os investidores utilizariam para descontar os dividendos da empresa X é exatamente a taxa que deveríamos utilizar para descontar os fluxos de caixa do projeto X.

Concordo que a empresa X é uma pura suposição. Mas se o projeto for aceito, os investidores que participam no capital da Vegetron passarão, na realidade, a dispor de uma carteira constituída pelo projeto X e pelos outros ativos da empresa. Sabemos que os outros ativos valem \$9 milhões, considerados uma atividade separada. Dado que os valores dos ativos são aditivos, podemos facilmente determinar o valor da carteira, uma vez calculado o valor do projeto X como um empreendimento distinto.

Ao calcularmos o valor presente do projeto X, estamos reproduzindo o processo pelo qual as ações ordinárias da empresa X seriam avaliadas nos mercados de capitais.

Diretor financeiro: A única coisa que não compreendo é como se obtém a taxa de desconto.

Você responde: Concordo que é difícil quantificar com precisão a taxa de desconto, mas é fácil ver o que estamos *tentando* quantificar. A taxa de desconto é o custo de oportunidade do investimento no projeto como alternativa a um investimento no mercado de capitais. Em outras palavras, em vez de aceitar o projeto, a empresa pode sempre distribuir o dinheiro para os acionistas e deixá-los investir em ativos financeiros.

A Figura 5.1 mostra a comparação. O custo de oportunidade da aceitação do projeto é o retorno que os acionistas poderiam usufruir se tivessem, eles próprios, investido os fundos. Quando descontamos os fluxos de caixa do projeto pela taxa de retorno esperada para ativos financeiros, estamos determinando quanto os acionistas estariam dispostos a pagar pelo seu projeto

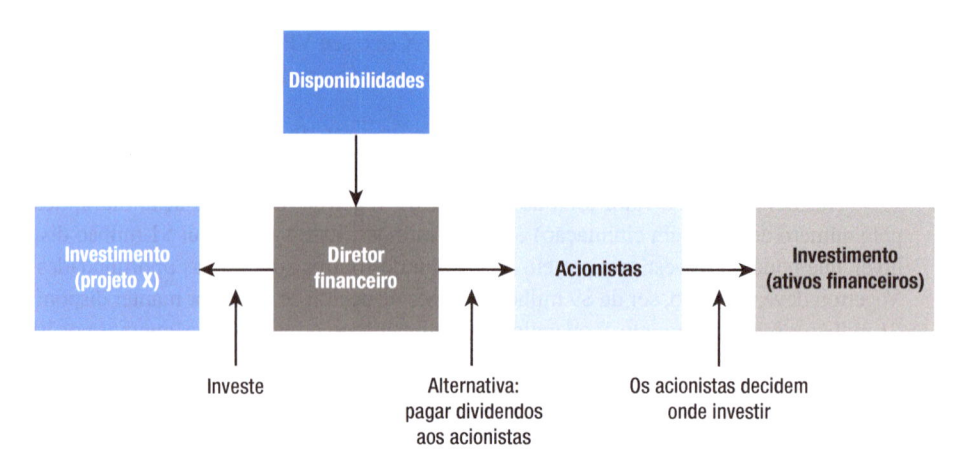

FIGURA 5.1 A empresa pode ficar com as disponibilidades e reinvesti-las ou distribuí-las aos investidores. (As setas representam os possíveis fluxos de caixa ou as transferências.) Se as disponibilidades forem reinvestidas, o custo de oportunidade será a taxa de retorno esperada que os acionistas poderiam obter se in-vestissem em ativos financeiros.

Diretor financeiro: Mas que ativos financeiros? O fato de os investidores esperarem só 12% das ações da IBM não quer dizer que deveríamos adquirir as da Fly-by-Night Electronics se eles oferecerem 13%.

Você responde: O conceito do custo de oportunidade só faz sentido se forem comparados ativos com risco equivalente. Em geral, devem-se identificar os ativos financeiros com risco equivalente ao de seu projeto, estimar a taxa de retorno esperada desses ativos e utilizar essa taxa como custo de oportunidade.

Quem concorre com o valor presente líquido

Você estava em boa companhia quando aconselhou o gestor financeiro a calcular o VPL do projeto. Hoje em dia, 75% das organizações utilizam sempre (ou quase sempre) o valor presente líquido para a decisão de projetos de investimento. Porém, como podemos ver na Figura 5.2, o VPL não é o único critério de investimento que as organizações utilizam; na maioria das vezes, elas recorrem a mais de um critério para analisar a atratividade dos projetos.

Cerca de três quartos das empresas calculam a taxa interna de retorno (TIR), aproximadamente o mesmo número das que utilizam o VPL. A regra da TIR é um parente próximo do VPL e, quando utilizada corretamente, oferece a mesma resposta. Por isso, é preciso compreender o método da TIR e os cuidados necessários para utilizá-lo.

A maior parte deste capítulo destina-se a explicar o método da TIR, mas, primeiro, vamos analisar dois outros métodos para medir a atratividade de um projeto – o seu período de recuperação, ou *payback*, e o retorno contábil (*book rate of return*). Como explicaremos, os dois métodos têm defeitos óbvios. Poucas empresas confiam neles para tomar as suas decisões financeiras, mas os utilizamos como métodos suplementares que podem ajudar a distinguir um projeto marginal de um projeto prioritário.

Mais tarde, no decorrer deste capítulo, vamos encontrar mais um método de análise de investimentos: o índice de rentabilidade. A Figura 5.2 mostra que ele não é muito utilizado, mas você descobrirá que há circunstâncias em que esse método tem vantagens especiais.

Três pontos para lembrar sobre o VPL

À medida que vamos analisando esses critérios alternativos, vale a pena realçar as seguintes características-chave do valor presente líquido. Primeiro, esse critério reconhece que o *valor de um dólar hoje é superior ao valor de um dólar amanhã*, porque um dólar hoje pode ser investido para começar a render imediatamente. Qualquer critério de análise de investimentos que não reconheça

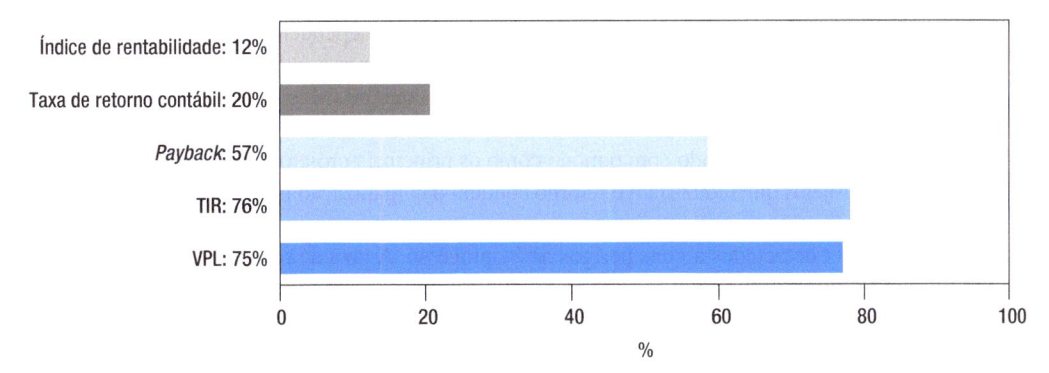

▶ **FIGURA 5.2** Evidências de pesquisas sobre a porcentagem de gestores financeiros que utilizam sempre, ou quase sempre, uma determinada técnica para avaliar projetos de investimento.

Fonte: Publicado por J. R. Graham and C. R. Harvey, "The Theory and Practice of Finance: Evidence from the Field", *Journal of Financial Economics* 61 (2001), pp. 187-243, © 2001 com autorização de Elsevier Science.

o *valor temporal do dinheiro* não pode ser adequado. Segundo, o valor presente líquido depende unicamente dos *fluxos de caixa estimáveis* do projeto e do *custo de oportunidade do capital*. Qualquer critério de análise de investimentos que seja afetado pelas preferências do gestor, pelo método de contabilidade escolhido pela empresa, pelo retorno de sua atividade ou pelo retorno de outros projetos autônomos levará às piores decisões. Terceiro, *como os valores presentes são todos quantificados em dólares de hoje, podem ser somados*. Portanto, se houver dois projetos, A e B, o valor presente líquido do investimento conjunto é:

$$VPL(A + B) = VPL(A) + VPL(B)$$

Essa propriedade de aditividade tem implicações importantes. Suponha que o projeto B tenha um VPL negativo. Se o associar ao projeto A, o conjunto dos projetos (A + B) terá um VPL menor em comparação com o que A tem por si só. Assim, você não será induzido a escolher um projeto ruim (B) só porque está associado a um projeto bom (A). Conforme veremos, os critérios alternativos não têm essa propriedade da aditividade. Se não ficar atento, você pode ser induzido a um erro ao decidir que o conjunto de um projeto bom e de um ruim é melhor do que só um projeto bom.

O VPL depende dos fluxos de caixa, não do retorno contábil

O valor presente líquido depende apenas dos fluxos de caixa do projeto e do custo de oportunidade do capital. Mas quando as empresas divulgam relatórios financeiros aos seus acionistas, elas não se limitam a apresentar os fluxos de caixa, mas apresentam também os lucros e os ativos contábeis.

Os gestores financeiros utilizam por vezes esses números para calcular a taxa de retorno contábil de um investimento proposto. Em outras palavras, consideram os lucros contábeis esperados como uma proporção do valor contábil dos ativos que a empresa propõe adquirir:

$$\text{Taxa de retorno contábil} = \frac{\text{lucros contábeis}}{\text{ativos contáveis}}$$

Os fluxos de caixa e o lucro contábil são, com frequência, muito diferentes. O contador, por exemplo, pode classificar algumas despesas como *despesas de investimento* e outras como *despesas de custeio*. As despesas de custeio são, é claro, imediatamente deduzidas do resultado de cada ano. As despesas de investimento são colocadas no balanço da empresa e depois depreciadas. A taxa de depreciação anual é deduzida dos ganhos anuais. Assim, o retorno contábil depende das rubricas que o contador tratar como imobilizado e da rapidez com que forem depreciadas.[1]

---

[1] O minicaso deste capítulo contém exemplos simples do modo como são calculadas as taxas de retorno contábil e da diferença entre os lucros contábeis e os fluxos de caixa previstos. Leia o caso se quiser refrescar a sua compreensão desses tópicos. Melhor ainda, faça os cálculos do caso.

Agora, os méritos de um projeto de investimento não dependem de como os contadores classificam os fluxos de caixa[2] e, atualmente, há poucas empresas que tomam as suas decisões de investimento baseando-se apenas na taxa de retorno contábil. Mas os gestores sabem que os acionistas das organizações prestam bastante atenção aos indicadores contábeis de rentabilidade, considerando e se preocupando com o modo como os principais projetos poderão afetar o retorno contábil. Os projetos que reduziriam o retorno contábil da organização poderão ser auditados mais cuidadosamente pelos gestores seniores.

Podem ser detectados alguns perigos nesse processo. A taxa de retorno contábil da empresa pode não ser um bom indicador da sua verdadeira rentabilidade, mas é uma *média* de todas as atividades da empresa. A rentabilidade média dos investimentos feitos anteriormente não é a melhor pista para novos investimentos. Pense em uma empresa que tenha sido excepcionalmente bem-sucedida e que tenha tido bastante sorte. Digamos que a taxa de retorno contábil é de 24%, duplicando os 12% de custo de oportunidade do capital dos acionistas. Será que a empresa deverá exigir que todos os novos investimentos ofereçam 24% ou mais? É claro que não: isso significaria rejeitar muitos investimentos com VPL positivo com taxas de retorno entre os 12% e os 24%.

Nos Capítulos 12 e 28, quando analisarmos mais de perto as medidas contábeis do desempenho financeiro, voltaremos a abordar parâmetros de desempenho contábil.

5.2 O período de recuperação (*payback*)

Suspeitamos que você já tenha ouvido diálogos como este: "Estamos gastando $6 por semana, ou em torno de $ 300 ao ano, na lavanderia local. Se comprássemos uma máquina de lavar roupas a $800, ela se pagaria dentro de três anos. Tal esforço valeria a pena". Você acabou de ser apresentado ao método do *payback*.

O **período de recuperação** (ou *payback*) de um projeto é obtido calculando-se o número de anos que decorrerão até os fluxos de caixa acumulados estimáveis igualarem o montante do investimento inicial. No caso da máquina de lavar, esse período foi de somente três anos. O **critério do período de recuperação** determina que um projeto deve ser aceito se o seu período de recuperação for menor do que algum período-limite especificado. Se o período-limite for, por exemplo, de quatro anos, a máquina de lavar roupas cumpre seu objetivo; se for de dois anos, o objetivo não é cumprido.

EXEMPLO 5.1 ● A regra do *payback*

Considere estes três projetos:

	Fluxos de caixa ($)					
Projeto	C_0	C_1	C_2	C_3	Período de recuperação (em anos)	VPL a 10%
A	−2.000	500	500	5.000	3	+2.624
B	−2.000	500	1.800	0	2	−58
C	−2.000	1.800	500	0	2	+50

O projeto A envolve um investimento inicial de $2 mil ($C_0 = -2.000$), seguido de fluxos positivos de caixa nos próximos três anos. Suponha que o custo de oportunidade do capital seja de 10%. Então, o projeto A tem um VPL de +$2.624:

$$\text{VPL}(A) = -2.000 + \frac{500}{1,10} + \frac{500}{1,10^2} + \frac{5.000}{1,10^3} = +\$2.624$$

---
[2] Claro que o método da depreciação utilizado para efeitos fiscais tem consequências em termos de caixa que devem ser consideradas no cálculo do VPL. Trataremos das depreciações e dos impostos no próximo capítulo.

O projeto B exige, igualmente, um investimento inicial de $2 mil, mas gera um fluxo positivo de caixa de $500 no ano 1 e de $1.800 no ano 2. Com o custo de oportunidade do capital de 10%, o projeto B tem um VPL de −$58:

$$\text{VPL(B)} = -2.000 + \frac{500}{1,10} + \frac{1.800}{1,10^2} = -\$58$$

O terceiro projeto, C, exige o mesmo investimento inicial dos outros dois projetos, mas o fluxo positivo de caixa no ano 1 é superior, uma vez que tem um VPL de +$50:

$$\text{VPL(C)} = -2.000 + \frac{1.800}{1,10} + \frac{500}{1,10^2} = +\$50$$

A regra do valor presente líquido estabelece que devemos aceitar os projetos A e C, mas rejeitar o projeto B.

Vejamos agora a rapidez com que cada projeto recupera o investimento inicial. Com o projeto A, são três anos para recuperar o investimento inicial de $2 mil; com os projetos B e C, são apenas dois anos. Se a empresa utilizasse *critério do período de recuperação* com um período-limite de dois anos, aceitaria somente os projetos B e C; se utilizasse o critério do período de recuperação com um período limite de três anos ou mais, aceitaria todos os projetos. Sendo assim, independente da escolha do período limite, o critério do período de recuperação dá respostas diferentes das do critério do valor presente líquido.

Podemos ver por que o critério do período de recuperação dá respostas enganadoras:

1. *O critério do período de recuperação ignora todos os fluxos de caixa depois do período limite.* Se o período limite for de dois anos, o critério rejeita o projeto A, independentemente da dimensão do fluxo de caixa positivo no ano 3.
2. *O critério do período de recuperação dá pesos iguais a todos os fluxos de caixa que ocorrem antes do período limite.* O critério determina que os projetos B e C são igualmente atraentes, mas como os fluxos de caixa gerados pelo projeto C ocorrem mais cedo, este tem um valor presente líquido mais elevado com qualquer taxa de desconto.

Para utilizar o critério do período de recuperação, a empresa tem de definir um período-limite apropriado. Se utilizar o mesmo limite, independentemente do período de vida do projeto, haverá uma tendência a aceitar muitos projetos menos interessantes de curto prazo e rejeitar muitos projetos interessantes com períodos de execução mais extensos.

Temos tido poucas coisas boas a dizer sobre o critério do período de recuperação. Sendo assim, por que tantas empresas ainda continuam a utilizá-lo? Os gerentes seniores efetivamente não acreditam que todos os fluxos de caixa após o período de recuperação são irrelevantes. Sugerimos três explicações para isso. Primeira, o critério do *payback* pode ser utilizado porque é o modo mais simples de *divulgar* uma noção da rentabilidade do projeto. As decisões de investimento exigem discussão e negociação entre pessoas de todos os setores da organização, e é importante que tenhamos uma medida que qualquer um possa entender. Segunda, os gestores de organizações de maior porte podem optar por projetos com curtos períodos de recuperação, pois eles creem que a obtenção mais rápida de lucros gera promoções mais rápidas. Isso nos remete novamente ao Capítulo 1, no qual discutimos a necessidade de se alinhar os objetivos dos gestores com os dos acionistas. Por fim, empresas de estrutura familiar com acesso limitado ao capital talvez se preocupem com sua capacidade futura de levantar recursos. Essas inquietações podem levar os seus membros a beneficiar projetos com período de recuperação curto mesmo que um empreendimento de prazo mais longo possa ter um VPL mais alto.

Payback descontado

Eventualmente, as empresas descontam os fluxos de caixa antes de calcularem o período de recuperação. Os fluxos de caixa descontados para os nossos três projetos ocorrem da seguinte maneira:

	Fluxos de caixa descontados ($)					
Projeto	C_0	C_1	C_2	C_3	Período de recuperação descontado (em anos)	VPL a 20%
A	−2.000	500/1,10 = 455	500/1,10² = 413	5.000/1,10³ = 3.757	3	+2.624
B	−2.000	500/1,10 = 455	1.800/1,10² = 1.488		−	−58
C	−2.000	1.800/1,10 = 1.636	500/1,10² = 413		2	+50

O *critério do período de recuperação com desconto* pergunta: "Quantos períodos de tempo o projeto precisa durar para ser aceitável em termos de valor presente líquido?". Você pode ver que o valor dos fluxos de caixa positivos do projeto B jamais excede o investimento inicial e sempre seria rejeitado sob o critério do *payback* descontado. Assim, esse critério jamais aceita um projeto com VPL negativo. Por outro lado, o critério do período de recuperação com desconto, continua a desconsiderar os fluxos de caixa que ocorrem após o período-limite, de modo que os projetos de longo prazo, como o projeto A, continuem a sofrer risco de rejeição.

Em vez de rejeitar automaticamente qualquer projeto de período de recuperação com desconto longo, muitos gestores simplesmente utilizam o critério como sinal de advertência. Eles não rejeitam impensadamente um projeto com um período de recuperação descontado longo. Em vez disso, procuram conferir se o proponente do projeto não é indevidamente otimista sobre a capacidade de ele gerar fluxos de caixa em um futuro distante. Eles se satisfazem com o fato de que os equipamentos têm vidas longas e que os competidores não entrarão no mercado para arrebanhar parte dos rendimentos do projeto.

5.3 Taxa interna de retorno (ou do fluxo de caixa descontado)

Enquanto o período de recuperação e o retorno contábil são critérios *ad hoc*, a taxa interna de retorno tem antecedentes muito mais respeitáveis e é recomendada em muitos textos financeiros. Se insistirmos mais nas suas deficiências, isso não se deve ao fato de serem mais numerosas, mas sim por serem menos óbvias.

No Capítulo 2, sugerimos que o valor presente líquido também poderia ser expresso em termos de taxa de retorno, o que conduziria ao seguinte critério: "Aceite oportunidades de investimento que ofereçam taxas de retorno superiores ao seu custo de oportunidade do capital". Essa afirmação, interpretada de maneira adequada, está absolutamente correta. Porém, sua interpretação nem sempre é fácil quando se trata de projetos de investimento de longo prazo.

Não existe nenhuma ambiguidade na definição da verdadeira taxa de retorno de um investimento que gera um único resultado no final de um período:

$$\text{Taxa de retorno} = \frac{\text{resultado}}{\text{investimento}} - 1$$

Por outro lado, poderíamos especificar o VPL do investimento e calcular a taxa de desconto que torna o VPL = 0:

$$\text{VPL} = C_0 + \frac{C_1}{1 + \text{taxa de desconto}} = 0$$

o que implica que:

$$\text{Taxa de desconto} = \frac{C_1}{-C_0} - 1$$

É claro que C_1 é o rendimento e $-C_0$ é o investimento exigido; desse modo, as nossas duas equações expressam exatamente a mesma coisa: *a taxa de desconto que torna o VPL = 0 é também a taxa de retorno.*

Como calculamos o retorno quando o projeto gera fluxos de caixa em diversos períodos? Resposta: utilizamos a mesma definição que acabamos de desenvolver para projetos com período de um ano – *a taxa de retorno do projeto é a taxa de desconto que fornece um VPL igual a zero.* Ela é conhecida como **taxa de retorno do fluxo de caixa descontado (FCD)** ou **taxa interna de retorno (TIR)** e é muito utilizada em finanças. Essa taxa pode ser um instrumento prático, mas, como veremos, pode também levar ao erro. Sendo assim, é importante que se saiba calculá-la e utilizá-la adequadamente.

Cálculo da TIR

A taxa interna de retorno é definida como a taxa de desconto que torna o VPL = 0. Portanto, para encontrarmos a TIR de um projeto que dura T anos, devemos resolver, em relação à TIR, a seguinte expressão:

$$\text{VPL} = C_0 + \frac{C_1}{1 + \text{TIR}} + \frac{C_2}{(1 + \text{TIR})^2} + \cdots + \frac{C_T}{(1 + \text{TIR})^T} = 0$$

O cálculo efetivo da TIR exige, normalmente, uma série de aproximações sucessivas. Por exemplo, considere um projeto que gere os seguintes fluxos:

Fluxos de caixa ($)		
C_0	C_1	C_2
−4.000	+2.000	+4.000

A taxa interna de retorno é TIR na equação

$$\text{VPL} = -4.000 + \frac{2.000}{1 + \text{TIR}} + \frac{4.000}{(1 + \text{TIR})^2} = 0$$

Tentemos, arbitrariamente, uma taxa de desconto igual a zero. Nesse caso o VPL não é zero, mas sim +$2.000:

$$\text{VPL} = -4.000 + \frac{2.000}{1,0} + \frac{4.000}{(1,0)^2} = +\$2.000$$

O VPL é positivo; por isso a TIR deve ser maior do que zero. O passo seguinte pode ser tentar com uma taxa de desconto de 50%. Nesse caso, o valor presente líquido é −$889:

$$\text{VPL} = -4.000 + \frac{2.000}{1,50} + \frac{4.000}{(1,50)^2} = -\$889$$

O VPL é negativo; portanto, a TIR deve ser menor do que 50%. Na Figura 5.3, traçamos os valores presentes líquidos resultantes de uma série de taxas de desconto. A partir da figura, podemos ver que uma taxa de desconto de 28,08% fornece o valor presente líquido desejado igual a zero. Sendo assim, a TIR é de 28,08% (informamos o cálculo com duas casas decimais para evitar confusão no arredondamento. Na prática, ninguém se preocuparia com 0,08%).[3]

---

[3] A TIR é uma parente próxima do retorno até o vencimento de um título. Lembre-se do Capítulo 3 que o retorno até o vencimento é a taxa de desconto que torna o valor presente dos pagamentos de juros futuros e do principal igual ao preço do título. Caso você compre o título a preço de mercado e mantenha-o até o vencimento, o retorno até o vencimento é a sua TIR referente ao investimento no título.

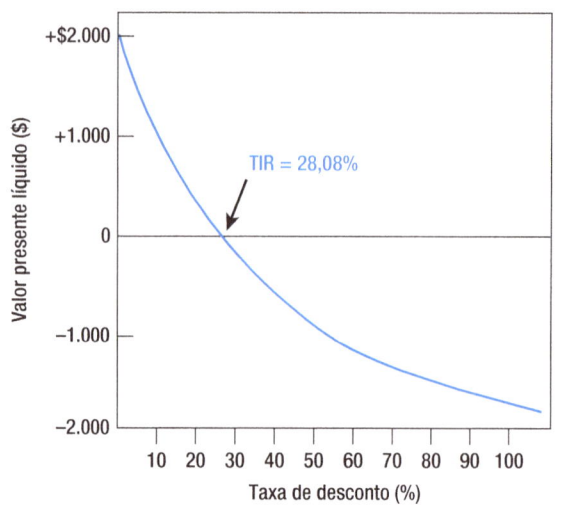

▶ **FIGURA 5.3** Este projeto custa $4 mil e, depois, gera ganhos de $2 mil no ano 1 e de $4 mil no ano 2. Sua TIR é de 28,08%, a taxa de desconto para a qual o VPL é igual a zero.

A maneira mais fácil de calcular a TIR sem utilizar calculadora é representar três ou quatro combinações do VPL e da taxa de desconto em um gráfico, como o da Figura 5.3, ligar os pontos com uma linha contínua e extrair a taxa de desconto para a qual o VPL = 0. Claro que é mais rápido e mais preciso se utilizarmos um computador ou uma calculadora especialmente programada para isso, como faz a maioria dos administradores. O quadro "Funções úteis para planilhas", que pode ser encontrado ao final do capítulo, lista funções do Excel para fazer essas tarefas.

Algumas pessoas confundem a taxa interna de retorno com o custo de oportunidade do capital, porque ambos surgem como taxas de desconto na fórmula do VPL. A TIR é uma *medida de retorno* que depende exclusivamente do montante e da data de ocorrência dos fluxos de caixa do projeto. O custo de oportunidade do capital é um *padrão de retorno* que utilizamos para calcular o valor do projeto e é estabelecido nos mercados de capitais. É a taxa de retorno esperada e oferecida por outros ativos com um risco equivalente ao do projeto em avaliação.

O critério da TIR

O *critério da taxa interna de retorno* é o de aceitar um projeto de investimento se o custo de oportunidade do capital for menor do que a taxa interna de retorno. Pode-se ver a lógica em que se baseia esse conceito se for observada, novamente, a Figura 5.3. Se o custo de oportunidade do capital for menor do que a TIR de 28,08%, então o projeto tem um VPL *positivo* quando for descontado à taxa do custo de oportunidade do capital. Se for igual à TIR, o projeto terá um VPL nulo. Se for maior que a TIR, então o projeto terá um VPL *negativo*. Desse modo, quando comparamos o custo de oportunidade do capital com a TIR de nosso projeto, estamos efetivamente perguntando se o nosso projeto tem um VPL positivo, e isso não se aplica apenas ao nosso exemplo. Esse critério dá a mesma resposta que o critério do valor presente líquido *sempre que o VPL de um projeto for uma função continuamente decrescente da taxa de desconto.*

Muitas organizações preferem, como critério de avaliação, a taxa interna de retorno ao valor presente líquido. Achamos que isso é lastimável. Embora os dois critérios, se forem formulados de modo adequado, sejam formalmente equivalentes, o critério da taxa interna de retorno contém algumas armadilhas.

Armadilha 1 – emprestar ou tomar emprestado

Nem todas as séries de fluxos de caixa têm um VPL que diminui à medida que a taxa de desconto aumenta. Considere os seguintes projetos, A e B:

Projeto	Fluxos de caixa ($)		TIR	VPL a 10%
	C_0	C_1		
A	−1.000	+1.500	+50%	+364
B	+1.000	−1.500	+50%	−364

Cada projeto tem uma TIR de 50%. (Em outras palavras, $-1.000 + 1.500/1,50 = 0$ e $+1.000 - 1.500/1,50 = 0$.)

Isso significa que ambos são igualmente atraentes? Claro que não, pois no caso A, em que existe um desembolso inicial de $1 mil, estamos *emprestando* dinheiro a 50%, e no caso B, em que recebemos no início $1 mil, estamos *pedindo emprestado* à taxa de 50%. Quando emprestamos, desejamos uma *alta* taxa de retorno; quando tomamos emprestado, queremos uma *baixa* taxa de retorno.

Se desenharmos um gráfico como o da Figura 5.3 para o projeto B, perceberemos que o VPL aumenta à medida que se eleva a taxa de desconto. Obviamente, o critério da taxa interna de retorno, tal como nos referimos anteriormente, não funciona nesse caso; teremos de procurar uma TIR *menor* do que o custo de oportunidade do capital.

Armadilha 2 – taxas de retorno múltiplas

A Helmsley Iron propõe desenvolver uma mina a céu aberto na Austrália Ocidental. Essa mina tem um investimento inicial de $30 bilhões e espera-se que produza fluxos de caixa de $10 bilhões por ano durante os próximos nove anos. No fim desse período, a empresa tem que despender $65 bilhões em trabalhos de limpeza. Os fluxos de caixa do projeto, portanto, são:

Fluxos de caixa (bilhões de dólares australianos)				
C_0	C_1	...	C_9	C_{10}
−30	10		10	−65

A Helmsley calcula a TIR e o VPL do projeto da seguinte maneira:

TIR (%)	VPL a 10%
+3,5 e 19,54	$2,53 bilhões

Observe que há *duas* taxas de desconto que tornam a TIR = 0. Ou seja, *cada* uma das igualdades seguintes é verdadeira:

$$\text{VPL} = -30 + \frac{10}{1,035} + \frac{10}{1,035^2} + \cdots + \frac{10}{1,035^9} - \frac{65}{1,035^{10}} = 0$$

$$\text{VPL} = -30 + \frac{10}{1,1954} + \frac{10}{1,1954^2} + \cdots + \frac{10}{1,1954^9} - \frac{65}{1,1954^{10}} = 0$$

Em outras palavras, o investimento tem uma TIR de $-3,50$ e de 19,54%. A Figura 5.4 mostra como isso acontece. À medida que cresce o desconto, o VPL inicialmente sobe para, em seguida, descer. A causa disso é a dupla mudança de sinal na corrente dos fluxos de caixa. Pode haver tantas taxas internas de retorno para um projeto quanto às mudanças de sinal dos fluxos de caixa.[4]

Os custos de limpeza e remoção podem, às vezes, ser imensos. A Phillips Petroleum estimou que precisará gastar $1 bilhão para remover suas plataformas petrolíferas ao largo da costa norueguesa. A remoção de uma usina nuclear pode custar um montante de $500 milhões. Essas são razões óbvias para a transição de fluxos de caixa positivos para negativos, mas, provavelmente, é

---

[4] Pela "regra dos sinais" de Descartes, pode haver tantas soluções diferentes de um polinômio quanto as mudanças de sinal ocorridas.

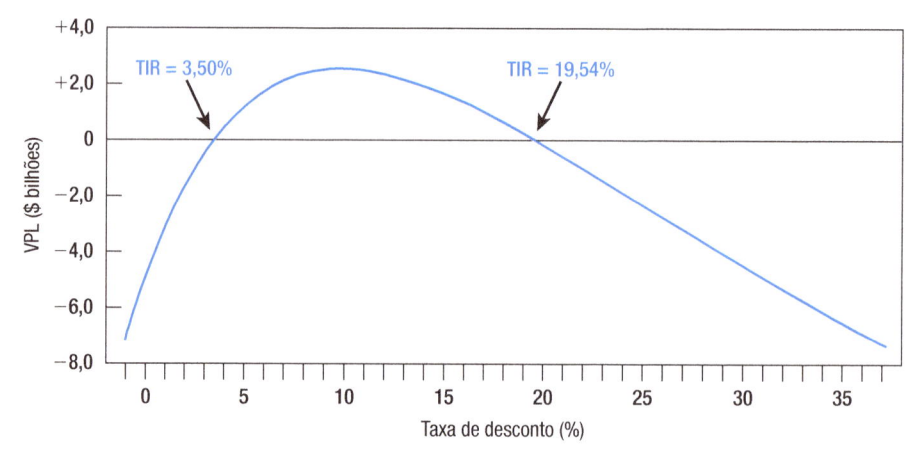

▶ **FIGURA 5.4** A mina Helmsley Iron tem duas taxas internas de retorno. O VPL = 0 quando a taxa de desconto é de +3,50% e quando é de +19,54%.

possível pensar em outras situações em que uma empresa tem de prever despesas que serão feitas posteriormente. Os barcos têm de ser reparados em docas secas, os hotéis precisam de grandes alterações do seu visual, as peças das máquinas precisam ser substituídas etc.

Sempre que se espera que a corrente de fluxos de caixa mude de sinal mais do que uma vez, é possível que a organização confronte-se com mais do que uma TIR.

Para aumentar mais as dificuldades, há ainda casos em que *não* existe taxa interna de retorno. Por exemplo, o projeto C tem um valor presente líquido positivo a todas as taxas de desconto:

Projeto	Fluxos de caixa ($)			TIR (%)	VPL a 10%
	C_0	C_1	C_2		
C	+1.000	−3.000	+2.500	Nenhum	+339

Foram concebidas várias adaptações do critério da TIR para esses casos. Além de terem se revelado inadequadas, são desnecessárias, pois a solução consiste, simplesmente, na utilização do valor presente líquido.[5]

Armadilha 3 – projetos mutuamente excludentes

As empresas frequentemente têm de escolher entre vários modos alternativos de realizar o mesmo trabalho ou de utilizar a mesma instalação. Ou seja, precisam escolher um dentre vários **projetos mutuamente excludentes**. Nesses casos, o critério da TIR também pode ser enganador.

---

[5] Às vezes, as empresas driblam o problema das várias taxas internas de retorno por meio do desconto dos fluxos de caixa tardios ao custo do capital até que exista apenas uma mudança de sinal nos fluxos de caixa. Essas séries revistas permitem calcular uma *taxa interna de retorno modificada*. No nosso exemplo, a TIR modificada seria calculada do seguinte modo:

1. Calcule o valor presente dos fluxos de caixa no ano 5 de todos os fluxos de caixa subsequentes:

$$\text{VP no ano 5} = 10/1,1 + 10/1,1^2 + 10/1,1^3 + 10/1,1^4 - 65/1,1^5 = -8,66$$

2. Some ao fluxo de caixa do ano 5 o valor presente dos fluxos de caixa subsequentes.:

$$C_5 + \text{VP (fluxos de caixa subsequentes)} = 10 - 8,66 = 1,34$$

3. Como há apenas uma mudança de sinal dos fluxos de caixa, a série corrigida tem apenas uma taxa de retorno, que é de 13,7%:

$$\text{VPL} = -30 + 10/1,137 + 10/1,137^2 + 10/1,137^3 + 10/1,137^4 + 1,34/1,137^5 = 0$$

Como a TIR modificada de 13,7% é maior do que o custo do capital (e o fluxo de caixa inicial é negativo), o projeto tem um VPL positivo quando avaliado ao custo do capital.

É claro que, nesses casos, seria muito mais fácil abandonar o critério da TIR e calcular apenas o VPL previsto.

Considere os projetos D e E:

Projeto	Fluxos de caixa ($)		TIR (%)	VPL a 10%
	C_0	C_1		
D	−10.000	+20.000	100	+8.182
E	−20.000	+35.000	75	+11.818

Vamos supor que o projeto D seja uma máquina-operatriz controlada manualmente e o projeto E, uma máquina idêntica, mas controlada por computador. Ambos são bons investimentos, mas E tem um VPL maior e é, portanto, melhor. Contudo, o critério da TIR parece indicar que, se tiver de escolher, deve-se preferir D, pois tem uma TIR mais elevada. Seguindo o critério da TIR, teremos a satisfação de obter uma taxa de retorno de 100%; seguindo o critério do VPL, ficaremos $11.818 mais ricos.

Nesses casos, pode-se recuperar o critério da TIR analisando a taxa interna de retorno dos fluxos *adicionais*. Pode-se fazer da seguinte maneira: primeiro, considere o projeto menor (D, no nosso exemplo). Tem uma TIR de 100%, que é muito maior do que os 10% do custo de oportunidade do capital. Portanto, sabe-se que D é aceitável. A pergunta que se faz agora é se compensa fazer o investimento adicional de $10 mil em E. Os fluxos adicionais de realizar o investimento E, em vez de D, são os seguintes:

Projeto	Fluxos de caixa ($)		TIR (%)	VPL a 10%
	C_0	C_1		
E − D	−10.000	+15.000	50	+3.636

A TIR do investimento adicional é de 50%, o que também excede largamente os 10% do custo de oportunidade do capital. Assim, o projeto E é preferível ao projeto D.[6]

A menos que se analise o investimento adicional, a TIR não é um critério confiável para ordenar projetos de tamanhos diferentes. Também não é confiável na ordenação de projetos que geram padrões diferentes de fluxos de caixa ao longo do tempo. Por exemplo, suponhamos que a organização possa empreender o projeto F *ou* o projeto G, mas não ambos:

Projeto	Fluxos de caixa ($)						Etc.	TIR (%)	VPL a 10%
	C_0	C_1	C_2	C_3	C_4	C_5			
F	−9.000	+6.000	+5.000	+4.000	0	0	...	33	3.592
G	−9.000	+1.800	+1.800	+1.800	+1.800	+1.800	...	20	9.000

O projeto F tem uma TIR mais elevada, mas o projeto G, que é uma perpetuidade, tem um VPL maior. A Figura 5.5 mostra por que os dois critérios dão respostas diferentes. A linha cinza-claro representa o valor presente líquido do projeto F com diferentes taxas de desconto. Dado que a taxa de desconto de 33% dá um valor presente líquido igual a zero, essa é a taxa interna de retorno do projeto F. Do mesmo modo, a linha azul indica o valor presente líquido do projeto G para taxas diferentes de desconto. A TIR do projeto G é de 20%. (Partimos do princípio de que os fluxos de caixa do projeto G continuam indefinidamente.) Note, entretanto, que o projeto G tem um VPL maior, desde que o custo de oportunidade do capital seja inferior a 15,6%.

A razão pela qual a TIR induz ao erro provém dos fluxos totais de caixa do projeto G serem maiores, mas tenderem a ocorrer mais tarde. Quando a taxa de desconto for baixa, portanto, G terá

---

[6] Pode-se verificar, contudo, que a emenda é pior do que o soneto. As séries dos fluxos de caixa adicionais podem implicar várias mudanças de sinal. Nesse caso, provavelmente, trata-se de TIR múltiplas, que acabarão por forçar a utilização do critério do VPL.

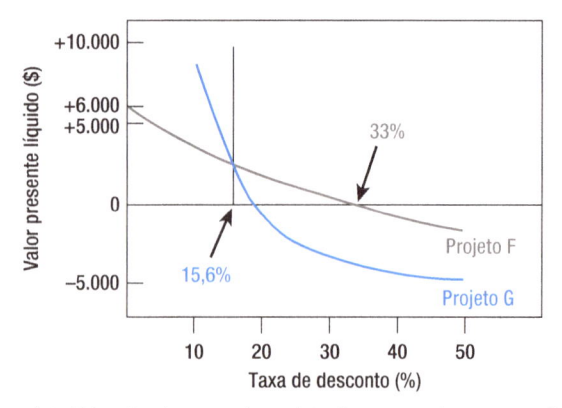

▶ **FIGURA 5.5** A TIR do projeto F é maior do que a do projeto G, mas o valor presente líquido do projeto F é maior apenas se a taxa de desconto for maior do que 15,6%.

um VPL maior; quando a taxa de desconto for alta, F terá um VPL maior. (Pode-se verificar na Figura 5.5 que ambos os projetos têm o *mesmo* VPL quando a taxa de desconto é de 15,6%.) As taxas internas de retorno dos dois projetos indicam que, com uma taxa de desconto de 20%, G tem um VPL igual a zero (TIR = 20%) e F tem um VPL positivo. Assim, se o custo de oportunidade do capital for de 20%, os investidores darão um valor maior ao projeto de curto prazo F. Mas, no nosso exemplo, o custo de oportunidade do capital não é de 20%, mas sim de 10%. Sendo assim, os investidores pagarão um preço relativamente elevado pelo projeto F de maior duração. Com um custo de capital de 10%, um investimento em G terá um VPL de $9 mil, e um investimento em F tem um VPL de apenas $3.592.[7]

Esse é um dos nossos exemplos favoritos. Recolhemos várias reações de pessoas de negócios a esse respeito. Quando questionados sobre a escolha entre F e G, muitos optaram por F, e o motivo parece residir no rápido período de recuperação desse projeto. Ou seja, pensaram que, se levassem a cabo o projeto F, também poderiam usar o fluxo de caixa gerado em investimentos futuros, enquanto, se escolhessem G, não teriam disponibilidades suficientes para tais inventimentos. Em outras palavras, admitiam implicitamente que é a *limitação de capital* que força a escolha entre F e G. Quando esse pressuposto implícito era explicado, admitiam, geralmente, que G seria melhor se não houvesse limitação de capital.

Mas a introdução das restrições de capital levanta outras duas questões. A primeira relaciona-se ao fato de que a maioria dos executivos que preferem F a G trabalham para empresas que não têm dificuldade em obter mais capital. Por que um executivo da IBM, por exemplo, escolheria F com base na restrição do capital? A IBM pode obter muito capital e para futuros projetos, independentemente da escolha entre F ou G; portanto, essas oportunidades futuras não devem afetar a escolha entre F e G. A resposta parece estar no fato de que as grandes empresas impõem, geralmente, orçamentos de investimento às suas divisões e subdivisões como parte do seu sistema de planejamento e controle. Como o sistema é complexo e pesado, os orçamentos não são facilmente alteráveis, e os gestores médios interpretam-nos como uma verdadeira restrição.

A segunda questão é a seguinte: se houver uma restrição de capital, real ou autoassumida, deverá se utilizar a TIR para hierarquizar projetos? A resposta é não. O problema, nesse caso, é encontrar o conjunto de projetos de investimento que satisfaça à restrição de capitais e que tenha o maior VPL. O critério da TIR não identifica esse conjunto, e, tal como mostraremos na seção seguinte, o único modo prático e geral de fazer isso é utilizando técnicas de programação linear.

Quando temos de escolher entre os projetos F e G, é mais fácil comparar os valores presentes líquidos. Mas se você estiver inclinado ao critério da TIR, poderá utilizá-lo desde que analise

---

[7] Sugere-se, muitas vezes, que a escolha entre o critério do valor presente líquido e a taxa interna de retorno deveria depender da taxa provável de reinvestimento. Isso está errado. *Nunca* se deverá permitir que o retorno previsível de outro investimento *independente* influencie a decisão de investimento.

a taxa interna de retorno dos fluxos adicionais. O procedimento é exatamente igual ao que utilizamos anteriormente. Primeiro, confirme que o projeto F tem uma TIR satisfatória. Depois, analise a rentabilidade dos fluxos de caixa adicionais de G.

Projeto	Fluxos de caixa ($)							TIR (%)	VPL a 10%
	C_0	C_1	C_2	C_3	C_4	C_5	Etc.		
G – F	0	–4.200	–3.200	–2.200	+1.800	+1.800	...	+15,6	+5.408

A TIR sobre os fluxos de caixa adicionais de G é de 15,6%. Dado que essa TIR é maior do que o custo de oportunidade do capital, deve-se escolher G em vez de F.[8]

Armadilha 4 – O que acontece quando há mais de um custo de oportunidade do capital?

Simplificamos a nossa discussão sobre a decisão de investimento pressupondo que o custo de oportunidade do capital é o mesmo para todos os fluxos de caixa, C_1, C_2, C_3 etc. Vamos recordar a nossa fórmula mais genérica para o cálculo do valor presente líquido:

$$\text{VPL} = C_0 + \frac{C_1}{1 + r_1} + \frac{C_2}{(1 + r_2)^2} + \frac{C_3}{(1 + r_3)^3} + \cdots$$

Ou seja, descontamos C_1 ao custo de oportunidade do capital para um ano, C_2 ao custo de oportunidade do capital para 2 anos, e assim sucessivamente. O critério da TIR nos informa que aceitamos um projeto se a TIR for maior que o custo de oportunidade do capital. Mas o que fazer quando temos vários custos de oportunidade do capital? Comparamos a TIR com $r_1, r_2, r_3,\ldots$? Efetivamente, teríamos que determinar uma média ponderada complexa a partir dessas taxas para obter um número comparável à TIR.

As diferenças entre taxas de desconto de curto e longo prazos podem ser importantes quando a estrutura temporal das taxas de juros não é "homogênea". Em 2014, por exemplo, as taxas de juros de curto prazo estavam perto de zero nos Estados Unidos, mas aumentavam com a maturidade até cerca de 3% no caso dos títulos de mais longo prazo do Tesouro norte-americano. Suponha que um gestor financeiro esteja cogitando alugar novos espaços de escritório e que os pagamentos referentes ao aluguel sejam obrigações fixas. Sendo assim, o gestor não utilizaria a mesma taxa de desconto para um aluguel de um ano do que para um aluguel de 15 anos.

Mas a precisão extra que se obtém baseando a estrutura temporal das taxas de desconto em termos de taxas de desconto para projetos arriscados de investimento de capital raramente compensa o esforço. Os ganhos advindos de uma maior precisão nos fluxos de caixa de um projeto são muito preferíveis aos ganhos advindo de uma maior precisão nos descontos. Por isso, a TIR geralmente acaba sobrevivendo, mesmo quando a estrutura temporal não é homogênea.

O veredito sobre a TIR

Apresentamos quatro situações distintas em que a TIR pode levar a conclusões erradas. Demos muito menos espaço aos métodos do período de recuperação ou do retorno contábil. Isso significa que a TIR é pior do que os outros dois critérios? Muito pelo contrário. Há pouco interesse em aprofundar as deficiências do *payback* (período de recuperação) ou do retorno contábil. São claramente critérios *ad hoc* que conduzem, muitas vezes, a conclusões absurdas. O critério da TIR tem antecedentes muito mais respeitáveis. É um critério mais difícil de usar do que o do VPL, mas, utilizado convenientemente, dá a mesma resposta.

---

[8] Como F e G têm custo do capital idêntico de 10%, poderíamos escolher entre os dois projetos perguntando se a TIR dos fluxos de caixa adicionais era superior ou inferior a 10%. Mas suponhamos que F e G tenham riscos diferentes e, por conseguinte, custos do capital diferentes. Nesse caso, não haveria um valor de referência simples para avaliar se a TIR nos fluxos de caixa adicionais era adequada.

Atualmente, são poucas as grandes empresas que utilizam o período de recuperação ou o retorno contábil como os principais critérios da atratividade de um projeto. Muitas utilizam os fluxos de caixa descontados (FCD) e, para muitas organizações, "FCD" significa TIR, não VPL. Para projetos "normais" de investimento com um fluxo de caixa inicial negativo, seguido de uma série de fluxos de caixa positivos, não há dificuldades de utilização da taxa interna de retorno para formular decisões simples de aceitação/rejeição. Contudo, acreditamos que os gestores financeiros que gostam de usar a TIR devem se preocupar mais com a Armadilha 3, uma vez que nunca percebem todos os projetos possíveis. A maioria dos projetos é proposta por gestores operacionais. Uma empresa que ensina gestores não financeiros a olhar primeiro para a TIR provoca a procura dos projetos com TIR mais elevada, em detrimento dos que têm VPL mais elevado. Isso também encoraja os gestores a *modificar* projetos para aumentar a TIR. Onde é que, normalmente, se encontram as TIR mais elevadas? Em projetos de curto prazo com pequenas necessidades de investimento inicial. Esses projetos não poderão acrescentar muito valor à empresa.

Não sabemos por que há tantas empresas tão atentas à taxa interna de retorno, mas suspeitamos que isso resulta do fato de a gerência não acreditar nas previsões que recebe. Vamos imaginar que os gestores de duas fábricas o abordem com uma proposta para dois novos investimentos. Ambos têm um VPL positivo de $1.400 aos 8% de custo de capital, mas, apesar disso você decide aceitar o projeto A e rejeitar o projeto B. Você está sendo irracional?

Os fluxos de caixa e os VPLs dos dois projetos são apresentados no quadro a seguir. Pode-se verificar que, apesar de ambas as propostas terem o mesmo VPL, o projeto A acarreta um investimento de $9 mil, enquanto B requer um investimento de $9 milhões. Investir $9 mil para ganhar $1.400 é, claramente, uma proposta atraente, e isso é visível na TIR de A, que é de cerca de 16%. Investir $9 milhões para ganhar $1.400 também poderá valer a pena, caso haja a *certeza* sobre as previsões do gestor da fábrica, mas não há praticamente qualquer margem para erro no projeto B. Poderia se despender tempo e dinheiro para verificar as previsões, mas será que vale a pena? A maioria dos gestores olharia para a TIR e decidiria que, se o custo de capital é de 8%, um projeto que ofereceria um retorno de 8,01% não compensa.

Por outro lado, a gerência pode concluir que o projeto A é claramente o que deve ser empreendido de imediato, mas, no caso do projeto B, pode fazer sentido esperar e ver se há a possibilidade de uma decisão mais precisa após o período de um ano.[9] É por isso que a gerência muitas vezes adia a decisão em projetos como o B ao estabelecer uma taxa mínima para a TIR superior ao custo do capital.

Projeto	Fluxos de caixa ($ milhões)				VPL a 8%	TIR (%)
	C_0	C_1	C_2	C_3		
A	−9,0	2,9	4,0	5,4	1,4	15,58
B	−9.000	2.560	3.540	4.530	1,4	8,01

5.4 Decisões de investimento quando os recursos são limitados

Toda a nossa discussão sobre os métodos para decisões de investimento baseou-se no pressuposto de que a riqueza dos acionistas de uma empresa será a maior possível se esta aceitar *todos* os projetos que têm um VPL positivo. Mas vamos supor que existam limitações ao programa de investimento que impedem a empresa de levar a cabo todos esses projetos, situação chamada pelos economistas de *restrição de capital*. Quando o capital é limitado, precisamos de um método de seleção para o conjunto de projetos que são possíveis com os recursos da organização, mas que, no entanto, proporcionem o maior valor presente líquido possível.

---

[9] No Capítulo 22 discutiremos quando compensa uma organização postergar a execução de um projeto com VPL positivo. Veremos que, quando os projetos são "*deep-in-the-money*" (projeto A), geralmente vale a pena investir imediatamente e coletar os fluxos de caixa. No caso dos projetos "*close-to-money*" (projeto B), no entanto, faz mais sentido esperar e ver.

Um problema fácil de restrição de capital

Comecemos com um exemplo simples. O custo de oportunidade do capital é de 10%, e a nossa empresa tem as seguintes oportunidades:

Projeto	Fluxos de caixa ($ milhões)			VPL a 10%
	C_0	C_1	C_2	
A	−10	+30	+5	21
B	−5	+5	+20	16
C	−5	+5	+15	12

Todos os três projetos são atraentes, mas suponhamos que a empresa esteja limitada a investir $10 milhões. Nesse caso, *apenas* se pode investir no projeto A *ou* nos projetos B e C, mas não se pode investir nos três projetos. Embora individualmente B e C tenham valores presentes líquidos inferiores ao do projeto A, quando considerados em conjunto eles possuem o valor presente líquido mais elevado. Aqui não podemos escolher projetos apenas com base nos valores presentes líquidos. Quando os fundos são limitados, precisamos nos concentrar em conseguir o melhor resultado com os recursos disponíveis. Ou seja, temos de escolher os projetos que nos oferecem o valor presente líquido mais elevado por dólar de despesa inicial. Esse índice é conhecido como **índice de rentabilidade**:[10]

$$\text{Índice de rentabilidade} = \frac{\text{valor presente líquido}}{\text{investimento}}$$

Para os nossos três projetos, o índice de rentabilidade é calculado da seguinte maneira:[11]

Projeto	Investimento ($ milhões)	VPL ($ milhões)	Índice de rentabilidade
A	10	21	2,1
B	5	16	3,2
C	5	12	2,4

O projeto B tem o índice de rentabilidade mais elevado e o C, o índice imediatamente a seguir. Se o nosso limite for de $10 milhões devemos, portanto, aceitar esses dois projetos.[12]

Infelizmente, existem algumas limitações para esse método simplificado de hierarquização. Uma das mais graves é o fato de falhar quando há mais do que um recurso restrito.[13] Por exemplo, suponha que a organização possa angariar apenas $10 milhões para investimento em *cada* um dos anos 0 e 1 e que a lista de projetos possíveis tenha sido ampliada, passando a incluir o projeto D como um investimento no ano seguinte:

---

[10] Se um projeto requer despesas em dois ou mais momentos, o denominador deverá ser o valor presente das despesas. Algumas empresas não descontam os ganhos nem os custos antes de calcularem o índice de rentabilidade. Quanto menos dissermos sobre essas empresas, melhor.

[11] Por vezes, o índice de rentabilidade é definido como o índice entre o valor presente e a despesa inicial, ou seja, como VP/investimento. Essa medida é também conhecida como *índice de custo-benefício*. Para calcularmos o índice de custo-benefício, temos simplesmente de adicionar 1,0 a cada índice de rentabilidade. A ordenação dos projetos permanece inalterada.

[12] Se um projeto tem um índice de rentabilidade positivo também tem de ter um VPL positivo. Por isso, às vezes as empresas utilizam o índice de rentabilidade para selecionar projetos quando *não* há limitações de capital. No entanto, assim como na TIR, o índice de rentabilidade pode ser enganador se for utilizado para escolher projetos mutuamente excludentes. Suponha, por exemplo, que você seja forçado a escolher entre (1) investir $100 em um projeto cujos ganhos têm um valor presente de $200 ou (2) investir $1 milhão em um projeto cujos ganhos tenham um valor presente de $1,5 milhão. O primeiro investimento tem um índice de rentabilidade superior; o segundo torna-o mais rico.

[13] Também pode ocorrer uma falha se ocasionar que alguma soma de dinheiro não seja investida. Pode ser melhor gastar todos os fundos disponíveis mesmo que isso implique a aceitação de um projeto com um índice de rentabilidade ligeiramente menor.

	Fluxos de caixa ($ milhões)				
Projeto	C_0	C_1	C_2	VPL a 10%	Índice de rentabilidade
A	−10	+30	+5	21	2,1
B	−5	+5	+20	16	3,2
C	−5	+5	+15	12	2,4
D	0	−40	+60	13	0,4

Uma estratégia possível é a de aceitar os projetos B e C; no entanto, se o fizermos, não podemos aceitar também D, que custa mais do que o nosso limite orçamentário para o período 1. Uma alternativa é aceitar o projeto A no período 0. Embora tenha um valor presente líquido inferior à combinação de B e C, proporciona um fluxo de caixa positivo de $30 milhões no período 1. Quando esse montante for somado ao orçamento de $10 milhões, podemos então aceitar o D no ano seguinte. A e D têm índices de rentabilidade *inferiores* a B e C, mas têm um valor presente líquido total *superior*.

A hierarquização do índice de rentabilidade falha, nesse exemplo, porque os recursos são limitados em cada um dos dois períodos. Na realidade, esse método de classificação é inadequado sempre que existir *qualquer* outra restrição na escolha dos projetos. Isso significa que o método não está preparado para casos nos quais dois projetos são mutuamente excludentes, ou nos quais um dos projetos seja dependente de outro.

Por exemplo, suponha que você tenha uma longa lista de projetos possíveis para começar neste ano e no próximo. Há um limite ao montante que pode ser investido em cada ano. Talvez você não possa executar os projetos alfa e beta (ambos necessitam do mesmo terreno), e só possa investir no projeto gama se também tiver investido em delta (gama é apenas um adendo ao projeto delta). Torna-se necessário que se encontrem os conjuntos de projetos que satisfaçam todas essas contingências e que tenham o VPL mais elevado.

Uma maneira de resolver esse problema é analisar todas as combinações possíveis de projetos. Em cada combinação, é verificado primeiro se o projeto satisfaz às contingências e, em seguida, calcula-se o valor presente líquido. Mas procure se informar também sobre as técnicas de programação linear (PL) que podem lhe ajudar a encontrar todas as combinações possíveis.

Utilização dos modelos de restrição de capital

Os modelos de programação linear parecem feitos na medida para resolver os problemas orçamentários quando os recursos são limitados. Então, por que não são universalmente aceitos, tanto na teoria como na prática? Em primeiro lugar isso se deve ao fato de esses modelos poderem ser muito complexos. Em segundo lugar, como acontece com qualquer ferramenta sofisticada de planejamento de longo prazo, existe o problema em se obter dados válidos. Não vale a pena aplicar métodos dispendiosos e sofisticados a dados de baixa qualidade. Além disso, esses modelos baseiam-se no pressuposto de que há conhecimento de todas as oportunidades futuras de investimentos. Na realidade, a descoberta de noções de investimento é um processo gradual.

Nossas maiores preocupações centram-se no pressuposto básico de que o capital é limitado. Quando discutirmos o financiamento empresarial, observaremos que a maior parte das empresas não se depara com o racionamento de capital e pode obter grandes quantias em condições adequadas. Então por que muitos presidentes de empresas dizem aos seus subordinados que o capital é limitado? Se tiverem razão, então o mercado de capitais é muito imperfeito. O que estarão fazendo, portanto, ao maximizar o VPL?[14] Poderemos ser tentados a supor que, se o capital não for limitado, não *necessitam* utilizar a programação linear e, se for limitado, então seguramente não a *devem* utilizar. Mas isso seria uma conclusão extremamente rápida. Observaremos o problema mais detalhadamente.

---

[14] Não se esqueça de que, no Apêndice do Capítulo 1, tivemos de pressupor mercados de capitais perfeitos para deduzir o critério do VPL.

FUNÇÕES ÚTEIS PARA PLANILHAS

Taxa interna de retorno

Os programas de elaboração de planilhas, como o Excel, apresentam funções internas para a resolução de problemas de cálculo de taxas internas de retorno. É possível encontrá-las pressionando a aba *fx* na barra de ferramentas do Excel. Se, em seguida, você der um clique na função que deseja usar, o programa lhe pede os dados necessários. No botão à esquerda da caixa de funções há o recurso "Ajuda sobre esta opção" com um exemplo de como a função é utilizada.

Eis aqui uma lista das funções úteis para a resolução desses problemas e alguns pontos para lembrar quando se digitar os dados:

- **TIR:** Taxa interna de retorno em uma série de fluxos de caixa regularmente espaçados.
- **XTIR:** Idêntica ao item anterior, mas para fluxos de caixa com espaçamento irregular.

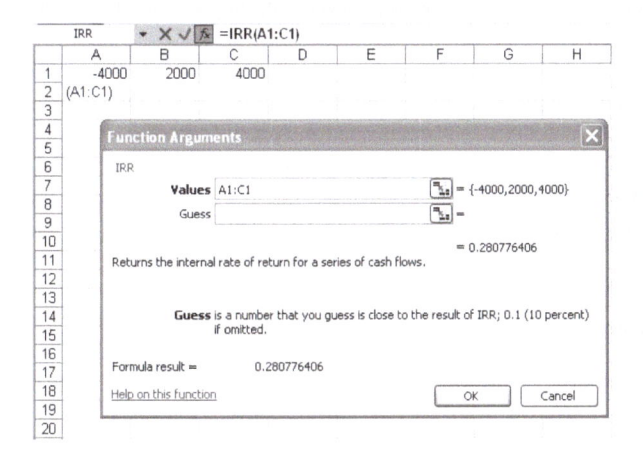

Observação:
- Para essas funções, você deve digitar os endereços de células que contenham os valores de entrada.
- As funções de TIR calculam somente uma TIR mesmo quando há múltiplas TIRs.

Questões com planilhas

As questões a seguir oferecem oportunidades de praticar cada uma das funções do Excel

1. (TIR) Confira as TIRs do projeto F na Seção 5.3.
2. (TIR) Qual é a TIR de um projeto com os seguintes fluxos de caixa:

C_0	C_1	C_2	C_3
−$5.000	+$2.200	+$4.650	+$3.330

3. (XTIR) Qual é a TIR de um projeto com os seguintes fluxos de caixa:

C_0	C_4	C_5	C_6
−$215.000...	+$185.000	+$85.000	+$43.000

(Todos os demais fluxos de caixa são nulos.)

Restrição flexível As restrições ao capital de muitas empresas são "flexíveis" e não refletem as imperfeições dos mercados de capitais. Antes, são limites provisionais adotados pela administração como um auxílio ao controle financeiro.

Alguns gestores ambiciosos exageram habitualmente nas oportunidades de investimento. Em vez de tentar distinguir quais projetos realmente compensam, a administração pode achar mais simples impor um limite superior às despesas da divisão e, assim, forçar as divisões a estabelecer suas próprias prioridades. Nessas circunstâncias, os limites orçamentários são uma maneira grosseira, porém eficaz, de lidar com previsões tendenciosas dos fluxos de caixa. Em outros casos, a administração pode acreditar que um crescimento empresarial muito rápido poderia impor pressão intolerável sobre ela própria e sobre a organização. Como é difícil quantificar essas restrições explicitamente, o limite orçamentário pode ser utilizado como um substituto.

Como esses limites orçamentários em nada se relacionam com a ineficiência dos mercados de capitais, não há contradição ao utilizar modelos de programação linear na divisão para maximizar o valor presente líquido sujeito à restrição orçamentária. Por outro lado, não faz muito sentido elaborar os procedimentos de seleção se as previsões dos fluxos de caixa da divisão forem gravemente tendenciosas.

Mesmo que o capital não seja limitado, outros recursos poderão ser. A disponibilidade do tempo de gestão, do trabalho especializado ou até de outro bem de capital constituem frequentemente uma importante restrição ao crescimento da organização.

Restrição inflexível   A restrição flexível de capital nunca deveria acarretar custos para a empresa. Se as restrições ao capital se tornarem muito restritivas – a ponto de projetos com consideráveis VPLs positivos serem rejeitados –, então a empresa obteria mais dinheiro e atenuaria a restrição. E se *não puder* obter mais dinheiro e se deparar com a restrição inflexível de capital?

A restrição inflexível de capital acarreta imperfeições de mercado, mas isso não significa que tenhamos necessariamente de desprezar o valor presente líquido como critério para a elaboração orçamentária de investimentos. Isso dependerá da natureza da imperfeição.

A Arizona Aquaculture Inc. (AAI) recorre a todos os empréstimos que o banco puder lhe conceder; no entanto, ainda tem boas oportunidades de investimento. Isso não é restrição inflexível de capital, desde que a AAI possa emitir ações. Mas talvez não possa. Digamos que o fundador e acionista majoritário vete a ideia com receio de perder o controle da organização ou então que a emissão de ações acarrete burocracia dispendiosa ou complicações jurídicas.[15]

Isso não invalida o critério do VPL. Os *acionistas* da AAI podem conceder ou recorrer a empréstimos, vender as suas ações ou comprar mais, pois têm livre acesso aos mercados de títulos. O tipo de carteira que detêm é independente das decisões de financiamento e de investimento da empresa. A única maneira que a AAI tem de ajudar os seus acionistas é torná-los mais ricos. Assim, a empresa deverá investir as suas disponibilidades no conjunto de projetos que tenha o maior valor presente líquido agregado.

Um obstáculo entre a empresa e os mercados de capitais não prejudica o valor presente líquido, uma vez que o obstáculo é a única imperfeição de mercado. O importante é que os *acionistas* da empresa tenham livre acesso a mercados de capitais que funcionem bem.

O método do valor presente líquido é prejudicado quando as imperfeições restringem a escolha da carteira dos acionistas. Imagine que a Nevada Aquaculture Inc. (NAI) tenha apenas um detentor, o seu fundador Alexander Turbot. Ao Sr. Turbot não restam disponibilidades nem crédito, mas ele está convencido de que a expansão das suas atividades é um investimento com um VPL elevado. Ele tentou vender ações, mas descobriu que os possíveis investidores, descrentes com relação às perspectivas de aquicultura no deserto, lhe ofereciam muito menos do que ele supõe que a sua empresa vale. Para o sr. Turbot, os mercados de capitais quase não existem e faz pouco sentido descontar os saldos de caixa previstos a um custo de oportunidade do capital do mercado.

---

[15] Um acionista majoritário em que a restrição seja efetiva e tenha muita riqueza pessoal investida na AAI pode ser efetivamente excluído dos mercados de capitais. O critério do VPL pode não fazer sentido para tal acionista, mas poderá fazê-lo para outros acionistas.

RESUMO

Se você pretende persuadir a sua empresa a utilizar o critério do valor presente líquido, tem de estar preparado para explicar por que os outros critérios podem *não* conduzir a decisões corretas. Foi por isso que analisamos três critérios de investimento alternativos neste capítulo.

Algumas empresas utilizam o retorno do valor contábil médio. Nesse caso, a empresa tem de decidir quais pagamentos serão considerados despesas de investimento e tem de escolher esquemas adequados de depreciação. Depois, tem de calcular o índice entre o resultado médio e o valor contábil médio do investimento. Atualmente, poucas empresas fundamentam suas decisões de investimento no retorno contábil médio, mas os acionistas prestam atenção aos indicadores contábeis do retorno da organização e, por isso, alguns gestores opõem-se a projetos que prejudiquem o retorno contábil médio.

Outros negócios utilizam o critério do período de recuperação (*payback*) para tomar decisões de investimento. Ou seja, somente aceitam os projetos que recuperaram o seu investimento inicial dentro de certo período de tempo. O *payback* é um critério *ad hoc*. Ele ignora a ordem de aparecimento dos fluxos de caixa durante o período de recuperação e ignora completamente os fluxos de caixa subsequentes. Não considera, portanto, o custo de oportunidade do capital.

A taxa interna de retorno (TIR) é definida como a taxa de desconto para a qual um projeto tem um VPL igual a zero. É um critério cômodo e amplamente utilizado na gestão financeira; portanto, devemos saber como se calcula. O critério da TIR estipula que as empresas devem aceitar qualquer investimento que ofereça uma TIR superior ao custo de oportunidade do capital e, tal como o valor presente líquido, baseia-se nos fluxos de caixa descontados. Sendo assim, esse critério, se utilizado adequadamente, fornece a resposta correta. O problema está no fato de ser, frequentemente, mal utilizado. Portanto, é necessário observar atentamente quatro aspectos:

1. *Emprestar ou tomar emprestado?* Se um projeto proporciona fluxos de caixa positivos, seguidos de fluxos de caixa negativos, o VPL *aumentará* com a elevação da taxa de desconto. Esses projetos deverão ser aceitos se a sua TIR for *inferior* ao custo de oportunidade do capital.

2. *Taxas de retorno múltiplas.* Se houver mais do que uma mudança de sinal nos fluxos de caixa, o projeto poderá ter várias TIR, ou nenhuma.

3. *Projetos mutuamente excludentes.* O critério da TIR poderá levar a uma hierarquização errada dos projetos mutuamente excludentes que se diferenciem pela sua vida econômica ou pela sua dimensão do investimento exigido. Ao insistir na utilização da TIR para ordenar projetos mutuamente excludentes, é preciso examinar a TIR de cada investimento adicional.

4. *O custo de capital para os fluxos de caixa de curto prazo pode ser diferente dos de longo prazo.* O critério da TIR exige que se compare a TIR do projeto com o custo de oportunidade do capital. Mas, por vezes, há mais de um custo de oportunidade do capital Se, por exemplo, a estrutura temporal das taxas de juros for acentuadamente crescente, o gestor financeiro pode optar por usar uma taxa de desconto mais baixa para os fluxos de caixa mais próximos do que para os mais distantes Nesses casos, não haverá um valor de referência simples para a avaliação da TIR do projeto.

Ao desenvolvermos o critério do VPL, partimos do princípio de que a empresa pode maximizar a riqueza dos acionistas, aceitando todos os projetos que valham mais do que o seu custo. Mas se o capital for rigidamente limitado, poderá não ser possível aceitar todos os projetos com um VPL positivo. Se o capital for limitado apenas em um período, a empresa deverá seguir uma regra simples: calcular o índice de rentabilidade de cada projeto, que é correspondente ao valor presente líquido do projeto por dólar de investimento. Em seguida, deve escolher os projetos com os índices de rentabilidade mais elevados até esgotar o capital. Infelizmente, esse procedimento falha quando o capital é limitado em mais de um período ou quando existem outras restrições na escolha do projeto. A única solução geral é a programação linear.

A restrição inflexível de capital reflete, sempre, uma imperfeição de mercado – um obstáculo entre a empresa e os mercados de capitais. Se esse obstáculo também implicar que os acionistas da organização não tenham acesso livre a um mercado de capitais que funcione de modo eficaz, então os verdadeiros fundamentos do valor presente líquido desaparecem. Felizmente, a restrição inflexível de capital é rara nas empresas norte-americanas. No entanto, muitas organizações utilizam a restrição flexível de capital, ou seja, impõem-se limites como meio de planejamento e de controle financeiro.

LEITURA ADICIONAL

Para uma pesquisa de procedimentos sobre elaboração orçamentária, veja:

J. Graham and C. Harvey, "How CFOs Make Capital Budgeting and Capital Structure Decisions," *Journal of Applied Corporate Finance* 15 (spring 2002), pp. 8-23.

PROBLEMAS

BÁSICO

1. **Período de recuperação**

    a. Qual é o *payback* (período de recuperação) de cada um dos seguintes projetos?

Projeto	Fluxos de caixa ($)				
	C_0	C_1	C_2	C_3	C_4
A	−5.000	+1.000	+1.000	+3.000	0
B	−1.000	0	+1.000	+2.000	+3.000
C	−5.000	+1.000	+1.000	+3.000	+5.000

    b. Dado que você deseja utilizar o crédito do *payback* com um período limite de 2 anos, quais projetos deveria aceitar?

    c. Se utilizasse um período-limite de três anos, quais projetos deveria aceitar?

    d. Se o custo de oportunidade do capital for de 10%, quais projetos terão VPL positivos?

    e. "Se uma empresa utilizar um único período-limite para todos os projetos, é provável que aceite projetos em excesso, com um período curto de vida." Verdadeiro ou falso?

    f. Se a empresa utilizar o critério do *payback* descontado, aceitará quaisquer projetos de VPL negativo? Rejeitará projetos de VPL positivo? Justifique.

2. **TIR** Escreva a equação que define a taxa interna de retorno (TIR). Na prática, como é calculada a taxa interna de retorno?

3. **TIR**
   a. Calcule o valor presente líquido do seguinte projeto para taxas de desconto de 0%, 50% e 100%:

Fluxos de caixa ($)		
C_0	C_1	C_2
−6.750	+4.500	+18.000

   b. Qual é a TIR do projeto?

4. **Critério da TIR** Você tem a possibilidade de participar de um projeto que gera os seguintes fluxos de caixa:

Fluxos de caixa ($)		
C_0	C_1	C_2
+5.000	+4.000	−11.000

   A taxa interna de retorno é de 13%. Se o custo de oportunidade do capital for de 10%, você aceitará a oferta?

5. **Critério da TIR** Considere um projeto com os seguintes fluxos de caixa:

Fluxos de caixa ($)		
C_0	C_1	C_2
−100	+200	−75

   a. Quantas taxas internas de retorno tem esse projeto?
   b. Qual dos seguintes números é a TIR do projeto:
      (i) −50%; (ii) −12%; (iii) +5%; (iv) +50%?
   c. O custo de oportunidade do capital é de 20%. Trata-se de um projeto atraente? Explique resumidamente.

6. **Critério da TIR** Considere os projetos Alfa e Beta:

Projeto	C_0	C_1	C_2	TIR (%)
Alfa	−400.000	+241.000	+293.000	21
Beta	−200.000	+131.000	+172.000	31

   O custo de oportunidade do capital é de 8%.

   Suponha que seja possível executar Alfa ou Beta, mas não ambos os projetos. Use o critério da TIR para fazer a escolha. (*Dica*: qual é o investimento adicional de Alfa?)

7. **Restrição de capital** Suponha que você dispõe das seguintes oportunidades de investimento, mas tem apenas $90 mil disponíveis para investir. Quais projetos executaria?

Projeto	VPL	Investimento
1	5.000	10.000
2	5.000	5.000
3	10.000	90.000
4	15.000	60.000
5	15.000	75.000
6	3.000	15.000

INTERMEDIÁRIO

8. **Período de recuperação** Considere os seguintes projetos:

Projeto	C_0	C_1	C_2	C_3	C_4	C_5
A	−1.000	+1.000	0	0	0	0
B	−2.000	+1.000	+1.000	+4.000	+1.000	+1.000
C	−3.000	+1.000	+1.000	0	+1.000	+1.000

   a. Se o custo de oportunidade do capital for 10%, quais projetos terão um VPL positivo?
   b. Calcule o *payback* (período de recuperação) para cada projeto.
   c. Que projeto(s) aceitaria uma empresa que utiliza o critério do *payback* (período de recuperação) com um período limite de 3 anos?
   d. Calcule o período de recuperação descontado para cada projeto.
   e. Que projeto(s) aceitaria uma empresa que utiliza o critério do *payback* descontado com um período-limite de três anos?

9. **Período de recuperação e critérios da TIR** Responda aos seguintes comentários:
   a. "Eu gosto do critério da TIR. Posso utilizá-lo para ordenar projetos sem ter de especificar uma taxa de desconto."
   b. "Eu gosto do critério do *payback*. Se o período de recuperação for curto, o critério assegura que a empresa recuse projetos problemáticos. Isso reduz o risco."

10. **TIR** Calcule a TIR (ou as TIRs) dos seguintes projetos:

C_0	C_1	C_2	C_3
−3.000	+3.500	+4.000	−4.000

    Para quais intervalos de taxas de desconto o projeto tem os VPLs positivos?

11. **Critério da TIR** Considere os dois projetos mutuamente excludentes:

	Fluxos de caixa ($)			
Projeto	C_0	C_1	C_2	C_3
A	−100	+60	+60	0
B	−100	0	0	+140

a. Calcule o VPL de cada projeto para as taxas de desconto de 0%, 10% e 20%. Desenhe um gráfico com o VPL no eixo vertical e as taxas de descontos no eixo horizontal.
b. Qual é, aproximadamente, a TIR de cada um dos projetos?
c. Em quais circunstâncias a empresa deverá aceitar o projeto A?
d. Calcule o VPL do investimento adicional (B − A) para taxas de desconto de 0%, 10% e 20%. Desenhe-as no seu gráfico. Mostre que as circunstâncias em que aceitaria o projeto A são também aquelas em que a TIR do investimento adicional é menor do que o custo de oportunidade do capital.

12. **Critério da TIR** O sr. Cyrus Clops, presidente da Giant Enterprises, tem de escolher entre dois possíveis investimentos:

	Fluxos de caixa ($ milhares)			
Projeto	C_0	C_1	C_2	TIR (%)
A	−400	+250	+300	23
B	−200	+140	+179	36

O custo de oportunidade do capital é de 9%. O sr. Clops está tentado a escolher B, que tem a TIR maior.

a. Explique ao sr. Clops que esse não é o melhor procedimento.
b. Mostre a ele como adaptar o critério da TIR, de modo que escolha o melhor projeto.
c. Mostre a ele que esse projeto tem também o maior VPL.

13. **Critério da TIR** A Titanic Shipbuilding Company tem um contrato irrevogável para a construção de um pequeno navio de carga. A construção exige o aporte de $250 mil, ao fim de cada um dos dois anos seguintes. No fim do terceiro ano, a empresa receberá $650 mil. Ela pode apressar a construção do navio com a implementação de um turno extra. Nesse caso, haverá um aporte de $550 mil ao final do primeiro ano, seguido de uma despesa de $650 mil ao final do segundo ano. Utilize o critério da TIR para mostrar a gama (aproximada) dos custos de oportunidade do capital para os quais a organização deverá fazer funcionar um turno adicional.

14. **Índice de rentabilidade** Observe, novamente, os projetos D e E da Seção 5.3. Suponha que os projetos sejam mutuamente excludentes e que o custo de oportunidade do capital é de 10%.

a. Calcule o índice de rentabilidade para cada projeto.
b. Mostre como o critério do índice de rentabilidade pode ser utilizado para selecionar o melhor projeto.

15. **Restrição de capital** A Borgia Pharmaceuticals tem $1 milhão reservado para as despesas de investimento. Qual dos seguintes projetos a empresa deve aceitar para se manter no orçamento de 1 milhão? Quanto custará à empresa o limite orçamentário em termos do seu valor de mercado? O custo de oportunidade do capital para cada projeto é de 11%.

Projeto	Investimento ($ milhares)	VPL ($ milhares)	TIR (%)
1	300	66	17,2
2	200	−4	10,7
3	250	43	16,6
4	100	14	12,1
5	100	7	11,8
6	350	63	18,0
7	400	48	13,5

DESAFIO

16. **Critérios do VPL e da TIR** Algumas pessoas acreditam apaixonadamente, até mesmo cegamente, que avaliar projetos com a TIR é correto se os fluxos de caixa de cada um dos projetos puderem ser reinvestidos à TIR do projeto. Afirmam também que o critério do VPL "presume que os fluxos de caixa sejam reinvestidos ao custo de oportunidade do capital". Considere cuidadosamente essas afirmações. São verdadeiras? São úteis?

17. **TIR modificada** Examine novamente os fluxos de caixa do projeto no Problema 10. Calcule a TIR modificada como definido na Nota de rodapé 5 da seção 5.3. Considere que o custo do capital é de 12%.

Agora, experimente as seguintes variações no conceito da TIR modificada. Descubra a fração x que, multiplicada por C_1 e C_2, tem o mesmo valor presente que (menos) C_3.

$$xC_1 + \frac{xC_2}{1{,}12} = -\frac{C_3}{1{,}12^2}$$

Defina a TIR modificada do projeto como uma solução de

$$C_0 + \frac{(1-x)C_1}{1+\text{TIR}} + \frac{(1-x)C_2}{(1+\text{TIR})^2} = 0$$

Agora temos duas TIRs modificadas. Qual é a mais significativa? Se não conseguir decidir, o que você conclui sobre a utilidade da TIR modificada?

18. **Restrição de capital** Considere o seguinte problema de restrição de capital:

Projeto	C_0	C_1	C_2	VPL
W	−10.000	−10.000	0	+6.700
X	0	−20.000	+5.000	+9.000
Y	−10.000	+5.000	+5.000	0
Z	−15.000	+5.000	+4.000	−1.500
Financiamento disponível	20.000	20.000	20.000	

Construa esse problema como sendo um problema de programação linear e resolva-o.

Pode-se permitir investimentos parciais, ou seja, $0 \leq x \leq 1$. Calcule e interprete os preços "sombra"[16] nas restrições de capital.

---
[16] O preço "sombra" é a alteração marginal do objetivo de uma alteração marginal da restrição.

MINICASO

O diretor financeiro da Vegetron aparece novamente

(*O primeiro episódio desta história foi apresentado na Seção 5.1*)

Ao fim daquela tarde, o diretor financeiro da Vegetron irrompeu pelo seu escritório em um estado de ansiedade e confusão. O problema, ele explica, é uma proposta feita no último minuto para uma alteração no desenho dos tanques de fermentação que a empresa vai construir para extrair zircônio hidratado de um reservatório de minério em pó. O diretor financeiro trouxe um impresso (Quadro 5.1) das receitas previstas, dos custos, dos lucros e das taxas de retorno contábil para o processo padrão de refino de baixa temperatura. Os engenheiros da Vegetron haviam acabado de propor um esquema alternativo de alta temperatura que poderia extrair a maior parte do zircônio hidratado em um período mais curto: cinco anos, em vez de sete. As previsões para o método de alta temperatura são apresentadas no Quadro 5.2.[17]

Diretor financeiro: Por que os engenheiros sempre têm ideias brilhantes na última hora? Mas temos de admitir que o processo de alta temperatura parece bom. Teremos um período de recuperação mais curto, e a taxa de retorno supera os 9% de custo de capital da Vegetron em todos os anos, com exceção do primeiro. Vejamos, os lucros são $30 mil por ano. O investimento médio é metade do aporte de capital, $400 mil, ou seja, $200 mil, portanto, a taxa média de retorno é de 30 mil/200 mil, ou de 15% – muito melhor do que os 9% iniciais. A taxa média de retorno para o processo de baixa temperatura não é tão boa, apenas de 28 mil/200 mil, ou de 14%. É claro que poderíamos ter uma taxa de retorno superior para o processo de baixa temperatura se depreciarmos o capital mais rapidamente – será que devemos tentar isso?

QUADRO 5.1 Demonstrativos de resultados e taxa de retorno contábil da extração de zircônio hidratado pelo processo de baixa temperatura ($ milhares).

	Ano						
	1	2	3	4	5	6	7
1. Receitas	140	140	140	140	140	140	140
2. Custos operacionais	55	55	55	55	55	55	55
3. Depreciação*	57	57	57	57	57	57	57
4. Lucro líquido	28	28	28	28	28	28	28
5. Valor contábil no início do ano†	400	343	286	229	171	114	57
6. Taxa de retorno contábil (4 ÷ 5)	7%	8,2%	9,8%	12,2%	16,4%	24,6%	49,1%

* Arredondada. A depreciação linear durante sete anos é 400/7 = 57,14, ou $57.140 por ano.
† O investimento de capital é de $400 mil no ano 0.

---
[17] Para simplificarmos, ignoramos os impostos. Falaremos muito de impostos no próximo capítulo.

QUADRO 5.2 Demonstrativos de resultados e taxa de retorno contábil da extração de zircônio hidratado pelo processo de alta temperatura ($ milhares).

	Ano				
	1	2	3	4	5
1. Receitas	180	180	180	180	180
2. Custos operacionais	70	70	70	70	70
3. Depreciação*	80	80	80	80	80
4. Lucro líquido	30	30	30	30	30
5. Valor contábil no início do ano†	400	320	240	160	80
6. Taxa de retorno contábil (4 ÷ 5)	7,5%	9,4%	12,5%	18,75%	37,5%

* A depreciação linear durante cinco anos é 400/5 = 80, ou $80 mil por ano.
† O investimento de capital é de $400 mil no ano 0.

Você: Não devemos nos fixar nos números contábeis. Os lucros contábeis não são o mesmo que os fluxos de caixa para a Vegetron e para os seus investidores. A taxa de retorno contábil não mede a taxa de retorno real.

Diretor financeiro: Mas as pessoas estão sempre olhando para esses números. Temos de publicá-los no relatório anual para os investidores.

Você: Os números contábeis têm muitas utilidades, mas não podem ser considerados uma base válida para decisões de investimento de capital. As alterações contábeis podem ter um grande efeito sobre os lucros contábeis ou na taxa de retorno, mesmo quando os fluxos de caixa não se alteram.

Eis um exemplo. Suponhamos que a contabilidade deprecie o investimento de capital do processo de baixa temperatura durante seis anos, em vez de sete. Os lucros dos anos 1 a 6 diminuem, portanto, porque a depreciação é maior. Os lucros do ano 7 aumentam, porque a depreciação nesse ano é zero. Mas não há quaisquer efeitos nos fluxos de caixa anuais, porque a depreciação não é um gasto de dinheiro, mas sim uma simples ferramenta contábil que divide, pela vida útil do projeto, a "recuperação" do capital investido.

Diretor financeiro: Então, como é que obtemos fluxos de caixa?

Você: Nesse caso é fácil. A depreciação é a única entrada não desembolsável da sua folha de cálculo (Quadros 5.1 e 5.2), portanto, podemos removê-la dos cálculos. O fluxo de caixa é igual às receitas menos os custos operacionais. Para o processo de alta temperatura, o fluxo de caixa anual é:

Fluxo de caixa = receita + custo operacional = 180 − 70 = 110, ou $110 mil

Diretor financeiro: Na verdade, você está subtraindo a depreciação porque ela é uma despesa contábil não desembolsável.

Você: Certo. Também podia ser feito assim:

Fluxo de caixa = renda líquida + depreciação = 30 + 80 = 110, ou $110 mil

Diretor financeiro: Com certeza. Agora me lembro disso tudo, mas o retorno contábil parece ser importante quando o esfregam na sua cara.

Você: Não está claro qual é o melhor projeto. O processo de alta temperatura parece ser menos eficiente porque possui custos operacionais superiores e gera menos receitas durante a vida do projeto, mas gera mais fluxo de caixa entre os anos 1 e 5.

Diretor financeiro: Talvez do ponto de vista financeiro, os projetos sejam igualmente bons. Se for assim, optamos pelo processo de baixa temperatura, em vez de o alterarmos no último minuto.

Você: Temos que determinar os fluxos de caixa e calcular o VPL de cada um dos processos.

Diretor financeiro: OK, faça isso. Volto dentro de meia hora – e também gostaria de ver a verdadeira taxa de retorno com base em FCD de cada um dos projetos.

QUESTÕES

1. As taxas de retorno contábil apresentadas no Quadro 5.1 são úteis para a tomada de decisões de investimento de capital?
2. Calcule o VPL e a TIR de cada um dos processos. Qual é a sua recomendação? Prepare-se para explicá-las ao diretor financeiro.

CAPÍTULO 6

Tomando decisões de investimento com base no critério do valor presente líquido

Em 2014, a General Motors anunciou planos de investir mais de $5 bilhões para expandir e modernizar plantas de produção no México. Como pode uma companhia como a GM decidir empreender investimentos tão massivos? Sabemos, em princípio, a resposta. A organização necessita prever os fluxos de caixa do projeto e descontá-los ao custo de oportunidade do capital para chegar ao seu VPL. Um projeto dotado de VPL positivo aumenta o valor aos acionistas.

Mas essas previsões de fluxos de caixa não vêm servidas em uma bandeja de prata. Os gestores da GM, por exemplo, precisaram de respostas a uma série de perguntas básicas. Com que brevidade a empresa é capaz de lançar os novos modelos planejados? Quantos carros espera-se que sejam vendidos a cada ano e a que preço? Qual montante será preciso investir nas instalações da nova linha de produção e qual será o provável custo de produção? Quanto tempo o modelo permanecerá em produção e o que acontece para a fábrica e os equipamentos no fim desse período?

Essas previsões precisam ser reunidas de modo a gerar uma previsão final dos fluxos de caixa. Isso pressupõe detectar corretamente os impostos, as alterações no capital de giro, a inflação e os valores residuais das instalações, da propriedade e dos equipamentos. O gestor financeiro deve também descobrir fluxos de caixa escondidos e ter o cuidado de rejeitar lançamentos contábeis que se assemelham a fluxos de caixa, embora não o sejam.

Nossa primeira tarefa neste capítulo é analisar o método de desenvolvimento de uma série de fluxos de caixa para o projeto. Depois, trabalharemos com um exemplo abrangente e realista de uma análise de investimento de capital.

Encerraremos o capítulo examinando como o gestor financeiro deve aplicar o critério do valor presente líquido na escolha entre investimentos em instalações e em equipamentos com tempos de vida úteis diferentes. Suponha, por exemplo, que seja preciso decidir entre a máquina Y, com uma vida útil de cinco anos, e a máquina Z, com dez anos de vida. O valor presente do investimento e das despesas operacionais na máquina Y é, provavelmente, menor do que na máquina Z, porque esta tem o dobro da duração. A melhor escolha será necessariamente Y? É claro que não.

Você constatará que, quando enfrentar esse tipo de problema, o segredo é transformar o valor presente do fluxo de caixa em um *fluxo anual equivalente*, ou seja, o montante total obtido por ano em virtude da compra e da operação do ativo.

6.1 Aplicando o critério do valor presente líquido

Em muitos projetos é exigido um investimento inicial pesado em instalações para a nova linha de produção. Mas, com frequência, os maiores investimentos envolvem a aquisição de ativos intangíveis. Por exemplo, os bancos americanos investem anualmente cerca de $10 bilhões em projetos de TI. Uma grande parcela desses dispêndios é dirigida aos itens intangíveis, como desenho de sistemas, programação, testes e treinamento. Pense também nos enormes gastos das empresas farmacêuticas em pesquisa e desenvolvimento (P&D). A Pfizer, uma das maiores empresas do setor, gastou $8,4 bilhões em P&D em 2014. Foi estimado que o custo em P&D para trazer *um* novo medicamento ao mercado é de $2 bilhões.

Os dispêndios com ativos intangíveis, tais como a TI e a P&D, são investimentos similares aos feitos em novas instalações fabris e equipamentos. Em cada caso, a organização está despendendo mais dinheiro hoje na expectativa de que ele vai gerar uma série de lucros futuros. De modo ideal, as empresas deviam aplicar o mesmo critério a todos os investimentos de capital, independentemente se eles envolvam um ativo tangível ou intangível.

Temos visto que um investimento em qualquer ativo cria riqueza se o valor descontado dos fluxos de caixa futuros for superior ao custo inicial. Mas, até este momento, quase nada se discutiu acerca do problema do *que* se deve descontar. Quando esse problema tiver de ser enfrentado, sempre deverão ser observadas estas quatro regras gerais:

1. Apenas o fluxo de caixa é relevante.
2. Sempre estime os fluxos de caixa em uma base incremental.
3. Seja consistente no modo de tratar a inflação.
4. Separe decisões de investimento e de financiamento.

Essas regras serão discutidas uma de cada vez.

Regra 1: apenas o fluxo de caixa é relevante

O primeiro e mais importante ponto: o valor presente líquido depende do fluxo de caixa futuro. O fluxo de caixa é simplesmente a diferença entre o dinheiro recebido e o dinheiro pago. Muitas pessoas confundem, porém, o fluxo de caixa com o lucro contábil. O lucro contábil tem como propósito evidenciar o grau de desempenho das empresas. Por isso, os contadores *começam* com "entradas" e "saídas", mas, para obterem o resultado contábil, ajustam-nas de duas maneiras.

Despesas de investimento Ao calcular as despesas, a contabilidade deduz as despesas *correntes*, mas não deduz as despesas de *investimento*. E há uma boa razão para isso. Se uma empresa despende um montante significativo de dinheiro em um grande projeto de investimento, não se pode dizer que seu desempenho é fraco, muito embora uma parte do dinheiro esteja saindo pela porta. Assim, em lugar de deduzir as despesas de investimento no cálculo do lucro anual, a contabilidade faz a sua depreciação por vários anos.

Isso faz sentido ao se examinar o desempenho de uma empresa, mas trará problemas para o cálculo do valor presente líquido. Suponha, por exemplo, que você está analisando uma proposta de investimento. Será de $2.000 e deve gerar um fluxo de caixa de $1.500 no primeiro ano e de $500 no segundo. Se a despesa de investimento for depreciada durante os dois anos, o lucro contábil será de $500 no ano 1 e de −$500 no ano 2:

	Ano 1	Ano 2
Entrada de caixa	+$1.500	+$ 500
Menos depreciação	− 1.000	− 1.000
Lucro contábil	+ $ 500	−$ 500

Suponha que você receba essa receita projetada e ingenuamente desconte-a a 10%. O VPL pareceria positivo:

$$\text{VPL aparente} = \frac{\$500}{1,10} + \frac{-\$500}{1,10^2} = \$41,32$$

Isso não pode fazer sentido. O projeto está fazendo água. Você está entregando $2.000 hoje e simplesmente recebendo a quantia de volta mais tarde. Com qualquer taxa de desconto positiva o projeto tem um VPL negativo. A mensagem é clara: ao calcular o VPL, declare as despesas de investimento quando elas ocorrerem, e não mais tarde, quando aparecerem como depreciação. Para passar de lucro contábil a fluxo de caixa, você precisa acrescentar a depreciação passada (que não é uma saída de caixa) e subtrair as despesas de investimento (que é uma saída de caixa).

Capital de giro Ao medir a receita, a contabilidade tenta mostrar o lucro à medida que ele é auferido, e não quando a empresa e seus clientes se viram para pagar as contas.

Imagine, por exemplo, uma empresa que gasta $60 para produzir bens no período 1. Ela vende esses bens no período 2 por $100, mas seus clientes não pagam suas contas até o período 3. O diagrama a seguir mostra o fluxo de caixa da empresa. No período 1, há uma *saída* de caixa de $60. Depois, quando os clientes pagam a conta no período 3, há uma *entrada* de $100.

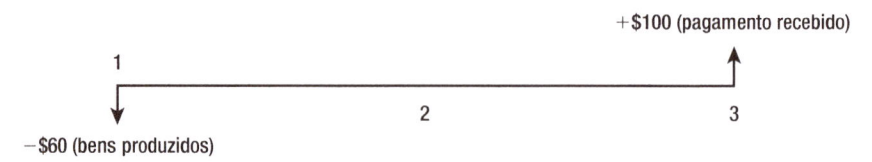

```
                                        +$100 (pagamento recebido)
         1                                      ↑
         ↓              2                       3
-$60 (bens produzidos)
```

Seria enganoso dizer que a empresa estava operando em prejuízo no período 1 (quando o fluxo de caixa era negativo) ou que estava bastante lucrativa no período 3 (quando o fluxo de caixa era positivo). Assim, a contabilidade olha para o momento em que a venda é efetuada (período 2 no nosso exemplo) e reúne todas as receitas e despesas associadas a ela. Neste caso, a contabilidade se concentraria no período 2.

Faturamento	$100
Menos custo da mercadoria vendida	− 60
Receita	$ 40

É claro que a contabilidade não pode ignorar o verdadeiro ritmo dos desembolsos de caixa e de pagamentos. O desembolso de $60 no primeiro período será tratado não como despesa, mas como um *investimento* em estoque. Em seguida, no período 2, quando os bens são retirados do estoque e vendidos, a contabilidade mostrará uma *redução* de $60 no estoque.

A contabilidade tampouco ignora o fato de que a empresa precisa esperar para receber seus pagamentos. Quando a venda é fechada no período 2, a contabilidade registra recebíveis de $100 para mostrar que os clientes da empresa devem $100 em contas em haver. Mais tarde, quando os clientes pagarem essas contas, no período 3, os recebíveis serão reduzidos em $100.

Para ir da cifra da receita aos verdadeiros fluxos de caixa, você precisa acrescentar essas mudanças em estoques e recebíveis:

	Período		
	1	2	3
Lucro contábil	0	+40	0
− Investimento em estoques	−60	+60	0
− Investimento em recebíveis	0	−100	+100
= Resultado do caixa	−60	0	+100

Capital de giro líquido (ou simplesmente *capital de giro*) é a diferença entre os ativos e as obrigações de curto prazo da empresa. Recebíveis e estoques de matérias-primas e bens acabados são os principais ativos de curto prazo. As principais obrigações de curto prazo são as dívidas não pagas (contas que *você* ainda não pagou) e impostos incorridos e ainda não pagos.[1] A maioria dos projetos exige um investimento em capital de giro. As mudanças periódicas de capital de giro devem ser re-

---

[1] Se você atrasar o pagamento das suas contas, o seu investimento em capital de giro líquido será reduzido. Quando você finalmente as quitar, ele será aumentado.

conhecidas em suas previsões de fluxo de caixa.² Sob esta mesma lógica, quando o projeto chega ao fim, você geralmente recupera parte do investimento. Isso resulta em uma entrada de caixa. (Em nosso exemplo, a empresa fez um investimento de $60 em capital de giro no período 1 e de $40 no período 2. E fez um *desinvestimento* de $100 no período 3, quando os clientes pagaram suas contas.)

O capital de giro é uma fonte comum de confusão nos cálculos de investimento de capital. Eis os erros mais comuns:

1. *Esquecer completamente do capital de giro*. Esperamos que você não caia nessa armadilha.
2. *Esquecer que o capital de giro pode mudar durante a vida útil do projeto*. Imagine que você venda $100 mil por ano em mercadorias e que os clientes paguem, em média, com seis meses de atraso. Você terá, portanto, $50 mil em contas não pagas. Agora você aumenta os preços em 10%, levando o faturamento a $110 mil. Se os clientes continuarem a pagar com seis meses de atraso, as contas não pagas aumentarão para $55 mil e você deverá fazer um investimento *adicional* de $5 mil em capital de giro.
3. *Esquecer que o capital de giro é recuperado no final do projeto*. Quando o projeto chega ao fim e os estoques acabam, quaisquer contas em haver serão pagas (você espera), e você acabará recuperando o seu investimento em capital de giro. Isso gera uma *entrada* de caixa.

Regra 2: estime os fluxos de caixa em uma base incremental

O valor de um projeto depende de *todos* os fluxos de caixa incrementais resultantes da sua realização. Observe com atenção os seguintes pontos quando da decisão sobre os fluxos de caixa a serem incluídos:

Lembre de incluir os impostos   Impostos são uma despesa da mesma forma que o são os salários e a matéria-prima. Portanto, os fluxos de caixa devem ser estimados considerando o resultado após os impostos. Algumas empresas não deduzem pagamentos de impostos. Elas tentam compensar esse equívoco descontando do fluxo de caixa taxas mais altas do que o custo do capital. Infelizmente não há fórmula confiável para esses ajustes à taxa de desconto.

Não confunda resultados médios com resultados incrementais   A maioria dos gestores naturalmente hesita em botar mais dinheiro em um mau negócio. Por exemplo, não querem fazer mais investimentos em uma divisão deficitária. Mas ocasionalmente você poderá encontrar oportunidades de "recuperação" de investimentos em que o VPL *incremental* de um investimento em um projeto deficitário é muito positivo.

Por outro lado, nem sempre faz sentido botar mais dinheiro em um bom negócio; uma divisão que tenha apresentado lucros no passado poderá ter esgotado todas as suas boas oportunidades. Você certamente não pagaria uma grande soma por um cavalo velho com 20 anos, apesar do valor sentimental, por mais corridas que ele tivesse vencido, ou quantos cavalos campeões tivesse procriado.

Outro exemplo para ilustrar a diferença entre os retornos médio e incremental é o seguinte: suponha que uma ponte de uma via férrea precise de reparação urgente. Com a ponte, a estrada de ferro poderá continuar em operação; já sem ela, não poderá funcionar. Nesse caso, o resultado dos trabalhos de reparação consiste em todos os benefícios da exploração da estrada de ferro. O VPL incremental do investimento poderá ser enorme. É claro que esses lucros devem ser livres de todos os outros custos e de todas as reparações subsequentes; de outra maneira, a empresa poderá ser induzida a reconstruir, peça por peça, uma estrada de ferro não lucrativa.

Inclua todos os efeitos derivados   É importante considerar os efeitos que um projeto pode ter nos demais negócios de uma empresa. Por exemplo, suponha que a Sony proponha lançar o PlayStation 5, uma nova versão de seu videogame. A demanda para o novo produto certamente afetará as vendas dos atuais consoles da empresa, e esse efeito incidental precisa ser fatorado nos fluxos

---

² Posses de caixa e de títulos comerciáveis também representam ativos de curto prazo, e dívidas recebíveis dentro de um ano representam um passivo de curto prazo. Tais itens não são relevantes para nossos cálculos de orçamento de capital.

de caixa incrementais. Certamente, a Sony pode argumentar que lançará o novo produto, pois sua linha efetiva de produtos provavelmente estará sob ameaça constante dos competidores. Assim, ainda que se decida pela não produção do novo PlayStation, não há qualquer garantia de que as vendas dos consoles existentes continuarão a ter seus níveis presentes. Mais cedo ou mais tarde elas declinarão.

Às vezes, um novo projeto *ajudará* os negócios existentes da organização. Suponha que você seja o gestor financeiro de uma companhia aérea que está considerando a abertura de uma nova rota de curta duração entre Harrisburg, Pensilvânia e o aeroporto O'Hare, em Chicago. Quando considerada isoladamente, a nova rota pode ter um VPL negativo. Mas, assim que você considerar a possibilidade de negócios adicionais que a nova rota oferece ao tráfego de sua linha principal, ela pode ser um investimento muito valioso.

Preveja as vendas hoje e considere que os fluxos de caixa pós-venda serão obtidos posteriormente Os gestores financeiros devem prever todos os fluxos de caixa incrementais gerados por um investimento, os quais podem se estender até o futuro longínquo. Quando a GE se compromete com o projeto e a produção de um novo motor a jato, as entradas de caixa se devem inicialmente às vendas dos motores a jato e, depois, aos serviços e às peças sobressalentes. Depois de vendido, um motor a jato pode ter uma vida útil de 30 anos. Durante esse período, as receitas provenientes de serviços e de peças sobressalentes serão, grosseiramente, sete vezes maiores do que o preço de compra do próprio motor.

Muitas manufaturadoras dependem das receitas obtidas *após* a venda de seus produtos. A empresa de consultoria Accenture, por exemplo, estima que serviços e peças de reposição geralmente respondem por cerca de 25% das receitas e 50% dos lucros das fabricantes de automóveis.[3]

Inclua os custos de oportunidade O custo de um recurso pode ser relevante para a decisão de investimento, mesmo quando o dinheiro não muda de mão. Suponha, por exemplo, que uma nova unidade industrial vai utilizar um terreno que poderia ser vendido por $100 mil. Esse recurso não é gratuito: há um custo de oportunidade, que é o dinheiro que poderia ser gerado para a empresa se o projeto fosse rejeitado e o terreno fosse vendido ou utilizado para qualquer outro fim produtivo.

Esse exemplo é útil para aconselhá-lo a não julgar os projetos na base do "antes *versus* depois", pois a comparação correta é "com ou sem". Um gestor que compara o antes com o depois pode não atribuir nenhum valor ao terreno porque a empresa já o possui, seja antes ou depois:

Antes	Com o projeto	Depois	Fluxos de caixa, antes *versus* depois
A empresa possui o terreno	→	A empresa ainda possui o terreno	0

A comparação correta do "com ou sem" é a seguinte:

Com	Com o projeto	Depois	Fluxos de caixa, com o projeto
A empresa possui o terreno	→	A empresa ainda possui o terreno	0

Sem	Sem o projeto	Depois	Fluxos de caixa, sem o projeto
	→	A empresa vende o terreno por $100 mil	$100 mil

Comparando os dois "depois" possíveis, verificamos que a empresa renuncia a $100 mil ao empreender o projeto. Esse raciocínio será mantido se o terreno não for vendido, mas vale $100 mil para a empresa em qualquer outra aplicação.

Por vezes, os custos de oportunidade são muito difíceis de serem estimados; entretanto, quando o recurso puder ser livremente negociado, o seu custo de oportunidade é apenas igual ao

---
[3] Accenture, "Refocusing on the After-Sales-Market", 2010.

preço de mercado. Vejamos o caso de Boeing 737, uma aeronave amplamente usada, e que costuma ser bastante vendida no mercado de usados, tendo seus preços cotados na Internet. Assim, se uma companhia aérea quiser saber qual é o custo de oportunidade de continuar a usar um dos seus 737s, ela só precisa consultar o preço de mercado de um avião similar. O custo de oportunidade de usar o avião é igual ao custo de comprar uma aeronave equivalente que o substitua.

Esqueça os custos irrecuperáveis Os custos irrecuperáveis são como o leite derramado: são desembolsos passados e irreversíveis. Visto que esses custos ficaram para trás, não podem ser afetados pela decisão de aceitar ou rejeitar o projeto, e deverão, portanto, ser ignorados.

Vejamos o caso do Telescópio Espacial James Webb. Seu lançamento original estava previsto para 2011, ao custo de $1,6 bilhão. Porém, o projeto foi ficando cada vez mais caro e atrasado. As mais recentes estimativas colocam o custo em $8,8 bilhões e a data de lançamento para 2018. Em 2011, quando o Congresso norte-americano debateu um possível cancelamento do programa, seus apoiadores argumentaram que seria tolice abandonar um projeto no qual tanto dinheiro já fora gasto. Outros rebateram que seria uma tolice ainda maior dar continuidade a um projeto que se revelara tão caro. Ambos os grupos incorreram na *falácia dos custos irrecuperáveis*; o dinheiro que já havia sido gasto pela Nasa era irrecuperável e, portanto, irrelevante para a decisão de encerrar o projeto.

Atenção à imputação das despesas gerais Já mencionamos que o objetivo do contador não é sempre o mesmo que o do analista de investimentos. É o caso da imputação das despesas gerais, nas quais incluem-se itens como os salários dos supervisores, os aluguéis, o ar-condicionado e a luz. Essas despesas gerais talvez não estejam relacionadas a nenhum projeto específico, mas devem ser pagas de qualquer maneira. Portanto, quando o contador imputa custos aos projetos da organização, geralmente uma parcela das despesas gerais é afetada. Ora, o nosso princípio dos fluxos de caixa incrementais diz que, na análise de um investimento, devemos incluir apenas as despesas *adicionais* que resultarem do projeto. Um projeto pode originar despesas gerais adicionais, ou talvez não. Devemos ser cuidadosos quando considerarmos que a imputação das despesas gerais feitas pelo contador corresponde às verdadeiras despesas originais que virão a ocorrer.

Lembre-se do valor residual Quando houver o encerramento do projeto, pode-se vender as instalações fabris e os equipamentos ou redistribuir os ativos para qualquer outra parte do negócio. Se os equipamentos forem vendidos, você deve pagar um imposto sobre a diferença entre o preço de venda e o valor contábil do ativo. O valor residual (líquido de impostos) representa um fluxo de caixa positivo para a empresa.

Alguns projetos têm custos de fechamento significativos, casos em que os fluxos de caixa finais podem ser *negativos*. Por exemplo, a mineradora FCX reservou mais de $465 milhões para cobrir os custos futuros de fechamento e recuperação de suas recentes minas no Novo México.

Regra 3: seja consistente no modo de tratar a inflação

Conforme assinalamos no Capítulo 3, as taxas de juros são habitualmente consideradas em termos *nominais*, e não em termos *reais*. Por exemplo, na compra de uma obrigação do Tesouro de 8%, o governo compromete-se a pagar esse juro a cada ano, mas não faz promessas quanto ao poder de compra desse juro. Os investidores consideram a inflação quando decidem o que é uma taxa de juros aceitável.

Se a taxa de desconto for estabelecida em termos nominais, então a coerência exige que os fluxos de caixa também sejam estimados em termos nominais, levando em consideração as tendências dos preços de venda, dos custos de mão de obra, dos materiais etc. Isso exige mais do que aplicar uma simples taxa presumível de inflação a todos os componentes do fluxo de caixa. Os custos da mão de obra por hora, por exemplo, aumentam geralmente a uma taxa maior do que o índice de preços ao consumidor, em razão do aumento de produtividade. Os benefícios fiscais resultantes das depreciações *não* aumentam com a inflação; são constantes em termos nominais, porque a legislação fiscal nos Estados Unidos permite depreciar apenas o custo original dos ativos.

Claro que não existe nada de errado em se descontar os fluxos de caixa reais a uma taxa de desconto real. De fato, esse é o procedimento padrão em países com inflação muito elevada e volátil. Temos a seguir um exemplo simples que mostra como o desconto, em termos nominal ou real, se for aplicado corretamente, fornece sempre o mesmo valor presente.

Suponha que a sua empresa faça habitualmente as previsões de fluxos de caixa em termos nominais e desconte a uma taxa nominal de 15%. Contudo, nesse caso particular, os fluxos de caixa previstos são dados em termos reais, ou seja, em dólares correntes:

Fluxos de caixa reais ($ milhares)			
C_0	C_1	C_2	C_3
−100	+35	+50	+30

Seria inconsistente descontar esses fluxos de caixa reais à taxa de juros nominal de 15%. Existem duas possibilidades: expressar de novo os fluxos de caixa em termos nominais e descontá-los a 15%, ou redefinir a taxa de desconto em termos reais e utilizá-la para descontar os fluxos de caixa reais.

Partiremos do princípio de que se prevê uma inflação anual de 10%. Logo, o fluxo de caixa para o ano 1, que é de $35 mil em dólares de hoje, será de $35.000 \times 1,10 = \$38.500$ em dólares no ano 1. Da mesma maneira, o fluxo de caixa para o ano 2 será de $50.000 \times (1,10)^2 = \$60.500$ em dólares no ano 2, e assim sucessivamente. Se descontarmos esses fluxos de caixa nominais a uma taxa de desconto nominal de 15%, teremos:

$$\text{NPV} = -100 + \frac{38,5}{1,15} + \frac{60,5}{(1,15)^2} + \frac{39,9}{(1,15)^3} = 5,5 \text{ ou } \$5.500$$

Em vez de convertermos os fluxos de caixa projetados para valores nominais, podemos converter a taxa de desconto em valores reais, utilizando a seguinte expressão:

$$\text{Taxa de desconto real} = \frac{1 + \text{taxa de desconto nominal}}{1 + \text{taxa de inflação}} - 1$$

No nosso exemplo, temos:

$$\text{Taxa de desconto real} = \frac{1,15}{1,10} - 1 = 0,045 \text{ ou } 4,5\%$$

Se descontarmos agora os fluxos de caixa reais à taxa de desconto real, teremos um VPL de $5.500, exatamente como antes:

$$\text{VPL} = -100 + \frac{35}{1,045} + \frac{50}{(1,045)^2} + \frac{30}{(1,045)^3} = 5,5 \text{ ou } \$5.500$$

A mensagem que se tira disso tudo é muito simples: desconte os fluxos de caixa nominais a uma taxa de desconto nominal e os fluxos de caixa reais a uma taxa real. *Nunca* misture fluxos de caixa reais com taxas de desconto nominais ou fluxos nominais com taxas de juros reais.

Regra 4: Separe decisões de investimento e de financiamento

Suponhamos que você financie um projeto parcialmente mediante endividamento. Como você deveria tratar os proventos da emissão da dívida e os pagamentos de juros e do principal sobre a dívida? Resposta: você não deve nem subtrair os proventos da dívida do investimento necessário nem reconhecer os pagamentos de juros e do principal sobre a dívida como desembolsos de caixa. Independentemente do financiamento em si, você deve encarar o projeto como se fosse financiado exclusivamente por patrimônio próprio, tratando todos os desembolsos de caixa necessários para o projeto como advindos dos acionistas e todas as entradas de caixa como endereçadas a eles.

Esse procedimento tem como único foco os fluxos de caixa *projetados*, não os fluxos de caixa associados a esquemas alternativos de financiamento. Ele permite, portanto, que você separe a análise da decisão de investimento daquela da decisão de financiamento. Primeiro, você pergunta se o projeto tem um valor presente líquido positivo, assumindo um financiamento apenas com patrimônio próprio. Em seguida, se o projeto for viável, você pode conduzir uma análise em separado sobre a melhor estratégia de financiamento. Explicaremos no Capítulo 19 como reconhecer o efeito das escolhas de financiamento nos valores dos projetos.

6.2 Exemplo – o projeto do IM&C

Na condição de novo gestor financeiro da International Mulch & Compost Company (IM&C), você vai analisar uma proposta de comercialização de guano como fertilizante para jardins. (A IM&C está pensando em apresentar na sua campanha publicitária um jardineiro que sai de um canteiro cantando "*All my troubles have guano way*".)[4]

As previsões indicadas no Quadro 6.1 são, então, fornecidas a você. O projeto requer um investimento de $10 milhões em instalações fabris e equipamentos (linha 1). As máquinas podem ser desmontadas e vendidas por um valor líquido estimado de $1,949 milhão no ano 7 (linha 1, coluna 7). Essa importância é a sua estimativa para o *valor residual* da fábrica.

Quem preparou o Quadro 6.1 depreciou o investimento em seis anos com base em um valor residual arbitrário de $500 mil, que é inferior a sua estimativa do valor residual. Aplicou-se o método de *depreciação linear*. Com esse método, as depreciações anuais são iguais a uma proporção constante do investimento inicial, deduzido do valor residual ($9,5 milhões). Se chamarmos de T o período de depreciação, então a depreciação linear no ano t será:

Depreciação no ano $t = 1/T \times$ valor depreciável $= 1/6 \times 9{,}5 = \$1{,}583$ milhão

As linhas 6 a 12 do Quadro 6.1 mostram um demonstrativo de resultados simplificado do projeto do guano.[5] Esse será nosso ponto de partida para se estimar os fluxos de caixa. Todas as entradas do quadro são quantidades nominais. Em outras palavras, os gestores da empresa levaram em consideração o provável efeito da inflação nos preços e custos.

QUADRO 6.1 Projeções do projeto do guano da IM&C – refletindo a inflação e considerando o método da depreciação linear ($ milhares)

		Período							
		0	1	2	3	4	5	6	7
1.	Investimento	10.000							−1.949[a]
2.	Depreciações acumuladas		1.583	3.167	4.750	6.333	7.917	9.500	0
3.	Valor contábil no final do ano	10.000	8.417	6.833	5.250	3.667	2.083	500	0
4.	Capital de giro		550	1.289	3.261	4.890	3.583	2.002	0
5.	Valor contábil total (3 + 4)		8.967	8.122	8.511	8.557	5.666	2.502	0
6.	Vendas		523	12.887	32.610	48.901	35.834	19.717	
7.	Custos das mercadorias vendidas[b]		837	7.729	19.552	29.345	21.492	11.830	
8.	Outros custos[c]	4.000	2.200	1.210	1.331	1.464	1.611	1.772	
9.	Depreciações		1.583	1.583	1.583	1.583	1.583	1.583	0
10.	Lucros antes de impostos (6 −7 − 8 − 9)	−4.000	−4.097	2.365	10.144	16.509	11.148	4.532	1.449[d]
11.	Impostos a 35%	−1.400	−1.434	828	3.550	5.778	3.902	1.586	507
12.	Lucros depois de impostos (10 − 11)	−2.600	−2.663	1.537	6.593	10.731	7.246	2.946	942

[a]Valor residual.
[b]Abandonamos a apresentação tradicional do demonstrativo de resultados não incluindo as depreciações nos custos dos bens vendidos. Em vez disso, isolamos a depreciação (veja a linha 9).
[c]Despesas de instalação nos anos 0 e 1, e despesas gerais e administrativas nos anos 1 a 6.
[d]A diferença entre o valor residual e o valor contábil final de $500 é um lucro tributável.

---

[4] Desculpem-nos!

[5] Abandonamos a apresentação tradicional do demonstrativo de resultados separando as depreciações dos custos do bens vendidos.

QUADRO 6.2 Projeções do projeto do guano da IM&C – análise dos fluxos de caixa iniciais considerando o método da depreciação linear ($ milhares)

		Período							
		0	1	2	3	4	5	6	7
1.	Investimento e baixas	−10.000	0	0	0	0	0	0	1.442[a]
2.	Variação do capital de giro		−550	−739	−1.972	−1.629	1.307	1.581	2.202
3.	Vendas	0	523	12.887	32.610	48.901	35.834	19.717	0
4.	Custos das mercadorias vendidas	0	837	7.729	19.552	29.345	21.492	11.830	0
5.	Outros custos	4.000	2.200	1.210	1.331	1.464	1.611	1.772	0
6.	Impostos	−1.400	−1.434	828	3.550	5.778	3.902	1.586	
7.	Fluxos de caixa operacionais (3 − 4 − 5 − 6)	−2.600	−1.080	3.120	8.177	12.314	8.829	4.529	
8.	Fluxos de caixa líquidos (1 + 2 + 7)	−12.600	−1.630	2.381	6.205	10.685	10.136	6.110	3.444
9.	Valores presentes a 20%	−12.600	−1.358	1.654	3.591	5.153	4.074	2.046	961
10.	Valor presente líquido =	+3.520	(soma de 9)						

[a] Valor residual de $1.949 menos o imposto de $507 sobre a diferença entre o valor residual e o valor contábil final.

O Quadro 6.2 deriva os fluxos de caixa projetados por meio dos dados do investimento e do rendimento do Quadro 6.1. O fluxo de caixa líquido do projeto é a soma de três elementos:

Fluxo de caixa líquido = fluxo de caixa do capital de investimento e disponível
+ fluxo de caixa das mudanças no capital de giro
+ fluxo de caixa operacional

Cada um desses itens é exibido no quadro. A fila 1 mostra o investimento inicial e o valor residual estimado dos equipamentos quando o projeto for encerrado. Se, como se espera, o valor residual vier a ser superior ao valor depreciado da maquinaria, terá de ser pago imposto pela diferença. Por isso, o valor residual na fila 1 é mostrado após o pagamento desse imposto. A fila 2 mostra as alterações do capital de giro, e as filas remanescentes calculam os fluxos de caixa das operações do projeto.

Repare que, no cálculo dos fluxos de caixa das operações, não deduzimos a depreciação, que é uma entrada contábil. Ela afeta o imposto que a organização paga, mas não é emitido nenhum cheque para pagar pela depreciação. O fluxo de caixa das operações é simplesmente o dinheiro que entra menos o dinheiro que sai:[6]

Fluxo de caixa operacional = receitas − despesas em dinheiro − imposto

Por exemplo, no ano 6 do projeto do guano:

Fluxo de caixa operacional = 19.717 − (11.830 + 1.772) − 1.586 = 4.529

---

[6] Há diversos meios alternativos para se calcular os fluxos de caixa operacionais. Por exemplo, é possível adicionar a depreciação novamente ao lucro após os impostos:

Fluxo de caixa operacional = taxa de lucro posterior + depreciação

Por isso, no ano 6 do projeto do guano:

Fluxo de caixa operacional = 2.946 + 1.583 = 4.529

Outra alternativa seria calcular os lucros após os impostos considerando que *não* há depreciação e, depois, adicionar a economia fiscal proporcionada pela dedução da depreciação:

Fluxo de caixa operacional = (receitas − despesas) × (1 − taxa de juros) + (depreciação × taxa de juros)

Por isso, no ano 6 do projeto do guano:

Fluxo de caixa operacional = (19.717 − 11.830 − 1.772) × (1 − 0,35) + (1.583 × 0,35) = 4.529

A IM&C estima em 20% o custo de oportunidade nominal do capital para projetos desse tipo. Quando somados e descontados todos os fluxos de caixa, o projeto do guano parece proporcionar um valor presente líquido de cerca de $3,5 milhões:

$$VPL = -12.600 - \frac{1.630}{1,20} + \frac{2.381}{(1,20)^2} + \frac{6.205}{(1,20)^3} + \frac{10.685}{(1,20)^4} + \frac{10.136}{(1,20)^5}$$

$$+ \frac{6.110}{(1,20)^6} + \frac{3.444}{(1,20)^7} = +3.520 \text{ ou } \$3.520.000$$

Separação entre as decisões de investimento e de financiamento

Repare que, obedecendo à nossa Regra 4 anterior, desconsideramos por completo o modo como o projeto do guano é financiado. Não deduzimos do investimento inicial quaisquer proventos de dívida nem deduzimos das entradas de caixa quaisquer pagamentos de juros e do principal. A prática comum é prever os fluxos de caixa como se o projeto fosse financiado apenas com patrimônio próprio e estimar em separado qualquer valor adicional resultante da decisão de financiamento.

Investimentos no capital de giro

Este ponto é muito importante. Pode-se ver na linha 2 do Quadro 6.2 que o capital de giro aumenta nos primeiros anos e nos anos intermediários do projeto. O capital de giro resume o investimento líquido em ativos de curto prazo associados a uma empresa, atividade ou projeto. Os seus componentes mais importantes são os *estoques*, as *contas a receber* e as *contas a pagar*. Os requisitos do projeto do guano para o capital de giro no ano 2 poderão ser os seguintes:

Capital de giro = estoque + contas a receber − contas a pagar

$1.289 = 635 + 1.030 − 376

Por que o capital de giro aumenta? Existem várias possibilidades:

1. As vendas registradas no demonstrativo de resultados superestimam os verdadeiros recebimentos das remessas de guano, pois as vendas estão aumentando e os clientes demoram a pagar suas faturas. Portanto, as contas a receber aumentam.
2. Leva alguns meses até o guano produzido atingir a maturação adequada. Desse modo, como as vendas projetadas aumentaram, estoques mais elevados tiveram de ser mantidos em locais de maturação.
3. Produzir-se-á um efeito de compensação se os pagamentos dos materiais e dos serviços usados na produção do guano sofrerem um atraso. Nesse caso, as contas a pagar aumentarão.

Os investimentos adicionais no capital de giro do ano 2 ao 3 poderiam ser:

Investimento adicional no capital de giro = Aumento no estoque + Aumento nas contas a receber − Aumento nas contas a pagar

$1.972 = 972 + 1.500 − 500

Uma previsão mais detalhada dos fluxos de caixa para o ano 3 seria semelhante aos valores do Quadro 6.3.

Em vez de se preocupar com as variações do capital de giro, você poderia estimar diretamente os fluxos de caixa somando o dinheiro dos clientes, que entra, e deduzindo o dinheiro, para os fornecedores, que sai. Você também deduziria todo o dinheiro gasto na produção, incluindo o que foi gasto com mercadorias mantidas no estoque. Em outras palavras:

1. Se substituir as vendas de cada ano pelos pagamentos efetuados em dinheiro pelos clientes, você não terá de se preocupar com os valores a receber.

QUADRO 6.3 Pormenores da previsão dos fluxos de caixa do projeto do guano da IM&C no ano 3 ($ milhares)

Fluxos de caixa		Dados dos demonstrativos de resultados projetados		Variações do capital de giro
Recebimentos	=	Vendas	−	Aumento das contas a receber
$31.110	=	32.610	−	1.500
Pagamentos	=	Custo da mercadoria vendida, outros custos e impostos	+	Aumento dos estoques líquido do aumento das contas a pagar
$24.905	=	(19.552 + 1.331 + 3.550)	+	(972 − 500)

Fluxos de caixa líquidos = Recebimentos − Pagamentos
$6.205 = 31.110 − 24.905

2. Se substituir o custo das mercadorias vendidas pelos pagamentos de mão de obra, materiais e outros custos de produção, você não terá de controlar sempre os estoques nem as contas a pagar.

Você teria, contudo, de continuar desenvolvendo demonstrativos de resultados projetados para calcular os impostos..

Uma observação adicional sobre a depreciação

A depreciação é uma despesa não desembolsável; só é importante porque reduz o resultado tributável. Origina um *benefício fiscal* anual igual ao produto da depreciação pela taxa marginal de imposto:

$$\text{Benefício fiscal} = \text{depreciação} \times \text{taxa de juros}$$

$$= 1.583 \times 0{,}35 = 554 \text{ ou } \$554.000$$

O valor presente dos benefícios fiscais ($554 mil durante seis anos) é de $1.842.000 a uma taxa de desconto de 20%.

Agora, se a IM&C conseguisse obter esses benefícios fiscais mais cedo, o seu valor seria maior, não é verdade? Felizmente, a legislação fiscal permite que as corporações façam isso: possibilita as *depreciações aceleradas*.

As normas atuais sobre as depreciações foram determinadas nos Estados Unidos pela Lei de Redução Fiscal (Tax Reform Act), de 1986, que estabeleceu um Sistema Modificado de Recuperação Acelerada de Custos (Modified Accelerated Cost Recovery Systema – MACRS). Os planos de depreciação fiscal estão resumidos no Quadro 6.4. Observe que existem seis planos, um para cada categoria de período de recuperação. A maioria dos equipamentos industriais está incluída nas classes dos cinco e dos sete anos. Para simplificar, vamos supor que todos os investimentos do projeto do guano correspondem à classe dos cinco anos. Desse modo, para que os ativos sejam postos em serviço, a IM&C pode deduzir 20% do seu investimento depreciável no ano 1, depois 32% do seu investimento depreciável no ano 2, e assim sucessivamente. Os benefícios fiscais do projeto do guano são apresentados a seguir:

	Ano					
	1	2	3	4	5	6
Depreciação fiscal (porcentagem do MACRS × investimento depreciável)	2.000	3.200	1.920	1.152	1.152	576
Benefícios fiscais (depreciação fiscal x taxa de imposto, $T_c = 0{,}35$)	700	1.120	672	403	403	202

O valor presente desses benefícios fiscais é de $2,174 milhões, cerca de $331 mil a mais do que o obtido pelo método das depreciações lineares.

CAPÍTULO 6 • Tomando decisões de investimento com base no critério do valor presente líquido

QUADRO 6.4 Depreciação fiscal permitida em um sistema modificado de recuperação acelerada dos custos (MACRS) (valores em porcentagem do investimento depreciável)

	Ano(s)	3 anos	5 anos	7 anos	10 anos	15 anos	20 anos
1	1	33,33	20,00	14,29	10,00	5,00	3,75
2	2	44,45	32,00	24,49	18,00	9,50	7,22
3	3	14,81	19,20	17,49	14,40	8,55	6,68
4	4	7,41	11,52	12,49	11,52	7,70	6,18
5	5		11,52	8,93	9,22	6,93	5,71
6	6		5,76	8,92	7,37	6,23	5,28
7	7			8,93	6,55	5,90	4,89
8	8			4,46	6,55	5,90	4,52
9	9				6,56	5,91	4,46
10	10				6,55	5,90	4,46
11	11				3,28	5,91	4,46
12	12					5,90	4,46
13	13					5,91	4,46
14	14					5,90	4,46
15	15					5,91	4,46
16	16					2,95	4,46
17	17-20						4,46
18	21						2,23

Obs:
1. A depreciação é mais baixa no primeiro e nos últimos anos por se considerar que os ativos estão a serviço apenas por seis meses.
2. Os imóveis são depreciados linearmente em 27,5 anos para fins residenciais, ou em 39 anos para fins não residenciais.

QUADRO 6.5 Pagamentos de impostos sobre o projeto do guano da IM&C ($ milhares)

		Período							
		0	1	2	3	4	5	6	7
1.	Vendas[a]		523	12.887	32.610	48.901	35.834	19.717	
2.	Custo das mercadorias vendidas[a]		837	7.729	19.552	29.345	21.492	11.830	
3.	Outros custos[a]	4.000	2.200	1.210	1.331	1.464	1.611	1.772	
4.	Depreciações		2.000	3.200	1.920	1.152	1.152	576	
5.	Lucro antes de impostos (1 − 2 − 3 − 4)	−4.000	−4.514	748	9.807	16.940	11.579	5.539	1.949[b]
6.	Impostos a 35%[c]	−1.400	−1.580	262	3.432	5.929	4.053	1.939	682

[a] Do Quadro 6.1.
[b] O valor residual é, para fins de impostos, igual a zero, depois de terem sido consideradas todas as depreciações fiscais. Assim, a IM&C terá que pagar impostos sobre o valor residual de $1.949.
[c] Um pagamento negativo de impostos significa uma *entrada* de caixa, considerando que a IM&C pode utilizar o prejuízo fiscal do seu projeto do guano para obter benefícios fiscais em outros projetos.

O Quadro 6.5 volta a calcular o impacto do projeto do guano nos pagamentos futuros de impostos da IM&C, e o Quadro 6.6 apresenta os fluxos de caixa depois de impostos e o valor presente revistos. Dessa vez, incluímos pressupostos realistas, tanto no que se refere aos impostos como à inflação. Obtivemos um VPL superior ao do Quadro 6.2, pois este ignorava o valor presente adicional das depreciações aceleradas.

QUADRO 6.6 Projeto do guano da IM&C – análise revisada dos fluxos de caixa ($ milhares)

		Período							
		0	1	2	3	4	5	6	7
1.	1. Investimento e baixas	−10.000	0	0	0	0	0	0	1.949
2.	2. Variação do capital de giro		−550	−739	−1.972	−1.629	1.307	1.581	2.002
3.	3. Vendas[a]	0	523	12.887	32.610	48.901	35.834	19.717	0
4.	4. Custos das mercadorias vendidas[a]	0	837	7.729	19.552	29.345	21.492	11.830	0
5.	5. Outros custos[a]	4.000	2.200	1.210	1.331	1.464	1.611	1.772	0
6.	6. Impostos[b]	−1.400	−1.580	262	3.432	5.929	4.053	1.939	682
7.	7. Fluxos de caixa operacionais (3 − 4 − 5 − 6)	−2.600	−934	3.686	8.295	12.163	8.678	4.176	−682
8.	8. Fluxos de caixa líquidos (1 + 2 + 7)	−12.600	−1.484	2.947	6.323	10.534	9.985	5.757	3.269
9.	9. Valores presentes a 20%	−12.600	−1.237	2.047	3.659	5.080	4.013	1.928	912
10.	10. Valor presente líquido =	3.802	(soma de 9)						

[a] Do Quadro 6.1.
[b] Do Quadro 6.5.

Existe ainda outro problema adicional subjacente ao Quadro 6.5: nos Estados Unidos há uma *taxa alternativa mínima*, que pode limitar ou diferir os benefícios fiscais das depreciações aceleradas ou outros itens sujeitos a uma *taxa preferencial*. Considerando que o imposto mínimo alternativo pode ser um motivo importante para o *leasing* financeiro, discutiremos isso no Capítulo 25, em vez de o fazermos agora. Mas sugerimos sua memorização para que você não subscreva a análise de decisão de investimento sem verificar se sua organização está sujeita ao imposto mínimo alternativo.

Um comentário final sobre impostos

Todas as grandes empresas dos Estados Unidos têm duas contabilidades separadas: uma para os seus acionistas e a outra para o Internal Revenue Service (IRS), ou Serviço de Receitas Internas. É comum a utilização de depreciações lineares na contabilidade para os acionistas, e depreciações aceleradas na contabilidade para fins fiscais. O IRS não se opõe a esse procedimento, e isso faz que os lucros apresentados pela empresa sejam mais elevados do que se fosse utilizada a depreciação acelerada em todas as situações. Há muitas outras diferenças entre a contabilidade para fins fiscais e a contabilidade para os acionistas.[7]

O analista financeiro deve ter o cuidado de verificar que livros está analisando. No caso das decisões de investimento, apenas a contabilidade fiscal é importante; mas, para um analista externo, apenas estão disponíveis os registros contábeis divulgados aos acionistas.

Análise de projetos

Vamos recapitular. Algumas páginas antes, consideramos a análise do projeto do guano da IM&C. Começamos com demonstrativos simplificados de ativos e de resultados para o projeto que foram utilizados para desenvolver uma série de fluxos de caixa projetados. Depois, foram lembradas as depreciações aceleradas e tiveram de ser calculados novamente os fluxos de caixa e o VPL.

Foi com muita sorte que conseguimos isso apenas com dois cálculos do VPL. Em situações reais, por vezes, são necessárias várias tentativas para eliminar todos os aspectos inconsistentes e to-

---

[7] Essa distinção entre contabilidade para efeito de impostos e contabilidade para os acionistas não existe em todos os países. No Japão, por exemplo, os impostos relacionados aos acionistas têm que ser iguais aos impostos pagos ao governo; o mesmo ocorre na França e em muitos outros países europeus.

dos os erros. Logo, podemos querer analisar algumas alternativas. Por exemplo, devemos empreender um projeto maior ou menor? Seria mais apropriado comercializar o adubo mediante distribuidoras da rede atacadista ou pelo método de vendas diretas aos clientes? Seria mais conveniente comprar câmaras de maturação para o guano com 9 mil m^2 de área total na região norte da Dakota do Sul em vez das instalações planejadas de 10 mil m^2 de área total na região sul do estado? Em cada caso, nossa escolha deve ser aquela que oferece o VPL mais elevado. Por vezes, as possibilidades não são imediatamente óbvias. Por exemplo, talvez o projeto exija duas custosas linhas de empacotamento de alta velocidade. Todavia, se a demanda para o guano é sazonal, pode ser que compense instalar apenas uma linha de alta velocidade para lidar com a demanda básica e duas mais lentas, porém mais baratas, simplesmente para tratar as maiores demandas do verão. Não saberemos a resposta até termos uma comparação efetiva entre os VPLs.

Além disso, começam as perguntas "e se...?". E se o VPL for afetado se a inflação sair de controle? E se os problemas técnicos atrasarem o início das operações? E se os jardineiros preferirem fertilizantes químicos em vez do seu produto natural? Os gestores utilizam uma série de técnicas para desenvolver um melhor entendimento de como surpresas desagradáveis podem prejudicar o VPL. Por exemplo, eles podem fazer uma *análise de sensibilidade*, na qual examinam o grau com que o projeto pode desviar de curso por causa das más notícias sobre uma das variáveis. Ou podem criar diferentes *cenários* e estimar o efeito de cada um deles no VPL. Outra técnica, conhecida como *análise do ponto de equilíbrio*, serve para explorar o grau com que as vendas podem sair da previsão antes de o projeto ficar no vermelho.

No Capítulo 10 praticaremos a utilização de cada uma dessas técnicas "e se...". Veremos, então, que a análise de projetos é mais do que um ou dois cálculos de VPL.[8]

Cálculo do VPL em outros países e em outras moedas

Nosso projeto do guano foi empreendido nos Estados Unidos por uma empresa norte-americana. Entretanto, os princípios da aplicação de capital são os mesmos em todas as regiões do mundo. Por exemplo, suponha que você é o gestor financeiro da empresa alemã K.G.R Ökologische Naturdüngemittel GmbH (KGR), que se defronta com uma oportunidade similar para fazer um investimento de €10 milhões na Alemanha. O que muda?

1. A KGR tem que produzir também uma série de fluxos de caixa projetados, mas, nesse caso, esses fluxos serão em euros, a moeda corrente da Zona do Euro.
2. No desenvolvimento dessas projeções, a empresa precisa reconhecer que os preços e os custos serão influenciados pela taxa de inflação alemã.
3. Os lucros do projeto da KGR são calculados à taxa de impostos para as empresas alemãs.
4. A KGR tem que utilizar o sistema alemão de dedução da depreciação. Seguindo a regra comum adotada por muitos outros países, a Alemanha permite que as empresas escolham entre dois métodos de depreciação: o sistema de depreciação linear e o do saldo decrescente. A KGR opta por este último e deduz 30% como valor depreciado dos equipamentos a cada ano (o máximo permitido sob a legislação fiscal alemã corrente). Assim, no ano 1, a KGR deduz $0{,}30 \times 10 = €3$ milhões, e o valor descontado dos equipamentos cai para $10 - 3 = €7$ milhões. No ano 2, são descontados $0{,}30 \times 7 = €2{,}1$ milhões, e o valor descontado será posteriormente reduzido a $7 - 2{,}1 = €4{,}9$ milhões. No ano 4, a KGR observa que a depreciação seria mais elevada se pudesse mudar para o sistema de depreciação linear e deduz do saldo o valor de €3,43 milhões nos três anos remanescente da vida útil do projeto. Felizmente, a legislação tributária permite que a organização tome esse procedimento. Portanto, as reduções da depreciação ano após ano da KGR são calculadas da seguinte forma:

---

[8] No intervalo, você talvez gostasse de avançar no jogo ao examinar as planilhas de cálculo *live* para o projeto do guano e vendo como o VPL pode se alterar com uma queda repentina nas vendas ou um aumento inesperado nos custos.

	Ano					
	1	2	3	4	5	6
Valor deduzido, início do ano (€ milhões)	10	7	4,9	3,43	2,29	1,14
Depreciação (€ milhões)	0,3 × 10 = 3	0,3 × 7 = 2,1	0,3 × 4,9 = 1,47	3,43/3 = 1,14	3,43/3 = 1,14	3,43/3 = 1,14
Valor deduzido, final do ano (€ milhões)	10 − 3 = 7	7 − 2,1 = 4,9	4,9 − 1,47 = 3,43	3,43 − 1,14 = 2,29	2,29 − 1,14 = 1,14	1,14 − 1,14 = 0

Observe que a dedução pela depreciação da KGR declina nos primeiros anos e, posteriormente, se estabiliza. O mesmo ocorre com o sistema de depreciação norte-americano MACRS. De fato, esse é simplesmente outro exemplo do método de depreciação do saldo decrescente com uma mudança posterior para a depreciação linear.[9]

6.3 Uso do critério do VPL para a escolha de projetos

Praticamente todas as decisões de investimento do mundo real implicam em escolhas do tipo "ou-ou". Tais escolhas são denominadas *mutuamente excludentes*. Deparamos com um exemplo de investimentos mutuamente excludentes no Capítulo 2. Nele, examinamos se era melhor construir um edifício de escritórios ou para venda imediata, ou para aluguel e posterior venda ao final de dois anos. Para decidir entre essas alternativas, calculamos o VPL de cada uma e escolhemos aquela com o VPL mais alto.

Este é o procedimento correto contanto que a escolha entre os dois projetos não afete quaisquer decisões futuras que você venha a querer tomar. Às vezes, porém, as escolhas que você faz hoje têm um impacto em oportunidades futuras. Quando este é o caso, a escolha entre projetos concorrentes é mais capciosa. Eis aqui quatro problemas importantes e geralmente desafiadores:

- *O problema do timing do investimento*. Você deve investir agora ou esperar para pensar nele daqui a um ano? (Aqui, o investimento atual está competindo com possíveis investimentos futuros.)
- *A escolha entre equipamentos de longa ou curta vida útil*. Será que a empresa deve economizar dinheiro hoje instalando maquinário mais barato que não durará muito tempo? (Aqui, a decisão de hoje acabaria acelerando investimentos posteriores em substituição de maquinário.)
- *O problema da substituição*. Quando o maquinário já existente deve ser substituído? (Usá-lo por mais um ano poderia postergar investimentos em equipamentos mais modernos.)
- *O custo da capacidade excedente*. Qual é o custo de se usar equipamentos que temporariamente não são necessários? (Aumentar o uso dos equipamentos pode postergar a data em que a capacidade adicional será necessária.)

Examinaremos esses problemas um de cada vez.

Problema 1: a decisão sobre o *timing* do investimento

O fato de que um projeto tem um VPL positivo não significa que ele deva ser empreendido agora. Pode ser que seja mais valioso empreendê-lo no futuro. A questão do *timing* ideal não é difícil quando os fluxos de caixa estão corretos. Primeiro, será preciso examinar datas iniciais (*t*) alterna-

---

[9] Tomemos como exemplo o plano de 10 anos do MACRS. Ele permite que a empresa deduza 20% do valor descontado do ativo anualmente. Como o IRS assume que o ativo é comprado no meio do ano, a empresa deduz 10% do investimento no ano 1 e desconta o valor do ativo para 100 − 10 = 90% de seu custo de compra. No segundo ano, ela deduz 20% do valor descontado, ou seja, 0,2 × 90 = 18% do custo de compra. O valor descontado agora é de 90 − 18 = 72% do custo e, portanto, no ano 3 a dedução do MACRS é de 0,2 × 72 = 14,4% do custo. Ao final do ano 6, o investimento terá sido descontado para 29,49% do custo, e a empresa migrará para depreciação linear pelos 4,5 anos restantes de vida útil do ativo.

tivas para o investimento e calcular o valor futuro líquido para cada uma delas. Em seguida, para descobrir qual dessas alternativas agregaria mais ao valor *corrente* da organização, é preciso trazer esses valores futuros líquidos ao presente:

Valor presente líquido do investimento se for empreendido até a data $t = \dfrac{\text{valor futuro líquido até a data } t}{(1 + r)^t}$

Por exemplo, suponha que tenhamos um terreno imenso repleto de árvores (madeira) inacessíveis. Para explorá-las comercialmente, é preciso investir uma quantia substancial em estradas de acesso e outras instalações. Quanto mais tempo esperamos, mais elevado será o investimento necessário. Por outro lado, os preços da madeira podem aumentar durante esse período, e as árvores continuarão crescendo, embora a uma taxa gradualmente decrescente.

Vamos imaginar que o valor presente líquido da exploração das árvores em diferentes datas *futuras* seja como a seguir:

	Ano da exploração					
	0	1	2	3	4	5
Valor *futuro* líquido ($ milhares)	50	64,4	77,5	89,4	100	109,4
Variação no valor em relação ao ano anterior (%)		+28,8	+20,3	+15,4	+11,9	+9,4

Como pode ser visto, quanto mais tempo se adia o corte da madeira, mais dinheiro é ganho. No entanto, nosso interesse é com a data que maximiza o valor *presente* líquido do investimento, ou seja, a contribuição para o valor de nosso empreendimento *hoje*. Por isso, é preciso descontar o valor futuro líquido da exploração para os valores presentes. Suponha que a taxa de desconto apropriada seja de 10%. Então, se explorarmos a madeira no ano 1, o empreendimento tem um valor *presente* líquido de $58.500:

$$\text{VPL se explorado no ano 1} = \dfrac{64,4}{1,10} = 58,5 \text{ ou } \$58.500$$

O valor presente líquido para outras datas da exploração é como se segue:

	Ano da exploração					
	0	1	2	3	4	5
Valor presente líquido ($ milhares)	50	58,5	64,0	67,2	68,3	67,9

O ponto ideal para se explorar a madeira é o ano 4, pois esse é o ponto que maximiza o VPL.

Repare que, antes do ano 4, o valor futuro líquido da madeira aumenta mais de 10% ao ano. O ganho no valor é superior ao do custo de capital amarrado no projeto. Após o ano 4, o ganho no valor ainda é positivo, mas muito menor do que o custo de capital. Assim, postergar a exploração somente reduz a riqueza dos acionistas.[10]

O problema do *timing* dos investimentos é muito mais complicado quando você não tem certeza sobre os fluxos de caixa futuros. Retomaremos o problema do *timing* dos investimentos incertos nos Capítulos 10 e 22.

---

[10] Nosso exemplo do corte da madeira transmite a ideia correta sobre o *timing* do investimento, mas deixa de abordar um ponto prático importante. Quanto mais cedo é derrubada a primeira leva de árvores, mais depressa a segunda estará crescendo. Assim, o valor da segunda leva depende da data em que se corta a primeira. Esse problema, mais complexo e realista, pode ser resolvido de uma das seguintes maneiras:

1. Determine a data de corte que maximiza o valor presente de uma série de cortes, levando em consideração as diferentes taxas de crescimento das árvores novas e velhas.
2. Repita os nossos cálculos, determinando o valor futuro de mercado do terreno explorado como parte dos rendimentos do primeiro corte de árvores. O valor do terreno limpo inclui o valor presente de todos os cortes subsequentes.

A segunda solução é, de longe, a mais simples, se conseguirmos prever o valor do terreno limpo de árvores.

Problema 2: a escolha entre equipamentos de longa e curta vida útil

Suponhamos que a empresa seja levada a escolher entre duas máquinas, A e B. Elas têm concepções diferentes, mas capacidades idênticas, e executam exatamente a mesma função. A máquina A custa $15 mil e tem uma durabilidade de três anos. Seu funcionamento custa $5 mil por ano. A máquina B é um modelo "econômico" que custa apenas $10 mil, mas sua durabilidade é de apenas dois anos e o seu funcionamento custa $6 mil por ano.

Como as duas máquinas produzem exatamente o mesmo produto, a única forma de escolher entre uma e outra baseia-se no seu custo. O valor presente do custo de cada máquina é o seguinte:

	Custos ($ milhares)				
Ano	0	1	2	3	VP a 6% ($ milhares)
Máquina A	15	5	5	5	28,37
Máquina B	10	6	6	—	21,00

Deveremos optar pela máquina B, que apresenta um menor valor presente de custos? Não necessariamente. Tudo o que mostramos é que a máquina B oferece dois anos de serviço a um custo total mais baixo do que três anos de serviço da máquina A. Mas será que o custo anual de se usar a máquina B é mais baixo que o da máquina A?

Suponhamos que o gestor financeiro concorde em comprar a máquina A e use o seu próprio orçamento para arcar com os respectivos custos operacionais. Em seguida, ele cobra do gestor da planta um montante anual pelo uso da máquina. Serão três pagamentos iguais a começar pelo ano 1. O gestor financeiro precisa se certificar de que o valor presente desses pagamentos equivale ao valor presente dos custos de cada máquina.

Quando a taxa de desconto é de 6%, o fluxo de pagamento com tal valor presente acaba sendo de $10.610 ao ano. Em outras palavras, o custo de comprar e operar a máquina A durante sua vida útil de três anos é equivalente a uma cobrança anual de $10.610 ao ano por três anos.

	Custos ($ milhares)				
Ano	0	1	2	3	VP a 6% ($ milhares)
Máquina A	15	5	5	5	28,37
Custo anual equivalente		10,61	10,61	10,61	28,37

Calculamos o *custo anual equivalente* encontrando a anuidade de três anos com o mesmo valor presente dos custos durante a vida útil de A.

$$\text{VP da anuidade} = \text{VP do custo de A} = 28{,}37$$

$$= \text{pagamento da anuidade} \times \text{fator de anuidade de 3 anos}$$

A um custo de capital de 6%, o fator da anuidade é de 2,673 durante três anos, portanto:

$$\text{Pagamento da anuidade} = \frac{28{,}37}{2{,}673} = 10{,}61$$

Um cálculo similar para a máquina B resulta em um custo anual equivalente de %11.450:

	Custos ($ milhares)			
Ano	0	1	2	VP a 6% ($ milhares)
Máquina B	10	6	6	21,00
Custo anual equivalente		11,45	11,45	21,00

É melhor escolher a máquina A, porque o seu custo anual equivalente é menor ($10.610 *versus* $11.450 da máquina B).

Fluxo de caixa anual equivalente, inflação e mudanças tecnológicas Quando calculamos os custos anuais equivalentes das máquinas A e B, simplesmente assumimos que a inflação é zero. Na prática, porém, o custo de comprar e operar as máquinas provavelmente aumentará com a inflação. Se isso ocorrer, os custos *nominais* de operação das máquinas subirá, enquanto os custos reais permanecerão constantes. Portanto, ao se comparar os custos anuais equivalentes de duas máquinas, recomendamos enfaticamente que se faça os cálculos em termos reais. *Não* calcule fluxos de caixa anuais equivalentes como anuidades nominais constantes. Esse procedimento pode levar a comparações incorretas entre os verdadeiros fluxos anuais equivalentes a taxas de inflação elevadas. Como um exemplo, veja o Problema 33 do Desafio ao final deste capítulo.[11]

Também haverá circunstâncias em que não se espera que sejam constantes nem mesmo os fluxos de caixa reais de aquisição e operação das duas máquinas. Suponhamos, por exemplo, que graças a aperfeiçoamentos tecnológicos, novas máquinas custem 20% a menos ao ano em termos *reais* para aquisição e operação. Nesse caso, futuros proprietários das novas máquinas de baixo custo poderão reduzir o custo (real) do aluguel em 20%, e os proprietários das máquinas antigas serão forçados a acompanhar essa redução. Assim, precisamos perguntar agora: se o nível real dos aluguéis diminuir em 20% ao ano, quanto custará alugar cada máquina?

Se o aluguel real para o ano 1 é aluguel$_1$, então o aluguel real para o ano 2 é aluguel$_2$ = 0,8 × aluguel$_1$. O aluguel$_3$ é 0,8 × aluguel$_2$, ou 0,64 × aluguel$_1$. O proprietário de cada máquina deverá estabelecer os aluguéis reais suficientemente altos para recuperar o valor presente dos custos. No caso da máquina A:

$$\text{VP do aluguel da máquina A} = \frac{\text{aluguel}_1}{1,06} + \frac{\text{aluguel}_2}{1,06^2} + \frac{\text{aluguel}_3}{1,06^3} = 28,37$$

$$= \frac{\text{aluguel}_1}{1,06} + \frac{0,8(\text{aluguel}_1)}{1,06^2} + \frac{0,64(\text{aluguel}_1)}{1,06^3} = 28,37$$

aluguel$_1$ = 12,94 ou $12.940

Para a máquina B:

$$\text{VP do aluguel da máquina B} = \frac{\text{aluguel}_1}{1,06} + \frac{0,8(\text{aluguel}_1)}{1,06^2} = 21,00$$

aluguel$_1$ = 12,69 ou $12.690

Os méritos das duas máquinas agora se inverteram. Considerando que se espera que a tecnologia reduza os custos reais das novas máquinas, então vale a pena comprar a máquina B, de curta duração, em vez de ficar atrelado a uma tecnologia menos avançada com a máquina A no ano 3.

Podemos imaginar outras complicações. Há a possibilidade de a máquina C chegar ao ano 1 com um custo anual equivalente ainda mais baixo. Seria então o caso de considerar o envio da máquina B para a sucata ou vendê-la no ano 1 (mais sobre essa decisão a seguir). O gestor financeiro não podia escolher entre as máquinas A e B no ano 0 sem considerar rigorosamente o substituto de cada uma das máquinas.

A comparação dos fluxos de caixa anuais equivalentes jamais deve ser um exercício mecânico; pense sempre nos pressupostos que estão implícitos nessa comparação. Por fim, lembre-se primeiramente por que são necessários fluxos de caixa anuais equivalentes. Isso acontece porque A e B serão substituídas em datas diferentes no futuro, e a escolha entre elas afetará decisões futuras de investimento. Se as decisões posteriores não forem afetadas pela escolha inicial (por exemplo, porque nenhuma das máquinas será substituída), então *não será necessário considerar as decisões futuras*.[12]

---

[11] Se você de fato alugar a máquina ao gerente da fábrica, ou a qualquer outro responsável, não se esqueça de especificar que os pagamentos do aluguel devem ser "indexados" à inflação. Se a inflação for de 5% ao ano e os pagamentos do aluguel não aumentarem proporcionalmente, então o valor real de tais pagamentos diminuirá e não será suficiente para cobrir o custo total de compra e operação da máquina.

[12] No entanto, se nenhuma das máquinas for substituída, teremos de considerar a receita suplementar gerada pela máquina A no seu terceiro ano, quando ainda estará funcionando, enquanto a máquina B não.

Fluxo de caixa anual equivalente e impostos   Não mencionamos os impostos, mas certamente ficou claro que os custos durante a vida útil das máquinas A e B devem ser calculados depois dos impostos, observados os custos operacionais a serem dedutíveis nos impostos e que o investimento de capital gera benefícios fiscais.

Problema 3: quando substituir maquinário antigo

Nossa comparação anterior entre as máquinas A e B considerou como fixo o tempo de vida útil de cada máquina. Na prática, o momento em que o equipamento é substituído reflete considerações de ordem econômica, e não seu colapso físico total. Somos *nós* que devemos decidir quando substituí-la, visto que a máquina raramente decide por nós.

Eis aqui um problema comum. Você está utilizando uma máquina já antiga e da qual espera produzir um fluxo de caixa *positivo* líquido de $4 mil no próximo ano, e mais $4 mil no ano seguinte. Após esse prazo, a máquina esgotou sua utilidade. Você poderá substituí-la agora por uma máquina nova, que custa $15 mil, mas que é muito mais eficiente e proporciona um fluxo de caixa positivo de $8 mil por ano, durante três anos. Você quer saber, então, se deve substituir o equipamento agora ou se deve esperar um ano.

Podemos calcular o VPL da nova máquina, assim como seu *fluxo de caixa anual equivalente*, isto é, a anuidade de três anos que tem o mesmo valor presente líquido:

	Fluxos de caixa ($ milhares)				
	C_0	C_1	C_2	C_3	VPL a 6% ($ milhares)
Máquina nova	−15	+8	+8	+8	6,38
Fluxo de caixa anual equivalente		+2,387	+2,387	+2,387	6,38

Em outras palavras, os fluxos de caixa da nova máquina são equivalentes a uma anuidade de $2.387. Portanto, também podemos perguntar quando haveríamos de substituir a nossa velha máquina por uma nova que gerasse aquele montante ao ano. Ao apresentar o problema desse modo, a resposta é óbvia. Enquanto a sua máquina antiga puder proporcionar um fluxo de caixa de $4 mil por ano, por que deveria substituí-la por uma nova que gera somente $2.387 por ano?

É fácil incorporar os valores residuais nesse cálculo. Suponha que, no presente, o valor residual seja de $8 mil e que, no próximo ano, será de $7 mil. Vejamos em que situação ficará no próximo ano se você esperar para vendê-lo. Por um lado, você ganhará $7 mil, mas, por outro, perderá o valor residual de hoje *mais* o retorno decorrente da aplicação dessa quantia durante um ano. Isto é, 8.000 × 1,06 = $8.480. A sua perda líquida será de 8.480 − 7.000 = $1.480, o que só compensará parcialmente o ganho operacional. Ainda não será esse o momento para se proceder à sua substituição.

Lembre-se de que a lógica dessas comparações requer que a nova máquina seja a melhor das alternativas disponíveis e que seja substituída no momento ideal.

Problema 4: custos da capacidade excedente

Qualquer empresa que tenha um sistema centralizado de informações (computadores centrais, servidores, capacidade de armazenamento de dados, *software* e *links* de telecomunicações) depara-se com várias propostas para a sua utilização. Os sistemas recentemente instalados tendem a ter excesso de capacidade, e como os custos marginais imediatos da utilização desses sistemas parecem negligenciáveis, a gerência muitas vezes estimula novas utilizações. Contudo, mais cedo ou mais tarde, a carga no sistema aumenta de tal maneira que os gestores têm de cancelar os compromissos originalmente previstos, ou investir em outro sistema alguns anos antes do que tinha sido originalmente planejado. Problemas desse tipo podem ser evitados se for definido um plano adequado para a utilização de capacidade ociosa.

Vamos supor que temos um novo projeto de investimento que exige a ampla utilização de um sistema de informação existente. A adoção desse projeto terá como consequência a antecipação da data de compra de um novo sistema, mais capacitado, do ano 4 para o ano 3. Esse novo sistema tem uma vida útil de cinco anos e, a uma taxa de desconto de 6%, o valor presente do custo de aquisição e operação será de $500 mil.

Comecemos convertendo o valor presente do custo do novo sistema ($500 mil) para um custo anual equivalente de $118.700 para cada um dos cinco anos.[13] Evidentemente, quando o novo sistema estiver esgotado, ele será substituído por outro. Assim, temos uma perspectiva anual de gastos calculados em $118.700 com o sistema. Se empreendermos o novo projeto, a série de despesas começa no ano 4; se não o fizermos, as despesas começam no ano 5. Desse modo, o novo projeto significa um custo *adicional* de $118.700 no ano 4, o qual terá um valor presente de $118.700/(1,06)^4$, ou cerca de $94 mil. Esse custo deverá ser imputado ao novo projeto.

Quando reconhecemos isso, o VPL do projeto pode se tornar negativo. Assim, ainda temos de verificar se vale ou não a pena empreender agora o projeto e abandoná-lo mais tarde, quando a capacidade excedente do atual sistema desaparecer.

---

[13] O valor presente anual de $118.700, durante cinco anos, descontado a 6%, é de $500 mil.

RESUMO

A esta altura, os cálculos do valor presente já devem ser uma questão de rotina. Contudo, fazer previsões de fluxos de caixa nunca será uma rotina. Temos agora uma lista que o ajudará a evitar erros:

1. Desconte os fluxos de caixa, não os lucros.
    a. Lembre-se de que a depreciação não é um fluxo de caixa (embora ela possa afetar os pagamentos de impostos).
    b. Concentre-se nos fluxos de caixa após a aplicação dos impostos. Fique alerta para as diferenças entre a depreciação para efeitos fiscais e a depreciação para os relatórios destinados aos acionistas.
    c. Lembre-se do investimento em capital de giro. À medida que as vendas aumentam, a empresa pode precisar fazer investimentos adicionais em capital de giro, e quando o projeto é encerrado, conseguirá recuperar esses investimentos.
    d. Tome cuidado com as despesas gerais atribuídas a aquecimento, iluminação etc. Elas talvez não reflitam os custos incrementais do projeto.
2. Estime os fluxos de caixa *incrementais* – ou seja, a diferença entre os fluxos de caixa com o projeto e aqueles sem o projeto.
    a. Inclua todos os efeitos indiretos do projeto, tal como o seu impacto nas vendas dos outros produtos da empresa.
    b. Esqueça os custos irrecuperáveis.
    c. Inclua os *custos de oportunidade*, tal como o valor do terreno, que, de outra maneira, você venderia.
3. Trate a inflação consistentemente.
    a. Se os fluxos de caixa são projetados em termos nominais, utilize uma taxa de desconto nominal.
    b. Os fluxos de caixa real estão a uma taxa real.
4. Preveja os fluxos de caixa como se o projeto fosse financiado exclusivamente com patrimônio próprio. Sendo assim, os fluxos de caixa do projeto devem excluir juro sobre dívida ou o custo de repagamento de quaisquer empréstimos. Isso lhe permite separar a decisão de investimento e a de financiamento.

Os princípios utilizados para a avaliação de investimentos são os mesmos em todo o mundo, mas os dados e os pressupostos variam entre os países e entre as moedas correntes. Por exemplo, os fluxos de caixa de um projeto na Alemanha seriam em euros, não em dólares, e as previsões seriam consideradas depois de aplicados os impostos alemães.

Quando avaliamos o projeto do guano, transformamos a série de fluxos de caixa futuros em uma única medida de seu valor presente. Por vezes, é útil inverter esse cálculo e converter o valor presente em uma série de fluxos de caixa anuais. Por exemplo, quando escolhemos entre duas máquinas com diferentes vidas úteis, devemos comparar os fluxos de caixa anuais equivalentes. Lembre-se, no entanto, de calcular esses fluxos de caixa em termos reais e ajustá-los, se necessário, em função de alguma mudança tecnológica.

PROBLEMAS

BÁSICO

1. **Fluxos de caixa** Quais dos seguintes fluxos de caixa devem ser tratados como fluxos adicionais na decisão de investir ou não em uma nova unidade de produção? O terreno já é propriedade da empresa, mas será necessário demolir algumas construções existentes.

    a. O valor de mercado do terreno e das construções existentes.
    b. Os custos de demolição e a limpeza do terreno.
    c. Os custos de uma nova estrada de acesso construída no ano anterior.

d. Os lucros perdidos em outros produtos em virtude do tempo gasto pelos executivos no novo projeto.

e. Uma parcela do custo do *leasing* do avião a jato do presidente.

f. As depreciações futuras da nova unidade.

g. A redução dos impostos da empresa em razão das depreciações da nova unidade.

h. O investimento inicial em estoques de matérias-primas.

i. O dinheiro já gasto no projeto de engenharia da nova unidade.

2. **Fluxos reais e nominais** Sr. Art Deco vai receber $100 mil daqui a um ano. Trata-se de um fluxo de caixa nominal, que ele desconta à taxa de desconto nominal de 8%:

$$PV = \frac{100.000}{1,08} = \$92.593$$

A taxa de inflação é de 4%.

Calcule o VP do recebimento do sr. Deco utilizando o fluxo de caixa equivalente *real* e a taxa de desconto *real*. (Você terá de obter precisamente a mesma resposta que ele obteve.)

3. **Fluxos de caixa** Verdadeiro ou falso?

a. Os benefícios fiscais da depreciação de um projeto dependem da taxa de inflação efetiva futura.

b. Os fluxos de caixa de um projeto devem levar em consideração os juros pagos em qualquer empréstimo feito para financiar o projeto.

c. Nos Estados Unidos, o rendimento declarado às autoridades fiscais deve ser igual ao rendimento declarado aos acionistas.

d. A depreciação acelerada reduz os fluxos de caixa de curto prazo e, portanto, reduz o VPL do projeto.

4. **Depreciação** Qual o grau de variação do VP dos benefícios fiscais da depreciação para as classes de períodos de recuperação mostrados no Quadro 6.4? Dê uma resposta genérica; em seguida, verifique-a calculando os VPs dos benefícios fiscais da depreciação nas classes dos cinco e dos sete anos. A taxa do imposto é de 35% e a taxa de desconto, de 10%.

5. **Capital de giro** O quadro seguinte exibe os principais componentes do capital de giro durante a duração de um projeto de quatro anos.

	2016	2017	2018	2019	2020
Contas a receber	0	150.000	225.000	190.000	0
Estoques	75.000	130.000	130.000	95.000	0
Contas a pagar	25.000	50.000	50.000	35.000	0

Calcule o capital de giro líquido e os fluxos de caixa positivos e negativos resultantes de investimento no capital de giro.

6. **Custos anuais equivalentes** Ao avaliarem investimentos mutuamente excludentes em instalações e equipamentos, gerentes financeiros calculam os custos anuais equivalentes dos projetos e ordenam os projetos nessa base. Por que isso é necessário? Por que não comparar simplesmente os VPLs dos projetos? Explique sucintamente.

7. **Custos anuais equivalentes** O ar-condicionado para os dormitórios de um colégio custa $1,5 milhão para instalar e tem um custo operacional de $200 mil por ano. O sistema deve durar 25 anos. O custo real do capital é de 5%, e o colégio não paga impostos. Qual é o custo anual equivalente?

8. **Fluxos de caixa anuais equivalentes** As máquinas A e B são mutuamente excludentes, e espera-se que produzam os seguintes fluxos de caixa:

	Fluxos de caixa ($ milhares)			
Máquina	C_0	C_1	C_2	C_3
A	−100	+110	+121	
B	−120	+110	+121	+133

O custo real de oportunidade do capital é de 10%.

a. Calcule o VPL de cada máquina.

b. Calcule o fluxo de caixa anual equivalente de cada máquina.

c. Que máquina deverá ser comprada?

9. **Decisões de substituição** A máquina C foi comprada há cinco anos por $200 mil, gerando um fluxo de caixa real anual de $80 mil. Ela não tem valor residual, mas se espera que dure mais cinco anos. A empresa pode substituir a máquina C pela máquina B (veja o Problema 8) *ou* agora *ou* ao fim de cinco anos. Que escolha fazer?

INTERMEDIÁRIO

10. **Fluxos reais e nominais** Considere os fluxos de caixa líquidos do Quadro 6.6 em termos reais. Desconte os fluxos de caixa a uma taxa de desconto real. Pressuponha uma taxa *nominal* de 20% e 10% de inflação esperada. O VPL deve ficar inalterado em +3.802, ou $3.802.000.

11. **Fluxos reais e nominais** A CSC está avaliando um novo projeto para a produção de encapsuladores. O investimento inicial em instalações e equipamentos é de $500 mil. As vendas de encapsuladores são projetadas a $200 mil no ano 1 e os custos, em $100 mil. Espera-se que ambos os valores aumentem em 10% ao ano alinhados com a inflação. Os lucros são taxados a 35%. O capital de giro em cada ano consiste de estoques de matérias-primas e está previsto ser igual a 20% das vendas no próximo ano.

O projeto terá a duração de cinco anos, e os equipamentos no fim do período não terão mais valor nenhum. Para efeitos fiscais, os equipamentos podem ser depreciados linearmente durante esses cinco anos. Se a taxa de desconto nominal for de 15%, mostre que o valor presente líquido do projeto é o mesmo se calculado utilizando fluxos de caixa reais ou fluxos de caixa nominais.

12. **Custos de oportunidade** Em 1898, Simon North anunciou planos para a construção de uma funerária em um terreno que lhe pertencia e estava arrendado como garagem de carroças. A renda do terreno mal pagava os seus impostos, avaliado em $45 mil. Contudo, o sr. North havia recusado várias ofertas pelo terreno e planejava continuar a arrendá-lo se, por qualquer razão, a funerária não fosse construída. Por isso, ele não incluiu o valor do terreno como uma despesa na análise do VPL da funerária. Esse procedimento foi correto? Explique.

13. **Capital de giro** Cada uma das seguintes declarações é verdadeira. Use um exemplo para explicar por quê.

    a. Quando uma empresa introduz um novo produto ou expande a produção de um produto já existente, o investimento no capital de giro líquido é geralmente um fluxo de caixa negativo importante.

    b. Não são necessárias alterações no capital de giro líquido se os *timings* de *todos os* fluxos de caixa positivos e negativos forem cuidadosamente especificados.

14. **Depreciação** T. Potts, diretora financeira da Ideal China, tem um problema. A empresa acaba de encomendar um novo forno de cerâmica no valor de $400 mil. Dessa quantia, $50 mil são definidos pelo fornecedor como "custos de instalação". A executiva não sabe se o Internal Revenue Service (Serviço de Receitas Internas) permitirá à empresa considerar esse montante como uma despesa corrente dedutível de imposto ou uma despesa de investimento. No último caso, a organização poderá depreciar os $50 mil utilizando a classe de depreciação fiscal MACRS para cinco anos. Como a decisão do órgão fiscalizador afetará o custo após os impostos do forno de cerâmica? A alíquota de impostos é de 35% e o custo de oportunidade do capital, de 5%.

15. **VPL do projeto** Após gastar $3 milhões em pesquisas, a Better Mousetrap desenvolveu uma nova ratoeira. O produto exige um investimento inicial em instalações e equipamentos de $6 milhões. Esse investimento será depreciado linearmente durante cinco anos até chegar a um valor igual a zero, mas quando o projeto terminar, os equipamentos podem, de fato, ser vendidos por $500 mil. A companhia acredita que o capital de giro em cada data deve ser mantido em 10% das vendas previstas para o próximo ano. Os custos de produção são estimados em $1,50 por ratoeira, e estas serão vendidas a $4 cada uma. (Não há despesas de marketing.) As previsões de vendas são exibidas no quadro a seguir. A organização paga 35% de taxa de imposto, e o retorno requerido no projeto é de 12%. Qual é o VPL?

Ano	0	1	2	3	4	5
Vendas (milhões de ratoeiras)	0	0,5	0,6	1,0	1,0	0,6

16. **VPL e TIR do projeto** Um projeto exige um investimento inicial de $100 mil e espera-se que produza um fluxo de caixa positivo anterior aos impostos de $26 mil anuais durante cinco anos. A empresa A tem perdas fiscais substanciais acumuladas e é provável que não pague impostos em um futuro previsível. A empresa B paga impostos a uma taxa de 35% e pode depreciar o investimento para efeitos fiscais utilizando a classe de depreciação fiscal MACRS para cinco anos. Suponhamos que o custo de oportunidade do capital seja de 8%. Ignore a inflação.

    a. Calcule o VPL do projeto para cada empresa.

    b. Qual é a TIR dos fluxos de caixa posteriores aos impostos para cada uma das empresas? O que sugere a comparação das TIRs é a taxa de imposto efetiva da organização?

17. **Análise do projeto** Veja as versões *live* de planilhas do Excel dos Quadros 6.1, 6.5 e 6.6 em loja.grupoa.com.br e responda às perguntas a seguir.

    a. Como é que o VPL do projeto do guano se altera se a IM&C for forçada a utilizar a classe de depreciação fiscal MACRS para sete anos?

    b. As novas estimativas feitas pelos engenheiros aumentam a possibilidade de o investimento de capital ser superior a $10 milhões, chegando, talvez, aos $15 milhões. Entretanto, acredita-se que os 20% de custo do capital são muito elevados e que o verdadeiro custo do capital será cerca de 11%. O projeto continuará a ser atraente dentro desses novos pressupostos?

    c. Continue com o investimento de capital previsto de $15 milhões e os 11% de custo do capital. O que acontece se as vendas, o custo dos bens vendidos e o capital de giro líquido forem, cada um, 10% mais caros em cada ano? Calcule novamente o VPL. *Obs*: introduza os valores revistos para as vendas, os custos e as previsões do capital de giro na planilha de cálculo do Quadro 6.1.)

18. **VPL do projeto** Um fabricante de aparelhos produz atualmente 200 mil unidades ao ano. Ele compra embalagens de um fornecedor externo a $2 cada uma, mas o gerente da fábrica acredita que seria mais barato fazer as embalagens do que comprá-las. Os custos de produção direta estão estimados em $1,50 por unidade e a maquinaria necessária custaria $150 mil com prazo de duração de dez anos. Esse investimento poderia reverter para efeitos fiscais de uma depreciação de sete anos. O gerente da fábrica estima que a operação precisaria de um capital de giro adicional de $30 mil, mas argumenta que essa quantia pode ser ignorada porque pode ser recuperada ao fim de dez anos. Se a empresa pagar impostos a uma taxa de 35% e o custo de oportunidade do capital for de 15%, você apoiaria a proposta do gerente da fábrica? Descreva claramente todos os pressupostos que precisar fazer para responder.

19. **Fluxos de caixa** A Reliable Electric está considerando uma proposta de produção de um novo tipo de motor industrial elétrico que substituiria a maior parte de sua linha de produção atual. Um progresso na pesquisa tecnológica proporcionou à Reliable um avanço de dois anos em relação aos seus concorrentes. A proposta do projeto está resumida no Quadro 6.7, abaixo.

a. Leia atentamente as notas referentes ao quadro. Quais fazem sentido? Quais não fazem? Por quê?
b. De que informação adicional você necessitaria para construir uma versão do Quadro 6.7 que fizesse sentido?
c. Construa esse quadro e calcule de novo o VPL. Defina os pressupostos adicionais necessários.

20. **VPL do projeto** Marsha Jones comprou um caminhão da Mercedes para transportar cavalos da sua fazenda, em Connecticut, o qual custou $35 mil. O seu objetivo é economizar em aluguéis de transporte de cavalos.

Marsha tem alugado um caminhão todas as semanas por $200 por dia mais um adicional de $1,00 por milha. A maioria das viagens é de 80 a 100 milhas cada, e ela ainda dá ao motorista uma gratificação de $40. Com o novo sistema de transporte, terá apenas de pagar o diesel, e a manutenção custará cerca de $0,45 por milha. O custo do seguro é de $1.200 por ano.

QUADRO 6.7 Fluxos de caixa e valor presente da proposta de investimento da Reliable Electric ($ milhares). Veja o Problema 19

	2016	2017	2018	2019-2026
1. Despesas de investimento	−10.400			
2. Pesquisa e desenvolvimento	−2.000			
3. Capital de giro	−4.000			
4. Receitas		8.000	16.000	40.000
5. Custos operacionais		−4.000	−8.000	−20.000
6. Despesas gerais		−800	−1.600	−4.000
7. Depreciações		−1.040	−1.040	−1.040
8. Juros		−2.160	−2.160	−2.160
9. Rendimento	−2.000	0	3.200	12.800
10. Impostos	0	0	420	4.480
11. Fluxo de caixa líquido	−16.400	0	2.780	8.320
12. Valor presente líquido = +13.932				

Obs.
1. *Despesas de investimento:* $8 milhões para maquinário novo e $2,4 milhões para ampliação de um armazém. Foi somado ao projeto o custo total dessa expansão, embora seja necessária, no presente, somente metade do espaço. Como o novo maquinário será instalado em uma unidade fabril já existente, não foram consideradas despesas com a aquisição de terreno nem com a construção civil.
2. *Pesquisa e desenvolvimento:* $1,82 milhão gasto em 2015. Esse valor foi corrigido, tendo em conta uma inflação de 10%, desde a data da realização da despesa até o presente. Assim, $1,82 \times 1,1 = 2$ milhões.
3. *Capital de giro:* investimento inicial em estoques.
4. *Receitas:* esses números pressupõem vendas de dois mil motores em 2017, 4 mil em 2018 e dez mil por ano a partir de 2019 até 2026. Prevê-se que o preço inicial por unidade de $4 mil se mantenha constante, em termos reais.
5. *Custos operacionais:* incluem todos os custos – diretos e indiretos. Presume-se que os custos indiretos (aquecimento, luz, energia, subsídios suplementares ao pessoal, etc.) se situem nos 200% dos custos diretos da mão de obra. Os custos operacionais por unidade deverão manter-se constantes, em termos reais, a $2 mil.
6. *Despesas gerais:* custos de marketing e administrativos, que representam idênticos 10% das receitas.
7. *Depreciações:* linear durante dez anos.
8. *Juros:* os encargos sobre as despesas de investimento e o capital de giro são à taxa corrente da Reliable de 15%.
9. *Resultados:* receita menos a soma da pesquisa e desenvolvimento, dos custos operacionais, das despesas gerais, das depreciações e dos juros.
10. *Impostos:* 35% dos resultados. No entanto, em 2016 os resultados são negativos. Esse prejuízo transita para o ano seguinte e é deduzido nos impostos de 2018.
11. *Fluxo de caixa líquido:* presume-se que seja igual ao rendimento menos os impostos.
12. *Valor presente líquido:* VPL dos fluxos de caixa líquidos a uma taxa de desconto de 15%.

O caminhão valerá, provavelmente, $15 mil (em termos reais) ao fim de oito anos, quando Brad, o cavalo de Marsha, for afastado das competições. O caminhão é um investimento com VPL positivo? Pressuponha uma taxa de desconto nominal de 9% e uma taxa de inflação prevista de 3%. Os impostos podem ser ignorados, pois o caminhão da criadora de cavalos é uma despesa pessoal, não um investimento financeiro ou de negócios.

21. **VPL do projeto** A United Pigpen está considerando uma proposta para fabricar rações para porcos com elevado teor de proteínas. O projeto necessitaria de um depósito, já existente, atualmente alugado a uma empresa vizinha. Os custos de aluguel do depósito para o ano seguinte são de $100 mil, e depois espera-se que o aluguel cresça na mesma proporção da inflação, a 4% ao ano. Além de utilizar o depósito, a proposta prevê um inves-

timento de $1,2 milhão na fábrica e nos equipamentos. Isso pode ser depreciado linearmente para fins fiscais em dez anos. No entanto, a Pigpen espera terminar o projeto após oito anos e revender a fábrica e os equipamentos no ano 8 por $400 mil. Por fim, o projeto requer um investimento inicial em capital de giro de $350 mil. A partir daí, espera-se que o capital de giro seja de 10% das vendas do ano 1 ao ano 7.

Espera-se que as vendas de rações sejam de $4,2 milhões no ano 1, e que a partir dessa data cresçam à taxa de 5% ao ano, ligeiramente mais elevada do que a inflação. Espera-se que os custos de produção sejam de 90% das vendas, e os lucros estão sujeitos a impostos de 35%. O custo do capital é de 12%. Qual é o VPL do projeto da organização?

22. **VPL do projeto** A Hindustan Motors fabrica o carro Ambassador na Índia desde 1948. Conforme explicado no próprio *site* da empresa, "a confiabilidade, o bom espaço e o conforto fizeram dele o modelo mais preferido por gerações no país". Agora, a montadora está considerando a possibilidade de produzi-lo na China. Esse esforço envolverá um investimento inicial de 4 bilhões de RMBs.[14] A fábrica começará a produção após um ano. Espera-se que a produção dure por cinco anos e tenha um valor residual no fim desse período de 500 milhões de RMBs em termos reais. A fábrica produzirá 100 mil unidades ao ano. A empresa antecipa que, no primeiro ano, será capaz de vender cada veículo por 65 mil RMBs e, nos anos subsequentes, é previsto um aumento de 4% ao ano.

Projeta-se que o custo das matérias-primas para cada carro será de 18 mil RMBs no primeiro ano, e, nos anos subsequentes, prevê-se que aumentará em 3% ao ano. Projeta-se que o custo de mão de obra será de 1,1 bilhão de RMBs no primeiro ano, e, nos anos subsequentes, aumentará em 7% ao ano. O terreno no qual a fábrica será construída pode ser alugado por cinco anos a um custo fixo de 300 milhões de RMBs anuais, pagos no *início* de cada ano. A taxa de desconto da montadora para esse tipo de projeto é de 12% (nominal) e a taxa de inflação prevista é de 5%. A fábrica pode ser depreciada linearmente durante o período de cinco anos, e os lucros serão taxados a 25%. Suponha que todos os fluxos de caixa incidam no final de cada ano, exceto quando definido diferentemente. Qual é o VPL do projeto?

23. **Impostos** No exemplo da International Mulch and Compost (Seção 6.2), partimos do princípio de que os prejuízos do projeto poderiam ser utilizados para compensar os lucros tributáveis resultantes de outras atividades da empresa. Suponhamos que os prejuízos tenham de ser transferidos para os anos seguintes e compensados com os futuros lucros tributáveis do projeto. Como o VPL do projeto variaria? Qual é o valor da capacidade da empresa para utilizar as deduções fiscais imediatamente?

24. **Fluxos de caixa anuais equivalentes** Como resultado de melhoras na fabricação de um produto, a United Automation pode vender umas das suas duas fresas. Ambas as máquinas executam a mesma função, mas têm idades diferentes. A máquina mais recente poderia ser vendida hoje por $50 mil. Seus custos operacionais são de $20 mil por ano, mas ao fim de cinco anos a máquina precisa de um reparo de $20 mil. A partir daí, os custos operacionais serão da ordem de $30 mil até a máquina ser finalmente vendida no ano 10 por $5 mil.

A máquina mais antiga poderia ser vendida hoje por $25 mil. No entanto, se esta for mantida, precisa de um reparo imediato de $20 mil. A partir daí, os custos operacionais serão de $30 mil por ano até que, finalmente, a máquina seja vendida no ano 5 por $5 mil.

Para efeitos fiscais, ambas as máquinas têm depreciação total. A empresa paga 35% de imposto. A previsão dos fluxos de caixa foi feita em termos reais. O custo real do capital é de 12%. Qual das máquinas a United Automation deve vender? Explique os pressupostos subjacentes a sua resposta.

25. **Custos mais equivalentes** As lâmpadas de baixo consumo de energia geralmente custam $3,60, têm uma vida útil de nove anos e consomem cerca de $2,00 de eletricidade ao ano. As lâmpadas convencionais são baratas, custando apenas $0,60, mas duram somente cerca de um ano e seu consumo de eletricidade é da ordem de $7 de energia.[15] Se a taxa de desconto real for de 4%, qual dos produtos é mais barato de usar?

26. **Decisões de substituição** A Hayden Inc. possui uma série de fotocopiadoras que foram compradas há quatro anos por $20 mil. Atualmente, a manutenção custa $2 mil por ano, mas o contrato de manutenção expira no final do ano 2 e, depois, o custo anual de manutenção aumentará para $8 mil. As máquinas têm um valor de revenda atual de $8 mil, mas, no fim do ano 2, o seu valor cairá para $3.500. No final do ano 6, as máquinas não terão nenhum valor e irão para a sucata.

A Hayden está considerando a substituição das fotocopiadoras por novas máquinas que teriam, essencialmente, a mesma função. Essas máquinas custam $25 mil, e a empresa pode conseguir um contrato de manutenção de oito anos por $1 mil anuais. As máquinas não terão qualquer valor ao fim de oito anos e irão para a sucata.

Ambas as máquinas são depreciadas por meio do MACRS de sete anos, e a taxa do imposto é de 35%. Considere, para simplificar, que a taxa de inflação seja zero. O custo real do capital é de 7%. Quando a organização deverá substituir as suas fotocopiadoras?

27. **Custos anuais equivalentes** No início dos anos 1990, a California Air Resources Board (CARB) começou a planejar suas exigências para a "Fase 2" de produção de gasolina ecologicamente correta, projetada sob especificações para reduzir a poluição gerada por veículos automotivos. A CARB consultou refinarias, ambientalistas e outras partes interessadas para definir essas especificações. Quando

---

[14] O renminbi (RMB) é a moeda corrente chinesa.

[15] Fonte: **www.energystar.gov**

o esboço para as exigências da Fase 2 veio a público, as refinarias perceberam que investimentos substanciais de capital seriam necessários para adequar suas plantas de produção.

Suponha que uma refinaria está contemplando um investimento de $400 milhões para adequar sua planta californiana. O investimento tem uma vida útil de 25 anos e não altera custos operacionais e de matérias-primas. O custo real de capital (ajustado pela inflação) é de 7%. Quanta receita extra seria necessária para recuperar esse custo?

28. **Custos anuais equivalentes** Volte à última questão em que calculamos o custo anual equivalente da produção de gasolina sem chumbo na Califórnia. O investimento de capital era de $400 milhões. Suponha que essa quantia pode ser depreciada em dez anos recorrendo ao esquema fiscal MACRS do Quadro 6.4. A taxa marginal de impostos, incluindo os impostos californianos, é de 39%, o custo do capital é de 7% e não há inflação. As melhoras feitas na refinaria têm uma vida útil de 25 anos.

   a. Calcule o custo anual equivalente depois de impostos. (*Dica*: é mais fácil utilizar o VP dos benefícios fiscais da depreciação como uma compensação do investimento inicial.)

   b. Qual é o valor adicional que os clientes finais da gasolina teriam que pagar para cobrir esse custo anual equivalente? (*Obs*: Os rendimentos extras derivados do preço mais alto pagarão imposto.)

29. **Custos anuais equivalentes** A Borstal Company tem de escolher entre duas máquinas que realizam a mesma tarefa, mas têm períodos de vida útil diferentes. As duas máquinas têm os seguintes custos:

Ano	Máquina A	Máquina B
0	$40.000	$50.000
1	10.000	8.000
2	10.000	8.000
3	10.000 + substituição	8.000
4		8.000 + substituição

Esses custos estão expressos em termos reais.

   a. Suponha que você seja o gestor financeiro da empresa. Se tivesse de escolher uma ou outra máquina para comprar e alugá-la, durante a sua vida útil, ao gerente de produção, que aluguel anual cobraria? Presuma que a taxa de desconto real é de 6% e ignore os impostos.

   b. Que máquina a Borstal deverá comprar?

   c. Normalmente, o aluguel calculado no item (a) é apenas hipotético – uma maneira de calcular e interpretar o custo anual equivalente. Suponha que você efetivamente tenha comprado uma das máquinas e a tenha alugado ao gerente de produção. Quanto deve cobrar, realmente, em cada um dos anos futuros, considerando uma inflação estável de 8% ao ano? (*Obs*: os pagamentos dos aluguéis calculados no item (a) são fluxos de caixa reais. Você terá de aumentar os pagamentos referidos para cobrir a inflação.)

30. **Custos anuais equivalentes** Observe novamente os cálculos para o Problema 29, apresentado anteriormente. Suponha que se espere que a inovação tecnológica reduza os custos em 10% por ano. Haverá novas máquinas no ano 1 cujos custos de aquisição e funcionamento serão de 10% menos do que A e B. No ano 2 haverá uma segunda onda de novas máquinas que têm mais 10% de redução, e assim sucessivamente. Como isso altera o custo anual equivalente das máquinas A e B?

31. **Custos anuais equivalentes** O avião a jato executivo do presidente não é plenamente utilizado. Você acredita que a sua utilização por outros diretores aumentaria os custos operacionais diretos em apenas $20 mil por ano e representaria uma economia anual de $100 mil em passagens aéreas. Entretanto, você crê que com a intensificação da utilização do avião a empresa terá de substituí-lo ao fim de três anos, em vez dos quatro previstos. Um avião novo custa $1,1 milhão (com a atual taxa de utilização baixa) e tem uma vida útil de seis anos. Suponha que a empresa não pague impostos. Todos os fluxos de caixa são estimados em termos reais, e o custo de oportunidade do capital é de 8%. Você deveria tentar convencer o presidente a permitir a utilização do avião pelos outros diretores?

DESAFIO

32. **Taxas efetivas de impostos** Uma das medidas da taxa efetiva de impostos é a diferença entre as TIRs dos fluxos de caixa anteriores e posteriores aos impostos, divididos pelas TIRs anteriores aos impostos. Considere, por exemplo, um investimento *I*, que gere uma perpetuidade de fluxos de caixa, *C*, anteriores aos impostos. A TIR antes de impostos é C/I, e a TIR depois de impostos é $C(1 - T_C)/I$, onde T_C é a taxa legal de impostos. A taxa efetiva de impostos, designada por T_E, é

$$T_E = \frac{C/I - C(1 - T_C)/I}{C/I} = T_C$$

Nesse caso a taxa efetiva é igual à taxa legal.

   a. Calcule a T_E do projeto do guano na Seção 6.2.

   b. Como a taxa efetiva depende do sistema de depreciação? Da taxa de inflação?

   c. Considere um projeto em que todo o investimento inicial é tratado, para efeitos fiscais, como uma despesa. Por exemplo, a P&D e as despesas de marketing são sempre consideradas despesas nos Estados Unidos, ou seja, não criam depreciações. Qual é a taxa efetiva dos impostos de um projeto desse tipo?

33. **Custos anuais equivalentes** Advertimos que os custos anuais equivalentes devem ser calculados em termos reais, mas não explicamos exatamente por quê. Este problema o esclarecerá.

Observe novamente os fluxos de caixa para as máquinas A e B (em "A escolha entre equipamentos de longa e curta vida útil"). Os valores presentes dos custos de aquisição e de funcionamento são 28,37 (ao longo de três anos para A) e 21,00 (ao longo de dois anos para B). A taxa de desconto real é de 6% e a taxa de inflação é de 5%.

a. Calcule as *anuidades nominais* constantes para três e para dois anos que tenham valores presentes de 28,37 e de 21,00. Explique por que essas anuidades *não* são estimativas realistas dos custos anuais equivalentes. (*Dica*: na vida real, o aluguel de máquinas aumenta com a inflação.)

b. Suponha que a taxa de inflação aumenta para 25%. A taxa real de juros permanece nos 6%. Volte a calcular o valor das anuidades nominais constantes. Note que o *ordenamento* das máquinas A e B muda. Por quê?

34. **VPL do projeto** Em dezembro de 2005, a Mid-American Energy introduziu uma das maiores fazendas eólicas do mundo para o cenário on-line. O projeto teve um custo de estimados $386 milhões, e as 257 turbinas têm uma capacidade total de 360,5 megawatts (mW). Há flutuações habituais na velocidade do vento, e prevê-se que a maior parte dessas fazendas opere a uma média de apenas 35% de sua capacidade nominal. Nesse caso, a um preço da energia elétrica de $55 por megawatt-hora (mWh), o projeto irá gerar receitas, no primeiro ano, de $60,8 milhões (ou seja, 0,35 × 8.760 horas × 360,5 mW × $55 por mWh). Uma estimativa razoável de manutenção e de outros custos é de cerca de $18,9 milhões no primeiro ano de operação. A partir daí, as receitas e as despesas devem aumentar com a inflação em cerca de 3% ao ano.

As estações de energia elétrica convencionais podem ser depreciadas utilizando o sistema MACRS, e seus lucros são taxados a 35%. Suponha que o projeto vai durar 20 anos e que o custo do capital é de 12%. Para estimular as fontes de energia renovável, o governo oferece diversos incentivos fiscais para esses tipos de empreendimento.

a. Qual é o montante do benefício fiscal (se houver) necessário para tornar o investimento dessa empresa um projeto com VPL positivo?

b. Alguns operadores de energia eólica consideram um fator de capacidade de 30%, e não 35%. Como esse fator menor de capacidade alteraria o VPL do projeto?

MINICASO

New Economy Transport (A)

A empresa New Economy Transport (NETCO) foi criada em 1959 para transportar carga e passageiros entre os portos do noroeste do Pacífico e o Alasca. Em 2015, a sua frota havia crescido até quatro barcos, incluindo uma pequena embarcação cargueira, a *Vital Spark*.

A *Vital Spark* tem 25 anos e está precisando de uma reforma urgente. Peter Handy, o diretor financeiro, acabou de receber uma proposta que continha as seguintes despesas:

Revisão e reparação dos motores e geradores	$340.000
Substituição do radar e de outros equipamentos eletrônicos	75.000
Reparações no casco e na estrutura	310.000
Pintura e outras reparações	95.000
	$820.000

O Sr. Handy acredita que todas essas despesas poderão ser depreciadas para efeitos fiscais segundo a classe MACRS para sete anos.

O engenheiro-chefe da NETCO, McPhail, estima que os custos operacionais depois das reparações serão:

Combustível	$450.000
Mão de obra e prêmios	480.000
Manutenção	141.000
Outros	110.000
	$1.181.000

Esses custos geralmente aumentam com a inflação, que tem uma previsão de 2,5% ao ano.

A *Vital Spark* tem um valor contábil nos livros da NETCO de apenas $100 mil, mas poderia ser vendida, "no estado em que se encontra", e em conjunto com uma extensa lista de peças sobressalentes, por $200 mil. O valor contábil do estoque de peças sobressalentes é de $40 mil. A venda da *Vital Spark* geraria imediatamente uma obrigação fiscal relativa à diferença entre o preço de venda e o valor contábil.

O engenheiro-chefe também sugere a instalação de um novo motor e de um sistema de controle também novo, que custariam mais $600 mil.[16] Esse equipamento adicional não aumentaria substancialmente o desempenho do barco, mas reduziria os custos operacionais do combustível, trabalho e manutenção:

Combustível	$400.000
Mão de obra e prêmios	405.000
Manutenção	105.000
Outros	110.000
	$1.020.000

Os trabalhos no barco o impediriam de navegar durante vários meses. Após ser reparado, só começaria a entrar em

---

[16] Essa despesa adicional também teria benefícios fiscais MACRS na classe dos sete anos.

serviço operacional no próximo ano. Baseado na sua experiência, o Sr. Handy acredita que o barco renderia receitas de cerca de $1,4 milhão no próximo ano, aumentando a partir daí com a inflação.

Mas o barco não pode navegar eternamente. Mesmo que seja reparado, a sua vida útil não excederá, provavelmente, mais dez ou doze anos, no máximo. O seu valor residual depois de sair do serviço será trivial.

A NETCO é uma empresa financiada de modo conservador. Geralmente avalia os investimentos utilizando um custo de capital de 11%, uma taxa que é nominal, não real. A taxa dos impostos da NETCO é de 35%.

QUESTÃO

1. Calcule o VPL da reparação do *Vital Spark* com e sem o motor e o sistema de controle novos. Para fazer os cálculos, você terá de preparar um quadro com uma planilha que apresente todos os custos depois de impostos durante a vida útil restante do barco. Tenha um cuidado especial com os pressupostos relacionados com os benefícios fiscais da depreciação e com a inflação.

New Economy Transport (B)

Não há duvida de que o *Vital Spark* precisa, urgentemente, de uma reforma. Contudo, o Sr. Handy pensa que é melhor considerar também a compra de um novo barco antes de se decidir pelas reparações. A Cohn & Doyle Inc., um estaleiro de Wisconsin, entregou à NETCO um projeto para um barco com uma proa Kortz, um motor e um sistema de controle bastante automatizados, e com acomodações muito mais confortáveis para a tripulação. Os custos operacionais anuais do novo barco seriam:

Combustível	$380.000
Mão de obra e prêmios	330.000
Manutenção	70.000
Outros	105.000
	$885.000

A tripulação precisaria de treinamento adicional para lidar com os equipamentos mais complexos e sofisticados do novo barco, o qual teria um custo de provavelmente $50 mil no próximo ano.

Os custos operacionais estimados para o novo barco pressupõem que ele seria operado da mesma forma que o *Vital Spark*. O novo barco, entretanto, poderia transportar mais cargas nas mesmas rotas, proporcionando receitas adicionais, líquidas de custos extras, em um montante de $100 mil por ano. Além disso, o novo barco teria uma vida útil de vinte anos ou mais.

A Cohn & Doyle vende o novo barco por um preço fixo de $3 milhões, sendo metade dessa verba paga imediatamente e a outra metade, no recebimento do barco, no ano seguinte.

O Sr. Handy, ao passear pelo *deck* do *Vital Spark*, percebeu que, apesar de o barco parecer uma banheira enferrujada, nunca havia deixado de funcionar. "Aposto que conseguimos mantê-lo navegando até a Cohn & Doyle construir o seu substituto. Podemos utilizar as peças sobressalentes para continuar a trabalhar, e pode ser até que consigamos vendê-lo pelo seu valor contábil quando chegar o novo barco.

"Mas como posso comparar o VPL de um barco novo com o do *Vital Spark*? É claro que posso montar um planilha de cálculo do VPL para vinte anos, mas não faço a mínima ideia sobre a utilização do novo barco em 2030 ou 2035. Talvez possa comparar o custo total da reforma e os custos de operação do *Vital Spark* com o custo total da compra e os custos de operação do novo barco proposto."

QUESTÕES

1. Calcule e compare os custos anuais equivalentes de (1) reforma e operação do *Vital Spark* durante mais 12 anos, e (b) compra e operação do novo barco durante 20 anos. O que o Sr. Handy deve fazer se os custos anuais da substituição forem iguais ou inferiores?

2. Suponha que os custos anuais equivalentes da substituição sejam superiores aos do *Vital Spark*. Que informações adicionais o Sr. Handy deverá procurar nesse caso?

PARTE II Risco

CAPÍTULO 7

Introdução ao risco e ao retorno

Escrevemos seis capítulos sem abordar especificamente o problema do risco, mas chegou a hora de fazê-lo. Já não satisfazem afirmações vagas do tipo: "O custo de oportunidade do capital depende do risco do projeto". Precisamos saber como se define o risco, que relações existem entre o risco e o custo de oportunidade do capital, e como o gestor financeiro pode lidar com o risco em situações concretas.

Neste capítulo vamos tratar da primeira dessas questões, e deixaremos as outras duas para os Capítulos 8 e 9. Começaremos resumindo mais de cem anos de dados sobre taxas de retorno nos mercados de capitais. Em seguida, faremos uma análise inicial sobre os riscos de investimento e mostraremos como podem ser reduzidos pela diversificação da carteira. Apresentaremos o beta, a medida padrão de risco de mercado para os títulos individuais.

Os temas deste capítulo são, portanto, o risco de carteira, o risco de títulos e a diversificação. Vamos nos colocar, na maioria das vezes, na posição do investidor individual. Mas, no final do capítulo, abordaremos outro lado da questão, para saber se a diversificação faz sentido como objetivo empresarial.

7.1 Mais de um século de história do mercado de capitais em uma única e fácil lição

Os analistas financeiros têm o privilégio de reunir uma enorme quantidade de dados. Para os Estados Unidos, há bancos de dados dos preços de ações, obrigações, opções e mercadorias, bem como enormes quantidades de dados de valores mobiliários de outros países. Vamos nos ater a um estudo feito por Dimson, Marsh e Staunton, que mede o desempenho histórico de três carteiras de valores mobiliários norte-americanos:[1]

1. Uma carteira de letras do Tesouro, ou seja, títulos da dívida do governo norte-americano, com vencimento a menos de um ano.[2]
2. Uma carteira de obrigações de longo prazo do governo norte-americano.
3. Uma carteira de ações de empresas norte-americanas.

Essas carteiras oferecem diferentes graus de risco. As letras do Tesouro são o investimento mais seguro que se pode fazer. Não existe risco de insolvência, e o seu curto prazo de vencimento indica que os preços desses títulos são relativamente estáveis. De fato, um investidor que queira emprestar dinheiro, por exemplo, por três meses, poderá obter uma remuneração perfeitamente segura ao adquirir letras do Tesouro com vencimento em três meses. No entanto, ele não consegue saber qual é a taxa *real* de retorno: ainda existe alguma incerteza em relação à inflação.

---

[1] Veja E. Dimson, P. R. Marsh and M. Staunton, *Triumph of the Optimists: 101 Years of Investment Returns* (Princeton, NJ: Princeton University Press, 2002).

[2] As letras do Tesouro só começaram a ser emitidas em 1919. Antes dessa data, a taxa de juros utilizada era a taxa dos *commercial papers*.

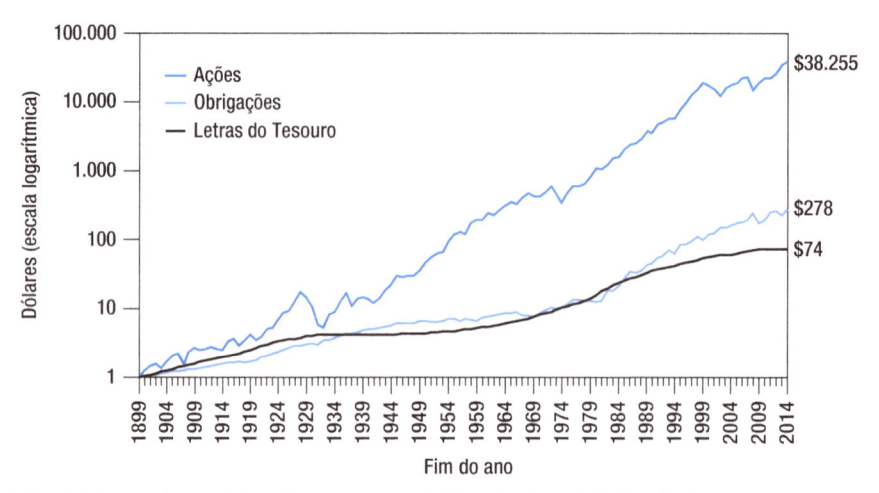

▶ **FIGURA 7.1** Como teria rendido um investimento de $1 desde o fim de 1899 até o fim de 2014, pressupondo o reinvestimento de todos os dividendos e dos juros pagos.

Fonte: E. Dimson, P. R. Marsh and M. Staunton, *Triumph of the Optimists: 101 Years of Investment Returns* (Princeton, NJ: Princeton University Press, 2002), com atualizações fornecidas pelos autores.

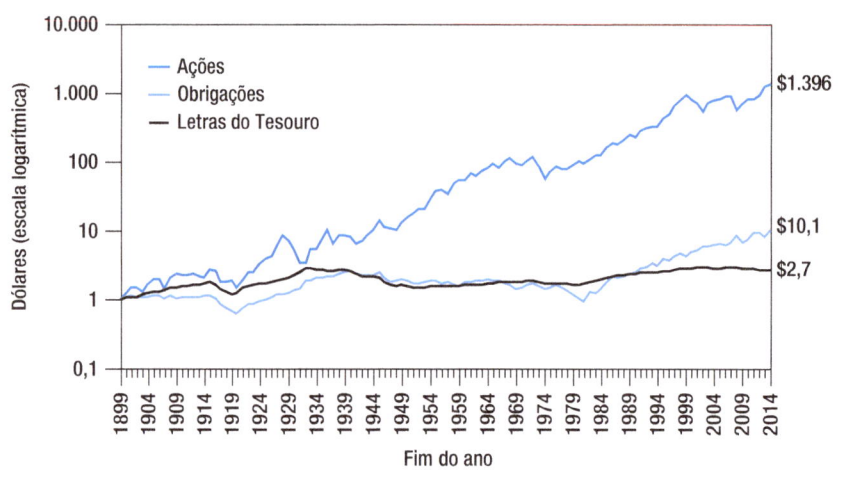

▶ **FIGURA 7.2** Como teria rendido, em termos reais, um investimento de $1 desde o fim de 1899 até o fim de 2014, pressupondo o reinvestimento de todos os dividendos e dos juros pagos. Compare com a Figura 7.1 e veja o efeito corrosivo da inflação no poder de compra dos retornos aos investidores.

Fonte: E. Dimson, P. R. Marsh and M. Staunton, *Triumph of the Optimists: 101 Years of Investment Returns* (Princeton, NJ: Princeton University Press, 2002), com atualizações fornecidas pelos autores.

Ao migrar para obrigações de longo prazo do governo, o investidor adquire um ativo cujo preço flutua conforme a variação das taxas de juros. (Os preços das obrigações caem quando as taxas de juros aumentam, e sobem quando as taxas de juros caem.) Um investidor que troca as obrigações por ações de empresas compartilha os altos e baixos destas.

A Figura 7.1 mostra como o seu dinheiro teria crescido se tivesse investido $1 no final de 1899 e reinvestido todos os dividendos e juros em cada uma das três carteiras.[3] A Figura 7.2 é idêntica, exceto pelo fato de representar o crescimento em termos reais do valor da carteira. Focaremos agora nos valores nominais.

O desempenho do investimento coincide com a nossa ordenação intuitiva do risco. Um dólar investido da maneira mais segura em letras do Tesouro teria rendido $74 no fim de 2014, mal

---

[3] Os valores das carteiras estão representados em uma escala logarítmica. Se não fosse assim, os valores finais das carteiras de ações ficariam fora da página.

QUADRO 7.1 Taxas médias de retorno de letras do Tesouro, obrigações do governo e ações de 1900 a 2014 (dados em porcentagem anual)

	Taxa média de retorno anual		
	Nominal	Real	Prêmio médio de risco (retorno adicional *versus* letras do Tesouro)
Letras do Tesouro	3,8	1,0	0
Obrigações do governo	5,4	2,4	1,5
Ações	11,5	8,4	7,7

Fonte: E. Dimson, P. R. Marsh and M. Staunton, *Triumph of the Optimists: 101 Years of Investment Returns* (Princeton, NJ: Princeton University Press, 2002), com atualizações fornecidas pelos autores.

compensando a inflação. O mesmo investimento em obrigações do Tesouro de longo prazo teria rendido $278. As ações formariam uma categoria à parte. Os investidores que tivessem investido $1 nas maiores empresas dos Estados Unidos receberiam $38.255.

Podemos calcular também a taxa de retorno de cada uma dessas carteiras para os anos ente 1900 e 2014. Essa taxa de retorno reflete ambas as remunerações em dinheiro – dividendos ou juros – e os ganhos ou perdas de capital verificados durante o ano. As médias das taxas de retorno anuais de cada carteira durante 115 anos estão indicadas no Quadro 7.1.

Durante esse período, as letras do Tesouro geram a taxa de retorno mais baixa $-3,8\%$ ao ano em termos *nominais* e $1,0\%$ em termos *reais*. Ou seja, a taxa média de inflação durante esse período foi de aproximadamente 3% ao ano. Mais uma vez, as ações foram as grandes vencedoras. As ações das maiores empresas proporcionaram uma taxa média de retorno nominal de $11,5\%$ ao ano. Correndo risco em ações, os investidores ganharam um *prêmio de risco* de $11,5 - 3,8 = 7,7\%$ sobre o retorno das letras do Tesouro.[4]

Você pode perguntar por que, afinal, recuamos tanto no tempo para medir as taxas de retorno. A razão está no fato de as taxas anuais de retorno das ações flutuarem tanto que as médias obtidas para períodos curtos não têm significado. A nossa única esperança de obtenção de informações válidas com base nas taxas de retorno históricas reside na análise de um período muito longo.[5]

Médias aritméticas e retornos anuais compostos

Note que os retornos médios apresentados no Quadro 7.1 são médias aritméticas. Ou seja, apenas nos limitamos a adicionar os 115 retornos anuais e dividir o total por 115. A média aritmética é mais alta do que o retorno anual composto para o mesmo período. O retorno anual composto para estes 115 anos para as ações foi de $9,6\%$.[6]

O uso adequado da taxa aritmética de retorno, e da composta, é muitas vezes confundido. Por essa razão, abrimos aqui um parênteses para um exemplo esclarecedor.

Imagine que o preço das ações da Big Oil seja de $100. Há a mesma possibilidade de, ao fim do ano, a ação valer $90, $110 ou $130. Portanto, o retorno poderia ser de -10%, $+10\%$ ou $+30\%$ (pressupomos que a Big Oil não pague dividendos). O retorno esperado é de $1/3(-10 + 10 + 30) = +10\%$.

---

[4] No caso do prêmio de risco para obrigações a conta "não fecha" devido aos arredondamentos.

[5] Não temos certeza se esse período é verdadeiramente representativo e se a média não está distorcida por alguns retornos incomuns, elevados ou baixos. A confiabilidade de uma estimativa é, em geral, medida pelo seu *erro-padrão*. Por exemplo, o erro-padrão da nossa estimativa do prêmio de risco médio das ações é de $1,9\%$. Há 95% de possibilidade de que a *verdadeira* média se situe entre mais ou menos dois erros-padrão na estimativa de $7,7\%$. Em outras palavras, se você dissesse que a média verdadeira se situava entre $3,9\%$ e $11,5\%$, teria 95% de chance de estar certo. *Nota técnica*: o erro-padrão da média é igual ao desvio-padrão dividido pela raiz quadrada do número de observações. No nosso caso, o desvio-padrão é de $20,2\%$; portanto, o erro-padrão é $20,2/\sqrt{115} = 1,9\%$.

[6] Isso foi calculado com base em $(1 + r)^{115} = 38.255$, o que implica $r = 0,096$. *Nota técnica*: para retornos com distribuição logarítmica normal, o retorno composto anual é igual à média aritmética do retorno menos a metade da variância. Por exemplo, o desvio-padrão anual dos retornos no mercado dos Estados Unidos foi de cerca de 0,20, ou 20%. A variância foi, portanto, $0,20^2$ ou 0,04. O retorno anual composto é de cerca de $0,04/2 = 0,02$, ou 2 pontos percentuais a menos do que a média aritmética.

Se observarmos o processo inverso e descontarmos o fluxo de caixa esperado com a taxa de retorno esperada, obteremos o valor da ação da Big Oil:

$$PV = \frac{110}{1,10} = \$100$$

O retorno esperado de 10% é, portanto, a taxa correta à qual se deve descontar o fluxo de caixa esperado das ações da Big Oil. É também o custo de oportunidade do capital para investimentos com um nível de risco igual ao da Big Oil.

Agora suponha que observamos o retorno das ações da Big Oil ao longo de vários anos. Se as probabilidades não tiverem mudado, o retorno será de -10% em um terço dos anos, $+10\%$ no outro terço dos anos e $+30\%$ nos anos restantes. A média aritmética desses retornos anuais é de:

$$\frac{-10 + 10 + 30}{3} = +10\%$$

Assim, a média aritmética dos retornos mede corretamente o custo de oportunidade do capital para investimentos com um risco semelhante ao da Big Oil.[7]

O retorno anual composto médio[8] das ações da Big Oil seria:

$$(0,9 \times 1,1 \times 1,3)^{1/3} - 1 = 0,088 \text{ ou } 8,8\%$$

que é *menor* do que o custo de oportunidade do capital. Os investidores não se interessariam por investir em um projeto que oferecesse um retorno esperado de 8,8% se pudessem obter um retorno esperado de 10% no mercado de capitais. O valor presente líquido de tal projeto seria:

$$VPL = -100 + \frac{108,8}{1,1} = -1,1$$

Moral da história: se o custo do capital for estimado com base em retornos históricos ou de prêmios de risco, utilize médias aritméticas e não taxas de retorno anuais compostas.[9]

Utilização de dados históricos para avaliar o custo do capital no presente

Vamos imaginar que você tenha *tomado conhecimento* – não importa como – sobre um projeto de investimento que tem um risco idêntico ao do índice Standard & Poor's Composite. Diremos que apresenta o mesmo grau de risco que a *carteira de mercado*, embora afirmá-lo seja pouco rigoroso, pois o índice não inclui todos os títulos com risco. Que taxa deveria ser usada para se descontar os fluxos de caixa previstos desse projeto?

Você certamente deveria utilizar a taxa de retorno esperada atual da carteira de mercado; esse é o retorno ao qual os investidores renunciariam pelo investimento no projeto proposto. Designemos esse retorno do mercado por r_m. Uma maneira de estimá-lo é supor que o futuro será como o passado, e que os investidores esperam, hoje, usufruir as mesmas taxas "normais" de retorno reveladas pelas médias mostradas no Quadro 7.1. Nesse caso, você fixaria r_m em 11,5%, que é a média dos retornos do mercado no passado.

---

[7] Ouve-se dizer, às vezes, que a média aritmética é a medida correta do custo de oportunidade do capital para um ano de fluxos de caixa, não para mais anos. Vamos verificar. Suponha que você espere receber um fluxo de caixa de $121 no ano 2. Sabemos que os investidores por um ano avaliarão esse fluxo de caixa com uma taxa de desconto de 10% (a média aritmética dos possíveis retornos). Em outras palavras, no fim do ano estarão dispostos a pagar $VP_1 = 121/1,10 = \$110$ pelo fluxo de caixa esperado. Mas nós já sabemos como avaliar um ativo que rende $110 no ano 1 – basta descontá-lo aos 10% do custo de oportunidade do capital. Portanto, $VP_0 = VP_1/1,10 = 110/1,1 = \$100$. O nosso exemplo demonstra que a média aritmética (10% no nosso exemplo) nos garante uma medida correta do custo de custo de oportunidade do capital qualquer que seja o *timing* do fluxo de caixa.

[8] O retorno anual composto é frequentemente denominado como o retorno *médio geométrico*.

[9] Na discussão anterior, consideramos que sabíamos que os retornos de -10%, $+10\%$ e $+30\%$ eram igualmente prováveis. Para uma análise do efeito da incerteza sobre a taxa de retorno, veja I. A. Cooper, "Arithmetic Versus Geometric Mean Estimators: Setting Discount Rates for Capital Budgeting", *European Financial Management* 2 (July 1996), pp. 157-167; e E. Jaquier, A. Kane and A. J. Marcus, "Optimal Estimation of the Risk Premium for the Long Run and Asset Allocation: A Case of Compounded Estimation Risk", *Journal of Financial Econometrics* 3 (2005), pp. 37-55. Quando são projetados retornos futuros para períodos distantes, as médias aritméticas históricas têm uma tendência ascendente. Contudo, essa tendência seria pequena na maioria das aplicações corporativas financeiras.

Infelizmente, essa *não* é a maneira correta, pois é improvável que o valor de r_m se mantenha estável ao longo do tempo. Lembre-se de que r_m é a soma da taxa de juros sem risco, r_f, e de um prêmio de risco. Sabemos que r_f varia ao longo do tempo. Por exemplo, em 1981 a taxa de juros das letras do Tesouro era de cerca de 15%. É difícil acreditar que os investidores naquele ano quisessem ações com um retorno esperado de apenas 11,5%.

Se for preciso estimar o retorno que os investidores esperam receber, o procedimento mais simples ao qual se pode recorrer é considerar a soma da taxa de juros das letras do Tesouro e adicionar 7,7%, o *prêmio de risco* médio mostrado no Quadro 7.1. Por exemplo, suponhamos que a atual taxa de juros para as letras do Tesouro é de 2%. Portanto, somando-a ao prêmio de risco médio, obtemos:

$$r_m = r_f + \text{prêmio de risco normal}$$
$$= 0{,}02 + 0{,}77 = 0{,}97 \text{ ou } 9{,}7\%$$

Aqui, o pressuposto fundamental é o de que há um prêmio de risco normal e estável na carteira de mercado, de modo que o prêmio de risco esperado no *futuro* pode ser medido pela média dos prêmios de risco no passado.

Mesmo com mais de cem anos de dados, é impossível determinar com exatidão o prêmio de risco do mercado; nem sabemos se hoje os investidores estão exigindo o mesmo prêmio de risco de cinquenta ou cem anos atrás. Tudo isso deixa muito espaço para argumentos sobre o que é, *realmente*, o prêmio de risco.[10]

Muitos gestores financeiros e economistas pensam que históricos extensos de retorno são a melhor medida possível. Outros acreditam fortemente que os investidores não necessitam de um prêmio de risco tão elevado para serem persuadidos a adquirir ações.[11] Por exemplo, enquetes com pessoas de negócio e acadêmicos normalmente sugerem que eles esperam prêmios de risco de mercado um tanto abaixo da média histórica.[12]

Se acreditamos que o prêmio de risco esperado de mercado é menor do que a média histórica, provavelmente também acreditamos que a história tem sido particularmente simpática para os investidores norte-americanos e que sua boa sorte dificilmente se repetirá. Apresentamos a seguir duas razões que mostram que a história *pode* exagerar o prêmio de risco que os investidores esperam hoje em dia.

Razão 1 Desde 1900, os Estados Unidos estão entre os países mais prósperos do mundo. Outras economias enfraqueceram ou foram destruídas pelas guerras ou por conflitos sociais. Se focarmos no retorno dos investimentos nos Estados Unidos, podemos obter uma visão alterada do que os investidores esperaram. Talvez as médias históricas não mostrem a possibilidade de o país ter se tornado uma dessas economias menos afortunadas.[13]

A Figura 7.3 lança um pouco de luz sobre esse assunto. Ela resulta de um abrangente estudo feito por Dimson, Marsh e Staunton sobre os retornos dos mercados em 19 países e mostra o prêmio de risco médio em cada um deles de 1900 a 2014. Não há nenhuma evidência nele de-

---

[10] Algumas divergências refletem o fato de que o prêmio de risco é algumas vezes definido de maneiras diferentes. Algumas pessoas medem a diferença média entre o retorno das ações e o retorno (ou rendimentos) dos títulos de longo prazo. Outras medem a diferença entre a taxa de crescimento composta das ações e a taxa de juros. Como explicamos antes, essa não é uma medida apropriada do custo de capital.

[11] Há algumas teorias que embasam essa crença. Um prêmio de risco elevado ganho no mercado parece implicar que os investidores são extremamente adversos ao risco. Se isso fosse verdadeiro, os investidores deveriam diminuir as suas compras quando os preços do mercado caem e a riqueza diminui. Mas a evidência demonstra que, quando os preços das ações caem, os investidores continuam comprando a uma taxa muito semelhante. É difícil conciliar uma aversão ao risco elevado e um prêmio de risco de mercado elevado. Há uma literatura ativa sobre pesquisas nesse "quebra-cabeça do prêmio das ações". Veja R. Mehra, "The Equity Premium Puzzle: A Review", *Foundations and Trends in Finance*® 2 (2006), pp. 11-81, e R. Mehra, ed., *Handbook of the Equity Risk Premium* (Amsterdã: Elsevier Handbooks in Finance Series, 2008).

[12] Uma enquete de 2014, por exemplo, conduzida junto a acadêmicos, analistas e gestores revelou que a estimativa média da exigência de prêmio de risco de mercado nos Estados Unidos era de 5,4%. Uma enquete paralela junto a gestores financeiros norte-americanos em novembro de 2014 produziu uma previsão média de prêmio de risco de 5.9% sobre a taxa do Tesouro de 10 anos, igual a um prêmio de 7,2% sobre a taxa atual de letras do Tesouro. Ver, respectivamente, P. Fernandez, P. Linares, and I. Fernandez Acín, "Market Risk Premium Used in 88 Countries in 2014: A Survey with 8,228 Answers," June 20, 2014, **http://ssrn.com/abstract=2450452**, e Duke/*CFO Magazine*, "Global Business Outlook Survey," Fourth Quarter 2014, **http://cfosurvey.org/**.

[13] Essa possibilidade foi sugerida por P. Jorion and W. N. Goetzman, "Global Stock Markets in the Twentieth Century", *Journal of Finance* 54 (June 1999), pp. 953-980.

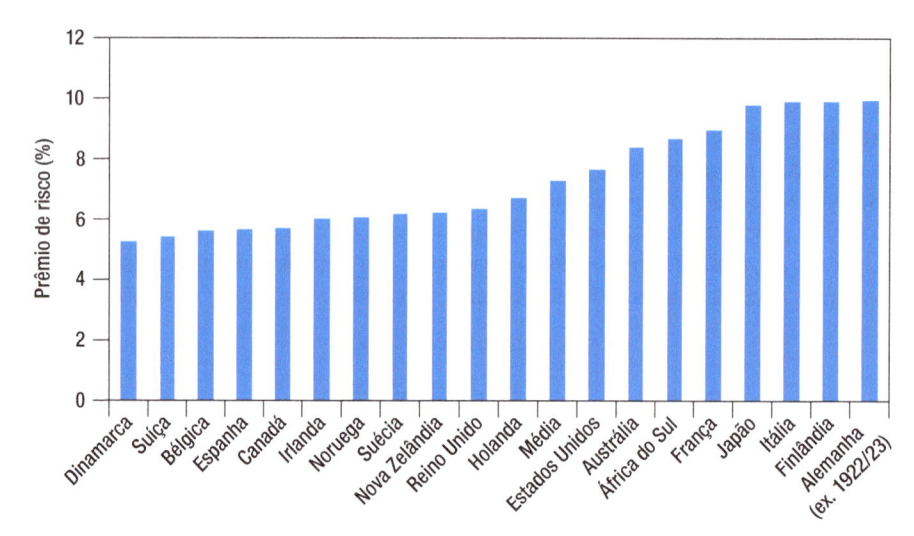

▶ **FIGURA 7.3** Prêmios de risco médios do mercado (retorno nominal nas ações menos retorno nominal nas letras), 1900-2014.

Fonte: E. Dimson, P. R. Marsh and M. Staunton, *Triumph of the Optimists: 101 Years of Investment Returns* (Princeton, NJ: Princeton University Press, 2002), com atualizações fornecidas pelos autores.

mostrando que os investidores norte-americanos têm sido particularmente felizardos; os Estados Unidos estão apenas na média em termos de retornos.

Na Figura 7.3, as ações da Dinamarca estão no fim do grupo; o prêmio de risco médio nesse país era de apenas 5,2%. O vencedor com destaque foi a Alemanha, com um prêmio de 10,0%. Algumas dessas diferenças entre países podem refletir diferenças no risco. Mas lembre-se de que é muito difícil fazer estimativas precisas daquilo que os investidores esperam. Provavelmente, você não estaria muito enganado se chegasse à conclusão de que o prêmio de risco *esperado* foi o mesmo em todos os países.[14]

Razão 2 O preço das ações nos Estados Unidos ultrapassou, há alguns anos, o crescimento nos dividendos e nos lucros das empresas. Por exemplo, entre 1950 e 2000, os rendimentos dos dividendos nos Estados Unidos caíram de 7,2% para 1,1%. Parece improvável que os investidores *esperassem* uma diminuição tão significativa nos rendimentos, caso em que uma parte do retorno real durante esse período *não era esperada*.[15]

Há pessoas que acreditam que os baixos dividendos da virada do século refletem um otimismo de que a nova economia levará a uma era dourada de prosperidade e de lucros emergentes, mas outras atribuem os rendimentos baixos a uma redução no prêmio de risco do mercado. Talvez o crescimento dos fundos de investimento tenha facilitado às pessoas a diversificação de parte de seu risco, ou talvez os fundos de pensões e outras instituições financeiras tenham descoberto que também podem reduzir seus riscos investindo parte dos seus fundos em outros continentes. Se esses investidores podem, atualmente, eliminar uma parte maior do risco do que podiam no passado, pode ser que se contentem com um retorno menor.

Uma queda no prêmio esperado de risco do mercado pode levar a um *aumento* nas taxas realizadas de retorno. Suponha que a carteira de mercado de ações paga um dividendo agregado de $120 ($DIV_1 = 120$). A carteira gera um retorno de 5% e a perspectiva é de que

---

[14] Estamos preocupados neste ponto com a diferença entre o retorno nominal do mercado e a taxa nominal de juros. Às vezes, poderemos ver a citação de prêmios reais de risco – ou seja, a diferença entre o retorno *real* do mercado e a taxa *real* de juros. Se a taxa de inflação é i, o prêmio real de risco é $(r_m - r_f)/(1 + i)$. Para alguns países, como a Itália, que têm tido um alto nível de inflação, esse prêmio real de risco pode ser significativamente menor do que o prêmio nominal.

[15] Fama e French defendem que os prêmios de risco realizados desde os anos 60 são substancialmente maiores do que os investidores poderiam ter esperado à época. Ver E. F. Fama and K. R. French, "The Equity Premium," *Journal of Finance* 57 (April 2002), pp. 637-659. Fama e French relatam estimativas mais baixas para o prêmio de risco de mercado do que no Quadro 7.1, em parte porque eles definem o prêmio de risco como a diferença entre o retorno do mercado e a taxa dos *commercial papers*. Excetuando-se 1900-1918, as taxas de juros usadas no Quadro 7.1 são as taxas sobre as letras do Tesouro norte-americano.

os dividendos crescerão indefinidamente a 4% ao ano ($g = 0{,}04$). Portanto, a taxa de retorno total esperado é de $r = 5 + 4 = 9\%$. Podemos encontrar o valor presente (VP) da carteira substituindo esses valores no modelo de desconto de dividendos com crescimento constante, abordado do Capítulo 4:

$$VP = DIV_1(r - g) = 120/(0{,}09 - 0{,}04) = \$2.400$$

O retorno exigido de 9% obviamente inclui um prêmio de risco. Se a taxa de juros livre de risco é de 2%, o prêmio de risco é de 7%.

Imagine que agora os investidores encarem o mercado de ações como um investimento mais seguro e revisem para baixo tanto o prêmio de risco exigido, de 7% para 6%, quanto o retorno exigido, de 9% para 8%. O valor da carteira de mercado aumenta para:

$$VP = DIV_1(r - g) = 120/(0{,}08 - 0{,}04) = \$3.000$$

O ganho em dividendos cai para $120/3.000 = 0{,}04$ ou 4% e $r = 4 + 4 = 8\%$.

Assim, uma queda de 1% no prêmio de risco gera um crescimento de 25% em valor de mercado, de \$2.400 para \$3.000. O retorno total para os investidores quando isso acontece, incluindo os 5% de ganho em dividendos sobre o VP inicial de \$2.400, é de $5 + 25 = 30\%$. Com uma taxa de juros de 2%, o prêmio de risco obtido é de $30 - 2 = 28\%$, muito maior que o esperado.

Se e quando esse prêmio de risco ingressar em nossa amostra passada de prêmios de risco, podemos ser induzidos a um erro duplo. Primeiro, acabaremos superestimando o prêmio de risco que os investidores exigiram no passado. Segundo, nos passará despercebido que os investidores exigem um menor prêmio de risco esperado quando vislumbram o futuro.

Ganhos em dividendos e o prêmio de risco

A Figura 7.4 exibe os ganhos em dividendos nos Estados Unidos a partir de 1900. A média é de 4,3% sobre o período como um todo. Há flutuações drásticas, mas também uma clara tendência descendente a longo prazo. Ao final de 1917, as ações estavam gerando ganhos de 9,0%. Ao final de 2014, os ganhos haviam caído para 1,9%.

Quando os ganhos em dividendos diminuem, o índice de preços/dividendos aumenta e os retornos realizados pelos investidores também aumentam. (Relembre o exemplo anterior, em que o ganho em dividendos caiu de 5% para 4% e os investidores embolsaram um polpudo retorno anual de 30%.) Sendo assim, parte dos retornos de mercado e dos prêmios de risco ao longo do último século, aproximadamente, pode ser atribuída não apenas ao crescimento dos dividendos, mas também ao preço mais alto que os investidores atuais estão dispostos a pagar por dólar de dividendos.

Será que o índice de preços/dividendos pode seguir aumentando no futuro? Não pode aumentar para sempre. Caso o crescimento do índice de preços/dividendos venha a se estagnar, então a média dos retornos e dos prêmios de risco será mais baixa no futuro do que foi no passado, mantendo-se iguais todas as demais variáveis. Isso serviria de argumento para ajustar para baixo a média histórica de prêmio de risco se subtrairmos aquela parte dos retornos médios passados advinda da tendência ascendente nos índices de preços/dividendos. Os ajustes para os Estados Unidos subtrairiam cerca de 0,5%.[16, 17]

E o que dizer das flutuações a curto prazo nos ganhos em dividendos e nos índices de preços/dividendos? Será que elas preveem períodos de crescimento ou queda nas taxas de crescimento dos dividendos? Aparentemente não: baixos ganhos em dividendos não parecem prever grande crescimento de dividendos. Em vez disso, uma redução nos ganhos em dividendos parece anunciar uma redução no prêmio de risco que os investidores podem esperar ao longo dos próximos anos.

---

[16] Ver E. Dimson, P. R. Marsh, and M. Stauton, *Credit Suisse Global Invstement Returns Sourcebook 2014*, pp. 29-33.

[17] Também tem havido uma tendência ascendente nos índices de preço/lucros. Em vez de fazermos o ajuste segundo os índices de preço/dividendos, poderíamos ajustar a média histórica de prêmio de risco subtraindo o retorno médio advindo da tendência nos índices de preço/lucros. O ajuste subtrairia 0,67%, tomando por base os retornos nos Estados Unidos desde 1926. Ver *Ibbotson SBBI 2014 Classic Yearbook*, Morningstar, Chicago, p. 157.

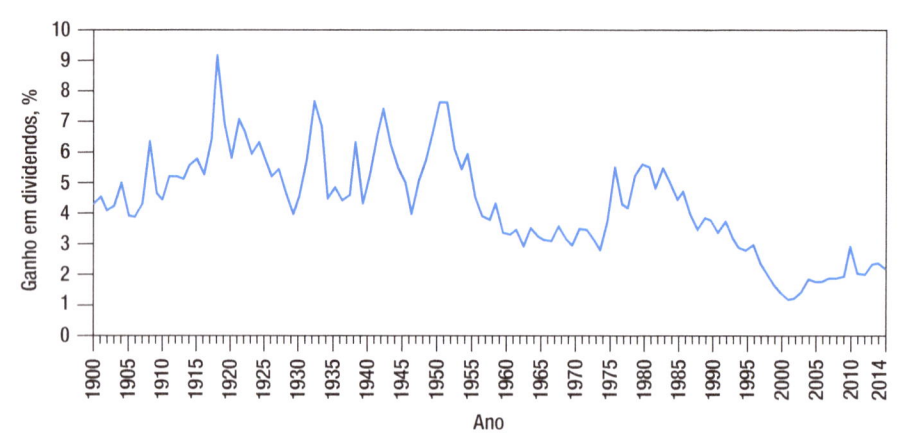

◆ **FIGURA 7.4** Ganhos em dividendos nos Estados Unidos, 1900-2014.
Fonte: R. J. Shiller, "Long Term Stock, Bond, Interest Rate and Consumption Data since 1871" **www.econ.yale.edu/~shiller/data.htm**. Utilizado com autorização.

Assim, quando os ganhos são relativamente baixos, as empresas podem ser justificadas por aproximarem suas estimativas para os retornos requeridos durante, aproximadamente, o ano seguinte. Contudo, as variações nesses ganhos não informam praticamente nada às organizações sobre os prêmios de risco esperados para os próximos 10 ou 20 anos. Parece que, ao estimar a taxa de desconto para investimentos com prazos mais longos, uma organização pode ignorar seguramente as flutuações anuais nos seus ganhos em dividendos.

A partir desse debate surge apenas uma grande conclusão: não confie em ninguém que afirme *saber* o retorno esperado pelos investidores. A história apresenta algumas pistas, mas no fim teremos que julgar se os investidores receberam, em média, o que esperavam. Muitos economistas financeiros confiam na evidência histórica e, por isso, trabalham com um prêmio de risco de cerca de 7%. Os demais utilizam, geralmente, um valor mais baixo. Brealey, Myers e Allen não têm uma posição oficial sobre isso, mas acreditamos que 5 a 8% é um valor razoável para o prêmio de risco nos Estados Unidos.

7.2 Medida do risco da carteira

Agora já temos alguns pontos de referência. Conhecemos a taxa de desconto para projetos seguros e temos uma estimativa para projetos de "risco médio". Entretanto, *não* sabemos ainda como calcular as taxas de desconto para ativos que não se enquadram nesses dois casos simples. Para fazê-lo, precisamos aprender (1) a medir o risco e (2) a relação que existe entre o risco incorrido e o prêmio de risco exigido.

A Figura 7.5 mostra as 115 taxas anuais de retorno das ações de empresas norte-americanas. As flutuações anuais dos retornos são muito amplas. O retorno anual mais alto foi de 57,6% em 1933 – uma recuperação parcial do colapso do mercado de ações entre 1929 e 1932. No entanto, registraram-se perdas que excederam os 25% em seis anos, tendo sido −43,9% o pior retorno, em 1931.

Outra maneira de apresentar esses dados é por meio de um histograma ou de uma distribuição de frequências. Isso é mostrado na Figura 7.6, em que a variabilidade dos retornos anuais é representada pela grande "dispersão" dos resultados.

Variância e desvio-padrão

As medidas estatísticas normais de dispersão são a **variância** e o **desvio-padrão**. A variância do retorno do mercado é o valor esperado do quadrado dos desvios relativamente ao retorno esperado. Em outras palavras:

$$\text{Variância } (\tilde{r}_m) = \text{valor esperado de } (\tilde{r}_m - r_m)^2$$

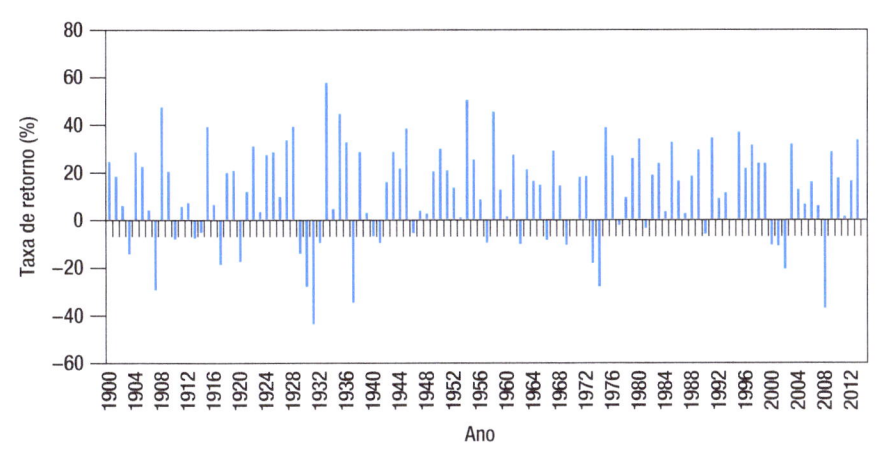

▶ **FIGURA 7.5** O mercado de ações tem sido um investimento rentável, mas extremamente variável.

Fonte: E. Dimson, P. R. Marsh and M. Staunton, *Triumph of the Optimists: 101 Years of Investment Returns* (Princeton, NJ: Princeton University Press, 2002), com atualizações fornecidas pelos autores.

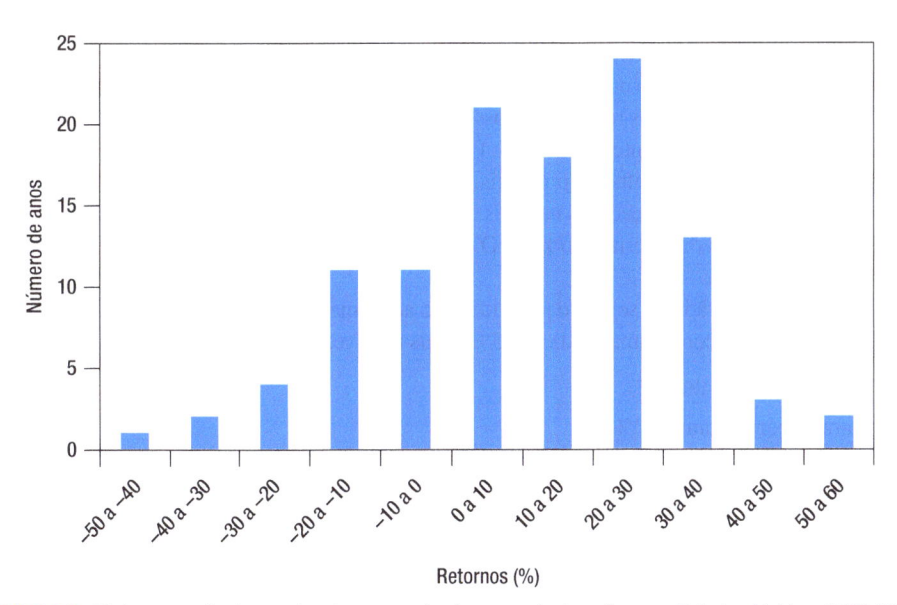

▶ **FIGURA 7.6** Histograma das taxas de retorno anuais do mercado de ações nos Estados Unidos, 1900-2014, que mostra a grande dispersão dos retornos dos investimentos em ações.

Fonte: E. Dimson, P. R. Marsh and M. Staunton, *Triumph of the Optimists: 101 Years of Investment Returns* (Princeton, NJ: Princeton University Press, 2002), com atualizações fornecidas pelos autores.

em que $\tilde{r}_m$ é o retorno efetivo e r_m é o retorno esperado.[18] O desvio-padrão é, simplesmente, a raiz quadrada da variância:

$$\text{desvio-padrão de } \tilde{r}_m = \sqrt{\text{variância}(\tilde{r}_m)}$$

O desvio-padrão frequentemente é representado por σ e a variância, por σ^2.

---

[18] Mais uma questão técnica. Quando a variância é estimada com base em uma amostra de retornos *observados*, adicionamos os quadrados dos desvios e dividimos por $N - 1$, sendo N o número de observações. Dividimos por $N - 1$, e não por N, para corrigir o que é designado por *perda de um grau de liberdade*. A fórmula é:

$$\text{Variância }(\tilde{r}_m) = \frac{1}{N-1}\sum_{t=1}^{N}(\tilde{r}_{mt} - r_m)^2$$

em que r_{mt} é o retorno do mercado no período t e $\tilde{r}_{mt}$, a média dos valores do $\tilde{r}_{mt}$.

Veja, agora, um exemplo muito simples que mostra como a variância e o desvio-padrão são calculados. Suponhamos que você tenha sido convidado para jogar "cara ou coroa", fazendo um lance inicial de $100. Cada vez que no jogo aparece "cara", você recupera o investimento inicial *mais* 20%; e cada vez que aparece "coroa", você obtém o valor inicial *menos* 10%. Há, obviamente, quatro resultados possíveis:

- Cara + cara: ganha 40%.
- Cara + coroa: ganha 10%.
- Coroa + cara: ganha 10%.
- Coroa + coroa: perde 20%.

Existe uma probabilidade de 1 em 4, ou 0,25, de obter 40%; uma probabilidade de 2 em 4, ou 0,5, de obter 10%; e uma probabilidade de 1 em 4, ou 0,25, de perder 20%. O retorno esperado do jogo é, portanto, uma média ponderada dos resultados possíveis:

$$\text{Retorno esperado} = (0,25 \times 40) + (0,5 \times 10) + (0,25 \times -20) = +10\%$$

O Quadro 7.2 mostra que a variação dos retornos percentuais é de 450. O desvio-padrão é a raiz quadrada de 450, ou 21. Esse valor se expressa nas mesmas unidades que a taxa de retorno, de modo que podemos afirmar que a variabilidade do jogo é de 21%.

Um modo de definir a incerteza é afirmar que podem ocorrer mais coisas do que ocorrem na realidade. O risco de um ativo pode ser expresso integralmente, tal como o fizemos para o jogo das moedas, descrevendo todos os resultados possíveis e a probabilidade de cada um. Na prática, isso é embaraçoso e frequentemente impossível. Por isso, usamos a variância e o desvio-padrão para sintetizar a dispersão dos resultados possíveis.[19]

Essas medidas são indicadores naturais de risco.[20] Se o resultado do "cara ou coroa" tivesse sido certo, o desvio-padrão teria sido zero. O desvio-padrão real é positivo, porque *não* sabemos o que acontecerá.

Imaginemos, então, um segundo jogo, idêntico ao primeiro, exceto que cada cara significa um ganho de 35% e cada coroa, uma perda de 25%. Mais uma vez, são quatro os resultados possíveis:

- Cara + cara: ganha 70%.
- Cara + coroa: ganha 10%.
- Coroa + cara: ganha 10%.
- Coroa + coroa: perde 50%.

QUADRO 7.2 O jogo da moeda: cálculo da variância e do desvio-padrão

(1) Taxa de retorno % ($\tilde{r}$)	(2) Desvio do retorno esperado ($\tilde{r} - r$)	(3) Quadrado do desvio ($\tilde{r} - r$)^2	(4) Probabilidade	(5) Probabilidade × Quadrado do desvio
+40	+30	900	0,25	225
+10	0	0	0,5	0
−20	−30	900	0,25	225

Variância = valor esperado ($\tilde{r} - r$)^2 = 450

Desvio-padrão = $\sqrt{\text{variância}} = \sqrt{450} = 21$

---

[19] Qual dos dois devemos utilizar é uma mera questão de conveniência. Dado que o desvio-padrão se expressa nas mesmas unidades que a taxa de retorno, geralmente é mais conveniente usar o desvio-padrão. Contudo, quando estamos falando da *proporção* do risco resultante de algum fator, normalmente é menos confuso trabalhar em termos de variância.

[20] Conforme explicaremos no Capítulo 8, o desvio-padrão e a variância são as medidas corretas do risco se os retornos tiverem uma distribuição normal.

Nesse jogo, o retorno esperado é de 10%, o mesmo que o do primeiro jogo. Mas o seu desvio-padrão é o dobro do primeiro jogo, 42% contra 21%. Com essa medida, o segundo jogo é duas vezes mais arriscado do que o primeiro.

Medida de variabilidade

Em princípio, pode-se estimar a variabilidade de qualquer carteira de ações ou de títulos pelo método que acabamos de descrever. Será preciso identificar os possíveis resultados, atribuir uma probabilidade a cada um deles e efetuar os cálculos. Mas de onde vêm as probabilidades? Não é nos jornais que devemos procurá-las, pois parece que eles evitam declarações definitivas sobre as perspectivas dos títulos. Certa vez, encontramos um artigo intitulado "Os preços das obrigações tendem possivelmente a se mover de modo brusco em uma ou em outra direção". Os corretores de ações são todos iguais! O seu poderá responder à pergunta sobre os resultados possíveis com uma declaração do tipo:

> O mercado, atualmente, parece atravessar um período de consolidação. A médio prazo, deveremos ter uma visão construtiva, desde que continue a recuperação econômica. O mercado poderá subir 20% daqui a um ano ou mesmo mais, se a inflação continuar moderada. Em contrapartida...

O "Oráculo de Delfos" deu conselhos, mas não probabilidades.

A maior parte dos analistas financeiros começa observando a variabilidade ocorrida no passado. Como é óbvio, não há risco algum quando se analisa o passado, mas é razoável supor que as carteiras com um histórico de grande variabilidade também tenham um desempenho futuro menos previsível.

Os desvios-padrão e as variâncias anuais observadas nas nossas três carteiras, no período de 1900 a 2014, foram:[21]

Carteira	Desvio-padrão (σ)	Variância (σ^2)
Letras do Tesouro	2,9	8,2
Obrigações do Tesouro	9,1	83,3
Ações	19,9	395,6

Como seria de se esperar, as letras do Tesouro foram os valores mobiliários com menor variabilidade, e as ações, as mais variáveis. As obrigações do Tesouro ficaram no meio.

Você pode achar interessante comparar o jogo de "cara ou coroa" e o mercado de ações como investimentos alternativos. O mercado de ações proporcionou um retorno médio anual de 11,5% com um desvio-padrão de 19,9%. O jogo oferece 10% e 21%, respectivamente – um retorno ligeiramente menor e, aproximadamente, a mesma variabilidade. Seus companheiros de jogo devem ter tido uma ideia um tanto grosseira do mercado de ações.

A Figura 7.7 compara o desvio-padrão do retorno do mercado de ações em 19 países no mesmo período de 115 anos. O Canadá tem um valor baixo, com um desvio-padrão de 17,1%, mas a maioria dos outros países agrupa-se em um desvio-padrão entre 20 e 25%.

Claro que não há razão para supor que a variabilidade do mercado permaneça a mesma durante mais de um século. Por exemplo, a Alemanha, a Itália e o Japão têm, na atualidade, economias e mercados muito mais estáveis do que nos anos anteriores e durante a Segunda Guerra Mundial.

---

[21] Quando discutimos o risco das *obrigações*, devemos ter o cuidado de especificar o período temporal, e se falamos em termos reais ou nominais. O retorno *nominal* das obrigações do Tesouro de longo prazo é absolutamente certo para quem as possui até o vencimento; ou seja, são isentas de risco se não pensarmos na inflação. Afinal de contas, o governo pode sempre imprimir dinheiro para pagar as suas dívidas. O retorno real dos títulos do Tesouro, contudo, é incerto, porque ninguém sabe qual é o poder de compra do dólar no futuro.

Os retornos das obrigações foram calculados anualmente e os retornos refletem as variações de ano para ano dos preços das obrigações, bem como os juros recebidos. Os retornos de *um ano* das obrigações de longo prazo contêm um risco elevado em termos *tanto* reais *quanto* nominais.

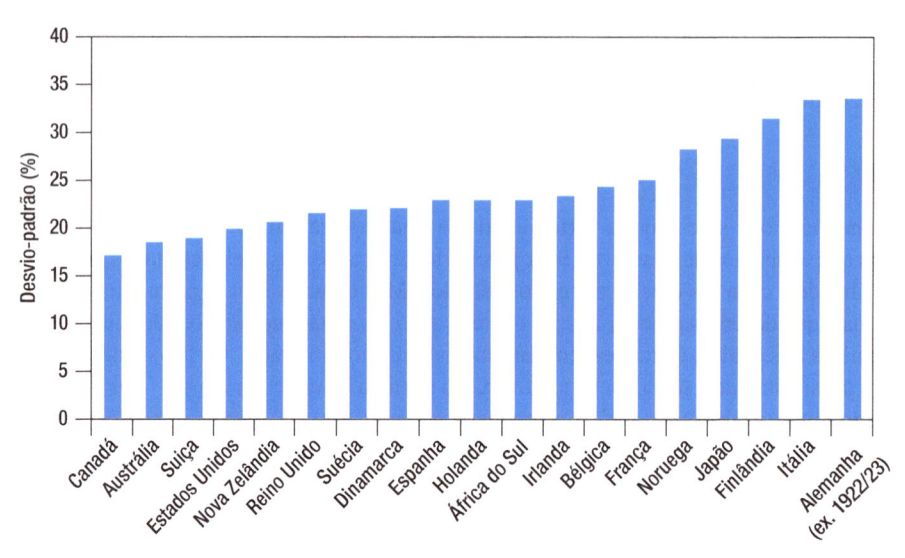

▶ **FIGURA 7.7** O risco (desvio-padrão dos retornos anuais) dos mercados mundiais, 1900-2014.
Fonte: E. Dimson, P. R. Marsh and M. Staunton, *Triumph of the Optimists: 101 Years of Investment Returns* (Princeton, NJ: Princeton University Press, 2002), com atualizações fornecidas pelos autores.

A Figura 7.8 não sugere uma tendência de alta ou de baixa de longo prazo na volatilidade do mercado de ações de empresas norte-americanas.[22] Houve, em vez disso, períodos tanto de calmaria como de turbulência. Em 2005, um ano excepcionalmente tranquilo, o desvio-padrão de retornos foi somente de 9%, menos do que a metade da média a longo prazo. Quatro anos mais tarde, em plena crise financeira, o desvio-padrão havia triplicado, para mais de 30%. Ao final de 2014, havia caído para menos do que 12%.[23]

Pode haver turbulências extremamente altas do mercado se considerarmos episódios em períodos mais curtos, tais como o diário, semanal ou mensal. Na "Segunda-Feira Negra", 19 de outubro de 1987, o índice do mercado nos Estados Unidos caiu 23% *em um único dia*. O desvio-padrão do índice do mercado para a semana no entorno da "Segunda-Feira Negra" foi equivalente a 89% ao ano. Felizmente, a volatilidade regressou aos níveis normais poucas semanas após o *crash* financeiro.

Como a diversificação reduz o risco

Podemos calcular as nossas medidas de variabilidade para títulos considerados individualmente, da mesma maneira que para carteiras de títulos. Claro que as médias para mais de cem anos têm menos interesse para empresas específicas do que para a carteira de mercado – é rara a empresa que se defronta hoje com os mesmos riscos de negócio que um século atrás.

O Quadro 7.3 apresenta os desvios-padrão estimados para dez ações bem conhecidas, para um período recente de cinco anos.[24] Esses desvios parecem altos? Deveriam parecer. O desvio-padrão da carteira de mercado foi de 13,0% durante esse período. Todas as nossas ações individuais tiveram uma volatilidade mais alta. Quatro delas tiveram uma variabilidade superior a duas vezes à da carteira de mercado.

---

[22] Essas estimativas foram efetuadas com base em taxas de retorno *semanais*. A variância semanal é convertida em anual multiplicando-se por 52. Isto é, a variância do retorno semanal é 1/52 da variância anual. Quanto mais tempo você possuir um título ou uma carteira, maior o risco que terá de suportar.

Essa conversão considera que os sucessivos retornos semanais são estatisticamente independentes. Esse é, na verdade, um bom pressuposto, como demonstraremos no Capítulo 13.

Dado que a variância é aproximadamente proporcional à duração do intervalo de tempo em relação ao qual se mede o retorno de um título ou de uma carteira, o desvio-padrão é proporcional à raiz quadrada do intervalo.

[23] O desvio-padrão para o ano de 2014 é o índice VIX da volatilidade do mercado, publicado pela Chicago Board Options Exchange (CBOE). Explicaremos esse índice no Capítulo 21. Nesse intervalo, talvez você deseje verificar o nível corrente do VIX em **www.finance.yahoo** ou no *site* da CBOE.

[24] Esses desvios-padrão também são calculados por meio de dados mensais.

CAPÍTULO 7 • Introdução ao risco e ao retorno

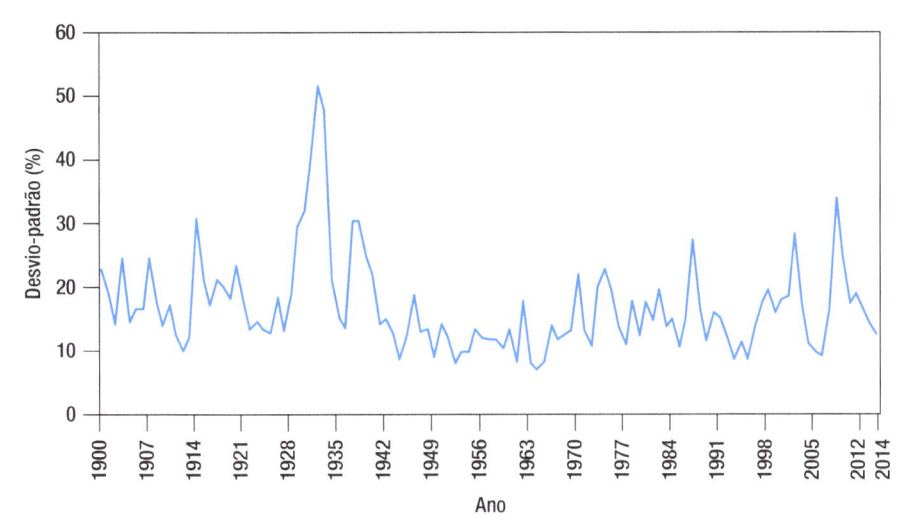

FIGURA 7.8 Desvio-padrão anualizado das alterações da Média Industrial Dow Jones nas 52 semanas precedentes, 1900-2014.

Veja também o Quadro 7.4, que apresenta os desvios-padrão das ações de algumas empresas bastante conhecidas de diversos países e também dos mercados onde são negociadas. Algumas dessas ações são muito mais variáveis do que outras, mas pode-se constatar que, mais uma vez, as ações, consideradas individualmente, são na maioria das vezes mais variáveis do que os índices do mercado.

Isso levanta uma questão importante: a carteira de mercado é composta por ações individuais; portanto, por que será que a sua variabilidade não reflete a variabilidade média de seus componentes? A resposta é que a *diversificação reduz a variabilidade*.

Até mesmo uma pequena diversificação pode promover uma redução substancial da variabilidade. Suponhamos o cálculo e a comparação de desvios-padrão de carteiras com uma ação,

QUADRO 7.3 Desvios-padrão para ações dos Estados Unidos selecionadas, de novembro de 2009 a outubro de 2014 (valores em porcentagem anual)

Ações	Desvio-padrão (σ)	Ações	Desvio-padrão (σ)
Ford	31,0	Microsoft	20,7
Newmont	30,0	Campbell Soup	16,6
Caterpillar	29,2	Walmart	15,3
Dow Chemical	27,5	Consolidated Edison	13,8
Apple	25,2	Johnson & Johnson	13,2

QUADRO 7.4 Desvios-padrão para ações estrangeiras selecionadas e índices de mercado, de novembro de 2009 a outubro de 2014 (valores em porcentagem anual)

	Desvio-padrão (σ)			Desvio-padrão (σ)	
	Ação	Mercado		Ação	Mercado
BHP Billiton (Austrália)	19,8	12,4	LVMH (França)	23,7	16,7
BP (Reino Unido)	29,1	13,5	Nestlé (Suíça)	9,7	10,4
Siemens (Alemanha)	20,3	18,4	Sony (Japão)	44,8	19,3
Samsung (Coreia)	24,6	15,1	Toronto Dominion Bank (Canadá)	12,6	11,0
Industrial Bank (China)	35,0	19,8	Tata Motors (Índia)	39,1	17,3

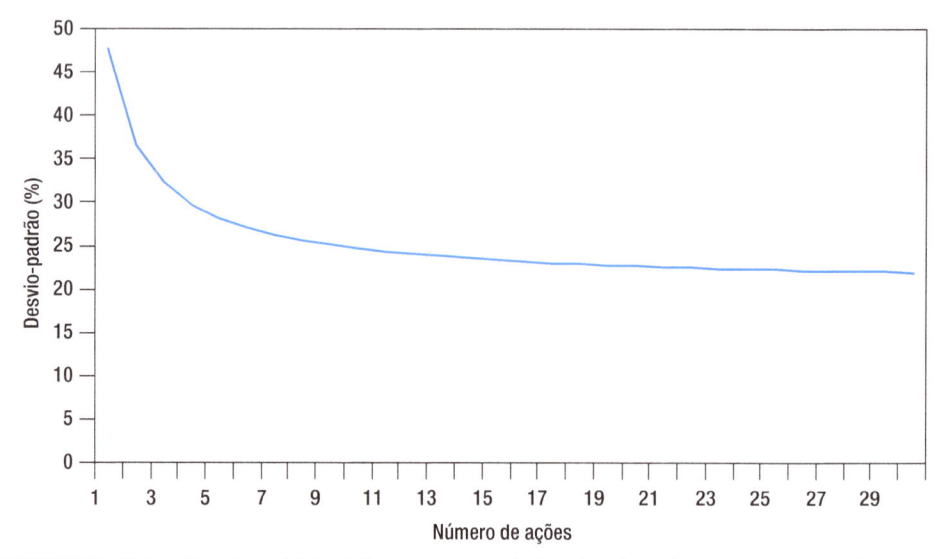

▶ **FIGURA 7.9** O risco (desvio-padrão) médio de carteiras selecionadas aleatoriamente, contendo diferentes números de ações da Bolsa de Valores de Nova York, de 2006 a 2010. Observe que a diversificação reduz rapidamente o risco no início e, depois, mais lentamente.

Obs.: A figura mostra o risco médio de carteiras selecionadas aleatoriamente dividido igualmente entre N ações. O grupo de ações consiste em todas aquelas continuamente cotadas na NYSE, 2006-2010.

duas ações, cinco ações etc., entre 2006 e 2010. Podemos verificar, pela Figura 7.9, que a diversificação pode reduzir, quase à metade, a variabilidade dos retornos. Observe também que podemos obter a maior parte desses benefícios com um número relativamente pequeno de ações: a melhoria será muito mais acanhada quando o número de títulos for superior, digamos, a 20 ou 30.

A diversificação funciona porque os preços das ações diferentes não variam exatamente da mesma maneira. Os estatísticos acentuam o mesmo aspecto quando colocam que as variações dos preços das ações têm uma correlação imperfeita. Veja, por exemplo, a Figura 7.10, que apresenta os preços das ações da Ford e da Newmont Mining para um período de 60 meses terminando em outubro de 2014. Conforme mostrado no Quadro 7.3, durante esse período, o desvio-padrão foi cerca de 30% para a Newmont e de 31% para a Ford. Embora as duas ações tivessem variações relativamente irregulares, elas não se moveram simultaneamente. De modo geral, um declínio no

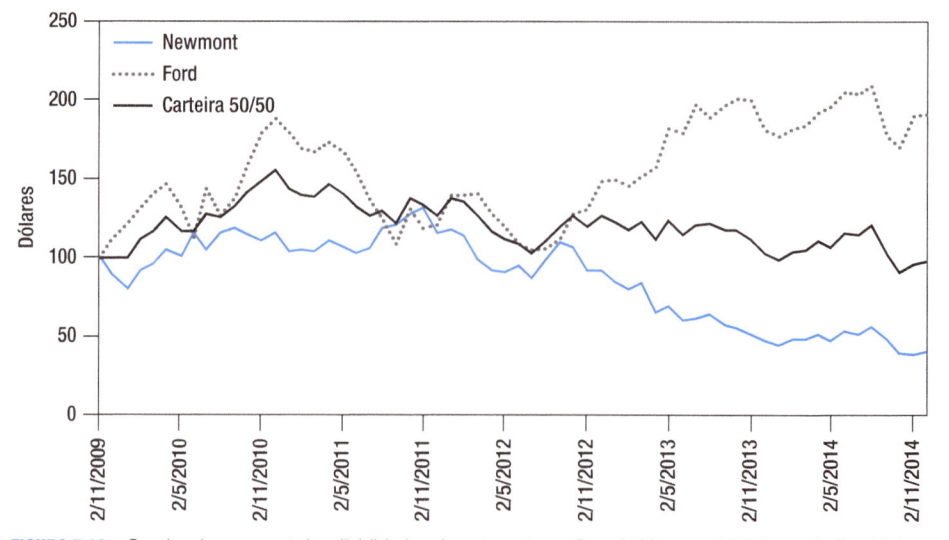

▶ **FIGURA 7.10** O valor de uma carteira dividida igualmente entre ações da Newmont Mining e da Ford foi menos volátil do que o valor de cada uma tomada individualmente. O investimento inicial assumido foi de $100.

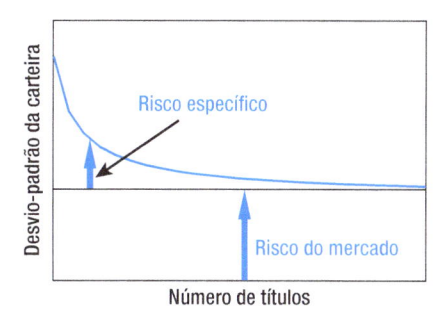

▶ **FIGURA 7.11** A diversificação elimina o risco específico. Mas há ainda um risco que a diversificação *não* consegue eliminar. Chama-se *risco de mercado*.

valor das ações da Newmont foi compensado por um aumento no preço das ações da Ford.[25] Por isso, se você tivesse dividido sua carteira entre as duas ações, poderia ter reduzido as flutuações mensais do valor de seu investimento. Pode ser visto na linha preta da Figura 7.10 que, se o seu portfólio tivesse sido dividido equitativamente entre as duas ações, o retorno ficaria equilibrado em muitos mais meses e haveria um número muito menor de casos de retornos extremos. Ao diversificar entre as duas ações, teríamos reduzido o desvio-padrão dos retornos para menos de 22% ao ano.

O risco que pode ser potencialmente eliminado por meio da diversificação é designado como **risco específico**.[26] Ele decorre do fato de que muitos dos perigos a que uma empresa individual está sujeita são peculiares seus, e talvez dos seus concorrentes mais próximos. Mas há outro risco que você não pode evitar, por mais que diversifique os investimentos. Esse risco é, geralmente, conhecido como **risco de mercado**.[27] O risco de mercado é decorrente da existência de outros riscos relativos a toda a economia e que afetam todos os negócios. Essa é a razão pela qual as ações têm tendência para variar simultaneamente. E essa é a razão por que os investidores estão expostos às incertezas do mercado, independentemente do número de ações que possuem.

Na Figura 7.11, dividimos os riscos nas suas duas partes – o risco específico e o risco de mercado. Se você possui ações de uma única empresa, o risco específico é muito importante. Mas se possuir uma carteira com ações de vinte ou mais empresas, a diversificação cumprirá essencialmente sua missão. Em uma carteira razoavelmente diversificada, apenas o risco de mercado interessa. Assim, a fonte predominante da incerteza, para um investidor diversificado, é a de o mercado subir ou cair de repente, levando junto a carteira do investidor.

7.3 Cálculo do risco da carteira

Foi dada uma noção geral de como a diversificação reduz o risco, mas, para compreendermos o efeito da diversificação, será preciso saber como o risco de uma carteira depende do risco das ações consideradas individualmente.

Vamos imaginar que 60% da sua carteira esteja investida em ações da Johnson & Johnson e o restante, na Ford. Você deve esperar que, ao longo do próximo ano, a JNJ lhe dê um retorno de 8% e a Ford, de 18,8%. O retorno esperado da sua carteira é simplesmente a média ponderada dos retornos esperados das ações individuais.[28]

$$\text{Retorno esperado da carteira} = (0{,}60 \times 8) + (0{,}40 \times 18{,}8) = 12{,}3\%$$

---

[25] Durante esse período, a correlação entre os retornos das duas ações era de 0,01.

[26] O risco específico pode ser denominado de *risco não sistemático*, *risco residual*, *risco único* ou *risco diversificável*.

[27] O risco de mercado pode ser denominado de *risco sistemático* ou risco *não diversificável*.

[28] Vamos verificar isso. Suponha que sejam investidos $60 na Johnson & Johnson e $40 na Ford. O retorno esperado na JNJ é de $0{,}08 \times 60 = \$4{,}80$, e na Ford é de $0{,}188 \times 40 = \$7{,}52$. O retorno esperado da sua carteira é de $4{,}80 + 7{,}52 = \$12{,}32$. A *taxa* de retorno da carteira é de $12{,}32/100 = 0{,}123$, ou 12,3%.

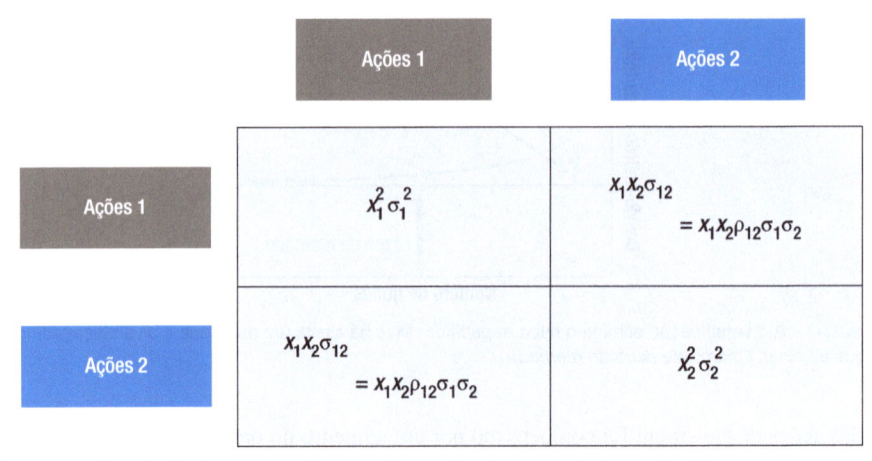

▶ **FIGURA 7.12** A variância de uma carteira com duas ações é a soma destes quatro blocos. x_1, x_2 = proporções investidas nas ações das empresas 1 e 2; σ_1^2, σ_2^2 = variâncias dos retornos das ações; σ_{12} = covariância dos retornos ($\rho_{12}\sigma_1\sigma_2$); ρ_{12} = correlação entre retornos das ações das empresas 1 e 2.

Calcular o retorno esperado da carteira é fácil, o difícil é determinar o risco. No passado, o desvio-padrão dos retornos era de cerca de 13,2% para a JNJ e de 31,0% para a Ford. Acreditamos que esses números são uma medida adequada para a possível variação de *resultados* futuros. A primeira ideia poderá ser pressupor que o desvio-padrão dos retornos da carteira é uma média ponderada dos desvios-padrão do investimento em cada ação, ou seja, (0,60 × 13,2) + (0,40 × 31,0) = 20,3%. Isso seria correto *apenas* se os preços das ações das duas empresas variassem exatamente do mesmo modo. Em qualquer outro caso, a diversificação reduziria o risco para um valor inferior a esse número.

O procedimento exato para calcular o risco de uma carteira de duas ações é dado na Figura 7.12. Precisam ser preenchidos os quatro blocos. Para completar o superior esquerdo, pondera-se a variância dos retornos da ação 1 (σ_1^2) pelo *quadrado* da proporção nela investida, (x_1^2). Do mesmo modo, para completar o bloco inferior direito, pondera-se a variação do retorno da ação 2 (σ_2^2) pelo *quadrado* da proporção investida nela (x_2^2).

As entradas nesses blocos em diagonal dependem das variâncias das ações 1 e 2; as entradas nos outros dois blocos dependem de sua **covariância**. Como você já deve ter percebido, a covariância é a medida do grau com que as duas ações "covariam". Ela pode ser expressa como o produto do coeficiente de correlação ρ_{12} e os dois desvios-padrão.[29]

$$\text{Covariância entre as ações 1 e 2} = \sigma_{12} = \rho_{12}\sigma_1\sigma_2$$

A maioria das ações tende a variar simultaneamente. Nesse caso, o coeficiente de correlação ρ_{12} é positivo e, portanto, a covariância σ_{12} também é positiva. Se as perspectivas das ações não estivessem totalmente relacionadas, tanto o coeficiente de correlação como a covariância seriam iguais a zero; e se as ações tendessem a variar em direções opostas, o coeficiente de correlação e a covariância seriam negativos. Do mesmo modo como ponderamos e calculamos as variâncias pelo quadrado da proporção investida, você terá de ponderar a covariância pelo *produto* das duas proporções detidas, x_1 e x_2.

Depois de completar os quatro blocos, basta somar as parcelas para obter a variância da carteira:

$$\text{Variância da carteira} = x_1^2\sigma_1^2 + x_2^2\sigma_2^2 + 2(x_1x_2\rho_{12}\sigma_1\sigma_2)$$

O desvio-padrão da carteira é, certamente, a raiz quadrada da variância.

---

[29] Outra forma de definir a covariância é a seguinte:
$$\text{Covariância entre as ações 1 e 2} = \sigma_{12} = \text{valor esperado de } (\tilde{r}_1 - r_1) \times (\tilde{r}_2 - r_2)$$
Perceba que a covariância de qualquer título em relação a si próprio é a sua variância.
$$\sigma_{11} = \text{valor esperado de } (\tilde{r}_1 - r_1) \times (\tilde{r}_1 - r_1)$$
$$= \text{valor esperado de } (\tilde{r}_1 - r_1)^2 = \text{variância da ação 1} = \sigma_1^2$$

Agora, podemos tentar introduzir números para a JNJ e para a Ford. Já dissemos que se os dois tipos de ações estivessem perfeitamente correlacionados, o desvio-padrão da carteira ficaria a 40% do caminho entre os desvios-padrão das duas ações. Verifiquemos isso preenchendo os blocos, sendo $\rho_{12} = +1$.

	JNJ	Ford
JNJ	$x_1^2 \sigma_1^2 = (0{,}6)^2 \times (13{,}2)^2$	$x_1 x_2 \rho_{12} \sigma_1 \sigma_2 = (0{,}6) \times (0{,}4) \times 1 \times (13{,}2) \times (31{,}0)$
Ford	$x_1 x_2 \rho_{12} \sigma_1 \sigma_2 = (0{,}6) \times (0{,}4) \times 1 \times (13{,}2) \times (31{,}0)$	$x_2^2 \sigma_2^2 = (0{,}4)^2 \times (31{,}0)^2$

A variância da sua carteira é a soma destas parcelas:

$$\text{Variância da carteira} = \left[(0{,}6)^2 \times (13{,}2)^2\right] + \left[(0{,}4)^2 \times (31{,}0)^2\right] + 2(0{,}6 \times 0{,}4 \times 1 \times 13{,}2 \times 31{,}0)$$
$$= 412{,}9$$

O desvio-padrão é $\sqrt{412{,}9} = 20{,}3\%$ ou 40% da diferença entre 13,2 e 31,0.

As ações da JNJ e da Ford não variam em perfeita conformidade. Se a experiência recente pode servir de orientação, a correlação das ações das duas empresas é de cerca de 0,19. Se voltarmos a fazer o exercício com $\rho_{12} = 0{,}19$, veremos que:

$$\text{Variância da carteira} = \left[(0{,}6)^2 \times (13{,}2)^2\right] + \left[(0{,}4)^2 \times (31{,}0)^2\right]$$
$$+ 2(0{,}6 \times 0{,}4 \times 0{,}19 \times 13{,}2 \times 31{,}0) = 253{,}8$$

O desvio-padrão é $\sqrt{253{,}8} = 15{,}9\%$. O risco é, agora, de menos de 40% da diferença entre 13,2 e 31,0. Na verdade, ele não é muito maior do que o risco de investir somente na JNJ.

A maior compensação para a diversificação surge quando as ações das duas empresas se encontram *negativamente* correlacionadas. Infelizmente, isso raramente ocorre com ações reais, mas, apenas a título de ilustração, suponhamos que seja assim no caso da JNJ e da Ford. E já que não estamos sendo realistas, por que não ir mais longe e partir de uma correlação negativa perfeita ($\rho_{12} = -1$). Nesse caso,

$$\text{Variância da carteira} = \left[(0{,}6)^2 \times (13{,}2)^2\right] + \left[(0{,}4)^2 \times (31{,}0)^2\right]$$
$$+ 2[0{,}6 \times 0{,}4 \times (-1) \times 13{,}2 \times 31{,}0] = 20{,}1$$

O desvio-padrão é $\sqrt{20{,}1} = 4{,}5\%$. O risco foi quase eliminado. Mas você ainda pode fazer melhor colocando 70% de seu investimento na JNJ e 30% na Ford.[30] Neste caso, o desvio-padrão é quase exatamente zero. (Confira o cálculo por si mesmo.)

Quando existe uma correlação negativa perfeita, há sempre estratégias de carteira (representadas por um determinado conjunto de pesos de carteira) que eliminarão completamente o risco. É uma pena que a correlação negativa perfeita, na realidade, não se verifique entre ações.

Fórmula geral para calcular o risco da carteira

O método para se calcular o risco da carteira pode, facilmente, ser aplicado a carteiras de três ou mais títulos. Basta, apenas, preencher um maior número de blocos. Cada um dos blocos na diagonal – os blocos escuros na Figura 7.13 – contém a variância ponderada pelo quadrado da proporção investida. Cada um dos outros blocos contém a covariância entre esse par de valores mobiliários, ponderada pelo produto das proporções investidas.[31]

---

[30] O desvio-padrão da Ford é de 31,0/13,2 = 2,348 vezes o desvio-padrão da JNJ. Portanto, você precisa investir 2,348 vezes mais na JNJ do que na Ford para eliminar todo o risco em uma carteira com dois tipos de ação. Os pesos da carteira que eliminam *exatamente* o risco são 0,7014 para JNJ e 0,2986 para Ford.

[31] O equivalente formal a "somar todos os blocos" é

$$\text{Variância da carteira} = \sum_{i=1}^{N} \sum_{j=1}^{N} x_i x_j \sigma_{ij}$$

Note que quando $i = j$, σ_{ij} é apenas a variância da ação i.

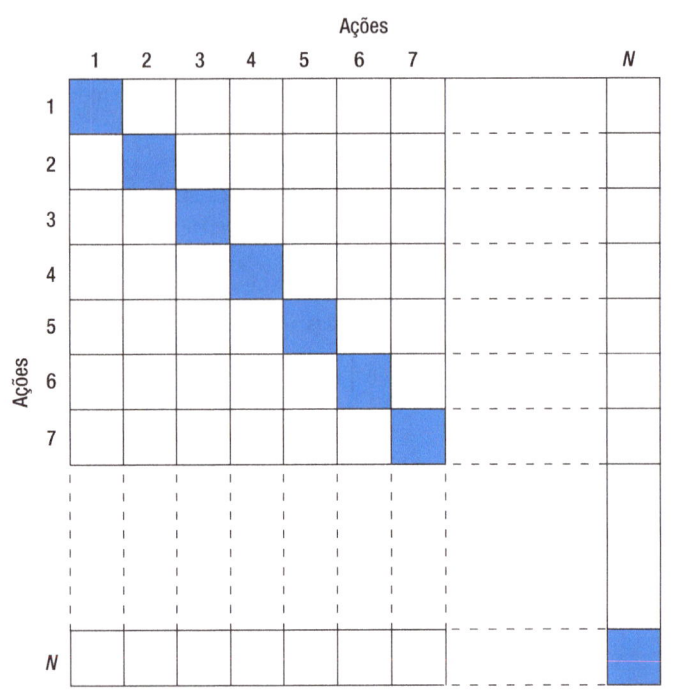

▶ **FIGURA 7.13** Para determinarmos a variância de uma carteira de N ações, precisamos inserir as parcelas em uma matriz como esta. Os blocos na diagonal contêm os termos da variância ($x^2\sigma^2$), e os blocos fora da diagonal contêm os termos da covariância ($x_i x_j \sigma_{ij}$).

EXEMPLO 7.1 ● Limites da diversificação

Você percebeu como, na Figura 7.13, as covariâncias se tornaram muito mais importantes à medida que acrescentamos mais títulos à carteira? Havendo apenas duas ações, o número de blocos de variância e de blocos de covariância é o mesmo. Quando há muitos valores mobiliários, o número de covariâncias é muito maior do que o número de variâncias. Por essa razão, a variabilidade de uma carteira bem diversificada reflete principalmente as covariâncias.

Imagine que estejamos trabalhando com carteiras em que se fazem investimentos iguais em cada uma das N ações. A proporção investida em cada ação é, portanto, $1/N$. Assim, em cada bloco de variância temos $(1/N)^2$ vezes a variância, e em cada bloco de covariância temos $(1/N)^2$ vezes a covariância. Existem N blocos de variância e $N^2 - N$ blocos de covariância. Assim,

$$\text{Variância da carteira} = N\left(\frac{1}{N}\right)^2 \times \text{variância média}$$
$$+ (N^2 - N)\left(\frac{1}{N}\right)^2 \times \text{variância média}$$
$$= \frac{1}{N} \times \text{variância média} + \left(1 - \frac{1}{N}\right) \times \text{covariância média}$$

Perceba que, à medida que N aumenta, a variância da carteira se aproxima consistentemente da covariância média. Se a covariância média fosse igual a zero, seria possível eliminar *todo* o risco detendo um número suficiente de títulos. Infelizmente, as ações variam simultaneamente, e não de modo independente. Assim, a maioria das ações que o investidor pode efetivamente comprar está relacionada por uma teia de covariâncias positivas que fixam o limite dos benefícios de diversificação. Agora, podemos compreender o significado exato do risco do mercado representado na Figura 7.11. É a covariância média que constitui o fundamento do risco que fica após a diversificação cumprir o seu papel.

Será que preciso mesmo somar 25 milhões de blocos?

"Somar os blocos" na Figura 7.13 parece bem simples, até você lembrar que há quase 5 mil empresas listadas nas bolsas de Nova York e Nasdaq. Um gestor de carteiras que tentasse incluir as ações de cada uma delas teria de preencher cerca de $5.000 \times 5.000 = 25.000.000$ blocos! Obviamente, os blocos acima da linha diagonal de blocos escuros na Figura 7.3 correspondem em número aos da parte de baixo. Ainda assim, obter estimativas precisas de cerca de 12,5 milhões de covariâncias é simplesmente impossível. Obter previsões imparciais sobre as taxas de retorno para cerca de 5 mil ações é igualmente impossível.

Investidores astutos nem tentam. Não buscam prever o risco ou o retorno de carteiras "somando os blocos" para milhares de ações. Mas eles compreendem bem como o risco de uma carteira é determinado pelas covariâncias entre os títulos. (Vide exemplo anterior.) Eles apreciam o poder da diversificação, e desejam-na ainda mais. O que querem é uma carteira bem diversificada. Muitas vezes, acabam abarcando o mercado inteiro de ações, conforme representado pelo índice de mercado.

Pode-se "comprar o mercado" adquirindo quotas em um *fundo de índice*: um fundo mútuo ou um *exchange trade fund* (ETF) que investe no índice de mercado que se deseja acompanhar. Fundos de índice bem geridos espelham o mercado quase exatamente e cobram tarifas baixíssimas de gestão, às vezes abaixo de 0,1% ao ano. O índice mais amplamente usado nos Estados Unidos é o Standard & Poor's Composite, que inclui 500 das mais importantes ações. Fundos de índice que "acompanham o S&P" atraíram $2 trilhões junto aos investidores.

Quando não se tem qualquer informação especial sobre nenhuma das ações no índice, faz sentido ser um *indexador*, isto é, comprar o mercado como um investidor passivo, ao invés de ativo. Nesse caso, há apenas um bloco a ser somado. Basta imaginar que a carteira de mercado está ocupando o bloco no canto esquerdo mais superior da Figura 7.13.

Se você deseja se arriscar como um investidor ativo, leve em consideração os seguintes conselhos: (1) comece com uma carteira amplamente diversificada, tal como um fundo que segue o índice de mercado, e então (2) concentre-se em algumas ações como possíveis acréscimos. Você pode decidir alocar parte de seu investimento em certas ações que lhe agradam especialmente sabendo que estará abrindo mão de uma maior diversificação.

Mas nossa principal conclusão até aqui é a seguinte: *investidores inteligentes e sérios detêm carteiras amplamente diversificadas*; sua carteira inicial é muitas vezes o próprio mercado. De que forma, então, tais investidores devem avaliar o risco de suas ações individuais? Claramente, eles precisam perguntar quanto risco cada ação contribui para o risco de uma carteira diversificada.

7.4 Como os títulos considerados individualmente afetam o risco da carteira

Isso nos remete à nossa próxima grande conclusão: *o risco de uma carteira bem diversificada depende do risco de mercado dos títulos incluídos na carteira*. Tatue essa frase em sua testa, se não conseguir se lembrar dela de outra maneira. Trata-se de uma das noções mais importantes deste livro.

O risco de mercado é medido pelo beta

Se pretendemos conhecer a contribuição de um título, considerado individualmente, no risco de uma carteira bem diversificada, não adianta pensarmos no risco isolado desse título – será preciso medir o seu risco de mercado, e isso implica quantificar sua sensibilidade em relação aos movimentos do mercado. Essa sensibilidade é designada por **beta** (β).

As ações com um beta superior a 1,0 tendem a ampliar o movimento geral do mercado. As ações com betas entre 0 e 1,0 tendem a variar do mesmo modo que o mercado, embora menos. É evidente

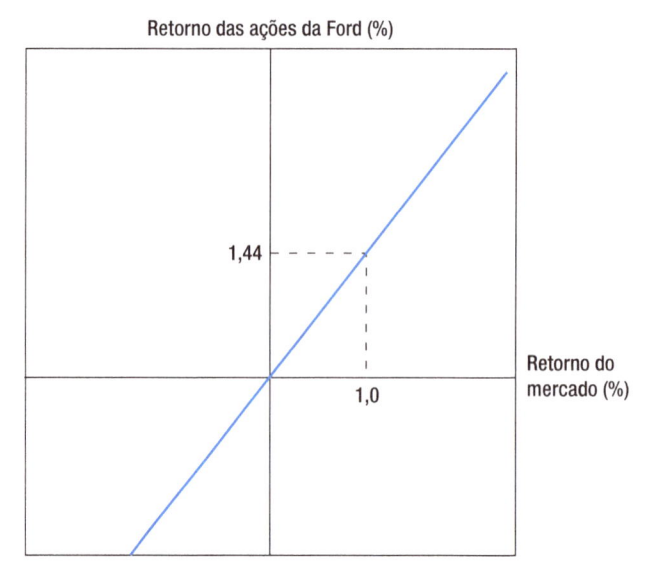

▶ **FIGURA 7.14** O retorno das ações da Ford varia, em média, 1,44% a cada variação de 1% do retorno do mercado. O seu beta será, portanto, de 1,44.

que o mercado é a carteira da totalidade das ações, de modo que a ação "média" tem um beta de 1,0. O Quadro 7.5 mostra os betas de dez ações bem conhecidas às quais já nos referimos anteriormente.

Durante cinco anos, desde novembro de 2009 a outubro de 2014, a Ford teve um beta de 1,44. Se o futuro for semelhante ao passado, isso significa que, *em média*, quando o mercado sobe 1%, as ações da Ford sobem 1,44%. Quando o mercado cai 2%, as ações da Dell caem 2 × 1,44 = 2,88%. Assim, uma linha que acompanhe o retorno da Ford *versus* o retorno do mercado tem uma inclinação de 1,44. Veja a Figura 7.14.

Certamente os retornos das ações da Ford não são perfeitamente correlacionados com os retornos do mercado. A empresa também é sujeita a um risco específico, de modo que os retornos efetivos ficarão dispersados sobre a linha na Figura 7.14. Por vezes, a Ford terá movimentos opostos aos do mercado, e vice-versa.

Das dez ações do Quadro 7.5, a Dell apresenta um dos betas mais elevados. A Consolidated Edison está no outro extremo. Uma linha que acompanhasse os retornos da ConEd *versus* os retornos do mercado teria uma inclinação menor: apenas 0,17. Observe que muitas das ações que têm desvios-padrão elevados têm, também, betas elevados. Mas não é sempre assim. Por exemplo, a Newmont, que tem um desvio-padrão relativamente elevado, é uma das líderes do grupo de ações com betas reduzidos da coluna direita do Quadro 7.5. Parece que a Newmont, apesar de ser um investimento com risco, no caso de se possuir ações somente dessa empresa, não contribui para o risco de uma carteira de ações diversificada.

Do mesmo modo que podemos medir como os retornos das ações dos Estados Unidos são afetados pelas flutuações do mercado norte-americano, também podemos medir como as ações de outros países são afetadas pelos movimentos nos *seus* mercados. O Quadro 7.6 mostra os betas

QUADRO 7.5 Betas para ações dos Estados Unidos selecionadas, de novembro de 2009 a outubro de 2014

Ação	Beta (β)	Ação	Beta (β)
Caterpillar	1,66	Johnson & Johnson	0,53
Dow Chemical	1,65	Walmart	0,45
Ford	1,44	Campbell Soup	0,39
Microsoft	0,98	Consolidated Edison	0,17
Apple	0,91	Newmont	0,00

QUADRO 7.6 Betas para ações estrangeiras selecionadas, de dezembro de 2009 a dezembro de 2011 (o beta é medido em relação ao mercado de ações doméstico)

Ação	Beta (β)	Ação	Beta (β)
BHP Billiton (Austrália)	1,61	LVMH (França)	0,96
BP (Reino Unido)	1,25	Nestlé (Suíça)	0,66
Siemens (Alemanha)	0,91	Sony (Japão)	1,42
Samsung (Coreia)	0,96	Toronto Dominion Bank (Canadá)	0,67
Industrial Bank (China)	1,39	Tata Motors (Índia)	1,52

para ações de outros países. Como no caso de nossa amostragem norte-americana, os maiores betas incluem uma fabricante de automóveis.

Por que o beta dos títulos determina o risco da carteira?

Façamos uma revisão dos dois pontos fundamentais sobre o risco dos títulos e o risco da carteira:

- O risco do mercado é responsável pela maior parte do risco de uma carteira bem diversificada.
- O beta de um título, considerado individualmente, mede a sua sensibilidade em relação aos movimentos do mercado.

Você já deve ter percebido aonde queremos chegar: no contexto da carteira, o risco de um título é medido pelo beta. Talvez pudéssemos saltar para essa conclusão, mas preferimos esclarecê-la. Apresentamos agora uma explicação intuitiva. Fornecemos uma explicação ainda mais técnica na nota de rodapé 33.

Onde está o fundamento? Volte a observar a Figura 7.11, que mostra como o desvio-padrão do retorno da carteira depende do número de títulos nela incluídos. Com mais títulos e, portanto, uma maior diversificação, o risco da carteira cai até todo o risco específico ser eliminado e permanecer apenas o risco do mercado.

Onde reside o fundamento disso? Depende do beta médio dos títulos selecionados.

Suponha que organizemos uma carteira que contenha um grande número de ações – digamos 500 – escolhidas ao acaso no mercado. O que poderíamos obter? O próprio mercado, ou uma carteira *muito* próxima dele. O beta da carteira seria 1,0 e a correlação com o mercado, 1,0. Se o desvio-padrão do mercado fosse de 20% (aproximadamente, a sua média para o período 1900-2014), então o desvio-padrão da carteira também seria de 20%. Isso é ilustrado pela linha preta intermediária na Figura 7.15.

Mas vamos imaginar que organizamos uma carteira composta por um grande grupo de ações com um beta médio de 1,5. Mais uma vez teríamos uma carteira de 500 ações com um risco específico praticamente nulo – uma carteira que reage quase do mesmo modo que o mercado. O desvio-padrão dessa carteira, contudo, seria de 30%, 1,5 vez o do mercado.[32] Uma carteira bem diversificada com um beta de 1,5 ampliará em 50% cada movimento do mercado e terminará com 150% do risco do mercado. Isso é ilustrado pela linha azul da parte superior da Figura 7.15.

Claro que poderíamos repetir a mesma experiência usando ações com um beta de 0,5 e obter uma carteira bem diversificada com metade do risco do mercado. Isso também pode ser visto na Figura 7.15.

A ideia geral é a seguinte: o risco de uma carteira bem diversificada é proporcional ao beta da carteira, que é igual à média dos betas dos títulos incluídos nela. Isso demonstra como o risco da carteira depende dos betas dos títulos.

---

[32] Uma carteira de 500 ações com β = 1,5 teria, mesmo assim, algum risco específico pela sua concentração em indústrias com beta elevado. O seu desvio-padrão estaria um pouco acima dos 30%. Se você ficou preocupado, relaxe: mostraremos no Capítulo 8 como constituir uma carteira perfeitamente diversificada com um beta de 1,5, combinando empréstimos com investimentos na carteira do mercado.

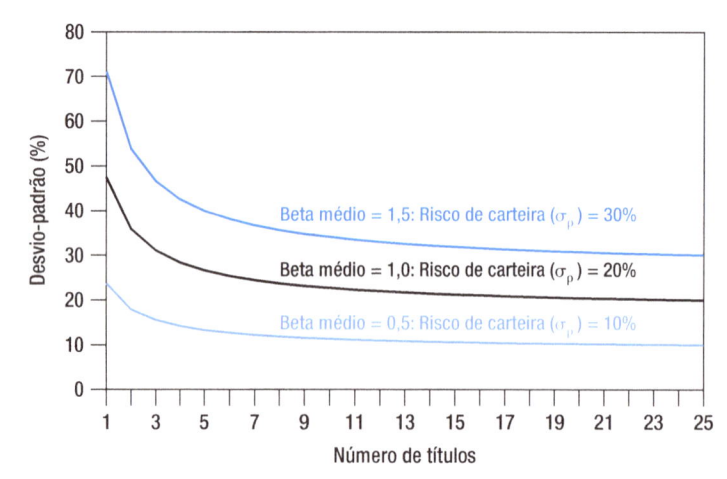

▶ **FIGURA 7.15** A linha preta mostra que uma carteira bem diversificada, com ações escolhidas aleatoriamente, tem um β = 1,0 e um desvio-padrão igual ao do mercado – nesse caso, 20%. A linha azul-escuro da parte superior mostra que uma carteira bem diversificada, com um β = 1,5, tem um desvio-padrão de cerca de 30% – 1,5 vezes o do mercado. A linha azul-claro da parte inferior mostra que uma carteira bem diversificada, com um β = 0,5, tem um desvio-padrão de cerca de 10% – metade do desvio do mercado.

Obs: Nesta figura, assumimos por simplicidade que os riscos totais das ações individuais são proporcionais a seus riscos de mercado.

Cálculo do Beta Um estatístico definiria o beta da ação i da seguinte forma:

$$\beta_i = \sigma_{im}/\sigma_m^2$$

onde σ_{im} é a covariância entre os retornos da ação e os retornos do mercado, e σ_m^2 é a variância dos retornos do mercado. Resulta que essa relação entre covariância e variância quantifica a contribuição de uma ação para o risco da carteira.[33]

Apresentamos agora um exemplo simples de como fazer os cálculos. As colunas 2 e 3 do Quadro 7.7 exibem os retornos de um período particular de seis meses do mercado e das ações da cadeia Anchovy Queen de restaurantes.

É possível observar que, embora ambos os investimentos proporcionem um retorno médio de 2%, as ações da Anchovy Queen foram particularmente sensíveis às variações do mercado, aumentando mais com o aumento do mercado além de, paralelamente, diminuir mais com a sua queda.

As colunas 4 e 5 mostram os desvios dos retornos mensais extraídos da média. Para calcular a variância do mercado, precisamos tirar a média dos desvios elevados ao quadrado dos retornos do mercado (coluna 6). E, para calcular a covariância entre os retornos das ações e os retornos do mercado, precisamos tirar a média do produto de dois desvios (coluna 7). O beta é a razão entre a covariância e a variância do mercado, ou 76/50,67 = 1,50. Uma carteira diversificada de ações com o mesmo beta da Anchovy Queen iria ter uma volatilidade 1,5 vez maior que a do mercado.

---

[33] Para entender a razão, pule de volta para a Figura 7.13. Cada fileira de blocos nessa figura representa a contribuição daquele particular título ao risco da carteira. Por exemplo, a contribuição da ação 1 é

$$x_1 x_1 \sigma_{11} + x_1 x_2 \sigma_{12} + \cdots = x_1(x_1 \sigma_{11} + x_2 \sigma_{12} + \cdots)$$

em que x_i é a proporção investida na ação i, e σ_{ij} é a covariância entre as ações i e j (*nota:* σ_{ij} é igual à variância da ação i). Ou seja, a contribuição da ação 1 ao risco da carteira é igual ao tamanho relativo da participação (x_1) vezes a covariância média entre a ação 1 e todas as ações da carteira. Podemos resumir isso dizendo que a contribuição da ação 1 ao risco da carteira é igual ao tamanho da participação (x_1) vezes a covariância entre a ação 1 e toda a carteira ($\sigma_1\rho$).

Para descobrir a contribuição *relativa* da ação 1 ao risco, simplesmente a dividimos pela variância da carteira para obtermos $x_i(\sigma_1\rho/\sigma^2\rho)$. Ou seja, ela é igual ao tamanho da participação (x_1) vezes o beta da ação 1 relativa à carteira ($\sigma_1\rho/\sigma^2\rho$).

Podemos calcular o beta de uma ação relativo a qualquer carteira simplesmente tomando sua covariância com a carteira e a dividindo pela variância da carteira. Se desejarmos encontrar um beta da ação *relativo à carteira do mercado*, apenas calculamos sua covariância com a carteira do mercado e a dividimos pela variância do mercado.

$$\text{Beta relativo à carteira do mercado (ou simplesmente beta)} = \frac{\text{covariância com o mercado}}{\text{variância do mercado}} = \frac{\sigma_{im}}{\sigma_m^2}$$

QUADRO 7.7 Cálculos da variância dos retornos do mercado e da covariância entre os retornos do mercado e os da Anchovy Queen. O beta é o índice entre a variância e a covariância (ou seja, $\beta = \sigma_{im}/\sigma_m^2$)

(1) Mês	(2) Retorno do mercado	(3) Retorno da Anchovy	(4) Desvio do retorno médio do mercado	(5) Desvio do retorno médio da Anchovy	(6) Desvio quadrado do retorno médio do mercado	(7) Produto de desvios dos retornos médios (cols. 4 × 5)
1	−8%	−11%	−10	−13	100	130
2	4	8	2	6	4	12
4	12	19	10	17	100	170
4	−6	−13	−8	−15	64	120
5	2	3	0	1	0	0
6	8	6	6	4	36	24
Média	2	2		Total	304	456

Variância = σ_m^2 = 304/6 = 50,67

Covariância = σ_{im} = 456/6 = 76

Beta (β) = σ_{im}/σ_m^2 = 76/50,67 = 1,5

7.5 Diversificação e aditividade do valor

Vimos que a diversificação reduz o risco e que, por isso, ela faz sentido para os investidores individuais. Mas também será assim para a corporação? Uma empresa com atividades diversificadas será mais atraente para os investidores do que outra que não tenha atividades diversificadas? Se for, teremos um resultado *extremamente* perturbador. Se a diversificação for um objetivo corporativo apropriado, cada projeto deve ser analisado como uma contribuição potencial para a carteira de ativos da empresa. O valor de um pacote diversificado deverá ser maior do que a soma das partes, e os valores presentes deixariam de ser adicionáveis.

A diversificação é, sem dúvida, uma boa ideia, mas isso não significa que as empresas devam praticá-la. Se os investidores não tivessem a possibilidade de possuir uma grande variedade de títulos, então poderiam desejar que as empresas se diversificassem por eles. Mas os investidores *podem* diversificar. Sob muitos aspectos, conseguem fazer isso mais facilmente que as empresas. Os indivíduos podem investir, nesta semana, na indústria do aço, e deixar de investir na semana seguinte. Uma empresa não pode fazer isso. Para ter segurança, um indivíduo teria de pagar comissões de corretagem a intermediários para a compra e venda de ações de empresas siderúrgicas, mas pensemos no tempo e na despesa exigidos a uma empresa para adquirir uma siderúrgica ou fundar uma nova unidade siderúrgica.

Você provavelmente já percebeu aonde queremos chegar. Se os investidores podem diversificar por sua própria conta, não pagarão nenhum *extra* pelas empresas que o fizerem. E se dispuserem de uma possibilidade de escolha suficientemente ampla de títulos, não pagarão *menos* por estarem impossibilitados de investir separadamente em cada fábrica. Assim, em países como os Estados Unidos, que possuem amplos e competitivos mercados de capitais, a diversificação não acrescenta nem diminui no valor da organização. O valor total é a soma das suas partes.

Essa conclusão é importante para a gestão financeira das empresas, porque justifica a adição dos valores presentes. O conceito de *aditividade do valor* é tão importante que justifica uma definição formal. Se o mercado de capitais estabelecer um valor, VP(A), para o ativo A, e VP(B) para B, o valor de mercado de uma organização que possuir somente esses dois ativos é:

$$VP(AB) = VP(A) + VP(B)$$

Uma organização com três ativos, A, B e C, valerá VP(ABC) = VP(A) + VP(B) + VP(C), e assim sucessivamente, para qualquer número de ativos.

Sustentamos o conceito da aditividade do valor com base em argumentos intuitivos. Mas trata-se de um conceito geral, que pode ser formalmente demonstrado seguindo diferentes meios.[34] O conceito de aditividade do valor parece ser amplamente aceito, pois inúmeros gestores somam, diariamente, milhares de valores presentes, normalmente sem pensar nessa questão.

---

[34] Se preferir, você pode ir ao Apêndice do Capítulo 31, que discute a diversificação e a aditividade do valor no contexto das fusões.

RESUMO

A nossa revisão da história do mercado de capitais mostrou que os retornos obtidos pelos investidores variaram de acordo com os riscos que suportaram. Em um extremo, títulos muito seguros – como as letras do Tesouro norte-americano – proporcionaram, durante 115 anos, um retorno médio de apenas 3,8% ao ano. Os títulos com maior risco que observamos foram as ações. Elas proporcionaram um retorno médio de 11,5%, um prêmio de 7,7% acima das taxas de juros sem risco.

Temos, por conseguinte, dois pontos de referência para o custo de oportunidade do capital. Se estivermos avaliando um projeto seguro, descontamos à taxa de juros corrente sem risco. Se estivermos avaliando um projeto de risco médio, descontamos com base no retorno esperado da média das ações. Os dados históricos sugerem situar-se em 7,7% acima da taxa sem risco, mas muitos gestores financeiros e muitos economistas optam por um valor mais baixo. Sobram ainda, entretanto, muitos ativos que não se enquadram nesses casos simples. Antes de podermos lidar com eles, precisamos aprender a medir o risco.

O risco é mais bem apreciado em um contexto de carteira. A maior parte dos investidores não coloca os ovos no mesmo cesto: diversifica. Assim, o risco efetivo de qualquer título não pode ser julgado por um exame isolado desse mesmo valor mobiliário. Parte da incerteza acerca do retorno de um título é diversificada, quando este é agrupado com outros em uma carteira.

O risco do investimento significa que os retornos futuros são imprevisíveis. A gama dos resultados possíveis é, em geral, medida pelo desvio-padrão. O desvio-padrão da *carteira de mercado*, conforme representada pelo índice Standard & Poor's Composite, tem apresentado uma média de cerca de 15% a 20% ao ano.

A maioria das ações consideradas individualmente tem desvios-padrão mais elevados do que isso, mas muito da sua variabilidade representa um risco *específico*, que pode ser eliminado por meio da diversificação. Essa diversificação não pode eliminar o risco de *mercado*. As carteiras diversificadas estão expostas às variações do nível geral do mercado.

A contribuição de determinado título para o risco de uma carteira bem diversificada depende da sua reação a uma baixa generalizada do mercado. Essa sensibilidade às variações do mercado é conhecida como *beta* (β). O beta esperado pelos investidores mede a amplitude da variação do preço de uma ação para cada variação de 1% no mercado. O beta médio de todas as ações é de 1,0. As ações com um beta maior do que 1 são muito sensíveis às variações de mercado, enquanto aquelas com um beta menor do que 1 são pouco sensíveis às variações de mercado. O desvio-padrão de uma carteira bem diversificada é proporcional ao seu beta. Assim, uma carteira de ações diversificada com um beta de 2,0 terá o dobro do risco de uma carteira diversificada com um beta de 1,0.

Um dos temas deste capítulo é o de que a diversificação é uma coisa boa *para o investidor*, mas isso não implica que as *empresas* devam diversificar. A diversificação nas empresas será redundante se os investidores puderem diversificar por sua própria conta. Dado que a diversificação não afeta o valor da organização, os valores presentes são adicionáveis mesmo quando o risco for explicitamente considerado. Graças à *aditividade do valor*, a regra do valor presente líquido funciona, até em condições de incerteza, para as decisões de investimento.

Neste capítulo apresentamos várias fórmulas que estão reproduzidas na parte final do livro. Você deve consultá-las e se certificar de que as compreende.

Próximo do final do Capítulo 9, listaremos algumas funções do Excel que são úteis para se medir o risco de ações e carteiras.

LEITURAS ADICIONAIS

Para dados internacionais sobre retornos do mercado desde 1900, veja:

E. Dimson, P. R. Marsh, and M. Staunton, *Triumph of the Optimists: 101 Years of Investment Returns* (Princeton, NJ: Princeton University Press, 2002). Dados mais recentes estão disponíveis em The Credit Suisse Global Investment Returns Yearbook, em https://publications.credit-suisse.com/tasks/render/file/?fileID=AE924F44-E396-A4E5-11E63B09CFE37CCB.

O Ibbotson Yearbook é uma fonte valiosa, registrando o desempenho de títulos norte-americanos desde 1926:

Ibbotson *Stocks, Bonds, Bills, and Inflation 2009 Yearbook* (Chicago, IL: Morningstar Inc., 2012).

Livros e revisões úteis acerca do prêmio de risco em ações incluem:

B. Cornell, *The Equity Risk Premium: The Long-Run Future of the Stock Market* (New York: Wiley, 1999).

P. Fernandez, P. Linares, and I. Fernandez Acín, "Market Risk Premium Used in 88 Countries in 2014: A Survey with 8,228 Answers," June 20, 2014, Available at **http://ssrn.com/abstract=2450452**.

W. Goetzmann and R. Ibbotson, *The Equity Risk Premium: Essays and Explorations* (Oxford University Press, 2006).

R. Mehra (ed.), *Handbook of Investments: Equity Risk Premium 1* (Amsterdam, North-Holland, 2007).

R. Mehra and E. C. Prescott, "The Equity Risk Premium in Prospect," in *Handbook of the Economics of Finance,* eds. G. M. Constantinides, M. Harris, and R. M. Stulz (Amsterdam, North-Holland, 2003).

PROBLEMAS

BÁSICO

1. **Retorno esperado e desvio-padrão** Em um jogo de azar existem as seguintes probabilidades e resultados. Cada jogada custa $100; portanto, o lucro líquido por jogada é o resultado final menos $100.

Probabilidades	Resultados	Lucro líquido
0,10	$500	$400
0,50	100	0
0,40	0	−100

   Quais são os valores esperados dos resultados e da taxa de retorno? Calcule a variância e o desvio-padrão dessa taxa de retorno.

2. **Desvio-padrão dos retornos** O quadro seguinte apresenta os retornos nominais de ações de empresas norte-americanas e as taxas de inflação.

   a. Qual era o desvio-padrão dos retornos nominais do mercado?

   b. Calcule a média aritmética do retorno real.

Ano	Retorno nominal (%)	Inflação (%)
2010	17,2	1,5
2011	1,0	3,0
2012	16,1	1,7
2013	33,1	1,5
2014	12,7	0,8

3. **Retornos médios e desvio-padrão** Durante o *boom* experimentado entre 2010 e 2014, Diana Sauros, uma *expert* entre os gestores de fundos mútuos, gerou as seguintes taxas de retorno percentuais. Para fins de comparação, são dadas as taxas de retorno do mercado.

	2010	2011	2012	2013	2014
Srta. Sauros	+24,9	−0,9	+18,6	+42,1	+15,2
S&P 500	+17,2	+1,0	+16,1	+33,1	+12,7

   Calcule o retorno médio e o desvio-padrão do fundo mútuo da Srta. Sauros. De acordo com essas medidas, o seu desempenho foi melhor ou pior do que o do mercado?

4. **Risco de carteira** Verdadeiro ou falso?

   a. Os investidores preferem as empresas diversificadas porque elas comportam um risco menor.

   b. Se as ações estivessem perfeita e positivamente correlacionadas, a diversificação não reduziria o risco.

   c. A diversificação estendida a um grande número de ativos elimina completamente o risco.

   d. A diversificação somente funciona quando os ativos não estão correlacionados.

   e. Uma ação com baixo desvio-padrão sempre contribui menos para o risco da carteira do que uma com desvio-padrão mais elevado.

   f. A contribuição das ações de uma empresa para o risco de uma carteira bem diversificada depende do seu risco de mercado.

   g. Uma carteira bem diversificada com um beta de 2,0 tem um risco duas vezes maior do que o da carteira de mercado.

   h. Uma carteira não diversificada com um beta de 2,0 tem um risco menor do que duas vezes o risco da carteira de mercado.

5. **Diversificação** Em qual das situações seguintes você obteria uma maior redução de risco dividindo o seu investimento por duas ações?

   a. As duas ações estão perfeitamente correlacionadas.

   b. Não existe correlação.

   c. Há uma pequena correlação negativa.

   d. Há uma perfeita correlação negativa.

6. **Risco de carteira** Para calcular a variação de uma carteira de três ações, precisa-se de uma tabela com nove células:

   Utilize os mesmos símbolos que foram usados neste capítulo; por exemplo, x_1 = proporção do investimento na ação 1, e σ_{12} = covariância entre ações 1 e 2. Agora, preencha as nove células.

7. **Risco de carteira** Suponha que o desvio-padrão do retorno do mercado seja de cerca de 20%.

    a. Qual é o desvio-padrão dos retornos de uma carteira bem diversificada com um beta de 1,3?

    b. Qual é o desvio-padrão dos retornos de uma carteira bem diversificada com um beta de 0?

    c. Uma carteira bem diversificada tem um desvio-padrão de 15%. Qual é o seu beta?

    d. Uma carteira escassamente diversificada tem um desvio-padrão de 20%. O que pode ser dito acerca do seu beta?

8. **Beta de carteira** Uma carteira integra investimentos iguais em ações de dez empresas. Cinco têm um beta de 1,2; as restantes têm um beta de 1,4. Qual é o beta da carteira?

    a. 1,3.

    b. Maior do que 1,3, porque a carteira não é completamente diversificada.

    c. Menor do que 1,3, porque a diversificação reduz o beta.

9. **Beta** Qual é o beta de cada uma das ações indicadas no Quadro 7.8?

QUADRO 7.8 Veja o Problema 9.

Ações	Retorno da ação se o retorno do mercado é:	
	−10%	+10%
A	0	+20
B	−20	+20
C	−30	0
D	+15	+15
E	+10	−10

INTERMEDIÁRIO

10. **Prêmios de risco** Eis as taxas de inflação e os retornos do mercado de ações e de letras do Tesouro norte-americano entre 1929 e 1933:

Ano	Inflação	Retorno do mercado de ações	Retorno das letras do Tesouro
1929	−0,2	−14,5	4,8
1930	−6,0	−28,3	2,4
1931	−9,5	−43,9	1,1
1932	−10,3	−9,9	1,0
1933	0,5	57,3	0,3

    a. Qual foi o retorno real do mercado de ações em cada ano?

    b. Qual foi a média aritmética do retorno real?

    c. Qual o prêmio de risco em cada ano?

    d. Qual foi o prêmio de risco médio?

    e. Qual foi o desvio-padrão do prêmio de risco? (Não faça os ajustes de grau de liberdade da nota de rodapé 16.)

11. **Ações × obrigações** Cada uma das afirmações seguintes é perigosa ou enganadora. Explique por quê.

    a. Uma obrigação do Tesouro dos Estados Unidos de longo prazo é sempre absolutamente segura.

    b. Todos os investidores deveriam preferir ações a obrigações, porque as ações oferecem taxas mais elevadas de retorno de longo prazo.

    c. A melhor previsão prática das taxas de retorno futuras do mercado de ações é dada pela média histórica de cinco ou dez anos de retornos.

12. **Risco** A Hippique S.A., que tem um estábulo de cavalos de corrida, acabou de investir em um misterioso garanhão negro, em perfeita forma, mas de raça duvidosa. Alguns peritos preveem que o cavalo vencerá o cobiçado "Prix de Bidet"; outros sustentam que ele deve ser afastado. Terá sido um investimento arriscado para os acionistas da Hippique? Explique.

13. **Risco e diversificação** A Lonesome Gulch Mines tem um desvio-padrão de 42% ao ano e um beta de +0,10. A Amalgamated Copper tem um desvio-padrão de 31% ao ano e um beta de +0,66. Explique por que razão a Lonesome Gulch é o investimento mais seguro para um investidor diversificado.

14. **Risco de carteira** Hyacinth Macaw investe 60% dos seus fundos nas ações I, e o restante nas ações J. O desvio-padrão dos retornos em I é de 10% e em J, de 20%. Calcule a variância dos retornos da carteira, sabendo que

    a. A correlação entre os retornos é de 1,0.

    b. A correlação é de 0,5.

    c. A correlação é de 0.

15. **Risco de carteira**

    a. Quantos termos de variância e quantos termos diferentes de covariância são necessários para calcular o risco de uma carteira composta de 100 ações?

    b. Suponha que todas as ações tenham um desvio-padrão de 30% e uma correlação entre si de 0,4. Qual é o desvio-padrão dos retornos de uma carteira em que o investimento é o mesmo em cada uma das 50 ações que a compõem?

    c. Qual é o desvio-padrão de uma carteira perfeitamente diversificada dessas ações?

16. **Risco de carteira** Suponha que o desvio-padrão dos retornos de uma ação típica é de cerca de 0,40 (ou 40%) ao ano. A correlação entre os retornos de cada par de ações é de cerca de 0,3.

    a. Calcule a variância e o desvio-padrão dos retornos de uma carteira com igual investimento em duas ações, três ações, e assim por diante até as dez ações.

    b. Use os seus cálculos para desenhar um gráfico como na Figura 7.11. De quanto é a variância subjacente do mercado que não se pode cancelar via diversificação?

c. Agora repita o problema considerando que a correlação entre cada par de ações seja zero.

17. **Risco de carteira** O Quadro 7.9 apresenta os desvios-padrão e os coeficientes de correlação de oito ações de países diferentes. Calcule a variância de uma carteira com um investimento igual em cada uma das ações.

18. **Risco de carteira** A sua excêntrica tia Cláudia deixou $50 mil em ações da BP mais $50 mil em dinheiro para você. Infelizmente, o seu testamento determina que as ações da BP não podem ser vendidas durante um ano, e que os $50 mil em dinheiro devem ser investidos integralmente em uma das empresas indicadas no Quadro 7.9. Atendendo a essas restrições, qual é a possível carteira mais segura?

19. **Beta** Existem poucas empresas, ou mesmo nenhuma, com betas negativos. Mas suponha que você descubra uma com um $\beta = -0{,}25$.

   a. Que alteração esperaria no preço dessas ações se a totalidade do mercado sofresse uma subida de 5%? E se o mercado sofresse uma queda de 5%?

   b. Possuindo $1 milhão investido em um carteira de ações bem diversificada e recebendo, agora, um legado adicional de $20 mil, qual das seguintes medidas produzirá um retorno mais seguro?

      i. Investe $20 mil em letras do Tesouro (que têm um $\beta = 0$).
      ii. Investe $20 mil em ações com um $\beta = 1$.
      iii. Investe $20 mil em ações com um $\beta = -0{,}25$.

      Justifique a sua resposta.

QUADRO 7.9 Desvios-padrão dos retornos e coeficientes de correlação de uma amostra de oito ações

	BHP Billiton	BP	Fiat Chrystler	Heineken	Korea Electric	Nestle	Sony	Tata Motors
BHP Billiton	1,00	0,42	0,38	0,16	0,33	−0,03	0,19	0,50
BP	0,42	1,00	0,40	0,25	0,26	0,12	0,41	0,29
Fiat Chrystler	0,38	0,40	1,00	0,17	0,19	−0,10	0,44	0,32
Heineken	0,16	0,25	0,17	1,00	0,17	0,44	0,37	0,26
Korea Electric	0,33	0,26	0,19	0,17	1,00	0,01	0,16	0,13
Nestle	−0,03	0,12	−0,10	0,44	0,01	1,00	0,23	0,08
Sony	0,19	0,41	0,44	0,37	0,16	0,23	1,00	0,19
Tata Motors	0,50	0,29	0,32	0,26	0,13	0,08	0,19	1,00
Desvio-padrão, %	19,80	29,10	43,06	18,04	27,83	9,70	44,84	39,11

Obs: As correlações e os desvios-padrão são calculados utilizando os retornos nas moedas correntes de cada um dos países; em outras palavras, presume-se que o investidor esteja protegido contra o risco de conversão monetária

20. **Risco de carteira** Você pode compor uma carteira de dois ativos, A e B, cujos retornos têm as seguintes características:

Ações	Retorno esperado	Desvio-padrão	Correlação
A	10%	20%	0,5
B	15	40	

Se você exige um retorno esperado de 12%, quais são os pesos da carteira? Qual é o seu desvio-padrão?

DESAFIO

21. **Risco de carteira** Aqui estão alguns dados históricos dos riscos característicos do Bank of America e do Starbucks:

	Bank of America	Starbucks
β (beta)	1,57	0,83
Desvio-padrão anual do retorno (%)	35,80	21,00

Presuma que o desvio-padrão do retorno do mercado foi de 23%.

   a. O coeficiente de correlação do retorno do Bank of America *versus* o do Starbucks é de 0,30. Qual é o desvio-padrão de uma carteira com investimentos iguais no Bank of America e no Starbucks?

   b. Qual é o desvio-padrão de uma carteira com um terço do investimento no Bank of America, um terço no Starbucks e um terço em letras do Tesouro sem risco?

   c. Qual é o desvio-padrão se a carteira for dividida igualmente entre o Bank of America e o Starbucks e for financiada com uma margem de 59%, isto é, o investidor paga apenas 50% do total do preço e pede um empréstimo do restante ao corretor de ações?

   d. Qual é o desvio-padrão *aproximado* de uma carteira composta por 100 ações com betas de 1,57 como as do Bank of America? E de 100 ações como as do Starbucks? (*Dica*: Para responder ao item (d) você precisa apenas de aritmética muito simples.)

22. **Risco de carteira** Suponha que as letras do Tesouro ofereçam um retorno de cerca de 6% e que o prêmio espe-

rado de risco de mercado é de 8,5%. O desvio-padrão do retorno das letras do Tesouro é zero e o desvio-padrão do retorno do mercado é de 20%. Use a fórmula para o risco de carteira para calcular o desvio-padrão de carteiras com diferentes proporções de letras do Tesouro e do mercado. (*Obs.:* A covariância de duas taxas de retorno deve ser zero quando o desvio-padrão de um retorno for zero). Trace um gráfico dos retornos esperados da carteira e dos desvios padrão.

23. **Beta** Calcule o beta de cada uma das ações do Quadro 7.9 relativas a uma carteira com investimentos iguais distribuídos entre elas.

FINANÇAS NA WEB

Você pode baixar os dados para as questões 1 e 2 em **finance.yahoo.com**. Consulte o box Funções Úteis para Planilhas quase ao final do Capítulo 9 para informações sobre funções do Excel.

1. Baixe para uma planilha os três últimos anos de preços de ações ajustados mensalmente para a Coca-Cola (KO), Citigroup (C) e Pfizer (PFE).
    a. Calcule os retornos mensais.
    b. Calcule o desvio-padrão mensal desses retornos (veja a Seção 7.2). Use a função STDEVP do Excel para conferir a sua resposta. Encontre um desvio-padrão anualizado multiplicando pela raiz quadrada de 12.
    c. Use a função CORREL do Excel para calcular o coeficiente de correlação entre os retornos mensais para cada par de ações. Qual par oferece o maior ganho a partir da diversificação?
    d. Calcule o desvio-padrão dos retornos de uma carteira com investimentos iguais nas três ações.

2. Baixe para uma planilha os cinco anos de preços de ações ajustados mensalmente para cada uma das empresas na Tabela 7.5 e para o índice Standard & Poor's Composite (S&P 500).
    a. Calcule os retornos mensais.
    b. Calcule o beta para cada ação usando a função SLOPE do Excel, onde o eixo "*y*" representa o retorno da ação (a variável dependente) e o eixo "*x*" é o retorno de mercado (a variável independente).
    c. Quais foram as alterações nos betas com relação àqueles relatados na Tabela 7.5?

3. Um grande grupo de fundos mútuos como o Fidelity oferece uma variedade de fundos. Eles incluem *fundos setoriais*, que se especializam em indústrias específicas, e *fundos de índice*, que simplesmente investem no índice de mercado. Logue-se em **www.fidelity.group** e encontre primeiro o desvio-padrão dos retornos sobre o fundo de índice Fidelity Spartan 500, que replica o S&P 500. Agora encontre os desvios-padrão para diferentes fundos setoriais. Eles são maiores ou menores do que aquele para o fundo de índice? Como você interpreta suas descobertas?

CAPÍTULO 8

Teoria da carteira e modelo CAPM de avaliação de ativos

No Capítulo 7, começamos a abordar o problema de como medir o risco. Essa é a história até aqui.

O que torna arriscado um investimento no mercado de ações é a dispersão dos resultados possíveis. A medida habitual dessa dispersão é o desvio-padrão ou a variância. O risco de qualquer ação pode ser dividido em duas partes. Existe um risco *específico ou diversificável*, que é inerente a essa ação, e existe o *risco de mercado*, que deriva das oscilações do próprio mercado. Os investidores podem eliminar o risco específico, optando por uma carteira bem diversificada, mas não podem eliminar o risco de mercado. *Todo* o risco de uma carteira completamente diversificada é o risco do mercado.

A contribuição de uma ação para o risco de uma carteira completamente diversificada depende de sua sensibilidade às variações do mercado, a qual em geral é conhecida por *beta*. Um título com um beta de 1,0 tem um risco de mercado médio – uma carteira bem diversificada com esses títulos tem o mesmo desvio-padrão do índice do mercado. Um título com um beta de 0,5 tem um risco de mercado inferior à média – uma carteira bem diversificada com esses títulos tende a oscilar metade dos movimentos do mercado e tem também metade do desvio-padrão do mercado.

Neste capítulo, vamos lançar mão desses conhecimentos recentemente adquiridos. Apresentaremos as teorias mais importantes que relacionam o risco com retorno em uma economia competitiva e mostraremos como utilizar essas teorias para estimar o retorno que os investidores exigem dos diferentes mercados de ações. Começaremos pela teoria mais utilizada, o modelo CAPM (*capital asset pricing model*), que se baseia diretamente nos conceitos desenvolvidos no último capítulo. Também abordaremos outra categoria de modelos, conhecidos como teoria da avaliação por arbitragem ou modelo de fatores. Depois, no Capítulo 9, veremos como esses conceitos podem ajudar o gestor financeiro a lidar com o risco em situações práticas de decisões de investimento.

8.1 Harry Markowitz e o nascimento da Teoria da Carteira

A maioria dos conceitos do Capítulo 7 data de um artigo escrito em 1952 por Harry Markowitz.[1] Esse texto chamou a atenção para a prática comum da diversificação de carteiras e mostrou como um investidor pode reduzir o desvio-padrão do retorno da carteira mediante a escolha de ações cujas oscilações não são exatamente paralelas. Markowitz, porém, não parou por aí; ele desenvolveu, ainda, os princípios básicos da formação de uma carteira, os quais constituem a base de quase tudo o que se tem a dizer sobre a relação entre o risco e o retorno.

Comecemos pela Figura 8.1, que nos exibe um histograma do retorno diário das ações da IBM entre 1991 e 2013. Traçamos nesse histograma uma curva de distribuição normal. O resulta-

---
[1] H. M. Markowitz, "Portfolio Selection", *Journal of Finance 7* (March 1952), pp. 77-91.

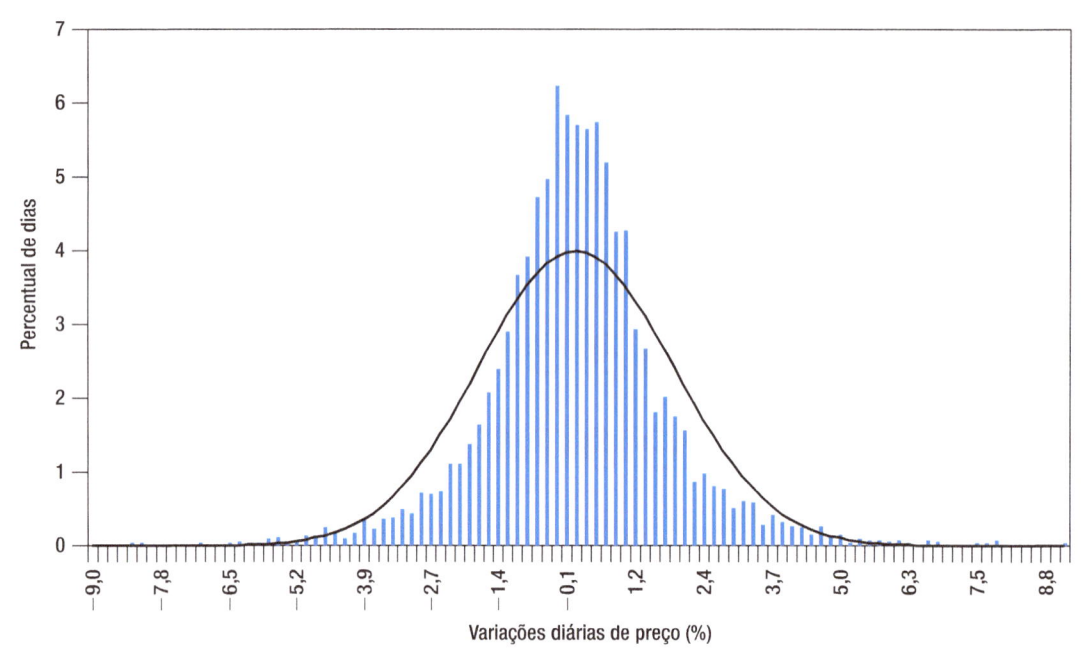

▶ **FIGURA 8.1** As variações diárias de preço da IBM têm uma distribuição aproximadamente normal. Essa curva abrange o período entre 1994 e 2013.

do é típico: quando medidas em curtos intervalos, as taxas de retorno históricas de quase todas as ações se aproximam muito de uma curva de distribuição normal.[2]

Uma distribuição normal pode ser completamente definida por dois números. Um é o valor médio ou esperado e o outro, a variância ou o desvio-padrão. Agora é possível perceber por que discutimos, no Capítulo 7, o modo de calcular o retorno esperado e o desvio-padrão. Não são meras medidas arbitrárias: se os retornos forem normalmente distribuídos, o retorno esperado e o desvio-padrão são as únicas duas medidas que um investidor precisa levar em consideração.

A Figura 8.2 ilustra a distribuição dos possíveis retornos de três investimentos. A e B oferecem um retorno esperado de 10%, mas A tem um leque mais amplo de resultados possíveis. O seu desvio-padrão é de 15%; o desvio-padrão de B é de 7,5%. A maior parte dos investidores detesta a incerteza e, por isso, preferiria B a A.

Agora, compare os investimentos B e C. Dessa vez, ambos têm o *mesmo* desvio-padrão, mas o retorno esperado é de 20% para a ação C e de apenas 10% para a ação B. A maior parte dos investidores gosta de taxas de retorno elevadas; por isso, preferiria C a B.

Combinações de ações em carteiras

Vamos imaginar que você esteja indeciso entre investir em ações da Johnson & Johnson (J&J) e da Ford. Você sabe que a J&J oferece um retorno esperado de 8,0% e a Ford, um retorno esperado de 18,8%. Após a análise da variabilidade histórica das duas ações, você considera que o desvio-padrão do retorno é de 13,2% para a J&J, e de 31,0% para a Ford. Esta última oferece um retorno esperado superior, mas consideravelmente mais arriscado.

---

[2] Se medíssemos o retorno em intervalos *longos*, a distribuição seria distorcida. Por exemplo, seriam encontradas taxas de retorno superiores a 100%, mas nenhuma inferior a –100%. A distribuição dos retornos em um período de, digamos, um ano seria aproximada de uma distribuição *lognormal*. A distribuição lognormal, assim como a normal, é totalmente especificada pela sua média e seu desvio-padrão. Você também descobriria que a distribuição das mudanças de preço apresenta cauda mais longa do que as distribuições normal e lognormal. Eventos extremos, ou "cisnes negros", emergem com uma frequência alarmante.

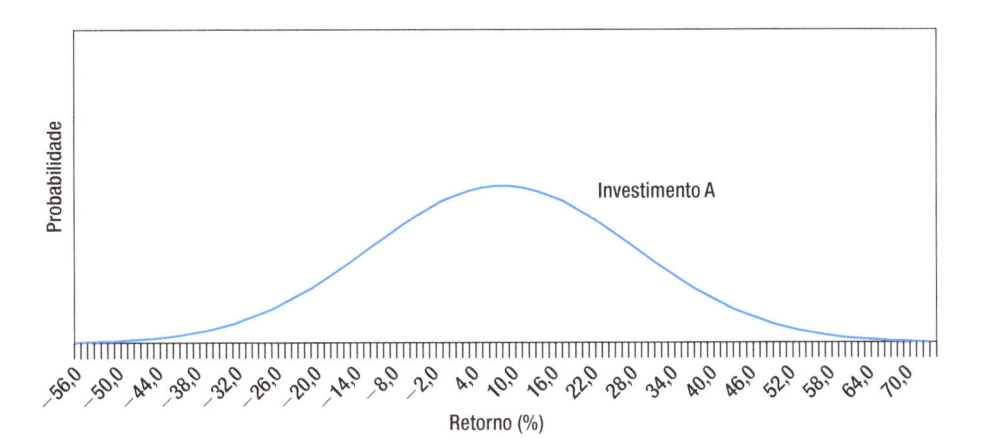

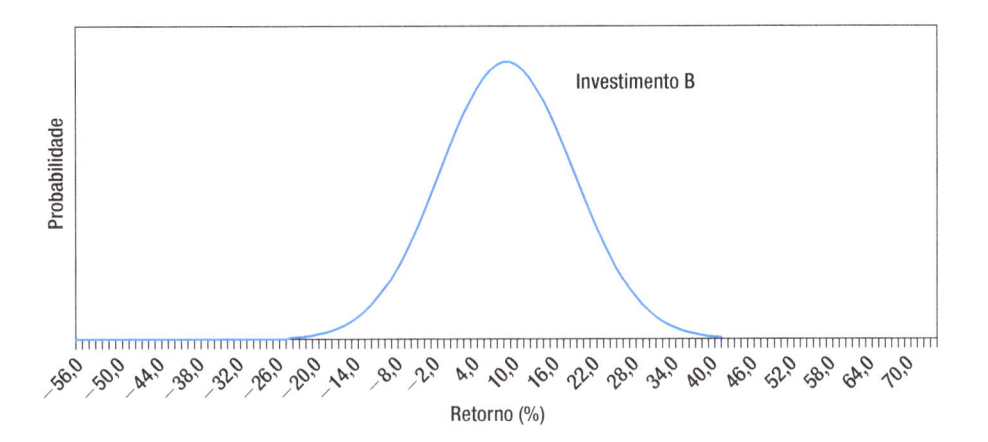

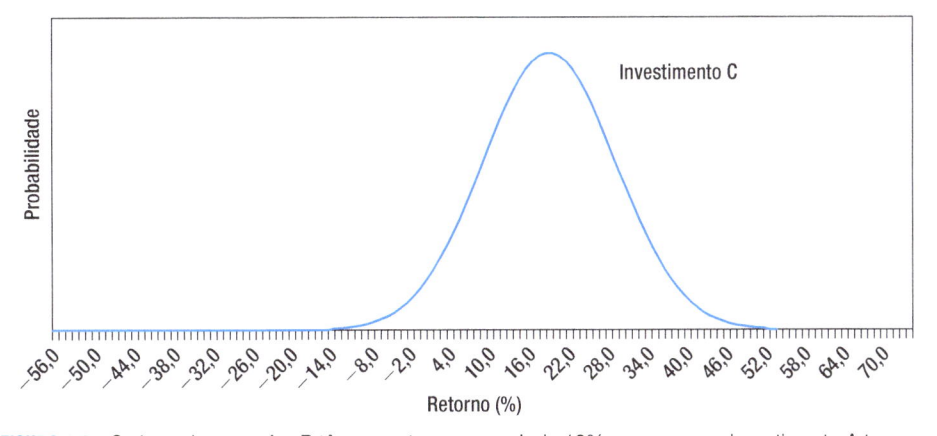

▶ **FIGURA 8.2** Os investimentos A e B têm um retorno *esperado* de 10%, mas como o investimento A tem uma dispersão maior de retornos *possíveis*, ele traz mais risco do que o investimento B. Podemos medir essa dispersão por meio do desvio-padrão. O investimento A tem um desvio-padrão de 15% e o B, de 7,5%. A maioria dos investidores prefeririria B a A. Os investimentos B e C têm o mesmo desvio-padrão, mas o C oferece uma taxa de retorno mais elevada. A maioria dos investidores prefeririria C a B.

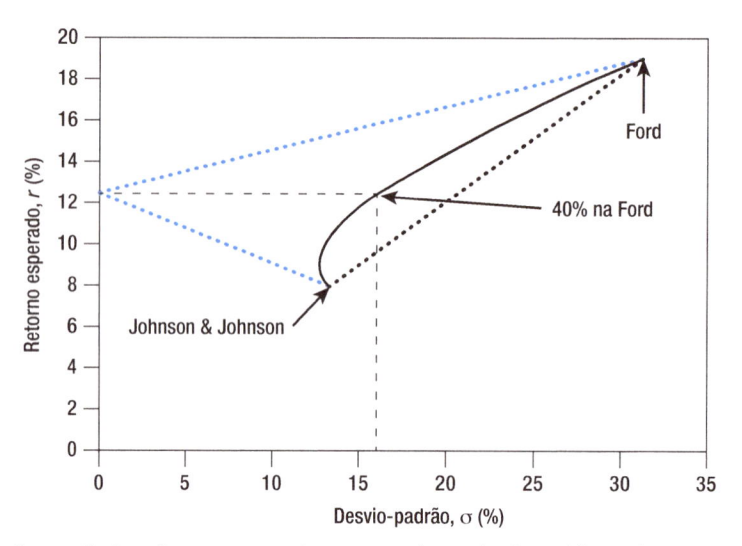

▶ **FIGURA 8.3** A curva ilustra a forma como o retorno esperado e o desvio-padrão mudam ao investir em combinações diferentes das duas ações. Por exemplo, se você investir 40% do seu dinheiro na Ford e o restante na Johnson & Johnson, seu retorno esperado será de 12,3%, o que constitui 40% de diferença entre os retornos esperados das duas ações. O desvio-padrão será de 15,9%, o que fica abaixo dos 40% de diferença entre os desvios-padrão das duas ações. Isso acontece porque a diversificação reduz o risco.

Nada obriga você a possuir apenas uma ação. Por exemplo, na Seção 7.3 analisamos o que aconteceria se você investisse 60% do seu dinheiro na J&J e 40% na Ford. O retorno esperado dessa carteira é de cerca de 12,3%, simplesmente a média ponderada dos retornos esperados das ações individuais. E quanto ao risco dessa carteira? Sabemos que, por causa da diversificação, o risco da carteira é inferior à média dos riscos das ações individuais. De fato, com base na experiência passada, o desvio-padrão de tal carteira é de 15,9%.[3]

A linha curva contínua na Figura 8.3 exibe o retorno esperado e o risco que se pode obter por meio de diferentes combinações das duas ações. Qual dessas combinações seria melhor? Depende da sua atitude diante do risco. Querendo apostar tudo, na esperança de enriquecer depressa, você deve investir todo o seu dinheiro na Ford. Mas se você preferir uma vida mais tranquila, deverá investir a maior parte de seu dinheiro na J&J. No entanto, faça pelo menos um pequeno investimento na Ford.[4]

Vimos, no Capítulo 7, que o ganho com a diversificação depende do grau de correlação entre as duas ações. Felizmente, com a experiência do passado, há somente uma modesta correlação positiva entre os retornos da J&J e da Ford ($\rho = +0,19$). Se as duas ações variassem simultaneamente ($\rho = +1$), não haveria quaisquer ganhos com a diversificação. É possível constatar isso pela linha preta pontilhada na Figura 8.3. A linha azul pontilhada da figura mostra um segundo caso extremo (e igualmente irrealista) em que os retornos das duas ações têm uma correlação perfeitamente *negativa* ($\rho = -1$). Se fosse esse o caso, sua carteira não teria nenhum risco.

Na prática, é improvável que você se veja limitado a investir em apenas dois tipos de ações. Por exemplo, você poderia decidir escolher uma carteira de 10 ações listadas na primeira coluna do Quadro 8.1. Depois de ter analisado os prospectos de cada uma das empresas, você obtém as previsões de seus retornos. Você se mostra mais otimista sobre a perspectiva das ações da Ford

---

[3] Na Seção 7.3, explicamos que a correlação entre os retornos da J&J e da Ford tem sido de cerca de 0,19. A variância de uma carteira que investiu 60% na J&J e 40% na Ford é:

$$\text{Variância} = x_1^2\sigma_1^2 + x_2^2\sigma_2^2 + 2x_1x_2\rho_{12}\sigma_1\sigma_2$$
$$= [(0,6)^2 \times (13,2)^2] + [(0,4)^2 \times (31,0)^2] + 2(0,6 \times 0,4 \times 0,19 \times 13,2 \times 31,0)$$
$$= 253,8$$

O desvio-padrão da carteira é de $\sqrt{253,8} = 15,9\%$.

[4] A carteira com o risco mínimo tem mais de 90% na J&J. Presumimos, na Figura 8.3, que não se pode ser detentor de posições negativas de quaisquer das ações, isto é, excluímos as vendas a descoberto.

QUADRO 8.1 Exemplos de carteiras eficientes escolhidas de dez ações

	Retorno esperado %	Desvio-padrão %	Três carteiras eficientes – porcentagens alocadas a cada ação %		
			A	B	C
Caterpillar	17,6	29,2	0	0	
Microsoft	12,5	20,7	13	11	
Consolidated Edison	8,3	13,8	27	22	
Newmont	18,1	30,0	11	18	
Apple	15,3	25,2	4	8	
Johnson & Johnson	8,0	13,2	10	0	
Campbell Soup	1,0	16,6	15	17	
Wallmart	9,3	15,3	17	10	
Ford	18,8	31,0	2	9	100
Dow Chemical	16,7	27,5	3	5	
Retorno esperado da carteira			10,61	12,84	18,8
Desvio-padrão da carteira			9,14	10,35	31,0

Obs: Os desvios-padrão e as correlações entre os retornos das ações foram estimados de novembro de 2009 a outubro de 2014 com base nos retornos mensais. As carteiras eficientes são calculadas presumindo que as vendas a descoberto não sejam permitidas.

e prevê que esse investimento lhe fornecerá um retorno de 18,8%. No outro extremo, você prevê um retorno de apenas 2% para a Newmont. Foram utilizados dados dos últimos cinco anos para estimar o risco de cada uma das ações e as correlações entre os retornos de cada par de ações.[5]

Agora, passemos à Figura 8.4. Cada losango representa a combinação do risco e do retorno oferecidos individualmente pelos títulos.

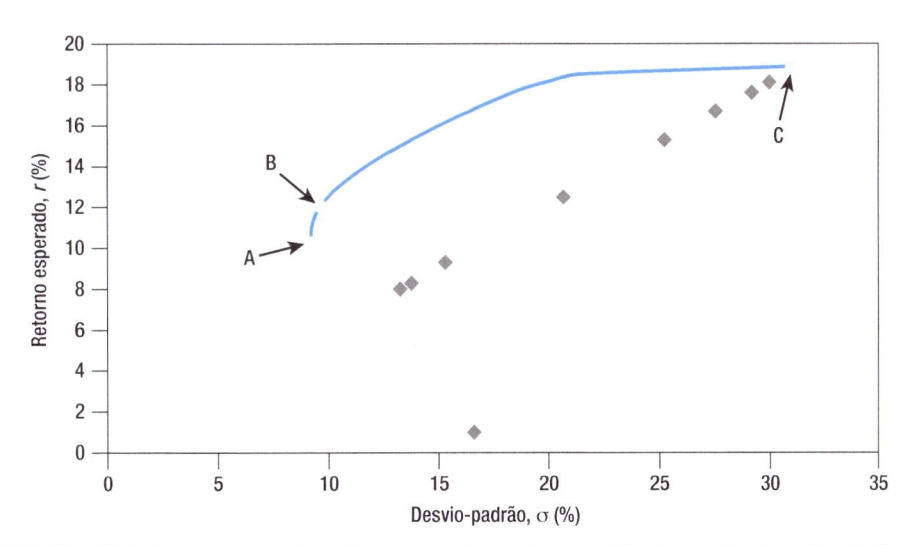

▶ **FIGURA 8.4** Cada losango representa o retorno esperado e o desvio-padrão de uma das dez ações do Quadro 8.1. A área sombreada representa as combinações possíveis entre os retornos esperados e os desvios-padrão, caso se invista em uma *combinação* dessas ações. Se você gosta de retornos elevados, e não gosta de desvios--padrão elevados, são preferíveis as ações situadas ao longo da linha cheia. Essas são as carteiras *eficientes*. Assinalamos as três carteiras eficientes descritas no Quadro 8.1 (A, B e C).

---
[5] Há 45 coeficientes de correlação diferentes, de modo que não os listamos no Quadro 8.1.

Ao deter diferentes proporções dos dez títulos, é possível obter uma seleção ainda mais ampla de riscos e de retornos, mas qual é a melhor posição? Bem, qual é o seu objetivo? Em que direção você pretende seguir? A resposta deve parecer óbvia: você pretende ir para cima (para aumentar o retorno esperado) e para a esquerda (para reduzir o risco). Vá o mais longe que puder até obter uma carteira da linha delimitadora superior. Markowitz as chama de **carteiras eficientes**. Elas oferecem o retorno esperado mais elevado para qualquer nível de risco.

Não calcularemos aqui esse conjunto inteiro de carteiras eficientes, mas você pode estar interessado em saber como se faz isso. Lembre-se do problema de restrição de capital da Seção 5.4. Pretendíamos distribuir ali um investimento limitado de capital em uma série de projetos para obter o VPL mais elevado possível. Aqui, queremos distribuir os fundos de um investidor para obter o máximo retorno esperado, dado um determinado desvio-padrão. Em princípio, cada um dos problemas pode ser resolvido por tentativas – mas apenas em princípio. Para resolver o problema da restrição de capital, podemos empregar as técnicas de programação linear; para resolver o problema da carteira, é possível empregar uma variante da programação linear, conhecida como *programação quadrática*. Considerando tanto o retorno esperado como o desvio-padrão para cada uma das ações, bem como a correlação entre cada par de ações, podemos então utilizar um software de programação quadrática para calcular uma série de carteiras eficientes.

Três delas estão marcadas na Figura 8.4, e suas composições estão resumidas no Quadro 8.1. A carteira C oferece o retorno esperado mais elevado: o investimento é inteiramente em uma ação, Ford. A carteira A oferece o mínimo risco possível, o que pode ser constatado no Quadro 8.1, que tem seus maiores investimentos na Consolidated Edison, Walmart e na Campbell Soup, com os respectivos menores desvios-padrão. No entanto, a carteira também é composta de uma participação considerável na Newmont, apesar de ela ser individualmente arriscada. A razão? Com base nas evidências passadas, as fortunas de ações de mineradoras de ouro, tais como a Newmont, praticamente não guardam qualquer correlação com as de outras ações e, portanto, proporcionam uma diversificação extra.

O Quadro 8.1 ainda exibe as composições de uma terceira carteira eficiente com níveis intermediários de risco e de retorno esperado.

É claro que os fundos de investimento de grande porte podem escolher entre milhares de ações e, portanto, atingir uma seleção mais ampla de risco e de retorno. Essa escolha está representada na Figura 8.5 pela área sombreada no formato de um ovo quebrado. O conjunto de carteiras eficientes está de novo marcado pela curva delimitadora superior.

Contrair e conceder empréstimos

Agora vamos apresentar outra possibilidade. Imaginemos que seja possível você emprestar dinheiro e pedir empréstimos a uma mesma taxa de juros sem risco, r_f. Se você investir parte do seu dinheiro em letras do Tesouro (isto é, emprestar dinheiro) e colocar o restante na carteira de ações S, é possível

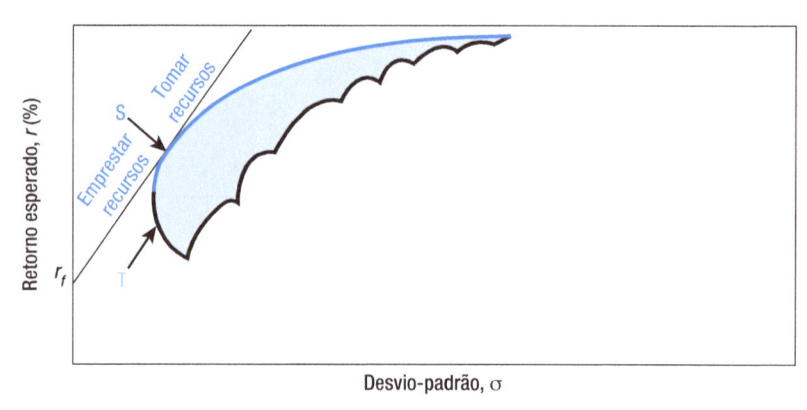

▶ **FIGURA 8.5** Emprestar e pedir emprestado amplia o leque de possibilidades de investimento. Se você investir na carteira S e decidir endividar-se ou emprestar à taxa de juros sem risco, r_f, pode situar-se em qualquer ponto da linha reta que liga r_f a S. Isso lhe garante o retorno esperado mais elevado para qualquer nível de risco. Não faz sentido investir em uma carteira como a T.

obter qualquer combinação entre o retorno e o risco esperados ao longo da linha reta que une r_f a S na Figura 8.5. Uma vez que a concessão de um empréstimo é simplesmente um endividamento negativo, você pode ampliar o leque de possibilidades para a direita de S ao concretizar a contratação de empréstimos a uma taxa de juros de r_f e do investimento desses fundos e do seu próprio dinheiro na carteira S.

Vamos formular essa questão em números. Suponha que a carteira S tenha um retorno esperado de 15% e um desvio-padrão de 16%. As letras do Tesouro oferecem uma taxa de juros (r_f) de 5% e são isentas de risco (isto é, o seu desvio-padrão é zero). Se você investir metade do seu dinheiro na carteira S e emprestar o restante a 5%, o retorno esperado de seu investimento provavelmente ficará no meio do caminho entre o retorno esperado de S e a taxa de juros das letras do Tesouro:

$$r = (^1/_2 \times \text{retorno esperado de S}) + (^1/_2 \times \text{taxa de juros})$$
$$= 10\%$$

E o desvio-padrão ficará entre o desvio-padrão de S e o desvio-padrão das letras do Tesouro:[6]

$$\sigma = (^1/_2 \times \text{desvio-padrão de S}) + (^1/_2 \times \text{desvio-padrão das letras})$$
$$= 8\%$$

Ou então suponha que você decida fazer algo grandioso: contrair um empréstimo à taxa das letras do Tesouro, em um montante igual ao capital inicial, e investir tudo na carteira S. Você tem o dobro do seu dinheiro investido em S, mas tem de *pagar* os juros do empréstimo. Assim, seu retorno esperado será:

$$r = (2 \times \text{retorno esperado de S}) - (1 \times \text{taxa de juros})$$
$$= 25\%$$

E o desvio-padrão do seu investimento será:

$$\sigma = (2 \times \text{desvio-padrão de S}) - (1 \times \text{desvio-padrão das letras})$$
$$= 32\%$$

Podemos ver, na Figura 8.5, que quando você empresta uma parte do seu dinheiro, acaba ficando em algum lugar entre r_f e S; se puder contrair empréstimos a uma taxa sem risco, você estenderá suas possibilidades para além de S. Também é possível ver que, independentemente do nível de risco que escolher, será viável obter os mais elevados retornos mediante uma combinação entre a carteira S e emprestar ou pedir emprestado. No fundo, S é a *melhor* carteira eficiente. Não há nenhuma razão para manter, por exemplo, a carteira T.

Se você tiver um gráfico das carteiras eficientes, como o da Figura 8.5, fica fácil determinar essa melhor carteira eficiente. Comece no eixo vertical no ponto r_f e trace a linha mais inclinada possível para a curva das carteiras eficientes. Essa linha será tangente à curva. A carteira eficiente no ponto de tangência é melhor do que todas as outras. Observe que ela oferece o índice mais elevado de prêmio de risco para o desvio-padrão. Esse índice do prêmio de risco para o desvio-padrão é chamado *índice de Sharpe*:

$$\text{Índice de Sharpe} = \frac{\text{Prêmio de risco}}{\text{Desvio-padrão}} = \frac{r - r_f}{\sigma}$$

Os investidores monitoram os índices de Sharpe para medir o desempenho ajustado ao risco de gestores de investimento (veja o minicaso no final deste capítulo).

Podemos agora dividir o plano de ação do investidor em duas fases. Primeiro, é preciso escolher a "melhor" carteira de ações – S no nosso exemplo. Segundo, é necessário combinar essa carteira com emprestar ou pedir emprestado para se obter uma exposição ao risco que satisfaça os gostos es-

---

[6] Se você quiser verificar isso, anote a fórmula do desvio-padrão de uma carteira de duas ações:

$$\text{desvio-padrão} = \sqrt{x_1^2\sigma_1^2 + x_2^2\sigma_2^2 + 2x_1x_2\rho_{12}\sigma_1\sigma_2}$$

Agora, veja o que acontece quando o título 2 não contém risco, ou seja, quando $\sigma_2 = 0$.

pecíficos do investidor. Cada investidor deverá, portanto, colocar o seu dinheiro em dois investimentos quase antagônicos – uma carteira com risco S e um empréstimo sem risco (obtido ou concedido).

Qual é a composição da carteira S? Se você estiver mais bem informado do que os seus rivais, certamente vai querer que ela inclua investimentos relativamente grandes em ações que você entende estarem subavaliadas. Mas, em um mercado competitivo, é pouco provável que você seja o único a ter boas ideias. Sendo assim, não há nenhuma razão para que você detenha uma carteira de ações diferente da dos outros investidores. Em outras palavras, a carteira de mercado será mais eficiente para você. É por isso que muitos investidores profissionais investem em uma carteira indexada ao mercado, e muitos outros preferem carteiras bem diversificadas.

8.2 A relação entre risco e retorno

No Capítulo 7, analisamos os retornos de diversos investimentos. Concluímos que o investimento com menor risco eram as letras do Tesouro dos Estados Unidos. Considerando que o retorno dessas letras é fixo, ele não é afetado pelo que acontece no mercado. Em outras palavras, as letras do Tesouro têm um beta igual a 0. Consideramos também um investimento muito mais arriscado: a carteira de mercado de ações. Essa tem um risco médio de mercado: o seu beta é 1,0.

Os investidores sensatos não correm riscos apenas para se divertir. Eles estão jogando com dinheiro real, por isso esperam da carteira de mercado um retorno mais elevado do que o das letras do Tesouro. A diferença entre o retorno do mercado e a taxa de juros é denominada *prêmio de risco do mercado*. Desde 1900, o prêmio de risco do mercado $(r_m - r_f)$ tem sido, em média, de 7,7% ao ano.

Na Figura 8.6, indicamos o risco e o retorno esperados das letras do Tesouro e da carteira de mercado. É possível perceber que as letras do Tesouro têm um beta de 0 e um prêmio de risco de 0.[7] A carteira de mercado tem um beta de 1 e um prêmio de risco de $r_m - r_f$. Isso nos oferece dois valores de referência para o prêmio de risco esperado de um investimento. Mas qual será o prêmio de risco esperado quando o beta não for 0 nem 1?

Em meados da década de 1960, três economistas – William Sharpe, John Lintner e Jack Treynor – ofereceram uma resposta a essa pergunta.[8] Essa resposta ficou conhecida por **modelo**

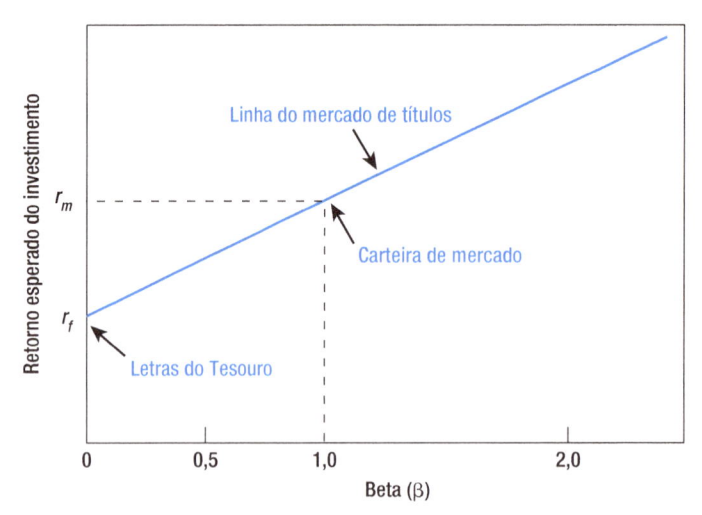

▶ **FIGURA 8.6** O modelo CAPM estabelece que o prêmio de risco esperado de cada investimento é proporcional ao seu beta. Isso significa que cada investimento deve situar-se na linha inclinada do mercado de títulos que liga as letras do Tesouro à carteira de mercado.

---

[7] Lembre-se de que o prêmio de risco é a diferença entre o retorno esperado do investimento e a taxa de juros sem risco. Para as letras do Tesouro, a diferença é zero.

[8] W. F. Sharpe, "Capital Asset Prices: A Theory of Market Equilibrium under Conditions of Risk", *Journal of Finance* 19 (September 1964), pp. 425-442; e J. Lintner, "The Valuation of Risk Assets and the Selection of Risky Investments in Stock Portfolios and Capital Budgets", *Review of Economics and Statistics* 47 (February 1965), p. 13-37. O artigo de Treynor não foi publicado.

de avaliação de ativos de capital, ou **CAPM** *(capital asset pricing model)*. A mensagem do modelo é tão surpreendente quanto simples. Em um mercado competitivo, o prêmio de risco esperado varia proporcionalmente ao beta. Isso indica que, na Figura 8.6, todos os investimentos devem ser situados ao longo da linha inclinada, conhecida como **linha do mercado de títulos**. O prêmio de risco esperado de um investimento com um beta de 0,5 é, portanto, *metade* do prêmio de risco esperado do mercado; e o prêmio de risco esperado de um investimento com um beta de 2 é o *dobro* do prêmio de risco esperado do mercado. Podemos expressar essa relação da seguinte forma:

Prêmio de risco esperado das ações = beta × prêmio de risco esperado do mercado

$$r - r_f = \beta(r_m - r_f)$$

Algumas estimativas de retornos esperados

Antes de dizermos como surgiu essa fórmula, vamos usá-la para tentar saber que retornos esperam os investidores em determinadas ações. Para tanto, precisamos de três valores: β, r_f e $r_m - r_f$. Apresentamos estimativas dos betas de dez ações no Quadro 7.5. Suporemos que a taxa de juros das letras do Tesouro é de cerca de 2%.

E o prêmio de risco do mercado? Como mencionamos no último capítulo, não podemos medir $r_m - r_f$ com precisão. De acordo com a experiência anterior, tudo leva a crer que é de cerca de 7,7%, apesar de muitos economistas e gestores financeiros preverem um valor um pouco menor. Neste exemplo vamos utilizar 7%.

O Quadro 8.2 reúne esses dados para dar uma estimativa do retorno esperado de cada ação. Na amostra, a ação com o beta mais elevado é a da Caterpillar, e nossa estimativa de retorno esperado dessa empresa é de 13,6%. A ação com o menor beta é a da Newmont, e nossa estimativa de retorno esperado é de apenas 2%. Perceba que esses retornos esperados não são idênticos aos das previsões hipotéticas de retorno que consideramos no Quadro 8.1 para gerar a fronteira da carteira eficiente.

Podemos também recorrer ao modelo CAPM para calcularmos a taxa de desconto para um novo investimento de capital. Por exemplo, suponha que estejamos analisando uma proposta da Walmart para expandir seus negócios. Qual seria a taxa para descontar os fluxos de caixa projetados? De acordo com o Quadro 8.2, os investidores esperam um retorno de 5,2% nas empresas com um risco igual ao da Walmart. Assim, o custo do capital para um investimento adicional no mesmo negócio é de 5,2%.[9]

QUADRO 8.2 Essas estimativas dos retornos esperados pelos investidores em novembro de 2014, foram baseadas no modelo CAPM. Consideramos uma taxa de juros, r_f, de 2%, e um prêmio de risco esperado, $r_m - r_f$, de 7%.

Ação	Beta (β)	Retorno esperado $[r_f + \beta(r_m - r_f)]$
Caterpillar	1,66	13,6
Dow Chemical	1,65	13,5
Ford	1,44	12,1
Microsoft	0,98	8,9
Apple	0,91	8,4
Johnson & Johnson	0,53	5,7
Walmart	0,45	5,2
Campbell Soup	0,39	4,7
Consolidated Edison	0,17	3,2
Newmont	0	2,0

---

[9] Não se esqueça de que, em vez de investir em instalações fabris e maquinaria, a empresa pode distribuir o dinheiro, sob a forma de dividendos, para os acionistas. O custo de oportunidade do investimento é o retorno que os acionistas podiam esperar obter comprando ativos financeiros. Esse retorno esperado depende do risco de mercado dos ativos.

Na prática, escolher uma taxa de desconto nem sempre se revela assim tão fácil. (Afinal, não seria apenas pela inserção de valores em uma fórmula que se ganhariam salários tão compensadores no mercado.) Por exemplo, é preciso aprender a ajustar o retorno esperado para remover o risco adicional que deriva do endividamento de uma empresa. Também será preciso considerar a diferença entre taxas de juros de curto e de longo prazos. Quando da escrita deste capítulo, em novembro de 2014, a taxa de juros sobre as letras do Tesouro está no nível mais baixo da história, a 0,025%, e bem inferiores às de longo prazo. É possível que os investidores estivessem satisfeitos com a perspectiva de retornos bastante modestos no curto prazo, mas é quase certo que exigiam retornos mais elevados a longo prazo. Se isso for verdadeiro, um custo de capital baseado nas taxas de curto prazo poderia ser incorreto para investimentos de capital de longo prazo. No Quadro 8.2, evitamos boa parte desse problema ao assumirmos arbitrariamente uma taxa de juros de 2%. Retornaremos mais adiante a alguns desses refinamentos.

Revisão do modelo CAPM

Vamos revisar os quatro princípios básicos para a seleção de carteiras:

1. Os investidores gostam de retornos esperados elevados e de baixos desvios-padrão. As carteiras de ações que oferecem o mais elevado retorno esperado para um dado desvio-padrão são conhecidas como *carteiras eficientes*.

2. Se o investidor puder emprestar ou pedir emprestado a uma taxa de juros sem risco, há uma carteira eficiente que é melhor do que todas as outras: a carteira que proporciona o índice mais elevado entre o prêmio de risco e o desvio-padrão (ou seja, a carteira S na Figura 8.5). Um investidor avesso a riscos colocará parte do seu dinheiro nessa carteira eficiente e parte em ativos livres de risco. Um investidor aberto ao risco poderá colocar todo o seu dinheiro nessa carteira ou fazer um empréstimo e investir ainda mais.

3. A composição da melhor carteira eficiente depende das conjeturas do investidor quanto aos retornos esperados, os desvios-padrão e as correlações. Mas, suponha que todos disponham da mesma informação e façam as mesmas conjeturas. Na falta de uma melhor informação, cada investidor deverá possuir a mesma carteira de ações que qualquer outro investidor; ou seja, deverá possuir a carteira de mercado.

Agora voltemos ao risco das ações individuais:

4. Não considere o risco de uma ação isoladamente, mas sim sua contribuição para o risco da carteira. Essa contribuição depende da sensibilidade da ação às variações do valor da carteira.

5. A sensibilidade da ação às variações do valor da carteira de *mercado* é conhecida como *beta*. Assim, o beta mede a contribuição marginal de uma ação para o risco de uma carteira de mercado.

Ora, se todos possuem a carteira de mercado, e se o beta mede a contribuição de cada ação para o risco da carteira, então não é de se espantar que o prêmio de risco exigido pelos investidores seja proporcional ao beta. Isso é o que o modelo CAPM afirma.

O que aconteceria a uma ação que não estivesse na linha de títulos de mercado?

Imagine a ação A da Figura 8.7. Você a compraria? Esperamos que não[10] – se quisesse um investimento com um beta de 0,5, poderia obter um retorno esperado superior investindo metade do seu dinheiro em letras do Tesouro e o restante na carteira de mercado. Se todas as pessoas compartilhassem seu ponto de vista sobre as perspectivas das ações, o preço de A teria de cair para um nível em que o retorno esperado coincidisse com o que poderia obter em qualquer outro lugar.

E quanto à ação B da Figura 8.7? Você ficaria tentado pela sua alta rentabilidade? Pensando bem, não! Você poderia obter um retorno mais elevado para o mesmo beta contraindo um emprés-

---

[10] A menos, é claro, se estivéssemos tentando vendê-la.

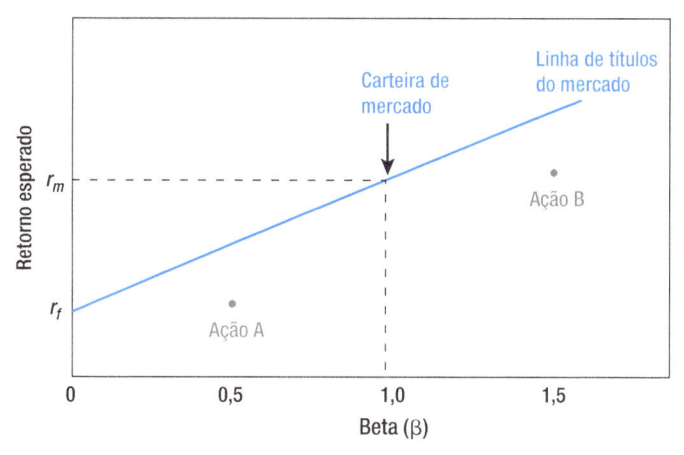

FIGURA 8.7 Em equilíbrio, nenhuma ação pode permanecer abaixo da linha de títulos do mercado. Por exemplo, em vez de comprar a ação A, os investidores prefeririam emprestar parte do seu dinheiro e investir o restante na carteira de mercado. E em vez de comprar a ação B, prefeririam contrair um empréstimo e investir na carteira de mercado.

timo de 50 centavos para cada dólar do seu próprio dinheiro e investindo na carteira de mercado. Da mesma maneira, se todo o mundo concordar com a sua avaliação, o preço de B não poderá ser mantido. Esse preço terá de cair até que o retorno esperado de B seja igual ao retorno esperado de uma carteira em que se pede emprestado e se investe na carteira de mercado.[11]

Acreditamos que fomos bem compreendidos. Um investidor sempre pode obter um prêmio de risco esperado de $\beta(r_m - r_f)$ possuindo uma combinação da carteira de mercado e de empréstimos sem risco. Portanto, em mercados que funcionam bem, ninguém possuirá uma ação que ofereça um prêmio de risco esperado *menor* que $\beta(r_m - r_f)$. E quanto à outra possibilidade? Será que existem ações que ofereçam prêmios de risco esperados mais elevados? Em outras palavras, será que algumas ações se situam acima da linha de títulos do mercado da Figura 8.7? Se considerarmos todas as ações em conjunto, temos a carteira de mercado. Por conseguinte, sabemos que, *em média*, as ações se situam na linha. Como nenhuma se situa *abaixo* da linha, então também não poderá haver nenhuma *acima* da linha. Assim, todas as ações devem se situar na linha de títulos do mercado e oferecer um prêmio de risco esperado de

$$r - r_f = \beta(r_m - r_f)$$

8.3 Validade e função do modelo CAPM

Qualquer modelo econômico é uma representação simplificada da realidade. Precisamos simplificar para interpretar o que se passa à nossa volta. Mas também precisamos avaliar até onde vai a nossa confiança no modelo.

Comecemos por algumas questões sobre as quais existe um grande consenso. Primeiro, poucas pessoas questionam a noção de que os investidores exigem algum retorno adicional para assumirem riscos. É por essa razão que as ações têm proporcionado em média um retorno superior ao das letras do Tesouro. Quem iria querer investir em ações com risco, se estas oferecessem apenas o *mesmo* retorno que o das letras do Tesouro? Nós, não, e acreditamos que o leitor também não.

Segundo, os investidores parecem preocupar-se principalmente com os riscos que não podem ser eliminados por meio da diversificação. Se não fosse assim, descobriríamos que o preço das ações aumentaria sempre que duas empresas se fundissem com o objetivo de diluir os seus riscos. E descobriríamos que as sociedades de investimento que adquirem ações de outras empresas seriam mais valorizadas do que as ações que detêm. Mas nenhum desses fenômenos se verifica.

---

[11] Investir somente em A ou B seria tolice: você possuiria uma carteira não diversificada.

As fusões feitas com o objetivo de aumentar a diversificação não fazem subir o preço das ações, e as sociedades de investimento não são mais valorizadas do que as ações que possuem.

O modelo CAPM sintetiza esses conceitos de uma maneira simples. É por isso que muitos gestores financeiros acham que essa é a ferramenta mais conveniente para lidarem com a escorregadia noção de risco, e a razão pela qual cerca de três quartos dos investidores utilizam o modelo para estimar o custo do capital.[12] E é também por essa razão que os economistas frequentemente utilizam o modelo CAPM para demonstrar importantes noções em finanças, mesmo quando existem outras maneiras de prová-lo. Porém, isso não significa que o modelo CAPM seja a verdade absoluta. Veremos adiante que ele tem alguns aspectos pouco satisfatórios e consideraremos diversas teorias alternativas. Ninguém sabe se um dia não se chegará à conclusão de que uma dessas teorias é a melhor ou que existem modelos melhores ainda por descobrir para analisar o retorno e o risco.

Testes do CAPM

Imagine que em 1931 dez investidores se reuniram em um bar de Wall Street e fizeram um acordo para estabelecer um fundo de ações para os seus filhos. Cada um concordou em adotar uma estratégia de investimento diferente. O investidor 1 optou por comprar 10% das ações da Bolsa de Nova York, precisamente as que tinham o beta estimado mais baixo; o investidor 2 escolheu os 10% com o beta imediatamente a seguir; e por aí se seguiu, até o investidor 10, que propôs comprar as ações que tinham o beta mais elevado. Também combinaram que, no final de cada ano, voltariam a estimar os betas de todas as ações da Bolsa de Nova York e reconstituiriam as suas carteiras.[13] Por fim, despediram-se cordialmente e desejaram boa sorte uns aos outros.

Com o passar do tempo, os dez investidores haviam morrido, mas seus filhos voltaram a se reunir, no início de 2015, no mesmo bar para comparar o desempenho de suas carteiras. A Figura 8.8 mostra os resultados que obtiveram. A carteira do investidor 1 revelou um risco muito inferior

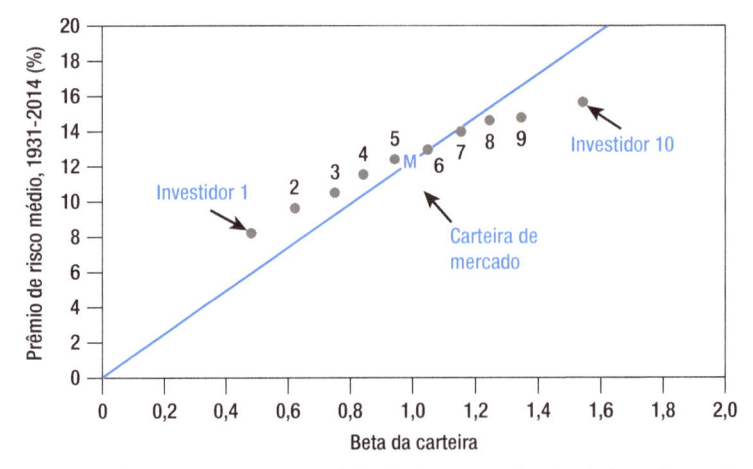

▶ **FIGURA 8.8** O modelo CAPM estabelece que o prêmio de risco esperado de cada investimento deveria situar-se sobre a linha de títulos do mercado. Os pontos assinalam a média efetiva dos prêmios de risco de carteiras com diferentes betas. As carteiras com o beta mais elevado geraram retornos médios mais elevados, tal como previsto no modelo CAPM. Mas as carteiras com o beta mais elevado situaram-se abaixo da linha do mercado, e as carteiras com o beta mais reduzido situaram-se acima. Uma linha ajustada aos retornos das dez carteiras seria mais "plana" do que a linha do mercado.

Fonte: F. Black, "Beta and Return", *Journal of Portfolio Management* 20 (Fall 1993), pp. 8-18. Utilizado com autorização da Institutional Investor, Inc., **www.iijournals.com**. Todos os direitos reservados. Agradecemos a Adam Kolasinski por ter atualizado os cálculos.

---

[12] Veja J. R. Graham and C. R. Harvey, "The Theory and Practice of Corporate Finance: Evidence from the Field", *Journal of Financial Economics* 61 (2001), pp. 187-243. Um levantamento feito com vários gestores revelou que alguns utilizavam mais de um método para estimar o custo do capital. Setenta e três por cento disseram utilizar o modelo CAPM, enquanto 39% afirmaram utilizar o histórico do retorno médio e 34%, o modelo CAPM com fatores de risco adicionais.

[13] Os betas foram estimados com base nos retornos dos 60 meses anteriores.

ao do mercado, e seu beta foi de apenas 0,48. Ele, contudo, também obteve o menor retorno, 8,2% acima da taxa de juros sem risco.

No outro extremo, o beta da carteira do investidor 10 era de 1,54, cerca de três vezes a do investidor 1. O investidor 10 foi compensado com o retorno mais elevado, atingindo uma média de 15,6% ao ano acima da taxa de juros. Nesses 84 anos, portanto, os retornos realmente aumentaram com o beta.

Como podemos perceber na Figura 8.8, durante os mesmos 84 anos a carteira de mercado proporcionou, em média, um retorno de 12,2% acima da taxa de juros[14] e (claro) teve um beta de 1,0. O modelo CAPM estabelece que o prêmio de risco deveria aumentar proporcionalmente ao beta, de modo que os retornos de cada carteira deveriam se situar na linha, de inclinação ascendente, de títulos do mercado da Figura 8.8. Considerando que o mercado proporcionou um prêmio de risco de 12,2%, a carteira do investidor 1, com um beta de 0,48, deveria ter produzido um prêmio de risco de 5,9% , e a carteira do investidor 10, com um beta de 1,54, deveria ter produzido um prêmio de 18,9%. Podemos perceber que, apesar de as ações de beta mais elevado terem se comportado melhor do que as de beta mais baixo, a diferença não foi tão grande como a prevista pelo modelo CAPM.

Apesar de a Figura 8.8 fornecer um suporte amplo ao modelo CAPM, alguns críticos afirmaram que a inclinação da linha tem sido especialmente plana nos últimos anos. Por exemplo, a

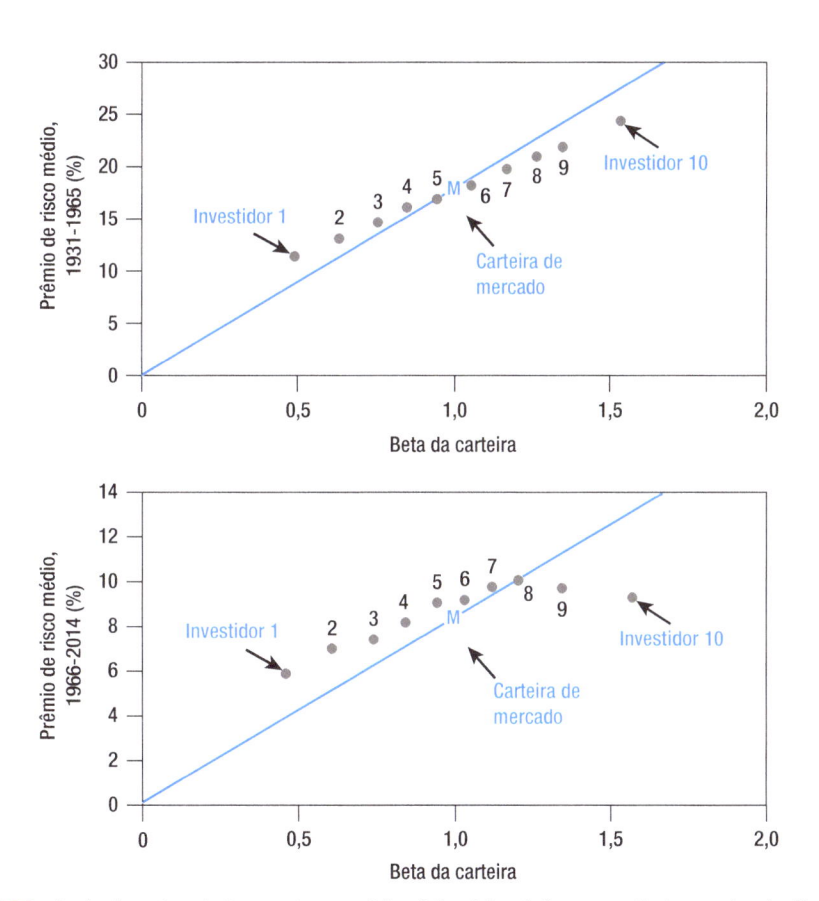

▶ **FIGURA 8.9** A relação entre o beta e o retorno médio efetivo foi mais fraca a partir de meados da década de 60. As ações com os betas mais elevados ofereceram retornos fracos.

Fonte: F. Black, "Beta and Return", **Journal of Portfolio Management** 20 (Fall 1993), pp. 8-18. Utilizado com autorização da Institutional Investor, Inc., www.iijournals.com. Todos os direitos reservados. Agradecemos a Adam Kolasinski por ter atualizado os cálculos.

---

[14] Na Figura 8.8, as ações da "carteira de mercado" são ponderadas igualmente. Considerando que as ações de pequenas empresas proporcionaram retornos médios mais elevados do que as de grandes empresas, o prêmio de risco para um índice com igual ponderação é mais elevado do que um índice com ponderação com base no valor. Essa é uma das razões da diferença entre os 12,2% do prêmio de risco do mercado na Figura 8.8 e os 7,7% do prêmio referido no Quadro 7.1. Além disso, nossos 10 investidores instituíram seus fundos de ações em 1931, logo antes do rebote no preço das ações após o grande Crash de 1929.

Figura 8.9 mostra o que aconteceu aos nossos dez investidores entre 1966 e 2014. Agora é menos claro quem ganhou: os retornos estão essencialmente alinhados com o modelo CAPM, exceto no caso das duas carteiras com os riscos mais elevados. O investidor 10, com uma carteira que experimentou as maiores variações, obteve um retorno marginalmente superior ao do mercado. Certamente, antes de 1966, a linha foi mais inclinada. Isso também é mostrado na Figura 8.9.

O que acontece, nesse caso? É difícil dizer. Os defensores do modelo CAPM enfatizam que ele diz respeito aos retornos *esperados*, enquanto só é possível observar retornos *efetivos*. Os retornos efetivos das ações refletem expectativas, mas também incluem uma grande quantidade de "ruído" – o fluxo constante de surpresas que não permitem saber se, em média, os investidores receberam os retornos que esperavam. Esse ruído pode impedir que saibamos se o modelo se ajusta melhor a determinado período do que a outro.[15] Talvez o melhor a ser feito seja nos concentrarmos no período mais longo sobre o qual dispomos de um número razoável de dados. Isso nos remete à Figura 8.8, que sugere que, de fato, os retornos esperados aumentam com o beta, embora mais lentamente do que o estabelecido na versão simples do modelo CAPM.[16]

O modelo CAPM também tem sido questionado em outra frente: apesar de o retorno não ter acompanhado o beta nos últimos anos, tem estado relacionado a outros fatores. Por exemplo, a linha azul da Figura 8.10 mostra a diferença acumulada entre os retornos das ações de pequenas empresas e das ações de grandes empresas. Se você tivesse comprado as ações das empresas com menores capitalizações de mercado e vendido as ações das empresas com maiores capitalizações, a sua riqueza teria se modificado. Podemos constatar que as ações de pequenas empresas nem sempre têm sucesso, mas ao término de um longo período foram obtidos retornos mais altos. Desde o fim de 1926, a diferença média anual entre os retornos dos dois grupos de ações tem sido de 3,5%.

Agora, observe a linha preta da Figura 8.10, que mostra as diferenças acumuladas dos retornos entre ações de valor e ações de crescimento. Aqui, as ações de valor são as que possuem índi-

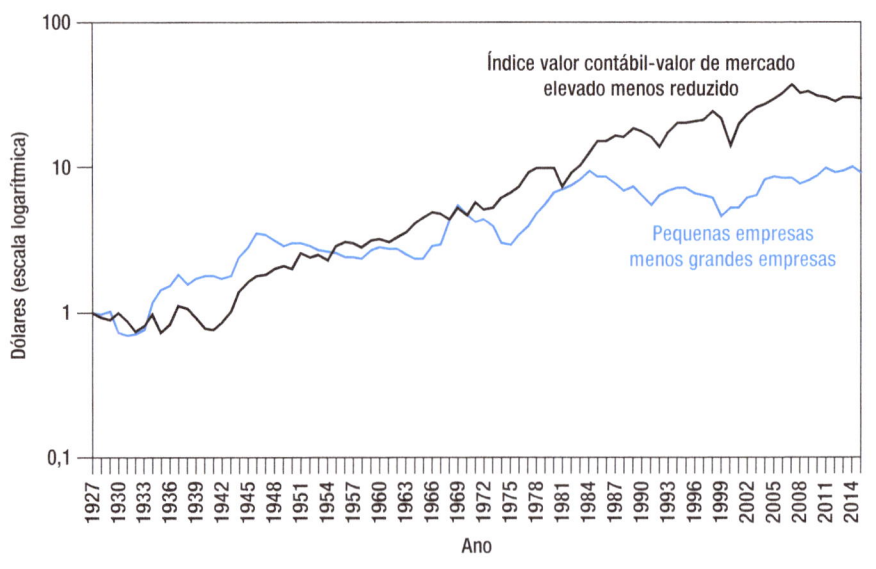

▶ **FIGURA 8.10** A linha azul mostra a diferença acumulada entre os retornos de pequenas e grandes empresas entre 1926 e 2014. A linha preta mostra a diferença acumulada entre os retornos de ações com índices elevados de valor contábil-valor de mercado (ou seja, ações de valor) e com índices reduzidos de valor contábil-valor de mercado (ou seja, ações de crescimento).

Fonte: Site de Kenneth French, *mba.tuck.dartmouth.edu/pages/faculty/ken.french/data_library.html*. Utilizado com autorização.

---

[15] Um segundo problema que surge ao testarmos o modelo é que a carteira de mercado deveria conter todos os investimentos com risco, incluindo ações, obrigações, mercadorias, imóveis – até mesmo capital humano. A maioria dos índices de mercado contém apenas uma amostra de ações.

[16] Dizemos "versão simples" porque Fischer Black mostrou que, mesmo restringindo os pedidos de empréstimo, deveria haver uma relação positiva entre o retorno esperado e o beta, mas, como resultado, a linha de títulos do mercado seria menos inclinada. Veja F. Black, "Capital Market Equilibrium with Restricted Borrowing", *Journal of Business* 45 (July 1972), pp. 444-455.

ces elevados de valor contábil-valor de mercado. As ações de crescimento são as que têm índices reduzidos de valor contábil-valor de mercado. Note que as ações de valor obtiveram um retorno de longo prazo mais elevado do que o das ações de crescimento.[17] Desde 1926, a diferença média anual entre os retornos das ações de valor e das ações de crescimento tem sido de 4,8%.

A Figura 8.10 não está de acordo com o modelo CAPM, que afirma que o beta é a única razão para as diferenças entre os retornos esperados. Parece que os investidores viam riscos em ações de pequenas empresas e ações de valor que não foram capturadas pelo beta.[18] Escolha, por exemplo, as ações de valor. Muitas dessas ações podem ter sido vendidas abaixo do valor contábil, porque as empresas estavam em dificuldades; se a economia tivesse se retraído inesperadamente, as empresas poderiam ter, simultaneamente, quebrado. Por isso, os investidores cujos empreendimentos também poderiam ser atingidos pela recessão talvez tivessem considerado essas ações extremamente arriscadas e pedido compensações sob a forma de retornos esperados mais elevados. Se esse foi o caso, uma versão simples do modelo CAPM não pode representar toda a verdade.

É difícil julgar, novamente, se o modelo CAPM foi seriamente prejudicado por essa descoberta. A relação entre o retorno das ações e a dimensão das empresas e do índice valor contábil-valor de mercado tem sido bem documentada. Contudo, se procurarmos correta e profundamente nos históricos dos retornos, vamos encontrar alguma estratégia que, por acaso, tenha funcionado no passado. Essa prática denomina-se "*data-mining*" ou "*data snooping*". Talvez os efeitos dimensão e valor contábil-valor de mercado sejam simples acasos encontrados pela busca de dados. Sendo assim, deveriam ter desaparecido logo que foram descobertos. Há algumas evidências de que esse é o caso. Por exemplo, se olharmos novamente para a Figura 8.10, verificaremos que desde meados dos anos 80 as ações de pequenas empresas têm tido mais ou menos tantos bons quanto maus desempenhos.

Não resta dúvida de que o modelo CAPM é menos convincente do que os acadêmicos pensavam. Mas será difícil rejeitá-lo para além de todas as dúvidas razoáveis. Como nem os dados nem as estatísticas podem dar respostas finais, a plausibilidade de sua *teoria* terá de ser ponderada por meio de "fatos" empíricos.

Pressupostos subjacentes ao modelo CAPM

O modelo CAPM se baseia em diversos pressupostos que não foram explicados detalhadamente. Por exemplo, partimos do princípio de que o investimento em letras do Tesouro dos Estados Unidos é isento de risco. É verdade que a probabilidade de insolvência é mínima em relação a esses papéis, mas eles não garantem um retorno *real*. Há ainda alguma incerteza quanto à inflação. Outro pressuposto foi que os investidores podem se *endividar* a uma taxa de juros igual àquela pela qual podem emprestar. Em geral, as taxas para empréstimos são inferiores às taxas para endividamento.

Acontece que muitos desses pressupostos não são cruciais, e, com pequenos retoques, é possível modificar o modelo CAPM para considerá-los. O pressuposto realmente importante que está subjacente ao modelo é o de que os investidores ficam satisfeitos em investir o seu dinheiro em um número limitado de carteiras básicas. (No CAPM básico, essas referências são as letras do Tesouro e a carteira de mercado.)

Nesses CAPMs modificados, o retorno esperado continua a depender do risco de mercado, mas a definição de risco de mercado depende da natureza das carteiras básicas. Na prática, nenhum desses modelos de avaliação de ativos é usado tão amplamente como a versão básica.

---

[17] Fama e French calcularam os retornos em carteiras concebidas para aproveitar a vantagem do efeito do tamanho e do efeito do valor contábil-valor de mercado. Veja E. F. Fama and K. R. French. "The Cross-Section of Expected Stock Returns". *Journal of Financial Economics* 47 (June 1992), pp. 427-465. Ao calcularem os retornos dessas carteiras, Fama e French procuraram as diferenças nos tamanhos das empresas ao compararem ações com índices reduzidos e elevados de valor contábil-valor de mercado. Do mesmo modo, procuraram diferenças no índice valor contábil-valor de mercado ao compararem ações de empresas de pequeno e de grande porte. Para consultar detalhes sobre a metodologia e atualizações dos retornos dos fatores tamanho e valor contábil-valor de mercado, veja o *site* da Kenneth French (**mba.tuck.dartmouth.edu/pages/faculty/ken.french/data_library.html**).

[18] Um investidor que comprasse ações de pequenas empresas e vendesse as de grandes empresas teria incorrido em algum risco. Sua carteira teria um beta de 0,28. Esse valor não é suficientemente grande para explicar a diferença dos retornos. Não há uma relação simples entre o beta e o retorno nas carteiras de ações de valor e de crescimento.

8.4 Algumas teorias alternativas

No modelo CAPM, parte-se do princípio de que os investidores se preocupam apenas com a incerteza e o nível da sua futura riqueza. Essa, entretanto, é uma noção extremamente simplificada. Por exemplo, os investidores, ao se acostumarem a um confortável padrão de vida no passado, podem ter inúmeras dificuldades em se adaptar a um padrão de vida mais simples no presente. Psicólogos da linha comportamental também observaram que os investidores não focam apenas o valor *corrente* das suas posses, mas investigam o passado para ver se os seus investimentos apresentam ganhos. Um ganho, mesmo reduzido, pode ser uma fonte adicional de satisfação. O modelo CAPM não admite a possibilidade de o investidor confrontar o preço pelo qual ele comprou ações no passado e ficar muito satisfeito quando o seu investimento está lhe garantindo lucro, ou deprimido em caso de prejuízo.[19]

Teoria da avaliação por arbitragem

O modelo CAPM começa com uma análise da forma como os investidores constituem carteiras eficientes. A **teoria da avaliação por arbitragem**, ou **APT** (Arbitrage Pricing Theory), de Stephen Ross, vem de uma linha completamente diferente. Essa teoria não pergunta quais carteiras são eficientes. Em vez disso, *parte do princípio* de que o retorno de cada ação depende, parcialmente, de influências macroeconômicas pouco claras, ou "fatores", e em parte de "ruído" – acontecimentos que são específicos daquela empresa. Além disso, o retorno *deve* obedecer à seguinte relação simples:

$$\text{Retorno} = a + b_1(r_{\text{fator 1}}) + b_2(r_{\text{fator 2}}) + b_3(r_{\text{fator 3}}) + \cdots + \text{ruído}$$

A teoria não define quais são os fatores. Poderão ser o preço do petróleo, uma taxa de juros etc. O retorno da carteira de mercado *pode* ser considerado um fator, mas também pode não ser.

Algumas ações serão mais sensíveis a um dado fator do que outras. A Exxon Mobil será mais sensível ao fator preço do *barril de petróleo* do que, digamos, a Coca-Cola. Se o fator 1 captar as alterações imprevisíveis dos preços do petróleo, b_1 será mais elevado para a Exxon Mobil.

Para cada ação individual existem dois tipos de risco. O primeiro é o risco que deriva de fatores macroeconômicos pouco claros que não podem ser eliminados pela diversificação. O segundo é o risco que vem de possíveis eventos específicos da empresa. A diversificação elimina o risco específico, e os investidores diversificados podem, portanto, ignorá-lo quando decidem se devem comprar ou vender uma ação. O prêmio de risco esperado da ação é afetado pelo risco do fator ou risco macroeconômico, mas *não* pelo risco específico.

A teoria da avaliação por arbitragem estabelece que o prêmio de risco esperado de uma ação deveria depender do prêmio de risco associado a cada fator e da sensibilidade da ação a cada um dos fatores (b_1, b_2, b_3 etc.) Assim, a fórmula será:[20]

$$\text{Prêmio de risco esperado} = r - r_f$$
$$= b_1(r_{\text{fator 1}} - r_f) + b_2(r_{\text{fator 2}} - r_f) + \cdots$$

Note que estão implícitas duas afirmações nessa fórmula:

1. Se introduzirmos um valor zero para cada *b* na fórmula, o prêmio de risco esperado será zero. Uma carteira diversificada constituída de modo que tenha uma sensibilidade zero a cada fator macroeconômico é essencialmente sem risco; portanto, deve ter um preço a que corresponde uma taxa de juros sem risco. Se a carteira oferecesse um retorno mais elevado, os investidores poderiam auferir um lucro sem risco (ou "arbitragem") pedindo emprestado para comprar a carteira. Se ela oferecesse um retorno mais baixo, poderia se realizar um

---

[19] Vamos discutir a aversão à perda novamente no Capítulo 13. As implicações para a avaliação de ativos são exploradas por S. Benartzi and R. Thaler, "Myopic Loss Aversion and the Equity Premium Puzzle", *Quarterly Journal of Economics* 110 (1995), pp. 75-92; e por N. Barberis, M. Huang and T. Santos, "Prospect Theory and Asset Prices", *Quarterly Journal of Economics* 116 (2001), pp. 1-53.

[20] Podem existir alguns fatores macroeconômicos que simplesmente não preocupam os investidores. Por exemplo, alguns economistas consideram que a oferta de moeda não interessa, e que, portanto, os investidores não estão preocupados com a inflação. Tais fatores não dão direito a um prêmio de risco. Seriam excluídos da fórmula da APT para o retorno esperado.

lucro por meio de arbitragem utilizando a estratégia inversa; ou seja, poder-se-ia *vender* a carteira diversificada com uma sensibilidade zero e *investir* a quantia obtida em letras do Tesouro dos Estados Unidos.

2. Uma carteira diversificada constituída de modo que seja exposta, digamos, ao fator 1, ofereceria um prêmio de risco que variaria na proporção direta da sensibilidade da carteira a esse fator. Imagine, por exemplo, que você esteja constituindo duas carteiras, A e B, afetadas apenas pelo fator 1. Se a carteira A tiver o dobro da sensibilidade da carteira B quanto ao fator 1, ela deve proporcionar o dobro do prêmio de risco. Portanto, se você dividisse o seu investimento em partes iguais por letras do Tesouro dos Estados Unidos e pela carteira A, a sua carteira mista teria exatamente a mesma sensibilidade para o fator 1 que a carteira B e ofereceria o mesmo prêmio de risco.

Suponha que *não* se aplicasse a fórmula da avaliação por arbitragem. Imagine, por exemplo, que a combinação de letras do Tesouro com a carteira A oferecesse um retorno superior. Nesse caso, os investidores poderiam realizar um lucro por arbitragem vendendo a carteira B e investindo os ganhos obtidos em uma combinação de letras do Tesouro com a carteira A.

A arbitragem que descrevemos aplica-se a carteiras bem diversificadas, nas quais o risco específico desapareceu com a diversificação. Mas se a relação entre preço e arbitragem se aplica a todas as carteiras diversificadas, deve, de modo geral, aplicar-se às ações individuais. Cada ação deve oferecer um retorno esperado proporcional à sua contribuição para o risco da carteira. Na APT, essa contribuição depende da sensibilidade do retorno da ação às mudanças imprevisíveis nos fatores macroeconômicos.

Comparação entre o modelo CAPM e a teoria da avaliação por arbitragem

Tal como o modelo CAPM, a teoria da avaliação por arbitragem salienta que o retorno esperado depende do risco que deriva de influências econômicas gerais e não é afetado pelo risco específico. Pode-se considerar que os fatores da avaliação por arbitragem representam carteiras de ações especiais que tendem a estar sujeitas a uma influência comum. Se o prêmio de risco esperado de cada uma dessas carteiras for proporcional ao beta de mercado da carteira, então tanto a teoria da avaliação por arbitragem como o modelo CAPM darão uma resposta idêntica. Em qualquer outro caso, não.

Qual das duas teorias é a melhor? A avaliação por arbitragem tem alguns aspectos atraentes. Por exemplo, a carteira de mercado, que desempenha um papel tão importante no modelo CAPM, não aparece na teoria da avaliação por arbitragem.[21] Não precisamos nos preocupar, portanto, com o problema de medir a carteira de mercado, e, em princípio, podemos testar a teoria da avaliação por arbitragem mesmo que tenhamos apenas dados sobre uma amostra de ativos com risco.

Infelizmente, existem aspectos positivos e negativos. A teoria da avaliação por arbitragem não nos diz quais são os fatores subjacentes – ao contrário do modelo CAPM, que integra *todos* os riscos macroeconômicos em um fator *único* e bem definido, o retorno da carteira de mercado.

O modelo dos três fatores

Voltemos para a equação da APT. Para estimar os retornos esperados, primeiramente será necessário empreender as três etapas:

Etapa 1: Identificar uma lista razoavelmente curta de fatores macroeconômicos que podem afetar os retornos de uma ação.
Etapa 2: Estimar o prêmio de risco esperado para cada fator ($r_{fator1} - r_f$ etc.).
Etapa 3: Medir a sensibilidade de cada fator (b_1, b_2 etc.).

---

[21] É claro que a carteira de mercado pode ser um dos fatores, mas isso não é uma implicação necessária da teoria da avaliação por arbitragem.

Um meio de abreviar esse processo é aproveitar o estudo feito por Fama e French, que mostrava que as ações de pequenas empresas e as ações com um índice elevado de valor contábil-valor de mercado tinham oferecido retornos acima da média. Isso poderia ser apenas uma coincidência. Mas também existem indícios de que esses fatores estão relacionados ao retorno da empresa e, portanto, podem integrar fatores de risco não abrangidos pelo modelo CAPM básico.[22]

Se os investidores exigem um retorno adicional pela exposição a esses fatores, então temos uma medida do retorno esperado, que é muito semelhante à teoria da avaliação por arbitragem:

$$r - r_f = b_{\text{mercado}}(r_{\text{fator mercado}}) + b_{\text{tamanho}}(r_{\text{fator tamanho}}) + b_{\text{valor contábil-valor de mercado}}(r_{\text{fator valor contábil-valor de mercado}})$$

Esse é comumente conhecido como o modelo dos três fatores de Fama-French. Usá-lo para estimar retornos esperados é o mesmo que aplicar a teoria da avaliação por arbitragem. Veja um exemplo a seguir.[23]

Etapa 1: Identificar os fatores   Fama e French já identificaram os três fatores que parecem determinar os retornos esperados. Os retornos de cada um desses fatores são:

Fator	Medido por
Fator mercado	Retorno do índice de mercado *menos* taxa de juros sem risco
Fator tamanho	Retorno das ações de pequenas empresas *menos* retorno das ações das grandes empresas
Fator valor contábil-valor de mercado	Retorno das ações com índices elevados de valor contábil-valor de mercado *menos* retorno das ações com índice reduzido de valor contábil-valor de mercado

Etapa 2: Estimar o prêmio de risco para cada fator   Manteremos o prêmio de risco do mercado em 7%. Os dados históricos talvez forneçam uma orientação de qual será o prêmio de risco para os outros dois fatores. Conforme vimos anteriormente, entre 1926 e 2014 a diferença entre os retornos anuais de ações de pequenas e de grandes empresas foi, em média, de 3,5% ao ano, enquanto a diferença entre os retornos anuais de ações com índices elevados ou reduzidos de valor contábil de mercado foi, em média, de 4,8%.

Etapa 3: Estimar a sensibilidade dos fatores   Algumas ações são mais sensíveis do que outras a flutuações dos retornos dos três fatores. É possível ver esse aspecto nas primeiras três colunas de números do Quadro 8.3, que apresenta algumas estimativas das sensibilidades dos fatores de dez setores industriais durante cinco anos com término em novembro de 2014. Por exemplo, um aumento de 1% no retorno do fator valor contábil-valor de mercado *reduz* o retorno de ações de empresas de informática em 0,33%, mas *aumenta* o retorno de ações de organizações de construção em 0,57%. Ou seja, quando ações de valor (alto índice valor contábil-valor de mercado) superam o desempenho de ações de crescimento (baixo índice valor contábil-valor de mercado), as ações de empresas de informática tendem a ter desempenhos relativamente ruins e, em contrapartida, as ações de organizações de construção tendem a ter desempenhos muito bons.

Assim que se chega a uma estimativa das sensibilidades dos fatores, é fácil multiplicar cada uma pelo retorno esperado dos fatores e somar os resultados. Por exemplo, o prêmio de risco esperado para as ações de empresas de informática é de $r - r_f = (1{,}17 \times 7) + (0{,}10 \times 3{,}5) - (0{,}33 \times 4{,}8) = 6{,}2\%$. Para calcular o retorno esperado, resta-nos, ainda, somar a taxa de juros, que as-

---

[22] E. F. Fama and K. R. French, "Size and Book-to-Market Factors in Earnings and Returns", *Journal of Finance* 50 (1995), pp. 131-155.

[23] O modelo dos três fatores foi primeiramente utilizado para estimar o custo do capital para diferentes grupos industriais por Fama e French. Veja E. F. Fama and K. R. French, "Industry Costs of Equity", *Journal of Financial Economics* 43 (1997), pp. 153-193. Os autores enfatizam a imprecisão na utilização do modelo CAPM ou de um modelo semelhante à APT para estimar os retornos esperados pelos investidores.

QUADRO 8.3 Estimativas de retornos esperados por setores selecionados, utilizando o modelo Fama-French dos três fatores e o modelo CAPM

	Modelo dos três fatores				CAPM
	Sensibilidade dos fatores				
	$b_{mercado}$	$b_{dimensão}$	$b_{valor\ contábil\text{-}valor\ de\ mercado}$	Retorno esperado*	Retorno esperado**
Indústria automotiva	1,37	0,62	−0,07	13,4%	12,7%
Bancos	1,12	0,02	0,74	13,5	10,6
Indústria química	1,35	0,05	−0,19	10,7	11,3
Informática	1,17	−0,10	−0,33	8,3	9,7
Construção	1,13	0,82	0,57	15,5	12,1
Indústria alimentícia	0,52	−0,15	0,00	5,1	5,4
Indústria petrolífera	1,21	−0,20	0,02	9,9	10,1
Indústria farmacêutica	0,77	−0,27	−0,31	5,0	4,9
Telecomunicações	0,87	−0,08	0,04	8,0	8,0
Serviços públicos	0,48	−0,16	0,08	5,2	5,2

* O retorno esperado é igual à taxa de juros sem risco mais as sensibilidades dos fatores multiplicados pelos prêmios de risco dos respectivos fatores, ou seja, $r_f + (b_{mercado} \times 7) + (b_{dimensão} \times 3,5) + (b_{valor\ contábil\text{-}valor\ de\ mercado} \times 4,8)$.
** Estimado como $r_f + \beta(r_m - r_f)$, ou seja, $r_f + \beta \times 7$. Repare que utilizamos uma *regressão simples* para estimar o β na fórmula do CAPM. Esse beta pode, portanto, ser diferente do $b_{mercado}$ que estimamos a partir de uma *regressão múltipla* de retornos de ações sobre os três fatores.
Fonte: Site de Kenneth French, *mba.tuck.dartmouth.edu/pages/faculty/ken.french/data_library.html*. Utilizado com autorização.

sumimos como sendo de 2%. Assim, o modelo dos três fatores sugere que o retorno esperado das ações de empresas de informática é de 2 + 6,2 = 8,2%.

Compare esse valor com a estimativa do retorno esperado utilizando o modelo CAPM (a coluna final do Quadro 8.3). O modelo dos três fatores fornece uma estimativa ligeiramente menor do retorno esperado para as ações de empresas de informática. Por quê? Em grande medida porque as ações dessas empresas são ações de crescimento com baixa exposição (−0,33) ao fator índice de valor contábil-valor de mercado. O modelo dos três fatores gera um retorno esperado menor para as ações de crescimento, mas produz um número maior para as ações de valor, tais como as empresas do setor bancário e da construção, que têm um elevado índice valor contábil-valor de mercado.

O modelo APT de Fama-French não é amplamente usado na prática para estimar o custo do capital próprio ou o CMPC. O modelo exige três betas e três prêmios de risco, em vez de um beta e um prêmio de risco de mercado como o CAPM. Além disso, os três betas do modelo APT não são tão fáceis de prever e interpretar quanto o beta do modelo CAPM, que é apenas uma exposição ao risco de mercado em geral. O modelo APT de Fama-French provavelmente está menos apto a estimar o custo do capital próprio para uma ação individual do que para proporcionar uma maneira alternativa de estimar o custo de capital próprio de um setor, como no Quadro 8.3.

O modelo de Fama-French acaba sendo mais usado como um modo de mensurar o desempenho de fundos mútuos, fundos de pensão e outras carteiras geridas profissionalmente. Se um gestor de carteira "vencer o S&P", pode ser porque fez uma aposta em pequenas ações quando seu preço decolou – ou talvez por ter tido a sorte ou a antevisão de evitar ações de crescimento em um período em que seu desempenho desabou. Um analista pode avaliar o desempenho do gestor estimando $b_{mercado}$, $b_{tamanho}$ e $b_{valor\ contábil\text{-}valor\ de\ mercado}$ da carteira e depois conferindo se o retorno da carteira é melhor do que o retorno de uma carteira gerida roboticamente com as mesmas exposições aos fatores Fama-French.

RESUMO

Os princípios básicos da seleção de carteiras podem ser resumidos pela afirmação, baseada no bom senso, de que o objetivo de todos os investidores é aumentar o retorno esperado das suas carteiras e reduzir o desvio-padrão desse retorno. Uma carteira que proporcione o maior retorno esperado para um dado desvio-padrão, ou o menor desvio-padrão para um dado retorno esperado, é conhecida por *carteira eficiente*. Para saber quais carteiras são eficientes, o investidor tem de ser capaz de determinar o retorno esperado, o desvio-padrão de cada ação e o grau de correlação entre cada par de ações.

Os investidores que se virem obrigados a possuir ações deveriam escolher uma carteira eficiente que se adequasse à sua atitude diante do risco. Mas os investidores que também podem emprestar e pedir emprestado a uma taxa de juros sem risco deveriam escolher a *melhor* carteira de ações, *independentemente* de sua atitude diante do risco. Ao fazê-lo, poderão estabelecer o risco global da sua carteira decidindo que proporções do seu dinheiro investirão em ações. A melhor carteira eficiente é a que proporciona o índice mais elevado de prêmio de risco esperado para o desvio-padrão da carteira.

Para um investidor que tenha apenas as mesmas oportunidades e informações que qualquer outro, a melhor carteira de ações será igual à dos outros investidores. Ou seja, deveria investir em uma combinação de carteira de mercado e de empréstimos sem risco (isto é, emprestar ou tomar emprestado).

A contribuição marginal de uma ação para o risco da carteira é medida pela sua sensibilidade às alterações do valor da carteira. A contribuição marginal de uma dada ação para o risco da *carteira de mercado* é medida pelo *beta*. Essa é a noção fundamental que se encontra subjacente ao modelo CAPM, que conclui que o prêmio de risco esperado de cada título deveria aumentar proporcionalmente ao seu beta:

Prêmio de risco esperado = beta × prêmio de risco do mercado

$$r - r_f = \beta(r_m - r_f)$$

O CAPM é o modelo mais conhecido para relacionar o risco e o retorno. É plausível e amplamente usado, mas está longe de ser perfeito. Os retornos efetivos estão relacionados ao beta de longo prazo, mas essa relação não é tão sólida como o modelo CAPM prevê, além de que outros fatores parecem explicar melhor os retornos a partir de meados da década de 1960. As ações de pequenas empresas, bem como as ações com um valor de mercado baixo em relação ao valor contábil, parecem ter riscos não captados pelo modelo CAPM.

A teoria da avaliação por arbitragem (APT) oferece uma teoria alternativa para o risco e para o retorno. Estabelece que o prêmio de risco esperado de uma ação deveria depender da exposição dessa ação a vários fatores macroeconômicos pouco claros que afetam os seus retornos:

Prêmio de risco esperado = $b_1(r_{fator\ 1} - r_f) + b_2(r_{fator\ 2} - rf) + \cdots$

Aqui, *b* representa a sensibilidade de cada investimento aos diversos fatores, e $r_{fator} - r_f$ é o prêmio de risco exigido pelos investidores que se expõem a esse fator.

A teoria da avaliação por arbitragem não diz quais são esses fatores. Ela pede aos economistas que descubram o desconhecido recorrendo às suas ferramentas estatísticas. Fama e French sugeriram três fatores diferentes:

- O retorno da carteira de mercado menos a taxa de juros livre de risco;
- A diferença entre o retorno das ações de pequenas e de grandes empresas;
- A diferença entre o retorno das ações com índices mais elevados e reduzidos de valor contábil-valor de mercado.

No modelo dos três fatores de Fama e French, o retorno esperado de cada uma das ações depende da sua exposição a cada um desses fatores.

Cada um desses diferentes modelos entre o risco e o retorno tem os seus adeptos. Todos os economistas estão de comum acordo, entretanto, quanto a duas noções básicas: (1) os investidores exigem um retorno adicional por assumirem riscos e (2) os investidores aparentemente se preocupam, predominantemente, com o risco que não podem eliminar por meio da diversificação.

Próximo ao final do Capítulo 9, listamos algumas funções do Excel que são úteis para medir o risco de ações e de carteiras.

LEITURAS ADICIONAIS

Há vários textos sobre a seleção de carteiras que explicam tanto a teoria original de Markowitz como algumas engenhosas versões simplificadas. Veja, por exemplo:

E. J. Elton, M. J. Gruber, S. J. Brown, and W. N. Goetzmann: *Modern Portfolio Theory and Investment Analysis,* 9th ed. (New York: John Wiley & Sons, 2014).

A bibliografia sobre o modelo CAPM é vastíssima. Há dezenas de testes publicados sobre o modelo em si. O trabalho de Fischer Black é um exemplo de leitura muito agradável. As discussões sobre a teoria habitualmente são mais descomprometidas. Dois excelentes exemplos, mas em um nível avançado, são o trabalho de Campbell e o livro de Cochrane.

F. Black, "Beta and Return," *Journal of Portfolio Management* 20 (Fall 1993), pp. 8–18.

J. Y. Campbell, "Asset Pricing at the Millennium," *Journal of Finance* 55 (August 2000), pp. 1515–1567.

J. H. Cochrane, *Asset Pricing*, revised ed. (Princeton, NJ: Princeton University Press, 2005).

PROBLEMAS

BÁSICO

1. **Risco e retorno de carteiras** A seguir, temos os retornos e os desvios-padrão de quatro investimentos.

	Retorno (%)	Desvio-padrão (%)
Letras do Tesouro	6	0
Ação P	10	14
Ação Q	14,5	28
Ação R	21	26

   Calcule os desvios-padrão das seguintes carteiras:

   a. 50% em letras do Tesouro, 50% na ação P.
   b. 50% em Q e R, considerando que as ações tenham
      - correlação perfeita positiva
      - correlação perfeita negativa
      - não há correlação
   c. Desenhe um gráfico como o da Figura 8.4 para Q e R, pressupondo um coeficiente de correlação de 0,5.
   d. A ação Q tem um retorno inferior ao da ação R, mas um desvio-padrão superior. Isso significa que o preço de Q é muito elevado ou que o preço de R é excessivamente baixo?

2. **Risco e retorno de carteiras** Para cada um dos seguintes pares de investimentos, estabeleça qual deles seria sempre preferido por um investidor racional (pressupondo que esses são os únicos investimentos disponíveis para o investidor):

   a. Carteira A $r = 18\%$ $\sigma = 20\%$
      Carteira B $r = 14\%$ $\sigma = 20\%$
   b. Carteira C $r = 15\%$ $\sigma = 18\%$
      Carteira D $r = 13\%$ $\sigma = 8\%$
   c. Carteira E $r = 14\%$ $\sigma = 16\%$
      Carteira F $r = 14\%$ $\sigma = 10\%$

3. **Índice de Sharpe** Use os dados de longo prazo sobre retornos de títulos das Seções 7.1 e 7.2 para calcular o nível histórico do índice de Sharpe da carteira de mercado.

4. **Carteiras eficientes** A Figura 8.11 a seguir pretende indicar a faixa de combinações possíveis de retorno esperado e de desvio-padrão.

   a. Qual é o diagrama que está mal desenhado? Por quê?
   b. Qual é o conjunto de carteiras eficientes?
   c. Se r_f for a taxa de juros, assinale com um X a carteira de ações ideal.

5. **Carteiras eficientes**
   a. Represente graficamente as seguintes carteiras com risco:

	Carteira							
	A	B	C	D	E	F	G	H
Retorno esperado, r (%)	10	12,5	15	16	17	18	18	20
Desvio-padrão, σ (%)	23	21	25	29	29	32	35	45

   b. Cinco dessas carteiras são eficientes, e três não são. Quais são as *ineficientes*?
   c. Suponha que se pode pedir emprestado ou emprestar dinheiro a uma taxa de juros de 12%. Qual das carteiras acima tem o índice de Sharpe mais elevado?
   d. Suponha que você esteja preparado para suportar um desvio-padrão de 25%. Qual é o retorno esperado máximo que poderá obter, se não puder emprestar nem pedir emprestado?
   e. Qual será a sua estratégia ideal se puder emprestar ou pedir emprestado a 12% e estiver preparado para suportar um desvio-padrão de 25%? Qual retorno esperado máximo poderá obter com esse risco?

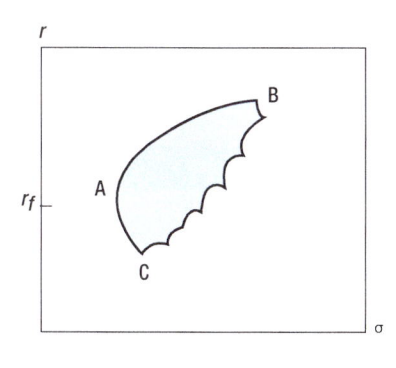

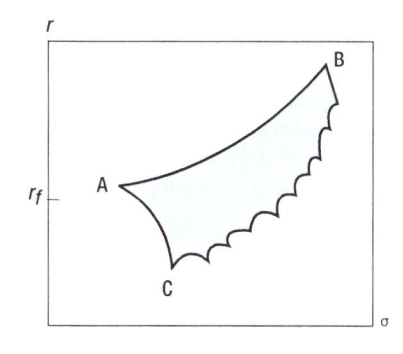

▶ **FIGURA 8.11** Veja o Problema 4.

6. **CAPM** Suponha que o retorno das letras do Tesouro seja de 6% em vez de 2%. Considere que o retorno esperado do mercado se mantenha a 9%. Utilize os betas do Quadro 8.2.

   a. Calcule o retorno esperado da Johnson & Johnson.
   b. Determine o retorno esperado máximo que é oferecido por uma dessas ações.
   c. Determine o retorno esperado mínimo que é oferecido por uma dessas ações.
   d. A Ford ofereceria um retorno esperado maior ou menor se a taxa de juros fosse de 2% em vez de 6%? Presuma que o retorno esperado do mercado se mantenha a 9%.
   e. A Walmart ofereceria um retorno esperado maior ou menor se a taxa de juros fosse de 8%?

7. **CAPM** Verdadeiro ou falso?

   a. O modelo CAPM implica que se puder encontrar um investimento com um beta negativo o seu retorno esperado será menor do que a taxa de juros.
   b. O retorno esperado de um investimento com um beta de 2,0 é o dobro do retorno esperado do mercado.
   c. Se uma ação se situa abaixo da linha de títulos do mercado, está subavaliada.

8. **APT** Considere um modelo de avaliação por arbitragem (APT) com três fatores. Os fatores e os respectivos prêmios de risco são:

Fator	Prêmio de risco (%)
Variação no PNB	+5
Variação no preço da energia	−1
Variação nas taxas de juros de longo prazo	+2

Calcule as taxas esperadas de retorno das seguintes ações. A taxa de juros sem risco é de 7%.

   a. Uma ação cujo retorno não tem correlação com qualquer dos três fatores.
   b. Uma ação com uma exposição média a cada fator (isto é, com $b = 1$ para cada).
   c. Uma ação imaginária de uma empresa de energia com uma elevada exposição ao fator energia ($b = 2$), mas uma exposição zero aos outros dois fatores.
   d. Uma ação de uma empresa de alumínio com uma sensibilidade média às alterações das taxas de juros e ao PNB, mas uma exposição negativa de $b = -1,5$ ao fator energia. (A empresa de alumínio depende, intensamente, da energia e é negativamente afetada sempre que os preços sobem.)

INTERMEDIÁRIO

9. **Verdadeiro ou falso** Verdadeiro ou falso? Explique ou argumente, se necessário.

   a. Os investidores exigem taxas de retorno esperado mais elevadas das ações com taxas de retorno mais variáveis.
   b. O modelo CAPM estabelece que um título com um beta de 0 oferecerá um retorno esperado de zero.
   c. Um investidor que aplique $10 mil em letras do Tesouro e $20 mil na carteira do mercado obterá um beta de 2,0.
   d. Os investidores exigem taxas de retorno esperado mais elevadas das ações com um retorno muito exposto aos riscos macroeconômicos.
   e. Os investidores exigem taxas de retorno esperado mais elevadas das ações com um retorno muito sensível às variações no mercado de ações.

10. **Risco e retorno de carteiras** Volte ao cálculo efetuado para a Johnson & Johnson e a Ford, na Seção 8.1. Recalcule o retorno esperado da carteira e o desvio-padrão para diferentes valores de x_1 e x_2, supondo que $\rho_{12} = 0$. Represente as combinações possíveis de retorno esperado e de desvio-padrão, como na Figura 8.3. Repita o problema para $\rho_{12} = +0,25$.

11. **Risco e retorno de carteiras** Mark Harrywitz se propõe a investir em duas ações, X e Y. Ele espera um retorno de 12% para X e de 8% para Y. O desvio-padrão dos retornos é de 8% para X e de 5% para Y. O coeficiente de correlação entre os retornos é de 0,2.

    a. Calcule o retorno esperado e o desvio-padrão das seguintes carteiras:

Carteira	Porcentagem em X	Porcentagem em Y
1	50	50
2	25	75
3	75	25

    b. Represente graficamente o conjunto de carteiras composto de X e Y.
    c. Suponha que o Sr. Harrywitz também pode emprestar ou pedir emprestado à taxa de 5%. Mostre, no seu gráfico, como esse fato altera as suas oportunidades. Uma vez que ele pode emprestar ou tomar emprestado, que proporções da carteira de ações deveriam ser investidas em X e em Y?

12. **Risco e retorno de carteiras** Ebenezer Scrooge investiu 60% do seu dinheiro nas ações A e o restante nas ações B. Ele avalia as suas perspectivas da seguinte maneira:

	A	B
Retorno esperado (%)	15	20
Desvio-padrão (%)	20	22
Correlação entre retornos	0,5	

    a. Qual é o retorno esperado e o desvio-padrão dos retornos de sua carteira?
    b. Como se alteraria a sua resposta se o coeficiente de correlação fosse 0 ou 0,5?

c. A carteira do Sr. Scrooge será melhor ou pior do que uma carteira constituída inteiramente por ações A? Ou será que é impossível descobrirmos?

13. **Índice de Sharpe** Volte ao Problema 3 do Capítulo 7. A taxa de juros sem risco em cada um dos três anos foi a seguinte:

	2010	2011	2012	2013	2014
Taxa de juros (%)	0,12	0,04	0,06	0,02	0,02

a. Calcule o retorno médio e o desvio-padrão dos retornos para a carteira do Sr. Sauros e para o mercado. Utilize esses valores para calcular o índice de Sharpe para a carteira e o mercado. Segundo esses parâmetros, o Sr. Sauros teve desempenho melhor ou pior do que o mercado?

b. Agora calcule o retorno médio que poderia ser obtido nesse período se tivéssemos uma combinação entre retorno de mercado e um empréstimo livre de risco. Certifique-se de que essa combinação tenha um beta idêntico ao da carteira do Sr. Sauros. O seu retorno médio dessa carteira havia sido mais elevado ou reduzido?

Justifique seus resultados.

14. **O beta da carteira** Volte ao Quadro 7.5.

a. Qual é o beta de uma carteira que tem 40% investido na Ford e 60% na Johnson & Johnson?

b. Você investiria nessa carteira se não tivesse informações melhores sobre as perspectivas para essas ações? Constitua uma carteira alternativa com o mesmo retorno esperado e um menor nível de risco.

c. Agora, repita os itens (a) e (b) com uma carteira que tenha 40% investido na Apple e 60% na Walmart.

15. **CAPM** A taxa das letras do Tesouro é de 4%, e o retorno esperado da carteira de mercado é de 12%. Com base no modelo CAPM:

a. Desenhe um gráfico similar ao da Figura 8.6, mostrando de que modo o retorno esperado varia com o beta.

b. Qual é o prêmio de risco do mercado?

c. Qual é o retorno exigido de um investimento com um beta de 1,5?

d. Se um investimento com um beta de 0,8 oferece um retorno esperado de 9,8%, será que tem um VPL positivo?

e. Se o mercado espera um retorno de 11,2% das ações X, qual o respectivo beta?

16. **Risco e retorno de carteiras** Percival Hygiene tem $10 milhões investidos em obrigações de empresas de longo prazo. A taxa de retorno anual esperado dessa carteira de obrigações é de 9% e o seu desvio-padrão, de 10%.

Amanda Reckonwith, consultora financeira de Percival, recomenda-lhe que considere um investimento em um fundo indexado que siga de perto o índice Standard & Poor's 500. O índice tem um retorno esperado de 14% e o seu desvio-padrão é de 16%.

a. Suponha que Percival aplique todo o seu dinheiro em uma combinação do fundo indexado e de letras do Tesouro. Ele poderá, desse modo, melhorar a sua taxa de retorno esperada sem alterar o risco de sua carteira? O rendimento das letras do Tesouro é de 6%.

b. Percival teria muito mais a ganhar se investisse montantes iguais na carteira de obrigações de empresas e no fundo indexado? A correlação da carteira de obrigações com o fundo indexado é de +0,1.

17. **Custo de capital** A Epsilon Corp. está considerando uma expansão de suas atividades. As previsões de fluxos de caixa para o projeto são as seguintes:

Anos	Fluxo de caixa ($ milhões)
0	−100
1-10	+15

Os ativos existentes da empresa têm um beta de 1,4. A taxa de juros sem risco é de 4%, e o retorno esperado da carteira de mercado é de 12%. Qual é o VPL do projeto?

18. **APT** Algumas questões, verdadeiras ou falsas, sobre a teoria da avaliação por arbitragem (APT):

a. Os fatores da APT não podem refletir riscos diversificáveis.

b. A taxa de retorno do mercado não pode ser considerada um fator da APT.

c. Não há qualquer teoria que identifique especificamente os fatores da APT.

d. O modelo APT poderia ser verdadeiro, mas não muito útil, por exemplo, se os fatores relevantes mudarem inesperadamente.

19. **APT** Considere o seguinte modelo APT simplificado:

Fator	Prêmio de risco esperado (%)
Mercado	6,4
Taxa de juros	−0,6
Diferença de rentabilidade	5,1

Calcule o retorno esperado para as seguintes ações. Pressuponha $r_f = 5\%$.

Exposição aos fatores de risco			
	Mercado	Taxa de juros	Diferença de rentabilidade
Ações	(b_1)	(b_2)	(b_3)
P	1,0	−2,0	−0,2
P^2	1,2	0	0,3
P^3	0,3	0,5	1,0

20. **APT** Analise novamente o Problema 19. Considere uma carteira com investimentos iguais em P, P^2 e P^3.

   a. Quais são as exposições aos fatores de risco para a carteira?

   b. Qual é o retorno esperado da carteira?

21. **APT** O quadro seguinte apresenta a sensibilidade de quatro ações ao modelo dos três fatores de Fama-French. Estime a taxa de retorno esperada de cada uma das ações, pressupondo que a taxa de juros seja de 2%, o prêmio de risco de mercado esperado seja de 7%, o prêmio de risco de mercado do fator tamanho seja de 3,5% e o prêmio de risco de mercado do fator valor contábil-valor de mercado seja de 4,8%.

	Boeing	Campbell Soup	Dow Chemical	Apple
Mercado	1,13	0,51	1,51	1,08
Tamanho	−0,49	−0,60	0,28	−0,57
Valor contábil-Valor de mercado	−0,05	0,25	0,13	−0,074

DESAFIO

22. **Performance de fundos** Entre 1999 e 2008, os retornos da Microfund apresentaram uma média de 4% ao ano. Em sua discussão de 2008 sobre desempenho, o presidente do fundo observou que isso era quase 6% ao ano melhor do que o retorno do mercado norte-americano, um resultado que ele atribuiu à estratégia do fundo de comprar apenas ações com gestão excelente.

   A tabela a seguir mostra os retornos do mercado, os fatores tamanho e valor contábil-valor de mercado e a taxa de juros durante esse período:

	Retorno de mercado	Fator retorno sobre tamanho	Fator retorno sobre contábil-mercado	Taxa de juros
1999	20,6%	15,3%	−34,2%	4,7%
2000	−17,5	−1,5	39,5	5,9
2001	−15,2	18,6	18,7	3,8
2002	22,8	3,6	10,5	1,7
2003	30,8	27,8	4,9	1,0
2004	10,7	5,1	9,8	1,2
2005	3,1	−2,3	9,1	3,0
2006	10,6	0,3	14,3	4,8
2007	1,1	−8,1	−12,2	4,7
2008	−38,4	3,8	1,0	1,6

O fundo promove a si mesmo como uma maneira de investir em ações de tamanho pequeno e médio, e isso se refletiu em um beta de 1,1 relativo ao fator tamanho. Ele também tradicionalmente vem adotando uma abordagem conservadora ao risco, com um beta de mercado estimado de 0,7. O beta do fundo relativo ao fator valor contábil-valor de mercado foi de −0,2. Avalie o desempenho do fundo durante esse período.

23. **Carteira com risco mínimo** Na Nota de rodapé 4, afirmamos que a carteira com risco mínimo continha um investimento de 90,2% na Johnson & Johnson e de 9,8% na Ford. Prove essa afirmação. (*Dica:* será preciso fazer um pequeno cálculo para prová-la.)

24. **Carteiras eficientes** Analise novamente o conjunto das três carteiras eficientes que calculamos na Seção 8.1.

   a. Se a taxa de juros fosse de 5%, qual das três carteiras eficientes deveria reter?

   b. Como sua resposta ao item (a) mudaria se a taxa de juros fosse de 2%?

25. **APT** A questão a seguir ilustra a teoria da avaliação por arbitragem (APT). Imagine que existam apenas dois fatores macroeconômicos pouco claros. Os investimentos X, Y e Z têm as seguintes sensibilidades a esses fatores:

Investimento	b_1	b_2
X	1,75	0,25
Y	−1,00	2,00
Z	2,00	1,00

Suponhamos que o prêmio de risco esperado seja de 4% para o fator 1 e de 8% para o fator 2. As letras do Tesouro ofereceriam, como é óbvio, um prêmio de risco igual a zero.

   a. De acordo com a APT, qual é o prêmio de risco de cada uma das ações?

   b. Suponha a possibilidade de se comprar $200 de X e $50 de Y, e de se vender $150 de Z. Qual é a sensibilidade da sua carteira a cada um dos dois fatores? Qual o prêmio de risco esperado?

   c. Suponha a compra de $80 de X e $60 de Y, e a venda de $40 de Z. Qual é a sensibilidade da sua carteira a cada um dos dois fatores? Qual o prêmio de risco esperado?

   d. Por fim, suponha a compra de $160 de X e de $20 de Y, e a venda de $80 de Z. Qual é, agora, a sensibilidade da sua carteira a cada um dos dois fatores? Qual o prêmio de risco esperado?

   e. Sugira duas maneiras possíveis de constituir um fundo que tenha uma sensibilidade de 0,5 somente ao fator 1. (*Dica:* uma carteira contém um investimento em letras do Tesouro.) Agora compare os prêmios de risco esperados de cada um desses dois investimentos.

   f. Suponha que a APT *não* se aplicaria e que X oferecia um prêmio de risco de 8%, Y ofereceria um prêmio de risco de 14% e Z, um prêmio de risco de 16%. Que investimento teria uma sensibilidade zero a cada fator e ofereceria um prêmio de risco positivo?

MINICASO

John e Marsha na seleção de carteiras

A cena: John e Marsha estão de mãos dadas em um aconchegante restaurante francês no centro de Manhattan, muito tempo antes do minicaso do Capítulo 9. Marsha atua como *trader* no mercado de futuros. John administra uma carteira de ações no valor de $125 milhões para um fundo de pensão de grande porte. O casal acabou de pedir tournedos "*financieres*" de prato principal, e pudim "*financiere*" como sobremesa. John está consultando o caderno financeiro do *Wall Street Journal* sob a luz de velas.

John: Uau! Os futuros em batata atingiram seu limite diário! Vamos pedir também uma *daufinese* gratinada. Você conseguiu fazer um *hedge* na taxa de juros futura naquele empréstimo em euros?

Marsha: John, por favor, esqueça o jornal. (*Ele o faz com relutância.*) John, eu amo você. Quer casar comigo?

John: Oh, Marsha, eu também amo você, mas... há algo que você precisa saber sobre mim – uma coisa que não havia lhe dito antes.

Marsha: (com ar preocupado) John, qual é o problema?

John: Acho que sou um indexador pouco prático.

Marsha: O quê? Por quê?

John: Minha carteira parece sempre seguir o índice de mercado S&P 500. Por vezes, tenho melhores desempenhos, ocasionalmente um pouco piores. No entanto, a correlação entre meus retornos e os do mercado é superior a 90%.

Marsha: O que há de errado nisso? O seu cliente quer uma carteira diversificada de ações de grandes empresas. Sua carteira, é óbvio, seguirá o mercado.

John: Por que meus clientes simplesmente não compram um fundo atrelado ao índice? Por que me pagam? Estou efetivamente agregando valor com um gerenciamento ativo? Eu tento, mas imagino que sou meramente um... indexador.

Marsha: Oh, John, sei que você está agregando valor. Você era um analista de títulos de primeira linha.

John: Não é fácil encontrar ações que sejam verdadeiramente superavaliadas – ou subavaliadas. Naturalmente, tenho opiniões firmes sobre algumas delas.

Marsha: Você estava explicando por que as ações da Pioneer Gypsum eram uma boa opção de compra; e, desconsiderando as da Global Mining (por estarem em alta).

John: Correto, Pioneer. (*Tira algumas anotações escritas à mão do bolso do paletó.*) O preço da ação está em $87,50. Estimo que seu retorno esperado seja de 11% com um desvio-padrão anual de 32%.

Marsha: Só de 11%? Você está prevendo um retorno do mercado de 12,5%.

John: Sim, estou utilizando um prêmio de risco de mercado de 7,5%, e a taxa de juros sem risco é de cerca de 5%. Com isso, obtemos 12,5%. Mas o beta da Pioneer não passa de 0,65. Estava a ponto de comprar 30 mil ações nesta manhã, mas perdi a coragem. Tenho de continuar com a diversificação.

Marsha: Você já tentou a teoria da carteira moderna (Modern Portfolio Theory – MPT)?

John: MPT? Nada prática. Parece ótima nos livros-texto, onde os autores exibem fronteiras eficientes com 5 ou dez ações. Mas seleciono com base em centenas, talvez milhares de ações. Em que fontes posso conseguir os dados para mil ações? Teria um milhão de variâncias e covariâncias!

Marsha: Na realidade, apenas cerca de 500 mil, querido. As covariâncias acima da diagonal são idênticas às covariâncias abaixo. Mas você tem razão; a maioria das estimativas deve estar desatualizada ou não passa de lixo.

John: Sem falar nos retornos esperados. "Entra lixo, sai lixo".

Marsha: Mas John, você não precisa calcular mil pesos de carteira. Basta um punhado. Aqui está o segredo: adote o seu padrão de referência, o S&P 500, como o título 1. É com ele que você terminaria como um indexador. Depois, considere um número reduzido de títulos sobre os quais você realmente tem conhecimento. O da Pioneer, por exemplo, poderia ser o título 2. Da Global Mining, o título 3, e assim por diante. Em seguida, você poderia colocar sua brilhante mente financeira para trabalhar.

John: Entendi: o gerenciamento ativo significa vender algumas ações da carteira de referência e investir o montante obtido em ações específicas, como as da Pioneer. Mas como decido se os papéis da Pioneer realmente melhoram a carteira? Ainda que eles melhorem, qual a quantidade que devo adquirir?

Marsha: Simplesmente maximizando o índice de Sharpe, querido.

John: Entendi! A resposta é "sim"!

Marsha: Qual foi a pergunta?

John: Você me pediu em casamento. A resposta é "sim". Para qual destino devemos ir na nossa lua de mel?

Marsha: Que tal a Austrália! Adoraria visitar a Bolsa de Futuros de Sidney.

QUESTÕES

1. O Quadro 8.4 reproduz as anotações de John sobre as ações da Pioneer Gypsum e da Global Mining. Calcule o retorno esperado, o prêmio de risco e o desvio-padrão de uma carteira que investiu parcialmente no mercado e na Pioneer. (Você pode calcular os dados necessários com base nos betas e nos desvios-padrão dados no quadro. *Dica:* o beta de uma ação é igual à sua covariância com o retorno do mercado dividida pela variância do retorno do mercado) Será que a adição da Pioneer à carteira de mercado melhora o índice de Sharpe? Quanto o John deveria investir na Pioneer e quanto no mercado?

2. Repita a análise para a Global Mining. O que John deveria fazer nesse caso? Considere que a Global responde por 0,75% do índice S&P.

QUADRO 8.4 Anotações de John sobre as ações da Pioneer Gypsum e da Global Mining.

	Pioneer Gypsum	Global Mining
Retorno esperado	11,0%	12,9%
Desvio-padrão	32%	24%
Beta	0,65	1,22
Preço das ações	$87,50	$105,00

CAPÍTULO 9

Risco e o custo de capital

Muito antes do aparecimento das teorias modernas que estabelecem a relação entre o risco e o retorno esperado, os gestores financeiros perspicazes já consideravam ajustamentos para o risco em suas decisões de investimento. Eles sabiam que os projetos com maior risco são, se todas as variáveis permanecessem constantes, menos valiosos do que os mais seguros – isso faz parte do senso comum. Assim, exigiam taxas de retorno mais elevadas para os projetos com risco ou, para decidirem sobre esses projetos, baseavam as suas decisões em cálculos conservadores dos fluxos de caixa.

Hoje em dia, a maioria das empresas utiliza o custo de capital da empresa como uma maneira de ajustar as taxas de desconto dos fluxos de caixa em razão dos riscos em novos investimentos. O custo de capital da empresa é a taxa de desconto correta somente para investimentos que comportem um risco idêntico ao das atividades gerais da organização. Para projetos com maior risco, o custo de oportunidade do capital é maior do que o custo de capital da empresa; para os de menor risco, ele é menor.

O custo de capital da empresa geralmente é calculado como o custo médio ponderado do capital, ou seja, a taxa média de retorno exigida pelos investidores no passivo e nos capitais próprios da empresa. O passo mais difícil na estimativa desse custo de capital ponderado pela média é a determinação do custo do capital próprio, ou seja, a taxa de retorno esperada pelos investidores nas ações ordinárias da organização. Muitas empresas utilizam o modelo CAPM para obter uma resposta. Segundo esse método, a taxa de retorno esperada é igual à taxa de juros sem risco mais um prêmio de risco, que depende do beta e do prêmio de risco do mercado.

Você pode pesquisar os betas em *sites* financeiros como Yahoo! Finance e Bloomberg, mas é importante lembrar que esses betas são estimativas e passíveis de erros estatísticos. Mostraremos como estimar betas e conferir a confiabilidade dessas estimativas.

Agora, imagine que você seja o responsável por um projeto específico de investimento. Como você sabe se o projeto tem um risco médio ou está acima ou abaixo da média de risco? Sugerimos que verifique se os seus fluxos de caixa são mais ou menos sensíveis ao ciclo de negócio em relação a um projeto médio. Além disso, verifique se o projeto tem maiores ou menores custos operacionais fixos (maior ou menor alavancagem operacional) e se isso requer grandes investimentos futuros.

Não se esqueça de que o custo de capital de um projeto depende essencialmente do risco de mercado. O risco diversificado consegue afetar os fluxos de caixa do projeto, mas não aumenta o custo de capital. Evite também adicionar fatores de risco arbitrários para o desconto das taxas de projetos em, por exemplo, regiões instáveis do mundo.

O risco varia de projeto para projeto, e também pode variar com o tempo para determinado projeto. Alguns projetos, por exemplo, têm mais risco na sua fase inicial do que na final. Mas, na maioria dos casos, os gestores financeiros pressupõem que o risco de um projeto será idêntico em todos os períodos futuros e utilizam apenas uma taxa de desconto baseada no mesmo risco para todos os fluxos de caixa futuros. Encerramos esse capítulo introduzindo os equivalentes certos, que ilustram como os riscos podem variar com o tempo.

9.1 Custos de capital da empresa e do projeto

O **custo de capital da empresa** é definido como a taxa de retorno esperada em uma carteira com todas as dívidas em circulação e títulos de patrimônio da empresa. É o custo de oportunidade do capital para os investimentos em todos os ativos da empresa e, portanto, a taxa de desconto correta para os projetos de risco médio da organização.

Se uma empresa não tem uma dívida significativa, o custo de capital da empresa é a taxa de retorno esperada de suas ações. Muitas empresas grandes e bem-sucedidas encaixam-se nesse caso especial, incluindo a Johnson & Johnson (J&J). O beta estimado das ações ordinárias da Johnson & Johnson é 0,53. Suponha que a taxa de juros livre de risco é de 2% e que o prêmio de risco de mercado é de 7%. Então o modelo de precificação de ativos de capital implicaria um retorno esperado de 5,7% das ações da J&J:

$$r = r_f + \beta(r_m = r_f) = 2 + 0{,}53 \times 7 = 5{,}7\%$$

Se a J&J estiver cogitando uma expansão de seus negócios existentes, faria sentido descontar os fluxos de caixa previstos a 5,7%.[1]

O custo de capital da empresa *não* é a taxa de desconto correta se os novos projetos tiverem mais ou menos risco do que o risco de seus negócios correntes. Em princípio, cada projeto deveria ser avaliado pelo seu *próprio* custo de oportunidade do capital. Essa é a consequência óbvia do princípio da aditividade do valor apresentado no Capítulo 7. Para uma empresa composta pelos ativos A e B, o seu valor é:

$$\text{Valor da empresa} = VP(AB) = VP(A) + VP(B)$$

$$= \text{soma dos valores dos ativos considerados separadamente}$$

Nesse caso, VP(A) e VP(B) são calculados como se fossem microempresas em que os acionistas pudessem investir diretamente. Os investidores avaliariam A descontando os seus fluxos de caixa previstos a uma taxa que refletisse o risco de A. Avaliariam B descontando a uma taxa que refletisse o risco de B. As duas taxas de desconto seriam, em geral, diferentes. Se o valor presente de um ativo dependesse da identidade da empresa que o comprou, os valores presentes *não* seriam somados, e sabemos que o são. (Considere uma carteira de $1 milhão investida na J&J e de $1 milhão investida na Toyota. Será que qualquer investidor razoável afirmaria que a sua carteira teria um valor inferior ou superior a $2 milhões?)

Se a empresa planejasse investir em um terceiro projeto, C, deveria também avaliá-lo como uma microempresa. Isto é, a empresa deveria descontar os fluxos de caixa de C à taxa de retorno esperada que os investidores exigiriam se pudessem fazer um investimento isolado em C. *O custo de oportunidade do capital depende da utilização que é dada ao capital.*

Talvez estejamos dizendo o óbvio. Pense na J&J: ela é uma das maiores empresas de cuidados com a beleza e de bens ao consumo, com $74 bilhões em vendas em 2014. Ela tem produtos ao consumidor já bem estabelecidos, incluindo as fitas Band-Aid®, o Tylenol® e produtos para tratamento de pele e específicos de bebês. Ela ainda investe pesadamente em empreendimentos de oportunidade, como pesquisa e desenvolvimento em biotecnologia. Você acha que uma nova linha de loção para bebês tem o mesmo custo de capital do que um investimento nessas linhas de pesquisas? Nós não, embora admitamos que estimar o custo de capital para essas pesquisas possa ser um grande desafio.

Suponha que meçamos o risco de cada projeto por seu beta. Então, a J&J deveria aceitar qualquer projeto que se situasse acima da linha de títulos do mercado que vincula o retorno esperado ao risco na Figura 9.1. Se o projeto tiver um risco elevado, a J&J precisa de uma perspectiva de retorno mais elevada do que se o projeto tiver um risco baixo. Isso é diferente do método do custo de capital da empresa, que consiste em aprovar projetos, *independentemente de seus riscos*, desde que ofereçam um retorno mais elevado do que o custo do capital da *organização*. O método indica

---

[1] Por motivos de simplificação, tratamos a J&J como se fosse integralmente financiada por capitais próprios. A proporção de endividamento em relação ao valor de mercado é muito baixa, mas não é zero. Discutiremos o financiamento de dívida e o CMPC mais adiante neste capítulo.

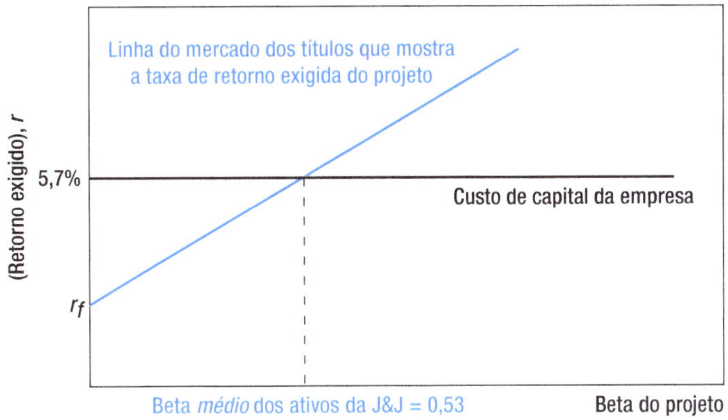

FIGURA 9.1 Comparação entre o método do custo de capital da empresa e o retorno exigido segundo o modelo CAPM. O custo do capital da J&J é de cerca de 5,7%. Essa será a taxa de desconto correta se o beta do projeto for de 0,53. Normalmente, a taxa de desconto correta aumenta à medida que o beta do projeto aumenta. A J&J deveria aceitar projetos com taxas de retorno acima da linha de mercado dos títulos relacionando o retorno exigido com o beta.

que a J&J deve aprovar qualquer projeto acima da linha horizontal do custo do capital na figura, ou seja, qualquer projeto que ofereça um retorno superior a 5,7%.

Seria absurdo afirmar que a J&J deveria ter exigido de um projeto sem risco uma taxa de retorno igual à de um projeto com risco. Se a empresa tivesse utilizado o método do custo de capital da empresa, teria rejeitado muitos projetos bons, mas de baixo risco, e aprovado muitos projetos inferiores, mas de alto risco. Também é absurdo afirmar que, apenas porque outra empresa tem um custo ainda mais baixo de capital, fique justificada a aceitação de projetos que a J&J rejeitaria.

O tom certo e o custo do capital

O verdadeiro custo do capital depende do risco do projeto, e não da empresa que o empreende. Por isso, por que é que se perde tanto tempo estimando o custo de capital da empresa?

Há duas razões. Primeiro, muitos projetos, talvez mesmo a maior parte deles, podem ser considerados de risco médio, ou seja, com um risco nem maior nem menor do que a média dos outros ativos da empresa. Para esses projetos, o custo de capital da empresa é a taxa de desconto correta. Segundo, o custo de capital da empresa é um ponto de partida útil para estabelecer taxas de desconto para projetos particularmente arriscados ou seguros. É mais fácil somar ao custo de capital da empresa, ou subtrair dele, do que estimar o custo do capital de cada projeto a partir do zero.

Podemos fazer aqui uma boa analogia musical. Quase todos nós, na falta de um tom perfeito, precisamos de um ponto de referência bem definido, como o dó central, para podermos cantar afinados. Mas qualquer pessoa que conheça bem uma melodia é capaz de acertar os tons *relativos*. Os homens de negócios têm uma boa intuição dos riscos *relativos*, pelo menos nos setores a que estão habituados, mas o mesmo não acontece com o risco absoluto ou com as taxas de retorno requeridas. Por conseguinte, estabelecem como referência o custo de capital de uma empresa. Essa não é a taxa de desconto correta para tudo o que a empresa fizer, mas podem ser feitos ajustamentos para empreendimentos mais ou menos arriscados.

Depois disso, temos que admitir que muitas empresas grandes utilizam seu custo do capital não apenas como um ponto de referência, mas também como uma taxa de desconto genérica para todas as propostas de projetos. É difícil obter, objetivamente, medidas de risco diferentes, e os gestores financeiros fogem das disputas entre departamentos. (Você pode imaginar a guerra: "Os meus projetos são mais seguros do que os seus! Quero uma taxa de desconto mais baixa!" Não, não são nada! Os seus projetos têm mais riscos do que uma opção de compra a descoberto!".)[2]

---

[2] Uma opção de compra "*naked*" é aquela adquirida com uma posição "a descoberto" na ação subjacente ou em outras opções. Discutiremos opções no Capítulo 20.

Quando as empresas forçam a utilização de um custo único de capital da empresa, o ajustamento do risco desloca-se da taxa de desconto para os fluxos de caixa do projeto. Os executivos da alta administração podem exigir previsões de fluxos de caixa muito conservadoras para projetos com risco superelevado. Ou podem se recusar a autorizar um projeto com risco adicional a menos que o VPL, calculado ao custo de capital da empresa, seja bastante superior a zero. É melhor um ajustamento de risco imperfeito do que não se ter feito nenhum ajustamento.

Passivo e o custo de capital da empresa

Definimos o custo de capital da empresa como "o retorno projetado de uma carteira composta por todas as dívidas em circulação e títulos de patrimônio". O custo do capital é estimado, portanto, como uma mescla do *custo do passivo* (a taxa de juro) e o *custo dos capitais próprios* (a taxa esperada de retorno exigida pelos investidores das ações ordinárias da organização).

Suponha que o balanço patrimonial a valores de mercado de uma empresa tenha uma configuração como esta:

Valor do ativo	100	Passivo	D = 30 a 7,5%
		Capitais próprios	CP = 70 a 15%
Valor do ativo	100	Valor da empresa	V = 100

Os valores do passivo e dos capitais próprios totalizam o valor da empresa ($D + CP = V$), e o valor da empresa (V) iguala o valor do ativo. Esses são valores de mercado, e não valores contábeis. O valor de mercado dos capitais próprios é, em geral, substancialmente maior do que o valor contábil, de modo que o índice do passivo em relação ao valor de mercado (D/V) é, geralmente, muito menor do que o índice do passivo calculado com base no balanço patrimonial.

O custo do passivo a 7,5% é o custo de oportunidade do capital para os investidores que detêm a dívida da empresa. O custo dos capitais próprios a 15% é o custo de oportunidade do capital para os investidores que detêm as ações da empresa. Nenhum deles mede o custo de capital *da empresa*, ou seja, o custo de oportunidade de investir em seus ativos. O custo do passivo é inferior ao custo de capital da empresa, pois a dívida é mais segura do que os *ativos*. O custo dos capitais próprios é superior ao custo de capital da empresa, pois os capitais próprios de uma organização que toma emprestado são mais arriscados do que os ativos. O capital próprio não é uma demanda direta sobre o fluxo de caixa livre da organização. Trata-se de uma demanda residual com menos privilégio que o passivo.

O custo de capital da empresa não é igual ao custo do passivo ou ao custo dos capitais próprios, mas sim uma mescla dos dois. Suponha que você tenha comprado uma carteira que consiste em 100% do passivo da empresa e 100% dos seus capitais próprios. Dessa forma, você teria uma participação de 100% na organização. Não compartilharia os fluxos de caixa livres com ninguém; cada dólar recebido pela organização seria totalmente seu.

A taxa de retorno esperada nessa carteira hipotética é o custo de capital da empresa. A taxa de retorno esperada é apenas uma média ponderada do custo da dívida (r_D = 7,5%) e do custo dos capitais próprios (r_{CP} = 15%). Os pesos são os valores relativos do mercado do passivo e dos capitais próprios da organização, ou seja, D/V = 30% e CP/V = 70%.[3]

$$\text{Custo de capital da empresa} = r_D\, D/V + r_E\, E/V$$

$$= 7,5 \times 0,30 + 15 \times 0,70 = 12,75\%$$

Essa medida composta do custo de capital da empresa é denominada **custo médio ponderado do capital (CMPC)**, ou *weighted average cost of capital* – WACC – em inglês. Todavia, a estimativa do CMPC pode ser um pouco mais complicada do que o sugerido pelo nosso exemplo. Por exemplo, os juros representam uma despesa dedutível nos impostos para corporações, de

---

[3] Recorde que os pesos de 30% e de 70% em sua carteira hipotética são baseados em valores de mercado, e não em valores contábeis. Agora é possível ver a razão. Se a carteira fosse constituída com diferentes pesos contábeis, digamos meio a meio, os seus retornos não poderiam se igualar aos retornos dos ativos.

modo que o custo do passivo após os impostos é $(1 - T_c)r_D$, em que T_c é a taxa tributária marginal corporativa. Suponha que $T_c = 35\%$. Portanto, o CMPC após os impostos é:

$$\text{CMPC após os impostos} = (1 - T_c)r_D D/V + r_E E/V$$

$$= (1 - 0{,}35) \times 7{,}5 \times 0{,}30 + 15 \times 0{,}70 = 12{,}0\%$$

Daremos outro exemplo do CMPC após os impostos posteriormente neste capítulo, e abordaremos o tópico de forma mais detalhada no Capítulo 19. Mas agora passemos à etapa mais difícil de se calcular o CMPC, estimando o custo dos capitais próprios.

9.2 Medição do custo do capital próprio

Para calcular o custo médio ponderado do capital de uma empresa, precisaremos de uma estimativa do custo de suas ações. Se decidirmos pela utilização do modelo CAPM, estaremos em boa companhia: como vimos no último capítulo, a maioria das grandes empresas norte-americanas utiliza esse modelo para estimar o custo dos capitais próprios.[4] O modelo CAPM estabelece que:

$$\text{Retorno esperado das ações} = r_f + \beta(r_m - r_f)$$

Agora, temos que estimar o beta. Vejamos como isso é feito na prática.

Estimativa do Beta

Estamos interessados, em princípio, no beta futuro das ações da empresa, mas, como não temos uma bola de cristal, observaremos primeiramente os dados históricos. Veja, por exemplo, o diagrama de dispersões do canto superior esquerdo da Figura 9.2. Cada ponto representa o retorno das ações da Dow Chemical e o retorno do mercado de um determinado mês. Os dados abrangem o período de novembro de 2004 a outubro de 2009, havendo, portanto, um total de 60 pontos.

O segundo diagrama à esquerda é semelhante e apresenta os retornos das ações da Microsoft, e o terceiro representa a Campbell Soup. Para cada caso, ajustou-se uma linha aos diversos pontos. A inclinação dessa linha é uma estimativa do beta. A linha indica a média das alterações dos preços das ações quando o retorno do mercado era 1% maior ou menor.

Os diagramas à direita apresentam dados similares para as três ações para o período subsequente, que termina em outubro de 2014. Os betas acabam mudando. O beta da Dow, por exemplo, dá um salto durante a crise financeira. Você erraria longe o alvo se tivesse usado cegamente o seu beta durante esse período para prever o seu beta em épocas mais normais. No entanto, você poderia ficar bastante confiante de que o beta da Campbell Soup era bem menor que o da Dow e que o beta da Microsoft recaía em algum lugar entre os dois.[5]

Apenas uma pequena fração do risco total de cada uma das ações provém de oscilações do mercado. O restante é risco específico diversificado das empresas, visível na dispersão dos pontos em torno da linha ajustada na Figura 9.2. O *R-quadrado* (R^2) mostra a proporção da variância total dos retornos das ações que pode ser explicada pelas oscilações do mercado. Por exemplo, de 2009 até 2014, o R^2 da Microsoft foi de 0,37. Em outras palavras, 37% do risco da Microsoft foi risco de mercado, e 63% foi risco diversificado. A variância do retorno das ações da Microsoft foi de 428.[6] Podemos afirmar, portanto, que a variância dos retornos do mercado foi de 0,37 × 428 = 158, e a variância dos retornos diversificados foi de 0,63 × 428 = 270.

---

[4] O modelo CAPM não é, com certeza, a última palavra sobre risco e retorno, mas os princípios e os procedimentos abordados neste capítulo funcionam igualmente bem com outros modelos, tais como o dos três fatores de Fama-French. Veja a Seção 8.4.

[5] Observe que, para estimar o beta, será necessário efetuar a regressão do *retorno* das ações sobre o *retorno* do mercado. Uma estimativa muito semelhante seria obtida caso fossem usadas apenas as *alterações* percentuais no preço das ações e o índice de mercado. Mas, por vezes, as pessoas cometem o erro de fazer regressão do *nível* do preço das ações no *nível* do índice e obtêm resultados que não fazem sentido.

[6] Esse é um resultado anual; tornamos a variância mensal em uma anualização multiplicando-a por 12 (veja a nota de rodapé 22 do Capítulo 7). O desvio-padrão foi de $\sqrt{428} = 20{,}7\%$.

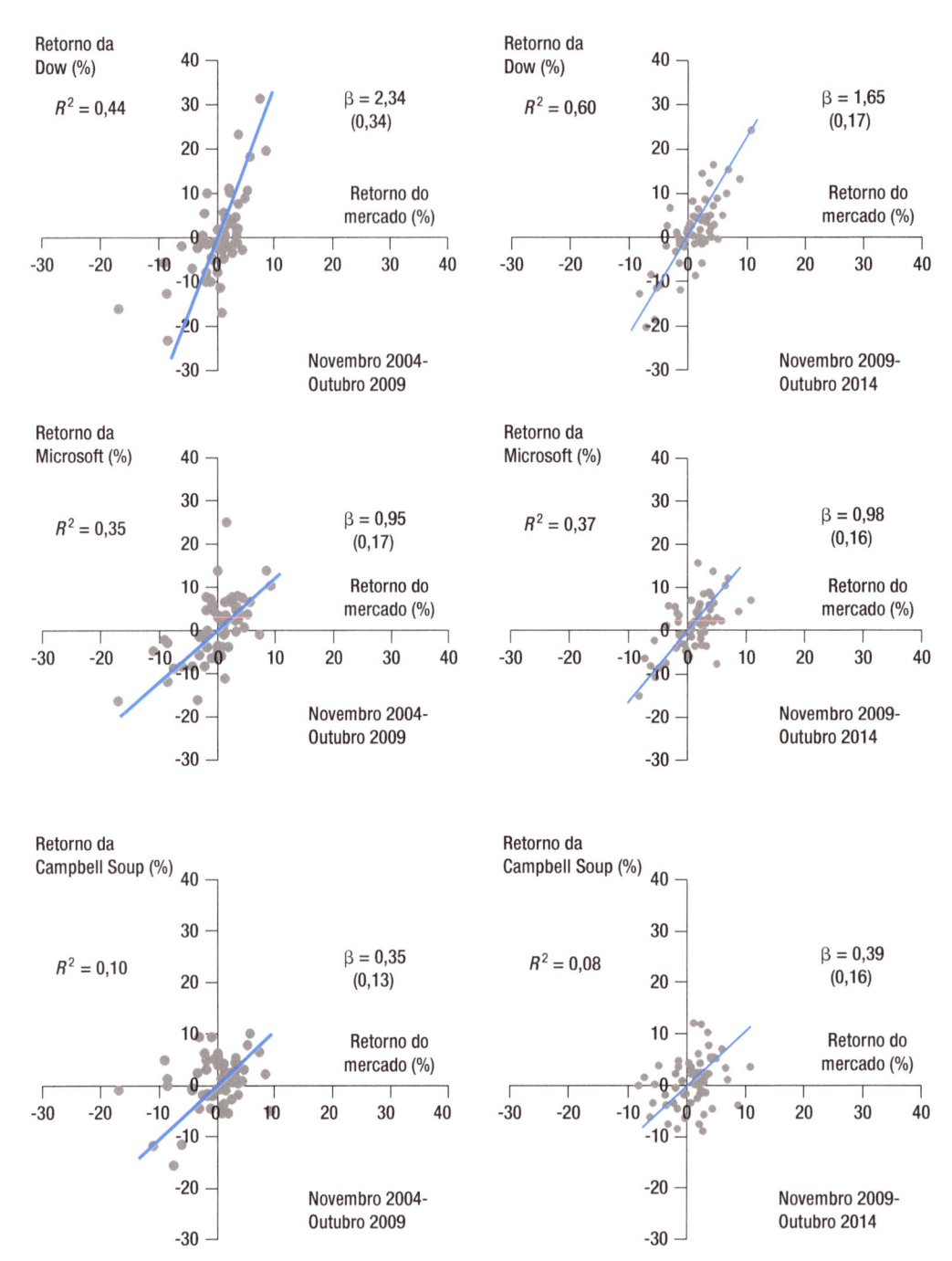

▶ **FIGURA 9.2** Utilizamos o retorno histórico para estimar os betas de três ações nos períodos de novembro de 2004 a outubro de 2009 (diagramas da esquerda) e de novembro de 2009 a outubro de 2014 (diagramas da direita). O beta é a inclinação da linha ajustada. Observe que, em ambos os períodos, a Dow Chemical representava o beta maior, e a Campbell Soup, o menor. Os erros-padrão estão entre parênteses, sob os betas. O erro-padrão mostra o intervalo de erros possíveis na estimativa do beta. Também apresentamos a proporção do risco em razão das oscilações do mercado (R^2).

As estimativas do beta apresentadas na Figura 9.2 não são mais que estimativas. Baseiam-se no retorno das ações em 60 meses determinados. O ruído nos retornos pode ocultar o beta verdadeiro.[7] Por isso, os estatísticos calculam o *erro-padrão* do beta estimado para mostrar a extensão dos possíveis erros de medição. Definem um *intervalo de confiança* do valor estimado, mais ou menos dois erros-padrão. Por exemplo, o erro-padrão da estimativa do beta da Campbell Soup no período mais recente é de cerca de 0,16. Portanto, o intervalo de confiança do beta da Campbell Soup é 0,39, mais ou menos 2 × 0,16. Afirmando que o beta *verdadeiro* da Campbell Soup está entre 0,07 e 0,71, teremos 95% de chance de estarmos corretos. Observe que podemos estar igualmente confiantes na estimativa do beta da Dow e Microsoft.

Em geral, teremos mais informação (e, por isso, mais confiança) do que a sugerida por esse cálculo simples e, de certa forma, deprimente. Por exemplo, sabe-se que o beta estimado da Campbell Soup era bem inferior a 1 nos dois períodos de cinco anos subsequentes, e que o beta estimado da Dow Chemical era bem superior a 1 em ambos os períodos. Apesar disso, sempre haverá uma ampla margem de erro quando se fizer a estimativa do beta de uma determinada ação.

Felizmente, os erros de estimativa tendem a se anular quando estimamos os *betas de carteiras*.[8] É por isso que os gestores financeiros recorrem muitas vezes a *betas de setores de atividade*. O Quadro 9.1, por exemplo, apresenta estimativas de betas e os erros-padrão dessas estimativas para as ações ordinárias de seis grandes empresas ferroviárias. Três dos erros-padrão estão perto de 0,2. Todavia, o quadro também apresenta o beta estimado de uma carteira com ações de todas as seis empresas ferroviárias. Observe que a estimativa do beta do setor de atividade é mais segura, o que é representado por um erro-padrão menor.

O retorno esperado das ações ordinárias da Union Pacific Corporation

Suponhamos que em dezembro de 2014 você tenha sido solicitado a fazer uma estimativa do custo de capital da empresa da Union Pacific. O Quadro 9.1 lhe oferece duas pistas sobre o beta verdadeiro das ações da Union Pacific: a estimativa direta de 0,98 e a estimativa média do setor de atividade de 1,24. Suspeitamos que a estimativa direta pode subestimar o beta da Union Pacific.[9] Vamos utilizar a estimativa do setor, de 1,24.

QUADRO 9.1 Estimativas de betas e desvios-padrão de um conjunto de grandes empresas ferroviárias e de uma carteira de ações igualmente ponderada dessas empresas, baseados em retornos mensais de dezembro de 2009 a novembro de 2014. A precisão do beta da carteira é maior do que os betas de cada empresa, considerados individualmente – observe o erro-padrão da carteira, muito mais baixo

	Beta	Erro-padrão
Canadian Pacific	1,34	0,19
CSX	1,34	0,14
Kansas City Southern	1,27	0,20
Genesee & Wyoming	1,34	0,19
Norfolk Southern	1,16	0,16
Union Pacific	0,98	0,12
Carteira do setor	1,24	0,12

---

[7] As estimativas de beta podem ser distorcidas se houver retornos extremos em um ou dois meses. Esse é um potencial problema em nossas estimativas entre 2004 e 2009, porque houve um mês em 2008 em que as ações da Dow Chemical subiram 90%. (Tal mês não aparece na Figura 9.2. Ele fica acima do topo do gráfico.) O desempenho da Dow naquele mês teve um efeito enorme no beta estimado. Em tais casos, os estatísticos podem preferir dar menos peso às observações extremas, ou até mesmo omiti-las inteiramente.

[8] Se as observações forem independentes, o erro-padrão da estimativa do beta diminui em proporção à raiz quadrada do número de ações da carteira.

[9] Uma razão pela qual o beta da Union Pacific é inferior à média do setor ferroviário é que a empresa tem um índice de endividamento abaixo da média. O Capítulo 19 explica como ajustar os betas para diferentes índices de endividamento.

A próxima questão é saber qual o valor a ser utilizado para a taxa de juros livre de risco. Em dezembro de 2014, o Federal Reserve Board norte-americano diminuiria as taxas das notas do Tesouro a cerca de 0,3%. A taxa de juros para os papéis de um ano era apenas um pouco superior, em torno de 0,15%. Os retornos das obrigações do Tesouro com maturidades mais longas eram ainda um pouco superiores, em torno de 2,6% nos títulos com vencimento para 20 anos.

O modelo CAPM é voltado ao curto prazo. Ele funciona de período em período e exige uma taxa de juros de curto prazo. Mas uma taxa de juros livre de risco de 0,3% poderia fornecer a taxa de desconto correta para fluxos de caixa de 10 a 20 anos no futuro? Bem, agora que mencionamos isso, provavelmente não.

Os gerentes financeiros conseguem resolver esse problema com uma de duas formas: a primeira simplesmente utiliza uma taxa de juros livre de risco de longo prazo na fórmula do modelo CAPM. Se for utilizado esse atalho, o prêmio de risco do mercado deve ser redefinido como a diferença média entre os retornos do mercado e os retornos nos títulos do Tesouro de *longo prazo*.[10]

A segunda forma retém a definição usual do prêmio de risco do mercado como a diferença entre os retornos do mercado e os retornos das taxas das notas do Tesouro de *curto prazo*. Mas, agora, teremos de prever o retorno esperado ao deter notas do Tesouro durante a vida do projeto. No Capítulo 3, observamos que os investidores exigem um prêmio de risco para possuir obrigações de longo prazo, e não notas. O Quadro 7.1 mostrava que, durante o século passado, esse prêmio de risco teve um valor médio de cerca de 1,5%. Assim, para obter uma estimativa grosseira, porém razoável, do retorno esperado de longo prazo pelo investimento em notas do Tesouro, precisamos subtrair 1,5% do retorno corrente dos títulos de longo prazo. No nosso exemplo:

Retorno esperado das notas de longo prazo = retorno corrente dos títulos de longo prazo − 1,5%

$$= 2{,}6 - 1{,}5 = 1{,}1\%$$

Essa é uma estimativa plausível da média do retorno esperado futuro das notas do Tesouro. Utilizaremos, portanto, essa taxa no nosso exemplo.

Retornando ao exemplo da Union Pacific, suponha que decidamos utilizar um prêmio de risco do mercado de 7%. Portanto, a estimativa resultante para o custo do capital próprio da Union Pacific é de cerca de 9,8%:

$$\text{Custo do capital próprio} = \text{retorno esperado} = r_f + \beta(r_m - r_f)$$

$$= 1{,}1 + 1{,}24 \times 7{,}0 = 9{,}8\%$$

O CMPC após os impostos da Union Pacific

Agora podemos calcular o CMPC após os impostos da Union Pacific ao final de 2014. O custo do passivo da empresa era por volta de 4,2%. A uma taxa tributária corporativa de 35%, o custo do passivo após os impostos era $r_D(1 - T_c) = 4{,}2 \times (1 - 0{,}35) = 2{,}7\%$. A proporção do passivo em relação a o valor total da organização era $D/V = 9{,}4\%$. Portanto:

$$\text{CMPC após os impostos} = (1 - T_c)r_D D/V + r_E CP/V$$

$$= (1 - 0{,}35) \times 4{,}2 \times 0{,}094 + 9{,}8 \times 0{,}906 = 9{,}1\%$$

A Union Pacific deveria fixar seu custo de capital total em 9,1%, considerando que seu CFO concorde com as nossas estimativas.

Aviso O custo do passivo é sempre inferior ao custo dos capitais próprios. A fórmula do CMPC combina os dois custos. Ela, no entanto, é traiçoeira, pois sugere que o custo médio do capital poderia ser reduzido substituindo-se um passivo barato por capitais próprios caros. Isso não funciona dessa forma! À medida que a proporção do passivo D/V aumenta, o custo dos capitais próprios re-

---

[10] Essa abordagem fornece uma linha de títulos do mercado com um limite superior e um prêmio de risco do mercado mais baixo. Utilizar uma linha "mais plana" talvez seja mais condizente com a evidência histórica, que mostra que a inclinação dos retornos médios contra o beta não é extremamente acentuada conforme previsto pelo modelo CAPM. Veja as Figuras 8.8 e 8.9.

manescentes também aumenta, compensando a aparente vantagem de termos mais dívidas baratas. Mostraremos como e por que ocorre esse equilíbrio no Capítulo 17.

A dívida, entretanto, tem efetivamente uma vantagem tributária, pois a taxa de juros é uma despesa dedutível nos impostos. Por isso utilizamos o custo do passivo após os impostos no CMPC após os impostos. Abordaremos a dívida e os impostos com muito mais detalhes nos Capítulos 18 e 19.

O beta do ativo da Union Pacific

O CMPC após os impostos depende do risco médio dos ativos da empresa, mas também depende dos impostos e do financiamento. É mais fácil pensarmos no risco do projeto se o medirmos diretamente. A medida direta é denominada **beta do ativo**.

Calculamos o beta do ativo como uma combinação dos betas isolados do passivo (β_D) e dos capitais próprios (β_{CP}). No caso da Union Pacific, temos $\beta_{CP} = 1,24$, e vamos considerar que $\beta_D = 0,15$.[11] Os pesos são as frações do financiamento do passivo e dos capitais próprios, $D/V = 0,094$ e $CP/V = 0,906$.

$$\text{Beta do ativo} = \beta_A = \beta_D(D/V) + \beta_{CP}(CP/V)$$

$$= \beta_A = 0,15 \times 0,094 + 1,24 \times 0,906 = 1,14$$

Calcular o beta de um ativo é o mesmo que calcular um CMPC. Os pesos do passivo e dos capitais próprios, D/V e CP/V, são os mesmos. A lógica também é a mesma: suponha que você tivesse comprado uma carteira consistindo em 100% dos passivos e em 100% dos capitais próprios de uma empresa. Dessa forma, você deteria 100% de sua participação, e o beta de sua carteira seria igual ao beta dos ativos. O beta da carteira é, obviamente, apenas uma média ponderada dos betas do passivo e dos capitais próprios.

Esse beta do ativo é uma estimativa do risco médio das atividades da Union Pacific no setor ferroviário. Trata-se de um ponto de referência útil, mas seu uso não nos serve muito. Nem todos os investimentos feitos no setor ferroviário têm riscos médios. E sendo o primeiro a utilizar a rede de monitoramento ferroviário como antenas de transmissão interplanetária, nem sequer terá um beta do ativo para ajudá-lo no início. Como poderemos fazer julgamentos informados sobre os custos de capital para projetos ou linhas de negócios quando suspeitamos que o risco *não* é médio? Esse é o nosso próximo tópico.

9.3 Análises do risco de um projeto

Suponha que uma mineradora de carvão precise analisar os riscos de investir em, por exemplo, um edifício de escritórios para a sede de uma nova unidade. O beta do ativo para a mineradora não tem utilidade. Precisamos conhecer o beta para as propriedades. Felizmente, essas carteiras de imóveis comerciais são comercializadas. Por exemplo, é possível estimar o beta dos ativos de retornos em sociedades "*trusts*" (Real Estate Investment Trusts – REITS) especializadas em imóveis comerciais.[12] Essas REITS funcionariam como *ativos comparáveis* sujeitos à negociação para o proposto edifício dos escritórios. Poderíamos, também, recorrer a índices de preços e de retornos de imóveis derivados das vendas e avaliações de propriedades comerciais.[13]

---

[11] Por que o beta de uma dívida é positivo? Duas razões: primeiro, os investidores em dívidas se preocupam com o risco de inadimplência. Quando a economia sai da expansão para a recessão, há uma queda geral nos preços de títulos corporativos em relação aos preços dos títulos do Tesouro. O risco de inadimplência é, portanto, reflexo parcial tanto do risco macroeconômico como do mercado. Segundo, todos os títulos são expostos à incerteza sobre as taxas de juros e a inflação. Até os títulos do Tesouro têm betas positivos quando as taxas de juros de longo prazo e a inflação são voláteis e incertas.

[12] Os REITS são fundos de investimento que investem em imóveis. Teríamos que ser mais cuidadosos na identificação de REITS que investem em propriedades comerciais similares ao do edifício de escritórios proposto. Há, também, REITS que investem em outros tipos de propriedades, incluindo condomínios residenciais, shopping centers e terrenos para exploração florestal.

[13] Veja o Capítulo 23 em D. Geltner, N. G. Miller, J. Clayton and P. Eichholtz, *Commercial Real Estate Analysis and Investments*, 3rd ed. (South-Western College Publishing, 2013).

Uma empresa que pretenda fixar um custo de capital para uma linha particular de negócios normalmente procura as *pure plays* nessa mesma linha de negócios. As corporações *pure plays* são sociedades públicas especializadas em uma atividade. Suponha, por exemplo, que a J&J deseja estabelecer um custo de capital para a sua operação farmacêutica: ela poderia estimar o beta do ativo médio ou o custo do capital para empresas farmacêuticas que não diversificaram seus bens de consumo como as fitas Band-Aid® ou os talcos para bebês.

Os custos de capital globais de uma empresa são praticamente inúteis para *conglomerados*. Estes buscam se diversificar em diversos setores não correlacionados, de modo que têm de considerar os custos de capital específicos de um setor de atividade. Eles, portanto, procuram as *pure plays* nos setores relevantes. Considere o Virgin Group, de Richard Branson, como um exemplo. O grupo combina muitas empresas diferentes, incluindo uma aérea (Virgin Atlantic) e pontos de venda no varejo para música, livros e filmes (Virgin Megastores). Felizmente, há muitos exemplos de companhias aéreas e cadeias varejistas que usam esse modelo. O segredo é selecionar os *ativos comparáveis* com os riscos dos negócios essencialmente similares aos das empresas da Virgin.

Por vezes, não há disponibilidade de ativos comparáveis ou eles não fornecem uma comparação apropriada a um projeto particular. O gestor financeiro, então, tem de exercitar o seu discernimento. A seguir, temos os seguintes conselhos:

1. *Pense nos determinantes dos betas do ativo*. Muitas vezes, as características dos ativos com betas elevados e com betas baixos podem ser observadas, enquanto o próprio beta pode não sê-lo.
2. *Não se deixe enganar pelo risco diversificável*.
3. *Evite fatores de risco*. Não caia na tentação de somar fatores de risco à taxa de desconto para tentar equilibrar as coisas que podem, eventualmente, correr mal em relação ao investimento proposto. Ajuste primeiro as previsões dos fluxos de caixa.

O que determina os betas do ativo?

Movimentos cíclicos Muitas pessoas associam instintivamente o risco à variabilidade dos ganhos ou dos fluxos de caixa, mas a maior parte dessa variabilidade reflete o risco diversificável. Os garimpeiros solitários de ouro perseguem lucros futuros extremamente incertos, mas o fato de se tornarem ou não ricos não dependerá provavelmente do desempenho da carteira de mercado. Ainda que efetivamente encontrem ouro, não terão de suportar muito o risco de mercado. Portanto, um investimento na prospecção de ouro tem um desvio-padrão elevado, mas um beta relativamente baixo.

O que efetivamente interessa é a intensidade da relação entre os lucros da empresa e os lucros conjuntos de todos os ativos reais. Podemos quantificá-la por meio do *beta dos lucros* ou do *beta dos fluxos de caixa*. Eles são iguais ao beta real, mas, em vez das taxas de retorno dos títulos, são utilizadas as variações dos lucros ou dos fluxos de caixa. Poderíamos prever que as empresas com elevados betas dos lucros ou betas dos fluxos de caixa deviam ter também elevados betas dos ativos.

Isso significa que as empresas sazonais – empresas cujas receitas e cujos lucros dependem extremamente do estado do ciclo do negócio – tendem a ser empresas com betas elevados. Assim, deve ser exigida uma taxa de retorno mais elevada dos investimentos cujo desempenho está fortemente ligado ao desempenho da economia. Exemplos de empresas sazonais compreendem as companhias aéreas, os resorts e restaurantes luxuosos, o setor da construção e as siderúrgicas. (Uma grande parcela da demanda pelo aço depende dos investimentos de capital e do setor da construção.) Exemplos de empresas com menores movimentos cíclicos incluem os produtos associados ao setor alimentício e do fumo, e marcas de bens de consumo já estabelecidas, tais como os produtos da Johnson & Johnson para bebês. Os programas de MBA são outro exemplo, pois passar um ou dois anos em uma faculdade de administração de empresas é uma escolha mais fácil quando há escassez de postos de trabalho. As matrículas em cursos de MBA de ponta aumentam nas recessões.

Alavancagem operacional Geralmente dizemos que uma unidade de produção com custos fixos elevados em relação aos custos variáveis tem uma *alavancagem operacional* elevada, o que significa um beta do ativo elevado. Vejamos como isso funciona.

Os fluxos de caixa gerados por um ativo podem ser desdobrados em receitas, custos fixos e custos variáveis:

$$\text{Fluxo de caixa} = \text{receitas} - \text{custo fixo} - \text{custo variável}$$

Os custos são variáveis se dependerem do volume de produção. Um exemplo são as matérias-primas, as comissões de vendas, alguns salários e custos de manutenção. Os custos fixos são fluxos de saída de caixa que ocorrem independentemente de o ativo estar ou não sendo utilizado; por exemplo, os impostos sobre propriedades ou os salários dos trabalhadores contratados.

Podemos desdobrar o valor presente de um ativo da mesma forma:

$$\text{VP(ativos)} = \text{VP(receitas)} - \text{VP(custo fixo)} - \text{VP(custo variável)}$$

Ou, de forma equivalente:

$$\text{VP(receitas)} = \text{VP(custo fixo)} + \text{VP(custo variável)} + \text{VP(ativos)}$$

Os que *recebem* os custos fixos são como os credores do projeto – recebem simplesmente um montante fixo. Os que recebem os fluxos de caixa líquidos do ativo são como os detentores dos capitais próprios – recebem o que resta após o pagamento dos custos fixos.

Agora podemos ver como o beta do ativo se relaciona com os betas dos valores das receitas e dos custos. O beta do VP (receitas) é uma média ponderada dos betas dos seus componentes:

$$\beta_{\text{receitas}} = \beta_{\text{custo fixo}} \frac{\text{VP(custo fixo)}}{\text{VP(receitas)}}$$

$$+ \beta_{\text{custos variáveis}} \frac{\text{VP(custo variável)}}{\text{VP(receitas)}} + \beta_{\text{ativos}} \frac{\text{VP(ativos)}}{\text{VP(receitas)}}$$

O beta dos custos fixos deve ter um valor perto de zero: qualquer um que receba os custos fixos tem um ativo seguro. Os betas das receitas e dos custos variáveis deveriam ser aproximadamente os mesmos, porque reagem à mesma variável subjacente, o volume de produção. Assim, podemos substituir o β_{receitas} por $\beta_{\text{custos variáveis}}$ e resolver para o beta do ativo. Não se esqueça de que estamos considerando $\beta_{\text{custo fixo}} = 0$. Ainda, VP(receitas) – VP (custo variável) = VP (ativos) + VP (custo fixo).[14]

$$\beta_{\text{ativos}} = \beta_{\text{receita}} \frac{\text{VP(receita)} - \text{VP(custo variável)}}{\text{VP(ativo)}}$$

$$= \beta_{\text{receita}} \left[1 + \frac{\text{VP(custo fixo)}}{\text{VP(ativo)}} \right]$$

Assim, dada a natureza cíclica das receitas (refletidas no β_{receitas}), o beta do ativo é proporcional ao índice entre o valor presente dos custos fixos e o valor presente do projeto.

Agora, já há uma regra prática para avaliar os riscos relativos dos *designs* ou das tecnologias alternativas para produzir o mesmo projeto. Se as demais variáveis se mantiverem constantes, a alternativa com o maior índice entre os custos fixos e o valor do projeto terá o beta mais elevado do projeto. Testes empíricos confirmaram que as empresas com uma alavancagem operacional elevada têm, realmente, betas altos.[15]

Interpretamos os custos fixos como custos de produção, mas eles podem aparecer sob outras formas, como é o caso dos dispêndios futuros de um investimento. Suponha que uma empresa de energia pública comprometa-se a construir uma central de geração de energia de grande porte. O projeto demorará vários anos, e os custos representam obrigações fixas. Nossa fórmula da alavancagem operacional ainda se aplica, mas com a inclusão de um VP (investimento futuro) no VP

---

[14] No Capítulo 10 descrevemos uma medida contábil do grau de alavancagem operacional (DOL), definida como DOL = 1 + custos fixos/lucros. O DOL mede a alteração percentual nos lucros para uma variação de 1% nas receitas. Derivamos aqui uma versão do DOL expressa em VPs e betas.

[15] Ver B. Lev "On the Association between Operating Leverage and Risk", *Journal of Financial and Quantitative Analysis* 9 (September 1974), pp. 627-642; e G. N. Mandelker and S. G. Rhee, "The Impact of the Degrees of Operating and Financial Leverage on Systematic Risk of Common Stock", *Journal of Financial and Quantitative Analysis* 19 (March 1984), pp. 45-57.

(custos fixos). O compromisso de se fazer o investimento, portanto, aumenta o beta do ativo da central. Certamente o VP (investimento futuro) diminui à medida que a central é construída e desaparece quando ela estiver montada e em operação. Portanto, o beta do ativo da central é apenas temporariamente elevado durante a construção.

Outras fontes de risco Até o momento, focamos nos fluxos de caixa. O risco dos fluxos de caixa não é o único risco. O valor de um projeto é igual aos fluxos de caixa esperados descontados à taxa de desconto, r, ajustada ao risco. Se a taxa livre de risco ou o prêmio de risco do mercado se alteram, então r se alterará, e o mesmo ocorrerá com o valor do projeto. Um projeto com fluxos de caixa de prazo muito longo é mais exposto a essas oscilações na taxa de desconto do que um com fluxos de caixa de curto prazo. Esse projeto, portanto, terá um beta muito alto, embora talvez não tenha alavancagem operacional nem movimentos cíclicos elevados.[16]

Não podemos esperar que se faça uma estimativa do risco relativo dos ativos com precisão, mas os bons gestores examinam cada projeto sob vários ângulos e procuram pistas para avaliar o seu grau de risco. Eles sabem que um elevado risco de mercado é característico dos empreendimentos cíclicos dos projetos com elevados custos fixos e dos projetos sensíveis a variações na taxa de desconto por todo o mercado. Eles pensam nas incertezas principais que podem afetar a economia, e nos efeitos que elas poderão ter sobre os projetos.

Não se deixe enganar pelo risco diversificável

Neste capítulo definimos risco como o beta do ativo de uma empresa, setor de atividade ou projeto. Mas, na acepção corrente, "risco" significa apenas um "mau resultado". As pessoas pensam nos riscos de um projeto como uma lista de coisas que podem não dar certo. Por exemplo:

- Um geólogo em busca de petróleo se preocupa com o risco de se deparar com um poço seco.
- Um cientista de uma empresa farmacêutica se preocupa com o risco de um novo medicamento apresentar efeitos colaterais indesejados.
- Um gerente de fábrica se preocupa que a nova tecnologia para uma linha de produção deixe de funcionar, exigindo alterações e reparos dispendiosos.
- O CFO de uma empresa de telecomunicações se preocupa com o risco de um satélite de comunicações ser danificado por destroços espaciais. (Esse foi o caso de um satélite Iridium, em 2009, ocasião em que colidiu com a nave Cosmos 2251 russa já fora de operação. Ambos se espatifaram em minúsculos fragmentos.)

Observe que todos esses riscos são diversificáveis. Por exemplo, esse tipo de colisão entre o Iridium e a Cosmos foi definitivamente um evento com beta igual a zero. Esses riscos não afetam os betas do ativo e não devem afetar as taxas de desconto para os projetos.

Às vezes, os gestores financeiros aumentam as taxas de desconto em uma tentativa de compensar esses riscos, mas esse método não faz sentido, pois os riscos diversificáveis não aumentam o custo do capital.

EXEMPLO 9.1 ● Leve em conta possíveis resultados ruins

O projeto Z gerará, no ano 1, apenas um fluxo de caixa projetado de $1 milhão. Considera-se que o projeto tem um risco médio e que é apropriado descontá-lo ao custo de capital da empresa de 10%:

$$\text{VP} = \frac{C_1}{1+r} = \frac{1.000.000}{1{,}1} = \$909.100$$

---

[16] Ver J. Y. Campbell and J. Mei, "Where Do Betas Come From? Asset Price Dynamics and the Sources of Systematic Risk", *Review of Financial Studies* 6 (Fall 1993), pp. 567-592. Cornell discute o efeito da duração no risco do projeto em New Evidence on Some Old Questions", *Journal of Business* 72 (April 1999), pp. 183-200.

Descobre-se agora, contudo, que os engenheiros da empresa estão atrasados no desenvolvimento da tecnologia necessária para o projeto. Eles estão confiantes de que ela dará resultado, mas admitem uma pequena possibilidade de isso não acontecer. Considera-se, ainda, o resultado *mais provável* como $1 milhão, mas também é considerada a hipótese de o projeto Z gerar, no próximo ano, um fluxo de caixa igual a zero.

Agora, as perspectivas do projeto estão envoltas pela sua preocupação sobre a nova tecnologia. Deve valer menos do que os $909.100 calculados antes de ter surgido essa preocupação. Mas quanto valerá ao certo? Há *alguma* taxa de desconto (10% mais um fator de risco) que dará o valor certo, mas efetivamente não sabemos qual é essa taxa de desconto ajustada.

Sugerimos que se reconsidere a previsão inicial de $1 milhão para o fluxo de caixa do projeto Z. Supõe-se que os fluxos de caixa do projeto sejam previsões *sem viés*, que atribuem a devida ponderação a todos os resultados possíveis, favoráveis e desfavoráveis. Os gestores conseguem, em média, fazer previsões sem distorções. Por vezes, as suas previsões são muito elevadas ou muito baixas, mas seus erros compensam-se, em média, entre muitos projetos.

Se previrmos um fluxo de caixa de $1 milhão para projetos como o Z, superestimaremos o fluxo de caixa médio, pois, de vez em quando, obteremos zero. Esses "zeros" deveriam ser "incorporados" em suas previsões.

Para muitos projetos, o fluxo de caixa mais provável é também a previsão não enviesada. Se houver três possíveis resultados com as probabilidades referidas a seguir, a previsão não enviesada será de $1 milhão. (A previsão sem viés é a soma dos fluxos de caixa ponderados pela probabilidade.)

Fluxos de caixa possíveis	Probabilidade	Fluxo de caixa ponderado pela probabilidade	Previsão não enviesada
1,2	0,25	0,3	
1,0	0,50	0,5	1,0 ou $1 milhão
0,8	0,25	0,2	

Esse quadro talvez descreva as perspectivas iniciais do projeto Z. No entanto, se a incerteza relativa à tecnologia introduzir uma probabilidade de 10% de um fluxo de caixa igual a zero, a previsão não enviesada poderá descer para $900 mil:

Fluxos de caixa possíveis	Probabilidade	Fluxo de caixa ponderado pela probabilidade	Previsão não enviesada
1,2	0,225	0,27	
1,0	0,45	0,45	0,90 ou $900.000
0,8	0,225	0,18	
0	0,10	0,0	

O valor presente é:

$$VP = \frac{0,90}{1,1} = 0,818 \text{ ou } \$818.000$$

Os gestores normalmente consideram vários resultados possíveis para os grandes projetos, por vezes com probabilidades explícitas já incluídas. Daremos exemplos mais elucidativos e discutiremos mais essas questões no Capítulo 10. Mas, mesmo quando o conjunto de resultados e as probabilidades não forem explicitados, o gestor ainda poderá considerar os bons e os maus resultados, e também o resultado mais provável. Quando os resultados ruins superam os bons, a previsão dos fluxos de caixa deverá ser reduzida até que o equilíbrio seja restaurado.

O primeiro passo consiste, portanto, em fazer o possível para se obter previsões não enviesadas dos fluxos de caixa de um projeto. As previsões não enviesadas incorporam todos os riscos, incluindo os diversificáveis e os de mercado. O segundo passo consiste em pensar se os investidores *diversificados* considerarão o projeto com um risco maior ou menor do que o risco normal de um projeto. Nesse caso, apenas os riscos de mercado são relevantes.

Evite fatores de risco em taxas de desconto

Pense novamente no nosso exemplo do projeto Z, onde reduzimos os fluxos de caixa previstos de $1 milhão a $900 mil para levar em conta uma possível falha de tecnologia. O VP do projeto foi reduzido de $909.100 a $818 mil. Você poderia ter obtido a resposta correta adicionando um fator de risco à taxa de desconto e descontando a previsão original de $1 milhão. Mas é preciso ponderar sobre os possíveis fluxos de caixa para obter o fator de risco, e desde que tenha previsto os fluxos de caixa corretamente, o fator de risco não é necessário.

Os fatores de risco em taxas de desconto são perigosos, pois removem uma ideia clara sobre os fluxos de caixa futuros. Apresentamos um exemplo a seguir.

EXEMPLO 9.2 ● Corrigindo previsões otimistas

O CFO da EZ^2 Corp. está perturbado por constatar que as previsões dos fluxos de caixa para seus projetos de investimento são quase sempre otimistas. Em média, eles são 10% superiores. Ele, portanto, decide compensá-los adicionando 10% ao CMPC da EZ^2, aumentando-a de 12% a 22%.[17]

Suponha que o CFO esteja certo sobre a distorção de 10% a mais nas previsões dos fluxos de caixa. Ele pode meramente somar 10% à taxa de desconto?

O projeto ZZ tem fluxos de caixa projetados regulares de $1 mil ao ano, durante 15 anos. As primeiras duas linhas do Quadro 9.2 apresentam essas previsões e seus VPs descontados a 12%. As linhas 3 e 4 apresentam as previsões corrigidas, cada uma reduzida a 10%, e os VPs corrigidos, que, sem surpresas, também são corrigidos em 10% (linha 5). A linha 6 apresenta os VPs quando as previsões não corrigidas são descontadas a 22%. A linha final 7 apresenta a redução percentual nos VPs à taxa de desconto de 22%, comparada aos VPs não ajustados na linha 2.

A linha 5 apresenta o ajustamento correto quanto ao otimismo (10%). A linha 7 apresenta o que ocorre quando um fator de risco de 10% é somado à taxa de desconto. O efeito no fluxo de

QUADRO 9.2 As previsões iniciais do fluxo de caixa para o projeto ZZ (linha 1) são otimistas demais. As previsões e VPs devem sofrer uma redução de 10% (linhas 3 e 4). Mas adicionar um fator de risco de 10% à taxa de desconto reduz os VPs ainda mais que 10% (linha 6). O fator de risco corrige exageradamente quanto ao viés e penalizaria projetos de longa duração

Ano	1	2	3	4	5	...	10	...	15
1. Previsão inicial do fluxo de caixa	$1.000,00	$1.000,00	$1.000,00	$1.000,00	$1.000,00	...	$1.000,00	...	$1.000,00
2. VP a 12%	$892,90	$797,20	$711,80	$635,50	$567,40	...	$322,00	...	$182,70
3. Previsão corrigida do fluxo de caixa	$900,00	$900,00	$900,00	$900,00	$900,00	...	$900,00	...	$900,00
4. VP a 12%	$803,60	$717,50	$640,60	$572,00	$510,70	...	$289,80	...	$164,40
5. Correção do VP	−10,0%	−10,0%	−10,0%	−10,0%	−10,0%	...	−10,0%	...	−10,0%
6. Previsão inicial descontada a 22%	$819,70	$671,90	$550,70	$451,40	$370,00	...	$136,90	...	$50,70
7. "Correção" do VP à taxa de desconto de 22%	−8,2%	−15,7%	−22,6%	−29,0%	−34,8%	...	−57,5%	...	−72,3%

---

[17] O CFO está ignorando o Segundo Critério de Brealey, Myers e Allen, o qual abordaremos no capítulo seguinte.

caixa do primeiro ano é um "*haircut*" do VP de cerca de 8%, 2% a menos do que o CFO esperava. Mas os valores presentes mais recentes são reduzidos por um índice muito maior que 10%, pois o fator de risco está composto na taxa de desconto de 22%. Nos anos 10 e 15, os *haircuts* do VP são de 57% e 72%, muito maiores do que a distorção de 10% com que o CFO começou o exame.

O CFO realmente pensa que as distorções se acumularam conforme mostra a linha 7 do Quadro 9.2? Se ele estivesse certo desde o início, e a tendência verdadeira fosse de 10%, adicionar um fator de risco de 10% à taxa de desconto subestima radicalmente o VP. O fator de risco também faz os projetos de longa duração parecerem muito piores do que os projetos com período de recuperação mais rápido.[18]

Taxas de desconto para projetos internacionais

Neste capítulo, focamos nos investimentos nos Estados Unidos. No Capítulo 27, discorreremos mais sobre investimentos feitos no exterior. Agora estamos simplesmente advertindo para não se adicionar fatores de risco às taxas de desconto para projetos em países em desenvolvimento. Esses tipos de fatores são vistos com muita frequência na prática.

É verdade que os mercados são mais voláteis nas economias em desenvolvimento, mas uma grande parcela desse risco é diversificável para os investidores nos Estados Unidos, na Europa ou em outros países desenvolvidos. Também é verdade que mais coisas podem dar errado para projetos nesses países, particularmente nas nações politicamente instáveis. Ocorrem expropriações. Por vezes, os governos deixam de cumprir suas obrigações em relação aos investidores internacionais. Assim, é importante refletirmos sobre os riscos colaterais e dar-lhes pesos nas previsões dos fluxos de caixa.

Alguns projetos internacionais são, ao menos, parcialmente protegidos por esses inconvenientes. Por exemplo, um governo oportunista ganharia pouco ou nada expropriando as filiais locais da IBM, pois os afiliados teriam pouco valor sem a marca comercial IBM, seus produtos e seus relacionamentos com os clientes. Uma praça de pedágio de rodovia de propriedade privada seria um alvo mais tentador, pois uma instalação desse tipo seria de operação e manutenção relativamente fáceis pelo governo local.

9.4 Fluxos equivalentes certos – outra maneira de se ajustar ao risco

Na prática das decisões de investimento aplica-se geralmente uma única taxa de desconto ajustada ao risco a todos os fluxos de caixa futuros. A utilização dessa taxa pressupõe que o risco do projeto não sofre alterações ao longo do tempo, permanecendo constante. Sabemos que isso não é verdade, visto que os riscos a que as empresas estão expostas mudam constantemente. Aqui, estamos nos aventurando em áreas difíceis, mas há um modo de considerar o risco que pode sugerir uma solução. Para isso, teremos que converter os fluxos de caixa esperados em fluxos **equivalentes certos**. Primeiro, vamos apresentar um exemplo para mostrar o que são os fluxos equivalentes certos. Depois, como recompensa do nosso investimento, nós os utilizaremos para revelar aquilo que está realmente se presumindo quando se desconta uma série de fluxos de caixa futuros com uma taxa de juro única ajustada ao risco. Vamos também avaliar um projeto em que tanto o risco se altera ao longo do tempo como os métodos normais de desconto falham. O seu investimento ainda será mais recompensado depois de termos abordado as opções nos Capítulos 20 e 21 e os preços a termo e futuros no Capítulo 26. As fórmulas para os preços de opções descontam fluxos equivalentes certos. Os preços a termo e futuros *são* fluxos equivalentes certos.

---

[18] A tendência otimista poderia ser pior para fluxos de caixa distantes em relação aos mais próximos. Se isso ocorrer, o CFO deve explicitar o padrão temporal da tendência e, posteriormente, ajustar as previsões dos fluxos de caixa.

Avaliação por fluxos equivalentes certos

Relembre o investimento imobiliário simples que usamos no Capítulo 2 para apresentar o conceito de valor presente. Estamos planejando a construção de um edifício de escritórios que pretendemos vender ao fim de um ano por $800 mil. Esse fluxo de caixa não é certo e tem o mesmo risco de mercado, de modo que $\beta = 1$. A taxa de juros livre de risco é de $r_f = 7\%$, mas você desconta o ganho de $800 mil a uma taxa de juro ajustada ao risco de 12%. Isso dá um valor presente de $800.000/1,12 = \$741.286$.

Suponha que você seja contatado por uma empresa imobiliária que se propõe a comprar o edifício a um preço fixo ao fim de um ano. Essa garantia afastaria todas as incertezas quanto ao lucro de seu investimento. Você aceitaria um valor inferior ao ganho não certo de $800 mil. Mas quanto menos que isso? Se o edifício tem um valor presente de $714.286 e a taxa de juro é de 5%, então:

$$VP = \frac{\text{fluxo de caixa certo}}{1,07} = \$714.286$$

$$\text{fluxo de caixa certo} = \$764.286$$

Em outras palavras, um fluxo de caixa certo de $764.286 tem exatamente o mesmo valor presente de um fluxo de caixa estimável não certo de $800 mil. O fluxo de caixa de $764.286 é, por isso, denominado *fluxo equivalente certo*. Para compensá-lo no atraso pelo ganho e pela incerteza dos preços no setor imobiliário, será necessário um retorno de $800 mil − 714.286 = \$85.714$. Uma parte desse diferencial é compensadora pelo valor temporal do dinheiro. A outra parte ($800.000 − 764.286 = \$35.714$) é uma redução no preço para compensar o risco contido na previsão de um fluxo de caixa de $800 mil.

O nosso exemplo apresenta duas maneiras de se avaliar um fluxo de caixa arriscado:

Método 1: Desconte o fluxo de caixa com risco a uma *taxa de juro ajustada ao risco r* maior do que r_f.[19] A taxa de juro com risco ajustado contempla o tempo e o risco. Isso está ilustrado no trajeto em sentido horário da Figura 9.3.

Método 2: Determine o fluxo equivalente certo e desconte-o à taxa de juro sem risco r_f. Quando utiliza esse método, você precisa fazer a seguinte pergunta: Qual é o menor ganho *certo* pelo qual trocaria o fluxo de caixa com risco? Esse ganho é denominado o *equivalente certo*, denotado por ECQ. Como ECQ é o valor descontado a um fluxo de caixa seguro, é atualizado a uma taxa de juro sem risco. O método dos fluxos equivalentes certos faz ajustes separados para o risco e para o tempo. Isso está ilustrado no trajeto anti-horário da Figura 9.3.

Agora, temos duas expressões idênticas para o VP de um fluxo de caixa no período 1:[20]

$$VP = \frac{C_1}{1+r} = \frac{ECQ_1}{1+r_f}$$

Para fluxos de caixa daqui a dois, três ou *t* anos:

$$VP = \frac{C_t}{(1+r)^t} = \frac{ECQ_t}{(1+r_f)^t}$$

---

[19] A taxa de desconto r pode ser inferior a r_f para ativos com betas negativos, mas os betas efetivos são quase sempre positivos.

[20] O ECQ_1 pode ser calculado diretamente com base no modelo CAPM. A fórmula dos fluxos equivalentes certos do CAPM afirma que o equivalente certo de um fluxo de caixa C_1 é $C_1 - \lambda \text{ cov}(\widetilde{C}_1, \tilde{r}_m)$. $\text{Cov}(\widetilde{C}_1, \tilde{r}_m)$ é a covariância entre o fluxo equivalente incerto e o retorno do mercado, $\tilde{r}_m$. Lambda, λ, é a medida do preço do risco de mercado. É definida como $(r_m - r_f)/\sigma_m^2$. Por exemplo, se $r_m - r_f = 0,08$ e o desvio-padrão dos retornos do mercado é $\sigma_m = 0,20$, então lambda = $0,08/0,20^2 = 2$.

Método da taxa de desconto ajustada ao risco

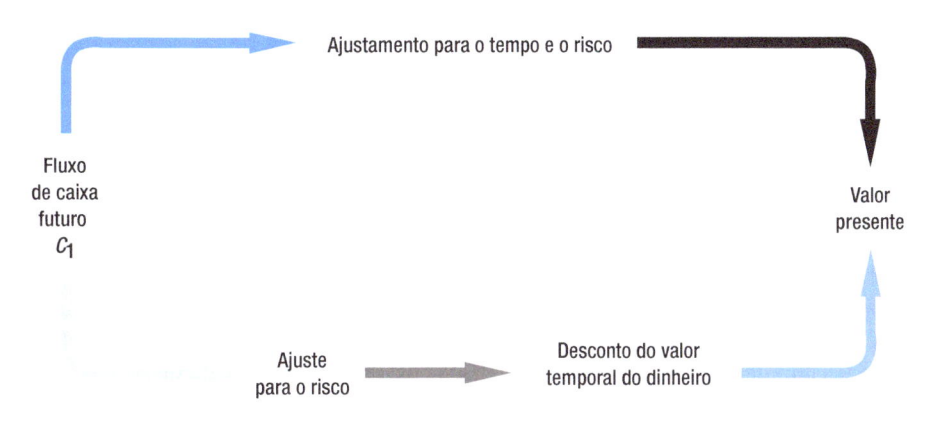

FIGURA 9.3 Duas maneiras de calcular o valor presente. A expressão "*haircut for risk*" é o jargão financeiro que se refere à redução do valor projetado para o fluxo de caixa em relação ao seu fluxo equivalente certo.

Quando utilizar uma única taxa de desconto ajustada ao risco para ativos duradouros

Agora podemos examinar o que está implícito ao utilizarmos uma taxa de desconto constante ajustada ao risco para calcular um valor presente.

Considere dois projetos simples. Espera-se que o projeto A produza um fluxo de caixa de $100 milhões por ano durante três anos. A taxa de juro sem risco é de 6%; o prêmio de risco do mercado, de 8%; e o beta do projeto A, de 0,75. Assim, devemos calcular o custo de oportunidade do capital de A da seguinte forma:

$$r = r_f + \beta(r_m - r_f)$$

$$= 6 + 0{,}75(8) = 12\%$$

O desconto a 12% dá o seguinte valor presente para cada fluxo de caixa:

Projeto A		
Ano	Fluxo de caixa	VP a 12%
1	100	89,3
2	100	79,7
3	100	71,2
		VP Total 240,2

Agora, compare esses números com os fluxos de caixa do projeto B. Observe que os fluxos de caixa de B são inferiores aos de A; mas os de B são mais seguros e, por essa razão, são descontados a uma taxa de juro sem risco. O *valor presente* do fluxo de caixa de cada ano é idêntico para os dois projetos.

Projeto B		
Ano	Fluxo de caixa	VP a 6%
1	94,6	89,3
2	89,6	79,7
3	84,8	71,2
		VP Total 240,2

No ano 1, o projeto A teve um fluxo de caixa com risco de 100. Ele tem o mesmo VP dos 94,6 do fluxo de caixa sem risco do projeto B. Por isso, 94,6 é o equivalente certo de 100. Considerando que os dois fluxos de caixa têm o mesmo valor presente, os investidores estão dispostos a prescindir de 100 – 94,6 = 5,4, no lucro esperado do ano 1, a fim de se verem livres do risco.

No ano 2, o projeto A tem um fluxo de caixa com risco de 100 e B, um fluxo de caixa sem risco de 89,6. Novamente, os dois fluxos de caixa têm o mesmo valor presente. Assim, para eliminar a incerteza no ano 2, os investidores estão dispostos a prescindir de 100 – 89,6 = 10,4 no rendimento futuro. E para eliminarem a incerteza no ano 3, estão dispostos a prescindir de 100 – 84,8 = 15,2 no rendimento futuro.

Para avaliarmos o projeto A, descontamos cada fluxo de caixa à mesma taxa ajustada ao risco de 12%. Agora você compreende o que isso implicou. Ao utilizar uma taxa constante, foi feita efetivamente uma dedução muito maior para o risco nos últimos fluxos de caixa:

Ano	Fluxo projetado para projeto A	Fluxo de caixa equivalente certo	Dedução para risco
1	100	94,6	5,4
2	100	89,6	10,4
3	100	84,8	15,2

O segundo fluxo de caixa contém mais risco do que o primeiro, porque está exposto a dois anos de risco de mercado. O terceiro fluxo de caixa contém um risco ainda maior, pois está exposto a três anos de risco de mercado. Podemos perceber esse risco maior refletido no declínio estável dos fluxos equivalentes certos em cada período.[21]

Assim, a utilização de uma taxa constante de desconto ajustada ao risco para uma série de fluxos de caixa pressupõe que o risco se acumula a uma taxa constante à medida que avança no futuro.

Um erro comum

Por vezes, ouve-se afirmar que como os fluxos de caixa temporalmente mais distantes comportam um risco maior, deveriam ser descontados a uma taxa mais elevada do que os fluxos de caixa mais próximos. Essa noção está completamente errada: acabamos de ver que usar a mesma taxa de desconto ajustada ao risco para os fluxos de caixa de cada ano implica uma maior dedução para risco dos fluxos de caixa posteriores. A razão é que a taxa de desconto compensa o risco suportado *por período*. Quanto mais distantes os fluxos de caixa estiverem, maior será o número de períodos, e maior será também o ajustamento *total* do risco.

Quando não é possível utilizar uma única taxa de desconto ajustada ao risco para ativos duradouros

Às vezes encontramos casos em que a utilização de uma única taxa de desconto ajustada ao risco pode trazer problemas; mais tarde avaliaremos algumas opções. Como o risco de uma opção é constantemente alterado, torna-se necessária a utilização do método dos equivalentes certos.

Vamos observar, como exemplo, um fato simplificado que grosseiramente ilustra uma proposta feita a um dos autores para análise de mercado. A Vegetron inventou uma enceradeira elétrica e está disposta a dar andamento à linha-piloto de produção para testar o mercado. A fase

---
[21] Repare que o índice do fluxo de caixa equivalente certo (ECQ_t) sobre o fluxo de caixa efetivo (C_t) declina suavemente.
$ECQ_1 = 0{,}946 \times C_1$. $ECQ_2 = 0{,}946^2 \times C_2 = 0{,}896 \times C_2$. $ECQ_3 = 0{,}946^3 \times C_3 = 0{,}848 \times C_3$.

preliminar durará um ano e custará $125 mil. Os gestores pensam que existe apenas uma probabilidade de 50% de a produção-piloto e os testes do mercado terem bons resultados. Se obtiverem bons resultados, a Vegetron construirá uma fábrica no valor de $1 milhão, que gerará um fluxo de caixa esperado anual perpétuo de $250 mil por ano, após os impostos. Se não tiverem êxito, terão de abandonar o referido projeto.

Os fluxos de caixa esperados (em milhares de dólares) são:

$$C_0 = -125$$

$$C_1 = 50\% \text{ de chance de } -1.000 \text{ e } 50\% \text{ de chance de } 0$$

$$= 0,5(-1.000) + 0,5(0) = -500$$

$$C_t \text{ para } t = 2, 3, \ldots = 50\% \text{ de chance de } 250 \text{ e } 50\% \text{ de chance de } 0$$

$$= 0,5(250) + 0,5(0) = 125$$

Os gestores têm pouca experiência em produtos de consumo e consideram que esse projeto representa um risco muito alto.[22] Portanto, descontam os fluxos de caixa a 25%, em vez dos 10% normalmente utilizados pela Vegetron:

$$\text{VPL} = -125 - \frac{500}{1,25} + \sum_{t=2}^{\infty} \frac{125}{(1,25)^t} = -125 \text{ ou } -\$125.000$$

O que parece mostrar que o projeto não é viável.

A análise dos gestores está aberta a críticas se os testes do primeiro ano eliminarem uma grande parte do risco. Se a fase dos testes se revelar um fracasso, então não haverá nenhum risco – o projeto estará *certamente* condenado. Se for um êxito, poderá existir apenas o risco normal, a partir dessa data. Isso significa que há uma probabilidade de 50% de, no ano 1, a Vegetron investir em um projeto de risco *normal*, para o qual a taxa de desconto *normal* de 10% seria apropriada. Assim, a organização tem 50% de probabilidade de investir $1 milhão em um projeto com um valor presente líquido de $1,5 milhão:

Linha-piloto de produção para testar o mercado
$$\text{Sucesso} \to \text{VPL} = -1.000 + \frac{250}{0,10} = +1.500 \text{ (50\% de chance)}$$
$$\text{Fracasso} \to \text{VPL} = 0 \text{ (50\% de chance)}$$

Dessa maneira, podemos considerar que o projeto proporcionará resultados esperados de $0,5(1.500) + 0,5(0) = 750$, ou $750 mil em $t = 1$, com um investimento de $125 mil em $t = 0$. Obviamente, o equivalente certo do resultado é menor do que $750 mil, mas a diferença tem que ser bastante grande para justificar a não aprovação do projeto. Por exemplo, se o equivalente certo for metade do fluxo de caixa estimável (uma margem extremamente grande do fluxo de caixa), e a taxa de juro sem risco for de 7%, o projeto terá um valor de $225.500:

$$\text{VPL} = C_0 + \frac{\text{ECQ}_1}{1 + r}$$

$$= -125 + \frac{0,5(750)}{1,07} = 225,5 \text{ ou } \$225.500$$

Nada mau para um investimento de $125 mil – e completamente diferente do VPL negativo que os gestores obtiveram ao descontar todos os fluxos de caixa a 25%.

---

[22] Partiremos do princípio de que os gestores estão falando de um *risco de mercado* elevado e que a diferença entre 25 e 10% *não* é um fator de risco introduzido para compensar as previsões otimistas dos fluxos de caixa.

ND

FUNÇÕES ÚTEIS PARA PLANILHAS

Estimativas de riscos de ações e de mercado

Os programas de elaboração de planilhas, como o Excel, apresentam funções internas para a resolução de problemas de cálculo de medidas de risco. É possível encontrá-las clicando na aba *fx* na barra de ferramentas do Excel. Se, em seguida, você der um clique na função que deseja usar, o programa lhe pede os dados necessários. No botão à esquerda da caixa de funções há o recurso "Ajuda sobre esta função" com um exemplo de como a função é utilizada.

Eis aqui uma lista das funções úteis para a resolução desses problemas e alguns pontos para lembrar quando se digitar os dados. Observe que diferentes versões do Excel podem usar nomes ligeiramente diferentes para essas funções:

1. **VAR.P e BDDESVP.A:** calcula a variância e o desvio-padrão de uma série de números, conforme mostra a Seção 7.2.
2. **VAR.S e STDEV.S:** a nota de rodapé 18, da página 235, observou que quando a variância é estimada com base em uma amostra de observações (o caso usual), deve ser feita uma correção para compensar a perda de um grau de liberdade. VAR.S e STDEV.S fornecem as medições corretas. Para qualquer amostra ampliada, VAR.S e VAR.P serão similares.
3. **INCLINAÇÃO:** útil para calcular o beta de uma ação ou carteira.
4. **CORREL:** útil para calcular a correlação entre os retornos de quaisquer dois investimentos.
5. **COVARIÂNCIA.P e COVARIÂNCIA.S:** O risco da carteira depende da covariância entre os retornos em cada par de ações. Estas funções calculam a covariância.
6. **RQUAD:** r-quadrado é o quadrado do coeficiente de correlação além de ser útil para medir a proporção da variância dos retornos de uma ação que pode ser explicada pelo mercado.
7. **MÉDIA:** calcula a média de quaisquer séries de números.

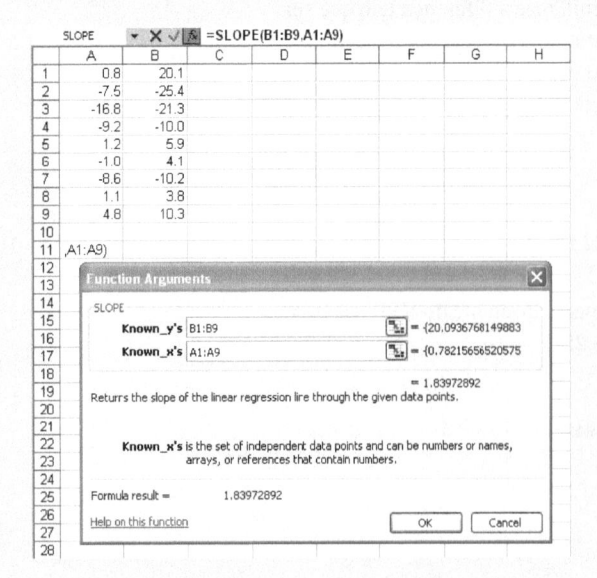

Se, digamos, você precisa saber o erro-padrão de sua estimativa do beta, é possível obter dados estatísticos mais detalhados recorrendo à aba *Dados* e clicando na aba *Análise de Dados*, e, depois, em *Regressão*.

Questões com planilhas

As questões a seguir oferecem oportunidades de praticar cada uma das funções do Excel.

1. (VAR.P e BDDESVP.A) Escolha duas ações bem conhecidas e baixe os preços ajustados dos últimos 61 meses a partir do **finance.yahoo.com**. Calcule os retornos mensais para cada ação. Agora, determine a variância e o desvio-padrão dos retornos para cada ação utilizando a VAR.P e a BDDESVP.A. Converta a variância em uma base anual multiplicando-a por 12, e o desvio-padrão multiplicando-o pela raiz quadrada de 12.

2. (MÉDIA, VAR.P e BDDESVP.A) Agora calcule a variância e o desvio-padrão anualizados para uma carteira que, de mês em mês, tem participação igual nas duas ações. O resultado é inferior ou superior à média dos desvios-padrão dos dois papéis? Por quê?

3. (INCLINAÇÃO) Baixe o índice Standard & Poor's para o mesmo período (seu símbolo é ^GSPC). Determine o beta de cada ação e da carteira. (*Obs*: é preciso digitar os retornos das ações como os valores-Y e os retornos do mercado como os valores-X.) O beta da carteira é inferior ou superior à média dos betas das duas ações?

4. (CORREL) Calcule a correlação entre os retornos das duas ações. Utilize essa medição e suas estimativas anteriores da variância de cada ação para calcular a variância de uma carteira uniformemente dividida entre as duas ações. (Você pode necessitar reler a Seção 7.3 para ativar a memória de como fazer isso.) Confira que se obtém uma resposta idêntica a quando foi calculada diretamente a variância da carteira.

5. (COVARIÂNCIA.P) Repita a questão 4, mas agora calcule a covariância diretamente, e não a partir das correlações e variâncias.

6. (RQUAD) Para cada uma das duas ações, calcule a proporção da variância explicada pelo índice do mercado. Os resultados batem com a sua intuição?

7. Utilize a opção *Regressão* no menu *Análise de Dados* para calcular o beta de cada ação e da carteira (aqui, o beta é denominado coeficiente da variável X). Examine o erro-padrão da estimativa na célula à direita. Qual é o seu grau de confiança sobre suas estimativas dos betas de cada ação? E que tal sobre sua estimativa do beta da carteira?

RESUMO

No Capítulo 8 apresentamos os princípios básicos para avaliar os ativos com risco. Neste capítulo, mostramos como se aplicam esses princípios quando se avaliam projetos de investimento.

Suponha que o projeto tem o mesmo risco de mercado que os ativos existentes da empresa. Nesse caso, os fluxos de caixa do projeto podem ser descontados ao *custo de capital da empresa*, que é a taxa de retorno que os investidores exigem em uma carteira de todo o passivo e de todos os capitais próprios em circulação da organização. Geralmente, ele é calculado como um *custo médio ponderado do capital* (CMPC após os impostos), ou seja, como a média ponderada do custo da dívida e do custo dos capitais próprios após os impostos. Os pesos são os valores relativos do mercado para o passivo e os capitais próprios. O custo do passivo é calculado após os impostos, pois a taxa de juros é uma despesa dedutível nos impostos.

A parte mais difícil de se calcular o CMPC após os impostos é a estimativa do custo do capital próprio. A maioria das empresas de grande porte utiliza o modelo CAPM para fazer isso. Elas geralmente estimam o beta das ações da empresa com base em taxas de retorno históricas de suas ações ordinárias e de mercado, e depois verificam suas estimativas contra o beta médio de organizações similares.

O CMPC após os impostos é a taxa de desconto correta para os projetos que tiverem um risco de mercado igual ao das atividades correntes da empresa. Muitas empresas utilizam, contudo, a CMPC após os impostos como a taxa de desconto para todos os projetos. Mas esse procedimento é perigoso.Se ele for seguido estritamente, a empresa aceitará um número excessivo de projetos de alto risco e rejeitará também um número excessivo de projetos de baixo risco. O que conta é o risco do *projeto*: o custo verdadeiro do capital depende da utilização que lhe é dada.

Os gestores, portanto, precisam entender por que um projeto particular pode ter um risco acima ou abaixo da média.

É possível identificar, com frequência, a característica alta ou baixa do beta de um projeto, mesmo quando o beta não pode ser calculado diretamente. Por exemplo, você pode determinar até que ponto os fluxos de caixa do projeto serão afetados pelo desempenho geral da economia. Os projetos cíclicos são, geralmente, projetos com betas elevados. Outro aspecto que deve ser considerado é a alavancagem operacional. Os custos de produção fixos aumentam o beta.

Não se pode deixar confundir pelo risco diversificável. Os riscos diversificáveis não afetam os betas dos ativos ou o custo do capital, mas a possibilidade de resultados ruins deve ser incorporada nas previsões de fluxos de caixa. Além disso, tenha cuidado para não compensar as preocupações sobre o desempenho futuro de um projeto adicionando um fator de risco na taxa de desconto. Os fatores de risco não funcionam e podem subestimar seriamente os valores dos projetos de longa duração.

Há, ainda, outro obstáculo a ultrapassar. A maioria dos projetos gera fluxos de caixa durante vários anos. Em geral, as empresas usam a mesma taxa de desconto ajustada ao risco, r, para descontar cada um desses fluxos de caixa. Ao fazê-lo, assumem implicitamente que o risco cumulativo cresce a uma taxa constante à medida que se avança no futuro. De modo geral, esse pressuposto é razoável e é correto quando o beta futuro do projeto for constante, isto é, quando o risco *por período* for constante.

Mas é a exceção que confirma a regra. Você deverá, portanto, estar atento aos projetos em que o risco *não* aumenta claramente de maneira uniforme. Nesses casos, você deverá compartimentar o projeto em segmentos, dentro dos quais seja possível utilizar a mesma taxa de desconto. Ou, então, use a versão dos equivalentes certos do modelo FCD que permite fazer ajustes separados ao risco dos fluxos de caixa em cada período.

O quadro da página 240 fornece funções úteis para planilhas de modo a se estimar o risco de ações e do mercado.

LEITURAS ADICIONAIS

Michael Brennan disponibiliza uma pesquisa útil, porém bastante difícil, sobre as questões abordadas neste capítulo:

M. J. Brennan, "Corporate Investment Policy," *Handbook of the Economics of Finance, Volume 1A, Corporate Finance*, eds. G. M. Constantinides, M. Harris, and R. M. Stulz (Amsterdam: Elsevier BV, 2003).

PROBLEMAS

BÁSICO

1. **Custo de capital de uma empresa** Suponha que uma empresa utilize o seu custo de capital para avaliar todos os projetos de investimento. O valor dos projetos de alto risco estará subestimado ou superestimado?

2. **CMPC** Uma empresa é financiada em 40% por endividamento sem risco. A taxa de juros é de 10%; o prêmio de risco do mercado, de 8%; e o beta das ações, de 0,5. Qual é o seu custo do capital? Qual é o CMPC após os impostos, considerando que a empresa paga impostos a uma taxa de 35%?

3. **Mensuração de risco** Veja, novamente, o gráfico que está no canto superior direito da Figura 9.2. Qual é proporção dos retornos da Dow Chemical que foi explicada por oscilações do mercado? Que proporção se deve ao risco diversificável? Como o risco diversificável surge no gráfico? Qual é o intervalo de erros possíveis na estimativa do beta?

4. **Definições**   Defina os seguintes termos:
   a. Custo do passivo
   b. Custo dos capitais próprios
   c. CPMC após os impostos
   d. Beta do capital próprio
   e. Beta do ativo
   f. Comparáveis *pure plays*
   g. Fluxo equivalente certo

5. **Betas de ativos**   A EZCUBE Corp. é financiada em 50% por obrigações de longo prazo e 50% por ações ordinárias. Os títulos de dívida têm um beta de 0,15. O beta das ações da empresa é de 1,25. Qual é o beta do ativo da EZCUBE?

6. **Risco divesificável**   Muitos projetos de investimento são expostos a riscos diversificáveis. O que, nesse contexto, quer dizer "diversificável"? Como os riscos diversificáveis devem ser considerados em uma avaliação do projeto? Será que eles devem ser totalmente ignorados?

7. **Fatores de risco**   John Barleycorn estima que sua empresa tem um CMPC após impostos de apenas 8%. No entanto, ele fixa uma taxa de desconto para todos os departamentos de modo a compensar as inclinações otimistas dos patrocinadores do projeto e para impor "disciplina" no processo de alocação orçamentária. Imagine que o Sr. Barleycorn esteja correto sobre os patrocinadores, que são, de fato, otimistas em uma média de 7%. Explique por que a elevação na taxa de desconto, de 8% para 15%, não compensará toda aquela tendência?

8. **Betas de ativos**   Qual destes projetos provavelmente terá o beta do ativo mais elevado, mantendo-se os outros fatores constantes? Por quê?
   a. A equipe de vendas de A recebe uma remuneração anual fixa; a de B é paga com base em comissões.
   b. C é uma companhia aérea que só vende bilhetes de primeira classe. D produz cereais para o café da manhã.

9. **Verdadeiro/falso**   Verdadeiro ou falso?
   a. O custo de capital da empresa é a taxa de desconto correta para todos os projetos, pois o alto risco de alguns projetos é equilibrado pelo baixo risco de outros.
   b. Os fluxos de caixa distantes contêm mais risco do que os fluxos de caixa de prazo mais curto. Portanto, projetos de longa duração exigem taxas de desconto ajustadas ao risco mais elevadas.
   c. Adicionar fatores de risco a taxas de desconto desvaloriza projetos de longa duração comparados com projetos de recuperação mais rápida.

10. **Equivalentes certos**   Um projeto terá um fluxo de caixa esperado de $110 no ano 1, e de $121 no ano 2. A taxa de juro é de 5%; o prêmio estimado de risco do mercado, de 10%; e o projeto tem um beta de 0,5. Se você utilizar uma taxa constante de desconto ajustada ao risco, quais serão:
    a. O VP do projeto?
    b. Os equivalentes certos dos fluxos de caixa nos anos 1 e 2?
    c. O índice entre os fluxos de caixa equivalentes certos e os fluxos de caixa esperados para os anos 1 e 2?

INTERMEDIÁRIO

11. **Custo de capital**   O valor total de mercado das ações ordinárias da Okefenokee Real Estate é de $6 milhões, e o valor total da sua dívida é de $4 milhões. O CFO estima que o beta das ações é, atualmente, de 1,5, e que o prêmio de risco esperado do mercado é de 6%. A taxa das letras do Tesouro é de 4%. Para simplificar, considere que a dívida da Okefenokee é livre de risco e que a organização não paga impostos.
    a. Qual é o retorno esperado das ações da Okefenokee?
    b. Estime o custo de capital da empresa.
    c. Estime a taxa de desconto para a expansão das atividades atuais da empresa.
    d. Suponha que a empresa pretenda diversificar as suas atividades, produzindo óculos cor-de-rosa. O beta dos fabricantes ópticos, sem dívida, é de 1,2. Estime o retorno requerido para o novo empreendimento da organização.

12. **Custo de capital**   A Nero Violins apresenta a seguinte estrutura de capital:

Títulos	Beta	Valor total de mercado ($ milhões)
Dívida	0	$100
Ações preferenciais	0,20	40
Ações ordinárias	1,20	299

   a. Qual é o beta do ativo da empresa? (*Dica*: qual é o beta da carteira de todos os títulos da empresa?
   b. Parta do princípio de que o modelo CAPM é correto. Que taxa de desconto a Nero deverá estabelecer para investimentos que expandem a sua escala de operações sem alterar o beta do seu ativo? Assuma uma taxa de juros livre de risco a 5% e um prêmio de risco de mercado de 6%.

13. **Mensuração de risco**   O quadro a seguir apresenta as estimativas do risco de duas ações de companhias canadenses bastante conhecidas:

	Desvio-padrão (%)	R^2	Beta	Desvio-padrão do beta
Toronto Dominion Bank	25	0,25	0,82	0,18
Canadian Pacific	28	0,30	1,04	0,20

a. Que proporção do risco de cada ação foi risco de mercado e que proporção foi risco específico?

b. Qual é a variância do Toronto Dominion? Qual á variância específica?

c. Qual é o intervalo de confiança do beta da Loblaw? (Veja a Seção 8.2 para uma definição de "intervalo de confiança").

d. Se o modelo CAPM estiver correto, qual é o retorno esperado do Toronto Dominion? Pressuponha uma taxa de juro livre de risco de 5% e um retorno esperado do mercado de 12%.

e. Suponha que, no próximo ano, o mercado propicie um retorno igual a zero. Sabendo disso, que retorno espera-se do Toronto Dominion?

14. **Custo de capital de uma empresa** Forneceram-lhe a seguinte informação sobre a Golden Fleece Financial:

Dívida de longo prazo em circulação:	$300.000
Retorno corrente até o vencimento ($r_{passivo}$):	8%
Quantidade de ações ordinárias:	10.000
Preço por ação:	$50
Valor contábil por ação:	$25
Taxa de retorno esperada das ações ($r_{capitais\ próprios}$):	15%

Calcule o custo de capital da Golden Fleece, ignorando os impostos.

15. **Mensuração de risco** Veja novamente o Quadro 9.1. Agora, vamos nos concentrar na Norfolk Southern.

    a. Calcule o custo dos capitais próprios da Norfolk Southern, com base no modelo CAPM, utilizando a sua própria estimativa do beta e a estimativa do beta do setor de atividade. Em quanto as suas respostas são diferentes? Pressuponha uma taxa de juro livre de risco de 2% e um prêmio de risco de mercado de 7%.

    b. Pode-se confiar que o beta verdadeiro da Norfolk Southern *não* é a média do setor de atividade?

    c. Em que circunstâncias você avisaria a Norfolk Southern para calcular o seu custo de capitais próprios baseado na sua própria estimativa do beta?

16. **Betas de ativos** Que tipos de empresas são necessários para se estimar os betas dos ativos do setor de atividade? Como uma empresa dessas faria a estimativa? Descreva o processo passo a passo.

17. **CMPC** O financiamento da Binomial Tree Farm inclui empréstimos bancários no montante de $5 milhões. O valor total das suas ações ordinárias está cotado em seu demonstrativo financeiro anual a $6,67 milhões. A organização tem 500 mil ações ordinárias em circulação, que são comercializadas na Wichita Stock Exchange a um preço unitário de $18. Qual é o índice de endividamento que a organização deveria utilizar para calcular seu CMPC ou seu beta dos ativos? Justifique.

18. **Betas e alavancagem operacional** Você possui uma máquina de trabalho contínuo com um retorno médio de $20 milhões por ano. As matérias-primas custam 50% das receitas. Esses custos são variáveis – são sempre proporcionais às receitas. Não há outros custos operacionais. O custo do capital é de 9%. A taxa de empréstimo de longo prazo à sua empresa é de 6%.

    A Studebaker Capital Corp. contatou-o e propôs um contrato para o fornecimento de matérias-primas a um preço fixo de $10 milhões anuais durante dez anos.

    a. O que acontece à alavancagem operacional e ao risco do negócio da máquina de trabalho contínuo se você concordar com esse contrato com preço fixo?

    b. Calcule o valor presente da máquina de trabalho contínuo com e sem o contrato de preço fixo.

19. **Risco político** A Mom and Pop Groceries acabou de enviar à República Antártica Central um carregamento de mercadorias para um ano de consumo. O pagamento de $250 mil será efetuado um ano depois de o carregamento chegar por meio de transporte ferroviário. Infelizmente, trabalha-se com a hipótese de ocorrer um golpe de Estado e, nesse caso, o governo não pagará. O *controller* da empresa decide, então, descontar o fluxo de caixa à taxa de 40%, em vez dos 12% do custo de capital da empresa.

    a. O que está errado na utilização de uma taxa de desconto de 40% para compensar o "risco político"?

    b. Quanto valerá realmente o pagamento de $250 mil se a possibilidade de um golpe de Estado for de 25%?

20. **Fatores de risco** Uma empresa petrolífera está perfurando uma série de novos poços no perímetro de um campo de petróleo em exploração. Cerca de 20% dos novos poços serão secos. Ainda que de um novo poço se extraia petróleo, existe incerteza quanto à quantidade produzida: 40% dos novos poços com petróleo produzem apenas mil barris por dia, e 60% produzem 5 mil barris por dia.

    a. Preveja as receitas anuais de um novo poço. Utilize o preço futuro de $100 por barril.

    b. Um geólogo propõe descontar os fluxos de caixa dos novos poços a 30% para compensar o risco dos poços secos. O custo habitual do capital da empresa petrolífera é de 10%. Essa proposta faz sentido? Explique resumidamente.

21. **Equivalentes certos** Um projeto tem os seguintes fluxos de caixa projetados:

Fluxos de caixa ($ milhares)			
C_0	C_1	C_2	C_3
−100	+40	+60	+50

O beta estimado do projeto é 1,5. O retorno do mercado, r_m, é de 16%, e a taxa de juros sem risco, r_f, é de 7%.

a. Estime o custo de oportunidade do capital e o VP do projeto (utilizando a mesma taxa para descontar os fluxos de caixa).

b. Quais são os fluxos de caixa equivalentes certos para cada ano?

c. Qual é o índice entre o equivalente certo do fluxo de caixa e o fluxo de caixa esperado em cada ano?

d. Explique a razão pela qual esse índice diminui.

22. **Risco variável** A McGregor Whisky Company propõe comercializar um uísque *diet*. O produto passará primeiramente por um teste de mercado, durante dois anos, no sul da Califórnia, a um custo inicial de $500 mil. Não se espera que esse teste de lançamento proporcione quaisquer lucros, mas deverá revelar as preferências dos consumidores. Há uma probabilidade de 60% de que a procura seja satisfatória. Nesse caso, a McGregor gastará $5 milhões para lançar o produto em todo o país e obterá um lucro anual de $700 mil em perpetuidade. Se a procura não for satisfatória, o uísque *diet* será retirado do mercado.

Uma vez conhecidas as preferências dos consumidores, o produto estará sujeito a um grau de risco médio e, por conseguinte, a McGregor exigirá do seu investimento um retorno de 12%. Contudo, a fase inicial do teste de mercado é considerada bastante arriscada, e a McGregor exige um retorno de 20% em relação ao seu investimento inicial. Qual é o VPL do uísque *diet*?

DESAFIO

23. **Beta de custos** Suponha que você esteja avaliando uma série futura de *fluxos de caixa negativos* (beta elevado). O risco alto significa uma taxa de desconto elevada. Mas, quanto maior é a taxa de desconto, menor é o valor presente. Isso parece significar que quanto maior for o risco dos fluxos de caixa negativos, menos você deverá se preocupar com eles! Isso pode ser possível? O sinal do fluxo de caixa poderá afetar a taxa de desconto apropriada? Justifique.

24. **Fatores de risco** Um executivo de uma empresa petrolífera está considerando um investimento de $10 milhões em um ou dois poços: espera-se que o poço 1 produza petróleo no valor de $3 milhões por ano durante dez anos e que o poço 2 produza $2 milhões durante quinze anos. Esses fluxos de caixa são *reais* (ajustados pela inflação).

O beta de *poços em produção* é de 0,9. O prêmio de risco do mercado é de 8%, a taxa de juros livre de risco é de 6%, e a inflação esperada é de 4%.

Pretende-se que os dois poços desenvolvam um campo petrolífero descoberto anteriormente. Infelizmente, ainda há 20% de probabilidade de um poço seco em cada caso. Um poço seco significa fluxos de caixa iguais a zero e uma perda total de $10 milhões de capital investido.

Ignore os impostos e faça todos os pressupostos que precisar.

a. Qual é a taxa de desconto real correta para fluxos de caixa de poços em funcionamento?

b. O executivo da empresa petrolífera propõe adicionar 20 pontos percentuais à taxa de desconto real para compensar o risco de um poço seco. Calcule o VPL de cada um dos poços com essa taxa de desconto ajustada.

c. Na *sua* opinião, qual o VPL dos dois poços?

d. Há algum fator de risco *específico* que possa ser adicionado à taxa de desconto para poços em exploração de modo a render o VPL correto para ambos os poços? Justifique.

FINANÇAS NA WEB

Você pode baixar dados para as questões a seguir em **finance.yahoo.com**.

1. Examine as empresas listadas no Quadro 8.2. Calcule as taxas mensais de retorno para dois períodos sucessivos de cinco anos. Calcule betas para cada subperíodo usando a função INCLINAÇÃO do Excel. Qual a estabilidade do beta de cada empresa? Suponha que você tenha usado esses betas para estimar taxas esperadas de retorno a partir do CMPC. Será que suas estimativas teriam uma alteração considerável de um período para o outro?

2. Identifique uma amostra de empresas do ramo alimentício. Você pode, por exemplo, tentar Campbell Soup (CPB), General Mills (GIS), Kellogg (K), Mondelez International (MDLZ) e Tyson Foods (TSN).

a. Estime o beta e o R_2 de cada empresa, usando cinco anos de retornos mensais e as funções INCLINAÇÃO e RQUAD do Excel.

b. Extraia a média dos retornos a cada mês para obter o retorno sobre uma carteira com pesos iguais de cada ação. Em seguida, calcule o beta do setor usando esses retornos dessa carteira. Como o R_2 dessa carteira se compara com o R_2 médio das ações individuais?

c. Use o CMPC para calcular um custo médio do capital próprio ($r_{\text{capital próprio}}$) para o setor alimentício. Use as taxas de juros atuais – dê uma olhada no final da Seção 9-2 – e uma estimativa razoável do prêmio de risco do mercado.

MINICASO

A Família Jones Ltda.

A Cena: é início de noite no verão de 2014 na sala de uma residência típica em Manhattan. Mobiliário moderno, com exemplares antigos do *Wall Street Journal* e do *Financial Times* espalhados pela sala. Quadros com fotografias autografadas de Alan Greenspan e George Soros ocupam lugares de destaque. Uma janela panorâmica revela uma paisagem distante com luzes e o rio Hudson. John Jones está sentado em frente a um computador, bebendo um copo de chardonnay e trocando ienes japoneses pela Internet. Sua mulher, Marsha, entra no recinto.

Marsha: Olá, querido. Nem acredito que já estou em casa. Tive um dia muito chato na Bolsa. Cansativo. Mas consegui arranjar uma cobertura para a produção do próximo ano na nossa mina de cobre. Não consegui uma proposta boa para o pacote certo de contratos futuros e, por isso, arranjei uma troca de mercadorias.

John permanece em silêncio.

Marsha: John, o que está acontecendo? Você está vendendo ienes outra vez? Há semanas que perde dinheiro nesse mercado.

John: Ah..., sim. Eu não devia ter ido ao almoço da Goldman Sachs sobre troca de câmbios. Mas tenho que sair de casa de alguma maneira. Estou confinado aqui todo o dia calculando covariâncias e equilíbrios eficientes de risco-retorno, e você anda por aí negociando futuros. Você acaba ficando com toda a fama e com toda a excitação.

Marsha: Não se preocupe, querido, isso passa. Recalculamos a nossa carteira de ações mais eficiente apenas uma vez por trimestre. Depois você volta ao *leasing*.

John: Você negocia e eu fico com a parte chata. Agora, corre por aí um rumor que a nossa empresa de *leasing* vai ser alvo de uma aquisição hostil. Soube que o índice do passivo estava muito baixo, e você se esqueceu de colocar a pílula com o veneno. E agora você fez um investimento com um VPL negativo!

Marsha: Que investimento?

John: Aquele poço de petróleo maluco. Outro poço no velho campo Sourdough. Vai custar $5 milhões! Ainda existirá petróleo naquele lugar?

Marsha: O campo Sourdough tem sido bom para nós, John. Onde é que você pensa que fomos buscar o capital para os seus negócios com os ienes? Aposto que vamos encontrar petróleo. Os nossos geólogos dizem que só há 30% de hipóteses de ser um poço seco.

John: Mesmo que acertemos no petróleo, aposto que apenas uns 75 barris de óleo sejam extraídos por dia.

Marsha: São 75 barris todos os dias. Há 365 dias no ano, querido.

Johnny, o filho adolescente de John e de Marsha, entra na sala.

Johnny: Olá, pai! Olá, mãe! Adivinhem! Entrei na equipe de derivativos da universidade! O que significa que vou em uma viagem de estudo à Chicago Board Options Exchange. (*Pausas.*) O que está havendo?

John: A sua mãe fez outro investimento com VPL negativo. Um poço de petróleo maluco, lá pelo North Slope do Alasca.

Johnny: Está bem, pai. A mãe já havia me contado sobre isso. Ontem eu ia fazer o cálculo do VPL, mas tive que terminar o cálculo das obrigações de alto risco do meu trabalho de finanças da universidade. (*Tira uma calculadora financeira da mochila.*) Vejamos: 75 barris por dia vezes 365 dias por ano vezes $100 por barril entregue em Los Angeles... dá um total de mais ou menos $2,7 milhões por ano.

John: São $2,7 milhões no *próximo* ano, partindo do princípio de que vamos encontrar petróleo. A produção começará a diminuir 5% cada ano. E ainda temos que pagar $20 por barril pelo transporte no oleoduto e no petroleiro de North Slope até Los Angeles. Aqui há uma alavancagem operacional muito elevada.

Marsha: Por sua vez, os nossos consultores energéticos preveem aumentos do preço do petróleo. Se aumentarem com a inflação, o preço por barril deve aumentar mais ou menos 2,5% ao ano. Os poços devem continuar a ser explorados, pelo menos, durante os próximos 15 anos.

Johnny: Farei cálculo do VPL depois de ter determinado as probabilidades de *default*. A taxa de juros é de 6%. Acham bom trabalhar com um beta de 0,8 e o nosso valor habitual de 7% para o prêmio de risco do mercado?

Marsha: Penso que sim, Johnny. Mas estou preocupada com os custos fixos do transporte.

John: (*Respira fundo e levanta-se.*) Bem, e que tal um belo jantar em família? Reservei a nossa mesa habitual no Four Seasons.

Saem todos.

Narrador: O poço maluco terá realmente um VPL negativo? John e Marsha terão que se defrontar com uma aquisição hostil? A equipe de derivativos do Johnny utilizará o modelo Black-Scholes ou o método binomial? Descubra tudo isso no próximo episódio da Família Jones Ltda.

Pode ser que você não inveje o estilo de vida da família Jones, mas vai aprender, ao longo deste livro, algo sobre suas atividades, desde os contratos de futuros até a avaliação de preços com o método binomial. Entretanto, você poderá querer repetir a análise do Johnny para o VPL.

QUESTÕES

1. Calcule o VPL do poço maluco, considerando a probabilidade de ocorrência de um poço seco, dos custos de transporte, do declínio da produção e dos aumentos previstos do preço do petróleo. Quanto tempo terá que durar a produção de petróleo para o poço se tornar um investimento com VPL positivo? Ignore os impostos e todas as outras complicações possíveis.

2. Agora, considere a alavancagem operacional. Como é que devem ser avaliados os custos do transporte, pressupondo que a produção é conhecida e que os custos são fixos? Como reagiríamos à mudança se os custos do transporte fossem proporcionais ao rendimento? Parta do princípio de que flutuações inesperadas no rendimento têm um beta zero e diversificável. (*Dica*: A empresa petrolífera da família Jones tem uma classificação de crédito excelente. Sua taxa de empréstimo de longo prazo é de somente 7%.)

PARTE III Melhores práticas em decisões de investimento

CAPÍTULO 10

Análise de projeto

Tendo lido os capítulos anteriores sobre decisões de investimento, talvez você possa concluir que a escolha dos projetos que devem ser aceitos ou rejeitados é simples. Sua única função seria esboçar um conjunto de previsões de fluxos de caixa, selecionar a taxa de desconto correta e determinar o valor presente líquido. No entanto, encontrar projetos que criem valor para os acionistas jamais pode ser reduzido a um mero exercício mecânico. Dedicamos, portanto, os três próximos capítulos para que as empresas possam apostar suas fichas em seus benefícios quando tomam decisões de investimento.

As propostas de investimento podem surgir em diferentes partes da organização. Portanto, as empresas precisam de procedimentos para assegurar que todos os projetos tenham uma avaliação consistente. A nossa primeira tarefa neste capítulo é revisar como as organizações elaboram planos e orçamentos para investimentos de capital, como autorizam projetos específicos e como verificam se os projetos são cumpridos conforme prometido.

Quando os gerentes recebem propostas de investimentos, eles não aceitam as previsões de fluxo de caixa ao valor nominal. De fato, tentam entender o que poderá contribuir para que um projeto tenha sucesso ou venha a fracassar. Lembre-se da Lei da Murphy, segundo a qual, "se algo pode dar errado, vai dar errado", e também do corolário de O' Reilly, "e no pior momento possível".

Assim que soubermos o que pode causar o fracasso de um projeto, devemos ser capazes de reconfigurá-lo para aumentar a sua probabilidade de sucesso. E se entendermos por que ele pode fracassar, pode-se decidir se é ou não válida a tentativa de eliminar as possíveis causas do insucesso. Talvez algumas despesas suplementares destinadas a estudos de mercado possam esclarecer certas dúvidas sobre o grau de aceitação por parte dos consumidores; talvez outra "escavação" possa dar-lhe uma noção mais precisa da dimensão das reservas daquele minério e, ainda, certamente algum trabalho adicional de pesquisa possa confirmar a durabilidade daquelas ligas.

Se o projeto realmente tiver um VPL negativo, quanto mais cedo for identificado, melhor será. E mesmo que se decida levar o projeto adiante, sem uma análise adicional, certamente ninguém vai querer ser pego de surpresa se as coisas se complicarem depois. O que se espera é saber quais são os sinais de perigo e as medidas a serem adotadas.

Nossa segunda tarefa neste capítulo é mostrar como os gestores devem utilizar a *análise de sensibilidade*, a *análise do ponto de equilíbrio* e a *simulação de Monte Carlo* para identificar os pressupostos imprescindíveis e explorar o que pode dar errado. Não há nenhuma espécie de magia nessas técnicas, mas apenas bom senso apoiado em informática. Não será necessária licença para utilizar tais técnicas.

A análise dos fluxos de caixa descontados geralmente pressupõe que as empresas possuem ativos passivamente e ignoram as oportunidades de expansão de um projeto se ele for bem-sucedido, ou de abandoná-lo, caso não seja. Os gestores inteligentes, entretanto, reconhecem essas oportunidades quando consideram a possibilidade ou não de investir. Eles procuram maneiras de maximizar o sucesso e de reduzir os custos das falhas, e estão preparados para reconhecer projetos que lhes proporcionem essa flexibilidade. As oportunidades de alterar os projetos à medida que o futuro vai se revelando são denominadas *opção real*. Na seção final deste capítulo descreveremos várias opções reais importantes e mostraremos como utilizar as *árvores de decisão* para definir as possíveis opções futuras.

10.1 O processo de investimento de capital

Os gerentes seniores precisam ter uma previsão dos futuros dispêndios com investimento. Assim, na maior parte das empresas de grande porte, o processo de investimento começa com a elaboração do **orçamento de capital** anual para investimentos, que é a lista dos projetos planejados para o ano seguinte.

A maioria das organizações permite que as propostas dos projetos nasçam nas próprias unidades e sejam analisadas pelos gestores das divisões para, depois, seguirem para os gestores de nível hierárquico superior e suas equipes de planejamento. Obviamente, os gestores intermediários não conseguem identificar todos os projetos que valem a pena ser executados. Por exemplo, não podemos esperar que os gestores das unidades A e B vejam o potencial econômico de encerramento das atividades de suas unidades e da consolidação da produção em uma nova unidade C. Os gestores responsáveis por uma divisão proporiam a unidade C. De modo similar, os gestores das divisões 1 e 2 talvez não estejam dispostos a abandonar seus próprios computadores e adotar um sistema de informação que permeie toda a organização. A proposta viria da gerência sênior – por exemplo, o vice-presidente de TI (CIO – chief information officer).

Hipóteses inconsistentes muitas vezes imiscuem-se paulatinamente nos planos de despesas. Por exemplo, imaginemos que o gerente de sua divisão de móveis tenha um comportamento proativo na construção de moradias, ao contrário do gerente de sua divisão de utensílios domésticos. A divisão de móveis pode incentivar um investimento importante em novas unidades, enquanto a outra divisão pode propor um plano de contenção de despesas. Seria preferível que ambos os gerentes pudessem concordar sobre uma estimativa comum a respeito da construção de moradias e basear suas propostas de investimento nesse acordo. É por isso que a maior parte das empresas começa o processo orçamentário estabelecendo previsões consensualizadas sobre os indicadores econômicos, tais como a inflação e o crescimento do PNB, bem como previsões de itens particulares, que são importantes para os seus negócios, tais como o desenvolvimento do setor imobiliário ou as cotações das matérias-primas. Essas previsões são, portanto, utilizadas como base para o orçamento dos investimentos.

A preparação do orçamento não é um processo burocrático com normas rígidas. Há muitas negociações e acordos. Os gestores de divisão negociam com os gestores das unidades e refinam a lista de seus projetos, e o orçamento final deve também refletir o planejamento estratégico da organização. O planejamento estratégico, em contrapartida, adota uma visão de cima para baixo e tenta identificar as atividades em que tem uma vantagem competitiva, bem como as atividades que devem ser vendidas ou desaceleradas.

As escolhas nos processos de investimento devem refletir tanto a visão de cima para baixo como a de baixo para cima da atividade – respectivamente, o orçamento e o planejamento estratégico. Os gestores das unidades e das divisões, que atuam mais no orçamento de capital de baixo para cima, talvez não consigam diferenciar a floresta pelas árvores. Os planejadores estratégicos podem ter uma visão distorcida da floresta, justamente por não verem cada uma das árvores. (Retomaremos as ligações entre orçamento e estratégia corporativa no próximo capítulo.)

Autorização de projetos – e o problema das previsões tendenciosas

Quando o orçamento para investimentos tiver sido aprovado pela alta administração e pelo conselho administrativo, ele passa a ser o plano oficial para o próximo ano. Contudo, ainda não representa a aprovação definitiva de projetos específicos. A maioria das empresas exige a **alocação de destinação de fundos** para cada uma das propostas. Esses pedidos incluem previsões detalhadas, análises de fluxos de caixa descontados e informações que deem suporte à proposta.

Muitos projetos de investimento carregam uma etiqueta de alto preço; determinam, também, o formato do negócio daqui a 20 ou 30 anos. Assim, a aprovação final dos pedidos de destinação de fundos tende a ser reservada aos executivos da alta administração. As empresas definem limites em relação à dimensão dos projetos que os gestores divisionais podem autorizar. Esses limites, muitas vezes, são surpreendentemente baixos. Por exemplo, uma empresa de grande porte, com investimentos regulares de $400 milhões ao ano, pode exigir a aprovação, pelos altos executivos, de todos os projetos com um valor superior a $500 mil.

Essa tomada de decisões centralizada causa alguns problemas: os gestores seniores não podem processar informações detalhadas sobre centenas de projetos e devem se basear em projeções reunidas pelos patrocinadores do projeto. Mesmo quando as previsões não estão conscientemente infladas, ocorrem erros. Por exemplo, a maioria das pessoas tende a exibir uma confiança excessiva quando faz previsões. Eventos que originalmente se pensaria que teriam uma ocorrência praticamente certa podem efetivamente ocorrer em apenas 80% do tempo, e eventos supostamente impossíveis podem ocorrer em 20% do tempo.[1] Portanto, os riscos dos projetos são indefinidos. Qualquer pessoa que pretenda ter um projeto aceito provavelmente mantém uma atitude otimista quando prevê os seus fluxos de caixa. Esse superotimismo parece ser uma característica comum em previsões financeiras. O otimismo exagerado aflige também os governos, provavelmente em um nível maior do que nos negócios particulares. Com que frequência você já ouviu falar sobre uma nova aeronave que, para fins pacíficos ou militares, efetivamente custaria *menos* do que a que foi originalmente prevista?

É possível esperar que os gestores divisionais ou das unidades sejam otimistas quando apresentam propostas de investimentos para o futuro. Isso não é de todo ruim. Os psicólogos enfatizam que o otimismo e a confiança têm a propensão de aumentar o esforço, o comprometimento e a persistência. O problema é que centenas de pedidos de destinação de fundos podem chegar aos gestores seniores a cada ano, todos essencialmente sob a forma de relatórios de vendas apresentados por grupos unidos e concebidos para persuadir. Esquemas alternativos já foram filtrados nas etapas iniciais.

Provavelmente é impossível eliminar completamente essas distorções, mas os gestores seniores devem tomar cuidado para não encorajá-las. Por exemplo, se os gerentes acreditam que o êxito depende de uma divisão maior em detrimento de uma mais rentável, proporão projetos de grande expansão que não acreditam efetivamente que obtenham VPLs positivos. Ou se os novos gerentes das unidades são forçados a aumentar os lucros imediatamente, serão tentados a propor projetos de recuperação rápida mesmo quando o VPL for sacrificado.

Por vezes, os gestores seniores tentam compensar essas distorções aumentando a taxa mínima para dispêndios de capital. Suponhamos que o custo verdadeiro do capital seja de 10%, mas o CFO esteja frustrado pela grande proporção de projetos que acabam não tendo esse rendimento. Ele, portanto, direciona os patrocinadores do projeto a utilizarem uma taxa de desconto de 10%. Em outras palavras, adiciona um fator de risco de 5% em uma tentativa de compensar a distorção da previsão. Mas isso não dá certo; *jamais* funciona, e a Segunda Lei de Brealey, Myers e Allen[2] explica a razão. A lei estabelece: *a proporção de projetos propostos que têm VPLs positivos à taxa mínima corporativa é independente da taxa mínima.*

Essa lei não é uma conjetura irônica. Ela foi testada em uma empresa petrolífera de grande porte em que as equipes mantiveram dados estatísticos cuidadosos sobre projetos de investimento. Em torno de 85% dos projetos tiveram VPLs positivos. (Os 15% restantes foram propostos por outras razões, por exemplo, para atender aos padrões ambientais.) Um ano, após diversos trimestres com lucros desapontadores, a alta direção decidiu que era preciso ter mais disciplina financeira e aumentou a taxa mínima corporativa em diversos pontos percentuais. No entanto, no ano seguinte, a fração dos projetos com VPLs positivos permaneceu firme como uma rocha – no patamar de 85%.

Se você estiver preocupado com as distorções nos fluxos de caixa projetados, a única saída é fazer uma análise cuidadosa das previsões. *Não adicione fatores de risco ao custo do capital.*[3]

---

[1] Por exemplo, em um clássico exemplo de confiança exagerada, inúmeros estudantes foram instados a apresentarem estimativas de quantidades tais como o número de médicos listados nas páginas amarelas de Boston ou o número de automóveis importados pelos Estados Unidos. Em cada um dos casos, eles também foram instados informar qual margem de erro garantiria 98% de confiança de que os valores correspondiam à realidade. Se essas margens de erro não apresentassem tendenciosidade, a resposta correta às perguntas cairia fora das margens de erro apenas 2% das vezes. Mas os testes mostraram consistentemente que as margens foram ultrapassadas com uma frequência bem maior (51% das vezes no caso da pergunta sobre as páginas amarelas). Em outras palavras, os estudantes tinham uma confiança muito maior do que a justificável quanto às suas respostas. Veja M. Alpert and H. Raiffa, "A Progress Report on the Training of Probability Assessors," in D. Kahneman, P. Slavic, L. A. Tversky (eds.), *Judgement under Uncertainty: Heuristics and Biases*, Cambridge University Press, 1982, pp. 294-305.

[2] Não existe uma Primeira Lei. Achamos que a "Segunda Lei" soa melhor. Existe uma Terceira Lei, mas isso fica para outro capítulo.

[3] Adicionar um fator de risco ao custo do capital também favorece projetos de retorno rápido e penaliza projetos de longa duração, que tendem a ter taxas de retorno inferiores, porém, VPLs mais elevados. Acrescentar um fator de risco de 5% na taxa de desconto é praticamente equivalente a reduzir a previsão e o valor presente do fluxo de caixa do primeiro ano em 5%. O impacto no valor presente de um fluxo de caixa daqui a dez anos é muito maior, pois o fator de risco está capitalizado na taxa de desconto. O fator de risco não passa de um encargo pequeno para um projeto de dois ou três anos, mas é um encargo enorme para um projeto de dez ou vinte anos.

Pós-auditorias

A maioria das empresas monitora o progresso de grandes projetos conduzindo **pós-auditorias** logo após eles começarem a entrar em operação. Esses procedimentos identificam problemas que precisam de reparo, confirmam a exatidão das previsões e sugerem questões que deveriam ser feitas antes de o projeto ser empreendido. As pós-auditorias recompensam principalmente porque ajudam os gestores a ter um melhor desempenho no que tange à próxima rodada de investimentos. Após uma pós-auditoria, o *controller* pode dizer: "deveríamos ter antecipado o treinamento adicional exigido para os operários da produção". Quando chegar uma nova proposta, o treinamento obterá a atenção que merece.

Esses procedimentos talvez não sejam capazes de mensurar todos os benefícios e os custos do projeto. Pode ser impossível separar o projeto do restante dos negócios. Imaginemos que você tenha acabado de assumir uma transportadora que opera um serviço de entrega para lojas locais. Você decide melhorar o serviço instalando um software customizado para manter o controle dos pacotes e programar os caminhões. Constrói ainda um centro de expedição e compra cinco novos caminhões a diesel. Depois de um ano, tenta fazer uma pós-auditoria do investimento em software. Você verifica que ele está funcionando apropriadamente e confere os custos efetivos de compra, instalação e operação contra as projeções. Mas como você identifica os fluxos de caixa positivos incrementais? Não há registros do diesel adicional que *teria sido* consumido ou das entregas extras que *teriam sido* perdidas se não tivéssemos o software. Talvez você perceba que o serviço está melhor, mas qual é a parcela da melhoria proveniente dos novos caminhões, do centro de expedição ou do software? A únicas mensurações significativas do sucesso são as da atividade de entrega como um todo.

10.2 Análise de sensibilidade

A incerteza significa que o número de coisas que podem acontecer é superior ao das que efetivamente ocorrem. Sempre que nos deparamos com uma previsão de fluxos de caixa, devemos tentar descobrir que outras coisas poderiam acontecer.

Vamos nos colocar no lugar do diretor financeiro da Otobay Company, em Osaka, Japão. Ele está considerando o lançamento de uma pequena motocicleta elétrica, do tipo *scooter*, para uso na cidade. Seus funcionários prepararam as previsões do fluxo de caixa que constam no Quadro 10.1. Como o VPL é positivo, a um custo de oportunidade do capital de 10% o lançamento do projeto parece compensar.

$$\text{VPL} = -15 + \sum_{t=1}^{10} \frac{3}{(1,10)^t} = +¥3,43 \text{ bilhões}$$

Antes de decidir, você quer aprofundar essas previsões e identificar as variáveis-chave que determinarão o êxito ou o fracasso do projeto. O departamento de marketing, por sua vez, fez a seguinte estimativa das receitas:

Unidades vendidas = parcela de mercado do novo produto × dimensão do mercado de *scooters*
= 0,1 × 1 milhão = 100.000 *scooters*
Receitas = unidades vendidas × preço por unidade
= 100.000 × 375.000 = ¥37,5 bilhões

O departamento de produção estimou um custo variável unitário de ¥300 mil. Como o volume de produção previsto é de 100 mil *scooters* por ano, o custo variável total é de ¥30 bilhões. Os custos fixos são de ¥3 bilhões por ano, e o investimento inicial pode ser depreciado linearmente durante dez anos, sendo a alíquota de impostos sobre o lucro de 50%.

Essas parecem ser as coordenadas importantes que você terá que conhecer, mas dê atenção às variações não identificadas. Talvez haja problemas com as patentes, ou talvez você tenha de

QUADRO 10.1 Previsões preliminares dos fluxos de caixa para o projeto das *scooters* da Otobai (em bilhões de ienes)

	Ano 0	Anos 1-10
1. Investimento	15	
2. Receitas		37,5
3. Custos variáveis		30
4. Custos fixos		3
5. Depreciação		1,5
6. Lucro antes dos impostos		3
7. Impostos		1,5
8. Lucro líquido		1,5
Fluxo de caixa operacional		3
Fluxo de caixa líquido	−15	3

Pressupostos:
1. O investimento é depreciado linearmente durante dez anos.
2. A alíquota de impostos sobre o lucro é de 50%.

investir em postos de serviço para recarregar as baterias das *scooters*. Muitas vezes, os maiores perigos são esses imprevistos *desconhecidos*.

Não tendo detectado nenhum imprevisto (pode ter a certeza de que mais tarde todos os imprevistos serão encontrados), faça uma **análise de sensibilidade** sobre a dimensão do mercado, a fatia do mercado e outras variáveis. Para tal, solicite aos departamentos de marketing e de produção estimativas otimistas e pessimistas para as variáveis relevantes. Essas estimativas figuram nas colunas da margem esquerda do Quadro 10.2. À direita da tabela, mostramos o que acontece ao valor presente líquido do projeto se forem atribuídas às variáveis, *uma de cada vez*, os seus valores otimista e pessimista. Seu projeto não parece de maneira nenhuma seguro. As variáveis mais perigosas são a fatia do mercado e o custo variável unitário. Se a fatia do mercado for apenas 0,04 (e todas as outras variáveis corresponderem aos valores esperados), então o projeto terá um VPL de −¥10,4 bilhões. Se o custo variável unitário for de ¥360 mil (e todas as outras variáveis corresponderem aos valores esperados), então o projeto terá um VPL de −¥15 bilhões.

Consultores influentes às vezes usam um diagrama em forma de tornado como o da Figura 10.1 para ilustrar os resultados de uma análise de sensibilidade. As barras no alto do tornado mostram a gama de resultados de VPL devido a incertezas quanto aos custos variáveis. Na base do tornado, é possível ver o efeito mais modesto da incerteza quanto ao tamanho do mercado.

QUADRO 10.2 Para fazer uma análise de sensibilidade do projeto das *scooters*, atribuímos a cada variável, sucessivamente, um valor otimista e um valor pessimista e recalculamos o VPL do projeto

	Faixa			VPL (¥ bilhões)		
Variável	**Pessimista**	**Esperada**	**Otimista**	**Pessimista**	**Esperado**	**Otimista**
Dimensão do mercado (milhões)	0,9	1	1,1	1,1	3,4	5,7
Fatia do mercado (milhões)	0,04	0,10	0,16	−10,4	3,4	17,3
Preço unitário (ienes)	350.000	375.000	380.000	−4,2	3,4	5,0
Custo variável unitário (ienes)	360.000	300.000	275.000	−15,0	3,4	11,1
Custo fixo (¥ bilhões)	4	3	2	0,4	3,4	6,5

Valor da informação

Agora já podemos verificar se a aplicação de tempo ou dinheiro poderá eliminar uma parte da incerteza antes de a sua empresa investir os ¥15 bilhões. Suponha que o valor pessimista do custo variável unitário reflita parcialmente a preocupação sentida pelo departamento de produção de que uma determinada máquina não funcione como devia e de que a operação tenha de ser realizada por outros métodos, com um custo adicional de ¥200 mil por unidade. A probabilidade de isso acontecer é apenas de uma em dez. Mas, se realmente acontecer, o custo unitário suplementar de ¥20 mil reduzirá os fluxos de caixa posteriores aos impostos em:

$$\text{Unidades vendidas} \times \text{custo por unidade adicional} \times (1 - \text{taxa de impostos})$$
$$= 100.000 \times 20.000 \times 0,50 = \text{¥1 bilhão}$$

O valor presente líquido de seu projeto vai se reduzir em:

$$\sum_{t=1}^{10} \frac{1}{(1,10)^t} = \text{¥6,14 bilhões}$$

fazendo o valor presente líquido do projeto das *scooters* cair a +3,43 − 6,14 = −¥2,71 bilhões. É possível que uma alteração relativamente pequena no *design* da *scooter* eliminaria a necessidade de uma nova máquina. Ou, talvez, um teste prévio no montante de 10 milhões lhe permitirá saber se a máquina funcionará corretamente ou não, e esclarecer o problema. De fato, compensa investir ¥10 milhões para evitar uma probabilidade de 10% de haver uma quebra de ¥6,14 bilhões no VPL. O ganho daí resultante é de −10 + 0,10 × 6.140 = +¥604 milhões.

Por outro lado, o valor da informação sobre a dimensão do mercado é pequeno. Considerando que o projeto é aceitável, mesmo com hipóteses pessimistas sobre o tamanho do mercado, não é provável que você encontre problemas se tiver estimado mal essa variável.

Limites da análise de sensibilidade

A análise de sensibilidade limita-se a expressar os fluxos de caixa em razão de variáveis-chave e, em seguida, calcular as consequências dos erros de estimativa dessas variáveis. Obriga os gestores a identificar as variáveis relevantes, indica onde a informação adicional pode ser mais útil e ajuda a detectar as previsões inadequadas.

Um inconveniente da análise de sensibilidade está relacionado com os resultados sempre um pouco ambíguos. Por exemplo, o que significa, exatamente, *otimista* e *pessimista*? O departamento

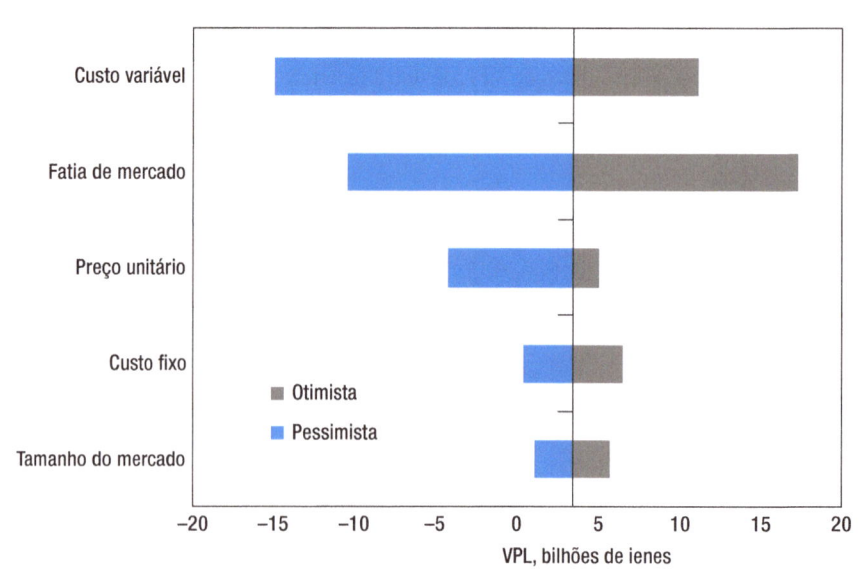

▶ **FIGURA 10.1** Diagrama em forma de tornado para o projeto da *scooter* elétrica.

de marketing pode estar interpretando ambas as expressões de maneira diferente da interpretação do departamento de produção. Daqui a dez anos, depois de centenas de projetos, um estudo *a posteriori* poderá revelar que o limite pessimista do departamento de marketing foi o dobro do limite do departamento de produção; mas o que vier a ser descoberto daqui a dez anos não serve para nada agora. É claro, poderíamos especificar que, quando utilizarmos os termos "pessimista e otimista", estaríamos querendo dizer que há apenas uma hipótese de 10% de o valor real vir a ser pior do que a previsão pessimista ou melhor do que a otimista. Contudo, não é nada fácil obter da pessoa que faz as previsões a noção subjetiva da distribuição completa de probabilidades dos resultados possíveis.[4]

Outro problema da análise de sensibilidade é que as variáveis relevantes podem ser interdependentes. Que sentido faz analisar isoladamente um aumento da fatia do mercado? Se a dimensão do mercado ultrapassar as expectativas, é provável que a procura seja maior do que a prevista e o preço unitário, mais elevado. E por que considerar isoladamente o efeito de um aumento do preço? Se a inflação empurrar os preços para um nível superior ao que tínhamos previsto, é bastante provável que os custos também sejam inflacionados.

Às vezes, o analista pode contornar o problema definindo variáveis subjacentes que sejam mais ou menos independentes. Mas não se pode esperar muito de uma análise de sensibilidade, *variável a variável*. É impossível obter os valores esperados, pessimistas e otimistas para os fluxos de caixa do *projeto* na sua totalidade, com base nas informações do Quadro 10.2.

Análise de cenários

Se as variáveis estiverem inter-relacionadas, pode ser útil considerar alguns cenários alternativos plausíveis. Por exemplo, talvez o economista da empresa esteja preocupado com a possibilidade de uma nova subida brusca nos preços mundiais do petróleo. O efeito direto disso seria estimular os consumidores a usar veículos elétricos. A popularidade dos modelos compactos depois de um recente aumento dos preços do petróleo, leva o leitor a estimar que uma subida imediata de 20% do preço do petróleo lhe permitirá captar mais 3% do mercado de *scooters*. O economista, entretanto, também está convencido de que um aumento nos preços do petróleo pode provocar uma recessão econômica mundial e, ao mesmo tempo, estimular a inflação. Nesse caso, a dimensão do mercado seria em torno de 0,8 milhão de *scooters*, e tanto os preços como os custos aumentariam cerca de 15% em relação às estimativas iniciais. O Quadro 10.3 mostra que o balanço desse cenário de preços do petróleo mais elevados e de recessão seria favorável ao seu novo empreendimento. Aumentaria o valor presente líquido para ¥6,4 bilhões.

Em geral, os gestores acreditam que a **análise de cenários** seja útil. Ela permite um exame das combinações diferentes de variáveis, porém *consistentes*. As pessoas encarregadas de fazer previsões preferem fazer uma estimativa das receitas ou dos custos em determinado cenário, em vez de apresentar um valor absoluto, otimista ou pessimista.

Análise do ponto de equilíbrio

Quando procedemos a uma análise de sensibilidade de um projeto, ou quando examinamos cenários alternativos, queremos saber qual é o grau de gravidade resultante de um volume de vendas, ou de custos, menos favorável do que os previstos. Às vezes, os gestores preferem apresentar a questão de modo diferente e perguntar quanto o volume de vendas pode baixar até que o projeto comece a dar prejuízo. Esse tipo de análise chama-se **análise do ponto de equilíbrio**.

Na parte esquerda do Quadro 10.4, determinamos as receitas e os custos do projeto das *scooters*, partindo de diferentes hipóteses sobre as vendas anuais.[5] No lado direito do quadro, descontamos as receitas e os custos, para obter o *valor presente* dos fluxos de caixa positivos e o *valor presente* dos fluxos de caixa negativos. O valor presente líquido é, evidentemente, a diferença entre esses valores.

---

[4] Se você duvida disso, faça algumas experiências simples. Peça à pessoa que conserta a sua lava-louças para definir uma probabilidade numérica de que o aparelho funcionará durante pelo menos mais um ano. Ou conceba a sua distribuição de probabilidades subjetiva do número de chamadas telefônicas que vai receber na próxima semana. Parece fácil. Tente. Lembre-se também de nossos comentários anteriores sobre a tendência das pessoas subestimarem os erros possíveis em suas estimativas.

[5] Note que, se o projeto gerar prejuízos, esses podem ser utilizados para reduzir encargos fiscais das outras atividades da empresa. Nesse caso, o projeto produz uma poupança fiscal – o pagamento dos impostos é negativo.

QUADRO 10.3 Como o VPL do projeto das *scooters* seria afetado pelo aumento dos preços do petróleo e pela recessão mundial

	Fluxos de caixa, anos 1-10, ¥ bilhões	
	Caso-base	**Caso de preços altos do petróleo e recessão**
1. Receitas	37,5	44,9
2. Custos variáveis	30	35,9
3. Custos fixos	3	3,5
4. Depreciação	1,5	1,5
5. Lucro antes dos impostos	3	4,0
6. Impostos	1,5	2,0
7. Lucro líquido	1,5	2,0
8. Fluxo de caixa líquido	3	3,5
VP dos fluxos de caixa	18,4	21,4
VPL	3,4	6,4

	Pressupostos	
	Caso-base	**Caso de preços altos do petróleo e recessão**
Dimensão do mercado (milhões)	1	0,8
Fatia do mercado (milhões)	0,10	0,13
Preço unitário (ienes)	375.000	431.300
Custo variável unitário (ienes)	300.000	345.000
Custo fixo (¥ bilhões)	3	3,5

Pode-se verificar que o VPL será fortemente negativo se a empresa não produzir uma única *scooter*. Será ligeiramente positivo se (conforme previsto) a empresa vender 100 mil *scooters*, e será fortemente positivo se a empresa vender 200 mil *scooters*. É evidente que o VPL *nulo* ocorrerá quando as vendas se situarem um pouco abaixo das 100 mil *scooters*.

Na Figura 10.2, representamos graficamente o valor presente dos fluxos de caixa, positivos e negativos, segundo diferentes hipóteses sobre vendas anuais. As duas linhas se cruzam quando o volume de vendas for de 85 mil *scooters*. Nesse ponto, o VPL é igual a zero. Uma vez que as vendas ultrapassam as 85 mil unidades, o projeto terá um VPL positivo.[6]

QUADRO 10.4 VPL do projeto das *scooters* elétricas sob diferentes pressupostos quanto a unidades vendidas (cifras em ¥ bilhões exceto onde advertido)

	Fluxos positivos		Fluxos negativos					
		Ano 0	Anos 1-10					
Unidades vendidas (milhares)	Receitas anos 1-10	Investimento	Custos variáveis	Custos fixos	Impostos	VP dos fluxos positivos	VP dos fluxos negativos	VPL
0	0	15	0	3	−2,25	0	19,6	−19,6
100	37,5	15	30	3	1,5	230,4	227,0	3,4
200	75,0	15	60	3	5,25	460,8	434,4	26,5

---

[6] Também podemos calcular o ponto de equilíbrio das vendas representando graficamente as receitas e os custos anuais equivalentes. Claro que o ponto de equilíbrio seria idêntico a 85 mil *scooters*.

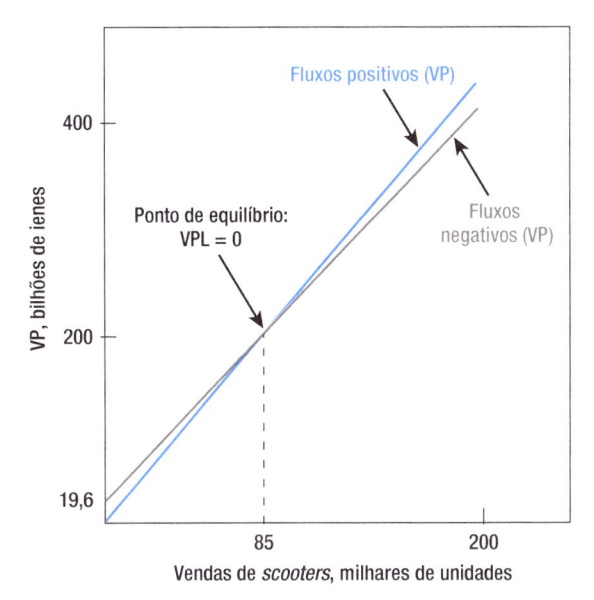

▶ **FIGURA 10.2** Um gráfico do ponto de equilíbrio que mostra o valor presente dos fluxos de caixa positivos e negativos da Otobai, segundo diferentes hipóteses relativas às unidades vendidas. O VPL é igual a zero quando as vendas atingem as 85 mil *scooters*.

Muitas vezes, os gestores calculam o ponto de equilíbrio em termos de lucros contábeis, e não de valores presentes. O Quadro 10.5 mostra os lucros posteriores aos impostos da Otobai em razão de três níveis diferentes de vendas de *scooters*. A Figura 10.3 volta a representar graficamente as receitas e os custos em relação às vendas, mas dessa vez a história é diferente. A Figura 10.3, que se baseia em lucros contábeis, sugere um ponto de equilíbrio de 60 mil *scooters*. A Figura 10.2, baseada em valores presentes, apresenta um ponto de equilíbrio de 85 mil *scooters*. Por que essa diferença?

Quando trabalhamos em termos de lucros contábeis, deduzimos uma depreciação de ¥1,5 bilhão por ano para cobrir o custo do investimento inicial. Se a Otobai vender 60 mil *scooters* por ano, as receitas serão suficientes para pagar os custos operacionais e, ainda, para recuperar o desembolso inicial de ¥1,5 bilhão. Todavia, *não* serão suficientes para remunerar o *custo de oportunidade do capital* desse montante. Um projeto que atinge o ponto de equilíbrio (nem lucro, nem prejuízo) em termos contábeis certamente terá um VPL negativo.

A alavancagem operacional e o ponto de equilíbrio

O ponto de equilíbrio de um projeto depende da extensão com que seus custos variam em relação ao nível de vendas. Imagine que as *scooters* elétricas não mais estejam na preferência dos consumidores. A má notícia é que as receitas das vendas da Otobai são inferiores ao previsto, mas temos a consolação que os custos variáveis também declinam. Por outro lado, ainda que a Otobai seja incapaz de vender uma única *scooter*, deve cobrir o investimento inicial de ¥15 bilhões e pagar os custos fixos de ¥3 bilhões ao ano.

QUADRO 10.5 Lucro contábil do projeto das *scooters* segundo diferentes pressupostos sobre unidades vendidas (em bilhões de ienes, exceto quando indicado de outro modo)

Unidades vendidas (milhares)	Receitas anos 1-10	Custos variáveis	Custos fixos	Depreciação	Impostos	Custos totais	Lucro posterior aos impostos
0	0	0	3	1,5	−2,25	2,25	−2,25
100	37,5	30	3	1,5	1,5	36,0	1,5
200	75,0	60	3	1,5	5,25	69,75	5,25

Suponhamos que os custos *totais* da Otobai fossem fixados em ¥33 bilhões. Então, seria necessária apenas uma queda nas receitas de 3% (de ¥37,5 bilhões a ¥36,4 bilhões) para transformar o projeto em um investimento com VPL negativo. Por conseguinte, quando os custos são extremamente fixos, uma queda nas vendas teria um impacto maior na rentabilidade e o ponto de equilíbrio seria mais elevado. Certamente, uma alta proporção de custos fixos não é de todo ruim. A organização cujos custos são fixos tem desempenhos fracos quando a demanda é baixa, mas obtém ótimos rendimentos durante um período de prosperidade.

Dizemos que uma empresa com custos fixos altos tem uma alta **alavancagem operacional**. A alavancagem operacional é geralmente definida em termos dos lucros contábeis, e não dos fluxos de caixa,[7] e é medida pela variação percentual dos lucros para cada 1% de variação nas vendas. Portanto, o **grau de alavancagem operacional (GAO)** é:

$$GAO = \frac{\text{variação percentual dos lucros}}{\text{variação percentual nas vendas}}$$

A fórmula simplificada[8] a seguir mostra como o GAO está relacionado aos custos fixos (incluindo a depreciação) da organização como uma proporção dos lucros posteriores aos impostos:

$$GAO = 1 + \frac{\text{custos fixos}}{\text{lucros}}$$

No caso do projeto das *scooters* da Otobai

$$GAO = 1 + \frac{(3 + 1,5)}{3} = 2,5$$

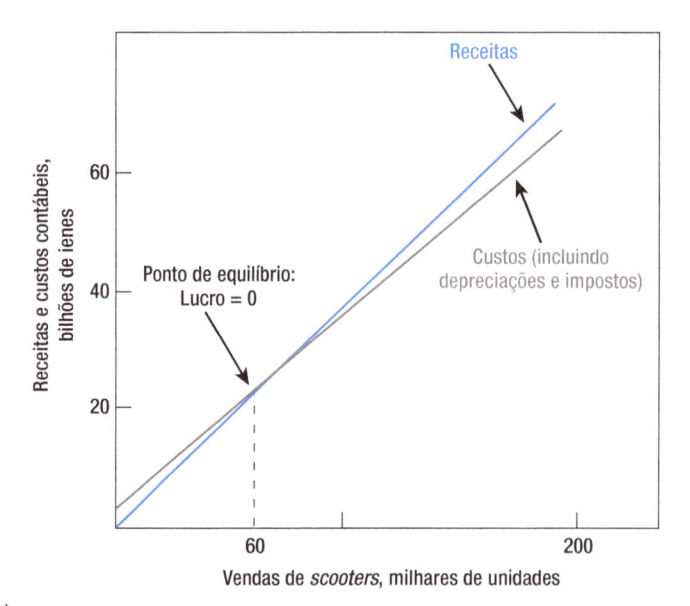

▶ **FIGURA 10.3** Às vezes, os gráficos do ponto de equilíbrio são elaborados com base em dados contábeis. Os lucros posteriores aos impostos serão zero quando o volume de vendas for de 60 mil.

---

[7] No Capítulo 9 desenvolvemos uma medida da alavancagem operacional que foi expressa em termos de fluxos de caixa e seus correspondentes valores presentes. Utilizamos essa medida para mostrar como o beta depende da alavancagem operacional.

[8] Essa fórmula para o GAO pode ser derivada da seguinte forma. Se as vendas aumentam 1%, os custos variáveis também aumentarão 1%, e os lucros aumentarão em $0,01 \times$ (vendas − custos variáveis) = $0,01 \times$ (lucros anteriores aos impostos + custos fixos). Agora, lembre-se novamente da definição do GAO:

$$GAO = \frac{\text{variação percentual dos lucros}}{\text{variação percentual nas vendas}} = \frac{(\text{variação dos lucros})/(\text{nível dos lucros})}{0,01}$$

$$= 100 \times \frac{\text{variação dos lucros}}{\text{nível dos lucros}} = 100 \times \frac{0,01 \times (\text{lucros} + \text{custos fixos})}{\text{nível dos lucros}}$$

$$= 1 + \frac{\text{custos fixos}}{\text{lucros}}$$

QUADRO 10.6 Estimativas do grau de alavancagem operacional (GAO) para empresas norte-americanas de grande porte por setor de atividade

Setores de atividade com alta alavancagem operacional		Setores de atividade com baixa alavancagem operacional	
Setor	GAO	Setor	GAO
Siderurgia	2,83	Alimentício	0,93
Maquinário	1,49	Vestuário	1,21
Papel	1,47	Supermercados	1,40

Obs: O GAO é estimado a partir de uma regressão da mudança em LAJIRDA frente à mudança correspondente em vendas, 1990-2013.

Uma queda de 1% na receitas do projeto resultaria em uma queda de 2,5% nos lucros.

Veja novamente o Quadro 10.6, que mostra quanto os lucros de algumas empresas norte-americanas de grande porte variaram tipicamente como uma proporção da variação nas vendas. Por exemplo, observe que uma redução de 1% nas vendas reduziu os lucros das empresas siderúrgicas em 2,83%. Isso sugere que essas siderúrgicas têm uma alavancagem operacional estimada de 2,83%. Seria esperado, portanto, que as ações dessas empresas tivessem, correspondentemente, altos betas, e isso é o que efetivamente ocorre.

10.3 Simulação de Monte Carlo

A análise de sensibilidade permite calcular o efeito da mudança de uma única variável de cada vez. Analisando o projeto com outros cenários, podemos considerar o efeito de um *número limitado* de combinações plausíveis de variáveis. A **simulação de Monte Carlo** é um instrumento que permite considerar *todas* as combinações possíveis. Por conseguinte, permite examinar a distribuição completa dos resultados do projeto.

Imagine-se como um jogador que está em Monte Carlo. Você não sabe nada sobre as leis da probabilidade (poucos jogadores sabem), mas um amigo lhe sugeriu uma estratégia complicada para arriscar na roleta. O seu amigo não testou de fato a estratégia, mas está confiante de que lhe renderá, *em média*, 2,5% em cada 50 voltas da roleta. A estimativa otimista do seu amigo para qualquer série de 50 voltas é um lucro de 55%; a estimativa pessimista dele é um prejuízo de 50%. Como saber se as probabilidades são realmente essas? Uma maneira fácil, mas possivelmente dispendiosa, é começar a jogar e registrar o resultado ao fim de cada série de 50 voltas. Depois de, digamos, 100 séries de 50 voltas cada, trace o gráfico da distribuição da frequência dos resultados e calcule os limites médio, superior e inferior. Se as perspectivas forem boas, então você pode começar a jogar seriamente.

Uma opção é pedir ao computador que simule a roleta e a estratégia. Em outras palavras, você pode dar instruções ao computador para tirar números aleatoriamente e determinar o resultado de cada volta da roleta e, em seguida, calcular quanto você teria ganhado ou perdido com essa estratégia de jogo.

Esse seria um exemplo da simulação de Monte Carlo. Nas decisões de investimento, substituímos a estratégia de jogo por um modelo da realidade na qual o projeto se insere. Vejamos como isso funciona para o nosso projeto das *scooters*.

Simulação do projeto das *scooters*

Fase 1: Modelagem do projeto Em qualquer simulação, a primeira etapa consiste em fornecer ao computador um modelo preciso do projeto. Por exemplo, a análise de sensibilidade do projeto das *scooters* baseia-se no seguinte modelo implícito de fluxos de caixa:

Fluxos de caixa = (receitas − custos − depreciação) × (1 − taxa de impostos) + depreciação
  Receitas = dimensão do mercado × fatia do mercado × preço unitário
    Custos = (dimensão do mercado × fatia do mercado × custo variável unitário) + custo fixo

Esse modelo do projeto era tudo aquilo de que precisávamos para a análise de sensibilidade simples que realizamos anteriormente. Mas, se você quiser simular o projeto na íntegra, terá que pensar de que modo as variáveis se relacionam entre si.

Considere, por exemplo, a primeira variável – a dimensão do mercado. O departamento de marketing estimou a dimensão do mercado em um milhão de *scooters* no primeiro ano de vida do projeto, mas, evidentemente, você não sabe como as coisas se desenvolverão. O verdadeiro tamanho do mercado ultrapassará ou ficará aquém das expectativas, conforme o erro de previsão desse departamento:

Dimensão do mercado, ano 1 = dimensão do mercado esperada, ano 1 × (1 + erro na previsão, ano 1)

A sua expectativa é de que o erro de previsão seja zero, mas pode acontecer que seja positivo ou negativo. Suponha, por exemplo, que a verdadeira dimensão do mercado seja, na realidade, 1,1 milhão. Isso significa um erro de previsão de 10%, ou de +0,1:

Dimensão do mercado, ano 1 = 1 × (1 + 0,1) = 1,1 milhão

Podemos expressar a dimensão do mercado, no segundo ano, exatamente da mesma maneira:

Dimensão do mercado, ano 2 = dimensão do mercado esperada, ano 2 × (1 + erro na previsão, ano 2)

Mas, nesse momento, você terá de considerar de que modo a dimensão esperada do mercado para o ano 2 será afetada pelo que acontecer no ano 1. Se as vendas das *scooters* forem inferiores às expectativas no ano 1, é provável que continuem a ser inferiores nos anos seguintes. Suponha que uma queda das vendas no ano 1 o levem a rever a sua previsão de vendas para o ano 2 por um valor semelhante. Então:

Dimensão do mercado esperada, ano 2 = dimensão do mercado atual, ano 1

Agora você pode expressar a dimensão do mercado no ano 2 em termos da dimensão real do mercado no ano anterior, mais o erro de previsão:

Dimensão do mercado, ano 2 = dimensão do mercado, ano 1 × (1 + erro na previsão, ano 2)

Do mesmo modo, você pode descrever a dimensão esperada do mercado para o ano 3 em termos da dimensão do mercado no ano 2, e assim sucessivamente.

Essa série de equações ilustra a maneira como pode ser descrita a interdependência dos diferentes *períodos*. Mas você precisa considerar também a interdependência das diferentes *variáveis*. Por exemplo, é provável que o preço das *scooters* aumente com a dimensão do mercado. Suponha que essa seja a única incerteza e que um aumento de 10% na dimensão do mercado iria lhe permitir prever um aumento de 3% no preço. Então, você poderia descrever o modelo do preço para o primeiro ano da seguinte maneira:

Preço, ano 1 = preço esperado, ano 1 × (1 + 0,3 × erro na previsão da dimensão do mercado, ano 1)

Depois, se as variações da dimensão do mercado exercerem um efeito permanente sobre os preços, você pode definir o preço no segundo ano como:

Preço, ano 2 = preço esperado, ano 2 × (1 + 0,3 × erro na previsão da dimensão do mercado, ano 2)
= preço atual, ano 1 × (1 + 0,3 × erro na previsão da dimensão do mercado, ano 2)

Observe como relacionamos o preço de venda, em cada período, aos preços *efetivos* de venda (incluindo o erro na previsão) em todos os períodos anteriores. Utilizamos o mesmo tipo de ligação com a dimensão do mercado. Essas ligações significam que os erros de previsão se acumulam; não se anulam ao longo do tempo. Por isso, a incerteza *aumenta* com o decorrer do tempo; quanto mais você avançar no futuro, mais o preço efetivo ou a dimensão do mercado se afastará das suas previsões originais.

O modelo completo do seu projeto incluiria um conjunto de equações para cada uma das variáveis: dimensão do mercado, preço, fatia do mercado, custo variável unitário e custo fixo. Mesmo considerando apenas algumas interdependências de variáveis e no decorrer do tempo, o resultado será uma lista bastante complexa de equações.[9] Talvez isso não seja mau, se levá-lo a compreender o projeto. A construção de modelos é como espinafre: você pode até não gostar do sabor, mas faz bem à saúde.

Fase 2: Especificação de probabilidades   Você se lembra do procedimento para simular a estratégia do jogador? O primeiro passo era especificar a estratégia; o segundo era especificar os números da roleta; e o terceiro era dar instruções ao computador para selecionar números, aleatoriamente, e calcular os resultados da estratégia:

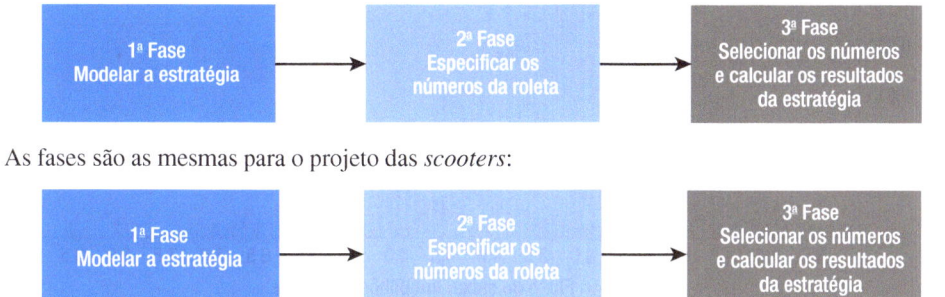

| 1ª Fase Modelar a estratégia | → | 2ª Fase Especificar os números da roleta | → | 3ª Fase Selecionar os números e calcular os resultados da estratégia |

As fases são as mesmas para o projeto das *scooters*:

| 1ª Fase Modelar a estratégia | → | 2ª Fase Especificar os números da roleta | → | 3ª Fase Selecionar os números e calcular os resultados da estratégia |

Pense no que pode acontecer quando você especificar os possíveis erros de previsão da dimensão do mercado. Você *espera* que a dimensão do mercado seja de 1 milhão de *scooters*. É claro que você está convencido de que não está subestimando ou superestimando a dimensão do mercado; logo, a estimativa do seu erro de previsão é zero. O departamento de marketing, por sua vez, forneceu-lhe um leque de estimativas possíveis. A dimensão do mercado pode variar entre 0,85 milhão e 1,15 milhão de *scooters*. Assim, o erro de previsão tem um valor esperado de zero e uma abrangência de, mais ou menos, 15%. Se o departamento de marketing lhe deu, de fato, o resultado mais baixo e o mais alto possíveis, você terá quase certeza[10] de que o valor da dimensão do mercado deve ficar em algum ponto desse intervalo.

A dimensão do mercado fica resolvida; agora, torna-se preciso delinear perfis semelhantes para os possíveis erros de previsão de cada uma das outras variáveis contidas no seu modelo.

Fase 3: Simulação dos fluxos de caixa   Agora, o computador faz *amostragens* da distribuição dos erros de previsão, calcula os fluxos de caixa resultantes para cada período e os registra. Depois de muitas interações, começamos a obter estimativas exatas das distribuições de probabilidades dos fluxos de caixa – exatas apenas na medida em que o seu modelo e as distribuições de probabilidades de fluxos de caixa podem ser exatos. Lembre-se do princípio GIGO, da informática: "entra lixo, sai lixo" (*garbage in, garbage out*).

A Figura 10.4 mostra parte dos resultados de uma simulação real do projeto das *scooters*.[11] Observe a assimetria positiva dos resultados – os resultados muito grandes são, por qualquer razão, mais prováveis do que os muitos pequenos. Isso é normal quando os erros de previsão vão se acumulando com o passar do tempo. Em razão dessa assimetria, o fluxo de caixa médio é um pouco mais elevado do que o resultado mais provável; em outras palavras, fica ligeiramente à direita do pico da distribuição.[12]

---

[9] A especificação das interdependências é a parte mais difícil e mais importante de uma simulação. Se todos os componentes dos fluxos de caixa de um projeto fossem independentes, a simulação raramente seria necessária.

[10] Suponha que "quase certeza" signifique "99% das vezes". Se os erros de previsão estiverem distribuídos uniformemente, esse grau de certeza requer um intervalo de mais ou menos três desvios-padrão.

  É claro que poderiam ser utilizadas outras distribuições. Por exemplo, o departamento de marketing pode considerar *igualmente provável* qualquer dimensão do mercado entre 0,85 milhão e 1,15 milhão de *scooters*. Nesse caso, a simulação requereria uma distribuição uniforme (retangular) da previsão dos erros.

[11] Esses são resultados reais obtidos com o software Crystal Ball™. A simulação pressupôs que os erros anuais de previsão estavam distribuídos normalmente e a simulação fez dez mil tentativas. Agradecemos a Christopher Howe por ter feito essa simulação.

[12] Quando se trabalha com previsões de fluxos de caixa, deve-se atentar para a distinção entre o valor esperado e o valor mais provável (ou valor modal). Os valores presentes baseiam-se em fluxos de caixa *esperados* – ou seja, a probabilidade média ponderada dos possíveis fluxos de caixa futuros. Se a distribuição dos resultados possíveis está inclinada para a direita, como na Figura 10.4, os fluxos de caixa esperados serão maiores do que os fluxos de caixa mais prováveis.

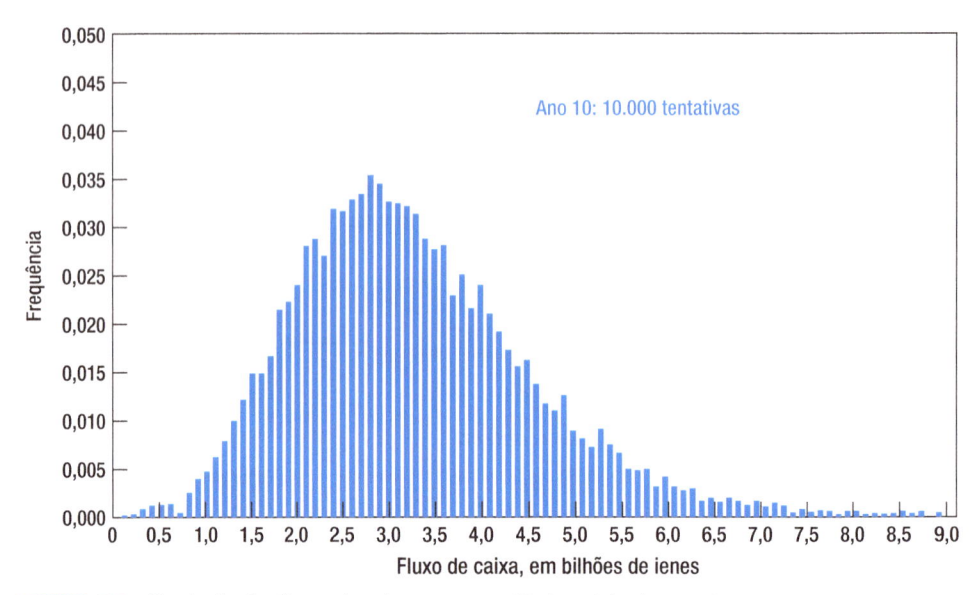

▶ **FIGURA 10.4** Simulação dos fluxos de caixa para o ano 10 do projeto das *scooters*.

Fase 4: Cálculo do valor presente As distribuições dos fluxos de caixa do projeto devem permitir o cálculo mais preciso dos fluxos de caixa previstos. Na etapa final, precisamos descontar esses fluxos de caixa esperados para determinar o valor presente.

Embora complicada, a simulação tem o mérito óbvio de obrigar quem faz as previsões – e quem toma as decisões – a considerar a incerteza e as interdependências. Depois de ter definido o seu modelo de simulação, é fácil analisar as fontes principais de incerteza nos fluxos de caixa e ver como essa incerteza pode ser reduzida pela melhoria das previsões das vendas ou dos custos. Você também estará apto a explorar o efeito de possíveis modificações do projeto.

A simulação pode parecer uma panaceia para todos os males do mundo. Mas, como sempre, deve-se pagar por aquilo que se recebe. Aliás, às vezes paga-se mais do que aquilo que se recebe. A questão não é só o tempo que é preciso gastar na elaboração do modelo. É extremamente difícil estimar as relações existentes entre as variáveis e as distribuições de probabilidades subjacentes, mesmo quando tentamos ser honestos. Mas, nas decisões de investimento, as pessoas que fazem as previsões quase nunca são imparciais, e as distribuições de probabilidades nas quais a simulação se baseia podem ser bastante distorcidas.

Na prática, a simulação que pretende ser realista é também muito complexa. Isso significa que, em geral, a pessoa que toma as decisões delega aos especialistas, ou aos consultores de gestão, a tarefa de construir o modelo. O perigo é que, mesmo que os peritos compreendam a criação do modelo, quem toma as decisões não o compreenda e, por conseguinte, não confie nele. Trata-se de uma ocorrência comum, mas paradoxal.

10.4 Opções reais e árvores de decisão

Quando utilizamos fluxos de caixa descontados (FCDs) para avaliar um projeto, consideramos, implicitamente, que a empresa possui os ativos de modo passivo. Mas os gestores não são pagos para se comportar como bonecos. Depois de terem investido em um novo projeto, não se limitam a sentar no sofá e ver a vida passar. Se tudo correr bem, o projeto pode ser expandido; se correr mal, o projeto pode ser reduzido ou abandonado. Os projetos que podem ser modificados dessas maneiras são mais valiosos do que os que não possuem essa flexibilidade. Quanto maior é a incerteza do futuro, mais valiosa se torna a flexibilidade.

Isso parece óbvio, mas observe que a análise de sensibilidade e a simulação de Monte Carlo não reconhecem a oportunidade de modificação dos projetos.[13] Por exemplo, pense de novo no projeto das *scooters* elétricas da Otobai. Na vida real, se o projeto corresse mal, a Otobai iria abandoná-lo para minimizar suas perdas. Assim sendo, o pior resultado não seria tão devastador quanto o sugerido pela nossa análise de sensibilidade e pela simulação.

As opções para modificar um projeto são designadas **opções reais**. Os gestores nem sempre poderão utilizar esse termo para descrever essas oportunidades; por exemplo, podem falar de "vantagens intangíveis" de projetos fáceis de alterar. Mas quando estudam grandes propostas de investimento, essas opções intangíveis são, muitas vezes, a chave das suas decisões.

A opção de expansão

Atividades que envolvem o transporte aéreo de carga a longas distâncias, tais como as da FedEx, precisam transportar uma grande quantidade de mercadorias todos os dias. Portanto, quando a Airbus anunciou que o lançamento do superjumbo A380 sofreria atraso, a FedEx recorreu à Boeing e encomendou 15 de suas aeronaves 777 de carga a ser entregues entre 2009 e 2011. Se o negócio continuasse a se expandir, a empresa precisaria de mais aeronaves. Mas, em vez de fazer outras encomendas, a FedEx preferiu assegurar um lugar na linha de produção da Boeing com a aquisição de uma *opção* para comprar 15 aviões adicionais a um preço determinado. Essa opção não obriga a expansão da empresa, mas lhe garante flexibilidade suficiente para poder expandir.

A Figura 10.5 exibe a opção de expansão da FedEx sob a forma de uma simples **árvore de decisão**. Podemos considerá-la uma espécie de jogo entre a FedEx e o futuro. Cada quadrado representa uma ação ou opção feita pela empresa. Cada círculo representa um resultado revelado pelo futuro. Nesse caso, só há um resultado – onde o futuro revela a procura de transporte aéreo de carga e as necessidades da FedEx. A empresa decide, então, se exerce ou não a sua opção e compra os outros modelos 777. Aqui a decisão é fácil: apenas compra os aviões se a procura for elevada e a operação das aeronaves for rentável. Se a procura for reduzida, a FedEx desiste e transfere à Boeing o problema de encontrar outro cliente para as aeronaves que lhe estavam reservadas.

Provavelmente, você consegue se lembrar de muitos outros investimentos que se beneficiam de valor acrescentado por causa das opções adicionais que comportam. Por exemplo:

- No lançamento de um novo produto, as empresas começam com um programa-piloto para detectar problemas de concepção e para testar o mercado. Em seguida, a empresa avalia o projeto-piloto e decide se deve expandir ou não a produção para a capacidade máxima.

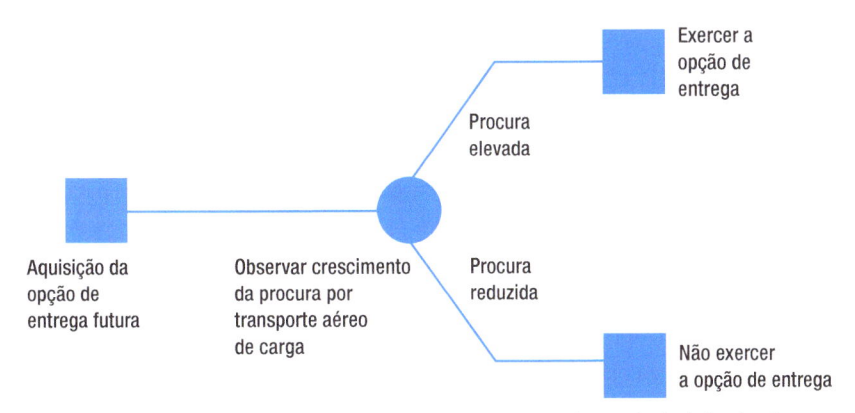

▶ **FIGURA 10.5** A opção de expansão da FedEx, representada em uma árvore de decisão simples.

---

[13] Alguns modelos de simulação *reconhecem* a possibilidade de alterações das políticas. Por exemplo, quando uma empresa farmacêutica utiliza a simulação para alterar as suas decisões de P&D, contempla a possibilidade de a empresa abandonar o desenvolvimento em cada uma das fases.

- Ao projetar uma fábrica, faz sentido comprar mais terreno ou espaço coberto para reduzir o custo futuro de uma segunda linha de produção.

- Ao construir uma autoestrada com quatro pistas, compensa construir viadutos com seis pistas para que a estrada possa ser, mais tarde, convertida para o mesmo número de pistas se o volume de tráfego for superior ao esperado.

- Ao montar plataformas de produção em campos petrolíferos e de gás *offshore*, as empresas geralmente possuem uma área aberta, ampla e vazia no deque. Esse espaço vazio acarreta um custo inicial superior, mas reduz o custo de se instalar, posteriormente, equipamentos extras. Por exemplo, esse espaço vazio pode fornecer uma opção para a instalação de equipamentos contra inundação de água se os preços do petróleo ou do gás subirem a valores suficientemente altos para justificar o investimento.

Essas opções de expansão não são visíveis nos demonstrativos financeiros das organizações, mas os gestores e investidores estão bem atentos à sua importância. No Capítulo 4, por exemplo, mostramos como o valor presente das oportunidades de crescimento (VPOC) contribui para o valor das ações ordinárias da organização. O VPOC é igual ao valor projetado do VPL para os futuros investimentos. Mas é preferível considerá-lo como o valor das *opções* da organização para investir e se expandir. A empresa não é obrigada a se expandir. Pode investir mais se o número de projetos com VPL positivo se mostrar elevado, ou investir menos se o número se reduzir. A flexibilidade de adaptar o investimento às oportunidades futuras é um dos fatores que tornam o VPOC tão valioso.

A opção de abandono

Se a opção de expansão tem valor, o que dizer, então, da opção de abandonar totalmente o projeto? Os projetos não desaparecem só quando a vida útil dos ativos se esgota. A decisão em geral é tomada pela direção, não pela natureza. Assim que o projeto deixa de ser lucrativo, a empresa reduz suas perdas e exerce sua opção de abandoná-lo.

É mais fácil de nos desfazermos de certos ativos do que outros. Geralmente, os ativos tangíveis são mais fáceis de vender do que os intangíveis. Para isso, contribuem os mercados ativos de produtos de segunda mão, que, na realidade, só existem para produtos normalizados. Os bens imóveis, os aviões, os caminhões e certas máquinas-operatrizes serão relativamente fáceis de serem vendidos. Por sua vez, o conhecimento acumulado por uma empresa de software com o seu programa de pesquisa e desenvolvimento constitui um ativo intangível especial e, provavelmente, não terá um valor de abandono significativo. (Alguns ativos, como colchões usados, até podem ter um valor de abandono *negativo*; você terá de pagar para se ver livre deles. É muito caro desativar uma central nuclear ou recuperar o terreno que foi utilizado na mineração ao ar livre.)

EXEMPLO 10.1 • Descarte do projeto do motor de popa

Os gestores devem reconhecer a opção do abandono quando fazem o investimento inicial em um projeto. Por exemplo, suponha que você tenha de escolher entre duas tecnologias para a produção de um motor de popa do tipo Wankel.

1. A tecnologia A utiliza maquinaria controlada por computador, concebida especialmente para produzir as formas complexas necessárias para os motores Wankel em grandes quantidades e a um custo reduzido. Mas se o motor não for vendido, esse equipamento não terá valor algum.

2. A tecnologia B utiliza máquinas-operatrizes normais. Os custos de trabalho são muito superiores, mas a maquinaria poderá ser vendida por $17 milhões, se a procura reduzir.

Para simplificar, considere que os dispêndios iniciais são os mesmos para ambas as tecnologias. Se a procura no primeiro ano for elevada, a tecnologia A oferecerá um retorno de $24 milhões. Se a procura for reduzida, o retorno da tecnologia A será de $16 milhões. Pense nesses resultados como os fluxos de caixa do projeto no primeiro ano de produção mais o valor, nesse mesmo ano, de todos os fluxos de caixa futuros. Os retornos para a tecnologia B serão, respectivamente, de $22,5 milhões e $15 milhões:

Retornos da produção do motor de popa ($ milhões)		
	Tecnologia A	Tecnologia B
Procura elevada	$24,0	$22,5
Procura reduzida	16,0	15,0*

* Composto de um fluxo de caixa de $1,5 milhão e de um VP, no ano 1, de $13,5 milhões.

A tecnologia A é superior em uma análise de FCD do novo produto, visto ter sido concebida para ter os menores custos possíveis para o volume de produção planejado. De qualquer modo, você constata a vantagem da flexibilidade da tecnologia B, porque não está seguro se o motor de popa vai nadar ou afundar no mercado. Se você adotar essa última tecnologia e o motor não obtiver êxito, será preferível coletar o fluxo de caixa de $1,5 milhão no primeiro ano e, posteriormente, vender a instalação e os equipamentos por $17 milhões.

A Figura 10.6 apresenta esse exemplo na forma de uma árvore de decisão. A opção do abandono ocorre nos quadrados da direita da tecnologia B. As decisões são óbvias: continuar se a procura for elevada; e, caso não seja, abandonar. Portanto, os retornos da tecnologia B são:

Procura elevada → continuar a produção → retorno de $22,5 milhões
Procura reduzida → exercer a opção de vender os ativos → retorno de 1,5 + 17 = $18,5 milhões

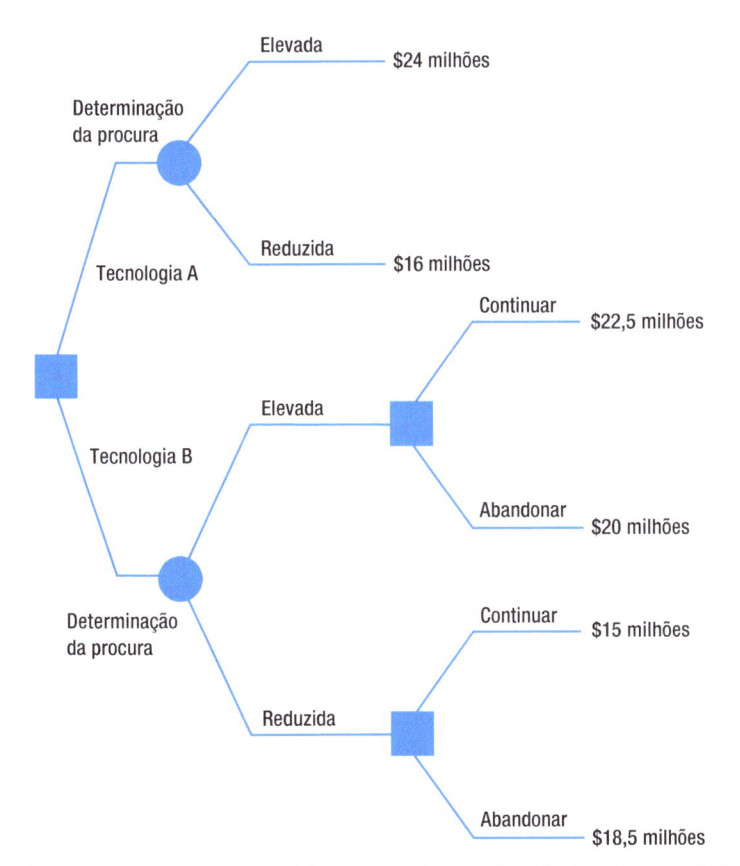

▶ **FIGURA 10.6** A árvore de decisão para o projeto do motor de popa tipo Wankel. A tecnologia B permite que a empresa abandone o projeto e recupere $18,5 milhões, se a procura for baixa.

A tecnologia B oferece uma apólice de seguro: se as vendas do motor de popa forem decepcionantes, você pode abandonar o projeto e receber $18,5 milhões. O valor total do projeto com a tecnologia B é o seu valor com base no FCD, pressupondo que a empresa não o abandona, *mais* o valor da opção de vender os ativos por $17 milhões. Quando você avalia essa opção do abandono, está valorizando a flexibilidade.

Opções de produção

Quando as empresas fazem novos investimentos, pensam, geralmente, na possibilidade de, em um momento posterior, poderem vir a querer modificar o projeto. Hoje todos podem exigir peças redondas, mas, amanhã, quem sabe, as quadradas possam estar na moda. Nesse caso, precisa-se de uma fábrica com a flexibilidade necessária para produzir vários tipos de peças. Da mesma maneira, pode vir a ser vantajoso investir inicialmente para se ter a flexibilidade de alterar as matérias-primas. No Capítulo 22, por exemplo, descreveremos como as empresas de fornecimento de eletricidade geralmente constroem centrais geradoras que, muitas vezes, incluem a opção de mudar o combustível que consomem de óleo para gás natural. Chamaremos essas oportunidades de *opções de produção*.

Opções temporais

O fato de um projeto ter um VPL positivo não significa que seria melhor empreendê-lo imediatamente. Pode ser ainda mais valioso adiá-lo.

As decisões temporais são relativamente simples sob condições de certeza. Será preciso examinar todas as datas alternativas para fazer o investimento e calcular seu valor presente líquido em cada uma delas. Depois, para descobrir qual dessas alternativas mais contribuiria para o valor *corrente* da organização, deve-se descontar esses valores futuros líquidos para trazê-los de volta ao presente:

Valor presente líquido do investimento se realizado no momento $t = \dfrac{\text{Valor futuro líquido na data } t}{(1 + r)^t}$

A data ideal para fazer o investimento é aquela que maximiza sua contribuição para o valor atual da empresa. Esse procedimento já lhe é familiar do Capítulo 6, onde determinamos qual era a melhor época de corte de um terreno cheio de árvores.

Nesse exemplo, assumimos que os fluxos de caixa eram seguros, de modo que se sabia o tempo ideal para exercer a sua opção. Quando houver incerteza, a opção temporal é muito mais complicada. Uma oportunidade de investimento não aproveitada em $t = 0$ pode ser mais ou menos atraente em $t = 1$; raramente há a possibilidade de sabermos com certeza. Talvez seja melhor bater o ferro enquanto ele está quente, mesmo com a chance de ficar ainda mais quente. Por outro lado, se esperarmos um pouco é possível obtermos mais informações e evitarmos um erro grave. Essa é a razão por que geralmente se constata que os gestores preferem não investir hoje em projetos em que o VPL é só marginalmente positivo e há muito a ser aprendido se ele sofrer algum tipo de adiamento.

Mais sobre as árvores de decisão

Voltaremos a abordar as opções reais no Capítulo 22, depois de termos abordado a teoria da avaliação de opções nos Capítulos 20 e 21. Mas vamos encerrar este capítulo com uma análise mais detalhada das árvores de decisão.

As árvores de decisão geralmente são utilizadas para descrever as opções reais contidas nos projetos de investimento de capital. Mas elas foram utilizadas na análise de projetos anos antes de as opções reais terem sido explicitamente identificadas. Elas podem ajudar a ilustrar o risco de um projeto e o modo como as decisões futuras afetarão os seus fluxos de caixa. Mesmo que você nunca venha a aprender nem a utilizar a teoria da avaliação de opções, as árvores de decisão devem fazer parte de sua caixa de ferramentas financeiras.

A melhor maneira de ver como as árvores de decisão podem ser utilizadas em um projeto é pela análise de um exemplo detalhado.

EXEMPLO 10.2 ● Árvore de decisão para a divisão de P&D de uma empresa farmacêutica

Os programas de desenvolvimento de medicamentos podem durar décadas. Geralmente, há testes em centenas de milhares de compostos para, no final, encontrar-se apenas uma pequena fração do lote que é promissora. Em seguida, esses compostos devem passar por diversos estágios de investimento e testes de modo a receber a aprovação da Food and Drug Administration (FDA). Somente então o medicamento pode ser vendido comercialmente. Os estágios são os seguintes:

1. *Fase I – Testes clínicos*. Após serem concluídos exames clínicos e de laboratório, o novo medicamento é testado para fins de segurança e dosagem em uma pequena amostra de seres humanos.
2. *Fase II – Testes clínicos*. O novo medicamento é testado quanto à eficácia (funciona como previsto?) e quanto a efeitos colaterais potencialmente danosos.
3. *Fase III – Testes clínicos*. O novo medicamento é testado em uma amostra mais ampla de seres humanos para confirmar a eficácia e descartar efeitos colaterais negativos.
4. *Pré-lançamento*. Se for obtida a aprovação da FDA, há investimentos em instalações industriais e nas campanhas iniciais de marketing. Continua a realização de testes clínicos.
5. *Lançamento comercial*. Após fazer um investimento inicial pesado em marketing e vendas, a empresa começa a vender o medicamento ao público.

Assim que o medicamento é lançado com sucesso, as vendas normalmente continuam durante cerca de dez anos, até que a sua proteção da patente expira e os competidores introduzem versões genéricas do mesmo composto químico. O medicamento pode continuar a ser vendido fora da patente, mas o volume de vendas e os lucros são muito menores.

O sucesso comercial de medicamentos aprovados pelo FDA tem uma grande faixa de variação. O VP de um medicamento "campeão de vendas" no lançamento pode ser de cinco a dez vezes maior do que o de um medicamento normal. Apenas uma pequena quantidade dos primeiros produtos pode gerar a maior parcela dos lucros de uma empresa farmacêutica de grande porte.[14]

Nenhuma empresa hesita investir em P&D para um medicamento que ela *sabe* que será um campeão de venda, mas, decerto, não descobrirá isso até o seu lançamento. Às vezes, as empresas pensam que têm um medicamento campeão de venda, para depois constatar que um medicamento melhor já foi lançado anteriormente por outro competidor.

Às vezes a FDA aprova um medicamento, mas limita o alcance de seu uso. Alguns medicamentos, apesar de eficazes, podem ser somente prescritos para classes limitadas de pacientes; outros medicamentos podem ser receitados de uma forma muito mais geral. Assim, o gestor de um programa desse tipo tem de avaliar as probabilidades de êxito clínico e de sucesso comercial. A produção de um novo medicamento pode ser abandonada se ele não passar nos testes clínicos – por exemplo, por conta de efeitos colaterais perigosos – ou se a perspectiva dos lucros for desestimulante.

A Figura 10.7 é uma árvore de decisão que ilustra essas decisões. Consideramos que um novo medicamento passou nos testes clínicos da fase I com êxito. Agora, ele requer um investimento de $18 milhões para os testes da fase II. Esses testes demoram dois anos. A probabilidade de sucesso é de 44%.

Se ele passar nos testes, o gestor reconhece o potencial comercial do medicamento, que dependerá do seu grau de utilização. Suponhamos que o VP previsto no lançamento dependa do escopo de utilização permitido pela FDA. Esses VPs são exibidos na margem mais à direita da árvore de decisão: um caso otimista com VPL = $700 milhões se o medicamento puder ser amplamente utilizado, um caso mais provável com VPL = $300 milhões e um caso pessimista com VPL = $100 milhões se a sua utilização for muito restrita.[15] Os VPLs são os retornos no lançamento

---
[14] O *site* do Tufts Center for the Study of Drug Development (**http://csdd.tufts.edu**) fornece uma quantidade enorme de informações sobre os custos e riscos das divisões de P&D de empresas do setor farmacêutico.

[15] O caso mais provável não é o resultado médio, pois os VPs no setor farmacêutico têm uma tendência voltada para o otimismo. O VP médio é $0.25 \times 700 + 0.5 \times 300 + 0.25 \times 100 = \$350$ milhões.

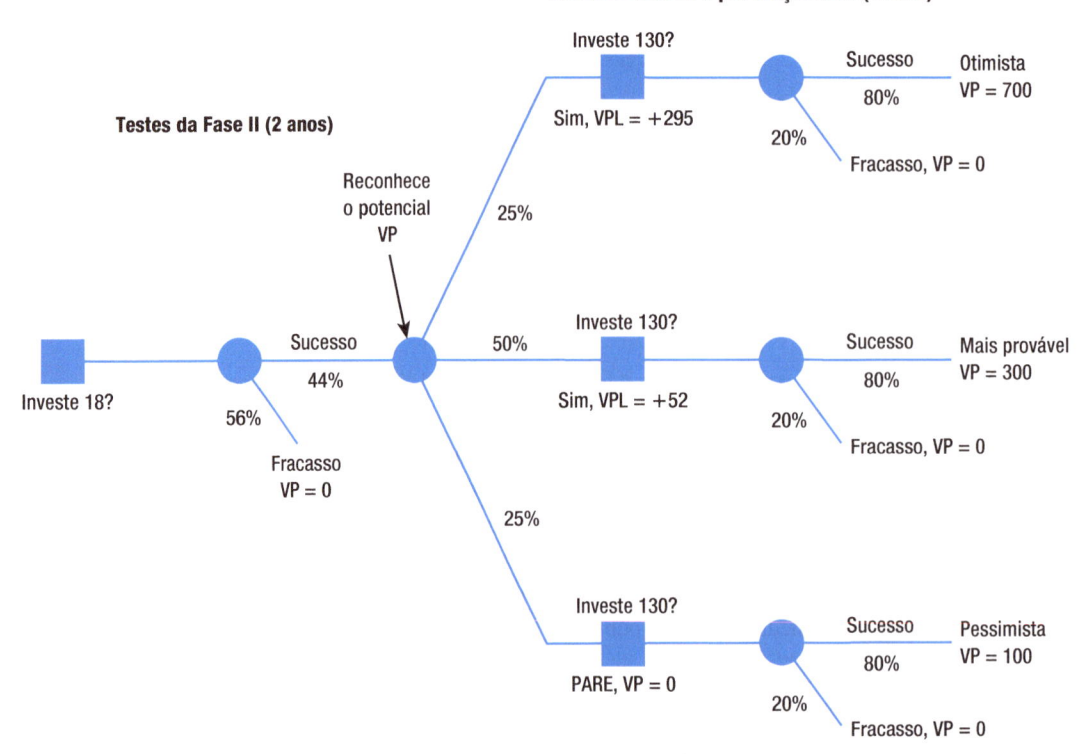

▶ **FIGURA 10.7** Uma árvore de decisão simplificada para a divisão de P&D farmacêutica. Um medicamento candidato exige um investimento de $18 milhões para os testes clínicos da fase II. Se eles forem bem-sucedidos (probabilidade de 44%), a empresa reconhece o escopo de utilização do medicamento e atualiza a previsão para seu VP no lançamento comercial. O investimento requerido para os testes da fase III e as despesas do pré-lançamento é de $130 milhões. A probabilidade de sucesso na fase III e no pré-lançamento é de 80%.

posteriores aos investimentos em marketing. O lançamento ocorre três anos após o início da fase III se o medicamento for aprovado pela FDA. As probabilidades dos casos otimista, mais provável e pessimista são, respectivamente, de 25%, 50% e 25%.

É necessário um investimento suplementar em P&D de $130 milhões para fazer frente aos testes da fase III e ao período de pré-lançamento. (Combinamos a fase III e o pré-lançamento para simplificarmos o problema.) A probabilidade de aprovação pelo FDA e do lançamento é de 80%.

Agora, vamos avaliar os investimentos na Figura 10.7. Pressupomos uma taxa de juro livre de risco de 4% e um prêmio de risco do mercado de 7%. Se os produtos farmacêuticos aprovados pela FDA têm betas dos ativos de 0,8, o custo de oportunidade do capital é $4 + 0,8 \times 7 = 9,6\%$.

Voltamos a trabalhar na árvore, indo da direita para a esquerda. Os VPLs no início dos testes da fase III são:

$$\text{VPL (otimista)} = -130 + 0,8 \times \frac{700}{(1,096)^3} = +\$295 \text{ milhões}$$

$$\text{VPL (mais provável)} = -130 + 0,8 \times \frac{300}{(1,096)^3} = +\$52 \text{ milhões}$$

$$\text{VPL (pessimista)} = -130 + 0,8 \times \frac{100}{(1,096)^3} = -\$69 \text{ milhões}$$

Como o VPL pessimista é negativo, a –$69 milhões, *não* deve ser feito o investimento de $130 milhões no início da fase III para esse caso. Não faz sentido investir esse montante quando se tem uma probabilidade de 80% de um retorno de $100 milhões após três anos. Portanto, o valor do programa de P&D nesse ponto da árvore de decisão não é igual a –$69 milhões, mas sim zero.

Agora, calculemos o VPL na decisão inicial do investimento para os testes da fase II. O retorno depois de dois anos depende se o medicamento recai no resultado otimista, no mais provável ou no resultado pessimista: uma probabilidade de 25% de o VPL ser igual a +$295 milhões, uma probabilidade de 50% de ser igual a +$52 milhões e uma probabilidade de 25% de cancelamento e de ser igual a zero. Obtêm-se esses VPLs somente se o medicamento passar com êxito nos testes da fase II: há uma probabilidade de 44% de sucesso e de 55% de fracasso. O investimento inicial é de $18 milhões. Portanto, o VPL é de:

$$\text{VPL} = -18 + 0{,}44 \times \frac{0{,}25 \times 295 + 0{,}5 \times 52 + 0{,}25 \times 0}{(1{,}096)^2} = -18 + 37 = +\$19 \text{ milhões}$$

Assim, a fase II será um investimento recompensador, muito embora o medicamento tenha somente 33% de probabilidade de passar até o lançamento (0,44 × 0,75 = 0,33 ou 33%).

Observe que não aumentamos a taxa de desconto de 9,6% para compensar os riscos de falha nos testes clínicos ou o risco de que o medicamento não gere lucros. Preocupações com a eficácia do medicamento, os eventuais efeitos colaterais e o escopo da utilização são riscos diversificados que não aumentam o risco do projeto de P&D para os acionistas da empresa. No entanto, tomamos o cuidado de considerar esses problemas nas previsões dos fluxos de caixa. A árvore de decisão da Figura 10.7 monitora as probabilidades de sucesso ou fracasso e as probabilidades de resultados otimistas ou pessimistas.[16]

As Figuras 10.6 e 10.7 são exemplos de opções de abandono. Todavia, não modelamos explicitamente os investimentos como opções, de modo que o nosso cálculo do VPL fica incompleto. Mostraremos como avaliar esses tipos de opções no Capítulo 22.

Prós e contras das árvores de decisão

Qualquer previsão de fluxos de caixa fundamenta-se em determinado pressuposto com relação à estratégia futura da empresa, relativamente à sua produção e à política de investimentos. Esse pressuposto frequentemente está implícito. As árvores de decisão obrigam a estratégia subjacente a revelar-se. Ao evidenciar as ligações entre as decisões de hoje e as de amanhã, ajudam o gestor financeiro a encontrar a estratégia correspondente ao maior valor presente líquido.

A árvore de decisão da Figura 10.7 é uma versão simplificada da realidade. Por exemplo, é possível expandi-la para incluir uma faixa mais ampla de VPLs no lançamento, possivelmente incluindo alguma probabilidade de um resultado fantástico ou resultados intermediários. Poderíamos disponibilizar a chegada de informações sobre os VPLs, em vez de somente no início da fase III. É possível inserir a decisão de investimento nos testes da fase II e separar a fase III e o pré-lançamento.

Talvez você queira desenhar uma nova árvore de decisão que cubra esses eventos e decisões, e verá com que rapidez há um acúmulo de círculos, quadrados e ramos.

O problema das árvores de decisão é que elas ficam complexas pra _____ de uma forma rápida pra _____ (preencha com seus próprios palavrões). Todavia, a vida é complicada, e contra isso pouco ou nada podemos fazer. Portanto, é injusto criticar as árvores de decisão pela possibilidade de se tornarem complexas. A nossa crítica é dirigida aos analistas que se deixam engolir por essa complexidade. O objetivo das árvores de decisão é o de permitir análises explícitas dos possíveis eventos e das decisões futuras. Não devem ser julgadas em razão da sua amplitude, mas sim por realçarem as ligações mais importantes entre as decisões do presente e do futuro.

As árvores de decisão utilizadas na vida real são mais complexas do que a da Figura 10.7, mas, mesmo assim, revelam apenas uma pequena fração dos possíveis eventos e das decisões futuras. Elas são como as videiras: só serão produtivas se forem bastante podadas.

---

[16] O risco de mercado correspondente aos VPs no lançamento é reconhecido na taxa de desconto de 9,6%.

RESUMO

Os capítulos anteriores explicaram como as empresas calculam o VPL de um projeto, fazendo a previsão dos fluxos de caixa e descontando-os a uma taxa que reflete o risco do projeto. O resultado final é a contribuição do projeto à riqueza dos acionistas. Entender a análise do fluxo de caixa descontado é importante, mas há mais nas melhores práticas de decisões de investimento do que essa capacidade de se descontar.

Primeiro, as empresas precisam definir um conjunto de procedimentos de decisões de investimento para assegurar que elas sejam tomadas de maneira ordenada. A maior parte das corporações elabora um orçamento de capital anual, que é uma lista de projetos de investimento previstos para o ano subsequente. A inclusão de um projeto nessa lista não constitui a autorização para o dispêndio. Antes que a unidade ou divisão possa prosseguir com uma proposta, será preciso apresentar um pedido de verba que inclua previsões detalhadas, uma análise do fluxo de caixa descontado e informações de suporte.

Os patrocinadores de projetos de investimento têm a tendência de superestimar os fluxos de caixa futuros e de subestimar os riscos. Por isso, as empresas precisam estimular diálogos honestos e abertos. Também necessitam de procedimentos para garantir que os projetos se enquadrem em seus planos estratégicos e sejam consistentemente desenvolvidos. (Esses procedimentos *não* devem incluir a adição de fatores de risco às taxas mínimas do projeto, em uma tentativa de compensar previsões otimistas.) Posteriormente, após o início das operações do projeto, a empresa pode fazer o seu acompanhamento lançando mão de uma pós-auditoria. As pós-auditorias identificam problemas que precisam ser resolvidos e colaboram para que a organização aprenda com os seus erros.

Uma prática adequada nas decisões de investimento também tenta identificar as principais incertezas nas propostas dos projetos. A consciência dessas incertezas pode sugerir formas para que o projeto possa ser reconfigurado de modo a reduzir os riscos, ou pode apontar algumas pesquisas adicionais que confirmem se o projeto vale ou não a pena.

Há diversos métodos com os quais as empresas tentam identificar e avaliar as ameaças ao sucesso de um projeto. O primeiro é a *análise de sensibilidade*. Nesse caso, o gestor considera, isoladamente, cada previsão ou pressuposição que influencia os fluxos de caixa e recalcula o VPL em valores otimistas e pessimistas dessa variável. O projeto é "sensível" à variável se o intervalo resultante de VPLs for amplo, sobretudo no lado pessimista.

A análise de sensibilidade geralmente recai em uma *análise do ponto de equilíbrio*, que identifica os valores de equilíbrio de variáveis-chave. Imaginemos que o gerente esteja preocupado com uma possível redução nas vendas. Então, ele estima o nível de vendas em que o projeto apenas atinge o ponto de equilíbrio (VPL = 0) e considera as probabilidades de que as vendas caiam abaixo desse ponto. Esse tipo de análise também é feita em termos dos lucros contábeis, embora não recomendemos essa aplicação. Projetos com uma alta proporção de custos fixos tendem a apresentar pontos de equilíbrio mais elevados. Como um declínio nas vendas resulta em uma queda ainda maior nos lucros quando os custos são quase todos fixos, dizemos que tais projetos possuem uma alta *alavancagem operacional*.

As análises de sensibilidade e do ponto de equilíbrio são fáceis, e identificam as previsões e pressuposições que efetivamente contam para o sucesso ou fracasso do projeto. As variáveis importantes, no entanto, não se alteram isoladamente. Por exemplo, quando os preços das matérias-primas são mais altos do que o previsto, é provável que os preços dos produtos também sejam elevados. A resposta lógica é a *análise de cenários*, que examina os efeitos no VPL quando se alteram diversas variáveis ao mesmo tempo.

Esse tipo de análise estuda um número limitado de combinações de variáveis. Se você deseja se aprofundar ainda mais e examinar todas as possíveis combinações, provavelmente terá de recorrer à *simulação de Monte Carlo*. Nesse caso, será preciso construir um modelo financeiro do projeto e especificar a distribuição de probabilidades de cada variável que determina fluxos de caixa. Em seguida, poderá pedir ao computador para que extraia valores aleatórios de cada variável e determine os fluxos de caixa resultantes. Na realidade, você solicita ao computador para que faça esse procedimento milhares de vezes, de modo a gerar distribuições completas dos fluxos de caixa. Com essas distribuições em mãos, pode-se obter um melhor controle dos fluxos de caixa esperados e dos riscos do projeto. É possível também experimentar a fim de ver como as distribuições seriam afetadas pela alteração do escopo do projeto ou das faixas de qualquer uma das variáveis.

Às vezes livros básicos sobre decisões de investimento sugerem que, depois de o gestor tomar uma decisão de investimento, nada mais lhe resta a não ser se sentar e aguardar que surjam os fluxos de caixa. Na prática, as organizações estão constantemente alterando os seus planos operacionais. Se os fluxos de caixa forem melhores do que o previsto, o projeto poderá ser ampliado; se forem piores, poderá ser reduzido ou mesmo abandonado. As opções de alteração de um projeto são chamadas de opções reais. Neste capítulo, apresentamos as categorias principais das opções reais: *opções de expansão*, *opções de abandono*, *opções temporais* e opções que oferecem *flexibilidade na produção*.

Os bons gestores prestam grande atenção nessas opções ao avaliarem um projeto. Uma maneira cômoda de analisar as opções reais e as suas consequências nos fluxos de caixa consiste na criação de uma árvore de decisão. Ela identifica os principais fatores suscetíveis de afetar o projeto e as medidas adequadas a serem tomadas. Então, partindo do futuro para o presente, torna-se possível definir a medida que *deve ser* tomada para cada eventualidade.

As árvores de decisão podem ajudar a identificar o impacto possível das opções reais nos fluxos de caixa de um projeto, mas negligenciamos bastante o problema da avaliação das opções reais. Voltaremos a esse tópico no Capítulo 22, depois de termos abordado os métodos de avaliação de opções nos dois capítulos anteriores.

LEITURAS ADICIONAIS

Para uma análise fácil de ler sobre o problema do excesso de confiança e outras características comportamentais quando se toma decisões financeiras, veja:

J. S. Hammond, R. L. Keeney, and H. Raiffa, "The Hidden Traps in Decision Making," *Harvard Business Review* 84 (January 2006), pp. 118-126.

Três referências menos técnicas sobre opções reais são apresentadas a seguir. Há mais referências no Capítulo 22.

A. Dixit and R. Pindyck, "The Options Approach to Capital Investment," *Harvard Business Review* 73 (May-June 1995), pp. 105-115.

W. C. Kester, "Today's Options for Tomorrow's Growth," *Harvard Business Review* 62 (March-April 1984), pp. 153-160.

A. Triantis and A. Borison, "Real Options: State of the Practice," *Journal of Applied Corporate Finance* 14 (Summer 2001), pp. 8-24.

PROBLEMAS

BÁSICO

1. **Processo de decisões de investimento** Verdadeiro ou falso?
   a. A aprovação de um investimento habilita os gestores a avançar com qualquer projeto incluído no orçamento.
   b. As decisões de investimento e as autorizações de projetos são desenvolvidas sobretudo de "baixo para cima". O planejamento estratégico é um processo de "cima para baixo".
   c. Os patrocinadores de projetos tem uma tendência de serem otimistas.

2. **Processo de decisões de investimento** Explique como cada uma das seguintes ações ou problemas podem distorcer ou interromper o processo de decisões de investimento.
   a. Superotimismo dos patrocinadores do projeto.
   b. Previsões inconsistentes das variáveis macroeconômicas e do setor de atividade.
   c. Decisões de investimento organizadas unicamente em um processo de "baixo para cima".

3. **Terminologia** Defina e explique, sucintamente, cada um dos seguintes termos ou procedimentos:
   a. Análise de sensibilidade
   b. Análise de cenários
   c. Análise do ponto de equilíbrio
   d. Simulação de Monte Carlo
   e. Árvore de decisão
   f. Opção real
   g. Valor de abandono
   h. Valor de expansão

4. **Análise de projeto** Verdadeiro ou falso?
   a. A análise de sensibilidade é desnecessária nos projetos em que os betas dos ativos forem iguais a zero.
   b. A análise de sensibilidade pode ser utilizada para identificar as variáveis mais fundamentais para o sucesso de um projeto.
   c. Se apenas uma das variáveis for incerta, a análise de sensibilidade fornece os valores "otimista" e "pessimista" dos fluxos de caixa e do VPL do projeto.
   d. O nível de vendas correspondente ao ponto de equilíbrio de um projeto é maior quando o *ponto de equilíbrio* se define em termos de VPL, em vez de em resultados contábeis.
   e. O risco é reduzido quando uma alta proporção de custos é fixada.
   f. A simulação de Monte Carlo pode ser usada para ajudar a prever fluxos de caixa.

5. **Simulação de Monte Carlo** Suponha que um gestor tenha estimado os fluxos de caixa de um projeto, calculado o seu VPL e feito uma análise de sensibilidade como a do Quadro 10.2. Indique quais são as outras medidas necessárias para efetuar uma simulação de Monte Carlo dos fluxos de caixa do projeto.

6. **Opções reais** Verdadeiro ou falso?
   a. As árvores de decisão podem ajudar a identificar e a descrever opções reais.
   b. A opção de expansão aumenta o VP.
   c. Valores altos de abandono diminuem o VP.
   d. Se um projeto tiver um VPL positivo, a organização deve sempre investir imediatamente.

7. **Previsões tendenciosas** Explique por que fixar uma taxa de desconto mais alta não é uma solução para previsões de fluxo de caixa tendenciosamente otimistas.

INTERMEDIÁRIO

8. **Processo de decisões de investimento** Faça uma descrição ou fluxograma que trace o processo de decisões de investimento desde a ideia inicial de um novo projeto de investimento até a realização do projeto e o início das operações. Considere que a ideia de uma nova máquina de ofuscadores nasceu de um gerente de fábrica da Desconstruction Division of the Modern Language Corporation.

   Apresentamos a seguir algumas perguntas que sua descrição ou fluxograma deveriam considerar: Quem elaborará a proposta original? Que informações conterá essa proposta? Quem irá avaliá-las? Que aprovações serão necessárias e quem as dará? O que acontecerá se a máquina custar 40% a mais na compra e instalação do que o originalmente previsto? O que acontecerá quando a máquina for finalmente instalada e entrar em operação?

9. **Previsões tendenciosas** Volte a examinar os fluxos de caixa para os projetos F e G na Seção 5.3. Considere que o custo de capital seja de 10%. Considere, ainda, que os fluxos de caixa previstos para projetos desse tipo são superestimados, em média, em 8%. Ou seja, a previsão para cada fluxo de caixa de cada projeto deve sofrer uma redução de 8%. Mas um gestor financeiro indolente, que não quer perder tempo discutindo com os patrocinadores do projeto, recomenda para que utilizem uma taxa de desconto de 18%.

   a. Quais são os verdadeiros VPLs do projeto?

   b. Quais são os VPLs à taxa de desconto de 18%?

   c. Há alguma circunstância em que a taxa de 18% forneceria o VPL correto? (*Dica*: uma distorção com valores otimistas pode ser mais severa para fluxos de caixa mais distantes?)

10. **Análise de sensibilidade** Qual é o VPL do projeto das *scooters* sob o seguinte cenário:

Dimensão do mercado	1,1 milhão
Fatia do mercado	0,1
Preço unitário	¥400.000
Custo variável unitário	¥360.000
Custo fixo	¥2 bilhões

11. **Análise de ponto de equilíbrio e alavancagem operacional** A Otobai também está considerando outro método de produção para as *scooters* (veja a Seção 10.2). Seria necessário um investimento adicional de ¥15 bilhões, mas a empresa reduziria os custos variáveis unitários em ¥40 mil. Os outros pressupostos são os do Quadro 10.1.

    a. Qual é o VPL dessa hipótese alternativa?

    b. Faça gráficos do ponto de equilíbrio dessa alternativa de acordo com os dados da Figura 10.1.

    c. Explique como interpretar o valor do ponto de equilíbrio.

    d. Agora, suponha que a direção da Otobai queira saber o valor do custo variável unitário quando o projeto das *scooters* no Quadro 10.1, atingir o ponto de equilíbrio. Calcule o nível de custos para o momento em que o projeto tiver lucro zero e em qual o VPL seria zero. Pressuponha que o investimento inicial seja de ¥15 bilhões.

    e. Calcule o GAO baseado no esquema alternativo.

12. **Análise de ponto de equilíbrio** Cálculos de ponto de equilíbrio tendem a ser mais usados para avaliar o efeito de um declínio nas vendas, mas seu foco pode muito bem recair sobre qualquer outro componente do fluxo de caixa. A Dog Days está cogitando uma proposta de produzir e divulgar uma ração canina sabor caviar. Isso envolverá um investimento inicial de $90 mil que pode ser depreciado por uma linha reta de impostos durante dez anos. Em cada um dos anos de 1 a 10, a previsão é de que o projeto produza vendas de $100 mil, e incorra em custos variáveis de 50% das vendas e custos fixos de $30 mil. A alíquota de imposto corporativo é de 30%, e o custo de capital é de 10%.

    a. Calcule o VPL e os níveis de ponto de equilíbrio contábil dos custos fixos.

    b. Suponha que você está preocupado que a alíquota de imposto corporativo vá aumentar imediatamente após você se comprometer com o projeto. Calcule a taxa de ponto de equilíbrio do imposto.

    c. Como um aumento na alíquota do imposto afetaria o ponto de equilíbrio contábil?

13. **Análise de sensibilidade** A Rustic Welt Company propõe substituir o velho maquinário de colocar solas de sapato por um equipamento mais moderno. O novo equipamento custa $9 milhões (o equipamento existente não tem valor residual). A vantagem do novo maquinário é reduzir o custo de produção do par de sapatos de $8 para $4. Contudo, como se pode ver no quadro a seguir, existe alguma incerteza sobre as vendas futuras e o desempenho do novo maquinário:

	Pessimista	Esperada	Otimista
Vendas, milhões de solas	0,4	0,5	0,7
Custo de produção com novo maquinário (dólares por sola)	6	4	3
Vida econômica do novo maquinário (anos)	7	10	13

    Efetue uma análise de sensibilidade à decisão de substituir o equipamento, supondo que a taxa de desconto seja de 12%. A Rustic Welt não paga impostos.

14. **Análise de sensibilidade** Use a planilha para o projeto de guano no Capítulo 6 para conduzir uma análise de sensibilidade do projeto. Admita quaisquer pressupostos que lhe parecerem razoáveis. Quais são as variáveis críticas? Qual deveria ser a reação da empresa frente à sua análise?

15. **Alavancagem operacional** Suponha que os custos variáveis esperados do projeto da Otobai sejam de ¥33 bilhões ao ano, e que os custos fixos sejam zero. Como isso altera o grau de alavancagem operacional (GAO)? Agora, calcule novamente a alavancagem operacional considerando que o montante total dos custos sejam fixos.

16. **Alavancagem operacional** A alavancagem operacional muitas vezes é medida como aumento percentual nos lucros anteriores aos impostos após a depreciação para um aumento de 1% nas vendas.

    a. Calcule a alavancagem operacional para o projeto das *scooters* pressupondo que sejam vendidas cem mil unidades (veja a Seção 10.2).

    b. Agora, demonstre que esse número é igual a 1 + (custos fixos incluindo a depreciação divididos pelos lucros anteriores aos impostos).

    c. A alavancagem operacional seria maior ou menor se as vendas fossem de duzentas mil unidades?

17. **Árvores de decisão** Volte ao projeto da enceradeira elétrica da Vegetron na Seção 9.4. Pressuponha que, se o teste falhar e a Vegetron continuar com o projeto, o $1 milhão investido renderia apenas $75 mil em um ano. Apresente o problema da organização sob a forma de uma árvore de decisão.

18. **Árvores de decisão** Sua estimativa intermediária para a quantidade de petróleo em um poço prospectivo é de 10 milhões de barris, mas na verdade há 50% de chances de que a quantidade de petróleo seja de 15 milhões de barris e 50% de chances de que seja de 5 milhões de barris. Se a verdadeira quantidade de petróleo for de 15 milhões de barris, o valor presente dos fluxos de caixa advindos da sua perfuração seria de $8 milhões. Se a quantidade for de apenas 5 milhões de barris, o valor presente será de apenas $2 milhões. O custo de perfuração do poço é de $3 milhões. Suponha que um teste sísmico que custa $100 mil consiga certificar a quantidade de petróleo no subsolo. Valeria a pena pagar pelo teste? Use uma árvore de decisão para justificar a sua resposta.

19. **Simulação de Monte Carlo** O *site* loja.grupoa.com.br contém um programa em Excel que faz a simulação dos fluxos de caixa do projeto da Otobai. Utilize esse programa para examinar as principais incertezas do projeto. Suponha que uma análise mais cuidadosa pode afastar a incerteza em relação a *uma* das variáveis. Sugira onde é que essa análise deveria ser aplicada com maior utilidade.

20. **Opções reais** Descreva a opção real de cada um dos seguintes casos:

    a. A Deutsche Metall adiou uma grande expansão da fábrica. A expansão tem um VPL positivo com base no desconto de um fluxo de caixa, mas a alta direção quer ter uma confirmação melhor sobre a procura do produto antes de prosseguir.

    b. A Western Telecom comprometeu-se com a produção de um interruptor digital desenhado especialmente para o mercado europeu. O projeto tem um VPL negativo, mas justifica-se pela necessidade estratégica de obter uma posição forte em um mercado com um crescimento muito rápido e um potencial de retorno muito elevado.

    c. A Western Telecom recusou a construção de uma linha de produção integrada e completamente automatizada para o novo interruptor digital. Prefere utilizar um equipamento mais padronizado e menos dispendioso. Segundo o cálculo do fluxo de caixa descontado, a linha de produção automatizada é, sobretudo, mais eficiente.

    d. A empresa de transporte aéreo Mount Fuji Airways compra um avião jumbo a jato com equipamento especial que permite ao avião a rápida alternância entre transporte de carga e transporte de passageiros.

21. **Árvores de decisão** Examine novamente a árvore de decisão da Figura 10.7. Amplie os possíveis resultados da seguinte maneira:

    - Campeão de vendas: VP = $1,5 bilhão com probabilidade de 5%.
    - Acima da média: VP = $700 milhões com probabilidade de 20%.
    - Médio: VP = $300 milhões com probabilidade de 40%.
    - Abaixo da média: VP = $100 milhões com probabilidade de 25%.
    - "Péssimo": VP = $40 milhões com probabilidade de 10%.

    Redesenhe a árvore de decisão. O investimento de $18 milhões nos testes da fase II mantém o VPL positivo?

22. **Árvores de decisão** Examine novamente o exemplo na Figura 10.7. A equipe de P&D apresentou uma proposta para investir mais $20 milhões nos testes expandidos da fase II. O objetivo é provar que o medicamento pode ser administrado graças a um simples inalador em vez de na forma líquida. Se bem-sucedido, o escopo de utilização é ampliado e o VP otimista aumenta a $1 bilhão. As probabilidades de sucesso não se alteram. Recorra à versão *live* das planilhas de cálculo em Excel da Figura 10.7 em loja.grupoa.com.br. Esse investimento suplementar de $20 milhões vale a pena? Sua resposta seria alterada se a probabilidade de sucesso nos testes da fase III caísse a 75%?

DESAFIO

23. **Árvores de decisão** A Magna Charter é uma nova empresa fundada por Agnes Magna, que oferece um serviço aéreo para executivos no sudeste dos Estados Unidos. Sua fundadora acredita na existência de uma procura razoável por parte das empresas que não precisam ter um avião próprio em tempo integral, mas que necessitam de um – de tempos em tempos. O empreendimento, no entanto, não é completamente seguro. Há uma probabilidade de, no primeiro ano, 40% da procura serem reduzidas. Se for assim, há uma probabilidade de 60% que continuem a ser reduzidas nos anos seguintes. Por outro lado, se a procura inicial for elevada, a probabilidade de se manter elevada será de 80%.

    O problema imediato é decidir qual tipo de avião deve ser comprado. Um turbo-reator custa $550 mil. Um avião com motor a combustão custa apenas $250 mil, mas tem menor capacidade. Além disso, esse modelo tem uma concepção antiquada, e é provável que se desvalorize rapidamente. A sra. Magna pensa que, no próximo ano, as aeronaves com motor a combustão de segunda mão poderão ser adquiridas por apenas $150 mil.

    O Quadro 10.7 mostra como os retornos nos anos 1 e 2 para ambos os aviões dependem do padrão de procura. Pode-se ver, por exemplo, que se a procura for alta nesses dois anos, o turbo fornecerá um retorno de $960 mil no ano 2. Se a procura for mais alta no ano 1, mas baixa no ano 2, o retorno no segundo ano será de somente $220 mil. Pense nos retornos no segundo ano como o seu fluxo de caixa nesse ano mais o valor de quaisquer fluxos de caixa subsequentes. Pense também nesses fluxos de caixa como fluxos equivalentes certos, que, portanto, podem ser descontados à taxa de juro sem risco de 10%.

QUADRO 10.7 Os possíveis retornos do serviço de transporte aéreo da Sra. Magna. (Todos os valores estão em milhares de dólares. As probabilidades estão entre parênteses.)

Retornos do turbo propulsor				
Procura Ano 1	Alta (0,6)		Baixa (0,4)	
Retorno Ano 1	$150		$30	
Procura Ano 2	Alta (0,8)	Baixa (0,2)	Alta (0,4)	Baixa (0,6)
Retorno Ano 2	$960	$220	$930	$140
Retornos do motor a combustão convencional				
Procura Ano 1	Alta (0,6)		Baixa (0,4)	
Retorno Ano 1	$100		$50	
Procura Ano 2	Alta (0,8)	Baixa (0,2)	Alta (0,4)	Baixa (0,6)
Retorno Ano 2	$410	$180	$220	$100

Isso deu à Sra. Magna uma ideia: por que não começar com um avião com motor a combustão? Se a procura for baixa no primeiro ano, a Magna Charter pode esperar pacientemente com essa aeronave relativamente barata. Por outro lado, se a procura for alta no primeiro ano, a organização pode comprar um segundo avião a combustão por somente $150 mil. Nesse caso, se a procura continuar alta, o retorno no ano 2 dos dois aviões a combustão será de $800 mil. Todavia, se a procura no ano 2 tiver uma queda, o retorno seria de somente $100 mil.

a. Faça uma árvore de decisão exibindo as escolhas da Magna Charter.
b. Se a Magna Charter comprar um avião a combustão, deve expandir se a procura tornar-se alta no primeiro ano?
c. Dada a sua resposta para o item b, você recomendaria que a Sra. Magna comprasse a aeronave de combustão convencional ou a movida por turbo-propulsão?
d. Qual seria o VPL de um investimento em uma aeronave a combustão se não houvesse a opção de expandir? Qual é o valor extra gerado pela opção de expansão?

24. **Análise de projeto** A New Energy está avaliando uma nova fábrica de biocombustíveis. A planta custaria $4 bilhões para ser construída e tem o potencial de produzir até 40 milhões de barris de óleo sintético ao ano. O produto é um substituto similar ao petróleo convencional e seria vendido pelo mesmo preço. O preço de mercado do petróleo gira atualmente em torno de $100 por barril, mas há incertezas consideráveis quanto aos preços futuros. Os custos variáveis dos insumos orgânicos para o processo de produção estão estimados em $82 milhões por barril, e espera-se que se mantenham estáveis. Além disso, as despesas anuais de manutenção das dependências ficarão em $100 milhões, qualquer que seja o nível de produção. A unidade tem uma vida útil esperada de 15 anos, e será depreciada usando-se o sistema MACRS e um período de recuperação de 10 anos. Os valores residuais líquidos de custos de limpeza são desprezíveis. A demanda pelo produto é difícil de prever. Dependendo da aceitação dos clientes, as vendas podem alcançar a faixa de 25 a 35 milhões de barris ao ano. A taxa de desconto é de 12% e a alíquota de imposto incidente sobre a New Energy é de 35%.

a. Encontre o VPL para as seguintes combinações de preço do óleo e volume de vendas. Qual fonte de incerteza parece mais importante para o sucesso do projeto?

	Preço do óleo		
Vendas anuais (milhões de barris)	$80/barril	$100/barril	$120/barril
25			
30			
35			

b. Com o preço do óleo a $100, qual nível de vendas anuais, mantido durante a vida útil da sua planta, é necessário para o ponto de equilíbrio do VPL? (Isso exigirá tentativa e erro, a menos que você esteja familiarizado com recursos mais avançados do Excel, como o comando Atingir Metas [Goal Seek].)
c. Com o preço do óleo a $100, qual é o nível de ponto de equilíbrio contábil de vendas ao ano? Por que ele muda a cada ano? Essa noção de ponto de equilíbrio lhe parece razoável?
d. Se todos os cenários da tabela na parte (a) tiverem a mesma probabilidade de acontecer, qual é o VPL da fábrica?
e. Por que talvez valha a pena construir a fábrica apesar da sua resposta à parte (d)? (*Dica:* qual opção real a empresa pode ter para evitar prejuízos em cenários de preços baixos para o óleo?)

25. **Simulação de Monte Carlo** Volte ao projeto do guano da Seção 6.2. Utilize o software Crystal Ball™ para simular o modo como a incerteza sobre a inflação poderá afetar os fluxos de caixa do projeto.

MINICASO

Waldo County

Waldo County, o famoso construtor e vendedor do setor imobiliário, trabalhou muitas horas e espera que a sua equipe faça o mesmo. Por isso, George Chavez não ficou surpreso ao receber um telefonema do patrão, precisamente quando estava saindo para um fim de semana prolongado.

O sucesso do Sr. County havia sido construído pelo seu notável instinto para detectar boas localizações. Exclamava "Localização! Localização! Localização!" em todas as reuniões de planejamento. As finanças, contudo, não eram seu forte. Agora, queria que George estudasse os números relacionados à construção de um novo centro comercial de $90 milhões que interceptaria os turistas que se dirigiam para o sul, em direção ao Maine. "Se for a primeira coisa a fazer na segunda-feira de manhã, serve" disse a George enquanto lhe entregava o dossiê. "Vou para minha casa em Bar Harbor. Se precisar de mim..."

A primeira tarefa de George foi fazer um resumo do retorno e dos custos previstos. Os resultados são apresentados no Quadro 10.8. Repare que os ganhos do centro comercial resultam de duas fontes: um arrendamento anual que os varejistas pagam à empresa pelo espaço que ocupam e 5% do total das vendas de cada uma das lojas.

A construção do centro comercial deve demorar cerca de três anos. Os custos de construção podem ser depreciados linearmente durante 15 anos, a começar no ano 3. Como no caso dos outros complexos construídos pela empresa, o centro comercial será construído respeitando as especificações mais exigentes, e não precisará de obras até que decorram 17 anos. Espera-se que o terreno mantenha o seu valor, mas, para efeitos fiscais, não pode ser depreciado.

Os custos de construção, as receitas, os custos de operação e de manutenção, e os impostos sobre os imóveis, tudo isso deve ter aumentos alinhados com a inflação, que tem uma previsão de aumento de 2% anuais. A taxa de impostos da empresa é de 35%, e o custo do capital é de 9% em termos nominais.

George decidiu verificar primeiro se o projeto teria sentido financeiramente. Em seguida, propôs a análise de alguns detalhes que poderiam não dar certo. O seu padrão tinha, com certeza, um ótimo faro para um projeto de varejo, mas não era infalível. O projeto Salomé havia sido um desastre, pois as vendas das lojas renderam 40% das receitas previstas. O que ocorreria se acontecesse o mesmo agora? George perguntou a si mesmo quanto as vendas poderiam cair abaixo da previsão antes que o projeto afundasse.

A inflação era outra fonte de incerteza. Havia pessoas prevendo uma inflação zero a longo prazo, mas George analisou o que aconteceria se a inflação desse um salto para, digamos, 10%.

A sua terceira preocupação eram os custos adicionais da construção e os atrasos relacionados com a alteração dos espaços e as aprovações relacionadas com o meio ambiente. George tinha conhecimento de casos de aumentos do custo da construção em 25% e de atrasos de até doze meses entre a compra do terreno e o início da construção. Decidiu que tinha que examinar os efeitos que esse cenário teria no retorno do projeto.

"Olha, isso pode vir a ser divertido", exclamou George para Fifi, a secretária do Sr. County, que ia passar o fim de semana em Old Orchard Beach. "Até posso experimentar Monte Carlo."

"O Sr. County foi uma vez a Monte Carlo", respondeu Fifi. "Perdeu uma fábula de dinheiro na roleta. Não gostaria de lembrá-lo disso. Mostre a ele apenas o resultado final. Vai ganhar dinheiro ou perder? Esse é o resultado final."

"Ok, não falo de Monte Carlo", concordou George. Mas concluiu que construir uma planilha de cálculo e determinar vários cenários não era suficiente. Tinha de descobrir uma maneira de condensar os resultados e de apresentá-los ao Sr. County.

QUADRO 10.8 Receitas e custos projetados em termos reais para o Downeast Tourist Mall (valores em milhões)

	Ano					
	0	1	2	3	4	5-17
Investimento:						
Terreno	30					
Construção	20	30	10			
Operações:						
Rendas dos aluguéis				12	12	12
Rateio das vendas das lojas				24	24	24
Custos de operação e de manutenção	2	4	4	10	10	10
Impostos sobre os imóveis comerciais	2	2	3	4	4	4

QUESTÕES

1. Qual é o VPL do projeto, segundo as previsões do Quadro 10.8?
2. Faça a análise de sensibilidade e a dos cenários do projeto. O que essas análises revelam sobre os riscos do projeto e sobre o seu valor potencial?

CAPÍTULO 11

Investimentos, estratégia e lucros econômicos

Por que um estudante de MBA, que aprendeu o que são os fluxos de caixa descontados (FCDs), parece um bebê com um martelo na mão? Porque, para um bebê com um martelo na mão, tudo parece um prego.

O que queremos dizer é que não devemos nos concentrar apenas na aritmética do FCD, ignorando as previsões que são a base de todas as decisões de investimento. Os gestores seniores são constantemente bombardeados com pedidos de fundos para dispêndios de capital. Todos esses pedidos são fundamentados em análises detalhadas de FCDs, em que se prova que os projetos têm um VPL positivo.[1] Sendo assim, como os gestores podem distinguir os VPLs verdadeiramente positivos daqueles que são meramente o resultado de erros de previsão? Sugerimos a realização de algumas sondagens sobre as possíveis origens dos ganhos econômicos.

Para tomar boas decisões de investimento, é preciso que se compreendam as vantagens competitivas de uma empresa. É nesse ponto que a estratégia corporativa e as finanças se aliam. As boas estratégias permitem à empresa maximizar o valor dos seus ativos e as oportunidades de crescimento. A busca de uma boa estratégia começa com a compreensão do desempenho da empresa em relação aos seus concorrentes e ao modo como eles responderão às suas iniciativas. Suas previsões de fluxos de caixa são realistas em relação ao ambiente competitivo? Que efeitos as ações da concorrência terão nos VPLs dos seus investimentos?

Na primeira seção deste capítulo vamos recordar certas armadilhas do levantamento orçamentário de capitais, nomeadamente a tendência para utilizar o FCD quando os valores de mercado já estão disponíveis e não são necessários quaisquer cálculos dos FCDs. A segunda seção aborda os lucros econômicos subjacentes a todos os investimentos de VPL positivo. Na terceira, apresentamos um estudo de caso que descreve como a Marvin Enterprises, empresa de dinamites pangalácticas, analisou a inserção de um produto radicalmente novo.

11.1 Observe primeiro os valores de mercado

Vamos supor que você tenha convencido todos os seus projetistas a fornecerem previsões realistas. Embora essas previsões não tenham viés, podem, ainda assim, conter erros: alguns positivos, e outros negativos. O erro médio será zero, mas essa é uma pequena consolação, porque você deseja aceitar apenas projetos com um retorno *realmente* elevado.[1]

Pense, por exemplo, no que ocorreria se você tivesse anotado suas previsões dos fluxos de caixa da operação de várias linhas de negócios. Descobriria, provavelmente, que cerca da metade *aparentava* ter VPLs positivos. Isso acontece não porque você possui uma grande habilidade para pilotar aviões Jumbo ou para administrar uma cadeia de lavanderias automáticas, mas sim porque inseriu, inadvertidamente, uma grande quantidade de erros nas suas estimativas de fluxos de caixa. Quanto mais projetos você analisar, maior será a probabilidade de descobrir projetos que *parecem* extremamente interessantes.

O que pode ser feito para impedir que os erros de previsão obscureçam a verdadeira informação? Sugerimos que você comece analisando os valores de mercado.

---

[1] Aqui sugerimos outra charada: será que os projetos são propostos porque têm um VPL positivo, ou têm um VPL positivo porque são propostos? Não oferecemos prêmios às respostas corretas.

O Cadillac e a estrela de cinema

A seguinte parábola ajuda a ilustrar o que queremos afirmar com isso. A concessionária local da Cadillac está anunciando uma oferta especial. Por $60.400, você não somente conseguirá um Cadillac novinho em folha, como terá a oportunidade de conhecer a sua estrela de cinema preferida. Você gostaria de saber quanto custará esse encontro.

Há duas hipóteses possíveis para abordar o problema. Você pode avaliar o comando de válvulas suspenso do Cadillac, os limpadores de para-brisas que se ocultam e outras inovações, e concluir que o carro vale $61 mil. Isso parece sugerir que a concessionária está disposta a pagar $600 para que a estrela de cinema conheça você. Em contrapartida, você poderia notar que o preço de mercado do Cadillac é de $60 mil, pelo que estaria pagando $400 pelo encontro. Desde que exista um mercado competitivo para os Cadillacs, a última abordagem do problema seria a mais adequada.

Sempre que avaliamos as ações de uma empresa, os analistas de títulos estão em uma situação semelhante. Devem avaliar toda a informação sobre a empresa de que o mercado dispõe e, também, a informação que só está à disposição deles. A informação conhecida pelo mercado é o Cadillac e a informação privada, o encontro com a estrela de cinema. Os investidores já avaliaram a informação que é genericamente conhecida. Os analistas de títulos não precisam avaliar novamente essa informação. Podem *partir* do preço de mercado das ações e se concentrarem na avaliação da sua informação particular.

Enquanto o mais comum dos mortais aceitaria, intuitivamente, o valor de mercado de $60 mil do Cadillac, o gestor financeiro é treinado para enumerar e avaliar todos os custos e os benefícios de um investimento, e pode, portanto, ser tentado a substituir a opinião do mercado pela sua própria opinião. Infelizmente, essa abordagem aumenta a possibilidade de erro. Muitos ativos financeiros são negociados em um mercado competitivo e, por conseguinte, faz sentido *partir* do preço de mercado e depois perguntar por que esses ativos renderão mais nas suas mãos do que nas dos seus rivais.

EXEMPLO 11.1 • Investimento em uma loja de departamentos

Sabemos que uma determinada rede de lojas de departamento calculava o valor presente dos fluxos de caixa estimáveis de cada nova loja, incluindo o preço pelo qual poderia vendê-la. Embora a empresa tivesse muito cuidado nessa estimativa, foi perturbador descobrir que as conclusões eram fortemente influenciadas pelo preço de venda previsto para cada unidade. Conquanto sua direção não fosse especialista em investimentos em bens imóveis, descobriu que suas decisões de investimento eram fortemente influenciadas pelo pressuposto sobre os preços futuros dessas propriedades.

Quando os gestores financeiros perceberam isso, passaram a testar a decisão de abrir uma nova unidade com a seguinte pergunta: "Suponhamos que o imóvel esteja avaliado de maneira adequada. Onde está a prova de que ele é mais apropriado para um dos nossos estabelecimentos comerciais do que para qualquer outro uso?". Em outras palavras, *se um ativo vale mais para outros do que para si próprio, então tenha cuidado ao entrar em concorrência com eles pela sua posse*.

Consideremos, ainda, o problema da rede de lojas. Suponha que um novo estabelecimento custe $100 milhões.[2] Estima-se que gerará um fluxo de caixa depois dos impostos de $8 milhões por ano durante dez anos. Espera-se que os preços dos imóveis cresçam 3% ao ano, de modo que o valor esperado dessa unidade, ao fim de dez anos, seja de $100 \times (1,03)^{10} = \$134$ milhões. Com uma taxa de desconto de 10%, a loja de departamento proposta tem um VPL de $1 milhão:

$$\text{VPL} = -100 + \frac{8}{1,10} + \frac{8}{(1,10)^2} + \ldots + \frac{8 + 134}{(1,10)^{10}} = \$1 \text{ milhão}$$

Repare como esse VPL é sensível ao preço final do imóvel. Por exemplo, um preço final de $120 milhões acarreta um VPL de –$5 milhões.

---

[2] Para maior facilidade, partimos do princípio de que os $100 milhões se destinam, integralmente, ao imóvel. Na vida real, ainda seria preciso um investimento substancial em equipamentos, sistemas de informação, formação de pessoal e despesas de instalação.

A análise será facilitada ao se imaginar esse negócio dividido em duas partes – uma associada imobiliária, que adquire o edifício, e uma associada varejista, que o arrenda e o explora. Depois, descubra qual aluguel a associada imobiliária terá de cobrar e se a associada varejista pode pagá-lo.

Em alguns casos, um arrendamento justo pode ser estimado com base nas transações imobiliárias. Podemos, por exemplo, verificar que um espaço semelhante foi recentemente arrendado por $10 milhões por ano. Nesse caso, concluiríamos que a nova loja de departamento não representaria uma utilização atraente para o imóvel. Uma vez adquirido o imóvel, seria melhor arrendá-lo por $10 milhões do que utilizá-lo como um novo estabelecimento, pois obteria somente $8 milhões.

De outro modo, suponha que a propriedade pudesse ser alugada por apenas $7 milhões por ano. O varejista poderia pagar esse montante à associada imobiliária e, ainda, obter um fluxo de caixa operacional líquido de 8 − 7 = 1 milhão. Seria, portanto, a melhor utilização *atual* do imóvel.[3]

Essa também seria a melhor utilização *futura*? Talvez não, dependendo do aumento ou não dos preços do imóvel no mesmo ritmo que as rendas. Suponha que seja esperado que tanto os preços do imóvel como as rendas subam 3% ao ano. A associada imobiliária tem de cobrar 7 × 1,03 = $7,21 milhões no ano 2, 7,21 × 1,03 = $7,43 milhões no ano 3, e assim sucessivamente.[4] A Figura 11.1 mostra que o rendimento da nova unidade não será suficiente para cobrir os pagamentos de aluguel a partir do ano 5.

Se essas previsões estiverem certas, a nova unidade terá uma vida econômica de apenas cinco anos; a partir daí, será mais rentável dar qualquer outra utilização à propriedade. Ao se persistir teimosamente na inauguração da nova unidade como a melhor utilização de longo prazo para o local, deve-se ignorar o potencial dos resultados da nova unidade.[5]

Há, aqui, outra questão importante, conforme ilustrado no Exemplo 11.1. Sempre que você tomar uma decisão de investimento, pense em que apostas você está fazendo. No nosso exemplo da loja de departamentos, há pelo menos duas apostas em jogo – a primeira é constituída pelos preços do setor imobiliário e a segunda, pela capacidade de a empresa gerir com êxito uma loja de departamentos. Mas isso sugere algumas estratégias opcionais. Seria tolice, por exemplo, fazer um mau investimento em uma grande loja só porque se está otimista com relação aos preços do imóvel. Seria melhor comprar um imóvel e arrendá-lo da melhor maneira possível. O inverso também é verdadeiro. Não seria o caso de desistir de levar adiante um projeto de um novo estabelecimento lucrativo somente pelo pessimismo em relação aos preços do imóvel. Seria melhor vender o local e, depois, *alugá-lo* do novo proprietário para instalar a nova unidade. Sugerimos que você considere separadamente as duas apostas, fazendo a seguinte pergunta: "Será que devemos abrir um estabelecimento nesse local, partindo do princípio de que o preço do mercado imobiliário é justo?". Em seguida, decida se deseja também entrar no ramo imobiliário.

Vejamos outro exemplo de como os preços do mercado podem ajudá-lo a tomar as melhores decisões.

EXEMPLO 11.2 • Abrir uma mina de ouro

Kingsley Solomon está considerando uma proposta para abrir uma nova mina de ouro. Ele estima que a exploração da mina custará $500 milhões e que, nos próximos dez anos, produzirá anual-

---

[3] A renda justa do mercado é igual ao lucro gerado pela *segunda* melhor utilização do imóvel.

[4] Essa série de rendas produz uma taxa de retorno de 10% para a associada imobiliária. Em cada ano se obtém um "dividendo" de 7% e um ganho de capital de 3%. O crescimento à taxa de 3% levaria a propriedade a valer $134 milhões no ano 10.
O valor presente (sendo $r = 0.10$) da série de rendas crescentes é

$$VP = \frac{7}{r-g} = \frac{7}{0,10-0,03} = \$100 \text{ milhões}$$

Esse VP é o valor de mercado inicial da propriedade.

[5] Outra possibilidade é esperar que as rendas e a valorização do setor imobiliário cresçam pelo menos 3% por ano. Mas, nesse caso, a associada imobiliária teria que cobrar mais de $7 milhões de renda no ano 1 para justificar o seu investimento imobiliário de $100 milhões (veja a nota de rodapé 4). Ora, isso tornaria a loja de departamento ainda menos atraente.

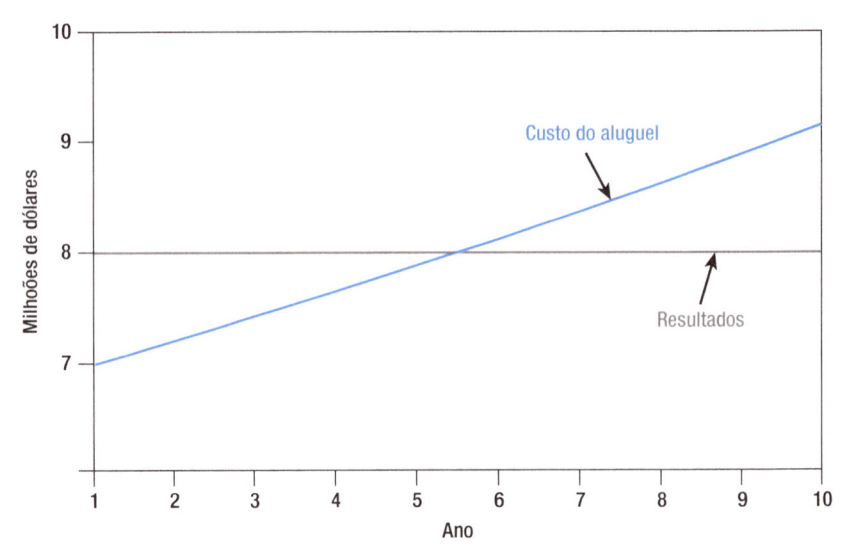

▶ **FIGURA 11.1** A partir do ano 6, o resultado do novo estabelecimento não permite cobrir o custo de aluguel.

mente 0,1 milhão de gramas de ouro, após extração e refino, a $1.150 o grama. Embora os custos de extração possam ser estimados com uma aproximação razoável, o Sr. Solomon está muito menos confiante acerca dos futuros preços do ouro. A sua melhor previsão é a de que o preço suba 5% ao ano, com base no seu nível atual de $1.500 por grama. A uma taxa de desconto de 10%, a mina proporciona um VPL de –$35 milhões:

$$\text{VPL} = -500 + \frac{0{,}1(1.575 - 1.150)}{1{,}10} + \frac{0{,}1(1.654 - 1.150)}{(1{,}10)^2} + \ldots + \frac{0{,}1(2.443 - 1.150)}{(1{,}10)^{10}}$$

$$= -\$35 \text{ milhões}$$

O projeto da mina, portanto, será rejeitado.

Infelizmente, o Sr. Solomon não observou as condições do mercado. Qual é o valor presente de um grama de ouro? É óbvio que, se o mercado de ouro está funcionando adequadamente, é o preço vigente, ou seja, –$1.500 por grama. O ouro não produz nenhum rendimento, de modo que $1.500 é o valor presente do preço esperado no futuro para o ouro.[6] Dado que se espera que a mina

---

[6] Investir em ouro é como investir em ações que não proporcionam dividendos: o retorno do investidor consiste unicamente nas valorizações. Volte à Seção 4.2, onde demonstramos que P_0, o preço das ações no presente, depende de DIV_1 e P_1, o dividendo e o preço esperados para o próximo ano, e do custo de oportunidade do capital r:

$$P_0 = \frac{\text{DIV}_1 + P_1}{1 + r}$$

Mas no caso do ouro, $\text{DIV}_1 = 0$, portanto

$$P_0 = \frac{P_1}{1 + r}$$

Ou seja, *o preço presente é o valor presente do preço no próximo ano*. Por conseguinte, não precisamos saber nem o P_1 nem o r para encontrar o valor presente. Além disso, visto que $\text{DIV}_2 = 0$,

$$P_1 = \frac{P_2}{1 + r}$$

e podemos expressar o P_0 como

$$P_0 = \frac{P_1}{1 + r} = \frac{1}{1 + r}\left(\frac{P_2}{1 + r}\right) = \frac{P_2}{(1 + r)^2}$$

Em geral,

$$P_0 = \frac{P_t}{(1 + r)^t}$$

Isso é válido para qualquer ativo que não distribua dividendos, seja transacionado em um mercado competitivo e não tenha custos de armazenamento. Os custos da armazenagem de ouro ou das ações ordinárias são muito pequenos em comparação com o valor do ativo.

Partimos, também, do princípio de que uma garantia de futura entrega de ouro vale o mesmo que ter hoje o ouro na mão. Isso não é bem assim. Como veremos no Capítulo 26, o ouro na mão pode gerar um pequeno "retorno de conveniência".

produza um total de 1 milhão de gramas (0,1 milhão de gramas por ano, durante dez anos), o valor presente do fluxo de receitas é de 1 × 1.500 = \$1.500 milhões.[7] Assumimos que 10% é uma taxa de desconto apropriada para os custos de extração relativamente seguros. Assim:

$$VP = - \text{ investimento inicial } + \text{ VP das receitas } - \text{ VP dos custos}$$

$$= -500 + 1.500 - \sum_{t=1}^{10} \frac{0,1 \times 1.150}{(1,10)^t} = \$293 \text{ milhões}$$

Apesar de tudo, parece que a mina do Sr. Solomon não será assim tão má.[8]

O ouro do Sr. Solomon, no exemplo 11.2, é idêntico ao ouro de qualquer outra pessoa. Sendo assim, nada justifica tentar avaliá-lo separadamente. Considerando o valor presente das vendas como um dado, o Sr. Solomon pode se concentrar na questão crucial: os custos de extração serão suficientemente baixos para tornar o investimento interessante? Isso leva a outra verdade fundamental: se há quem produza um bem ou serviço com lucro e (como o Sr. Solomon) puder produzi-los mais barato, então não precisará de nenhum cálculo do VPL para saber que está provavelmente no caminho certo.

Confessamos que o nosso exemplo da mina do Sr. Solomon é, de certo modo, especial. À diferença do ouro, a maioria das commodities é mantida, exclusivamente, com a finalidade de investimento e, portanto, não se pode automaticamente partir do princípio de que o preço de hoje será igual ao valor presente do preço futuro.[9]

Veja, contudo, essa outra maneira de, talvez, poder enfrentar o problema. Suponha que você esteja considerando um investimento em uma nova mina de cobre e que alguém se ofereça para comprar a produção futura a um preço fixo. Ao aceitar a oferta – considere que o comprador é de total confiança –, as receitas provenientes da mina estão asseguradas e podem ser descontadas a uma taxa de juro sem risco.[10] Isso nos leva novamente ao Capítulo 9, no qual explicamos que há duas maneiras de calcular o VP:

- Prever os fluxos de caixa estimáveis e descontar a uma taxa que reflita o risco desses fluxos de caixa.
- Estimar que fluxos de caixa seguros teriam valores idênticos aos fluxos de caixa com risco. Depois, descontar esses *fluxos equivalentes certos* à taxa de juro sem risco do mercado.

Quando os ganhos de preço fixo são descontados à taxa de juro sem risco, estamos utilizando o método dos fluxos equivalentes certos para avaliar a produção da mina. Ao fazê-lo, ganhamos de duas maneiras: não será preciso fazer estimativas dos preços futuros do cobre, e não precisamos nos preocupar com a taxa correta de desconto dos fluxos de caixa com risco.

Mas eis a questão: qual é o preço fixo mínimo pelo qual deverá se concordar em vender a produção futura? Em outras palavras, qual é o preço equivalente certo? Felizmente, há um merca-

---

[7] Supomos que a taxa de extração não varie. Se pudesse variar, o Sr. Solomon teria a opção valiosa de aumentar a produção quando os preços do ouro estivessem altos, e de reduzi-la quando os preços caíssem. As técnicas de quantificação de opções são necessárias para avaliar a mina sempre que as opções operativas forem importantes. Ver o Capítulo 22.

[8] Tal como no nosso exemplo da cadeia de lojas de departamento, o sr. Solomon está fazendo duas apostas: uma na sua capacidade de extrair ouro a um custo baixo, e a outra, no preço do ouro. Suponha que ele acredite, realmente, que o ouro esteja superavaliado. Isso não deve fazê-lo desistir de gerir uma mina de ouro com custos baixos, desde que possa considerar, separadamente, os preços do ouro. Ele poderia, por exemplo, celebrar um contrato de longo prazo para a venda da produção da mina ou vender *futuros* sobre o ouro. (No Capítulo 26, explicamos o que são os *futuros*.)

[9] Uma orientação mais geral sobre o relacionamento entre o preço corrente e o preço futuro de *commodities* foi proposta por Hotelling, que assinalou que, se há rendimentos de escala constantes na extração de qualquer minério, o aumento esperado dos preços *menos* os custos de extração iguala o custo do capital. Se o aumento esperado fosse mais rápido, todos desejariam adiar a exploração; se fosse mais lento, todos pretenderiam explorar hoje os recursos. Para uma revisão do princípio de Hotelling, veja S. Devarajan and A. C. Fisher, "Hotelling's 'Economics of Exhaustible Resources': Fifty Years Later", *Journal of Economic Literature* 19 (March 1981), pp. 65-73.

[10] Consideramos que o *volume* da produção está assegurado (ou não tem nenhum risco de mercado).

do ativo em que as empresas definem hoje o preço pelo qual venderão ou comprarão, no futuro, o cobre e outras mercadorias. Esse mercado é denominado *mercado de futuros*, e iremos estudá-lo no Capítulo 26. Os preços dos futuros são equivalentes certos, e podem ser consultados nos jornais diários. Portanto, você não tem que fazer previsões elaboradas dos preços do cobre para saber o VP da produção da mina. O mercado já lhe poupou esse trabalho; você terá apenas de calcular as receitas futuras com o preço futuro do cobre indicado nos jornais e descontar essas receitas com a taxa de juro sem risco do mercado.

É claro que as coisas nunca são tão fáceis como os livros sugerem. Os negócios nas bolsas de futuros estão amplamente confinados para a produção no próximo ano ou seguinte e, por isso, o jornal não apresenta o preço do cobre para além desse período. Mas os economistas financeiros desenvolveram técnicas que utilizam os preços do mercado de futuros para estimar a quantia que os compradores terão de concordar em pagar para entregas em futuros mais distantes.[11]

Os dois exemplos com a produção da mina de ouro e da mina de cobre ilustram um princípio financeiro universal: quando você dispuser do valor de mercado de um ativo, *utilize-o*, pelo menos como ponto de partida para a sua análise.

11.2 Lucros econômicos e vantagem competitiva

Os lucros que excedem o custo de oportunidade do capital são conhecidos como *lucros econômicos*. O estudo básico de economia nos ensina que, no longo prazo, a competição elimina os lucros econômicos. Ou seja, em um equilíbrio competitivo de longa duração, nenhum competidor pode se expandir e ganhar mais do que o custo de capital do investimento. Obtém-se lucros econômicos quando um setor de atividade ainda não atingiu o ponto de equilíbrio ou quando sua empresa tem alguma característica valiosa diferente de seus concorrentes.

Imagine que a demanda suba inesperadamente e que sua empresa esteja bem posicionada de modo a expandir a capacidade de produção com muito mais rapidez e de forma menos custosa do que seus concorrentes. Esse golpe de sorte certamente gerará lucros econômicos, pelo menos temporariamente, enquanto as outras organizações lutam para alcançá-la.

Algumas vantagens competitivas se mantêm por mais tempo. Elas incluem patentes ou tecnologias proprietárias; reputação, inserida em, por exemplo, marcas comerciais respeitadas; economias de escala que os clientes não conseguem acompanhar; mercados protegidos em que os concorrentes não conseguem entrar; e ativos estratégicos que não são facilmente copiados pelos competidores.

Eis um exemplo de ativo estratégico. Pense na diferença entre empresas de transporte rodoviário e ferroviário. É fácil entrar no primeiro setor, mas praticamente impossível construir uma ferrovia nova em folha e de longo percurso.[12] As linhas interestaduais operadas por empresas ferroviárias norte-americanas são ativos estratégicos. Com a implantação desses ativos, as ferrovias conseguiram aumentar as receitas e os lucros rapidamente, nos primeiros anos do século, quando subiu o volume de entregas de carga e, também, os preços da energia. O alto custo do óleo diesel foi um fator mais complicador para os caminhões, que têm uma eficiência de combustível menor do que a do transporte ferroviário. Por isso, os altos preços de energia efetivamente forneceram às ferrovias uma vantagem competitiva.

A estratégia corporativa visa a descobrir e explorar fontes de vantagem competitiva. O problema, como sempre, reside em como fazê-lo. John Kay recomenda às organizações para que escolham competências distintivas – pontos fortes existentes, não apenas os que seriam bom ter

---

[11] Após ter lido o Capítulo 26, consulte E. S. Schwartz, "The Stochastic Behavior of Commodity Prices: Implications for Valuation and Hedging". *Journal of Finance* 52 (July 1997), pp. 923-973; e A. J. Neuberger, "Hedging Long-Term Exposures with Multiple Short-Term Contracts", *Review of Financial Studies* 12 (1999), pp. 429-459.

[12] A Dakota, Minnesota & Eastern Railroad desenvolveu planos de construção de uma nova linha de transporte de carvão, de Wyoming até o Meio-Oeste dos Estados Unidos. Embora os planos tenham sido aprovados pelas autoridades reguladoras, o projeto foi abandonado em 2012 após a ferrovia ter sido adquirida pela Canadian Pacific Railway.

– e, em seguida, identifiquem os mercados de produtos em que essas competências possam gerar o máximo valor agregado. As competências podem derivar de relacionamentos duráveis com clientes ou fornecedores, das aptidões e da experiência dos funcionários, das marcas e da reputação, e da habilidade para inovar.[13]

Michael Porter identificou cinco aspectos em um setor de atividade (ou "cinco forças") que determinam quais são os setores capazes de oferecer lucros econômicos sustentáveis.[14] São a rivalidade entre os concorrentes existentes, a probabilidade de surgirem novos concorrentes, a ameaça dos substitutos, o poder negociador dos fornecedores e o poder negociador dos clientes.

Com o aumento da concorrência global, as empresas já não podem confiar tão facilmente na estrutura de um setor de atividade para obter ganhos elevados. Os gestores, portanto, também têm de ter certeza de que a empresa está posicionada *dentro* do seu setor para assegurar uma vantagem competitiva. Michael Porter sugeriu três maneiras de fazê-lo – a liderança dos custos, a diferenciação do produto e a focagem em determinado nicho de mercado.[15]

No mundo atual, as estratégias bem-sucedidas que combinam proporções diferentes de liderança de custos, diferenciação de produtos e foco em um nicho de mercado parecem ser a chave para obter uma posição única em um setor de atividade.[16] Pense, por exemplo, na IKEA. Ela mistura elementos das três estratégias. Mantém os preços baixos ao fabricar o mobiliário em países com custos de produção baixos, e o mobiliário é transportado e montado pelos clientes; além disso, diferencia-se por meio do *design* escandinavo e por todos os seus produtos serem exibidos em seus depósitos. E centra-se claramente em um grupo distinto de clientes tipicamente jovens e sensíveis aos preços.

Pode-se perceber como a estratégia empresarial e as finanças se reforçam mutuamente. Os gestores que têm uma visão clara das vantagens competitivas de suas organizações estão mais bem preparados para separar os projetos que têm, realmente, VPL positivo, dos que não o têm. Portanto, quando lhe apresentarem um projeto que parece ter um VPL positivo, não se limite a aceitar os cálculos apenas pelo seu valor. Eles podem refletir erros básicos nas previsões dos fluxos de caixa. Sonde o que há nos bastidores das estimativas dos fluxos de caixa e *tente identificar a fonte dos lucros econômicos*. Um VPL positivo para um novo projeto somente possuirá credibilidade se você acreditar que a sua organização tem alguma vantagem competitiva especial.

Pensar nas vantagens competitivas também pode ajudar a isolar VPLs "negativos" que, na verdade, não são negativos de fato. Por exemplo, se você for o produtor com menor custo de produção de um produto rentável em um mercado em crescimento, deverá investir em uma expansão paralela à do mercado. Se os seus cálculos apresentarem um VPL negativo para essa expansão, foi porque, provavelmente, você cometeu algum erro.

Em breve apresentaremos um exemplo que mostra como a análise feita por uma empresa da sua posição competitiva confirmou que o seu investimento tinha um VPL positivo. Mas, primeiro, analisemos um exemplo no qual a análise ajudou uma empresa a detectar um VPL negativo e evitar um erro dispendioso.

EXEMPLO 11.3 ● Como uma empresa evitou um erro de $100 milhões

Uma empresa de produtos químicos norte-americana pretendia modificar uma fábrica já existente para produzir um artigo especial, o polizono, que estava em falta nos mercados mundiais.[17] Tendo

---

[13] John Kay, *Why Firms Succeed* (New York: Oxford University Press, 1995).

[14] M. E. Porter, *Competitive Strategy: Techniques for Analyzing Industries and Competitors* (New York: The Free Press, 1980).

[15] Veja M. E. Porter, *Competitive Advantage: Creating and Sustaining Superior Advantage* (New York: The Free Press, 1985).

[16] R. M. Grant, *Contemporary Strategy Analysis*, 8th ed. (Chichester: John Wiley and Sons, 2013)

[17] Essa é uma história verdadeira, mas os nomes e os detalhes foram alterados para proteger o inocente.

em vista os preços da matéria-prima e do produto acabado, a expansão teria sido extremamente lucrativa. O Quadro 11.1 apresenta uma versão simplificada da análise efetuada pelos gestores. Note a diferença constante considerada entre o preço de venda do produto acabado e o custo das matérias-primas. Dado esse diferencial, o VPL resultante de cerca de $64 milhões – ao custo real de capital da empresa de 8% – não era nada mau para um desembolso de $100 milhões.

Foi então que as dúvidas começaram a aparecer. Repare nos custos com o transporte. Algumas das matérias-primas necessárias para o projeto eram produtos químicos quase todos importados da Europa, e a maior parte do polizono produzido era posteriormente exportada para a Europa. Além disso, a empresa norte-americana não possuía nenhuma vantagem tecnológica de longo prazo sobre os potenciais concorrentes europeus. Levava uma boa vantagem inicial sobre eles, talvez, mas isso seria suficiente para gerar um VPL positivo?

Observe o montante do diferencial entre os preços quando a empresa adquiria as matérias-primas e vendia os produtos acabados. A análise do Quadro 11.1 previa que essa margem fosse constante de $1,20 por libra de polizono durante dez anos. Isso devia estar errado: os produtores europeus, que não tinham de suportar os custos de transporte da empresa dos Estados Unidos, obteriam um VPL e uma capacidade de expansão ainda maiores. O aumento da competição iria quase certamente reduzir a margem. A empresa norte-americana decidiu calcular a margem de *competitividade* – a margem pela qual um concorrente europeu veria a capacidade de produção do polizono com um VPL igual a zero. O Quadro 11.2 mostra a análise feita pelos gestores. A margem resultante de cerca de 95 centavos por libra foi a melhor previsão *de longo prazo* para o mercado do polizono, mantendo-se, obviamente, os outros fatores constantes.

Qual era a vantagem inicial do produtor norte-americano? Quanto tempo decorreria até que os concorrentes empurrassem a margem para os $0,95? Na melhor das hipóteses, cinco anos, previam os gestores. Prepararam o Quadro 11.3, que é idêntico ao Quadro 11.1, exceto quanto à margem prevista, que baixaria para $0,95 no início do ano 5. Agora, o VPL era negativo.

O projeto poderia ter sido realizado se a produção tivesse começado no ano 1, e não no ano 2, ou se os mercados locais pudessem ter sido expandidos, reduzindo, assim, os custos de transporte. Mas essas mudanças não eram viáveis, de modo que os gestores cancelaram o projeto, não

QUADRO 11.1 Cálculo do VPL de uma proposta de investimento na produção de polizono por uma empresa química norte-americana (números em milhões, exceto quando especificado de outro modo)

	Ano 0	Ano 1	Ano 2	Anos 3-10
Investimento	100	0	40	80
Produção, milhões de libras por ano[a]	0	1,20	1,20	1,20
Margem de lucro, dólares por libra	1,20	0	48	96
Receitas líquidas	0	0	30	30
Custos de produção[b]	0	0	4	8
Transporte[c]	0	20	20	20
Outros custos	0	−20	−6	38
Fluxo de caixa	−100			
VPL (a *r* = 8%) = $ 63,56 milhões				

Obs: Para simplificarmos, consideramos que não há inflação nem impostos. A fábrica e os equipamentos não têm nenhum valor residual ao fim de dez anos.
[a] A capacidade de produção é de 80 milhões de libras por ano.
[b] Os custos de produção são de $0,375 por libra após o "arranque" inicial ($0,75 por libra no ano 2, em que a produção é de apenas 40 milhões de libras).
[c] O custo de transporte é de $0,10 por libra até os portos europeus.

QUADRO 11.2 Qual é a margem competitiva em relação a um produtor europeu? Cerca de 0,95 por libra de polizono. Repare que os produtos europeus não precisam arcar com custos de transporte. Compare com o Quadro 11.1 (números em milhões de dólares, exceto quando especificado de outro modo)

	Ano 0	Ano 1	Ano 2	Anos 3-10
Investimento	100			
Produção, milhões de libras por ano	0	0	40	80
Margem de lucro, dólares por libra	0,95	0,95	0,95	0,95
Receitas líquidas	0	0	38	76
Custos de produção	0	0	30	30
Transporte	0	0	0	0
Outros custos	0	20	20	20
Fluxo de caixa	−100	−20	−12	+26
VPL (a $r = 8\%$) = 0				

QUADRO 11.3 Novo cálculo do VPL do investimento do polizono por uma empresa norte-americana (números em milhões de dólares, exceto quando especificado de outro modo). Se a expansão dos produtores europeus obrigar as margens competitivas a baixar, no ano 5, o VPL do produtor cairá para –$9,8 milhões. Compare com o Quadro 11.1

	Ano 0	Ano 1	Ano 2	Ano 3	Ano 4	Anos 5-10
Investimento	100					
Produção, milhões de libras por ano	0	0	40	80	80	80
Margem de lucro, dólares por libra	1,20	1,20	1,20	1,20	1,10	0,95
Receitas líquidas	0	0	48	96	88	76
Custos de produção	0	0	30	30	30	30
Transporte	0	0	4	8	8	8
Outros custos	0	20	20	20	20	20
Fluxo de caixa	−100	−20	−6	38	30	18
VPL (a $r = 8\%$) = −9,8						

sem respirarem aliviados por suas análises não terem ficado apenas naquelas apresentadas pelo Quadro 11.1.

Esse é um exemplo perfeito de como é importante considerar as fontes de lucros econômicos. Os VPLs positivos são suspeitos quando não há uma vantagem competitiva de longo prazo. Quando uma empresa coloca a hipótese de investir em um novo produto ou de expandir a produção de um produto já existente, deve identificar, especificamente, suas vantagens ou desvantagens em relação aos seus concorrentes mais perigosos. Deve calcular o VPL com base no ponto de vista desses concorrentes. Se o VPL dos concorrentes se revela fortemente positivo, o melhor que a organização tem a fazer é considerar uma redução dos preços (ou das margens) e avaliar o respectivo investimento proposto de acordo com essa redução.

11.3 A Marvin Enterprises decide explorar uma nova tecnologia – um exemplo

Para ilustrar alguns problemas relacionados com a previsão de lucros econômicos, vamos dar um "salto" de vários anos e analisar a decisão da Marvin Enterprises de explorar uma nova tecnologia.[18]

Um dos desenvolvimentos mais inesperados daqueles anos foi o crescimento notável de uma indústria completamente nova. Em 2038, as vendas anuais de dinamite pangaláctica totalizavam $1,68 bilhão, ou 240 milhões de unidades. Embora controlasse somente 10% do mercado, a Marvin Enterprises estava entre as empresas com um dos crescimentos mais interessantes da década. A empresa entrou tarde no negócio, mas foi pioneira na utilização de microcircuitos integrados para controlar os processos de engenharia genética utilizados na produção das dinamites pangalácticas. Esse desenvolvimento permitiu aos fabricantes reduzir o preço das dinamites pangalácticas de $9 para $7 e contribuiu, assim, para o impressionante aumento da dimensão do mercado. A curva da demanda estimada na Figura 11.2 mostra justamente a resposta da procura a essas reduções de preço.

O Quadro 11.4 sintetiza a estrutura de custos da velha e da nova tecnologia. Enquanto as empresas com a nova tecnologia estavam lucrando 20% em relação ao seu investimento inicial, as empresas com equipamentos da primeira geração foram eliminadas pelas sucessivas quedas dos preços. Dado que todo o investimento da Marvin se baseava na tecnologia de 2034, ela ficou muito bem posicionada ao longo desse período de tempo.

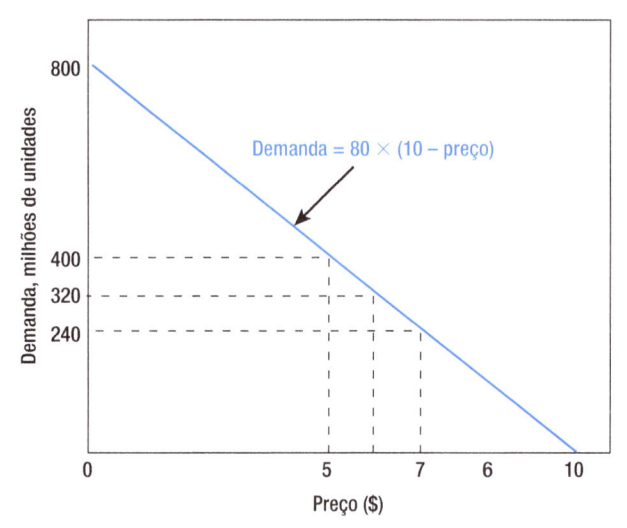

▶ **FIGURA 11.2** A "curva" da demanda de dinamite pangaláctica mostra que, para cada redução de $1 no preço, há um acréscimo na procura da ordem de 80 milhões de unidades.

QUADRO 11.4 Dimensão e estrutura dos custos da indústria de dinamite pangaláctica antes da Marvin ter anunciado seus planos de expansão

	Capacidade (milhões de unidades)				
Tecnologia	Indústria	Marvin	Custo do capital por unidade ($)	Custo de produção por unidade ($)	Valor residual por unidade ($)
Primeira geração (2026)	120	–	17,50	5,50	2,50
Segunda geração (2034)	120	24	17,50	3,50	2,50

Obs: O preço de venda é de $7 por unidade. Uma "unidade" significa uma dinamite pangaláctica.

---

[18] Agradecemos a Stewart Hodges a autorização para adaptar este exemplo de um caso preparado por ele, e à BBC pela permissão do uso do termo *dinamite pangaláctica*.

Durante algum tempo, circularam rumores sobre os novos desenvolvimentos tecnológicos da Marvin, e o valor total de mercado de suas ações elevou-se para $460 milhões em janeiro de 2039. Nesse momento, a empresa promoveu uma coletiva de imprensa para anunciar um novo avanço tecnológico. A direção afirmou que seu processo de terceira geração, envolvendo neurônios mutantes, permitiria à organização reduzir o custo de investimento para $10 e o custo de produção para $3 por unidade. A Marvin se propôs a capitalizar os ganhos da sua invenção, comprometendo-se a realizar um gigantesco programa de expansão de $1 bilhão, que aumentaria a sua capacidade em 100 milhões de unidades. A empresa esperava estar funcionando plenamente dentro de 12 meses.

Antes de decidir avançar com esse empreendimento, a Marvin levou a cabo extensos cálculos sobre o efeito do novo investimento. Os pressupostos básicos foram os seguintes:

1. O custo do capital era de 20%.
2. As instalações produtivas tinham uma vida física perpétua.
3. A curva da demanda e os custos de cada tecnologia não se modificariam.
4. Não havia possibilidade do surgimento de uma tecnologia de quarta geração no futuro próximo.
5. A taxa de impostos sobre lucros havia sido abolida em 2029, e não se previa a sua reintrodução.

Os concorrentes da Marvin receberam as noticiais com níveis de preocupação diferentes. Havia uma concordância generalizada de que decorreriam cinco anos até que algum deles tivesse acesso à nova tecnologia. Entretanto, muitos se consolavam com a ideia de que a nova fábrica da Marvin não poderia competir com as fábricas já existentes e completamente depreciadas.

Suponha que você fosse o gestor financeiro da Marvin. Teria concordado com a decisão de expansão? Acredita que teria seria melhor avançar com uma expansão maior ou com uma menor? Como você avalia que a notícia dada pela Marvin pode refletir no preço de suas ações?

Temos duas opções agora. Você poderá ler *imediatamente* a *nossa* solução para essas questões. Mas aprenderá muito mais se tentar descobrir a sua própria solução. Experimente.

Previsão dos preços dos antissépticos bucais

Até este momento, em qualquer dos problemas de decisão de investimento, apresentamos sempre a série dos fluxos de caixa estimáveis. Agora, você terá de *calcular* essas previsões.

O primeiro problema é decidir o que acontecerá com o preço das dinamites pangalácticas. O novo empreendimento da Marvin aumentará a capacidade da indústria para 340 milhões de unidades. Com base na curva da demanda da Figura 11.2, pode-se verificar que a indústria só poderá vender esse número de dinamites pangalácticas se o preço baixar para $5,75:

$$\text{Demanda} = 80 \times (10 - \text{preço})$$
$$= 80 \times (10 - 5{,}75) = 340 \text{ milhões de unidades}$$

O que acontecerá às empresas com a tecnologia de 2026 se o preço cair para $5,75? Também será necessário tomar uma decisão de investimento: deverão permanecer no negócio ou vender os seus equipamentos pelo valor residual de $2,50 por unidade? Com um custo de oportunidade do capital de 20%, o VPL das empresas que permanecerem no negócio será

$$\text{VPL} = -\text{investimento} + \text{VP}(\text{preço} - \text{custos de produção})$$
$$= -2{,}50 + \frac{5{,}75 - 5{,}50}{0{,}20} = -\$1{,}25 \text{ por unidade}$$

As empresas mais sofisticadas, com equipamentos de 2026, verificarão que será melhor vender sua capacidade de produção. Não interessará saber quanto custarão os seus equipamentos originais ou em quanto estão depreciados, pois será mais lucrativo vender os equipamentos a $2,50 cada do que continuar a produzir e perder $1,25 por unidade.

Com a capacidade de produção reduzida, a oferta de dinamites pangalácticas diminuirá, e o seu preço se elevará. O equilíbrio será atingido quando o preço for de $6. Nesse ponto, o equipamento de 2026 terá um VPL igual a zero:

$$\text{VPL} = -2{,}50 + \frac{6{,}00 - 5{,}50}{0{,}20} = \$0 \text{ por unidade}$$

Que capacidade deverá ser eliminada antes de o preço atingir os $6? Podemos buscar essa informação, voltando a observar a curva da demanda:

$$\text{Demanda} = 80 \times (10 - \text{preço})$$

$$= 80 \times (10 - 6) = 320 \text{ milhões de unidades}$$

A expansão da Marvin, portanto, provocará a estabilização do preço em $6 por unidade e induzirá os produtores da primeira geração a reduzir sua capacidade em 20 milhões de unidades.

Porém, ao fim de cinco anos, os concorrentes da Marvin também estarão em condições de construir fábricas de terceira geração. Desde que essas fábricas tenham um VPL positivo, as empresas aumentarão a sua capacidade, o que fará os preços baixarem outra vez. Um novo equilíbrio será atingido quando o preço alcançar $5. Nessa altura, o VPL das fábricas de terceira geração será igual a zero e não haverá qualquer incentivo para as empresas se expandirem mais:

$$\text{VPL} = -10 + \frac{5{,}00 - 3{,}00}{0{,}20} = \$0 \text{ por unidade}$$

Voltando à nossa curva da demanda, verificaremos que, com um preço de $5, a indústria poderá vender um total de 400 milhões de unidades das dinamites pangalácticas.

$$\text{Demanda} = 80 \times (10 - \text{preço}) = 80 \times (10 - 5) = 400 \text{ milhões de unidades}$$

O efeito da tecnologia de terceira geração será, portanto, o de causar a expansão das vendas do setor, de 240 milhões de unidades no ano 2038 para 400 milhões, cinco anos mais tarde. Mas esse rápido crescimento não é uma garantia contra o fracasso. Ao fim de cinco anos, qualquer empresa que possuir unicamente equipamentos de primeira geração já não será capaz de seguir cobrindo seus custos de produção e se verá *obrigada* a abandonar o negócio.

O valor da nova expansão da Marvin

Mostramos que a introdução da tecnologia de terceira geração provavelmente provocará a queda dos preços das dinamites pangalácticas para $6 nos próximos cinco anos e, depois, para $5. Podemos agora estabelecer os fluxos de caixa projetados da nova fábrica da Marvin:

	Ano 0 (investimento)	Anos 1-5 (receitas – custos de produção)	Anos 6, 7, 8... (receitas – custos de produção)
Fluxo de caixa por unidade ($)	−10	6 − 3 = 3	5 − 3 = 2
Fluxo de caixa, 100 milhões de unidades ($ milhões)	−1.000	600 − 300 = 300	500 − 300 = 200

Descontando esses fluxos de caixa a 20%, obtemos

$$\text{VPL} = -1.000 + \sum_{t=1}^{5} \frac{300}{(1{,}20)^t} + \frac{1}{(1{,}20)^5}\left(\frac{200}{0{,}20}\right) = \$299 \text{ milhões}$$

Parece que a decisão da Marvin de avançar era correta. Mas estamos nos esquecendo de uma coisa. Quando avaliamos um investimento, devemos considerar *todos* os fluxos de caixa incrementais. Um dos efeitos da decisão de expansão da Marvin é o da redução do valor da sua fábrica existente em 2034. Se a empresa tivesse decidido não avançar com a nova tecnologia, o preço de $7 das dinamites pangalácticas deveria se manter até que seus concorrentes começassem a reduzir os preços, daí a cinco anos. A decisão da Marvin leva, portanto, a uma redução imediata de $1 no preço. Isso reduz o valor presente do equipamento de 2034 em

$$24 \text{ milhões} \times \sum_{t=1}^{5} \frac{1,00}{(1,20)^t} = \$72 \text{ milhões}$$

Considerada isoladamente, a decisão de Marvin tem um VPL de $299 milhões. Mas, também, o valor da fábrica existente seria reduzido em $72 milhões. O valor presente líquido do empreendimento da Marvin é, portanto, de 299 − 72 = $227 milhões.

Planos de expansão alternativos

A expansão da Marvin tem um VPL positivo, mas talvez a empresa pudesse fazer melhor se construísse uma fábrica maior ou menor. Isso pode ser verificável mediante cálculos semelhantes aos anteriores. Primeiro, é necessário estimar a influência da capacidade adicional sobre os preços das dinamites pangalácticas. Pode-se, então, calcular o valor presente líquido da nova fábrica e a variação do valor presente líquido da fábrica existente. O VPL total do plano de expansão da Marvin é:

Total VPL = VPL da nova fábrica + variação no VPL da fábrica existente

Efetuamos esses cálculos e representamos os resultados na Figura 11.3. Podemos ver como o VPL total será afetado por uma maior ou menor expansão.

Quando a nova tecnologia estiver disponível de maneira generalizada em 2044, as empresas implantarão uma capacidade de produção adicional de 280 milhões de unidades.[19] Mas a Figu-

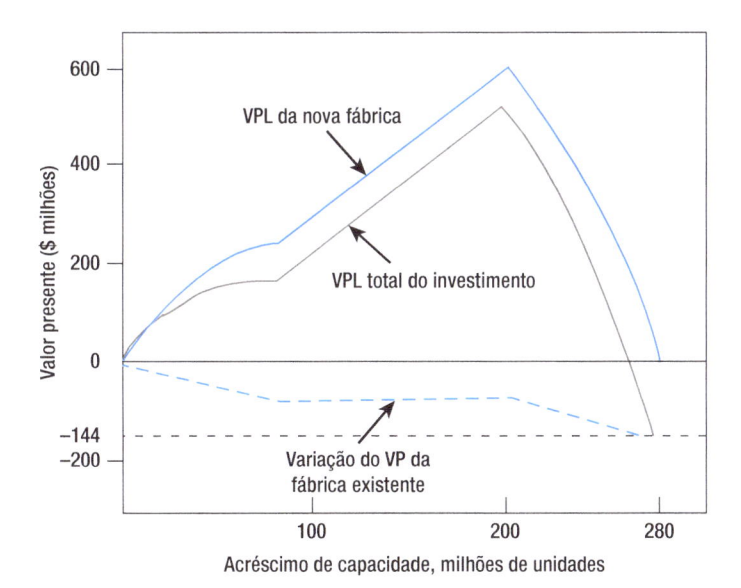

▶ **FIGURA 11.3** Efeito de planos alternativos de expansão sobre o valor presente líquido. A expansão da Marvin de 100 milhões de unidades tem um VPL total de $227 milhões (VPL total = VPL da nova fábrica + variação do VP da fábrica existente = 299 − 72 = 227). O VPL total será maximizado se a Marvin implantar uma nova capacidade de 200 milhões de unidades. Se a empresa implantar uma nova capacidade de 280 milhões de unidades, o VPL total será de −$144 milhões.

---

[19] A capacidade total do setor em 2044 será de 400 milhões de unidades. Dessas, 120 milhões serão da tecnologia de segunda geração e os 280 milhões de unidades restantes, da tecnologia de terceira geração.

ra 11.3 mostra que seria absurdo, para a Marvin, ir tão longe. Se a empresa implantasse uma nova capacidade de produção de 280 milhões de unidades em 2039, o valor dos fluxos de caixa descontados da nova fábrica seria igual a zero, e a organização teria reduzido o valor de sua fábrica velha em $144 milhões. Para maximizar o VPL, a Marvin deveria implantar uma nova capacidade de produção de 200 milhões de unidades e fixar o preço abaixo dos $6 para eliminar os fabricantes em 2026. Portanto, tanto a produção seria menor como o preço seria maior do que em uma livre concorrência.[20]

O valor das ações da Marvin

Analisemos o efeito da comunicação da Marvin sobre o valor de suas ações ordinárias. A empresa tem uma capacidade de produção de 24 milhões de unidades com equipamentos de segunda geração. Na ausência de qualquer tecnologia de terceira geração, os preços das dinamites pangalácticas se manteriam em $7, e a fábrica existente da organização valeria

$$VP = 24 \text{ milhões} \times \frac{7{,}00 - 3{,}50}{0{,}20}$$

$$= \$420 \text{ milhões}$$

A nova tecnologia da Marvin começará reduzindo o preço das dinamites pangalácticas para $6 inicialmente e, cinco anos depois, para $5. Portanto, o valor da fábrica existente baixa para

$$PV = 24 \text{ milhões} \times \left[\sum_{t=1}^{5} \frac{6{,}00 - 3{,}50}{(1{,}20)^t} + \frac{5{,}00 - 3{,}50}{0{,}20 \times (1{,}20)^5} \right]$$

$$= \$252 \text{ milhões}$$

Mas a *nova* fábrica dará uma contribuição líquida de $299 milhões para a riqueza dos acionistas. Desse modo, após a comunicação da Marvin, as suas ações valerão

$$252 + 299 = \$551 \text{ milhões.}^{21}$$

Temos aqui a ilustração de algo que analisamos no Capítulo 4. Antes da comunicação, as ações da Marvin valiam $460 milhões no mercado. A diferença entre esse valor e o valor da fábrica existente representava o valor presente das oportunidades de crescimento (VPOC) da Marvin. O mercado atribuía, ainda antes da comunicação, um valor de $40 milhões à capacidade da Marvin para se manter na liderança. Após a comunicação, o VPOC subiu para $299 milhões.[22]

Ensinamentos da Marvin Enterprises

A Marvin Enterprises pode ser apenas resultado de ficção científica, mas os problemas com que ela se defronta são muito reais. Sempre que a Intel considera o desenvolvimento de um novo microprocessador ou a Genentech pensa em um novo medicamento, essas empresas veem-se confrontadas exatamente com os mesmos problemas que a Marvin enfrentaria. Tentamos ilustrar o *tipo* de questões que você deverá formular quando estiver diante de um conjunto de previsões de fluxos de caixa. Claro que nenhum modelo econômico permitirá a previsão do futuro de modo

---

[20] Note que partimos do princípio de que todos os consumidores têm de pagar o mesmo preço pelas dinamites pangalácticas. Se a Marvin pudesse impor a cada consumidor o preço máximo que esse estivesse disposto a pagar, a produção seria a mesma em relação à obtida em livre concorrência. Essa discriminação direta do preço seria ilegal e, de todo modo, difícil de vigorar. Mas as empresas procuram, por meios indiretos, estabelecer diferenças entre os consumidores. Por exemplo, as lojas frequentemente oferecem o serviço de entrega grátis aos consumidores que moram a uma grande distância, o que equivale a um desconto sobre o preço.

[21] Para financiar a expansão, a Marvin terá de fazer uma emissão de ações de $1 bilhão. Portanto, o valor *total* das ações da Marvin subirá para $1,551 bilhão. Mas os investidores que as comprarem receberão ações que valem $1 bilhão. O valor das ações existentes após a comunicação será, pois, de $551 milhões.

[22] O valor de mercado das ações da Marvin será maior do que $551 milhões se os investidores esperarem que a empresa se expanda novamente em um prazo de cinco anos. Em outras palavras, o VPOC após a expansão ainda poderá ser positivo. Os investidores podem esperar que a Marvin continue à frente dos seus concorrentes ou que aplique com êxito a sua tecnologia especial em outras áreas.

preciso. Talvez a Marvin consiga manter o preço acima dos $6. Talvez os concorrentes não atribuam nenhum valor aos lucros extraordinários a serem obtidos em 2044. Nesse caso, a expansão da Marvin seria ainda mais lucrativa. Mas seria capaz de apostar $1 bilhão em tais eventualidades? Não nos parece.

Com frequência, e como resultado de uma surpresa favorável, os investimentos geram um retorno muito superior ao custo do capital. Essa surpresa pode, em contrapartida, criar uma oportunidade temporária para mais investimentos com retornos superiores ao custo do capital. Mas os lucros econômicos antecipados e prolongados levarão, naturalmente, ao aparecimento de produtores rivais. É por essa razão que você deve suspeitar de qualquer proposta de investimento que preveja uma série de lucros econômicos prolongada até o infinito. Tente prever *quando* o VPL será reduzido a zero em razão da concorrência, e pense no que isso significará para o preço do seu produto.

Muitas empresas tentam identificar as áreas da economia com maior crescimento e concentram, então, os seus investimentos nessas áreas. Mas o destino fatídico dos fabricantes de dinamites pangalácticas com tecnologia da primeira geração ilustra a rapidez com que as fábricas existentes podem se tornar obsoletas, em resultado das mudanças tecnológicas. É agradável estar em um setor em crescimento quando se está tecnologicamente na dianteira, mas, em uma indústria em crescimento, não há misericórdia para com as empresas atrasadas do ponto de vista tecnológico.

Portanto, não se limite a seguir a manada de investidores que debandam para os setores de grande crescimento econômico. Pense no destino fatídico das empresas "ponto.com" na "nova economia" do final dos anos 1990. Os otimistas argumentaram que a revolução da informação estava criando oportunidades de crescimento sem precedentes para as empresas. Os pessimistas apontaram que a concorrência no *e-commerce* provavelmente ocorreria e que a concorrência garantiria que os benefícios da revolução da informação se dariam, sobretudo, para os consumidores. A seção "Prática financeira", que contém um trecho de um artigo de Warren Buffett, enfatiza que o crescimento rápido já não é garantia de maiores lucros.

Não queremos, com isso, afirmar que não existem boas oportunidades de investimento. Essas oportunidades, por exemplo, muitas vezes surgem porque a empresa investiu dinheiro no passado, o que lhe dá a opção de se expandir menos onerosamente no futuro. Talvez a empresa possa aumentar a sua capacidade de produção com a aquisição de uma linha adicional de produção, enquanto os seus concorrentes precisam construir uma fábrica inteiramente nova.

A Marvin também nos lembrou de incluir o impacto do projeto no restante da organização quando se estimam os fluxos de caixa incrementais. Com a introdução imediata da nova tecnologia, a Marvin reduziu o valor da sua fábrica existente em $72 milhões.

Às vezes, os prejuízos das fábricas existentes podem absorver completamente os ganhos obtidos com uma nova tecnologia. Essa é a razão pela qual, à vezes, vemos empresas estabelecidas e com uma tecnologia avançada reduzir deliberadamente o ritmo de produção de novos produtos. Mas esse jogo pode ser perigoso se oferecer oportunidades à concorrência. Por exemplo, durante muitos anos, a Bausch & Lomb foi a maior fabricante de lentes de contato e teve grandes lucros com o vidro das lentes de contato que precisava ser esterilizado todas as noites. Como o negócio existente gerava muitos lucros, a empresa foi lenta na inserção das lentes descartáveis. Esse atraso ofereceu uma oportunidade aos concorrentes e permitiu que a Johnson & Johnson introduzisse esse tipo especial de lente.

Os lucros econômicos da Marvin eram iguais à diferença entre seus custos e os de um produtor marginal. Os custos das fábricas marginais da geração de 2026 consistiam nos custos de produção somados ao custo de oportunidade resultante da não venda dos equipamentos. Portanto, se o valor residual dos equipamentos de 2026 fosse maior, os concorrentes da Marvin incorreriam em custos mais elevados, e a organização poderia obter maiores lucros econômicos. Consideramos o valor residual como um dado, mas esse, por sua vez, depende da redução de custos decorrente da substituição, por qualquer outro ativo, dos antiquados equipamentos de fabricação de produtos na área de dinamites pangalácticas. Em uma economia que funcione bem, os ativos serão utilizados para minimizar o custo *total* de produção de um dado conjunto de volumes de produção. Os lucros econômicos gerados por qualquer ativo são iguais ao total dos custos extraordinários que seriam suportados se esse ativo fosse retirado.

PRÁTICA FINANCEIRA

Ensinamentos da história

O que você incluiria em sua lista de setores que cresceram e transformaram a vida das pessoas no século passado? Um candidato óbvio seria o setor automotivo. As vendas de veículos nos Estados Unidos saíram de praticamente zero 100 anos atrás para 16,5 milhões ao ano nos dias de hoje. Muitas empresas anteviram esse crescimento acelerado e concluíram que ele oferecia uma provável fonte de lucros fartos. A Wikipédia lista 1.800 fabricantes de carros que já existiram nos Estados Unidos, com nomes tão estranhos quanto Ben Hur, O-We-Go e Motor Bob. Quase todas elas floresceram rapidamente e depois feneceram. Apenas três fabricantes norte-americanas restam hoje em dia, duas das quais pediram concordata em 2009 e precisaram ser socorridas pelo governo dos Estados Unidos.*

Outro setor de crescimento sem lucro é o da aviação. Desde 1948, o número de milhas voadas por passageiro aumentou em quase 300 vezes. Ainda assim, desde então, as companhias aéreas no agregado apresentam um *prejuízo* operacional, e 150 delas já pediram concordata, algumas das quais em duas ou três ocasiões.** Ainda que algumas pequenas empresas aéreas continuem a operar, o mercado norte-americano é hoje dominado por quatro delas – American, Delta, United e Southwest.

Um terceiro e mais recente exemplo de crescimento industrial são os fabricantes de computadores. Com exceção da IBM, os gigantes atuais do setor sequer existiam nos anos 70. Naquela época, os investidores do ramo falavam em Branca de Neve e os sete anões. A IBM era a Branca de Neve e os sete anões fortes e respeitados eram os outros grandes fabricantes de *mainframes*: Burroughs, Univac, NCR, Control Data, Honeywell, General Electric e RCA. Além desses grandes fabricantes, havia inúmeros anõezinhos glamorosos, como Amdahl, Wang Laboratories, Data General e DEC. À medida que o papel dos *mainframes* foi mudando, apenas a Branca de Neve sobreviveu como um nome importante, enquanto os anões e seus subalternos ou deixaram de existir ou abandonaram a fabricação de computadores.

Será que essas lições da história sugerem que as empresas devem procurar setores estagnados ou em declínio? É claro que não; tudo mais sendo igual, é melhor operar num setor em crescimento do que num em declínio. O problema é que a perspectiva de um setor em rápido crescimento atrai concorrentes. E se o setor também for caracterizado por rápidas transformações em tecnologia ou no gosto dos consumidores, então a vantagem competitiva tende a ser menos persistente. Lembre-se, por exemplo, da Nokia e da BlackBerry, que já dominaram o mercado de *smartphones*, até serem rapidamente derrubadas pelo iPhone e pelo sistema Android. A moral da história, nas palavras de Warren Buffet, é que "a chave para o investimento não está em avaliar o quanto um setor vai afetar a sociedade, ou quanto ele crescerá, e sim em determinar a vantagem competitiva de uma determinada empresa e, acima de tudo, a durabilidade dessa vantagem. Os produtos ou serviços que têm trincheiras grandes e sustentáveis ao seu redor são os que dão retorno aos investidores".***

---

*O crescimento sem lucro dos setores automotivo e de aviação é o tema de um artigo instigante e divertido de Warren Buffet. Ver C. Loomis, "Mr. Buffet on the Stock Market", Fortune (November 22, 1999, pp-11-115). © 1999 Time Inc.

**A Wikipédia cita quase 450 companhias aéreas que deixaram de operar. Veja https://en.wikipedia.org/wiki/List_of_defunct_airlines_in_the_United_States

***Veja Loomis, op.cit

Quando a Marvin anunciou os seus planos de expansão, muitos proprietários de equipamentos de primeira geração consolaram-se com a ideia de que a empresa não podia concorrer com as suas fábricas totalmente depreciadas. O seu consolo era despropositado. Independentemente da política de amortizações passadas, era mais compensador vender os equipamentos de primeira geração como sucata do que mantê-los produzindo. Não espere que os números do seu balanço patrimonial o protejam da dura realidade econômica.

RESUMO

Todos os bons gestores financeiros desejam descobrir e empreender projetos com valor presente líquido positivo. Eles calculam o VPL cuidadosamente. Mas os VPLs podem ser positivos por duas razões: (1) a empresa pode, genuinamente, esperar obter lucros econômicos e (2) há distorções ou erros nas previsões dos fluxos de caixa. Os bons gestores são conscientes desses "falsos positivos" e tentam garantir que as probabilidades joguem a seu favor ao investir em áreas em que a empresa tem claras vantagens competitivas. Dão atenção especial à estratégia corporativa, que tenta identificar competências distintivas, e a introduz em mercados nos quais podem ser gerados lucros econômicos. Eles evitam a expansão onde não existam vantagens competitivas e os lucros econômicos pareçam improváveis. Não projetam no futuro os preços correntes favoráveis dos produtos sem antes verificar se a entrada no mercado ou a expansão dos concorrentes poderão acarretar que os preços caiam.

O nosso exemplo da Marvin Enterprises ilustra a origem dos lucros econômicos e a maneira como eles determinam tanto os fluxos de caixa como o valor presente líquido de um projeto.

Qualquer cálculo do valor presente, incluindo o que fizemos para a Marvin Enterprises, está sujeito a erro. É a vida: não há nenhum outro método confiável de avaliar a maioria dos projetos de investimento. Mas alguns ativos, tal como o ouro, os imóveis, os barris de petróleo, os navios ou os aviões, bem como os ativos financeiros, como as ações e obrigações, são comercializados em mercados bastante competitivos. Quando você dispuser do valor de mercado de um desses ativos, *utilize-o*, pelo menos como ponto de partida para a sua análise.

LEITURAS ADICIONAIS

Os artigos a seguir abordam os investimentos e a estratégia:

P. Barwise, P. Marsh, and R. Wensley, "Must Finance and Strategy Clash?" *Harvard Business Review*, September-October 1989, pp. 85-90.

M. Porter, "What Is Strategy?" *Harvard Business Review*, November-December 1996, pp. 61-78.

S. C. Myers, "Finance Theory and Financial Strategy," *Midland Corporate Finance Journal* 5 (Spring 1987), pp. 6-13. Reprinted from Interfaces (January-February 1984).

O livro a seguir descreve como identificar lucros econômicos e VPLs positivos:

S. Woolley, *Sources of Value*, Cambridge University Press, 2009.

PROBLEMAS

BÁSICO

1. **Lucros econômicos** Verdadeiro ou falso?
   a. Uma empresa com um retorno igual ao custo de oportunidade do capital está gerando lucros econômicos.
   b. Uma empresa que investir em empreendimentos com VPL positivo espera obter lucros econômicos.
   c. Os gestores financeiros deveriam tentar identificar as áreas nas quais sua empresa pode obter lucros econômicos, pois é aí que, provavelmente, se encontrarão os projetos com VPL positivo.
   d. O lucro econômico é o custo anual equivalente da utilização de bens de equipamento.

2. **Preços de equilíbrio** A procura pelos contadores utilitários côncavos está se expandindo rapidamente, mas a indústria é altamente competitiva. O custo de instalação de uma fábrica, com uma capacidade anual de produção de 500 mil contadores, é de $50 milhões. O custo de produção, que espera-se que não seja alterado, é de $5 por contador. Se as máquinas possuírem uma vida física infinita, e o custo de oportunidade do capital for de 10%, qual será o preço competitivo de um contador?
   a. $5
   b. $10
   c. $15

3. **Preços de mercado** Seu cunhado quer convencê-lo a comprar com ele um edifício nos arredores da cidade. Os dois explorariam e dirigiriam um restaurante, o Taco Palace. Ambos estão muito otimistas em relação aos preços futuros do imóvel na região, e seu cunhado já preparou uma previsão de fluxos de caixa que aponta para um VPL positivo e elevado. Nesse cálculo, será prevista a venda da propriedade ao fim de dez anos.

   Que outros cálculos precisam ser feitos antes de levar o projeto adiante?

4. **Preços de mercado** Na London Metals Exchange o preço do cobre, para ser entregue daqui a um ano, é de $5.500 por tonelada. (*Obs.* o pagamento é feito quando o cobre é entregue.) A taxa de juro sem risco é de 5%, e o retorno esperado do mercado é de 8%.
   a. Suponha que você espere produzir e vender 100 mil toneladas de cobre no próximo ano. Qual será o VP dessa produção? Pressuponha que as vendas sejam feitas no final do ano.
   b. Se o cobre tiver um beta de 1,2, qual será o preço esperado do cobre no final do ano? Qual será o preço equivalente correto no final do ano?

5. **Custo de oportunidade** No que diz respeito ao combustível, os novos modelos de aviões comerciais são muito mais econômicos do que os modelos antigos. Como pode uma companhia aérea utilizar os modelos antigos e

ganhar dinheiro se os seus concorrentes utilizam aviões mais modernos? Explique resumidamente.

INTERMEDIÁRIO

6. **Preços de mercado** Suponha que você esteja analisando um investimento em um ativo para o qual há um mercado secundário razoavelmente organizado. Concretamente, sua empresa é a Delta Airlines e o ativo, um Boeing 757 – um avião plenamente utilizado. Por que razão o seu problema é, em princípio, simplificado pela existência de um mercado de segunda mão? Você acredita que essas simplificações poderão ser verificadas na prática? Explique.

7. **Preços de mercado** Há um mercado ativo e competitivo de *leasing* (isto é, locação) para a maioria dos tipos padronizados de jatos comerciais. Quase todos os aviões utilizados nos voos domésticos e internacionais não pertencem às companhias aéreas, mas são alugados por períodos que vão de alguns meses a vários anos.

    A Gamma Airlines, contudo, é proprietária de dois DC-11 de longo curso que acabou de retirar do serviço de voos para a América Latina. A Gama pensa em utilizar esses aviões para desenvolver uma rota nova, e potencialmente lucrativa, de Akron até Yellowknife. Isso exige um investimento considerável em instalações de terminais, formação de pessoal e publicidade. Se levar o projeto adiante, a Gamma terá de operar nessa rota durante pelo menos três anos. Há outro problema: o diretor da divisão internacional da empresa se opõe a que os aviões iniciem a rota Akron-Yellowknife em razão da previsão de um aumento futuro no tráfego que passa pelo novo eixo principal da organização em Ulaanbaatar.

    Como você avaliaria o projeto proposto de Akron até Yellowknife? Forneça uma lista detalhada das várias etapas que a sua análise deverá contemplar. Explique como deve ser levado em conta o mercado de locação de aviões. Se o projeto for atraente, como você atuará em relação ao diretor da divisão internacional?

8. **Preços de mercado** Suponha que o preço atual do ouro seja de $1.200 por grama. A Hotshot Consultants avisou-lhe de que os preços do ouro aumentarão a uma taxa média de 12% ao ano durante os próximos dois anos. Depois, a tendência de crescimento abrandará para uma média de longo prazo de cerca de 3% ao ano. Qual será o preço de 1 milhão de gramas de ouro extraídas durante oito anos? Pressuponha que os preços do ouro tenham um beta igual a zero e a taxa de juro sem risco seja de 5,5%.

9. **Lucro econômico** Caracterizamos as linhas ferroviárias interestaduais de posse das principais empresas norte-americanas do setor como "ativos estratégicos" que poderiam gerar lucros superiores. Em que condições você esperaria que esses ativos gerassem lucros econômicos? Lembre-se de que as empresas ferroviárias competem com as rodoviárias, bem como com outras organizações do próprio setor. As empresas de transporte rodoviário têm algumas vantagens, incluindo a flexibilidade.

10. **Lucro econômico** Graças à aquisição de uma patente importante, a sua empresa possui os direitos exclusivos para a produção de *barkelgassers* (BGs) na América do Norte. As instalações para a produção de 200 mil BGs por ano requerem um investimento de capital imediato de $25 milhões. Estima-se que os custos de produção sejam de $65 por BG. O diretor de marketing está confiante e acredita que as 200 mil unidades possam ser vendidas a $100 cada uma (em termos reais) até a patente expirar, daqui a cinco anos. O executivo não faz a mínima ideia de qual será o preço de venda daí em diante.

    Qual será o VPL do projeto? Parta do princípio de que custo real do capital é de 9%. Para simplificar, aceite também os seguintes pressupostos:

    - A tecnologia de produção dos BGs não se alterará. O custo de capital e os custos de produção serão mantidos, em termos reais.
    - Os concorrentes conhecem a tecnologia e podem penetrar no mercado assim que a patente expirar, ou seja, no ano 6.
    - Se a sua empresa investir imediatamente, a produção total começará ao final de doze meses, ou seja, no ano 1.
    - Não há impostos.
    - As instalações para a produção de BGs duram doze anos. Não há valor residual no fim da sua vida útil.

11. **Lucro econômico** Qual seria a sua resposta ao Problema 10, se os avanços tecnológicos reduzirem o custo de novas instalações fabris para a produção de BGs em 3% ao ano? Assim, uma nova fábrica construída no ano 1 custaria apenas 25(1 – 0,03) = $24,25 milhões; uma fábrica construída no ano 2 custaria $23,52 milhões, e assim sucessivamente. Admita que os custos de produção por unidade se mantêm em $65.

12. **Lucro econômico** Volte a calcular o VPL do projeto do polizono obedecendo a cada um dos seguintes pressupostos. Qual é a decisão correta a ser tomada pelos gestores para cada caso?

    a. A margem no ano 4 permanece a $1,20 por libra.
    b. A empresa de produtos químicos pode "arrancar" com uma produção de polizono de 40 milhões de libras no ano 1, em vez de no ano 2.
    c. Em razão dos avanços tecnológicos, a empresa reduz os seus custos de produção anuais para $25 milhões. Os custos de produção dos concorrentes não se alteram.

13. **Preços de mercado** Os laboratórios fotográficos recolhem e reciclam a prata usada em películas fotográficas. A Stikine River Photo está pensando em adquirir equipamento de ponta para o seu laboratório em Telegraph Creek. A informação que você possui é a seguinte:

    - O equipamento custa $100 mil, e sua exploração custará $80 mil por ano.

- O equipamento tem uma vida útil de dez anos e pode ser depreciado em cinco anos pelo método da depreciação linear (veja a Seção 6.2).
- Recuperará 5 mil gramas de prata adicionais por ano.
- O preço de venda da prata é de $40 por grama. Ao longo dos últimos dez anos, o preço da prata subiu, em termos reais, 4,5% ao ano. O mercado da prata é ativo e competitivo.
- A taxa marginal de impostos da Stikine é de 35%. A legislação fiscal em vigor é a dos Estados Unidos.
- O custo de capital da empresa Stikine é de 8%, em termos reais.
- A taxa nominal de juros é de 6%.

Qual é o VPL do novo equipamento? Admita pressupostos adicionais, se for necessário.

14. **Preços de mercado** A Associação de Ópera de Cambridge teve a ideia de estabelecer uma "entrada premiada" visando angariar fundos para o seu baile, em dezembro de 2019. Foram distribuídas vinte entradas premiadas, cada uma delas dando ao seu detentor o direito de receber um prêmio em dinheiro da associação, em 31 de dezembro de 2020. O prêmio em dinheiro seria determinado pela multiplicação por $100 do quociente entre o nível do Índice Composite do preço das ações Standard and Poor's, em 31 de dezembro de 2020, e o seu nível em 30 de junho de 2020. Assim, se o índice for de 1.000 em 30 de junho de 2020, e de 1.200 em 31 de dezembro do mesmo ano, o prêmio será de 100 × (1.200/1.000) = $120.

Após o baile, surgiu um mercado negro em que eram comercializados os bilhetes. Por quanto os bilhetes serão vendidos em 1º de janeiro de 2020? E em 30 de junho de 2020? Suponha que a taxa de juros sem risco seja de 10%. Suponha, também, que a associação será solvente no final de 2020 e que pagará, de fato, o prêmio dos bilhetes. Admita outros pressupostos, se for necessário.

Os valores dos bilhetes seriam diferentes se o prêmio dependesse do índice Industrial Dow Jones, em vez do índice Composite Standard & Poor's?

15. **Preços de mercado** Você foi contratado para avaliar um grande edifício ao norte de Nova Jersey. A avaliação se faz necessária para uma decretação de falência de uma empresa ferroviária. Os fatos são os seguintes:

- A decretação *exige* que o valor do imóvel seja igual ao valor presente dos *fluxos líquidos de caixa* que a companhia ferroviária receberia se o desocupasse e vendesse para a melhor utilização não ferroviária, ou seja, a de um depósito.
- Fixou-se para o edifício um valor de $1 milhão. Esse montante se baseia nos recentes preços efetivos de venda verificados em uma amostragem de edifícios semelhantes de Nova Jersey usados como ou disponíveis para depósito.
- Se fosse alugado hoje para depósito, o edifício poderia gerar $80 mil ao ano. Esse fluxo de caixa foi calculado *após* todas as despesas operacionais desembolsáveis e *após* os impostos sobre imóveis no valor de $50 mil por ano:

Rendas brutas	$180.000
Despesas operacionais	50.000
Impostos sobre imóveis	50.000
Líquido	$80.000

As rendas brutas, as despesas operacionais e os impostos sobre imóveis são incertos, mas espera-se que eles cresçam com a inflação.

- O desmantelamento dos equipamentos ferroviários e a preparação do edifício para ser usado como depósito levariam, contudo, um ano e custariam o montante de $200 mil. Essas despesas teriam que ser cobertas imediatamente.
- A propriedade será colocada no mercado quando estiver pronta para uso como depósito. O seu consultor imobiliário afirma que uma propriedade desse tipo leva, em média, um ano para ser vendida depois de anunciada no mercado. Mas a companhia ferroviária podia arrendar o edifício como depósito enquanto aguarda a sua venda.
- O custo de oportunidade do capital dos investimentos no setor imobiliário é de 8% em termos *reais*.
- O seu consultor imobiliário assinala que, ao norte de Nova Jersey, os preços de venda de edifícios semelhantes caíram, em termos reais, a uma taxa média de 2% ao ano durante os últimos dez anos.
- A companhia ferroviária pagaria uma comissão de 5% no momento da venda.
- A companhia ferroviária não paga impostos sobre o rendimento. Teria de pagar impostos sobre imóveis.

16. **Preços de mercado** A Sulphur Ridge Mining está cogitando a exploração de uma nova mina de calônio em Moose Bend, norte da província de Alberta, no Canadá. A mina exigiria um investimento inicial de $110 milhões e produziria 100 mil toneladas de calônio de alto grau por ano, o que é pouco comparado à produção mundial anual de 9 milhões de toneladas. O custo de extração anual é estimado em $120 por tonelada e espera-se que se mantenha constante em termos reais. O preço atual de mercado do calônio é de $240 por tonelada, e a empresa de consultoria Powder River Associates estima que seu preço subirá 3% ao ano em termos reais no futuro próximo. Existem vários outros produtores de calônio, e comenta-se que algumas minas canadenses estão mal pagando as contas. Outras, com custos entre $150 e $200 por tonelada, estão lucrando bem. Não há impostos e o custo real do capital está estimado em 8%. A mineração de calônio é uma atividade que não prejudica o meio ambiente e o custo de fechar uma mina é zero. A Sulphur Ridge deve ir adiante nesse projeto? Faça as suposições adicionais que julgar necessárias.

DESAFIO

17. **Lucro econômico** A produção de ácido polissilábico é uma atividade competitiva. A maioria das fábricas tem uma produção anual de 100 mil toneladas. Os custos operacionais são de $0,90 por tonelada e o preço de venda, de $1 por tonelada. Uma fábrica que produz 100 mil toneladas custa $100 mil e tem uma vida infinita. O seu valor de sucata é de $60 mil, e espera-se que caia para $57.900 nos próximos dois anos.

    A Phlogiston Inc. se propõe a investir $100 mil em um fábrica de ácido polissilábico que utiliza um novo processo de baixo custo. A fábrica tem a mesma capacidade que as unidades existentes, mas os custos operacionais são de $0,85 por tonelada. A Phlogiston prevê ter um avanço de dois anos sobre os concorrentes na utilização desse processo, mas, por sua vez, está impossibilitada de construir outras fábricas antes de dois anos. Acredita também que a procura nos próximos dois anos se manterá fraca e que a sua nova fábrica causará, portanto, um excesso de capacidade de produção temporariamente.

    Pode-se admitir que não há impostos e que o custo do capital seja de 10%.

    a. No final do ano 2, o crescimento previsto da procura de ácido exigirá a construção de várias fábricas novas, todas empregando o processo da Phlogiston. Qual será o VPL provável dessas fábricas?
    b. Quais consequências acarretariam no preço do ácido polissilábico no ano 3 e nos anos seguintes?
    c. Você esperaria que as fábricas existentes fossem vendidas pelo valor de sucata no ano 2? A sua resposta seria diferente se o valor da sucata fosse $40 mil ou $80 mil?
    d. As fábricas de ácido da United Alchemists Inc. estão totalmente depreciadas. A empresa poderá tê-las em funcionamento de uma maneira lucrativa após o ano 2?
    e. A Acidosis Inc. comprou uma nova fábrica no último ano por $100 mil e está amortizando-a a $10 mil por ano. Deverá vendê-la pelo valor de sucata no ano 2?
    f. Qual seria o VPL do empreendimento da Phlogiston?

18. **Preços de equilíbrio** O sistema mundial de linhas aéreas é composto pelas rotas X e Y, exigindo, cada uma, dez aviões. Essas rotas podem ser servidas por três tipos de aviões – A, B e C. Existem disponíveis cinco aviões do tipo A, 10 do tipo B e 10 do tipo C. São aeronaves idênticas, exceto quanto aos custos operacionais, que são os seguintes:

Tipo de avião	Custos operacionais anuais ($ milhões)	
	Rota X	Rota Y
A	1,5	1,5
B	2,5	2,0
C	4,5	3,5

O avião tem uma vida útil de cinco anos e um valor residual de $1 milhão.

Os proprietários dos aviões não os exploram diretamente, mas os alugam a operadores. Os proprietários atuam competitivamente a fim de maximizar as suas rendas, e os operadores tentam minimizar os custos operacionais. As tarifas aéreas são igualmente determinadas pela concorrência. Suponha que o custo de capital seja de 10%.

   a. Qual dos aviões seria utilizado, em cada rota, e quanto valeria cada um deles?
   b. O que aconteceria à utilização e ao preço de cada avião se o número de aviões do tipo A aumentasse para 10?
   c. O que aconteceria se o número de aviões do tipo A aumentasse para 15?
   d. O que aconteceria se o número de aviões do tipo A aumentasse para 20?

Indique os pressupostos adicionais que julgar necessários.

19. **Lucro econômico** Os impostos são um custo e, portanto, as alterações das taxas dos impostos podem afetar os preços ao consumidor, a vida dos projetos e o valor das empresas existentes. O problema seguinte ilustra isso. Ilustra, também, como as alterações dos impostos, que parecem ser "tão boas para os negócios", nem sempre aumentam o valor das empresas existentes. De fato, a não ser que os incentivos para novos investimentos aumentem a demanda dos consumidores, as alterações dos impostos resultam apenas se os equipamentos existentes se tornarem obsoletos.

    A produção do ácido bucólico é uma atividade competitiva. A procura cresce continuamente, e novas fábricas são constantemente implantadas. Os fluxos de caixa esperados de um investimento em uma fábrica desse tipo são os seguintes:

	0	1	2	3
1. Investimento inicial	100			
2. Receitas		100	100	100
3. Custos operacionais		50	50	50
4. Depreciação		33,33	33,33	33,33
5. Lucros antes dos impostos		16,67	16,67	16,67
6. Imposto de 40%		6,67	6,67	6,67
7. Lucro líquido		10	10	10
8. Valor residual depois dos impostos				15
9. Fluxos de caixa (7 + 8 + 4 − 1)	−100	+43,33	+43,33	+58,33
VPL a 20% = 0				

Pressupostos:
1. Depreciações constantes ao longo de três anos.
2. O valor residual antes dos impostos é de 25, no ano 3, e de 50, se o ativo for alienado no ano 2.
3. O imposto sobre o valor residual é de 40% sobre a diferença entre o valor residual e o valor do investimento depreciado.
4. O custo do capital é de 20%.

a. Qual será o valor de uma fábrica com um ano? E com dois anos?
b. Suponha que o governo altere as taxas de depreciação, permitindo uma depreciação de 100% no ano 1. De que modo isso afetaria o valor das fábricas existentes, com um e com dois anos? As fábricas existentes teriam de manter o plano original de depreciação.
c. Faria sentido, então, vender para a sucata as fábricas existentes com dois anos em vez de três?
d. Como se modificariam as suas respostas se os impostos sobre os lucros fossem totalmente abolidos?

MINICASO

Ecsy-Cola[23]

Libby Flannery, a diretora regional da Ecsy-Cola, um império multinacional de refrigerantes, estava revendo os seus planos de investimento para a Ásia Central. Ela cogitara lançar a Ecsy-Cola no Inglistão, uma ex-república soviética, em 2019. O lançamento envolveria um investimento de $20 milhões em 2018 para construir uma instalação de envase e montar um sistema de distribuição. Os custos fixos (fabricação, distribuição e marketing) seriam, então, de $3 milhões por ano, a partir de 2018. Isso seria suficiente para preparar e vender 200 milhões de litros por ano – o suficiente para cada homem, mulher e criança inglistanesa beber quatro garrafas por semana! A construção de uma fábrica menor traria poucas economias, e as tarifas aduaneiras e os custos de transporte naquela região obrigariam que toda a produção fosse distribuída no próprio território do país.

Os custos variáveis da produção e da distribuição são de 12 centavos por litro. A política da empresa exige uma taxa de retorno de 25% em dólares nominais, depois dos impostos locais, mas antes de se terem deduzido os custos de financiamento. Preveem-se receitas de 35 centavos por litro.

As instalações de envase têm vida útil quase infinita, e todos os custos e receitas da unidade deverão permanecer constantes em termos nominais. Os impostos têm uma taxa de 30%, e, segundo a lei fiscal do Inglistão, as despesas de capital podem ser descontadas linearmente durante quatro anos.

Todas essas variáveis estavam razoavelmente claras. Mas a Sra. Flannery teve de se esforçar bastante para fazer a previsão das vendas. A Ecsy-Cola descobriu que a regra "1-2-4" funciona na maioria dos mercados novos. Geralmente, as vendas duplicam no segundo ano, voltam a duplicar no terceiro e depois disso permanecem constantes. O melhor palpite de Libby era que, se avançassem imediatamente, as vendas iniciais no Inglistão seriam de 12,5 milhões de litros em 2020, crescendo até os 50 milhões em 2022 e nos anos subsequentes.

A Sra. Flannery também se preocupou com a hipótese de, talvez, ser melhor esperar um ano. O mercado de refrigerantes estava se desenvolvendo rapidamente nos países vizinhos, e dentro de um ano ela teria mais informações sobre a possibilidade de sucesso da Ecsy-Cola no Inglistão. Se não fosse um sucesso, as vendas estagnariam abaixo dos 20 milhões de litros e, provavelmente, não seria justificável esse investimento tão pesado.

Ela pressupôs que a rival da Ecsy-Cola, a Sparky-Cola, não entraria nesse mercado. Mas, na semana passada, ficou em estado de choque quando se deparou no hall do hotel com o diretor regional da Sparky-Cola. Essa empresa teria que enfrentar custos semelhantes aos da Ecsy-Cola. Como é que a Sparky-Cola reagiria se a Ecsy-Cola entrasse nesse mercado? Também teria decidido entrar? Se assim fosse, qual seria o efeito disso no retorno do projeto da Ecsy-Cola?

A Sra. Flannery pensou novamente no adiamento do projeto durante um ano. Suponha que a Sparky-Cola também estivesse interessada no mercado do Inglistão. Isso favoreceria uma ação imediata ou deveria adiá-la?

Talvez a Ecsy-Cola devesse anunciar os seus planos antes que a Sparky-Cola tivesse a possibilidade de desenvolver as suas próprias propostas. Parece que, a cada dia que passa, o projeto do Inglistão está se tornando mais complicado.

QUESTÕES

1. Calcule o VPL da proposta de investimento utilizando os dados apresentados neste minicaso. Qual é o grau de sensibilidade desse VPL em relação ao volume das vendas futuras?

2. Quais são os prós e os contras de adiar por um ano a decisão de investir? (*Dica:* o que acontecerá se a demanda se elevar e a Sparky-Cola também investir? O que acontecerá se a Ecsy-Cola investir imediatamente e ganhar um ano de dianteira em relação à Sparky-Cola?)

---

[23] Agradecemos a Anthony Neuberger por ter sugerido este tópico.

CAPÍTULO 12

Problemas de agência, compensação e avaliação de desempenho

Até agora, concentramo-nos nos critérios e nos processos de identificação de investimentos de capital com VPLs positivos. Se uma empresa investir apenas em projetos com VPL positivo, ela maximiza o seu valor. Mas os gestores das empresas querem maximizar o valor?

Os gestores não possuem nenhum gene especial que alinhe, automaticamente, os seus interesses pessoais com os objetivos financeiros dos investidores. Por isso, como os acionistas asseguram que os gestores seniores não "puxam a brasa para a sua sardinha"? E como é que os altos executivos podem estar seguros de que os outros gestores e os demais funcionários se esforcem ao máximo para encontrar e executar projetos com VPLs positivos?

Aqui, novamente, voltamos ao problema agente principal, que encontramos pela primeira vez no Capítulo 1. Os acionistas são os principais mandantes e os gestores seniores, os agentes mandatários dos acionistas. Mas os gestores de nível intermediário e os funcionários são, por sua vez, os agentes dos gestores seniores. Estes últimos, portanto, incluindo o CFO, são simultaneamente agentes dos acionistas e mandantes dos demais funcionários. O problema consiste em conseguir fazer com que todos trabalhem em sintonia para maximizar o valor.

Este capítulo resume o modo como as corporações enfrentam esse problema. Os dois tópicos principais são os seguintes:

- *Incentivos:* a certeza de que os gestores e funcionários são recompensados apropriadamente quando agregam valor à empresa.
- *Avaliação de desempenho:* a agregação de valor só pode ser recompensada se for medida. Como se obtém o que é recompensado e se premia o que é medido, você obtém o que é medido.

Descrevemos as medições alternativas do desempenho, incluindo o valor econômico adicionado. Revelamos os vieses que assomam os resultados e as taxas de retorno dos métodos contábeis padronizados. Por fim, confrontamos um fato perturbador: algumas, talvez, a maior parte das empresas de capital aberto, parecem dispostas a sacrificar os VPLs para manter ou aumentar os lucros por ação de curto prazo.

12.1 Incentivos e compensação

Os gestores seniores, incluindo o vice-presidente financeiro, devem tentar assegurar que os gestores de médio escalão e funcionários tenham os incentivos apropriados para encontrar e investir em projetos com VPLs positivos. Em breve veremos como é difícil obter incentivos no seio de uma empresa de grande porte. Por que não podemos contornar essas dificuldades e deixar que o CFO e a sua equipe imediata tomem as decisões mais importantes de investimento?

Isso não dá certo por, ao menos, cinco razões. Primeiro, os gestores seniores teriam de analisar centenas de projetos todos os anos. É impossível conhecer detalhadamente cada um deles para fazer escolhas inteligentes. Assim, os altos executivos devem se basear em análises feitas nos níveis inferiores.

Segundo, o *design* de um projeto de investimento envolve decisões de investimento que os principais executivos não veem. Pense em uma proposta para a construção de uma nova fábrica.

Os gestores que desenvolveram o plano para a fábrica tinham de decidir sua localização. Imagine que eles selecionaram um local mais caro que ficasse próximo a um grupo de trabalhadores especializados. Essa é uma decisão de investimento: investimento adicional para gerar fluxo de caixa extra por conta do acesso às habilidades dessa mão de obra especializada. (Os dispêndios com treinamento podem, por exemplo, ser menores.) Será que o investimento adicional gera um VPL extra, comparado a construir a fábrica em um local mais barato, mas também mais remoto? Como o CFO pode saber? Ele não dispõe de tempo para pesquisar cada alternativa considerada, mas rejeitada pelos patrocinadores do projeto.

Terceiro, muitos investimentos não aparecem no orçamento de capital, entre eles os gastos com a pesquisa e o desenvolvimento, o treinamento de funcionários e o marketing, designados para expandir um mercado ou reter os clientes satisfeitos.

Quarto, *as pequenas decisões vão se acumulando*. Os gestores operacionais tomam decisões de investimento diariamente. Podem comprar matérias-primas adicionais apenas para que, com isso, não tenham de se preocupar com o seu esgotamento. Os gestores da fábrica de máquinas de movimento contínuo, em Quayle City, no Kansas, podem decidir que estão precisando de mais uma empilhadeira. Podem estar retendo uma máquina-operatriz para a qual já não há trabalho ou até um depósito desocupado, que renderiam mais se fossem vendidos. Essas decisões não são cruciais ($25 mil aqui, $50 mil ali), mas milhares delas, efetivamente, vão totalizando uma boa quantia de dinheiro.

Quinto, o diretor financeiro provavelmente está sujeito aos mesmos tipos de tentações que afligem os gestores das camadas mais inferiores da organização.

Agora, vamos considerar os incentivos e os problemas de agência no processo de investimento de capital.

Problemas de agência no investimento de capital

Como você provavelmente já deve ter percebido, não há sistemas de incentivos perfeitos. Mas é fácil determinar o que *não* funciona. Suponha que os acionistas decidam pagar aos gestores financeiros um salário fixo – sem bônus, sem planos de opções, apenas $X por mês. O gestor, como agente dos acionistas, foi instruído a encontrar e investir em projetos com VPLs positivos, acessíveis às atividades da empresa. O gestor pode, sinceramente, tentar fazê-lo, mas vai se deparar com várias opções tentadoras:

- *Diminuição do esforço*. Encontrar e implementar investimentos em um projeto realmente recompensador é uma atividade que exige um grande esforço e que está sujeita a uma grande pressão. O gestor financeiro será tentado a "abrandar".

- *Benefícios adicionais*. O nosso hipotético gestor financeiro não tem bônus, apenas recebe $X por mês. Mas ele ou ela poderá, apesar disso, obter bônus não monetários, por exemplo, ganhar entradas para eventos esportivos, ter uma luxuosa sala de trabalho, ser convocado para reuniões em hotéis de luxo etc. Os economistas designam esses prêmios não pecuniários como *benefícios privados*. As pessoas comuns os chamam de benefícios adicionais.[1]

- *Construção de impérios*. Se o resto permanecer igual, os gestores preferem dirigir negócios de grandes, em vez de pequenas dimensões. A passagem do "pequeno" para o "grande" pode não ter um VPL positivo. Os gestores também relutam em desmantelar seus impérios, ou seja, oferecem resistência para desinvestir.

- *Investimento entrincheirado*. Suponha que o gestor Q considere dois planos de expansão. Um dos planos requer um gestor com habilidades especiais que, por acaso, Q até possui. O outro projeto necessita apenas de um gestor sem capacidades especiais. Adivinhe qual é o

---

[1] No entanto, não considere que todos os benefícios adicionais são injustificados ou ineficientes. Aquele jato corporativo pode ser um bom investimento se ele poupar três ou quatro horas semanais que o CEO e o diretor financeiro, de outra forma, desperdiçariam em aeroportos. Ainda, algumas empresas de grande porte exigem que seus presidentes viajem em jatos corporativos por questões de segurança. Rajan e Wulf sustentam que é *incorreto* tratar todos esses benefícios como um excesso gerencial. Veja R. Rajan and J. Wulf, "Are Perks Purely Managerial Excess?" *Journal of Financial Economics* 79 (January 2006), pp. 1-33.

projeto que Q vai escolher? Os projetos concebidos para necessitar ou recompensar gestores com determinadas capacidades são designados de *investimentos entrincheirados*.[2]

- Os investimentos entrincheirados e a construção de impérios são sintomas típicos de *sobreinvestimento*, ou seja, de investimento além do ponto em que o VPL cai para zero. A tentação do sobreinvestimento é grande quando a empresa tem muitos recursos, mas poucas oportunidades de investimento. Michael Jensen designa essa situação como um problema dos *fluxos livres de caixas*.[3]

Um gestor com remuneração fixa dificilmente evitará todas essas tentações. A perda de valor resultante é um custo de agência.

Problemas de agência e riscos assumidos

Como os gestores não podem diversificar seus riscos com tanta agilidade quanto os acionistas, seria de se esperar que apresentassem extrema aversão a risco. De fato, evidências sugerem que os gestores buscam uma "vida tranquila" quando a pressão por bom desempenho é relaxada.[4] Mas há inúmeras exceções.

Primeiro, os gestores que alcançam os escalões mais elevados de uma grande corporação devem ter assumido alguns riscos ao longo do caminho. Aqueles que buscam apenas a vida tranquila passam despercebidos e não são promovidos rapidamente.

Segundo, gestores que são compensados com opções acionárias têm um incentivo para assumirem mais riscos. Como explicaremos nos Capítulos 20 e 21, o valor de uma opção aumenta quando o risco de uma empresa aumenta.

Terceiro, às vezes os gestores nada têm a perder assumindo riscos. Suponhamos que uma sede regional sofra prejuízos grandes e inesperados. O emprego do gestor regional está por um fio, e em resposta ele experimenta uma estratégia arriscada que oferece uma pequena probabilidade de um enorme e rápido retorno. Se a estratégia compensar, os prejuízos serão cobertos e o emprego do gestor pode ser salvo. Se fracassar, nada se perdeu, porque o gestor teria sido despedido de qualquer maneira. Esse comportamento é chamado de *apostando por uma redenção*.[5] Quarto, as organizações muitas vezes hesitam em restringir atividades arriscadas que estão gerando – pelo menos temporariamente – lucros gordos. A crise do *subprime* de 2007-2009 oferece exemplos reveladores. Charles Prince, o CEO pré-crise do Citigroup, foi questionado sobre por que os negócios envolvendo empréstimos alavancados do banco estavam se ampliando tão depressa. Prince retrucou: "Quando a música parar... as coisas vão ficar complicadas. Mas enquanto a música estiver tocando, precisamos levantar e dançar. Ainda estamos dançando". Mais tarde, o Citi amargou um prejuízo de $1,5 bilhão nessa linha de negócios.

Exemplo: custos de agência e a crise do subprime "*Subprime*" refere-se a empréstimos hipotecários concedidos a compradores de imóveis com crédito problemático. Alguns desses empréstimos foram concedidos a compradores ingênuos que acabaram tendo dificuldades com os pagamentos do principal e juros. Alguns foram concedidos a compradores oportunistas que estavam dispostos a apostar que os preços das residências continuariam subindo, de tal forma que poderiam "passar adiante" suas casas tirando um lucro. Mas os preços desabaram em 2007 e 2008, e muitos compradores foram forçados à inadimplência.

---

[2] A. Shleifer and R. W. Vishny, "Management Entrenchment: The Case of Manager-Specific Investments", *Journal of Financial Economics* 25 (November 1989), pp. 123-140.

[3] M. C. Jensen, "Agency Costs of Free Cash Flow, Corporate Finance and Takeovers", *American Economic Review* 76 (May 1986), pp. 323-329.

[4] S. Mullainathan and M. Bertrand, "Do Managers Prefer a Quiet Life? Corporate Governance and Managerial Preferences," *Journal of Political Economy* 111 (2003), pp. 1.043-1.075. Quando as corporações estão mais bem protegidas contra aquisições, os salários aumentam, menos fábricas novas são construídas e menos fábricas antigas são fechadas. Produtividade e lucratividade também diminuem.

[5] O Baring Brothers, um banco britânico com 200 anos de história, foi liquidado quando o *trader* Nick Leeson perdeu $1,4 bilhão transacionando em índices da bolsa de valores japonesa a partir de um escritório do Baring Brothers em Cingapura. Leeson estava apostando pela redenção. Conforme suas perdas iam se acumulando, ele seguia dobrando e dobrando suas apostas na bolsa numa tentativa de recuperar suas perdas.

Para começo de conversa, por que tantos bancos e agências de crédito habitacional concederam esses empréstimos? Um motivo foi que eles podiam agrupar os empréstimos em pacotes de títulos lastreados por hipotecas e ganhar lucros vendendo-os para outros bancos e investidores institucionais. Em retrospecto, fica claro que muitos compradores desses títulos lastreados por hipotecas foram, por sua vez, ingênuos e acabaram pagando caro demais. Quando o preço das residências caiu e as inadimplências aumentaram, o preço desses títulos desabou radicalmente. A Merrill Lynch, por exemplo, sofreu um prejuízo de $50 bilhões e foi vendida de forma compulsória para o Bank of America.

Embora muita gente mereça ser culpada pela crise do *subprime*, parte da culpa deve recair sobre os gestores que promoveram e venderam as hipotecas *subprime*. Estavam agindo segundo os interesses dos acionistas ou segundo seus próprios interesses? Duvidamos que seus acionistas teriam apoiado as táticas dos gestores se pudessem ver o que realmente estava acontecendo. Achamos que os gestores teriam sido bem mais cautelosos caso não tivessem a chance de abocanhar grandes bônus antes do seu jogo acabar. Se isso for verdade, a crise do *subprime* foi em parte um problema de agência, e não de maximização de valores fugindo ao controle. Problemas de agência ocorrem quando os gestores *não* agem segundo os interesses dos acionistas.

Monitoramento

Os custos de agência podem ser reduzidos pelo monitoramento dos esforços e das ações do gestor e pela intervenção quando este muda de curso.

O monitoramento pode impedir os custos de agência mais óbvios, como os benefícios adicionais. Pode-se confirmar se o gestor está se esforçando suficientemente na execução de sua função, mas esse processo exige tempo e dinheiro. Algum monitoramento quase sempre vale a pena, mas chega-se rapidamente a um limite em que um dólar adicional gasto em monitoramento não rende um dólar de redução dos custos de agência. Como todos os investimentos, o monitoramento também tem rendimentos decrescentes.

Alguns custos de agência não podem ser evitados, nem mesmo com o monitoramento mais abrangente possível. Suponha que um acionista resolva monitorar as decisões de investimento de capital. Como ele poderá ter a certeza de que um orçamento de investimento, aprovado pela alta direção, inclui (1) *todas* as oportunidades de VPL positivos acessíveis à empresa e (2) *nenhum* projeto com VPL negativo resultante da utilização das técnicas de construção de império ou de investimento entrincheirado? Obviamente, os gestores sabem mais sobre as expectativas da organização do que saberão os que são estranhos a ela. Se o acionista conseguisse enumerar todos os projetos e os respectivos VPLs, os gestores, então, praticamente não seriam mais necessários!

Quem é que, na realidade, faz o monitoramento?

Conselho de administração Em empresas de grande porte de capital aberto, a tarefa de monitoramento é delegada ao conselho de administração, cujos membros são eleitos pelos acionistas para representar seus interesses. Os membros dos conselhos às vezes são retratados como palermas que sempre concordam com a gestão vigente. Mas em reação a escândalos corporativos passados, a balança passou a pender mais em favor de uma independência maior dos conselhos. A Lei de Sarbanes-Oxley (Sarbanes-Oxley Act, ou "SOX"), por exemplo, exige que as corporações incluam conselheiros mais independentes, isto é, que não sejam gestores ou estejam diretamente ligados à gestão. Atualmente, cerca de três quartos de todos os conselheiros são independentes.

Quando os gestores não estão dando conta do trabalho, os conselhos costumam interceder. Nos últimos anos, os CEOs do McDonald's, Mattel, Target e Symantec foram todos substituídos. Conselhos de administração de fora dos Estados Unidos, onde tradicionalmente tendiam a ser mais aliados à gestão, também vêm se mostrando mais dispostos a substituir gestores com mau desempenho. A lista de destituídos recentes inclui os presidentes do Barclays Bank, Tesco, Sanofi, Canadian Pacific, Gucci, Nomura e Siemens.

A delegação, é claro, traz seus próprios problemas de agência. Alguns membros do conselho, por exemplo, podem ser amigos de longa data do presidente e deverem favores a ele. Assim, podem estar relutantes quanto à sua exoneração ou à realização de investigações rigorosas sobre a sua conduta. Se os monitores provavelmente terão suas próprias agendas, então teremos o problema de observar diligentemente, citado no poema do Dr. Seuss:

> Para o oeste, próximo de Hawtch-Hawtch,
> Há um Monitorador diligente dessa comunidade.
> Sua função é vigiar...
> manter os olhos atentos na lassidão do vilarejo.
> Uma pessoa, sentindo-se vigiada, labutará com mais empenho, você verá!
> Bem... ele vigiou, vigiou e vigiou...
> mas, apesar desse monitoramento,
> aquela pessoa não trabalhou com tanto empenho; não se adaptou.
>
> Assim, então, houve quem disparasse:
> "Nosso observador diligente
> não está sendo tão diligente como lhe cabe.
> Ele deve ser monitorado por outro residente do vilarejo!
> O que necessitamos, nesse momento,
> é de um Monitorador do Monitorador!"*

Felizmente, os conselheiros da empresa não são os únicos a escrutinar as ações da gestão. Diversos outros grupos atuam como monitoradores de monitoradores.

Auditores É obrigação do conselho contratar auditores independentes para auditar os demonstrativos financeiros da empresa. Se a auditoria revelar problemas, os auditores emitirão uma opinião de que os demonstrativos financeiros representam com justiça a condição financeira da empresa e são consistentes com os **Princípios Contábeis Geralmente Aceitos** (**GAAP** – Generally Accepted Accounting Principles).

Quando são descobertos problemas, os auditores negociam mudanças em pressupostos ou procedimentos. Os gestores quase sempre concordam, pois, se mudanças aceitáveis não forem realizadas, os auditores emitirão uma *opinião qualificada*, o que representa más notícias para a empresa e seus acionistas. Uma opinião qualificada sugere que os gestores estão encobrindo alguma coisa, o que abala a confiança dos investidores.

Uma opinião qualificada da auditoria pode ser ruim, mas quando os investidores ficam sabendo de irregularidades contábeis que não foram detectadas, a brincadeira pode sair muito cara. Em setembro de 2014, a Tesco, gigante britânica de supermercados, anunciou que descobrira irregularidades contábeis materiais e que exagerara seus lucros do primeiro semestre em cerca de $420 milhões. Com o desenrolar do escândalo, o preço das ações da Tesco caiu perto de 30%, varrendo $8 bilhões do valor de mercado da empresa.

Credores Os credores também monitoram. Quando uma empresa contrai um grande empréstimo bancário, o banco faz um acompanhamento dos ativos, dos rendimentos e dos fluxos de caixa da empresa. Monitorando para proteger seu empréstimo, o banco geralmente protege também os interesses dos acionistas.[6]

Acionistas Os acionistas também ficam de olho na gestão da empresa e no conselho de administração. Quando acreditam que o desempenho da corporação está deixando a desejar e que o conselho não está cobrando os gestores como deveria, eles podem tentar eleger representantes para o conselho a fim de se fazerem ouvir. Em 2011, por exemplo, o bilionário acionista e ativista Carl Icahn acreditava que a gestão da Oshkosh não estava defendendo os interesses dos acionistas quando deixou de bus-

---

* N. de R.T.:   Dr. Seuss , *Did I Ever Tell You How Lucky You Are?* (New York: Random House, 1973), pp. 26-28. Aqui disponibilizamos uma tradução livre. O original está a seguir:

Out west, near Hawtch-Hawtch, / there's a Hawtch-Hawtcher Bee Watcher, / His job is to watch... / is to keep both his eyes on the lazy town bee. / A bee that is watched will work harder you see! / Well... he watched and he watched / But, in spite of his watch, / that bee didn't work any harder. Not mawtch. So then somebody said, / "Our bee-watching man / just isn't bee-watching as hard as he can. / He ought to be watched by another Hawtch-Hawtcher! / The thing that we need / is a Bee-Watcher-Watcher.

[6] Os interesses dos credores e dos acionistas nem sempre estão alinhados – veja o Capítulo 18. Mas a capacidade de uma empresa de satisfazer seus credores normalmente representa boas notícias para os acionistas, sobretudo quando os credores estão em boa posição de conduzir seu monitoramento.

car uma fusão com a Navistar, sua concorrente na fabricação de veículos. Assim, ele comprou quase 10% das ações de cada empresa, e nomeou seis associados para eleição ao conselho da Oshkosh.

Pequenos acionistas não podem justificar o tempo e o dinheiro para uma batalha de representatividade. No entanto, se estiverem insatisfeitos, podem dar a "Caminhada de Wall Street" vendendo seu papéis e partindo para outros investimentos. A Caminhada de Wall Street pode enviar uma poderosa mensagem. Quando um número suficiente de acionistas pula fora, os preços das ações desabam. Isso prejudica a reputação da cúpula administrativa e suas compensações. Boa parte dos contracheques desse escalão advém de opções acionárias, que pagam bem quando o preço das ações sobe, mas que perdem todo o seu valor quando o preço cai abaixo de um limiar pré-estabelecido. Assim, uma queda no preço das ações tem um impacto direto sobre a riqueza pessoal dos gestores. Um aumento no preço das ações é bom tanto para os gestores quanto para os acionistas.

Empresas rivais A gestão de uma empresa é regularmente monitorada por outras equipes de gestão. Se estas acharem que os ativos não estão sendo usados com eficiência, podem tentar uma aquisição unilateral. Nos Capítulos 31 e 32, teremos mais a dizer sobre o papel das aquisições unilaterais na mudança de controle corporativo.

Compensação dos gestores

Como o monitoramento é, necessariamente, imperfeito, os planos de compensação devem ser concebidos para atrair gestores competentes e dar-lhes os incentivos apropriados.

A Figura 12.1 compara os níveis de incentivos em diversos países, enquanto a Figura 12.2 apresenta o crescimento das compensações dos presidentes de empresas nos Estados Unidos. Há três características nelas que se destacam.

1. Nos Estados Unidos, são praticados elevados níveis de pagamentos que não são habituais. Os presidentes das empresas norte-americanas recebem quase o dobro dos presidentes de empresas alemãs e cerca de cinco vezes mais do que os seus pares japoneses.

2. Embora a compensação dos presidentes de empresas norte-americanas tivesse caído em 2001, após o fim do *boom* das organizações "ponto com", e, provavelmente, mais uma vez durante a crise do crédito no período 2008-2009, tem havido, na maior parte do tempo, uma tendência de subida.

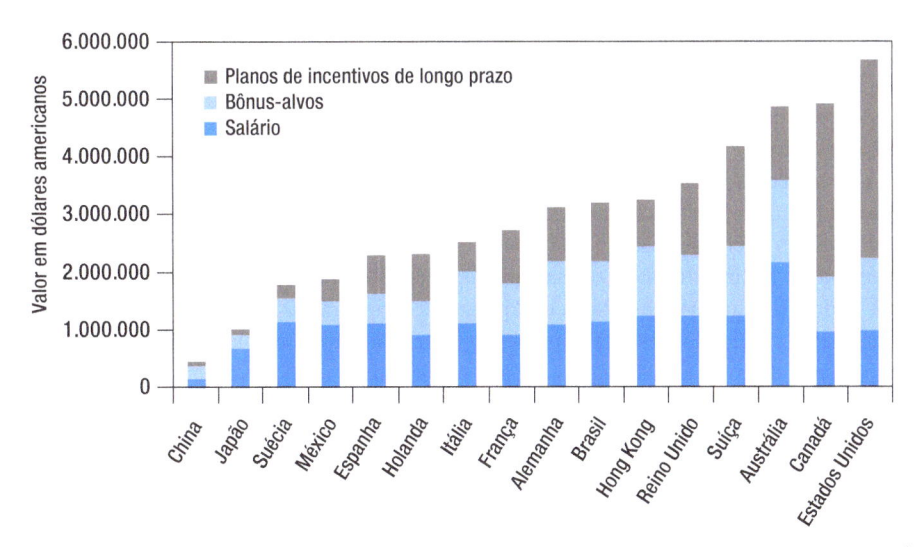

▶ **FIGURA 12.1** Incentivos médios de CEOs de empresas de grande porte em 2013 (aquelas com escritas a $5 bilhões). A compensação nos Estados Unidos é relativamente alta e depende muito do desempenho. Agradecemos a Towers Watson pelo fornecimento dos dados.

Fonte: Tower Watson, www.towerswatson.com.

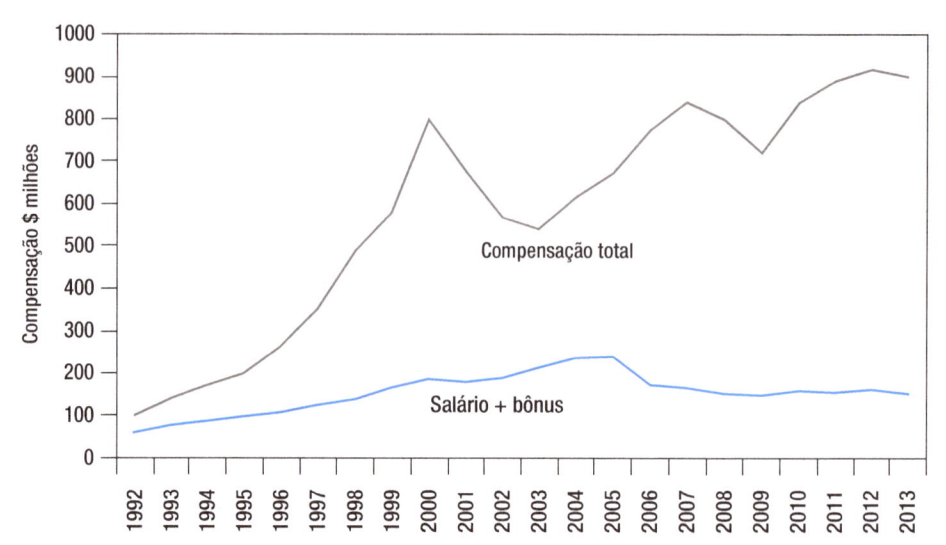

▶ **FIGURA 12.2** Aumento dos incentivos de CEOs de empresas no Índice Standard & Poor's Composite. O crescimento deriva extensamente de concessões de ações e de opções em ações.

Fonte: ExecuComp. Agradecemos a Lin Shen por seu auxílio nesta figura.

3. Uma fração significativa e crescente da compensação dos presidentes de empresas norte-americanas deriva da concessão de bônus variáveis, opções em ações e outros incentivos de longo prazo.

Examinaremos, inicialmente, o tamanho do pacote de pagamentos e, em seguida, voltaremos aos seus conteúdos.

Esses elevados níveis de remuneração sem dúvida incentivam os CEOs a trabalhar bastante e (talvez mais importante) oferecem um estímulo aos gestores dos níveis inferiores que pretendem se tornar presidentes. Mas há uma preocupação cada vez maior sobre remunerações "excessivas", especialmente quando a contrapartida for de desempenhos medíocres. Por exemplo, Robert Nardelli recebeu um pacote de $200 milhões no seu desligamento da Home Depot, e Henry McKinnel recebeu praticamente o mesmo valor quando deixou a Pfizer. Ambos os CEOs deixaram para trás organizações repletas de problemas e com desempenhos fracos. Você pode imaginar as manchetes nos jornais.

Essas manchetes adotaram letras ainda mais garrafais em 2008, quando foi revelado que bônus generosos seriam pagos a gerentes seniores de bancos que haviam sido socorridos pelo governo. A Merril Lynch se apressou em captar $3,6 bilhões em bônus, incluindo os $121 milhões destinados a apenas quatro executivos, poucos dias antes de o Bank of America finalizar seu compromisso para comprar a organização que colapsara com a ajuda dos recursos dos contribuintes de impostos. A revista *Forbes* estampava, na capa, os dizeres "Bônus para os estúpidos".

A visão generalizada de que o dinheiro dos contribuintes estava sendo empregado para pagar bônus a banqueiros cuja ganância havia gerado a crise do crédito levou a demandas para que os governos restringissem a remuneração dos banqueiros. Em 2014, uma diretriz da UE limitou os bônus aos banqueiros a no máximo 100% do seu salário (200% com a aprovação dos acionistas). Nos Estados Unidos, a administração Obama apontou um "programa obrigatório de redução de remunerações" para supervisionar os salários dos gestores de primeiro nível em organizações que receberam uma "assistência excepcional" do governo. O Congresso do país também fixou restrições quanto aos pagamentos dos executivos de ponta em bancos que receberam fundos de resgate. A compensação de incentivos foi limitada a um terço do pagamento total, e era para ser feita somente na forma de ações que não pudessem ser comercializadas a menos que a empresa permanecesse no programa de ajuda do governo. Os bancos também foram proibidos de conceder montantes elevados aos executivos de partida.

É fácil apontar casos em que gestores com fraco desempenho receberam remunerações injustificadamente elevadas. Mas há algum outro problema mais generalizado? Talvez os altos níveis de pagamento reflitam uma escassez de talentos. Afinal, os presidentes de empresas não são os únicos que ganham grandes somas. Os rendimentos de atletas profissionais de ponta são igualmente "de dar água na boca". O time de beisebol LA Dodgers pagou $26 milhões a Zack Greinke em 2014. Os Dodgers devem ter acreditado que era recompensador pagar a estrelas que ganhassem os jogos e lotassem o seu estádio.

Se os gestores de ponta são tão raros como as estrelas do beisebol profissional, talvez as corporações devam pagar alto por seus talentos. Suponha que CEO sênior possa agregar 1% ao valor e ao preço das ações de uma organização de grande porte com uma capitalização de mercado de $10 bilhões. Um por cento de um valor no mercado de ações de $10 bilhões equivale a $100 milhões. Se ele pode realmente obter esse resultado, então um pacote de salário de, digamos, $20 milhões ao ano parece ser uma mixaria.[7]

Há, também, uma explicação menos benevolente sobre o pagamento dos gestores. Essa perspectiva acentua as estreitas ligações entre o presidente e os outros membros do conselho de administração. Se os conselheiros têm uma intimidade muito grande com o presidente, podem considerar difícil endurecer quando se trata de estabelecer os pacotes de compensação. Por vezes, os conselheiros autorizam pagamentos extras que proporcionam aos acionistas apenas pouco ou nenhum benefício prospectivo. Pegue o exemplo da empresa alemã Mannesmann, comprada em uma aquisição de controle por $200 bilhões. Após a finalização do negócio, o seu conselho de administração votou a favor de um pagamento *ex gratia* de $74 milhões para os executivos da organização. Promotores federais do país indiciaram seis dos conselheiros por quebra de seus deveres fiduciários e pela não preservação dos ativos da organização. Embora o caso tenha sido finalmente resolvido fora dos tribunais, ele chamou a atenção para o perigo de que os conselheiros pudessem tentar atuar como proprietários feudais, em vez de legisladores públicos, quando fixassem os níveis de compensação.

Portanto, temos duas perspectivas sobre o nível de remuneração dos altos executivos. Uma é que isso resulta da contratação pouco amistosa em um mercado escasso de talentos. A outra é que uma fraca governança e conselhos administrativos negligentes permitem pagamentos excessivos. Há evidencias a favor e contra ambas as visões. Por exemplo, os CEOs não são o único grupo que viu suas compensações aumentarem rapidamente nos últimos anos. Advogados corporativos, astros do esporte e celebridades em geral também tiveram aumentos de renda, muito embora suas compensações sejam determinadas por negociações inflexíveis.[8] No entanto, o argumento da falta de talentos não consegue responder pelas largas disparidades nas remunerações. Por exemplo, compare o caso do presidente da Ford (compensação de $23,2 milhões em 2013) com o do CEO da Toyota (compensação de cerca de $2,2 milhões) ou o da diretora do Fed, Janet Yellen ($202 mil). É difícil defender que o presidente da Ford forneceu o maior valor ou que ele tivesse o emprego mais complexo e importante.

Compensação por incentivos

A quantia da compensação pode ser menos importante do que o modo como ela é estruturada. O pacote de compensação deve estimular os gestores a maximizar a riqueza dos acionistas.

Os incentivos podem ser baseados na contribuição (por exemplo, o esforço do gestor) ou na produção (retorno ou o valor agregado resultante das decisões do gestor). Mas a contribuição é difícil de ser medida. Como é que os investidores externos, por exemplo, podem perceber esse esforço? Podem constatar que o gestor é pontual, mas as horas trabalhadas não medem o verdadeiro esforço. (Será que o gestor está tendo que enfrentar escolhas difíceis e estressantes, ou está apenas gastando o tempo com reuniões, viagens ou burocracia rotineiras?)

Como o esforço é uma variável não observável, a compensação deve ser baseada na produção, ou seja, em resultados verificáveis. O problema é que a produção não depende, apenas, das decisões do gestor; depende, também, de muitos outros fatores que não estão sob o seu controle. Assim, se não for possível isolar a contribuição do gestor, estamos diante de um dilema. Pretende-se dar aos gestores um bom incentivo, levando-os a perceber sua contribuição para a empresa, mas não se quer descarregar neles o risco dessas alterações do valor da empresa, porque isso está fora do controle deles.

---

[7] Gabaix e Landier discutem que uma alta remuneração para os CEOs é uma consequência natural de valores presentes cada vez mais estáveis e de uma competição por talentos de gestão. Veja X. Gabaix and A. Landier, "Why Has CEO Pay Increased So Much?" *Quarterly Journal of Economics* 123 (February 2008), pp. 49-100.

[8] Veja S. N. Kaplan and J. D. Rauh. "Wall Street and Main Street: What Contributes to the Rise in the Highest Incomes?" *Review of Financial Studies* 23 (2010) pp. 1.004 -1.050.

Há limites para os riscos que os gerentes podem ser solicitados a suportar. Portanto, o resultado é um compromisso. As empresas relacionam o pagamento dos gestores com o desempenho, mas as flutuações no valor da organização são divididas entre os gestores e os acionistas. Os gestores suportam alguns dos riscos que estão além de seus controles, e os acionistas suportam alguns dos custos de agência se os gestores falharem na maximização do valor da empresa. Assim, alguns custos de agência são inevitáveis.

A grande maioria das empresas mais influentes do mundo agora vincula parte de seu pagamento aos executivos ao desempenho obtido no preço das ações.[9] Essa compensação é, geralmente, concedida em uma das três formas: opções em ações, ações restritas (ações que devem ser retidas por diversos anos) ou ações de desempenho (ações concedidas somente se a organização atingir um determinado lucro ou outra meta). Às vezes esses esquemas de incentivo constituem a maior parte do pagamento ao gestor. No ano fiscal de 2014, por exemplo, Larry Ellison, que era o presidente da gigante de software empresarial Oracle Corporation, recebeu uma compensação total estimada em $67 milhões. Apenas uma pequena fração (mero $1) dessa quantia era salário. Todo o resto se deu na forma de concessões de opções e ações. Ademais, como fundador da Oracle, Ellison possui mais de 1 *bilhão* de ações da empresa. Ninguém pode dizer ao certo o quanto Ellison teria se esforçado mais ou menos mediante um pacote de compensações diferente. Mas uma coisa é clara: ele tem um interesse pessoal imenso na empresa – e em aumentar o seu valor de mercado.

As opções em ações dão aos gestores o direito (mas não a obrigação) de comprar as ações de sua empresa a um preço de exercício fixo no futuro. Normalmente, o preço de exercício é fixado como igual ao preço das ações da empresa no dia em que são concedidas as opções. Se a empresa tem bom desempenho e o preço das ações aumenta, o gestor pode comprar ações e pagar a diferença entre o seu preço e o preço de exercício. Se o preço das ações diminui, o gestor deixa as opções como não exercidas e espera pela recuperação do preço das ações ou por uma compensação por meio de outro canal. (Se o preço das ações não se recuperar, o gestor pode ganhar um novo lote de opções ou receber um preço de exercício menor em relação às opções originais.)

A popularidade dos planos de opção em ações está em alta nos Estados Unidos, estimulada basicamente por suas regras contábeis, que permitiram às empresas conceder opções em ações sem reconhecer qualquer despesa imediata de compensação. Por conta dessas regras, as empresas podem apreciar opções no excesso do preço das ações sobre o preço de exercício na data da concessão. Por conseguinte, se o excesso for zero, as opções de ação serão também avaliadas em zero. (Mostramos como calcular o valor efetivo das opções nos Capítulos 20 e 21.) Dessa forma, as empresas podem conceder um grande número de opções sem custo registrado e sem nenhuma redução nos lucros contábeis. Naturalmente, os contadores e investidores ficaram alarmados, pois os lucros eram cada vez mais superavaliados à medida que havia um aumento das concessões de opções. Após anos de controvérsia, as regras contábeis foram alteradas em 2006. Agora se exige que as corporações norte-americanas avaliem as opções em ações de forma mais realista e deduzam esses valores como uma despesa de compensação.

As opções também contam com uma vantagem fiscal desde 1994, que não é considerada razoável e que não pode ser declarada como despesa. No entanto, não há nenhuma restrição na compensação quando ela é fornecida na forma de opções em ações.

É possível ver as vantagens de se atrelar as compensações ao preço das ações. Quando o gestor trabalha muito para maximizar o valor da empresa, está se beneficiando e beneficiando os acionistas. No entanto, a compensação por meio de opções em ações ou ações restritas também tem, pelo menos, quatro imperfeições. Primeira, os rendimentos dependem da alteração absoluta no preço das ações, não na alteração relativa ao mercado ou nos preços das ações de outras organizações do mesmo setor. Por conseguinte, elas obrigam o gestor a superar os riscos do mercado ou do setor, que estão fora do seu controle. Por isso, algumas empresas medem e recompensam o desempenho tomando por base suas parceiras de setor. A Entergy, por exemplo, que atua no fornecimento de energia elétrica, baseia parte de suas compensações de incentivo em seu próprio desempenho frente ao Índice Filadélfia das 20 maiores fornecedores da energia nos Estados Unidos.

---

[9] As principais exceções estão na China, Japão, Índia e Coreia do Sul, onde tais planos de incentivos ainda são utilizados por uma minoria de empresas de grande porte.

Eis aqui a segunda dificuldade. Como o preço das ações de uma empresa depende das expectativas dos investidores sobre os futuros ganhos, as taxas de retorno, portanto, dependem do bom desempenho obtido pela organização. Suponha que uma empresa anuncie a contratação de um novo e extraordinário gestor. O preço das ações sobe como antecipação de um desempenho melhorado. Se o desempenho do novo gestor corresponder às expectativas dos investidores, as ações se beneficiam apenas do retorno normal. Nesse caso, um esquema de incentivos baseado no retorno das ações depois de o gestor ter sido admitido não reconheceria a contribuição especial daquele gestor.

Terceira dificuldade: os planos de incentivos podem tentar os gestores a reter más notícias ou manipular os resultados para inflar os preços das ações. Eles podem também ser tentados a adiar projetos de investimento interessantes se estes diminuírem os lucros no curto prazo. Retomaremos esse ponto no final do capítulo.

A quarta dificuldade é que opções de ações podem encorajar os gestores a assumirem riscos excessivos. Quando, por exemplo, os preços das ações caem acentuadamente, como ocorreu na crise de 2007-2009, as opções acionárias existentes podem ficar bem "debaixo d'água" e perder praticamente todo o seu valor. Os gestores que possuem essas opções podem, então, se ver tentados a "apostarem numa redenção".

Monitoramento do pagamento por desempenho

Um sistema ideal de compensação da cúpula administrativa deve ser (1) razoável, e não excessivo, e (2) vinculado ao desempenho. Como já explicamos, cumprir essas duas metas não é fácil.

Para as empresas norte-americanas de capital aberto, a compensação é responsabilidade do *comitê de compensação* do conselho de administração. A Comissão de Valores Mobiliários dos Estados Unidos (Securities and Exchange Comission – SEC) e a NYSE exigem que todos os conselheiros em comitês de compensação sejam independentes, isto é, nem gestores, nem funcionários e não vinculados à empresa via algum outro relacionamento – por exemplo, por contrato lucrativo de consultoria – que possa prejudicar sua independência. O comitê tipicamente contrata consultores externos para prestar conselhos sobre tendências de compensação e sobre níveis de compensação apresentados por empresas do mesmo ramo.

É fácil perceber porque as compensações tendem a aumentar pouco a pouco. O problema é que o conselho não deseja aprovar compensações abaixo da média. Mas se cada empresa quiser ficar acima da média, então a média vai acabar subindo.[10]

Depois do pacote de compensação ser aprovado pelo comitê, ele é descrito em uma Discussão e Análise de Compensações (Compensation Discussion and Analysis – CD&A), que é enviada aos acionistas juntamente com nomeações de conselheiros e com o relatório 10-K da empresa (O 10-K é o relatório anual preparado para a SEC.). Em janeiro de 2011, a SEC concedeu aos acionistas um voto não vinculante de aprovação ou desaprovação da CD&A pelo menos uma vez a cada três anos.[11] O ocasional voto de desaprovação quanto à compensação dos gestores é uma chamada de atenção para os gestores e conselheiros. Quando, por exemplo, os acionistas do Charles River Laboratories votaram não em 2013, a empresa fez diversas alterações em seu pacote de compensações antes de buscar (e obter) aprovação dos acionistas em 2014.

Ainda assim, essas salvaguardas não satisfazem a todos. Como Dr. Seuss previu, agora temos monitoradores de monitoradores de pagamento, tal como a empresa de consultoria ISS. Ela revisa CD&As de milhares de empresas, investigando acima de tudo os padrões de pagamento por desempenho. Os clientes da ISS são principalmente investidores institucionais, que buscam aconselhamento sobre como votar (Um fundo mútuo ou fundo de pensão pode deter ações de centenas de empresas. Seus gestores podem decidir terceirizar a análise dos CD&As para uma empresa especializada como a ISS.).

---

[10] Bizjak, Lemmon e Naveen descobriram que a maioria das empresas estabelece os níveis de pagamento acima ou junto à mediana do setor, e algumas empresas vão bem mais longe. A Coca-Cola e a IBM, por exemplo, consistentemente estabelecem níveis no quartil superior de suas concorrentes. Veja J. M. Bizjak, M. L. Lemmon, and L. Naveen, "Have the Use of Peer Groups Contributed to Higher Pay and Less Efficient Compensation?" *Journal of Financial Economics* 90 (November 2008), pp. 152-168.

[11] Outros países que concedem votos não vinculantes a acionistas no estabelecimento de compensações incluem Austrália, Suécia e o Reino Unido. Já na Holanda, os acionistas têm um voto vinculante.

12.2 Medição e recompensa do desempenho: lucro residual e EVA

Quase todos os executivos seniores de empresas com ações cotadas na bolsa se beneficiam de esquemas de incentivos que dependem, em parte, do desempenho do preço das ações. Mas os seus incentivos também incluem um bônus que depende do aumento nos lucros ou de outros indicadores contábeis de desempenho. Para os gestores de nível inferior, os pacotes de compensação dependem, geralmente, mais de indicadores contábeis e menos dos retornos das ações.

Os indicadores contábeis de desempenho têm duas vantagens:

1. Baseiam-se no desempenho absoluto, em vez de se basearem no desempenho relativo às expectativas dos investidores.
2. Possibilitam a medição do desempenho dos gestores juniores, que são responsáveis por uma única divisão ou por uma unidade.

O relacionamento dos incentivos com os lucros contábeis também cria alguns problemas óbvios. Gestores cujo pagamento ou promoção depende de lucros a curto prazo, por exemplo, podem economizar em treinamento, publicidade ou P&D. Essa não é uma receita para adicionar valor, já que esses desembolsos representam investimentos que trarão retornos anos mais tarde. Contudo, os retornos são tratados como despesas correntes e deduzidos do lucro corrente. Por isso, um gestor ambicioso pode ficar tentado a cortar gastos, aumentando assim o lucro corrente, mas deixando problemas a longo prazo para seu sucessor.

Além disso, os lucros contábeis e as taxas de retorno podem ser indicadores muito distorcidos do retorno real. Por ora, ignoraremos esse problema, mas voltaremos a ele na próxima seção.

Por fim, o crescimento dos lucros não significa, necessariamente, uma vantagem para os acionistas. Qualquer investimento com uma taxa de retorno positiva (1% ou 2% já são suficientes) provavelmente aumentará os lucros. Portanto, se for dito aos gerentes para maximizarem o crescimento dos lucros, eles, obedientemente, investirão em projetos com 1% ou 2% de taxa de retorno – projetos que destroem valor. Mas os acionistas não querem o crescimento dos lucros só pelo crescimento, e não ficam contentes com retornos de apenas 1% ou 2%. Querem investimentos com VPLs positivos, e *somente* investimentos desse tipo. Querem que a empresa invista apenas se a taxa de retorno esperada for superior ao custo de capital.

Veja o Quadro 12.1, que apresenta o demonstrativo de resultados simplificado e o balanço da fábrica de máquinas de movimento contínuo, em Quayle City. Há duas maneiras de justificar se os retornos da fábrica são maiores do que o custo do capital.

Retorno líquido do investimento O retorno contábil do investimento (ROI) é apenas o índice do lucro operacional após os impostos em relação ao valor contábil líquido (depreciado) dos ativos.[12] No Capítulo 5, rejeitamos o ROI como um critério de investimento de capital e, de fato, poucas empresas o utilizam com esse propósito. Entretanto, os gestores estimam com frequência o desempenho de uma divisão ou de uma unidade comparando o ROI com o custo do capital.

Considere a necessidade de calcular o desempenho da fábrica de Quayle City. Como você pode perceber no Quadro 12.1, a empresa tem $1 bilhão investido na fábrica, que está gerando um rendimento de $130 milhões. A fábrica, portanto, está obtendo um ROI de 130/1.000 = 0,13 ou 13%.[13] Se o custo de capital for (digamos) 10%, então a atividade da fábrica está agregando valor aos acionistas. O retorno líquido é 13 − 10 = 3%. Se o custo de capital for (digamos) de 20%,

---

[12] Observe que o investimento inclui o capital de giro líquido (ativo circulante menos o passivo circulante) exigido para operar a unidade. O investimento mostrado é também chamado ativo líquido ou o capital líquido investido na unidade. Dizemos "ROI", mas você também ouvirá "retorno do capital" (ROC). O "retorno dos ativos (ROA) por vezes refere-se ao retorno dos ativos totais, em que o ativo circulante é incluído, mas o passivo circulante não é subtraído. É prudente verificar as definições quando revisar os ROIs, ROCs ou ROAs. No Capítulo 28, examinamos mais de perto como esses parâmetros são calculados.

[13] Observe que os lucros são calculados após os impostos, mas sem terem sido pagas as deduções pelos juros. A fábrica é avaliada como se tivesse sido totalmente financiada por capitais próprios. Essa é a prática normal (veja o Capítulo 6). É bom separarmos as decisões de investimento e de financiamento. Os benefícios fiscais do financiamento da dívida mantida pela fábrica não estão nos lucros da fábrica ou nos fluxos de caixa, mas sim na taxa de desconto. O custo do capital é o custo médio ponderado do capital depois dos impostos, ou CMPC. O CMPC foi apresentado brevemente no Capítulo 9 e será, posteriormente, explicado nos Capítulos 17 e 19.

QUADRO 12.1 Demonstrativos de resultados e dos ativos simplificados para a fábrica de máquinas de movimento contínuo de Quayle City (números em milhões).

Resultados		Ativos	
Vendas	$550	Capital de giro líquido†	$80
Custo das mercadorias vendidas*	275	Investimento em terrenos, fábrica e equipamentos	1.170
Despesas de vendas, gerais e administrativas	75	*Menos* depreciações acumuladas	360
	200	Investimento líquido	810
Impostos a 35%	70	Outros ativos	110
Lucro líquido	$130	Total dos ativos	$1.000

* Inclui despesas de depreciação.
† Ativo circulante menos passivo circulante.

então seria melhor para os acionistas investirem $1 bilhão em outro lugar qualquer. Nesse caso, o retorno líquido é negativo, 13 − 20 = −7%.

Lucro residual ou Valor Econômico Adicionado (Economic Value Added − EVA®)[14]

O segundo método calcula o retorno por dólar líquido para os acionistas. Pergunta: quais são os lucros após a dedução da carga do custo do capital?

Quando as empresas calculam o retorno, começam com as receitas e, depois, deduzem os custos, como os salários, as matérias-primas, as despesas gerais e os impostos. Mas há um custo que geralmente elas não deduzem: o do capital. Elas permitem a depreciação, mas os investidores não ficam contentes com um retorno dos seus investimentos; eles também exigem um retorno *sobre* aquele investimento. Como mencionamos no Capítulo 10, um negócio que tem o ponto de equilíbrio nos lucros contábeis está, realmente, perdendo dinheiro, uma vez que não cobre o custo do capital.

Para determinar a contribuição líquida para o valor, temos que deduzir o custo do capital da empresa e dos seus investidores, custo esse que contribuiu para a fábrica. Suponha, novamente, que o custo de capital seja de 10%. Então, o custo em dólares do capital para a fábrica de Quayle City é de 0,10 × $1.000 = $100 milhões. O ganho líquido é, portanto, $130 − 100 = $30 milhões. Esse é o resultado agregado aos acionistas pelo trabalho árduo do gestor (ou por sua boa sorte).

O lucro líquido, após a dedução do retorno exigido pelos investidores, é designado como *lucro residual* ou *valor econômico adicionado* (*EVA*). A fórmula é:

$$\text{EVA} = \text{lucro residual} = \text{lucro ganho} - \text{lucro exigido}$$
$$= \text{lucro ganho} - \text{custo do capital} \times \text{investimento}$$

Para o nosso exemplo, o cálculo é:

$$\text{EVA} = \text{lucro residual} = 130 - (0{,}10 \times 1.000) = +\$30 \text{ milhões}$$

Mas se o custo do capital foi de 20%, o EVA seria negativo em $70 milhões.

O retorno líquido do investimento e o EVA concentram-se na mesma questão. Quando o retorno do investimento é igual ao custo do capital, o retorno líquido e o EVA são ambos iguais a zero. Mas o retorno líquido é uma porcentagem e a escala de produção da empresa é ignorada. O EVA reconhece o montante de capital empregado e o montante de dólares de riqueza adicional criada.

O termo EVA foi popularizado pela empresa de consultoria Stern Stewart, mas o conceito do lucro residual já é conhecido há algum tempo,[15] e muitas empresas que não são clientes da Stern Stewart o utilizam como indicador para recompensar o desempenho dos gestores.

---

[14] EVA é o termo usado pela empresa de consultoria Stern-Stewart, que tem contribuído bastante para a divulgação e implementação desse indicador do lucro residual. Com a autorização da Stern-Stewart, omitimos o símbolo de direito autoral do nome.

[15] O EVA é, conceitualmente, idêntico ao indicador do lucro residual há muito defendido por alguns estudiosos de contabilidade. Veja, por exemplo, R. Anthony, "Accounting for the Cost of Equity", *Harvard Business Review* 51 (1973), pp. 88-102; e "Equity Interest − Its Time Has Come", *Journal of Accountancy* 154 (1982), pp. 76-93.

Outras empresas de consultoria têm suas próprias versões do lucro residual. A McKinsey & Company utiliza o *lucro econômico* (ou *economic profit* – EP), que é definido como o capital investido multiplicado pela diferença entre o retorno contábil do investimento (ROI) e o custo do capital. Esse é outro método para medir o lucro residual. Para a fábrica de Quayle City, com um custo de capital de 10%, o lucro econômico é o mesmo que o EVA:

$$\text{Lucro econômico} = (\text{ROI} - r) \times \text{capital investido}$$
$$= (0{,}13 - 0{,}10) \times 1.000 = \$30 \text{ milhões}$$

No Capítulo 28, examinaremos os cálculos dos EVAs para algumas organizações famosas. Todavia, as contribuições mais valiosas do EVA se dão no interior delas, visto que ele estimula os gestores e os funcionários a focarem no aumento do valor, não apenas no aumento dos lucros.

Prós e contras do EVA

Vamos começar com os pontos fortes. O EVA, o lucro econômico e os outros indicadores do lucro residual são nitidamente melhores do que o lucro e o crescimento do lucro como indicadores do desempenho. Uma fábrica com uma elevada geração de EVA deve criar recompensas para os seus gestores e valor para os acionistas. O EVA também indica quais áreas do negócio têm problemas de desempenho. Se uma divisão não consegue obter um EVA positivo, é provável que os seus gestores tenham que enfrentar a possibilidade de lhes perguntarem se os ativos da divisão não estariam mais bem empregados em outro local.

O EVA envia uma mensagem aos gestores: invistam se, e apenas se, o aumento dos lucros for suficiente para cobrir o custo do capital. Essa mensagem não é esquecida facilmente. Além disso, o EVA pode ser utilizado até nos níveis inferiores da organização como um sistema de incentivos. É um substituto para o monitoramento explícito realizado pelos gestores seniores. Em vez de *informar* aos gestores das unidades e das divisões para não desperdiçarem capital e, depois, tentar descobrir se eles estão cumprindo, o EVA os recompensa pelas suas decisões de investimento cuidadosas. Evidentemente, se relacionarmos os incentivos dos gestores juniores com o valor econômico adicionado, também teremos que dar a eles poder sobre as decisões que afetam o EVA. A utilização do EVA, portanto, acarreta delegação de poderes na tomada de decisões.

O EVA torna o custo do capital *visível* para os gestores operacionais, e o gestor de uma unidade pode melhorar o EVA (a) aumentando os lucros ou (b) *reduzindo* o capital utilizado. Os ativos subutilizados, portanto, tendem a ser eliminados ou vendidos.

A introdução de indicadores do lucro residual muitas vezes leva a reduções surpreendentes dos ativos utilizados – não com uma ou duas grandes decisões de desinvestimento, mas por meio de muitas pequenas decisões. Ehrbar cita um operador de máquinas de costura da Herman Miller Corporation:

> [O EVA] nos faz perceber que até os ativos têm um custo [...] costumávamos ter essas pilhas de tecido aqui nas mesas para o fato de precisarmos de tecido [...] De qualquer maneira, utilizaríamos o tecido; portanto, quem se importaria se estávamos comprando e estocando mais? Agora, ninguém tem tecido em excesso. Apenas têm o necessário para o trabalho do dia. Isso alterou a maneira como nos relacionamos com os fornecedores, e passamos a conseguir que eles fizessem mais entregas.[16]

Se quisermos relacionar a remuneração de um gestor com o retorno do seu negócio, é claramente preferível utilizarmos o EVA ao rendimento contábil, que não considera o custo do capital empregado. Mas quais são as limitações do EVA? Aqui voltamos à mesma questão que atormenta os indicadores de desempenho pelas ações. Como podemos saber se um EVA baixo é consequência de má gestão ou de fatores que estão fora do controle do gestor? À medida que vamos descendo no organograma da organização, vamos encontrando gestores com menos independência; portanto, mais difícil será medir sua contribuição.

A segunda limitação de qualquer medida contábil de desempenho está na informação em que ela se baseia. Vamos explorar esse problema na próxima seção.

---

[16] A. Ehrbar, *EVA: The Real Key to Creating Wealth* (New York: John Wiley & Sons Inc., 1998), pp. 130-131.

12.3 Vieses dos indicadores contábeis de desempenho

Qualquer pessoa que utilize indicadores contábeis de desempenho espera que os dados contábeis estejam corretos. Infelizmente, muitas vezes não estão; eles são enviesados. A aplicação do EVA ou de qualquer outra medida contábil de desempenho requer, portanto, ajustamentos dos demonstrativos de resultados e do balanço.

Por exemplo, pense nas dificuldades de cálculo do retorno de um programa de pesquisa farmacêutica no qual, de modo geral, se espera entre dez e 12 anos desde a descoberta de um medicamento até sua aprovação e suas primeiras prescrições. Isso indica um período em que haverá perdas garantidas, mesmo se os gerentes responsáveis fizerem tudo certo. Há os mesmos problemas em empresas precursoras (*start-ups*), nas quais podem ocorrer investimentos significativos e receitas baixas, ou até negativas, durante os primeiros anos de operação. Isso não implica VPLs negativos, desde que os fluxos de caixa e os lucros sejam, mais tarde, suficientemente elevados. Mas os EVAs e os ROIs serão negativos nos primeiros anos dessas *start-ups*, mesmo que os projetos estejam bem encaminhados para obterem um VPL fortemente positivo.

O problema, nesses casos, não é o EVA nem o ROI, mas sim os dados contábeis. O programa de pesquisa farmacêutica poderá apresentar prejuízos contábeis em razão de os princípios contábeis geralmente aceitos exigirem que as despesas de um projeto de pesquisa e desenvolvimento sejam consideradas despesas correntes. Mas, do ponto de vista econômico, essas despesas são um investimento, não uma despesa. Se a proposta para um novo negócio prevê prejuízos contábeis durante um período inicial, mas, apesar disso, apresenta um VPL positivo, então os prejuízos das *start-ups* são, na realidade, um investimento – gastos de dinheiro feitos para gerar fluxos de caixa superiores quando o negócio atingir a velocidade de cruzeiro.

Exemplo: cálculo do retorno do supermercado de Nodhead

As cadeias de supermercados investem maciçamente na construção e no equipamento dos novos estabelecimentos. O gestor regional de uma cadeia de supermercados está prestes a propor um investimento de $1 milhão em um estabelecimento novo, em Nodhead. Os fluxos de caixa previstos para o projeto são:

	Anos						
	1	2	3	4	5	6	A partir do ano 6
Fluxos de caixa ($ milhares)	100	200	250	298	298	297	0

É claro que os supermercados reais duram mais de seis anos. Mas esses números são realistas, uma vez que podem ser necessários dois ou três anos para que um novo estabelecimento forme uma clientela habitual e substancial. Portanto, nos anos iniciais, os fluxos de caixa são sempre baixos, mesmo com lojas nos melhores locais.

Vamos supor que o custo de oportunidade do capital seja de 10%. O VPL do supermercado de Nodhead a 10% é zero. Trata-se de um projeto aceitável, mas não excepcionalmente bom:

$$\text{VPL} = -1.000 + \frac{100}{1,10} + \frac{200}{(1,10)^2} + \frac{250}{(1,10)^3} + \frac{298}{(1,10)^4} + \frac{298}{(1,10)^5} + \frac{297}{(1,10)^6} = 0$$

Com um VPL = 0, a taxa de retorno efetiva (interna) dessa série de fluxos de caixa também será de 10%.

O Quadro 12.2 exibe o retorno *contábil* projetado do estabelecimento, considerando uma depreciação linear durante os primeiros seis anos de atividade. O ROI contábil é inferior ao verdadeiro retorno durante os dois primeiros anos, e maior posteriormente.[17] O EVA também é negativo nos dois primeiros anos, depois fica positivo e cresce de forma estável até o ano 6. Esses são resultados típicos, pois o rendimento contábil é muito baixo quando um projeto ou negócio é novo, e muito alto na sua maturidade.

Nesse momento, o diretor regional aparece em cena para desenvolver o seguinte monólogo:

> O supermercado de Nodhead é um investimento aceitável. Mas, ao realizá-lo, não causarei boa impressão no próximo ano, ocasião da avaliação de meu desempenho. E se também expandir com novos supermercados em Russet, Gravenstein e Sheepnose? Os perfis dos fluxos de caixa são quase idênticos. Poderia, de fato, parecer que perderia dinheiro no próximo ano. Os supermercados que tenho não gerarão lucros suficientes para cobrir os prejuízos iniciais de quatro novos estabelecimentos.
>
> Obviamente, todo mundo sabe que os supermercados novos perdem dinheiro no início. Os prejuízos aparecem no orçamento. O meu chefe compreenderia – penso eu. Mas e o chefe dela? E se a diretoria começar a fazer perguntas específicas sobre o retorno da minha área? Estou sob grande pressão para gerar lucros maiores. Pamela Quince, a diretora da zona norte, ganhou um bônus por conseguir um EVA positivo. Ela não gastou muito dinheiro na expansão.

O diretor regional está recebendo informações contraditórias. Por um lado, ele é solicitado a encontrar e propor bons projetos de investimento. A palavra "*bons*" é definida pelos fluxos de caixa descontados. Por outro lado, também é pressionado a visar a lucros contábeis altos. Mas os dois objetivos entram em conflito, porque os lucros contábeis não representam os lucros verdadeiros. Quanto maior for a pressão para obter lucros contábeis imediatos, mais o diretor regional se sentirá tentado a esquecer os bons investimentos ou a favorecer projetos que tenham um período de recuperação curto em detrimento de projetos com uma vida mais longa, mesmo que os últimos tenham VPL mais elevado.

Mensuração do retorno econômico

Pensemos, por um momento, na maneira como o retorno deveria, em princípio, ser quantificado. É fácil calcular a verdadeira taxa de retorno, ou econômica, para uma ação que é continuamente

QUADRO 12.2 Lucro contábil projetado, Retorno do Investimento (ROI) e EVA previstos para a proposta do supermercado de Nodhead. O ROI contábil e o EVA são subestimados para os primeiros dois anos, e superestimados nos anos subsequentes

	Ano					
	1	2	3	4	5	6
Fluxo de caixa	100	200	250	298	298	297
Valor contábil no início do ano	1.000	834	667	500	333	167
Valor contábil no final do ano	834	667	500	333	167	0
Depreciação contábil	167	167	167	167	167	167
Lucro contábil	−67	33	83	131	131	130
ROI contábil	−0,067	0,040	0,125	0,263	0,394	0,782
EVA	−167	−50	17	81	98	114

Obs: Há alguns erros de arredondamento insignificantes em alguns dados anuais.

---

[17] Os erros do ROI acabam sempre sendo revelados. Se a empresa escolher um plano de depreciação que exagere o retorno do projeto em alguns anos, também deverá subestimá-lo nos outros anos. De fato, pode-se imaginar a TIR de um projeto como uma espécie de média dos retornos contábeis. Não é uma simples média. As ponderações são os valores contábeis do projeto descontados com base na TIR. Veja J. A. Kay, "Accountants, Too, Could Be Happy in a Golden Age: The Accountant's Rate of Profit and the Internal Rate of Return", *Oxford Economic Papers* 28 (1976), pp. 447-460.

transacionada. É necessário registrar, apenas, os recebimentos (dividendos) para esse ano, somar a alteração do preço durante o ano e dividir pelo preço inicial:

$$\text{Taxa de retorno} = \frac{\text{recebimentos} + \text{alteração do preço}}{\text{preço inicial}}$$

$$= \frac{C_1 + (P_1 - P_0)}{P_0}$$

O numerador da expressão da taxa de retorno (fluxo de caixa mais a variação do valor) é designado por **lucro econômico**:

$$\text{Lucro econômico} = \text{fluxo de caixa} + \text{variação do valor}$$

Qualquer redução do valor presente representa uma **depreciação econômica**; qualquer aumento do valor presente representa uma depreciação econômica *negativa*. Portanto:

$$\text{Lucro econômico} = \text{fluxo de caixa} - \text{depreciação econômica}$$

O conceito é válido para qualquer ativo. A taxa de retorno é igual ao fluxo de caixa somado à alteração do valor inicial, divididos pelo valor inicial:

$$\text{Taxa de retorno} = \frac{C_1 + (PV_1 - PV_0)}{PV_0}$$

onde VP_0 e VP_1 representam os valores presentes do negócio no final dos anos 0 e 1.

A única dificuldade para quantificar o lucro econômico é calcular o valor presente. Podemos observar o valor de mercado se o ativo for ativamente negociado, mas poucas unidades, divisões ou projetos de investimento têm ações comercializadas no mercado de ações. Podemos observar o valor presente de mercado de todos os ativos da empresa, mas não o de cada um, individualmente.

Os contadores raramente tentam calcular o valor presente. Em vez disso, oferecem-nos o valor contábil (VC) líquido, que é o custo inicial menos as depreciações, calculadas de acordo com critérios arbitrários. Se a depreciação contábil e a depreciação econômica forem diferentes (raramente são idênticas), então os lucros contábeis não quantificarão os lucros verdadeiros. (Com efeito, não está claro se os contadores deveriam ao menos *tentar* calcular o retorno verdadeiro. Não o conseguiriam sem depender, fundamentalmente, de estimativas subjetivas sobre o valor. Talvez devessem se limitar a fornecer informações objetivas e deixar as estimativas do valor para os gestores e os investidores).

QUADRO 12.3 Lucro econômico, taxa de retorno e EVA previstos para a proposta do supermercado de Nodhead. O lucro econômico é igual ao fluxo de caixa menos a depreciação econômica. A taxa de retorno é igual ao lucro econômico dividido pelo valor no início do ano. O EVA é igual ao retorno menos o custo de capital multiplicado pelo valor no início do ano

	Ano					
	1	2	3	4	5	6
Fluxo de caixa	100	200	250	298	298	297
VP no início do ano	1.000	1.000	900	740	516	270
VP no final do ano	1.000	900	740	516	270	0
Depreciação econômica	0	100	160	224	246	270
Lucro econômico	100	100	90	74	52	27
Taxa de retorno	0,10	0,10	0,10	0,10	0,10	0,10
EVA	0,00	0,00	0,00	0,00	0,00	0,00

Obs: Há alguns erros de arredondamento insignificantes em alguns dados anuais.

Não é difícil *prever* o lucro econômico e a taxa de retorno para o supermercado de Nodhead. O Quadro 12.3 mostra os cálculos. Com base nas previsões dos fluxos de caixa, podemos prever o valor presente no início dos períodos 1 a 6. O fluxo de caixa menos a depreciação econômica é igual ao lucro econômico. A taxa de retorno é igual ao lucro econômico dividido pelo valor inicial do período 1.

É claro que essas são apenas previsões. Os fluxos de caixa e os valores reais futuros serão maiores ou menores. O Quadro 12.3 mostra que os investidores *esperam* ganhar 10% em cada um dos seis anos de duração da loja. Em outras palavras, ao possuírem esse ativo, os investidores esperam ganhar o custo de oportunidade do capital em cada ano.

Observe que o EVA calculado utilizando o valor presente e o lucro econômico é zero em cada ano da vida do projeto Nodhead. Para o ano 2, por exemplo:

$$EVA = 100 - (0,10 \times 1.000) = 0$$

O EVA *deve* ser 0, pois a verdadeira taxa de retorno do projeto é apenas igual ao custo de capital. O EVA dará sempre o sinal certo se o rendimento contábil for igual ao lucro econômico e se os valores dos ativos forem quantificados corretamente.

Os vieses desaparecem a longo prazo?

Até se as previsões para o supermercado de Nodhead comprovarem ser corretas, o ROI e o EVA apresentarão distorções. Talvez esse não seja um problema grave se os erros desaparecem a longo prazo, depois de a região atingir a estabilidade com a mistura de lojas novas e antigas.

O que acontece é que os erros não desaparecem na condição de estabilidade. O Quadro 12.4 mostra, em estabilidade, um ROI e um EVA para a cadeia de supermercados se ela abrir uma loja por ano. Para simplificarmos, partimos do princípio de que a empresa estava iniciando a atividade e que os fluxos de caixa de cada uma das lojas são, precisamente, iguais aos da loja de Nodhead. A taxa de retorno efetiva de cada loja é, portanto, 10%, e o EVA efetivo é 0. Mas conforme demonstrado pelo Quadro 12.4, em estabilidade, o ROI e o EVA estimado *exageram* o retorno real.

Mesmo a longo prazo, portanto, continuamos com um problema. A extensão do erro depende da velocidade do crescimento do negócio. Consideramos apenas um quadro de estabilidade com uma taxa de crescimento igual a zero. Pense em outra empresa, com uma taxa estável de crescimento de 5%. Essa empresa investiria $1 mil no primeiro ano, $1.050 no segundo, $1.102,50 no terceiro etc. Não há dúvida de que o crescimento mais rápido significa mais projetos novos do que antigos. Quanto maior for o peso atribuído aos projetos novos, com um ROI baixo e EVAs aparentemente negativos, mais baixo será o retorno aparente do negócio.[18]

O que pode ser feito quanto aos vieses dos indicadores de retorno contábil?

Os perigos de julgar o retorno pelos indicadores contábeis são óbvios com base nesses exemplos. Mais vale prevenir do que remediar. Entretanto, podemos fazer mais do que apenas "prevenir".

É comum que as empresas estabeleçam padrões de retorno para as unidades ou para as divisões. O ideal seria que esses padrões consistissem no custo de oportunidade do capital para os investimentos nas unidades ou nas divisões. Esse é o objetivo do EVA: comparar os lucros efetivos com o custo de capital. Mas se o desempenho for quantificado pelo retorno do investimento ou pelo EVA, então essas quantificações têm de levar em conta os vieses contábeis. O ideal seria o gestor financeiro identificar e eliminar os vieses contábeis antes de calcular o EVA ou o ROI líquido.

Os gestores e consultores que implementam esses indicadores trabalham com afinco para aproximar os dados contábeis aos dados econômicos. Por exemplo, eles podem registrar uma iniciativa de pesquisa e o desenvolvimento como um investimento em vez de uma despesa e elaborar balanços alternativos que mostrem essas pesquisas como um ativo.

---

[18] Poderíamos repetir a análise em estabilidade do Quadro 12.4 para diferentes taxas de crescimento. O resultado é que o retorno contábil superestimará o retorno econômico se a taxa de crescimento for menor do que a taxa interna do retorno e o subestimará se a taxa de crescimento for maior do que a taxa interna do retorno. Desaparecem os vieses se a taxa de crescimento e a taxa interna do retorno forem exatamente iguais.

QUADRO 12.4 O ROI contábil para um grupo de lojas semelhantes ao supermercado de Nodhead. O ROI contábil, em um quadro de estabilidade, exagera a *taxa de retorno* econômico de 10%. O EVA, em um quadro de estabilidade, também tem um viés para cima

	Ano					
	1	2	3	4	5	6
Lucro contábil para a loja[a]						
1	−67	33	83	131	131	141
2		−67	33	83	131	131
3			−67	33	83	131
4				−67	33	83
5					−67	33
6						−67
Lucro contábil total	−67	−33	50	181	312	443
Valor contábil para a loja						
1	1.000	834	667	500	333	167
2		1.000	834	667	500	333
3			1.000	834	667	500
4				1.000	834	667
5					1.000	834
6						1.000
Valor contábil total	1.000	1.834	2.501	3.001	3.334	3.501
ROI contábil para todas as lojas	−0,067	−0,018	0,020	0,060	0,094	0,126[b]
EVA	−166,73	−216,79	−200,19	−118,91	−20,96	92,66[c]
						Estado estável

Obs: Há alguns erros de arredondamento insignificantes em alguns dados anuais.
[a] Lucro contábil = fluxo de caixa = depreciação contábil.
[b] ROI contábil em um quadro de estabilidade.
[c] EVA em um quadro de estabilidade.

No entanto, as distorções contábeis são particularmente difíceis de serem erradicadas. Assim, muitas empresas acabam não perguntando: "Será que a divisão de produtos supérfluos ganhou mais do que o seu custo de capital no ano passado?", mas sim: "Será que o ROI desse setor foi típico de uma empresa bem-sucedida nessa área?". Os pressupostos subjacentes são (1) procedimentos contábeis semelhantes aos adotados por outros fabricantes de produtos desse tipo e (2) empresas bem-sucedidas, que fabricam esses produtos, ganham o seu custo de capital.

Há algumas alterações contábeis simples que poderiam reduzir as distorções dos indicadores de desempenho. Lembre-se de que todos os vieses são causados pelo fato de *não* se usar a depreciação econômica. Sendo assim, por que não passarmos a utilizar a depreciação econômica? A razão principal é que o valor presente de cada ativo teria de ser estimado novamente todos os anos. Imagine a confusão que isso causaria se alguma vez fosse colocado em prática. Agora se torna compreensível a razão pela qual os contadores estabelecem um plano de depreciações sempre que é feito um investimento, e o mantêm constantemente.

Mas qual o motivo de restringir a escolha do plano de depreciações aos métodos antigos e já conhecidos, como o das depreciações lineares? Por que não especificar um plano de depreciação que pelo menos considere a depreciação econômica *esperada*? Por exemplo, o supermercado de Nodhead poderia ter sido depreciado de acordo com o plano de depreciação econômica esperada, mostrado no Quadro 12.3. Isso evitaria distorções sistemáticas, além de não violar nenhuma lei nem padrão contábil. Parece uma medida tão simples e eficaz que não conseguimos explicar por que as empresas não a adotam.[19]

Lucros e metas de lucros

Os vieses que acabamos de descrever não derivam de uma contabilidade criativa. Eles se baseiam nos princípios contábeis de aceitação geral. Obviamente, devemos nos preocupar também com a contabilidade criativa. Já mencionamos como as opções em ações têm tentado os gestores a ajustar suas opções contábeis para manipular os ganhos e fazer subir, artificialmente, os preços das ações.

Mas talvez haja um problema ainda maior. Os CEOs de empresas de capital aberto passam por uma supervisão constante, e uma grande parcela desse procedimento foca nos lucros. Os analistas financeiros fazem previsões dos lucros por ação (LPA), e os investidores, analistas financeiros e gestores de carteiras esperam para ver se a companhia consegue atingir ou superar as previsões. O *não* cumprimento das previsões pode ser uma grande decepção.

O monitoramento feito por analistas financeiros e gestores de carteiras pode ajudar a limitar os problemas de agência. No entanto, os presidentes reclamam sobre a "tirania dos LPAs" e a aparente visão de curto alcance do mercado de ações. (Os britânicos chamam esse fenômeno de *reducionismo ao curto prazo*.) É evidente que o mercado de ações não tem, sistematicamente, uma visão de curto prazo. Se a tivesse, as empresas de crescimento não venderiam aos altos índices de preço-lucro observados na prática.[20] No entanto, a pressão sobre esses CEOs para gerarem um crescimento estável e previsível dos lucros é real.

Eles reclamam dessa pressão, mas fazem algo com relação a ela? Infelizmente, a resposta aparente é "sim", de acordo com Graham, Harvey e Rajgopal, que entrevistaram cerca de 400 gestores seniores.[21] Muitos dos entrevistados disseram que os lucros contábeis eram o único e mais importante número reportado aos investidores. A maioria deles admitiu que ajustava as operações e os investimentos de sua empresa para gerir os lucros. Por exemplo, 80% dos gestores desejavam diminuir as despesas discricionárias em P&D, propaganda ou manutenção, se necessário, para cumprir as metas de lucro. Muitos deles também estavam preparados para adiar ou rejeitar projetos de investimento com VPL positivo. Havia muitas evidências de que as organizações efetivamente geriam seus lucros. Por exemplo, Degeorge, Patel e Zeckhauser estudaram uma amostra muito grande de anúncios de ganhos.[22] Com extrema regularidade, os lucros por ação atendiam ou superavam as previsões dos analistas, mas em somente alguns centavos. Os diretores financeiros supostamente reportam de maneira conservadora em épocas boas, edificando uma pilha de lucros que poderiam ser reportadas posteriormente. A regra, assim parece, é "*Certifique-se de que são reportados resultados suficientemente bons para manter os analistas felizes e, se possível, retenha algo de reserva para os meses turbulentos*".[23]

Quanto valor foi perdido por causa desses ajustes? Para uma empresa rentável, saudável, gastar um pouco mais em anúncios publicitários ou adiar a partida de um projeto por alguns meses

---

[19] Esse procedimento foi sugerido por diversos autores, como Zvi Bodie em "Compound Interest Depreciation in Capital Investment," *Harvard Business Review* 60 (May-June 1982), pp. 58-60.

[20] Lembre do Capítulo 4 que o índice preço-lucro é igual a $1/r_{CP}$, onde r_{CP} é o custo dos capitais próprios, a menos que a empresa tenha oportunidades de crescimento valiosas (VPOCs). Quanto mais alto é o VPOC, menor é o índice lucro-preço, e mais elevado o índice preço-lucro. Assim, os altos índices preço-lucro observados para empresas de crescimento (muito superiores aos das estimativas plausíveis de $1/r_{CP}$) implicam que os investidores preveem grandes VPOCs. Todavia, esse indicador dependerá de investimentos feitos em muitos anos posteriores no futuro. Se os investidores percebem VPOCs significativos, eles não podem ser sistematicamente míopes.

[21] J. R. Graham, C. R. Harvey and S. Rajgopal, "The Economic Implications of Corporate Financial Reporting", *Journal of Accounting and Economics* 40 (2005), pp. 3-73.

[22] F. Degeorge, J. Patel and R. Zeckhauser, "Earnings Management to Exceed Thresholds", *The Journal of Business* 72 (January 1999), pp. 1-33.

[23] Às vezes, em vez de ajustarem suas operações, as empresas atingem suas metas de lucros flexibilizando suas regras contábeis. Por exemplo, em agosto de 2009 a GE recebeu uma multa de $50 mil por manipular dados contábeis em anos anteriores. A Comissão de Valores Mobiliários dos Estados Unidos (SEC) informou que a GE havia cumprido ou excedido as metas de lucros dos analistas em todos os trimestres de 1995 a 2004, mas seus principais contadores validaram decisões inapropriadas para maquiar seus números e evitar o não cumprimento das expectativas de lucros dos analistas.

talvez não provoque danos significativos. Mas não podemos endossar qualquer sacrifício do valor fundamental aos acionistas feito somente no intuito de gerir os lucros.

Podemos condenar essa gestão dos lucros, mas, na prática, é difícil para os presidentes de empresas e seus diretores financeiros se diferenciarem da multidão. Graham e seus coautores explicam isso da seguinte forma:[24]

> A crença comum é a de que uma organização estável e bem-administrada deve ser capaz de "gerar os números"... mesmo em um ano em que houve queda em seu desempenho. Como a expectativa do mercado é que as empresas sejam capazes de atingir ou exceder ligeiramente as metas de lucros, e organizações médias fazem isso, podem surgir problemas quando uma empresa não consegue tal resultado. (...) o mercado pode assumir que essa falta de cumprimento [revela] problemas potencialmente graves (pois a empresa está aparentemente tão próxima do limite que não consegue gerar os dólares para atingir os lucros...). Conforme colocado por um presidente de empresa: "se você vê uma barata, supõe imediatamente que há centenas delas espalhadas por trás das paredes".

Assim, temos uma teoria das baratas explicando por que os preços das ações, por vezes, caem acentuadamente quando uma empresa deixa de atingir suas metas de lucros, mesmo se essa deficiência for de apenas uma quantia irrisória.

Certamente, as empresas privadas não têm de se preocupar com a gestão dos lucros – o que poderia explicar o número crescente de organizações que têm sido adquiridas e retornaram à propriedade privada. (Discutiremos esse ponto nos Capítulos 32 e 33.) As organizações em alguns países, em que os relatórios trimestrais de lucros não são requeridos e a governança é muito mais flexível, podem considerar que é fácil investir no longo prazo. Mas elas também acumularão mais problemas de agência. Queríamos que houvesse respostas simples a esses dilemas.

---
[24] Graham, Harvey and Rajgopal, *op. cit.*, p. 29, com permissão da Elsevier.

RESUMO

As decisões de investimento de capital devem ser amplamente descentralizadas. Consequentemente, os problemas de agência são inevitáveis. Os gestores de unidades industriais ou de divisão podem ser tentados, pela negligência, a evitar o risco ou a propor investimentos tipo "construção de império" ou "entrincheiramento". É óbvio que os gestores seniores estão expostos a riscos semelhantes.

Os problemas de agência são mitigados com uma combinação de monitoramento e de incentivos. Por exemplo, os acionistas delegam a tarefa de monitorar os gestores operacionais aos membros do conselho administrativo e aos contadores que auditam a contabilidade da empresa.

Para estimular os gestores a maximizar o valor dos acionistas, uma grande parte dos incentivos está, geralmente, relacionada com o desempenho da empresa. Normalmente, os incentivos são compostos por uma mistura de ações ou de opções em ações e de bônus, dependentes de indicadores do retorno contábil. Os Estados Unidos são uma exceção quanto aos altos níveis das remunerações dos altos executivos e quanto à relação entre os bônus e o desempenho da empresa.

Faz sentido, se pretendemos coincidir o interesse do gestor com os interesses dos acionistas, dar ao gestor ações ou planos de opção de ações. Mas essa solução é incompleta por pelo menos três razões. Primeira, os preços das ações dependem do desenvolvimento do setor de atividade e do mercado, não apenas do desempenho específico da organização; assim, os incentivos pela concessão de ações ou de planos de opção de ações expõe os gestores a riscos que estão fora de seu controle. Segunda, os preços atuais das ações já refletem o desempenho esperado dos gestores. Portanto, se for esperado um desempenho superior, ele não será recompensado por um retorno superior do mercado de ações. Terceira, tentar atrelar demasiadamente a remuneração dos gestores aos preços das ações impele-os a "inflar" artificialmente esses valores, por exemplo, com a manipulação dos lucros por ação reportados.

À medida que vamos descendo na hierarquia da empresa, mais tênue é a relação entre o preço das ações e as decisões e o esforço dos gestores. Portanto, uma fração mais alta do pagamento depende do resultado contábil. O aumento do resultado contábil não é a mesma coisa que o aumento do valor, pois os contadores não reconhecem o custo de capital como uma despesa. Muitas empresas, portanto, relacionam os incentivos ao retorno contábil do investimento líquido (ROI líquido) ou ao Valor Econômico Adicionado (EVA).

O ROI líquido é a diferença entre o ROI ordinário e o custo de capital. O EVA e outros indicadores de lucro residual subtraem o custo do capital empregado, o qual incentiva fortemente os gestores e os funcionários a se desfazerem de ativos desnecessários para adquirir novos somente se os lucros adicionais excederem o custo de capital.

É óbvio que qualquer indicador contábil da rentabilidade, tal como o EVA ou o retorno contábil do investimento (ROI), depende de indicadores precisos dos lucros e do capital utilizado. A menos que sejam feitos ajustamentos aos dados contábeis, esses indicadores podem subestimar o retorno verdadeiro dos ativos novos e superestimar o retorno verdadeiro dos ativos antigos.

Em princípio, a solução é fácil. O EVA e o ROI devem ser calculados recorrendo-se ao uso do resultado verdadeiro ou econômico. O lucro econômico é igual ao fluxo de caixa menos a depreciação econômica (ou seja, a diminuição do valor presente do ativo). Infelizmente, não podemos pedir aos contadores para recalcular o valor presente de cada ativo a cada vez que se tem que calcular o resultado. Entretanto, parece justo perguntar a razão pela qual não tentam, pelo menos, fazer coincidir o plano da depreciação contábil com os padrões típicos da depreciação econômica.

O problema mais premente é que os CEOs e os diretores financeiros parecem se concentrar muito nos lucros, pelo menos no curto prazo, para manter um crescimento constante e para atingir as metas de lucros. Eles administram os lucros não com procedimentos contábeis impróprios, mas sim pela adaptação de planos operacionais e de investimentos. Por exemplo, podem diferir um projeto com VPL positivo durante alguns meses para passar as despesas iniciais do projeto para o próximo ano fiscal. Não temos clareza de quanto valor é perdido por esse tipo de comportamento, mas, de qualquer forma, é lamentável a perda de qualquer valor.

LEITURAS ADICIONAIS

Há uma discussão sobre as práticas correntes nas remunerações dos gestores em:

K. J. Murphy, "Executive Compensation," in O. Ashenfelter and D. Card (eds.), *Handbook of Labor Economics* (North-Holland, 1999).

R.K. Aggarwal, "Executive Compensation and Incentives," in B. E Eckbo (ed.), *Handbook of Empirical Corporate Finance* (Amsterdam: Elsevier/North-Holland, 2007), Chapter 7.

B. J. Hall and K. J. Murphy, "The Trouble with Stock Options," *Journal of Economic Perspectives* 17 (Summer 2003), pp. 49-70.

Os estudos a seguir apontam que os incentivos para executivos têm sido excessivos, devido em parte a deficiências na governança corporativa:

L. Bebchuk and J. Fried, *Pay without Performance: The Unfulfilled Promise of Executive Compensation* (Cambridge, MA: Harvard University Press, 2005).

M. C. Jensen, K. J. Murphy, and E. G. Wruck, "Remuneration: Where We've Been, How We Got to Here, What Are the Problems, and How to Fix Them," 2004. Disponível em: **www.ssrn.com**, postado em 12 de julho de 2004.

A edição de outono de 2005 do Journal of Applied Corporate Finance *foca na remuneração de executivos e na governança corporativa.*

Os artigos a seguir merecem ser lidos pelas evidências extraídas das pesquisas em lucros e divulgação de demonstrativos financeiros de empresas:

J. R. Graham, C. R. Harvey, and S. Rajgopal, "The Economic Implications of Corporate Financial Reporting," *Journal of Accounting and Economics* 40 (2005), pp. 3-73.

Para descrições fáceis de ser entendidas do EVA, veja:

A. Ehrbar, *EVA: The Real Key to Creating Wealth* (New York: John Wiley & Sons, 1998).

J. M. Stern and J. S. Shiely, *The EVA Challenge—Implementing Value-added Change in an Organization* (New York: John Wiley & Sons, 2001).

PROBLEMAS

BÁSICO

1. **Compensação de presidentes** Verdadeiro ou falso?
    a. Os presidentes de empresas norte-americanas recebem salários muito maiores do que seus pares em outros países.
    b. Uma grande parcela dos incentivos para os presidentes de empresas norte-americanas deriva das concessões de opções em ações.
    c. As concessões de opções em ações conferem aos gestores um certo número de ações fornecidas em intervalos anuais, geralmente com mais de cinco anos.
    d. As regras contábeis dos Estados Unidos agora exigem o reconhecimento das concessões de planos de opção de ações, como uma despesa de compensação.

2. **Terminologia** Dê as definições de: (a) custos de agência no investimento de capital, (b) benefícios privados, (c) construção de impérios, (d) investimento entrincheirado, (e) monitoramento delegado.

3. **Monitoramento** O monitoramento isolado não consegue eliminar completamente os custos de agência no investimento de capital. Explique, resumidamente, por quê.

4. **EVA** Aqui estão algumas questões sobre o valor econômico adicionado, ou EVA.
    a. O EVA é expresso como uma porcentagem ou um valor em dólares?
    b. Escreva a fórmula de cálculo do EVA.
    c. Qual é a diferença, se houver, entre o EVA e o lucro residual?
    d. Qual é o objetivo do EVA? Por que as empresas o utilizam?
    e. A efetividade do EVA depende de indicadores precisos do resultado contábil e dos ativos?

5. **Medidas contábeis de desempenho** A Modern Language Corporation ganhou $1,6 milhão em ativos líquidos de $20 milhões. O custo do capital é de 11,5%. Calcule o ROI líquido e o EVA.

6. **EVA** Preencha as lacunas:

   "O lucro econômico de um projeto para um determinado ano é igual ao (a) _____ do projeto, menos a sua depreciação _____. Os novos projetos podem levar vários anos até atingir a sua rentabilidade plena. Nesses casos, os resultados contábeis são _____ do que os resultados econômicos no início da vida de um projeto e _____ do que os resultados econômicos mais tarde.

7. **Metas de lucros** Como, na prática, os gestores de empresas de capital aberto atingem as metas de lucros a curto prazo? Pela contabilidade criativa?

INTERMEDIÁRIO

8. **Incentivos** Compare as remunerações e os esquemas de incentivos típicos de (a) gestores seniores, por exemplo, o presidente do conselho administrativo ou o diretor financeiro, e (b) gestores de unidades industriais ou de divisão. Quais são as principais diferenças? Consegue explicá-las?

9. **Incentivos** Suponha que todos os gestores de unidades industriais e de divisão recebessem apenas uma remuneração fixa – sem incentivos nem bônus.
   a. Descreva os problemas de agência que surgiriam nas decisões de investimento.
   b. Como o atrelamento dos incentivos dos gestores ao EVA alivia esses problemas?

10. **Monitoramento** Quem monitora os gestores seniores das empresas de capital aberto norte-americanas? (Mencionamos diversos tipos de monitoramento neste capítulo.)

11. **Incentivos** Observamos que a compensação dos gestores deve, na prática, basear-se mais nos resultados do que no esforço. Por quê? Que problemas são introduzidos por não se recompensar o trabalho?

12. **Incentivos** Aqui estão algumas questões que relacionam as remunerações dos altos executivos com a taxa de retorno das ações ordinárias da empresa.
    a. O preço corrente das ações depende das expectativas dos investidores sobre o desempenho futuro. Que problemas são criados por isso?
    b. O retorno das ações depende de fatores fora do controle dos gestores, por exemplo, alterações das taxas de juros ou do preço das matérias-primas. Isso poderá ser um problema grave? Se o for, você consegue sugerir uma solução parcial?
    c. Os esquemas de remuneração que dependem dos retornos das ações *não* dependem de dados contábeis. Isso é vantajoso? Por quê?

13. **Incentivos** Você preside o comitê de compensação do conselho administrativo da Androscoggin Copper. Um consultor sugere dois pacotes de opções em ações para o CEO:
    a. Um plano de opção de ações convencional, cujo preço de exercício é fixado no preço atual das ações.
    b. Um plano alternativo, em que o preço do exercício depende do valor futuro de mercado de uma carteira composta de ações de *outras* mineradoras de cobre. Esse plano remunera o executivo somente se o preço das ações da organização tiver melhor desempenho do que o de seus competidores.

    O segundo plano estabelece um limite mínimo mais elevado para o CEO, de modo que o número de ações deve ser maior do que no plano convencional. Considere que o número de ações concedidas sob cada plano foi calibrado para que os valores presentes dos dois planos sejam idênticos. Em qual plano você votaria? Justifique.

14. **EVA** O Quadro 12.5 mostra um demonstrativo de resultados condensado e um balanço para a fundição Rumford, da Androscoggin Copper.
    a. Calcule o EVA da fundição. Considere que o custo do capital é de 9%.
    b. Conforme mostrado pelo Quadro 12.5, o valor contábil da fundição registrado nos livros da Androscoggin Copper é de $48,32 milhões. Todavia, ela tem um *design* moderno, e poderia ser vendida a outra empresa do setor por $95 milhões. Em que esse fato alteraria o cálculo do EVA?

QUADRO 12.5 Demonstrativos financeiros condensados para a fundição de Rumford. Veja o Problema 14 (números em $ milhões)

Demonstrativo de Resultados de 2015		Ativos, 31 de dezembro de 2015	
Receitas	$56,66	Capital de giro líquido	$7,08
Custo das matérias-primas	18,72		
Custos operacionais	21,09	Investimento na fábrica e em equipamentos	69,33
Depreciação	4,50	Menos depreciação acumulada	21,01
Resultado antes dos impostos	12,35	Valor líquido da fábrica e dos equipamentos	48,32
Impostos a 35%	4,32		
Lucro líquido	$8,03	Total dos ativos	$55,40

15. **EVA** A Herbal Resources é uma empresa pequena, mas rentável, e que fabrica suplementos dietéticos para animais de estimação. Não é um negócio de alta tecnologia, mas os seus lucros são, em média, cerca de $1,2 milhão após os impostos, devidos sobretudo à patente de uma enzima contra as alergias dos gatos. A patente tem ainda oito anos de validade, e ofereceram à Herbal 4 milhões pelos direitos.

    Os ativos da Herbal incluem $2 milhões de capital de giro e $8 milhões de uma propriedade, de uma fábrica e de equipamentos. A patente não faz parte do valor contábil da Herbal. Suponha que o custo do capital da empresa seja de 15%. Qual é o seu EVA?

16. **Medidas contábeis de desempenho** Verdadeiro ou falso? Explique resumidamente.
    a. Os indicadores contábeis do retorno são indicadores enviesados do retorno verdadeiro dos ativos individuais. Esses vieses, contudo, desaparecem quando as empresas têm um *mix* balanceado de ativos novos e antigos.
    b. Os vieses sistemáticos no retorno contábil serão evitados se as empresas utilizarem planos para as depreciações que coincidam com a depreciação econômica. Contudo, poucas (ou nenhuma) empresas praticam isso.

17. **Retorno econômico** Considere os projetos a seguir:

	Período			
	0	1	2	3
Fluxo de caixa líquido	−100	0	78,55	78,55

    A taxa interna de retorno é de 20%. O VPL, considerando um custo de oportunidade do capital de 20%, é igual a zero. Calcule o retorno *econômico* esperado e a depreciação econômica para cada ano.

18. **Medidas contábeis de desempenho** Calcule o retorno contábil e o econômico ao fim de cada ano para o investimento na produção de polizono, conforme descrito no Capítulo 11. Utilize os fluxos de caixa e as margens competitivas apresentadas no Quadro 11.2 e assuma uma depreciação linear durante dez anos.

    Qual é a taxa de retorno contábil do investimento (ROI) de uma companhia madura que produz um pesticida? Assuma que não há crescimento e *spreads* competitivos.

19. **Medidas contábeis de desempenho** O *site* loja.grupoa.com.br contém uma planilha Excel (em inglês) para calcular o retorno do projeto de Nodhead. Reconstrua o Quadro 12.4 pressupondo uma taxa de crescimento constante de 10% ao ano. A sua resposta vai ilustrar um teorema fascinante – a taxa de retorno contábil é igual à taxa de retorno econômico quando este e a taxa de crescimento constante são iguais.

20. **Medidas contábeis de desempenho** A Ohio Building Products (OBP) está cogitando lançar um novo produto que exigiria um investimento inicial em equipamento de $30.800 (nenhum investimento em capital de giro é necessário). Os lucros previstos para este produto são os seguintes:

	Ano 1	Ano 2
Receitas líquidas	$23.337	$22.152
Depreciação	13.860	16.940
Lucro antes dos impostos	9.477	5.212
Imposto a 35%	3.317	1.824
Lucro líquido	$6.160	$3.388

    Nenhum fluxo de caixa está previsto para o ano 2, e o equipamento não terá valor residual. O custo de capital é de 10%.

    a. Qual é o VPL do projeto?
    b. Calcule o EVA esperado e o retorno sobre o investimento em cada um dos anos 1 e 2.
    c. Por que o EVA diminui entre os anos 1 e 2, ao passo que o retorno sobre o investimento permanece inalterado?
    d. Calcule o valor presente do valor econômico adicionado. Como essa cifra se compara com o VPL do projeto?
    e. Qual seria o retorno sobre o investimento e o EVA se a OBP optasse por depreciar o investimento em linha reta? Você acha que isso proporcionaria um padrão melhor para mensurar o desempenho subsequente?

DESAFIO

21. **Medidas contábeis de desempenho** Considere um ativo com os seguintes fluxos de caixa:

	Ano			
	0	1	2	3
Fluxos de caixa ($ milhões)	−12	+5,20	+4,80	+4,40

    A empresa utiliza o método da depreciação linear. Assim, e para esse projeto, deprecia $4 milhões por ano, nos anos 1, 2 e 3. A taxa de desconto é de 10%.

    a. Mostre que a depreciação econômica é igual à depreciação contábil.
    b. Mostre que a taxa de retorno contábil é igual para todos os anos.
    c. Mostre que o retorno contábil do projeto é o retorno verdadeiro.

    Você acabou de ilustrar mais um teorema interessante. Se a taxa de retorno contábil for a mesma em cada ano de vida do projeto, ela é igual à TIR.

22. **Medidas contábeis de desempenho** No nosso exemplo de Nodhead, a depreciação verdadeira era desacelerada. Esse nem sempre é o caso. Por exemplo, o Quadro 12.6

mostra como variou (em média) o valor de mercado de um Boeing 737 com a sua idade[25] e o fluxo de caixa necessário em cada ano para se obter um retorno de 10%. (Por exemplo, se comprar um 737 por $19,69 milhões no início do ano 1 e o vender, um ano depois, o seu lucro total será de 17,99 + 3,67 – 19,69 = $1,97 milhão, 10% do custo de compra.)

Muitas empresas de transporte aéreo depreciam o avião em uma depreciação linear de 15 anos até um valor residual igual a 20% do custo original.

a. Calcule as depreciações econômica e contábil em cada um dos anos da duração do avião.
b. Compare as taxas de retorno verdadeira e contábil em cada um dos anos.
c. Suponha que uma empresa de transporte aéreo investiu em um determinado número fixo de Boeings 737 em cada ano. O retorno contábil em estabilidade superestimaria ou subestimaria o retorno verdadeiro?

QUADRO 12.6 Valor estimado de mercado de um Boeing 737 em janeiro de 1987 em função da idade, mais os fluxos de caixa necessários para gerar uma taxa de retorno verdadeira de 10% ($ milhões)

Início do ano	Valor de mercado	Fluxo de caixa
1	19,69	
2	17,99	$3,67
3	16,79	3,00
4	15,78	2,69
5	14,89	2,47
6	14,09	2,29
7	13,36	2,14
8	12,68	2,02
9	12,05	1,90
10	11,46	1,80
11	10,91	1,70
12	10,39	1,61
13	9,91	1,52
14	9,44	1,46
15	9,01	1,37
16	8,59	1,32

---

[25] Agradecemos a Mike Staunton por nos ter facultado essas estimativas.

PARTE IV Decisões de financiamento e eficiência do mercado

CAPÍTULO 13

Mercados eficientes e finanças comportamentais

Até agora, temos nos concentrado quase exclusivamente sobre o lado esquerdo do balanço – a decisão de investimento da empresa. Agora, vamos nos deslocar para o lado direito e para os problemas relacionados com o financiamento dos investimentos. Sejamos objetivos: você aprendeu somente a gastar dinheiro, agora saiba como obtê-lo.

Claro que não ignoramos completamente a questão do financiamento nos capítulos anteriores. Introduzimos, por exemplo, o conceito do custo médio ponderado do capital (CMPC). Mas, na maioria das vezes, examinamos questões históricas de financiamento e utilizamos estimativas do custo de oportunidade do capital para aplicar o desconto em fluxos de caixa futuros. Não chegamos a perguntar como o custo de capital pode ser afetado pelo financiamento.

Vamos agora contornar o problema. Consideraremos dados adquiridos a atual carteira de ativos reais da empresa e sua estratégia futura de investimento, e decidiremos qual a melhor estratégia de financiamento. Por exemplo:

- A empresa deverá reinvestir a maior parte dos seus lucros ou distribuí-los como dividendos?
- É melhor distribuir dinheiro aos acionistas distribuindo dividendos ou recomprando suas ações?
- Se a empresa precisar de mais dinheiro, deverá emitir mais ações ou deverá endividar-se?
- Caso se endivide, deverá se endividar a curto ou a longo prazo?
- Se endividar-se, deverá fazê-lo emitindo obrigações normais de longo prazo ou obrigações conversíveis (obrigações que podem ser trocadas por ações da empresa pelos investidores)?

Como veremos, além dessas há inúmeras outras opções de financiamento.

O objetivo de manter constante a decisão de investimento da empresa é separar essa decisão da decisão de financiamento. Falando estritamente, isso pressupõe que as decisões de investimento e de financiamento são *independentes*. Em muitas circunstâncias, esse pressuposto é perfeitamente aceitável. De maneira geral, a empresa é livre para modificar a estrutura de seu capital, por meio da aquisição de um tipo de título e da emissão de outro. Nesse caso não será necessário associar um determinado projeto de investimento a uma fonte específica de financiamento. A empresa pode, primeiro, selecionar os projetos e, depois, analisar o modo como serão financiados.

Por vezes, as decisões sobre a estrutura de capital dependem do projeto escolhido, ou vice-versa, e, nesses casos, as decisões de investimento e de financiamento devem ser consideradas conjuntamente. Mas deixaremos a discussão dessas interações (entre as decisões de investimento e de financiamento) para o Capítulo 19.

Começamos este capítulo separando as decisões de investimento das decisões de financiamento. O objetivo em cada um dos casos é o mesmo – maximizar o VPL. Pode ser difícil, contudo, encontrar oportunidades de financiamento com um VPL positivo. A razão pela qual é difícil adicionar valor com decisões inteligentes de financiamento deve-se ao fato de os mercados de capitais serem normalmente eficientes. Essa afirmação significa que a concorrência feroz entre os investidores elimina as oportunidades de lucro e faz o passivo e o capital próprio se equilibrarem. Se você acredita que estamos generalizando, tem razão. É por isso que dedicamos este capítulo à explicação e à avaliação da hipótese da eficiência do mercado.

Você pode perguntar por que começamos a discussão sobre o financiamento com esse conceito, mesmo antes de termos adquirido os conhecimentos mais básicos sobre títulos e os seus procedimentos gerais. Assim procedemos porque as decisões de financiamento podem parecer esmagadoramente complexas se não aprendermos a fazer as perguntas certas. Nosso receio é que você passe da confusão aos mitos que geralmente dominam as discussões mais populares sobre o financiamento das empresas. Torna-se necessário compreender a hipótese da eficiência do mercado, não por ela ser uma verdade *universal*, mas sim porque a compreensão vai levar à formulação das perguntas certas.

Definimos a hipótese da eficiência do mercado mais detalhadamente na Seção 13.2. A hipótese surge com variantes, dependendo da informação disponível para os investidores. As Seções 13.2, 13.3 e 13.4 reveem as provas contra e a favor da eficiência do mercado. As provas "a favor" são consideráveis, mas ao longo dos anos foram se acumulando algumas anomalias incongruentes.

Os defensores dos mercados eficientes e racionais também têm dificuldades para explicar as *bolhas*. Cada década parece ter sua própria bolha: a do setor imobiliário e do mercado acionário japonês na década de 1980, a das empresas de tecnologia na década de 1990, a do setor imobiliário que acarretou a crise do *subprime* e a bolha acionária chinesa de 2014 a 2015. Uma parcela de culpa das bolhas vai para os problemas de agência e os incentivos, que podem atormentar até mesmo as pessoas mais racionais, particularmente quando estão investindo o dinheiro de outras pessoas. Mas as bolhas também refletem padrões de atitude irracional que têm sido bem documentados por psicólogos do comportamento. Descrevemos as principais características das *finanças comportamentais* e o desafio que isso impõe à hipótese da eficiência do mercado.

Encerramos o capítulo com as cinco lições sobre a eficiência do mercado e as implicações para o gestor financeiro se os mercados não forem eficientes.

13.1 Voltamos sempre ao VPL

Apesar de ser útil separar as decisões de investimento e as de financiamento, há semelhanças básicas nos critérios para considerá-las. A decisão de comprar uma máquina-operatriz ou de vender uma obrigação implica a avaliação de um ativo com risco. O fato de um dos ativos ser real e o outro financeiro não interessa. Acabamos, em ambos os casos, calculando o valor presente líquido.

A expressão *valor presente líquido do endividamento* pode parecer estranha, mas o próximo exemplo vai ajudar a explicar o que queremos dizer. O governo, dentro da sua política de ajuda às pequenas empresas, se oferece para emprestar à sua empresa $100 mil durante dez anos, a uma taxa de juro de 3%. Isso significa que a empresa tem de pagar juros no valor de $3 mil em cada um dos anos entre 1 e 10, e que será responsável pelo reembolso dos $100 mil no último ano. Você deverá aceitar a oferta?

Podemos calcular o VPL do empréstimo da maneira habitual. A única diferença reside no fato de o primeiro dos fluxos de caixa ser *positivo* e os subsequentes, *negativos*:

$$\text{VPL} = \text{montante do empréstimo} - \text{valor presente dos pagamentos dos juros}$$
$$- \text{ valor presente do reembolso do empréstimo}$$
$$= +100.000 - \sum_{t=1}^{10} \frac{3.000}{(1+r)^t} - \frac{100.000}{(1+r)^{10}}$$

A única variável que falta é o *r*, o custo de oportunidade do capital. Você precisará dela para calcular o valor do passivo criado pelo empréstimo. Raciocinemos da seguinte maneira: o empréstimo que o governo lhe concede é um ativo financeiro – uma folha de papel que representa a promessa de pagar $3 mil por ano, mais um reembolso final de $100 mil. Por quanto esse papel seria vendido se fosse negociado livremente nos mercados de capitais? Ele seria vendido pelo valor presente dos fluxos de caixa, descontados à taxa *r*, que é a taxa de retorno oferecida por outros títulos emitidos por sua empresa. Tudo o que você tem que fazer para determinar *r* é responder à seguinte pergunta: "Que taxa de juro a minha empresa teria de pagar para obter um empréstimo diretamente do mercado de capital, em vez de do governo?". Suponha que essa taxa seja de 10%. Então,

$$\text{VPL} = +100.000 - \sum_{t=1}^{10} \frac{3.000}{(1,10)^t} - \frac{100.000}{(1,10)^{10}}$$
$$= +100.000 - 56.988 = +\$43.012$$

Claro que não é preciso cálculo nenhum para você concluir que uma taxa de 3% em um empréstimo é um bom negócio quando a taxa apropriada é de 10%. Mas o cálculo de VPL indica exatamente quanto vale essa oportunidade ($43.012)[1] e também coloca em evidência a semelhança essencial entre as decisões de investimento e as de financiamento.

Diferenças entre as decisões de investimento e as decisões de financiamento

De certo modo, as decisões de investimento são mais simples do que as decisões de financiamento. Há centenas de diferentes títulos e estratégias de financiamento (paramos de contá-los). Você terá de conhecer as principais famílias, gêneros e espécies, e também terá de se familiarizar com o vocabulário do financiamento. Vai aprender sobre *red herrings*, *greenshoes* e *bookrunners*; cada um desses termos traz uma história interessante.

Há também situações em que as decisões de financiamento são muito mais fáceis do que as decisões de investimento. Em primeiro lugar, as decisões de financiamento não têm o mesmo grau de finalidade que as decisões de investimento e são mais fáceis de serem desfeitas. Ou seja, o seu valor de abandono é maior. Em segundo lugar, é mais difícil ganhar dinheiro por meio de estratégias de financiamento inteligentes. A razão é que os mercados financeiros são mais competitivos do que os mercados de produtos. Isso significa que é mais difícil encontrar estratégias de financiamento com VPL positivo do que estratégias de investimento com o mesmo perfil de VPL.

Quando uma empresa estuda as decisões de investimento, *não* parte do princípio de que vai deparar com mercados concorrentes perfeitos. Pode ser que existam poucos concorrentes especializados nas mesmas áreas de negócios e na mesma região geográfica, e ela pode possuir ativos únicos que lhe dão superioridade sobre a concorrência. Muitas vezes, esses ativos são intangíveis, por exemplo: patentes, capacidade técnica ou reputação. Tudo isso abre a possibilidade de se obter lucros mais elevados e de se encontrar projetos com VPLs positivos.

Nos mercados financeiros, os seus concorrentes são todas as empresas que procuram fundos, isso para não falar do Estado, dos governos estadual e municipal, que também acorrem em Nova York, Londres, Hong Kong e outros centros financeiros em busca de financiamentos. Os investidores que fornecem fundos são, relativamente, numerosos e bastante espertos: o dinheiro atrai cérebros. O financista amador costuma encarar os mercados de capitais como *segmentados*, ou seja, divididos em setores distintos. Mas o dinheiro flui entre esses setores, e, de modo geral, move-se com rapidez. Em geral, como veremos, as empresas devem pressupor que os títulos que emitem terão um preço justo. Isso nos leva ao tópico principal deste capítulo: os mercados eficientes de capitais.

13.2 O que é um mercado eficiente?

Uma descoberta alarmante: as variações dos preços são aleatórias

Como acontece muitas vezes com as ideias importantes, o conceito de mercado eficiente foi consequência de uma descoberta ocasional. Em 1953, Maurice Kendall, um estatístico inglês, apresentou um artigo bastante controverso sobre o comportamento dos preços das ações e das mercadorias para a Royal Statistical Society.[2] Ele tinha procurado identificar ciclos regulares de preços, mas, para sua surpresa, não os encontrou. Cada série parecia ser "errática, quase como se, uma vez por semana, o Demônio do Azar escolhesse um número, aleatoriamente... e o acrescentasse aos preços praticados para determinar o preço da semana seguinte". Em outras palavras, os preços pareciam seguir um *movimento aleatório*.

---

[1] Não consideramos aqui quaisquer consequências fiscais do endividamento. Abordaremos esse assunto no Capítulo 18.

[2] Veja M. G. Kendall, "The Analysis of Economic Time Series, Part I. Prices", *Journal of the Royal Statistical Society* 96 (1953), pp. 11-25. A ideia de Kendall não era completamente nova. Ela tinha sido proposta em uma tese de doutorado quase esquecida, escrita 53 anos antes por um estudioso francês, Louis Bachelier, que acompanhava o desenvolvimento da teoria matemática e que antecipou em cinco anos as conclusões alcançadas por Einstein em um famoso trabalho sobre o movimento browniano aleatório na colisão das moléculas de um gás. Ver L. Bachelier, *Théorie de la Speculation* (Paris: Gauthiers-Villars, 1900). Reimpresso em inglês em P. H. Cootner (ed.), *The Random Character of Stock Market Prices* (Cambridge, MA: MIT Press, 1964), pp. 17-78.

Se você não sabe ao certo o que queremos dizer por "movimento aleatório", pense no exemplo seguinte: alguém lhe oferece a quantia de $100 para participar de um jogo. No fim de cada semana, uma moeda é lançada ao ar. Se der cara, você ganha 3% de seu investimento; se der coroa, perde 2,5%. Como consequência, o seu capital no final da primeira semana será, portanto, $103,00 ou $97,50. No fim da segunda semana, lança-se novamente a moeda. Agora os possíveis resultados são:

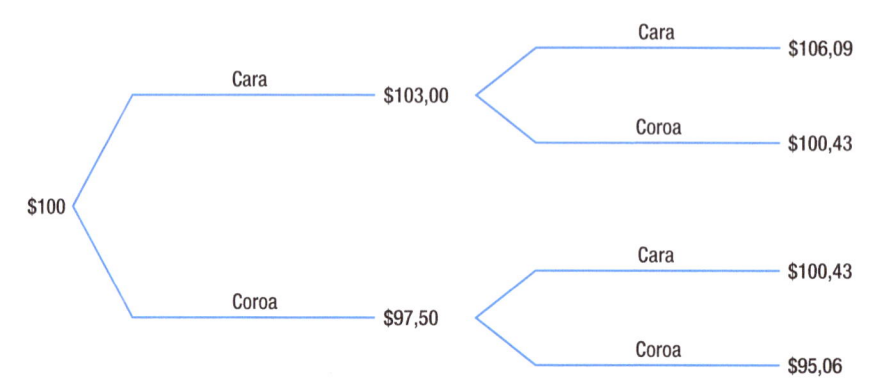

```
                              Cara ──── $106,09
                 Cara
                      $103,00
                              Coroa ─── $100,43
$100
                              Cara ──── $100,43
                 Coroa
                      $97,50
                              Coroa ─── $95,06
```

Esse processo é um movimento aleatório com um desvio positivo de 0,25% por semana.[3] Trata-se de um movimento aleatório porque as mudanças sucessivas de valor são independentes. Quer dizer, as probabilidades, em cada semana, são de 50%, independentemente do valor no início da semana ou da sucessão de caras e coroas das semanas anteriores.

Quando Maurice Kendall sugeriu que os preços das ações seguem um movimento aleatório, estava admitindo que as variações dos preços são independentes umas das outras, tal como os ganhos e as perdas do nosso jogo. A Figura 13.2 mostra isso para quatro ações: da Microsoft, Deutsche Bank, Philips e da Sony. Cada painel representa a variação do preço das ações em dias consecutivos. O ponto assinalado com um círculo no quadrante inferior direito do painel da Microsoft indica dois dias em que houve uma subida de 2,9% seguida por uma descida de 2,9%. Se houvesse uma tendência sistemática, no sentido de uma variação positiva ser seguida por uma negativa, haveria muitos pontos naquele quadrante e poucos no quadrante superior direito. É fácil concluir, à primeira vista, que há pouca regularidade nessas movimentações de preços, mas podemos comprová-la, com maior exatidão se calcularmos o coeficiente de correlação entre a variação dos preços em um determinado dia e no dia seguinte. Se as variações dos preços se repetissem, a correlação seria francamente positiva; se não houver nenhuma relação, o valor será 0. No nosso exemplo, a correlação entre as sucessivas variações de preços das ações da Microsoft foi de –0,035; houve uma tendência desprezível para as subidas dos preços serem seguidas por quedas destes.[4] No caso da Philips, essa correlação foi também negativa, a –0,016. Todavia, para o Deutsche Bank e para a Sony, as correlações foram positivas, a +0,055 e +0,001, respectivamente. Nesses casos, houve uma tendência negligenciável para as subidas dos preços serem seguidas por subidas subsequentes.

A Figura 13.1 sugere que as alterações sucessivas dos preços de todas as quatro ações não estavam correlacionadas. As alterações dos preços hoje não fornecem nenhuma pista para as alterações prováveis de preços que terão lugar amanhã. Isso surpreende você? Se sim, imagine que não era esse o caso, e que se esperava que as alterações dos preços das ações da Microsoft se mantivessem durante vários meses. A Figura 13.2 mostra um desses ciclos previsíveis. Você pode ver que uma alta no preço das ações da Microsoft começou no último mês, quando era de $40, e espera-se que suba até aos $80 no próximo mês. O que acontece quando os investidores percebem essa abundância? Ela se autodestrói. Como as ações da Microsoft são um ótimo negócio a $60, os

---

[3] A tendência é igual ao resultado esperado: (1/2)(3) + (1/2)(–2,5) = 0,25%.

[4] O coeficiente de correlação entre observações sucessivas é designado por *coeficiente de autocorrelação*. Uma autocorrelação de –0,035 significa que, se o preço das ações da Microsoft subir 1% mais do que a média verificada ontem, a sua melhor previsão da alteração do preço de hoje teria uma *diminuição* de 0,035% em relação à média.

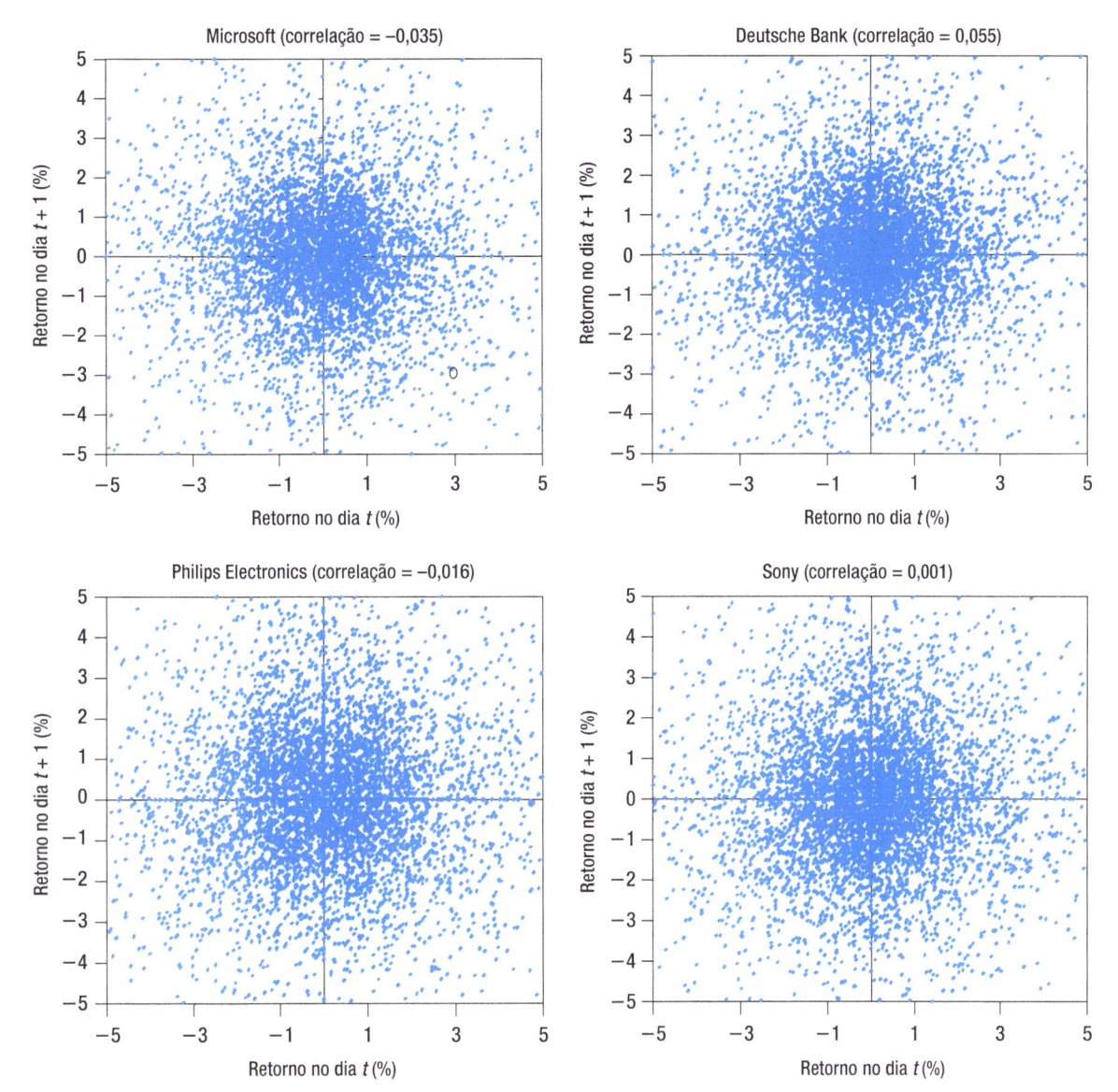

▶ **FIGURA 13.1** Cada ponto representa um par de retornos de uma ação em dois dias consecutivos, entre dezembro de 1991 e dezembro de 2014. O ponto rodeado por um círculo para a Microsoft registra um retorno diário de +2,9% e, então, –2,9% no dia seguinte. O diagrama de dispersão não revela qualquer relação significativa entre os retornos em dias sucessivos.

investidores se apressarão para comprá-la. Param de comprar apenas quando as ações oferecerem uma taxa de retorno normal ajustada ao risco. Por isso, assim que o ciclo se torna aparente para os investidores, eles o eliminam imediatamente, negociando.

Agora, você já pode compreender por que os preços nos mercados competitivos têm que seguir um movimento aleatório. Se as alterações anteriores dos preços pudessem ser utilizadas para prever a alteração futura deles, os investidores facilmente obteriam ganhos. Mas nos mercados competitivos não existem almoços grátis desse tipo. Assim que os investidores começam a se beneficiar de quaisquer vantagens da informação sobre os preços, estes se ajustam imediatamente, até que os grandes lucros obtidos pelo estudo do histórico dos preços desapareçam. O resultado disso é que toda a informação sobre o histórico dos preços vai se refletir nos preços das ações hoje, não amanhã. Os padrões reconhecíveis nos preços deixarão de existir, e as variações dos preços de um período serão independentes das variações do próximo. Em outras palavras, o preço das ações segue um movimento aleatório.

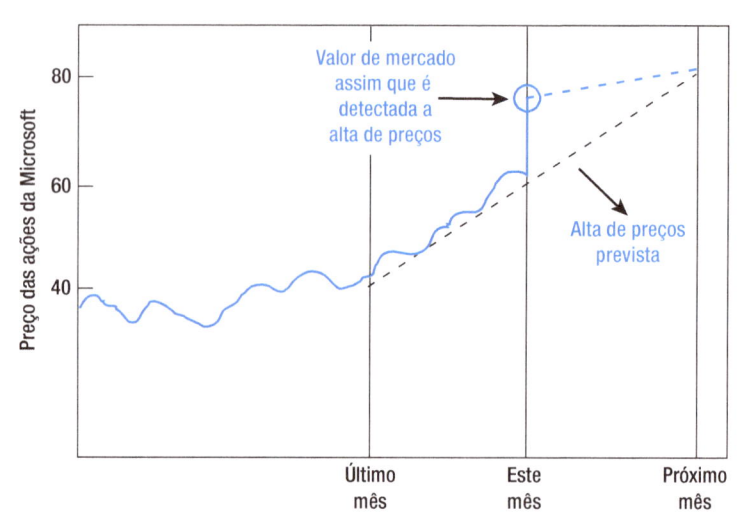

▶ **FIGURA 13.2** Os ciclos se autodestroem assim que são detectados pelos investidores. O preço das ações salta instantaneamente para o valor presente do preço futuro esperado.

Concorrência e a hipótese do mercado eficiente

Quando os mercados são competitivos, o preço corrente das ações reflete a informação do histórico dos preços. Mas por que parar aqui? Se os mercados forem competitivos, os preços correntes das ações não deveriam refletir *toda* a informação disponível para os investidores? Se assim fosse, os títulos teriam preços justos, e seus retornos seriam imprevisíveis. Ninguém obteria retornos consistentemente superiores nesse mercado.

Um mercado em que o preço das ações reflete integralmente as informações é denominado um mercado eficiente. Os economistas definem três níveis de eficiência para o mercado, que se distinguem pelo grau de informação refletido nos preços dos títulos. No primeiro nível, os preços refletem a informação contida no histórico. Essa forma de eficiência é designada como *fraca*. Se os mercados são eficientes no sentido fraco, então é impossível ganhar, continuamente, grandes lucros por meio do estudo do histórico dos retornos.

O segundo nível de eficiência requer que os preços reflitam não apenas o seu comportamento passado, mas também toda as informações públicas, por exemplo, da internet ou da mídia financeira. Isso é designado como forma *semiforte* da *eficiência do mercado*. Se os mercados forem eficientes nesse sentido, então os preços se ajustarão imediatamente pela informação pública, como um relatório trimestral de lucros, uma nova emissão de ações ou uma proposta de fusão de duas empresas.

Com a forma *forte* da eficiência, os preços refletem toda a informação que pode ser obtida, com base em uma análise apurada da empresa e da economia. Em um mercado desses, encontraríamos investidores com e sem sorte, mas nunca "supergestores" de investimentos que conseguem vencer consistentemente o mercado.

Mercados eficientes: as provas

Desde a descoberta inicial de Maurice Kendall, os estatísticos conduziram uma profusão de testes da forma fraca da hipótese do mercado eficiente. Eles confirmaram que os preços das ações ao redor do mundo obedecem a algo aproximado ao movimento aleatório. Dizemos "aproximado ao movimento aleatório" porque cada teoria econômica tem suas exceções e parece haver alguns padrões nos retornos acionários, embora os economistas discutam até onde eles são importantes. Se, por exemplo, os retornos sucessivos forem aleatórios, a variância desses retornos devem aumentar em proporção ao intervalo durante o qual os retornos são medidos. Assim, a variância de retornos ao longo de dois dias deve ser duas vezes maior do que a variância de retornos ao longo de um dia; a variância dos retornos anuais deve ser 12 vezes maior que a variância dos retornos mensais; e assim por diante.[5] Essa não é uma má aproximação, sendo inclusive usada diversas vezes neste livro. Mas pode não ser muito exata. A variância dos retornos ao longo de dois meses, por exemplo, parece ser um pouco maior do que duas vezes a variância dos retornos ao longo de um mês, o que sugere que os preços das ações exibem alguma inércia a curto prazo. Para intervalos maiores que, digamos, um ano, o oposto parece valer e as mudanças nos preços parecem ter uma tendência reversa.[6]

Para testarem a eficiência semiforte, os pesquisadores determinaram a velocidade de resposta do preço dos títulos a diferentes tipos de notícias, como comunicações de lucros e de dividendos, aquisições hostis (*takeovers*) de organizações ou informações macroeconômicas. Antes de descrevermos o que descobriram, temos de explicar como isolar o efeito de uma comunicação sobre o preço de uma ação. Suponha, por exemplo, que você precisa saber a reação do preço de uma ação à notícia de tomada de uma empresa. No primeiro quadrante, você poderia simplesmente calcular o retorno médio das ações da empresa-alvo nos dias que antecederam ao anúncio e imediatamente após essa data. Com os retornos diários de uma grande quantidade de ações de empresas-alvo, o efeito médio desses anúncios seria claro. Não deveria haver muita contaminação dos movimentos no mercado como um todo próximo dos dias do anúncio, pois os retornos diários do mercado teriam apenas uma ligeira diferença.[7] Todavia, a contaminação potencial se reduziria aos retornos semanais ou mensais. Por conseguinte, provavelmente você desejará fazer ajustes nos movimentos do mercado. Por exemplo, é possível simplesmente subtrair o retorno do mercado:

Retorno ajustado das ações = retorno das ações – retorno do índice de mercado

O Capítulo 8 sugere um ajustamento refinado com base nos betas. (Apenas subtrair o retorno do mercado pressupõe que os betas das empresas-alvo são iguais a 1.0.) Esse ajustamento recebe o nome de *modelo do mercado*:

Retorno esperado da ação = $\alpha + \beta \times$ retorno no índice de mercado

O alfa (α) significa o número de vezes, em média, que o preço da ação se alterou sem haver alteração do índice do mercado. O beta (β) apresenta a movimentação *extra* do preço da ação para cada 1% de alteração do índice de mercado.[8] Suponha que, subsequentemente, o retorno do preço da ação seja $\tilde{r}$ em um mês em que o retorno do mercado foi $\tilde{r}_m$. Nesse caso, concluiríamos que o *retorno anormal* desse mês é:

Retorno anormal da ação = retorno real da ação – retorno esperado da ação
$= \tilde{r} - (\alpha + \beta \tilde{r}_m)$

Esse retorno anormal deve refletir somente as notícias referentes à própria empresa.[9]

A Figura 13.3 ilustra como a divulgação de notícias afeta os retornos anormais. O gráfico mostra o retorno anormal de um conjunto de cerca de 17 mil empresas que foram alvos de tentativas de aquisição hostil (*takeover*). Normalmente, a empresa que pretende comprar se propõe a pagar um prêmio elevado de aquisição hostil para fechar o negócio, de modo que o preço das ações de uma empresa que foi incorporada aumenta assim que é anunciada a oferta de aquisição hostil. Essa mesma figura mostra o padrão médio dos retornos das ações da empresa-alvo antes e depois

---

[5] Isso só é verdade quando os retornos são compostos continuamente, de tal modo que o retorno ao longo de dois dias é igual à soma dos retornos ao longo de um dia.

[6] Ver, por exemplo, J. M. Poterba and L. H. Summers, "Means Reversion in Stock Prices: Evidence and Implications," *Journal of Financial Economics* 22 (October 1988), pp. 27-60.

[7] Suponha, por exemplo, que o retorno do mercado é de 12% ao ano. Com 250 dias de negociação por ano, o retorno diário médio é $(1,12)^{1/250} - 1 = 0,00045$, ou 0,045%.

[8] É importante, no cálculo do α e do β, escolher um período em que se crê que as ações se comportaram normalmente. Se o desempenho foi anormal, então as estimativas do α e do β não podem ser utilizadas para medir o retorno que os investidores esperavam. Como precaução, pergunte a si mesmo se o resultado dos seus cálculos parece fazer sentido. A metodologia para estimar retornos anormais é analisada por A. C. MacKinlay, "Event Studies in Economics and Finance", *Journal of Economic Literature* 35 (1997), pp. 13-39; e, também, S. P. Kothari and J. B. Warner, "Econometrics of Event Studies", in B. E. Eckbo (ed.), *The Handbook of Empirical Corporate Finance* (Amsterdam: Elsevier/North-Holland, 2007), Chapter 1.

[9] Os retornos anormais são, de modo geral, calculados utilizando-se o modelo dos três fatores de Fama-French, que abordamos no Capítulo 8. O retorno das ações é ajustado quanto ao retorno do mercado, à diferença entre os retornos de grandes e pequenas empresas e à diferença entre os retornos de empresas com altos e baixos índices de valor contábil-valor do mercado.

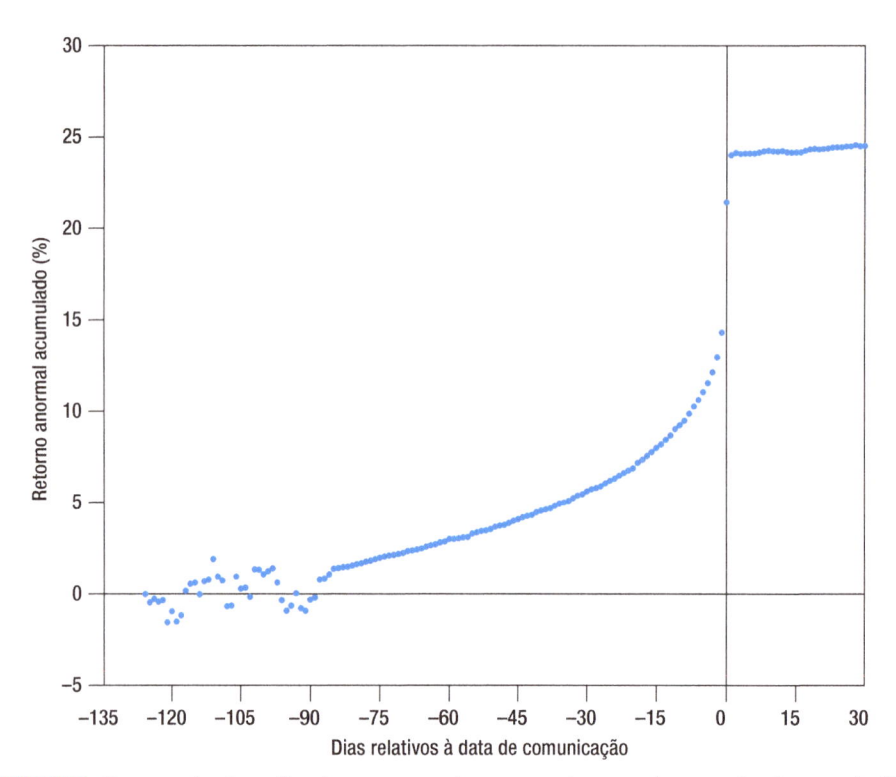

▶ **FIGURA 13.3** Desempenho das ações das empresas-alvo comparado com o desempenho do mercado. Os preços das ações das empresas-alvo sobem no dia da comunicação, mas, a partir daí, deixa de haver alterações anômalas dos preços. No dia da comunicação, a tentativa de tomada parece ser completamente refletida no preço da ação.

Fonte: A. Keown and J. Pinkerton, "Merger Announcements and Insider Trading Activity", *Journal of Finance* 36 (September 1981), pp. 855-869. ©1981. Usado com permissão de John Wiley and Sons, via Copyright Clearnce Center. Atualizações cortesia de Jinghua Yan.

do anúncio de uma aquisição hostil (dia 0 no gráfico). Os preços das ações têm uma tendência de subida na data zero, à medida que os investidores gradualmente percebem que poderá ser concretizada uma aquisição hostil. No dia do anúncio, os preços têm uma subida alta.[10] O ajustamento do preço das ações é imediato e completo. Após esse grande deslocamento do preço no dia da comunicação, essa alta termina, e já não há mais alterações significativas nos preços das ações, nem para cima nem para baixo. Naquele dia, portanto, o novo preço das ações reflete (pelo menos em média) a magnitude do prêmio da aquisição hostil.

Estudos da forma forte da hipótese examinaram as recomendações de analistas profissionais do mercado de títulos em busca de fundos de investimento e de pensões que conseguissem ter, consistentemente, um desempenho superior ao do mercado. Alguns pesquisadores detectaram um desempenho ligeiramente superior, mas, em contrapartida, muitos concluíram que o diferencial não era suficiente para pagar os maiores custos inerentes à gestão dos fundos. Veja, por exemplo, a Figura 13.4, que compara os retornos de fundos de ações diversificadas com o Índice Wilshire 5000. Pode-se observar que, em alguns anos, os fundos ultrapassaram o mercado, mas em aproximadamente 60%s do tempo, aconteceu o contrário. A Figura 13.4 mostra uma comparação relativamente grosseira, porque muitos fundos têm apresentado uma tendência de especialização em determinados setores do mercado, tais como as ações com beta reduzido ou de grandes empresas, que podem resultar em retornos inferiores à média. Para controlar essas diferenças, o desempenho de cada um dos fundos teria de ser comparado com o desempenho de uma carteira de referência

---

[10] Grandes lucros o aguardam se você puder identificar empresas-alvo antes do anúncio de uma aquisição hostil. As compras de ações baseadas em informações confidenciais privilegiadas são, no entanto, ilegais, e poderão levá-lo à cadeia. Raj Rajaratnam, por exemplo, foi setenciado a 11 anos de prisão após ter sido condenado por uso de informações confidenciais. Ver "Rajaratnam Sentenced to 11 Years in Jail," *Financial Times*, October 13, 2011.

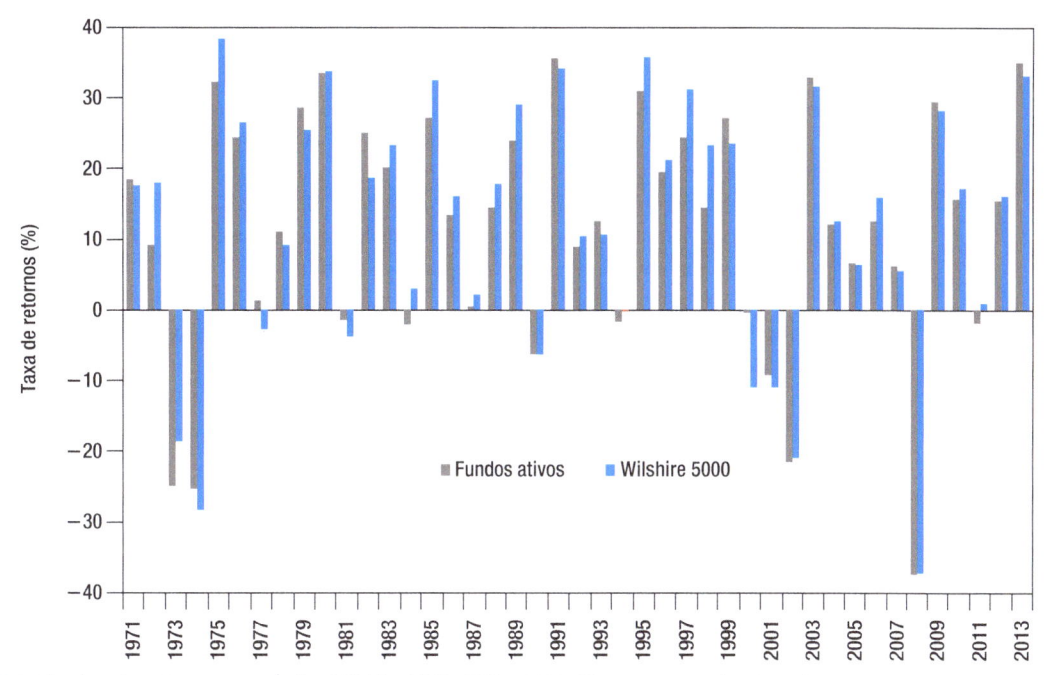

▶ **FIGURA 13.4** Fundos de ações *versus* o Índice Wilshire 5000, 1971 – 2013. Observe que os fundos mútuos se saem pior em aproximadamente 60% dos anos.

de títulos similares. Diversos estudos fizeram isso. Muitos revelaram que a conclusão não se alterou: os fundos obtiveram um retorno inferior ao desempenho das carteiras *depois* das despesas, e dificilmente alcançaram o desempenho *antes* da dedução das despesas. Seria surpreendente se alguns gestores não fossem mais inteligentes que outros e conseguissem obter ganhos maiores. Mas parece difícil detectar os mais inteligentes, e os que têm maior desempenho podem tê-lo em um ano e, no ano seguinte, perderem-no.[11]

As evidências sobre os mercados eficientes têm convencido muitos investidores profissionais e individuais a desistirem de procurar desempenhos superiores. Limitam-se a "comprar o índice", o que maximiza a diversificação e reduz substancialmente os custos. Os investidores individuais podem comprar *fundos de índice*, que são fundos mútuos que acompanham os índices de mercados de ações. Não há gestão ativa, de modo que os custos são muito baixos. Por exemplo, as taxas de gestão para o Fundo de Índice Vanguard 500, que segue o Índice S&P 500, era de 0,05% ao ano em 2014 (para investimentos acima de $10 mil). O tamanho desse fundo era de $198 bilhões.

Até que ponto pode ir o nível de indexação? Não até 100%: se todos os investidores tivessem fundos de índices, então ninguém estaria coletando informações, e os preços não responderiam às novas informações recebidas. Um mercado eficiente necessita que alguns investidores perspicazes reúnam informações e tentem lucrar com isso. Para fornecer incentivos à coleta de informações dispendiosas, os preços não podem refletir *todas as* informações.[12] Deve haver alguns lucros disponíveis que possibilitem que os custos das informações sejam recuperados. Mas se os custos são baixos em relação ao valor total do mercado dos títulos negociados, o mercado financeiro ainda pode estar próximo de uma eficiência absoluta.

---

[11] Veja, por exemplo, B. G. Malkiel, "Returns from Investing in Equity Mutual Funds 1971 to 1991," *Journal of Finance* 50 (June 1995), pp. 549-572 e M. M. Carhart, "On Persistence in Mutual Fund Performance," *Journal of Finance* 52 (March 1997), pp. 57-82. Algumas provas de que o bom desempenho não persiste são apresentadas por E. F. Fama and K. R. French, "Luck versus Skill in the Cross-Section of Mutual Fund Alpha Estimates,"*Journal of Finance* 65 (October 2010), pp. 1.915 - 1.947; e R. Kosowski, A. Timmerman, R. Wermers, and H. White, "Can Mutual Fund 'Stars' Really Pick Stocks? New Evidence from a Bootstrap Analysis," *Journal of Finance* 61 (December 2006), pp. 2551-2595. Ver também M. J. Gruber, "Another Puzzle: The Growth in Actively Managed Mutual Funds," *Journal of Finance* 51 (July 1996), pp. 783-810. e J. Berk and J. H. Van Binsberger, "Measuring Skill in The Mutual Fund Industry," *Journal of Financial Economics* (no prelo).

[12] Veja S. J. Grossman and J. E. Stiglitz, "On the Impossibility of Informationally Efficient Markets", *American Economic Review* 70 (June 1980), pp. 393-408.

13.3 A evidência contra a eficiência do mercado

Quase sem exceção, os primeiros pesquisadores concluíram que a hipótese da eficiência do mercado era uma excelente descrição da realidade. As provas eram tão poderosas que todos os estudos dissidentes eram vistos com desconfiança. Mas, eventualmente, os leitores de publicações financeiras se cansaram de ouvir a mesma mensagem. Os artigos interessantes passaram a ser os intrigantes. Logo, as publicações começaram a divulgar as provas da existência de anomalias que os investidores, aparentemente, não conseguiam explorar.

O que é exatamente uma anomalia? Até o momento, conectamos a eficiência do mercado à falta de oportunidades para se ganhar dinheiro. Sejamos mais precisos: em um mercado eficiente, não é possível encontrar retornos esperados maiores (ou menores) do que o custo de oportunidade do capital ajustado ao risco. Isso implica que todas as transações de títulos são feitas a seu valor fundamental, com base nos fluxos de caixa (C_t) futuros e no custo de oportunidade do capital (r):

$$P = \sum_{t=1}^{\infty} \frac{C_t}{(1+r)^t}$$

Se o preço é igual ao valor fundamental, a taxa esperada de retorno é o custo de oportunidade do capital, nem mais, nem menos. Se o preço difere do valor fundamental, os investidores podem obter mais do que o custo de capital, vendendo se o preço for alto demais ou comprando se ele for baixo demais.

Você recordará desses princípios de nossa discussão sobre os valores das ações no Capítulo 4. Agora, os princípios nos informam que não é possível identificar um retorno superior a menos que se conheça qual é a taxa normal esperada. Portanto, se tentarmos identificar se um mercado é eficiente, geralmente temos que adotar um modelo de avaliação de ativos que especifique a relação entre risco e retorno esperado. Qualquer teste da eficiência de um mercado é, portanto, um teste combinado da eficiência e do modelo de avaliação de ativos.

O modelo mais habitualmente usado para esse fim é o CAPM. O Capítulo 8 apontou algumas violações aparentes desse modelo, incluindo as taxas de retorno anormalmente elevadas das ações das pequenas empresas. Volte, por exemplo, a consultar a Figura 8.10, que mostra a diferença acumulada entre os retornos das ações de pequenas e de grandes empresas. Pode-se constatar que, desde 1926, as ações das empresas com as capitalizações mais baixas tiveram um desempenho substancialmente melhor do que as ações das empresas com capitalizações elevadas.

Isso pode significar uma (ou mais) de várias coisas. Em primeiro lugar, pode ser que os investidores tenham exigido um retorno superior às pequenas empresas para compensar o eventual risco adicional não incluído no modelo CAPM.

Em segundo lugar, o melhor desempenho das pequenas empresas pode ser uma mera coincidência, descoberta em razão dos esforços de muitos pesquisadores para encontrar padrões de comportamento interessantes nos dados. Há provas contra e a favor da teoria da coincidência. Os que acreditam que o efeito pequena empresa é um fenômeno em expansão podem apontar o fato de as ações das pequenas empresas terem oferecido maior retorno em muitos outros países. Por outro lado, pode ser constatado, a partir da Figura 8.10, que o efeito pequena empresa parece ter desaparecido assim que foi documentado, em 1981. Talvez os investidores tenham subestimado os retornos de pequenas empresas antes dessa época, mas depois "puxaram" para cima os preços de suas ações assim que constataram a sua avaliação incorreta.

A terceira possibilidade é a de que o efeito pequena empresa poderia ser uma importante exceção à teoria da eficiência do mercado, exceção essa que deu aos investidores a oportunidade de obter retornos consistentemente superiores ao longo de diversas décadas. Se essas anomalias oferecessem ganhos fáceis, seria de esperar encontrar muitos investidores ávidos por tirar vantagens delas. Parece que, apesar de haver muitos investidores tentando explorar essas anomalias, é surpreendentemente difícil enriquecer fazendo isso.

Os investidores respondem lentamente a novas informações?

Temos insistido no efeito pequena empresa, mas não faltam outros enigmas e outras anomalias.

Alguns deles envolvem retornos acionários a curtíssimo prazo. Para se ter alguma chance de ganhar dinheiro a partir de anomalias que duram apenas alguns segundos, é preciso ser um *trader* de alta frequência com um olho na tela do computador e outro nos seus bônus anuais.[13] Se você é um gestor financeiro corporativo, esses padrões podem representar dilemas intrigantes, mas é improvável que acabem alterando as principais decisões financeiras sobre em quais projetos investir e como devem ser financiados. Gestores corporativos devem estar mais preocupados com preços que se mantêm anômalos durante meses ou anos.

Os economistas vêm revelando inúmeras anomalias desse tipo. Quando, por exemplo, as empresas emitem ações para o público, os investidores geralmente se apressam para comprá-las. Em média, os felizardos que conseguiram comprar recebem um ganho imediato de capital. Os pesquisadores descobriram, entretanto, que esses ganhos precoces se transformam, muitas vezes, em perdas. Imagine, por exemplo, que você tenha comprado ações imediatamente após cada oferta pública inicial (*initial public offering* – IPO) e as reteve durante três anos. Durante o período de 1980-2013, seu retorno médio anual teria sido 6,7% menor do que o retorno de uma carteira de ações com um tamanho e um valor contábil/de mercado similares.[14]

As anomalias como as do enigma das novas emissões podem ser apenas um sinal de modelos inadequados de avaliação de preços de ativos, e até então, para muitas pessoas, elas não são uma evidência convincente contra a eficiência do mercado.[15] No entanto, há outros enigmas que não podem ser descartados tão facilmente. Um exemplo é o dos "gêmeos siameses", dois títulos que alegam ter os mesmos fluxos de caixa, que, todavia, jamais são negociados separadamente. Antes de as duas companhias se fundirem, em julho de 2005, a holandesa Royal Dutch Petroleum e a inglesa Shell Transport & Trading (T&T) eram irmãs siamesas, cada uma das quais com uma parcela fixa nos lucros e dividendos dos mesmos fluxos de caixa subjacentes, seria de se esperar que os preços das ações se movessem em exata sintonia. Mas, como pode ser visto na Figura 13.5, os preços das duas ações, por vezes, diferem substancialmente.[16]

Bolhas e eficiência do mercado

Casos como os das irmãs siamesas sugerem que há ocasiões em que os preços das ações individuais podem apresentar desvios. Mas, em contrapartida, será que é possível haver casos em que os preços como um todo deixem de ser justificados pelos valores razoáveis? Examinaremos as provas em um momento, mas, em primeiro lugar, é nossa obrigação ressaltar como é difícil avaliar ações ordinárias e determinar se seus preços são irracionais.

Imagine, por exemplo, que em dezembro de 2014 você quisesse verificar se as ações que compõem o Standard & Poor's Composite Index estavam razoavelmente avaliadas. Em sua primeira tentativa, poderia utilizar a fórmula de crescimento constante, que apresentamos no Capítulo 4. Em 2014, os dividendos anuais pagos pelas empresas desse índice giraram perto de $350 bilhões. Suponha que se espera que esses dividendos cresçam a uma taxa estável de 4,0% e que os

---

[13] *Traders* de alta frequência usam algoritmos de computador para comprar e vender ações rapidamente e em alto volume, visando capturar cinco centavos a cada transação. Nos últimos anos, as transações de alta frequência vêm respondendo por cerca de dois terços do volume total transacionado. Para um livro ótimo de ler e bastante crítico quanto à transação de alta frequência, veja M. Lewis, Flashboys (New York: W.W. Norton & Company, 2014).

[14] A baixa performance das novas emissões foi documentada em R. Loughran and J. R. Ritter, "The New Issues Puzzle", *Journal of Finance* 50 (1995), pp. 23-51. Os números estão atualizados no *site* de Jay Ritter. (Veja **https://site.warrington.ufl.edu/ritter/ipo-data/.**)

[15] Pode haver ainda outras razões para o fraco desempenho a longo prazo das IPOs, incluindo os efeitos fiscais. As carteiras de IPOs geram retornos tanto muito bons como muito ruins. Os investidores podem vender os ruins, deduzindo os prejuízos contra outros ganhos de capital, e reter os bons, e, assim, diferir os impostos. As ações de IPOs são um bom canal para essa estratégia fiscal, de modo que os investidores que apostam nessa modalidade podem ter forçado a subida dos preços de ações de IPOs.

[16] Para evidências sobre os preços das irmãs siamesas, veja K. A. Froot and E. Dabora, "How Are Stock Prices Affected by the Location of Trade?" *Journal of Financial Economics* 53 (August 1999), pp. 189-216; e para dados mais recentes, A. De Jong, L. Rosenthal, and M. A. Van Dijk, "The Risk and Return of Arbitrage in Dual-Listed Companies", *Review of Finance* 13 (2009), pp. 495-520.

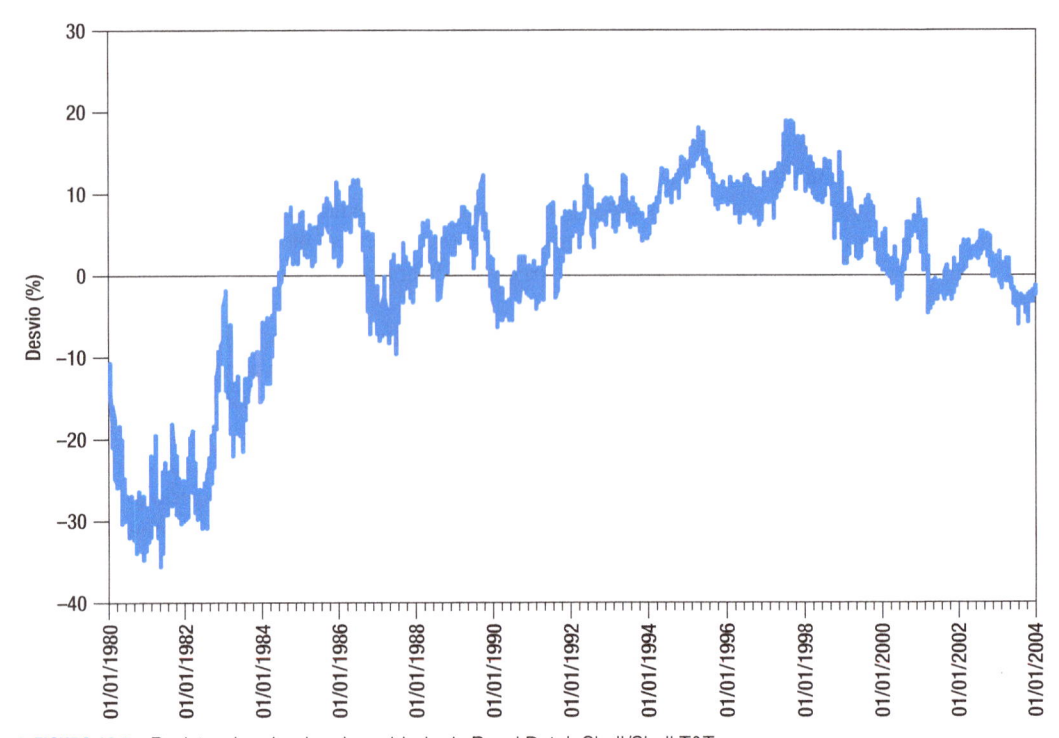

▶ **FIGURA 13.5** Registro dos desvios da paridade da Royal Dutch Shell/Shell T&T.
Fonte: Mathijs van Dijk, <www.mathijsvandijk.com/dual-listed-companies>. Utilizado com autorização.

investidores exigem um retorno de 6,0%. Então, a fórmula do crescimento constante oferece um valor para as ações ordinárias de

$$\text{VP ações ordinárias} = \frac{\text{DIV}}{r - g} = \frac{350}{0{,}060 - 0{,}040} = \$17{.}500 \text{ bilhões}$$

que era semelhante ao seu valor total em dezembro de 2014. Mas que grau de confiança esses números lhe inspiram? Talvez o crescimento provável dos dividendos fosse somente de 3,5% por ano. Nesse caso, a sua estimativa do valor das ações ordinárias cairia para

$$\text{VP ações ordinárias} = \frac{\text{DIV}}{r - g} = \frac{350}{0{,}060 - 0{,}035} = 14{.}000 \text{ bilhões}$$

Em outras palavras, uma redução de exatamente a metade dos pontos percentuais na taxa esperada do crescimento dos dividendos reduziria o valor das ações em cerca de 20%.

A extrema dificuldade de avaliar ações de empresas recém-cotadas tem duas consequências importantes. Primeiro, os investidores creem que é mais fácil atribuir o preço a uma ação estabelecendo uma relação com os preços anteriores, ou relacionando-o com o preço corrente de títulos semelhantes. Em outras palavras, geralmente consideram o preço anterior correto e ajustam, para cima ou para baixo, com base na informação disponível no momento. Se a informação for chegando em um fluxo constante, à medida que o tempo vai passando, os investidores vão aumentando a sua confiança de que o nível atual do preço está correto. Mas quando os investidores perdem a confiança no preço referencial anterior, poderá haver um período de negociações confusas e de preços voláteis antes de ser estabelecida uma nova referência.

Segundo, a maioria dos testes de eficiência do mercado trata de preços *relativos* e está centrado na possibilidade de realizar lucros facilmente. É quase impossível verificar se as ações estão *corretamente avaliadas*, porque ninguém consegue medir com precisão o valor verdadeiro. Considere, por exemplo, as ações da Pepsi, que eram vendidas por $95 em dezembro de 2014. Será que conseguiremos provar que esse é o valor verdadeiro? É claro que não, mas podemos ficar mais confiantes de que o preço da Pepsi deve ser mais ou menos o dobro do da Coca-Cola ($42), visto que os lucros e os dividendos da Pepsi foram pouco mais do que o dobro daqueles da Coca, e as duas empresas tinham perspectivas de crescimento também similares.

Talvez seja impossível *provar* que os níveis do mercado são, ou não, consistentes com os valores razoáveis. No entanto, ocasionalmente os investidores parecem ser pegos em um frenesi especulativo, e os preços dos ativos então atingem níveis que (ao menos retrospectivamente) não podem ser facilmente justificados pela perspectiva dos lucros e dividendos. Os investidores referem-se a tais ocasiões como *bolhas*. Quando os preços sobem rapidamente, podem resultar em bolhas, e mais e mais investidores entram no jogo sob o pressuposto de que os preços *continuarão* a aumentar. Essas bolhas podem ser autossustentáveis por um determinado período de tempo. Uma atitude possivelmente racional seria a de imitar os outros, contanto que você esteja seguro de que há pessoas ainda mais tolas a quem consiga vender. Mas lembre-se de que grandes quantias de dinheiro talvez serão perdidas por você quando a bolha estourar.[17]

Um bom exemplo disso foi a bolha japonesa. O Índice Nikkei 225 subiu cerca de 300% entre o início de 1985 e dezembro de 1989. Após um aumento acentuado das taxas de juros no início de 1990, os preços das ações começaram a cair. Em outubro, o Nikkei tinha despencado para cerca de metade de seu pico. Em março de 2009, o índice ainda estava 80% inferior ao seu pico de 19 anos antes.

O *boom* nos preços de ações de empresas japonesas foi acompanhado de uma explosão ainda maior dos preços das terras. Por exemplo, Ziemba e Schwartz documentam que terrenos de pequena extensão nos arredores do Palácio do Imperador em Tóquio, avaliados aos preços das propriedades do local, valiam tanto quanto os terrenos canadenses ou californianos.[18] Mas, então, também houve o estouro dessa bolha do setor imobiliário. Em 2005, os preços das terras nas seis maiores cidades japonesas haviam caído para exatamente 13% de seus picos.

Essas bolhas não estão confinadas ao Japão. Próximo do final do século XX, os investidores em ações de empresas de tecnologia assistiram a um crescimento notável das suas carteiras. O Nasdaq Composite Index, que é caracterizado por uma participação elevada de empresas de alta tecnologia, subiu 580% do início de 1985 até o seu pico, no ano 2000; em seguida, tão rapidamente como no início, o crescimento parou e, em outubro de 2002, havia caído 78% em relação ao seu ponto mais alto.

Alguns dos ganhos e das perdas mais elevadas foram de ações das novas "ponto.com". As ações do Yahoo!, por exemplo, que começaram a ser negociadas em abril de 1996, foram valorizadas mais de 1.400% em quatro anos. Nesses dias tresloucados, houve empresas que descobriram que era possível aumentar o preço das suas ações limitando-se a acrescentar o "ponto.com" ao nome da organização.[19]

Examinando-se retrospectivamente as bolhas japonesas e das empresas "ponto.com", é difícil acreditar que os fluxos de caixa futuros poderiam ser, em algum momento, suficientes para garantir aos investidores um retorno razoável.[20] Se esse for o caso, temos duas exceções importantes para a teoria dos mercados eficientes.

13.4 Finanças comportamentais

Por que os preços se desviam dos valores razoáveis? Alguns acreditam que a resposta está na psicologia do comportamento. As pessoas não são totalmente racionais durante todo o tempo.

---

[17] As bolhas não são necessariamente irracionais. Ver M. Brunnermeier, *Asset Pricing under Asymmetric Information: Bubbles, Crashes, Technical Analysis and Herding* (Oxford: Oxford University Press, 2001).

[18] Veja W. T. Ziemba and S. L. Schwartz, *Invest Japan* (Chicago, IL: Probus Publishing Co., 1992), p. 109.

[19] M. Cooper, O. Dimitrov, and P. R. Rau, "A Rose.com by Any Other Name", *Journal of Finance* 56 (2001), pp. 2.371-2.388.

[20] Para uma análise de preços de ações de empresas japonesas, veja K. French and J. M. Poterba, "Were Japanese Stock Prices Too High?" *Journal of Financial Economics* 29 (October 1991), pp. 337-364. Para mais detalhes sobre os preços de ações de empresas "ponto.com", veja E. Ofek and M. Richardson, "The Valuation and Market Rationality of Internet Stock Prices", *Oxford Review of Economic Policy* 18 (Autumn 2002), pp. 265-287.

Isso é visível tanto nas atitudes dos investidores perante o risco como no modo de calcular as probabilidades.

1. *Atitudes perante o risco.* Os psicólogos observaram que, ao tomar decisões arriscadas, as pessoas são particularmente relutantes às perdas. Parece que os investidores não focam apenas no valor presente de suas carteiras, mas olham para trás e observam se os seus investimentos estão tendo lucro ou prejuízo. Por exemplo, se eu vender as minhas ações da IBM por $10 mil, posso ficar muito satisfeito se tivessem me custado apenas $5 mil, mas ficaria muito menos satisfeito se tivessem custado $11 mil. Essa observação é a base da *teoria da perspectiva*.[21] Essa teoria afirma que (a) o valor que os investidores colocam em um determinado ativo é determinado pelos ganhos ou pelas perdas que tiveram desde que o ativo foi adquirido ou desde que foi avaliado pela última vez, e (b) os investidores são especialmente avessos à possibilidade de perda, mesmo pequena, e necessitam de um retorno correspondentemente maior para a compensar.

   A dor de uma perda parece depender também do fato de essa ser seguida de uma perda anterior, de modo que, depois de os investidores terem sofrido a perda, tenham se empenhado em não arriscar outra perda. Ao contrário, do mesmo modo que os jogadores são caracterizados pelo desejo de fazer apostas altas quando estão ganhando, os investidores poderão estar mais preparados para correr o risco de uma queda do mercado depois de terem usufruído de um período substancial de ganhos.[22] Após uma pequena perda, ao menos lhes sobra a consolação de ainda poderem ganhar.

   Quando discutimos a teoria das carteiras nos Capítulos 7 e 8, retratamos os investidores como pessoas que se preocupavam apenas com a distribuição de sua riqueza futura. Os ganhos ou perdas do passado não foram mencionados. Tudo o que importava era a riqueza corrente dos investidores e a expectativa e os riscos da futura riqueza. Não contemplamos a possibilidade de Nicholas ficar muito contente porque não teve prejuízo no seu investimento, enquanto Nicola, com a mesma quantidade de riqueza, ficou desalentada uma vez que teve prejuízo no seu investimento.

2. *Crenças sobre as probabilidades.* Muitos investidores não são doutores em teoria das probabilidades e podem cometer erros sistemáticos na determinação das probabilidades de eventos incertos. Os psicólogos descobriram que, ao tentar adivinhar os possíveis resultados futuros, as pessoas tendem a recorrer ao que aconteceu em situações semelhantes. O resultado é que acabam sendo levadas a atribuir peso excessivo a um número muito pequeno de eventos recentes. Um investidor pode pensar, por exemplo, que um determinado gestor de investimentos é particularmente bom porque "ganhou no mercado" por três anos consecutivos, ou que três anos de crescimento rápido dos preços já constituem um bom indicador de lucros futuros de sua carteira de ações. O investidor talvez não pare para refletir sobre como é pouco o que alguém pode conhecer sobre retornos esperados com um período de experiência tão reduzido.

   A maioria das pessoas também é *conservadora* demais, ou seja, demoram muito para renovar suas convicções em face de novas evidências. As pessoas tendem a renovar suas convicções na direção correta, mas a magnitude da mudança é menor do que racionalmente requereria.

   Outro desvio habitual é o *excesso de confiança*. Nos Estados Unidos, por exemplo, uma pequena empresa tem 35% de chances de sobreviver por cinco anos. Ainda assim, a grande maioria dos empreendedores acredita que tem uma chance de sucesso superior a 70%.[23] Similarmente, os investidores em sua maioria acreditam que são melhores do que a

---

[21] A teoria da perspectiva foi proposta inicialmente em D. Kahneman and A. Tversky, "Prospect Theory: An Analysis of Decision under Risk", *Econometrica* 47 (1979), pp. 263-291.

[22] O efeito é descrito por R. H. Thaler and E. J. Johnson, "Gambling with the House Money and Trying to Break Even: The Effects of Prior Outcomes on Risky Choice", *Management Science* 36 (1990), pp. 643-660. As implicações da teoria da perspectiva no retorno das ações são exploradas em N. Barberis, M. Huang and T. Santos, "Prospect Theory and Asset Prices", *Quarterly Journal of Economics* 116 (February 2001), pp. 1-53.

[23] Veja D. Kahneman, *Thinking Fast and Slow* (New York: Farrar, Strauss, and Giroux, 2011).

média na escolha de ações. Dois especuladores que negociam entre si não conseguem ambos ganhar dinheiro, mas estão preparados para seguir negociando porque cada tem certeza de que o outro é o pato. O excesso de confiança também se revela na certeza que as pessoas demonstram quanto ao seu próprio discernimento. Elas consistentemente superestimam as chances de que o futuro acabará sendo como elas preveem e subestimam as chances de eventos improváveis.

É possível constatar como essas características comportamentais podem ajudar a explicar as bolhas japonesa e das empresas "ponto.com". Quando os preços subiram, eles geraram um otimismo crescente sobre o futuro e estimularam uma demanda extra. Além disso, à medida que os investidores iam arrecadando os lucros, iam ficando mais confiantes sobre as suas opiniões e mais desejosos de assumir os riscos que, no mês seguinte, talvez não fossem assim tão apropriados.

Sentimento

Os economistas comportamentais ressaltam a importância do sentimento dos investidores na determinação dos preços das ações, e como evidência destacam as grandes viradas de sentimento. A cada semana, por exemplo, a Associação Americana de Investidores Individuais conduz enquetes junto a seus membros, perguntando se eles se sentem otimistas, pessimistas ou neutros quanto ao mercado acionário nos próximos seis meses. Quem quer que acredite que todas as boas e más notícias já estão refletidas nos preços das ações sempre preencheria a opção "neutro". Mas você pode ver na Figura 13.6 que os investidores privados variam bastante entre se sentirem otimistas e pessimistas. Em janeiro de 2000, no auge do *boom* das "ponto.com", incríveis 75% dos investidores se disseram otimistas, 62% a mais do que os que se disseram pessimistas. Talvez esses períodos de otimismo ou pessimismo possam explicar o efeito inercial a curto prazo sobre o qual comentamos anteriormente.[24]

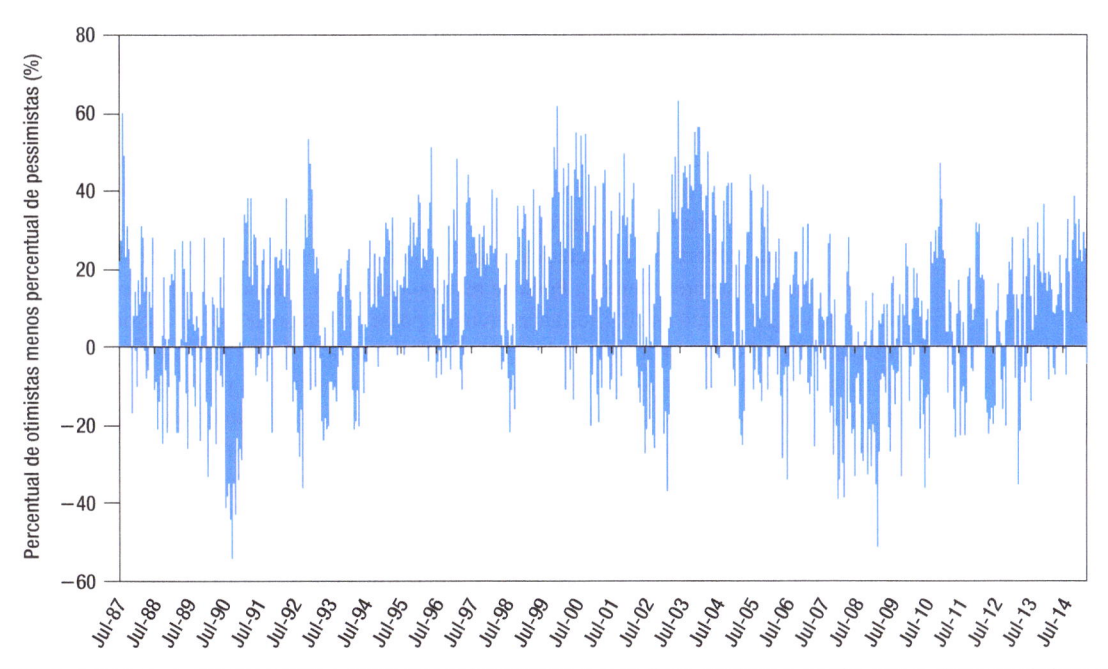

▶ **FIGURA 13-6** A margem de diferença entre o percentual de investidores que se dizem otimistas e aqueles que se dizem pessimistas na enquete semanal de sentimento da Associação Americana de Investidores Individuais.

Fonte: http://www.aaii.com/SentimentSurvey?

---

[24] Como evidência do vínculo entre mensurações de sentimentos e retornos das ações, veja M. Baker and J. Wurgler, "Investor Sentiment in the Stock Market," *Journal of Economic Perspectives* 21 (2006), pp. 129-151.

Limites à arbitragem

Não é difícil acreditar que os investidores amadores podem, por vezes, ser apanhados em um redemoinho maluco de exuberância irracional.[25] Mas há também um grande número de investidores profissionais teimosos que administram altas somas de dinheiro. Por que os profissionais não intervieram na situação das ações supervalorizadas forçando os preços a caírem para valores razoáveis? Uma das razões é que há *limites à arbitragem*, isto é, limites sobre a habilidade dos investidores racionais de explorarem ineficiências do mercado.

Estritamente falando, a *arbitragem* significa uma estratégia de investimento que garante retornos superiores sem qualquer risco. Na prática, a arbitragem é definida de forma mais casual como uma estratégia que explora ineficiências do mercado e gera retornos superiores se, e quando, os preços retornam aos valores razoáveis. Essas estratégias podem ser muito recompensadoras, mas raramente são livres de riscos.

Em um mercado eficiente, se há algum desvio de preço, a arbitragem força-os de volta [aos valores razoáveis]. O arbitrador compra os títulos subvalorizados (forçando seus preços para cima) e vende os títulos supervalorizados (forçando seus preços para baixo). Esse profissional obtém um lucro por comprar na baixa e vender na alta, e por esperar que os preços convirjam até seus valores razoáveis. Assim, a negociação em uma arbitragem é, de modo geral, denominada *negociação de convergência*.

Vimos anteriormente que existe uma tendência das sequências a curto prazo nos preços das ações serem revertidas. Essas reverssões podem ser um sinal de arbitragem sendo praticada. Mas a arbitragem é mais difícil do que parece. Os custos de transação podem ser significativos e algumas transações são de difícil execução. Por exemplo, suponha que você identifique um título supervalorizado que *não* compõem sua carteira atual. Você quer "vender alto", mas como vender uma ação que não é de sua propriedade? Isso pode ser feito, mas você tem de vender a descoberto (*sell short*).

Para vender uma ação a descoberto, é preciso tomar emprestado ações da carteira de outro investidor, vendê-las e, então, esperar com otimismo que o preço caia e que possa recomprar a ação por uma quantia menor do que quando a vendeu. Se você estiver errado e o preço da ação subir, mais cedo ou mais tarde será forçado a recomprá-la a um preço mais elevado (portanto, uma perda) para devolver as ações emprestadas ao credor. Mas, se você estiver certo e o preço efetivamente cair, é possível recomprá-la, ganhar a diferença entre os preços de venda e de recompra, além de devolver as ações emprestadas. Parece fácil, uma vez que observamos como esse método funciona, mas há custos e taxas a serem pagas e, em alguns casos, não seremos capazes de encontrar ações a serem emprestadas.[26]

Os perigos da venda a descoberto foram dramaticamente ilustrados em 2008. Dado o panorama sombrio do setor automobilístico, uma série de *hedge funds* decidiu vender as ações da Volkswagen (VW) a descoberto na expectativa de poder recomprá-las a um preço mais baixo. Em seguida, em um anúncio surpreendente, a Porsche revelou que tinha ganhado o controle de 74% das ações da Volkswagen. Como os 20% restantes eram de posse do estado de Lower Saxony, não havia ações disponíveis suficientes para que os investidores da venda a descoberto conseguissem recomprá-las. À medida que houve uma disputa acirrada para que cobrissem suas posições, o preço das ações da montadora subiu em apenas dois dias, de 209 a 1005, transformando a Volkswagen na organização mais altamente valorizada do mundo. Embora o preço das ações despencasse rapidamente, aqueles vendedores a descoberto que foram apanhados no *short squeeze* sofreram prejuízos significativos.

O exemplo da Volkswagen ilustra que o limite mais importante à arbitragem é o risco de que os preços divirjam ainda mais antes de convergirem. Assim, um arbitrador tem que ter coragem e recursos para se manter com uma posição que pode piorar muito antes de melhorar. Analise

---

[25] O termo "exuberância irracional" foi cunhado por Alan Greenspan, ex-presidente do Federal Reserve Bank, para descrever a explosão do mercado provocada pelas empresas "ponto.com". Foi ainda o título de um livro de Robert Shiller, que examinou essa explosão. Ver R. Shiller, *Irrational Exuberance* (New York: Broadway Books, 2001).

[26] As corretoras e as empresas de investimento identificam ações elegíveis para empréstimos e preparam-nas para disponibilizá-las a investidores de vendas a descoberto. A oferta de ações acessível aos tomadores é limitada. É cobrada uma taxa quando pedimos emprestado as ações, e exige-se que o tomador apresente alguma garantia para proteger o credor no caso em que o preço das ações aumente e o vendedor a descoberto seja incapaz de recomprar e devolver as ações. Esse procedimento não tem custo se quem efetua a venda a descoberto obtém uma taxa de juro do mercado, mas por vezes somente são oferecidas taxas de juros mais baixas.

novamente os preços relativos da Royal Dutch e da Shell T&T na Figura 13.5. Imagine que você é um gestor profissional de investimento em 1980, quando a Royal Dutch estava em torno de 12% abaixo da paridade. Você decidiria comprar as ações da Royal Dutch, vender as ações da Shell T&T a descoberto e esperar confiantemente que os preços convergissem até a paridade. Seria uma longa espera. A primeira vez que você teria visto algum lucro em sua posição seria em 1983. Nesse intervalo, a disparidade de preços ficara pior, não melhor. As ações da Royal Dutch caíram mais de 30% abaixo da paridade em meados de 1981. Portanto, você teria de reportar uma perda substancial em sua estratégia de "arbitragem" naquele ano. Provavelmente seria demitido e se lançaria em uma nova profissão, como a de vendedor de carros usados.

O fracasso em 1998 da Long Term Capital Management (LTCM) oferece outro exemplo dos problemas com negociações de convergência. A LTCM, um dos maiores e mais rentáveis *hedge funds* da década de 1990, acreditava que haveria uma convergência entre as taxas de juros de diferentes países da zona do euro quando essa moeda substituísse as antigas moedas dos países-membros. A empresa havia comprado uma quantidade enorme de posições para lucrar com essa convergência, bem como gigantescas posições projetadas para explorar outras discrepâncias de preços. Quando o governo russo anunciou uma moratória em alguns de seus pagamentos de dívida em agosto de 1998, houve uma grande turbulência nos mercados financeiros, e muitas das discrepâncias em que a LTCM estava apostando repentinamente se tornaram ainda maiores.[27] A LTCM estava perdendo centenas de milhões de dólares diariamente. O capital do fundo tinha praticamente se exaurido quando o Federal Reserve Bank de Nova York arrumou um grupo de bancos credores da LTCM para que controlasse os seus ativos remanescentes e fechasse o que tinha restado de maneira ordenada.

A liquefação repentina da LTCM não evitou o rápido crescimento da indústria de *hedge funds* nos anos 2000. Se esses tipos de fundos conseguem frear os limites à arbitragem e evitar os tipos de problemas enfrentados pela LTCM, os mercados serão mais eficientes no futuro. Mas exigir uma eficiência completa provavelmente é pedir demais. Os preços podem se desalinhar e permanecer nessa faixa se os riscos de uma estratégia de arbitragem superarem os retornos esperados.

Problemas de incentivos e a crise do *subprime*

Os limites à arbitragem abrem as portas a investidores individuais que já carregam consigo distorções e ideias equivocadas que podem forçar os preços para longe de seus valores razoáveis. Mas também há problemas de incentivos que se intrometem no foco racional desses valores. Ilustramos esse ponto com uma breve análise da crise do *subprime* nos Estados Unidos.

Embora os preços das residências tivessem quase triplicando nos Estados Unidos na década até 2006, poucos proprietários vislumbravam um colapso no preço de seus imóveis no país. Afinal, o preço médio de casas nos Estados Unidos não havia caído desde a Grande Depressão dos anos 1930. No entanto, em 2006, a bolha explodiu. Até março de 2009, os preços das residências haviam caído quase um terço desde seu pico nos Estados Unidos.[28]

Como é possível ocorrer um *boom* e um colapso como esse? Em parte porque os bancos, as agências de classificação de crédito e outras instituições financeiras distorceram, conjuntamente, os incentivos. As compras de imóveis eram geralmente financiadas por empréstimos hipotecários dos bancos. Na maioria das regiões norte-americanas, os tomadores de empréstimos podem deixar de pagar suas hipotecas com multas relativamente baixas. Se os preços das propriedades caem, eles podem simplesmente abandoná-las. Mas, em contrapartida, se os preços delas sobem, os mutuários podem ganhar dinheiro. Assim, eles podem estar dispostos a assumir riscos elevados, especialmente se a parcela do preço de compra financiado com seus próprios recursos for pequena.

Por que, então, os bancos estão dispostos a conceder empréstimos a pessoas que certamente deixarão de pagar as hipotecas se os preços das propriedades caírem significativamente? Desde que os tomadores se beneficiaram na maior parte do tempo, eles estão desejosos de pagar taxas

---

[27] A moratória da dívida russa foi inesperada e inusitada, pois a dívida tinha sido emitida há muito pouco tempo e era denominada em *rublos*. O governo preferiu ficar inadimplente do que lançar rublos para pagar a dívida.

[28] Os investidores que, de fato, previram que a queda nos preços das casas levaria à derrocada do *subprime* conseguiram auferir altos lucros. Por exemplo, John Paulson, um administrador de *hedge funds*, ganhou, em consequência da crise, $3,7 bilhões em 2007. (*Financial Times*, January 15, 2008, and June 18, 2008.)

iniciais atraentes aos bancos para obter a concessão desses empréstimos hipotecários. Todavia, os bancos poderiam repassar o risco de inadimplência a terceiros ao embalar e revender as hipotecas como títulos lastreados em hipotecas (*mortgage-backed securities* – MBSs). Muitos compradores desses títulos pensavam que se tratava de investimentos seguros, pois as agências de classificação de crédito assim os atestaram. Quando houve a reviravolta, as agências de crédito foram um grande erro. (Elas introduziram outro problema de agência, pois os emissores pagavam às agências para que estas classificassem as emissões de MBSs, e as próprias agências consultavam os emissores para saber como essas emissões de títulos deveriam ser estruturadas.)

O governo também foi um dos "terceiros". Muitas hipotecas *subprime* foram vendidas à FNMA e à FMAC ("Fannie Mae" e "Freddie Mac"). Elas eram corporações privadas com uma vantagem especial: o apoio de créditos governamentais. (Esse suporte era implícito, mas logo se tornou explícito quando a Fannie e a Freddie começaram a ter problemas financeiros em 2008. O Tesouro norte-americano teve que assumir os seus controles.) Assim, essas empresas conseguiram tomar emprestado a taxas artificialmente baixas, canalizando dinheiro para o mercado hipotecário.

O governo estava também em apuros, pois os bancos de grande porte que detinham MBSs *subprime* eram "grandes demais para cair" em uma crise financeira. Dessa maneira, o problema original dos incentivos – a tentação dos compradores de casas de aceitar uma hipoteca substancial e esperar por preços mais elevados do setor imobiliário – jamais fora corrigido. O governo poderia ter reduzido sua exposição se tomasse o controle da Fannie e da Freddie antes da crise, mas não o fez, talvez porque o governo estava satisfeito em ver mais pessoas conseguindo adquirir a casa própria.

Os problemas de agência e de incentivos não nascem somente no setor imobiliário. Eles estão disseminados na indústria de serviços financeiros. Nos Estados Unidos e em muitos outros países, as pessoas procuram as instituições financeiras, como os fundos de pensão e os fundos de investimento, para investirem o seu dinheiro. Essas instituições são os agentes dos investidores, mas os incentivos dos agentes nem sempre coincidem com os interesses dos investidores. A exemplo do setor imobiliário, esses relacionamentos de agência podem levar a anomalias nos preços e, potencialmente, a bolhas.[29]

13.5 As cinco lições da eficiência do mercado

A hipótese da eficiência do mercado enfatiza o fato de a arbitragem eliminar rapidamente quaisquer oportunidades de lucro e fazer que os preços se estabilizem em valores justos. Os especialistas em finanças comportamentais concordam que não há lucros fáceis, mas argumentam que a arbitragem é dispendiosa e, por vezes, lenta, de modo que os desvios dos preços justos podem persistir.

A resolução dos enigmas leva tempo, mas sugerimos que os gestores financeiros devem pressupor, pelo menos como ponto de partida, que não existe "almoço grátis" em Wall Street.

O princípio de "não haver nada gratuito" nos fornece as cinco lições seguintes da eficiência do mercado. Após revisar essas lições, consideramos o que um mercado *in*eficiente pode significar para um gestor financeiro.

Lição 1. Os mercados não têm memória

A forma fraca da hipótese da eficiência do mercado estabelece que a sequência das variações passadas dos preços não contém nenhuma informação sobre as variações futuras. Os economistas expressam a mesma noção, de uma maneira mais concisa, ao afirmar que os mercados não têm memória. Às vezes, os gestores financeiros *parecem* atuar como se não fosse assim. Por exemplo, depois de uma alta anormal dos preços, os gestores, em geral, preferem o financiamento por capital próprio ao financiamento por endividamento.[30] A ideia é "aproveitar o mercado enquanto

---

[29] Veja F. Allen, "Do Financial Institutions Matter?" *Journal of Finance* 56 (2001), pp. 1.165-1.175.

[30] Veja, por exemplo, P. Asquith and D. W. Mullins, Jr., "Equity Issues and Offering Dilution", *Journal of Financial Economics* 15 (January-February 1986), pp. 16-89; e (para o Reino Unido) P. R. Marsh, "The Choice between Debt and Equity: An Empirical Study", *Journal of Finance* 37 (March 1982), pp. 121-144.

ele estiver alto". Do mesmo modo, muitas vezes se mostram relutantes em emitir após uma queda dos preços. Tendem a esperar por uma inversão da tendência. Mas nós sabemos que o mercado não tem memória e que os ciclos nos quais os gestores financeiros parecem confiar não existem.[31]

Às vezes, um gestor financeiro dispõe de informação privilegiada, que lhe indica se as ações da empresa estão supervalorizadas ou subvalorizadas. Suponha, por exemplo, que há boas notícias que o mercado desconheça, mas o leitor não. O preço das ações subirá como uma flecha, assim que as notícias forem reveladas. Se a sua empresa, portanto, vendesse ações ao preço atual, estaria oferecendo uma pechincha aos novos investidores à custa dos atuais acionistas.

Naturalmente, os gestores se mostram relutantes em relação à venda de novas ações quando possuem uma favorável e privilegiada informação. Mas essa informação interna nada tem a ver com a história do preço das ações. As ações de sua empresa podem, agora, estar sendo vendidas pela metade do preço que alcançaram há um ano, e, mesmo assim, o leitor poderia ter informações especiais sugerindo que esse preço *continua* gritantemente sobreavaliado. Ou podem estar subavaliadas, mesmo estando o dobro do preço do último ano.

Lição 2. Confie nos preços de mercado

Em um mercado eficiente, podemos confiar nos preços, pois eles incorporam todas as informações disponíveis sobre o valor de cada título. Isso significa que em um mercado eficiente não há a possibilidade de a maioria dos investidores conseguir, de maneira consistente, excessivas taxas de retorno. Para isso, não basta você saber mais do que *qualquer um*; é preciso saber mais do que *todo mundo*. Essa mensagem é importante para o diretor financeiro, que é responsável pela política cambial da empresa e pela gestão do endividamento. Atuando com base no princípio de que você é mais esperto do que os outros na previsão das variações dos câmbios ou dos movimentos das taxas de juros, estará trocando uma política financeira consistente por um golpe de sorte transitório.

A Procter & Gamble (P&G) retratou um exemplo custoso desse ponto no início de 1994, quando perdeu $102 milhões em um curto período de tempo. Aparentemente, em 1993, a diretoria financeira da P&G acreditava que as taxas de juros seriam estáveis e decidiu agir com essa convicção para reduzir os seus custos de endividamento. Ela recomendou que a empresa procurasse o Bankers Trust, desenhado para fazer isso. Obviamente que não há nada gratuito. Em troca de uma taxa de juros reduzida, a P&G concordou em recompensar o Bankers Trust se as taxas de juros tivessem uma alta acentuada. As taxas efetivamente tiveram um aumento dramático no início de 1994, e a organização ficou em apuros. Em seguida, acusou o Bankers Trust de não tê-la representado convenientemente nas transações – uma alegação delicada, pois a P&G mal estava investindo como uma viúva ou órfã – e acabou processando o Bankers Trust.

Não queremos tomar posição sobre os méritos desse litígio, que acabou sendo resolvido, mas pense nos concorrentes da P&G quando disputavam nos mercados de renda fixa. Poderíamos incluir as mesas de negociação de todos os bancos de investimento mais influentes, *hedge funds*, como a LTCM e gestores de carteiras de títulos de renda fixa. A P&G não tinha ideias especiais ou vantagens competitivas nesse tipo de mercado. Não havia nenhuma razão evidente para que se esperasse VPLs positivos nas transações com as quais ela se comprometeu. Sua decisão de fazer uma grande aposta em taxas de juros era tão arriscada (e dolorosa) quanto brincar de pula-mula com um unicórnio.

Por que estaria então negociando? A P&G jamais se esforçaria para entrar em um novo mercado de consumo se não tivesse nenhuma vantagem competitiva nele. No Capítulo 11, discutimos que uma empresa não deve investir a menos que possa identificar uma vantagem competitiva e uma fonte de rendas econômicas. As ineficiências do mercado podem oferecer rendas econômicas nas negociações de convergência, mas poucas são as que têm vantagem competitiva na busca dessas rendas. Como regra geral, as organizações não financeiras não

---

[31] Se os preços altos das ações forem um sinal da expansão das oportunidades de investimento e da necessidade de financiar esses novos investimentos, esperaríamos ver as empresas reunindo fundos *na totalidade* quando os preços de mercado têm um histórico elevado. Isso não explica, entretanto, por que as empresas preferem reunir os fundos adicionais nessas ocasiões por meio do financiamento por capital próprio em vez do financiamento por endividamento.

ganham nada, em média, com a especulação em mercados financeiros. Não deviam tentar imitar os *hedge funds*.[32]

Os ativos da empresa podem, também, ser diretamente afetados pela confiança da direção na sua habilidade para a realização de investimentos. Uma empresa, por exemplo, pode adquirir outra simplesmente porque a sua diretoria pensa que as ações estão subvalorizadas. Em aproximadamente metade dos casos, as ações da empresa adquirida estarão realmente subvalorizadas. Mas, nos casos restantes, estarão supervalorizadas. O valor estará correto, em média, e se verificará, com isso, que a empresa compradora está fazendo uma jogada honesta, exceto no que se refere aos custos de aquisição.

Lição 3. Leia nas entrelinhas

Se o mercado é eficiente, os preços refletem toda a informação disponível. Por isso, se aprendermos a ler nas entrelinhas, os preços dos títulos poderão nos dizer muito acerca do futuro. No Capítulo 23, revelaremos como a informação contábil da empresa pode ajudar o gestor financeiro a estimar a probabilidade de falência. Mas a avaliação que o mercado faz dos títulos da empresa também pode revelar importantes sinais sobre as perspectivas da organização. Se, por exemplo, os títulos da organização estão sendo negociados a preços baixos, pode-se deduzir que, provavelmente, ela está em dificuldades.

Eis outro exemplo: suponha que os investidores estejam confiantes quanto a uma alta das taxas de juros no decorrer do próximo ano. Nesse caso, preferem esperar antes de concederem empréstimos de longo prazo, e qualquer empresa que queira se endividar no presente, a longo prazo, terá de oferecer o incentivo de uma taxa de juros mais alta. Em outras palavras, a taxa de juros de longo prazo terá de ser superior à taxa de juros de um ano. As diferenças entre as taxas de juros de longo e de curto prazos fornecem alguma informação sobre as expectativas dos investidores em relação ao comportamento futuro das taxas de juros de curto prazo.

O próximo quadro mostra como os preços do mercado revelam opiniões sobre problemas tão diversificados como a eleição presidencial, as condições climáticas ou a demanda por um novo produto.

Lição 4. A alternativa do faça você mesmo

Em um mercado eficiente, os investidores não pagarão aos outros para fazer o que eles próprios são capazes de realizar igualmente bem. Com veremos, muito da polêmica sobre a gestão financeira das empresas é com base na exatidão com que os indivíduos conseguem reproduzir as decisões financeiras da organização. As empresas, por exemplo, frequentemente justificam as fusões com o argumento de que o resultado será uma organização mais diversificada e, portanto, mais estável. Mas, se os investidores podem possuir ações de ambas as empresas, por que deveriam ficar gratos pelas empresas se diversificarem? É muito mais fácil e barato que eles diversifiquem, em vez de as empresas fazerem isso.

O gestor financeiro tem de fazer a mesma pergunta ao decidir se será melhor emitir dívida ou ações ordinárias. Se a empresa emitir dívida, criará um efeito de alavancagem financeira. Como consequência, as ações terão um risco maior e oferecerão um retorno mais elevado. Todavia, os acionistas conseguem obter a alavancagem financeira sem que a empresa emita título de dívida. Eles podem se endividar por sua própria conta. O problema do gestor financeiro, portanto, é decidir se a empresa consegue emitir títulos de dívida com um custo menor do que o acionista individual.

Lição 5. Quem viu uma ação, viu todas

A elasticidade da demanda de qualquer produto mede a variação percentual da quantidade pedida para cada acréscimo percentual do preço. Se o produto tiver similares muito próximos, a elasticidade será fortemente negativa; se não, estará situada próximo de zero. Por exemplo, o café, que é uma *commodity* estabelecida no mercado, tem uma elasticidade de procura de cerca de −0,2. Isso significa que um aumento de 5% no preço do café afeta as vendas em −0,2 × 0,05 = −0,01; em

---

[32] Há, obviamente, algumas prováveis exceções. A Hershey e a Nestlé são *traders* confiáveis nos mercados de futuros de cacau. As principais empresas petrolíferas provavelmente têm aptidões e conhecimento especiais relevantes sobre os mercados de energia.

PRÁTICA FINANCEIRA

MERCADOS DE PREVISÕES

Os mercados de ações permitem que os investidores apostem em suas ações prediletas. Os mercados de previsões possibilitam que eles apostem em praticamente todas as demais coisas. Esses mercados revelam a adivinhação coletiva de traders em questões tão diversas como uma nevasca na cidade de Nova York, um surto de febre asiática ou a ocorrência de um terremoto de grandes proporções.

Os mercados de previsões se desenvolvem nas principais bolsas de futuros e em uma série de bolsas *on-line* menores, tais como a Iowa Electronic Markets (**www.biz.uiowa.edu/iem**). Considere, como exemplo, a corrida presidencial de 2012. Nesses últimos mercados eletrônicos, seria possível apostar que o Barack Obama venceria ao comprar um de seus contratos. Cada contrato do Obama pagava 1 dólar se ele ganhasse a maioria dos votos populares, e nada se ele perdesse. Se considerássemos que a probabilidade de uma vitória do Obama fosse, digamos, de 55%, teríamos de estar preparados para pagar até $0,55 por seu contrato. Qualquer pessoa que fosse relativamente pessimista sobre as chances do Obama teria ficado satisfeita de *vender* esse contrato a você, pois essa venda lhe renderia um lucro se Obama perdesse. Com muitos participantes envolvidos nas negociações de compra e venda, o preço de mercado de um contrato revelava a sabedoria coletiva da multidão.

Verifique os dados acompanhantes dos Iowa Electronic Markets. São mostrados os preços dos contratos para os dois pretendentes à Casa Branca entre janeiro e novembro de 2012. Em junho, antes da convenção republicana, o preço de um contrato republicano alcançou o máximo de $0,47. A partir daí, o mercado passou a sugerir um declínio constante na probabilidade de uma vitória republicana.

Os participantes desses tipos de mercados estão apostando suas fichas de acordo com o clamor das massas. Assim, a exatidão das previsões desses mercados compara-se favoravelmente com as das principais pesquisas de opinião. Algumas empresas também formaram mercados internos de previsões para pesquisar as perspectivas de seus funcionários. A Google, por exemplo, opera um mercado interno para prever datas de lançamentos de produtos, o número de usuários cadastrados no Gmail, além de outras questões estratégicas.*

---

* A experiência da Google é analisada em B. Cowgill, J. Wolfers and E. Zitzewitz, "Using Prediction Markets to Track Information Flows: Evidence from Google", Working paper, Dartmouth College, January 2009.

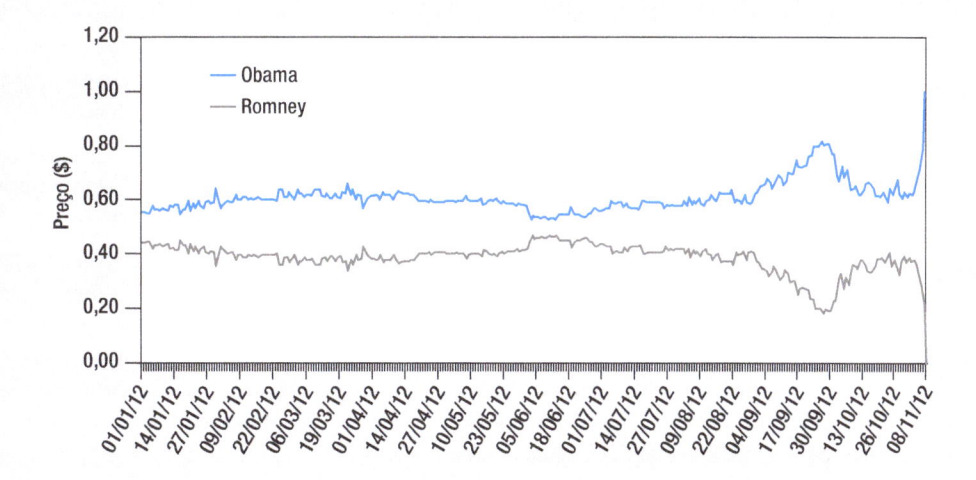

outras palavras, reduzirá a demanda em apenas 1%. Provavelmente, os consumidores consideram as várias *marcas* de café como similares muito mais próximos entre si. A elasticidade da demanda de uma determinada marca, portanto, pode estar, digamos, perto dos −2,0. Um aumento de 5% no preço da Maxwell House em relação ao da Folgers iria, nesse caso, reduzir a demanda em 10%.

Os investidores não compram uma ação pelas suas qualidades intrínsecas, mas sim porque ela oferece a perspectiva de um retorno apropriado para o seu risco. Isso significa que as ações deviam ser como marcas de café *extremamente* semelhantes, quase similares perfeitas uma das outras. Logo, a demanda das ações de uma empresa deveria ser muito elástica. Se o retorno esperado for muito baixo em relação ao risco, *ninguém* desejará possuir essas ações. Se for elevado, *todos* irão querer possuí-las.

Imagine que você queira vender um grande lote de ações. Como a demanda é elástica, naturalmente você concluirá que só precisará reduzir, ligeiramente, o preço para a venda de suas ações. Infelizmente, as coisas não são necessariamente assim. Ao propor a venda de suas ações, os outros investidores podem suspeitar de que você quer se ver livre delas por ter conhecimento de algo que eles desconhecem. Logo, baixarão a sua estimativa de valor de suas ações. A demanda continua a ser elástica, mas toda a curva da procura se desloca para baixo. Uma demanda elástica não implica que os preços das ações nunca mudam quando ocorre uma venda ou compra significativa; implica, *sim*, que você pode vender grandes quantidades de ações a um preço próximo do mercado, *desde que consiga convencer os outros investidores de que não possui informações privadas*.

Deparamo-nos novamente com uma aparente contradição em relação à prática. As agências reguladoras estaduais e federais, que estabelecem os preços cobrados pelas empresas locais de telefone, de eletricidade e de outros serviços públicos têm, às vezes, autorizado lucros consideravelmente mais elevados para compensar a empresa pela "pressão" dos preços. Essa pressão significa a queda do preço das ações da empresa, que se supõe ocorrer quando são oferecidas novas ações aos investidores. Paul Asquith e David Mullins, que pesquisaram a existência dessa pressão, descobriram, no entanto, que as emissões de novas ações efetuadas pelas empresas de serviços públicos faziam cair apenas, em média, 0,9% os preços de suas ações.[33] Voltaremos ao assunto da pressão quando analisarmos a emissão de ações, no Capítulo 15.

E se os mercados não são eficientes? Implicações para o gestor financeiro

As nossas cinco lições dependem de mercados eficientes. O que os gestores financeiros devem fazer quando os mercados *não* são eficientes? A resposta depende da natureza da ineficiência.

E se os preços das ações de sua empresa estiverem subavaliados? O gestor financeiro talvez não tenha informações especiais sobre as futuras taxas de juros, mas definitivamente tem sobre o valor das ações de sua própria empresa. A forma forte da eficiência do mercado nem sempre é válida, portanto, o gestor financeiro, de modo geral, poderá ter acesso a informações não disponíveis aos outros investidores. Ou, então, os investidores podem até ter a mesma informação que os gestores, mas podem ser lentos na reação a essas informações ou ser infectados com distorções comportamentais.

Podemos ouvir, às vezes, os gestores fazerem certas afirmativas, como estas:

> Excelente! As nossas ações estão supervalorizadas. Isso significa que vamos conseguir reunir o capital para o Projeto X. O preço alto de nossas ações nos garante uma grande vantagem sobre os nossos concorrentes que, possivelmente, não poderão investir no Projeto X.

Mas isso não faz sentido. Se as suas ações realmente estão supervalorizadas, você pode ajudar os seus acionistas atuais vendendo ações adicionais e utilizando os fundos para investir em outros títulos do mercado de capitais. Você *nunca* deve emitir ações para investir em um projeto que ofereça uma taxa de retorno inferior à que poderia ser auferida no mercado de capitais. Esse projeto teria um VPL negativo. Você pode sempre fazer algo melhor do que investir em um projeto com VPL negativo: a sua empresa pode comprar ações. Em um mercado eficiente, essas aquisições têm sempre um VPL igual a *zero*.

E o inverso? Suponha que você saiba que as suas ações estão *subvalorizadas*. Nesse caso, não ajudaria os seus acionistas vendendo ações adicionais "baratas" para investir em outras ações com os preços mais justos. Se as suas ações estiverem suficientemente subavaliadas, até poderia ser mais compensador abster-se de uma oportunidade de investir em um projeto com VPL positivo do que permitir que novos investidores comprassem ações da sua empresa a um preço baixo. Os gestores financeiros que acreditam que as ações das suas empresas estão subavaliadas têm justificativa para a sua relutância em emitir mais ações, mas devem poder financiar os seus programas de

---

[33] Veja P. Asquith and D. W. Mullins, "Equity Issues and Offering Dilution", *Journal of Financial Economics* 15 (January-February 1986), pp. 61-89.

investimento por meio de endividamento. Nesse caso, a ineficiência do mercado afetaria a opção de financiamento da empresa, e não as suas opções reais de investimento. No Capítulo 15 falaremos mais sobre a opção de financiamento quando os gestores creem que suas ações estão subavaliadas.

E se a sua empresa for apanhada em uma bolha? Uma vez na vida, o preço das ações de sua empresa pode ser varrido por uma bolha como a do *boom* das empresas "ponto.com" no final da década de 1990. As bolhas podem ser emocionantes. É difícil não querer participar do entusiasmo das multidões de investidores que elevam os preços das ações de sua empresa.[34] Em contrapartida, se a direção financeira de uma empresa se depara *no centro* de uma bolha, são colocados desafios éticos e pessoais delicados. Os gestores financeiros não querem menosprezar um preço de ação superelevado, especialmente quando os bônus e as remunerações atreladas a opções em ações dependem disso. A tentação para esconder más notícias ou de fabricar boas notícias pode ser muito forte. Mas quanto mais tempo a bolha durar, maior os danos quando ela, finalmente, estoura. Quando isso ocorrer, haverá processos judiciais e, possivelmente, uma pena na cadeia para os gestores que recorreram a contabilidade enganosa ou a farsas por meio de declarações públicas para tentar sustentar um preço de ação inflacionado.

Quando o preço da ação de uma empresa é varrido em uma tendência ascendente em uma bolha, os CEOs e os diretores financeiros são tentados a adquirir outra empresa utilizando as ações como moeda corrente. Um exemplo extremo onde isso sabidamente ocorreu foi a aquisição da Time Warner pela AOL no pico da bolha das empresas "ponto.com" em 2000. A AOL era uma empresa clássica surgida na Internet. Suas ações subiram de $2,34, no fim de 1995, para $75,88 no fim de 1999. Os preços das ações da Time Warner também subiram durante esse intervalo, mas somente de $18,94 para $72,31. A capitalização total de mercado da AOL era uma pequena fração da capitalização da Time Warner em 1995, mas teve valores superiores em 1998. No final de 1999, as ações da AOL em circulação no mercado valiam $173 bilhões, comparados com os $95 bilhões da Time Warner. A AOL conseguiu completar a aquisição antes do estouro da bolha da Internet. As ações resultantes da fusão AOL-Time Warner consequentemente despencaram, mas nem de longe atingiram os níveis inferiores das ações das empresas "ponto.com" que não tiveram a habilidade de descobrir e adquirir parceiros mais seguros.[35]

---

[34] Veja J. C. Stein, "Rational Capital Budgeting in an Irrational World", *Journal of Business* 69 (October 1996), pp. 429-455.

[35] Pavel Savor e Qi Lu fornecem provas de que muitas outras empresas conseguiram se beneficiar com as aquisições de ações. Veja "Do Stock Mergers Create Value for Acquirers?" *Journal of Finance*, 64 (June 2009), pp. 1.061-1.097.

RESUMO

A santa padroeira da Bolsa de Valores de Barcelona, na Espanha, é Nuestra Señora de la Esperanza. É a padroeira perfeita, pois todos nós temos a esperança de obter retornos elevados quando investimos. Entretanto, a competição entre os investidores tenderá a criar um mercado eficiente, no qual os preços incorporarão rapidamente qualquer nova informação e será muito difícil obter, de forma consistente, retornos elevados. Até podemos ter essa esperança, mas tudo o que podemos *esperar*, racionalmente, em um mercado eficiente, é um retorno que nos compense exatamente pelo valor temporal do dinheiro e pelos riscos assumidos.

A hipótese da eficiência do mercado assume três formas diferentes. A forma fraca dessa hipótese defende que os preços refletem, de maneira eficiente, toda a informação contida nas séries passadas dos preços das ações. Nesse caso, é impossível obter retornos elevados apenas na busca de padrões de comportamento nos preços das ações – isto é, as variações dos preços são aleatórias. A forma semiforte da hipótese afirma que os preços refletem todas as informações publicadas. Isso significa que é impossível obter retornos elevados de maneira consistente simplesmente lendo o jornal, observando as contas anuais das empresas etc. A forma forte da hipótese afirma que os preços das ações incorporam, efetivamente, todas as informações disponíveis e nos diz que a informação privilegiada é difícil de se encontrar porque, ao procurá-la, se está competindo com milhares, talvez milhões, de investidores ativos, inteligentes e ambiciosos. O melhor que se pode fazer nessa situação é partir do princípio de que os títulos têm um preço justo e ter a esperança de que, um dia, Nossa Senhora recompense a sua humildade.

Durante as décadas de 1960 e 1970, tudo o que se escreveu sobre esse tópico pareceu fornecer provas adicionais de que os mercados financeiros são eficientes. Mas os leitores se cansaram de ouvir sempre a mesma mensagem e quiseram ler sobre as exceções possíveis. Nas décadas de 1980 e 1990, foram descobertas diversas anomalias e muitos enigmas. As bolhas, inclusive a das empresas "ponto.com" na década de 1990 e a bolha do setor imobiliário dos anos 2000, lançaram dúvidas sobre se os mercados eram, invariavelmente e em todos os locais, eficientes.

Os limites à arbitragem podem explicar por que os preços dos ativos podem se desviar em relação aos valores razoáveis. As finanças comportamentais, que se baseiam em evidências psicológicas para interpretar o comportamento dos investidores, são consistentes com muitos dos desvios encontrados em um mercado eficiente. Essa disciplina sustenta que os investidores são avessos a até pequenas perdas, especialmente quando os recentes retornos de alguns investimentos são desapontadores. Os investidores podem confiar demasiadamente em alguns eventos recentes para fazer uma previsão do futuro. Talvez exibam uma confiança exagerada em suas previsões e, também, sejam lentos ao reagir a essas novas informações.

O comportamento humano abriga muitos caprichos e desvios, de modo que as finanças comportamentais têm muito material primário a ser explorado. Mas se cada anomalia ou enigma podem ser explicados por alguma receita de caprichos, desvios e pensamentos retrospectivos, o que aprendemos? A pesquisa na literatura sobre finanças comportamentais é informativa e intrigante, mas ainda não se encontra no estágio em que apenas alguns modelos parcimoniosos possam dar conta da maior parte dos desvios da eficiência do mercado.

Faz tempo que se debate o quanto os mercados são eficientes, e não parece haver qualquer perspectiva de uma conclusão universalmente aceita dentro em breve. Talvez nada ilustre melhor a natureza aberta desse debate do que a decisão de premiar conjuntamente com o Prêmio Nobel 2013 em economia tanto Eugene Fama, que é chamado de o pai da hipótese do "mercado eficiente", quanto Robert Shiller, cujo trabalho se concentra nas *ineficiências* de mercado. (O terceiro ganhador do Nobel em 2013 foi Lars Hansen, por seu desenvolvimento de métodos estatísticos que foram amplamente usados para testar teorias de precificação de ativos.)[36]

Para um diretor financeiro de uma empresa preocupado em emitir ou adquirir títulos, a teoria da eficiência do mercado tem implicações óbvias. Contudo, e em certo sentido, tem mais perguntas do que respostas. A existência de mercados eficientes não quer dizer que o gestor financeiro possa deixar o financiamento "ao deus-dará". Faculta apenas um ponto de partida para a análise. Será necessário, a partir de agora, nos dedicarmos aos detalhes dos títulos e aos procedimentos de suas emissões. Começaremos a fazer isso no Capítulo 14.

---

[36] Veja http://nobelprize.org/nobel_prizes/economic-sciences/laureates/2013/ para consultar seus discursos na cerimônia de premiação.

LEITURAS ADICIONAIS

A obra de Malkiel sobre a eficiência do mercado é de leitura fácil; Fama escreveu dois artigos clássicos sobre o tema:

B. G. Malkiel, *A Random Walk Down Wall Street*, 10th ed. (New York: W.W. Norton, 2012).

E. F. Fama, "Efficient Capital Markets: A Review of Theory and Empirical Work," *Journal of Finance* 25 (May 1970), pp. 383-417.

E. F. Fama, "Efficient Capital Markets: II," *Journal of Finance* 46 (December 1991), pp. 1575-1617.

Há diversos trabalhos úteis sobre finanças comportamentais:

N. Barberis and R. H. Thaler, "A Survey of Behavioral Finance," in G. M. Constantinides, M. Harris, and R. M. Stulz (eds.), *Handbook of the Economics of Finance* (Amsterdam: Elsevier Science, 2003).

M. Baker, R. S. Ruback, and J. Wurgler, "Behavioral Corporate Finance," in B. E. Eckbo (ed.), *The Handbook of Empirical Corporate Finance* (Amsterdam: Elsevier/North-Holland, 2007), Chapter 4.

R. J. Shiller, "Human Behavior and the Efficiency of the Financial System," in J. B. Taylor and M. Woodford (eds.), *Handbook of Macroeconomics* (Amsterdam: North-Holland, 1999).

A. Shleifer, *Inefficient Markets: An Introduction to Behavioral Finance* (Oxford: Oxford University Press, 2000).

R. H. Thaler (ed.), *Advances in Behavioral Finance* (New York: Russell Sage Foundation, 1993).

Algumas perspectivas conflitantes sobre a eficiência do mercado podem ser consultadas em:

G. W. Schwert, "Anomalies and Market Efficiency," in G. M. Constantinides, M. Harris, and R. M. Stulz (eds.), *Handbook of the Economics of Finance* (Amsterdam: Elsevier Science, 2003).

M. Rubinstein, "Rational Markets: Yes or No? The Affirmative Case?" *Financial Analysts Journal* 57 (May-June 2001), pp. 15-29.

B. G. Malkiel, "The Efficient Market Hypothesis and Its Critics," *Journal of Economic Perspectives* 17 (Winter 2003), pp. 59-82.

R. J. Shiller, "From Efficient Markets Theory to Behavioral Finance," *Journal of Economic Perspectives* 17 (Winter 2003), pp. 83-104.

E. F. Fama and K. R. French, "Dissecting Anomalies," *Journal of Finance* 63 (August 2008), pp. 1653-1678.

As bolhas são discutidas em:

M. Brunnermeier, *Asset Pricing under Asymmetric Information: Bubbles, Crashes, Technical Analysis, and Herding* (Oxford: Oxford University Press, 2001).

A. Scherbina, "Asset Price Bubbles: A Selective Survey," IMF Working Paper 13/45, 2013.

R. J. Shiller, *Irrational Exuberance*, 2nd ed. (Princeton, NJ: Princeton University Press, 2005).

PROBLEMAS

BÁSICO

1. **Eficiência de mercado** Quais destas afirmações (se houver) são verdadeiras? Os preços das ações parecem se comportar como se os seus valores sucessivos (a) fossem números aleatórios, (b) seguissem ciclos regulares, (c) diferissem por um número aleatório.

2. **Eficiência de mercado** Preencha as lacunas do texto a seguir:

   "Há três formas de hipótese da eficiência do mercado. Os testes sobre a aleatoriedade dos retornos das ações evidenciam a forma _____ da hipótese. Os testes sobre a reação dos preços das ações a informações bastante divulgadas são comprobatórios da forma _____, e os testes de desempenho dos fundos geridos profissionalmente evidenciam a forma _____. A eficiência do mercado resulta da concorrência entre os investidores. Muitos investidores procuram novas informações sobre os negócios da empresa com o objetivo de avaliar as suas ações mais corretamente. Tal investigação ajuda a assegurar que os preços reflitam todas as informações disponíveis: em outras palavras, ajuda a manter o mercado eficiente na sua forma _____. Outros investidores estudam os preços passados das ações, de modo a identificar padrões recorrentes que lhes permitam alcançar lucros mais elevados. Essa investigação ajuda a assegurar que os preços reflitam todas as informações contidas nos preços passados das ações; em outras palavras, ajuda a manter o mercado eficiente na sua forma _____."

3. **Eficiência de mercado** Verdadeiro ou falso? A hipótese da eficiência do mercado pressupõe:

   a. Que não há impostos.
   b. Que a capacidade da previsão é perfeita.
   c. Que as sucessivas variações dos preços são independentes.
   d. Que os investidores são irracionais.
   e. Que não há custos de transação.
   f. Que as previsões são não enviesadas.

4. **Eficiência de mercado** Verdadeiro ou falso?

   a. As decisões de financiamento são menos facilmente reversíveis do que as decisões de investimento.
   b. Alguns testes mostraram que existe uma correlação negativa quase perfeita entre as sucessivas variações dos preços.
   c. A forma semiforte da hipótese da eficiência do mercado afirma que os preços refletem toda a informação publicamente disponível.
   d. Nos mercados eficientes, o retorno esperado de todas as ações é o mesmo.

5. **Retornos anormais** A análise das taxas de retorno da United Futon, ao longo de 60 meses, indica um beta de 1,45 e um alfa de –0,2%. No mês seguinte, o mercado subiu 5%, e a United Futon, 6%. Qual é a taxa anormal de retorno da Futon?

6. **Finanças comportamentais** Verdadeiro ou falso?

   a. A maioria dos gestores tendem a ter excesso de confiança.
   b. Os psicólogos descobriram que, depois que as pessoas sofrem uma perda, elas ficam menos preocupadas com a possibilidade de sofrerem mais perdas.
   c. Os psicólogos observaram que as pessoas tendem a enfatizar demais os eventos recentes quando estão fazendo previsões.
   d. Tendenciosidades comportamentais abrem oportunidades para lucros com arbitragem.

7. **Efeito de anúncios** A Geothermal Corporation acabou de receber uma boa notícia: os seus lucros aumentaram 20% em comparação com o valor do ano passado. A maioria dos investidores estava prevendo um aumento de 25%. O preço das ações da Geothermal vai subir ou descer quando os lucros forem anunciados?

8. **Cinco lições** Aqui estão, novamente, as cinco lições sobre a eficiência do mercado. Para cada uma delas, dê um exemplo que mostre a importância da lição para os gestores financeiros.

   a. Os mercados não têm memória.
   b. Confie nos preços do mercado.
   c. Leia nas entrelinhas.
   d. A alternativa do "faça você mesmo".
   e. Depois de vista uma ação, todas estão vistas.

9. **Anomalias** Dê dois ou três exemplos de eventos ou resultados de pesquisas que levantam dúvidas sobre a eficiência do mercado. Justifique-as resumidamente.

INTERMEDIÁRIO

10. **Eficiência de mercado** Como você reagiria aos seguintes comentários?

    a. "Mercado eficiente uma ova! Conheço muitos investidores que fazem loucuras."
    b. "Mercado eficiente? Bobagem! Conheço pelo menos uma dúzia de pessoas que fizeram uma pequena fortuna no mercado de ações."
    c. "O problema da teoria do mercado eficiente é que ela ignora a psicologia dos investidores."
    d. "Apesar de todas as limitações, o melhor indicador do valor de uma empresa é o seu valor contábil depreciado. É muito mais estável do que o valor de mercado, que depende de modas temporárias."

11. **Eficiência de mercado** Critique os seguintes comentários:

    a. "A teoria do movimento aleatório, com a sua implicação de que investir no mercado de ações é equivalente a jogar na roleta, é uma forte acusação aos nossos mercados de capitais."
    b. "Se todas as pessoas acreditassem que se pode ganhar dinheiro com base em gráficos de evolução de

preços de ações, as variações dos preços não seriam aleatórias."

c. "A teoria do movimento aleatório implica que os acontecimentos são aleatórios, mas muitos não são – se chover hoje, há uma boa probabilidade de que amanhã volte a chover."

12. **Eficiência de mercado** Quais das seguintes afirmações *parecem* indicar ineficiência do mercado? Explique se as observações sugerem contradizer a forma fraca, semiforte ou forte da hipótese da eficiência do mercado.

a. As obrigações municipais livres de impostos oferecem retornos anteriores aos impostos mais baixos do que as obrigações do governo sujeitas a impostos.

b. Os gestores obtêm retornos elevados nas aquisições de ações da sua própria empresa.

c. Há uma relação positiva entre o retorno do mercado em um trimestre e a variação dos lucros globais da organização no trimestre seguinte.

d. Existem provas controversas de que as ações cujo preço tenha subido de forma incomum, em um passado recente, continuem subindo no futuro.

e. As ações de uma empresa adquirida tendem a subir no período imediatamente anterior ao do anúncio da fusão.

f. As ações de empresas com lucros inesperadamente elevados parecem oferecer altos retornos durante vários meses após o respectivo anúncio.

g. As ações com alto risco proporcionam, em média, retornos mais altos do que as ações mais seguras.

13. **Retornos anormais** Estes são os alfas e os betas da Intel e da ConAgra de 60 meses, terminando em fevereiro de 2012. O alfa é expresso como uma porcentagem mensal.

	Alfa	Beta
Intel	–0,97	1,08
ConAgra	–0,51	0,67

Explique como essas estimativas podem ser utilizadas para calcular um retorno anormal.

14. **Eficiência de mercado** "Se a hipótese da eficiência do mercado for verdadeira, o gestor de um fundo de pensão pode também escolher uma carteira ao acaso." Explique por que essa afirmação não é correta.

15. **Cinco lições** Dois gestores financeiros, Alfa e Beta, estão analisando o gráfico que mostra o desempenho efetivo do Standard & Poor's Composite Index durante um período de cinco anos. As empresas de cada um dos gestores precisam fazer uma emissão de ações ordinárias no ano seguinte.

Alfa: A minha empresa vai fazer a emissão imediatamente. O ciclo do mercado de ações está obviamente em alta e, a seguir, quase certamente, vai cair. É melhor lançar a emissão agora e obter um preço decente para as ações.

Beta: Você é muito nervoso; nós vamos esperar. É verdade que não tem havido alterações do mercado desde o ano passado, mais ou menos, mas o gráfico mostra, claramente, uma tendência básica de subida. O mercado está a caminho de um novo patamar.

Qual conselho você daria a Alfa e a Beta?

16. **Arbitragem** O que a hipótese da eficiência do mercado terá a dizer sobre estas duas afirmações?

a. "Noto que as taxas de juros de curto prazo estão cerca de 1% abaixo das taxas de juros de longo prazo. Devíamos nos endividar em curto prazo."

b. "Noto que as taxas de juros do Japão estão cerca de 1% abaixo das taxas de juros dos Estados Unidos. Faríamos melhor se nos endividássemos em ienes do que em dólares."

17. **Eficiência de mercado** Fama e French mostram que os retornos médios de ações de empresas com pequena capitalização do mercado têm sido significativamente maiores do que os retornos médios de ações de empresas com grande capitalização do mercado? Explique resumidamente.

18. **Retornos anormais** A coluna (A) do Quadro 13.1 mostra os retornos mensais do índice British FTSE 100 desde junho de 2013 até janeiro de 2015. As colunas (B) e (C) mostram os retornos das ações de duas empresas: a Executive Cheese e a Paddington Beer. Ambas comunicaram seus lucros em janeiro de 2015. Calcule o retorno anormal médio de cada ação durante o mês em que foram comunicados os lucros.

19. **Limites de arbitragem** Em 15 de maio de 1977, o governo do Kuwait pôs à venda 170 milhões de ações da BP, no valor de $2 bilhões. A Goldman Sachs foi contatada, depois de o mercado londrino ter fechado, e lhe foi dada uma hora para decidir se queria fazer uma proposta de compra das ações. Decidiram oferecer 710,5 *pence* ($11,59) para cada ação, e o Kuwait aceitou. Depois, a Goldman Sachs foi à procura de compradores. Contataram 500 investidores institucionais e individuais em todo o mundo, e revenderam todas as ações a 719 *pence* ($11,70). A venda já havia terminado quando a Bolsa de Valores de Londres reabriu, na manhã seguinte. A Goldman Sachs lucrou, durante a noite, $15 milhões.[37]

O que esse negócio revela sobre a eficiência do mercado? Explique.

20. **Bolhas** Explique como os problemas de agência e de incentivos podem contribuir para os preços incorretos de títulos ou para as bolhas. Dê exemplos.

21. **Finanças comportamentais** Muitos analistas culparam a crise do *subprime* como uma "exuberância irracional". Qual é a sua visão? Explique brevemente.

DESAFIO

22. **Eficiência de mercado** "A forma forte da hipótese da eficiência do mercado é um disparate. Veja o fundo de in-

---
[37] "Goldman Sachs Earns a Quick $15 Million Sale of BP Shares", *The Wall Street Journal*, May 16, 1997, p. A4.

QUADRO 13.1 Veja o Problema 18. Taxas de retorno em porcentagem por mês

Mês	Retorno do mercado	Retorno da Executive Cheese	Retorno da Paddington Beer
Jun – 2013	−5,6	−3,2	−9,2
Jul.	6,5	6,1	7,3
Ago.	−3,1	2,0	−6,7
Set.	0,8	0,4	0,5
Out.	4,2	2,7	7,3
Nov.	−1,2	−2,3	−4,9
Dez.	1,5	1,4	1,8
Jan. −2014	−3,5	−3,8	−5,0
Fev.	4,6	4,0	5,6
Mar.	−3,1	−4,2	−5,7
Abr.	2,8	1,3	4,5
Maio	1,0	0,9	0,5
Jun.	−1,5	−1,4	−0,7
Jul.	−0,2	−0,3	−0,8
Ago.	1,3	1,6	2,2
Set.	−2,9	−2,4	−6,4
Out.	−1,2	−0,9	−0,8
Nov.	2,7	2,3	3,4
Dez.	−2,3	−1,7	−2,3
Jan −2015	4,0	5,7	4,1

vestimento X; ele tem tido um bom desempenho durante os últimos dez anos." O orador tem alguma questão? Suponha que há 50% de probabilidade de o fundo X obter um bom desempenho em qualquer ano, apenas por acaso.

a. Se X for o único fundo, calcule a probabilidade de ele ter tido um bom desempenho durante os últimos dez anos.

b. Agora, reconhecendo que há mais de 10 mil fundos de investimento nos Estados Unidos, qual é a probabilidade de, por acaso, haver pelo menos um fundo entre os 10 mil que obteve dez anos consecutivos de bom desempenho.

23. **Bolhas** Algumas bolhas extremas são óbvias se as analisarmos retrospectivamente após estourarem. Mas como você *definiria* uma bolha? Há vários exemplos de boas notícias e subida dos preços das ações, seguidos por más notícias e respectiva queda nos seus preços. É possível estabelecer regras e procedimentos para distinguir entre as bolhas e as variações normais dos preços das ações?

FINANÇAS NA WEB

Use **finance.yahoo.com** para baixar os preços diários de cinco ações norte-americanas para um período recente de cinco anos. Para cada ação, construa um diagrama de dispersão de retornos sucessivos como na Figura 13.1. Calcule a correlação entre os retornos em dias sucessivos. Você percebe algum padrão consistente?

CAPÍTULO 14

Visão geral sobre o financiamento de empresas

Começamos agora nossa análise das decisões de financiamento de longo prazo – uma tarefa que será concluída somente no Capítulo 25. Este capítulo apresenta uma introdução ao financiamento das empresas e faz um estudo genérico de vários tópicos que serão, posteriormente, abordados com maior profundidade.

Iniciamos o capítulo analisando os dados agregados das fontes de financiamento. A maior parte dos fundos destinados a novos investimentos é originária dos lucros que as empresas obtêm e reinvestem. O restante resulta da emissão de obrigações ou de ações. Esses padrões de financiamento levantam várias questões interessantes. As empresas dependem extremamente de financiamento interno em vez de novas emissões de títulos ou de ações? Os índices de dívida das empresas dos Estados Unidos estão perigosamente altos?

A nossa segunda tarefa neste capítulo é a análise de algumas das principais características dos títulos e das ações. Os credores e os acionistas têm diferentes *direitos aos fluxos de caixa* e também diferentes *direitos de controle*. Os credores têm prioridade nos fluxos de caixa porque lhes são devidos pagamentos em dinheiro pelos juros e pelo capital, e os acionistas recebem os fundos que sobram após os credores terem sido pagos. Os acionistas, portanto, têm o controle completo da empresa desde que cumpram as suas responsabilidades perante os credores. Como proprietários do negócio, eles possuem a última palavra no controle sobre os ativos que a empresa compra, sobre o modo como esses são financiados e como são utilizados. É óbvio que, nas grandes empresas, os acionistas delegam essas decisões à diretoria que, por sua vez, escolhe o gestor de topo. Nesses casos, o controle *efetivo* termina geralmente nas mãos dos gestores da empresa.

A simples divisão dos fluxos de caixa entre obrigações e ações fornece pistas sobre a grande variedade de tipos de dívida que as empresas emitem. Por isso, encerramos a nossa discussão sobre os títulos de dívida e as ações com um passeio rápido pelas várias categorias de dívida. Fazemos uma pausa para descrever alguns tipos de ações menos comuns, especificamente as ações preferenciais.

O gestor financeiro é o elo entre a empresa e as instituições financeiras responsáveis por boa parte dos fundos de que as empresas precisam, juntamente com a ajuda para fazer pagamentos, gerir riscos e assim por diante. Assim, faremos uma introdução das principais instituições financeiras e examinaremos os papéis que elas cumprem no financiamento corporativo da economia como um todo. A crise financeira que iniciou no verão de 2007 demonstrou a importância de termos instituições e mercados financeiros saudáveis. Revisaremos a crise e suas repercussões.

14.1 Padrões de financiamento de empresas

As empresas investem em ativos de longo prazo (principalmente em propriedades, instalações e equipamentos) e no capital de giro (ativo corrente menos passivo corrente). A Figura 14.1 mostra de onde as organizações norte-americanas obtêm os fundos para o pagamento desses investimentos. A maior parte dos fundos é gerada internamente. Em outras palavras, são originados de fluxos de caixa que a empresa reservou como depreciações ou de lucros retidos (lucros que não foram pagos como dividendos).[1] Os acionistas gostam que as empresas reinvistam esses fundos, desde

---

[1] Na Figura 14.1, os fundos gerados internamente foram calculados adicionando a depreciação aos lucros retidos. A depreciação é uma despesa não desembolsável (a quantia referente não sai do caixa). Por isso, os lucros retidos representam um valor inferior ao fluxo de caixa disponível para o reinvestimento.

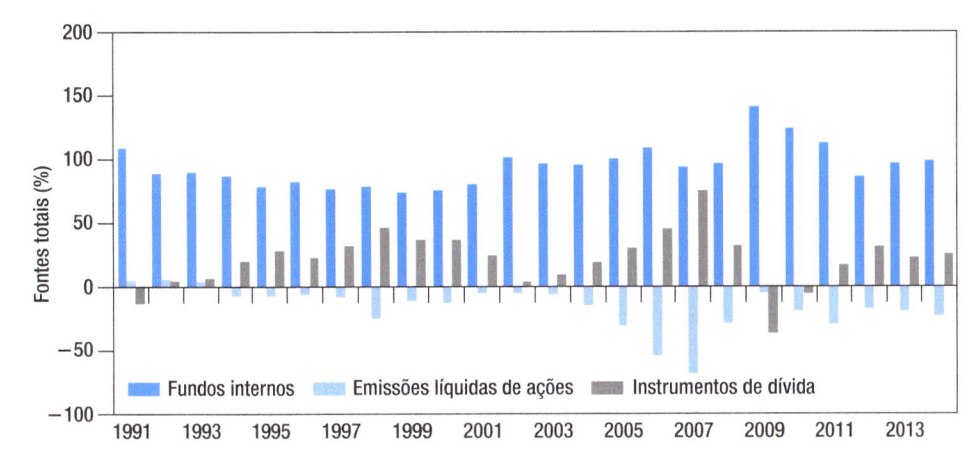

▶ **FIGURA 14.1** Fontes de financiamento das empresas não financeiras norte-americanas, expressas como uma fração do total.

Fonte: Board of Governors of the Federal Reserve System, Division of Research and Statistics, Flow of Funds Accounts Table F103, disponível em **www.federalreserve.gov/releases/z1/current/data.htm**.

que se destinem a investimentos com um VPL positivo. Cada investimento com VPL positivo gera um aumento do preço de suas ações.

As empresas norte-americanas não são as únicas que se baseiam essencialmente nos fluxos de caixa gerados internamente. Por exemplo, os fundos internos representam a maior parte do financiamento corporativo na Alemanha, no Japão e no Reino Unido.

Por vezes, os fluxos de caixas chegam até a superar o custo do investimento, mas quando isso não ocorre, e a empresa enfrenta um déficit financeiro. Para equilibrar esse déficit, a empresa deve reduzir a distribuição de dividendos a fim de aumentar os lucros retidos, ou deve emitir novas obrigações ou ações para captar investidores externos. Assim, há duas decisões básicas sobre financiamento. Primeira, qual fração dos lucros deve ser reinvestida no negócio em vez de entregá-la aos acionistas? Segunda, qual parte do déficit financeiro deve ser financiada por meio de empréstimo em vez de uma emissão de ações. Portanto, a empresa necessita de uma política de dividendos (Capítulo 16) e, também, de uma política de endividamento (Capítulos 17 e 18).

Observe as emissões de ações nos Estados Unidos na Figura 14.1. As emissões líquidas foram *negativas* em quase todos os anos. Isso significa que o fundo gerado por emissões de ações foi menor que os dividendos pagos aos acionistas por meio da compra de ações em circulação. (As empresas podem recomprar as suas ações, ou podem comprar ou se apropriar das ações de outras empresas mediante fusões e aquisições.) A escolha entre uma ou outra modalidade é um outro aspecto da política de dividendos.

A recompra de ações nos Estados Unidos foi particularmente substancial em 2006 e 2007, o que responde pela grande quantidade de emissões líquidas negativas naqueles anos. Em contraste, as emissões de dívida foram positivas em quase todos os anos.

As empresas dependem excessivamente dos recursos internos?

Vimos que, em média, os recursos internos (os lucros retidos mais a depreciação) cobrem a maior parte dos recursos necessários para o investimento. Parece que o financiamento interno é mais conveniente do que o financiamento externo por meio da emissão de ações e de obrigações. Alguns observadores acreditam que os gestores têm uma aversão irracional ou egoísta em relação ao financiamento externo. Um gestor que prefira ter um emprego confortável pode ser tentado a ignorar um projeto arriscado, mas com um VPL positivo, se esse envolver uma nova emissão de ações e questionamentos perigosos por parte dos investidores potenciais. Talvez os gestores optem pela via de menor resistência e evitem a "disciplina dos mercados de capital".

Não queremos com isso pintar os gestores como "vadios". Às vezes eles têm boas razões para recorrer aos fundos gerados internamente. Pode ser que estejam evitando os custos de emissão de novos valores mobiliários. Além disso, o anúncio de uma nova emissão de ações é, geralmente, uma má notícia para os investidores, que receiam que a decisão de emitir seja um sinal de uma futura diminuição dos lucros ou de riscos mais elevados.[2] Se as emissões de ações são dispendiosas e enviam sinais negativos aos acionistas, a possibilidade de as empresas considerarem mais cuidadosamente os projetos que necessitam de emissões de ações pode ser justificada.

Quanto as empresas pedem emprestado?

A combinação de financiamento por capitais próprios ou por endividamento varia amplamente entre os setores de atividade e entre as empresas em si. No caso de algumas organizações específicas, as proporções de endividamento também variam ao longo do tempo. Essas variações são um fato real; não há uma proporção constante, dada pela natureza, e, se houvesse, ela mudaria. Mas um pouco de estatística agregada não fará nenhum mal.

O Quadro 14.1 apresenta uma consolidação do balanço de todas as empresas industriais dos Estados Unidos. Se todas elas se fundissem em uma empresa gigantesca, o Quadro 14.1 seria o seu balanço. Os ativos e os passivos do quadro são os valores contábeis, que, em geral, não são iguais aos valores de mercado. Apesar disso, os números são instrutivos. Repare que as empresas tinham $2.014 bilhões de dívida de longo prazo e $3.973 bilhões de capital próprio. Esse índice era, portanto, $2.014/($2.014 + $3.973) = 0,34.[3]

Obviamente, o Quadro 14.1 não passa de um retrato imediato da situação. A Figura 14.2 fornece uma perspectiva a longo prazo. Os índices de endividamento são menores quando computados a partir de valores de mercado, em vez de valores contábeis. Isso porque o valor de mercado do patrimônio geralmente é maior do que o valor contábil. No entanto, em ambos os casos o índice de endividamento é um pouco mais alto do que era em 1965.

Devemos nos preocupar com o fato de os índices contábeis do endividamento serem, hoje, superiores aos valores de 50 anos atrás? É verdade que os índices do endividamento mais elevados significam que mais empresas vão se deparar com problemas financeiros quando uma grande recessão atingir a economia, mas, de uma forma ou de outra, todas as empresas vivem sob esse risco, e menos risco não significa ser "melhor". A determinação do índice de endividamento ideal é semelhante a determinar o limite ideal da velocidade. Concordamos que os acidentes a 40 km/h são, geralmente, menos perigosos que os acidentes a 80 km/h, mas, por causa disso, não limitamos

QUADRO 14.1 Balanço consolidado das empresas industriais nos Estados Unidos, quarto trimestre, 2014 (valores em $ bilhões)

Ativos		$ Bilhões	Passivos		$ Bilhões
Ativos circulantes[a]		$2.454	Passivos circulantes[a]		$1.802
Ativos fixos	$3.321		Passivos de longo prazo	$2.014	
Menos depreciação	1.791		Outros passivos de longo prazo[b]	1.324	
Ativos fixos líquidos		1.530	Total do passivo de longo prazo[b]		3.338
Outros ativos de longo prazo		5.129	Patrimônio líquido		3.973
Total do ativo		$9.113	Total do passivo e do patrimônio líquido		$9.113

[a] Veja o Quadro 30.1 para a desagregação dos ativos e dos passivos circulantes.
[b] Inclui impostos a pagar e uma miscelânea de diversas categorias.
Fonte: U.S. Census Bureau, Quarterly Report for Manufacturing, Mining and Trade Corporations, 2014 (**www.census.gov/econ/qfr**).

---

[2] Os gestores têm a visão interna da empresa e sentem-se naturalmente tentados a emitir ações quando seus preços lhes parecem favoráveis, ou seja, quando estão menos otimistas do que os investidores externos. Conscientes desse fato, os investidores externos comprarão as novas ações apenas a um preço inferior ao que foi pré-anunciado. No Capítulo 15, abordaremos as emissões de ações mais detalhadamente.

[3] Esse índice de endividamento pode estar abaixo de seus valores normais, pois "Outras obrigações de longo prazo" provavelmente incluem alguns direitos equivalentes de dívida. Todavia, não pararemos para classificar essas outras obrigações.

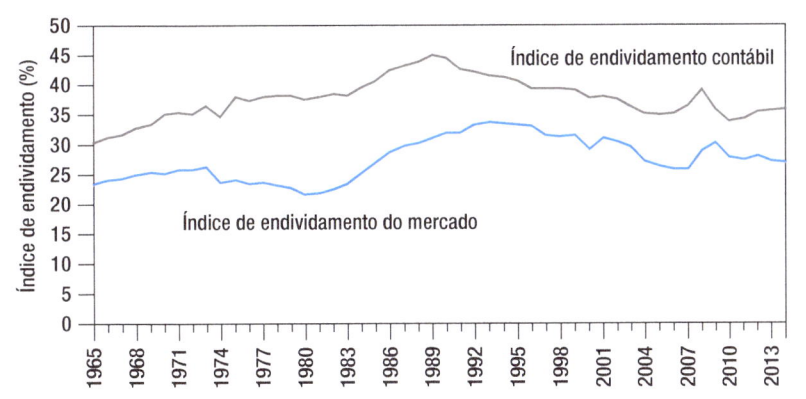

▶ **FIGURA 14.2** Índice de endividamento sobre o valor líquido para empresas não financeiras, 1965-2014.

Fonte: Board of Governors of the Federal Reserve System, Division of Research and Statistics, Flow of Funds Accounts Table B. 102, disponível em www.federalreserve.gov/releases/z1/current/data.htm.

a velocidade a 40 km/h em todas as estradas. A velocidade tem benefícios e também riscos. O mesmo acontece com a dívida, como veremos no Capítulo 18.

14.2 Ações ordinárias

Os acionistas ordinários são os proprietários da empresa. Algumas das ações ordinárias são adquiridas diretamente por investidores individuais, mas a maior parte pertence a **intermediários financeiros**, como fundos de investimento, fundos de pensão e seguradoras. Por exemplo, veja a Figura 14.3. Pode-se perceber que, nos Estados Unidos, quase 50% das ações ordinárias estão em poder de intermediários financeiros norte-americanos, com os fundos de investimento possuindo 25% e os fundos de pensão mais 15%.[4]

O que queremos dizer ao afirmarmos que esses acionistas são *os donos* da empresa? A resposta é óbvia se a empresa não emitiu outros títulos. Considere o caso mais simples possível, de uma corporação financiada apenas por ações ordinárias, todas pertencentes ao CEO (presidente

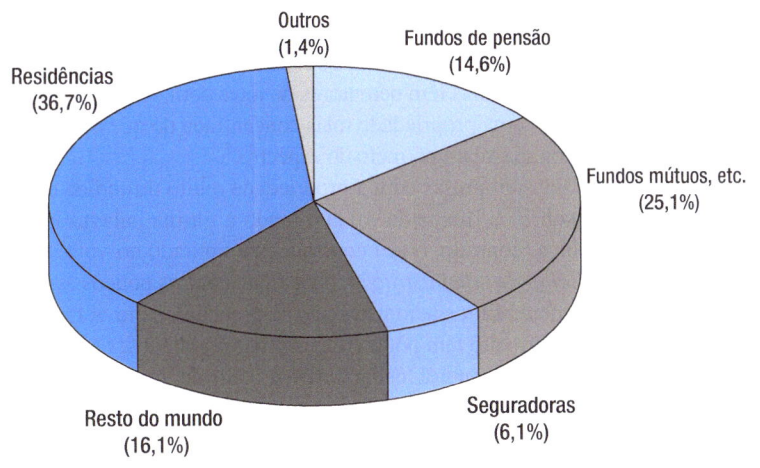

▶ **FIGURA 14.3** Posse de ações de empresas, dezembro de 2014.

Fonte: Board of Governors of the Federal Reserve System, Division of Research and Statistics, Flow of Funds Accounts Table L. 213, disponível em www.federalreserve.gov/releases/z1/current/data.htm.

---

[4] A Figura 14.3 não mostra as posses norte-americanas de ações no exterior. Isso representa 20% do total de patrimônio acionário de investidores norte-americanos.

executivo) da empresa. Esse feliz dono-gestor recebe todos os fluxos de caixa, faz todos os investimentos e toma todas as decisões operacionais. Tem todos os direitos aos *fluxos de caixa* e, também, todos os *direitos de controle*.

Esses direitos são divididos e realocados assim que a empresa contrai um empréstimo. Se o empréstimo for bancário, é estabelecido um contrato com o banco em que se promete o pagamento de juros e o pagamento do capital. O banco adquire um direito privilegiado, porém limitado, aos fluxos de caixa; os demais direitos sobre os fluxos de caixa continuam pertencendo ao acionista. Assim, as ações ordinárias são um *direito residual* sobre os ativos e os fluxos de caixa da organização.

O banco em geral protege o seu direito impondo restrições ao que a empresa pode ou não fazer. Ele pode exigir, por exemplo, que a empresa limite os empréstimos no futuro, e pode impedir a empresa de vender ativos ou de pagar dividendos excessivos. Os direitos de controle dos acionistas também estão, por isso, limitados. O contrato com o banco, contudo, nunca pode restringir ou determinar todas as decisões operacionais e de investimento necessárias para dirigir a empresa eficientemente. (Nenhuma equipe de advogados, por mais que tente, conseguirá redigir um contrato que cubra todas as contingências possíveis.[5]) Os detentores de ações ordinárias retêm os direitos residuais de controle sobre essas decisões. Podem optar, por exemplo, por aumentar o preço de venda dos produtos da empresa, por contratar temporários em vez de permanentes, ou por construir uma nova fábrica em Miami Beach, em vez de Hollywood.[6]

É óbvio que a propriedade da empresa pode ser alterada. Se a empresa falhar nos seus pagamentos aos bancos, pode ser forçada à falência. Quando a empresa está sob a "proteção" de um tribunal de falências, os fluxos de caixa dos acionistas e os direitos de controle ficam bastante restringidos e podem até ser extintos. A menos que recebam ajuda ou implementem um plano de reorganização, o banco torna-se o novo proprietário da empresa e toma posse dos direitos aos fluxos de caixa e de controle. (Discutiremos sobre a falência no Capítulo 32.)

Não há nenhuma lei da natureza que obrigue que os direitos residuais aos fluxos de caixa e de controle tenham de ser exercidos em conjunto. Podemos, por exemplo, imaginar uma situação em que um credor passa a tomar todas as decisões. Mas isso não seria eficiente. Como os benefícios das boas decisões são usufruídos, principalmente, pelos acionistas ordinários, faz sentido lhes entregar o controle sobre o modo como os ativos da empresa são utilizados.

Até agora, focamos em uma empresa que é propriedade de um único acionista. As empresas de capital aberto, no entanto, são de propriedade de muitos acionistas. A propriedade pode estar amplamente dispersa, com dezenas de centenas de acionistas, cada um dos quais detendo apenas uma quantidade muito reduzida de ações. A crença comum é que a propriedade nos Estados Unidos tem maior grau de dispersão do que nos outros países. Todavia, uma pesquisa recente de Clifford Holderness mostra que esse não é o caso. Ele constata que 96% de um conjunto de empresas de capital aberto norte-americanas têm detentores de lotes com, no mínimo, 5% das ações em circulação. Alguns países têm uma propriedade mais concentrada do que nos Estados Unidos, e outros não. Os Estados Unidos se situam no meio do espectro.[7]

Os acionistas ordinários das empresas com a propriedade muito difundida continuam possuindo os direitos residuais sobre os fluxos de caixa e tendo a última palavra no controle dos assuntos da empresa. Na prática, contudo, o seu controle está limitado ao voto, pessoal ou por procuração, nas notas ao *conselho de administração*, ou a alguns outros poucos assuntos cruciais, como as decisões sobre as fusões. Muitos acionistas não se preocupam em votar. Afirmam que, por possuírem poucas ações, o seu voto tem pouco impacto nos resultados. O problema é que, se todos os acionistas pensarem dessa maneira, cederão o seu controle, e as diretorias terão carta-branca para tratar dos seus próprios interesses.

---

[5] Por isso os economistas teóricos realçam a importância dos contratos incompletos. São da opinião de que os contratos relacionados à gestão da empresa devem ser incompletos e de que alguém deve exercer os direitos residuais de controle. Ver O. Hart, *Firms, Contracts, and Financial Structure* (Oxford: Oxford University Press, 1995).

[6] É óbvio que o gestor do banco pode sugerir que uma dada decisão não é correta, ou até ameaçar cortar futuros empréstimos, mas o banco não tem qualquer direito de tomar essas decisões.

[7] Veja R. La Porta, F. Lopez-de-Silanes and A. Shleifer, "Corporate Ownership around the World", *Journal of Finance* 54 (1999), pp. 471-517; e C. Holderness, "The Myth of Diffuse Ownership in the United States", *Review of Financial Studies* 22 (April 2009), pp. 1.377-1.408.

PRÁTICA FINANCEIRA

Uma disputa por direitos de voto

"Não faz muito tempo", escreveu a revista *The Economist*, "na Suíça, as empresas amigas dos acionistas eram tão raras como os almirantes suíços. Defendidos por barreiras que dificultavam as aquisições, a maioria dos gestores tratava os acionistas com desdém." A *The Economist* percebeu, contudo, um sinal encorajador de que essas atitudes estavam mudando. Foi uma proposta feita em 1994 pelo Union Bank of Switzerland (UBS) para modificar os direitos dos seus acionistas.

O UBS tinha dois tipos de ações – ações ao portador, que são anônimas, e ações registradas, que não o são. Na Suíça, onde se preza o anonimato, as ações ao portador eram negociadas a um preço superior. Há muitos anos essa situação se mantinha. Contudo, ainda existia outra diferença importante entre os dois tipos de ações. Uma ação registrada era equivalente a cinco vezes mais votos do que uma ação ao portador. Possivelmente atraída por essa característica, uma empresa de investimento, a BK Vision, começou a acumular um grande lote de ações registradas, e o preço dessas ações aumentou 38% em relação às ações ao portador.

Nessa altura, o UBS anunciou seus planos para unificar os dois tipos de ações, de modo que as ações registradas se transformassem em ações ao portador e perdessem seus direitos adicionais de voto. Como, a partir daí, todas as ações seriam vendidas ao mesmo preço, a comunicação levou a um aumento do preço das ações ao portador e a uma queda do preço das registradas.

Martin Ebner, o presidente da BK Vision, se opôs à mudança, argumentando que ela despojava os acionistas registrados de alguns dos seus direitos de voto sem serem compensados. A discussão enfatizou a questão do valor das ações com poder adicional de voto. Se os votos são utilizados para assegurar benefícios para *todos* os acionistas, então as ações não deveriam ser vendidas por um preço superior. Deveria, contudo, existir um adicional se os detentores de ações com maior poder de voto esperassem assegurar benefícios apenas para eles.

Para muitos observadores, a proposta do UBS foi uma tentativa bem-vinda de impedir que um grupo de acionistas lucrasse à custa dos outros e para unir todos os acionistas no objetivo comum de maximização do valor da organização. Para outros, isso representava uma tentativa de usurpação dos seus direitos. De qualquer modo, a disputa nunca chegou a ser resolvida, porque o UBS concordou, posteriormente, com uma fusão com outro banco suíço, o SBC.

Para muitas empresas norte-americanas, o conselho de administração inteiro é passível de reeleição a cada ano. Contudo, cerca de um décimo das grandes empresas conta com *conselhos qualificados*, para os quais apenas um terço dos diretores pode ser reeleito a cada ano. Acionistas ativistas reclamam que tais eleições escalonadas dificultam a substituição do conselho por um grupo dissidente de acionistas, o que ajuda a enraizar a gestão vigente. Como consequência, nos últimos anos a pressão de certos acionistas têm levado empresas a derrubar esta qualificação.

Pesquisadores que estudam eleições para conselhos de administração descobriram que a retirada dessa qualificação geralmente tem aumentado o valor das empresas em questão. Ao que parece, eleições escalonadas tendem a enraizar a gestão vigente, demover as lutas por representatividade e reduzir o vínculo entre as compensações ao CEO e o desempenho de sua empresa.[8]

Os acionistas costumam eleger os diretores por um sistema de *voto por maioria*. Nesse caso, cada diretor é votado individualmente, e cada ação representa um voto. Se os estatutos da empresa permitirem a *votação acumulada*, os membros da diretoria são votados em conjunto, e os acionistas podem, se quiserem, votar em um único candidato.[9] A votação acumulada facilita, para um grupo minoritário de acionistas, eleger diretores que irão representar os interesses do grupo. É por essa razão que alguns grupos de acionistas fazem campanha a favor da votação acumulada.

Para a resolução da maioria dos assuntos basta a maioria simples dos votos, mas os estatutos da empresa podem especificar alguns assuntos em que seja necessária uma *maioria qualificada* de votos de, digamos, 75% dos acionistas. Por exemplo, às vezes é necessária uma *maioria qualificada*

---

[8] O. Faleye, "Classified Boards, Firm Value, and Managerial Entrenchment," *Journal of Financial Economics* 83 (2207), pp. 501-529.

[9] Por exemplo, suponha que há cinco diretores para se eleger e que você possui 100 ações. Portanto, tem $5 \times 100 = 500$ votos. Sob o sistema de maioria simples, pode-se depositar um máximo de 100 votos em qualquer um dos candidatos. Com um sistema de votação acumulada, pode-se depositar os 500 votos no seu candidato favorito.

para aprovar uma fusão ou para alterar o estatuto. Tais dispositivos também têm atraído reclamações dos acionistas, por ajudarem a enraizar a gestão vigente e a impedir intervencções legítimas.

Os assuntos sobre os quais os acionistas são convocados a votar raramente são contestados, particularmente no caso de grandes empresas com o capital muito disperso. Às vezes, *ocorrem concursos de angariações de procurações*, em que os responsáveis pela organização competem, com elementos externos a essa, pelo seu controle efetivo. Mas as probabilidades estão contra os *outsiders*, porque os responsáveis podem permitir que a empresa sustente todos os custos relacionados com a apresentação do seu caso e obterem os votos.[10]

Ações de classe dupla e benefícios privados

Geralmente, as empresas têm uma classe de ação ordinária e cada ação vale um voto. Às vezes, contudo, a empresa pode ter dois tipos de ações em circulação, diferindo nos seus direitos de voto. Quando a Google fez a sua primeira emissão de ações ordinárias, por exemplo, os fundadores estavam relutantes em ceder o controle da empresa. Por isso, a empresa criou dois tipos de ações. As ações do tipo A, que foram vendidas ao público, representavam cada uma um voto, enquanto as ações do tipo B, que pertenciam aos fundadores, tinham cada uma 10 votos. Ambos os tipos de ações tinham os mesmos direitos aos fluxos de caixa, mas com diferentes direitos de controle.

Quando dois tipos de ações coexistem, os acionistas com o poder extra de voto podem, por vezes, utilizá-lo para destituir os maus diretores ou forçar a diretoria a adotar políticas de para aumentar o valor aos acionistas. Mas desde que ambos os tipos de ações tenham direitos iguais aos fluxos de caixa, todos os acionistas se beneficiam igualmente dessas mudanças. Assim, eis a pergunta: se todos ganham igualmente por ter uma melhor direção, por que as ações com maior poder de voto normalmente são vendidas a um preço mais elevado? A única razão plausível é que há benefícios privados capturados pelos detentores dessas ações. Por exemplo, o proprietário de um lote de ações com direito a voto pode ser capaz de obter um assento no conselho de administração ou acesso a outros benefícios oferecidos pela organização. (Que tal uma viagem a Bermudas no jatinho da empresa?) As ações também podem ter um maior poder de barganha em uma aquisição; ou podem ser adquiridas por outra empresa, que poderia usar seu poder de voto e influência para garantir uma vantagem de negócio. São essas as razões pelas quais as ações que intitulam a mais votos geralmente são vendidas a um preço mais elevado.

Esses benefícios privados de controle parecem ser muito mais disseminados em alguns países do que em outros. Por exemplo, Tatiana Nenova estudou uma série de países em que as empresas podem ter dois tipos de ações.[11] Nos Estados Unidos, o prêmio que um investidor precisava pagar para obter o controle do voto girava em torno de 2% do valor da empresa, mas na Itália esse valor era acima de 29% e, no México, igual a 36%. Aparentemente, nesses dois países, os investidores majoritários conseguem garantir uma boa quantidade de benefícios privados. O quadro "Prática financeira" descreve uma disputa importante na Suíça sobre o valor dos direitos superiores do voto.

Até quando há apenas um tipo de ação, os acionistas minoritários podem estar em desvantagem: o fluxo de caixa e o potencial valor da organização podem ser direcionados para a diretoria ou para um ou alguns acionistas dominantes que possuem grandes lotes de ações. Nos Estados Unidos, a lei protege os acionistas minoritários da exploração, mas em outros países eles não têm a mesma sorte.[12]

Os economistas financeiros às vezes denominam por *tunneling* a exploração dos acionistas minoritários; os acionistas majoritários "mineram" a empresa e assumem o controle, para eles mesmos, dos seus ativos. Vejamos um exemplo dessa tática, feito ao estilo russo.

---

[10] Em 2010, a SEC propôs a Regra 14a-11, que permitiria aos acionistas incluírem suas nomeações para o conselho de administração no material de procuração da empresa, mas ela acabou sendo derrubada nos tribunais. Porém, uma regra da SEC que permite aos acionistas incluírem propostas de mudança às leis estatutárias não foi derrubada.

[11] T. Nenova, "The Value of Corporate Voting Rights and Control: A Cross-Country Analysis", *Journal of Financial Economics* 68 (June 2003) pp. 325-352.

[12] As diferenças internacionais das oportunidades dos acionistas dominantes explorarem as suas posições são analisadas em S. Johnson et al., "Tunnelling", *American Economic Review* 90 (May 2000), pp. 22-27.

> **EXEMPLO 14.1 • Seduzindo os acionistas minoritários**
>
> Para perceber como funciona o esquema, é necessário primeiramente compreender a *concentração de ações*. Essa operação é utilizada por muitas empresas com um grande número de ações de baixo preço. A empresa que faz a concentração combina as ações existentes em um número menor (e mais conveniente) de novas ações. Por exemplo, os acionistas poderão receber duas ações novas para substituir as três ações que possuíam. Com essa jogada, caso a posse seja reduzida na mesma proporção para todos os acionistas, ninguém perde nem ganha.
>
> O acionista majoritário de uma empresa russa descobriu, contudo, que a concentração poderia ser utilizada para pilhar os ativos da empresa. Assim, propôs que os acionistas existentes recebessem uma nova ação a cada 136 mil ações que possuíssem até então.[13]
>
> Por que o acionista majoritário escolheu o número "136 mil"? Resposta: porque os dois acionistas minoritários possuíam menos que "136 mil" ações e, por isso, não tinham direito a *nenhuma* ação. Em vez disso, receberam o valor nominal de suas ações e o acionista majoritário ficou com a posse de toda a empresa. Os acionistas majoritários de outras empresas ficaram tão impressionados com esse esquema que também propuseram operações semelhantes para se verem livres dos acionistas minoritários.
>
> Essa óbvia exploração não teria sido autorizada nos Estados Unidos ou em muitos outros países.

Capital próprio sob disfarce

As ações ordinárias são emitidas pelas sociedades anônimas, mas alguns títulos representativos do capital são emitidos não pelas sociedades anônimas, mas pelas sociedades do tipo em comandita ou pelos fundos de investimento. Daremos alguns exemplos a seguir.

Sociedades do tipo em comandita A Plains All American Pipeline LP é uma sociedade do tipo *em comandita master*, que possui e explora oleodutos nos Estados Unidos e no Canadá. Você poderá adquirir "unidades" dessa sociedade na Bolsa de Valores de Nova York, tornando-se um *sócio limitado* da Plains All American. "Limitado" significa que o sócio assume responsabilidade limitada: o máximo que esses sócios podem perder é seu investimento na empresa.[14] Sob esse e muitos outros aspectos, as unidades da sociedade do tipo em comandita são iguais às ações de uma sociedade anônima comum. Essas unidades partilham os lucros do negócio e, periodicamente, recebem os pagamentos em dinheiro (como os dividendos).

As sociedades do tipo em comandita não pagam imposto sobre o rendimento das pessoas jurídicas; quaisquer lucros ou prejuízos são passados diretamente para os rendimentos tributáveis dos sócios. Contudo, variadas limitações compensam essa vantagem fiscal. Citemos como exemplo o fato de, perante a lei, as sociedades em comandita serem simples associações voluntárias de indivíduos; tal como acontece com os seus sócios, espera-se que tenham uma vida limitada. Ao contrário, uma sociedade anônima é uma "pessoa" jurídica independente, que pode sobreviver – e geralmente sobrevive – aos seus acionistas fundadores.

Fundos mobiliários e fundos imobiliários Você gostaria de possuir uma parcela do petróleo do campo de Prudhoe Bay, na encosta norte do Alasca? Basta telefonar ao seu corretor e comprar algumas unidades do Prudhoe Bay Royalty Trust. A BP criou esse fundo e concedeu um *royalty* na produção da parcela da BP nas receitas de Prudhoe Bay. À medida que o petróleo vai sendo extraído, cada unidade de participação recebe a sua porcentagem dessas receitas.

Esse fundo é o detentor passivo de um único ativo: o direito a uma dada parcela das receitas da produção da BP em Prudhoe Bay. Raramente as empresas em funcionamento, pelo fato

---

[13] Como uma concentração de ações necessita apenas de uma maioria simples de ações, a proposta foi votada com sucesso.

[14] Uma sociedade do tipo em comandita *apenas* impõe responsabilidade limitada aos seus sócios limitados. A sociedade pode ter um ou mais sócios gerais que têm responsabilidade ilimitada. Contudo, os sócios gerais podem ser empresas. Isso coloca o escudo da responsabilidade limitada da empresa entre a sociedade do tipo em comandita e os indivíduos que são proprietários do sócio geral.

de não poderem ser passivas, são organizadas sob a forma de fundos de investimento, embora haja exceções, como os *fundos de investimento imobiliário* (em inglês *REIT*, sigla de *real estate investment trusts*).

Os REITs foram criados com o objetivo de facilitar o investimento do público em bens imóveis comerciais; há REITs de centros comerciais, de edifícios de escritórios, de prédios de habitação, e também REITs especializados na concessão de empréstimos aos proprietários e aos mediadores imobiliários. As "ações" de um REIT são transacionadas exatamente como as ações ordinárias. Os REITs não estão sujeitos a impostos, desde que distribuam, pelo menos, 95% dos lucros aos seus proprietários, que terão de pagar os impostos devidos sobre esses dividendos. No entanto, os REITs estão muito limitados aos investimentos em bens imóveis. Não se pode instalar uma fábrica de qualquer bugiganga para se fugir dos impostos, designando-a como um REIT.

Ações preferenciais

Geralmente, quando os investidores falam de "ações" ou de "capital próprio", estão tratando de ações ordinárias. Mas algumas empresas também tem autorização para emitir **ações preferenciais**, que também fazem parte do seu capital próprio. Apesar do nome, as ações preferenciais fornecem apenas uma pequena parte das necessidades de recursos das empresas e vamos nos ocupar muito pouco delas nos próximos capítulos. Elas, contudo, podem ser um método útil de financiamento nas fusões e em outras situações especiais.

Tal como as obrigações, as ações preferenciais oferecem ao investidor uma série de pagamentos fixos. A empresa pode optar por *não* pagar o dividendo de uma ação preferencial, mas, nesse caso, não pode pagar dividendos pelas ações ordinárias. A maioria das emissões de ações preferenciais é designada por *ações preferenciais cumulativas*. Isso significa que a empresa deve pagar *todos* os dividendos vencidos acumulados antes de os acionistas com ações ordinárias obterem qualquer quantia. Se a empresa não paga um dado dividendo preferencial, os acionistas que possuem ações preferenciais ganham alguns direitos de voto e, por isso, os acionistas detentores de ações ordinárias são obrigados a partilhar o controle da organização com os acionistas que possuem ações preferenciais. Os diretores também sabem que o não cumprimento de um dividendo preferencial desgasta a imagem da empresa com os investidores e, por isso, não tomam esse tipo de decisão com tranquilidade.

14.3 Endividamento

Quando as empresas pedem empréstimos, prometem pagar regularmente os juros e reembolsar o capital. Contudo, essa responsabilidade é limitada. Os acionistas têm o direito de não cumprimento relativo a qualquer dívida assumida se estiverem dispostos a ceder os ativos da empresa aos credores. Claro que só farão isso se o valor dos ativos for inferior ao montante da dívida.[15]

As dívidas têm prioridade sobre os fluxos de caixa, mas sua prioridade é limitada. Portanto, em contraste com o capital próprio, elas não têm direitos ao fluxo de caixa residual e não participam dos ganhos do empreendimento. Além disso, ao contrário do capital próprio, as dívidas não oferecem qualquer direito de controle, a menos que a empresa fique inadimplente ou viole compromissos com credores. Tendo em vista que os credores não são considerados proprietários da empresa, normalmente não possuem nenhum direito de voto.

Os pagamentos dos juros pela empresa são considerados despesas e deduzidos diretamente dos rendimentos tributáveis. Os juros são pagos dos resultados *antes dos impostos*, enquanto os dividendos sobre as ações ordinárias e as preferenciais são pagos dos resultados *depois dos impostos*. O governo, por conseguinte, concede um subsídio fiscal pela utilização do endividamento que não concede ao capital próprio (e de tempos em tempos reclama que as empresas se endividam demais). No Capítulo 18, observaremos mais detalhadamente tanto o endividamento como os impostos.

---

[15] Na prática, essa entrega de ativos está longe de ser fácil. Às vezes, pode haver milhares de credores com diferentes direitos sobre a empresa. A administração da entrega, geralmente, é deixada para o tribunal de falências (ver Capítulo 32).

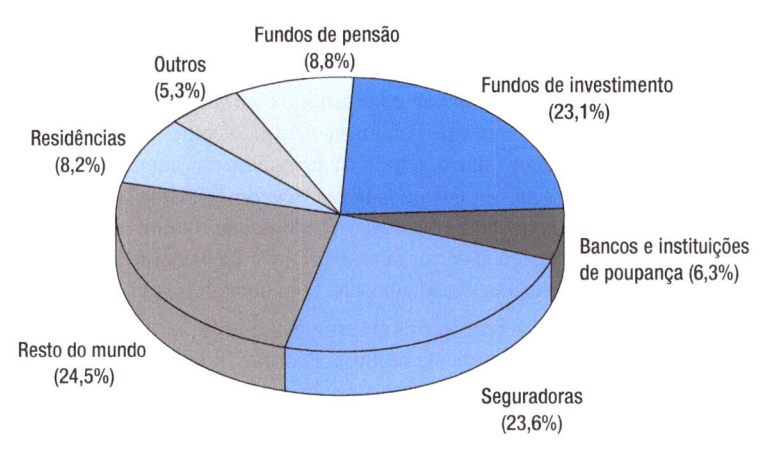

▶ **FIGURA 14.4** Posse de obrigações emitidas nos Estados Unidos por empresas locais e estrangeiras, dezembro de 2014.

Fonte: Board of Governors of the Federal Reserve System, Division of Research and Statistics, Flow of Funds Accounts Table L.212. Disponível em: **www.federalreserve.gov/releases/z1/current/data.htm**.

Já vimos que os intermediários financeiros possuem a maior parte do capital das empresas. A Figura 14.4 mostra que isso também é verdadeiro para a dívida de longo prazo das empresas. Nesse caso, são as companhias de seguro que possuem a maior posição.[16]

O endividamento surge sob muitas formas

O gestor financeiro é confrontado com uma escolha quase confusa de títulos de dívida. No Capítulo 24, examinaremos com alguma profundidade os diferentes tipos de dívida corporativa. Por ora, limite-se a constatar que o *mix* de títulos de dívida que cada empresa emite reflete a resposta do gestor financeiro a várias questões:

1. *A empresa deve contrair empréstimos de curto ou de longo prazo?* Se a sua empresa apenas precisa financiar um aumento sazonal dos estoques antes do Natal e do Ano Novo, então faz sentido contrair um empréstimo bancário de curto prazo. Mas suponha que você necessite de fundos para a expansão de uma refinaria. Essas operações podem trabalhar continuamente por 15 ou 20 anos. Nesse caso, faz mais sentido emitir obrigações de longo prazo.[17]

    Alguns empréstimos são amortizados regularmente, de um modo estável; em outros casos, o empréstimo é integralmente pago na data de vencimento. Às vezes, o credor e o devedor têm a opção de terminar o empréstimo e exigir o pagamento imediato.

2. *A dívida deve ter juros fixos ou juros flutuantes?* O pagamento dos juros, ou do cupom, nas obrigações de longo prazo, geralmente é fixado no momento da emissão. Se uma obrigação no valor de $1 mil for emitida quando a taxa de juro de longo prazo é de 10%, a empresa continuará a pagar $100 por ano, independentemente da flutuação das taxas de juro.

    Há muitos empréstimos bancários e alguns títulos com uma taxa de juro variável ou *flutuante*. Por exemplo, a taxa de juro em cada período pode ser estabelecida em 1% acima da Libor (London Interbank Offered Rate), que é a taxa de juro que os principais bancos internacionais utilizam para fazer empréstimos de dólares uns aos outros. Quando a Libor se altera, as taxas de juro dos seus empréstimos também se alteram.

3. *Você deve contrair um empréstimo em dólares ou em outras moedas?* Muitas empresas dos Estados Unidos contraem empréstimos no exterior. Podem pedir dólares no exterior (os

---

[16] A Figura 14.4 não inclui a dívida de curto prazo, como os empréstimos bancários. Quase toda a dívida de curto prazo emitida pelas empresas está na posse de intermediários financeiros.

[17] Uma empresa pode optar por financiar um projeto de longo prazo com endividamento de curto prazo, se pretender sinalizar a sua confiança no futuro. Os investidores deduzirão que, se a empresa antecipou uma diminuição de lucros, não correrá o risco de não ser capaz de pagar um novo empréstimo quando o primeiro vencer. Ver D. Diamond, "Debt Maturity Structure and Liquidity Risk", *Quarterly Journal of Economics* 106 (1991), pp. 709-737.

investidores estrangeiros possuem muitos dólares), mas as empresas que operam em outros países podem decidir emitir obrigações em moedas estrangeiras. Afinal, se você precisar utilizar moeda estrangeira, provavelmente faz sentido contrair um empréstimo nessa moeda.

Como esses títulos internacionais geralmente têm sido comercializados por meio das delegações londrinas dos bancos internacionais, tradicionalmente são denominados **euro-obrigações (*eurobonds*)** e a dívida, por **euromoeda (*eurocurrency*)**. Uma euro-obrigação pode ser denominada em dólares, ienes ou em qualquer outra moeda. Infelizmente, quando a moeda única europeia foi criada designou-se por *euro*. Por isso, é fácil confundir uma euro-obrigação (uma obrigação que é vendida internacionalmente) com uma obrigação denominada em euros.

4. *Que garantias você deve dar ao credor?* Os emprestadores querem ter garantia de que os seus empréstimos sejam absolutamente seguros. Portanto, podem exigir que seus empréstimos sejam prioritários em relação a outros empréstimos. Em situações de inadimplência, a *dívida prioritária* é a primeira a ser paga. As *dívidas subordinadas* só são satisfeitas depois de os credores prioritários terem recebido (apesar de todos os credores terem prioridade sobre os acionistas preferenciais e ordinários).

A empresa também pode reservar alguns dos seus ativos para a proteção especial de determinado credor. Essas dívidas são designadas *garantidas* e os ativos que são reservados, garantias ("*collateral*"). Um varejista, portanto, pode oferecer seu inventário, ou faturas por receber, como garantias de um empréstimo bancário. Se o varejista falhar no cumprimento, o banco pode tomar a posse da garantia e utilizá-la para ajudar a pagar a dívida.

As empresas geralmente garantem ao emprestador que ele não correrá riscos não razoáveis. Por exemplo, uma empresa que contrai empréstimos moderadamente tem menores probabilidades de ficar em dificuldades do que uma empresa abarrotada de empréstimos a pagar. O devedor, portanto, pode concordar com um limite ao seu endividamento. Os emprestadores também se preocupam com o fato de que, se vierem a ter problemas, venham a ser ultrapassados na fila por outros credores. Por isso, a empresa poderá concordar com a não criação adicional de dívida com um nível de prioridade superior ao da dívida existente, ou com a apresentação de outros ativos como garantia para outros credores.

5. *Você deve emitir obrigações comuns ou conversíveis?* As empresas emitem, muitas vezes, títulos que permitem aos seus detentores convertê-los em outros títulos. Essas opções podem ter consequências substanciais nos valores dos títulos. O exemplo mais dramático são as ***warrants***, que são *apenas* opções. O titular de uma *warrant* pode adquirir um certo número de ações de uma empresa, a um dado preço antes de uma data determinada. As *warrants* e as obrigações são, muitas vezes, vendidas em conjunto.

Uma **obrigação conversível** garante ao seu detentor a opção de trocá-la por um número predeterminado de ações. O titular da obrigação conversível espera que o preço das ações da empresa emissora suba, para converter a obrigação em ações e realizar um lucro considerável. Mas se o preço das ações cair, não tem que convertê-la; continua na posse de uma obrigação.

Uma dívida com qualquer outro nome

A palavra *dívida* parece ser simples, mas as empresas fazem uma série de promessas que se assemelham suspeitamente a uma dívida, mas que são tratadas de maneira diferente em sua contabilidade. Algumas dessas dívidas dissimuladas são de fácil identificação. Por exemplo, as contas a pagar simplesmente não passam de obrigações de pagar itens que já foram recebidos e que, portanto, são idênticos a uma dívida de curto prazo.

Outros ajustes são menos óbvios. Por exemplo, em vez de contrair um empréstimo para comprar novos equipamentos, a empresa pode alugá-los ou efetuar seu ***leasing*** a longo prazo. Nesse caso, a empresa garante que fará uma série de pagamentos ao dono do equipamento. Isso é muito parecido com a obrigação de fazer pagamentos em um empréstimo em aberto. Se a empresa passar por dificuldades financeiras, não pode escolher deixar pagar os juros da dívida, bem como não pode escolher pular os pagamentos do *leasing*.

Eis outro exemplo de dívida disfarçada. Quando a American Airlines declarou falência em 2011, havia prometido a seus funcionários pensões avaliadas em $18,5 bilhões. Essa obrigação era, na verdade, uma dívida prioritária, já que a American estava obrigada a fazer pagamentos a funcionários aposentados. Infelizmente, a empresa havia reservado apenas $8,3 bilhões para cumprir com suas obrigações.

Obrigações pensionárias devem ser estimadas descontando-se pagamentos futuros a uma taxa de juros da dívida. Quando as taxas de juros mudam, o valor presente das obrigações com pensões também muda. Em maio de 2015, por exemplo, a companhia aérea alemã Lufthansa anunciou que o valor presente de suas obrigações pensionárias aumentara de €7,2 bilhões para €10,2 bilhões no primeiro trimestre de 2015, sobretudo devido a uma queda de 2,6% para 1,7% na taxa de juros usada para o cálculo de desconto.

Não há nada de fraudulento neste tipo de *leasing* ou de obrigações pensionárias. Elas estão explicadas nas notas dos demonstrativos financeiros de uma corporação quando não aparecem explicitamente em seu balanço contábil. Os investidores reconhecem as obrigações equivalentes a dívidas e os riscos financeiros que elas criam.[18]

Às vezes, no entanto, as empresas não poupam esforços para assegurar que os investidores *não* saibam muito sobre o quanto elas se endividaram. Por exemplo, a Enron conseguiu captar empréstimos que somavam $658 milhões pela implantação de entidades de propósito especial (*special-purpose entities* – SPEs), que levantaram fundos graças a uma combinação de capitais próprios e endividamento e, depois, os utilizaram para financiar a matriz. No balanço da Enron, essas dívidas jamais foram mostradas, mas a emenda saiu pior do que o soneto quando o Enron mergulhou para a galência em 2001.

A variedade é o tempero da vida

Já abordamos as várias dimensões para classificar os valores mobiliários emitidos pelas empresas. O gestor financeiro tem, pelo menos, todas essas opções à sua escolha para conceber os títulos de sua organização. Desde que seja possível convencer os investidores de suas vantagens, pode fazer uma emissão de obrigações conversíveis, subordinadas, de taxa flutuante, denominadas em coroas suecas. Em vez de combinar as características dos títulos já existentes, pode criar um inteiramente novo. Podemos imaginar uma empresa de extração de carvão emitindo obrigações conversíveis, cujos dividendos flutuam de acordo com os preços do carvão. Não sabemos da existência de tais títulos, mas seria perfeitamente legal emiti-los e – quem sabe? – talvez viessem a despertar um grande interesse entre os investidores.

Também ajuda lembrar que o capital próprio é um *direito residual* que participa dos altos e baixos do negócio após os direitos de dívida serem pagos. A dívida tem o primeiro direito sobre os fluxos de caixa, mas esse privilégio é limitado. Ela não participa das épocas boas do negócio. A dívida não oferece direitos de controle a menos que a organização fique inadimplente ou viole cláusulas do contrato de endividamento.

Isso completa nossa viagem pelos títulos corporativos. Você poderá se sentir como um turista que acabou de visitar 12 catedrais em cinco dias. Mas nos capítulos posteriores, haverá muito tempo para reflexão e análise. Agora, é o momento de seguirmos em frente e analisarmos brevemente os mercados em que os títulos emitidos pelas empresas são comercializados e os intermediários financeiros que os possuem.

14.4 Mercados financeiros e intermediários

O fluxo de poupança para grandes corporações de capital aberto é mostrado na Figura 14.5. Repare que a poupança flui dos investidores do mundo inteiro para os mercados financeiros, para os intermediários financeiros ou para ambos. Suponha, por exemplo, que o Bank of America arrecade $300 milhões mediante uma nova emissão de ações. Um investidor italiano compra 6 mil novas ações a $10 por ação. Agora o Bank of America pega esses $60 mil, junto com o restante

---

[18] Veja, por exemplo, Z. Bodie, L. Jin, and R. C. Merton, "Do a Firm's Equity Returns Reflect the Risk of its Pension Plan?" *Journal of Financial Economics* 81 (2006), pp. 1-26.

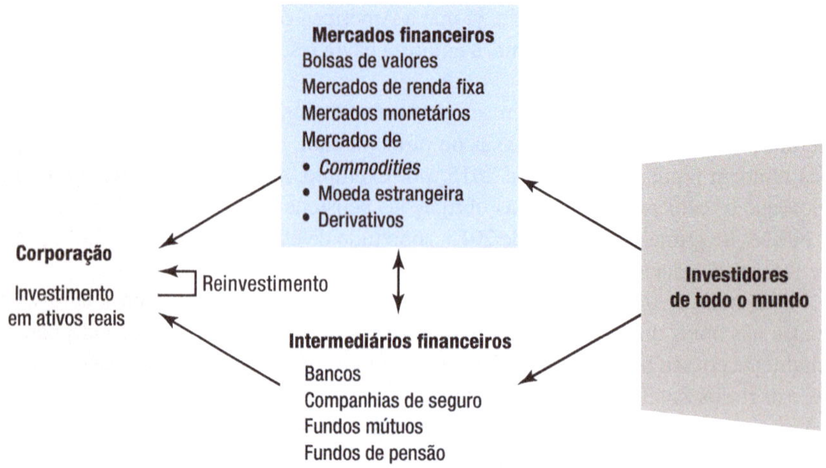

▶ **FIGURA 14.5** Fluxo de poupança para investimento em grandes corporações de capital aberto. As poupanças vêm de investidores ao redor do mundo, e podem fluir através de mercados financeiros ou intermediários financeiros. A corporação também reinveste em nome dos acionistas.

do dinheiro arrecadado com a emissão, e concede um empréstimo de $300 milhões para a Exxon Mobil. A poupança do investidor italiano acabou fluindo através dos mercados financeiros (a bolsa de valores), passando por um intermediário financeiro (Bank of America) até chegar à Exxon.

Os $60 mil do nosso amigo italiano, é claro, não chegam literalmente até a Exxon em um envelope escrito "Do senhor L. Da Vinci". Os investimentos dos compradores das ações emitidas pelo Bank of America são agrupados, não segregados. O Sr. Da Vinci seria dono de uma fatia de todos os ativos do Bank of America, e não credor da Exxon. Ainda assim, as poupanças dos investidores estão fluindo através dos mercados financeiros e então através do banco para financiar os investimentos de capital da Exxon.

Suponha que outro investidor decida abrir uma conta-corrente no Bank of America. O banco pode pegar o dinheiro desta conta e também emprestá-lo para a Exxon Mobil. Neste caso, a poupança não atravessa os mercados financeiros e flui diretamente para um intermediário financeiro e daí para a Exxon.

Agora precisamos esmiuçar a Figura 14.5 examinando os principais mercados financeiros e intermediários.

Mercados financeiros

Um mercado financeiro é um mercado onde ativos financeiros são emitidos e comercializados. No nosso exemplo, o Bank of America utilizou os mercados financeiros para arrecadar dinheiro junto a investidores mediante uma nova emissão de ações. Tais emissões são conhecidas como emissões primárias. Mas além de ajudarem as empresas a reunir fundos, os mercados financeiros permitem aos investidores negociar ações e títulos entre si. Por exemplo, o Sr. Rosencrantz decide arranjar dinheiro por meio da venda das suas ações do Bank of America e, simultaneamente, o Sr. Guildenstern decide investir as suas economias nessas ações. Portanto, negociam. O resultado é, apenas, uma transferência simples de propriedade, de uma pessoa para outra, e não tem quaisquer efeitos nos fundos da empresa, nos seus ativos, nem na sua operação. Essas compras e vendas são chamadas de *transações secundárias*.

Alguns ativos financeiros têm mercados secundários menos ativos do que outros. Por exemplo, quando um banco empresta dinheiro para uma empresa, ele obtém um ativo financeiro (a promessa de a empresa pagar o capital e os juros). Às vezes, os bancos vendem a outros bancos conjuntos desses empréstimos, mas geralmente retêm o empréstimo até que ele seja pago pelo devedor. Há outros ativos financeiros regularmente negociados.

Alguns desses ativos, tais como as ações, são negociados em bolsas como a de Nova York, Londres e Hong Kong. Em outros casos, não há uma troca organizada, e os ativos financeiros são trocados por uma rede de *dealers*. Esses mercados são conhecidos como mercados de balcão, ou OTC (*over the counter*). Por exemplo, nos Estados Unidos a grande maioria dos títulos de empresas e do governo é transacionada por OTCs.

Alguns mercados financeiros não servem para levantar fundos, mas sim para ajudar as empresas a gerir seus riscos. Nesses mercados, as empresas podem comprar ou vender derivativos, cujos rendimentos dependem dos preços de outros títulos ou mercadorias. Por exemplo, se um produtor de chocolate está interessado na subida dos preços do cacau, é possível utilizar os mercados de derivativos para fixá-los no valor que ele comprará suas futuras necessidades do produto.

Intermediários financeiros

Um **intermediário financeiro** é uma organização que arrecada dinheiro de investidores e proporciona financiamento para indivíduos, empresas e outras organizações. Bancos, companhias de seguros e fundos de investimento são todos intermediários. Esses intermediários são fontes importantes de financiamento para corporações. Eles representam uma estação no caminho entre as poupanças e os investimentos reais.

O que difere um intermediário financeiro de uma empresa manufatureira? Em primeiro lugar, ele pode arrecadar dinheiro de diferentes maneiras, como, por exemplo, aceitando depósitos ou vendendo apólices de seguro. Segundo, ele investe esse dinheiro em ativos *financeiros*, tais como ações, obrigações ou empréstimos a empreendimentos ou indivíduos. Em contraste, os principais investimentos de uma empresa manufatureira são em fábricas, equipamentos ou outros ativos *reais*.

Olhe o Quadro 14.2, que mostra os ativos financeiros de diferentes tipos de intermediários nos Estados Unidos. Ele dá uma ideia da importância relativa dos diferentes intermediários. Esses ativos, é claro, não estão todos investidos em empreendimentos não financeiros. Bancos, por exemplo, concedem empréstimos tanto a indivíduos quanto a empresas.[19]

Fundos de investimento

Examinaremos em primeiro lugar os fundos de investimento, tais como os fundos mútuos, *hedge funds* e fundos de pensão. Os **fundos mútuos** arrecadam dinheiro vendendo quotas aos investidores. Esse dinheiro é então agrupado e investido numa carteira de títulos.[20] Os investidores em um

QUADRO 14.2 Ativos financeiros de intermediários nos Estados Unidos, segundo trimestre de 2014.

	$ Bilhões
Fundos mútuos	$12.314
Fundos do mercado monetário	2.522
Fundos mútuos fechados	296
ETFs	1.822
Hedge funds[a]	1.840
Fundos de pensão	17.333
Bancos e instituições de poupança	16.433
Companhias de seguro	7.707

[a] Ativos totais dos 305 maiores *hedge funds* norte-americanos, 2014.
Fontes: Board of Governors of the Federal Reserve System, Division of Research and Statistics, Flow of Funds Accounts (**www.federalreserve.gov**); e L. Delevigne, "Billion Dollar Club, Absolute Return Magazine, September 28, 2014, **http://www.cnbc.com/id/102030681#**.

---

[19] É comum também os intermediários investirem uns nos outros. Um investidor, por exemplo, pode comprar quotas em um fundo mútuo que então investe em uma nova emissão de ações do Bank of America. Se o dinheiro acabar rumando do Bank of America para a Exxon, ele aparecerá como um ativo financeiro tanto do Bank of America (seu empréstimo à Exxon) quanto do fundo mútuo (a posse de ações do Bank of America).

[20] Fundos mútuos não são corporações, e sim empresas de investimento. Eles não pagam impostos, contanto que todo o rendimento com dividendos e apreciação de preços seja repassado para os quotistas do fundo. Os quotistas pagam imposto de pessoa física sobre esses rendimentos.

fundo mútuo podem aumentar sua participação na carteira do fundo comprando quotas adicionais, ou podem vender suas quotas do fundo se quiserem embolsar seus ganhos. Os preços de compra e venda dependem do valor líquido dos ativos (VLA) no dia da compra ou do resgate. Caso haja um fluxo de caixa líquido para o fundo, o gestor o usará par comprar mais ações ou títulos; se o fluxo líquido for negativo, o gestor do fundo precisará arrecadar caixa vendendo alguns investimentos do fundo.

Existem 7.700 fundos mútuos nos Estados Unidos. Na verdade, existem mais fundos mútuos do que empresas de capital aberto! Os fundos seguem uma ampla variedade de estratégias de investimento. Alguns fundos se especializam em ações seguras que rendem generosos dividendos. Outras se especializam em ações de empresas de alta tecnologia em franco crescimento. Alguns fundos "balanceados" oferecem mesclas de ações e de títulos. Alguns se especializam em regiões ou países específicos. O grupo de fundos mútuos Fidelity Investments, por exemplo, patrocina fundos no Canadá, Japão, China e América Latina.

Os fundos mútuos oferecem aos investidores diversificação a baixo custo e gestão profissional. Para a maioria dos investidores, é mais eficiente comprar um fundo mútuo do que montar uma carteira diversificada de ações e títulos. A maioria dos gestores de fundos mútuos também se esforça ao máximo para "vencer do mercado", isto é, gerar desempenho superior encontrando ações com retornos acima da média. Se conseguem ou não escolher vencedores com consistência é outra questão, que será abordada no Capítulo 13. Em troca dos seus serviços, os gestores dos fundos recebem uma taxa de administração. Também há as despesas de operação do fundo. Para fundos mútuos que investem em ações, as taxas e despesas costumam ficar perto de 1% ao ano.

A maior parte dos fundos mútuos investe em ações ou em uma mistura de ações e títulos. No entanto, um tipo especial de fundo mútuo, chamado fundo de mercado monetário, investe apenas em títulos seguros de curto prazo, tais como letras do Tesouro ou certificados de depósito bancário. Fundos de mercado monetário oferecem a indivíduos e a pequenas e médias empresas um porto conveniente onde eles podem ancorar seu dinheiro sobressalente. Há cerca de 550 fundos de mercado monetário nos Estados Unidos. Alguns deles são enormes. O Prime Money Market Fund do JP Morgan possui mais de $100 bilhões em ativos.

Fundos mútuos são fundos *abertos* – eles permanecem a postos para emitir novas quotas e para comprar de volta quotas já existentes. Em contraste, um **fundo fechado** possui um número fixo de quotas que são comercializadas em uma bolsa. Se você quiser investir num fundo fechado, não poderá comprar novas quotas junto ao fundo; terá de comprar quotas já existentes de outro quotista do fundo.

Para quem deseja simplesmente diversificação a baixo custo, uma opção é comprar um fundo mútuo que invista em todas as ações de um índice de mercado acionário. O Vanguard Index Fund, por exemplo, detém um pouco de cada ação listada no Standard & Poor's Composite Index. Uma alternativa é investir em fundos do tipo *exchange traded fund*, ou **ETF**, que é uma carteira de ações que podem ser compradas ou vendidas em uma única transação. Eles incluem os Standard & Poor's Depository Receipts (SPDRs, ou "*spiders*"), que são carteiras que espelham os índices de mercado acionário da Standard & Poor's. Você também pode comprar DIAMONDS, que espelham o índice Dow Jones Industrial Avarage; QUBES, ou QQQs, que espelham o índice Nasdaq 100; e os Vanguard ETFs, que espelham o índice Vanguard Total Stock Market, que é uma cesta de quase todas as ações comercializadas nos Estados Unidos. Você também pode comprar ETFs que espelham mercados acionários estrangeiros, títulos ou *commodities*.

Os ETFs são de certa forma mais eficientes do que os fundos mútuos, Para comprar ou vender um ETF, basta fazer uma transação, da mesma forma que se faria para comprar ou vender ações. Neste aspecto, os ETFs são como fundos de investimento fechados. Mas, com raras exceções, os ETFs não possuem gestores com a prerrogativa de tentar "escolher vencedores". As carteiras dos ETFs ficam vinculadas a índices ou a cestas fixas de títulos. Os emissores de ETF se certificam de que o preço do ETFs reflita o preço do item ou cesta vinculada.

Assim como os fundos mútuos, os **hedge funds** também agrupam as poupanças de diferentes investidores e investem em seu nome. Porém, eles diferem dos fundos mútuos em pelo menos três aspectos. Primeiro, como os *hedge funds* costumam obedecer a estratégias complexas de investimento, o acesso é restrito a investidores tarimbados, tais como fundos de pensão, fundos de dotações e indivíduos abastados. Não tente enviar um cheque de $3 mil ou $5 mil para um *hedge fund*; em sua maior parte, eles não são negócios de investimento "de varejo". Segundo, os *hedge funds* geralmente são estabelecidos como sociedades do tipo em comandita. O gestor de investimento é o sócio geral e os investidores são os sócios limitados. Terceiro, os *hedge funds* buscam atrair os gestores mais talentosos compensando-os com tarifas potencialmente lucrativas relacionadas ao desempenho.[21] Em contraste, os fundos mútuos geralmente cobram um percentual fixo dos ativos sob gestão.

Hedge funds seguem diversas estratégias de investimento diferentes. Alguns tentam obter lucros identificando ações ou mercados *supervalorizados* para então vendê-los a descoberto. Outros *hedge funds* apostam em empresas envolvidas em negociações de fusão, outros procuram por títulos conversíveis com preços aberrantes e outros ainda assumem posições em moeda estrangeira e taxas de juros. "Fundos abutres" se especializam nas obrigações de corporações em apuros. *Hedge funds* administram menos dinheiro do que fundos mútuos, mas às vezes eles assumem posições bem grandes e exercem fortíssimos impactos sobre o mercado.

Há outras maneiras de agrupar poupanças e aplicá-las em investimentos. Consideremos um plano de pensão estabelecido por uma corporação ou outra organização em nome de seus funcionários. O tipo mais comum de plano é o de *contribuição definida*. Nesse caso, um percentual dos contracheques mensais dos funcionários vai para um **fundo de pensão**. (O empregador e o empregado podem contribuir cada um com 5%, por exemplo.) Contribuições de todos os funcionários participantes são agrupadas e investidas em títulos ou fundos mútuos. (Geralmente os funcionários podem escolher dentre um rol de fundos com diferentes estratégias de investimento.) O saldo de cada funcionário no plano cresce ao longo dos anos conforme as contribuições continuam e o rendimento do investimento se acumula. O saldo no plano pode ser usado para financiar o meio de vida depois da aposentadoria. A quantia disponível para aposentadoria depende das contribuições acumuladas e da taxa de retorno proporcionada pelo investimento.[22]

Os fundos de pensão são estruturados para investimento a longo prazo. Eles fornecem gestão profissional e diversificação. Oferecem também uma importante vantagem fiscal: as contribuições são dedutíveis no imposto de renda, e os retornos do investimento dentro do plano não são taxados até que o dinheiro seja finalmente resgatado.[23]

Todos esses fundos de investimento oferecem uma parada intermediária no trajeto entre as poupanças e o investimento corporativo. Suponha, por exemplo, que o seu fundo mútuo compre parte daquela emissão de novas ações do Bank of America. As setas cinza-claro mostram o fluxo da poupança até o investimento:

Bank of America	← $ ←	Fundo mútuo	← $ ←	Investidores
	Vende ações →		Emite ações →	

Instituições financeiras

Bancos e companhias de seguro são *instituições financeiras*.[24] Uma instituição financeira é um intermediário que faz mais do que agrupar poupanças para investi-las. As instituições levantam financiamento de modos especiais, como, por exemplo, aceitando depósitos ou vendendo apólices de seguro, e oferecem serviços financeiros adicionais. Ao contrário da maioria dos fundos mútuos, elas não apenas investem em títulos como também emprestam dinheiro diretamente para indivíduos, empresas ou outras organizações.

---

[21] Às vezes essas tarifas podem ser realmente bem altas. A *Forbes*, por exemplo, estimou que o gestor de *hedge fund* David Terpper recebeu $2,2 bilhões em tarifas em 2012.

[22] Em um plano de *benefícios definidos*, o empregador promete um certo nível de benefícios na aposentadoria (estabelecidos por uma fórmula) e o *empregador* investe no plano de pensão. O valor do plano em investimentos acumulados precisa ser grande o bastante para cobrir os benefícios prometidos. Caso contrário, o empregador precisará injetar mais dinheiro. Planos de benefícios definidos estão gradualmente abrindo espaço para planos de contribuição definida.

[23] Planos de pensão de benefícios definidos compartilham essas mesmas vantagens, exceto por ser o empregador quem faz o investimento, em vez dos funcionários. Em um plano de benefícios definidos, a vantagem de diferimento fiscal sobre rendimentos do investimento é revertida ao empregador. Esse diferimento reduz o custo de financiar o plano.

[24] Talvez estejamos estabelecendo uma distinção tênue demais entre instituições e intermediários financeiros. Um fundo mútuo poderia ser considerado uma instituição financeira. Mas "instituição financeira" geralmente sugere um intermediário mais complicado, tal como um banco.

Bancos comerciais Existem quase 5.800 bancos comerciais nos Estados Unidos. Eles vão desde gigantes como o JPMorgan Chase, com $2,5 trilhões em ativos, até anões como o Tightwad Bank, em Reading, Kansas, com cerca de $7 milhões.

Bancos comerciais são fontes importantes de empréstimos para corporações. (Nos Estados Unidos, eles não costumam ter permissão para fazerem investimentos no capital das corporações, embora os bancos da maioria dos países possam fazê-lo.) Suponhamos que uma empresa local de produtos florestais negocie um empréstimo bancário de nove meses por $2,5 milhões. O fluxo de poupança será o seguinte:

```
                $2,5 milhões              $2,5 milhões
   Empresa    ←──────────    Banco    ←──────────   Investidores
              ──────────→  (Instituição) ──────────→  (Depositantes)
              Contração                 Aceita
              de dívida                 depósitos
```

O banco proporciona financiamento à empresa concedendo um empréstimo, e, ao mesmo tempo, oferece um local para os depositantes estacionarem seu dinheiro com segurança e para retirá-lo conforme necessário.

Teremos muito mais a dizer sobre empréstimos bancários no Capítulo 24.

Bancos de investimento Já examinamos os bancos comerciais, que arrecadam dinheiro junto a depositantes e outros investidores e então concedem empréstimos a empresas e indivíduos. Os bancos de investimento são diferentes.[25] Eles não aceitam depósitos, e não costumam fazer empréstimos para empresas. Em vez disso, eles aconselham e auxiliam empresas na arrecadação de financiamento. Os bancos de investimento, por exemplo, subscrevem ofertas acionárias comprando as novas ações emitidas por uma empresa a um preço pré-negociado e revendendo as ações a investidores. Assim, a empresa emissora recebe um preço fixo pelas novas ações, e o banco de investimento assume a responsabilidade de distribuir as ações a milhares de investidores. Analisaremos as emissões de ações em mais detalhes no Capítulo 15.

Bancos de investimento também prestam consultaria para aquisições comuns, aquisições hostis e fusões. Eles oferecem conselhos de investimento e administram carteiras de investimento para investidores individuais e institucionais. Eles operam mesas de transação para câmbio estrangeiro, *commodities*, obrigações, opções e derivativos.

Os bancos de investimento podem investir seu próprio dinheiro em *start-ups* e outros empreendimentos. O Australian Macquarie Bank, por exemplo, investe em aeroportos, pedágios rodoviários, transmissão e geração de eletricidade e outros projetos de infraestrutura ao redor do mundo.

Os maiores bancos de investimento do mundo são potências financeiras. Eles incluem Goldman Sachs, Morgan Stanley, Lazard, Nomura (Japão) e Macquarie Bank.[26] Além desses, os principais bancos comerciais, incluindo o Bank of America e o Citigroup, também possuem operações de investimento bancário.[27]

Companhias de seguro As companhias de seguro são mais importantes do que os bancos para o financiamento de empresas *a longo prazo*. Elas são investidoras de peso em ações e títulos corporativos, e muitas vezes concedem empréstimos de longo prazo diretamente a corporações.

Suponhamos que uma empresa precise de um empréstimo de $2,5 milhões por nove anos, e não nove meses. Ela poderia emitir um título diretamente aos investidores, ou poderia negociar um empréstimo de nove anos com uma companhia de seguro:

---

[25] Bancos que aceitam depósitos e fornecem financiamento para empresas são chamados de bancos *comerciais*. Bancos de poupança aceitam depósitos e contas-poupança e emprestam seu dinheiro principalmente para indivíduos, por exemplo, na forma de hipotecas para compradores de residências. Bancos de investimento não aceitam depósitos e não emprestam dinheiro nem para empresas nem para indivíduos, exceto na forma de *empréstimos-ponte* concedidos temporariamente para aquisições hostis e outras transações.

[26] Estritamente falando, o Goldman Sachs e o Morgan Stanley não são bancos de investimento. Em 2008, eles abriram mão de seus estatutos de banco de investimento em troca de um estatuto de banco, que lhes permite aceitar depósitos. No entanto, seu foco principal são as atividades de investimento bancário.

[27] O Bank of America é proprietário do Merrill Lynch, um dos maiores bancos de investimento. O Merrill foi resgatado pelo Bank of America em 2009, após apresentar enormes prejuízos devido a investimentos vinculados a hipotecas.

```
Empresa  ←$2,5 milhões→  Companhia de seguro  ←$2,5 milhões→  Investidores
              Contração       (Instituição)       Vende apólices    (Segurados)
              de dívida
```

O dinheiro para conceder o empréstimo provém sobretudo da venda de apólices de seguro. Digamos que você compre uma apólice de seguro contra incêndio para sua residência. Você paga a companhia de seguro em dinheiro e obtém um ativo financeiro (a apólice) em troca. Você não recebe pagamentos de juros sobre esse ativo financeiro, mas se um incêndio ocorrer, a companhia estará obrigada a cobrir os danos até o limite da apólice. Este é o retorno sobre o seu investimento. (Obviamente, o incêndio é um evento lamentável e perigoso que você espera evitar. Mas se um incêndio ocorrer, o melhor é que você receba um retorno sobre o seu investimento em seguro do que não ter seguro algum.)

A companhia emitirá não apenas um apólice, mas milhares. Normalmente, a incidência de incêndios cai dentro de uma média, deixando a companhia com uma obrigação previsível para com seus segurados enquanto grupo. A companhia de seguro deve cobrar, é claro, o suficiente para que suas apólices cubram os custos de venda e administrativos, paguem os segurados e gerem lucro para seus acionistas.

14.5 O papel do mercados e intermediários financeiros

Os mercados e intermediários financeiros proporcionam financiamento para os empreendimentos. Eles canalizam as poupanças para investimentos reais. Isso deve ficar límpido e claro. Mas a atuação de outras instituições pode não ser tão óbvia. Os intermediários financeiros contribuem, sob muitos aspectos, para o nosso bem-estar individual e para o bom funcionamento da economia. Vamos observar alguns exemplos.

O mecanismo de pagamento

Pense como a vida seria difícil se todos os pagamentos tivessem de ser feitos em dinheiro. Felizmente, os cheques, os cartões de crédito e as transferências eletrônicas permitem às pessoas e às empresas enviar e receber pagamentos a longas distâncias, rapidamente e em segurança. O setor bancário é o fornecedor natural dos serviços de pagamento, mas não é o único. Por exemplo, se você comprar ações por meio de um fundo de investimento, seu dinheiro é somado ao dinheiro dos outros investidores e é utilizado para comprar títulos de curto prazo. Depois, você pode passar cheques desse fundo de investimento, como se tivesse um depósito bancário.

Receber emprestado e emprestar

As instituições financeiras não emprestam apenas para as empresas. Elas também canalizam poupanças para aqueles que sabem utilizá-las melhor. Assim, se a Sra. Jones dispuser agora de mais dinheiro do que está precisando e quiser economizar, pode colocá-lo em um depósito bancário de poupança. Se o Sr. Smith quiser comprar um carro agora e pagá-lo depois, pode pedir um empréstimo ao banco. Em outras palavras, os bancos proporcionam uma máquina do tempo a Jones e Smith lhes permitindo transportar sua riqueza para frente e para trás temporalmente. Ambos estão mais satisfeitos do que se estivessem forçados a gastar o dinheiro assim que ficou disponível.

Como vimos no Capítulo 1, quando indivíduos têm acesso a concessão e contração de empréstimos, as empresas não precisam se preocupar com o fato dos acionistas terem diferentes preferências temporais. As empresas podem simplesmente se concentrar em maximizar seu valor e os investidores podem escolher separadamente quando desejam gastar sua riqueza.

Observe que os bancos prometem aos depositantes acesso imediato ao seu dinheiro e, simultaneamente, fazem empréstimos de longo prazo a empresas e a indivíduos. Esse desajuste entre a liquidez das responsabilidades bancárias (os depósitos) e a maioria dos seus ativos (os empréstimos) só é possível porque o número de depositantes é suficientemente grande para o banco ter a certeza de que todos os depositantes não irão sacar o seu dinheiro simultaneamente.

Em princípio, não é preciso haver instituições financeiras para proporcionar concessão e contração de empréstimos. Indivíduos com dinheiro excedente, por exemplo, poderiam colocar anúncios no jornal para encontrar gente com escassez de dinheiro. Mas pode ser mais barato e mais conveniente usar um intermediário financeiro, tal como um banco, para conectar um credor a um devedor. Os bancos, por exemplo, estão equipados para conferir o crédito de um tomador em potencial e para monitorar o uso de dinheiro emprestado.[28]

Concentração de riscos

Os mercados e as instituições financeiras permitem às empresas e aos indivíduos concentrarem seus riscos. As seguradoras, por exemplo, tornam possível partilhar o risco de um acidente rodoviário ou de um incêndio doméstico. Vamos ver este outro exemplo. Suponha que você tenha apenas uma pequena quantia para investir. Poderia comprar ações de uma única empresa, mas perderia o dinheiro se a empresa abrisse falência. Geralmente, é preferível comprar ações de um fundo de investimento que investe em uma carteira diversificada de ações ordinárias ou de outros títulos. Nesse caso, fica apenas exposto ao risco de uma queda global do mercado.

Informações fornecidas por mercados financeiros

Em mercados financeiros saudáveis, pode-se *enxergar* quais títulos e *commodities* valem a pena, e pode-se enxergar – ou pelo menos estimar – as taxas de retorno que os investidores podem esperar de suas poupanças. As informações fornecidas pelos mercados financeiros muitas vezes são essenciais para o trabalho de um gestor financeiro. Vejamos os seguintes cenários.

Em dezembro, a Catalytic Concepts, uma fabricante de conversores catalíticos, está planejando sua produção para julho próximo. Os conversores são feitos de platina, que é comercializada na Bolsa Mercantil de Nova York. Com que preço o orçamento da empresa deve trabalhar para compras de platina em julho? Fácil: seu diretor financeiro pesquisa o preço de mercado da platina na Bolsa Mercantil de Nova York – $1.230 por onça para entrega em julho (este era o preço para a platina em novembro de 2014, a ser entregue em julho seguinte). O diretor financeiro pode fechar nesse preço se assim desejar. Explicamos como no Capítulo 26.

Agora suponha que o diretor financeiro da Catalytic Concepts precise levantar $400 milhões em um novo financiamento. Ele cogita a emissão de obrigações de 30 anos. Se as obrigações da empresa forem avaliadas como Baa, qual taxa de juros ela terá de pagar sobre a nova emissão? O diretor financeiro vê que títulos Baa já existentes rendem 4,70%. Isso leva a crer que a empresa conseguirá emitir suas novas obrigações a uma taxa similar.

Por fim, os preços das ações e o valor de mercado resumem as estimativas coletivas dos investidores quanto ao desempenho de uma empresa, tanto o atual quanto o futuro projetado. Assim, um aumento no preço das ações envia um sinal positivo dos investidores aos gestores.[29] É por isso que as compensações aos principais gestores fica vinculada ao preço das ações. Um gestor que possui ações de sua própria empresa ficará motivado a aumentar o valor de mercado da empresa. Isso reduz custos de agência por alinhar os interesses dos gestores com os dos acionistas. Essa é uma vantagem importante de abrir o capital ao público. Uma empresa privada não pode usar o pre-

---

[28] Contudo, na última década o número de empresas de empréstimo *peer-to-peer* (P2PLs), tais como a Prosper e a Lending Club, se estabeleceu. Essas empresas recebem requisições de empréstimo por parte de indivíduos ou de pequenos negócios e então divulgam na Web para financiadores interessados. Os financiadores não conhecem a identidade de quem contrairá os empréstimos, mas o intermediário *peer-to-peer* fornece o perfil de crédito e seu próprio levantamento de crédito do candidato ao empréstimo, o que se reflete na taxa de juros oferecida. A P2PL proporciona um ambiente de mercado que conecta quem quer emprestar a quem precisa de um empréstimo. Além disso, ela oferece informações de crédito, e coleta pagamentos dos devedores e os encaminha para os credores. Em contraste, um banco é *dono* de sua carteira de empréstimos e oferece a seus depositantes acesso instantâneo a seu dinheiro.

[29] Não podemos afirmar que as estimativas dos investidores quanto ao valor de mercado estejam sempre corretas. As finanças podem ser um negócio arriscado e perigoso – quer dizer, perigoso para a sua riqueza. Em retrospecto, percebemos erros crassos cometidos por investidores – por exemplo, a supervalorização grosseira das empresas de Internet e telecom no ano 2000. Em média, porém, parece que os mercados financeiros coletam e avaliam informações de forma rápida e precisa.

ço de suas ações como um parâmetro de seu desempenho. Ela até pode compensar os seus gestores com ações, mas seu valor não será avaliado em um mercado financeiro.

As funções básicas dos mercados financeiros são iguais em todo o mundo. Por isso, não é de se estranhar que tenham surgido instituições semelhantes para desempenhar essas funções. Em quase todos os países, vamos encontrar bancos que aceitam depósitos, fazem empréstimos e tratam do sistema de pagamento. Também encontraremos seguradoras que oferecem seguros de vida e proteção contra acidentes. Se o país for relativamente próspero, outras instituições, como os fundos de pensão e de investimento, também estarão estabelecidos para ajudar a gerir as economias dos indivíduos.

É óbvio que há diferenças na estrutura institucional. Veja, por exemplo, o caso do sistema bancário. Em muitos países, nos quais o mercado de títulos está relativamente pouco desenvolvido, o sistema bancário tem um papel muito importante no setor de financiamento. Muitas vezes, o sistema bancário leva a cabo uma série de atividades muito maior do que as que desempenham nos Estados Unidos. Por exemplo, podem possuir grandes blocos de ações em empresas industriais, algo que geralmente não é permitido nos Estados Unidos.

A crise financeira de 2007-2009

A crise financeira de 2007-2009 pode suscitar muitas perguntas, mas resolveu uma questão em definitivo: os mercados e instituições financeiros são importantes. Quando os mercados e instituições financeiros deixaram de operar de forma apropriada, o mundo foi jogado numa recessão global.

A crise financeira tem suas raízes nas políticas de dinheiro fácil que foram buscadas pelo Federal Reserve dos Estados Unidos e por outros bancos centrais após o colapso da bolha acionária das empresas de Internet e telecom no ano 2000. Ao mesmo tempo, os excedentes de saldos de pagamentos em economias asiáticas foram investidos de volta em títulos da dívida norte-americana. Isso também ajudou a pressionar os juros para baixo e contribuiu para afrouxar o crédito.

Os bancos aproveitaram esse dinheiro barato para expandir a oferta de hipotecas *subprime* para mutuários de baixa renda. Muitos banco deixaram potenciais mutuários tentados com pagamentos iniciais muito baixos, compensados por pagamentos mais altos no futuro.[30] (Alguns compradores estavam apostando no aumento do preço das residências, de modo que poderiam revender ou refinanciar a propriedade antes que os pagamentos mais altos chagassem.) Conta-se inclusive de empréstimos cujo público-alvo divulgado era chamado de "NINJA" – "No Income, No Job and No Assets" [Sem Renda, Sem Emprego e Sem Bens].

A maioria das hipotecas *subprime* era então agrupada em pacotes e transformada em títulos lastreados em hipotecas que podiam ser revendidos. Mas em vez de venderem esses títulos para investidores mais aptos a arcarem com seus riscos, muitos bancos mantinham grandes quantidades dos empréstimos em sua própria contabilidade e os vendiam para outros bancos.

A ampla disponibilidade de finanças hipotecárias estimulou um aumento drástico nos preços dos imóveis, que dobraram nos cinco anos terminando em junho de 2006. A essa altura, os preços começaram a cair e os proprietários de imóveis começaram a ficar inadimplentes em suas hipotecas. Um ano mais tarde, o Bear Stearns, um grande banco de investimento, anunciou enormes prejuízos nos investimentos hipotecários mantidos em dois de seus *hedge funds*. No segundo trimestre de 2008, o Bear Stearns estava à beira da falência e o Federal Reserve dos Estados Unidos fez com que ele fosse adquirido pelo JPMorgan Chase.

O auge da crise veio em setembro de 2008, quando o governo norte-americano foi obrigado a resgatar as gigantescas agências federais de hipotecas, Fannie Mae e Freddie Mac, que haviam ambas investidos muitos bilhões de dólares em títulos lastreados por hipotecas *subprime*. Poucos dias depois, o sistema financeiro começou a derreter. Tanto o Merrill Lynch quanto o Lehman Brothers estavam sob risco de falência. Em 14 de setembro, o governo fez com que o Bank of America resgatasse o Merrill em troca de garantias financeiras. Porém, nada fez para resgatar o Lehman Brothers, que solicitou proteção contra falência no dia seguinte. Dois dias depois, o governo relutantemente emprestou $85 bilhões para a gigante do setor de seguros AIG, que havia

---

[30] Com um empréstimo então denominado "hipoteca de taxa ajustável", o pagamento hipotecário mínimo muitas vezes não era suficiente para cobrir os juros do empréstimo para o mês em questão. Juros não pagos eram então acrescentados ao montante da hipoteca, impondo sobre o mutuário um fardo cada vez maior que um dia precisaria ser quitado.

segurado contra inadimplência volumes primorosos de títulos lastreados por hipotecas e outros papéis. No dia seguinte, o Tesouro revelou sua primeira proposta de gastar $700 bilhões para comprar títulos "tóxicos" lastreados por hipotecas.

Conforme a crise se desenrolava em 2007 e 2008, incertezas sobre qual seria o próximo dominó a cair deixaram os bancos relutantes em conceder empréstimos uns aos outros, e a taxa de juros cobrada por eles sobre tais empréstimos ultrapassou em 4,6% a taxa sobre dívidas do Tesouro. (Normalmente, essa margem acima da taxa estipulada pelo Tesouro é menor que 0,5%.) O mercado de obrigações e o mercado de empréstimos empresariais a curto prazo evaporaram por completo. Isso teve um efeito prejudicial imediato sobre a oferta de crédito para a indústria, e a economia sofreu um de seus piores retrocessos desde a Grande Depressão.

Poucas economias desenvolvidas escaparam da crise. Além de sofrer um colapso em seus próprios mercados imobiliários, muitos bancos estrangeiros tinham feito grandes investimentos em hipotecas *subprime* norte-americanas. Uma lista citando todos os nomes dos bancos que precisaram ser resgatados por seus respectivos governos preencheria diversas páginas, mas eis apenas alguns membros desse triste bando: o Royal Bank of Scotland, do Reino Unido; o UBS, da Suíça; o Allied Irish Bank, da Irlanda; o Fortis, da Bélgica; o ING, da Holanda; o Hypo Group, da Áustria; e o WestLb, da Alemanha.

Quem foi o responsável pela crise financeira? Em parte, o Federal Reserve dos Estados Unidos por sua política de dinheiro fácil. O governo norte-americano também tem sua fatia de culpa por encorajar os bancos a ampliarem o crédito a moradias para baixa renda.[31] As agência de classificação foram culpadas por atribuírem avaliações AAA para muitos títulos hipotecários que pouco depois caíram na inadimplência. E isso sem esquecer dos próprios banqueiros, culpados de promover e revender as hipotecas *subprime*.

A crise bancária e a recessão subsequente deixaram muitos governantes com quantias descomunais de dívida. Em 2010, investidores estavam ficando cada vez mais preocupados com a situação da Grécia, onde por muitos anos os gastos governamentais ficaram bem acima das receitas. A situação da Grécia era ainda mais complicada por o país ser membro do clube do euro. Embora boa parte das dívidas da nação fossem em euros, o governo não tinha controle algum sobre seu câmbio e não podia simplesmente imprimir mais euros para arcar com o serviço da dívida. Os investidores começaram a contemplar a probabilidade de inadimplência por parte do governo grego e a possível saída do país da zona do euro. O fracasso dos governos da zona do euro em resolver de uma vez por todas o problema da Grécia fez os investidores se preocuparem com as perspectivas de outros países da zona do euro altamente endividados, como Irlanda, Portugal, Itália e Espanha. Após várias tentativas de resgate, a Grécia finalmente deu o calote em 2011. Mas não foi o fim da história, já que quatro anos mais tarde, ainda sem conseguir obter mais ajuda, a Grécia deu um calote em um empréstimo do FMI.

Pelo menos em retrospecto, podemos ver, às vésperas da crise financeira, diversos exemplos de irresponsabilidade e ganância. Seis anos depois da crise, os banqueiros seguem bem embaixo na lista de popularidade de quase todo mundo. A posição foi reforçada por revelações de que inúmeros bancos importantes vinham manipulando a taxa de juros e os mercados de câmbio estrangeiro. Mas a lição da crise financeira e dos escândalos subsequentes não é que não precisamos de um sistema financeiro; é que precisamos que ele funcione bem e honestamente.

Os mercados financeiros nos Estados Unidos e na maioria dos países desenvolvidos funcionam bem na maior parte do tempo, mas como a garotinha no poema: "quando são bons, são muito bons mesmo, mas quando são ruins, são tenebrosos". Durante a crise financeira, os mercados foram bem tenebrosos mesmo. Pense em alguns dos problemas que você teria enfrentado enquanto gestor financeiro:

- Muitos dos maiores bancos do mundo chegaram à beira do abismo ou precisaram ser resgatados, e com isso havia poucos ou nenhum abrigo para o dinheiro.
- Os preços das obrigações e das ações passavam por altos e baixos como numa montanha-russa.

---

[31] Uma expansão acelerada de casas próprias para um público de baixa renda costuma ser popular em círculos governamentais e caiu bem com as aspirações declaradas nas metas do Presidente Bush de uma "Sociedade de Posses".

- Periodicamente, os mercados de alguns tipos de títulos secaram por completo, dificultando em muito o levantamento de fundos.
- Na zona do euro, os investidores nem mesmo podiam confiar que os governos conseguiriam arcar com o serviço de seus títulos ou manter o euro como sua divisa.
- Desde o seu auge em 2006, os lucros manufatureiros caíram vertiginosamente e a quantidade de falências comerciais triplicou.

Para os gestores financeiros, parecia mesmo que estavam sendo fustigados de todos os lados.

Esperamos que esses anos tenham sido apenas um breve episódio muito desafortunado, e que o mundo não tenha ficado permanentemente mais complexo ou arriscado.

RESUMO

Os gestores financeiros defrontam-se com duas grandes decisões financeiras:

1. Que parte dos fluxos de caixa gerados internamente deve ser reinvestida nas atividades da empresa? Quanto deve ser distribuído aos acionistas sob a forma de dividendos ou de recompras de ações?
2. Que parte do déficit deve ser financiada por meio de empréstimos em vez de por meio de emissões de ações?

As respostas a essas perguntas dependem da política de dividendos da empresa e, também, da sua política de endividamento.

A Figura 14.1 resume o modo como as empresas norte-americanas captam e gastam dinheiro. Analise-a novamente dando especial atenção aos números. Perceba que o fluxo de caixa gerado internamente é a principal fonte de financiamento para os investimentos. Tomar dinheiro emprestado também tem uma parcela significativa, no entanto, as emissões de ações líquidas têm sido negativas – ou seja, a recompra de ações tem sido maior do que as próprias emissões de ações.

As ações ordinárias são a forma mais simples de financiamento. Os acionistas detentores de ações ordinárias são os proprietários da empresa. Por isso, têm direito a todos os fluxos de caixa e ativos que sobram depois de a empresa ter pago as suas dívidas. Portanto, essas ações representam um direito residual que participa dos altos e baixos do negócio. Os credores têm direito primeiramente aos fluxos de caixa, mas esse direito é limitado. Eles não têm direitos de controle a menos que a empresa se torne inadimplente ou viole cláusulas da dívida.

As ações preferenciais são outra forma de financiamento por capitais próprios. Elas prometem um pagamento fixo de dividendos, mas o seu desembolso fica ao arbítrio dos administradores e, se for recusado, não lhes cabem quaisquer recursos. No entanto, a empresa tem de pagar os dividendos das ações preferenciais antes de poder pagar os dividendos das ações ordinárias.

O endividamento é a fonte mais importante de financiamento externo. Os detentores de obrigações e outros débitos corporativos têm direito aos pagamentos dos juros e ao reembolso final do principal. Se a empresa não consegue fazer esses pagamentos, os investidores podem processá-la por essa falta ou obrigá-la a entrar em falência. A falência geralmente significa que os detentores de títulos da dívida assumem o controle da organização, quer vendendo seus ativos, quer continuando a operá-la sob uma nova direção.

Observe que as autoridades fiscais consideram o pagamento dos juros um custo e, por isso, a empresa pode deduzir os juros para o cálculo do seu rendimento tributável. Os juros são pagos dos resultados anteriores aos impostos, enquanto os dividendos e os lucros retidos provêm dos resultados posteriores aos impostos. Essa é uma das razões pela qual as ações preferenciais são uma fonte menos importante de financiamento do que o endividamento. Os dividendos de ações preferenciais não têm dedução fiscal.

Os índices de endividamento contábil aumentaram, de uma maneira geral, no período depois da Segunda Guerra Mundial nos Estados Unidos. No entanto, eles não são muito mais elevados do que os que existem nos principais países industrializados.

A variedade dos instrumentos financeiros é quase infinita. Diferenciam-se pelo vencimento, taxas de juro (fixas ou flutuantes), moeda, prioridade, ações e obrigações, e se a obrigação pode ser convertida em ações.

A maior parte das ações e das obrigações das empresas pertence a intermediários financeiros, principalmente sistema bancário, seguradoras, fundos de pensão e de investimento. Eles financiam uma grande parcela do investimento corporativo, bem como dos investimentos em bens imóveis e outros ativos. Operam os mecanismos de pagamento, ajudam os indivíduos a diversificarem e administrar suas carteiras, bem como ajudam as organizações a controlar os riscos. A crise no período entre 2007 e 2009 dramatizou o papel crucial desempenhado por esses intermediários.

LEITURAS ADICIONAIS

Um artigo útil para comparar a estrutura financeira dos Estados Unidos com a dos outros principais países industrializados é:

R. G. Rajan and L. Zingales, "What Do We Know about Capital Structure? Some Evidence from International Data," *Journal of Finance* 50 (December 1995), pp. 1421–1460..

Para uma discussão acerca da distribuição dos direitos ao controle e aos fluxos de caixa entre acionistas e credores, veja:

O. Hart, *Firms, Contracts, and Financial Structure* (Oxford: Oxford University Press, 1995).

Robert Merton apresenta uma perspectiva excelente das funções das instituições financeiras em:

R. Merton, "A Functional Perspective of Financial Intermediation," *Financial Management* 24 (Summer 1995), 23-41.

A edição do inverno de 2009 do Journal of Financial Perspectives contém diversos artigos sobre a crise de 2007-2009. Veja também:

V. V. Acharya and M. W. Richardson, eds., *Restoring Financial Stability* (Hoboken, NJ: John Wiley & Sons, 2009).

Os seguintes trabalhos abordam a crise financeira de um modo mais geral:

F. Allen and E. Carletti, "An Overview of the Crisis: Causes, Consequences and Solutions," *International Review of Fincance* 10 (March 2010), pp.1-27.

F. Allen and D. Gale, *Understanding Financial Crises* (Oxford: Oxford University Press, 2007).

C. Reinhart and K. Rogoff, "The Aftermath of Financial Crises," *American Economic Review* 99 (May 2009), pp. 466-472.

C. M. Reinhart and K. Rogoff, *This Time Is Different: Eight Centuries of Financial Folly* (Princeton: Princeton University Press, 2009).

PROBLEMAS

BÁSICO

1. **Fontes de Fundos** Verdadeiro ou falso?
   a. As emissões de ações líquidas por empresas não financeiras dos Estados Unidos são, na maioria dos anos, de pequenas dimensões, mas positivas.
   b. A maioria do investimento de capital feito pelas empresas dos Estados Unidos é obtida por meio da retenção dos lucros e do reinvestimento da depreciação.
   c. Os índices de endividamento nos Estados Unidos em geral têm aumentado durante os últimos 50 anos.

2. **Votação por maioria** Há dez diretores para se eleger. Um acionista detém 80 ações. Qual é o número máximo de votos que ele poderá dar ao seu candidato favorito em uma: (a) votação por maioria? (b) votação acumulada?

3. **Terminologia** Preencha os espaços em branco, utilizando os seguintes termos: taxa flutuante, ações ordinárias, conversível, dívida subordinada, ações preferenciais, prioritária, *warrant*.
   a. Se em situações de insolvência, um credor se classificar atrás dos credores gerais da empresa, seu empréstimo é designado por _____.
   b. A taxa de juro dos empréstimos bancários está, muitas vezes, associada à taxa de juro conhecida por _____.
   c. Uma obrigação _____ pode ser trocada por ações da empresa emissora.
   d. As _____ dão ao seu proprietário o direito de comprar ações da empresa emissora a um _____ prefixado.
   e. Os dividendos das _____ não podem ser pagos a não ser que a empresa já tenha pago todos os dividendos das _____.

4. **Verdadeiro/falso** Verdadeiro ou falso?
   a. Nos Estados Unidos, a maioria das ações ordinárias são possuídas por investidores individuais.
   b. Uma seguradora é um intermediário financeiro.
   c. Os investimentos em sociedades do tipo em comandita não podem ser vendidos ao público.

INTERMEDIÁRIO

5. **Direitos de voto** Suponha que East Corporation emitiu ações com direito a voto e ações sem esse direito. Os investidores esperam que os detentores das ações com direito a voto o utilizem para exonerar a direção incompetente da empresa. Você acredita que as ações com direito a voto sejam vendidas a um preço mais elevado? Justifique.

6. **Impostos** Em 2015, a Beta Corporation obteve $760 mil de lucros brutos.
   a. Pressuponha que ela é financiada por uma combinação de ações ordinárias e $1 milhão de dívida. A taxa de juro da dívida é de 10%, e o imposto sobre o lucro das empresas é de 35%. Qual é o lucro disponível para os acionistas ordinários depois do pagamento dos juros e dos impostos?
   b. Agora, pressuponha que, em vez de emitir dívida, a Beta se financiou com ações ordinárias e $1 milhão de ações preferenciais. O retorno do dividendo das ações preferenciais é de 8% e o imposto continua a ser de 35%. Qual lucro é, agora, disponível para os acionistas ordinários depois do pagamento aos acionistas preferenciais e dos impostos?

7. **Dívida corporativa** Quais das características seguintes aumentariam o valor da obrigação de uma empresa? Quais reduziriam seu valor?
   a. O devedor tem a opção de restituir o empréstimo antes do vencimento.
   b. A obrigação é conversível em ações.
   c. A obrigação é garantida por uma hipoteca sobre uma propriedade.
   d. A obrigação é subordinada.

8. **A crise financeira** Construa um histórico sobre os eventos importantes da crise financeira que começou no verão de 2007. Quando você considera que a crise terminou? Você provavelmente desejará rever algumas das entradas das "Leituras adicionais" antes de responder.

9. **A crise financeira** Mencionamos diversas causas da crise financeira. Quais são as outras causas que você consegue identificar? Você provavelmente desejará rever algumas das entradas das "Leituras adicionais" antes de responder.

DESAFIO

10. **Votação por maioria** Os acionistas da Pickwick Paper Company precisam eleger cinco diretores. Existem 200 mil ações em circulação. Quantas ações serão necessárias para *garantir* a eleição de, pelo menos, um diretor se (a) a empresa usar a votação por maioria? (b) se usar a votação acumulada?

FINANÇAS NA WEB

1. Use dados do endereço **fincance.yahoo.com** para calcular as proporções financeiras exibidas na Figura 14.1 para uma empresa industrial específica para algum ano recente.

2. O *site* **www.federalreserve.gov/releases/z1/current/default.htm** fornece dados sobre fontes de fundos e um balanço consolidado para empresas não financeiras fora do setor agrícola. Veja o Quadro F.102 para o último ano. Qual proporção dos fundos necessários para a empresa foi gerada internamente e quanto teve de ser levantado nos mercados financeiros? Esse é o padrão normal? Agora examine as "emissões de novas ações". As empresas estão, em média, emitindo novas ações ou recomprando suas próprias ações?

3. Pode ser encontrado um balanço consolidado para empresas industriais norte-americanas em **www.census.gov/econ/qfr**. Encontre o balanço para o último ano. Qual foi o índice de endividamento de longo prazo em relação ao de longo prazo mais os capitais próprios? E qual foi o índice de obrigações de longo prazo em relação às obrigações de longo prazo mais os capitais próprios?

CAPÍTULO 15

Como as empresas emitem títulos

No Capítulo 11, nos deparamos com a Marvin Enterprises, uma das empresas com mais notável crescimento do século XXI. Ela foi fundada por George e Mildred Marvin, ambos desistentes do ensino secundário, juntos com Charles P. (Chip) Norton, um grande amigo deles. Para a criação da empresa, os três empresários investiram suas próprias economias e, também, empréstimos bancários obtidos individualmente. O crescimento rápido da empresa, porém, fez que eles se endividassem muito e precisassem de mais capitais próprios. O investimento no capital social de novas empresas privadas em geral é conhecido como *capital de risco*. Esse capital de risco pode ser proporcionado por investidores institucionais ou indivíduos com alguma fortuna que estejam dispostos a apoiar um empreendimento ainda não testado em troca de um pouco de envolvimento. Na primeira parte deste capítulo, vamos explicar como as empresas do modelo da Marvin conseguem angariar capital de risco.

As sociedades de capital de risco pretendem auxiliar as empresas em crescimento a atravessar a fase crucial da adolescência enquanto ainda não são suficientemente grandes para "ir ao mercado". Para uma empresa de sucesso, como a Marvin, surgirá, provavelmente, o momento em que necessitará encontrar uma grande fonte de capital e, por isso, proceder à sua primeira emissão pública de ações ordinárias. Descreveremos, na próxima seção deste capítulo, o que está em jogo em uma oferta pública inicial de ações nos Estados Unidos.

Explicaremos o processo de registro da oferta na Securities and Exchange Commission e apresentaremos os intermediários, que compram a emissão e a revendem ao público. Veremos também que as novas emissões são comercializadas, em geral, a um preço inferior ao da venda posterior. Para compreendermos a razão disso, temos que fazer uma breve incursão pelos procedimentos dos leilões.

A primeira oferta pública de uma empresa raramente será a última. No Capítulo 14, observamos que as empresas enfrentam um déficit financeiro persistente, que compensam com a emissão de títulos. Por isso, vamos analisar como as empresas já estabelecidas procedem para obter mais capital. Durante esse processo, encontramos outro enigma: quando as empresas anunciam uma nova emissão de ações, o preço das ações geralmente cai. Acreditamos que a explicação reside na informação que os investidores encontram na comunicação.

Se uma ação ou obrigação for vendida ao público, ela poderá ser negociada nos mercados de títulos. Mas, às vezes, os investidores pretendem conservar os seus títulos e não se preocupam em saber se são ou não vendáveis. Nesses casos, há pouca vantagem em uma emissão por subscrição pública, e a empresa poderá preferir colocar os títulos diretamente em uma ou duas instituições financeiras. No final deste capítulo, vamos explicar como as organizações fazem uma colocação privada.

15.1 Capital de risco

Em 1º de abril de 2028, George e Mildred Marvin encontraram-se com Chip Norton em seu laboratório de pesquisa (que também servia de estacionamento de bicicletas) para comemorarem a constituição formal da Marvin Enterprises. Os três empresários haviam reunido $100 mil, obtidos com economias e empréstimos bancários individuais, e adquirido 1 milhão de ações da nova companhia. Nesse *instante zero* do investimento, os ativos da empresa consistiam em $90 mil no banco ($10 mil haviam sido gastos na legalização da empresa e em outras despesas de instalação), somados à *ideia* de um novo produto, a dinamite pangaláctica de uso doméstico. George Marvin foi o primeiro a prever que esse tipo de produto, até então considerado caro e supérfluo, poderia ser produzido comercialmente utilizando refenestradores microgénéticos.

A conta bancária da Marvin Enterprises foi se reduzindo, constantemente, com o desenvolvimento das fases de concepção e de realização de testes. Os bancos locais não aceitaram a ideia da empresa como uma garantia adequada, de modo que se tornava obrigatória uma injeção dos capitais próprios. O primeiro passo necessário foi a preparação de um *plano de negócio*. O plano era um documento oficial, que descrevia o produto proposto, o seu mercado potencial, a tecnologia de base e os recursos (tempo, dinheiro, funcionários, além de instalações fabris e equipamentos) necessários para assegurar seu êxito.

A maioria dos empresários consegue contar uma história plausível acerca da sua empresa. Entretanto, é tão difícil para um empresário convencer uma sociedade de capital de risco sobre a validade do seu plano de negócio como o é para um escritor que queira publicar a sua obra. Os diretores da Marvin salientaram o fato de que haviam arriscado investir o seu próprio dinheiro. Não só tinham aplicado todas as suas economias na empresa, como estavam hipotecados até o pescoço, o que era um *sinal* da confiança que tinham no negócio.

A First Meriam Venture Partners ficou bem impressionada com a apresentação da Marvin e concordou em adquirir 1 milhão de novas ações a $1 cada. Após essa *primeira fase* de financiamento, o balanço da empresa, em valores de mercado, passou a ser o seguinte:

1ª fase de financiamento – Balanço da Marvin Enterprises (valores de mercado em $ milhões)

Caixa oriundo das novas ações	$1	$1	Capital de risco obtido com as novas ações
Outros ativos, na maioria intangíveis	1	1	Capital inicial detido pelos empresários
Valor	$2	$2	Valor

Ao aceitar pagar $1 como o preço unitário das ações da Marvin, a First Meriam atribuía implicitamente o valor de $1 milhão às posições originais dos empresários. Essa foi a estimativa da sociedade de capital de risco à ideia dos empresários e ao seu empenho no projeto. Se a estimativa estivesse correta, os empresários poderiam se congratular mutuamente por um ganho teórico de $900 mil sobre seu investimento original de $100 mil. Em contrapartida, os empresários cederam metade da sua sociedade e aceitaram os representantes da First Meriam no conselho de administração.[1]

O sucesso de um novo negócio depende, crucialmente, do esforço desenvolvido pelos diretores. Desse modo, as sociedades de capital de risco tentam estruturar um acordo para garantir à diretoria um incentivo efetivo para ela se empenhar ao máximo. Isso nos leva novamente aos Capítulos 1 e 12, nos quais abordamos como os acionistas de uma empresa (que são os mandatários) precisam incentivar os gestores (que são os seus agentes) para que trabalhem com o objetivo de maximizar o valor da organização.

Se os gestores da Marvin tivessem exigido contratos de emprego muito precisos e fartas remunerações, teriam tido dificuldades em obter o capital de risco. Em vez disso, a equipe da Marvin concordou em começar com remunerações modestas. Só poderiam receber mais dinheiro no caso de valorização das suas ações. Se a Marvin falhasse, não receberiam nada, pois a First Meriam efetivamente havia adquirido *ações preferenciais*, conversíveis automaticamente em ações ordinárias quando, e se, a Marvin Enterprises tivesse êxito em uma oferta pública inicial ou se, de modo consistente, gerasse um nível de resultados superior aos objetivos. Mas se a Marvin Enterprises tivesse fracassado, a First Meriam seria a primeira a reclamar seus direitos sobre quaisquer ativos que sobrassem. Isso aumentaria ainda mais os desafios da diretoria da empresa.[2]

---

[1] As sociedades de capital de risco não exigem, necessariamente, a posse da maioria no conselho de administração. Fazem ou não isso dependendo, por exemplo, do grau de maturidade do negócio e do montante da sua participação. Um compromisso habitual é o de dar um número igual de lugares aos fundadores e aos investidores externos; as duas partes concordam, depois, com a existência de um ou mais administradores com votos de Minerva, no caso de surgir algum conflito. Independentemente de terem ou não a maioria dos diretores, as sociedades de capital de risco raramente são parceiros silenciosos; os seus conselhos e os seus contatos revelam-se, frequentemente, muito úteis para uma equipe de gestores relativamente inexperiente.

[2] Note que há um equilíbrio agora. Exige-se da diretoria da Marvin que "ponha todos os seus ovos no mesmo cesto". Isso cria uma pressão sobre os gestores para se esforçarem ao máximo, mas também significa que aceitam um risco que podiam ter evitado mediante diversificação.

As sociedades de capital de risco dificilmente fornecem a uma empresa recém-formada, de imediato, todo o dinheiro de que essa precisa. Fornecem apenas o suficiente para que, em cada uma das fases, se alcance o próximo ponto importante de controle. Assim, na primavera de 2030, tendo sido concebido e testado um protótipo, a Marvin voltou a solicitar mais dinheiro para a produção de outros protótipos e para realizar testes de mercado. A *segunda fase* de financiamento foi de $4 milhões, dos quais 1,5 milhão foi proveniente da First Meriam, os primeiros financiadores, e $2,5 milhões foram de duas outras sociedades de capital de risco e de abastados investidores individuais. O balanço imediatamente posterior a essa segunda fase era o seguinte:

2ª fase de financiamento – Balanço da Marvin Enterprises (valores de mercado em $ milhões)

Caixa oriundo das novas ações	$4	$4	Capital de risco, segunda fase
Ativos fixos	1	5	Capital da primeira fase
Outros ativos fixos, na maioria intangíveis	9	5	Capital inicial detido pelos empresários
Valor	$14	$14	Valor

O valor da empresa após o novo aporte chegou a $14 milhões. A First Meriam elevou o seu investimento inicial para $5 milhões, e os fundadores registraram um "ganho adicional teórico" de $4 milhões.

Você acredita que isso parece com uma máquina de fazer dinheiro (de papel)? Só quando encarado em retrospectiva. Na primeira fase, não estava claro se a Marvin chegaria à segunda fase: se o protótipo não tivesse funcionado, a First Meriam poderia ter se recusado a desembolsar mais fundos e ter efetivamente acabado com o negócio.[3] Ou poderia ter avançado com os fundos para a segunda fase, em um montante inferior e com condições menos favoráveis. O conselho de administração também poderia ter despedido George, Mildred e Chip, e ter contratado outros gestores para tentar desenvolver o negócio.

No Capítulo 14, afirmamos que os acionistas e os credores diferem nos seus direitos aos fluxos de caixa e ao controle da empresa. Eles têm direito a todos os fluxos de caixa que sobram depois de efetuado o pagamento aos detentores de outros títulos. Eles também possuem o controle sobre o modo como a empresa utiliza o seu dinheiro, e tais credores só podem avançar e tomar o controle da empresa se esta deixar de cumprir suas obrigações legais. Quando uma nova empresa coleta capital de risco, os direitos aos fluxos de caixa e ao controle são, geralmente, negociados em separado. A sociedade que avança com capital de risco quer ter uma palavra sobre o modo como o negócio está sendo gerido e exige representação no conselho de administração, com um número significativo de votos. As sociedades de capital de risco podem concordar em ceder alguns dos seus direitos se, posteriormente, o negócio tiver bom desempenho. Se o desempenho se revelar baixo, entretanto, a sociedade pode reforçar automaticamente o seu controle sobre o negócio e exigir que a direção seja substituída.

Felizmente, para a Marvin nada saiu dos trilhos. Foi obtido o *financiamento* mezanino[4] da terceira fase, iniciou-se a produção em larga escala, como estava previsto, e as dinamites pangalácticas foram aplaudidas pelos críticos de música em todo o mundo. A Marvin "abriu o capital" em 3 de fevereiro de 2034. A partir do momento em que as ações começaram a ser negociadas, os "ganhos teóricos" da First Meriam e dos fundadores da empresa transformaram-se em uma riqueza que podia ser vendida. Antes de abordarmos essa oferta pública inicial, vamos fazer uma análise rápida do mercado atual de capital de risco.

Mercado de capital de risco

Muitas empresas novas utilizam, na fase inicial, fundos familiares e empréstimos bancários. Algumas se desenvolvem com a ajuda de fundos provenientes de pessoas ricas, denominadas *investido-*

---

[3] Se a First Meriam tivesse se recusado a investir na segunda fase, teria sido excepcionalmente difícil convencer outro investidor a substitui-la. Os outros investidores externos sabem que dispunham de menos informações acerca da Marvin do que a First Meriam, e teriam entendido a recusa dessa como um mau presságio para as perspectivas futuras da Marvin.

[4] O financiamento mezanino não necessariamente é feito na terceira fase; pode ocorrer na quarta ou na quinta fases. O fato é que os investidores desse financiamento são os últimos, em contraste com os do capital de risco que começaram "do zero".

PRÁTICA FINANCEIRA

O poder das multidões

Surgiu uma nova maneira para empreendedores financiarem start-ups. É conhecida como *crowdfunding* e utiliza a Internet para angariar dinheiro diretamente de uma multidão de indivíduos.

A WobbleWorks é uma pequena empresa de brinquedos e robótica que foi fundada em Boston em 2011 por dois empreendedores. A empresa precisava de capital para desenvolver a 3Doodler, uma caneta que podia ser usada para produzir imagens plásticas em três dimensões. A solução da empresa foi conclamar apoiadores no Kickstarter, um *site* para jovens empreendedores que buscam angariar capital junto a um grande número de indivíduos. Apoiadores em potencial receberam cerca de um mês para decidirem se queriam contribuir com o projeto 3Doodler e quanto desejariam investir. O conceito se revelou extremamente popular, e a oferta superou em muito a meta original de financiamento, com mais de 26 mil indivíduos empenhando um total de $2,3 milhões. Muitos deles aportaram menos que $25; outros fizeram aportes muito mais substanciais.

Crowdfunding pode ser usado por empreendedores que buscam angariar milhões de dólares para um novo empreendimento, mas muitas vezes é um método para que indivíduos angariem poucos milhares de dólares. Em contraste com os tradicionais projetos de capital de risco, uma proporção relativamente pequena de projetos sustentados por *crowdfunding* são de alta tecnologia; muitos são para atividades artísticas ou produções cinematográficas. A compensação aos investidores pode ser na forma de dinheiro, mas muitos projetos financiados dessa forma podem oferecer simplesmente amostras do produto em troca do investimento.

---

investidores, procuram empresas novas para investir e colaboram com elas à medida que vão propiciando seu crescimento. Além disso, muitas empresas tecnológicas de grande porte atuam como *corporate ventures*, fornecendo capital social a novas e inovadoras organizações. Nos últimos 20 anos, por exemplo, a Intel investiu em mais de 1.300 empresas de 56 países. Num advento recente, jovens empresas também vêm usando a Web para angariar fundos junto a pequenos investidores. Esse advento, conhecido como *crowdfunding*, está descrito no box anterior.

A Figura 15.1 mostra a evolução do investimento em capital de risco. Nos dias tresloucados do ano de 2000, foram investidos mais de $100 bilhões, mas desde o fim da explosão das empresas "ponto.com", o investimento em capital de risco retornou a $20 ou $30 bilhões ao ano.

A maioria dos fundos de capital de risco está organizada sob a forma de sociedades de responsabilidade limitada, com uma vida fixa de cerca de dez anos. Os fundos de pensões e os outros investidores são os sócios limitados. A direção da empresa é o sócio principal, responsável por fazer e controlar os investimentos e, em compensação, receber uma cota fixa e uma parte dos lu-

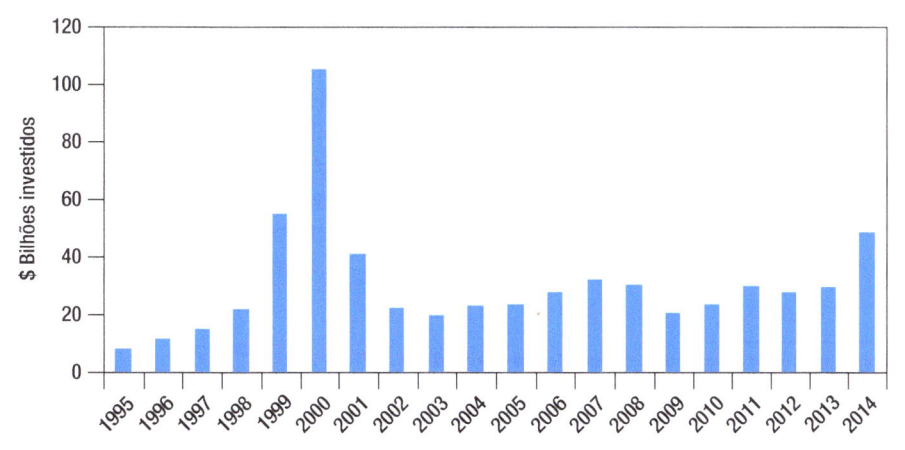

▶ **FIGURA 15.1** Investimento em capital de risco nos Estados Unidos.

Fonte: Thomson Reuters data in MoneyTree Report, Q4, 2014, PricewaterhouseCoopers, National Venture Capital Association. Todos os direitos reservados.

cros, designada *carried interest*.⁵ Essas sociedades de capital de risco estão, muitas vezes, ligadas a sociedades semelhantes, que providenciam fundos para empresas em dificuldades financeiras ou que compram empresas ou divisões de empresas públicas para privatizá-las. A designação genérica dessas atividades é *private equity investing*.

As sociedades de capital de risco não são investidoras passivas. Tendem a se especializar em *startups* de alta tecnologia, que são de difícil avaliação, e as monitoram rigorosamente. Oferecem, ainda, aconselhamento às empresas em que investem e, muitas vezes, têm um papel importante na escolha da equipe de gestores de topo. Os pareceres emitidos e os contatos que disponibilizam podem ser muito valiosos para uma empresa em seus primeiros anos de vida, e a auxilia a comercializar os produtos mais rapidamente.⁶

As sociedades de capital de risco podem lucrar com o seu investimento de duas maneiras. Assim que o novo negócio já estiver a pleno vapor, ele poderá ser vendido a uma organização maior. Muitos empresários, contudo, não se encaixam facilmente na burocracia empresarial e preferem continuar comandando. Nesse caso, a empresa pode decidir, como a Marvin, abrir o capital e, assim, oferecer aos investidores a oportunidade de venderem suas ações, deixando os empresários originais no controle da organização. Um mercado de capital de risco bem-sucedido precisa, portanto, de uma bolsa ativa, como a Nasdaq, que se especializou na comercialização de ações de novas empresas com crescimento muito rápido.⁷

No fim da década de 1990, o mercado europeu de capital de risco foi melhorado pelo aparecimento de uma bolsa que, espelhada na Nasdaq, se especializou na comercialização de ações de empresas novas com crescimento muito rápido. Ao fim de três anos, o Neuer Market, em Frankfurt, já era composto por mais de 300 novas empresas, sendo mais da metade apoiada por sociedades de capital de risco. Todavia, essa bolsa foi prejudicada por um escândalo, quando a Comroad, uma empresa de alta tecnologia, revelou que a maior parte dos $94 milhões apresentados como lucros eram fictícios. À medida que a explosão das empresas "ponto.com" se extinguia, os preços das ações no Neuer Market caiam 95%, até ele ser, finalmente, encerrado.

Pouquíssimas novos negócios se desenvolvem em grande escala, mas as sociedades de capital de risco continuam interessadas e procuram esquecer os inúmeros fracassos e relembrar os casos de sucesso – os investidores que colocaram as primeiras pedras em corporações como a Federal Express, a Genentech e a Intel. Para cada dez investimentos de capital de risco no nível da primeira fase, apenas dois ou três se tornarão negócios de sucesso e autossustentáveis.

Com base nessas estatísticas, inferimos duas regras para o êxito no investimento de capital de risco. Primeira, não fuja das incertezas; aceite uma baixa probabilidade de êxito. Mas não invista em uma companhia enquanto não conseguir prever a *possibilidade* de ela se tornar uma grande empresa de capital aberto em um mercado lucrativo. Só faz sentido apontar para muito longe se os resultados forem muito bons. Segunda, reduza os seus prejuízos: identifique cedo os maus negócios e, se não conseguir debelar o problema – por exemplo, com a substituição da diretoria –, "não coloque dinheiro bom sobre dinheiro que já se tornou ruim".

Quão bem-sucedidos são os investimentos em capital de risco? Como não se pode observar as cotações de novos negócios no *The Wall Street Journal*, é difícil fazer afirmações com certeza. Entretanto, a Cambridge Associates, que traça a performance de uma grande amostra de fundos de capital de risco, calcula que, nos 15 anos até junho de 2014, os investidores nesses fundos teriam ganho um retorno anual de 13,0% após despesas. Isso é aproximadamente 9% mais ao ano do que teriam ganho se investissem em ações de grandes empresas. Não sabemos se essa estratégia é compensadora pelos riscos adicionais de se investir em capital de risco.

---

⁵ Um acordo típico é, por exemplo, o recebimento de uma cota de 2% *mais* 20% dos lucros.

⁶ Para constatar o papel das sociedades de capital de risco na geração de novos negócios, veja T. Hellman and M. Puri, "The Interaction between Product Market and Financial Strategy: The Role of Venture Capital", *Review of Financial Studies* 13 (2000), pp. 959-984; e S. N. Kaplan and P. Stromberg, "Contracts, Characteristics and Actions: Evidence from Venture Capitalist Analyses", *Journal of Finance* 59 (October 2004), pp. 2.177-2.210.

⁷ Esse argumento é desenvolvido por B. Black and R. Gilson, "Venture Capital and the Structure of Capital Markets: Banks versus Stock Markets," *Journal of Financial Economics* 47 (March 1998), pp. 243-277.

15.2 Oferta pública inicial

Depois, temos um estágio na vida de muitas empresas novas em que elas decidem fazer uma **oferta pública inicial** de ações, ou **IPO** (*initial public offering*). Ela pode ser uma *oferta primária*, na qual são vendidas novas ações para levantar fundos adicionais para a empresa. Ou pode ser sob a forma de uma *oferta secundária*, em que os acionistas existentes decidem vender uma parte de suas ações.

Muitas IPOs são uma mistura de ofertas primária e secundária. Em 2014, por exemplo, a IP da Alibaba levantou um recorde de $25 bilhões. Cerca de um terço das ações foi vendido pela própria empresa, mas o restante foi vendido por acionistas já existentes. Muitas das maiores IPOs secundárias surgem quando o governo vende sua participação em uma empresa. Em 2010, por exemplo, o Tesouro norte-americano arrecadou $20 bilhões ao vender suas ações ordinárias e preferenciais da General Motors. Nesse mesmo ano, o governo chinês arrecadou uma soma similar com a venda da estatal Banco Agrícola da China.

IPOs arrecadam dinheiro para a empresa ou para acionistas já existentes, mas, como você pode ver na Figura 15.2, podem haver outros motivos para essa abertura de capital. Por exemplo, o preço das ações ordinárias fornece um ponto de referência de desempenho facilmente disponível e permite que a empresa recompense sua equipe de gestão com opções em ações. E, como a informação sobre a organização torna-se mais amplamente disponível, pode-se diversificar suas fontes de financiamento e reduzir seus custos de endividamento.

Embora haja vantagens de se ter um mercado para as ações, não devemos passar a impressão de que as empresas, em todas as partes, desejem abrir o seu capital. Em muitos países, é comum que empresas de grande porte continuem com o capital fechado. Na Itália, por exemplo, há apenas um oitavo de empresas listadas em bolsas em relação à Inglaterra, embora as economias tenham praticamente a mesma dimensão.

Até nos Estados Unidos há muitas empresas que preferem permanecer como organizações privadas, sem serem cotadas na bolsa. Elas incluem algumas organizações de grande porte, como a Bechtel, a Cargill e a Levi Strauss. Ainda não podemos pensar no processo de emissão norte-americano como uma pista de uma única via; as empresas de capital aberto muitas vezes fazem a inversão e retornam à sua condição de capital fechado. Um exemplo um tanto extremo é o da Aramark, empresa de serviços do setor alimentício. Ela foi fundada em 1936 como empresa privada

Motivo	%
Criar ações públicas para uso em futuras aquisições	59,4%
Definir um preço/valor de mercado para a nossa empresa	51,2%
Aumentar a reputação de nossa empresa	49,1%
Ampliar a base de nossas posses	45,9%
Permitir que um ou mais diretores diversifiquem suas posições pessoais	44,1%
Minimizar nosso custo de capital	42,5%
Possibilitar que os investidores de risco realizem seus ganhos	32,2%
Atrair a atenção dos analistas	29,8%
Nossa empresa não tem mais capital privado	27,6%
A dívida está se tornando muito cara	14,3%

Diretores financeiros que concordam ou discordam expressamente (%)

▶ **FIGURA 15.2** Pesquisa que evidencia os motivos para se abrir o capital.

Fonte: J. C. Brau and S. E. Fawcett, "Evidence on What CFOs Think about the IPO Process: Practice, Theory and Managerial Implications", *Journal of Applied Corporate Finance* 18 (October 2006), pp. 107-117.

e só foi abrir seu capital em 1960. Em 1984, a aquisição da empresa pelos seus próprios gestores (*management buyout*) fez a empresa tornar-se novamente privada, condição em que permaneceu até 2001, quando teve a sua segunda oferta pública de ações. Entretanto, a experiência em si não demorou muito, pois, após cinco anos, a Aramark se tornou novamente objeto de um novo processo de *buyout*, passando novamente para a modalidade privada.

Os gestores muitas vezes se irritam com a burocracia envolvida na administração de uma empresa de capital aberto e com os custos de comunicação com os acionistas. Essas reclamações se tornaram mais vocalizadas desde a aprovação da Lei de Sarbanes-Oxley. Essa lei buscava evitar uma repetição dos escândalos corporativos que causaram o colapso da Enron e da WorldCom, mas, conforme sugerido pelo próximo quadro, uma de suas consequências tem sido um aumento da carga reportada em empresas de capital aberto de pequeno porte e uma aparente elevação na sua disposição de passarem a ter seu capital fechado.[8]

Organização de uma oferta pública inicial

Vamos, agora, examinar como a Marvin se organizou para abrir o seu capital. No ano de 2034, a Marvin cresceu até o ponto em que passou a necessitar de uma nova entrada substancial de capitais para implementar a sua tecnologia de produção de segunda geração. Ao mesmo tempo, os fundadores da empresa buscavam vender algumas de suas ações.[9] Nos meses anteriores, tinha havido um volume muito grande de IPOs de empresas de alta tecnologia e as ações, de modo geral, havia sido vendidas como água. Assim, a diretoria da Marvin tinha confiança de que os investidores teriam, na verdade, a mesma determinação para comprar as ações da organização.

A primeira tarefa da diretoria foi selecionar os subscritores (underwriters) das ações. Esses intermediários atuam como padrinhos financeiros das novas emissões. Desempenham, geralmente, um papel triplo – primeiro, facultam à empresa uma consultoria financeira e processual; depois, adquirem a emissão e, por fim, revendem a emissão ao público.

Após alguma discussão, a Marvin decidiu-se pela Klein Merrick para liderar o grupo dos subscritores e a Goldman Stanley seria o outro cogestor. A Klein Merrick seria a responsável pela formação e pela coordenação de um grupo de subscritores, que iriam adquirir e revender a emissão.

Ao escolher a Klein Merrick para administrar a sua IPO, a Marvin foi influenciada pelas propostas dessa sociedade para que formasse um mercado ativo nas ações nas semanas posteriores à emissão.[10] A Klein Merrick também planejou gerar o interesse continuado dos investidores nas ações pela distribuição de um relatório importante de pesquisa sobre as perspectivas da Marvin.[11] Esta, por sua vez, tinha confiança de que esse relatório estimularia os investidores a manter suas ações.

Em colaboração com a Klein Merrick e com escritórios de advocacia e de contabilidade, a Marvin preparou um **dossiê de registro** para submetê-lo à aprovação da Securities and Exchange Commission (SEC).[12] Esse é um documento detalhado e, às vezes, enfadonho, que contém informações acerca do financiamento proposto, da história da empresa, das atividades existentes e dos planos para o futuro.

---

[8] As empresas podem aliviar o fardo contábil reduzindo o número de acionistas para menos de 300 e retirando suas ações da listagem da bolsa de valores. Este procedimento é conhecido como "*going dark*" [ir para o escuro]. Nos últimos anos, tem havido um aumento no número de empresas seguindo essa alternativa.

[9] A First Meriam também queria lucrar com o seu investimento, mas as sociedades de capital de risco geralmente acreditam que vender ações no momento de uma IPO enviaria um mau sinal aos investidores. Assim, a sociedade planejou esperar até passar a nova emissão para, depois, vender suas posições ou distribuir suas ações na Marvin para os investidores dos seus fundos.

[10] Em média, a instituição subscritora líder que atua como a administradora da oferta é responsável por 40% a 60% do volume de negócios durante os primeiros dois meses seguintes a uma IPO. Veja K. Ellis, R. Michaely and M. O'Hara, "When the Underwriter Is the Market Maker: An Examination of Trading in the IPO Aftermarket", *Journal of Finance* 55 (June 2000), pp. 1.039-1.074.

[11] Os 40 dias após a oferta são designados *período calmo*. A Merrick é obrigada a esperar até que esse período decorra antes de emitir comentários sobre a avaliação da empresa. Há estudos que sugerem que, na escolha do intermediário, as empresas dão uma importância considerável à sua capacidade de fornecer relatórios de pesquisa de acompanhamento. Veja L. Krigman, W. H. Shaw and K. L. Womack, "Why Do Firms Switch Underwriters?" *Journal of Financial Economics* 60 (May-June 2001), pp. 245-284.

[12] As normas que regulamentam a venda de títulos derivam, principalmente, do Securities Act of 1933. A SEC preocupa-se apenas com a comunicação e não tem o poder de impedir uma emissão, desde que a comunicação tenha sido feita corretamente. Algumas emissões públicas são isentas da obrigatoriedade de registro e incluem emissões feitas por pequenas empresas e empréstimos com vencimentos de até nove meses.

PRÁTICA FINANCEIRA

Será que a SOX prejudicou o mercado de IPOs?

CEOs frequentemente reclamam que o fardo de obedecer à Lei de Sarbanes-Oxley (SOX) desestimulou empresas norte-americanas a abrirem seu capital, ou as induziu a ingressarem na bolsa de Londres em vez na de Nova York. Em 2011, o Conselho sobre Empregos e Competitividade da Presidência dos Estados Unidos deu apoio a essa crença. O conselho observou que os anos de 2008 e 2009 viram menos IPOs sustentadas por capital de risco do que qualquer ano desde 1985. A quantidade de IPOs menores do que $50 milhões caiu de 80% na década de 1990 para 20% na década de 2000. O conselho concluiu:

> Regulamentações bem-intencionadas voltadas a proteger o público de propagandas enganosas de uma pequena quantidade de grandes empresas impôs, sem ter a intenção, fardos consideráveis sobre diversas empresas de menor porte. Como resultado, cada vez menos empreendimentos de alto crescimento estão abrindo seu capital, e mais estão optando por oferecer liquidez e uma porta de saída para investidores ao se colocarem à venda para empresas maiores. Isso prejudica a criação de empregos, já que os dados mostram claramente que a criação de empregos se acelera quando as empresas abrem seu capital, mas frequentemente desacelera quando empresas são adquiridas por outras. Assim, para estimular o mercado de IPOs e motivar maior criação de empregos, quase todos os membros do Conselho recomendam que o Congresso... emende a Lei de Sarbanes-Oxley (SOX) para permitir que acionistas de empresas públicas avaliadas em menos do que $1 bilhão fiquem desobrigados de cumprirem pelo menos a Seção 404, ou mesmo todas as exigências segundo a Sarbanes-Oxley; ou, alternativamente, que se isente novas empresas de obedecerem à SOX por cinco anos depois de abrirem seu capital.*

* "Taking Action, Building Confidence," *The President's Council on Jobs and Competitiveness Interim Report*, **www.jobs-council.com**, p.19.

---

emissão pública das ações da Marvin. A maioria dos prospectos costuma ser bem mais detalhada em cada um dos tópicos, mas esse exemplo serve para dar uma ideia do conjunto de informações pertinentes e dos requisitos redundantes que caracterizam esses documentos. O prospecto da Marvin também ilustra o cuidado da SEC para assegurar que os investidores sejam alertados sobre o risco da compra (veja "Algumas considerações" no prospecto). Alguns investidores afirmam, com ironia, que, se lessem cuidadosamente os prospectos, nunca se aventurariam a comprar nenhuma nova emissão.

Além de ter que registrar a emissão na SEC, a Marvin teve de se assegurar de que a emissão estava de acordo com as chamadas leis do mercado de títulos (leis *blue-sky*) de cada Estado, que regulamentam as vendas de valores mobiliários no interior do Estado.[13] Ela também providenciou para que a sua nova emissão fosse comercializada na Nasdaq.

A venda das ações da Marvin

Durante o período de registro, a Marvin e os seus intermediários começaram a ponderar o preço a ser fixado para a emissão. Primeiro, observaram os índices P/L (*preço/lucro*) de seus principais concorrentes. Em seguida, passaram ao cálculo dos descontos dos fluxos de caixa futuros, como os que descrevemos nos Capítulos 4 e 11. A maior parte dos dados apontava para um valor de mercado de cerca de $74 a $76 por ação, e a empresa passou a incluir esse valor estimável na versão preliminar do prospecto.[14]

---

[13] Em 1980, quando a Apple Computer Inc. fez a sua primeira emissão pública, o governo do Estado de Massachusetts decidiu que a emissão tinha um risco muito elevado para os seus residentes e, consequentemente, impediu a venda de ações aos investidores individuais do estado. Mais tarde, depois da emissão ter se esgotado e do preço ter subido, o estado de Massachusetts recuou. Será desnecessário dizer que essa atuação não foi aplaudida pelos investidores ali residentes.

Normalmente, os estados não rejeitam emissões de títulos por empresas idôneas por meio de intermediários já reconhecidos. Citamos esse exemplo para ilustrar o poder potencial das leis estaduais relativas a títulos e para demonstrar a importância de os intermediários financeiros se manterem cuidadosamente a par dessas leis.

[14] A empresa é autorizada a circular uma versão preliminar do prospecto (conhecida como red herring) antes de a SEC ter aprovado o dossiê de registro.

A Marvin e a Klein Merrick organizaram um *road show* para contatar os investidores potenciais. Muitos deles eram institucionais, representando fundos de investimento e de pensões. Os investidores apresentaram suas reações à emissão e indicaram aos intermediários as quantidades de ações que gostariam de comprar. Alguns disseram o preço máximo que estavam dispostos a pagar, enquanto outros afirmaram que estavam dispostos a investir um determinado montante, independentemente do preço. Essas reuniões permitiram à Klein Merrick constituir um livro-caixa de vendas potenciais.[15] Apesar de as respostas não vincularem os gestores, estes sabiam que, para continuar nas boas graças dos intermediários, deveriam cumprir posteriormente as intenções que iam declarando. Os intermediários também não tinham a obrigação de tratar igualmente todos os investidores. Alguns, desejosos de comprar ações da Marvin, ficaram desapontados pelas quantidades que receberam posteriormente.

Imediatamente após a empresa ter recebido a autorização da SEC, a Marvin e os intermediários fizeram uma reunião para fixar o preço da emissão. Os investidores tinham recebido com entusiasmo os argumentos da Marvin, e era óbvio que estavam preparados para pagar mais que $76 por ação. Os gestores da Marvin gostariam de ter optado pelo preço mais alto possível, mas os intermediários eram mais cautelosos. Se superestimassem a procura dos investidores, teriam que ficar com as ações que não fossem vendidas e, além disso, argumentaram dizendo que era necessário entusiasmar os investidores a comprar mediante uma subavaliação do preço. Por isso, a Marvin e os intermediários concordaram com o preço de $80. Os investidores potenciais eram encorajados pelo fato de o preço de oferta ser superior aos $74 e $76 propostos no prospecto preliminar, e concluíram que os intermediários haviam detectado um entusiasmo considerável com a emissão.

Apesar de os intermediários terem se comprometido a comprar apenas 900 mil ações da empresa, decidiram vender 1.035.000 ações aos investidores. Ficariam faltando 135 mil ações, 15% da emissão. Se a emissão não fosse bem-sucedida e fosse vendida abaixo do preço definido, os intermediários comprariam novamente essas ações no mercado. Isso ajudaria a estabilizar os preços e daria aos intermediários um lucro nas ações adicionais que tivessem vendido. Mas a venda foi um sucesso e, no fim do dia, as ações já estavam sendo negociadas a $105. Os intermediários teriam um grande prejuízo se tivessem que comprar no mercado as ações a esse valor. A Marvin, contudo, tinha concedido aos intermediários um direito *greenshoe*, que lhes permitia comprar mais 135 mil de suas ações. Isso permitia aos intermediários vender as ações adicionais aos investidores sem incorrer em prejuízo.

Os intermediários financeiros

Os intermediários da Marvin estavam preparados para o pesado compromisso de comprar as ações e depois oferecê-las ao público. Correram o risco de a emissão falhar e ficariam com ações que não queriam. Às vezes, quando a venda de ações ordinárias é considerada muito arriscada, os intermediários poderão ter feito um acordo de realizar uma venda baseada *nos melhores esforços*. Nesse caso, o intermediário promete vender a maior quantidade possível da emissão, mas não garante vender a totalidade.[16]

A intermediação bem-sucedida exige musculatura financeira e uma experiência considerável. Os nomes dos intermediários da Marvin são, é claro, fictícios, mas o Quadro 15.1 mostra que essa atividade é dominada pelos maiores bancos de investimento e bancos comerciais. Também há muitas empresas internacionais bem envolvidas com essas atividades em nível mundial. A intermediação financeira nem sempre é agradável.

Em abril de 2008, o banco inglês HBOS ofereceu aos seus acionistas duas novas ações a um preço de £2,75 para substituir cinco ações que detivessem.[17] Os intermediários dessa emissão – o Morgan Stanley e a Dresdner Kleinwort – garantiram que, ao fim de dois meses, comprariam quaisquer novas ações que os acionistas não quisessem. Na época da oferta, as ações do HBOS

---

[15] A instituição subscritora líder é, portanto, geralmente conhecida como *bookrunner* [responsável pelo livro-caixa].

[16] A alternativa é um acordo do tipo "tudo ou nada". Nesse caso, ou é vendida a totalidade da emissão ao preço inicialmente oferecido, ou o negócio é cancelado – e a empresa emissora não recebe nada.

[17] Esse arranjo é conhecido como emissão com direitos de preferência (*rights issue*). Descrevemos essa modalidade de emissão posteriormente no capítulo.

QUADRO 15.1 Principais intermediários financeiros subscritores entre janeiro e junho de 2014. Os valores incluem emissões de obrigações e de ações

	Valor das emissões (em $ bilhões)	Número das emissões
JPMorgan	$271	1.120
Deutsche Bank	239	1.006
Citi	227	905
Barclays	223	843
Bank of America Merrill Lynch	202	849
Goldman Sachs	200	707
Morgan Stanley	186	904
HSBC Holdings	177	805
Credit Suisse	143	671
BNP Paribas	111	483

Fonte: Thomson Reuters (**www.thomsonreuters.com**).

estavam cotadas a um preço unitário de cerca de £5, de modo que os intermediários ficaram confiantes de que não teriam de cumprir sua promessa. Infelizmente, consideraram isso sem avaliar a turbulência do mercado, que atingira o preço das ações do setor bancário naquele ano. Os acionistas do banco se preocuparam que o dinheiro que lhes havia sido pedido para suprir fosse, principalmente, para o socorro dado aos detentores de títulos e depositantes. Ao fim daquele período de tempo, o preço das ações do HBOS havia despencado abaixo do preço da oferta, e os subscritores tiveram que suportar o fardo de 932 milhões de ações indesejadas no valor de £3,6 bilhões.

As empresas fazem apenas uma IPO, mas a atividade dos intermediários é constante. Por isso, os mais bem preparados sabem que a sua reputação é importante e não se envolvem com uma emissão, a menos que tenham a certeza de que os fatos serão apresentados corretamente aos investidores. Assim, quando uma nova emissão vai mal, os intermediários podem ser acusados de falta de zelo, "hiperinflacionando" a emissão e falhando no dever de razoabilidade. Por exemplo, em dezembro de 1999, a empresa de software Va Linux fez uma emissão a $30 por ação. No dia seguinte, abriu com um preço de $29 por ação, mas, depois, o preço continuou a cair. Em dois anos, caiu para $2. Desagradados, os investidores da Va Linux processaram os intermediários, queixando-se de que o prospecto continha "falsidade ideológica". Esses intermediários fizeram parte de um grande grupo que, por causa do colapso das ações das empresas "ponto.com" em 2000, foi processado por investidores de outras empresas de alta tecnologia. Conforme explicado pelo próximo quadro, o constrangimento foi ainda maior quando se soube que vários intermediários, bastante conhecidos, haviam feito *spinning* – ou seja, haviam reservado ações de emissões com demanda elevada para empresas que eram clientes muito importantes desses intermediários. O "selo de aprovação" desses subscritores para novas emissões nunca mais conseguiu recuperar o valor que tinha anteriormente.

Custos de uma nova emissão

Os intermediários da Marvin foram descritos como tendo um papel triplo – oferecer conselhos, comprar a nova emissão e vendê-la ao público. Em troca, receberam um pagamento sob a forma de *comissão*; ou seja, foram autorizados a comprar as ações a um *preço inferior* ao preço da oferta das ações aos investidores.[18] A Klein Merrick, como responsável pelo grupo gestor, arrecadou 20% dessa comissão. Os outros 25% foram utilizados para pagar aos intermediários restantes que compraram a emissão. Os 55% que sobraram foram para as empresas que providenciaram as equipes de vendedores.

---

[18] Nos casos mais arriscados, o intermediário geralmente recebe uma compensação não monetária, como garantias para comprar mais tarde ações ordinárias adicionais.

PRÁTICA FINANCEIRA

Como o escândalo abalou o setor dos bancos de investimento

O ano de 1999 tinha tudo para ser um ano maravilhoso para o setor dos bancos de investimento. Não apenas eles subscreveram um número praticamente recorde de IPOs, mas também as ações que venderam tiveram saltos de preços médios de 72% no primeiro dia das negociações, concedendo aos intermediários alguns clientes muito agradecidos. Passados três anos, os mesmos bancos de investimento estavam em desgraça. Investigados por Eliot Spitzer, procurador geral do Estado de Nova York, descobriu-se uma série de comportamentos antiéticos e vergonhosos durante os anos de sua explosão.

Com o desenvolvimento explosivo do mercado de empresas "ponto.com", os analistas do setor dos bancos de investimento começaram a assumir o papel adicional de promotores dos títulos que analisavam, tornando-se no processo profissionais com salários compatíveis a celebridades. A elevação precoce dos preços das ações de IPOs de empresas "ponto.com", portanto, deveu-se muito ao exagero dos analistas de subscrições, que promoveram descaradamente as ações que, por vezes, reservadamente imaginavam que estavam supervalorizadas. Revelou-se, pelo exame de e-mails internos, que um desses analistas de ponta de empresas da Internet acreditava que as ações que estava negociando com os investidores eram "de baixa performance" e "de muito má qualidade". Em muitos casos, as ações eram, efetivamente, de má qualidade, e os subscritores que tinham inflado as IPOs logo se viram acionados judicialmente por investidores desgostosos que tinham comprado a valores supervalorizados.

Os problemas dos subscritores tornaram-se ainda maiores quando foi revelado que, em uma série de casos, eles tinham reservado ações em novas emissões "quentes" às contas pessoais de corretagem dos presidentes das principais empresas-cliente. Essas ações poderiam, então, ser vendidas, ou sofrer *spinning*, com a intenção predeterminada de obtenção de lucros rápidos. Descobriu-se que cinco executivos seniores entre as mais influentes empresas de telecomunicação haviam recebido um total de $28 milhões de lucro por suas destinações de ações em IPOs subscritos por um banco. Durante o mesmo período, o banco recebeu um volume de negócios superior a $100 milhões dessas cinco organizações. Eliot Spitzer afirmou que esses benefícios adicionais lucrativos eram, realmente, tentativas dos bancos de comprar futuros negócios, e que os lucros, portanto, pertenciam muito mais aos acionistas do que aos executivos da organização. Logo, executivos de topo de diversas outras empresas estavam enfrentando demandas de acionistas desgostosos para que devolvessem às empresas os lucros que tinham embolsado com as ofertas públicas iniciais "quentes".

O resultado desses escândalos, que se avolumaram sobre o setor dos bancos de investimento, foi um ressarcimento de $1,4 bilhão feito pelos bancos e um acordo para separar os departamentos de P&D das operações de investimento, contratar consultores independentes e selecionar provedores de pesquisas independentes. Mas as revelações também levantaram questões problemáticas sobre padrões éticos e as pressões que podem levar funcionários a ter comportamentos inescrupulosos.

---

esperar que o valor percentual da comissão diminuísse em razão da dimensão da emissão. Em parte, é isso que acontece. Por exemplo, uma IPO de $5 milhões pode ter uma comissão de 10%, enquanto uma IPO de $300 milhões teria apenas 5%. Entretanto, Chen e Ritter constataram que quase todas as IPOs entre $20 e $80 milhões tiveram comissões de exatamente 7%.[19] Por ser difícil acreditar que não há economias de escala, esse valor recorrente de 7% é intrigante.[20]

Além da comissão dos intermediários, a nova emissão da Marvin teve custos administrativos consideráveis. A preparação do dossiê de registro e os prospectos envolveram equipes de gestão, de aconselhamento legal e contábil, bem como os subscritores e seus conselheiros. Além disso, a Marvin teve de pagar os registros das novas ações, os custos de impressão, os custos postais etc. Na primeira página do prospecto da Marvin (veja o Apêndice deste capítulo), pode-se observar que os custos administrativos totalizaram $820 mil ou apenas um pouco mais de 1% do processo de registro.

---

[19] H. C. Chen and J. R. Ritter, "The Seven Percent Solution", *Journal of Finance* 55 (June 2000), pp. 1.105-1.132.

[20] Chen e Ritter argumentam que a comissão fixa sugere que o mercado de intermediação não é competitivo e que o Departamento de Justiça foi levado a investigar se a comissão era indiciadora de fixação de preços. Robert Hansen discorda que o mercado não seja competitivo. Entre outras coisas, ele apresenta evidências de que 7% da comissão não é anormalmente rentável e sustenta que isso é parte de um mercado eficiente e competitivo. Veja R. Hansen, "Do Investment Banks Compete in IPOs?: The Advent of the 7% Plus Contract", *Journal of Financial Economics* 59 (2001) pp. 313-346.

Subavaliação das IPOs

A emissão da Marvin teve, ainda, outro custo. Como o valor da oferta foi menor que o valor verdadeiro das ações emitidas, os investidores que compraram as ações fizeram um bom negócio à custa dos investidores originais.

Os custos de *subavaliação* estão ocultos, mas não deixam de ser reais. Para IPOs, geralmente excedem todos os outros custos das emissões. Sempre que uma empresa abre o seu capital ao público é muito difícil descobrir a quantia que os investidores estão dispostos a pagar pelas ações. Às vezes, os erros de avaliação dos subscritores são drásticos. Por exemplo, quando o prospecto da IPO da eBay foi tornado público, os intermediários deram a indicação de que a empresa venderia 3,5 milhões de ações, entre $14 e $16 cada. O entusiasmo gerado em torno do sistema de leilão feito no *site* da eBay foi tão elevado, contudo, que os intermediários subiram o preço para $18. Na manhã seguinte, o mercado foi inundado com ordens de compra: mais de 4,5 milhões de ações foram negociadas, e o preço da ação, nesse dia, fechou em $47,375.

Admitamos que a emissão da eBay não foi comum.[21] Mas os especialistas descobriram que os investidores que compram ao preço da emissão realizam, em média, altos retornos nos dias seguintes. Por exemplo, um estudo de cerca de 8 mil IPOs norte-americanas, entre 1980 e 20014, encontrou uma subavaliação média de 17,9%.[22]

A Figura 15.3 mostra que os Estados Unidos não são o único país no qual as IPOs estão subavaliadas. Na China, os ganhos resultantes de comprar IPOs são, em média, de 118%.[23]

Poder-se-ia pensar que os acionistas não prefeririam vender ações da sua empresa a um valor inferior ao preço do mercado, mas muitos bancos de investimento e investidores institucionais afirmam que a subavaliação é a favor da empresa emissora. Argumentam que um preço de oferta baixo em uma IPO aumenta o preço das ações quando são posteriormente vendidas, aumentando a capacidade de a empresa reunir mais capital.

Pode haver outra razão para fazer sentido subavaliar emissões novas. Suponha que você tenha arrematado com sucesso um quadro em um leilão de obras de arte. Você deveria ficar contente? Agora você é o dono da obra de arte que possivelmente ambicionava possuir. Mas todos os participantes do leilão pensaram, aparentemente, que o quadro valia menos do que havia sido pago por ele. Em outras palavras, o seu sucesso sugere que você pagou demais. Esse problema é designado por *maldição do vencedor*. Aquele que fizer a oferta mais alta em um leilão terá, provavelmente, superestimado o valor do objeto; a menos que os demais arrematantes reconheçam isso nas suas ofertas, o comprador terá, em termos médios, pago demais. Estando cientes do perigo, provavelmente os arrematantes o ajustarão e, de uma maneira correspondente, reconsiderarão seus lances para valores inferiores.

O mesmo problema acontece quando concorremos a uma nova emissão de ações. Por exemplo, suponha que você decida concorrer a uma nova emissão de ações ordinárias. Descobrirá que não há nenhuma dificuldade em comprar ações nas emissões que ninguém quer. Mas, quando a emissão é atraente, os intermediários não têm ações suficientes para todos, e você receberá menos ações do que desejava. Como resultado, há uma inversão da sua estratégia para ganhar dinheiro. Se for inteligente, só comprará se, em média, houver uma subavaliação substancial. Essa poderá ser uma base racional para a subvalorização das novas emissões. Os investidores mal informados não conseguem distinguir as ações atraentes e, por isso, estão expostos à maldição do vencedor. As empresas e os seus intermediários estão cientes disso, e utilizam a subavaliação para atrair os investidores mal informados.[24]

Esses argumentos só justificam parcialmente a subavaliação, mas não a explicam na totalidade. Os céticos afirmam que a subavaliação é vantajosa sobretudo para os intermediários, visto

---

[21] Mas não é a recordista. Essa honra pertence à VA Linux.

[22] O nosso cálculo também é uma média ponderada de retornos ao fim de um dia e é calculado a partir de dados disponíveis em https://site.warrington.ufl.edu/ritter/ipodata/. Como vimos no Capítulo 13, há provas de que esses ganhos iniciais não se mantiveram e, nos cinco anos seguintes à IPO, o desempenho das ações é inferior ao do mercado.

[23] Os retornos chineses são em ações do tipo A, comercializadas somente em nível doméstico.

[24] Observe que a maldição do vencedor desapareceria se os investidores soubessem qual seria o preço de mercado. Uma solução poderia ser a possibilidade de a ação ser negociada antes de ter sido emitida. Isso é conhecido por *mercado cinzento* (*gray market*) e, nos Estados Unidos, é mais utilizado na emissão de obrigações. Os investidores podem analisar a evolução do preço no mercado cinzento e ficarem mais confiantes de que não estão oferecendo muito quando a emissão for feita.

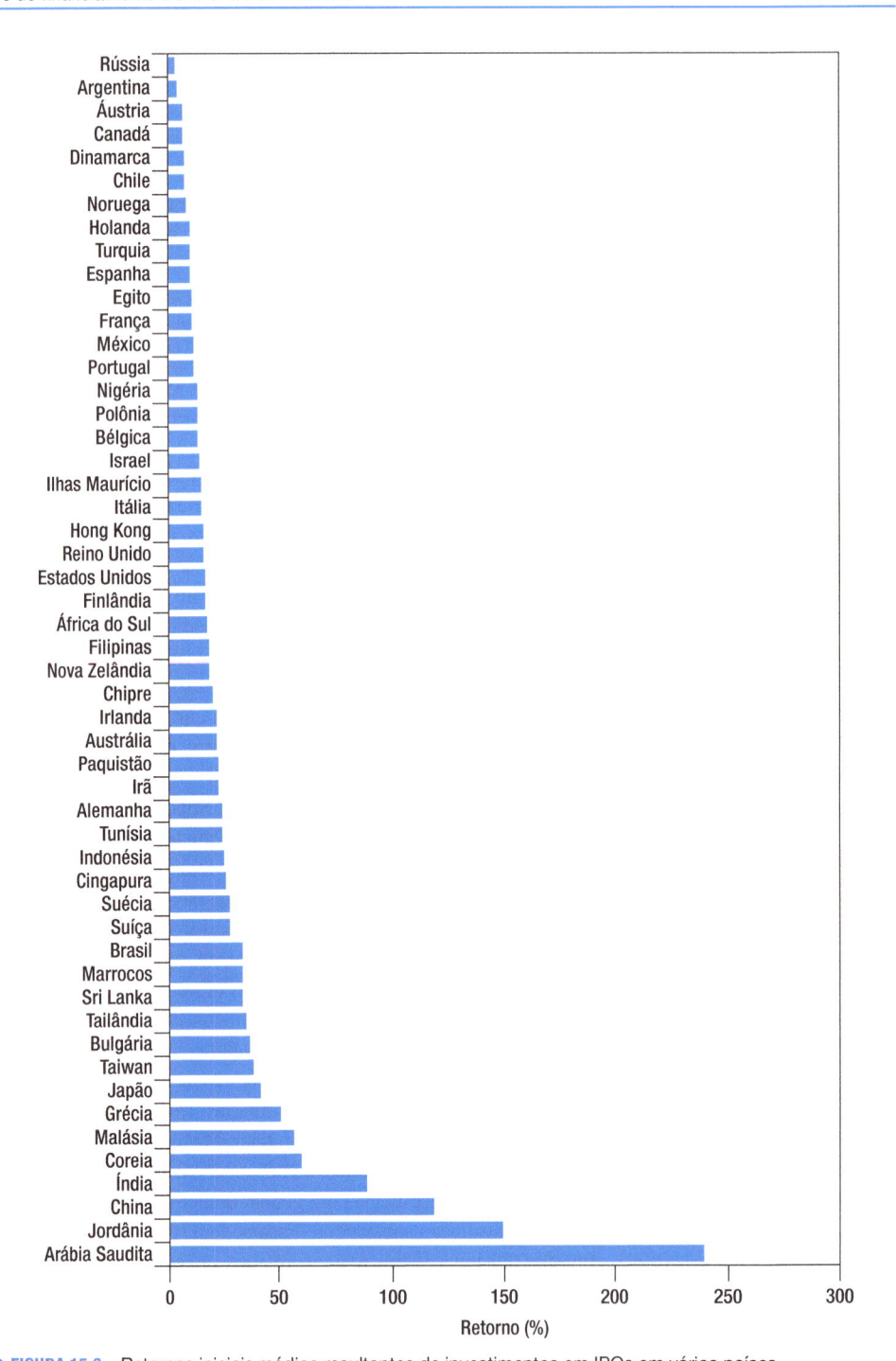

FIGURA 15.3 Retornos iniciais médios resultantes de investimentos em IPOs em vários países.

Fonte: T. Loughran, J. R. Ritter and K. Rydqvist, "Initial Public Offerings: International Insights", *Pacific Basin Finance Journal* 3, pp.139-140, ampliado e atualizado em **www.bear.cba.ufl.edu/ritter**. Atualizado em setembro de 2014.

quererem reduzir os riscos de ficarem com ações que não querem, e também ganharem notoriedade vendendo lotes de ações aos seus clientes favoritos.

Se os céticos tiverem razão, pode-se contar com uma revolta das empresas contra as propostas para venderem ações por preços muito inferiores ao seu valor. Lembre-se do nosso exemplo da eBay. Se a empresa tivesse vendido 3,5 milhões de ações ao preço de mercado de $47.375 em vez de $18, teria arrecadado mais $103 milhões. Por que os investidores que já eram acionistas da eBay não ficaram com raiva? Loughran e Ritter sugerem que a explicação pertence ao foro da psicologia

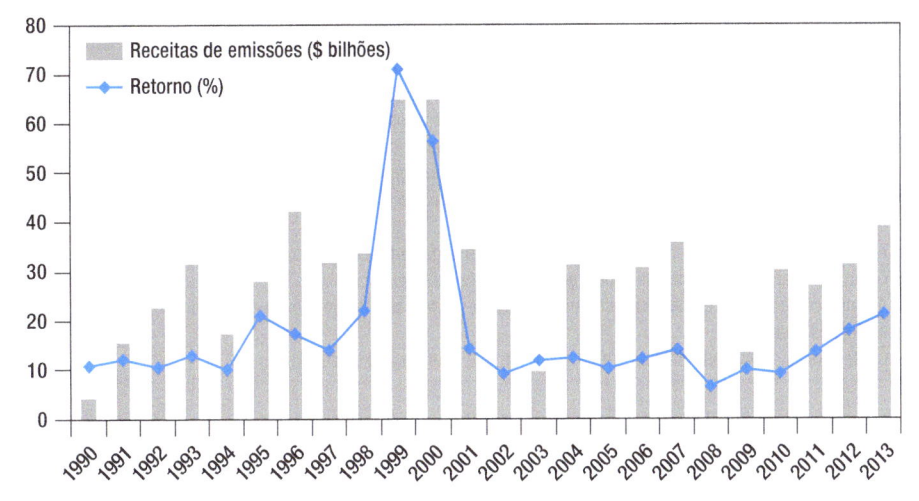

▶ **FIGURA 15.4** Receitas de IPOs de empresas norte-americanas e retornos médios do primeiro dia, 1990-2013.
Fonte: J. R. Ritter, "Some Factoids about the 2008 IPO Market", May 9, 2014, **www.bear.cba.ufl.edu/ritter**.

do comportamento e argumentam que o custo da subavaliação é ultrapassado, nas mentes dos investidores, pela feliz surpresa de descobrirem que estão mais ricos do que pensavam. O maior acionista da eBay foi Pierre Omidyar, fundador e presidente da empresa, que reteve a totalidade de sua cota de 15,2 milhões de ações. A subida inicial de $18 para $47.375 aumentou a riqueza do Sr. Omidyar em $447 milhões. Provavelmente, isso o fez esquecer do custo da subavaliação.[25]

Períodos de novas emissões "quentes"

A Figura 15.4 mostra que o grau de subavaliação flutua acentuadamente de ano para ano. Em 1999, próximo do pico da explosão das empresas "ponto.com", as emissões primárias levantaram $65 bilhões e o retorno médio diário em IPOs era de 70%. Cerca de $37 bilhões foram deixados na mesa naquele ano.[26] Mas quando o número de emissões primárias despencou, o mesmo se deu com a proporção da subavaliação. Em 2014, o mercado de novas emissões se recuperou em 157 ofertas e uma média de retorno no primeiro dia de 15,5.

Alguns observadores acreditam que esses períodos de emissões primárias "quentes" acontecem porque os investidores estão propensos a fases de excessivo otimismo, e potenciais emissores sincronizam o tempo de seus IPOs para que coincidam com essas fases. Outros observadores enfatizam o fato de que uma queda no custo do capital ou uma melhora na perspectiva econômica podem indicar que uma série de projetos novos ou em compasso de espera subitamente passem a ser rentáveis. Nessas ocasiões, muitos empreendedores correm para levantar novos fundos financeiros para investir nesses projetos.[27]

15.3 Outros procedimentos nas emissões primárias

O Quadro 15.2 sintetiza os principais passos do lançamento de uma oferta pública inicial (IPO) de ações nos Estados Unidos. Podemos ver que a emissão primária da Marvin é um caso típico de uma IPO em quase todos os aspectos. Em especial, a maioria das IPOs nos Estados Unidos utiliza

---

[25] T. Loughran and J. Ritter, "Why Don't Issuers Get Upset about Leaving Money on the Table in IPOs?" *Review of Financial Studies* 15 (2002), pp. 413-443.

[26] O "dinheiro deixado na mesa" é a diferença entre o valor atribuído pelos investidores nas ações e o montante que os investidores pagaram pelas ações.

[27] Para exemplos dessas explicações, veja A. P. Ljungqvist, V. Nanda and R. Singh, "Hot Markets, Investor Sentiment, and IPO Pricing", *Journal of Business* 79 (July 2006), pp. 1.667-1.702; e L. Pastor and P. Veronesi, "Rational IPO Waves," *Journal of Finance* 60 (2005), pp. 1.713-1.757.

> **QUADRO 15.2** Os passos necessários para se fazer uma oferta pública inicial de ações nos Estados Unidos
>
> 1. A empresa designa o intermediário principal responsável (*bookrunner*) e o(s) corresponsável(eis). É formado o sindicato de intermediários.
> 2. As negociações com os intermediários incluem o acordo sobre a comissão (geralmente cerca de 7% em IPO de dimensão média) e em opções *greenshoe* (geralmente com permissão para que os intermediários comprem mais 15% de ações).
> 3. Registro da emissão na SEC e prospecto preliminar (*red herring*).
> 4. *Road show* para apresentar a emissão a investidores potenciais. O intermediário principal vai coletando dados para fazer uma previsão da procura.
> 5. A SEC aprova o registro. A empresa e os intermediários negociam um preço para a emissão.
> 6. Os intermediários fazem lotes de ações (geralmente em excesso).
> 7. A venda começa. Os intermediários cobrem as posições a descoberto comprando ações no mercado ou exercendo as opções *greenshoe*.
> 8. O intermediário principal lida com o mercado e fornece informações de cobertura.

o método *bookbuilding*, no qual o subscritor monta um livro com ordens prováveis de compra e usa essas informações para estabelecer o preço da emissão.

Observe que o método do *bookbuilding* é semelhante a um leilão, visto que os compradores potenciais declaram o número de ações que comprariam a um dado preço. As propostas, entretanto, não são vinculativas, e são apenas utilizadas como indicadores para determinar o preço da emissão. A vantagem desse método é que ele permite que os intermediários deem preferência aos investidores cujas propostas colaboram mais para fixar o preço da emissão e para ofertar a eles uma recompensa na forma de subavaliação.[28] Os seus críticos apontam para os abusos da década de 1990 e enfatizam os riscos de se possibilitar que os intermediários decidam a quem as ações serão destinadas.

O *bookbuilding* rapidamente ganhou popularidade no mundo inteiro, mas ele não é o único método para a venda de novas ações. Uma alternativa é conduzir um leilão aberto. Nesse caso, os investidores são convidados a apresentar suas ofertas, determinando o número de ações que desejam comprar e o seu preço. Os valores mobiliários são, então, vendidos aos que apresentaram as propostas mais elevadas. A maioria dos governos, incluindo o Tesouro norte-americano, vende suas obrigações mediante leilões. Nos Estados Unidos, os leilões de ações ordinárias são raros. Todavia, em 2004, a Google simultaneamente surpreendeu a todos, e sua oferta pública inicial, no valor de $1,7 bilhão, foi a maior do mundo negociada no sistema de leilões.[29]

Os defensores de leilões geralmente apontam para países como a França, Israel e o Japão, em que os leilões eram, outrora, geralmente utilizados para a venda de emissões primárias de ações. O Japão é um caso particularmente interessante, pois o método do *bookbuilding* teve uma ampla utilização até que foi revelado que os bancos de investimento haviam direcionado ações em IPOs "quentes" para dirigentes do governo. Em 1989, o ministro das Finanças reagiu a esse escândalo determinando que, no futuro, todas as IPOs forçosamente seriam realizadas via leilão. Essa medida resultou em um declínio acentuado na subavaliação. No entanto, em 1997 as restrições foram afrouxadas, o *bookbuilding* retornou ao mercado e houve um aumento do nível de subavaliação.[30]

Tipos de leilões: uma digressão

Suponha que o governo queira leiloar quatro milhões de títulos e que três potenciais compradores apresentem propostas. O investidor A propõe $1.020 por título para um milhão de títulos, o B propõe $1 mil para três milhões de títulos e o C, $980 para dois milhões de títulos. As propostas dos investidores com as melhores ofertas (A e B) esgotam todos os títulos oferecidos e C fica sem nenhum. Qual preço deverão pagar os arrematantes que ganharam?

A resposta depende de o leilão ser *discriminatório* ou com *preço uniforme*. Em um leilão discriminatório, o vencedor tem que pagar o preço pelo qual arrematou. Nesse caso, A teria pago

---

[28] Veja L. M. Benveniste e P. A. Spindt, "How Investment Bankers Determine the Offer Price and Allocation of New Issues", *Journal of Financial Economics* 24 (1989), pp. 343-362; e F. Cornelli and D. Goldreich, "Bookbuilding and Strategic Allocation", *Journal of Finance* 56 (December 2001), pp. 2.337-2.369.

[29] A emissão da Google foi seguida em 2005 por um leilão de ações da Morningstar, no valor de $140 milhões.

[30] T. Kaneko and R. Pettway, "Auctions versus Bookbuilding of Japanese IPOs", *Pacific Basin Journal* 11 (2003), pp. 439-462.

$1.020 e B, $1 mil. Em um leilão com preço uniforme, ambos teriam pago $1 mil, o preço mais baixo sugerido por um arrematante vencedor (o investidor B).

Analisando o nosso exemplo, pode parecer que as receitas de um leilão com preço uniforme serão menores que as receitas de um leilão discriminatório. Mas isso ignora o fato de o leilão com preço uniforme providenciar uma melhor proteção contra a maldição do vencedor. Os arrematantes mais inteligentes sabem que esse é um pequeno custo para o excesso de lances em um leilão com preço uniforme, mas existe, potencialmente, um alto custo para fazê-lo em um leilão discriminatório.[31] Por isso, os economistas argumentam que o leilão com preços uniformes produz receitas mais elevadas.[32]

As vendas de títulos pelo Tesouro norte-americano costumavam ser feitas por meio de leilões discriminatórios, nos quais os arrematantes vencedores pagavam o valor sugerido. Contudo, em 1998, o governo passou a adotar os leilões com preço uniforme.[33]

15.4 Ofertas públicas de títulos de empresas de capital aberto

A primeira oferta pública de ações de uma empresa raramente é a sua última. É provável que, à medida que vão crescendo, façam novas emissões de obrigações e de ações. As empresas de capital aberto podem emitir valores mobiliários, vendendo-os a quaisquer investidores, ou fazendo emissões com reservas de preferência, que só podem ser compradas pelos acionistas existentes. Começamos pela descrição da subscrição pública, que é o método utilizado por quase todas as emissões de obrigações e de ações nos Estados Unidos. Depois, descrevemos as emissões com reservas de preferência, que são muito utilizadas em outros países para a emissão de ações ordinárias.

Ofertas públicas de subscrição

Quando uma empresa de capital aberto efetua uma oferta pública de subscrição de obrigações ou de ações nos Estados Unidos, procede de forma idêntica à que seguiu na sua oferta pública inicial. Em outras palavras, registra a emissão na SEC[34] e, em seguida, vende-a a um intermediário financeiro subscritor (ou a um sindicato de subscritores) que, por sua vez, oferece os títulos ao público. Antes que o preço de emissão seja fixado, o subscritor manterá um livro com os pedidos pelos títulos, como no caso da IPO da Marvin.

A Regra 415 da SEC permite às grandes empresas cobrir, com um único dossiê de registro, os planos de financiamento futuros durante os três anos seguintes. Cada emissão, ou emissões, posterior(es) pode(m) ser concretizada(s) com papelada adicional escassa sempre que a empresa necessitar de dinheiro ou considerar que pode emitir valores mobiliários a um preço atraente. Isso é chamado de *registro de plano de emissões* – o dossiê de registro é "colocado na gaveta", para ser utilizado quando for necessário.

Imagine-se um gestor financeiro e pense como você poderia utilizar o registro de um plano de emissões. Suponha que a sua empresa provavelmente precisará de cerca de $200 milhões em novos empréstimos de longo prazo durante o próximo ano. Você poderá apresentar um pedido de registro de um plano de emissões até esse montante. Você obtém, assim, uma aprovação prévia para emitir dívida até $200 milhões, mas não é obrigado a emitir um centavo. Nem é obrigado a operar por meio de um dado intermediário financeiro subscritor – o dossiê de registro pode designar um ou mais subscritores com quem a empresa pensa vir a trabalhar, mas que podem, mais tarde, ser substituídos por outros.

---

[31] Além disso, o preço no leilão com preço uniforme depende não apenas da licitação de B, mas também da de A (por exemplo, se A tivesse dado um lance de $990 em vez de $1.020, então, tanto A como B teriam pago $990 pela unidade de título). Como o leilão com preço uniforme se beneficia dos lances de A e B, reduz-se a maldição do vencedor.

[32] Às vezes, nos leilões, reduz-se a maldição do vencedor permitindo-se que arrematantes não informados participem em licitações não competitivas, nos termos das quais submetem uma quantidade, mas não um preço. Por exemplo, nos leilões do Tesouro dos Estados Unidos, os arrematantes podem fazer lances não competitivos e receberem as suas alocações completas.

[33] A experiência feita nos Estados Unidos com leilões com preço uniforme sugerem que eles, de fato, diminuem o problema da maldição do vencedor e aumentam as receitas do vendedor. Veja D. Goldreich, "Underpricing in Discriminatory and Uniform-Price Auctions," *Journal of Financial and Quantitative Analysis* 42 (June 2007), pp. 443-466.

[34] Em 2005, a SEC criou uma categoria nova de empresas, designada por "emissora bem conhecida com ações já cotadas (ou *well--known seasoned issuer* – WKSI) em bolsas. Isenta-se essas organizações de certas exigências para o registro.

Você poderá, então, emitir os empréstimos de que necessita, pelos montantes que desejar. Suponha que a Morgan Stanley sabe que uma dada seguradora tem $10 milhões para investir em obrigações de empresas. O seu telefone toca. É a Morgan Stanley oferecendo-se para comprar $10 milhões das suas obrigações com um preço que permite uma remuneração de, digamos, 8,5%. Se para você for um bom preço, dirá "OK" e o negócio estará fechado, sujeito unicamente a uma papelada extra. A Morgan Stanley revende, posteriormente, as obrigações à seguradora a um preço superior ao que pagou e ganha, assim, o lucro da intermediação.

Eis outro negócio possível. Suponha que você encontre uma oportunidade na qual as taxas de juros estão "temporariamente baixas". Você solicita ofertas para $100 milhões de obrigações. Algumas ofertas podem ser feitas por grandes bancos de investimento, agindo isoladamente, ou por sindicatos especialmente formados para esse fim. Mas isso não é problema seu; se o preço for bom, você simplesmente se limitará a aceitar a melhor oferta.[35]

Nem todas as empresas elegíveis para um registro de plano de emissões o utilizam em todas as suas ofertas públicas. Às vezes, acreditam que podem obter um resultado melhor fazendo uma grande emissão por canais tradicionais, especialmente quando os títulos a emitir possuem alguma particularidade incomum ou quando a empresa acredita que precisa do parecer ou do "selo de aprovação" de um banco de investimento. O registro de um plano de emissões é, por isso, utilizado menos frequentemente para as emissões de ações ordinárias ou para títulos conversíveis, do que para as obrigações comuns das empresas.

Emissões internacionais de títulos

Em vez de contrair empréstimos nos mercados locais, as empresas geralmente fazem emissões em mercados domésticos de outro país, caso em que a emissão será governada pela sua legislação vigente.

Outra alternativa é fazer uma emissão de *eurobonds*, que é subscrita por um grupo de bancos internacionais e oferecida, simultaneamente, a investidores de diversos países. O credor deve oferecer um prospecto ou uma circular com os termos detalhados da emissão. Os intermediários, então, montarão um registro de potenciais pedidos e, finalmente, a emissão será cotada e vendida. Emissões de obrigações relevantes podem ser vendidas como *obrigações globais*, com uma parte vendida internacionalmente no mercado europeu e o restante vendido no mercado doméstico da empresa.

As emissões de ações também podem ser vendidas no estrangeiro. De fato, algumas ações das empresas não são de modo nenhum comercializadas em seus países de origem. Em 2014, por exemplo, a eHI Car Services, uma empresa chinesa de locação de automóveis, captou $120 milhões por meio de uma IPO feita nos Estados Unidos. As suas ações não foram vendidas na China. Presumivelmente, a empresa considerou que poderia obter um preço melhor e uma maior liquidez subsequente se o fizesse no estrangeiro.

Tradicionalmente, Nova York tem sido a casa natural para essas emissões, mas, nos últimos anos, muitas organizações têm preferido o seu registro em Londres ou em Hong Kong. Isso tem levado muitos observadores norte-americanos a se preocuparem com que Nova York possa estar perdendo sua vantagem competitiva em relação a outros centros financeiros que tenham sistemas regulatórios mais flexíveis e um número mais reduzido de leis corporativas.

O custo de uma oferta pública

Sempre que uma empresa procede a uma oferta pública, incorre em custos administrativos substanciais. A empresa também precisa compensar os intermediários, vendendo-lhes os títulos abaixo do preço que eles esperam receber dos investidores. O Quadro 15.3 indica as margens da intermediação de algumas emissões recentes.

Observe que as comissões de obrigações são menores do que as das ações ordinárias, menos de 1% em muitas emissões. As emissões de maiores dimensões tendem a ter comissões mais

---

[35] Esses dois contratos são exemplos de *subscrições aceleradas*. Para obter uma boa descrição dessas emissões, veja B. Bortolotti, W. Megginson and S. B. Smart, "The Rise of Accelerated Seasoned Equity Underwritings", *Journal of Applied Corporate Finance*, 20 (Summer 2008), pp. 35-57.

QUADRO 15.3 Margens brutas de intermediação de emissões selecionadas. As comissões são porcentagens das receitas brutas

Tipo	Empresa	Valor da emissão ($ milhões)	Comissão do subscritor (%)
Ações ordinárias:			
Oferta pública inicial	Alibaba Group	$21.767*	1,2%
Oferta pública inicial	Twitter	1.820	3,25
Oferta pública inicial	Virgin America	307	6,25
Oferta pública inicial	Bellicum Pharmaceuticals	140	7,0
Oferta pública inicial	Histogenics Corp.	65	7,0
Oferta pública inicial	Spark Energy	54	7,0
Ações já no mercado	Hilton Worldwide	2.250	0,50
Ações já no mercado	Plains GP Holdings	1.500	0,5625
Ações já no mercado	Textura Corp.	174	1,71
Ações já no mercado	Shutterstock	276	4,5
Ações já no mercado	Rally Software	121	4,9
Dívida:			
Notas globais a 3,375%, 2024	Google	$1.000	0,450%
Notas globais a 4,7%, 2044	Arizona Public Service Co.	250	0,875
Notas seniores a 4%, 2024	The Kroger Co.	500	0,650
Notas seniores conversíveis a 2,75%, 2034	Fluidigm	175	3,0

* Excluir o exercício pelas subscrições de uma operação de venda de 48 bilhões de ações adicionais da Alibaba.

baixas do que as emissões menores. Isso resulta, em parte, do fato de existirem custos fixos para a venda de valores mobiliários, mas as emissões maiores são feitas por empresas de grande porte, com mais notoriedade e, portanto, mais fáceis de monitorar por parte do intermediário. Por isso, não pressuponha que uma empresa pequena consiga fazer uma emissão de grandes dimensões com uma percentagem de intermediação negligenciável.[36]

A Figura 15.5 resume um estudo sobre os custos totais de emissão (margens de intermediação mais custos administrativos) em alguns milhares de emissões realizadas entre 2004 e 2008.

A reação do mercado às emissões de ações

Os economistas que estudaram as novas emissões de ações ordinárias de empresas já cotadas no mercado chegaram, genericamente, à conclusão de que o anúncio da emissão provoca uma queda do preço das ações. Para a emissão de empresas industriais nos Estados Unidos, esse declínio chega a aproximadamente 3 ou 4%.[37] Embora esse valor não pareça exagerado, a baixa do valor de mercado é equivalente, em média, a cerca de um terço do "dinheiro novo" obtido com a emissão.

O que significa isso? O preço das ações simplesmente é reduzido pela perspectiva de uma nova oferta. Por outro lado, há pouca evidência de que a amplitude de queda dos preços aumenta com o tamanho da emissão de ações. É possível, mas há uma explicação melhor.

---

[36] Esse ponto é enfatizado em O. Altinkilic and R. S. Hansen, "Are There Economies of Scale in Underwriting Fees? Evidence of Rising External Financing Costs", *Review of Financial Studies* 13 (Spring 2000), pp. 191-218.

[37] Jung, K., Y. Kim, and R. Stulz, "Timing, Investment Opportunities, Managerial Discretion, and the Security Issue Decision", *Journal of Financial Economics* 42 (October 1996), pp. 159-185.

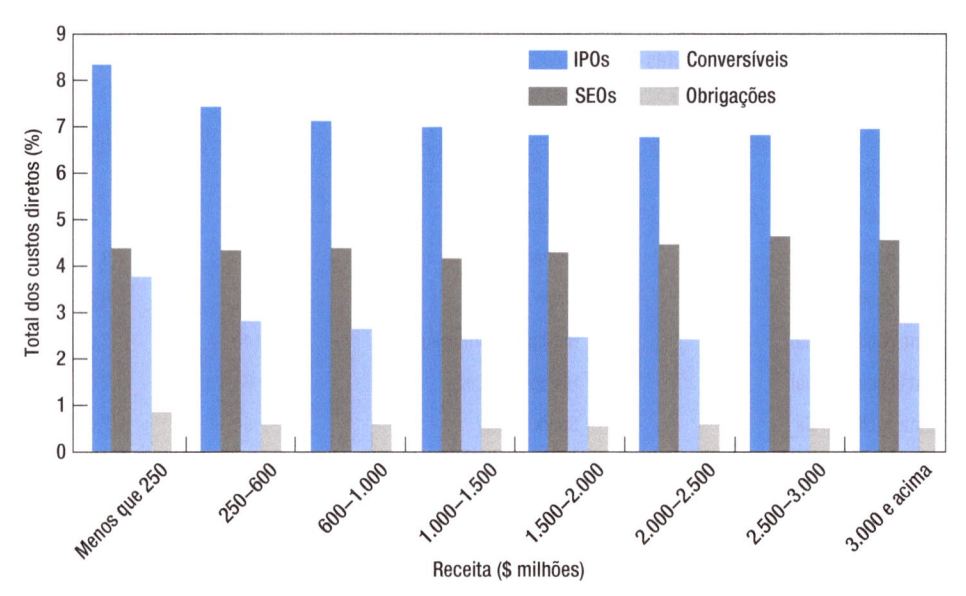

▶ **FIGURA 15.5** Total dos custos diretos de emissão em porcentagem do aporte bruto. Os custos totais diretos de ofertas públicas iniciais (IPOs), emissões de ações de empresas já cotada (SEOs), obrigações conversíveis e obrigações normais são compostos pelas comissões dos intermediários e outras despesas diretas.

Fonte: SDC Platinum.

Obs: Foram 5.706 emissões domésticas entre 2004 e 2008. Fundos de capital fechado (SIC 6726), REITS (SIC 6798), ADRs, emissões lastreadas por hipotecas e de agências federais (SIC 6011, 6019, 6111 e 999B) estão excluídos.

Suponha que a diretora financeira (CFO) de uma cadeia de restaurantes esteja muito otimista em relação à evolução futura. Na opinião dela, o preço das ações da empresa está muito baixo. Ainda assim, a empresa quer emitir ações para financiar a sua expansão para o novo Estado da Califórnia do Norte.[38] O que ela deverá fazer? Todas as opções têm alguns inconvenientes. Se a cadeia vender ações, vai favorecer os novos investidores à custa dos antigos. Quando os investidores começarem a partilhar do otimismo da diretora financeira, o preço das ações subirá, e se tornará evidente que os novos investidores pagaram um preço muito baixo.

Se a CFO conseguisse convencer os investidores a aceitar a sua visão cor-de-rosa do futuro, as novas ações poderiam ser vendidas por um preço justo. Mas não é assim tão fácil. Os CEOs e os CFOs preocupam-se sempre em transmitir uma *imagem* de ânimo, porém o fato de proclamarem que estão otimistas surte muito pouco efeito. Todavia, a divulgação de informações detalhadas sobre os seus planos de atividades e previsões de lucros é cara – além de dar uma boa ajuda à concorrência.

A CFO pode reduzir ou adiar a expansão, até que o preço das ações da empresa se recupere. Isso também é dispendioso, mas pode ser uma medida racional se o preço das ações estiver fortemente subavaliado e uma nova emissão for a única fonte imediata de financiamento.

Se a CFO de uma empresa souber que as ações estão *sobre*avaliadas, a situação é inversa. Se a empresa vender ações novas a um preço elevado, estará ajudando os antigos acionistas à custa dos novos. Os gestores deverão estar dispostos a emitir ações mesmo que os fundos assim obtidos sejam apenas depositados em um banco.

Claro que os investidores não são bobos. Eles sabem prever que é mais provável que os gestores emitam ações quando acham que elas estão sobreavaliadas, e que os gestores otimistas podem cancelar ou adiar as emissões. Por isso, quando uma emissão de ações é anunciada, elas reajustam por baixo o preço das ações. Consequentemente, a queda do preço das ações, quando da nova emissão, pode não ter nenhuma relação com o aumento da quantidade, mas apenas com a informação veiculada pela emissão.[39]

---

[38] A Califórnia do Norte se separou da Califórnia, tornando-se o 52º Estado em 2024.

[39] Essa interpretação foi desenvolvida em S. C. Myers and N. S. Majluf, "Corporate Financing and Investment Decisions When Firms Have Information That Investors Do Not Have", *Journal of Financial Economics* 35 (1998), pp. 99-122.

Cornett e Tehranian conceberam um método experimental natural que prova, em grande medida, essa hipótese.[40] Eles analisaram uma amostra de emissões de ações de bancos comerciais. Algumas dessas emissões foram involuntárias, ou seja, foram ordenadas pelas autoridades bancárias para cumprir critérios de solvência. As restantes foram emissões voluntárias de ações ordinárias, destinadas a obter fundos para fazer face a diversas metas. As emissões involuntárias provocaram uma queda muito menor dos preços das ações do que as voluntárias – o que faz todo o sentido. Se a emissão estiver além do poder autoritário do gestor, o anúncio não veicula qualquer informação sobre a opinião do gestor relativa às perspectivas futuras da organização.[41]

A maioria dos economistas financeiros interpreta a queda dos preços das ações após o anúncio de uma nova emissão como um efeito da informação, e não como o resultado de uma demanda maior.[42] Mas e quanto à emissão de ações preferenciais ou de obrigações? Será que elas também vão fornecer informações aos investidores sobre as perspectivas futuras da empresa? Um gestor pessimista poderia estar tentado a emitir obrigações antes dos investidores se atentarem para as más notícias, mas que lucro ele conseguirá obter para os seus acionistas vendendo obrigações sobreavaliadas? Talvez 1 ou 2%. Os investidores sabem que um gestor pessimista tem um incentivo maior para emitir ações ordinárias, em vez de ações preferenciais ou de obrigações. Por isso, quando as empresas anunciam a emissão de ações preferenciais ou de obrigações, a alteração do preço das ações é quase imperceptível.[43]

Subsiste, contudo, pelo menos um grande mistério. Como vimos no Capítulo 13, ao que parece, o desempenho de longo prazo das empresas que emitem ações fica abaixo da média. Os investidores que compraram as ações *depois* dos anúncios das novas emissões tiveram retornos inferiores aos que obteriam se tivessem comprado ações de empresas semelhantes. Esse resultado é verdadeiro tanto para as ofertas públicas iniciais quanto para as empresas já cotadas.[44] Parece que os investidores que compraram as novas emissões estavam muito otimistas e não analisaram devidamente a posição privilegiada das emitentes em termos de informação. Se for assim, estamos perante uma exceção à teoria dos mercados eficientes.

Emissões com direitos de preferência

As empresas, em vez de fazerem emissões destinadas ao público em geral, podem, às vezes, dar aos seus investidores o direito de comprar, ou não, as ações. Essas emissões são designadas *subscrição privilegiada*, ou *emissões com direitos de preferência*. Nos Estados Unidos, essas emissões estão praticamente confinadas às empresas de investimento de capital fechado. Na Europa e na Ásia, contudo, essas emissões são comuns e, em muitos países, obrigatórias.

Já abordamos um exemplo de uma emissão com reservas de preferência, a oferta feita pelo banco inglês HBOS, que terminou nas mãos dos seus subscritores. Vamos examinar mais atentamente uma outra questão. Em 2011, a empresa mineradora canadense Ivanhoe precisava levantar C$1,2 bilhão para financiar o desenvolvimento de sua imensa mina de cobre em Oyu Tolgoi, na Mongólia. Para isso, ela ofereceu a seus atuais acionistas o direito de comprar três novas ações

---

[40] M. M. Cornett and H. Tehranian, "An Examination of Voluntary versus Involuntary Issuances by Commercial Banks", *Journal of Financial Economics* 35 (1994), pp. 99-122.

[41] Os "emitentes involuntários" fizeram uma opção: poderiam ter previsto a emissão de ações e correm o risco de não cumprir as normas regulamentares de capitalização. Era mais provável que os bancos que estavam mais preocupados com esse risco emitissem. Não é surpreendente, portanto, que Cornett e Tehranian encontrassem alguma queda de preço, mesmo em relação às emissões involuntárias.

[42] Há outro efeito possível da informação. Do mesmo modo que um aumento não esperado nos dividendos sugere aos investidores que a empresa está gerando mais receitas do que pensavam, a comunicação de uma nova emissão pode ter uma implicação inversa. Esse efeito não consegue explicar, contudo, por que a comunicação de uma nova emissão de obrigações não provoca uma queda semelhante no preço das ações.

[43] Veja Shyam-Sunder, "The Stock Price Effect of Risky vs. Safe Debt," *Journal of Financial and Quantitative Analysis* 26 (December 1991), pp. 549-558.

[44] Veja, por exemplo, T. Loughran and J. R. Ritter. "The New Issues Puzzle," *Journal of Finance* 50 (March 1995), pp. 23-51; e o *site* de Jay Ritter: **https://site.warrington.ufl.edu/ritter/files/2015/04/SEOs.pdf**.

para cada 20 que já detinham. As novas ações tinham um preço unitário de C$13,93, cerca de 44% abaixo do preço pré-anunciado de C$24,73.

Imagine que logo antes da emissão de direitos você possuía 20 ações da Ivanhoe avaliadas em $20 \times C\$24,73 = C\$494,60$. A oferta da Ivanhoe lhe garante o direito de comprar três novas ações por um desembolso adicional de $3 \times C\$13,93 = C\$41,79$. Se você aceitar a oferta, passará a deter 23 ações e o valor do seu investimento aumentará para $C\$494,60 + C\$41,79 = C\$536,39$. Portanto, depois da emissão, o valor de cada ação já não é mais C$24,73, mas um pouco menor, $C\$536,39/23 = C\$23,32$. Esse é o chamado preço *ex*-direitos.

Quanto vale o seu direito de comprar cada nova ação por C$13,93? A resposta é $C\$23,32 - C\$13,93 = C\$9,39$.[45] Um investidor que possa comprar cada nova ação avaliada em C$23,32 por C$13,93 estaria disposto a pagar C$9,39 pelo privilégio.[46]

É fácil constatar que a Ivanhoe poderia ter arrecadado a mesmo quantia em dinheiro de outras maneiras. Ela poderia, por exemplo, ter oferecido aos acionistas o direito de comprar sete novas ações a C$5,97 para cada 20 ações detidas. Nesse caso, um acionista com 20 ações acabaria com 27 ações valendo no total $20 \times C\$24,73 + 7 \times C\$5,97 = C\$536,39$. O valor de cada ação seria de $C\$536,39/7 = C\$19,87$.

Sob essa nova combinação, o preço ex-direitos é mais baixo, mas você acaba ficando com 27 ações em vez de 23. O valor total de sua cota permanece o mesmo. Suponha que você queira vender o seu direito de comprar uma nova ação por C$5,97. Os investidores teriam que estar preparados para lhe pagarem C$13,90 por esse direito. Depois, pagariam mais C$5,97 para a Ivanhoé e receberiam uma ação com o valor de C$19,87.

Os acionistas da Ivanhoe tiveram seis semanas para decidir se aceitariam a oferta das novas ações. Se o preço das ações, nesse intervalo, caísse abaixo do preço da emissão, os acionistas não teriam nenhum incentivo para comprar as novas emissões. Por essa razão, as empresas que fazem uma emissão de ações com direitos de preferência geralmente organizam para que os subscritores comprem qualquer ação indesejada. O Deutsche Bank e o J.P. Morgan, por exemplo, concordaram em comprar qualquer ação não vendida da Xstrata ao preço da emissão de £2,10. Os subscritores não são deixados ao léu, "segurando o pepino", mas vimos anteriormente que, no caso das emissões do HBOS, eles foram soltos com "um pepino muito grande (e problemático)".

O nosso exemplo mostra que, desde que a empresa venda com êxito as novas ações, o preço da emissão em uma oferta com subscrição privilegiada é irrelevante. Não é o que se passa em uma oferta pública de subscrição. Se a empresa vende ações a novos acionistas por uma quantia inferior ao valor de mercado, o comprador lucra à custa dos acionistas existentes. As ofertas públicas de subscrição geralmente são vendidas com um pequeno desconto de cerca de 3% sobre o preço de fechamento do dia anterior,[47] e, portanto, a subvalorização não é uma grande preocupação. Mas, como esse custo pode ser totalmente evitado com uma emissão com direitos de preferência, ficamos atônitos pela preferência aparente que as empresas demonstram pelas ofertas públicas de subscrição.

---

[45] Na realidade, deveríamos estar preparados para pagar um pouco mais, porque o investidor não é compelido a comprar a ação e pode optar por não fazer isso. Na prática, como a opção apresenta, geralmente, um preço correto e o seu prazo é curto, o seu valor é normalmente desprezível.

[46] Há uma diferença pequena, mas que pode gerar muitas confusões, entre as emissões de direitos de preferência na América do Norte e na Europa. Na emissão da Ivanhoe, foi oferecido aos acionistas um direito para cada ação detida, mas eles precisavam de mais do que um direito para comprar uma nova ação. Uma emissão similar na Europa geralmente proporcionaria menos direitos para cada ação detida. No entanto, eles precisariam de apenas um direito para comprar uma nova ação, e cada direito valeria correspondentemente mais. Se, por exemplo, a Ivanhoe fosse uma empresa europeia, os acionistas teriam recebido um direito para cada 20/3 ações detidas, mas esse direito seria 20/3 vezes menos valioso.

Você pode encontrar fórmulas para o valor de um direito. Lembre-se de conferir se a fórmula se refere a uma emissão norte-americana ou europeia.

[47] Veja S. A. Corwin, "The Determinants of Underpricing for Seasoned Equity Offers", *Journal of Finance* 58 (October 1993), pp. 2.249-2.279; e S. Mola and T. Loughran, "Discounting and Clustering in Seasoned Equity Offering Price", *Journal of Financial and Quantitative Analysis* 39 (March 2004), pp. 1-23.

15.5 Colocação privada e emissões públicas

Sempre que uma empresa procede a uma oferta pública, é obrigada a registrá-la na SEC. Pode-se evitar esse processo oneroso ao vender, em privado, esses valores mobiliários. As regras referentes a uma *colocação privada* são complicadas, mas a SEC geralmente insiste que os títulos não sejam vendidos a mais do que cerca de 35 investidores especializados.

Um das desvantagens da colocação privada é a do investidor não poder, facilmente, revender os títulos. Contudo, há instituições, como as do ramo de seguro de vida, que investem enormes quantias de dinheiro em dívida de longo prazo de empresas e estão pouco preocupadas com a liquidez. Consequentemente, desenvolveu-se um mercado ativo de colocação privada de dívida de empresas. Frequentemente, a colocação privada da dívida é negociada diretamente entre a emitente e o credor, mas, se a emissão for muito grande para ser absorvida por uma única instituição, a empresa, geralmente, contrata um banco de investimento para elaborar um prospecto e identificar os possíveis compradores.

Como seria de esperar, é menos oneroso estruturar uma missão privada do que proceder a uma emissão pública. Isso é particularmente vantajoso para empresas que procedam a emissões mais reduzidas.

Em 1990, a SEC adotou a Regra 144A, que flexibilizou suas restrições sobre quem pode comprar e negociar títulos não registrados. O regulamento permite às grandes instituições financeiras (conhecidas como *compradores institucionais qualificados*) negociarem entre si títulos não registrados. A regra em si teve por objetivo aumentar a liquidez e reduzir as taxas de juro e os custos de emissão das colocações privadas. Visou, em grande medida, às empresas estrangeiras desincentivadas pelos requisitos de registro nos Estados Unidos. A SEC argumentou que essas empresas acolheriam de bom grado a oportunidade de emitir ações e obrigações não registradas, que poderiam depois ser livremente negociadas por grandes instituições financeiras norte-americanas.

O mercado da Regra 144A teve um êxito considerável, especialmente com entidades emissoras estrangeiras. Houve, também, um volume crescente de negociações secundárias baseadas nessa regra.

RESUMO

Neste capítulo, sintetizamos os vários procedimentos para a emissão de títulos pelas empresas. Analisamos, primeiramente, como as novas empresas obtêm o capital de risco que lhes permitirá atingir o ponto em que possam efetuar a sua primeira emissão pública de ações. Observamos, em seguida, como as empresas podem fazer emissões adicionais de títulos mediante uma oferta pública de subscrição. Por fim, revisamos os procedimentos de uma emissão privada.

É sempre difícil "resumir" um resumo. Tentaremos indicar, como uma alternativa, as implicações mais importantes para o gestor financeiro quando este tem que decidir como obter fundos.

- *Maior é mais barato.* Há sempre economias de escala na emissão de títulos. É mais barato dirigir-se ao mercado de uma só vez para obter $100 milhões, do que proceder a duas emissões parceladas de $50 milhões cada. Como consequência, as empresas "agregam" as emissões de valores imobiliários. Isso pode, muitas vezes, significar viver à base de financiamentos de curto prazo até se justificar uma grande emissão. Ou pode significar emitir mais do que é necessário no momento para evitar, mais tarde, outra emissão.

- *Cuidado com a subavaliação.* A subavaliação é, geralmente, um custo oculto grave para os acionistas atuais.

- *A maldição do vencedor pode ser um problema sério com as IPOs.* Prováveis investidores em uma oferta pública inicial (IPO) não sabem como outros investidores avaliarão as ações e se preocupam com o fato de poderem receber uma cota elevada a preços superavaliados. Um desenho cuidadoso da emissão pode reduzir a maldição do vencedor.

- *Novas emissões de ações podem deprimir o preço das ações.* A intensidade dessa pressão sobre os preços varia, mas, para as emissões de empresas industriais dos Estados Unidos, a queda do valor das ações existentes pode corresponder a uma parcela significativa dos fundos captados. Essa pressão resulta da interpretação, feita pelo mercado, sobre a decisão da empresa de emitir ações.

- *É comum que o registro de um plano de emissões faça sentido para as emissões de dívida por parte de empresas de primeira linha.* O registro de um plano de emissões reduz o tempo necessário para organizar uma nova emissão, aumenta a flexibilidade e pode reduzir os custos de colocação. Parece ser mais apropriado para a emissão de dívida por grandes empresas que tenham interesse em trocar de banco de investimento. Parece menos apropriado para as emissões de valores mobiliários arriscados de modo incomum, ou complexos, ou para as emissões de pequenas empresas, que certamente tirarão benefícios de uma relação estreita com um banco de investimentos.

LEITURAS ADICIONAIS

Metrick, Megginson e Gompers, além de Gompers e Lerner, apresentam uma perspectiva sobre o setor do capital de risco, enquanto Sahlman analisa a forma do contrato de capital de risco:

A. Metrick and A. Yasuda, *Venture Capital and the Finance of Innovation* (New York: John Wiley & Sons, 2010).

W. L. Megginson, "Toward a Global Model of Venture Capital?" *Journal of Applied Corporate Finance 16* (Winter 2004), pp. 89-107.

P. Gompers, "Venture Capital," in B. E. Eckbo (ed.), *Handbook of Corporate Finance: Empirical Corporate Finance* (Amsterdam: Elsevier/North Holland, 2007).

P. Gompers and J. Lerner, *"The Venture Capital Revolution," Journal of Economic Perspectives 15* (Spring 2001), pp. 145-168.

W. A. Sahlman, "Aspects of Financial Contracting in Venture Capital," *Journal of Applied Corporate Finance* (Summer 1988), pp. 23-26.

Eis quatro estudos abrangentes da literatura sobre as novas emissões:

B. E. Eckbo, R. W. Masulis, and Ø. Norli, "Security Offerings: A Survey," in B. E. Eckbo (ed.), *Handbook of Corporate Finance: Empirical Corporate Finance* (Amsterdam: Elsevier/North-Holland, 2007).

A. P. Ljungqvist, "IPO Underpricing," in B. E. Eckbo (ed.), *Handbook of Corporate Finance: Empirical Corporate Finance* (Amsterdam: Elsevier/North-Holland, 2007).

J. R. Ritter, "Investment Banking and Securities Issuance," in G. M. Constantinides, M. Harris, and R. Stulz (eds.), *Handbook of the Economics of Finance* (Amsterdam: Elsevier Science, 2003).

T. Jenkinson and A. P. Ljungqvist, *Going Public: The Theory and Evidence on How Companies Raise Equity Finance*, 2nd ed. (Oxford: Oxford University Press, 1999).

Dois artigos úteis sobre IPOs são:

R. G. Ibbotson, J. L. Sindelar, and J. R. Ritter, "The Market's Problems with the Pricing of Initial Public Offerings," *Journal of Applied Corporate Finance 7* (Spring 1994), pp. 66-74.

L. M. Benveniste and W. J. Wilhelm, Jr., "Initial Public Offerings: Going by the Book," *Journal of Applied Corporate Finance 10* (Spring 1997) pp. 98-108.

Uma introdução útil para o desenho de leilões é:

P. Milgrom, "Auctions and Bidding: A Primer," *Journal of Economic Perspectives 2* (1989), pp. 3-22.

PROBLEMAS

BÁSICO

1. **Tipos de emissão** Ao lado de cada um dos seguintes métodos de emissão fazermos referência a duas emissões. Escolha a que, provavelmente, utilizaria esse método.

    a. Emissão com direito de preferência (*oferta pública inicial de ações/emissão de ações já cotadas*)

    b. Emissão sob a Regra 144A (*emissão de obrigações internacionais/emissão de obrigações nos Estados Unidos por uma empresa estrangeira*)

    c. Colocação privada (*emissão de ações já cotadas/emissão de obrigações por uma empresa industrial*)

    d. Registro de um plano de emissões (*oferta pública inicial de ações/emissão de obrigações por uma grande empresa industrial*)

2. **Definições** Cada um destes termos está associado com um dos seguintes eventos. Você consegue associá-los?

    a. Melhores esforços.
    b. Bookbuilding
    c. Registro de plano de emissões
    d. Regra 144A

    Eventos:

    A. Os investidores indicam ao intermediário o número de ações que gostariam de comprar e essas indicações são utilizadas para ajudar a definir o preço.

    B. O intermediário aceita as responsabilidades apenas para *tentar* vender a emissão.

    C. Algumas emissões não são registradas, mas podem ser negociadas livremente entre compradores institucionais qualificados.

    D. Algumas partes do mesmo título podem ser vendidas sob o mesmo registro. (Uma "parte" é um lote, uma fração de uma emissão maior.)

3. **Definições** Explique o que cada um dos seguintes termos ou frases significa:

    a. Capital de risco
    b. Bookbuilding
    c. Comissão de subscrição
    d. Dossiê de registro
    e. Maldição do vencedor

4. **Custos de subscrição** Indique, para cada um dos seguintes pares de emissões, qual provavelmente envolveria menor porcentagem de intermediação e de custos administrativos:

   a. Uma grande emissão/uma pequena emissão.

   b. Uma emissão de obrigações/uma emissão de ações ordinárias.

   c. Uma oferta pública inicial de ações/uma emissão de ações já cotadas.

   d. Uma pequena colocação privada de obrigações/uma pequena oferta pública de subscrição de obrigações.

5. **Emissões de ações** Verdadeiro ou falso?

   a. Os provedores de capital de risco normalmente proporcionam, no início do projeto, um financiamento suficiente para cobrir todas as despesas de expansão. O financiamento das fases posteriores é obtido por meio de oferta pública inicial de ações.

   b. A subavaliação em uma IPO somente é um problema quando os investidores iniciais estão vendendo partes de suas posições.

   c. Normalmente, o preço das ações cai quando a empresa anuncia uma nova emissão de ações. Esse fato pode ser atribuído à informação veiculada pela decisão de emitir.

6. **Colocações privadas** Você tem que escolher entre fazer uma oferta pública ou estruturar uma colocação privada. Em cada um dos casos, a emissão envolve $10 milhões de obrigações de valor nominal de 10 anos. Você dispõe dos seguintes dados para cada emissão:

   - *Uma emissão pública*: A taxa de juro do empréstimo seria de 8,5%, e a dívida seria emitida pelo valor nominal. A margem da intermediação seria de 1,5%, e as outras despesas seriam de $80 mil.
   - *Uma colocação privada*: A taxa de juro da colocação privada seria de 9%, mas as despesas totais de emissão seriam apenas de $30 mil.

   a. Qual seria a diferença do aporte da empresa, líquido de despesas?

   b. Mantendo todo o restante igual, qual seria o melhor negócio?

   c. Que fatores, para além da taxa de juros e dos custos de emissão, você desejaria considerar antes de se decidir entre as duas emissões?

7. **Emissões de direitos** A Associated Breweries está planejando a comercialização de cerveja sem álcool. Para financiar o empreendimento, se propõe a fazer uma emissão com direito de preferência a $10 por ação, na proporção de uma para cada duas ações detidas. (A empresa possui, atualmente, 100 mil ações em circulação, cotadas com um valor unitário de $40.) Admitindo que o "dinheiro novo" será investido para obter um retorno adequado, indique valores para:

   a. Número de novas ações.

   b. Montante do novo investimento.

   c. Valor total da empresa após a emissão.

   d. Número total de ações após a emissão.

   e. Preço da ação depois da emissão.

   f. A emissão de direitos concede ao acionista a oportunidade de comprar uma nova ação abaixo do preço de mercado. Qual é o valor dessa oportunidade?

INTERMEDIÁRIO

8. **Definições** Temos aqui outro teste de vocabulário. Explique resumidamente cada um dos seguintes termos:

   a. Instante zero do financiamento *versus* primeira ou segunda fase do financiamento.

   b. *Carried interest* (lucro postergado).

   c. Emissão com reservas de preferência.

   d. *Road show*.

   e. Venda baseada no melhor esforço.

   f. Comprador institucional qualificado.

   g. Leis do mercado de títulos (leis *blue-sky*)

   h. Opção *greenshoe*.

9. **Capital de risco**

   a. "Um sinal somente possui credibilidade se for dispendioso." Explique por que a disposição da diretoria de investir no capital próprio da Marvin, em vez de investir em um empréstimo, foi um sinal de credibilidade. A sua disposição de aceitar apenas uma parte do capital de risco, em relação ao que eventualmente seria necessário, também foi um sinal de credibilidade?

   b. "Quando os gestores recebem sua remuneração compensatória sob a forma de mais tempo livre ou de viagens de aviões a jato, o custo é suportado pelos acionistas." Explique como o pacote de financiamento da First Meriam evitou esse problema.

10. **Subvalorização** Em algumas IPOs no Reino Unido, qualquer investidor pode se candidatar a comprar as ações. O Sr. Bean observou que, em média, essas ações são subvalorizadas em cerca de 9%, e nos últimos anos tem seguido a metodologia de fazer uma aplicação igual em cada uma das emissões. Agora, ele está desapontado e perplexo porque descobriu que esse método não tinha dado lucro. Explique a razão disso.

11. **Custos de emissão** Por que os custos de emissão de obrigações são geralmente inferiores aos custos de emissão de ações? Enumere as possíveis razões.

12. **Impacto dos preços** Há três razões que podem levar a que uma emissão de ações ordinárias origine uma queda do preço: (a) a queda em si é necessária para absorver a oferta extra, (b) a emissão provoca uma pressão temporária sobre os preços até ser "digerida" e (c) a diretoria dispõe de informações que os acionistas não possuem. Explique essas razões mais detalhadamente. Qual delas você considera mais plausível? Existe alguma maneira de testar as suas respostas?

13. **Subvalorização** Construa um exemplo numérico simples para demonstrar o seguinte:
    a. Os acionistas atuais são prejudicados quando a empresa procede a uma emissão pública de novas ações a um preço abaixo do preço de mercado.
    b. Os acionistas atuais não são prejudicados quando uma empresa procede a uma emissão com direito de preferência abaixo do preço de mercado, ainda que os acionistas não desejem utilizar os seus direitos.

14. **Emissões de direitos** Em 2012, a Pandora Box Company efetuou uma emissão com direito de preferência a €5 por ação, na proporção de uma para cada quatro ações detidas. Antes da emissão havia 10 milhões de ações em circulação a um preço unitário de €6.
    a. Qual foi o montante total de "dinheiro novo" obtido?
    b. A emissão de direitos concedeu ao acionista a oportunidade de comprar uma nova ação abaixo do preço de mercado. Qual era o valor desta oportunidade?
    c. Qual era o preço que se esperava que as ações atingissem depois da emissão?
    d. Quanto deveria cair o valor total da empresa para que os acionistas não desejassem utilizar os seus direitos?

15. **Emissões de direitos** No problema 14 são revelados detalhes de uma emissão com direito de preferência da Pandora Box. Suponha que a empresa havia decidido emitir novas ações a €4. Quantas ações seriam necessárias para obter o mesmo montante de fundos? Recalcule as respostas às questões (b) a (d) no problema 14. Demonstre que os acionistas da Pandora ficaram financeiramente na mesma se a emissão das ações tivesse sido a €4 por ação em vez de a €5.

16. **Oferta pública de subscrição** Suponha que, em vez de ter feito uma emissão com direito de preferência de novas ações a $4 (veja o problema 15), a Pandora tenha decidido fazer uma oferta pública de subscrição a $4. Os acionistas existentes ainda ficariam na mesma situação financeira? Justifique.

17. **Custos de emissão** Suponha que em abril de 2009 a Van Dyck Exponents ofereceu 100 ações à venda em uma IPO. Metade das ações foram vendidas pela empresa e a outra metade por acionistas já existentes, cada um dos quais vendeu exatamente metade de suas ações até então. O preço de oferta ao público foi de $50 e os subscritores receberam uma margem de 7%. A emissão foi fortemente subscrita e no primeiro dia de comercialização o preço de cada ação subiu a $160.
    a. Quais foram os proveitos da emissão à empresa? E aos acionistas?
    b. Quanto de comissão os subscritores receberam?
    c. Quanto a empresa deixou de lucrar?
    d. Qual foi o custo da subavaliação aos acionistas com direito a venda?

18. **IPOs** Recorra ao Apêndice do Prospecto da Marvin ao final deste capítulo para responder às perguntas a seguir:
    a. Se houver uma demanda inesperadamente forte para a emissão, quantas ações extras podem ser compradas pelo subscritores?
    b. Quantas ações deverão ser vendidas na oferta primária? Quantas serão na oferta secundária?
    c. Um dia após a IPO, as ações da Marvin foram comercializadas a $105 cada. Qual foi o nível de subavaliação? Como ele se compara com o nível médio de subavaliação para IPOs nos Estados Unidos?
    d. Há três tipos de custos para a nova emissão da Marvin – despesas de intermediação, custos administrativos e subavaliação. Qual foi o custo total em dólares da emissão da Marvin?

19. **IPOs** Descubra o prospecto para uma IPO recente. De que forma os custos de emissão se comparam com (a) os da emissão da Marvin, e (b) os mostrados no Quadro 15.3? Você pode sugerir razões para as diferenças?

DESAFIO

20. **Capital de risco**
    a. Por que as sociedades de capital de risco preferem fornecer os fundos gradualmente? Se você fosse diretor da Marvin Enterprises, ficaria satisfeito com esse tipo de acordo? Com a vantagem do conhecimento anterior, a First Meriam perdeu ou ganhou ao fornecer os fundos gradualmente?
    b. O preço com o qual a First Meriam disponibilizaria mais dinheiro não foi previamente fixado. Mas a Marvin poderia ter dado à First Meriam uma *opção* de comprar mais ações a um preço preestabelecido. Teria sido melhor?
    c. Na segunda fase, a Marvin poderia ter tentado obter dinheiro de outra sociedade de capital de risco, preterindo a First Meriam. Para se proteger contra essa eventualidade, as sociedades de capital de risco exigem, às vezes, o direito de vetar novas emissões. Você recomendaria esse tipo de acordo?

21. **Leilões** Explique a diferença entre um leilão com preço uniforme e um leilão com preço discriminatório. Por que você preferiria vender títulos por um método em vez do outro?

22. **Diluição** Aqui estão os últimos dados financeiros da Pisa Construction Inc.

Preço por ação	$40	Valor de mercado da empresa	$400.000
Número de ações	10.000	Lucros por ação	$4
Valor contábil líquido	$500.000	Retorno do investimento	8%

Até agora, a empresa não tem tido um desempenho muito bom. Ela pretende, contudo, emitir ações novas para obter $80 mil de modo a financiar a sua expansão em um mercado promissor. Os consultores financeiros da Pisa consideram que a emissão de ações é uma má escolha porque, entre outras razões, "a venda de ações a um preço abaixo do valor contábil por ação só pode fazer baixar o preço das ações e diminuir a riqueza dos acionistas". Para provarem o seu argumento, elaboraram o seguinte exemplo: "Suponha a emissão de 2 mil ações novas ao preço de $40 e que o aporte assim obtido é investido. (Ignore os custos de emissão.) Suponha que o retorno do investimento não se altere". Assim sendo:

$$\text{Valor contábil líquido} = \$580.000$$
$$\text{Lucros totais} = 0,08(580.000) = \$46.400$$
$$\text{Lucros por ação} = \frac{46.400}{12.000} = \$3,87$$

Consequentemente, os lucros por ação diminuem, o valor contábil por ação diminui e o preço por ação diminuirá proporcionalmente para $38,70."

Analise esse argumento, dando atenção particular aos pressupostos implícitos no exemplo numérico.

FINANÇAS NA WEB

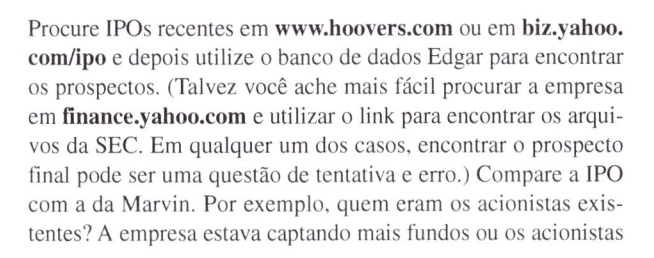

Procure IPOs recentes em **www.hoovers.com** ou em **biz.yahoo.com/ipo** e depois utilize o banco de dados Edgar para encontrar os prospectos. (Talvez você ache mais fácil procurar a empresa em **finance.yahoo.com** e utilizar o link para encontrar os arquivos da SEC. Em qualquer um dos casos, encontrar o prospecto final pode ser uma questão de tentativa e erro.) Compare a IPO com a da Marvin. Por exemplo, quem eram os acionistas existentes? A empresa estava captando mais fundos ou os acionistas existentes estavam vendendo as suas posições? Os acionistas existentes estavam impossibilitados de vender mais ações por um acordo *lock-up*? Como os custos de intermediação e os demais custos se comparam com os da Marvin? Os subscritores têm uma opção *greenshoe*? Será que a emissão passou a ter uma subavaliação? (O *site* do Yahoo! deveria ajudar neste ponto.) Se sim, quanto dinheiro foi deixado na mesa de negociação?

APÊNDICE

Prospecto da nova emissão da Marvin

PROSPECTO
900 mil Ações
Marvin Enterprises Inc.
Ações Ordinárias (valor nominal de $0,10)

Das 900 mil ações ordinárias agora oferecidas, 500 mil são vendidas pela empresa e 400 mil são vendidas pelos acionistas vendedores. Veja "Capital e acionistas vendedores". A empresa não receberá nenhuma receita procedente da venda de ações pelos acionistas vendedores.

Antes dessa emissão, não tem havido um mercado público para as ações ordinárias. **Esses títulos envolvem um elevado grau de risco. Veja "Algumas considerações".**

ESSES VALORES MOBILIÁRIOS NÃO RECEBERAM APROVAÇÃO NEM DESAPROVAÇÃO DA SECURITIES AND EXCHANGE COMMISSION (SEC), NEM A COMISSÃO CONFIRMOU A PRECISÃO OU A ADEQUAÇÃO DESSE PROSPECTO. QUALQUER AFIRMAÇÃO EM CONTRÁRIO É UMA OFENSA CRIMINAL.

	Preço para público	Desconto de subscrição	Receitas para a empresa	Receitas para os acionistas vendedores[1]
Por ação	$80,00	$5,60	$74,40	$74,40
Total[2]	$72.000.000	$5.040.000	$37.200.000	$29.760.000

[1] Antes da dedução das despesas pagáveis pela empresa e estimadas em $820 mil, das quais $455.555 a serem pagas pela empresa e $364.445 pelos acionistas vendedores.

[2] A empresa e os acionistas vendedores concederam aos subscritores uma opção de compra, até um adicional de 135 mil ações, ao preço inicial da oferta pública inicial, deduzido do desconto de subscrição, exclusivamente para a cobertura dos excessos da subscrição.

As ações ordinárias são oferecidas, sujeitas à venda prévia, à recepção e à aceitação pelos subscritores, e estes se reservam o direito de rejeitar qualquer ordem, no todo ou em parte, e de retirar, cancelar ou modificar a oferta sem qualquer aviso.

Klein Merrick Inc.   3 de fevereiro de 2034

Ninguém, além das pessoas aqui referidas, está autorizado a prestar quaisquer informações ou a emitir quaisquer opiniões em relação à oferta contida neste Prospecto, pelo que não deve confiar nessas informações ou opiniões. Este prospecto não constitui uma oferta de quaisquer valores mobiliários, a não ser dos títulos registrados com que se relaciona, nem uma oferta para qualquer pessoa residente em uma jurisdição onde essa oferta seja ilegal. A distribuição desse prospecto em qualquer momento não implica que a informação nele inscrita esteja correta após a data da sua publicação.

EM LIGAÇÃO COM ESSA OFERTA, OS SUBSCRITORES PODEM ADQUIRIR MAIS AÇÕES OU EFETUAR TRANSAÇÕES QUE ESTABILIZEM OU MANTENHAM O PREÇO DE MERCADO DAS AÇÕES ORDINÁRIAS DA EMPRESA A UM NÍVEL ACIMA DAQUELE QUE, DE OUTRA MANEIRA, PREVALECERIA NO MERCADO ABERTO. ESSA ESTABILIZAÇÃO, SE INICIADA, PODERÁ SER TERMINADA A QUALQUER MOMENTO.

Resumo do Prospecto

A informação do resumo seguinte é qualificada e dependente das informações detalhadas e dos demonstrativos financeiros que surgem em outros pontos deste Prospecto.

A oferta

Ações ordinárias oferecidas pela empresa 500.000
Ações ordinárias oferecidas pelos acionistas vendedores 400.000
Ações ordinárias em circulação após essa emissão . . 4.100.000

Aplicação das receitas

Para a construção de novas instalações fabris e para a elevação do capital de giro.

A empresa

A Marvin Enterprises Inc. concebe, fabrica e comercializa dinamites pangalácticas para uso doméstico. As suas instalações fabris utilizam nanocircuitos integrados para controlar os processos de engenharia genética utilizados na produção das dinamites pangalácticas.

A empresa foi constituída em Delaware no ano de 2028.

Aplicação das receitas

Espera-se que o aporte líquido desta emissão seja de $36.744.445. Desse montante, aproximadamente $27 milhões serão utilizados para financiar a expansão das principais instalações fabris da empresa. O saldo será utilizado como capital de giro.

---

[48] A maioria dos prospectos tem um conteúdo semelhante ao da Marvin, mas são muito mais detalhados. Omitimos, também, os demonstrativos financeiros da Marvin.

Algumas considerações

O investimento nas ações ordinárias envolve um elevado grau de risco. Devem ser cuidadosamente ponderados os seguintes fatores na avaliação da empresa:

Substanciais necessidades de capitais A empresa necessitará de financiamentos adicionais para continuar a sua política de expansão. A empresa acredita que as relações com os seus credores são boas, mas não há nenhuma garantia de que os financiamentos adicionais estarão disponíveis no futuro.

Licenciamento As instalações fabris ampliadas destinam-se a ser utilizadas na produção de uma nova dinamite pangaláctica. Uma comissão consultiva do U.S. Food and Drug Administration (FDA) recomendou a aprovação desse produto para o mercado dos Estados Unidos, mas ainda não foi tomada qualquer decisão final por todos os membros da comissão do FDA.

Política de dividendos

A empresa não pagou dividendos às suas ações ordinárias e não prevê que sejam pagos dividendos às ações ordinárias em um futuro próximo.

Administração

O quadro seguinte fornece as informações referentes aos administradores da empresa e aos diretores executivos e quadros essenciais:

Nome	Idade	Posição
George Marvin	32	Presidente, CEO e administrador
Mildred Marvin	28	Administradora e diretora financeira
Chip Norton	30	Diretor geral

George Marvin – George Marvin fundou a empresa no ano de 2028 e tem sido o seu principal executivo (CEO) desde então. Foi no passado presidente do Institute of Gargle Blasters e, recentemente, admitido na Confrérie des Gargarisateurs.

Mildred Marvin – Mildred Marvin é funcionária da empresa desde o ano de 2028.

Chip Norton – O Sr. Norton tem sido o diretor geral da empresa desde o ano de 2028. Foi anteriormente vice-presidente da Amalgamated Blasters Inc.

Remuneração dos executivos

O quadro seguinte informa as remunerações, em dinheiro, pagas no ano de 2033 aos executivos:

Nome	Posição	Remuneração
George Marvin	Presidente, CEO e administrador	$300.000
Mildred Marvin	Administradora e diretora financeira	220.000
Chip Norton	Diretor geral	220.000

Certos compromissos

Em várias ocasiões, entre os anos de 2029 e 2032, a First Meriam Venture Partners investiu um total de $8,5 milhões na empresa. Relacionado com esse investimento, foram concedidos à First Meriam alguns direitos de registro sob o Securities Act of 1933, incluindo o de ter as suas ações ordinárias registradas na Securities and Exchange Commission (SEC) às expensas da empresa.

Capital e acionistas vendedores

O quadro a seguir fornece algumas informações relativas à propriedade de ações ordinárias com direito a voto na data deste prospecto por (i) cada pessoa do conhecimento da empresa que seja proprietária de mais do que 5% das ações ordinárias com direito a voto e (ii) cada diretor da empresa que possua ações ordinárias com direito a voto. A não ser que haja referência em contrário, cada acionista dispõe, unicamente, dos direitos de voto e de alienação referentes às suas ações:

	Ações ordinárias				
	Ações detidas antes da oferta			Ações detidas depois da oferta[1]	
Nome do detentor	Quantidade	Porcentagem	Ações a vender	Quantidade	Porcentagem
George Marvin	375.000	10,4	60.000	315.000	7,7
Mildred Marvin	375.000	10,4	60.000	315.000	7,7
Chip Norton	250.000	6,9	80.000	170.000	4,1
First Meriam Venture Partners	1.700.000	47,2	–	1.700.000	41,5
TFS Investors	260.000	7,2	–	260.000	6,3
Centri-Venture Partnership	260.000	7,2	–	260.000	6,3
Henry Pobble	180.000	5,0	–	180.000	4,4
Georgina Sloberg	200.000	5,6	200.000	–	–

[1] Admitindo o não exercício, pelos subscritores, do direito de compra de mais ações.

Acordos *lock-up*

Os titulares das ações ordinárias comprometeram-se com os intermediários a não vender, dar como garantia ou dispor, por qualquer outro modo, suas ações, para além das especificadas neste prospecto, durante um período de 180 dias seguintes à data do prospecto, sem consentimento prévio por escrito da Klein Merrick.

Descrição do Capital Social

O capital social autorizado da empresa é de 10 milhões de ações ordinárias com direito a voto.

Na data deste Prospecto, existem dez detentores registrados das ações ordinárias.

Segundo os termos contratuais de um dos empréstimos obtidos, a empresa não pode pagar dividendos às ações ordinárias, a não ser que sejam provenientes de lucros líquidos, sem o expresso consentimento do credor.

Subscritores

De acordo com os termos e as condições do Acordo de subscrição, a empresa acordou em vender a cada um dos subscritores nomeados a seguir, e cada um dos subscritores, em nome de quem a Klein Merrick Inc. está atuando como representante, concordou em comprar solidariamente da empresa o número de ações indicado à frente do respectivo nome:

Subscritores	Números de ações a comprar
Klein Merrick Inc.	300.000
Goldman Stanley	300.000
Medici Bank	100.000
Canary Wharf Securities	100.000
Bank of New England	100.000

No Acordo de Subscrição, os vários subscritores concordaram, nos termos e nas condições definidos, comprar todas as ações ora oferecidas, se alguma delas não for colocada. No caso de inadimplência por algum dos subscritores, o Acordo de subscrição estipula que, em certas circunstâncias, os compromissos de compra dos subscritores adimplentes poderão ser acrescidos, ou o Acordo poderá ser cancelado.

Não há um mercado público para as ações ordinárias. O preço das ações ordinárias para o público foi determinado por negociação entre a empresa e os subscritores, e foi baseado, entre outros fatores, no histórico operacional e financeiro da empresa, nas suas perspectivas e nos preços de mercado dos títulos de empresas com atividade semelhante à da empresa.

Assuntos legais

A validade das ações ordinárias oferecidas por meio do Prospecto foi verificada, para a empresa, por Dodson e Fogg, e, para os subscritores, por Kenge e Carboy.

Auditores

Os demonstrativos financeiros consolidados da empresa aqui incluídos estão baseados no relatório da Hooper Firebrand, formada por auditores independentes, dada a reconhecida autoridade dessa sociedade como perita em auditoria e contabilidade.

Demonstrativos Financeiros

[*Texto e quadros omitidos.*]

PARTE V Política de distribuição de lucros e estrutura de capital

CAPÍTULO 16

A política de distribuição de lucros

A política de distribuição de lucros gira em torno de duas perguntas. Primeira: quanto dinheiro a empresa deve distribuir a seus acionistas? Segunda: o dinheiro deve ser distribuído via pagamento de dividendos ou pela recompra de ações? Abordaremos essas perguntas em ordem inversa, "como" antes de "quanto".

Suponha que uma empresa tenha excedente de caixa. Será que deve distribuir esse dinheiro pagando dividendos ou recomprando ações? Num mundo ideal, sem fricções, a escolha entre dividendos ou recompras não importa. Na prática, a escolha pode ser importante.

Em primeiro lugar, investidores esperam que uma empresa que tenha feito pagamentos regulares de dividendos continue a fazê-lo e aumente esses pagamentos continuamente conforme os lucros forem aumentando. Dividendos raramente são diminuídos, a menos que a empresa sofra prejuízos significativos e duradouros, e os gestores só aumentam os dividendos quando se sentem confiantes de que os valores poderão ser mantidos. Portanto, anúncios de aumento de dividendos são boas notícias para os acionistas, os quais inferem que os gestores estão confiantes no futuro. Recompras, por outro lado, são mais flexíveis e não transmitem muita informação aos investidores.

Segundo, as recompras apresentam vantagens fiscais. Quando os acionistas vendem ações, pagam impostos segundo alíquotas de ganhos de capital, que geralmente ficam abaixo, às vezes bem abaixo, das alíquotas sobre dividendos.

As recompras cresceram drasticamente nos últimos 30 anos, e nos Estados Unidos elas já estão rivalizando com dividendos em importância. Obviamente, dividendos seguem sendo pagos. Empresas grandes e maduras distribuem vastas somas na forma de dividendos. Contudo, a maioria dessas empresas também recompra ações. Muitas outras empregam exclusivamente recompras.

A pergunta seguinte, então, é "quanto". Como um gestor financeiro chega à conclusão de que realmente dispõe de caixa excedente? Antes de decidir pagar dividendos ou recomprar ações, o gestor faz uma série de perguntas. Primeiro, será que o empreendimento está gerando fluxo de caixa livre positivo após fazer todos investimentos com VPL positivo? Será que esse fluxo de caixa livre positivo tende a se manter? Segundo, o índice de endividamento da empresa é prudente? Se o índice estiver alto demais, a quitação de dívidas geralmente recebe prioridade. Terceiro, será que a empresa conta com folga suficiente de caixa para adversidades inesperadas e com reservas estratégicas para oportunidades inesperadas? Se a resposta a todas as três perguntas for sim, então o caixa é verdadeiramente excedente. Quando uma organização conta com excedente de caixa, o melhor é distribui-lo de volta aos acionistas. A distribuição de excedente de caixa reassegura os acionistas de que o dinheiro não será desperdiçado em investimentos questionáveis, consumido por regalias ou compensações excessivas.

Começaremos este capítulo por uma revisão de como os dividendos são pagos e como as recompras são conduzidas. Também examinaremos o conteúdo informativo de dividendos e recompras, ou seja, aquilo que os investidores podem inferir a partir das decisões de distribuição de lucros por parte dos gestores e como os preços das ações reagem a anúncios de distribuição de caixa. Em seguida, analisaremos os prós e contras da distribuição via dividendos *versus* recompras. Por fim, veremos como as empresas devem gerir a distribuição total, ou seja, a soma de dividendos e recompras.

16.1 Fatos sobre a distribuição de lucros

Empresas distribuem dinheiro via pagamento de dividendos ou pela recompra de algumas de suas ações em circulação. Conforme a Figura 16.1 mostra, recompras eram raras no início dos anos 80, mas nos dias de hoje o valor total de recompras nos Estados Unidos é similar ao total de dividendos. As empresas por vezes compram de volta vastas quantidades de ações. Em 2014, a Apple comprou de volta $56 bilhões em ações, a IBM comprou de volta $14 bilhões e a Exxon Mobile, $13 bilhões.

A fração de empresas que pagam dividendos caiu de 48% em 1980 para 31% em 2013.[1] Algumas empresas costumavam pagar dividendos, mas passaram por dificuldades e deixaram de fazê-lo. No entanto, a maioria das não pagadoras de dividendos são empresas jovens em franco crescimento que jamais experimentaram essa prática e continuarão sem experimentá-la no futuro próximo. Dentre essas empresas de dividendos zero estão algumas bem conhecidas, como Berkshire Hathaway, Amazon e Google, bem como uma profusão de negócios menores em forte crescimento.

Eis uma tabela das práticas de distribuição de lucros para empresas norte-americanas de 2003 a 2013:

	Paga dividendos?	
Recompras?	Sim	Não
Sim	15,2%	11,2%
Não	18,3%	55,3%

A cada ano, em média 15,2% das empresas pagam dividendos e também recompram ações. A fração das que pagam dividendos mas não fazem recompras era de 18,3%. A fração correspondente das que efetuam recompras mas não pagam dividendos era de 11,2%. Porém, 55,3% das empresas não pagaram dividendos nem recompraram ações.

A Figura 16.1 mostra que os dividendos são mais estáveis que as recompras. Observe como as recompras foram diminuídas no início do século XXI e durante a crise de 2007-2009. Os dividendos também caíram na crise, mas não tanto quanto as recompras.

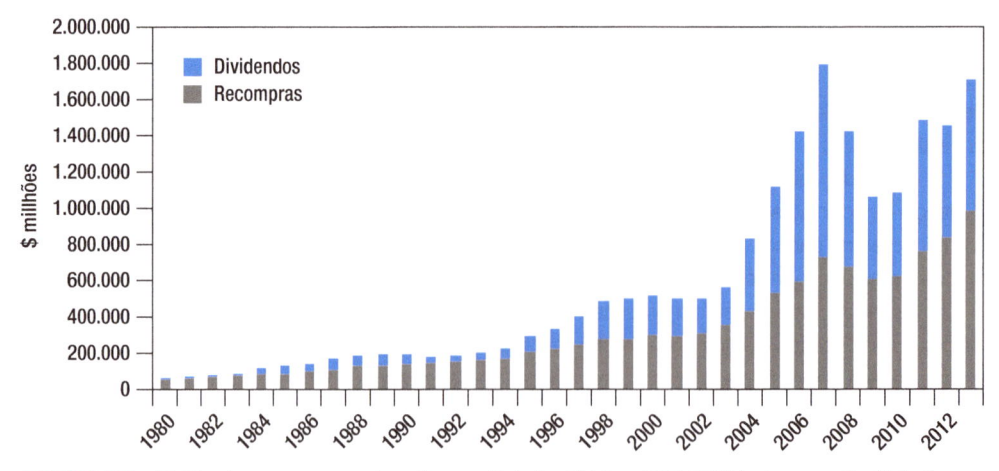

▶ **FIGURA 16.1** Dividendos e recompras de ações nos Estados Unidos, 1980-2013 (valores em $ milhões).
Fonte: Standard & Poor's Compustat.

---

[1] O declínio do uso de dividendos está documentado em J. Skinner, "The Evolving Relation between Earnings, Dividends, and Stock Repurchases," *Journal of Financial Economics* 87 (March 2008), pp. 582-609. Na Europa, o declínio dos pagadores de dividendos foi especialmente acentuado na Alemanha. Veja D. J. Denis and I. Osobov, "Why Do Firms Pay Dividends? International Evidence on the Determinants of Dividend Policy," *Journal of Financial Economics* 89 (July 2008), pp. 62-82.

Como as empresas pagam dividendos

Em 15 de dezembro de 2014, o conselho de administração da Pfizer anunciou um pagamento trimestral de dividendos no valor de $0,28 por ação. Quem recebeu esses dividendos? Essa pode parecer uma pergunta óbvia, mas as ações são constantemente comercializadas, e os registros da empresa sobre os detentores de suas ações nunca estão totalmente atualizados. Por isso, corporações indicam um rol de acionistas de um dia específico que se qualificam para receber cada dividendo. A Pfizer anunciou, por exemplo, que enviaria um cheque de dividendos em 3 de março (a data de pagamento) para todos os acionistas registrados em seus livros em 6 de fevereiro (a data de registro).

Dois dias úteis antes da data de registro, as ações da Pfizer começaram a ser comercializadas isentas de dividendos. Investidores que compraram ações neste ou após este dia não tiveram suas compras registradas pela data de registro e não tinham direito ao dividendo. Todas as demais variáveis sendo idênticas, uma ação vale menos quando perde o direito a dividendos. Por isso, quando uma ação "fica isenta de dividendos", seu preço diminui aproximadamente na mesma quantia do dividendo. A Figura 16.2 ilustra a sequência das datas-chave envolvendo dividendos. Essa sequência é a mesma sempre que empresas pagam dividendos (embora as datas em si obviamente variem).

As empresas não são livres para anunciar os dividendos que bem entenderem. Em alguns países, como o Brasil e o Chile, as empresas são obrigadas por lei a distribuir uma proporção *mínima* de seus lucros. Por outro lado, os credores, preocupados com a possibilidade do pagamento de um dividendo excessivo não deixar dinheiro suficiente no cofre para liquidar os seus empréstimos, podem impor algumas limitações. Nos Estados Unidos, a legislação estadual também protege os credores da empresa contra os pagamentos excessivos de dividendos. As empresas não podem, por exemplo, pagar um dividendo que exceda o seu capital social, normalmente definido como o valor paritário das ações em circulação.[2]

A maioria das empresas norte-americanas paga dividendos *regulares* em dinheiro trimestralmente, mas, às vezes, agregam a esse pagamento um *dividendo extraordinário*. Muitas empresas têm planos automáticos de reinvestimento de dividendos (*automatic dividend reinvestment plans* – DRIPs). As novas ações são emitidas, frequentemente, com 5% de desconto sobre o preço de mercado. São reinvestidos nesses planos, por vezes, 10% ou mais do total dos dividendos.[3]

Os dividendos nem sempre são pagos em dinheiro. As empresas em geral também anunciam *dividendos em ações*. Por exemplo, se uma empresa pagar um dividendo em ações de 5%, isso significa que envia a cada acionista cinco ações novas a cada cem ações adquiridas anteriormente. Os dividendos em ações são muito semelhantes a um fracionamento de ações. Tanto um como o outro aumentam o número de ações, sem afetar os ativos, os lucros ou o valor total da empresa. Ambos reduzem o valor *por ação*.[4] Neste capítulo, nos concentraremos nos dividendos *em dinheiro*.

▶ FIGURA 16.2   Dividendos da Pfizer no quarto trimestre de 2014.

---

[2] Nos casos em que não há valor paritário, considera-se capital social uma parte ou a totalidade das receitas provenientes das emissões de ações. As empresas com ativos perecíveis, como as empresas de mineração, podem ser uma exceção a essa regra.

[3] Por vezes, as empresas não só autorizam os acionistas a reinvestir os dividendos, como ainda lhes permitem comprar ações adicionais com desconto. Para tomar contato com uma história divertida sobre o enriquecimento rápido que enfoque esses planos de compra de ações, consulte M. S. Scholes and M. A. Wolfson, "Decentralized Investment Banking: The Case of Dividend-Reinvestment and Stock-Purchase Plans", *Journal of Financial Economics* 24 (September 1989), pp. 7-36.

[4] A diferença entre um dividendo em ação e um desdobramento de ações é apenas de caráter técnico. Os dividendos em ações aparecem na contabilidade como uma transferência de lucros retidos para o capital social; o desdobramento aparece como uma redução do valor nominal de cada ação.

Como as empresas recompram ações

Em vez de pagarem um dividendo aos seus acionistas, as empresas podem utilizar os fundos para recomprar ações. As ações readquiridas podem ser mantidas em carteira e revendidas quando a organização precisar de fundos. Existem quatro métodos principais para a recompra de ações próprias, porém o mais comum é a empresa anunciar a sua intenção de recomprar as ações no mercado como qualquer outro investidor.[5] No entanto, há muitas empresas que recorrem a uma oferta pública, propondo-se a recomprar um determinado número de ações a um preço fixo, que normalmente se situa 20% acima do preço de mercado. Os acionistas podem decidir aceitar ou não a oferta. Um terceiro método é o chamado *leilão holandês*. Nesse caso, a empresa anuncia uma série de preços pelos quais está disposta a recomprar ações. Os acionistas apresentam propostas declarando a quantidade de ações que pretendem vender por cada um dos preços, e a empresa calcula o preço mais baixo pelo qual pode comprar a quantidade desejada de ações. Por último, a recompra pode ser realizada por negociação direta com um importante acionista.

No passado, muitos países proibiram ou restringiram severamente o uso de recompras de ações. Como resultado, as empresas que acumularam grandes quantias de dinheiro puderam se sentir tentadas a investi-lo a taxas de retorno muito baixas em vez de o devolverem aos acionistas, que poderiam, por sua vez, reinvesti-lo em empresas que estivessem com falta de liquidez. Mas, agora, foram eliminadas muitas dessas limitações, e muitas gigantes multinacionais, no momento, recompram grandes quantidades de ações. Por exemplo, em 2014, a Royal Dutch Shell, a Siemens, a Toyota e a Novartis também gastaram enormes somas de dinheiro na recompra de suas ações.

16.2 O conteúdo informativo dos dividendos e das recompras

Em 2004, um estudo com executivos seniores perguntava sobre a política de dividendos adotada por suas organizações. Na Figura 16.3 temos as respostas dos executivos. Três características se destacam:

1. Os gestores se mostram relutantes em fazer alterações na política de dividendos que possam ter de ser revertidas. Preocupam-se particularmente com a possibilidade de ter de cancelar um aumento nos dividendos e, se necessário, decidem levantar novos fundos de modo a manter a sua política.

2. Os gestores "suavizam" os dividendos. Consequentemente, as alterações transitórias seguem as variações nos ganhos sustentáveis de longo prazo. As alterações transitórias não têm grande probabilidade de afetar os dividendos pagos.

3. Os gestores dão mais importância às *variações* dos dividendos do que aos seus níveis absolutos. Desse modo, o pagamento de um dividendo de $2,00 constituirá uma importante decisão financeira se o dividendo do ano anterior tiver sido de $1,50, mas não será nada de especial se tiver sido de $2,00.

A partir dessas respostas, você pode ver porque o anúncio de um aumento de dividendos é boa notícia para os investidores. Eles sabem que os gestores relutam em reduzir dividendos e só os aumentam quando estão confiantes de que o pagamento pode ser mantido. Portanto, o anúncio de dividendos mais altos sinaliza a confiança dos gestores em lucros futuros. É por isso que os investidores e os gestores financeiros se referem ao *conteúdo informativo dos dividendos*.

O conteúdo informativo dos dividendos sugere que aumentos nos dividendos predizem lucratividade futura. As evidências sobre essa hipótese são vagas. No entanto, Healy e Palepu, que focaram nas empresas que pagavam dividendos pela primeira vez, verificaram que, em média, os lucros cresceram 43% no ano em que o dividendo foi pago. Se os gestores acreditassem que era apenas uma sorte temporária, deveriam ter sido cuidadosos ao se comprometer a efetuar desem-

---

[5] A regra 10b-18 da SEC norte-americana protege as empresas que recompram as suas próprias ações de acusações de manipulação nos preços das ações. A adoção dessa regra foi uma das razões por que o número de recompras tem subido tão rapidamente. As recompras no mercado financeiro são, no entanto, sujeitas a várias restrições. Por exemplo, elas não podem exceder uma pequena fração do volume diário de transações.

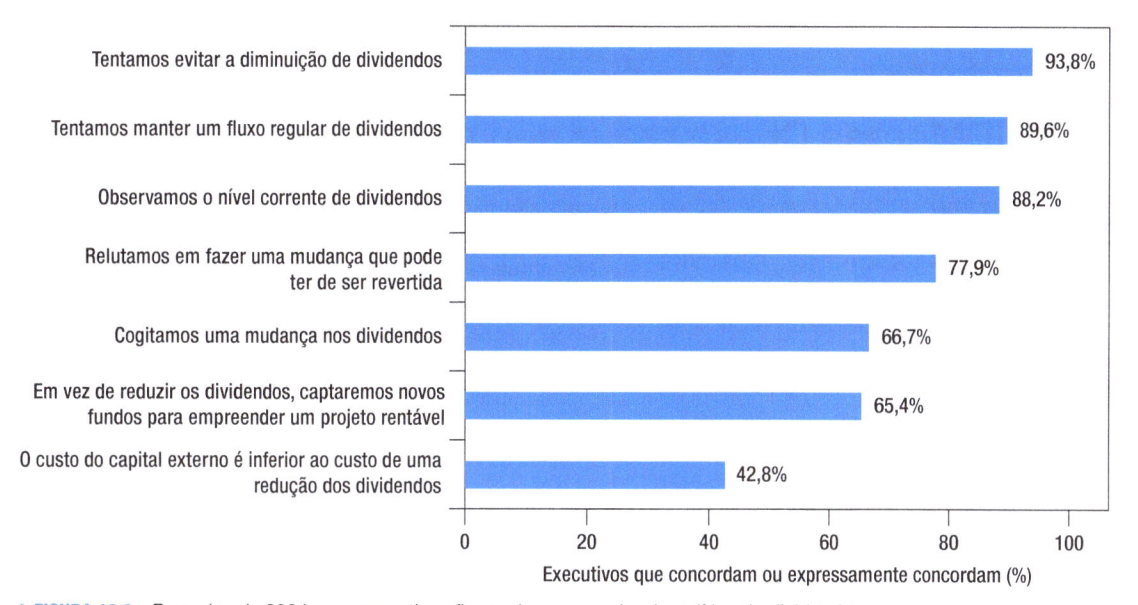

Tentamos evitar a diminuição de dividendos	93,8%
Tentamos manter um fluxo regular de dividendos	89,6%
Observamos o nível corrente de dividendos	88,2%
Relutamos em fazer uma mudança que pode ter de ser revertida	77,9%
Cogitamos uma mudança nos dividendos	66,7%
Em vez de reduzir os dividendos, captaremos novos fundos para empreender um projeto rentável	65,4%
O custo do capital externo é inferior ao custo de uma redução dos dividendos	42,8%

Executivos que concordam ou expressamente concordam (%)

▶ **FIGURA 16.3** Pesquisa de 2004 com executivos financeiros a respeito da política de dividendos.
Fonte: A. Brav, J. R. Graham, C. R. Harvey and R. Michaely, "Payout Policy in the 21st Century", *Journal of Financial Economics 77* (September 2005), pp. 483-527..

bolsos. Mas parece que tinham boas razões para confiar nas suas perspectivas, visto que os lucros continuaram crescendo nos anos seguintes.[6]

Para os investidores, parece ser reconfortante qualquer aumento de dividendos. Quando o aumento é anunciado, os analistas normalmente reveem em alta as suas previsões para os lucros desse ano.[7] Não admira, portanto, que os aumentos de dividendos levem a um aumento do preço das ações, enquanto o anúncio de redução de dividendos faça o preço cair. Por exemplo, no caso dos dividendos iniciais estudados por Healy e Palepu, o anúncio dos dividendos teve como resultado um aumento médio de 4% no preço das ações.[8]

Note que os investidores não costumam ficar muito empolgados com o *nível* do dividendo pago por uma empresa; ficam mais preocupados com a *mudança* que consideram ser um indicador importante da sustentabilidade dos lucros.

Parece que, em alguns países, os investidores estão menos preocupados com as alterações dos dividendos. No Japão, por exemplo, já há uma relação muito mais próxima entre as empresas e os principais acionistas, o que permite que a informação seja muito mais facilmente partilhada com os investidores. Consequentemente, as empresas japonesas estão mais inclinadas a reduzir os seus dividendos quando há uma quebra nos lucros, mas os investidores não fazem o preço das ações cair tanto como nos Estados Unidos.[9]

Não considere, contudo, que todos os cortes de dividendos são uma má notícia. O próximo quadro explica como os investidores apoiaram um corte drástico de dividendos anunciado pelo JPMorgan Chase em 2009.

---

[6] P. Healy and K. Palepu, "Earnings Information Conveyed by Dividend Initiations and Omissions", *Journal of Financial Economics* 21 (1988), pp. 149-175. Como exemplo de um estudo que conclui que as alterações dos dividendos não transmitem informações, veja G. Grullon, R. Michaely and B. Swaminathan, "Are Dividend Changes a Sign of Firm Maturity?" *Journal of Business* 75 (July 2002), pp. 387-424.

[7] A. R. Ofer and D. R. Siegel, "Corporate Financial Policy, Information, and Market Expectations: An Empirical Investigation of Dividends", *Journal of Finance* 42 (September 1987), pp. 889-911.

[8] A remuneração média de 4% foi ajustada para os retornos do mercado. Healy e Palepu também analisaram as empresas que *deixaram* de pagar dividendos. Nesse caso, o preço das ações sofreu, em média, uma queda de 9,5% quando do anúncio, tendo os lucros caído nos quatro trimestres seguintes.

[9] As políticas de dividendos dos *keiretsus* japoneses são analisadas em K. L. Dewenter and V. A. Warther, "Dividends, Asymmetric Information and Agency Conflicts: Evidence from a Comparison of the Dividend Policies of Japanese and U.S. Firms", *Journal of Finance 53* (June 1998), pp. 879-904.

PRÁTICA FINANCEIRA

Boa notícia: JPMorgan Chase reduz seu dividendo a $0,05

Em 23 de fevereiro de 2009, o JPMorgan Chase reduziu seu dividendo trimestral de $0,38 a $0,05 por ação. A diminuição foi uma surpresa para os investidores, mas o preço das ações do banco *aumentou* cerca de 5%.

Geralmente, as omissões ou reduções de dividendos são uma má notícia, pois os investidores inferem que há problemas. Eles consideram o corte como um sinal de escassez de fundos ou de lucros – e, de modo geral, têm razão. Os gestores sabem que essas reduções serão tratadas como más notícias e, portanto, procuram adiá-las até que haja um somatório de más notícias que os obrigam a agir. A General Motors, por exemplo, que teve prejuízos da ordem de $39 bilhões em 2007 e $31 bilhões em 2008, continuou pagando dividendos trimestrais de $0,25 por ação até junho de 2008, quando cortou totalmente o pagamento de dividendos.

O JPMorgan Chase, contudo, atuou com base uma posição relativamente forte. A instituição permaneceu rentável quando outros bancos norte-americanos de grande porte estavam anunciando perdas tremendas. Seu CEO, James Dimon, explicou que o corte de dividendos economizaria $5 bilhões ao ano e preparava a instituição para uma gigantesca recessão. Essa medida também "colocava o banco em uma posição de reembolsar mais rapidamente os $25 bilhões que tomara emprestado do governo sob o "Programa de Alívio de Ativos Problemáticos". O JPMorgan Chase afirmou ainda que havia sido estimulado a tomar o dinheiro emprestado, mas que não o necessitava.

Consequentemente, os investidores interpretaram essa redução de dividendos como um sinal de confiança, e não de problemas financeiros.

Fonte: R. Sidel and M. Rieker, "J.P. Morgan Makes 87% Cut in its Dividend to a Nickel", *The New York Times*, February 24, 2009, pp. C1, C3.

O anúncio de uma recompra de ações não representa um compromisso de recompras contínuas em anos por vir. Por isso, o conteúdo de um anúncio de recompra não é tão fortemente positivo quanto o anúncio de um aumento nos dividendos. Ainda assim, um estudo de Comment e Jarrell, que investigaram os anúncios de programas de recompra de mercado aberto, descobriu que em média eles resultaram em uma subida anormal nos preços na faixa de 2%.[10]

Investidores podem aplaudir recompras quando temem que os gestores poderiam torrar o dinheiro de outra forma, em regalias ou em construção de um império não lucrativo. As recompras também podem refletir otimismo por parte dos gestores, talvez por considerarem que as ações da empresa estão sendo subvalorizadas pelos investidores.

As recompras de ações também podem ser utilizadas como sinal da confiança que um gestor tem no futuro. Imagine que você, o gestor, acredita que as suas ações estão substancialmente subavaliadas e anuncia que a empresa está disposta a recomprar ações a um preço 20% acima do preço atual do mercado. Mas (segundo afirma) não vai vender nenhuma das suas ações a esse preço. Os investidores tiram a conclusão óbvia – é preciso acreditar que as ações estão avaliadas 20% acima do preço de mercado.

Quando as empresas se propõem a recomprar as suas ações com um prêmio, normalmente os executivos da alta administração e os diretores se comprometem em manter as suas ações.[11] Não é de admirar, portanto, que os analistas tenham constatado que o anúncio da intenção de recomprar ações acima do preço de mercado tenha levado a um aumento médio de 11% no preço das ações.[12]

---

[10] R. Comment and G. Jarrell, "The Relative Signalling Power of Dutch-Auction and Fixed Price Self-Tender Offers and Open-Market Share Repurchases", Journal of Finance 46 (September 1991), pp. 1.243-1.271. Há também evidências de desempenho superior ao longo dos anos seguintes ao anúncio da recompra. Veja D. Ikenberry, J. Lakonishok, and T. Vermaelen, "Market Underreaction to Open Market Share Repurchases", Journal of Financial Economics 39 (October 1995), pp. 181-208.

[11] Os gestores não se limitam a manter as suas ações; em média, quase sempre aumentam as suas carteiras *antes* do anúncio de uma recompra. Veja D. S. Lee, W. Mikkelson and M. M. Partch, "Managers' Trading around Stock Repurchases", *Journal of Finance* 47 (December 1992), pp. 1.947-1.961.

[12] Veja R. Comment and G. Jarrell, *op. cit.*

16.3 Dividendos ou recompras? A controvérsia da distribuição de lucros

Anúncios de dividendos e recompras podem transmitir informações sobre a confiança dos gestores e, assim, afetar o preço das ações. Cedo ou tarde, porém, essas alterações de preços aconteceriam de qualquer maneira à medida que as informações permeassem através de outros canais. Será que a política de distribuição de lucros afeta o valor a longo prazo?

Suponha que você é o diretor financeiro de uma empresa lucrativa e bem-sucedida. A empresa está amadurecendo. O crescimento está desacelerando, e você planeja distribuir fluxo de caixa livre para os acionistas. Faz diferença a opção entre iniciar um programa de dividendos ou de recompra de ações? Será que essa escolha afeta o valor de mercado da sua empresa de algum modo fundamental?

Uma das características cativantes da economia é sua capacidade de acomodar não apenas dois, mas três pontos de vista discordantes. E é isso que acontece com a escolha entre dividendos e recompras. À direita, um grupo de conservadores argumenta que os investidores pagam mais caro por empresas com dividendos generosos e estáveis. À esquerda, outro grupo sustenta que as recompras são preferíveis, já que significam ações com preços mais altos, e os ganhos de capital costumam pagar menos imposto efetivo do que os dividendos. E no centro, um grupo intermediário alega que a escolha entre dividendos e recompras não exerce efeito algum sobre o valor.

A política de distribuição de lucros é irrelevante em mercados de capitais perfeitos

O grupo intermediário foi fundado em 1961, por Miller e Modigliani (sempre referidos por "MM"), quando publicaram uma prova de que a política de dividendos é irrelevante para o valor em um mundo sem impostos, custos de negociações e outras imperfeições do mercado.[13]

MM insistiram que a política de dividendos só deve ser levada em consideração quando os ativos, os investimentos e a política de endividamento da empresa forem mantidos inalterados. Mas suponha que não se mantenham inalterados. Imagine, por exemplo, que a empresa decida reduzir o investimento de capital e distribuir como dividendos todo o caixa poupado. Neste caso, o efeito dos dividendos sobre o valor aos acionistas estará amarrado à lucratividade do investimento renunciado. Ou suponha que a empresa decida contrair empréstimos mais agressivamente e distribuir os proveitos da dívida como dividendos. Neste caso, o efeito dos dividendos não pode ser separado do efeito do endividamento adicional.

Pense no que acontece quando se deseja aumentar os dividendos sem alterar a política de investimentos ou a estrutura de capital. O dinheiro extra para os dividendos precisa vir de algum lugar. Se a empresa fixar seu endividamento, sua única maneira de financiar o dividendo extra será pela venda de mais cotas acionárias. Alternativamente, em vez de *aumentar* os dividendos e vender novas ações, a empresa pode pagar dividendos *menores*. Mantendo-se inalterados a política de investimentos e o endividamento, o dinheiro que é poupado só pode ser usado para comprar de volta algumas das ações da empresa em circulação. Desse modo, qualquer alteração na distribuição de dividendos deve ser compensada pela venda ou pela recompra de ações.

Recompras eram raras quando MM escreveram em 1961, mas podemos facilmente aplicar seu raciocínio à escolha entre dividendos ou recompras. Um exemplo simples basta para mostrar a irrelevância apontada por MM neste caso. Em seguida, mostraremos que o valor também não é afetado se a empresa aumentar os dividendos e financiar o aumento com uma emissão de ações.

Dividendos ou recompras? Um exemplo

A Rational Demiconductor possui neste momento um milhão de ações em circulação e o seguinte balanço contábil de valor de mercado:

---

[13] M. H. Miller and F. Modigliani, "Dividend Policy, Growth and the Valuation of Shares", *Journal of Business* 34 (October 1961), pp. 411-433. Os argumentos de MM foram antecipados em 1938 em J. B. Williams, *The Theory of Investment Value* (Cambridge, MA: Harvard University Press, 1938). Também foi desenvolvida uma prova semelhante à de MM em J. Lintner, "Dividends, Earnings, Leverage and Stock Prices and the Supply of Capital to Corporations", *Review of Economics and Statistics* 44 (August 1962), pp. 243-269. MM reconheciam que os dividendos são capazes de transmitir informações, mas suas provas tinham o valor como foco, e não informações sobre o valor. Os exemplos nesta seção deixam de lado o conteúdo informativo dos dividendos.

Balanço Contábil da Rational Demiconductor (Valores de Mercado, $ milhões)				
Caixa excedente	$ 1,0	$ 0	Dívida	
Ativos fixos e capital de giro líquido	10,0	11,0	Capitalização no mercado acionário (1 milhão de ações a $11 por ação)	
	$11,0	$11,0		

Por simplicidade, assumimos que a empresa não tem dívidas. Todos os seus ativos fixos já estão pagos. Assumimos que seu capital de giro inclui caixa suficiente para sustentar suas operações; portanto, o valor de $1 milhão inserido no canto superior esquerdo de seu balanço contábil é excedente.

A capitalização de mercado da Rational é de $11 milhões, então cada uma das suas um milhão de ações vale $1. Se a empresa distribuir agora todo o seu caixa excedente, sua capitalização de mercado deve cair para $10 milhões.

Balanço Contábil da Rational Demiconductor (Valores de Mercado depois da distribuição, $ milhões)				
Caixa excedente	$ 0	$ 0	Dívida	
Ativos fixos e capital de giro líquido	10,0	10,0	Capitalização no mercado acionário	
	$10,0	$10,0		

Mas o preço *por ação* depende da decisão entre distribuir o excedente de caixa na forma de dividendos ou pela recompra de ações. Caso seja pago um dividendo de $1 por ação, um milhão de ações ainda estará em circulação, e o preço de cada uma será $10. A riqueza dos acionistas, incluindo os dividendos, será $10 + 1 = $11 por ação.

Suponha que a Rational não pague dividendo algum, mas, em vez disso, recompre ações. Ela gasta $1 milhão para recomprar 90.909 ações a $11 cada, deixando 909.091 ações em circulação. O preço de cada ação permanece em $11 ($10 milhões dividido por 909.091 ações).[14] A riqueza dos acionistas é de $11 por ação. Não importa se um acionistas específico decidir vender ou não suas ações de volta para a empresa. Caso venda, receberá $11 por ação em dinheiro. Se não quiser vender, reterá ações com o valor de $11 cada.

Sendo assim, a riqueza dos acionistas será a mesma seja com dividendos ou recompras. Se a Rational pagar dividendos, a riqueza será de $10 + 1 = $11, incluindo o dividendo. Se a Rational optar pelas recompras, não haverá dividendos, mas cada ação valerá $11.

Você pode ouvir alegações de que recompras devem aumentar o preço das ações. Não é bem assim, como nosso exemplo ilustra. Uma recompra não aumenta o preço das ações, mas evita a queda de preço que ocorreria no dia de isenção de dividendos se o montante gasto em recompras fosse distribuído na forma de dividendos. Recompras não garantem um preço mais alto das ações, mas apenas um preço mais alto do que se dividendos fossem pagos no seu lugar. Como as recompras também reduzem o número de ações em circulação, os lucros futuros por ação são mais altos do que se a mesma quantia fosse distribuída na forma de dividendos.

Se MM e o grupo intermediário estiverem corretos e a política de distribuição de lucros não afetar o valor, então a opção entre dividendos ou recompras é meramente tática. Uma empresa decidirá fazer recompras se quiser reter a flexibilidade de reduzir a distribuição de lucros caso oportunidades valiosas de investimento acabem surgindo. Outra empresa pode decidir pagar dividendos a fim de assegurar os acionistas de que conduzirá seus negócios com rédea curta, distribuindo fluxo de caixa livre para limitar a tentação de gastos imprudentes.

Recompras de ações e modelos FCD de preços de ações

Nosso exemplo examinou uma escolha isolada entre um programa de pagamento de dividendos ou de recompra de ações. Na prática, uma empresa que paga dividendos hoje também faz uma

---

[14] O preço de mercado original de $11 por ação é o único preço ao qual a recompra funciona. Os acionistas não venderão suas ações por menos que $11, porque então $1 milhão compraria mais do que 90.909 ações, deixando menos de 909.091 ações em circulação e um preço acima de $11 quando a recompra for completada. A empresa não deve oferecer mais do que $11, pois isso iria recomprar menos que 90.909 ações e entregaria um "presente grátis" para os acionistas vendedores.

promessa implícita de continuar a pagá-los nos próximos anos, suavizando os dividendos e aumentando-os gradualmente conforme os lucros vão crescendo. As recompras não são suavizadas da mesma forma que os dividendos. Quando os preços do petróleo despencaram em 2014, por exemplo, a Chevron anunciou que aboliria seu programa de recompra de ações em 2015. A empresa comparou as recompras a um "volante de inércia" capaz de armazenar ou dissipar energia conforme necessário. Ao mesmo tempo em que cortou suas recompras, a empresa destacou que a manutenção de sua política de dividendos continuava tendo "a mais alta prioridade".

Um programa de recompra reduz o número de ações em circulação e aumenta os lucros e dividendos por ação. Por isso, precisamos parar e refletir sobre o efeito das recompras nos modelos FCD de desconto de dividendos que derivamos e aplicamos no Capítulo 4. Esses modelos afirmam que o preço das ações equivale ao VP de dividendos futuros *por ação*. Como aplicamos esses modelos quando o número de ações sofre alterações?

Quando as recompras são importantes, é preciso levar em consideração duas abordagens de atribuição de valor para ações ordinárias.

1. Calcule a capitalização de mercado (o valor agregado de *todas* as ações) prevendo e descontando o fluxo de caixa livre distribuído aos acionistas. Em seguida, calcule o preço por ação dividindo a capitalização de mercado pelo número de ações atualmente em circulação. Com essa abordagem, você não precisa se preocupar com o fato da distribuição de fluxo de caixa livre ser ou não dividida entre dividendos e recompras.

2. Calcule o valor presente dos dividendos por ação, levando em conta o aumento da taxa de crescimento de dividendos por ação causado pela diminuição no número de ações resultante das recompras.

A primeira abordagem de cálculo do valor, cujo foco recai no fluxo de caixa livre total disponível para ser distribuído aos acionistas, é mais fácil e mais confiável quando as recompras futuras são erráticas ou imprevisíveis.

Para ilustrar, seguiremos com o exemplo da Rational Demiconductor. Suponha que a Rational tenha acabado de pagar dividendos de $1 por ação, reduzindo a capitalização de mercado isenta de dividendos para $10 milhões. Agora revelamos a fonte do valor acionário da Rational. Suas operações têm previsão de gerar uma vasão homogênea e perpétua de lucros e fluxo de caixa livre (FCL) de $1 milhão ao ano (sem previsão de crescimento ou declínio). O custo do capital é $r = 0{,}10$, ou 10%. Assim, a capitalização de mercado de todas as ações atualmente em circulação da Rational é VP = FCL/r = 1/0,10 = $10 milhões.

Balanço Contábil da Rational Demiconductor
(Valores de Mercado com Isenção de Dividendos no Ano 0, $ milhões)

Caixa excedente	$ 0	$ 0	Dívida
VP do fluxo de caixa livre, $1 milhão ao ano iniciando no ano 1	10,0	10,0	Capitalização no mercado acionário (1 milhão de ações a $10)
	$10,0	$10,0	

O preço por ação equivale à capitalização de mercado dividida pelas ações atualmente em circulação: $10 milhões dividido por 1 milhão = $10 por ação. Esta é a primeira abordagem de cálculo de valor.

A segunda abordagem exige um pressuposto a respeito da política futura de distribuição de lucros. A coisa fica fácil quando a Rational se compromete apenas com dividendos, sem recompras. Nesse caso, a vazão prevista de dividendos é homogênea e perpétua a $1 por ação. Podemos usar o modelo FCD de crescimento constante com uma taxa de crescimento $g = 0$. O preço por ação é:

$$VP = \frac{DIV}{r - g} = \frac{1}{0{,}10 - 0} = \$10$$

Agora suponha, em vez disso, que a Rational anuncie que daqui em diante pagará exatamente 50% de fluxo de caixa livre como dividendos e 50% como recompras. (Pressupomos que os acionistas que vendem suas ações de volta à empresa não percam o recebimento de dividendos.) Isso significa que os dividendos do próximo ano serão de apenas $0,50. Por outro lado, a Rational usará $500 mil

(50% do fluxo de caixa livre) para comprar ações de volta. Ela recomprará 47.619 ações ao preço isento de dividendos de $10,50 por ação, e as ações em circulação diminuirão para 1.000.000 − 47.619 = 952.381 ações.[15] Desse modo, o fluxo de caixa livre esperado por ação para o ano 2 aumenta para $1 milhão dividido por 952.381 = $1,05 por ação. Portanto, a redução de $0,50 no dividendo do ano 1 é compensada por um crescimento de 5% em fluxo de caixa livre futuro por ação, de $1 para $1,05 no ano 2. E se você avançar este exemplo até o ano 3 e além, perceberá que o uso de 50% de fluxo de caixa livre para recompras continuará gerando uma taxa de crescimento de dividendos de 5% ao ano.

Sendo assim, o modelo FCD chega ao mesmo valor para as ações da Rational hoje, exatamente como MM preveriam. O programa de recompra diminui os dividendos no ano seguinte de $1,00 para $0,50 por ação, mas gera 5% de crescimento em lucros e dividendos por ação.

$$VP = \frac{DIV_1}{r - g} = \frac{0,50}{0,10 - 0,05} = \$10$$

Dessa forma, podemos obter o preço por ação da Rational de duas maneiras. O primeiro método fácil é calcular a capitalização no mercado acionário tomando por base o fluxo de caixa livre total e dividir esse valor pelo número atual de ações em circulação. O segundo e mais difícil método trata de prever e descontar dividendos por ação, levando em consideração o crescimento em dividendos por ação causado pelas recompras. Recomendamos o jeito mais fácil quando as recompras são importantes. Observe também que o segundo jeito, que funciona muito bem no nosso exemplo, torna-se muito mais difícil de aplicar com precisão quando as recompras são irregulares ou imprevisíveis.

Nosso exemplo ilustra diversas conclusões gerais. Primeiro, desconsiderando-se efeitos fiscais e outras fricções de mercado, a capitalização de mercado atual e o preço das ações não são afetados por como a distribuição de lucros é dividida entre dividendos e recompras. Segundo, o deslocamento da distribuição para o lado das recompras reduz os dividendos *atuais*, mas produz um aumento compensatório nos lucros futuros e dividendos por ação. Terceiro, ao se avaliar o fluxo de caixa por ação, seria contabilização dupla incluir tanto os dividendos previstos por ação quanto o dinheiro recebido pelas recompras. Se você vender suas ações de volta à empresa, não receberá quaisquer dividendos subsequentes.

Questões envolvendo dividendos e ações

Analisamos a política de distribuição de lucros como uma escolha entre dividendos ou recompras de ações. Se mantivermos a distribuição total constante, dividendos menores implicam em recompras maiores. Porém, como observado anteriormente, MM derivaram seu teorema da irrelevância de dividendos numa época em que as recompras eram raras. Assim MM perguntaram se uma empresa poderia aumentar seu valor pagando dividendos *maiores*. Mas eles insistiram em manter constante a política de investimento e de financiamento por empréstimos.

Suponha que uma empresa como a Rational Demiconductor tenha distribuído todo e cada caixa excedente. Agora ela busca impressionar investidores distribuindo dividendos ainda maiores. O dinheiro extra precisa vir de algum lugar. Se a empresa fixar seu endividamento, a única maneira de financiar os dividendos extras é imprimir mais algumas ações e vendê-las. Os novos acionistas só abrirão a mão se ela conseguir oferecer-lhes ações que valem tanto quanto custam. Mas como a empresa pode vender mais ações quando seus ativos, lucros, oportunidades de investimento e, portanto, valor de mercado permanecem todos inalterados? A resposta é que deve haver uma *transferência de valor* dos antigos para os novos acionistas. Os novos obtêm as ações recém impressas, cada uma valendo menos do que antes do dividendo extra ser anunciado, e os antigos sofrem uma perda de capital sobre suas ações. A perda de capital arcada pelos antigos acionistas compensa com exatidão o dividendo extra que eles recebem.

Retornemos ao primeiro balanço contábil da Rational Demiconductor, que mostra a empresa começando com $1 milhão em caixa excedente, $1 por ação. Suponhamos que ela decida pagar um di-

---

[15] Você pode conferir que o preço do próximo ano de $10,50 isento de dividendos é o único preço ao qual a recompra funciona. Os acionistas não venderão suas ações por menos que $10,50, pois assim $500 mil comprariam mais do que 47.619 ações, deixando menos de 952.381 ações em circulação e um preço acima de $10,50 quando a recompra for completada. E a empresa não ofereceria mais que $10,50 porque isso recompraria menos que 47.619 ações e entregaria um "presente grátis" para os acionistas vendedores.

videndo anual de $2 por ação. Para fazê-lo, precisará emitir novas ações (mais cedo ou mais tarde) para substituir o $1 milhão extra em caixa que acabou de sair de seu bolso. Como o preço da ação isento de dividendos é $9, a empresa terá de emitir 111.111 ações para arrecadar $1 milhão. A emissão leva a capitalização da Rational no mercado acionário de volta para 111.111 × $9 = $10 milhões. Portanto, os acionistas da Rational recebem um dividendo de $2 *versus* $1 por ação, mas o dinheiro extra em seus bolsos é exatamente compensado por um preço menor das ações. Eles detêm uma fração menor da empresa, já que a Rational precisou financiar o dividendo extra pela emissão de 111.111 ações.[16]

A Figura 16.4 indica o modo como ocorre essa transferência de valor. Suponha que a Empresa Z distribui um terço do seu valor total em dividendos e obtém esses fundos pela venda de novas ações. A desvalorização sofrida pelos antigos acionistas é representada pela redução da dimensão dos retângulos azuis. Entretanto, essa perda de capital é compensada exatamente pelo fato de os novos recursos obtidos (retângulos claros) lhes serem pagos como dividendos. A empresa que vende ações para pagar dividendos mais altos está simplesmente reciclando dinheiro. Sugerir que isso beneficia os acionistas é como aconselhar o cozinheiro a resfriar a cozinha deixando aberta a porta da geladeira.

O fato de receberem um maior dividendo mais uma perda de capital fará alguma diferença aos antigos acionistas? A resposta poderia ser afirmativa, se essa fosse a única maneira de "pôr a mão no dinheiro". No entanto, na medida em que há mercados de capitais eficientes, podem obter esses recursos financeiros por meio da venda de ações. Dessa maneira, os antigos acionistas podem "obter liquidez", quer persuadindo os gestores a pagar dividendos mais elevados, quer vendendo algumas das suas ações. Em qualquer um dos casos, haverá uma transferência de valor dos antigos para os novos acionistas. A única diferença reside no fato de, no primeiro caso, essa transferência ser causada por uma diluição no valor de cada uma das ações da empresa, e, no último caso, ser causada por uma redução do número de ações detidas pelos antigos acionistas. As duas alternativas são comparadas na Figura 16.5.

Uma vez que os investidores não precisam de dividendos para "colocar as mãos no dinheiro", não pagarão preços mais altos por ações de empresas que distribuam maior porcentagem de lucros em dividendos. Assim, as empresas não devem se preocupar com o fato de pagarem dividendos baixos ou mesmo dividendo algum.

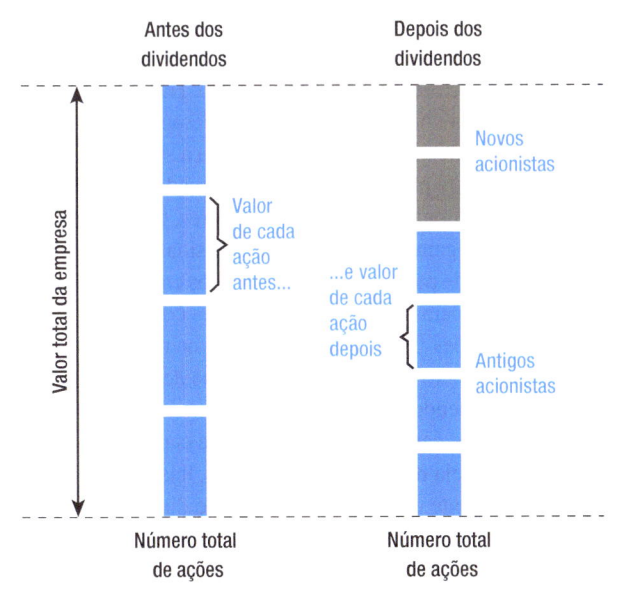

▶ **FIGURA 16.4** A Empresa Z paga um terço do seu valor em dividendos e capta os fundos por meio da venda de novas ações. A transferência de valor para os novos acionistas é igual ao pagamento dos dividendos. O valor total da organização não é afetado.

---

[16] Vimos anteriormente que a política de recompra da Rational fez com que o dividendo *aumentasse* em 5% ao ano ($g = 0,05$). Agora o efeito de vendas regulares de ações é de *diminuição* do dividendo em 10% ao ano ($g = 0,10$). O preço das ações, portanto, é igual a $2,0/(0,10 + 0,10) = 10. O valor permanece inalterado.

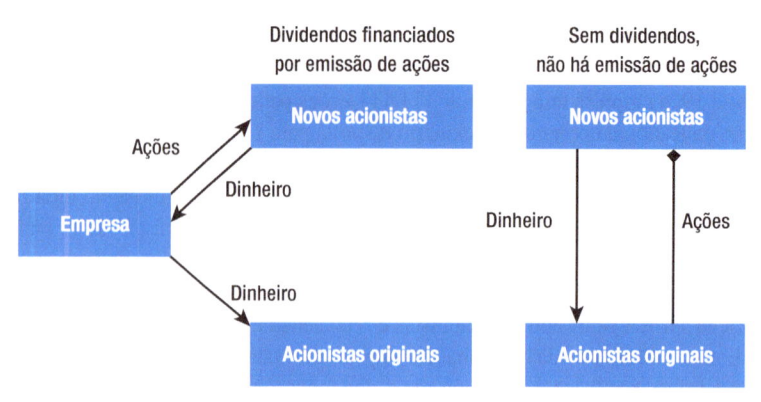

▶ **FIGURA 16.5** Duas maneiras de obter recursos para os antigos acionistas iniciais da empresa. Em cada um dos casos, o dinheiro recebido é compensado por um declínio do valor dos direitos sobre a empresa dos acionistas originais. Se a empresa pagar dividendos, cada ação valerá menos, pois terão de ser emitidas mais ações contra os ativos da organização. Se os acionistas originais venderem algumas das respectivas ações, cada ação manterá o valor, mas os antigos acionistas terão menos ações.

Essa conclusão obviamente ignora impostos, custos de emissão e uma variedade de outras complicações. Estas serão abordadas dentro em breve. A suposição verdadeiramente crucial em nossa prova é que as novas ações sejam vendidas a um preço justo. As ações que uma empresa vende por $1 milhão devem valer $1 milhão. Em outras palavras, pressupomos a existência de mercados eficientes.

16.4 Os direitistas

MM afirmaram que a política de dividendos é irrelevante, pois não afeta o valor para os acionistas. Eles não disseram com isso que o pagamento de dividendos devia ser aleatório ou errático; por exemplo, ele poderá mudar com o ciclo de vida da organização. Uma empresa jovem de crescimento distribui pouco ou nenhum dividendo para maximizar o fluxo de caixa disponível para investimentos. À medida que a empresa se torna madura, é mais difícil aparecer oportunidades de investimento com VPL positivo, e a taxa de crescimento sofre uma redução. Há caixa disponível para o pagamento de dividendos aos acionistas. Com o seu envelhecimento, desaparecem as oportunidades rentáveis de crescimento e, com isso, o pagamento de dividendos passa a ser ainda mais generoso.

Obviamente, MM partiram do princípio de que os mercados de capitais eram absolutamente perfeitos e eficientes. No mundo imaginado por esses autores, todas as pessoas são otimizadoras racionais. Essa ala da direita do pagamento de dividendos assinala as imperfeições da vida real que poderiam promover índices altos de pagamento de dividendos em detrimento dos índices mais baixos. Existe uma clientela natural para, por exemplo, as ações com elevados índices de pagamento de dividendos. Algumas instituições financeiras estão legalmente proibidas de possuir ações sem um passado conhecido de pagamento de dividendos. Fundos de investimento e de doação podem preferir ações com elevados dividendos, porque estes são considerados "rendimentos" que se podem gastar, enquanto os ganhos de capital são "aumentos de capital", que não podem ser gastos.

Existe, também, uma clientela natural de investidores, tais como os idosos, que consideram as suas carteiras de ações uma fonte de obtenção regular de dinheiro para viver.[17] Em princípio, esse dinheiro poderia ser facilmente obtido de ações que não pagam nenhum dividendo; o investidor teria apenas de vender, de vez em quando, uma pequena fração de suas ações. Todavia, é mais simples e mais barato para a empresa enviar, trimestralmente, um cheque do que para os seus acionistas vender, por exemplo, uma ação de três em três meses. Os dividendos regulares livram muitos dos seus acionistas dos custos de transação e de consideráveis chateações.

---
[17] Veja, por exemplo, J. R. Graham and A. Kumar, "Do Dividend Clienteles Exist? Evidence on Dividend Preferences of Retail Investors", *Journal of Finance* 61 (June 2006), pp. 1.305-1.336; e M. Baker, S. Nagel and J. Wurgler, "The Effect of Dividends on Consumption", *Brookings Papers on Economic Activities* (2007), pp. 277-291.

Alguns observadores recorreram à psicologia comportamental para explicar por que podemos preferir esses dividendos regulares a vender pequenas quantidades de ações.[18] Afinal de contas, todos estamos sujeitos a sucumbir às tentações. Algumas pessoas podem procurar por comidas que engordam, enquanto outras podem estar desesperadas por uma bebida. Podemos controlar esses desejos pela nossa força de vontade, mas pode ser uma luta dolorosa. Em vez disso, pode ser mais viável instituirmos algumas regras simples ("comer menos chocolate" ou "vinho só durante as refeições"). Da mesma maneira, podemos aceitar a autodisciplina de gastar apenas o montante dos dividendos e, assim, contornar a difícil decisão de até onde podemos mexer no capital.

Uma certa clientela de investidores claramente prefere ações que proporcionam pagamentos regulares e estáveis de dividendos. Esses investidores por vezes estão dispostos a pagar mais caro por ações de empresas que distribuem seus lucros mediante dividendos, e não pela recompra de ações. Mas será que precisam mesmo pagar mais caro? Empresas têm a liberdade de ajustarem o suprimento de dividendos de acordo com a demanda. Se pudessem aumentar o preço de suas ações simplesmente diminuindo recompras e aumentando dividendos, é de se presumir que já teriam feito isso antes. Os investidores que preferem pagamento de dividendos já contam com uma ampla oferta de ações que o fazem. Se o suprimento de tais ações é suficiente para satisfazer esses investidores, então empresas adicionais não têm incentivo algum para migrarem das recompras de ações para o pagamento de dividendos. Caso este seja de fato o resultado, o grupo intermediário é o vencedor, mesmo que os direitistas tenham identificado corretamente clientelas que preferem pagamentos de dividendos.

Dividendos, política de investimentos e incentivos à direção

Talvez o argumento mais persuasivo em favor da posição dos direitistas é que a distribuição de dividendos aos acionistas evita que os gestores esbanjem ou utilizem inapropriadamente os fundos.[19] Suponha que uma empresa tenha muitos fluxos de caixa disponíveis, mas poucas oportunidades de investimento lucrativas. Os acionistas podem não acreditar que os gestores apliquem os lucros retidos de maneira inteligente e receiam que o dinheiro vá ser reinvestido na construção de um império maior em vez de um império mais rentável. Nesse caso, os investidores podem exigir dividendos mais elevados ou a recompra de ações não pelo valor inerente a qualquer uma dessas medidas, mas por elas encorajarem uma política de investimentos mais cuidadosa e mais voltada para o valor.

Empresas "dos ovos de ouro" podem relutar em abrir mão do seu caixa. Mas seus gestores sabem que o preço das ações provavelmente cairá se os investidores sentirem que o dinheiro será torrado de outras formas. Essa ameaça de queda no preço das ações, especialmente para altos gestores que detêm valiosas opções acionárias, representa um excelente incentivo para a distribuição do caixa excedente.

A disposição de empresas maduras fazerem generosos pagamentos de dividendos evidencia que a governança corporativa efetivamente funciona nos Estados Unidos e em outros países desenvolvidos. Mas a governança é menos efetiva em muitos países emergentes, e os interesses dos gestores e dos acionistas nem sempre estão intimamente alinhados. Os índices de pagamento de dividendos são menores nos locais em que há uma fraca governança.

16.5 Impostos e a esquerda radical

A posição dos esquerdistas acerca dos dividendos é simples: sempre que os eles forem tributados de maneira mais pesada do que os ganhos de capital, as empresas deverão pagar dividendos mais baixos possíveis. Os fundos disponíveis deveriam ser aplicados na recompra de ações.

---

[18] Veja H. Shefrin and M. Statman, "Explaining Investor Preference for Cash Dividends", *Journal of Financial Economics* 13 (June 1984), pp. 253-282.

[19] Veja F. Easterbrook, "Two Agency Cost Explanations of Dividends", *American Economic Review* 74 (1984), pp. 650-659; e, especialmente, M. Jensen, "Agency Costs of Free Cash Flow, Corporate Finance, and Takeovers", *American Economic Review* 76 (May 1986), pp. 323-329.

Modificando as suas políticas de distribuição de lucros dessa maneira, as empresas podem convertê-los em ganhos de capital. Se essa alquimia financeira resultar em impostos baixos, um investidor sujeito a impostos deveria recebê-la de bom grado. Esse é o ponto básico defendido pelos esquerdistas quando advogam por recompras de ações em vez de pagamento de dividendos.

Não resta dúvida de que impostos sobre dividendos fazem certa diferença. Porém, os esquerdistas rapidamente deparam com dois problemas. Primeiro, caso estejam certos, por que alguma empresa jamais deveria pagar dividendos? Se houver distribuição de lucros, as recompras de ações sempre seriam o melhor canal, contanto que a empresa tenha acionistas passíveis de tributação.[20] Segundo, a diferença na alíquota de imposto agora desapareceu, pois ambos são taxados em 23,8%.[21] No entanto, ganhos de capital ainda oferecem alguma vantagem fiscal, mesmo a essas alíquotas baixas. Impostos sobre dividendos precisam ser pagos de imediato, enquanto impostos sobre ganhos de capital podem ser diferidos até que as ações sejam vendidas e os ganhos auferidos. Quanto mais tempo os investidores esperarem para vender, menor será o VP de seu passivo fiscal.[22]

A distinção entre dividendos e ganhos de capital não é importante para muitas instituições financeiras que operam isentas de todos os impostos. Fundos de pensão, por exemplo, não são tributados. Como esses fundos detêm $5,3 bilhões em ações ordinárias, seu peso no mercado acionário norte-americano é enorme. Apenas corporações têm um motivo fiscal para *preferirem* pagamentos de dividendos. Elas pagam imposto de renda corporativo sobre apenas 30% dos dividendos recebidos. Portanto, a alíquota fiscal efetiva é de 30% de 35% (a alíquota marginal corporativa), ou 10,5%. Mas as corporações precisam pagar 35% de impostos sobre a quantia total dos ganhos de capital auferidos.

Apesar disso, os partidários de uma baixa distribuição de lucros continuam a defender a afirmação de que o mercado recompensa as empresas que seguem essas políticas. Eles afirmam que as empresas que pagam dividendos e que, consequentemente, têm de emitir ações de vez em quando estão incorrendo em um sério erro. Essas empresas estão, essencialmente, financiando os seus dividendos por meio da emissão de ações; elas deveriam ter reduzido os dividendos pelo menos até o ponto das emissões de ações serem desnecessárias, o que não só economizaria impostos para os seus acionistas, como também evitaria os custos da emissão das ações.[23]

As evidências empíricas sobre dividendos e impostos

É difícil negar que os impostos sejam importantes para os investidores. Isso pode ser verificado no mercado de obrigações. Os juros das obrigações municipais não são tributados e, por isso, essas obrigações geralmente são vendidas a baixos retornos antes dos impostos. Os juros das obrigações federais são tributados; por essa razão, são vendidas a retornos mais altos antes dos impostos. Não parece provável que os investidores em obrigações passem a se esquecer dos impostos quando entram no mercado acionário.

Há evidências de que, no passado, os impostos afetaram as escolhas de ações pelos investidores norte-americanos.[24] Investidores institucionais levemente taxados tiveram uma tendência de deter ações de alto rendimento, e os investidores de varejo preferiram ações de baixo rendimento. Além disso, essa preferência por ações de baixo rendimento têm sido de certa forma mais marcada por indivíduos de alta renda. No entanto, parece que os impostos têm sido apenas uma considera-

---

[20] Uma empresa que elimine dividendos e realize recompras regulares de ações pode vir a descobrir que a Receita Federal interpreta as recompras como dividendos *de facto* e as tribute de acordo. Na prática, porém, esse risco fiscal é uma ameaça apenas para empresas privadas. Ainda assim, corporações de capital aberto não costumam anunciar que estão recomprando ações para aliviar os investidores de impostos sobre dividendos. Elas podem dizer: "Nossas ações são um bom investimento" ou "Queremos ter ações disponíveis para financiar possíveis aquisições futuras". O que você acha dessas formas de encarar a questão?

[21] Essas alíquotas são compostas de uma alíquota básica de 20% mais uma sobretaxa sobre rendimentos líquidos de investimentos de 3,8% para investidores nas faixas tributárias mais altas.

[22] Quando títulos são vendidos, o imposto sobre ganhos de capital é pago sobre a diferença entre o preço de venda e o preço de compra, ou a *base*. Ações compradas em 2009 por $20 (a base) e vendidas em 2014 por $30 gerariam um ganho de capital de $10 por ação e um imposto de $2,38 a uma alíquota de 23,8%.

[23] Esses custos podem ser substanciais. Reveja o Capítulo 15, especialmente a Figura 15.5.

[24] Veja, por exemplo, Y. Grinstein and R. Michaely, "Institutional Holdings and Payout Policy," *Journal of Finance* 60 (June 2005), pp. 1.389-1.426; e J. R. Graham and A. Kumar, "Do Dividend Clienteles Exist? Evidence on Dividend Preferences of Retail Investors," *Journal of Finance* 61 (June 2006), pp. 1.305-1.336.

ção secundária para esses investidores, e não impediram indivíduos com uma faixa alta de renda de possuir quantidades substanciais de ações que paguem dividendos.

Se os investidores acreditam que os impostos são importantes, poderíamos esperar que, quando a multa fiscal sobre os dividendos fosse alta, as empresas pensariam duas vezes antes de aumentar os seus pagamentos. Apenas cerca de um quinto dos gestores financeiros norte-americanos cita a taxação aos investidores como um fator importante quando está para tomar decisões sobre a política de dividendos. Por outro lado, as organizações têm, por vezes, reagido a alterações importantes sobre o modo como os investidores são taxados. Por exemplo, quando a Austrália definiu uma alteração fiscal, em 1987, que efetivamente eliminava a multa fiscal sobre os dividendos para os investidores domésticos, as empresas tornaram-se mais dispostas a aumentar os pagamentos desses fundos.[25]

Se as considerações fiscais são importantes, esperaríamos encontrar uma tendência histórica para as ações com dividendos elevados serem negociadas a preços mais baixos, e, portanto, oferecerem retornos mais altos. Infelizmente, existem dificuldades na quantificação desse efeito. Suponha, por exemplo, que a ação A esteja cotada a $100 e que se espere proporcionar um dividendo de $5. O retorno *esperado* é, portanto, de 5/100 = 0,05, ou 5%. A empresa anuncia agora lucros muito elevados e um dividendo de $10. Beneficiando-se de informação interna, portanto, a taxa de remuneração *efetiva* por dividendos de A é de 10/100 = 0,10, ou 10%. Se o aumento inesperado dos lucros causar uma subida do preço das ações de A, diremos que um alto retorno efetivo por dividendos é acompanhado de uma remuneração real elevada. Mas isso nada nos diria sobre se um alto retorno *esperado* por dividendos seria (ou não) acompanhado por um alto retorno esperado. Para medir o efeito da política de dividendos, temos de estimar os dividendos que os investidores esperavam.

Um segundo problema é o de que ninguém está inteiramente certo quanto ao significado de uma elevada taxa de remuneração por dividendos. Por exemplo, as ações das empresas de serviços públicos têm, de modo geral, oferecido elevados retornos por dividendos. Mas será que apresentam um elevado retorno durante todo o ano ou apenas nos meses ou nos dias em que os dividendos são pagos? Provavelmente produziram retornos nulos por dividendos na maior parte do ano, e foram aquisições perfeitas para os indivíduos sujeitos a elevados impostos.[26] Claro que os investidores sujeitos a elevados impostos não estarão interessados em possuir uma ação nos dias em que os dividendos são pagos, mas poderão vender as suas ações temporariamente a uma corretora de títulos. Para estas, as tributações sobre os dividendos e sobre os ganhos de capital são iguais; portanto, não deverão exigir remuneração extra para possuírem as ações durante o período de pagamento dos dividendos. Se os acionistas pudessem permutar as ações entre si livremente no período do pagamento dos dividendos, não assistiríamos a quaisquer efeitos fiscais.

Muitos pesquisadores tentaram resolver esse problema e avaliar se os investidores exigem um retorno maior de ações com altos retornos por dividendos. As suas conclusões são, em certa medida, contrárias à ideia de que os dividendos são uma coisa má, pois a maioria dos pesquisadores sugeriu que as ações com altos retornos por dividendos proporcionaram remunerações mais elevadas. No entanto, a maior parte desses estudos remonta à uma época em que havia uma diferença drástica na tributação de dividendos e de ganhos de capital. Além disso, as alíquotas de imposto estimadas diferem substancialmente entre os diversos estudos. Por exemplo, Litzenberger e Ramaswamy concluíram que os investidores estabeleceram o preço das ações como se a remuneração por meio dos dividendos atraísse uma alíquota de imposto adicional entre 14% e 23%; Miller e Scholes utilizaram uma metodologia diferente e concluíram que a diferença percentual na alíquota de imposto era de apenas 4%.[27]

---

[25] K. Pattenden and G. Twite, "Taxes and Dividend Policy under Alternative Tax Regimes," *Journal of Corporate Finance* 14 (2008), pp. 1-16.

[26] Suponha que haja 250 dias com transações por ano. Pense em uma ação que pague dividendos trimestrais. Podemos afirmar que a ação oferece uma elevada taxa de remuneração por dividendos em 4 dias, mas uma taxa de remuneração nula por dividendos nos 246 dias restantes.

[27] Veja R. H. Litzenberger and K. Ramaswamy, "The Effects of Dividends on Common Stock Prices: Tax Effects or Information Effects," *Journal of Finance* 37 (May 1982), pp. 429-443; e M. H. Miller and M. Scholes, "Dividends and Taxes: Some Empirical Evidence," Journal of Political Economy 90 (1982), pp. 1.118-1.141. Merton Miller faz uma ampla revisão da literatura empírica em "Behavioral Rationality in Finance: The Case of Dividends," *Journal of Business* 59 (October 1986), pp. S451-S468.

Sistemas fiscais alternativos

Nos Estados Unidos, a remuneração dos acionistas é duplamente tributada. É tributada no nível da empresa (imposto sobre os seus rendimentos) e no nível do acionista (imposto sobre as suas rendas ou sobre os ganhos de capital). Esses dois níveis de impostos são ilustrados no Quadro 16.1, que apresenta a remuneração do acionista após impostos, caso a empresa distribua todo o seu rendimento como dividendos. Partimos do princípio de que a empresa tem um lucro por ação de $100 antes do imposto e, por conseguinte, paga um imposto sobre os seus rendimentos de $0,35 \times 100 = \$35$. Isso deixa um saldo de $65 por ação a ser pago como dividendo, e que é depois sujeito a uma segunda fatia de impostos. Por exemplo, um acionista que seja tributado à taxa de 23,8% paga um imposto sobre esse dividendo no valor de $0,238 \times 65 = \$15,47$. Somente um fundo de pensão isento de impostos ou uma instituição de beneficência reteriam a totalidade de $65.

Claro que há dividendos pagos regularmente por empresas que desenvolvem as suas atividades em regimes fiscais muito diferentes. Em alguns países, como a Austrália e a Nova Zelândia, a remuneração dos acionistas não é duplamente tributada. Por exemplo, na Austrália os acionistas pagam impostos sobre os dividendos, mas podem deduzir desse imposto a sua participação no imposto sobre o rendimento da empresa que esta já pagou. Esse sistema é denominado *sistema tributário por imputação*. O Quadro 16.2 ilustra o funcionamento do sistema por imputação. Suponha que uma empresa australiana obtenha lucros antes dos impostos no valor de A$100 por ação. Depois do imposto sobre o rendimento da empresa de 30%, o lucro é de A$70 por ação. A empresa declara agora um dividendo líquido de A$70 e envia a cada acionista um cheque com esse valor. Esse dividendo é acompanhado por um crédito fiscal confirmando que a empresa já efetuou o pagamento de um imposto de A$30 em nome do acionista. Assim, os acionistas são tratados como se tivessem recebido um dividendo total ou bruto de 70 + 30 = A$100 e pago um imposto de A$30. Se a taxa de imposto dos acionistas for igual a 30%, não há mais nenhum imposto a pagar, e o acionista obtém um dividendo líquido de A$70. Caso o acionista pague impostos à taxa individual máxima de 47%, então terá de pagar um imposto extra de A$17; se a sua taxa for de 15% (a taxa com que os fundos de pensão australianos são tributados), então o acionista receberá um *reembolso* de 30 – 15 = A$15.[28]

Em um sistema tributário por imputação, os milionários têm de desembolsar o imposto pessoal sobre os dividendos. Se esse imposto for maior do que o que pagariam sobre os ganhos de capital, então os milionários preferirão que a empresa não distribua lucros. Se for ao contrário, eles preferirão os dividendos.[29] Os investidores com baixas alíquotas de impostos não têm dúvidas sobre essa matéria. Se a empresa paga um dividendo, esses investidores recebem um cheque da Receita Federal pelo excesso de imposto que a organização já pagou e, por conseguinte, preferem taxas elevadas de distribuição de lucros em dividendos.

QUADRO 16.1 Nos Estados Unidos, a remuneração dos acionistas é duplamente tributada. Este exemplo parte do princípio de que os lucros, depois de pagos todos os impostos sobre as empresas, são distribuídos na totalidade sob a forma de dividendos a um investidor que está na faixa mais elevada de imposto sobre os rendimentos (valores em dólares por ação)

Lucros operacionais	$100	
Imposto sobre o rendimento da empresa (35%)	35	⟵ Imposto sobre o rendimento da empresa
Lucros após impostos (pagos como dividendos)	$65	
Imposto sobre o rendimento pago pelo investidor (23,8%)	15,47	⟵ Segundo imposto pago pelo investidor
Lucro líquido para o acionista	$49,53	

---

[28] Na Austrália, os acionistas recebem um crédito pelo montante total de impostos que for pago em seus nomes. Em outros países, o crédito fiscal é menor do que a taxa fiscal das empresas. Você pode imaginar que o regime tributário nesses países situa-se entre os sistemas australiano e norte-americano.

[29] No caso da Austrália, o imposto sobre os ganhos de capital é idêntico ao imposto sobre os dividendos. Todavia, para os títulos mantidos por mais de 12 meses, somente a metade dos ganhos é tributada.

QUADRO 16.2 Nos regimes tributários por imputação, tal como o da Austrália, os acionistas recebem um crédito fiscal pelo imposto corporativo que a empresa já pagou (valores em dólares australianos por ação).

	Alíquota de imposto sobre o rendimento		
	15%	30%	47%
Lucros operacionais	100	100	100
Imposto sobre o rendimento da empresa ($T_c = 0{,}30$)	30	30	30
Lucros após os impostos	70	70	70
Dividendo total equivalente	100	100	100
Imposto sobre o rendimento pessoal	15	30	47
Crédito fiscal pelo pagamento da empresa	–30	–30	–30
Imposto devido pelo acionista	–15	0	17
Resultado para o acionista	85	70	53

Observe novamente o Quadro 16.2 e pense no que aconteceria se a taxa de tributação da empresa fosse nula. O acionista com uma taxa de imposto de 15% acabaria ainda ficando com A$85, e o acionista com uma taxa de 47% continuaria a receber A$53. Desse modo, sob um sistema tributário por imputação, quando uma empresa distribui todos os seus lucros, só há tributação em um único nível – o imposto sobre o acionista. A Receita Federal cobra esse imposto por meio da empresa, e depois envia ao acionista uma notificação por qualquer imposto extra ou efetua uma devolução por qualquer pagamento a mais.[30]

Impostos e distribuição de lucros – um resumo

Impostos são importantes, mas não podem monopolizar as atenções ao se analisar a distribuição de lucros. Muitas empresas pagavam dividendos generosos nas décadas de 1970 e 1980, quando as alíquotas sobre os dividendos eram muito mais altas do que hoje. A migração dos dividendos para as recompras de ações se acelerou na década de 2000, quando tanto os impostos sobre os dividendos quanto sobre os ganhos de capital ficaram bem abaixo dos níveis históricos. A distribuição também se deslocou para a recompra de ações em países como a Austrália, que contam com regimes tributários por imputação que removem a tributação dupla sobre dividendos.

Ainda assim, parece seguro afirmar que as vantagens fiscais das recompras são um dos motivos pelos quais elas cresceram tanto nos Estados Unidos e em outras economias desenvolvidas.

Mas os mercados financeiros claramente têm espaço para uma diversidade de políticas de distribuição de lucros. Empresas pequenas em franco crescimento reinvestem todos os seus lucros e não distribuem coisa alguma. Há também aquelas que fazem uma distribuição exclusivamente via recompras, algumas de forma esporádica, outras de forma regular. Algumas pagam dividendos e também fazem recompras. Pouquíssimas empresas distribuem lucros exclusivamente por pagamento de dividendos. Certos indícios históricos sugerem que os investidores exigem taxas de retorno esperado mais elevadas de empresas de altos dividendos, mas os indícios não são sólidos ou suficientemente atualizados para demover uma empresa que deseje iniciar um programa de dividendos.

16.6 Política de distirbuição de lucros e o ciclo de vida da empresa

MM afirmaram que a política de dividendos não afeta o valor aos acionistas. Estes são influenciados pela política de investimento da empresa, incluindo suas futuras oportunidades de crescimento. A política de financiamento, que inclui a escolha entre o uso de capitais próprios ou o endividamento, também pode afetar o valor da empresa, conforme veremos no Capítulo 18.

---

[30] Isso apenas é válido para lucros que são distribuídos como dividendos. Os lucros retidos são sujeitos a um imposto empresarial. Os acionistas recebem o benefício dos lucros retidos na forma de ganhos de capital.

Na análise dos dois autores, o pagamento de dividendos é um subproduto residual de outras políticas financeiras. Uma organização deve tomar decisões de investimento e de financiamento, e, depois, pagar qualquer quantia em dinheiro que esteja sobrando. Por conseguinte, decisões sobre quanto deve ser distribuído aos acionistas devem mudar durante o ciclo de vida da empresa.

Os dois autores elaboraram a hipótese de um mundo perfeito e racional, mas muitas das discussões neste capítulo efetivamente reforçam o ciclo de vida do pagamento de dividendos. Vamos rever a história do ciclo de vida.[31]

As empresas de crescimento jovens têm uma porção de oportunidades de investimentos rentáveis. Durante esse período, é eficiente reter e reinvestir todos os fluxos de caixa operacionais. Por que remunerar os investidores se é preciso substituir o dinheiro pela emissão de novas ações ou pela tomada de novos empréstimos? A retenção dos fundos evita os custos de emissão de títulos e minimiza os impostos sobre os acionistas. Os investidores não estão preocupados com um investimento excessivo esbanjador, pois as oportunidades de investimento são boas e as remunerações dos gestores estarão vinculadas aos preços das ações.

À medida que a empresa torna-se madura, os projetos com VPL positivo tornam-se mais raros em relação aos fluxos de caixa. Ela começa a acumular fundos. Agora, os investidores começam a se preocupar sobre o investimento exagerado ou com os benefícios adicionais excessivos, pressionando a direção para começar a distribuir seus lucros. Mais cedo ou mais tarde, os gestores dão o braço a torcer, senão os preços das ações ficariam estagnados. A distribuição de lucros pode ser feita como uma recompra de ações, mas iniciar um pagamento regular de dividendos transmite um sinal mais forte e mais tranquilizador de uma disciplina financeira. O compromisso com uma disciplina financeira pode superar os custos fiscais dos dividendos. (A ala dos centristas argumenta que os custos fiscais de se pagar dividendos talvez não sejam muito grandes, particularmente nos últimos anos, quando as taxas de impostos pessoais sobre dividendos e ganhos de capital têm sido baixas.) Os dividendos regulares podem ser atraentes para alguns tipos de investidores, como os aposentados, que dependem desses pagamentos para as suas despesas do dia a dia.

À medida que a organização vai amadurecendo, mais precisa se comprometer com a distribuição de lucros. Isso pode vir sob a forma de dividendos mais elevados ou de recompras mais extensivas de ações. Às vezes, esses pagamentos são o resultado de uma aquisição. Há uma compra de ações pelos próprios gestores, e os novos proprietários geram fundos pela venda de ativos e pela reestruturação das operações. Discutiremos as aquisições unilaterais no Capítulo 32.

O ciclo de vida da empresa nem sempre é previsível. Nem sempre fica óbvio quando a empresa está "madura" e pronta para começar a distribuir lucros aos acionistas. As três questões a seguir podem ajudar o gestor financeiro a decidir:

1. Será que a empresa está gerando fluxo de caixa positivo depois de fazer todos os investimentos com VPL positivo e será que o fluxo de caixa livre tende a se manter?
2. O índice de endividamento da empresa é prudente?
3. Será que a empresa conta com folga suficiente de caixa para adversidades inesperadas e com reservas estratégicas para oportunidades inesperadas?

Se a resposta a todas as perguntas for sim, então o fluxo de caixa livre é excedente, e está na hora de distribuir lucros.

Em março de 2012, a resposta da Apple a todas as três questões era "sim". Sim, continuava a acumular caixa a uma taxa de $30 bilhões ao ano. Sim, porque simplesmente não tinha dívidas a serem computadas. Sim, porque nenhum investimento ou aquisição concebível poderia secar seu fluxo de caixa livre.

Alguns críticos argumentaram que a Apple devia distribuir lucros porque estava ganhando juros abaixo de 1% ao ano. Esse era uma argumento espúrio, já que os acionistas não tinham oportunidades melhores. As taxas de juros seguras estavam extremamente baixas, e nem a Apple nem os investidores podiam fazer nada a respeito.

Cabe ressaltar outras duas questões. Em primeiro lugar, a Apple não se ateve a pagar dividendos. A empresa anunciou uma combinação de dividendos e recompras. Essa estratégia de

---

[31] Aqui estamos seguindo uma teoria do ciclo da vida elaborada por H. DeAngelo, L. DeAngelo, and D. Skinner, "Corporate Payout Policy," *Foundations and Trends in Finance* 3 (2008), pp. 95-287.

PRÁTICA FINANCEIRA

A Apple se compromete com dividendos e recompras

A Figura 16.6 mostra como as posses de caixa e de títulos comercializáveis da Apple cresceram ao longo da última década. No início de 2012, a Apple Inc. havia acumulado cerca de $100 bilhões em caixa e títulos de longo prazo. Steve Jobs, o arquiteto do crescimento explosivo da Apple, dera preferência a manter uma reserva estratégica de caixa para investimentos ou possíveis aquisições. O conservadorismo fiscal de Jobs pode parecer excêntrico sabendo-se que a receita prevista para a Apple em 2012 era superior a $40 bilhões. Mas Jobs se lembrava bem dos momentos difíceis enfrentados pela empresa; ela estava próxima da falência quando Jobs assumiu em 1997. A Apple chegou a pagar dividendos no início dos anos 90, mas foi forçada a parar em 1995 quando suas reservas em caixa minguaram.

Depois da morte de Jobs, em outubro de 2011, a pressão dos investidores por distribuição de lucros aumentou constantemente. "Eles possuem uma quantidade ridícula de dinheiro", afirmou Douglas Skinner, um professor de contabilidade da Chicago Booth School of Business. "Não existe qualquer aquisição viável para a Apple realizar que fosse precisar de tanto dinheiro assim".

Em 19 de março de 2012, a Apple anunciou que pagaria dividendos trimestrais de $2,65 por ação e gastaria $10 bilhões em recompra de ações. Ela previa uma distribuição de lucros no valor de $45 bilhões nos três anos seguintes. O preço das ações da Apple saltaram $15,53, alcançando $601 no fechamento das transações no dia do anúncio. O retorno em dividendos da Apple passou de zero para $(2{,}65 \times 4)/601 = 1{,}8\%$.

Será que a distribuição de lucros da Apple foi suficientemente generosa? A opinião dos analistas variou. "Um programa de distribuição de lucros bem insosso"(A. M. Sacconaghi, Berstein Research). "Não é tão miserável, mas por outro lado não é volumoso a ponto de sinalizar que as perspectivas de crescimento não são as que eles achavam" (David A. Rolfe, Wedgewood Partners). Bill Choi (da Janney Montgomery Scott) afirmou que os fundos mútuos voltados para rendimentos ficariam agora mais à vontade detendo ações da Apple.*

Fonte: N. Wingfield, "Flush with Cash, Apple Declares a Dividend and Buyback," The New York Times, March 20, 2012, pp. B1, B9.

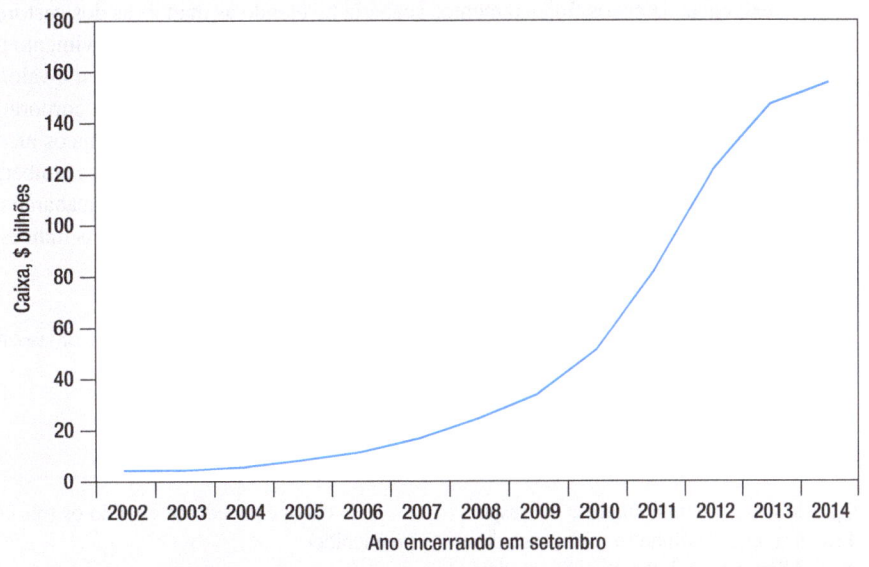

▶ **FIGURA 16.6** O crescimento das posses de caixa e títulos comercializáveis da Apple, 2002-2014.

que possuía excedente de caixa. Você ouvirá críticos alegarem que as empresas devem recomprar ações em momentos de dificuldades, quando os lucros decepcionam, e absterem-se de fazê-lo nos bons momentos, quando os lucros estão altos. É verdade que as recompras são às vezes provocadas por uma percepção dos gestores de que as ações da empresa estão sendo subapreciadas pelos investidores. Mas as recompras são acima de tudo um dispositivo de distribuição de excedente de caixa aos investidores. Não é de surpreender que as recompras aumentem quando os lucros estão altos e mais caixa excedente está disponível.

Distribuição de lucros e governança corporativa

A maior parte deste capítulo se debruçou sobre a política de distribuição de lucros por empresas de capital aberto em economias desenvolvidas com boa governança corporativa. A distribuição de lucros cumpre um papel ainda mais importante em países onde as corporações são mais opacas e a governança, menos efetiva.

Em alguns países você não pode confiar nas informações financeiras fornecidas pelas empresas. Um desejo pelo sigilo e uma tendência a construir organizações corporativas com muitas divisões produzem dados de receitas duvidosos e muitas vezes sem sentido. Graças à contabilidade criativa, a situação não é muito melhor para algumas empresas nos EUA, embora os padrões contábeis tenham se enrijecido desde a aprovação da lei Sarbanes-Oxley em 2002.

De que modo um investidor distingue os vencedores dos perdedores quando a governança é fraca e as corporações são opacas? Uma pista é a distribuição de lucros. Os investidores não podem ler a mente dos gestores, mas podem descobrir certas coisas a partir de suas ações. Eles sabem que uma empresa que divulga bons lucros e distribui uma boa fração deles está levando seus investidores a sério. Podemos entender, portanto, por que os investidores se mostrariam céticos quanto a lucros divulgados a não ser que fossem acompanhados por uma política consistente de distribuição.

Obviamente, as empresas podem trapacear a curto prazo exagerando seus lucros e se desdobrando para remunerar seus investidores. Mas é difícil trapacear a longo prazo, pois uma empresa que não está ganhando dinheiro não terá caixa para ser distribuído. Se uma empresa paga altos dividendos ou se compromete com recompras substanciais sem gerar fluxo de caixa suficiente, cedo ou tarde terá de contrair dívidas adicionais ou buscar mais financiamento no mercado acionário. A exigência de novos financiamentos acabaria revelando as manobras dos gestores aos investidores.

As implicações da distribuição de lucros em países em desenvolvimento podem sugerir duas coisas diferentes. Por um lado, gestores que se comprometem em elevar o valor aos acionistas têm uma motivação mais forte para distribuir lucros quando a governança corporativa é fraca e os demonstrativos financeiros corporativos são opacos. Tal distribuição torna os lucros divulgados pela empresa mais críveis. Por outro lado, uma governança corporativa fraca também pode enfraquecer o compromisso dos gestores para com os acionistas. Neste caso, eles acabarão distribuindo menos dinheiro, e recolhendo mais caixa em benefício próprio. Na prática, os índices de distribuição de dividendos são menores quando a governança é fraca.[32]

---

[32] Veja R. LaPorta, F. Lopez de Silanes, A. Shleifer, and R. W. Vishny, "Agency Problems and Dividend Policy around the World," *Journal of Finance* 55 (February 200), pp. 1-24.

RESUMO

A política de distribuição de lucros de uma empresa é a resposta a duas perguntas. Primeira: quanto dinheiro a empresa deve distribuir a seus acionistas? Segunda: o dinheiro deve ser distribuído via pagamento de dividendos ou pela recompra de ações?

A resposta a "quanto?" é frequentemente zero. Empresas mais jovens com oportunidades lucrativas de crescimento não distribuem lucros e raramente recompram ações. Elas financiam seus investimentos o máximo possível com fluxo de caixa gerado internamente. Porém, conforme amadurecem, as oportunidades de crescimento ficam cada vez mais raras e caixa excedente começa a se acumular. Os investidores fazem pressão por distribuição de lucros por temerem que os gestores invistam onde não devem caso haja caixa ocioso à disposição.

O caixa é excedente quando os três critérios a seguir são preenchidos:

1. O fluxo de caixa livre é confiavelmente positivo. Lembre-se que o fluxo de caixa livre é o fluxo de caixa operacional restante após a empresa ter feito todos os investimentos com VPL positivo.

2. O nível de endividamento da empresa é prudente e administrável. Caso contrário, o fluxo de caixa livre é mais bem aproveitado no abatimento de dívidas.

3. A empresa conta com reservas estratégicas de caixa ou capacidade de endividamento para cobrir oportunidades ou dificuldades inesperadas.

Uma empresa com excedente de caixa provavelmente começará recomprando ações. As recompras são mais flexíveis do que os dividendos. Depois que uma empresa anuncia pagamentos regulares de dividendos, os investidores esperam sua continuidade, a não ser que a empresa encontre graves tribulações financeiras. Por isso, gestores financeiros só iniciam ou aumentam pagamentos de dividendos quando estão confiantes de que o programa possa ser mantido. Anúncios de instaurações ou de aumentos de dividendos geralmente causam elevação no preço das ações, pois sinalizam confiança por parte dos gestores. Este é o *conteúdo informativo dos dividendos*.

Pagamentos regulares de dividendos são efetuados por empresas maduras e lucrativas. Mas a maioria das empresas que paga dividendos também recompra ações. Se vivêssemos em um mundo idealmente simples e perfeito, a escolha entre pagamento de dividendos e recompra de ações não teria efeito algum sobre o valor de mercado. Quando, por exemplo, uma empresa altera seu modelo de distribuição de recompras para dividendos, o dinheiro extra recebido pelos acionistas é exatamente compensado pela queda no preço das ações.

A imperfeição de mercado mais óbvia e mais séria é o tratamento fiscal diferenciado de dividendos e de ganhos de capital. Nos Estados Unidos, as alíquotas de imposto sobre dividendos costumavam ser bem mais altas do que aquelas sobre ganhos de capital. Já em 2014, a alíquota tanto sobre dividendos quanto sobre ganhos de capital era de 23,8%, embora a alíquota efetiva sobre ganhos de capital fosse mais baixa, pois o pagamento do imposto pode ser protelado até que as ações sejam vendidas. Sendo assim, os impostos favorecem as recompras.

Por si só, os impostos não podem explicar a política de distribuição de lucros. As empresas, por exemplo, pagavam vastas somas em dividendos até mesmo nas décadas de 1960 e 1970 e início de 1980, quando a faixa de tributação mais alta sobre dividendos era de 70% ou mais.

Obviamente, alguns investidores – viúvas e órfãos, por exemplo – podem depender de pagamentos regulares de dividendos. Mas o suprimento de dividendos deve se ampliar para satisfazer essa clientela, e se o suprimento de dividendos já bastar para atender à demanda, então nenhuma empresa será capaz de elevar seu valor de mercado simplesmente pagando dividendos. (Um anúncio de dividendos pode ser boa notícia para os investidores, mas essa notícia viria mais cedo ou mais tarde através de outros canais.)

É difícil ser dogmático quanto à distribuição de lucros. Convém lembrar, porém, que se as decisões de investimento e estrutura de capital forem mantidas constantes, então as discussões acerca da política de dividendos se resumem em grande parte a dinheiro trocando de bolso. A menos que importantes consequências fiscais acompanhem tais trocas de bolso, é improvável que o valor de uma empresa seja muito afetado pela escolha entre dividendos ou recompras. A curto prazo, a escolha é tática. A longo prazo, porém, a estratégia de distribuição de lucros depende do ciclo de vida da empresa desde a fase jovem e em franco crescimento até a maturidade lucrativa.

Os investidores parecem interessados nessas políticas de distribuição por causa das informações que podem ser lidas a partir delas. Os investidores também pressionam empresas maduras a distribuírem lucros. O comprometimento com um pagamento regular de dividendos é um sinal especialmente efetivo da disciplina financeira.

LEITURAS ADICIONAIS

Para revisões abrangentes da literatura sobre a política de distribuição de lucros, veja:

F. Allen and R. Michaely, "Payout Policy," in G. Constantinides, M. Harris, and R. Stulz, (eds.), *Handbook of the Economics of Finance: Corporate Finance* (Amsterdam: North-Holland, 2003).

H. DeAngelo, L. DeAngelo, and D. Skinner, "Corporate Payout Policy," *Foundations and Trends in Finance* 3 (2008), pp. 95-287.

Para uma enquete sobre as atitudes dos gestores frente à decisão de distribuição de lucros, veja:

A. Kalay and M. Lemmon, "Payout Policy," in B. E. Eckbo (ed.), *Handbook of Empirical Corporate Finance* (Amsterdam: Elsevier/North-Holland, 2007), Chapter 10.

A. Brav, J. R. Graham, C. R. Harvey, and R. Michaely, "Payout Policy in the 21st Century," *Journal of Financial Economics* 77 (September 2005), pp. 483-527.

PROBLEMAS

BÁSICO

1. **Pagamento de dividendos** Em 2014, a Entergy distribuiu um dividendo regular trimestral de $0,83 por ação.

    a. Associe os seguintes conjuntos de datas:

(A1)	Sexta-feira, 25 de julho	(B1) Data do registro
(A2)	Segunda-feira, 11 de agosto	(B2) Data do pagamento
(A3)	Terça-feira, 12 de agosto	(B3) Primeiro dia sem dividendos
(A4)	Quinta-feira, 14 de agosto	(B4) Último dia com dividendos
(A5)	Terça-feira, 02 de setembro	(B5) Data do anúncio público

b. Em uma dessas datas, o preço das ações caiu aproximadamente $0,83. Em que data? Por quê?

c. O preço das ações da Entergy em agosto de 2014 era cerca de $71. Qual foi a remuneração por dividendos?

d. A previsão de lucros por ação da Entergy para 2014 era cerca de $5,90. Qual era o índice de dividendos?

e. Vamos supor que a Entergy tivesse pago um dividendo acionário de 10%. O que aconteceria com o preço das ações?

2. **Política de dividendos** Aqui estão vários "fatos" sobre as políticas de dividendos típicas das empresas. Quais são verdadeiros e quais são falsos?

   a. As empresas escolhem os respectivos dividendos anuais, analisando as necessidades de caixa para investimento e, em seguida, distribuindo o que dele restar.

   b. Os administradores e os investidores parecem mais preocupados com as variações dos dividendos do que com os seus níveis.

   c. Muitas vezes, os gestores aumentam temporariamente os dividendos, por um ano ou dois, quando os lucros são inesperadamente elevados.

   d. As empresas que efetuam recompras substanciais de ações as financiam, normalmente, compensando com uma redução dos dividendos em dinheiro.

3. **Pagamentos de dividendos** A Seashore Salt Co. tem excedente de caixa. O seu diretor financeiro decide pagar de volta $4 por ação aos investidores ao iniciar um programa regular de dividendos de $1 por trimestre, ou $4 ao ano. O preço das ações pula para $90 quando os dividendos são anunciados.

   a. Por que o preço das ações aumenta?

   b. O que acontece com o preço das ações quando elas deixam de pagar dividendos?

4. **Recompras** Examine novamente o Problema 3. Suponha agora que o diretor financeiro anuncie uma recompra de ações de $4 por ação em vez de um pagamento de dividendos.

   a. O que acontece com o preço das ações quando a recompra é anunciada? Você esperaria que o preço subisse para $90? Explique brevemente.

   b. Suponha que as ações sejam recompradas logo após o anúncio. A recompra resultaria em um aumento adicional no preço das ações?

5. **Dividendos e preço das ações** Retorne ao primeiro balanço contábil da Rational Demiconductor. Assuma agora que a Rational vença um processo judicial e receba $1 milhão em dinheiro. Sua capitalização de mercado aumenta nessa quantia. A empresa decide distribuir $2 por ação em vez de $1 por ação. Explique o que acontece com o preço das ações da Rational se (a) a distribuição se der na forma de dividendos ou (b) na forma de recompra de ações.

6. **Dividendos e preço das ações** Retorne outra vez ao primeiro balanço contábil da Rational Demiconductor. Assuma que a Rational não vence o processo judicial (Problema 5) e acabe com apenas $1 milhão em caixa excedente. Ainda assim, a empresa decide pagar um dividendo de $2 por ação. O que a Rational precisa fazer para financiar o dividendo de $2 se mantiver constantes seu endividamento e sua política de investimento? O que acontece com o preço por ação?

7. **Dividendos e acionistas** O Sr. Milquetoast admira Warren Buffet e acredita que a Berkshire Hathaway é um bom investimento. Ele deseja investir $100 mil, mas hesita porque a Berkshire Hathaway jamais pagou dividendos. Ele precisa gerar $5 mil ao ano em dinheiro para despesas de subsistência. O que o Sr. Milquetoast deve fazer? (Observe que as ações Classe A da Berkshire Hathaway foram vendidas nos últimos anos a mais de $100 mil, mas as ações Classe B estão disponíveis por substancialmente menos.)

8. **Distribuição de lucros e valor de mercado** A Surf & Turf Hotels é um empreendimento maduro, embora não pague dividendos. A previsão de lucros para o ano que vem é de $56 milhões. Há 10 milhões de ações em circulação. A empresa tem tradicionalmente distribuído 50% dos lucros mediante recompras e reinvestido o restante. Com o reinvestimento, a empresa vem gerando um crescimento constante com média de 5% ao ano. Assuma que o custo do capital próprio é de 12%.

   a. Calcule o preço atual das ações da Surf & Turf, usando o modelo FCD de crescimento constante apresentado no Capítulo 4 (*Dica:* vá pelo caminho mais fácil e estime a capitalização de mercado geral.)

   b. Agora o diretor financeiro da Surf & Turf anuncia uma substituição das recompras por pagamentos regulares de dividendos. O dividendo do ano que vem será de $2,80 por ação. O diretor financeiro reassegura os investidores de que a empresa continuará distribuindo 50% dos lucros e reinvestindo os outros 50%, e no futuro toda distribuição continuará sendo na forma de dividendos. O que você esperaria que acontecesse com o preço das ações da Surf & Turf? Por quê?

9. **Dividendos e preço das ações** Alguns tipos de investidores preferem ações que pagam dividendos, já que estes proporcionam uma fonte de renda regular e conveniente. Será que a demanda desses investidores necessariamente eleva os preços das ações que pagam dividendos com relação a ações de empresas que não pagam dividendos mas que, em vez disso, recompram ações? Explique em poucas palavras.

10. **Dividendos e impostos** Quais dos seguintes investidores norte-americanos têm motivos fiscais para preferirem empresas que distribuem lucros mediante recompras, em vez de pagamento de dividendos? Para quais isso não faz diferença alguma?

    a. Um fundo de pensão.

    b. Um investidor individual na faixa mais alta de imposto de renda.

    c. Uma empresa.

d. Uma dotação de instituição de caridade ou universidade.

11. **Política de distribuição de lucros** A Halfshell Seafood está gerando bons lucros, mas o crescimento está desacelerando. Como o seu diretor financeiro deve decidir qual é o momento certo de iniciar um programa de distribuição de lucros aos acionistas? Quais perguntas o diretor financeiro deve fazer?

INTERMEDIÁRIO

12. **Dividendos e recompras** Visite o *site* da Apple ou uma fonte de informações financeiras, como Yahoo! Finance.

    a. Os dividendos da Apple aumentaram desde a taxa inicial trimestral de $2,65?

    b. Qual foi a data de anúncio do dividendo mais recente?

    c. Quando foi a última vez que as ações da Apple ficaram isentas de dividendos?

    d. O que aconteceu com o preço das ações no dia a partir do qual as ações ficaram isentas de dividendos? Quando o dividendo acabou sendo pago?

    e. Qual é a taxa de remuneração por dividendos da Apple?

    f. Procure estimativas de LPA da Apple para o ano que vem. Qual é o índice de pagamento de dividendos?

    g. Quanto a Apple planeja gastar em recompras no ano que vem? Qual é o índice geral de distribuição de lucros (dividendos mais recompras de ações)?

13. **Política de dividendos** Investidores e gestores financeiros se concentram mais em flutuações no valor dos dividendos do que no nível em si dos dividendos. Por quê?

14. **Conteúdo informativo dos dividendos** O que se quer dizer por "conteúdo informativo dos dividendos"? Explique.

15. **Conteúdo informativo dos dividendos** A boa notícia transmitida pelo anúncio de um aumento nos dividendos implica que uma empresa pode aumentar o preço das suas ações a longo prazo simplesmente pagando dividendos? Explique?

16. **Política de dividendos** MM insistiam que a política de dividendos devia ser analisada mantendo-se constante a política de endividamento e de investimentos? Por quê? Explique.

17. **Dividendos e valor** A Little Oil tem 1 milhão de ações em circulação com um valor total de mercado de $20 milhões. Prevê-se que a empresa pague $1 milhão de dividendos no próximo ano e, a partir daí, espera-se que o montante distribuído aumente 5% ao ano, indefinidamente. Espera-se, portanto, um pagamento de dividendos de $1,25 milhão no ano 2, $1,1025 milhão no ano 3, e assim sucessivamente. No entanto, a empresa ouviu dizer que o valor de uma ação depende do fluxo de dividendos e, por conseguinte, anuncia que os dividendos do próximo ano serão aumentados para $2 milhões, e que os fundos adicionais necessários serão imediatamente obtidos por meio de uma emissão de ações. Depois disso, o montante total distribuído em cada ano será como anteriormente previsto, ou seja, $1,05 milhão no ano 2, e aumentando 5% ao ano em cada ano subsequente.

    a. A que preço serão emitidas as novas ações no ano 1?

    b. Quantas ações a empresa terá de emitir?

    c. Quais serão os dividendos esperados dessas novas ações, e o que, portanto, será distribuído aos *antigos* acionistas após o ano 1?

    d. Demonstre que o valor presente dos fluxos de caixa para os atuais acionistas continua a ser de $20 milhões.

18. **Dividendos e valor** Afirmamos, na Seção 16.3, que a proposta da irrelevância dos dividendos de MM parte do princípio de que as novas ações são vendidas a um preço justo. Volte a analisar o Problema 17. Suponha que as novas ações sejam emitidas no ano 1 a $10 por ação. Mostre quem ganha e quem perde. A política de dividendos continua a ser irrelevante? Justifique.

19. **Distribuição de lucros e valor de mercado** Retorne pela última vez ao Problema 17. Qual valor você atribuiria à Little Oil se ela pagasse $500 mil em dividendos ano sim, ano não, sem expectativa de crescimento ou queda? O fluxo de caixa livre restante será usado para recomprar ações. Assuma que o fluxo de caixa livre da Little Oil continue crescendo a 5%, como no Problema 17.

20. **Dividendos *versus* recompras** A House of Haddock tem 5 mil ações em circulação e o preço de cada ação é de $140. Prevê-se que a empresa pague um dividendo de $20 por ação no próximo ano e, daí em diante, espera-se que o dividendo aumente sempre 5% ao ano. Mas o presidente, George Mullet, fez um anúncio de surpresa. Afirmou que a partir de agora a empresa distribuirá metade do dinheiro sob a forma de dividendos e o resto será utilizado para recomprar ações. Ações recompradas não terão direito a dividendos

    a. Qual é o valor total da empresa antes e depois do anúncio? Qual é o valor de uma ação?

    b. Qual é o fluxo previsível de dividendos por ação para um investidor que planeje manter as suas ações em vez de as vender de volta à empresa? Verifique a sua estimativa do valor da ação descontando esse fluxo de dividendos por ação.

21. **Dividendos *versus* recompras** Aqui estão alguns dados financeiros básicos da House of Herring Inc.:

Lucros por ação para 2018	$5,50
Número de ações em circulação	40 milhões
Índice-alvo de distribuição de lucros	50%
Dividendo planejado por ação	$2,75
Preço das ações, final de 2018	$130

A House of Herring pretende pagar todos os dividendos no início de janeiro de 2019. Em 2017, acabaram todos os impostos sobre o rendimento das empresas e das pessoas físicas.

a. Mantendo-se todo o resto constante, qual será o preço das ações depois do pagamento dos dividendos planejado?

b. Suponha que a empresa cancele o dividendo e anuncie que utilizará o dinheiro economizado para recomprar ações. O que acontecerá ao preço das ações na data do anúncio? Parta do princípio de que os investidores não recebem qualquer informação sobre as perspectivas da empresa por meio do anúncio. Quantas ações a empresa deverá recomprar?

c. Suponha que, em vez de cancelá-los, a empresa aumente os dividendos para $5,50 por ação, e, em seguida, emita novas ações para recuperar o montante distribuído como dividendos. O que acontecerá aos preços das ações com dividendos e sem dividendos? Quantas ações será necessário emitir? Mais uma vez, parta do princípio de que os investidores nada aprendem com o anúncio sobre as perspectivas da organização.

22. **Dividendos e acionistas** Interprete o seguinte comentário: "É muito bonito dizer que posso vender ações para cobrir necessidades de dinheiro, mas isso pode significar ter que vender em uma baixa do mercado. Se a empresa distribuir dividendos regulares, os investidores evitam esse risco".

23. **Dividendos e preço das ações** Durante dez anos, a Hors d'Age Cheeseworks tem pago dividendos regulares de $4 por ação em cada ano. A empresa tem distribuído todos os seus lucros como dividendos, e não se espera que registre crescimento. Há 100 mil ações em circulação, ao preço de $80 por ação. A empresa tem disponibilidades suficientes para pagar o próximo dividendo anual.

Suponha que, a partir do ano 1, a Hors d'Age decida reduzir os dividendos a zero e que anuncie que irá, em vez disso, recomprar as suas ações.

a. Qual será a reação imediata do preço das ações? Ignore os impostos e parta do princípio de que o programa de recompra de ações não transmite nenhuma informação sobre o retorno operacional ou o risco do negócio.

b. Quantas ações a Hors d'Age comprará?

c. Projete e compare os preços futuros das ações com as políticas antiga e nova. Faça isso pelo menos para os anos 1, 2 e 3.

24. **Recompras** Um artigo sobre a recompra de ações publicado no jornal *Los Angeles Times* salientava que "Um número cada vez maior de empresas está concluindo que o melhor investimento que se pode fazer, hoje em dia, é nelas próprias". Discuta esse ponto de vista. De que modo as perspectivas da empresa e o preço das suas ações podem afetar esse apetite pela recompra?

25. **Distribuição de lucros e o custo do capital** Comente resumidamente cada uma das seguintes afirmações:

a. "Diferentemente das empresas norte-americanas, que estão sempre pressionadas pelos seus acionistas para aumentar os dividendos, as empresas japonesas distribuem uma proporção muito menor de lucros e, portanto, se beneficiam de um custo de capital muito menor."

b. "Diferentemente do novo capital, que necessita de um fluxo de novos dividendos para remunerá-lo, os lucros retidos são, essencialmente, capital gratuito."

c. "Se uma empresa recomprar ações em vez de pagar dividendos, o número de ações cai e os lucros por ação aumentam. Assim, deve-se preferir a recompra de ações ao pagamento de dividendos."

26. **Dividendos e valor de mercado** Existe uma correlação positiva entre uma distribuição generosa de dividendos e elevados múltiplos preço/lucro. Isso implica que distribuir lucros na forma de dividendos em vez de recompras aumenta o preço das ações? (*Dica:* será que o nível dos dividendos pode estar transmitindo alguma coisa aos investidores quanto aos lucros a longo prazo?)

27. **Recompras e LPA** "Muitas empresas utilizam a recompra de ações para aumentar os lucros por ação. Por exemplo, suponha que uma empresa se encontre na seguinte situação:

Lucros líquidos	$10 milhões
Número de ações antes da recompra	1 milhão
Lucros por ação	$10
Índice preço-lucro (P/L) por ação	20
Preço da ação	$200

A empresa recompra, agora, 200 mil ações, a $200 por ação. O número de ações diminui para 800 mil, e os lucros por ação aumentam para $12,50. Assumindo que o índice preço-lucro por ação permaneça a 20, o preço da ação deve subir para $250." Comente.

28. **Dividendos e impostos** O partido do centro defende que a política de dividendos não importa, porque a *oferta* de diferentes ações com índices de distribuição elevados, médios e baixos já se ajustou para satisfazer a procura dos investidores. Os investidores que gostam de dividendos generosos possuem ações que lhes proporcionam o que eles desejam. Os investidores que pretendam ganhos de capital têm um vasto leque de escolhas entre as ações com baixos índices de distribuição de dividendos. Dessa forma, as empresas com elevados índices de distribuição de dividendos não podem se beneficiar em nada pela simples transformação em empresas com baixos índices, ou vice-versa.

Suponha que o governo baixe o imposto sobre os dividendos, mas não sobre os ganhos de capital. Suponha, também, que antes dessa alteração a oferta de dividendos coincida com as necessidades dos investidores. De que forma você esperaria que as alterações fiscais alterassem os dividendos totais pagos pelas empresas dos Estados Unidos e também a relação entre as organizações de elevado índice de distribuição e as de baixo índice? Continuaria a ser irrelevante a política de distribuição de dividendos depois de se concluírem quaisquer ajustamentos na oferta de dividendos? Justifique.

DESAFIO

29. **Política de dividendos e o modelo de desconto de dividendos** Considere as duas afirmações a seguir: "A política de dividendos é irrelevante" e "O preço das ações é o valor presente dos dividendos esperados no futuro". (Veja o Capítulo 4.) *Parecem* contraditórias. Esta questão se destina a demonstrar que são inteiramente consistentes.

    O preço corrente das ações da Charles River Mining Corporation é de $50. Os lucros e os dividendos por ação do próximo ano são $4 e $2, respectivamente. Os investidores esperam um crescimento perpétuo de 8% por ano. O retorno médio esperado exigido pelos investidores é $r = 12\%$.

    Podemos utilizar o modelo de crescimento em perpetuidade:

    $$P_0 = \frac{\text{DIV}}{r - g} = \frac{2}{0{,}12 - 0{,}08} = 50$$

    Suponha que a Charles River Mining anuncie que mudará a política de distribuição de dividendos para 100%, emitindo as ações que forem necessárias para financiar o crescimento. Utilize o modelo de crescimento em perpetuidade para demonstrar que o preço corrente das ações permanece inalterado.

30. **Dividendos e impostos** Suponha que haja somente três tipos de investidores com as seguintes alíquotas de imposto:

	Pessoas físicas	Empresas	Instituições
Dividendos	50%	5%	0%
Ganhos de capital	15	35	0

    As pessoas físicas investem um montante total de $80 bilhões em ações e as empresas investem $10 bilhões. As demais ações são adquiridas por instituições. Os três grupos procuram, simplesmente, maximizar a sua remuneração depois de impostos.

    Esses investidores podem escolher três tipos de ações com o mesmo índice de distribuição de dividendos antes de impostos por ação:

	Índice baixo	Índice médio	Índice elevado
Dividendos	$5	$5	$30
Ganhos de capital	15	5	0

    Espera-se que esses pagamentos se mantenham para sempre. As ações com um índice de distribuição de lucros baixo têm um valor total de mercado de $100 bilhões, as de índice médio, $50 bilhões e as de índice elevado, $120 bilhões.

    a. Quais são os investidores marginais que determinam o preço das ações?

    b. Suponha que esse grupo marginal de investidores deseje obter uma remuneração de 12% depois de impostos. Quais são os preços das ações com um índice baixo, médio e elevado de distribuição de lucros?

    c. Calcule a remuneração depois de impostos para os três tipos de ações para cada grupo de investidores.

    d. Qual o montante em dólares dos três tipos de ações detidas por cada grupo de investidores?

CAPÍTULO

17

A política de endividamento tem importância?

O recurso básico de uma empresa é a corrente de fluxos de caixa gerada pelos seus ativos. Quando a empresa é financiada inteiramente por capitais próprios, todos esses fluxos de caixa pertencem aos acionistas. Quando se endivida ou quando emite obrigações, a empresa divide os fluxos de caixa em duas partes: uma, relativamente segura, que se destina aos detentores de títulos de dívida, e outra, com maior risco, que se destina aos detentores de ações.

A composição da carteira dos diferentes títulos emitidos pela empresa é conhecida por *estrutura de capital*. Uma empresa que financia um investimento em todo ou em parte via endividamento está empregando aquilo que se denomina *alavancagem financeira*. Obviamente, a estrutura de capital não é apenas "dívida *versus* capital próprio". Há vários tipos de dívida, pelo menos dois tipos de capital próprio (ações ordinárias e preferenciais) e produtos híbridos, como as obrigações conversíveis. A empresa pode emitir dezenas de títulos diferentes, sob inúmeras combinações, mas tenta encontrar uma combinação particular que maximize o seu valor total de mercado.

Tais tentativas são justificáveis? Devemos considerar a hipótese de que *nenhuma* combinação é mais atraente que qualquer outra. Talvez as decisões realmente importantes sejam as que dizem respeito aos ativos da empresa, e as decisões sobre a estrutura de capital sejam secundárias.

Modigliani e Miller (MM), que mostraram que a política de dividendos não interessa em mercados de capitais perfeitos, também demonstraram que as decisões de financiamento são irrelevantes em mercados perfeitos. A sua famosa "proposição I" estabelece que uma empresa não pode alterar o seu valor total por meio da simples divisão dos seus fluxos de caixa por diferentes correntes: o valor da empresa é determinado pelos seus ativos reais, e não pela forma como eles são financiados. Desse modo, a estrutura de capital é irrelevante, desde que a decisão de investimento da empresa seja considerada como dada.

A proposição I de MM condiz com uma completa separação entre as decisões de investimento e as de financiamento. Isso significa que qualquer empresa poderia utilizar os métodos de decisão de investimento expostos entre os Capítulos 5 e 12, sem se preocupar com a origem do dinheiro destinado aos investimentos. Nesses capítulos, admitimos que o financiamento era integralmente suportado por capitais próprios, sem de fato nos preocuparmos com esse aspecto. Se a proposição I for válida será esse, exatamente, o método correto. Se a empresa recorrer a uma combinação de dívida e capitais próprios, o custo total do seu capital será exatamente o mesmo que o custo dos capitais próprios, como se o financiamento fosse integralmente efetuado por meio deles.

As decisões de financiamento têm, de fato, importância prática, por razões detalhadas nos Capítulos 18 e 19. Mas dedicamos este capítulo a MM porque sua proposição é o ponto de partida para toda a teoria aplicada da estrutura de capital. Se você não entender o ponto de partida, não entenderá o ponto de destino. O custo médio ponderado do capital (CMPC) depois dos impostos, por exemplo, advém da proposição I de MM com um ajuste fiscal. Se você não entende MM, não entenderá o CMPC.

A proposição de MM equivale a dizer: "Não existe mágica na alavancagem financeira". Se você não entende MM, pode cair na armadilha daqueles que enxergam mágica, geralmente nas taxas médias mais elevadas de retorno sobre o capital próprio para empresas que se endividam agressivamente. Os supostos mágicos não percebem que o endividamento extra gera risco financeiro extra. MM mostram que o risco financeiro extra compensa exatamente os retornos mais altos.

No Capítulo 18 procederemos a uma análise detalhada das imperfeições que provavelmente farão a diferença, incluindo os impostos, os custos de falência e de dificuldades financeiras, e os custos de formalização e aplicação de complexos contratos de empréstimos, diferenças criadas por informação imperfeita e, ainda, os efeitos da dívida sobre os incentivos à gestão. No Capítulo 19, mostraremos de que modo essas imperfeições (sobretudo os impostos) afetam o custo médio ponderado do capital e o valor da empresa.

17.1 O efeito da alavancagem financeira em uma economia competitiva livre de impostos

O problema do gestor financeiro é o de encontrar a combinação de títulos que ofereça aos investidores um maior atrativo geral – a combinação que maximize o valor de mercado da organização. Antes de abordarmos esse problema, devemos nos assegurar de que uma política que maximize o valor total da empresa também maximiza a riqueza dos acionistas.

Designemos por D e CP os valores de mercado da dívida e do capital próprio em circulação da Wapshot Mi3ning Company. As mil ações da empresa são transacionadas a $50 cada. Assim,

$$CP = 1.000 \times 50 = \$50.000$$

A Wapshot também pediu $25 mil emprestados e, portanto, V, o valor de mercado agregado de todos os títulos da organização em circulação, é

$$V = D + CP = \$75.000$$

As ações da Wapshot são denominadas capital próprio alavancado, e seus acionistas gozam dos benefícios e dos custos de **alavancagem financeira** (*gearing*). Suponha que a Wapshot "alavanque" ainda mais, contraindo uma dívida adicional de $10 mil, quantia que aplica na distribuição de um dividendo especial de $10 por ação aos seus acionistas. Dessa maneira, ela substitui capitais próprios por endividamento sem qualquer impacto em seus ativos.

Que valor os capitais próprios da Wapshot terão depois de serem distribuídos os dividendos especiais? Temos duas incógnitas, CP e V:

Dívida antiga	$25.000	
Nova dívida	$10.000	$35.000 = D
Capital próprio		? = CP
Valor da empresa		? = V

Se V for $75 mil como anteriormente, então CP deverá ser $V - D = 75.000 - 35.000 = \$40.000$. Os acionistas sofreram uma desvalorização que compensa exatamente os $10 mil recebidos com os dividendos especiais. Mas se V aumentar para, por exemplo, $80 mil como consequência da alteração na estrutura de capital, então $CP = \$45.000$, e os acionistas serão beneficiados com $5 mil. De maneira geral, qualquer aumento ou diminuição de V causado por uma modificação da estrutura do capital, reflete nos acionistas da organização. Concluímos que uma política que maximize o valor de mercado da empresa também é a melhor para os seus acionistas.

Essa conclusão se baseia em duas hipóteses importantes: primeira, que os acionistas da Wapshot nem perdem nem ganham com a política de dividendos e, segunda, que após a modificação da estrutura do capital, as dívidas antiga e nova *valem* juntas $35 mil.

A política de dividendos pode ou não ser relevante, mas não há necessidade de repetir a análise feita no Capítulo 16. Precisamos apenas observar que alterações na estrutura do capital obrigam, por vezes, a tomar decisões importantes sobre a política de dividendos. Eventualmente, o pagamento de dividendos pela Wapshot impõe custos ou benefícios que deverão ser considerados para além de quaisquer benefícios resultantes do incremento de alavancagem financeira.

A nossa segunda hipótese, de que a dívida antiga mais a dívida nova acabam sempre por valer $35 mil, parece inócua. Mas poderia estar incorreta. Talvez o novo endividamento aumente o risco das obrigações antigas. Se os detentores destas não puderem exigir uma taxa de juro mais elevada para compensar o risco adicional, o valor do seu investimento sofrerá uma redução. Nesse caso, os acionistas da Wapshot ganharão à custa dos credores iniciais, mesmo que o valor total da empresa permaneça inalterado.

Mas isso antecipa algumas questões que deixaremos para o Capítulo 18. Neste capítulo, vamos supor que qualquer nova emissão de títulos de dívida não afeta o valor de mercado da dívida existente.

Modigliani e Miller entram em cena

Convenhamos que o gestor financeiro gostaria de encontrar uma combinação de títulos que maximizasse o valor da empresa. De que modo poderá fazê-lo? A resposta de MM é a de que o gestor financeiro deve deixar de se preocupar com isso: em um mercado perfeito, qualquer combinação de títulos é boa. O valor da empresa não é afetado pela sua escolha da estrutura do capital.[1]

Você pode verificar isso imaginando duas empresas que geram os mesmos fluxos de lucros operacionais e que se diferenciam apenas na estrutura de capital. A empresa U não está alavancada, ou seja, não está endividada. Por isso, o valor total de seu capital próprio, CP_U, coincide com o seu valor total, V_U. A empresa L, por sua vez, está alavancada (endividada). Logo, o valor global das suas ações é igual ao valor da empresa menos o valor da dívida: $CP_L = V_L - D_L$.

Agora, analise em qual dessas empresas você preferiria investir. Se não quiser assumir muitos riscos, você pode comprar ações ordinárias da empresa não alavancada (U). Por exemplo, se comprar 1% das ações da empresa U, o seu investimento será 0,01 V_U e terá direito a 1% dos lucros brutos:

Investimento (em $)	Retorno (em $)
0,01 V_U	0,01 dos lucros

Compare, agora, esse resultado com uma estratégia alternativa, que consiste em comprar uma fração idêntica de dívida *e* de capital próprio da empresa L. O seu investimento e a sua remuneração são os seguintes:

	Investimento (em $)	Retorno (em $)
Dívida	0,01 D_L	0,01 do juro
Capital próprio	0,01 CP_L	0,01 dos (lucros – juro)
Total	0,01 ($D_L + CP_L$)	0,01 dos lucros
	= 0,01 V_L	

Ambas as estratégias proporcionam os mesmos resultados: 1% dos lucros da empresa. A regra do preço único nos informa que, em mercados que funcionam bem, dois investimentos que produzam os mesmos resultados devem ter o mesmo custo. Portanto, 0,01 V_U deverá ser igual a 0,01 V_L: o valor da empresa não alavancada deverá ser igual ao valor da empresa alavancada.

Suponha que você esteja disposto a correr um risco um pouco maior e decide comprar 1% das ações em circulação da empresa *alavancada*. Consequentemente, o seu investimento e o seu retorno seriam os seguintes:

Investimento (em $)	Retorno (em $)
0,01 CP_L	0,01 dos (lucros – juro)
= 0,01 ($V_L - D_L$)	

Novamente, existe uma estratégia alternativa, que consistiria em pedir emprestado 0,01 D_L por conta própria e comprar 1% das ações da empresa não alavancada. Nesse caso, a sua estratégia lhe proporcionaria 1% dos lucros de V_U, mas teria de pagar juro pelo empréstimo no valor de 1% do juro pago pela empresa L. Consequentemente, o seu investimento e o seu retorno líquido são os seguintes:

---

[1] F. Modigliani and M. H. Miller, "The Cost of Capital, Corporation Finance and the Theory of Investment", *American Economic Review* 48 (June 1958), pp. 261-297. A tese básica de MM já fora proposta em 1938 por J. B. Williams e, em certa medida, por David Durand. Veja J. B. Williams, *The Theory of Investment Value* (Cambridge, MA: Harvard University Press, 1938); e D. Durand, "Cost of Debt and Equity Funds for Business: Trends and Problems of Measurement", *Conference on Research in Business Finance* (New York: National Bureau of Economic Research, 1952).

	Investimento (em $)	Retorno (em $)
Empréstimo	$-0{,}01\, D_L$	$-0{,}01$ do juro
Capital próprio	$0{,}01\, V_U$	$0{,}01$ dos lucros
Total	$0{,}01\, (V_U - D_L)$	$0{,}01$ dos (lucros – juro)

Mais uma vez, ambas as estratégias proporcionam os mesmo resultados: 1% dos lucros após o juro. Ambos os investimentos, portanto, devem ter o mesmo custo. O investimento de $0{,}01(V_U - D_L)$ deverá ser igual a $0{,}01(V_L - D_L)$, e V_U deverá ser igual a V_L.

Não importa que o mundo esteja cheio de "medrosos" avessos ao risco, ou de "valentões" aventureiros. Todos estariam de acordo que o valor da empresa não alavancada U deveria ser igual ao valor da empresa alavancada L. Desde que os investidores possam, por conta própria, tomar ou ceder fundos nas mesmas condições que uma empresa, eles poderão "desfazer" o efeito de quaisquer alterações na estrutura do capital da organização. Foi assim que MM chegaram à famosa proposição I: "O valor de mercado de qualquer empresa é independente da sua estrutura de capital".

Lei da conservação do valor

A tese de MM, de que a política de endividamento é irrelevante, é a aplicação de uma ideia incrivelmente simples. Se tivermos duas correntes de fluxos de caixa, A e B, então o valor presente de A + B será igual à soma do valor presente de A com o valor presente de B. Isso é bom senso: se você tem um dólar no seu bolso esquerdo e um dólar no seu bolso direito, seu patrimônio total é de $2. Deparamo-nos com esse princípio de *aditividade do valor* na análise que fizemos sobre a decisão de investimento, em que verificamos que o valor presente de dois ativos combinados é igual à soma dos seus valores presentes, considerados separadamente.

No presente contexto, não estamos combinando ativos, mas os dividindo. A aditividade do valor, contudo, também funciona ao contrário. Podemos dividir um fluxo de caixa em tantas fatias quantas quisermos; a soma dos valores das partes será sempre igual ao valor inicial do fluxo integral. (Temos, evidentemente, de nos assegurar de que não se perde qualquer fatia com a divisão. Não podemos garantir que o "o valor do bolo é independente da forma como for cortado" se a pessoa que o cortar for muito gulosa.)

Trata-se, efetivamente, de uma *lei da conservação do valor*. O valor de um ativo é preservado, independentemente da natureza dos direitos que sobre ele incidirem. Daí a proposição I: o valor da empresa é determinado no *lado esquerdo* do balanço pelos seus ativos reais, e não com base na proporção dos títulos de dívida e títulos de capital próprio emitidos para comprar ativos.

As ideias mais simples são, frequentemente, as que têm maior aplicação. Poderíamos, por exemplo, aplicar a lei da conservação do valor à escolha entre arrecadar $100 milhões pela emissão de ações preferenciais, de ações ordinárias ou de qualquer combinação entre ambas as ações. A lei implica que a escolha é irrelevante, admitindo a existência de mercados de capitais perfeitos e desde que essa escolha não afete as políticas de investimento nem as operações da empresa. Se o valor total do "bolo" dos capitais próprios (combinação entre as ações ordinárias e as ações preferenciais) for fixo, os proprietários da empresa (os detentores das ações ordinárias) não precisarão se preocupar com o modo como o bolo patrimonial é dividido em fatias.

A lei também se aplica à combinação de títulos de dívida emitidos pela empresa. As escolhas de dívida de longo prazo por oposição à dívida de curto prazo, dívida garantida *versus* dívida não garantida, prioritária ou subordinada, e conversível ou não conversível, não deveriam ter efeito sobre o valor total da empresa.

A combinação e a divisão de ativos não afetarão quaisquer valores, desde que não afetem as escolhas do investidor. Quando demonstramos que a estrutura do capital não afeta a escolha, admitimos, implicitamente, que tanto as empresas como os indivíduos podem contrair ou conceder empréstimos à mesma taxa de juro sem risco. Enquanto for assim, os indivíduos podem "desfazer" o efeito de quaisquer alterações na estrutura do capital da organização.

Na realidade, a dívida da empresa tem risco, e as empresas não podem obter as mesmas taxas de juro que os valores do governo. A reação inicial de algumas pessoas é a de que isso basta para invalidar a proposição de MM. É um erro natural, mas a estrutura do capital pode ser irrelevante, mesmo quando a dívida tem risco.

Se uma empresa contrair um empréstimo, ela não *garantirá* o seu reembolso: só reembolsará completamente a dívida se os seus ativos valerem mais do que as obrigações decorrentes dessa dívida. Por isso, os acionistas de uma empresa têm uma responsabilidade limitada.

Muitos indivíduos gostariam de contrair empréstimos, mantendo uma responsabilidade limitada. Por essa razão, poderão estar dispostos a pagar um pequeno prêmio por ações alavancadas *se a oferta dessas ações for insuficiente para satisfazer as suas necessidades*.[2] Mas existem literalmente milhares de ações de empresas que se endividam. Por isso, não é provável que uma emissão de títulos de dívida os induza a pagar um prêmio pelas *suas* ações.[3]

Exemplo da Proposição I

A Macbeth Spot Removers está revendo a estrutura do seu capital. O Quadro 17.1 mostra a sua situação atual. A empresa não está alavancada, e os resultados operacionais são distribuídos aos acionistas sob a forma de dividendos (continuamos a assumir que não existem impostos). Os valores esperados dos lucros e dos dividendos por ação são de $1,50, mas esse número não é, de maneira nenhuma, garantido – poderá acabar sendo superior ou inferior a $1,50. O preço de cada ação é de $10. Uma vez que a empresa espera gerar um fluxo regular de lucros em perpetuidade, o retorno esperado da ação é igual ao índice P/L: 1,50/10,00 = 0,15, ou 15%.

A Sra. Macbeth, presidente da empresa, chegou à conclusão de que os acionistas estariam melhor se a empresa tivesse iguais proporções de divida e de capital próprio. Ela se propõe, portanto, a emitir $5 mil de dívida a uma taxa de juro de 10% e utilizar os fundos assim obtidos para recomprar 500 ações. Para fundamentar a sua proposta, a Sra. Macbeth analisou a situação sob diferentes resultados operacionais. Os seus cálculos estão mostrados no Quadro 17.2.

QUADRO 17.1 A Macbeth Spot Removers é financiada inteiramente por capital próprio. Embora espere ter um resultado de $1.500 por ano, em perpetuidade esse lucro não é certo. Este quadro mostra a remuneração do acionista sob diferentes níveis de resultados operacionais. Assumimos que não há impostos

Dados				
Número de ações	1.000			
Preço por ação	$10			
Valor de mercado das ações	$10.000			
Resultados				
Resultado operacional ($)	500	1.000	**1.500**	2.000
Lucro por ação ($)	0,50	1,00	**1,50**	2,00
Retorno das ações (%)	5	10	**15**	20
			Resultado esperado	

---

[2] É claro que os indivíduos podem *criar* uma responsabilidade limitada, se assim o desejarem. Em outras palavras, o credor poderá concordar que os devedores reembolsarão a sua dívida integralmente apenas se os ativos da empresa X valerem mais do que certo montante. Provavelmente, os indivíduos não fazem tais acordos, porque podem obter mais facilmente uma responsabilidade limitada investindo em ações de empresas endividadas.

[3] A estrutura do capital também será irrelevante se cada investidor detiver uma carteira completamente diversificada. Nesse caso, possuirá *todos* os títulos com risco oferecidos pela empresa (tanto dívida quanto capital próprio). Entretanto, quem possui *todos* os títulos com risco não se preocupa com a maneira de como os fluxos de caixa são divididos entre os diferentes títulos.

QUADRO 17.2 A Macbeth Spot Removers está analisando a hipótese de emitir $5 mil de dívida, a uma taxa de juros de 10%, e recomprar 500 ações. Este quadro mostra o retorno dos acionistas sob diferentes níveis de resultados operacionais

Dados				
Número de ações	500			
Preço por ação	$10			
Valor de mercado das ações	$5.000			
Valor de mercado da dívida	$5.000			
Juro à taxa de 10%	$500			
Resultados				
Resultado operacional ($)	500	1.000	**1.500**	2.000
Juro ($)	500	500	**500**	500
Remuneração do capital ($)	0	500	**1.000**	1.500
Lucro por ação ($)	0	1	**2**	3
Retorno das ações (%)	0	10	**20**	30
			Resultado esperado	

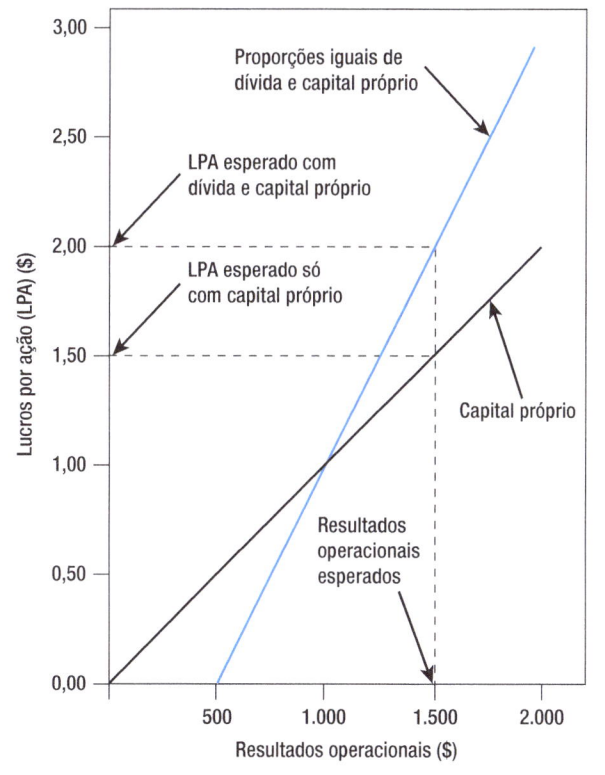

FIGURA 17.1 O endividamento aumenta o LPA (lucros por ação) da Macbeth quando os resultados operacionais forem superiores a $1 mil e reduz o LPA quando forem inferiores a $1 mil. O LPA esperado aumenta de $1,50 para $2.

Com o intuito de observar mais claramente de que modo a alavancagem afetaria os lucros por ação, a Sra. Macbeth construiu também a Figura 17.1. A linha preta indica como os lucros por ação variariam em função dos resultados operacionais enquanto a empresa fosse financiada somente com capitais próprios. É, portanto, a representação gráfica simples dos dados do Quadro 17.1. A linha azul mostra como variariam os lucros por ação, admitindo iguais proporções de dívida e de capital próprio. É, também, a representação gráfica simples dos dados do Quadro 17.2.

QUADRO 17.3 Os investidores individuais podem replicar a alavancagem da Macbeth

	Resultados operacionais ($)			
	500	1.000	1.500	2.000
Lucros de duas ações ($)	1	2	3	4
Menos juro à taxa de 10% ($)	1	1	1	1
Lucros líquidos do investimento ($)	0	1	2	3
Retorno do investimento de $10 (%)	0	10	20 **Resultado esperado**	30

A Sra. Macbeth pensa da seguinte maneira: "É claro que o efeito da alavancagem depende dos resultados da organização. Se forem superiores a $1 mil, o retorno para os acionistas *aumenta* com a alavancagem. Se forem inferiores a $1 mil, o retorno é *reduzido* pela alavancagem (endividamento). O retorno não é afetado quando os resultados operacionais são de, exatamente, $1 mil. Nesse ponto, o retorno em relação ao valor de mercado dos ativos é de 10%, que é exatamente igual à taxa de juro da dívida. A nossa decisão sobre a estrutura do capital se reduz, portanto, ao que pensamos sobre as expectativas dos resultados. Como esperamos que os resultados operacionais se situem acima do ponto de equilíbrio de $1 mil, acredito que a maneira de ajudar os nossos acionistas é ir em frente com a emissão de $5 mil de dívida".

Como gestor financeiro da Macbeth Spot Removers, sua resposta será a seguinte: "Concordo que a alavancagem favorecerá os acionistas desde que os nossos resultados sejam superiores a $1 mil. Mas seu argumento ignora o fato de os acionistas da empresa terem a opção de se endividar por sua própria conta. Suponha, por exemplo, que uma pessoa peça emprestado $10 e, na sequência, invista $20 em duas ações da Macbeth não sujeitas à alavancagem. Essa pessoa tem de investir apenas $10 do seu próprio dinheiro. A remuneração desse investimento varia com os resultados operacionais da empresa [conforme mostra o Quadro 17.3]. São exatamente os mesmos resultados que o investidor obteria se comprasse uma ação da empresa alavancada. [Compare as duas últimas linhas dos Quadros 17.2 e 17.3.] Portanto, uma ação da empresa alavancada deve, também, ser transacionada por $10. Se a Macbeth for adiante e se endividar, não permitirá aos investidores fazerem qualquer coisa que já não pudessem ter feito, e, assim, não adicionará valor".

Esse é exatamente o mesmo argumento de que MM se serviram para provar a proposição I.

17.2 Risco financeiro e retornos esperados

Considere agora as implicações da proposição I de MM sobre os retornos esperados das ações da Macbeth:

	Estrutura do capital atual: (apenas capital próprio)	Estrutura proposta: (dívida e capital próprio iguais)
Lucros esperados por ação ($)	1,50	2,00
Preço por ação ($)	10	10
Retorno esperado por ação (%)	15	20

A alavancagem aumenta o fluxo esperado dos lucros por ação, mas *não* o preço da ação. A razão é que a mudança no fluxo dos lucros esperados é compensada exatamente por uma modificação da taxa a que os lucros são descontados. O retorno esperado da ação (que para uma perpetuidade é igual ao índice lucro/preço) aumenta de 15% para 20%. Vejamos agora como isso acontece.

O retorno esperado dos ativos da Macbeth, r_A, é igual aos resultados operacionais esperados divididos pelo valor total de mercado dos títulos emitidos pela empresa:

$$\text{Retorno esperado dos ativos} = r_A = \frac{\text{resultados operacionais esperados}}{\text{valor de mercado de todos os títulos}}$$

Vimos que, em mercados de capitais perfeitos, a decisão de endividamento da empresa não afeta *nem* os resultados operacionais da empresa *nem* o valor total de mercado dos seus títulos. A decisão de endividamento, portanto, também não afeta o retorno esperado dos ativos da empresa, r_A.

Imagine que um investidor possua todos os títulos de dívida da empresa e todas as suas ações. Ele terá direito a todos os resultados operacionais; portanto, o retorno esperado de sua carteira seria igual a r_A.

O retorno esperado de uma carteira é igual a uma média ponderada dos retornos esperados dos títulos que a compõem. Sendo assim, o retorno esperado de uma carteira formada por *todos* os títulos da empresa é:

Retorno esperado dos ativos = (peso da dívida × retorno esperado da dívida)

+ (peso do capital próprio × retorno esperado do capital próprio)

$$r_A = \left(\frac{D}{D+CP} \times r_D\right) + \left(\frac{CP}{D+CP} \times r_{CP}\right)$$

Já conhecemos essa fórmula do Capítulo 9. O retorno esperado total, r_A, tem a designação de *custo de capital da empresa* ou *custo médio ponderado do capital* (CMPC).

Podemos trabalhar essa equação para obter uma expressão de r_{CP}, o retorno esperado do capital próprio de uma empresa alavancada (endividada):

Retorno esperado do capital próprio = retorno esperado dos ativos

+ (retorno esperado dos ativos – retorno esperado da dívida)

× índice de dívida – capital próprio

$$r_{CP} = r_A + (r_A - r_D)\frac{D}{CP}$$

Proposição II

Esta é a proposição II de MM: a taxa esperada de remuneração das ações ordinárias de uma empresa alavancada aumenta em proporção ao índice de dívida-capital próprio (*D/CP*), calculado em valores de mercado; a velocidade de crescimento depende do diferencial entre r_A, a taxa de retorno esperada de uma carteira formada por todos os títulos emitidos pela organização, e r_D, o retorno esperado da dívida. Observe que $r_{CP} = r_A$, se a empresa não estiver endividada.

Podemos aplicar essa fórmula à Macbeth Spot Removers. Antes da decisão de endividamento

$$r_{CP} = r_A = \frac{\text{resultados operacionais esperados}}{\text{valor de mercado de todos os títulos}}$$

$$= \frac{1.500}{10.000} = 0,15, \text{ ou } 15\%$$

Se a empresa prosseguir com o seu plano de endividamento, o retorno esperado dos ativos r_A ainda será de 15%, mas o retorno esperado do capital próprio será:

$$r_{CP} = r_A + (r_A - r_D)\frac{D}{CP}$$

$$= 0,15 + (0,15 - 0,10)\frac{5.000}{5.000} = 0,20, \text{ ou } 20\%$$

Nos casos em que a organização não fosse endividada, os investidores em capitais próprios exigiriam um retorno igual a r_A. Se fosse endividada, exigiriam um prêmio de $(r_A - r_D)D/CP$ para compensar esse risco extra.

QUADRO 17.4 A alavancagem financeira aumenta o risco das ações da Macbeth. Uma diminuição de $1 mil nos resultados operacionais diminui os lucros por ação em $1 se o financiamento for apenas com capitais próprios, mas em $2, para um endividamento de 50%

Se os resultados operacionais baixarem de		$1.500	para	$500	Variação
Sem dívida:	Lucros por ação	$1,50		$0,50	–$1,00
	Retorno	15%		5%	–10%
50% de dívida:	Lucros por ação	$2,00		0	–$2,00
	Retorno	20%		0	–20%

A proposição I de MM afirma que a alavancagem financeira não tem qualquer efeito sobre a riqueza dos acionistas. A proposição II afirma que a taxa de retorno que eles podem esperar das suas ações aumenta à medida que o índice de endividamento em relação ao capital próprio da empresa aumenta. Como os acionistas podem ficar indiferentes à alavancagem crescente se essa faz aumentar a remuneração esperada? A resposta é que qualquer aumento da remuneração esperada é compensado por um aumento do risco financeiro e, portanto, da taxa de retorno *exigida* pelos acionistas.

Você pode ver o risco financeiro em funcionamento em nosso exemplo da Macbeth. Compare o risco dos lucros por ação no Quaro 17.2 *versus* no Quadro 17.1. Ou examine o Quadro 17.4, que mostra como uma diminuição dos resultados operacionais afeta os resultados dos acionistas.

A proporção dívida-capital próprio não afeta o risco *em dólares* suportados pelos acionistas. Suponha que os resultados operacionais diminuam de $1.500 para $500. Com total financiamento por capitais próprios, os lucros caem para $1 por ação. Há mil ações em circulação e, portanto, os lucros *totais* dos acionistas caem para $1 × 1.000 = $1.000. Com um endividamento de 50%, a mesma queda dos resultados operacionais reduz os lucros por ação em $2. Mas existem apenas 500 ações em circulação e, então, os ganhos totais dos acionistas diminuem em $2 × 500 = $1.000, tal como no caso de total financiamento por capitais próprios.

A escolha entre dívida e capital próprio, contudo, amplifica no diferencial dos retornos *percentuais*. Se a empresa for financiada totalmente por capitais próprios, uma queda de $1 mil dos resultados operacionais reduz a remuneração das ações em 10%. Se a empresa emitir dívida sem risco com um pagamento anual fixo de $500 de juros, então uma queda dos $1 mil dos resultados operacionais reduz a remuneração das ações em 20%. Em outras palavras, a alavancagem proposta é duplicar a amplitude das oscilações nas ações da Macbeth. Qualquer que seja o beta das ações da empresa antes do refinanciamento, deverá ser duas vezes maior posteriormente.

Agora se torna compreensível o motivo de os investidores exigirem retornos mais elevados para ações alavancadas. O retorno exigido aumenta apenas para compensar o aumento do risco financeiro.

EXEMPLO 17.1 ● Alavancagem e o custo do capital próprio

Voltemos a um exemplo numérico apresentado no Capítulo 9. Consideramos uma empresa com o seguinte balanço em valores de mercado:

Dívida antiga	100	Dívida (*D*)	30	com $r_D = 7,5\%$
		Capital próprio (*CP*)	70	com $r_{CP} = 15\%$
Dívida antiga	100	Valor da empresa (*V*) 100		

e com o seguinte custo do capital:

$$r_A = r_D \frac{D}{V} + r_{CP} \frac{CP}{V}$$

$$= \left(7,5 \times \frac{30}{100}\right) + \left(15 \times \frac{70}{100}\right) = 12,75\%$$

Se a empresa está pensando em investir em um projeto com um risco igual aos dos investimentos já existentes na empresa, o custo de oportunidade do capital para esse projeto é o mesmo que o custo do capital da empresa, ou seja, 12,75%.

O que aconteceria se a empresa emitisse mais 10 em títulos de dívida e utilizasse esse dinheiro para recomprar 10 de suas ações? O novo balanço, em valores de mercado, seria:

Valor do ativo	100	Dívida (D)	40
		Capital próprio (CP)	60
Valor do ativo	100	Valor da empresa (V)	100

A alteração da estrutura financeira não afeta o montante nem o risco dos fluxos de caixa do pacote total da dívida e do capital próprio. Por conseguinte, se os investidores exigem um retorno de 12,75% do pacote total antes do refinanciamento, devem exigir um retorno de 12,75% dos ativos da empresa depois dele.

Embora o retorno exigido do *pacote* total da dívida e do capital próprio não seja afetado, a mudança da estrutura financeira afeta o retorno exigido dos títulos individuais. Considerando-se que a dívida da empresa é maior agora, os credores provavelmente exigirão uma taxa de juro mais elevada. Vamos supor que o retorno esperado da dívida suba para 7,875%. Agora, pode-se tomar nota da equação básica para o retorno dos ativos:

$$r_A = r_D \frac{D}{V} + r_{CP} \frac{CP}{V}$$

$$= \left(7,875 \times \frac{40}{100}\right) + \left(r_{CP} \times \frac{60}{100}\right) = 12,75\%$$

e resolvê-la, sendo o retorno do capital próprio $r_{CP} = 16,0\%$.

O aumento do montante da dívida aumentou o risco dos credores e causou uma subida do retorno que os credores exigiam (r_D aumentou de 7,5% para 7,875%). A maior alavancagem também tornou os capitais próprios mais arriscados e aumentou o retorno exigido pelos acionistas (r_{CP} aumentou de 15% para 16%). O retorno médio ponderado tanto da dívida como do capital próprio continuou a ser de 12,75%:

$$r_A = (r_D \times 0,4) + (r_{CP} \times 0,6)$$

$$= (7,875 \times 0,4) + (16 \times 0,6) = 12,75\%$$

Agora, imagine que a empresa decidiu liquidar toda a sua dívida e substituí-la por capital próprio. Nesse caso, todos os fluxos de caixa irão para os acionistas. O custo do capital da empresa, r_A, permanece em 12,75%, e r_{CP} é também de 12,75%.

Como as mudanças da estrutura de capital afetam o beta

Vimos como as alterações na estrutura financeira afetam o retorno esperado. Agora, vejamos que efeitos essas alterações exercem sobre o beta.

Tanto os acionistas como os credores recebem uma parcela dos fluxos de caixa da empresa, e ambos suportam parte do risco. Se, por exemplo, os ativos da empresa perderem o seu valor, não haverá dinheiro para pagar aos acionistas nem aos credores; no entanto, os credores suportam um risco muito menor do que os acionistas. Os betas de endividamento de grandes empresas situam-se, geralmente, entre 0 e 0,2.[4]

---

[4] Os betas de endividamento muitas vezes ficam perto de zero, mas podem avançar para território positivo por dois motivos. Primeiro, quando o risco de inadimplência aumenta, uma parte maior do risco comercial da empresa se transfere para os credores. Assim, as emissões de dívida "*junk*" (lixo) geralmente apresentam betas positivos. Segundo, mudanças nas taxas de juros podem afetar tanto o preço das ações quanto das obrigações, criando uma correlação positiva entre os retornos sobre as obrigações e os retornos sobre o mercado acionário. Este segundo motivo é mais importante quando as taxas de juros a longo prazo apresentam uma volatilidade fora do comum, como ocorreu nos Estados Unidos na década de 1970 e início de 1980.

Se você possuísse uma carteira com todos os títulos de uma empresa, não teria de partilhar os fluxos de caixa com ninguém. Também não teria de partilhar os riscos com ninguém; suportaria todos os riscos sozinho. Assim, o beta do ativo da empresa é igual ao beta de uma carteira que contém o capital próprio e a dívida.

O beta dessa carteira hipotética é apenas uma média ponderada dos betas da dívida e do capital próprio:

$$\beta_A = \beta_{\text{portfólio}} = \beta_D \frac{D}{V} + \beta_{CP} \frac{CP}{V}$$

Voltemos ao nosso exemplo. Se, antes do refinanciamento, o passivo tinha um beta de 0,1, e o capital próprio, um beta de 1,1, então:

$$\beta_A = \left(0{,}1 \times \frac{30}{100}\right) + \left(1{,}1 \times \frac{70}{100}\right) = 0{,}8$$

E depois do refinanciamento? O risco do pacote total não é afetado, mas, agora, tanto a dívida como o capital próprio têm um risco maior. Suponhamos que o beta da dívida se mantenha em 0,1. Podemos, então, calcular o novo beta do capital próprio:

$$\beta_A = \beta_{\text{portfólio}} = \beta_D \frac{D}{V} + \beta_{CP} \frac{CP}{V}$$

$$0{,}8 = \left(0{,}1 \times \frac{40}{100}\right) + \left(\beta_{CP} \times \frac{60}{100}\right)$$

Resolva a fórmula para β_{CP}. Você verá que ela espelha exatamente a proposição II de MM:

$$\beta_{CP} = \beta_A + (\beta_A - \beta_D)D/V = 0{,}8 + (0{,}8 - 0{,}1)(40/60) = 1{,}27$$

Na verdade, pode-se derivar a proposição I de MM diretamente do modelo CAPM.

Nosso exemplo mostra como o endividamento gera alavancagem financeira, que não afeta o risco ou o retorno esperado dos ativos da empresa, mas aumenta o risco das ações. Por conta desse *risco financeiro*, os acionistas exigem um retorno igualmente mais elevado.

Você pode usar nossas fórmulas para "*desalavancar*" betas, ou seja, como passar de um β_{CP} para β_A. Você possui o beta dos ativos que é 1,27. Também precisa do beta da dívida, ou seja, 0,10, e os valores relativos de mercado da dívida (*D/V*) e do capital próprio (*CP/V*). Se a dívida representar 40% do valor total *V*, então o beta "desalavancado" é:

$$\beta_A = \left(0{,}1 \times \frac{40}{100}\right) + \left(1{,}2 \times \frac{60}{100}\right) = 0{,}8$$

Trata-se do exemplo anterior, só que ao contrário. Lembre-se da relação básica:

$$\beta_A = \beta_{\text{portfólio}} = \beta_D \left(\frac{D}{V}\right) + \beta_{CP} \left(\frac{CP}{V}\right)$$

Cuidado com a alavancagem oculta

MM não disseram que contrair empréstimos era algo ruim. Porém, eles insistiram que os gestores financeiros devem permanecer alertas quanto ao risco financeiro criado pelo endividamento. Esse risco pode ser especialmente perigoso quando o endividamento não está bem à vista. A maioria dos *leasings* de longo prazo, por exemplo, representa obrigações equivalentes a dívida, fazendo com que possam ocultar endividamento. Contratos de longo prazo com fornecedores podem representar dívidas disfarçadas quando preços e quantidades são fixados. Para muitas empresas, passivos pensionários e passivos referentes a planos de saúde pós-aposentaria de seus funcionários representam pesadas obrigações equivalentes a dívidas que não contam do balanço contábil.

EXEMPLO 17.2 ● O projeto Bocha da Reeby Sports

A Reeby Sports está cogitando lançar um tênis feito de fibra de carbono para a modalidade bocha. O produto exigirá um investimento de $500 mil em despesas iniciais de marketing e $500 mil em novos equipamentos. George Reeby prepara uma planilha simples para a vida útil esperada de cinco anos do novo produto e calcula o desconto de custo de capital à taxa normal de 10% da Reeby Sports.[5]

Proposta do Tênis de Bocha						
		Fluxo de Caixa (milhares de $)				
Investimento (milhares de $)		1	2	3	4	5
Marketing	−500	+270	+270	+270	+270	+270
Equipamento	−500					
Total	−1.000					
VPL a 10% = +24, ou $24 mil						
TIR = 10,9%						

O VPL de $24 mil sobre um investimento de $1 milhão é bom, mas não é o bicho. George hesita, e então entra em contato com o vendedor dos equipamentos para cancelar a encomenda. O vendedor, ávido em manter a venda, oferece a possibilidade da Reeby Sports comprar o equipamento agora e pagar mais tarde. Ele pergunta se George se comprometeria com cinco pagamentos fixos de $122 mil ao ano, e argumenta que isso reduziria o investimento à vista e aumentaria a lucratividade. George revisa sua planilha:

Proposta do Tênis de Bocha (Revisada)						
		Fluxo de Caixa (milhares de $) (Pagamentos fixos de $122 mil ao ano subtraídos)				
Investimento (milhares de $)		1	2	3	4	5
Marketing	−500	+270	+270	+270	+270	+270
Equipamento	0	−122	−122	−122	−122	−122
Total	−500	+148	+148	+148	+148	+148
VPL a 10% = +61, ou $61 mil						
TIR = 14,7%						

Agora George está inclinado a seguir em frente – o VPL e a TIR parecem bem melhores – mas Jenny, sua filha, que trabalha com investimentos bancários, explica que o fabricante está na verdade apenas emprestando $500 mil à Reeby Sports à mesma taxa de juros que a Reeby Sports pagaria a um banco. Ela explica que o fabricante emprestaria $500 mil agora em troca de pagamentos fixos posteriores totalizando 5 × 122.000 = $610 mil sem desconto. Os pagamentos são obrigatórios, idênticos ao serviço de uma dívida por um empréstimo bancário. A taxa de juros efetiva é de 7%. (Você pode conferir que a TIR ao fabricante por concordar com pagamentos em prestações é de 7%.)

Jenny repreende seu pai por misturar decisões de investimento com decisões financeiras. Ela lhe passa um sermão por esquecer do risco financeiro criado por uma compra de equipamento financiada por dívida. Em seguida, lhe recrimina por descontar os fluxos de caixa de $148 mil ao ano (depois do pagamentos das prestações) ao custo de capital de 10%, que é projetado para avaliar fluxos de caixa *não alavancados*. "Retorne à sua primeira planilha, pai", ela instrui.[6] George, temendo mais sermões, concorda.

---

[5] A Reeby Sports tem perdas fiscais enormes proteladas desde a desastrosa recessão de 2020. Por isso, as projeções de fluxo de caixa de George descartam impostos e ignoram benefícios fiscais.

[6] George poderia ter descontado os fluxos de caixa em seu segunda planilha ao custo do *capital próprio*. Examinamos o método de avaliação "fluxo/capital próprio" no Capítulo 19. Esse método, porém, mescla decisões de investimento e de financiamento, e raramente é usado para avaliar projetos individuais. O mais recomendável para George é calcular o VPL a partir de sua primeira planilha e *então* perguntar se a venda em prestações adiciona valor, comparada a outras fontes de financiamento.

A alavancagem oculta neste exemplo está, obviamente, muito mal disfarçada. A alavancagem seria mais difícil de perceber se, por exemplo, estivesse envolta em uma transação de *leasing* financeiro. Veja o Capítulo 25 e o minicaso ao final deste capítulo.

17.3 O custo médio ponderado do capital

O que os *experts* financeiros pensavam sobre a política de endividamento antes de MM? Não é fácil dizer porque, com o que sabemos hoje, verificamos que não tinham ideias muito claras.[7] Surgiu, contudo, uma posição "tradicional" em resposta a MM. Para a compreendermos, temos de retomar o custo médio ponderado do capital (*weighted-average cost of capital* – WACC), ou CMPC na sigla brasileira.

A Figura 17.2 resume as implicações das proposições de MM para o custo da dívida e do capital próprio, e para o custo médio ponderado do capital. O gráfico supõe que as obrigações da empresa sejam isentas de risco para baixos níveis de endividamento. Assim, r_D é independente de D/CP, e r_{CP} cresce linearmente quando D/CP aumenta. À medida que a empresa se endivida, cresce o risco de inadimplência, e a organização é solicitada a pagar taxas de juro mais elevadas. A proposição II prevê que, quando isso ocorre, a velocidade de crescimento de r_{CP} abranda. Isso também é observado na Figura 17.2. Quanto mais endividada a empresa está, menor é a sensibilidade de r_{CP} ao endividamento adicional.

Por que a inclinação da curva de r_{CP}, na Figura 17.2, se horizontaliza à medida que D/CP aumenta? Essencialmente porque os detentores de dívida com risco passam a suportar uma parcela do risco da empresa. À medida que a empresa se endivida, maior é a parte desse risco a ser transferida dos acionistas para os credores.

Duas advertências

Por vezes, o objetivo das decisões de financiamento é colocado não como a "maximização do valor global de mercado", mas sim como a "minimização do custo médio ponderado do capital". Se a proposição I de MM se mantiver, são objetivos equivalentes. Se não se mantiver, então a estrutura do capital que maximiza o valor da empresa só minimizará o custo médio ponderado do capital *contanto que* os resultados operacionais forem independentes da estrutura do capital. Lembre-se

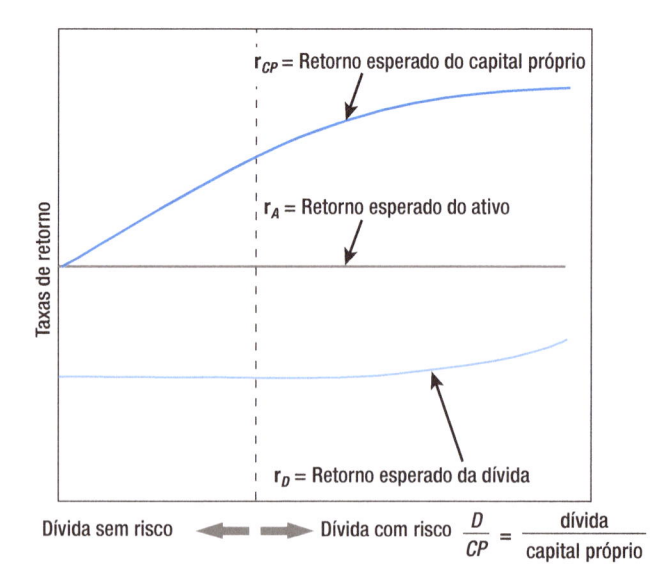

▶ **FIGURA 17.2** A proposição II de MM. O retorno esperado do capital próprio, r_{CP}, cresce de forma linear com o índice de dívida-capital próprio enquanto a dívida não tiver risco. Entretanto, se a alavancagem aumentar o risco da dívida, os credores exigirão uma maior remuneração. Isso contribui para que a velocidade de crescimento de r_{CP} abrande.

---

[7] Daqui a vinte anos, os economistas financeiros poderão criticar as incoerências e as limitações de raciocínio de Brealey, Myers e Allen. Poderão, também, sequer se lembrar de nós.

de que o custo médio ponderado do capital é igual ao retorno esperado de todos os valores mobiliários emitidos pela empresa. Se os resultados operacionais forem constantes, tudo o que aumentar o valor da empresa reduzirá o custo médio ponderado do capital, mas se os resultados operacionais também variarem, tudo poderá acontecer.

No Capítulo 18 demonstraremos que a alavancagem financeira pode afetar os resultados operacionais de diferentes maneiras. A maximização do valor da empresa, portanto, *nem* sempre é equivalente à minimização do custo médio ponderado do capital.

Primeira advertência Os acionistas querem que os gestores aumentem o valor da empresa. Eles estão mais interessados em enriquecer do que em ser proprietários de uma empresa com baixo custo médio ponderado do capital.

Segunda advertência As tentativas de minimizar o custo médio ponderado do capital parecem encorajar curtos-circuitos lógicos como o seguinte. Suponha que alguém diga: "Os acionistas exigem – e merecem – taxas de retorno esperadas mais elevadas que os credores. A dívida, portanto, é a fonte de capital mais barata. Podemos reduzir o custo médio ponderado do capital com um maior endividamento". Mas isso não se verificará se o endividamento adicional levar os acionistas a exigir uma taxa de retorno ainda mais elevada. De acordo com a proposição II de MM, o "custo do capital próprio", r_{CP}, aumentará apenas o suficiente para manter constante o custo médio ponderado do capital.

Esse não é o único curto-circuito lógico com o qual você poderá se deparar. Citamos outros dois no Problema 15, no final deste capítulo.

Taxas de retorno de ações alavancadas – a posição tradicional

Pode-se perguntar por que mencionamos o custo médio ponderado do capital quando se trata de um objetivo financeiro frequentemente errado ou confuso. Tivemos que fazê-lo, pois os tradicionalistas aceitam esse objetivo e defendem as suas teses nesses termos.

O curto-circuito lógico que acabamos de descrever baseia-se no pressuposto de que r_{CP}, a taxa de retorno exigida pelos acionistas, não aumenta, ou aumenta muito lentamente, com um maior endividamento da empresa. Suponha, por uma questão de simplificação, que isso seja verdade. Então, r_A, o custo médio ponderado do capital, deveria diminuir à medida que o índice de dívida-capital próprio aumenta.

A posição dos tradicionalistas é apresentada na Figura 17.3. Eles defendem que uma alavancagem financeira moderada pode aumentar o retorno esperado das ações, r_{CP}, embora não com a velocidade prevista na proposição II de MM. Mas as empresas irresponsáveis, que se endividam *em excesso*, verificam que o r_{CP} cresce muito *mais rapidamente* do que o previsto por MM. Consequentemente, o custo médio ponderado do capital começa a diminuir para, em seguida, se elevar. Atinge o valor mínimo em um ponto intermediário do índice de endividamento. Lembremos que minimizar o custo médio ponderado do capital equivale a maximizar o valor global da empresa se os resultados operacionais não forem afetados pelo endividamento.

Poderemos apresentar dois argumentos a favor da posição tradicional. O primeiro é a possibilidade de os acionistas não repararem ou darem valor ao risco financeiro criado por um endividamento moderado, embora despertem quando a dívida é "excessiva". Sendo assim, os investidores das empresas moderadamente endividadas poderão aceitar uma taxa de retorno mais baixa do que aquela que realmente deveriam.

Isso parece um tanto ingênuo.[8] O segundo argumento é melhor. Aceita a tese de MM quando aplicada aos mercados de capitais perfeitos, mas considera que os mercados reais são imperfeitos. Em virtude dessas imperfeições, as empresas que se endividam podem apresentar uma oportunidade valiosa aos investidores. Se for assim, as ações alavancadas poderão ser transacionadas com um prêmio, em comparação com os seus valores teóricos em mercados perfeitos.

---

[8] Esse primeiro argumento pode refletir certa confusão entre o risco financeiro e o risco de inadimplência. A inadimplência não é uma ameaça séria enquanto o endividamento for moderado; os acionistas preocupam-se apenas quando a empresa "vai longe demais", mas suportam o risco financeiro sob a forma de um aumento da volatilidade das taxas de retorno e de um beta maior – mesmo nos casos em que a probabilidade de não inadimplência é nula.

FIGURA 17.3 A linha tracejada mostra a visão de MM da alavancagem sobre o retorno esperado do capital próprio, r_{CP}, e o custo médio ponderado do capital, r_A. (Veja a Figura 17.2.) As linhas contínuas mostram o ponto de vista tradicional. Os tradicionalistas defendem que, de início, o endividamento aumenta r_{CP} mais lentamente do que o referido por MM, mas que r_{CP} cresce de uma maneira acelerada com o endividamento excessivo. Se assim for, o custo médio ponderado do capital pode ser minimizado, se for utilizado precisamente o montante correto de endividamento.

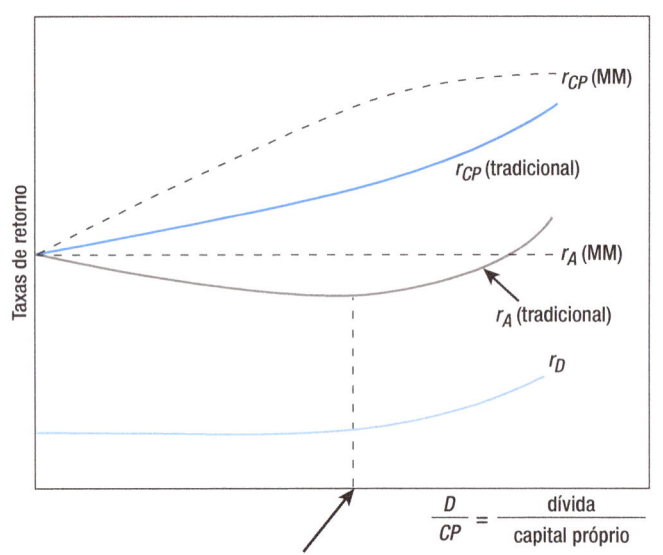

Os tradicionalistas acreditam que existe um índice ideal de dívida-capital próprio que minimiza r_A.

$$\frac{D}{CP} = \frac{\text{dívida}}{\text{capital próprio}}$$

Imagine que as empresas poderiam se endividar a uma taxa de juro mais baixa do que os indivíduos. Para os investidores que desejem endividar-se, seria vantajoso fazê-lo indiretamente investindo em ações de empresas endividadas. Poderiam estar dispostos a viver com taxas de retorno esperadas que não os compensariam inteiramente dos riscos financeiros e do negócio que suportam.

O endividamento empresarial será, de fato, mais barato? É difícil dizer. As taxas de juro dos empréstimos hipotecários para habitação não são muito diferentes das taxas de juro das obrigações de empresas de baixo risco.[9] As taxas de empréstimos com um corretor garantidos pelas ações do investidor não são muito diferentes das taxas que as empresas pagam aos bancos pelos empréstimos de curto prazo.

Algumas pessoas têm de suportar taxas de juros relativamente altas, principalmente por causa dos custos suportados pelos credores para conceder e gerir pequenos empréstimos. Há economias de escala no endividamento. Um grupo de pequenos investidores poderia se beneficiar caso se endividasse por meio de uma empresa, na realidade aglutinando os seus empréstimos e economizando nos custos de transação.[10]

Imagine que esse grupo de investidores seja grande, tanto em número como em riqueza agregada que canaliza para os mercados de capitais. Isso cria uma clientela para quem o endividamento por meio de uma empresa é melhor do que o endividamento pessoal. Em princípio, essa clientela estaria disposta a pagar um prêmio pelas ações de uma empresa endividada.

Mas talvez essa clientela não *tenha* de pagar um prêmio. Talvez alguns gestores financeiros inteligentes tenham reconhecido essa clientela há muito tempo e tenham alterado as estruturas de capital de suas organizações para satisfazerem suas necessidades. Essas alterações não devem ter sido difíceis nem dispendiosas. Entretanto, se a clientela agora estiver satisfeita, já não precisa pagar um prêmio pelas ações da empresa endividada. Só os *primeiros* gestores financeiros a reconhecer essa clientela é que retiraram vantagens disso.

Talvez o mercado de dívida empresarial seja como o mercado de automóveis. Os norte-americanos necessitam de milhões de automóveis e estão dispostos a pagar milhares de dólares por cada um deles. Isso não significa, porém, que você possa se tornar rico entrando no negócio de automóveis. Estará pelo menos cem anos atrasado.

---

[9] Um dos autores obteve, certa vez, um empréstimo hipotecário para habitação com uma taxa de juro meio ponto percentual *mais baixa* do que a remuneração corrente das obrigações de longo prazo AAA.

[10] Mesmo aqui existem outras possibilidades de endividamento pessoal. Os investidores podem resgatar suas economias ou vender parte dos seus investimentos em obrigações. O impacto das reduções nos empréstimos concedidos sobre o seu balanço e a sua posição de risco será exatamente o mesmo que o resultante dos aumentos do endividamento.

As atuais clientelas insatisfeitas estão provavelmente interessadas em títulos exóticos

Até o momento, fizemos parcos progressos na identificação de casos em que o valor da empresa poderá, de um modo plausível, depender da forma de financiamento. Mas os nossos exemplos ilustram que os gestores financeiros inteligentes procuram uma clientela *insatisfeita*; isto é, investidores que queiram determinado tipo de instrumento financeiro, mas que, por causa das imperfeições do mercado, não o conseguem obter, ou não o conseguem obter por um bom preço.

A proposição I de MM é violada quando a empresa, mediante uma concepção imaginativa da sua estrutura do capital, pode oferecer algum *serviço financeiro* que satisfaça às necessidades de tal clientela. Ou o serviço é novo e único, ou a empresa tem que encontrar um modo de prestar algum serviço antigo de maneira mais barata do que prestam outras empresas ou intermediários financeiros.

Haverá uma clientela insatisfeita para uma combinação variada de dívida ou de ações de empresas alavancadas? Duvidamos que isso aconteça, mas talvez você possa inventar um título exótico e descobrir uma procura latente para ele.

Nos próximos capítulos nos depararemos com vários títulos novos, inventados por empresas e consultores. Esses títulos recombinam os fluxos de caixa básicos da empresa segundo formas que se julgam mais atraentes para os investidores. No entanto, embora seja fácil inventar esses novos títulos, encontrar investidores desejosos de os adquirirem é mais difícil.

Imperfeições e oportunidades

As imperfeições mais sérias do mercado de capitais muitas vezes são criadas pelo governo. Uma imperfeição que permita uma violação da proposição I de MM *também* cria uma oportunidade de ganhar dinheiro. As empresas e os intermediários financeiros encontrarão sempre uma maneira de motivar a clientela de investidores frustrada pelas imperfeições.

Durante muitos anos o governo dos Estados Unidos impôs um limite sobre a taxa de juro que poderia ser paga sobre as contas de poupança e fez isso com a intenção de proteger as instituições de poupança, limitando a competição pelo dinheiro dos depositantes. O receio foi de que o os depositantes pudessem fugir na busca de rendimentos mais elevados, provocando sobre o caixa uma pressão à que as instituições de poupança não conseguiriam fazer face. A regulamentação das taxas de juros deu às instituições financeiras a oportunidade de gerar valor, oferecendo fundos do mercado financeiro. Trata-se de fundos de investimento em letras do Tesouro, *commercial papers* e outros instrumentos de dívida de curto prazo e de baixo risco. Qualquer investidor que tenha alguns milhares de dólares para aplicar pode ter acesso a esses instrumentos por meio de um fundo do mercado financeiro e pode retirar dinheiro a qualquer momento com um cheque sobre o seu saldo no fundo. O fundo se assemelha, assim, a uma conta-corrente ou de poupança, remunerada a taxas de juros próximas das do mercado.[11] Esses fundos do mercado financeiro tornaram-se extremamente populares. Em 2014, os seus ativos equivaliam a 2,5 trilhões.

Muito antes dos limites máximos impostos às taxas de juros terem sido finalmente abolidos, a maior parte dos ganhos já havia sido obtida pela emissão de fundos de mercado monetário aos investidores individuais. Quando, por fim, a clientela ficou satisfeita, a proposição I de MM passou a ser válida (até que o governo volte a criar outra imperfeição). A moral da história é: se alguma vez você encontrar uma clientela insatisfeita, faça alguma coisa de imediato porque, senão, os mercados de capitais evoluirão e irão roubá-la de você.

É uma mensagem encorajadora para a economia no seu todo. Se MM tiverem razão, as exigências dos investidores em relação a novos tipos de títulos são satisfeitas com um custo mínimo. O custo do capital refletirá apenas o risco do negócio. O capital afluirá às empresas com investimentos com VPL positivo, independentemente da estrutura do capital dessas organizações. É esse o resultado eficiente.

---

[11] Os fundos de mercado monetário não são totalmente seguros. Em 2008, o Reserve Primary Fund teve pesadas perdas sobre suas posições na dívida do Lehman Brothers e tornou-se somente o segundo fundo do mercado financeiro na história a "cair abaixo do dólar", pagando aos investidores $0,97 por dólar.

17.4 Uma palavra final sobre o custo médio ponderado do capital após impostos

MM nos deixaram uma mensagem simples. Quando a empresa altera o conjunto dos seus títulos de dívida e de capital próprio, o risco e o retorno esperado desses títulos também se alteram, mas o custo total do capital da empresa não.

Se você acredita que essa mensagem é muito clara e muito simples, tem razão. As complicações serão apresentadas nos dois próximos capítulos. Mas, desde já, temos que apresentar uma complicação: nos Estados Unidos e em muitos outros países, os juros pagos sobre a dívida de uma empresa podem ser deduzidos do rendimento tributável. Assim sendo, o custo da dívida *depois de impostos* é $r_D (1 - T_c)$, sendo T_c a alíquota marginal de imposto sobre as empresas. Portanto, quando as empresas descontam um projeto com um risco médio, não utilizam o custo do capital do modo como nós o calculamos. Contrariamente, utilizam o custo da dívida depois de impostos para calcular o custo médio ponderado do capital, ou CMPC, depois de impostos:

$$\text{CMPC após impostos} = r_D(1 - T_c)\frac{D}{V} + r_{CP}\frac{CP}{V}$$

Já apresentamos brevemente essa fórmula no Capítulo 9, quando a utilizamos para estimar o custo médio ponderado do capital para a Union Pacific. Em 2014, a taxa de endividamento de longo prazo dessa empresa era $r_D = 4,2\%$, e o custo estimado de seus capitais próprios era $r_{CP} = 9,8\%$. Com uma alíquota de imposto para a empresa de 35%, o custo da dívida depois de impostos era $r_D(1 - T_c) = 4,2 (1 - 0,35) = 2,7\%$. O índice de endividamento em relação ao valor total da organização era $D/V = 9,4\%$. Portanto,

$$\text{CMPC após impostos} = r_D(1 - T_c)\frac{D}{V} + r_{CP}\frac{CP}{V}$$

$$= 4,2 \times (1 - 0,35) \times 0,094 + 9,8 \times 0,906 = 9,1\%$$

A proposição II de MM estabelece que, na *ausência de impostos*, o custo do capital da organização permanece o mesmo independentemente do grau de alavancagem. Mas se as empresas recebem uma proteção contra a tributação em seus pagamentos de juros, então o CMPC depois de impostos diminui com o aumento da dívida. Isso é ilustrado na Figura 17.4, que mostra como o CPMC da Union Pacific se altera com as modificações no índice de dívida-capital próprio.

A maioria das grandes corporações de capital aberto utilizam CMPC depois de impostos para descontar fluxos de caixa dos investimentos propostos. Ao fazê-lo, elas estão obedecendo à proposição I de MM, exceto por usar um custo de dívida depois dos impostos.[12]

▶ FIGURA 17.4 CMPC estimado da Union Pacific após impostos com diferentes índices de dívida-capital próprio. O gráfico assume que $r_{CP} = 9,8\%$ com um índice de endividamento de 9,4% (equivalente a um índice de dívida-capital próprio de 10,4%) e uma taxa sobre os empréstimos de $r_D = 4,2\%$. Perceba que partimos do princípio de que a taxa de juros da dívida aumenta com a subida do índice de dívida-capital próprio.

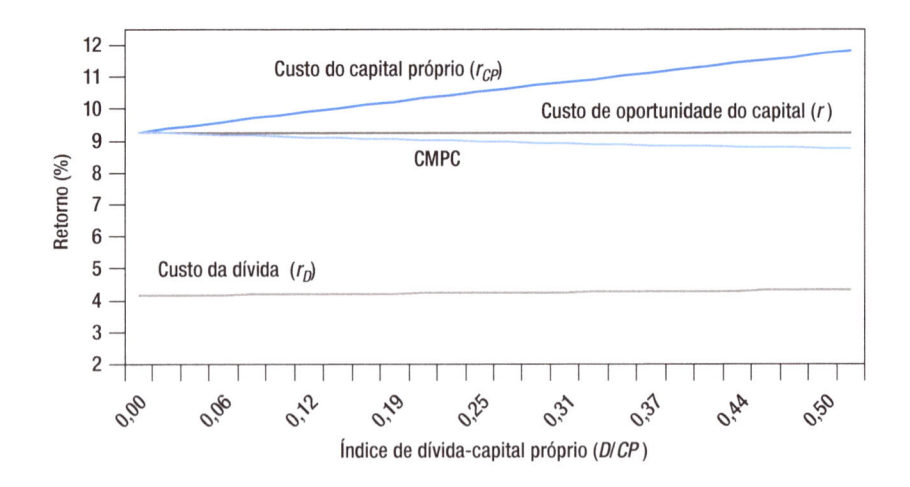

---

[12] Elas também estão fazendo uma simplificação ao usarem a taxa prometida de retorno sobre a dívida. Estritamente falando, MM usariam a taxa esperada de retorno, que é inferior à taxa prometida de retorno, devido ao risco de inadimplência. Mas as taxas prometida e esperada de retorno costumam ser bem próximas para empresas com bom crédito na praça.

RESUMO

Pense no gestor financeiro se apoderando de todos os ativos reais da empresa e os vendendo aos investidores como um pacote de títulos. Alguns gestores financeiros escolhem o pacote mais simples possível: financiamento total por capital próprio. Outros acabam emitindo dezenas de títulos de dívida e de ações. O problema é encontrar a combinação particular que maximize o valor de mercado da empresa.

A famosa proposição I de Modigliani e Miller (MM) afirma que nenhuma combinação é melhor do que outra – que o valor global de mercado da empresa (o valor de todos os títulos emitidos) é independente de sua estrutura de capital. As empresas que se alavancam oferecem aos investidores, na verdade, um menu mais complexo de títulos, mas, em resposta, os investidores "bocejam". O menu é redundante. Qualquer modificação na estrutura do capital pode ser copiada ou "desfeita" pelos investidores. Por que haveriam de pagar um custo adicional para se alavancarem indiretamente (investindo em ações de uma empresa endividada) quando podem alavancar-se por conta própria com a mesma facilidade e ao mesmo preço?

MM reconhecem que a alavancagem aumenta a taxa de retorno esperada dos investimentos dos acionistas, mas também aumenta o risco das ações da empresa. Esses autores demonstram que o maior risco é compensado pelo aumento do retorno esperado, o que não deixa os acionistas nem melhor nem pior em situação financeira.

A proposição I é um resultado extremamente genérico. É aplicável não apenas ao equilíbrio entre dívida e capital próprio, mas também a *qualquer* combinação entre instrumentos de financiamento. Por exemplo, MM afirmariam que a escolha entre dívida de longo prazo e de curto prazo não teria qualquer efeito sobre o valor da organização.

As demonstrações formais da proposição I dependem da aceitação de mercados de capitais perfeitos. Os opositores de MM, os "tradicionalistas", argumentam que as imperfeições do mercado tornam a alavancagem individual excessivamente dispendiosa, arriscada e inconveniente para alguns investidores. Isso cria uma clientela natural disposta a pagar um prêmio pelas ações das empresas endividadas. Os tradicionalistas afirmam que as empresas deveriam se endividar para receber o prêmio.

Mas esse argumento está incompleto. Pode existir uma clientela para as ações alavancadas, mas isso não é suficiente; a clientela tem de estar *insatisfeita* e disposta a pagar mais caro por capital próprio alavancado do que o previsto por MM. Já existem milhares de empresas endividadas disponíveis para o investimento. Existirá, ainda, uma clientela não saciada para uma combinação variada entre dívida e capital próprio? Duvidamos.

A proposição I é violada quando os gestores financeiros encontram uma demanda insatisfeita e a satisfazem, emitindo algo de inovador e diferente. A discussão entre MM e os tradicionalistas se reduz, em última instância, em saber se isso é fácil ou difícil. Tendemos para o ponto de vista de MM: encontrar clientelas insatisfeitas e conceber títulos exóticos para satisfazer às suas necessidades é um jogo divertido de participar, mas difícil de ganhar.

Se MM tiverem razão, o custo total do capital – a taxa de retorno esperada de uma carteira com todos os títulos da empresa em circulação – será sempre igual, independentemente da combinação de títulos utilizados para financiar a empresa. Normalmente, o custo total do capital é denominado custo do capital da empresa ou custo médio ponderado do capital (*weighted-average cost of capital* – WACC), ou CMPC na sigla brasileira. Segundo MM, o CMPC não depende da estrutura do capital. Mas MM reconhecem que há muitas complicações. A primeira são os impostos. Se admitirmos que os juros da dívida são dedutíveis para cálculos dos impostos e calcularmos o CMPC com a taxa de juros depois de impostos, o CMPC cai à medida que o índice de dívida-capital próprio aumenta. Ao longo dos próximos dois capítulos, você verá que há mais – muito mais – a dizer sobre impostos e sobre outras complicações.

No frigir do ovos, a teoria de MM se resume à afirmação: "não existe mágica na alavancagem financeira". O perigo está naqueles gestores ingênuos que tentam adicionar valor simplesmente "por alavanca". MM nunca disseram que contrair dívidas é algo ruim, mas insistiram que o risco financeiro compensa os retornos médios superiores advindos da alavancagem financeira. Não ignore o risco financeiro. E tenha cuidado especial com a alavancagem oculta, advinda, por exemplo, de *leasing* financeiro e de obrigações com pensões.

LEITURAS ADICIONAIS

O *número de outono de 1988 do* Journal of Economic Perspectives *contém uma coleção de artigos, incluído um de Modigliani e Miller, em que é feita uma revisão e uma avaliação das proposições de MM. O número de verão de 1989 da* Financial Management *inclui mais três artigos sob o título genérico "Reflections on the MM Propositions 30 Years Later".*

Duas pesquisas sobre inovações financeiras incluem:

F. Allen and G. Yago, *Financing the Future: Market-Based Innovations for Growth*, Wharton School Publishing-Milken Institute Series on Financial Innovations (Upper Saddle River, NJ: Pearson Education, 2010).

P. Tufano, "Financial Innovation," in G. M. Constantinides, M. Harris, and R. Stulz (eds.), *Handbook of the Economics of Finance*, Vol 1A (Amsterdam: Elsevier/North-Holland, 2003).

Miller revisa as proposições de MM em:

M. H. Miller, "The Modigliani-Miller Propositions after Thirty Years," *Journal of Applied Corporate Finance* 2 (Spring 1989), pp. 6-18.

Para uma visão cética dos argumentos de MM, veja:

S. Titman, "The Modigliani-Miller Theorem and the Integration of Financial Markets," *Financial Management* 31 (Spring 2002), pp. 101-115.

PROBLEMAS

BÁSICO

1. **Alavancagem doméstica** A Sra. Kraft possui 50 mil ações ordinárias da Copperhead Corporation, com um valor de mercado de $2 por ação, ou um total de $100 mil. A empresa, atualmente, é financiada da seguinte maneira:

	Valor contábil
Ações ordinárias (8 milhões de ações)	$16.000.000
Empréstimos de curto prazo	$2.000.000

   A Copperhead anuncia, agora, que vai substituir $1 milhão de dívida de curto prazo por uma emissão de ações. Que medidas a Sra. Kraft poderá tomar para se assegurar de que obterá exatamente a mesma proporção dos lucros como na situação anterior?

2. **Alavancagem e o custo de capital** A Spam Corp. é inteiramente financiada por ações ordinárias e tem um beta de 1,0. A empresa espera que essas ações gerem, em perpetuidade, um fluxo de ganhos e dividendos. As ações têm um índice P/L de 8 e um custo de capital próprio de 12,5%. As ações estão sendo vendidas no mercado a um preço unitário de $50. A empresa decidiu agora recomprar metade das ações e substituir um valor igual de dívida. Esta rende 5%, isento de risco. A empresa está isenta de impostos. Assumindo que MM tenham razão, calcule os seguintes itens após o refinanciamento:

   a. O custo do capital próprio.
   b. O custo total do capital (CMPC).
   c. O índice P/L.
   d. O preço das ações.
   e. O beta das ações.

3. **Alavancagem e o custo de capital** As ações ordinárias e a dívida da Northern Sludge estão avaliadas em $50 milhões e $30 milhões, respectivamente. Atualmente, os investidores exigem um retorno de 16% nas ações e de 8% na dívida. Se a Northern emitir mais $10 milhões de ações e utilizar esses fundos para reembolsar a dívida, o que acontecerá ao retorno esperado das ações? Admita que a mudança da estrutura do capital não afeta o risco da dívida e que não há impostos.

4. **Alavancagem e o custo de capital** Suponha que a Macbeth Spot Removers emita apenas um título de dívida de $2.500 e utilize os fundos obtidos para recomprar 250 ações.

   a. Refaça o Quadro 17.2 para demonstrar de que modo os lucros por ação e o retorno das ações passam a variar com os resultados operacionais.
   b. Se o beta dos ativos da Macbeth for de 0,8 e a sua dívida for sem risco, qual será o beta do capital próprio depois da emissão de dívida?

5. **Proposições de MM** Verdadeiro ou falso?

   a. As proposições de MM pressupõem mercados financeiros perfeitos, sem distorções causadas por impostos nem outras imperfeições.
   b. A proposição I de MM afirma que o endividamento corporativo aumenta os lucros por ação e diminui o índice P/L.
   c. A proposição II de MM afirma que o custo do capital próprio aumenta com o endividamento e que o aumento é proporcional a D/V, o índice da dívida sobre o valor da empresa.
   d. A proposição II de MM pressupõe que um aumento do endividamento não afeta a taxa de juros da dívida da empresa.
   e. O endividamento não aumenta o risco financeiro nem o custo do capital próprio se não houver risco de falência.
   f. O endividamento sempre aumenta o valor da organização desde que haja uma clientela de investidores com razões para preferir a dívida.

6. **Alavancagem e o custo de capital** Volte à Seção 17.1. Admita que o banco de investimento da Sra. Macbeth a informou de que, uma vez que a nova dívida tem um risco maior, os credores vão exigir um retorno de 12,5%, ou seja, mais 2,5% do que a taxa de juro sem risco.

   a. Determine o valor de r_A e de r_{CP}.
   b. Suponha que o beta das ações da empresa não alavancada era de 0,6. Qual será o valor de β_A, β_{CP} e β_D após a modificação da estrutura do capital?

7. **Alavancagem e o custo de capital** Considere os diagramas em branco da Figura 17.5 a seguir. No diagrama (*a*) suponha que MM estejam certos e desenhe a relação entre a alavancagem financeira (índice de dívida-capital próprio) e (1) a taxa de retorno da dívida e a do capital próprio e (2) o custo médio ponderado do capital. Repita em seguida no diagrama (*b*), supondo, dessa vez, que os tradicionalistas estejam certos.

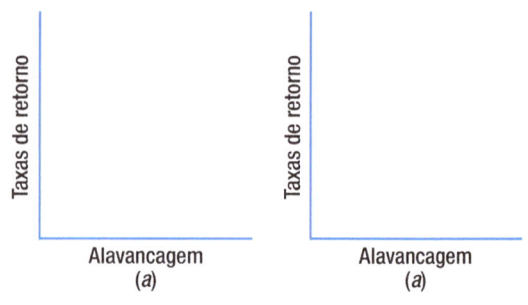

▶ **FIGURA 17.5** Ver Problema 7

8. **Alavancagem e o custo de capital** A Gaucho Services inicia a sua atividade inteiramente financiada por capital próprio e com um custo do capital próprio de 14%. Supo-

nha que a empresa se refinancie, ficando com a seguinte estrutura de capital em valores de mercado:

Dívida (D)	45%	com r_D = 9,5%
Capital próprio (CP)	55%	

Utilize a proposição II de MM para calcular o novo custo do capital próprio. A Gaucho paga impostos a uma taxa marginal de T_c = 40%. Calcule o custo médio ponderado do capital da Gaucho.

INTERMEDIÁRIO

9. **Alavancagem doméstica** As empresas A e B se diferem apenas na sua estrutura de capital. A é financiada em 30% por dívida e em 70% por capital próprio. B é financiada em 10% por dívida e em 90% por capital próprio. Em ambos os casos, a dívida não tem risco.

   a. Rosencrantz possui 1% das ações de A. Que outro "pacote" de investimentos produziria fluxos de caixa idênticos para Rosencrantz?

   b. Guildenstern possui 2% das ações de B. Que outro "pacote" de investimentos produziria fluxos de caixa idênticos para Guildenstern?

   c. Demonstre que nem Rosencrantz nem Guildenstern investiriam em ações de B se o valor *total* da empresa A fosse inferior ao de B.

10. **Proposição I de MM** Veja esse versinho:

    Era uma vez um homem que se chamava Carruthers,

    Que tinha vacas com tetas miraculosas.

    Dizia ele: "Não é fantástico?

    Dão nata por uma teta,

    E leite desnatado pelas outras!".

    Que analogia existe entre as vacas do Sr. Carruthers e as decisões de financiamento das empresas? O que afirmaria a proposição I de M, devidamente adaptada, sobre o valor das vacas do Sr. Carruthers? Explique.

11. **Proposição I de MM** A Executive Chalk é uma empresa inteiramente financiada por ações e tem em circulação 25 milhões de ações com um preço de mercado de $10 por ação. Agora, anuncia sua intenção de fazer uma emissão de títulos de dívida no valor de $160 milhões e de utilizar esses fundos para recomprar suas próprias ações.

    a. Como é o preço de mercado das ações afetadas por esse anúncio?

    b. Quantas ações a empresa poderá adquirir com os $160 milhões de dívida que vai emitir?

    c. Qual será o valor de mercado da empresa (capital próprio mais dívida) após a alteração da estrutura do capital?

    d. Qual é o índice de endividamento após a alteração da estrutura?

    e. Haverá alguém que ganhe ou que perca? Quem?

    Tente, agora, responder a próxima questão.

12. **Proposição I de MM** A Executive Cheese fez uma emissão de títulos de dívida no valor de $100 milhões e tem em circulação 15 milhões de ações com um preço de mercado de $10 por ação. Agora, ela anuncia sua intenção de fazer uma emissão adicional de dívida no valor de $60 milhões e de utilizar esses fundos para recomprar ações. Os credores, perante o acréscimo de risco, baixam o valor de mercado da dívida existente para $70 milhões.

    a. Como o preço de mercado das ações é afetado por esse anúncio?

    b. Quantas ações a empresa poderá readquirir com os $60 milhões da nova dívida que vai emitir?

    c. Qual será o valor de mercado da organização (capital próprio mais dívida) após a alteração da estrutura do capital?

    d. Qual é o índice de endividamento após a alteração da estrutura?

    e. Haverá alguém que ganhe ou que perca? Quem?

13. **Alavancagem e o custo de capital** A Hubbard's Pet Foods é financiada em 80% por ações e em 20% por obrigações. O retorno esperado das ações é de 12%, e a taxa de juros das obrigações é de 6%. Admitindo que as obrigações não possuem risco de inadimplência, desenhe um gráfico que mostre a variação do retorno esperado das ações da empresa, r_{CP}, e do retorno esperado do pacote das ações e das obrigações, r_A, para diferentes índices de dívida-capital próprio.

14. **Proposição I de MM** "MM ignoram completamente o fato de que quanto mais se endividar, mais elevadas serão as taxas de juros que terá que suportar." Justifique cuidadosamente se essa afirmação é ou não é válida.

15. **Alavancagem e o custo de capital** Indique o que está errado nas seguintes afirmações:

    a. "Quando a empresa se endivida mais, e a dívida se torna mais arriscada, tanto os acionistas quanto os credores exigem taxas de retorno mais elevadas. Dessa maneira, *reduzindo* o índice de dívida-capital próprio, podemos diminuir *tanto* o custo da dívida *como* o custo do capital próprio, melhorando a situação de todos."

    b. "O endividamento moderado não afeta de um modo significativo a probabilidade de tensões financeiras ou de falências. Consequentemente, o endividamento moderado não aumenta a taxa de retorno esperada exigida pelos acionistas."

16. **Alavancagem e o custo de capital** Cada uma das seguintes afirmações é falsa ou, pelo menos, enganadora. Justifique em cada um dos casos.

    a. "Uma oportunidade de investimento que ofereça uma taxa de retorno de 10% com base nos FCDs é um projeto atraente, se puder ser 100% financiado por dívida com uma taxa de juros de 8%."

    b. "Quanto mais dívida a empresa emitir, maior deverá ser a taxa de juros a pagar. Essa é uma razão importante para as empresas funcionarem com níveis conservadores de endividamento."

17. **Clientelas de dívida**   Você é capaz de inventar novos tipos de alavancagem que sejam atraentes para os investidores? Por que você crê que ainda não foram emitidos?

18. **Alavancagem e valores de mercado**   Imagine uma empresa que espera produzir um fluxo regular de resultados operacionais. Se a alavancagem aumentar, o que acontece:
    a. Ao índice do valor de mercado dos capitais próprios sobre os resultados após o juro?
    b. Ao índice do valor de mercado da *empresa* sobre os resultados antes do juro se (i) MM tiverem razão e (ii) os tradicionalistas tiverem razão?

19. **Alavancagem e o custo de capital**   A Archimedes Levers é financiada por uma combinação de dívida e capital próprio. Ela dispõe das seguintes informações sobre o custo do capital:

$r_{CP} =$ ___	$r_D = 12\%$	$r_A =$ ___
$\beta_{CP} = 1{,}5$	$\beta_D =$ ___	$\beta_A =$ ___
$r_f = 10\%$	$r_m = 18\%$	$D/V = 0{,}5$

    Você consegue preencher os espaços em branco?

20. **Alavancagem e o custo de capital**   Volte ao Problema 19. Agora, imagine que a Archimedes readquire dívida e emite ações para que $D/V = 0{,}3$. A redução do empréstimo leva r_D a baixar para 11%. Qual é a alteração que sofrem as outras variáveis?

21. **Alavancagem e o custo de capital**   A Omega Corporation tem 10 milhões de ações em circulação, cujo preço unitário nesse momento é de R$55. A empresa estimou que a taxa de retorno esperada para os acionistas seja da ordem dos 12%. Ela também emitiu $200 milhões em obrigações de longo prazo uma taxa de juros de 7%. A empresa paga impostos à alíquota marginal de 35%.
    a. Qual é o CMPC após impostos da Omega?
    b. Em quanto aumentaria o CMPC, se a Omega não tivesse recorrido à emissão de dívida? (*Dica:* para esse problema, pode-se pressupor que o beta total da empresa (β_A) não é afetado pela estrutura do capital nem pelos impostos que economizou pelo fato de os juros sobre a dívida serem dedutíveis nos impostos.

22. **Alavancagem e o custo de capital**   A Gamma Airlines tem um beta do ativo de 1,5. A taxa de juros isenta de imposto é de 6%, e o prêmio de risco do mercado é de 8%. Considere que o modelo CAPM está correto. A Gamma paga uma alíquota marginal de imposto de 35%. Desenhe em um gráfico o custo do capital próprio da Gamma e o CPMC após impostos em função de do seu índice de dívida-capital próprio (D/CP), desde um endividamento nulo até $D/CP = 1{,}0$. Suponha que a dívida da Gamma seja isenta de risco até $D/CP = 0{,}25$. Depois, a taxa de juros aumenta para 6,5% quando $D/CP = 0{,}5$, 7% quando $D/CP = 0{,}8$ e 8 quando $D/CP = 1{,}0$. Tal como no Problema 21, você pode pressupor que o beta total da empresa (β_A) não seja afetado pela estrutura do capital nem pelos impostos que economizou pelo fato de os juros sobre a dívida serem dedutíveis nos impostos.

DESAFIO

23. **Escolha do investidor**   Considere as três rifas seguintes: com a rifa A, você receberá $10 se ___ for eleito presidente; com a rifa B receberá $10 se ___ for eleito, e com a rifa C $10, se nenhum deles for eleito. (Preencha como quiser os espaços em branco.) Será possível negociar as três rifas por menos do que o valor presente de $10? E por mais? Tente leiloá-las. Quais as implicações para a proposição I de MM?

24. **Escolha do investidor**   As pessoas em geral transmitem a ideia subjacente à proposição I de MM por meio de analogias de supermercados, como "o valor de um bolo não deveria depender da forma como é cortado em fatias", ou "o custo de um frango inteiro deveria ser igual ao custo de suas várias partes, como duas coxas, duas asas, etc.".

    Na realidade, a proposição I não funciona no caso dos supermercados. Pagamos menos pelo bolo ainda inteiro do que por outro, reconstituído pelas suas fatias compradas separadamente. Os supermercados cobram mais pelos frangos depois de cortados. Por que razão? Que custos ou imperfeições fazem com que a proposição I falhe no caso dos supermercados? Esses custos ou essas imperfeições são importantes para as empresas que emitem títulos nos Estados Unidos ou no mercado mundial de capitais? Explique.

25. **Escolha do investidor**   Suponha a possibilidade de registrar a patente de novos modelos de títulos.[13] O detentor da patente podia restringir a utilização do novo modelo ou cobrar direitos de autor a outras empresas quando o utilizassem. Que efeito teriam essas patentes sobre a teoria da irrelevância da estrutura do capital de MM?

---

[13] Até o momento, ainda não é possível registrar a patente de títulos, mas outras aplicações financeiras já receberam a proteção de patentes. Veja J. Lerner, "Where Does State Street Lead? A First Look at Finance Patents", *Journal of Finance* 57 (April 2002), pp. 901-930.

MINICASO

Claxton Drywall vem ao resgate

Um escritório de advocacia (não a Dewey, Cheatem, and Howe, dos Três Patetas) está se expandindo rapidamente e precisa se transferir para um novo espaço. Os negócios vão bem, e a empresa está encorajada a comprar um prédio inteiro por $10 milhões. O prédio oferece espaço de primeira classe para os escritórios, está situado em local conveniente, perto dos clientes corporativos mais importantes, e oferece espaço para ampliação futura. A empresa está se decidindo sobre a melhor maneira de pagar por ele.

Claxton Drywall, um consultor, encoraja a empresa a não comprar o prédio, e sim a assinar um *leasing* de longo prazo pelo prédio. "Com o financiamento por *leasing*, vocês economizarão $10 milhões. Não terão de arcar com nenhum investimento de capital próprio", explica Drywall.

O sócio sênior do escritório pergunta sobre os termos do *leasing*. "Tomei a liberdade de conferir", Drywall responde. "O *leasing* proporcionará 100% de financiamento. Com ele, vocês ficarão comprometidos a pagar 20 prestações anuais fixas de $950 mil, com a primeira prestação no ato".

"O pagamento inicial de $950 mil me parece um pagamento à vista", observa com azedume o sócio sênior.

"Tem razão", Drywall afirma amigavelmente, "mas vocês terão economizado $9.050.000 à vista. Vocês podem obter uma belíssima taxa de retorno por esse dinheiro. Por exemplo: pelo que ouvi, vocês estão cogitando abrir filiais em Londres e em Bruxelas. Os $9 milhões pagariam pelos custos de montar os novos escritórios, e os fluxos de caixa advindos dos novos escritórios devem mais do que cobrir os pagamentos do *leasing*. E não há risco financeiro algum – os fluxos de caixa advindos da expansão acabarão cobrindo os pagamentos do *leasing* com alguma margem de segurança. Não há motivo para você ou seus sócios se preocuparem ou exigirem uma taxa de retorno acima do normal."

QUESTÕES

Suponha que o valor presente do prédio equivale a seu preço de aquisição de $10 milhões. Assuma que o escritório de advocacia tem condições de financiar as filiais em Londres e Bruxelas a partir do fluxo de caixa operacional, com caixa excedente para os pagamentos do *leasing*. Suponha ainda que a empresa ficará adimplente com todos os pagamentos do *leasing*. Por simplicidade, você pode ignorar os impostos.

1. Se o escritório de advocacia assumir o *leasing*, investirá $950 mil e efetivamente contrairá uma dívida de $9.050.000, a ser paga em 19 prestações de $950 mil. Qual é a taxa de juros sobre este empréstimo disfarçado?

2. O escritório de advocacia poderia financiar 80% do preço de aquisição com uma hipoteca convencional a uma taxa de juros de 7%. Será que a hipoteca convencional é melhor do que o *leasing*?

3. Construa um exemplo numérico simples para convencer Drywall de que o *leasing* acabaria expondo o escritório de advocacia a risco financeiro. *Dica:* qual é a taxa de juros sobre o investimento de capital próprio da empresa no prédio se uma recessão surgir e o valor de mercado do prédio (sob *leasing*) cair para $9 milhões depois de um ano? Qual é a taxa de retorno com financiamento convencional por hipoteca?

4. Os investimentos em Londres e Bruxelas têm alguma coisa a ver com a decisão de financiar o prédio? Explique em breves palavras.

CAPÍTULO 18

Quanto uma empresa deve se endividar?

No Capítulo 17, concluímos que raramente a política de endividamento é relevante nos mercados de capitais que funcionam bem e sem tensões ou imperfeições. Poucos gestores financeiros aceitariam essa conclusão como um guia prático. Se a política de endividamento não fosse importante, então não deveriam se preocupar com ela – as decisões de financiamento poderiam ser rotineiras ou erráticas – não importaria. Contudo, os gestores financeiros efetivamente se preocupam com a política de endividamento. Este capítulo explica por quê.

Se a política de endividamento fosse completamente irrelevante, os índices efetivos de endividamento deveriam variar aleatoriamente de empresa para empresa e de setor para setor. Porém, em alguns setores, empresas se endividam muito mais do que em outros. Veja, por exemplo, o Quadro 18.1. Ele mostra que hotéis e companhias aéreas são endividados contumazes. Por outro lado, empreendimentos de alta tecnologia – tais como empresas de *software* e Internet – são financiadas quase exclusivamente com capital próprio. Empresas de crescimento acentuado raramente utilizam muita dívida, apesar de sua rápida expansão e das frequentes necessidades de altos aportes de capital.

A explicação desses padrões reside em parte nos aspectos que deixamos de fora no último capítulo. Ignoramos constantemente os impostos. Admitimos a falência como barata, rápida e indolor. Isso não é assim, e há custos associados às dificuldades financeiras, mesmo que a falência legal seja evitada. Ignoramos os potenciais conflitos de interesse entre os detentores dos diversos títulos emitidos por uma empresa. Não consideramos, por exemplo, o que acontece aos credores mais antigos da empresa quando é emitido um novo título de dívida ou quando uma alteração da sua estratégia de investimento a arrasta para uma atividade com maior risco. Ignoramos os problemas de informação que favorecem a dívida em relação ao capital próprio quando se torna necessário angariar fundos com novas emissões de títulos. Ignoramos o efeito positivo da alavancagem financeira sobre os gestores nas suas decisões de investimento e de distribuição de dividendos.

Agora, incluiremos todos esses aspectos: primeiro, os impostos; depois, os custos de falência e das dificuldades financeiras. Isso vai nos conduzir aos conflitos de interesse e aos problemas de informação e dos incentivos. Acabaremos por ter de admitir que a política de endividamento é, de fato, importante.

Entretanto, não rejeitaremos a teoria de MM que desenvolvemos tão cuidadosamente no capítulo anterior. O nosso objetivo é o de desenvolver uma teoria que *combine* o ponto de vista de MM com os efeitos dos impostos, dos custos de falência e das dificuldades financeiras, além de vários outros problemas. Não vamos regressar à teoria tradicional com base nas imperfeições do mercado de capitais. Em vez disso, queremos observar de que modo os mercados de capitais que funcionam bem reagem aos impostos e aos outros aspectos referidos neste capítulo.

QUADRO 18.1 Índice dívida/dívida mais capital próprio de uma amostra de empreendimentos não financeiros, 2013

Setor	Mediana do índice de dívida contábil
Provedores de informação pela Internet	0,02
Equipamentos de comunicação	0,10
Óleo e gás integrados	0,12
Software	0,18
Semicondutores	0,18
Eletrodomésticos	0,23
Ferrovias	0,38
Biotecnologia	0,39
Aeroespacial	0,40
Produtos químicos	0,42
Distribuidoras de gás	0,45
Companhias aéreas	0,62
Hotéis	0,74

Fonte: Compustat.
Obs.: Índice dívida/capital total = $D/(D + E)$, onde D e E são os valores contábeis de dívida e patrimônio a longo prazo.

18.1 Tributação das empresas

O financiamento por meio do endividamento tem uma vantagem importante no sistema de imposto sobre o rendimento das empresas dos Estados Unidos e de muitos outros países. Os juros que a empresa paga são uma despesa fiscalmente dedutível, por isso a remuneração dos credores escapa à tributação pela empresa.

O Quadro 18.2 apresenta versões simplificadas das contas de resultados da empresa U, que não tem dívida, e da empresa L, que tem um empréstimo de $1 mil a 8%. A carga fiscal de L é inferior à de U em $28. Trata-se do *benefício fiscal* proporcionado pelo endividamento de L. Na realidade, o governo paga 35% das despesas financeiras de L. A remuneração total que L pode desembolsar para seus credores e acionistas aumenta nesse montante.

Os benefícios fiscais podem constituir ativos valiosos. Imagine que o endividamento de L é fixo e permanente. Ou seja, a organização se compromete a refinanciar as suas obrigações atuais resultantes do endividamento, quando vencerem, e continuam a "rolar" essas obrigações indefinidamente. Espera-se obter um fluxo permanente de saídas de caixa de $28 por ano. O risco desses fluxos é, provavelmente, menor que o risco dos ativos operacionais de L. Os benefícios fiscais dependem apenas da alíquota de imposto corporativo[1] e da capacidade de L lucrar o suficiente para cobrir os desembolsos dos juros. A taxa de imposto sobre as empresas tem sido bastante estável, e a capacidade de L cobrir os pagamentos dos juros deve ser razoavelmente segura – senão, não teria conseguido obter um empréstimo a 8%. Por conseguinte, deveríamos descontar os benefícios fiscais dos juros a uma taxa relativamente baixa.

Mas a que taxa? O pressuposto mais comum é o de que o risco dos benefícios fiscais é o mesmo que o dos pagamentos dos juros que os geram. Assim, descontamos a 8% a taxa de retorno esperada exigida pelos investidores na dívida da empresa:

$$\text{VP (dos benefícios fiscais)} = \frac{28}{0,08} = \$350$$

Na realidade, o governo assume 35% dos $1 mil da dívida de L.

Segundo esses pressupostos, o valor presente dos benefícios é independente do retorno da dívida r_D. Ele é igual à taxa de imposto sobre as empresas, T_c, multiplicado pelo montante de endividamento D:

Pagamento de juros = retorno da dívida × montante do endividamento

$$= r_D \times D$$

QUADRO 18.2 A capacidade de dedução fiscal dos juros aumenta o montante total que pode ser pago aos acionistas e aos detentores de obrigações

	Demonstração de resultados da empresa U	Demonstração de resultados da empresa L
Lucros antes de juros e impostos	$1.000	$1.000
Juros pagos aos detentores de obrigações	0	80
Lucro antes dos impostos	1.000	920
Imposto a 35%	350	322
Lucro líquido para os acionistas	$ 650	$ 598
Lucro total para os acionistas e os detentores de obrigações	$0 + 650 = $650	$80 + 598 = $678
Benefício fiscal dos juros (0,35 × juros)	$0	$28

---

[1] Utilize sempre a alíquota marginal de imposto sobre as empresas, e não a alíquota média. Frequentemente, as alíquotas médias são muito inferiores às marginais em virtude das depreciações aceleradas e de vários outros ajustamentos fiscais. Para as grandes empresas, a alíquota marginal de imposto é, normalmente, a alíquota aplicável; quando este capítulo foi escrito (2015) era de 35%. No entanto, as alíquotas marginais efetivas podem ser inferiores à alíquota aplicável, sobretudo para empresas menores e com um risco maior, que não têm a certeza de que no futuro teriam rendimentos tributáveis.

$$\text{VP (dos benefícios fiscais)} = \frac{\text{alíquota de tributação das empresas} \times \text{pagamento de juros}}{\text{retorno esperado do endividamento}}$$

$$= \frac{T_c r_D D}{r_D} = T_c D$$

Naturalmente, o VP (dos benefícios fiscais) será menor se a empresa não planejar se endividar permanentemente[2] ou se não tiver um rendimento tributável suficiente para utilizar os benefícios fiscais no futuro.[3]

Qual a contribuição do benefício fiscal dos juros para o valor das ações?

A proposição I de MM se limita a dizer que: "O valor de um bolo não depende da forma como for dividido em fatias". O bolo é constituído pelos ativos da empresa, e as fatias são os direitos sobre eles do endividamento e do capital próprio. Se o tamanho do bolo não se alterar, então um dólar a mais de dívida significará um dólar a menos de capital próprio.

Mas existe, na realidade, uma terceira fatia: a do governo. Observe o Quadro 18.3. Ele apresenta um balanço expandido com o valor do ativo *antes de impostos*, do lado esquerdo, e o valor dos direitos fiscais do governo identificado como um passivo, do lado direito. MM continuariam afirmando que o valor do bolo – nesse caso, o valor dos ativos *antes de impostos* – não se alterou por causa da divisão em fatias. Mas tudo o que a empresa puder fazer para reduzir a fatia do governo irá, obviamente, beneficiar os acionistas. Uma coisa que pode ser feita é a contratação de um empréstimo, o que reduz a sua obrigação fiscal e, tal como observamos no Quadro 18.2, aumenta os fluxos de caixa destinados aos investidores em dívida e em ações da empresa. O valor da empresa *após impostos* (a soma dos valores de sua dívida e de seu capital próprio como consta de um balanço normal baseado em valores de mercado) aumenta na medida do VP dos benefícios fiscais.

QUADRO 18.3 Balanços normal e expandido aos valores de mercado. Em um balanço normal, os ativos são avaliados após impostos. No balanço expandido, os ativos são avaliados antes dos impostos, e o valor do direito fiscal do governo é reconhecido no lado direito. Os benefícios fiscais dos juros são valiosos, pois eles reduzem a tributação do governo

Balanço normal (valores de mercado)	
Valor do ativo (valor presente dos fluxos de caixa após impostos)	Dívida
	Capital próprio
Total dos ativos	Valor total
Balanço expandido (valores de mercado)	
Valor do ativo antes dos impostos (valor presente dos fluxos de caixa antes dos impostos)	Dívida
	Direito fiscal do governo (valor presente dos impostos futuros)
	Capital próprio
Total dos ativos antes dos impostos	Valor total antes dos impostos

---

[2] Neste exemplo, partimos do pressuposto de que o montante da dívida é fixo e estável ao longo do tempo. O pressuposto alternativo natural é o de um *índice* fixo de endividamento relativo ao valor da empresa. Se esse índice for fixo, o montante da dívida e os benefícios fiscais irão variar à medida que o valor da empresa variar. Nesse caso, os benefícios fiscais projetados não poderão ser descontados ao custo da dívida. Analisaremos essa questão mais detalhadamente no próximo capítulo.

[3] Se os resultados de L não cobrirem os juros em algum ano futuro, o benefício fiscal não estará necessariamente perdido. L pode "reportar retroativamente" o prejuízo e receber uma devolução fiscal até o montante dos impostos pagos nos dois anos anteriores. Se L tiver uma série de prejuízos e, portanto, não tiver pagamentos de impostos que possam ser devolvidos, os prejuízos serão "reportados para adiante" e utilizados para reduzir os resultados dos anos subsequentes.

Remodelação da estrutura de capital da Johnson & Johnson

A Johnson & Johnson é uma empresa grande e bem-sucedida que recorre relativamente pouco ao endividamento de longo prazo. O Quadro 18.4*a* apresenta os balanços simplificados da Johnson & Johnson baseados nos valores contábeis e nos valores de mercado em setembro de 2014.

Imagine-se como o gestor financeiro da Johnson & Johnson, com total responsabilidade pela sua estrutura de capital. Você decide contrair um empréstimo adicional de $10 bilhões, de modo permanente, e utilizar os fundos para recomprar ações.

O Quadro 18.4*b* mostra os novos balanços. A versão contábil mostra apenas mais $10 bilhões de dívida de longo prazo, e menos $10 bilhões de capital próprio. No entanto, sabemos que os ativos da Johnson & Johnson devem valer mais, pois a sua carga foi reduzida em 35% dos juros sobre a nova dívida. Ou seja, a Johnson & Johnson se beneficiou de um aumento do VP (dos benefícios fiscais dos juros), que vale $T_c D = 0{,}35 \times 10 = \$3{,}5$ bilhões. Se a teoria de MM estiver correta, *exceto* em relação aos impostos, o valor da empresa deve aumentar em $3,5 bilhões para $335,624 bilhões. O capital próprio da Johnson & Johnson passa a valer $293,100 bilhões.

Com a recompra das ações no valor de $10 bilhões, o valor do capital próprio da Johnson & Johnson caiu apenas $6,5 bilhões, resultando para os acionistas da Johnson & Johnson em uma melhora em $3,5 bilhões. Não foi um dia de trabalho ruim.[4]

QUADRO 18.4a Balanços simplificados da Johnson & Johnson, setembro de 2014 (cifras em milhões)

Valores contábeis			
Capital de giro líquido	$ 36.991	$ 13.152	Dívida de longo prazo
Ativos de longo prazo	72.124	19.372	Outras obrigações de longo prazo
		76.591	Capital próprio
Total de ativos	$109.115	$109.115	Valor total
Valores de mercado			
Capital de giro líquido	$ 36.991	$ 13.152	Dívida de longo prazo
VP dos benef. fisc. dos juros	4.603	19.372	Outras obrigações de longo prazo
Ativos de longo prazo	290.530	299.600	Capital próprio
Total de ativos	$332.124	$332.124	Total de ativos

Obs.:
1. O valor de mercado é igual ao valor contábil para o capital de giro líquido, a dívida de longo prazo e outras obrigações de longo prazo. O valor de mercado das ações = número de ações multiplicado pelo preço de fechamento para setembro de 2014. A diferença entre o valor de mercado e o valor contábil dos ativos de longo prazo é igual à diferença entre o valor de mercado e o valor contábil do capital próprio.
2. O VP dos benefícios fiscais dos juros considera uma dívida fixa e perpétua, com uma taxa de juros de 35%.

QUADRO 18.4b Balanços da Johnson & Johnson com $10 bilhões adicionais de dívida a longo prazo no lugar de capital acionário (cifras em milhões)

Valores contábeis			
Capital de giro líquido	$ 36.991	$ 23.152	Dívida de longo prazo
Ativos de longo prazo	72.124	19.372	Outras obrigações de longo prazo
		66.591	Capital próprio
Total de ativos	$109.115	$109.115	Valor total
Valores de mercado			
Capital de giro líquido	$ 36.991	$ 23.152	Dívida de longo prazo
VP dos benef. fisc. dos juros	8.103	19.372	Outras obrigações de longo prazo
Ativos de longo prazo	290.530	293.100	Capital próprio
Total de ativos	$335.624	$335.624	Total de ativos

---

[4] Repare que se as obrigações forem vendidas a um preço justo, todos os benefícios fiscais devem ir para os acionistas.

MM e os impostos

Acabamos de desenvolver uma versão da proposição I de MM, tal como foi por eles "revista" de modo a refletir os impostos sobre o rendimento das empresas.[5] A nova proposição é:

Valor da empresa = valor se financiada apenas por capital próprio + VP (dos benefícios fiscais)

No caso especial de endividamento fino e permanente:

$$\text{Valor da empresa} = \text{valor se financiada apenas por capital próprio} + T_c D$$

A nossa cirurgia financeira imaginária sobre a Johnson & Johnson proporciona uma ilustração perfeita dos problemas inerentes a essa teoria "revista". Aqueles $3,5 bilhões parecem ter caído do céu; parece ser uma violação à lei de que "não existem máquinas de fazer dinheiro". E se os acionistas da Johnson & Johnson ficassem mais ricos com $23.152 bilhões de endividamento da empresa, por que não $33.152 ou $43.152 bilhões? Em que momento a Johnson & Johnson deverá parar de se endividar? A nossa fórmula implica que o valor da empresa e a riqueza dos acionistas continuam crescendo à medida que D aumenta. A política de endividamento ideal sugerida é embaraçosamente exagerada: todas as empresas deveriam ser financiadas a 100% por dívida.

MM não foram tão fanáticos a esse respeito. Ninguém esperaria aplicar a fórmula a índices de endividamento extremos. Há várias razões para o fato de nossos cálculos exagerarem o valor dos benefícios fiscais. Em primeiro lugar, é errado ver a dívida simplesmente como fixa e em perpetuidade; a capacidade de uma empresa suportar dívida muda com o tempo à medida que os lucros e o valor da organização vão se modificando. Em segundo lugar, há muitas empresas com alíquotas marginais de imposto inferiores a 35%. Em terceiro lugar, não podemos usar benefícios fiscais dos juros a menos que haja lucros futuros para proteger – e nenhuma organização tem certeza absoluta sobre isso.

Mas nenhuma dessas razões explica o fato de empresas como a Johnson & Johnson sobreviverem e prosperarem com pouco endividamento. É difícil acreditar que seus gestores financeiros tenham simplesmente perdido o barco.

Parece que a nossa argumentação nos colocou em um beco sem saída. Mas pode haver duas saídas:

1. Talvez uma análise mais completa do sistema norte-americano de tributação das empresas e *das pessoas físicas* nos revele uma desvantagem fiscal no endividamento das empresas que anule o valor presente dos seus benefícios fiscais.

2. Talvez as empresas que contraiam empréstimos incorram em outros custos – como os custos de falência, por exemplo.

Exploraremos agora essas duas rotas de fuga.

18.2 Tributação das empresas e das pessoas físicas

Quando se inclui a tributação das pessoas físicas, o objetivo da empresa já não é minimizar a carga fiscal sobre sua *pessoa jurídica*; seu objetivo deve ser minimizar o valor presente de *todos* os impostos pagos com base nos seus resultados. A expressão "todos os impostos" inclui os impostos sobre as *pessoas físicas* pagos pelos credores e pelos acionistas.

A Figura 18.1 ilustra a forma como os impostos sobre as empresas e as pessoas físicas são afetados pela alavancagem. Dependendo da estrutura de capital da empresa, um dólar de resultado operacional beneficiará o investidor ou como juros da dívida ou como remuneração do capital próprio (dividendos ou ganhos de capital). Quer dizer, o dólar pode seguir qualquer um dos ramos da Figura 18.1.

Repare que a Figura 18.1 distingue entre T_p, a alíquota de tributação dos juros recebidos pelas pessoas físicas, e T_{pCP}, a alíquota efetiva sobre a remuneração das ações das pessoas físicas.

---

[5] Os benefícios fiscais dos juros são reconhecidos no artigo original de MM, F. Modigliani and M. H. Miller, "The Cost of Capital, Corporation Finance and the Theory of Investment", *American Economic Review* 48 (June 1958), pp. 261-296. O processo de avaliação dos benefícios fiscais utilizado no Quadro 18.4b é apresentado no seu artigo de 1963, "Corporate Income Taxes and the Cost of Capital: A Correction," *American Economic Review* 53 (June 1963), pp. 433-443.

```
                    Lucro operacional
                         $1,00
                    
         Pago como              Pago como
           juros                 dividendos

Imposto corporativo      Nada              T_C

──────────────────────────────────────────────────

Lucro após imposto      $1,00          $1,00 – T_C
   corporativo

Imposto sobre            T_p          T_{pCP}(1,00 – T_C)
as pessoas físicas

                                    1,00 – T_C – T_{pCP}(1,00 – T_C)
Lucro após           (1,00 – T_p)   = (1,00 – T_{pCP})(1,00 – T_C)
todos os impostos

                     Para o credor      Para o acionista
```

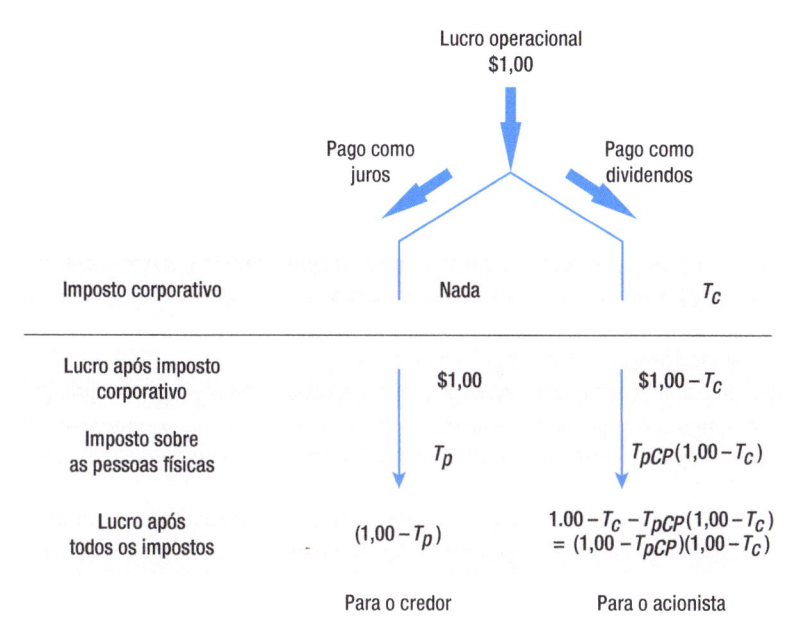

▶ **FIGURA 18.1** A estrutura de capital da empresa determina se o seu lucro operacional é pago como juros ou como dividendos. Os juros são tributados apenas no nível das pessoas físicas. A remuneração do capital próprio é tributada tanto para a empresa quanto para as pessoas físicas. No entanto, a alíquota de imposto da remuneração dos capitais próprios para as pessoas físicas, T_{pCP}, pode ser inferior a T_p, a alíquota de imposto dos juros para as pessoas físicas.

Essa alíquota poderá ser inferior a T_p, conforme a combinação dos dividendos e dos ganhos de capital realizados pelos acionistas. A alíquota marginal máxima sobre os dividendos e os ganhos de capital é, atualmente (em 2015), de 23,8%, enquanto a alíquota máxima sobre outros rendimentos, incluindo os juros, é de 43,4%. Além disso, os impostos sobre os ganhos de capital podem ser diferidos até as ações serem vendidas, pelo que a alíquota máxima *efetiva* sobre os ganhos de capital é normalmente inferior a 23,8%.

O objetivo da empresa deveria ser organizar a respectiva estrutura do capital para maximizar os resultados depois de impostos. Pode-se observar na Figura 18.1 que o endividamento da empresa é melhor se $(1 - T_p)$ for superior a $(1 - T_{pCP}) \times (1 - T_c)$; senão, será pior. A vantagem *fiscal relativa* da dívida sobre os capitais próprios é:

$$\text{Vantagem fiscal relativa da dívida} = \frac{1 - T_p}{(1 - T_{pCP})(1 - T_c)}$$

Isso sugere duas situações especiais. Em primeiro lugar, suponha que os rendimentos da dívida e dos capitais próprios sejam tributados aos indivíduos à mesma taxa efetiva. Com $T_{pCP} = T_p$, a vantagem relativa depende apenas da *taxa de tributação das empresas*:

$$\text{Vantagem relativa} = \frac{1 - T_p}{(1 - T_{pCP})(1 - T_c)} = \frac{1}{1 - T_c}$$

Nesse caso, podemos esquecer os impostos sobre as pessoas físicas. A vantagem fiscal do endividamento da empresa é exatamente como MM calcularam.[6] Eles não têm de assumir a inexis-

---

[6] A tributação dos indivíduos reduz o valor em dólares dos benefícios fiscais dos juros para as empresas, mas a taxa de juro de desconto adequada para os fluxos de caixa após impostos sobre as pessoas físicas também é baixa. Se os investidores estiverem dispostos a conceder um empréstimo a uma taxa prometida *antes* de impostos de r_D, então devem também estar dispostos a aceitar uma taxa de juro *após* impostos sobre as pessoas físicas de $r_D(1 - T_p)$, em que T_p é a alíquota marginal do imposto. Assim, podemos calcular o valor dos benefícios fiscais após impostos sobre as pessoas físicas resultantes do endividamento permanente:

$$\text{VP (benefícios fiscais)} = \frac{T_c \times r_D D \times (1 - T_p)}{r_D \times (1 - T_p)} = T_c D$$

O que nos conduz à nossa fórmula anterior para o valor da empresa:

$$\text{Valor da empresa} = \text{valor se financiada apenas por capital próprio} + T_c D$$

tência dos impostos sobre pessoas físicas. A sua teoria sobre dívida e impostos exige apenas que o endividamento e os rendimentos do capital próprio tributados à mesma taxa.

A segunda situação especial ocorre quando as taxas sobre as pessoas jurídicas e sobre as pessoas físicas se equilibram entre si, tornando irrelevante a política de endividamento. Isso exige que:

$$1 - T_P = (1 - T_{PE})(1 - T_C)$$

Essa situação só poderá acontecer se T_c, a alíquota de tributação das empresas, for inferior à taxa sobre as pessoas físicas, T_p, e se T_{pCP}, a taxa efetiva de imposto sobre a remuneração do capital próprio, for baixa. Merton Miller explorou essa situação em um momento no qual as taxas de imposto norte-americanas sobre os juros e os dividendos eram muito superiores ao que são hoje, mas não veremos aqui todos os detalhes da sua análise.[7]

De qualquer maneira, parece que temos uma regra de decisão simples e prática. Organize a estrutura de capital da empresa para canalizar o lucro operacional para o ramo da Figura 18.1, onde a tributação é menor. Infelizmente, isso não é tão simples como parece. Por exemplo, qual é a taxa T_{pCP}? A lista dos acionistas de uma grande empresa pode incluir investidores isentos de impostos (tais como fundos de pensão ou doadores para universidades), assim como milionários. Todas as faixas fiscais possíveis estarão misturadas. E o mesmo acontecerá com T_p, a taxa de imposto sobre os juros para as pessoas físicas. O credor "típico" das grandes empresas pode ser um fundo de pensão isento de impostos, mas pode haver muitos investidores sujeitos a tributação que também possuam títulos de dívida corporativa.

Alguns investidores podem usufruir muito mais do que outros se comprarem títulos de dívida. Por exemplo, não se deve ter dificuldade em convencer os fundos de pensão a conceder empréstimos, pois eles não têm que se preocupar com os impostos sobre as pessoas físicas. Todavia, os investidores que pagam impostos podem ter mais relutância em possuir títulos de dívida e só estarão dispostos a fazê-lo se forem compensados por uma taxa de juro elevada. Essa relutância pode ser ainda maior por parte dos investidores que pagam impostos sobre os juros à alíquota máxima de 43,4%. Vão preferir possuir ações ou obrigações municipais e estaduais, isentas de impostos.

Para determinar a vantagem fiscal líquida da dívida, as empresas precisariam saber qual a alíquota de imposto a que o investidor *marginal* estaria sujeito – ou seja, um investidor para o qual fosse indiferente possuir títulos de dívida ou capital próprio. Isso dificulta atribuir um valor preciso aos benefícios fiscais, mas mesmo assim podemos fazer um cálculo rápido. Em média, nos últimos 10 anos, grandes empresas norte-americanas pegaram cerca de 50% de seus ganhos na forma de dividendos. Imagine que o investidor marginal pague a alíquota máxima de imposto: 43,3% sobre os juros e 23,8% sobre os dividendos e os ganhos de capital.[8] Suponhamos também que, diferindo a realização dos ganhos de capital, a alíquota efetiva sobre os ganhos de capital caia pela metade, para 23,8/2 = 11,9%. Por isso, se o investidor investir nas ações de uma empresa com um dividendo de 50%, o imposto sobre cada $1,00 do rendimento dos capitais próprios será $T_{pCP} = (0,5 \times 23,8) + (0,5 \times 11,9) = 17,85\%$.

Agora, podemos calcular o efeito da aplicação de um dólar de lucro em cada um dos dois ramos da Figura 18.1:

	Juros	Rendimento dos capitais próprios
Rendimento antes de impostos	$1,00	$1,00
Menos impostos sobre as empresas a $T_c = 0,35$	0	0,35
Rendimento após impostos sobre as empresas	$1,00	0,65
Imposto sobre as pessoas físicas a $T_p = 0,434\%$ e $T_{pCP} = 0,1785$	0,434	0,116
Rendimento após todos os impostos	$0,566	$0,534
	Vantagens para a dívida = $0,032	

---

[7] M. H. Miller, "Debt and Taxes", *Journal of Finance* 32 (May 1977), pp. 261-276.

[8] Isso é composto por uma alíquota máxima de 20% mais uma sobretaxa de 3,8% sobre rendimentos líquidos de investimento para investidores no patamar fiscal mais elevado.

A vantagem do financiamento por meio de títulos de dívida parece ser de cerca de $0,03 por dólar.

Temos que salientar que o nosso cálculo rápido se limita a isso. Mas é interessante observar como a vantagem fiscal da dívida diminui quando consideramos a alíquota relativamente baixa sobre os rendimentos de ações para as pessoas físicas.

A maior parte dos gestores financeiros acredita que há uma vantagem fiscal moderada para o endividamento das empresas, pelo menos para as organizações razoavelmente seguras de que poderão utilizar os benefícios fiscais. Para as empresas que não esperam poder usar os benefícios fiscais, cremos que existe uma desvantagem fiscal moderada.

As empresas utilizam plenamente os benefícios fiscais dos juros? John Graham defende que não. As suas estimativas sugerem que uma empresa que paga os impostos normais poderia adicionar 7,5% ao seu valor, alavancando-se até um índice de endividamento ainda conservador.[9] Isso quase "nem dá para o gasto". Portanto, mesmo assim parece que os gestores financeiros passaram ao lado de algumas economias de impostos que seriam fáceis de obter. Talvez tenham achado que elas eram anuladas pela desvantagem do aumento do endividamento. Vamos agora explorar essa segunda rota de fuga.

18.3 Os custos das dificuldades financeiras

Há dificuldades financeiras quando os compromissos com os credores não são satisfeitos ou o são com sacrifício. Algumas vezes as inadimplências conduzem à falência. Outras vezes significam apenas "patinar sobre gelo fino".

Como veremos, as inadimplências são onerosas. Os investidores sabem que as empresas endividadas podem estar em dificuldades financeiras, e isso os preocupa. Essa preocupação é refletida pelo valor corrente de mercado dos títulos das empresas endividadas. Assim, o valor da empresa pode ser dividido em três partes:

$$\text{Valor da empresa} = \text{Valor se financiada apenas por capital próprio} + \text{VP (dos benefícios fiscais)} - \text{VP}\left(\text{dos custos das tensões financeiras}\right)$$

Os custos das dificuldades financeiras dependem da probabilidade da sua ocorrência e da magnitude dos custos, se ocorrer tal situação.

A Figura 18.2 mostra como o equilíbrio entre os benefícios fiscais dos juros e os custos das dificuldades financeiras poderia determinar a estrutura ideal do capital. Inicialmente, o VP (dos benefícios fiscais) aumenta à medida que o endividamento da empresa cresce. Aos níveis de endividamento moderado, a probabilidade de dificuldades financeiras é insignificante, e, por conseguinte, o VP (dos custos das dificuldades) é baixo, e as vantagens fiscais dominam. Mas, a certa altura, a probabilidade de dificuldades financeiras aumenta rapidamente com o endividamento; os custos das dificuldades começam a absorver uma parcela significativa do valor da organização. Além disso, se a empresa não puder ter a certeza de que poderá vir a usufruir dos benefícios fiscais, a vantagem fiscal do endividamento provavelmente diminuirá e até poderá desaparecer. O ideal teórico é atingido quando o valor presente da economia fiscal resultante do endividamento adicional é exatamente compensado pelo aumento do valor presente dos custos das tensões. É a chamada *teoria do trade-off* da estrutura de capital.

Os *custos das dificuldades financeiras* abrangem vários elementos específicos. Vamos agora identificar esses custos e tentar compreender o que os provoca.

Os custos das falências

É raro ouvir coisas agradáveis sobre a falência das empresas, mas sempre há algo de positivo em quase tudo. As falências das empresas ocorrem quando os acionistas exercem o seu *direito de não cum-*

---

[9] As estimativas de Graham para as empresas consideradas individualmente reconhecem tanto a incerteza relativa aos lucros futuros como a existência de benefícios fiscais não relacionados com os juros. Veja J. R. Graham, "How Big Are the Tax Benefits of Debt?" *Journal of Finance* 55 (October 2000), pp. 1.901-1.941.

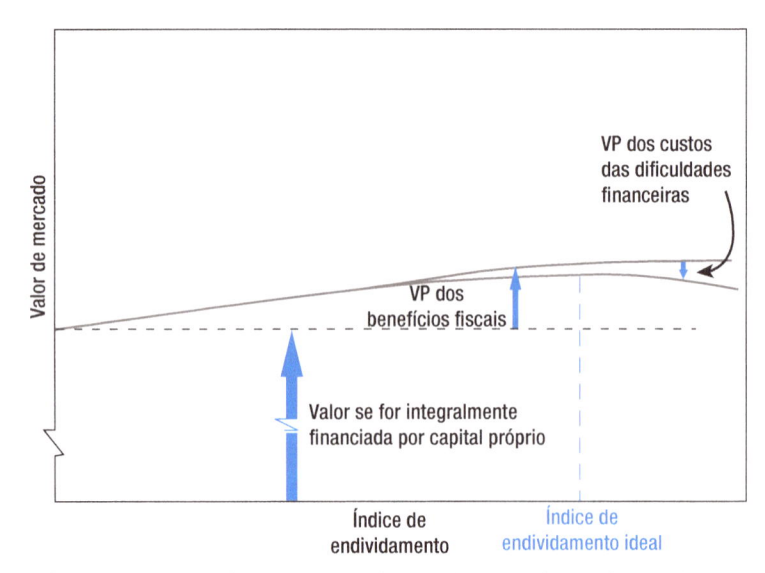

▶ **FIGURA 18.2** O valor da empresa é igual ao seu valor quando integralmente financiada por capital próprio mais o VP dos benefícios fiscais menos o VP dos custos das dificuldades financeiras. De acordo com a teoria do *trade-off* da estrutura de capital, o gestor deve escolher o índice de endividamento que maximiza o valor da empresa.

primento. Esse é um direito valioso; quando uma empresa está em dificuldades, a responsabilidade limitada permite aos acionistas o simples abandono da empresa, deixando todos os seus problemas aos credores. Os antigos credores passam a ser os novos acionistas, e os antigos acionistas ficam sem nada.

Os acionistas têm, automaticamente, uma *responsabilidade limitada*. Mas suponhamos que não fosse assim. Vamos imaginar que existiam duas empresas com ativos e atividades idênticas. Cada uma delas colocou títulos de dívida em circulação e prometeu reembolsar $1 mil (capital e juros) no próximo ano. Mas apenas uma das empresas, a Ace Limited, é de responsabilidade limitada. A outra empresa, a Ace Unlimited, não o é; os seus acionistas são pessoalmente responsáveis por aquela dívida.[10]

A Figura 18.3 compara os possíveis pagamentos aos credores e aos acionistas dessas duas empresas no próximo ano. As únicas diferenças ocorrem quando, no ano seguinte, o valor dos ativos se revela inferior a $1 mil. Suponhamos que, no próximo ano, os ativos de cada empresa valham apenas $500. Nesse caso, a Ace Limited não cumpre o pagamento da dívida, e seus acionistas abandonam a empresa sem receber nada. Os credores ficam os ativos no valor de $500, mas os acionistas da Ace Unlimited não podem abandonar a empresa. Têm de desembolsar $500, a diferença entre o valor do ativo e os direitos dos credores. A dívida é paga, aconteça o que acontecer.

Suponhamos que a Ace Limited vá mesmo à falência. Claro que os seus acionistas ficam desiludidos com o fato de a sua empresa valer tão pouco, mas trata-se de um problema operacional que nada tem em relação ao financiamento. Dado o mau desempenho operacional, o direito à falência – o direito de não cumprimento ou de inadimplência – é um privilégio valioso. Tal como mostra a Figura 18.3, os acionistas do Ace Limited estão em uma situação melhor do que os da Unlimited.

O exemplo esclarece um erro frequente das pessoas, quando refletem sobre os custos da falência. Esta é vista como o funeral da empresa, e as pessoas presentes no velório (os credores e, sobretudo, os acionistas) observam o triste estado atual da sua empresa. Lembram-se de quanto os seus títulos eram valiosos e verificam o pouco que lhes resta, mas podem também considerar o valor perdido como um custo de falência. Esse é o erro. Foi a redução do valor dos ativos que provocou o funeral, e isso não está necessariamente ligado à forma de financiamento. A falência não passa de um mecanismo legal que permite aos credores assumir o controle da empresa quando a queda do valor dos ativos provoca o não cumprimento. A falência não é a *causa* da queda do valor, mas sim o seu resultado.

Tenha cuidado para não inverter causa e efeito. Quando uma pessoa morre, não afirmamos que a execução do seu testamento foi a causa da sua morte.

---

[10] Ace Unlimited poderia ter uma propriedade coletiva ou individual, o que não promove uma responsabilidade limitada.

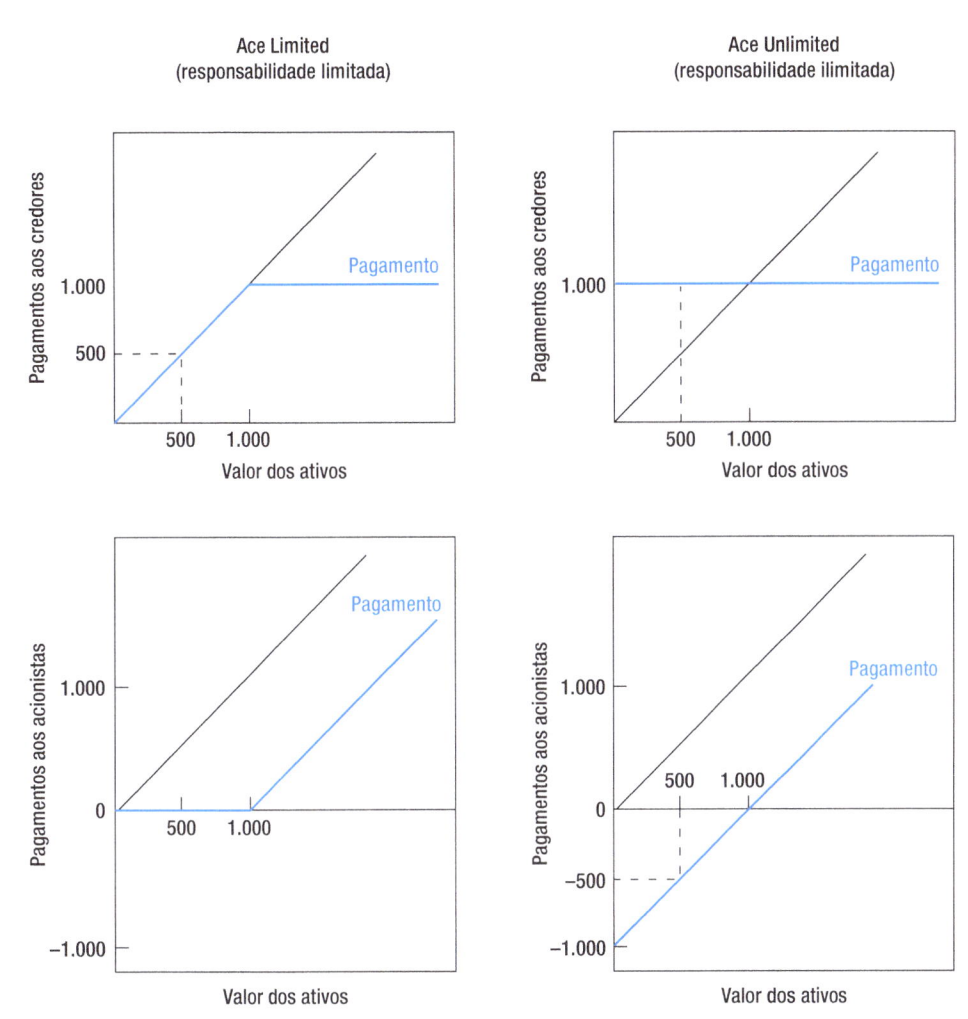

▶ **FIGURA 18.3** Comparação das responsabilidades limitada e ilimitada de duas empresas, idênticas em todo o restante. Se o valor dos ativos das duas empresas for inferior a $1 mil, os acionistas da Ace Limited não satisfazem a dívida, e os seus credores assumem o controle dos ativos. Os acionistas da Ace Unlimited ficam com os ativos, mas têm de pagar os credores do seu próprio bolso. O pagamento total aos acionistas e aos credores é o mesmo para as duas empresas.

Afirmamos que a falência é um mecanismo legal que permite aos credores assumir o controle da empresa quando esta adota o não cumprimento. Os *custos das falências* são resultantes da utilização desse mecanismo, e não há quaisquer custos de falência na Figura 18.3. Repare que apenas a Ace Limited pode deixar de cumprir e ir à falência, mas, independentemente do que acontece ao valor dos ativos, o pagamento *combinado* aos credores e acionistas da empresa será sempre idêntico ao pagamento *combinado* aos seus credores e acionistas. Os valores globais de mercado das duas empresas neste momento (neste ano), portanto, devem ser idênticos. É claro que as ações da Ace Limited valem mais do que as ações da Ace Unlimited por causa do direito de não cumprimento da primeira. A dívida da Ace Limited vale proporcionalmente menos.

Não pretendíamos ser estritamente realistas com o nosso exemplo, pois tudo o que envolve tribunais e advogados não é gratuito. Suponha que os custos e os honorários são de $200 caso a Ace Limited não cumpra. As taxas são pagas com o valor remanescente dos ativos da empresa. Assim, se o valor dos ativos for de $500, os credores ficarão somente com $300. A Figura 18.4 mostra os pagamentos *totais* líquidos dos custos da falência aos credores e aos acionistas no próximo ano. A Ace Limited, ao emitir títulos de dívida com risco, proporcionou aos advogados e ao sistema legal um direito sobre a organização no caso de não cumprimento. O valor de mercado da organização é reduzido pelo valor presente desse direito.

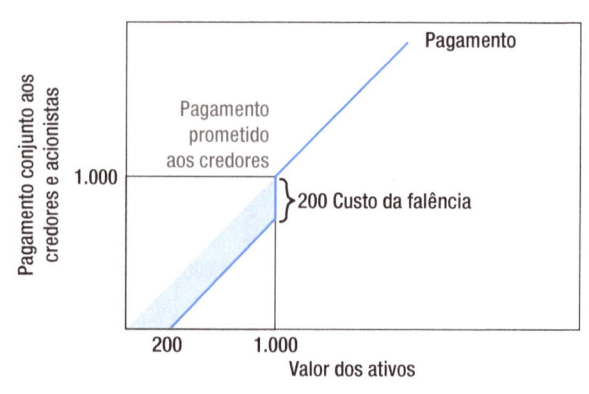

▶ **FIGURA 18.4** Pagamentos totais aos detentores de títulos da Ace Limited. O custo da falência é de $200 em caso de não cumprimento (zona sombreada).

É fácil verificar como o endividamento adicional afeta o valor presente dos custos das dificuldades financeiras. Se a Ace se endividar mais, ela aumentará a probabilidade de não cumprir, bem como o valor do direito dos advogados. Aumentará o VP dos custos de não cumprimento e reduzirá o valor presente de mercado da Ace.

Os custos de falências saem dos bolsos dos acionistas. Os credores preveem os custos e que serão *eles* a pagá-los se ocorrer um não cumprimento. Para isso exigem uma compensação antecipada, sob a forma de uma remuneração mais elevada, quando a empresa *ainda* cumpre. Ou seja, exigem uma taxa de juros prometida mais elevada. Isso reduz os possíveis pagamentos aos acionistas e o valor presente das suas ações.

Exemplos reais de custos da falência

Os custos de falência podem se acumular rapidamente. A Enron, gigante falida do setor de energia, pagou $757 milhões em honorários legais, contábeis e similares durante o tempo que passou em falência. Os custos para indenizar os 65 mil processos sobre os ativos da Lehman Brothers ultrapassaram os $2 bilhões.

Por mais impressionantes que esses números possam parecer, não representam uma parcela importante do valor dos ativos dessas companhias. Lawrence Weiss, que estudou 31 empresas que foram à falência entre 1980 e 1986, verificou custos médios de cerca de 3% do valor contábil dos ativos totais e 20% do valor de mercado dos capitais próprios no ano anterior ao da falência. Um estudo de Andrade e Kaplan de uma amostra de empresas em dificuldades financeiras e muito endividadas estimou que os custos das dificuldades financeiras atingissem de 10% a 20% do valor de mercado antes da tensão, embora lhes tenha sido difícil precisar se esses custos eram causados pelas dificuldades financeiras ou pelos insucessos do negócio que deram origem a essas tensões.[11]

A falência consome uma fração superior do valor dos ativos das empresas menores em comparação com a das empresas de maior porte. Quando uma organização vai à falência, há economias de escala significativas no processo. Por exemplo, um estudo sobre falências de empresas britânicas de menor porte por Franks e Sussman constatou que os honorários (legais e contábeis) e outros custos subiram a aproximadamente 20% ou 40% das tramitações processuais com as suas liquidações.[12]

---

[11] O estudo pioneiro sobre os custos de falência é de J. B. Warner, "Bankruptcy Costs: Some Evidence," *Journal of Finance* 26 (May 1977), pp. 337-348. Veja também L. A. Weiss, "Bankruptcy Resolution: Direct Costs and Violation of Priority of Claims," *Journal of Financial Economics* 27 (October 1990), pp. 285-314; E. I. Altman, "A Further Investigation of the Bankruptcy Cost Question," *Journal of Finance* 39 (September 1984), pp. 1.067-1.089; e G. Andrade and S. N. Kaplan, "How Costly Is Financial (not Economic) Distress? Evidence from Highly Leveraged Transactions That Became Distressed," *Journal of Finance* 53 (October 1998), pp. 1.443-1.493.

[12] J. Franks and O. Sussman, "Financial Distress and Bank Restructuring of Small to Medium Size UK Companies," *Review of Finance* 9 (2005), pp. 65-96. Karin Thornburg descobriu, contudo, que o sistema de falências sueco é razoavelmente eficiente para as empresas de menor porte. Veja "Bankruptcy Auctions: Costs, Debt Recovery and Firm Survival," *Journal of Financial Economics* 58 (December 2000), pp. 337-368.

Custos diretos *versus* indiretos da falência

Até agora, abordamos os custos *diretos* da falência (ou seja, os custos legais e administrativos). Também existem custos indiretos, que são quase impossíveis de quantificar. Mas temos provas circunstanciais que revelam a sua importância.

Não é fácil gerir uma empresa falida. É preciso obter o consentimento do tribunal de falências para muitas decisões de rotina da empresa, como a venda de ativos ou o investimento em novos equipamentos. Na melhor das hipóteses, isso envolve tempo e esforço; na pior, propostas para reestruturar e reativar a empresa são recusadas pelos credores impacientes, que são os primeiros a entrar na fila para receber o dinheiro das vendas de ativos ou da sua liquidação total.

Outras vezes, acontece o problema inverso: o tribunal de falências tanto deseja manter a empresa em atividade que a autoriza a se envolver em projetos com VPL negativo. Quando a Eastern Airlines se colocou sob a "proteção" do tribunal de falências, ainda tinha algumas rotas valiosas e lucrativas, bem como ativos vendáveis, como aviões e instalações aeroportuárias. Os credores teriam ficado mais bem-servidos com uma liquidação imediata, que teria provavelmente gerado fundos suficientes para reembolsar a dívida toda e pagar aos acionistas com ações preferenciais. Mas o juiz do tribunal de falências queria a todo o custo manter os aviões da Eastern voando e, por isso, autorizou a empresa a vender muitos dos seus ativos para financiar vultosas perdas operacionais. Quando finalmente a Eastern fechou, estava *administrativamente* insolvente: não havia quase nada para os credores, e a empresa não tinha dinheiro para pagar as despesas legais.[13]

Não sabemos o valor da soma dos custos diretos e indiretos da falência. Desconfiamos que seja um valor significativo, principalmente para as grandes empresas para as quais as tramitações processuais são longas e complexas. Talvez a melhor prova disso seja a relutância dos credores em forçar a falência. Em princípio, seria melhor para eles acabar com a agonia e ficar com os ativos o mais rapidamente possível. Em vez disso, muitas vezes os credores ignoram os não cumprimentos, na esperança de poder manter a empresa durante um período difícil. Fazem isso, em parte, para evitar os custos da falência. Há um velho ditado financeiro que diz: "Pede emprestado $1 mil e terá um banqueiro; pede $10 milhões e terá um sócio".

Os credores podem também querer evitar a falência, pois eles se preocupam com as violações da prioridade absoluta. *A prioridade absoluta* significa que os credores devem ser integralmente reembolsados antes de os acionistas receberem um centavo que seja. Por vezes, são negociadas reorganizações que dão "alguma coisa para todos", incluindo prêmios de consolação para os acionistas. Às vezes, outros reclamantes movem-se para a linha de frente da fila. Por exemplo, após a falência da Chrysler, em 2009, o estado de Indiana entrou com um processo (sem sucesso) em nome dos fundos de pensão locais que tinham investido nos títulos da companhia. Os fundos reclamaram fortemente sobre as condições da venda dos ativos da empresa falida para a Fiat, discutindo que obteriam apenas $0,29 por dólar, enquanto outros, reclamantes com menor prioridade, se saíram melhor. A falência da Chrysler, no entanto, foi um caso especial. Entre os participantes mais importantes nas tramitações judiciais constava o governo dos Estados Unidos, que estava ansioso para proteger dezenas de milhares de empregos no meio de uma recessão severa.

Abordaremos os procedimentos de uma falência mais detalhadamente no Capítulo 32.

Dificuldades financeiras sem falência

Nem todas as empresas em dificuldades vão à falência. Desde que a empresa possa encontrar dinheiro suficiente para pagar os juros da sua dívida, pode ser capaz de adiar a falência durante muitos anos. A empresa pode acabar se recuperando, liquidar o seu passivo e, assim, evitar a falência.

Porém, uma ameaça de dificuldades financeiras, por si só, já pode ser dispendiosa para a empresa ameaçada. Tanto os clientes como os fornecedores são extremamente cautelosos quando fazem negócios com uma empresa que pode não continuar a existir por muito tempo. Os clientes se preocupam com o valor da revenda e a disponibilidade dos serviços e das peças de substituição.

---

[13] Veja L. A. Weiss and K. H. Wruck, "Information Problems, Conflicts of Interest, and Asset Stripping: Chapter 11's Failure in the Case of Eastern Airlines," *Journal of Financial Economics* 48 (1998), pp. 55-97.

(Esse foi, por exemplo, um sério baque nas vendas pré-falência da Chrysler.) Os fornecedores mostram-se avessos à ideia de abastecer a conta das empresas em dificuldades e podem exigir o pagamento imediato dos seus produtos. Os potenciais funcionários não estão dispostos a entrar para a empresa, e os funcionários existentes estão sempre abandonando seus postos para irem a entrevistas de novos empregos.

A dívida elevada e, consequentemente, o elevado risco financeiro também parecem diminuir o apetite das empresas pelo risco corporativo. Por exemplo, Luigi Zingales analisou o setor de caminhões nos Estados Unidos depois de ter sido desregulamentado em finais da década de 1970.[14] A desregulamentação desencadeou uma onda de concorrência e reestruturação. Para sobreviverem, as empresas precisavam de novos investimentos e de melhorias em seu nível de eficiência operacional. Zingales constatou que as empresas com financiamento conservador tinham maiores probabilidades de sobreviver no novo cenário de concorrência. As empresas muito endividadas tinham maiores probabilidades de sair de cena.

Dívida e incentivos

Quando uma empresa está em dificuldades, tanto os credores como os acionistas querem que ela se recupere, mas, em outros aspectos, os seus interesses podem entrar em conflito. Em períodos de dificuldades financeiras, os detentores de títulos são como muitos partidos políticos – unidos nas questões gerais, mas ameaçados por disputas sobre qualquer questão específica.

As dificuldades financeiras tornam-se dispendiosas quando esses conflitos de interesse interferem nas decisões sobre a gestão corrente, o investimento e o financiamento. Os acionistas poderão ser tentados a desistir do objetivo geral que consiste em maximizar o valor de mercado global da empresa e a perseguir os seus interesses pessoais mais limitados. São tentados a brincar à custa dos seus credores. Agora, ilustraremos o modo como esses jogos podem traduzir os custos das dificuldades financeiras.

Este é o balanço contábil da Circular File Company:

Circular File Company (valores contábeis)

Capital de giro líquido	$ 20	$ 50	Obrigações em circulação
Ativos fixos	80	50	Ações ordinárias
Total dos ativos	$100	$100	Valor total

Assumiremos que existe apenas uma ação e uma obrigação em circulação. O acionista também é o gestor, e o credor é outra pessoa qualquer.

Este é o balanço em valores de mercado – um caso óbvio de dificuldades financeiras, uma vez que o valor nominal da dívida da Circular File ($50) excede o valor de mercado total da empresa ($30):

Circular File Company (valores de mercado)

Capital de giro líquido	$20	$25	Obrigações em circulação
Ativos fixos	10	5	Ações ordinárias
Total dos ativos	$30	$30	Valor total

Se a dívida vencesse hoje, o proprietário da Circular File não pagaria, deixando a empresa falida. Mas suponha que a obrigação vença apenas daqui a um ano, que a empresa possua caixa suficiente para se manter durante um ano e que o credor não possa "levantar a questão" e forçar a falência antes dessa data.

O período de graça de um ano explica por que a ação da Circular File ainda tem valor. O seu proprietário está apostando em um golpe de sorte que salve a empresa, permitindo-lhe reembolsar a dívida e, ainda, sobrar algum valor. A aposta é elevada – o proprietário só ganha se o valor da

---

[14] L. Zingales, "Survival of the Fittest or the Fattest? Exit and Financing in the Trucking Industry." *Journal of Finance* 53 (June 1998), pp. 905-938.

organização aumentar de $30 para mais de $50.[15] Mas o proprietário tem uma arma secreta: ele controla as estratégias operacionais e as de investimento.

Transferência de risco: o primeiro jogo

Suponha que a Circular File tenha $10 em caixa. Surge a seguinte oportunidade de investimento:

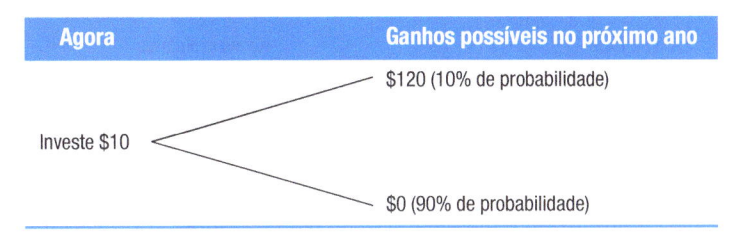

Agora	Ganhos possíveis no próximo ano
Investe $10	$120 (10% de probabilidade)
	$0 (90% de probabilidade)

Trata-se de uma aposta muito arriscada e é, provavelmente, um projeto desastroso. Mas se compreende a razão pela qual o proprietário está tentado a correr, de qualquer forma, o risco. Por que não arriscar a falência? Provavelmente a Circular File irá, de qualquer modo, à falência e, assim, o proprietário está apostando, essencialmente, a riqueza do credor. Entretanto, se o projeto tiver êxito o proprietário receberá a maior parte dos lucros.

Suponha que o VPL do projeto é de –$2, mas que é, apesar disso, aceito, reduzindo, assim, o valor da empresa em $2. O novo balanço da Circular File terá o seguinte aspecto:

Circular File Company (valores de mercado)

Capital de giro líquido	$10	$20	Obrigações em circulação
Ativos fixos	18	8	Ações ordinárias
Total dos ativos	$28	$28	Valor total

O valor da empresa cai $2, mas o proprietário tem mais $3, porque o valor da obrigação caiu $5.[16] Os $10 de caixa que suportavam o valor da obrigação foram substituídos por um ativo com muito risco que vale apenas $8.

Assim, foi realizado um jogo à custa do credor da Circular File. O jogo ilustra a seguinte questão geral. Os acionistas das empresas endividadas ganham quando o risco do negócio aumenta. Os gestores financeiros que atuam estritamente no interesse dos seus acionistas (e *contra* os interesses dos credores) favorecerão os projetos com risco em detrimento dos projetos seguros. Até podem optar por projetos arriscados e de VPLs negativos.

Essa estratégia distorcida na decisão de investimento é claramente dispendiosa para a empresa e para a economia em geral. Por que associamos os custos às dificuldades financeiras? Porque a tentação desses jogos é mais forte quando as probabilidades de não cumprimento são elevadas. Uma grande empresa como a Exxon Mobil nunca investiria na nossa aposta do VPL negativo. Os seus credores não são vulneráveis a um projeto arriscado.

A recusa em contribuir com capital próprio: o segundo jogo

Vimos como os acionistas, agindo a favor dos seus interesses pessoais mesquinhos e imediatos, podem empreender projetos que reduzem o valor total de mercado de sua empresa. São erros de comprometimento. Os conflitos de interesses também podem levar a erros de omissão.

Suponha que a Circular File não consegue levantar nenhum dinheiro e, por esse motivo, não pode fazer aquela aposta arriscada. Em vez disso, surge uma *boa* oportunidade: um ativo relativamente seguro, que custa $10, tem um valor presente de $15 e um VPLs = +$5.

---

[15] Não nos interessa aqui saber se $5 é um preço justo da aposta dos acionistas. Abordaremos essa questão no Capítulo 23, quando discutirmos as dívidas com risco.

[16] Não estamos calculando essa queda de $5. Estamos seguindo simplesmente um pressuposto plausível. As ferramentas necessárias para o cálculo estão nos Capítulos 21 e 23.

Esse projeto não irá, por si só, salvar a Circular File, mas é um passo na direção certa. Podemos, por conseguinte, esperar que ela emita novas ações no valor de $10 e avance com o investimento. Suponha que duas novas ações são emitidas para o proprietário original por $10 em dinheiro. O projeto é iniciado, e o novo balanço terá o seguinte aspecto:

Circular File Company (valores de mercado)

Capital de giro líquido	$20	$33	Obrigações em circulação
Ativos fixos	25	12	Ações ordinárias
Total dos ativos	$45	$45	Valor total

O valor total da empresa agora aumenta $15 ($10 do capital novo e $5 do VPL). Repare que a obrigação da Circular File já não vale $25, mas sim $33. O credor recebe um ganho de capital de $8, porque os ativos da empresa incluem um ativo novo e seguro no valor de $15. A probabilidade de não cumprimento é menor, e o saldo para o credor será superior se incorrer tal insolvência.

O acionista perde o que o credor ganha. O valor do capital próprio não aumenta $15, mas sim $15 – $8 = $7. O proprietário investe $10 de capital "novo", mas ganha apenas $7 em termos de mercado. Avançar é do interesse da empresa, mas não do proprietário.

Mais uma vez o nosso exemplo ilustra um aspecto geral. Se mantivermos constante o risco do negócio, qualquer aumento no valor da empresa será repartido entre os credores e os acionistas. Para os *acionistas* da empresa, o valor de qualquer oportunidade de investimento é reduzido, pois os benefícios do projeto devem ser partilhados com os credores. Assim, pode não ser do interesse dos acionistas contribuir com capital próprio "novo", mesmo que isso signifique renunciar a oportunidades de investimento com VPL positivo.

Teoricamente, esse problema afeta todas as empresas endividadas, mas é muito grave quando as empresas entram em dificuldades financeiras. Quanto maior a probabilidade de não cumprimento, mais os credores têm a ganhar com investimentos que aumentem o valor da empresa.

E, sucintamente, mais três jogos

Tal como os outros jogos, a tentação de jogar nos três casos seguintes é particularmente forte em situações de dificuldades financeiras.

Embolsar e fugir Os acionistas podem estar relutantes em investir dinheiro em uma empresa com dificuldades financeiras, mas ficam felizes em retirar dinheiro de lá – por exemplo, sob a forma de dividendos em dinheiro. O valor de mercado das ações da empresa cai menos do que o montante dos dividendos pagos, porque o declínio do valor da *empresa* é partilhado com os credores. Esse jogo não é mais do que o inverso da "recusa em contribuir com capital próprio".[17]

Ganhar tempo Quando a empresa está em dificuldades financeiras, os credores gostariam de salvar o que podem, obrigando a empresa à liquidação. Naturalmente, os acionistas querem que isso se adie o máximo possível. Há várias maneiras sinuosas de fazer isso, por exemplo, por meio de alterações contábeis concebidas para esconder a verdadeira extensão das dificuldades, encorajando falsas esperanças de recuperação espontânea ou efetuando cortes nas despesas de manutenção, pesquisa e desenvolvimento etc., a fim de fazer parecer melhor o desempenho operacional do ano em curso.

Enganar e mudar Esse jogo nem sempre se aplica em caso de dificuldades financeiras, mas é uma maneira rápida de *arranjá-las*. Começa com uma política conservadora emitindo uma quantia limitada de títulos de dívida relativamente segura. Depois, muda repentinamente e emite muito mais títulos de dívida. Isso transforma toda a sua dívida em "arriscada", impondo uma perda de capital aos credores "antigos". Essa perda é o ganho dos acionistas.

---

[17] Se os acionistas ou gestores retiram dinheiro da empresa antes das dificuldades financeiras ou da falência, o tribunal de falências pode tratar o recebimento como uma *cessão fraudulenta* e recuperar o montante para a empresa e os seus credores.

Um exemplo dramático dessa estratégia de "enganar e mudar" ocorreu em outubro de 1988, quando os gestores da RJR Nabisco anunciaram a sua intenção de adquirir a empresa por meio de uma aquisição alavancada (*leveraged buy-out* – LBO). Isso colocou a empresa em "um jogo" no qual os atuais acionistas a venderiam e ela passaria a ser de "capital fechado". O montante da LBO seria financiado quase integralmente por dívida. A nova empresa iniciaria as suas atividades com um índice de endividamento extremamente elevado.

A RJR Nabisco tinha dívida no mercado no valor de cerca de $2,4 bilhões. O anúncio do lançamento da LBO fez esse valor cair para $298 milhões.[18]

O custo dos jogos

Por que alguém se oporia a esses jogos, desde que fossem jogados por adultos responsáveis? Porque praticá-los significa más decisões operacionais e de investimento. Essas más decisões operacionais são os *custos de agência* no endividamento.

Quanto maior for o endividamento da empresa, maior será a tentação de fazer esses jogos (partindo do princípio de que o gestor financeiro atua no interesse dos acionistas). A maior probabilidade de, no futuro, se tomarem más decisões motiva os investidores a reduzir o valor de mercado atual da empresa. A queda do valor sai do bolso dos acionistas, portanto, é do interesse destes evitar, em última análise, essas tentações. O modo mais fácil de fazê-lo consiste em limitar o endividamento para níveis que permitam manter a dívida da organização segura ou próxima disso.

Os bancos e demais empresas que concedem empréstimos não são inocentes financeiros. Eles compreendem que os jogos têm de ser praticados à própria custa e, por isso, protegem-se, racionando o montante que emprestam ou impondo restrições às ações da empresa.

EXEMPLO 18.1 • A Sra. Ketchup enfrenta o racionamento de crédito

Considere o caso de Henrietta Ketchup, uma empresária em fase de desenvolvimento inicial com dois possíveis projetos de investimento, gerando os seguintes resultados:

	Investimento	Resultado	Probabilidade do resultado
Projeto 1	−12	+15	1,0
Projeto 2	−12	+24	0,5
		0	0,5

O projeto 1 é seguro e muito rentável, mas o projeto 2 é muito arriscado e não vale nada. A Sra. Ketchup vai ao banco e pede que lhe seja concedido um empréstimo equivalente ao valor presente de $10 (ela própria fornecerá do seu bolso a quantia remanescente). O banco calcula que o resultado será distribuído da seguinte forma:

	Resultado esperado para o banco	Resultado esperado para a Sra. Ketchup
Projeto 1	+10	+5
Projeto 2	(0,5 × 10) + (0,5 × 0) = +5	0,5 × (24 − 10) = +7

Se a Sra. Ketchup aceitar o projeto 1, a dívida do banco será, com certeza, integralmente reembolsada; se ela optar pelo projeto 2, há somente 50% de probabilidade de obter o pagamento, e o resultado esperado para o banco será de apenas $5. Infelizmente, a Sra. Ketchup preferirá o projeto 2, dado que, se tudo correr bem, receberá a maior parte do lucro e, se correr mal, o banco é

---

[18] Agradecemos a Paul Asquith por ter nos fornecido essas cifras. A RJR Nabisco acabou sendo adquirida não pelos seus gestores, mas por uma LBO feita por outro grupo. Discutiremos essa LBO no Capítulo 32.

que vai arcar com a maior parte do prejuízo. A menos que consiga convencer o banco de que não vai especular com o seu dinheiro, este limitará o montante que está disposto a emprestar.[19]

Como a Sra. Ketchup, no exemplo anterior, poderá tranquilizar o banco sobre as suas intenções? A resposta óbvia é oferecer a ele o poder de vetar decisões potencialmente perigosas. É esse, no limite, o argumento econômico para todas as "cláusulas restritivas" subjacentes à dívida das empresas. Muitas vezes, os contratos de dívida limitam os pagamentos de dividendos ou transferências equivalentes de riqueza para os acionistas; a empresa pode, por exemplo, não ser autorizada a pagar mais do que aquilo que ganhar. O endividamento adicional é quase sempre limitado. Por exemplo, muitas empresas são impedidas pelos acordos formais de emitirem mais dívida de longo prazo a menos que tenham um índice de lucros sobre despesas com juros superior a 2,0.

Por vezes, as empresas são impedidas de vender ativos ou de fazer grandes planos de investimento a menos que obtenham o consentimento das entidades que lhes concederam empréstimos. Os riscos de tentar ganhar tempo são controlados por meio da especificação de processos contábeis e do acesso dos credores aos livros contábeis e às previsões financeiras da organização.

Claro que as cláusulas restritivas não podem ser uma solução completa para as empresas que insistem em emitir dívida com risco. Os detalhes mais elaborados têm os seus custos, e você terá de gastar dinheiro para economizar dinheiro. É óbvio que custa mais caro negociar um contrato de dívida complexo do que um simples. Posteriormente, é mais dispendioso para o credor monitorar o desempenho da empresa. Os credores antecipam os custos desse monitoramento e exigem uma compensação sob a forma de juros mais elevados; por isso, em última análise, são os acionistas que pagam os custos de monitoramento – um custo de agência do endividamento.

Talvez os custos mais graves das cláusulas restritivas sejam os que decorrem das limitações que elas impõem às decisões operacionais e de investimento. Por exemplo, uma tentativa de prevenir atitudes de transferência de risco pode, também, impedir a empresa de aproveitar *boas* oportunidades de investimento. No mínimo, há demoras na negociação de grandes investimentos com os credores. Em alguns casos, os credores podem vetar investimentos de risco elevado mesmo que o seu VPL seja positivo. Os credores têm a tentação de praticar o seu próprio jogo, forçando a organização a ficar com dinheiro ou com ativos de baixo risco, mesmo que lhe escapem bons projetos.

Os contratos de dívida não podem cobrir todas as manifestações possíveis dos jogos que acabamos de apresentar. Qualquer tentativa de fazê-lo podia ser não apenas cara como também infrutífera, além de condenada a falhar. A imaginação humana não consegue conceber todas as coisas que poderiam correr mal. Por isso, os contratos são sempre *incompletos*. Acabaremos sempre nos surpreendendo com aspectos que nunca nos passariam pela cabeça.

Esperamos não ter deixado a impressão de que os gestores e os acionistas sempre sucumbem às tentações, a menos que sejam refreados. Habitualmente, eles se restringem de bom grado, não apenas por um sentimento de justiça, mas também por razões pragmáticas: uma empresa ou um indivíduo que fizer hoje um bom negócio à custa de um credor será recebido com frieza quando chegar o momento de contrair um novo empréstimo. Jogos agressivos são praticados apenas por autênticos vigaristas e por empresas em situação de extrema dificuldade financeira. As empresas limitam o seu endividamento precisamente por que não desejam ter dificuldades financeiras e ficar expostas à tentação de jogar.

Os custos das dificuldades financeiras variam com o tipo de ativo

Suponha que o único ativo da sua empresa seja um grande hotel situado no centro da cidade, completamente hipotecado. Surge a recessão, as taxas de ocupação caem e os custos da hipoteca não

---

[19] Podemos pensar que, se o banco suspeitar que a Sra. Ketchup investirá no Projeto 2, deverá aumentar a taxa de juro do seu empréstimo. Nesse caso, ela não vai querer optar pelo Projeto 2 (não podem ficar *ambos* satisfeitos com um projeto ruim). Mas a Sra. Ketchup também não irá querer pagar uma taxa de juros elevada, caso opte pelo Projeto 1 (para ela, seria mais vantajoso contrair um empréstimo menor com uma taxa de juro sem risco). Por isso, simplesmente elevar a taxa de juro não resolve o problema.

podem ser pagos. O credor assume o controle e vende o hotel a um novo proprietário e operador. Você poderá utilizar os títulos das ações da sua empresa como papel de parede.

Quais são os custos da falência? Nesse exemplo, provavelmente insignificantes. O valor do hotel é, obviamente, muito inferior ao que se esperava, mas isso se deve à falta de ocupação, não à falência, uma vez que esta não causa qualquer dano ao hotel. Os custos diretos de falência limitam-se a certos valores, como as despesas legais e judiciais, as comissões imobiliárias e o tempo que o credor demora para resolver o processo.

Suponha que repetimos a história do Heartbreak Hotel com a Fledgling Electronics. É tudo idêntico, com exceção dos ativos reais subjacentes – não a propriedade imobiliária, mas uma atividade próspera de alta tecnologia, uma empresa em expansão, cujos ativos mais valiosos são a tecnologia, as oportunidades de investimento e o capital humano dos funcionários.

Se a Fledgling tiver dificuldades, os acionistas poderão ficar relutantes em investir dinheiro para ganhar com as suas oportunidades de crescimento. Esse não investimento será provavelmente muito mais grave para a Fledgling do que para uma organização como o Heartbreak Hotel.

Se, por fim, a Fledgling não cumprir o pagamento de sua dívida, será muito mais difícil para o credor recuperá-la vendendo os ativos. Muito deles são intangíveis, tendo valor apenas como parte de uma organização viva.

Será possível manter a Fledgling em funcionamento durante o período de inadimplência e de reorganização? Talvez não seja tão difícil como fazer passar um camelo pelo buraco de uma agulha, mas há um conjunto de dificuldades graves. Primeiro, a probabilidade de importantes funcionários se demitirem é maior do que seria se a empresa jamais tivesse estado em dificuldades financeiras. Talvez seja necessário dar garantias especiais aos clientes que duvidam da capacidade de a empresa, no futuro, prestar serviços de manutenção aos seus produtos. Investimentos agressivos em novos produtos e tecnologia serão difíceis; cada classe de credores terá de ser convencida de que é do seu interesse que a organização invista mais dinheiro em novos projetos com risco.

Alguns ativos, como as boas propriedades comerciais, podem resistir à falência e à reorganização sem sofrerem depreciações;[20] os valores de outros ativos poderão ser consideravelmente reduzidos. As perdas serão maiores para os ativos intangíveis, que estão ligados à saúde da empresa como organização viva – por exemplo, a tecnologia, o capital humano e a imagem da marca. Talvez seja por isso que os índices de endividamento da indústria farmacêutica são baixos, pois o seu valor depende do êxito contínuo da pesquisa e do desenvolvimento, e também para muitos setores de serviços nos quais o valor depende do capital humano. Também podemos compreender por que empresas de crescimento e extremamente lucrativas, como a Microsoft ou a Google, utilizam predominantemente o financiamento por ações (capital próprio).

A moral desses exemplos é a seguinte: *não pense apenas na probabilidade do endividamento originar problemas. Pense, também, no valor que poderá ser perdido se os problemas surgirem.*

Heartbreak Hotel para a Enron? A Enron foi uma das empresas mais famosas, com mais rápido crescimento e (aparentemente) uma das mais lucrativas na década de 1990. Teve um papel fundamental na desregulamentação dos mercados da eletricidade, tanto nos Estados Unidos como internacionalmente. Investiu na produção e distribuição de eletricidade, em gasodutos, redes de telecomunicações e vários outros projetos. Constituiu também um negócio dinâmico de comercialização de energia. No seu auge, o valor global de mercado das ações ordinárias da Enron ultrapassava os $60 bilhões. Ao final de 2001, a Enron estava na falência, e as suas ações não valiam nada.

Em retrospectiva, podemos ver que a empresa estava praticando muitos dos jogos anteriormente descritos nesta seção. Estava contraindo empréstimos vultosos e escondendo as dívidas em "entidades para fins especiais". Essas entidades também lhe permitiram inflacionar os lucros

---

[20] Em 1989, a família Rockefeller vendeu 80% do Rockefeller Center – vários hectares extremamente valiosos situados em Manhattan – à Mitsubishi Estate Company por $1,4 bilhão. O Rockefeller Center Properties, um fundo de investimento imobiliário, tinha um empréstimo hipotecário de $1,3 bilhão (o único ativo do fundo) garantido por essa propriedade. Mas as rendas e as taxas de ocupação não atingiram os valores previstos e, em 1995, a Mitsubishi havia acumulado prejuízos de cerca de $600 milhões. A Mitsubishi desistiu, e o Rockefeller Center foi à falência. Iniciou-se, então, uma série de manobras e negociações complexas. Mas tudo isso terá afetado o valor das propriedades do Rockefeller Center? O Radio City Music Hall, um dos imóveis, terá menos valor por causa da falência? Duvidamos.

e, assim, ganhar tempo enquanto fazia investimentos cada vez mais arriscados. Quando a bomba explodiu, não lhe restou praticamente valor algum.

Na realidade, o colapso da Enron não destruiu os $60 bilhões de valor, porque, para começar, eles não existiam. Mas houve custos genuínos de tensão financeira. Centremos na atividade de comercialização de energia da Enron. O negócio não era tão lucrativo como parecia, mas, ainda assim, constituía um ativo valioso. Prestava um serviço importante aos consumidores de energia e aos fornecedores que queriam comprar e vender contratos que fixassem os preços e as quantidades futuras da eletricidade, do gás natural e de outras mercadorias.

O que aconteceu a esse negócio quando se tornou claro que a Enron estava em dificuldades financeiras e, provavelmente, condenada à falência? Desapareceu. O volume de transações passou imediatamente a zero. Nenhum dos seus clientes estava disposto a fazer uma nova transação com a Enron, porque era muito incerto se ela continuaria a existir e a honrar a sua parte do negócio. Sem volume de transações, não havia transações comerciais. Afinal de contas, o negócio da Enron assemelhava-se mais à Fledgling Electronics do que a um ativo material como o Heartbreak Hotel.

O valor do negócio da Enron dependia da sua credibilidade, e seu valor devia ter sido protegido por financiamentos conservadores. A maior parte do valor perdido pode ser explicada pelo endividamento agressivo da empresa. Assim sendo, essa perda de valor foi um custo da tensão financeira.

A teoria do *trade-off* da estrutura de capital

Muitas vezes, os administradores financeiros pensam que as decisões sobre o binômio divida--capital próprio da empresa resultam de um equilíbrio entre os benefícios fiscais e os custos das dificuldades financeiras. Existe, naturalmente, uma controvérsia sobre o valor efetivo dos benefícios fiscais e sobre os tipos de dificuldades financeiras mais ameaçadoras, mas esses desacordos não passam de variações sobre um mesmo tema. Assim, a Figura 18.2 ilustra o equilíbrio necessário entre dívida e capital próprio.

Essa *teoria do trade-off* de estrutura de capital reconhece que os objetivos para os índices de endividamento podem variar de empresa para empresa. As empresas com ativos tangíveis, seguros e com elevados rendimentos tributáveis de onde obter benefícios fiscais deveriam estabelecer objetivos elevados para os seus índices. As empresas não rentáveis, com ativos intangíveis arriscados, deveriam se basear, principalmente, no financiamento por capital próprio.

Se não houvesse custos de ajustamento da estrutura de capital, então cada empresa deveria sempre se posicionar no índice de endividamento objetivado. Contudo, existem custos e, por conseguinte, atrasos nos ajustamentos para o ponto ideal. As empresas não são capazes de compensar imediatamente os acontecimentos aleatórios que as desviam dos seus objetivos de estrutura de capital e, por isso, podemos observar diferenças aleatórias nos índices de endividamento reais entre as organizações com o mesmo objetivo para o índice de endividamento.

Em resumo, essa *teoria do trade-off* de estrutura de capital oferece-nos uma visão encorajadora. Ao contrário da teoria de MM, que parecia afirmar que as empresas deveriam se endividar ao máximo possível, essa teoria evita previsões extremas e justifica índices moderados de endividamento. Além disso, se perguntarmos aos gestores financeiros se as suas empresas têm índices-alvo de endividamento, normalmente dirão que sim, embora o objetivo não seja geralmente especificado como um índice de endividamento, mas sim como um *rating* de endividamento. Por exemplo, uma empresa pode administrar a sua estrutura de capital para manter seus títulos com o *rating* A. Quer seja um índice ou um *rating*, o objetivo é consistente com a teoria do *trade-off*.[21]

Mas qual é a realidade? A teoria do *trade-off* de estrutura de capital consegue explicar o comportamento das empresas na prática?

A resposta é "sim e não". Do lado do "sim", a teoria do *trade-off* explica satisfatoriamente muitas das diferenças existentes na estrutura de capital entre setores diferentes. As empresas de alta tecnologia em franco crescimento, cujos ativos comportam riscos e são, na sua maioria, intangíveis,

---

[21] Veja See J. Graham and C. Harvey, "The Theory and Practice of Corporate Finance: Evidence from the Field," *Journal of Financial Economics* 60 (May/June 2001), pp. 187-244.

usam normalmente pouca dívida. As companhias aéreas podem ter, e de fato têm, um endividamento elevado, pois os seus ativos são tangíveis e relativamente seguros.[22]

Do lado do "não", há algumas coisas que a teoria do *trade-off* não consegue explicar. Ela não explica por que algumas das empresas mais bem-sucedidas prosperam com pouco endividamento. Pensemos na Johnson & Johnson que, tal como consta do Quadro 18.4*a*, possui pouco endividamento. É verdade que os ativos mais valiosos da Johnson & Johnson são intangíveis, frutos de suas pesquisas e desenvolvimentos. Sabemos que os ativos intangíveis e as estruturas de capital conservadoras tendem a convergir. Mas a Johnson & Johnson também tem um passivo fiscal substancial (cerca de $4,2 bilhões em 2014) e o *rating* de crédito mais elevado possível. Ela poderia se endividar o suficiente para economizar dezenas de milhões de dólares em impostos sem levantar a menor dúvida sobre possíveis dificuldades financeiras.

A Johnson & Johnson ilustra um fato singular acerca da estrutura de capital na vida real: as empresas mais lucrativas de determinado setor geralmente possuem um endividamento mais baixo.[23] Nesse caso, a teoria do *trade-off* não funciona, pois prevê exatamente o contrário: segundo ela, lucros elevados deveriam significar uma maior capacidade de serviço da dívida, bem como mais lucros tributáveis passíveis de benefícios fiscais, pelo que deveriam indicar como objetivo um índice de endividamento *mais elevado*.[24]

Em geral, parece que raramente as empresas de capital aberto fazem grandes alterações na sua estrutura de capital só por causa dos impostos,[25] e é difícil detectar o valor presente dos benefícios fiscais no valor de mercado das empresas.[26] Além disso, há duradouras e grandes diferenças entre os índices de endividamento de empresas do mesmo setor, inclusive após o controle de atributos informados pela teoria do *trade-off* como importantes.[27]

Um último aspecto do lado do "não" na teoria do *trade-off*: hoje em dia os índices de endividamento não são mais elevados do que eram no princípio do século XX, quando a tributação dos rendimentos era baixa (ou nula). Os índices de endividamento em outros países industrializados são iguais ou superiores aos dos Estados Unidos. Muitos desses países tem regimes fiscais por imputação, que deveriam eliminar o valor dos benefícios fiscais dos juros.[28]

Nada disso contraria a teoria do *trade-off*. Como George Stigler enfatizou, as teorias não são rejeitadas com base em provas circunstanciais; é preciso uma nova teoria para deitar por terra outra teoria. Agora, portanto, nos dedicaremos a uma teoria de financiamento completamente nova.

---

[22] Não estamos sugerindo que todas as companhias aéreas sejam seguras; muitas não o são. Mas os *aviões* podem suportar o endividamento, enquanto as *companhias aéreas* não. Se a Fly-by-Night falir, os seus aviões conservarão o seu valor para qualquer outra companhia aérea. Existe um bom mercado secundário para os aviões usados. Por isso, um empréstimo garantido por aviões pode estar bem protegido, ainda que tenha sido concedido a uma empresa aérea operando sobre gelo fino (e às escuras).

[23] Em uma comparação internacional, por exemplo, Wald constatou que a lucratividade era o principal fator determinante da estrutura de capital de uma empresa. Veja J. K. Wald, "How Firm Characteristics Affect Capital Structure: An International Comparison." *Journal of Financial Research* 22 (Summer 1999), pp. 161-187.

[24] Aqui, nos referimos ao endividamento como uma parcela do valor contábil ou do valor de substituição dos ativos da empresa. As empresas lucrativas provavelmente não podem se endividar em uma maior parcela do seu valor de mercado. Lucros mais elevados acarretam um valor de mercado mais elevado, bem como em incentivos mais fortes para se endividar.

[25] Mackie-Mason detectou que as empresas pagadoras de impostos são mais propensas a preferir o financiamento por dívida (por oposição a capital próprio), o que mostra que, de fato, os impostos afetam a escolha do financiamento. No entanto, isso não constitui necessariamente uma prova da teoria do *trade-off*. Volte à Seção 18.2 e repare no caso especial em que os impostos sobre as empresas e as pessoas físicas se anulam, tornando a política de endividamento irrelevante. Nesse caso, as empresas que pagam impostos não veriam qualquer vantagem fiscal líquida no financiamento por dívida: os benefícios fiscais para a empresa seriam anulados pelos impostos pagos pelos investidores em títulos de dívida da empresa. Mas a balança se inclinaria a favor do capital próprio em uma empresa que estivesse perdendo dinheiro e que não estivesse aproveitando os benefícios fiscais. Veja J. Mackie-Mason, "Do Taxes Affect Corporate Financing Decisions?" *Journal of Finance* 45 (December 1990), pp. 1.471-1.493.

[26] Um estudo realizado por E. F. Fama e K. R. French para os anos entre 1965 e 1992, que incidiu sobre 2 mil empresas, não encontrou prova alguma de que os benefícios fiscais contribuíssem para o valor das empresas. Veja "Taxes, Financing Decisions and Firm Value," *Journal of Finance* 53 (June 1998), pp. 819-843.

[27] M. L. Lemmon, M. R. Roberts, and J. F. Zender, "Back to the Beginning: Persistence and the Cross-Section of Corporate Capital Structure," *Journal of Finance* 63 (August 2008), pp. 1.575-1.608.

[28] Descrevemos o regime australiano de crédito fiscal por imputação na Seção 16.5. Volte a consultar o Quadro 16.2, supondo que uma empresa australiana paga A$10 de juros. Isso reduz o imposto corporativo em A$3,00; também reduz o crédito fiscal concedido aos acionistas em A$3,00. O imposto final não depende do fato de a empresa ou o acionista se endividarem.

Isso pode ser confirmado voltando a desenhar a Figura 18.2 para o sistema australiano. A alíquota de imposto sobre as empresas, T_c, desaparecerá. Uma vez que os resultados depois de todos os impostos dependem apenas dos impostos sobre os investidores, não há qualquer vantagem especial no endividamento pela organização.

18.4 A hierarquia das fontes nos financiamentos

A teoria da hierarquia das fontes (*pecking order theory*) começa com a *informação assimétrica* – um termo pomposo que indica que os gestores financeiros sabem mais acerca das perspectivas, dos riscos e dos valores das respectivas empresas do que os investidores externos.

Obviamente, os gestores sabem mais do que os investidores. Podemos provar isso observando as alterações no preço das ações provocadas pelos anúncios por parte dos gestores. Por exemplo, quando uma empresa anuncia um aumento dos dividendos regulares, normalmente o preço das ações sobe, pois os investidores interpretam o aumento como um sinal de confiança da administração nos resultados futuros. Em outras palavras, o aumento dos dividendos transfere informação dos gestores para os investidores. Isso só pode acontecer se, desde o princípio, os gestores souberem mais.

A informação assimétrica afeta a escolha entre o financiamento interno ou externo (exterior à empresa) e entre novas emissões de títulos de dívida ou de ações. Isso nos remete a uma *hierarquia de fontes*, na qual o investimento é financiado, em primeiro lugar, por fundos internos, principalmente lucros reinvestidos; em seguida, por novas emissões de títulos de dívida, e, finalmente, por novas emissões de ações. As novas emissões de ações são um último recurso para quando a empresa esgotar a sua capacidade de endividamento, ou seja, quando a ameaça dos custos das dificuldades financeiras causar insônias constantes aos credores existentes e ao gestor financeiro.

Voltaremos em breve a observar mais detalhadamente a hierarquia de fontes. Mas, antes, deve-se compreender em que medida a informação assimétrica pode forçar o gestor financeiro a emitir títulos de dívida em vez de ações.

Emissões de títulos de dívida e de ações com informação assimétrica

Para o mundo exterior, a Smith & Company e a Jones Inc. são duas empresas idênticas, que tomaremos como exemplo. Cada uma gera um negócio de êxito com boas oportunidades de crescimento. No entanto, os dois negócios têm risco, e os investidores aprenderam com a experiência que as expectativas atuais são frequentemente superadas ou logradas. As expectativas atuais determinam um preço para as ações de cada empresa em $100 por ação, mas os verdadeiros valores poderiam ser superiores ou inferiores:

	Smith & Co.	Jones Inc.
O verdadeiro valor poderia ser superior, digamos	$120	$120
Melhor estimativa atual	100	100
O verdadeiro valor poderia ser inferior, digamos	80	80

Agora, suponha que ambas as empresas necessitem solicitar novos fundos aos investidores para investimento. Podem fazê-lo emitindo títulos de dívida ou novas ações. Como seria feita a escolha? Um gestor financeiro – não diremos qual deles – poderia fazer o seguinte raciocínio:

> Vender ações ao preço unitário de $100? Ridículo! Valem pelo menos $120. Uma emissão de ações nesse momento seria um presente de mão beijada para os novos investidores. Quem me dera que esses céticos acionistas apreciassem o verdadeiro valor dessa empresa. As nossas novas fábricas farão de nós o produtor com os menores custos do mundo. Pintamos um retrato cor-de-rosa para a imprensa e para os analistas financeiros, mas não parece estar dando resultado. Bem, a decisão é óbvia: emitiremos títulos de dívida, e não ações subvalorizadas. Uma emissão de títulos de dívida também economizará as comissões do intermediário financeiro subscritor.

O outro gestor financeiro está com um estado de espírito diferente:

> Os Beefalo Burgers foram um êxito durante algum tempo, mas parece que a moda está passando. A divisão de *fast food* tem de encontrar novos e bons produtos ou, então, daqui para a frente vai estar sempre em declínio. Os mercados de exportação estão bem por agora, mas como iremos competir com os novos ranchos siberianos? Felizmente, o preço das ações tem se mantido

elevado – temos tido algumas boas notícias de curto prazo para a imprensa e para os analistas financeiros. Agora é o momento de emitir ações. Temos grandes investimentos em curso; por que acrescentar o serviço de dívida às minhas outras preocupações?

É claro que os investidores externos não podem "ler" a mente dos gestores financeiros. Se pudessem, uma ação podia estar sendo transacionada a $120 e outra, a $80.

Por que o gestor financeiro otimista não educa os investidores? Desse modo, a empresa poderia vender ações a preços justos e não haveria motivo para favorecer os títulos de dívida em face das ações ou vice-versa.

Isso não é assim tão fácil. (Repare que ambas as empresas estão divulgando comunicados otimistas na imprensa.) Não se pode dizer aos investidores o que devem pensar; é preciso convencê-los. Isso exige um esquema detalhado dos planos e das perspectivas da organização, incluindo um panorama genérico das novas tecnologias, design do produto, planos de comercialização etc. A divulgação dessas informações é dispendiosa para a empresa e, ao mesmo tempo, valiosa para a concorrência. Por que ter esse trabalho? Os investidores em breve saberão o suficiente, à medida que as receitas e os lucros forem evoluindo. Entretanto, o gestor financeiro otimista pode financiar o crescimento emitindo títulos de dívida.

Agora, suponha a existência de dois comunicados à imprensa:

A Jones Inc. vai emitir $120 milhões em obrigações prioritárias a cinco anos.

A Smith & Co. divulgou hoje planos para emitir 1,2 milhão de novas ações. A empresa espera obter $120 milhões.

Como investidor racional, imediatamente você deduzirá duas coisas. A primeira é que o gestor financeiro da Jones é otimista e o da Smith, pessimista. A segunda é que o gestor financeiro da Smith também é ingênuo ao pensar que os investidores pagariam $100 por ação. A *tentativa* de vender ações mostra que elas devem valer menos. A Smith poderá vender ações ao preço unitário de $80, mas certamente não as venderá a $100.[29]

Os gestores financeiros mais espertos pensam nisso antecipadamente. O resultado final? Tanto a Smith como a Jones acabam emitindo títulos de dívida porque o seu gestor financeiro está otimista e não pretende emitir ações subvalorizadas. Na Smith, um gestor financeiro esperto, mas pessimista, emite títulos de dívida, porque a tentativa de emitir ações forçaria a queda do preço das ações e eliminaria qualquer vantagem advinda desse fato. (Além disso, emitir ações também revela imediatamente o pessimismo do gestor. A maioria dos gestores prefere esperar. Apenas posteriormente uma emissão de títulos de dívida deixa transparecer as más notícias por meio de outros canais.)

A história das empresas Smith e Jones ilustra o modo como a informação assimétrica favorece emissões de títulos de dívida em detrimento das emissões de ações. Se os gestores estão mais bem-informados do que os investidores, e ambos os grupos são racionais, então qualquer empresa que possa endividar-se preferirá fazê-lo a emitir novas ações. Em outras palavras, o endividamento vem à frente na hierarquia de fontes.

Tomado ao pé da letra, esse raciocínio parece excluir qualquer emissão de ações. Mas não, visto que a informação assimétrica nem sempre é importante, e existem outras forças em ação. Por exemplo, se a Smith já tivesse contraído pesados empréstimos, arriscando-se a ter dificuldades financeiras caso se endividasse ainda mais, então teria uma boa razão para emitir ações. Nesse caso, o anúncio de uma emissão de ações não constituiria inteiramente uma má notícia. O anúncio faria cair ainda mais o preço das ações – evidenciaria as preocupações dos gestores com a possibilidade de eventuais dificuldades financeiras –, mas a queda dos preços não tornaria, necessariamente, a emissão insensata ou impraticável.

As empresas de alta tecnologia, em franco crescimento também podem ser emitentes credíveis de ações. Os ativos dessas empresas são, na sua maior parte, intangíveis, e a falência ou as dificuldades financeiras seriam particularmente dispendiosas. Isso requer um financiamento conservador. A única maneira de crescer rapidamente e manter um índice de endividamento conser-

---

[29] Uma emissão de ações da Smith poderá não obter êxito, mesmo a $80. Persistir na tentativa de vender a $80 poderia convencer os investidores de que as ações valem ainda menos!

vador é emitir ações. Se os investidores entenderem assim a emissão de ações, os problemas como aqueles com os quais o gestor financeiro da Smith se deparou tornam-se menos graves.

Fora essas exceções, a informação assimétrica pode explicar o predomínio do financiamento por títulos de dívida sobre as novas emissões de ações, ao menos para empresas de capital aberto maduras. As emissões de títulos de dívida são frequentes e as de ações, raras. A maior parte do financiamento externo provém do endividamento, mesmo nos Estados Unidos, onde os mercados de ações são altamente eficientes em termos de informações. As emissões de ações são ainda mais difíceis em países com mercados de capitais menos desenvolvidos.

Nada disso sugere que as empresas devem se esforçar para obter elevados índices de endividamento, mas apenas que é melhor aumentar o capital próprio reinvestindo os lucros do que emitindo ações. De fato, uma empresa com amplos fundos internamente gerados não tem que vender qualquer tipo de título e, assim, evita completamente os custos de emissão e os problemas de informação.

Implicações da hierarquia de fontes

A *teoria da hierarquia de fontes* no financiamento empresarial resume-se da seguinte maneira:

1. As empresas preferem o financiamento interno, ou autofinanciamento.
2. Elas adaptam os seus objetivos para os índices de distribuição de dividendos às oportunidades de investimento, tentando simultaneamente evitar modificações súbitas nos dividendos.
3. Políticas de dividendos "persistentes" e flutuações não previsíveis tanto do nível de lucratividade como do das oportunidades de investimento significam que os fundos gerados internamente ora são superiores às necessidades de investimento, ora são inferiores. Se forem superiores, a empresa amortiza a dívida ou investe em títulos negociáveis. Se forem inferiores, a empresa começa a sacar do seu saldo de caixa ou a vender a sua carteira de títulos negociáveis.
4. Se for necessário recorrer a financiamento externo, as empresas começam emitindo os títulos mais seguros. Ou seja, começam pela dívida, depois emitem eventualmente títulos híbridos, como as obrigações conversíveis, e, em seguida, como último recurso, emitem ações.

Nessa teoria, não há uma estrutura-alvo bem definida que combine dívida e capital próprio, pois existem duas fontes de capitais próprios, interna e externa, uma no topo da hierarquia e a outra no extremo inferior. O índice de endividamento observado em cada empresa reflete as suas necessidades acumuladas de financiamento exterior.

A hierarquia de fontes explica a razão por que as empresas mais lucrativas geralmente pedem menos dinheiro emprestado – não por terem como objetivo índices de endividamento baixos, mas por não precisarem de recursos externos. As empresas menos lucrativas adquirem dívida porque não dispõem de fundos internos suficientes para financiar o seu plano de investimentos e porque o financiamento por dívida está em primeiro lugar na hierarquia de fontes do financiamento *externo*.

Na teoria da hierarquia de fontes, a atração dos benefícios fiscais dos juros é tomada como sendo de segunda ordem. Os índices de endividamento variam quando há um desequilíbrio entre os fundos gerados internamente, líquidos dos dividendos, e as oportunidades de investimento reais. As empresas extremamente lucrativas e com limitadas oportunidades de investimento evoluem para um baixo índice de endividamento. As empresas cujas oportunidades de investimento ultrapassam os fundos gerados internamente são levadas a recorrer cada vez mais ao endividamento.

Essa teoria explica a relação inversa entre a lucratividade e a alavancagem financeira entre as empresas do mesmo setor. Suponha que as empresas costumem investir para acompanhar o crescimento do seu setor. Então, as taxas de investimento serão semelhantes dentro de um mesmo setor. Dada a persistência dos índices de distribuição de dividendos, as empresas menos lucrativas terão menos fundos gerados internamente e acabarão recorrendo mais ao endividamento.

Teoria do *trade-off* × teoria da hierarquia de fontes – algumas evidências

Em 1995, Rajan e Zingales publicaram um estudo sobre as escolhas de financiamento por dívida *versus* capital próprio feitas por grandes empresas do Canadá, França, Alemanha, Itália, Japão,

Reino Unido e Estados Unidos. Os autores constataram que os índices de endividamento de cada uma dessas empresas pareciam depender de quatro fatores principais:[30]

1. *Tamanho.* As grandes empresas tendem a ter índices de endividamento maiores.
2. *Ativos tangíveis.* As empresas com elevados índices de ativos fixos sobre os ativos totais têm índices de endividamento maiores.
3. *Lucratividade.* As empresas mais lucrativas tendem a ter índices de endividamento menores.
4. *Índice valor de mercado–valor contábil.* As empresas com índices mais elevados entre o valor de mercado e o valor contábil têm índices de endividamento menores.

Esses resultados são uma boa notícia tanto para a teoria do *trade-off* como para a teoria da hierarquia de fontes. Os entusiastas da teoria do *trade-off* salientam que as grandes empresas com ativos tangíveis estão menos expostas aos custos das dificuldades financeiras, podendo se esperar que se endividem mais. Elas interpretam o índice valor de mercado–valor contábil como uma medida das oportunidades de crescimento e argumentam que as empresas em crescimento poderiam ter custos mais elevados associados às dificuldades financeiras; por esse motivo, seria de se esperar que se endividassem menos. Os defensores da hierarquia de fontes salientam a importância da lucratividade, argumentando que as empresas lucrativas recorrem menos ao endividamento porque podem confiar no autofinanciamento. Interpretam o índice valor de mercado–valor contábil como mais uma medida de lucratividade.

Parece que temos duas teorias opostas e que ambas estão certas! Não é uma conclusão confortável. Por isso, os estudos recentes tentaram confrontar as duas teorias para ver em que circunstâncias uma ou outra prevalecem. Parece que a hierarquia de fontes funciona melhor com empresas grandes e sólidas que têm acesso aos mercados de títulos de dívida. É raro que essas empresas emitam ações. Elas preferem o autofinanciamento, mas, se necessário, recorrem ao endividamento para financiarem investimentos. As empresas menores, mais jovens e em crescimento, possuem maiores probabilidades de recorrerem a emissões de ações quando precisam de financiamento externo.[31]

Há também evidências de que os índices de endividamento incorporam os efeitos acumulados do *market-timing*, ou momento do mercado.[32] O momento do mercado é um exemplo das finanças comportamentais das empresas. Imagine que os investidores às vezes sejam irracionalmente exuberantes (como no final da década de 1990) e outras vezes irracionalmente desesperados. Caso os pontos de vista dos gestores financeiros sejam mais estabilizados do que os dos investidores, então é possível tirar vantagem emitindo ações quando os seus preços são demasiadamente altos e, depois, passar para a emissão de títulos de dívida quando são demasiadamente baixos. Desse modo, empresas felizardas com um histórico ascendente nos preços das suas ações emitirão menos títulos de dívida e mais ações, resultando em menores índices de endividamento. Por outro lado, empresas desafortunadas e impopulares evitarão a emissão de ações e resultarão em índices de endividamento maiores.

O momento do mercado pode explicar por que as companhias tendem a emitir ações depois das subidas dos seus preços e, também, por que emissões agregadas de ações são concentradas em mercados em alta e caem acentuadamente em mercados em baixa.

Há outras explicações comportamentais para as políticas de financiamento de empresas. Por exemplo, Bertrand e Schoar rastrearam as carreiras de CEOs, CFOs e outros executivos da alta administração de um modo individual. Seus "estilos" particulares foram conservados quanto

---

[30] R. G. Rajan and L. Zingales, "What Do We Know about Capital Structure? Some Evidence from International Data." *Journal of Finance* 50 (December 1995), pp. 1.421-1.460. Os mesmos quatro fatores parecem ser aplicáveis às economias dos países em desenvolvimento. Veja L. Booth, V. Aivazian, A. Demirguc-Kunt, and V. Maksimovic, "Capital Structure in Developing Countries," *Journal of Finance* 56 (February 2001), pp. 87-130.

[31] L. Shyam-Sunder e S. C. Myers constataram que a hipótese da hierarquia de fontes superou em desempenho à hipótese do *trade-off* para uma coleção de empresas de grande porte nos anos 1980. Veja "Testing Static Trade-off against Pecking-Order Theories of Capital Structure," *Journal of Financial Economics* 51 (February 1999), pp. 219-244. M. Frank e V. Goyal descobriram que o desempenho das hipóteses da teoria da hierarquia de fontes se deteriorou na década de 1990, sobretudo para as empresas de crescimento de pequeno porte. Veja "Testing the Pecking Order Theory of Capital Structure," *Journal of Financial Economics* 67 (February 2003), pp. 217-248. Veja também E. Fama and K. French, "Testing Trade-off and Pecking Order Predictions about Dividends and Debt," *Review of Financial Studies* 15 (Spring 2002), pp. 1-33; e M. L. Lemmon and J. F. Zender, "Debt Capacity and Tests of Capital Structure Theories," *Journal of Financial and Quantitative Analysis* 45 (2010), pp. 1.161-1.187.

[32] M. Baker and J. Wurgler, "Market Timing and Capital Structure," *Journal of Finance* 57 (February 2002), pp. 1-32.

eles migraram para outras empresas.[33] Por exemplo, os CEOs com maior idade tenderam a ser mais conservadores e forçaram suas empresas a ter menor endividamento. Os CEOs com MBA tenderam a ser mais agressivos. Em geral, as decisões de financiamento dependem não apenas da natureza da organização e de seu ambiente econômico, mas também das características pessoais de seus principais gestores.

O lado benigno e o lado maligno da folga financeira

Em circunstâncias idênticas, é melhor estar no topo da hierarquia do que na base. As empresas que percorreram a escala hierárquica e necessitam de capital externo próprio podem acabar em uma situação de endividamento excessivo ou deixar de fazer bons investimentos porque as ações não podem ser vendidas ao preço que os gestores consideram justo.

Em outras palavras, uma *folga financeira* tem valor. Ter folga financeira significa ter caixa, títulos negociáveis, ativos reais prontamente transacionáveis e acesso rápido aos mercados de títulos de dívida ou ao financiamento bancário. O acesso rápido requer basicamente um financiamento conservador, de modo que os credores potenciais encarem o endividamento da organização como um investimento seguro.

A longo prazo, o valor de uma empresa depende mais de suas decisões operacionais e de investimento do que das de financiamento. Assim, o recomendável é que você assegure que a sua empresa tem uma folga financeira suficiente, de maneira que o financiamento esteja rapidamente disponível para bons investimentos. A folga financeira é importantíssima para empresas com muitas oportunidades de crescimento com VPL positivo. Essa é mais uma razão para que as empresas em crescimento normalmente aspirem a estruturas conservadoras de capital.

Obviamente, a folga financeira só terá utilidade se quisermos utilizá-la. Examine cuidadosamente o quadro anterior, que descreve como a Ford utilizou toda a sua folga financeira em uma emissão vultosa de dívida.

Existe também um lado maligno na folga financeira. Folga excessiva pode estimular os gestores a abrandar o ritmo, a aumentar os benefícios da sua remuneração ou a construir "impérios" com o dinheiro que deveria ser pago aos acionistas. Ou seja, a folga pode agravar os problemas de agência.

Michael Jensen sublinhou a tendência dos gestores com grandes excedentes de caixa disponíveis (ou folga financeira desnecessária) a reinvestirem excessivamente em negócios já estabelecidos ou em aquisições mal aconselhadas. Jensen afirma que "o problema é como motivar os gestores a devolverem esse dinheiro em vez de o investirem abaixo do custo do capital ou de desperdiçá-lo em ineficiências organizacionais".[34]

Se esse é o problema, então talvez o endividamento seja a resposta. Juros programados e reembolsos de capital são obrigações contratuais da empresa. O endividamento força a empresa a desembolsar fundos. Talvez o nível de endividamento deixe apenas caixa suficiente no banco, após o serviço de dívida, para financiar todos os projetos de VPL positivo, sem nada de sobra.

Não recomendamos esse grau de ajustamento, mas a ideia é válida e importante. A dívida pode disciplinar os gestores que estejam tentados a investir demais. Também pode ser uma forma de pressão para forçar a introdução de melhorias na eficiência operacional. Voltaremos a esse tema no Capítulo 32.

Existe uma teoria de estrutura ideal do capital?

Não. Ou seja, não existe *uma única* teoria que consiga capturar tudo que influencia as escolhas de milhares de empresas entre o financiamento por emissão de títulos de dívida *versus* por ações. Ao contrário, há várias teorias, cada uma mais ou menos com o seu grau de valor, dependendo dos ativos, das operações e das circunstâncias de cada organização em particular.

---

[33] M. Bertrand and A. Schoar, "Managing with Style: The Effect of Managers on Firm Policies," *Quarterly Journal of Economics* 118 (November 2003), pp. 1.169-1.208.

[34] M. C. Jensen, "Agency Costs of Free Cash Flow, Corporate Finance and Takeovers," *American Economic Review* 26 (May 1986), pp. 323-329.

PRÁTICA FINANCEIRA

Quando a Ford transformou em caixa toda a sua folga financeira

Em 2006, a Ford Motor Company apresentou um novo CEO, Alan Mulally, que lançou uma reestruturação total da empresa. Era necessário cortar custos, aumentar a eficiência e renovar seus modelos. Tratou-se de um investimento vultoso, mas havia disponibilidade de financiamento por dívida. A empresa decidiu contrair o máximo possível de empréstimos para maximizar a soma de fundos disponíveis de modo a custear a reestruturação.

Em dezembro daquele mesmo ano, a Ford emitiu $5 bilhões em notas seniores conversíveis. Também conseguiu um empréstimo a termo de $7 bilhões a sete anos, e uma linha de crédito rotativo de $11,5 bilhões a cinco anos, totalizando $23,5 bilhões.

A organização foi capaz de levantar esses fundos comprometendo praticamente todos os seus ativos como garantia, inclusive suas propriedades, fábricas e equipamentos em território norte-americano; seus investimentos em capital próprio na Ford Credit e em suas subsidiárias estrangeiras; e todas as suas marcas comerciais, incluindo o nome e o logotipo portando a marca Ford.

Por que a Ford decidiu utilizar toda a sua folga financeira em um movimento gigantesco? Em primeiro lugar, naquele ano era fácil encontrar boas condições para financiamentos por dívida. Em segundo, Alan Mulally devia estar ciente da história dos programas de reorganização da indústria automobilística norte-americana. Algumas das iniciativas fracassaram, outras tiveram um sucesso parcial, mas nenhuma delas resolvera os problemas competitivos da Ford, da GM ou da Chrysler. As empresas diminuíram de tamanho, mas não tiveram melhorias significativas.

Assim, o principal executivo da organização estava enviando um sinal de alerta aos seus gestores e funcionários: "Levantamos todo o caixa que pudemos obter. Esta é a nossa última chance de reestruturar a empresa. Se não o fizermos, será o fim da organização".

A Ford não seguiu os passos da GM e da Chrysler rumo à falência. Ela perdeu dinheiro na rescessão de 2008, mas depois se recuperou rapidamente. Parece que a Ford é uma sobrevivente.

Em outras palavras, *procure se acalmar*: não perca tempo na busca de uma fórmula mágica para a obtenção de uma taxa de endividamento ideal. Lembre-se, também, de que a parte mais valiosa provém do lado esquerdo dos balanços, ou seja, dos ativos, das operações e das oportunidades de crescimento das empresas. O financiamento é menos importante. Certamente, ele pode subtrair valor rapidamente se você estragar tudo, mas você não faria isso.

Na prática, as escolhas de financiamento dependem da importância relativa dos fatores discutidos neste capítulo. Em alguns casos, o objetivo principal será reduzir os impostos. Por conseguinte, índices elevados de endividamento são encontrados nas operações de financiamento por *leasing* (veja o Capítulo 25). Os *leasings* de longo prazo são, de modo geral, transações influenciadas pelos impostos. Esses mesmos índices elevados de endividamento são encontrados também no setor de transações de propriedades imobiliárias para fins comerciais. Por exemplo, os edifícios de escritórios modernos dos centros das cidades podem ser ativos seguros, de grande e regular rentabilidade, se as unidades forem alugadas a inquilinos confiáveis. Os custos da falência são pequenos, de modo que é sensato contrair dívidas e economizar nos impostos.

Para as empresas com crescimento menor, os benefícios fiscais dos juros são menos importantes do que a preservação de certa folga financeira. Oportunidades de crescimento rentáveis são valiosas somente se o financiamento estiver disponível na hora exata de se investir. Os custos das dificuldades financeiras são elevados, de modo que não é nenhuma surpresa que as empresas em crescimento tentem utilizar acima de tudo o financiamento por emissão de ações.

Há outro motivo para as empresas em crescimento se endividarem menos. Suas oportunidades de crescimento são opções reais, ou seja, opções de investir em ativos reais. As opções contêm inúmeros riscos financeiro ocultos. Do Capítulo 20 ao 22, veremos que uma opção de compra de um ativo real é equivalente a uma reivindicação sobre uma fração do valor do ativo, menos uma obrigação de dívida implícita. A obrigação de dívida implícita costuma ser superior ao valor líquido da opção em si.

Portanto, uma empresa em crescimento arca com risco financeiro mesmo quando não toma sequer um centavo emprestado. Para tal empresa, faz sentido compensar o risco financeiro criado por opções de crescimento reduzindo o montante de dívida em seu balanço financeiro. A dívida implícita em suas opções de crescimento acabam substituindo a dívida explícita.

Opções de crescimento são menos importantes para corporações maduras. Tais empresas podem se endividar mais, o que geralmente acabam fazendo. Elas costumam obedecer à hierarquia de fontes. Os problemas de informação impedem emissões volumosas de ações, de modo que essas organizações preferem financiar os investimentos com os lucros retidos. Emitem mais títulos de dívida somente quando os investimentos ultrapassam os lucros retidos, e liquidam as dívidas quando os ganhos superam os investimentos.

Mais cedo ou mais tarde, as operações de uma empresa chegam a um ponto em que as oportunidades de crescimento se evaporam. Nesse caso, qualquer empresa pode emitir grandes quantidades de dívida e abandonar a emissão de ações para restringir os investimentos e forçar o pagamento de dinheiro aos investidores. Um índice de endividamento mais alto pode surgir voluntariamente ou ser forçado por alguma aquisição entre empresas.

Esses exemplos não acabam por aqui, mas podem dar uma boa noção de como um presidente executivo sensato consegue determinar a estratégia de financiamento.

RESUMO

Neste capítulo, a nossa tarefa foi mostrar a importância da estrutura de capital. Não descartamos a proposição de MM, de que a estrutura do capital é irrelevante; acrescentamos algo mais a ela. No entanto, não chegamos a qualquer teoria simples e satisfatória sobre a estrutura ideal do capital.

A teoria do *trade-off* enfatiza os benefícios fiscais dos juros e os custos das dificuldades financeiras. O valor da empresa é decomposto da seguinte maneira:

Valor se financiada apenas por capital próprio + VP (dos benefícios fiscais) − VP (dos custos das tensões financeiras)

Segundo essa teoria, a empresa deveria aumentar o endividamento até que o VP dos benefícios fiscais dos juros fosse exatamente compensado, na margem, pelo aumento do VP dos custos das dificuldades financeiras. Os custos das dificuldades financeiras são:

1. Custos da falência
   a. Os custos diretos, tais como honorários judiciais e contábeis.
   b. Os custos indiretos que refletem as dificuldades de gestão de uma empresa em processo de liquidação ou reorganização.
2. Custos das dificuldades financeiras além da falência
   a. As dúvidas sobre a credibilidade de uma empresa podem dificultar as suas operações. Tanto os clientes como os fornecedores terão relutância em trabalhar em uma organização que pode deixar de existir logo no ano seguinte. Os principais funcionários se sentirão tentados a abandonar a empresa, e empresas muito endividadas tendem a ser menos vigorosas na concorrência pelos seus produtos.
   b. Os conflitos de interesses entre os credores e os acionistas das empresas com dificuldades financeiras podem levar a más decisões operacionais e de investimento. Os acionistas, agindo nos seus limitados interesses pessoais, podem ganhar à custa dos credores, realizando "jogos" que reduzem o valor global da empresa.
   c. Nos contratos de dívida, as cláusulas restritivas são concebidas para impedir esses jogos. Mas elas aumentam os custos de formalização, monitoramento e execução dos contratos de endividamento.

O valor dos benefícios fiscais dos juros seria fácil de calcular se tivéssemos de pensar só nos impostos sobre as empresas. Nesse caso, a economia fiscal líquida do endividamento seria apenas a alíquota marginal de imposto sobre as empresas, T_c, multiplicada por $R_D D$, o pagamento de juros. Se a dívida for fixa, o benefício fiscal pode ser avaliado pelo desconto à taxa de juros da dívida, r_D. No caso especial de endividamento fixo e permanente

$$\text{VP (dos benefícios fiscais)} = \frac{T_c R_D D}{r_D} = T_c D$$

Mas os impostos sobre as empresas são apenas uma parte da questão. Se os investidores pagarem impostos mais elevados sobre os juros do que sobre os rendimentos das ações (dividendos e ganhos de capital), os benefícios fiscais para a empresa serão parcialmente anulados pelos impostos mais elevados pagos pelos investidores. As baixas alíquotas de imposto norte-americanas (23,8% máximo) sobre os dividendos e os ganhos de capital diminuíram a vantagem fiscal do endividamento.

A teoria do *trade-off* compara as vantagens fiscais da dívida com os custos das dificuldades financeiras. Supõe-se que as empresas procurem atingir uma dada estrutura de capital que maximize o seu valor. As empresas com ativos tangíveis e seguros e com elevados rendimentos tributáveis passíveis de usufruir benefícios fiscais deveriam procurar índices elevados de endividamento. As empresas não lucrativas e com ativos intangíveis, com risco, deveriam depender sobretudo do financiamento por ações (capital próprio).

Essa teoria explica com êxito muitas diferenças setoriais na estrutura de capital, mas não explica por que as empresas mais lucrativas *dentro* de determinado setor têm, geralmente, as estruturas de capital mais conservadoras. Segundo a teoria do *trade-off*, uma lucratividade elevada deveria significar uma grande capacidade de endividamento *e* um forte incentivo fiscal para a empresa no sentido de utilizar essa capacidade.

Há uma teoria concorrente, a teoria da hierarquia de fontes, que afirma que as empresas utilizam o autofinanciamento quando disponível e preferem o endividamento ao capital próprio quando é necessário recorrer ao financiamento externo. Isso explica por que as empresas menos lucrativas em determinado setor têm um endividamento maior – não porque tenham como objetivo índices de endividamento mais elevados, mas porque precisam de mais financiamento externo e porque a dívida vem a seguir na hierarquia quando os fundos internos estão esgotados.

A hierarquia de fontes é uma consequência da informação assimétrica. Os gestores sabem mais sobre as respectivas empresas do que os investidores externos e têm relutância em emitir ações quando acham que o seu preço está excessivamente baixo. Tentam programar as emissões para quando as ações estão cotadas a um preço justo ou superior. Os investidores sabem disso, e por isso interpretam uma decisão de emitir ações como uma má notícia. Isso explica por que o preço das ações normalmente cai quando uma emissão de ações é anunciada.

A dívida é melhor do que os capitais próprios quando esses problemas de informação são importantes. Os gestores otimistas preferirão a dívida às ações subvalorizadas, e os gestores pessimistas serão pressionados a segui-los. A teoria da hierarquia de fontes afirma que serão emitidas ações apenas quando a capacidade de recurso ao crédito está terminando e as dificuldades financeiras são uma ameaça.

A teoria da hierarquia de fontes salienta o valor da folga financeira. Sem folga suficiente, a empresa pode ser apanhada no fim da hierarquia e ser forçada a escolher entre emitir ações subvalorizadas, recorrer ao crédito arriscando-se a ter dificuldades financeiras ou perder oportunidades de investimento com VPL positivo.

Existe, no entanto, um lado obscuro na folga financeira. Os excedentes de caixa ou de crédito tentam os gestores a investir em excesso ou a imprimir, às suas respectivas empresas, um estilo fácil e ostensivo. Quando essa tentação vence, ou ameaça vencer, um índice de endividamento elevado pode ajudar, pois força a empresa a desembolsar fundos e estimula os gestores e as organizações a se esforçarem ainda mais para serem mais eficientes.

LEITURAS ADICIONAIS

A literatura de estudos sobre a estrutura de capital é abundante. Citamos apenas alguns dos artigos mais importantes e interessantes. Os artigos revistos a seguir oferecem uma pesquisa mais abrangente sobre o tema:

M. Harris and A. Raviv, "The Theory of Capital Structure," *Journal of Finance* 46 (March 1991), pp. 297-355.

S. C. Myers, "Financing of Corporations," in G. M. Constantinides, M. Harris, and R. Stulz (eds.), *Handbook of the Economics of Finance* (Amsterdam: Elsevier North-Holland, 2003).

A edição de inverno de 2005 do Journal of Applied Corporate Finance *contém diversos artigos acerca das decisões práticas sobre a estrutura do capital.*

O artigo a seguir analisa as opiniões dos presidentes de empresas sobre a estrutura do capital:

J. Graham and C. Harvey, "How Do CFOs Make Capital Budgeting and Capital Structure Decisions?" *Journal of Applied Corporate Finance* 15 (Spring 2002), pp. 8-23.

PROBLEMAS

BÁSICO

1. **Benefício fiscal**   O valor presente dos benefícios fiscais decorrentes dos juros geralmente é representado como T_cD, em que D é o montante da dívida e T_c, a alíquota de imposto marginal sobre as empresas. Sob que hipóteses este valor presente está correto?

2. **Benefício fiscal**   Aqui estão os balanços, em valores contábeis e de mercado, da United Frypan Company (UF):

Valores contábeis				Valores de mercado			
Capital de giro líquido	$ 20	$ 40	Dívida	Capital de giro líquido	$ 20	$ 40	Dívida
Ativos de longo prazo	80	60	Capital próprio	Ativos de longo prazo	140	120	Capital próprio
	$100	$100			$160	$160	

Suponha que a teoria de MM seja válida com impostos. Não há crescimento, e espera-se que os $40 de dívida sejam permanentes. Considere uma taxa de imposto sobre empresas de 40%.

a. Quanto do valor da empresa se deve aos benefícios fiscais gerados pelo endividamento?

b. O que os acionistas da UF ganhariam se a empresa pedisse mais $20 de empréstimo e esse montante fosse utilizado para recomprar ações?

3. **Benefícios fiscais** Qual é a vantagem fiscal relativa da dívida corporativa se a alíquota de imposto sobre as empresas for $T_c = 0{,}35$, o imposto sobre pessoas físicas for $T_p = 0{,}35$, mas toda a remuneração do capital próprio for obtida sob a forma de ganhos de capital e escapar na sua totalidade à tributação ($T_{pCP} = 0$)? De que forma a vantagem fiscal relativa se altera se a empresa decidir pagar a totalidade da remuneração do capital próprio sob a forma de dividendos, sobre os quais incide um imposto de 15%?

4. **Benefícios fiscais** "A empresa não pode obter os benefícios fiscais dos juros, a menos que tenha resultados (tributáveis) para utilizar". O que essa afirmação implica em relação à política de endividamento? Justifique sucintamente.

5. **Dificuldades financeiras** Esta questão se destina a testar a sua compreensão das dificuldades financeiras.

    a. Quais os custos de ir à falência? Defina-os cuidadosamente.

    b. "Uma empresa pode ter custos das dificuldades financeiras sem ir à falência". Explique como isso pode acontecer.

    c. Explique de que forma os conflitos de interesses entre credores e acionistas podem dar origem aos custos das dificuldades financeiras.

6. **Falência** No dia 29 de fevereiro de 2015, quando a PDQ Computers anunciou que ia abrir falência, o preço das ações caiu de $3,00 para $0,50. Havia 10 milhões de ações em circulação. Isso implica que os custos de falência tenham sido 10 milhões × (3,00 – 0,50) = $25 milhões? Justifique.

7. **Teoria do *trade-off*** A teoria convencional da estrutura ideal do capital afirma que as empresas procuram equilibrar os benefícios fiscais dos juros com os possíveis custos de dificuldades financeiras em virtude do endividamento. O que essa teoria prevê acerca da relação entre a lucratividade contábil e os índices de endividamento contábeis objetivados? Essa previsão da teoria é consistente com a realidade?

8. **Índices de endividamento** Rajan e Zingales identificaram quatro variáveis que aparentemente explicavam as diferenças nos índices de endividamento em diversos países. Quais são elas?

9. **Teoria da hierarquia de fontes** Por que a informação assimétrica impele as empresas a obter fundos externos por endividamento em vez de emitir ações?

10. **Teoria da hierarquia de fontes** Preencha os espaços em branco: De acordo com a teoria da hierarquia de fontes,

    a. O índice de endividamento das empresas é determinado por _____.

    b. Os índices de endividamento dependem da rentabilidade passada, pois _____.

11. **Folga financeira** Para que tipo de empresa a folga financeira tem mais valor? E há situações em que a folga financeira deva ser reduzida aumentando-se o endividamento e pagando esses recursos aos acionistas? Justifique.

INTERMEDIÁRIO

12. **Benefícios fiscais** Calcule o valor presente dos benefícios fiscais dos juros gerados por essas três emissões de dívida. Considere somente os impostos sobre as empresas. A alíquota de imposto marginal é $T_c = 0{,}35$.

    a. Um empréstimo de $1 mil, de um ano, a uma taxa de juro de 8%.

    b. Um empréstimo de $1 mil, de cinco anos, a uma taxa de juro de 8%. Considere que nenhum capital é reembolsado até o seu vencimento.

    c. Uma perpetuidade de $1 mil, a uma taxa de juro de 7%.

13. **Benefícios fiscais** Suponha que o Congresso estabeleça a alíquota máxima de imposto sobre o rendimento das pessoas físicas para juros e dividendos em 35%, e em 15% a taxa sobre os ganhos de capital realizados. A alíquota de imposto sobre as empresas mantém-se em 35%. Calcule a tributação global (impostos sobre as empresas e sobre os indivíduos) sobre os rendimentos pagos por dívida ou por ação se (a) todos os ganhos de capital forem realizados imediatamente e (b) os ganhos de capital forem diferidos para sempre. Admita que os ganhos de capital são metade do rendimento das ações.

14. **Benefícios fiscais** "O problema da argumentação de MM é que ela ignora o fato de as pessoas físicas não poderem deduzir os juros para efeito do imposto sobre a renda". Mostre a razão por que isso não constitui uma objeção se a alíquota de imposto sobre os juros e o rendimento das ações fossem iguais para as pessoas físicas.

15. **Benefícios fiscais** Reveja o exemplo da Johnson & Johnson na Seção 18.1. Suponha que a Johnson & Johnson aumente a sua dívida de longo prazo para $30 bilhões. Ela utiliza a dívida adicional para recomprar ações. Refaça o Quadro 18.4*b*, com a nova estrutura do capital. Qual o valor adicional acrescido se os pressupostos do quadro estiverem corretos?

16. **Custos de agência** Na Seção 18.3 apresentamos brevemente três jogos: ganhar tempo, receber e fugir, e enganar e mudar.

    Construa, para cada um dos jogos, um exemplo numérico simples (como o exemplo da transferência de risco) que mostre como os acionistas podem ganhar à custa dos credores. Depois, explique como a tentação de realizar esses jogos pode levar ao aparecimento de custos de dificuldades financeiras.

17. **Custos de falência** Observe algumas empresas reais com diferentes tipos de ativos. Quais problemas operacionais cada empresa encontraria em caso de tensões financeiras? Até que ponto os ativos manteriam o seu valor?

18. **Custos de agência** Vamos retomar o balanço com os valores de mercado da Circular File:

Capital de giro líquido	$20	$25	Obrigações em circulação
Ativos fixos	10	5	Ações ordinárias
Total dos ativos	$30	$30	Valor total

Quem ganha e quem perde com as seguintes manobras:

a. A Circular arrecada $5 de caixa e paga um dividendo em dinheiro.

b. A Circular interrompe as operações, vende os seus ativos fixos e converte o capital de giro líquido em um disponível de $20. Infelizmente, os ativos fixos auferem apenas $6 no mercado secundário. O montante de $26 é investido em letras do Tesouro.

c. A Circular se depara com uma aceitável oportunidade de investimento, com VPL = 0, que exige um investimento de $10. A empresa contrai um empréstimo para financiar o projeto. A nova dívida tem a mesma garantia, condições de prioridade etc., do que a antiga.

d. Suponha que o novo projeto tenha um VPL = +$2 e que seja financiado por uma emissão de ações preferenciais.

e. Os credores concordam em estender o vencimento do seu empréstimo, de um para dois anos, de modo a dar à Circular uma oportunidade de recuperação.

19. **Custos de agência** A Salad Oil Storage (SOS) Company financiou uma grande parte das suas instalações fabris com dívida de longo prazo. Existe um risco significativo de inadimplência, mas a empresa ainda não está perdida. Explique:

a. Por que razão os acionistas da SOS poderiam perder, ao investirem em um projeto com VPL positivo e financiado por uma emissão de ações.

b. Por que razão os acionistas da SOS poderiam ganhar, ao investirem em um projeto com VPL negativo e financiado por caixa.

c. Por que razão os acionistas da SOS poderiam ganhar, ao receberem um montante elevado de dividendos em dinheiro.

20. **Contratação**

a. Quem se beneficia com as cláusulas restritivas em contratos de empréstimos quando a empresa entra em dificuldades financeiras? Responda com uma só frase.

b. Quem se beneficia com as cláusulas restritivas quando as obrigações são emitidas? Suponha que é oferecida à empresa a possibilidade de escolher entre emitir (1) uma obrigação com as restrições-padrão no pagamento de dividendos, no endividamento adicional etc., e (2) uma obrigação com restrições mínimas, mas com uma taxa de juro muito mais elevada. Suponha que as taxas de juro de (1) e (2) são justas, do ponto de vista dos credores. Qual é a obrigação que se espera que a empresa emita? Por quê?

21. **Teoria da hierarquia de fontes** "Fiquei espantado ao descobrir que o anúncio de uma emissão de ações faz cair, em média, o valor da empresa emitente em 30% da receita da emissão. Esse custo de emissão torna insignificante a margem do tomador e os custos administrativos da emissão. Torna as emissões de ações muito dispendiosas."

a. Você está considerando a possibilidade de fazer uma emissão de $100 milhões em ações. Com base na experiência passada, você prevê que o anúncio da emissão fará cair o preço das ações em 3%, e o valor de mercado da sua empresa, em 30% do montante a ser levantado. Por outro lado, é necessário um financiamento adicional por capital próprio destinado a um projeto de investimento que, segundo você acredita, tem um VPL positivo de $40 milhões. Deverá ou não realizar a emissão?

b. A queda do valor de mercado na sequência do anúncio da emissão de ações é um *custo de emissão* no mesmo sentido que a margem de um subscritor? Comente a citação no início deste problema.

Utilize a sua resposta ao item (a) como um exemplo numérico para explicar a sua resposta ao item (b).

22. **Ofertas de troca** Ronald Masulis analisou o impacto sobre o preço das ações de *ofertas de troca* de dívida por ações, ou vice-versa.[35] Em uma oferta de troca, a empresa se propõe a trocar títulos recentemente emitidos por valores de emissões anteriores nas mãos dos investidores. Assim, uma empresa que desejar aumentar o seu índice de endividamento poderá oferecer uma dívida nova em troca de ações em circulação. Uma empresa que desejar mudar para uma estrutura conservadora de capital poderá oferecer a troca de novas ações por títulos de dívida em circulação.

Masulis constatou que as trocas de ações por dívida eram boas notícias (os preços das ações aumentavam com o anúncio) e que as trocas de dívida por ações constituíam más notícias.

a. Esses resultados são consistentes com a teoria do *trade-off* de estrutura do capital?

b. Esses resultados são consistentes com a experiência de que os investidores interpretam os anúncios de (1) emissões de ações como más notícias, (2) as recompras de ações como boas notícias e (3) as emissões de títulos de dívida como "não notícias" ou, no máximo, como uma ligeira desilusão?

c. Como se podem explicar os resultados de Masulis?

23. **Custos de agência** Os resultados possíveis dos projetos da Sra. Ketchup (Veja o Exemplo 18.1) não mudaram, mas há agora um probabilidade de 60% de que o Projeto 2 tenha um resultado de $24 e uma probabilidade de 60% de que tenha um resultado de $0.

a. Recalcule os resultados esperados para o banco e para a Sra. Ketchup, se o banco emprestar o valor presente de $10. Qual dos projetos a Sra. Ketchup deve escolher?

b. Qual o montante máximo que o banco poderia emprestar para convencer a Sra. Ketchup a escolher o Projeto 1?

---

[35] R. W. Masulis. "The Effects of Capital Structure Change on Security Prices: A Study of Exchange Offers." *Journal of Financial Economics* 8 (June 1980), pp. 139-177; e "The Impact of Capital Structure Change on Firm Value," *Journal of Finance* 38 (March 1983), pp. 107-126.

24. **Alvos de alavancagem** Os objetivos do índice entre a utilização de dívida e de capital próprio de algumas empresas são expressos não como um índice de endividamento, mas sim como um *rating*-alvo de endividamento sobre os títulos em circulação da organização. Quais são os prós e os contras de fixar um alvo de *rating* em vez de um alvo de índice?

DESAFIO

25. **Medidas de alavancagem** A maioria dos gestores financeiros mede o índice de endividamento com base nos dados contábeis do balanço de suas respectivas organizações. Muitos economistas financeiros enfatizam os índices de valor contábil-valor de mercado dos balanços. Qual é, em princípio, a medida correta? Será que a teoria do *trade-off* propõe explicar a alavancagem contábil ou a alavancagem de mercado? E que tal a teoria da hierarquia de fontes?

26. **Teoria do *trade-off*** A teoria do *trade-off* depende da ameaça de se ter dificuldades financeiras. Mas por que uma empresa de capital aberto alguma vez em sua existência tem de ter problemas financeiros? Segundo a teoria, a empresa deve operar na parte superior da curva da Figura 18.2. Certamente os movimentos do mercado ou os reveses do negócio poderiam forçar a um índice de endividamento mais alto e posicioná-la na parte direita, em declínio, da curva. Mas, nesse caso, por que a organização simplesmente não emite ações, evita a dívida, e migra para suportar uma taxa ideal de endividamento?

Quais são as razões de as organizações não emitirem ações – ou ações suficientes – de forma bastante rápida de modo a evitar as tensões financeiras?

CAPÍTULO 19

Financiamento e avaliação

Nos Capítulos 5 e 6, mostramos como se avalia uma oportunidade de investimento por este método com quatro etapas:

1. Previsão dos fluxos de caixa após impostos gerados pelo projeto admitindo-se que o projeto seja exclusivamente garantido por capital próprio.
2. Estimativa do risco do projeto.
3. Estimativa do custo de oportunidade do capital.
4. Cálculo do VPL, utilizando a fórmula dos fluxos de caixa descontados.

Esse método não tem nada de errado, mas vamos ampliá-lo para englobar o valor da contribuição das decisões de financiamento. Existem duas maneiras de fazê-lo:

1. *Ajustar a taxa de desconto.* Normalmente, o ajuste é feito para baixo, de modo que se considere o valor dos benefícios fiscais dos juros. É a abordagem mais comum, implementada, em geral, pelo custo médio ponderado do capital (CMPC). Apresentamos o CMPC (ou WACC, na sigla em inglês), sem impostos, nos Capítulos 9 e 17, mas iremos aprofundá-lo agora, especificamente quanto ao modo de calculá-lo e utilizá-lo.
2. *Ajustar o valor presente.* Isto é, começa-se com o cálculo do valor do caso-base do projeto ou da empresa, considerando que seja totalmente financiado(a) por capital próprio; depois, ajusta-se esse valor básico levando-se em consideração o impacto do projeto na estrutura de capital da organização.

Valor presente ajustado (VPA)
= valor-base + valor dos efeitos secundários

Uma vez identificados e avaliados os efeitos secundários devidos ao financiamento de um projeto, o cálculo do seu VPA é uma mera questão de fazer adições ou subtrações.

Trata-se de um capítulo de caráter prático. Na primeira seção explicaremos e calcularemos o custo médio ponderado de capital (CMPC) após impostos e como utilizá-lo para calcular o valor de um projeto e de uma empresa. Na Seção 19.2 abordaremos um problema de avaliação mais complexo e realista. Na Seção 19.3 ensinaremos alguns "truques", como estimar as entradas de fundos e ajustar o CMPC se o risco ou a estrutura do capital da empresa se alterar. A Seção 19.4 debruça-se sobre o método do VPA. O conceito do VPA é bastante simples, mas a análise de todos os efeitos secundários das decisões de financiamento pode ser difícil. Concluiremos o capítulo com uma seção de perguntas e respostas destinada a esclarecer alguns aspectos por vezes considerados confusos tanto pelos gestores como pelos estudantes. No Apêndice, abordaremos um caso especial importante: a avaliação dos fluxos de caixa sem risco após impostos.

19.1 O custo médio ponderado do capital após impostos

Começamos abordando os problemas de avaliação e decisão de investimento apresentados entre os Capítulos 5 e 6. Nesses capítulos, mal falamos sobre as decisões de financiamento; na verdade, separamos as decisões de investimento das de financiamento. Caso o projeto de investimento tivesse um VPL positivo, assumíamos que a empresa mergulharia de cabeça, sem se perguntar se o financiamento do projeto acabaria acrescentando ou subtraindo valor adicional. Estávamos admitindo um mundo ideal do tipo Modigliani-Miller (MM), no qual todas as decisões de financiamento são irrelevantes. Em um mundo MM estrito, as empresas podem analisar investimentos reais como se fossem totalmente financiados por capital próprio; o plano financeiro efetivo é um mero detalhe, a ser elaborado mais tarde.

De acordo com as premissas de MM, as decisões de aplicação de capitais podem ser separadas das decisões de obtenção de capitais. Iremos, agora, analisar a decisão de investimento, quando as decisões de investimento e de financiamento interagem e não podem ser totalmente separadas.

Uma das razões pelas quais as decisões de financiamento e de investimento interagem são os impostos. Os juros são uma despesa dedutível nos impostos. Lembre-se dos Capítulos 9 e 17, nos quais apresentamos a fórmula do custo médio ponderado do capital *após impostos*:

$$\text{CMPC} = r_D(1 - T_c)\frac{D}{V} + r_{CP}\frac{CP}{V}$$

Nessa fórmula, D e CP representam os valores de mercado da dívida e do capital próprio da empresa, $V = D + CP$ é o valor total de mercado da empresa, r_D e r_{CP} representam, respectivamente, o custo da dívida e do capital próprio, e T_c é a alíquota marginal de imposto sobre as empresas.

Repare que a fórmula do CMPC utiliza o custo da dívida *após os impostos*, $r_D(1 - T_c)$. É assim que o CMPC após os impostos incorpora o valor dos benefícios fiscais. Repare também que todas as variáveis da fórmula do CMPC se referem à empresa como um todo. Por isso, a fórmula apenas fornece a taxa de desconto correta para projetos que sejam exatamente iguais à empresa que os está empreendendo. A fórmula funciona para projetos "normais". É incorreta para projetos mais seguros e mais arriscados do que os ativos "médios" que a empresa possui. É incorreta para projetos cuja aceitação leve a um aumento ou a um decréscimo do índice de endividamento que a empresa definiu como alvo.

O CMPC baseia-se nas características *atuais* da empresa, mas os gestores utilizam-no para descontar os fluxos de caixa *futuros*. Não faz mal que seja assim desde que se espere que o risco e o índice de endividamento da empresa se mantenham constantes, mas quando se esperam alterações do risco ou do índice de endividamento da empresa, o desconto dos fluxos de caixa por meio do CMPC só é correto por aproximação.

Muitas empresas estabelecem um único CMPC para o empreendimento como um todo e o mantêm constante a menos que ocorram grandes mudanças em risco ou em taxas de juros. O CMPC é um ponto de referência comum que evita rachas causados por discussões a respeito de taxas de desconto.[1] Mas todos os gestores financeiros precisam saber como ajustar o CMPC quando riscos empresariais e pressupostos financeiros passam por mudanças. Mais adiante neste capítulo, mostraremos como fazer esses ajustes.

EXEMPLO 19.1 ● Calculando o CMPC da Sangria

A Sangria é uma empresa norte-americana cujos produtos se destinam a promover um estilo de vida feliz e sem estresse. Vamos calcular o CMPC da Sangria. Os balanços da Sangria, em valores contábeis e em valores de mercado, são os seguintes:

Sangria Corporation (valores contábeis, em $ milhões)

Valor do ativo	$1.000	$ 500	Dívida
		500	Capital próprio
	$1.000	$ 1.000	

Sangria Corporation (valores de mercado, em $ milhões)

Valor do ativo	$1.250	$ 500	Dívida
		750	Capital próprio
	$1.250	$ 1.250	

---
[1] Veja na Seção 9.1, sob o título "O tom certo e o custo do capital".

Calculamos o valor de mercado do capital próprio no balanço da Sangria multiplicando a cotação atual das suas ações ($7,50) por 100 milhões (o número de ações em circulação). As perspectivas da empresa são boas e, por isso, as ações estão sendo transacionadas acima do seu valor contábil ($7,50 *versus* $5,00 por ação). Entretanto, as taxas de juro têm se mantido estáveis desde que a dívida da empresa foi emitida e, nesse caso, os valores da dívida contábil e de mercado são iguais.

O custo da dívida da Sangria (a taxa de juro do mercado sobre a dívida existente e sobre qualquer novo empréstimo)[2] é de 6%. O custo do capital próprio (a taxa de retorno esperada pelos investidores em ações da Sangria) é de 12,4%.

O balanço, em valores de mercado, mostra que o valor dos ativos é de $1.250 milhões. Claro que não podemos observar esse valor diretamente porque os próprios ativos não são transacionados. Mas sabemos quanto valem para os investidores em dívida e capital próprio ($500 + $750 = $1.250 milhões). Esse valor aparece do lado esquerdo do balanço em valores de mercado.

Por que mostramos o balanço contábil? Para que se pudesse traçar um grande X por cima dele. Faça isso agora.

Pense no CMPC como a taxa esperada de retorno sobre um *portfólio* da dívida e do capital próprio em circulação da empresa. Os pesos ponderados do portfólio dependem de valores de mercado. A taxa esperada de retorno para o portfólio de valores de mercado revela a taxa esperada de retorno exigida pelos investidores para que comprometam o seu dinheiro suado nos ativos e operações da empresa.

Quando se calcula o custo médio ponderado do capital, não interessam os investimentos passados; antes, interessam os valores atuais e as expectativas para o futuro. O verdadeiro índice de endividamento da Sangria não é de 50%, o índice contábil, mas de 40%, porque o seu ativo vale $1.250 milhões. O custo do capital próprio, $r_{CP} = 0{,}124$, é a taxa de retorno esperada na compra de ações ao preço unitário de $7,50, o preço corrente de mercado. Não é retorno do valor contábil da ação. Já não se podem comprar ações da Sangria por $5.

A Sangria consistentemente gera lucros e paga impostos à alíquota marginal de 35%. A alíquota de imposto é o último dado para calcular o CMPC da Sangria. Temos, portanto, os seguintes dados sobre essa organização:

Custo da dívida (r_D)	0,06
Custo do capital próprio (r_{CP})	0,124
Alíquota marginal de imposto (T_c)	0,35
Índice de endividamento (D/V)	500/1.250 = 0,4
Índice de capital próprio (CP/V)	750/1.250 = 0,6

O CMPC após os impostos da organização é:

$$\text{CMPC} = 0{,}06 \times (1 - 0{,}35) \times 0{,}4 + 0{,}124 \times 0{,}6 = 0{,}090 \text{ ou } 9{,}0\%$$

É assim que se calcula o custo médio ponderado do capital. Agora, vejamos como a Sangria iria *utilizá-lo*.

EXEMPLO 19.2 • Utilização do CMPC da Sangria para avaliar um projeto

Os enólogos da Sangria propuseram um investimento de $12,5 milhões na construção de uma prensa que durará para sempre e que (para nossa conveniência) nunca se deprecia, gerando um fluxo perpétuo de lucros e de fluxos de caixa de $1,731 milhão antes dos impostos por ano. O

---

[2] Utilize sempre uma taxa de juro atual (rendimento até o vencimento), e não a taxa de juro em vigor quando a dívida da empresa foi emitida, nem a taxa de juro sobre o valor contábil da dívida.

projeto tem um risco médio e, por isso, podemos utilizar o CMPC. O fluxo de caixa depois de impostos é de:

Fluxo de caixa antes de impostos	$1,731 milhão
Imposto de 35%	0,606
Fluxo de caixa depois de impostos	$1,125 milhão

Atenção: os benefícios fiscais dos juros da dívida apoiada no projeto da prensa perpétua não se refletem nesse fluxo de caixa depois de impostos. Como explicamos no Capítulo 6, a prática orçamentária padrão separa as decisões de investimento e de financiamento e calcula os fluxos de caixa depois de impostos como se o financiamento viesse todo do capital próprio. O valor dos benefícios fiscais, contudo, não será ignorado: vamos descontar os fluxos de caixa do projeto com o CMPC da Sangria, onde o custo da dívida é considerado depois de impostos. O valor dos benefícios fiscais dos juros não é incorporado como um fluxo de caixa depois de impostos mais elevados, mas por meio de uma taxa de desconto mais baixa.

A prensa gera um fluxo de caixa perpétuo depois de impostos de $C = \$1,125$ milhão; por isso, o VPL é:

$$\text{VPL} = -12,5 + \frac{1,125}{0,09} = 0$$

Um VPL = 0 significa que o investimento dificilmente poderá ser considerado aceitável. O fluxo de caixa anual de $1,125 milhão por ano equivale a uma taxa de retorno de 9% do investimento (1,125/12,5 = 0,09), exatamente o mesmo que o CMPC da Sangria.

Se o VPL do projeto é exatamente igual a zero, o retorno para os investidores em capital próprio deverá ser exatamente igual ao custo do capital próprio: 12,4%. Vamos confirmar que os acionistas da Sangria podem esperar, de fato, um retorno de 12,4% pelo seu investimento no projeto da prensa perpétua.

Suponha que a Sangria adote esse projeto como se tratasse de uma microempresa. O seu balanço, em valores de mercado, será o seguinte:

Prensa perpétua (valores de mercado, em $ milhões)			
Valor do ativo	$12,5	$ 5,0	Dívida
		7,5	Capital próprio
	$12,5	$12,5	

Calcule o retorno esperado para os acionistas:

$$\text{Juros após impostos} = r_D(1 - T_c)D = 0,06 \times (1 - 0,35) \times 5 = 0,195$$

$$\text{Retorno esperado do capital próprio} = C - r_D(1 - T_c)D = 1,125 - 0,195 = 0,93$$

Os resultados do projeto são constantes e perpétuos, e, por conseguinte, o retorno esperado das ações é igual à sua remuneração esperada dividida pelo valor do capital próprio:

$$\text{Retorno esperado do capital próprio} = r_E = \frac{\text{remuneração esperado do capital próprio}}{\text{valor do capital próprio}}$$

$$= \frac{0,93}{7,5} = 0,124 \text{ ou } 12,4\%$$

O retorno esperado do capital próprio é igual ao custo do capital próprio e, por isso, faz sentido que o VPL do projeto seja zero.

Revisão dos pressupostos

Para descontarmos os fluxos de caixa da prensa perpétua ao CMPC da Sangria, precisamos assumir que:

- Os riscos do negócio do projeto são iguais aos dos outros ativos da Sangria e continuarão sendo durante toda a vida do projeto.
- O projeto adota a mesma porcentagem de dívida em relação ao valor de toda a estrutura de capital da Sangria, a qual, aliás, se mantém constante durante toda a vida do projeto.

Percebe-se a importância desses dois pressupostos: se a prensa perpétua tivesse um risco de negócio superior aos outros ativos da Sangria, ou se a aceitação do projeto levasse a uma alteração permanente e importante do índice de endividamento da Sangria, os seus acionistas não se contentariam com um retorno esperado de 12,4% sobre o seu investimento com capitais próprios no projeto.

Os usuários do CMPC, porém, não precisam se preocupar com flutuações pequenas ou temporárias nos índices de endividamento. Tampouco se devem deixar enganar pela fonte imediata de financiamento. Suponha que a Sangria decida contrair um empréstimo de $12,5 milhões para viabilizar a construção imediata da prensa. Isso não necessariamente altera os alvos de financiamento a longo prazo da empresa. A *capacidade* de dívida da prensa é de apenas $5 milhões. Se a Sangria decidir por conveniência contrair uma dívida de $12,5 milhões pela prensa, então mais cedo ou mais tarde ela terá de contrair $12,5 - $5 = $7,5 milhões *a menos* de dívida para outros projetos.

Ilustramos a fórmula do CMPC apenas para um projeto com fluxos de caixa perpétuos. Todavia, a fórmula funciona para qualquer padrão de fluxos de caixa, desde que a empresa ajuste o seu endividamento de modo que mantenha um índice de endividamento constante ao longo do tempo.[3] Quando a empresa se afasta dessa política de endividamento, o CMPC torna-se apenas aproximadamente correto.

Erros cometidos ao utilizar a fórmula do custo médio ponderado

A fórmula do custo médio ponderado é muito útil, mas também perigosa, porque induz a erros de lógica. Por exemplo, o gestor Q, que está privilegiando a aprovação de um projeto que lhe agrada, pode olhar para a fórmula

$$\text{CMPC} = r_D(1 - T_c)\frac{D}{V} + r_{CP}\frac{CP}{V}$$

e pensar: "Ah! a minha empresa tem uma boa classificação de crédito. Pode pedir emprestado, digamos, 90% do custo do projeto se desejar. Isso significa que $D/V = 0,9$ e $CP/V = 0,1$. A taxa de juro, r_D, da minha empresa é de 8%, e o retorno exigido do capital próprio, r_{CP}, é de 15%. Portanto,

$$\text{CMPM} = 0,08(1 - 0,35)(0,9) + 0,15(0,1) = 0,062$$

ou 6,2%. Descontado a essa taxa, o meu projeto parece muito bom".

---

[3] Podemos provar essa afirmação da seguinte maneira: denominemos os fluxos de caixa esperados depois de impostos (assumindo o financiamento integral por capitais próprios) por $C_1, C_2,...C_T$. Com essa modalidade de financiamento, esses fluxos seriam descontados ao custo de oportunidade do capital r. Mas temos que avaliar os fluxos de caixa para uma empresa parcialmente financiada por dívida.

Comecemos pelo valor no penúltimo período: $V_{T-1} = D_{T-1} + CP_{T-1}$. O montante total a receber pelos investidores em dívida e em capital próprio é o fluxo de caixa mais o benefício fiscal dos juros. O retorno total esperado para os investidores em dívida e em capital próprio é:

Valor esperado dos resultados em $T = C_T + T_c r_D D_{T-1}$

$$= V_{T-1}\left(1 + r_D\frac{D_{T-1}}{V_{T-1}} + r_{CP}\frac{CP_{T-1}}{V_{T-1}}\right)$$

Considere que o índice de endividamento é constante com $L = D/V$. Calcule (1) e (2) e resolva para V_{T-1}:

$$V_{T-1} = \frac{C_T}{1 + (1 - T_c)r_D L + r_{CP}(1 - L)} = \frac{C_T}{1 + \text{CMPC}}$$

A lógica repete-se para V_{T-2}. Repare que o resultado para o período seguinte inclui V_{T-1}:

Valor esperado dos resultados em $T - 1 = C_{T-1} + T_c r_D D_{T-2} + V_{T-1}$

$$= V_{T-2}\left(1 + r_D\frac{D_{T-2}}{V_{T-2}} + r_{CP}\frac{CP_{T-2}}{V_{T-2}}\right)$$

Podemos continuar até a data 0:

$$V_0 = \Sigma_{t=1}^{T}\frac{C_t}{(1 + \text{CMPC})^t}$$

O gestor Q está equivocado em vários aspectos. Em primeiro lugar, a fórmula do custo médio ponderado apenas é aplicável a projetos que sejam cópias perfeitas da empresa. A empresa não é financiada em 90% por dívida.

Em segundo lugar, a fonte imediata de fundos para um projeto não está necessariamente ligada à taxa de retorno mínima para esse projeto. O que conta é a contribuição global do projeto para a capacidade de endividamento da empresa. Um dólar investido no projeto preferido do Sr. Q não incrementará a capacidade de endividamento da empresa em $0,90. Se ela pedir 0,90% do custo do projeto emprestado, efetivamente estará se endividando em parte com base nos ativos *existentes*. Qualquer vantagem resultante do financiamento do novo projeto com um endividamento maior do que o normal deve ser atribuída aos projetos anteriores, e não ao novo projeto.

Em terceiro lugar, ainda que a empresa esteja disposta e seja capaz de se "alavancar" com até 90% da dívida, o seu custo de capital não diminuirá para 6,2% (como prevê o cálculo ingênuo do sr. Q). Não é possível aumentar o índice de endividamento sem criar risco financeiro para os acionistas e, portanto, aumentar r_{CP}, a taxa de retorno esperada que exigem das ações ordinárias da empresa. Além disso, um endividamento de 90% certamente aumentaria a taxa de juro.

19.2 Avaliação das empresas

Na maior parte do seu dia de trabalho, o gestor financeiro tem de se concentrar em avaliar projetos, procurar formas de financiamento e ajudar a gerir a empresa de uma maneira mais eficaz. A avaliação da empresa no seu todo fica a cargo dos investidores e dos mercados financeiros. Entretanto, há dias em que o gestor financeiro tem de assumir uma posição sobre o valor da organização em sua totalidade. Quando isso acontece, normalmente está em causa uma *grande* decisão. Por exemplo:

- Se a empresa A estiver prestes a lançar uma oferta pública de aquisição sobre a empresa B, os gestores financeiros da primeira empresa têm de decidir qual é o valor conjunto das empresas A + B sob a gestão de A. Essa tarefa é particularmente difícil se B for uma empresa de capital fechado, sem um preço observável para as suas ações.

- Se a empresa C estiver ponderando a venda de uma de suas divisões, terá de decidir qual é o seu valor para poder negociar com os potenciais compradores.

- Se uma empresa decidir abrir o seu capital, o banco de investimento terá de determinar o valor da empresa para fixar o preço da emissão.

- Se um fundo de investimento possuir ações de uma empresa que não é comercializada, então os diretores do fundo são obrigados a estimar um valor justo para essas ações. Se os diretores fizerem um trabalho desleixado na atribuição de um valor, estarão suscetíveis a pararem no banco dos réus.

Além disso, há milhares de analistas em empresas de corretagem e sociedades de investimento que passam o seu dia de trabalho elaborando estudos na esperança de descobrirem empresas subavaliadas. Muitos desses analistas recorrem às ferramentas de avaliação que apresentaremos.

No Capítulo 4, demos um primeiro passo na avaliação de uma organização como um todo. Àquela altura, partimos do princípio de que havia um financiamento integral por capital próprio. Agora, mostraremos como o CMPC pode ser utilizado para avaliar uma organização financiada por uma combinação de dívida e capital próprio desde que se espere que o seu índice de endividamento se mantenha mais ou menos constante. Nesse caso, a empresa deverá ser tratada como se fosse um projeto de grande dimensão, fazendo-se a previsão de seus fluxos de caixa (a parte mais difícil do exercício) e descontando-os ao seu valor presente. Mas há três pontos importantes que não podem ser esquecidos:

1. Para fazer o desconto ao CMPC, os fluxos de caixa terão de ser projetados como se tratasse de um projeto de investimento. Os juros não podem ser deduzidos. Os impostos têm de ser calculados como se a empresa fosse integralmente financiada por capital próprio. (O valor dos benefícios fiscais dos juros não é ignorado, porque o custo da dívida após impostos é utilizado na fórmula do CMPC.)

2. Ao contrário da maior parte dos projetos, as empresas são potencialmente imortais. Mas isso não significa que seja preciso prever os fluxos de caixa de cada ano desde o presente até a eternidade. Normalmente, os gestores financeiros fazem as suas previsões para um horizonte de médio prazo e acrescentam um valor final aos fluxos de caixa no horizonte. O valor final é o valor presente no horizonte de todos os fluxos de caixa subsequentes. Estimar o valor final é algo que requer muita atenção, pois esse valor representa muitas vezes a maior parte do valor da organização.

3. O desconto ao CMPC avalia os ativos e as operações da empresa. Se o seu objetivo for avaliar o capital próprio da empresa, ou seja, as suas ações, não se esqueça de subtrair o valor da dívida em circulação.

Veja um exemplo.

Avaliação da Rio Corporation

A Sangria está tentada a adquirir a Rio Corporation, cujo ramo de atividade também é a promoção de estilos de vida descontraídos e felizes. A Rio desenvolveu um programa especial de emagrecimento designado "Dieta Brasil", que se baseia em churrascos, vinho tinto e muito sol. A empresa garante que, ao final de três meses, você terá uma silhueta que lhe permitirá frequentar as praias de Ipanema ou Copacabana, no Rio de Janeiro. Mas, antes de ir para a praia, você terá de cumprir uma tarefa: descobrir quanto a Sangria deverá pagar pelo Rio.

A Rio é uma empresa norte-americana. É uma empresa de capital fechado e, por isso, a Sangria não pode se basear no preço de mercado das ações. A Rio tem 1,5 milhão de ações e dívida com um valor de mercado e valor contábil de $36 milhões. A Rio opera no mesmo ramo de atividade da Sangria, pelo que poderemos supor que tem o mesmo risco de negócio desta e que poderá suportar a mesma porcentagem de dívida. Por isso, vamos utilizar o CMPC da Sangria.

A primeira tarefa é prever o *fluxo de caixa livre* (FCL) da Rio. O fluxo de caixa livre é o dinheiro que a empresa pode distribuir para os investidores depois de fazer todos os investimentos necessários para crescer. Ele é calculado considerando-se que a empresa é integralmente financiada por capital próprio. Descontando os fluxos de caixa disponíveis ao CMPC depois de impostos, obtém-se o valor total do Rio (dívida *mais* capital próprio). Para descobrir o valor do capital próprio, será necessário subtrair os $36 milhões da dívida.

Vamos prever o fluxo de caixa disponível em cada ano até um *horizonte de avaliação* (H) e prever o valor da empresa nesse horizonte (VP$_H$). Depois, descontaremos para o presente os fluxos de caixa e o valor no horizonte:

$$VP = \underbrace{\frac{FCL_1}{1 + CMPC} + \frac{FCL_2}{(1 + CMPC)^2} + \cdots + \frac{FCL_H}{(1 + CMPC)^H}}_{\text{VP (fluxo de caixa livre)}} + \underbrace{\frac{VP_H}{(1 + CMPC)^H}}_{\text{VP (valor no horizonte)}}$$

Claro que a empresa vai continuar além do horizonte, mas não é prático prever o fluxo de caixa disponível ano a ano até o infinito. O VP$_H$ representa o valor no ano H do fluxo de caixa disponível nos períodos $H + 1$, $H + 2$ etc.

O fluxo de caixa disponível não é o mesmo que lucro líquido. Existem algumas diferenças importantes:

- O lucro é o retorno para os acionistas, calculado depois das despesas com juros. O fluxo de caixa livre é calculado antes dos juros.
- O lucro é calculado depois de várias despesas não monetárias, incluindo a depreciação. Por isso, para calcular o fluxo de caixa livre temos que adicionar novamente as depreciações.
- Os dispêndios de capital e os investimentos em capital de giro não aparecem como despesas nas demonstrações financeiras, mas efetivamente reduzem o fluxo de caixa livre.

O fluxo de caixa livre pode ser negativo em empresas com um crescimento rápido, mesmo que elas sejam lucrativas, porque o investimento ultrapassa o fluxo de caixa gerado pela atividade da organização. Felizmente para a empresa e para os acionistas, o fluxo de caixa livre negativo costuma ser temporário. O fluxo de caixa livre passa a ser positivo à medida que o crescimento vai abrandando e que os ganhos dos investimentos anteriores começam a afluir.

No Quadro 19.1 apresentamos a informação de que você necessitará para prever os fluxos de caixa livres da Rio. Vamos seguir a prática comum e começar com uma previsão das vendas. No ano que recém acabou, as vendas da Rio totalizaram $83,6 milhões. Nos últimos anos, as vendas cresceram entre 5% e 8% ao ano. Vamos prever que as vendas crescerão cerca de 7% ao ano nos próximos três anos. Depois disso, o crescimento abrandará para 4% nos anos 4 a 6 e para 3% a partir do ano 7.

Os outros componentes do fluxo de caixa constantes do Quadro 19.1 resultam dessa previsão para as vendas. Por exemplo, prevê-se que os custos correspondam a 74% das vendas no primeiro ano, com um crescimento gradual para 76% das vendas nos anos subsequentes, refletindo o aumento dos custos de marketing causado pela evolução da concorrência da Rio.

Provavelmente, o crescimento das vendas obrigará novos investimentos em ativos fixos e em capital de giro. Atualmente, o ativo fixo da Rio corresponde a cerca de $0,79 para cada dólar de vendas. A menos que a Rio tenha capacidade excedente ou que consiga aumentar a produção com as instalações e os equipamentos que possui, o investimento em ativos fixos terá de acompanhar o crescimento das vendas. Vamos considerar, portanto, que para cada dólar que as vendas cresçam será necessário um aumento de $0,79 em ativo fixo. Assumimos também que o capital de giro cresce proporcionalmente às vendas.

O fluxo de caixa livre da Rio é calculado no Quadro 19.1 sob a forma de lucro depois de impostos, mais as depreciações, menos o investimento. O investimento é a variação do conjunto dos ativos fixos (bruto) e do capital de giro em relação ao ano anterior. Por exemplo, no ano 1:

Fluxo de caixa livre = lucro depois de impostos + depreciação − investimento em ativo fixo

− investimento em ativo circulante

= 8,7 + 9,9 − (109,6 − 95,0) − (11,6 − 11,1) = $3,5 milhões

Estimativa do valor no horizonte

Preveremos os fluxos de caixa para cada um dos primeiros seis anos. Após isso, espera-se que as vendas da Rio se estabilizem e que o crescimento estável de longo prazo comece no ano 7. Para determinarmos o valor presente do fluxos de caixa nos anos 1 a 6, vamos descontar ao CMPC de 9%:

$$VP = \frac{3,5}{1,09} + \frac{3,2}{1,09^2} + \frac{3,4}{1,09^3} + \frac{5,9}{1,09^4} + \frac{6,1}{1,09^5} + \frac{6,0}{1,09^6} = \$20,3 \text{ milhões}$$

Agora, temos que determinar o valor dos fluxos de caixa a partir do ano 7. No Capítulo 4, analisamos diversos métodos para estimar o valor no horizonte. Neste capítulo, utilizaremos a fórmula de crescimento constante do FCD. Ela requer uma previsão do fluxo de caixa livre para o ano 7, que aparece na última coluna do Quadro 19.1, assumindo uma taxa de crescimento de longo prazo de 3% ao ano.[4] O fluxo de caixa livre é de $6,8 milhões. Por conseguinte:

$$VP_H = \frac{FCL_{H+1}}{CMPC - g} = \frac{6,8}{0,09 - 0,03} = \$113,4 \text{ milhões}$$

$$VP \text{ para o ano } 0 = \frac{1}{1,09^6} \times 113,4 = \$67,6 \text{ milhões}$$

Agora, já temos tudo de que precisamos para avaliar a empresa:

VP(empresa) = VP(fluxo de caixa anos 1-6) + VP(valor no horizonte)

= $20,3 + 67,6 = $87,9 milhões

---

[4] Repare que o fluxo de caixa livre esperado aumenta cerca de 13,3% do ano 6 para o ano 7, porque a transição de 4% para 3% no crescimento das vendas faz diminuir o investimento necessário. Mas tanto as vendas como o investimento e o fluxo de caixa livre aumentarão 3% quando o crescimento da empresa se estabilizar. Lembre-se de que o primeiro fluxo de caixa na fórmula dos fluxos de caixa descontados com um crescimento constante ocorre no ano seguinte, que é, nesse caso, o ano 7. O crescimento mantém-se a um ritmo constante de 3% a partir do ano 7. Por isso, é correto utilizar a taxa de crescimento de 3% na fórmula do horizonte de avaliação.

QUADRO 19.1 Previsões do fluxo de caixa livre e valor da empresa da Rio Corporation ($ milhões)

		Mais recente							
		Ano	Previsão						
		0	1	2	3	4	5	6	7
1	Vendas	83,6	89,5	95,8	102,5	106,6	110,8	115,2	118,7
2	Custo das mercadorias vendidas	63,1	66,2	71,3	76,3	79,9	83,1	87,0	90,2
3	LAJIRDA (1 − 2)	20,5	23,3	24,4	26,1	26,6	27,7	28,2	28,5
4	Amortizações	3,3	9,9	10,6	11,3	11,8	12,3	12,7	13,1
5	Lucro antes dos impostos (LAJIR) (3 − 4)	17,2	13,4	13,8	14,8	14,9	15,4	15,5	15,4
6	Impostos	6,0	4,7	4,8	5,2	5,2	5,4	5,4	5,4
7	Lucro depois de impostos (5 − 6)	11,2	8,7	9,0	9,6	9,7	10,0	10,1	10,1
8	Investimento em ativos fixos	11,0	14,6	15,5	16,6	15,0	15,6	16,2	15,9
9	Investimento em capital de giro	1,0	0,5	0,8	0,9	0,5	0,6	0,6	0,4
10	Fluxo de caixa disponível (7 + 4 − 8 − 9)	2,5	3,5	3,2	3,4	5,9	6,1	6,0	6,8
	VP Fluxo de caixa disponível, anos 1-6	20,3							
	VP Horizonte de avaliação	67,6			(Horizonte de avaliação no ano 6)			113,4	
	VP de Empresa	87,9							
	Pressupostos:								
	Crescimento das vendas (%)	6,7	7,0	7,0	7,0	4,0	4,0	4,0	3,0
	Custos (% das vendas)	75,5	74,0	74,5	74,5	75,0	75,0	75,5	76,0
	Capital de giro (% das vendas)	13,3	13,0	13,0	13,0	13,0	13,0	13,0	13,0
	Ativo fixo líquido (% das vendas)	79,2	79,0	79,0	79,0	79,0	79,0	79,0	79,0
	Depreciações (% dos ativos líquidos)	5,0	14,0	14,0	14,0	14,0	14,0	14,0	14,0
	Imposto de renda (%)	35,0							
	Custo médio ponderado do capital (CMPC) %	9,0							
	Previsão de crescimento ao longo prazo (%)	3,0							
	Ativo fixo e capital de giro								
	Ativo fixo bruto	95,0	109,6	125,1	141,8	156,8	172,4	188,6	204,5
	Menos depreciações acumuladas	29,0	38,9	49,5	60,8	72,6	84,9	97,6	110,7
	Ativo fixo líquido	66,0	70,0	75,6	80,9	84,2	87,5	91,0	93,8
	Capital de giro líquido	11,1	11,6	12,4	13,3	13,9	4,4	15,0	15,4

Esse é o valor total da Rio. Para determinar o valor do capital próprio, basta subtrair o valor da dívida:

$$\text{Valor total do capital próprio} = \$87,9 - 36,0 = \$51,9 \text{ milhões}$$

E para determinar o valor por ação, dividimos esse montante pelo número de ações em circulação:

$$\text{Valor por ação} = 51,9/1,5 = \$34,60$$

Assim, a Sangria poderia pagar até $34,60 por cada ação da Rio.

Agora temos uma estimativa do valor da Rio Corporation. Mas qual o grau de confiança que podemos ter sobre esse número? Repare que menos de um quarto do valor da Rio é decorrente de fluxos de caixa nos primeiros seis anos, e o restante provém do valor no horizonte. Além disso, pode haver alterações nesse valor no horizonte em resposta a alterações de menor monta nas premissas. Por exemplo, se a taxa de crescimento no longo prazo for de 4% em vez de 3%, a Rio precisa investir mais para suportar esse maior crescimento, mas o seu valor aumentará meramente de $87,9 a $89,9 milhões.

No Capítulo 4 enfatizamos que os gestores perspicazes não parariam neste ponto. Eles iriam conferir seus cálculos identificando empresas comparáveis e comparar seus vários índices preço-lucro (P/L) e seus índices entre o valor contábil e o valor de mercado.[5]

Quando se preveem fluxos de caixa, é fácil ficar hipnotizado pelos números e fazê-lo de forma mecânica. Como salientamos no Capítulo 11, é importante ter uma visão estratégica. Os números obtidos são consistentes com o que se espera da concorrência? Os custos previstos são realistas? Teste os pressupostos subjacentes aos números, para ter certeza de que são sensatos, e seja particularmente cuidadoso com os valores de partida relativos à taxa de crescimento e com as premissas de lucratividade assumidas para o futuro. Não parta do princípio de que os negócios que está avaliando crescerão mais e lucrarão mais do que o custo do capital em perpetuidade.[6] Isso seria ideal para os negócios que você está avaliando, mas não seria um resultado tolerado pela concorrência.

Você também deverá verificar se o negócio vale mais se parar do que se continuar. Por vezes, o *valor de liquidação* de uma empresa é superior ao seu valor se for mantida como uma organização em atividade. Por vezes, os analistas financeiros perspicazes descobrem ativos que não estão sendo utilizados ou estão sendo subutilizados e que valeriam muito mais se fossem vendidos à outra empresa. Em seus cálculos, você poderá incluir esses ativos ao seu valor de venda provável e avaliar o resto da organização sem eles.

CMPC *versus* método do fluxo/capital próprio

Quando avaliamos a Rio, previmos os fluxos de caixa assumindo que a empresa era integralmente financiada por capital próprio e utilizamos o CMPC para descontar esses fluxos de caixa. A fórmula do CMPC considerou o valor dos benefícios fiscais dos juros. Depois, para determinar o valor do capital próprio, subtraímos o valor da dívida do valor total da empresa.

Se nosso objetivo foi avaliar o capital próprio de uma empresa, há uma alternativa óbvia ao desconto dos fluxos de caixa da empresa ao seu próprio CMPC: descontar os fluxos de caixa relacionados ao *capital próprio*, depois dos juros e dos impostos, ao custo do capital próprio. É o chamado método do *fluxo capital próprio*. Se o índice de endividamento da empresa for constante ao longo do tempo, o método deverá conduzir a uma resposta igual à do desconto dos fluxos de caixa com o CMPC, subtraindo-se a dívida posteriormente.

Suponhamos que você seja convidado a avaliar a Rio pelo método do fluxo/capital próprio, assumindo que a empresa ajusta a sua dívida a cada ano para manter um índice de endividamento constante. De início, você recebe uma estimativa do valor da Rio no horizonte no final do ano 6. Talvez este valor tenha sido obtido descontando-se fluxos de caixa subsequentes pelo CMPC da Rio, ou talvez tenha sido estimado examinando-se os valores que os investidores atribuíram a empresas comparáveis de capital aberto. Você decide expandir a planilha do Quadro 19.1 calculando os pagamentos de juros a cada ano e as emissões ou repagamentos de dívida. Você computa impostos, reconhecendo que os pagamentos de juros representam despesas dedutíveis. Por fim, você desconta o fluxo de caixa disponível para o capital próprio ao custo do capital próprio, que no nosso exemplo é $r_{CP} = 12,4\%$.

---

[5] Veja a Seção 4.5.

[6] O Quadro 19.1 é otimista demais a esse respeito, porque o valor no horizonte aumenta com taxa de crescimento que se assumiu em termos de longo prazo. Isso significa que a Rio tem valiosas oportunidades de crescimento, mesmo além do horizonte no ano 6. Uma planilha mais sofisticada incluiria uma fase intermediária de crescimento, por exemplo, entre os anos 7 e 10, e reduziria gradualmente a lucratividade para níveis competitivos. Veja o Problema 26 no fim deste capítulo.

Parece simples, mas na prática pode ser bem complicado resolver do jeito certo. O problema surge porque o pagamento de juros a cada ano depende do montante de dívida no início do ano, o que por sua vez depende do *valor* da Rio no início do ano (lembre-se que a dívida da Rio é uma proporção constante do valor). Aparentemente, você se encontra numa situação "se correr o bicho pega, se ficar o bicho come", na qual primeiro precisará conhecer o valor da Rio a cada ano para só então calcular e descontar os fluxos de caixa ao capital próprio. Felizmente, uma fórmula simples lhe permite resolver simultaneamente o valor da empresa e o fluxo de caixa a cada ano.

19.3 Utilizando o CMPC na prática

Alguns truques do ramo

A Sangria possui apenas um ativo e duas fontes de financiamento. Um balanço de uma empresa real em valores de mercado tem muito mais elementos, como:[7]

Ativo circulante, incluindo caixa, estoques e contas a receber	Passivo circulante, incluindo contas a pagar e dívida de curto prazo
Terreno, instalações e equipamentos	Dívida de longo prazo (D)
	Ações preferenciais (P)
Oportunidades de crescimento	Capital próprio (CP)
Ativo total	Passivo total mais capital próprio

Surgem imediatamente várias questões:

Qual é a fórmula quando há mais de duas fontes de financiamento? É fácil: existe um custo para cada elemento, e peso de cada um deles é proporcional ao seu valor de mercado. Por exemplo, se a estrutura do capital incluir tanto ações preferenciais como ações ordinárias,

$$\text{CMPC} = r_D(1 - T_c)\frac{D}{V} + r_P\frac{P}{V} + r_{CP}\frac{CP}{V}$$

em que r_p é a taxa de retorno esperada sobre as ações preferenciais pelos investidores, P é o montante das ações preferenciais em circulação e $V = D + P + CP$.

E quanto à dívida de curto prazo? Muitas empresas consideram apenas o financiamento de longo prazo quando calculam o CMPC e não incluem o custo da dívida de curto prazo. Em princípio, isso é incorreto, pois os investidores que emprestam em curto prazo podem exigir a sua parte dos resultados operacionais das atividades. Uma empresa que ignora essa reclamação erra no retorno exigido dos investimentos.

Omitir a dívida de curto prazo, porém, não é um erro sério se a dívida for apenas um financiamento temporário, sazonal ou ocasional, ou se contrabalançado por caixa ou títulos transacionáveis. Suponha, por exemplo, que uma das filiais da sua empresa no exterior contraia um

---

[7] Este balanço destina-se exclusivamente a essa exposição e não deve ser confundido com as contas de uma empresa autêntica. Inclui o valor das oportunidades de crescimento, que os contadores não reconhecem, ao contrário dos investidores. Exclui certas rubricas contábeis – por exemplo, os impostos diferidos.

Os impostos diferidos ocorrem quando uma empresa utiliza uma depreciação mais acelerada para fins fiscais do que a utilizada nos relatórios destinados aos investidores. Isso quer dizer que a empresa anuncia mais impostos do que os que efetivamente paga. A diferença é anunciada como uma responsabilidade por impostos diferidos. Em certo sentido, existe um passivo, uma vez que o Internal Revenue Service "recupera a diferença", cobrando impostos extras à medida que os ativos envelhecem. Porém, isso é irrelevante na análise do investimento, a qual foca nos fluxos de caixa depois de impostos e utiliza uma depreciação fiscal acelerada.

Os impostos diferidos não devem ser encarados como uma fonte de financiamento ou um elemento da fórmula do custo médio ponderado de capital. O passivo dos impostos diferidos não é uma garantia possuída pelos investidores, mas sim uma rubrica do balanço criada para responder às necessidades contábeis.

No entanto, os impostos diferidos podem ser importantes nos setores industriais regulamentados. As entidades regulamentadas levam em consideração os impostos diferidos ao calcularem as taxas de retorno permitidas, os padrões temporais dos resultados e os preços para o consumidor.

empréstimo, a seis meses, para financiar os estoques e as contas a receber. O equivalente desse empréstimo, em dólares, aparecerá como dívida de curto prazo no balanço da sede.

Ao mesmo tempo, a sede pode estar emprestando dólares ao investir os excedentes em títulos de curto prazo. Se o ativo e o passivo se compensarem, é inútil incluir o custo da dívida de curto prazo no custo médio ponderado do capital, uma vez que a empresa não é um devedor *líquido* a curto prazo.

E quanto ao passivo circulante restante? Normalmente, o passivo circulante é "equilibrado" com os correspondentes ativos circulantes. A diferença é lançada como capital de giro líquido no lado esquerdo do balanço. A soma do financiamento de longo prazo no lado direito é designada por *capitalização total*.

Capital de giro líquido = ativo circulante − passivo circulante	Dívida de longo prazo (D)
	Ações preferenciais (P)
Terreno, instalações e equipamentos	
Oportunidades de crescimento	Capital próprio (CP)
Ativos Totais	Capitalização total (V)

Quando o capital de giro líquido é tratado como ativo, as previsões de fluxos de caixa para os projetos de investimento devem considerar os aumentos de capital de giro como saídas de caixa, e os decréscimos como entradas de caixa. Essa é a prática usual, que acompanhamos na Seção 6.2. Também o fizemos quando estimamos os investimentos futuros que a Rio teria de fazer em capital de giro.

Uma vez que o passivo circulante inclui a dívida de curto prazo, a sua compensação pelo ativo circulante exclui o custo da dívida de curto prazo do custo médio ponderado do capital. Acabamos de explicar por que isso pode ser uma aproximação aceitável. Porém, quando a dívida de curto prazo é uma importante fonte de financiamento – como é comum em pequenas empresas e em empresas fora dos Estados Unidos – essa situação deve ser mostrada explicitamente no lado direito do balanço, e não compensada pelo ativo circulante.[8] O custo dos juros da dívida de curto prazo é, então, um elemento do custo médio ponderado do capital.

Como são calculados os custos das parcelas do financiamento? Você pode, muitas vezes, usar os dados do mercado de ações para conseguir uma estimativa de r_{CP}, a taxa de retorno esperada exigida pelos investidores nas ações da empresa. Com essa estimativa, o CMPC não é muito difícil de calcular, pois a taxa de tomar emprestado, r_D, e os índices de endividamento e de capital próprio, D/V e CP/V, podem ser diretamente observados ou calculados sem muita dificuldade.[9] Do mesmo modo, a estimativa do valor e do retorno exigido para as ações preferenciais também não costuma ser muito complicada.

A estimativa do retorno exigido para outros tipos de títulos pode ser problemática. As obrigações conversíveis, em que a remuneração dos investidores provém em parte de uma opção de trocar a dívida por ações da empresa, são um exemplo. Deixaremos as obrigações conversíveis para o Capítulo 24.

Na dívida de alto risco (*junk*), em que o risco de não cumprimento é elevado, também é difícil. Quanto maiores forem as probabilidades de não cumprimento, mais baixo será o seu preço de mercado, e mais alta a taxa de juro *prometida*. Porém, o custo médio ponderado de capital é uma taxa de retorno *esperada*, isto é, uma taxa média, e não uma taxa prometida. Por exemplo, em novembro de 2014, os títulos de sete anos emitidos pela empresa carbonífera Walter Energy foram

---

[8] Os financistas têm regras práticas para decidir se vale a pena incluir a dívida de curto prazo no CMPC. Suponha, por exemplo, que a dívida de curto prazo representa 10% do passivo total e que o capital de giro é negativo. Nesse caso, é quase certo que a dívida de curto prazo está sendo utilizada para financiar ativos de longo prazo e deve ser incluída explicitamente no CMPC.

[9] Como a maior parte das dívidas das empresas não é ativamente transacionada, o seu valor de mercado não pode ser observado diretamente. Em geral, porém, é possível avaliar os títulos de dívida não transacionados por meio de títulos que *o são* e que possuem aproximadamente o mesmo risco de inadimplência e a mesma maturidade. Veja o Capítulo 23.

Para empresas saudáveis, o valor de mercado da dívida não costuma se afastar muito do valor contábil, razão pela qual muitos gestores e analistas usam esse valor como D na fórmula do custo médio ponderado de capital. Para CP, no entanto, certifique-se de usar valores de *mercado*, e não os contábeis.

vendidos a apenas 31% do valor nominal e ofereciam um rendimento prometido de 28%, cerca de 25 pontos percentuais acima dos rendimentos dos títulos de maior qualidade com vencimento para a mesma época. O preço e o rendimento dos títulos da Walter Energy demonstravam a desconfiança dos investidores quanto aos males financeiros crônicos da empresa. Mas o rendimento de 28% não era um retorno esperado, porque na média não levava em conta as perdas a serem incorridas se a Walter Energy desse um calote. Sendo assim, a inclusão de 28% como um "custo da dívida" no cálculo do CMPC seria superestimar o verdadeiro custo de capital da Walter Energy.

Prepare-se para uma má notícia: não há nenhuma forma fácil ou tratável de calcular a taxa de retorno esperada na maior parte das emissões de títulos de dívida *junk*. Agora, uma boa notícia na maior parte das dívidas é que as probabilidades de não cumprimento são pequenas. Isso significa que as taxas de retorno prometida e esperada são próximas, e que a taxa prometida pode ser usada como uma aproximação no custo médio ponderado de capital.

CMPCs de empresas *versus* setores de atividades   É obvio que você quer saber qual o CMPC da sua empresa, mas às vezes o CMPC do setor de atividades é mais útil. Observemos um exemplo. A Kansas City Southern era, no passado, propriedade da (1) Kansas City Southern Railroad, que operava do meio-oeste dos Estados Unidos para o sul até o Texas e o México, e da (2) Stillwell Financial, uma empresa de gestão de investimentos que incluía o fundo de investimento Janus. É difícil imaginar duas empresas mais distintas uma da outra. O CMPC da Kansas City Southern não estava correto para nenhuma delas, e o melhor conselho a ser dado à empresa seria utilizar um CMPC do setor ferroviário para a sua atividade de exploração ferroviária e o CMPC de uma empresa de gestão de investimentos para a Stillwell.

Em 2000, a KCS separou-se da Stillwell e é, agora, uma empresa exclusivamente ferroviária. Mas, mesmo agora, seria aconselhável para a empresa comparar o seu CMPC com o do setor ferroviário. Os CMPCs setoriais estão menos expostos a variações aleatórias e a erros de estimativa. Felizmente para a KCS, há quatro empresas puramente ferroviárias de grande porte (incluindo a Canadian Pacific) por meio das quais é possível estimar o CMPC do setor ferroviário. Claro que a utilização de um CPMC setorial para os investimentos de uma determinada empresa se baseia no pressuposto de que a empresa e o setor possuem aproximadamente o mesmo risco do negócio e o mesmo financiamento.[10]

Ajuste do CMPC para diferentes índices de endividamento e riscos de negócio

A fórmula do CMPC prevê que o projeto ou negócio a ser avaliado seja financiado com as mesmas proporções de dívida e capital próprio que a empresa (ou setor de atividades) no seu todo. E se isso não acontecer? Se, por exemplo, o projeto da prensa perpétua da Sangria só suportar 20% de dívida contra 40% para a Sangria no seu todo?

A alteração de 40% para 20% pode alterar todos os componentes da fórmula do CMPC.[11] É óbvio que o peso das duas vertentes do financiamento muda. Mas o custo do capital próprio, r_{CP}, é inferior porque o risco financeiro também é menor. O custo da dívida também pode diminuir.

Observe a Figura 19.1 que mostra o CMPC e o custo da dívida e do capital próprio em função do índice de dívida-capital próprio. A linha horizontal é r, o custo de oportunidade do capital. Lembre-se de que essa seria a taxa de retorno esperada que os investidores exigiriam se o projeto fosse integralmente financiado por capital próprio. O custo de oportunidade do capital depende apenas do risco do negócio e é o ponto de referência natural.

Suponha que a Sangria ou o negócio da prensa perpétua fossem integralmente financiados por capital próprio ($D/V = 0$). Nesse momento, o CPMC é igual ao custo do capital próprio, e ambos são iguais ao custo de oportunidade do capital. Comece, nesse ponto, na Figura 19.1. À medi-

---

[10] Percebemos a dificuldade de estimar taxas esperadas para dívidas de alto risco (*junk*). Esse problema praticamente desaparece para CMPCs setoriais, contanto que a maioria ou todas as empresas do setor em questão não estejam contando com financiamento via dívidas de alto risco.

[11] Até a alíquota de imposto pode mudar. Por exemplo, a Sangria pode ter rendimento tributável suficiente para fazer face ao pagamento de juros sobre uma dívida de 20%, mas não de 40%. Nesse caso, a alíquota marginal efetiva de impostos seria mais elevada para uma dívida de 20% do que para uma dívida de 40%.

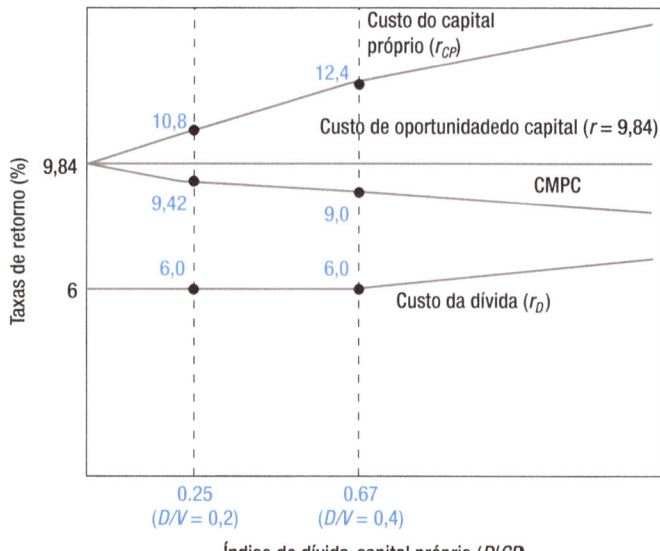

▶ **FIGURA 19.1** Este gráfico mostra o CMPC da Sangria Corporation com índices de dívida-capital próprio de 25 e 67%. Os índices de dívida-valor correspondentes são de 20 e 40%.

da que o índice de endividamento vai aumentando, o custo do capital próprio também aumenta por causa do risco financeiro, mas repare que o CPMC diminui. Essa diminuição *não* é causada pelo recurso a uma dívida "barata" em vez de uma "cara", mas sim pelos benefícios fiscais dos pagamentos de juros da dívida. Se não houver impostos sobre o rendimento tributável das empresas, o custo médio ponderado do capital seria constante e igual ao custo de oportunidade do capital para todos os índices de endividamento (mostramos isso no Capítulo 17).

A Figura 19.1 mostra a *forma* da relação entre o financiamento e o CMPC, mas inicialmente só temos dados para o atual índice de endividamento da Sangria de 40%. Queremos recalcular o CMPC para um índice de 20%.

Apresentamos agora o modo mais fácil de fazê-lo, o qual inclui três etapas.

1ª Etapa Calcular o custo de oportunidade do capital. Em outras palavras, calcular o CMPC e o custo do capital próprio com uma dívida de zero. Essa etapa é denominada *desalavancar* o CMPC. A fórmula mais simples de desalavancagem é:

$$\text{Custo de oportunidade do capital} = r = r_D D/V + r_{CP} CP/V$$

Essa fórmula resulta diretamente da proposição I de Modigliani e Miller (veja a Seção 17.1). Se excluirmos os impostos, o custo médio ponderado do capital é igual ao custo de oportunidade do capital e é independente da alavancagem.

2ª Etapa Estimar o custo da dívida, r_D, para o novo índice de endividamento, e calcular o novo custo do capital próprio:

$$r_{CP} = r + (r - r_D)D/CP$$

Essa é a fórmula da proposição II de Modigliani e Miller (veja a Seção 17.2). Para os cálculos, é preciso conhecer *D/CP*, ou seja, o índice de dívida-*capital próprio*, e não o índice de dívida-valor.

3ª Etapa Recalcular o custo médio ponderado do capital para as novas proporções do financiamento.

Vamos fazer os cálculos para a Sangria com *D/V* = 0,20 ou 20%.

1ª Etapa: Atualmente, o índice de endividamento da Sangria é $D/V = 0,4$. Por conseguinte:

$$r = 0,06(0,4) + 0,124(0,6) = 0,0984 \text{ ou } 9,84\%$$

2ª Etapa: Admitamos que o custo da dívida permaneça em 6% para um índice de endividamento de 20%. Assim,

$$r_{CP} = 0,0984 + (0,0984 - 0,06)(0,25) = 0,108 \text{ ou } 10,8\%$$

Repare que o índice de dívida-capital próprio é $0,2/0,8 = 0,25$.

3ª Etapa: Recalcular o CMPC.

$$\text{CMPC} = 0,06(1 - 0,35)(0,2) + 0,108(0,8) = 0,0942 \text{ ou } 9,4\%$$

Na Figura 19.1 esses números aparecem na representação do CMPC *versus* o índice de dívida-capital próprio.

Desalavancar e voltar a alavancar os betas

O nosso método de três etapas sugere (1) desalavancar e (2) voltar a alavancar o custo dos capitais próprios. Alguns gestores financeiros acham conveniente (1) desalavancar e depois (2) voltar a alavancar o beta do capital próprio. Tendo o beta do capital próprio para o novo índice de endividamento, o custo do capital próprio é determinado pelo modelo CAPM. Depois, volta-se a calcular o CMPC.

A fórmula para desalavancar o beta foi apresentada na Seção 17.2.

$$\beta_A = \beta_D(D/V) + \beta_{CP}(CP/V)$$

Segundo essa equação, o beta dos ativos de uma empresa é revelado pelo beta de uma carteira que inclui todos os títulos de dívida e de capital próprio em circulação. Um investidor que adquirisse essa carteira passaria a deter todos os ativos, absorvendo apenas os riscos do negócio.

A fórmula para voltar a alavancar o beta é bastante parecida com a proposição II de MM; a única exceção é que os betas são substituídos por taxas de retorno:

$$\beta_{CP} = \beta_A + (\beta_A - \beta_D)D/CP$$

Utilize essa fórmula para recalcular β_{CP} quando D/CP se altera.

Suponhamos que os betas de dívida e de capital próprio em nosso exemplo são $\beta_D = 0,135$ e $\beta_{CP} = 1,06$.[12] A taxa livre de risco é de 5%, e o ágio por risco de mercado é de 7%. O custo do capital próprio é:

$$r_{CP} = r_f + (r_m - r_f)\beta_{CP} = 0,05 + (0,07)1,06 = 1,24 \text{ ou } 12,4\%$$

Isso corresponde ao custo do capital próprio em nosso exemplo a um índice de 40/60 entre dívida e capital próprio. Vamos calcular o beta do capital próprio e o custo de capital próprio a um índice de 20/80. O beta do ativo é:

$$\beta_A = \beta_D(D/V) + \beta_{CP}(CP/V) = 0,135(0,4) + 1,06(0,6) = 0,690$$

Agora recalcule o beta do capital próprio e o custo de capital próprio a $D/CP = 0,2/0,8 = 0,35$:

$$\beta_{CP} = \beta_A + (\beta_A - \beta_D)D/CP = 0,690 + (0,690 - 0,135)0,25 = 0,829$$

$$r_E = r_f + (r_m - r_f)\beta_{CP} = 0,05 + 0,07(0,829) = 0,108, \text{ ou } 10,08\%$$

Esse custo de capital próprio resulta no CMPC de 9,4% calculado anteriormente e plotado na Figura 19.1

---

[12] Os betas das dívidas costumam ser pequenos, e muitos gestores simplificam e assumem que $\beta_D = 0$. Contudo, betas de dívidas de alto risco (*junk*) podem ser bem maiores que zero.

A importância de rebalancear

As fórmulas para calcular o CMPC e para desalavancar e voltar a alavancar o retorno esperado são simples, mas temos de ter o cuidado de não esquecer os seus pressupostos subjacentes. O aspecto mais importante é *rebalancear*.

Para se calcular o CMPC de uma empresa com a estrutura de capital existente é preciso que essa estrutura de capital *não* se altere; em outras palavras, a empresa tem de rebalancear a estrutura do seu capital para manter o mesmo índice de endividamento ao valor de mercado para o futuro.

Consideremos o exemplo da Sangria Corporation. Começa com um índice de dívida-valor de 40% e um valor de mercado de $1,25 bilhão. Imagine que os produtos da Sangria tenham um sucesso enorme no mercado e que o valor de mercado da empresa aumente para $1,5 bilhão. Rebalancear significa que a dívida aumentará para 0,4 × 1.500 = $600 milhões, voltando, assim, a obter um índice de 40%. Os proventos do endividamento adicional poderiam ser usados para financiar outros investimentos ou poderiam ser revertidos em dividendos aos acionistas. Se, em vez disso, o valor de mercado baixar, a Sangria teria de amortizar a dívida na porcentagem proporcional.

É óbvio que as empresas reais não reequilibram a estrutura do seu capital de uma maneira tão mecânica e compulsiva. Na prática, basta assumir um ajustamento gradual, mas constante, em direção a um objetivo de longo prazo.[13] Mas se a empresa estiver planejando uma alteração significativa da estrutura do seu capital (por exemplo, se planejar amortizar a sua dívida), a fórmula do CMPC não dará resultado. Nesses casos, deverá ser adotado o método do VPA (que descreveremos na seção seguinte).

O nosso método de três etapas para recalcular o CMPC com um índice de endividamento diferente parte de um pressuposto semelhante em termos de reequilíbrio.[14] Seja qual for o índice de endividamento inicial, pressupõe-se que a empresa fará um reequilíbrio de forma a manter esse índice no futuro.[15]

---

[13] Eis outra maneira de interpretar a suposição de um índice constante de endividamento para a fórmula do CMPC. Suponha que a *capacidade* de dívida de um projeto é uma fração constante do valor do projeto. ("Capacidade" não significa a dívida máxima que se poderia contrair frente ao projeto, e sim o montante que os gestores idealmente escolheriam contrair como dívida.) Descontar ao CMPC confere ao projeto crédito para benefícios fiscais sobre os juros referentes à capacidade de dívida do projeto, mesmo que a empresa não venha a rebalancear sua estrutura de capital e acabe se endividando mais ou menos a capacidade total de todos os seus projetos.

[14] Semelhante, mas não igual. A fórmula básica do CMPC é correta independentemente de o reequilíbrio ocorrer no fim de cada período ou continuamente. As fórmulas utilizadas nas etapas 1 e 2 para desalavancar e voltar a alavancar só estão corretas se o reequilíbrio for contínuo, de forma que o índice de endividamento seja constante dia após dia e semana após semana. No entanto, os erros introduzidos pelo reequilíbrio anual são diminutos e, na prática, podem ser ignorados.

[15] Eis a razão pela qual as fórmulas funcionam com o reequilíbrio contínuo. Pense em um balanço em valores de mercado com os ativos e os benefícios fiscais dos juros no lado esquerdo, e a dívida e o capital próprio no lado direito, sendo $D + CP = VP$ (ativos) + VP (benefícios fiscais). O risco total (beta) da dívida e do capital próprio da empresa é igual ao risco conjunto do VP (ativos) e VP (benefícios fiscais):

$$\beta_D \frac{D}{V} + \beta_{CP} \frac{CP}{V} = \alpha\beta_A + (1-\alpha)\beta_{benefícios\ fiscais} \quad (1)$$

sendo β a proporção do valor total da empresa que advém dos seus ativos e 1 – β, a proporção que advém dos benefícios fiscais. Se a empresa reajustar a sua estrutura de capital para que D/V seja constante, o beta dos benefícios fiscais terá de ser igual ao beta dos ativos. Com o reequilíbrio, uma alteração percentual de x no valor da empresa V altera a dívida D em x por cento, e os benefícios fiscais dos juros, $T_c r_D D$, se alterarão igualmente em x por cento. Assim, o risco dos benefícios fiscais terá de ser igual ao risco da empresa no seu todo:

$$\beta_{benefícios\ fiscais} = \beta_A = \beta_D \frac{D}{V} + \beta_{CP} \frac{CP}{V} \quad (2)$$

Essa é a nossa fórmula de desalavancagem expressa em termos do beta. Como os retornos esperados dependem do beta:

$$r_A = r_D \frac{D}{V} + r_{CP} \frac{CP}{V} \quad (3)$$

Reequacione as fórmulas (2) e (3) para obter a fórmula para voltar a alavancar para β_{CP} e r_{CP}. (Repare que a alíquota de imposto caiu fora.)

$$\beta_{CP} = \beta_A + (\beta_A - \beta_D) D/CP$$
$$r_{CP} = r_A + (r_A - r_D) D/CP$$

Tudo isso sugere um reequilíbrio contínuo. Suponha agora que, em vez disso, a empresa faça o reequilíbrio uma vez por ano para obter os benefícios fiscais do ano seguinte, que dependem da dívida do ano em curso. Você, então, poderá utilizar uma fórmula desenvolvida por Miles e Ezzell:

$$r_{\text{Miles-Ezzell}} = r_A - (D/V) r_D T_c \left(\frac{1 + r_A}{1 + r_D} \right)$$

Veja J. Miles and J. Ezzell, "The Weighted Average Cost of Capital, Perfect Capital Markets, and Project Life: A Clarification," *Journal of Financial and Quantitative Analysis* 15 (September 1980), pp. 719-730.

A fórmula de Modigliani-Miller e um conselho final

E se a empresa não se reequilibrar de forma que mantenha o índice de endividamento constante? Nesse caso, a única abordagem de caráter geral é o valor presente ajustado, que abordaremos na seção seguinte. No entanto, às vezes os gestores financeiros utilizam outras fórmulas de taxa de desconto, incluindo a que foi apresentada por Modigliani e Miller (MM). Os autores consideraram uma empresa ou um projeto que geravam um fluxo igual e perpétuo de fluxos de caixa e que eram financiados com dívida fixa e perpétua, e deduziram uma taxa simples de desconto depois de impostos:[16]

$$r_{MM} = r(1 - T_c D/V)$$

Nesse caso, é fácil desalavancar: basta fixar o parâmetro dívida-capacidade (D/V) em zero.[17]

A fórmula de MM continua sendo utilizada na prática, mas somente será exata no caso especial em que existem séries iguais e perpétuas de fluxos de caixa e uma dívida fixa e perpétua. No entanto, a fórmula não é uma má aproximação para projetos que não são perpétuos, contanto que não são perpétuos, contanto que a dívida seja emitida por um montante fixo.[18]

Então, com que equipe você quer ficar, com a da dívida fixa ou com a que pratica o reequilíbrio? Caso se junte à equipe da dívida fixa, você ficará de fora. A maior parte dos gestores financeiros utiliza a fórmula simples do CMPC após os impostos, que pressupõe índices de dívida constantes e, portanto, pressupõe o reequilíbrio. Isso faz sentido porque a *capacidade* de dívida de uma empresa ou de um projeto tem que depender do seu valor futuro, que irá sofrer oscilações.

Ao mesmo tempo, temos que admitir que o gestor financeiro típico não se importa muito com o fato de o índice de endividamento de sua empresa subir ou descer dentro de determinado intervalo de alavancagem financeira moderada. Ele atua como se a representação do CMPC em comparação com o índice de endividamento fosse constante ao longo desse intervalo. Também isso faz sentido, se nos lembrarmos de que o benefício fiscal dos juros é a única razão por que o CMPC após os impostos baixa nas Figuras 17.4 ou 19.1. A fórmula do CMPC não capta explicitamente os custos das dificuldades financeiras ou de qualquer outra das complicações não relacionadas com impostos que abordamos no Capítulo 18.[19] Todas essas complicações podem quase cancelar o valor acrescentado pelos benefícios fiscais dos juros (dentro de determinado nível de alavancagem moderada). Se for assim, será prudente o gestor financeiro centrar-se nas decisões operacionais e de investimento da empresa, e não em aprimorar o seu índice de endividamento.

---

[16] A fórmula apareceu pela primeira vez em F. Modigliani and M. H. Miller, "Corporate Income Taxes and the Cost of Capital: A Correction." *American Economic Review* 53 (June 1963) pp. 433-443. Ela é explicada de maneira mais detalhada em M. H. Miller and F. Modigliani: "Some Estimates of the Cost of Capital to the Electric Utility Industry: 1954-1957." *American Economic Review* 56 (June 1966), pp. 333-391. Se a dívida for fixa e perpétua,

$$V = \frac{C}{r} + T_c D$$

$$V = \frac{C}{r(1 - T_c D/V)} = \frac{C}{r_{MM}}$$

[17] Nesse caso, a fórmula para voltar a alavancar pelo custo do capital próprio é:

$$r_{CP} = r_A + (1 - T_c)(r_A - r_D)D/CP$$

As fórmulas de desalavancar e voltar a alavancar para os betas são:

$$\beta_A = \frac{\beta_D(1 - T_c)D/CP + \beta_{CP}}{1 + (1 - T_c)D/CP}$$

e

$$\beta_E = \beta_A + (1 - T_c)(\beta_A - \beta_D)D/CP$$

Veja R. Hamada: "The Effect of a Firm's Capital Structure on the Systematic Risk of Common Stocks," *Journal of Finance* 27 (May 1972), pp. 435-452.

[18] Veja S. C. Myers, "Interactions of Corporate Financing and Investment Decisions – Implications for Capital Budgeting," *Journal of Finance* 29 (March 1974), pp. 1-25.

[19] Os custos das dificuldades financeiras podem se revelar como custos da dívida e do capital próprio que crescem rapidamente, sobretudo quando o índice de endividamento é elevado. Os custos das dificuldades financeiras podem "suavizar" a curva do CMPC nas Figuras 17.4 e 19.1, e fazer subir o CMPC à medida que a alavancagem aumenta. Isso leva a que alguns gestores financeiros calculem o CMPC do setor e o considerem constante, pelo menos dentro de determinado intervalo de índices de endividamento observados em sólidas empresas do setor.

Os impostos pessoais também podem gerar uma curva mais suave para o CMPC após os impostos em função da alavancagem. Veja a Seção 18.2.

19.4 O valor presente ajustado

A ideia por trás do **valor presente ajustado (VPA)** é a de dividir para governar. O VPA não pretende captar os impostos ou outros efeitos do financiamento em um CMPC ou em uma taxa de desconto ajustada. Pelo contrário, procede-se a uma série de cálculos do valor presente. O primeiro estabelece um valor do caso-base para o projeto ou empresa: o valor para um empreendimento separado e integralmente financiado por capitais próprios. A taxa de desconto do valor do caso-base é, pura e simplesmente, o custo de oportunidade do capital. Depois de se fixar o valor do caso-base, será necessário determinar cada um dos efeitos secundários do financiamento e se calcular o valor presente do seu custo ou proveito para a empresa. Por fim, adicionam-se todos os valores presentes para determinar a contribuição total do projeto para o valor da organização:

VPA = VPL do caso-base + soma dos valores presentes dos efeitos secundários[20]

O efeito secundário mais importante do financiamento são os benefícios fiscais dos juros sobre os a dívida suportada pelo projeto (uma vantagem). Outros efeitos secundários possíveis são os custos de emissão dos títulos (uma desvantagem) ou os pacotes de financiamento subsidiados por um fornecedor ou pelo governo (uma vantagem).

O VPA oferece ao gestor financeiro uma visão explícita dos fatores que acrescentam ou subtraem valor. Ele poderá levá-lo a fazer perguntas certas. Suponha, por exemplo, que o VPA do caso-base é positivo, mas inferior aos custos da emissão de ações para financiar o projeto. Isso deverá levar o gestor a olhar em volta para ver se o projeto pode ser salvo por um plano de financiamento alternativo.

VPA da prensa perpétua

O método do valor presente ajustado é mais fácil de ser compreendido no contexto de exemplos numéricos simples. Vamos aplicá-lo ao projeto da prensa perpétua. Começaremos demonstrando que o VPA é equivalente ao desconto ao CMPC, se partirmos dos mesmos pressupostos em relação à política de endividamento.

Utilizamos o CMPC da Sangria (9%) como taxa de desconto para os fluxos de caixa projetados da prensa. No cálculo do CMPC considerou-se que a dívida seria mantida em um nível constante de 40% do valor futuro do projeto ou da empresa. Nesse caso, o risco dos benefícios fiscais dos juros é igual ao risco do projeto.[21] Por isso, descontaremos os benefícios fiscais ao custo de oportunidade do capital (r). Calculamos o custo de oportunidade do capital na seção anterior, desalavancando o CMPC da Sangria e obtendo assim um valor de $r = 9,84\%$.

O primeiro passo é calcular o VPL do caso-base. Descontamos os fluxos de caixa do projeto após os impostos ($1,125 milhão) ao custo de oportunidade do capital de 9,84% e subtraímos os gastos de $12,5 milhões. Como todos os fluxos de caixa são perpétuos:

$$\text{VPA do caso-base} = -12,5 + \frac{1,125}{0,0984} = -\$1,067 \text{ milhão}$$

Assim, o projeto não teria valor se fosse integralmente financiado por capital próprio, mas suporta a dívida de $5 milhões. Com uma taxa de endividamento de 6% ($r_D = 0,06$) e uma taxa de imposto de 35% ($T_c = 0,35$), os benefícios fiscais anuais são de $0,35 \times 0,06 \times 5 = 0,105$, ou $105 mil.

Qual o valor desses benefícios fiscais? Se a empresa estiver constantemente rebalanceando a sua dívida, o desconto será feito a $r = 9,84\%$.

$$\text{VP (benefícios fiscais, dívida rebalanceada)} = \frac{105.000}{0,0984} = \$1,067 \text{ milhão}$$

---

[20] A regra do valor presente ajustado foi desenvolvida em S. C. Myers, "Interactions of Corporate Financing and Investment Decisions – Implications for Capital Budgeting." *Journal of Finance* 29 (March 1974), pp. 1-25.

[21] Ou seja, $\beta_A = \beta_{\text{benefícios fiscais}}$. Veja a nota de rodapé 15.

O VPA é a soma do valor do caso-base com o VP (benefícios fiscais dos juros)

$$VPA = -1,067 \text{ milhão} + 1,067 \text{ milhão} = 0$$

Esse é exatamente o mesmo valor que obtivemos com o desconto pelo CMPC. A prensa perpétua é um projeto valioso por qualquer método de avaliação.

Mas com o VPA não temos de manter a dívida a uma proporção constante do valor. Suponha que a Sangria esteja analisando a manutenção da dívida do projeto em um nível fixo de $5 milhões. Nesse caso, admitimos que o risco dos benefícios fiscais é igual ao risco da dívida e fizemos o desconto a uma taxa de 6% da dívida:

$$VP(\text{benefícios fiscais, dívida fixa}) = \frac{105.000}{0,06} = \$1,75 \text{ milhão}$$

$$VPA = -1,067 + 1,75 = \$0,683 \text{ milhão}$$

Agora o projeto já é mais atraente. Com dívida fixa, os benefícios fiscais dos juros são seguros e, por isso, valem mais. (Se a dívida fixa é mais segura para a Sangria já é outra questão. Se o projeto da prensa perpétua falhar, os $5 milhões de dívida fixa podem acabar se transformando em um fardo para os outros ativos da Sangria.)

Outros efeitos secundários do financiamento

Suponha que a Sangria tenha de financiar a prensa perpétua pela emissão de títulos de dívida e de ações e emita ação no valor de $7,5 milhões com custos de emissão de 7% ($525 mil) e $5 milhões de títulos de dívida com custos de emissão de 2% ($100 mil, ou $0,10 milhões). Vamos considerar que a dívida é fixa depois de emitida, pelo que o valor dos benefícios fiscais dos juros é de $1,75 milhão. Agora, já podemos recalcular o VPA, tendo o cuidado de subtrair os custos de emissão:

$$VPA = -1,067 + 1,75 - 0,525 - 0,10 = 0,058 \text{ milhão ou } \$58.000$$

Os custos de emissão reduziriam o VPA para quase zero.

Às vezes, o financiamento tem efeitos secundários favoráveis que não têm nada a ver com os impostos. Suponha, por exemplo, que um potencial fabricante de prensas se disponha a facilitar o negócio, fornecendo a prensa à Sangria em um sistema de *leasing*, com condições favoráveis. Nesse caso, para calcularmos o VPA precisaríamos adicionar o VPL do *leasing*. Ou, então, suponha que uma entidade governamental local se ofereça para emprestar à Sangria $5 milhões a uma taxa de juro muito baixa, se a prensa for construída e posta em funcionamento localmente. O VPL do empréstimo subsidiado pode ser adicionado ao VPA. (Abordaremos o *leasing* no Capítulo 25 e os empréstimos subsidiados, no Apêndice deste capítulo.)

VPA para negócios

O VPA também pode ser utilizado para avaliar empreendimentos como um todo. Vejamos novamente a avaliação da Rio. No Quadro 19.1, assumimos um índice constante de endividamento de 40% e descontamos os fluxos de caixa disponíveis ao CMPC da Sangria. O Quadro 19.2 faz a mesma análise, mas com um cronograma fixo para a dívida.

Vamos supor que a Sangria decida lançar uma oferta sobre a Rio. Se essa oferta for bem-sucedida, ela está planejando financiar a aquisição com uma dívida de $51 milhões e pretende tê-la amortizado para $45 milhões no ano 6. Lembre-se do valor da Rio de $113,4 milhões no horizonte de avaliação, que calculamos no Quadro 19.1 e voltamos a mostrar no Quadro 19.2. Prevê-se, assim, um índice de endividamento no horizonte de 45/113,4 = 0,397, cerca de 40%. A Sangria está, portanto, planejando fazer a Rio regressar a um índice de endividamento normal de 40% no horizonte.[22] Mas a Rio suportará um endividamento maior antes do horizonte. Por exemplo, os $51 milhões da dívida inicial correspondem a cerca de 58% do valor da empresa, de acordo com os cálculos do Quadro 19.1.

---

[22] Por isso, continuamos calculando o horizonte de avaliação no ano 6, descontando os fluxos de caixa disponíveis subsequentes ao CMPC. Mas o valor no horizonte no ano 6 é descontado para o ano 0 ao custo de oportunidade do capital.

QUADRO 19.2 Avaliação do VPA da Rio Corporation ($ milhões)

	Mais Recente							
	Ano	Previsão						
	0	1	2	3	4	5	6	7
Fluxo de caixa livre	2,5	3,5	3,2	3,4	5,9	6,1	6,0	6,8
VP fluxo de caixa livre, anos 1-6	19,7							
VP horizonte de avaliação	64,6			(Valor no horizonte no ano 6)			113,4	
VP do caso-base da empresa	84,3							
Dívida	51,0	50,0	49,0	48,0	47,0	46,0	45,0	
Juros		3,06	3,00	2,97	2,88	2,82	2,76	
Benefícios fiscais dos juros		1,07	1,05	1,03	1,01	0,99	0,97	
VP dos benefícios fiscais dos juros	5,0							
VPA	89,2							
Imposto de renda (%)	35,0							
Custo de oportunidade do capital (%)	9,84							
CMPC (%) (do valor descontado no horizonte no ano 6)	9,0							
Previsão de crescimento a longo prazo (%)	3,0							
Taxa de juros (anos 1-6)	6,0							
Serviço da dívida depois dos impostos		2,99	2,95	2,91	2,87	2,83	2,79	

Vejamos de que maneira o VPA da Rio é afetado por esse esquema de endividamento mais agressivo. O Quadro 19.2 mostra as projeções dos fluxos de caixa disponíveis no Quadro 19.1.[23] Agora, precisamos do valor do caso-base da Rio e, por isso, descontamos esses fluxos ao custo de oportunidade do capital (9,84%), e não ao CMPC. O valor do caso-base daí resultante é de $84,3 milhões para a Rio. O Quadro 19.2 também faz as previsões dos níveis de endividamento, dos pagamentos de juros e dos benefícios fiscais dos juros. Se a dívida for fixa, os benefícios fiscais devem ser descontados à taxa de 6% para os empréstimos. O VP daí resultante para os benefícios fiscais dos juros é de $5,0 milhões. Assim,

$$\text{VPA} = \text{VPL do caso-base} + \text{VP(benefícios fiscais dos juros)}$$

$$= \$84,3 + 5,0 = 89,3 \text{ milhões}$$

o que representa um aumento de $1,4 milhão em relação ao VPL no Quadro 19.1. O aumento pode ser explicado pelos níveis iniciais mais elevados de endividamento e pelo pressuposto de que os níveis de endividamento e os benefícios fiscais dos juros são fixos e relativamente seguros.[24]

Agora, se considerarmos todos os riscos e as armadilhas que existem na previsão dos fluxos de caixa disponíveis da Rio, uma diferença de 1,4 milhão não é muito importante. Mas é possível perceber a vantagem que advém da flexibilidade do VPA. A planilha do VPA lhe permite explorar as implicações das diferentes estratégias de financiamento sem se prender a um índice de endividamento fixo nem ter de calcular um novo CMPC para cada cenário.

---

[23] Muitos dos pressupostos e cálculos do Quadro 19.1 foram ocultados no Quadro 19.2. As linhas ocultadas podem ser vistas na versão *live* dos Quadros 19.1 e 19.2, disponíveis em www.grupoa.com.br.

[24] Mas será que a Rio *suporta* os níveis de dívida apresentados no Quadro 19.2, a dívida terá de ser parcialmente suportada pelos outros ativos da Sangria, e só parte do VP dos $5 milhões (benefícios fiscais dos juros) poderá ser atribuída à Rio.

O VPA é particularmente útil quando a dívida de um projeto ou negócio está associada a um valor contábil ou quando tem que ser paga segundo um cronograma fixo. Por exemplo, Kaplan e Ruback utilizaram o VPA para analisar os preços pagos por uma amostra de aquisições alavancadas (*leveraged buyouts* – LBOs). LBOs são ofertas de aquisição, normalmente de empresas já consolidadas, financiadas quase integralmente por dívida. No entanto, não se pretende que a nova dívida seja permanente. Os planos das LBOs preveem a obtenção de fundos adicionais por meio da venda de ativos, do corte de custos e do aumento das margens de lucro. Os fundos adicionais são utilizados para amortizar a dívida da LBO. Não se pode, por isso, utilizar o CMPC como taxa de desconto para avaliar uma LBO, porque o seu índice de endividamento não será constante.

O VPA funciona bem para as LBOs. Inicia-se avaliando a empresa como se fosse integralmente financiada por capitais próprios, o que significa que os fluxos de caixa são projetados depois de impostos, mas sem quaisquer benefícios fiscais de juros gerados pela dívida da LBO. Depois, avaliam-se separadamente os benefícios fiscais, os quais são adicionados ao valor com financiamento integral por capital próprio. Adicionam-se também quaisquer outros efeitos secundários do financiamento. O resultado é uma avaliação da empresa segundo o VPA.[25] Kaplan e Ruback constataram igualmente que o VPA foi muito útil para explicar os preços pagos nessas aquisições tão contestadas, considerando que nem toda a informação disponível para os ofertantes circulava no domínio público. Os dois autores estavam limitados aos dados publicamente disponíveis.

VPA de investimentos internacionais

O VPA é particularmente útil quando os efeitos secundários do financiamento são numerosos e importantes. É o que frequentemente acontece em grandes investimentos internacionais, que podem ter *financiamentos de projetos* adaptados aos clientes e contratos especiais com fornecedores, clientes e até com os governos. A seguir, apresentamos alguns exemplos de efeitos secundários resultantes do financiamento de um projeto.

Explicamos o financiamento de projetos no Capítulo 24. Normalmente ele implica, inicialmente, índices de endividamento muito elevados, sendo os primeiros fluxos de caixa do projeto atribuídos, em grande parte ou na íntegra, ao serviço da dívida. Os investidores em ações têm que esperar, e como o índice de endividamento não vai ser constante, teremos de recorrer ao VPA.

Os projetos financeiros podem incluir dívida disponível a taxas de juro favoráveis. A maior parte dos governos subsidia as exportações por meio da criação de pacotes especiais de financiamento. Às vezes os fabricantes de equipamentos industriais também se disponibilizam a emprestar dinheiro para ajudar a fechar um negócio. Suponha, por exemplo, que o seu projeto imponha a construção no local de uma central elétrica, e você convida fornecedores de vários países a apresentar as suas propostas. Não fique admirado se os fornecedores concorrentes "adoçarem" as suas propostas com projetos de empréstimos a taxas de juros baixas ou se se dispuserem a fazer um *leasing* dos equipamentos e instalações industriais em termos favoráveis. Nesse caso, você deverá calcular o VPL desses empréstimos ou *leasings* e incluí-los na sua análise do projeto.

Às vezes os projetos internacionais são suportados por contratos com os fornecedores ou os clientes. Suponha que um fabricante queira constituir uma reserva substancial de uma matéria-prima essencial – por exemplo, magnésio em pó. Esse fabricante poderia subsidiar uma nova fundição de magnésio, concordando em comprar 75% da produção e garantindo um preço de compra mínimo. Essa garantia obviamente será uma contribuição valiosa para o VPA da fundição, pois, se o preço mundial do magnésio em pó cair para um nível inferior a esse mínimo, o projeto não será afetado. O valor dessa garantia deveria ser calculado (pelos métodos explicados entre os Capítulos 20 e 22) e adicionado ao VPA.

Os governos locais, por vezes, impõem custos ou restrições ao investimento ou ao desinvestimento. Por exemplo, o Chile, em uma tentativa de abrandar um fluxo de entradas de capital de curto prazo na década de 1990, pediu aos investidores que "estacionassem" uma parte desses fluxos de

---

[25] Kaplan e Ruback utilizaram, na verdade, um VPA "comprimido", segundo o qual todos os fluxos de caixa, incluindo os benefícios fiscais dos juros, são descontados ao custo de oportunidade do capital. S. N. Kaplan and R. S. Ruback, "The Valuation of Cash Flow Forecasts: An Empirical Analysis," *Journal of Finance* 50 (September 1995), pp. 1.059-1.093.

capital em contas não remuneradas com juros por um período de dois anos. Durante esse período, um investidor no Chile poderia ter calculado o custo dessa obrigação e o subtraído do VPA.[26]

19.5 Respostas às suas perguntas

Pergunta: De todas essas fórmulas para o custo de capital, quais são realmente as utilizadas pelos gestores financeiros?

Resposta: Na maior parte das vezes, a do custo médio ponderado de capital após impostos. O CMPC é calculado para a empresa ou, por vezes, para um setor de atividades. Aconselhamos os CMPCs setoriais quando existem dados disponíveis para empresas com ativos, operações, riscos e oportunidades de crescimento semelhantes.

É evidente que os conglomerados, com divisões operando em dois ou mais setores não relacionados, não devem utilizar o CMPC de uma empresa ou de um setor único. Tais empresas devem tentar estimar um CMPC setorial para cada divisão operacional.

Pergunta: Mas o CMPC é apenas uma taxa de desconto correta para projetos "médios". E se o financiamento do projeto diferir do da empresa ou do setor?

Resposta: Lembre-se de que os projetos de investimento normalmente não possuem financiamentos separados. Mesmo que isso aconteça, deve-se focalizar a contribuição do projeto para a capacidade de endividamento global da empresa, e não no seu financiamento imediato. (Suponha que seja conveniente obter o financiamento total de determinado projeto por meio de um empréstimo bancário. Isso não significa que o próprio projeto suporte 100% do financiamento por dívida. A empresa está se endividando com base tanto nos ativos existentes como no projeto.)

Porém, se a capacidade de endividamento do projeto for significativamente diferente da dos ativos existentes da empresa, ou se a política de endividamento da empresa mudar, o CMPC deve ser ajustado. O ajuste pode ser feito pelo método de três etapas explicado na Seção 19.3

Pergunta: Podemos fazer mais um exemplo numérico?

Resposta: Claro. Suponha que o CMPC tenha sido estimado como a seguir, com um índice de endividamento de 30%:

$$\text{CMPC} = r_D(1 - T_c)\frac{D}{V} + r_{CP}\frac{CP}{V}$$

$$= 0{,}09(1 - 0{,}35)(0{,}3) + 0{,}15(0{,}7) = 0{,}1226 \text{ ou } 12{,}26\%$$

Qual é taxa de desconto correta com um índice de endividamento de 50%?

1ª Etapa. Calcule o custo de oportunidade do capital.

$$r = r_D D/V + r_{CP} CP/V$$

$$= 0{,}09(0{,}3) + 0{,}15(0{,}7) = 0{,}132 \text{ ou } 13{,}2\%$$

2ª Etapa. Estime os novos custos da dívida e do capital próprio. O custo da dívida será mais elevado com um endividamento de 50% do que de 30%. Suponhamos que $r_D = 0{,}095$. O novo custo do capital próprio será:

$$r_{CP} = r + (r - r_D)D/CP$$

$$= 0{,}132 + (0{,}132 - 0{,}095)50/50$$

$$= 0{,}169 \text{ ou } 16{,}9\%$$

3ª Etapa. Recalcule o CMPC.

$$\text{CMPC} = r_D(1 - T_c)D/V + r_{CP}CP/V$$

$$= 0{,}095(1 - 0{,}35)(0{,}5) + 0{,}169(0{,}5) = 0{,}1154 \text{ ou cerca } 11{,}5\%$$

---

[26] Tais controles de capital já foram descritos como ratoeiras financeiras: o dinheiro consegue entrar, mas não consegue sair.

Pergunta: Como utilizar o modelo CAPM para calcular o custo médio ponderado de capital após impostos?

Resposta: Comece introduzindo o beta das ações na fórmula do CAPM para calcular o r_{CP}, o retorno esperado do capital próprio. Em seguida, utilize esse valor, bem como o custo da dívida após impostos e os índices de dívida-valor e capital próprio-valor, na fórmula do CMPC.

Claro que o CAPM não é a única forma de estimar o custo do capital próprio. Você poderá, por exemplo, utilizar o modelo de desconto dos dividendos (veja a Seção 4.3).

Pergunta: Mas imagine a utilização do CAPM. E se for preciso recalcular o beta do capital próprio para um índice de endividamento diferente?

Resposta: A fórmula para o beta do capital próprio (ou das ações) é:

$$\beta_{CP} = \beta_A + (\beta_A - \beta_D)D/CP$$

onde β_{CP} é o beta das ações, β_A o beta dos ativos, e β_D o beta da dívida da empresa. O beta dos ativos é uma média ponderada dos betas da dívida e das ações:

$$\beta_A = \beta_D(D/V) + \beta_{CP}(CP/V)$$

Suponha que seja necessário o custo de oportunidade do capital r. Pode-se calcular β_A e, em seguida, r por meio do modelo CAPM.

Pergunta: Julgo ter compreendido como fazer os ajustamentos para diferenças na capacidade de endividamento ou na política de endividamento. E quanto às diferenças de risco do negócio?

Resposta: Se o risco do negócio for diferente, então r, o custo de oportunidade do capital, será diferente.

Obter a taxa r correta para um projeto excepcionalmente seguro ou arriscado nunca é fácil. Por vezes, o gestor financeiro pode utilizar estimativas de risco e de retorno esperado a partir de empresas semelhantes ao seu projeto. Suponha, por exemplo, que uma empresa tradicional da indústria farmacêutica esteja analisando um grande investimento em pesquisa biotecnológica. O gestor financeiro pode considerar uma amostra de empresas de biotecnologia, calcular os valores médios para o beta e para o custo de capital e utilizar essas estimativas como valores de referência para o investimento em biotecnologia.

Porém, em muitos casos é difícil descobrir uma boa amostra de empresas equivalentes para um projeto excepcionalmente seguro ou arriscado. Então, o gestor financeiro terá de ajustar, de maneira subjetiva, o custo de oportunidade do capital. A Seção 9.3 pode ajudar nesses casos.

Pergunta: Quando eu necessito do valor presente ajustado (VPA)?

Resposta: A fórmula do CMPC cobre apenas um efeito secundário do financiamento: o valor dos benefícios fiscais dos juros da dívida suportada por um projeto. Se houver outros efeitos secundários, por exemplo, o financiamento subsidiado ligado a um projeto, deve-se utilizar o VPA.

Também é possível usar o VPA para evidenciar o valor dos benefícios fiscais dos juros:

$$\text{VPA} = \text{VPL do caso-base} + \text{VP(dos benefícios fiscais)}$$

Suponha, por exemplo, que você esteja analisando uma empresa imediatamente após uma aquisição alavancada (*leveraged buyout* – LBO). A empresa tem um nível de endividamento inicial muito elevado, mas planeja amortizar a dívida o mais depressa possível. O VPL pode ser utilizado para obter uma avaliação precisa.

Pergunta: Quando devo incluir, na análise, os impostos sobre as pessoas físicas?

Resposta: Sempre utilize T_c, a alíquota marginal de tributação corporativa, quando estiver calculando o CMPC enquanto média ponderada dos custos da dívida e do capital próprio. A taxa de desconto é ajustada *apenas* para a tributação corporativa.

Em princípio, o VPA pode ser ajustado para os impostos sobre as pessoas físicas substituindo a alíquota marginal corporativa T_c por uma taxa de imposto efetiva, que combina as taxas de imposto corporativas e sobre as pessoas físicas e reflete a vantagem fiscal líquida para cada dólar de juros pagos pela empresa. Fizemos alguns cálculos rápidos dessa vantagem na Seção 18.2. A taxa de imposto efetiva é, quase certamente, inferior a T_c, mas é muito difícil identificar a diferença numérica. Portanto, na prática, quase sempre se utiliza T_c como uma aproximação.

Pergunta: Os impostos são tão importantes? Os gestores financeiros realmente ajustam o índice de endividamento para minimizar o CPMC?

Resposta: Como vimos no Capítulo 18, as decisões de financiamento refletem muitos fatores além dos impostos, incluindo os custos das dificuldades financeiras, as assimetrias de informação e os incentivos aos gestores. Por isso, a maior parte dos gestores não ajusta o índice de endividamento das suas empresas nem reequilibra o financiamento para manter os índices de endividamento absolutamente constantes. Na prática, assumem que a linha do CPMC para diferentes índices de endividamento se mantém "horizontal" para um intervalo razoável de moderada alavancagem.

RESUMO

Neste capítulo, analisamos o modo como o financiamento deve ser incorporado na avaliação de projetos e empresas. Há duas maneiras de considerar o financiamento. A primeira é calcular o VPL utilizando uma taxa de desconto ajustada, normalmente o custo médio ponderado de capital (CMPC) após impostos. A segunda abordagem desconta ao custo de oportunidade de capital e, em seguida, adiciona ou subtrai os valores presentes de eventuais efeitos secundários do financiamento; ela é chamada de valor presente ajustado, ou VPA.

A fórmula do CMPC após impostos é:

$$\text{CMPC} = r_D(1 - T_c)\frac{D}{V} + r_{CP}\frac{CP}{V}$$

onde r_D e r_{CP} são, respectivamente, as taxas de retorno esperadas exigidas pelos investidores sobre os títulos de dívida e sobre as ações ordinárias da empresa; D e CP são os *valores de mercado* correntes da dívida e do capital próprio e V, o valor total de mercado da empresa ($V = D + CP$). A fórmula do CMPC, obviamente, pode ser ajustada se houver outras fontes de financiamento, como ações preferenciais.

Rigorosamente falando, o desconto pelo CMPC só funciona para projetos que sejam cópias perfeitas da empresa existente, ou seja, projetos com o mesmo risco de negócio e financiados para manter o índice atual da empresa entre dívida e valor de mercado. Mas as empresas podem utilizar o CMPC como uma taxa de referência a ser ajustada para diferenças no risco do negócio ou no financiamento. Apresentamos um método de três etapas para ajustar o CMPC para diferentes índices de endividamento.

O desconto dos fluxos de caixa ao CMPC pressupõe que a dívida seja rebalanceada para manter um índice constante de endividamento a preços de mercado. Pressupõe-se, igualmente, que o montante da dívida suportada por um projeto aumenta ou diminui com o sucesso ou o insucesso do projeto depois de consumado. A fórmula do CMPC também parte do princípio de que o financiamento é importante *somente* por causa dos benefícios fiscais dos juros. Quando esse ou outros pressupostos forem violados, só o VPA poderá dar uma resposta absolutamente correta.

Pelo menos como conceito, o VPA é simples. Começa-se por calcular o valor presente líquido do caso-base do projeto ou da empresa, partindo do pressuposto de que o financiamento *não* é importante. (A taxa de desconto não é o CMPC, mas o custo de oportunidade do capital). Depois, calculam-se os valores presentes dos efeitos secundários do financiamento que sejam relevantes, que são adicionados ou subtraídos ao valor do caso-base. Um projeto de investimento tem valor se

VPA = VPL do caso-base + VP(efeitos secundários do financiamento)

for positivo. Alguns dos efeitos secundários mais comuns do financiamento são os benefícios fiscais dos juros, os custos de emissão e os pacotes especiais de financiamento oferecidos por fornecedores ou pelo governo.

Para as empresas ou para os negócios em curso, o valor depende do fluxo de caixa livre. O fluxo de caixa livre é o montante que pode ser distribuído por todos os investidores, tanto em títulos de dívida como em ações, depois de deduzir os fundos necessários para novos investimentos ou para reforçar o capital de giro. No entanto, o fluxo de caixa livre não inclui o valor dos benefícios fiscais dos juros. A fórmula do CMPC inclui os benefícios fiscais, uma vez que utiliza o custo da dívida depois de impostos. O VPA adiciona o VP (benefícios fiscais dos juros) ao valor do caso-base.

Normalmente, os negócios são avaliados em duas fases. Primeiro, prevê-se o fluxo de caixa disponível para um horizonte de avaliação e desconta-se para o valor no presente. Depois, calcula-se um horizonte de avaliação que também se desconta para o presente. Tenha o cuidado especial de evitar horizontes de avaliação elevados de maneira irreal. Quando o horizonte de avaliação chegar, a concorrência terá tido vários anos para alcançar a sua empresa. Além disso, quando acabar de avaliar o negócio, não se esqueça de subtrair a dívida para obter o valor dos capitais próprios da organização.

Todos os exemplos deste capítulo refletem pressupostos sobre o montante da dívida suportada por um projeto ou um negócio. Não confunda "suportada por" com a origem imediata dos fundos para o investimento. Por exemplo, uma empresa pode, por uma questão de conveniência, contrair um empréstimo de $1 milhão para um programa de pesquisa de $1 milhão. Todavia, é improvável que a pesquisa aumente em $1 milhão a capacidade de endividamento; uma parte considerável dessa nova dívida de $1 milhão terá que ser suportada pelos outros ativos da empresa.

Lembre-se também de que a expressão *capacidade de endividamento* não pretende sugerir um limite absoluto ao montante que a empresa *pode* pedir emprestado. Refere-se, isso sim, ao montante que a empresa *decide* pedir emprestado para fazer frente a um projeto ou um negócio em curso.

LEITURAS ADICIONAIS

A Harvard Business Review publicou um relato popular do VPA:

T. A. Luehrman, "Using APV: A Better Tool for Valuing Operations," *Harvard Business Review* 75 (May-June 1997), pp. 145-154.

Têm surgido dezenas de artigos sobre o custo médio ponderado de capital e outros temas tratados neste capítulo. Eis três casos representativos:

J. Miles and R. Ezzell, "The Weighted Average Cost of Capital, Perfect Capital Markets, and Project Life: A Clarification," *Journal of Financial and Quantitative Analysis* 15 (September 1980), pp. 719-730.

R. A. Taggart, Jr., "Consistent Valuation and Cost of Capital Expressions with Corporate and Personal Taxes," *Financial Management* 20 (Autumn 1991), pp. 8-20.

R. S. Ruback, "Capital Cash Flows: A Simple Approach to Valuing Risky Cash Flows," *Financial Management* 31 (Summer 2002), pp. 85-103.

Dois livros com explicações detalhadas sobre o modo de avaliar empresas:

T. Koller, M. Goedhart, and D. Wessels, *Valuation: Measuring and Managing the Value of Companies*, 4th ed. (New York: Wiley, 2005).

S. P. Pratt and A.V. Niculita, Valuing a Business: *The Analysis and Appraisal of Closely Held Companies*, 5th ed. (New York: McGraw-Hill, 2007).

A regra de avaliação dos fluxos de caixa certos e nominais é desenvolvida em:

R. S. Ruback, "Calculating the Market Value of Risk-Free Cash Flows," *Journal of Financial Economics* 15 (March 1986), pp. 323-339.

PROBLEMAS

BÁSICO

1. **CMPC** Calcule o custo médio ponderado de capital (CMPC) para a Federated Junkyards of America, utilizando as seguintes informações:
   - Dívida: $75 milhões, ao valor contábil. Negocia-se a 90% do valor contábil. O retorno até o vencimento é de 9%.
   - Capital próprio: 2.500.000 de ações negociadas a um preço unitário de $42. Admita que o retorno esperado das ações da Federated é de 18%.
   - Impostos: a alíquota marginal de tributação sobre a Federated é $T_c = 0,35$.

2. **CMPC** Suponha que a Federated Junkyards decida adotar uma política de endividamento mais conservadora. Passado um ano, o seu índice de endividamento baixou para 15% ($D/V = 0,15$). A taxa de juro caiu para 8,6%. Volte a calcular o CMPC da Federated com esses novos pressupostos. O risco do negócio da empresa, o custo de oportunidade do capital e a alíquota de impostos não se alteraram. Utilize o método de três etapas explicado na Seção 19.3.

3. **CMPC** Verdadeiro ou falso? A utilização da fórmula do CMPC pressupõe que:
   a. Um projeto suporta um montante fixo de dívida ao longo de sua vida econômica.
   b. O *índice* da dívida suportada pelo projeto em relação ao valor do projeto seja constante ao longo de sua vida econômica.
   c. A empresa reequilibre a dívida em cada período, para manter constante o índice dívida-valor.

4. **Avaliação de fluxos/capital próprio** O que se entende por método de avaliação dos fluxos/capital próprio? Qual é a taxa de desconto utilizada nesse método? Quais os pressupostos necessários para que esse método forneça uma avaliação correta?

5. **VPA** Verdadeiro ou falso? O método do VPA
   a. Parte do valor do caso-base do projeto.
   b. Calcula o valor do caso-base, descontando os fluxos de caixa do projeto, previstos segundo o pressuposto de que o financiamento será integralmente feito por capital próprio ao CMPC para o projeto.
   c. É particularmente útil nos casos em que a dívida será paga segundo um cronograma fixo.

6. **VPA** Um projeto custa $1 milhão e tem um VPL do caso-base exatamente igual a zero (VPL = 0). Qual é o VPA do projeto nos seguintes casos:
   a. Se a empresa investir, tem que obter $500 mil com uma emissão de ações. Os custos de emissão são 15% do resultado líquido.
   b. Se a empresa investir, não terá custos de emissão, mas a sua capacidade de endividamento aumentará em $500 mil. O valor presente dos benefícios fiscais dos juros dessa dívida é de $76 mil.

7. **CMPC** A Whispering Pines Inc., é financiada só por capital próprio. A taxa de retorno esperada das ações da empresa é de 12%.
   a. Qual é o custo de oportunidade do capital para um investimento com o risco médio da Whispering?
   b. Suponha que a empresa emita títulos de dívida, recompre ações e passe para um índice dívida-valor de 30% ($D/V = 0,30$). Qual será o custo médio ponderado do capital com essa nova estrutura de capitais? A taxa de juros sobre empréstimos é de 7,5%, e a alíquota de imposto, de 35%.

8. **VPA** Considere um projeto durante apenas um ano. O desembolso inicial é de $1 mil e a entrada de caixa espe-

rada, de $1.200. O custo de oportunidade do capital é $r = 0,20$. A taxa de juros sobre empréstimos é de $r_D = 0,10$ e o benefício fiscal líquido para cada dólar de juro, $T_c = 0,35$.

a. Qual é o VPL do caso-base desse projeto?

b. Qual é o VPA se a empresa contrair um empréstimo de 30% do investimento exigido pelo projeto?

9. **CMPC** A fórmula do CMPC parece implicar que a dívida é "mais barata" do que o capital próprio – isto é, uma empresa com mais dívida pode usar uma taxa de desconto menor. Isso faz sentido? Explique resumidamente.

10. **VPA e capacidade de endividamento** Suponha que a KCS Corp. compre a Patagonia Trucking, uma empresa de capital fechado, por $50 milhões. A KCS só tem $5 milhões disponíveis imediatamente e, por isso, pede um empréstimo bancário de $45 milhões. Um índice de dívida-valor normal para uma empresa do setor de transportes rodoviários seria, no máximo, de 50%, mas o banco fica satisfeito com o rating de crédito da KCS.

Suponha que se teria de avaliar a Patagonia pelo VPA no formato apresentado no Quadro 19.2. Que porcentagem da dívida seria incluída. Explique resumidamente.

Intermediário

11. **CMPC** O Quadro 19.3 mostra um balanço *contábil* da rede de motéis Wishing Well. A dívida de longo prazo da empresa está garantida pelo seu ativo imobiliário, mas também utiliza empréstimo bancário de curto prazo como uma fonte permanente de financiamento. Paga juros de 10% pela dívida do banco e de 9% pela dívida garantida. A empresa tem 10 milhões de ações em circulação, negociadas a $90 cada. O retorno esperado das ações ordinárias da Wishing Well é de 18%.

Calcule o CMPC da Wishing Well. Admita que os valores contábeis e de mercado da sua dívida são os mesmos. A alíquota marginal de imposto é de 35%.

QUADRO 19.3 Balanço da Wishing Well Inc. ($ milhões)

Caixa e títulos negociáveis	$ 100	Empréstimo bancário	$ 280
Contas a receber	200	Contas a pagar	120
Estoques	50	Passivo circulante	$ 400
Ativo circulante	$ 350		
Imóveis	2.100	Dívida de longo prazo	1.800
Outros ativos	150	Capital próprio	400
Total	$2.600	Total	$2.600

12. **Previsão de fluxo de caixa** Suponha que a Wishing Well esteja avaliando um novo motel e um resort em um local romântico no condado de Madison, em Wisconsin. Explique como você estimaria os fluxos de caixa após impostos para esse projeto. (*Dicas*: como trataria os impostos? E os encargos com juros? E as alterações no capital de juro?)

13. **VPA** Para financiar o projeto no condado de Madison, a Wishing Well precisa contrair uma dívida adicional de longo prazo de $80 milhões e de emitir ações no valor de $20 milhões. As comissões dos subscritores, as margens de intermediação e os outros custos desse financiamento totalizarão $4 milhões. Como isso seria considerado na avaliação do investimento proposto?

14. **CMPC** O Quadro 19.4 mostra um balanço simplificado da Rensselaer Felt. Calcule o custo médio ponderado de capital dessa empresa. A dívida acabou de ser refinanciada com uma taxa de juro de 6% (curto prazo) e de 8% (longo prazo). A taxa de retorno esperada das ações da empresa é de 15%. Existem 7,46 milhões de ações em circulação, negociadas a $46 por ação. A alíquota de imposto é de 35%.

QUADRO 19.4 Balanço simplificado da Rensselaer Felt ($ milhares)

Caixa e títulos negociáveis	$ 1.500	Dívida de curto prazo	$ 75.600
Contas a receber	120.000	Contas a pagar	62.000
Estoques	125.000	Passivo circulante	$137.600
Ativo circulante	$246.500		
Imóveis, instalações industriais e equipamentos	302.000	Dívida de longo prazo	208.600
		Impostos diferidos	45.000
Outros ativos	89.000	Capital próprio	246.300
Total	$637.500	Total	$637.500

15. **CMPC** Como se alterarão o CMPC e o custo do capital próprio da Rensselaer Felt se a empresa emitir novas ações no valor total de $50 milhões e utilizar esse resultado para amortizar a dívida de longo prazo? Admita que as taxas de juros de acesso ao crédito se mantêm inalteradas. Utilize o método de três etapas explicado na Seção 19.3.

16. **VPA** A Digital Organics (DO) tem a oportunidade de investir, agora, $1 milhão ($t = 0$) e espera lucros após impostos de $600 mil em $t = 1$ e de $700 mil em $t = 2$. O projeto durará apenas dois anos. O custo de capital apropriado é de 12% com financiamento só por capital próprio, a taxa de juro do crédito é de 8% e a DO contrairá um empréstimo de $300 mil para fazer frente ao projeto. A dívida deverá ser paga em duas prestações iguais de $150 mil cada. Admita que os benefícios fiscais do endividamento têm um valor líquido de 0,30 por dólar pago de juro. Calcule o VPA do projeto, utilizando o procedimento seguido no Quadro 19.2

17. **VPA** Considere outro projeto com vida perpétua, como o da prensa descrito na Seção 19.1. O seu investimento inicial é de $1 milhão e o fluxo de caixa esperado, de $95 mil ao ano em perpetuidade. O custo de oportunidade do capital com um financiamento só por capital próprio é de 10%, e o projeto permite que a empresa contraia um empréstimo à taxa de 7%. A alíquota de imposto é de 35%.

    Utilize o VPA para calcular o valor desse projeto.

    a. Primeiro, considere que o projeto será parcialmente financiado com uma dívida de $400 mil e que o montante da dívida será fixo e perpétuo.

    b. Depois, considere que o empréstimo inicial será aumentado ou reduzido proporcionalmente às alterações do valor de mercado do projeto.

    Explique a diferença entre as suas respostas aos itens (a) e (b).

18. **Custo de oportunidade do capital** Suponha que o projeto descrito no Problema 17 será empreendido por uma universidade. Os fundos para o projeto serão retirados da dotação da universidade, que esá investida em uma carteira bastante diversificada de ações e obrigações. Contudo, a universidade pode, além disso, endividar-se igualmente a 7%. A universidade está isenta de impostos.

    Suponha que o tesoureiro da universidade proponha financiar o projeto com uma emissão de $400 mil em obrigações perpétuas a 7% e pela venda de ações no valor de $600 mil pertencentes à dotação da universidade. A taxa de retorno esperada das ações ordinárias é de 10%. Propõe-se, portanto, a avaliação do projeto por meio de desconto a um custo médio ponderado de capital calculado da seguinte forma:

    $$r = r_D \frac{D}{V} + r_{CP} \frac{CP}{V}$$
    $$= 0,07 \left(\frac{400.000}{1.000.000} \right) + 0,10 \left(\frac{600.000}{1.000.000} \right)$$
    $$= 0,088 \text{ ou } 8,8$$

    O que está certo ou errado na abordagem do tesoureiro? A universidade deverá ou não investir? E deverá endividar-se? O valor do projeto se alteraria se o tesoureiro financiasse integralmente o projeto por meio da venda de ações ordinárias pertencentes à dotação da universidade?

19. **VPA** Considere um projeto para a produção de painéis solares que exige um investimento de $10 milhões e proporciona fluxos de caixa anuais uniformes, após impostos, de $1,75 milhão durante dez anos. O custo de oportunidade do capital é de 12%, o que reflete o risco do negócio do projeto.

    a. Admita um financiamento em $5 milhões por dívida e $5 milhões por capitais próprios. A taxa de juro é de 8% e a alíquota marginal de imposto, de 35%. A dívida será paga em prestações anuais iguais ao longo dos dez anos de vida do projeto. Calcule o VPA.

    b. Qual é a alteração do VPA se a empresa tiver que suportar custos de emissão de $400 mil para obter os $5 milhões de capital próprio de que necessita?

20. **Custos de emissão e VPA** A Bunsen Chemical Company está atualmente no seu objetivo de 40% para o índice de endividamento. Está avaliando uma expansão de $1 milhão no seu negócio corrente. Espera-se que essa expansão gere um fluxo de caixa anual de $130 mil em perpetuidade.

    A empresa tem dúvidas quanto a executar esse projeto e quanto ao seu financiamento. As duas opções incluem a emissão de 1 milhão de ações ou a emissão de um empréstimo de $1 milhão por vinte anos. Os custos de colocação de uma emissão de ações seriam de cerca de 5% do montante total, e os da emissão de um empréstimo, de cerca de 1,5%.

    A diretora financeira da Bunsen Chemical, a Sra. Polly Ethylene, calcula que o retorno pretendido para as ações da empresa é de 14%, mas argumenta que as despesas de colocação aumentam o custo das novas ações para 19%. Nessa base, o projeto não parece viável.

    Por outro lado, salienta que a empresa pode contrair uma nova dívida a uma taxa de 7%, o que elevaria o custo da nova dívida para 8,5%. Por conseguinte, recomenda que a Bunsen avance com o projeto e o financie com um empréstimo de longo prazo.

    A Sra. Ethylene tem razão? Como você avalia o projeto?

21. **CMPC** A Nevada Hydro é financiada por dívida em 40% e tem um custo médio ponderado de capital de 9,7%:

    $$\text{CMPC} = (1 - T_c) r_D \frac{D}{V} + r_{CP} \frac{CP}{V}$$
    $$= (1 - 0,35)(0,085)(0,40) + 0,125(0,60) = 0,097$$

    A Goldensacks Company recomenda que a Nevada Hydro emita ações preferenciais no montante de $75 milhões, proporcionando um rendimento por dividendos de 9%. Os recursos seriam utilizados para recomprar e retirar de circulação ações ordinárias. A emissão de ações preferenciais representaria 10% do valor de mercado da empresa anterior à emissão.

A Goldensacks argumenta que essas transações reduziriam o CMPC da Nevada para 9,4%:

CMPC = (1 − 0,35)(0,085)(0,40) + 0,09(0,10) + 0,125(0,50)

= 0,094 ou 9,4%

Você concorda com esse cálculo? Explique.

22. **Avaliação de empresas** A administração da Chiara Corp. fez as previsões apresentadas no Quadro 19.5. Utilize esse quadro como ponto de partida para avaliar a empresa no seu todo. O CMPC da Chiara é de 12% e a taxa de crescimento de longo prazo após o ano 5 é de 4%. A empresa tem uma dívida de $5 milhões e 865 mil ações em circulação. Qual é o valor por ação?

QUADRO 19.5 Projeções do fluxo de caixa da Chiara Corp. (em $ milhares)

		Histórico			Previsão				
	Ano:	−2	−1	0	1	2	3	4	5
1.	Vendas	35.348	39.357	40.123	36.351	30.155	28.345	29.982	30.450
2.	Custos dos produtos vendidos	17.834	18.564	22.879	21.678	17.560	16.459	15.631	14.987
3.	Outros custos	6.968	7.645	8.025	6.797	5.078	4.678	4.987	5.134
4.	LAJIRDA (1 − 2 − 3)	10.546	13.148	9.219	7.876	7.517	7.208	9.364	10.329
5.	Depreciação	5.671	5.745	5.678	5.890	5.670	5.908	6.107	5.908
6.	LAJIR (lucro antes dos impostos) (4 − 5)	4.875	7.403	3.541	1.986	1.847	1.300	3.257	4.421
7.	Imposto a 35%	1.706	2.591	1.239	695	646	455	1.140	1.547
8.	Lucro antes dos impostos (6 − 7)	3.169	4.812	2.302	1.291	1.201	845	2.117	2.874
9.	Variação do capital de giro			325	566	784	− 54	− 342	−245	127	235
10.	Investimentos (variação nos ativos fixos brutos)	5.235	6.467	6.547	7.345	5.398	5.470	6.40	6.598

DESAFIO

23. **Fórmula de Miles-Ezzell** Na nota de rodapé 15, referimo-nos à fórmula de desconto, que parte do princípio de que a dívida não é rebalanceada continuamente, mas uma vez por ano. Calcule essa fórmula e, em seguida, utilize-a para desalavancar o CMPC da Sangria e calcular o seu custo de oportunidade de capital. A sua resposta será ligeiramente diferente do custo de oportunidade que calculamos na Seção 19.3. Você consegue explicar o porquê?

24. **Rebalanceamento** A fórmula do CMPC parte do princípio de que a dívida é rebalanceada de modo a manter um índice D/V constante. Essa operação associa o nível dos benefícios fiscais dos juros futuros ao valor futuro da empresa, o que os torna arriscados. Isso significa que, para os acionistas, é melhor haver um nível de dívida fixo (não rebalanceado)?

25. **Valor no horizonte** Altere o Quadro 19.1 no pressuposto de que a concorrência elimina quaisquer oportunidades de ganhar mais do que o CMPC com o novo investimento após o ano 7 (VPOC = 0). De que maneira se altera a avaliação da Rio?

FINANÇAS NA WEB

O Quadro 19.6 é um balanço contábil simplificado da Devon Energy em setembro de 2014. A seguir, você tem acesso a outras informações:

Número de ações em circulação (N)	409,1 milhões
Preço por ação (P)	$68
Beta	1,54
Taxa das letras do Tesouro	0,02%
Taxa das obrigações do Tesouro para vinte anos	3,01%
Custo da dívida (r_D)	4,70%
Alíquota marginal de imposto	35%

a. Calcule o CMPC da Devon. Use o modelo CAPM e os dados fornecidos. Formule hipóteses adicionais e faça as aproximações necessárias.

b. Qual é o custo de oportunidade do capital da Devon?

c. Por fim, acesse **finance.yahoo.com** e atualize as suas respostas às questões (a) e (b).

Ativo circulante	$ 5.973	Passivo circulante	$ 5.994
Imóveis, instalações industriais e equipamentos (líquidos)	35.169	Dívida de longo prazo	10.161
		Outros passivos	12.508
Investimentos e outros ativos	9.697	Capital próprio	22.176
Total	$50.839	Total	$50.839

APÊNDICE

Desconto de fluxos de caixa, certos e nominais

Suponha que você esteja analisando a compra de uma máquina por $100 mil. O fabricante melhora o negócio oferecendo-se para financiar a aquisição com um empréstimo de $100 mil por cinco anos, com juros anuais de 5%. Você teria de pagar 13% se obtivesse o empréstimo em um banco. A sua taxa marginal de impostos é de 35% ($T_c = 0,35$).

Quanto vale esse empréstimo? Se aceitá-lo, os fluxos de caixa serão, em $milhares:

	Período					
	0	1	2	3	4	5
Fluxos de caixa	100	−5	−5	−5	−5	−105
Benefícios fiscais		+1,75	+1,75	+1,75	+1,75	+1,75
Fluxos de caixa após impostos	100	−3,25	−3,25	−3,25	−3,25	−103,25

Qual será a taxa de desconto correta?

Nesse caso, você está descontando fluxos de caixa *certos* e *nominais* – certos porque a empresa deve se comprometer a pagar o empréstimo se aceitá-lo,[27] e nominais porque os pagamentos serão fixos independentemente da inflação futura. Então, a taxa de desconto correta para os fluxos de caixa certos e nominais é a taxa de juro do crédito não subsidiado e *após impostos*,[28] $r_D(1 - T_c) = 0,13(1 - 0,35) = 0,0845$. Portanto:

$$\text{VPL} = +100 - \frac{3,25}{1,0845} - \frac{3,25}{(1,0845)^2} - \frac{3,25}{(1,0845)^3} - \frac{3,25}{(1,0845)^4} - \frac{103,25}{(1,0845)^5}$$

$$= +20,52 \text{ ou } \$20.520$$

O fabricante efetivamente reduziu o preço de compra da máquina, de $100 mil para $100.000 − $20.520 = $79.480. Pode-se, agora, retroceder e voltar a calcular o VPL da máquina utilizando esse preço de venda especial, ou pode-se utilizar o VPL do empréstimo subsidiado como um elemento do valor presente ajustado da máquina.

Uma regra geral

É claro que devemos uma justificação para o fato de $r_D(1 - T_c)$ ser a taxa de desconto correta para fluxos de caixa certos e nominais. Não surpreende que a taxa depende de r_D, a taxa de juro de empréstimo não subsidiado, visto que esse é o custo de oportunidade do capital para os investidores, a taxa que exigiriam pela dívida da sua empresa. Mas por que r_D deverá ser convertida para uma *taxa após* impostos?

Simplifiquemos, considerando um empréstimo subsidiado a *um ano*, de $100 mil e a 5%. Os fluxos de caixa, em milhares de dólares, serão:

	Período 0	Período 1
Fluxos de caixa	100	−105
Benefícios fiscais		+1,75
Fluxos de caixa após impostos	100	−103,25

Agora, pergunte: qual é o montante máximo X que poderia ser obtido por empréstimo a um ano, pelos canais normais, se forem confiados $103.250 ao serviço da dívida?

Entendemos por "canais normais" um empréstimo a uma taxa de 13% antes de impostos, e de 8,45% após impostos. Por conseguinte, será necessário 108,45% do montante do empréstimo para devolver o capital inicial mais os juros após impostos. Se 1,0845X = 103.250, então X = 95.205. Portanto, é possível obter um crédito de $100 mil com um empréstimo subsidiado, mas apenas $95.205 pelos canais normais; a diferença ($4.795) significa dinheiro em caixa. Por conseguinte, este deve ser também o VPL desse empréstimo subsidiado a um ano.

Quando se desconta um fluxo de caixa certo e nominal a uma taxa de juro após impostos, se está calculando, implicitamente, o *empréstimo equivalente*, ou seja, o montante que se pode obter por meio dos canais normais, usando os fluxos de caixa como serviço da dívida. Observe que:

$$\frac{\text{Empréstimo}}{\text{equivalente}} = \frac{\text{VP (fluxos de caixa disponíveis}}{\text{para o serviço da dívida)}}$$

$$= \frac{103.250}{1,0845} = 95.205$$

Em alguns casos, pode ser mais fácil considerar o lugar do credor do empréstimo equivalente em vez do lugar do devedor. Por exemplo, pode-se perguntar: quanto a minha empresa deveria investir hoje, para cobrir o serviço da dívida do próximo ano do empréstimo subsidiado? A resposta é $95.205: se você emprestar esse montante a 13%, ganhará 8,45% após impostos, pelo que terá 95.205(1,0845) = $103.250. Por meio dessa transação é possível, de maneira efetiva, cancelar ou "igualar a zero" a sua obrigação futura.

---

[27] Em tese, *certo* significa literalmente "sem risco", como os rendimentos das letras do Tesouro. Na prática, significa que é pequeno o risco do não pagamento ou do não recebimento de um fluxo de caixa.

[28] Na Seção 13.1 calculamos o VPL do financiamento subsidiado utilizando taxa de juros *antes de impostos*. Pode-se verificar agora que foi um erro. A utilização da taxa antes de impostos define implicitamente o empréstimo em termos de fluxos de caixa antes de impostos, violando a regra estabelecida anteriormente na Seção 6.1: calcule *sempre* os fluxos de caixa em uma base após impostos.

Se é possível pedir emprestado $100.000 e, em seguida, reservar somente $95.205 para a cobertura de todo o serviço de dívida, obviamente haverá $4.795 para gastar como lhe apetecer. Esse montante é o VPL do empréstimo subsidiado.

Por isso, independentemente de ser mais fácil pensar em emprestar ou em pedir emprestado, a taxa de desconto correta para os fluxos de caixa certos e nominais é uma taxa de juros após impostos.[29]

De certa forma, esse é um resultado óbvio quando pensamos sobre isso. As empresas são livres para ceder ou obter fundos. Se *emprestam*, recebem a taxa de juro após impostos do seu investimento; se *pedem emprestado* no mercado de capitais, pagam a taxa de juro após impostos. Para as empresas, portanto, o custo de oportunidade do capital em instrumentos de dívida com fluxos de caixa equivalentes é a taxa de juros após impostos. Esse é o custo de capital ajustado para os fluxos de caixa equivalentes à dívida.[30]

Alguns exemplos adicionais

Veja mais alguns exemplos de fluxos de caixa equivalentes à dívida.

Desembolsos fixados por contrato

Suponha que você assine um contrato de manutenção com uma empresa de leasing de caminhões que aceita mantê-los em boas condições de financiamento, caso contratados, durante os próximos dois anos, em troco de 24 pagamentos fixos mensais. Esses pagamentos são equivalentes aos fluxos de dívidas.

Benefícios fiscais das depreciações

Normalmente, os projetos de investimento são avaliados pelo desconto dos fluxos de caixa totais após impostos que se prevê que venham a ser gerados. Os benefícios fiscais resultantes das depreciações contribuem para os fluxos de caixa do projeto, mas não são avaliados separadamente; são incluídos nos fluxos de caixa do projeto, tal como dezenas ou centenas de outros recebimentos e pagamentos. O custo de oportunidade do capital do projeto reflete o risco médio do agregado resultante.

Suponha, contudo, que nos questionávamos sobre o *valor isolado* dos benefícios fiscais das depreciações. Para uma empresa que tem a certeza de que pagará impostos, os benefícios fiscais das depreciações são fluxos certos e nominais. Devem, portanto, ser descontados à taxa de juros, após impostos, dos empréstimos da empresa.

Suponha que você adquira um ativo no valor de $200 mil, que pode ser depreciado segundo um plano, dividido em etapas, em cinco anos (veja o Quadro 6.4). Os benefícios fiscais resultantes são:

	Período					
	1	2	3	4	5	6
Porcentagem das depreciações	20	32	19,2	11,5	11,5	5,8
Depreciações (em milhares)	$40	$64	$38,4	$23	$23	$11,6
Benefícios fiscais com $T_c = 0{,}35$ (em milhares)	$14	$22,4	$13,4	$8,1	$8,1	$4,0

A taxa de desconto após impostos é de $r_D(1 - T_c) = 0{,}13(1 - 0{,}35) = 0{,}0845$. (Continuamos a supor uma taxa de empréstimo antes de impostos de 13% e uma alíquota marginal de tributação de 35%.) O valor presente desses benefícios fiscais é:

$$VP = \frac{14}{1{,}0845} + \frac{22{,}4}{(1{,}0845)^2} + \frac{13{,}4}{(1{,}0845)^3} + \frac{8{,}1}{(1{,}0845)^4}$$
$$+ \frac{8{,}1}{(1{,}0845)^5} + \frac{4{,}0}{(1{,}0845)^6}$$
$$= +56{,}2 \text{ ou } \$56.200$$

Verificação de consistência

Você pode estar interessado em saber se o nosso método de avaliação dos fluxos de caixa equivalentes a uma dívida é consistente com as abordagens do CMPC e do VPA anteriormente apresentadas neste capítulo. De fato, é consistente, como demonstraremos a seguir.

Vejamos um exemplo numérico muito simples. O nosso problema é avaliar um pagamento de $1 milhão a ser recebido por uma empresa de primeira linha (*blue-chip*) dentro de um ano. A entrada de caixa após impostos à taxa de 35% é de $650 mil. O montante está estipulado por contrato.

Uma vez que o contrato gera um fluxo equivalente a uma dívida, o custo de oportunidade do capital é a taxa que os investidores exigiram para obrigações a um ano emitidas pela *blue-chip*, e que é de 8%. Para simplificar, admitamos

---

[29] As taxas de juros – na obtenção ou concessão de empréstimos – não devem diferir muito se os fluxos de caixa forem efetivamente certos, isto é, se o risco de não cumprimento for pequeno. Em geral, a sua decisão não deve depender da taxa utilizada. Se depender, pergunte-se qual das transações – emprestar ou pedir emprestado – parece mais apropriada e razoável para o problema em questão. Em seguida, utilize a taxa de juros correspondente.

[30] Todos os exemplos desta seção têm uma perspectiva futura; procuram obter o valor no presente de fluxos de caixa equivalentes à dívida obtidos no futuro. Mas, em nível contratual e legal, surgem os mesmos problemas quando um fluxo de caixa obtido no *passado* tem de ser descontado para o seu valor no presente. Suponha que a empresa A deveria ter pago à empresa B $1 milhão há dez anos. É óbvio que, hoje em dia, a empresa B merece receber muito mais do que $1 milhão, pois perde o valor temporal do dinheiro. Esse valor deveria ser expresso como uma taxa de juros de empréstimo ou de aplicação depois de impostos, ou, se não houver qualquer risco a ser considerado, como uma taxa sem risco depois de impostos. O valor temporal do dinheiro *não* é igual ao custo total do capital de B. Permitir a B "ganhar" o custo total do capital pelo pagamento significa permitir-lhe ganhar um prêmio de risco sem ter de suportar o risco. Para uma discussão mais aprofundada sobre essas questões, veja F. Fisher and C. Romaine, "Janis Joplin's Yearbook and Theory of Damages," *Journal of Accounting, Auditing & Finance* 5 (Winter/Spring 1990), pp. 145-157.

que essa também será a taxa de juros do crédito para a empresa. A nossa regra de avaliação para os fluxos de caixa equivalentes à dívida é, portanto, fazer o desconto a $r_D(1 - T_c) = 0,08(1 - 0,35) = 0,052$:

$$VP = \frac{650.000}{1,052} = \$617.900$$

Qual é a *capacidade de endividamento* desse pagamento de $650 mil? Exatamente $617.900. A empresa pode pedir emprestado esse montante e pagar o empréstimo na íntegra – capital e juros depois de impostos – com a entrada de capital de $650 mil. A capacidade de endividamento é de 100% do VP dos fluxos de caixa equivalentes à dívida.

Sob esse ponto de vista, a taxa de desconto $r_D(1 - T_c)$ é apenas um caso especial de CMPC com um índice de endividamento de 100% ($D/V = 1$).

$$CMPC = r_D(1 - T_c)D/V + r_{CP}CP/V$$
$$= r_D(1 - T_c) \text{ se } D/V = 1 \text{ e } CP/V = 0$$

Tentemos, também, o cálculo do VPA. Trata-se de um cálculo em duas fases. Primeiro, o recebimento de $650 mil é descontado ao custo de oportunidade do capital, 8%. Depois, adicionamos o valor presente dos benefícios fiscais dos juros da dívida suportados pelo projeto. Dado que a empresa pode obter de empréstimo 100% do valor dos fluxos de caixa, o benefício fiscal é de $r_D T_c$VPA, e o VPA é:

$$VPA = \frac{650.000}{1,08} + \frac{0,08(0,35)VPA}{1,08}$$

Resolvendo ordenadamente para VPA, obtemos $617.900, ou seja, a mesma resposta que obtivemos descontando à taxa de juros após impostos. Assim, a nossa regra para a avaliação dos fluxos de caixa equivalentes à dívida é um caso especial do método do VPA.

QUESTÕES

1. O governo norte-americano encerrou uma disputa com a sua empresa, fazendo um pagamento de $16 milhões. O governo se comprometeu a pagar esse montante em 12 meses. No entanto, a sua empresa terá de pagar impostos sobre o montante recebido a uma alíquota marginal de 35%. Valerá a pena receber esse dinheiro? A taxa dos títulos do Tesouro a um ano é de 5,5%.

2. Você está analisando a possibilidade de um arrendamento mercantil por cinco anos de um espaço para escritórios destinado ao pessoal de P&D. Uma vez assinado, o contrato de *leasing* não pode ser cancelado. Ele compromete a sua empresa a efetuar seis pagamentos anuais de $100 mil cada, vencendo-se imediatamente o primeiro. Qual será o valor presente do *leasing* se a taxa de crédito à que a sua empresa tem acesso for de 9% e a alíquota marginal, de 35%? Os pagamentos do *leasing* são dedutíveis nos impostos.

PARTE VI Opções

CAPÍTULO 20

Entendendo as opções

Teste rápido: o que os acontecimentos a seguir têm em comum?

- A torrefação de café Keurig Green Mountain compra opções que determinam um limite superior ao preço que pagará para as suas compras futuras de grãos.
- A Flatiron oferece um bônus à sua presidente se o preço das ações da empresa ultrapassar $120.
- A Blitzen Computer aventura-se a entrar em um novo mercado.
- A Malted Herring adia o investimento em uma fábrica com VPL positivo.
- A Hewlett-Packard exporta impressoras parcialmente montadas, embora fosse maisrato exportar o produto acabado.
- A Dominion instala uma unidade de ativação flex em sua central de energia elétrica de Possum Point que pode usar tanto óleo combustível como gás natural.
- Em 2004 a Air France adquire a companhia aérea holandesa, KLM, em uma troca por um pacote de ações e *warrants* próprias. Estas últimas conferem o direito aos acionistas da KLM de adquirir ações adicionais da Air France ao preço unitário de €20 nos próximos três anos e meio.
- Em 2011, a AIG distribui 75 milhões de *warrants* para seus acionistas. Cada *warrant* garante a um acionista comprar uma ação adicional por $45.
- Em 2014, a Twitter emite $1,8 bilhão em debêntures conversíveis. Cada debênture pode ser trocada por 12,9 ações.

Respostas: (1) Cada um desses eventos envolve uma opção, e (2) eles ilustram por que um gestor financeiro de uma empresa industrial deverá entendê-las.

As empresas normalmente utilizam opções sobre mercadorias, moedas e taxas de juro para reduzir o risco. Por exemplo, uma empresa de enlatados de carne que pretenda impor um limite superior ao custo da carne pode adotar a opção de comprar gado vivo a um preço fixo. Uma empresa que pretenda limitar os seus custos de endividamento futuros pode adquirir uma opção para vender obrigações de longo prazo a um preço fixo, e assim sucessivamente. No Capítulo 26 explicaremos como as empresas utilizam as opções para fazer a cobertura do risco.

Muitos projetos de investimento têm uma opção incorporada permitindo uma expansão no futuro. Por exemplo, a empresa pode investir em uma patente que lhe permita explorar uma nova tecnologia ou pode comprar terrenos adjacentes, o que lhe dá a opção de aumentar a capacidade no futuro. Em cada um desses casos, a empresa terá um custo no presente para ter a oportunidade de realizar investimentos adicionais. Em outras palavras, a empresa está adquirindo *oportunidades de crescimento*.

Veja outra opção disfarçada de investimento: você está analisando a compra de um terreno no deserto, que sabe conter depósitos de ouro. Infelizmente, o custo da extração é mais elevado do que o preço corrente do ouro. Será que isso significa que o valor do terreno é quase nulo? De modo nenhum. Você não é obrigado a explorar o ouro, mas a posse do terreno lhe confere a opção de fazê-lo. É evidente que, se você souber que o preço do ouro vai continuar inferior ao custo de extração, então o valor da opção é nulo. Mas se houver incerteza quanto à cotação futura do ouro, você poderá ter sorte e fazer uma jogada certeira.[1]

Se a opção de expansão tem valor, o que dizer da opção de abandono? Geralmente, os projetos não continuam em operação até que o equipamento se deteriore. Normalmente, a decisão de terminar um projeto é tomada pela administração, não pela natureza. Assim que o projeto deixa de ser rentável, a empresa elimina suas perdas e exerce a opção de abandoná-lo. Alguns projetos têm um valor de abandono mais elevado do que outros. Aqueles que utilizam equipamento padronizado po-

---

[1] No Capítulo 11, avaliamos as minas de ouro do Kingsley Solomon pelo cálculo do valor do ouro no solo e subtraindo-lhe depois os custos de extração. Esse procedimento só é correto se soubermos que o ouro será extraído. Caso contrário, o valor da mina será aumentado pelo valor da opção de deixar o ouro no solo se o seu preço for inferior ao custo da extração.

dem oferecer uma opção de abandono de maior valor. Outros podem, na verdade, obrigar o dispêndio de dinheiro para serem descontinuados. Por exemplo, é muito dispendioso desativar uma plataforma petrolífera.

Dedicamos alguma atenção a esses investimentos no Capítulo 10 e mostramos como utilizar árvores de decisão para analisar as opções de uma empresa do ramo farmacêutico descontinuar ou não os testes de um novo medicamento. No Capítulo 22 analisaremos mais detalhadamente essas opções *reais*.

Uma outra razão importante para os gestores financeiros necessitarem compreender as opções é o fato de, frequentemente, elas estarem envolvidas com a emissão de títulos da empresa que proporcionem ao investidor, ou à própria empresa, a flexibilidade de alterar as condições da emissão. Por exemplo, no Capítulo 24 mostraremos como as *warrants* ou as obrigações conversíveis proporcionam aos seus titulares uma opção de compra de ações em troca de dinheiro ou de obrigações.

De fato, veremos no Capítulo 23 que, quando uma empresa toma um empréstimo, está criando uma opção de abandonar a dívida e entregar os seus ativos aos credores. Se o valor dos ativos da empresa no vencimento for inferior ao montante da dívida, a empresa optará por não cumprir o pagamento, e os credores terão que ficar com os ativos da empresa. Assim, quando a empresa se endivida, o credor efetivamente compra a empresa, e os acionistas obtêm a opção de comprá-la de volta pela liquidação da dívida. Trata-se de uma visão extremamente importante. Significa que o que podemos aprender sobre opções negociadas em bolsa igualmente se aplica às responsabilidades da organização.

Neste capítulo, utilizamos opções sobre ações negociadas em bolsa para explicar como as opções funcionam, mas esperamos que o nosso breve resumo tenha lhe convencido de que o interesse dos gestores financeiros em opções ultrapassa bastante as opções sobre ações negociadas na bolsa. É por essa razão que lhe pedimos que invista neste capítulo para adquirir vários conceitos importantes que você utilizará no futuro.

Se você não está familiarizado com o maravilhoso mundo das opções, poderá, a princípio, lhe parecer confuso. Por isso, vamos dividir este capítulo em três partes. Começaremos apresentando as opções de compra e de venda, mostrando como o benefício dessas opções depende do preço do ativo subjacente. Em seguida, mostraremos como os "alquimistas" financeiros conseguem combinar as opções, produzindo várias estratégias interessantes.

Concluiremos o capítulo com a identificação das variáveis que determinam o valor das opções, que lhe revelará alguns efeitos surpreendentes e contraintuitivos. Por exemplo, os investidores estão habituados a pensar que o aumento do risco diminui o valor presente, mas, em matéria de opções, é exatamente o contrário.

20.1 Opções de compra, opções de venda e ações

Normalmente, os investidores negociam opções sobre ações ordinárias.[2] Por exemplo, o Quadro 20.1 reproduz as cotações para as opções sobre as ações da Google (desde então rebatizada como Alphabet). Nele poderemos ver que há dois tipos de opções – de compra (*calls*) e de venda (*puts*). Explicaremos uma de cada vez.

Opções de compra e diagramas de posição

Uma **opção de compra** (*call option*) confere ao seu titular o direito de comprar ações a *um preço de exercício* especificado na data especificada de maturidade, ou antes dessa. Se a opção só pode ser exercida em seu vencimento, ela é convencionalmente designada por *opção europeia*; em outros casos (tais como as opções da Google mostradas no Quadro 20.1), a opção pode ser exercida em seu vencimento ou antes deste, sendo chamada de *opção americana*.

A terceira coluna do Quadro 20.1 indica os preços das opções de compra da Google com diferentes preços e datas de exercício. Veja as cotações das opções com vencimento em março de 2015. A primeira linha mostra que, por $72,70, era possível adquirir uma opção de compra sobre uma ação[3] da Google a $470 em março de 2015, ou antes dessa data. Descendo para a linha

---

[2] As duas principais bolsas de opções dos Estados Unidos são a International Securities Exchange (ISE) e a Chicago Board Options Exchange (CBOE).

[3] Na realidade, não se pode adquirir uma opção sobre uma única ação. As transações são efetuadas em múltiplos de 100, e a ordem mínima teria de ser 100 opções sobre 100 ações da Google.

QUADRO 20.1 Preços selecionados de opções de compra e de venda sobre as ações da Google em dezembro de 2014, quando o preço de fechamento das ações era cerca de $530

Data de vencimento	Preço de exercício	Preço da opção de compra	Preço da opção de venda
Março de 2015	$470	$72,70	$7,50
	500	45,70	13,60
	530	28,00	24,64
	560	13,10	43,60
	590	7,50	67,10
Junho de 2015	$470	$80,50	$13,20
	500	56,00	20,65
	530	36,00	**34,55**
	560	20,00	53,70
	590	12,30	72,50
Janeiro de 2016[a]	$470	$99,10	$28,70
	500	72,00	40,70
	530	54,60	52,40
	560	38,00	67,55
	590	28,30	84,30

[a] Às opções de longo prazo dá-se o nome de "LEAPS" (Long-term options).
Fonte: Yahoo! Finance, **finance.yahoo.com**

seguinte, pode-se observar que uma opção para comprar por mais $30 ($500, em vez de $470) custa menos $27, ou seja, $45,70. Em geral, o valor de uma opção de compra diminui à medida que o preço de exercício vai subindo.

Veja agora as cotações das opções com vencimento em junho de 2015 e janeiro de 2016. Repare que cresce o preço da opção à medida que o seu vencimento vai sendo mais distante. Por exemplo, com um preço de exercício de $530, a opção de compra para março de 2015 custa $28, $36 para junho de 2015 e $54,60 para janeiro de 2016.

No Capítulo 13 conhecemos Louis Bachelier, que, em 1900, sugeriu pela primeira vez que os preços dos títulos seguem um curso aleatório. Bachelier também concebeu um esquema gráfico muito conveniente para ilustrar os efeitos do investimento em diferentes opções. Vamos utilizar esse esquema para comparar uma opção de compra e uma opção de venda sobre as ações da Google.

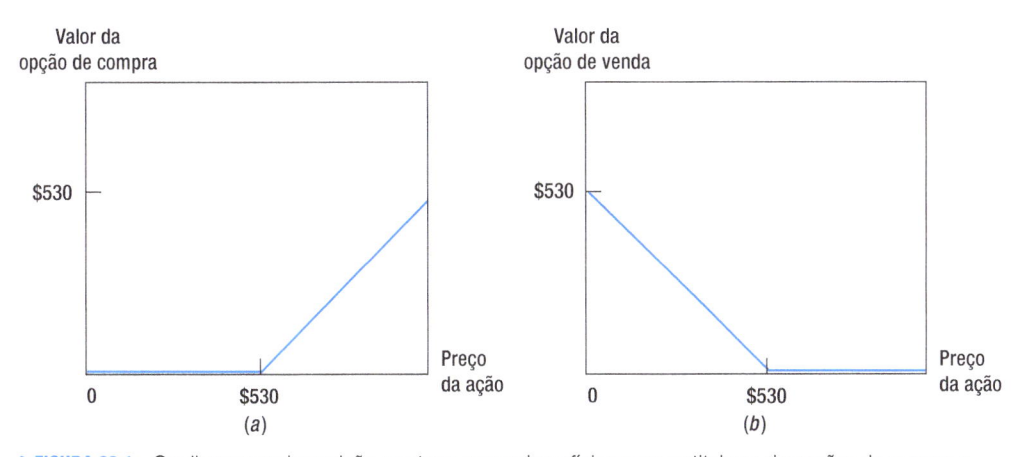

▶ **FIGURA 20.1** Os diagramas de posição mostram que os benefícios para os titulares de opções de compra e opções de venda das ações da Google (ilustradas pelas linhas verdes) dependem do preço da ação. (a) Resultado da compra de uma opção de compra da Google exercível a $530. (b) Resultado da compra de uma opção de venda da Google exercível a $530.

O *diagrama de posição* da Figura 20.1a mostra as possíveis consequências do investimento nas opções de compra da Google para junho de 2015 com um preço de exercício de $530 (em negrito no Quadro 20.1). O resultado do investimento nas opções de compra da Google depende do que acontecer com o preço das ações. Se o preço das ações, no final desse período de seis meses, terminar abaixo do preço de exercício de $530, ninguém pagará $530 para obter a ação pela opção de compra. Nesse caso, a sua opção de compra não valerá nada. Por outro lado, se o preço das ações terminar acima de $530, valerá a pena exercer a sua opção para comprar a ação. Nesse caso, quando a opção expira, ela valerá o preço de mercado da ação menos os $530 que terá que desembolsar para adquiri-la. Suponha, por exemplo, que o preço das ações da Google suba para $600. Nesse caso, a sua opção de compra vale $600 – $500 = $70. É isso que você receberá, mas é claro que nem tudo é lucro. O Quadro 20.1 mostra que você teve que pagar $36 para adquirir a opção de compra.

Opções de venda

Agora, observemos as **opções de venda** (*put options*) da Google na coluna da direita do Quadro 20.1. Enquanto a opção de compra confere o direito de *comprar* uma ação por um preço de exercício especificado, a opção de venda confere-lhe o direito de *vender* a ação. Por exemplo, a linha em negrito na coluna da direita do Quadro 20.1 demonstra que uma opção pode ser adquirida por $34,55 para vender as ações da Google a $530 em qualquer momento antes de junho de 2015. As circunstâncias nas quais a opção de venda é lucrativa são, precisamente, opostas àquelas em que a opção de compra dá lucro. Isso pode ser observado no diagrama de posição da Figura 20.1b. Se o preço das ações da Google imediatamente antes do vencimento for *superior* a $530, certamente você não desejará vender as ações a esse preço. Vale mais vender as ações na bolsa, uma vez que sua opção de venda não valerá nada. Em contrapartida, se o preço das ações for *inferior* a $530, compensará comprar ações a um preço baixo e, em seguida, tirar proveito da opção de vendê-las a $530. Nesse caso, o valor da opção de venda na data de exercício é a diferença entre os $530 obtidos pela venda e o preço de mercado das ações. Por exemplo, se a ação valer $440, a opção de venda valerá $90:

Valor da operação de venda no vencimento = preço de exercício – preço de mercado da ação

$$= \$530 - \$440 = \$90$$

Venda de opções de compra e opções de venda

Observemos agora a posição de um investidor que *venda* esses investimentos. A pessoa que vende, ou "subscreve", uma opção de compra compromete-se a entregar as ações ao comprador da opção se este o solicitar. Em outras palavras, o ativo do comprador é o passivo do vendedor. Se, na data de vencimento, o preço da ação for inferior ao preço de exercício, o comprador não exercerá a opção de compra, e a responsabilidade do vendedor será nula. Se for superior ao preço de exercício, o comprador exercerá o seu direito, e o vendedor deverá entregar as ações. O vendedor perde a diferença entre o preço da ação e o preço de exercício recebido do comprador. Repare que é sempre o comprador que tem a opção do exercício; o vendedor limita-se a fazer o que lhe é exigido.

Considere que o preço da ação da Google está em $600; superior, portanto, ao preço de exercício da opção de $530. Nesse caso, o comprador exercerá a opção de compra. O vendedor é forçado a vender a ação de valor $600 por apenas $530, perdendo, assim, $70.[4] Claro que essa perda de $70 é o ganho do comprador. A Figura 20.2a mostra como os resultados para o vendedor da opção de compra sobre a Google variam com o preço das ações. Note que, para cada dólar que o comprador ganha, o vendedor perde um dólar. A Figura 20.2a é, exatamente, a Figura 20.1a desenhada de cabeça para baixo.

Exatamente da mesma forma, podemos desenhar a situação de um investidor que vende ou "lança" uma opção de venda, invertendo a Figura 20.1b. O vendedor da opção de venda concordou em pagar $530 por ação se o comprador da opção de venda assim exigir. Claro que o vendedor estará a salvo enquanto o preço da ação se mantiver acima de $530, mas perderá dinheiro se o preço da

---

[4] O vendedor tem alguma consolação, pois recebeu $36 em dezembro pela venda da *opção de compra*.

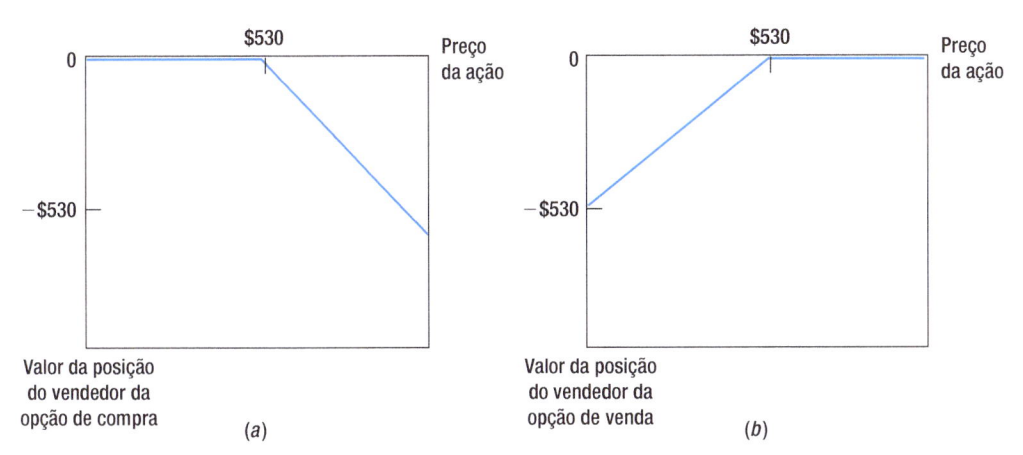

FIGURA 20.2 Os benefícios para quem vende opções de compra e opções de venda das ações da Google (ilustradas pelas linhas verdes) dependem do preço da ação. (a) Resultado da compra de uma opção de compra da Google exercível a $530. (b) Resultado da compra de uma opção de venda da Google exercível a $530.

ação cair para além desse montante. O pior que pode acontecer é a ação deixar de ter valor. O vendedor seria, então, obrigado a pagar $530 por uma ação de valor $0. O "valor" da opção seria –$530.

Os diagramas de posição não são diagramas de lucros

Os diagramas de posição mostram *apenas* os benefícios na ocasião do exercício da opção e não incluem o custo inicial de comprar a opção ou o produto inicial de sua venda.

Esse é um aspecto que, muitas vezes, gera confusão. Por exemplo, o diagrama de posição da Figura 20.1a apresenta a compra de uma opção de compra *como* algo definitivo – na pior das hipóteses, o ganho será zero, com muito espaço para crescer se o preço das ações da Google for superior a $530 em junho de 2015. Mas compare-o com o *diagrama de lucros* da Figura 20.3a, que subtrai o *custo* da opção de compra de $36,00, em dezembro de 2014, ao ganho no vencimento. O comprador da opção de compra perde dinheiro em todos os casos em que o preço da ação é inferior a $530 + $36,00 = $566,00. Veja outro exemplo: o diagrama de posição da Figura 20.2b apresenta a venda de uma opção de venda *como* uma perda inevitável – o *melhor* resultado é zero. Entretanto, o diagrama de lucros da Figura 20.3b, que reconhece os $34,55 recebidos pelo vendedor, mostra que o vendedor ganha com todos os preços acima de $530 – 34,55 = $495,55.[5]

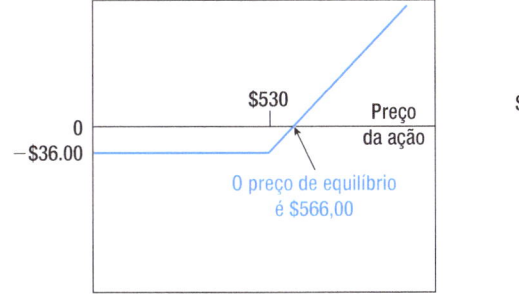

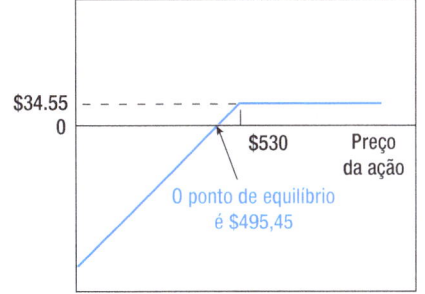

FIGURA 20.3 Os diagramas de lucros incluem o montante pago pela compra de uma opção ou o montante recebido pela venda de uma opção. No gráfico (a) subtraímos o custo de $36,00 da opção de compra da Google dos resultados delineados na Figura 20.1a. No gráfico b, adicionamos os $34,55 recebidos pela venda da opção de venda da Google aos resultados delineados na Figura 20.2b.

---

[5] O fato de ter obtido um lucro não lhe oferece, necessariamente, motivos para festejar. Esse lucro terá de compensá-lo pelo valor temporal do dinheiro e pelo risco que você correu.

Os diagramas de lucros, como os da Figura 20.3, podem ser úteis para o iniciante em opções, mas os especialistas dessa área raramente recorrem a eles.[6] Agora que já se concluiu a primeira lição sobre opções, também não voltaremos a desenhá-los. Vamos nos ater aos diagramas de posição porque, para compreender as opções e para avaliá-las devidamente, teremos que focar nos ganhos no exercício.

20.2 Alquimia financeira com opções

Observe, agora, a Figura 20.4a, que mostra o resultado da compra de uma ação da Google por $530. Ganha-se um dólar para cada dólar que o preço da ação sobe e perde-se um dólar para cada dólar que o preço baixa. É elementar; não é preciso ser um gênio para desenhar uma linha de 45°.

Agora, observe o gráfico (b), que mostra o resultado de uma estratégia de investimento que conserva o potencial de crescimento das ações da Google, mas dá proteção total em caso de queda. Nesse caso, o resultado continua a ser $530, mesmo que o preço das ações da Google caia para $330, $130 ou zero. Os resultados do gráfico (b) são claramente melhores do que os do gráfico (a). Se um alquimista financeiro puder transformar o gráfico (a) no gráfico (b), você terá todo o gosto em remunerá-lo por esse serviço.

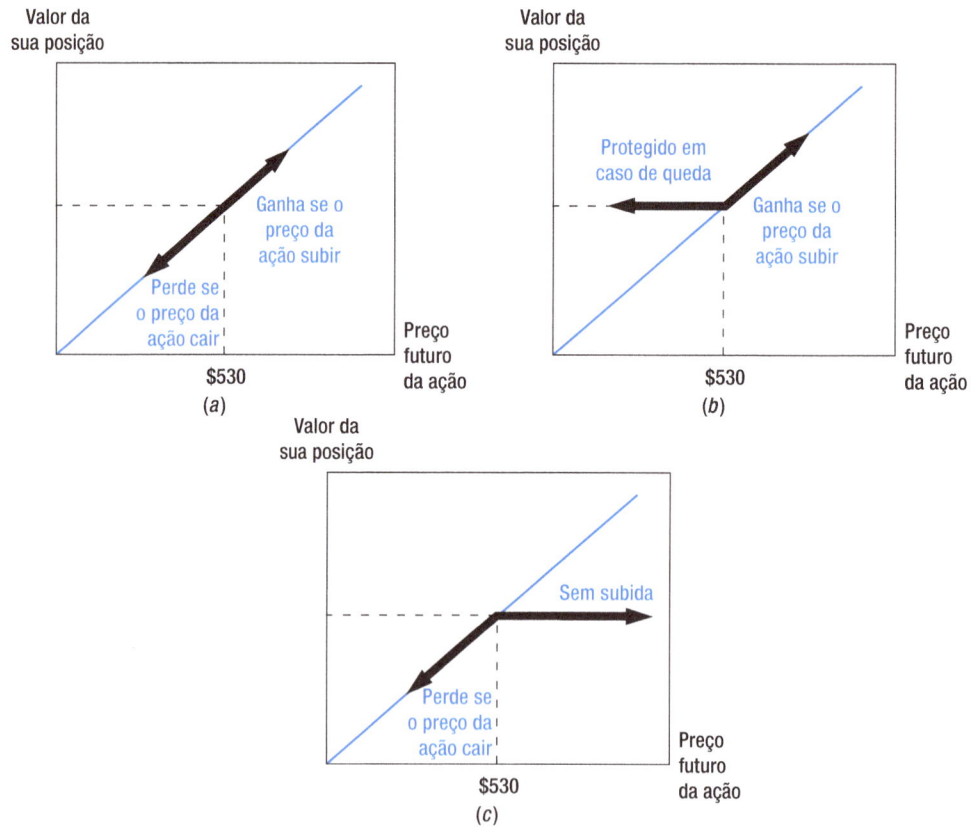

▶ **FIGURA 20.4** Resultados ao fim de seis meses de três estratégias de investimento para as ações da Google. (a) Compra-se uma ação por $530. (b) Sem queda. Se cair o preço da ação, seu resultado mantém-se em $530. (c) Estratégia para masoquistas? Perde-se se o preço da ação cair, mas não se ganha se ele subir.

---

[6] Os diagramas de lucros como o da Figura 20.3 deduzem o custo inicial da opção do resultado final. Ignoram, portanto, a primeira lição das finanças: "Um dólar hoje vale mais do que um dólar no futuro".

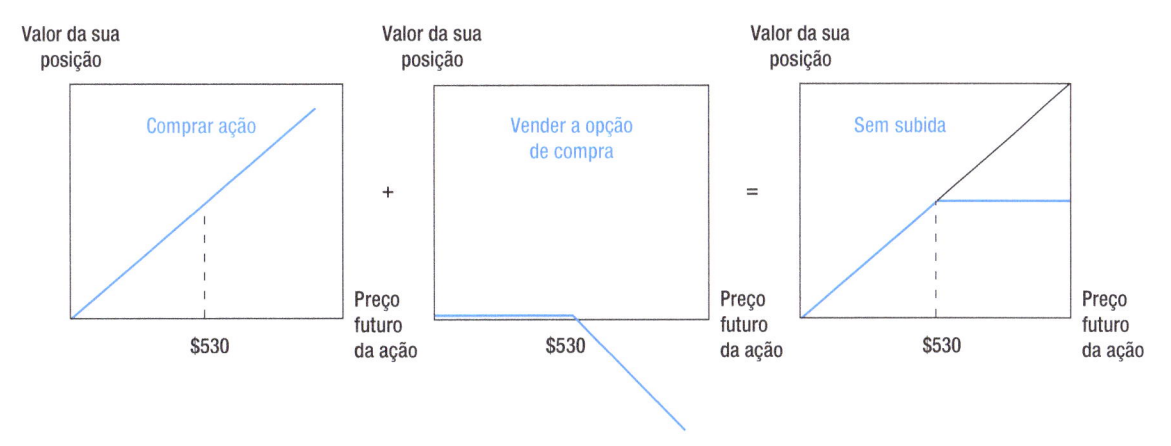

▶ **FIGURA 20.5** Opções que podem ser utilizadas para a criação de uma estratégia em que se perderá caso o preço das ações caia, mas não se ganhará se o preço subir [estratégia (c) na Figura 20.4].

Claro que a alquimia tem o seu lado obscuro. O gráfico (c) mostra uma estratégia de investimento para masoquistas. Perde-se se o preço das ações cair, mas abdica-se de qualquer possibilidade de lucrar se o preço das ações subir. Se você *gosta* de perder, ou se alguém lhe pagar o suficiente para considerar essa estratégia, esse é o seu investimento.

Como você provavelmente já desconfiava, toda essa alquimia financeira é real, e podem-se fazer ambas as transmutações apresentadas na Figura 20.4. Você poderá fazê-las com opções, e lhe mostraremos como.

Considere, em primeiro lugar, a estratégia para os masoquistas. O primeiro diagrama da Figura 20.5 mostra os resultados da compra de uma ação da Google, enquanto o segundo diagrama mostra os resultados da *venda* de uma opção de compra por um preço de exercício de $530. O terceiro diagrama mostra o que acontece se essas duas posições forem combinadas. O resultado é a estratégia que descrevemos no gráfico (c) da Figura 20.4, em que nunca se ganha. Você perderá se o preço da ação cair abaixo dos $530, mas, se o preço da ação subir acima desse valor, o titular da opção de compra exigirá que você entregue a sua ação pelo preço de exercício de $530. Por isso, em caso de queda, você perde e abdica de qualquer possibilidade de ter lucro – essa é a má notícia. A boa notícia é que você será pago por assumir essa responsabilidade. Em dezembro de 2014 você teria recebido $36,00, o preço de uma opção de compra para seis meses.

Agora vamos criar a proteção em caso de queda apresentada na Figura 20.4b. Observe a linha 1 da Figura 20.4. O primeiro diagrama volta a mostrar o resultado da compra de uma ação da Google, enquanto a linha 1 do próximo diagrama mostra os resultados da compra de uma opção de venda sobre uma ação da Google com um preço de exercício de $530. O terceiro diagrama mostra o efeito da combinação dessas duas posições. Você poderá observar que, se o preço da ação da Google subir acima dos $530, a sua opção de venda não terá qualquer valor, pelo que receberá apenas os ganhos do seu investimento na ação. No entanto, se o preço da ação cair abaixo dos $530, você pode exercer sua opção de venda e vender a sua ação por $530. Assim, ao adicionar uma opção de venda ao seu investimento na ação, você terá se protegido contra perdas.[7] Foi essa estratégia que apresentamos no gráfico (b) da Figura 20.4. Claro que, para ganhar, é preciso sofrer, e o *custo* da sua proteção contra perdas é o montante que você paga por uma opção de venda sobre ações da Google com um preço de exercício de $530. Em dezembro de 2014 o preço dessa opção de venda foi de $34,55. Essa foi a taxa para os alquimistas financeiros.

Acabamos de ver como as opções de venda podem ser utilizadas para proteção em caso de queda. Agora, mostraremos como as opções de compra podem ser utilizadas para obter o mesmo resultado. É o que mostra a linha 2 da Figura 20.6. O primeiro diagrama mostra o resultado da aplicação do valor presente de $530 em um depósito bancário. Independentemente do que pode acontecer ao preço das ações da Google, seu depósito sempre irá lhe garantir $530. O segundo

---

[7] A essa combinação de uma ação e de uma opção de venda dá-se o nome de *opção de venda protetora*.

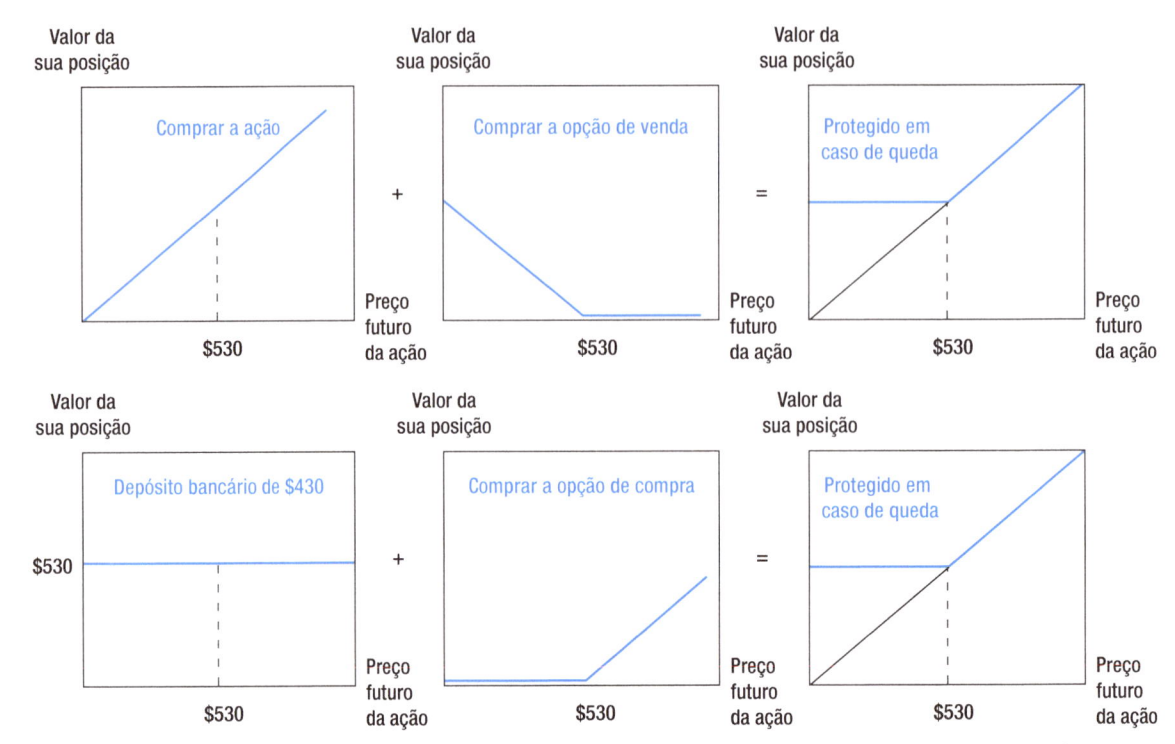

▶ **FIGURA 20.6** Cada uma das linhas da figura mostra uma maneira diferente de criar uma estratégia em que se ganhará caso o preço da ação suba e se estará protegido em caso de queda [estratégia (*b*) na Figura 20.4].

diagrama, na linha 2, mostra o resultado de uma opção de compra sobre uma ação da Google com um preço de exercício de $530, e o terceiro diagrama mostra o efeito da combinação dessas duas posições. Repare que, caso o preço da ações da Google caia, a sua opção de compra não terá valor, mas você continuará tendo $530 no banco. Para cada dólar que o preço das ações da Google subir acima de $530, seu investimento da opção de compra lhe renderá mais um dólar. Se, por exemplo, o preço das ações subir até $600, você terá $530 no banco e uma opção de compra que vale $70. Assim, você se beneficiará integralmente de qualquer subida do preço das ações, ao mesmo tempo que estará protegido contra qualquer descida. Por isso, descobrimos uma alternativa à proteção em caso de queda exibida no gráfico (*b*) da Figura 20.4.

As duas linhas da Figura 20.6 revelam algo sobre a relação entre uma opção de compra e outra de venda. Independentemente do valor futuro das ações, ambas as estratégias de investimento produzem resultados idênticos. Em outras palavras, ao se comprar a ação e uma opção de venda para vendê-la por $530, se obterão os mesmos resultados de comprar uma opção de compra e separar o dinheiro suficiente para pagar o preço de exercício de $530. Por isso, ao ser obrigado a adquirir os dois "pacotes" até as opções expirarem, as duas carteiras deverão ter o mesmo preço no presente. Isso nos fornece uma relação fundamental para as opções europeias:

Valor da opção de compra + valor presente do preço de exercício = valor da opção de venda + preço da ação

Repetindo, essa relação se verifica porque o resultado de:

Comprar uma opção de compra e investir o valor presente do preço de exercício em um ativo sem risco[8]

---

[8] O valor presente é calculado à taxa de juro *sem risco*. É o montante que teria que se investir hoje em um depósito bancário ou em letras do Tesouro para se obter o preço de exercício na data de vencimento da opção.

é idêntico ao resultado de:

Comprar uma opção de venda e comprar uma ação

Essa relação básica entre preço da ação, valor da opção de compra, valor da opção de venda e o valor presente do preço de exercício chama-se **paridade *put-call*.**[9]

A paridade *put-call* pode ser expressa de várias maneiras. Cada expressão implica duas estratégias de investimento que geram resultados idênticos. Por exemplo, suponha que você queira determinar o valor de uma opção de venda. Basta voltar à fórmula da paridade *put-call* ao contrário para obter:

Valor da opção de venda = valor da opção de compra + valor presente do preço de exercício − valor da ação

Dessa expressão pode-se deduzir que:

Comprar uma opção de venda

é idêntico a:

Comprar uma opção de compra, investir o valor presente do preço de exercício em um ativo sem risco e vender uma ação

Em outras palavras, se não existirem opções de venda, é possível obter exatamente o mesmo resultado adquirindo-se opções de compra, depositando o dinheiro no banco e vendendo ações.

Caso você tenha dificuldade em acreditar, observe a Figura 20.7, que mostra os possíveis resultados de cada posição. O diagrama da esquerda mostra os resultados de uma opção de compra sobre uma ação da Google com um preço de exercício de $530. O segundo diagrama mostra os resultados de um depósito bancário com um valor presente de $530. Independentemente do que acontece com o preço das ações, esse investimento renderá $530. O terceiro diagrama mostra os resultados de quem vende a ação da Google. Quem vende uma ação que não possui tem uma res-

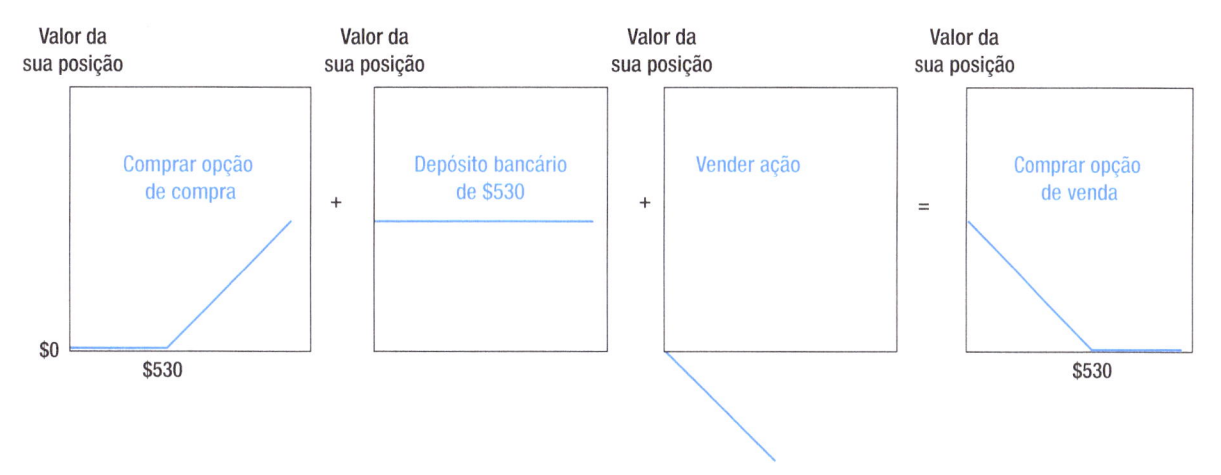

▶ **FIGURA 20.7** A estratégia de comprar uma opção de compra, depositar no banco o valor presente do preço de exercício e vender a ação é equivalente a comprar uma opção de venda.

---

[9] A paridade *put-call* só é válida se você for obrigado a manter as opções até a data final de exercício. Por isso, não se aplica às opções norte-americanas, cujo exercício pode ocorrer *antes* da data final. Discutimos possíveis razões para o exercício antecipado no Capítulo 21. Além disso, se as ações pagarem dividendos antes da data final de exercício, você terá de reconhecer que o investidor que compra a opção de compra perde a oportunidade de receber esse dividendo. Nesse caso, a relação é:

Valor da opção de compra + valor presente do preço de exercício = valor da opção de venda + preço da ação − valor presente do dividendo

ponsabilidade: terá que voltar a comprá-la mais cedo ou mais tarde. Há um ditado em Wall Street que diz:

> "Quem que vende aquilo que não é seu
> Compra-o de volta ou vai para a prisão"

Por isso, o melhor que poderá lhe acontecer é o preço da ação cair para zero. Nesse caso, você não terá de gastar nada para voltar a comprar a ação. Mas, para cada dólar a mais no preço futuro da ação, você terá de gastar mais um dólar para comprá-la. O último diagrama da Figura 20.7 mostra que o valor *total* dessas três posições é igual ao que teria se tivesse comprado uma opção de venda. Suponha, por exemplo, que, no vencimento da opção, o preço da ação seja de $440. A sua opção de compra não terá valor, o seu depósito no banco valerá $530 e você terá que pagar $440 para recomprar a ação. O seu resultado total será 0 + 530 – 440 = $90, exatamente o mesmo que se obteria com a opção de venda.

Se os dois investimentos oferecem resultados idênticos, então você deve hoje vender pelo mesmo preço. Se a regra de um único preço é violada, você tem uma potencial oportunidade de arbitragem. Desse modo, vamos conferir se podemos auferir lucros de arbitragem com essas nossas opções de compra e de venda sobre as ações da Google. Em dezembro de 2014 o preço de uma opção de compra a seis meses era de $530, o preço de exercício de $36,00, a taxa de juros de 0,25% para 6 meses e o preço das ações da Google de $530. Portanto, o custo de uma opção de venda doméstica era:

$$\text{Compra de uma opção de compra} + \text{valor presente do preço de exercício} - \text{preço da ação} = \text{custo da operação de venda doméstica}$$

$$36{,}00 + 530/1{,}0025 - 530 = \$34{,}68$$

Esse resultado é quase exatamente o mesmo que custaria se você comprasse diretamente uma opção de venda.

Identificando as opções

Dificilmente as opções surgem com um grande e chamativo rótulo. Frequentemente, a parte mais difícil do problema reside na identificação da opção. Quando não tiver a certeza de estar lidando com uma opção de venda ou de compra, ou, ainda, com uma combinação complicada de ambas, é bom se precaver, desenhando um diagrama de posição. Eis um exemplo.

A Flatiron and Mangle Corporation ofereceu à sua presidente, a Sra. Hidgen, o seguinte esquema de incentivos: no final do ano, a Sra. Hidgen receberá um bônus de $50 mil para cada dólar que a cotação das ações da Flatiron exceder o seu preço corrente de $120. Contudo, o limite máximo desse bônus é fixado em $2 milhões.

Você pode considerar que a Sra. Hidgen possui 50 mil "títulos", pelos quais nada receberá se o preço da ação não subir além dos $120. Todavia, depois o valor de cada "título" cresce $1 para cada dólar de aumento do preço das ações até o limite de $2.000.000/50.000 = $40. A Figura 20.8 ilustra os resultados para cada um desses "títulos". Os resultados não são iguais ao de uma simples opção de compra ou opção de venda, tal como ilustramos na Figura 20.1, mas é possível encontrar uma combinação de opções que replique exatamente a Figura 20.8. Antes de ler a resposta adiante, veja se você consegue descobri-la por si próprio (caso você goste de quebra-cabeças do tipo "faça um triângulo apenas com dois palitos de fósforo", essa questão será fácil).

A resposta está na Figura 20.9. A linha preta e contínua representa a aquisição de uma opção de compra com um preço de exercício de $120, e a linha tracejada ilustra a venda de outra opção de compra com um preço de exercício de $160. A linha verde demonstra os resultados de uma combinação da compra e da venda – exatamente iguais aos resultados de cada um dos "títulos" da Sra. Hidgen.

Assim, se quisermos saber o custo do esquema de incentivos para a empresa, temos de calcular a diferença entre o valor das 50 mil opções de compra com um preço de exercício de $120 e o valor das 50 mil opções de compra com um preço de exercício de $160.

Poderíamos ter feito o esquema de incentivos depender do preço das ações de uma maneira muito mais complicada. Por exemplo, o bônus poderia atingir um máximo em $2 milhões e, depois, diminuir de forma continuada até zero à medida que o preço das ações ultrapassasse os

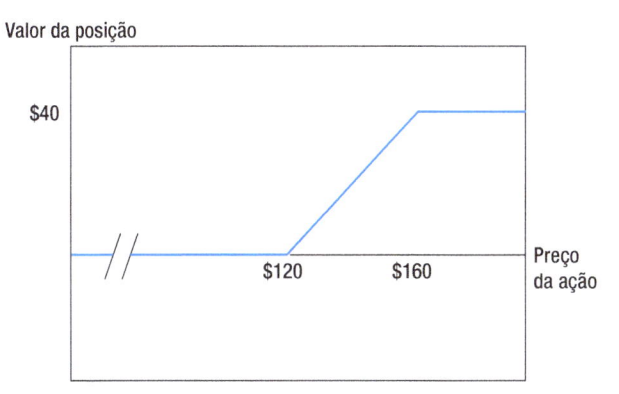

▶ **FIGURA 20.8** O resultado de cada "título" da Sra. Higden depende da evolução do preço das ações da Flatiron.

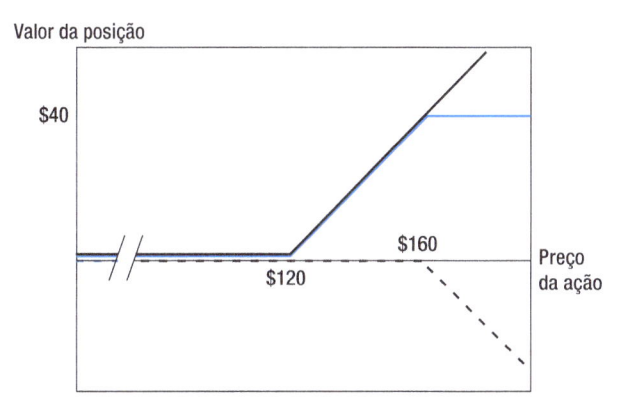

▶ **FIGURA 20.9** A linha preta contínua representa o resultado da compra de uma opção de compra com preço de exercício de $120. A linha tracejada representa a venda de uma opção de compra com preço de exercício de $160. A compra e venda combinadas (representadas pela linha colorida) são idênticas a um dos "títulos" da Sra. Higden.

$160.[10] Poderíamos, ainda, ter configurado esse esquema como uma combinação de opções. De fato, podemos afirmar um teorema geral:

> Qualquer série de resultados contingentes – ou seja, resultados dependentes do valor de qualquer outro ativo – pode ser avaliada como uma mistura de simples opções sobre esse mesmo ativo.

Em outras palavras, pode-se criar um diagrama de posição – com tantos altos e baixos, tantos cumes e vales como a sua imaginação lhe permitir – comprando e vendendo a combinação certa de opções de venda e opções de compra com diferentes preços de exercício.[11]

Os profissionais de finanças costumam chamar de **engenharia financeira** essa prática de combinar diferentes investimentos para criar novos instrumentos "feitos sob medida". Talvez uma empresa alemã goste de fixar um custo mínimo e um custo máximo para a compra de dólares daqui a seis meses. Ou talvez uma empresa petrolífera goste de pagar uma taxa de juros menor sobre a sua dívida se o preço do petróleo baixar. As opções são o material de construção que os especialistas em engenharia financeira utilizam para criar essas interessantes estruturas de resultados.

---

[10] Esse esquema de bônus não é tão disparatado como pode parecer. Talvez o trabalho árduo da Sra. Higden possa fazer o valor das ações subir ao nível desejado. A única maneira que ela tem de fazê-lo subir ainda mais é assumindo um risco adicional. Você pode impedir que ela o faça, impondo uma queda do bônus a partir de um certo ponto. Infelizmente, os planos de bonificação para os CEOs de alguns bancos não contêm essa cláusula.

[11] Em alguns casos, você poderá ter que pedir ou conceder um empréstimo para fazer um diagrama de posição com o padrão desejado. Conceder um empréstimo faz subir a linha dos resultados nos diagramas de posição, como acontece na linha inferior da Figura 20.6. Pedir um empréstimo faz descer a linha dos resultados.

20.3 O que determina o valor das opções?

Até agora nada dissemos sobre o modo como se determina o valor de mercado das opções, mas já sabemos o que vale uma opção na data do seu vencimento. Considere o nosso exemplo anterior de uma opção de compra de ações da Google a $530. Se o preço das ações da Google for inferior a $530 na data de exercício, o valor da *opção* será nulo; se o preço das ações for superior a $530, a *opção* valerá $530 menos o valor da ação. A relação é representada pela linha contínua e inferior da Figura 20.10.

Antes do vencimento, o preço da opção nunca pode se situar *abaixo* da linha contínua da Figura 20.10. Por exemplo, se o preço da nossa opção fosse $10 e o preço da ação, $560, seria vantajoso para qualquer investidor vender a ação e, depois, voltar a comprá-la, adquirindo a opção e exercendo-a por um valor adicional de $530. Isso proporcionaria a oportunidade de uma arbitragem com um lucro de $20. A procura de opções para explorar essa oportunidade pelos investidores provocaria uma subida do preço das ações pelo menos até o nível da linha contínua da figura. No caso das opções ainda com uma vida remanescente, a linha contínua representa, portanto, um *limite inferior* do preço de mercado das opções. Os especialistas em opções expressam a mesma ideia, mas de forma mais concisa, quando escrevem Limite Inferior = Máx (preço das ações – preço de exercício, 0).

A linha diagonal da Figura 20.10 representa o *limite superior* do preço da opção. Por quê? Porque as ações proporcionam um resultado sempre melhor do que as opções. Se na data de vencimento da opção o preço da ação *exceder* o preço de exercício, a opção valerá o preço da ação *menos* o preço de exercício. Se o preço da ação for *inferior* ao preço de exercício, a opção não vale nada, mas o detentor da ação ainda possui um título com valor. Por exemplo, se o preço de exercício da opção é de $530, então os retornos (em dólares) obtidos pelos acionistas são apresentados no quadro a seguir:

	Resultado da ação	Resultado da opção	Vantagem da retenção em vez da opção
A opção é exercida (Preço da ação superior a $530)	Preço da ação	Preço da ação – 530	$530
A opção expira sem ser exercida (Preço da ação inferior ou igual a $530)	Preço da ação	0	Preço da ação

Se a ação e a opção tiverem o mesmo preço, todas as pessoas se apressarão em vender a opção e comprar a ação. Portanto, o preço da opção deverá situar-se em algum ponto na zona sombreada da Figura 20.10. De fato, ele se situará sobre uma linha curva ascendente, como aquela tracejada da mesma figura. Essa linha começa no ponto de encontro dos limites superior e inferior (no valor zero). A partir daí cresce e, gradualmente, torna-se paralela à parte ascendente do limite inferior.

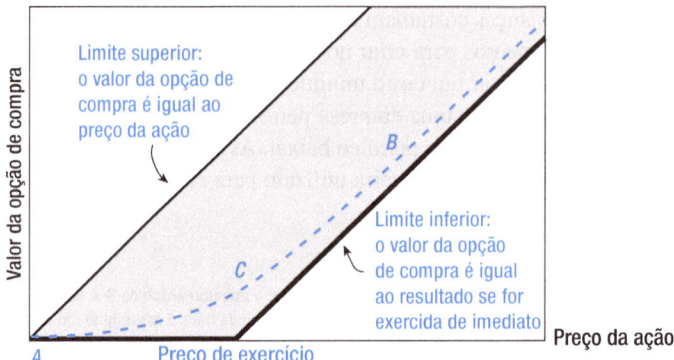

▶ **FIGURA 20.10** Valor de uma opção de compra antes de seu vencimento (linha tracejada). O valor depende do preço da ação. Valerá sempre mais do que o seu preço, se fosse exercida imediatamente (linha mais grossa). Nunca vale mais do que o preço da própria ação.

Mas observemos com mais cuidado a forma e a localização da linha tracejada. Estão assinalados três pontos, *A*, *B* e *C*, nessa linha. À medida que analisarmos cada um dos pontos, se tornará compreensível por que o preço da opção tem que apresentar um comportamento semelhante ao previsto pela linha tracejada.

Ponto *A* *Quando a ação não tem valor, a opção não tem valor.* Um preço nulo da ação significa que não existe qualquer hipótese de ela vir a ter qualquer valor no futuro.[12] Sendo assim, há a certeza de que a opção atingirá a sua maturidade sem ser exercida e sem valor, pelo que o seu valor, hoje, é nulo.

Isso nos leva à nossa primeira questão importante sobre o valor das opções:

O valor de uma opção cresce com o preço da ação, desde que o preço de exercício se mantenha constante.

Ponto *B* *Quando o preço da ação se torna muito elevado, o preço da opção aproxima-se da diferença entre o preço da ação e o valor presente do preço de exercício.* Repare que a linha tracejada que representa o preço da opção na Figura 20.10 acaba se tornando paralela à linha contínua ascendente que representa o limite inferior do preço da opção. A justificativa é que, quanto maior for o preço da ação, maior é a probabilidade de ela vir a ser exercida. Se o preço da ação for suficientemente elevado, o exercício da opção torna-se uma certeza quase absoluta; a probabilidade de o preço da ação cair abaixo do preço de exercício antes do vencimento da opção é quase nula.

Caso você possua uma opção que se *sabe* que será trocada por uma ação, já será efetivamente o titular dessa ação. A única diferença é que você somente terá que pagar a ação em uma data posterior (entregando o preço de exercício) quando ocorrer o exercício formal. Nessas circunstâncias, a aquisição da opção de compra é equivalente à compra das ações, com financiamento parcial da aquisição por um empréstimo. O montante implícito do empréstimo é igual ao valor presente do preço de exercício. O valor da opção de compra é, portanto, igual ao preço da ação menos o valor presente do preço de exercício.

Isso nos conduz a outro aspecto importante das opções. Os investidores que adquirem ações por meio de opções de compra estão comprando a prazo. Pagam hoje o preço da opção, mas só pagam o preço de exercício no momento em que, efetivamente, exercem a opção. Esse pagamento diferido é particularmente valioso se as taxas de juros forem elevadas e a opção tiver um prazo de vencimento dilatado.

Por isso, o valor de uma opção aumenta tanto com a taxa de juros quanto com o tempo até o vencimento.

Ponto *C* *O preço de uma opção sempre excede o seu valor mínimo* (exceto quando o preço das ações é nulo). Verificamos que as linhas contínua e tracejada da Figura 20.10 coincidem quando o preço das ações é zero (ponto *A*), mas, nos demais pontos, as linhas divergem; ou seja, o preço da opção deve exceder o valor mínimo dado pela linha contínua. Isso se torna compreensível ao examinarmos o ponto *C*.

No ponto *C*, o preço das ações iguala exatamente o preço de exercício. Assim, a opção tem valor nulo se for exercida imediatamente. Suponha, contudo, que a opção expira apenas dentro de três meses. Claro que não sabemos qual será o preço das ações no vencimento. Existe, grosso modo, uma probabilidade de 50% de que seja superior ao preço de exercício e 50% de que seja inferior. Consequentemente, os resultados possíveis da opção são:

Hipóteses	Resultados
O preço das ações sobe (probabilidade de 50%)	Preço da ação menos preço de exercício (a opção é exercida)
O preço das ações desce (probabilidade de 50%)	Zero (a opção termina sem valor)

---

[12] Se uma ação *puder* vir a valer algo no futuro, os investidores estarão dispostos a pagar *algo* por ela no presente, embora, possivelmente, um montante muito reduzido.

Caso exista uma probabilidade positiva de um resultado positivo, e se o pior resultado for zero, então a opção deve ter valor. Isso significa que o preço da opção, no ponto C, excede o seu limite inferior, que, no ponto C, é zero. Geralmente, os preços das opções sempre excedem os seus limites inferiores, desde que ainda falte algum tempo para o vencimento.

Um dos fatores determinantes da *altura* da curva tracejada (ou seja, da diferença entre o valor da opção e o limite inferior) é a probabilidade de ocorrerem movimentos significativos no preço das ações. Uma opção sobre uma ação cujo preço tenha pouca probabilidade de variar mais de 1% ou 2% não vale muito; uma opção sobre uma ação cujo preço possa ser reduzido pela metade ou duplicar terá muito valor.

Enquanto detentor de uma opção, você ganhará com a volatilidade, pois os resultados não são simétricos. Se o preço da ação cair *abaixo* do preço de exercício, a sua opção de compra não terá valor, quer a queda seja de alguns centavos, quer seja de muitos dólares. Por outro lado, para cada dólar que o preço da ação subir *acima* do preço de exercício, a sua opção de compra ganhará mais um dólar. Por isso, o detentor de uma opção ganha com o aumento da volatilidade em caso de subida, mas não perde em caso de descida.

Um exemplo simples pode ajudar a ilustrar esse ponto. Considere duas ações, X e Y, cada uma das quais cotada a $100. A única diferença é que a perspectiva de Y é muito mais difícil de prever. Há uma probabilidade de 50% de que o preço de Y subirá a $150 e uma probabilidade de 50% de que cairá a $70. Em comparação, há também as mesmas probabilidades de 50% de que o preço de X subirá a $130 ou cairá a $90.

Suponha que você receba uma opção de compra sobre cada uma dessas ações com um preço de exercício de 100. O quadro a seguir compara os possíveis resultados dessas duas opções:

	Queda do preço das ações	Subida do preço das ações
Resultados da opção sobre a ação X	$0	$130 − $100 = $30
Resultados da opção sobre a ação Y	$0	$150 − $100 = $50

Em ambos os casos, há uma probabilidade de 50% de que o preço das ações caia e faça a opção ficar sem valor, mas, se o preço das ações subir, a opção sobre a ação Y dará o resultado mais elevado. Desde que a probabilidade de um resultado nulo seja a mesma, a opção sobre a ação Y vale mais do que a opção sobre a ação X.

Obviamente, na prática, os preços futuros das ações podem assumir uma ampla gama de valores. Reconhecemos isso na Figura 20.11, onde a perspectiva incerta para o preço da ação Y revela-se em uma distribuição de probabilidades mais ampla para os preços futuros.[13] A variabilidade mais elevada de resultados para a ação Y novamente proporciona um potencial mais positivo e, portanto, aumenta a probabilidade de um maior retorno sobre a opção.

A Figura 20.12 mostra como a volatilidade afeta o valor de uma opção. A linha curva mais alta mostra o valor da opção de compra da Google considerando que o preço das ações da empresa – assim como acontece com a ação Y – é muito variável. A linha curva mais baixa pressupõe um grau de volatilidade mais baixo (e mais realista).[14]

A probabilidade de grandes variações de preço das ações durante a vida remanescente de uma opção depende de dois aspectos: (1) a variância (ou seja, a volatilidade) do preço da ação *por período*, e (2) o número de períodos até o vencimento da opção. Se houver ainda t períodos e se a variância do período for de σ^2, o valor da opção dependerá da variabilidade acumulada $\sigma^2 t$.[15]

---

[13] A Figura 20.11 continua a assumir que o preço de exercício em ambas as opções é igual ao preço atual das ações, mas esse não é um pressuposto necessário. Além disso, ao desenhar a Figura 20.11, assumimos que a distribuição dos preços das ações é simétrica. Também nesse caso não se trata de um pressuposto necessário e, no próximo capítulo, nos dedicaremos mais detalhadamente à distribuição da variação de preços.

[14] Os valores das opções apresentados na Figura 20.12 foram calculados pelo modelo de avaliação de opções de Black-Scholes. No Capítulo 21 explicaremos esse modelo e o utilizaremos para avaliar as opções sobre a Google.

[15] Temos aqui uma explicação intuitiva caso o preço da ação siga um movimento aleatório (ver a Seção 13.2), as alterações sucessivas de preços serão estatisticamente independentes. A variação acumulada do preço antes do vencimento é a soma de t variâncias aleatórias. A variação de uma soma de variáveis aleatórias independentes é a soma das variâncias dessas variáveis. Por isso, se σ^2 for a variância da alteração diária de preço, e faltarem t dias até o vencimento, a variância da variação global de preços é $\sigma^2 t$.

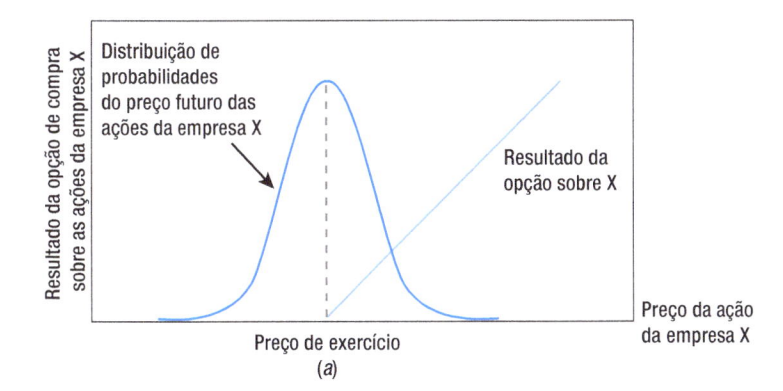

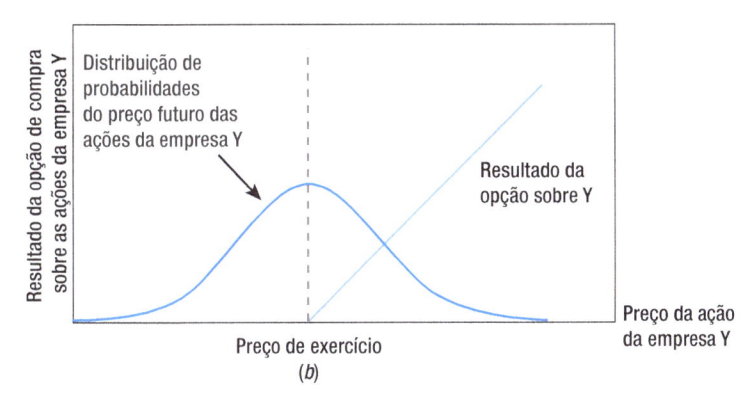

▶ **FIGURA 20.11** Opções de compra sobre as ações da (a) empresa X e (b) empresa Y. Em ambos os casos, o preço corrente das ações iguala o preço de exercício, de modo que cada opção tenha 50% de probabilidade de acabar sem valor (se o preço das ações cair) e 50% de probabilidade de se tornar uma opção "*in the money*" (se o preço das ações subir). No entanto, a probabilidade de um resultado substancial é superior para a opção sobre as ações da empresa Y, uma vez que o seu preço é mais volátil, tendo, por isso, um "potencial de subida" maior.

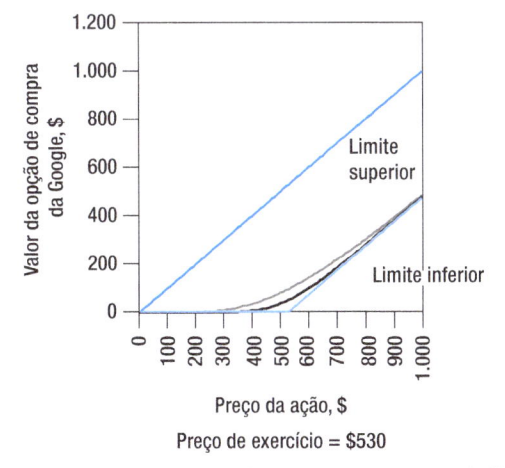

▶ **FIGURA 20.12** Como o valor da opção de compra da Google aumenta com a volatilidade do preço das ações. As linhas curvas mostram o valor da opção para diferentes preços iniciais da ação. A única diferença é que o valor superior pressupõe um nível muito mais elevado de incerteza quanto ao preço futuro das ações da Google.

QUADRO 20.2 Do que depende o preço de uma opção de compra

1. Se houver um *aumento* em:	A variação do preço da opção de compra será:
Preço das ações (*P*)	Positiva
Preço de exercício (*EX*)	Negativa
Taxa de juros (r_f)	Positiva*
Tempo até o vencimento (*t*)	Positiva
Volatilidade do preço das ações (σ)	Positiva*
2. Outras propriedades das opções de compra:	

a. *Limite superior.* O preço da opção é sempre inferior ao preço da ação.
b. *Limite inferior.* O preço da opção de compra nunca desce abaixo do resultado do seu exercício imediato [o maior entre (*P – EX*) ou zero].
c. Se as ações não tiverem valor, a opção de compra não tem valor.
d. Para preços das ações elevados, o preço da opção aproxima-se da diferença entre o preço da ação e o valor presente do preço do exercício.

*Os efeitos diretos dos aumentos de r_f e de σ sobre o preço das opções, dado o preço das ações. Pode haver também efeitos *indiretos*. Por exemplo, um aumento de r_f pode reduzir o preço da ação *P*, o que pode, por sua vez, reduzir o preço da opção.

Com o restante igual, você preferirá deter uma opção sobre uma ação volátil (elevado σ^2). Dada a volatilidade, você preferirá deter uma opção com uma longa vida à sua frente (*t* elevado).

Portanto, o valor de uma opção aumenta com a volatilidade do preço da ação e com o tempo até o vencimento.

São raras as pessoas que conseguem reter todas essas propriedades em uma primeira leitura. Por isso, elas estão resumidas no Quadro 20.2.

Risco e valor das opções

Na maior parte dos cenários financeiros, o risco é uma coisa ruim; você precisa ser pago para suportá-lo. Os investidores em ações de risco (com um beta elevado) exigem taxas de retorno esperadas mais elevadas. Os projetos de investimento de alto risco têm custos de capital maiores e têm de ultrapassar taxas de retorno mínimas para conseguirem um VPL positivo.

Com as opções acontece o contrário. Como acabamos de ver, as opções sobre ativos voláteis valem *mais* do que as opções sobre ativos sem risco. Caso você tenha conseguido compreender e fixar esse fato sobre as opções, já terá percorrido um longo caminho.

EXEMPLO 20.1 ● Volatilidade e opções em ações de executivos

Suponha que você tenha de escolher entre duas ofertas de emprego, como diretor financeiro ou da Establishment Industries, ou da Digital Organics. O pacote de remuneração da Establishment Industries inclui a concessão de opções sobre ações como as que descrevemos do lado esquerdo do Quadro 20.3. Você exige da Digital Organics um pacote igual de opções, e ela cede. Aliás, a empresa iguala as opções da Establishment em todos os aspectos, como se pode ver do lado direito do Quadro 20.3. (Por coincidência, o preço atual das ações das duas empresa é igual.) A única diferença é que as ações da Digital são 50% mais voláteis do que as da Establishment (desvio-padrão anual de 36% *versus* 24% para a Establishment).

Se a sua escolha depender do valor das opções, deveria aceitar a proposta da Digital Organics. As opções dessa empresa estão associadas a um ativo mais volátil e, por isso, valem mais.

No próximo capítulo avaliaremos os dois pacotes de opções.

QUADRO 20.3 Qual dos dois pacotes de opções de ações você escolheria? O pacote oferecido pela Digital Organics tem mais valor, porque a volatilidade das ações da empresa é maior

	Establishment Industries	Digital Organics
Número de opções	100.000	100.000
Preço de exercício	$25	$25
Vencimento	5 anos	5 anos
Preço atual das ações	$22	$22
Volatilidade do preço das ações [desvio-padrão do retorno]	24%	36%

RESUMO

Se você conseguiu chegar até aqui, deve estar precisando de um descanso e de um drinque reforçado. Por isso, vamos resumir o que aprendemos até agora e retomar o assunto das opções no próximo capítulo, quando você já estiver descansado (ou bêbado).

Existem dois tipos básicos de opções: a de compra americana é uma opção para comprar um ativo a determinado preço de exercício e até uma data especificada de vencimento. Da mesma maneira, uma opção de venda americana é uma opção para vender um ativo a um determinado preço e até uma data especificada. As opções de compra e as opções de venda europeias são exatamente a mesma coisa, com a exceção de que não podem ser exercidas antes da data especificada de vencimento. As opções de compra e de venda são os elementos constitutivos básicos que podem ser combinados, para obter qualquer perfil de resultados.

O que determina o valor de uma opção de compra? O senso comum nos informa que ela deverá depender de três fatores:

1. Para exercer uma opção é necessário pagar o preço de exercício. Mantendo-se constantes as demais variáveis, quanto menos você tiver que desembolsar, melhor. Por isso, o valor de uma opção de compra aumenta com o quociente entre o preço do ativo e o preço do exercício.

2. Somente se pagará o preço do exercício quando se decidir por exercer a opção. Assim, uma opção de compra lhe proporciona um empréstimo gratuito. Quanto maior for a taxa de juro e mais longo o período até o vencimento, maior valor terá esse financiamento gratuito. Portanto, o valor de uma opção de compra aumenta com a taxa de juro e com o tempo até o vencimento.

3. Se o preço do ativo descer abaixo do preço de exercício, não se exercerá a opção. Você perderá, assim, 100% do seu investimento na opção, independentemente do nível de depreciação do ativo em relação ao preço de exercício. Por outro lado, quanto mais o preço subir acima do preço do exercício, maior será o lucro obtido. Desse modo, o detentor de uma opção não perde com um aumento da volatilidade se as coisas correrem mal, mas se beneficia se correrem bem. O valor de uma opção aumenta com o produto da variância do retorno de uma ação por período pelo número de períodos até o vencimento.

Não se esqueça de que uma opção sobre um ativo de risco (com uma variância elevada) tem mais valor do que uma opção sobre um ativo sem risco. É fácil esquecer esse fato, porque na maior parte dos contextos financeiros o aumento do risco diminui o valor presente.

LEITURAS ADICIONAIS

Veja as Leituras Adicionais do Capítulo 21.

PROBLEMAS

BÁSICO

1. **Vocabulário** Complete o seguinte texto:

    Uma opção _____ dá ao seu detentor a oportunidade de adquirir uma ação a um determinado preço, que geralmente é chamado de preço de _____. Uma opção _____ dá ao seu titular a oportunidade de vender uma ação a um preço especificado. As opções que só podem ser exercidas no vencimento denominam-se opções _____.

2. **Ganhos com opções** Observe a Figura 20.13 abaixo. Faça corresponder a cada um dos gráficos (*a*) e (*b*) uma das seguintes posições:
    - Comprador de uma opção de compra.

- Vendedor de uma opção de compra.
- Comprador de uma opção de venda.
- Vendedor de uma opção de venda.

3. **Ganhos com opções** Suponha que você possui uma ação e uma opção de venda sobre essa ação. Qual será o resultado na data de vencimento da opção se (*a*) o preço da ação for inferior ao preço de exercício? (*b*) o preço da ação for superior ao preço de exercício?

4. **Paridade *put-call*** O que é uma paridade *put-call* e por que ela é válida? É possível aplicar a fórmula da paridade a uma opção de compra e a uma opção de venda com diferentes preços de exercício?

5. **Paridade *put-call*** Existe outra estratégia que envolve opções de compra e concessão ou obtenção de empréstimos e que proporciona os mesmos resultados que a estratégia descrita no Problema 3. Qual é a estratégia alternativa?

6. **Ganhos com opções** O dr. Livingstone I. Presume detém £600 mil em ações de empresas de exploração de ouro da África Oriental. Por mais otimista que seja no que se refere à exploração de ouro, exige a garantia absoluta de que pelo menos £500 mil estarão disponíveis dentro de seis meses para financiar uma expedição. Descreva duas formas de o dr. Presume atingir esse objetivo. Há um mercado ativo para opções de compra e opções de venda sobre ações de empresas de extração de ouro da África Oriental, e a taxa de juro é de 6% ao ano.

7. **Ganhos com opções** Suponha que você adquire uma opção de compra europeia a um ano sobre ações da Wombat, com um preço de exercício de $100, e que vende uma opção de venda europeia a um ano com o mesmo preço de exercício. O preço atual das ações é de $100, e a taxa de juro é de 10%.

   a. Desenhe um diagrama de posição que ilustre os resultados dos seus investimentos.

   b. Quanto lhe custará o investimento, no seu conjunto? Explique.

8. **Ganhos com opções** Volte a observar a Figura 20.13. Parece que o investidor no gráfico (*b*) não pode perder e que o investidor no gráfico (*a*) não pode ganhar. É verdade? Explique. (*Dica*: trace um diagrama de lucros para cada um dos gráficos.)

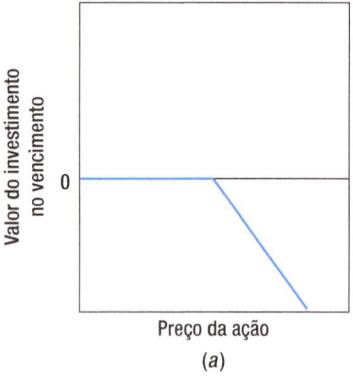

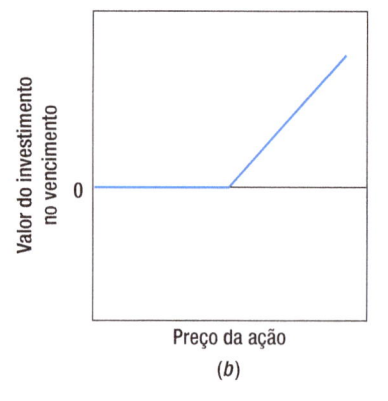

▶ **FIGURA 20.13** Veja o Problema 2.

9. **Ganhos com opções** Quanto vale uma opção de compra se (a) o preço da ação for zero; e se (b) o preço da ação for extremamente elevado em comparação com o preço de exercício.

10. **Valores de opções** De que forma o preço de uma opção de compra responde às seguintes variações, com as demais variáveis constantes? O preço da opção sobe ou desce?

    a. O preço da ação sobe.
    b. O preço de exercício aumenta.
    c. A taxa de juro sem risco sobe.
    d. A data de vencimento da opção é prorrogada.
    e. A volatilidade do preço da ação decresce.
    f. O tempo vai passando e o vencimento da opção vai se aproximando.

11. **Valores de opções** Comente as seguintes afirmações.

    a. "Sou um investidor conservador. Preferiria ter uma opção de compra sobre uma ação sem risco, como a Exxon Mobil, do que ter uma opção de compra sobre uma ação volátil como a Google."

    b. "Comprei uma opção de compra norte-americana sobre a ação da Fava Farms, com um preço de exercício de $45 por ação, e mais três meses até o vencimento. As ações da Fava Farms tiveram uma subida significativa, de $35 a $55 por ação, mas meu medo é que elas caiam para baixo de $45. Vou exercer meus direitos sobre a opção e auferir meus ganhos agora mesmo."

INTERMEDIÁRIO

12. **Ganhos com opções** Discuta sucintamente o risco e o valor das seguintes posições:
    a. Compra de uma ação e de uma opção de venda sobre a ação.
    b. Compra de uma ação.
    c. Compra de uma opção de compra.
    d. Compra de uma ação e venda de uma opção de compra sobre a ação.
    e. Compra de uma obrigação.
    f. Compra de uma ação, compra da opção de venda e venda da opção de compra sobre a ação.
    g. Venda de uma opção de venda.

13. **Ganhos com opções** "Tanto o comprador de uma opção de compra como o vendedor de uma opção de venda esperam que o preço da ação aumente. Por isso, as duas posições são idênticas." Essa afirmação está correta? Ilustre com um diagrama de posição.

14. **Limites de opções** O preço atual das ações da Pintail é de $200. Uma opção de compra *norte-americana* a um ano tem um preço de exercício de $50 e está avaliada em $75. Como você aproveitaria essa oportunidade extraordinária? Agora, suponha que se trata de uma opção de compra *europeia*. O que você faria?

15. **Paridade *put-call*** É possível comprar opções de compra a três meses e opções de venda a três meses sobre a ação Q. Ambas as opções têm um preço de exercício de $60 e ambas valem $10. Se a taxa de juro for de 5% ao ano, qual será o preço das ações? (*Dica*: utilize a paridade *put-call*.)

16. **Paridade *put-call*** Em dezembro de 2014, uma opção de compra a 13 meses sobre as ações da Amazon.com, com um preço de exercício de $305, era negociada a $42,50. O preço da ação era de $305. A taxa de juro sem risco era de 1%. Quanto você estaria disposto a pagar por uma opção de venda sobre ações da Amazon com o mesmo vencimento e o mesmo preço de exercício? Suponha que as opções da Amazon são europeias. (*Obs*. a Amazon não paga dividendos.)

17. **Valores de opções** O FX Bank conseguiu contratar uma excelente *trader* de moeda estrangeira, Lucinda Cable. O seu pacote de remunerações inclui um bônus anual de 20% dos lucros que conseguir obter acima de $100 milhões. A Sra. Cable tem possibilidade de escolha? Ela estará recebendo os incentivos apropriados?

18. **Ganhos com opções** Suponha que o Sr. Colleoni peça emprestado o valor presente de $100, compra uma opção de venda a seis meses sobre as ações Y com um preço de exercício de $150 e vende uma opção de venda a seis meses sobre Y com um preço de exercício de $50.
    a. Desenhe um diagrama de posição que mostre os resultados quando as opções chegarem ao seu vencimento.
    b. Sugira duas outras combinações de empréstimos, opções e do ativo subjacente que permitam ao sr. Colleoni obter os mesmos resultados.

19. **Paridade *put-call*** Indique qual das seguintes informações está correta:
    a. Valor da opção de venda + valor presente do preço de exercício = valor da opção de compra + preço da ação.
    b. Valor da opção de venda + preço da ação = valor da opção de compra + valor presente do preço de exercício.
    c. Valor da opção de venda – preço da ação = valor presente do preço de exercício – valor da opção de compra.
    d. Valor da opção de venda + valor da opção de compra = preço da ação – valor presente do preço de exercício.

    A afirmação correta iguala o valor de duas estratégias de investimento. Represente os resultados de cada uma das estratégias em função do preço da ação. Mostre que ambas as estratégias proporcionam resultados idênticos.

20. **Ganhos com opções** Uma opção de compra e uma opção de venda europeias tem o mesmo vencimento e ambas estão "*at-the-money*"(o preço de mercado e o de exercício são o mesmo). A ação não paga dividendos. Qual opção deve ser vendida ao preço mais alto? Explique.

21. **Paridade *put-call***
    a. Se você não puder vender uma ação a descoberto, pode-se conseguir exatamente o mesmo resultado final com uma combinação de opções e obtenção ou concessão de empréstimos. Que combinação é essa?
    b. Agora determine a combinação de ações e de opções para obter o mesmo resultado final de um investimento em um empréstimo sem risco.

22. **Paridade *put-call*** As ações ordinárias da Triangular File Company são negociadas por $90. Uma opção de compra de 26 semanas sobre as ações da Triangular File é negociada por $8. O seu preço de exercício é de $100. A taxa de juro livre de risco é de 10% ao ano.
    a. Suponha que as opções de venda sobre as ações da Triangular não estão admitidas à negociação, mas que você deseja adquirir uma. Como poderia fazê-lo?
    b. Suponha que as opções de venda estão *admitidas à negociação*. Por que valor se deveria vender uma opção de venda de 26 semanas com um preço de exercício de $100?

23. **Ganhos com opções** A Sra. Higden recebeu a oferta de um outro plano de incentivos (veja a Seção 20.2). Ela receberia um bônus de $500 mil se o preço das ações no final do ano fosse igual ou superior a $120; do contrário, não receberia nada. (Não pergunte por que alguém se disporia a oferecer um plano como esse. Talvez haja algum escape para fins fiscais.)
    a. Faça um diagrama de posição ilustrando os resultados de tal plano.
    b. Que combinações de opções proporcionariam esses resultados? (*Dica*: é preciso comprar uma grande quantidade de opções com um preço de exercício e vender um número similar com um preço de exercício diferente.)

24. **Ganhos com opções**   Os *traders* de opções referem-se com frequência a *straddles* e a *butterflies*. Temos aqui um exemplo de cada uma:

    - *Straddle*: compra de uma opção de compra com um preço de exercício de $100 e, simultaneamente, compra de uma opção de venda com um preço de exercício de $100.
    - *Butterfly*: compra simultânea de uma opção de compra com um preço de exercício de $100, venda de duas opções de compra com um preço de exercício de $110 e compra de uma opção de compra com um preço de exercício de $120.

    Faça os diagramas de posição para uma *straddle* e para uma *butterfly*, ilustrando os resultados da posição líquida do investidor. Cada uma das estratégias é uma aposta na variabilidade. Explique sucintamente a natureza de cada aposta.

25. **Valores de opções**   Observe os preços reais de transações de opções de compra sobre ações e verifique se eles se comportam ou não de acordo com a teoria apresentada neste capítulo. Por exemplo:

    a. Siga o comportamento de algumas opções à medida que se aproximam do vencimento. Como esperaria que os seus preços evoluíssem? Será esse, de fato, o seu comportamento?

    b. Compare duas opções de compra sobre as mesmas ações com a mesma data de vencimento, mas diferentes preços de exercício.

    c. Compare duas opções de compra sobre as mesmas ações com o mesmo preço de exercício, mas com diferentes vencimentos.

26. **Valores de opções**   Será mais valioso deter uma opção para adquirir uma carteira de ações ou uma carteira de opções para comprar cada uma das ações individualmente? Justifique resumidamente.

27. **Valores de opções**   O Quadro 20.4 lista alguns preços de opções sobre ações (os preços são cotados ao dólar mais próximo). A taxa de juro é 10% ao ano. Você consegue detectar alguma cotação errada? O que faria para se aproveitar dessa situação?

QUADRO 20.4   Preços das opções sobre ações ordinárias (em dólares). Veja o Problema 27

Ações	Tempo até o vencimento (meses)	Preço do exercício	Preço das ações	Preço da opção de venda	Preço da opção de compra
Drongo Corp.	6	$50	$80	$20	$52
Ragwort Inc.	6	100	80	10	15
Wombat Corp.	3	40	50	7	18
Wombat Corp.	6	40	50	5	17
Wombat Corp.	6	50	50	8	10

28. **Valores de opções**   Você acabou de finalizar um estudo que fez ao longo de um mês sobre os mercados de energia e concluiu que os preços da energia serão *muito* mais voláteis no próximo ano do que no anterior. Considerando que está certo, que tipo de estratégia você deverá adotar em matéria de opções? (*Obs.*: pode-se comprar ou vender opções sobre ações de empresas petrolíferas ou sobre o preço de futuros fornecimentos de óleo, gás natural, diesel etc.)

DESAFIO

29. **Ganhos com opções**   A Figura 20.14 mostra alguns diagramas de posição complicados. Determine a combinação de ações, obrigações e opções que produzem cada uma dessas posições.

30. **Ganhos com opções**   Há alguns anos, a empresa australiana Bond Corporation vendeu uma participação em uma propriedade que possuía perto de Roma por $110 milhões e, como resultado, aumentou os respectivos lucros anuais em $74 milhões. Um programa de televisão revelou subsequentemente que foi concedida ao comprador uma opção de venda para vender a sua participação na propriedade de volta à empresa Bond por $110 milhões, e que esta tinha pagado $20 milhões por uma opção de compra para voltar a comprar a sua participação na propriedade pelo mesmo preço.

    a. O que acontecerá se a propriedade valer mais de $110 milhões quando a opção vencer? E se valer menos de $110 milhões?

    b. Utilize os diagramas de posição para mostrar o efeito líquido da venda da propriedade e das transações das opções.

    c. Admita um vencimento de um ano para as opções. Você poderá deduzir a taxa de juro?

    d. O programa de televisão argumentou que era equivocado registrar um lucro com a venda da propriedade. O que você pensa disso?

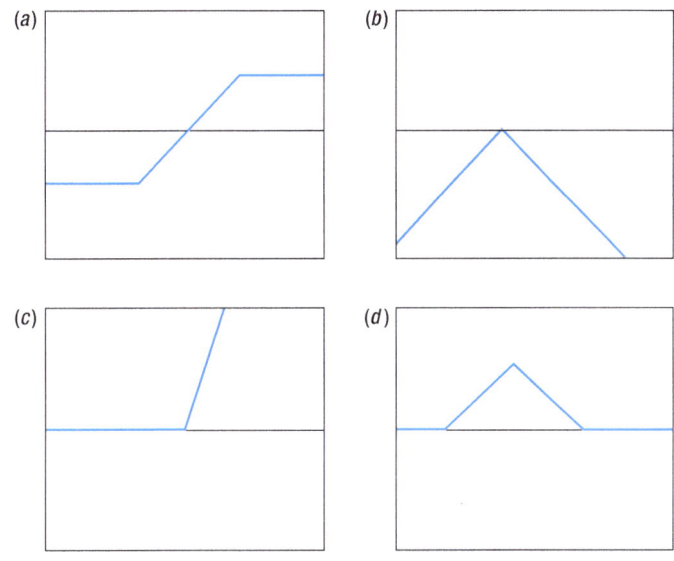

▶ **FIGURA 20.14** Alguns diagramas de posição complicados. Ver o Problema 29.

31. **Valores de opções** Três opções de compra a seis meses são negociadas sobre as ações da Hogswill:

Preço de exercício	Preço da opção de compra
$ 90	$ 5
100	11
110	15

Como se pode ganhar dinheiro investindo nas opções da Hogswill? (*Dica*: faça um gráfico com o preço da opção no eixo vertical e o quociente do preço das ações pelo preço do exercício no eixo horizontal. Coloque as três opções de compra sobre a Hogswill nesse gráfico. Isso se encaixa no que já se sabe sobre o modo como os preços das opções devem variar com o índice dos preços das ações sobre o preço de exercício?) Agora, procure no jornal as opções com a mesma data de vencimento, mas com diferentes preços de exercício. Você vê alguma possibilidade de ganhar dinheiro?

FINANÇAS NA WEB

Acesse o *site* **finance.yahoo.com**. Confira as cotações diferidas de opções da Google para diferentes preços de exercício e datas de vencimento.

a. Confirme que preços de exercício mais elevados significam menores preços de opções de compra e maiores preços de opções de venda.

b. Confirme que tempos mais prolongados até o vencimento significam maiores preços para as opções de compra e para as opções de venda.

c. Escolha uma opção de compra e uma opção de venda sobre as ações da Google com o mesmo preço de exercício e data de vencimento. Confirme que a paridade *put-call* se verifica (aproximadamente). (*Obs.:* você terá de usar uma taxa de juro livre de risco atualizada.)

CAPÍTULO 21

Avaliação das opções

No capítulo anterior, apresentamos as opções de compra (*call*) e de venda (*put*). As opções de compra conferem ao seu titular o direito de comprar um ativo a um preço de exercício especificado; as opções de venda concedem-lhe o direito de vender. Também demos os primeiros passos no sentido de compreender como se avaliam as opções. O valor de uma opção de compra depende de cinco variáveis:

1. Quanto mais alto for o preço do ativo, maior será o valor da opção de comprá-lo.

2. Quanto menor for o preço que se tiver de pagar para exercer a opção de compra, mais ela valerá.

3. Só se pagará o preço de exercício quando a opção vencer. Esse intervalo é tanto mais valioso quanto mais alta for a taxa de juro.

4. Se, no vencimento, o preço da ação for inferior ao preço de exercício, a opção de compra não terá valor, independentemente de essa diferença ser inferior a $1 ou superior a $100. No entanto, para cada dólar que o preço da ação ultrapassar o preço de exercício, o detentor da opção ganhará mais um dólar. Assim, o valor de uma opção de compra aumenta com a volatilidade do preço da ação.

5. Por último, uma opção de longo prazo vale mais do que uma opção de curto prazo. Um vencimento distante adia o momento em que o detentor da opção terá que pagar o preço de exercício e aumenta a probabilidade de uma grande subida do preço da ação antes de a opção vencer.

Neste capítulo, vamos mostrar como todas essas variáveis podem ser combinadas em um modelo exato de avaliação de opções – uma fórmula onde bastará inserir os números para se obter uma resposta definitiva. Começamos descrevendo um modo simples de avaliar opções, conhecido por método binomial. Depois, apresentaremos a fórmula de Black-Scholes de avaliação de opções. Por último, fornecemos uma lista que mostra como esses dois métodos podem ser utilizados para resolver vários problemas práticos de opções.

A maneira mais eficiente de avaliar a maior parte das opções é utilizando um computador. Mas, neste capítulo, vamos resolver manualmente uma série de problemas simples. Faremos isso para que você entenda os conceitos básicos da avaliação de opções, evitando que alguns erros sejam cometidos ao equacionar um problema de opções e saiba interpretar as respostas do computador e explicá-las a terceiros.

No último capítulo analisamos as opções de compra e de venda sobre as ações da Google. Neste capítulo, continuaremos a utilizar esse exemplo para mostrar como se avaliam as opções dessa empresa. Mas não se esqueça do *motivo* pelo qual você precisa compreender a avaliação de opções. Não é para ganhar dinheiro rapidamente, para negociar em uma bolsa de opções, mas sim porque muitas decisões de investimento e financiamento incluem opções. Nos capítulos seguintes abordaremos várias dessas opções.

21.1 Um método simples de avaliação de opções

Por que o método dos fluxos de caixa descontados não funciona com as opções

Durante muitos anos os economistas procuraram uma fórmula prática de avaliar opções, até que Fisher Black e Myron Scholes descobriram finalmente a solução. Mais tarde mostraremos o que eles descobriram, mas primeiro teremos de explicar por que razão essa busca foi tão difícil.

O nosso procedimento normal para avaliar um ativo é (1) prever os fluxos de caixa esperados e (2) descontá-los ao custo de oportunidade do capital. Infelizmente, esse método não serve para as opções. O primeiro passo é confuso, mas possível. Entretanto, encontrar *o* custo de oportunidade do capital é impossível, uma vez que o risco de uma opção varia sempre que o preço da ação se altera.

Quando se adquire uma opção de compra, está se tomando uma posição nas ações, mas investindo menos do seu próprio dinheiro do que se tivesse comprado diretamente as ações. Como consequência, uma opção é sempre mais arriscada do que as ações subjacentes. Ela tem um beta mais elevado e maior desvio-padrão de retornos.

O maior ou menor risco da opção depende da relação entre o preço das ações e o preço de exercício. Uma opção de compra que esteja "*in the money*" (preço das ações maior do que o preço de exercício) é menos arriscada do que uma opção "*out of money*" (preço das ações menor do que o preço de exercício). Uma subida no preço das ações provoca, portanto, um aumento do embolso esperado da opção *e* uma redução do seu risco. Quando o preço da ação cai, o ganho com a opção também cai, *e* o seu risco aumenta. Essa é a razão pela qual a taxa de retorno esperado exigida pelos investidores em opções muda de dia para dia, ou de hora para hora, sempre que o preço das ações varia.

Repetimos a regra geral: quanto maior for o preço das ações em relação ao preço de exercício, menor será o risco da opção de compra, embora esta seja sempre mais arriscada do que as ações. O risco da opção varia sempre que variar o preço das ações.

Carteira equivalente a uma opção com ações ordinárias e empréstimos

Caso você já tenha assimilado o que dissemos até agora, compreenderá então por que é tão difícil avaliar as opções pelas fórmulas normais dos fluxos de caixa descontados e também por que escapou aos economistas, durante tantos anos, uma técnica rigorosa de avaliação. A solução apareceu quando Black e Scholes exclamaram: "Eureka! Descobrimos![1] O truque consiste em montar uma *carteira equivalente a uma opção* por meio da combinação de investimentos em ações ordinárias e em dívida. O custo líquido de aquisição do equivalente à opção deve se igualar ao valor da opção".

Demonstraremos como isso funciona com um simples exemplo numérico. Vamos voltar a dezembro de 2014 e considerar uma opção de compra, para seis meses, sobre as ações da Google com um preço de exercício de $530. Nesse momento, o preço das ações da Google também era de $530, e por isso as opções estavam "*at the money*". A taxa de juro de curto prazo e sem risco situava-se em 1% por seis meses, equivalente a 2,01% ao ano. (Na verdade, era um pouco menor do que isso, mas 1% nos dá um bom valor redondo.)

Para simplificarmos a questão, vamos admitir que as ações da Google só podem ter dois comportamentos durante os próximos seis meses de vida da opção: ou o preço cai um quinto para $424 ou sobe um quarto para $662,50.

Se o preço das ações da Google cair para $424, a opção de *compra* deixará de ter valor, mas se o preço subir para $662,50, a opção valerá $662,50 − $530 = $132,50. Consequentemente, os resultados possíveis da opção são os seguintes:

	Preço das ações = $424	Preço das ações = $662,50
1 opção de compra	$0	$132,50

---

[1] Não sabemos se Black e Scholes, a exemplo de Arquimedes, estavam na banheira naquele momento.

Agora, compare esses resultados com os que você obteria se adquirisse 0,556 de uma ação da Google e pedisse emprestado $235,56 a um banco:[2]

	Preço das ações = $424	Preço das ações = $662,50
0,556 de uma ação	$235,56	$327,62
Reembolso do empréstimo + juros	−235,56	−235,56
Resultado total	$0	$132,50

Repare que os resultados do investimento alavancado na ação são idênticos aos resultados da opção de compra. Logo, a regra do preço único nos indica que ambos os investimentos devem ter o mesmo valor:

Valor da opção de compra = valor de 0,556 de uma ação − valor do empréstimo bancário
$$= 0,556 \times \$530 - 235,56/1,01 = \$61,22$$

Pronto! Você acabou de avaliar uma opção de compra.

Para avaliar a opção sobre a Google, contraímos um empréstimo e adquirimos ações para confrontar exatamente os resultados de uma opção de compra. Trata-se de uma **carteira de réplica**. O número de ações necessárias para replicar uma opção de compra é frequentemente denominado **índice de cobertura** ou **delta da opção**. No nosso exemplo da Google, uma opção de compra é replicada por uma posição alavancada em 0,556 de uma ação. O delta da opção é, portanto, de 0,556.

Como sabíamos que a opção de compra da Google era equivalente à compra a crédito de 0,556 de uma ação? Utilizamos uma fórmula simples, que aponta:

$$\text{Delta da opção} = \frac{\text{diferença entre os preços possíveis da opção}}{\text{diferença entre os preços possíveis da ação}} = \frac{132,50 - 0}{662,50 - 424} = 0,556$$

Você não só aprendeu a avaliar uma opção simples, mas também aprendeu que é possível replicar um investimento em uma opção, por meio de um investimento a prazo no ativo subjacente. Portanto, se não puder comprar nem vender uma opção de compra sobre um ativo, pode-se fabricar uma opção caseira com uma estratégica de réplica com compra ou venda de delta ações e pedindo emprestado ou emprestando o saldo remanescente.

Método da neutralidade em face do risco Vejamos a razão pela qual a opção de compra sobre a Google tem de ser negociada por $61,22. Se o preço da opção for superior a $61,22, pode-se obter um lucro certo comprando 0,556 de uma ação, vendendo uma opção de compra e pedindo um empréstimo do valor presente líquido de $235,56. Da mesma maneira, se o preço da opção for inferior a $61,22, também poderá se realizar um lucro igualmente certo vendendo 0,556 de uma ação, comprando uma opção de compra e emprestando o saldo. Em qualquer um dos casos, você sempre teria a oportunidade de fazer uma arbitragem.[3]

Se for possível obter lucro com uma arbitragem, todo mundo irá querer aproveitar a oportunidade. Assim, quando afirmamos que o preço da opção de compra tem que ser de $61,22 ou que haveria oportunidade de fazer uma arbitragem, não precisamos saber nada acerca da atitude do investidor em relação ao risco. Especuladores pesados e investidores covardes iriam se empurrar apressados para conseguirem realizar um possível lucro com arbitragem. Assim, o preço da opção não pode depender do fato de os investidores detestarem ou serem indiferentes ao risco.

---

[2] O número exato de ações a serem compradas é 100/180 = 0,55555... conforme explicado a seguir. Você encontrará alguns erros de arredondamento se repetir os cálculos a seguir com 0,556.

[3] É evidente que você não ficará rico por negociar com 0,556 de uma ação, mas, ao multiplicarmos cada uma das nossas transações por um milhão, começaremos a ver dinheiro de verdade.

Isso sugere uma forma alternativa de cálculo do valor de uma opção. Podemos *fingir* que todos os investidores são *indiferentes* ao risco, determinar o valor futuro esperado da opção em tal mundo e descontar esse valor à taxa de juro sem risco. Vamos verificar que esse método proporciona a mesma resposta.

Sendo os investidores indiferentes ao risco, o retorno esperado das ações deve ser igual à taxa de juro livre de risco:

$$\text{Retorno esperado das ações da Google} = 1{,}0\% \text{ para cada seis meses}$$

Sabemos que as ações da Google podem tanto subir 25%, para $662,50, como cair 20%, para $424. Portanto, podemos calcular a probabilidade de um aumento do preço no nosso mundo hipotético de neutralidade frente ao risco:

$$\text{Retorno esperado} = [\text{probabilidade de subida} \times 25]$$
$$+ [(1 - \text{probabilidade de subida}) \times (-20)]$$
$$= 1{,}0\%$$

Portanto,

$$\text{Probabilidade de subida} = 0{,}4666 \text{ ou } 46{,}66\%$$

Repare que essa *não* é a *verdadeira* probabilidade de que a ação da Google suba. Como os investidores não gostam de risco, muito provavelmente exigirão um retorno esperado mais elevado da ação da Google do que a taxa de juro livre de risco. Por isso, a verdadeira probabilidade é superior a 0,4666.

A fórmula geral para o cálculo da probabilidade de uma subida de valor com neutralidade diante do risco é:

$$p = \frac{\text{taxa de juro} - \text{variação para menos}}{\text{variação para mais} - \text{variação para menos}}$$

No caso das ações da Google:

$$p = \frac{0{,}01 - (-0{,}20)}{0{,}25 - (-0{,}20)} = 0{,}4666$$

Sabemos que se o preço das ações subir, a opção de compra valerá $132,50; se cair, a opção de compra não valerá nada. Portanto, se os investidores tiverem uma atitude de neutralidade diante do risco, o valor esperado da opção de compra será:

$$[\text{Probabilidade de subida} \times 100] + [(1 - \text{probabilidade de subida}) \times 0]$$
$$= (0{,}4666 \times 132{,}50) + (0{,}5334 \times 0)$$
$$= \$61{,}83$$

E o valor *presente* da opção de compra é:

$$\frac{\text{Valor futuro esperado}}{1 + \text{taxa de juro}} = \frac{61{,}83}{1{,}01} = \$61{,}22$$

Exatamente o mesmo valor a que chegamos anteriormente!

Agora, temos duas maneiras de calcular o valor de uma opção:

1. Determinar a combinação de ações e empréstimos que replique um investimento na opção. Como as duas estratégias produzem resultados idênticos no futuro, devem ser negociadas no presente pelo mesmo preço.

2. Admitir que os investidores são indiferentes ao risco, de modo que a taxa de retorno esperado das ações seja igual à taxa de juro. Calcula-se o valor esperado no futuro da opção nesse mundo hipotético de *neutralidade frente ao risco* e desconta-se à taxa de juro livre de risco.

Essa ideia pode lhe parecer familiar. No Capítulo 9 mostramos como se pode avaliar um investimento descontando os fluxos de caixa esperados a uma taxa de desconto ajustada ao risco, ou ajustando os fluxos de caixa esperados ao risco e depois descontando esses *fluxos equivalentes* certos à taxa de juro livre de risco. Foi exatamente esse segundo método que utilizamos para avaliar a opção da Google. No caso da ação e da opção, os fluxos equivalentes certos são os fluxos que seriam esperados em um cenário de neutralidade em face do risco.

Avaliação de uma opção de venda sobre a Google

A avaliação da opção de compra sobre a Google pode muito bem ter dado a impressão de que estávamos tirando um coelho da cartola. Para darmos uma segunda possibilidade de observação de como isso é feito, vamos usar o mesmo método para avaliar outra opção – desta vez, uma opção de venda para seis meses da Google com um preço de exercício de $530.[4] Continuamos partindo do princípio de que o preço das ações subirá para $662,50 ou cairá para $424.

Caso o valor das ações da Google suba para $662,50, a opção de vender por $530 não terá qualquer valor. Por outro lado, se o valor cair para $424, a opção de venda valerá $530 − $424 = $106. Assim, os resultados da opção serão:

	Preço das ações = $424	Preço das ações = $662,50
1 opção de venda	$106	$0

Começaremos calculando o delta da opção utilizando a fórmula que apresentamos anteriormente:[5]

$$\text{Delta da opção} = \frac{\text{diferença entre os preços possíveis da opção}}{\text{diferença entre os preços possíveis da ação}} = \frac{0 - 106}{662,50 - 424}$$

$$= -0,4444$$

Repare que o delta de uma opção de venda é sempre negativo; ou seja, você necessita *vender* delta ações para replicar a opção de venda. No caso da Google, pode-se replicar os resultados da opção *vendendo* 0,444 de uma ação da empresa e concedendo *um empréstimo* do valor presente de $294,44. Considerando que se vendeu a ação a descoberto, será necessário despender dinheiro no final dos seis meses para recomprá-la, mas você terá o dinheiro que receber do empréstimo. Os seus resultados líquidos serão exatamente os mesmos que obteria caso tivesse comprado a opção de venda:

	Preço das ações = $424	Preço das ações = $662,50
Venda de 0,444 de uma ação	−$188,44	−$294,44
Reembolso do empréstimo + juros	+294,44	+294,44
Resultado total	$106,00	$0

Uma vez que os dois investimentos produzem os mesmos resultados, devem ter o mesmo valor:

$$\text{Valor da opção de venda} = -(0{,}4444) \text{ de uma ação} + \text{valor do empréstimo bancário}$$

$$= -(0{,}4444) \times 530 + 294{,}44/1{,}01 = \$55{,}97$$

---

[4] Ao avaliar as opções de venda *norte-americanas*, é necessário reconhecer a possibilidade de valer a pena exercê-la antecipadamente. Discutiremos essa complicação posteriormente, mas ela não é importante para a avaliação da opção de venda da Google, e por isso foi aqui ignorada.

[5] O delta de uma opção de venda é sempre igual ao delta de uma opção de compra com o mesmo preço de exercício, menos um. No nosso exemplo, o delta da opção de venda = 0,556 − 1 = −0,444.

Avaliação da opção de venda pelo método da neutralidade em face do risco Avaliar a opção de venda da Google com o método da neutralidade em face do risco é fácil. Já sabemos que a probabilidade de subida do preço das ações é de 0,4666. Portanto, o valor esperado da opção de venda em uma situação de neutralidade frente ao risco é:

$$[\text{Probabilidade de subida} \times 0] + [(1 - \text{Probabilidade de subida}) \times 106]$$
$$= (0,4666 \times 0) + (0,5334 \times \$106)$$
$$= \$56,53$$

e, portanto, o valor *corrente* da opção de venda é:

$$\frac{\text{Valor futuro esperado}}{1 + \text{taxa de juros}} = \frac{56,53}{1,01} = \$55,97$$

A relação entre os preços das opções de compra e de venda Salientamos anteriormente que, para as opções europeias, há uma relação simples entre o valor da opção de compra e os valores da opção de venda.[6]

Valor de opção de venda = valor da opção de compra + valor presente do preço de exercício − preço da ação

Como já calculamos o valor da opção de compra da Google, podíamos ter utilizado essa relação para encontrar o valor da opção de venda:

$$\text{Valor da opção de venda} = 61,22 + \frac{530}{1,01} - 530 = \$55,97$$

Tudo se confirma.

21.2 O método binomial de avaliação de opções

O truque fundamental para se calcular o preço de qualquer opção é preparar um pacote de investimentos nas ações e um empréstimo que replique exatamente os resultados da opção. Se conseguirmos precificar a ação e o empréstimo, poderemos igualmente estimar a opção. Do mesmo modo, podemos fingir que os investidores têm uma atitude de neutralidade diante do risco, calcular o resultado esperado da opção nesse mundo fictício de neutralidade em face do risco e descontá-lo pela taxa de juro para determinar o valor presente da opção.

Esses conceitos são perfeitamente genéricos, mas o exemplo da seção anterior utilizou uma versão simplificada de uma abordagem conhecida como **método binomial**. Esse método começa reduzindo a duas as possíveis alterações do preço das ações no período seguinte: um movimento "para cima" e um movimento "para baixo". Esse pressuposto (o de que só há dois preços possíveis para as ações da Google ao fim de seis meses) é claramente imaginativo.

Poderíamos tornar o problema da Google um pouco mais realista, admitindo duas alterações possíveis no preço das ações em cada período de três meses. Isso nos proporcionaria um leque mais amplo de preços nos seis meses. E não há razão nenhuma para ficarmos pelos intervalos de três meses. Poderíamos admitir intervalos cada vez mais curtos, com cada um desses intervalos a nos oferecer duas variações possíveis dos preços das ações da Google, o que nos levaria a um leque ainda mais amplo de preços nos seis meses.

Ilustramos isso na Figura 21.1. O diagrama do topo mostra o pressuposto do qual partimos: apenas dois preços possíveis ao fim de seis meses. Se nos deslocarmos para baixo, vemos o que acontece quando há duas variações possíveis de preço de três em três meses. Passa a haver três preços possíveis no vencimento da opção. Na Figura 21.1c, dividimos o período de seis

---

[6] *Lembrete*: essa fórmula é válida somente quando as duas opções possuem o mesmo preço de exercício e mesma data de vencimento.

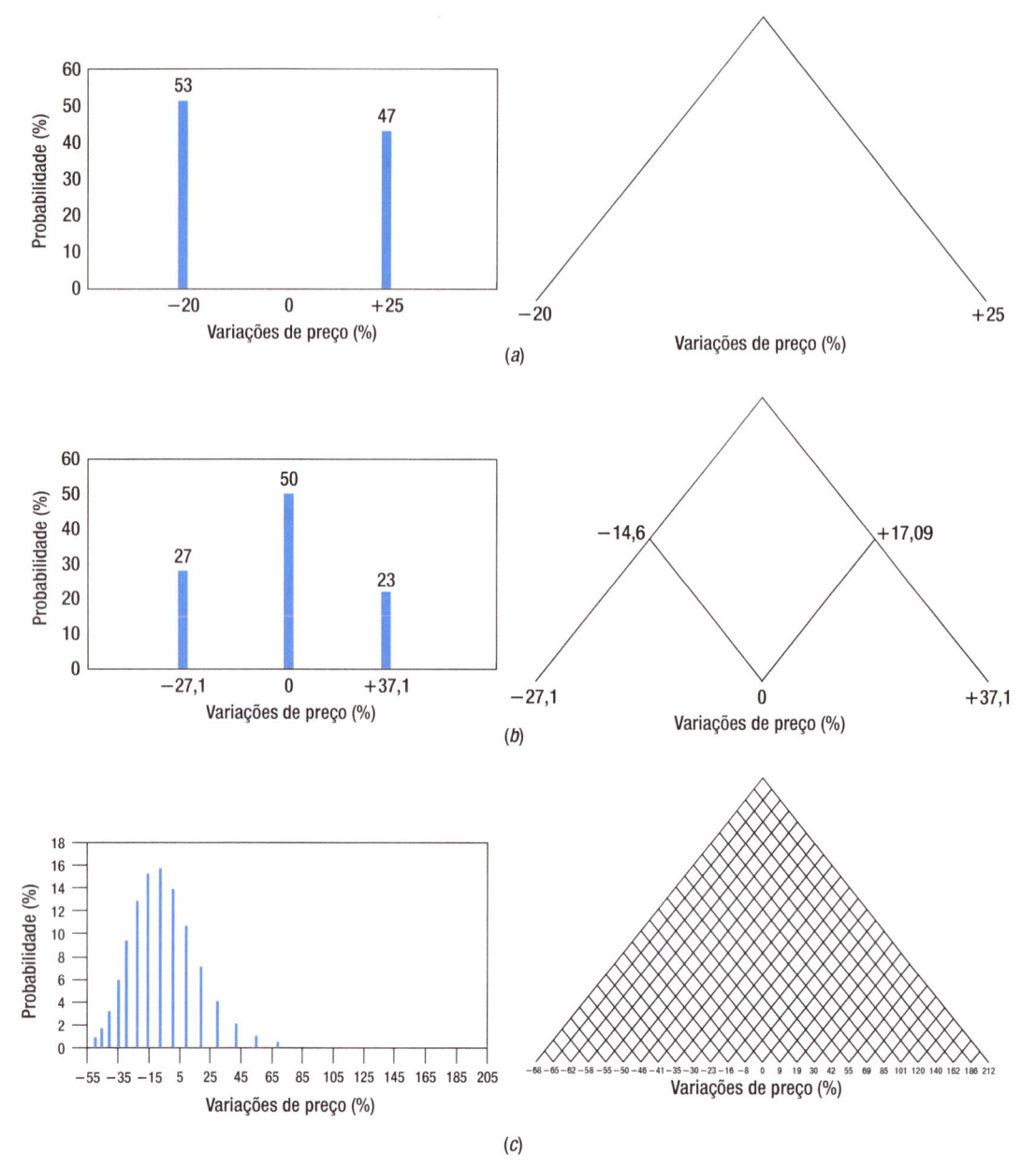

▶ **FIGURA 21.1** Esta figura mostra as possíveis variações de preço das ações da Google ao fim de seis meses, considerando que as ações têm uma única variação de sentido positivo ou negativo em cada período de seis meses (Figura 21.1a), duas variações, sendo cada uma delas de três em três meses (Figura 21.1b), ou 26 variações, uma a cada semana (Figura 21.1c). Ao lado de cada uma das árvores está um histograma das possíveis variações de preço ao fim de seis meses, considerando que os investidores têm uma atitude de neutralidade diante do risco.

meses em 26 períodos semanais, em cada um dos quais o preço faz um dentre dois pequenos possíveis movimentos. Agora, a distribuição de preços ao fim dos seis meses tem um aspecto muito mais realista.

Poderíamos continuar dividindo cada período em intervalos cada vez menores. Acabaríamos chegando a uma situação na qual o preço das ações variaria continuamente, gerando um *continuum* de preços possíveis. Vamos começar demonstrando com o nosso exemplo simples de duas fases da Figura 21.1b. Depois, avançaremos para a situação em que o preço das ações está em mudança contínua. Não se apavore; não será tão difícil quanto parece.

Exemplo: o método binomial em duas fases

Dividir o período em intervalos menores não altera o método básico de avaliação de uma opção de compra. Continua sendo possível encontrar a cada ponto um investimento alavancado na ação que gera exatamente os mesmos ganhos que a opção. Portanto, o valor da opção deve ser igual ao valor dessa carteira replicante. Alternativamente, podemos imaginar que os investidores são indiferentes a riscos e que esperem receber a taxa de juros em todos os seus investimentos. Assim, podemos calcular a cada ponto o valor futuro esperado da opção e descontá-lo à taxa de juros livre de risco. Ambos métodos levam à mesma resposta.

Se usarmos o método da carteira replicante, precisaremos recalcular o investimento na ação a cada ponto, usando a fórmula para o delta da opção:

$$\text{Delta da opção} = \frac{\text{diferença entre os preços possíveis da opção}}{\text{diferença entre os preços possíveis da ação}}$$

Não é difícil recalcular o delta da opção, mas pode ser um pouco trabalhoso. Neste caso, é mais simples usar o método sem risco, e é isso que faremos aqui.

A Figura 21.2 é extraída da Figura 21.1*b* e mostra os possíveis preços das ações da Google, considerando-se que em cada período de três meses o preço ou sobe 17,09% ou cai 14,60%.[7] Os números entre parênteses mostram os possíveis valores no vencimento de uma opção de compra para seis meses com um preço de exercício de $530. Por exemplo, se o preço das ações da Google for $386,57 no mês 6, a opção de compra não terá valor; no outro extremo, se o valor da ação for $726,65, o valor da opção de compra será $726,65 − $530 = $196,65. Ainda não calculamos quanto valerá a opção antes do vencimento; por isso, por enquanto, deixaremos ali uns pontos de interrogação.

Continuamos supondo uma taxa de juros de 1% por seis meses, o que é equivalente a cerca de 0,5% por trimestre. Agora perguntamos: se os investidores exigem uma taxa de juros de 0,5% por trimestre, qual é a probabilidade (p) a cada estágio de que o preço das ações subirá? A resposta é dada pela nossa fórmula simples:

$$p = \frac{\text{taxa de juro} - \text{variação para menos}}{\text{variação para mais} - \text{variação para menos}} = \frac{0{,}005 - (-0{,}1460)}{0{,}1709 - (-0{,}1460)} = 0{,}4764$$

Podemos conferir que, se houver uma chance de 47,64% de uma subida de 17,09% e uma chance de 52,36% de uma queda de 14,60%, então o retorno esperado deve ser igual a taxa sem risco de 0,5%:

$$(0{,}4764 \times 0{,}1709) + (0{,}5236 \times 14{,}60) = 0{,}5$$

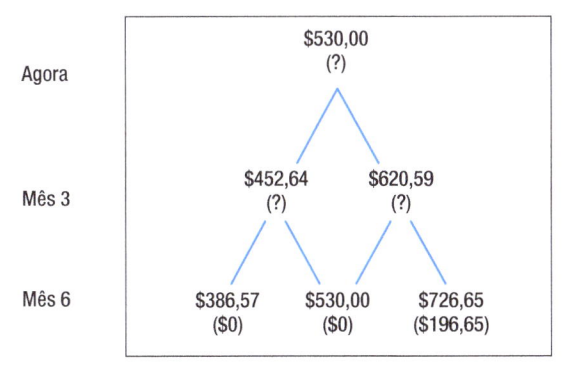

▶ **FIGURA 21.2** Preço atual e preços futuros possíveis das ações da Google, considerando-se que em cada período de três meses o preço ou sobe 17,09% ou cai 14,60%. Os números entre parênteses mostram os valores correspondentes de uma opção de compra para seis meses com um preço de exercício de $530. A taxa de juros é de 0,5% por trimestre.

---

[7] Explicaremos rapidamente por que escolhemos esses números.

Valor da opção no mês 3 Agora podemos descobrir os possíveis valores da opção no mês 3. Suponha que ao final dos três meses o preço da ação é de $620,50. Nesse caso, os investidores sabem que, quando a opção finalmente vencer no mês 6, o seu valor será ou $0 ou $196,65. Podemos, portanto, usar nossas probabilidades livres de risco para calcular o valor esperado da opção no mês 6:

Valor esperado da opção no mês 6 = (probabilidade de subida × 196,65) + (probabilidade de queda × 0)
= (0,4764 × 196,65) + (0,5236 × 0) = $93,69

E o valor no mês 3 é de 93,69/1,005 = $93,22.

E se o preço da ação cair para $452,64 no mês 3? Nesse caso, a opção tende a não valer nada no vencimento. Seu valor esperado é zero, e seu valor no mês 3 também é zero.

Valor da opção agora Podemos, agora, tirar os pontos de interrogação da Figura 21.2. A Figura 21.3 mostra que, se o preço da ação no mês 3 for $93,22, o valor da opção será $452,64, e se o preço da ação for $620,59, o valor da opção será zero. Vamos, então, calcular o valor da opção hoje.

Há uma chance de 47,64% de que a opção valerá $93,22 e uma chance de 52,36% de que valerá zero. Então, o valor esperado no mês 3 é:

(0,4764 × 93,22) + (0,5236 × 0) = $44,41

E o valor agora é de 44,41/1,005 = $44,19.

O método binomial geral

Provavelmente, a passagem para os dois períodos na avaliação da opção da Google acrescentou mais realismo, mas não há razão para pararmos aqui. Poderíamos continuar, como na Figura 21.1, a utilizar intervalos cada vez mais curtos. Continuaríamos podendo utilizar o método binomial para fazer os cálculos da data final até o presente. Claro que seria cansativo fazer esses cálculos manualmente, mas é fácil fazê-los com o auxílio de um computador.

Considerando que um ativo geralmente pode assumir um número quase ilimitado de valores futuros, o método binomial permite uma medida mais realista e precisa para o valor da opção se trabalharmos com um grande número de subperíodos. Entretanto, isso levanta uma questão importante: como escolher valores razoáveis para as variações – positivas e negativas – do valor? Por exemplo, por que escolhemos os valores de +17,09% e −14,6% quando reavaliamos a opção da Google utilizando os dois subperíodos? Felizmente existe uma

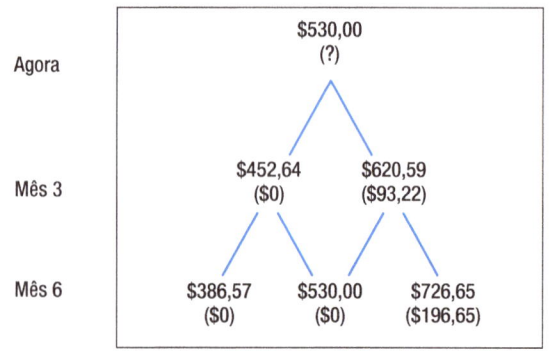

▶ **FIGURA 21.3** Preço atual e preços futuros possíveis das ações da Google. Os números entre parênteses mostram os valores correspondentes de uma opção de compra para seis meses com um preço de exercício de $530.

pequena e elementar fórmula que relaciona as variações positivas e negativas com o desvio-padrão dos retornos dos ativos:

$$1 + \text{variação positiva} = u = e^{\sigma\sqrt{h}}$$

$$1 + \text{variação negativa} = d = 1/u$$

onde,

e = base dos logaritmos naturais = 2,718

σ = desvio-padrão dos retornos dos ativos (compostos continuamente)

h = intervalo como fração de um ano

Quando dissemos que os preços das ações da Google podiam subir 25% ou cair 20% ao longo de seis meses (h = 0,5), esses valores eram consistentes com um valor de 31,56% para o desvio-padrão dos retornos anuais:[8]

$$1 + \text{variação positiva (intervalo de 6 meses)} = u = e^{0,3156\sqrt{0,5}} = 1,25$$

$$1 + \text{variação negativa} = d = 1/u = 1/1,25 = 0,80$$

Para obter as variações – positivas e negativas – equivalentes quando dividimos o período em intervalos de três meses (h = 0,25), utilizamos a mesma fórmula:

$$1 + \text{variação positiva (intervalo de 3 meses)} = u = e^{0,3156\sqrt{0,25}} = 1,1709$$

$$1 + \text{variação negativa} = d = 1/u = 1/1,1709 = 0,854$$

As colunas centrais do Quadro 21.1 mostram os movimentos de subida e de descida equivalentes ao valor da empresa se dividirmos o período em seis subperíodos mensais ou 26 semanais, e a última coluna mostra o efeito sobre o valor estimado da opção. (Explicaremos o valor de Black-Scholes na sequência.)

O método binomial e as árvores de decisão

O cálculo do valor de uma opção pelo método binomial é essencialmente um processo de resolução de uma árvore de decisão. Começa-se em uma data futura e retrocede-se ao longo da árvore até o presente. No final, os fluxos de caixa possíveis gerados por acontecimentos e ações futuras são acumulados em um valor presente.

QUADRO 21.1 À medida que o número de intervalos aumenta, deve-se ajustar a faixa de variações possíveis do valor do ativo para manter o mesmo desvio-padrão. Mas se aproximará cada vez mais do valor de Black-Scholes da opção de compra da Google

	Variações por intervalo (%)		
Número de intervalos	Positivas	Negativas	Valor estimado da opção
1	+25,0	−20,0	$61,22
2	+17,1	−14,6	44,19
6	+9,54	−8,71	47,62
26	+4,47	−4,28	49,08
		Valor de Black-Scholes =	49,52

Obs: O desvio-padrão é σ = 0,3156.

---

[8] Para obter o desvio-padrão tendo u, invertemos a fórmula:

$$\sigma = \log(u)/\sqrt{h}$$

Onde: log = logaritmo natural. No nosso exemplo:

$$\sigma = \log(1,25)/\sqrt{0,5} = 0,2231/\sqrt{0,5} = 0,3156$$

O método binomial será *meramente* outra aplicação das árvores de decisão, uma ferramenta de análise que ficou conhecida no Capítulo 10? A resposta é não, por, pelo menos, duas razões. Em primeiro lugar, a teoria da avaliação de opções é absolutamente essencial para o desconto em árvores de decisão. O desconto de fluxos de caixa esperados não funciona em árvores de decisão pela mesma razão que não funciona com opções de compra e de venda. Tal como salientamos na Seção 21.1, não existe uma taxa de desconto única e constante para as opções, pois o risco da opção varia com o tempo e com as variações de preço do ativo subjacente. Não existe uma taxa de desconto única em uma árvore de decisão, visto que, se a árvore contém decisões futuras significativas, também contém opções. O valor de mercado dos fluxos de caixa futuros descrito pela árvore de decisão tem de ser calculado pelos métodos de avaliação de opções.

Em segundo lugar, a teoria das opções nos oferece uma estrutura poderosa e simples para descrever as árvores de decisão complexas. Suponha, por exemplo, que exista a opção de abandonar um investimento. A árvore de decisão completa excederia o maior quadro negro que pode existir em uma sala de aula, mas, agora que você já conhece as opções, a oportunidade de abandonar o investimento pode ser resumida como "uma opção de venda americana". É claro que nem todos os problemas reais têm opções equivalentes tão fáceis, mas muitas vezes podemos aproximar árvores de decisão complexas por carteiras simples com ativos e opções. Uma árvore de decisão específica pode ser mais "realista", mas o tempo e os custos poderão não valer a pena. A maior parte dos homens compra seus ternos em uma loja de roupas prontas, apesar de um terno feito sob medida da Armani vestir melhor e também ter um aspecto muito melhor.

21.3 A fórmula de Black-Scholes

Volte a observar a Figura 21.1, que mostra o que acontece à distribuição das possíveis variações de preço das ações da Google quando dividimos a vida da opção em um número cada vez maior de subperíodos cada vez menores. Você constatará que a distribuição das variações de preços se torna cada vez mais suave.

Caso continuássemos a subdividir desse modo a vida da opção, acabaríamos chegando à situação apresentada na Figura 21.4, em que há um *continuum* de variações possíveis do preço da ação no vencimento. A Figura 21.4 é um exemplo de distribuição lognormal, que é muitas vezes utilizada para resumir as probabilidades de diferentes variações de preços de ações.[9] Ela possui várias características

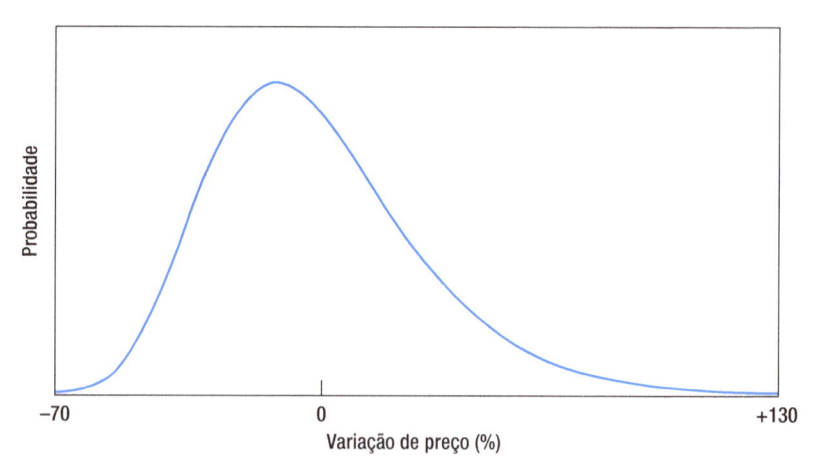

▶ **FIGURA 21.4** À medida que a vida da opção vai sendo dividida em cada vez mais subperíodos, a distribuição das possíveis variações de preço da ação aproxima-se de uma distribuição lognormal.

---

[9] Quando abordamos pela primeira vez a distribuição das variações de preço de ações no Capítulo 8, retratamos essas variações como uma distribuição normal. Naquele momento, salientamos que se tratava de uma aproximação aceitável para intervalos muito curtos, mas que a distribuição lognormal permite uma aproximação melhor às variações ao longo de intervalos mais prolongados.

de um senso comum elementar. Por exemplo, reconhece o fato de que o preço de uma ação nunca pode cair mais de 100%, mas que há uma probabilidade, talvez pequena, de subir muito mais do que 100%.

Subdividir a vida da opção em intervalos infinitamente pequenos não afeta o princípio da avaliação de uma opção. Continuaria sendo possível replicar a opção de compra por meio de um instrumento alavancado (tomada de empréstimo) na ação, mas teríamos que ajustar continuamente o grau de endividamento à medida que o tempo fosse passando. Calcular o valor de uma opção quando há um número infinito de subperíodos pode parecer uma tarefa inútil, mas, felizmente, Black e Scholes desenvolveram uma fórmula que resolve esse problema.[10] É uma fórmula com aspecto pouco atraente, mas, observando melhor, ela é extraordinariamente elegante e útil. A fórmula é:

Valor da opção de compra = [delta × preço da ação] − [empréstimo bancário]

$$[N(d_1) \times P] - [N(d_2) \times VP(EX)]$$

onde,

$$d_1 = \frac{\log[P/PV(EX)]}{\sigma\sqrt{t}} + \frac{\sigma\sqrt{t}}{2}$$

$$d_2 = d_1 - \sigma\sqrt{t}$$

$N(d)$ = distribuição normal acumulada[11]

EX = preço de exercício da opção; o VP(EX) é calculado descontando a taxa de juro sem risco r_f

t = número de períodos até a data de exercício

P = preço atual da ação

σ = desvio-padrão por período das taxas de retorno (compostas continuamente) das ações

Repare que o valor da opção de compra na fórmula de Black-Scholes tem as mesmas propriedades que identificamos anteriormente. Ele aumenta com o nível P do preço das ações e diminui com o valor presente do preço de exercício, VP(EX), que, por sua vez, depende da taxa de juro e do tempo até o vencimento. Aumenta também com o tempo até o vencimento e com a variabilidade das ações ($\sigma\sqrt{t}$).

Para desenvolverem a sua fórmula, Black e Scholes partiram do princípio de que existe um *continuum* nos preços das ações e, portanto, para replicar uma opção, os investidores devem ajustar continuamente a sua posição nessas ações.12 É claro que isso não é literalmente possível, mas, mesmo assim, a fórmula funciona notavelmente bem no mundo real, onde as ações somente são negociadas de modo intermitente, e os preços saltam de um nível para outro. O modelo de Black-Scholes também provou ser bastante flexível; pode ser adaptado para avaliar opções sobre uma variedade de ativos, tais como moedas estrangeiras, obrigações e mercadorias. Portanto, não é de admirar que tenha tido uma enorme influência e que tenha se tornado o modelo padrão para a avaliação de opções. Todos os dias, os corretores das bolsas de opções utilizam essa fórmula para efetuar enormes negociações. Esses corretores não conhecem, na sua maioria, a derivação matemática da fórmula; limitam-se a utilizar um computador ou uma calculadora especialmente programada para determinar o valor da opção.

Utilização da fórmula de Black-Scholes

A fórmula de Black-Scholes pode parecer difícil, mas é muito fácil de aplicar. Vamos praticá-la, utilizando-a para avaliar a opção de compra da Google.

---

[10] Os artigos pioneiros sobre opções foram: F. Black and M. Scholes, "The Pricing of Options and Corporate Liabilities," *Journal of Political Economy* 81 (May-June 1973), pp. 637-654; e R. C. Merton, "Theory of Rational Option Pricing," *Bell Journal of Economics and Management Science* 4 (Spring 1973), pp. 141-183.

[11] Ou seja, $N(d)$ é a probabilidade de uma variável aleatória x̃, distribuída normalmente, ser inferior ou igual a d_1. Na fórmula de Black-Scholes, $N(d_1)$ é o delta da opção. Portanto, a fórmula nos informa que o valor de uma opção de compra é igual a um investimento de $N(d_1)$ na ação menos um empréstimo de $N(d_2) \times$ VP(EX).

[12] Os pressupostos importantes para a fórmula de Black-Scholes são: (a) o preço do ativo subjacente segue um curso aleatório lognormal; (b) os investidores podem ajustar a cobertura continuamente e sem custos; (c) a taxa livre de risco é conhecida; (d) o ativo subjacente não paga dividendos.

Os dados necessários são:

- Preço atual da ação = P = 530
- Preço de exercício = EX = 530
- Desvio-padrão dos retornos anuais (compostos continuamente) = σ = 0,3156
- Anos até o vencimento = t = 0,5
- Taxa de juro ao ano = r_f = 1% por seis meses ou 2,01% ao ano.[13]

Recorde que a fórmula de Black-Scholes para o valor da opção de compra é:

$$[N(d_1) \times P] - [N(d_2) \times \text{VP(EX)}]$$

sendo,

$$d_1 = \log[P/\text{PV(EX)}]/\sigma\sqrt{t} + \sigma\sqrt{t}/2$$

$$d_2 = d_1 - \sigma\sqrt{t}$$

$N(d)$ = função de probabilidade normal cumulativa

Para se utilizar a fórmula de cálculo do valor da opção de compra sobre a Google, há três passos a serem seguidos:

Passo 1 Calcule d_1 e d_2. Trata-se apenas de uma questão de introduzir números na fórmula (sem esquecer que "log" significa log *natural*):

$$\begin{aligned} d_1 &= \log[P/\text{VP(EX)}]/\sigma\sqrt{t} + \sigma\sqrt{t}/2 \\ &= \log[530/(530/1,01)]/(0,3156 \times \sqrt{0,5}) + 0,3156 \times \sqrt{0,5}/2 \\ &= 0,1562 \\ d_2 &= d_1 - \sigma\sqrt{t} = 0,1562 - 0,3156 \times \sqrt{0,5} = -0,0670 \end{aligned}$$

Passo 2 Determine $N(d_1)$ e $N(d_2)$. $N(d_1)$ é a probabilidade de uma variável com distribuição normal ser inferior a d_1 desvios-padrão acima da média. Se d_1 for elevado, $N(d_1)$ está próximo de 1,0 (ou seja, é quase certo que a variável será inferior a d_1 desvios-padrão acima da média). Se d_1 for zero, $N(d_1)$ é 0,5 (ou seja, há uma probabilidade de 50% de uma variável com distribuição normal ficar abaixo da média).

A forma mais simples para se determinar $N(d1)$ é utilizar a função DIST.NORM.N do Excel. Por exemplo, ao introduzir DIST.NORM.N (0,1562) em uma planilha do Excel, perceberá que há uma probabilidade de 0,5612 de uma variável com distribuição normal ser inferior a 0,1562 desvio-padrão acima da média.

Mais uma vez, é possível utilizar a função do Excel para determinar $N(d2)$. Ao introduzir DIST.NORM.N (–0,0670) em uma planilha do Excel, deverá obter 0,4733 como resposta. Em outras palavras, há uma probabilidade de 0,4733 de uma variável com distribuição normal ser inferior a 0,0670 desvio-padrão *abaixo* da média.

Passo 3 Introduza esses valores na fórmula de Black-Scholes. Agora é possível calcular o valor da opção de compra da Google:

$$\begin{aligned} &[\text{Delta} \times \text{preço}] - [\text{empréstimo bancário}] \\ &= [N(d_1) \times P] - [N(d_2) \times \text{PV(EX)}] \\ &= [0,5621 \times 530] - [0,4733 \times (530/1,01)] = 297,89 - 248,36 = \$49,52 \end{aligned}$$

---

[13] Quando se avaliam opções, é mais comum utilizar taxas compostas continuamente (veja a Seção 2.4). Se a taxa composta anualmente for de 2,01%, a taxa equivalente (composta continuamente) será de 1,98%. (O log natural de 1,0201 é 0,0198 e $e^{0,0199}$ = 1,0201). Utilizando a taxa composta continuamente, PV(EX) = 530 × $e^{-0,0199 \times 0,5}$ = \$524,75.
 Se ambos os métodos dão a mesma resposta, por que nos importamos em mencionar esse ponto? Simplesmente porque a maioria dos programas de computador para a avaliação de opções pede uma taxa composta continuamente. Se você entrar com uma taxa composta anualmente por engano, o erro geralmente será pequeno, mas será perdido bastante tempo na tentativa de rastreá-lo.

Em outras palavras, é possível replicar a opção de compra da Google investindo $297,89 nas ações da empresa e pedindo emprestado $248,36. Subsequentemente, com o passar do tempo e com as variações dos preços das ações, talvez você precise tomar emprestado um montante maior para investir nas ações ou, possivelmente, necessitará vender uma parcela de suas ações para reduzir a sua dívida.

Mais alguns exercícios Suponha que você repita os cálculos da opção de compra da Google para um leque mais ampliado de preços das ações. O resultado é apresentado na Figura 21.5, e você poderá ver que os valores da opção posicionam-se ao longo de uma curva ascendente que inicia o seu percurso no canto inferior esquerdo do diagrama. À medida que o preço da ação vai subindo, o valor da opção vai aumentando, tornando-se gradualmente paralelo ao limite inferior do valor da opção. Foi exatamente essa a forma à qual chegamos no Capítulo 20 (veja a Figura 20.10).

A altura dessa curva depende do risco e do tempo até o vencimento. Por exemplo, se houvesse um aumento repentino do risco das ações da Google, a curva apresentada na Figura 21.5 se elevaria para todos os preços possíveis das ações. A Figura 20.12, por exemplo, mostra o que aconteceria com a curva se o risco das ações da Google dobrasse.

O risco de uma opção

Qual o grau de risco de uma opção de compra da Google? Vimos que é possível exatamente replicar uma opção de compra por uma combinação de empréstimos livres de risco e de um investimento nas ações. Portanto, o risco da opção deve ser idêntico ao risco dessa carteira de réplica. Sabemos que o beta de qualquer carteira é simplesmente uma média ponderada dos betas dos ativos separados. Assim, o risco da opção é justamente uma média ponderada dos betas dos investimentos no empréstimo e nas ações.

De acordo com dados do passado, o beta da ação da Google é $\beta_{ação} = 1,15$; o beta de um empréstimo livre de risco é $\beta_{empréstimo} = 0$. Você está investindo $297,89 na ação e –$248,36 no empréstimo. (Repare que o investimento no empréstimo é negativo – você está *tomando emprestado* dinheiro.) Portanto, o beta da opção é $\beta_{opção} = (–248,36 \times 0 + 297,89 \times 1,15)/(–248,36 + 297,89) = 6,92$. Repare que, como uma opção de compra é equivalente a uma posição alavancada sobre as ações, ela sempre será mais arriscada do que a ação em si. No caso da Google, a opção comporta um risco cinco vezes maior do que o da ação. À medida que o tempo passa e com as variações dos preços das ações da Google, o risco da opção também variará.

A fórmula de Black-Scholes e o método binomial

Observe novamente o Quadro 21.1 em que utilizamos o método binomial para calcular o valor da opção de compra da Google. Repare que, à medida que o número de intervalos vai aumentando, os valores obtidos com o método binomial começam a se aproximar do valor de Black-Scholes de $49,52.

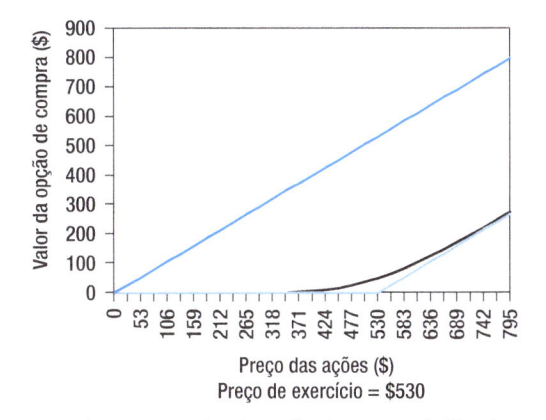

▶ **FIGURA 21.5** A linha curva mostra como o valor da opção de compra da Google se altera à medida que o preço das ações da Google vai variando.

A fórmula de Black-Scholes reconhece uma série de resultados possíveis. Normalmente, isso é mais realista do que o número limitado de resultados obtidos com o método binomial. Além disso, a fórmula de Black-Scholes é mais precisa e rápida de ser utilizada do que o método binomial. Então, por que utilizá-lo? A resposta é que existem circunstâncias em que não se pode utilizar a fórmula de Black-Scholes, mas o método binomial continuará a oferecer uma boa medida do valor da opção. Analisaremos vários desses casos na Seção 21.5

21.4 A fórmula de Black-Scholes em ação

Para ilustrarmos os princípios da avaliação de opções, focamos no exemplo das opções da Google. Mas os gestores financeiros recorrem ao modelo de Black-Scholes para estimar o valor de várias opções diferentes. Apresentamos, a seguir, quatro exemplos:

Executive Stock Options (remuneração de executivos com base em opções de ações)

No ano fiscal de 2014, Larry Ellison, CEO da Oracle Corporation, recebeu um salário de apenas $1, mas ele também embolsou $67 milhões na forma de opções de ações.

O exemplo destaca que as opções em ações para executivos são, de modo geral, uma parte importante de suas compensações. Durante muitos anos, as empresas conseguiram evitar a divulgação do custo dessas opções em seus demonstrativos financeiros. No entanto, agora devem considerar as opções como um encargo idêntico a salários e ordenados, de modo que necessitam estimar o valor de todas as novas opções que estão concedendo. Por exemplo, os demonstrativos financeiros da Oracle reportavam que, no ano fiscal de 2014, a empresa emitiu um total de 131 milhões de opções com uma vida média de 4,9 anos e um preço de exercício de $31,02. Calculou-se que o valor médio dessas opções era de $7,47. Como foi determinado esse valor? Simplesmente, utilizaram o modelo de Black-Scholes pressupondo-se um desvio-padrão de 27% e uma taxa de juro de 1,3%.[14]

Algumas empresas têm disfarçado o montante de remuneração a seus gestores ao antedatar a concessão de uma opção. Suponha, por exemplo, que o preço das ações de uma empresa tenha subido de $20 a $40. Nessa ocasião, são concedidas ao seu CEO opções exercíveis a $20. Esse procedimento é generoso, mas não ilegal, no entanto, se a empresa finge que as opções foram *efetivamente* concedidas quando o preço das ações era de $20 e as avalia nessa base, ela irá substancialmente desvalorizar a remuneração do CEO.[15] O quadro mais próximo discute o escândalo de se antedatar.

Em relação às *executive stock options*, podemos utilizar a fórmula de Black-Scholes para avaliar os pacotes de opções que lhe foram oferecidos na Seção 20.3 (veja o Quadro 20.3). O Quadro 21.2 calculou um valor unitário de $5,26 para as opções da cautelosa e pouca imaginativa Establishment Industries. As opções da arriscada e brilhante Digital Organics valem $7,40 cada uma. Parabéns.

Warrants

Quando a Owens Corning emergiu da falência em 2006, os credores tornaram os proprietários solidários da empresa. Entretanto, os acionistas mais antigos não foram deixados integralmente de mãos vazias. Receberam *warrants* para comprar as novas ações ordinárias a qualquer momento nos próximos sete anos pelo preço unitário de $45,25. Como as ações da empresa reestruturada valiam apenas $30, precisavam valorizar mais 50% para que valesse a pena exercer as *warrants*. No entanto, essas opções sobre as ações da empresa eram claramente valiosas e, logo após o início das transações com as *warrants*, estavam sendo vendidas ao preço unitário de $6. Você pode

---

[14] Muitos dos destinatários dessas opções talvez não concordaram com a avaliação feita pela Oracle. Primeiro, as opções tinham menor valor para os seus titulares se criassem risco não diversificável substancial. Segundo, se os titulares planejassem abandonar a empresa nos anos subsequentes, eles teriam de renunciar às opções. Para uma discussão sobre esses temas, veja J. I. Bulow and J. B. Shoven, "Accounting for Stock Options", *Journal of Economic Perspectives* 19 (Fall 2005), pp. 115-134.

[15] Até 2005, as empresas eram obrigadas a registrar como despesa qualquer diferença entre o preço da ação, quando as opções eram concedidas, e o preço de exercício. Assim, contanto que as opções fossem concedidas "*at-the-money*" (preço de exercício igual ao preço da ação), a organização não era obrigada a mostrar qualquer despesa.

QUADRO 21.2 Uso da fórmula de Black-Scholes para avaliar as *executive stock* options da Establishment Industries e da Digital Organics (ver o Quadro 20.3)

	Establishment Industries	Digital Organics
Preço das ações (P)	$22	$22
Preço do exercício (EX)	$25	$25
Taxa de juro (r_f)	0,04	0,04
Maturidade em anos (t)	5	5
Desvio-padrão (σ)	0,24	0,36
$d_1 = \log[P/VP(EX)]/\sigma\sqrt{t} + \sigma\sqrt{t}/2$	0,3955	0,4873
$d_2 = d_1 - \sigma\sqrt{t}$	−0,1411	−0,3177
Valor da opção de compra = $[N(d_1) \times P] - [N(d_2) \times VP(EX)]$	$5,26	$7,40

ter a certeza de que antes de os acionistas receberem esse pacote de remuneração, todas as partes calcularam o valor das *warrants* segundo diferentes pressupostos sobre a volatilidade das ações. O modelo de Black-Scholes é feito sob medida para este propósito.[16]

É incomum encontrar *warrants* cujos preços estejam obviamente discrepantes com relação aos valores gerados por modelos de avaliação de opções, mas há exceções. O quadro Prática Financeira – A bolha de *warrants* chinesa – oferece um exemplo extraordinário.

Seguro de carteira

O fundo de pensão da sua empresa possui uma carteira de ações com um valor de $800 milhões, cujo desempenho acompanha de perto o do índice de mercado. Atualmente, o fundo está integralmente financiado, mas você receia que uma queda maior que 20% nos preços o coloque em uma situação de subfinanciamento. Suponha que o seu banco se oferece para segurá-lo durante um ano contra essa possibilidade. Quanto você estaria disposto a pagar por esse seguro? Pense na Seção 20.2 (Figura 20.6), onde lhe mostramos que você pode se proteger de uma queda no preço dos ativos adquirindo uma opção de venda protetora. No caso em questão, o banco lhe venderia uma opção de venda a um ano sobre preços de ações norte-americanas com um preço de exercício 20% abaixo do seu nível atual. Você pode obter o valor dessa opção em dois passos. Primeiro, use a fórmula de Black Scholes para avaliar uma opção de compra com idênticos preços de exercício e vencimento. Em seguida, recorra à paridade *put-call* para determinar o valor da opção de venda. (Será preciso ajustar quanto aos dividendos, mas deixaremos isso para a próxima seção.)

Cálculo de volatilidades implícitas

Até agora utilizamos o nosso modelo de avaliação de opções para calcular o valor de uma opção conhecendo o desvio-padrão dos retornos do seu ativo. Às vezes, é bom observar o problema ao contrário e ver o que o preço da opção nos diz sobre a volatilidade do ativo. Por exemplo, na Chicago Board Options Exchange negociam-se opções sobre vários índices de mercado. No momento em que estamos escrevendo este livro, o valor do Índice Standard & Poor's 500 é cerca de 2020, enquanto uma opção de compra para um ano "*at-the-money*" sobre o índice é negociada por $130. Se a fórmula do Black-Scholes estiver correta, o valor de $130 para uma opção só faz sentido se os investidores acreditarem que o desvio-padrão dos retornos do índice se situa em cerca de 40% ao ano.[17]

---

[16] P.S.: infelizmente o preço das ações da Owens Corning jamais alcançou $45 e as *warrants* expiraram sem valor algum.

[17] Ao calcular a volatilidade implícita, precisamos considerar os dividendos pagos sobre as ações. Explicamos como fazer isso na próxima seção.

PRÁTICA FINANCEIRA

O dia de pagamento perfeito*

Em um dia de outubro de 1999, as ações da United Health Group, uma das gigantes do ramo de seguros, despencaram para o seu menor nível do ano. Esse fato pode ter sido uma má notícia para os investidores, mas não o foi para William McGuire, o CEO, pois a empresa lhe concedera opções para a compra de ações no futuro àquele preço baixo. Se as opções tivessem sido datadas em um mês depois, quando o preço das ações estava 40% mais alto, essas opções teriam tido um valor muito menor. Coincidência fortuita? Possivelmente, mas no ano seguinte também o Sr. McGuire recebeu opções no mesmo dia em que o preço das ações atingiu a maior baixa do ano. E, em 2001, a concessão se deu próxima do nível inferior de uma queda acentuada no preço das ações.

Durante os anos subsequentes, começaram a acumular as evidências de que, em outras empresas, os executivos também estavam recebendo opções a preços estranhamente favoráveis. Dava a impressão de que essas organizações estavam usando informações do passado para a escolha das datas em que as opções eram concedidas. Esse procedimento de antedatar (*backdating*) não é necessariamente ilegal, mas a maioria das opções é concedida de acordo com um programa aprovado pelos acionistas que, normalmente, exige que o preço de exercício seja igual ao valor justo de mercado das ações na época da concessão. O procedimento pode também resultar em uma subestimativa do montante de compensação pago e, portanto, a uma declaração errada dos lucros e um pagamento menor dos impostos.

Investigações empreendidas pela SEC e processos abertos por acionistas inconformados levaram à demissão de vários diretores e dirigentes de empresas influentes que se descobriu que promoviam a antedatagem das opções. William McGuire estava entre os que caíram nessa rede. Ele, subsequentemente, concordou em pagar $39 milhões e renunciou ao direito de receber mais 3,7 milhões de opções compensatórias sobre ações em um acordo para liquidação do processo que lhe fora movido pela associação de classe encabeçada pelo California Public Employee Retirement System (Calpers).

---

*"The Perfect Payday", ou o "Dia de Pagamento Perfeito", foi o título de um artigo no *The Wall Street Journal* que chamava a atenção para a prática de *backdating*. Veja C. Forelle and J. Bandler, "The Perfect Payday; Some CEOs Reap Millions by Landing Stock Options When They Are Most Valuable; Luck – or Something Else?" *The Wall Street Journal*, March 18, 2006, p. A1. Confirmações anteriores desse procedimento apareceram em D. Yermack, "Good Timing: CEO Stock Option Awards and Company News Announcements". *Journal of Finance 52* (1997), pp. 449-476, e em E. Lie, "On the Timing of CEO Stock Option Awards", *Management Science* 51 (2005), pp. 802-812.

Há um mercado ativo para o VIX. Por exemplo, suponha que você perceba que a volatilidade implícita está improvavelmente baixa. Então, é possível "comprar" o VIX por um preço correntemente baixo e esperar vendê-lo para obter um lucro quando houver um aumento da volatilidade implícita.

Você pode estar interessado em comparar a volatilidade implícita corrente que calculamos anteriormente com a Figura 21.6, que mostra as medidas passadas de volatilidade implícita para o índice Standard & Poor's e para o índice Nasdaq (VXN). Repare o aumento acentuado da incerte-

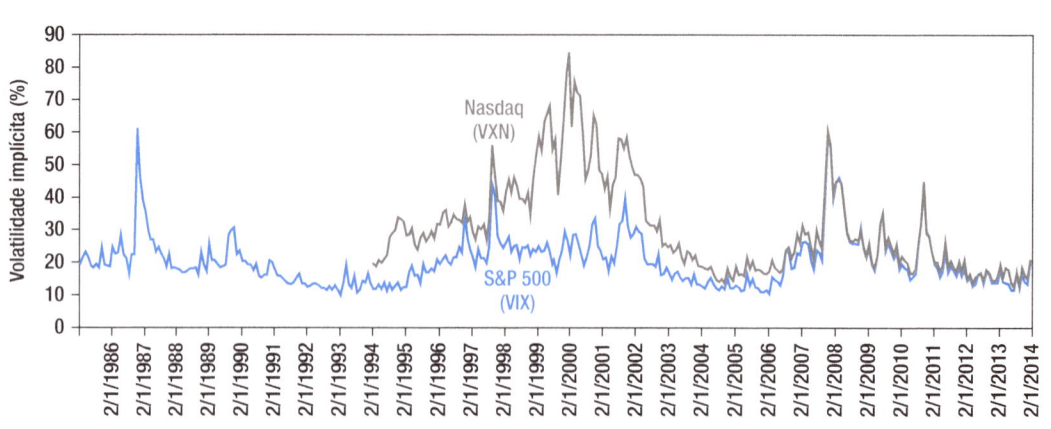

▶ **FIGURA 21.6** Desvios-padrão dos retornos do mercado implícitos no preço das opções sobre os índices de mercado.

Fonte: finance.yahoo.com.

PRÁTICA FINANCEIRA

A bolha de warrants chinesa

A maioria das warrants concedem a seu detentor a opção de comprar ações da empresa. Uma warrant menos comum é a warrant com opção de venda, que permite ao seu detentor vender ações de volta para a empresa.

Em abril de 2006, a produtora chinesa de bebidas WuLiangYe Corporation emitiu 313 milhões de warrants com opção de venda na bolsa de valores de Shenzhen. A data de vencimento das warrants era 2 abril de 2008, e o prazo final para transação era 26 de março de 2008. O preço de exercício para as warrants era de 5,63 yuans, e o preço das ações quando da emissão era de 5,03 yuans.

Depois que as warrants foram emitidas, o preço das ações da WuLiangYe subiu constantemente até atingir o pico de 71,56 yuans em outubro de 2007. Àquela altura, era muitíssimo improvável que o preço das ações viesse a cair abaixo de 5,63 yuans até abril de 2008, dando quase como certo que as warrants com opção de venda expirariam sem serem exercidas. Neste cenário, a fórmula de Black-Scholes mostrava que o valor das warrants era efetivamente zero. Ainda assim, conforme o preço das ações subia, o mesmo se dava com o das warrants. Em junho de 2007, o preço das warrants atingiu um pico de 8,15 yuans, antes de cair para um centavo no último minuto do último dia de transação.

As warrants com opção de venda da WuLiangYe não foram um caso isolado de preços discrepantes. Outras 15 warrants chinesas com opção de venda foram similarmente supervalorizadas durante esse período. Então por que investidores inteligentes perderam a chance de lucrar via arbitragem com os preços equivocados, vendendo warrants e comprando delta de ações? Caso se permitisse vendas a descoberto das warrants com opção de venda, essa arbitragem teria sido muito lucrativa. Na China, porém, os investidores estavam proibidos por lei de venderem warrants ou ações a descoberto. Além disso, a China limita a variação de preço de uma ação a no máximo 10% em um mesmo dia. Durante os últimos dias de transação, o preço das ações da WuLiangYe estava suficientemente alto para que o limite de 10% fizesse com que as warrants com opção de venda expirassem sem qualquer valor. Ainda assim, as warrants eram transacionadas a quantias significativas de dinheiro.

Como o preço de uma opção pode se afastar tanto de qualquer estimativa razoável sobre o seu valor? Será que os investidores que compraram as warrants a 8,15 yuans acreditavam erroneamente que estavam adquirindo uma opção de comprar ações da WuLiangYe por 5,63 yuans? Talvez investidores astutos, impossibilitados de venderem as warrants a descoberto, tenham decidido entrar na onda comprando as warrants para revendê-las a um tolo ainda maior a um preço ainda mais alto. Se for este o caso, o episódio das warrants chinesas com opção de venda é mais um exemplo das bolhas que discutimos no Capítulo 13.

Fonte: Wei Xiong and Jialin Yu, "The Chinese Warrants Bubble," *American Economic Review*, 101(6): 2.723 -2.753.

21.5 Valor imediato de opções

Até agora a nossa discussão sobre o valor das opções tem tido por base a ideia de que os investidores conservam a opção até o seu vencimento. Obviamente, é isso o que acontece com as opções europeias que *não podem* ser exercidas antes do vencimento, mas pode não ser o que acontece com as opções norte-americanas que podem ser exercidas a qualquer momento. Além disso, quando calculamos o valor da opção de compra da Google, pudemos ignorar os dividendos, porque a Google não pagou dividendos. Será possível aplicar os mesmos métodos de avaliação às opções norte-americanas e às ações que pagam dividendos?

Outra questão tem a ver com a diluição. Quando os investidores compram e depois exercem opções negociadas em bolsa, isso não tem qualquer efeito sobre o número de ações emitidas pela empresa. Mas, por vezes, pode ser a própria empresa a conceder opções aos seus funcionários mais importantes ou a vendê-las aos investidores. Quando essas opções são exercidas, o número de ações em circulação *realmente* diminui e, por isso, a participação dos acionistas existentes dilui-se. Modelos de avaliação de opções precisam ser capazes de dar conta do efeito de diluição.

PRÁTICA FINANCEIRA

O índice do medo*

O Índice de Volatilidade de Mercado (Market Volatility Index – VIX) mede a volatilidade implícita das opções de médio prazo que compõem o Índice Standard & Poor's 500, e é, portanto, uma estimativa da volatilidade *futura* esperada do mercado nos próximos 30 dias corridos. Esses tipos de volatilidades têm sido calculados pela Chicago Board Options Exchange (CBOE) desde janeiro de 1986, embora o formato atual do VIX remonte apenas a 2003.

Os investidores negociam regularmente volatilidades. Eles o fazem pela compra ou venda de contratos futuros e de opções do VIX. Desde a sua introdução pela CBOE, as atividades combinadas de transação em dois contratos cresceram a um volume de mais de 100 mil contratos por dia, transformando-as em duas das inovações mais bem-sucedidas já introduzidas pela bolsa.

Como o VIX mede a incerteza dos investidores, ele tem sido cunhado como o "índice do medo". O mercado das opções do índice tende a ser dominado por investidores em ações que compram opções de venda atreladas ao índice quando estão preocupados sobre uma potencial queda no mercado de ações. Qualquer diminuição subsequente no valor de suas carteiras é, consequentemente, compensada pelo aumento do valor da opção de venda. Quanto mais os investidores exigem esse seguro, maior será o preço das opções de venda do índice. Portanto, o VIX é um indicador que reflete o preço do seguro da carteira.

Entre janeiro de 1986 e dezembro 2014, o valor do VIX ficou, em média, em 20,4%, praticamente idêntico ao nível da volatilidade de mercado a longo prazo que citamos no Capítulo 7. A pontuação mais alta do índice ocorreu em outubro de 1987, quando o VIX fechou o mês em 61%,** mas tem havido outras subidas de curta duração, por exemplo, na época da invasão que o Iraque perpetrou no Kuwait e a resposta subsequente das forças norte-americanas.

Embora o VIX seja a medida de volatilidade mais amplamente citada, há outras medidas disponíveis para diversos outros índices de mercados de ações norte-americanos e estrangeiros (tais como o FTSE 100 Index no Reino Unido e o CAC 40 na França), bem como para o ouro, o petróleo e o euro.

---

*Para uma revisão do índice VIX, veja R. E. Whaley, "Understanding the VIX", *Journal of Portfolio Management* 35 (Spring 2009), pp. 98-105.

**Em 19 de outubro de 1987 (Segunda-Feira Negra), o VIX fechou a 150. Felizmente, a volatilidade do mercado retornou com uma razoável rapidez a níveis menos turbulentos.

Opções de compra norte-americanas – sem dividendos Ao contrário das opções europeias, as opções norte-americanas podem ser exercidas a qualquer momento. No entanto, sabemos que, na ausência de dividendos, o valor de uma opção de compra aumenta com o tempo que falta até o vencimento. Portanto, se você exercesse antecipadamente uma opção de compra norte-americana, teria desnecessariamente reduzido o respectivo valor. Uma vez que uma opção de compra norte-americana não deve ser exercida antes do vencimento, o seu valor é o mesmo do que o de uma opção de compra europeia, aplicando-se a fórmula de Black-Scholes às duas opções.

Opções de venda europeias – sem dividendos Se desejarmos avaliar uma opção de venda europeia, podemos utilizar a fórmula da paridade *put-call* que desenvolvemos no Capítulo 20:

Valor da opção de venda = valor da opção de compra – valor da ação + VP (preço de exercício)

Opções de venda norte-americanas – sem dividendos Por vezes compensa exercer uma opção de venda norte-americana antes do vencimento, para reinvestir o preço de exercício. Por exemplo, suponha que, imediatamente depois de ter comprado uma opção de venda norte-americana, o preço das ações cai para zero. Nesse caso, não há vantagem em manter a opção, uma vez que ela *não pode* se tornar mais valiosa. Será melhor exercer a opção de venda e investir o dinheiro do exercício. Portanto, uma opção de venda norte-americana é sempre mais valiosa do que uma opção de venda europeia. No nosso exemplo extremo, a diferença é igual ao valor presente dos juros que se poderia auferir com o preço de exercício. Em todos os outros casos, a diferença é menor.

Como a fórmula de Black-Scholes não permite o exercício antecipado, ela não pode ser utilizada para avaliar com rigor uma opção de venda norte-americana. Mas pode ser utilizado o método binomial passo a passo desde que se verifique em cada nó se a opção vale mais morta do que viva; em seguida utilize o mais elevado desses dois valores.

Opções de compra e de venda europeias sobre ações que pagam dividendos Parte do valor das ações é composto pelo valor presente dos dividendos, ao qual o detentor da opção não tem direito. Portanto, quando utilizamos o modelo de Black-Scholes para avaliar uma opção europeia sobre uma ação que paga dividendos, deve-se subtrair o valor presente dos dividendos a pagar do preço da ação antes do vencimento da opção.

Os dividendos nem sempre surgem com uma etiqueta identificadora; por isso, esteja atento a exemplos em que o detentor do ativo obtém lucro e o detentor da opção, não. Por exemplo, quando você compra divisas estrangeiras, pode investi-las e auferir juros; mas se possuir uma opção pra comprar essas divisas, perderá esse rendimento. Portanto, para avaliar a opção de compra, terá primeiro que deduzir o valor presente dos juros do preço corrente da divisa.[18]

Opções de compra norte-americanas sobre ações que pagam dividendos Observamos que, quando as ações não pagam dividendos, uma opção de compra norte-americana vale *sempre* mais viva do que morta. Mantendo a opção, ela não apenas é mantida em aberto, como também aufere juros sobre o preço de exercício. Mesmo quando há dividendos, você nunca deve exercer antecipadamente se o dividendo que recebe for menor que os juros que perde por ter que pagar o preço de exercício mais cedo. No entanto, se o dividendo for suficientemente grande, poderá pretender capturá-lo, exercendo a opção exatamente antes da data ex-dividendos.

O único método geral de avaliação de uma opção de compra norte-americana sobre ações que pagam dividendos é utilizar o método binomial passo a passo. Nesse caso tem que verificar em cada fase se a opção é mais valiosa se exercida exatamente antes da data ex-dividendos ou se mantida por, pelo menos, mais um período.

21.6 Mistura variada de opções

O nosso foco nos dois últimos capítulos tem sido em opções de compra e de venda simples ou nas combinações entre elas. Um entendimento sobre essas opções e a maneira como são avaliadas permitirá que se resolvam os problemas com opções que as pessoas provavelmente encontrarão nas finanças corporativas. No entanto, é possível encontrarmos ocasionalmente algumas opções mais incomuns. Este livro não procura estudá-las, mas apenas por diversão e para ajudá-lo nos diálogos com os seus amigos banqueiros de investimento, aqui está uma folha concisa que sintetiza algumas dessas opções exóticas:

Opção asiática (ou média)	O preço de exercício é igual à *média* do preço do ativo durante a vida da opção.
Opção barreira	Opção em que o resultado depende se o preço do ativo atinge um nível especificado. Uma opção knock-in (opção de compra up-and-in ou opção de venda down-and-in) existe apenas quando o ativo subjacente atinge a barreira. As opções knock-out (opção de compra down-and-out ou opção de venda up-and-out) cessa de existir se o preço do ativo atingir a barreira.
Opção bermuda	A opção é exercível em datas discretas antes do vencimento.
Opção caput	Opção de compra em uma opção de venda.
Opção flexível (como o detentor queira)	O titular deve decidir, antes do vencimento, se trata-se de uma opção de compra ou de venda.
Opção composta	Uma opção sobre uma opção
Opção digital (binária ou caixa-ou-nada)	O resultado da opção é zero se o preço do ativo está no lado errado do preço de exercício, ou, senão, é uma soma fixa.
Opção lookback (de retrocesso)	O titular escolhe como preço de exercício qualquer um dos preços dos ativos que ocorreram antes da data final.
Opção rainbow (arco-íris)	Opção de compra (de venda) sobre a melhor (pior) cesta de ativos.

---

[18] Suponha, por exemplo, que atualmente custa $2 para comprar £1 e que essa libra pode ser investida para gerar juros de 5%. O detentor da opção perde a oportunidade de obter juros de $0,05 \times \$2 = \$0,10$. Por isso, antes de utilizar a fórmula de Black-Scholes para avaliar uma opção para comprar libras esterlinas, você terá que ajustar o preço corrente da libra:

$$\text{Preço ajustado da libra esterlina} = \text{preço corrente} - \text{VP (juros)}$$
$$= \$2 - 0{,}10/1{,}05 = \$1{,}905$$

RESUMO

Neste capítulo apresentamos os princípios básicos da avaliação de opções, considerando uma opção de compra sobre uma ação que poderia ter um dentre dois valores possíveis quando do vencimento da opção. Mostramos que é possível criar um pacote formado pela ação e por um empréstimo que daria exatamente o mesmo resultado da opção *independentemente* do preço da ação subir ou cair. Portanto, o valor da opção deve ser igual ao valor dessa carteira de réplica.

Chegamos à mesma resposta, simulando que os investidores têm uma atitude de neutralidade diante do risco, esperando por isso que o retorno esperado sobre qualquer ativo seja igual à taxa de juro. Calculamos o valor futuro esperado da opção nesse cenário imaginário de neutralidade frente ao risco e depois descontamos esse valor pela taxa de juro para chegar ao valor presente da opção.

O método binomial genérico é mais realista, pois divide a vida da opção em uma série de subperíodos, sendo que em cada um deles o preço da ação pode evoluir de duas maneiras. Subdividir o período nesses intervalos mais curtos não altera o método básico de avaliação de uma opção de compra, e continuamos podendo replicar a opção de compra com um pacote formado pela ação e por um empréstimo, mas esse pacote vai se alterando em cada uma das fases.

Por fim, apresentamos a fórmula de Black-Scholes, que determina o valor da opção quando o preço da ação está constantemente em oscilação e admite uma série de possíveis valores futuros.

Uma opção pode ser replicada por um pacote formado pelo ativo subjacente e por um empréstimo livre de risco, portanto, podemos medir o risco de qualquer opção calculando o risco dessa carteira. As opções encerram, de modo geral, substancialmente mais riscos do que os ativos em si.

Quando se avalia opções em situações práticas, há várias características que devem ser observadas. Por exemplo, poderá ter de reconhecer que o valor da opção é reduzido pelo fato de o seu detentor não ter direito a quaisquer dividendos.

LEITURAS ADICIONAIS

Três artigos que devem ser lidos sobre o modelo de Black-Scholes são:

F. Black, "How We Came up With the Option Formula", *Journal of Portfolio Management* 15 (1989), pp. 4-8.

F. Black, "The Holes in Black–Scholes," *RISK Magazine* 1 (1988), pp. 27-29.

F. Black, "How to use the Holes in Black-Scholes," *Journal of Applied Corporate Finance* 1 (Winter 1989), pp. 67-73.

Há vários bons livros sobre a avaliação de opções, entre os quais:

J. Hull, *Options, Futures and Other Derivatives*, 9th ed. (Englewood Cliffs, NJ: Prentice-Hall, Inc., 2014).

R. L. McDonald, *Derivatives Markets*, 3nd ed. (Reading, MA: Pearson Addison Wesley, 2012).

P. Wilmott, *Paul Wilmott on Quantitative Finance*, 2nd ed. (New York: John Wiley & Sons, 2006).

PROBLEMAS

BÁSICO

1. **Modelo binomial** O preço das ações da Heavy Metal (HM) varia apenas uma vez por mês: ou aumenta 20%, ou baixa 16,7%. O seu preço atual é $40. A taxa de juro é de 1% ao mês.

    a. Qual é o valor de uma opção de compra de um mês com um preço de exercício de $40?

    b. Qual é o delta da opção?

    c. Mostre como os resultados dessa opção de compra podem ser replicados, comprando ações da HM e contraindo empréstimos.

    d. Qual é o valor de uma opção de compra de dois meses com um preço de exercício de $40?

    e. Qual é o delta da opção de compra de dois meses durante o primeiro período de um mês?

2. **Delta da opção**

    a. O delta de uma opção de compra pode ser superior a 1,0? Explique.

    b. Pode ser inferior a zero?

    c. Como o delta de uma opção de compra varia se o preço da ação subir?

    d. Como o delta de uma opção de compra varia se o risco da ação aumentar?

3. **Modelo binomial** Analise novamente as nossas árvores binomiais de duas fases para, por exemplo, a Google, na Figura 21.2. Utilize o método da carteira de réplica ou o método da neutralidade em face do risco para avaliar uma opção de compra e opções de venda de seis meses com um preço de exercício de $450. Suponha que o preço das ações da Google seja igual a $530.

4. **Modelo binomial** Imagine que os preços das ações da Google aumentem 33% ou baixem 25% nos próximos seis meses (veja a Seção 21.1). Calcule novamente o valor da opção de compra (preço de exercício = $530), utilizando (a) o método da carteira de réplica e (b) o método da neutralidade diante do risco. Explique intuitivamente por que o valor da opção sobe em relação ao valor calculado na Seção 21.1.

5. **Modelo binomial** Durante o próximo ano, o preço das ações da Ragwort cairá para metade ($50) do seu preço atual ($100) ou aumentará para o dobro ($200). A taxa de juro a um ano é de 10%.

   a. Qual é o delta de uma opção de compra de um ano sobre as ações da Ragwort com um preço de exercício de $100?

   b. Utilize o método da carteira de réplica para avaliar essa opção.

   c. Em um mundo neutro ao risco, qual é a probabilidade de subir o preço das ações da Ragwort?

   d. Utilize o método da neutralidade em face do risco para verificar a avaliação feita da opção da Ragwort.

   e. Se alguém lhe disser que na realidade há 60% de possibilidade de aumentar o preço das ações Ragwort para $200, você mudará de opinião em relação ao valor da opção? Justifique.

6. **Modelo de Black-Scholes** Utilize a fórmula de Black-Scholes para avaliar as seguintes opções:

   a. Uma opção de compra sobre uma ação ao preço de $60, sendo o preço de exercício de $60. O desvio-padrão da ação é de 6% por mês. A opção vence dentro de três meses. A taxa de juro sem risco é de 1% ao mês.

   b. Uma opção de venda sobre a mesma ação, no mesmo momento, com o mesmo preço de exercício e a mesma data de vencimento.

   Agora, para cada uma das opções, calcule a combinação de ação mais ativo livre de risco que replica a opção.

7. **Risco de opção** "Uma opção de compra é sempre mais arriscada do que a ação sobre a qual é emitida." Verdadeiro ou falso? Como o risco de uma opção varia com o preço da ação?

8. **Exercício de opção** Para quais das seguintes opções o exercício antes do vencimento *poderá* ser racional? Dê uma breve explicação.

   a. Uma opção de venda norte-americana sobre uma ação que não paga dividendos.

   b. Uma opção de compra norte-americana em que o dividendo é $5 por ano, o preço de exercício é $100 e a taxa de juro é de 10%.

   c. Uma opção de compra norte-americana – a taxa de juro é de 10% e o dividendo é de 5% do preço futuro da ação. (*Dica*: o dividendo depende do preço da ação, que pode tanto subir como cair.)

INTERMEDIÁRIO

9. **Árvores binominais** Johnny Jones cursa o ensino médio. Tem um trabalho de casa sobre derivativos em que lhe é pedido que faça a avaliação binomial de uma opção de compra de 12 meses sobre as ações da Overland Railroad. As ações estão sendo negociadas a um preço unitário de $45 e têm um desvio-padrão anual de 24%. Johnny começa construindo uma árvore binomial igual à da Figura 21.2, em que o preço das ações varia para cima ou para baixo de seis em seis meses. Depois, constrói uma árvore mais realista, considerando que o preço das ações tem uma variação positiva ou negativa de três em três meses, ou seja, quatro vezes por ano.

   a. Construa essas duas árvores binomiais.

   b. Como essas árvores mudariam se o desvio-padrão da Overland fosse de 30%? (*Dica*: especifique a porcentagem correta da variação positiva ou negativa.)

10. **Modelo binomial** Suponha que o preço de uma ação pode subir 15% ou cair 13% no próximo ano. Você possui uma opção de venda a um ano sobre essa ação. A taxa de juro é de 10% e o preço atual da ação é de $60.

    a. Qual o preço de exercício que torna indiferente, para você, manter a opção de venda ou exercê-la agora?

    b. Como esse preço de exercício de equilíbrio muda se a taxa de juro aumentar?

11. **Dividendos** O preço das ações da Moria Mining é de $100. Durante cada um dos próximos dois períodos de seis meses, o preço pode subir 25% ou cair 20% (equivalente a um desvio-padrão anula de 31,5%). No mês 6 a empresa pagará um dividendo de $20. A taxa de juro é de 10% para cada período de seis meses. Qual o valor de uma opção de compra norte-americana de um ano com um preço de exercício de $80? Calcule novamente o valor da opção admitindo que o dividendo é igual a 20% do preço da ação com dividendos.

12. **Modelo binomial** O preço das ações da Buffelhead é de $220 e pode ser o dobro ou a metade em cada período de seis meses (equivalente a um desvio-padrão anual de 98%). Uma opção de compra de um ano sobre a ação da Buffelhead tem um preço de exercício de $165. A taxa de juro é de 21% ao ano.

    a. Qual é o valor da opção de compra da Buffelhead?

    b. Calcule agora o delta da opção para o segundo semestre se (1) o preço da ação aumentar para $440 e (2) o preço da ação cair para $110.

    c. Como o delta da opção de compra varia com o nível do preço da ação? Explique intuitivamente o porquê.

    d. Suponha que o preço das ações da Buffelhead seja de $110 no mês seis. Como se poderia replicar, nesse momento, o investimento na ação com uma combinação de opção de compra e de concessão de empréstimos sem risco? Demonstre que a sua estratégia produz, de fato, os mesmos resultados que o investimento na ação.

13. **Opções de venda norte-americanas** Suponha que você possua uma opção de venda norte-americana sobre as ações da Buffelhead (veja o Problema 12) com um preço de exercício de $220.

    a. Você vai querer, em algum momento, exercer a opção de venda antecipadamente?

    b. Calcule o preço da opção de venda.

    c. Compare agora o valor com o de uma opção de venda europeia equivalente.

14. **Dividendos** Calcule novamente o valor da opção de compra sobre as ações da Buffelhead (veja o Problema 12), admitindo que a opção é norte-americana e que, no final dos primeiros seis meses, a empresa paga um dividendo de $25. (Portanto, no final do ano, o preço será o dobro ou a metade do preço ex-dividendos no mês 6.) Em que medida mudaria a sua resposta se a opção fosse europeia?

15. **Modelo binomial** Suponha que você possua uma opção que lhe permite vender as ações da Buffelhead (veja o Problema 12) no mês 6 por $165 *ou* comprá-las no mês 12 por $165. Qual é o valor dessa opção incomum?

16. **Opções de venda norte-americanas** O preço atual das ações da Mont Tremblant Air é de $100. Durante cada período de seis meses, poderá subir 11,1% ou cair 10% (equivalente a um desvio-padrão anual de 14,9%). A taxa de juro é de 5% ao semestre.
    a. Calcule o valor de uma opção de venda europeia de um ano sobre as ações da Mont Tremblant com um preço de exercício de $102.
    b. Calcule novamente o valor da opção de venda sobre as ações da Mont Tremblant, admitindo que se trata de uma opção norte-americana.

17. **Modelo binomial e Black-Scholes** O preço atual das ações da United Carbon (UC) é de $200. O desvio-padrão é de 22,3% ao ano, e a taxa de juro é de 21% ao ano. Uma opção de compra de um ano sobre a UC tem um preço de exercício de $180.
    a. Utilize o modelo de Black-Scholes para avaliar a opção de compra sobre a UC.
    b. Utilize a fórmula dada na Seção 21.2 para calcular os movimentos das variações de subida e de descida que utilizaria se avaliasse a opção sobre a UC com o método binomial com um período. Agora, calcule o valor da opção utilizando esse método.
    c. Calcule novamente os movimentos para cima e para baixo, e reavalie a opção, utilizando o método binomial com dois períodos.
    d. Utilize a sua resposta ao item (c) para calcular o delta da opção (1) hoje; (2) no próximo período se o preço da ação subir; e (3) no próximo período se o preço da ação cair. Mostre, em cada nó, como replicaria uma opção de compra à custa de um investimento alavancado nas ações da empresa.

18. **Delta da opção** Imagine que você construa uma posição coberta, adquirindo uma posição alavancada em delta ações e vendendo uma opção de compra. À medida que o preço das ações varia, o delta da opção também varia e terá de ajustar a sua cobertura. Poderá minimizar os custos desses ajustamentos se as variações do preço das ações tiverem somente um pequeno efeito no delta da opção. Construa um exemplo para mostrar se o delta da opção deverá variar mais se a sua posição coberta usar uma opção *in-the-money*, uma opção *at-the-money* ou uma opção *out-of-the-money*.

19. **Risco da opção**
    a. Na Seção 21.3 calculamos o risco (beta) de uma opção de compra de seis meses sobre as ações da Google com um preço de exercício de $530. Agora, repita o exercício para uma opção similar, com um preço de exercício de $450. O risco aumentará ou diminuirá quando o preço de exercício for reduzido?
    b. Agora, calcule o risco de uma opção de compra de um ano sobre as ações da Google com um preço de exercício de $530. O risco aumentará ou diminuirá com a extensão do vencimento da opção?

20. **Exercício de opção** Em igualdade de condições, qual dessas opções norte-americanas será mais provável que você queira exercer antecipadamente?
    a. Uma opção de venda sobre uma ação com um dividendo elevado ou uma opção de compra sobre a mesma ação.
    b. Uma opção de venda sobre uma ação cotada abaixo do preço de exercício ou uma opção de compra sobre a mesma ação.
    c. Uma opção de venda quando a taxa de juro é elevada ou a mesma opção quando a taxa de juro é baixa.

    Ilustre a sua resposta com exemplos.

21. **Exercício de opção** Será melhor exercer uma opção de compra na data com dividendos ou na data ex-dividendos? E com relação a uma opção de venda? Justifique.

22. **Seguro de fundo de pensão** Utilize o recurso Beyond the Page para acessar a fórmula de Black-Scholes, disponível em loja.grupoa.com.br, para estimar quanto estaria disposto a pagar para segurar o valor da carteira do seu fundo de pensões no próximo ano. Parta de pressupostos razoáveis em relação à volatilidade do mercado e utilize as taxas de juro em vigor. Não se esqueça de subtrair o valor presente aos pagamentos prováveis de dividendos do valor corrente do índice de mercado.

DESAFIO

23. **Delta da opção** Utilize a fórmula da paridade *put-call* (veja a Seção 20.2) e o modelo binomial, de um período, para demonstrar que o delta de uma opção de venda é igual ao delta de uma opção de compra menos 1.

24. **Delta da opção** Mostre como o delta da opção varia à medida que o preço da ação sobe em relação ao preço de exercício. Explique intuitivamente a razão dessa variação. (O que aconteceria ao delta da opção se o preço de exercício de uma opção fosse zero? O que aconteceria se o preço de exercício se tornasse infinitamente grande?)

25. **Dividendos** A sua empresa acabou de lhe conceder um generoso plano de *stock options*. Você está convencido de que o conselho administrativo decidirá pelo aumento dos dividendos ou pelo anúncio de um programa de recompra de ações. Secretamente, por qual das alternativas você deseja que eles se decidam? Justifique. (Talvez você acredite ser útil voltar a consultar o Capítulo 16.)

26. **Risco da opção**   Calcule e compare os riscos (betas) dos seguintes investimentos: (a) ações da Google; (b) uma opção de compra a um ano sobre as ações da Google; (c) uma opção de venda a um ano sobre as ações da Google; (d) uma carteira que consiste em ações da Google e uma opção de venda sobre essas ações; (e) uma carteira que consiste em ações da Google, uma opção de venda sobre essas ações e a venda de uma opção de compra de um ano. Em cada caso, suponha que o preço de exercício da opção seja de $530, que é também o preço corrente das ações da Google.

27. **Risco da opção**   Na Seção 21.1, usamos um modelo simples de uma única etapa para avaliar o valor de duas opções da Google, ambas com um preço de exercício de $530. Mostramos que a opção de compra poderia ser replicada contraindo-se um empréstimo de $233,22 e investindo-se $294,44 em 0,566 ações da Google. A opção de venda poderia ser replicada vendendo-se a descoberto $235,56 de ações da Google e concedendo-se um empréstimo de $291,52.

    a. Se o beta das ações da Google for de 1,15, qual é o beta da opção de compra de acordo com o modelo de uma única etapa?

    b. Qual é o beta da opção de venda?

    c. Suponha que você adquira uma opção de compra e invista o valor presente do preço de exercício em um empréstimo bancário. Qual seria o beta da sua carteira?

    d. Suponha, em vez disso, que você compre uma ação e uma opção de venda da Google. Qual seria o beta da sua carteira agora?

    e. Suas respostas às partes (c) e (d) devem ser as mesmas. Explique.

28. **Maturidade da opção**   Algumas empresas emitem *warrants perpétuas*. As *warrants* são opções de compra emitidas por uma empresa, que permitem ao seu detentor comprar ações da empresa.

    a. O que prevê a fórmula de Black-Scholes para o valor de uma opção de compra perpétua sobre uma ação que não paga dividendos? Explique o valor que obteve. (*Dica*: o que acontece ao valor presente do preço de exercício de uma opção de longo prazo?)

    b. Você acredita que essa é uma previsão realista? Em caso negativo, explique cuidadosamente o porquê. (*Dicas*: e sobre os dividendos? E sobre a falência?)

FINANÇAS NA WEB

Volte a observar as ações listadas no Quadro 7.3. Escolha ao menos três delas e determine os preços de opções de venda para cada ação na referência **finance.yahoo.com**. Agora, determine os preços ajustados mensais e calcule o desvio-padrão dos retornos mensais utilizando a função DESVPAD do Excel. Converta o desvio-padrão de unidades mensais a anuais multiplicando pela raiz quadrada de 12.

a. Para cada ação escolha uma opção negociada com um vencimento de cerca de seis meses e um preço de exercício igual ao preço corrente das ações. Utilize a fórmula de Black-Scholes e a sua estimativa do desvio-padrão para avaliar cada opção. Se a ação paga dividendos, não se esqueça de subtrair do preço da ação o valor presente de quaisquer dividendos que o titular da opção venha a receber. Em que medida esse valor calculado se aproxima do preço da opção negociado?

b. A sua resposta ao item (a) não se encaixa perfeitamente ao preço transacionado. Tente com diferentes valores do desvio-padrão até que seus valores calculados sejam comparáveis, ao máximo possível, aos preços das opções transacionadas. Quais são essas volatilidades implícitas? O que as volatilidades implícitas informam das previsões dos investidores sobre as futuras volatilidades?

MINICASO

A invenção de Bruce Honiball

Esse foi mais um ano frustrante para Bruce Honiball, gestor dos serviços varejistas do Gibb River Bank. É verdade que ganhou dinheiro, mas não cresceu em 2015. O Gibb River tinha muitos clientes antigos, mas poucos novos. Bruce teria que descobrir um produto ou serviço financeiro novo – qualquer coisa que despertasse mais entusiasmo e atenção.

Há algum tempo que Bruce andava pensando em uma ideia. Que tal tornar o investimento no mercado de ações mais fácil *e seguro* para os clientes do Gibb River? Que tal lhes oferecer *alguns* dos benefícios de investirem em ações – pelos menos alguns dos benefícios – sem nenhuma das desvantagens?

Bruce já estava imaginando o anúncio:

Você queria investir em ações de empresas australianas completamente desprovidas de riscos? Você já pode fazer isso com o novo *Equity-Linked Deposit* do Gibb River Bank. Você ganha nos anos bons, e os anos ruins ficam por nossa conta.

Funciona assim: deposite A$100 no nosso banco durante um ano. No fim desse período, recebe os seus A$100 *mais* A$5 para cada 10% de acréscimo no valor do índice Australian All Ordinaries. Mas, se o índice de mercado

QUADRO 21.3 Taxas de juro australianas e retornos de ações, 1995-2014

Ano	Taxa de juro	Retorno do mercado	Rentabilidade dos dividendos	Ano	Taxa de juro	Retorno do mercado	Rentabilidade dos dividendos
1995	8,0%	20,2%	4,0	2005	5,6%	21,1%	3,8
1996	7,4	14,6	4,1	2006	5,9	25,0	3,8
1997	5,5	12,2	3,7	2007	6,6	18,0	4,3
1998	5,0	11,6	3,6	2008	7,3	−40,4	6,8
1999	4,9	19,3	3,3	2009	3,2	39,6	5,3
2000	5,9	5,0	3,3	2010	4,3	3,3	4,2
2001	5,2	10,1	3,3	2011	4,8	−11,4	4,4
2002	4,6	−8,1	3,5	2012	3,7	18,8	5,1
2003	4,8	15,9	4,2	2013	2,8	19,7	4,5
2004	5,4	27,6	3,7	2014	0,6	5,0	4,5

cair durante esse período, o banco lhe reembolsará, na íntegra, o seu depósito de A$100.

   Não se corre o risco de perder. O Gibb River Bank é a sua rede de segurança.

Bruce já tinha lançado a ideia antes e se deparara com um ceticismo imediato, até com uma certa ironia: "Se sair cara, ganham eles; se sair coroa, perdemos nós – é isso que está propondo, sr. Honiball?" Bruce não foi capaz de dar uma resposta. O banco poderia realmente se dar ao luxo de uma proposta tão atraente? Como iria investir o dinheiro que os clientes lhe confiassem? O banco não estava muito voltado para grandes riscos, ainda por cima desconhecidos.

Bruce passou as duas últimas semanas analisando essas questões, mas não conseguiu chegar a uma resposta satisfatória. Ele acredita que, atualmente, o mercado acionário australiano alcançou seu valor máximo, mas tem a sensação de que alguns dos seus colegas estão muito mais otimistas do que ele com relação ao preço das ações.

Felizmente, o banco havia acabado de contratar Sheila Liu, uma jovem inteligente, com um MBA. Sheila tinha a certeza de que conseguia responder às perguntas de Bruce Honiball. Primeiro, reuniu dados sobre o mercado australiano para ter uma noção preliminar sobre a possibilidade de sucesso de depósitos associados a ações. Esses dados estão no Quadro 21.3. No momento em que ia fazer alguns cálculos rápidos, recebeu o seguinte memorando de Bruce:

> Sheila, tive outra ideia: provavelmente, muitos dos nossos clientes partilham da minha opinião de que o mercado está sobrevalorizado. Por que não lhes oferecemos uma oportunidade de ganhar algum dinheiro com a proposta de um "depósito – mercado em baixa"? Se o mercado subir, recebem apenas o seu depósito de A$100. Se cair, recebem os A$100 mais A$5 para cada 10% de decréscimo do mercado. Você consegue descobrir se podemos oferecer uma coisa do gênero? Bruce.

QUESTÃO

1. Que tipo de opções Bruce está propondo? Quanto valeriam essas opções? Os depósitos associados a ações ou ao mercado em baixa gerariam um VPL positivo para o Gibb River Bank?

CAPÍTULO 22

Opções reais

Quando se utiliza o método dos fluxos de caixa descontados para se avaliar um projeto, assume-se implicitamente que a empresa vai manter o projeto de forma passiva. Em outras palavras, ignoram-se as *opções reais* associadas ao projeto – opções que os gestores mais sofisticados podem aproveitar. Pode-se dizer que o método dos fluxos de caixa descontados não reflete o valor da gestão. Os gestores que possuem opções reais não têm de ser passivos; podem tomar decisões no sentido de aproveitar a sua boa sorte ou mitigar as suas perdas. É óbvio que, sempre que os resultados do projeto são incertos, a oportunidade de tomar essas decisões acrescenta valor.

No Capítulo 10 apresentamos os quatro principais tipos de opções reais:

- A opção de expandir se o projeto de investimento for bem-sucedido.
- A opção de aguardar (e estudar a situação) antes de investir.
- A opção de diminuir ou abandonar o projeto.
- A opção de modificar a produção da empresa ou os seus métodos de produção.

No Capítulo 10 demos vários exemplos simples de opções reais. Também ensinamos como traçar árvores de decisão para delinear os futuros resultados e decisões possíveis. Todavia, não mostramos como avaliar opções reais. Essa será a nossa tarefa neste capítulo. Vamos aplicar os conceitos e os princípios de avaliação adquiridos no Capítulo 21.

Na maior parte do capítulo, utilizaremos exemplos numéricos simples. A arte e a ciência de avaliar opções reais podem ser ilustradas de maneira igualmente eficiente, com exemplos simples ou complexos, mas também descreveremos exemplos mais realistas, incluindo:

- Um investimento estratégico no setor de informática.
- A opção de fazer um empreendimento imobiliário.
- A decisão de manter em funcionamento ou desativar um petroleiro.
- A avaliação da opção de compra de um avião.
- Um investimento em P&D no setor farmacêutico.

Esses exemplos mostram como os gestores financeiros podem avaliar opções reais na vida real. Também mostraremos como eles podem criar opções reais, agregando valor pela adição de flexibilidade aos investimentos e operações da organização.

Devemos iniciar com uma advertência. Definir as possíveis escolhas futuras que a empresa pode fazer geralmente exige uma dose forte de bom senso. Portanto, não espere um método preciso na avaliação de opções reais. Com frequência, os gestores nem mesmo tentam determinar um número para o valor de uma opção, mas simplesmente se baseiam em sua experiência para decidir se vale ou não a pena pagar pela flexibilidade adicional. Assim, eles poderiam dizer: "simplesmente, não sabemos se o projeto da dinamite pangaláctica dará resultado, mas provavelmente faz sentido investir mais $200 mil para dar espaço a uma nova linha de produção no futuro".

22.1 O valor de poder prosseguir com as oportunidades de investimento

Estamos em 1982. Você é assistente do diretor financeiro (CFO) da Blitzen Computers, um fabricante de computadores com uma posição já consolidada e que está analisando as oportunidades de lucro que podem advir do rápido desenvolvimento do mercado de microcomputadores. Você o está assessorando na avaliação da proposta de introdução do Blitzen Mark I Micro.

QUADRO 22.1 Resumo dos fluxos de caixa e da análise financeira do microcomputador Mark I ($ milhões)

	Ano					
	1982	1983	1984	1985	1986	1987
Fluxo de caixa operacional após impostos (1)		+110	+159	+295	+185	0
Investimento de capital (2)	450	0	0	0	0	0
Aumento do capital de giro (3)	0	50	100	100	−125	−125
Fluxo de caixa líquido (1) − (2) − (3)	−450	+60	+59	+195	+310	+125
VPL a 20% = −$46,45, ou cerca de −$46 milhões						

Os fluxos de caixa e o VPL previstos para o Mark I estão no Quadro 22.1. Infelizmente, o projeto do Mark I não atinge o retorno mínimo de 20%, normalmente exigido pela Blitzen, além de apresentar um VPL negativo de $46 milhões, contrariando a forte intuição dos gestores de que a Blitzen deveria estar no mercado de microcomputadores.

O CFO o chamou para vocês discutirem o projeto:

– O Mark I não satisfaz, em termos financeiros – afirma ele –, mas temos de fazê-lo por razões estratégicas. Recomendo que sigamos em frente com o projeto.

– Mas chefe, você está deixando escapar a vantagem financeira mais importante – você responde.

– Não me chame de "chefe". Que vantagem financeira?

– Se não lançarmos o Mark I agora, provavelmente será muito dispendioso entrar mais tarde no mercado dos microcomputadores, quando a Apple, a IBM e os outros já se estiverem fortemente implantados. Se avançarmos, teremos a oportunidade de fazer outros investimentos subsequentes que poderão se revelar extremamente lucrativos. O Mark I não nos dá apenas os seus próprios fluxos de caixa, mas também uma opção de compra para prosseguir para um microcomputador Mark II. Essa opção de compra é a verdadeira fonte de valor estratégico.

– Sendo assim, é valor estratégico com outro nome, mas isso não me diz qual é o valor do investimento no Mark II. Este poderá ser um excelente investimento, ou um péssimo investimento – não temos a menor ideia.

– É exatamente por isso que uma opção de compra vale mais – você afirma com perspicácia. A opção nos permite investir no Mark II se for um bom investimento, e desistir se for ruim.

– Então, qual é o seu valor?

– É difícil dizer com precisão, mas efetuei uns cálculos por alto que sugerem que o valor da opção de investir no Mark II poderia mais que compensar o VPL negativo de $46 milhões do Mark I. [Os cálculos estão no Quadro 22.2.] Se a opção de investir valer $55 milhões, o valor total do Mark I corresponderá ao valor do seu próprio VPL, –$46 milhões, mais a opção a ele associada de $55 milhões, ou seja, + $9 milhões.

– Você está apenas superestimando o Mark II – diz o CFO de forma brusca. – É fácil ser otimista quando um investimento está a três anos de distância.

– Não, não – você responde pacientemente. Não se espera que o Mark II venha a ser mais lucrativo que o Mark I, apenas duas vezes maior, logo duas vezes pior em termos de fluxos de caixa descontados. Calculo que ele venha a ter um VPL negativo de cerca de $100 milhões. Todavia, há uma hipótese de o Mark II se tornar extremamente valioso, e a opção de compra permite que a Blitzen obtenha esses resultados mais favoráveis. A probabilidade desse ganho poderá valer $55 milhões.

– Claro que esses $55 milhões são apenas um cálculo aproximado, mas ilustra como as oportunidades de investimento subsequentes têm valor, especialmente quando há grande incerteza e o mercado do produto está crescendo rapidamente. Além disso, o Mark II nos proporcionará uma opção de compra sobre o Mark III, este sobre o Mark IV, e assim sucessivamente. Os meus cálculos não consideram opções de compra subsequentes.

– Acho que eu estou começando a entender um pouco de estratégia empresarial – resmunga o CFO.

QUADRO 22.2 Avaliação da opção de investir no microcomputador Mark II

Pressupostos:

1. A decisão de investir no Mark II tem de ser tomada ao fim de três anos, em 1985.
2. O investimento no Mark II é o dobro do Mark I (atente ao rápido crescimento esperado do setor). O investimento necessário será de $900 milhões (o preço de exercício), valor que é considerado fixo.
3. As entradas de caixa previstas para o Mark II também duplicam as do Mark I, com um valor presente de $807 milhões em 1985 e de $807/(1,2)^3 = $467 milhões em 1982.
4. O valor futuro dos fluxos de caixa para o Mark II é altamente incerto. Esse valor evolui com o preço das ações, com um desvio-padrão de 35% por ano. (Muitas ações de empresas de alta tecnologia têm desvios-padrão superiores a 35%.)
5. A taxa de juro anual é de 10%.

Interpretação:

A oportunidade de investir no Mark II corresponde a uma opção de compra de três anos sobre um ativo com um valor de $467 milhões e a um preço de exercício de $900 milhões.

Avaliação:

$$\text{VP (preço de exercício)} = \frac{900}{(1,1)^3} = 676$$

Valor da opção de compra $= [N(d_1) \times P] - [N(d_2) \times \text{VP(EX)}]$

$d_1 = \log[P/\text{VP(EX)}]/\sigma\sqrt{t} + \sigma\sqrt{t}/2$

$\quad = \log[0,691]/0,606 + 0,606/2 = -0,3072$

$d_2 = d_1 - \sigma\sqrt{t} = -0,3072 - 0,606 = -0,9134$

$N(d_1) = 0,3793,\ N(d_2) = 0,1805$

Valor da opção de compra $= [0,3793 \times 467] - [0,1805 \times 676] = \$55,1$ milhões

Perguntas e respostas sobre o Blitzen Mark II

Pergunta: sei como se utiliza a fórmula de Black-Scholes para se avaliar opções de compra negociadas em bolsa, mas esse caso parece mais difícil. Qual valor devo utilizar para o preço da ação? Não estou vendo nenhuma ação sendo negociada.

Resposta: com as opções de compra negociadas em bolsa, pode-se ver qual é o valor do *ativo subjacente* à opção. Nesse caso, a opção é adquirir um ativo não negociado em bolsa, o Mark II. Não podemos observar o valor do Mark II; temos de calculá-lo.

No Quadro 22.3 apresentamos os fluxos de caixa esperados do Mark II. O projeto envolve um investimento inicial de $900 milhões em 1985. As entradas de fluxos de caixa começam no ano seguinte e têm um valor presente de $807 milhões em 1985, equivalentes a $467 milhões em 1982, como mostra o Quadro 22.3. Por isso, a opção real de investir no Mark II equivale a uma opção de compra de três anos sobre um ativo subjacente que vale $467 milhões, com um preço de exercício de $900 milhões.

Repare que a análise das opções reais *não* substitui o método dos fluxos de caixa descontados. Normalmente, esse método é necessário para determinar o valor do ativo subjacente.

QUADRO 22.3 Fluxos de caixa do microcomputador Mark II, previstos a partir de 1982 ($ milhões)

				Ano				
	1982		**1985**	**1986**	**1987**	**1988**	**1989**	**1990**
Fluxo de caixa operacional após impostos				+220	+318	+590	+370	0
Aumento do capital de giro				100	200	200	−250	−250
Fluxo de caixa líquido				+120	+118	+390	+620	+250
VP a 20%	+467	←	+807					
Investimento, VP a 10%	676	←	900					
	(VP em 1982)							
VPL previsto em 1985			−93					

Pergunta: o Quadro 22.2 utiliza um desvio-padrão de 35% ao ano. De onde vem esse número?

Resposta: recomendamos que se procure valores *comparáveis*, ou seja, ações negociadas em bolsa com um risco semelhante à oportunidade de investimento.[1] Para o Mark II, os valores comparáveis ideais seriam ações de empresas em crescimento rápido do setor de computadores pessoais ou talvez uma amostra mais ampla de empresas com crescimento igualmente rápido do setor de alta tecnologia. Utilize o desvio-padrão médio do retorno das empresas comparáveis como indicador para avaliar o risco da oportunidade de investimento.[2]

Pergunta: o Quadro 22.3 desconta os fluxos de caixa do Mark II a 20%. Compreendo que a taxa de desconto seja elevada, porque o Mark II é um projeto arriscado. Mas por que razão é um investimento de $900 milhões descontado à taxa de juro livre de risco de 10%? O Quadro 22.3 mostra que o valor presente do investimento, em 1982, é de $676 milhões.

Resposta: Black e Scholes assumiam que o preço de exercício é um montante fixo e certo. Queríamos manter a fórmula básica deles. Se o preço de exercício for incerto, poderá ser adotada uma fórmula de avaliação ligeiramente mais complicada.[3]

Pergunta: mesmo assim, se eu tinha de decidir em 1982, de uma vez por todas, se investiria no Mark II, eu não investiria. Certo?

Resposta: sim. O VPL do compromisso de investir no Mark II é negativo:

VPL(1982) = VP(entradas de caixa) – VP(investimento) = $467 – 676 = –$209 milhões

A opção de investir no Mark II é "*out of the money*", porque o valor do Mark II é muito inferior ao investimento necessário. Mesmo assim, a opção vale $55 milhões, e é particularmente valiosa porque o Mark II é um projeto arriscado, mas com grande potencial de crescimento. A Figura 22.1 mostra a distribuição de probabilidades dos possíveis valores presentes do Mark II em 1985. O resultado esperado (a média) é a nossa previsão de $807,[4] mas o valor real poderia ultrapassar $2 bilhões.

Pergunta: também poderia ser muito inferior a $807 milhões? Por exemplo, $500 milhões ou menos?

Resposta: a curva descendente é irrelevante, porque a Blitzen não vai investir, a menos que o valor real do Mark II seja superior a $900 milhões. Os resultados líquidos da opção para todos os valores inferiores a $900 milhões são zero.

Em uma análise de FCD, descontamos o resultado esperado ($807 milhões), ou seja, a média dos movimentos descendente e ascendente, ou dos resultados ruins e bons. O valor da opção de compra depende apenas da curva ascendente, o que permite a observação do perigo de tentar avaliar uma opção de investimento futuro com o método dos FCDs.

Pergunta: qual a regra para decidir?

Resposta: o valor presente ajustado. O VPL na melhor das hipóteses para o projeto Mark I é de –$46 milhões, mas aceitá-lo cria a opção de expandir para o Mark II. A opção de expansão vale $55 milhões, pelo que:

VPA = –46 + 55 = +$9 milhões

---

[1] Também se pode recorrer à análise de cenários, que descrevemos no Capítulo 10. Determine o "melhor" e o "pior" cenário para estabelecer um intervalo de valores futuros possíveis. Depois, descubra o desvio-padrão anual que geraria esse intervalo ao longo da vida da opção. Para o Mark II, um intervalo entre $300 milhões e $2 bilhões cobriria cerca de 90% dos resultados possíveis. Esse intervalo, mostrado na Figura 22.1, é consistente com um desvio-padrão anual de 35%.

[2] Não se esqueça de "desalavancar" os desvios-padrão, eliminando assim a volatilidade criada pelos financiamentos por meio de dívida. Nos Capítulos 17 e 19, analisamos os processos de desalavancagem para a obtenção do beta. Aplicam-se os mesmos princípios ao desvio-padrão: seu objetivo é determinar o desvio-padrão de uma carteira com todos os títulos de dívida e todas as ações emitidas pela empresa comparável.

[3] Se o investimento exigido for incerto, na prática você terá uma opção de troca de um ativo de risco (o valor futuro do preço de exercício) por outro (o valor futuro das entradas de caixa do Mark II). Veja W. Margrabe, "The Value of an Option to Exchange One Asset for Another", *Journal of Finance* 33 (March 1978), pp. 177-186.

[4] Desenhamos os valores futuros do Mark II como uma distribuição lognormal, de acordo com os pressupostos da fórmula de Black-Scholes. As distribuições lognormais desviam-se para a direita, pelo que o resultado médio é superior ao resultado mais provável. O resultado mais provável é o ponto mais alto na distribuição de probabilidades.

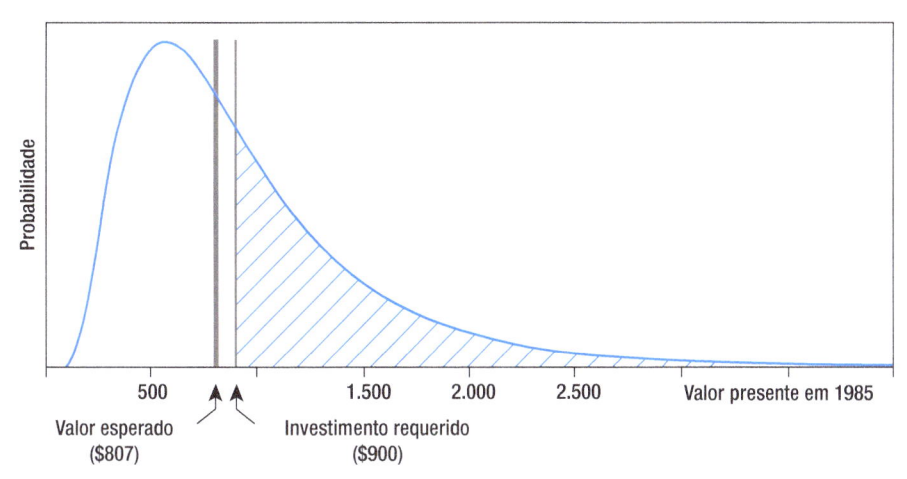

▶ **FIGURA 22.1** A distribuição mostra o intervalo de possíveis valores presentes para o projeto Mark II em 1985. O valor esperado é de cerca de $800 milhões – inferior ao investimento necessário de $900 milhões. A opção de investir resulta na área sombreada, de $900 milhões.

Claro que não contamos com outras oportunidades de prosseguir o investimento. Se o Mark I e o Mark II tiverem êxito, haverá a opção de investir no Mark III, eventualmente no Mark IV, e assim por diante.

Outras opções de expansão

É provável que você se lembre de muitos outros casos em que as empresas gastam dinheiro no presente para criar oportunidades de se expandirem no futuro. Uma mineradora pode adquirir os direitos sobre um depósito de minério que não vale a pena desenvolver agora, mas que pode se tornar muito lucrativo se os preços do minério subirem. Um agente imobiliário pode investir em um terreno agrícola que já não produz nada, onde poderá construir um centro comercial, caso venha a ser construída uma nova rodovia. Uma empresa farmacêutica pode adquirir uma patente que dá o direito, mas não a obrigação de comercializar um novo medicamento. Em todos esses casos, as empresas estão adquirindo opções reais de se expandirem.

22.2 A opção do *timing*

O fato de um projeto ter um VPL positivo não significa que você deva avançar com ele imediatamente. Pode ser melhor esperar para ver como o mercado evolui.

Suponha o surgimento de uma oportunidade, do tipo "agora ou nunca", de construir uma fábrica de arenque maltado. Isso é o mesmo que ter uma opção de compra prestes a expirar sobre o valor presente dos fluxos de caixa futuros da fábrica. Se esse valor exceder o custo da fábrica, a receita proporcionada pela opção é o VPL do projeto. Mas se o valor do projeto for negativo, a receita da opção é zero, porque, nesse caso, a empresa não fará o investimento.

Agora, suponha que se pode optar por atrasar a construção da fábrica por um ano. Você continuará tendo a opção de compra, mas está confrontado com uma comparação de valores. Se o futuro for muito incerto, é tentador esperar para ver se o mercado de arenque maltado cresce ou decai. Por outro lado, se o projeto for verdadeiramente lucrativo, quanto mais depressa puder receber as entradas de caixa, melhor. Se os fluxos de caixa forem suficientemente elevados, você vai querer exercer imediatamente a sua opção de compra.

Os fluxos de caixa de um projeto de investimento desempenham o mesmo papel que os pagamentos de dividendos em uma ação. Quando uma ação não paga dividendos, uma opção de compra norte-americana vale mais viva do que morta, e nunca deverá ser exercida antecipadamente. Mas o pagamento de um dividendo antes do vencimento da opção reduz o preço da ação ex-dividendos e os possíveis resultados da opção no seu vencimento. Considere o caso extremo: se uma empresa distribuir todos os seus ativos com o pagamento de um dividendo especial, o preço das suas ações deverá passar a ser zero, e a opção de compra deixará de ter valor. Assim, qualquer opção de compra "*in-the-money*" seria exercida imediatamente antes desse dividendo de liquidação.

Nem sempre o pagamento de dividendos provoca o exercício antecipado, mas, se forem suficientemente elevados, os detentores dessas opções de compra os capturam, exercendo-as imediatamente antes da data ex-dividendos. Vemos que os gestores agem da mesma maneira: quando os fluxos de caixa previstos do projeto são suficientemente elevados, os gestores "capturam" os fluxos de caixa investindo imediatamente. Mas, quando os fluxos de caixa previstos são diminutos, os gestores têm tendência de reter a opção de compra em vez de investirem, mesmo quando o VPL do projeto é positivo.[5] Isso explica por que às vezes os gestores são relutantes em se comprometer com projetos de VPL positivos. Essa precaução é racional, desde que a opção de esperar esteja disponível e seja suficientemente valiosa.

Avaliação da opção do arenque maltado

A Figura 22.2 mostra os possíveis fluxos de caixa, bem como os valores de fim de período para o projeto da fábrica do arenque maltado. Ao avançar investindo $180 milhões, você terá um projeto que vale $200 milhões. Se a demanda for baixa no ano 1, o fluxo de caixa será apenas de $16 milhões, e o valor do projeto descerá para $160 milhões. Mas se a demanda for elevada no ano 1, o fluxo de caixa será de $25 milhões, e o valor aumentará para $250 milhões. Embora o projeto dure indefinidamente, admitimos que o investimento não pode ser adiado para além do fim do primeiro ano, e, por conseguinte, mostramos apenas os fluxos de caixa para o primeiro ano e os possíveis valores para o fim do ano. Repare que, caso se faça o investimento imediatamente, o fluxo de caixa do primeiro ano ($16 milhões ou $25 milhões) será capturado; se adiado, não se obterá, mas se terá mais informações sobre o provável funcionamento do projeto.

Podemos utilizar o método binomial para determinar o valor dessa opção. O primeiro passo é fingir que os investidores têm uma atitude de neutralidade em face do risco e calcular as probabilidades de uma demanda elevada e baixa em um mundo imparcial diante do risco. Se a demanda for elevada no primeiro ano, a fábrica de arenque maltado terá um fluxo de caixa de $25 milhões e um valor, no final do ano, de $250 milhões. O retorno total será de (25 + 250)/200 − 1 = 0,375, ou seja, 37,5%. Se a demanda for baixa, a fábrica terá um fluxo de caixa de $16 milhões e um valor, no final do ano, de $160 milhões. O retorno total será de (16 + 160)/200 − 1 = −0,12,

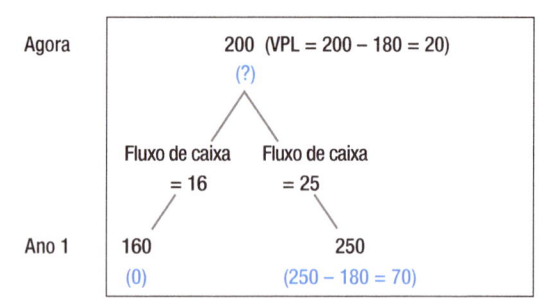

```
Agora                200  (VPL = 200 − 180 = 20)
                          (?)
                    ╱          ╲
            Fluxo de caixa   Fluxo de caixa
                = 16             = 25
                    ╱              ╲
Ano 1          160                  250
               (0)             (250 − 180 = 70)
```

▶ **FIGURA 22.2** Os possíveis fluxos de caixa e valores de fim de período para o projeto da fábrica de arenque maltado estão representados em preto. O projeto custa $180 milhões, tanto agora como posteriormente. Os números em azul parênteses mostram os resultados das opções de esperar e investir posteriormente se o projeto tiver um VPL positivo no ano 1. Esperar significa perder os fluxos de caixa do primeiro ano. O problema é determinar o valor corrente da opção.

---

[5] Fomos um pouco vagos no que diz respeito aos fluxos de caixa previstos do projeto. Se os concorrentes puderem entrar e ficar com os fundos que poderiam ter ganhado, o significado é claro. Mas em relação à decisão de, por exemplo, desenvolver um poço de extração de petróleo? Aqui o atraso não desperdiça os barris de petróleo no chão; adia simplesmente a produção e os fluxos de caixa inerentes. O custo da espera é a redução do *valor presente* de hoje das receitas da produção. O valor presente cai se o fluxo de caixa da produção sobe mais lentamente do que o custo do capital.

ou seja, –12%. Em um mundo *neutro ao risco*, o retorno esperado seria igual à taxa de juro, que pressupomos ser de 5%:

$$\text{Retorno esperado} = \begin{pmatrix}\text{Probabilidade de}\\ \text{demanda elevada}\end{pmatrix} \times 37{,}5 + \left(1 - \begin{pmatrix}\text{Probabilidade de}\\ \text{demanda elevada}\end{pmatrix}\right) \times (-12) = 5\%$$

Portanto, a probabilidade neutra ao risco de demanda elevada é de 34,3%. Essa é a probabilidade que geraria o retorno de 5% livre de risco.

Pretendemos avaliar uma opção de compra sobre o projeto da fábrica de arenque maltado com um preço de exercício de $180 milhões. Começamos, como habitualmente, pelo final e, depois, calculamos retroativamente. A linha inferior da Figura 22.2 mostra os valores possíveis dessa opção no final do ano. Se o valor do projeto for de $160 milhões, a opção de investir nada vale. No outro extremo, se o valor do projeto for de $250 milhões, o valor da opção será $250 – $180 = $70 milhões.

Para calcular o valor da opção no presente, calculamos as receitas esperadas em uma situação de neutralidade diante do risco e descontamos a uma taxa de juro de 5%. Assim, o valor da sua opção de investir em uma fábrica de arenque maltado será:

$$\frac{(0{,}343 \times 70) + (0{,}657 \times 0)}{1{,}05} = \$22{,}9 \text{ milhões}$$

Mas é aqui que necessitamos reconhecer a oportunidade de exercer a opção imediatamente. A opção valerá $22,9 milhões se a mantiver em aberto, e valerá o mesmo que o VPL imediato do projeto (200 – 180 = $20 milhões), se exercida imediatamente. Por isso, decidimos esperar e, então, investir no próximo ano somente se a demanda passar a ser alta.

Obviamente, simplificamos os cálculos para a fábrica de arenque maltado. Não será possível encontrar muitos problemas reais sobre o *timing* dos investimentos que se ajustem a uma árvore binomial com apenas uma fase. Mas o exemplo nos fornece uma questão prática bastante importante: um VPL positivo não é uma razão suficiente para fazermos investimentos. Pode ser melhor esperar para ver.

Timing ideal para empreendimento imobiliário

Às vezes compensa esperar muito tempo, mesmo para projetos com um VPL positivo significativo. Suponha a existência de um terreno desocupado na periferia.[6] O terreno pode ser utilizado para fazer um hotel ou um edifício para escritórios, mas não para ambas as coisas. Um hotel pode ser posteriormente convertido em um edifício de escritórios, ou um edifício de escritórios em um hotel, mas isso acarreta um custo significativo. Por isso, você está relutante em investir, apesar de ambos os investimentos terem um VPL positivo.

Há, portanto, duas opções de investir, mas só se pode exercer uma. Ao esperar, duas coisas podem ficar claras. Em primeiro lugar, passa-se a conhecer o *nível* geral de fluxos de caixa da urbanização, por exemplo, observando o valor das urbanizações que existem nas imediações do seu terreno. Em segundo lugar, pode-se descontar as estimativas da dimensão *relativa* dos fluxos de caixa futuros do hotel comparativamente com o do edifício de escritórios.

A Figura 22.3 mostra as condições em que, em última análise, deve-se avançar com a construção do hotel ou do edifício de escritórios. O eixo horizontal mostra os fluxos de caixa correntes que o hotel geraria, enquanto o vertical mostra os fluxos de caixa do edifício de escritórios. Para simplificarmos, consideraremos que cada um dos investimentos teria um VPL exatamente igual a zero para um fluxo de caixa corrente de 100. Por isso, se fosse obrigado a investir hoje, escolheria o edifício com o fluxo de caixa mais elevado, considerando que esse fluxo seria superior a 100. (E se você fosse obrigado a decidir hoje, considerando que cada um dos edifícios gerasse o mesmo fluxo de caixa, por exemplo, de 150? Você teria de apelar para um "cara ou coroa".)

Se os fluxos de caixa dos dois edifícios recaíssem na área colorida do canto inferior direito da Figura 22.3, você se decidiria pelo hotel. Para recair nessa área, os fluxos de caixa do hotel teriam de ultrapassar duas taxas mínimas de retorno. Em primeiro lugar, teriam de ultrapassar um

---

[6] Esse exemplo é retirado de P. D. Childs, T. J. Riddiough, and A. J. Triantis, "Mixed Uses and the Redevelopment Option." *Real Estate Economics* 24 (Fall 1996), pp. 317-339.

FIGURA 22.3 Opções de desenvolvimento para o terreno desocupado, pressupondo duas utilizações que se excluem mutuamente – um hotel ou um escritório de edifícios. O construtor deve "esperar para ver" a menos que os fluxos de caixa do hotel e do edifício de escritórios recaiam sobre uma das áreas sombreadas.

Fonte: adaptado da Figura 1 de P. D. Childs, T. J. Riddiough, and A. J. Triantis, "Mixed Uses and the Redevelopment Option," *Real Estate Economics* 24 (Fall 1996), pp. 317-339. Usado com permissão de John Willey and Sons, via Copyright Clearance Center..

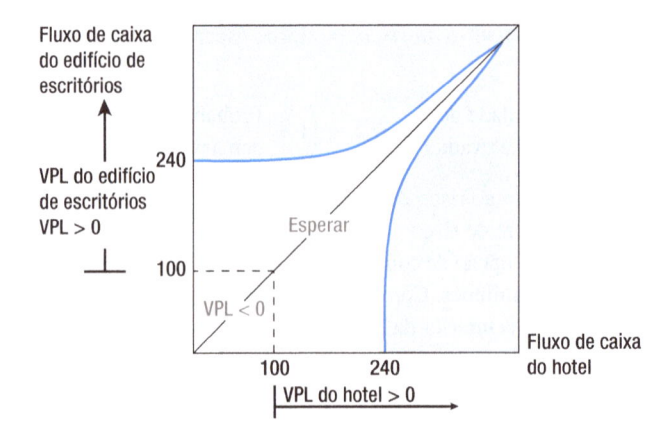

nível mínimo de cerca de 240. Em segundo lugar, teriam de ultrapassar os fluxos de caixa do edifício de escritórios por um montante suficiente. Se a situação se invertesse, com os fluxos de caixa do edifício de escritórios ultrapassando o nível mínimo de 240, e suficientemente mais elevados do que os do hotel, construiria o edifício de escritórios. Nesse caso, os dois fluxos de caixa estão apresentados na área colorida no canto superior esquerdo da figura.

Repare que a área do "esperar para ver" se estende ao longo da linha a 45°, na Figura 22.3. Quando os fluxos de caixa do hotel e do edifício de escritórios forem quase iguais, você terá de ser *muito* cuidadoso antes de escolher um deles.

Pode-se surpreender com o nível que os fluxos de caixa terão de atingir na Figura 22.3 para justificar o investimento, e há três razões para isso. Em primeiro lugar, construir o edifício de escritórios significa não construir o hotel, e vice-versa. Em segundo lugar, os cálculos subjacentes à Figura 22.3 consideraram que os fluxos de caixa eram muito reduzidos, mas tinham tendência para crescer; por isso, os custos de esperar para investir eram muito pequenos. Em terceiro lugar, os cálculos não consideraram a ameaça de alguém construir um hotel ou um edifício de escritórios nas imediações. Nesse caso, a área de "espera descontraída" da Figura 22.3 diminuiria consideravelmente.

22.3 A opção de abandono

O valor da expansão é importante. Quando os investimentos têm sucesso, quanto mais depressa e mais facilmente o negócio se expandir, melhor. Mas imagine que as notícias não são boas, e que os fluxos de caixa situam-se muito abaixo das expectativas. Nesse caso, é útil ter a opção de abandonar o projeto e recuperar o valor da unidade fabril, do equipamento e de outros ativos inerentes ao projeto. A opção de abandono equivale a uma opção de venda. Essa opção de abandono será exercida caso o valor recuperado dos ativos do projeto seja superior ao valor presente da manutenção do projeto pelo menos durante mais um período.

Más notícias para a prensa perpétua

Introduzimos o projeto da prensa perpétua no Capítulo 19 para ilustrar o uso do custo médio ponderado do capital (CMPC). O projeto custava $12,5 milhões e gerava fluxos de caixa perpétuos esperados de $1,125 milhões ao ano. Com o CMPC = 0,09, o projeto estava avaliado em VP = 1,125/0,09 = $12,5 milhões. Subtraindo-se o investimento de $12,5 milhões, obtinha-se VPL = 0.

Muitos anos mais tarde, a prensa não cumpriu com o prometido. Ainda se espera que os fluxos de caixa sejam perpétuos, mas agora ficando em apenas $450 mil ao ano. Agora a prensa vale apenas $450.000/0,09 = $5 milhões. Mas é só notícia ruim?

Suponha que o projeto da prensa possa ser abandonado, com recuperação de $5,5 milhões a partir da venda do maquinário e do imóvel. Será que o abandono faz sentido? O ganho imediato com o abandono é, obviamente, de $5,5 − 5 = $0,5 milhão. Mas se você puder esperar e reconsiderar o abandono mais tarde? Nesse caso, você tem uma opção de abandono que não precisa ser exercida de imediato.

Podemos avaliar a opção de abandono como se fosse uma opção de venda. Por simplicidade, assuma que a opção de venda dure apenas um ano (abandono agora ou no ano 1) e que o desvio-padrão de um ano do projeto da prensa é de 30%. A taxa de juros livre de risco é de 4%. Atribuímos um valor à opção de abandono de um ano usando a fórmula de Black-Scholes e a paridade *put-call*. O valor do ativo é de $5 milhões e o preço de exercício é de $5,5 milhões. (Veja o Quadro 22.2 se precisar refrescar a memória com a fórmula de Black-Scholes.)

Valor da opção de compra = 0,480 milhão ou $480 mil (da fórmula de Black-Scholes)

Valor da opção de venda = valor da opção de compra + VP(preço de exercício) − valor do ativo (paridade *put-call*)

$$= 0,480 + (5,5/1,04) − 5,0 = 0,768, \text{ ou } \$768 \text{ mil}$$

Sendo assim, você decide não abandonar agora. O projeto, se em atividade, vale $5 + 0,768 = $5,768 milhões quando a opção de abandono é incluída, mas apenas $5,5 milhões se for abandonado imediatamente.

Você manterá o projeto em atividade não por teimosia ou lealdade à prensa, e sim porque há uma chance de que os fluxos de caixa venham a se recuperar. A opção de abandono ainda oferece uma proteção contra a pior das hipóteses se o projeto da prensa revelar ainda mais decepções.

Partimos, obviamente, de alguns pressupostos simplistas. O valor de recuperação da prensa, por exemplo, tende a diminuir enquanto você aguarda para exercer a opção de abandono. Então talvez estejamos usando um preço de exercício alto demais. Por outro lado, consideramos apenas uma opção de venda europeia de um ano. Na verdade, você conta com uma opção de venda americana com um vencimento potencialmente longo. Uma opção dessas vale mais do que uma europeia, já que você pode abandonar o projeto no ano 2, 3 ou mais tarde se assim desejar.

Valor de abandono e vida útil do projeto

A vida útil econômica de um projeto pode ser tão difícil de prever quanto a de seus fluxos de caixa. Ainda assim, os VPLs para projetos de investimento de capital costumam assumir vidas úteis economicamente fixas. No Capítulo 6, por exemplo, partimos do princípio de que o projeto do guano operaria por exatamente sete anos. Técnicas de opções reais nos permitem relaxar tais pressupostos de vida útil imutável. Eis o procedimento:[7]

1. Preveja os fluxos de caixa bem além da vida útil econômica esperada do projeto. Você poderia, por exemplo, projetar a produção e as vendas de guano até o ano 15.

2. Estime o valor do projeto, incluindo o valor de sua opção de abandono, que permite, mas não exige, o abandono antes do ano 15. O instante efetivo do abandono dependerá do desempenho do projeto. Na melhor das hipóteses, a vida útil do projeto será de 15 anos – fará sentido continuar no ramo de guano enquanto for possível. Na pior das hipóteses, a vida útil do projeto será bem menor que sete anos. Em cenários intermediários em que os fluxos de caixa efetivos correspondem às expectativas, o abandono ocorrerá em torno do ano 7.

Esse procedimento associa a vida do projeto ao seu desempenho. Não impõe uma data arbitrária para que ele termine, a não ser em um futuro distante.

Abandono temporário

Muitas vezes as empresas são confrontadas com opções complexas que lhes permitem abandonar *temporariamente* um projeto, ou seja, suspendê-lo até que as condições melhorem. Suponha que você possui um petroleiro que opera no mercado à vista de curto prazo. (Em outras palavras, você

---

[7] Ver S. C. Myers and S. Majd, "Abandonment Valoe and Project Life," in *Advances in Futures and Options Research*, ed. F. J. Fabozzi (Greenwich, CT: JAI Press, 1990).

freta o petroleiro viagem a viagem pelo preço em vigor no início da viagem para fretamentos de curto prazo.) Os custos anuais de operação do petroleiro são de $50 milhões e, às taxas correntes de fretamento, geram-se receitas de $52,5 milhões por ano. Portanto, o petroleiro é lucrativo, porém não tão lucrativo para que se festeje. A certa altura, os preços caem cerca de 10%, fazendo as receitas baixarem para $47,5 milhões. Imediatamente, você demitirá os tripulantes e deixará o petroleiro imobilizado até os preços se recuperarem? A resposta é indubitavelmente afirmativa, se for possível ativar e desativar a operação do petroleiro como se fosse abrir ou fechar uma torneira. Todavia, essa hipótese não é realista. A imobilização do petroleiro tem custos fixos. Você não vai querer suportar esses custos e depois, no mês seguinte, se arrependerá da sua decisão, caso os preços se recuperem para o nível em que se encontravam. Quanto mais elevados forem os custos da imobilização e quanto mais variarem os preços do fretamento, maiores serão as perdas para as quais você terá de estar preparado para suportar até acabar com o negócio.

Suponha que você acabe decidindo tirar o navio do mercado e deixar o petroleiro fora de serviço por algum tempo.[8] Passados dois anos, a sua fé é recompensada; os preços dos fretamentos sobem, e as receitas geradas pelo funcionamento do petroleiro ultrapassam os custos operacionais de $50 milhões. Você vai reativá-lo imediatamente? Não, se isso acarretar custos. Faz mais sentido esperar até o projeto ser mais viável e estar plenamente confiante de que não se arrependerá de pagar o preço necessário para colocar de novo o petroleiro em funcionamento.

Essas opções estão ilustradas na Figura 22.4. A linha cinza mostra como o valor do funcionamento do petroleiro varia com o nível dos preços de fretamento, e a preta, o valor do petroleiro quando imobilizado.[9] O nível de preços a que compensa suspender o negócio é indicado por M e o nível a que compensa reativá-lo, por R. Quanto mais elevados forem os custos de suspensão e reativação, e quanto maior for a variabilidade dos preços dos fretamentos, mais distantes esses pontos estarão. Como se pode notar pela figura, compensará imobilizar o navio assim que o valor do petroleiro imobilizado atingir o valor de um petroleiro em funcionamento mais os custos da imobilização. Recompensará reativá-lo assim que o valor do petroleiro em funcionamento no mercado à vista atingir o valor de um petroleiro imobilizado mais os custos da reativação. Se os preços caírem abaixo de M, o valor do petroleiro é indicado pela linha preta; se os preços forem superiores a R, o valor será indicado pela linha verde. Se os preços se situarem entre M e R, o valor do petroleiro dependerá de ele estar imobilizado ou em funcionamento.

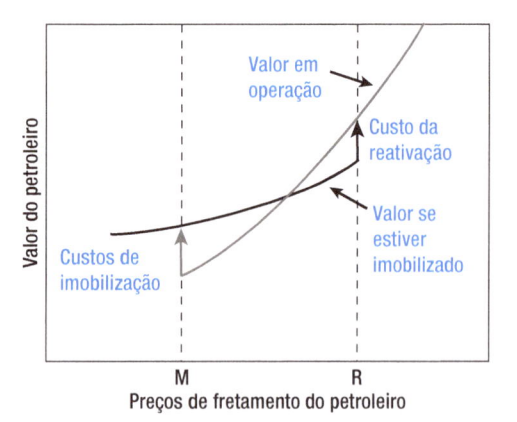

▶ FIGURA 22.4 Um petroleiro deve ficar imobilizado quando os preços do fretamento baixarem até M, onde o seu valor, quando imobilizado, situa-se suficientemente acima do seu valor quando em funcionamento para cobrir os custos da imobilização. O petroleiro é reativado quando os preços se recuperam para R.

---

[8] Consideramos que faz sentido deixar o petroleiro imobilizado. Se os preços descerem a um determinado nível, talvez valha a pena vender o petroleiro para sucata.

[9] Dixit e Pindyck estimam esses limites para um petroleiro de dimensão média, e mostram como esses valores dependem dos custos e da volatilidade dos preços de fretamento. Veja A. K. Dixit and R. S. Pindyck, *Investment under Uncertainty* (Princeton, NJ: Princeton University Press, 1994), Chapter 7. Brennan e Schwartz fazem uma análise do investimento na mineração que também inclui a opção de fechar temporariamente as minas. Veja M. Brennan and E. Schwartz, "Evaluating Natural Resource Investments," *Journal of Business* 58 (April 1985), pp. 135-157.

22.4 Flexibilidade de produção e de compra de suprimentos

A produção flexível indica a capacidade de se variar os *insumos* ou os *produtos* de um processo produtivo em resposta às flutuações da demanda ou dos preços. Consideremos o caso das centrais geradoras de turbinas à combustão (TCs), que são projetadas para fornecer cargas instantâneas de energia elétrica de modo a suportar momentos de pico. As TCs não conseguem acompanhar a eficiência térmica do carvão ou das unidades de energia nuclear, mas podem ser ativadas ou desativadas em um curto espaço de tempo. As unidades que operam à base do carvão ou da energia nuclear são eficientes somente se operarem em uma "carga básica" durante longos períodos.

Os lucros de operar uma TC dependem da *diferença da ignição* (*spark spread*), ou seja, a diferença entre o preço da eletricidade e o custo do gás natural utilizado como combustível. As TCs são desvantajosas do ponto de vista econômico em *spark spreads* médias, mas essas diferenças são voláteis e podem se energizar em níveis muito elevados quando a demanda é alta e a capacidade de geração limitada. Assim, uma unidade desse tipo fornece uma série de opções de compra que podem ser exercidas dia a dia (até de hora em hora) quando as *spark spreads* são suficientemente elevadas. As opções de compra são, de modo geral, "*out-of-the-money*" (sua operação normalmente se dá apenas em 5% do tempo), mas a receita obtida nos preços dos picos torna o seu investimento nas TCs bastante vantajoso.[10]

A volatilidade das *spark spreads* depende da correlação entre o preço da eletricidade e o preço do gás natural utilizado como combustível. Se a correlação fosse de 1,0, os preços da eletricidade e do gás natural se moveriam muito proximamente, dólar por dólar, a *spark spread* raramente se desviaria de seu valor médio, e as opções para operar uma turbina a gás não teriam valor algum. Mas, de fato, a correlação é inferior a 1,0, de modo que as opções têm valor. Além disso, algumas TCs são instaladas meramente para proporcionar outra opção, pois elas podem ser operadas à base de petróleo ou de gás natural.[11]

O painel superior da Figura 22.5 exibe um histograma de preços de eletricidade para o Reino Unido entre janeiro de 2013 e janeiro de 2015. Os preços são estabelecidos a cada meia hora, então há cerca de 35 mil preços plotados. Os preços são estipulados em libras por megawatt-hora (£/MWH). Observe o forte viés do histograma para a direita. Embora o preço médio tenha sido de apenas £53 por MWH, preços acima de £100/MWH se destacam regularmente nos picos de demanda de eletricidade. O preço mais alto foi de £429/MWH. Os preços altos ocasionais mal são visíveis no painel superior da Figura 22.5. O painel inferior plota apenas preços acima de £60/MWH.

Suponha que você possui uma planta geradora a TCs no Reino Unido que é rentável apenas quando os preços estão acima de £60/MWH. Você, é claro, exercita sua opção de operar se os preços estiverem acima de £60 e deixa a planta ociosa caso contrário. Quando a planta está operacional, os lucros são iguais ao preço corrente menos £60. Mesmo que a planta fosse ficar ociosa quase três quartos do tempo, ainda teria colhido lucros médios acima de £17 por MWH quando em operação. A linha dos lucros corresponde exatamente aos diagramas de lucros para opções de venda com um preço de exercício de £60. A única diferença é que a sua planta tem cerca de 17.500 opções a cada ano, uma para cada meia hora do ano.

A linha de lucros na Figura 22.5 assume que o custo operacional da planta fica constante em £60. Isso é exato apenas quando o custo do gás natural é constante. Caso contrário, os lucros com a opção de operar dependem da diferença de ignição. Mas se o custo do gás for suficientemente volátil, você teria de plotar a Figura 22.5 novamente em termos de diferença de ignição e não preços da eletricidade. Você operaria quando a diferença de ignição estivesse positiva.

Nesse exemplo, o produto é o mesmo (eletricidade); o valor da opção deriva da capacidade de se variar a quantidade produzida. Em outros casos, o seu valor deriva da flexibilidade para

---

[10] Aqui nos referimos a TCs simples, que são apenas grandes turbinas a gás conectadas a geradores. TCs de ciclo combinado adicionam um gerador de vapor para capturar a exaustão de calor da turbina. O vapor é usado para gerar eletricidade adicional. Unidades de ciclo combinado são muito mais eficientes do que TCs simples.

[11] Os sistemas de aquecimento e condicionamento de ar industriais podem também ser projetados para possibilitar a troca entre combustíveis, dependendo dos seus custos relativos. Veja N. Kulatilaka, "The Value of Flexibility: The Case of a Dual-Fuel Industrial Steam Boiler," *Financial Management* 22 (Autumn 1993), pp. 271-280.

▶ **FIGURA 22.5** No Reino Unido, os preços da eletricidade são estabelecidos a cada meia hora. O painel superior é um histograma dos preços (£/MWH) de janeiro de 2013 a janeiro de 2015. Repare que o histograma tem viés à direita. Muitos preços ultrapassaram £100/MWH e poucos (não mostrados na plotagem) ultrapassaram £300/MWH. O painel inferior exibe os lucros de uma planta que custa £60/MWH para funcionar. O operador da planta tem a opção de produzir com um preço de exercício de £60.

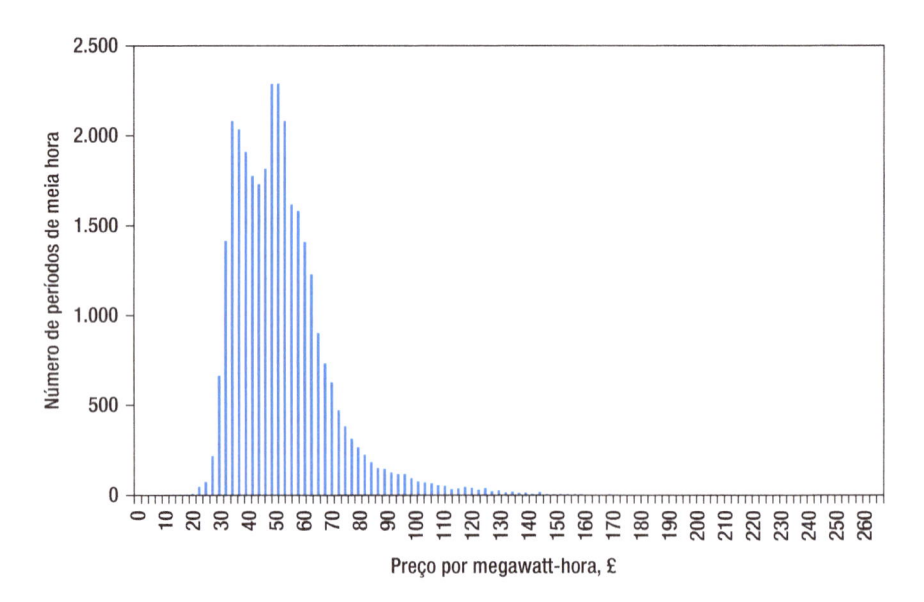

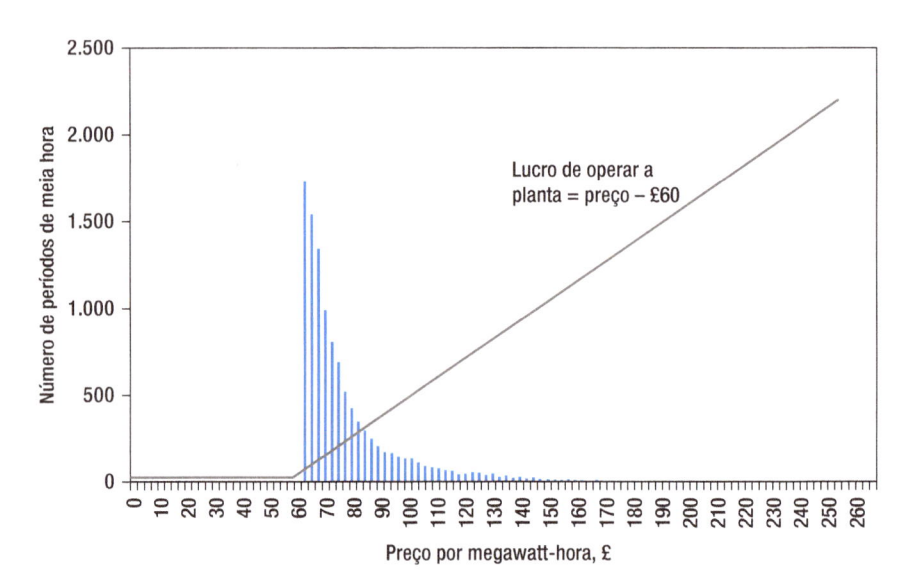

mudar de um recurso para outro com a utilização das mesmas instalações. Por exemplo, fábricas do setor têxtil investiram pesadamente em máquinas de fiação controladas por computador, o que possibilita que a produção varie de produto a produto, ou de design a design, conforme ditados pela demanda e pela moda.

A flexibilidade na *compra de suprimentos* também possui o valor de uma opção. Por exemplo, para planejar a produção do próximo ano, um fabricante de computadores tem de planejar a compra de componentes, como discos rígidos e microprocessadores, em grandes quantidades. Ele já deverá firmar um acordo com os fornecedores dessas peças? Será uma maneira de fixar as quantidades, preços e datas de entrega, mas também estará prescindindo da flexibilidade – como da possibilidade de trocar de fornecedores no próximo ano ou de comprar a um preço "à vista" se os preços baixarem no próximo ano.

A Hewlett Packard, por exemplo, customizava impressoras para mercados estrangeiros e então enviava as impressoras prontas. Caso a empresa errasse a previsão de demanda, podia acabar com impressoras demais preparadas para o mercado alemão (digamos) e impressoras de menos para o mercado francês. A solução da empresa foi passar a enviar impressoras montadas apenas em parte e então customizá-las assim que recebesse encomendas. A mudança levou a um aumento nos custos de fabricação, mas esses custos foram mais do que compensados pela flexibilidade extra. Na verdade, a Hewlett Packard acabou ganhando uma opção valiosa para retardar o custo de configuração das impressoras.[12]

Opções de compra de aviões

No nosso último exemplo, voltamos ao problema com que se debatem as transportadoras aéreas que encomendam aviões novos para utilização futura. Nesse setor, "o intervalo" entre a encomenda e a entrega pode se prolongar por vários anos, o que significa que a empresa que encomenda os aviões hoje pode acabar não precisando mais deles. É compreensível, portanto, que uma transportadora aérea negocie uma *opção* de compra de aviões.

Na Seção 10.4, utilizamos as opções de compra de aviões para ilustrar a opção de expansão. Naquele momento, dissemos a verdade, mas não toda a verdade. Vejamos outro exemplo. Suponhamos que uma transportadora aérea prevê sua necessidade futura de um novo Airbus A320 daí a quatro anos.[13] Ela tem à sua escolha pelo menos três opções:

- *Assumir um compromisso imediato.* A empresa pode assumir o compromisso de comprar o avião de imediato, beneficiando-se da oferta da Airbus de fixar o preço e a data de entrega.
- *Adquirir uma opção.* A empresa pode negociar uma opção de compra com a Airbus, o que lhe permitirá decidir mais tarde se compra ou não. Uma opção de compra fixa o preço e a data de entrega, se a opção for exercida.
- *Esperar e decidir mais tarde.* A Airbus terá prazer em vender mais um A320, se a transportadora quiser comprá-lo a qualquer momento no futuro. No entanto, a transportadora poderá ter que pagar um preço mais alto e esperar mais tempo pela entrega, sobretudo se o setor estiver em expansão e houver muitas encomendas de novos aviões.

A metade superior da Figura 22.6 mostra as condições de uma opção de compra típica de um Airbus A320. A opção terá de ser exercida no ano 3, o momento em que se inicia a montagem final do avião, e ela fixa o preço e a data de entrega no ano 4. A metade inferior da figura mostra as consequências da opção de "esperar e decidir mais tarde". Consideramos que a decisão será tomada no ano 3. Se a decisão for "comprar", a transportadora paga o preço do ano 3 e fica à espera da entrega no ano 5, ou mais tarde.

	Ano 0	Ano 3	Ano 4	Ano 5 ou posterior
Comprar opção	Transportadora e fabricante definem preço e data de entrega	Exercício? (Sim ou não?)	Avião entregue se a opção for exercida	
Esperar	Esperar e decidir posteriormente	Comprar agora? Em caso afirmativo, negociar preço e esperar pela entrega.		Avião entregue se comprado no ano 3.

▶ **FIGURA 22.6** A opção de compra desse avião garante a entrega no ano 4 a um preço fixo, caso exercida no ano 3. Sem a opção, a empresa ainda pode encomendar o avião no ano 3, mas o preço é incerto e a espera até a entrega é maior.

Fonte: Adaptado da Figura 17.17 em J. Stonier, "What Is an Aircraft Purchase Option Worth? Quantifying Asset Flexibility Created through Manufacturer Lead-Time Reductions and Product Commonality," *Handbook of Airline Finance*, ed. G.F. Butler and M.R. Keller. Copyright 1999 Aviation Week Books.

---

[12] A decisão da Hewlett Packard é descrita em P. Coy, "Exploiting Uncertainty," *Business Week*, June 7, 1999, pp. 118-122.

[13] Este exemplo se baseia em J. E. Stonier, "What Is an Aircraft Purchase Option Worth? Quantifying Asset Flexibility Created through Manufacturer Lead-Time Reductions and Product Commonality," in *Handbook of Airline Finance*, ed. G. F. Butler and M. R. Keller. © 1999 Aviation Week Books.

Os benefícios de "esperar e decidir mais tarde" nunca poderão ser superiores aos benefícios de uma opção de compra do avião, uma vez que a transportadora pode abandonar a opção e negociar outra vez com a Airbus, se assim o desejar. Na maior parte dos casos, no entanto, a transportadora obterá melhores resultados no futuro com a opção do que sem ela; ela fica, pelo menos, com a garantia de um lugar na linha de produção e pode ter conseguido fixar um preço de compra favorável. Mas quanto essas vantagens valem hoje, se comparadas com a estratégia de esperar para ver?

A Figura 22.7 ilustra as respostas da Airbus para esse problema. Ela supõe uma opção de compra de três anos com um preço de exercício igual ao preço atual de um A320: $45 milhões. O valor presente da opção de compra depende, simultaneamente, do VPL da compra de um A320 por esse preço e do tempo de espera previsto até a entrega, se a transportadora *não* possuir a opção de compra, mas mesmo assim decidir fazer a encomenda no ano 3. Quanto maior for a espera no ano 3, mais valioso será, hoje, uma opção de compra. (Lembre-se de que a opção de compra marca um lugar na linha de produção dos A320 e garante a entrega no ano 4.)

Se o VPL de comprar um A320 hoje for muito elevado (lado direito da Figura 22.7), o VPL futuro será provavelmente também elevado, e a transportadora vai querer comprar, independentemente de ter ou não uma opção de compra. Nesse caso, o valor da opção de compra advém principalmente do valor da garantia de entrega no ano 4.[14] Se o VPL for muito baixo, a opção também tem pouco valor, porque é pouco provável que a transportadora a exerça. (Um VPL baixo hoje provavelmente significa um VPL baixo no ano 3.) A opção de compra vale mais do que a estratégia de esperar para decidir depois, quando o VPL é cerca de zero. Nesse caso, a empresa pode exercer a opção, conseguindo um bom preço e uma entrega mais rápida se o VPL futuro for mais elevado do que o esperado, e, em contrapartida, pode abandonar a opção se o VPL não corresponder às expectativas. Claro que, se a empresa prescindir da opção, poderá querer negociar com a Airbus a entrega a um preço mais baixo do que o preço de exercício da opção.

Abordamos muitos dos detalhes técnicos do modelo de avaliação de opções de compra da Airbus. No entanto, o que o exemplo mostra de fato é como se constroem e se utilizam os modelos de opções reais. A propósito, a Airbus permite fazer mais que simples opções de compra. As trans-

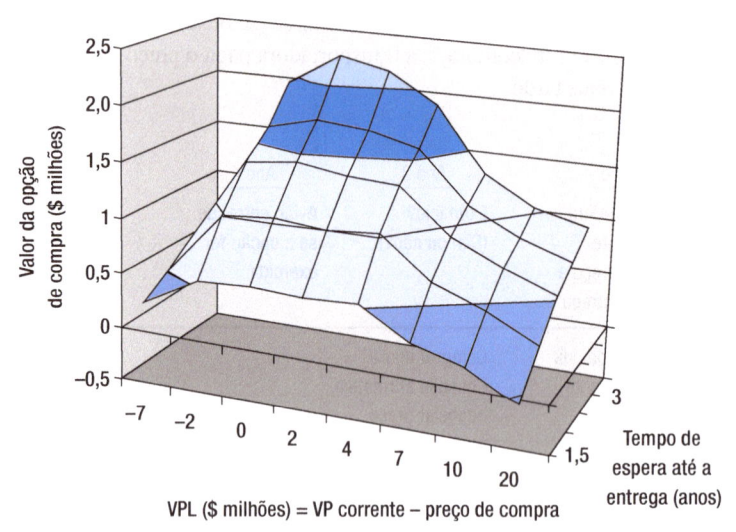

▶ **FIGURA 22.7** Valor da opção de compra do avião – valor adicional da opção em comparação com a decisão de esperar e eventualmente negociar a compra mais tarde. (Veja a Figura 22.6.) A opção de compra vale mais quando o VPL da compra no presente é cerca de zero e o tempo de espera previsto é mais longo.

Fonte: Adaptado da Figura 17.20 em J. Stonier, "What Is an Aircraft Purchase Option Worth? Quantifying Asset Flexibility Created Through Manufacturer Lead-Time Reductions and Product Commonality," in *Handbook of Aviation Finance.*, ed. G. F. Butler and M. R. Keller.

---

[14] O modelo de opções reais da Airbus considera que o preço futuro dos A320 subirá se a demanda for grande, mas só até um segmento superior. Assim, se a empresa esperar para decidir mais tarde, poderá ainda ter uma oportunidade de investimento com um VPL positivo se, no futuro, a demanda e o VPL forem elevados. A Figura 22.7 mostra a *diferença* entre o valor da opção de compra e a oportunidade de esperar para ver. Essa diferença pode diminuir se o VPL for elevado, sobretudo se o tempo de espera previsto for curto.

portadoras aéreas podem negociar "opções renováveis" que fixam o preço, mas não garantem um lugar na linha de produção. (O exercício de uma opção renovável põe a transportadora no fim da fila.) A Airbus permite também uma opção de compra que inclui o direito de mudar a entrega de um A320 para um A319, um avião um pouco menor.

22.5 Investimento em P&D no setor farmacêutico

Um investimento em pesquisa e desenvolvimento (P&D) é, na verdade, um investimento em opções reais. Quando seus engenheiros de pesquisa inventam uma ratoeira melhor, eles lhe entregam uma *opção* de fabricá-la e vendê-la. Ratoeiras novas e aprimoradas podem ser triunfos da engenharia, mas fracassos comerciais. Você fará o investimento para fabricar e lançar as ratoeiras melhoradas apenas se o VP das entradas de caixa forem maiores do que o investimento necessário.

A indústria farmacêutica gasta quantias enormes em P&D para desenvolver opções de produção e venda de novos medicamentos. Descrevemos a P&D no setor farmacêutico no Exemplo 10.2 e na Figura 10.7, que é uma árvore de decisão simplificada. Depois que você revisar esse exemplo e essa figura, dê uma olhada na Figura 22.8, que reconfigura a árvore de decisão como uma opção real.

O medicamento candidato na Figura 22.8 exige um investimento imediato de $18 milhões. Esse investimento compra uma opção real de investir $130 milhões no ano 2 para pagar pela fase II de testes e pelos custos incorridos durante o período pré-lançamento. A opção real, obviamente, existe apenas se a fase II de testes for bem-sucedida. Há uma probabilidade de 56% de fracasso. Assim, após avaliarmos a opção real, precisaremos multiplicar o seu valor pela probabilidade de 44% de sucesso.

O preço de exercício da opção real é de $130 milhões. O ativo subjacente é o VP do medicamento, assumindo que seja aprovado na fase II. A Figura 10.6 prevê um VP esperado do medicamento no lançamento de $350 milhões no ano 5. Multiplicamos esse valor por 0,8, já que a decisão de exercitar ou não a opção precisa ser tomada no ano 2, *antes* da empresa saber se o medicamento será aprovado ou reprovado na fase III e se chegará ao pré-lançamento. Então, precisamos descontar esse valor de volta no ano 0, porque a fórmula de Black-Scholes exige o valor do ativo subjacente na data quando a opção é avaliada. O custo de capital é de 9,6%, então o VP atual é de:

VP no ano 0, supondo sucesso na fase II = $0,8 \times 350/(1,096)^5$ = 177, ou $177 milhões

Para estimar o valor da opção real, precisamos de uma taxa livre de risco (digamos 4%) e uma volatilidade do valor do medicamento depois de lançado (digamos 20%). Com esses dados, o valor de Black-Scholes de uma opção de compra de dois anos sobre um ativo avaliado em $177 milhões com um preço de exercício de $130 milhões é de $58,4 milhões (Consulte o Quadro 22.2 para refrescar seu conhecimento sobre como usar a fórmula de Black-Scholes).

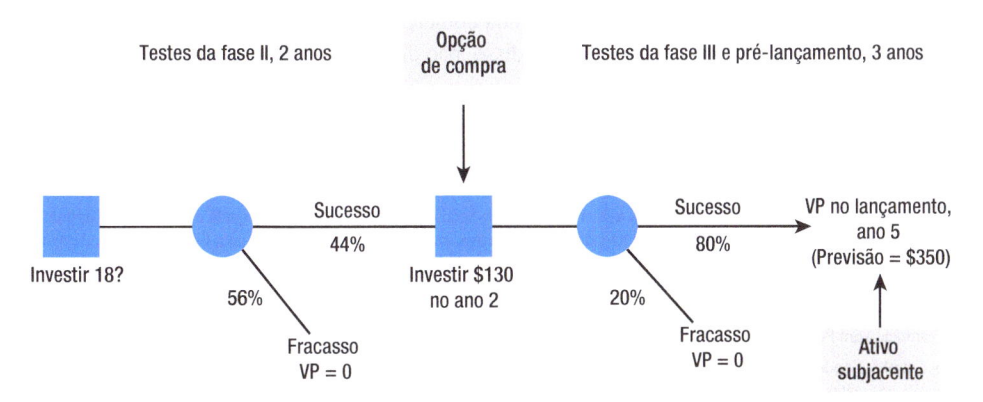

▶ **FIGURA 22.8** A árvore de decisão da Figura 10.7 reconfigurada como uma opção real. Se os testes da fase II forem bem-sucedidos, a empresa dispõe da opção real de investir $130 milhões. Se a opção for exercitada, a empresa ganha uma chance de 80% de lançar um medicamento aprovado. O VP do medicamento, que está previsto em $350 milhões no ano 5, é o ativo subjacente da opção de compra.

Porém, há apenas uma chance de 44% de que o medicamento venha a ser aprovado na fase II. Assim, a empresa deve comparar um investimento inicial de $18 milhões com uma chance de 44% de receber uma opção avaliada em $58,4 milhões. O VP do medicamento no ano 0 é:

$$\text{VPL} = -18 + (0,44 \times 58,4) = \$7,7 \text{ milhões}$$

O VPL é menor do que o VPL de $19 milhões computado a partir da Figura 10.6.[15] Ainda assim, o projeto de P&D deve ter sinal verde.

É claro que a Figura 22.8 assume apenas um ponto de decisão, e somente uma opção real, entre o início da fase II e o lançamento do produto. Na prática, haveria outros pontos de decisão, incluindo uma decisão de dar continuidade ou não após a fase III de testes, mas antes do investimento pré-lançamento. Nesse caso, a compensação para a primeira opção ao final da fase II é o valor na data da segunda opção. Este é um exemplo de uma *opção de compra composta*.

Com duas opções sequenciais, você poderia consultar a fórmula para a opção de compra composta em um manual de precificação de opções ou poderia construir uma árvore binomial para o projeto de P&D. Suponhamos que você tome a rota binomial. Depois de preparar a árvore, usando probabilidades neutras ao risco para mudanças no valor do ativo subjacente, você resolve a árvore como resolveria qualquer árvore de decisão. Você avança em retrospecto a partir do fim da árvore, sempre escolhendo a decisão que produz o maior valor a cada ponto de decisão. O VPL é positivo se o VP no início da árvore for maior do que os $18 milhões de investimento inicial.

Apesar de seus pressupostos simplificadores, nosso exemplo explica por que os investidores exigem dos investimentos em P&D retornos esperados mais altos do que aqueles dos seus produtos decorrentes. P&D investe em opções reais de compra.[16] Uma opção de compra é sempre mais arriscada (beta maior) do que o ativo subjacente que é adquirido quando a opção é exercida. Por isso, o custo de oportunidade do capital para P&D é maior do que para um novo produto depois que o produto é lançado com sucesso.[17]

P&D também é arriscado porque pode fracassar. Mas o risco de fracasso não costuma representar um risco de mercado ou macroeconômico. O beta ou o custo de capital do medicamento não dependem das probabilidades do medicamento vir a fracassar nas fases II ou III. Se o medicamento fracassar, será devido a problemas médicos ou clínicos, e não porque o mercado acionário está em baixa. Levamos em consideração os riscos médicos ou clínicos multiplicando os resultados futuros pela probabilidade de sucesso, e não somando um fator de risco à taxa de desconto.

22.6 Avaliação de opções reais

Neste capítulo, já apresentamos diversos exemplos de opções reais importantes. Em cada um dos casos, usamos os métodos de precificação de opções desenvolvidos no Capítulo 21, como se as opções reais fossem opções de compra ou venda comercializadas. Foi correto avaliar as opções reais como se fossem comercializadas? Além disso, não dissemos praticamente nada a respeito de

---

[15] Observe que a fórmula de Black-Scholes trata o preço de exercício de $130 milhões como uma quantia fixa e calcula seu VPL a uma taxa livre de risco. No Capítulo 10, pressupomos que esse investimento era apenas tão arriscado quanto os fluxos de caixa do medicamento pós-lançamento. Descontamos o investimento ao custo geral do capital de 9,6%, reduzindo seu VP e, assim, aumentando o VPL em geral. Essa é uma razão pela qual a fórmula de Black-Scholes gera um VPL inferior àquele calculado no Capítulo 10. Obviamente que os $130 milhões representam apenas uma estimativa, então calcular o desconto à taxa livre de risco pode não ser correto. Você poderia substituir a fórmula de Black-Scholes pela fórmula de avaliação para uma opção de troca, a qual permite preços de exercícios incertos (veja a nota de rodapé 3). Por outro lado, o investimento em P&D provavelmente se aproxima de um custo fixo, já que não está exposto aos riscos dos fluxos de caixa do medicamento pós-lançamento. Há um bom argumento para descontar o investimento em P&D a uma taxa baixa, mesmo em uma análise por árvore de decisão.

[16] Você também pode estimar o valor do exemplo de P&D como (1) o VP de fazer todos os investimentos futuros, considerando-se o sucesso nos testes clínicos, mais (2) o valor de uma opção de venda abandonada, que será exercitada se os testes clínicos forem bem-sucedidos, mas o VP dos fluxos de caixa pós-lançamento for suficientemente baixo. O VPL é idêntico devido à paridade *put-call*.

[17] O custo de capital mais alto para P&D não é revelado pela fórmula de Black-Scholes, a qual desconta ganhos equivalentes a certos à taxa livre de risco.

impostos. Será que a taxa livre de risco não deve incidir após os impostos? E quanto aos problemas práticos que os gestores enfrentam quando tentam estimar o valor das opções reais na prática? Aqui, abordamos essas questões.

Um problema conceitual?

Quando introduzimos os modelos de avaliação de opções no Capítulo 21, mostramos que o truque era construir uma carteira com o ativo subjacente mais um empréstimo que desse exatamente os mesmos resultados que a opção. Se os dois investimentos não tiverem o mesmo preço, existe, então, a possibilidade de arbitragem. Entretanto, os ativos em sua maioria não são livremente negociáveis, e isso significa que já não podemos nos basear em argumentos de arbitragem para justificar a utilização dos métodos de Black Scholes ou binomial de avaliação de opções.

O método da neutralidade em face do risco continua, no entanto, fazendo sentido na prática para opções reais. É, na verdade, apenas uma aplicação do método dos *equivalentes certos*, introduzido no Capítulo 9.[18] A condição básica – implícita até agora – é que os *acionistas* da empresa têm acesso a ativos com as mesmas características de risco (por exemplo, o mesmo beta) que os investimentos sob avaliação pela empresa.

Considere que cada oportunidade de investimento real tem uma "duplicata" ou "cópia", por exemplo, um título ou uma carteira com risco idêntico. Então, a taxa de retorno esperado oferecido pela duplicata é também o custo de oportunidade do capital do investimento real, e a taxa de desconto para o cálculo dos FCDs na avaliação do projeto de investimento. A questão é saber o que pagariam os investidores por uma *opção* real sobre o projeto. O mesmo que por uma opção negociada em bolsa idêntica emitida sobre a duplicata. Essa opção de bolsa não tem de existir; basta saber como seria avaliada pelos investidores, empregando tanto a arbitragem como o método da neutralidade em face do risco. Claro que os dois métodos oferecem a mesma resposta.

Quando avaliamos uma opção real pelo método da neutralidade em face do risco, estamos calculando o valor da opção, se pudesse ser negociada. É exatamente o mesmo que uma decisão de investimento. Os acionistas aprovariam por unanimidade para aceitar qualquer investimento de capital cujo valor de mercado, *se negociado*, excedesse seu custo, contanto que pudessem comprar títulos negociados em bolsa com as mesmas características de risco que as do projeto. Esse pressuposto essencial justifica a utilização tanto do método dos FCDs como da avaliação de opções reais.

E quanto aos impostos?

Até aqui este capítulo tem praticamente ignorado os impostos, mas apenas por questão de simplicidade. Os impostos precisam ser contabilizados ao se atribuir valor às opções reais. Vejamos o exemplo do microcomputador Mark II, no Quadro 22.2. O VP previsto de $807 milhões para o Mark II deve ser calculado a partir de fluxos de caixa depois dos impostos gerados pelo produto. O investimento necessário de $900 deve ser, da mesma forma, calculado depois dos impostos.[19]

E quanto à taxa de desconto livre de risco usada no método neutro ao risco? Também deve vir depois dos impostos. Consulte o Apêndice ao Capítulo 19, o qual demonstra que a taxa de desconto apropriada para fluxos de caixa seguros é a taxa de juros depois dos impostos. A mesma lógica se aplica aqui, já que os fluxos de caixa projetados no método neutro ao risco são avaliados como se fossem seguros.

Relembre que o valor de uma opção real de compra pode ser expresso como uma posição no ativo subjacente menos um empréstimo. Assim, a opção de compra se comporta como uma reinvindicação do ativo subjacente parcialmente financiada com dinheiro tomado emprestado. A contração do empréstimo não aparece no balanço contábil da corporação, mas ainda assim está

---

[18] A utilização das probabilidades de neutralidade diante do risco convertem os fluxos de caixa futuros em equivalentes certos, que então são descontados para o valor corrente a uma taxa livre de risco.

[19] Investimentos de capital não costumam representar despesas imediatamente dedutíveis de impostos, mas de fato geram benefícios fiscais por depreciação. Esses benefícios fiscais podem ser levados em conta ao se calcular os fluxos de caixa operacionais depois dos impostos. Caso contrário, você deve subtrair o VP referente aos benefícios fiscais do investimento de capital antes dos impostos, convertendo, assim, o investimento em um desembolso líquido depois dos impostos.

realmente lá. O empréstimo implícito é uma obrigação equivalente a dívida que deve ser avaliada usando-se uma taxa de juros depois dos impostos.[20]

O empréstimo implícito cria uma alavancagem financeira fora do balanço contábil. O risco financeiro resultante é a razão pela qual o valor da opção real de compra é mais volátil do que o valor do ativo subjacente. (A opção real teria um beta mais alto do que o ativo subjacente se ambos fossem comercializados em mercados financeiros.)

No Capítulo 18, explicamos que empresas com alto crescimento e alta lucratividade como a Google e a Amazon utilizam sobretudo financiamento com capital próprio. As opções de crescimento real dessas empresas são uma explicação para isso. As opções contêm dívida implícita. Se seus diretores financeiros reconhecessem a dívida implícita, ou pelo menos o risco financeiro extra vinculado às opções, eles deveriam reduzir a contração de dívidas ordinárias como compensação. Portanto, a alavancagem de opções desloca a alavancagem financeira ordinária. O deslocamento significa que se você esquecer de computar a dívida que entra e que sai do balanço contábil, uma empresa de grande crescimento parecerá estar menos alavancada do que está na realidade.

Desafios práticos

Os desafios inerentes à análise de opções reais não são conceituais, mas práticos, e nem sempre é fácil. Podemos apresentar algumas das razões.

Em primeiro lugar, as opções reais podem ser complexas, e a sua avaliação pode requerer muito trabalho analítico e computacional. A sua decisão de investir ou não nesse trabalho é uma decisão de negócio. Por vezes, uma resposta aproximada no presente é mais útil do que uma resposta "perfeita" mais tarde, sobretudo se essa resposta perfeita vier de um modelo complicado para o qual os outros gestores olharão como se estivessem olhando para uma caixa-preta. Uma das vantagens da análise de opções reais, se conseguir fazer que ela seja simples, é que é relativamente fácil de explicar. Árvores de decisão complexas podem muitas vezes ser descritas como resultados de uma ou duas simples opções de compra ou de venda.

O segundo problema é a falta de *estrutura*. Para quantificar o valor de uma opção de compra é preciso especificar os seus possíveis resultados, que dependem do leque de possíveis valores do ativo subjacente, do preço de exercício, do *timing* do exercício etc. Neste capítulo, apresentamos exemplos bem estruturados em que é fácil ver o percurso dos resultados possíveis. Nos Estados Unidos, por exemplo, investimentos em P&D no setor farmacêutico são bem estruturados, já que todos os novos medicamentos precisam passar pela mesma série de testes clínicos a fim de serem aprovados pela agência Food and Drug Administration. Os resultados são incertos, mas o percurso é claro. Em outros casos, esse percurso pode não ser tão visível. Por exemplo, ler este livro pode valorizar a sua opção de "compra" para trabalhar na área de gestão financeira, mas achamos que será difícil para você escrever de que maneira essa opção mudaria a árvore binomial de toda a sua carreira futura.

Um terceiro problema pode advir do fato de os seus *concorrentes* terem opções reais. Esse problema não se coloca em setores em que os produtos são padronizados e nenhum concorrente pode, por si só, alterar a demanda e os preços. Mas, quando se tem apenas alguns concorrentes fortes, todos eles com opções reais, as opções podem interagir. Sendo assim, você não poderá avaliar as suas opções sem pensar nas ações dos seus concorrentes – que pensam exatamente do mesmo modo.

A análise das interações entre a concorrência nos levaria para outros ramos da economia, incluindo a teoria dos jogos. Mas já demonstramos os perigos que podem advir do fato de considerar que os seus concorrentes são passivos. Pense na opção do *timing*. Uma simples análise de opções reais muitas vezes lhe dirá para esperar e recolher mais informações antes de investir em um novo mercado. Todavia, será necessário cuidado para não esperar até recolher a informação de que um concorrente seu avançou primeiro.[21]

---

[20] Os juros sobre a dívida da opção também são implícitos e portanto não dedutíveis. A prova de que a taxa de desconto para opções reais deveria incidir depois dos impostos está em S. C. Myers and J. A. Read, Jr., "Real Options, Taxes and Leverage," NBER Working Paper 18148, June 2012.

[21] Claro que ser o primeiro a avançar para um novo mercado nem sempre é a melhor estratégia. Às vezes, os últimos a avançar são os que têm maior sucesso. Para uma análise de opções reais e concorrência de produtos e mercados, veja H. Smit and L. Trigeorgis, *Strategic Investment, Real Options and Games* (Princeton, NJ: Princeton University Press, 2004).

Dados esses obstáculos, é possível entender por que uma avaliação quantitativa, sistemática, de opções reais é restrita essencialmente a problemas bem estruturados, como os exemplos deste capítulo. As implicações qualitativas das opções reais, no entanto, são amplamente apreciadas. As opções reais dão ao gestor financeiro uma estrutura conceitual para o planejamento e o pensamento financeiros sobre os investimentos. Se você conseguir identificar as opções reais, será um consumidor mais sofisticado da análise dos fluxos de caixa descontados e estará mais equipado para investir o dinheiro de sua empresa de uma maneira inteligente.

Entender as opções reais também compensa quando você consegue *criá-las*, agregando valor ao agregar flexibilidade para os investimentos e as operações de sua empresa. Por exemplo, pode ser preferível projetar e construir uma série de fábricas produtivas modulares, com capacidade individual de 50 mil toneladas/ano de liga de magnésio, a investir em uma grande unidade com capacidade de 150 mil toneladas/ano. Quanto maior for a fábrica, provavelmente será mais eficiente por causa das economias de escala. Mas, em unidades menores, é possível reter a flexibilidade para uma expansão em compasso com a demanda e para adiar investimentos quando o crescimento da demanda deixar a desejar.

Por vezes podem ser geradas opções valiosas simplesmente pela técnica de "superdimensionamento" na rodada inicial de investimentos. Por exemplo, as plataformas petrolíferas são tipicamente construídas com um espaço de deck suplementar para reduzir os custos de se acrescentar os equipamentos mais tarde. Os dutos petrolíferos submarinos que conduzem o óleo das plataformas para a costa geralmente são construídos com bitolas e capacidades maiores do que a produção requerida na própria plataforma. A capacidade adicional é, então, disponível a um baixo custo se for encontrado mais petróleo nas imediações do campo. O custo extra de uma linha de tubulação com maior bitola é muito menor do que o custo de se construir uma segunda linha de tubulação no futuro.

RESUMO

No Capítulo 21 analisamos os conceitos fundamentais da avaliação de uma opção. Neste capítulo, descrevemos quatro opções reais importantes.

1. *A opção de fazer investimentos subsequentes.* As empresas referem-se, frequentemente, ao valor "estratégico" quando aceitam projetos com VPL negativo. Um olhar mais atento aos resultados dos projetos revela opções de compra sobre projetos subsequentes para além dos fluxos de caixa imediatos do projeto. Os investimentos de hoje podem gerar as oportunidades de amanhã.

2. *A opção de aguardar (e estudar a situação) antes de investir.* Isso é equivalente a possuir uma opção de compra sobre o projeto de investimento. A opção é exercida quando a empresa se compromete com o projeto, mas, em vez de exercer a opção imediatamente, geralmente é preferível diferir um projeto com um VPL positivo como forma de manter a opção de compra viva. O diferimento é mais atraente quando a incerteza é grande e os fluxos de caixa imediatos do projeto – que ficam perdidos ou adiados em virtude da espera – são pequenos.

3. *A opção de abandonar.* A opção de abandonar um projeto proporciona um seguro parcial contra o fracasso. Essa é uma opção de venda; o preço de exercício da opção é o valor dos ativos do projeto se vendidos ou desviados para uma melhor utilização.

4. *A opção de modificar a produção da empresa ou os seus métodos de produção.* É frequente as empresas introduzirem certa flexibilidade nas suas unidades de produção, para que seja possível utilizar as matérias-primas menos dispendiosas ou produzir a gama mais valiosa de produtos. Nesse caso, efetivamente adquirem a opção de trocar um ativo por outro.

Devemos atentar para um fato importante: as opções reais que se encontram na prática muitas vezes são complexas. Cada opção real tem os seus próprios problemas e resultados, mas as ferramentas que você aprendeu neste capítulo e nos anteriores podem ser utilizadas na prática. Muitas vezes, basta a fórmula de Black-Scholes para avaliar opções isoladas de expansão e abandono. Para opções mais complexas, às vezes é mais fácil trocar para árvores binomiais.

As árvores binomiais são "parentes" das árvores de decisão. Naquelas começa-se pelos resultados futuros e faz-se o percurso até o valor presente. Sempre que é necessário tomar uma decisão futura, tem de se ver qual é a escolha que maximiza o valor, utilizando os princípios da teoria da avaliação de opções, e registrar o valor daí resultante no respectivo nó da árvore.

Não se precipite em tirar a conclusão de que os métodos de avaliação de opções reais podem substituir os métodos dos fluxos de caixa descontados (FCDs). Em primeiro lugar, o método dos FCDs é bom para fluxos de caixa seguros, além de fornecer bons resultados com ativos do tipo "*cash cows*", ou seja, ativos ou negócios cujo valor depende, sobretudo, dos fluxos de caixa previstos, e não de opções reais. Em segundo lugar, o ponto de partida na maior parte das análises de opções reais é o valor presente do ativo subjacente. Geralmente, para se avaliar o ativo subjacente, é preciso utilizar o método dos FCDs.

Raramente as opções reais são ativos negociados em bolsa. Quando avaliamos uma opção real, estamos estimando o seu valor, se pudesse ser negociada. Essa é a abordagem-padrão em finanças empresariais, a mesma abordagem adotada na avaliação pelos FCDs. O pressuposto básico é o de que os acionistas podem comprar títulos ou carteiras de títulos negociáveis com as mesmas características de risco dos investimentos reais que a empresa está avaliando. Se for assim, dariam o seu apoio unânime a qualquer investimento real cujo valor de mercado, caso pudesse ser negociado, ultrapassasse o investimento necessário. Esse pressuposto essencial justifica a utilização tanto do método dos FCDs como da avaliação de opções reais.

Os impostos não são rastreados especificamente em diversos exemplos de opções reais apresentados neste capítulo. Mas lembre-se que todos os fluxos de caixa advindos de opções reais devem ser protegidos após impostos corporativos. A taxa de desconto no método neutro ao risco também deve incidir após os impostos.

LEITURAS ADICIONAIS

As leituras adicionais do Capítulo 10 indica vários artigos introdutórios sobre opções reais. As edições da primavera de 2005 e de 2007 do Journal of Applied Corporate Finance *contêm artigos adicionais.*

A edição da primavera de 2006 contém dois outros artigos:

R. L. McDonald, "The Role of Real Options in Capital Budgeting: Theory and Practice," *Journal of Applied Corporate Finance* 18 (Spring 2006), pp. 28-39.

M. Amram, F. Li, and C. A. Perkins, "How Kimberly-Clark Uses Real Options," *Journal of Applied Corporate Finance* 18 (Spring 2006), pp. 40-47.

Os textos-base sobre a avaliação de opções reais são:

M. Amran and N. Kulatilaka, *Real Options: Managing Strategic Investments in an Uncertain World* (Boston: Harvard Business School Press, 1999).

T. Copeland and V. Antikarov, *Real Options: A Practitioner's Guide* (New York: Texere, 2001).

A. K. Dixit and R. S. Pindyck, *Investment under Uncertainty* (Princeton, NJ: Princeton University Press, 1994).

H. Smit and L. Trigeorgis, *Strategic Investment, Real Options and Games* (Princeton, NJ: Princeton University Press, 2004).

L. Trigeorgis, *Real Options* (Cambridge, MA: MIT Press, 1996).

Mason e Merton revisam uma série de aplicações de opções na gestão financeira das empresas:

S. P. Mason and R. C. Merton, "The Role of Contingent Claims Analysis in Corporate Finance," in E. I. Altman and M. G. Subrahmanyan (eds.), *Recent Advances in Corporate Finance* (Homewood, IL: Richard D. Irwin, Inc., 1985).

Brennan e Schwartz desenvolveram uma aplicação interessante aos investimentos em recursos naturais:

M. J. Brennan and E. S. Schwartz, "Evaluating Natural Resource Investments," *Journal of Business* 58 (April 1985), pp. 135-157.

PROBLEMAS

BÁSICO

1. **Opções de expansão** Volte a observar, no Quadro 22.2, a avaliação da opção de investir no projeto Mark II. Considere uma variação de cada um dos seguintes dados. Essa variação aumentaria ou diminuiria o valor da opção de expansão?

   a. Aumento da incerteza (maior desvio-padrão).

   b. Previsão mais otimista (maior valor esperado) do Mark II em 1985.

   c. Aumento do investimento necessário em 1985.

2. **Opções de abandono** Uma empresa *start-up* está montando os seus primeiros escritórios e necessita de mesas, cadeiras, armários para arquivos e outros móveis. Ela pode comprá-los por $25 mil ou alugá-los por $1.500 ao mês. Os fundadores obviamente estão confiantes no novo empreendimento, no entanto, preferem o aluguel da mobília. Por quê? Qual é a opção?

3. **Opções de abandono** Recorra novamente aos Quadros 6.2 e 6.6, onde assumimos uma vida econômica de sete anos para o plano do guano da IMC. O que há de errado com essa hipótese? Como poderíamos fazer uma análise mais completa?

4. **Opções de *timing*** Você possui um terreno desocupado, e pode urbanizá-lo agora ou esperar.

   a. Qual é a vantagem de esperar?

   b. Por que poderá decidir urbanizar a propriedade imediatamente?

5. **Opções de operacionais** As turbinas a gás estão entre os meios menos eficientes de geração de eletricidade, tendo uma eficiência térmica muito menor do que a obtida em centrais à base de carvão ou de energia nuclear. Por que existem unidades de geração de eletricidade à base de turbinas a gás? Qual é a opção?

6. **Opções de reais** Por que a avaliação quantitativa das opções reais geralmente é difícil na prática? Liste, sucintamente, as razões.

7. **Opções de reais** Verdadeiro ou falso?

   a. A análise das opções reais por vezes indicam às empresas para fazerem investimentos com VPL negativo de modo a assegurar futuras oportunidades de crescimento.

   b. Utilizar a fórmula de Black-Scholes para avaliar opções de investimento é algo perigoso quando o projeto de investimento gera fluxos de caixa imediatos significativos.

c. As árvores binomiais podem ser utilizadas para avaliar opções para que se adquira ou abandone um ativo. É aceitável utilizar probabilidades neutras quanto ao risco nessas árvores quando o beta do ativo é 1,0 ou superior.

d. É aceitável utilizar a fórmula de Black-Scholes ou as árvores binomiais de modo a avaliar opções reais, muito embora elas não sejam negociadas em bolsa.

e. A avaliação de opções reais por vezes revelará que é melhor investir em uma única fábrica grande do que em uma série de fabricas de menor porte.

8. **Opções de reais** Gestores financeiros atentos podem *criar* opções reais. Forneça três ou quatro exemplos possíveis.

INTERMEDIÁRIO

9. **Opções de reais** Descreva cada uma das seguintes situações em linguagem de opções:

   a. Direitos de perfuração de um campo subexplorado de petróleo bruto no norte de Alberta. Atualmente, o desenvolvimento do campo e a produção são um projeto com VPL negativo. (Assuma que o ponto de equilíbrio do preço de petróleo é de C$90 por barril *versus* um preço de mercado atual de C$80.) No entanto, a decisão de investimento pode ser adiada por até cinco anos. Espera-se que os custos de desenvolvimento aumentem 5% por ano.

   b. Um restaurante produz fluxos de caixa líquidos de $700 mil por ano, após todas as despesas que exigem pagamentos. Não existe qualquer tendência de subida ou descida dos fluxos de caixa, mas são instáveis e aleatórios, com um desvio-padrão anual de 15%. O edifício ocupado pelo restaurante é próprio, e não locado, e poderia ser vendido por $5 milhões. Não considere os impostos.

   c. Uma variante do item (b): admita que o restaurante enfrenta custos fixos conhecidos de $300 mil por ano, enquanto estiver em funcionamento. Assim:

   Fluxo de caixa líquido = receita menos custos variáveis – custos fixos

   $700.000 = 1.000.000 = 300.000

   O desvio-padrão anual na previsão do saldo das receitas menos custos variáveis é de 10,5% e taxa de juro, de 10%. Não considere os impostos.

   d. Uma fábrica de papel pode ser fechada em períodos de pouca demanda e reativada se a demanda aumentar o suficiente. Os custos de fechar e reativar a fábrica são fixos.

   e. Um empreiteiro utiliza um terreno urbano como parque de estacionamento, embora a construção de um hotel ou de um edifício de apartamentos nesse terreno fosse um investimento de VPL positivo.

   f. A Air France negocia uma opção de compra de 10 Boeings 787. A empresa terá de confirmar a encomenda em 2018. Se não o fizer, a Boeing poderá vender os aviões a outros transportadores.

10. **Opções de expansão** Volte a observar o Quadro 22.2. De que modo o valor da opção de investir no Mark II se altera em 1982 se:

    a. O investimento necessário para o Mark II for de $800 milhões (*versus* $900 milhões)?

    b. O valor presente do Mark II em 1982 for de $500 milhões (*versus* $467 milhões)?

    c. O desvio-padrão do valor presente do Mark II for apenas de 20% (*versus* 35%)?

11. **Opção de retardo** Consulte novamente a opção da Malted Herring na Seção 22.2. De que forma os analistas da empresa estimaram o valor presente do projeto? Acontece que eles assumiram que a probabilidade de baixa demanda estava em torno de 45%. Em seguida, estimaram o retorno esperado como (0,45 × 176) + (0,55 × 275) = 230. Calculando-se um desconto aos 15% de custo de capital da empresa, obteve-se um valor presente para o projeto de 230/1,15 = 200.

    a. Como esse valor presente mudaria se a probabilidade de baixa demanda fosse de 55%. Como mudaria se o custo de capital do *projeto* fosse mais alto do que o custo de capital da empresa, em, digamos, 20%?

    b. Agora estime como essas mudanças em preconcepções afetariam o valor da opção de retardo.

12. **Avaliação de opções** Você possui uma opção de compra de um ano sobre um terreno em Los Angeles com um hectare de área. O preço de exercício é de $2 milhões, e o valor presente do terreno é avaliado pelo mercado em $1,7 milhão. O terreno é utilizado atualmente como parque de estacionamento, gerando receitas suficientes apenas para pagar os impostos sobre a propriedade. O desvio-padrão anual é de 15% e a taxa de juro, de 12%. Quanto vale a sua opção de compra? Utilize a fórmula de Black-Scholes. Pode-se considerar útil a utilização da planilha *live* do Capítulo 21, que calcula os valores de Black-Scholes.

13. **Avaliação de opções** Uma variante para o Problema 12: suponha que o terreno esteja ocupado por um depósito que gera aluguéis de $150 mil depois dos impostos sobre a propriedade e de todos os outros desembolsos. O valor do terreno mais o depósito é ainda de $1,7 milhão. As demais condições são idênticas às do Problema 12. Você possui uma opção de compra europeia. Qual é o seu valor?

14. **Valor de abandono** Examine novamente o exemplo da prensa perpétua na Seção 22.3. Construa uma análise de sensibilidade mostrando como o valor da opção de abandono varia dependendo do desvio-padrão do projeto e do preço de exercício.

15. **P&D** Construa uma análise de sensibilidade do valor do projeto de P&D do setor farmacêutico descrito na Figura 22.8. Quais dados pressupostos são mais cruciais para o VPL do projeto? Certifique-se de conferir os dados para avaliar a opção real de investir no ano 2.

16. **Avaliação binomial** Você possui a opção de comprar todos os ativos da Overland Railroad por $2,5 bilhões, a qual expira dentro de nove meses. Estima-se o valor presente (VP) da Overland no momento presente (mês 0) em $2,7 bilhões. A Overland gera fluxos de caixa livres (FCLs) de $50 milhões no fim de cada trimestre (ou seja, no fim de cada período de três meses). Se exercer a sua opção no início do trimestre, o fluxo de caixa desse trimestre será pago a você. Se não a exercer, o fluxo de caixa irá para os atuais proprietários da Overland.

O VP da Overland ou aumenta 10% em cada trimestre, ou diminui 9,09%. Esse VP inclui o fluxo de caixa livre de cada trimestre no valor de $50 milhões. Depois de esses $50 milhões serem pagos, o VP diminui desse montante. Assim, a árvore binomial para o primeiro trimestre é (valores em milhões):

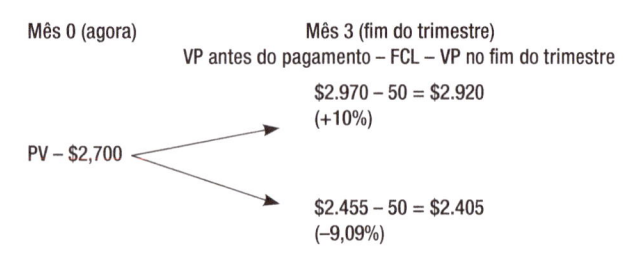

Mês 0 (agora)　　　Mês 3 (fim do trimestre)
　　　　　　　VP antes do pagamento – FCL = VP no fim do trimestre

　　　　　　　　　$2.970 – 50 = $2.920
　　　　　　　　　(+10%)
PV – $2.700
　　　　　　　　　$2.455 – 50 = $2.405
　　　　　　　　　(–9,09%)

A taxa de juro sem risco é de 2% por trimestre.

   a. Construa uma árvore binomial para a Overland com uma variação para mais e para menos em cada período de três meses (três passos para cobrir a sua opção de nove meses).
   b. Suponha que só pode exercer a sua opção agora ou após nove meses (não no mês 3 ou no mês 6). A exerceria agora?
   c. Suponha que pode exercer agora, ou no mês 3, no mês 6 ou no mês 9. Quanto vale hoje a sua opção? Deve exercê-la hoje ou esperar?

17. **Opções de abandono** Na Seção 10.4 consideramos duas tecnologias de produção para um novo motor de popa da Wankel. A tecnologia A era a mais eficiente, mas não tinha valor residual se os novos motores de popa não fossem bem-sucedidos. A tecnologia B era menos eficiente, mas tinha um valor residual de $17 milhões.

A Figura 10.6 mostra o valor presente do projeto como sendo de $24 ou $16 milhões no ano 1, se for utilizada a tecnologia A. Suponha que o valor presente desses resultados é de $18 milhões no ano 0.

   a. Com a tecnologia B, os resultados no ano 1 são $22,5 ou $15 milhões. Qual é o valor desses resultados no ano 0, se for utilizada a tecnologia B? (*Sugestão*: os resultados com a tecnologia B são 93,75% dos resultados com a tecnologia A).
   b. A tecnologia B permite o abandono no ano 1 com um valor residual de $17 milhões. É possível também obter um fluxo de caixa de $1,5 milhão, para um total de $18,5 milhões. Calcule o valor de abandono, considerando uma taxa de juro sem risco de 7%.

18. **Opções reais** Responda aos comentários que se seguem:
   a. "Você não precisa de teorias de avaliação de opções para estimar a flexibilidade. Apenas utilize uma árvore de decisão. Desconte os fluxos de caixa da árvore ao custo do capital da empresa."
   b. "Esses métodos de avaliação de opções são simplesmente uma "loucura total". Eles indicam que as opções reais sobre ativos com risco valem mais do que as opções em ativos seguros."
   c. "Os métodos de avaliação de opções reais eliminam a necessidade de avaliações de projetos de investimento pelo método dos FCDs."

19. **Avaliação de opções** Josh Kidding, que só leu parte do Capítulo 10, decide avaliar uma opção real (1) construindo uma árvore de decisão, prevendo os fluxos de caixa e as probabilidades para cada resultado futuro; (2) decidindo o que fazer em cada um dos nós da árvore; e (3) descontando os fluxos de caixa esperados daí resultantes ao custo do capital da empresa. Esse processo vai lhe fornecer a resposta correta? Por que sim ou por que não?

20. **Avaliação de opções** Em árvores binomiais, as probabilidades de neutralidade em face do risco são determinadas para gerar uma taxa de retorno esperado igual à taxa de juro livre de risco em cada ramo da árvore. O que você acha da seguinte declaração: "O valor de uma opção para adquirir um ativo aumenta com a diferença entre a taxa de juro livre de risco e o custo médio ponderado do capital para o ativo?"

21. **Paridade *put-call* e opções reais** Refaça o exemplo da Figura 22.8, assumindo que a opção real é uma opção de venda que permite à empresa abandonar o programa de P&D se os prospectos comerciais forem suficientemente deficientes no ano 2. Use a paridade *put-call*. O VPL do medicamento na data 0 deve ser novamente de +$7,7 milhões.

DESAFIO

22. **Opções reais complexas** Suponha que você espera precisar, dentro de 36 meses, de uma nova fábrica para a produção de turboencabuladores. Se for escolhido o projeto A, a construção deve começar imediatamente. O projeto B é mais dispendioso, mas pode esperar 12 meses antes de iniciar a construção. A Figura 22.9 mostra o valor presente acumulado dos custos de construção para os dois projetos até o limite de 36 meses. Admita que os projetos, uma vez construídos, são igualmente eficientes e apresentam iguais capacidades produtivas.

Uma análise normal sobre os FCDs coloca o projeto A à frente do projeto B. Mas suponha que a procura de turboencabuladores diminua e que a nova fábrica não seja mais necessária; então, como ilustra a Figura 22.9, a empresa estará melhor com o projeto B, desde que abandone o projeto antes do mês 24.

Descreva essa situação como a escolha entre duas opções de compra (complexas). Em seguida, descreva a

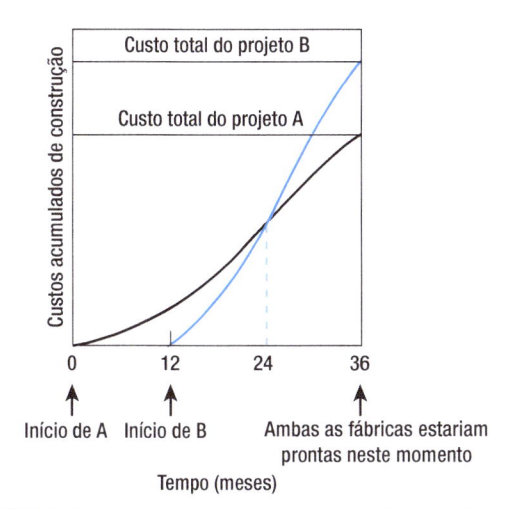

FIGURA 22.9 Custos acumulados de construção dos dois projetos. A fábrica A demora 36 meses sendo construída, enquanto a fábrica B demora apenas 24 meses. Mas a fábrica B é mais dispendiosa do que a fábrica A.

mesma situação em termos de opções de abandono (complexas). As duas descrições deverão implicar resultados idênticos para cada projeto, exercendo as estratégias ideais.

23. **Opções e crescimento** No Capítulo 4, expressamos o valor de uma ação com a seguinte fórmula:

$$P_0 = \frac{LPA_1}{r} + VPOC$$

onde LPA_1 são os lucros por ação com os ativos existentes, r é a taxa de retorno esperado exigida pelos investidores e VPOC, o valor presente das oportunidades de crescimento. Na realidade, o VPOC corresponde a uma carteira de opções de opções de expansão.[22]

a. Qual é o efeito de um aumento do VPOC no desvio-padrão ou beta da taxa de retorno das ações?

b. Suponha que seja utilizado o método CAPM para calcular o custo de capital de uma empresa em crescimento (com um VPOC elevado) e que o financiamento é integralmente por capital próprio. Esse custo de capital será a taxa correta de retorno dos investimentos para expandir a fábrica e os equipamentos da empresa ou para introduzir novos produtos?

---

[22] Se esse problema desafiante o intriga, confira dois artigos de Eduardo Schwartz e Mark Moon, que tentam utilizar a teoria das opções reais para avaliar empresas da Internet: "Rational Valuation of Internet Companies," *Financial Analysts Journal* 56 (May/June 2000), pp. 62-65; e "Rational Pricing of Internet Companies Revisited," *The Financial Review* 36 (November 2001), pp. 7-25.

PARTE VII Financiamento por dívida

CAPÍTULO 23

O risco do crédito e o valor da dívida corporativa

Nossa primeira análise de como avaliar obrigações foi feita no Capítulo 3. Explicamos, naquele momento, o que os *dealers* de obrigações querem dizer quando se referem a taxas de juros à vista e a rendimentos até o vencimento. Discutimos as razões pelas quais as obrigações de curto e de longo prazo podem oferecer diferentes taxas de juros e por que os preços das obrigações de longo prazo são os mais afetados por alterações nas taxas de juros. Examinamos a diferença entre taxas de juros nominais e reais (ajustadas pela inflação), e vimos como as taxas de juros reagem a mudanças sob as perspectivas de uma inflação.

Todas as lições extraídas do Capítulo 3 são válidas tanto para obrigações governamentais como das empresas, mas há uma distinção essencial entre elas. Quando um governo contrai um empréstimo, você pode ficar razoavelmente confiante de que a dívida será reembolsada integralmente e no devido tempo, mas não é isso que acontece com a dívida das empresas. Examine, por exemplo, a Figura 23.1. É possível ver que, em 2009, logo após a crise financeira, a dívida de empresas em situação de inadimplência atingiu o montante recorde de $330 bilhões. Os detentores de obrigações estão conscientes do perigo de não recuperarem o seu dinheiro e, por isso, exigem um retorno mais elevado.

Começaremos a nossa revisão sobre obrigações de empresas analisando como os retornos variam conforme a probabilidade de *default*. Depois, na Seção 23.2, abordaremos mais cuidadosamente a decisão das empresas de ficarem inadimplentes. Demonstraremos que o *default* é uma opção; se a situação se tornar difícil demais, uma empresa tem a opção de suspender os pagamentos de suas obrigações e passar o negócio para os credores. Sabemos o que determina o valor de uma opção; todavia, sabemos também quais são as variáveis básicas que devem entrar na avaliação de obrigações corporativas.

A seguir, analisaremos as diferentes avaliações de obrigações e algumas das técnicas utilizadas pelos bancos e pelos investidores em obrigações para estimar a probabilidade de o devedor não ser capaz de liquidar a dívida. À medida que as perspectivas de uma empresa se deterioram, os credores se preocupam cada vez mais com esse risco, e suas preocupações se refletem em menores preços dos títulos. Por isso, na seção final descreveremos alguns dos métodos com os quais os gestores financeiros medem o risco de perda do investimento em obrigações de empresas.

23.1 Retornos sobre a dívida corporativa

Em 2009, a Caesars Entertainment emitiu $3,7 bilhões em títulos de penhor secundário (*second lien*) com vencimento para 2018.[1] Ao final de 2014, esses títulos estavam sendo comercializados a apenas 25% do seu valor de face e ofereciam um retorno até a maturidade de quase 70%. Um investidor ingênuo que comparasse essa cifra com o retorno de 0,03% das obrigações do Tesouro poderia ter concluído que os papéis da Caesars eram um investimento maravilhoso. Mas os credores só receberiam um retorno de 70% se a empresa quitasse integralmente a dívida. Em 2014, essa possibilidade estava parecendo cada vez mais duvidosa. A empresa estava por um fio; registrara uma série de prejuízos e tinha $23 bilhões em dívidas e um capital próprio contábil negativo.

---

[1] Na época da emissão, a Caesars se chamava Harrah's Operating Company.

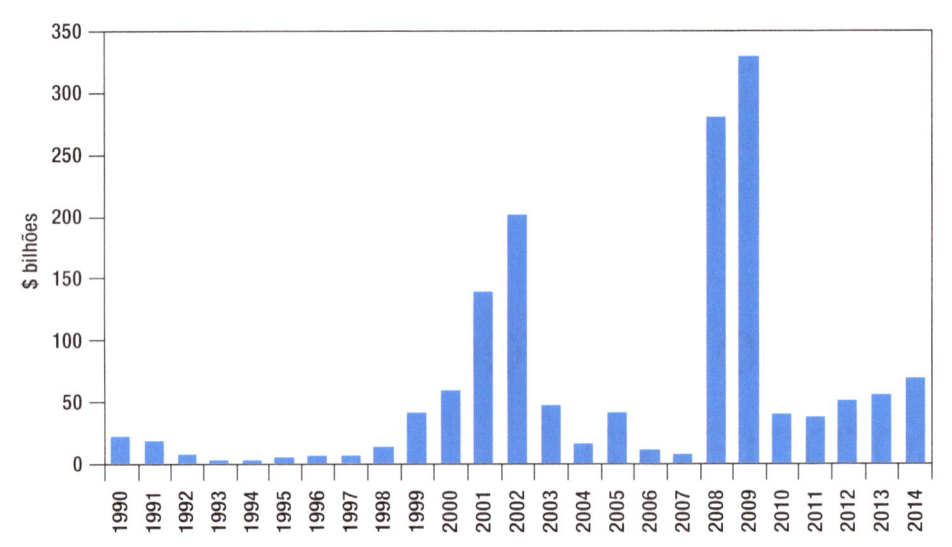

▶ **FIGURA 23.1** Valor de face global da dívida em situação de inadimplência, de 1989 a 2014, em bilhões de dólares.
Fonte: Moody's Investor Service, "Annual Default Study: Corporate Default and Recovery Rates, 1920-2014".

Como havia um risco considerável de que a empresa não cumprisse o pagamento, o retorno *esperado* das obrigações era muito inferior a 70%.

As obrigações corporativas como as da Caesars Entertainment oferecem um retorno *prometido* superior ao das obrigações do Tesouro; mas será que necessariamente oferecem um retorno *esperado* mais elevado? Podemos responder a essa pergunta com um exemplo numérico simples. Suponha que a taxa de juro das obrigações a um ano, *sem risco*, seja de 5%. A Backwoods Chemical Company emitiu obrigações com cupom de 5% com valor de face de $1 mil e com vencimento a um ano. Qual o preço das obrigações da Backwoods?

Se as obrigações não tiverem risco, a resposta é fácil – basta descontar o capital ($1 mil) e os juros ($50) à taxa de 5%:

$$\text{VP das obrigações} = \frac{\$1.000 + 50}{1,05} = \$1.000$$

Suponha, no entanto, que haja uma probabilidade de 20% de não cumprimento pela Backwoods e que, se houver inadimplência, os detentores das obrigações recebem metade do valor de face delas, ou seja, $500. Nesse caso, os recebimentos possíveis para os investidores serão:

	Recebimento	Probabilidade
Sem inadimplência	$1.050	0,8
Inadimplência	$500	0,2

O pagamento esperado é 0,8 × ($1.050) + 0,2 ($500) = $940.

Podemos avaliar as obrigações da Backwoods como qualquer outro ativo com risco, descontando o pagamento esperado ($940) ao custo de oportunidade do capital apropriado. Poderemos descontar à taxa de juro sem risco (5%) se a possibilidade de inadimplência pela Backwoods não estiver relacionada com outros acontecimentos na economia. Nesse caso, o risco de inadimplência é totalmente diversificável, e o beta das obrigações é zero. As obrigações valerão:

$$\text{VP das obrigações} = \frac{\$940}{1,05} = \$895$$

Um investidor que comprasse essas obrigações por $895 teria um retorno *prometido* de 17,3%.

$$\text{Retorno prometido} = \frac{\$1.050}{\$895} - 1 = 0,173$$

Isto é, um investidor que comprasse esses títulos por $895 obteria uma taxa de retorno de 17,3% se a Backwoods não falhasse. Os *traders* de obrigações poderiam, então, dizer que os títulos da Backwoods "rendem 17,3%", mas o investidor informado compreenderá que o retorno *esperado* das obrigações é somente de 5%, o mesmo que o das obrigações sem risco.

É claro que isso pressupõe que o risco de inadimplência desses títulos é totalmente diversificável, de modo que não tem qualquer risco de mercado. Em geral, as obrigações com risco têm, de fato, risco de mercado (ou seja, betas positivos), porque é mais provável a inadimplência em períodos de recessão, quando o desempenho é mais fraco em todos os ramos de negócio. Suponha que os investidores exigem um prêmio de risco de 3% e uma taxa de retorno esperado de 8%. Nesse caso, as obrigações da Backwoods serão vendidas por 940/1,08 = $870 e oferecerão um retorno prometido de (1.050/870) − 1 = 0,207, ou 20,7%.

O que determina o *spread* da rentabilidade?

A Figura 23.2 mostra como o *spread* da rentabilidade de obrigações de empresas norte-americanas varia com os seus riscos. As obrigações classificadas como Aaa pela Moody's são as de mais alto nível e são emitidas somente pelas *blue-chips*. O retorno prometido sobre essas obrigações é um pouco mais de 1% acima dos retornos sobre os títulos do Tesouro. As obrigações Baa ocupam uma escala três vezes menor em relação às anteriores; o *spread* da rentabilidade dessas obrigações tem ficado, em média, acima de 2%. Na parte inferior da lista estão as obrigações de alto rendimento, ou as "*junk bonds*". Há uma variação considerável nos *spreads* da rentabilidade dessas obrigações; um *spread* típico pode ser de cerca de 5% acima dos títulos do Tesouro, porém, como vimos no caso das obrigações da Caesars, seus *spreads* podem cair acentuadamente quando as empresas começam a ter dificuldades financeiras.

Lembre-se de que são apenas retornos prometidos e que as empresas nem sempre cumprem as suas promessas. Muitos títulos de alto rendimento já não conseguem remunerar apropriadamente e, paralelamente, algumas das mais bem-sucedidas empresas emitentes se endividaram ainda mais, e, com isso, privaram os seus titulares da perspectiva de receberem uma série contínua de pagamentos dos juros. Assim, embora o *retorno prometido* sobre as *junk bonds* tenha sido, em média, 5% superior ao dos títulos do Tesouro, o *retorno* anual médio desde 1980 tem sido menos do que 3% maior.

A Figura 23.2 ainda mostra que os *spreads* da rentabilidade podem variar muito de um ano para o outro, sobretudo para obrigações com baixa classificação. Por exemplo, eles foram especialmente altos nos períodos compreendidos entre 1990-1991, 2000-2002 e 2008. Por que

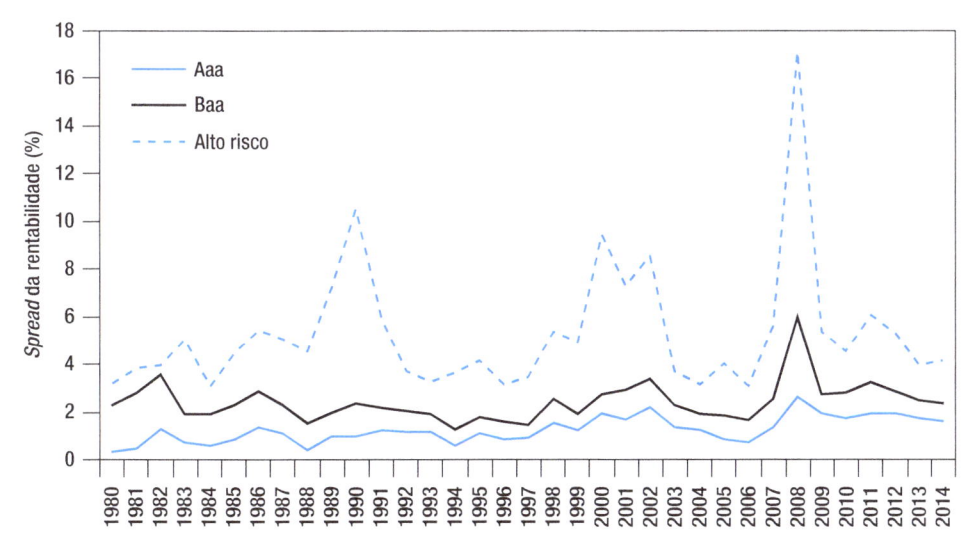

▶ **FIGURA 23.2** Os *spreads* ao final do ano entre obrigações corporativas e títulos do Tesouro de 10 anos, de 1980 a 2014.

Fonte: The Federal Reserve, **www.federalreserve.gov**, e Datastream.

essas aberrações? A principal razão é que foram períodos em que os lucros foram medíocres e as inadimplências mais prováveis. (A Figura 23.1 exibe como as taxas de inadimplência subiram nesses anos.) Todavia, as variações nos *spreads* sugerem que eram extensas demais para serem devidas meramente às mudanças nas probabilidades de inadimplência. Aparentemente há ocasiões em que os investidores estão particularmente relutantes em suportar o risco de títulos de baixa avaliação e, portanto, recorrem rapidamente ao porto seguro da dívida do governo.[2]

Para entender mais precisamente o que o *spread* da rentabilidade mede, compare essas duas estratégias:

Estratégia 1: investir $1 mil em uma obrigação de cupom indexado, sem risco, que rende 9%.[3]

Estratégia 2: investir o mesmo montante em uma obrigação comparável, de cupom indexado, que rende 10%. Ao mesmo tempo, arranje uma apólice de seguro para protegê-lo contra a possibilidade de *default*. Você paga um prêmio de seguro de 1% ao ano, mas, no evento de uma inadimplência, é compensado por qualquer perda no valor do título.

Ambas as estratégias fornecem exatamente o mesmo retorno. No caso da Estratégia 2, você ganha 1% de retorno a mais, mas essa margem é contrabalançada pelo prêmio anual de 1% que pagou pela apólice do seguro. Por que o prêmio do seguro tem que ser igual ao *spread*? Porque, se fosse diferente, uma estratégia superaria a outra e, consequentemente, haveria uma oportunidade de arbitragem. A regra de um único preço nos informa que dois investimentos equivalentes e sem risco devem ter o mesmo preço.

O nosso exemplo nos ensina a interpretar o *spread* em títulos corporativos; é igual ao prêmio anual que seria necessário para garantir o título contra a inadimplência.[4]

A propósito, é *possível* garantir títulos corporativos; pode-se fazê-lo com um dispositivo designado por swap de *default* de crédito (*credit default swap* – CDS). Se você compra um CDS, compromete-se a pagar um prêmio regular de seguro (ou *spread*).[5] Em troca, se a empresa subsequentemente inadimplir sobre a dívida, o vendedor do *swap* lhe paga a diferença entre o valor de face da dívida e o seu valor de mercado. Por exemplo, quando a American Airlines inadimpliu em 2011, seus títulos não garantidos foram leiloados por 23,5% do valor de face. Consequentemente, os vendedores desses *swaps* tiveram de desembolsar 76,5 centavos para cada dólar da dívida da American Airlines que tinham segurado. No caso da American Airlines, estava claro que a empresa estava inadimplente, mas ocasionalmente não era tão óbvio, como o quadro da próxima página explica.

Os *swaps* de *default* se tornaram muito populares, particularmente com bancos que necessitavam reduzir o risco de seus empréstimos. Partindo praticamente do zero em 2000, o valor nocional dos *swaps* de *default* e de produtos associados havia subido de forma espetacular a $62 trilhões em 2007, antes de desabarem nos próximos dois anos.[6]

A Figura 23.3 exibe o custo anual de assegurar os títulos de oito anos de uma coleção de empresas bem renomadas durante o período da crise financeira. Repare no aumento acentuado do custo dos *swaps* de *default* em 2009. No final de fevereiro deste ano, custava $5,60 ao ano para garantir $100 da dívida da Dow Chemical.

Muitos desses instrumentos eram vendidos por *seguradoras* "*monoline*", que se especializaram na prestação de serviços aos mercados de capitais. Essas seguradoras tinham tradicionalmente se concentrado nos seguros de dívida municipal relativamente segura, mas cada vez mais se pre-

---

[2] Algumas provas dos efeitos de alterar a aversão a riscos sobre os *spreads* da rentabilidade de obrigações são encontradas em A. Berndt, R. Douglas, D. Duffie, M. Ferguson, and D. Schranzk, "Measuring Default Risk Premia from Default Swap Rates and EDFs," BIS Working Paper No. 173; EFA 2004 Maastricht Meeting Paper No. 5121. Disponível em SSRN: **http://ssrn.com/abstract=556080**.

[3] O pagamento de juros em obrigações de cupom indexado sobe e cai à medida que o nível geral das taxas de juros varia. Desse modo, uma obrigação de cupom indexado livre de inadimplência venderá próxima ao valor de face em cada data do cupom. Muitos governos emitem *"floaters"*. O Tesouro norte-americano não segue esse modelo, embora algumas agências governamentais dos Estados Unidos o sigam.

[4] Para fins de ilustração, utilizamos o exemplo de uma obrigação de cupom indexado para demonstrar a equivalência entre o *spread* da rentabilidade e o custo do seguro contra a inadimplência. Mas o *spread* em uma obrigação de empresa de taxa fixa deve ser efetivamente idêntico ao de uma *floater*.

[5] No caso de obrigações de baixa qualidade de crédito, quando um *spread* normal não protege suficientemente o vendedor contra a possibilidade de uma inadimplência precoce, o comprador do *swap* de default de crédito pode ser também obrigado a pagar uma taxa inicial.

[6] A international Swap Dealers Association (ISDA) publica dados sobre derivativos de crédito em **www.isda.org**.

PRÁTICA FINANCEIRA

O que é exatamente *default*?

No início de 2012, credores da dívida de $3,2 bilhões do governo da Grécia compraram *swaps* de *default* de crédito (CDS) que lhes proporcionava um seguro contra o risco de inadimplência. Governos da Europa temiam que se o seguro fosse acionado, os bancos que o haviam vendido sofreriam prejuízos significativos. Será que a Grécia poderia de alguma forma evitar pagar suas dívidas sem entrar em inadimplência?

A solução dos governos foi solicitar (ou impor) que os detentores privados de obrigações trocassem voluntariamente seus papéis por um pacote de novos títulos cujo valor era de aproximadamente 30% o das obrigações existentes. A decisão sobre se isso acionaria ou não o pagamento dos *swaps* de *default* cabia à International Swaps and Derivatives Association (ISDA). Em casos como esse, a ISDA entrega ao Comitê de Determinações a decisão se houve ou não um "evento de crédito". Assim que o comitê reconhece que um evento de crédito ocorreu, um leilão é organizado para determinar o valor das obrigações em inadimplência; os proprietários de *swaps* de *default* recebem a diferença entre o valor desse leilão e o valor de face das obrigações.

O Comitê de Determinações da ISDA possui 15 membros. Dez deles são *dealers* e cinco representam os investidores. Os *dealers* precisam ser licitantes participantes em leilões que determinam reembolsos, e aqueles que são escolhidos tendem a ter as posições mais importantes. Os membros investidores precisam ter pelo menos $1 bilhão em ativos sob gestão e $1 bilhão em exposição aos CDS. Assim, os membros do Comitê de Determinações não são partes desinteressadas, e isso tem o potencial de gerar problemas.

O Comitê de Determinações inicialmente decidiu que, se a troca de obrigações da Grécia fosse de fato voluntária, então isso não poderia ser considerado como inadimplência. No entanto, essa decisão foi rapidamente atropelada pelos eventos. A Grécia anunciou que havia convencido a maioria de seus credores do setor privado a aceitar a sua proposta e que iria acionar "cláusulas de ação coletiva" que haviam sido incluídas retrospectivamente nos termos e condições das obrigações. Essas cláusulas acabariam induzindo os credores restantes e relutantes a aceitarem o negócio e a trocarem suas obrigações antigas por novas. A essa altura em março de 2012, o Comitê de Determinações decidiu formalmente que a Grécia estava inadimplente e devia honrar os *swaps* de *default*.

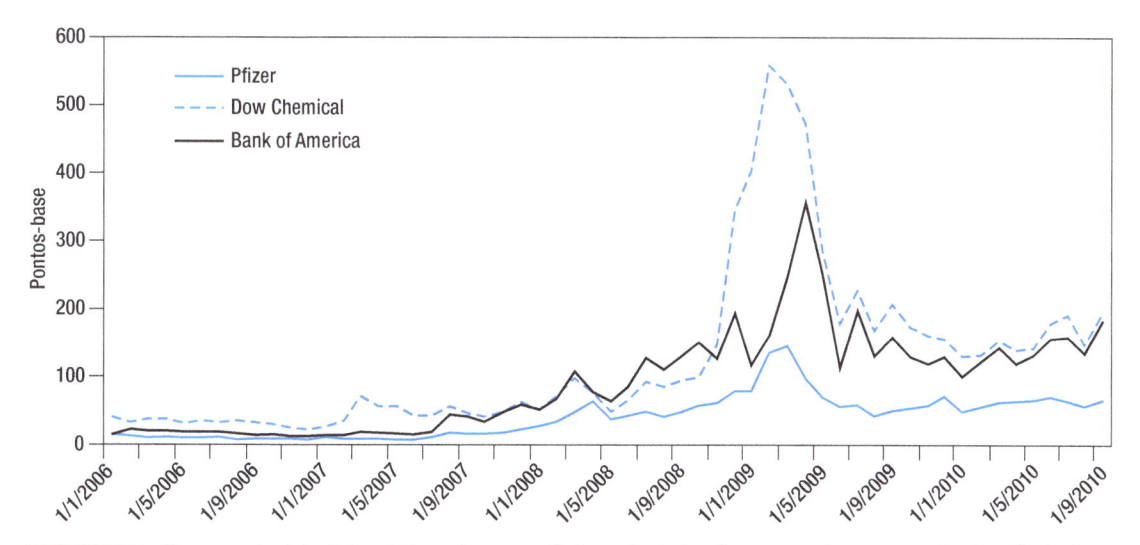

▶ **FIGURA 23.3** Os *swaps* de *default* de crédito protegem os titulares de obrigações corporativas contra a inadimplência. Esta figura mostra o custo dos *swaps* de *default* de uma obrigação prioritária a oito anos de três empresas.

Fonte: Datastream.

pararam para subscrever dívida corporativa, bem como muitos títulos que eram lastreados por hipotecas *subprime*. Em 2008, as seguradoras tinham vendido proteção para títulos no montante de $2,4 trilhões. Quando a perspectiva para muitos desses títulos piorou, os investidores começaram a questionar se as seguradoras tinham capital suficiente para cumprir as suas garantias.

Uma das maiores provedoras de proteção ao crédito era a AIG Financial Products, parte do AIG, grupo gigantesco do setor de seguros, com uma carteira de mais de $440 bilhões de garantias de crédito. Os seus clientes jamais imaginaram que a empresa seria incapaz de honrar seus compromissos: não apenas ela mantinha a classificação de Aaa, mas tinha prometido depositar uma caução generosa se o valor dos títulos garantidos caísse ou se o seu próprio *rating* de crédito também despencasse. A AIG estava tão confiante com a sua estratégia que o diretor de seu grupo financeiro alegou que era difícil "inclusive visualizar um cenário sob qualquer ponto de vista lógico que pudesse perceber nem que fosse o prejuízo de um dólar em qualquer dessas transações". Mas, em setembro de 2008, esse cenário impensável se deu, quando as agências de classificação de crédito rebaixaram a dívida da AIG, e a empresa se viu obrigada a prover $32 bilhões de garantia adicional no intervalo de duas semanas. Caso ela tivesse inadimplido, todos os investidores que compraram um contrato de CDS da empresa teriam sofrido perdas enormes nesses contratos. Para salvar a AIG de um colapso iminente, o Federal Reserve se adiantou liberando um pacote de resgate no valor de $85 bilhões.

23.2 A opção de inadimplência

A diferença entre a obrigação de uma empresa e uma obrigação comparável, emitida pelo Tesouro, é que a empresa tem a opção de inadimplência, enquanto, supostamente, o governo não a tem.[7] Essa é uma opção valiosa. Se não acredita, pense se, mantendo-se todas as outras circunstâncias iguais, você preferiria ser acionista de uma sociedade de responsabilidade limitada ou ilimitada. É óbvio que preferiria ter a opção de se libertar das dívidas da organização. Infelizmente, não há rosa sem espinhos, e o inconveniente de ter uma opção de inadimplência é que os credores da empresa esperam ser recompensados pelo fato de lhe darem essa opção. É por isso que as obrigações das empresas têm um preço menor e um retorno maior do que as obrigações do governo.

Podemos ilustrar a natureza dessa opção de inadimplência voltando à difícil situação da Circular File Company, que discutimos no Capítulo 18. A Circular File pediu emprestado $50 por ação, mas depois sua situação se agravou, e o valor de mercado dos seus ativos reduziu-se para $30. Os preços das obrigações e das ações da Circular caíram para $25 e para $5, respectivamente. O balanço da empresa, em *valores de mercado*, é:

Circular File Company (em valores de mercado)

Valor do ativo	$30	$25	Obrigações
		5	Ações
	$30	$30	Valor da empresa

Se a dívida da Circular File vencesse e tivesse de ser amortizada nesse momento, a empresa não teria capacidade para reembolsar os $50 iniciais da dívida. Falharia ao compromisso, os credores receberiam ativos no valor de $30, e os acionistas não receberiam nada. A razão pela qual as ações da Circular valem $5 deve-se ao fato de a dívida *não* ser exigível nesse momento, mas sim no prazo de um ano. Um golpe de boa sorte poderia incrementar suficientemente o valor da empresa, de forma a permitir reembolsar os credores na totalidade e ainda deixar algum valor remanescente para os acionistas.

Quando a empresa contraiu um empréstimo, adquiriu uma opção de inadimplência. Em outras palavras, ela não é obrigada a reembolsar a dívida no vencimento. Se o valor dos seus ativos

---

[7] Mas os governos não podem responder pelas divisas dos outros países. Podem, por isso, cair em situação de inadimplência em relação à dívida emitida em moeda estrangeira. No Capítulo 3, por exemplo, vimos como a Argentina deu o calote em $95 bilhões em dívida em moeda estrangeira, e no quadro "Prática Financeira" vemos como a Grécia deu o calote em 2012. Tem havido até casos muito raros de governos em situação de inadimplência em relação à dívida na sua própria moeda. Por exemplo, em 1998, a Rússia não cumpriu o pagamento de dívida em rublos no valor de $36 bilhões.

for inferior aos $50 que está devendo, optará pela inadimplência da dívida e os credores ficarão com os outros ativos. Dito de outro modo, quando a Circular contraiu o empréstimo, os credores na verdade adquiriram os ativos da empresa, e os acionistas ficaram com a opção de recomprá-los, pagando a dívida. Na realidade, os acionistas adquiriram uma opção de compra sobre os ativos da empresa. Portanto, o balanço da organização pode ser expresso da seguinte forma:

Circular File Company (em valores de mercado)

Valor do ativo	$30	$25	Valor das obrigações = valor do ativo – valor da opção de compra
		5	Valor das ações = valor da opção de compra
	$30	$30	Valor da empresa = valor do ativo

A Figura 23.4 mostra os possíveis pagamentos aos acionistas da Circular File quando as obrigações vencerem no final do ano. Se o valor futuro dos ativos for inferior a $50, a Circular não cumprirá a dívida, e o valor das ações será nulo. Se o valor dos ativos exceder $50, os acionistas receberão o valor dos ativos *menos* os $50 pagos aos credores. A Figura 23.4 lhe parece familiar? Deverá parecer, caso você tenha lido o Capítulo 20 sobre opções. Os resultados ilustrados na Figura 23.4 são idênticos aos de uma opção de compra sobre os ativos da empresa com um preço de exercício de $50.

No Capítulo 20 também apresentamos a relação básica entre as opções de compra e as opções de venda:

$$\text{Valor da opção de compra} + \text{valor presente do preço de exercício} = \text{Valor da opção de venda} + \text{valor da ação}$$

Para podermos aplicar essa relação à Circular File, teremos de interpretar o "valor da ação" como o "valor do ativo", uma vez que as ações ordinárias constituem uma opção de compra sobre os ativos da empresa. Além disso, o "valor presente do preço de exercício" é o valor presente do pagamento *certo* de $50 prometidos aos credores no próximo ano. Assim,

$$\text{Valor da opção de compra} + \text{valor presente do pagamento prometido aos credores} = \text{valor da opção de venda} + \text{valor dos ativos}$$

Podemos, agora, resolver em relação ao valor das obrigações da Circular. É igual ao valor do ativo da empresa, deduzido do valor da opção de compra dos acionistas sobre esses ativos:

$$\text{Valor das obrigações} = \text{valor do ativo} - \text{valor da opção de compra} = \text{valor presente do pagamento prometido aos credores} - \text{valor da opção de venda}$$

Na realidade, os credores da Circular File adquiriram uma obrigação sem risco, mas, ao mesmo tempo, concederam aos acionistas a opção de lhes vender os ativos da empresa pelo montante da dívida.

Agora já se pode concluir por que razão os *traders* de obrigações, os investidores e os gestores financeiros se referem a *opções de venda de não cumprimento*. Quando uma empresa não cumpre o pagamento, os acionistas estão exercendo de fato a sua opção de venda de não cumprimento. O valor dessa opção de venda é o valor da responsabilidade limitada – o valor do direito

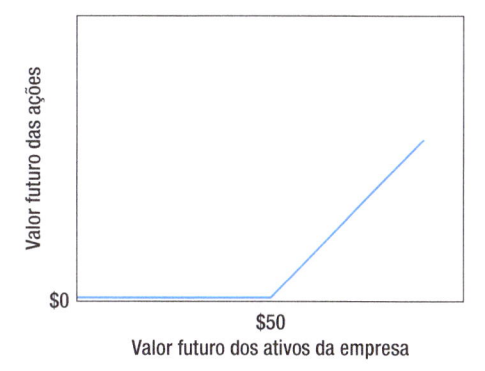

▶ **FIGURA 23.4** O valor das ações ordinárias da Circular é igual ao valor de uma opção de compra sobre os ativos da empresa com um preço de exercício de $50.

dos acionistas de não suportarem as dívidas da empresa em troca da entrega dos ativos da empresa aos seus credores. No caso da Circular, essa opção de inadimplência é extremamente valiosa, uma vez que é provável que ela ocorra. No outro extremo, o valor da opção de inadimplência da IBM é insignificante quando comparado com o valor dos seus ativos. O não cumprimento nas obrigações da IBM é possível, mas extremamente improvável. Os *traders* de opções diriam que, no caso da Circular File, a opção de venda está muito "*in the money*", porque o valor corrente do ativo ($30) é bastante inferior ao preço de exercício ($50). No caso da IBM, a opção de venda está bastante "*out of the money*", pois o valor dos ativos da IBM é substancialmente superior ao valor da sua dívida.

Avaliar obrigações de empresas deverá ser um processo com duas etapas:

$$\text{Valor da obrigação} = \frac{\text{valor da obrigação sem}}{\text{hipótese de inadimplência}} - \frac{\text{valor da opção de}}{\text{venda sobre os ativos}}$$

A primeira etapa é fácil: calcula-se o valor das obrigações considerando-se que não há risco de inadimplência. (Desconta-se os pagamentos prometidos de juros e de capital à taxa das emissões do Tesouro.) Em segundo lugar, calcula-se o valor de uma opção de venda sobre os ativos da empresa, com um vencimento igual ao das obrigações e com o preço de exercício igual aos pagamentos prometidos aos credores.

Possuir obrigações de uma empresa é também equivalente a deter os ativos da empresa, mas concedendo uma opção de compra sobre esses ativos aos respectivos acionistas:

$$\text{Valor da obrigação} = \text{valor dos ativos} - \text{valor da opção de compra sobre os ativos}$$

Portanto, também se pode calcular o valor de uma obrigação, dado o valor dos ativos da empresa, avaliando uma opção de comprar sobre esses ativos e subtraindo esse resultado ao dos ativos. (Lembre-se de que o valor da opção de compra é exatamente o valor das ações ordinárias da empresa.) Portanto, se você sabe determinar o valor das opções de venda e de compra sobre os ativos de uma empresa, também pode avaliar a sua dívida.[8]

Como a opção de inadimplência afeta o risco e o rendimento de uma obrigação

Se a dívida da empresa é livre de risco, os acionistas arcam com todo o risco dos ativos subjacentes. Todavia, quando a empresa tem responsabilidade limitada, os credores dividem esse risco com os acionistas. Temos visto que o capital próprio de uma sociedade com responsabilidade limitada é equivalente a uma opção de compra sobre os seus ativos. Assim, se conseguirmos calcular o risco dessa opção, podemos descobrir como o risco é dividido entre os acionistas e os credores.[9]

Recorde-se do Capítulo 21, quando aprendeu a calcular o risco de uma opção de compra. O método envolvia duas etapas:

1. Descubra a combinação entre o ativo subjacente e o empréstimo livre de risco que proporcione os mesmos resultados dos de uma opção de compra (no caso presente, a opção de compra é o capital próprio alavancado).
2. Calcule o beta dessa carteira de réplica.

A Figura 23.5 aborda uma empresa hipotética cujos ativos subjacentes têm um beta de 1,0 e mostra como o beta desses ativos é compartilhado entre os acionistas e os credores. Se a sociedade fosse de responsabilidade ilimitada, os acionistas suportariam todo o risco dos ativos e a dívida seria isenta de risco. Entretanto, se tivesse responsabilidade *limitada*, os credores suportariam uma parte do risco. Quanto maior for a alavancagem e mais longo o vencimento da dívida, maior será a proporção do risco que é assumida pelos credores. Por exemplo, suponha que nossa empresa hipotética é 60% financiada por uma dívida de 25 anos. Com responsabilidade *ilimitada*, a dívida

---

[8] Contudo, os métodos de avaliação de opções não permitem a avaliação dos *ativos* da empresa. As opções de venda e as opções de compra devem ser avaliadas como uma porcentagem do valor dos ativos. Note, por exemplo, que a fórmula de Black-Scholes (Seção 21.3) exige o conhecimento do preço das ações para poder calcular o valor de uma opção de compra.

[9] O artigo clássico sobre a avaliação da opção de inadimplência é R. Merton, "On the Pricing of Corporate Debt: The Risk Structure of Interest Rates," *Journal of Finance* 29 (May 1974), pp. 449-470.

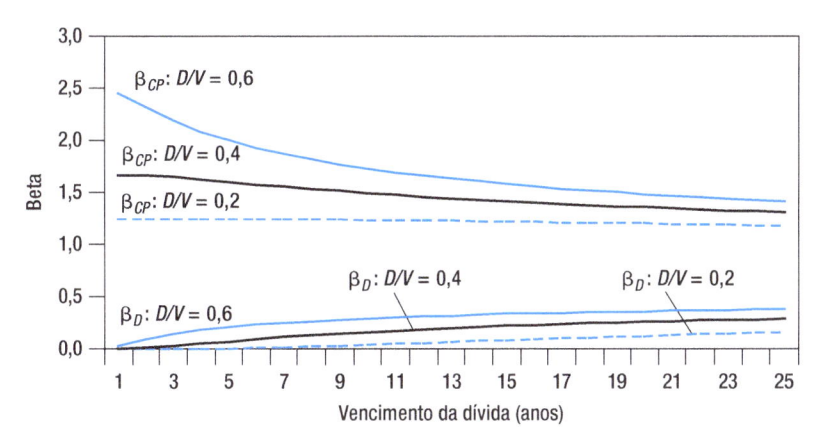

▶ **FIGURA 23.5** Variação dos betas do capital próprio e da dívida em função do índice de endividamento e do vencimento da dívida. Essas curvas são calculadas usando a teoria da avaliação de opções dentro dos seguintes pressupostos simplificadores: (1) a taxa de juro sem risco é constante para todos os vencimentos; (2) o desvio-padrão do retorno dos ativos da empresa é de 25% ao ano; (3) o beta do ativo é 1,0; (4) a dívida tem a forma de obrigação de cupom zero; e (5) o endividamento é o índice D/V, sendo D o valor de face da dívida descontado à taxa de juro sem risco e V o valor de mercado dos ativos.

teria um beta igual a zero e o capital próprio teria um beta de 2,5.[10] Mas, quando o risco dos ativos é compartilhado, a dívida tem um beta de 0,4 e o capital próprio um beta de 1,4.

A Figura 23.6 mantém a mesma empresa hipotética e mostra como o retorno prometido sobre a sua dívida varia com o grau de alavancagem e com o vencimento do título. Por exemplo, é possível ver que se a empresa tem um índice de endividamento de 20% e todas as suas obrigações vencem daqui a 25 anos, deverá pagar cerca de 0,50% acima da taxa do governo para compensar o risco de inadimplência. Note que, à medida que o risco aumenta com o vencimento, o mesmo ocorre com o retorno prometido. Isso faz sentido, pois quanto mais tempo se tiver de esperar pelo reembolso, maior é a possibilidade de as coisas correrem mal.[11]

Repare que, ao construirmos a Figura 23.6, consideramos vários pressupostos artificiais. Uma das hipóteses é de que empresa não paga dividendos nem recompra ações. Se ela regularmente distribuir uma parte dos seus ativos aos acionistas, haverá menos ativos para a proteção do credor no caso de surgirem problemas. Desse modo, justifica-se inteiramente que o mercado exija um retorno maior das obrigações da empresa.

Há outras complicações que tornam a avaliação das obrigações da empresa bem mais difícil do que parece. Por exemplo, a Figura 23.6 considera que a empresa faz apenas uma única emissão de obrigações de cupom zero. Mas suponha que, em vez disso, a empresa emita obrigações a dez anos, com pagamento anual de juros. Podemos continuar pensando nas ações da empresa como uma opção de compra que pode ser exercida efetuando os pagamentos prometidos. Mas, nesse caso, há dez pagamentos em vez de um só. Para avaliar as ações, teríamos de avaliar dez opções de compra em sequência. A primeira opção pode ser exercida efetuando o primeiro pagamento de juros quando este se tornar devido. Por esse exercício, os acionistas obtêm uma segunda opção de compra, que pode ser exercida efetuando o segundo pagamento de juros. A recompensa por esse exercício é a obtenção, por parte dos acionistas, de uma terceira opção de compra, e assim sucessivamente. Finalmente, no ano 10, os acionistas podem exercer a décima opção. Por meio do reembolso do capital e do pagamento dos juros do último ano, os acionistas recuperam a propriedade, sem ônus, dos ativos da empresa.

Claro que, se a empresa não fizer nenhum desses pagamentos no seu vencimento, os credores terão a precedência e os acionistas não receberão nada. Em outras palavras, se não exercerem uma opção de compra, os acionistas prescindem de todas as opções de compra subsequentes.

---

[10] Lembre-se de que o beta dos ativos é uma média ponderada entre o beta da dívida e o beta do capital próprio:

$$\beta_{ativos} = (D/V)\beta_{dívida} + (CP/V)\beta_{capital\ próprio}$$

Se $\beta_{ativos} = 1,0$ e $\beta_{dívida} = 0$, então com um endividamento de 60%:

$$1,0 = (0,6 \times 0) + (0,4 \times \beta_{capital\ próprio})$$
$$\beta_{capital\ próprio} = 2,5$$

[11] O *preço* de uma obrigação diminui, invariavelmente, com o vencimento e com o grau de alavancagem. (Lembre-se de que o valor de uma opção de venda aumenta com o vencimento e com o preço de exercício.) No entanto, com prazos de vencimento muito longos e uma alavancagem elevada, o *rendimento anual* das opções começará a cair.

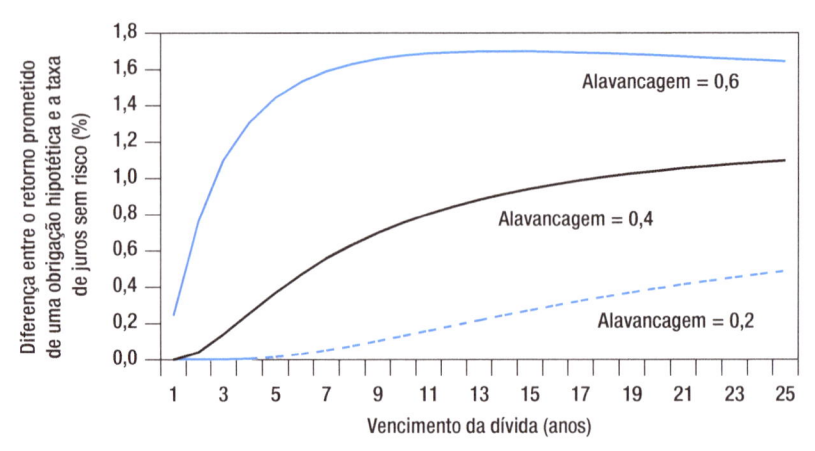

▶ **FIGURA 23.6** Variação da taxa de juros de obrigações corporativas com risco com o endividamento e o vencimento.

Avaliar as ações da empresa quando são emitidas as obrigações de dez anos é equivalente a avaliar a primeira das dez opções de compra, mas não se pode avaliar a primeira opção de compra sem que as nove seguintes sejam avaliadas.[12] Mesmo esse exemplo subestima as dificuldades práticas, pois as grandes empresas podem ter dezenas de emissões de dívida em circulação com diferentes taxas de juro e vencimentos; e porque, antes de terminar o endividamento atual, podem efetuar outras emissões. Consequentemente quando os *traders* de obrigações avaliam uma obrigação corporativa, eles não recorrem imediatamente a uma calculadora de opções; é mais provável que comecem identificando títulos com risco similar de inadimplência, e examinem os *spreads* de rentabilidade que eles oferecem.

Na prática, os diferenciais de taxas de juros tendem a ser muito maiores do que os indicados na Figura 23.6. As obrigações de empresas de mais alta qualidade oferecem, tipicamente, retornos prometidos de cerca de um ponto percentual acima das obrigações do Tesouro. Será muito difícil justificar diferenciais dessa magnitude apenas em termos de risco de inadimplência.[13] Então, o que isso quer dizer? Talvez as organizações estejam pagando em excesso pelo seu endividamento, mas parece provável que o elevado retorno das obrigações de empresas resulte em parte de outro inconveniente. Uma possibilidade é que os investidores exijam o retorno adicional como compensação pela falta de liquidez dos mercados de títulos corporativos.[14] Há poucas dúvidas de que os investidores preferem obrigações que possam ser facilmente compradas e vendidas. Podem ser até observadas pequenas diferenças de retorno no mercado de obrigações do Tesouro, onde as obrigações emitidas recentemente (designadas por obrigações "*on-the-run*") são muito mais negociadas e normalmente têm um retorno ligeiramente menor do que as emissões mais antigas.

Outra razão pela qual os investidores em obrigações de empresas podem exigir um retorno mais elevado é o fato de os pagamentos de juros estarem sujeitos a impostos federal e estadual. Os juros dos títulos do Tesouro estão isentos de imposto estadual. Suponha, por exemplo, que você possua uma obrigação de uma empresa com um cupom de 6% e sujeita a um imposto estadual de 5%. Precisaria de um retorno adicional de cerca de $0,05 \times 6 = 0,3\%$, apenas para compensar o imposto extra.[15]

---

[12] A outra abordagem da avaliação da dívida da empresa (subtrair o valor de uma opção de venda do valor das obrigações sem risco) não é mais fácil. O analista seria confrontado não com uma simples opção de venda, mas com um conjunto de 10 opções de venda sequenciais.

[13] Veja, por exemplo J. Huang and M. Huang, "How Much of the Corporate-Treasury Yield Spread Is Due to Credit Risk?" *The Review of Assets Pricing Studies* 2 (2012) pp. 153-202.

[14] Algumas provas de que as obrigações de empresas com maior liquidez têm retornos menores do que as obrigações com menor liquidez podem ser observadas em E. J. Elton, M. J. Gruber, D. Agrawal, and C. Mann, "Factors Affecting the Valuation of Corporate Bonds," *Journal of Banking and Finance* 28 (November 2006), pp. 2.747-2.767.

[15] Veja E. J. Elton, M. J. Gruber, D. Agrawal, and C. Mann, "Explaining the Rate Spread on Corporate Bonds," *Journal of Finance* 56 (February 2001), pp. 247-277. Como os impostos estaduais são dedutíveis quando se calculam os impostos federais, o nosso cálculo exagera ligeiramente o efeito do imposto estadual.

Uma digressão: avaliação de garantias financeiras do governo

Quando a American Airlines declarou falência em 2011, o seu plano de pensão tinha passivos de $18,5 bilhões e ativos de apenas $8,3 bilhões. Mas os 130 mil funcionários e aposentados pela empresa não enfrentaram problemas na sua idade mais madura. As suas pensões foram extensamente asseguradas pelo Departamento de Garantia dos Benefícios de Pensões (Pension Benefit Guaranty Corporation – PBGC).[16]

As promessas relacionadas à pensão nem sempre constam do balanço das empresas, mas elas são um passivo de longo prazo exatamente igual às promessas para os credores. A garantia constituída pelo PBGC altera as promessas relativas à pensão de um passivo com risco a outro seguro. Se a empresa vai à falência e não há ativos suficientes para cobrir as pensões, o PBGC faz a diferença.

O governo reconhece que a garantia fornecida pelo PBGC é dispendiosa. Assim, logo após ter assumido o passivo para o plano da American Airlines, o PBGC calculou que o valor descontado dos pagamentos nos planos que inadimpliram e naqueles próximos à inadimplência somava $98 bilhões.

Infelizmente, esses cálculos ignoram o risco de que outras empresas no futuro possam também falir e repassar os passivos referentes às pensões para o PBGC. Para calcular o custo da garantia, precisamos pensar sobre qual seria o valor das promessas de pensão feitas pela empresa sem qualquer garantia:

$$\text{Valor da garantia} = \text{Valor do empréstimo garantido} - \text{Valor do empréstimo sem a garantia}$$

Com a garantia, as pensões são tão seguras como as promessas feitas pelo governo norte-americano;[17] *sem* a garantia, as pensões convertem-se em uma dívida normal da empresa. Já sabemos qual é a diferença entre os valores de um empréstimo garantido pelo governo e de um empréstimo de uma empresa, com risco. É o valor do direito da empresa de repassar os seus ativos e de se ver livre das suas obrigações. Assim, o valor da garantia da pensão é o valor dessa opções de venda.

Em um artigo elaborado a pedido do Congressional Budget Office, Wendy Kiska, Deborah Lucas e Marvin Phaup mostraram como os modelos de avaliação de opções podem ajudar a oferecer uma melhor medida do custo das garantias de pensões para o PBGC.[18] As suas estimativas sugeriram que o valor das garantias do PBGC era substancialmente mais alto que as estimativas publicadas.

O PBGC não é o único organismo governamental a fornecer garantias financeiras. Por exemplo, o Departamento de Seguro de Depósitos Federais (Federal Deposit Insurance Corporation – FDIC) garante contas-correntes bancárias; o programa de Empréstimo Educacional Familiar Federal (Federal Family Education Loan – FFEL) garante empréstimos a estudantes; o programa Administração de Pequenas Empresas (Small Business Administration – SBA) provê garantias parciais para empréstimos a pequenas empresas, e assim sucessivamente. O compromisso do governo sob esses programas é imenso. Felizmente, os preços das opções estão facilitando os cálculos desses custos.

23.3 *Rating* das obrigações e a probabilidade de inadimplência

Os bancos e outras instituições financeiras não apenas querem saber o valor dos empréstimos que concedem como precisam saber o risco que estão correndo. Algumas dessas instituições confiam na avaliação feita por serviços especializados de *rating* de obrigações. Outras desenvolveram modelos próprios para avaliar a probabilidade de inadimplência por parte de um devedor. Começaremos descrevendo os *ratings* de obrigações e, depois, apresentaremos dois modelos de previsão de inadimplência.

---

[16] Ocorreu um fracasso ainda mais custoso quando a United Airlines declarou falência, deixando o PBGC com um passivo de $6,6 bilhões.

[17] A garantia da pensão não é sólida. Se o PBGC não conseguir satisfazer as suas obrigações, o governo não é obrigado a fornecer os recursos extras. Mas poucos duvidam de que isso pode acontecer.

[18] Congressional Budget Office, "The Risk Exposure of the Pension Benefit Guaranty Corporation," Washington, DC, September 2005.

A qualidade relativa da maioria das obrigações no mercado pode ser apreciada a partir das classificações de risco (*ratings*). Há três instituições principais que fazem classificações de risco – a Moody's, a Standard & Poor's e a Fitch.[19] O Quadro 23.1 resume essas avaliações. Por exemplo, a Moody's classifica em Aaa as obrigações de mais alta qualidade. Segue-se as obrigações Aa, e assim sucessivamente. As obrigações com classificação de risco Baa ou superior são conhecidas como obrigações de baixo risco (*investment grade*).[20] Aos bancos comerciais, a muitos fundos de investimento e a outras instituições financeiras, não é permitido investir em obrigações a não ser que sejam de baixo risco.[21]

As obrigações com classificações abaixo de Baa são denominadas **obrigações de alto risco**, ou "*junk bonds*". As obrigações de alto risco costumavam ser, em sua maioria, *anjos caídos*, ou seja, obrigações de empresas que tinham entrado em situações difíceis. Mas, na década de 1980, as novas emissões de *junk bonds* decuplicaram, com um número crescente de empresas fazendo grandes emissões de obrigações com baixa classificação para financiar *takeovers*, o que levou empresas insignificantes a conseguirem assumir o controle de verdadeiros gigantes.

Os emitentes de obrigações de alto risco chegavam a ter índices de endividamento de 90% e 95%. Muitos receavam que isso pudesse afetar a saúde do meio empresarial norte-americano e, com o aumento de 10% das taxas de inadimplência de dívidas corporativas no início da década de 1990, o mercado novas emissões de obrigações de alto risco sofreu uma queda acentuada. Desde então, o mercado de dívidas de alto risco teve seus altos e baixos, mas, quando da escrita deste capítulo no início de 2015, novas emissões de títulos de alto risco vêm testemunhando um ano quase recorde.

As classificações de risco das obrigações são opiniões sobre as perspectivas financeiras e econômicas das empresas. Não há uma fórmula fixa para a obtenção dessas classificações. No entanto, os bancos de investimento, os gestores de carteiras de obrigações e outros que acompanham

QUADRO 23.1 Chave das classificações de risco de obrigações. As obrigações classificadas com Aaa são julgadas como de qualidade máxima. As obrigações de *baixo risco* (*investment grade*) têm que ter classificação de risco equivalente a Baa ou maior. As obrigações abaixo desse patamar são consideradas de *alto risco* (ou *junk bonds*)

Moody's	Standard & Poor's e Fitch
Obrigações de baixo risco:	
Aaa	AAA
Aa	AA
A	A
Baa	BBB
Obrigações de alto risco:	
Ba	BB
B	B
Caa	CCC
Ca	CC
C	C

---

[19] A SEC estava preocupada com o poder conferido a essas três agências de escore de crédito. Portanto, decidiu aprovar seis novas organizações de classificação estatística nacionalmente reconhecidas (NRSOs – *nationally recognized statistical rating organizations*): DBRS (2003), A.M. Best (2005), Egan-Jones Ratings (2207), Morningstar Credit Ratings (conhecida anteriormente como Realpoint, 2009), Kroll Brand Ratings (2010) e HR Ratings de México (2012).

[20] As agências de *rating* ainda dividem cada uma dessas categorias em mais níveis. Uma obrigação pode receber a avaliação de A-1, A-2 ou A-3 (o *rating* mais baixo de A). Além disso, as agências de *rating* podem também anunciar que colocaram uma emissão em observação para uma possível revisão em alta ou em baixa.

[21] As obrigações de baixo risco podem normalmente ser contabilizadas pelo seu valor de face pelos bancos e pelas companhias de seguros de vida.

CAPÍTULO 23 • O risco do crédito e o valor da dívida corporativa

QUADRO 23.2 Como os índices financeiros diferem de acordo com a classificação de risco de uma obrigação. Índices medianos de empresas norte-americanas não financeiras por classificações de risco

Índice	AAA	Aa	A	Baa	Ba	B	Ca
Margem operacional (%)	22,0	17,1	17,6	14,1	11,2	8,9	4,1
Índice de endividamento	19,3	50,2	38,6	46,2	51,7	72,0	98,0
Índice de cobertura de caixa	28,9	15,1	9,7	5,9	3,5	1,7	0,6

Fonte: Moody's *Financial MEtrics: Key Ratios by Rating and Industry for North American Non-Financial Corporations,* December 2013.

de perto o mercado podem ter uma noção muito aproximada de como será classificada uma emissão de obrigações observando alguns indicadores-chave, tais como o índice de endividamento, o índice entre os lucros e os juros pagos, e o retorno dos ativos. O Quadro 23.2 mostra como esses índices variam de acordo com a classificação de risco das obrigações de uma empresa.

A Figura 23.7 mostra que os *ratings* de obrigações refletem, na realidade, a probabilidade de inadimplência. Desde 1970, efetivamente nenhuma obrigação norte-americana a que a Standard & Poor's tivesse atribuído uma classificação inicial de Aaa pela Moody's ficou em situação de inadimplência no ano seguinte à emissão, e só 1 em 200 mil não tinha cumprido em um prazo de dez anos após a emissão. (A taxa de inadimplência para as obrigações Aaa não está representada graficamente na Figura 23.7. Ela seria invisível.) No outro extremo, metade das obrigações com *rating* Caa inadimpliram até o ano 10. É óbvio que as obrigações não caem repentinamente em desgraça. À medida que o tempo vai passando e as empresas vão se tornando progressivamente mais débeis, as agências vão revendo para baixo os *ratings* das obrigações, de modo a refletir a probabilidade crescente de inadimplência.

As agências de *rating* nem sempre têm razão. Quando a Enron desmoronou, em 2001, os investidores protestaram que apenas dois meses antes as obrigações da empresa tinham uma classificação de baixo risco. As agências de classificação tampouco fizeram muitos amigos durante a crise financeira de 2007-2009, quando muitos ativos lastreados por hipotecas que haviam recebido classificação triplo A se revelaram podres. E, quando elas *efetivamente* rebaixam a dívida de uma empresa, são geralmente acusadas de precipitação, o que aumenta o custo dos empréstimos.

23.4 Previsão da probabilidade de inadimplência

Escore de crédito (*credit scoring*)

Caso você solicite um cartão de crédito ou um empréstimo bancário, é provável que lhe peçam para preencher um questionário com informações sobre seu emprego, sua casa e sua situação financeira. Posteriormente, esses dados serão utilizados para calcular a sua pontuação de crédito.[22] Se você não atingir uma determinada pontuação, é provável que o crédito lhe seja recusado ou que o seu pedido seja submetido a uma análise mais detalhada. De modo similar, são utilizados sistemas mecânicos de escore de crédito pelos bancos, quando classificam o risco de seus empréstimos corporativos, ou por empresas, quando ampliam linhas de crédito aos seus clientes.

Imagine que lhe passem a tarefa de desenvolver um sistema de escore de crédito que o ajude a decidir se deve ou não conceder crédito às empresas. Você começa comparando os demonstrativos financeiros de empresas que faliram em um período de 40 anos com os de empresas que sobreviveram. A Figura 23.8 mostra os seus achados. O diagrama (*a*) ilustra que, em até quatro anos antes de falirem, essas empresas estavam obtendo um menor retorno sobre os ativos (ROA) do que as empresas sobreviventes. O diagrama (*b*) mostra que, em média, elas também tinham uma alta proporção dos passivos em relação aos ativos, e o diagrama (*c*) mostra que o LAJIDA (lucro antes dos juros, impostos, depreciação e amortização) era baixo em relação ao passivo total da empresa. Portanto, as empresas que faliram eram menos lucrativas (baixo ROA), mais altamente alavan-

---

[22] A pontuação de crédito ao consumidor mais amplamente utilizada é a FICO, desenvolvida pela Fair Isaac & Co., que utiliza dados fornecidos por um desses três bureaus de crédito – Experian, TransUnion ou Equifax.

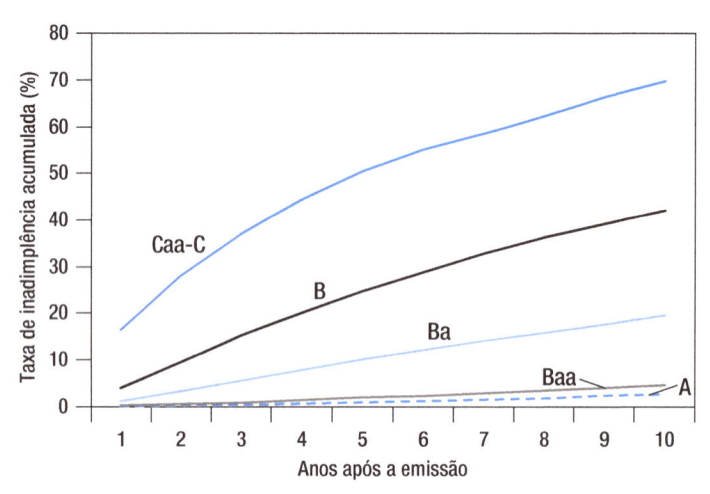

FIGURA 23.7 Taxas de inadimplência de obrigações corporativas, de 1970 a 2012, pelo rating da Moody's na época da emissão.
Fonte: Moody's Investor Service, "Annual Default Study: Corporate Default and REcovery Rates: 1920-2012".

cadas (alta proporção dos passivos em relação aos ativos), e geravam relativamente pouco caixa (baixo índice entre LAJIDA e passivos). Em cada caso, esses indicadores da solidez financeira das organizações se deterioravam à medida que elas se aproximavam da falência.

Em vez de se concentrar em índices individuais, faz mais sentido combinar os índices em uma única pontuação capaz de distinguir as ovelhas dignas de crédito das cabras desvalidas. Por exemplo, William Beaver, Maureen McNichols e Jung-Wu Rhie, que estudaram essas empresas, concluíram que a probabilidade de fracasso durante o próximo ano relativa à probabilidade de sucesso era mais bem estimada com a equação a seguir:[23]

$$\text{Log(probabilidade de fracasso)} = -6{,}445 - 1{,}192(\text{ROA}) + 2{,}307\left(\frac{\text{passivos}}{\text{ativos}}\right) - 0{,}346\left(\frac{\text{LAJIDA}}{\text{passivos}}\right)$$

Os sistemas de pontuação de crédito deveriam conter um aviso de validade. Quando se constrói um índice de risco, é tentador experimentar muitas combinações diferentes de variáveis até encontrar a equação que melhor resultou no passado. Infelizmente, se os dados forem tratados dessa maneira, verificaremos que é mais provável que o sistema funcione pior no futuro do que no passado. Caso você seja induzido a erro por ter confiança excessiva nos sucessos do modelo no passado, poderá recusar crédito a alguns clientes potencialmente bons. Os lucros perdidos por afastar clientes poderão ser superiores aos ganhos que se conseguem por evitar alguns "ovos quebrados". Como consequência, você poderia ficar pior do que se considerasse que não consegue distinguir os clientes e concedesse crédito a todos.

Isso quer dizer que as empresas não devem utilizar sistemas de pontuação de crédito? Nada disso. Significa simplesmente que ter um sistema de pontuação de crédito não é o suficiente: é preciso saber também até que ponto se deve confiar nele.

Modelos de risco com base no mercado

Os sistemas de pontuação de crédito baseiam-se, sobretudo, nos relatórios financeiros das empresas para estimar quais delas possuem a maior probabilidade de abertura de falência e inadimplên-

---
[23] Veja W. H. Beaver, M. F. McNichols, and J-W. Rhie, "Have Financial Statements Become Less Informative? Evidence from the Ability of Financial Ratios to Predict Bankruptcy." *Review of Accounting Studies* 10 (2005), pp. 93-122. O modelo deles utiliza a técnica da *análise de perigo* (*hazard analysis*). Outro modelo popular, o modelo de pontuação Z, utiliza a análise de múltiplos discriminantes. Ele foi originalmente sugerido por Edward Altman e é descrito em E. I. Altman and E. Hotchkiss, *Corporate Financial Distress and Bankruptcy*, 3rd ed. (New York: John Wiley, 2006).

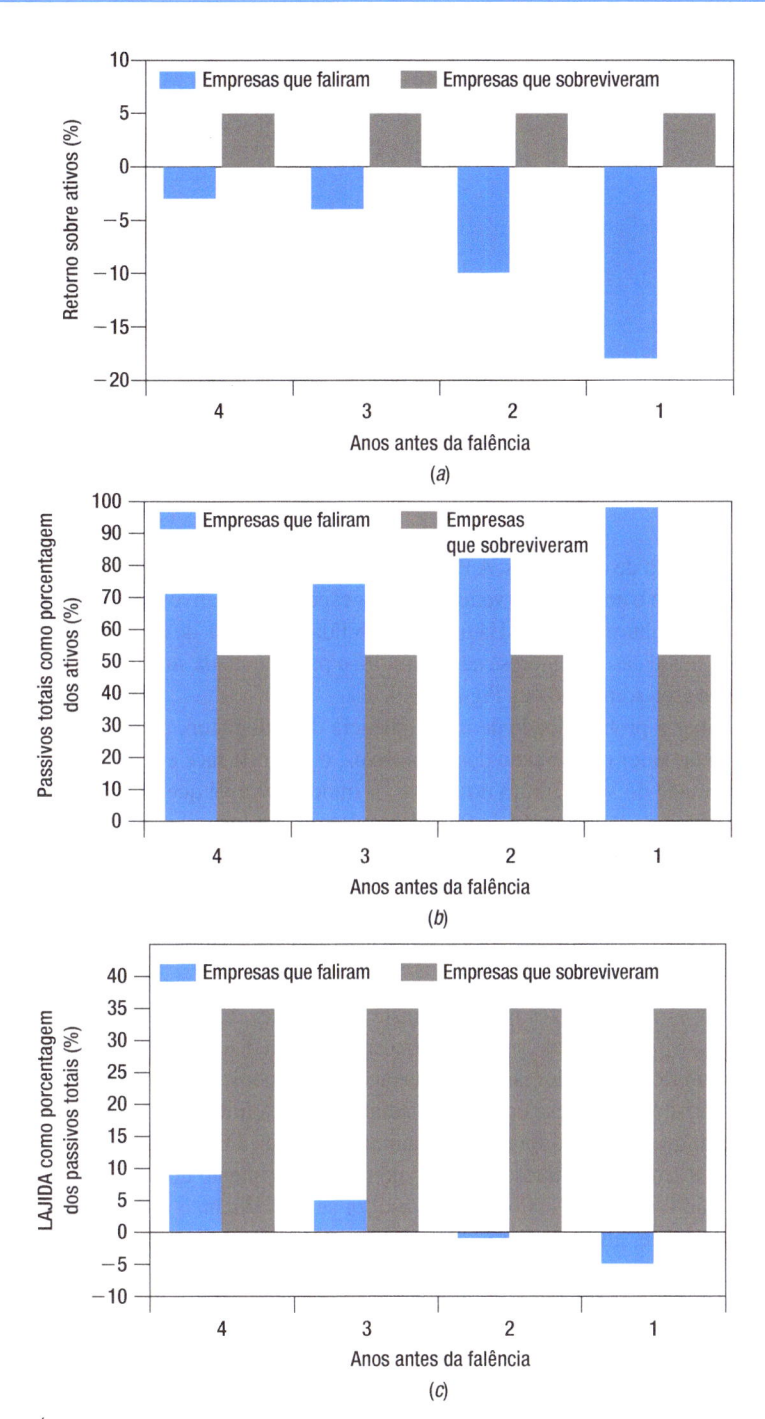

▶ **FIGURA 23.8** Índices financeiros de 544 empresas que faliram e de empresas que sobreviveram.

Fonte: W. H. Beaver, M. F. McNichols, and J-W. Rhie, "Have Financial Statements Become Less Informative? Evidence from the Ability of Financial Ratios to Predict Bankruptcy," *Review of Accounting Studies* 10 (2005), pp. 93-122.

cia com relação às dívidas. Quanto às pequenas empresas, há poucas opções para a utilização dos dados contábeis, mas, no tocante às grandes empresas, negociadas em bolsa, também é possível utilizar a informação proveniente dos preços dos seus títulos. Essas técnicas partem da ideia de que os acionistas exercerão a sua opção de inadimplência se o valor do mercado dos ativos for inferior aos pagamentos decorrentes da dívida da organização.

Suponha que os ativos da Phlogiston Chemical têm atualmente um valor de mercado de $100 e que a sua dívida tem um valor de face de $60 (ou seja, uma alavancagem de 60%), que

▶ **FIGURA 23.9** A Phlogiston Chemical emitiu obrigações a cinco anos com um valor de face de $60. A zona sombreada mostra que há 20% de probabilidade de que, dentro de cinco anos, o valor dos ativos da empresa seja inferior a $60 e, nesse caso, a empresa optará pela inadimplência.

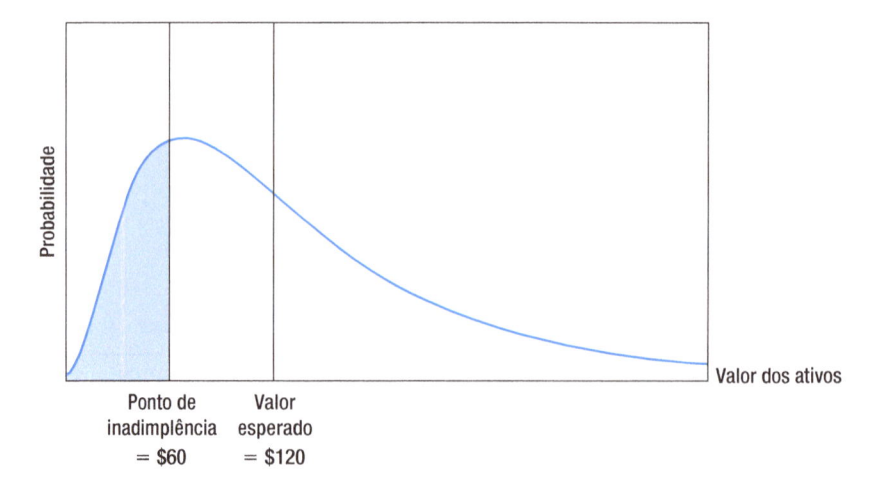

deverá ser paga dentro de cinco anos. A Figura 23.9 mostra o leque de possíveis valores dos ativos da Phlogiston quando o empréstimo vencer. O valor esperado dos ativos é de $120, mas esse valor não é de maneira nenhuma correta. Há uma probabilidade de 20% de que o valor dos ativos seja inferior a $60 e, nesse caso, a empresa não cumprirá o pagamento da sua dívida. Essa probabilidade é mostrada na área sombreada da Figura 23.9.

Para calcular a probabilidade de inadimplência da Phlogiston, precisamos saber o crescimento esperado do valor de mercado dos seus ativos, o valor de face e o vencimento da dívida, e ainda a variabilidade do valor futuro dos ativos. É muito provável que os casos reais sejam mais complexos do que o nosso exemplo da Phlogiston. Por exemplo, as empresas podem ter diversos tipos de dívida com vencimento em diferentes datas. Se isso acontecer, pode compensar aos acionistas investir mais dinheiro para pagarem a dívida de curto prazo e, assim, manter de pé a possibilidade de a empresa se recuperar antes do vencimento do restante da dívida.

No entanto, os bancos e as empresas de consultoria estão, agora, descobrindo que podem utilizar essas ideias para avaliar o risco dos empréstimos efetivamente concedidos. Os últimos anos, por exemplo, não têm sido felizes para a varejista J.C. Penney. Em 2014, seu índice de endividamento subiu para 61%, associado a um prejuízo em cada um dos últimos quatro anos. A empresa não estava por um fio, mas os investidores estavam preocupados com a segurança de suas obrigações. Qual era o risco da empresa entrar em inadimplência? A linha azul na Figura 23.10 mostra o valor de mercado que os investidores colocaram nos ativos da J.C. Penney, e a linha preta mostra o valor dos ativos em que a empresa optaria pelo não cumprimento do serviço de suas dívidas. É possível ver como o valor dos ativos da empresa foi se aproximando cada vez mais do ponto de inadimplência antes de, finalmente, atingi-lo.

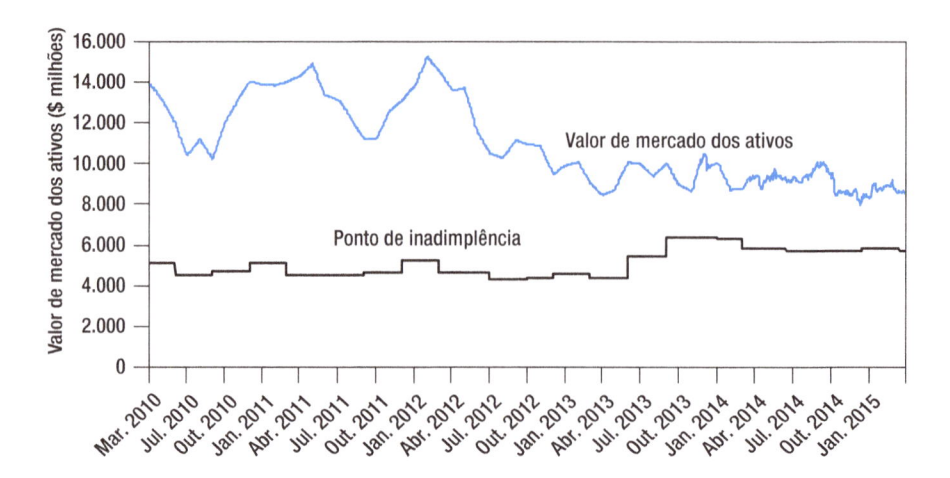

▶ **FIGURA 23.10** Nos últimos anos, o valor dos ativos da J.C.Penney se aproximou cada vez mais do ponto de inadimplência.

Fonte: Moody's Analytics.

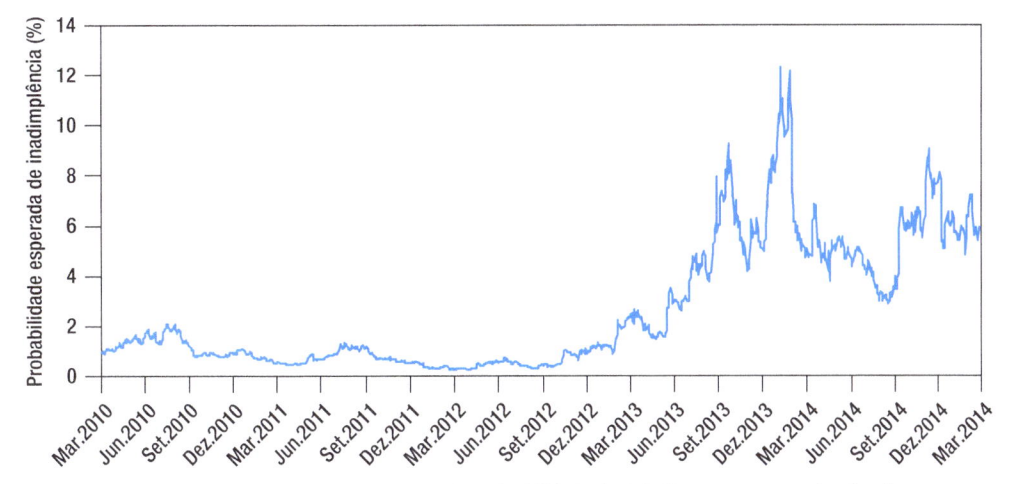

▶ **FIGURA 23.11** Estimativas feitas pela Moody's da probabilidade da J.C. Penney se tornar inadimplente no prazo de um ano.
Fonte: Moody's Analytics..

É óbvio que ninguém tinha uma bola de cristal que pudesse prever o resultado final, mas o serviço CreditEdge da Moody's estima regularmente a probabilidade de que as empresas inadimplissem em suas dívidas no ano seguinte. A Figura 23.11 mostra como a Moody's aumentou progressivamente a sua estimativa da probabilidade de que o valor dos ativos da J.C. Penney atingisse o ponto de inadimplência. À medida que o valor dos ativos da empresa começou a cair, a avaliação Moody's da probabilidade de inadimplência aumentou. No início de 2014, ela tinha atingido quase 10% antes de cair novamente.

23.5 Capital em risco (*value-at-risk*)

Estamos em novembro de 2014 e você possui obrigações da Boeing com um cupom de 7,95% e com vencimento em 2014. As obrigações receberam a avaliação A da Moody's e atualmente são negociadas a 140,9%, com um retorno *prometido* até o vencimento de 3,1%. Se você estiver planejando manter as obrigações nos próximos 12 meses, qual é o risco que você está correndo?

Você poderá se sentir tentado a analisar as taxas de inadimplência no passado do serviço da dívida com avaliação A e concluir que a probabilidade de inadimplência do serviço da dívida no próximo ano é muito reduzida, o que torna seu investimento quase tão seguro como se tratasse de obrigações do Tesouro. Mas claro que essa conclusão ignora a possibilidade de que, embora seja improvável o não cumprimento em curto prazo, as perspectivas da Boeing podem não ser tão boas no final do ano como são agora. Se isso acontecer, a avaliação das obrigações poderá ser revista para baixo, e o seu valor cairá.

Os bancos e as empresas de consultoria criaram vários métodos para avaliar o risco de uma deterioração da qualidade de crédito. Por exemplo, um dos sistemas mais populares, o *CreditMetrics*, avalia o possível impacto da alteração do *rating* das obrigações.[24] O Quadro 23.3 mostra a frequência com que a avaliação das obrigações foi revista entre 1983 e 2012. Como as obrigações da Boeing receberam a avaliação A, vamos nos concentrar na terceira linha do quadro. Você poderá constatar que, no passado, quase 85% das obrigações com avaliação A continuaram a ter essa avaliação passado um ano e algumas tinham até sido revisadas em alta para Aa ou melhor. No entanto, a má notícia é que, passado um ano, mais de 4,5% das obrigações A passaram a ser consideradas obrigações Baa ou abaixo.

Caso as obrigações da Boeing fossem rebaixadas para Baa, os investidores indubitavelmente exigiriam um retorno mais elevado. Por exemplo, em 2014, o retorno sobre títulos Baa era cerca

---
[24] O *CreditMetrics* foi inicialmente desenvolvido pelo J. P. Morgan Chase.

QUADRO 23.3 Taxas de transição médias de um Ano, 1983-2012, mostrando a porcentagem de obrigações que se movem de um rating para outro

	Rating no fim do ano									
Rating no início do ano	Aaa	Aa	A	Baa	Ba	B	Caa	Ca-C	Inadimplência	Não avaliado
Aaa	85,94	8,79	0,48	0,00	0,04	0,00	0,00	0,00	0,00	4,75
Aa	1,08	85,06	7,24	0,47	0,06	0,02	0,01	0,00	0,02	6,05
A	0,06	2,69	84,94	5,63	0,62	0,13	0,03	0,00	0,07	5,82
Baa	0,04	0,18	3,99	84,02	4,27	0,90	0,20	0,02	0,19	6,19
Ba	0,01	0,05	0,36	6,15	74,23	7,22	0,62	0,09	1,00	10,28
B	0,01	0,03	0,11	0,31	4,32	73,11	6,19	0,62	3,94	11,36
Caa	0,00	0,01	0,01	0,11	0,34	6,60	58,17	4,93	17,01	12,82
Ca-C	0,00	0,00	0,00	0,00	0,40	2,07	9,53	34,99	37,97	15,04

Fonte: Moody's Investor Service, "Annual Default Study: Corporate Default and Recovery Rates: 1920-2012".

de 1,6% mais elevado do que o dos A. Se o rendimento de seus títulos da Boeing subisse por esse montante, o preço deles cairia cerca de 11%. Em outras palavras, há uma probabilidade de quase 5% de que o valor de seu investimento caia 11% ou mais durante o próximo ano. Os bancos referem-se a esse valor como o **capital em risco** (*value-at-risk* ou **VAR**) sobre os títulos da Boeing.

Há várias maneiras de poder melhorar a sua estimativa rápida do capital em risco. Por exemplo, assumimos que os *spreads* da rentabilidade sobre obrigações de empresas são constantes. Mas, se os investidores passam a ficar mais relutantes em assumir o seu risco de crédito, é possível que você perca muito mais de 11% no seu investimento. Repare também que, quando calculamos o risco ao investir nas obrigações da Boeing, consideramos apenas o impacto sobre o preço das obrigações de uma revisão nos *ratings* de crédito. Se quiséssemos ter uma avaliação abrangente do capital em risco, teríamos de admitir que as taxas de juros sem risco também podem ser alteradas durante o ano.

Os bancos e os investidores em obrigações não estão apenas interessados no risco individual de cada empréstimo; gostariam também de conhecer o risco de toda a sua carteira. Para isso, os especialistas em risco de crédito têm de se preocupar com a correlação entre os diferentes resultados. É provável que uma carteira de empréstimos, todos eles concedidos a revendedores dos arredores de Hicksville, seja mais arriscada do que uma carteira com diferentes devedores.

RESUMO

As empresas têm responsabilidade limitada. Se elas não puderem pagar as suas dívidas, podem declarar falência. Os credores estão conscientes de que podem receber menos do que aquilo que lhes é devido e que o retorno *esperado* de uma obrigação de uma empresa é inferior ao *retorno prometido*.

Por causa da possibilidade de inadimplência, o retorno prometido de uma obrigação corporativa é mais elevado do que o de um título do governo. É possível pensarmos nesse retorno adicional como o montante que seria necessário pagar para garantir o título contra o *default*. Há um mercado ativo de apólices de seguro que protegem os credores da inadimplência. Essas apólices são designadas por *swaps* de *default* de crédito, e não há facilidades nos mercados financeiros. Assim, o retorno extra que se obtém na compra de um título de empresa é erodido pelo custo do seguro contra a inadimplência.

A opção de inadimplência da empresa equivale a uma opção de venda. Se o valor dos ativos da empresa foi inferior ao montante da dívida, compensará à empresa não cumprir e permitir que os credores se apoderem dos seus ativos para pagamento da dívida. Essa noção nos informa que temos de pensar sobre o momento em que avaliamos a dívida de uma empresa – o valor corrente da empresa relativamente ao ponto em que ela não cumpriria, a volatilidade dos ativos, o vencimento dos pagamentos da dívida e a taxa de juros livre de risco. Infelizmente, a maior parte das empresas tem vários empréstimos em circulação com pagamentos devidos em momentos diferentes, o que dificulta consideravelmente a tarefa de avaliar a opção de venda.

Por causa dessas complicações, os investidores de obrigações regularmente não utilizam modelos de opções para avaliar as opções de inadimplência associadas aos títulos corporativos.

De modo geral, confiam na experiência para avaliar se a diferença entre o rendimento de uma obrigação corporativa e o de uma obrigação comparável do governo compensa a possibilidade de inadimplência. Essas diferenças podem se alterar rapidamente, à medida que os investidores reavaliam as probabilidades de inadimplência ou se tornam menos avessos a riscos.

Quando os investidores querem ter uma medida do risco das obrigações de uma empresa, normalmente observam a avaliação dada às obrigações pela Moody's pela Standard & Poor's ou pela Fitch. Sabem que há muito menos probabilidade de inadimplência por parte das obrigações com uma avaliação AAA do que por parte de obrigações consideradas de alto risco, ou *junk bonds*.

Os bancos, as agências de *rating* e as empresas de consultoria também têm desenvolvido vários modelos para estimar a probabilidade de inadimplência. Os sistemas de pontuação de crédito consideram índices contábeis ou outros indicadores da solidez financeira de uma empresa e os ponderam de modo a produzir uma única medida de inadimplência. A Moody's CreditEdge faz uma abordagem diferente e procura avaliar a probabilidade de o valor do mercado dos ativos da empresa baixar até o ponto em que a empresa preferirá não cumprir a tentar continuar fazendo face aos pagamentos de sua dívida.

Não parta do princípio de que não há risco só por não haver uma perspectiva imediata de inadimplência. Se a qualidade das obrigações se deteriorar, os investidores exigirão retornos mais elevados e o preço das obrigações diminuirá. Um método de calcular o capital em risco é analisar a probabilidade de possíveis variações do *rating* e estimar o efeito que eventualmente essas variações poderão ter sobre o preço das obrigações.

LEITURAS ADICIONAIS

Os sites das principais agências de rating *de crédito contêm vários relatórios úteis sobre o risco de crédito. (Veja em particular o* **www.moodys.com***, o* **www.standardandpoors.com** *e o* **www.fitch.com***)*

Altman e Hotchkiss fazem uma revisão dos modelos de pontuação de crédito em:

E. I. Altman and E. Hotchkiss, *Corporate Financial Distress and Bankruptcy*, 3rd ed. (New York: John Wiley, 2006).

Há vários livros que discutem obrigações de empresas e risco de crédito. Por exemplo, consulte:

A. Saunders and L. Allen, *Credit Risk Measurement*, 3rd ed. (New York: John Wiley, 2010).

J. B. Caouette, E. I. Altman, P. Narayanan, and R. Nimmo, *Managing Credit Risk* (New York: John Wiley, 2008).

D. Duffie, *Measuring Corporate Default Risk* (Oxford, U.K.: Oxford University Press, 2011).

D. Duffie and K. J. Singleton, *Credit Risk: Pricing, Measurement and Management* (Princeton, NJ: Princeton University Press, 2003).

PROBLEMAS

BÁSICO

1. **Retorno esperado** Você possui uma obrigação com cupom de 5%, com vencimento daqui a dois anos e com um preço de 87%. Suponha que há 10% de probabilidade de que a empresa não cumpra o serviço dessa dívida no vencimento, e você receberá apenas 40% do pagamento prometido. Qual é o retorno prometido da obrigação até o vencimento? Qual é o seu retorno esperado (isto é, os retornos possíveis ponderados por suas probabilidades?

2. *Spreads* **de retorno** Mantendo todo o resto igual, você esperaria que a diferença entre o preço de uma obrigação do Tesouro e uma obrigação de uma empresa aumentasse ou que diminuísse com:
   a. O risco do negócio da empresa?
   b. O grau de alavancagem financeira?

3. **Opção de inadimplência** A diferença entre o preço de uma obrigação do governo e uma obrigação simples de uma empresa é igual ao valor de uma opção. Que opção é essa e qual é o seu preço de exercício?

4. **Probabilidade de inadimplência** O quadro seguinte mostra alguns dados financeiros de duas empresas:

	A	B
Ativo total	$1.552,1	$1.565,7
LAJIRDA	–60	70
Ganho total + juros	–80	24
Passivo total	814,0	1.537,1

Utilize a fórmula apresentada na Seção 23.4 para calcular qual das duas tem a probabilidade de inadimplência mais elevada.

5. **Probabilidade de inadimplência** Quais são as variáveis necessárias para utilizar um método com base no mercado para calcular a probabilidade de uma empresa tornar-se inadimplente?

6. **Transição de classificação** Você tem uma obrigação com a avaliação B. Pela experiência passada, qual é a probabilidade dessa avaliação se manter daqui a um ano? Qual é a probabilidade de vir a ter uma avaliação mais baixa?

7. **Transição de classificação** Você tem uma obrigação com a avaliação A. Será mais provável que seja revista em alta ou em baixa? A sua resposta seria a mesma se a avaliação da obrigação fosse B?

8. **Valor em risco** Por que é mais difícil estimar o capital de risco para uma carteira de empréstimos do que para um único empréstimo? Por que isso gerou um problema para as agências de risco que precisavam avaliar o risco de pacotes de empréstimos hipotecários antes da crise financeira?

INTERMEDIÁRIO

9. **Opção de inadimplência** A empresa A emitiu uma obrigação de cupom zero com vencimento daqui a 10 anos. A empresa B emitiu uma obrigação com cupom com vencimento daqui a 10 anos. Explique por que é mais complicado avaliar a dívida de B do que a dívida de A?

10. **Probabilidade de inadimplência** A empresa X pediu um empréstimo de $150 que vence este ano e outro de $50 com vencimento daqui a 10 anos. A empresa Y pediu um empréstimo de $200 com vencimento daqui a 5 anos. Em ambos os casos, o valor dos ativos é de $140. Construa um cenário em que a empresa X cumpra a sua dívida e Y não cumpra.

11. **Pontuação de crédito** Refira os problemas levantados pelo desenvolvimento de um sistema numérico de pontuação de crédito para avaliar empréstimos pessoais. Você apenas poderá testar o seu sistema utilizando dados de clientes a quem no passado foi concedido crédito. Isso levanta algum problema?

12. **Probabilidade de inadimplência** Quais são os problemas que você provavelmente encontrará ao utilizar uma abordagem com base no mercado para estimar a probabilidade de inadimplência por parte de uma empresa?

13. **Opção de inadimplência** Quanto você terá que pagar para assegurar as obrigações da Backwoods Chemical contra a inadimplência? (Veja a Seção 23.1.)

14. **Opção de inadimplência** A Digital Organics tem 10 milhões de ações em circulação sendo comercializadas a $25 cada. A empresa também possui uma grande quantidade de dívida corrente, a qual está para vencer dentro de um ano. A dívida paga 8% de juros. Ela tem um valor de face de $350 milhões, mas está sendo comercializada a um valor de mercado de apenas $280 milhões. A taxa de juros livre de risco para um ano é de 6%.
    a. Escreva a fórmula da paridade *put-call* para as ações, dívida e ativos da Digital Organics.
    b. Qual é o valor da opção de inadimplência da empresa sobre sua dívida?

DESAFIO

15. **Avaliação de opção de inadimplência** Observe novamente o primeiro exemplo da Backwoods Chemical no início da Seção 23.1. Suponha que o balanço da empresa em valores contábeis seja o seguinte:

Backwoods Chemical Company (valores contábeis)

Capital de giro líquido	$ 400	$1.000	Dívida
Ativo imobilizado líquido	1.600	1.000	Capital próprio
Total dos ativos	$2.000	$2.000	Valor total

A dívida tem um prazo de vencimento de um ano e uma taxa de juro prometida de 9%. Desse modo, o pagamento prometido aos credores da Backwoods é de $1 mil. O valor de mercado dos ativos é de $1.200, e o desvio-padrão do valor dos ativos é de 45% ao ano. A taxa de juro sem risco é de 9%. Calcule o valor da dívida e do capital próprio da empresa.

16. **Avaliação de opção de inadimplência** Utilize o modelo de Black-Scholes e volte a desenhar as Figuras 23.5 e 23.6 considerando que o desvio-padrão do retorno dos ativos da empresa seja de 40% ao ano. Faça os cálculos apenas para um endividamento de 60%. (*Dica:* será mais simples considerar que a taxa de juros sem risco é zero.) Que conclusão se pode tirar em relação ao efeito da variação do risco sobre o *spread* entre as obrigações das empresas de baixo risco e de alto risco?

FINANÇAS NA WEB

1. Visite **finance.yahoo.com** e selecione três empresas industriais que tenham passado por períodos de dificuldade.
    a. As dificuldades das empresas se refletem em seus índices de endividamento? (Talvez seja útil consultar a Figura 23.8)
    b. Calcule a probabilidade de inadimplência para cada empresa usando a fórmula apresentada na Seção 23.4.
    c. Agora examine as classificações das obrigações das empresas. Os dois parâmetros apresentam mensagens consistentes?

CAPÍTULO 24

Os diferentes tipos de dívida

Nos Capítulos 17 e 18, analisamos a questão do montante de endividamento de uma empresa. Mas as empresas também têm de pensar no *tipo* de dívida que emitem. Elas podem escolher entre emitir dívida de curto prazo ou de longo prazo, entre obrigações simples ou conversíveis, no mercado interno ou no de dívida internacional, e entre uma emissão pública ou colocada apenas a alguns investidores, em uma emissão privada.

Como gestor financeiro, você terá de escolher o tipo de dívida mais adequado à sua empresa. Por exemplo, se a empresa tiver uma necessidade apenas temporária de fundos, irá, de modo geral, emitir uma dívida de curto prazo. As empresas com grande volume de negócios com o exterior podem preferir uma dívida em moeda estrangeira. Às vezes, a concorrência entre credores abre uma janela de oportunidade em um setor específico do mercado de títulos de dívida. O efeito pode ser apenas uma redução de alguns pontos-base na remuneração, mas em uma emissão grande isso pode representar uma economia de vários milhões de dólares. Lembre-se da frase: "Um milhão aqui, um milhão ali, rapidamente pode se tornar dinheiro de verdade".[1]

A Figura 24.1 oferece um mapa para este capítulo. Nosso foco inicial recai sobre o mercado de obrigações a longo prazo. Na Seção 24.1, nos concentramos nas obrigações mais comuns. Examinamos as diferenças entre obrigações prioritárias e subordinadas, e entre obrigações garantidas e não garantidas, incluindo um tipo especial de obrigação garantida, chamado *obrigação lastreada por ativos*. Em seguida, explicaremos como as obrigações podem ser reembolsadas com o recurso a um fundo de amortização e como o devedor ou o credor podem ter uma opção de resgate antecipado. Revisaremos não só as diferentes características das obrigações de empresas, mas também tentaremos explicar a razão da existência de fundos de amortização, de opções de reembolso e de outras coisas do gênero. Não são questões imparciais, nem meras questões de tradição; geralmente, há fortes razões para que sejam utilizadas.

Na Seção 24.2, examinamos algumas obrigações menos comuns, a começar pelas obrigações conversíveis e suas parentes próximas, o pacote de obrigações e *warrants*. Também ilustramos a enorme variedade de estilos de obrigações analisando algumas obrigações inusitadas e alguns dos motivos para a inovação nesse mercado.

Na Seção 24.3, nos voltamos para dívidas mais a curto prazo, boa parte das quais é suprida pelos bancos. Empresas muitas vezes estabelecem uma *linha de crédito rotativo* com um banco, que lhes permitem contrair empréstimos até um montante pré-combinado sempre que precisarem de financiamento. Isso costuma servir para que a empresa se mantenha de pé durante uma breve escassez de capital, com a dívida sendo quitada dentro de poucos meses. No entanto, os bancos também fazem *empréstimos a prazo* que chegam a se estender por cinco anos ou mais. Alguns empréstimos são grandes demais para serem emitidos por um único banco. Descrevemos como grupos de bancos formam consórcios para respaldar tais empréstimos. Também examinamos os modos pelos quais os bancos protegem seus empréstimos impondo restrições ao devedor e exigindo segurança.

Em vez de contraírem dívidas junto a bancos, empresas *blue-chips* às vezes driblam o sistema bancário e emitem suas próprias dívidas de curto prazo para investidores. Isso se chama *commercial paper*. Empréstimos com um prazo um pouco mais longo disponibilizados regularmente são conhecidos como notas de médio prazo (*medium-term notes*). Analisamos ambas modalidades na Seção 24.4.

No Apêndice do capítulo, examinamos outra forma de colocação privada conhecida como financiamento de projeto. Esta é a parte glamourosa do mercado de dívidas. As palavras *financiamento de projeto* remetem a imagens de empréstimos multimilionários para financiar empreendimentos descomunais em lugares exóticos do mundo. Veremos que há alguma verdade nisso, mas não toda a verdade.

---

[1] Essa observação foi feita pelo senador Everett Dirksen, já falecido. Contudo, ele estava tratando de bilhões.

```
        Dívida a                                    Dívida de
       longo prazo                               mais curto prazo
```

| Obrigações Simples (24.1) | Obrigações Conversíveis (24.2) | Obrigações Exóticas (24.2) | Empréstimos Bancários (24.3) | *Commercial Paper* e Notas de Médio Prazo (24.4) |

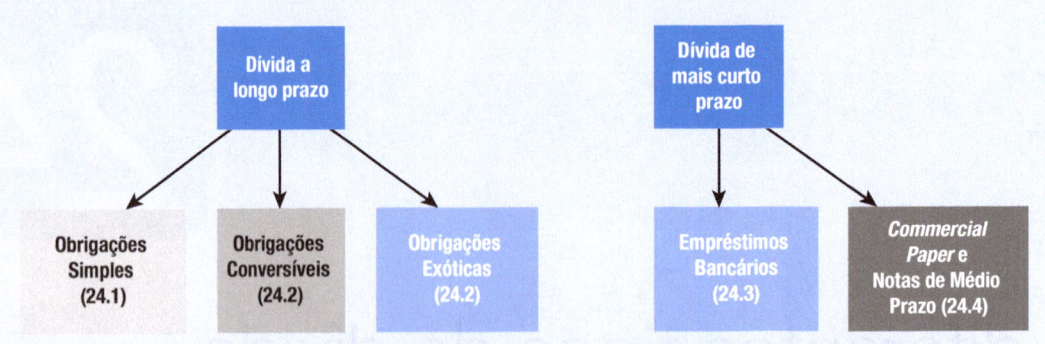

▶ **FIGURA 24.1** As principais espécies de dívida corporativa e as seções deste capítulo onde são examinadas.

Devemos salientar que muitas dívidas nem mesmo são espelhadas no balanço da empresa. As empresas às vezes disfarçam a dívida, por exemplo, criando *special purpose entities* (SPEs), que obtêm fundos emitindo ações e obrigações e, posteriormente, ajudam a financiar a matriz. Por intermédio do recurso às SPEs, a Enron manteve grande parte da sua dívida fora do balanço, mas isso não impediu a empresa de abrir falência. Desde o escândalo da Enron, os contadores têm tentado reforçar as regras sobre a publicação da dívida das SPEs.

As empresas têm outras obrigações importantes de longo prazo que *não* abordaremos neste capítulo. Por exemplo, o *leasing* de longo prazo é bastante semelhante à dívida. O utilizador do equipamento concorda em fazer uma série de pagamentos relativos ao *leasing* e, em caso de inadimplência, pode ser obrigado a abrir falência. Esse tema será tratado no Capítulo 25.

Os benefícios em matéria de saúde depois da aposentadoria e as pensões podem também criar grandes responsabilidades às empresas. Por exemplo, em 2003, o déficit da General Motors com as pensões foi de $19 bilhões. Para diminuir esse déficit, a GM fez uma emissão de obrigações e investiu a maior parte dos fundos no seu fundo de pensão. Poder-se-ia dizer que o efeito foi aumentar a dívida da empresa, mas a realidade econômica foi a substituição de uma obrigação de longo prazo (as pensões) por outra obrigação (a nova dívida). A gestão dos planos de pensões foge ao escopo deste livro, mas os gestores financeiros passam bastante tempo preocupados com a "dívida" resultante das pensões.

24.1 Obrigações de longo prazo

As cláusulas das obrigações

Para que você tenha uma ideia de um contrato de emissão de obrigações (e de sua linguagem), resumimos no Quadro 24.1 as condições de uma emissão de obrigações pela J.C. Penney. As obrigações eram ordinárias (*plain vanilla*), ou seja, bastante usuais em todas as suas características. Analisaremos os principais pontos um de cada vez.

As obrigações da J. C. Penney foram emitidas em 1992, com vencimento para 30 anos, em 2022. Foram emitidas em denominações de $1.000. Então, no vencimento, a empresa pagará de volta a quantia principal de $1.000 ao portador de cada obrigação.

O juro anual ou o pagamento do *cupom* da obrigação é de 8,25% de $1 mil, ou $82,50. Esses juros são pagos semestralmente; por isso, de seis em seis meses os portadores recebem juros de 82,50/2 = $41,25. A maioria das obrigações norte-americanas paga juros semestralmente, mas em muitos outros países é habitual os juros serem pagos anualmente.[2]

Os pagamentos periódicos de juros das obrigações constituem uma sucessão de obstáculos que a empresa tem de ir saltando. Se alguma vez a J.C. Penney falhar no pagamento dos cupons, os credores podem exigir o reembolso do dinheiro, em vez de esperar que a situação se deteriore ainda mais.[3] Por isso, o pagamento de juros fornece uma proteção adicional aos credores.

---

[2] Se uma obrigação paga juros semestrais, normalmente os investidores calculam um retorno até o vencimento composto *semestralmente*. Isto é, o retorno é cotado como o dobro do retorno de seis meses. Quando as obrigações pagam juros *anualmente*, convencionou-se cotar tal retorno em uma base composta anualmente. Para mais detalhes veja a Seção 3.1.

[3] Há um tipo de obrigação em que o devedor é obrigado a pagar os juros só se estes forem cobertos pelos lucros anuais. Essas obrigações participantes são raras e têm sido emitidas principalmente no âmbito de reestruturações de empresas ferroviárias.

QUADRO 24.1 Resumo das condições de emissão de obrigações pela J.C. Penney

Data de emissão:	26 de agosto de 1992
Montante emitido:	$250 milhões
Vencimento:	15 de agosto de 2022
Denominação (Valor Nominal):	$1.000
Juros:	À taxa de 8,25% ao ano, pagáveis em 15 de fevereiro e 15 de agosto.
Condições da oferta:	Emitidas ao preço de 99,489% mais os juros vencidos (encaixe para a empresa de 98,614%) pelo First Boston Corporation
Registro:	Integralmente registrada.
Agente Fiduciário:	Bank of America National Trust and Savings Association
Garantias:	Não garantida. A empresa não permitirá a existência de qualquer penhor sobre os seus imóveis ou ativos sem constituir garantias iguais e proporcionais a favor das obrigações.
Prioridade:	*Pari passu* com a dívida restante não garantida e não prioritária.
Fundo de amortização:	Anualmente a partir de 15 de agosto de 2003, em uma proporção suficiente para amortizar $12,5 milhões de capital, mas um fundo de amortização opcional com o valor máximo de $25 milhões.
Opção de reembolso:	No todo ou em parte no dia 15 de agosto de 2022 ou em uma data subsequente por opção da empresa com pré-aviso mínimo de 30 e máximo de 60 dias sobre cada 14 de agosto, como a seguir:
	2003 103,870% 2004 103,485 2005 103,000
	2006 102,709 2007 102,322 2008 101,955
	2009 101,548 2010 101,161 2011 100,774
	2012 100,387
	e, a partir daí, ao preço de 100% acrescido dos juros vencidos.
	Também reembolsável pelos fundos de amortização obrigatório e opcional em 15 de agosto de 2003, e em uma data subsequente.
Rating na Moody's:	B

Às vezes as obrigações são vendidas com um cupom menor, mas com um desconto significativo relativamente ao seu valor de face, pelo que os investidores recebem boa parte da sua remuneração sob a forma de ganho de capital.[4] O caso extremo é o das obrigações de cupom zero, que não pagam quaisquer juros; nesse caso, toda a remuneração consiste em ganho de capital.[5]

A taxa de cupom da J.C. Penney é fixa durante a vida da obrigação, mas em algumas emissões aquela taxa varia com o nível geral das taxas de juro. Por exemplo, o cupom pode ser fixado em 1% acima da taxa de juro das letras do Tesouro dos Estados Unidos ou (mais frequentemente) acima da **London Interbank Offered Rate (LIBOR)**, que é a taxa de juro a que os bancos internacionais emprestam dinheiro uns aos outros. Às vezes, essas *obrigações de cupom indexado* especificam uma taxa de cupom mínima (ou piso) ou uma taxa máxima (ou teto).[6] Você também pode vir a encontrar *collars* (coleiras), que estipulam simultaneamente um cupom máximo e um cupom mínimo.

As obrigações da J.C. Penney têm um valor de face de $1.000 e foram vendidas aos investidores a 99,489% do valor de face. Além disso, os compradores tiveram de pagar quaisquer *juros acumulados*. Trata-se da quantidade de quaisquer juros futuros que tenham se acumulado até o ato

---

[4] Qualquer obrigação emitida a desconto é conhecida por *obrigação emitida inicialmente abaixo do par*. As obrigações de cupom zero são frequentemente designadas por "obrigações de desconto puro". Os ganhos de capital de uma obrigação emitida a desconto não são tributados desde que seja inferior a 0,25% ao ano (IRS Code Section 1272).

[5] O caso mais extremo foi a emissão de obrigações perpétuas de cupom zero a favor de uma instituição de caridade.

[6] Em vez de emitirem OCIs com teto, as empresas emitem, por vezes, OCIs sem teto, e, ao mesmo, tempo compram um teto de um banco. O banco paga os juros que excederem o limite definido.

da compra. Por exemplo, investidores que compraram obrigações a serem entregues em (digamos) 15 de dezembro, teriam apenas dois meses a esperar antes de receberem seu primeiro pagamento de juros. Portanto, os quatro meses de juros acumulados seriam de $(120/360) \times 8,25 = 2,75\%$, e o investidor precisaria pagar o preço de compra da obrigação mais 2,75%.[7]

Embora as obrigações da J.C. Penney tenham sido oferecidas ao público ao preço de 99,489%, a empresa recebeu apenas 98,614%. A diferença representa a margem dos subscritores. Dos $248,7 milhões arrecadados, $246,5 milhões foram para a empresa e $2,2 milhões (ou cerca de 0,9%) foram para os intermediários.

Continuando a análise do Quadro 24.1, veremos que as obrigações da J.C. Penney são *registradas*. Isso significa que o registrador da empresa mantém registro dos titulares de cada obrigação e que a empresa paga os juros e o capital final diretamente ao seu detentor. Quase todas as emissões de obrigações feitas nos Estados Unidos são sob a forma de obrigações registradas, mas em muitos países as obrigações podem ser emitidas *ao portador*. Nesse caso, o título em si constitui a principal prova de propriedade, devendo o seu detentor enviar o próprio título para receber o reembolso final do capital.

As obrigações da J.C. Penney foram vendidas publicamente para investidores nos Estados Unidos. Antes de poder vender as obrigações, a empresa precisou encaminhar uma declaração de registro para aprovação da SEC e preparar um prospecto informativo. Ela também ingressou com um acordo de obrigação na forma de um **contrato de emissão** entre a empresa e o agente fiduciário. O Bank of America National Trust and Savings Association, que é o banco fiduciário da emissão, representa os credores. Ele verifica se as condições do contrato de emissão são cumpridas e acautela os interesses dos credores em caso de não cumprimento das cláusulas. O contrato de emissão é um documento legal volumoso,[8] mas as principais cláusulas estão resumidas no prospecto da emissão.

Garantias e prioridades no pagamento

Às vezes uma empresa reserva ativos específicos para a proteção do portador de uma obrigação. As obrigações de empresas de serviços públicos, por exemplo, geralmente são garantidas. Nesse caso, se a empresa não cumprir o serviço da dívida, o agente fiduciário ou os credores podem se apropriar dos ativos relevantes. Se esses forem insuficientes para satisfazer a dívida, a parcela restante da dívida será somada aos demais créditos gerais não garantidos e a serem satisfeitos com os demais ativos da empresa.

Obrigações não garantidas com vencimento para dez anos ou menos costumam ser denominadas **notas**, enquanto emissões de mais longo prazo são chamadas de **debêntures** (embora, em alguns países, como o Reino Unido ou a Austrália, "debênture" signifique obrigação *garantida*). Como a maioria das emissões de obrigações de empresas industriais e financeiras, as obrigações da J.C. Penney não são seguras. No entanto, a empresa prometeu que não emitirá quaisquer obrigações seguras sem oferecer a mesma segurança a suas debêntures.[9]

A grande maioria das emissões com garantias consistem em **obrigações hipotecárias**, as quais facultam, às vezes, um direito sobre um determinado edifício, mas é mais frequente estarem garantidas por todos os ativos da empresa.[10] É claro que o valor de qualquer hipoteca depende da capacidade de esses ativos terem ou não utilizações alternativas. Uma máquina fabricada expressamente para a produção de chicotes automotivos não valerá muito se o mercado dessas peças se esgotar.

---

[7] No mercado de obrigações de empresas nos Estados Unidos, os juros vencidos são calculados com base no pressuposto de que um ano é composto por 12 meses de 30 dias; em alguns outros mercados (como no mercado das obrigações do Tesouro dos Estados Unidos), os cálculos são feitos com base no número real de dias de cada mês do calendário.

[8] Por exemplo, do contrato para uma emissão anterior de obrigações da J.C. Penney constava o seguinte: "Nos casos em que for necessário que várias questões sejam certificadas ou suportadas pela opinião de qualquer pessoa especificada, não é preciso que todas as questões sejam certificadas ou suportadas pela opinião apenas dessa tal pessoa, ou que sejam certificadas ou suportadas por apenas um documento, mas essa tal pessoa pode certificar ou emitir opinião sobre tais questões em um ou mais documentos". Tente dizer isso rápido três vezes.

[9] Isso é conhecido como *cláusula de compromisso negativo* (*negative pledge clause*).

[10] Se uma hipoteca está *fechada*, não podem ser efetuadas mais emissões garantidas pelos mesmos bens. No entanto, normalmente não há um limite específico para a quantidade de obrigações que podem ser garantidas pela hipoteca (nesse caso dizemos que se trata de uma hipoteca *aberta*). Muitas obrigações hipotecárias estão garantidas não só pelos ativos existentes, mas também por ativos "adquiridos posteriormente". No entanto, se a empresa comprar só ativos já hipotecados, o credor terá apenas um direito não prioritário sobre os novos ativos. Por isso, as obrigações hipotecárias com cláusulas relativas a ativos posteriormente adquiridos também restringem as possibilidades de a empresa adquirir ativos já hipotecados.

As empresas que possuem títulos podem também utilizá-los como garantia de um empréstimo. Por exemplo, as *holdings* são empresas cujos ativos principais consistem em ações de certo número de empresas subsidiárias. Por isso, quando as empresas *holding* querem obter um empréstimo, normalmente utilizam esses investimentos como garantia. Em tais casos, o problema para o credor é que essas ações têm uma posição subordinada em face de todos os outros créditos sobre os ativos das empresas subsidiárias, pelo que o contrato de emissão dessas *collateral trust bonds* costuma incluir restrições pormenorizadas quanto à liberdade de as empresas subsidiárias emitirem títulos de dívida ou ações preferenciais.

A terceira forma importante de dívida com garantias reais são os **certificados garantidos por equipamento**, que são mais frequentemente utilizados para financiar a aquisição de material ferroviário específico, mas que também podem ser utilizados para financiar caminhões, aviões e navios. Nesse caso, um agente fiduciário torna-se proprietário formal do equipamento; a empresa efetua um pagamento inicial de uma parte do equipamento e o restante é obtido com a emissão de um pacote de certificados com vencimentos diferentes, que poderão ir de 1 a 15 anos. Só quando todas as dívidas estiverem finalmente saldadas é que a empresa se torna formalmente proprietária do equipamento. As agências de avaliação de risco de obrigações, como a Moody's ou a Standard & Poor's, costumam atribuir aos certificados com garantia do equipamento uma avaliação um nível acima da correspondente dívida ordinária da organização.

Uma emissão de obrigações pode conferir direitos prioritários sobre outros credores ou sobre *todos* os outros credores.[11] Se a empresa não cumprir, as obrigações prioritárias são as primeiras no saque dos ativos. O credor de dívida não prioritária vem antes dos credores gerais, mas à frente dos titulares de ações preferenciais e dos titulares de ações ordinárias.

Como você pode ver na Figura 24.2, em caso de não cumprimento, vale a pena deter obrigações prioritárias garantidas. Em média, os investidores nesse tipo de obrigações podem esperar recuperar mais de 50% do montante dos empréstimos. No outro extremo, as taxas de recuperação para os titulares de dívida subordinada e não garantida são somente 25% do valor de face das obrigações.

Obrigações lastreadas por ativos

Em vez de obterem empréstimos diretamente, às vezes as empresas juntam um grupo de ativos e depois vendem os fluxos de caixa provenientes desses ativos. Essa emissão é conhecida como *instrumento de dívida titularizado* (ou *asset-backed security* – ABS). A dívida fica assegurada, ou lastreada, por ativos subjacentes.

Suponha que sua empresa tenha feito vários empréstimos hipotecários a compradores de casas próprias ou imóveis comerciais. No entanto, você não quer esperar até os empréstimos serem reembolsados; gostaria de já receber o dinheiro. Isto é o que você faz: cria uma empresa de propósito especial em separado que adquire um conjunto desses empréstimos hipotecários. Para financiar essa

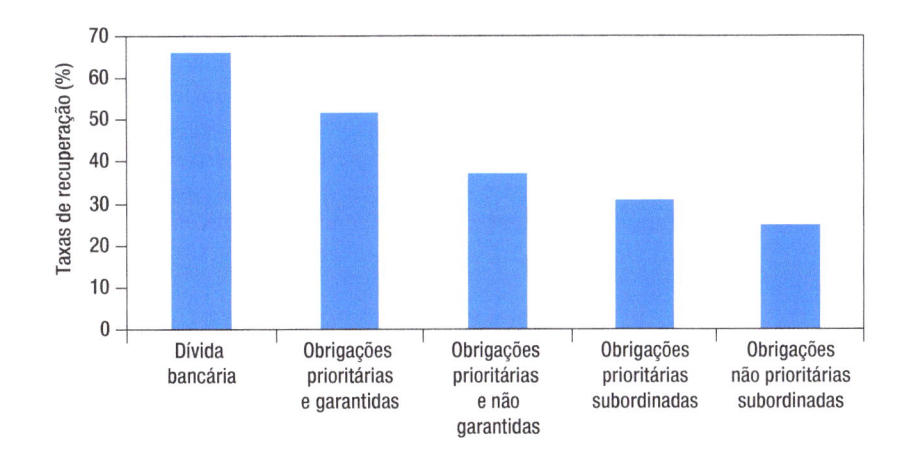

▶ **FIGURA 24.2** Taxas percentuais finais de recuperação de dívida em caso de não cumprimento por prioridade e garantia, 1982-2012.

Fonte: Moody's "Annual Default Study: Corporate Default and Recovery Rates, 1920-2012," February 2013.

---

[11] Se uma obrigação não especificar que é subordinada, pressupõe-se que é prioritária.

compra, a empresa vende *obrigações lastreadas por hipotecas*. Os titulares dessas obrigações recebem apenas uma parte dos pagamentos da hipoteca.[12] Por exemplo, se as taxas de juro caírem e as hipotecas forem pagas antecipadamente, os titulares dessas obrigações também recebem um pagamento antecipado. Não é uma medida muito popular entre os titulares dessas obrigações, pois recebem o seu dinheiro exatamente quando não o querem – ou seja, quando as taxas de juro estão baixas.

Em vez de emitir uma única classe de obrigações, um conjunto de hipotecas ou de obrigações lastreadas por hipotecas podem ser agrupadas e depois divididas em fatias diferentes, conhecidas como *obrigações de dívida colateralizadas* (*collateralized debt obligations – CDOs*). Pagamentos hipotecários, por exemplo, poderiam ser usados primeiramente para pagar uma determinada classe de credores, e somente depois outras classes começariam a ser pagas. As fatias seniores têm privilégio absoluto sobre os fluxos de caixa e, portanto, podem ser atraentes para os investidores conservadores, como as seguradoras ou fundos de pensão. A fatia com mais risco (*equity*) pode então ser vendida para *hedge funds*, ou fundos mútuos especializados em dívida de baixa qualidade.

As empresas imobiliárias credoras não são as únicas a quererem transformar recebimentos futuros em dinheiro imediato. Os empréstimos para a compra de automóvel, os empréstimos a estudantes e os pagamentos de cartões de crédito são muitas vezes agrupados e negociados sob a forma de uma obrigação lastreada por ativos. Na realidade, os bancos de investimento parecem ser capazes de reempacotar qualquer conjunto de fluxos de caixa sob a forma de um empréstimo. Em 1997, David Bowie, o músico de rock britânico, criou uma empresa que adquiriu os direitos autorais dos seus discos. A empresa financiou a compra vendendo $55 milhões em obrigações a dez anos. Os recebimentos de direitos autorais foram utilizados para o reembolso de capital e juros das obrigações. Quando perguntaram ao gestor financeiro do músico qual tinha sido a reação deste, ele respondeu: "Olhou para mim com os olhos tortos e exclamou 'O quê?'".[13]

O processo de agrupar inúmeros fluxos de caixa futuros em um único título se chama *titularização*. Não é difícil perceber os argumentos em prol da titularização. Contanto que os riscos dos empréstimos individuais não estejam perfeitamente correlacionados, o risco do pacote será menor do que o de qualquer de suas partes. Além disso, a titularização dissemina amplamente o risco dos empréstimos e, como o pacote pode ser comercializado, os investidores não ficam obrigados a mantê-lo até o vencimento.

Nos anos que precederam a crise financeira, a proporção de novas hipotecas sendo titularizadas aumentou acentuadamente, enquanto a qualidade das hipotecas declinava. Em 2007, mais da metade das novas emissões de CDOs envolviam exposição a hipotecas *subprime*. Como as hipotecas eram empacotadas juntas, os investidores nesses CDOs estavam protegidos contra o risco de inadimplência em uma hipoteca individual. No entanto, até as porções seniores estavam expostas ao risco de um colapso econômico de grandes proporções no mercado residencial. Por essa razão, essa dívida foi denominada "dívida de catástrofe econômica".[14]

A catástrofe econômica abateu-se em meados de 2007, quando o banco de investimento Bear Stearns revelou que dois de seus *hedge funds* tinham investido pesadamente em CDOS praticamente imprestáveis. O Federal Reserve conseguiu resgatar o Bear Stearns da convulsão, mas isso sinalizou o início do encolhimento de crédito e do colapso do mercado de CDOs. Em 2009, as emissões de CDOs haviam praticamente desaparecido.[15]

Será que esse colapso reflete uma falha fundamental na prática de titularização? Um banco que agrupa e revende seus empréstimos hipotecários dissemina o risco vinculado a esses empréstimos. O perigo, contudo, é que, quando um banco é capaz de ganhar gordas tarifas por meio de titularização, talvez não se importe muito se os empréstimos incluídos no pacote forem podres.[16]

---

[12] Por isso as obrigações são muitas vezes chamadas de *certificados de repasse*.

[13] Veja J. Matthews, "David Bowie Reinvents Himself, This Time as a Bond Issue," *Washington Post*, February 7, 1997.

[14] J. D. Coval, J. Jurek, and E. Stafford, "Economic Catastrophe Bonds," *American Economic Review* 3 (June 2009), pp. 628-666.

[15] Os dados sobre emissões estão disponíveis em **www.sifma.org**.

[16] As tarifas de CDOs para os bancos originários estavam na faixa de 1,5 a 1,75%, mais de três vezes a quantia que o banco conseguia ganhar intermediando títulos com grau de investimento. No entanto, muitos bancos durante a crise parecem ter se convencido de que as hipotecas subjacentes *não* era podres e mantiveram uma grande parcela dos empréstimos em seus próprios livros contábeis. Veja, por exemplo, V. Acharya and M. Richardson (eds.), Restoring Financial Stability (Hoboken, NJ: Wiley, 2009).

Fundos de amortização

Voltemos à emissão de obrigações da J.C. Penney: o seu vencimento é em 2022, mas a emissão é reembolsada com uma periodicidade regular antes do vencimento. Para isso, a empresa fará uma série de pagamentos para um *fundo de amortização* (*sinking fund*). Se os pagamentos forem em dinheiro, o agente fiduciário sorteará as obrigações que serão amortizadas antecipadamente e utilizará o dinheiro para reembolsá-las ao par.[17] Como alternativa, a empresa pode optar pela aquisição de obrigações no mercado e utilizá-las no pagamento ao fundo. É uma opção valiosa para a empresa. Se o preço das obrigações for baixo, a empresa cumprirá as suas obrigações para com o fundo de amortização adquirindo as obrigações no mercado; se o preço for elevado, fará o seu resgate antecipado por sorteio.

Geralmente existe um fundo obrigatório que *deve* ser satisfeito, e um fundo opcional, que é satisfeito só se o devedor assim o escolher. Por exemplo, a J.C. Penney *deve* entregar todos os anos pelo menos $12,5 milhões ao fundo de amortização, com a opção de pagar mais $25 milhões.

O fundo da J.C. Penney começa a operar após cerca de dez anos, e os pagamentos ao fundo são suficientes para amortizar toda a emissão ao longo da vida do empréstimo. Vimos anteriormente que os pagamentos de cupons constituem um teste periódico à solvência da empresa. Os fundos de amortização são uma barreira adicional que a empresa deve ir "saltando". Se a empresa não conseguir fazer os pagamentos para o fundo, os credores podem exigir o reembolso do seu dinheiro. É por isso que as emissões de longo prazo e de baixa qualidade costumam envolver maiores fundos de amortização. As emissões de alta qualidade obrigam geralmente a um fundo de amortização menor ou mesmo prescindem dele.

Infelizmente, um fundo de amortização é um teste pouco eficaz à solvência da empresa, se esta estiver autorizada a recomprar as obrigações no mercado. Como o valor de *mercado* da dívida é obrigatoriamente menor do que o valor da empresa, as situações de dificuldade financeira reduzem os custos da recompra da dívida no mercado. O fundo de amortização é, portanto, um obstáculo que vai ficando progressivamente menor à medida que o corredor vai enfraquecendo.

Cláusulas de resgate antecipado

A emissão de obrigações da J.C. Penney inclui uma opção de compra que dá ao emitente a possibilidade de resgatar antecipadamente a dívida. Às vezes nos deparamos com obrigações que dão ao *investidor* essa possibilidade de reembolso. As obrigações com opção de venda oferecem ao investidor a possibilidade de exigir o resgate antecipado, e as obrigações prorrogáveis dão a ele a possibilidade de prorrogar a vida da obrigação.

Para algumas empresas, a opção de amortização antecipada da emissão é um tipo natural de seguro, obviamente atrativo para o emitente. Por exemplo, a Fannie Mae e a Freddie Mac oferecem hipotecas a uma taxa fixa aos compradores de casas. Quando as taxas de juro baixam, é provável que os donos das casas paguem antecipadamente as suas hipotecas à taxa fixa e façam uma nova hipoteca a uma taxa de juro inferior, o que pode afetar seriamente os lucros das duas instituições. Por isso, para se protegerem do efeito da queda das taxas de juros, emitem regularmente grandes volumes de obrigações com cláusula de resgate antecipado. Quando as taxas de juros baixam, conseguem reduzir os seus custos de financiamento resgatando essas obrigações e substituindo-as por novas obrigações com uma taxa de juro menor. Em condições ideais, a diminuição dos pagamentos dos juros das obrigações deveria compensar a redução das receitas das hipotecas.

As obrigações da J.C. Penney oferecem uma *call protection* de dez anos aos investidores. Durante esse período, a empresa prescinde da opção de amortizar antecipadamente a totalidade da obrigação. Por vezes, essa cláusula restritiva só é válida nos primeiros anos se, em seguida, forem substituídas as obrigações por uma nova obrigação com menor taxa de juro. Em algumas emissões de obrigações, a cláusula de resgate antecipado é combinada com um pagamento mais elevado do cupom. Por exemplo, o Bank of America emitiu um título *step-up* de dez anos. Esse cupom inicia a 4,5% no primeiro ano e, depois, sobe progressivamente a 6,5% até o ano 10. Essas taxas de juro

---

[17] Todos os investidores sonham em comprar a totalidade de uma emissão de obrigações que esteja cotada abaixo de seu valor de face, para depois forçar a empresa a recomprar as obrigações pelo seu valor de face. É engraçado sonhar com essa possibilidade de "encurralar o mercado", mas é difícil fazê-lo.

mais elevadas podem dar até água na boca de tão sedutoras. O "chamariz" é que a empresa pode fazer amortizações antecipadas sempre que o cupom estiver para subir alguns pontos.

Como uma empresa sabe quando deve antecipar a amortização das suas obrigações? A resposta é simples: se todas as condições se mantiverem iguais, para maximizar o valor das suas ações, a empresa tem de minimizar o valor das suas obrigações. Por isso, a empresa nunca deve antecipar a amortização das suas obrigações se o seu valor de mercado for inferior ao preço para amortizá-las, pois isso ofereceria um prêmio aos credores. Da mesma maneira, a empresa *deveria* antecipar amortizações de obrigações se o seu valor fosse *superior* ao preço de amortização antecipada das obrigações.

É claro que os investidores têm em conta essa opção de compra quando compram ou vendem essas obrigações. Eles sabem que a empresa irá recomprá-las assim que o seu valor for superior ao preço de amortização, pelo que nenhum investidor estará disposto a pagar mais do que esse preço. O preço de mercado da obrigação poderá, portanto, atingir o preço de chamada, mas nunca ultrapassá-lo. Daqui se extrai a seguinte regra para a empresa relativa ao resgate antecipado de suas obrigações: *amortizar a emissão quando, e somente quando, o preço de mercado atingir o preço de chamada.*[18]

Se soubermos como se comportam os preços das obrigações no tempo, podemos modificar o nosso modelo básico de avaliação de opções do Capítulo 21 de modo a obter o valor de uma obrigação com o direito de chamada, *admitindo* que os investidores saibam que a empresa amortizará a emissão assim que o preço de mercado atingir o preço de chamada. Por exemplo, observe a Figura 24.3, que ilustra a relação entre o valor de uma obrigação simples a cinco anos com um cupom de 8% e o valor de uma obrigação também a cinco anos e de 8%, mas com direito de chamada. Admita que o valor da obrigação simples é muito baixo. Nesse caso, é pouco provável que a empresa alguma vez se interesse em "chamar" as obrigações (antecipar os seus pagamentos). Lembre-se de que só o fará se elas valerem mais do que o preço de chamada. Logo, o valor da obrigação com direito de chamada é quase idêntico ao valor da obrigação simples. Admita agora que a obrigação simples vale exatamente 100. Nesse caso, é bastante provável que a empresa de-

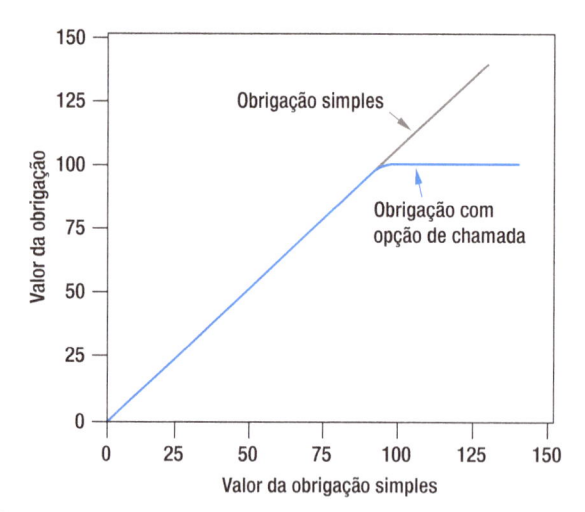

▶ **FIGURA 24.3** Relação entre o valor de uma obrigação com opção de chamada e o de uma obrigação simples (sem essa opção). Pressupostos: (1) ambas as obrigações têm um cupom de 8% e o vencimento em cinco anos; (2) a obrigação com opção de resgate antecipado pode ser amortizada a qualquer momento antes do vencimento; (3) a taxa de juro de curto prazo segue um movimento aleatório, e os retornos esperados das obrigações de todos os vencimentos são iguais.

Fonte: M. J. Brennan and E. S. Schwartz, "Savings Bonds, Retractable Bonds, and Callable Bonds," *Journal of Financial Economics* 5 (1977), pp. 67-88. © 1977.

---

[18] Claro que esta regra pressupõe que a obrigação está corretamente avaliada, que os investidores atuam racionalmente e que eles esperam que a *empresa* atue racionalmente. Além disso, estamos ignorando algumas complicações. Em primeiro lugar, a empresa pode não querer antecipar o pagamento de uma emissão se estiver impedida de fazê-lo por uma cláusula de não refinanciamento que a impeça de emitir uma nova dívida. Em segundo lugar, o prêmio de resgate antecipado é uma despesa fiscal para a empresa, mas que é tributada como um ganho de capital para o credor. Em terceiro lugar, há outras consequências fiscais possíveis tanto para a empresa como para o investidor decorrentes da substituição de uma obrigação de alto cupom por uma obrigação de cupom mais baixo. Em quarto lugar, há custos inerentes à amortização e à reemissão da dívida.

seje, em um dado momento, "chamar" as suas obrigações. Por conseguinte, o valor das obrigações com direito de chamada será ligeiramente inferior ao da obrigação simples. Se as taxas de juros continuarem a descer, o preço das obrigações simples continuará a subir, mas nunca ninguém pagará mais do que o preço de chamada pelas obrigações com direito de chamada.

Uma cláusula de resgate antecipado não é algo gratuito. Dá à empresa emitente uma opção valiosa, que é, no entanto, reconhecida por um preço de emissão mais baixo. Por que então as empresas se preocupam com as cláusulas de resgate antecipado? Uma das razões é o fato de o contrato de empréstimo impor frequentemente várias restrições àquilo que a empresa pode fazer. As empresas não se importam de aceitar essas restrições desde que saibam que podem escapar delas, se vierem a revelar-se demasiadamente proibitivas. A cláusula de resgate antecipado é o caminho da fuga.

Mencionamos anteriormente que algumas obrigações também dão ao *investidor* a opção de exigir o resgate antecipado. As obrigações com opção de venda existem, em grande medida, porque os contratos de empréstimo não conseguem prever todas as ações que uma empresa pode tomar e que sejam suscetíveis de prejudicar o credor. Se o valor das obrigações diminuir, a opção de venda permite aos credores exigir o reembolso.

Os empréstimos com opção de venda podem criar GRANDES problemas às entidades emitentes. Na década de 1990, muitos empréstimos concedidos a empresas asiáticas davam aos credores uma opção de reembolso. Consequentemente, quando a Ásia foi atingida pela crise em 1997, essas empresas foram confrontadas com uma vaga de credores exigindo a devolução do dinheiro investido.

Cláusulas restritivas de obrigações

Os investidores sabem que existe um risco de não cumprimento quando compram uma obrigação de uma empresa, mas, mesmo assim, eles querem ter a certeza de que a empresa joga limpo. Não querem que ela aposte o seu dinheiro nem que corra riscos não razoáveis. Por isso, o contrato de empréstimo pode incluir várias *cláusulas restritivas* destinadas a impedir que a empresa aumente propositalmente o valor da sua opção de inadimplência.[19] Essas restrições podem ser relativamente leves para empresas *blue chips*, mas mais estristas para candidatos a empréstimos menores e mais arriscados.

Os credores receiam que, depois de ter concedido o empréstimo, a empresa acumule mais dívidas, aumentando, assim, a probabilidade de inadimplência. Protegem-se contra esse risco proibindo a empresa de emitir mais títulos de dívida, a menos que o índice dívida-capital próprio se mantenha abaixo de determinado limite.

Nem todas as dívidas são iguais. Em caso de não cumprimento, a dívida prioritária tem precedência e deve ser integralmente liquidada antes de os detentores de obrigações subordinadas receberem qualquer pagamento. Por isso, quando uma empresa emite dívida prioritária, os credores impõem limites à emissão de mais dívida prioritária. Todavia, não restringem o montante de dívida *subordinada* que a empresa pode emitir. Como os credores prioritários são os primeiros a ser reembolsados, encaram as obrigações subordinadas de forma bastante semelhante ao capital próprio: ficariam satisfeitos com uma emissão de qualquer desses dois tipos de valores mobiliários. Claro que o inverso já não é verdade. Os detentores de dívida subordinada *importam-se* quer com o montante total da dívida, quer com a proporção da dívida que é prioritária em relação à sua. Por isso, uma emissão de títulos de dívida subordinada inclui, geralmente, uma restrição quanto à dívida total e quanto à dívida prioritária.

Todos os credores se preocupam que a empresa emita mais dívida com garantias reais. A emissão de obrigações hipotecárias costuma impor um limite à quantidade de dívida garantida, o que já não é necessário quando se emitem *debêntures* não garantidas. Desde que os detentores de debêntures recebam a mesma proteção, eles não se importam em quanto você hipoteca seus ativos. Por isso, o contrato de emissão de obrigações não garantidas costuma incluir uma cláusula de não penhor, na qual os detentores dessas obrigações dizem simplesmente: "Eu também".[20] Vimos anteriormente que as obrigações da J.C. Penney incluiam uma cláusula de compromisso negativo.

---

[19] Descrevemos na Seção 18.3 alguns dos "jogos" que os gestores podem fazer à custa dos credores.

[20] "Eu também" não é uma expressão aceitável em termos legais. Em vez dela, o contrato de emissão pode determinar que a empresa "não aceitará qualquer penhor sobre os seus ativos sem que sejam constituídas em relação às obrigações existentes garantias equitativas e proporcionais".

Em vez de pedirem dinheiro emprestado para comprar um ativo, as empresas podem fazer um contrato de *leasing* de longo prazo do mesmo bem. Para o credor isso é muito semelhante a um endividamento garantido. Por isso, os contratos de emissão de obrigações também incluem algumas limitações sobre o *leasing*.

Já descrevemos como um devedor sem escrúpulos pode tentar aumentar o valor da sua opção de inadimplência emitindo mais títulos de dívida, mas essa não é a única maneira de explorar os credores existentes. Por exemplo, sabemos que o valor de uma opção é afetado quando a empresa paga dividendos. Em caso extremo, a empresa poderia vender todos os seus ativos e distribuir a receita da venda pelos acionistas sob a forma de um dividendo especial, o que não deixaria nada aos credores. Para se protegerem desses perigos, as emissões de obrigações devem limitar o montante que a empresa pode gastar em pagamentos de dividendos ou na recompra de ações.[21]

Observe o Quadro 24.2, que sintetiza as principais cláusulas em uma coleção grande de emissões de obrigações prioritárias. Note que as obrigações de baixo risco tendem a ter menos restrições do que as de alto risco. Por exemplo, as restrições sobre o montante dos dividendos ou das recompras são menos comuns no caso das obrigações de baixo risco.

Essas cláusulas restritivas *são* importantes. Asquith e Wizman, que estudaram o efeito das aquisições alavancadas (*leveraged buy-outs*) sobre o valor das obrigações das empresas, concluíram que, caso não existissem restrições a mais dívida, a pagamentos de dividendos ou a fusões, a aquisição provocava uma queda de 5,2% no valor das obrigações existentes.[22] Contudo, se a emissão estivesse protegida por cláusulas consistentes contra um endividamento excessivo, a aquisição daria origem a uma subida de 2,6% no preço das obrigações.

Infelizmente, não é fácil impedir todos os truques, como descobriram os credores da Marriott Corporation em 1992. Ficaram fora de si quando a empresa anunciou o plano de dividir sua atividade em duas empresas diferentes. Uma delas, a Marriott International, ficaria com a gestão da cadeia de hotéis Marriott e receberia a maior parte das receitas, enquanto a outra, a Host Marriott, passaria a deter os imóveis da empresa e seria responsável pelo serviço de praticamente toda a dívida da antiga empresa, no montante de $3 bilhões. Essa medida teve como consequência uma queda de quase 30% no preço das obrigações da Marriott, e os investidores começaram a pensar em como poderiam proteger-se dos *riscos de acontecimentos não previstos* (*event risks*). A prática mais comum nos dias de hoje para os credores é a de insistir nas cláusulas de *pílula envenenada*, que obrigam o devedor a liquidar a dívida se houver uma mudança de controle e se a avaliação das obrigações sofrer algum tipo de rebaixamento.

QUADRO 24.2 Porcentagem de um conjunto de obrigações com cláusulas restritivas. O conjunto consiste em 4.478 obrigações prioritárias emitidas entre 1993 e 2007

	Porcentagem de obrigações com cláusulas restritivas	
Tipo de cláusula	Obrigações de baixo risco	Outras obrigações
Restrições de fusão	92%	93%
Restrições de pagamento de dividendos ou outros tipos de pagamento	6	44
Restrições de endividamento	74	67
Eventos relacionados à inadimplência[a]	52	71
Mudança de controle	24	74

[a] Por exemplo, inadimplência em outros empréstimos, alterações do *rating* ou diminuição do valor líquido.
Fonte: S. Chava, P. Kumar and A. Warga, "Managerial Agency and Bond Covenants", *Review of Financial Studies* 23 (2010), pp.1.120-1.148, com permissão da Oxford University Press.

---

[21] Normalmente, as restrições relativas aos dividendos proíbem a empresa de distribuir dividendos se o seu valor total exceder (1) o valor total dos lucros líquidos, (2) as receitas provenientes da venda de ações ou de conversão da dívida e (3) uma quantia em dólares aproximadamente igual aos dividendos de um ano.

[22] P. Asquith and T. Wizman "Event Risk, Covenants, and Bondholder Returns in Leveraged Buyouts," *Journal of Financial Economics* 27 (September 1990), pp. 195-213. As l*everaged buyouts* (LBOs), ou aquisições alavancadas, são aquisições de empresas financiadas por grandes emissões de obrigações (normalmente não garantidas). Descreveremos as LBOs no Capítulo 32.

PRÁTICA FINANCEIRA

Proprietária da U.S. Shoe irrita credores com alterações da dívida

Imagine uma empresa que tenta empurrar as suas obrigações para o não cumprimento técnico só para poder amortizá-las antes do vencimento. Alguns analistas de obrigações afirmam que é exatamente isso que a empresa italiana Luxottica Group SpA – a nova proprietária da U.S. Shoe Corp. – está fazendo com a emissão de obrigações da U.S. Shoe com a taxa de juro de 8 5/8%.

Segundo alguns analistas, a estratégia da Luxottica, que a empresa garante não ter sido deliberadamente adotada para prejudicar os credores, está em vias de se tornar o mais recente estratagema do mundo empresarial norte-americano para tirar as obrigações de alto rendimento das mãos dos investidores antes do seu vencimento. Com a queda das taxas de juros, houve uma série de empresas emitentes – de grandes empresas de serviços públicos a periclitantes empresas de serviços financeiros – que se apressaram em amortizar as suas obrigações com cupom alto com novas emissões com taxas de juros mais baixas. Se as obrigações tiverem a opção de resgate antecipado, normalmente não há problema. No entanto, as empresas estão tentando amortizar obrigações sem essa opção – valores que não podem ser tirados dos investidores antes do vencimento – utilizando táticas pouco habituais.

Os analistas afirmam que a empresa tem empurrado a emissão de obrigações da U.S. Shoe com um juro de 8 5/8%, com vencimento em 2002, para uma situação de não cumprimento técnico, acumulando $1,4 bilhão de dívida garantida no início do ano. Isso acontece porque uma cláusula do contrato de empréstimo da U.S. Shoe em que quase ninguém repara determina que as obrigações ficarão em uma situação de não cumprimento técnico se a empresa contrair dívida garantida sem adicionar garantias à emissão de 8 5/8% para que fique no mesmo nível da dívida bancária.

O que está irritando os credores é que a Luxottica não tem garantido a dívida de 8 5/8%, apesar de ter acumulado uma dívida significativa no início do ano corrente. Agora a empresa está tentando amortizar antecipadamente as obrigações, afirmando que pode fazê-lo ao abrigo das cláusulas aplicáveis em caso de não cumprimento técnico.

"O que a Luxottica está fazendo é dez vezes pior do que as piores coisas que a Marriott fez, porque esta nunca violou uma cláusula explícita", argumenta Max Holmes, analista de títulos.

Fonte: Extraído de Anita Raghaven, "U.S. Shoe's Owner Riles Bondholders with Its Debt Moves," *The Wall Street Journal*, October 18, 1995, p. C1. Eastern Edition (Exemplar interno). Reimpresso com autorização do *The Wall Street Journal*, © 1995 Dow Jones & Company Inc. Todos os direitos reservados.

Todavia, sempre há surpresas desagradáveis a espreitar. O quadro Prática Financeira descreve uma surpresa desse gênero para os investidores de títulos da U.S. Shoe.

Obrigações privadamente colocadas

A emissão da J.C. Penney foi registrada na SEC e vendida ao público. Contudo, as obrigações também podem ser colocadas de modo privado, junto a um pequeno número de instituições financeiras, embora o mercado para obrigações colocadas de modo privado seja muito menor do que o mercado aberto ao público.[23]

Como vimos na Seção 15.5, é menos dispendioso fazer uma emissão privada do que uma emissão pública, mas há ainda mais diferenças entre esses dois tipos de emissão.

Em primeiro lugar, se for colocada uma emissão em uma ou duas instituições financeiras, assinar apenas uma nota promissória poderá ser suficiente. É um mero documento de dívida que estipula algumas condições que o devedor tem de cumprir. Contudo, em uma emissão pública de obrigações, é preciso se preocupar com quem representará os credores em futuras negociações e com os procedimentos necessários ao pagamento de juros e do capital. O acordo contratual terá, por isso, de ser muito mais complicado.

A segunda característica das emissões públicas de obrigações é serem produtos relativamente padronizados. Devem ser *mesmo* – os investidores estão constantemente comprando e vendendo

---

[23] D. J. Denis e V. T. Mihov estimaram que o valor das emissões de obrigações colocadas de modo privado representa menos de 20% do total de emissões de obrigações. Ver D. J. Denis and V. T. Mihov, "The Choice Among Bank Debt, Non-Bank Private Debt and Public Debt: Evidence from New Corporate Borrowings," *Journal of Financial Economics* 70 (2003), pp. 3-28.

obrigações sem ler as letras miúdas dos contratos. Não é necessariamente assim nas colocações privadas e, por isso, os valores mobiliários emitidos podem ser adaptados a empresas com problemas ou oportunidades especiais. A relação entre credor e devedor é muito mais próxima. Imagine uma emissão privada de obrigações de $200 milhões colocada em uma companhia de seguros e compare-a com uma emissão pública equivalente detida por 200 investidores anônimos. A companhia de seguros pode justificar uma análise mais aprofundada do prospecto da emissão e, por isso, estar mais disposta a aceitar termos e condições pouco habituais.[24]

Essas características das colocações privadas dão a eles um lugar específico no mercado da dívida de empresas, especificamente nos empréstimos de baixa classificação às pequenas e médias empresas.[25] São essas que suportam custos mais elevados nas emissões públicas que obrigam a análises mais detalhadas e que podem precisar de empréstimos especializados e flexíveis. No entanto, muitas empresas de grande porte também recorrem a emissões privadas.

É óbvio que as vantagens das emissões privadas têm um preço: os credores exigem uma taxa de juro mais elevada para compensá-los pelo fato de deterem um ativo sem liquidez. É difícil falar em termos gerais das diferenças entre as taxas de juros das colocações privadas e das colocações públicas, mas podemos considerar que 50 pontos-base ou 0,50% é um diferencial típico.

Obrigações estrangeiras, *eurobonds* e obrigações globais

A J.C. Penney vendeu suas obrigações nos Estados Unidos, mas poderia ter emitido dívida em outro país. Poderia, por exemplo, ter vendidos obrigações em libras esterlinas no Reino Unido ou em francos suíços na Suíça. As obrigações em moeda estrangeira que são vendidas em outro país são denominadas *obrigações estrangeiras*. Muitas empresas estrangeiras emitem suas obrigações nos Estados Unidos, que é de longe o maior mercado de obrigações estrangeiras. O Japão e a Suíça também são mercados importantes. Essas obrigações estrangeiras recebem várias alcunhas: uma obrigação vendida nos Estados Unidos por uma empresa estrangeira é uma *obrigação yankee*; uma obrigação vendida no Japão por uma empresa estrangeira é uma *obrigação samurai*; e uma vendida na Suíça é uma *obrigação alpina*.

Obviamente, qualquer empresa que se financie no exterior tem de se sujeitar às leis do país onde o faz. Por exemplo, qualquer emissão nos Estados Unidos de obrigações transacionadas em bolsa tem de ser registrada na SEC. No entanto, as empresas estrangeiras evitam-no frequentemente recorrendo à Regra 144A da SEC. As obrigações emitidas ao abrigo da Regra 144A podem ser compradas e vendidas apenas por grandes instituições financeiras.[26]

Em vez de se emitir uma obrigação no mercado de um país específico, essas emissões também podem ser negociadas no nível internacional. Emissões internacionais transacionadas fora de qualquer jurisdição doméstica são conhecidas como *eurobonds* (euro-obrigações) e são, de modo geral, denominadas em uma das principais divisas, como o dólar americano, o euro ou o iene. A J.C. Penney, por exemplo, poderia ter emitido uma obrigação em dólares para investidores sediados fora dos Estados Unidos. Contanto que a emissão não seja transacionada entre os investidores norte-americanos, não precisa ser registrada na SEC.[27] As emissões de euro-obrigações são transacionadas por sindicatos de intermediários subscritores, tais como as sucursais londrinas dos grandes bancos dos Estados Unidos, da Europa e do Japão, além de empresas corretoras de valores mobiliários. Mas tenha cuidado para não confundir uma euro-obrigação (que pode ser emitida fora da jurisdição de qualquer mercado doméstico e em qualquer divisa) com uma obrigação transacionável em um país europeu e denominada em euros.[28]

---

[24] É óbvio que uma emissão com essas características também podia ter colocação pública, mas nesse caso seriam necessárias 200 análises em separado, o que seria uma proposta muito mais dispendiosa.

[25] Ver D. J. Denis and V. T. Mihov, "The Choice Among Bank Debt, Non-Bank Private Debt and Public Debt: Evidence from New Corporate Borrowings," *Journal of Financial Economics* 70 (2003), pp. 3-28.

[26] Descrevemos a Regra 144A na Seção 15.5.

[27] Você não deve, porém, ficar com a impressão de que o mercado de *eurobonds* é uma terra sem lei. Os contratos em *eurobonds* costumam declarar que a emissão está sujeita ou à lei britânica ou à lei do Estado de Nova York.

[28] Para deixar as coisas ainda mais confusas, o termo "*eurobond*" também tem sido usado para se referir a obrigações que no futuro podem ser emitidas conjuntamente por países da zona do euro.

O mercado de euro-obrigações surgiu nos anos 1960 em decorrência do governo dos Estados Unidos ter imposto uma taxa sobre a compra de títulos estrangeiros para desencorajar a exportação de capitais por parte de empresas norte-americanas. Como consequência, tanto as multinacionais europeias como as norte-americanas foram forçadas a financiar-se no mercado internacional. A taxa foi abolida em 1974 e, uma vez que agora as empresas podem escolher entre tomar emprestado em Nova York ou em Londres, as taxas de juros nos dois mercados normalmente são semelhantes. Contudo, o mercado de euro-obrigações não está sujeito à regulamentação direta das autoridades dos Estados Unidos e, por isso, o gestor financeiro deverá manter-se sempre alerta às pequenas diferenças nos custos dos empréstimos entre um e outro mercado.

Atualmente grandes emissões de obrigações costumam ser transacionadas tanto internacionalmente (isto é, no mercado de euro-obrigações) quanto em mercados domésticos individuais. A J.C. Penney, por exemplo, poderia ter vendido suas obrigações em dólares internacionalmente e também ter registrado a emissão para a venda dentro dos Estados Unidos. Essas obrigações são chamadas de *obrigações globais*.

24.2 Títulos conversíveis e algumas obrigações incomuns

Ao contrário das obrigações comuns, os títulos conversíveis podem mudar de natureza. Começam como obrigação (ou uma ação preferencial), mas subsequentemente podem transformar-se em uma ação ordinária. Por exemplo, em março de 2014 a U.S. Steel emitiu 316 milhões em obrigações conversíveis prioritárias com uma taxa de juro de 2,75% e com vencimento em 2019. As obrigações poderiam ser convertidas a qualquer momento em 39,5491 ações ordinárias. Assim, o titular tinha a opção de, durante cinco anos, devolver a obrigação à empresa e receber, em troca, 39,5491 ações. O número de ações em que cada obrigação pode ser convertida é o **índice de conversão** da obrigação.

Para receber essas ações, o titular da obrigação conversível tem de entregar obrigações com o valor de face de $1 mil. Portanto, para receber *uma* ação, teria de entregar um valor de face de $1.000/39,5491 = $25,29. Esse valor é o **preço de conversão**. Qualquer pessoa que tenha comprado a obrigação por $1 mil para converter em ações, pagou o equivalente a $25,29 por ação, cerca de 7% abaixo do preço das ações na época da emissão das obrigações conversíveis.

Pode-se pensar em uma obrigação conversível como equivalente a uma obrigação simples mais uma opção de compra de uma ação ordinária. Quando os titulares de obrigações conversíveis exercem essa opção, não pagam dinheiro; em vez disso, entregam as suas obrigações em troca de ações. Se as obrigações da U.S. Steel não tivessem sido convertidas em ações, provavelmente valeriam cerca de $850 na época da emissão. A diferença entre o preço de uma obrigação conversível e o preço de uma obrigação simples equivalente representa o valor que os investidores atribuem à opção de conversão. Por exemplo, um investidor que em 2014 tivesse pago $1 mil pela opção conversível da U.S. Steel teria pago cerca de $1.000 – $850 = $150 pela opção de adquirir 39,5491 ações.

O valor de uma obrigação conversível no vencimento

Quando a obrigação conversível da U.S. Steel vencer, os investidores terão de escolher entre ficar com a obrigação ou convertê-la em ações ordinárias. A Figura 24.4*a* mostra os possíveis valores da obrigação no vencimento.[29] Repare que o valor da obrigação é apenas o valor de face, desde que a U.S. Steel não entre em situação de inadimplência. No entanto, se o valor dos ativos da empresa for suficientemente baixo, os titulares da obrigação receberão *menos* que o valor de face. No caso extremo de os ativos não terem qualquer valor, eles não receberão nada. Pode-se imaginar o valor da obrigação como um limite inferior, ou *floor*, para o preço de uma emissão conversível. Mas esse *floor* tem uma inclinação perigosa e, quando a empresa está em situação financeira difícil, a obrigação pode não valer muito.

---

[29] Talvez você reconheça essa situação como o diagrama de posição de uma obrigação sem opção para inadimplência *menos* uma opção de venda sobre os ativos com um preço de exercício igual ao valor de face das obrigações. Ver Seção 23.2.

▶ **FIGURA 24.4** (a) Valor da obrigação simples da emissão conversível da U.S. Steel no vencimento. Se o valor da empresa for, pelo menos, igual ao valor de face da dívida da U.S. Steel, a obrigação é paga no valor de face. (b) Valor de conversão no vencimento. Se a obrigação for convertida, seu valor aumenta proporcionalmente ao valor da empresa. (c) No vencimento, o detentor da obrigação conversível pode escolher entre receber o reembolso da obrigação ou convertê-la em ações ordinárias. O valor da obrigação conversível é, por isso, o maior entre o seu valor como obrigação e o seu valor de conversão.

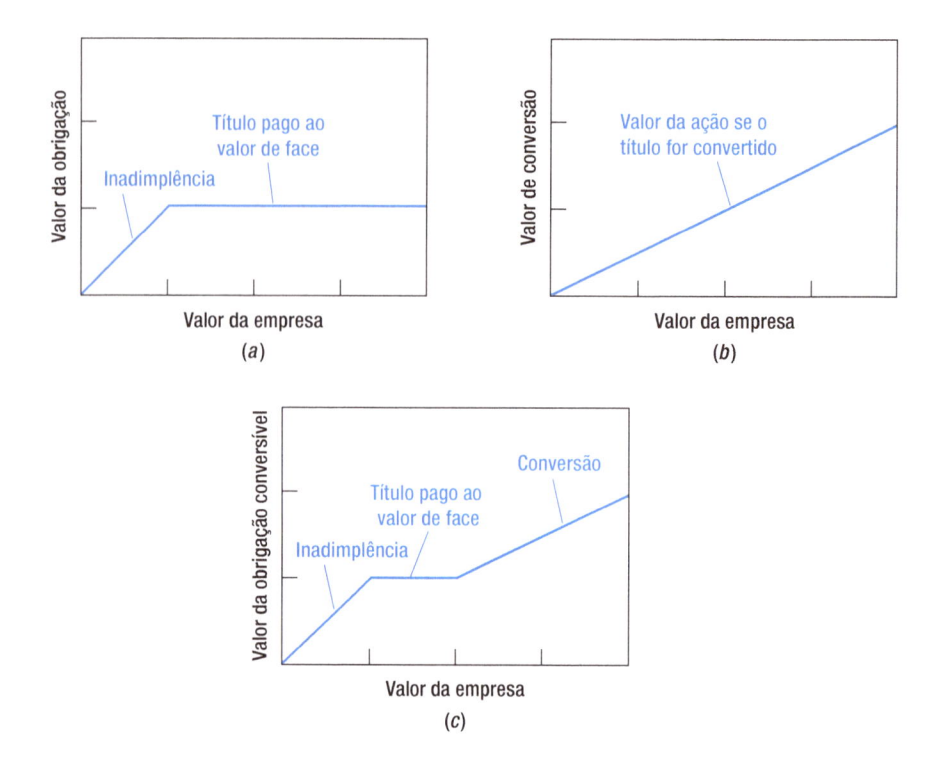

A Figura 24.4b mostra o valor das ações recebidas pelos investidores se optarem pela conversão. Se os ativos da U.S. Steel naquele momento não tiverem valor, as ações pelas quais a obrigação pode ser trocada também não terão. No entanto, à medida que o valor dos ativos for subindo, o valor da conversão também aumentará.

A obrigação conversível da U.S. Steel não pode ser vendida por menos do que o seu valor de conversão. Se isso acontecesse, os investidores comprariam a obrigação conversível, trocariam rapidamente por ações e as venderiam. O seu lucro seria igual à diferença entre o valor da conversão e o preço da obrigação conversível. Por isso, há dois limites inferiores para o preço de uma obrigação conversível: seu valor como obrigação simples e seu valor de conversão. Os investidores *não farão* a conversão se a obrigação conversível valer mais como obrigação; *farão* se o valor da conversão no vencimento exceder o valor da obrigação. Em outras palavras, o preço da obrigação conversível no vencimento é representado pela mais elevada das duas linhas apresentadas nas Figuras 24.4a e b. É o que mostra a Figura 24.4c.

Forçando a conversão

Muitos emissores de obrigações conversíveis têm uma opção de recomprar (ou "*chamar*") antecipadamente a obrigação ao seu valor de face sempre que o preço das suas ações for pelo menos 30% acima do preço da conversão da obrigação.[30] Se a empresa efetivamente anuncia que "chamará" as obrigações, é sensato que os investidores a convertam imediatamente. A "chamada" pode, assim, *forçar* a conversão.

Como vimos anteriormente, a amortização antecipada não afeta a dimensão total da fatia que cabe à empresa, mas pode afetar o tamanho de cada fatia. Se a obrigação for "chamável", a empresa pode minimizar o valor da fatia dos credores forçando a conversão e exercendo a opção detida por eles.[31]

---

[30] As obrigações conversíveis da U.S. Steel podem ser chamadas a partir de 2017 ao valor de face.

[31] O gestor financeiro pode protelar a "chamada" por algum tempo, se os pagamentos de juros da dívida conversível forem inferiores ao aumento de dividendos que seriam pagos depois da conversão. Esse adiamento reduziria o pagamento em dinheiro aos credores. Nada se perde se o gestor financeiro exercer a "chamada" durante uma queda de preços. Note que os investidores podem converter voluntariamente desde que, com isso, aumentem os seus ganhos.

Por que as empresas emitem obrigações conversíveis?

Imagine que você é abordado por uma gestora de um banco de investimento que está ansiosa por convencê-lo de que a sua empresa deve fazer uma emissão de obrigações conversíveis com um preço de conversão um pouco acima do preço corrente das ações. Ela lhe diz que os investidores estariam dispostos a aceitar um retorno menor sobre as obrigações conversíveis, pelo que estas poderiam ser consideradas uma "dívida mais barata" do que uma emissão de obrigações simples.[32] Você responde a ela alegando que, se o desempenho das ações da sua empresa for tão bom como você espera, os investidores vão querer converter as obrigações. "Ótimo", responde ela, "nesse caso, você terá vendido ações a um preço muito melhor do que as venderia hoje. É uma oportunidade em que ganhará sempre".

Essa gestora está certa? As obrigações são mesmo "dívida barata"? É óbvio que não. São uma carteira formada por uma obrigação simples e uma opção. O preço mais elevado que os investidores estão dispostos a pagar pela obrigação conversível representa o preço que atribuem à opção. A obrigação conversível só é "barata" se o seu preço sobrevalorizar a opção.

Então, e quanto ao outro argumento, o de que a emissão representa uma venda diferida de ações ordinárias a um preço atrativo? Uma obrigação conversível dá aos investidores o direito de comprar ações mediante a entrega de uma obrigação.[33] Os credores podem decidir ou não fazê-lo, mas novamente talvez não o façam. Logo, as emissões de obrigações conversíveis *podem* equivaler a uma emissão diferida de ações. Mas se a empresa precisar de capital próprio, uma emissão conversível constitui uma via pouco confiável de consegui-lo.

Um estudo de empresas conduzido por John Graham e Campbell Harvey considerou seriamente a possibilidade de emitirem obrigações conversíveis. Em 58% dos casos os gestores consideraram as obrigações conversíveis uma forma barata de fazer uma emissão "diferida" de ações. Já 42% das empresas consideravam as obrigações conversíveis menos dispendiosas do que as obrigações simples.[34] À primeira vista, os motivos desses gestores são irracionais, mas suspeitamos de que essas afirmações simples encerram alguns motivos mais complexos e racionais.

Note que as obrigações conversíveis tendem a ser emitidas pelas empresas menores e mais especulativas. Essas emissões são quase sempre emissões não garantidas e, em geral, subordinadas. Agora coloque-se na posição do investidor potencial. É abordado por uma pequena empresa com uma linha de produtos ainda não testados, que quer emitir dívida sem garantias e não prioritária. Você sabe que se as coisas correrem bem, recuperará o seu dinheiro; mas se correrem mal, pode facilmente ficar sem nada. Dado que a empresa está operando em um novo ramo de negócios, é difícil calcular a probabilidade de aparecerem dificuldades. Portanto, você não sabe qual a taxa de juro justa, e também pode temer que, uma vez concedido o empréstimo, a administração seja tentada a correr riscos adicionais. Pode vir a contrair mais dívida prioritária ou pode decidir expandir a sua atividade e ir à falência à custa do seu dinheiro. Na realidade, se exigir uma taxa de juro muito alta, pode até colaborar para que isso aconteça.

O que a administração da empresa pode fazer para protegê-lo contra uma estimativa errada do risco e para lhe assegurar que as suas intenções são honestas? Falando claramente, podem dar-lhe uma participação no negócio. Não importa que a empresa corra riscos imprevistos, se você participar tanto nos lucros como nos prejuízos.[35] Os títulos conversíveis fazem sentido sempre que

---

[32] Ela poderia até utilizar o argumento de que em 2002 várias empresas japonesas emitiram obrigações conversíveis com um retorno negativo. Na realidade, os investidores *pagaram* às empresas para possuírem obrigações delas.

[33] Isso é praticamente o mesmo que já ter ações com o direito de vendê-las pelo valor da obrigação conversível. Em outras palavras, em vez de pensar em uma obrigação conversível como uma obrigação mais uma opção de compra, podemos considerá-la uma ação mais uma opção de venda. Percebe agora por que é errado pensar em uma obrigação conversível como equivalente à venda de ações? Equivale à venda conjunta de uma ação e de uma opção de venda. Se houver alguma possibilidade de os investidores quererem conservar a sua obrigação, a opção de venda terá algum valor.

[34] Veja J. R. Graham and C. R. Harvey, "The Theory and Practice of Finance: Evidence from the Field," *Journal of Financial Economics* 61 (2001), pp. 187-243.

[35] Na referida pesquisa, houve ainda 44% de inquiridos que afirmaram que um fator importante para a sua decisão era o fato de as obrigações conversíveis serem atrativas para os investidores que não sabem ao certo o grau de risco da empresa.

é especialmente difícil avaliar o risco da dívida ou sempre que os investidores estão preocupados com a possibilidade de os gestores não agirem no interesse do credores.[36]

A taxa de cupom relativamente baixa nas obrigações conversíveis pode também se revelar conveniente para empresas em rápido crescimento e que enfrentam grandes investimentos.[37] Essas empresas podem estar dispostas a conceder a opção de conversão para reduzir as exigências imediatas de caixa do serviço da dívida. Sem essa opção, os investidores podem exigir taxas de juro (prometidas) extremamente altas para compensar a probabilidade de inadimplência. Isso não só forçaria a empresa a obter ainda mais fundos para o serviço da dívida, como também aumentaria o risco de ocorrência de dificuldades financeiras. Paradoxalmente, as tentativas dos investidores para se protegerem contra a inadimplência podem efetivamente aumentar a probabilidade de tensões financeiras ao agravar os encargos da empresa com o serviço da dívida.

Avaliação das obrigações conversíveis

Já vimos que uma obrigação conversível é equivalente a uma carteira formada por uma obrigação e uma opção de compra de ações. Isso significa que os modelos de avaliação de opções que descrevemos no Capítulo 21 podem também ser utilizados para avaliar a opção de conversão. Não queremos repetir aqui o que já dissemos, mas temos de nos lembrar dos três problemas que devem ser analisados quando se avalia uma obrigação conversível:

1. *Dividendos*. Como detentor de ações ordinárias, é possível receber dividendos. O investidor que possui uma opção de conversão em ações ordinárias não tem direito aos dividendos. Na realidade, o detentor da obrigação conversível perde cada vez que são pagos dividendos em dinheiro, pois eles reduzem o preço das ações e, consequentemente, o valor da opção de conversão. Se os dividendos forem suficientemente elevados, poderá até valer a pena converter antes do vencimento, a fim de conseguir obter o rendimento extra. Na Seção 21.5 mostramos o impacto dos pagamentos de dividendos sobre o valor das opções.

2. *Diluição*. Outra complicação resulta do fato de a conversão aumentar o número de ações em circulação. Por isso, o exercício significa que cada acionista tem direito a uma proporção menor dos ativos e dos lucros da empresa.[38] Esse problema de *diluição* nunca ocorre com as opções negociadas em bolsa. Se você comprar uma opção em uma bolsa de opções e posteriormente a exercer, não irá alterar o número de ações em circulação. Mostramos de que maneira a diluição afeta o valor das opções no Apêndice do Capítulo 21.

3. *Alteração do valor da obrigação*. Quando os investidores convertem uma obrigação em ações, abrem mão dessa obrigação. Consequentemente, o preço de exercício da opção é o valor da obrigação que estão a prescindir. Mas o valor dessa obrigação não é constante. Se no momento da emissão o valor da obrigação for inferior ao valor de face (o que normalmente ocorre), é provável que se altere à medida que o vencimento vai se aproximando. Além disso, o valor da obrigação também se altera com as variações das taxas de juros e com a avaliação de crédito da empresa. Se houver alguma possibilidade de inadimplência, os investidores nem sequer podem ter a certeza de qual será o valor da obrigação no vencimento. No Capítulo 21 não abordamos a questão da incerteza quanto ao preço de exercício.

---

[36] É mais provável que ocorra variações do risco quando as empresas são pequenas e a sua dívida é de alto risco. Nesse caso, deveríamos chegar à conclusão de que as obrigações conversíveis dessas empresas oferecem aos seus detentores uma probabilidade maior de participação na empresa – e de fato é assim. Ver C. M. Lewis, R. J. Rogalski, and J. K. Seward, "Understanding the Design of Convertible Debt," *Journal of Applied Corporate Finance* 11 (Spring 1998), pp. 45-53.

[37] Claro que a empresa pode também fazer uma emissão de ações em vez de uma emissão de obrigações simples ou conversíveis. No entanto, uma emissão conversível transmite um sinal mais positivo aos investidores do que uma emissão direta de ações. Como explicamos no Capítulo 15, o anúncio de uma emissão de ações ordinárias fomenta receios de uma sobreavaliação e normalmente faz o preço das ações cair. As obrigações conversíveis são valores híbridos de dívida e capital próprio, e transmitem um sinal menos negativo. Além disso, se for provável que a empresa precisará de capital próprio, sua disposição para fazer uma emissão conversível e de correr o risco de que o preço das ações suba ao ponto de dar lugar a uma conversão forçada também é um sinal da confiança dos gestores no futuro. Ver J. Stein, "Convertible Bonds as Backdoor Equity Financing," *Journal of Financial Economics* 32 (1992), pp. 3-21.

[38] As empresas reconhecem a possibilidade de diluição nos seus demonstrativos financeiros mostrando em que medida os lucros seriam afetados pela emissão de mais ações.

Variação de obrigações conversíveis: o conjunto obrigações e *warrants*

Em vez de emitirem obrigações conversíveis, por vezes as empresas vendem um pacote de obrigações simples e *warrants*. As *warrants* são simplesmente opções de compra de longo prazo que dão ao investidor o direito de comprar ações ordinárias da empresa. Por exemplo, cada *warrant* pode dar ao seu titular o direito de comprar uma ação por $50 a qualquer momento durante os próximos cinco anos. Obviamente, os titulares de *warrants* esperam que o preço das ações da empresa suba para poderem exercer as suas *warrants* com lucro. Mas se o preço das ações da empresa se mantiver abaixo de $50, os titulares podem preferir não exercer, e no vencimento a *warrant* não terá qualquer valor.

As obrigações conversíveis consistem em um pacote de obrigações simples e uma opção. Uma emissão de obrigações e *warrants* também contém uma obrigação simples e uma opção, mas há algumas diferenças:

1. *As* warrants *são normalmente emitidas por colocação privada*. Os conjuntos de obrigações e *warrants* tendem a ser mais frequentes nas colocações privadas. Ao contrário, as obrigações conversíveis são, na sua maioria, emitidas para o público em geral.

2. *As* warrants *podem ser destacáveis*. Quando se compra uma obrigação conversível, esta e a opção estão ligadas. Não se pode vendê-las separadamente, pois isso pode constituir um inconveniente. Se a sua situação fiscal ou a sua atitude diante do risco o inclinam para obrigações, talvez você não queira manter também opções. Às vezes as *warrants* também são "não destacáveis", mas, geralmente, é possível se manter a obrigação e vender a *warrant*.

3. *O exercício de uma* warrant *é pago em dinheiro*. Quando se converte uma obrigação, troca-se simplesmente a obrigação por ações ordinárias. Quando se exerce uma *warrant*, costuma-se pagar uma quantia adicional em dinheiro, embora às vezes seja necessário entregar a obrigação, ou optar por fazê-lo. Isso significa que o conjunto de obrigações e *warrants* e as obrigações conversíveis costumam ter efeitos diferentes nos fluxos de caixa da empresa e na estrutura do seu capital.

4. *Um conjunto de obrigações e* warrants *pode ter um tratamento fiscal diferente*. Existem algumas diferenças fiscais entre *warrants* e obrigações conversíveis. Suponha que você esteja pensando em emitir uma obrigação conversível a 100. Você pode considerar essa obrigação conversível como um pacote de uma obrigação simples que vale, digamos, 90, e uma opção que vale 10. Se emitir a obrigação e a opção separadamente, o Internal Revenue Service (IRS) dos Estados Unidos considerará que a obrigação está sendo emitida a desconto e que o seu preço subirá 10 pontos ao longo de sua vida. O IRS permite ao emissor distribuir essa valorização, prevista ao longo de toda a vida da obrigação, deduzindo-a dos lucros tributáveis. O IRS imputará também a valorização prevista ao rendimento tributável do credor. Assim, com a emissão de um pacote de obrigações e *warrants*, em vez de uma obrigação conversível, é possível reduzir a tributação sobre a empresa emitente e aumentar os impostos pagos pelo investidor.

5. *As* warrants *podem ser emitidas isoladamente*. As *warrants* não têm de ser emitidas juntamente com outros títulos. Frequentemente servem para compensar os bancos de investimento pelos seus serviços de colocação. Muitas empresas também dão aos seus executivos opções de longo prazo para a compra de ações. Essas opções de compra de ações dos executivos não costumam ser chamadas *warrants*, mas é exatamente isso que elas são. As empresas também podem vender *warrants* isoladas diretamente aos investidores, mas raramente o fazem.

Inovação no mercado de obrigações

Obrigações domésticas e euro-obrigações, obrigações de cupom fixo e obrigações de cupom indexado, obrigações com cupom e obrigações de cupom zero, obrigações com opção de compra e obrigações com opção de venda, obrigações simples e obrigações conversíveis – você já poderia pensar que todas essas alternativas já seriam suficientes para a sua escolha. Mesmo assim, parece que quase todos os dias é emitido um novo tipo de obrigação. O Quadro 24.3 apresenta algumas das obrigações mais

QUADRO 24.3 Alguns exemplos de inovações em obrigações

Títulos lastreados por hipotecas	Vários empréstimos pequenos associados e revendidos sob a forma de uma obrigação.
Obrigações de catástrofe (CAT)	O valor dos pagamentos diminui em caso de ocorrência de um desastre natural especificado.
Conversíveis de contingência (*cocos*)	Obrigações que são automaticamente convertidas em capital próprio conforme o valor da empresa diminui.
Obrigações conectadas a índices versáteis (*equity-linked*)	Os pagamentos ficam indexados ao desempenho de um índice do mercado acionário.
Liquid yield option notes (LYONS)	Obrigações conversíveis, de cupom zero, com direito de amortização antecipada por meio de opção de compra e de venda.
Obrigações de longevidade	Obrigações cujos pagamentos são reduzidos ou eliminados se houver uma queda brusca nas taxas de mortalidade.
Obrigações de mortalidade	Obrigações cujos pagamentos são reduzidos ou eliminados se houver um aumento brusco nas taxas de mortalidade.
Obrigações *pay-in-kind* (PIKs)	O emissor pode optar por fazer pagamentos de juros ou em dinheiro ou em mais obrigações com um valor de face equivalente.
Obrigações sensíveis a crédito	A taxa de cupom varia conforme a variação da classificação de crédito da empresa.
Obrigações de taxa inversa (*reverse floaters* ou *yield-curve notes*)	Obrigações de cupom variável que pagam uma taxa de juro mais elevada quando as outras taxas de juro baixam e uma taxa mais baixa quando as outras sobem.
Obrigações *step-up*	Obrigações cujos pagamentos de cupom são aumentados com o passar do tempo.

interessantes emitidas nos últimos anos.[39] No início deste capítulo falamos das "obrigações Bowie" como exemplo de instrumentos de dívida titularizados, e no Capítulo 26 abordaremos a questão das "obrigações catástrofe", cujo rendimento está associado à ocorrência de desastres naturais.

Algumas inovações financeiras parecem que têm pouca ou nenhuma utilidade econômica; elas podem se desenvolver rapidamente, mas depois se retraem. Por exemplo, em finais da década de 1990, nos Estados Unidos, houve uma onda de novas emissões de **obrigações conversíveis de preço variável** (*floating-price convertibles*) ou, como eram então mais comumente designadas, obrigações conversíveis "**espiral da morte**" ou "tóxicas". Quando essas obrigações são emitidas, o preço de conversão é fixado abaixo do preço corrente das ações. Além disso, cada obrigação é conversível não em um *número fixo* de ações, mas em ações com um *valor fixo*. Por isso, quanto mais o preço das ações cair, maior será o número de ações a que o credor tem direito. Com as obrigações conversíveis normais, o valor da opção de conversão baixa sempre que o valor dos ativos da organização cai; assim, o titular das obrigações conversíveis partilha uma parcela do sofrimento dos acionistas. Com as obrigações conversíveis "espiral da morte", o titular tem direito a ações com um valor fixo, de modo que todo o impacto da diminuição do preço das ações recai nos acionistas. Esses tipos de obrigações são emitidos, sobretudo, por empresas que já passaram por momentos difíceis, e quando os emissores não conseguiram se recuperar, esses instrumentos "tóxicos" começaram a surtir seus efeitos deletérios. Após a febre inicial de emissões nos Estados Unidos, as obrigações conversíveis "espirais da morte" agora parecem estar destinadas ao caixote de lixo das inovações malsucedidas.

Muitas outras inovações parecem ter um objetivo muito mais óbvio. Apresentamos a seguir alguns motivos importantes para a criação de novos títulos:

1. *Escolha do investidor.* Às vezes, são criados novos instrumentos financeiros para ampliar as escolhas dos investidores. Os economistas costumam dizer que esses títulos ajudam a "completar o mercado". Essa foi a ideia que norteou a emissão em 2013 feita pela companhia francesa de seguros SCOR, de cerca de 180 milhões de euros em *obrigações de mortalidade* (*mortality bonds*). Um dos maiores riscos para uma companhia de seguros de vida é uma pandemia ou outro desastre que resulte em um aumento acentuado na taxa de mortalidade. Os títulos da SCOR, entretanto, oferecem aos investidores uma taxa mais alta de juros para que assumam uma parcela desse risco. Os detentores desses títulos perderão todo o seu investimento se as taxas de mortalidade nos Estados Unidos para dois anos consecutivos forem 10% ou mais superiores às expectativas.

   Os fundos de pensões estão na posição oposta às companhias de seguros. A preocupação é que os membros do plano continuem a sacar suas pensões em uma idade bem

---

[39] Para uma lista mais abrangente das inovações, veja K. A. Carrow and J. J. McConnell, "A Survey of U.S. Corporate Financing Innovations: 1970–1997," *Journal of Applied Corporate Finance* 12 (Spring 1999), pp. 55-69.

avançada. Os bancos de investimento têm trabalhado para conceber *obrigações de longevidade* (*longevity bonds*) que pagam uma taxa de juros mais elevada se uma proporção inusitadamente alta da população sobrevive até determinada idade. Um fundo de pensão que detenha uma carteira com esses títulos estaria protegido contra um aumento inesperado na longevidade.[40]

Tanto as obrigações de mortalidade como as de longevidade ampliam as escolhas dos investidores e possibilitam que as companhias de seguros e os fundos de pensões se protejem contra alterações adversas na mortalidade e diluam extremamente o risco pelo mercado.

2. *Regulamentação e tributação governamentais.* Merton Miller descreveu as novas regulamentação e tributação governamentais como os aspectos a serem explorados que estimulam o desenho de novos tipos de títulos. Por exemplo, já vimos como o mercado de euro-obrigações foi uma resposta à imposição do governo norte-americano de um imposto sobre a compra de títulos estrangeiros.

Os títulos lastreados por ativos fornecem outro exemplo de um mercado que foi estimulado pela regulamentação. Para reduzir a probabilidade de falhas, os bancos são obrigados a financiar uma parte de suas carteiras de empréstimos com capital próprio. Muitos bancos conseguiram reduzir o montante de capital que necessitavam reter empacotando seus empréstimos ou recebíveis de cartões de crédito e negociando-os como obrigações. Os reguladores do setor bancário se preocuparam com essa medida. Eles pensam que os bancos podem ser tentados a vender seus empréstimos mais arriscados e a reter seus empréstimos mais seguros. Portanto, introduziram novas regulamentações que vincularão os requisitos de capital à probabilidade de risco dos empréstimos.

3. *Redução dos custos de agência.* Já vimos como as obrigações conversíveis podem reduzir o custo de agência. Esi outro exemplo. Na virada do século, os investidores estavam preocupados com os planos altamente dispendiosos das empresas de telecomunicações. Assim, quando a Deutsche Telecom, gigante do setor alemão de telecomunicações, decidiu vender $15 bilhões em obrigações em 2000, foi oferecida uma provisão para tranquilizar os investidores. Sob esse contrato, exigiu-se que a Deutsche Telecom aumentasse a taxa de cupom nas obrigações em 50 pontos-base se algum dia suas obrigações caíssem abaixo do grau de investimento da Moody's ou da Standard & Poor's. As obrigações sensíveis à avaliação da Deutsche Telecom protegiam os investidores contra possíveis tentativas futuras feitas pela organização de explorar os detentores de obrigações existentes com um eventual endividamento posterior.

Eis um terceiro exemplo em que a estrutura das obrigações pode ajudar a resolver problemas de agência. Banqueiros adoram tomar capital emprestado, em vez de emiti-lo. O problema é que quando os bancos passam por maus bocados, os acionistas podem ser recusar a irem ao resgate com mais capital. Um remédio sugerido é que os bancos emitam *obrigações conversíveis de contingência* (ou *cocos*). Trata-se de obrigações que são automaticamente convertidas em capital próprio se o banco enfrentar dificuldades. Em 2011, por exemplo, o Credit Suisse emitiu $6 bilhões de *cocos* em francos suíços. Se o capital do Credit Suisse cair abaixo de um valor especificado, os *cocos* reduzem a alavancagem do banco ao se transformarem em capital próprio.

A concepção desses novos instrumentos financeiros é apenas metade da batalha. O outro problema é produzi-los eficientemente. Pense, por exemplo, nos problemas de empacotar diversas centenas de milhões de dólares em recebíveis de cartões de crédito e distribuir seus fluxos de caixa a um grupo diversificado de investidores. Essas providências exigem bons sistemas de computador. O contrato também precisa ser estruturado de modo que, se o emissor for à falência, os recebíveis não sejam parte da massa falida. Isso depende do desenvolvimento de estruturas legais que aparecerão no evento de uma disputa.

---

[40] O banco francês BNP Paribas tentou lançar uma emissão de obrigações de longevidade no valor de $1 bilhão em 2004, mas encontrou dificuldades para atrair compradores. No entanto, existe agora um mercado ativo de *swaps de longevidade*, que asseguram o comprador contra um aumento geral da logenvidade. (Examinamos os *swaps* no Capítulo 26.)

24.3 Empréstimos bancários

As obrigações geralmente são empréstimos a longo prazo e na maioria das vezes são vendidas publicamente pela empresa que contrai o empréstimo. Chegou o momento de examinarmos as dívidas de curto prazo. Elas não costumam ser emitidas publicamente e são fornecidas em grande parte pelos bancos. Enquanto uma emissão de obrigação típica tem um vencimento de dez anos, o empréstimo bancário geralmente é quitado em cerca de três anos,[41] mas há, é claro, muita variação em torno desses prazos.

Nos Estados Unidos, os empréstimos bancários representam uma fonte menos importante de financiamento do que o mercado de obrigações, mas para muitas empresa de menor porte, eles são a única fonte de empréstimos. Há vários tipos de empréstimos bancários. Eis algumas das diferenças entre eles.

Compromisso

Às vezes, as empresas esperam até o momento em que precisam de fundos para pedir um empréstimo bancário, mas cerca de 90% dos empréstimos comerciais concedidos por bancos norte-americanos são feitos sob compromisso. Nesse caso, a empresa estabelece uma linha de crédito que lhe permite obter empréstimos até um limite determinado. Essa linha de crédito pode ser um **crédito rotativo permanente** sem vencimento determinado, mas, geralmente, é um **crédito renovável** (*revolver*) com um vencimento determinado. Um outro acordo comum é uma linha de crédito de 364 dias, que possibilita à empresa, durante o ano seguinte, contrair um empréstimo, pagá-lo e contrair novamente outro empréstimo conforme as suas necessidades de caixa variarem.[42]

As linhas de crédito são relativamente dispendiosas, porque, além dos juros do empréstimo, a empresa tem de pagar uma comissão de compromisso de mais ou menos 0,25% pelo valor não utilizado. A compensação por esse custo adicional é uma opção valiosa: tem acesso garantido a fundos com uma comissão fixa sobre o nível geral das taxas de juros.

O crescimento da utilização das linhas de crédito está mudando o papel dos bancos, que deixaram de ser meros emprestadores e passaram também a participar no negócio de oferecer seguro de liquidez às empresas.

Vencimento

A maioria dos empréstimos bancários tem a duração de apenas alguns meses. Uma empresa pode precisar, por exemplo, de um **empréstimo intercalado** (*bridge loan*) de curto prazo para financiar a compra de equipamentos novos ou a aquisição de outra empresa. Nesse caso, o empréstimo é um financiamento temporário até que a aquisição seja completada e o financiamento de longo prazo seja concedido. Muitas vezes os empréstimos de curto prazo podem servir para financiar um aumento temporário dos estoques. Esses empréstimos são chamados **empréstimos para ativo circulante**; em outras palavras, a venda das mercadorias fornece os fundos para pagar o empréstimo.

Os bancos também oferecem empréstimos a longo prazo, denominados **empréstimos a prazo**. Eles costumam ter uma duração de quatro a cinco anos. Geralmente, o empréstimo é pago parceladamente ao longo desse período, mas, às vezes, conveciona-se um grande *pagamento balão* no final ou um *pagamento final único*. Os bancos podem acomodar o padrão preciso do reembolso aos fluxos de caixa antecipados do tomador do empréstimo. Por exemplo, o primeiro pagamento pode ser diferido um ano até que a nova fábrica fique pronta. Os empréstimos a prazo são muitas vezes renegociados antes do vencimento. Os bancos estão desejosos de fazê-lo se o tomador do empréstimo é um cliente conhecido, se continua a ter credibilidade e se tiver uma boa justificativa para fazer a alteração.[43]

---

[41] Ver D. J. Denis and V. T. Mihov, "The Choice Among Bank Debt, Non-Bank Private Debt and Public Debt: Evidence from New Corporate Borrowings," *Journal of Financial Economics* 70 (2003), pp. 3-28.

[42] Os bancos originalmente promoveram instrumentos de 364 dias porque não precisavam reservar capital para compromissos de menos de um ano.

[43] Um estudo sobre contratos de dívida privados constatou que mais de 90% deles são renegociados antes do vencimento. Na maior parte dos casos, os motivos não são dificuldades financeiras. Ver M. R. Roberts and A. Sufi, "Renegotiation of Financial Contracts: Evidence from Private Credit Agreements," *Journal of Financial Economics* 93, August 2009, pp. 159-184.

PRÁTICA FINANCEIRA

LIBOR

Todos os dias, lá pelas 11h da manhã em Londres, um painel formado pelos principais bancos apresentam estimativas da taxa de juros com a qual poderiam pedir emprestado fundos de outro banco em uma dimensão razoável do mercado. Essas estimativas são fornecidas para 7 vencimentos, que variam desde a operação de *overnight* até um ano. Em cada caso, a quarta parte superior e inferior das estimativas são descartadas e tira-se uma média dos valores remanescentes, que resultam no conjunto das London Interbank Offered Rates, ou LIBOR. As taxas LIBOR mais usualmente cotadas são para os empréstimos em dólares americanos, mas conjuntos similares de taxas LIBOR também são geradas para quatro outras divisas – o euro, o iene japonês, a libra esterlina e o franco suíço. As taxas LIBOR são publicadas pela ICE Benchmark Administration (ICE).*

A Figura 24.5 plota a diferença entre as taxas de juros sobre letras do Tesouro e a LIBOR para três meses. A diferença entre as duas taxas é conhecida por taxa TED. Durante muitos anos, essa taxa foi tipicamente menor que 50 pontos-base (0,5%), mas, em 2008, ela aumentou drasticamente, chegando a atingir 360 pontos-base (3,6%) em determinado momento. Repentinamente, a escolha de um padrão de referência para empréstimos bancários começou a ganhar uma maior importância.

---

*No caso de depósitos em euros, a European Banking Federation calcula uma medida alternativa, conhecida como Euribor. É possível encontrar um histórico de taxas LIBOR em **http://research.stlouisfed.org/fred2/series/TEDRATE** e para Euribor em **www.euribor.org**.

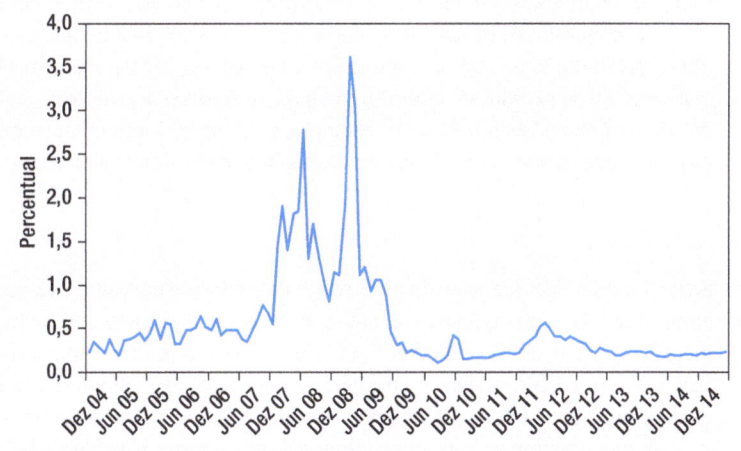

▶ **FIGURA 24.5** Valores de encerramento de mês para a diferença entre as taxas de juros sobre letras do Tesouro e a LIBOR para três meses (a taxa TED), dezembro de 2004 a dezembro de 2014.
Fonte: Federal Reserve Bank of St. Louis

Taxas de juros

A maioria dos empréstimos bancários de curto prazo é feita a uma taxa fixa de juros, que é às vezes oferecida como um desconto. Por exemplo, se a taxa de juros em um empréstimo de um ano tem um desconto de 5%, o tomador do empréstimo recebe $100 – $5 = $95 e compromete-se a pagar $100 no final do ano. O retorno desse empréstimo não é de 5%, mas de 5/95 = 0,0526, ou 5,26%.

Nos empréstimos bancários de longo prazo, a taxa de juros geralmente está vinculada ao nível geral das taxas de juros. Os comparadores mais utilizados são a LIBOR, a taxa federal de fundos,[44] ou a *prime rate* do banco. Assim, se a taxa for definida a "1% acima da LIBOR", o tomador do empréstimo poderá pagar 5% nos três primeiros meses em que a LIBOR esteve a 4%, 6% nos três meses seguintes quando a LIBOR estiver a 5% etc. O quadro "Prática financeira" descreve como a LIBOR é fixada e a relação que ela tem com a taxa das letras do Tesouro.

---

[44] A taxa de fundos federais é a taxa com que os bancos emprestam reservas excedentes entre si.

Empréstimos sindicalizados

Alguns empréstimos bancários e algumas linhas de crédito são muito volumosos para um único banco. Nesses casos, o tomador pode pagar uma taxa administrativa para um ou mais bancos principais, que então rateiam o empréstimo ou a linha de crédito entre um sindicato de bancos.[45] Em 2011, por exemplo, a Chrysler precisou tomar um empréstimo de $7,5 bilhões para quitar dívidas contraídas junto aos governos dos Estados Unidos e do Canadá. Conseguiu isso por meio de um pacote de uma emissão de $3,2 bilhões em obrigações, um empréstimo a prazo de $3,0 bilhões e uma linha de crédito rotativo no valor de $1,3 bilhão. O pacote foi preparado pelo Bank of America Merrill Lynch, Citibank, Goldman Sachs e Morgan Stanley. O empréstimo a prazo tinha vencimento para cinco a seis anos e estava cotado a 4,75% acima da LIBOR. Além disso, a Chrysler tinha de pagar uma taxa de compromisso de 0,75% sobre qualquer porção não utilizada do crédito rotativo.

O banco que elabora os termos do empréstimo funciona como o seu subscritor. Ele precifica o empréstimo, negocia-o com os outros bancos e pode também garantir o controle sobre qualquer porção não vendida. Seu primeiro passo é preparar um *memorando informativo*, que fornece aos potenciais credores informações sobre o empréstimo. A mesa do sindicato tentará então sondar o grau de interesse no contrato antes de o empréstimo ser finalmente precificado e negociado com os compradores interessados. Se o tomador tem uma boa qualidade de crédito ou se o banco preparador tem uma reputação particularmente boa, a maior parte do empréstimo provavelmente será partilhada no sindicato. Do contrário, o banco preparador poderá precisar demonstrar sua própria confiança no contrato, mantendo uma elevada proporção do empréstimo em seus próprios registros.[46]

Os empréstimos bancários costumavam ter uma péssima liquidez; assim que um banco fizesse um empréstimo, tinha que ficar amarrado a ele. Isso já não acontece mais, de modo que os bancos com excesso de pedidos de empréstimos podem resolver o problema vendendo parte dos seus empréstimos a outras instituições. Por exemplo, cerca de 20% dos empréstimos sindicalizados são subsequentemente revendidos, e essas vendas são reportadas semanalmente no *The Wall Street Journal*.[47]

Garantias

Se um banco estiver preocupado com o risco de crédito de uma empresa, pede-lhe uma garantia para o empréstimo. Esse procedimento é mais comum para empréstimos bancários de longo prazo, mais da metade dos quais são assegurados.[48] Às vezes os bancos aceitam uma *garantia flutuante* contra esses ativos, o que assegura ao banco uma garantia genérica caso a empresa não pague, mas não especifica detalhadamente os ativos, e define poucas restrições sobre o que a empresa pode fazer com os ativos.

É mais comum os bancos exigirem garantias específicas. Suponha, por exemplo, que há uma demora significativa entre a data em que você enviou as suas mercadorias e o dia em que lhe pagaram. Se precisar antecipadamente dos fundos, você pode contrair um empréstimo utilizando essas contas a receber como garantia. Primeiro, tem de mandar ao banco uma cópia de cada uma das faturas acompanhadas com uma declaração que paga quando receber o dinheiro dos seus clientes. Depois, o banco empresta-lhe até 80% do valor das faturas a receber.

À medida que vai fazendo mais vendas, a sua garantia aumenta e você pode pedir mais fundos emprestados. Os clientes vão pagando as faturas. Esse dinheiro é depositado em uma conta especial sob controle do banco e é utilizado periodicamente para ir reduzindo o empréstimo. Portanto, à medida que o negócio da empresa vai flutuando, o mesmo acontece ao empréstimo.

---

[45] Para um empréstimo-padrão a uma empresa de primeira linha, a taxa para contratar um empréstimo sindicalizado pode ser tão baixa como 10 pontos-base, enquanto um acordo complexo com uma empresa altamente alavancada pode acarretar uma taxa de até 250 pontos-base. Para obter boas resenhas do mercado de empréstimos sindicalizados, veja S. C. Miller, "A Guide to the Syndicated Loan Market," Standard & Poor's, September 2005 (**www.standardandpoors.com**); e B. Gadanecz, "The Syndicated Loan Market: Structure, Development and Implications," BIS Quarterly Review, December 2004, pp. 75-89 (**www.bis.org**).

[46] Veja A. Sufi, "Information Asymmetry and Financing Arrangements: Evidence from Syndicated Loans," *Journal of Finance* 62 (April 2007), pp. 629-668

[47] Vendas de empréstimos geralmente assumem um dentre duas formas: *atribuições* ou *participações*. No primeiro caso, uma parcela do empréstimo é transformada com a concordância do devedor. No segundo caso, o banco líder mantém sua relação com o devedor, mas concorda em repassar ao comprador uma parcela dos fluxos de caixa que receber.

[48] Os resultados de uma pesquisa sobre as condições das atividades de empréstimos empreendidas pelos bancos nos Estados Unidos são publicados trimestralmente no *Federal Reserve Bulletin* (veja **www.federalreserve.gov/releases/E2**).

Você também pode usar estoques como garantia de um empréstimo. Por exemplo, arranja um depósito público que emite um certificado de armazenamento atestando que as mercadorias estão guardadas em benefício do banco. O banco, de modo geral, estará preparado para emprestar até 50% do valor dos inventários. Quando o empréstimo é reembolsado, o banco devolve-lhe o certificado e você pode retirar as suas mercadorias.[49]

Os bancos são exigentes em relação à garantia que têm de aceitar e querem assegurar-se de que conseguem identificar e vender a garantia se houver inadimplência. Por exemplo, emprestariam para um depósito lotado de mercadoria padronizada não perecível, mas poriam reticências a um depósito cheio de queijos Camembert.

Os bancos também têm de se assegurar de que a garantia está seguramente guardada e de que o tomador do empréstimo não vende o ativo e desaparece com o dinheiro. Foi isso que aconteceu com a grande farsa do azeite. Cinquenta e um bancos e empresas emprestaram cerca de $200 milhões à Allied Crude Vegetable Oil Refining Corporation. Em troca, a empresa acordou entregar como garantia tanques de depósito de azeite. Infelizmente, a inspeção superficial que foi feita nos tanques não detectou que apenas continham água salgada com sedimentos. Quando a fraude foi descoberta, o presidente da Allied foi detido, e os 51 emprestadores ficaram sem $200 milhões.

Cláusulas de dívidas

Vimos anteriormente que as emissões de obrigações podem conter cláusulas que restringem as empresas de tomarem medidas que iriam aumentar o risco da sua dívida. No caso de obrigações emitidas publicamente, essas restrições costumam ser moderadas. Já no caso de dívidas colocadas de modo privado, as cláusulas geralmente são mais restritas. Como as colocações privadas mantêm o devedor sob uma rédea bastante curta, é bastante comum que haja violações de cláusulas. Isso não é tão calamitoso como pode parecer. Desde que o devedor esteja com uma boa solidez financeira, o banco pode simplesmente reajustar os termos do contrato. Apenas se as cláusulas continuarem sendo violadas, o credor optará por tomar ações mais drásticas.

Cláusulas restritivas impostas a empréstimos bancários e a obrigações de colocação privada se dividem em três tipos principais.[50] O primeiro e mais comum deles estabelece uma fração máxima de lucro líquido que pode ser desembolsado na forma de dividendos. Um segundo conjunto de cláusulas, chamadas de *sweeps* (varreduras), declaram que parte ou todo o empréstimo deve ser quitado se o devedor realizar uma grande venda de ativos ou uma emissão substancial de dívida. O terceiro grupo impõe condições sobre índices financeiros-chave, tais como o índice de endividamento do devedor, seu índice de cobertura de juros ou seu índice de liquidez corrente.

24.4 *Commercial paper* e obrigações de médio prazo não garantidas

Commercial paper

Os bancos contraem empréstimos junto a um grupo de empresas ou indivíduos e reemprestam o dinheiro a outro grupo. O seu lucro provém do fato de cobrar, a quem pede emprestado, uma taxa de juros superior à que oferece a quem lhe empresta.

Às vezes é muito conveniente haver um banco intermediando. Poupa a quem empresta o trabalho de procurar quem peça emprestado e de avaliar a sua capacidade de crédito, e poupa a quem pede emprestado o trabalho de procurar quem queira emprestar. Aos depositantes não interessa a quem o banco empresta: exigem apenas que o banco como um todo seja seguro.

---

[49] Nem sempre é praticável manter estoques em um depósito. Por exemplo, as concessionárias de automóveis precisam exibir os carros em um *show-room*. Uma solução seria firmar um contrato de "utilização da loja" com uma financeira, em que ela adquire os carros e as concessionárias os mantêm sob custódia. Quando os carros são vendidos, os lucros são utilizados para resgatar os carros da financeira. Os juros, ou "encargos de loja" dependem de quanto tempo os carros tiveram que ficar expostos no *show-room*.

[50] Para uma análise das cláusulas de empréstimos em dívidas colocadas de modo privado, veja M. Bradley and M. R. Roberts, "The Structure and Pricing of Corporate Debt Covenants," *Quarterly Journal of Finance* 5 (June 2015), pp. 1-37.

Existem também ocasiões em que *não* compensa pagar a um intermediário para desempenhar essas funções. As grandes empresas, de baixo risco e bem conhecidas, podem contornar o sistema bancário, emitindo os seus próprios títulos de curto prazo sem garantia. Esses títulos são denominados **commercial papers**. As instituições financeiras, como as *holdings* bancárias e as empresas financeiras,[51] também emitem *commercial paper*, por vezes em grandes quantidades. Em 2014, por exemplo, a GE Capital Corporation tinha $25 bilhões emitidos sob a forma de *commercial paper*. As principais emissoras montam o seu próprio departamento de marketing e vendem as suas emissões diretamente aos investidores utilizando, muitas vezes, a Internet. As empresas menores vendem por meio de *dealers*, que recebem uma comissão pela venda da emissão.

Nos Estados Unidos, o *commercial paper* tem um vencimento máximo de nove meses, embora os vencimentos mais frequentes sejam inferiores a 60 dias. Os compradores de *commercial paper* geralmente o mantêm em sua posse até o vencimento, mas a empresa ou o *dealer* que o vende estão normalmente dispostos a recomprá-lo antecipadamente.

Commercial papers não são livres de risco. Quando a Califórnia estava afundada em sua crise de energia de 2001, a Southern California Edison e a Pacific Gas and Electric deixaram de honrar $1,4 bilhão em títulos em circulação. E em 2008, o Lehman Brothers declarou falência com $3 bilhões em títulos em circulação. Mas tais inadimplências são raras. A maior parte dos *commercial papers* é emitida por empresas de primeira linha, conhecidas nacionalmente,[52] e os emissores normalmente garantem suas dívidas obtendo uma linha de crédito especial de apoio em um banco, o que garante que podem sempre encontrar o dinheiro necessário para reembolsar o *commercial paper*.[53]

Como os investidores estão relutantes em comprar *commercial paper* que não tenha a melhor classificação de crédito, as empresas não podem confiar no mercado de *commercial paper* para levantarem o capital de curto prazo de que necessitam. Por exemplo, quando os analistas deram uma cotação mais baixa ao *commercial paper* da Ford e da General Motors, ambas as empresas foram forçadas a reduzir abruptamente as suas vendas de títulos. Ao final do ano 2000, a Ford Credit tinha $45 bilhões em *commercial papers* emitidos; já em 2011, não tinha praticamente mais nada.

Quando o Lehman Brothers declarou falência em setembro de 2008, o mercado de *commercial papers* despencou. A diferença entre as taxas de juros sobre *commercial papers* e sobre letras do Tesouro dobrou, enquanto o mercado se fechou por completo para emissores de alto risco. Muitas empresas que viram o mercado de *commercial paper* se fechar para suas emissões se apressaram em contrair dívidas junto a suas linhas de crédito bancárias. O diretor financeiro do gigantesco hotel Marriott, por exemplo, relatou que a empresa sacou seus $900 milhões em crédito rotativo porque "decidiu que era prudente" suplementar uma liquidez significativamente reduzida em *commercial paper*. Empresas que não dispunham de fontes alternativas de crédito como essa foram forçadas a cortar seus planos de investimento.[54] Somente após o Fed anunciar planos de comprar grandes quantidades de títulos de baixo risco foi que o mercado começou a voltar ao normal.

Além do *commercial paper* não garantido, há também um mercado para *commercial papers lastreados por ativos*. Nesse caso, uma empresa vende seus ativos a um veículo de propósito especial que, depois, emite o *commercial paper*. Por exemplo, quando as montadoras de automóveis reduziram suas vendas de *commercial papers* não garantidos, estavam cada vez mais confiantes nos *commercial papers* lastreados por ativos assegurados pelas suas contas a receber. Quando os clientes pagaram as suas faturas, o dinheiro foi repassado para os detentores dos *commercial papers*.

Em 2007, os *commercial papers* lastreados por ativos representavam quase metade do mercado de *commercial paper*, mas começou a despontar uma certa fragilidade quando uma série

---

[51] Uma *holding* bancária é uma sociedade que é proprietária tanto do banco em si como de suas filiais não bancárias.

[52] A Moody's, a Standard & Poor's e a Fitch publicam avaliações sobre a qualidade dos *commercial papers*. Por exemplo, a Moody's apresenta três classes, de P-1 (ou seja, Prime 1, o maior grau) a P-3. A maioria dos investidores reluta em comprar instrumentos classificados com graus inferiores. Por exemplo, os fundos do mercado financeiro são extremamente limitados por deterem instrumentos da faixa P-1.

[53] Para emissores de primeira linha, a linha de crédito é, de modo geral, 75% do montante do *commercial paper*. Para emitentes de grau inferior, é de 100%. A empresa talvez não possa utilizar essa linha de crédito se não satisfazer as cláusulas bancárias. Portanto, as empresas com *ratings* mais baixos provavelmente precisarão reforçar seus *commercial papers* com uma linha de crédito irrevogável.

[54] Para uma análise da reação empresarial ao colapso do mercado de *commercial paper*, veja P. Gao and H. Yun, "Commercial Paper, Lines of Credit, and the Real Effects of the Financial Crisis of 2008: Firm-Level Evidence from the Manufacturing Industry," Working Paper, University of Notre Dame, 2010.

de bancos lançou veículos de investimento estruturados (*structured investment vehicles* – SIVs) que investiram em títulos lastreados por hipotecas financiados por *commercial papers* lastreados por ativos. Como os compradores desses últimos instrumentos suportavam o risco de crédito, os bancos tinham menos incentivos para se preocuparem com a qualidade das hipotecas subjacentes. Depois que ficou claro que essa qualidade era muito baixa, muitos SIVs constataram que era impossível refinanciar uma grande parte dos *commercials papers* até o seu vencimento e tornaram-se inadimplentes.

Obrigações de médio prazo não garantidas

As novas emissões de títulos não têm de ser registradas na SEC, desde que tenham um vencimento inferior a 270 dias. As empresas podem, assim, evitar as demoras e as despesas do registro limitando o vencimento das suas emissões de *commercial papers*. Contudo, as grandes empresas de primeira linha também fazem emissões regulares de **obrigações de médio prazo não garantidas** (MTNs – *medium-term notes*).

Você pode considerar as obrigações de médio prazo um instrumento híbrido entre as obrigações de empresas e os *commercial papers*. À semelhança das obrigações, são instrumentos de prazo relativamente longo; o seu vencimento nunca é inferior a 270 dias, porém tipicamente menor do que 10 anos.[55] Por outro lado, tal como acontece com o *commercial paper*, as obrigações de médio prazo não são subscritas, mas vendidas regularmente pelos *dealers* ou, ocasionalmente, por venda direta aos investidores. Há um mercado secundário liderado por *dealers* para esses instrumentos, e eles estão preparados para recomprar as obrigações antes do vencimento.

As entidades que contraem empréstimos, como as empresas financeiras, que têm uma necessidade permanente de caixa, veem com vantagem a flexibilidade das obrigações de médio prazo. A empresa pode, por exemplo, dizer aos seus *dealers* qual o montante que precisa obter nesta semana, qual a faixa de vencimento que pode oferecer e a taxa máxima de juros que pode pagar. Depois, cabe aos *dealers* encontrar compradores. Os investidores também podem sugerir seus próprios termos a um dos *dealers*, e se esses termos forem aceitáveis, o acordo será fechado.

---

[55] Ocasionalmente, pode ser utilizado um registro MTN para a emissão de obrigações com prazos de vencimento muito mais longos. Por exemplo, a Disney chegou a utilizar o seu programa MTN para emitir obrigações de 100 anos.

RESUMO

A esta altura, você já deve ter uma ideia razoável do que está fazendo quando efetua uma emissão pública de obrigações. O acordo detalhado da emissão é indicado no contrato entre a sua empresa e um agente fiduciário, mas as características principais são resumidas no prospecto da emissão. O contrato de emissão especifica se as obrigações são prioritárias ou subordinadas, e se têm ou não garantias reais. A maioria das obrigações é não garantida (debêntures). Isso significa que se incluem entre os créditos gerais sobre a organização. As principais exceções são as obrigações hipotecárias emitidas por empresas de serviços públicos, as obrigações garantidas por ações e os certificados garantidos pelo equipamento. Em caso de inadimplência, o agente fiduciário dessas emissões pode apossar-se dos ativos da empresa para saldar a dívida. Às vezes, empresas arrecadam dinheiro usando títulos lastreados por ativos, que envolvem a agregação de ativos em um mesmo pacote e a venda dos fluxos de caixa gerados por eles.

Algumas emissões de obrigações de longo prazo têm um fundo de amortização. Isso significa que, anualmente, a empresa tem de aportar parte dos fundos suficientes para amortizar um número especificado de obrigações. Um fundo de amortização diminui a vida média da emissão e proporciona um teste anual da capacidade que a empresa tem de servir a sua dívida. Como tal, protege os credores do risco de inadimplência.

As obrigações de longo prazo podem ser "chamadas" antes do vencimento. A opção de "chamar" a emissão pode ser muito valiosa: se as taxas de juros caírem e o valor das obrigações subir, pode ser possível antecipar o pagamento de uma emissão que valeria substancialmente mais do que o preço de chamada. É claro que, se os investidores souberem que a empresa pode amortizar antecipadamente a emissão, o preço de chamada funciona como um teto em relação ao preço de mercado. Consequentemente, sua melhor estratégia consiste em amortizar a emissão assim que o preço de mercado atingir o preço de chamada. Não é provável que consiga fazer melhor do que isso.

Normalmente os credores procuram impedir que o devedor tome iniciativas que possam prejudicar o valor dos seus empréstimos. Eis alguns exemplos de cláusulas restritivas:

1. O contrato de empréstimo pode limitar o montante adicional pelo qual a empresa poderá endividar-se.

2. As obrigações não garantidas incluem uma cláusula de não penhor que impede a empresa de garantir novo endividamento sem dar igual tratamento à dívida não garantida já existente.
3. Os credores podem impor um limite à distribuição de dividendos ou à recompra de ações pela organização.

As obrigações podem ser emitidas nos mercados abertos ao público nos Estados Unidos, e neste caso precisam ser registradas junto à SEC. Alternativamente, caso sejam emitidas para um número limitado de compradores, elas podem ser oferecidas de modo privado. Também podem ser emitidas em um mercado estrangeiro de obrigações ou no mercado de *eurobonds*. As *eurobonds* são comercializadas simultaneamente em diversos países estrangeiros pelas filiais londrinas de bancos internacionais e *dealers* de títulos.

A maior parte das obrigações nasce e morre como obrigações, mas as obrigações conversíveis dão ao seu titular a opção de trocar a obrigação por ações. O *índice de conversão* quantifica o número de ações pelo qual cada obrigação poderá ser trocada. Pode-se pensar em uma obrigação conversível como o equivalente a uma obrigação simples e uma opção de compra sobre as ações. Às vezes, em vez de emitir obrigações conversíveis, as empresas podem decidir emitir um conjunto de obrigações e opções (ou *warrants*) de compra de ações. Se o preço das ações subir acima do preço de exercício, o investidor poderá então ficar com a obrigação e exercer as *warrants* contra um pagamento em dinheiro.

Há uma imensa variedade de obrigações, e quase todos os dias novos tipos de obrigações são criados. Por um princípio de seleção natural, alguns desses novos instrumentos tornam-se populares e podem até substituir tipos preexistentes. Outros são curiosidades efêmeras. Algumas inovações têm sucesso porque expandem o leque de escolhas do investidor ou reduzem os custos de agência. Outras devem a sua origem às leis fiscais e aos regulamentos governamentais.

Muitas empresas, sobretudo as de menor porte, obtêm financiamento junto aos bancos. Empréstimos bancários costumam ter prazos mais curtos de vencimento do que as obrigações. Em sua maioria, esses empréstimos se dão na forma de compromissos. As empresas pagam uma tarifa de compromisso para manterem uma linha de crédito aberta junto a qual podem realizar saques quando precisam de caixa. Muitos empréstimos bancários são de curto prazo e a uma taxa fixa de juros. A taxa de juros sobre empréstimos bancários de mais longo prazo geralmente fica vinculada à LIBOR ou a algum outro índice de taxas de juros. Muitas vezes, quanto o montante do empréstimo bancário é grande demais para ser oferecido por um único banco, ele é oferecido por sindicatos de bancos. Os empréstimos são frequentemente segurados por colaterais, como contas a receber, estoques ou títulos. As cláusulas contratuais costumam ser mais restritivas para empréstimos bancários do que para obrigações.

Para muitas empresas de grande porte, *commercial paper* e obrigações de médio prazo não garantidas (*medium-term notes*) representam uma alternativa mais barata do que os empréstimos bancários. Eles podem ser vendidos diretamente para credores ou através de *dealers*. Um *commercial paper* pode ser sem garantia ou lastreado por ativos. As obrigações de médio prazo não garantidas são um híbrido entre obrigações comuns e *commercial paper*. Seu prazo é mais longo do que o do *commercial paper*, mas são vendidas de forma similar.

LEITURAS ADICIONAIS

Uma obra útil de caráter geral sobre títulos de dívida é:

F. J. Fabozzi (ed.), *The Handbook of Fixed Income Securities*, 8th ed. (New York: McGraw-Hill, 2011).

Para uma discussão não técnica da precificação das obrigações conversíveis e dos motivos para a sua utilização, ver:

M. J. Brennan and E. S. Schwartz, "The Case for Convertibles," *Journal of Applied Corporate Finance* 1 (Summer 1988), pp. 55-64.

C. M. Lewis, R. J. Rogalski, and J. K. Seward, "Understanding the Design of Convertible Debt," *Journal of Applied Corporate Finance* 11 (Spring 1998), pp. 45-53.

Entre os artigos que discutem o project finance, *incluem-se os seguintes:*

B. C. Esty, *Modern Project Finance: A Casebook* (New York: John Wiley, 2003).

B. C. Esty, "Returns on Project-Financed Investments: Evolution and Managerial Implications," *Journal of Applied Corporate Finance* 15 (Spring 2002), pp. 71-86.

R. A. Brealey, I. A. Cooper, and M. Habib, "Using Project Finance to Fund Infrastructure Investments," *Journal of Applied Corporate Finance* 9 (Fall 1996), pp. 25-38.

A bibliografia indicada no fim do Capítulo 17 inclui vários artigos sobre inovações financeiras.

PROBLEMAS

BÁSICO

1. **Tipos de dívida** Selecione o termo mais apropriado dentre os que estão entre parênteses:
   a. As exigências dos fundos de amortização de (obrigações de empresas de serviços públicos com alta avaliação de *rating*/obrigações de empresas industriais com baixa avaliação de *rating*) são, em geral, suaves.
   b. As obrigações garantidas por ações são frequentemente emitidas por (empresas de serviços públicos/*holdings* industriais)

c. As (obrigações de empresas de serviços públicos/obrigações de *holdings* industriais) não são normalmente garantidas.

d. Os certificados garantidos por equipamento são normalmente emitidos por (empresas ferroviárias/empresas financeiras).

e. Os certificados *mortgage pass-through* são um exemplo de (instrumento de dívida titularizado/*project finance*).

2. **Fundo de amortização** Diga, em relação a cada um dos seguintes fundos de amortização, se o fundo aumenta ou se diminui o valor de uma obrigação na época da emissão (ou se é impossível dizê-lo):

   a. Um fundo de amortização opcional com retiradas ao par.

   b. Um fundo de amortização obrigatório com retiradas ao par *ou* por aquisições no mercado.

   c. Um fundo de amortização obrigatório com retiradas ao par.

3. **Prioridades**

   a. Como detentor de dívida prioritária, preferiria que a empresa emitisse mais dívida não prioritária para financiar seu programa de investimentos, preferiria que ela não o fizesse ou não se importaria?

   b. Você é detentor de dívida garantida pelos ativos existentes da empresa. Gostaria que a empresa emitisse mais dívida não garantida para financiar seus investimentos, preferiria que ela não o fizesse ou não se importaria?

4. **Contratos de obrigações** Com base no Quadro 24.1 (mas não no texto) responda às seguintes perguntas:

   a. Quem são os principais subscritores da emissão da J.C. Penney?

   b. Quem é o agente fiduciário da emissão?

   c. Quanto a empresa recebe por debênture, após a dedução da comissão dos subscritores?

   d. A debênture é "ao portador" ou "registrada"?

   e. A que preço é possível antecipar o projeto da emissão em 2005?

5. **Contratos de obrigações** Considere o Quadro 24.1:

   a. Suponha que a debênture foi emitida em 1º de setembro de 1992, a 99,489%. Quanto teria de pagar para comprar uma obrigação entregue em 15 de setembro? Não se esqueça de incluir os juros acumulados.

   b. Quando é o primeiro pagamento de juros da obrigação e qual é o montante total em dólar desse pagamento?

   c. Em que data as obrigações têm o seu vencimento final e qual o montante de capital que deverá ser reembolsado nessa data?

   d. Suponha que o preço de mercado das obrigações aumenta para 102 e não se altera depois disso. Quando a empresa deveria "chamar" a emissão?

6. **Colocações privadas** Explique as três principais diferenças entre as condições de uma emissão de obrigações com colocação privada e colocação pública.

7. **Características de dívidas** Verdadeiro ou falso? Explique sucintamente em cada um dos casos.

   a. É melhor manter obrigações inseguras do que obrigações seguras em caso de inadimplência.

   b. Muitas obrigações novas e exóticas são fomentadas pelas políticas fiscais ou regulamentadoras do governo.

   c. O direito de chamada constitui uma opção valiosa para os investidores em dívida.

   d. Está demonstrado que as cláusulas restritivas protegem os investidores em títulos de dívida nos casos de aquisições alavancadas (*leveraged buy-out*).

   e. As emissões de obrigações com colocação privada incluem, muitas vezes, cláusulas mais restritivas do que as emissões com colocação pública. No entanto, as cláusulas das emissões públicas são mais difíceis e onerosas de renegociar.

8. **Títulos conversíveis** A Maple Aircraft emitiu uma obrigação sem garantias, subordinada e conversível, com cupom de 4,75% e vencimento em 2020. O preço de conversão é de $47,00, e a obrigação pode se amortizada antecipadamente a 102,75% do seu valor de face. O preço de mercado da obrigação conversível é de 91% do valor de face, e o preço das ações ordinárias é de $41,50. Admita que o valor da obrigação sem o direito de conversão é de cerca de 65% do valor de face.

   a. Qual é o índice de conversão da obrigação?

   b. Se o índice de conversão fosse 50, qual seria o preço de conversão?

   c. Qual é o valor de conversão?

   d. A que preço das ações o valor de conversão se iguala ao valor da obrigação?

   e. O preço de mercado pode ser inferior ao valor de conversão?

   f. Quanto é que o detentor da obrigação conversível paga pela opção de poder comprar uma ação ordinária?

   g. Quanto é que o preço da ação ordinária tem de subir para justificar a conversão em 2020?

   h. Quando é que a Maple deveria amortizar antecipadamente a emissão?

9. **Obrigações conversíveis** Verdadeiro ou falso?

   a. As obrigações conversíveis são normalmente créditos prioritários sobre a empresa.

   b. Quanto mais elevado for o índice de conversão, maior é o valor da obrigação conversível.

   c. Quanto mais elevado for o preço de conversão, maior é o valor da obrigação conversível.

   d. As obrigações conversíveis não partilham inteiramente dos preços das ações ordinárias, mas são em certa medida uma proteção contra uma eventual descida.

INTERMEDIÁRIO

10. **Precificação de obrigações** Suponha que as obrigações da J. C. Penney sejam emitidas ao par e que os investidores continuem a exigir uma remuneração de 8,25%. Explique o que pensa que aconteceria ao preço das obrigações quando se aproximasse a primeira data de pagamento de juros e logo após? E o preço das obrigações mais os juros acumulados?

11. **Termos de obrigações** Arranje um prospecto relativo a uma emissão de obrigações recente e compare os termos e as condições com os da emissão da J.C. Penney.

12. **Precificação de obrigações** Os preços das obrigações podem cair devido ou a uma alteração no nível geral das taxas de juro ou a um aumento do risco de inadimplência. Em que medida as obrigações de cupom indexado e as obrigações com opções de venda protegem o investidor contra cada um desses riscos?

13. **Reivindicação de prioridade** A Proctor Power tem ativos fixos no valor de 200 milhões e capital de giro líquido no valor de $100 milhões. É financiada por capital próprio e por três emissões de obrigações: uma emissão de First Mortgage Bonds no valor de $250 milhões garantidas apenas pelo ativo fixo da empresa, $100 milhões de debêntures prioritárias e $120 milhões de debêntures não prioritárias. Se as obrigações vencessem hoje, qual o montante que cada credor teria direito a receber?

14. **Reivindicação de prioridade** A Elixir Corporation acabou de abrir falência. Ela é uma *holding* cujo ativo consiste em bens imóveis no valor de $80 milhões e 100% do capital próprio das suas subsidiárias operacionais. É financiada por capital próprio e por uma emissão de $400 milhões de *collateral trust bonds* que estão prestes a vencer. A Subsidiária A fez diretamente uma emissão de debêntures no valor de $320 milhões e uma emissão de ações preferenciais no valor de $15 milhões. A Subsidiária B fez uma emissão de debêntures prioritárias no valor de $180 milhões e uma emissão de debêntures subordinadas no valor de $60 milhões. Os ativos da Subsidiária A têm um valor de mercado de $500 milhões e os da B, de $220 milhões. Quanto receberá cada titular se os ativos forem vendidos e distribuídos estritamente de acordo com a ordem de precedência?

15. **Hipotecas**
    a. Os empréstimos hipotecários para habitação podem estipular uma taxa de juro fixa ou uma taxa variável. Na qualidade de *devedor*, quais são as considerações que poderiam levá-lo a preferir uma à outra?
    b. Por que os titulares de certificados *mortgage pass-through* poderiam desejar que as hipotecas tivessem uma taxa variável?

16. **Provisões de opções de compra** Depois de uma mudança brusca nas taxas de juros, as obrigações recentemente emitidas transacionam-se, geralmente, proporcionando retornos diferentes das obrigações em circulação com a mesma qualidade. Uma possível explicação é a de que há uma diferença no valor do direito de amortização antecipada. Explique como isso poderia acontecer.

17. **Provisões de opções de compra** Suponha que uma empresa emita simultaneamente uma obrigação de cupom zero e uma obrigação com cupom com maturidades idênticas. Ambas podem ser reembolsadas antecipadamente a qualquer momento ao valor de face. Com todos os outros fatores permanecendo iguais, qual delas oferecerá provavelmente o rendimento mais elevado? Por quê?

18. **Provisões de opções de compra**
    a. Se as taxas de juros subirem, será o preço das obrigações com direito de chamada ou as sem esse direito que cairão mais?
    b. Às vezes, há obrigações que podem ser reembolsadas após uma data especificada, quer por opção do emitente quer do credor. Se o preço de exercício de cada opção for o mesmo e ambas as partes agirem racionalmente, o que acontecerá quando as opções puderem ser exercidas? (Ignore questões mais pormenorizadas como custos de emissão ou de transação.)

19. **Provisões de opção de venda** Uma obrigação com opção de venda é uma obrigação que pode ser reembolsada antes do vencimento, por decisão do investidor. Trace um diagrama semelhante ao da Figura 24.3 mostrando a relação entre o valor de uma obrigação simples e o valor de uma obrigação com opção de venda.

20. **Cláusulas restritivas** A Alpha Corp. está proibida de emitir mais títulos de dívida prioritária a menos que o valor líquido dos ativos tangíveis seja superior em 200% ao valor da dívida prioritária. Atualmente, a empresa tem em circulação $100 milhões de dívida prioritária e tem ativos tangíveis com um valor líquido de $250 milhões. Qual será o valor de dívida prioritária que a Alpha Corp. ainda pode emitir?

21. **Cláusulas restritivas** Explique cuidadosamente por que os contratos de emissão podem impor limitações às ações seguintes:
    a. Venda dos ativos da empresa.
    b. Pagamento de dividendos aos acionistas.
    c. Emissão de mais títulos de dívida prioritária.

22. **Obrigações conversíveis** A empresa Surplus Value tinha $10 milhões (valor de face) em obrigações conversíveis em circulação em 2015. Cada obrigação tem as seguintes características:

Valor de face	$1.000
Preço de conversão	$25
Preço atual da amortização antecipada	105 (porcentagem do valor de face)
Preço atual de mercado	130 (porcentagem do valor de face)
Vencimento	2022
Preço atual da ação	$30 (por ação)
Taxa de juro	10% (cupom como porcentagem do valor de face)

a. Qual é o valor de conversão da obrigação?

b. É possível explicar por que a obrigação está sendo transacionada acima do seu valor de transação?

c. A Surplus devia "chamar" a emissão para amortização? O que acontecerá se o fizer?

23. **Obrigações conversíveis** A Piglet Pies emitiu obrigações de cupom zero a 10 anos que podem ser convertidas em 10 ações da Piglet. Obrigações simples comparáveis rendem 8%, e o preço das ações da Piglet é de $50 por ação.

    a. Suponha tomar uma decisão do tipo "agora ou nunca" sobre converter ou manter a obrigação. O que faria?

    b. Se a obrigação conversível estiver a $550, quanto os investidores estão pagando pela opção de poder comprar ações da Piglet?

    c. Se, passado um ano, o valor da opção de conversão se mantiver inalterado, qual é o valor da obrigação conversível?

24. **Obrigações conversíveis** As obrigações conversíveis da Iota Microsystems com uma taxa de juro de 10% estão prestes a atingir o vencimento. O índice de conversão é de 27.

    a. Qual é o preço de conversão?

    b. O preço das ações é de $47. Qual é o valor de conversão?

    c. Deve ou não converter as obrigações?

25. **Obrigações conversíveis** Em 1996, a Marriott International fez uma emissão de obrigações incomuns designadas por *liquid yield option notes* (LYONs). As obrigações venceram em 2011, tinham cupom zero e foram emitidas a $532,15. Poderiam ser convertidas em 8,76 ações. A partir de 1999 as obrigações poderiam ser "chamadas" pela Marriott. O preço de chamada era de $603,71 em 1999 e aumentou 4,3% ao ano a partir daí. Os titulares tinham a opção de entregar a obrigação à Marriott em 1999 por $603,71 e, em 2006, por $810,36. Na época da emissão o preço das ações ordinárias era cerca de $50,50.

    a. Qual é o retorno até o vencimento das obrigações?

    b. Assumindo que obrigações comparáveis não conversíveis têm um retorno de 10%, quanto os investidores estavam pagando pela opção de conversão?

    c. Qual era o valor de conversão das obrigações quando da emissão?

    d. Qual era o preço de conversão inicial das obrigações?

    e. Qual era o preço de conversão em 2005? Como se explica essa variação?

    f. Se em 2006 o preços das obrigações fosse inferior a $810,36, você as devolveria à Marriott?

    g. Por qual preço a Marriott poderia "chamar" as obrigações em 2006? Se em 2006 o preço das obrigações fosse superior a esse valor, a Marriott deveria exercer o direito de chamada?

26. **Obrigações conversíveis** A Zenco, Inc., é financiada por 3 milhões de ações ordinárias e por dívida conversível com valor de face de $5 milhões a 8% com vencimento para 2026. Cada obrigação tem um valor de face de $1.000 e um índice de conversão de 200. Qual é o valor de cada obrigação conversível no vencimento se os ativos líquidos da Zenco forem:

    a. $30 milhões?

    b. $4 milhões?

    c. $20 milhões?

    d. $5 milhões?

Desenhe uma figura similar à Figura 24.4(c) mostrando como o valor de cada obrigação conversível no vencimento varia conforme os ativos líquidos da Zenco.

DESAFIO

27. **Benefícios fiscais** A Doricote Milling tem em circulação uma emissão de obrigações hipotecárias de $1 milhão, cupom de 3% e a vencer em 10 anos. O cupom sobre qualquer nova dívida emitida pela empresa é de 10%. O diretor financeiro, o Sr. Tulliver, não consegue definir se há ou não um benefício fiscal na recompra das obrigações existentes no mercado e sua substituição por obrigações novas a 10%. O que você acha? É importante saber se os investidores nas obrigações pagam impostos?

28. **Obrigações conversíveis** Esta questão mostra que quando a empresa tem possibilidade de fazer variar o seu risco, os credores podem estar mais dispostos a emprestar se lhes for oferecida uma participação nos lucros por meio da emissão de obrigações conversíveis. A Sra. Blavatsky pretende criar uma nova empresa com um ativo inicial de $10 milhões. Pode investir este montante em um de dois projetos, com o mesmo resultado esperado, mas um é mais arriscado do que o outro. O projeto relativamente seguro tem uma probabilidade de 40% de proporcionar um resultado de $12,5 milhões, e uma probabilidade de 60% de proporcionar um resultado de $8 milhões. O projeto mais arriscado tem uma probabilidade de 40% de proporcionar um resultado de $20 milhões, e uma probabilidade de 60% de proporcionar um resultado de 5 milhões.

    Inicialmente a Sra. Blavatsky propõe-se a financiar a empresa por meio de uma emissão de obrigações simples com um pagamento prometido de $7 milhões. Qualquer recebimento suplementar ficará para ela mesma. Mostre os possíveis recebimentos para o credor e para a Sra. Blavatsky (a) se ela decidir investir no projeto mais seguro e (b) se decidir investir no projeto mais arriscado. Qual projeto provavelmente a Sra. Blavatsky escolherá? Qual projeto o credor irá querer que ela escolha?

    Suponha agora que a Sra. Blavatsky proponha tornar a dívida conversível em 50% do valor da empresa. Demonstre que, nesse caso, o investidor recebe a mesma quantia com ambos os projetos.

29. **Obrigações conversíveis** Às vezes diz-se que é preferível emitir obrigações conversíveis a emitir ações quando as ações da empresa estão subvalorizadas. Suponha que o gestor financeiro da empresa Butternut Furniture tenha realmente informações privilegiadas que indicam que o

preço das ações da Butternut é demasiado baixo. Os futuros lucros da organização serão efetivamente mais elevados do que os investidores esperam. Suponha, ainda, que as informações privilegiadas não podem ser divulgadas sem abdicar de um valioso segredo competitivo. Obviamente, a emissão de ações ao preço atual prejudicaria os atuais acionistas da Butternut. Será que eles também perderiam se fossem emitidas obrigações conversíveis? Se, de fato, perderem nesse caso, perderão mais ou menos do que se fossem emitidas ações ordinárias?

Suponha agora que os investidores prevejam corretamente os lucros, mas continuem a subvalorizar as ações porque exageram o verdadeiro risco do negócio da Butternut. Esse fato altera as suas respostas às questões do parágrafo anterior? Explique.

MINICASO

A morte chocante do Sr. Thorndike

Foi um dos casos mais difíceis de Morse. Naquela manhã, Rupert Thorndike, o autocrático CEO da empresa Thorndike Oil, havia sido encontrado morto em uma poça de sangue, no chão do seu quarto. Ele havia sido alvejado na cabeça, mas a porta e as janelas estavam fechadas por dentro e não havia vestígios da arma do crime.

Morse revistou o quarto e o escritório de Thorndike à procura de pistas, mas foi em vão. Tinha de tentar outra abordagem, e decidiu investigar as circunstâncias financeiras que rodeavam a morte de Thorndike. A estrutura de capital da empresa era a seguinte:

- 5% em debêntures com o valor de face de $250 milhões, com vencimento dentro de 10 anos e um retorno de 12%.
- 30 milhões de ações cotadas a $9 no dia anterior ao crime.
- 10% em obrigações conversíveis subordinadas com vencimento daí a um ano e conversíveis a qualquer momento com um índice de conversão de 110. No dia anterior ao crime, o valor dessas obrigações situava-se 5% acima do valor de conversão.

No dia anterior, a Thorndike havia rejeitado sumariamente uma oferta de T. Spoone Dickens para comprar todas as ações por $10 por ação. Com Thorndike fora do caminho, a oferta de Dickens seria aceita em grande parte para benefício dos outros acionistas da Thorndike Oil.[56]

As duas sobrinhas de Thorndike, Doris e Patsy, e o seu sobrinho, John, tinham investimentos substanciais na Thorndike Oil e haviam discordado veementemente de Thorndike por este recusar a oferta de Dickens. As suas participações constam no quadro a seguir:

	5% em debêntures (valor de face)	Ações	10% em obrigações conversíveis (valor de face)
Doris	$4 milhões	1,2 milhão	$0 milhão
John	0	0,5	5
Patsy	0	1,5	3

Todos os títulos da dívida emitida pela Thorndike Oil seriam pagos ao valor de face se a proposta de Dickens fosse aceita. Os titulares das obrigações conversíveis poderiam escolher converter e vender as suas ações a Dickens.

Morse não conseguia deixar de pensar no problema do motivo do crime. Qual dos sobrinhos teria mais a ganhar com a eliminação do velho Thorndike, permitindo, assim, que a oferta de Dickens fosse aceita?

QUESTÃO

1. Ajude Morse a desvendar o caso. Qual dos parentes de Thorndike teria mais a ganhar com a sua morte?

---

[56] As ações de Rupert Thorndike seriam entregues a uma instituição beneficente criada para apoiar o estudo de engenharia financeira e o seu papel crucial na paz e no desenvolvimento mundial. Não era de se esperar que os gestores da dádiva à fundação se opusessem à aquisição.

APÊNDICE

Project finance

Um empréstimo do tipo *project finance* é aquele que fica tão ligado quanto possível ao desenrolar de um determinado projeto e que minimiza a exposição da matriz. Esse empréstimo é geralmente denominado simplesmente **project finance** e é uma especialidade dos grandes bancos internacionais.

O *project finance* significa que a dívida é suportada pelo próprio projeto e não pelos donos do projeto. Ainda assim, os índices de endividamento são muito elevados na maior parte dos projetos de financiamento. Podem ser elevados porque a dívida é suportada não apenas pelos ativos do projeto, mas também por vários contratos e garantias dadas pelos clientes, fornecedores e autoridades locais, bem como pelos donos do projeto.

EXEMPLO 24A.1 • *Project Finance* para uma central elétrica

Vamos analisar como um *project finance* foi utilizado para construir uma nova central elétrica no Paquistão. Primeiro, foi criada uma empresa separada, a Hub Power Company (Hubco), para ser a proprietária da central elétrica. Depois a Hubco contratou um consórcio de empresas, dirigido pela empresa japonesa Mitsui & Co., para construir a central elétrica, ficando a empresa britânica International Power responsável pela sua gestão e por seu funcionamento durante um período inicial de um ano. A Hubco concordou em comprar o combustível da Pakistan State Oil Company e vender a produção da central elétrica a uma outra empresa estatal, a Water and Power Development Authority (WAPDA).

Os advogados da Hubco redigiram uma série de contratos complexos para garantir que nenhuma dessas partes falhasse. Por exemplo, os empreiteiros concordaram em entregar a instalação a tempo e em garantir que ela funcionaria de acordo com as especificações. A International Power, gestora da unidade, concordou em fazer a sua manutenção e garantir que funcionaria de maneira eficiente. A Pakistan State Oil Company firmou um contrato de longo prazo de fornecimento de petróleo à Hubco, e a WAPDA concordou em adquirir a produção da Hubco durante os próximos 30 anos.[57] Uma vez que a WAPDA pagaria a eletricidade em rupias, a Hubco estava preocupada com a possibilidade de uma queda no valor dessa moeda. Por isso, o State Bank of Pakistan comprometeu-se a entregar à Hubco divisas estrangeiras para pagar o serviço da dívida a taxas de câmbio garantidas. O governo paquistanês assegurou que a WAPDA, a Pakistan State Oil e o State Bank honrariam os seus contratos.

O efeito desses contratos foi garantir que cada risco fosse suportado pela parte mais habilitada a avaliá-lo e controlá-lo. Por exemplo, os empreiteiros eram quem estavam em melhor posição para garantir que a unidade seria construída a tempo e, por isso, fazia sentido serem eles a suportar o risco de eventuais atrasos na construção. Da mesma maneira, a entidade responsável pelo funcionamento da unidade era a mais habilitada a fazê-la funcionar de modo eficiente, e seria penalizada se não o fizesse. Os empreiteiros e a gestora da unidade estavam dispostos a aceitar esses riscos porque o projeto envolvia uma tecnologia comprovada, havendo por isso poucas possibilidades de ocorrerem surpresas desagradáveis.

Embora esses contratos procurassem definir com a máxima precisão possível as responsabilidades de cada uma das partes, não podiam prever todas as eventualidades; era inevitável que esses contratos fossem incompletos. Por isso, para reforçar os contratos legais formais, os empreiteiros e a gestora da unidade tornaram-se acionistas majoritários da Hubco. Isso significava que, se não fizessem um bom trabalho na construção e na boa gestão da unidade, teriam de suportar parte das perdas daí resultantes.

A alavancagem do capital próprio da Hubco era elevada. Mais de 75% dos $1,8 bilhão investidos no projeto eram financiados por dívida. Um montante ligeiramente inferior a $600 milhões era dívida subordinada concedida por um fundo criado pelo Banco Mundial e por instituições de crédito para exportação francesas, italianas e japonesas. O restante era dívida prioritária concedida por um consórcio de 58 bancos domésticos e internacionais em sete divisas diferentes.[58] Os bancos sentiram-se encorajados a investir, porque sabiam

---

[57] A WAPADA firmou um contrato *take-or-pay* com a Hubco; mesmo que não ficasse com a eletricidade, teria de pagar. No caso de projetos que envolvam oleodutos, o contrato com o cliente assume muitas vezes a forma de um acordo *throughput*, pelo qual o cliente se compromete a fazer uma utilização mínima do oleoduto. Outro tipo de acordo para transferir o risco das receitas para o cliente é o contrato *tolling*, pelo qual o cliente se compromete a entregar à empresa do projeto os materiais que ela processará e devolver ao cliente. Um dos objetivos da transferência do risco das receitas para os clientes é encorajá-los a estimar com precisão a demanda de que será alvo a produção do projeto.

[58] Observe que, embora a maior parte da dívida da Hubco vencesse dali a 12 anos, o projeto não era financiado por uma emissão pública de obrigações. A concentração da propriedade da dívida bancária induz os credores a avaliar cuidadosamente o projeto e a monitorar seu desempenho subsequente. Além disso, facilita a renegociação da dívida caso a empresa do projeto enfrente uma situação difícil do ponto de vista financeiro.

que, à frente do pelotão, estavam o Banco Mundial e vários governos que aguentariam as consequências do eventual insucesso do projeto. Mas, apesar disso, ainda continuavam preocupados com a possibilidade de o governo do Paquistão impedir a Hubco de pagar em moeda estrangeira, criar um imposto especial ou impedir a organização de recrutar especialistas em outros países, se necessário.

Por isso, para proteger a Hubco desses riscos políticos, o governo prometeu pagar uma compensação, caso viesse a ter esses tipos de interferências no funcionamento do projeto. É óbvio que nada impedia o governo de rasgar esse acordo, mas, se o fizesse, a Hubco poderia acionar a garantia de $360 milhões concedida pelo Banco Mundial e pelo Japan Bank for International Cooperation. Esperava-se que essa medida obrigasse o governo do Paquistão a honrar os seus compromissos quando a unidade fosse construída e começasse a operar. Os governos conseguem manter uma impassibilidade surpreendente perante a raiva de uma empresa privada, mas geralmente têm relutância em violar um acordo que implica uma fatura pesada para o Banco Mundial.

Os acordos do projeto Hubco foram complexos e custaram muito tempo e dinheiro. Mais de 200 profissionais estavam envolvidos na fase inicial do projeto. Nem tudo correu bem, e projeto ficou suspenso por mais de um ano por decisão de um tribunal paquistanês, que considerou que os juros sobre os empréstimos contrariavam a lei islâmica. Dez anos depois das discussões terem se iniciado, foi assinado o acordo final sobre o financiamento do projeto e, pouco tempo depois, a Hubco estava produzindo um quinto da eletricidade do Paquistão.

A história não acaba aqui. A WAPDA foi obrigada pelo contrato a fazer pagamentos regulares à Hubco independentemente de utilizar ou não a eletricidade, e, como resultado, se viu à beira do colapso. Depois da queda do governo de Benazir Bhutto no Paquistão, o novo governo cancelou o contrato com a Hubco e anunciou uma redução de 30% nas tarifas da eletricidade. Depois de três anos de calorosas disputas, que ameaçaram as relações do Paquistão com o Banco Mundial, a Hubco concordou finalmente em praticar uma nova tarifa. A briga com o governo finalmente acabara, e, em 2006, a Hubco liquidou integralmente a sua dívida prioritária.

Algumas características comuns

Não há dois *project finances* iguais, mas há certas características comuns:

- O projeto é estabelecido sob a forma de uma empresa separada.
- A posse do capital próprio do projeto é mantida, sob a forma privada, por um pequeno grupo de investidores. Eles são, geralmente, os empreiteiros e o gestor da unidade, que, portanto, partilham o risco do seu fracasso.
- A empresa do projeto estabelece uma complexa série de contratos que distribuem o risco entre empreiteiros, o gestor da unidade, os fornecedores e os clientes.
- O governo pode garantir que concederá as autorizações necessárias, permitir a compra de moedas estrangeiras etc.
- As disposições contratuais detalhadas e as garantias governamentais normalmente permitem que cerca de 70% do capital necessário para o projeto seja obtido por meio de dívida bancária ou de outro empréstimo com colocação privada. Essa dívida é suportada pelos fluxos de caixa do projeto; se esses fluxos forem insuficientes, os credores não possuem recursos contra as empresas controladoras do projeto.

O papel do *Project Finance*

O *project finance* é muito utilizado nos países em desenvolvimento para financiar projetos nas áreas de energia, telecomunicações e transportes, mas também é utilizado nos principais países industrializados. Nos Estados Unidos, o *project finance* tem sido utilizado sobretudo para financiar centrais elétricas. Por exemplo, uma empresa de eletricidade pode associar-se a uma empresa industrial para construírem uma central cogeradora que forneça eletricidade à empresa de serviços públicos de eletricidade e a energia térmica recuperada a uma empresa industrial das proximidades. A empresa de serviços públicos está nos bastidores do projeto da cogeração, garantindo o seu fluxo de receitas. Os bancos não têm problemas em financiar uma alta proporção do custo do projeto, porque sabem que, quando o projeto estiver construído e em funcionamento, os fluxos de caixa estarão protegidos da maior parte dos riscos que as empresas normais são confrontadas.[59]

A preparação de um *project finance* é custosa[60] e a dívida do projeto geralmente comporta uma taxa de juro relativamente alta. Assim, por que as empresas simplesmente não financiam os projetos contraindo empréstimos contra os seus

---

[59] Há algumas disposições regulamentares interessantes aplicáveis a esse acordo. Quando uma empresa de serviços públicos constrói uma central elétrica, tem direito a um retorno justo sobre o seu investimento. A princípio, as entidades reguladoras fixam taxas para os clientes que permitem à empresa de serviços públicos receber o custo do seu capital. Infelizmente, o custo do capital não é facilmente mensurável, tornando-se um alvo natural de discussões nas audições com as entidades reguladoras. Mas, quando uma empresa de serviços públicos compra energia elétrica, o custo do capital é englobado no preço do contrato e tratado como um custo operacional. Nesse caso, a transferência para o cliente pode ser menos controversa.

[60] Os custos totais de transação para os projetos de infraestrutura ficam em média 3% a 5% do montante investido. Veja M. Klein, J. So, and B. Shin, "Transaction Costs in Private Infrastructure Projects – Are They Too High?" The World Bank Group, October 1996.

ativos existentes? Observe que a maior parte dos projetos tem vida limitada e utiliza tecnologias estabelecidas. Geram fluxos de caixa livres substanciais, mas há poucas opções de tornarem os investimentos subsequentes rentáveis. Se esses investimentos são financiados no modelo de *project finance*, os gestores têm pouca escolha sobre o modo de utilização dos fluxos de caixa. Contrariamente, os requisitos do serviço de dívida garantem que o dinheiro deve ser reembolsado aos investidores em vez de desperdiçado em futuros projetos não rentáveis.[61]

O nosso exemplo da central elétrica da Hubco ilustra outra motivação importante para o *project finance*. O sucesso do projeto depende do desempenho de várias partes. Por exemplo, a Hubco tinha apenas uma fonte de combustível e um cliente. Para evitar que qualquer uma dessas partes mudasse as regras do jogo após o começo do projeto, todas elas teriam que firmar uma série complexa de contratos desenhados para assegurar que os riscos sejam suportados pelas partes mais capazes de controlá-los. E como a viabilidade do projeto geralmente depende da boa vontade do governo, este é também uma parte integrante desses contratos, e o financiamento é estruturado de modo a reduzir a possibilidade de ações punitivas pelo governo.

QUESTÕES

1. Explique quando faz sentido usar *project finance* em vez de uma emissão de dívida direta pela empresa encarregada.
2. Retorne ao projeto Hub Power. Há muitas outras maneiras pelas quais o projeto Hubco poderia ter sido financiado. Uma agência governamental, por exemplo, poderia ter investido na usina de energia e contratado o órgão de Energia Nacional para administrá-la. Alternativamente, a Energia Nacional poderia adquirir a usina diretamente e financiar seus custos mediante uma combinação de novos empréstimos e a venda de ações. Quais você acha que seriam as vantagens em estabelecer uma empresa financiada em separado para tocar o projeto?

---

[61] Como o projeto é de uma empresa independente, ele não pode comprometer a matriz se algo sair errado durante a sua execução e/ou funcionamento.

CAPÍTULO 25

Leasing

Muitas pessoas alugam, de vez em quando, um automóvel, uma bicicleta ou um barco. Normalmente, esses aluguéis pessoais são de curta duração: podemos alugar um carro por um dia ou por uma semana. Na gestão financeira de empresas, contudo, são comuns os aluguéis por um prazo mais longo. Um contrato de aluguel que se prolongue por um ano ou mais e que envolva uma série de pagamentos fixos é denominado *leasing*.

As empresas recorrem ao leasing como uma alternativa à compra de equipamentos. Essa modalidade é frequentemente utilizada para caminhões e equipamentos agrícolas, e o mesmo acontece para vagões ferroviários, aviões e navios. Quase todos os tipos de bens podem ser alugados desse modo. Os dois pandas do Zoológico Nacional de Washington, por exemplo, estão lá sob um contrato de *leasing* junto ao governo chinês, a um custo de $500 mil ao ano.

Qualquer ação de *leasing* envolve duas partes. O *utilizador* do bem é chamado de *locatário*, que efetua pagamentos periódicos ao *proprietário* do bem, denominado *locador*. Por exemplo, se você assinar um contrato para alugar um apartamento por um ano será o locatário, e o proprietário será o locador.

Com frequência se vê referências à *indústria do leasing*. Trata-se, nesse caso, das empresas locadoras. (Quase todas as empresas são locatárias, pelo menos em pequena extensão.) Quem são os locadores?

Alguns dos maiores locadores são os fabricantes de equipamentos. Por exemplo, a IBM é a maior locadora de computadores e a Deere, a maior locadora de equipamentos para a agricultura e a construção.

Os outros dois grupos mais importantes de locadores são os bancos e as empresas independentes de *leasing*. Estas desempenham um papel preponderante no setor dos transportes aéreos. Por exemplo, em 2014 a GE Capital Aviation Services, uma subsidiária da GE Capital, era proprietária de mais de 1.600 aviões comerciais, disponibilizados em sistema de *leasing*. As companhias aéreas globais dependem extensamente do *leasing* para financiar as suas frotas.

As empresas de *leasing* fornecem uma vasta gama de serviços. Algumas atuam quer como corretoras de locação (angariando contratos de *leasing*), quer como locadoras. Outras se especializam na locação de carros, caminhões e equipamentos industriais comuns, e são bem-sucedidas porque podem adquirir equipamento em quantidade, fornecê-lo de forma eficiente e, se necessário, revendê-lo a um bom preço.

Iniciaremos este capítulo com a catalogação das diferentes espécies de *leasing* e de algumas razões para a sua utilização. Em seguida, mostraremos como os pagamentos de *leasing* de curto prazo ou passíveis de serem cancelados podem ser interpretados como custos anuais equivalentes. No restante do capítulo analisaremos os *leasing* de longo prazo, utilizados como alternativa ao financiamento da dívida.

25.1 O que é o *leasing*?

Existem muitas formas de *leasing*, mas, em todas elas, o **locatário** (utilizador) se compromete a efetuar uma série de pagamentos ao **locador** (proprietário). O contrato de *leasing* especifica os pagamentos mensais ou semestrais, normalmente vencendo a primeira parcela na data de assinatura do acordo. Geralmente, os pagamentos são regulares, mas as datas de pagamento podem ser ajustadas às necessidades do utilizador. Suponhamos, por exemplo, que um fabricante alugue uma máquina para produzir um novo e complexo produto. Haverá um período experimental de um ano antes do início da produção em massa. Nesse caso, eventualmente será possível acordar pagamentos mais baixos durante o primeiro ano do contrato.

Quando um *leasing* termina, o equipamento locado reverte para o locador. Contudo, é frequente o contexto proporcionar ao utilizador a opção de compra do equipamento ou de contratação de um novo *leasing*.

Alguns contratos são de curto prazo e passíveis de serem cancelados durante a sua vigência, por opção do locatário; é o caso do **leasing operacional**. Outros abrangem a maior parte da vida econômica estimada do bem e não podem ser cancelados, ou só podem ser cancelados se o locador for reembolsado pelos prejuízos; é o caso do **leasing financeiro**, **de capital** ou **de pagamento integral**.

O *leasing* financeiro é uma *fonte de financiamento*, portanto, celebrar um contrato de *leasing* financeiro assemelha-se a contrair um empréstimo. Há um fluxo positivo de caixa imediato, uma vez que o locatário está dispensado de ter de pagar o ativo. No entanto, o locatário também assume a obrigação contratual de realizar os pagamentos especificados no contrato. O utilizador poderia ter contraído um empréstimo pelo valor total de compra do ativo, aceitando a obrigação contratual de realizar o pagamento do capital e dos juros ao emprestador. Desse modo, em termos de fluxo de caixa, as consequências do *leasing* e do empréstimo são semelhantes. Em ambos os casos, a empresa obtém fundos agora e paga depois. Posteriormente, neste capítulo, iremos comparar o *leasing* com o empréstimo, como modos alternativos de financiamento.

O *leasing* também difere nos serviços fornecidos pelo locador. Em um **leasing de serviço completo**, o locador compromete-se a fazer a manutenção e o seguro do equipamento, e a pagar quaisquer impostos decorrentes da propriedade do bem. Em um **leasing simples**, o locatário aceita fazer a manutenção do bem, o seguro e pagar quaisquer impostos pela sua propriedade. O *leasing* financeiro é normalmente simples.

A maior parte dos contratos de *leasing* financeiro é contratada para ativos totalmente novos. O locatário escolhe o equipamento, realiza um acordo com a empresa de *leasing* para que ela o compre do fabricante, e assina um contrato de locação com aquela empresa – isso é denominado **leasing direto**. Em outros casos, a empresa vende um bem que já possui e assina um contrato de *leasing* com o comprador. Essas **locações com venda prévia** são comuns na atividade imobiliária. Por exemplo, a empresa X pode pretender obter fundos com a venda de um escritório ou de uma fábrica, continuando, no entanto, a manter o uso dos mesmos. Pode fazê-lo vendendo a edificação, a troco de dinheiro, a uma empresa de *leasing* e assinando, simultaneamente, um contrato de locação de longo prazo para a edificação. Por exemplo, em 2009 o HSBC vendeu a sua sede em Londres por 772,5 milhões de libras, ou cerca de $1,3 bilhões, para então alugar o prédio de volta por meio de *leasing*.[1] Nesses termos, a propriedade legal da edificação passou ao novo proprietário, mas o HSBC conseguiu preservar o direito de utilizá-la.

Também existem **leasings com endividamento**. Trata-se de *leasing* financeiro no qual o locador pede emprestada uma parte do preço de compra do bem alugado utilizando o contrato de *leasing* como garantia para o empréstimo. Isso não altera as obrigações do locatário, mas pode complicar consideravelmente a análise do locador.

25.2 Vantagens do *leasing*?

Você poderá ouvir muitas justificativas pelas quais as empresas devem recorrer ao *leasing* em vez de comprar o equipamento. Analisemos algumas razões sensatas e, depois, outras quatro mais duvidosas.

Justificativas sensatas para o *leasing*

Os *leasings* de curto prazo são uma solução conveniente Suponha que você queira usar um carro durante uma semana. Podia comprar um e vendê-lo sete dias depois, mas isso seria

---
[1] Essa não foi a primeira vez que o HSBC locou sua própria sede. Em 2007, sua diretoria vendeu o prédio por £1,09 bilhão e depois o alugou de volta por meio de *leasing*. O HSBC recomprou o prédio um ano mais tarde por £838 milhões.

ridículo. Isso para não falar no inconveniente de ter de registrar a propriedade; gastaria algum tempo escolhendo um carro, negociando a compra e contratando o seguro. Depois, no fim de semana, teria de negociar a venda e cancelar o registro e o seguro. Você também poderia ter alguma dificuldade em explicar para compradores potenciais e desconfiados por que está colocando o carro à venda tão depressa. Quando se precisa de um automóvel só por alguns dias, claramente faz mais sentido alugá-lo. Poupa-se o trabalho de registrar a propriedade e fica-se conhecendo o custo efetivo. Do mesmo modo, compensa a uma empresa alugar o equipamento de que necessita apenas por um ou dois anos. É evidente que esse tipo de *leasing* é sempre operacional.[2]

Às vezes, o custo dos aluguéis de curto prazo pode parecer proibitivamente elevado ou pode ser difícil alugar, independentemente do preço. Essa situação pode surgir com um equipamento facilmente danificável por uma utilização pouco cuidadosa. O proprietário sabe que os utilizadores de curto prazo não terão o mesmo cuidado que teriam com um equipamento próprio. Quando o perigo de falta de cuidado é muito grande, os mercados de aluguel de curto prazo não sobrevivem. Por esse motivo é bastante fácil comprar um Lamborghini Gallardo desde que os seus bolsos sejam suficientemente recheados, mas praticamente impossível alugá-lo.

As opções de desistência são valiosas   Alguns contratos de *leasing* que *parecem* dispendiosos têm, na realidade, o preço justo, desde que se reconheça a opção de desistência. Voltaremos a esse ponto na próxima seção.

Fornecimento do serviço de manutenção   No caso de um *leasing* de serviço completo, o utilizador recebe a manutenção e outros serviços. Muitos locadores estão bem equipados para prestar um serviço de manutenção eficiente. Convém, no entanto, ter consciência de que essas vantagens se refletirão em pagamentos mais elevados pela locação.

A padronização conduz a baixos custos administrativos e de transação   Suponha que você opere uma empresa especializada em *leasing* financeiro de caminhões. Efetivamente, você está emprestando dinheiro a um grande número de empresas (os locatários), que podem diferir consideravelmente em termos de dimensão e risco. Contudo, como o bem subjacente é, em qualquer dos casos, o mesmo elemento vendável (um caminhão), você pode "emprestar" o dinheiro (locar o caminhão) com segurança sem ter de proceder a uma análise detalhada da atividade de cada empresa. Da mesma maneira, você pode adotar um contrato de *leasing* simples, padronizado. Essa padronização possibilita o "empréstimo" de pequenas quantias sem correr o risco de elevados custos de pesquisa, administrativos ou legais.

Por essas razões, o *leasing* é, muitas vezes, uma fonte relativamente barata de fundos para as pequenas empresas com poucos ativos tangíveis para suportar uma emissão de dívida.[3] Proporciona financiamentos assegurados em uma base flexível e em pequenas parcelas, com custos de transação mais baixos do que os de uma negociação de obrigações ou de ações.

Benefícios fiscais podem ser utilizados   O locador é proprietário do bem alugado e deduz a sua depreciação do rendimento tributável. Se o locador puder tirar mais proveito dos benefícios fiscais da depreciação do que o utilizador do bem, pode ser razoável a empresa de *leasing* ser a proprietária do equipamento e transferir alguns dos seus benefícios fiscais para o locatário sob a forma de parcelas mais baixas.

Leasing **e tensões financeiras**   Os locadores em *leasings* financeiros são, sob muitos aspectos, similares aos credores com garantias, mas os primeiros têm maior possibilidade de se saírem

---

[2] O mercado de carros usados sofre com um problema de "maçãs podres", já que o vendedor costuma saber mais sobre a qualidade do seu próprio carro do que o comprador em potencial. Como carros usados disponíveis para *leasing* geralmente apresentam uma qualidade acima da média, o *leasing* pode ajudar a mitigar esse problema. Igal Hendel e Alessandro Lizzeri argumentam que isso pode ajudar a explicar o predomínio de *leasing* de carros. Veja I. Hendel e A Lizzeri, "The Role of Leasing under Adverse Selection," *Journal of Political Economy* 110 (February 2002), pp. 113-143. Thomas Gilligan emprega um argumento similar para analisar o mercado de *leasing* de aeronaves. Veja T. W. Gilligan, "Lemons and Leases in the Used Business Aircraft Market," *Journal of Political Economy* 112 (2004), pp. 1.157-1180.

[3] Para evidências de que o *leasing* é relativamente mais comum em tais empresas, veja J. R. Graham e M. T. Leary, "A Review of Empirical Capital Structure and Directions for the Future," *Annual Review of Financial Economics* 3 (2011), pp. 309-345.

melhor no caso de falência. Se um locatário não pagar as prestações de um contrato de *leasing*, poderíamos pensar que o locador pode ir buscar o bem locado. Mas, se o tribunal de falências decidir que o bem é "essencial" à atividade do locatário, o *leasing* pode ser "homologado". Nesse caso, a empresa falida pode continuar a utilizar o bem, mas tem de continuar pagando as parcelas especificadas no contrato de locação. Essa pode ser uma boa notícia para os locadores, que serão pagos em dinheiro, enquanto outros credores ficarão esperando. Inclusive, credores com garantias reais não são pagos até que se resolva o processo de falência.

Se o *leasing* não for homologado, e sim *rejeitado*, o locador evidentemente pode recuperar o bem locado. Se o seu valor for inferior ao valor presente dos pagamentos restantes da locação, o locador pode tentar uma compensação pelo prejuízo. Mas, nesse caso, irá para a fila dos credores sem garantia.

Infelizmente, para os locadores há uma terceira possibilidade. Um locatário com problemas financeiros pode conseguir renegociar o *leasing*, forçando o locador a aceitar recebimentos de menor valor. Por exemplo, em 2001 a American Airlines (AA) adquiriu a maior parte dos ativos da Trans World Airlines (TWA). A TWA foi à falência, e o contrato de compra da AA foi estruturado de modo que ela poderia decidir sobre a homologação ou não dos contratos de *leasing* da TWA na área da aviação comercial. Em seguida, a AA contatou os locadores e ameaçou rejeitar os contratos. Os locadores, por sua vez, perceberam que essa medida colocaria cerca de 100 aeronaves de volta "aos seus colos", para serem relocadas ou vendidas, provavelmente a preços extremamente baixos. (O mercado para aeronaves de segunda mão à época não era robusto.) Os locadores acabaram aceitando renegociar as taxas de *leasing*, que ficaram em cerca da metade do que a TWA estava pagando.[4]

Evitar o imposto mínimo alternativo Os gestores financeiros mais dinâmicos querem ganhar muito dinheiro para os seus acionistas, mas *declarar* lucros baixos às autoridades fiscais, o que é permitido pela legislação tributária dos Estados Unidos. Uma empresa pode utilizar o método de depreciação linear no seu relatório anual, mas optar pela depreciação acelerada (a vida mais curta possível do bem) nos seus registros fiscais. Por meio desse e de outros dispositivos perfeitamente legais e éticos, as empresas lucrativas conseguem ocasionalmente escapar quase por completo dos impostos. A maioria das empresas paga menos impostos do que sugerem seus demonstrativos de resultados.[5]

Mas há uma armadilha para as empresas norte-americanas que recorrem excessivamente a esse benefício: o **imposto mínimo alternativo (IMA)**. As empresas são obrigadas a pagar o IMA sempre que este for mais elevado do que o imposto calculado da forma normal.

O IMA funciona assim: ele obriga a um segundo cálculo do rendimento tributável, no qual parte das vantagens da depreciação acelerada, bem como outros itens dedutíveis,[6] são novamente adicionados ao rendimento. O IMA é de 20% do resultado.

Suponha que a Yuppytech Services obteria 10 milhões de dólares de rendimento tributável se não fosse o IMA, que a obriga a somar 9 milhões de dólares de benefícios fiscais ao rendimento:

	Imposto normal	Imposto mínimo alternativo
Rendimento	$10	10 + 9 = 19
Alíquota de imposto	0,35	0,20
Imposto	$3,5	$3,8

---

[4] Se os contratos de *leasing* tivessem sido rejeitados, os locadores teriam direito somente sobre os ativos e fluxos de caixa da TWA, e não da AA. A renegociação dos *leasings* da TWA é descrita em E. Benmelech and N. K. Bergman, "Liquidation Values and the Credibility of Financial Contract Renegotiation: Evidence from U.S. Airlines," *Quarterly Journal of Economics* 123 (2008), pp. 1635-1677.

[5] As diferenças anuais entre os custos fiscais declarados e os impostos efetivamente pagos são explicados em notas à margem dos demonstrativos financeiros. A diferença acumulada figura no balanço como passivo diferido de impostos. (Note que a depreciação acelerada *posterga* o pagamento do imposto, mas não o anula.)

[6] Outros itens incluem alguns juros de rendas recebidas de títulos municipais isentos de impostos e imposto diferido devido à utilização do método de contabilização de contratos após execução plena. (Esse método permite ao fabricante adiar a declaração dos lucros tributáveis até a conclusão de um contrato de produção. Como alguns contratos podem se estender por vários anos, esse diferimento temporal pode ter um VPL positivo substancial.)

A Yuppytech deve pagar $3,8 milhões, em vez de $3,5 milhões de dólares.[7]

Como esse "doloroso" pagamento pode ser evitado? E quanto ao *leasing*? Os pagamentos do *leasing* não constam da lista de itens a redirecionar para o cálculo do IMA. Se você recorrer ao *leasing* em vez de à compra, tanto a depreciação fiscal quanto o IMA serão menores. Há um ganho líquido se o *locador* não estiver sujeito ao IMA e puder transferir para o locatário os benefícios fiscais da depreciação sob a forma de pagamentos mais baixos do *leasing*.

Algumas justificativas duvidosas para o *leasing*

O *leasing* foge ao controle do orçamento de investimento Em muitas empresas, as propostas de *leasing* são analisadas com tanta minúcia quanto as propostas de investimento, mas, em outras, ele pode ajudar os gestores operacionais a evitar os complexos procedimentos de autorização exigidos pela aquisição de um bem. Embora se trate de uma justificativa duvidosa para o *leasing*, pode ter influência sobretudo no setor público. Nos hospitais públicos, por exemplo, tem-se considerado politicamente mais adequado contratar o *leasing* do equipamento médico do que solicitar à prefeitura local os fundos necessários para a sua compra.

O *leasing* preserva o capital As empresas de *leasing* concedem "financiamentos a 100%", ou seja, adiantam o custo total do bem alugado. Afirmam muitas vezes, consequentemente, que o *leasing* preserva o capital ao permitir que a empresa use os seus fundos para outros fins.

Porém, a empresa também pode "preservar o capital" contraindo empréstimos. Se a Greymare Bus Lines contratar um ônibus de $100 mil por meio de *leasing* em vez de comprá-lo, efetivamente manterá $100 mil em dinheiro. No entanto, também podia (1) comprar o ônibus a dinheiro e (2) pedir um empréstimo de $100 mil usando o ônibus como garantia. O seu saldo bancário será o mesmo, quer recorra ao *leasing*, quer compre e peça emprestado. Em ambos os casos, ela fica com o ônibus e incorre em uma obrigação de $100 mil. O que o *leasing* tem de tão especial?

Os contratos de *leasing* podem ser financiamentos que estão fora dos balanços da empresa Em alguns países, os *leasing*s financeiros constituem um modo de financiamento fora do balanço. Ou seja, uma empresa pode adquirir um bem, financiá-lo por meio de um *leasing* financeiro, mas não incluir no seu balanço nem o bem nem o contrato de locação.

Nos Estados Unidos, o Financial Accounting Standards Board (FASB) exige que todo *leasing financeiro* de bens seja capitalizado. Ou seja, deve ser calculado o valor presente dos pagamentos do *leasing* e incluído nos empréstimos do lado direito do balanço. O mesmo montante deve ser incluído como ativo do lado esquerdo do balanço e depreciado durante a vida do *leasing*.

O FASB define como *leasing* financeiro o que obedecer a *qualquer um* dos seguintes requisitos:

1. O acordo de *leasing* transfere a propriedade para o locatário antes do fim do contrato.
2. O locatário pode comprar o ativo por um preço baixo quando o *leasing* termina.
3. O *leasing* dura, pelo menos, 75% da vida econômica estimada do ativo.
4. O valor presente dos pagamentos de *leasing* é de, pelo menos, 90% do valor do ativo.

Para efeitos contábeis, todos os outros *leasing*s são operacionais.[8]

Muitos gestores financeiros têm tentado tirar partido desses limites arbitrários entre *leasing* operacional e financeiro. Suponha que você queira financiar uma máquina-operatriz controlada por computador que custa $1 milhão. Espera-se que a vida da máquina seja de 12 anos. Você pode assinar um acordo de *leasing* por 8 anos e 11 meses (não cumprindo perfeitamente o requisito 3), com pagamentos de valor presente de $899 mil (não cumprindo perfeitamente o requisito 4).

---

[7] Porém, a Yuppytech pode remeter para exercícios futuros a diferença de $0.3 milhão. Se o IMA de anos posteriores for *mais baixo* que o imposto normal, a diferença pode ser utilizada como um crédito fiscal. Suponha que o IMA para o próximo ano seja de $4 milhões e que o imposto normal seja de $5 milhões. Nesse caso, a Yuppytech pagará apenas 5 − 0,3 = 4,7 milhões.

[8] Em 2010, o FASB e o International Accounting Standards Board divulgaram propostas para novas regras de contabilidade que deixariam de distinguir entre *leasing* financeiro e *leasing* operacional com duração superior a um ano. Essas regras provavelmente serão finalizadas até o fim de 2015 e exigiriam que os valores presentes de ambos os tipos de *leasing* fossem apresentados no balanço contábil.

Pode, também, assegurar que o contrato evite os requisitos 1 e 2? Qual o resultado? Tem um financiamento fora do balanço. Esse *leasing* não precisa ser capitalizado, apesar de obviamente ser uma obrigação fixa de longo prazo.

Chegamos agora à pergunta de $64 mil: por que deveríamos nos *preocupar* com o fato de o financiamento ser ou não fora do balanço? Será que o gestor financeiro não deveria se preocupar mais com a essência do que com a aparência?

Quando uma empresa obtém um financiamento não registrado no balanço, os índices convencionais de alavancagem financeira, como o índice dívida-capital próprio, subestimam o verdadeiro nível do efeito da alavancagem financeira. Há quem acredite que os analistas financeiros nem sempre reparam nas obrigações do *leasing* fora do balanço (que continuam sendo mencionadas em notas anexas às contas), nem na maior volatilidade dos lucros resultantes dos pagamentos fixos do *leasing*. Pode ser que seja assim, se essas obrigações não registradas no balanço forem moderadas e "perdidas no ruído" das outras atividades da organização. Mas não esperaríamos que investidores, analistas financeiros e agências de classificação de risco negligenciassem obrigações significativas ocultas a menos que fossem enganados sistematicamente pela sua direção.

O *leasing* afeta os ganhos contábeis O *leasing* pode melhorar o aspecto do balanço e do demonstrativo de resultados da empresa, tanto com o aumento do lucro contábil como com a diminuição do valor contábil do ativo, ou ambos.

O *leasing* passível de ser considerado um financiamento fora do balanço afeta o lucro contábil de uma só maneira: os pagamentos são uma despesa. Em contrapartida, se a empresa comprar o ativo e pedir um empréstimo para financiá-lo, tanto a depreciação como os encargos com os juros são dedutíveis. Normalmente, os contratos de *leasing* são estabelecidos de modo que os pagamentos nos anos iniciais sejam inferiores à soma da depreciação e dos juros da alternativa de compra com empréstimo. Consequentemente, o *leasing* aumenta o lucro contábil nos primeiros anos de vida de um ativo. A taxa de retorno contábil pode aumentar de maneira ainda mais significativa, porque o valor contábil dos ativos (o denominador no cálculo da taxa de retorno contábil) fica subvalorizado se o bem locado nunca constar no balanço da empresa.

O impacto do *leasing* no lucro contábil não deveria ter qualquer efeito no valor da empresa. Nos mercados de capitais eficientes, os investidores analisarão os resultados contábeis da empresa, até o valor real do ativo e o passivo contraído para o seu financiamento.

25.3 *Leasing* operacional

Você se lembra de nossa discussão sobre os *custos anuais equivalentes* no Capítulo 6? Definimos o custo anual equivalente de uma máquina, por exemplo, como o pagamento anual de uma renda suficiente para cobrir o valor presente de todos os custos da sua posse e da sua operação.

Nos exemplos do Capítulo 6, os pagamentos dos aluguéis eram hipotéticos – constituíam apenas um modo de converter o valor presente em um custo anual. Porém, na atividade de *leasing*, os pagamentos são reais. Suponha que você decida alugar uma máquina-operatriz por um ano. Quais serão os pagamentos em uma indústria de *leasing* competitiva? Obviamente, o custo anual equivalente do locador.

Exemplo de um *leasing* operacional

O namorado da filha do presidente executivo da Establishment Industries a leva a um baile de formatura em uma limusine branco-pérola. O presidente executivo fica impressionado e decide que a Establishment Industries deveria ter uma limusine como aquela para transporte VIP. Prudentemente, o CFO da empresa sugere antes um *leasing* operacional de um ano e contata a Acme Limolease para obter preços.

O Quadro 25.1 mostra a análise da Acme. Suponha que ela adquira uma nova limusine por $75 mil, que planeja alugar por sete anos (do ano 0 ao ano 6). O quadro mostra as previsões, estabelecidas pela Acme, dos custos de financiamento, manutenção e administrativos, incluindo nesses últimos os custos de negociação do *leasing*, do registro dos pagamentos e das tarefas burocráticas, bem como de procura de um locatário que substitua a Establishment Industries quando terminar o ano dela. Para simplificar, consideremos a inflação como nula e utilizemos um custo real do capital de 7%. Consideremos, igualmente, que o valor residual da limusine é nulo no fim do ano 6. O valor presente de todos os custos, parcialmente compensado pelo valor dos benefícios fiscais da depreciação,[9] é de $98.150. Quanto a Acme deverá cobrar, então, para atingir o ponto de equilíbrio?

A Acme só pode comprar e alugar a limusine se os pagamentos previstos para seis anos tiverem um valor presente de, pelo menos, $98.150. O problema, então, está em calcular uma anuidade para seis anos com um valor presente de $98.150. Seguiremos a prática corrente do *leasing* e consideraremos os pagamentos antecipados dos aluguéis.[10]

Como mostra o Quadro 25.1, a anuidade exigida é de $26.190, ou seja, cerca de $26 mil.[11] O valor presente dessa anuidade (depois de impostos) é exatamente igual ao valor presente dos custos, depois de impostos, de possuir e de dispor da limusine. A anuidade oferece à Acme uma taxa esperada de retorno competitiva (7%) sobre o seu investimento. A Acme poderia tentar cobrar da Establishment Industries mais do que $26 mil, mas se o diretor financeiro for suficientemente perspicaz para solicitar propostas dos concorrentes da Acme, o locador vencedor acabará recebendo esse montante.

Lembre-se de que a Establishment Industries não se vê forçada a usar a limusine por mais do que um ano. A Acme pode precisar encontrar vários novos locatários no decurso da vida econômica da limusine. Mesmo que a Establishment Industries continue a utilizá-la, podem renegociar uma nova locação às taxas que prevalecerem no futuro. Portanto, a Acme não sabe o que poderá cobrar no ano 1 ou depois. Se o branco-pérola deixar de ser o preferido dos adolescentes e dos presidentes executivos, talvez acabe a sua sorte.

QUADRO 25.1 Cálculo da taxa de aluguel de VPL zero (ou custo anual equivalente) para a limusine branco-pérola da Establishment Industries (em $ milhares). O aluguel no ponto de equilíbrio é fixado de modo que o VP dos pagamentos do *leasing* após impostos é igual a 98,15, o VP do custo de comprar e utilizar a limusine após impostos

	Ano						
	0	1	2	3	4	5	6
Custo inicial	−75						
Custos de manutenção etc.	−12	−12	−12	−12	−12	−12	−12
Benefícios fiscais sobre os custos	+4,2	+4,2	+4,2	+4,2	+4,2	+4,2	+4,2
Benefício fiscal da depreciação[a]		+5,25	+8,40	+5,04	+3,02	+3,02	+1,51
Total	−82,80	−2,55	+0,60	−2,76	−4,78	−4,78	−6,29
VP a 7% = −98,15[b]							
Aluguel no ponto de equilíbrio (constante)	−26,19	−26,19	−26,19	−26,19	−26,19	−26,19	−26,19
Imposto	+9,17	+9,17	+9,17	+9,17	+9,17	+9,17	+9,17
Aluguel no ponto de equilíbrio após impostos	−17,02	−17,02	−17,02	−17,02	−17,02	−17,02	−17,02
VP a 7% = −98,15[b]							

Obs.: Consideramos uma inflação nula e um custo efetivo do capital de 7%. A alíquota de imposto é de 35%.
[a] Os benefícios fiscais da depreciação são calculados utilizando o plano de cinco anos do Quadro 6.4.
[b] Note que o primeiro pagamento dessas anuidades ocorre imediatamente. A fórmula-padrão da anuidade deve ser multiplicada por 1 + r = 1,07.

---

[9] Os benefícios fiscais de depreciação são fluxos de caixa seguros, se a taxa de imposto não se alterar e se a Acme tiver a certeza de pagar impostos. Se a taxa de desconto de 7% for adequada para os outros fluxos no Quadro 25.1, os benefícios fiscais de depreciação deverão ter uma taxa mais baixa. Uma análise mais detalhada descontaria os benefícios fiscais seguros da depreciação a uma taxa de empréstimo (tomado ou concedido) após impostos. Ver o Apêndice do Capítulo 19 ou a próxima seção deste capítulo.

[10] Na Seção 6.3, os aluguéis hipotéticos eram pagos *posteriormente*.

[11] Trata-se de uma anuidade regular, uma vez que partimos do princípio de que (1) não há inflação e (2) os serviços de uma limusine com seis anos não são diferentes dos de uma completamente nova. Se os utilizadores de limusines mais antigas as considerassem obsoletas ou fora de moda, ou se os custos para a compra de novas limusines estivessem declinando, então as taxas de *leasing* teriam de declinar com o envelhecimento das limusines. Isso significa que as prestações seguem uma anuidade *decrescente*. Os usuários iniciais teriam de pagar mais para compensar as prestações menores pagas posteriormente.

Na vida real, a Acme teria ainda mais coisas com que se preocupar. Por exemplo, durante quanto tempo a limusine estaria parada depois de ser devolvida no ano 1? Se for previsível um período de inatividade antes de encontrar um novo locatário, então, para compensar, as taxas de aluguel terão de ser mais elevadas.[12]

Em um *leasing* operacional, quem absorve esses riscos é o *locador*, e não o locatário. A taxa de desconto utilizada pelo locador deve incluir um prêmio suficiente para compensar os seus acionistas pelos riscos decorrentes da compra e da posse do bem alugado. Em outras palavras, a taxa de desconto real de 7% da Acme deve cobrir os riscos do investimento em limusines. (Como veremos na próxima seção, assumir riscos é fundamentalmente diferente no caso do *leasing financeiro*.)

Leasing ou compra?

Se você precisar de um carro ou de uma limusine por apenas um dia ou uma semana, certamente optará pelo *leasing*; se necessitar de qualquer deles por cinco anos, é provável que o compre. Entre essas duas situações existe uma zona indefinida em que não é óbvia a escolha entre alugar ou comprar. No entanto, a regra para decidir deveria ser conceitualmente clara: se você necessita de um bem para a sua atividade, *compre-o se o custo anual equivalente de possuir e dispor desse bem for inferior à melhor taxa de* leasing *que conseguir de outra empresa*. Em outras palavras, compre se puder "alugar para você mesmo" por um preço inferior ao do aluguel de terceiros. (Ressaltamos novamente que essa regra se aplica ao *leasing operacional*.)

Se você planeja utilizar o bem por um longo período, o custo anual equivalente de posse do bem será normalmente inferior à taxa do *leasing* operacional. O locador tem de aumentar a taxa de locação de modo a cobrir os custos decorrentes de negociação e gestão do *leasing*, as receitas perdidas quando o bem estiver por alugar e inativo etc. Esses custos são evitados quando a empresa compra e aluga para si própria.

Há dois casos em que o *leasing* operacional pode fazer sentido, mesmo quando a empresa planeja utilizar um bem por um longo período. Primeiro, o locador pode estar em posição de comprar e gerir o bem com menos despesas do que o locatário. Por exemplo, as maiores empresas de *leasing* de caminhões compram milhares de novos veículos por ano, fato que lhes oferece uma excelente posição em uma negociação com os fabricantes de caminhões. Essas empresas também dispõem de serviços operacionais muito eficientes, e sabem como conseguir o melhor valor residual quando os caminhões estão gastos e na hora de vendê-los. Uma pequena empresa ou uma pequena divisão de uma empresa maior não consegue realizar essas economias e acaba, frequentemente, considerando mais barato alugar do que comprar caminhões.

Em segundo lugar, muitas vezes o *leasing* operacional contém opções úteis. Suponha que a Acme ofereça à Establishment Industries os seguintes contratos de *leasing*:

1. Um *leasing* de 1 ano por $26 mil.
2. Um *leasing* de 6 anos por $28 mil, com a *opção de cancelá-lo* a qualquer momento a partir do ano 1.[13]

O segundo *leasing* possui atrativos óbvios. Suponha que o presidente executivo da Establishment Industries se afeiçoe à limusine e pretenda utilizá-la por um segundo ano. Se as taxas aumentarem, o *leasing* 2 permite à Establishment continuar à antiga taxa; se as taxas diminuírem, a empresa pode cancelar o *leasing* 2 e negociar uma taxa mais baixa com a Acme ou com qualquer um dos seus concorrentes.

É óbvio que o *leasing* 2 é uma proposta mais dispendiosa para a Acme: com efeito, proporciona à Establishment Industries uma apólice de seguro que a protege de aumentos em futuras

---

[12] Se, por exemplo, as limusines ficassem por alugar e inativas durante 20% do tempo, as taxas de *leasing* teriam de ser 25% superiores às apresentadas no Quadro 25.1.

[13] A Acme também poderia propor um aluguel de um ano por $28 mil, mas proporcionando ao locatário a opção de prolongar o *leasing* nos mesmos termos, por um período de até mais cinco anos. Isso é, obviamente, idêntico à locação 2. Não importa se o locatário dispõe da opção de venda para cancelar ou da opção de compra para continuar.

taxas de *leasing*. A diferença entre os custos dos *leasing*s 1 e 2 é o prêmio do seguro anual. Porém, os locatários podem pagar o seguro de bom grado se não possuírem conhecimentos específicos sobre valores futuros do bem ou das taxas de *leasing*. Uma empresa de *leasing* vai adquirindo tais conhecimentos no decurso da sua atividade e pode, geralmente, vender esse seguro com lucro.

As companhias aéreas muitas vezes são confrontadas com variações da demanda dos seus serviços, e o *mix* de aviões de que necessitam está sempre mudando. Por isso, a maior parte dessas transportadoras opta pela locação de uma parte da sua frota de curto prazo em uma base cancelável, e está disposta a pagar um prêmio aos locadores pelo fato de suportarem o risco do cancelamento. Os locadores especializados em aviões estão preparados para suportar o risco, pois se posicionaram bem para arranjar novos clientes para qualquer avião que lhes seja devolvido. Os aviões cujos proprietários são esses locadores especializados passam menos tempo no hangar e mais tempo em operação do que os aviões de propriedade de empresas aéreas.[14]

Confirme bem todas as opções antes de assinar (ou rejeitar) uma locação operacional.[15]

25.4 Avaliação do *leasing financeiro*

No caso do *leasing* operacional, a decisão centra-se em "aluguel ou compra". No caso do *leasing financeiro*, a decisão remete para "aluguel ou empréstimo". O *leasing* financeiro abrange a maior parte da vida econômica do equipamento locado e *não* pode ser cancelado. Os pagamentos do *leasing* são obrigações fixas equivalentes às do serviço de uma dívida.

O *leasing* financeiro faz sentido quando a empresa está preparada para assumir os riscos de posse e funcionamento do bem locado. Se a Establishment Industries assinar um contrato de *leasing financeiro* para a limusine, fica presa a esse bem. O *leasing* financeiro não é mais do que outra modalidade de pedir dinheiro emprestado para pagar a limusine.

O *leasing* financeiro oferece vantagens especiais a algumas empresas em determinadas circunstâncias. Todavia, não vale a pena continuar tratando dessas vantagens antes de sabermos primeiro como avaliar os contratos de *leasing* financeiro.

Exemplo de um *leasing* financeiro

Imagine-se no lugar de Thomas Pierce III, presidente da Greymare Bus Lines. A empresa foi fundada pelo seu avô, que soube aproveitar a crescente procura por transporte entre Widdicombe e as localidades mais próximas. Desde que foi fundada, a empresa tem sido proprietária de todos os seus veículos, mas, neste momento, está reconsiderando essa política. O seu gestor operacional pretende adquirir um ônibus novo que custa $100 mil, o qual durará apenas oito anos até ir para a sucata. Você está convencido de que vale a pena um investimento em equipamento adicional. Todavia, a representante do fabricante de ônibus salientou que a empresa dela também estaria disposta a fazer um contrato de *leasing* do ônibus por oito parcelas anuais no valor de $16.900 cada uma. A Greymare ficaria responsável pela manutenção, pelos seguros e pelas despesas operacionais.

O Quadro 25.2 mostra as consequências diretas, no fluxo de caixa, da assinatura do contrato de *leasing*. (Mais tarde será considerado um efeito indireto importante.) As consequências são as seguintes:

1. A Greymare não tem de pagar o ônibus, o que equivale a uma entrada positiva de caixa de $100 mil.

2. A Greymare já não possui ônibus, portanto, não pode depreciá-lo; por conseguinte, prescinde de benefícios fiscais significativos devidos à depreciação. No Quadro 25.2, partimos do

---

[14] A. Gavazza, "Asset Liquidity and Financial Contracts: Evidence from Aircraft Leases," *Journal of Financial Economics* 95 (January 2010), pp.62-84.

[15] McConnell e Schallheim calculam o valor das opções nos *leasings* operacionais segundo várias hipóteses de risco do bem, taxas de depreciação etc. Ver J. J. McConnell and J. S. Schallheim, "Valuation of Asset *Leasing* Contracts," *Journal of Financial Economics* 12 (August 1983), pp. 237-261.

QUADRO 25.2 Consequências no fluxo de caixa do contrato de leasing proposto à Greymare Bus Lines (em $ milhares; algumas colunas não apresentam totais exatos devido a arredondamentos)

	Ano							
	0	1	2	3	4	5	6	7
Custo do ônibus novo	+100							
Perda do benefício fiscal da depreciação		−7,00	−11,20	−6,72	−4,03	−4,03	−2,02	0
Pagamento do *leasing*	−16,9	−16,9	−16,9	−16,9	−16,9	−16,9	−16,9	−16,9
Benefício fiscal do pagamento do *leasing*	+5,92	+5,92	+5,92	+5,92	+5,92	+5,92	+5,92	+5,92
Fluxo de caixa do *leasing*	+89,02	−17,99	−22,19	−17,71	−15,02	−15,02	−13,00	−10,99

princípio de que a depreciação será calculada utilizando-se o plano MACRS de depreciação de cinco anos. (Ver o Quadro 6.4.)

3. A Greymare tem de pagar por ano ao locador $16.900 durante oito anos. A primeira parcela vence imediatamente.
4. Todavia, essas parcelas do *leasing* são integralmente dedutíveis nos impostos. A uma alíquota marginal de imposto de 35%, os pagamentos do *leasing* geram benefícios fiscais de $5.920 por ano. Pode-se dizer que o custo, depois de impostos, do pagamento do *leasing* é de $16.900 – $5.920 = $10.980,00.

Devemos salientar que o Quadro 25.2 parte do princípio de que a Greymare pagará impostos à alíquota marginal de 35%. Se a empresa estivesse certa de que perderia dinheiro e, por conseguinte, de que não pagaria impostos, as linhas 2 e 4 seriam deixadas em branco. Os benefícios fiscais decorrentes da depreciação não valem nada para uma empresa que, por exemplo, não paga impostos.

O Quadro 25.2 também parte do princípio de que o ônibus não valerá nada quando for para a sucata, ao fim de sete anos. Caso contrário, registraria uma entrada para o valor residual perdido.

Quem é o verdadeiro proprietário do ativo sob *leasing*?

Para um advogado ou um contador, essa seria uma pergunta despropositada: obviamente, o locador é o proprietário *legal* do bem locado. É por isso que o locador está autorizado a deduzir a depreciação do seu rendimento tributável.

De um ponto de vista *econômico*, seria possível dizer que o *utilizador* é o proprietário efetivo, uma vez que, em um *leasing financeiro*, o utilizador assume os riscos e usufrui das vantagens da propriedade. A Greymare não pode cancelar um *leasing* financeiro. Se o novo ônibus revelar-se muito caro e inadequado para os itinerários da Greymare, o problema é dessa empresa, e não do locador. Se o novo ônibus revelar-se um grande êxito, o lucro reverte para a Greymare, e não para o locador. O êxito ou fracasso das operações da empresa não dependem do fato de os ônibus serem financiados por *leasing* ou por qualquer instrumento financeiro.

Em muitos aspectos, o *leasing* financeiro equivale a um empréstimo com garantia real. O locatário deve realizar uma série de pagamentos fixos; se o locatário não o fizer, o locador pode reaver o bem. Podemos, por conseguinte, considerar um balanço como este:

Linhas de ônibus da Greymare (em $ milhares)

Ônibus	100	100	Empréstimo garantido pelo ônibus
Todos os outros ativos	1.000	450	Outros empréstimos
		550	Capital próprio
Total do ativo	1.100	1.100	Total do passivo e capital próprio

economicamente equivalente a um balanço como este:

Linhas de ônibus da Greymare (em $ milhares)

Ônibus	100	100	*Leasing* financeiro
Todos os outros ativos	1.000	450	Outros empréstimos
		550	Capital próprio
Total do ativo	1.100	1.100	Total do passivo e capital próprio

Dito isso, devemos imediatamente classificar. A propriedade legal pode ser importante quando um *leasing* financeiro expira, porque o locador fica com o ativo. Uma vez reembolsado um empréstimo com garantias reais, o utilizador é proprietário do bem livre e desonerado.

Leasing e o Internal Revenue Service

Já mencionamos que o locatário perde o benefício fiscal da depreciação do bem alugado, mas pode deduzir integralmente o pagamento do *leasing*. Por outro lado, enquanto proprietário legítimo, o locador utiliza o benefício fiscal da depreciação, mas tem de declarar as prestações do *leasing* recebidas como rendimento tributável.

O Internal Revenue Service, o sistema de receita dos Estados Unidos, todavia, é desconfiado por natureza e não autorizará ao locatário a dedução total do pagamento do *leasing*, exceto se estiver convicto de que se trata de um *leasing* genuíno, e não de uma compra a prestação disfarçada ou de um contrato de empréstimo com garantias reais.[16]

Alguns contratos de *leasing* são concebidos de modo a *não* se classificarem como contratos de *leasing* verdadeiros em termos fiscais. Suponha que um fabricante pretenda fazer um contrato de locação de um novo computador, mas quer conservar os benefícios fiscais decorrentes da depreciação. Isso facilmente se consegue dando ao fabricante a opção de compra do computador por $1 no término da locação.[17] Nesse caso, o IRS trata o *leasing* como uma venda a prestações, e o fabricante pode deduzir para efeitos fiscais a depreciação e o item de juros dos pagamentos do *leasing*. Mas a locação continua sendo um *leasing* para todos os outros fins.

Um primeiro passo para avaliar um contrato de *leasing*

Quando deixamos Thomas Pierce III, presidente da Greymare Bus Lines, ele havia acabado de resumir, no Quadro 25.2, os fluxos de caixa do *leasing* financeiro proposto pelo fabricante de ônibus.

Esses fluxos de caixa normalmente são considerados tão seguros quanto o pagamento dos juros e do capital em um empréstimo com garantias reais emitido pelo locatário. Esse pressuposto é aceitável para os pagamentos de *leasing*, visto que o locador está efetivamente emprestando dinheiro ao locatário. Porém, os vários benefícios fiscais podem comportar um risco suficiente para merecer uma taxa de desconto mais elevada. Por exemplo, a Greymare poderia estar confiante sobre a capacidade de poder pagar as parcelas do *leasing*, mas não de ter um rendimento tributável suficiente para poder usufruir desses benefícios fiscais. Nesse caso, os fluxos de caixa gerados pelos benefícios fiscais talvez justificassem taxas de desconto mais elevadas do que as taxas de juro do empréstimo utilizadas para as prestações do *leasing*.

Um locatário pode, em princípio, acabar utilizando uma taxa de desconto distinta para cada linha do Quadro 25.2, taxas estas escolhidas de acordo com o risco do fluxo de caixa dessa linha. Porém, as empresas lucrativas e estabelecidas no mercado geralmente aceitam a simplificação do processo, descontando os diferentes fluxos de caixa apresentados no Quadro 25.2 a uma taxa

---

[16] Por exemplo, o IRS pode não permitir o *leasing* se o locatário tiver a opção de adquirir o bem por um montante nominal. O locatário quase certamente exerceria essa opção de compra de barganha, deixando o locador com nenhuma possibilidade de uma futura posse. Os ativos de propósito específico que podem somente ser utilizados pelo locatário também seriam desqualificados, pois o locatário acabaria ficando com a posse dos mesmos.

[17] Tais modalidades de *leasing* são chamadas, em inglês, de *$1 out leases*.

única, com base na taxa de juro que a empresa pagaria se, em vez de ter recorrido ao *leasing*, tivesse contraído um empréstimo. Vamos partir do princípio de que a taxa de empréstimo para a Greymare é de 10%.

Nesse momento, temos de regressar à nossa discussão no Apêndice do Capítulo 19 sobre a questão dos fluxos de caixa equivalentes ao endividamento. Quando uma empresa empresta, paga impostos sobre os juros que recebe. O seu retorno líquido é a taxa de juro depois de impostos. Quando uma empresa contrai empréstimos, pode deduzir o pagamento dos juros ao seu rendimento tributável. O custo líquido do empréstimo contraído é a taxa de juro depois de impostos. Logo, essa é a taxa efetiva à qual uma empresa pode transferir os fluxos equivalentes à dívida de um período para outro. Por conseguinte, para avaliar os fluxos de caixa adicionais provenientes do *leasing*, precisamos descontá-los à taxa de juro depois de impostos.

Como a Greymare pode contrair empréstimos a 10%, deveríamos descontar os fluxos de caixa à taxa $r_D(1-T_c) = 0,10(1-0,35) = 0,065$, ou 6,5%. Obtém-se assim:

$$\text{VPL do } leasing = +89,02 - \frac{17,99}{1,065} - \frac{22,19}{(1,065)^2} - \frac{17,71}{(1,065)^3} - \frac{15,02}{(1,065)^4}$$

$$- \frac{15,02}{(1,065)^5} - \frac{13,00}{(1,065)^6} - \frac{10,99}{(1,065)^7}$$

$$= -0,70, \text{ ou } -\$700$$

Como o *leasing* tem um VPL negativo, a compra do ônibus será a melhor opção para a Greymare.

Um VPL positivo ou negativo não é um conceito abstrato; nesse caso, os acionistas da Greymare realmente ficariam $700 mais pobres se a empresa recorresse ao *leasing*. Vejamos como surge essa situação.

Observe novamente o Quadro 25.2. Os fluxos de caixa da locação são os seguintes:

	Ano							
	0	1	2	3	4	5	6	7
Fluxos de caixa do *leasing*, $ milhares	+89,02	−17,99	−22,19	−17,71	−15,02	−15,02	−13,00	−10,99

Os pagamentos do *leasing* são obrigações contratuais, semelhantes ao pagamento do capital e dos juros de uma dívida com garantias reais. Portanto, os incrementos nos fluxos de caixa do primeiro até o sétimo ano podem ser considerados o "serviço da dívida" do *leasing*. O Quadro 25.3 apresenta um empréstimo com serviço de dívida *exatamente* igual ao do *leasing*. O valor inicial do empréstimo é de $89,72 mil. Se a Greymare contraísse um empréstimo desse montante, teria de pagar no primeiro ano juros de $0,10 \times 89,72 = 8,97$ e *receberia* benefícios fiscais por esses juros de $0,35 \times 8,97 = 3,14$. A Greymare poderia reembolsar 12,15 do empréstimo, o que levaria a um fluxo de caixa líquido negativo de 17,99 (exatamente o mesmo que o do *leasing*) no primeiro ano, e uma dívida por pagar, no início do segundo ano, de 77,56.

À medida que acompanhamos os cálculos do Quadro 25.3, podemos verificar que custa exatamente o mesmo fazer o serviço de um empréstimo que proporcione um fluxo positivo imediato de caixa de 89,72, ou pagar um *leasing* que proporcione um fluxo de caixa de apenas 89,02. É por isso que dizemos que o *leasing* tem um valor presente líquido de $89,02 - 89,72 = 0,7$ ou $-\$700$. Se a Greymare contratar o ônibus por um *leasing*, em vez de pedir um *empréstimo equivalente*,[18] haverá $700 a menos na conta bancária dela.

O nosso exemplo ilustra dois aspectos gerais sobre contratos de *leasing* e empréstimos equivalentes. Primeiro, se conseguir conceber um plano de endividamento que produza o mesmo fluxo de caixa que o da locação em todos os períodos futuros, mas um fluxo de caixa imediato mais elevado, não deverá recorrer ao *leasing*. No entanto, se o empréstimo equivalente fornecer as mesmas saídas futuras de caixa que as da locação, mas uma entrada de caixa imediata inferior, o *leasing* será a melhor escolha.

---

[18] Você pode vir a se deparar com circunstâncias em que não é viável efetuar o desconto à taxa após os impostos, como, por exemplo, quando a alíquota fiscal sobre a empresa não é constante. Se o caminho fácil não funcionar, você sempre pode recorrer ao caminho difícil e construir um empréstimo equivalente.

QUADRO 25.3 Detalhes do empréstimo equivalente ao *leasing* proposto à Greymare Bus Lines (valores em $ milhares; as saídas de caixa são mostradas com sinal negativo)

	Ano							
	0	1	2	3	4	5	6	7
Montante do empréstimo no final do ano	89,72	77,56	60,42	46,64	34,66	21,89	10,31	0
Juros pagos a 10%		−8,97	−7,76	−6,04	−4,66	−3,47	−2,19	−1,03
Benefícios fiscais dos juros a 35%		+3,14	+2,71	+2,11	+1,63	+1,21	+0,77	+0,36
Juros pagos depois de impostos		−5,83	−5,04	−3,93	−3,03	−2,25	−1,42	−0,67
Capital reembolsado		−12,15	−17,14	−13,78	−11,99	−12,76	−11,58	−10,31
Fluxo de caixa líquido de um empréstimo equivalente	89,72	−17,99	−22,19	−17,71	−15,02	−15,02	−13,00	−10,99

Segundo, o nosso exemplo sugere dois processos de avaliar um *leasing*:

1. *Pelo caminho difícil.* Construa um quadro semelhante ao Quadro 25.3, apresentando um empréstimo equivalente.
2. *Pelo caminho fácil.* Desconte os fluxos de caixa do *leasing* à taxa de juro depois de impostos que a empresa pagaria por um empréstimo equivalente. Ambos os métodos dão a mesma resposta, que é, nesse caso, um VPL de −$700.

A história até aqui

Concluímos que o contrato de *leasing* proposto à Greymare Bus Lines *não* era atraente, porque o *leasing* fornecia um financiamento inferior em $700 ao do empréstimo equivalente. O princípio relevante é o seguinte: um *leasing* financeiro é preferível à compra e pedido de empréstimo se o financiamento obtido pelo *leasing* exceder o financiamento gerado pelo empréstimo equivalente.

O princípio implica a seguinte fórmula:

$$\text{Valor líquido do leasing} = \text{financiamento inicial obtido} - \sum_{t=1}^{N} \frac{\text{fluxo de caixa do leasing}}{[1 + r_D(1 - T_c)]^t}$$

em que N é a duração do *leasing*. O financiamento inicial obtido iguala o custo do bem locado menos qualquer pagamento imediato do *leasing* ou outras saídas de caixa imputáveis ao *leasing*.[19]

Note que o valor do *leasing* é o seu valor incremental comparado com o endividamento por meio de um empréstimo equivalente. Um valor positivo do *leasing* significa que, *caso* se adquira o bem, o financiamento pelo *leasing* é vantajoso. Ele não prova que se deva adquirir o bem.

Contudo, algumas vezes as condições favoráveis de um *leasing* podem salvar um projeto de investimento. Suponha que a Greymare tinha decidido *contra* a aquisição de um novo ônibus, porque o VPL do investimento de $100 mil era de −$5 mil, pressupondo o recurso a um financiamento normal. O fabricante do ônibus poderia salvar o negócio ao propor um contrato de *leasing* com um valor de +$8 mil, por exemplo. Ao oferecer esse contrato o fabricante baixaria o preço do ônibus para $92 mil, atribuindo ao pacote ônibus-*leasing* um valor positivo para a Greymare. Poderíamos traduzir isso de maneira mais formal, tratando o VPL do *leasing* como um efeito secundário positivo do financiamento, que se adiciona ao valor presente ajustado (VPA) do projeto:[20]

$$\text{VPA} = \text{VPL do projeto} + \text{VPL do leasing}$$
$$= -5.000 + 8.000 = +\$3.000$$

---

[19] Os princípios subjacentes à avaliação de *leasings* foram originalmente estabelecidos em S. C. Myers, D. A. Dill, and A. J. Bautista, "Valuation of Financial Lease Contracts," *Journal of Finance* 31 (June 1976), pp. 799-819; e J. R. Franks and S. D. Hodges, "Valuation of Financial Lease Contracts: A Note," *Journal of Finance* 33 (May 1978), pp. 647-669.

[20] Ver o Capítulo 19 para uma definição geral e discussão do VPA.

Repare igualmente que a nossa fórmula se aplica ao *leasing* financeiro simples. Qualquer seguro, manutenção e outros custos operacionais de responsabilidade do locador devem ser avaliados separadamente e somados ao valor do *leasing*. No fim do *leasing*, se o bem tiver um valor residual, este também dever ser considerado.

Suponha, por exemplo, que o fabricante do ônibus proponha fornecer a manutenção de rotina que, de outra maneira, custaria $2 mil por ano, depois de impostos. Contudo, o sr. Pierce reconsidera e decide que o ônibus valerá provavelmente $10 mil ao fim de oito anos. (Antes tinha partido do princípio de que o valor do ônibus seria nulo no fim do *leasing*.) Assim, o valor do *leasing* aumenta pelo valor presente da economia com a manutenção, e cai pelo valor presente da perda do valor residual.

Os valores da manutenção e do valor residual são mais difíceis de prever do que os fluxos de caixa apresentados no Quadro 25.2, pelo que, normalmente, justificam uma taxa de desconto mais elevada. Suponha que o sr. Pierce utilize 12%. Nesse caso, a economia com a manutenção terá o valor de:

$$\sum_{t=0}^{7} \frac{2000}{(1,12)^t} = \$11.100$$

O valor residual perdido é de $10.000/(1,12)^8 = \$4.000$.[21] Lembre-se de que tínhamos calculado anteriormente o valor do *leasing* como sendo de –$700. O valor revisado é, pois, –700 + 11.100 – 4.000 = $6.400. Agora, o *leasing* parece ser um bom negócio.

25.5 Quando é que o *leasing* vale a pena?

Já examinamos o valor de um *leasing* do ponto de vista do locatário. Contudo, o critério do locador é simplesmente o inverso. Desde que locador e locatário estejam no mesmo escalão fiscal, qualquer saída de caixa para o locatário representa uma entrada de caixa para o locador, e vice-versa. No nosso exemplo numérico, o fabricante do ônibus calculava os seus fluxos de caixa usando um quadro idêntico ao Quadro 25.2, mas com os sinais invertidos. O valor do *leasing* para o fabricante do ônibus seria de:

$$\text{Valor do } leasing \text{ para o locador} = -89,02 + \frac{17,99}{1,065} + \frac{22,19}{(1,065)^2} + \frac{17,71}{(1,065)^3} + \frac{15,02}{(1,065)^4}$$
$$+ \frac{15,02}{(1,065)^5} + \frac{13,00}{(1,065)^6} + \frac{10,98}{(1,065)^7}$$
$$= +0,70, \text{ ou } \$700$$

Nesse caso, os valores para o locatário e o locador anulam-se (–$700 + $700 = 0). O locador só pode ganhar à custa do locatário.

Porém, tanto o locatário quanto o locador podem ganhar se as respectivas taxas de imposto forem diferentes. Suponha que a Greymare não pagasse qualquer imposto ($T_c = 0$). Então, os únicos fluxos de caixa do *leasing* do ônibus seriam:

	Ano							
	0	1	2	3	4	5	6	7
Custo do ônibus novo	+100							
Pagamento do *leasing*	–16,9	–16,9	–16,9	–16,9	–16,9	–16,9	–16,9	–16,9

---

[21] Para simplificar, partimos do princípio de que as despesas de manutenção são pagas no início do ano e de que o valor residual seria determinado no *fim* do ano 8.

Esses fluxos seriam descontados a 10%, porque $r_D (1 - T_c) = r_D$, visto que $T_c = 0$. O valor do *leasing* é o seguinte:

$$\text{Valor do } leasing = +100 - \sum_{t=0}^{7} \frac{16,9}{(1,10)^t}$$

$$= +100 - 99,18 = +0,82, \text{ ou } \$820$$

Nesse caso, existe um ganho líquido de $700 para o locador (sujeito a uma taxa de imposto de 35%) *e* um ganho líquido de $820 para o locatário (que não paga imposto). Esse lucro mútuo é obtido à custa do governo. De um lado, o governo ganha com o contrato de *leasing*, porque pode tributar os pagamentos do *leasing*. Por outro, o contrato permite que o locador tire partido dos benefícios fiscais da depreciação e dos juros que não servem de nada ao locatário. Todavia, como a depreciação é acelerada e a taxa de juro é positiva, o governo sofre uma perda líquida no valor presente das suas receitas fiscais como consequência do *leasing*.

Agora, você já deve estar começando a compreender as circunstâncias em que o governo incorre em prejuízo no *leasing* enquanto as duas outras partes ganham. Mantidos todos os outros fatores constantes, os ganhos combinados para o locador e o locatário serão os mais elevados quando:

- A alíquota de imposto do locador for substancialmente mais elevada do que a do locatário.
- Os benefícios fiscais da depreciação forem recebidos no início do período de locação.
- O período do *leasing* for longo e o seu pagamento se concentrar no final do período.
- A taxa de juro r_D for elevada; se fosse zero, não haveria qualquer vantagem, em termos de valor presente, em diferir o imposto.

Leasings pelo mundo

Nas economias mais desenvolvidas, o *leasing* é amplamente utilizado para o financiamento de investimentos em unidades fabris e equipamentos.[22] Mas há diferenças importantes no tratamento para fins contábeis e tributários de *leasing*s financeiros de longo prazo. Por exemplo, alguns países permitem que o locador utilize os benefícios fiscais decorrentes da depreciação, como ocorre nos Estados Unidos. Em outros países é o contrário: são os locatários que reivindicam deduções pela depreciação. A prática contábil geralmente segue o mesmo.

Os *leasing*s de valor alto são essencialmente contratos internacionais. Um contrato internacional pode ser atrativo quando o locador está localizado em um país que oferece isenções generosas graças à depreciação. A transação internacional final ocorre quando *tanto* o locador *como* o locatário podem exigir deduções graças à depreciação. Empresas de *leasing* engenhosas estão na busca dessas oportunidades para obterem *vantagens superiores*. As autoridades fiscais monitoram de modo a parar essas transações.[23]

25.6 *Leasings* alavancados

Os *leasing*s de alto valor normalmente são *leasings alavancados*. A estrutura de um *leasing* alavancado é resumida na Figura 25.1. Nesse exemplo, a empresa de *leasing* (ou um grupo de diversas empresas de *leasing*) cria uma sociedade de propósito específico (*special-purpose entity* – SPE) para comprar e alugar um avião comercial. A SPE levanta até 80% do custo da aeronave contraindo empréstimos de seguradoras ou outras instituições financeiras. A empresa de *leasing* investe os 20% restantes na forma de investimento de capital próprio.

Quando o *leasing* estiver montado e funcionando, começam os seus pagamentos, que, consequentemente, geram benefícios fiscais decorrentes da depreciação e da taxa de juros. Todos (ou

---

[22] Por exemplo, em 2013, as operações de *leasing* responderam por 22% de todos os investimentos europeus em equipamentos industriais (**www.leaseurope.org**).

[23] Atualmente, nos Estados Unidos, as agências fiscais oficiais parecem estar na dianteira. A proposta de lei American Jobs Creating (JOBS) de 2004 eliminou uma grande parte dos lucros de *leasing*s internacionais.

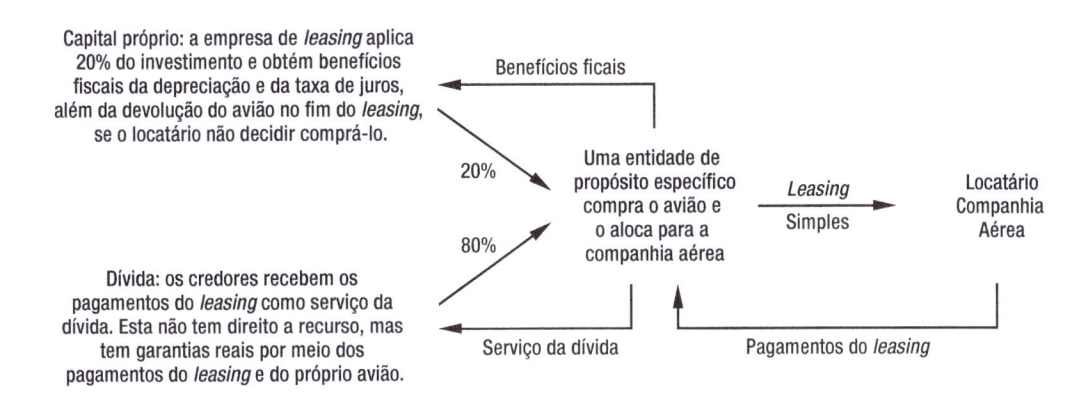

FIGURA 25.1 Estrutura de um *leasing* alavancado de aviões comerciais.

praticamente todos) os pagamentos servem ao serviço da dívida. A empresa de *leasing* não recebe nenhum fluxo de caixa até a dívida ser liquidada, mas obtém todas as deduções devidas à depreciação e aos juros, o que gera perdas fiscais que podem ser utilizadas para proteger outros rendimentos.

No final do contrato de *leasing*, a dívida é liquidada e os benefícios fiscais se exaurem. Nesse momento, o locatário tem a opção de comprar a aeronave. A empresa de *leasing* obtém o preço de compra se for exercida a opção de compra do locatário, ou, de forma contrária, recupera a posse da aeronave. (Em alguns casos, o locatário também tem uma opção de compra inicial partilhada ao longo da vigência do *leasing*).

A dívida em um *leasing* alavancado *não dá direito a recurso*. Os credores têm o primeiro direito sobre os pagamentos do *leasing* e sobre a aeronave se os locatários não conseguirem fazer pagamentos regulares, mas não têm nenhum direito sobre a empresa de *leasing*. Assim, os credores deverão depender unicamente do crédito do locatário no esquema e da aeronave como garantias.

Por conseguinte, a empresa de *leasing* investe apenas 20% do dinheiro, obtém 100% de benefícios fiscais, mas não fica na berlinda se a transação do *leasing* não der certo. Isso lhe parece um ótimo negócio? Não tire conclusões precipitadas, pois os credores exigirão uma taxa de juros mais alta em troca de prescindirem de recursos. Em mercados de títulos eficientes, o pagamento de um juro adicional para evitar recursos deveria ser uma transação de VPL nulo – caso contrário, uma das partes do contrato obteria vantagens à custa da outra. No entanto, um instrumento de dívida sem direito a recurso, como parte da estrutura global mostrada na Figura 25.1, é um método de financiamento usual e costumeiro.[24]

---

[24] Os *leasings* alavancados têm requisitos contábeis e de tributação especiais, que não abordaremos neste livro. Além disso, o investimento em capital próprio nos *leasings* alavancados pode ser de difícil avaliação, pois a série de fluxos de caixa após impostos muda mais de sinal do que nunca, e pode haver duas ou mais taxas internas de retorno (TIRs). Isso exige a utilização de taxas internas de retorno modificadas, se insistirem em utilizar TIRs. Abordamos as TIRs múltiplas e modificadas na Seção 5.3. Também veja o Problema 23 no final deste capítulo.

RESUMO

O contrato de *leasing* é apenas um acordo de aluguel de maior duração. O proprietário do equipamento (o *locador*) autoriza o utilizador (o *locatário*) a dispor do equipamento em troca do pagamento regular de parcelas de *leasing*.

Há uma ampla variedade de acordos possíveis. O contrato de *leasing* de curto prazo e suscetível de cancelamento é conhecido por *leasing operacional*: nesse caso, o locador suporta o risco de propriedade. Contratos de *leasing* de longo prazo e não passíveis de cancelamento são denominados *leasings financeiros*, *de capital* ou *de pagamento integral*. Nesses casos, o locatário suporta os riscos. O *leasing* financeiro é *fonte de financiamento* de ativos que a empresa deseja adquirir e dispor por um período prolongado.

A chave para a compreensão dos contratos de *leasing* operacional é o custo anual equivalente. Em um mercado de *leasing* competitivo, o pagamento anual de um *leasing* operacional será comprimido até o custo anual equivalente do locador. Ele é atraente para os utilizadores de equipamentos se o pagamento for inferior ao custo anual equivalente da compra do equipamento pelo *utilizador*. O *leasing* operacional faz sentido quando o utilizador necessita do equipamento somente por um curto período de tempo, quando o locador está mais bem preparado para suportar os riscos de obsolescência ou o locador pode proporcionar um bom negócio em termos de manutenção. Lembre-se, ainda, de que é frequente que o *leasing* operacional seja acompanhado de valiosas opções.

Um *leasing* financeiro abrange a maior parte da vida útil do bem alugado e não pode ser cancelado pelo locatário. Assinar um contrato de *leasing* financeiro é como assinar um empréstimo com garantia real para financiar a compra do bem locado. No *leasing* financeiro, a escolha não é "aluguel ou compra", mas "aluguel ou empréstimo".

Muitas empresas têm boas razões para recorrer ao financiamento por meio de contratos de *leasing*. Por exemplo, as empresas que não estão pagando impostos geralmente podem estabelecer um acordo favorável com um locador que paga impostos. Além disso, pode ser mais barato gastar menos tempo assinando um contrato de *leasing* padronizado do que negociar um empréstimo de longo prazo com garantia real.

Quando uma empresa contrai um empréstimo, paga sobre essa dívida a taxa de juro depois de impostos. Consequentemente, o custo de oportunidade do financiamento por *leasing* é a taxa de juro depois de impostos das obrigações da empresa. Para determinar o valor do *leasing* financeiro, é necessário descontar os fluxos de caixa adicionais do *leasing* à taxa de juro depois de impostos.

O empréstimo equivalente a um *leasing* é aquele que impõe à empresa exatamente os mesmos fluxos de caixa futuros. Quando calculamos o valor presente líquido do *leasing*, estamos medindo a diferença entre o montante do financiamento obtido com o *leasing* e o financiamento fornecido pelo empréstimo equivalente:

Valor do *leasing* = financiamento obtido com o *leasing* – valor do empréstimo equivalente

Também podemos analisar os contratos de *leasing* do ponto de vista do locador, utilizando as mesmas abordagens seguidas para o locatário. Se o locatário e o locador se situarem no mesmo escalão fiscal, terão exatamente os mesmos fluxos de caixa, mas com sinais invertidos. Por conseguinte, o locatário só pode ganhar à custa do locador, ou vice-versa. Porém, se o locatário for tributado a uma alíquota inferior à do locador, ambos podem ganhar à custa do governo. Essa é uma vantagem fiscal oportuna, pois o locador obtém benefícios fiscais da depreciação e dos juros antecipadamente no contrato.

Os *leasings* alavancados são transações de três vias que incluem o credor, bem como o locador e o locatário. Os credores adiantam até 80% do custo do equipamento locado e os locadores inteiram o restante como um investimento em capital próprio. Os credores têm prioridade sobre os pagamentos do *leasing* e sobre o ativo, mas não têm nenhum direito de recurso quanto ao capital próprio se o locatário não realizar os pagamentos. O retorno do locador deriva essencialmente dos benefícios fiscais da depreciação e dos juros, no início, e do valor do bem locado, no fim do contrato. As transações com financiamentos internacionais por *leasing* de grande valor normalmente são feitas por *leasings* alavancados.

LEITURAS ADICIONAIS

Duas obras gerais de referência sobre leasing *que podem ser úteis são:*

J. S. Schallheim, *Lease or Buy? Principles for Sound Decision Making* (Boston: Harvard Business School Press, 1994).

P. K. Nevitt and F. J. Fabozzi, *Equipment Leasing*, 4th ed. (Hoboken, NJ: John Wiley & Sons, 2008).

Smith e Wakeman discutem as justificativas econômicas para o leasing:

C. W. Smith, Jr., and L. M. Wakeman, "Determinants of Corporate Leasing Policy," *Journal of Finance* 40 (July 1985), pp. 895-908.

As opções incluídas em muitos contratos de leasing *operacional são discutidas em:*

J. J. McConnell and J. S. Schallheim, "Valuation of Asset Leasing Contracts," *Journal of Financial Economics* 12 (August 1983), pp. 237-261.

S. R. Grenadier, "Valuing Lease Contracts: A Real Options Approach," *Journal of Financial Economics* 38 (July 1995), pp. 297-331.

S. R. Grenadier, "An Equilibrium Analysis of Real Estate Leases," *Journal of Business* 78 (2005), pp. 1.173-1.214.

PROBLEMAS

BÁSICO

1. **Tipos de *leasing*** Os termos seguintes são frequentemente usados para descrever contratos de *leasing*:

    a. Direto.
    b. De serviço completo.
    c. Operacional.
    d. Financeiro.
    e. Aluguel.
    f. Simples.
    g. Alavancado.
    h. Com venda prévia (*sale and lease-back*).
    i. De pagamento integral.

    Faça a correspondência entre cada um desses termos com uma das seguintes afirmações:

    A. O período inicial do *leasing* é mais curto do que a vida útil do ativo.

    B. O período inicial do *leasing* é suficientemente longo para permitir ao locador recuperar o custo do ativo.

    C. O locador fornece a manutenção e o seguro.

D. O locatário fornece a manutenção e o seguro.

E. O locador compra o equipamento do fabricante.

F. O locador compra o equipamento do potencial locatário.

G. O locador financia o contrato de *leasing* por meio da emissão de títulos de dívida e de ações.

2. **Vantagens do *leasing*** Algumas das seguintes justificativas de uso do *leasing* são racionais. Outras são irracionais ou pressupõem mercados de capitais imperfeitos ou ineficientes. Quais das seguintes razões são as racionais?

   a. A necessidade que o locatário tem do bem locado é apenas temporária.

   b. Os locadores especializados estão em melhores condições para suportar o risco de obsolescência.

   c. O *leasing* disponibiliza um financiamento a 100% e, portanto, preserva o capital.

   d. O *leasing* permite que empresas com baixas alíquotas marginais de tributação "vendam" benefícios fiscais de depreciação.

   e. O *leasing* aumenta os lucros por ação.

   f. O *leasing* diminui os custos de transação na obtenção de financiamento externo.

   g. O *leasing* contorna as restrições aos gastos de investimento.

   h. O *leasing* pode diminuir o imposto mínimo alternativo.

3. ***Leasing* operacional** Explique por que as seguintes afirmações são *verdadeiras*:

   a. Em um mercado de *leasing* competitivo, o pagamento anual de um *leasing* operacional é igual ao custo anual equivalente para o locador.

   b. O *leasing* operacional é atraente para os utilizadores do equipamento se o pagamento total do *leasing* for inferior ao custo anual equivalente para o *utilizador*.

4. **Características do *leasing*** Verdadeiro ou falso?

   a. Os pagamentos do *leasing* são normalmente feitos no início de cada período. Por conseguinte, o primeiro pagamento é normalmente pago logo quando é assinado o contrato de *leasing*.

   b. Alguns *leasings* financeiros podem fornecer um financiamento fora do balanço.

   c. O custo do capital para um *leasing* financeiro é a taxa de juro que a empresa pagaria por um empréstimo bancário.

   d. O valor do capital de um empréstimo equivalente mais os pagamentos de juros depois de impostos igualam os fluxos de caixa do *leasing* depois de impostos.

   e. Um *leasing* financeiro só deverá ser efetuado se proporcionar um financiamento superior ao do empréstimo equivalente.

   f. Faz sentido que as empresas que não pagam impostos contratem operações de *leasing* com empresas que pagam impostos.

   g. Em igualdade de circunstâncias, o benefício fiscal líquido decorrente do *leasing* aumenta à medida que a taxa de juro nominal aumenta.

5. **Tratamento do *leasing* na falência** O que acontece se é homologado um contrato de *leasing* com um locatário falido? O que acontece se o *leasing* é rejeitado?

6. **Características do *leasing*** Como um *leasing* alavancado difere de um *leasing* financeiro simples de longo prazo? Enumere as diferenças principais.

7. **Dívida sem recurso** Os emprestadores em *leasings* alavancados detêm dívida que não tem direito a recurso. O que significa "sem recurso"? Quais são os benefícios e os custos de títulos de dívida sem recurso para os investidores em capital próprio do *leasing*?

INTERMEDIÁRIO

8. ***Leasing* operacional** A Acme ampliou suas atividades ao setor de aluguel de móveis de escritórios a empresas precursoras (*start-ups*). Pense em uma mesa de escritório de $3 mil. As mesas de escritório duram seis anos e podem ser depreciadas segundo um plano de cinco anos de depreciação acelerada (MACRS) (ver Quadro 6.4). Qual é a taxa que permite encontrar o ponto de equilíbrio de um *leasing* operacional para uma nova mesa de escritório? Parta do princípio de que as taxas de *leasing* são as mesmas para mesas velhas e para mesas novas, e de que os custos administrativos antes dos impostos da Acme são de $400 anualmente por mesa de escritório. O custo do capital é de 9%, e a alíquota de imposto é de 35%. As prestações do *leasing* são pagas antecipadamente, ou seja, no princípio de cada ano. A taxa de inflação é nula.

9. ***Leasing* financeiro** Volte ao Problema 8. Suponha que uma empresa *blue-chip* solicite um *leasing financeiro* por seis anos de uma mesa de escritório de $3 mil. A empresa acabou de fazer uma emissão de obrigações a cinco anos, a uma taxa de juro de 6% ao ano. Nesse caso, qual é a taxa que permite encontrar o ponto de equilíbrio? Considere que os custos administrativos baixam para $200 por ano. Explique por que as suas respostas para o Problema 8 e para este diferem.

10. **Inflação e *leasing*** No Problema 8, consideramos taxas idênticas de *leasing* para as mesas novas e as velhas.

    a. Como a taxa de *leasing* inicial que permite encontrar o ponto de equilíbrio varia se a taxa de inflação esperada é de 5% ao ano? Suponha que o custo *real* do capital não varie. (*Dica:* veja a discussão sobre custos anuais equivalentes no Capítulo 6.)

    b. Como a sua resposta à parte (a) muda se o desgaste pelo uso normal força a Acme a reduzir as taxas de *leasing* em 10% em termos reais para cada ano da vida de uma mesa?

11. **Mudanças tecnológicas e *leasing*** Consulte o Quadro 25.1. De que forma a taxa de *leasing* inicial que permite encontrar o ponto de equilíbrio varia se uma mudança tecnológica rápida na fabricação da limusine reduz os custos das novas limusines em 5% ao ano? (*Dica:* Discutimos

mudanças tecnológicas e custos anuais equivalentes no Capítulo 6).

12. **Leasing financeiro** Suponha que a National Waferonics esteja analisando uma proposta de *leasing* financeiro para quatro anos. A empresa elabora um quadro semelhante ao Quadro 25.2. A última linha desse quadro mostra os fluxos de caixa do *leasing*:

	Ano 0	Ano 1	Ano 2	Ano 3
Fluxo de caixa do *leasing*	+62.000	−26.800	−22.200	−17.600

Esses fluxos refletem o custo da máquina, os benefícios fiscais da depreciação e as prestações de *leasing* depois de impostos. Ignore o valor residual. Considere que a empresa pode endividar-se a 10% e que a sua alíquota marginal de imposto é de 35%.

   a. Qual é o valor do empréstimo equivalente?
   b. Qual é o valor do *leasing*?
   c. Suponha que o VPL da máquina com um funcionamento normal seja de -$5.000. A National Waferonics deve ou não investir? E deve assinar o contrato de *leasing*?

Todas as próximas questões são aplicáveis a contratos de leasing financeiro. Para responder os Problemas 13 a 17, talvez seja útil recorrer às planilhas que se encontram no recurso Beyond the Page no site loja.grupoa.com.br.

13. **Impostos e *leasing*** Analise novamente o contrato de *leasing* do ônibus descrito no Quadro 25.2.
   a. Qual é o valor do *leasing* se a alíquota marginal de imposto da Greymare for $T_c = 0,20$?
   b. Qual seria o valor do *leasing* se, para efeitos fiscais, o investimento inicial precisasse ser depreciado a quantidades iguais do ano 1 ao ano 5?

14. **Impostos e *leasing*** Na Seção 25.4, mostramos como o *leasing* proposto à Greymare Bus Lines tinha um VPL positivo de $820, se a Greymare não pagasse impostos, *e* um VPL de +$700 para um locador que pagasse impostos à alíquota de 35%. Qual é o pagamento mínimo do *leasing* que o locador poderia aceitar nessas circunstâncias? Qual é o montante máximo que a Greymare poderia pagar?

15. **Avaliação de *leasing*** Na Seção 25.5, enumeramos quatro circunstâncias em que existem vantagens potenciais decorrentes do *leasing*. Verifique-as por meio de uma análise de sensibilidade ao *leasing* da Greymare Bus Lines, partindo do princípio de que a Greymare não paga impostos. Tente um de cada vez: (a) uma alíquota de imposto de 50% (em vez de 35%) do locador, (b) uma depreciação imediata de 100% no ano 0 (em vez de uma depreciação acelerada em cinco anos), (c) um *leasing* por três anos com quatro pagamentos anuais (em vez de um *leasing* por oito anos), e (d) uma taxa de juros de 20% (em vez de 10%). Para cada caso, calcule o pagamento mínimo que satisfaça o locador e calcule o VPL para o locatário.

16. **Avaliação de *leasing*** Na Seção 25.5 afirmamos que, se a taxa de juros fosse zero, não haveria vantagem em diferir os impostos e, por conseguinte, nenhuma vantagem no *leasing*. Avalie o *leasing* da Greymare Bus Lines com um taxa de juro nula. Considere que a Greymare não paga impostos. Podem-se conceber cláusulas de *leasing* capazes de satisfazer tanto ao locatário como ao locador? (Em caso afirmativo, gostaríamos que nos contatasse.)

17. **Avaliação de *leasing*** O *leasing* com um plano variável de pagamentos chama-se *leasing estruturado*. Tente estruturar o *leasing* da Greymare Bus Lines de modo a aumentar o valor para o locatário, preservando ao mesmo tempo o valor para o locador. Considere que a Greymare não paga impostos. (*Obs.:* na prática, as autoridades fiscais autorizarão uma certa estruturação de pagamentos, mas talvez não concordem com alguns dos esquemas que possa conceber.)

18. **Avaliação de *leasing*** O Nodhead College precisa de um computador novo. Pode comprá-lo por $250 mil ou fazer um *leasing* com a Compulease. Os termos do contrato de *leasing* obrigam a Nodhead a pagar seis parcelas anuais (no início de cada período) de $62 mil. O Nodhead não paga impostos. A Compulease paga imposto à alíquota de 35%; ela pode depreciar o computador para efeitos fiscais durante cinco anos. O computador não terá valor residual no fim desse período. A taxa de juro é de 8%.
   a. Qual é o VPL da locação para o Nodhead College?
   b. Qual é o VPL para a Compulease?
   c. Qual é o ganho global originado pelo *leasing*?

19. **Avaliação de *leasing*** A Safety Razor Company tem um prejuízo considerável, passível de ser reportado em exercícios futuros para efeitos fiscais, e não espera pagar impostos nos próximos 10 anos. Por conseguinte, a empresa pretende adquirir, por meio de *leasing*, uma nova máquina no valor de $100 mil. Os termos do contrato de *leasing* preveem oito rendas anuais iguais, pagas antecipadamente. O locador pode depreciar as máquinas durante um período de sete anos, utilizando o plano de depreciação fiscal apresentado no Quadro 6.4. O valor residual da máquina, no fim de sua vida útil, é nulo. A alíquota de imposto é de 35% e a taxa de juro, de 10%. Wilbur Occam, presidente da Safety Razor, pretende saber qual é a prestação máxima que a sua empresa estaria disposta a pagar e a prestação mínima provavelmente aceita pelo locador. Você pode ajudá-lo?

20. **Tratamento de *leasing* na falência** De que forma a posição de um locador de equipamentos difere da posição de um locatário com garantias reais quando uma empresa abre falência? Considere que o empréstimo com garantias reais tivesse o equipamento locado como garantia. O que é mais bem protegido, o *leasing* ou o empréstimo? A sua resposta dependerá do valor do equipamento locado se este fosse vendido ou locado novamente?

21. **Avaliação de *leasing*** De que forma o locatário da Figura 25.1 avaliaria o VPL do *leasing*? Explique o procedimento correto para a avaliação. Em seguida, suponha que o locador queira avaliar o *leasing*. Volte a explicar o procedimento correto. (*Dica:* VPA. Como você calcularia o valor *combinado* do *leasing* para o locatário e para o locador?)

DESAFIO

22. **Avaliação de *leasing*** Foi solicitado à Magna Charter que operasse um pequeno avião Beaver para uma empresa de mineração, em explorações ao norte e oeste de Ford Liard. A Magna celebrará um contrato firme de um ano com a empresa, e espera que ele venha a ser renovado pelo período de cinco anos de duração do programa de exploração. Se a empresa de mineração renovar o contrato no ano 1, compromete-se a utilizar o avião por mais quatro anos.

    A Magna Charter tem as seguintes opções:

    - Comprar o avião por $500 mil.
    - Fazer um *leasing* operacional de um ano para o avião. A taxa de *leasing* é de $118 mil, pagos antecipadamente.
    - Fazer um *leasing* financeiro por cinco anos, não suscetível de cancelamento, à taxa de $75 mil ao ano, pagos antecipadamente.

    São operações simples de *leasing*: os custos operacionais, na sua totalidade, são da Magna Charter.

    Que conselho você daria a Agnes Magna, a presidente do conselho de administração da empresa? Para simplificarmos, considere uma depreciação linear de cinco anos para efeitos fiscais. A alíquota de imposto da empresa é de 35%. O custo médio do capital no negócio de pequenos aviões é de 14%, mas a Magna pode contrair empréstimos a 9%. A taxa de inflação esperada é de 4%.

    A Sra. Magna pensa que o avião valerá $300 mil ao fim de cinco anos. Porém, se o contrato com a empresa mineradora não for renovado (a probabilidade de isso vir a acontecer é de 20% no ano 1), o avião terá de ser vendido em curto prazo por $400 mil.

    Se a Magna Charter fizer o *leasing* financeiro por cinco anos e a empresa mineradora desistir no ano 1, a Magna poderá subalugar o avião, ou seja, alugá-lo a outro utilizador.

    Formule hipóteses adicionais, se necessário.

23. ***Leasing* e TIRs** Refaça o Quadro 25.2 na condição de um *leasing* alavancado, considerando que o locador toma emprestado $80 mil, 80% do custo do ônibus, sem recurso, a uma taxa de juro de 11%. Todas as prestações do *leasing* são devotadas ao serviço da dívida (juros e capital) até o empréstimo ser quitado. Considere que o ônibus vale $10 mil no final do *leasing*. Calcule os fluxos de caixa depois de impostos do investimento de $20 mil no capital próprio do locador. Qual é a TIR desses fluxos de caixa? Há mais de uma TIR? Como você avaliaria o investimento no capital próprio do locador?

24. **Avaliação de *leasing*** Suponhamos que o *leasing* da Greymare confira à empresa a opção de adquirir o ônibus por $1 ao final do período de contrato. Como isso afetaria o tratamento fiscal do *leasing*? Recalcule o seu valor para a Greymare e para o fabricante. Será que os pagamentos de *leasing* poderiam ser ajustados a fim de render um VPL positivo para ambas as partes?

PARTE VIII Gestão de risco

CAPÍTULO 26

Gerindo o risco

Quase sempre aceitamos o risco como uma imposição de Deus. Um projeto tem o seu beta, e não há nada a fazer. O seu fluxo de caixa está sujeito a alterações da demanda, do preço das matérias-primas, da tecnologia e de uma lista aparentemente interminável de outras incertezas. Não há nada que o gestor possa fazer quanto a isso.

Isso não é totalmente verdade. Os gestores podem evitar alguns riscos. Já vimos uma das maneiras como eles podem fazê-lo: as empresas utilizam opções reais para ganhar alguma flexibilidade. Por exemplo, uma petroquímica concebida de modo a utilizar petróleo ou gás natural como combustível reduz o risco de uma variação desfavorável dos preços relativos das matérias-primas. Para lhe dar outro exemplo, pense em uma empresa que utiliza máquinas-ferramenta padronizadas em vez de equipamento personalizado, reduzindo, assim, os custos de produção, se não vender seus produtos. Em outras palavras, o equipamento padronizado representa uma valiosa opção de abandono para a empresa.

Explicamos as opções reais no Capítulo 22. Neste capítulo, explicaremos como as empresas ainda podem utilizar contratos de natureza financeira como modo de se proteger de vários riscos. Discutiremos os prós e os contras dos seguros que protegem as empresas de determinados riscos específicos, como incêndios, inundações ou danos ambientais. Em seguida, descreveremos os contratos a termo e de futuros, que podem ser utilizados para fixar os preços futuros de mercadorias como o petróleo, o cobre ou a soja. Os contratos a termo e de futuros financeiros permitem às empresas a fixação dos preços de ativos financeiros como taxas de juros ou de câmbio. Descreveremos também os *swaps*, que são pacotes de contratos a termo.

A maior parte do capítulo descreve como os contratos financeiros podem ser utilizados para reduzir o risco dos negócios. Mas por que se preocupar? Por que os *acionistas* vão se preocupar se os lucros futuros da organização estão dependentes de variações futuras das taxas de juros, de câmbio ou dos preços das mercadorias? É precisamente por essa questão que iniciamos o capítulo.

26.1 Por que gerir o risco?

As transações financeiras feitas com o *único* objetivo de reduzir o risco não acrescentam valor em mercados perfeitos e eficientes. Por quê? Por duas razões básicas:

- *Primeira razão: a cobertura de risco* (hedging) *é um jogo de soma zero.* Uma empresa que segura ou cobre um risco não o elimina, apenas transfere o risco para outrem. Suponha, por exemplo, que um distribuidor de combustível para aquecimento faz um contrato com uma refinaria para comprar todas as entregas de óleo para aquecimento do próximo inverno por um preço fixo. Esse contrato é um jogo de soma zero, porque a refinaria perde o que o distribuidor ganha, e vice-versa.[1] Caso o preço do combustível para aquecimento se eleve no próximo inverno de maneira incomum, o distribuidor ganha por ter fixado um preço abaixo do mercado, mas a refinaria é obrigada a vender a um preço inferior ao do mercado. Inversamente, se o preço do combustível para aquecimento for especialmente *baixo*, é a refinaria que ganha, pois o distribuidor é obrigado a comprar ao preço alto que

---

[1] Na teoria dos jogos, "soma zero" significa que a soma dos resultados de todos os jogadores é igual a zero; assim, um jogador só pode ganhar o que o outro perder.

foi fixado. É óbvio que nenhum dos dois lados sabe qual será o preço no próximo inverno, no momento em que o negócio é feito. No entanto, irão considerar um leque de preços possíveis e, em um mercado eficiente, negociam um preço que seja justo (com um VPL de zero) para ambas as partes.

- *Segunda razão: a alternativa "faça você mesmo" dos investidores.* As empresas não podem aumentar o valor das suas ações fazendo transações que os investidores podem facilmente fazer por si próprios. Quando os acionistas da empresa de distribuição de combustível para aquecimento fizerem o seu investimento, possivelmente estavam conscientes dos riscos do negócio. Se não quisessem ficar expostos às variações dos preços de energia, poderiam ter sido protegidos de diversas maneiras. Podiam, por exemplo, ter comprado ações tanto da empresa de distribuição como da refinaria, e não se preocuparem com quem ganharia e quem perderia no inverno seguinte.

É claro que os acionistas só podem ajustar a sua exposição quando as empresas mantêm os investidores plenamente informados das transações que efetuam. Por exemplo, quando um grupo de bancos centrais europeus, em 1999, anunciou que limitaria suas vendas de ouro, o preço do ouro disparou imediatamente. Os investidores em empresas de extração de ouro esfregaram as mãos de felicidade perante a perspectiva de crescimento dos seus lucros. Porém, quando descobriram que algumas empresas mineradoras haviam se protegido das flutuações de preços e *não* se beneficiariam da subida de preços, o contentamento inicial passou à preocupação.[2]

Alguns acionistas dessas empresas de extração de ouro queriam contar com uma subida de preços; outros não. Mas todos eles transmitiram a mesma mensagem aos gestores. O primeiro grupo disse: "não cubram o risco! Não me importo de suportar o risco da flutuação dos preços do ouro, porque acho que os preços vão subir". O segundo grupo disse: "não cubram o risco! Prefiro ser eu a fazê-lo". Já falamos desse princípio do "faça você mesmo". Pense em outros modos de a empresa reduzir o risco. Podemos fazê-lo, por exemplo, diversificando, adquirindo outra empresa em um setor não relacionado com o seu, mas sabemos que os investidores podem diversificar e, por isso, a diversificação por parte das empresas é uma redundância.[3]

As empresas também podem diminuir o risco pedindo menos emprestado. Contudo, no Capítulo 17, mostramos que a diminuição da alavancagem financeira por si só não deixa os acionistas mais ricos nem mais pobres, porque, em vez disso, podem reduzir o risco financeiro pedindo menos empréstimos (ou concedendo mais empréstimos) por meio das suas contas pessoais. Modigliani e Miller (MM) provaram que a política de endividamento de uma empresa é irrelevante em mercados financeiros perfeitos. Poderíamos estender essa evidência para dizer que a gestão de risco é também irrelevante em mercados financeiros perfeitos.

No Capítulo 18 decidimos, obviamente, que a política de endividamento *é* relevante, não porque MM tivessem se enganado, mas por causa de outros fatores, como impostos, problemas de agência e custos de tensão financeira. Aqui, aplica-se a mesma linha de raciocínio. Se a gestão de risco afeta o valor da empresa, deve ser por causa desses "outros fatores", e não porque haja um valor intrínseco à variação do risco.

Vamos rever as razões pelas quais as transações que reduzem o risco podem fazer sentido na prática.[4]

---

[2] A notícia foi particularmente ruim para os acionistas da Ashanti Goldfields, uma importante empresa mineradora de Gana. A Ashanti tinha se colocado no outro extremo, apostando que os preços do ouro cairiam. A subida de preços registrada em 1999 quase levou a empresa à falência.

[3] Veja a Seção 7.5 e também a discussão sobre diversificação das fusões no Capítulo 31. Note que a diversificação diminui o risco global, mas não necessariamente o risco de mercado.

[4] Pode haver outras razões especiais que não estejam aqui incluídas. Por exemplo, os governos são rápidos para tributar os lucros, mas podem ser lentos para devolver os impostos em casos de perdas. Nos Estados Unidos, as perdas só podem ser deduzidas dos pagamentos de impostos nos últimos dois anos. Quaisquer perdas que não possam ser descontadas dessa maneira são transportadas para outros anos e utilizadas como benefícios em caso de lucros futuros. Assim, uma empresa com lucros voláteis e perdas mais frequentes tem uma alíquota de impostos efetiva mais elevada. A empresa pode diminuir as flutuações dos seus lucros pelas operações de cobertura de risco (*hedging*). Muitas empresas não dão grande importância a esse motivo para reduzirem o risco. Ver J. R. Graham and C. W. Smith, Jr., "Tax Incentives to Hedge," *Journal of Finance* 54 (December 1999), pp. 2.241-2.262.

Diminuição do risco de dificuldades de caixa ou tensões financeiras

As transações que reduzem o risco simplificam o planejamento financeiro e diminuem as probabilidades de uma situação embaraçosa em termos de caixa. Tal situação poderia implicar apenas um deslocamento inesperado ao banco, mas o pior pesadelo de um gestor financeiro é atravessar uma situação financeira complicada e ter de abdicar de uma valiosa oportunidade de investimento por falta de fundos. Em casos extremos, um revés não devidamente coberto poderia desencadear tensões financeiras ou até a falência.

Os bancos e credores reconhecem esses perigos. Eles tentam manter-se a par de todos os riscos da empresa e, antes de concederem um empréstimo, podem obrigá-la a fazer um seguro ou a implementar programas de cobertura de risco. A gestão de risco e o financiamento conservador são, por isso, coisas que se substituem, e não que se complementam. Ou seja, uma empresa pode cobrir uma parte do seu risco para desenvolver com segurança a sua atividade com um índice de endividamento mais elevado.

Os gestores financeiros mais hábeis garantem sempre que terão fundos (ou um financiamento rápido) disponíveis para o caso de as oportunidades de investimento se expandirem. No entanto, a feliz coincidência de existirem fundos e oportunidades de investimento não implica necessariamente a cobertura de risco. Comparemos estes dois exemplos.

A *Cirrus Oil* produz a partir de vários campos petrolíferos e também investe na descoberta e no desenvolvimento de novos campos. Ela deverá garantir as receitas futuras com base nos campos que tem atualmente, cobrindo o risco da variação do preço do petróleo? Talvez não, pois as suas oportunidades de investimento aumentam quando o preço do petróleo sobe, e diminuem quando o preço cai. Fixar o preço do petróleo pode deixá-la com muito caixa disponível quando o preço do petróleo cair e, quando o preço subir, deixar fundos insuficientes para as oportunidades de investimento.

A *Cumulus Pharmaceuticals* vende seus produtos em todo o mundo, e metade das suas receitas são em moeda estrangeira. A maior parte das suas atividades de P&D ocorre nos Estados Unidos. A empresa deverá cobrir pelo menos uma parte da sua exposição cambial? Talvez sim, porque os programas de P&D da indústria farmacêutica são investimentos de longo prazo e muito altos. A Cumulus não pode pôr em marcha ou suspender o seu programa de P&D conforme os seus lucros em determinado ano e, por isso, pode querer estabilizar os fluxos de caixa por um plano de cobertura de risco de flutuações cambiais.

Os custos de agência podem ser mitigados pela gestão de risco

Em alguns casos, a cobertura de risco pode tornar mais fácil monitorar e motivar os gestores. Suponha que a divisão de confeitaria de sua empresa consiga um aumento de 60% nos lucros em um ano em que o preço do cacau tenha baixado 12%. O gestor dessa divisão merece um sermão ou um tapinha nas costas? Que parte do lucro será resultado de uma boa gestão e que parte corresponde à queda do preço do cacau? Se o preço do cacau estiver coberto, os lucros provavelmente serão resultado de uma boa gestão. Se não estiver, você terá de analisar a situação *a posteriori*, talvez perguntando: "Quais teriam sido os lucros se o preço do cacau estivesse coberto?"

As flutuações do preço do cacau estão fora do controle do gestor, mas ele certamente se preocupará se o seu resultado final e os seus bônus dependerem dele. Com a cobertura do risco da flutuação de preço, seus bônus se aproximarão mais de riscos que ele pode controlar e lhe permite passar de outra maneira o tempo que gastaria se preocupando com esses riscos.

A cobertura dos riscos externos que poderiam afetar os gestores individualmente não implica, necessariamente, que a própria *empresa* cubra os seus riscos. Algumas empresas de grande porte permitem que as suas divisões operacionais cubram os riscos em um "mercado" interno, o qual funciona com preços do mercado real (externo), transferindo os riscos de uma divisão para o departamento financeiro da empresa. Compete então ao diretor financeiro decidir se deve ou não cobrir a exposição global da organização.

Esse tipo de mercado interno justifica-se por duas razões. Em primeiro lugar, os riscos de uma divisão podem compensar os de outra. Por exemplo, a divisão de refinaria da sua empresa pode se beneficiar de um aumento dos preços do combustível para aquecimento, ao mesmo tempo que esse aumento tem um impacto negativo sobre a divisão de distribuição. Em segundo lugar, uma vez que os gestores operacionais não negociam contratos financeiros reais, não há perigo de que os gestores levem as empresas a assumir posições especulativas. Suponha, por exemplo, que os lucros baixem quando o final do ano se aproxima, e a esperança de receber um bônus começa a se desvanecer. Você se sentiria tentado a compensar essa queda nos lucros com uma aposta rápida no mercado de futuros do cacau? Bem... claro que não será assim com você, mas talvez conheça algumas pessoas dispostas a tentar uma manobra especulativa.

Os perigos de permitir que os gestores operacionais façam manobras especulativas são óbvios. O gestor da divisão de confeitaria da sua empresa é um amador no que diz respeito ao mercado de futuros do cacau. Se fosse um corretor profissional muito experiente, provavelmente não estaria chefiando uma fábrica de chocolates.[5]

A gestão de risco exige certo nível de centralização. Nos dias de hoje, muitas empresas nomeiam um diretor executivo de risco para que desenvolva uma estratégia de risco para a organização como um todo. Esse profissional deve responder às perguntas a seguir:

1. *Quais são os riscos mais importantes que a empresa está enfrentando e quais são suas possíveis consequências?* Alguns riscos não merecem sequer um período de reflexão, mas há outros que podem provocar um grave revés ou, inclusive, a falência da organização.

2. *A empresa recebe algo em troca correndo esses riscos?* Os gestores não são pagos para evitar todos os riscos, mas podem reduzir sua exposição a riscos para os quais não há benefícios correspondentes ou para os quais podem se dar ao luxo de fazer apostas mais altas quando as probabilidades estão a seu favor.

3. *Como os riscos devem ser controlados?* A empresa deveria reduzir o risco introduzindo flexibilidade extra em suas operações? Deveria mudar sua alavancagem operacional ou financeira? Ou deveria fazer seguro ou proteção contra riscos particulares?

Evidências sobre a gestão de risco

Quais empresas utilizam contratos financeiros para gerir o risco? Quase todas o fazem em maior ou menor grau. Por exemplo, podem ter contratos que fixam o preço das matérias-primas ou da produção, pelo menos no futuro próximo. A maioria contrata apólices de seguro contra incêndios, acidentes ou roubo. Além disso, como veremos, os gestores aplicam várias ferramentas especializadas para cobrir o risco, as quais são conhecidas coletivamente como *derivativos*. Uma pesquisa com as 500 empresas mais influentes do mundo descobriu que a maior parte delas utiliza derivativos para gerir os seus riscos.[6] Oitenta e três por cento das empresas empregam derivativos para controlar o risco da taxa de juros; 88% delas os empregam para controlar o risco de câmbio e 49% para controlar o risco de variações no preço de mercadorias.

As políticas de risco diferem. Por exemplo, algumas empresas de exploração de recursos naturais se esforçam para cobrir a sua exposição a flutuações de preços; outras encolhem os ombros e deixam os preços variar a seu bel-prazer. Não é fácil explicar por que umas cobrem os riscos e outras não. O estudo de Peter Tufano sobre a indústria mineradora sugere que a aversão pessoal dos gestores ao risco pode ter algo a ver com isso. A cobertura contra as flutuações do preço do ouro parece ser mais comum quando os administradores têm muitas ações da própria empresa. É menos comum quando os administradores têm muitas *stock options*. (Lembre-se de que o valor de uma opção cai quando o risco do ativo subjacente diminui.) O estudo de David Haushalter sobre os produtores de petróleo e gás concluiu que as empresas com maior cobertura de risco eram as que tinham um índice de endividamento maior, não tinham notação de risco para a dívida e pagavam dividendos baixos. Aparentemente, os programas de cobertura de risco se destinavam a melhorar o acesso das empresas ao financiamento da dívida e a diminuir a probabilidade de ocorrerem dificuldades financeiras.[7]

---

[5] A especulação por amadores torna-se duplamente perigosa quando as primeiras operações do gestor dão prejuízo. Nesse momento, o gestor já está em maus lençóis e não tem mais nada a perder arriscando tudo. Numa situação como essa, pode-se dizer que ele está "apostando em uma redenção".

[6] International Swap Dealers Association (ISDA), "2003 Derivatives Usage Survey". **www.isda.org**.

[7] Ver P. Tufano, "The Determinants of Stock Price Exposure: Financial Engineering and the Gold Mining Industry," *Journal of Finance* 53 (June 1998), pp. 1.014-1.052; e G. D. Haushalter, "Financing Policy, Basis Risk and Corporate Hedging," *Journal of Finance* 55 (February 2000), pp. 107-152.

26.2 Seguros

A maior parte das empresas adquire seguros contra vários imprevistos: o risco de sua fábrica ser destruída por um incêndio; de seus navios, aviões ou veículos serem envolvidos em acidentes; o risco de a empresa ser considerada culpada por danos ambientais etc.

Quando uma empresa faz um seguro, está simplesmente transferindo o risco para a companhia de seguros, que tem algumas vantagens em aceitar os riscos. Em primeiro lugar, podem ter uma experiência considerável no seguro de riscos semelhantes, por isso estão em boa posição para estimar as probabilidades de ocorrência de perdas e estabelecer um preço preciso para o risco. Em segundo lugar, podem ter competência para aconselhar a empresa com relação às medidas que pode tomar para reduzir o risco e oferecer prêmios mais baixos às empresas que aceitam esses tipos de conselhos. Em terceiro lugar, uma companhia de seguros pode *diversificar* os riscos por meio de uma grande e variada carteira de apólices. As indenizações relativas a uma apólice individual podem ser extremamente incertas, mas as indenizações relativas a uma carteira de apólices podem ser muito estáveis. É óbvio que as companhias de seguros não podem diversificar os riscos do mercado ou macroeconômicos; as empresas geralmente utilizam as apólices de seguro para reduzir o seu risco diversificável, e encontram outras maneiras de evitar os riscos macroeconômicos.

As companhias de seguros também sofrem algumas *desvantagens* por aceitarem o risco; que se refletem nos preços que cobram. Suponha que a sua empresa é proprietária de uma plataforma petrolífera no valor de $1 bilhão. Um meteorologista avisou-lhe que as probabilidades de, em um ano qualquer, a plataforma ser destruída por uma tempestade são de 1 em 10 mil. Assim, as perdas esperadas no resultado dos danos causados pela tempestade são de $1 bilhão/10.000 = $100.000.

O risco dos danos causados pela tempestade não é, quase certamente, um risco macroeconômico, e potencialmente poderá ser diversificado. Assim, você poderia esperar encontrar uma companhia de seguros disposta a segurar a plataforma contra tal destruição, desde que o prêmio fosse suficiente para cobrir os danos esperados. Em outras palavras, o prêmio justo para segurar a plataforma seria de $100 mil por ano,[8] que transformaria o seguro em um negócio de VPL nulo para a sua organização. Infelizmente, nenhuma seguradora lhe proporia uma apólice de apenas $100 mil. Por que não?

- *Primeira razão: custos administrativos.* Uma companhia de seguros, como qualquer outra empresa, incorre em diversos custos com a contratação do seguro e a gestão das indenizações. Por exemplo, a discussão das responsabilidades por um dano ambiental pode consumir milhões de dólares em despesas legais. As companhias de seguros têm de incluir esses custos no cálculo dos seus prêmios.

- *Segunda razão: seleção adversa.* Suponha que uma companhia de seguros proponha apólices de seguros de vida "sem exame médico e sem qualquer questionário". Não oferecemos prêmios a quem quiser adivinhar quais serão as pessoas mais tentadas a fazer esse seguro. O nosso exemplo é um caso extremo do problema de *seleção adversa*. A menos que a companhia de seguros consiga distinguir entre bons e maus riscos, serão sempre os maus que você optará em segurar. As companhias de seguros aumentam os prêmios para compensar esse fato ou exigem que os proprietários compartilhem quaisquer prejuízos.

- *Terceira razão: acidente moral.* Dois agricultores estão na estrada a caminho da cidade. "George", disse um deles, "lamento muito o incêndio que destruiu o seu celeiro". "Cale-se", respondeu o outro, "isso será amanhã à noite". Essa história é um exemplo de outro problema que as companhias de seguros enfrentam, o *acidente moral*. Logo que um risco é segurado, o proprietário pode ser menos cuidadoso em precaver-se devidamente contra os danos. As companhias de seguros estão conscientes disso e refletem essa possibilidade no preço.

As formas extremas de seleção adversa e acidente moral (como o incêndio no celeiro do agricultor) raramente se encontram no mundo profissional das finanças empresariais, mas esses problemas surgem de modos mais sutis. A plataforma petrolífera pode não ser um "mau risco",

---

[8] Se o prêmio for pago no princípio do ano e a indenização só no final, o prêmio de VPL nulo é igual ao valor descontado da indenização esperada, ou $100.000/(1 + r)$.

mas a empresa petrolífera conhece melhor os pontos fracos da plataforma do que a companhia de seguros. A empresa petrolífera não vai abrir rombos de propósito na plataforma, mas, depois de estar segurada, pode sentir-se tentada a economizar na manutenção ou no reforço de algumas estruturas. Assim, a companhia de seguros pode acabar pagando estudos de engenharia ou um programa de monitoramento da manutenção. Todos esses custos serão incluídos no prêmio de seguro.

Quando os custos administrativos, de seleção adversa e de acidente moral são pequenos, o seguro pode estar próximo de uma transação de VPL nulo. Quando são grandes, o seguro pode ser uma maneira onerosa de proteção contra riscos.

Muitos itens cobertos por seguros podem ser *riscos súbitos*; em um dia não há uma única nuvem no céu e no dia seguinte abate-se um furacão. E esses riscos podem ser enormes. Por exemplo, o ataque ao World Trade Center, no dia 11 de setembro de 2001, custou quase $36 bilhões às companhias seguradoras, o *tsunami* japonês envolveu pagamentos de $35–$40 bilhões e o furacão Katrina custou às seguradoras um valor recorde de $66 bilhões.

Se os prejuízos com esses desastres pudessem ser compartilhados mais amplamente, o custo dos seus seguros iria declinar. Por isso, as seguradoras têm procurado maneiras de partilhar os riscos de catástrofes com os investidores. Uma das soluções é as empresas emitirem *obrigações-catástrofe* (ou *Cat bonds*). Caso ocorra uma catástrofe, o pagamento sobre uma *Cat bond* é reduzido ou eliminado.[9] Por exemplo, em 2014 a State Farm Insurance emitiu esses tipos de obrigações em um valor total de $300 milhões. As obrigações cobrem a State Farm por três anos contra quaisquer perdas que excederem um patamar específico resultante de terremotos nos Estados Unidos.

26.3 Redução do risco com opções

Os gestores normalmente compram opções em moedas estrangeiras, taxas de juros e mercadorias para limitar o risco de uma queda em seus preços. Considere, por exemplo, o problema enfrentado pelo governo do México. Trinta por cento de suas receitas são provenientes da Pemex, a empresa estatal de petróleo. Por isso, quando os preços do petróleo caem, o governo pode ser obrigado a reduzir os seus gastos orçamentários.

A solução do governo foi preparar uma cobertura anual contra uma possível queda no preço do petróleo. Ao final de 2014, por exemplo, o governo mexicano adquiriu opções de *venda* sobre o direito de vender 228 milhões de barris de petróleo durante o ano seguinte a um preço de exercício de $76,40 poxr barril. Se o preço do petróleo subisse acima desse limite, o México colheria os benefícios, mas se os preços caíssem abaixo desse limite inferior, o rendimento com as opções de venda compensaria exatamente a queda nas receitas. Na verdade, as opções estabeleceram um piso de $76,40 por barril para o valor do seu petróleo. É claro que a cobertura não saiu de graça. O governo mexicano divulgou ter gasto $773 milhões para adquirir os contratos.

A Figura 26.1 ilustra a natureza da estratégia de seguro do México. O Diagrama (*a*) mostra a receita proveniente da venda de 228 milhões de barris de petróleo. Quando o preço do petróleo sobe ou desce, o mesmo ocorre com as receitas do governo. O Diagrama (*b*) exibe o retorno para as opções do governo de vender 228 milhões de barris a $76,40 por barril. O retorno sobre essas opções aumenta quando os preços do petróleo

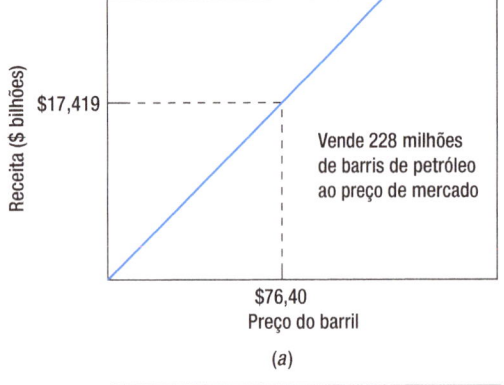

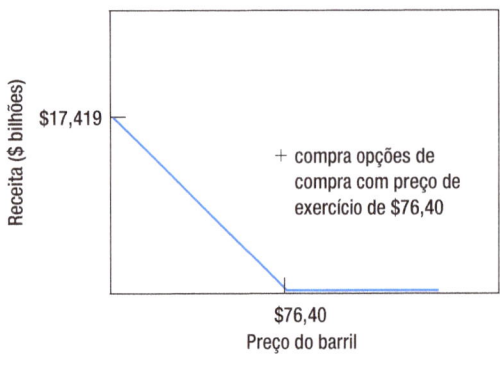

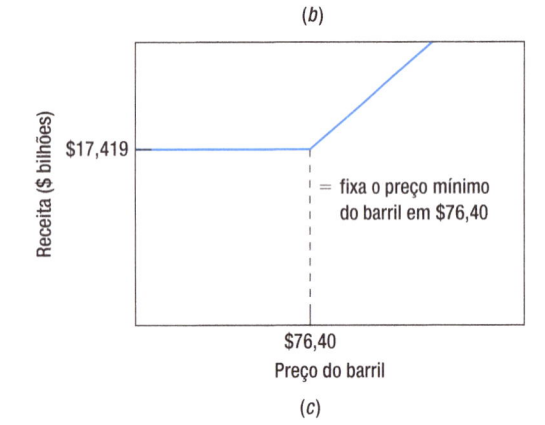

▶ **FIGURA 26.1** Como as opções de venda protegeram o México contra uma queda nos preços do petróleo.

---

[9] Para uma discussão sobre as obrigações catástrofe e outras técnicas de disseminação de risco ao seguro, ver N. A. Doherty, "Financial Innovation in the Management of Catastrophe Risk," *Journal of Applied Corporate Finance* 10 (Fall 1997), pp. 84-95; e K. Froot, "The Market for Catastrophe Risk: A Clinical Examination," *Journal of Financial Economics* 60 (2001), pp. 529-571.

baixam de $76,40 por barril. Esse retorno compensa exatamente qualquer declínio nas receitas com petróleo. O Diagrama (c) apresenta as receitas totais do governo após ter comprado as opções de venda. Para preços abaixo de $76,40, as receitas são fixadas em 228 X $76,40 = $17.419 milhões. Mas para cada aumento de um dólar acima de $76,40, as receitas aumentam em 228 milhões. O perfil do Diagrama (c) lhe deve ser familiar. Ele representa os retornos para a estratégia de venda protetora que encontramos pela primeira vez na Seção 20.2.[10]

26.4 Contratos a termo e futuros

A cobertura de risco requer que se assuma um risco para compensar outro; consegue potencialmente remover toda a incerteza, eliminando a probabilidade de surpresas tanto felizes como infelizes. Vamos explicar como se estabelece uma cobertura de risco, mas primeiro daremos alguns exemplos e descreveremos algumas das ferramentas especialmente concebidas para cobertura de risco. Referimo-nos aos contratos a termo, aos contratos de futuros e aos *swaps*. Juntamente com as opções, eles são designados por *instrumentos derivativos* ou simplesmente *derivativos*, porque o seu valor depende do valor de outro ativo.

Um contrato a termo simples

Vamos começar com um exemplo de um **contrato a termo** simples. A Arctic Fuels, uma empresa de distribuição de combustível para aquecimento, está planejando entregar aos seus clientes quase um milhão de galões de combustível para aquecimento em janeiro próximo. A empresa está preocupada com a possível subida do preço do combustível no próximo inverno e quer fixar o preço de compra do insumo de que necessita. A Northern Refineries está na posição oposta: vai produzir combustível para aquecimento no próximo inverno, mas não sabe a qual preço o combustível será vendido. As duas empresas fazem, então, um acordo: a Arctic Fuels concorda em comprar, em setembro, um milhão de galões de combustível da Northern Refineries a $2,40 por galão, pagando a entrega em janeiro. A Northern concorda em vender e entregar um milhão de galões à Arctic em janeiro por $2,40 por galão.

As duas empresas são, agora, duas *contrapartes* em um contrato a termo. O **preço a termo** é $2,40 por galão. O preço é fixado hoje, em setembro segundo o nosso exemplo, mas o pagamento e a entrega ocorrerão mais tarde. (O preço para entrega imediata é conhecido como **preço à vista**, ou *spot*.) A Arctic, que aceitou *comprar* em janeiro, tem a posição *comprada* no contrato. A Northern Refineries, que aceitou *vender* em janeiro, tem a posição *vendida*.

Podemos encarar as posições comprada e vendida de cada contraparte em formato de balanço contábil, com as posições compradas do lado esquerdo (ativo) e as posições vendidas do lado direito (passivo).

Northern Refineries			Arctic Fuels	
Comprado:	Vendido:		Comprado:	Vendido:
Produção futura = 1 milhão de galões	Contrato a termo para vender a $2,40 por galão	Contrato a termo	Contrato a termo para comprar a $2,40 por galão	Precisará de 1 milhão de galões

A Northern Refineries começa com uma posição comprada, porque irá produzir combustível para aquecimento. A Arctic Fuels inicia com uma posição vendida, porque precisará comprar para abastecer seus clientes. O contrato a termo cria uma posição vendida compensadora para a Northern Refineries e uma posição comprada compensadora para a Arctic Fuels. As compensações fazem com que cada uma das contrapartes acabe por fixar um preço de $2,40, aconteça o que acontecer nos preços futuros à vista.

---

[10] A posição do governo mexicano em termos de opções foi um pouco mais complicada do que a nossa descrição. Para uma parte da sua produção, ele concordou em levar prejuízo caso os preços caíssem abaixo de $60 por barril. Para essa porção da produção, as receitas do governo estavam protegidas apenas contra preços entre $60 e $80.

PRÁTICA FINANCEIRA

Os prós e contras de cobrir os riscos dos custos com combustíveis de uma companhia aérea

O combustível de aviões a jato é um dos principais custos arcados por uma companhia aérea. Por exemplo, em 2014 as compras de querosene representaram cerca de 20% dos custos operacionais da empresa aérea alemã Lufthansa. Os custos do combustível para motores a jato são notoriamente voláteis, aumentando de 1,26 o galão no início de 2009 para $3,26 no segundo trimestre de 2012, antes de caírem de volta para $1,50 em janeiro de 2015. Por isso, a Lufthansa, a exemplo de muitas empresas aéreas, utiliza inúmeros instrumentos de mercado, tais como contratos a termo e opções, para se proteger contra as variações inesperadas nos preços dos combustíveis. No início de 2014, tinha protegido 76% de suas necessidades de combustível para aquele ano e 30% para as necessidades do ano seguinte.

Carter, Rogers e Simkins, que conduziram um estudo sobre a proteção contra riscos das empresas aéreas norte-americanas, concluíram que os investidores colocavam um prêmio sobre as empresas aéreas, tais como a Lufthansa, que protegiam seus custos com combustíveis. A justificativa para a existência desse prêmio – eles sugeriram – era que as empresas aéreas podem ser levadas a cortar investimentos rentáveis quando os preços dos combustíveis são elevados e os fluxos de caixa operacionais são baixos. Uma empresa dessas que esteja protegida contra o risco da subida dos preços dos combustíveis está em uma posição melhor para se beneficiar das oportunidades de investimento.

A proteção em si tem suas vantagens, mas também comporta alguns perigos. Um problema é que se os preços dos combustíveis caem, aquelas empresas aéreas que fizeram contratos para cobrir suas futuras necessidades de combustível sofrerão prejuízos nos contratos. Se compraram os contratos em uma bolsa de futuros, será necessário aplicar dinheiro como colateral para cobrir esses prejuízos. Isso foi o que ocorreu para várias empresas do setor quando os preços dos combustíveis tiveram um aumento elevado na segunda metade de 2008. Em um artigo da *Aviation Week*, Adrian Schofield observou que, ao final de 2008, a Delta e a United Airlines tinham individualmente cerca de $1 bilhão em caixa amarrado como garantia do *hedging*. Esses valores eram difíceis de ser encontrados quando as condições de concessão de crédito nos Estados Unidos não estavam nada boas.

Schofield sugeriu uma cautela adicional para os potenciais garantidores de risco: "a concorrência entre as companhias aéreas que pagam preços inferiores pelo combustível de aviões a jato deve provocar uma redução nas tarifas. Quando acontece esse fenômeno, menores custos dos combustíveis são equilibrados por menores receitas, e as perdas nos contratos de *hedging* recaem diretamente sobre o resultado final. Os custos repassados aos clientes são naturalmente protegidos". Normalmente, é repassada somente uma parte do aumento dos custos, de forma que a proteção natural continua parcial. Todavia, uma organização deve ser bastante cuidadosa com a adição de uma transação de cobertura financeira a uma proteção natural. Isso pode exacerbar e aumentar o risco em vez de reduzi-lo.

Fontes: D. A. Carter, D. A. Rogers, and B. J. Simkins, "Hedging and Value in the U.S. Airline Industry", *Journal of Applied Corporate Finance* 18 (Fall 2006), pp. 21-33; e A. Schofield, "High Anxiety", *Aviation Week & Space Technology*, February 2, 2009, pp. 24-25.

Não confunda esse contrato a termo com uma opção. A Arctic não tem a opção de compra. Ela comprometeu-se a comprar, mesmo que em janeiro os preços à vista sejam muito inferiores a $2,40 por galão. A Northern não tem a opção de venda e não pode desistir do negócio, mesmo que em janeiro os preços à vista sejam muito superiores a $2,40 por galão. Note, contudo, que tanto a empresa distribuidora como a refinaria têm de se preocupar com o *risco da contraparte*, ou seja, o risco de a outra parte não cumprir o que prometeu.

Confessamos que esse nosso exemplo do óleo para aquecimento evita falar de diversas complicações. Por exemplo, partimos do princípio de que o risco de ambas as empresas é reduzido pela fixação do preço do produto. Mas suponha que o preço de varejo do óleo para aquecimento oscile com a venda no atacado do produto. Nesse caso, o distribuidor está naturalmente protegido, pois os custos e as receitas correm juntas. Fixar os custos com um contrato de futuros poderia efetivamente tornar os lucros do distribuidor *mais* voláteis. O quadro "Prática Financeira" acima ilustra que as decisões de proteção contra o risco nem sempre são simples.

Bolsas de futuros

A nossa distribuidora de óleo para aquecimento e a refinaria não têm de negociar um contrato único entre as duas partes. Cada uma delas pode recorrer a uma bolsa onde sejam negociados contratos a termo padronizados sobre combustível para aquecimento. A empresa de distribuição adquire contratos e a refinaria os vende.

Nessa matéria, nos deparamos com um vocabulário um pouco traiçoeiro. Quando um contrato a termo padronizado é negociado em uma bolsa, é designado por **contrato de futuros** – trata-se do mesmo contrato, mas com um nome diferente. A bolsa é denominada **bolsa de futuros**. A diferença entre "futuros" e "a termo" não se aplica ao contrato, mas à forma como o contrato é negociado. A seguir, descreveremos as transações com futuros.

O Quadro 26.1 indica alguns dos principais contratos de futuros mercantis e as bolsas onde são negociados.[11] A refinaria e a empresa de distribuição do nosso exemplo podem negociar contratos futuros de óleo para aquecimento na New York Mercantile Exchange (Nymex). Uma empresa madeireira e uma empresa de construção civil podem negociar futuros de madeira na Chicago Mercantile Exchange (CME). Uma fazenda de trigo e uma empresa de moagem podem negociar futuros de trigo na Chicago Board of Trade (CBOT) ou em uma bolsa regional de menor dimensão.

Para muitas empresas, as grandes variações nas taxas de juro e de câmbio tornaram-se, no mínimo, uma fonte de risco tão importante quanto as variações dos preços das mercadorias. Os futuros financeiros assemelham-se aos futuros mercantis, mas em vez de incorporarem uma ordem

QUADRO 26.1 Alguns futuros mercantis e algumas das bolsas onde são negociados

Futuro	Bolsa	Futuro	Bolsa
Milho	CBOT, DCE	Alumínio	LME, SHFE
Trigo	CBOT	Cobre	COMEX, LME, MCX, SHFE
		Ouro	COMEX, MCX
Óleo de palma	DCE	Chumbo	LME, MCX
Soja	CBOT, DCE	Níquel	LME, MCX
Farinha de soja	CBOT, DCE	Prata	COMEX, MCX
Óleo de soja	CBOT, DCE	Estanho	LME
		Zinco	LME, SHFE
Boi gordo	CME		
Suínos	CME	Petróleo bruto	ICE, MCX, NYMEX
		Gás	ICE
Cacau	LIFFE	Combustível para aquecimento	NYMEX
Café	ICE	Gás natural	ICE, NYMEX
Algodão	ICE	Gasolina sem chumbo	NYMEX
Madeira	CME		
Suco de laranja	ICE	Eletricidade	NYMEX
Borracha	SHFE		
Açúcar	ICE, ZCE		

Principais abreviações:
CBOT   Chicago Board of Trade
CME   Chicago Mercantile Exchange
COMEX Commodity Exchange Divison
DCE   Dalian Commodity Exchange (China)
ICE   Intercontinental Exchange
LIFFE ICE LIFFE
LME   London Metal Exchange
MCX   Multi Commodity Exchange (Índia)
NYMEX New York Mercantile Exchange
SHFE   Shanghai Futures Exchange
ZCE   Zhengzhou Commodity Exchange

---

[11] No momento em que você estiver lendo isso, a lista de contratos futuros estará certamente desatualizada, pois os contratos que não têm êxito são eliminados, e novos contratos estão sendo introduzidos. A lista das bolsas de futuros também pode estar desatualizada. Tem havido uma porção de fusões nos últimos anos. Em julho de 2007, a CME e a CBOT se fundiram para formar o CME Group, e no ano seguinte o grupo adquiriu a NYMEX Holdings, que operava as bolsas NYMEX e COMEX. Ainda em 2007, a International Exchange (ICE) adquiriu a New York Board of Trade e a NYSE se fundiu com a Euronext, que era proprietária da bolsa de futuros LIFFE. Seis anos depois, a NYSE Euronext foi por sua vez adquirida pela ICE, que manteve os negócios de futuros da Euronext, mas os separando de suas operações em bolsa de valores.

de compra ou de venda de uma mercadoria em uma data futura, constituem uma ordem de compra ou de venda de um ativo financeiro em uma data futura. O Quadro 26.2 indica alguns futuros financeiros importantes. Ele está longe de ser um quadro exaustivo. Por exemplo, você também poderá negociar futuros sobre o índice de mercado da bolsa tailandesa, o florim húngaro, as obrigações do Tesouro finlandês e muitos outros ativos financeiros.

Praticamente todos os dias algum novo contrato de futuros parece que é inventado. A princípio, pode existir alguns contratos privados entre um banco e seus clientes, mas se a ideia for comprovadamente popular, uma das bolsas de futuros tentará se intrometer no negócio. Por exemplo, nos últimos anos, a Chicago Mercantile Exchange tem oferecido contratos de futuros sobre a condição climática em 24 cidades norte-americanas.

A mecânica das transações com futuros

Quando você compra ou vende um contrato futuro, o preço é fixado hoje, mas o pagamento será feito mais tarde. Contudo, será exigido que você faça o depósito de uma **margem** sob a forma de disponibilidades ou de títulos do Tesouro, para demonstrar que tem o dinheiro para honrar a sua parte no negócio. Desde que esteja auferindo juros sobre os títulos depositados como margem, você não terá nenhum custo.

Além disso, os contratos futuros são diariamente reavaliados ao preço do mercado (*marked to market*). Isso quer dizer que, em cada dia, são determinados os ganhos ou as perdas no contrato; pagam-se à bolsa as eventuais perdas e recebem-se os eventuais ganhos. Por exemplo, suponha que, em setembro, a Arctic Fuels compre um milhão de galões de combustível para aquecimento em contratos de futuros para janeiro, ao preço de $2,40 por galão. No dia seguinte, o preço do contrato para janeiro sobe para $2,44 por galão. A Arctic tem um lucro de $0,04 × 1.000.000 = $40.000. Como resultado, a Câmara de Compensação da bolsa paga $40 mil à conta margem da Arctic. Se, posteriormente, o preço cair para $2,42, a conta margem da Arctic paga $20 mil à Câmara de Compensação da bolsa.

Claro que a Northern Refineries está na posição oposta. Suponha que ela venda um milhão de galões de combustível para aquecimento em contratos de futuros para janeiro ao preço de $2,40 por galão. Se o preço subir para $2,44 por galão, a empresa perde $0,04 × 1.000.000 = $40.000, e terá de pagar esse montante à Câmara de Compensação. Repare que nem a empresa de distribuição nem a refinaria têm de se preocupar em saber se a outra parte honrará a sua parte do negócio. A bolsa de futuros garante os contratos e protege-se, liquidando diariamente os ganhos e as perdas. A transação de futuros elimina o risco da contraparte.

Vejamos agora o que ocorre ao longo da vida do contrato de futuros. Partimos do princípio de que a Arctic e a Northern assumem posições compradas e vendidas que se anulam mutuamente

QUADRO 26.2 Alguns futuros financeiros e algumas bolsas onde são negociados

Futuro	Bolsa	Futuro	Bolsa
Obrigações do Tesouro dos Estados Unidos	CBOT	Depósitos em euro-ienes	CME, SGX e TFX
Notas do Tesouro dos Estados Unidos	CBOT		
Obrigações do governo alemão (bunds)	Eurex	Índice S&P 500	CME
Obrigações do governo japonês (JGBs)	CME, SGX, TSE	Índice acionário francês (CAC)	LIFFE
Obrigações do governo britânico (gilts)	LIFFE	Índice acionário alemão (DAX)	Eurex
Títulos do Tesouro dos Estados Unidos	CME	Índice acionário japonês (Nikkei)	CME, OSE, SGX
LIBOR	CME	Índice acionário do Reino Unido (FTSE)	LIFFE
		Euro	CME
EURIBOR	LIFFE	Iene japonês	CME
Depósitos em eurodólares	CME		

Principais abreviações:
CBOT   Chicago Board of Trade   OSE   Osaka Securities Exchange
CME   Chicago Mercantile Exchange   SGX   Singapore Exchange
Eurex   Eurex Exchange   TFX   Tokyo Financial Futures Exchange
LIFFE   ICE LIFFE   TSE   Tokyo Stock Exchange

no contrato para janeiro (não diretamente uma com a outra, mas com a bolsa). Imagine que uma frente fria faz o preço à vista do combustível para aquecimento disparar para $2,60 por galão. O preço dos futuros no fim do contrato será também de $2,60 por galão.[12] Assim, a Arctic tem um lucro total de (2,60 – 2,40) × 1.000.000 = $200.000. Você pode aceitar a aquisição de um milhão de galões pagando $2,60 por galão, ou seja, $2,6 milhões. O custo *líquido*, contando com os lucros do contrato de futuros, é de $2.600.000 – 200.000 = $2.400.00, ou seja, $2,40 por galão. Assim, a empresa fixou o preço de $2,40 por galão cotado em setembro, quando adquiriu o contrato de futuros. Você poderá facilmente verificar que o custo líquido da Arctic acaba sempre por ser $2,40 por galão, independentemente do preço à vista e do preço final dos futuros em janeiro.

A Northern Refineries sofre um prejuízo total de $2,4 milhões, se o preço em janeiro for de $2,60. Essa é a má notícia; a boa notícia é que você poderá vender e entregar combustível para aquecimento por $2,60 por galão. As suas receitas líquidas serão de $2.600.000 – 200.000 = $2.400.000, ou seja, $2,40 por galão, o preço dos futuros em setembro. Mais uma vez, você poderá facilmente verificar que o preço de venda líquido da Northern acaba sempre sendo $2,40 por galão.

A Arctic não tem de aceitar a aquisição diretamente da bolsa de futuros, nem a Northern Refineries tem de vender à bolsa. Provavelmente, ambas as empresas fecharão as suas posições imediatamente antes do fim do contrato, aceitarão os lucros ou os prejuízos e comprarão ou venderão no mercado à vista.[13]

Aceitar a entrega diretamente da bolsa pode ser dispendioso e incômodo. Por exemplo, os contratos de combustível para aquecimento da Nymex obrigam que a entrega seja feita no porto de Nova York. Para a Arctic Fuels seria melhor que a entrega fosse feita por uma fonte local, como a Northern Refineries. Para esta também seria melhor entregar o combustível localmente do que expedi-lo para Nova York. Apesar disso, ambas as partes podem utilizar o contrato de futuros da Nymex para fazer a cobertura dos seus riscos.

A eficácia dessa cobertura depende da correlação entre as flutuações dos preços do combustível para aquecimento em nível local e no porto de Nova York. Haverá uma correlação positiva entre os preços em ambos os locais, pois dependem dos preços dos produtos energéticos no nível mundial. Entretanto, a correlação não é perfeita. E se a frente fria atingir os clientes da Arctic, mas não a cidade de Nova York? Uma posição comprada em futuros da Nymex não protegerá a Arctic Fuels da consequente subida do preço à vista no nível local. Trata-se de um exemplo de **risco residual**. Voltaremos mais adiante aos problemas criados pelo risco residual.

Transação e precificação dos contratos de futuros financeiros

Os futuros financeiros são negociados da mesma maneira que os futuros mercantis. Suponha que a gestora do fundo de pensões da sua empresa esteja convencida de que o mercado bolsista francês terá um desempenho melhor do que qualquer outro mercado europeu nos próximos seis meses. Ela prevê um retorno de 10% em seis meses. Como ela poderá apostar? Obviamente, comprando ações francesas. Mas ela também poderia comprar contratos de futuros sobre o índice do mercado de ações francês CAC, que são negociados na bolsa Euronext. Suponha que ela compre 15 contratos de futuros, a seis meses, por 5 mil. Cada um dos contratos paga 10 vezes o valor do índice, portanto, assumirá uma posição comprada de 15 × 10 × 5.000 = €750.000. Essa posição é diariamente reavaliada ao preço de mercado. Se o CAC subir, a Euronext deposita os lucros na conta margem do seu fundo; se cair, a conta margem também perde. Se a gestora do fundo de pensões tiver razão em relação ao mercado francês, e o CAC estiver nos 5.500 pontos ao fim de seis meses, o lucro total do seu fundo na sua posição em futuros será de 15 × (5.500 – 5.000) × 10 = €75.000.

Se você pretende comprar um título, tem uma possibilidade de escolha. Poderá adquiri-lo, para entrega imediata, ao preço à vista, ou dar uma ordem para entrega adiada, comprando ao preço futuro. Em qualquer dos casos, você acabará sempre ficando com o mesmo título, mas há duas dife-

---

[12] Lembre-se de que o preço à vista (ou *spot*) é o preço para entrega imediata. O contrato de futuros também implica uma entrega imediata quando o contrato terminar em janeiro. Por isso, o preço final de um contrato de futuros ou a termo tem de convergir para o preço à vista no final do contrato.

[13] Alguns contratos de futuros financeiros *proíbem* a entrega. Todas as posições são fechadas ao preço à vista no vencimento do contrato.

renças. Primeiro, se comprar "a termo", não paga "imediatamente", e, por isso, pode receber juros sobre o respectivo preço de compra.[14] Segundo, perde quaisquer dividendos ou juros que, entretanto, seriam pagos. Isso nos informa algo sobre a relação entre o preço à vista e o preço dos futuros:

$$F_t = S_0(1 + r_f - y)^t$$

sendo F_t o preço dos futuros para um contrato que dura t períodos, S_0 é o preço à vista no dia de hoje, r_f é a taxa de juro sem risco e y é a taxa de retorno por dividendos ou a taxa de juros.[15] O exemplo a seguir mostra como e por que se verifica essa fórmula.

EXEMPLO 26.1 • Avaliação de futuros de índice

Suponha que o futuro a seis meses sobre o CAC se negocia a 5 mil, quando o preço atual (à vista) do índice é de 5.045,41. A taxa de juro é de 1% ao ano (cerca de 0,5% para seis meses), e o rendimento médio do índice, por dividendos distribuídos, é de 2,8% ao ano (cerca de 1,4% em seis meses). Esses números estão de acordo com a fórmula porque

$$F_t = 5.045,41 \times (0,005 - 0,014) = 5.000$$

Mas esses números terão consistência?

Suponha que você compre hoje o índice CAC por 5.045,41. Daqui a seis meses, terá o índice e, também, os dividendos de 0,014 × 5.045,41 = 70,64. Mas, em vez disso, você decide comprar um contrato de futuros por 5 mil e deposita no banco € 5.045,41. Daqui a seis meses, a sua conta bancária terá rendido juros à taxa de 0,5%, pelo que terá € 5.045,41 × 1,005 = € 5.070,64, o suficiente para comprar o índice por 5 mil e ainda sobrar € 70,64, o que dará para cobrir os dividendos que não recebeu por ter comprado futuros em vez de à vista. Você recebe aquilo que pagou.[16]

Preços à vista e preços dos futuros – commodities

A diferença entre a compra de *commodities* no presente e a aquisição de *commodities* futuras é mais complicada. Primeiro, uma vez que o pagamento é adiado novamente, o comprador de futuros aufere juros com o seu dinheiro. Segundo, não precisa armazenar as mercadorias e, portanto, economiza os custos de armazenamento, as perdas e outros. Por outro lado, o contrato de futuros não produz um *retorno da oportunidade*, que é o valor de poder dispor do bem real. Um gerente de um supermercado não poderá "queimar" futuros sobre óleo para aquecimento se houver uma súbita frente fria, nem poderá encher as prateleiras com futuros sobre suco de laranja se o seu estoque acabar às 13h de um sábado.

---

[14] No Apêndice do Capítulo 19, ressaltamos que as empresas efetivamente recebem a taxa de juros após os impostos quando emprestam e pagam a taxa de juros após os impostos quando tomam emprestado. Portanto, quando avaliamos a alavancagem proporcionada por um contrato a termo, também devemos utilizar a taxa depois, e não antes, dos impostos. Você geralmente encontrará a fórmula para o valor de um contrato a termo escrita sem um termo referente aos impostos. Por conveniência, seguimos esta convenção aqui, mas ao avaliar um contrato a termo lembre-se de usar a taxa após os impostos. Veja S. C. Myers e J. Read, "Real Options, Taxes, and Financial Leverage," NBER Working Paper No. 18148, June 2012.

[15] Essa fórmula é rigorosamente verdadeira somente se o contrato não for reavaliado ao preço de mercado. Caso contrário, o valor do futuro depende da evolução das taxas de juros até a data de entrega. Na prática, essa qualificação geralmente é pouco importante, e a fórmula funciona tanto para contratos de futuros como para contratos a termo.

[16] Pode-se resolver a fórmula da seguinte maneira: considere que S_6 é o valor do índice daqui a seis meses. Desconhece-se hoje o valor de S_6. Pode-se investir S_0 no índice hoje e receber $S_6 + yS_0$ daqui a seis meses. Pode-se também comprar o contrato de futuros, depositar S_0 no banco e utilizar o saldo da sua conta para pagar o preço dos futuros F_6 daqui a seis meses. Com essa segunda estratégia, você receberá $S_6 - F_6 + S_0(1 + r_f)$ ao fim de seis meses. Como o investimento é o mesmo, e você recebe S_6 com qualquer uma das estratégias, os resultados terão de ser iguais:

$$S_6 + yS_0 = S_6 - F_6 + S_0(1 + rf)$$
$$F_6 = S_0(1 + r_f - y)$$

Aqui, consideramos que r_f e y são taxas de seis meses. Se forem taxas mensais, a fórmula geral é $F_t = S_0(1 + r_f - y)^t$, sendo t o número de meses. Se forem taxas anuais, a fórmula é $F_t = S_0(1 + r_f - y)^{t/12}$.

Expressemos os custos de armazenamento e o retorno da oportunidade como frações do preço à vista. Para *commodities*, o preço dos futuros para t períodos é:[17]

$$F_t = S_0 (1 \times r_f + \text{custos de armazenamento} - \text{retorno da oportunidade})^t$$

É interessante comparar essa fórmula com a dos futuros financeiros. O retorno da oportunidade desempenha o mesmo papel dos dividendos ou dos juros perdidos (y) sobre títulos. No entanto, os ativos financeiros não têm custos de armazenamento, pelo que esses custos não aparecem na fórmula dos futuros financeiros.

Normalmente, não se pode observar os custos de armazenamento nem o retorno da oportunidade, mas é possível estimar a diferença entre ambos comparando o preço à vista com o preço dos futuros. Essa diferença – o retorno da oportunidade menos os custos de armazenamento – é chamada de *retorno líquido da oportunidade* (retorno líquido da oportunidade = retorno da oportunidade – custos de armazenamento).

EXEMPLO 26.2 • Cálculo de retorno líquido da oportunidade

Em janeiro de 2015, o preço à vista do petróleo bruto era de $48,97 por barril e o preço dos futuros a seis meses era de $56,65 por barril. A taxa de juro era cerca de 0,035% pra seis meses. Assim,

$$F_t = S_0(1 + r_f + \text{custos de armazenamento} - \text{retorno de oportunidade})$$

$$\$56,65 = 48,97(1,00035 - \text{retorno líquido de oportunidade})$$

Por isso, o retorno líquido da oportunidade era negativo, ou seja, o retorno líquido da oportunidade = retorno da oportunidade – custos do armazenamento = –0,156, ou seja, –15,6% em seis meses, equivalente a um retorno líquido da oportunidade de –28,8%. Evidentemente, o custo da manutenção de estoques de petróleo bruto era superior ao retorno da oportunidade resultante desses estoques. Em 2015 havia muito petróleo e os usuários não receavam uma eventual escassez nos próximos meses.

A Figura 26.2 mostra os retornos líquidos anualizados da oportunidade do petróleo bruto desde 1990. Repare como o diferencial entre os preços à vista e os preços dos futuros oscila.

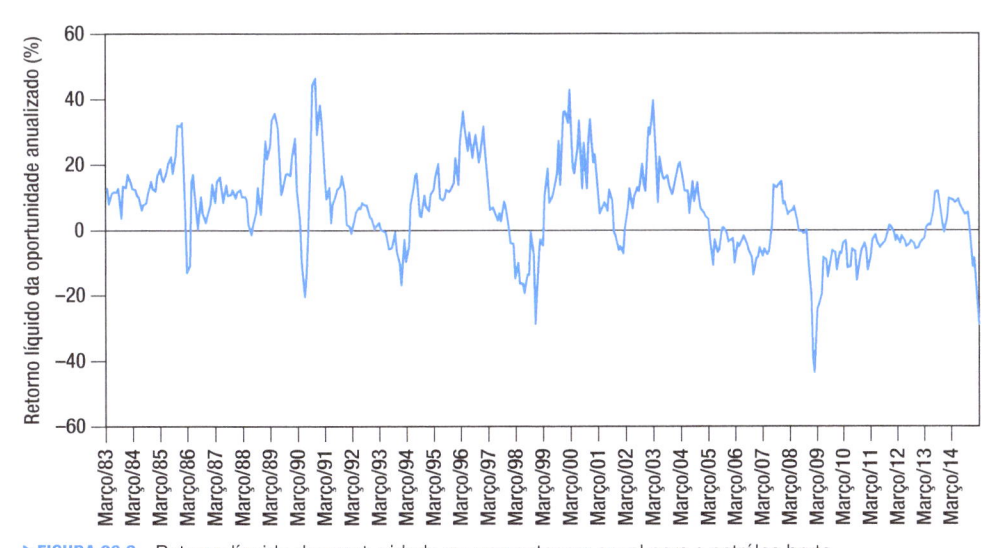

▶ **FIGURA 26.2** Retorno líquido da oportunidade em porcentagem anual para o petróleo bruto.
Fonte: www.quandl.com

---

[17] Essa fórmula poderia superdimensionar os preços dos futuros se ninguém estivesse disposto a manter a mercadoria em seu poder, ou seja, se os estoques caíssem para zero ou para um mínimo absoluto.

Quando há receios de uma escassez ou de uma interrupção no fornecimento, os corretores podem estar dispostos a pagar um prêmio pesado pela oportunidade de terem estoques de petróleo bruto, em vez da promessa de uma entrega futura. O inverso é verdadeiro quando os tanques estão quase transbordando, como no início de 2015.

Há, ainda, outra complicação a referir: há algumas mercadorias que não podem ser armazenadas – como a eletricidade. Consequentemente, a eletricidade fornecida, por exemplo, daqui a seis meses é uma mercadoria diferente da fornecida hoje, não havendo uma relação simples entre o preço de hoje e o preço de um contrato de futuros para comprar ou vender em seis meses. Claro que as empresas que produzem eletricidade e os consumidores terão opiniões próprias sobre qual será, provavelmente, o preço à vista. O preço dos futuros revelará, em certa medida, essas opiniões.[18]

Mais sobre contratos a termo

Todos os dias são comprados e vendidos bilhões de dólares em contratos futuros. Essa liquidez só é possível porque os contratos futuros são padronizados e vencem em um número limitado de datas por ano.

Felizmente, há vários modos de mascarar um "gato financeiro". Se os termos dos contratos futuros não satisfizerem suas necessidades específicas, você poderá comprar ou vender um contrato a termo personalizado. O principal mercado a termo é o de câmbio. Falaremos desse mercado no próximo capítulo.

Também é possível fazer contratos a termo de taxas de juro. Suponha, por exemplo, que você saiba que daqui a três meses vai precisar de um empréstimo por seis meses. Se estiver preocupado com a possibilidade de as taxas de juro subirem nesses três meses, poderá fixar a taxa de juros desse empréstimo, adquirindo do banco um *forward rate agreement* (FRA).[19] O banco poderia lhe propor, por exemplo, um FRA de três contra nove meses (ou 3 × 9) a 7%. Se ao fim dos três meses a taxa de juro, a seis meses, for superior a 7%, o banco lhe pagará a diferença;[20] sendo inferior, você é quem pagará a diferença ao banco.[21]

Contratos a termo caseiros

Suponha que você contraia um empréstimo de $90,91 por um ano, a 10%, e que empreste $90,91 por dois anos, a 12%. Essas taxas de juros correspondem a empréstimos efetivados no presente; portanto, são taxas de juros à vista.

Os fluxos de caixa de suas transações são os seguintes:

	Ano 0	Ano 1	Ano 2
Empréstimo contraído por um ano, a 10%	+90,91	−100	
Empréstimo concedido por dois anos, a 12%	−90,91		+114,04
Fluxo de caixa líquido	0	−100	+114,04

Note que não há qualquer saída líquida de caixa, mas você se comprometeu a reembolsar o dinheiro ao fim do ano 1. A taxa de juro nesse compromisso a termo é de 14,04%. Para calcular essa taxa

---

[18] Às vezes, os críticos e os defensores dos mercados de futuros discutem se os mercados permitem uma "descoberta dos preços". Ou seja, discutem se os preços dos futuros refletem as previsões dos corretores dos preços à vista, no momento em que vencem os contratos de futuros. Se uma dessas pessoas recalcitrantes aparecer à sua frente, sugerimos que responda fazendo outra pergunta: "Será que os preços dos futuros revelam alguma informação sobre os preços à vista que não esteja já incorporada no preço à vista *neste momento*?". As nossas fórmulas dão a resposta a essa pergunta. Há informações úteis nos preços dos futuros, mas são sobre retornos da oportunidade e custos de armazenamento, ou sobre dividendos ou pagamentos de juros no caso de futuros financeiros. Os preços dos futuros só revelam informação sobre os preços à vista quando uma mercadoria não existe em depósito ou não pode ser armazenada. Nesse caso, quebra-se a ligação entre preços à vista e preços futuros, e estes podem contribuir para a descoberta de preços.

[19] Note que o contratante que lucra com uma subida das taxas de juros é descrito como "comprador". No nosso exemplo, diríamos que estava "comprando fundos a três contra nove meses", o que significa que o FRA é para um empréstimo de seis meses daqui a três meses.

[20] A taxa de juro normalmente tem por base a Libor (*London Interbank Offered Rate*). Essa é a taxa de juro utilizada pelos principais bancos internacionais em Londres ao concederem empréstimos em dólares (ou euros, ou ienes etc.) uns aos outros.

[21] Esses pagamentos seriam feitos quando vencesse o empréstimo, daqui a nove meses.

a termo calculamos somente a renda adicional do empréstimo a dois anos em comparação com a de um ano:

$$\text{Taxa de juro a termo} = \frac{(1 + 2 \text{ taxa à vista para dois anos})^2}{1 + 1 \text{ taxa à vista para um anos}} - 1$$

$$= \frac{(1,12)^2}{1,10} - 1 = 0,1404 \text{ ou } 14,04\%$$

No nosso exemplo, criou-se um contrato a termo ao contrair um empréstimo de curto prazo e ao conceder um empréstimo de longo prazo. Mas o processo também pode se desenrolar de maneira inversa. Se você desejar fixar hoje a taxa de juro que obterá fundos no próximo ano, contrairá um empréstimo de mais longo prazo e cederá os fundos até vir a precisar deles no próximo ano.

26.5 Swaps

Algumas empresas têm fluxos de caixa fixos. Em outras, eles variam conforme as taxas de juros, as taxas de câmbio, os preços das mercadorias etc. Essas características nem sempre podem resultar no perfil de risco desejado. Por exemplo, uma empresa que paga uma taxa de juro fixa sobre a sua dívida pode preferir pagar uma taxa variável, enquanto outra que recebe fluxos de caixa em euros pode preferir recebê-los em ienes. Desse modo, os *swaps* permitem alterar o seu risco.

O mercado de *swaps* é gigantesco. Em 2014, o montante total de capital de referência de *swaps* da taxa de juros e de divisa em circulação era de quase $250 trilhões. A maior parte desse montante era, de longe, constituída por *swaps* de taxas de juro.[22] Começaremos, portanto, mostrando como funcionam os *swaps* de taxas de juro e, em seguida, descreveremos um *swap* de divisas. Concluiremos com uma breve referência aos outros tipos de *swaps*.

Swaps de taxas de juro

O Friendly Bancorp concedeu um empréstimo de cinco anos e de $50 milhões para financiar parte dos custos de construção de um grande projeto de cogeração. O empréstimo tem uma taxa de juro fixa de 8%. Consequentemente, são pagos $4 milhões de juros anualmente, e todo o capital será reembolsado no ano 5.

Suponha que, em vez de receber pagamentos fixos de juros de $4 milhões por ano, o banco prefira receber pagamentos com uma taxa de juro variável. Isso poderá ser feito trocando a anuidade de $4 milhões durante cinco anos (os pagamentos fixos de juros) por uma anuidade de taxa variável. Começaremos mostrando como o Friendly Bancorp poderá fazer o seu *swap* caseiro. Depois, descreveremos um processo mais simples.

O banco (assumimos) poderia obter fundos à taxa fixa de 6% durante cinco anos.[23] Assim, os $4 milhões de juros que recebe podiam suportar um empréstimo à taxa fixa no montante de 4/0,06 = $66,67 milhões. O banco pode construir o seguinte *swap* caseiro: contrai um empréstimo de $66,67 milhões a uma taxa de juro fixa de 6%, por cinco anos, e, simultaneamente, empresta o mesmo montante à taxa Libor. Admitamos que, inicialmente, a Libor é de 5%.[24] Como é uma taxa de juro de curto prazo, as receitas futuras provenientes dos juros oscilarão à medida que o investimento do banco for se renovando.

A parte superior do Quadro 26.3 mostra os fluxos de caixa líquidos dessa estratégia. Repare que não há fluxos de caixa líquidos no ano 0, e no ano 5 o capital do investimento de curto prazo é utilizado para pagar o empréstimo de $66,67 milhões. O que resta? Um fluxo de caixa igual à *diferença* entre os juros recebidos (Libor × 66,67) e o pagamento de $4 milhões do empréstimo à taxa

---

[22] Os dados sobre *swaps* são fornecidos pela International Swaps and Derivatives Association (**www.isda.org**) e pelo Bank for International Settlements (**www.bis.org**).

[23] O diferencial entre a taxa passiva de 6% do banco e a taxa ativa de 8% é o lucro do banco no financiamento do projeto.

[24] É possível que a taxa de juro de curto prazo seja inferior à taxa de juro para cinco anos, pois os investidores esperam que as taxas de juros venham a subir.

QUADRO 26.3 A parte superior do quadro mostra os fluxos de caixa de um *swap* caseiro de taxas de juros fixas por taxas variáveis. A parte inferior mostra os fluxos de caixa de um *swap*-padrão

	Ano					
	0	1	2	3	4	5
Swap caseiro:						
1. Contrair um empréstimo de $66,67 à taxa fixa de 6%	+66,67	−4	−4	−4	−4	−(4 + 66,67)
2. Emprestar $66,67 à taxa variável indexada da Libor	−66,67	+0,05 × 66,67	+Libor$_1$ ×66,67	+Libor$_2$ ×66,67	+Libor$_3$ ×66,67	+Libor$_4$ × 66,67 + 66,67
Fluxo de caixa líquido	0	−4 +0,05 × 66,67	−4 +Libor$_1$ ×66,67	−4 +Libor$_2$ ×66,67	−4 +Libor$_3$ ×66,67	−4 +Libor$_4$ ×66,67
Swap-padrão de taxas fixas por taxas variáveis:						
Fluxo de caixa líquido	0	−4 +0,05 × 66,67	−4 +Libor$_1$ ×66,67	−4 +Libor$_2$ ×66,67	−4 +Libor$_3$ ×66,67	−4 +Libor$_4$ ×66,67

fixa. O banco também tem um recebimento anual de $4 milhões proveniente do financiamento do projeto, e por isso transformou esse pagamento fixo em um pagamento variável indexado à Libor.

Claro que há uma maneira mais fácil de fazer isso, descrita na parte inferior do Quadro 26.3. O banco pode, simplesmente, contratar um *swap* de cinco anos.[25] Como é natural, o Friendly Bancorp vai pelo caminho mais fácil. Vejamos o que acontece.

O Friendly Bancorp contata um *dealer* de *swaps*, normalmente um grande banco comercial ou de investimento, e contrata um *swap* dos pagamentos de um empréstimo de $66,67 milhões à taxa fixa por pagamentos de um empréstimo equivalente à taxa variável. Será um *swap* de taxa de juro fixa em taxa de juro variável e os $66,67 milhões designam-se por *capital de referência* do *swap*. O Friendly Bancorp e o *dealer* são as contrapartes do *swap*.

O *dealer* diz que a taxa para *swaps* a cinco anos é de 6% contra a Libor.[26] Às vezes, esse número é cotado como um diferencial sobre o retorno das obrigações do Tesouro dos Estados Unidos. Por exemplo, se o retorno das obrigações do Tesouro a cinco anos for de 5,25%, o diferencial do *swap* é de 0,75%.

O pagamento inicial do *swap* ocorre no fim do ano 1 e baseia-se na taxa inicial da Libor de 5%.[27] O *dealer* (que paga a taxa variável) deve ao banco 5% de $66,67 milhões, enquanto o banco (que paga a taxa fixa) deve ao *dealer* $4 milhões (6% de $66,67 milhões). Por isso, o banco faz um pagamento líquido ao *dealer* de 4 − (0,05 × 66,67) = $0,67 milhão:

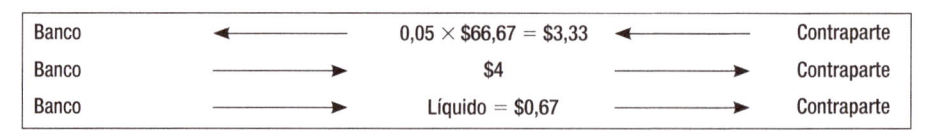

Banco	←	0,05 × $66,67 = $3,33	←	Contraparte
Banco	→	$4	→	Contraparte
Banco	→	Líquido = $0,67	→	Contraparte

O segundo pagamento baseia-se na Libor no ano 1. Suponha que ela suba para 6%. Nesse caso, o pagamento líquido será zero:

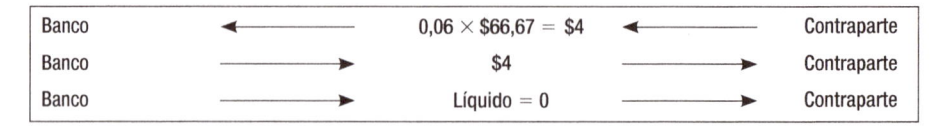

Banco	←	0,06 × $66,67 = $4	←	Contraparte
Banco	→	$4	→	Contraparte
Banco	→	Líquido = 0	→	Contraparte

---

[25] Ambas as estratégias são equivalentes a uma série de contratos a termo sobre a Libor. Os preços a termo são de $4 milhões para a Libor$_1$ × $66,67, Libor$_2$ × $66,67, e assim por diante. Os preços a termo negociados separadamente não seriam de $4 milhões para nenhum dos anos, mas os VPs das "anuidades" dos preços a termo seriam idênticos.

[26] Repare que a taxa do *swap* refere-se sempre à taxa de juro da parte fixa do *swap*. As taxas são geralmente cotadas contra a Libor, embora os *dealers* também possam oferecer taxas contra outros instrumentos de dívida de curto prazo.

[27] Os *swaps* de taxas de juros baseiam-se, geralmente, na Libor a três meses e envolvem pagamentos trimestrais.

O terceiro pagamento depende da Libor no ano 2, e assim por diante.

O *valor de referência* deste *swap* é de $66,67 milhões. As taxas de juros fixa e variável são multiplicadas pelo montante de referência para calcular os montantes em dólar dos juros fixo e variável. Mas o valor de referência superestima em muito o valor econômico do *swap*. Ao ser criado, o valor econômico do *swap* é zero, já que o VPL dos fluxos de caixa a cada contraparte é zero. O VPL se afasta de zero à medida que o tempo vai passando e a taxa de juros vai mudando. Porém, o valor econômico sempre será bem menor que o valor de referência. Comentários descuidados a respeito do valor de referência dão a impressão de que os mercados de *swap* são impossivelmente gigantescos; na verdade, eles são meramente bem grandes.

O valor econômico de um *swap* depende da trajetória dos juros a longo prazo. Suponha, por exemplo, que passados dois anos as taxas se mantenham iguais, pelo que uma obrigação com uma taxa de 6% emitida pelo banco continuaria a ser negociada ao par. Nesse caso, o *swap* continua tendo um valor nulo. (Você poderá confirmar essa afirmação, verificando que o VPL de um novo *swap* caseiro, a três anos, é zero.) Mas, se nesses dois anos as taxas de longo prazo subirem, por exemplo, para 7%, o valor da obrigação a três anos cai para:

$$VP = \frac{4}{1,07} + \frac{4}{(1,07)^2} + \frac{4 + 66,67}{(1,07)^3} = \$64,92 \text{ milhões}$$

Agora, os pagamentos fixos que o banco concordou em fazer têm um valor menor, e o *swap* vale 66,67 – 64,92 = $1,75 milhão.

Como sabemos que o *swap* vale $1,75 milhão? Imagine a seguinte estratégia:

1. O banco pode fazer um novo *swap* a três anos, no qual aceita *pagar* a Libor sobre o mesmo montante nacional de $66,67 milhões.
2. Em troca, recebe pagamentos fixos à nova taxa de juros de 7%, ou seja, 0,07 × 66,67 = $4,67 por ano.

O novo *swap* anula os fluxos de caixa do anterior, mas gera um fluxo adicional de $0,67 milhão durante três anos. Esse fluxo de caixa adicional vale:

$$VP = \sum_{t=1}^{3} \frac{0,67}{(1,07)^t} = \$1,75 \text{ milhões}$$

Lembre-se de que os *swaps* comuns de taxas de juros não têm custos nem valor inicial (VPL = 0), mas, à medida que o tempo vai passando e as taxas de juros de longo prazo vão variando, o seu valor vai se afastando de zero. Uma contraparte ganha à medida que a outra perde.

No nosso exemplo, o *dealer* de *swaps* perde com a subida das taxas de juros. Os *dealers* tentam fazer a cobertura do risco das flutuações das taxas de juros por meio de uma série de contratos futuros ou contratos a termo ou fazendo um *swap* com terceiros. Desde que o Friendly Bancorp e a outra contraparte honrem os seus compromissos, o *dealer* estará totalmente protegido contra o risco. O pesadelo permanente para os gestores de *swaps* é o de que uma das partes não cumpra com seus pagamentos, deixando o banco em uma posição não casada de grandes dimensões. Este é outro exemplo do risco de contraparte.

O mercado para *swaps* de taxas de juro é imenso e tem liquidez. Consequentemente, os analistas financeiros de modo geral recorrem às taxas de *swaps* quando pretendem saber como as taxas de juros variam com a maturidade. Por exemplo, a Figura 26.3 indica as taxas dos *swaps* em novembro de 2011 para o dólar americano, o euro e o iene. Você poderá verificar que, em cada país, as taxas de juro de longo prazo são muito superiores às de curto prazo, embora o nível das taxas dos *swaps* varie de um país para o outro.

Swaps de divisas

Agora analisaremos brevemente um *swap* de divisas.

Suponha que a empresa Possum precise de 11 milhões de euros para financiar suas operações na Europa. Vamos considerar que a taxa de juro do euro é de cerca de 5% e a do dólar, de cerca de 6%.

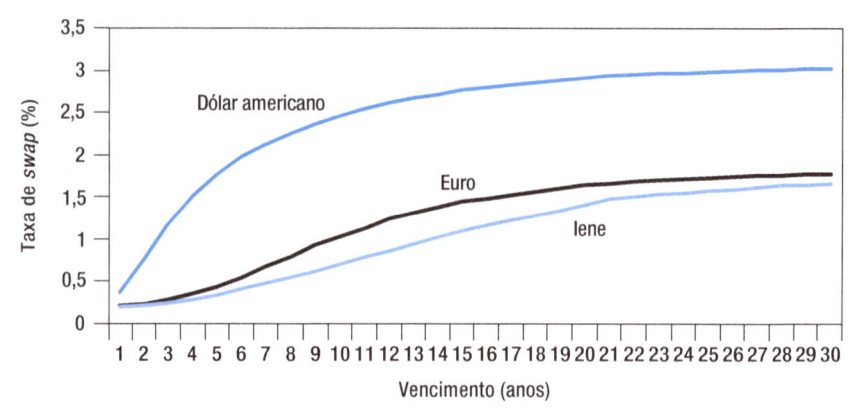

FIGURA 26.3 Curvas de *swap* para três moedas, novembro de 2014.

Como a Possum é mais conhecida nos Estados Unidos, o diretor financeiro decide não contrair o empréstimo diretamente em euros. Em vez disso, a empresa emite nos Estados Unidos US$10 milhões de obrigações de médio prazo a 6%, por cinco anos. Simultaneamente, ela faz um acordo com uma contraparte, para fazer um *swap* para euros desse empréstimo em dólares. Com esse acordo, a contraparte concorda em pagar à Possum os dólares suficientes para o serviço do seu empréstimo em dólares e, em contrapartida, a Possum concorda em fazer uma série de pagamentos anuais em euros à contraparte.

Os fluxos de caixa da Possum (em milhões) são os seguintes:

	Ano 0		Anos 1-4		Ano 5	
	Dólares	**Euros**	**Dólares**	**Euros**	**Dólares**	**Euros**
1. Emissão do empréstimo em dólares	+10		−0,6		−10,6	
2. *Swap* dos dólares por euros	−10	+8	+0,6	−0,4	+10,6	−8,4
3. Fluxo de caixa líquido	0	+8	0	−0,4	0	−8,4

Repare, primeiramente, no fluxos de caixa no ano 0. A Possum recebe US$10 milhões com a emissão de obrigações em dólares, que depois paga à contraparte do *swap*. Em troca, a contraparte envia à Possum um cheque de €8 milhões. (Consideramos que, ao câmbio atual, US$10 milhões equivalem a €8 milhões.)

Agora, passe aos anos 1 a 4. A Possum precisa pagar juros de 6% sobre a emissão de obrigações, o que equivale a 0,06 × 10 = US$0,6 milhão. A contraparte do *swap* concorda em habilitar a Possum, todos os anos, com fundos suficientes para pagar os juros e, em contrapartida, a Possum faz um pagamento anual à contraparte de 5% de €8 milhões, ou €0,4 milhão. Por fim, no ano 5 a contraparte do *swap* paga à Possum o suficiente para que a empresa possa fazer o pagamento final do capital e dos juros das obrigações em dólares (US$10,6 milhões), enquanto a Possum paga à contraparte €8,4 milhões.

O efeito combinado dos dois passos da Possum (linha 3) é o de converter um empréstimo em dólares a 6% em um empréstimo em euros a 5%. Você pode imaginar os fluxos de caixa do *swap* (linha 2) como uma série de contratos para comprar euros nos anos 1 a 5. Em cada um dos anos 1 a 4, a Possum concorda em comprar US$0,6 milhão ao custo de €0,4 milhão; no ano 5 concorda em comprar US$10,6 milhões a um custo de €8,4 milhões.[28]

Outros tipos de *swaps*

Embora os *swaps* de taxas de juro e de divisas sejam os tipos mais populares de contratos, há uma ampla variedade de outros possíveis *swaps* ou contratos correlatos. Por exemplo, no Capítulo 23

---

[28] Normalmente, em um *swap* de divisas, ambas as partes fazem um pagamento inicial recíproco (ou seja, a Possum paga ao banco US$10 milhões e recebe €8 milhões). Contudo, isso não é necessário, e a Possum pode preferir comprar os €8 milhões em outro banco.

mencionamos os *swaps* de *default* de crédito que possibilitam que os investidores se protejam por conta própria contra o risco de inadimplência em um título corporativo.

Os *swaps de inflação* permitem que uma empresa se proteja contra o risco inflacionário. Uma das partes no *swap* recebe um pagamento fixo enquanto a outra recebe um pagamento que está vinculado à taxa de inflação. Dessa forma, o *swap* cria um título sob medida vinculado à inflação, que pode ter qualquer vencimento.[29]

É possível fazer também um *swap* de *retorno total* em que uma contraparte (parte A) efetua uma série de pagamentos acordados e a outra contraparte (parte B) paga o retorno total sobre um determinado ativo. Esse ativo pode ser uma ação ordinária, um empréstimo, uma mercadoria ou um índice de mercado. Por exemplo, suponha que B detém $10 milhões em ações da IBM. Agora, faz um contrato de *swap* de dois anos para pagar à A trimestralmente o retorno total sobre essas ações. Em troca, A concorda em pagar à B os juros Libor + 1%. B é reconhecida como o *pagador do retorno total* e A é o *recipiente do retorno total*. Suponha que a Libor é 5%. Então, A deve pagar à B 6% de $10 milhões, ou cerca de 1,5% por trimestre. Se o retorno total das ações da IBM for superior a esse valor, haverá um pagamento líquido de B para A; se o retorno for inferior a 1,5%, A deve realizar um pagamento líquido para B. Embora a posse das ações da IBM não troque de mãos, o efeito desse *swap* de retorno total é o mesmo do que se B tivesse vendido o ativo para A e o recomprasse em uma data futura acordada.

26.6 Como estabelecer uma cobertura de risco

Muitas são as maneiras de cobrir uma exposição a risco. Algumas coberturas (*hedges*) apresentam manutenção zero: depois de estabelecidas, o gestor financeiro pode dar as costas e se preocupar com outras coisas. Outras coberturas são dinâmicas: só funcionam se forem ajustadas a intervalos frequentes.

O contrato a termo entre a Northern Refineries e a Arctic Fuels, que descrevemos na Seção 26.4, era de manutenção zero, porque cada contraparte fixou o preço do óleo de aquecimento em $2,40 por galão, qualquer que fosse a trajetória futura dos preços do óleo de aquecimento. Examinaremos agora um exemplo em que o gestor financeiro provavelmente implementará uma *cobertura dinâmica*.

Cobertura contra riscos de taxa de juros

A Potterton Leasing acaba de adquirir um galpão industrial e o alugou a um fabricante por pagamentos fixos de $2 milhões ao ano por 20 anos. O *leasing* não pode ser cancelado pelo fabricante, então a Potterton possui um ativo seguro e equivalente a dívida. A taxa de juros é de 10%, e ignoramos os impostos por simplicidade. Para a Potterton, o VP da renda com a locação é de $17 milhões:

$$VP = \frac{2}{1,1} + \frac{2}{(1,1)^2} + \cdots + \frac{2}{(1,1)^{20}} = 17,0 \text{ milhões}$$

O *leasing* expõe a Potterton a riscos de taxa de juros. Se as taxas de juros subirem, o VP do pagamento do *leasing* diminuirá. Se as taxas de juros caírem, o VP aumentará. A diretora financeira da Potterton decide emitir um passivo de dívida compensatória:

VP (*leasing*)	VP (dívida)
= $17 milhões	= $17 milhões

Sendo assim, a Potterton está comprada em $17 milhões e também vendida em $17 milhões. Mas talvez não esteja coberta contra riscos. A mera contração de um dívida de $17 milhões a um vencimento arbitrário *não* elimina o risco de taxa de juros. Suponhamos que a diretora financeira tome um empréstimo de *um ano* de $17 milhões junto a um banco, com um plano de refinanciar o empréstimo anualmente. Então ela estaria vendida no empréstimo que tomou e comprada no

---

[29] Quando o *swap* de inflação envolve um único pagamento, ele é conhecido como *swap de cupom zero* (*zero-coupon swap*). Quando estabelece uma sequência de pagamentos, cada um vinculado à taxa de inflação, é chamado de *swap de ano a ano*.

empréstimo que concedeu (via o *leasing* de 20 anos), o que equivale a uma aposta de $17 milhões de que os juros cairão. Se, ao invés disso, eles subirem, sua empresa acabará pagando mais juros do ano 2 ao 20, sem aumento compensatório nos fluxos de caixa do *leasing*.

Para cobrir o risco de taxa de juros, a diretora financeira precisa preparar sua emissão de dívida de tal forma que qualquer mudança nas taxas de juros exerçam um impacto igual (e por isso compensatório) sobre o VP dos pagamentos do *leasing* e o VP da dívida. Há duas maneiras de se conseguir isso:

1. *Manutenção zero*. Emitir dívida exigindo pagamentos do principal e dos juros de exatamente $2 milhões ao ano por 20 anos. Essa dívida seria similar a uma hipoteca imobiliária com pagamentos homogêneos. Neste caso, os pagamentos do *leasing* cobririam exatamente o serviço da dívida a cada ano. Os VPs dos pagamentos do leasing e da dívida compensatória seriam sempre idênticos, qualquer que fosse o nível futuro das taxas de juros.

2. *Duração equiparada*. Emitir dívida com a mesma *duração* que os pagamentos do *leasing*. Neste caso, o serviço da dívida não precisa se equiparar aos pagamentos do *leasing* a cada (ou em qualquer) ano. Se as durações se equipararem, então pequenas mudanças nas taxas de juros, digamos de 10% para 9,5% ou para 10,5%, terão o mesmo impacto sobre o VP dos pagamentos do *leasing* e o VP da dívida.

A estratégia de duração equiparada geralmente é mais conveniente, mas não é de manutenção zero porque as durações se afastarão uma da outra à medida que as taxas de juros mudarem e o tempo passar. Assim, a diretora financeira terá de revisitar e recalibrar a cobertura de risco. Ela precisará executar uma estratégia dinâmica para fazer equiparação das durações funcionar.

Vamos explorar a estratégia de equiparação de durações. A duração dos pagamentos de *leasing* é de 7,5 anos:

$$\text{Duração} = \frac{1}{\text{VP}}\{[\text{VP}(C_1) \times 1] + [\text{VP}(C_2) \times 2] + [\text{VP}(C_3) \times 3] + \cdots\}$$

$$= \frac{1}{17,0}\left\{\left[\frac{2}{1,10} \times 1\right] + \left[\frac{2}{1,10^2} \times 2\right] + \cdots + \left[\frac{2}{1,10^{20}} \times 20\right]\right\}$$

$$= 7,5 \text{ anos}$$

A duração de uma emissão de dívida de "manutenção zero", com o serviço da dívida de exatamente $2 milhões ao ano por 20 anos, também seria, é claro, de 7,5 anos.

Muitos outros instrumentos de endividamento têm uma duração de 7,5 anos. Você pode conferir, por exemplo, que um título de 12 anos com um cupom de 10% tem uma duração de 7,5 anos. Mas suponha que a diretora financeira ache mais conveniente arrecadar $17 milhões emitindo uma nota promissória de cupom zero com um vencimento de exatamente 7,5 anos.[30] A nota tem apenas um pagamento em dinheiro em 7,5 anos e, portanto, uma duração de 7,5 anos. Será que agora a Potterton está coberta contra riscos de taxa de juros?

A Figura 26.4 plota os VPs dos pagamentos do *leasing* (à esquerda) e da nota de 7,5 anos (à direita) como uma função da taxa de juros. Na direita, também está plotado a curva de VP para o pacote de dívida de "manutenção zero" com serviços da dívida exatamente equiparado aos pagamentos do *leasing*. Todas as curvas de VP são decrescentes mas convexas; repare como cada curva apresenta uma queda íngreme a baixas taxas de juros, mas fica mais plana a taxas de juros mais altas.

Agora compare a inclinação da curva de VP para os pagamentos do *leasing* (e também para o pacote de dívida com "manutenção zero") com a inclinação da curva para a nota promissória de 7,5 anos com cupom zero. À *taxa de juros atual de 10%, as inclinações são idênticas, porque a esta taxa a duração é idêntica*. Como explicamos no Capítulo 4, a duração (modificada) mede a mudança percentual no preço do título para uma mudança de 1 ponto percentual na taxa de juros.[31] Se a taxa de juros cair para 9,5% ou subir para 10,5%, os VPs dos fluxos de caixa do *leasing* e da dívida de cupom zero se alteram na mesma quantidade. A Potterton está, portanto, coberta, contanto que a taxa de juros não se afaste demais do nível atual de 10%.

---

[30] O principal da nota de cupom zero é de $34,75 milhões. O VP desse pagamento promissório é 34,75/(1,10)7,5 = $17 milhões.

[31] A inclinação equivale à duração modificada, definida como $-D/(1+y)$, onde D = duração e y = a taxa de juros atual. Se as durações forem iguais, as durações modificadas também devem ser iguais.

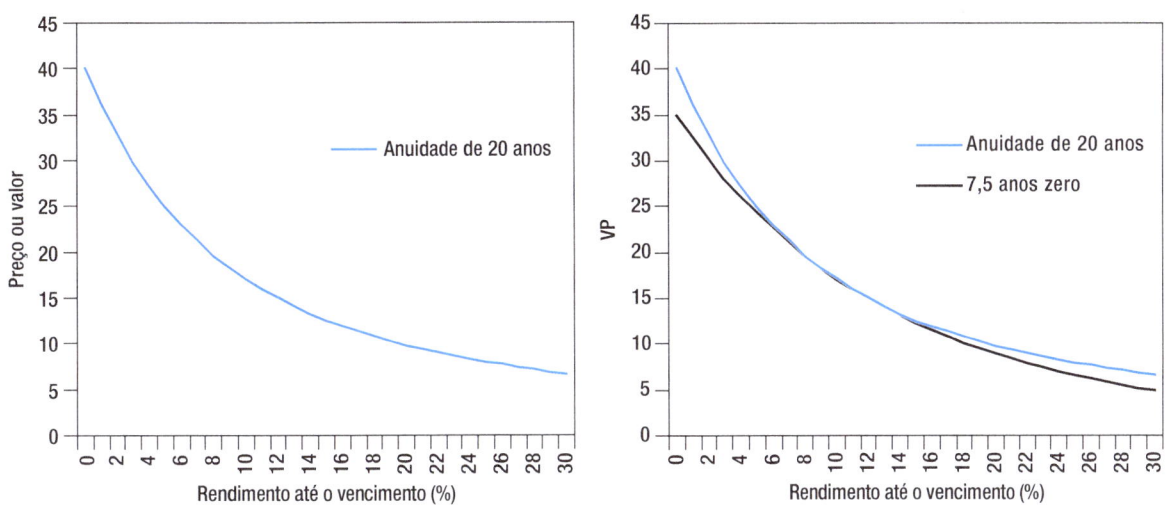

▶ **FIGURA 26.4** Cobertura de risco da Potterton contra taxa de juros por meio de duração equiparada. O VP dos influxos de caixa pelo *leasing* está plotado à esquerda, o VP da dívida, à direita. Como todas as durações são de 7,5 anos, as inclinações das curvas de VP são idênticas a taxa de juros atual de 10%. Portanto, a exposição líquida da Potterton a pequenas mudanças na taxa de juros é zero.

Contudo, a cobertura não é de manutenção zero. Você pode ver na Figura 26.4 que a curva de VP para a nota de 7,5 anos com cupom zero apresenta menos curvatura (menos convexidade) do que a curva de VP para o *leasing*. A de cupom zero tem menor duração (uma inclinação menos acentuada) a baixas taxas de juros e maior duração (inclinação mais íngreme) a altas taxas de juros. Sendo assim, se a taxa de juros subir ou descer muito em relação a 10%, a diretora financeira da Potterton precisará reconsiderar e recalibrar a cobertura. Ela também terá de recalibrar a cobertura mais tarde mesmo que as taxas de juros não venham a se alterar, porque a duração de 7,5 anos com cupom zero diminuirá mais rápido do que a duração do *leasing* de 20 anos. Pensemos daqui a 7,5 anos: a nota de cupom zero terá vencido, enquanto o *leasing* ainda terá 12,5 anos até o vencimento.

Você pode ver porque a duração é uma ferramenta útil para mensurar e cobrir os riscos de taxa de juros.[32] O minicaso ao final deste capítulo oferece outra oportunidade de utilizar esse conceito.

Índice de cobertura e risco residual

Em nosso exemplo da Potterton Leasing, a diretora financeira compensou fluxos de caixa no valor de $17 milhões com uma dívida no valor de $17 milhões. Em outras palavras, o índice de cobertura de risco da Potterton era de exatamente 1.

Índices de cobertura de risco podem ser bem maiores ou menores que 1. Suponha, por exemplo, que um fazendeiro possui 100 mil alqueires de trigo e deseja cobrir riscos vendendo futuros de trigo. Na prática, é pouco provável que o trigo que o fazendeiro possui e o que ele vende no mercado de futuros sejam idênticos. Se, por exemplo, ele vender futuros de trigo na Bolsa de Kansas City, se comprometerá a entregar trigo mourisco de inverno em Kansas City em setembro. Mas talvez ele tenha plantado trigo de primavera no Norte, a muitos quilômetros de distância de Kansas City; nesse caso, os preços dos dois tipos de trigo não evoluirão exatamente em conjunto.

A Figura 26.5 mostra a relação que pode ter existido, no passado, entre os preços de ambos os tipos de trigo. A inclinação da linha ajustada indica que uma variação de 1% no preço do trigo do Kansas, em média, esteve associada a uma variação de 0,8% no preço do trigo do fazen-

---

[32] A duração não representa uma medida completa do risco de taxa de juros. Ela mede apenas a exposição ao nível das taxas de juros, não às mudanças no formato da estrutura temporal. A duração, na verdade, assume que a estrutura temporal é "homogênea". Ainda assim, a duração é amplamente empregada, porque oferece uma boa aproximação inicial da exposição à taxa de juros. Na prática, é pouco provável que o trigo que o fazendeiro possui e o que ele vende no mercado de futuros sejam idênticos. Se, por exemplo, ele vender futuros de trigo na Bolsa de Kansas City, se comprometerá a entregar trigo mourisco de inverno em Kansas City em setembro. Mas talvez ele tenha plantado trigo de primavera no Norte, a muitos quilômetros de distância de Kansas City: nesse caso, os preços dos dois tipos de trigo não evoluirão exatamente em conjunto.

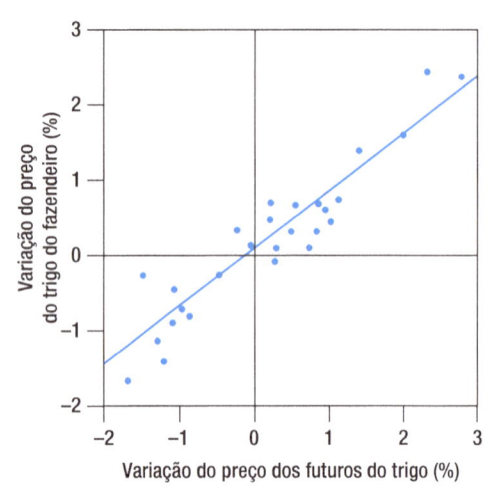

▶ **FIGURA 26.5** Representação hipotética das variações de preço do trigo do fazendeiro *versus* o preço dos futuros do trigo em Kansas City. Uma variação de 1% no preço dos futuros do trigo implica, em média, uma variação de 0,8% no preço do trigo do fazendeiro.

deiro. Sendo o trigo do fazendeiro relativamente insensível às alterações do preço do Kansas, ele terá de vender 0,8 × 100.000 alqueires de futuros de trigo para minimizar o risco.

Generalizemos. Suponha que você possua um ativo A (por exemplo, trigo) e queira cobrir o risco de eventuais alterações do valor de A, por meio de uma venda compensadora de outro ativo B (por exemplo, futuros de trigo). Suponha, ainda, que as variações percentuais no valor de A estejam relacionadas da seguinte maneira com as variações percentuais no valor de B:

$$\text{Variação esperada do valor de A} = \alpha + \delta(\text{variação do valor de B})$$

O delta (δ) mede a sensibilidade de A às variações de B. É também igual ao índice de cobertura de risco – ou seja, ao número de unidades de B que devem ser vendidas para cobrir o risco da compra de A. Você minimizará o risco se compensar a sua posição em A com a venda de delta unidades de B.

O segredo para constituir uma cobertura de risco é estimar o delta ou índice de cobertura de risco. Nosso fazendeiro poderia usar sua experiência passada para fazer isso, mas muitas vezes uma grande dose de opinião subjetiva. Por exemplo, imagine que a Antarctic Air queira se proteger de uma subida inesperada do preço do petróleo. Na sua qualidade de gestor financeiro, você precisa saber qual é o impacto de uma subida do preço do petróleo sobre o valor de sua empresa.

Suponha que a empresa tenha gasto $200 milhões em combustível no ano passado. Se todas as outras condições se mantiverem iguais, um aumento de 10% do preço do petróleo terá um custo adicional de 0,1 × 200 = $20 milhões para a empresa. Mas talvez você possa compensar parcialmente esse aumento dos custos cobrando tarifas mais caras e, nesse caso, a queda das receitas seria inferior a $20 milhões. Ou talvez um aumento do preço do petróleo leve a um abrandamento da atividade comercial, com um menor número de passageiros. Nesse caso, as receitas cairão mais de $20 milhões. É ainda mais difícil calcular o efeito provável sobre o valor de sua organização, porque depende da subida do petróleo ser ou não permanente. Talvez o aumento de preço leve a um aumento de produção ou incentive os consumidores a economizar energia.

Sempre que os dois lados da cobertura de risco não andam exatamente juntos, haverá algum risco residual. Isso não é um problema para a diretora financeira da Potterton. Contanto que as taxas de juros não se alterem bruscamente, quaisquer mudanças no valor do *leasing* da Potterton devem ser exatamente compensados por mudanças no valor da dívida. Nesse caso, não há risco residual, e a Potterton está perfeitamente coberta.

Nosso produtor de trigo não tem tanta sorte. A dispersão de pontos na Figura 26.5 mostra que não é possível para o fazendeiro construir uma cobertura perfeita usando futuros de trigo. Como a *commodity* subjacente (o trigo do fazendeiro) e o instrumento de cobertura (futuros de trigo em Kansas City) apresentam uma correlação imperfeita, restará algum risco residual.

PRÁTICA FINANCEIRA

O homem mais pobre do mundo

Em outubro de 2010, Jérôme Kerviel se tornou o homem mais pobre do mundo quando uma corte francesa o sentenciou a cinco anos de prisão e o multou em €4,9 bilhões. Até sua prisão dois anos antes, ele trabalhava como *trader* para o banco francês Société Générale. Mas então descobriu-se que ele havia conduzido transações não autorizadas, resultando em prejuízos recordes para o banco no valor de €4,9 bilhões ($7,2 bilhões).

Kerviel entrou para a área administrativa do SocGen no ano 2000. Cinco anos depois, ele realizou seu sonho quando foi promovido ao cargo de *trader* no setor Delta One, que transaciona principalmente ações, futuros e fundos negociados em bolsas.* Na maioria dos bancos, a mesa de operações Delta One se concentra em oportunidades de arbitragem, e a tarefa de Kerviel era explorar pequenas diferenças de preço entre contratos acionários futuros, em vez de apostar nos rumos do mercado.

Pouco após assumir seu novo cargo, Kerviel fez uma aposta não autorizada em uma queda no mercado. A transação teve sucesso e resultou em um lucro de €500 mil. Embora não tivesse cobertura de risco e excedesse o limite de crédito de Kerviel, o banco não fez qualquer repreensão. Empolgado com seu sucesso, Kerviel continuou a fazer apostas sem cobertura vasculhando o mercado. Para ocultar a ausência de cobertura em suas transações, ele criou uma série de negociações compensatórias fictícias.

Durante um tempo a sorte sorriu para Kerviel e até 2007 ele já lucrara €1,4 bilhão. Mas em janeiro de 2008 tudo começou a degringolar. Conforme os preços das ações desabavam, Kerviel fazia apostas cada vez mais altas de que os mercados acabariam se recuperando. Sempre que perdia, Kerviel dobrava suas apostas. Em meados de janeiro, ele tinha cerca de €50 bilhões – mais do que a capitalização total de mercado do banco – apostados numa virada do mercado.

Durante o início de janeiro, o SocGen recebeu diversas consultas da bolsa de derivativos Eurex a respeito de padrões transacionais inusitados, e o banco começou a investigar as atividades de Kerviel. Em 21 de janeiro, a instituição descobriu a extensão integral das posições de seu funcionário e saiu freneticamente tentando fechá-las. O prejuízo resultante de €4,9 bilhões equivalia a mais de 10% do valor patrimonial do banco.

A incapacidade do Société Générale de identificar as transações não autorizadas lhe rendeu muitas críticas. Certas pessoas comentaram que um *trader* que trabalhara na área administrativa estaria especialmente bem informado quanto aos modos de ocultar suas atividades. Os bancos se consolaram com certeza de que tamanhas brechas nos controles jamais viriam a se repetir – isso até 2011, quando o banco suíço UBS revelou que um *trader* que fora promovido do setor administrativo para as mesas de operação Delta One perdera $2 bilhões em transações não autorizadas.

---

*As mesas de operações Delta One levam este nome porque negociam derivativos acionários com um índice de cobertura de risco, ou delta, de 1,0 em relação a seus títulos subjacentes. As mesas da Delta One, portanto, não negociam opções.

26.7 "Derivativo" é um palavrão?

Nosso fazendeiro vendeu futuros de trigo para reduzir o risco do seu negócio. No entanto, se você imitasse o fazendeiro e vendesse futuros de trigo sem possuir a quantidade correspondente desse cereal, não estaria reduzindo o risco; estaria *especulando*.

Os especuladores, em busca de grandes lucros (e preparados para suportar grandes prejuízos), são atraídos pela alavancagem proporcionada pelos instrumentos derivativos. Com isso queremos dizer que não é necessário desembolsar muito dinheiro "de cara" e que os ganhos e as perdas podem igualar um múltiplo do pagamento inicial. A palavra "especulação" sugere algo de ilícito, mas um mercado de derivativos com êxito precisa de especuladores que estejam dispostos a correr riscos e a fornecer às entidades mais cautelosas – como os fazendeiros ou as empresas de moagem – a proteção de que carecem. Por exemplo, se um número excessivo de fazendeiros quisesse vender futuros de trigos, o preço dos futuros seria obrigado a cair até ao nível em que especuladores em número suficiente seriam tentados a comprar na mira de lucro. Se houver um excedente de empresas de moagem interessadas em comprar futuros de trigo, acontecerá o inverso. O preço dos futuros de trigo será forçado a *subir* até que os especuladores sejam atraídos a vender.

A especulação pode ser necessária para um mercado de derivativos muito ativo, mas pode causar grandes complicações às empresas. O quadro "Prática Financeira" acima descreve como o banco francês Société Générale levou um prejuízo de $7,2 bilhões devido a uma transação não autorizada de um de seus funcionários. Neste contexto, o banco tem bastante companhia. Em 2011, o banco suíço UBS divulgou que um *trader* mal-intencionado foi responsável por prejuízos de $2,3 bilhões. E em 1995, o Baring Brothers, um dos mais imponentes bancos comerciais ingleses com uma história de 200 anos, ficou insolvente. O motivo: Nick Leeson, um *trader* do seu escritório de Cingapura, apostou fortemente no índice japonês do mercado de ações, o que resultou em perdas da ordem de $1,4 bilhão.

Essas histórias catastróficas contêm algumas mensagens de precaução para todas as empresas. Nos anos 1970 e 1980, muitas empresas transformaram as suas operações de caixa em centros de lucros e anunciaram com todo o orgulho os ganhos obtidos com transações envolvendo instrumentos financeiros. Mas não é possível obter lucros substanciais em mercados financeiros sem, paralelamente, correr grandes riscos, de modo que esses lucros devem sempre servir como advertência em vez de motivos para celebração.

Um Boeing 747 pesa 400 toneladas e voa a uma velocidade de quase 600 milhas por hora, sendo consequentemente muito perigoso. Mas nem por isso impedimos os 747s de voar; limitamo-nos a tomar as precauções necessárias para termos certeza de que são pilotados com cuidado. Do mesmo modo, seria uma tolice sugerir que as empresas abolissem o uso de instrumentos derivativos, mas faz todo o sentido tomar algumas precauções contra o seu uso incorreto. Eis dois tostões de bom-senso:

- *Precaução 1: não seja apanhado de surpresa.* Queremos dizer com isso que os executivos da alta administração necessitam acompanhar, regularmente, o valor das posições da empresa em derivativos e saber quais apostas a organização fez. Na sua maneira mais simples, isso obriga apenas a perguntar o que ocorreria se as taxas de juro ou de câmbio variassem 1%. Mas os grandes bancos e consultores também desenvolveram modelos sofisticados para a medição do risco das posições em derivativos.

- *Precaução 2: aposte somente quando tiver uma vantagem comparativa que lhe garanta que as probabilidades estão a seu favor.* Se um banco anunciasse que iria extrair petróleo ou lançar um novo sabão em pó, ficaríamos desconfiados, com muita razão, se ele teria os meios necessários para ser bem-sucedido. Você deve praticar a mesma desconfiança se um produtor de petróleo ou uma empresa de bens de consumo anunciar que vai apostar em taxas de juros ou em mercado cambial.

A especulação imprudente com derivativos é, indubitavelmente, um motivo de preocupação para os acionistas da empresa, mas será que também é uma questão que merece preocupação geral? Algumas pessoas, como é o caso de Warren Buffett, acreditam que os derivativos são armas "financeiras" de destruição em massa. Elas chamam a atenção para o enorme volume de negócios em derivativos e argumentam que as perdas resultantes da especulação levam a situações graves de inadimplência, que poderão ameaçar todo o sistema financeiro. Essas preocupações têm levado a uma regulamentação cada vez maior dos mercados de derivativos.

Este não é o local apropriado para uma discussão sobre regulamentação, mas devemos colocá-lo de sobreaviso em relação a avaliações pouco cuidadas da dimensão dos mercados de derivativos e das perdas potenciais. Em junho de 2014, o montante referencial total dos derivativos em circulação foi de $691 trilhões.[33] É um montante enorme, mas não lhe dá indicação alguma sobre a quantidade de dinheiro em risco. Suponha, por exemplo, que um banco faça um *swap* de taxas de juros no valor de $10 milhões e que a outra parte abra falência no dia seguinte. Quanto o banco perdeu? Nada. Não tinha pago nada "de cara"; as duas partes haviam prometido pagar um determinado montante uma à outra apenas no futuro. Agora o negócio acabou.

Suponha que a outra parte abra falência somente um ano depois de o banco ter feito o *swap*. Entretanto, as taxas de juros evoluíram de modo favorável ao banco, pelo que este deveria receber mais dinheiro com o *swap* do que teria de pagar. Quando a outra parte deixa de cumprir o negócio, o banco perde a diferença entre os juros que tem a receber e os juros que tem a pagar. Mas não perde $10 milhões.[34]

A única medida com significado das perdas potenciais resultantes da inadimplência é o montante que custaria à empresa lucrando com o *swap* em substituir essas posições nos contratos. Esse montante corresponde apenas a cerca de 1% do montante nocional total de *swaps* em circulação.

---

[33] Bank of International Settlements, *Derivatives Statistics* (**www.bis.org/statistics/derstats.htm**).

[34] Isso não quer dizer que as empresas não se preocupam com a possibilidade de inadimplência, e há inúmeras formas pelas quais tentam se proteger. No caso dos *swaps*, as organizações relutam em fazer negócios com bancos que não tenham os *ratings* de crédito mais altos.

RESUMO

Como gestor, você é pago para assumir riscos, mas não quaisquer riscos. Alguns são apenas más apostas, mas outros podem pôr em risco o êxito da empresa. A cobertura de riscos, nos casos em que é prático fazê-la, pode ter sentido desde que reduza a probabilidade de dificuldades de caixa ou de tensões financeiras. Em alguns casos, a cobertura de riscos também pode tornar mais fácil monitorar a atividade dos gestores financeiros e motivá-los. Aliviar os gestores dos riscos que escapam ao seu controle os ajuda a se concentrarem naquilo que é passível de ser controlado.

A maioria das empresas faz seguros contra possíveis perdas. As companhias de seguros têm uma capacidade considerável para avaliar o risco e podem diversificá-lo com uma carteira diversificada. Os seguros não funcionam tão bem quando as apólices são contratadas apenas pelas empresas que enfrentam os piores riscos (*seleção adversa*) ou quando a empresa segurada é tentada a relaxar os procedimentos de manutenção e de segurança (*acidente moral*).

As empresas também podem fazer a cobertura de risco com opções e com contratos a termo ou de futuros. Um contrato a termo é uma ordem antecipada para comprar ou vender um ativo. O preço futuro é fixado hoje, mas o pagamento final não ocorre senão na data da entrega. Os contratos a termo que são negociados em mercados regulamentados de futuros são chamados de contratos de futuros; são padronizados e seu volume de transações é enorme. Os mercados futuros permitem às empresas "fixar" os preços futuros de dezenas de diferentes mercadorias, títulos e divisas.

Em vez de comprar ou vender um contrato de futuros padronizado, pode-se negociar um contrato feito sob medida com um banco. As empresas podem se proteger das variações das taxas de câmbio por meio da compra ou da venda de contratos a termo sobre divisas. Os *forward rate agreements* (FRAs) oferecem às empresas proteção contra as variações das taxas de juros. Por exemplo, se você pedir um empréstimo a dois anos e, ao mesmo tempo, conceder um empréstimo a um ano, está fazendo, na verdade, um empréstimo a termo.

As empresas também fazem cobertura de risco com contratos de *swaps*. Uma empresa pode, por exemplo, negociar com um banco o pagamento de juros a uma taxa fixa de longo prazo, e o recebimento de juros do banco a uma taxa variável de curto prazo. A empresa está fazendo um *swap* de uma taxa fixa por uma taxa variável. Um *swap* desse tipo fará sentido se a empresa tiver um acesso relativamente fácil a empréstimos de curto prazo mas quiser evitar a exposição à variação das taxas de juro de curto prazo.

A teoria da cobertura de risco (*hedging*) é muito simples. Procuram-se dois ativos intimamente correlacionados. Depois, compra-se um e vende-se o outro em proporções que minimizem o risco da sua posição líquida. Se os ativos estiverem *perfeitamente* correlacionados, pode-se conseguir uma posição líquida sem risco. Se a correlação não for perfeita, poderá ter de absorver uma parte do risco residual.

O truque é obter o índice de cobertura de risco, ou delta – isto é, o número de unidades de um ativo necessário para cobrir as variações no valor de outro ativo. Por vezes, a melhor solução é observar o modo como os preços dos dois ativos têm variado em conjunto no passado. Por exemplo, suponha que você verifique que uma variação no valor de 1% no valor de B tem sido acompanhada, em média, por uma variação de 2% no valor de A. Portanto, o delta é igual a 2,0 e, para cobrir o risco de cada dólar investido em A, é preciso vender dois dólares de B.

Em outras situações, um pouco de teoria pode ajudar a constituir a cobertura. Por exemplo, o efeito da variação das taxas de juros sobre o valor de um ativo depende da duração desse ativo. Se dois ativos tiverem a mesma duração, serão igualmente afetados pelas flutuações da taxa.

Muitas das estratégias de cobertura de risco descritas neste capítulo são estáticas. Uma vez montada a cobertura, pode-se ir descansado para as férias, confiante de que a empresa está bem protegida. No entanto, algumas estratégias de cobertura, como as que igualam as durações, são dinâmicas. À medida que o tempo passa e os preços variam, pode ser necessário reequilibrar a sua posição para manter a cobertura.

A cobertura e a redução do risco parecem uma excelente ideia, mas lembre-se de que adotar medidas de cobertura de risco apenas para reduzi-lo não acrescenta valor. É um jogo de soma zero: os riscos não são eliminados; são apenas transferidos para a outra contraparte. Lembre-se também de que os seus acionistas podem ainda fazer a cobertura de risco ajustando a composição das suas carteiras ou negociando futuros ou outros derivativos de crédito. Os investidores não recompensarão a empresa por fazer algo que eles podem perfeitamente fazer por si próprios.

Algumas empresas acham que é muito mais divertido especular do que fazer a cobertura de risco. Essa posição pode colocá-las em situações muito difíceis. Não acreditamos que esse tipo de especulação faça sentido para uma empresa industrial, mas devemos precavê-lo contra a ideia de que os derivativos são uma ameaça para o sistema financeiro.

LEITURAS ADICIONAIS

Indicamos, a seguir, três artigos genéricos sobre a gestão do risco das empresas:

K. A. Froot, D. Scharfstein, and J. C. Stein, "A Framework for Risk Management", *Harvard Business Review* 72 (November–December 1994), pp. 59-71.

B. W. Nocco and R. M. Stulz, "Enterprise Risk Management: Theory and Practice," *Journal of Applied Corporate Finance* 18 (Fall 2006), pp. 8-20.

C. H. Smithson and B. Simkins, "Does Risk Management Add Value? A Survey of the Evidence," *Journal of Applied Corporate Finance* 17 (Summer 2005), pp. 8-17.

As edições do verão de 2005 e do outono de 2006 do Journal of Applied Corporate Finance *são dedicadas à gestão do risco, e desenvolvimentos e notícias atuais são discutidos na publicação* Risk. *Talvez você queira também consultar os textos a seguir:*

J. C. Hull, *Options, Futures, and other Derivatives*, 9th ed. (Englewood Cliffs, NJ: Prentice Hall, 2014).

C. H. Smithson, *Managing Financial Risk*, 3rd ed. (New York: McGraw-Hill, 1998).

R. M. Stulz, *Risk Management and Derivatives* (Cincinnati, OH: Thomson-Southwestern Publishing, 2003).

O artigo de Schaefer constitui uma revisão útil de como as medidas da duração são utilizadas para imunizar passivos fixos:

S. M. Schaefer, "Immunisation and Duration: A Review of Theory, Performance and Applications," *Midland Corporate Finance Journal* 3 (Autumn 1984), pp. 41-58.

PROBLEMAS

BÁSICO

1. **Revisão de vocabulário.** Defina os seguintes termos:
   a. Preço à vista
   b. Contrato a termo *versus* contrato de futuros
   c. Posição comprada *versus* posição vendida
   d. Risco residual
   e. Reavaliar ao preço de mercado
   f. Retorno líquido da oportunidade

2. **Contratos de futuros** Verdadeiro ou falso?
   a. As transações para a cobertura de risco em um mercado de futuros ativo têm VPLs nulos ou ligeiramente negativos.
   b. Quando se compra um contrato de futuros, paga-se hoje pela entrega em uma data futura.
   c. O titular de um contrato de futuros financeiro perde todo e qualquer dividendo ou pagamento de juros feito pelo título subjacente.
   d. O titular de um contrato de futuros sobre *commodities* não têm de pagar por custos de estocagem, mas perde o retorno de oportunidade.

3. **Reavaliação a preço de mercado** Ontem, você vendeu futuros a seis meses sobre o índice alemão DAX, ao preço de $9.120. Hoje, o DAX fechou a $9.100 e os futuros a $9.140. Você recebe um telefonema da sua corretora lembrando-lhe de que a sua posição de futuros é diariamente reavaliada ao preço de mercado. Ela está lhe pedindo que pague ou lhe informando que tem a receber?

4. **Preços de futuros** Calcule o valor de uma contrato de futuros a seis meses sobre obrigações do Tesouro. Você dispõe dos seguintes dados:
   • Taxa de juro para seis meses: 10% ao ano, ou 4,9% em seis meses.
   • Preço à vista da obrigação: $95.
   • Pagamentos de cupons da obrigação: 8% (4% de seis em seis meses).

5. **Cobertura de risco** "A Northern Refineries não evita o risco vendendo futuros de petróleo. Se o preço do petróleo se mantiver acima de $2,40 por galão, ela terá tido um prejuízo ao vender futuros de petróleo àquele preço." Essa observação é verdadeira?

6. **Retorno da oportunidade** Calcule o retorno da oportunidade para a sucata de magnésio a partir da seguinte informação:
   • Preço à vista: $2.550 por tonelada.
   • Preço dos futuros: $2.408 para um contrato de um ano.
   • Taxa de juro: 12%.
   • Custos de armazenamento: $100 por ano.

7. **Retorno da oportunidade** Os habitantes do nordeste dos Estados Unidos foram confrontados com um recorde de temperaturas baixas entre novembro e dezembro de 2024. Os preços à vista do combustível para aquecimento subiram 25%, para mais de $7 por galão.
   a. Qual o efeito dessa subida sobre o retorno líquido da oportunidade e sobre a relação entre os preços dos futuros e os preços à vista?
   b. Em finais de 2025, as refinarias e as distribuidoras foram surpreendidas por uma onda recorde de temperaturas *elevadas*. Qual foi o efeito sobre o retorno líquido da oportunidade e sobre os preços à vista e dos futuros do combustível para aquecimento?

8. **Retorno da oportunidade** Depois de uma colheita recorde, os silos de cereais estão completamente cheios. É provável que os custos de armazenamento sejam elevados ou baixos? Quais as implicações daí decorrentes em termos de retorno líquido da oportunidade?

9. *Swaps* **de taxa de juro** Há um ano, um banco fez um *swap* de taxas de juro de $50 milhões a cinco anos. Você concordou em pagar todos os anos à empresa A uma taxa de juro fixa de 6%, e receber em troca a Libor. Quando o banco fez o *swap*, a Libor estava a 5%, mas agora as taxas de juro subiram, de modo que, em um *swap* de taxas de juro a quatro anos, o banco pode esperar ter de pagar 6,5% e receber a Libor.
   a. O *swap* está sendo lucrativo ou prejudicial para o banco?
   b. Suponha que, nesse momento, a empresa A solicite ao banco que termine o *swap*. Se ainda restarem quatro pagamentos anuais, quanto o banco deverá cobrar de A para terminar o contrato?

10. **Risco residual** O que é risco residual? Em qual dos seguintes casos você esperaria que o risco residual fosse importante?

a. Um corretor que possui um grande lote de ações da Disney cobre o risco vendendo futuros sobre o índice.

b. Um fazendeiro de milho do Iowa cobre o preço de venda da sua colheita vendendo futuros de milho de Chicago.

c. Um importador tem de pagar €900 milhões dentro de seis meses. E faz a cobertura comprando euros a termo.

11. **Cobertura de risco** Você possui uma carteira de ações do setor aeroespacial no valor de $1 milhão, e com um beta de 1,2. Você está entusiasmado com esse setor, mas inseguro quanto às perspectivas do mercado bolsista. Explique de que modo poderia "fazer a cobertura" do seu risco de mercado com uma posição vendida sobre o mercado. Quanto deveria vender? Na prática, como se posicionaria de forma "vendida no mercado"?

12. **Cobertura de futuros**

    a. A Marshall Arts acabou de investir $1 milhão em obrigações do Tesouro de longo prazo, mas está preocupada com a crescente volatilidade das taxas de juros. Decide cobrir o risco com contratos de futuros sobre obrigações. Ela deverá comprar ou vender esses contratos?

    b. O diretor financeiro da Zeta Corporation vai emitir obrigações dentro de três meses. Também está preocupado com a volatilidade das taxas de juros e quer assegurar o preço a que poderá vender obrigações com cupom de 5%. Como ele poderá utilizar contratos de futuros sobre obrigações para cobrir a posição da sua empresa?

INTERMEDIÁRIO

13. **Seguro** As grandes empresas gastam anualmente milhões de dólares em seguros. Por quê? Deveriam segurar todos os riscos ou o seguro fará mais sentido para uns do que para outros riscos?

14. **Obrigações-catástrofe** Em certas obrigações-catástrofe, os pagamentos são reduzidos se os pedidos de indenização ao emitente excederem um determinado montante. Em outros casos, os pagamentos só são reduzidos se o conjunto de indenizações de todo o setor ultrapassar uma determinada soma. Quais as vantagens e as desvantagens das duas estruturas? Qual a que envolve um risco residual maior? Qual delas pode criar um problema de acidente moral?

15. **Contratos futuros** Enumere alguns dos futuros mercantis negociados em bolsas de futuros. Na sua opinião, para quem poderá ser útil diminuir o risco pela compra de cada um desses contratos? E quem você acredita que vai querer vender cada contrato?

16. **Cobertura de futuros** A Phoenix Motors quer garantir o custo de 10 mil onças de platina que utilizará na produção de conversores catalíticos do próximo trimestre. Compra contratos de futuros a três meses para 10 mil onças, ao preço de $1.300 por onça.

    a. Suponha que o preço à vista da platina caia para $1.200 em três meses. A Phoenix lucra ou perde com os contratos de futuros? Conseguiu garantir o custo da compra da platina de que precisa?

    b. De que modo as suas respostas se alteram se o preço da platina subir para $1.400 em três meses?

17. **Preços futuros** Em dezembro de 2014, os futuros a seis meses sobre o índice Australian S&P/ASX 200 estavam sendo negociados a 5.376. O preço à vista era de 5.442. A taxa de juro era de 2,5% e a taxa de retorno por dividendos, de 4,7%. O preço dos futuros era justo?

18. **Preços futuros** Quando você compra um futuro a nove meses sobre letras do Tesouro, compromete-se a comprar uma letra de $1 milhão a três meses dentro de nove meses. Suponha que atualmente os títulos do Tesouro ofereçam os seguintes retornos:

Meses até o vencimento	Rendimento anual
3	6%
6	6,5
9	7
12	8

    Qual é o valor em dólar do futuro a nove meses?

19. **Preços futuros** O Quadro 26.4 contém preços à vista e preços dos futuros para seis meses sobre várias mercadorias e instrumentos financeiros. Poderá haver algumas boas oportunidades de "fazer dinheiro". Veja se consegue descobri-las e explique como negociaria para explorá-las em seu benefício. A taxa de juro é de 14,5% ou de 7% durante os seis meses dos contratos.

20. **Preços futuros** O quadro a seguir mostra os preços dos futuros sobre ouro em 2014 para contratos de diferentes vencimentos. O ouro é fundamentalmente um bem de investimento, e não uma mercadoria individual. Os investidores detêm ouro, pois isso diversifica suas carteiras e porque esperam que o seu preço aumente. Não o detêm pelo seu retorno da oportunidade.

Vida do contrato (meses)			
	3	6	9
Preços dos futuros	$1.88,5	$1.189,5	$1.190,0

    Calcule a taxa de juro para os *traders* de futuros sobre ouro, assumindo um retorno líquido de oportunidade igual a zero, para cada um dos vencimentos contratuais indicados acima. O preço à vista é de $1.188,2 por onça.

21. **Valores de swap** Em setembro de 2020, os *dealers* de *swaps* estavam cotando uma taxa para os *swaps* de taxas de juros do euro a cinco anos de 4,5% contra a Euribor (a taxa de juros de curto prazo para os empréstimos em euros). Naquele momento, a Euribor era de 4,1%. Suponha que A negocia com um *dealer* um *swap* de um emprés-

QUADRO 26.4 Preços à vista e preços dos futuros a seis meses sobre uma seleção de mercadorias e de títulos. Veja o Problema 19

Mercadoria	Preço à vista	Preço dos futuros	Comentários
Magnésio	$2.550/ton	$2.728,50/ton	Custo mensal de armazenamento = retorno da oportunidade por mês.
Quiche congelado	$0,50/libra-peso	$0,514/libra-peso	Custos de armazenamento de seis meses = $0,10 por libra-peso; retorno da oportunidade a seis meses = $0,05 por libra-peso.
Obrigações a 8% da Nevada Hydro 8s de 2002	77	78,39	Cupom semestral de 4% para imediatamente antes do vencimento do futuro.
Pulgas (moeda) da Costaguana	9.300 por dólar	6.900 por dólar	A taxa de juro da Costaguana é de 95% ao ano.
Ações ordinárias da Establishment Industries	$95	$97,54	A Establishment paga dividendos de $2 por trimestre. O próximo dividendo será pago em dois meses.
Vinho branco barato	$12.500 por tanque de 10.000 galões	$14.200 por tanque de 10.000 galões	Retorno da oportunidade a seis meses = $250 por tanque de 10 mil galões. A sua empresa tem excesso de espaço de armazenamento e pode, sem custos, armazenar 50 mil galões.

timo de €10 milhões a cinco anos, à taxa fixa, por um empréstimo equivalente em euros a uma taxa variável.

 a. Qual é o valor desse *swap* no momento em que é feito?

 b. Suponha que imediatamente depois de A ter feito o *swap*, a taxa de juros de longo prazo suba 1%. Quem ganha e quem perde?

 c. Qual é atualmente o valor do *swap*?

22. **Cobertura de risco por duração** Os títulos A, B e C têm os seguintes fluxos de caixa:

	Período 1	Período 2	Período 3
A	$40	$40	$40
B	120	—	—
C	10	10	110

 a. Calcule cada uma das durações se a taxa de juros for de 8%.

 b. Suponha que você tenha um investimento de $10 milhões em A. Qual a combinação de B e C que cobriria esse investimento contra as variações na taxa de juros?

 c. Suponha, agora, que você tenha um investimento de $10 milhões em B. Como o cobriria?

23. **Índice de cobertura** O que se entende por "delta" (δ) no contexto da cobertura de risco? Dê exemplos de como o delta pode ser estimado ou calculado.

24. **Gestão de risco** Uma empresa de mineração de ouro está preocupada com a volatilidade de curto prazo das suas receitas. Atualmente o ouro está cotado a $1.300 por onça, mas o preço é extremamente volátil, podendo tanto cair para $1.220 como aumentar para $1.380 no próximo mês. A empresa colocará mil onças no mercado no próximo mês.

 a. Qual será a receita total se a empresa continuar sem cobertura e os preços do ouro forem de $1.220, $1.300 e $1.380 por onça?

 b. O preço dos futuros de ouro para entrega dentro de um mês é de $1.310. Quais serão as receitas totais da empresa para cada um dos diferentes preços de ouro, se a empresa fizer um contrato de futuros a um mês para entregar mil onças de ouro?

 c. Qual será a receita total se a empresa comprar uma opção de venda a um mês, para venda do ouro a $1.300 por onça? O preço da opção de venda é de $110 por onça.

25. **Cobertura de futuros** A Legs Diamond possui cotas de participação do fundo de investimento "Vanguard Index 500" no valor de $1 milhão em 15 de julho. (Trata-se de um fundo indexado que segue o índice Standard & Poor's 500.) Ela quer vendê-las hoje para obter dinheiro, mas o contador a aconselha a esperar seis meses de modo a adiar um imposto elevado sobre ganhos de capital. Explique à Legs como ela pode usar os futuros sobre índices para cobrir a sua exposição aos movimentos do mercado durante os próximos seis meses. A Legs poderia "obter dinheiro" sem, de fato, vender as suas ações?

26. **Índice de coberturas** As variações dos preços das ações de duas mineradoras de ouro têm apresentado uma forte correlação positiva. A sua relação histórica é:

Variação média percentual de A =
0,001 + 0,75 (variação percentual de B)

As variações de B explicam 60% da variação de A (R^2 = 0,6).

 a. Suponha que você possua $100 mil de A. Quanto deveria vender de B para minimizar o risco da sua posição líquida?

 b. Qual é o índice de cobertura de risco?

 c. A relação histórica entre A e os preços do ouro é a seguinte:

Variação média percentual de A =
–0,002 + 1,2 (variação percentual do preço do ouro)

Se $R^2 = 0{,}5$ você poderá reduzir o risco da sua posição líquida fazendo a cobertura com ouro (ou com futuros sobre o ouro), em vez de fazê-lo com ações de B? Explique.

27. **Gestão de risco**   A Petrochemical Parfum (PP) está preocupada com os possíveis aumentos de preço do óleo bruto, que é uma das suas maiores fontes de custos. Mostre como a PP pode utilizar opções ou contratos futuros para se proteger contra a subida do preço do óleo. Mostre como os resultados variam em cada um dos casos, se o preço do petróleo for de $70, $80 ou $90 por barril. Quais as vantagens e desvantagens para a PP da utilização de futuros em vez de opções para reduzir o risco?

28. **Preços de futuros**   Considere os ativos financeiros e mercantis listados no Quadro 26.5. A taxa de juro sem risco é de 6% ao ano, e a estrutura temporal é horizontal.

    a. Calcule o preço dos futuros a seis meses para cada um dos casos.

    b. Explique como um produtor de magnésio utilizaria o mercado de futuros para "congelar" o preço de um carregamento de 1.000 toneladas de magnésio daqui a seis meses.

    c. Suponha que o produtor tome as ações sugeridas na sua resposta ao item (b), mas ao fim de um mês os preços do magnésio caiam para $2.200. O que acontece? O produtor terá de realizar mais transações no mercado de futuros para repor a posição coberta?

    d. O preço dos futuros sobre o índice Biotech fornece algumas informações úteis sobre o desempenho esperado no futuro para as ações desse setor industrial?

    e. Suponha que, de repente, o preço das ações da Allen Wrench caia $10 por ação. Os investidores estão confiantes de que os dividendos não serão reduzidos. O que acontecerá aos preços dos futuros?

    f. Suponha que, de repente, ocorra uma queda nas taxas de juros para 4%. A estrutura temporal é horizontal. O que acontecerá ao preço dos futuros a seis meses sobre as notas do Tesouro a cinco anos? O que acontecerá a um *trader* que tenha uma posição vendida sobre 100 notas, ao preço de futuro calculado no item (a) deste problema.

    g. Um importador tem de fazer um pagamento de 1 milhão de ruplos daqui a três meses. Explique duas estratégias a que o importador poderia recorrer para cobrir eventuais variações desfavoráveis da taxa de câmbio ruplo-dólar.

29. **Swaps**   O *swap* de retorno total sobre uma obrigação é semelhante a um *swap* de *default* de crédito (veja a Seção 23.1)? Por que ou por que não?

30. **Cobertura de risco**   "Os especuladores querem que os contratos futuros estejam indevidamente cotados; os que pretendem fazer cobertura de risco querem-nos devidamente cotados." Por quê?

31. **Índices de cobertura**   O seu banco de investimento investiu $100 milhões nas ações da Swiss Roll Corporation e uma posição vendida nas ações da empresa Frankfurter Sausage. A seguir, é mostrado o histórico dos preços recentes das duas ações:

	Alteração percentual dos preços	
Mês	**Frankfurter Sausage**	**Swiss Roll**
Janeiro	−10	−10
Fevereiro	−10	−5
Março	−10	0
Abril	+10	0
Maio	+10	+5
Junho	+10	+10

A partir da experiência com esses seis meses, qual o montante de sua posição vendida sobre a Frankfurter Sausage que deveria protegê-lo o máximo possível contra variações nos preços da Swiss Roll?

DESAFIO

32. **Swaps de taxa de juros**   A empresa Phillip's Screwdriver contraiu um empréstimo de $20 milhões em um banco, com uma taxa variável de 2% acima da taxa das letras do Tesouro a três meses, que atualmente rendem 5%. Suponha que os pagamentos de juros sejam trimestrais e que o capital será reembolsado na totalidade ao fim de cinco anos.

    A Phillip's quer converter o empréstimo bancário para dívida à taxa fixa. Ela poderia ter emitido uma obrigação a cinco anos com uma remuneração fixa de 9% até o ven-

QUADRO 26.5   Preços à vista para uma seleção de ativos mercantis e financeiros. Veja o Problema 29

Ativo	Preço à vista	Comentários
Magnésio	$2.800 por tonelada	Retorno líquido da oportunidade = 4% por ano
Aveia	$0,44 por alqueire	Retorno líquido da oportunidade = 0,5% por mês
Índice de ações Biotech	140,2	Retorno por dividendos = 0
Ações da Allen Wrench Co.	$58,00	Dividendos de $2,4 por ano
Notas do Tesouro a cinco anos	$108,93	Cupom de 8%
Ruplo da Vestônia	3,1 ruplos por dólar	Taxa de juros sobre os ruplos = 12%

cimento. Essa obrigação seria agora negociada ao par. O retorno até o vencimento dos títulos do Tesouro a cinco anos é de 7%.

a. A Phillip's está tomando uma decisão irracional por querer uma dívida de longo prazo com uma taxa de 9%? Ela está obtendo empréstimos bancários a 7%.

b. Explique como poderá ser feita a conversão por meio de um *swap* de taxas de juro. Quais seriam as condições iniciais do *swap*? (Ignore os custos de transação e o lucro do *dealer* de *swaps*.)

Passado um ano, o rendimento das obrigações do Tesouro de médio e de longo prazo caiu para 6%, de modo que a estrutura temporal é agora horizontal. (Na realidade, as alterações ocorreram no mês 5.) O risco de crédito da Phillip's se mantém; ainda poderia obter fundos a 2% acima das taxas do Tesouro.

c. Qual será o pagamento líquido do *swap* que a Phillip's fará ou receberá?

d. Agora, suponha que a Phillip's queira cancelar o *swap*. Quanto ela teria de pagar ao *dealer* de *swaps*? Ou é o *dealer* que teria de pagar à Phillip's? Explique.

FINANÇAS NA WEB

1. Os *sites* das bolsas mercantis mais importantes fornecem os preços de futuros. Calcule e represente (como na Figura 26.2) o retorno líquido da oportunidade *anualizado* para uma mercadoria de sua escolha. (*Obs.:* talvez você precise utilizar o preço dos futuros de um contrato que está prestes a vencer à medida que estima o preço à vista corrente.)

2. Pode-se encontrar taxas de *swap* para o dólar americano e o euro em **www.ftc.com**. Represente graficamente as curvas de *swap* como na Figura 26.3.

3. Pode-se encontrar preços à vista e dos futuros para inúmeros índices de ações em **www.wsj.com**. Escolha um e verifique se está com o preço justo. Será preciso um pouco de trabalho investigativo para descobrir o retorno dos dividendos sobre o índice e a taxa de juros.

MINICASO

Rensselaer Advisers

Você é um dos vice-presidentes da Rensselaer Advisers (RA), que gerencia carteiras para investidores institucionais (sobretudo planos de pensão corporativos) e indivíduos abastados. Em meados de 2017, a RA estava gerindo cerca de $1,1 bilhão, investido em uma ampla gama de carteiras de ações ordinárias e renda fixa. Como suas taxas de gestão giram em torno de 0,55%, a receita total da RA para 2017 será de aproximadamente 0,0055 × $1,1 bilhão = $6,05 milhões.

Você está tentando conquistar um novo cliente, a Madison Mills, uma fabricante conservadora e bem estabelecida de feltro para a indústria papeleira. A Madison instituiu um plano de pensão com benefícios definidos para seus funcionários. O papel da RA seria o de gerir os ativos de pensão que a Madison alocou para cobrir obrigações de benefícios definidos para funcionários aposentados.

Benefício definido significa que um empregador se compromete a pagar rendimentos de aposentadoria de acordo com uma fórmula. Um rendimento anual de aposentadoria poderia, por exemplo, equivaler a 40% do salário médio do funcionário nos cinco anos prévios à aposentadoria. Num plano com benefícios definidos, o rendimento de aposentadoria não depende do desempenho dos ativos de pensão. Se os ativos no fundo não forem suficientes para cobrir os benefícios de pensão, a empresa será obrigada a despender o dinheiro adicional para completar o benefício definido. Assim,

o VP dos benefícios prometidos na aposentadoria representa uma obrigação equivalente a uma dívida para a empresa.[35]

O Quadro 26.6 exibe as obrigações da Madison a seus funcionários já aposentados de 2018 a 2036. Cada um desses funcionários recebe uma quantia fixa em dinheiro ao mês. O total de pagamentos diminui conforme os funcionários vão falecendo. O VP das obrigações no Quadro 26.6 também calcula a duração das obrigações em 7,87 anos.

A Madison reservou $90 milhões em ativos de pensão para cobrir as obrigações no Quadro 26.6, então essa parte do plano de pensão já está toda financiada.[36] Atualmente, os ativos de pensão estão investidos numa carteira diversificada em ações ordinárias, obrigações corporativas e notas.

Depois de revisar a carteira existente da Madison, você agenda uma reunião com Hendrik van Wie, o diretor financeiro da Madison. O Sr. van Wie ressalta a filosofia conservadora de gestão de sua empresa e adverte contra "especulação". Ele reclama do desempenho do gestor anterior res-

---

[35] Em planos de *contribuição definida*, a corporação contribui com o fundo de pensão em nome dos seus funcionários. Cada um deles tem direito a uma parte do fundo, como se possuíssem quotas em um fundo mútuo. Os benefícios de aposentadoria aos funcionários dependem de seus saldos no fundo no ato de aposentadoria. Se os benefícios ficarem aquém dos planos ou expectativas de um funcionário, ele não tem como recorrer à empresa.

[36] A Madison também precisa reservar ativos de pensão para seus funcionários atuais. Neste minicaso, nos concentramos apenas nos benefícios aos funcionários aposentados.

QUADRO 26.6 Fundo de pensão da Madison Mills, benefícios projetados para funcionários aposentados

Ano	Data (*t*)	Pagamento	VP a 5%	VP × *t*
2018	1	10.020.000	9.542.857	9.542.857
2019	2	9.009.500	8.171.882	16.343.764
2020	3	8.522.000	7.361.624	22.084.872
2021	4	8.434.500	6.939.084	27.756.336
2022	5	7.858.500	6.157.340	30.786.702
2023	6	7.794.000	5.816.003	34.896.017
2024	7	7.729.500	5.493.211	38.452.479
2025	8	7.639.500	5.170.714	41.365.714
2026	9	6.440.500	4.151.604	37.364.434
2027	10	6.330.000	3.886.071	38.860.709
2028	11	6.242.500	3.649.860	40.148.465
2029	12	6.205.000	3.455.176	41.462.114
2030	13	5.775.500	3.062.871	39.817.322
2031	14	5.600.700	2.828.734	39.602.277
2032	15	5.432.000	2.612.885	39.193.273
2033	16	5.140.000	2.354.693	37.675.092
2034	17	4.234.900	1.847.673	31.410.438
2035	18	4.123.000	1.713.192	30.837.450
2036	19	3.890.000	1.539.405	29.248.697
2037	20	3.500.600	1.319.339	26.386.786
2038	21	3.400.500	1.220.584	25.632.254
2039	22	3.340.600	1.141.984	25.123.641
			SOMA =	703.991.694
			VP =	89.436.787
			DURAÇÃO =	7,87

ponsável pelos ativos de pensão e sugere que você proponha um plano de investir em ativos seguros de forma a minimizar a exposição a mercado acionário e a flutuações de taxa de juros. Você promete preparar uma demonstração de como esse objetivo poderia ser alcançado.

Mais tarde você descobre que a RA enfrenta concorrência pela gestão de investimentos da Madison. A SPX Associates está propondo uma estratégia de investir 70% da carteira ($63 milhões) em fundos de índice que espelham o mercado acionário norte-americano e 30% da carteira ($27 milhões) em títulos do Tesouro. A SPX argumenta que sua estratégia é "segura a longo prazo", já que o mercado acionário norte-americano vem proporcionando um prêmio de risco médio de cerca de 7% ao ano. Além disso, a SPX sustenta que o crescimento em sua carteira de mercado acionário excederá em muito as obrigações de pensão da Madison. A SPX também afirma que os $27 milhões investidos no Tesouro oferecerão ampla proteção contra volatilidades acionárias de curto prazo. Por fim, a SPX propõe cobrar apenas 0,20% como taxa de gestão de investimentos. A RA havia planejado cobrar 0,30%.

QUESTÕES

1. Prepare um memorando para o Sr. van Wie explicando como a RA investiria de modo a minimizar tanto o risco quanto a exposição a mudanças na taxa de juros. Dê um exemplo de uma carteira capaz de alcançar esse objetivo. Explique como a carteira seria gerida com o passar do tempo e frente a mudanças na taxa de juros. Explique também porque a proposta da SPX não é aconselhável para uma empresa conservadora como a Madison.

    A RA gerencia diversas carteiras de renda fixa. Por simplicidade, você decide propor uma combinação das três carteiras a seguir:

    - Uma carteira com títulos de longo prazo do Tesouro com uma duração média de 14 anos.
    - Uma carteira com letras do Tesouro com uma duração média de 7 anos.
    - Uma carteira com títulos e letras de curto prazo do Tesouro com uma duração média de 1 ano.

    A estrutura temporal é homogênea, e o retorno em todas as três carteiras é de 5%.

2. Desculpe, mas você perdeu. A SPX venceu e implementou a estratégia que havia proposto. Agora a recessão de 2018 derrubou em 20% os preços das ações nos Estados Unidos. O valor da carteira da Madison, após serem pagos os benefícios para 2018, caiu de $90 milhões para $78 milhões. Ao mesmo tempo, a taxa de juros caiu de 5% para 4% devido ao relaxamento da política monetária pelo Federal Reserve a fim de combater a recessão.

    O Sr. van Wie lhe telefona de novo, arrependido da experiência com a SPX, e solicita uma nova proposta de investimento para os ativos de pensão de forma a minimizar a exposição ao mercado acionário e à flutuação da taxa de juros. Atualize o seu memorando com um novo exemplo de como alcançar os objetivos do Sr. van Wie. Você pode usar as mesmas carteiras da Questão 1, com suas respectivas durações. Você precisará recalcular o VP e a duração dos benefícios de pensão de 2019 em diante. Assuma uma estrutura temporal homogênea com todas as taxas de juros em 4%. (*Dica:* agora as obrigações de pensão da Madison estão *sub*financiadas. Ainda assim, você pode proporcionar cobertura contra o risco de taxa juros se aumentar a duração dos ativos de pensão.)

CAPÍTULO 27

Gestão de riscos internacionais

No último capítulo, abordamos a questão dos riscos que decorrem das variações das taxas de juros e da volatilidade dos preços de mercadorias. As empresas que operam em mercados internacionais ainda se deparam com mais riscos, como as flutuações cambiais e os riscos políticos.

Para compreender o risco cambial, primeiro é preciso entender como funciona o mercado cambial e como são determinados os preços das moedas estrangeiras. Abordaremos inicialmente esses tópicos, com uma especial ênfase nas ligações entre taxas cambiais e diferenças internacionais entre taxas de juros e a inflação. Depois, descrevemos como as empresas avaliam e fazem a cobertura do risco associada à sua exposição cambial.

Revemos, também, as decisões de investimento internacional. A previsão dos fluxos de caixa de um projeto de investimento na Alemanha, por exemplo, deverá ser feita em euros, com a devida atenção às taxas de inflação e aos impostos alemães. No entanto, os fluxos de caixa em euros exigem taxas de desconto em euros. Como devem ser estimadas essas taxas? Será que ela deve depender de que a empresa que investe esteja localizada nos Estados Unidos, na Alemanha ou em algum outro país? Será que a taxa de desconto deve ser ajustada para o risco de que o euro pode cair em relação às outras moedas? (A resposta para essa última pergunta é "não", mas respostas para as outras perguntas não são tão simples assim.)

Concluiremos o capítulo com a discussão sobre o risco político, o qual indica possíveis ações adversas feitas por um governo estrangeiro hostil, como impostos discriminatórios ou limites sobre os lucros que possam ser extraídos de um país. Por vezes, há governos que expropriam organizações com o mínimo de compensação. Explicaremos como as organizações estruturam suas operações e financiamentos para reduzir suas exposições aos riscos políticos.

27.1 O mercado cambial estrangeiro

Uma empresa norte-americana que importe bens da França pode ter de comprar euros para pagar a aquisição. Uma empresa americana que exporte para a França pode receber euros, que vende em troca de dólares. Ambas as empresas fazem uso do mercado cambial.

O mercado cambial não tem um local central, e os negócios são feitos por via eletrônica. Os principais *dealers* são os grandes bancos comerciais e os bancos de investimento, e uma empresa que pretenda comprar ou vender divisas o fará normalmente por meio de um banco comercial. O volume de transações do mercado cambial é imenso. Em Londres, em abril de 2013, mudavam de mãos todos os dias cerca de $2.726 bilhões de dólares em divisas, o que equivale a um volume anual de cerca de $995 trilhões ($995.000.000.000.000) de dólares. Em Nova York, Cingapura e Tóquio, em conjunto, as transações cambiais envolviam mais $2.259 bilhões de dólares diariamente.[1]

O Quadro 27.1 exibe uma amostra das taxas de câmbio em novembro de 2014. As taxas de câmbio geralmente são expressas em termos do número de unidades de moeda estrangeira necessárias para comprar um dólar americano (USA). É a denominada *cotação indireta*. Na primeira coluna do Quadro 27.1, a cotação indireta do real brasileiro indica que com $1 se pode comprar $2,5218 reais. Isso em geral é expresso da seguinte forma: 2,5218/$.

---

[1] Os resultados desse estudo trienal sobre o mercado cambial estão disponíveis em **www.bis.org/forum/research.htm**.

QUADRO 27.1 Taxas de câmbio, à vista e a termo, novembro de 2014

	Abreviatura	Taxa de câmbio à vista*	Taxa de câmbio a termo		
			1 mês	3 meses	1 ano
Europa:					
Euro	EUR ou €	1,2413	1,2416	1,2421	1,2463
Suécia (coroa)	SEK	7,4567	7,4561	7,4551	7,4433
Suíça (franco)	CHF	0,9684	0,9681	0,9673	0,9621
Reino Unido (libra)	GBP ou £	1,5678	1,5674	1,5667	1,5634
Américas:					
Brasil (real)	BRL	2,5218	2,5449	2,5874	2,7858
Canadá (dólar)	CAD	1,1228	1,1236	1,1253	1,1327
México (peso)	MXN	13,6083	13,6375	13,6823	13,9248
Pacífico/Oriente Médio/África					
Austrália (dólar)	AUD	1,1516	1,1544	1,1593	1,1297
Hong Kong (dólar)	HKD	7,7573	7,7573	7,7573	7,7573
India (rúpia)	INR	61,8	62,215	63,025	66,3775
Japão (iene)	JPY ou ¥	117,565	117,541	117,429	116,903
África do Sul (rands)	ZAR	10,9308	10,9901	11,0976	11,6194
Coreia do Sul (won)	KRW	1113,9	1115,5	1118	1123,2

* As cotações indicam o número de unidades de moeda estrangeira por dólar, exceto nos casos do euro e da libra esterlina, que indicam o número de dólares para cada unidade de moeda estrangeira.

A cotação *direta* de uma taxa de câmbio indica quantos dólares se pode comprar com uma unidade de moeda estrangeira. O euro e a libra esterlina, geralmente, têm uma cotação direta.[2] O Quadro 27.1 indica, por exemplo, que £1 é equivalente a $1,5678 ou, de uma forma mais concisa, $1,5678/£. Se com £1 se compra $1,5678, então com $1 se deverá comprar 1/1,5678 = £0,6378. A cotação indireta da libra esterlina é, consequentemente, £0,6378/$.[3]

As taxas de câmbio constantes da segunda coluna do Quadro 27.1 são o preço da divisa para entrega imediata e são denominadas **taxa de câmbio à vista** (*spot*). A taxa de câmbio à vista para o real é 2,5218/$, e a taxa de câmbio à vista para a libra esterlina é $1,5678/£.

Além do mercado cambial à vista, há um *mercado a termo*, no qual se compram e se vendem divisas para entrega futura. Caso você saiba que vai pagar ou receber moeda estrangeira em uma data futura, poderá se precaver contra perdas comprando ou vendendo a termo. Assim, se precisar de um milhão de reais no prazo de três meses, poderá fazer um *contrato a termo* a três meses. A **taxa cambial a termo**, nesse contrato, é o preço que você aceita pagar ao fim de três meses, quando o milhão de reais lhe for entregue. Se voltar a observar o Quadro 27.1, verá que taxa a termo a três meses para o real é de 2,5874/$. Se comprar reais para entrega dentro de três meses, você receberá mais reais por dólar do que se comprá-los à vista. Nesse caso, dizemos que o real está sendo negociado com um *desconto* a prazo em relação ao dólar, pois os reais a prazo são mais baratos do que à vista. Expresso em uma taxa anualizada, o desconto a prazo é:[4]

$$4 \times \left(\frac{2,5218}{2,5874} - 1 \right) = -0,101, \text{ ou } -10,1\%$$

---

[2] O euro é a divisa comum da União Monetária Europeia. Os 19 membros da União são: Alemanha, Áustria, Bélgica, Chipre, Eslováquia, Eslovênia, Espanha, Estônia, Finlândia, França, Grécia, Holanda, Irlanda, Itália, Letônia, Lituânia, Luxemburgo, Malta e Portugal.

[3] Os *dealers* de moeda estrangeira referem-se, geralmente, à taxa de câmbio entre a libra e o dólar como *cable*. No Quadro 27.1, o *cable* é 1,5678.

[4] Isso gera alguma confusão. Como a cotação do real é indireta, calculamos o prêmio pelo índice da taxa à vista sobre a taxa a termo. Se utilizarmos *cotações diretas*, temos de calcular o índice da taxa a termo sobre a taxa à vista. No caso do real, o desconto a termo com a cotação direta é $4 \times [1/2,5874)/(1/2,5218) - 1] = -0,101$, ou $-10,1\%$.

Também podemos dizer que o *dólar* estava sendo vendido *a termo com prêmio*.

Uma compra ou venda a termo é uma transação "sob medida" entre você e o banco. Ela pode ser feita para qualquer divisa, quantia ou dia de entrega. Você poderia comprar, por exemplo, 99.999 dongs vietnamitas ou gourdes haitianos a um ano e um dia, desde que conseguisse descobrir um banco disposto a fazer a transação. A maior parte das transações a termo é efetuada em um prazo de seis meses ou menos, mas os *swaps* de divisas de longo prazo, que descrevemos no Capítulo 26, são equivalentes a um grupo de transações a termo. Quando as empresas querem fazer contratos a termo de longo prazo, normalmente o fazem por meio de um *swap* de divisas.[5]

Há também um mercado organizado de divisas para entrega diferida conhecido por mercado de *futuros* cambiais. Os contratos futuros são altamente padronizados – só existem para quantias específicas e para um leque limitado de prazos de entrega.[6]

Quando se negocia um contrato a termo ou um contrato futuro, fica-se obrigado a aceitar a entrega da divisa. Como alternativa, pode-se escolher uma *opção* para a compra ou para a venda de divisas no futuro a um preço fixado hoje. As opções cambiais feitas sob medida podem ser compradas nos grandes bancos, sendo as opções padronizadas negociadas nas bolsas de opções.

27.2 Algumas relações básicas

Não se pode desenvolver uma política financeira internacional consistente sem antes compreender as razões para as diferenças nas taxas de câmbio e de juro. Consideremos os quatro problemas seguintes:

- *Problema 1*: por que a taxa de juro em dólares é diferente, por exemplo, da taxa de juro em pesos ruritanianos (RUPs)?
- *Problema 2*: por que a taxa de câmbio a termo para o peso é diferente da taxa de câmbio à vista?
- *Problema 3*: o que determina a taxa de câmbio à vista esperada para o próximo ano entre dólares e pesos?
- *Problema 4*: qual é a relação entre a taxa de inflação nos Estados Unidos e taxa de inflação na Ruritânia?

Considere que as pessoas não se preocupavam com o risco e que não havia barreiras nem custos nas transações internacionais sobre fluxos de capital. Nesse caso, as taxas de câmbio à vista, as taxas de câmbio a termo, as taxas de juros e as taxas de inflação apresentariam, entre si, as seguintes relações simples:

$$\text{Diferença nas taxas de juros: } \frac{1 + \text{taxa de juros da Ruritânia}}{1 + \text{taxa de juros nos EUA}} \quad \text{igual a} \quad \text{Diferença esperada nas taxas de inflação: } \frac{1 + \text{taxa de inflação esperada na Ruritânia}}{1 + \text{taxa de inflação esperada nos EUA}}$$

igual a

$$\text{Diferença entre as taxas a termo e à vista: } \frac{\text{Taxa de câmbio a termo do peso}}{\text{Taxa à vista atual do peso}} \quad \text{igual a} \quad \text{Mudança esperada na taxa à vista: } \frac{\text{Taxa à vista esperada do peso}}{\text{Taxa à vista atual do peso}}$$

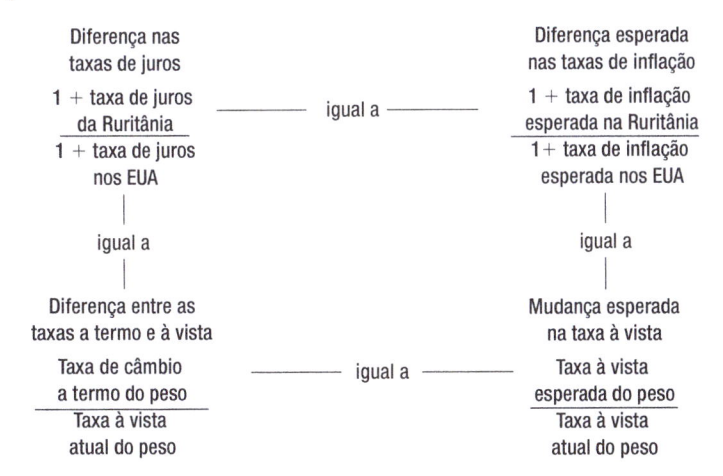

Por que será assim?

---

[5] Repare que às vezes as transações a termo e à vista são associadas. Por exemplo, uma empresa pode precisar de reais brasileiros durante um mês. Nesse caso, compraria os reais à vista e simultaneamente os venderia a termo.

[6] Para uma discussão complementar da diferença entre contratos a termo e contratos de futuros, veja o Capítulo 26.

Taxas de juro e taxas de câmbio

Considere que você tem $1.000 para investir durante um ano. Os depósitos em dólares estão sendo remunerados a uma taxa de juro de cerca de 5%; os depósitos em pesos ruritanianos oferecem a (atraente) taxa de 15,5%. Onde você deverá investir? A resposta parece óbvia? Vejamos:

- *Empréstimo em dólares.* A taxa de juro de um depósito em dólares a um ano é de 5%. Portanto, no fim do ano você terá $1.000 \times 1,05 = \$1.050$.

- *Empréstimo em pesos.* A taxa de câmbio atual é de RUP50/1$. Com $1.000, você pode adquirir $1.000 \times 50 = RUP50.000$. A taxa de juro de um depósito a um ano é de 15,5%. Portanto, no fim do ano, terá $50.000 \times 1,155 = RUP57.750$. Claro que você não sabe qual será a taxa de câmbio daqui a um ano, mas isso não importa, uma vez que se pode fixar hoje o preço pelo qual venderá os seus pesos. A taxa a termo a um ano em pesos é de RUP 55/$. Dessa forma, com a venda a termo, você pode se assegurar de que receberá $57.750/55 = \$1.050$ no fim do ano.

Assim, os dois investimentos oferecem quase exatamente a mesma taxa de retorno. Não pode ser de outro modo – ambos são investimentos sem risco. Se a taxa de juro doméstica fosse diferente da taxa estrangeira *coberta*, haveria uma verdadeira máquina de fazer dinheiro.

Quando você empresta em pesos, recebe uma taxa de juro mais elevada. Entretanto, tem uma perda, porque vende pesos a um preço mais elevado do que teria de pagar por ele hoje. O diferencial de taxa de juro é:

$$\frac{1 + \text{taxa de juros na Ruritânia}}{1 + \text{taxa de juros nos EUA}}$$

E o diferencial entre a taxa a termo e a taxa à vista é:

$$\frac{\text{Taxa de câmbio a termo do peso}}{\text{Taxa à vista atual do peso}}$$

A teoria da *paridade das taxas de juros* nos diz que a diferença das taxas de juros tem de igualar a diferença entre as taxas de câmbio a termo e à vista:

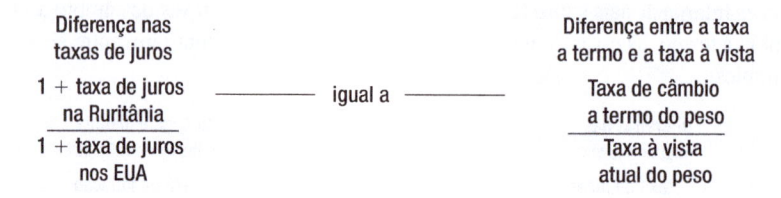

Diferença nas taxas de juros		Diferença entre a taxa a termo e a taxa à vista
$\dfrac{1 + \text{taxa de juros na Ruritânia}}{1 + \text{taxa de juros nos EUA}}$	igual a	$\dfrac{\text{Taxa de câmbio a termo do peso}}{\text{Taxa à vista atual do peso}}$

No nosso exemplo,

$$\frac{1,155}{1,05} = \frac{55}{50}$$

O prêmio da taxa a termo e as alterações nas taxas à vista

Pensemos, agora, na relação entre o prêmio da taxa a termo e as alterações nas taxas de câmbio à vista. Se as pessoas não se preocupassem com o risco, a taxa de câmbio a termo dependeria exclusivamente do que elas esperariam que a taxa à vista viesse a ser. Por exemplo, se a taxa a termo dos pesos em um ano for de RUP55/$, isso se deve ao fato de os *traders* esperarem que a taxa à vista em um ano venha a ser de RUP55/$. Se esperassem que viesse a ser, por exemplo, de RUP60/$, ninguém desejaria vender pesos a termo. Poderiam conseguir mais pesos pelos seus dólares se esperassem e comprassem à vista.

A teoria das *expectativas das taxas de câmbio*, por conseguinte, nos diz que a diferença percentual entre a taxa a termo e a taxa à vista presente é igual à alteração esperada na taxa à vista:

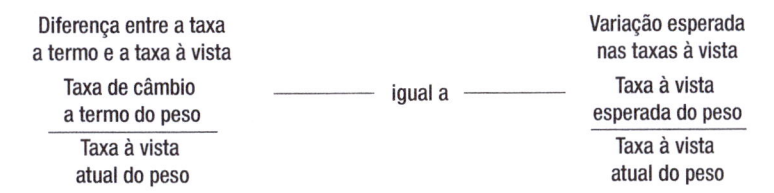

$$\frac{\text{Taxa de câmbio a termo do peso}}{\text{Taxa à vista atual do peso}} \quad \text{igual a} \quad \frac{\text{Taxa à vista esperada do peso}}{\text{Taxa à vista atual do peso}}$$

Diferença entre a taxa a termo e a taxa à vista — Variação esperada nas taxas à vista

É óbvio que estamos considerando que os *traders* não se preocupam com o risco. Se eles realmente se preocupassem, a taxa a termo poderia ser tanto mais elevada como mais baixa do que a taxa à vista esperada. Suponha, por exemplo, que você contrate o recebimento de 1 milhão de pesos para daqui a três meses. Você poderá esperar até receber o dinheiro para convertê-lo em dólares, mais isso o deixará exposto ao risco de o preço do peso baixar ao longo dos próximos três meses. Sua alternativa é vender o peso a termo. Nesse caso, fixará hoje o preço pelo qual venderá os pesos. Uma vez que você foge ao risco vendendo a termo, poderá querer fazê-lo ainda que o preço a termo dos pesos seja ligeiramente *inferior* ao preço à vista esperado.

Outras empresas podem estar na posição oposta, ou seja, podem ter acordado pagar em pesos daqui a três meses. Elas podem esperar até o fim dos três meses e, então, comprar pesos, mas isso as deixa expostas ao risco de o preço do peso subir. Para essas empresas é mais seguro fixar hoje o preço por meio da *compra* dos pesos a termo. Assim, elas podem querer comprar a termo, apesar de o preço a termo dos pesos ser ligeiramente *superior* ao preço à vista esperado.

Dessa maneira, algumas empresas consideram mais seguro *vender* pesos a termo, enquanto outras acham mais seguro *comprar* pesos a termo. Se o primeiro grupo predominar, é provável que o preço a termo dos pesos seja inferior ao preço à vista esperado. Se o segundo grupo for predominante, é provável que o preço a termo seja mais elevado do que o preço à vista esperado. Em média, será de se esperar que o preço a termo subestime o preço à vista esperado tantas vezes como aquelas em que o superestimará.

Alterações das taxas de câmbio e de inflação

Chegamos agora ao terceiro lado do nosso quadrilátero – a relação entre as alterações na taxa de câmbio à vista e na taxa de inflação. Suponha que você repare que a prata pode ser comprada na Ruritânia por 1.000 pesos e vendida nos Estados Unidos por \$30,00 por onça *troy*. Você acredita que isso pode ser um bom negócio, e troca \$20.000 × RUP50/\$ = 1.000.000 pesos, o suficiente para comprar mil onças de prata. Embarca a prata no primeiro avião para os Estados Unidos, onde a venderá por \$30 mil, obtendo um lucro bruto de menos de \$10 mil. Claro que tem de pagar os custos de transporte e de seguro, mas deverá sobrar ainda alguma coisa para você.

Máquinas de fazer dinheiro não existem – pelo menos não por muito tempo. À medida que outras pessoas forem reparando na disparidade entre o preço da prata na Ruritânia e nos Estados Unidos, o preço será forçado a subir na Ruritânia e a baixar nos Estados Unidos, até desaparecer a oportunidade de lucro. A arbitragem assegura que o preço da prata em dólares seja mais ou menos o mesmo nos dois países. Claro que a prata é uma mercadoria uniforme e facilmente transportável, mas será de esperar, em certa medida, que as mesmas forças estejam em ação de modo a igualar os preços nacionais e estrangeiros de outros bens. Essas mercadorias, que podem ser adquiridas a um preço menor no estrangeiro, serão importadas, e isso forçará a queda do preço dos produtos nacionais. Do mesmo modo, aquelas mercadorias que podem ser adquiridas a um preço menor nos Estados Unidos serão exportadas, obrigando, assim, os preços dos produtos estrangeiros a baixar.

Isso é frequentemente designado *paridade do poder de compra*.[7] Assim como o preço das mercadorias na lojas Walmart deve ser aproximadamente o mesmo que o das mercadorias na

---

[7] Os economistas utilizam a expressão *paridade do poder de compra* para designar o conceito de que o nível geral dos preços deve ser igual nos dois países. Eles tendem a utilizar a expressão *lei do preço único* quando se referem ao preço de uma só mercadoria.

Target, também o preço das mercadorias na Ruritânia, quando convertido em dólares, deve ser aproximadamente o mesmo que o dos Estados Unidos:

$$\text{Preço em dólares das mercadorias nos Estados Unidos} = \frac{\text{preço das mercadorias em pesos na Ruritânia}}{\text{quantidade de pesos por dólar}}$$

A paridade do poder de compra implica que quaisquer diferenças nas taxas de inflação serão compensadas por uma alteração na taxa de câmbio. Por exemplo, se a inflação for de 1,0% nos Estados Unidos e de 11,1% na Ruritânia, a quantidade de pesos que se poderá comprar com $1 deverá aumentar em 1,111/1,01 − 1, ou seja, cerca de 10,0%. A paridade do poder de compra sugere, assim, que para se estimar as alterações na taxa de câmbio à vista, terá de se estimar as diferenças nas taxas de inflação:[8]

$$\underbrace{\frac{1 + \text{taxa de inflação esperada na Ruritânia}}{1 + \text{taxa de inflação esperada nos EUA}}}_{\text{Diferença esperada nas taxas de inflação}} \quad \text{igual a} \quad \underbrace{\frac{\text{Taxa à vista esperada do peso}}{\text{Taxa à vista atual do peso}}}_{\text{Variação esperada da taxa à vista}}$$

No nosso exemplo,

Taxa à vista atual × diferença esperada nas taxas de inflação = taxa à vista esperada

$$50 \times \frac{1,111}{1,010} = 55$$

Taxas de juros e taxas de inflação

Agora o quarto lado! Tal como a água corre sempre para baixo, também o capital flui para onde o retorno é maior. Entretanto, os investidores não estão interessados em retornos *nominais*; estão preocupados em saber o que podem comprar com o seu dinheiro. Por isso, se os investidores virem que as taxas de juro efetivas são mais altas na Ruritânia do que nos Estados Unidos, transferirão as suas economias para a Ruritânia até que os retornos esperados reais sejam iguais nos dois países. Se as taxas de juro esperadas reais forem iguais, então a diferença das taxas de juro nominais terá de ser igual à diferença entre as taxas esperadas de inflação:[9]

$$\underbrace{\frac{1 + \text{taxa de juros na Ruritânia}}{1 + \text{taxa de juros nos EUA}}}_{\text{Diferença nas taxas de juros}} \quad \text{igual a} \quad \underbrace{\frac{1 + \text{taxa de inflação esperada na Ruritânia}}{1 + \text{taxa de inflação esperada nos EUA}}}_{\text{Diferença esperada nas taxas de inflação}}$$

Na Ruritânia, a taxa de juro real a um ano é de 4%:

$$\text{Taxa de juros real esperada na Ruritânia} = \frac{1 + \text{taxa de juros nominal na Ruritânia}}{1 + \text{taxa de inflação esperada na Ruritânia}} - 1$$

$$= \frac{1,155}{1,111} - 1 = 0,040$$

---

[8] Em outras palavras, a diferença *esperada* nas taxas de inflação é igual à alteração *esperada* na taxa de câmbio. Em uma interpretação mais precisa, a paridade do poder de compra implica também que a diferença *efetiva* nas taxas de inflação iguale sempre a alteração *real* na taxa de câmbio.

[9] Na Seção 3.5 discutimos a teoria de Irving Fisher de que as taxas de juros nominais vão refletindo, ao longo do tempo, as variações da inflação esperada. Argumentamos agora que as diferenças internacionais nas taxas de juros monetárias também refletem as diferenças na inflação esperada. Por vezes, essa teoria é designada por *efeito Fisher internacional*.

Nos Estados Unidos, ela também é de 4%:

$$\text{Taxa de juros real esperada nos EUA} = \frac{1 + \text{taxa de juros nominal nos EUA}}{1 + \text{taxa de inflação esperada nos EUA}} - 1$$

$$= \frac{1,050}{1,010} - 1 = 0,040$$

A vida será assim tão simples?

Descrevemos quatro teorias simples que ligam as taxas de juro, taxas a termo, taxas de câmbio à vista e taxas de inflação. É óbvio que teorias econômicas tão simples não podem fornecer uma descrição exata da realidade, mas precisamos saber até que ponto podem prever o comportamento real. Vejamos.

1. **Teoria da paridade das taxas de juros** A teoria da paridade das taxas de juros diz que a taxa de juro do peso, após a cobertura do risco cambial, deverá ser igual à taxa de juro do dólar. Como o dinheiro pode ser movimentado facilmente entre depósitos em diferentes divisas, a paridade das taxas de juros se verifica quase sempre. Na realidade, os *dealers estabeleceriam* o preço a termo dos pesos observando a diferença entre as taxas de juros dos depósitos em dólares e pesos.

2. **Teoria das expectativas das taxas a termo** Será que a teoria das expectativas explica o nível das taxas a termo? Os especialistas que estudaram as taxas de câmbio constataram que, normalmente, as taxas a termo fornecem uma expectativa exagerada da alteração provável na taxa à vista. Quando a taxa a termo parece prever uma subida acentuada da taxa à vista (um prêmio a termo), a subida acaba, geralmente, por ser menor. E quando a taxa a termo parece prever uma descida acentuada da taxa à vista (um desconto a termo), é provável que a descida real seja menor.[10]

    Esse resultado *não* é consistente com a teoria das expectativas. Antes, parece indicar que, às vezes, as empresas estão dispostas a prescindir de um pequeno lucro para *comprar* moeda estrangeira a termo e que, outras vezes, aceitam abdicar de alguns ganhos para *vender* moeda a termo. Em outras palavras, as taxas a termo parecem conter um prêmio de risco, mas esse prêmio varia constantemente entre o positivo e o negativo.[11] Pode-se ver isso na Figura 27.1. Durante quase metade do período considerado, a taxa a termo da libra esterlina

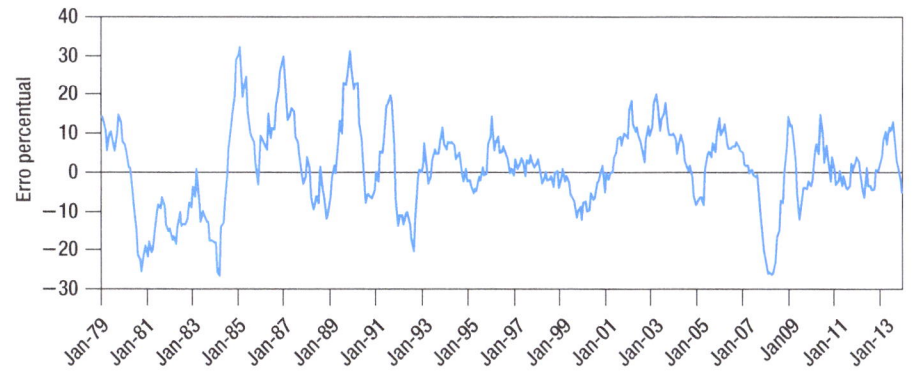

▶ **FIGURA 27.1** Erro percentual na utilização da taxa a termo a um ano da libra esterlina para prever a taxa à vista do mês seguinte. Note que a taxa a termo superestima e subestima a taxa à vista com uma frequência quase igual.

---

[10] Muitos analistas constataram até que, quando a taxa a termo prevê uma subida, é mais provável que a taxa à vista desça, e vice-versa. Para uma discussão legível sobre essa conclusão desconcertante, veja K. A. Froot and R. H. Thaler, "Anomalies: Foreign Exchange," *Journal of Economic Perspectives* 4 (1990), pp. 179-192.

[11] Para verificar que as taxas de câmbio a termo comportam prêmios de risco que por vezes são positivos e outras vezes negativos, veja, por exemplo, E. F. Fama, "Forward and Spot Exchange Rates," *Journal of Monetary Economics* 14 (1984), pp. 319-338.

superestima a taxa à vista provável no futuro, e metade do tempo a *subestima*. Em média, a taxa a termo e a taxa à vista futura são quase idênticas. Essa é uma notícia importante para o gestor financeiro, pois significa que uma empresa que utiliza sempre o mercado a termo para se proteger dos movimentos cambiais não faz nenhum pagamento adicional por essa garantia.

Essa é a boa notícia. A má notícia é que a taxa a termo é uma péssima ferramenta para prever a taxa à vista. Na Figura 27.1, por exemplo, o grande erro em 1985 reflete o fracasso total da taxa a termo de prever a elevação de 34% no valor da libra esterlina.

3. **Teoria da paridade do poder de compra**   E sobre o terceiro lado do nosso quadrilátero – a teoria da paridade do poder de compra? Ninguém que tenha comparado os preços nas lojas estrangeiras com os preços no seu país acredita, de fato, que os preços sejam iguais em todo o mundo. Observe, por exemplo, o Quadro 27.2, que mostra o preço de um Big Mac em diferentes países. Repare que, às taxas de câmbio atuais, um Big Mac custa $7,54 na Suíça, mas apenas $4,79 nos Estados Unidos. Para igualar os preços nos dois países, a quantidade de francos suíços que poderia comprar com um dólar teria de aumentar em 7,54/4,79 – 1 = 0,57 ou 57%.

Isso sugere uma maneira possível de ganhar dinheiro rapidamente. Por que não comprar um hambúrguer pronto para viagem, por exemplo, na Ucrânia pelo equivalente a $1,20 e revendê-lo na Suíça, onde o seu preço em dólares é de $7,54? A resposta é, obviamente, porque o lucro não cobriria os custos. O mesmo produto pode ser vendido a preços diferentes em diversos países porque o transporte é caro e incômodo.[12]

Por outro lado, existe claramente alguma relação entre a inflação e as alterações na taxa de câmbio. Por exemplo, os preços na Venezuela aumentaram 266% no período entre 2010 e 2014. Ou, pondo a questão de outra maneira, poderíamos dizer que o poder de compra do dinheiro na Venezuela caiu em quase três quartos. Se as taxas de câmbio não tivessem se ajustado, teria sido impossível para os exportadores venezuelanos venderem as suas mercadorias. Mas claro que as taxas de câmbio se ajustaram. De fato, o valor do bolívar venezuelano caiu quase 60% em relação a outras moedas.

Na Figura 27.2 desenhamos a alteração relativa do poder de compra para um grupo de países em relação à mudança da taxa de câmbio. A Venezuela está representada no canto

QUADRO 27.2   Preço dos hambúrgueres Big Mac em diversos países

País	Preço local convertido para dólares
África do Sul	2,33
Brasil	5,21
Canadá	4,64
China	2,77
Estados Unidos	4,79
Índia	1,89
Japão	3,14
Noruega	6,30
Reino Unido	4,37
Rússia	1,36
Suíça	7,54
Ucrânia	1,20
Zona do Euro	4,26

Fonte: "The Big Mac Index," The Economist, January 22, 2015. http://www.economist.com/content/big-mac-index.

---

[12] Claro que até dentro do mesmo país diferenças consideráveis de preço podem ser verificadas. Por exemplo, o preço dos Big Macs é substancialmente diferente em diversas regiões dos Estados Unidos.

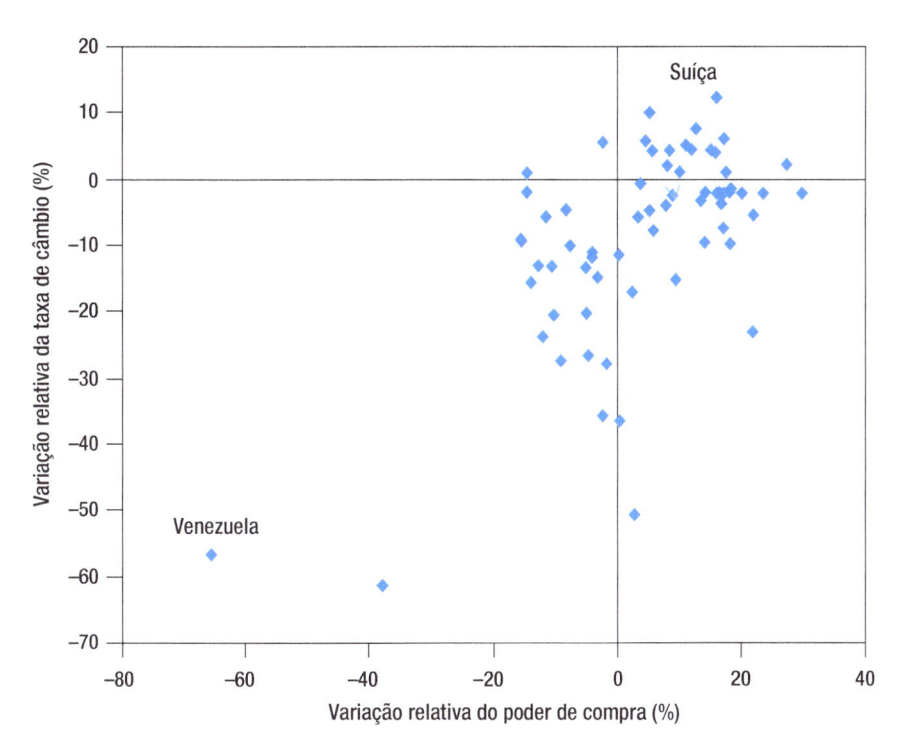

FIGURA 27.2 A queda do poder de compra de uma moeda acompanha a baixa da taxa de câmbio. Neste diagrama, cada um dos 66 pontos representa a experiência de um país diferente no período entre 2010 a 2014. O eixo vertical mostra a alteração do valor de uma moeda estrangeira em relação à média. O eixo horizontal mostra a alteração do poder de compra de uma moeda relativamente à média. O ponto no canto inferior esquerdo é a Venezuela; o ponto no canto superior direito é a Suíça.

Fonte: IMF, International Financial Statistics.

inferior esquerdo; a Suíça está no canto superior direito. Pode-se ver que, apesar da relação estar longe de ser precisa, grandes diferenças de taxa de inflação são geralmente acompanhadas por uma alteração compensadora na taxa de câmbio.[13]

A rigor, a teoria da paridade do poder de compra implica que o diferencial de inflação seja sempre idêntico à alteração na taxa de câmbio à vista. Mas não precisamos ir tão longe. Deveremos nos dar por satisfeitos se a diferença *esperada* das taxas de inflação for igual à alteração esperada na taxa de câmbio à vista. Foi apenas isso que escrevemos no terceiro lado do nosso quadrilátero. Observe, por exemplo, a Figura 27.3. A linha cinza no primeiro diagrama mostra que, em 2014, uma libra esterlina comprava apenas 32% de dólares quando comparado ao início do século XX. Mas essa queda do preço da libra foi amplamente compensada por uma taxa de inflação mais elevada no Reino Unido. A linha preta mostra que, no fim do século, a taxa de câmbio ajustada à inflação, ou taxa de câmbio *real*, encontrava-se no mesmo nível em que iniciara o século.[14] O segundo e o terceiro diagramas mostram as experiências da França e da Itália, respectivamente. A queda das taxas de câmbio nominais para ambos os países é muito maior. Ao se ajustar relativamente às variações nas unidades monetárias, o equivalente a um franco francês, em 2014, comprava cerca de 1% dos dólares quando comparado ao início de 1900. O equivalente a uma lira italiana comprava em torno de 0,4 % da quantidade de dólares. Em ambos os casos, as taxas de câmbio reais em 2014

---

[13] Repare que alguns dos países representados na Figura 27.2 têm economias altamente controladas; portanto, suas taxas de câmbio não são as que existiriam em um mercado livre. As taxas de juros mostradas na Figura 27.4 têm o mesmo tipo de limitação.

[14] A taxa de câmbio real é igual à taxa de câmbio nominal multiplicada pelo diferencial de inflação. Suponha, por exemplo, que o valor da libra esterlina caia de $1,65 = £1 para $1,50 = £1 ao mesmo tempo que o preço dos bens sobe 10% mais depressa no Reino Unido do que nos Estados Unidos. A taxa de câmbio ajustada à inflação, ou taxa de câmbio real, mantém-se em:

$$\text{Taxa de câmbio nominal} \times (1 + i_\text{£})/(1 + i_\text{\$}) = 1{,}5 \times 1{,}1 = \$1{,}65/£$$

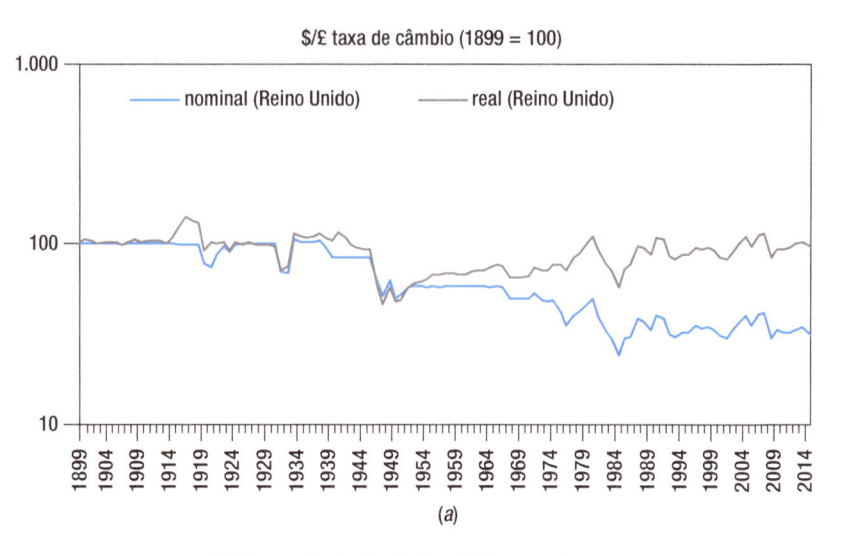

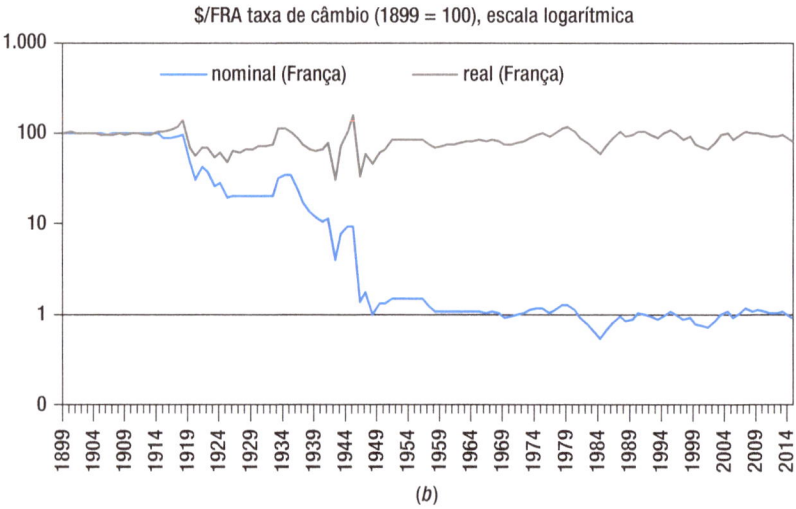

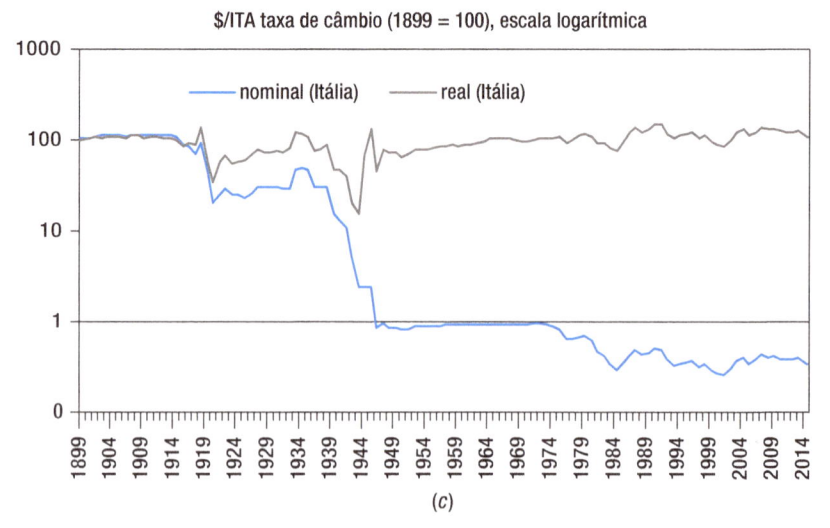

▶ **FIGURA 27.3** Taxa de câmbio nominal *versus* taxa de câmbio real no Reino Unido, França e Itália. Dezembro [1899 = 100]. (Valores mostrados em escala logarítmica.)

Fonte: E. Dimson, P. R. Marsh, and M. *Staunton, Triumph of the Optimist: 101 Years of Global Investment Returns* (Princeton, NJ: Princeton University Press, 2002). Reimpresso com autorização da Princeton University Press, com atualizações fornecidas pelos autores.

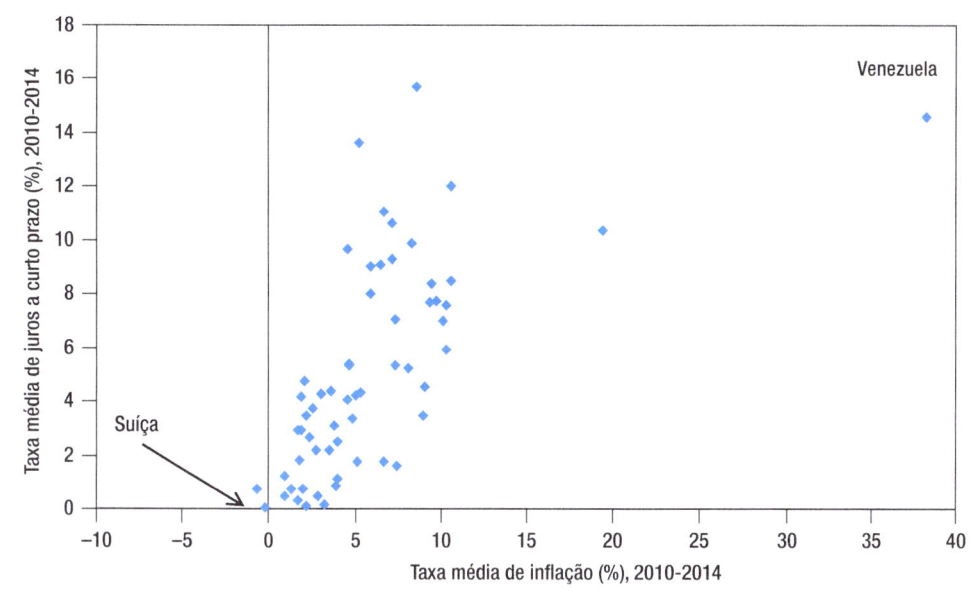

▶ **FIGURA 27.4** Os países com as taxas de juros mais altas são geralmente os que têm taxas de inflação mais altas. Neste diagrama, cada um dos 60 pontos representa a experiência de um país diferente.

Fonte: IMF, International Financial Statistics.

não eram muito diferentes das taxas no início do século XX. É óbvio que a taxa de câmbio real varia, e por vezes de modo muito acentuado. Por exemplo, o valor real do euro caiu cerca de 13% em 2014. No entanto, se você fosse um gestor financeiro incumbido de estimar a variação, em longo prazo, da taxa de câmbio, não poderia fazer muito mais do que pressupor que ela compensaria a diferença nas taxas de inflação.

4. **Taxas de juros reais iguais** Chegamos, finalmente, à relação entre taxas de juros em diferentes países. Será que temos um único mercado mundial de capitais com a mesma taxa de juros real em todos os países? A diferença das taxas de juros nominais será igual à diferença das taxas de inflação esperadas?

Não é fácil responder a essa pergunta, pois não é possível observar a inflação *esperada*. No entanto, na Figura 27.4, representamos a taxa de juro média de cada um dos 60 países em comparação com a taxa de inflação média. A Suíça está representada no canto inferior esquerdo do gráfico, enquanto a Venezuela está representada pelo ponto que se encontra no canto superior direito. Os países com as taxas de juros mais altas são geralmente os que têm taxas de inflação mais altas. As diferenças foram muito menores entre as taxas de juros reais do que entre as taxas de juros nominais. Esse pode ser um bom momento para oferecer um alerta: não tome empréstimos ingenuamente nas moedas com as taxas de juros mais baixas. Essas taxas de juros baixas podem refletir o fato de que os investidores esperam que a inflação seja baixa e que a moeda se valorize.

Nesse caso, o ganho que você realizará com um empréstimo "barato" poderá muito bem ser anulado pelo alto custo da moeda em termos de serviço da dívida. Muitos aprenderam essa lição na pele. Há poucos anos, por exemplo, mais de 500 mil poloneses foram atraídos pelas baixas taxas de juros suíças e assumiram hipotecas em francos suíços. Quando o franco suíço subiu 23% frente ao zloty polonês em janeiro de 2015, muitos desses devedores se viram em sérios apuros.

De tempos em tempos, *traders* profissionais de câmbio estrangeiro praticam o chamado *carry trade*, no qual assumem risco cambial tomando empréstimos em países com baixas taxas de juros e então usam o dinheiro para comprar títulos em países com altas taxas de juros. Mas os gestores corporativos mais sábios não especulam dessa maneira; eles usam empréstimos em moeda estrangeira para compensar o efeito que as flutuações nas taxas de câmbio exercem sobre os negócios da empresa.

27.3 Cobertura de riscos cambiais

Os lucros das empresas podem ser profundamente afetados pelas variações cambiais. Para ilustrarmos de que maneira as empresas podem se comportar diante dos riscos cambiais, vamos analisar uma empresa típica dos Estados Unidos, a Outland Steel, e tomaremos contato com as suas operações cambiais.

EXEMPLO 27.1 • Outland Steel

A Outland Steel tem uma atividade de exportação pequena, mas lucrativa. Os contratos envolvem atrasos substanciais nos pagamentos, mas, como a empresa tem tido a política de faturar sempre em dólares, está inteiramente protegida contra as alterações nas taxas de câmbio. Recentemente, o departamento de exportação começou a se mostrar descontente com essa prática e crê que ela está levando a empresa a perder encomendas valiosas para empresas que estão dispostas a vender na própria moeda do cliente.

Vendo esse argumento com bons olhos, você está preocupado com o modo como a empresa deverá estabelecer o preço dos contratos de exportação de longo prazo, quando o pagamento tiver de ser feito em moeda estrangeira. Se o valor da divisa cair antes de o pagamento ser efetuado, a empresa poderá sofrer um grande prejuízo. Como tal, você pretende considerar o risco cambial, mas também quer dar a maior liberdade de ação possível à força de vendas.

Repare que a Outland pode se precaver contra esse risco cambial vendendo a moeda estrangeira a termo. Isso significa que pode se separar o problema da negociação dos contratos individuais da gestão do risco cambial da organização. A força de vendas pode incorporar o risco cambial estabelecendo os preços com base na taxa de câmbio a termo. Você, como gestor financeiro, pode decidir se a empresa *deve* ou não fazer a cobertura desse risco.

Qual é o custo da cobertura do risco? Por vezes ouvem-se os gestores dizerem que esse custo é igual à diferença entre o câmbio a prazo e o câmbio à vista *presente*. Isso é errado. Se a Outland não fizer a cobertura do risco, receberá a taxa à vista no momento em que o cliente pagar o aço. Por isso, o custo do seguro é a diferença entre a taxa a termo e a taxa à vista esperada quando for recebido o pagamento.

Segurar ou especular? Normalmente votamos a favor do seguro. Em primeiro lugar, o seguro facilita a vida da empresa e lhe permite concentrar-se no seu negócio central. Em segundo lugar, não é muito dispendioso. (De fato, o custo, em média, é zero se a taxa a termo se igualar à taxa à vista esperada, tal como está implícito na teoria das expectativas das taxas a termo.) Em terceiro lugar, o mercado cambial parece ser razoavelmente eficiente, pelo menos para as divisas mais importantes. A especulação deverá ser um jogo com VPL nulo, a menos que os gestores financeiros tenham informação superior à dos profissionais determinadores do mercado.

Existirá alguma outra maneira de a Outland poder se proteger contra as perdas cambiais? Claro que sim. É possível contrair empréstimos em moeda estrangeira contra as suas contas a receber, vender as divisas à vista e investir as receitas nos Estados Unidos. A teoria da paridade das taxas de juros diz-nos que, nos mercados livres, a diferença entre vender a termo e vender à vista deverá ser exatamente igual à diferença entre os juros que tem de pagar no exterior e os juros que pode ganhar em casa.

A nossa discussão do negócio de exportação da Outland ilustra quatro implicações práticas das nossas teorias simples relativas às taxas de câmbio a termo. Em primeiro lugar, você pode usar as taxas a termo para considerar o risco cambial na fixação do preço dos contratos. Em segundo lugar, a teoria das expectativas sugere que vale a pena o seguro contra o risco cambial. Em terceiro lugar, a teoria da paridade das taxas de juros faz-nos lembrar de que você pode fazer o seguro tanto vendendo a termo como contraindo empréstimos em moeda estrangeira e vendendo à vista. E, em quarto lugar, o custo da cobertura a termo não é a diferença entre o câmbio a termo e o câmbio à vista *presente*, mas sim a diferença entre a taxa a termo e a taxa à vista esperada quando o contrato a termo vencer.

Talvez devêssemos juntar uma quinta implicação: não se ganha dinheiro apenas comprando divisas que sobem e vendendo as que caem. Suponha, por exemplo, que você compra "*leos*" de Nárnia e os vende passado um ano por mais 2% do que pagou por eles. Será razão para dar um tapinha nas suas próprias costas? Isso depende dos juros que os seus *leos* lhe renderam. Se a taxa de juros sobre os *leos* for dois pontos percentuais menor que sobre os dólares, o lucro obtido com a divisa é exatamente anulado pela redução do rendimento dos juros. Só se pode ganhar dinheiro com a especulação cambial se for possível prever que a taxa de câmbio vai se modificar para mais ou para menos relativamente ao diferencial da taxa de juros. Em outras palavras, você precisa ser capaz de prever se a taxa de câmbio vai se modificar mais ou menos do que o prêmio ou desconto da cotação a termo.

Risco de transação e risco econômico

O risco cambial inerente ao negócio de exportação da Outland Steel resulta dos atrasos dos pagamentos em moeda estrangeira, sendo por isso designado por *risco de transação*, que é fácil de identificar e cobrir. Se uma queda de 1% no valor da moeda estrangeira dá origem a uma queda de 1% nas receitas em dólares da Outland por euro ou iene que os clientes da Outland deverem à empresa, esta terá de vender a termo um euro ou um iene.[15]

No entanto, a Outland pode ser afetada pelas flutuações cambiais, mesmo que os seus clientes não lhe devam um centavo. Por exemplo, ela pode concorrer com os produtos de aço da Suécia. Se a coroa sueca se desvalorizar, a Outland terá de baixar os preços para se manter competitiva;[16] no entanto, ela pode se proteger dessa eventualidade, vendendo as coroas a termo. Nesse caso, a quebra do negócio do aço seria compensada pelos lucros da sua venda a termo.

Repare que a exposição da Outland à coroa não se limita a transações específicas que já tenham sido acordadas. Muitas vezes, os gestores financeiros se referem a esse tipo mais vasto de risco como *risco econômico*.[17] Esse risco é mais difícil de medir do que o risco de transação. Por exemplo, é fácil de compreender que o valor da Outland Steel está relacionado positivamente com o valor da coroa, então para cobrir sua posição ela precisa tomar empréstimo em coroa ou vender coroa a termo. Na prática, porém, pode ser difícil dizer exatamente quantas coroas a Outland precisa tomar emprestado.

Grandes empresas suíças, como a Nestlé ou a Swatch Group, vendem seus produtos no mundo inteiro. Portanto, assim como a Outland Steel, elas precisam gerir sua exposição econômica. Uma solução é se protegerem com cobertura operacional ao aproximarem ao máximo o volume de produção e de vendas. Veja, por exemplo, o Quadro 27.3, que resume as vendas e custos exterio-

QUADRO 27.3 A proporção de vendas e custos das maiores empresas suíças que derivam de áreas cambiais específicas

		Dólar Americano		Euro		Outros	
Empresa	**Atividade**	**Vendas**	**Custos**	**Vendas**	**Custos**	**Vendas**	**Custos**
Kuoni	Turismo e lazer	25%	20%	35%	30%	40%	50%
Lindt & Sprüngli	Produção de alimentos	20	15	60	50	20	35
Nestlé	Produção de alimentos	45	40	35	35	20	25
Novartis	Indústria farmacêutica	36	39	26	25	38	36
Richemont	Bens pessoais	40	30	30	20	30	50
Roche	Indústria farmacêutica	41	38	21	17	38	45
Swatch Group	Bens pessoais	40	20	40	30	20	50
Swiss Re	Seguro	58	58	27	21	15	21

---

[15] Em outras palavras, o índice de cobertura é de 1,0.

[16] Claro que, se a paridade do poder de compra se mantivesse sempre, a queda do valor da coroa seria compensada por uma inflação mais alta na Suécia. O risco da Outland é o de que o valor *real* da coroa possa cair de tal maneira que, quando calculados em dólares, os custos sejam mais baixos na Suécia do que anteriormente. Infelizmente, é muito mais fácil fazer a cobertura do risco de uma variação da taxa de câmbio *nominal* do que da taxa de câmbio *real*.

[17] Os gestores financeiros também utilizam a expressão *exposição contábil*, que mede o efeito de uma variação da taxa de câmbio sobre os demonstrativos financeiros da empresa.

res de uma amostra de empresas suíças bem conhecidas. Repare que no caso da Nestlé, Novartis e Roche, as vendas e os custos batem quase perfeitamente. Em contraste, no caso da Swatch e da Richemont, uma proporção substancial dos custos de produção advêm da Suíça, mostrando assim que ambas as empresas estão expostas a uma valorização do franco suíço.

Além da cobertura operacional, as empresas também podem controlar o risco cambial usando cobertura financeira. Isso é feito tomando empréstimos em divisas estrangeiras, vendendo divisas a termo ou usando derivativos cambiais estrangeiros como *swaps* e opções. Em 2014, por exemplo, a Swatch utilizou principalmente vendas a termo para reduzir sua exposição frente ao euro e ao dólar. Ao final do ano, esses contratos a termo totalizaram quase 1,5 bilhão de francos suíços.

27.4 Risco cambial e decisões de investimento internacional

Suponha que a empresa farmacêutica suíça Roche esteja avaliando uma proposta para construir uma nova fábrica nos Estados Unidos. Para calcular o VPL do projeto, a Roche prevê que sejam gerados os seguintes fluxos de caixa em dólares:

Fluxos de caixa ($ milhões)					
C_0	C_1	C_2	C_3	C_4	C_5
−1.300	400	450	510	575	650

Esses fluxos de caixa estão expressos em dólares. Por isso, para calcular o seu valor presente líquido, a Roche o desconta do custo de capital em dólares. (Lembre-se de que os dólares têm de ser descontados à taxa do *dólar*, e não do franco suíço.) Suponha que esse custo do capital seja de 12%. Então:

$$\text{VPL} = -1.300 + \frac{400}{1,12} + \frac{450}{1,12^2} + \frac{510}{1,12^3} + \frac{575}{1,12^4} + \frac{650}{1,12^5} = \$513 \text{ milhões}$$

Para converter esse valor presente líquido para francos suíços, o gestor pode apenas multiplicar o VPL em dólares pela taxa de câmbio à vista. Por exemplo, se a taxa de câmbio à vista for SFr 1,2/$, então o VPL em francos suíços será:

$$\text{VPL em francos} = \text{VPL em dólares} \times \text{SFr/\$} = 513 \times 1,2 = 616 \text{ milhões de francos}$$

Repare em uma característica muito importante desse cálculo. A Roche não precisa prever se o dólar vai se valorizar ou desvalorizar em relação ao franco suíço. Não é necessária nenhuma previsão cambial, pois a empresa pode cobrir a sua exposição ao risco de câmbio. Nesse caso, a decisão de aceitar ou rejeitar o projeto farmacêutico nos Estados Unidos é totalmente independente da decisão de apostar nas perspectivas do dólar. Por exemplo, seria uma tolice a Roche aceitar um projeto ruim nos Estados Unidos apenas porque os gestores estão otimistas quanto às perspectivas do dólar; se a Roche quiser especular dessa maneira, basta comprar dólares a termo. Do mesmo modo, seria uma tolice para a Roche rejeitar um bom projeto só porque os gestores estão pessimistas em relação ao dólar. A empresa faria muito melhor em continuar o projeto e vender dólares a termo, pois, dessa maneira, conseguiria o melhor de dois mundos.[18]

Quando a Roche ignora o risco cambial e desconta os fluxos de caixa em dólares ao custo do capital em dólares, está considerando, implicitamente, que o risco cambial está coberto. Verifiquemos isso calculando a quantidade de francos suíços que a Roche receberia se tivesse coberto o risco cambial vendendo a termo cada um dos futuros fluxos de caixa em dólares.

Primeiro, teremos de calcular a taxa de câmbio a termo entre o dólar e o franco suíço. Essa taxa depende das taxas de juros nos Estados Unidos e na Suíça. Por exemplo, suponha que a taxa

---

[18] Há, aqui, uma questão geral que não se limita à cobertura do risco cambial. Sempre que você estiver perante um investimento que pareça ter um VPL positivo, identifique no que você está apostando e, depois, pense se há uma maneira mais direta de fazer essa aposta. Por exemplo, se uma mina de cobre lhe parecer lucrativa apenas devido ao seu raro otimismo em relação ao preço do cobre, talvez fosse melhor você comprar futuros de cobre ou ações de outros produtores de cobre em vez de abrir uma mina de cobre.

de juro do dólar seja de 6% e a taxa de juro do franco suíço, de 4%. A teoria da paridade das taxas de juros informa-nos que a taxa de câmbio a termo de um ano é:

$$s_{\text{SFr/\$}} \times (1 + r_{\text{SFr}})/(1 + r_{\$}) = \frac{1{,}2 \times 1{,}04}{1{,}06} = 1{,}177$$

Do mesmo modo, a taxa a termo de dois anos é:

$$s_{\text{SFr/\$}} \times (1 + r_{\text{SFr}})^2/(1 + r_{\$})^2 = \frac{1{,}2 \times 1{,}04^2}{1{,}06^2} = 1{,}155$$

Por isso, se a Roche cobrir os seus fluxos de caixa contra o risco cambial, a quantidade de francos suíços que receberá em cada ano será igual ao fluxo de caixa em dólares vezes a taxa de câmbio a termo:

Fluxos de caixa (milhões de francos suíços)					
C_0	C_1	C_2	C_3	C_4	C_5
$-1.300 \times 1{,}2$ = -1.560	$400 \times 1{,}177$ = 471	$450 \times 1{,}555$ = 520	$510 \times 1{,}133$ = 578	$575 \times 1{,}112$ = 639	$650 \times 1{,}091$ = 709

Esses fluxos de caixa são em francos suíços e, por isso, têm de ser descontados à taxa de desconto do franco suíço ajustada ao risco. Como a taxa de juro do franco suíço é menor que a do dólar, a taxa de desconto ajustada ao risco também tem de ser menor. A fórmula para converter o retorno desejado em dólares no retorno desejado em francos suíços é:[19]

$$(1 + \text{retorno em francos suíços}) = (1 + \text{retorno em dólares}) \times \frac{(1 + \text{taxa de juros do franco suíço})}{(1 + \text{taxa de juro do dólar})}$$

No nosso exemplo,

$$(1 + \text{retorno em francos suíços}) = 1{,}12 \times \frac{1{,}04}{1{,}06} = 1{,}099$$

Portanto, a taxa de desconto em dólares ajustada ao risco é de 12%, mas a taxa de desconto em francos suíços é apenas de 9,9%.

Resta descontar os fluxos de caixa em francos suíços à taxa de desconto ajustada ao risco de 9,9%:

$$\text{VPL} = -1.560 + \frac{471}{1{,}099} + \frac{520}{1{,}099^2} + \frac{578}{1{,}099^3} + \frac{639}{1{,}099^4} + \frac{709}{1{,}099^5}$$

$$= 616 \text{ milhões de francos}$$

Tudo confere. Obtemos exatamente o mesmo valor presente líquido se (a) ignorarmos o risco cambial e descontarmos os fluxos de caixa em dólares da Roche ao custo do capital em dólares, e (b) calcularmos os fluxos de caixa em francos com base no pressuposto de que a Roche cobre o risco cambial e depois desconta esses fluxos de caixa em francos suíços ao custo do capital em francos suíços.

Recapitulemos: para decidir se deve ou não investir no exterior, separe a decisão de investir da decisão de correr o risco cambial. Isso significa que a sua opinião sobre as taxas de câmbio futuras NÃO deve ser considerada na decisão de investir. A forma mais simples de calcular o VPL de um investimento no exterior é prever os fluxos de caixa na moeda estrangeira e descontá-los ao custo do capital na moeda estrangeira. A alternativa é calcular os fluxos de caixa que você receberia se cobrisse o risco cambial. Nesse caso, terá de transpor os fluxos de caixa em moeda estrangeira para a sua própria moeda, *utilizando a taxa de câmbio a termo* e, depois, descontando esses fluxos de caixa na moeda nacional ao custo do capital nacional. Se os dois métodos não derem a mesma resposta, você cometeu algum erro.

---

[19] O exemplo a seguir deve oferecer-lhe uma noção da ideia por trás dessa fórmula. Suponha que a taxa à vista para o franco suíço seja SFr 1,2 = US$1. A paridade das taxas de juros nos diz que a taxa a termo deve ser $1{,}2 \times 1{,}04/1{,}06$ = SFr 1,177/$. Suponha agora que uma ação custe $100 e terá o valor esperado de $112 no fim do ano. O custo da compra da ação para os investidores suíços é de $100 \times 1{,}2$ = SFr 120. Se os investidores suíços venderem a termo o resultado esperado, receberão um valor esperado de $112 \times 1{,}177$ = SFr 131,9. O retorno esperado em francos suíços é de $131{,}9/120 - 1 = 0{,}099$, ou 9,9%. Em termos mais simples, o retorno dos francos suíços é de $1{,}12 \times 1{,}04/1{,}06 - 1 = 0{,}099$.

Quando a Roche analisa a proposta de construir uma fábrica nos Estados Unidos, pode ignorar as perspectivas do dólar *apenas porque tem a liberdade de cobrir o risco cambial*. Como o investimento em uma fábrica farmacêutica não é propriamente um pacote que inclui um investimento no dólar, a oportunidade de as empresas cobrirem o risco permite melhores decisões de investimento.

O custo de capital para investimentos internacionais

A Roche deve descontar os fluxos de caixa em dólares a um custo de capital também em dólares. Porém, de que forma uma empresa suíça como a Roche estima um custo de capital em dólares para um investimento nos Estados Unidos? Não há um processo simples e universalmente aceito para responder a essa pergunta, mas sugerimos o procedimento seguinte como ponto de partida.

Primeiro, você terá de decidir qual é o risco de um investimento no setor farmacêutico nos Estados Unidos para um investidor suíço. Você poderia, por exemplo, examinar os betas de uma amostra de empresas farmacêuticas norte-americanas *em relação ao índice do mercado suíço*.

Por que calcular betas em relação ao índice suíço, enquanto uma contraparte americana, como a Merck, calcularia betas em relação ao índice americano? A resposta está na Seção 7.4, onde explicamos que o risco não pode se considerado isoladamente; ele depende dos outros títulos que compõem a carteira do investidor. O beta mede o risco *relativo à carteira do investidor*. Se os investidores americanos já "possuem" o mercado americano, um dólar adicional investido dentro do próprio país já está na conta. Mas, se os investidores suíços "possuem" o mercado suíço, um investimento nos Estados Unidos pode reduzir os seus riscos, pois os mercados suíço e norte-americano não estão perfeitamente correlacionados. Isso explica por que um investimento nos Estados Unidos pode ter menor risco para os acionistas da Roche do que para os da Merck, e também explica por que os acionistas da Roche podem estar dispostos a aceitar um retorno esperado relativamente baixo de um investimento nos Estados Unidos.[20]

Suponha que você decida que o beta do investimento relativo ao índice do mercado suíço seja 0,8 e que o prêmio do risco de mercado na Suíça seja de 7,4%. Nesse caso, o retorno desejado do projeto pode ser estimado em:

Retorno exigido = taxa de juros suíça + (beta × prêmio de risco do mercado suíço)
= 4 + (0,8 × 7,4) = 9,9

Esse é o custo de capital do projeto calculado em francos suíços. Já o utilizamos anteriormente para descontar os fluxos de caixa esperados *em francos suíços*, se a Roche fizesse a cobertura do projeto em relação ao risco cambial. Não podemos utilizá-lo para descontar os fluxos de caixa *em dólares* do projeto.

Para descontar os fluxos de caixa esperados *em dólares*, temos de converter o custo do capital em francos suíços no custo do capital em dólares. Isso implica fazer o cálculo anterior ao contrário:

$$(1 + \text{retorno em dólares}) = (1 + \text{retorno em francos suíços}) \times \frac{(1 + \text{taxa de juro do dólar})}{(1 + \text{taxa de juro do franco suíço})}$$

No nosso exemplo,

$$(1 + \text{retorno em dólares}) = 1,099 \times \frac{1,06}{1,04} = 1,12$$

Utilizamos esse custo do capital em dólares de 12% para descontar os fluxos de caixa previstos em dólares do projeto.

Quando uma empresa mede o risco relativo ao seu mercado doméstico, como no nosso exemplo, seus gestores estão implicitamente considerando que os acionistas detêm simplesmente ações domésticas. Essa não é uma aproximação incorreta, particularmente nos Estados Unidos. Embora os investidores norte-americanos possam reduzir seus riscos mantendo uma carteira de ações diversificada internacionalmente, eles geralmente investem somente uma pequena fração do seu dinheiro no estrangeiro. É um enigma por que se comportam tão timidamente. Dá a impressão

---

[20] Quando um investidor possui uma carteira eficiente, o prêmio esperado para o risco em cada ação da carteira é proporcional ao seu beta *relativo à carteira*. Assim, se o índice do mercado suíço é uma carteira eficiente para investidores suíços, então eles pretenderão que a Roche invista nos Estados Unidos se a taxa de retorno esperado compensar mais que suficientemente o beta do investimento relativo ao índice suíço.

de que estão preocupados com os custos dos investimentos no exterior, tais como os custos extras envolvidos na identificação de quais ações comprar ou na possibilidade de terem um tratamento desigual por parte de empresas ou governos estrangeiros.

Todavia, o mundo está ficando cada vez menor e mais "horizontal", e os investidores de todas as partes estão aumentando suas posses de títulos estrangeiros. Os fundos de pensão e outros investidores institucionais praticam a diversificação internacional, e dezenas de fundos mútuos têm se preparado para atrair pessoas que queiram investir no exterior. Se os investidores mundo afora retivessem uma carteira mundial, os custos de capital convergiriam. O custo de capital ainda dependeria do risco do investimento, mas não do domicílio da empresa que está investindo. Há certa evidência de que, para as empresas norte-americanas de grande porte, não faz muita diferença se for utilizado um beta dos Estados Unidos ou um beta mundial. Para empresas em países menores, essa evidência não é assim tão distinta e, por vezes, pode ser mais apropriado dispormos de um beta global.[21]

27.5 Risco político

Até agora nos concentramos na gestão do risco cambial, mas os gestores também se preocupam com o risco político, que consiste na ameaça de um governo estrangeiro em mudar as regras do jogo – ou seja, quebrar uma promessa ou um acordo – *após* ter sido feito o investimento. Claro que os riscos políticos não se restringem aos investimentos no exterior. Em todos os países, as empresas estão expostas ao risco de decisões inesperadas por parte dos governos ou dos tribunais, mas, em certas partes do mundo, as empresas estrangeiras são particularmente vulneráveis.

Há várias consultorias que disponibilizam análises de risco político e econômico, e estabelecem *rankings* de países.[22] O Quadro 27.4, por exemplo, é extraído do *ranking* de riscos políticos elaborado em 2014 pelo Grupo PRS. Cada país é avaliado em 12 aspectos diferentes. Você pode ver que a Noruega ocupa o primeiro lugar geral, enquanto a Somália está no fim da tabela.

Alguns gestores desprezam o risco político como um gesto de vontade divina, um furacão ou terremoto. Mas as multinacionais de maior sucesso estruturam suas atividades de modo a diminuir o risco político. Não é provável que os governos estrangeiros expropriem uma subsidiária local se ela não puder operar sem o apoio da matriz. Por exemplo, as subsidiárias estrangeiras de fabricantes norte-americanos de computadores ou de produtos farmacêuticos valeriam muito pouco se fossem separadas do *know-how* das suas matrizes. Tais subsidiárias são muito menos passíveis de serem expropriadas do que, digamos, uma exploração mineradora, que pode manter-se como uma atividade isolada.

Não estamos recomendando que você transforme sua mina de prata em uma empresa farmacêutica, mas você poderá ser capaz de planejar as operações industriais no exterior buscando melhorar sua posição comercial com os governos estrangeiros. Por exemplo, a Ford integrou as suas operações no exterior de tal maneira que a produção de componentes e a montagem – parcial e final – espalham-se por fábricas em vários países. Nenhuma dessas fábricas teria valor por si própria, e a Ford pode transferir a produção entre fábricas se o clima político de um país se deteriorar.

As empresas multinacionais também conceberam certos esquemas financeiros destinados a manter a honestidade dos governos estrangeiros. Por exemplo, suponha que a sua empresa esteja considerando investir $500 milhões para reativar a mina de prata de São Tomé em Costaguana, com máquinas modernas, equipamento de fundição e instalações portuárias.[23] O governo de Costaguana aceita investir em estradas e em outras obras de infraestrutura, e ficar com 20% da prata extraída da mina em vez de cobrar impostos. Esse acordo deverá vigorar durante 25 anos.

---

[21] Veja M. Stulz, "The Cost of Capital in Internationally Integrated Markets: The Case of Nestlé", *European Financial Management* 1, no. 1 (1995), pp. 11-22; R. S. Harris, F. C. Marston, D. R. Mishra, and T. J. O'Brien, "Ex Ante Cost of Capital Estimates of S&P 500 Firms: The Choice Between Global and Domestic CAPM", *Financial Management* (Autumn 2003), pp. 51-66; e Standard & Poor's, "Domestic vs Global CAPM", *Global Cost of Capital Report*, 4th Quarter 2003.

[22] Para uma discussão desses serviços veja C. Erb, C. R. Harvey, and T. Viskanta, "Political Risk, Financial Risk, and Economic Risk", *Financial Analysts Journal* 52 (1996), pp. 28-46. Veja também a página Web de Campbell Harvey (**http://people.duke.edu/~charvey**), uma fonte útil de informações sobre o risco político.

[23] A história inicial da mina de São Tomé é descrita em *Nostromo*, de Joseph Conrad.

QUADRO 27.4 Pontuações de risco político para uma amostra de países, 2014

País	Pontuação máxima 100	
	Total	Posição
Noruega	90,8	1
Suíça	89,5	2
Cingapura	87,3	3 =
Alemanha	85,3	6
Suécia	84,5	7
Canadá	82,3	11
República da Coreia	81,8	13
Japão	81,0	17
Austrália	78,0	24
Reino Unido	76,5	30
Estados Unidos	75,5	31 =
China	73,3	41 =
Itália	70,8	56 =
França	70,5	58
Rússia	70,0	60 =
Brasil	68,8	67 =
Argentina	67,0	81 =
Índia	65,8	86
Grécia	65,0	89 =
Turquia	59,0	124
Venezuela	54,8	132
Somália	37,5	140

Obs.: = denota um empate

Fonte: International Country Risk Guide, uma publicação do The PRS Group Inc. (www.prsgroup.com), 2014.

O VPL do projeto, nesses termos, é bastante atrativo. Mas o que acontece se um novo governo subir ao poder daqui a cinco anos e lançar um imposto de 50% sobre "quaisquer metais preciosos exportados da República de Costaguana"? Ou alterar a participação do governo na produção, de 20% para 50%? Ou simplesmente nacionalizar a mina "com uma indenização justa, sendo determinada em devido tempo pelo ministro dos Recursos Naturais da República de Costaguana"?

Nenhum contrato pode, de modo algum, refrear um poder soberano. Mas pode obter um crédito para o projeto de modo a tornar esses atos tão dolorosos quanto possível para o governo estrangeiro. Por exemplo, pode estabelecer a mina como uma empresa subsidiária que, em seguida, financia uma grande fração do investimento requerido com empréstimos obtidos junto de um consórcio de grandes bancos internacionais. Se a sua empresa garantir o empréstimo, certifique-se de que a garantia somente vigorará se o governo de Costaguana honrar o seu contrato. O governo se mostrará relutante em quebrar o contrato se isso provocar inadimplência nos empréstimos e reduzir a credibilidade do país perante o sistema bancário internacional.

Se possível, você deverá obter do Banco Mundial (ou de uma de suas filiais) o financiamento de parte do projeto ou uma garantia contra o risco político.[24] Poucos são os governos que se atrevem a desafiar o Banco Mundial. Eis uma variação sobre o mesmo tema. Arranje um modo de conseguir

---
[24] No Apêndice do Capítulo 24, descrevemos como o Banco Mundial forneceu uma garantia ao projeto da central elétrica da Hubco contra o risco político.

um empréstimo de, digamos, $450 milhões pela Agência para o Desenvolvimento de Costaguana. Em outras palavras, a Agência para o Desenvolvimento contrai empréstimos nos mercados de capitais internacionais e reempresta à mina de São Tomé. A sua empresa acorda em garantir o empréstimo desde que o governo cumpra as suas promessas. Se o governo as cumprir, o empréstimo é da sua responsabilidade. Caso contrário, o empréstimo é da responsabilidade do governo.

O risco político não se limita ao risco de expropriação. As empresas multinacionais estão sendo expostas à crítica de que sugam fundos dos países onde têm negócios, e, portanto, os governos são tentados a limitar a sua liberdade de repatriação dos lucros. É mais provável que isso aconteça quando há uma incerteza considerável em relação à taxa de câmbio, momento em que normalmente você preferiria retirar o seu dinheiro. Também há aqui uma pequena antevisão que pode ajudar. Por exemplo, frequentemente há restrições mais onerosas nos pagamentos de dividendos à matriz do que no pagamento dos juros ou no reembolso do capital de dívidas. O pagamento de *royalties* e de custos de gestão são politicamente menos sensíveis do que o pagamento de dividendos, em especial se forem cobrados de maneira igual sobre todas as operações no exterior. Uma empresa também pode, dentro de certos limites, alterar o preço das mercadorias que são compradas e vendidas no interior do grupo e pode requerer pagamentos mais ou menos rápidos nessas transações.

Os cálculos de VPLs para projetos de investimento tornam-se excepcionalmente difíceis quando há riscos políticos significativos. Você terá de estimar os fluxos de caixa e a vida do projeto com uma cautela extrema. Talvez você queira dar uma olhada no período dos rendimentos descontados (ver o Capítulo 5), ou na teoria de que os projetos de rápido retorno (*quick-payback*) são menos expostos aos riscos políticos. Mas não tente compensar os riscos políticos pela incorporação de fatores de risco casuais às taxas de desconto. Fatores de risco geralmente disseminam confusão e vieses, conforme explicamos no Capítulo 9.

RESUMO

O gestor financeiro internacional tem de saber lidar com diferentes divisas, diferentes taxas de juro e de inflação. Para conseguir obter alguma ordem a partir do caos, ele precisa de algum modelo de como elas se relacionam. Descrevemos quatro teorias muito simples, mas úteis.

A teoria da paridade das taxas de juros afirma que o diferencial de juros entre dois países deve ser igual ao diferencial entre as taxas de câmbio a termo e à vista. Nos mercados internacionais, a arbitragem assegura que a paridade quase sempre se mantém. Existem duas maneiras de cobertura de risco cambial – uma consiste em negociar uma cobertura a termo; a outra consiste em contrair ou conceder empréstimos no exterior. A paridade das taxas de juros informa-nos que os custos dos dois métodos deverão ser os mesmos.

A teoria das expectativas das taxas de câmbio informa-nos que a taxa de câmbio a termo iguala-se à taxa à vista esperada. Na prática, a taxa a termo parece incorporar um prêmio de risco, mas esse prêmio tem quase tantas probabilidades de ser positivo como negativo.

Em termos estritos, a paridade do poder de compra afirma que $1 deve ter o mesmo poder de compra em todos os países. Isso não se ajusta muito bem à realidade, pois as diferenças nas taxas de inflação não estão perfeitamente relacionadas com as alterações nas taxas de câmbio. Isso significa que poderão existir riscos cambiais reais quando se fazem negócios no exterior. Por outro lado, um gestor financeiro, que precisa fazer uma previsão a longo prazo da taxa de câmbio, pouco pode fazer além de assumir que a taxa de câmbio real não sofrerá alterações.

Por último, vimos que, em um mercado de capitais mundialmente integrado, as taxas de juros reais teriam de ser as mesmas. Na prática, a regulamentação governamental e os impostos podem causar diferenças nas taxas de juros reais. Mas não contraia empréstimos simplesmente onde as taxas de juros forem mais baixas. É provável que esses países tenham também as taxas de inflação mais baixas e as divisas mais fortes.

Atentando para esses conceitos, mostramos como se pode usar os mercados a termo ou os mercados de crédito para cobrir o risco de transação resultante dos atrasos nos pagamentos e recebimentos em moeda estrangeira. Mas as decisões de financiamento da empresa também têm de refletir o impacto da variação da taxa de câmbio sobre o valor de todo o negócio. É o que se designa por risco econômico. As empresas se protegem do risco econômico quer recorrendo a mecanismos de cobertura de risco nos mercados financeiros, quer construindo unidades de produção no exterior.

Como as empresas podem cobrir os riscos cambiais, a decisão de investir no exterior não acarreta previsões de evolução das divisas. Elas têm duas maneiras de calcular o VPL de um projeto internacional. A primeira é prever os fluxos de caixa em moeda estrangeira e descontá-los ao custo do capital também em moeda estrangeira. A segunda é converter os fluxos de caixa em moeda estrangeira para a moeda nacional, considerando que estão cobertos contra o risco cambial. Os fluxos de caixa na moeda nacional podem ser descontados, posteriormente, do custo do capital "doméstico". Em princípio, os resultados devem ser iguais.

Além do risco cambial, as operações internacionais podem estar expostas ao risco político. No entanto, as empresas podem estruturar o financiamento de modo a diminuir as possibilidades de o governo desse país alterar as regras do jogo.

LEITURAS ADICIONAIS

Existem vários livros úteis sobre finanças internacionais. Eis aqui uma pequena seleção:

P. Sercu, *International Finance: Theory into Practice* (Princeton: Princeton University Press, 2009).

D. K. Eiteman, A. I. Stonehill, and M. H. Moffett, *Multinational Business Finance*, 13th ed. (Reading, MA: Pearson Addison Wesley, 2012).

A. C. Shapiro, *Multinational Financial Management*, 10th ed. (New York: John Wiley & Sons, 2013).

Na listagem abaixo estão aqui algumas abordagens gerais sobre as decisões de investimento internacional e o risco cambial a elas associado.

G. Allayanis, J. Ihrig, and J. P. Weston, "Exchange-Rate Hedging: Financial versus Operational Strategies," *American Economic Review* 91 (May 2001), pp. 391-395.

D. R. Lessard, "Global Competition and Corporate Finance in the 1990s," *Journal of Applied Corporate Finance* 3 (Winter 1991), pp. 59-72.

M. D. Levi and P. Sercu, "Erroneous and Valid Reasons for Hedging Foreign Exchange Exposure," *Journal of Multinational Financial Management* 1 (1991), pp. 25-37.

Na listagem abaixo estão alguns artigos sobre relações entre taxas de juros, taxas de câmbio e taxas de inflação:

Taxas de câmbio a termo e taxas de câmbio à vista:

M. D. Evans and K. K. Lewis, "Do Long-Term Swings in the Dollar Affect Estimates of the Risk Premia?" *Review of Financial Studies* 8 (1995), pp. 709-742.

Paridade das taxas de juros:

K. Clinton, "Transaction Costs and Covered Interest Arbitrage: Theory and Evidence," *Journal of Political Economy* 96 (April 1988), pp. 358-370.

Paridade do poder de compra:

K. Froot and K. Rogoff, "Perspectives on PPP and Long-run Real Exchange Rates," in G. Grossman and K. Rogoff (eds.), *Handbook of International Economics* (Amsterdam: North-Holland Publishing Company, 1995).

K. Rogoff, "The Purchasing Power Parity Puzzle," *Review of Economic Literature* 34 (June 1996), pp. 667-668.

A. M. Taylor and M. P. Taylor, "The Purchasing Power Parity Debate," *Journal of Economic Perspectives* 18 (Autumn 2004), pp. 135-158.

PROBLEMAS

BÁSICO

1. **Taxas cambiais** Observe o Quadro 27.1.
   a. Quantos ienes japoneses você recebe pelo seu dólar?
   b. Qual é a taxa a termo a um mês do iene?
   c. A cotação do iene a termo diante do dólar está a prêmio ou a desconto?
   d. Utilize a taxa a termo a um ano para calcular a porcentagem anual do prêmio ou do desconto em relação ao iene.
   e. Se a taxa de juro anual composta dos dólares for de 1,5%, qual será a taxa de juro a um ano dos ienes?
   f. De acordo com a teoria das expectativas, qual será a taxa cambial à vista esperada para o iene daqui a três meses?
   g. De acordo com a teoria da paridade do poder de compra, qual será a diferença esperada das taxas de inflação daqui a três meses nos Estados Unidos e no Japão?

2. **Terminologia** Defina cada uma das seguintes teorias com um frase ou uma equação simples;
   a. Paridade das taxas de juros.
   b. Teoria das expectativas das taxas a termo.
   c. Paridade do poder de compra.
   d. Equilíbrio no mercado de capitais internacional (relação entre as taxas de juros reais e as taxas de juros nominais em diferentes países).

3. **Paridade de poder de compra** Em março de 1997 a taxa de câmbio da rúpia indonésia era de R 2.419 = $1. A inflação entre março de 1997 e março de 1998 foi cerca de 30% na Indonésia e 2% nos Estados Unidos.
   a. Se a teoria da paridade do poder de compra se aplicasse, qual seria a taxa de câmbio nominal em março de 1998?
   b. A taxa de câmbio efetiva em março de 1998 (em plena crise monetária asiática) era de R 8.325 = $1. Qual foi a variação da taxa de câmbio *real*?

4. **Paridade de taxas de juros** O quadro seguinte mostra as taxas de juros e as taxas de câmbio do dólar americano e do nano lilliputiano em 2007. A taxa de câmbio à vista é de 15 nanos = $1. Preencha os dados que faltam:

	1 mês	3 meses	1 ano
Taxa de juros do dólar (composta anualmente)	4,0	4,5	?
Taxa de juros do nano (composta anualmente)	8,2	?	9,8
Taxa a termo do nano por dólar	?	?	15,6
Prêmio do nano a termo (% por ano)	?	4,8	?

5. **Cobertura cambial** Um importador nos Estados Unidos receberá uma remessa de peças de vestuário do México dentro de seis meses. O preço está fixado em pesos mexicanos. Qual das seguintes transações poderia eliminar o risco cambial do importador?
   a. Vender opções de compra a seis meses sobre pesos.
   b. Comprar pesos a termo.

c. Vender pesos a termo.

d. Vender pesos no mercado de futuros cambiais.

e. Contrair um empréstimo em pesos; comprar dólares à taxa de câmbio à vista.

f. Vender pesos à taxa de câmbio à vista; conceder um empréstimo em dólares.

6. **Cobertura cambial** Uma empresa norte-americana comprometeu-se a pagar 10 milhões de coroas suecas a uma empresa sueca no prazo de um ano. Qual o custo (em valor presente) de cobrir esse compromisso com a compra de coroas a termo? A taxa de juros na Suécia é de 0,6% e as taxas de câmbio são as que estão no Quadro 27.1. Explique sucintamente.

7. **Cobertura cambial** Uma empresa nos Estados Unidos receberá um pagamento no valor de € 1 milhão em oito anos. Ela gostaria de se proteger de uma queda no valor do euro, mas verifica que é difícil conseguir uma cobertura a termo para um período tão longo. Existiria outra maneira de essa empresa se proteger?

8. **Risco Cambial** Suponha que as taxas de juros em 2023 para um e dois anos são de 5,2% nos Estados Unidos e de 1,0% no Japão. A taxa de câmbio à vista é JPY 120,22/$. Suponha que passado um ano as taxas de juros são de 3% em ambos os países, e que o valor do iene subiu para JPY 115,00/$.

    a. Benjamin Pinkerton, de Nova York, investiu em uma obrigação americana a dois anos de cupom zero, no início do período, e vendeu-a passado um ano. Qual foi o rendimento que obteve?

    b. A Sra. Butterfly, de Osaka, comprou alguns dólares. Também investiu em uma obrigação americana a dois anos de cupom zero e vendeu-a passado um ano. Qual foi o rendimento que obteve em *ienes*?

    c. Suponha que a Sra. Butterfly tenha feito uma previsão correta do preço pelo qual venderia a sua obrigação e cobriu o seu investimento contra o risco cambial. Como poderia tê-lo feito? Qual seria o seu rendimento em ienes?

9. **Decisões de investimento** Estamos em 2021, e a Pork Barrels Inc. está analisando a construção de uma nova fábrica de barris na Espanha. Os fluxos de caixa previstos em milhões de euros são os seguintes:

C_0	C_1	C_2	C_3	C_4	C_5
−80	+10	+20	+23	+27	+25

A taxa de câmbio à vista é de $1,2 = €1$. A taxa de juro nos Estados Unidos é de 8% e a taxa de juro para o euro é de 6%. Pode-se considerar que, de fato, a produção de barris é isenta de risco.

a. Calcule o VPL dos fluxos de caixa em euros do projeto. Qual é o VPL em dólares?

b. Quais serão os fluxos de caixa em dólares do projeto se a empresa cobrir o risco das variações da taxa de câmbio?

c. Suponha que a empresa espere que o euro se desvalorize em 5% ao ano. Em que medida isso afetará o valor do projeto?

INTERMEDIÁRIO

10. **Taxas cambiais** O Quadro 27.1 mostra a taxa a termo a 90 dias para o rand sul-africano.

    a. O dólar a termo encontra-se a prêmio ou a desconto diante do rand?

    b. Qual é o valor *percentual* anual do prêmio ou do desconto?

    c. Se não tiver qualquer outra informação acerca das duas moedas, qual a sua melhor estimativa do câmbio à vista do rand em três meses?

    d. Suponha que você espere receber 100 mil rands em três meses. Quantos dólares é provável que venham a valer?

11. **Paridade de taxas de juros** Observe o Quadro 27.1. Se a taxa de juro a três meses para o dólar for de 0,2%, quanto você acha que será a taxa de juro a três meses para o real brasileiro? Explique o que aconteceria se a taxa fosse substancialmente acima do valor que achou.

12. **Taxas de juros e taxas cambiais** Penny Farthing, tesoureira da International Bicycles Inc., verificou que a taxa de juro no Japão é inferior à da maioria dos outros países; por isso, ela sugere que a empresa deve fazer uma emissão de obrigações em ienes. Faz sentido?

13. **Cobertura cambial** Suponha que você seja o tesoureiro da Lufthansa, a transportadora aérea internacional alemã. De que modo é provável que o valor da empresa seja afetado pelas alterações nas taxas de câmbio? Que políticas você adotaria para reduzir o risco cambial?

14. **Risco cambial** As empresas podem ser afetadas por alterações na taxa de câmbio nominal ou na taxa de câmbio real. Explique como isso pode acontecer. Que mudanças podem ser mais facilmente cobertas?

15. **Exposição econômica** Uma concessionária da Ford nos Estados Unidos pode ficar exposta a uma desvalorização do iene se esta provocar uma baixa no preço dos carros japoneses. Suponha que a concessionária estime que uma baixa de 1% no valor do iene resultaria em uma baixa permanente de 5% nos seus lucros. Como ela deveria se proteger desse risco, e como deveria calcular a sua posição de cobertura? (*Dica:* talvez lhe seja útil consultar a Seção 26.6.)

16. **Risco cambial** Você fez uma proposta para uma possível encomenda de exportação que iria lhe proporcionar um fluxo de caixa positivo no valor de 1 milhão de euros em seis meses. A taxa de câmbio à vista é de $1,3549 = €1$, e a taxa a termo a seis meses é de $1,3620 = €1$. Existem duas fontes de incerteza: (1) o Euro pode se valorizar ou desvalorizar e (2) o leitor pode ou não receber a encomenda de exportação. Ilustre, para cada um dos casos, os lucros ou as perdas que obteria se (a) vendesse um milhão de euros a termo e (b) comprasse uma opção de venda a seis meses sobre os euros com um preço de exercício de $1,3620/€$.

QUADRO 27.5 Taxas de juros e taxas de câmbio.

	Taxa de juros (%)	Taxa de câmbio à vista[a]	Taxa de câmbio a termo a um Ano[a]
Estados Unidos (dólar)	3	—	—
Costanagua (pulga)	23	10.000	11.942
Estônia (ruplo)	5	2,6	2,65
Gloccamorra (pint)	8	17,1	18,2
Anglosaxofônia (vespa)	4,1	2,3	2,28

[a] Número de unidades de moeda estrangeira que podem ser trocadas por um dólar.

17. **Risco cambial** Em novembro de 2014, uma investidora norte-americana comprou mil ações de uma empresa mexicana ao preço unitário de 500 pesos. As ações não pagam dividendo algum. Um ano mais tarde vendeu as ações a 550 pesos cada uma. As taxas de câmbio no dia em que comprou as ações estão no Quadro 27.1. Suponha que a taxa de câmbio no momento da venda é de 16,5 pesos por dólar.

    a. Quantos dólares ela terá investido?

    b. Qual o retorno total em pesos? E em dólares?

    c. Você acha que a investidora teve um lucro ou uma perda cambial? Explique.

18. **Paridade de taxas de juros** O Quadro 27.5 indica a taxa de juros anual (composta anualmente) e as taxas de câmbio de diferentes divisas contra o dólar. Há algumas oportunidades de arbitragem? Em caso afirmativo, como poderia assegurar um fluxo de caixa positivo atualmente, reduzindo todos os fluxos de caixa futuros a zero?

19. **Cobertura cambial** "No ano passado tivemos um volume substancial de receitas em libras esterlinas, que garantimos vendendo libras a termo. Aconteceu que a libra esterlina se valorizou, e a nossa decisão de vender a termo saiu-nos muito cara. Acho que, no futuro, devemos deixar de cobrir o risco da nossa exposição cambial ou cobri-lo apenas quando acharmos que a libra esterlina está sobrevalorizada." Na sua condição de gestor financeiro, como reagiria ao comentário do seu CEO?

20. **Decisões de investimento** A Carpet Baggers Inc. propõe-se a construir uma nova fábrica de bolsas em um país europeu. Os dois principais candidatos são a Alemanha e a Suíça. Os fluxos de caixa previstos para a nova fábrica são os seguintes:

	C_0	C_1	C_2	C_3	C_4	C_5	C_6	TIR (%)
Alemanha (milhões de euros)	−60	+10	+15	+15	+20	+20	+20	15,0
Suíça (milhões de francos suíços)	−120	+20	+30	+30	+35	+35	+35	10,7

A taxa de câmbio à vista para o euro é de $1,3/€, enquanto a taxa para o franco suíço é de SFr 1,5/$. A taxa de juro é de 5% nos Estados Unidos, 4% na Suíça e 6% nos países da zona do euro. O gestor financeiro sugeriu que, se os fluxos de caixa forem expressos em dólares, seria aceitável um retorno acima de 10%.

A empresa deve avançar com o projeto? Se ela tiver de escolher um deles, qual deve preferir?

DESAFIO

21. **Cobertura cambial** Alpha e Omega são empresas norte-americanas. A Alpha tem uma unidade fabril em Hamburgo que importa componentes dos Estados Unidos, monta e depois vende os produtos acabados na Alemanha. A Omega é o extremo oposto. Também tem uma unidade fabril em Hamburgo, mas compra as matérias-primas na Alemanha e exporta a produção para os Estados Unidos. Qual das duas empresas provavelmente será mais afetada por uma queda do euro? Como cada uma poderia fazer a cobertura do seu risco cambial?

FINANÇAS NA WEB

1. Encontre os quadros das cotações de taxas de câmbio nas versões online do *The Wall Street Journal* (**www.wsj.com**) ou do *Financial Times* (**www.ft.com**).

    a. Quantos dólares americanos são precisos para comprar um dólar canadense no dia de hoje?

    b. Quantos dólares canadenses são precisos para comprar um dólar americano no dia de hoje?

c. Suponha que você contrate hoje para comprar dólares canadenses daqui a três meses. Quantos dólares canadenses conseguiria comprar com cada dólar americano?

d. Se as taxas a termo refletem simplesmente as expectativas de mercado, qual é a provável taxa cambial à vista para o dólar canadense daqui a três meses?

e. Observe o quadro das cotações de taxas de juros sob a mesma questão. Qual é taxa de juros a três meses para o dólar americano?

f. Você consegue deduzir a provável taxa de juros a três meses para o dólar canadense? Observe o quadro dos preços futuros. Qual é a taxa de câmbio para os dólares canadenses para uma encomenda a ser entregue em aproximadamente seis meses?

2. a. Quantos francos suíços você consegue comprar com um dólar?

b. Quantos dólares de Hong Kong você consegue comprar?

c. A que taxa você pensa que um banco suíço cotaria para a compra ou a venda de dólares de Hong Kong? Explique o que ocorreria se ele quotasse uma taxa cruzada que fosse substancialmente maior do que o seu valor.

MINICASO

Exacta S.A.

A Exacta S.A. é uma grande produtora francesa de máquinas-ferramentas de precisão, com sede em Lyon. Cerca de dois terços da produção destinam-se à exportação, sobretudo para países da União Europeia. No entanto, ela também opera com grande sucesso nos Estados Unidos, apesar da forte concorrência de várias empresas norte-americanas. Normalmente, a Exacta recebe o pagamento dos produtos exportados dois meses depois da data da fatura, e, por isso, a qualquer momento, cerca de um sexto das exportações anuais para os Estados Unidos se encontra exposto ao risco cambial.

A empresa crê que o volume dos seus negócios com a América do Norte já justifica a existência de uma unidade fabril local, tendo recentemente decidido construir uma fábrica na Carolina do Sul. A maior parte da produção dessa fábrica será vendida nos Estados Unidos, mas a empresa considera que também há oportunidades futuras de negócio com o Canadá e o México.

A fábrica da Carolina do Sul envolverá um investimento total de $380 milhões, esperando-se que entre em funcionamento em 2018. Prevê-se que as receitas da fábrica sejam de cerca de $420 milhões por ano, e a empresa prevê um lucro líquido de $52 milhões por ano. Quando começar a funcionar, deverá manter a sua atividade por vários anos sem necessitar de investimentos adicionais substanciais.

Embora o projeto tenha gerado um grande entusiasmo, vários membros da equipe de gestão mostraram alguma ansiedade em relação a possíveis riscos cambiais. O Sr. Pangloss, o diretor financeiro, garantiu-lhes que a Exacta está habituada a gerir o risco cambial, como prova o fato de já exportar anualmente máquinas-ferramentas no valor aproximado de $320 milhões para os Estados Unidos e ter sempre suas receitas em dólares convertidas para euros sem grandes prejuízos. Mas nem todos ficaram convencidos com esse argumento. Por exemplo, a CEO, a Sra. B. Bardot, chamou a atenção para o fato de que os $380 milhões de investimento aumentariam substancialmente os fundos em risco se houvesse uma desvalorização do dólar em face do euro. A Sra. Bardot era completamente avessa ao risco em questões financeiras e, se fosse possível, insistiria para que esse risco fosse integralmente coberto.

O Sr. Pangloss tentou acalmar a CEO mas, ao mesmo tempo, partilhava de algumas das suas preocupações em relação ao risco cambial. Quase todas as receitas da fábrica da Carolina do Sul seriam em dólares, e o grosso do investimento de $380 milhões estaria igualmente concentrado nos Estados Unidos. Cerca de dois terços dos custos operacionais seriam em dólares, mas o outro terço representaria o pagamento dos componentes trazidos de Lyon, mais as despesas da sede com serviços de gestão e a utilização de patentes. A empresa ainda não decidiu se vai emitir faturas em dólares ou em euros em sua fábrica nos Estados Unidos para essas compras junto à matriz.

O Sr. Pangloss está otimista quanto à possibilidade de a empresa cobrir o risco cambial. A solução por ele defendida é que a Exacta financie a fábrica com uma emissão de obrigações em dólares no valor de $380 milhões. Dessa maneira, o investimento em dólares seria equilibrado por uma dívida correspondente em dólares. Outra alternativa seria a empresa vender a termo, no início de cada ano, as receitas esperadas da fábrica norte-americana. Mas ele sabe, por experiência própria, que essas soluções simples às vezes têm perigos ocultos. Por isso, decidiu esperar algum tempo para equacionar de maneira mais sistemática o risco cambial adicional proveniente das suas operações nos Estados Unidos.

QUESTÕES

1. Qual seria a verdadeira exposição da Exacta em virtude de suas novas operações nos Estados Unidos e em que medida isso alteraria a atual exposição da empresa?

2. Tendo em vista essa exposição, qual seria a maneira mais eficaz e menos dispendiosa de a empresa fazer a cobertura de risco?

PARTE IX Planejamento financeiro e gestão do capital de giro

CAPÍTULO 28

Análise financeira

Gestores financeiros competentes fazem planos para o futuro. Conferem se têm fundos suficientes para pagar os encargos fiscais que estão para vencer ou para fazer o pagamento de dividendos e pensam sobre o nível de investimento que a empresa terá de fazer nos próximos anos e no modo como podem financiar esse investimento. Refletem, também, se estão bem posicionados para suportar uma queda inesperada na demanda ou um aumento no custo das matérias-primas.

No Capítulo 29, descreveremos como os gestores financeiros desenvolvem planejamentos financeiros de curto e de longo prazos. No entanto, o conhecimento de onde se está hoje é necessário para saber onde se estará no futuro. Por isso, neste capítulo indicaremos como os demonstrativos financeiros de uma empresa ajudam você a entender o desempenho global que ela está obtendo e como alguns dos principais índices financeiros podem alertar os gestores seniores para as áreas com potenciais problemas. Por exemplo, quando a empresa precisa de um empréstimo bancário, o diretor financeiro tem de dizer qual é o seu índice de endividamento e a proporção dos lucros que são absorvidos pelos juros. Da mesma forma, se uma divisão estiver obtendo um baixo retorno sobre o capital ou se as suas margens de lucro estiverem sob pressão, você pode estar certo de que a administração vai lhe exigir uma explicação.

Você provavelmente já ouviu falar de histórias de "gênios" que conseguem destrinchar a contabilidade de uma empresa em minutos, calcular alguns índices financeiros e prever integralmente o futuro da organização. Essas pessoas são como o "abominável homem das neves"; sempre falado, mas jamais realmente visto. Os índices financeiros não substituem as bolas de cristal; tratam-se apenas de um meio conveniente de resumir grandes quantidades de dados financeiros e de comparar performances organizacionais. Esses índices ajudam você a fazer as perguntas corretas; eles raramente conseguem respondê-las.

28.1 Índices financeiros

Os índices financeiros geralmente são fáceis de calcular. Essa é a boa notícia. A má notícia é que existem inúmeros deles. Para piorar, os índices costumam ser apresentados em longas listas que parecem precisar serem decoradas, em vez de compreendidas.

Podemos mitigar a má notícia reservando um momento para revisarmos o que os índices mensuram e como estão vinculados ao objetivo ulterior dos acionistas de valor adicionado.

O valor aos acionistas depende de boas decisões de investimento. O gestor financeiro avalia decisões de investimento fazendo diversas perguntas, incluindo as seguintes: qual a lucratividade dos investimentos com relação ao custo do capital? Como a lucratividade deve ser medida? Do que depende a lucratividade? (Veremos que ela depende do uso eficiente dos ativos e dos lucros finais sobre cada dólar de vendas.)

O valor aos acionistas também depende de boas decisões de financiamento. Novamente, as perguntas são óbvias: o financiamento disponível é suficiente? A empresa só pode crescer se houver financiamento disponível. O financiamento é prudente em termos estratégicos? O gestor financeiro não deve colocar os ativos e operações da empresa em um índice de endividamento perigosamente alto. A empresa tem liquidez suficiente (uma folga de caixa ou de ativos que podem ser prontamente vendidos e transformados em caixa)? A empresa precisa ser capaz de pagar suas contas e reagir a contratempos inesperados.

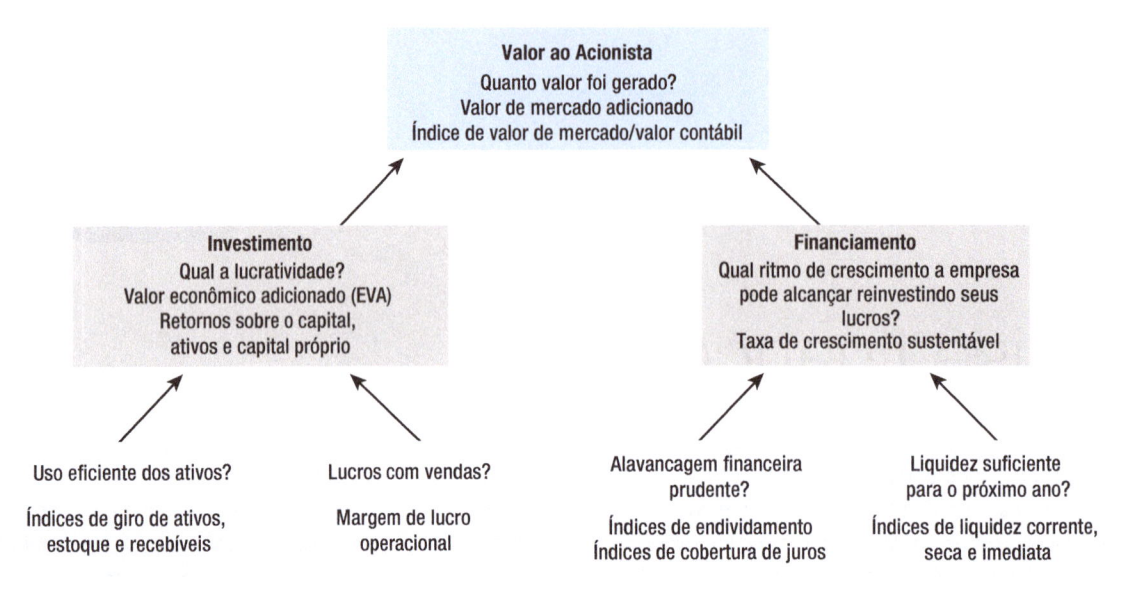

FIGURA 28.1 Um organograma de índices financeiros, mostrando como índices financeiros comuns e outros parâmetros se relacionam com o valor ao acionista.

A Figura 28.1 resume essas perguntas em mais detalhe. Os quadros à esquerda dizem respeito a investimentos e aqueles à direita, a financiamento. Em cada quadro inserimos uma pergunta e apresentamos exemplos de índices financeiros e outros parâmetros que podem ajudar a respondê-la. O quadro no canto inferior esquerdo, por exemplo, pergunta sobre o uso eficiente dos ativos. Três índices que medem a eficiência dos ativos são índices de giro de ativos, de estoque e de contas a receber. Os dois quadros no canto inferior direito perguntam se a alavancagem financeira é prudente e se a empresa conta com liquidez suficiente no próximo ano. Os índices para rastrear a alavancagem financeira incluem diversos índices de endividamento: os índices de liquidez são corrente, seca e imediata.

A Figura 28.1 serve como um mapa para este capítulo. Mostraremos como calcular esses e outros índices financeiros comuns e explicaremos como eles se relacionam com o objetivo do valor ao acionista.

28.2 Demonstrativos financeiros

As empresas de capital aberto têm vários grupos de interesse, como acionistas, detentores de obrigações, bancos, fornecedores, empregados e gestores. Todos esses grupos têm de monitorar a empresa e assegurarem-se de que os seus interesses estão sendo preservados. Eles se baseiam no seu relatório de contas para obterem a informação de que precisam. Essas empresas divulgam dados financeiros aos acionistas em uma base trimestral e anual. Os demonstrativos financeiros anuais são registrados segundo o formulário 10-K, e os demonstrativos trimestrais, segundo o formulário 10-Q, na SEC. Por isso, é comum ouvir os analistas financeiros se referirem, de maneira relaxada, ao "10-K" ou ao "10-Q".

Ao analisar a declaração financeira de uma empresa, é importante lembrar-se de que os contadores continuam tendo um grau de liberdade em relação ao modo como tratam os lucros e os valores contábeis. Por exemplo, eles podem definir a escolha do método de depreciação e a rapidez com que os ativos da empresa são depreciados.

Apesar de haver, em nível mundial, uma tendência para a uniformização das práticas contábeis, há grandes discrepâncias nas normas contábeis dos vários países. Em países de origem anglo-saxônica, como os Estados Unidos e o Reino Unido, que têm grandes mercados de capitais ativos, as regras foram concebidas dando grande atenção aos acionistas. Na Alemanha, pelo contrário, o foco das práticas contábeis é a verificação da adequada proteção aos credores.

PRÁTICA FINANCEIRA

Adeus aos GAAP?

Dentro em breve, empresas nos Estados Unidos poderão enfrentar a maior mudança em seus métodos contábeis desde que os Princípios Contábeis Geralmente Aceitos (GAAP – Generally Accepted Accounting Principles) foram introduzidos na década de 1930. A SEC logo decidirá se as empresas norte-americanas deverão obedecer aos Padrões de Divulgação Financeira Internacionais (IFRS – International Financial Reporting Standards) em vez de aos GAAP usados atualmente por elas.

Os IFRS, que são estabelecidos pelo International Accounting Standards Board (IASB), sediado em Londres, visam harmonizar a divulgação financeira ao redor do mundo. Eles representam a base para divulgação em toda a União Europeia. Cerca de 100 outros países, como Austrália, Canadá, Brasil, Índia e China, já os adotaram ou planejam adotá-los.

Migrar dos GAAP para os IFRS representaria uma mudança gigantesca no modo como os contadores abordam suas tarefas nos Estados Unidos. Os IFRS tendem a se "basear em princípios", o que significa que não há códigos "preto no branco" a serem seguidos. Em contraste, nos Estados Unidos, os GAAP vêm acompanhados de milhares de páginas de orientações regulatórias prescritivas e interpretações de auditores e grupos de contabilidade. Mais de 160 peças de literatura oficial, por exemplo, dizem respeito a como e quando as empresas devem registrar receitas. Isso não deixa margem alguma para interpretação, mas regras detalhadas ficam rapidamente desatualizadas, e empresas sem escrúpulos vêm conseguindo estruturar transações de modo a respeitar a letra fria em questão, mas fugindo ao espírito das regras.

Já faz alguns anos que a SEC vem trabalhando para alinhar melhor os padrões norte-americanos às regras internacionais. Para encorajar empresas estrangeiras a serem listadas nos Estados Unidos, ela permite que emissários estrangeiros utilizem os padrões internacionais. Mas uma decisão de obrigar as empresas norte-americanas a adotarem os IFRS representaria um projeto mais custoso e demorado. Ainda assim, isso é apoiado por muitas multinacionais norte-americanas de grande porte, que já utilizam os IFRS para suas subsidiárias no exterior.

Outra diferença é o modo como os impostos são apresentados no demonstrativo de resultados. Por exemplo, na Alemanha os impostos são pagos sobre os lucros declarados e, por isso, o método de depreciação tem de ser aprovado pelas autoridades fiscais. Isso não se passa nos países anglo-saxônicos, onde os valores apresentados nos relatórios públicos geralmente *não* são a base para o cálculo dos impostos das empresas. Por exemplo, o método utilizado para calcular os lucros publicados geralmente difere do método de depreciação utilizado pelas autoridades fiscais.

Para os investidores e para as multinacionais, essas variações nas regras contábeis podem ser exasperantes. As associações contábeis têm procurado, portanto, reunirem-se para verem se conseguem eliminar algumas dessas diferenças. Não é uma tarefa simples, como se pode constatar no quadro acima.

28.3 Demonstrativos financeiros da Home Depot

A sua tarefa á fazer um relatório sobre a situação financeira da Home Depot, a empresa de materiais de construção. Talvez você atue como gestor de um fundo de investimento que tenta decidir se deve ou não investir $25 milhões nas ações da Home Depot; um acionista importante que esteja ponderando sobre a sua liquidação; um executivo de banco de investimento prospectando novos negócios para a Home Depot; um detentor de obrigações preocupado com a sua posição de crédito. Pode ser também um gestor financeiro da Home Depot ou de uma de suas concorrentes.

Em qualquer dos casos, o primeiro passo é verificar a situação atual da empresa. Você tem, como base de dados, o último balanço patrimonial da empresa e o seu demonstrativo de resultados.

O balanço patrimonial

O Quadro 28.1 apresenta um balanço simplificado da Home Depot para os anos fiscais de 2013 e 2012. Ele exibe a situação atual dos ativos da empresa no fim do ano e as origens dos fundos utilizados para a compra desses ativos.

QUADRO 28.1 O balanço patrimonial da Home Depot, exercícios fiscais de 2012 e 2013 (números em $ milhões)

Ativos:	2013*	2012#	Passivos e capitais acionários:	2013*	2012#
Ativo circulante:					
Caixa e títulos negociáveis	$ 1.929	$ 2.494	Passivo circulante:		
Contas a receber	1.398	1.395	Dívidas vencidas para pagar	$ 33	$ 1.321
Estoques	11.057	10.710	Contas a pagar	9.379	8.871
Outros ativos circulantes	895	773	Outros passivos circulantes	1.337	1.270
Total do ativo circulante	$ 15.279	$ 15.372	Total do passivo circulante	$ 10.749	$ 11.462
Imobilizado:			Dívidas de longo prazo	$ 14.691	$ 9.475
Ativos tangíveis:			Taxas de impostos diferidas	514	319
Terreno, fábrica e equipamentos	$ 39.064	$ 38.491	Outros passivos de longo prazo	2.042	2.051
Menos depreciações acumuladas	15.716	14.422			
Ativos tangíveis líquidos	$ 23.348	$ 24.069	Total do passivo	$ 27.996	$ 23.307
Ativos intangíveis (*goodwill*)	$ 1.289	$ 1.170	Capital acionário		
Outros ativos	602	473	Ações ordinárias e outros capitais realizados	$ 8.536	$ 8.433
			Lucros retidos	23.180	20.038
			Patrimônio acionário próprio	−19.194	−10.694
Ativos totais	$ 40.518	$ 41.084	Patrimônio total dos acionistas	$ 12.522	$ 17.777
			Total de passivos e capitais acionários	$ 40.518	$ 41.084

*Ano encerrado em 2 de fevereiro de 2014
#Ano encerrado em 3 de fevereiro de 2013

Os ativos estão ordenados em ordem decrescente de liquidez. Por exemplo, os contadores listam primeiramente os ativos mais prováveis de serem convertidos em dinheiro em um futuro próximo. Incluem as disponibilidades, títulos negociáveis e as contas a receber (ou seja, faturas que serão pagas pelos clientes da empresa), estoques de matérias-primas, produtos em elaboração e produtos acabados. Esses ativos são designados por *ativo circulante*.

Os ativos restantes do balanço são de longo prazo, geralmente sem liquidez, tais como depósitos, lojas, instalações e veículos. O balanço não exibe valores de mercado atualizados desses ativos de longo prazo. Em vez disso, os contadores registram o valor original do custo de cada um dos ativos e deduzem um montante anual fixo para a depreciação de edifícios, fábricas e equipamentos. O balanço não inclui todos os ativos da empresa. Alguns dos mais valiosos são intangíveis, como a reputação, uma boa gestão e uma força de trabalho bem treinada. Os contadores geralmente têm relutância em registrar esses ativos no balanço, a menos que estes possam ser identificados e avaliados rapidamente.[1]

Agora, olhe para o lado direito do balanço da Home Depot, que mostra a origem dos fundos utilizados para comprar os ativos. O contador começa observando o passivo, ou seja, o dinheiro devido pela empresa. Primeiro vêm os itens que têm de ser pagos em um futuro próximo. Esse *passivo circulante* inclui as dívidas que vencem durante o próximo ano e as contas a pagar (ou seja, quantias que a empresa deve aos seus fornecedores).

A diferença entre o ativo circulante e o passivo circulante é designada por *capital circulante líquido* ou *capital de giro líquido*. Ele mede, grosseiramente, o potencial das disponibilidades de recursos da empresa. Para a Home Depot, em 2013:

---

[1] O balanço patrimonial da Home Depot inclui uma entrada para "*goodwill*". Isso reflete a diferença entre o preço pagao para adquirir a empresa e o valor contábil da empresa.

Capital de giro líquido = ativo circulante – passivo circulante
= 15.279 – 10.749 = $4.530 milhões

A parte inferior do balanço mostra as origens dos recursos utilizados para adquirir o capital de giro e o ativo fixo. Alguns dos recursos resultaram da emissão de obrigações e de operações de *leasing* financeiro que não serão pagas durante muitos anos. Após todo esse passivo de longo prazo ser pago, os ativos restantes pertencem aos acionistas. O capital próprio da empresa é apenas o valor total do capital de giro líquido e do imobilizado menos o passivo de longo prazo. Parte desse capital próprio resultou da venda de ações aos investidores e o restante vem de lucros que a empresa reteve e investiu em proveito dos acionistas.

O demonstrativo de resultados

Se o balanço da Home Depot parece uma fotografia da empresa em um determinado ponto do tempo, o seu demonstrativo de resultados é como um filme. Mostra o retorno da empresa durante o último ano.

Veja o demonstrativo de resultados resumido apresentado no Quadro 28.2. Você pode constatar que, em 2013, a Home Depot vendeu produtos no valor de $78.812 milhões. O custo total de compra e de venda desses produtos foi de $51.422 + $16.585 = $68.007 milhões.[2] Além desses custos, a Home Depot também fez uma dedução para fins de depreciação de $1.627 milhões no valor do imobilizado utilizado para a produção dos bens. Portanto, os ganhos da Home Depot antes de pagar juros e impostos sobre rendimentos (LAJIR) foram:

LAJIR = total das receitas – custos – depreciação
= 78.812 – 68.007 – 1.627
= $9.178 milhões

Desse valor, foram utilizados $711 milhões para pagamento de juros da dívida de curto e de longo prazos (lembre-se de que os juros da dívida são pagos do rendimento antes dos impostos) e $3.082 milhões foram para o governo sob a forma de impostos. Os $5.385 milhões que sobraram pertencem aos acionistas. A Home Depot pagou $2.243 milhões com dividendos e reinvestiu o restante no negócio.

QUADRO 28.2 O demonstrativo de resultados da Home Depot, exercício fiscal de 2013 (números em $ milhões)

	($ milhões)
Receitas líquidas com vendas	$78.812
Custos das mercadorias vendidas	51.422
Despesas administrativas, gerais e de vendas	16.585
Depreciações	1.627
LAJIR	$ 9.178
Encargos de juros	711
Impostos sobre rendimentos	$ 8.467
Impostos	3.082
Lucro líquido	$ 5.385
Alocação de lucro líquido	
Dividendos	$ 2.243
Adição aos lucros retidos	3.142

---

[2] Para simplificar, deduzimos $18 milhões de pagamento dos juros das despesas administrativas, gerais e relativas às vendas.

28.4 Avaliação do desempenho da Home Depot

Você pretende utilizar os demonstrativos financeiros da Home Depot para avaliar o seu desempenho financeiro e a sua situação corrente. Por onde deve começar?

No fechamento do exercício de 2013, as ações ordinárias da empresa estavam cotadas a $75,58. Havia 1.380 milhões de ações em circulação, pelo que a sua **capitalização de mercado** era 1.380 × $75,58 = $104.300 milhões. Obviamente, esse é um número de respeito, mas a Home Depot é uma empresa de tamanho considerável. Seus acionistas, ao longo dos anos, investiram bilhões na organização. Por isso, você decide comparar a capitalização de mercado da Home Depot com o valor contábil de seu capital próprio. O valor contábil mede os investimentos acumulados dos acionistas na organização.

No fim do exercício de 2013, o valor contábil do capital próprio da Home Depot era de $12.522 milhões. Portanto, o **valor de mercado adicionado**, a diferença entre o valor de mercado das ações e a quantia de dinheiro que os acionistas investiram na empresa, era $104.300 – $12.522 = $91.778 milhões. Ou seja, os acionistas da Home Depot injetaram pouco mais de $12 bilhões e terminaram com um valor das ações de cerca de $104 bilhões; conseguiram acumular cerca de $92 bilhões sob a forma de valor de mercado adicionado.

A empresa de consultoria EVA Dimensions calcula o valor de mercado adicionado para uma grande coleção de empresas norte-americanas. O Quadro 28.3 mostra algumas das empresas que constam da lista da EVA Dimensions. A Apple lidera o grupo. Ela gerou $600 bilhões em riqueza para seus acionistas. O Bank of America está entre os piores desse quesito: o valor de mercado das suas ações é de $118 bilhões a menos que a quantia investida pelos acionistas na organização.

Essas duas empresas são de grande porte. Seus gestores dispõem de inúmeros ativos com os quais podem trabalhar. Uma pequena empresa mal consegue imaginar a criação de tanto valor extra quanto empresas como a Exxon Mobil e o Walmart ou perder tanto quanto o Bank of America; portanto, os analistas e gestores financeiros também gostam de calcular o quanto de valor tem sido adicionado para cada dólar investido pelos acionistas. Para fazer isso, eles calculam o índice entre o valor de mercado e o valor contábil. Por exemplo, **o índice entre o valor de mercado e o valor contábil** da Home Depot é:[3]

$$\text{Índice entre o valor de mercado e o valor contábil} = \frac{\text{valor de mercado das ações}}{\text{valor contábil das ações}}$$

$$= \frac{104.300}{12.522} = 8,3$$

Em outras palavras, a Home Depot multiplicou o valor do investimento dos seus acionistas em 8,3 vezes.

O Quadro 28.3 mostra também os índices entre o valor de mercado e o valor contábil para as empresas norte-americanas de nossa coleção. Observe que a Coca-Cola tem um índice muito mais elevado do que a Exxon Mobil. Porém, seu valor de mercado adicionado é superior pelo fato de ter uma escala maior.

As avaliações de desempenho do valor de mercado do Quadro 28.3 têm três inconvenientes. Primeiro, o valor de mercado das ações de uma empresa reflete as expectativas dos investidores sobre o desempenho *futuro*. É certo que os investidores prestam atenção aos lucros e investimentos correntes, mas as avaliações do valor de mercado podem, no entanto, ser indicações confusas do desempenho corrente.

Segundo, os valores de mercado flutuam devido a muitos eventos que fogem ao controle do gestor. Por isso, os valores de mercado são parâmetros repletos de ruído quando se trata de avaliar o desempenho de uma corporação.

Terceiro, não é possível verificar o valor de mercado de empresas privadas cujas ações não são negociadas em bolsa. Tampouco é possível observar o valor de mercado de divisões ou fábricas que são parte de empresas de maior porte. Você pode usar os valores de mercado só para convencer-se de que a Home Depot como um todo teve uma boa performance, mas não pode

---

[3] O índice de valor de mercado-valor contábil também pode ser calculado dividindo-se o preço das ações pelo valor contábil por ação.

QUADRO 28.3 Medidas do mercado de ações do desempenho de empresas, junho de 2013 (valores em milhões de dólares). As empresas estão classificadas pelo valor de mercado adicionado

	Valor de mercado adicionado	Índice de valor de mercado- -valor contábil		Valor de mercado adicionado	Índice de valor de mercado- -valor contábil
Apple	627.589	6,41	Alcoa	7.772	0,93
Microsoft	242.343	2,55	Delta Airlines	2.850	1,41
Walmart	185.339	3,99	Time Warner	75	1,62
Exxon Mobil	171.465	2,3	Sprint	−42.682	1,32
Coca-Cola	150.102	5,95	Bank of America	−118.151	0,6

Fonte: Gostaríamos de agradecer à EVA Dimensions por fornecer esses dados estatísticos.

utilizá-los para se aprofundar ainda mais e observar a performance de, digamos, suas lojas no exterior ou suas lojas particulares nos Estados Unidos. Para fazer isso, são necessários indicadores de rentabilidade. Começemos com o **valor econômico adicionado** (*economic value added* – **EVA**).

Valor econômico adicionado (EVA)

Quando contadores elaboram um demonstrativo de resultados, iniciam com as receitas e, então, deduzem os custos operacionais e outros tipos de custos. Mas um custo importante *não* é incluído: o custo de capital que a empresa levantou com os investidores. Por isso, para verificarmos se a empresa realmente gerou valor, precisamos calcular se ela obteve ganhos após deduzirmos *todos os* custos, incluindo o seu custo de capital.

O custo de capital é a taxa mínima de retorno aceitável do investimento. Trata-se de um custo de *oportunidade* do capital, pois é igual à taxa esperada de retorno em oportunidades de investimento abertas a investidores em mercados financeiros. A empresa gera valor aos investidores somente se consegue obter mais do que o seu custo de capital, ou seja, mais do que os investidores podem obter se investirem por conta própria.

O lucro após a dedução de todos os custos, incluindo o *custo de capital*, é designado **valor econômico adicionado** (**EVA**) da empresa. Abordamos o EVA no Capítulo 12, em que observamos como as empresas com frequência associam a compensação dos executivos com as medidas contábeis de performance. Vamos calcular o EVA para a Home Depot.

O capital total de longo prazo, por vezes designado como *capitalização total*, é a soma da dívida de longo prazo e dos capitais próprios dos acionistas. A Home Depot ingressou no ano fiscal de 2013 com uma capitalização total de 27.252 milhões, que era composta de $9.475 milhões de dívida de longo prazo mais $17.777 milhões de capitais próprios dos acionistas. Essa foi a quantia acumulada que havia sido investida no passado pelos credores e acionistas. O custo médio ponderado de capital da Home Depot era por volta de 9,5%. Portanto, os investidores que forneceram os $27.252 milhões exigiram que a empresa obtivesse, pelo menos, $0,095 \times 27.252 = \$2.589$ milhões para contrabalançar a sua dívida e os capitais próprios.

Em 2013, os juros após impostos e o lucro líquido da Home Depot totalizavam $(1 - 0,35) \times 711 + 5.385 = \$5.847$ milhões (consideramos uma taxa de imposto de 35%). Deduzindo o custo total do capital da Home Depot desse valor, podemos ver que a empresa obteve $\$5.847 - 2.589 = \$3.258$ milhões *a mais* do que os investidores pediam. Esse foi o lucro residual, ou o EVA, da Home Depot:

$$\text{EVA} = (\text{juros após impostos} + \text{lucro líquido}) - (\text{custo do capital} \times \text{capital})$$
$$= 5.847 - 2.589 = \$3.258 \text{ milhões}$$

Às vezes, é proveitoso reexpressar o EVA da seguinte maneira:

$$\text{EVA} = \left(\frac{\text{juros após impostos} + \text{lucro líquido}}{\text{capital total}} - \text{custo do capital} \right) \times \text{capital total}$$

$$= (\text{retorno sobre o capital} - \text{custo do capital}) \times \text{capital total}$$

O **retorno sobre o capital** (*return on capital* – **ROC**) é igual ao lucro total que a empresa obteve com os detentores da sua dívida e dos seus capitais próprios, dividido pela quantia de dinheiro com que contribuíram. Se a empresa obteve um retorno mais elevado sobre o seu capital do que os investidores pediam, o seu EVA é positivo.

No caso da Home Depot, o retorno sobre o capital era:

$$\frac{\text{juros após impostos} + \text{lucro líquido}}{\text{capital total}} = \frac{(1-0,35) \times 711 + 5.385}{27.252} = 0{,}2146\text{, cerca de 21,46\%}$$

O custo de capital da Home Depot era de cerca de 9,5%. Portanto,

$$\text{EVA} = (\text{retorno sobre o capital} - \text{custo do capital}) \times \text{capital total}$$
$$= (0{,}2146 - 0{,}095) \times 27.252 = \$3.258 \text{ milhões}$$

As primeiras quatro colunas do Quadro 28.4 mostram as medições de EVA para a nossa coleção de empresas de grande porte. A Apple novamente lidera a lista. A empresa obteve $30,3 bilhões a mais do que necessitava para satisfazer aos investidores. Para contrastar, o Bank of America estava nas últimas colocações da lista. Embora tenha obtido um lucro contábil de $13,7 bilhões, esse valor foi calculado antes de se deduzir o custo do capital que fora empregado. Após a dedução do custo do capital, o Bank of America teve uma *perda* de $7,5 bilhões no seu EVA.

Taxas contábeis de retorno

O EVA mede quantos dólares uma empresa está obtendo após deduzir o seu custo de capital. Mantendo-se as mesmas condições, com quanto mais ativos um gestor terá que trabalhar maior será a oportunidade de gerar um grande EVA. O gestor de uma pequena divisão pode ser extremamente competente, mas, se ela tiver poucos ativos, muito provavelmente não atingirá uma alta colocação no *ranking* dos EVAs. Por isso, quando se comparam gestores, vale a pena medir o retorno da organização *por dólar de investimento*.

Há três medidas comuns de retorno: o retorno sobre o capital (ROC), o retorno do capital próprio (RCP) e o retorno dos ativos (ROA). Todos eles são baseados em informações contábeis e, por isso, são conhecidos como *taxas contábeis de retorno*.

QUADRO 28.4 Medidas contábeis do desempenho de empresas, junho de 2013 (valores em milhões de dólares). As empresas estão classificadas pelo valor econômico adicionado (EVA)

	1. Juros após impostos + lucro líquido	2. Custo do capital (CMPC), %	3. Capital de longo prazo total	4. EVA = 1 − (2 × 3)	5. Retorno sobre o capital (ROC), % (1 ÷ 3)
Apple	$43.337	9,1	$142.657	$30.303	30,4
Microsoft	22.738	8,7	48.992	18.495	46,4
Walmart	17.194	5,3	154.846	9.050	11,1
Exxon Mobil	39.467	6,8	301.902	19.031	13,1
Coca-Cola	8.671	5,3	59.742	5.519	14,5
Alcoa	1.340	8,4	30.463	−1.208	4,4
Delta Airlines	1.509	7,4	49.253	−2.129	3,1
Time Warner	4.313	6,8	112.137	−3.265	3,8
Sprint	1.269	6,5	122.304	−6.729	1,0
Bank of America	13.692	7,5	283.138	−7.529	4,8

Obs.: Os EVAs não podem ser calculados exatamente por causa do arredondamento na coluna 2.
Fonte: Gostaríamos de agradecer à EVA Dimensions por fornecer esses dados estatísticos.

Retorno sobre o capital (ROC)[4]   Já calculamos o retorno sobre o capital da Home Depot em 2013:

$$\text{ROC} = \frac{\text{juro após impostos + lucro líquido}}{\text{capital total}} = \frac{(1 - 0{,}35) \times 711 + 5.385}{27.252} = 0{,}2146 \text{ ou } 21{,}46\%$$

O custo de capital da empresa (CMPC) era cerca de 9,5%. Assim, podemos afirmar que a empresa lucrou aproximadamente 12% a mais do que os acionistas exigiam.

Observe que, calculamos o retorno sobre o capital da Home Depot, somamos os juros *após impostos* e o lucro líquido da empresa.[5] A razão pela qual subtraímos o benefício fiscal dos juros da dívida foi que pretendíamos calcular o rendimento que a empresa teria obtido se o seu financiamento fosse integralmente por capitais próprios. As vantagens fiscais do financiamento por dívida são incorporadas quando comparamos o retorno sobre o capital da empresa com o seu custo médio ponderado do capital (CMPC).[6] O CMPC já inclui um ajuste para o benefício fiscal decorrente da taxa de juros.[7] Com muita frequência, os analistas financeiros ignoram esse refinamento e utilizam o pagamento bruto de juros para calcular o ROC. É apenas aproximadamente correto comparar essa medida com o custo médio ponderado de capital.

A última coluna do Quadro 28.4 mostra o retorno sobre o capital para a nossa coleção de empresas dotadas de certa fama. Repare que o retorno sobre o capital da Microsoft foi de 46,4 quase 38%, maior que o seu custo de capital. Embora a Microsoft tivesse um retorno mais elevado do que o da Exxon Mobil, teve um EVA um pouco mais baixo. Isso se deveu parcialmente ao fato de que a Microsoft era uma organização com mais risco do que a Exxon Mobil e, portanto, teve um custo de capital mais elevado, mas também porque teve menos dólares investidores do que a Exxon Mobil.

Retorno do capital próprio (RCP)   Medimos o **retorno do capital próprio (RCP)** como o rendimento dos acionistas por dólar investido. A Home Depot teve um lucro líquido de $5.385 milhões em 2013, e capitais próprios dos acionistas de $17.777 milhões no início do ano. Assim, seu retorno do capital próprio foi de:

$$\text{RCP} = \frac{\text{lucro líquido}}{\text{capitais próprios}} = \frac{5.385}{17.777} = 0{,}303 \text{ ou } 30{,}3\%$$

Será que a empresa forneceu um retorno adequado para os acionistas? Para responder a essa pergunta, precisamos compará-lo com o custo dos capitais próprios da empresa. O custo dos capitais próprios da Home Depot em 2013 era de cerca de 10,2%, de modo que o seu retorno do capital próprio foi cerca de 20% maior que o seu custo dos capitais próprios.

Retorno dos ativos (ROA)   O **retorno dos ativos** mede o rendimento disponível aos investidores em dívida e em capitais próprios por dólar dos ativos *totais* da empresa. Os ativos totais (que são iguais aos passivos totais mais os capitais próprios dos acionistas) são maiores que o capital total, pois este não inclui o passivo circulante.[8] Para a Home Depot, o retorno dos ativos foi:

$$\text{ROA} = \frac{(\text{juros após impostos + lucro líquido})}{\text{ativos totais}} = \frac{(1 - 0{,}35) \times 711 + 5.385}{41.084} = 0{,}142 \text{ ou } 14{,}2\%$$

Quando subtraímos o benefício fiscal dos juros pagos pela Home Depot, estamos perguntando quanto a empresa teria obtido se fosse financiada integralmente por capitais próprios. Esse ajuste é útil

---

[4] A expressão *retorno sobre o capital* geralmente é usada quando se calcula a rentabilidade de uma organização na sua totalidade. Quando se calcula a rentabilidade de uma unidade fabril, a medida equivalente é geralmente designada por *retorno sobre o investimento* (ou ROI).

[5] Esse número é chamado de Lucro Operacional Líquido Após Impostos (Net Operating Profit After Tax – NOPAT):

$$\text{NOPAT = juros depois de impostos + lucro líquido}$$

Para a Home Depot

$$\text{NOPAT} = (1 - 0{,}35) \times 711 + 5.585 = \$5.847 \text{ milhões}$$

[6] Pela mesma razão, utilizamos o pagamento dos juros após impostos quando calculamos o EVA da Home Depot.

[7] Recorde que o CMPC é uma média ponderada da taxa de juros *depois de impostos* e do custo do capital próprio.

[8] Embora às vezes seja feito, não é correto comparar o retorno sobre os ativos com o CMPC. Os passivos correntes são ignorados quando se calcula o CMPC.

quando comparamos a rentabilidade de empresas com estruturas de capital muito diferentes. Novamente, esse refinamento é ignorado com muita frequência, e o ROA é calculado utilizando o pagamento bruto de juros. Por vezes, os analistas não levam em consideração os pagamentos dos juros e medem o ROA como o rendimento para os detentores de capitais próprios dividido pelo total de ativos. Essa medida ignora inteiramente o resultado que os ativos geraram para os detentores de dívida.

Veremos brevemente como o retorno dos ativos da Home Depot é determinado pelas vendas geradas por esses ativos e pela margem de lucro que a empresa obtém com as suas vendas.

Problemas com o EVA e com as taxas contábeis de retorno

A taxa de retorno e o valor econômico adicionado apresentam algumas atrações óbvias como medidas de performance. À diferença das medidas baseadas em valor do mercado, elas mostram um desempenho corrente e não são afetadas pelas expectativas sobre eventos futuros que se refletem nos preços atuais de mercado das ações. Também podemos calcular a taxa de retorno e o valor econômico adicionado para uma empresa como um todo ou para uma divisão ou fábrica particulares. No entanto, lembre-se de que ambas as medidas são baseadas em valores contábeis (do balanço) para os ativos. A dívida e o capital próprio também são valores contábeis. Os contadores não mostram todos os ativos no balanço, apesar de que seus cálculos consideram os dados contábeis com o valor de face. Por exemplo, ignoramos o fato de que a Home Depot tem investido grandes somas em marketing para consolidar a sua marca comercial, que é um ativo importante, mas não é mostrada no balanço. Se fosse, os valores contábeis dos ativos, do capital e dos capitais próprios aumentariam, e a Home Depot não aparentaria ter obtido retornos assim tão elevados.

A Eva Dimensions, que apresentou os dados nos Quadros 28.3 e 28.4, faz efetivamente uma série de ajustamentos com os dados contábeis. Todavia, é impossível incluir o valor de todos os ativos ou julgar com que rapidez eles se depreciam. Por exemplo, será que a Microsoft realmente obteve um retorno de 46% e agregou $18 bilhões de valor econômico? É difícil dizer, pois seu investimento ao longo dos anos no Windows e em outros programas não é mostrado no balanço e, por conseguinte, não pode ser avaliado com exatidão.

Lembre-se também de que o balanço não mostra os valores correntes do mercado dos ativos da empresa. Os ativos nos livros de uma empresa são avaliados ao seu custo original descontado de qualquer depreciação. Ativos mais antigos podem ser grosseiramente subavaliados nas condições e nos preços do mercado de hoje. Assim, um alto retorno dos ativos indica que a empresa tem tido bons desempenhos fazendo investimentos rentáveis no passado, mas não necessariamente significa que pudesse comprar os mesmos ativos no presente a seus valores contábeis registrados. Por outro lado, um baixo retorno sugere que houve algumas decisões ruins no passado, mas nem sempre significa que no presente os ativos pudessem estar mais bem empregados em outro lugar.

28.5 Medição da eficiência

Começamos a nossa análise da Home Depot calculando o quanto de valor a empresa agregou aos seus acionistas e quanto de lucro está obtendo após a dedução do custo de capital empregado. Examinamos as taxas de retorno sobre o capital, do capital próprio e dos ativos da empresa, e constatamos que o seu retorno tem sido mais elevado do que o custo de capital. A nossa próxima tarefa é nos aprofundarmos um pouco mais para entendermos as razões para o sucesso da organização. Que fatores contribuem para a rentabilidade geral da empresa? Um desses fatores claramente deve ser a eficiência com a qual utiliza seus diversos ativos.

Índice do giro dos ativos O índice do giro dos ativos, ou de vendas/ativos, indica qual o volume de vendas gerado para cada dólar dos ativos e, portanto, mede o esforço com que os ativos da empresa estão operando. No caso da Home Depot, cada dólar investido gera $1,92 de vendas.

$$\text{Giro de ativos} = \frac{\text{vendas}}{\text{vendas totais no início do ano}} = \frac{78.812}{41.084} = 1,92$$

Observação técnica: assim como diversos outros índices financeiros, o índice de vendas/ativos compara um parâmetro de fluxo (vendas ao longo de todo o ano) a um parâmetro instantâneo (ativos em um certo instante no tempo). Mas qual instante no tempo devemos usar? Acabamos de calcular o índice de vendas/ativos da Home Depot no início do ano, mas os analistas frequentemente utilizam a *média* dos ativos de uma empresa no início e no final do ano. A ideia é que isso oferece uma medida melhor dos ativos médios *durante* o ano. No caso da Home Depot, os dois índices são efetivamente idênticos:[9]

$$\text{Giro de ativos} = \frac{\text{vendas}}{\text{média dos ativos totais}} = \frac{78.812}{(41.084 + 40.518)/2} = 1{,}93$$

Não existe uma medida *melhor* óbvia. Se o giro de ativos for lento demais, pode ser melhor usar o valor no início do ano; já se o giro for acelerado demais, como costuma ser o caso, pode ser preferível usar o valor médio. No entanto, provavelmente não vale a pena se preocupar demais com essa questão. Afinal de contas, ambos os valores partem da duvidosa pressuposição de que os níveis dos ativos ao final de cada ano financeiro são típicos do restante do ano. Mas, assim como muitos varejistas, a Home Depot encerra seu ano financeiro em janeiro/fevereiro, logo após as festas de fim de ano, quando os estoques e as contas a receber costumam estar bem abaixo do normal.

O índice do giro dos ativos mede o grau de eficiência com que a organização está utilizando a sua base completa de ativos. Mas talvez você esteja interessado no grau de eficiência com que alguns *tipos particulares* de ativos estão sendo utilizados. A seguir, temos uma série de exemplos;

Giro dos estoques   Empresas eficientes não alocam mais capital do que o necessário em matérias-primas e produtos acabados. Elas detêm apenas um nível relativamente pequeno de estoque desses materiais, e os movimentam rapidamente. O balanço mostra o custo de estoques em vez da quantia que os produtos acabados eventualmente são vendidos. Assim, é habitual comparar-se o nível médio dos estoques com o custo dos produtos vendidos em vez de com as vendas. No caso da Home Depot,

$$\text{Giros dos estoques} = \frac{\text{custo dos produtos vendidos}}{\text{estoque no início do ano}} = \frac{51.422}{10.710} = 4{,}8$$

Outro modo de expressar essa medida é observar quantos dias de produção são representados pelos estoques. Isso é igual ao nível de estoques dividido pelo custo diário dos produtos vendidos:

$$\text{Média de dias em estoque} = \frac{\text{estoque no início do ano}}{\text{custo diário dos produtos vendidos}} = \frac{10.710}{51.422/365} = 76 \text{ dias}$$

Giro dos recebíveis   Os recebíveis são as vendas para as quais a empresa ainda não foi paga. O índice do giro dos recebíveis mede as vendas da organização como uma proporção de seus recebíveis. No caso da Home Depot,

$$\text{Giro de recebíveis} = \frac{\text{vendas}}{\text{recebíveis no início do ano}} = \frac{78.812}{1.395} = 56{,}5$$

Se os clientes pagam com rapidez, as faturas não pagas serão uma proporção relativamente pequena das vendas e o giro dos recebíveis será alto. Portanto, um índice comparativamente alto geralmente indica um departamento de cobrança eficiente, que é rápido no seguimento dos pagamentos em atraso. Às vezes, no entanto, um índice alto indica que a empresa tem uma política indevidamente restritiva de crédito e oferece crédito apenas a clientes em que pode confiar que efetuarão pagamentos com prontidão.[10]

Outro modo de medir a eficiência da operação de crédito é pelo cálculo do período médio de tempo para os clientes pagarem suas faturas. Quanto mais rápido a empresa gira seus recebíveis,

---

[9] Às vezes, é conveniente usar a cifra instantânea ao final do ano, embora isso não seja estritamente apropriado.

[10] Onde for possível, faz sentido observar somente as *vendas a crédito*. Senão, um índice alto poderá simplesmente indicar que uma pequena proporção das vendas é feita no crédito.

mais curto será o período de cobrança. Os clientes da Home Depot pagam suas faturas por volta de 6,5 dia:

$$\text{Período médio de recebimento} = \frac{\text{recebíveis no início do ano}}{\text{vendas diárias médias}} = \frac{1.395}{78.812/365} = 6,5 \text{ dias}$$

Os índices do giro dos recebíveis e do giro dos estoques podem ajudar a destacar áreas particulares de ineficiência, mas não são os únicos indicadores possíveis. Por exemplo, a Home Depot pode comparar suas vendas por metro quadrado com as de seus concorrentes, um fabricante de aço pode calcular o custo por tonelada de ação produzido, uma companhia aérea pode calcular as receitas por milha voada por passageiro e um escritório de advocacia pode observar suas receitas por sócio. Um pouco de reflexão e bom senso devem sugerir que medidas provavelmente produzirão os *insights* mais úteis sobre a eficiência de sua empresa.

28.6 Análises do retorno dos ativos: o Sistema Du Pont

Vimos que cada dólar dos ativos da Home Depot gera $1,93 de vendas. Mas o sucesso de uma empresa depende não somente do volume de suas vendas, mas também do nível de rentabilidade das vendas. Isso é medido pela margem de lucro.

Margem de lucro A margem de lucro mede a proporção de vendas que resultam em lucros e é, por vezes, definida como:

$$\text{Margem de lucro} = \frac{\text{lucro líquido}}{\text{vendas}} = \frac{5.385}{78.812} = 0,0683, \text{ ou } 6,83\%$$

Essa definição pode ser enganadora. Nos casos em que as empresas são financiadas parcialmente por dívida, uma parcela dos lucros das vendas deve ser paga na forma de juros aos seus credores. Não pretendemos dizer que uma empresa é menos rentável do que as suas rivais simplesmente porque utiliza financiamento por dívida e paga parte dos seus lucros como juros. Portanto, quando estamos calculando uma margem de lucro, é útil adicionar de volta os juros da dívida ao lucro líquido. Isso fornece uma medida alternativa da margem de lucro, que é denominada como **margem de lucro operacional:**[11]

$$\text{Margem de lucro operacional} = \frac{\text{juros após impostos} + \text{lucros líquidos}}{\text{vendas}}$$
$$= \frac{(1 - 0,35) \times 711 + 5.385}{78.812}$$
$$= 0,0742, \text{ ou } 7,42\%$$

O Sistema Du Pont

Calculamos anteriormente que a Home Depot obteve um retorno de 14,2% dos seus ativos. A equação seguinte mostra que esse retorno depende de dois fatores – as vendas que a empresa gera a partir de seus ativos (o giro dos ativos) e o lucro que obtém em cada dólar de vendas (margem de lucro operacional):

$$\text{Retorno sobre ativos} = \frac{\text{juros após impostos} + \text{lucro líquido}}{\text{ativos}} = \underbrace{\frac{\text{vendas}}{\text{ativos}}}_{\text{giro dos ativos}} \times \underbrace{\frac{\text{juros após impostos} + \text{lucro líquido}}{\text{vendas}}}_{\text{margem de lucro operacional}}$$

---

[11] Se uma empresa cobre os seus juros com uma grande parcela dos lucros, pagará menos impostos e terá uma margem de lucro operacional mais elevada do que uma que é financiada integralmente por capitais próprios. Para obter uma medida da margem de lucro que não é afetada pela estrutura financeira de uma organização, necessitamos subtrair as poupanças fiscais dos juros.

QUADRO 28.5 A fusão com fornecedores ou clientes geralmente aumenta a margem de lucro, mas esse aumento é compensado por uma redução no giro dos ativos

	Vendas	Lucros	Ativos	Giro dos ativos	Margem de lucro	ROA
Admiral Motors	$20	$4	$40	0,50	20%	10%
Diana Corporation	8	2	20	0,40	25	10
Diana Motors (o resultado da fusão)	20	6	60	0,33	30	10

Essa decomposição do ROA no produto do giro e da margem geralmente é designada **fórmula Du Pont**, em virtude do nome da empresa química que popularizou a fórmula. No caso da Home Depot, a fórmula fornece a seguinte decomposição do ROA:

$$\text{ROA} = \text{giro dos ativos} \times \text{margem de lucro operacional} = 1{,}92 \times 0{,}0742 = 0{,}142$$

Todas as empresas gostariam de obter um retorno mais elevado dos seus ativos, mas a sua capacidade de fazê-lo é limitada pela competição. A fórmula Du Pont ajuda a identificar as restrições enfrentadas por uma empresa. As redes de *fast-food*, que têm giros dos ativos elevados, tendem a operar com baixas margens. Hotéis sofisticados têm giros relativamente baixos, mas tendem a compensar com margens mais elevadas.

As empresas de modo geral buscam o aumento de suas margens de lucro adquirindo um fornecedor. A ideia é incorporar o lucro do fornecedor com o seu próprio lucro. Infelizmente, a menos que elas tenham alguma habilidade na condução dos novos negócios, qualquer aumento das margens de lucro é compensado por uma diminuição do giro dos ativos. Tudo mais se mantendo igual, a integração vertical gera margens de lucro mais altas e giro de ativos mais baixo.

Alguns números podem ilustrar este ponto. O Quadro 28.5 mostra as vendas, os lucros e os ativos da Admiral Motors e de seu fornecedor de peças, a Diana Corporation. Ambas obtêm um retorno dos ativos de 10%, embora a Admiral tenha uma menor margem de lucro operacional (20% *versus* os 25% da Diana). Como todos os retornos da Diana vão para a Admiral, a diretoria desta pensa que seria melhor fundir as duas empresas. Desse modo, a empresa resultante da fusão incorporaria a margem de lucro tanto das peças como do veículo já montado.

A última linha do Quadro 28.5 exibe o efeito da fusão. A empresa resultante da fusão, de fato, obtém os lucros combinados. No entanto, as vendas totais permanecem na casa de $20 milhões, pois todas as peças produzidas pela Diana são utilizadas na própria empresa. Com maiores lucros e vendas inalteradas, há um aumento das margens de lucro. Infelizmente, o giro dos ativos é reduzido pela fusão desde que a empresa resultante da fusão tenha um maior número de ativos. É exatamente isso que equilibra a vantagem de uma margem de lucro mais elevada. O retorno dos ativos não se altera.

28.7 Medição da alavancagem

Quando uma empresa contrai um empréstimo, ela promete fazer uma série de pagamentos de juros e, posteriormente, reembolsa o montante que pediu emprestado. Seus lucros aumentam, e os credores continuam a receber somente os pagamentos regulares de juros, de modo que todos os ganhos vão para os acionistas. É evidente que o inverso ocorre se há uma queda nos lucros. Nesse caso, os acionistas suportam a maior parte da carga. Se os tempos são suficientemente difíceis, uma organização que tenha se endividado muito talvez não seja capaz de pagar suas dívidas; ela, então, vai à falência, e os acionistas perdem a maior parte ou todo o seu investimento.

Como a dívida aumenta os retornos aos acionistas nas boas épocas e os reduz nas épocas ruins, diz-se que ela cria uma *alavancagem financeira*. Os índices de alavancagem medem o grau com que uma organização tenha adotado a alavancagem financeira. Os CFOs mantêm-se atentos a esses índices para garantir que os credores estão satisfeitos de modo a continuar a assumir a dívida da organização.

Índice de endividamento O efeito de alavancagem financeira é geralmente medido pelo quociente entre a dívida de longo prazo e os fundos totais de longo prazo. (Neste ponto, a "dívida de longo prazo" dever inclui não apenas as obrigações ou outros empréstimos, mas também o financiamento com *leasings* de longo prazo.)[12] Para a Home Depot,

$$\text{Índice de endividamento de longo prazo} = \frac{\text{dívida de longo prazo}}{\text{dívida de longo prazo + capital}} = \frac{14.691}{14.691 + 12.522} = 0{,}54 \text{, ou } 54\%$$

Isso significa que 54 centavos de cada dólar dos fundos totais de longo prazo estão sob a forma de dívida.

A alavancagem também é medida pelo índice de endividamento-capital próprio. Para a Home Depot,

$$\text{Índice de endividamento-capital próprio} = \frac{\text{dívida de longo prazo}}{\text{capital}} = \frac{14.691}{12.522} = 1{,}17 \text{, ou } 117\%$$

O índice de endividamento de longo prazo da Home Depot é um pouco mais alto que o das empresas não financeiras dos Estados Unidos, mas algumas delas deliberadamente operam em níveis muito mais elevados de dívida. Por exemplo, no Capítulo 32 examinaremos as aquisições alavancadas (*leveraged buyouts* – LBOs). As empresas adquiridas em uma transação desse tipo geralmente emitem grandes quantidades de obrigações de dívida. Quando as LBOs se tornaram muito populares na década de 1990, essas empresas tinham índices de endividamento médios de cerca de 90%. Muitas delas prosperaram e conseguiram reembolsar totalmente seus credores; outras não tiveram a mesma sorte.

Repare que os índices de endividamento utilizam valores contábeis e não os valores de mercado.[13] É o valor de mercado da empresa que determina, em última análise, se os credores recuperam ou não o seu dinheiro; por isso, seria de se esperar que os analistas considerassem o valor de face do endividamento como uma porcentagem da soma do valor de mercado da dívida e do capital próprio. Por outro lado, o valor de mercado inclui o valor dos ativos intangíveis gerados pela pesquisa e pelo desenvolvimento, publicidade, formação dos empregados etc. Esses ativos não são facilmente negociáveis e, caso a empresa venha a atravessar uma época difícil, seu valor poderá desaparecer totalmente. Em alguns casos, talvez seja melhor seguir a contabilidade e ignorar completamente esses ativos intangíveis. É isso que faz quem concede um empréstimo ao insistir com o tomador para que não permita que o índice de endividamento contábil exceda um certo limite.

Repare, também, que essas medidas de alavancagem ignoram a dívida de curto prazo. Isso provavelmente faz sentido se a dívida de curto prazo é temporária ou se for equilibrada por posses similares de fundos, mas se a organização é um tomador regular de curto prazo, pode ser preferível ampliar a definição de dívida para incluir todos os passivos. Nesse caso,

$$\text{Índice de endividamento total} = \frac{\text{passivos totais}}{\text{ativos totais}} = \frac{27.996}{40.518} = 0{,}69 \text{, ou } 69\%$$

Portanto, a Home Depot é 69% financiada com dívida de curto e longo prazo e 31% financiada com capital próprio.[14] Poderíamos ainda dizer que essa proporção entre a dívida e o capital próprio é 27.996/12.522 = 2,24.

Às vezes, os gestores referem-se descontraidamente ao índice de endividamento de uma empresa, mas acabamos de ver que esse índice pode ser definido de outras maneiras. Por exemplo, a Home Depot tem um índice de endividamento de 0,54 (o índice de endividamento de longo prazo) e também de 0,69 (o índice de endividamento de curto prazo). Essa não é primeira vez que nos deparamos com diversas maneiras para definir um índice financeiro. Não há nenhuma regra es-

---

[12] Um *leasing* financeiro é um contrato de arrendamento de longo prazo que compromete a empresa a fazer pagamentos regulares. Esse compromisso é como a obrigação de fazer pagamentos em um empréstimo não liquidado. Veja o Capítulo 25.

[13] No caso dos ativos em regime de *leasing* financeiro, os contadores tentam estimar o valor presente dessas obrigações. No caso do endividamento de longo prazo, é apresentado apenas o valor de face, que pode ser muito diferente do valor de mercado. Por exemplo, o valor presente de uma obrigação de cupom de baixo valor pode ser apenas uma fração do seu valor de face. A diferença entre o valor contábil do capital próprio e o seu valor de mercado pode ser ainda mais acentuada.

[14] Nesse caso, a dívida consiste em todos os passivos, inclusive o passivo circulante.

tabelecendo como deve ser definido um índice. Assim, tenha cuidado para não utilizar um índice sem compreender como ele foi definido.

Índice de cobertura dos juros Outra medida de alavancagem financeira é a que permite aferir até que ponto as obrigações são cobertas pelos lucros. Os bancos preferem emprestar a empresas cujos lucros cobrem os pagamentos dos juros com espaço de sobra. A *cobertura de juros* é medida pelo índice dos lucros antes de juros e impostos (LAJIR) para o pagamento de juros. Para a Home Depot,[15]

$$\text{Cobertura dos juros} = \frac{\text{LAJIR}}{\text{pagamento de juros}} = \frac{9.178}{711} = 12,9$$

A empresa desfruta de uma cobertura de juros ou de um índice de *cobertura dos juros* confortável. Às vezes, os credores ficam satisfeitos com índices de cobertura tão baixos como 2 ou 3.

O pagamento regular dos juros é uma barreira que as empresas têm de ultrapassar para evitar a inadimplência. O índice de lucros-juros mede quanto espaço livre há entre o obstáculo e o saltador. No entanto, o índice é somente parte da história. Por exemplo, ele não nos informa se a Home Depot está gerando fundos suficientes para pagar suas dívidas quando estiverem para vencer.

Índice de cobertura do caixa No capítulo anterior, salientamos que a depreciação é deduzida quando se calcula os lucros da empresa, muito embora ela não perca caixa. Suponha que adicionemos novamente a depreciação à LAJIR para calcularmos o fluxo de caixa operacional.[16] Podemos então calcular um índice *de cobertura do caixa*. Para a Home Depot,

$$\text{Cobertura do caixa} = \frac{\text{LAJIR} + \text{depreciação}}{\text{pagamentos dos juros}} = \frac{9.178 + 1.627}{711} = 15,2$$

Alavancagem e o retorno do capital próprio

Quando uma empresa levanta fundos por meio de empréstimos, ela deve fazer o pagamento dos juros aos seus credores, o que reduz o lucro líquido. Por outro lado, se a empresa toma emprestado, em vez de emitir ações, tem menos acionistas para compartilhar os lucros remanescentes. Qual é o efeito que predomina? Uma versão estendida da fórmula Du Pont nos ajuda a responder essa questão. Ela decompõe o retorno do capital próprio (RCP) em quatro partes:

$$\text{RCP} = \frac{\text{lucro líquido}}{\text{capital}}$$

$$= \underbrace{\frac{\text{ativos}}{\text{capital}}}_{\substack{\text{índice de} \\ \text{alavancagem}}} \times \underbrace{\frac{\text{vendas}}{\text{ativos}}}_{\substack{\text{giro dos} \\ \text{ativos}}} \times \underbrace{\frac{\text{juros após impostos} + \text{lucro líquido}}{\text{vendas}}}_{\substack{\text{margem de} \\ \text{lucro operacional}}} \times \underbrace{\frac{\text{lucro líquido}}{\text{juros após impostos} + \text{lucro líquido}}}_{\text{encargo da dívida}}$$

Repare que o produto dos dois termos do meio é o retorno dos ativos. Isso depende da produção da empresa e da sua capacidade de comercialização, e não é afetado pela composição do financiamento. Contudo, o primeiro e o quarto termos dependem da composição do endividamento-capital próprio. O primeiro termo, ativos/capital próprio, que denominamos *índice de alavancagem*, pode ser expresso como (capital próprio + passivos)/capital próprio, que é igual a 1 + índice de endividamento-capital próprio total. O último termo, que denominamos "encargo da dívida", mede a proporção pela qual as despesas com juros reduzem o lucro líquido.

---

[15] O numerador do índice de cobertura dos juros pode ser definido de várias maneiras. Por vezes, as depreciações são excluídas. Outras vezes, consideram-se apenas os lucros mais os juros, ou seja, os lucros antes dos juros, mas *após* os impostos. Essa última definição parece absurda, porque o objetivo desse índice é avaliar o risco de a empresa não vir a ter meios suficientes para liquidar os juros. Se o LAJIR for inferior ao pagamento dos juros, a empresa não terá de se preocupar com o imposto sobre o rendimento. Os juros são pagos antes de a empresa pagar impostos sobre os lucros.

[16] Lucros antes de juros, impostos, depreciação e amortização costumam ser chamados de LAJIRDA.

Suponha que a empresa seja financiada integralmente por capitais próprios. Nesse caso, tanto o índice de alavancagem como o encargo da dívida são iguais a 1, e o retorno do capital próprio é idêntico ao retorno dos ativos. No entanto, se a empresa toma emprestado, o índice de alavancagem é superior a 1 (os ativos são maiores que o capital próprio) e o encargo da dívida é menor que 1 (parte dos lucros é absorvido pelos juros). Assim, a alavancagem tanto pode aumentar como diminuir o retorno do capital próprio. No entanto, você geralmente acabará percebendo que a alavancagem aumenta o RCP quando a empresa está com bom desempenho e o ROA excede a taxa de juros.

28.8 Medição da liquidez

Se você está ampliando o crédito a um cliente ou fazendo um empréstimo bancário de curto prazo, está interessado em mais fatores do que a alavancagem da empresa: você quer saber se a empresa pode pôr as mãos no dinheiro para lhe pagar. Essa é a razão pela qual os analistas de crédito e os banqueiros analisam diversas medidas de **liquidez**. Os ativos líquidos podem ser convertidos em dinheiro de forma rápida e barata.

Pense, por exemplo, no que você faria para pagar uma conta inesperada de grande valor. Você poderá ter algum dinheiro depositado no banco ou um investimento que seja facilmente vendido, mas não acharia assim tão fácil converter o seu velho casaco em dinheiro. As empresas, da mesma forma, detêm ativos com diferentes graus de liquidez. Por exemplo, os recebíveis e os estoques de produtos acabados são, de modo geral, itens com uma relativa liquidez. Quando os estoques são vendidos e os clientes pagam suas faturas, o dinheiro flui para a empresa. No outro extremo, os bens imóveis podem ter uma liquidez muito fraca. Pode ser difícil encontrar um comprador, negociar um preço justo e fechar um negócio em um curto período de tempo.

Os gestores têm outra razão para focar em ativos líquidos: seus valores contábeis (balanço) geralmente são confiáveis. O valor contábil de um triturador catalítico pode ser um guia fraco para o seu valor verdadeiro, mas pelo menos você sabe qual dinheiro no banco tem valor. Os índices de liquidez também têm algumas características *menos* desejáveis. Como os ativos e passivos de curto prazo são facilmente alterados, as medidas de liquidez podem se tornar rapidamente ultrapassadas. Talvez você não saiba o verdadeiro valor do triturador catalítico, mas pode ter bastante certeza de que ele não desaparecerá do dia para a noite. O dinheiro no banco pode desaparecer em segundos.

Ainda, os ativos que parecem ter liquidez por vezes têm um hábito perigoso de perdê-la. Esse fato ocorreu durante a crise das hipotecas *subprime* em 2007. Algumas instituições financeiras tinham criado fundos conhecidos por *veículos estruturados de investimento* (*structured investment vehicles* – SIVs) que emitiam dívida de curto prazo lastreada por hipotecas residenciais. Quando as taxas de inadimplência das hipotecas começaram a subir, o mercado dessas dívidas secou totalmente e os *dealers* ficaram muito relutantes em cotar preços. Os investidores que foram forçados a vender constataram que os preços que receberam eram menos da metade do valor estimado da dívida.

Os banqueiros e outros credores de curto prazo elogiam as empresas que têm uma porção de ativos com liquidez. Sabem que quando estiverem no momento de serem reembolsados, as empresas serão capazes de convertê-los em dinheiro. Porém, mais liquidez nem sempre é uma boa coisa. Por exemplo, empresas eficientes não deixam somas excessivas de dinheiro em suas contas bancárias. Elas não deixam seus clientes postergarem o pagamento de suas faturas, e não deixam estoques de matérias-primas nem produtos acabados se acumularem no piso de seus armazéns. Em outras palavras, elevados níveis de liquidez podem indicar um uso desmazelado do capital. Neste ponto, o EVA pode ajudar, pois penaliza os gestores que mantêm mais ativos líquidos do que o realmente necessário.

Índice do capital de giro líquido-total de ativos O ativo circulante inclui o caixa, os títulos negociáveis, os estoques e as contas a receber. O ativo circulante tem essencialmente liquidez. A diferença entre ativo circulante e passivo circulante é conhecida como *capital de giro líquido*. Como o ativo circulante normalmente excede o passivo circulante, o capital de giro líquido geralmente é positivo. Para a Home Depot,

$$\text{Capital de giro líquido} = 15.279 - 10.749 = \$4.530 \text{ milhões}$$

O capital de giro líquido era 11,2% dos ativos totais:

$$\frac{\text{Capital de giro líquido}}{\text{ativos totais}} = \frac{4.530}{40.518} = 0{,}112\text{, ou }11{,}2\%$$

Índice de liquidez corrente O índice de liquidez corrente é simplesmente a proporção do ativo circulante em relação ao passivo circulante:

$$\text{Índice de liquidez corrente} = \frac{\text{ativo circulante}}{\text{passivo circulante}} = \frac{15.279}{10.749} = 1{,}42$$

A Home Depot tem $1,42 em ativo circulante para cada dólar de passivo circulante.

As alterações no índice de liquidez corrente podem levar a erros. Por exemplo, suponha que uma empresa peça uma grande soma em um empréstimo bancário e a invista em títulos negociáveis. O seu passivo circulante aumenta, assim como o ativo circulante. Se todas as condições se mantiverem, o capital de giro líquido não é afetado, mas o índice de liquidez corrente se altera. Por essa razão, algumas vezes é preferível, quando calculamos o índice de liquidez corrente, equilibrar os investimentos de curto prazo com a dívida de curto prazo.

Índice de liquidez seca Alguns ativos circulantes têm maior liquidez do que outros. Se surgir algum problema, os estoques poderão não valer mais do que o valor de liquidação urgente. (Normalmente os problemas surgem *porque* as empresas não podem vender seu estoque de produtos acabados por mais do que o custo de produção.) Por isso, os gestores normalmente excluem os estoques e outros itens de menor liquidez do ativo circulante quando se compara o ativo circulante com o passivo circulante. Eles se concentram, em vez disso, nas disponibilidades, nos títulos negociáveis e nas contas a receber dos clientes. Isso resulta no índice de liquidez seca:

$$\text{Índice de liquidez seca} = \frac{\text{disponibilidades + títulos negociáveis + recebíveis}}{\text{passivo circulante}} = \frac{1.929 + 1.398}{10.749} = 0{,}310$$

Índice de liquidez imediata Os ativos com maior liquidez de uma empresa são as disponibilidades e os títulos negociáveis. É por isso que os analistas financeiros também consideram o índice de liquidez imediata:

$$\text{Índice de liquidez imediata} = \frac{\text{disponibilidades + títulos negociáveis}}{\text{passivo circulante}} = \frac{1.929}{10.749} = 0{,}179$$

Um índice de liquidez imediata baixo talvez não importe se a empresa pode tomar emprestado sem aviso prévio. Quem se importa se a empresa efetivamente pediu um empréstimo do banco ou se tem uma linha de crédito garantida de modo que possa emprestado sempre que assim escolher? Nenhuma dessas medidas-padrão de liquidez leva em consideração o "poder de reserva de tomar emprestado" da organização.

28.9 Interpretação dos índices financeiros

Apresentamos como calcular algumas medidas resumidas comuns da performance e da situação financeira da Home Depot. Agora que você calculou essas medidas, precisa de algum método para julgar se elas são altas ou baixas. Em alguns casos, pode haver um ponto de referência natural. Por exemplo, se uma empresa tem um valor econômico adicionado negativo ou um retorno sobre o capital menor do que o custo de capital, não gerou riqueza para os seus acionistas.

O que dizer de algumas de nossas outras medidas? Não há um nível correto para, digamos, o giro dos ativos ou a margem dos lucros, e se houvesse é quase que certo que variariam de setor de atividade para setor de atividade e de empresa para empresa. Por exemplo, você não esperaria que um fabricante de refrigerantes tivesse a mesma margem de lucro que um joalheiro ou a mesma alavancagem que uma empresa financeira.

QUADRO 28.6 Balanços contábeis agregados de empresas norte-americanas de tamanho comum, junho de 2014. As cifras são expressas como um percentual do total de ativos

	Alimentos	Bebida e tabaco	Vestuário	Papel	Produtos químicos	Medicamentos	Maquinário	Computadores e eletrônicos	Elétricos	Automóveis	Varejo	Telecom	Serviços técnicos e profissionais
Ativos:													
Caixa e títulos	4,0	3,1	6,0	3,2	4,8	5,8	6,5	6,4	4,2	10,9	6,5	4,3	11,6
Contas a receber	8,1	3,2	11,2	10,3	6,7	5,3	10,3	4,5	6,8	8,9	4,7	4,7	11,7
Estoques	10,4	4,9	18,4	9,9	5,9	4,6	12,2	1,9	8,4	8,4	20,8	0,5	1,4
Outros ativos circulantes	4,7	3,6	5,1	4,0	5,4	5,1	5,6	6,0	4,3	6,1	3,4	2,1	8,5
Total de ativos circulantes	27,3	14,9	40,7	27,3	22,8	20,8	34,6	18,9	23,7	34,3	35,3	11,6	33,2
Imobilizado	37,8	21,4	28,8	82,4	27,3	15,1	28,0	12,1	19,7	33,3	63,3	78,1	15,6
Depreciação	20,7	10,4	18,1	47,9	14,7	8,1	16,7	6,9	11,4	17,7	28,6	44,7	9,1
Imobilizado líquido	17,1	11,0	10,7	34,5	12,6	7,1	11,2	5,2	8,2	15,6	34,7	33,4	6,5
Outros ativos de longo prazo	55,6	74,1	48,6	38,2	64,6	72,2	54,2	75,9	68,1	50,1	30,0	55,0	60,3
Total de ativos	100,0	100,0	100,0	100,0	100,0	100,0	100,0	100,0	100,0	100,0	100,0	100,0	100,0
Passivos e patrimônio dos acionistas:													
Dívida de curto prazo	4,7	7,5	2,4	3,8	5,3	4,5	3,2	2,1	3,5	2,5	3,6	2,3	3,4
Contas a pagar	6,7	2,2	6,5	7,9	4,7	3,4	6,6	4,9	6,2	13,1	14,0	4,6	7,9
Outros passivos circulantes	5,3	5,5	7,7	6,6	8,8	9,1	13,1	9,6	10,6	13,6	10,3	5,4	15,2
Total de passivos circulantes	16,7	15,3	16,7	18,3	18,8	17,0	22,9	16,6	20,3	29,1	27,9	12,3	26,6
Dívida de longo prazo	26,7	30,2	19,5	31,5	27,7	28,0	18,4	16,5	13,0	14,5	23,3	38,6	23,2
Outros passivos de longo prazo	12,7	14,2	12,6	15,3	11,7	11,6	15,3	13,3	10,2	22,6	9,2	25,8	11,6
Total de passivos	56,1	59,7	48,8	65,0	58,2	56,6	56,6	46,3	43,5	66,3	60,4	76,8	61,4
Capital próprio dos acionistas	43,9	40,3	51,2	35,0	41,8	43,4	43,4	53,7	56,5	33,7	39,6	23,2	38,6
Total de passivos e capital próprio	100,0	100,0	100,0	100,0	100,0	100,0	100,0	100,0	100,0	100,0	100,0	100,0	100,0

Obs.: Em algumas colunas a soma total não bate por causa do arredondamento.
Fonte: U.S. Department of Commerce, "Quarterly Financial Report for Manufacturing, Mining and Trade Corporations", September 2014.

QUADRO 28.7 Demonstrativos de resultados agregados de empresas norte-americanas de tamanho comum, de setembro de 2013 a junho de 2014. As cifras são expressas como um percentual das vendas

	Alimentos	Bebida e tabaco	Vestuário	Papel	Produtos químicos	Medicamentos	Maquinário	Computadores e eletrônicos	Elétricos	Automóveis	Varejo	Telecom	Serviços técnicos e profissionais
Receitas	100,0	100,0	100,0	100,0	100,0	100,0	100,0	100,0	100,0	100,0	100,0	100,0	100,0
Custos	91,4	77,5	89,7	90,1	84,6	81,9	88,3	85,9	89,5	94,1	93,3	69,0	92,3
Depreciação	2,0	2,8	2,0	4,0	3,1	2,7	2,5	3,4	2,0	1,8	1,9	14,0	2,5
LAJIR	6,6	19,7	8,3	6,0	12,3	15,4	9,3	10,6	8,5	4,1	4,8	17,1	5,1
Juros	1,4	5,3	1,2	2,1	3,2	4,4	1,4	1,9	1,6	0,9	0,6	4,6	2,1
Outros itens	1,2	10,6	4,1	2,6	7,4	10,2	3,7	14,6	7,3	1,8	0,6	−0,5	4,1
Resultado antes de impostos	6,5	25,1	11,1	6,5	16,5	21,2	11,5	23,3	14,1	5,1	4,7	12,0	7,2
Impostos	1,3	4,9	2,3	1,0	3,0	2,5	2,1	4,4	1,5	0,7	1,6	4,5	1,6
Lucro líquido	5,2	20,3	8,8	5,6	13,5	18,7	9,4	18,9	12,7	4,4	3,1	7,6	5,5

Obs.: Em algumas colunas a soma total não bate por causa do arredondamento.
Fonte: U.S. Department of Commerce, "Quarterly Financial Report for Manufacturing, Mining and Trade Corporations", September 2014.

QUADRO 28.8 Índices financeiros selecionados para empresas norte-americanas, junho de 2014

	Alimentos	Bebida e tabaco	Vestuário	Papel	Produtos químicos	Medicamentos	Maquinário	Computadores e eletrônicos	Elétricos	Automóveis	Varejo	Telecom	Serviços técnicos e profissionais
Retorno dos ativos (%)	7,05	10,79	11,11	6,57	7,60	7,67	8,18	10,04	6,97	6,27	7,41	5,36	4,92
Retorno sobre o capital próprio (%)	14,67	23,51	19,31	15,79	16,02	15,60	18,31	16,68	11,90	18,19	16,38	16,28	10,05
Giro de ativos	1,16	0,46	1,16	0,95	0,49	0,36	0,79	0,50	0,51	1,27	2,12	0,51	0,71
Margem de lucro operacional (%)	6,09	23,68	9,56	6,90	15,55	21,56	10,32	20,16	13,73	4,92	3,49	10,53	6,88
Giro dos recebíveis	12,96	14,45	9,99	9,46	7,49	7,42	7,48	10,58	7,85	14,59	45,51	10,60	5,74
Giro dos estoques	9,22	7,45	5,54	9,02	6,98	6,34	5,53	18,57	5,67	15,01	9,47	64,51	41,33
Índice de endividamento de longo prazo	0,38	0,43	0,28	0,56	0,40	0,39	0,30	0,25	0,19	0,30	0,37	0,62	0,38
Índice de cobertura de juros	4,81	3,75	6,74	2,90	3,86	3,49	6,64	5,53	5,14	4,79	7,36	3,75	2,49
Índice de liquidez corrente	1,63	0,98	2,44	1,50	1,21	1,22	1,51	1,57	1,17	1,18	1,27	0,94	1,25
Índice de liquidez seca	0,73	0,41	1,03	0,74	0,61	0,65	0,73	0,97	0,54	0,68	0,40	0,73	0,88
Índice de liquidez imediata	0,32	0,57	0,40	0,55	0,55	0,53	0,30	0,33	0,56	0,33	0,34	0,50	0,47

Obs.: Em algumas colunas a soma total não bate por causa do arredondamento.
Fonte: U.S. Department of Commerce, "Quarterly Financial Report for Manufacturing, Mining and Trade Corporations", September 2014.

A alternativa é confinar a sua comparação a empresas que fazem parte de um negócio similar. Um bom ponto de partida é preparar *demonstrativos financeiros expressos em porcentagem das vendas* para cada uma dessas empresas. Nesse caso, todos os itens do balanço são expressos como porcentagem dos ativos totais e todos os itens no demonstrativo de resultados expressos como porcentagem das receitas.

Não calculamos neste livro os demonstrativos expressos em porcentagem das vendas para a Home Depot, mas os Quadros 28.6 e 28.7 exibem esses tipos de demonstrativos para uma amostra de setores de atividade norte-americanos. Repare as grandes variações. Por exemplo, as empresas varejistas investem essencialmente em estoques; as empresas de telecomunicações e serviços profissionais praticamente não têm nenhum estoque. As empresas de papel e telecomunicações investem essencialmente em ativos fixos; as empresas de serviços profissionais focam principalmente em ativos circulantes.

O Quadro 28.8 enumera alguns índices financeiros para essas empresas, e muitos deles também realçam a variação entre setores de atividade. As diferenças surgem parcialmente por acaso; às vezes, as condições estão muito mais favoráveis em um setor do que outro. Mas as diferenças

QUADRO 28.9 Índices financeiros selecionados para a Home Depot e a Lowe's, 2013

		Ano fiscal 2013	
		Home Depot	**Lowe's**
Medidas de desempenho:	Valor de mercado das ações – valor contábil das ações	91.778	35.208
Valor de mercado adicionado ($ milhões)	Valor de mercado das ações/valor contábil das ações	8,3	4,0
Índice de valor de mercado-valor contábil	(Juros após impostos + lucro líquido) – (custo de capital × capital)	3.258	310
EVA ($ milhões)	(Juros após impostos + lucro líquido)/capital total	21,5	11,3
Retorno sobre o capital (ROC) %	Lucro líquido/capital próprio	30,3	16,5
Retorno do capital próprio (RCP) %	(Juros após impostos + lucro líquido)/(total de ativos)	14,2	8,0
Retorno dos ativos (ROA) %			
Medidas de eficiência:	Vendas/vendas totais no início do ano	1,92	1,64
Giro dos ativos	Custo dos produtos vendidos/estoque no início do ano	4,8	4,1
Giro dos estoques	Estoque no início do ano/custo diário dos produtos vendidos	76	90
Dias no estoque	Vendas/recebíveis no início do ano	56,5	246,2
Giro dos recebíveis*	Recebíveis no início do ano/vendas diárias	6,5	1,5
Prazo médio de recebimento (dias)*	Lucro líquido/vendas	6,83	4,28
Margem de lucro %	(Juros após impostos + lucro líquido)/vendas	7,42	4,86
Margem de lucro operacional %			
Medidas de alavancagem:	Dívida de longo prazo/(dívida de longo prazo + capital próprio)	0,54	0,46
Índice de endividamento de longo prazo	Dívida de longo prazo/capital próprio	0,69	0,64
Índice de endividamento total	Passivos totais/ativos totais	12,9	8,7
Índice de cobertura dos juros	LAJIR/pagamentos dos juros	15,2	11,8
Índice de cobertura do caixa	(LAJIR + depreciação)/pagamentos dos juros		
Medidas de liquidez:		0,112	0,043
Índice de capital de giro líquido por ativos totais	Capital de giro líquido/ativo total	1,42	1,16
Índice de liquidez corrente	Ativo circulante/passivo circulante	0,310	0,093
Índice de liquidez seca	(Disponibilidades + títulos negociáveis + recebíveis)/passivo circulante	0,179	0,065
Índice de liquidez imediata	(Disponibilidades + títulos negociáveis)/passivo circulante		

*Ambas as empresas vendem os seus recebíveis a um terceiro.

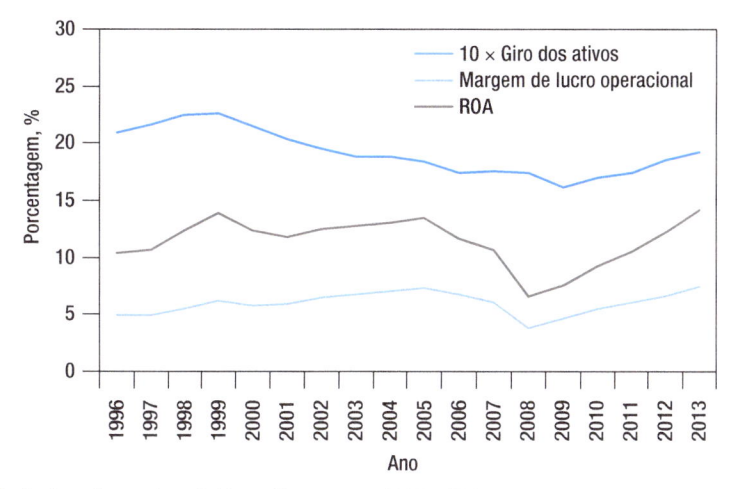

▸ **FIGURA 28.2** Índices financeiros da Home Depot entre 1996 e 2013.

também refletem alguns fatores fundamentais dos setores. Por exemplo, observe os altos índices de endividamento das empresas de telecomunicações e papel. Apontamos anteriormente que algumas atividades conseguem gerar um alto nível de vendas a partir de um número relativamente pequeno de ativos. Por exemplo, é possível ver que o índice de giro de ativos das empresas varejistas é quase seis vezes maior que o das empresas farmacêuticas. No entanto, a competição faz com que os varejistas obtenham uma margem correspondentemente menor nas vendas.

Quando se compara a situação financeira da Home Depot, faz sentido limitar a comparação com seus principais concorrentes. O Quadro 28.9 destaca algumas medidas-chave de desempenho para a Home Depot e a Lowe's. Segundo a maioria das medidas, a Home Depot estava se saindo melhor. Ela apresentava, por exemplo, um índice mais alto de valor de mercado/valor contábil e um melhor retorno sobre os ativos. O retorno adicional sobre os ativos para a Home Depot refletia tanto o seu sucesso em gerar mais vendas por dólar de ativos quanto em obter uma margem de lucros superior sobre essas vendas. O modelo de financiamento da Home Depot se mostrava menos conservador que o da Lowe's, mas com mais ativos líquidos.

Também pode ser útil comparar os índices financeiros da Home Depot em 2013 com cifras equivalentes em anos anteriores. A Figura 28.2 dá conta disso. Você pode ver que em 2007 e 2008 a lucratividade da Home Depot foi afetada pelo desaquecimento do mercado residencial. A virada veio sob nova gestão em 2009 quando houve um aumento acentuado nas margens de lucro. Em cada um dos anos posteriores, a empresa foi capaz de aumentar tanto a taxa de giro de ativos quanto a margem de lucro.

RESUMO

Os gestores utilizam demonstrativos financeiros para monitorar o desempenho das suas próprias empresas, para os ajudarem a compreender as políticas de um concorrente ou verificar a saúde financeira dos clientes. Mas há o perigo de se afogar em um enorme volume de dados no Relatório Anual da empresa.[17] É por isso que os gestores utilizam alguns índices para resumir a avaliação da empresa: a rentabilidade, a eficiência, a estrutura de capital e a liquidez. Descrevemos alguns dos índices mais utilizados.

Oferecemos os seguintes conselhos gerais aos utilizadores desses índices:

1. Os índices financeiros raramente fornecem respostas, mas ajudam a fazer as perguntas certas.
2. Não existe qualquer padrão internacional para os índices financeiros. Vale muito mais um pouco de reflexão e bom senso do que a aplicação cega das fórmulas.
3. Você precisa de um ponto de referência que permita avaliar a situação financeira de uma empresa. De modo geral é útil comparar os índices financeiros com os índices equivalentes da empresa do passado e com os índices de outras empresas do mesmo ramo de atividade.

---

[17] O *Relatório Anual* de 2007 do HSBC totalizava 454 páginas. O *Financial Times* divulgou que o serviço postal britânico foi obrigado a limitar o número de exemplares que seus carteiros carregavam de modo a evitar lesões nas costas.

LEITURAS ADICIONAIS

Há alguns bons livros genéricos sobre a análise de demonstrativos financeiros. Veja, por exemplo:

K. G. Palepu, V. L. Bernard, and P. M. Healy, *Business Analysis and Valuation*, 5th ed. (Cincinnati, OH: South-Western Publishing, 2013).

L. Revsine, D. Collins, B. Johnson, and F. Mittelstaedt, *Financial Reporting and Analysis*, 6th ed. (New York: McGraw-Hill/Irwin, 2014).

S. Penman, *Financial Statement Analysis and Security Valuation*, 5th ed. (New York: McGraw-Hill/Irwin, 2012).

PROBLEMAS

BÁSICO

1. **Balanços contábeis** Construa um balanço para a Galactic Enterprises com base nos seguintes dados:

Saldos de caixa	$25.000
Estoques	$30.000
Fábricas e equipamentos (valor líquido)	$140.000
Contas a receber	$35.000
Contas a pagar	$24.000
Dívida de longo prazo	$130.000

    Qual é o patrimônio líquido dos acionistas?

2. **Índices financeiros** O Quadro 28.10 da próxima página apresenta o resumo do balanço e do demonstrativo de resultados da Starbucks. Calcule os índices a seguir usando cifras de balanço contábil do início do ano:
    a. Retorno dos ativos.
    b. Margem de lucro operacional.
    c. Índice de vendas-por-ativos.
    d. Giro dos estoques.
    e. Índice de endividamento-capital próprio.
    f. Índice de liquidez corrente.
    g. Índice de liquidez imediata.

3. **Demonstrativos financeiros de tamanho comum** Examine novamente o Quadro 28.10. Calcule um balanço e um demonstrativo financeiro expresso em porcentagem das vendas para a Starbucks.

4. **Medidas de desempenho** Examine novamente o Quadro 28.10. No fim do exercício fiscal de 2014, a Starbucks tinha 748 milhões de ações em circulação com um preço unitário de $81,25. O custo médio ponderado de capital era de cerca de 9%. Calcule
    a. Valor de mercado adicionado.
    b. Índice de valor de mercado-valor contábil.
    c. Valor econômico adicionado.
    d. Retorno sobre o capital no início do ano.

5. **Índices financeiros** Não existem definições de índices financeiros aceitas universalmente; no entanto, entre os índices seguintes existem cinco que são claramente incorretos. Substitua essas definições pelas definições corretas.
    a. Índice de dívida-capital próprio = (dívida de longo prazo + *leasing* financeiro)/(dívida de longo prazo + *leasing* financeiro + capital próprio)
    b. Retorno do capital próprio = (LAJIR – impostos) / capital próprio médio
    c. Margem de lucro = lucro líquido / vendas
    d. Dias no estoque = vendas / (estoque/365)
    e. Índice de liquidez corrente = passivo circulante/ativo circulante
    f. Vendas sobre o capital de giro líquido = vendas médias / capital de giro líquido médio
    g. Índice de liquidez seca = (ativo circulante – estoques) / passivo circulante
    h. Cobertura dos juros = juros ganhos × dívida de longo prazo

6. **Índices financeiros** Verdadeiro ou falso?
    a. O índice de dívida-capital próprio de uma empresa é sempre inferior a 1.
    b. O índice de liquidez seca é sempre inferior ao índice de liquidez corrente.
    c. O retorno do capital próprio é sempre inferior ao retorno do ativo.

7. **Taxas contábeis de retorno** A Keller Cosmetics tem uma margem de lucro operacional de 8% e um índice de vendas-por-ativos de 3. Ela tem $500 mil de ativos e um capital próprio de $300 mil. Os pagamentos de juros somam $30 mil e a taxa de impostos é de 35%.
    a. Qual é o retorno dos ativos?
    b. Qual é o retorno do capital próprio?

8. **Índices de endividamento** Uma empresa tem um índice de dívida-capital próprio de 0,4. O capital próprio dos acionistas é de $1 milhão. O ativo circulante é de $200 mil e os ativos totais somam $1,5 milhão. Se o índice de liquidez corrente é de 2,0, qual é o índice de endividamento do capital total de longo prazo?

9. **Índices financeiros** A Magic Flutes tem contas a receber no total de $3 mil, que representam 20 dias de vendas. Os ativos totais somam $75 mil. A margem de lucro operacional da empresa é de 5%. Calcule o índice de vendas-por-ativos e o retorno do ativo da empresa.

QUADRO 28.10 Balanços patrimoniais e demonstrativos de resultados para a Starbucks, ano fiscal 2014 (valores em $ milhões)

	Final do Ano	Início do Ano
Balanço Patrimonial		
Ativos		
Ativo circulante:		
Caixa e títulos negociáveis	$1.844	$3.234
Contas a receber	948	839
Estoques	1.091	1.111
Outros ativos circulantes	285	288
Total do ativo circulante	$4.169	$5.471
Imobilizado:		
Ativos tangíveis líquidos	$3.519	$3.201
Outros ativos de longo prazo	3.064	2.845
Total de ativos	$10.752	$11.517
Passivos e Capitais Próprios		
Passivo circulante:		
Contas a pagar	$2.244	$1.940
Outros passivos circulantes	795	3.438
Total do passivo circulante	$3.039	$5.378
Dívidas de longo prazo	2.048	1.299
Outros passivos de longo prazo	394	360
Total do passivo	$5.481	$7.037
Patrimônio líquido dos acionistas	5.272	4.480
Passivo total e patrimônio dos acionistas	$10.752	$11.517
Demonstrativo de Resultados		
Vendas líquidas	$16.448	
Custo dos produtos vendidos	6.859	
Despesas administrativas, gerais e de vendas	5.655	
Depreciações	710	
LAJIR	$ 3.224	
Juros	64	
Rendimentos tributáveis	$ 3.160	
Impostos	1.092	
Lucro líquido	$ 2.068	
Dividendos	783	
Adição aos lucros retidos	$ 1.285	

10. **Índices financeiros** Com base nesse balanço simplificado da Geomorph Trading:

Ativo circulante	$100	$60	Passivo circulante
Ativo de longo prazo	500	280	Dívida de longo prazo
		70	Outros passivos
		90	Capital próprio
	$600	$600	

  a. Calcule o índice de dívida-capital próprio.

  b. Qual é o capital de giro líquido da Geomorph? E o capital total de longo prazo? Calcule o índice de endividamento do capital total de longo prazo.

11. **Alavancagem e liquidez** Examine novamente o balanço da Geomorph no Problema 10. Suponha que no fim do ano, a empresa tivesse $30 em disponibilidades e títulos negociáveis. Imediatamente após o fim do ano, ela utilizou uma linha de crédito contraindo um empréstimo de $20 para um ano, que investiu em um número maior de títulos negociáveis. Será que a empresa aparentaria ter (a) maior ou menor liquidez, estar (b) mais ou menos altamente alavancada? Faça quaisquer hipóteses adicionais que precise.

12. **Ativos circulantes** A Airlux Antarctica tem um ativo circulante de $300 milhões, um passivo circulante de $200 milhões e um índice de liquidez imediata de 0,05. Qual é o valor do caixa e dos títulos negociáveis de que a empresa dispõe?

13. **Recebíveis** Os clientes da Microlimp demoram, em média, 60 dias para pagar as faturas. Se a Microlimp tiver um montante anual de vendas de $500 milhões qual é o valor médio das faturas a pagar?

INTERMEDIÁRIO

14. **Interpretação dos índices** Esta questão serve para rever algumas dificuldades suscitadas pela interpretação dos dados contábeis.

    a. Dê quatro exemplos de ativos, passivos ou transações que possam não ser apresentados nas contas da empresa.

    b. De que modo o investimento em ativos intangíveis, como a pesquisa e o desenvolvimento, distorce os índices contábeis? Dê, pelo menos, dois exemplos.

15. **Medidas de desempenho** Descreva algumas medidas alternativas da performance global de uma empresa. Quais são as suas vantagens e desvantagens? Discuta, em cada caso, quais pontos de referência poderia utilizar para julgar se a performance é satisfatória.

16. **Índices de alavancagem** Discuta medidas alternativas de alavancagem financeira. Deverá se utilizar o valor de mercado do capital próprio ou o seu valor contábil? Será preferível utilizar o valor de mercado da dívida, o seu valor contábil ou o valor contábil descontado à taxa de juro livre de risco? Como deverão se considerar os compromissos fora do balanço, tais como os decorrentes das responsabilidades com pensões? Como você trataria as ações preferenciais?

17. **Índices de alavancagem** Suponha que uma empresa tem dívida em circulação tanto de taxa fixa como de taxa variável. Que efeito uma diminuição nas taxas de juros teria no índice de cobertura dos juros? E sobre o índice de valor de mercado-dívida em relação ao capital próprio? Você julgaria que a alavancagem teria aumentado ou diminuído?

18. **Índice corrente** De que maneira os seguintes acontecimentos poderiam afetar o índice de liquidez corrente de uma empresa?

    a. Os estoques foram vendidos.

    b. A empresa recorre a um empréstimo bancário para pagar os fornecedores.

    c. A empresa contrata uma linha de crédito com um banco que a permite contrair empréstimos a qualquer momento para pagar os fornecedores.

    d. Um cliente paga as faturas vencidas.

    e. A empresa utiliza seus saldos de caixa para comprar mais estoques.

19. **Retorno sobre os ativos** A Sara Togas vende toda a sua produção à Federal Stores. O quadro a seguir contém alguns dados financeiros, em milhões, para ambas as empresas:

	Vendas	Pagamento de juros	Lucro líquido	Ativos no início do ano
Federal Stores	$100	$4	$10	$50
Sara Togas	20	1	4	20

    Calcule o índice de vendas-por-ativos, a margem de lucro operacional e o retorno dos ativos das duas empresas. Imagine que as duas empresas se fundam. Se a Federal continuasse a ter vendas no valor de $100 milhões, em que medida se alterariam os três índices?

20. **Índices financeiros** Como você pode ver, alguém entornou tinta sobre alguns dos dados do balanço e do demonstrativo de resultados da Transylvania Railroad (Quadro 28.11). Você consegue utilizar a informação seguinte para descobrir os dados que faltam? (Obs.: para este problema, use as seguintes definições: giro de estoque = custo das mercadorias vendidas/estoque médio; prazo médio dos recebimentos = média de recebíveis/[vendas/365].)

    - Índice de endividamento: 0,4.
    - Índice de cobertura dos juros: 8,0.
    - Índice de liquidez corrente: 1,4.
    - Índice de liquidez seca: 1,0.
    - Índice de liquidez imediata: 0,2.
    - Retorno do capital próprio: 0,24%.
    - Giro dos estoques: 5,0.
    - Prazo médio dos recebimentos: 73 dias.
    - Taxa de impostos: 0,4.

21. **Índices industriais** Aqui estão alguns dados financeiros de cinco empresas de um mesmo setor:

	Código da empresa				
	A	B	C	D	E
LAJIR	10	30	100	−3	80
Encargos com juros	5	15	50	2	1

    Foi solicitado a você que calculasse alguma medida do índice de cobertura dos juros para o setor. Desenvolva as maneiras possíveis de calcular essa medida. Será que uma alteração no método do cálculo tem uma grande influência no resultado final?

22. **Inflação** De que modo uma inflação rápida afetaria a precisão e a pertinência do balanço e do demonstrativo de resultados de uma empresa industrial? A sua resposta depende do valor da dívida emitida pela empresa?

23. **Medidas contábeis de risco** Suponha que você queira estimar o risco das ações de uma empresa por meio dos

QUADRO 28.11 Balanço patrimonial e demonstrativo de resultados para a Transylvania Railroad (valores em $ milhões)

	Dezembro de 2015	Dezembro de 2014
Balanço Patrimonial		
Caixa	▧▧▧	20
Contas a receber	▧▧▧	34
Estoques	▧▧▧	26
Ativo circulante total	▧▧▧	80
Imobilizado, líquido	▧▧▧	25
Total	▧▧▧	105
Notas a pagar	25	20
Contas a pagar	30	35
Passivo circulante total	▧▧▧	55
Dívida de longo prazo	▧▧▧	20
Patrimônio líquido	▧▧▧	30
Total	115	105
Demonstrativo de resultados		
Vendas	▧▧▧	
Custo das mercadorias vendidas	▧▧▧	
Despesas administrativas, gerais e de vendas	10	
Depreciações	20	
LAJIR	▧▧▧	
Juros	▧▧▧	
Lucro antes de impostos	▧▧▧	
Impostos	▧▧▧	
Lucro disponível aos acionistas ordinários	▧▧▧	

índices financeiros. Dentre os índices que descrevemos neste capítulo, quais lhe poderão ser úteis? Você se lembra de outras medidas contábeis de risco?

24. **Medidas de dificuldade financeira** Procure dados sobre algumas empresas que tenham estado em situação econômica difícil. Assinale as alterações ocorridas nos últimos anos, nos principais índices financeiros. É possível detectar alguns padrões nessas alterações?

DESAFIO

25. **Cálculo do EVA** Reparamos que, nos cálculos do EVA, deve-se calcular o resultado como a soma do pagamento dos juros depois de impostos e do lucro líquido. Por que é necessário deduzir o benefício fiscal? Uma alternativa seria utilizar uma diferente medida do custo de capital? Ou você obteria o mesmo resultado se simplesmente deduzisse o custo do capital próprio do lucro líquido (como é feito geralmente)?

26. **Retorno sobre o capital** Às vezes, os analistas utilizam a média do capital no início e no fim do ano para calcular o seu retorno. Forneça alguns exemplos para ilustrar quando isso faz e não faz sentido. (*Dica:* comece considerando que o patrimônio líquido aumenta unicamente como resultado dos lucros retidos.)

27. **Índices de alavancagem** Observe novamente o balanço da Geomorph Trading no Problema 10 e considere as seguintes informações adicionais:

Ativo circulante		Passivo circulante		Outros passivos	
Caixa	$15	Contas a pagar	$35	Impostos diferidos	$32
Estoques	35	Impostos devidos	10	Pensões não cobertas	22
Contas a receber	50	Empréstimo bancário	15	Reserva R&R	16
	$100		$60		$70

A "Reserva R&R" cobre os custos futuros de remoção de um oleoduto petrolífero e a restauração ambiental do traçado do oleoduto.

Há diversas maneiras de calcular um índice de endividamento da Geomorph. Suponha que você queira avaliar a segurança da dívida da Geomorph e queira um índice de endividamento que possa comparar com os índices de outras empresas do mesmo setor. Você calcularia o índice em termos de passivo total ou capitalização total? O que incluiria no endividamento – o empréstimo bancário, os impostos diferidos, a reserva R&R, as obrigações de pensões não cobertas? Explique os prós e os contras de cada uma dessas opções.

FINANÇAS NA WEB

Use dados do Yahoo! Finance (**finance.yahoo.com**) para responder as questões a seguir.

1. Escolha duas empresas que atuem em um ramo similar e encontre seus balanços contábeis e demonstrativos de resultados simplificados. Em seguida, extraia demonstrativos de tamanho comum para cada empresa e compute os principais índices financeiros. Compare e contraste as empresas com base nesses dados.

2. Pesquise os demonstrativos financeiros mais recentes para uma empresa à sua escolha e calcule aos seguintes índices para o último ano:
    a. Retorno sobre o capital.
    b. Retorno sobre o capital próprio.
    c. Margem de lucro operacional.
    d. Dias em estoque.
    e. Índice de endividamento.
    f. Índice de cobertura de juros.
    g. Índice de liquidez corrente.
    h. Índice de liquidez seca.

3. Escolha cinco empresas e, usando seus demonstrativos financeiros, compare os dias em estoque e os prazos médios de recebimento. Você saberia explicar as diferenças entre as empresas?

CAPÍTULO 29

Planejamento financeiro

Este capítulo aborda o planejamento financeiro. Examinaremos inicialmente um planejamento de curto prazo, em que o foco está em assegurar que a empresa não fique sem caixa. O planejamento para o curto prazo é, por isso, de modo geral designado por *orçamento de caixa*. Na segunda parte do capítulo verificaremos também como as empresas utilizam modelos de planejamento financeiro para desenvolver uma estratégia coerente de *longo prazo*.

Os principais ativos de curta duração são estoques, contas a receber, caixa e títulos negociáveis. Mas as decisões sobre esses ativos são interdependentes. Por exemplo, suponha que o gestor financeiro decida oferecer mais tempo para seus clientes pagarem as encomendas. Isso reduz os fluxos de caixa futuros e os saldos de caixa. Ou, talvez, o gerente de produção adote um sistema *just-in-time* para encomendar as suas matérias-primas. Isso permite à empresa operar com estoques menores e, portanto, liberar capital.

Os gestores responsáveis pelas decisões de financiamento de curto prazo poderão evitar muitos dos difíceis conceitos abordados neste livro. De certa forma, as decisões de curto prazo são mais fáceis do que as decisões de longo prazo, mas não menos importantes. Uma empresa pode identificar oportunidades de investimento extremamente valiosas, encontrar o índice de endividamento ideal exato, seguir a política de pagamento de dividendos perfeita e, ainda assim, desmoronar-se por ninguém se preocupar em levantar os fundos para pagar as faturas do ano em curso; daí a necessidade de um planejamento de curto prazo.

No planejamento de curto prazo, raramente são feitas previsões que ultrapassem os próximos doze meses. Busca garantir que a organização tenha disponibilidades suficientes para pagar suas contas e, no processo, são tomadas decisões sensíveis sobre concessões e contratações de empréstimo. No entanto, o gestor financeiro também precisa pensar sobre os investimentos necessários para atingir os objetivos de *longo prazo* e os financiamentos que deverão ser contratados pela organização. O planejamento de longo prazo foca nas implicações das estratégias financeiras alternativas, as quais possibilitam aos gestores evitar algumas surpresas e consideram como eles devem reagir a surpresas que *não possam* ser evitadas; além disso, ajudam a fixar metas para a organização e a fornecer padrões para as medições de desempenho.

29.1 Ligações entre as decisões financeiras de curto e de longo prazo

As decisões financeiras de curto prazo diferem das decisões de longo prazo, como a compra de fábricas e equipamentos ou a escolha da estrutura do capital, de duas maneiras. Primeiro, geralmente envolvem ativos e passivos de curta duração, e, segundo, podem ser facilmente revertidas. Compare, por exemplo, um empréstimo bancário de $50 milhões de 60 dias com a emissão de obrigações de $50 milhões de 20 anos. O empréstimo bancário é claramente uma decisão de curto prazo. A empresa pode pagá-lo dois meses depois e tudo fica igual. Uma empresa pode emitir obrigações de 20 anos em janeiro e pagá-las em março, mas isso seria bastante inconveniente e dispendioso. Na prática, a emissão de uma obrigação desse tipo é uma decisão de longo prazo, não apenas porque o vencimento é daí a 20 anos, mas também porque a decisão de fazer a emissão não pode ser revertida em um curto espaço de tempo.

Todas as empresas exigem capital, ou seja, dinheiro investido em instalações, máquinas, equipamentos, estoques, contas a receber e em todos os outros ativos necessários para se operar um negócio. Esses ativos podem ser financiados tanto por fontes de capital de curto prazo como de longo prazo. Designemos o custo total desses ativos por *necessidades financeiras acumuladas*

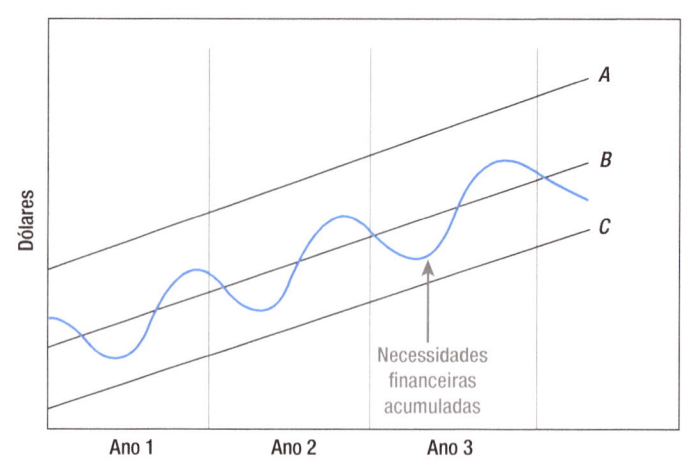

▶ **FIGURA 29.1** As necessidades financeiras acumuladas da empresa (linha verde) são o investimento acumulado em todos os ativos necessários ao negócio. Esta figura mostra que as necessidades aumentam de ano para ano, existindo uma flutuação sazonal dentro de cada ano. As necessidades de financiamento de curto prazo consistem na diferença entre o financiamento de longo prazo (linhas A, B e C) e as necessidades financeiras acumuladas. Se o financiamento de longo prazo seguir a linha C, a empresa sempre precisará de financiamento de curto prazo. Na linha B, a necessidade é sazonal. Na linha A, a empresa nunca precisará de financiamento de curto prazo, porque existem sempre disponibilidades excedentes para investir.

da empresa. As necessidades financeiras acumuladas da maior parte das empresas aumentam irregularmente, tal como a linha ondulada da Figura 29.1. Essa linha apresenta uma clara tendência ascendente, à medida que o negócio da empresa cresce. Mas existe também uma variação sazonal à volta dessa tendência: na figura, a linha das necessidades financeiras atinge o ponto mais alto no final de cada ano. Por fim, poderá haver flutuações imprevisíveis de semana para semana e de mês para mês, mas não tentamos representá-las na Figura 29.1.

Quando o financiamento de longo prazo não cobre essas necessidades, a empresa terá de levantar fundos de curto prazo para compensar a diferença. Quando o financiamento de longo prazo *ultrapassa* as necessidades financeiras acumuladas, a empresa tem um excedente de caixa disponível. Assim, a quantidade de financiamento de longo prazo reunido, dadas as necessidades de capital, determina se a empresa contrai empréstimo ou empresta a curto prazo.

As linhas A, B e C da Figura 29.1 ilustram essa situação. Cada linha descreve uma diferente estratégia de financiamento de longo prazo. A estratégia A conduz a excedentes permanentes de caixa de curto prazo, que podem ser investidos em títulos de curto prazo. A estratégia C conduz a necessidades permanentes de endividamento de curto prazo. De acordo com a estratégia B, que é provavelmente a mais comum, a empresa é um emprestador de curto prazo durante uma parte do ano e recorre a empréstimos de curto prazo durante a outra parte do ano.

Qual é o *melhor* nível de financiamento de longo prazo no que tange às necessidades financeiras acumuladas? É difícil dizer. Não existe uma análise teórica convincente desse assunto; no entanto, será possível fazer várias observações práticas. Em primeiro lugar, a maioria dos gestores financeiros tenta "fazer coincidir os prazos de vencimento" dos ativos e dos passivos.[1] Ou seja, financia ativos fixos como instalações e máquinas com empréstimos de longo prazo e capital próprio. Em segundo lugar, a maioria das empresas faz um investimento permanente no capital de giro líquido (ativo circulante menos passivo circulante). Esse investimento é financiado com fundos de longo prazo.

O ativo circulante pode ser convertido em caixa mais facilmente do que os ativos de longo prazo. Por isso, as empresas com grandes quantidades de ativos circulantes se beneficiam de maior

---

[1] Uma pesquisa feita por Graham e Harvey descobriu que os gestores consideravam que a coincidência dos prazos de vencimento da dívida e dos ativos era o fator mais importante da sua escolha entre endividamento de curto e de longo prazos. Ver J. R. Graham and C. R. Harvey, "The Theory and Practice of Finance: Evidence from the Field", *Journal of Financial Economics* 61 (May 2001), pp. 187-243. Stohs e Mauer confirmaram que empresas com uma preponderância de ativos de curto prazo tendem a emitir dívida de curto prazo. Ver M. H. Stohs and D. C. Mauer, "The Determinants of Corporate Debt Maturity Structure," *Journal of Business* 69 (July 1996), pp. 279-312.

liquidez. É óbvio que alguns desses ativos são convertidos em caixa mais depressa do que outros. Os estoques só são convertidos em caixa quando as mercadorias forem produzidas, vendidas e pagas. As contas a receber têm maior liquidez; transformam-se em caixa à medida que os clientes vão pagando as dívidas. Geralmente, os títulos de curto prazo podem ser vendidos se a empresa precisar rapidamente de fundos a curto prazo e, por isso, têm ainda maior liquidez.

Sejam quais forem os motivos para manter a liquidez, eles parecem mais poderosos hoje do que antigamente. Você pode ver na Figura 29.2 que, sobretudo nos anos de dinheiro fácil antes da crise financeira, empresas nos Estados Unidos aumentaram suas posses em caixa e em títulos comerciáveis.

Algumas empresas optam por deter mais liquidez do que outras. Por exemplo, muitas empresas de alta tecnologia, como a Intel e a Cisco, possuem grandes quantidades de títulos de curto prazo. Por outro lado, empresas industriais com tecnologias antigas – indústria química, de papel e siderurgia – optam por deter muito menos liquidez. Por quê? Uma das razões é que as empresas com rápido crescimento dos lucros podem gerar caixa mais rapidamente do que conseguem investir em projetos com VPLs positivos. Isso produz um excesso de caixa que pode ser investido em títulos de curto prazo. É claro que as empresas, ao deterem enormes quantidades de caixa, podem responder ajustando as suas políticas de dividendos. Por exemplo, no Capítulo 16 vimos como a Apple reduziu os seus excessos de caixa pagando um dividendo especial e recomprando as suas ações.

Muitas empresas, incluindo a Apple, possuem negócios localizados em países com baixas alíquotas de imposto corporativo. Como nos Estados Unidos os lucros só são taxados quando as empresas os repatriam, há um incentivo bastante poderoso para deixar que o caixa se acumule no exterior. Algumas empresas com montanhas em caixa bem acima da média mantêm seu caixa em paraísos fiscais. Como relatamos no Capítulo 1, essa prática de *inversão fiscal* vem suscitando críticas consideráveis.

Há algumas vantagens em possuir grandes excessos de caixa, especialmente no caso de pequenas empresas que enfrentam custos relativamente elevados para reunir rapidamente fundos. Por exemplo, as empresas de biotecnologia necessitam de fundos elevados se a aprovação dos seus medicamentos for bem-sucedida. Por isso, geralmente essas empresas possuem disponibilidades de caixa elevadas para enfrentar suas necessidades de investimento nas áreas de pesquisa e desenvolvimento. Se a precaução para a posse de ativos líquidos é importante, descobrimos que é mais provável que as empresas pequenas, que atuam em setores de atividade com risco relativamente elevado, possuam muito caixa. Um estudo feito por Tim Opler e outros confirma que isso é verdadeiro.[2]

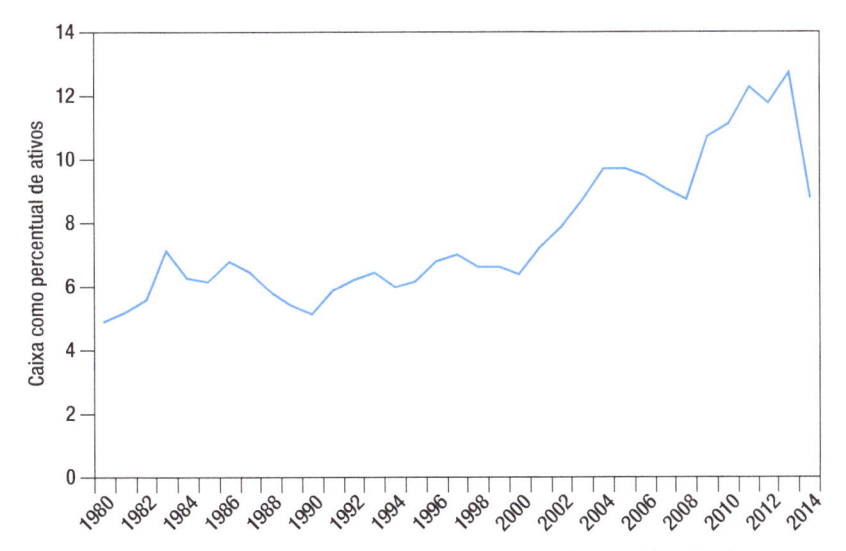

▶ **FIGURA 29.2** Mediana do índice caixa/ativos de empresas norte-americanas, 1980-2014.
Fonte: Compustat

---

[2] T. Opler, L. Pinkowitz, R. Stulz, and R. Williamson, "The Determinants and Implications of Corporate Cash Holdings," *Journal of Financial Economics* 52 (April 1999), pp. 3-46.

Os diretores financeiros de empresas com um excesso de financiamento de longo prazo e com dinheiro no banco não têm de se preocupar para arranjar fundos para pagar as faturas do próximo mês. Essas disponibilidades podem ajudar a proteger a empresa em períodos difíceis e lhe dar um espaço confortável para fazer alterações em suas operações, mas o excesso de caixa também tem custos. A posse de títulos negociáveis é, na melhor das hipóteses, um investimento com VPL zero para uma empresa que paga impostos.[3] Além disso, os gestores de empresas com excesso de caixa podem ser tentados a gerir a organização menos eficientemente e podem, simplesmente, provocar o exaurimento das disponibilidades em uma sucessão de perdas operacionais. Por exemplo, no fim de 2007 a General Motors detinha um caixa e investimentos de curto prazo no valor de $27 bilhões, mas os acionistas avaliaram o preço total de suas ações em menos de $14 bilhões. Parecia que eles perceberam (corretamente) que o caixa seria utilizado para suportar os prejuízos sucessivos e para pagar as enormes dívidas contraídas pela organização.

Pinkowitz e Williamson estimaram o valor com que os investidores cotavam o caixa da empresa e descobriram que, em média, os acionistas estimavam um dólar de caixa a $1,20[4] e colocavam um valor praticamente alto da liquidez no caso de organizações com inúmeras oportunidades de crescimento. No outro extremo, constataram que, quando uma empresa provavelmente enfrentar dificuldades financeiras, um dólar em caixa detido pela empresa valerá menos que um dólar aos acionistas.[5]

29.2 Controle das alterações nas disponibilidades de caixa

O Quadro 29.1 exibe o demonstrativo de resultados de 2015 para a Dynamic Mattress, e o Quadro 29.2 compara os balanços patrimoniais de fim de ano de 2014 e 2015 para a empresa. Repare que o saldo de caixa da Dynamic aumentou de $20 milhões para $25 milhões em 2015.

O que provocou esse aumento? Será que as disponibilidades adicionais são procedentes do aumento de endividamento de longo prazo da empresa, dos lucros reinvestidos, do caixa liberado pela redução de estoques ou de extensões de crédito concedidas por fornecedores da Dynamic? (Repare no aumento das contas a pagar.) A resposta é dada no demonstrativo de fluxos de caixa mostrado no Quadro 29.3.

Os demonstrativos de fluxos de caixa classificam os fluxos em decorrentes de atividades operacionais, de atividades de investimento e de atividades de financiamento. As fontes de caixa

QUADRO 29.1 Demonstrativo de resultados da Dynamic Mattress Company para 2015 (em $ milhões)

1 Vendas	2.200
2 Custos operacionais	1.644
3 Outras despesas	411
4 Depreciações	20
5 LAJIR (1 – 2 – 3 – 4)	125
6 Juros	5
7 Lucro antes de impostos (5 – 6)	120
8 Impostos a 50%	60
9 Lucro líquido (7 – 8)	60
Dividendos	30
Lucros retidos	30

---

[3] Se houver uma vantagem fiscal decorrente do endividamento, como a maioria das pessoas acredita, deverá haver uma desvantagem fiscal equivalente na concessão de crédito, visto que a empresa tem de pagar imposto à alíquota do imposto para as empresas sobre os juros que recebeu do investimento em títulos do Tesouro. Nesse caso, o investimento nos títulos teve um VPL negativo. Ver Seção 18.1.

[4] L. Pinkowitz and R. Williamson. "The Market Value of Cash," *Journal of Applied Corporate Finance* 19 (2007), pp. 74-81.

[5] A implicação aparente é que a empresa deveria distribuir os fundos aos acionistas. No entanto, os detentores de títulos de dívida podem impor restrições sobre o pagamento de dividendos aos acionistas.

QUADRO 29.2 Balanço de encerramento dos anos de 2015 e 2014 para a Dynamic Mattress Company (em $ milhões)

	2015	2014
Ativo circulante:		
Caixa	25	20
Títulos negociáveis	25	0
Contas a receber	150	125
Estoques	125	130
Total do ativo circulante	325	275
Imobilizado:		
Investimento bruto	350	320
Menos depreciação	100	80
Imobilizado líquido	250	240
Total do ativo	575	515
Passivo circulante:		
Empréstimos bancários	0	25
Contas a pagar	135	110
Total do passivo circulante	135	135
Endividamento de longo prazo	90	60
Patrimônio líquido	350	320
Total do passivo e patrimônio líquido	575	515

são indicadas como números positivos; as aplicações do caixa, em contrapartida, são indicadas como números negativos. O demonstrativo de fluxos de caixa da Dynamic demonstra que a empresa *gerou* caixa a partir das seguintes origens:

1. Obteve $60 milhões de lucro líquido (*atividade operacional*).
2. Reservou $20 milhões como depreciação. Lembre-se de que a depreciação não é uma saída de caixa. Assim, deverá voltar a ser adicionada para chegarmos ao fluxo de caixa da empresa (*atividade operacional*).

QUADRO 29.3 Demonstrativo de fluxos de caixa para a Dynamic Mattress Company, 2015 (em $ milhões)

Fluxos de caixa das atividades operacionais:	
Lucro líquido	60
Depreciação	20
Aumento (diminuição) nas contas a receber	−25
Aumento (diminuição) nos estoques	5
Aumento (diminuição) nas contas a pagar	25
Fluxo de caixa líquido das atividades operacionais	85
Fluxos de caixa das atividades de investimento:	
Investimento em imobilizado	−30
Fluxos de caixas das atividades de financiamento:	
Dividendos	−30
Vendas (compras) de títulos negociáveis	−25
Aumento (diminuição) na dívida de longo prazo	30
Aumento (diminuição) na dívida de curto prazo	−25
Fluxo de caixa líquido das atividades de financiamento	−50
Aumento (diminuição) no saldo de caixa	5

3. Reduziu os estoques, liberando $5 milhões (*atividade operacional*).
4. Aumentou as suas contas a pagar, conseguindo de fato um crédito adicional de $25 milhões concedidos pelos fornecedores (*atividade operacional*).
5. Emitiu obrigações de longo prazo no valor de $30 milhões (*atividade de financiamento*).

O demonstrativo de fluxos de caixa da Dynamic demonstra que a empresa aplicou o caixa da seguinte maneira:

1. Aceitou que as suas contas a receber aumentassem $25 milhões (*atividade operacional*). Na realidade, emprestou esse montante adicional aos seus clientes.
2. Investiu $30 milhões (*atividade de investimento*). Esse valor consta no Quadro 29.2 como aumento do imobilizado bruto.
3. Pagou $30 milhões em dividendos (atividade de financiamento). (*Obs.:* o aumento de $30 milhões do capital próprio da Dynamic do Quadro 29.2 é procedente dos lucros retidos: $60 milhões do resultado líquido menos os $30 milhões dos dividendos.)
4. Adquiriu $25 milhões de títulos negociáveis (*atividade de financiamento*).
5. Reembolsou um empréstimo bancário de curto prazo de $25 milhões (*atividade de financiamento*).[6]

Observe novamente o Quadro 29.3 e repare que, para calcular os fluxos de caixa decorrentes de atividades operacionais, iniciamos com o lucro líquido e, depois, fizemos dois ajustes. Primeiro, como a depreciação *não* é uma saída de caixa, devemos adicioná-la de volta ao lucro líquido.[7] Em segundo lugar, devemos reconhecer o fato de que o demonstrativo de resultados contabiliza as vendas e as despesas na data da sua realização, e não na data do pagamento. Veja o que acontece com as vendas a crédito da Dynamic. A empresa contabiliza o lucro no momento da venda, não havendo entrada de fundos até o momento em que as faturas são pagas. Desse modo, não haverá alteração do saldo de caixa da empresa, embora haja um aumento do capital de giro sob a forma de um aumento em contas a receber. Assim, não seria apresentado, no demonstrativo de fluxos de caixa do Quadro 29.3, um aumento líquido do caixa. O aumento das disponibilidades por origem interna das operações seria anulado por um aumento das contas a receber. Mais tarde, quando as faturas forem pagas, acabará por haver um aumento do saldo de caixa. No entanto, já não se registra qualquer lucro adicional ou aumento do capital de giro. O aumento do saldo de caixa vai coincidir exatamente com a redução nas contas a receber.

O Quadro 29.3 ajusta os fluxos de caixa das atividades operacionais, *reduzindo-os* em $25 milhões para refletir o crédito adicional que a Dynamic estendeu aos seus clientes. Por outro lado, em 2015, a empresa diminuiu seus estoques e aumentou o montante que ela devia aos seus fornecedores. O fluxo de caixa das atividades operacionais é ajustado *para cima* para refletir essas mudanças.

Um balanço efetuado no início do processo apresenta saldo de caixa. Se isso acontecer mais adiante, verifica-se que as disponibilidades de caixa foram substituídas por inventários de matérias-primas e, posteriormente, por inventários de produtos acabados. Quando os produtos são vendidos, os estoques são substituídos por contas a receber e, por fim, quando os clientes pagarem as suas faturas, a empresa concretiza o seu lucro e repõe o saldo de caixa.

Existe apenas uma constante nesse processo: o capital de giro. Essa é uma razão pela qual o capital de giro (líquido) é uma medida sumária e útil dos ativos e passivos de curta duração. Um dos pontos fortes da medida do capital de giro se assenta no fato de não ser afetada pelas variações

---

[6] Trata-se do reembolso do capital, não dos juros. Às vezes, os pagamentos dos juros são explicitamente reconhecidos como utilização de fundos, e, quando é assim, os fluxos de caixa operacionais devem ser determinados *antes* dos juros, ou seja, a soma dos lucros líquidos, dos juros e das depreciações.

[7] Há uma potencial complicação neste ponto, pois o valor da depreciação mostrado no relatório da empresa raramente é o mesmo que o valor da depreciação usado para o cálculo do imposto. A justificativa é que as empresas podem minimizar seus pagamentos fiscais correntes utilizando o método da depreciação *acelerada* quando calculam seus rendimentos tributáveis. Como resultado, os registros dos acionistas (que geralmente usam o método da depreciação linear) superestimam o encargo fiscal corrente da organização. O primeiro método não elimina os impostos; apenas os diferem para anos futuros. Como o passivo final tem de ser reconhecido, os impostos extras que necessitarão ser pagos estão mostrados no balanço como encargos fiscais diferidos. No demonstrativo de fluxos de caixa qualquer aumento nos impostos diferidos é tratado como uma fonte de fundos. No exemplo da Dynamic Mattress os impostos diferidos foram ignorados.

sazonais ou temporárias dos diversos ativos ou passivos de curta duração. Mas seu ponto forte é, ao mesmo tempo, um de seus pontos fracos, pois o valor do capital de giro esconde muitas informações de interesse. No nosso exemplo, as disponibilidades de caixa foram transformadas em estoques, depois em contas a receber, e novamente em disponibilidades. Os ativos possuem, do mesmo modo, graus diferentes de risco e de liquidez, e não se podem pagar faturas com estoques ou com contas a receber – é preciso pagá-las com dinheiro.

O ciclo de caixa

Pense no financiamento regular que a Dynamic precisa a fim de manter suas operações regulares. A empresa conduz um negócio muito simples, comprando matérias-primas à vista, transformando-as em produtos acabados e vendendo esses bens a crédito. O ciclo completo das operações tem o seguinte esboço:

O retardo entre o investimento inicial da Dynamic em estoques e a data final de venda é chamado de *média de dias em estoque* (um parâmetro que você deve recordar do Capítulo 28). O retardo entre o momento em que as mercadorias são vendidas e o momento em que os clientes finalmente pagam suas contas é o *período médio de cobrança* (outro parâmetro que lhe deve ser familiar). O período total decorrido entre a compra de matérias-primas e o pagamento final pelo cliente é denominado *ciclo operacional*:

Ciclo operacional = número médio de dias no estoque + período médio de cobrança

Contudo, a Dynamic não está zerada de caixa durante todo esse ciclo operacional. Embora a empresa comece pela compra de matérias-primas, não paga por elas imediatamente. Quanto mais tempo postergar o pagamento, menor será o período que a empresa ficará sem caixa. O intervalo entre o pagamento que a empresa faz por suas matérias-primas e o recebimento de pagamento de seus clientes é conhecido como ciclo de caixa ou período de conversão de caixa:

Ciclo de caixa = ciclo operacional – prazo de contas a pagar
= (número médio de dias no estoque + período médio de cobrança) – prazo de contas a pagar

Isso está ilustrado na Figura 29.3.

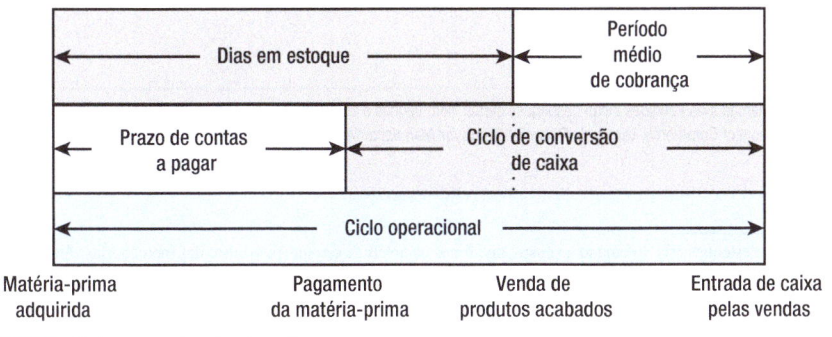

▶ **FIGURA 29.3** Ciclo operacional e de caixa.

Podemos calcular o ciclo de caixa para a Dynamic Mattress. Suponha que ela adquira os materiais no dia 0, mas que pague por eles no dia 24 (prazo médio de pagamento = 24 dias). No dia 29, a Dynamic converteu as matérias-primas em colchões acabados, que depois são vendidos (dias no estoque = 29). Passados 21 dias, isto é, no dia 50, os clientes da Dynamic pagam por seus produtos (período de cobrança = 21). Dessa maneira, há uma saída de caixa no dia 24, e o dinheiro não retorna ao caixa até o dia 50. Para a Dynamic:

$$\text{Ciclo de caixa (dias)} = \text{número médio de dias no estoque} + \text{período médio de cobrança} - \text{prazo médio de pagamento}$$
$$26 = 29 + 21 - 24$$

É interessante comparar o ciclo de caixa da Dynamic com o de outras corporações norte-americanas. A Tabela 29.4 oferece as informações necessárias para estimar o ciclo médio para empresas fabris:[8]

$$\text{Número médio de dias no estoque} = \text{estoque no início do ano/custo diário das mercadorias vendidas}$$
$$= 773/(6.181/365) = 45{,}6 \text{ dias}$$

$$\text{Período médio de cobrança} = \text{recebíveis no início do ano/vendas diárias}$$
$$= 718(6.6896/365) = 38{,}0 \text{ dias}$$

$$\text{Prazo médio de contas a pagar} = \text{pagáveis no início do ano/custo diário das mercadorias vendidas}$$
$$= 557/(6.181/365) = 32{,}9 \text{ dias}$$

Portanto, o ciclo de caixa é:

$$\text{Número médio de dias no estoque} + \text{Período médio de cobrança} - \text{Prazo médio de contas a pagar}$$
$$= 45{,}6 + 38{,}0 - 32{,}9 = 50{,}7 \text{ dias}$$

Em outras palavras, as empresas fabris norte-americanas costumam levar cerca de seis semanas entre o momento em que despendem caixa em estoque até receber o pagamento de seus clientes. Isso se manifesta no capital de giro que as empresas precisam manter.

O ciclo de caixa, obviamente, é muito mais curto para alguns empreendimentos do que para outros. As empresas aeroespaciais, por exemplo, costumam manter grandes estoques e oferecer longos períodos de pagamento. Seu ciclo de caixa é de cerca de seis meses, e elas precisam fazer investimentos substanciais em capital de giro líquido. Em contraste, empresas de varejo, com seu baixo investimento em recebíveis, apresentam um ciclo de caixa similar ao da Dynamic. Essas empresas muitas vezes têm um capital de giro negativo.

QUADRO 29.4 Dados usados para calcular o ciclo de caixa de empresas fabris norte-americanas em 2014 ($ bilhões)

Declaração de Renda	
Vendas	$6.896
Custo das mercadorias vendidas	6.181
Balanço Contábil, Início do Ano	
Estoque	$773
Contas a receber	718
Contas a pagar	557

Obs.: o custo das mercadorias vendidas inclui despesas gerais, com vendas e administrativas.
Fonte: U.S. Department of Commerce, *Quarterly Financial Report for Manufacturing, Mining, and Trade Corporations*, December 2014, Tables 1.0 e 1.1.

---

[8] Como o valor dos estoques está vinculado ao custo, dividimos os níveis de estoque pelo custo das mercadorias vendidas, em vez de dividir pela receita de vendas, para obter o número médio de dias no estoque. Dessa forma, tanto o numerador quanto o denominador são mensurados por custo. A mesma lógica vale para o prazo médio de contas a pagar. Por outro lado, como as contas a receber são mensuradas conforme o preço dos produtos, dividimos os recebíveis médios pela receita de vendas diárias para obtermos o período médio de cobrança.

29.3 Orçamentos de caixa

O interesse no passado provém das lições que podem dele ser tiradas. O problema do gestor financeiro está em prever as origens e as aplicações *futuras* de caixa, as quais têm duas finalidades. Primeira, oferecem ao gestor financeiro um padrão ou orçamento para analisar o desempenho subsequente e, segunda, alertam o gestor para as necessidades de fluxos de caixa futuros. O dinheiro, como todos sabemos, tem o hábito de desaparecer rapidamente.

Elaboração do orçamento de caixa: entradas de caixa

Ilustraremos a preparação do orçamento de caixa continuando com o exemplo da Dynamic Mattress.

A maioria das entradas de caixa da Dynamic tem origem na venda de colchões. Por conseguinte, começaremos com uma previsão de vendas por trimestre para 2016:[9]

	Primeiro trimestre	Segundo trimestre	Terceiro trimestre	Quarto trimestre
Vendas ($ milhões)	560	502	742	836

Mas as vendas transformam-se em contas a receber antes de se transformarem em dinheiro. As entradas de caixa provêm das *cobranças* das contas a receber.

A maioria das empresas controla o prazo médio que os clientes demoram a pagar suas faturas. A partir daí, elas poderão prever a parte das vendas de um trimestre que supostamente será convertida em caixa durante esse trimestre e a parte que será diferida para o trimestre seguinte como contas a receber. Suponhamos que 70% das vendas sejam "cobradas" no trimestre a que se referem e 30% no trimestre seguinte. No Quadro 29.5 estão representados os recebimentos previstos sob essa hipótese. No primeiro trimestre, por exemplo, os recebimentos das vendas do trimestre são 70% de $560, ou seja, $392 milhões. Mas a empresa também recebe 30% das vendas do trimestre anterior, ou seja, 0,3 × ($397) = $119 milhões. Por conseguinte, os recebimentos totais elevam-se a $392 + $119 = $511 milhões.

A Dynamic iniciou o primeiro trimestre com $150 milhões de contas a receber. As vendas de $560 milhões do trimestre foram *adicionadas* às contas a receber, mas foram *subtraídos* $511 milhões dos recebimentos. Por conseguinte, tal como consta no Quadro 29.5, a Dynamic terminou o trimestre com contas a receber no valor de $150 + 560 − 511 = $199 milhões. A fórmula geral é:

Contas a receber final = contas a receber inicial + vendas − cobranças

QUADRO 29.5 Para prever as cobranças das contas a receber da Dynamic Mattress, é preciso prever as vendas e as taxas de cobrança em 2016 (em $ milhões)

		Primeiro trimestre	Segundo trimestre	Terceiro trimestre	Quarto trimestre
1	Contas a receber no início do período	150	199	181,6	253,6
2	Vendas	560	502	742	836
	Recebimentos:				
	Vendas no mesmo período (70%)	392	351,4	519,4	585,2
	Vendas no período anterior (30%)	119*	168	150,6	222,6
3	Recebimentos totais:	511	519,4	670	807,8
4	Contas a receber no final do período 1 + 2 − 3	199	181,6	253,6	281,8

* As vendas do quarto trimestre do ano anterior foram de $396 milhões.

---

[9] Muitas empresas efetuam previsões de caixa mensais e não trimestrais. Às vezes, são feitas previsões semanais ou até mesmo diárias, mas apresentar uma previsão mensal triplicaria o número de entradas no Quadro 29.5, bem como nos quadros seguintes. Quisemos que o exemplo permanecesse o mais simples possível.

QUADRO 29.5 Orçamento de caixa da Dynamic Mattress para 2016 (em $ milhões)

	Primeiro trimestre	Segundo trimestre	Terceiro trimestre	Quarto trimestre
Origens de caixa:				
Cobranças de contas a receber	511	519,4	670	807,8
Outras	0	0	77	0
Total das origens	511	519,4	747	807,8
Aplicações de caixa:				
Pagamentos de contas a pagar	250	250	267	261
Aumentos dos estoques	150	150	170	180
Despesas com pessoal e outras	136	136	136	136
Dispêndios com investimento	70	10	8	14,5
Impostos, juros e dividendos	46	46	46	46
Total das aplicações	652	592	627	637,5
Origens menos aplicações	**−141**	**−72,6**	**120**	**170,3**
Cálculo das necessidades financeiras de curto prazo:				
Caixa no início do período	25	−116	−188,6	−68,6
Variação no saldo de caixa	−141	−72,6	120	170,3
Caixa no final do período	−116	−188,6	−68,6	101,7
Saldo operacional mínimo de caixa	25	25	25	25
Financiamento acumulado necessário	141	213,6	93,6	76,7

A parte superior do Quadro 29.6 apresenta as origens previstas de caixa da Dynamic Mattress. As cobranças dos valores a receber são a principal origem de fundos, mas não a única. Talvez a empresa tencione vender algum terreno, espere um reembolso fiscal ou o pagamento de uma indenização de seguro. Todos esses itens estão incluídos em "outras" origens. Também poderá ser possível levantar capital adicional contraindo um empréstimo ou vendendo ações, mas não pretendemos antecipar a análise dessa questão; por isso, partiremos do princípio de que a Dynamic não levantará financiamento adicional a longo prazo.

Elaboração do orçamento de caixa: saídas de caixa

A questão das entradas de caixa está completa; vejamos agora as saídas de caixa. Parece sempre haver mais aplicações para o caixa do que origens. Para simplificar, as aplicações foram agrupadas em cinco categorias no Quadro 29.6.

1. *Pagamento de contas a pagar.* É necessário pagar as faturas de matérias-primas, componentes, eletricidade etc. A previsão do fluxo de caixa pressupõe que todas essas faturas sejam pagas em dia, embora possa ser provável que a Dynamic adie o pagamento por algum tempo. O pagamento atrasado é, por vezes, denominado *dilatação do prazo de pagamento*. A dilatação do prazo é uma fonte de financiamento a curto prazo, mas, para a maioria das empresas, trata-se de uma origem dispendiosa, pois, ao dilatar o prazo de pagamento, perdem descontos concedidos às empresas que pagam em dia.

2. *Aumento dos estoques.* O aumento esperado nas vendas em 2016 exige um investimento adicional em estoques.

3. *Despesas com pessoal, administrativas e outras.* Essa categoria abrange todas as outras despesas regulares da atividade.

4. *Despesas de investimento.* Note que a Dynamic Mattress planeja fazer um investimento importante no primeiro trimestre.

5. *Pagamento de impostos, juros e dividendos.* Engloba os juros sobre o endividamento atual a longo prazo, mas não os juros sobre quaisquer endividamentos adicionais para cobrir necessidades de caixa em 2010. Nessa fase da análise, a Dynamic não sabe quanto terá de pedir emprestado, nem mesmo se terá necessidade de pedir algum empréstimo.

O saldo líquido previsto de caixa (origens *menos* aplicações) é representado pela linha sombreada no Quadro 29.6. Observe o elevado valor negativo no primeiro trimestre: uma *saída de caixa* prevista de $141 milhões. No segundo trimestre, há uma saída de caixa prevista mais baixa e, depois, existem entradas substanciais de caixa no terceiro e no quarto trimestres.

A parte inferior do Quadro 29.6 calcula o montante que a Dynamic precisa obter se os fluxos de caixa previstos estiverem corretos. Ela inicia o ano com um saldo de caixa de $25 milhões. No primeiro trimestre, há uma saída de caixa de $141 milhões; por isso, a Dynamic terá de obter pelo menos $141 − 25 = $116 milhões de financiamento adicional. Essa situação deixaria a empresa com um saldo previsto de caixa nulo no início do segundo trimestre.

A maioria dos gestores financeiros considera que a previsão de um saldo de caixa nulo se assemelha à condução para a beira do precipício. Determina-se, então, um *saldo operacional mínimo de caixa* para absorver os fluxos inesperados de caixa, positivos e negativos. Parte-se do princípio de que o saldo operacional mínimo de caixa da Dynamic é de $25 milhões, o que significa que a empresa terá de levantar na totalidade os $141 milhões no primeiro trimestre e $72,6 milhões no segundo trimestre. Assim, suas necessidades financeiras acumuladas elevam-se a $213,6 milhões no segundo trimestre. Felizmente, esse é o ponto máximo: as necessidades financeiras acumuladas reduzem-se em $120 milhões no terceiro trimestre para $93,6 milhões. No último trimestre, a Dynamic está quase fora do túnel: o saldo de caixa é de $101,7 milhões, bastante distinto do saldo operacional mínimo.

O próximo passo consistirá em desenvolver um *plano de financiamento de curto prazo* que cubra as necessidades previstas da maneira mais econômica possível. Esse tema será abordado depois de duas observações de caráter geral:

1. As elevadas saídas de caixa, nos dois primeiros trimestres, não revelam necessariamente problemas da Dynamic Mattress. Refletem, em parte, o investimento feito no primeiro trimestre, ou seja, a Dynamic está gastando $70 milhões, mas deverá comprar um ativo desse valor ou superior. Em parte, as reduções de caixa refletem um baixo volume de vendas no primeiro semestre, mas as vendas se recuperam no segundo semestre.[10] Caso esse seja um comportamento sazonal previsível, a empresa não terá qualquer problema em contrair um empréstimo para ultrapassar as dificuldades durante os meses com menos atividade.

2. O Quadro 29.6 é apenas o melhor palpite sobre os fluxos de caixa futuros; por isso, é aconselhável considerar um fator de *incerteza* nas estimativas. Seria importante, por exemplo, introduzir uma análise de sensibilidade de modo a observar como as necessidades de caixa da Dynamic seriam afetadas por um decréscimo das vendas ou por um atraso nas cobranças. O problema da análise de sensibilidade é o de se alterar apenas um item de cada vez, quando, na prática, uma recessão poderia afetar, digamos, o nível de vendas *e* as taxas de cobrança. Uma solução alternativa, mas mais complicada, consiste em estabelecer um modelo de orçamento de caixa e, depois, efetuar simulações para determinar a probabilidade de necessidades de caixa. Se as necessidades de caixa forem difíceis de prever, talvez seja o caso de se manter caixa ou títulos negociáveis adicionais para cobrir uma possível saída de caixa inesperada.

29.4 O plano de financiamento de curto prazo

O orçamento de caixa da Dynamic define o seu problema: o gestor financeiro tem de conseguir financiamento de curto prazo que cubra as necessidades de caixa previstas da empresa. Existem dezenas de fontes de financiamento a curto prazo, mas, para simplificar, partimos do princípio de que há apenas duas opções:

---

[10] Pode ser que as pessoas comprem mais colchões perto fim do ano, quando as noites são mais compridas no hemisfério norte.

Opções para o financiamento de curto prazo

1. *Empréstimo bancário.* A Dynamic tem um acordo com o seu banco que lhe permite utilizar até $100 milhões de crédito a uma taxa de juros de 10% ao ano, ou 2,5% ao trimestre. A empresa pode utilizar e repagar o crédito sempre que quiser, desde que não ultrapasse o limite de crédito.

2. *Dilatação do prazo de pagamento.* A Dynamic também pode levantar capital diferindo o pagamento das suas faturas. O gestor financeiro acredita que a Dynamic pode diferir até $100 milhões em cada trimestre. Ou seja, podem ser poupados $100 milhões no primeiro trimestre, *não* pagando faturas nesse trimestre. (Note que as previsões dos fluxos de caixa do Quadro 29.6 consideraram que essas faturas *serão* pagas no primeiro trimestre.) Se forem diferidos, esses pagamentos *têm* de ser efetuados no segundo trimestre, mas as faturas desse trimestre no montante de $100 milhões podem ser diferidas para o terceiro trimestre, e assim sucessivamente.

No entanto, o diferimento dos pagamentos é geralmente dispendioso, mesmo não sendo por má vontade. A causa está no fato de os fornecedores oferecerem, muitas vezes, descontos de pronto pagamento. A Dynamic perderá esse desconto se pagar tarde. Neste exemplo, pressupomos que o desconto perdido é de 5% do montante diferido. Ou seja, se um pagamento de $100 for diferido, a empresa terá de pagar $105 no trimestre seguinte.

QUADRO 29.7 Plano de financiamento da Dynamic Mattress (em $ milhões)

		Primeiro trimestre	Segundo trimestre	Terceiro trimestre	Quarto trimestre
	Novos recursos tomados:				
1	Empréstimo bancário	100,0	0,0	0,0	0,0
2	Diferimento de pagamentos	16,0	92,4	0,0	0,0
3	Total	116,0	92,4	0,0	0,0
	Reembolsos:				
4	Empréstimo bancário	0,0	0,0	20,0	80,0
5	Pagamentos diferidos	0,0	16,0	92,4	0,0
6	Total	0,0	16,0	112,4	80,0
7	Novo endividamento líquido	116,0	76,4	−112,4	−80,0
8	Mais títulos vendidos	25,0	0,0	0,0	0,0
9	Menos títulos comprados	0,0	0,0	0,0	87,8
10	Total do caixa levantado	141,0	76,4	−112,4	−167,8
	Obs.: endividamento acumulado e vendas de títulos				
	Empréstimo bancário	*100,0*	*100,0*	*80,0*	*0,0*
	Diferimento de pagamentos	*16,0*	*92,4*	*0,0*	*0,0*
	Títulos líquidos vendidos	*25,0*	*25,0*	*25,0*	*−62,8*
	Pagamentos de juros:				
11	Empréstimo bancário	0,0	2,5	2,5	2,0
12	Diferimento de pagamentos	0,0	0,8	4,6	0,0
13	Juros sobre os títulos vendidos	0,0	0,5	0,5	0,5
14	Juros líquidos pagos	0,0	3,8	7,6	2,5
15	Caixa necessário para as operações	141,0	72,6	−120,0	−170,3
16	Total do caixa necessário	141,0	76,4	−112,4	−167,8

O plano de financiamento da Dynamic

Com essas duas opções, a estratégia de financiamento a curto prazo é óbvia: utilizar primeiro a linha de crédito, se necessário, até o limite de crédito de $100 milhões. Se as necessidades de caixa excederem o limite de crédito, diferir os pagamentos.

O Quadro 29.7 apresenta o plano de financiamento resultante. No primeiro trimestre, o plano requer a utilização do montante total disponível da linha de crédito ($100 milhões) e o diferimento de pagamentos no montante de $16 milhões (veja as linhas 1 e 2 do quadro). Além disso, a empresa vende os títulos negociáveis no valor de $25 milhões que detinha no final de 2015 (linha 8) e, assim, obtém 100 + 16 + 25 = $141 milhões no primeiro trimestre (linha 10).

No segundo trimestre, o plano prevê que a Dynamic continue a receber um empréstimo de $100 milhões do banco e o diferimento de pagamentos de $92,4 milhões. Isso levanta $76,4 milhões adicionais depois de liquidar os $16 milhões diferidos do primeiro trimestre.

Por que levantar $76,4 milhões quando a Dynamic necessita apenas de $76,2 milhões para financiar as suas operações? A razão reside no fato de a empresa ter de pagar os juros dos empréstimos que contraiu no primeiro trimestre e antevê juros nos títulos negociáveis que foram vendidos.[11]

No terceiro e no quarto trimestres o plano prevê a liquidação da dívida da Dynamic e uma pequena compra de títulos negociáveis.

Avaliação do plano

Será que o plano mostrado no Quadro 29.7 resolve o problema de financiamento de curto prazo da Dynamic? Não. O plano é exequível, mas a empresa provavelmente pode conseguir um melhor. O ponto mais fraco desse plano reside na sua dependência dos diferimentos de pagamentos, uma forma de financiamento extremamente dispendiosa. Recorde que o diferimento de pagamentos custa 5% *por trimestre* à Dynamic – 20% ao ano a juros simples. O primeiro plano constituirá unicamente um estímulo para que o gestor financeiro procure fontes de financiamento de curto prazo menos dispendiosas.

O gestor financeiro ainda deverá ponderar vários outros fatores. Por exemplo:

1. Será que o plano conduz a índices satisfatórios de liquidez geral e seca?[12] Os bancos talvez se preocupem se esses índices se deteriorarem.[13]

2. Haverá custos intangíveis derivados do diferimento de pagamentos? Os fornecedores começarão a duvidar da capacidade de crédito da Dynamic?

3. Será que o plano para 2016 deixa a Dynamic em uma boa situação financeira para 2017? (A resposta é sim, dado que a Dynamic terá liquidado todo o endividamento de curto prazo no final do ano.)

4. A Dynamic deveria tentar obter um financiamento de longo prazo para o grande pagamento de investimento do primeiro trimestre? Pareceria correto à luz da regra prática segundo a qual os ativos de longo prazo merecem financiamento de longo prazo. Reduziria também drasticamente a necessidade de endividamento de curto prazo. Um argumento contrário seria o de que a Dynamic financiaria o investimento apenas temporariamente pelo endividamento de curto prazo. No final do ano, o investimento estaria pago com o caixa procedente das operações. Assim, a decisão inicial da Dynamic de não contrair imediatamente um financiamento de longo prazo talvez reflita a opção de, em última análise, financiar o investimento com os lucros retidos.

5. Será possível ajustar os planos operacionais e de investimento da empresa para tornar mais fácil o problema de financiamento de curto prazo? Haverá alguma maneira simples de diferir as elevadas saídas de caixa do primeiro trimestre? Por exemplo, suponhamos que o elevado investimento no primeiro trimestre diz respeito a novas máquinas de encher colchões a serem entregues e instaladas durante o primeiro semestre. As novas máquinas não

---

[11] O empréstimo bancário tem juros trimestrais de $0,25 \times 100 = \$2,5$ milhões; o desconto perdido nos pagamentos diferidos tem o valor de $0,05 \times 16 = \$0,8$ milhão, e os juros perdidos nos títulos negociáveis são de $0,02 \times 25 = \$0,5$ milhão.

[12] Esses índices foram discutidos no Capítulo 28.

[13] Não calculamos esses índices propositadamente, mas é possível deduzir, a partir do Quadro 29.7, que estariam bem no final do ano, mas relativamente baixos no meio dele, quando o endividamento da Dynamic se encontra elevado.

estão programadas para estarem prontas e totalmente em operação antes de agosto. Talvez o fabricante das máquinas possa ser persuadido a aceitar 60% do preço de compra na entrega e 40% quando as máquinas estiverem instaladas e satisfatoriamente em operação.

6. Será que a Dynamic também poderá conseguir liberar caixa pela redução do nível de outros ativos circulantes? Por exemplo, ela poderia reduzir as contas a receber sendo intransigente com os clientes que estão atrasados na liquidação das faturas (o custo é o de, no futuro, esses clientes poderem cortar as relações comerciais com a Dynamic). Ou ela poderá conseguir operar com estoques menores de colchões (o custo é a possibilidade de perder negócios se ocorrer uma precipitação de encomendas que não consiga satisfazer).

Os planos de financiamento de curto prazo são elaborados por aproximações sucessivas. Elabora-se um plano, analisa-se, depois tenta-se novamente com hipóteses diferentes de financiamento e de opções de investimento. Continua-se até esgotar as possibilidades de melhoria.

O método das aproximações sucessivas é importante porque ajuda a compreender a verdadeira natureza do problema da organização. Pode-se fazer aqui uma analogia útil entre o *método* de planejamento e o título do Capítulo 10, "Análise de projetos". Nesse capítulo, são descritos a análise de sensibilidade e outros instrumentos utilizados pelas empresas para descobrir o que faz pulsar os projetos de investimento e o que pode levá-los ao fracasso. O gestor financeiro da Dynamic é confrontado com o mesmo tipo de tarefa: não apenas optar por um plano, mas compreender o que poderá correr mal nesse plano e o que terá de ser feito se as condições se alterarem de modo imprevisível.[14]

Uma nota sobre os modelos de planejamento financeiro de curto prazo

Elaborar um plano coerente de curto prazo exige cálculos exaustivos.[15] Felizmente, grande parte da aritmética poderá ser delegada a um computador. Muitas grandes empresas têm *modelos de planejamento financeiro de curto prazo* preparados para fazer esses planos. As pequenas empresas, como a Dynamic Mattress, não necessitam de tanto detalhe e complexidade, e consideram mais fácil trabalhar com um programa de planilha de cálculo em um computador pessoal. Em qualquer dos casos, o gestor financeiro especifica as previsões das necessidades ou excedentes de caixa, das taxas de juros, dos limites de crédito etc., e o modelo apresenta um plano similar ao apresentado no Quadro 29.7.

O computador também elabora balanços patrimoniais, demonstrativos de resultados e quaisquer relatórios especiais que o gestor financeiro possa requerer. As empresas menores, que não queiram modelos feitos sob medida, podem alugar modelos gerais oferecidos por bancos, empresas de contabilidade, consultores de gestão ou empresas especializadas em software.

A maior parte desses modelos simplesmente determina as consequências das hipóteses e políticas especificadas pelo gestor financeiro. Também existem modelos de *otimização* para o planejamento financeiro de curto prazo. Esses são, normalmente, modelos de programação linear. Procuram o *melhor* plano a partir de um leque de políticas alternativas identificadas pelo gestor financeiro. A otimização ajuda quando a empresa enfrenta problemas complexos com muitas alternativas interdependentes e restrições, para as quais o método das aproximações sucessivas pode nunca vir a identificar a *melhor* combinação de alternativas.

É óbvio que o melhor plano para um conjunto de pressupostos pode revelar-se desastroso se os pressupostos estiverem errados. Por isso, o gestor financeiro terá de estudar as implicações dos pressupostos alternativos acerca de fluxos de caixa futuros, taxas de juros etc.

29.5 Planejamento financeiro de longo prazo

Diz-se que um camelo parece com um cavalo concebido por um comitê. Se uma empresa tomasse todas as suas decisões financeiras de maneira desintegrada, acabaria ficando com um camelo fi-

---

[14] Esse ponto ainda é mais importante em planejamento financeiro de *longo prazo*.

[15] Se você duvida disso, reexamine o Quadro 29.7. É preciso salientar que as necessidades de caixa em cada trimestre dependem do endividamento do trimestre anterior, porque o endividamento cria a obrigação de pagar juros. Além disso, o problema da complexidade seria três vezes mais difícil se não tivéssemos simplificado com a previsão trimestral em vez de mensal.

nanceiro. É por isso que os gestores financeiros hábeis também devem planejar para o longo prazo e considerar as medidas financeiras que serão necessárias para suportar o crescimento de longo prazo da organização. Esse é o ponto em que as finanças e a estratégia se encontram. Um plano coerente de longo prazo exige o entendimento de como a empresa pode gerar retornos superiores optando por um setor de atividade e pelo modo que se posiciona nesse setor.

O planejamento de longo prazo envolve o orçamento de investimentos em grande escala. Foca no investimento para cada linha de negócio e evita ficar preso em detalhes. Obviamente, alguns projetos individuais podem ser suficientemente grandes a ponto de ter um impacto individual significativo. Por exemplo, a gigante das telecomunicações Verizon está gastando bilhões de dólares na implantação de tecnologia de banda larga baseada em fibra óptica aos seus clientes residenciais. É possível apostar que esse projeto foi explicitamente analisado como parte de seu plano financeiro de longo prazo. Normalmente, no entanto, os planejadores não trabalham em uma base de projeto a projeto. Em vez disso, eles se satisfazem com regras práticas que correlacionam níveis médios de ativos de curta duração e imobilizados com as vendas anuais, e não se preocupam muito com as variações sazonais existentes nessas relações. Nesses casos, a probabilidade de que as contas a receber podem aumentar à medida que as vendas atingem seus picos nos meses do fim de ano seria um detalhe desnecessário que os preveniria de tomar decisões estratégicas mais importantes.

Por que elaborar planos financeiros?

As empresas despendem recursos e tempo consideráveis no planejamento de longo prazo. Mas o que elas obtêm com esse investimento?

Planejamento contingente O planejamento não se limita a prever. O ato de prever concentra-se nos resultados mais prováveis, mas os planejadores se preocupam tanto com eventos improváveis como com os prováveis. Se você imaginar antecipadamente o que pode dar errado, tem menor probabilidade de ignorar os sinais de perigo que rondam e pode reagir com mais rapidez aos problemas.

As empresas desenvolveram uma série de modos de fazer perguntas condicionais, do tipo "e se" tanto para projetos individuais como para a empresa como um todo. Por exemplo, os gestores de modo geral lidam com as consequências de suas decisões sob diferentes cenários. Um cenário pode visualizar altas taxas de juros que contribuem para uma desaceleração do crescimento econômico mundial e preços de mercadorias mais baixos. Um cenário alternativo pode envolver uma economia doméstica em alta, um alto índice inflacionário e uma moeda fraca. A ideia é formular respostas a surpresas inevitáveis. O que você faria, por exemplo, se as vendas no primeiro ano acabassem sendo 10% mais baixas do que o previsto? Um bom plano financeiro deve ajudá-lo a se adaptar à medida que há o desenvolvimento dos eventos.

Considerando opções Os planejadores precisam considerar se há opções para a empresa explorar os seus pontos fortes existentes ao migrar para um terreno completamente novo. Com muita frequência podem recomendar a entrada em um mercado por razões "estratégicas" – isto é, não porque o investimento imediato tem um valor presente líquido positivo, mas porque ele estabelece a empresa em um novo mercado e cria opções para investimentos subsequentes possivelmente valiosos.

Por exemplo, a iniciativa custosa de fibras ópticas da Verizon oferece à empresa a *opção real* para prestar serviços adicionais que podem ser extremamente valiosos no futuro, tais como a entrega rápida de um conjunto de serviços de entretenimento caseiro. A justificativa para esses enormes investimentos reside nessas potenciais opções de crescimento.

Forçando a consistência Os planos financeiros facilitam as conexões entre os planos da organização e as necessidades de financiamento. Por exemplo, uma previsão de crescimento de 25% pode exigir que a organização emita títulos para pagar os dispêndios necessários de capital, enquanto uma taxa de crescimento de 5% pode possibilitar que ela financie esses dispêndios somente pela utilização do reinvestimento de lucros.

Os planos financeiros ainda ajudam a assegurar que os objetivos da empresa sejam mutuamente consistentes. Por exemplo, o CEO pode dizer que está objetivando uma margem de lucro de 10% e um crescimento das vendas de 20%, mas os planejadores financeiros precisam ponderar se esse maior crescimento nas vendas irá requerer cortes de preços, que, consequentemente, reduzirão a margem de lucro.

Além disso, qualquer objetivo que seja estabelecido em termos de índices contábeis não é operacional a menos que seja convertido novamente no que ele significa para as decisões de negócios. Por exemplo, uma margem de lucro mais elevada pode resultar de preços mais altos, custos menores ou de uma migração para a fabricação de novos produtos de maior margem. Por que, então, os gestores definem os objetivos dessa forma? Em parte, esses objetivos podem representar um código para transmitir preocupações reais. Por exemplo, uma margem de lucro-alvo pode ser um meio de dizer que, na busca por um crescimento nas vendas, a empresa permitiu que tivesse os custos fora de controle. O perigo é que qualquer pessoa pode esquecer o código, e as metas contábeis podem, por sua vez, serem vistas como objetivos nelas mesmas. Ninguém deve se surpreender quando os gerentes dos níveis intermediários focam nos objetivos para os quais são recompensados. Por exemplo, quando a Volkswagen fixou como uma de suas principais metas a obtenção de uma margem de lucro de 6,5% , alguns grupos dentro da própria empresa reagiram desenvolvendo e promovendo carros caros, com margens elevadas. Os modelos mais baratos foram desprezados pelo marketing; eles tinham margens de lucro menores, porém volumes mais altos de vendas. Quando isso ficou aparente, a Volkswagen anunciou que tiraria a ênfase na sua meta anterior de margem de lucros, para focar no retorno sobre o investimento. A organização esperava que essa medida pudesse estimular os gestores a extrair o máximo de lucro de cada dólar de capital investido.

Um modelo de planejamento financeiro de longo prazo para a Dynamic Mattress

Os planejadores financeiros geralmente utilizam um modelo de planejamento financeiro para ajudá-los a explorar as consequências de estratégias alternativas. Analisaremos novamente o gestor financeiro da Dynamic para ver como ele usa um programa de planilha de cálculo simples para elaborar o seu plano financeiro de longo prazo.

O planejamento de longo prazo diz respeito ao grande cenário. Por conseguinte, quando se constroem modelos de planejamento de longo prazo, geralmente é aceitável aglutinar todos os ativos e passivos de curto prazo em um único dado com o título de "capital de giro líquido". O Quadro 29.8 substitui os últimos balanços da Dynamic com versões condensadas que indicam somente o capital de giro líquido em vez de ativos ou passivos de curto prazo individualizados.

Suponha que a análise do setor, feita pela Dynamic, prevê um crescimento anual de 20% nas vendas e nos lucros da empresa durante os próximos cinco anos. Será que a empresa pode, realmente, esperar financiar esse crescimento por meio de retenção de lucros e de empréstimos, ou deve planejar em função de uma emissão de ações? Os programas de planilhas de cálculos são as ferramentas ideais para resolver problemas desse tipo. Vamos investigar.

As relações básicas entre fontes e aplicações nos informam que:

Capital externo necessário = investimento no capital de giro líquido + investimento em imobilizado + dividendos − fluxos de caixa operacionais

Assim, há três passos para determinar o capital adicional que a Dynamic vai precisar e das implicações no seu índice de endividamento:

Passo 1 Determine o lucro líquido mais a depreciação do próximo ano, pressupondo o aumento planejado de 20% nas receitas. A primeira coluna do Quadro 29.9 mostra esse dado para a Dynamic no último ano de medição (2015), e é extraído do Quadro 29.1. As outras colunas mostram os valores projetados para os cinco anos subsequentes.

Passo 2 Determine os investimentos adicionais no capital de giro líquido e no imobilizado que serão necessários para sustentar o aumento da atividade e qual parte do lucro líquido será paga sob a forma de dividendos. O total dessas despesas lhe oferece o total da *aplicação* do capital. Se este último valor exceder o fluxo de caixa gerado pelas operações, a Dynamic precisará levantar fundos adicionais de longo prazo. A primeira coluna do Quadro 29.10 mostra que, em 2015, a Dynamic necessitava levantar $30 milhões de novo capital. As outras colunas projetam suas necessidades de

QUADRO 29.8 Balanços de encerramento resumidos da Dynamic Mattress para 2015 e 2014 (em $ milhões)

	2009	2008
Capital de giro líquido	190	140
Imobilizado:		
Imobilizado bruto	350	320
Menos depreciação	100	80
Imobilizado líquido	250	240
Total do ativo	440	380
Endividamento de longo prazo	90	60
Patrimônio líquido	350	320
Total do passivo de longo prazo e patrimônio líquido*	440	380

* Quando, em um balanço de uma empresa, é apresentado apenas o capital de giro, esse valor (a soma do passivo de longo prazo e do patrimônio líquido) é denominado capitalização total.

fundos para os cinco anos subsequentes. Por exemplo, pode-se ver que a Dynamic precisará emitir $144,5 milhões de obrigações em 2016 se expandir à taxa planejada e não vender mais ações.

Passo 3 Por fim, construa um balanço *proforma*, do tipo projetado, que incorpore os ativos adicionais e os novos níveis da dívida e do capital próprio. Por exemplo, a primeira coluna do Quadro 29.11 mostra o último balanço condensado para a Dynamic Mattress. As colunas remanescentes mostram que o capital próprio da empresa aumenta com os lucros adicionais retidos (lucro líquido menos dividendos), enquanto a dívida de longo prazo aumenta constantemente até $691 milhões.

Durante o período de cinco anos, prevê-se que a Dynamic contraia um empréstimo adicional de $601 milhões e, até o ano de 2020, o seu índice de endividamento terá subido de 20% para 54%. Os pagamentos dos juros ainda serão confortavelmente cobertos pelos ganhos, e a maioria dos gestores financeiros pode simplesmente suportar esse montante de dívida. No entanto, a empresa não poderia continuar a tomar emprestado nessa taxa depois dos cinco anos, e o índice de endividamento poderia estar próximo do limite imposto pelos bancos e credores da organização.

Uma alternativa óbvia para a Dynamic seria emitir um mix de obrigações e de ações, mas há outras alternativas que o diretor financeiro poderá querer explorar. Uma opção poderá ser a retenção de dividendos durante o período de crescimento rápido. Outra opção poderá ser a possibilidade de a empresa fazer cortes no capital de giro líquido. Por exemplo, é possível montar estoques mais econômicos ou acelerar a cobrança de recebíveis. O modelo facilita o exame dessas alternativas.

QUADRO 29.9 Fluxos de caixa operacionais correntes (2015) e projetados da Dynamic Mattress (em $ milhões)

		2015	2016	2017	2018	2019	2020
1	Receitas	2.200,0	2.640,0	3.168,0	3.801,6	4.561,9	5.474,3
2	Custos (92% das receitas)	2.055,0	2.428,8	2.914,6	3.497,5	4.197,0	5.036,4
3	Depreciação (9% do imobilizado líquido no início do ano)	20,0	22,5	29,7	35,6	42,8	51,3
4	LAJIR (1 − 2 − 3)	125,0	188,7	223,7	268,5	322,2	386,6
5	Juros (10% de uma dívida de longo prazo no início do ano)	5,0	9,0	23,4	31,8	42,0	54,3
6	Impostos a 50%	60,0	89,8	100,1	118,3	140,1	166,2
7	Lucro líquido (4 − 5 − 6)	60,0	89,8	100,1	118,3	140,1	166,2
8	Fluxo de caixa operacional (3 + 7)	80,0	112,4	129,8	154,0	182,9	217,5

QUADRO 29.10 Fluxos de caixa operacionais correntes (2015) e projetados da Dynamic Mattress (em $ milhões)

		2015	2016	2017	2018	2019	2020
	Origens do capital:						
1	Lucro líquido mais depreciação	80,0	112,4	129,8	154,0	182,9	217,5
	Aplicações do capital:						
2	Aumento no capital de giro líquido (CGL), considerando que CGL = 11% das receitas	50,0	100,4	58,1	69,7	83,6	100,4
3	Investimento em imobilizado (IMO), considerando que IMO líquido = 12,5% das receitas	30,0	102,5	95,7	114,8	137,8	165,4
4	Dividendos (60% do lucro líquido)	30,0	53,9	60,1	71,0	84,1	99,7
5	Total de aplicações dos fundos (2 + 3 + 4)	110,0	256,8	213,9	255,5	305,5	365,4
6	Capital externo necessário (1 − 5)	30,0	144,5	84,0	101,6	122,6	147,9

Afirmamos anteriormente que o planejamento financeiro não é apenas a exploração dos vários modos de lidar com os resultados mais prováveis. Ele também precisa assegurar que a empresa está preparada para os resultados menos prováveis, ou inesperados. Por exemplo, a administração certamente gostaria de conferir se a Dynamic Mattress poderia enfrentar um declínio cíclico nas vendas e nas margens de lucro. A análise de sensibilidade e/ou a análise de cenários podem ajudá-lo a fazer isso.

Armadilhas na concepção dos modelos

O modelo da Dynamic Mattress que desenvolvemos é extremamente simples para fins de aplicação prática. Talvez você já tenha pensado em várias maneiras de aperfeiçoá-lo – manter o registro do número de ações emitidas, por exemplo, e evidenciar lucros e dividendos por ação. Ou pode querer fazer a distinção entre as oportunidades de endividamento e de aplicação de curto prazo, agora consolidadas no capital de giro.

O modelo que desenvolvemos para a Dynamic Mattress é conhecido como *modelo da porcentagem das vendas*. Quase todas as previsões feitas para a empresa são proporcionais ao nível previsto das vendas. Contudo, na prática, muitas variáveis *não* serão proporcionais às vendas. Por exemplo, há componentes importantes do capital de giro, como os estoques e os saldos de caixa que, geralmente, crescem mais lentamente do que as vendas. Além disso, o imobilizado, como as fábricas e os equipamentos, não costumam crescer em pequenos incrementos como acontecem com as vendas. A fábrica da Dynamic Mattress pode muito bem estar operando aquém da sua capacidade máxima, de modo que a empresa pode inicialmente aumentar a produção sem *quaisquer*

QUADRO 29.11 Balanços patrimoniais corrente (2015) e *pro forma* para a Dynamic Mattress (em $ milhões)

	2015	2016	2017	2018	2019	2020
Capital de giro líquido	190	290,4	348,5	418,2	501,8	602,2
Imobilizado líquido	250	330,0	396,0	475,2	570,2	684,3
Total do ativo	440	620,4	744,5	893,4	1.072,1	1.286,5
Dívida de longo prazo	90	234,5	318,5	420,0	542,7	690,6
Patrimônio líquido	350	385,9	426,0	473,3	529,4	595,8
Total do passivo e patrimônio líquido	440	620,4	744,5	893,4	1.072,1	1.286,5

aumentos da capacidade. Contudo, se as vendas continuarem a crescer, poderá precisar de um novo grande investimento na fábrica e em equipamento.

Mas tenha cuidado para não introduzir uma complexidade excessiva: sempre há a tentação de construir um modelo maior e mais detalhado. Você pode acabar com um modelo exaustivo, pesado demais para uma utilização rotineira. O fascínio do detalhe, se ceder a ele, desvia a atenção de decisões cruciais, tais como a política de emissões de ações e a política de dividendos.

Escolha de um plano

Os modelos de planejamento financeiro ajudam o gestor a desenvolver previsões consistentes de variáveis financeiras decisivas. Por exemplo, se você deseja calcular o valor da Dynamic Mattress, é preciso fazer previsões de fluxos de caixa livres futuros. Eles são facilmente calculados no final do período de planejamento com base no nosso modelo de planejamento financeiro.[16] Todavia, um modelo como esse não nos informa se o plano é ou não ideal, nem sequer indica quais alternativas vale a pena examinar. Por exemplo, vimos que a Dynamic Mattress está planejando um crescimento rápido das vendas e dos lucros por ação. Mas essas são boas notícias para os acionistas? Bem, não necessariamente; isso depende do custo de oportunidade do capital que a Dynamic Mattress precisa investir. Caso o novo investimento renda mais do que o custo do capital, ele terá um VPL positivo e tornará os acionistas mais ricos. Se o investimento rende menos do que o custo do capital, deixará os acionistas em pior situação, apesar de ela esperar um crescimento sustentado dos lucros.

O capital que a Dynamic Mattress precisa depende da sua decisão de pagar 60% dos seus ganhos como dividendos. Entretanto, o modelo de planejamento financeiro não nos indica se esse pagamento de dividendos faz sentido ou qual é a composição de capital próprio e de endividamento que a empresa deve emitir. Essa decisão final cabe à administração. Gostaríamos de lhe dizer exatamente como fazer essa escolha, mas não podemos, uma vez que não há nenhum modelo que englobe todas as complexidades encontradas no planejamento financeiro e na tomada de decisões.

E, na realidade, nunca haverá. A ênfase colocada nessa afirmação baseia-se na Terceira Lei de Brealey, Myers e Allen:[17]

> *Axioma:* o número de problemas não resolvidos é infinito.
> *Axioma:* o número de problemas não resolvidos que os seres humanos conseguem acumular em suas mentes, em qualquer momento, são 10.
> *Lei:* portanto, em qualquer campo de conhecimento, haverá sempre dez problemas que podem ser considerados, mas que não têm soluções formais.

A Terceira Lei implica que nenhum modelo pode determinar a melhor de todas as estratégias financeiras.[18]

29.6 Crescimento e financiamento externo

Iniciamos este capítulo citando que os planos financeiros obrigam os gestores a ser coerentes nos seus objetivos de crescimento, investimento e financiamento. Por isso, antes de abandonarmos o tópico do planejamento financeiro, devemos analisar as relações entre os objetivos de crescimento de uma empresa e as suas necessidades de financiamento.

Recordemos que a Dynamic Mattress terminou 2015 com $440 milhões de ativo imobilizado e de capital de giro líquido. Em 2016, ela previu reinvestir $35,9 milhões de lucros retidos, crescendo assim o imobilizado 35,9/440, ou 8,16%. Por isso, a Dynamic Mattress pode crescer 8,16% sem

---

[16] Reveja o Quadro 19.1, em que apresentamos os fluxos de caixa livres para a Rio Corporation. Um modelo de planejamento financeiro seria uma ferramenta natural para o cálculo desses valores.

[17] A Segunda Lei é apresentada na Seção 10.1.

[18] É possível construir modelos de programação linear que ajudam na busca da melhor estratégia, sujeitos a hipóteses e condições específicas. Esses modelos podem ser mais efetivos na seleção de estratégias financeiras opcionais.

ter de arranjar mais capital. A taxa de crescimento máxima que a empresa pode atingir sem recorrer a fundos externos é designada **taxa interna de crescimento**. Para a Dynamic Mattress:

$$\text{Taxa interna de crescimento} = \frac{\text{lucros retidos}}{\text{ativos líquidos}} = 8{,}16\%$$

Podemos compreender melhor o que determina a taxa interna de crescimento se multiplicarmos o numerador e o denominador da expressão de crescimento pelo *lucro líquido* e *patrimônio líquido*, da seguinte forma:

$$\text{Taxa interna de crescimento} = \frac{\text{lucros retidos}}{\text{lucro líquido}} \times \frac{\text{lucro líquido}}{\text{patrimônio líquido}} \times \frac{\text{patrimônio líquido}}{\text{ativos líquidos}}$$

Em 2016, a Dynamic Mattress esperava reinvestir 40% do lucro líquido e obter um retorno de 25,66% no patrimônio líquido com o qual iniciou o ano. No início do ano, o patrimônio líquido financiou 79,55% do ativo líquido. Portanto:

$$\text{Taxa interna de crescimento} = 0{,}40 \times 0{,}2566 \times 0{,}7955 = 0{,}0816 \text{ ou } 8{,}16\%$$

Repare que se a Dynamic Mattress quiser crescer mais rapidamente do que isso, sem ter de obter capital externo, precisaria (1) reinvestir uma maior quantidade dos seus lucros, (2) obter um maior retorno do patrimônio líquido (RPL) ou (3) ter um índice de dívida-patrimônio líquido menor.[19]

Em vez de se centrar na rapidez de crescimento que a empresa pode alcançar sem *qualquer* financiamento externo, o gestor financeiro da Dynamic Mattress pode estar interessado na taxa de crescimento que irá manter sem emissões adicionais de *ações*. É evidente que, se a empresa for capaz de emitir títulos de dívida suficientes, praticamente qualquer taxa de crescimento poderá ser financiada. Faz mais sentido partir do princípio de que a empresa estabeleceu uma estrutura ideal de capital, que manterá à medida que o capital próprio aumenta pelos lucros retidos. Por isso, a empresa só emite títulos de dívida necessários à manutenção constante do seu índice de endividamento. A **taxa de crescimento sustentável** é a taxa mais elevada de crescimento que a empresa pode manter sem aumentar seu endividamento financeiro. Todavia, a taxa de crescimento sustentável depende apenas da taxa de reinvestimento e do retorno do patrimônio líquido:

$$\text{Taxa de crescimento sustentável} = \text{índice de reinvestimento} \times \text{retorno do patrimônio líquido}$$

Para a Dynamic Mattress,

$$\text{Taxa de crescimento sustentável} = 0{,}40 \times 0{,}2566 = 0{,}1026 \text{ ou } 10{,}26\%$$

Encontramos pela primeira vez essa fórmula no Capítulo 4 e a utilizamos para avaliar ações ordinárias.

Essas fórmulas simples nos recordam que as organizações podem crescer rapidamente no curto prazo recorrendo ao financiamento por endividamento, mas tal crescimento raramente pode ser mantido sem incorrer em níveis excessivos de endividamento.

---

[19] Observe, contudo, que se os ativos crescem a uma taxa de apenas 8,16%, tanto o índice de vendas por ativos como a margem de lucro devem aumentar para manter um retorno no patrimônio líquido na faixa de 25,66%.

RESUMO

O planejamento financeiro de curto prazo preocupa-se com a gestão do ativo e do passivo de curto prazo, ou circulante, da empresa. Os elementos mais importantes do ativo circulante são o caixa, os títulos negociáveis, os estoques e as contas a receber. Os elementos mais importantes do passivo circulante são os empréstimos bancários e as contas a pagar. A diferença entre o ativo circulante e o passivo circulante é denominada capital de giro líquido.

A natureza do problema do planejamento financeiro de curto prazo é determinada pelo montante de capital de longo prazo que a empresa obtém. Uma empresa que emita grandes montantes de obrigações de longo prazo ou de ações ordinárias, ou que retenha uma grande parte dos seus lucros, pode encontrar-se com excedentes de caixa permanentes. Nesses casos, nunca surgem problemas com os pagamentos, e o planejamento financeiro de curto prazo limita-se a gerir a carteira de títulos negociáveis da empresa. Uma empresa que detém uma reserva de caixa tem mais tempo para reagir a uma eventual crise temporária. Esse fator pode ser importante para empresas em crescimento, que sentem dificuldade para levantar fundos em um período curto de tempo. No entanto, a manutenção de uma grande soma no caixa pode levar à complacência. Sugerimos que as empresas com excedentes permanentes de caixa deveriam devolver o excedente de caixa aos seus acionistas.

Outras empresas contraem relativamente pouco capital a longo prazo e acabam por se tornar devedores permanentes a curto prazo. A maioria das empresas tenta encontrar um meio ideal financiando todo o imobilizado e parte do ativo circulante com capitais próprios e dívida de longo prazo. Essas empresas podem investir os excedentes de caixa durante uma parte do ano e contrair empréstimos durante o resto dele.

O ponto de partida do planejamento financeiro de curto prazo é uma compreensão das origens e aplicações de caixa. As empresas planejam suas necessidades de caixa líquidas prevendo as cobranças das contas a receber, adicionando as outras entradas de caixa e subtraindo todos os pagamentos previstos. Se o saldo de caixa for insuficiente para cobrir as operações diárias e fornecer uma proteção contra contingências, terá de ser encontrado financiamento adicional. A procura do melhor plano financeiro de curto prazo processa-se inevitavelmente por aproximações sucessivas. O gestor financeiro deverá estudar as consequências dos vários pressupostos sobre necessidades de caixa, taxas de juros, fontes de financiamento etc. As empresas utilizam, cada vez mais, modelos financeiros informatizados para ajudar nesse processo. Os modelos vão desde simples programas de planilhas de cálculo que ajudam apenas na aritmética, até modelos de programação linear que ajudam a encontrar o melhor plano financeiro.

O planejamento financeiro de curto prazo foca nos fluxos de caixa da empresa até basicamente um ano. Todavia, o gestor financeiro também precisa considerar que ações financeiras serão necessárias para suportar o crescimento da empresa durante os próximos cinco ou dez anos. A maioria das empresas, portanto, prepara um plano financeiro de longo prazo que descreve a sua estratégia e projeta as suas consequências financeiras. Esse plano define os objetivos financeiros e é um ponto de referência para avaliar os desempenhos futuros.

O processo que produz o plano é por si só valioso. Primeiro, o planejamento obriga o gestor financeiro a considerar os efeitos combinados de todas as decisões de investimento e de financiamento da empresa. Isso é importante porque essas decisões interagem e não deveriam ser tomadas isoladamente. Segundo, o planejamento exige que o gestor considere eventos que podem perturbar o progresso da empresa e conceba estratégias complementares para contra-atacar se houver a ocorrência de surpresas desagradáveis.

Não há nenhuma teoria ou modelo que leve diretamente à estratégia financeira ideal. A exemplo do que acontece no planejamento de curto prazo, pode ser projetado um leque grande de estratégias segundo uma gama de hipóteses sobre o futuro. As dezenas de projeções independentes que podem ser necessárias geram uma carga pesada de trabalho aritmético. Mostramos ao leitor como é possível utilizar um modelo simples de planilha de cálculo para analisar a estratégia de longo prazo da Dynamic Mattress.

LEITURAS ADICIONAIS

O livro a seguir refere-se à gestão da liquidez e ao planejamento de curto prazo:

J. G. Kallberg and K. Parkinson, *Corporate Liquidity Management and Measurement*, (Burr Ridge, IL: Irwin/McGraw-Hill, 1996).

Os modelos de financiamento de longo prazo são discutidos em:

J. R. Morris and J. P. Daley, *Introduction to Financial Models for Management and Planning* (Boca Raton, FL: Chapman & Hall/CRC Finance Series, 2009).

PROBLEMAS

BÁSICO

1. **Ciclo de caixa** Nos anos fiscais de 2012 e 2013, os demonstrativos financeiros da Caterpillar incluíram os seguintes itens. Qual foi o ciclo de caixa da empresa?

	$ Milhões	
	2012	2013
Estoque	$15.547	$12.625
Recebíveis	20.113	18.729
Pagáveis	14.969	14.417
Vendas	65.875	55.656
Custo das mercadorias vendidas	47.852	41.454

2. **Ciclo de caixa** Qual efeito terá cada um dos itens a seguir sobre o ciclo de caixa?

    a. O giro de estoque cai de 80 para 60 dias.

    b. Os clientes passam a receber um desconto maior para transações em dinheiro.

    c. A empresa adota uma política de renunciar contas a pagar.

    d. A empresa começa a produzir mais mercadorias em resposta a encomendas dos clientes, em vez de produzirem antes da demanda.

    e. Uma saturação temporária no mercado de *commodities* leva a empresa a estocar matérias-primas enquanto os preços estão baixos.

3. **Caixa e capital de giro** Segue a lista de seis operações que a Dynamic Mattress poderia efetuar. Indique como cada transação afetaria: (1) o caixa e (2) o capital de giro. As operações são:
    i. O pagamento de um dividendo extra no montante de $10 milhões.
    ii. Um cliente paga uma fatura de $2.500 resultantes de uma venda anterior.
    iii. O pagamento de $5 mil que devia a um dos fornecedores.
    iv. Contrai um empréstimo de $10 milhões de longo prazo e aplica o seu valor em estoques.
    v. Contrai um empréstimo de 10 milhões de curto prazo e aplica o seu valor em estoques.
    vi. Vende $5 milhões de títulos negociáveis à vista.

4. **Fontes e usos de caixa** Indique a maneira como cada um dos seguintes acontecimentos poderá afetar o balanço da empresa e se cada alteração é uma origem ou uma aplicação de caixa.
    a. Um fabricante de automóveis aumenta a produção em resposta a um aumento previsto da demanda. Infelizmente, a demanda não aumenta.
    b. A concorrência obriga a empresa a dar maior prazo de pagamento aos clientes para as respectivas compras.
    c. A inflação aumenta o valor dos estoques de matérias-primas em 20%.
    d. A empresa vende um lote de terreno por $100 mil, o qual havia sido adquirido cinco anos antes por $200 mil.
    e. A empresa recompra as suas próprias ações ordinárias.
    f. A empresa duplica os dividendos trimestrais.
    g. A empresa emite $1 milhão de obrigações de longo prazo, que utiliza para repagar um empréstimo bancário de curto prazo.

5. **Coleta de recebíveis** Eis uma previsão das vendas da National Bromide para os quatro primeiros meses de 2016 (valores em $milhares):

	Mês 1	Mês 2	Mês 3	Mês 4
Vendas à vista	15	24	18	14
Vendas a crédito	100	120	90	70

Em média, 50% das vendas a crédito são pagas durante o mês em curso, 30% no mês seguinte e o restante no segundo mês depois da venda. Quais as entradas de caixa esperadas resultantes das operações nos meses 3 e 4?

6. **Previões de contas a pagar** A Dynamic Futon prevê as seguintes compras de fornecedores:

	Jan.	Fev.	Mar.	Abr.	Maio	Jun.
Valor das mercadorias ($ milhões)	32	28	25	22	20	20

a. Quarenta por cento dos bens são fornecidos por pagamento na entrega e o restante é pago com um prazo de pagamento médio de um mês. Se a Dynamic Futon começar o ano com contas a pagar no montante de $22 milhões, qual será o saldo de contas a pagar previsto para cada mês?

b. Considere que, a partir do início do ano, a empresa difere pagamentos pagando 40% um mês depois e 20% dois meses depois (o restante continua a ser pago à vista na entrega). Volte a calcular os pagamentos para cada mês partindo do princípio de que não há juros de mora por atrasos nos pagamentos.

7. **Plano da Dynamic a curto prazo** Cada um dos seguintes acontecimentos afeta um ou mais quadros das Seções 29.2 e 29.3. Apresente os efeitos de cada acontecimento ajustando os quadros listados entre parênteses.
    a. A Dynamic repaga apenas $10 milhões do endividamento a curto prazo em 2015. (Quadros 29.2 e 29.3)
    b. A Dynamic emite obrigações adicionais de longo prazo no montante de $40 milhões em 2015, e investe $25 milhões em um novo depósito (Quadros 29.1 a 29.3).
    c. Em 2015, a Dynamic reduz a quantidade de enchimento em cada colchão. Os clientes não percebem, mas os custos operacionais caem 10%. (Quadros 29.1 a 29.3)
    d. A partir do primeiro trimestre de 2016, a Dynamic admite novos funcionários, que conseguirão convencer os clientes a pagar mais rapidamente. Como resultado, 90% das vendas são pagas imediatamente, e 10% são pagas no trimestre seguinte. (Quadros 29.5 e 29.6)
    e. A partir do primeiro trimestre de 2016, a Dynamic reduz $20 milhões por trimestre nos salários. (Quadro 29.6)
    f. No segundo trimestre de 2016, um depósito não utilizado incendeia-se misteriosamente. A Dynamic recebe um cheque de $50 milhões da seguradora. (Quadro 29.6)
    g. O tesoureiro da Dynamic decide que pode economizar $10 milhões no saldo de caixa operacional. (Quadro 29.6)

8. **Planejamento financeiro** Verdadeiro ou falso?
    a. O planejamento financeiro deve tentar minimizar o risco.
    b. O objetivo principal do planejamento financeiro é obter melhores previsões de fluxos de caixa futuros e dos lucros.
    c. O planejamento financeiro é necessário porque as decisões de investimento e de financiamento interagem e não devem ser tomadas isoladamente.
    d. Os horizontes temporais do planejamento financeiro das empresas raras vezes excede os três anos.
    e. O planejamento financeiro exige previsões precisas.
    f. Os modelos de planejamento financeiro devem incluir o maior número de detalhes possíveis.

9. **Planos a longo prazo** O Quadro 29.12 resume o demonstrativo de resultados e o balanço de 2017 da Drake's Bowling Alleys. O diretor financeiro da Drake's prevê um aumento de 10% nas vendas e nos custos em 2018 .

QUADRO 29.12 Demonstrativos financeiros para a Drake's Bowling Alleys, 2017 (em $ milhões). Ver Problema 7

Demonstrativo de resultados		
Vendas	$1.000	(40% dos ativos médios)*
Custos	750	(75% das vendas)
Juros	25	(5% da dívida no início do ano)**
Lucro antes de impostos	225	
Impostos	90	(40% do lucro antes de impostos)
Lucro líquido	$135	
Balanço patrimonial			
Ativos	$2.600	Dívida	$500
		Patrimônio líquido	2.100
Total	$2.600	Total	$2.600

* Os ativos no final de 2016 eram $2.400.000.
** A dívida no final de 2016 era $500.000.

Espera-se que o índice das vendas sobre os *ativos médios* se mantenha a 0,40. Prevê-se que os juros sejam de 5% da dívida no início do ano.

a. Isso acarreta que nível dos ativos no final de 2018?

b. Se a empresa pagar 50% do lucro líquido em dividendos, que recursos ela precisará obter no mercado de capitais em 2018?

c. Se a Drake's não fizer uma emissão de ações, qual será o índice de endividamento no final de 2018?

10. **Planos a longo prazo** O Quadro 29.13 apresenta resumos dos demonstrativos financeiros da Archimed Levers. Se as vendas e todo o restante, incluindo o endividamento, aumentarem 10% em 2017, qual deverá ser o item compensador? Qual será o seu valor?

11. **Previsão de taxa de crescimento** Qual é a taxa de crescimento máxima possível para a Archimedes (ver o Problema 10) se o índice de distribuição de dividendos for de 50% e (a) não forem emitidas obrigações nem ações? (b) a empresa mantiver fixo o índice de endividamento mas não emitir ações?

12. **Ciclo de caixa** Uma empresa está cogitando diversas alterações de diretrizes para aumentar as vendas. Ela planeja ampliar a variedade de mercadorias mantidas em estoque, mas isso aumentará o estoque em $100 mil. Também oferecerá condições mais flexíveis de vendas, mas isso aumentará as contas a receber em $650 mil. A previsão é de que essas medidas venham a aumentar as vendas em $8 milhões ao ano. O custo das mercadorias vendidas permanecerá em 80% das vendas. Devido ao aumento das aquisições pela empresa para acompanhar suas necessidades de produção, as contas a pagar aumentarão em $350 mil. Qual efeito essas mudanças terão sobre o ciclo de caixa da empresa?

INTERMEDIÁRIO

13. **Orçamento de caixa** O Quadro 29.14 apresenta os dados do orçamento da Ritewell Publishers. Metade das vendas é efetuada com pagamento à vista; a outra metade é paga a um mês. A empresa paga todas as compras a crédito a um mês. Em janeiro, as compras a crédito atingiram o valor de $30, e no mesmo mês o total de vendas subiu para $180. Complete o orçamento de caixa do Quadro 29.15.

QUADRO 29.13 Demonstrativos financeiros para a Archimedes Levers, 2016 (em $ milhões). Ver Problemas 10 e 11

Demonstrativo de resultados	
Vendas	$4.000
Custos, incluindo juros	3.500
Lucro líquido	$500

Balanço patrimonial, fim de ano					
	2016	2015		2016	2015
Ativos	$3.200	$2.700	Dívida	$1.200	$1.033
			Patrimônio líquido	$2.000	$1.667
Total	$3.200	$2.700	Total	$3.200	$2.700

QUADRO 29.14 Dados orçamentários selecionados da Ritewell Publishers. Ver Problema 13

	Fevereiro	Março	Abril
Total de vendas	$200	$220	$180
Compras de material			
À vista	70	80	60
A crédito	40	30	40
Outras despesas	30	30	30
Impostos, juros e dividendos	10	10	10
Investimentos de capital	100	0	0

QUADRO 29.15 Orçamento de caixa para a Ritewell Publishers. Ver Problema 13

	Fevereiro	Março	Abril
Origens do caixa:			
Recebimentos das vendas à vista			
Cobranças das contas a receber			
Total das origens do caixa			
Aplicações do caixa:			
Pagamentos das contas a pagar			
Compras de materiais à vista			
Outras despesas			
Pagamentos de investimento			
Impostos, juros e dividendos			
Total das aplicações do caixa			
Entradas líquidas de caixa			
Caixa no início do período	100		
+ Entradas líquidas de caixa			
= Caixa no final do período			
+ Saldo operacional mínimo de caixa	100	100	100
= Financiamento de curto prazo acumulado necessário			

14. **Coleta de recebíveis** Se uma empresa paga as suas faturas de 30 dias, que fração das compras será paga no trimestre em curso? E no trimestre seguinte? E se o prazo de pagamento for de 60 dias?

15. **Plano da Dynamic a curto prazo** Que elementos do Quadro 29.7 serão afetados pelos seguintes acontecimentos?
    a. As taxas de juros aumentam.
    b. Os fornecedores exigem juros de mora pelos atrasos nos pagamentos.
    c. No terceiro trimestre a Dynamic recebe uma notificação inesperada do IRS (Internal Revenue Service) em virtude do pagamento insuficiente de impostos em anos anteriores.

16. **Fontes e usos de caixa** O Quadro 29.16 exibe o balanço de 2013 da Dynamic Mattress, e o Quadro 29.17 mostra o seu demonstrativo de resultados para 2014. Faça o demonstrativo de fluxos de caixa para 2014, e agrupe esses itens em origens e aplicações de caixa.

QUADRO 29.16 Balanço de encerramento da Dynamic Mattress para 2013 (em $ milhões). Ver Problema 16

Ativo circulante:		Passivo circulante:	
Caixa	$20	Empréstimos bancários	$20
Títulos negociáveis	10	Contas a pagar	75
Contas a receber	110	Total do passivo circulante	$95
Estoques	100		
Total do ativo circulante	$240	Dívida de longo prazo	25
		Patrimônio líquido	300
Imobilizado:			
Imobilizado bruto	$250		
Menos depreciações	70		
Total do imobilizado	180		
Total do ativo	$420	Total do passivo e patrimônio líquido	420

QUADRO 29.17 Demonstrativo de resultados da Dynamic Mattress para 2014 (em $ milhões)

Vendas	1.500
Custos operacionais	1.405
	95
Depreciação	10
	85
Juros	5
Lucro antes de impostos	80
Impostos a 50%	40
Lucro líquido	40

Obs.: Dividendos = $30.
Lucros retidos = $10.

17. **Plano da Dynamic a curto prazo** Elabore um plano financeiro de curto prazo para a Dynamic Mattress, partindo do princípio de que o limite da linha de crédito é aumentado de $100 para $120 milhões. Em tudo o mais, siga os pressupostos utilizados na elaboração do Quadro 29.7.

18. **Plano da Dynamic a curto prazo** A Dynamic Mattress decide efetuar um contrato de *leasing* para as novas máquinas de encher colchões em vez de comprá-las. Como resultado, os pagamentos de investimento no primeiro trimestre serão reduzidos em $50 milhões, mas a empresa terá de efetuar os pagamentos do *leasing* no montante de $2,5 milhões em cada um dos quatro trimestres. Considere que o contrato de *leasing* não produz efeito sobre os pagamentos de impostos até o final do quarto trimestre. Elabore dois quadros idênticos aos Quadros 29.6 e 29.7 que mostrem as necessidades financeiras acumuladas e um novo plano de financiamento. Verifique a sua resposta utilizando a planilha *live* no *site* do livro (loja.grupoa.com.br).

19. **Plano da Dynamic a longo prazo** O nosso modelo de planejamento de longo prazo para a Dynamic Mattress é um exemplo típico de modelo de planejamento de cima para baixo. Algumas empresas usam um modelo de baixo para cima, que incorpora previsões de receitas e custos para determinados produtos, planos de propaganda, principais projetos de investimento etc. Qual tipo de empresa você espera que utilize cada modelo, e para qual objetivo são utilizados?

20. **Mensuração de desempenho** Os planejamentos financeiros de empresas geralmente são utilizados como base para avaliarmos um desempenho posterior. O que você acredita que poderá ser aprendido com essas comparações? Quais problemas provavelmente poderiam surgir e como você poderia lidar com eles?

21. **Modelos de planejamento a longo prazo** No modelo de planejamento da Dynamic, o item de compensação é a contratação de empréstimo. Qual é o significado de *item de compensação*? De que maneira o modelo mudaria se fizéssemos com que o item de compensação fossem os dividendos? Nesse caso, como você sugeriria que fosse determinado aquele empréstimo planejado?

22. **Plano da Dynamic a longo prazo** Construa um novo modelo para a Dynamic Mattress com base na sua resposta ao Problema 21. Será que o seu modelo gera um plano financeiro viável para 2016? (*Dica:* se isso não acontecer, talvez você deva autorizar a empresa a emitir ações.)

23. **Plano da Dynamic a longo prazo**
    a. Utilize o modelo da Dynamic Mattress (Quadros 29.9 a 29.11) e as planilhas *live* do *site* do livro (loja.grupoa.com.br) para elaborar balanços, demonstrativos de resultados e demonstrativos de fluxos de caixa *pro forma* para 2016 e 2017. Considere que o negócio esteja em uma situação idêntica, exceto que se projete que as novas vendas e custos deverão aumentar 30% ao ano, bem como o imobilizado e o capital de giro líquido. Prevê-se que a taxa de juros permanecerá em 10% e as emissões de ações estão fora dos planos. A Dynamic também manterá o seu índice de pagamento de dividendos em 60%.

QUADRO 29.18 Demonstrativos financeiros para a Eagle Sport Study, 2017. Ver Problema 24.

Demonstrativo de resultados	
Vendas	$950
Custos	250
Lucro antes de impostos	$700
Impostos (a 28,6%)	200
Lucro líquido	$500

Balanço patrimonial, fim de ano					
	2017	2016		2019	2016
Ativos	$3.000	$2.700	Dívida	$1.000	$900
			Patrimônio líquido	2.000	1.800
Total	$3.000	$2.700	Total	$3.000	$2.700

b. Quais são os índices de endividamento da empresa e de cobertura de juros sob esse plano?

c. A empresa consegue continuar a financiar a expansão recorrendo a empréstimos?

24. **Planos a longo prazo** Os demonstrativos financeiros da Eagle Sports Supply são apresentados no Quadro 29.18. Para simplificar, os "Custos" incluem os juros. Considere que os ativos da Eagle são proporcionais às suas vendas.

   a. Determine os fundos externos necessários à Eagle se ela mantiver um índice de pagamento de dividendos de 60% e planejar uma taxa de crescimento de 15% em 2018.

   b. Se a Eagle optar por não emitir novas ações, que variável vai equilibrar o balanço? Qual será o seu valor?

   c. Agora, suponha que a empresa resolva aumentar o endividamento de longo prazo apenas para $1.100 e não queira emitir mais ações. Por que o pagamento do dividendo tem de ser, nesse caso, o item que equilibra o balanço? Qual será o seu valor?

25. **Previsão de taxa de crescimento**

   a. Qual é a taxa de crescimento interna da Eagle Sports (ver o Problema 24) se o índice de pagamento de dividendos for fixado nos 60% e o índice do capital próprio sobre o ativo for fixado em 2/3?

   b. Qual é a taxa de crescimento sustentável?

26. **Previsão de taxa de crescimento** A Bio-Plasma Corp. está crescendo a 30% ao ano. Ela é integralmente financiada por capitais próprios e tem ativos que totalizam $1 milhão. O retorno do capital próprio é de 20% e possui um índice de reinvestimento de 40%.

   a. Qual é a taxa de crescimento interna?

   b. Quais são as necessidades de financiamento externo da empresa nesse ano?

   c. Qual seria o aumento da taxa de crescimento interna se o índice de pagamento de dividendos fosse reduzido a zero?

   d. Qual seria a redução da necessidade de financiamento externo que essa operação provocaria?

   O que se conclui acerca da relação entre a política de dividendos e as necessidades de financiamento externo?

DESAFIO

27. **Planos a longo prazo** O Quadro 29.19 apresenta os demonstrativos financeiros da Executive Cheese Company para 2016. A depreciação anual é de 10% do ativo fixo no início do ano, mais 10% do novo investimento. A empresa planeja investir mais $200 mil por ano no imobilizado durante os próximos cinco anos e prevê-se que o capital de giro líquido permaneça na mesma proporção do imobilizado. A empresa prevê que o índice de receitas sobre o total dos ativos no início de cada ano continue a ser 1,75. Prevê-se que os custos fixos continuem a ser $53 e os custos variáveis, 80% das receitas. A política da organização é pagar dois terços do lucro líquido como dividendos e manter um índice de endividamento contábil de 20%.

   a. Construa um modelo para a Executive Cheese como o dos Quadros 29.9 e 29.11.

   b. Utilize o seu modelo para gerar um conjunto de demonstrativos financeiros para 2017.

FINANÇAS NA WEB

Pesquise os demonstrativos financeiros de qualquer empresa em **finance.yahoo.com**. Faça algumas previsões plausíveis de crescimento futuro e de base de ativos para sustentar tal crescimento. Em seguida, use um programa de planilha para desenvolver um plano financeiro de cinco anos. Qual financiamento é necessário para sustentar o crescimento planejado? Qual o nível de vulnerabilidade da empresa a um erro em suas previsões?

CAPÍTULO 30

Gestão do capital de giro

Grande parte deste livro é dedicada a decisões financeiras de longo prazo, tais como o orçamento de investimentos e a escolha da estrutura do capital. Agora, chegou o momento de analisarmos a gestão dos ativos e dos passivos de curto prazo da empresa. O ativo e o passivo circulante, ou de curto prazo da empresa, são designados coletivamente por **capital de giro**. O Quadro 30.1 apresenta a discriminação do capital de giro para todas as empresas industriais dos Estados Unidos em 2014. Note que o total do ativo circulante é maior do que o total do passivo circulante. O **capital de giro líquido** (ativo circulante menos passivo circulante) é positivo.

Analise também a Figura 30.1, que indica a importância relativa do capital de giro em diferentes setores de atividade. Por exemplo, o ativo circulante constitui mais de 50% do total dos ativos das empresas de telecomunicações, embora respondam por menos de 10% dos ativos das empresas do setor ferroviário. Para algumas empresas, a denominação "ativo circulante" significa essencialmente estoques; em outras, significa contas a receber ou caixa e títulos negociáveis. Por exemplo, é possível ver que o estoque constitui a maioria do ativo circulante de empresas varejistas, as contas a receber são mais importantes para as empresas do setor petrolífero e o caixa e os títulos de curto prazo compõem a maior parte do ativo circulante das empresas de informática.

Neste capítulo iremos focar nos quatro principais tipos de ativos circulantes. Primeiro veremos a análise da gestão dos estoques. Para fazer negócios, as empresas precisam de reservas de matérias-primas, trabalho em elaboração e produtos acabados. Todavia, pode ser dispendioso armazenar esses estoques, e eles representam um empate de capital. Por isso, a gestão dos estoques envolve um compromisso entre as vantagens de possuir grandes estoques e os custos. Em empresas industriais, o gerente de produção é quem está mais bem colocado para tomar essa decisão, e o diretor financeiro geralmente não se envolve na gestão dos estoques. Por isso, desenvolveremos menos esse tópico do que os demais.

A nossa segunda tarefa é examinar as **contas a receber**. As empresas frequentemente vendem bens a crédito e podem passar semanas ou até meses antes de receber o pagamento. Essas faturas a pagar são inscritas como contas a receber. Vamos explicar como o gestor responsável pelo crédito define os termos dos pagamentos, decide quem são os clientes que têm o direito a crédito e se assegura de que pagarão em dia. O Quadro 30.1 mostra que empresas nos Estados Unidos têm aproximadamente o mesmo montante investido em contas a receber do que em estoques.

O nosso próximo tópico é a análise das disponibilidades da empresa. O gestor responsável por essa área enfrenta dois problemas principais. O primeiro é a decisão das disponibilidades que a empresa necessita reter e, portanto, quanto pode ser investido em títulos negociáveis. O segundo é assegurar-se de que os pagamentos são eficientes. Você não quer acumular cheques pré-datados na gaveta da sua escrivaninha até encontrar um tempo de ir ao banco; quer ter o dinheiro na conta bancária o mais rapidamente possível. Vamos descrever algumas das técnicas que as empresas utilizam para fazer o dinheiro circular de maneira eficiente.

As disponibilidades que não são imediatamente necessárias geralmente são investidas sob a forma de títulos de curto prazo. Alguns pagam no dia seguinte; outros podem vencer só dentro de alguns meses. Na última seção descrevemos as várias características desses títulos e ensinamos a comparar seus retornos.

QUADRO 30.1 O ativo e o passivo circulantes de indústrias dos Estados Unidos, terceiro trimestre de 2014 (valores em $ bilhões)

Ativo circulante			Passivo circulante
Disponibilidades	$ 345	$ 231	Empréstimos de curto prazo
Outros investimentos financeiros de curto prazo	173	570	Contas a pagar
Contas a receber	735	37	Provisões para impostos sobre lucros
Estoques	790	143	Pagamentos de curto prazo sobre dívida de longo prazo
Outros ativos circulantes	429	834	Outros passivos circulantes
Total	$ 2.472	$ 1.815	Total

Fonte: U.S. Census Bureau, *Quarterly Financial Report for U.S. Manufacturing, Mining and Trade Corporations,* www.census.gov/econ/qfr/index.html.

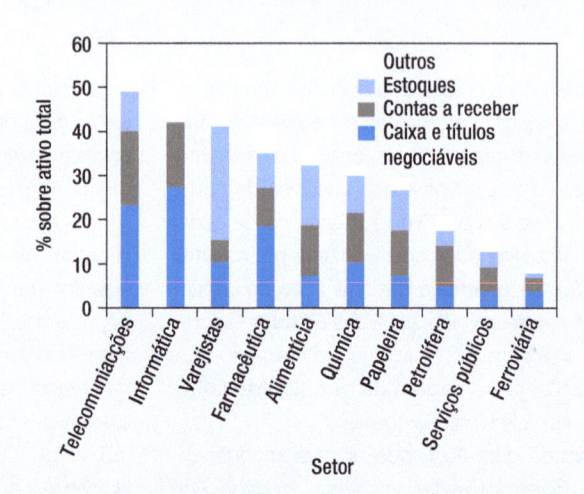

▶ **FIGURA 30.1** Ativos circulantes como porcentagem do total de ativos em diferentes setores. Os dados são as porcentagens médias para as empresas no S&P Composite Index em 2013.
Fonte: Compustat.

30.1 Estoques

A maior parte das empresas mantém estoques de matérias-primas, produtos em elaboração ou mercadorias à espera de serem vendidas ou entregues. Mas elas não são obrigadas a ter esses estoques. Por exemplo, podem comprar as matérias-primas diariamente, conforme são necessárias. Mas, nesse caso, pagarão preços mais elevados por fazerem encomendas menores e arriscam-se a atrasos na produção se os materiais não forem entregues a tempo. Elas podem evitar esse risco encomendando quantidades maiores que as necessidades imediatas da empresa. Do mesmo modo, podem evitar o estoque de produtos acabados produzindo apenas o que acreditam que venderão amanhã, mas essa estratégia também pode ser perigosa. É provável que um produtor que detenha apenas reduzidos estoques de produtos acabados esteja mais exposto a ser apanhado com os estoques esgotados e impedido de satisfazer as encomendas se houver um aumento inesperado da demanda.

Mas também há custos inerentes aos estoques que devem ser comparados com esses benefícios. O dinheiro empatado nos estoques não rende juros; o armazenamento e os seguros têm de ser pagos; e pode haver risco de deterioração e de obsolescência. As empresas, portanto, têm de encontrar o exato balanço entre os benefícios de ter estoques e os seus custos.

EXEMPLO 30.1 ● O equilíbrio dos estoques

A Akron Wire Products utiliza 255 mil toneladas de arame ao ano. Suponha que ela encomende Q toneladas de cada vez do fornecedor. Um pouco antes dessas entregas, a empresa não tem efetiva-

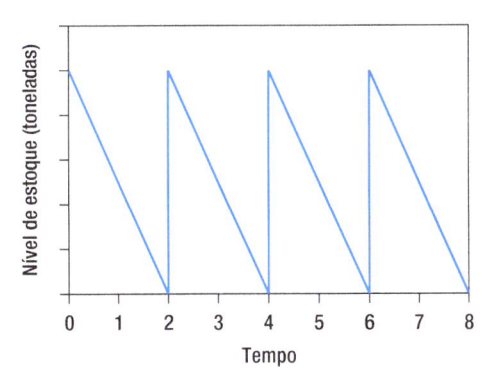

▶ **FIGURA 30.2** Uma regra simples para estoques. As empresas esperam até que seus estoques de materiais estejam praticamente exauridos para encomendar novamente uma quantidade constante.

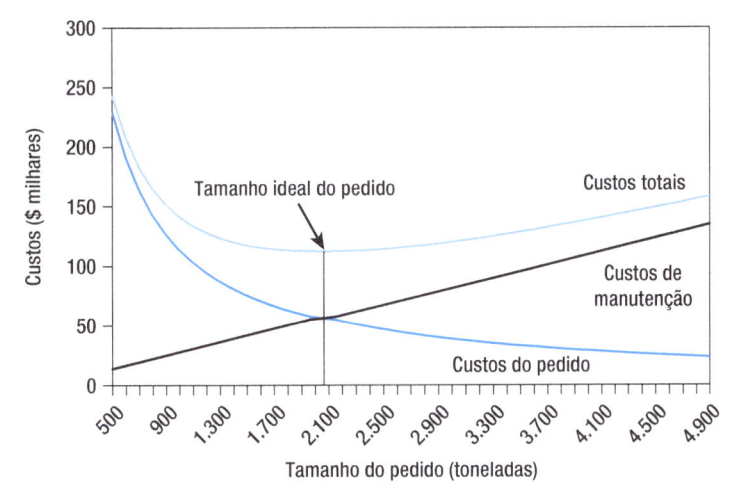

▶ **FIGURA 30.3** Com o aumento dos tamanhos das encomendas, os custos do pedido caem e os custos de manutenção dos estoques aumentam. Os custos totais são minimizados quando a economia nos custos do pedido é igual ao aumento dos custos de manutenção.

mente estoques. Logo *após* recebê-los, tem um estoque de Q toneladas. Dessa forma, o estoque de arame da Akron segue grosseiramente o modelo de "dente de serra" representado na Figura 30.2.

Existem dois custos associados a esse estoque. Primeiro, cada encomenda que a Akron faz envolve um custo de manuseio e entrega. Segundo, há os custos de inatividade, como os custos de armazenamento e de oportunidade do capital que é investido no estoque. A Akron pode reduzir os custos dos pedidos, realizando-os de maneira mais espaçada e em maiores quantidades. Em contrapartida, a encomenda de um lote maior aumenta a quantidade média mantida no estoque e, com isso, faz os custos de inatividade subirem. Uma gestão eficiente do estoque exige um equilíbrio entre esses dois tipos de custos.

Esse ponto é ilustrado na Figura 30.3. Consideramos aqui que cada encomenda feita pela Akron incorpore um custo fixo de pedido de $450, enquanto o custo de inatividade anual dos estoques fica em torno de $55 por tonelada. É possível verificar que a encomenda de um lote maior resulta em custos de pedido mais baixos, mas custos de inatividade mais altos. A soma dos dois custos é minimizada quando o tamanho de cada lote é de $Q = 2.043$ toneladas. O tamanho ideal de cada lote (2.043 tons no nosso exemplo) é designado por *quantidade econômica do pedido*, ou *economic order quantity* – EOQ.[1]

Nosso exemplo não foi totalmente realista. Por exemplo, a maioria das empresas não consome seus estoques de matérias-primas a uma velocidade constante, e não esperaria até que os

---

[1] Quando as empresas consomem materiais a uma taxa constante como em nosso exemplo, há uma fórmula simples para calcular a quantidade econômica do pedido (EOQ). Seu tamanho ideal = $Q = \sqrt{(2 \times \text{vendas} \times \text{custo por pedido}/\text{custos de manutenção})}$. No nosso exemplo, $Q = Q = \sqrt{(2 \times 255.000 \times 450/55)} = 2.043$ toneladas.

estoques estivessem totalmente exauridos antes de serem reabastecidos. No entanto, esse modelo simples efetivamente captura algumas características inerentes à gestão dos estoques:

- Os níveis ideais de estoques envolvem um equilíbrio entre os custos de inatividade e os custos dos pedidos.
- Os custos de inatividade incluem os custos dos bens estocados, bem como os custos do capital associado ao estoque.
- Uma empresa pode administrar seus estoques esperando que eles atinjam um nível mínimo e, depois, abastecê-los fazendo um pedido de uma quantidade predeterminada.[2]
- Quando os custos de inatividade são altos e os custos dos pedidos são baixos, faz sentido fazer encomendas mais frequentes e manter níveis de estoques mais elevados.
- Os níveis dos estoques não sobem em proporção direta às vendas. Estas aumentam e os níveis ótimos dos estoques também, mas menos do que em uma relação estritamente proporcional.

Temos a impressão de que os custos de inatividade estão declinando, pois as organizações hoje em dia lidam com níveis mais baixos de estoque do que o habitual no passado. Uma forma pela qual as empresas reduziram os seus níveis de estoques é quando migraram para o método just-in-time, o qual foi introduzido inicialmente pela Toyota no Japão. A Toyota mantém um estoque mínimo de peças, encomendando dos seus fornecedores somente quando elas são necessárias. Assim, as entregas de componentes às suas fábricas são feitas durante o dia em intervalos curtos, como o de uma hora. Essa empresa consegue operar com êxito com estoques tão baixos pelo fato de que dispõe de uma série de planos para garantir que greves, engarrafamentos de trânsitos e outras situações de risco não interrompam o fluxo de componentes, provocando paradas em seu processo produtivo.

As empresas de modo geral também estão constatando que podem reduzir seus inventários de produtos acabados pela produção por encomenda personalizada. A Dell Computer, por exemplo, descobriu que não precisa manter um estoque muito grande de computadores finais. Os seus clientes podem utilizar a Internet para especificar que características desejam em seus PCs. O computador é, então, montado conforme o pedido e enviado ao cliente.[3]

30.2 Gestão do crédito

Continuamos nossa excursão pelos ativos circulantes com as *contas a receber* pela empresa. Quando uma mercadoria vende mercadorias à outra, ela não espera, de modo geral, ser paga imediatamente. Essas faturas por pagar, ou **crédito comercial**, compõem a maior parte das contas a pagar. O resto é composto do **crédito ao consumidor**, ou seja, faturas que estão à espera de serem pagas pelo cliente final.

A gestão do crédito requer respostas a cinco conjuntos de perguntas:

1. Qual prazo você vai conceder aos seus clientes para pagar as faturas? Está disposto a oferecer um desconto para pagamento à vista?
2. Você exige apenas ao comprador a assinatura da guia de remessa dos bens, ou insiste em um documento mais formal?
3. Como você determina quais são os clientes que têm mais probabilidade de pagar as faturas?
4. Qual limite de crédito você está disposto a conceder a cada cliente? Joga pelo seguro recusando as perspectivas duvidosas, ou aceita o risco de alguns incobráveis como parte do custo de constituição de uma grande carteira de clientes?
5. Como você efetua a cobrança do dinheiro na data do vencimento? Qual é o seu procedimento em relação aos maus pagadores?

---

[2] Isso é conhecido como *sistema do ponto de reordenação* (ou *two-bin*). Algumas empresas utilizam alternativamente o *sistema de revisão periódica*, em que há revisões periódicas dos níveis de estoques e seus reabastecimentos regulares até a quantidade desejada.

[3] Esses exemplos da produção *just-in-time* e "segundo o pedido" foram extraídos de T. Murphy, "JIT When ASAP Isn't Good Enough", *Ward's Auto World* (May 1999), pp. 67-73; R. Schreffler, "Alive and Well", *Ward's Auto World* (May 1999), pp. 73-77 e "A Long March: Mass Customization", *The Economist*, July 14, 2001, pp. 63-65.

Analisaremos separadamente cada uma dessas questões.

Condições de venda

Nem todas as vendas envolvem crédito. No caso, por exemplo, de você vender mercadorias a muitos clientes irregulares, pode ser aconselhável exigir o pagamento na entrega (PNE). Se produzir mercadorias segundo especificações do cliente, é aconselhável exigir o pagamento antes da entrega (PAE) ou exigir pagamentos progressivos conforme o trabalho venha a ser executado.

Quando examinamos as transações que envolvem crédito, nos deparamos com o fato de cada setor de atividade ter as suas condições próprias,[4] e que essas condições têm certa lógica. Por exemplo, as empresas que vendem mercadorias duráveis poderão permitir que o comprador pague dentro de 30 dias, enquanto aquelas que vendem mercadorias perecíveis, como queijo ou fruta fresca, exigem normalmente o pagamento em uma semana. Do mesmo modo, um vendedor poderá permitir um pagamento mais alongado se os seus clientes pertencerem a uma atividade de baixo risco, se as suas compras forem elevadas, se os clientes necessitarem de tempo para avaliar a qualidade dos bens ou se os bens não forem rapidamente revendidos.

Para estimular os clientes a pagar antes do vencimento, costuma-se oferecer um desconto para pagamento à vista. As empresas farmacêuticas, por exemplo, geralmente exigem pagamentos em 30 dias, mas oferecem um desconto de 2% aos clientes que pagam dentro de dez dias. Essas condições são conhecidas como "2/10, líquido 30".

No caso de artigos comprados repetitivamente, não é prático exigir pagamentos individualizados para cada entrega. Uma solução usual é presumir que todas as vendas durante o mês ocorram, de fato, no final do mês (FM). Assim, as mercadorias podem ser vendidas nas condições de 8/10, FM, líquido 60. Esse acordo permite ao cliente se beneficiar de um desconto para pagamento à vista de 8%, se a fatura for paga nos dez dias seguintes ao fim do mês; caso contrário, o pagamento total será devido nos 60 dias após a data da fatura.

Os descontos por pagamento à vista são frequentemente muito grandes. Por exemplo, um cliente que compre nas condições de 2/10, líquido 30, poderá decidir prescindir do desconto para pagamento à vista e pagar no trigésimo dia. Isso significa que o cliente obtém um crédito adicional de 20 dias, mas paga cerca de 2% a mais pelas mercadorias. Isso é equivalente a obter um empréstimo à taxa de 44,6% ao ano.[5] É óbvio que todas as empresas que adiam o pagamento para além do vencimento ganham um crédito mais barato, mas deterioram a sua reputação.

A promessa de pagar

As vendas repetitivas para clientes nacionais são quase sempre feitas em *conta corrente*. A única prova da dívida do cliente é um registro contábil nos livros do vendedor e uma guia de remessa dos bens assinada pelo comprador.

Se você pretende ter um compromisso claro do comprador antes de entregar as mercadorias, pode sacar uma **letra comercial**.[6] Funciona do seguinte modo: o vendedor saca uma letra ordenando o pagamento pelo cliente e a envia ao banco do cliente juntamente com os documentos de embarque. Se for exigido o pagamento imediato, a letra é designada por *letra à vista*; caso contrário, é chamada de *letra a prazo*. Dependendo do tipo de letra, o cliente paga de imediato ou reconhece a dívida, acrescentando a palavra *aceite* e a sua assinatura. O banco entrega, então, os documentos de embarque ao cliente e envia o dinheiro ou o **aceite comercial** para você, o vendedor.

---

[4] As condições-padrão de crédito de vários setores de atividade são relatadas por O. K. Ng, J. K. Smith, and R. L. Smith, "Evidence on the Determinants of Credit Terms Used in Interfirm Trade," *Journal of Finance* 54 (June 1999), pp. 1.109-1.129.

[5] O desconto para pagamento à vista lhe permitirá pagar $98 em vez de $100. Se não aproveitar o desconto, você obterá um crédito por 20 dias, mas pagará 2/98 = 2,04% a mais pelas mercadorias. O número de períodos de 20 dias em um ano é de 365/20 = 18,25. Um dólar investido por 18,25 períodos a 2,04% por período capitaliza até $(1,0204)^{18,25} = \$1,446$, um retorno de 44,6% em relação ao investimento original. Se um cliente ficar satisfeito em contrair um empréstimo a essa taxa, é porque se encontra desesperado por dinheiro (ou não sabe calcular juros compostos). Para uma discussão sobre essa questão, J. K. Smith, "Trade Credit and Information Asymmetry," *Journal of Finance* 42 (September 1987), pp. 863-872.

[6] As letras comercias são muitas vezes designadas pelo nome genérico de letras de câmbio (*bills of exchange*).

Se a capacidade de crédito do cliente for duvidosa, o vendedor pode exigir que seja o banco do cliente a *aceitar* a letra a prazo; assim, o banco garante a dívida do cliente. Essas **garantias bancárias** são muito utilizadas no comércio exterior e tornam o débito facilmente comercializável. Se você não quiser esperar pelo seu dinheiro, poderá vender o aceite a um banco ou à outra empresa que tenha um excesso de fundos para investir.

Análise de crédito

Há várias maneiras de avaliar a probabilidade de um cliente vir a pagar as suas dívidas. Para aqueles que já são seus clientes, o indicador mais óbvio é se pagaram pontualmente no passado. Para os novos clientes, você poderá recorrer aos demonstrativos financeiros da empresa para formar a sua opinião, ou poderá ser possível saber como os investidores avaliam o valor da empresa.[7] Contudo, a maneira mais simples de saber a capacidade de crédito de um cliente é por meio dos serviços de uma empresa de informações comerciais. No Capítulo 23, por exemplo, descrevemos como as empresas de avaliação de risco das obrigações, como a Moody's e a Standard & Poor's, oferecem um guia útil para avaliar o risco das obrigações das empresas.

A avaliação de risco das obrigações geralmente está disponível somente para as empresas relativamente grandes. Contudo, você pode obter informações sobre muitas pequenas empresas em uma agência de crédito. A Dun & Bradstreet é, de longe, a maior dessas, e seu banco de dados contém informações sobre milhões de empresas em todo o mundo. As empresas de informações comerciais são outra fonte de dados sobre a situação de crédito de um cliente. Além de oferecerem indicações sobre pequenas empresas, também apresentam uma avaliação geral de crédito para pessoas físicas.[8]

Por fim, as empresas podem pedir aos seus próprios bancos para procederem a uma investigação de crédito. O banco contata o banco do cliente e solicita informações sobre o seu saldo médio, a acessibilidade do crédito bancário e a sua reputação em geral.

É óbvio que você não quer submeter cada uma das encomendas à mesma análise de crédito. Faz mais sentido concentrarmos a nossa atenção nas encomendas maiores e mais duvidosas.

A decisão de crédito

Suponhamos que você tenha dado os três primeiros passos para a efetivação de uma operação de crédito. Em outras palavras, você fixou as suas condições de venda; decidiu o contrato que os clientes têm de assinar; e estabeleceu um método para estimar a probabilidade de cada cliente vir a pagar. O passo seguinte é a escolha dos clientes a que deverá conceder crédito.

Se não houver possibilidade de encomendas repetidas, a decisão é relativamente simples. A Figura 30.4 sintetiza as hipóteses de escolha. Por um lado, você poderá recusar o crédito e, nesse caso, não terá lucro nem prejuízo. A alternativa será conceder o crédito. Suponhamos que a probabilidade de o cliente vir a pagar seja p. Se o cliente pagar, você terá receitas adicionais (REC) e suportará custos adicionais; o seu ganho líquido é o valor presente de REC – CUSTO. Infelizmente, não se poderá ter a certeza de que o cliente venha a pagar; há uma probabilidade $(1 - p)$ de inadimplência, o que significa não ter nada a receber e suportar os custos adicionais. O lucro *esperado* dos dois cursos de acontecimentos é:

	Lucro esperado
Recusa de crédito	0
Concessão de crédito	pVP(REC – CUSTO) – $(1 - p)$VP(CUSTO)

Você deverá conceder crédito se o lucro esperado da concessão for maior que o lucro esperado da recusa.

---

[7] Discutimos o modo como você pode utilizar essas fontes de informação na Seção 23.4

[8] Discutimos modelos de avaliação de crédito na Seção 23.4. As avaliações dos *bureaus* de crédito são muitas vezes designadas por "avaliações FICO", porque a maioria dos *bureaus* de crédito utiliza um modelo de pontuação de crédito desenvolvido pela Fair Isaac and Company. As pontuações FICO são oferecidas por três grandes *bureaus* de crédito – Equifax, Experian e TransUnion.

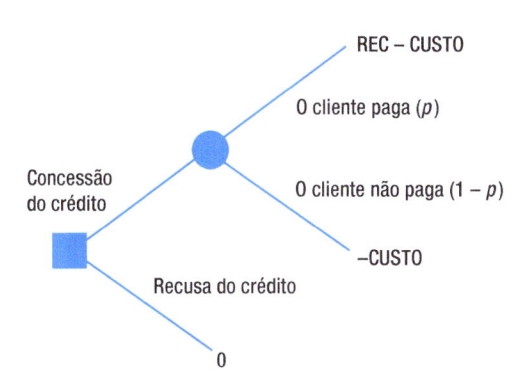

▶ **FIGURA 30.4** Ao recusar o crédito, você não terá nem lucro nem prejuízo. Ao conceder crédito, há a probabilidade p de o cliente pagar e de você ganhar REC − CUSTO; há uma probabilidade (1 − p) de o cliente não pagar e de você perder o CUSTO.

Consideremos, por exemplo, o caso da Cast Iron Company. Em cada venda paga, a Cast Iron tem receitas com um valor presente líquido de $1.200 e suporta custos com um valor de $1 mil. Portanto, o lucro esperado da empresa, se conceder crédito, será:

$$p \, \text{VP(REC} - \text{CUSTO)} - (1 - p)\text{VP(CUSTO)} = p \times 200 - (1 - p) \times 1.000$$

Se a probabilidade de cobrança for de 5/6, a Cast Iron ficará no ponto de equilíbrio:

$$\text{Lucro esperado} = \frac{5}{6} \times 200 - \left(1 - \frac{5}{6}\right) \times 1.000 = 0$$

A política da Cast Iron, portanto, deveria ser de conceder crédito sempre que a probabilidade de cobrança fosse superior a 5 em 6.

Até agora, ignoramos a possibilidade de encomendas repetidas; porém, uma das razões para a concessão de crédito hoje é a de poder conquistar um cliente bom e regular com essa decisão (a Figura 30.5 ilustra o problema). Foi solicitada à Cast Iron a concessão de crédito a um novo clien-

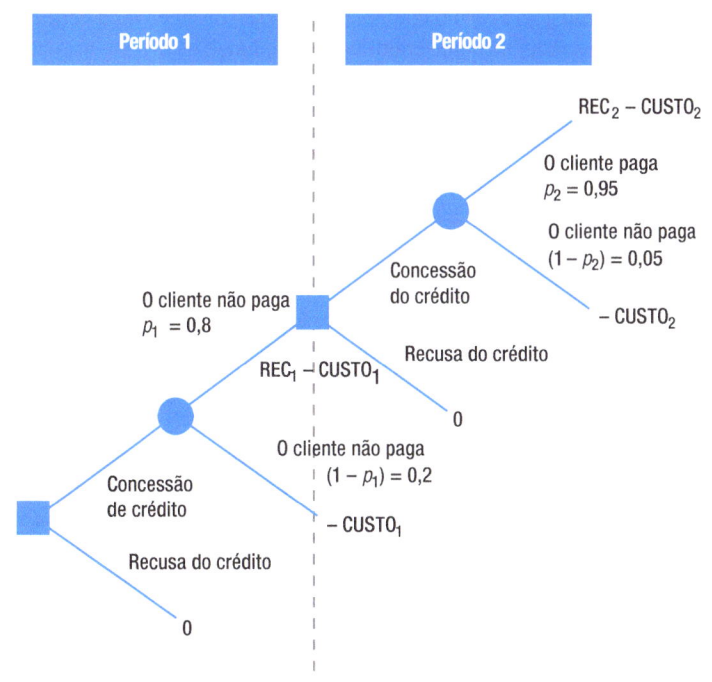

▶ **FIGURA 30.5** Neste exemplo, há apenas uma probabilidade de 0,8% de que o seu cliente pague no Período 1; mas se ocorrer pagamento, haverá uma nova encomenda no Período 2. A probabilidade de o cliente pagar a segunda encomenda é de 0,95. A possibilidade dessa boa encomenda repetida mais do que compensa a perda esperada no Período 1.

te. Não foi possível obter muita informação sobre a empresa, e crê-se que a probabilidade de pagamento não é maior que 0,8. Se o crédito for concedido, o lucro esperado dessa encomenda será:

$$\text{Lucro esperado da encomenda inicial} = p_1\text{VP(REC} - \text{CUSTO)} - (1 - p_1)\text{VP(CUSTO)}$$
$$= (0,8 \times 200) - (0,2 \times 1.000) = -\$40$$

Você decide recusar o crédito.

Essa é a decisão correta se não houver possibilidade de encomendas repetidas. Mas observe novamente a árvore de decisão na Figura 30.5. Se o cliente pagar, haverá uma nova encomenda no ano seguinte, e se o cliente pagou anteriormente, haverá uma probabilidade de 95% de que venha a pagar novamente. Por essa razão, qualquer encomenda repetida será muito lucrativa:

$$\text{Lucro esperado no ano seguinte de uma encomenda repetida} = p_2\text{VP(REC} - \text{CUSTO)} - (1 - p_1)\text{VP(CUSTO)}$$
$$= (0,95 \times 200) - (0,05 \times 1.000) = \$140$$

Agora, você poderá voltar a analisar a presente decisão de crédito. Se conceder crédito hoje, receberá o lucro esperado da encomenda inicial *mais* a possível oportunidade de conceder crédito no ano seguinte:

Lucro esperado total = lucro esperado na encomenda inicial
+ probabilidade de pagamento e de repetição da encomenda
× VP(lucro esperado no próximo ano da encomenda repetida)
= −40 + 0,80 × VP(140)

Você deveria ampliar o crédito sob qualquer taxa de desconto razoável. Repare que deve fazer isso mesmo esperando ter prejuízo na primeira encomenda, o qual é superado pela possibilidade de vir a ganhar um cliente confiável e regular. A Cast Iron não está empenhada em fazer mais vendas ao cliente; mas, ao ampliar hoje o crédito, ganha uma *opção* valiosa para fazê-lo. Ela apenas exercerá essa opção se o cliente demonstrar a sua boa capacidade de crédito pagando em dia.

É óbvio que as situações na vida real geralmente são mais complicadas do que os nossos simples exemplos da Cast Iron. Os clientes não são todos bons nem todos maus, e muitos deles pagam sempre atrasado; você obtém o seu dinheiro, mas custa mais a receber e perdem-se alguns meses de juros. Além disso, há a incerteza sobre as vendas repetidas. Pode haver uma boa possibilidade de voltar a se fazer negócio com o cliente, mas não se consegue ter a certeza disso e não se sabe durante quanto tempo mais o cliente continuará comprando.

Tal como a maioria das decisões financeiras, a concessão de crédito acarreta uma forte dose de bom senso. Os nossos exemplos têm mais a intenção de relembrar as questões em jogo do que serem usados como receitas de culinária. Estas são as questões básicas a recordar:

1. *Maximize o lucro.* Como gestor de crédito, você não deve se empenhar em minimizar o número de incobráveis; a sua função é maximizar o lucro esperado. Tem de se deparar com os seguintes fatos: o melhor que pode acontecer é o cliente pagar em dia e o pior é ele não pagar. Na melhor das hipóteses, a empresa recebe a totalidade dos rendimentos adicionais da venda menos os custos adicionais; na pior, não recebe nada e perde os custos. Você terá de ponderar as probabilidades desses resultados alternativos. Se a margem de lucro for grande, justifica-se uma política de crédito liberal; se for pequena, não poderá aceitar muitos incobráveis.[9]

2. *Concentre-se nas contas perigosas.* Você não deve despender os mesmos esforços na análise de todos os pedidos de crédito. Se uma operação é pequena ou bem definida, a sua decisão deve ser praticamente rotineira; se for grande ou duvidosa, o melhor que tem a fazer é proceder a uma avaliação detalhada de crédito. A maior parte dos gestores de crédito não toma as decisões de crédito a cada encomenda. Em vez disso, eles estabelecem um limite de crédito para cada cliente. O vendedor da empresa só terá de solicitar a aprovação da encomenda se o cliente exceder esse limite.

---

[9] Considere, novamente, o nosso exemplo da Cast Iron, no qual concluímos que a empresa tem justificativa para conceder crédito se a probabilidade de cobrar for maior do que 5/6. Se o cliente paga, a Cast Iron obtém uma margem de lucro de 200/1.200 = 1/6. Em outras palavras, a empresa tem justificativa para garantir o crédito se a probabilidade de pagamento exceder 1 − margem de lucro.

3. *Analise para além da presente encomenda.* A decisão de crédito é um problema dinâmico. Você não pode pensar apenas no presente. Às vezes, vale a pena aceitar um risco elevado desde que haja uma probabilidade de que o novo cliente se torne um comprador regular e de confiança. Portanto, os novos negócios deverão estar preparados para aceitar mais incobráveis do que os negócios já estabelecidos. Isso faz parte do custo de constituição de uma boa carteira de clientes.

Política de cobranças

O passo final da gestão de crédito é receber o pagamento. Quando um cliente está em mora, o procedimento habitual é enviar um extrato de conta seguido de cartas ou de telefonemas cada vez mais insistentes. Se nada disso produzir efeito, a maior parte das empresas entrega o crédito a uma empresa de cobranças ou a um advogado.

As grandes empresas podem obter economias de escala na gestão dos seus créditos, mas uma pequena empresa pode não ter capacidade para suportar um departamento especializado dedicado ao crédito. No entanto, pode ser possível conseguir algumas dessas economias ao passar uma parte desse trabalho a uma empresa de ***factoring***.

O *factoring* funciona da seguinte maneira: a empresa de *factoring* e a empresa-cliente acordam os limites de crédito para cada cliente. O cliente da *factoring* notifica, então, o cliente de quem a empresa de *factoring* comprou os créditos. Em seguida, para cada venda a um cliente aprovado, ele envia uma cópia da fatura à empresa de *factoring*, e o seu cliente faz o pagamento diretamente a esta última. O caso mais habitual é que a empresa de *factoring* não tem nenhum recurso em relação à empresa-cliente se o cliente deixar de pagar, mas, por vezes, a empresa-cliente assume o risco de ter alguns incobráveis. Há, obviamente, custos associados ao *factoring*, e a empresa de *factoring* normalmente cobra uma taxa de 1% a 2% de administração e um valor aproximadamente similar por assumir o risco de não pagamentos. Além de gerir a tarefa da cobrança de dívidas, a maioria dos contratos de *factoring* fornece também financiamento para os recebíveis. Nesses casos, as empresas de *factoring* pagam às empresas-cliente 70% a 80% do valor da fatura antecipadamente a uma taxa acordada de juros. Certamente, o *factoring* não é o único meio de financiamento de recebíveis; as organizações também podem levantar fundos se contraírem empréstimos em troca dos seus recebíveis.

O *factoring* tem uma predominância relativamente boa na Europa, mas nos Estados Unidos responde por somente uma pequena fração das cobranças de dívidas. Ele é mais comum em setores de atividades, como as de confecções e brinquedos. Esses setores são caracterizados por muitos pequenos produtores e varejistas que não têm um relacionamento de longo prazo entre si. Como o *factoring* pode ser empregado por várias manufaturas, ele tem uma visão mais global das transações do que uma única organização e, portanto, está mais bem posicionado para julgar a qualidade do crédito de cada um dos clientes.[10]

Se você não pretender apoio na cobrança, mas quer a proteção contra os incobráveis, poderá efetuar um seguro de crédito. A maioria dos governos, por exemplo, instituiu agências para segurar negócios nas exportações. Nos Estados Unidos, esse seguro é fornecido pelo *Export-Import Bank* em associação com um grupo de seguradoras designado por *Foreign Credit Insurance Association* (FCIA). Os bancos preferem conceder empréstimos quando as exportações estão seguradas.

Há sempre um potencial conflito de interesses entre o departamento de cobranças e o departamento de vendas. Os vendedores das empresas costumam argumentar que, assim que ganham um novo cliente, o departamento de cobranças imediatamente o afugenta com cartas ameaçadoras. Por outro lado, o gestor de cobranças lamenta o fato de o departamento de vendas só se preocupar em conquistar encomendas, e não se as mercadorias serão pagas posteriormente.

Há também muitos exemplos de cooperação entre os departamentos de vendas e os de cobranças. Por exemplo, a divisão de produtos químicos de uma grande empresa farmacêutica concedeu, efetivamente, um empréstimo comercial a um importante cliente a quem o banco cortou o

---

[10] Se você não quer ajuda com cobranças, mas busca proteção contra incobráveis, pode obter um seguro de crédito. A maioria dos governos, por exemplo, institui agências de seguro para negócios de exportação. Nos Estados Unidos, esse seguro é fornecido pelo *Export-Import Bank* em associação com um grupo de empresas seguradoras conhecido como a *Foreign Credit Insurance Association* (FCIA). Os bancos mostram-se muito mais propensos a concederem empréstimos quando as exportações estão asseguradas.

crédito de repente. A empresa farmacêutica apostou que conhecia melhor o seu cliente do que o banco, e a aposta compensou. O cliente conseguiu financiamento bancário alternativo, pagou as dívidas à empresa farmacêutica e tornou-se um cliente ainda mais leal. Foi um bom exemplo em que a direção financeira apoiou as vendas.

Não é habitual os fornecedores concederem empréstimos comerciais a clientes dessa maneira, mas eles emprestam dinheiro indiretamente quando aceitam um atraso no pagamento. O crédito comercial poderá ser uma fonte importante de fundos de curto prazo para clientes com dificuldades financeiras que não conseguem obter um empréstimo bancário. Mas isso levanta uma questão importante: se o banco não está disposto a emprestar, fará sentido para você, o fornecedor, continuar concedendo crédito comercial? Eis duas possíveis razões para que isso faça sentido: primeiro, tal como no caso da empresa farmacêutica, você poderá ter mais informações acerca do negócio do cliente do que o banco. Em segundo lugar, é necessário discernir para além da transação imediata e reconhecer que a sua empresa poderá se arriscar a perder algumas vendas futuras lucrativas se o cliente encerrar o negócio.[11]

30.3 Caixa

Ao final de 2014, a Amazon mantinha $4,2 bilhões em caixa e 13,7 bilhões em títulos de curto prazo. Os títulos de curto prazo pagam juros; o caixa não. Então por que as empresas como a Amazon mantêm caixas tão volumosos? Por que elas não combinam com o banco para "raspar" o caixa ao fim do dia e investi-lo em algo que renda juros, tal como um fundo mútuo do mercado financeiro? Há pelo menos duas razões. Primeiro, o dinheiro pode ser deixado em contas que não rendem juros para compensar os bancos pelos serviços que prestam. Segundo, as grandes empresas podem ter, literalmente, centenas de contas espalhadas por dúzias de bancos diferentes. Muitas vezes, é melhor deixar o dinheiro parado nessas contas do que monitorar cada uma diariamente para fazer transferências diárias entre elas.

Uma das razões para essa proliferação de contas bancárias é a descentralização da gestão. Não se consegue dar autonomia a uma subsidiária sem atribuir competência para os gestores gastarem e receberem caixa. De qualquer modo, a boa gestão de disponibilidades implica algum nível de centralização. É impossível manter o nível desejado de estoques de caixa se todas as empresas pertencentes ao grupo forem responsáveis pelas suas próprias disponibilidades. E o leitor com certeza pretende evitar situações em que uma subsidiária está investindo seu dinheiro a 5%, enquanto outra está contraindo empréstimos a 8%. Portanto, não é surpreendente que, mesmos nas empresas muito descentralizadas, haja geralmente um controle central sobre as disponibilidades e o relacionamento com os bancos.

Como as compras são pagas

A maioria das pequenas compras feitas pelos indivíduos é paga em moedas. Mas, provavelmente, você não pretenderia usar dinheiro para comprar um carro novo, e não é possível utilizá-lo para fazer uma compra pela Internet. Há inúmeras maneiras pelas quais é possível pagar compras grandes ou transferir pagamentos para outras localidades. Algumas, entre as mais importantes, são exibidas no Quadro 30.2.

Observe, agora, a Figura 30.6. É possível ver que há enormes diferenças entre as maneiras pelas quais as pessoas pagam as suas compras em todo o mundo. Por exemplo, os cheques quase não são utilizados na Alemanha, Holanda e Suécia.[12] A maioria dos pagamentos nesses países é feita por meio de cartões de débito ou por transferência de dinheiro. Por outro lado, os norte-americanos adoram fazer cheques. A cada ano, as empresas e pessoas físicas nos Estados Unidos passam cerca de 13 bilhões de cheques.

Todavia, a utilização de cheques está em declínio em todo o mundo, pois os consumidores estão substituindo-os por cartões de débito e de crédito. Também há a introdução da tecnologia

---

[11] Para estudar alguns exemplos sobre os determinantes da oferta e da procura de crédito comercial, consulte M. A. Petersen and R. G. Rajan, "Trade Credit: Theories and Evidence," *Review of Financial Studies* 10 (Fall 1997), pp. 661-692.

[12] Para uma discussão sobre as mudanças de padrão nos métodos de pagamento, consulte "Innovations in Retail Payment," Committee on Payment and Settlement Systems, Bank for International Settlements, Basel, Switzerland, May 2012.

QUADRO 30.2 Compras presenciais de pequeno valor são normalmente pagas com dinheiro, mas eis algumas outras maneiras para pagar suas contas

Cheque   Quando você preenche um cheque, está instruindo seu banco a pagar uma quantia especificada à vista para a empresa ou o particular nele indicado.

Cartão de crédito   Um cartão de crédito, como o Visa ou o MasterCard, oferece a você uma linha de crédito que lhe permite fazer compras até um limite especificado. No final de cada mês, você pode pagar a emissora do cartão integralmente pelas compras ou fazer um pagamento mínimo, no qual incorrerá a cobrança de juros sobre o débito restante ainda não liquidado.

Cartão com valor armazenado (*charge card*)   Um cartão com valor armazenado pode se parecer com um cartão de crédito, e você pode gastar dinheiro com ele como o faz com um cartão de crédito. Mas em um cartão desse tipo a data de fechamento da conta é no fim de cada mês, quando você deve pagar por todas as compras que fez. Ou seja, você deve pagar o débito restante mês a mês.

Cartão de débito   Um cartão de débito permite a você ter as compras feitas em uma loja debitadas diretamente de sua conta bancária. A dedução normalmente é processada eletronicamente e é imediata. De modo geral, os cartões de débito podem ser utilizados para fazer retiradas em um caixa automático.

Transferência de crédito   Com uma transferência de crédito, você solicita ao seu banco para emitir uma ordem de modo a fazer um pagamento regular a um fornecedor. Por exemplo, essas ordens são geralmente utilizadas para os pagamentos regulares e fixos de hipotecas.

Pagamento direto   Um pagamento direto (ou desconto direto) é a instrução dada a um banco para possibilitar que uma empresa cubra quantias variáveis de sua conta, desde que seja dada com certa antecedência e com a especificação dos valores e das datas. Por exemplo, uma empresa fornecedora de energia pode solicitar que você contrate o desconto automático de suas contas de luz direto da sua conta corrente.

dos telefones celulares e da Internet, que estão estimulando o desenvolvimento de novos sistemas de pagamento. Por exemplo:

- A apresentação e pagamento de contas por meio eletrônico (EBPP) permite às empresas cobrar os clientes e receber pagamentos via Internet. Prevê-se que essa tecnologia cresça rapidamente.
- Cartões de valor armazenado (ou *e-money*) permitem que você transfira valores em dinheiro a um cartão que pode ser usado para comprar uma infinidade de produtos e serviços. Por exemplo, o sistema de cartões Octopus de Hong Kong, que foi desenvolvido para pagar tarifas de viagem, tem se tornado um sistema de dinheiro eletrônico amplamente utilizado no território.

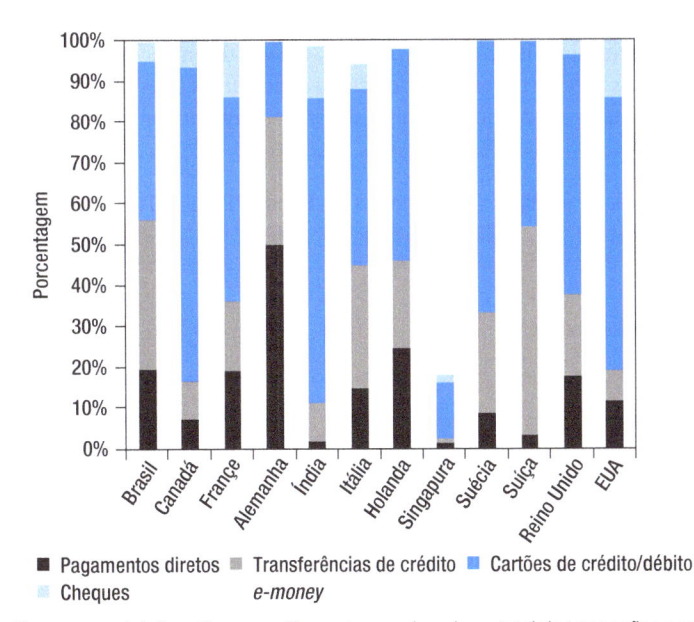

▶ **FIGURA 30.6**   Como as aquisições são pagas. Porcentagem do *volume* total de transações sem caixa em 2013.

Fonte: Bank for International Settlements, "Statistics on Payment and Settlement Systems in the CPSS Countries", December 2014, **www.bis.org/**

Há três meios principais utilizados pelas empresas para transferir e receber dinheiro eletronicamente; são os pagamentos diretos, os depósitos diretos e as transferências eletrônicas.

Despesas regulares, como as contas de água, gás, luz e telefone, pagamentos de hipotecas e prêmios de seguros, estão cada vez mais sendo liquidados por *pagamento direto* (também denominado como *débito automático*, ou *débito direto*). Nesse caso, os clientes da empresa simplesmente a autorizam que debitem a quantia no vencimento de suas contas bancárias. A empresa fornece um arquivo digital ao seu banco contendo os detalhes de cada cliente, a quantia a ser debitada e a data. O pagamento, então, viaja eletronicamente pelo sistema **Automated Clearing House (ACH)**. A empresa sabe exatamente quando o dinheiro chegará em sua conta e evita o processo extremamente trabalhoso de manusear milhares de cheques.

O sistema ACH possibilita também que o dinheiro flua na direção inversa. Por isso, enquanto uma transação de *pagamento direto* proporciona um débito automático, um *depósito direto* constitui um crédito automático. Os depósitos diretos são utilizados para fazer pagamentos volumosos, como salários e dividendos. Novamente, a empresa fornece um arquivo digital ao seu banco, e este, então, debita da conta da empresa e transfere o dinheiro via ACH para as contas correntes dos funcionários e/ou acionistas da empresa.

O volume dos pagamentos e depósitos diretos tem aumentado rapidamente. Pode-se ver com base no Quadro 30.3 que o valor total dessas transações representa mais do que o dobro daquele dos cheques.[13]

Os pagamentos de valor elevado *entre* empresas geralmente são processados eletronicamente, via Fedwire ou CHIPS. O Fedwire opera pelo sistema da Federal Reserve e interliga cerca de 9 mil instituições financeiras ao Fed e, dessa forma, umas às outras.[14] O CHIPS é um sistema pertencente aos próprios bancos. Ele lida essencialmente com pagamentos em eurodólares e transações envolvendo divisas estrangeiras, sendo utilizado em mais dos 95% dos pagamentos internacionais em dólares. O Quadro 30.3 indica que o *número* de pagamentos feitos pelo Fedwire e pelo CHIPS é relativamente pequeno, mas as somas envolvidas são imensas.

Acelerando a cobrança de cheques

Embora os cheques raramente sejam utilizados para pagamentos de grandes valores, eles continuam sendo amplamente usados para pagamento de transações menores não repetitivas. O manuseio de cheques é uma tarefa cansativa e que exige muito trabalho. No entanto, alterações na legislação norte-americana no início do século ajudaram a reduzir os custos e a acelerar as cobranças. A Lei "Check Clearing for the 21st Century", conhecida como Check 21, autoriza os bancos a enviar imagens digitais de cheques entre si, em vez de enviar os próprios cheques. Dessa forma, já não é mais preciso haver aviões de carga cruzando os céus do país para levar pacotes de cheques de um banco para o outro. O custo do processamento também está sendo reduzido

QUADRO 30.3 Utilização de Sistemas de Pagamentos nos Estados Unidos, 2013

	Volume (milhões)	Valor ($ trilhões)
Cheques	13.000	$ 17
Depósitos e pagamentos diretos via ACH	17.000	39
Serviço de Fundos Fedwire	134	713
CHIPS	103	380

Fonte: Bank of International Settlements, "Statistics on Payment, Clearing and Settlement Systems in the CPSS Countries – Figures for 2013," December 2014.

---

[13] A ACH (Automated Clearing House) também lida com transações de conversão de cheques e transações não recorrentes feitas por telefone ou pela Internet.

[14] O Fedwire é um *sistema de pagamentos brutos em tempo real*, o que significa que cada transação feita é liquidada de forma imediata e individual. Em um sistema de pagamentos líquidos, as transações são agrupadas e periodicamente compensadas antes de serem liquidadas. O CHIPS é um exemplo de um sistema de pagamentos líquidos que faz liquidações a intervalos frequentes.

por uma inovação tecnológica conhecida como *conversão de cheques*. Nesse caso, quando você faz um cheque, os detalhes de sua conta bancária e a quantia do pagamento são automaticamente capturados no ponto de venda, seu cheque lhe é devolvido, e ele é automaticamente debitado de sua conta bancária.

As empresas que receberam um volume elevado de cheques desenvolveram várias maneiras para se assegurarem de que o dinheiro ficará disponível o mais rapidamente possível. Por exemplo, uma cadeia varejista pode providenciar que cada unidade recolha os pagamentos em uma conta de cobrança em um banco local. Os fundos em excesso são, depois, transferidos de forma eletrônica e periodicamente para uma **conta de centralização** em um dos principais bancos da empresa. Há duas razões para a centralização bancária permitir à empresa a obtenção de um acesso mais rápido à utilização desses fundos. Primeiro, como a loja está mais perto do banco, o tempo de transferência é reduzido. Segundo, como provavelmente o cheque do cliente será sacado em um banco local, o tempo levado para descontar o cheque também será reduzido.

O sistema de centralização bancária está frequentemente associado a um **sistema de cobrança postal**. Nesse caso, os clientes de uma região recebem instruções para enviar seus pagamentos para a caixa postal dessa região. O banco local assume a tarefa de abrir regularmente a caixa postal e depositar os cheques na conta local da empresa.

Gestão de caixa internacional

A gestão de caixa em empresas nacionais é uma brincadeira de criança se comparada à das grandes empresas multinacionais que operam em dezenas de países, cada um com a sua própria moeda, seu sistema bancário e sua estrutura jurídica.

O sistema de gestão centralizado e único é um ideal inatingível para essas empresas, embora estejam caminhando para isso. Suponha, por exemplo, que você seja o tesoureiro de uma grande empresa multinacional que opera em toda a Europa. Você poderia autorizar que cada uma das operações gerisse os seus próprios fundos, mas isso teria custos e resultaria que cada uma das operações fizesse um pequeno pecúlio. A solução é montar um sistema regional. Nesse caso, a empresa criou contas locais de centralização em um banco em cada país. Quaisquer excedentes de caixa são varridos diariamente para contas multimoeda em Londres ou de outro banco europeu. Esses fundos são utilizados posteriormente para investimento em títulos negociáveis ou para financiar as subsidiárias que tenham necessidades financeiras.

Os pagamentos também podem ser feitos a partir dos centros regionais. Por exemplo, para pagar salários em cada um dos países europeus, a empresa apenas precisa enviar ao seu banco principal um arquivo digital com os pagamentos que devem ser feitos. O banco descobre, depois, a maneira mais econômica para transferir os fundos das contas centralizadas da empresa e como fazer que os fundos sejam creditados no dia certo aos empregados, em cada um dos países.

Em vez de mover fisicamente fundos entre contas bancárias locais e uma conta centralizada regional, a empresa pode utilizar um banco multinacional com filiais em cada país e, depois, pedir ao banco para *combinar* todos os superávits e déficits. Nesse caso, não se transfere dinheiro entre contas; em vez disso, o banco consolida os créditos e os débitos, e paga o juro para a empresa à sua taxa corrente de empréstimo sobre qualquer superávit.

Quando as sucursais internacionais de uma empresa fazem transações mútuas, o número de transações internacionais pode se multiplicar rapidamente. Em vez de ter fluxos de pagamentos para todas as direções, a empresa pode montar um sistema de liquidação. Cada sucursal, então, calcula sua posição líquida e realiza uma única transação com o centro de liquidação. Diversos setores de atividade já montaram sistemas de liquidação para os seus membros. Por exemplo, mais de 200 transportadoras aéreas se reuniram para estabelecer um sistema de liquidação para os pagamentos em moeda estrangeira que fazem entre si.

Pagamento pelos serviços bancários

Muito do trabalho da gestão de caixa – processamento de cheques, transferência de fundos, execução de cobranças postais, apoio no acompanhamento das contas da empresa – é feito pelos bancos.

Eles providenciam muitos outros serviços não tão diretamente ligados à gestão de caixa; por exemplo, o tratamento dos pagamentos e recebimentos em moeda estrangeira ou a custódia de títulos.

Todos esses serviços têm de ser pagos. Geralmente o pagamento dessas comissões é feito por meio de um encargo mensal, mas os bancos podem concordar em não cobrar a taxa mensal se a empresa mantiver um saldo mínimo em uma conta não remunerada. Os bancos podem fazer isso porque, depois de terem posto de lado uma parte dos fundos em uma conta de reserva com o Fed, podem emprestar os fundos para ganhar juros. Os depósitos destinados ao pagamento pelos serviços bancários são designados *saldos compensatórios*. Costumavam ser uma maneira muito comum de pagar os serviços bancários, mas desde que os bancos receberam permissão para cobrar juros sobre esses depósitos, tem havido uma tendência muito clara para as comissões diretas dos serviços bancários em detrimento dos saldos compensatórios.

30.4 Títulos negociáveis

Em setembro de 2014, a Apple estava sentada sobre uma montanha de dinheiro e de investimentos de renda fixa no valor de $155,3 bilhões, chegando a dois terços de todos os ativos da empresa. Deste montante, $10,2 bilhões foram mantidos como caixa e o restante foi investido da seguinte maneira:

Investimentos de renda fixa	Valor ao custo ($ milhões)
Mercados financeiros e fundos mútuos	$ 4.077
Títulos do Tesouro e de agências dos EUA	30.513
Títulos alheios ao governo dos EUA	6.925
Certificados de depósito e depósitos a prazo fixo	3.832
Commercial paper	475
Obrigações de empresas	85.431
Títulos municipais	940
Títulos lastreados por hipotecas e ativos	12.907
Total	$145.100

A maioria das empresas não se pode dar ao luxo de possuir excedentes de caixa tão elevados, mas investe fundos que não são necessários no momento em investimentos de curto prazo. O mercado para esses investimentos é chamado de **mercado financeiro** e não tem localização física. É constituído por um grande conjunto de bancos e *dealers* interligados por telefone e pela Internet. Nesse mercado, regularmente se negocia um grande volume de títulos e a competição é muito forte.

A maior parte das grandes empresas administra os seus próprios investimentos no mercado financeiro, mas, por vezes, as empresas menores acham mais conveniente contratarem os serviços de uma empresa gestora de investimentos ou colocarem as suas disponibilidades em um fundo de investimento do mercado financeiro. Esses fundos fazem investimentos apenas em títulos de curto prazo de baixo risco.[15] Apesar do grande excesso de disponibilidades, a Apple investiu apenas uma pequena parte em fundos de investimento no mercado financeiro.

A relativa segurança dos fundos do mercado financeiro contribuíram para que eles se tornassem particularmente populares em tempos de crise financeira. Durante as restrições do crédito de 2008, os ativos dos fundos tiveram uma demanda muito grande, pois os investidores fugiram dos mercados de bolsa em queda. Depois, foi revelado que um fundo, o Reserve Primary Fund, tivera enormes prejuízos em suas posições de *commercial papers* do Lehman Brothers. Ele passou a ser o segundo fundo do mercado financeiro a "ver o seu valor líquido cair abaixo de $1" na história, oferecendo somente $0,97 para os seus investidores. Naquela mesma semana, os investidores sacaram cerca de $200 bilhões dos fundos do mercado financeiro, incitando o governo a lhes oferecer um seguro emergencial.

---

[15] Discutimos os fundos de investimento do mercado financeiro na Seção 17.3.

Cálculo do rendimento dos investimentos no mercado financeiro

Muitos investimentos no mercado financeiro são títulos vendidos com desconto. Isso significa que não pagam juros, pois o rendimento consiste na diferença entre a quantia paga e a que é recebida na data de vencimento. Infelizmente, não vale a pena persuadir o Internal Revenue Service de que essa diferença representa um ganho de capital. O IRS já conhece esse caso, e tributa o seu rendimento como um rendimento normal.

As taxas de juros dos investimentos no mercado financeiro são frequentemente cotadas em uma base de desconto. Por exemplo, suponha que as letras do Tesouro a três meses eram emitidas com um desconto de 5%. Essa é uma maneira bastante complicada de dizer que o preço de um título a três meses é de $100 - (3/12) \times 5 = 98,75$. Portanto, a cada $98,75 que você investe hoje, recebe $100 passados três meses. O retorno durante os três meses é de $1,25/98,75 = 0,0127$ ou 1,27%. Isso é equivalente a um rendimento anual de 5,16%. Repare que o rendimento é sempre superior ao valor do desconto. Quando você lê que uma letra do Tesouro tem um desconto de 5%, é muito fácil cair no erro de pensar que esse é o seu retorno.[16]

Rendimentos dos investimentos no mercado financeiro

Quando avaliamos uma dívida de longo prazo, é fundamental que se considere o risco de inadimplência. Quase tudo pode acontecer no prazo de 30 anos; até a empresa mais respeitável atualmente pode acabar enfrentando problemas. Essa é a razão básica pela qual as obrigações das empresas oferecem rendimentos superiores aos das obrigações do Tesouro.

A dívida de curto prazo também não está isenta de risco, mas geralmente o risco de inadimplência é menor para os títulos do mercado financeiro emitidos pelas empresas do que para as obrigações de empresas, e há duas razões para isso. A primeira consiste no fato de o leque de resultados possíveis ser menor para investimentos de curto prazo. Embora o futuro distante possa ser nebuloso, normalmente se pode confiar que uma determinada empresa vai sobreviver pelo menos durante o mês seguinte. A segunda razão reside no fato de apenas as empresas bem implantadas poderem contrair empréstimos no mercado financeiro. Se você vai emprestar dinheiro por somente um dia, não se pode dar ao luxo de desperdiçar muito tempo com a avaliação do empréstimo. Assim, você está apenas interessado em empresas de primeira categoria.

Apesar da alta qualidade dos títulos do mercado financeiro, existem, frequentemente, diferenças substanciais entre o rendimento dos títulos de empresas e dos títulos do governo dos Estados Unidos. Qual é a explicação? Uma razão reside no risco de inadimplência e a outra, no fato de os títulos terem diferentes graus de liquidez ou de "conversibilidade monetária". Os investidores preferem os títulos do Tesouro porque são facilmente conversíveis em dinheiro com pouca antecedência. Os títulos que não podem ser convertidos de um modo fácil e rápido em dinheiro oferecem rendimentos relativamente altos. Em tempos de grande agitação do mercado, os investidores podem valorizar ainda mais a rapidez da liquidez. Nessas ocasiões, o rendimento de títulos de liquidez reduzida pode aumentar radicalmente.

O mercado financeiro internacional

No Capítulo 24, salientamos que existem dois mercados principais para as obrigações de longo prazo em dólares. Há o mercado nacional dos Estados Unidos e, ainda, um mercado internacional para as euro-obrigações em Londres. Da mesma maneira veremos neste capítulo que, além do mercado financeiro nacional, há também um mercado internacional de investimentos de curto prazo em eurodólares, que é designado por mercado do *eurodólar*. O eurodólar não tem nada a ver com o Euro, a moeda da União Econômica e Monetária Europeia (UEM); ele é apenas um depósito em dólares em um banco europeu.

Da mesma maneira que existem nos Estados Unidos e na Europa um mercado financeiro e um mercado de eurodólares, também há um mercado financeiro japonês e um mercado em Londres

---

[16] Para confundir ainda mais, os *dealers* do mercado financeiro citam muitas vezes taxas de cotação como se um ano tivesse apenas 360 dias. Portanto, um desconto de 5% em um título com um vencimento de 91 dias traduz-se em um preço de $100 - 5 \times (91/360) = 98,74\%$.

para euroienes. Assim, se uma empresa dos Estados Unidos pretender fazer um investimento de curto prazo em ienes, pode depositar os ienes em um banco em Tóquio ou pode fazer um depósito em euroienes em Londres. De modo semelhante, também há mercados financeiros nacionais na região do euro, bem como um mercado financeiro para euros em Londres,[17] e assim sucessivamente.

Os principais bancos de Londres concedem empréstimos em dólares uns aos outros à taxa *London interbank offered rate* (Libor). De modo similar, emprestam ienes uns aos outros à taxa de juros Libor para ienes, e emprestam euros à taxa *euro interbank offered rate* (Euribor). Essas taxas de juros são indexadoras em relação ao preço fixado de diversos tipos de empréstimos de curto prazo nos Estados Unidos e no exterior. Por exemplo, uma empresa norte-americana pode efetuar uma emissão de obrigações de taxa variável com os juros indexados à taxa Libor para o dólar.

Se vivêssemos em um mundo sem regulamentações nem impostos, a taxa de juro de um empréstimo em eurodólares teria de ser igual à de um empréstimo equivalente em dólares no mercado nacional. Os mercados internacionais de dívida, contudo, existem em grande parte porque os governos individuais tentam regulamentar os empréstimos bancários nacionais. Quando o governo dos Estados Unidos limitou a taxa de juro que os bancos no país podiam pagar sobre os depósitos nacionais, as empresas podiam obter uma taxa de juro mais elevada mantendo os seus dólares depositados na Europa. À medida que essas restrições foram retiradas, o diferencial entre as taxas de juros quase desapareceu.

No final da década de 1970, o governo norte-americano estava preocupado com a possibilidade dessas regulamentações estarem arrastando os negócios para bancos fora dos Estados Unidos e para sucursais de bancos norte-americanos no estrangeiro. Para aliciar a volta para os Estados Unidos, o governo, em 1981, permitiu aos bancos norte-americanos e aos bancos estrangeiros o estabelecimento de zonas facilitadoras de atividades bancárias internacionais (*international banking facilities* – IBFs). Uma IBF é o equivalente financeiro de uma zona franca de comércio, a qual está localizada fisicamente nos Estados Unidos, mas não é obrigada a manter reservas no Federal Reserve, e os depositantes não estão sujeitos a quaisquer impostos dos Estados Unidos.[18] Contudo, há grandes restrições sobre o tipo de atividades que uma IBF pode efetuar. Sobretudo, ela não pode aceitar depósitos feitos por empresas domésticas dos Estados Unidos ou fazer empréstimos a essas empresas.

Instrumentos do mercado financeiro

Os principais instrumentos do mercado financeiro estão resumidos no Quadro 30.4, mas vamos descrevê-los isoladamente.

Letras do Tesouro dos Estados Unidos O primeiro item do Quadro 30.4 são as letras do Tesouro dos Estados Unidos. Geralmente, elas são emitidas semanalmente e vencem em quatro semanas, três meses, seis meses ou um ano.[19] As vendas são feitas por leilão de preço uniforme. Isso significa que todos os participantes subscrevem letras ao mesmo preço.[20] Não é necessário participar no leilão para investir em letras do Tesouro. Também existe um excelente mercado secundário no qual, semanalmente, se vendem e se compram letras do Tesouro no valor de vários bilhões de dólares.

Títulos de Agências Federais "Títulos de agências" é um termo geral utilizado para descrever certas emissões de agências governamentais e de instituições patrocinadas pelo governo (*government sponsored enterprises* – GSEs). Embora a maior parcela dessas dívidas não seja garantida pelo governo norte-americano,[21] os investidores normalmente consideram que o governo interviria para evitar uma eventual falta de cumprimento. Esse ponto de vista foi reforçado em

---

[17] Ocasionalmente, mas somente ocasionalmente, são designados por "euroeuros".

[18] Por essas razões, os dólares mantidos em depósito em uma IBF são classificados como eurodólares.

[19] As letras a três meses vencem 91 dias após a emissão, as letras a seis meses vencem 182 dias após a emissão e as letras a um ano vencem em 364 dias. Para informações sobre os leilões desses títulos, ver **www.publicdebt.treas.gov**.

[20] Há uma pequena proporção de letras que é vendida a licitadores *não competitivos*. As licitações não competitivas são vendidas ao mesmo preço que as licitações competitivas bem-sucedidas.

[21] Há algumas exceções, como a Government National Mortgage Association (Ginnie Mae), a Small Business Administration, a General Services Administration (GSA), a Farm Credit Financial Assistance Corporation, a Agency for International Development, a Department of Veterans Affairs (VINNIE MAE) e a Private Export Funding Corporation (REFCO). Seus endividamentos são garantidos pela "boa-fé e crédito" do governo dos Estados Unidos.

QUADRO 30.4 Investimentos no mercado financeiro dos Estados Unidos

Investimento	Devedor	Vencimento após emissão	Negociabilidade	Base para cálculo de juros	Comentários
Letras do Tesouro	Governo dos Estados Unidos	4 semanas, 3 meses, 6 meses ou 1 ano	Mercado secundário excelente	A desconto	Leilões semanais
Títulos de agência federal (GSEs) e *discount notes*	"Ginnie Mae", "Fannie Mae", "Freddie Mac" etc.	De *overnight* até 360 dias	Mercado secundário muito bom	A desconto	Valores de referência pelos leilões periódicos; obrigações vendidas por *dealers*
Títulos municipais isentos de impostos	Municípios, Estados, departamentos escolares etc.	3 meses a 1 ano	Mercado secundário bom	Normalmente pagam juros na data de vencimento	Notas com Tributação Antecipada, Notas de Antecipação de Receitas, Notas de Antecipação de Títulos etc.
Obrigações de cupom indexado e isentas de impostos (VRDNs)	Municípios, Estados, universidades estaduais etc.	10 a 40 anos	Mercado secundário bom	Taxa de juro variável	Obrigações de longo prazo com opções de venda para exigir reembolso
Certificados de depósito não negociáveis e negociáveis (CDs)	Bancos comerciais, instituições de poupança	Geralmente 1 mês a 3 meses; também CD de taxa variável e de mais longo prazo	Mercado secundário razoável para CDs negociáveis	Pagam juros na data de vencimento	Recibo por depósito a prazo
Commercial paper (CP)	Indústrias, financeiras e *holdings* bancárias; também municípios	Máximo 270 dias; geralmente 60 dias ou menos	Serão recomprados pelos *dealers* ou pelos emissores	Geralmente a desconto	Promissórias não garantidas; podem ser colocadas por *dealers* ou diretamente no investidor
Obrigações de médio prazo	Grandes financeiras e bancos; também indústrias	Mínimo 270 dias; geralmente menos que 10 anos	Serão recompradas pelos *dealers*	Pagam juros normalmente de taxa fixa	Promissórias não garantidas; colocadas por *dealers*
Aceites bancários	Principais bancos comerciais	1 a 6 meses	Mercado secundário razoável	A desconto	Ordens de pagamento que foram aceitas por um banco
Acordos de recompra (*repos*)	*Dealers* nos Estados Unidos que negociem em títulos do Tesouro	De *overnight* até por volta de 3 meses; também acordos de recompra em aberto (contratos contínuos)	Não há mercado secundário	Preço de recompra mais elevado que o preço de venda; a diferença é a taxa de juro *repo*	Venda de títulos do governo por *dealer* com um acordo paralelo para a recompra

2008, quando as duas gigantes do setor de seguros, a Federal National Mortgage Association (Fannie Mae) e a Federal Home Loan Mortgage Corporation (Freddie Mac) incorreram em problemas financeiros e tiveram que ficar sob a tutela do governo.

As agências governamentais e as GSEs pedem emprestado tanto no curto como no longo prazo. A dívida de curto prazo consiste em títulos de desconto, semelhantes às letras do Tesouro, que são ativamente negociados e, muitas vezes, detidos por empresas. Esses títulos normalmente têm oferecido rendimentos um tanto mais altos do que as letras do Tesouro, o que é explicado pelo fato de a dívida da instituição estatal não ser tão negociável como as emissões do Tesouro. Além disso, a menos que essa dívida tenha uma garantia explícita do governo, os investidores têm exigido um retorno adicional para compensar a possibilidade (pequena?) de o governo permitir que as referidas agências entrem em inadimplência.

Títulos de curto prazo isentos de impostos Os títulos de curto prazo também são emitidos pelos municípios e pelas instituições, como universidades estaduais e distritos escolares.[22] Esses títulos têm um atrativo muito particular – os juros não estão sujeitos ao pagamento de impostos

---

[22] Algumas dessas obrigações são *obrigações gerais* do emissor; outras são *revenue securities* e, nesses casos, os pagamentos são feitos com base em recibos de rendas ou outras despesas de utilização.

federais.[23] Obviamente, essa vantagem fiscal da dívida municipal costuma já vir descontada no seu preço. Por muitos anos, um título municipal AAA rendeu 10% a 30% menos do que uma letra equivalente do Tesouro.

A maioria desses títulos tem um risco relativamente baixo e, geralmente, é suportada por uma apólice de seguro, que promete o reembolso caso a prefeitura esteja a ponto de inadimplir.[24] No entanto, nos mercados turbulentos de 2008 até o suporte de seguradoras fez pouco para tranquilizar os investidores, que se preocupavam que as próprias seguradoras também pudessem estar com problemas financeiros. A vantagem da taxa dos títulos municipais não mais parecia ser importante e seus rendimentos ultrapassaram os títulos do Tesouro.

Títulos municipais com taxa variável Não há nenhuma lei que impeça uma empresa de fazer investimentos de curto prazo em títulos de longo prazo. Se uma empresa tem $1 milhão reservado para pagar impostos de renda, pode comprar uma obrigação de longo prazo em 1º de janeiro e vendê-la em 15 de abril, quando tiver de pagar o imposto. O perigo dessa estratégia, contudo, é óbvio. Quais são as consequências da queda de 10% no preço do título entre janeiro e abril? Você fica com um passivo de $1 milhão, títulos no valor de $900 mil e uma cara muito comprometida. É claro que o preço das obrigações também pode subir, mas por que arriscar? Os tesoureiros das empresas que detêm excessos de fundos para investimentos de curto prazo são naturalmente avessos à volatilidade do preço das obrigações de longo prazo.

Uma das soluções é comprar títulos municipais com taxa variável. Esses títulos são de longo prazo, com o pagamento de juros indexado às taxas de juros de curto prazo. Sempre que a taxa de juro é redefinida, os investidores têm o direito de vender novamente os títulos pelo valor de face ao emissor.[25] Isso assegura que, nas datas de inicialização da taxa de juros, o preço dos títulos não possa ser inferior ao valor de face. No entanto, apesar de esses títulos serem empréstimos de longo prazo, seus preços são muito estáveis. Além disso, os juros na dívida municipal possuem a vantagem de serem isentos de impostos. Portanto, um título municipal com taxa variável oferece um paraíso seguro, livre de impostos e de curto prazo para o seu milhão de dólares.

Depósitos bancários a prazo e certificados de depósito Quando se efetua um depósito a prazo em um banco, está se emprestando dinheiro ao banco por um determinado período de tempo. Se precisar do dinheiro antes do vencimento, o banco o autorizará a proceder a retirada, mas com uma penalização que assume a forma de uma redução da taxa de juros.

Na década de 1960, os bancos introduziram os **certificados de depósito (CDs) negociáveis** para depósitos a termo, com o valor de $1 milhão ou mais. Nesse caso, quando o banco recebe emprestado, emite um certificado de depósito que é uma simples prova de um depósito a prazo em um banco. Se o emprestador precisar do dinheiro antes do vencimento, basta vencer o seu CD a outro investidor. No vencimento do empréstimo, o novo titular do CD o apresenta ao banco e recebe o pagamento.[26]

***Commercial paper* e obrigações de médio prazo** Como discutido no capítulo 24, são compostos de dívida sem garantia, de curto e médio prazos, emitidos regularmente pelas empresas.

Aceites bancários Vimos anteriormente neste capítulo como os aceites bancários (ABs) podem ser utilizados para financiar exportações ou importações. O aceite é um pedido escrito ao

---

[23] Essa vantagem é parcialmente anulada pelo fato de os títulos do Tesouro serem isentos de impostos estaduais e municipais.

[24] O não cumprimento de obrigações isentas de impostos tem sido raro, e na maior parte dos casos tem envolvido hospitais sem fins lucrativos. Contudo, houve duas inadimplências importantes sobre esses títulos. Em 1983, a Washington Public Power Supply (infelizmente conhecida por WPPSS ou "WOOPS") deu um calote de $2,25 bilhões em obrigações. Em 1994, o Condado de Orange, na Califórnia, também fez o mesmo depois de ter perdido $1,7 bilhão na sua carteira de investimentos. Em 2011, o Condado de Jefferson, no Alabama, declarou falência com $4,2 bilhões em dívida municipal. O recorde em termos de falência municipal pertence a Detroit, que ingressou com pedido de falência em 2013 com $18 a 20 bilhões em dívidas.

[25] Os emissores costumam sustentar seu endividamento providenciando uma linha de crédito sobressalente junto a um banco, o que assegura que conseguirão encontrar o dinheiro para honrar as notas.

[26] Alguns CDs não são negociáveis e limitam-se a ser idênticos a depósitos a prazo. Por exemplo, os bancos podem vender CDs negociáveis de baixo valor a particulares.

banco para pagar determinado valor em uma data futura. Depois de o banco concordar com esse pedido, torna-se um título negociável que pode ser adquirido ou vendido por intermédio de *dealers* do mercado financeiro. Os aceites dos grandes bancos norte-americanos têm, geralmente, uma maturidade que varia entre um mês e seis meses, e envolvem um risco de crédito diminuto.

Acordos de recompra   Os **acordos de recompra**, ou *repos*, são, na realidade, empréstimos garantidos concedidos a um *dealer* de títulos de dívida pública. Funcionam da seguinte maneira: o investidor adquire parte dos títulos do Tesouro do *dealer* e, simultaneamente, acorda em revendê-los mais tarde a um preço especificado mais elevado.[27] Diz-se que o tomador (o *dealer*) fez um *repo*; em contrapartida, diz-se que o emprestador (que compra os títulos) tem um *repo reverso*.

Por vezes os acordos de recompra cobrem vários meses, mas, frequentemente, duram apenas 24 horas (*overnight*). Não existe qualquer outro investimento no mercado financeiro nacional que ofereça tal liquidez. As empresas podem tratar os acordos de recompra de *overnight* quase como depósitos à ordem remunerados.

Suponha que você decida investir dinheiro em acordos de recompra durante vários dias ou semanas. Você não quer estar sempre renegociando os acordos todos os dias. Uma solução consiste em celebrar um *contrato contínuo* com um *dealer* de títulos. Nesse caso, não existe uma data fixa de vencimento do contrato e qualquer das partes é livre de romper o contrato com aviso prévio de um dia. Ou, então, pode acordar com o seu banco a transferência automática para acordos de recompra de quaisquer disponibilidades excedentes.

Ações preferenciais de taxa leiloável   As ações ordinárias e as ações preferenciais proporcionam às empresas uma interessante vantagem fiscal, pois as empresas são tributadas apenas sobre 30% dos dividendos recebidos. Assim, para cada \$1 de dividendo recebido, a empresa fica com $1 - (0,30 \times 0,35) = \$0,895$. Desse modo, a taxa de imposto efetiva é de somente 10,5%. Esse valor é muito superior à taxa de imposto de 0% sobre os juros das obrigações municipais, mas é muito inferior à taxa que a empresa paga sobre os juros de outros tipos de dívida.

Suponha que você esteja considerando aplicar o excedente de caixa na aquisição de ações preferenciais de outra empresa. A taxa fiscal de 10,5% é muito tentadora. Por outro lado, você está preocupado que o preço das ações preferenciais varie se as taxas de juros de longo prazo variarem. Você pode reduzir seus receios investindo em ações preferenciais cujo pagamento de dividendos esteja indexado à taxa geral de juros.[28]

Contudo, a variação do dividendo pago não resolve a questão, pois o preço das ações preferenciais ainda poderia cair se o risco aumentasse. Por isso, várias empresas adicionaram outra característica às ações preferenciais de taxa flutuante. Em vez de estarem rigidamente ligados às taxas de juros, os dividendos podem ser redefinidos periodicamente por meio de um leilão aberto a todos os investidores, os quais podem declarar qual o dividendo mínimo que estão dispostos a aceitar para comprar as ações. Os acionistas existentes, que exigem um retorno superior, limitam-se a vender as suas ações aos novos investidores pelo seu valor de face.

Ações preferenciais de taxa leiloável são similares a títulos municipais com taxa variável, exceto pelo fato do emissor não se ver obrigado a comprar as ações de volta. Se nenhum novo investidor aparecer no leilão, restará aos acionistas existentes segurar o pepino. Foi isso que ocorreu em 2008. Acionistas furiosos, que não conseguiam vender suas ações, reclamavam que os bancos os haviam convencido que aqueles papéis eram equivalentes a dinheiro, e muitos dos bancos que originalmente trataram das emissões acabaram concordando em comprá-los de volta. Desde então, ações preferenciais de taxa leiloável deixaram de parecer um porto tão seguro para o dinheiro.

---

[27] Para reduzir o risco dos *repos*, é normal avaliar o título a um preço inferior ao valor do mercado. Essa diferença é conhecida como *haircut*.

[28] A empresa que *emite* ações preferenciais deve pagar dividendos do rendimento depois de ter pago os impostos. Por isso, a maioria das empresas que paga impostos prefere emitir obrigações a ações preferenciais de taxa flutuante. Contudo, há muitas empresas que não estão pagando impostos e não podem utilizar o benefício fiscal da taxa de juro. Além disso, têm podido emitir ações preferenciais com rendimentos *inferiores* aos que teriam de pagar em uma emissão de obrigações. Isso agrada às empresas que compram as ações preferenciais com esses rendimentos inferiores, porque 70% dos dividendos que recebem escapam de impostos.

RESUMO

Os quatro tipos principais de ativos circulantes são estoques, contas a receber, caixa e títulos de curto prazo. Os estoques consistem de matérias-primas, produtos em elaboração e produtos acabados. Estoques têm benefícios. Por exemplo, um estoque de matérias-primas reduz o perigo de a empresa ser forçada a suspender a produção por causa de uma escassez temporária. Os estoques também acarretam custos. São um empate de capital e têm custos de armazenamento. A tarefa do responsável pela produção é a manutenção de um balanço razoável entre esses benefícios e os seus custos. Nos anos mais recentes, muitas empresas decidiram operar com níveis inferiores de estoques. Por exemplo, algumas adotaram sistemas *just-in-time* (ao mesmo tempo) que lhes permitem manter um nível mínimo de estoques por meio da recepção durante o dia de um fluxo regular de componentes e de matérias-primas.

A gestão de caixa (a gestão das contas a receber) envolve cinco passos;

1. Estabeleça a duração do período de pagamento e a dimensão de quaisquer descontos para os clientes bons pagadores.
2. Decida a forma do contato com o cliente. Por exemplo, se o crédito do seu cliente for um pouco duvidoso, você pode pedir-lhe para obter um aceite bancário. Nesse caso, o pagamento fica garantido pelo banco do cliente.
3. Controle a capacidade de crédito dos seus clientes. Você pode fazer isso com recursos próprios ou recorrendo a uma agência de crédito ou *bureau* de crédito especializado na obtenção de informação de crédito de empresas ou de particulares.
4. Estabeleça limites de crédito razoáveis. Lembre-se de que o seu objetivo não é minimizar o crédito mal parado, mas sim a maximização dos lucros. Lembre-se, também, de não ser pouco ambicioso no reconhecimento do lucro esperado. Pode valer a pena aceitar clientes potencialmente problemáticos, de se houver a possibilidade de eles virem a se tornar clientes regulares e confiáveis.
5. Faça a cobrança. Você tem de ser resoluto para os clientes verdadeiramente ruins, mas não vai querer ofender bons clientes ao remeter-lhes cartas com exigências, só porque os correios atrasaram um cheque.

Uma boa gestão de caixa implica movimentação eficiente de fundos. Por exemplo, se a empresa recebe muitos cheques de quantias baixas, tem de se assegurar de que eles não vão se perder. Descrevemos como a centralização bancária e os sistemas de cobrança postal são utilizados para acelerar a cobrança. A maioria dos pagamentos volumosos é feita eletronicamente. Isso permite que as empresas economizem transferindo fundos rapidamente entre os bancos locais e o banco *centralizado*. A transferência eletrônica de fundos também torna os pagamentos mais rápidos e possibilita o aumento da automatização dos processos de gestão de caixa.

Se você dispõe de um excesso de caixa que não está sendo necessário, pode investi-lo no mercado financeiro. Há uma variedade bastante ampla de investimentos no mercado financeiro, com graus diferentes de liquidez e de risco. Lembre-se de que a taxa de juros nesses investimentos é muitas vezes oferecida como um desconto. O retorno composto é sempre superior à taxa de desconto. Os principais investimentos no mercado financeiro dos Estados Unidos são: letras do Tesouro dos Estados Unidos, títulos de agências federais, títulos de curto prazo isentos de impostos, títulos municipais com taxa variável, depósitos bancários a prazo e certificados de depósito, acordos de recompra, *commercial papers* e aceites bancários.

LEITURAS ADICIONAIS

Apresentamos alguns livros de caráter geral sobre gestão de capital de giro:

J. Sagner, *Working Capital Management: Applications and Case Studies*, 4 th ed. (New York: John Wiley & Sons, 2014)

J. Zietlow, M. Hill, and T. Maness, *Short-Term Financial Management*, Revised 4th ed., (San Diego, CA: Cognella Publishing, 2014)

Um texto-padrão sobre a prática e experiência institucional da gestão de crédito é:

R. H. Cole and L. Mishler, *Consumer and Business Credit Management*, 11th ed. (New York: McGraw-Hill, 1998).

Para uma discussão mais analítica da política de crédito, ver:

S. Mian and C. W. Smith, "Extending Trade Credit and Financing", *Journal of Applied Corporate Finance* 7 (Spring 1994), pp. 75-84.

M. A. Petersen and R. G. Rajan, "Trade Credit: Theories and Evidence," *Review of Financial Studies* 10 (Fall 1997), pp. 661-692.

Dois livros úteis sobre gestão de caixa são:

M. Allman-Ward and J. Sagner, *Essentials of Managing Corporate Cash* (New York: Wiley, 2003).

R. Bort, *Corporate Cash Management Handbook* (New York: Warren Gorham and Lamont, 2004).

Duas discussões de fácil entendimento da razão por que algumas empresas mantêm mais ativos com liquidez do que outras:

A. Dittmar, "Corporate Cash Policy and How to Manage It with Stock Repurchases," *Journal of Applied Corporate Finance* 20 (Summer 2008), pp. 22-34.

L. Pinkowitz and R. Williamson, "What Is the Market Value of a Dollar of Corporate Cash?" *Journal of Applied Corporate Finance* 19 (Summer 2007), pp. 74-81.

Para uma descrição do mercado financeiro e das oportunidades de concessão e pedido de empréstimos de curto prazo, ver:

F. J. Fabozzi, *The Handbook of Fixed Income Securities*, 6th ed. (New York: McGraw-Hill, 2000).

F. J. Fabozzi, S. V. Mann, and M. Choudhry, *The Global Money Markets* (New York: John Wiley, 2002).

Capítulo 4 de *U.S. Monetary Policy and Financial Markets*, disponível no *site* da New York Federal Reserve, **www.ny.frb.org**.

PROBLEMAS

BÁSICO

1. **Estoques** Quais são os compromissos envolvidos na decisão da determinação do nível de estoques que a empresa deve manter?

2. **Política de crédito** A empresa X vende em uma base de 1/30, líquido 60. O cliente Y compra mercadorias faturadas por $1.000.
   a. Quanto Y pode descontar na fatura se pagar no trigésimo dia?
   b. Qual é a taxa de juro anual efetiva se Y pagar na data de vencimento em vez de no trigésimo dia?
   c. Como você espera que os prazos acordados de pagamento se alterariam nas seguintes condições::
      i. As mercadorias são perecíveis.
      ii. As mercadorias não foram rapidamente revendidas.
      iii. As mercadorias foram vendidas a empresas de alto risco.

3. **Política de crédito** O intervalo entre a data de compra e a data em que é devido o pagamento é conhecido como *prazo contratual*. O intervalo entre a data de vencimento e a data em que o comprador efetivamente paga é designado por *prazo de mora*, e o intervalo entre a data de compra e de pagamento efetivo é o *prazo de pagamento*. Assim,

   Prazo de pagamento = prazo contratual + prazo de mora

   Indique como você acredita que cada um dos seguintes eventos afeta cada tipo de prazo:
   a. A empresa impõe um encargo adicional aos que pagam com atraso.
   b. Uma recessão leva a que os clientes sintam dificuldades de caixa.
   c. A empresa altera as suas condições, de líquido 10 para líquido 20.

4. **Política de crédito** A Branding Iron Company vende o seu aço no atacado a $50 a peça. O custo de produção é de $40 por aço. Há 25% de probabilidade de o revendedor Q ir à falência durante o ano seguinte. Q encomenda mil peças e solicita um crédito de seis meses. Você deverá aceitar a encomenda? Admita uma taxa de desconto de 10% ao ano, em que não há possibilidade de encomendas repetidas, e que Q paga a totalidade ou não paga nada.

5. **Política de crédito** Reveja a Seção 30.2. Os custos da Cast Iron aumentaram de $1 mil para $1.050. Admitindo que não haja possibilidade de encomendas repetidas, responda o seguinte:
   a. Quando a Cast Iron deve conceder ou recusar crédito?
   b. Se custa $12 determinar se um cliente foi um pagador pontual ou atrasado no passado, quando a Cast Iron deverá efetuar tal averiguação?

6. **Política de crédito** Reveja a discussão da Seção 30.2 sobre as decisões de crédito com encomendas repetidas. Se $p_1 = 0,8$, qual será o nível mínimo de p_2 que justifique a concessão de crédito pela Cast Iron?

7. **Gestão de crédito** Verdadeiro ou falso?
   a. Os exportadores que requerem maior certeza de pagamento exigem que os clientes assinem um conhecimento de embarque em troca de uma letra à vista.
   b. É correto avaliar o desempenho do gestor de crédito por meio da proporção de incobráveis.
   c. Se um cliente se recusa a pagar apesar de repetidas insistências, a empresa normalmente remete a dívida a uma empresa de *factoring* ou a um advogado.

8. **Política de crédito** Como a sua vontade de conceder crédito poderá ser afetada por diferenças na (a) margem de lucro, (b) taxa de juro, e (c) probabilidade de encomendas repetidas? Justifique as suas respostas para cada um dos casos.

9. **Gestão de caixa** Complete o parágrafo seguinte escolhendo os termos corretos da seguinte lista: *sistema de cobrança postal, Fedwire, CHIPS, centralização bancária*.

   As empresas aumentam os seus recursos em fundos acelerando as cobranças. Uma das maneiras de obter isso é providenciando que os pagamentos sejam feitos a escritórios regionais que depositam os cheques em bancos locais. Isso é designado por _____. Os excedentes de caixa são posteriormente transferidos dos bancos locais para um dos bancos principais da empresa. As transferências podem ser feitas eletronicamente pelos sistemas _____ ou _____. Outra técnica é combinar com um banco o recolhimento direto dos cheques enviados para uma caixa postal. Isso é designado por _____.

10. **Cálculo de rendimentos** Em outubro de 2008, as letras do Tesouro a seis meses (com vencimento de 182 dias) foram emitidas com um desconto de 1,4%. Qual foi o rendimento anual?

11. **Títulos de curto prazo** Para cada item abaixo, escolha o investimento que melhor se adapte à descrição acompanhante:
    a. O vencimento é, frequentemente, de um dia para o outro (acordos de recompra/aceites bancários).
    b. O vencimento nunca excede 270 dias (títulos isentos de impostos/*commercial papers*).
    c. Emitidos pelo Tesouro dos Estados Unidos (títulos isentos de impostos/títulos a três meses).
    d. Cotados em uma base de desconto (certificados de depósito/letras do Tesouro).
    e. Vendidos em leilão (títulos isentos de impostos/letras do Tesouro).

12. **Títulos de curto prazo** Considere três títulos:
    a. Uma obrigação de taxa flutuante.
    b. Uma ação preferencial com dividendos fixos.
    c. Uma ação preferencial de taxa flutuante.

    Se você fosse responsável pelos investimentos de curto prazo com o caixa excedente de sua empresa, qual título provavelmente preferiria deter? Sua resposta poderia depender da alíquota de imposto sobre a sua empresa? Explique sucintamente.

INTERMEDIÁRIO

13. **Condições de crédito**   Segue-se uma lista de algumas condições usuais de venda. Você consegue explicar o que significam?

    a. 2/30, líquido 60.
    b. 2/5, FM, líquido 30.
    c. PNE.

14. **Descontos para pagamento à vista**   Alguns dos itens do problema anterior incluem um desconto para pagamento à vista. Calcule, para cada um deles, a taxa de juro suportada pelos clientes que pagam na data de vencimento em vez de aproveitarem o desconto.

15. **Condições de crédito**   A Phoenix Lambert está vendendo atualmente os seus produtos com pagamento na entrega. Contudo, o diretor financeiro acredita que, com uma oferta de crédito 2/10, líquido 30, a empresa possa obter um aumento nas vendas de 4% sem custos adicionais significativos. Você recomendaria essa oferta de crédito se a taxa de juro fosse de 6% e a margem de lucro de 5%? Pressuponha, primeiro, que todos os clientes aproveitassem o desconto. Depois, pressuponha que todos paguem em 30 dias.

16. **Política de crédito**   Como tesoureiro da Universal Bed Corporation, Aristóteles Procrustes está preocupado com a sua taxa de incobráveis, atualmente em 6%. Ele pensa que impondo uma política de crédito mais restritiva poderia reduzir as vendas em 5% e reduzir o índice de incobráveis para 4%. Se o custo das mercadorias vendidas for de 80% do preço de venda, Aristóteles Procrustes deverá adotar uma política mais restritiva?

17. **Política de crédito**   Jim Khana, o gestor de crédito da Velcro Saddles, está reavaliando a política de crédito da empresa. As condições de venda da Velcro são líquido 30. O custo das mercadorias vendidas é de 85% das vendas, e os custos fixos são mais de 5% das vendas. A Velcro classifica os clientes em uma escala de 1 a 4. Durante os últimos cinco anos, a experiência de cobrança foi a seguinte:

Classificação	Inadimplência em porcentagem das vendas	Prazo médio de cobrança em dias para as contas adimplentes
1	0,0	45
2	2,0	42
3	10,0	40
4	20,0	80

    A taxa média de juros foi de 15%.

    Que conclusões (caso existam) você poderá tirar acerca da política de crédito da Velcro? Que outros fatores devem ser considerados antes de alterar essa política?

18. **Política de crédito**   Reveja o último problema. Suponha que: (a) a classificação de cada novo pedido de crédito custe $95 e (b) se verifica uma proporção quase igual de novos clientes em cada uma das quatro categorias. Em que circunstâncias o Sr. Khana não deve se preocupar em conduzir uma análise de crédito?

19. **Condições de crédito**   Até há pouco tempo, a Augean Cleaning Products vendia os seus produtos nas condições de líquido 60, com um prazo médio de cobrança de 75 dias. Em uma tentativa de levar os clientes a pagar em dia, a empresa modificou as suas condições para 2/10, FM, líquido 60. O efeito inicial da modificação das condições foi o seguinte:

	Prazo médio de cobrança em dias	
Porcentagem das vendas com desconto para pagamento à vista	Desconto para pagamento à vista	Líquido
60	30*	80

    *Alguns clientes deduzem o desconto para pagamento à vista ainda que paguem após a data estabelecida.

    Calcule o efeito da modificação das condições. Considere:
    - O volume de vendas não é alterado.
    - A taxa de juro é de 12%
    - Não há inadimplência.
    - O custo das mercadorias vendidas é de 80% das vendas.

20. **Condições de crédito**   Reveja o problema anterior. Admita que a modificação nas condições de crédito tem como resultado o crescimento de 2% nas vendas. Volte a calcular o efeito da modificação nas condições de crédito.

21. **Gestão de caixa**   A Knob Inc. é um distribuidor nacional de móveis. A empresa está utilizando um sistema central de cobrança para vendas a crédito no valor de $180 milhões por ano. O First National, o principal banco da Knob, ofereceu-se para implementar um sistema bancário centralizado por $100 mil por ano. O banco prevê que os envios postais e o tempo de cobrança podem ser reduzidos em três dias. Qual seria o aumento dos saldos de caixa da Knob com esse novo sistema? Que aumento adicional de rendimento proveniente de juros o novo sistema geraria se os fundos adicionais forem utilizados para reduzir os empréstimos que a empresa contrai ao abrigo de uma linha de crédito do First National? Pressuponha que a taxa de juro do empréstimo seja de 12%. Finalmente, a Knob deve aceitar a oferta do First National se os custos de cobrança forem, atualmente, de $40 mil por ano?

22. **Cobrança postal**   Anne Teak, a gestora financeira de uma empresa de móveis, está considerando a implementação de um sistema de cobrança postal. Ela prevê que sejam feitos diariamente através do sistema 300 pagamentos, sendo o pagamento médio de $1.500. O banco cobra pela operação do sistema $0,40 por cheque ou $800 mil de saldos compensatórios.

    a. Se a taxa de juro é de 9%, qual método de pagamento é o mais barato?
    b. Qual é a redução do tempo de cobrança e de processamento de cada um dos cheques necessários para justificar a implementação do sistema de cobrança postal?

23. **Sistemas de pagamento** Uma empresa recolhe as cobranças feitas pelas suas filiais uma vez por semana. (Ou seja, todas as semanas ela transfere os saldos das várias contas para uma conta central.) O custo de uma transferência eletrônica é de $10. O custo de um cheque é de $0,80. Os cheques transferidos eletronicamente ficam disponíveis no mesmo dia, mas a matriz tem de esperar três dias. Os fundos podem ser investidos a uma taxa de 12% ao ano. Qual deve ser o valor que uma conta de cobrança tem de atingir para que seja compensador fazer uma transferência eletrônica?

24. **Cobrança postal** O gestor financeiro da JAC Cosmetics está considerando implementar um sistema de cobrança postal em Pittsburgh. O total dos cheques tratados por esse sistema será de $10 mil por dia. O sistema disponibilizará os fundos à empresa em três dias a menos do que o sistema de cobrança atual.

    a. Suponha que o banco se ofereça para operar o sistema postal por um balanço compensatório de $20 mil. Vale a pena implementar o sistema postal?

    b. Suponha que o banco se ofereça para operar o sistema postal por $0,10 por cheque depositado, em vez do balanço compensatório. Qual terá de ser o valor médio dos cheques para que essa proposta seja mais compensadora? Pressuponha uma taxa de juros de 6% ao ano.

    c. Por que você precisa saber a taxa de juros para responder ao item (b) e não ao item (a)?

25. **Rendimento no mercado financeiro** Uma letra do Tesouro a três meses e um título a seis meses são vendidos com um desconto de 10%. Qual deles oferece o maior rendimento anual?

26. **Rendimento no mercado financeiro** Na Seção 30.4, descreveu-se uma obrigação a três meses emitida com um rendimento composto anual de 5,16%. Pressuponha que decorreu um mês e que o investimento continue a oferecer o mesmo retorno composto anual. Qual é a porcentagem do desconto? Qual foi o seu retorno no mês?

27. **Rendimento no mercado financeiro** Volte ao problema anterior. Pressuponha que tenha decorrido outro mês, por isso a obrigação tem apenas mais um mês para vencer. Agora, ela está sendo vendida com um desconto de 3%. Qual é o seu rendimento? Qual foi o seu retorno durante os dois meses?

28. **Títulos de curto prazo** Informe-se sobre as taxas de juros atuais oferecidas por várias alternativas de investimento de curto prazo. Pressuponha que a sua empresa tenha um excesso de caixa de $1 milhão para investir durante os próximos dois meses. Como você investiria esse dinheiro? Qual seria a sua resposta se os fundos fossem de $5 mil, $20 mil, $100 mil e $100 milhões?

29. **Isenções fiscais** Em 2006, as obrigações corporativas de agências estavam sendo vendidas com um rendimento de 5,32%, enquanto títulos isentos de impostos de alto grau com um vencimento idêntico ofereciam 3,7% anuais. Se um investidor receber o mesmo retorno *depois de impostos* das obrigações das empresas e dos títulos isentos de impostos, qual será a alíquota marginal de imposto do investidor? Que outros fatores poderão afetar a escolha de um investidor entre os dois tipos de títulos?

30. **Isenções fiscais** O IRS (Internal Revenue Service) proíbe que as empresas recorram a empréstimos para comprar títulos isentos de impostos e deduzirem o pagamento dos juros dos empréstimos na matéria tributável. O IRS deve proibir essa atividade? Se o IRS não o fizesse, você aconselharia a empresa a contrair empréstimos para comprar títulos isentos de impostos?

31. **Rendimentos após impostos** Suponha que você seja rico e pague 35% de imposto sobre rendimentos. Qual é o rendimento esperado após os impostos de cada um dos seguintes investimentos?

    a. Uma obrigação municipal com um rendimento de 7,0% antes de impostos.

    b. Uma letra do Tesouro com um rendimento de 10% antes de impostos.

    c. Uma ação preferencial de taxa flutuante com um rendimento de 7,5% antes de impostos.

    Como você responderia se o investidor fosse uma empresa que pagasse 35% de impostos? Que outros fatores devem ser considerados para você decidir onde investirá o excesso de caixa da organização?

DESAFIO

32. **Política de crédito** A Reliant Umbrellas foi consultada pela Plumpton Variety Stores, de Nevada. A Plumpton mostrou-se interessada em uma compra inicial de 5 mil guarda-chuvas a $10 cada nas condições genéricas da Reliant de 2/30, 60 líquido. A Plumpton estima que, se os guarda-chuvas se tornarem populares entre os clientes, suas compras podem vir a ser, na região, de cerca de 30.000 guarda-chuvas por ano. Após as deduções dos custos variáveis, essa conta contribuiria com $47 mil por ano para os lucros da Reliant.

    A empresa pretende, desde há algum tempo, penetrar no mercado lucrativo de Nevada, mas o seu gestor de crédito tem algumas dúvidas acerca da Plumpton. Nos últimos cinco anos, a Plumpton envolveu-se em um programa agressivo de abertura de lojas. No entanto, em 2013, ocorreu o contrário. A recessão, conjugada com uma concorrência agressiva dos preços, causou dificuldades financeiras. A Plumpton despediu pessoal, fechou uma loja e adiou a abertura de lojas. A classificação da empresa pela Dun & Bradstreet é simplesmente aceitável, e uma averiguação de outros fornecedores da Plumpton revelou que, embora a Plumpton tradicionalmente aproveitasse o desconto para pagamento à vista, recentemente tem pago atrasado em 30 dias. Uma consulta ao banco da Reliant indicou que a Plumpton tem disponíveis linhas de crédito de $350 mil, mas entrou em conversação com os bancos para a renovação de um empréstimo a prazo de $1.500.000, que vence no final do ano. O Quadro 30.5 resume as últimas demonstrações financeiras da Plumpton.

    Como gestor de crédito da Reliant, qual seria a sua atitude em relação à concessão de crédito à Plumpton?

QUADRO 30.5 Plumpton Variety Stores; resumo dos demonstrativos financeiros (em $ milhões)

	2016	2015		2016	2015
Disponibilidades	$1,0	$1,2	Contas a pagar	$2,3	$2,5
Contas a receber	1,5	1,6	Empréstimos de curto prazo	3,9	1,9
Estoques	10,9	11,6	Dívida de longo prazo	1,8	2,6
Imobilizado	5,1	4,3	Patrimônio líquido	10,5	11,7
Total do ativo	$18,5	$18,7	Total do passivo	$18,5	$18,7

	2016	2015
Vendas	$55,0	$59,0
Custo das mercadorias vendidas	32,6	35,9
Despesas administrativas, gerais e de vendas	20,8	20,2
Juros	0,5	0,3
Impostos	0,5	1,3
Lucro líquido	$0,6	$1,3

33. Política de crédito A Galenic Inc. é uma varejista de uma linha de produtos farmacêuticos. Antes de deduzir quaisquer prejuízos dos incobráveis, a Galenic opera com uma margem de lucro de 5%. Durante muito tempo, a empresa empregou um sistema de pontuação numérica de crédito baseada em um pequeno número de índices-chave. Isso teve como resultado um índice de incobráveis de 1%.

A Galenic fez recentemente um estudo estatístico detalhado dos registros de pagamento dos clientes nos últimos oito anos e, após algumas experiências, identificou cinco variáveis que podem formar a base de um novo sistema de pontuação de crédito. Segundo os dados desses oito anos, a empresa calcula que para cada 10 mil contas teria registrado as seguintes taxas de inadimplência:

Pontuação de crédito segundo o sistema proposto	Número de contas		
	Inadimplentes	Adimplentes	Total
Superior a 80	60	9.100	9.160
Inferior a 80	40	800	840
Total	100	9.900	10.000

Recusando conceder crédito a empresas com uma pontuação de crédito baixa (menos de 80), a Galenic calcula reduzir o índice dos incobráveis para 60/9.160, ou pouco abaixo dos 0,7%. Embora não pareça um grande feito, o gestor de crédito da empresa argumenta que é equivalente à diminuição de um terço na taxa de incobráveis e que teria como resultado uma melhora significativa na margem de lucro.

a. Qual é a margem de lucro atual da Galenic, tendo em conta os incobráveis?

b. Partindo do princípio de que as estimativas da empresa quanto a incobráveis estejam corretas, como o novo sistema de pontuação de crédito influenciaria os lucros?

c. O que levaria a suspeitar que as estimativas da Galenic das taxas de inadimplência não seriam concretizadas na prática? O que aconteceria se se superestimasse a precisão desse método de pontuação de crédito?

d. Suponha que uma das variáveis no sistema de pontuação proposto seja o fato de o cliente ter uma conta já existente com a Galenic (é mais provável que os novos clientes entrem em inadimplência). Como isso influenciaria a sua avaliação da proposta?

FINANÇAS NA WEB

1. Os três principais *bureaus* de crédito mantêm *sites* úteis com exemplos de suas atividades e relatórios aos consumidores. Acesse o *site* www.equifax.com e examine o relatório-padrão sobre uma pequena empresa. Quais informações você acredita que seriam mais úteis se você estivesse analisando a concessão de crédito à empresa?

2. Acesse o *site* da Federal Reserve em www.federalreserve.gov e procure as taxas de juros correntes do mercado financeiro. Suponha que o seu negócio tem um montante de $7 milhões reservado para um dispêndio daqui a três meses. De que maneira você escolheria investi-lo nesse intervalo? A sua decisão seria diferente se houvesse alguma probabilidade de que você necessitaria antes do dinheiro?

PARTE X Fusões, controle corporativo e governança

CAPÍTULO 31

Fusões

A escala e o ritmo das fusões nos Estados Unidos têm sido notáveis. O Quadro 31.1 lista apenas algumas das fusões recentes. Repare na alta proporção de fusões transfronteiriças entre empresas de diferentes países. Observe também a Figura 31.1, que mostra o número de fusões envolvendo empresas norte-americanas para cada um dos anos entre 1962 a 2013. Em 2006, um ano recorde de fusões, as companhias norte-americanas estiveram envolvidas em quase 12 mil operações cujo total foi cerca de $1,5 trilhão. Durante esses períodos de intensa atividade de fusões, os gestores gastam bastante tempo procurando empresas para comprar ou se preocupando com a possibilidade de serem adquiridos por outra empresa.

A fusão só aumenta o valor quando as duas companhias juntas valem mais do que separadas. Este capítulo trata das razões por que duas empresas podem valer mais se estiverem juntas e das maneiras de se realizar essa operação. Muitos casamentos entre empresas são amigáveis, mas às vezes uma parte é arrastada para o altar sem o desejar. Dessa maneira, também examinamos o que está envolvido em uma aquisição hostil.

Trataremos dos seguintes tópicos:

- *Motivos.* Fonte de valor acrescentado.
- *Motivos duvidosos.* Não se deixem tentar.
- *Benefícios e custos.* É importante estimá-los coerentemente.

QUADRO 31.1 Alguns importantes anúncios de fusões recentes

Setor	Empresa Adquirente	Empresa Vendida	Pagamento ($ bilhões)
Telecom	Verizon	Holding da Vodafone sobre a Verizon Wireless (Reino Unido)	130
Telecom	Charter Communications	Time Warner Cable	79
TV Paga	AT&T	DirectTV	67
Farmacêutico	Actavis (Irlanda)	Allergan	66
Mineração	Glencore (Suíça/Reino Unido)	Xstrada (Suíça/Reino Unido)	49
Equipamentos médicos	Medtronic	Covidien (Irlanda)	47
Cimento	Holcim (Suíça)	Lafarge (França)	47
Alimentos	Heinz	Kraft	40
Serviços petrolíferos	Halliburton	Baker Hughes	35
Tabaco	Reynolds American	Lorillard	27
Farmacêutico	Actavis (Irlanda)	Forest Laboratories	25
Telecom	Altice (França)	SFR (França)	24
Redes sociais	Facebook	WhatsApp	22
Equipamentos elétricos	General Electric	Alstom (França)	17
Publicidade	Publicis Group (França)	Omnicom Group	17
Bebidas	Suntory (Japão)	Beam Inc.	16
Atendimento de saúde	Thermo Fisher Scientific	Life Technologies	13
Farmacêutico	Merck (Alemanha)	Sigma-Aldrich	13
Automotivo	ZF (Alemanha)	TRW	12

Obs.: muitas dessas fusões estavam pendentes e sujeitas a aprovação regulatória.

- *Mecânica*. Questões de legislação, sistema fiscal e contabilidade.
- *Batalhas de aquisição e respectivas táticas*. Examinamos as táticas das fusões e mostramos algumas das forças econômicas que impulsionam as operações de fusão.
- *Fusões e a economia*. Como explicar as ondas de fusões? Quem ganha e quem perde como resultado de tais operações?

As fusões se justificam parcialmente no tocante às economias de se combinar duas companhias, mas também há a preocupação sobre qual delas operará a empresa resultante. Na maior parte das fusões, nota-se que uma das empresas é a protagonista e que a outra é o alvo. Usualmente, os principais gestores da empresa-alvo saem após a concretização da fusão.

Hoje em dia, os economistas financeiros consideram que as fusões fazem parte de um mercado mais vasto – o *mercado de controle corporativo*. A atividade desse mercado vai além das fusões comuns; cobre as aquisições alavancadas (*leveraged buyouts* – LBOs), as *spin-offs* e os desinvestimentos e, ainda, as nacionalizações e as privatizações, em que um governo adquire ou vende um negócio. Esses são os temas do próximo capítulo.

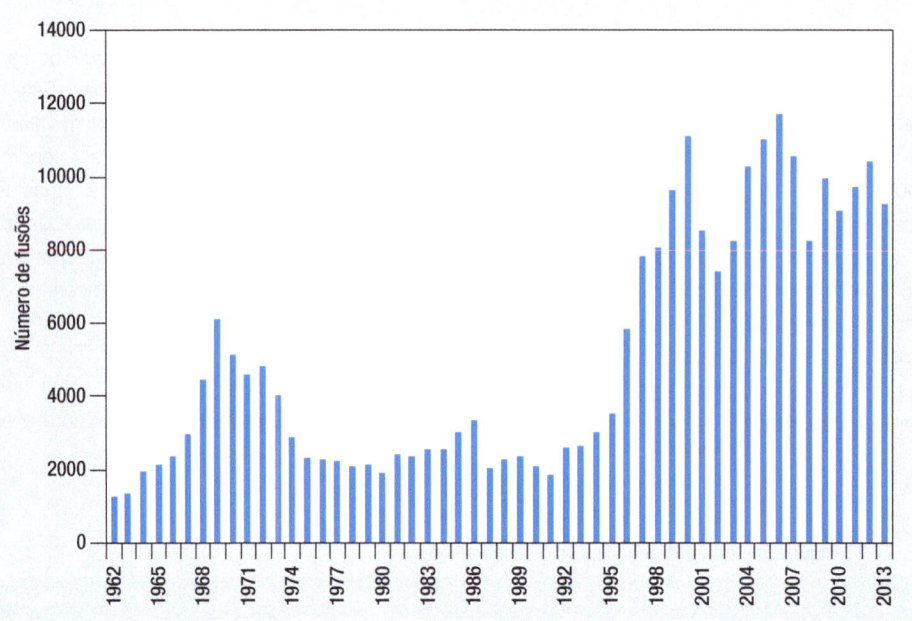

▶ **FIGURA 31.1** O número de fusões nos Estados Unidos, 1962-2013.
Fonte: Mergestat, www.mergestat.com.

31.1 Motivos lógicos para as fusões

As fusões podem ser *horizontais*, *verticais* ou *em conglomerado*. Uma **fusão horizontal** é aquela que ocorre entre duas empresas na mesma linha de atuação. Todas as fusões listadas no Quadro 31.1 são horizontais.

Uma **fusão vertical** envolve empresas em estágios diferentes do processo produtivo. A empresa compradora estende-se para trás, rumo à fonte das matérias-primas, ou para frente, rumo ao consumidor final. A aquisição da Motorola Mobility pela Google em 2011 é um exemplo. A aquisição deu à Google o controle sobre seu sistema operacional Android para smartphones.

Uma **fusão em conglomerado** envolve empresas em ramos não relacionados entre si. A indiana Tata Group, por exemplo, é uma empresa enorme e altamente diversificada. Nos últimos anos, a diversidade de suas aquisições incluiu Eight O'Clock Coffee, Corus Steel, Jaguar Land Rover, Ritz Carlton (Boston) e British Salt. Nenhuma empresa dos Estados Unidos é tão diversificada quanto a Tata, mas nos anos 1960 e 1970 era comum ocorrer fusões entre empresas norte-americanas não relacionadas. Boa parte da ação na década de 1980 e 1990 consistiu no desmembramento dos conglomerados que haviam formado 10 ou 20 anos antes.

Tendo em vista essas distinções, vamos agora considerar as razões pelas quais duas empresas podem valer mais juntas do que separadas. Avançamos com alguma apreensão, e embora conduzam frequentemente a benefícios reais, os motivos são, por vezes, meras miragens que lançam a tentação sobre gestores descuidados ou com muita autoconfiança, conduzindo-os a verdadeiros desastres. Esse foi o caso da AOL, que gastou uma soma recorde de $156 bilhões para comprar a Time Warner. O objetivo era criar uma empresa que pudesse oferecer aos clientes um pacote abrangente de mídia e produtos ligados à informação, porém, o resultado não foi tão bom. Mais constrangedor ainda (embora em escala menor) foi a aquisição da Apex One, uma empresa de roupas esportivas, pela Converse Inc, que ocorreu em 18 de maio de 1995. A Apex One foi encerrada em 11 de agosto, na sequência de insucessos da Converse na produção de novos modelos a um ritmo suficiente para satisfazer os varejistas. A Converse perdeu um investimento de mais de $40 milhões de dólares em 85 dias.[1]

Muitas das fusões que parecem fazer sentido em termos econômicos acabam falhando porque os gestores não realizam adequadamente a complexa tarefa de integrar duas empresas com processos de produção, métodos contábeis e culturas muito diferentes. O quadro seguinte mostra como essas dificuldades atormentaram a fusão de três bancos japoneses.

O valor da maior parte das empresas depende dos ativos *humanos* – gestores, trabalhadores especializados, cientistas e engenheiros. Se essas pessoas não estiverem felizes com as respectivas funções na empresa resultante da fusão, os melhores irão embora. É preciso ter o cuidado de não pagar caro pelos ativos que descem pelo elevador e vão para o estacionamento ao final de cada dia de trabalho. Eles podem ir em direção ao ocaso e não regressar mais.

Considere a fusão de $38 bilhões entre a Daimler-Benz e a Chrysler. Apesar ter sido aclamada como um modelo de consolidação na indústria automobilística, os primeiros anos foram repletos de conflitos entre as duas culturas diferentes:

> Os membros alemães do conselho de administração tinham assistentes executivos que preparavam relatórios detalhados sobre qualquer assunto. Os norte-americanos eram muito mais informais a esse respeito e formulavam suas decisões em conversas diretas com os engenheiros ou outros especialistas. Uma decisão da parte alemã tinha que passar por toda uma burocracia até a aprovação final dos executivos do topo. O processo era muito rigoroso. Da parte dos norte-americanos, no entanto, os funcionários de nível médio eram autorizados a prosseguir de acordo com as suas iniciativas, muitas vezes sem esperar pela aprovação de seus superiores...
>
> A integração entre culturas também estava revelando ser uma mercadoria perigosa. A diferença enorme entre os níveis salariais desencadeou uma subcorrente de tensão. Os trabalhadores norte-americanos ganhavam o dobro, o triplo e, em alguns casos, o quádruplo de seus colegas alemães. No entanto, as despesas dos primeiros eram rigidamente controladas se comparadas ao sistema alemão. Os funcionários ligados à Daimler não pensavam em outra coisa senão pegar um voo para Paris ou Nova York para uma reunião de meio expediente, depois fecharem a viagem com um jantar em um restaurante luxuoso e uma noite em um hotel caro. Os norte-americanos ficavam chocados com essas extravagâncias.[2]

Nove anos após adquirir a Chrysler, a Daimler jogou a toalha e anunciou que estava cedendo a sua participação na montadora norte-americana, em uma aquisição alavancada (*leveraged-buyout*) à Cerberus Capital Management. A Daimler efetivamente pagou $677 milhões à Cerberus para se desvencilhar da Chrysler. Em troca, a Cerberus teve de assumir cerca de $18 bilhões em títulos de pensão e relativos ao plano de saúde dos funcionários, e concordou em investir $6 bilhões na Chrysler e em sua subsidiária financeira.

Há ainda ocasiões em que a fusão realmente atinge ganhos, mas, não obstante, o comprador perde porque pagou excessivamente em um primeiro momento. Por exemplo, o comprador pode superestimar o valor dos estoques antigos ou subestimar os custos para reformar as unidades e/ou equipamentos antigos, ou pode negligenciar as garantias dos produtos defeituosos. Eles precisam também ter muito cuidado sobre suas responsabilidades ambientais: se houver níveis altos de poluição decorrentes das operações ou dos resíduos tóxicos do vendedor em sua propriedade, os custos de limpeza provavelmente recairão sobre o comprador.

Agora, passaremos a ver as possíveis fontes de *sinergias* da fusão, isto é, fontes possíveis de agregação de valor.

---

[1] Mark Maremount, "How Converse Got Its Laces All Tangled", *BusinessWeek*, September 4, 1995, p. 37.

[2] Bill Vlasic and Bradley A. Stertz, "Taken for a Ride," *BusinessWeek*, June 5, 2000. Reimpresso com permissão especial © The McGraw-Hill Companies Inc.

PRÁTICA FINANCEIRA

Sinergias evasivas

Quando três dos maiores bancos do Japão se fundiram para criar o Banco Mizuho, o resultado foi um banco com ativos de $1,5 trilhão, mais que o dobro do Deutsche Bank, que era líder mundial. O nome "Mizuho" significa "colheita de arroz abundante", e os gestores previram que a fusão daria uma colheita abundante de sinergias. Em uma mensagem dirigida aos acionistas, o presidente do banco afirmou que a fusão criaria "um grupo de serviços financeiros completo que se afirmará no século XXI". Ele fez a previsão de que o banco "lideraria a nova era com serviços completos e de ponta... obtidos graças à plena exploração dos enormes pontos fortes do grupo, os quais se apoiam em uma base de clientes poderosa e em tecnologias financeiras e de informática atualizadas". Previu-se que o custo da fusão dos bancos chegaria a ¥130 bilhões, mas a administração previa que os futuros benefícios seriam de ¥466 bilhões por ano.

Poucos meses depois do anúncio da fusão, começaram a aparecer notícias de conflitos entre os três sócios. Uma área problemática era a tecnologia da informação. Cada um dos três fundidos tinha um fornecedor de informática diferente. Primeiro, foi proposto que se usasse apenas um daqueles três sistemas, mas, depois, os bancos decidiram ligar os três sistemas diferentes por meio de computadores especiais.

O novo banco começou a funcionar em 1 de abril de 2002, três anos após o anúncio inicial. Cinco dias depois, problemas de computador tiveram como resultado erros gigantescos. Parte dos 7 mil caixas automáticos não funcionava, 60 mil contas tinham débitos duplicados para uma mesma operação e milhões de contas ficaram por pagar. O semanário *The Economist* informou que, duas semanas depois, a Tokyo Gas, a maior empresa de gás do país, continuava com ¥2,2 bilhões de créditos por receber, e a maior empresa de telefonia, a NTT, que esperava receber pagamentos de ¥12,7 bilhões, foi forçada a enviar aos consumidores recibos preenchidos com asteriscos no lugar dos números, porque não sabia quais das 760 mil contas já haviam sido pagas.

Um dos objetivos que embasava a formação do Mizuho era a exploração de economias em seu sistema de informação. O fiasco do lançamento do banco ilustra de forma dramática que é mais fácil prever sinergias de fusão do que obtê-las efetivamente.

Fontes: A criação do Banco Mizuho e os problemas de lançamento estão descritos em "Undispensable: A Fine Merger Yields One Fine Mess", *The Economist*, April 27, 2002, p. 72; "Big, Bold, but...", *Euromoney*, December 2000, pp. 30-35; e "Godzilla Bank", *Forbes*, March 20, 2000, pp. 132-133.

Economias de escala

Muitas fusões objetivam reduzir os custos e atingem economias de escala. Por exemplo, quando a Duke Energy e a Progress Energy anunciaram planos de fusão, as economias foram estimadas em até $1,6 bilhão pelos próximos cinco anos. Os gestores previam que a fusão permitiria que as duas empresas reduzissem custos com combustíveis e aprimorassem a transmissão de energia. As economias também viriam de uma redução de quase 2 mil funcionários em seus quadros. (Algumas dessas economias envolviam gestores seniores. Por exemplo, havia dois CFOs antes da fusão, número que foi reduzido para um depois dela.)

Alcançar essas *economias de escala* é o objetivo natural de fusões horizontais. Mas também foi afirmado que essas economias também existem nos conglomerados. Os arquitetos de tais fusões assinalaram as economias que provêm da partilha de serviços centrais, tais como serviços administrativos e contábeis, controle financeiro, desenvolvimento de executivos e gestão de alta administração.[3]

Economias de integração vertical

As fusões verticais buscam obter controle sobre o processo produtivo mediante uma expansão para trás, em direção à matéria-prima, ou para a frente, em direção ao consumidor final. Uma maneira de fazer isso é por meio de fusões com fornecedores ou clientes.

A integração vertical facilita a coordenação e a administração. Vejamos um caso extremo como exemplo. Imagine uma companhia de aviação que não tem aviões. Se consta nos planos de

---

[3] Há economias de escala quando o custo unitário médio da produção diminui à medida que o volume de produção aumenta. Uma forma para alcançar economias de escala é pulverizar os custos fixos em um volume grande de produção.

voo uma viagem de Boston para São Francisco, vende passagens e aluga o respectivo avião de uma empresa diferente. Essa estratégia talvez possa funcionar em pequena dimensão, mas seria um pesadelo administrativo para empresas de maior porte, pois teriam de coordenar centenas de aluguéis de aviões por dia. Diante dessas dificuldades, não surpreende que todas as grandes empresas de aviação tenham feito a integração para trás, comprando e operando os aviões em vez de, simplesmente, ser clientes de empresas de aluguel de aviões (*rent a plane*).

Ao tentarem explicar diferenças em integração, os economistas muitas vezes ressaltam os problemas que podem surgir quando duas atividades empresariais estão vinculadas de forma inextrincável. A produção de componentes, por exemplo, pode exigir um grande investimento em equipamentos altamente especializados. Ou talvez uma máquina de fundição precise ficar localizada perto da mina a fim de reduzir os custos de transporte de minério. Em tais casos, pode ser possível organizar as atividades em empresas separadas que operam sob um contrato de longa duração. Mas tal contrato jamais conseguirá dar conta de toda e cada alteração concebível no modo como as atividades precisam interagir. Portanto, quando duas partes de uma operação são altamente dependentes uma da outra, muitas vezes faz sentido combiná-las no âmbito da mesma empresa integrada verticalmente, garantindo que ela tenha controle sobre como os ativos devem ser usados.[4]

Atualmente, a onda da integração vertical parece estar esmorecendo. As empresas estão descobrindo que é mais eficiente fazer a terceirização ou *outsourcing* de muitos e variados serviços ou produções. Por exemplo, nas décadas de 1950 e 1960, pensava-se que a General Motors tivesse uma vantagem de custo em relação aos concorrentes Ford e Chrysler, porque a maior parte das peças usadas na GM era de produção própria. Na década de 1990, eram a Ford e a Chrysler que tinha a vantagem de custo; conseguiam comprar mais barato de fornecedores independentes. Isso se deve, em parte, ao fato de essas empresas externas terem tendência para usar pessoal não sindicalizado e para pagar salários mais baixos, mas também parece que os fabricantes tinham maior poder de negociação em relação a produtores independentes do que a uma fábrica pertencente ao grupo. Em 1998, a GM decidiu separar (*spin-off*) a sua divisão de peças, criando a Delphi. Depois da separação, a GM continuou comprando grandes volumes de peças da Delphi, mas negociou as condições de compra com maior força.

Recursos complementares

Muitas pequenas empresas são adquiridas por grandes empresas que podem proporcionar os ingredientes que faltam para o sucesso das primeiras. A pequena empresa pode ter um produto verdadeiramente único, mas não ter os recursos de engenharia e de comercialização que seriam necessários para produzi-lo e comercializá-lo em larga escala. A empresa pode desenvolver esses recursos internamente, partindo do zero, mas talvez seja mais rápido e mais barato realizar uma fusão com uma empresa que já detenha amplo talento nesses domínios. As duas empresas têm *recursos complementares* – cada uma tem o que a outra precisa – e, por isso, a fusão tem sentido. Além disso, a fusão pode abrir oportunidades que nenhuma das empresas individualmente conseguiria aproveitar.

Nos últimos anos, muitas das principais empresas farmacêuticas enfrentam a perda da proteção à patente de seus produtos mais lucrativos e não conseguiram lançar novos compostos promissores em um número suficiente que contrabalançasse essa situação. Isso gerou um número crescente de aquisições de empresas do ramo. Em 2014, por exemplo, a Johnson & Johnson adquiriu a Alios Biopharma por $1,75 bilhão. A Johnson & Johnson calculou que o desenvolvimento pela Alios de uma terapia respiratória antiviral ampliaria sua gama de terapias contra doenças infecciosas. Ao mesmo tempo, a Alios obteve os recursos de que precisava para levar seus produtos até o mercado.

Aquisições na indústria farmacêutica e de biotecnologia atingiram seu pico em 2015, com mais de $450 bilhões em negócios anunciados de janeiro a maio.

Fundos excedentes

Este é outro argumento a favor das fusões. Considere que a sua empresa esteja em um ramo de atividade já maduro, gera um fluxo de caixa substancial, mas tem pouca oportunidade para in-

---

[4] Há uma vasta literatura sobre os benefícios do controle mediante integração vertical. Veja, por exemplo, O. Williamson, "The New Industrial Economics: Taking Stock, Looking Ahead." *Journal of Economic Literature* 38 (2000), pp. 595-613; and O. Hart. *Firms, Contracts, and Financial Structure* (Oxford: Clarendon Press), 1995.

vestir. No plano ideal, tal empresa distribuiria o dinheiro excedente por meio de um aumento dos dividendos pagos aos acionistas ou, então, adquiriria suas próprias ações. Infelizmente, os gestores enérgicos têm alguma relutância em adotar uma política de "encolhimento" da empresa. Se a empresa não quer recomprar ações próprias, pode comprar ações de outra organização. É frequente que as empresas com excedentes de caixa e falta de boas oportunidades de investimento voltem-se para uma aquisição *em dinheiro* como modo de recolocar o capital.

Há companhias com excedentes de caixa que não aumentam a distribuição de dividendos nem recolocam o capital por meio de aquisições sensatas. Essas empresas podem se tornar alvo de ofertas de aquisição por parte de outras empresas que se propõem gerir melhor o capital disponível. Durante a queda dos preços do petróleo do início da década de 1980, muitas empresas com excedentes de caixa foram ameaçadas por tentativas de aquisição. Não que o capital disponível fosse um recurso único. Os compradores queriam se apoderar do fluxo de caixa para garantir que não seria desperdiçado em projetos de exploração petrolífera com VPL negativo. Voltaremos a esse tema do *fluxo de caixa livre* mais adiante neste capítulo.

Eliminação de ineficiências

O excedente de caixa não é o único recurso que pode ser desperdiçado por má gestão. Há sempre companhias com oportunidades não exploradas de redução de custos ou de aumento das vendas e do lucro, e tais empresas são candidatas naturais a aquisição por outras empresas com melhor gestão. Em muitos casos, "melhor gestão" não é mais do que a determinação de fazer cortes dolorosos ou um realinhamento do posicionamento da empresa. Note que o motivo de tais aquisições não tem nada a ver com os potenciais benefícios de juntar duas empresas. Elas são um mero mecanismo pelo qual uma nova equipe de gestão substitui a anterior.

As fusões não são a única maneira de melhorar a gestão, mas, por vezes, são a única maneira simples e prática. Os gestores têm uma relutância natural em despedir pessoal ou em se "autopromoverem", e os acionistas das grandes empresas cotadas em bolsa não costumam ter grande influência *direta* na maneira como a empresa é gerida ou na escolha de pessoas que fazem a gestão.[5]

Se essa razão para as fusões for de fato importante, é de se esperar que, genericamente, as aquisições antecedam mudanças de gestão na empresa-alvo. Parece ser esse o caso. Por exemplo, Martin e McConnell apuraram que o CEO tem uma probabilidade de ser substituído no ano seguinte à aquisição da empresa três vezes superior à probabilidade disso acontecer antes da aquisição.[6] As empresas que eles estudaram tinham tido mau desempenho; nos quatro anos antes de serem adquiridas, o preço das suas ações ficou menos 15% em relação ao preço das ações de outras empresas do mesmo ramo. Aparentemente, essas empresas tiveram um período de declínio e foram salvas, ou reestruturadas, graças ao fato de terem sido adquiridas.

Consolidação da indústria

As maiores oportunidades para aumentar a eficiência ocorrem em ramos de atividade com muitas empresas e excesso de capacidade produtiva. Tais condições podem desencadear ondas de fusões e aquisições que forçam as companhias a cortarem capacidade e emprego, e liberarem capital para investimento em outro ramo. Por exemplo, quando os orçamentos de defesa caíram nos Estados Unidos depois do fim da Guerra Fria, seguiu-se uma onda de aquisições no ramo da indústria de defesa. A consolidação era inevitável, mas as fusões e aquisições acabaram por acelerá-la.

O setor bancário é outro exemplo. Durante a crise financeira, muitas fusões bancárias envolveram resgates de bancos à beira da bancarrota por rivais maiores e mais fortes. Mas a maioria dessas fusões anteriores do setor bancário envolveu bancos bem-sucedidos que procuravam obter economias de escala. Os Estados Unidos entraram na década de 1980 com um número muito

---

[5] É difícil congregar um bloco de acionistas suficientemente grande para, de maneira efetiva, confrontar a administração e os membros do conselho em exercício. No entanto, os acionistas podem ter uma grande influência indireta. O desagrado percebe-se nas cotações das respectivas ações. Ações baratas encorajam tentativas de aquisição por parte de outras organizações.

[6] K. J. Martin and J. J. McConnell, "Corporate Performance, Corporate Takeovers, and Management Turnover," *Journal of Finance* 46 (June 1991), pp. 671-687.

Figura 31.2

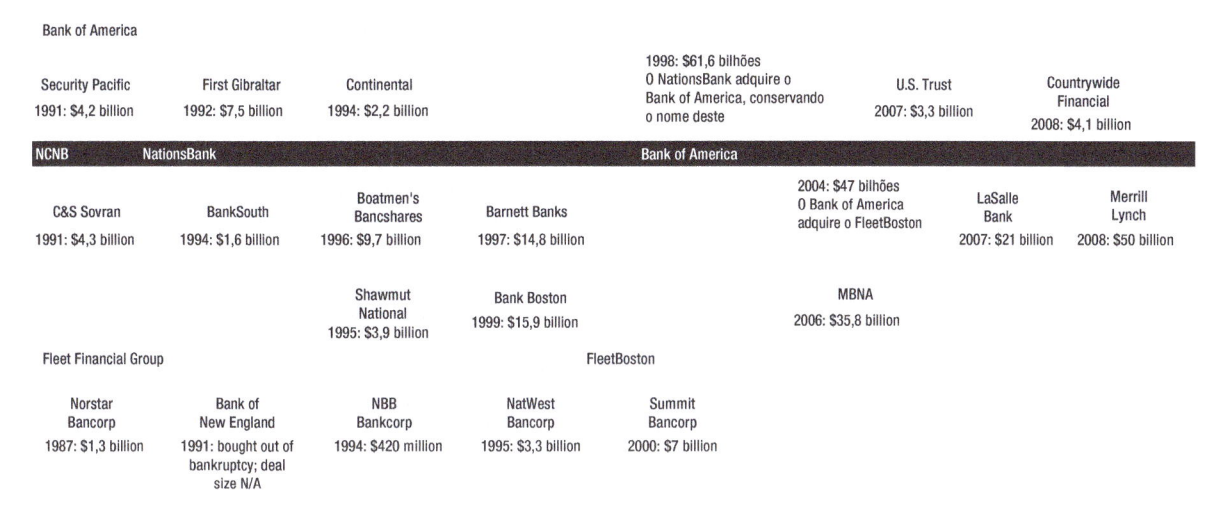

Bank of America							
Security Pacific 1991: $4,2 billion	First Gibraltar 1992: $7,5 billion	Continental 1994: $2,2 billion		1998: $61,6 bilhões O NationsBank adquire o Bank of America, conservando o nome deste		U.S. Trust 2007: $3,3 billion	Countrywide Financial 2008: $4,1 billion
NCNB	**NationsBank**			**Bank of America**			
C&S Sovran 1991: $4,3 billion	BankSouth 1994: $1,6 billion	Boatmen's Bancshares 1996: $9,7 billion	Barnett Banks 1997: $14,8 billion	2004: $47 bilhões O Bank of America adquire o FleetBoston		LaSalle Bank 2007: $21 billion	Merrill Lynch 2008: $50 billion
		Shawmut National 1995: $3,9 billion	Bank Boston 1999: $15,9 billion		MBNA 2006: $35,8 billion		
Fleet Financial Group				FleetBoston			
Norstar Bancorp 1987: $1,3 billion	Bank of New England 1991: bought out of bankruptcy; deal size N/A	NBB Bankcorp 1994: $420 million	NatWest Bancorp 1995: $3,3 billion	Summit Bancorp 2000: $7 billion			

▶ **FIGURA 31.2** Parte da árvore genealógica do Bank of America.
Fonte: Thomson Financial SDC M&A Database e relatórios anuais do Bank of America.

maior de bancos, em grande parte como resultado de restrições obsoletas no tocante ao exercício da atividade bancária em mais de um Estado. Como essas restrições foram desaparecendo e as comunicações e a tecnologia da informação melhoraram, centenas de pequenos bancos foram integrados em bancos regionais ou suprarregionais. Por exemplo, examine a Figura 31.2, que apresenta algumas das aquisições feitas pelo Bank of America e suas divisões predecessoras. (Uma árvore genealógica completa do Bank of America mostraria mais de 400 aquisições nos últimos 40 anos.) O principal motivo dessas fusões era a redução dos custos.[7]

A Europa também testemunhou uma onda de fusões bancárias, quando os bancos, individualmente, buscaram ganhar músculos financeiros para competir em um ramo bancário mais ampliado e competitivo. Incluem-se as fusões do USB e Swiss Bank Corp (1997), BNP e Banque Paribas (1998), Hypobank e Bayerische Vereinsbank (1998), Banco Santander e Banco Central Hispânico (1999), Unicredit e Capitalia (2007) e Commerzbank e Dresdner Bank (2009).

31.2 Algumas justificativas duvidosas para uma fusão

Todos os benefícios descritos até agora fazem sentido economicamente. Outros argumentos por vezes invocados para justificar uma fusão são mais duvidosos. Aqui estão alguns.

Diversificação

Já sugerimos que os gestores de uma empresa com grande liquidez podem preferir vê-la usar esse dinheiro em aquisições em vez de distribuí-lo em dividendos adicionais. É por essa razão que frequentemente vemos empresas com grandes disponibilidades em setores industriais estagnados fundir a sua atividade em direção a "bosques verdejantes e novas pastagens".

O que dizer da diversificação como um fim em si mesma? É óbvio que a diversificação reduz o risco. Isso não seria um ganho da fusão?

O problema desse argumento reside no fato de a diversificação ser mais simples e barata para o acionista do que para a empresa. Ninguém demonstrou, ainda, que os investidores estão dispostos a pagar um prêmio por empresas diversificadas; de fato, como explicaremos no Capítulo 32, os descontos é que são comuns. O Apêndice deste capítulo apresenta uma demonstração simples de que a diversificação não aumenta o valor em mercados perfeitos, desde que as oportunida-

---

[7] Um estudo de 41 fusões envolvendo grandes bancos estimou que as economias de custos representavam 12% do valor de mercado do conjunto desses bancos. Ver J. F. Houston, C. M. James, and M. D. Ryngaert, "Where Do Merger Gains Come From? Bank Mergers from the Perspective of Insiders and Outsiders," *Journal of Financial Economics* 60 (May/June 2001), pp. 285-331.

Aumento do lucro por ação: a ilusão financeira

Algumas aquisições que não proporcionam ganhos econômicos evidentes produzem, apesar de tudo, vários anos de lucros crescentes por ação. Para vermos como isso pode acontecer, analisemos a aquisição da Muck & Slurry pelo bem conhecido conglomerado World Enterprises.

A situação antes da fusão é apresentada nas duas primeiras colunas do Quadro 31.2. Note que, pelo fato de a Muck & Slurry ter fracas perspectivas de crescimento, suas ações eram vendidas com um índice P/L inferior ao da World Enterprises (linha 3). Admitamos que a fusão não produziu nenhum benefício econômico, devendo, por isso, as duas empresas valer exatamente o mesmo juntas ou separadas. O valor de mercado da World Enterprises depois da fusão deveria ser igual à soma dos valores de cada uma das empresas separadamente (linha 6).

Uma vez que as ações da World Enterprises são vendidas pelo dobro do preço das ações da Muck & Slurry (linha 2), ela pode comprar as 100 mil ações desta última com 50 mil das suas próprias ações. Desse modo, a World terá 150 mil ações emitidas depois da fusão.

Os lucros totais duplicaram como resultado da fusão (linha 5), mas o número de ações aumentou apenas 50%. Os lucros *por ação* subiram de $2,00 para $2,67. Chamamos isso de *ilusão financeira*, porque não existe qualquer ganho real criado com a fusão nem qualquer aumento no valor conjunto das duas empresas. Dado que a cotação das ações não se alterou, o P/L diminuiu (linha 3).

A Figura 31.3 ilustra o que está ocorrendo. Antes da fusão, $1 investido na World Enterprises produzia 5 centavos de lucros atuais e uma perspectiva de crescimento rápido. Por outro lado, $1 investido na Muck & Slurry produzia 10 centavos de lucros atuais, mas com menores perspectivas de crescimento. Se o valor *total* do mercado não for alterado pela fusão, então $1 investido na empresa resultante da fusão dá um lucro imediato de 6,7 centavos, mas um crescimento mais lento que o proporcionado pela World Enterprises sozinha. Os acionistas da Muck & Slurry obtêm um lucro imediato mais baixo, mas um crescimento mais rápido. Nenhum dos lados ganha nem perde, desde que todos entendam o negócio.

A arte do manipulador financeiro consiste em assegurar que o mercado *não* entenda o negócio. Admita que os investidores fiquem iludidos com a exuberância do presidente da World Enterprises e com os planos de introdução de técnicas modernas de gestão na Earth Sciences Division (anteriormente conhecida como Muck & Slurry). Eles podem facilmente confundir com crescimento real o crescimento de 33% nos lucros por ação após a fusão. Se for assim, a cotação da World Enterprises sobe, e os acionistas das duas empresas recebem um valor em troca de coisa nenhuma.

Essa estratégia é a ilusão financeira ou "cadeia de sorte". Gera crescimento dos lucros não a partir de capital investido ou em resultado de maior retorno, mas por causa da aquisição de empresas de crescimento lento com P/L baixos. Se isso iludir os investidor, o gestor financeiro pode estar em condições de obter aumentos artificiais na cotação das ações. Porém, para manter iludidos os investidores, tem de continuar a expandir-se por meio de fusões à *mesma taxa composta*. É

QUADRO 31.2 Impacto da fusão no valor de mercado e nos lucros por ação da World Enterprises

	World Enterprises antes da fusão	Muck & Slurry	World Enterprises depois da fusão
1. Lucros por ação	$2,00	$2,00	$2,67
2. Preço por ação	$40	$20	$40
3. Índice P/L	20	10	15
4. Número de ações	100.000	100.000	150.000
5. Lucros totais	$200.000	$200.000	$400.000
6. Valor total de mercado	$4.000.000	$2.000.000	$6.000.000
7. Lucros atuais por dólar investido em uma ação (linha 1 ÷ linha 2)	$0,05	$0,10	$0,067

Obs.: Quando a World Enterprises adquire a Muck & Slurry, não há quaisquer ganhos. Por conseguinte, a fusão não deveria afetar o total dos lucros nem o valor total do mercado. Mas aumentaram os lucros por ação. A World Enterprises emite apenas 50 mil das suas ações (cotadas a $40) para comprar as 100 mil ações da Muck & Slurry (cotadas a $20).

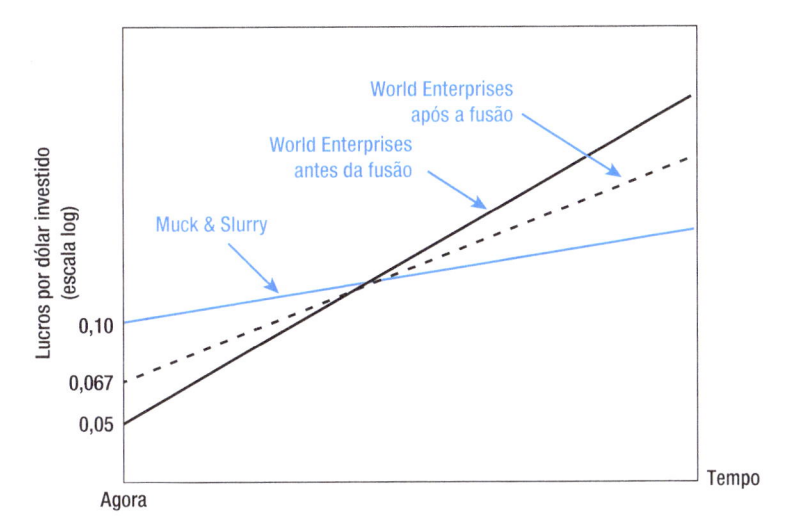

▶ **FIGURA 31.3** Efeitos da fusão no crescimento dos lucros. Com a fusão com a Muck & Slurry, a World Enterprises aumenta os lucros atuais, mas aceita uma taxa mais lenta de crescimento futuro. Seus acionistas não ficariam em situação melhor nem pior, a não ser que os investidores se deixassem enganar pela ilusão financeira.

Fonte: S. C. Myers, "A Framework for Evaluating Mergers", in *Modern Developments in Financial Management*, ed. S. C. Myers (New York: Frederick A. Praeger, Inc., 1976), Figure 1, p. 639. Copyright © 1976 Praeger.

óbvio que não pode fazer isso eternamente; um dia, a expansão tem de abrandar ou parar. Nesse momento, os resultados sofrem quebras dramáticas e o castelo de cartas vem abaixo.

Esse tipo de jogo já não frequente hoje em dia, mas ainda existem gestores que preferem adquirir empresas com o P/L baixo. Cuidado com os falsos profetas que sugerirem avaliar as fusões com base no seu efeito imediato sobre os lucros por ação.

Custos financeiros mais baixos

Muitas vezes, ouve-se dizer que as empresas resultantes de fusão estão em condições de obter empréstimos mais baratos do que as empresas separadas. Isso é parcialmente verdadeiro. Já vimos (na Seção 15.4) que existem economias de escala significativas na realização de novas emissões. Portanto, se as empresas, com a fusão, puderem efetuar menos emissões de títulos, porém maiores, há então uma economia efetiva.

Porém, quando se diz que os custos de obtenção de empréstimos são menores para a empresa resultante da fusão, normalmente está se pensando em algo mais do que em custos de emissão mais baixos. Significa que, quando duas empresas se fundem, a empresa resultante pode obter empréstimos a taxas de juros mais baixas do que elas poderiam obter separadamente. Isso, claro, é exatamente o que poderíamos esperar em um mercado de obrigações com bom funcionamento. Enquanto as duas empresas estão separadas, não garantem a dívida uma da outra – se uma falha, o detentor de obrigações não pode exigir o dinheiro da outra. Porém, depois da fusão, cada empresa serve de garantia à dívida da outra: se uma parte do negócio falha, os detentores de obrigações ainda podem reaver o seu dinheiro pela outra parte. Por conta dessas garantias de parte a parte, a dívida apresenta um risco menor, e os credores exigem uma taxa de juro mais baixa.

Uma taxa de juro mais baixa significará um ganho líquido da fusão? Não necessariamente. Compare as duas seguintes situações:

- *Emissões separadas:* tanto a empresa A como a B fazem uma emissão de obrigações de $50 milhões.
- *Uma só emissão:* as empresas A e B fundem-se, e a nova empresa, AB, faz uma única emissão de $100 milhões.

Claro que empresa AB pagaria uma taxa de juro mais baixa, mantendo-se o restante igual. Porém, não fará sentido A e B fundirem-se só para obter essa taxa mais baixa. Embora os acionistas da empresa AB ganhem com a taxa mais baixa, perdem ao ter de garantir as dúvidas uns dos outros. Em outras palavras, só obtêm a taxa de juros mais baixa porque dão aos credores uma maior segurança. Não há qualquer *ganho* líquido.

Na Seção 23.2, mostramos que:

$$\text{Valor da obrigação} = \begin{pmatrix} \text{valor da obrigação} \\ \text{(assumindo a inexistência} \\ \text{de risco de inadimplência)} \end{pmatrix} - \begin{pmatrix} \text{valor da opção (de venda)} \\ \text{de inadimplência por parte} \\ \text{dos acionistas} \end{pmatrix}$$

Uma fusão de A e B aumenta a cotação das obrigações (ou reduz os pagamentos de juros necessários para suportar uma *dada* cotação da obrigação) somente pela redução do valor da opção de inadimplência dos acionistas. Em outros termos, o valor da opção de inadimplência, pela AB, da emissão de $100 milhões é menor do que o valor conjunto das duas opções de inadimplência dos dois empréstimos separados de $50 milhões cada, de A e B.

Suponha, agora, que A e B obtenham, cada uma, um empréstimo de $50 milhões e *depois* se fundam. Se for inesperada, a fusão constituirá uma agradável surpresa para os credores. As obrigações, que julgavam garantidas por apenas uma das duas empresas, acabam sendo garantidas pelas duas. Os acionistas perdem, mantendo-se todo o restante igual, porque deram aos credores uma melhor garantia sem receber nada em troca.

Há uma situação em que as fusões podem gerar valor tornando a dívida mais segura. Imagine uma empresa que cobiça proteção da taxa de juro, mas tem relutância em pedir mais dinheiro emprestado por causa das preocupações relativas a uma eventual tensão financeira. (É a teoria do *trade-off* descrita no Capítulo 18.) Se fusão permitir um aumento do endividamento e do valor dos benefícios fiscais resultantes dos juros, haverá então um ganho líquido com ela.[8]

31.3 Estimativa dos ganhos e custos das fusões

Suponha que você seja o gestor financeiro da empresa A e que deseja analisar a possível aquisição da empresa B.[9] A primeira coisa em que deve pensar é se haverá um *ganho econômico* com a fusão. Há um ganho econômico apenas *se as duas empresas valerem mais juntas do que separadas*. Por exemplo, se você pensa que a empresa resultante da fusão valeria VP_{AB}, e que, separadamente, as empresas valem VP_A e VP_B, então:

$$\text{Ganho} = VP_{AB} - (VP_A + VP_B) = \Delta VP_{AB}$$

Se esse ganho for positivo, existe uma justificativa econômica para a fusão. No entanto, você também deve pensar no *custo* da aquisição da empresa B. Vejamos o caso simples em que o pagamento é feito em dinheiro. Nesse caso, o custo da aquisição de B é igual ao pagamento em dinheiro menos o valor de B enquanto entidade separada. Assim:

$$\text{Custo} = \text{pagamento em dinheiro} - VP_B$$

O valor presente líquido para A de uma fusão com B é medido pela diferença entre o ganho e o custo. Você deverá, portanto, avançar com a fusão se o seu valor presente líquido, definido como

$$VPL = \text{ganho} - \text{custo}$$
$$= \Delta VP_{AB} - (\text{pagamento em dinheiro} - VP_B)$$

for positivo.

Optamos por apresentar o critério de decisão de fusão dessa forma porque ela chama a atenção para duas questões distintas: quando estima os benefícios, você pensa se haverá ou não alguns ganhos a obter da fusão; quando estima os custos, você está interessado na divisão desses ganhos entre as duas empresas.

---

[8] Essa justificativa para uma fusão foi sugerida pela primeira vez por W. G. Lewellen, "A Pure Financial Rationale for the Conglomerate Merger," *Journal of Finance* 26 (May 1971), pp. 521-537. Se você quiser analisar algumas controvérsias e discussões causadas por essa ideia, veja R. C. Higgins and L. D. Schall, "Corporate Bankruptcy and Conglomerate Merger," *Journal of Finance* 30 (March 1975), pp. 93-114; e D. Galai and R. W. Masulis, "The Option Pricing Model and the Risk Factor of Stock," *Journal of Financial Economics* 3 (January-March 1976), especialmente as pp. 66-69.

[9] As definições e interpretações deste capítulo sobre os ganhos e os custos das fusões seguem as mesmas descritas em S. C. Myers, "A Framework for Evaluating Mergers," in *Modern Developments in Financial Management*, ed. S. C. Myers (New York: Praeger, 1976).

Um exemplo pode ajudar a tornar isso mais claro. A empresa A tem um valor de $200 milhões e a empresa B, um valor de $50 milhões. A fusão das duas proporcionaria uma economia nos custos com um valor presente de $25 milhões. Esse é o ganho obtido com a fusão. Então,

$$VP_A = \$200$$
$$VP_B = \$50$$
$$\text{Ganho} = \Delta VP_{AB} = +\$25$$
$$VP_{AB} = \$275 \text{ milhões}$$

Suponha que B seja comprada com pagamento em dinheiro, por exemplo, por $65 milhões. O custo da fusão é:

$$\text{Custo} = \text{pagamento em dineiro} - VP_B$$
$$= 65 - 50 = \$15 \text{ milhões}$$

Note que os acionistas da empresa B – as pessoas do outro lado da transação – terão um benefício de $15 milhões. O ganho *deles* é o *seu* custo. Eles ficarão com $15 milhões do ganho de $25 milhões realizado com a fusão. Assim, quando calculamos o VPL da fusão do ponto de vista de A estamos, na realidade, calculando a parte do ganho com que os acionistas de A vão ficar. O VPL dessa fusão para os acionistas de A é igual ao ganho global com a fusão menos a parte do ganho retida pelos acionistas de B:

$$VPL = 25 - 15 = +\$10 \text{ milhões}$$

Apenas para confirmar, vamos verificar se os acionistas de A acabam ganhando, efetivamente, $10 milhões. Eles começam com uma empresa que vale $VP_A = \$200$ milhões, pagam à vista $65 milhões aos acionistas de B,[10] e acabam com uma empresa que vale $275 milhões. Assim, o seu ganho líquido é:

$$VPL = \text{patrimônio após fusão} - \text{patrimônio sem fusão}$$
$$= (VP_{AB} - \text{pagamento em dinheiro}) - VP_A$$
$$= (\$275 - \$65) - \$200 = +\$10 \text{ milhões}$$

Suponha que os investidores não prevejam a fusão de A e B. O anúncio da operação provocará a subida do valor das ações de B de $50 milhões para $65 milhões, ou seja, um aumento de 30%. Se os investidores considerarem a mesma avaliação dos ganhos da fusão que a administração considera, o valor de mercado das ações de A aumentará $10 milhões, ou seja, apenas 5%.

Faz sentido que se atente para o que os investidores pensam que serão os ganhos decorrentes da fusão. Se a cotação das ações descer quando a oferta de aquisição for anunciada, então os investidores estarão enviando a mensagem de que os benefícios da fusão são duvidosos, ou de que A está pagando muito por eles.

Métodos certos e errados de estimar os benefícios das fusões

Algumas empresas iniciam a análise de uma fusão com a previsão dos fluxos de caixa futuros da empresa-alvo. Quaisquer aumentos de receita ou redução de custos atribuíveis à fusão são integrados nas previsões, que são então descontados para o presente e comparados com o preço da aquisição:

$$\text{Ganho líquido estimado} = \begin{array}{c}\text{estimativa do FCD da}\\\text{empresa-alvo, incluindo}\\\text{os benefícios da fusão}\end{array} - \begin{array}{c}\text{dinheiro necessário}\\\text{para a aquisição}\end{array}$$

Esse é um procedimento perigoso, e até o analista mais brilhante e experiente pode cometer grandes erros na avaliação de um negócio. O ganho líquido estimado pode parecer positivo não porque a fusão é acertada, mas porque as previsões de fluxos de caixa são excessivamente otimistas. Por outro lado, uma boa fusão pode não ser concretizada porque o analista não consegue reconhecer o potencial da empresa-alvo, considerada individualmente.

---

[10] Partimos do princípio de que o VPA inclui dinheiro suficiente para financiar a operação, ou que o dinheiro pode ser obtido contraindo um empréstimo à taxa de juro de mercado. Note que o valor para os acionistas de A depois do negócio realizado e pago é de $275 – 65 = $210 milhões – um ganho de $10 milhões.

O nosso procedimento *inicia* com o valor de mercado da empresa-alvo (VP_B), considerada individualmente, e concentra-se nas *variações* dos fluxos de caixa que resultariam da fusão. *Pergunte a você mesmo por que as duas empresas valerão mais juntas do que separadas.*

Justifica-se o mesmo conselho quando se está examinando a venda de parte da sua empresa. Não vale a pena pensar que "se trata de uma atividade não lucrativa e que deve ser vendida". A não ser que o comprador consiga explorá-la melhor, o preço que receber refletirá as fracas perspectivas da mesma.

Pode-se encontrar, às vezes, gestores que acreditam na existência de regras simples para identificar boas aquisições. Podem dizer, por exemplo, que sempre tentam comprar empresas de setores em expansão ou que têm uma política de aquisição de empresas que estão à venda por preços inferiores ao seu valor contábil. Porém, os nossos comentários no Capítulo 11 sobre as características de uma boa decisão de investimento também se aplicam à decisão de comprar uma empresa na totalidade. *Só acrescenta valor se puder gerar lucros econômicos adicionais* – uma vantagem competitiva qualquer que as outras empresas não podem alcançar e que os gestores da empresa-alvo não conseguem atingir sozinhos.

Algumas palavras finais de bom senso. É frequente duas empresas licitarem uma contra a outra para adquirir a mesma empresa-alvo. Esta se coloca, de fato, em leilão. Nesse caso, é preciso refletir se o alvo vale mais para você do que para o outro licitador. Se a resposta for negativa, tenha cuidado ao participar de uma competição por licitações, pois ganhar tal competição pode ser mais dispendioso do que perdê-la. Se perder, você terá se limitado a perder tempo; se ganhar, provavelmente terá pago demais.

Mais sobre a estimativa dos custos – e se o preço da empresa-alvo na bolsa incluir a antecipação da fusão?

O custo de uma fusão é o prêmio que o comprador paga pela empresa à venda sobre o valor dessa última como entidade separada. Como esse valor pode ser determinado? Se o alvo for uma empresa cotada em bolsa, pode-se começar com o valor de mercado: basta ver a cotação das ações e multiplicar pelo número total de ações. Contudo, é importante considerar que, se os investidores *esperam* que A adquira B, ou esperam que *alguma empresa* adquira B, o valor de mercado de B pode superestimar o seu valor como entidade separada.

Esse é um dos poucos pontos deste livro em que estabelecemos uma distinção importante entre o valor de mercado (VM) e o valor verdadeiro ou "intrínseco" (VP) da empresa, como entidade separada. O problema aqui não é o valor de mercado de B estar errado, mas a possibilidade de não ser o valor da empresa B como entidade separada. Os investidores potenciais em ações de B anteveem duas situações e dois valores possíveis:

Situação	Valor de mercado das ações de B
1. Não há fusão	VP_B: Valor de mercado de B como entidade separada
2. A fusão ocorre	VP_B mais alguma parcela dos benefícios resultantes da fusão

Caso seja possível a segunda situação, VM_B, o valor de mercado que observamos de B excede o VP_B. É exatamente isso o que deveria acontecer em um mercado de capitais competitivo. Infelizmente, isso complica o trabalho do gestor financeiro que está avaliando uma fusão.

Veja um exemplo. Suponha que, imediatamente antes do anúncio da fusão de A e B, observamos o seguinte:

	Empresa A	Empresa B
Preço de mercado por ação	$200	$100
Número de ações	1.000.000	500.000
Valor de mercado da empresa	$200 milhões	$50 milhões

A empresa A pretende pagar $65 milhões, em dinheiro, por B. Se o preço de mercado de B refletir somente o seu valor como entidade separada, então:

$$\text{Custo} = (\text{pagamento em dinheiro} - VP_B)$$
$$= (65 - 50) = \$15 \text{ milhões}$$

Suponha, no entanto, que a cotação de B *já* tenha subido $12 em virtude dos rumores de uma oferta de fusão favorável. Isso significa que o seu valor intrínseco está superestimado em 12 × 500.000 = $6 milhões. O valor verdadeiro, VP_B, é de apenas $44 milhões. Então,

$$\text{Custo} = (65 - 44) = \$21 \text{ milhões}$$

Dado que o ganho da fusão é de $25 milhões, esse negócio ainda beneficia os acionistas de A, mas os acionistas de B agora estão ficando com a parte do leão do ganho da fusão.

Note que, se o mercado tivesse cometido um erro e o valor de B fosse *menor* do que o seu valor verdadeiro como entidade separada, o custo poderia ser negativo. Em outras palavras, B seria uma *pechincha*, e a fusão seria vantajosa do ponto de vista A, mesmo que as duas empresas não valessem mais juntas do que separadas. É claro que o ganho dos acionistas de A seria o prejuízo dos acionistas de B, porque B seria negociada abaixo do seu verdadeiro valor.

Algumas empresas têm feito aquisições apenas porque os seus gestores acreditavam ter descoberto uma empresa cujo valor intrínseco não era corretamente avaliado pelo mercado. Contudo, sabemos pelos indícios da eficiência do mercado que não é raro as ações "baratas" virem a se revelar muito caras. Não é fácil para quem está de fora, sejam investidores, sejam gestores, descobrir empresas que estejam verdadeiramente subavaliadas pelo mercado. Além disso, se o preço das ações for realmente uma pechincha, A não precisa de uma fusão para aproveitar o seu conhecimento especial. Você pode se limitar a comprar as ações de B no mercado livre e conservá-las passivamente, enquanto espera que outros investidores descubram o valor verdadeiro de B.

Se a empresa A for sensata, não irá adiante com uma fusão se os custos excederem os ganhos. Por outro lado, a empresa B não consentirá em uma fusão se considerar que o ganho é tão grande para A que acabará tendo prejuízo. Isso nos fornece um intervalo para os possíveis valores dos pagamentos em dinheiro que permitiriam uma fusão. Se o pagamento vai ocorrer no princípio ou no fim desse intervalo depende do poder de negociação relativo dos dois participantes.

Estimativa dos custos quando a aquisição é paga em ações

Muitas fusões envolvem pagamentos total ou parcialmente em ações da empresa adquirente. Quando a fusão é paga em ações, o custo depende do valor das ações da nova empresa recebidas pelos acionistas da empresa à venda. Se os vendedores receberem N ações, cada uma das quais valendo P_{AB}, o custo é:

$$\text{Custo} = N \times P_{AB} - VP_B$$

É preciso ter a certeza de se estar utilizando o preço por ação *depois da fusão ter sido anunciada* e, portanto, depois de os investidores terem considerado os benefícios da fusão.

Suponha que A ofereça 325 mil (0,325 milhão) de ações em vez de $65 milhões em dinheiro. O preço das ações de A antes de a operação ser anunciada é $200. Se B, separadamente, valer $50 milhões,[11] o custo da fusão *parece* ser:

$$\text{Custo aparente} = 0,325 \times 200 - 50 = \$15 \text{ milhões}$$

No entanto, o custo aparente pode não ser o custo real. O preço das ações de A é $200 antes do anúncio da fusão. Após o anúncio, o preço deveria subir.

Dados o ganho e os termos da operação, podemos calcular o preço das ações e os valores de mercado depois da fusão. A nova empresa terá 1,325 milhão de ações e valerá $275 milhões.[12] O novo preço por ação é 275/1,325 = $207,55. O custo real é:

$$\text{Custo} = 0,325 \times 207,55 - 50 = \$17,45 \text{ milhões}$$

Esse custo pode também ser calculado a partir do ganho para os acionistas de B. Eles recebem 0,325 milhão de ações, ou seja, 24,5% da nova empresa AB. O ganho deles sobe para:

$$0,245(275) - 50 = \$17,45 \text{ milhões}$$

---

[11] Nesse caso, partimos do princípio de que o preço das ações de B *não* subiram perante rumores da fusão e refletem com precisão o valor de B como empresa separada.

[12] Nesse caso, não há dinheiro saindo da empresa para financiar a fusão. No nosso exemplo do financiamento em dinheiro, $65 milhões seriam pagos aos acionistas de B, deixando o valor de face da empresa em $275 – 65 = $210 milhões. Haveria apenas um milhão de ações em circulação, razão pela qual o preço da ação seria $210. Neste exemplo, a operação realizada em dinheiro seria melhor para os acionistas da empresa A.

Em termos gerais, se os acionistas de B recebem uma fração x das empresas combinadas, então:

$$\text{Custo} = x\text{VP}_{AB} - \text{VP}_B$$

Podemos agora compreender a distinção fundamental entre o pagamento em dinheiro e em ações como instrumentos de financiamento. Se o pagamento for em dinheiro, o custo da fusão não é afetado pelos ganhos da fusão. Se for em ações, o custo depende dos ganhos, porque esses custos se revelam no preço das ações em seguida à fusão.

O pagamento em ações também suaviza o efeito da sobreavaliação ou da subavaliação de cada uma das empresas. Suponha, por exemplo, que A superestima o valor de B como entidade separada, eventualmente por não ter percebido o passivo oculto. A empresa A estará, assim, fazendo uma oferta muito generosa. Se todas as outras condições se mantiverem, os acionistas de A ganham mais se oferecerem ações em vez de dinheiro. Com uma oferta de ações, as inevitáveis más notícias sobre o valor de B cairão parcialmente sobre os ombros dos acionistas de B.

Informação assimétrica

Existe uma segunda diferença fundamental entre o pagamento das fusões por meio de dinheiro ou por meio de ações. Os gestores de A normalmente terão acesso a informações sobre as perspectivas da empresa A, informações estas que não são acessíveis a investidores externos. É por isso que os economistas a denominam *informação assimétrica*.

Suponha que os gestores de A sejam mais otimistas do que os investidores externos. Podem pensar que as ações de A valerão realmente $215 depois da fusão, $7,45 mais do que os $207,55 do preço de mercado que calculamos. Se estiverem certos, o custo real da fusão com B financiada por ações será de:

$$\text{Custo} = 0{,}325 \times 215 - 50 = \$19{,}88$$

Os acionistas de B têm um "brinde" de $7,45 por ação de A que receberem – um ganho extra de $7,45 \times 0{,}325 = 2{,}42$, ou seja, $2,42 milhões.

É evidente que, se os gestores de A fossem realmente tão otimistas, teriam preferido financiar a fusão com pagamento em dinheiro. O financiamento com ações seria preferido por gestores *pessimistas*, para quem as ações da sua empresa são *sobre*avaliadas.

Isso quer dizer que A sempre sai ganhando de qualquer – limita-se a emitir ações quando é sobreavaliada, ou, caso contrário, paga em dinheiro? Não, não é assim tão fácil, porque os acionistas de B, e os investidores externos em geral, percebem o que está acontecendo. Suponha que você esteja negociando em nome de B. Você descobre que os gestores de A estão sempre sugerindo um financiamento em ações em vez de em dinheiro. Você não demora a perceber o pessimismo dos gestores de A, desvalorizando as ações, em sua opinião, e tornando a negociação mais difícil.

Essa é a questão da informação assimétrica que explica por que os preços das ações das empresas compradoras geralmente baixam quando são anunciadas fusões financiadas por ações.[13] Andrade, Mitchell e Stafford descobriram uma queda média, ajustada ao mercado, de 1,5% após o anúncio de fusões financiadas por ações, entre 1973 e 1998. Houve um *ganho* pequeno (0,4%) em uma amostra de operações financiadas com pagamento em dinheiro.[14]

31.4 A mecânica de uma fusão

Comprar uma empresa é um negócio muito mais complicado do que comprar um equipamento qualquer. Por isso, devemos analisar alguns dos problemas com que nos deparamos na preparação de fusões. Na prática, esses problemas são, muitas vezes, *extremamente* complexos, exigindo que se consultem especialistas. Não estamos tentando assustá-lo; pretendemos simplesmente alertá-lo para certos tipos de questões legais, fiscais e contábeis com os quais esses profissionais têm de lidar.

---

[13] O raciocínio aplica-se também à emissão de ações. Ver as Seções 15.4 e 18.4.

[14] Ver G. Andrade, M. Mitchell, and E. Stafford, "New Evidence and Perspectives on Mergers," *Journal of Economic Perspectives* 15 (Spring 2001), pp. 103-120. Esse resultado confirma trabalhos anteriores, incluindo N. Travlos, "Corporate Takeover Bids, Methods of Payment, and Bidding Firms' Stock Returns," *Journal of Finance* 42 (September 1987), pp. 943-963; e J. R. Franks, R. S. Harris, and S. Titman, "The Postmerger Share-Price Performance of Acquiring Firms," *Journal of Financial Economics* 29 (March 1991), pp. 81-96.

Fusões, lei antitruste e oposição popular

As fusões podem se afundar na legislação federal antitruste. A mais importante nesse domínio, nos Estados Unidos, é o Clayton Act, de 1914, que proíbe a aquisição de ativos ou de ações "em qualquer ramo do comércio" ou "em qualquer parte do país" sempre que o seu efeito *"possa ser uma redução substancial da concorrência, ou tender a criar um monopólio"*.

A lei antitruste pode ser aplicada pelo governo federal de duas maneiras: por uma ação cível impetrada pelo Departamento de Justiça ou por processo de iniciativa da Federal Trade Commission (FTC).[15] O Hard-Scott-Rondino Antitrust Act, de 1976, exige que essas entidades sejam informadas de todas as aquisições de ações superiores a cerca de $75 milhões. Por esse fato, quase todas as grandes fusões são analisadas em uma fase inicial.[16] Tanto o Departamento de Justiça como a FTC têm o direito de solicitar mandatos para o adiamento de uma fusão. Tal mandato é frequentemente o suficiente para estragar os planos da companhia. Em 2011, por exemplo, quando a AT&T propôs adquirir a T-Mobile por $39 bilhões, o Departamento de Justiça norte-americano entrou com um processo para bloquear a fusão. Pouco tempo depois a AT&T jogou a toalha e abandonou sua oferta. Em 2015, a aquisição da Time Warner Cable pela Comcast por $70 bilhões foi abandonada devido à oposição tanto do Departamento de Justiça quanto da Federal Communications Commission.

As companhias que têm atividades fora do seu país também têm de se preocupar com as leis antitruste dos respectivos países. Por exemplo, a oferta da GE para comprar a Honeywood por $46 bilhões foi bloqueada pela Comissão Europeia com o argumento de que a empresa resultante teria muito poder na indústria da construção de aviões.

Por vezes, os "destruidores" de *trustes* levantam objeções a uma fusão, mas suspendem a objeção se as empresas aceitarem se desligar de alguns ativos e de algumas operações. Quando a American Airlines e a U.S. Airways anunciaram planos de fusão, o Departamento de Justiça dos Estados Unidos exigiu que as companhias vendessem para empresas de baixo custo alguns de seus horários de voo, portões e instalações em terra em aeroportos-chave.

As fusões também podem enfrentar entraves de pressões políticas e de ressentimento popular mesmo que nenhum órgão formal antitruste se imponha. Nos últimos anos, os governos nacionais na Europa se envolveram em quase todas as fusões de grande porte entre fronteiras e mostram-se propensos a intervir ativamente em qualquer proposição hostil. Em 2005, por exemplo, a notícia de que a PepsiCo poderia fazer uma oferta de compra para a Danone provocou uma hostilidade considerável na França. O primeiro-ministro deu o seu apoio aos oponentes da fusão e anunciou que o governo francês estava elaborando uma lista de setores estratégicos que deveriam ser protegidos contra a posse de estrangeiros. Não ficou muito claro se a produção de iogurte seria uma dessas indústrias estratégicas.

O nacionalismo econômico não se restringe à Europa. Em 2006, o Congresso norte-americano manifestou publicamente sua oposição à aquisição da companhia britânica P&O pela empresa DP World, de Dubai. A aquisição só seguiu em frente após os portos da P&O nos Estados Unidos serem excluídos do negócio. E na esteira das preocupações com a espionagem cibernética, um comitê da Câmara de Deputados recomendou em 2012 que o governo federal bloqueasse fusões de empresas norte-americanas com companhias chinesas de telecomunicações.

O modo de aquisição

Suponha que você esteja convicto de que a aquisição da companhia B não será confrontada com a lei antitruste. O aspecto que terá de considerar em seguida será o modo de efetuar a aquisição.

Uma das possibilidades consiste, literalmente, em *fundir* as duas empresas, caso em que uma empresa assume automaticamente *todos* os ativos e *todos* os passivos da outra. Uma fusão desse tipo deve ter a aprovação de, pelo menos, 50% dos acionistas de cada empresa.[17]

---

[15] As ações antitruste também podem ser da iniciativa da concorrência ou de terceiros que se sintam prejudicados pela fusão.

[16] A empresa-alvo também tem de ser notificada e ela, por sua vez, tem de informar aos investidores. Por conseguinte, a Lei Antitruste Hart-Scott-Rodino força efetivamente uma empresa compradora a tornar pública a sua oferta.

[17] Os estatutos corporativos e as legislações de cada estado especificam, por vezes, porcentagens mais elevadas.

Uma opção é, simplesmente, comprar as ações da empresa vendedora, com pagamento em dinheiro, ações ou outros títulos. Nesse caso, o comprador pode negociar individualmente com os acionistas da empresa à venda. Os gestores desta podem não estar de modo nenhum envolvidos. Geralmente se procura obter a sua aprovação e cooperação, mas, se resistirem, o comprador se esforçará para adquirir uma maioria efetiva das ações. Se for bem-sucedido, o comprador adquire o controle e pode, se necessário, completar a fusão e dispensar os gestores recalcitrantes.

A terceira abordagem consiste em comprar alguns ou todos os ativos do vendedor. Nesse caso, a propriedade dos ativos tem de ser transferida, e o pagamento é feito à empresa à venda e não diretamente aos seus acionistas.

Contabilidade das fusões

Quando uma empresa compra outra, os gestores preocupam-se com o efeito sobre os demonstrativos financeiros. Antes de 2001, as empresas norte-americanas podiam escolher o método contábil, mas, a partir daquele ano, o Financial Accounting Standards Board (FASB) introduziu novas regras que obrigam a empresa compradora a utilizar o *método da aquisição* na contabilização de fusões. Esse método está ilustrado no Quadro 31.3, que mostra o que acontece quando a Empresa A compra a Empresa B, dando lugar à Empresa AB. Os balanços das duas empresas iniciais estão no topo do quadro. Embaixo, mostra-se o que acontece ao balanço quando as empresas se fundem. Partimos do princípio de que a Empresa B foi comprada por $18 milhões, ou seja, 180% do seu valor contábil.

Por que a Empresa A pagou um prêmio de $8 milhões sobre o valor contábil de B? Há duas razões possíveis. Primeira, os valores reais dos *ativos tangíveis* – capital de giro, instalações e equipamento – de B podem ser superiores a $10 milhões. Vamos admitir que *não* é essa a razão, isto é, admitimos que os ativos registrados no balanço estão corretamente avaliados.[18] Segunda razão, a Empresa A pode estar pagando por um *ativo intangível* que não está registrado no balanço da Empresa B. Por exemplo, o ativo intangível pode ser um produto ou uma tecnologia promissora. Ou pode não ser mais do que a parte da Empresa B nos ganhos econômicos esperados da fusão.

A Empresa A está comprando um ativo que vale $18 milhões. O problema reside em como mostrar esse ativo no lado esquerdo do balanço da Empresa AB. Os ativos tangíveis da empresa B valem apenas $10 milhões. Assim, faltam $8 milhões. Pelo método da aquisição, o contador resolve esse problema criando uma nova rubrica denominada *goodwill* e atribuindo-lhe $8 milhões.[19] Enquanto o *goodwill* continuar valendo pelo menos $8 milhões, permanece no balanço e o demonstrativo de resultados não é afetado.[20] No entanto, a empresa é obrigada a estimar, todos os anos, o justo valor do *goodwill*. Se o valor estimado cair abaixo de $8 milhões, o *goodwill* é "deteriorado" e o valor exibido no balanço deve ser ajustado para baixo, e o valor abatido deve ser deduzido dos ganhos, no demonstrativo de resultados desse ano. Algumas empresas vieram a descobrir que isso podia causar quebras desagradáveis nos lucros. Por exemplo, quando as novas regras contábeis foram introduzidas, a AOL foi obrigada a abater $54 bilhões do valor dos seus ativos.

Algumas considerações de ordem fiscal

Uma aquisição pode ou estar sujeita a impostos ou estar isenta. Se o pagamento é em dinheiro, a aquisição é considerada tributável. Nesse caso, os acionistas vendedores são tratados, para efeitos fiscais, como se tivessem *vendido* as suas ações, e têm de pagar impostos sobre quaisquer ganhos ou perdas de capital. Se o pagamento assume basicamente a forma de ações, os acionistas vendedores são considerados como *trocando* as suas ações antigas por outras, essencialmente iguais; não se reconhecem quaisquer perdas ou ganhos de capital.

O estatuto fiscal da aquisição também afeta os impostos posteriormente pagos pela empresa resultante da fusão. Após uma aquisição isenta de impostos, a empresa é tributada como se as

---

[18] Se os ativos tangíveis de B valem mais do que o indicado no balanço original, então deveriam ser reavaliados e o seu valor seria contabilizado no balanço da Empresa AB.

[19] Se parte dos $8 milhões consistir em pagamento relativo a ativos intangíveis identificáveis, tais como patentes, o contador os colocaria em outra rubrica de ativos. Ativos intangíveis identificáveis que tenham vida finita têm de ser amortizados ao longo de sua vida útil.

[20] No entanto, para efeitos fiscais, o *goodwill* é depreciado.

QUADRO 31.3 Contabilização da fusão entre a Empresa A e a Empresa B, em que a Empresa A paga $18 milhões pela Empresa B (números em $ milhões)

Balanço da Empresa A				Balanço da Empresa B			
CGL	20	30	D	CGL	1	0	D
IL	80	70	CP	IL	9	10	CP
	100	100			10	10	

Balanço da Empresa AB			
CGL	21	30	D
IL	89	88	IL
Goodwill	8		
	118	118	

Legenda: CGL = Capital de giro líquido;
IL = Imobilizado líquido;
D = Dívida;
CP = Capital próprio.

duas empresas tivessem estado sempre juntas. Em uma aquisição tributável, os ativos da empresa vendedora são reavaliados; o resultado, para mais ou para menos, é tratado como um ganho ou uma perda fiscal, e a depreciação fiscal é recalculada com base nos valores reavaliados dos ativos.

Um exemplo muito simples ilustrará essas distinções. Em 2005, o Capitão B funda a Seacorp, a qual compra um barco de pesca por $300 mil. Para simplificar, vamos considerar que o barco é depreciável, para efeitos fiscais, em 20 anos, em parcelas constantes (sem valor residual). Desse modo, a depreciação anual é de $300.000/20 = $15.000 e, em 2015, o barco tem um valor contábil líquido de $150 mil. Porém, nesse ano, o Capitão B descobre que, em virtude de uma manutenção cuidadosa, à inflação e ao bom momento da indústria pesqueira local, o barco vale efetivamente $280 mil. Além disso, a Seacorp detém $50 mil em títulos negociáveis.

Suponha, agora, que o Capitão B venda a empresa à Baycorp por $330 mil. As possíveis consequências fiscais da aquisição são apresentadas no Quadro 31.4. Nesse caso, o Capitão B fica melhor com uma transação não tributável, uma vez que o imposto sobre o ganho de capital pode ser diferido. Mas a Baycorp pode pagar bem mais em um negócio tributável, porque os benefícios fiscais obtidos nas depreciações são compensadores.

Fusões transfronteiriças e inversão fiscal

Em 2013, a empresa farmacêutica norte-americana Actavis assumiu o controle da Warner-Chilcott, da Irlanda. Como parte do negócio, a empresa anunciou que iria transferir sua sede para a Irlanda, onde o imposto sobre as empresas é de 12,5% – muito mais baixo do que a soma dos impostos federal e estadual sobre as empresas nos Estados Unidos. Um ano mais tarde, a empresa adquiriu a Forest Labs, que, como resultado, também transferiu sua sede para a Irlanda.

Ambos negócios representaram exemplos de *inversão fiscal*. Os Estados Unidos cobram impostos sobre lucros corporativos mesmo quando os lucros são obtidos no exterior.[21,22] Outros países taxam apenas os lucros obtidos domesticamente. Quando uma corporação norte-americana se transfere para o exterior devido à uma fusão, ela ainda precisa pagar impostos no país sobre seus lucros domésticos, mas deixa de pagar impostos no país sobre lucros obtidos em outros países. Como o imposto corporativo é muito mais alto nos Estados Unidos do que na maioria dos outros países desenvolvidos, tem havido um incentivo para que as empresas mudem seu domicílio para o exterior.

---

[21] Suponha, por exemplo, que uma corporação norte-americana ganhe $100 na Irlanda. Ela pagará $12,50 de imposto na Irlanda. Se, então, ela repatriar os lucros de $100, obterá um crédito de $12,50 contra os impostos norte-americanos. Suponha que a alíquota marginal de imposto nos Estados Unidos seja de 35%. Então, o imposto cobrado no país será de 0,35 X 100 – 12,50 = $22,50.

[22] Mas o imposto norte-americano sobre lucros estrangeiros só é pago quando os lucros são repatriados. O imposto pode ser postergado reinvestindo-se na Irlanda ou em outro país estrangeiro. Muitas empresas norte-americanas de grande porte, portanto, vêm acumulando "montanhas de caixa" fora do país. O caixa pelo menos rende juros e pode ser usado para investimento de capital no exterior ou aquisições quando oportunidades surgirem.

Em 2013 e 2014, uma onda de ocorrências de inversão fiscal gerou preocupação quanto a perdas em arrecadação fiscal e acusações de comportamento corporativo não patriótico. Assim, quando a Pfizer anunciou que planejava se fundir com a empresa britânica Astra Zeneca e transferir sua sede para o Reino Unido, o governo norte-americano promulgou diversas normas para limitar a inversão fiscal. Negócios prévios de inversão fiscal não foram afetados pelas novas normas.

Novas regulamentações não alteram uma situação fiscal esquisita e ilógica. Suponha que a corporação norte-americana A adquira a corporação sueca B. Assim, mais cedo ou mais tarde A estará sujeita a impostos nos Estados Unidos e lucros na Suécia. (Assumimos que esses lucros não podem ser deixados no exterior para sempre.) Mas suponha que B compre A. Então os lucros de A serão taxados pela alíquota norte-americana, assim como antes, mas não haverá impostos norte-americanos sobre o rendimento de B na Suécia, onde a alíquota de imposto corporativo é de 22%. Dessa forma, existe um incentivo fiscal para que países estrangeiros comprem empresas norte-americanas, mas o inverso não.

31.5 Disputas por procuração, aquisições e o mercado para o controle corporativo

Os acionistas são os proprietários de uma empresa, mas a maior parte deles não se sente como chefe, e por razões sensatas. Tente comprar uma ação da IBM e entre na sala da diretoria para ter uma conversa amigável com um de seus funcionários – o CEO. (No entanto, se você possuir 50 milhões de ações da IBM, o CEO viajará para se encontrar com você.)

A *propriedade* e a *administração* de corporações de grande porte são dois entes separados. Os acionistas elegem os membros do conselho, mas têm uma voz muito menos direta na maioria das decisões da administração. Aparecem os custos de agência quando os gestores ou membros do conselho são tentados a tomar decisões que não estão nos interesses dos acionistas.

Como destacamos no Capítulo 1, há muitas forças e restrições trabalhando para manter um sincronismo entre os interesses dos gestores e dos acionistas. Mas o que pode ser efetivamente feito para assegurar que o conselho consiga engajar os gestores mais talentosos? O que acontecerá se os gestores são incompetentes? O que acontecerá se o conselho for negligente em relação ao monitoramento do desempenho dos gestores? Ou se os gestores da empresa são competentes, porém os recursos da empresa poderiam ser utilizados mais eficientemente na fusão com outra empresa? Podemos confiar em gestores para que persigam políticas que podem tirá-los do trabalho?

Todas essas perguntas dizem respeito ao *mercado do controle corporativo*, os mecanismos pelos quais, nas empresas, se procura equiparar os interesses dos proprietários aos das equipes de gestores, que podem extrair o máximo dos recursos da organização. Não se pode admitir a propriedade e a administração em curso como algo estabelecido. Se houver a possibilidade de o valor da empresa ser aumentado pela mudança da administração ou pela reorganização sob novos proprietários, teremos incentivos para que alguém efetue essa mudança.

Há três maneiras pelas quais se pode mudar a administração de uma empresa: (1) uma disputa por procuração bem-sucedida em que um grupo de acionistas vota em um novo conselho que, depois, escolhe uma nova equipe de gestores, (2) a aquisição de uma empresa por outra, e (3) uma aquisição alavancada (*leveraged buyout*) da empresa por um grupo privado de investidores. Focaremos agora nos primeiros dois métodos e adiaremos a discussão do terceiro até o capítulo seguinte.

QUADRO 31.4 Possíveis consequências fiscais da aquisição da Seacorp pela Baycorp por $330 mil. O investimento original do Capitão B na Seacorp foi de $300 mil. Imediatamente antes da fusão, os ativos da Seacorp eram constituídos por títulos negociáveis no valor de $50 mil e por um barco com um valor contábil de $150 mil, mas com um valor de mercado de $280 mil

	Fusão tributável	Fusão isenta de impostos
Impacto sobre o Capitão B	O Capitão B tem de declarar um ganho de capital de $30 mil.	O ganho de capital pode ser diferido até que o Capitão B venda as ações da Baycorp.
Impacto sobre a Baycorp	O barco é reavaliado para $280 mil. A depreciação fiscal aumenta por ano para $280.000/10 = $28.000 (assumindo uma vida útil de mais 10 anos).	O valor do barco continua a ser $150 mil, e a depreciação fiscal continua a ser de $15 mil por ano.

Disputas por procuração

Os acionistas elegem o conselho de administração para que supervisione a equipe de gestores e substitua os elementos insatisfatórios. Se o conselho atua negligentemente, os acionistas têm a liberdade de escolher um conselho diferente.

Quando um grupo de investidores acredita que tanto o conselho como os seus gestores devem ser trocados, pode se engajar em uma disputa por procuração a ser realizada na próxima reunião de periodicidade anual. Uma *procuração* é o direito atribuído de votar em nome das ações de outro acionista. Em uma disputa desse tipo, os acionistas dissidentes buscam obter um número suficiente de procurações para eleger seus próprios candidatos para o conselho de administração. Assim que os novos membros do conselho estiverem no controle, os gestores podem ser substituídos e as políticas da organização, mudadas. Uma disputa por procuração, portanto, nada mais é do que uma disputa direta pelo controle da empresa. Muitas dessas disputas são iniciadas pelos principais acionistas, quando consideram que a empresa está sendo mal gerenciada. Em outros casos, uma disputa pode representar um prelúdio para a fusão de duas empresas. O proponente da fusão pode acreditar que um novo conselho administrativo saberá apreciar mais adequadamente as vantagens de combinar as duas empresas.

As disputas por procuração são caras e difíceis de ganhar, e os dissidentes que nelas se engajam devem utilizar seu próprio dinheiro, mas os gestores podem utilizar os fundos corporativos e as linhas de comunicação com os acionistas para se defenderem. Para nivelar de alguma forma o campo de batalha, a SEC introduziu novas regras para facilitar a montagem dessas disputas. Nesse ínterim, os acionistas descobriram que uma política de simplesmente "dizer não" à reeleição dos diretores existentes pode enviar uma mensagem poderosa. Quando os acionistas da Disney obtiveram 43% dos votos contra a reeleição do CEO Michael Eisner, ele assimilou o golpe e renunciou no outro dia.

A ameaça de uma disputa por procuração também pode estimular os gestores para que mudem a política da organização. Por exemplo, em 2008, Carl Icahn, um acionista ativista, indicou a sua intenção de se candidatar como membro do conselho da Motorola. No entanto, ele controlava menos de 7% dos votos e não conseguiu evitar a reeleição do conselho existente. Todavia a pressão exercida teve um efeito: a Motorola concordou em indicar dois novos membros para o conselho e, por pressão de Icahn, em lançar de forma independente sua divisão de portáteis, a Motorola Mobility.[23]

Aquisições

A alternativa a uma disputa por procuração para o pretenso comprador é fazer uma *oferta pública de aquisição* (OPA) diretamente aos acionistas. Se a oferta for bem-sucedida, o novo proprietário estará livre para fazer quaisquer mudanças na administração. A administração da empresa-alvo pode aconselhar seus acionistas a aceitar a oferta, mas também pode combatê-la, na esperança de que o adquirente aumente a oferta ou desista do negócio.

Nos Estados Unidos, as regras para essas ofertas estão estabelecidas sobretudo pelo Williams Act de 1968 e por legislações estaduais. Os tribunais atuam como arbitrador, para verificar que as disputas são conduzidas de forma honesta. No estabelecimento das regras, o problema reside em decidir quem necessita de proteção. Deverá se dar mais armas aos gestores da empresa-alvo para se defenderem contra predadores indesejados? Ou simplesmente se deverá encorajá-los a jogar o jogo até o fim? Ou deverão ser obrigados a realizar um leilão para conseguir um preço mais elevado para os seus acionistas?[24] E quanto aos pretensos compradores? Deverão ser forçados a revelar as suas intenções em uma fase precoce, ou será que isso permite que outras empresas se aproveitem das suas boas ideias e façam ofertas competitivas?[25] Tenha essas questões em mente enquanto passamos em revista uma recente batalha por aquisição.

---

[23] Anteriormente no capítulo, vimos como a Motorola Mobility foi mais tarde adquirida pela Google.

[24] Em 1986, os diretores da Revlon foram acusados de violar seu dever de lealdade quando não aceitaram a oferta mais alta pelas ações da empresa. A Suprema Corte de Delaware considerou que, quando se tornou inevitável que a empresa seria vendida ou desmembrada, o "papel dos conselheiros mudou de defensores do bastião corporativo para leiloeiros encarregados de obter o melhor preço para os acionistas".

[25] A Lei Williams obriga as empresas que detêm 5% ou mais das ações de outra empresa a informarem o fato por meio do registro 13(d) da Securities and Exchange Commission (SEC).

A Oracle tenta adquirir a PeopleSoft

As ofertas de aquisições hostis tendem a ser mais raras na indústria de alta tecnologia, pois uma batalha cáustica nesse campo pode provocar a saída dos profissionais mais valiosos da empresa-alvo. Os investidores, portanto, se chocaram quando, em junho de 2003, a Oracle Corp., gigante do ramo de softwares, anunciou uma oferta em dinheiro da ordem de $5,1 bilhões para o controle de uma das suas rivais, a PeopleSoft. O preço da oferta, de $16 por ação, era somente modestos 6% acima do preço recente das ações da PeopleSoft. O CEO desta última empresa rejeitou veementemente a oferta, apontando que ela estava desvalorizando consideravelmente a empresa, além de acusar a Oracle de tentar perturbar os negócios da PeopleSoft e frustrar seus planos recentemente anunciados de fundir com a J. D. Edwards & Co – um de seus rivais de menor porte. A PeopleSoft imediatamente entrou com um processo alegando que a Oracle tinha se engajado em "atos que configuravam práticas ilegais de negócios" e tinha "perturbado os seus relacionamentos com os clientes". Em outro processo, a J. D. Edwards alegou que a Oracle tinha erradamente "interferido em sua proposta fusão com a PeopleSoft" e exigia $1,7 bilhão de indenização compensatória.

A oferta da Oracle foi o salvo de abertura em uma batalha que ainda duraria 1 ano e meio. Algumas das datas-chave dessa batalha estão apresentadas no Quadro 31.5. A PeopleSoft tinha várias defesas à sua disposição. Primeiro, ela criara uma **pílula envenenada** que a possibilitaria "inundar" o mercado com ações adicionais se um predador adquirisse 20% das suas ações. Segundo, a empresa instituiu um programa de garantia ao cliente que ofereceria a segurança da devolução de dinheiro aos clientes caso um adquirente viesse a reduzir o seu serviço de suporte. Em um momento da batalha de aquisição, o potencial passivo sob esse programa atingiu cerca de $1,6 bilhão. Terceiro, as eleições dos membros da PeopleSoft ficaram estagnadas, de modo que diferentes diretores se candidataram para a reeleição em diversos anos. Isso significou que teriam ainda duas reuniões anuais para substituir a maioria dos membros do conselho da organização.

A Oracle não apenas teve de lutar contra as defesas impostas pela PeopleSoft, mas também teve de remover os possíveis obstáculos da legislação antritruste. O procurador geral de Connecticut instituiu uma ação antitruste para impedir a oferta da Oracle, em parte para proteger os consideráveis investimentos de seu Estado em *software* da PeopleSoft. Então, uma investigação sobre a operação pelo Departamento de Justiça norte-americano determinou que a operação era anticompetitiva. Normalmente, uma objeção desse tipo é suficiente para extinguir uma operação, mas a Oracle foi persistente e fez várias apelações junto ao tribunal federal.

Enquanto essas batalhas eram travadas nos tribunais, a Oracle revisou sua oferta em quatro oportunidades. Ela subiu sua primeira oferta a $19,50 e, depois, para $26 por ação. Em seguida, em uma proposta para colocar pressão sobre os acionistas da PeopleSoft, *reduziu* a sua oferta para $21 por ação, citando uma queda de 28% no preço das ações da PeopleSoft. Seis meses depois, elevou a oferta novamente a $24 por ação, advertindo os investidores de que não faria mais propostas se essa, finalmente, não fosse aceita pelo conselho administrativo ou pela maioria dos acionistas da PeopleSoft.

Sessenta por cento dos acionistas da PeopleSoft indicaram que desejavam aceitar essa última oferta, mas antes que a Oracle pudesse obter o controle da PeopleSoft, ainda necessitaria que a empresa abdicasse da pílula envenenada e do programa de garantia aos clientes. Isso significava colocar pressão sobre a administração da PeopleSoft, que continuava a rejeitar qualquer tipo de abordagem. A Oracle tentara duas táticas. Primeiro, iniciou uma disputa por procuração de modo a alterar a composição do conselho da PeopleSoft. Segundo, entrara com um processo em um tribunal de Delaware alegando que a administração da PeopleSoft rompera seu dever fiduciário ao tentar impedir a sua oferta e não lhe dar a "devida consideração". O processo pedia ao tribunal que exigisse que a PeopleSoft desmantelasse as suas defesas contra a aquisição, incluindo o plano da pílula envenenada e o programa de garantia aos clientes.

O CEO da PeopleSoft tinha dito em um determinado momento que ele "não podia imaginar um preço nem uma combinação de preços e outras condições para recomendar a aceitação da oferta". Mas, com 60% dos acionistas a favor da última proposta de tomada de controle da Oracle, estava se tornando mais difícil para a empresa continuar rejeitando-a, e vários observadores estavam começando a questionar se a administração da PeopleSoft estava efetivamente atuando no interesse dos seus acionistas. Se os gestores ficassem indiferentes aos interesses dos acionistas, o tribunal poderia decidir em favor da Oracle, ou os acionistas descontentes poderiam votar para

QUADRO 31.5 Algumas datas importantes durante a batalha travada para a aquisição da PeopleSoft pela Oracle

Data	Evento
6 de junho de 2003	A Oracle faz uma oferta de $16 por ação da PeopleSoft, mais um prêmio de 6%.
18 de junho de 2003	A Oracle aumenta a oferta para $19,50 por ação.
4 de fevereiro de 2004	A Oracle aumenta a oferta para $26 por ação.
26 de fevereiro de 2004	O Departamento de Justiça entra com um processo para impedir a operação. A Oracle anuncia que pretende apelar.
16 de maio de 2004	A Oracle *reduz* a oferta para $21 por ação.
9 de setembro de 2004	A Oracle ganha o recurso em um tribunal federal contra a regra antitruste impetrada pelo Departamento de Justiça.
27 de setembro de 2004	Inicia-se a audiência para julgar o pedido da Oracle, na jurisdição de Delaware, para a derrubada da estratégia de "pílula envenenada" da PeopleSoft.
1 de novembro de 2004	A Oracle aumenta a oferta para $24 por ação. Ela é aceita por 61% dos detentores de ações da PeopleSoft com direito a voto.
23 de novembro de 2004	A Oracle anuncia planos para estabelecer uma disputa por procuração, pretendendo indicar quatro pessoas para o conselho administrativo da PeopleSoft.
13 de dezembro de 2004	A Oracle aumenta sua oferta para $26,50 por ação. A proposta é aceita pelo conselho da PeopleSoft.

mudar a composição do conselho da PeopleSoft. Os diretores dessa empresa, portanto, decidiram ser menos intransigentes e testemunharam no processo de Delaware que iriam considerar as negociações com a Oracle se ela propusesse $26,50 ou $27 por ação. Esse foi o ponto de virada que a Oracle estava buscando; subiu sua proposta para $26,50 por ação, a PeopleSoft baixou sua guarda, e, no intervalo de um mês, 97% dos seus acionistas tinham concordado com a proposta.[26] Após 1 ano e meio de batalhas incansáveis, a luta pela PeopleSoft havia terminado.

Defesas contra aquisição

Quais são as lições que podemos tirar da batalha da PeopleSoft? Primeiro, o exemplo ilustra alguns dos estratagemas típicos da guerra das fusões modernas. Empresas como a PeopleSoft, que se preocupam com o fato de perder o controle, preparam antecipadamente as suas ações defensivas. Muitas vezes, persuadem seus acionistas a concordar com as chamadas alterações "repelentes de tubarões" nos estatutos da empresa. Por exemplo, o estatuto pode ser modificado exigindo que qualquer fusão deve ser aprovada por uma *supermaioria* de 80% das ações em relação à proporção normal de 50%. Embora os acionistas sejam geralmente preparados para se adequar às propostas da administração, há dúvidas se esses tipos de defesas são realmente em seus interesses. Os gestores que estão protegidos de uma aquisição parecem desfrutar de maiores remunerações e geram menos riqueza para os seus acionistas.[27]

Muitas empresas seguem o exemplo da PeopleSoft e dissuadem potenciais compradores ao conceberem pílulas envenenadas que tornam a empresa sem atrativos. Por exemplo, essas pílulas podem dar aos acionistas existentes o direito de comprar as ações da empresa pela metade do preço assim que uma oferta adquire mais de 15% das ações. O ofertante não tem o direito do desconto. Dessa maneira, ele fica parecendo o Tantalus – quando adquire 15% das ações, o controle é tirado de seu alcance. Essa e outras linhas de defesa são mostradas sucintamente no Quadro 31.6.

Por que razão os gestores da PeopleSoft contestam as ofertas de aquisição sobre a sua empresa? Uma das razões possíveis é tentar obter um preço mais elevado para as suas ações, pois a Oracle, em última análise, foi forçada a pagar 66% mais do que a sua oferta original. Mas o comentário feito pelo CEO da PeopleSoft de que não poderia imaginar nenhum preço com o qual a fusão seria bem-vinda sugere que a tática defensiva pode ter sido planejada para pôr fim à oferta e proteger as posições dos próprios gestores na organização.

---

[26] Ofertas públicas de aquisição raramente resultam em aceitação por parte de todo e cada acionista, mas a legislação corporativa de Delaware permite que empresas que adquiriram pelo menos 90% das ações pendentes comprem compulsoriamente o restante. Outros estados possuem cláusulas similares.

[27] A. Agarwal and C. R. Knoeber, "Managerial Compensation and the Threat of Takeover," *Journal of Financial Economics* 47 (February 1998), pp. 219-239; e P. A. Gompers, J. L. Ishii, and A. Metrick, "Corporate Governance and Equity Prices," *Quarterly Journal of Economics* 118 (2003), pp. 107-155.

As empresas por vezes reduzem esses conflitos de interesse oferecendo *paraquedas dourados* aos seus gestores, isto é, gratificações generosas se eles perderem os empregos em consequência de uma fusão. Pode parecer estranho recompensar os gestores por serem comprados. Contudo, se isso evitar a oposição deles às ofertas de aquisição, até mesmo alguns milhões podem ser um preço baixo a ser pago.

Qualquer equipe de gestores que tente desenvolver armas de defesa mais sofisticadas poderá esperar ser contestada em tribunal. No início da década de 1980, os tribunais tendiam a dar o benefício da dúvida aos gestores e respeitavam o seu juízo empresarial no tocante à oposição ou não a uma aquisição. Porém, as atitudes dos tribunais em relação às batalhas decorrentes das ofertas de aquisição mudaram. Em 1993, por exemplo, um tribunal bloqueou a aquisição acordada da Paramount pela Viacom, alegando que os diretores da Paramount não tinham feito o que lhes competia antes de recusarem uma oferta mais alta da QVC. A Paramount foi forçada a desistir da sua defesa de "pílula envenenada" e das opções sobre as ações que oferecera à Viacom. Essas decisões deixaram os gestores mais cautelosos na sua oposição às ofertas, e eles não se lançam mais às cegas nos braços de um "cavaleiro branco" qualquer.

Ao mesmo tempo, os governos forneceram algumas armas defensivas novas. Em 1987, o Supremo Tribunal confirmou certas leis estaduais sob as quais as empresas podem privar os investidores do direito de voto logo que a sua participação na empresa exceda certo nível. Desde então, têm proliferado as leis estaduais antiaquisições. Muitas permitem que os conselhos administrativos bloqueiem fusões com licitantes hostis durante vários anos e tenham em consideração, ao decidir tentar bloquear uma oferta hostil, os interesses dos empregados, dos clientes, dos fornecedores e das comunidades.

Os países anglo-saxônicos tinham por hábito um quase monopólio em aquisições hostis. Esse já não é mais o caso. A atividade envolvendo aquisições na Europa muitas vezes excede à dos Estados Unidos, e, nos últimos anos, algumas das aquisições mais veementemente contestadas têm envolvido empresas do Velho Continente. Por exemplo, a aquisição de $27 bilhões da Arcelor pela Mittal resultou de uma batalha acirrada e extremamente politizada que durou cerca de cinco meses. A Arcelor usou todas as táticas defensivas citadas neste livro – inclusive convidando uma companhia russa para servir como acionista majoritário.

A Mittal agora tem sua sede na Europa, mas começou a operar na Indonésia. Isso ilustra outra mudança no mercado de fusões: as empresas adquirentes não estão mais confinadas aos principais países industrializados, mas sim podem incluir empresas brasileiras, russas, indianas e chinesas. Por exemplo, a Tetley Tea, a aciaria anglo-holandesa Corus, a Jaguar e a Land Rover foram todas adquiridas pelo conglomerado indiano Tata Group. Na China, a Lenovo adquiriu a divisão de computadores pessoais da IBM, a Geely comprou a Volvo da Ford e a Nanjing Cenbest comprou a cadeia britânica de lojas de departamentos House of Fraser. No Brasil, a Vale adquiriu a Inco, produtora canadense de níquel, e a Cutrale-Safra comprou a empresa norte-americana de produção de bananas Chiquita Brands.

Quem ganha mais com as fusões?

A breve história anterior ilustra que, em fusões, os vendedores geralmente ganham mais do que os compradores. Andrade, Mitchell e Stafford constataram que, após o anúncio da oferta, os acionistas vendedores receberam um ganho apreciável de cerca de 16%.[28] O valor total das empresas que se fundem, a vendedora e a compradora em conjunto, aumenta cerca de 2%. Assim, as empresas que se fundem valem mais juntas do que separadas. Mas parece que a cotação das ações das empresas adquirentes tem tendência a *diminuir*.[29] Esses, obviamente, são valores médios; acionistas vendendo suas participações, por exemplo, já obtiveram muitas vezes retornos mais altos. Quando a Bristol-Myers Squibb adquiriu a empresa de biotecnologia Inhibitex em 2014, pagou um ágio de 163% pelas suas ações.

---

[28] G. Andrade, M. Mitchell, and E. Stafford, "New Evidence and Pespectives on Mergers," *Journal of Economics Perspectives* 15 (Spring 2001), pp. 103-120.

[29] Um estudo recente, por exemplo, revelou que, após uma acirrada disputa de ofertas, a empresa que saiu perdendo apresentou um desempenho significativamente melhor do que a vencedora, em média cerca de 50% ao longo do três anos posteriores à proposta. Veja U. Malmendier, E. Moretti, and F. Peters, "Winning by Losing: Evidence on the Long-Run Effects of Mergers," NBER Working Paper No. 18024, April 2012.

QUADRO 31.6 Um resumo de defesas contra tentativas de aquisição

Defesas pré-oferta	Descrição
Alterações estatutárias "repelentes a tubarões" ("*shark-repellent*"):	
Conselho administrativo estratificado	O conselho administrativo é dividido em três grupos iguais. Em cada ano só é eleito um grupo. Assim, o adquirente não consegue o controle da empresa-alvo imediatamente.
Supermaioria	É necessária uma elevada porcentagem de ações para aprovar a fusão (normalmente 80%).
Preço justo	As fusões são restringidas à condição de ser pago um preço justo (determinado por uma fórmula ou avaliação).
Restrição do direito de voto	Os acionistas com uma participação na empresa-alvo superior a um nível especificado não têm direito de voto, salvo aprovação em contrário pelo conselho administrativo.
Período de espera	Os adquirentes indesejados são obrigados a esperar um determinado número de anos antes de poderem concluir a fusão.
Outras:	
Pílula envenenada (*poison pill*)	São emitidos direitos que os acionistas poderão utilizar, caso se verifique uma compra substancial de ações por uma empresa ofertante, para adquirirem ações da empresa por um preço baixo.
Opção de venda envenenada (*poison put*)	Os credores podem exigir o reembolso caso se verifique uma alteração do controle na sequência de uma oferta de aquisição hostil.
Defesas pós-oferta	
Contencioso	Apresentação de queixa contra a ofertante por violação de leis antitruste ou do mercado de capitais.
Reestruturação dos ativos	Aquisição de ativos que a ofertante não deseja ou que lhe causem problemas antitruste.
Reestruturação dos passivos	Emissão de ações a uma terceira interveniente amigável, ao aumentar o número de acionistas, ou recomprar as ações dos acionistas atuais, pagando-se um prêmio.

Por que tantas empresas fazem aquisições que aparentemente destroem valor? Uma explicação possível apela para traços comportamentais; os gestores da adquirente podem ser levados por arrogância ou confiança exagerada na sua capacidade para gerir a empresa-alvo melhor do que a administração original. Pode ser que isso aconteça, mas não devemos excluir outras explicações mais bondosas. Por exemplo, McCardle e Viswanathan fizeram notar que as empresas podem entrar em um mercado construindo uma nova fábrica ou comprando uma empresa existente. Se o mercado está encolhendo, tem mais sentido para a empresa a expansão por aquisição. Por isso, quando anuncia uma aquisição, o valor da empresa pode cair simplesmente porque os investidores chegam à conclusão de que o mercado já não está crescendo. Em tal caso, a aquisição não destrói valor; limita-se a assinalar a estagnação do mercado.[30]

Por que os vendedores obtêm ganhos mais elevados? Existem duas razões. Primeiro, as empresas compradoras geralmente são maiores do que as empresas à venda. Em muitas fusões, a dimensão da empresa adquirente é de tal forma maior, que nem mesmo benefícios líquidos significativos se revelam claramente no preço das suas ações. Suponha, por exemplo, que a empresa A compra a empresa B, cuja dimensão é de apenas um décimo da empresa A. Suponha que o valor em dólares do ganho líquido resultante da fusão é dividido equitativamente entre A e B.[31] Os acionistas de cada empresa recebem o mesmo lucro em *dólares*, mas, em termos *percentuais*, os acionistas da empresa B recebem dez vezes mais do que os acionistas da empresa A.

A segunda e mais importante razão é a concorrência entre compradores potenciais. Logo que uma empresa faz uma primeira oferta e coloca a empresa-alvo "no jogo", é frequente surgirem um ou mais pretendentes, por vezes sob a forma de "cavaleiros brancos" convidados pelos gestores da empresa-alvo. Sempre que um pretendente cobre a oferta de outro, os ganhos da fusão inclinam-se mais a favor da empresa-alvo. Ao mesmo tempo, os gestores da empresa-alvo podem organizar vários contra-ataques legais e financeiros, assegurando que a capitulação, se e quando ocorrer, se faça ao mais elevado preço possível.

---

[30] K. F. McCardle and S. Viswanathan, "The Direct Entry versus Takeover Decision and Stock Price Performance around Takeovers," *Journal of Business* 67 (January 1994), pp. 1-43.

[31] Em outras palavras, o *custo* da fusão para A é metade do ganho ΔVP_{AB}.

Identificar candidatos atraentes para aquisição e preparar uma proposta são atividades de alto custo. Então por que alguém incorreria nesses custos se há boas chances de outros licitantes entrarem mais tarde, forçando o preço de aquisição a subir? Preparar uma proposta pode valer mais a pena quando uma empresa consegue antes de mais nada adquirir posses da empresa-alvo. A Williams Act permite que uma empresa adquira um punhado de até 5% das ações de seu alvo antes que seja obrigada a revelar suas posses e seus planos. Em seguida, mesmo que a proposta acabe fracassando, a empresa pode ser capaz de vender suas posses da empresa-alvo com um lucro substancial.

Licitantes e alvos não são os únicos vencedores possíveis. Entre os vencedores figuram ainda os bancos de investimento, os advogados, os contadores e, em alguns casos, os arbitradores, tais como os *hedge funds*, que especulam sobre o desfecho provável das ofertas de aquisição.[32] "Especular" tem uma conotação negativa, mas pode ser um serviço socialmente útil. Uma oferta pública para aquisição pode colocar os acionistas perante uma decisão difícil de tomar. Deverão aceitar, deverão esperar para ver se alguém apresenta uma oferta melhor, ou deverão vender as suas ações no mercado? Esse dilema representa uma oportunidade para os *hedge funds*, especializados na resposta a essas questões. Em outras palavras, compram dos acionistas da empresa-alvo e correm o risco de o negócio não se concretizar.

31.6 As fusões e a economia

Examine novamente a Figura 31.3, que apresenta o número de fusões concretizadas nos Estados Unidos para cada ano desde 1962. Observe que as fusões surgem em ondas. Há um aumento repentino das fusões de 1967 a 1969 e, então, novamente, nos finais das décadas de 1980 e 1990. Ocorreu outra explosão de fusões em 2003, mas seguida de um período de enfraquecimento até desembocar no início da crise do crédito.

Ninguém compreende realmente por que a atividade de fusão é tão volátil e por que parece estar associada com o nível dos preços das ações. Se as fusões são impulsionadas por motivos econômicos, pelo menos um desses motivos deve ser a transitoriedade dos investimentos e deve estar associado, de alguma forma, às cotações elevadas dos preços das ações. Porém, nenhuma das razões econômicas analisadas neste capítulo tem a ver com o nível geral dos preços das ações. Nenhuma apareceu em cena nos anos 1960, saiu em 1970 e reapareceu durante a maior parte da década de 1980 e novamente em meados dos anos 1990 e início dos anos 2000.

Algumas fusões podem resultar de erros de avaliação por parte do mercado acionário. Em outras palavras, o adquirente pode pensar que os investidores subestimaram o valor da empresa à venda ou podem esperar que *venham* a superestimar o valor da empresa resultante da fusão. Mas vimos que os erros ocorrem com o mercado tanto em alta como em baixa. Por que não vemos tantas empresas à caça de bons negócios quando o mercado está em baixa? É possível que "nasçam empresas apetecíveis a toda hora", mas torna-se difícil acreditar que só seja possível apanhá-las com o mercado em alta.

As fusões tendem a se concentrar em um número relativamente reduzido de atividades e são, muitas vezes, desencadeadas por desregulamentação, por mudanças tecnológicas e por alterações na demanda. Por exemplo, a desregulamentação nas telecomunicações e no setor bancário, na década de 1990, conduziu a uma onda de fusões nos dois setores de atividade. Andrade, Mitchell e Stafford descobriram que cerca da metade do valor de todas as fusões nos Estados Unidos entre 1988 e 1998 ocorreram em atividades que tinham sido desregulamentadas.[33]

As fusões geram ganhos líquidos?

Há, indubitavelmente, boas e más fusões, mas os economistas têm dificuldade em chegar a um acordo se *o saldo* das fusões é positivo. Na verdade, como parece que existem modas efêmeras nas fusões, seria de espantar que os economistas conseguissem conceber generalizações simples.

Sabemos que as fusões geram ganhos substanciais imediatos para os acionistas das empresas adquiridas, e ganhos gerais para o valor das duas empresas que se fundiram. Mas nem todos estão con-

---

[32] Estritamente falando, um arbitrador é um investidor que toma uma posição totalmente coberta, isto é, isenta de risco. No entanto, nas batalhas de fusões, é frequente os arbitradores assumirem, de fato, riscos muito grandes. Tal atividade é conhecida por "arbitragem de risco".

[33] Ver a Nota de rodapé 28. Ver também J. Harford, "What Drives Merger Waves?" *Journal of Financial Economics* 77 (September 2005), pp. 529-560.

vencidos. Há quem pense que os investidores reagem a fusões prestando atenção excessiva aos ganhos de curto prazo e não percebem que esses ganhos se efetuam à custa das perspectivas de longo prazo.

Uma vez que não podemos observar como as empresas teriam ficado na ausência de uma fusão, é difícil avaliar os seus efeitos na rentabilidade. Ravenscroft e Scherer, que analisaram fusões realizadas nos anos 1960 e no início dos anos 1970, argumentaram que a produtividade diminuiu nos anos seguintes à fusão.[34] Porém, estudos de fusões mais recentes sugerem que essas *efetivamente* parecem melhorar a produtividade real. Por exemplo, Paul Healy, Krishna Palepu e Richard Ruback examinaram 50 grandes fusões entre 1979 e 1983, e encontraram um aumento médio de 2,4% nos lucros das organizações antes de impostos.[35] Em sua opinião, esse ganho provinha de um nível mais elevado de vendas com o mesmo ativo. Não havia provas de que as empresas estivessem hipotecando o futuro de longo prazo efetuando cortes nos investimentos de longo prazo; as despesas com equipamentos, pesquisa e desenvolvimento acompanhavam a média do setor de atividade.[36]

O efeito mais importante das aquisições talvez seja sentido pelos gestores das organizações que *não* foram adquiridas. É possível que a ameaça de aquisição estimule a América empresarial a se esforçar mais. Infelizmente, não sabemos se, afinal das contas, a ameaça de uma fusão aumenta a atividade durante o dia ou a insônia durante a noite.

A ameaça de ser adquirido talvez dê um choque às administrações eficientes, mas é uma atividade muito dispendiosa. Pode absorver grande quantidade de tempo e de esforços da equipe de gestão. Além disso, a companhia vai ter de pagar os serviços proporcionados por bancos de investimento, advogados e contadores. As tarifas podem ultrapassar em muito os $10 milhões, dependendo do tamamnho da transação.

---

[34] Ver D. J. Ravenscroft and F. M. Scherer. "Mergers and Managerial Performance," in *Knights, Raiders, and Targets: The Impact of the Hostile Takeover* ed. J. C. Coffee, Jr., L. Lowenstein, and S. Rose-Ackerman (New York: Oxford University Press, 1988).

[35] Ver P. Healy, K. Palepu, and R. Ruback, "Does Corporate Performance Improve after Mergers?" *Journal of Financial Economics* 31 (April 1992), pp. 135-175. O estudo examinou a rentabilidade antes de impostos de empresas resultantes de fusão por comparação com as médias dos setores. Um estudo de Lichtenberg e Siegel chegou a conclusões similares. Antes da fusão, as empresas adquiridas possuíam níveis de produtividade mais baixos do que outras empresas do mesmo setor, mas, sete anos depois da mudança de controle, dois terços do diferencial em termos de produtividade tinham sido eliminados. Ver F. Lichtenberg and D. Siegel. "The Effect of Control Changes on the Productivity of U.S. Manufacturing Plants," *Journal of Applied Corporate Finance* 2 (Summer 1989), pp. 60-67.

[36] A manutenção dos níveis de investimento e de pesquisa e desenvolvimento também foi observada por Lichtenberg and Siegel. "The Effect of Control Changes on the Productivity of U.S. Manufacturing Plants," *Journal of Applied Corporate Finance* 2 (Summer 1989), pp. 60-67; e B. H. Hall, "The Effect of Takeover Activity on Corporate Research and Development," in *Corporate Takeover: Causes and Consequences* ed. A. J. Auerbach (Chicago: University of Chicago Press, 1988).

RESUMO

Uma fusão gera sinergias – isto é, um aumento de valor – se as duas empresas valem mais juntas do que separadas. Suponha que as empresas A e B se fundem para formar uma nova entidade, AB. Então, o ganho com a fusão será:

$$\text{Ganho} = VP_{AB} - (VP_A + VP_B) = \Delta VP_{AB}$$

Os ganhos com as fusões podem refletir economias de escala, economias de integração vertical, melhoria da eficiência, combinação de recursos complementares ou reaplicação de fundos excedentes. Em outros casos, pode não haver vantagens em combinar duas atividades, sendo o objetivo da instalação montar uma equipe de gestores mais competentes ou forçar o "encolhimento" da empresa ou, ainda, a consolidação em uma indústria com excesso de capacidade ou com muitas empresas pequenas e ineficientes. Há também motivos duvidosos. Não há aumento de valor quando a fusão se destina apenas a diversificar riscos, a reduzir os custos de endividamento ou a aumentar artificialmente os lucros por ação.

Deve-se avançar com a fusão se o ganho é maior do que o custo. O custo é o prêmio que o comprador paga pela empresa à venda além do seu valor como entidade separada. É fácil estimá-lo quando a fusão é paga em dinheiro. Nesse caso:

$$\text{Custo} = \text{pagamento em dinheiro} - VP_B$$

Quando o pagamento é feito sob a forma de ações, o custo depende naturalmente do valor das ações depois da fusão ter sido levada a cabo. Se a fusão for bem-sucedida, os acionistas de B partilharão os ganhos resultantes da fusão.

A mecânica de aquisição de uma empresa é muito mais complicada do que a da aquisição de uma máquina. Em primeiro lugar, você deve se assegurar de que a aquisição provavelmente não colidirá contra as leis antitruste. Em segundo lugar, existe uma variedade de procedimentos. Você pode fundir todos os ativos e passivos do vendedor com os da sua empresa; pode adquirir as ações da empresa, em vez de comprá-la; ou pode ainda adquirir cada um dos ativos da empresa. Em terceiro lugar, você tem de se preocupar com o estatuto fiscal da fusão.

É frequente que as fusões sejam negociadas amigavelmente entre a administração e os diretores de ambas as empresas, mas, se o vendedor se mostra relutante, o pretenso comprador pode decidir apresentar uma oferta pública para aquisição. Esboçamos algumas das táticas ofensivas e defensivas usadas nas batalhas de aquisição. Vimos, igualmente, que quando a empresa-alvo perde, seus acionistas costumam ganhar: os acionistas vendedores têm lucros anormalmente grandes, enquanto os acionistas da empresa adquirente não ganham nem perdem. A fusão típica parece gerar benefícios líquidos positivos para os investidores, mas a competição entre os licitantes mais a defesa ativa por parte da administração da empresa-alvo empurram a maior parte dos ganhos para os acionistas vendedores.

As fusões vêm e vão em ondas. A onda mais recente, com pico em 2006, consistiu principalmente em fusões horizontais. As operações de fusão aumentam nos períodos de expansão econômica e de boas cotações na bolsa. As fusões são mais frequentes nos setores de atividade que se defrontam com mudanças tecnológicas ou de regulamentação. Por exemplo, a onda de fusões no setor bancário e nas telecomunicações teve como origem a desregulamentação dessas indústrias na década de 1990.

LEITURAS ADICIONAIS

Eis três trabalhos gerais sobre fusões:

R. Bruner, *Applied Mergers and Acquisitions* (Hoboken, NJ: John Wiley & Sons, 2004).

J. F. Weston, M. L. Mitchell, and J. H. Mulherin, *Takeovers, Restructuring and Corporate Governance*, 4th ed. (Upper Saddle River, NJ: Prentice-Hall 2000).

S. Betton, B. E. Eckbo, and K. S. Thorburn, "Corporate Takeovers," in B. E. Eckbo (ed.), *Handbook of Empirical Corporate Finance* (Amsterdam: Elsevier/North-Holland, 2007), chapter 15.

Informações históricas de fusões estão descritas em:

G. Andrade, M. Mitchell, and E. Stafford, "New Evidence and Perspectives on Mergers," *Journal of Economic Perspectives* 15 (Spring 2001), pp. 103-120.

S. J. Everett, "The Cross-Border Mergers and Acquisitions Wave of the Late 1990s," in R. E. Baldwin and L. A. Winters (eds.), *Challenges to Globalization* (Chicago: University of Chicago Press, 2004).

J. Harford, "What Drives Merger Waves?" *Journal of Financial Economics* 77 (September 2005), pp. 529-560.

B. Holmstrom and S. N. Kaplan, "Corporate Governance and Merger Activity in the U.S.: Making Sense of the 1980s and 1990s," *Journal of Economic Perspectives* 15 (Spring 2001), pp. 121-144.

Por fim, estes são alguns estudos de caso esclarecedores:

S. N. Kaplan (ed.), *Mergers and Productivity* (Chicago: University of Chicago Press, 2000). This is a collection of case studies.

R. Bruner, "An Analysis of Value Destruction and Recovery in the Alliance and Proposed Merger of Volvo and Renault," *Journal of Financial Economics* 51 (1999), pp. 125-166.

PROBLEMAS

BÁSICO

1. **Tipos de fusão** As seguintes fusões hipotéticas são horizontais, verticais ou em conglomerado?
   a. A IBM adquire a Dell Computer.
   b. A Dell Computer adquire o Walmart.
   c. O Walmart adquire a Tyson Foods.
   d. A Tyson Foods adquire a IBM.

2. **Motivos para fusão** Qual dos seguintes motivos para fusão faz sentido econômico?
   a. Fusão para conseguir economias de escala.
   b. Fusão para reduzir o risco por meio da diversificação.
   c. Fusão para dar outro emprego ao fluxo de caixa gerado por uma empresa que tem grandes lucros, mas reduzidas oportunidades de crescimento.
   d. Fusão para juntar recursos complementares.
   e. Fusão apenas para aumentar os lucros por ação.

3. **Ganhos e custos de fusões** A Velcro Saddles está analisando a aquisição da Pogo Ski Sticks Inc. Os valores das duas empresas, como entidades separadas, são $20 milhões e $10 milhões, respectivamente. A Velcro Saddles estima que, com a fusão das duas empresas, se reduzirão os custos administrativos e de marketing em $500 mil por ano, em perpetuidade. A Velcro Saddles tanto pode pagar $14 milhões à vista pela Pogo como oferecer à mesma uma participação de 50% na própria Velcro Saddles. Se o custo de oportunidade do capital for de 10%:
   a. Qual é o ganho com a fusão?
   b. Qual é o custo com pagamento em dinheiro?
   c. Qual é custo com a alternativa de pagamento em ações?
   d. Qual é o VPL da aquisição com pagamento em dinheiro?
   e. Qual é o VPL da aquisição com pagamento em ações?

4. **Tributação** Quais das seguintes transações provavelmente *não* serão consideradas isentas de impostos?
   a. Uma aquisição de ativos em dinheiro.
   b. Uma fusão na qual o pagamento se dá apenas com ações com direito a voto.

5 **Fusões** Verdadeiro ou falso?
   a. Os vendedores quase sempre ganham com as fusões.
   b. Os compradores geralmente ganham mais do que os vendedores em aquisições.
   c. Empresas que funcionam excepcionalmente bem tendem a ser alvos de aquisição.
   d. A ocorrência de fusões nos Estados Unidos varia acentuadamente de ano para ano.
   e. Em média, as fusões produzem lucros econômicos substanciais.
   f. As ofertas públicas para aquisição requerem a aprovação da administração da empresa-alvo.
   g. O custo de uma fusão para o comprador é igual ao ganho obtido pelo vendedor.

6. **Vocabulário** Defina rapidamente os seguintes termos:
   a. Contabilização pelo valor da compra.

b. Oferta pública para aquisição.
   c. Pílula envenenada.
   d. Paraquedas dourados.
   e. Sinergia.

INTERMEDIÁRIO

7. **Motivos para fusão**   Examine várias fusões recentes e sugira quais são os principais motivos para a fusão em cada caso.

8. **Ganhos e custos de fusões**   Examine uma fusão recente em que pelo menos parte do pagamento ao vendedor tenha sido feita sob a forma de ações. Use as cotações de mercado para obter uma estimativa do ganho com a fusão e do custo da fusão.

9. **Motivos para fusão**   Responda aos seguintes comentários:
   a. "O custo da nossa dívida é muito alto, mas os bancos não nos reduzem a taxa de juro enquanto estivermos enterrados nesse negócio volátil e aleatório. Temos de adquirir outras empresas com fluxos de rendimentos mais estáveis e seguros."
   b. "Fusão com a Fledging Electronics? De maneira nenhuma! O P/L deles é muito alto. Essa operação abateria 20% dos nossos lucros por ação."
   c. "A cotação de nossas ações é agora mais elevada do que nunca. Esse é o momento de fazermos uma oferta para a aquisição da Digital Organics. Certo, vamos ter de oferecer um alto prêmio aos acionistas da Digital, mas não temos de pagar em dinheiro. Damos-lhes novas ações da nossa empresa."

10. **Ganhos e custos de fusões**   Por vezes, a cotação em bolsa de uma potencial empresa-alvo sobe em antecipação a uma oferta para aquisição. Explique como isso complica a avaliação da empresa-alvo pela empresa ofertante.

11. **Ganhos e custos de fusões**   Suponha que você obtém informação privilegiada – informação que não está disponível para os investidores – indicando que a cotação na bolsa da Backwoods Chemical está subavaliada em 40%. Isso seria uma razão para lançar uma oferta para aquisição sobre a Backwoods? Explique cuidadosamente.

12. **Ganhos e custos de fusões**   Como tesoureiro da Leisure Products Inc., você está analisando a possível aquisição da Plastitoys. Você possui os seguintes dados:

	Leisure Products	**Plastitoys**
Lucros por ação	$5,00	$1,50
Dividendo por ação	$3,00	$0,80
Número de ações	1.000.000	600.000
Preço das ações	$90	$20

Você estima que os investidores têm a expectativa de um crescimento contínuo de cerca de 6% nos ganhos e dividendos da Plastitoys. Com a nova equipe de gestão, a taxa de crescimento subiria para 8% ao ano, sem necessidade de investimentos de capital adicionais.

   a. Qual é o ganho com a aquisição?
   b. Qual é o custo da aquisição se a Leisure Products pagar $25 em dinheiro por ação da Plastitoys?
   c. Qual é o custo da aquisição se a Leisure Products oferecer uma ação sua por três ações da Plastitoys?
   d. Como se alterariam o custo da oferta em dinheiro e o da oferta em ações se a taxa esperada de crescimento da Plastitoys não se alterasse com a fusão?

13. **O jogo da ilusão financeira**   A fusão com a Muck e Slurry falhou (veja a Seção 31.2). No entanto, a World Enterprises está decidida a reportar lucros de $2,67 por ação. Adquire então a Wheelrim & Axle Company. Conhecem-se os seguintes fatos:

	World Enterprises	**Wheelrim & Axle**	**Empresa resultante da fusão**
Lucros por ação	$2,00	$2,50	$2,67
Preço por ação	$40	$25	?
P/L	20	10	?
Número de ações	100.000	200.000	?
Lucros totais	$200.000	$500.000	?
Valor total do mercado	$4.000.000	$5.000.000	?

Uma vez mais, não há ganhos com a fusão. Em contrapartida, pelas ações da Wheelrim & Axle, a World Enterprise emite uma quantidade de ações suficiente para fixar seu objetivo de $2,67 de lucros por ação.

   a. Complete o quadro acima no que tange à empresa resultante da fusão.
   b. Quantas ações da World Enterprises são trocadas por ação da Wheelrim & Axle?
   c. Qual é o custo da fusão para a World Enterprises?
   d. Qual é a alteração no valor total de mercado das ações da World Enterprises em circulação antes da fusão?

14. **Tributação**   Explique a distinção entre uma fusão isenta de impostos e uma fusão tributável. Existem circunstâncias em que se pode esperar que o comprador e o vendedor acordem em uma fusão sujeita a impostos?

15. **Contabilidade de fusões**   Volte novamente ao Quadro 31.3. Suponha que o imobilizado da Empresa B é reavaliado e se conclui que vale $12 milhões em vez de $9 milhões. Como isso afetaria o balanço da Empresa AB, segundo a contabilização pelo valor de compra? Como se modificaria o valor da Empresa AB? A sua resposta dependerá da fusão ser ou não tributável?

DESAFIO

16. **Táticas de aquisição**   Examine uma aquisição hostil e discuta as táticas empregadas tanto pelo predador como pelo alvo. Você acredita que os gestores da empresa-alvo estavam tentando derrotar a oferta ou garantir o preço mais elevado aos seus acionistas? De que modo cada anúncio feito pelos protagonistas afetou o preço das suas ações?

17. **Regulamentação de fusões**   Como você pensa que deveriam ser regulamentadas as fusões? Por exemplo, quais defesas deveriam ser permitidas às empresas-alvo? Os gestores dessas empresas deveriam ser obrigados a procurar ofertas mais elevadas? Ou deveriam limitar-se a ser passivos e a observar de fora?

APÊNDICE

Fusões em conglomerado e aditividade de valor

Uma fusão em conglomerado pura não tem qualquer efeito no funcionamento nem na rentabilidade de cada uma das empresas. Se a diversificação é do interesse dos acionistas, então uma fusão em conglomerado deveria demonstrar claramente os seus benefícios. Porém, se os valores presentes se somam, a fusão em conglomerado não beneficia nem prejudica os acionistas.

Neste apêndice, examinamos mais cuidadosamente a nossa afirmação de que os valores presentes se adicionam. Verifica-se que os valores *se somam* de fato, desde que os mercados de capitais sejam perfeitos e não haja restrições às oportunidades de diversificação pelos investidores.

Vamos chamar de A e B as empresas que irão se fundir. A aditividade do valor implica que:

$$VP_{AB} = VP_A + VP_B$$

onde

VP_{AB} = valor do mercado das empresas fundidas imediatamente após a fusão

VP_A, VP_B = valores individuais de mercado de A e B imediatamente antes da fusão

Por exemplo, poderíamos ter:

V_{PA} = $100 milhões ($200 por ação × 500.000 ações em circulação)

e

VPB = $200 milhões ($200 por ação × 1.000.000 ações em circulação)

Suponha que A e B se fundem em uma nova empresa, AB, com uma ação de AB em troca de cada ação de A ou de B. Há, assim, 1,5 milhão de ações de AB emitidas. *Se é* verificada a aditividade do valor, então o VP_{AB} deve ser igual à soma dos valores individuais de A e B imediatamente antes da fusão, isto é, de $300 milhões. Isso implicaria uma cotação de $200 para as ações de AB.

Note, no entanto, que as ações de AB representam uma carteira dos ativos de A e B. Antes da fusão, os investidores poderiam ter comprado uma ação de A e duas de B por $600. Posteriormente, podem obter direitos *exatamente* sobre os mesmos ativos comprando três ações de AB.

Suponha que a cotação de abertura das ações de AB imediatamente após a fusão é de $200, de modo que VP_{AB} = $VP_A + VP_B$. O nosso problema é determinar se trata-se de um preço de equilíbrio, isto é, se podemos eliminar o excesso de demanda ou de oferta com essa cotação.

Para que houvesse excesso de demanda, deveriam existir alguns investidores dispostos a aumentar as suas participações em A e B como consequência da fusão. Quem poderia ser? A única coisa nova criada pela fusão foi a diversificação, mas esses investidores que pretendem possuir ativos de A *e* de B teriam comprado ações de A e de B antes da fusão. A diversificação é redundante, não atraindo, por conseguinte, nova demanda de investimento.

Haverá uma possibilidade de excesso de oferta? A resposta é afirmativa. Por exemplo, existirão alguns acionistas de A que não investiram em B. Depois da fusão, não podem investir isoladamente em A, mas apenas em uma combinação fixa de A e de B. As suas ações de AB serão, para eles, menos atraentes do que as ações de A isoladamente, pelo que venderão parte ou todas as ações de AB. De fato, os únicos acionistas de AB que *não* desejam vender ações dessa empresa são os que já detinham ações de A e B em uma proporção de exatamente 1:2 nas suas carteiras antes da fusão!

Visto não haver possibilidade de excesso de demanda, mas uma possibilidade clara de excesso de oferta, parece que temos:

$$VP_{AB} \leq VP_A + VP_B$$

Isto é, a diversificação corporativa não pode ajudar, mas pode lesar os investidores ao restringir os tipos de carteira que podem deter. Porém, isso não é tudo, uma vez que a demanda para investimento nas ações de AB pode ser atraída de outras fontes, se o VP_{AB} se tornar inferior a $VP_A + VP_B$. Como exemplo, suponha que existem outras duas empresas, A* e B*, que são avaliadas pelos investidores como tendo as mesmas características de A e de B, respectivamente. Então, antes da fusão:

$$r_A = r_{A*} \quad e \quad r_B = r_{B*}$$

onde *r* é a taxa de retorno esperado pelos investidores. Admitiremos que $r_A = r_{A*} = 0,08$ e $r_B = r_{B*} = 0,20$.

Considere uma carteira constituída por 1/3 em ações de A* e 2/3 em ações de B*. Essa carteira oferece uma taxa de retorno esperado de 16%:

$$r = x_{A*}r_{A*} + x_{B*}r_{B*}$$
$$= \tfrac{1}{3}(0,08) + \tfrac{2}{3}(0,20) = 0,16$$

Uma carteira comparável de A e B antes da fusão também proporcionava um retorno de 16%.

Conforme já dissemos, a nova empresa AB é realmente uma carteira das empresas A e B, com pesos de $\tfrac{1}{3}$ e $\tfrac{2}{3}$. Assim, é equivalente, em termos de risco, à carteira de A* e de B*. Por conseguinte, a cotação das ações de AB deve ajustar-se de modo a oferecer igualmente um rendimento de 16%.

E se as ações de AB caíssem abaixo dos $200, de modo que VP_{AB} fosse menor do que $VP_A + VP_B$? Uma vez que os ativos e os lucros de A e B continuam sendo os mesmos, a queda de cotação significa que a taxa de retorno esperado nas ações de AB subiu acima do retorno oferecido pela carteira de A*B*. Ou seja, se r_{AB} excede $^1/_3 r_A + {}^2/_3 r_B$, então deve exceder também $^1/_3 r_{A*} + {}^2/_3 r_{B*}$. Mas isso é insustentável: os investidores em A* e B* poderiam vender parte das suas participações (na proporção de 1:2), comprar AB e obter uma maior taxa esperada de retorno, sem acréscimo de risco.

Por outro lado, se VP_{AB} exceder $VP_A + VP_B$, as ações de AB proporcionarão um retorno esperado menor do que o oferecido pela carteira de A*B*. Os investidores alienam as ações de AB, forçando a descida da sua cotação.

O resultado de equilíbrio ocorre apenas quando as ações de AB se fixam em $200. Assim, a aditividade do valor se manterá exatamente no equilíbrio de um mercado perfeito, desde que haja muitos substitutos para os ativos de A e de B. Contudo, se A e B têm características únicas de risco, então o VP_{AB} pode cair abaixo de $VP_A + VP_B$, porque a fusão diminui as oportunidades dos investidores formarem as suas carteiras na medida de suas próprias necessidades e preferências. Isso piora a situação dos investidores, reduzindo o atrativo de posse de ações da empresa AB.

Em geral, é uma condição para a aditividade do valor que o conjunto de oportunidades dos investidores – isto é, o conjunto de características de risco alcançável pelos investidores por meio das suas escolhas de carteiras – seja independente da carteira particular de ativos reais detidos pela empresa. A diversificação *per si* não pode nunca expandir o conjunto de oportunidades em um mercado de títulos perfeitos. A diversificação empresarial pode diminuir o conjunto de oportunidades dos investidores, mas só se os ativos reais detidos pelas empresas não encontrarem substitutos entre os títulos ou as carteiras negociáveis.

Em alguns casos raros, a empresa pode ser capaz de expandir o conjunto de oportunidades. Pode fazê-lo se encontrar uma oportunidade de investimento que seja única – um ativo real com características de risco partilhadas por poucos ou nenhum dos outros ativos financeiros. No entanto, nessa feliz eventualidade, a empresa não deve diversificar. Deve individualizar o ativo único como uma empresa separada, de modo a expandir o máximo possível o conjunto de oportunidades dos investidores. Se a vinícola Gallo, por acaso, descobrisse que uma pequena parte das suas vinhas produzia um vinho comparável ao Château Margaux, não desperdiçaria esse vinho na produção de sua linha mais econômica.

CAPÍTULO 32

Reestruturação de empresas

No último capítulo, descrevemos como as fusões e aquisições tornam possível que as companhias mudem de propriedade e de equipe de gestão, conduzindo frequentemente a mudanças radicais na estratégia da empresa. Mas essa não é a única maneira pela qual a estrutura de uma empresa pode ser alterada. Neste capítulo, veremos uma variedade de outros mecanismos para mudar a propriedade e o controle, incluindo as aquisições alavancadas (*leveraged buyouts* – LBOs), *spin-offs*, *carve-outs*, nacionalizações e privatizações, acordos (*workouts*) e falências.

A primeira seção começa com uma famosa batalha pelo controle, a aquisição alavancada da RJR Nabisco. As Seções 32.1 e 32.2 oferecem uma revisão geral das operações de LBO, de *spin-off* e de privatização. O elemento principal dessas transações não é apenas a mudança de controle, embora a administração anterior seja, geralmente, afastada, mas é também a mudança de incentivos para os gestores e a melhoria do desempenho financeiro.

A RJR Nabisco constituiu um exemplo original de operação de **private equity**. A Seção 32.3 examina mais detalhadamente como os fundos de investimento de *private equity* são estruturados e como esse negócio tem se desenvolvido desde os anos 1980.

Os fundos de *private equity* geralmente acabam detendo uma carteira de empresas em diferentes indústrias. A esse respeito, se assemelham aos "conglomerados" que dominaram os *takeovers* nos anos 1960. Mas os conglomerados praticamente desapareceram; parece que o *private equity* é uma tecnologia financeira superior que faz as tarefas que os conglomerados costumavam fazer no passado. A nossa revisão das deficiências dos conglomerados ajuda-nos a entender os pontos fortes do *private equity*.

Algumas empresas decidem se autorreestruturar, mas, para muitas outras, a reestruturação aparece como uma imposição externa, principalmente quando atravessam tempos árduos e deixam de pagar a totalidade do serviço da dívida. Por isso, o capítulo termina observando como as empresas em dificuldades financeiras ou chegam a um acordo com os credores ou passam por um processo formal de falência.

32.1 Aquisições alavancadas

As **aquisições alavancadas** (*leveraged buyouts* – **LBOs**) diferem das aquisições comuns em dois aspectos. Em primeiro lugar, uma grande proporção do preço de compra é financiada por endividamento. Parte dessa dívida, ou eventualmente toda, é de alto risco (*junk*), ou seja, inferior à avaliação de grau de investimento (*investment grade*) de empresas. Em segundo lugar, a empresa "torna-se de capital fechado", ou seja, é retirada da bolsa e as suas ações deixam de ser negociadas no mercado de capitais. O financiamento do capital próprio para as LBOs deriva de sociedades de investimento em *private equity*, que descreveremos posteriormente neste capítulo. Quando uma aquisição é liderada pelos gestores da empresa, a transação é chamada de **aquisição pela administração** (*management buyout* – **MBO**).

Nos anos 1970 e 1980, realizaram-se muitas MBOs para divisões indesejadas de empresas grandes e diversificadas. As divisões menores e fora do principal ramo de atividade das empresas sofrem, muitas vezes, da falta de interesse e de empenho por parte dos executivos de topo, e a sua própria gestão debate-se com a burocracia da organização. Muitas dessas divisões floresceram após terem sido cindidas com operações de MBO. Os seus gestores, impulsionados pela necessidade de gerar liquidez para o serviço da dívida e encorajados por uma participação pessoal substancial no negócio, descobrem maneiras de reduzir os custos e de competir com mais eficiência.

QUADRO 32.1 Algumas aquisições alavancadas recentes. Observe o alto valor das transações antes da crise financeira ($ bilhões)

Ramo de atividade	Empresa adquirente	Empresa-alvo	Ano	Valor ($ bilhões)
Energia	TPG, KKR	TXU	2007	$45,0
Imobiliário	Blackstone Gp	Equity Office Properties	2007	38,9
Processamento de cartões de crédito	KKR	First Data	2007	29,0
Hotéis	Blackstone Gp	Hilton Hotels	2007	26,9
Gasodutos	Gestão, diversos grupos de *private equity*	Kinder Morgan	2007	21,6
Rádio	Thomas Lee, Bain Capital	Clear Channel Communications	2007	19,4
Entretenimento	Apollo Management, Texas Pacific Group	Harrah's Entertainment	2008	31,3
Dados médicos	TPG Capital	IMS Health	2009	5,1
Fast Food	3G	Burger King	2010	3,3
Alimentos	KKR	Del Monte Foods	2012	5,3
Computadores	Co. Management & Silverlake	Dell	2013	24,9
Alimentos	3G & Berkshire Hathaway	Heinz	2013	27,5

Fonte: Mergers and Acquisitions, vários números.

Subsequentemente, a atividade de LBO transferiu-se para as aquisições de empresas na sua totalidade, incluindo empresas maduras e de grande porte. O Quadro 32.1 lista algumas das LBOs ocorridas nos últimos anos. Pouco após a crise financeira bater em 2007, algumas transações enormes foram completadas. Já em 2009, o número de negócios havia caído quase 90% em relação ao seu pico. O mercado de LBOs começou a se reaquecer em 2010, mas seus alvos a princípio foram peixes pequenos se comparados aos anos anteriores.

A LBO da RJR Nabisco

A maior, mais drástica e mais bem documentada LBO dos anos 1980 foi a aquisição unilateral por $25 bilhões da RJR Nabisco por parte da Kohlberg, Kravis, Roberts (KKR). Os protagonistas, as táticas e as polêmicas das LBOs são escancarados neste caso.

A batalha pela RJR começou em outubro de 1988, quando o conselho administrativo da RJR Nabisco revelou que Ross Johnson, seu presidente executivo, tinha formado um grupo de investidores preparado para comprar em dinheiro todas as ações da RJR ao preço unitário de $75 e fechar seu capital. O preço das ações da RJR subiu imediatamente para $75, proporcionando aos acionistas, em um dia, um ganho de 36% sobre o preço do dia anterior, que fora de $56. Ao mesmo tempo, baixou o valor das obrigações de longo prazo da RJR, uma vez que era claro que os seus detentores em breve estariam muito mais acompanhados.[1]

A oferta de Johnson levou a RJR para a sala de leilões. Uma vez que a empresa estava em jogo, o seu conselho administrativo foi obrigado a analisar outras ofertas, que não tardaram a surgir. Quatro dias depois, a KKR fez uma oferta de $90 por ação, $79 em dinheiro mais $11 em PEE sob a forma de ações preferenciais. (PEE significa "pagamento em espécie". A empresa podia escolher pagar dividendos preferenciais com mais ações preferenciais do que com dinheiro).

A guerra de ofertas que se seguiu teve várias reviravoltas e surpresas, como em um romance de Dickens. No fim, ficou o grupo de Johnson contra a KKR. Esta oferecia $109 por ação, depois de acrescentar $1 por ação (cerca de $230 milhões) na última hora.[2] A oferta da KKR era de $81 em dinheiro, obrigações conversíveis subordinadas avaliadas em cerca de $10, e pagamento em PPE sob a forma de ações preferenciais de valor aproximadamente de $18. O grupo de Johnson oferecia, assim, $112 por ação em dinheiro e títulos.

---

[1] N. Mohan e C. R. Chen mostram os retornos anormais dos títulos da RJR em "A Review of the RJR Nabisco Buyout", *Journal of Applied Corporate Finance* 3 (Summer 1990), pp. 102-108.

[2] A história completa está reconstruída em B. Burrough and J. Helyar in *Barbarians at the Gate: The Fall of RJR Nabisco* (New York: Harper & Row 1990) – ver especialmente o Capítulo 18 – e em um filme com o mesmo título.

Porém, o conselho da RJR preferiu a KKR. Embora o grupo de Johnson tivesse oferecido mais $3 por ação, suas avaliações de títulos eram consideradas "mais suaves" e, eventualmente, exageradas. A proposta do grupo de Johnson continha também um pacote de compensação dos gestores que parecia extremamente generoso e tinha dado origem a uma avalanche de comentários negativos na imprensa.

Mas de onde vieram os benefícios resultantes da fusão? O que poderia justificar uma oferta de $109 por ação, ou seja, um total de $25 bilhões por uma empresa que, apenas 33 dias antes, vendia as suas ações a um preço unitário de $56? A KKR e os outros licitantes estavam apostando em duas coisas. Primeiro, esperavam gerar bilhões de dólares adicionais em benefícios fiscais resultantes de juros, reduções de investimentos e vendas de ativos que não eram estritamente necessários à atividade central da RJR. As receitas da venda de ativos por si só tinham sido estimadas em $5 bilhões. Segundo, esperavam tornar a atividade central bem mais lucrativa, fundamentalmente por meio da redução de despesas e de burocracia. Aparentemente, havia muito o que cortar, incluindo a "Força Aérea" da RJR, que, em uma dada altura, possuía 10 aviões a jato.

No ano seguinte à aquisição pela KKR, os novos gestores venderam ativos e reduziram os custos operacionais e os investimentos. Também houve demissões. Como se esperava, os elevados encargos com os juros representaram uma perda líquida de cerca de um bilhão de dólares, em 1989, mas verificou-se de fato um aumento dos resultados operacionais antes de impostos, apesar das grandes vendas de ativos.

No interior da empresa, as coisas estavam correndo bem, mas no exterior havia confusões, e os preços no mercado das obrigações de alto risco estavam caindo rapidamente, implicando futuros encargos com juros muito mais elevados para a RJR e condições mais severas para qualquer refinanciamento. Em 1990, a KKR fez um aporte adicional de capital próprio e recomprou alguns títulos de alto risco (*junk*), retirando-os de circulação. O diretor financeiro da RJR descreveu a oferta de troca como "mais um passo na desalavancagem da empresa".[3] Para a RJR, a maior LBO do mundo, um endividamento elevado parecia ser uma virtude temporária, e não permanente.

A RJR, à semelhança de muitas outras empresas que saíram do mercado por meio de uma LBO, usufruiu apenas de um curto período de tempo como empresa não cotada em bolsa. Em 1991, voltou a abrir seu capital com a venda de $1,1 bilhão em ações. A KKR foi progressivamente vendendo o seu investimento, e a participação restante na empresa foi vendida em 1995 por um valor muito próximo do preço de compra original.

Bárbaros à porta?

A LBO da RJR Nabisco cristalizou os pontos de vista sobre as LBOs, o mercado de obrigações de alto risco e a atividade de aquisições. Para muitos, foi um exemplo do que corria mal no cenário financeiro nos anos 1980, sobretudo o desejo dos *raiders* de retalhar empresas com uma posição no mercado, deixando-as com enormes encargos de endividamento, basicamente com o objetivo de enriquecer depressa.[4]

Houve muita confusão, estupidez e ganância no negócio das LBOs. Nem todas as pessoas envolvidas eram bem-intencionadas, mas, por outro lado, as LBOs geraram enormes aumentos no valor de mercado, e a maior parte dos ganhos foi para os acionistas vendedores, e não para os *raiders*. Por exemplo, os maiores vencedores na LBO da RJR Nabisco foram os acionistas da empresa.

As mais importantes fontes de aumento de valor foram as atitudes que tornaram a RJR Nabisco mais "enxuta" e atenta às despesas. A nova gestão da empresa teve de pagar montantes muito vultosos em dinheiro para o serviço da dívida relativa à LBO. Tinha, também, uma parte da empresa e, por isso, tinha fortes incentivos para vender os ativos não essenciais, para cortar os custos e para aumentar os lucros.

As LBOs são, quase por definição, *operações de dieta*. Mas há alguns outros motivos. Veja alguns deles.

---

[3] C. Andress, "RJR Swallows Hard, Offers $5-a-Share Stock," *The Wall Street Journal*, December 18, 1990, pp. C1-C2.

[4] Ainda persiste essa visão em algumas localidades: em abril de 2005, Franz Müntefering, presidente do Partido Democrático Social Alemão, rotulou os investidores em operações de *private equity* como uma praga de gafanhotos propensos a devorar a indústria alemã. Tente uma busca na Internet com as palavras "*private equity*" e "*locusts*" – que, em inglês, significa "gafanhotos".

Os mercados das obrigações de alto risco (*junk bonds*)   As LBOs e outras aquisições financiadas por endividamento podem ter sido impulsionadas por financiamento artificialmente barato por intermédio dos mercados de obrigações de alto risco. Retrospectivamente, os investidores nesse tipo de obrigação parecem ter subestimado os riscos de inadimplência que elas incorporam. As porcentagens de inadimplência aumentaram acentuadamente, atingindo 10,3% em 1991.[5] O mercado das obrigações de alto risco também se tornou muito menos líquido depois do desaparecimento, em 1990, do Drexel Burnham, o banco de investimento que foi o principal criador desse mercado.

Endividamento e impostos   Contrair empréstimos representa economizar nos impostos, como explicamos no Capítulo 18. Porém, os impostos não eram a principal força motriz das LBOs. O valor dos benefícios fiscais não era suficientemente grande para explicar os ganhos observados no valor de mercado.[6] Richard Ruback, por exemplo, estimou o valor presente dos benefícios fiscais adicionais resultantes de juros gerados pela LBO da RJR em 1,8 bilhão.[7] Porém, o ganho no valor de mercado para os acionistas da RJR foi de cerca de $8 bilhões.

É óbvio que se os benefícios fiscais resultantes dos juros fossem o principal motivo do endividamento elevado das LBOs, os gestores dessas operações não estariam tão preocupados com a amortização da dívida. Vimos que essa foi uma das principais tarefas que os novos gestores da RJR Nabisco tiveram de enfrentar.

Outras partes interessadas   Devemos analisar o ganho total de todos os investidores em uma LBO, e não apenas o ganho dos acionistas vendedores. É possível que o ganho destes últimos seja apenas a perda de outros e que não tenham gerado qualquer valor no conjunto.

Os detentores de obrigações são os perdedores óbvios. A dívida que consideravam bem garantida pode se tornar de alto risco quando a empresa que contrai o empréstimo é alvo de uma LBO. Vimos como os preços de mercado da dívida da RJR Nabisco diminuíram drasticamente quando foi anunciada a primeira oferta de Ross Johnson. Mais uma vez, porém, as perdas de valor sofridas pelos detentores de obrigações nas LBOs não são suficientemente grandes para explicar os ganhos dos acionistas. Por exemplo, a estimativa de Mohan e Chen[8] das perdas dos detentores de obrigações da RJR era, no máximo, de $575 milhões – dolorosa para eles, mas muito inferior ao ganho dos acionistas.

Endividamento e incentivos   Os gestores e os funcionários de empresas resultantes de LBOs trabalham mais e, muitas vezes, de uma maneira mais inteligente. Eles têm de gerar liquidez para o serviço da dívida. Além disso, as fortunas pessoais dos gestores dependem do êxito da LBO. Eles passam de quadros da organização a proprietários.

É difícil avaliar as consequências de melhores incentivos, mas existem algumas provas preliminares de uma melhoria na eficácia operacional nas LBOs. Kaplan, que estudou 48 MBOs ocorridas durante a década de 1980, descobriu aumentos médios de 24% nos resultados operacionais três anos depois das LBOs. Os índices de lucros operacionais e fluxos de caixa líquidos sobre os ativos e as vendas aumentaram significativamente. Ele observou a existência de cortes nos investimentos, mas não no emprego. Kaplan sugere que essas "mudanças operacionais se devem a melhores incentivos, e não a demissões de funcionários".[9]

Passamos em revista vários motivos para as LBOs. Não dizemos que todas as LBOs são boas. Pelo contrário, há muitos erros e mesmo as LBOs por motivos sensatos são arriscadas, como é demonstrado pelo elevado número de falências de LBOs com grande alavancagem. Contudo,

---

[5] Ver E. I. Altman and G. Fanjul, "Defaults and Returns in the High Yield Bond Market: The Year 2003 in Review and Market Outlook," Monograph, Salomon Center, Leonard N. Stern School of Business, New York University, 2004.

[6] Há alguns *custos* fiscais nas LBOs. Por exemplo, os acionistas vendedores realizam ganhos de capital e pagam impostos que, de outro modo, seriam protelados. Ver L. Stiglin, S. N. Kaplan, and M. C. Jensen, "Effects of LBOs on Tax Revenues of the U.S. Treasury," *Tax Notes* 42 (February 6, 1989), pp. 727-733.

[7] R. J. Ruback, "RJR Nabisco," case study, Harvard Business School, Cambridge, MA, 1989.

[8] Mohan and Chen, 1990. "A Review of the RJR Nabisco Buyout," *Journal of Applied Corporate Finance*, 3(2) pp. 102-108.

[9] S. Kaplan, "The Effects of Management Buyouts on Operating Performance and Value," *Journal of Financial Economics* 24 (October 1989), pp. 217-254. Para indícios mais recentes de alterações no nível de emprego, veja S. J. Davis, J. Haltiwanger, R. S. Jarmin, J. Lerner, and J. Miranda, "Private Equity and Employment," U.S. Census Bureau Center for Economic Studies Paper No. CES-WP-08-07, January 2009.

não estamos de acordo com aqueles que apresentam as LBOs como obra de bárbaros de Wall Street que destroem os pontos fortes tradicionais da América empresarial.

Reestruturações alavancadas

A essência de uma aquisição alavancada (LBO) é, obviamente, a alavancagem. Então, por que não aproveitar a alavancagem e dispensar a aquisição? Apresentamos agora um caso de sucesso bem documentado envolvendo uma *reestruturação alavancada*.[10]

Em 1989, a Sealed Air era uma empresa muito lucrativa. O problema é que os lucros vinham com extrema facilidade porque os seus principais produtos estavam protegidos por patentes. Quando as patentes expirassem, era inevitável que surgisse uma forte concorrência, e a empresa não estava preparada para isso. Os anos de lucros relativamente fáceis tinham produzido muita indolência:

> Não tínhamos necessidade de produzir com eficiência; não tínhamos que nos preocupar com as receitas. Na Sealed Air, havia uma tendência para não atribuir muito valor ao capital – pensava-se que o dinheiro vinha sem esforço e em abundância.

A solução da empresa foi contrair um empréstimo para pagar um dividendo especial de $328 milhões. De um só golpe, a dívida da empresa aumentou 10 vezes. O capital próprio contábil caiu de $162 milhões para $161 milhões *negativos*. A dívida passou de 13% do ativo contábil para 136%. A empresa tinha esperança de que essa reestruturação alavancada "abalaria o *status quo*, promoveria mudanças internas" e estimularia "as pressões do futuro mais competitivo da Sealed Air". As mudanças foram reforçadas por novas medidas de desempenho e novos incentivos, incluindo aumento da participação dos funcionários no capital.

Deu resultado. As vendas e os resultados operacionais aumentaram continuamente mesmo sem novas injeções de capital, o capital de giro *caiu* pela metade, liberando dinheiro para ajudar o pagamento do serviço da dívida. A cotação das ações quadruplicou nos cinco anos seguintes à reestruturação.

A reestruturação da Sealed Air não foi típica. É um caso exemplar escolhido retrospectivamente. Foi também uma reestruturação encetada por uma empresa de sucesso sem pressão exterior, mas mostra claramente o motivo da maior parte das reestruturações alavancadas. São concebidas para forçar empresas maduras e de sucesso, mas com "gorduras", a economizar, a reduzir custos operacionais e a usar os ativos mais eficientemente.

LBOs e reestruturações alavancadas

As características financeiras das LBOs e das reestruturações alavancadas são semelhantes. As três principais características das LBOs são:

1. *Dívida elevada.* A dívida não se destina a ser permanente. É concebida para ser amortizada. A necessidade de gerar dinheiro para o serviço da dívida tem como intenção forçar reduções de desperdícios e melhoria da eficiência operacional. Obviamente, essa solução só tem sentido no caso de empresas que geram receitas abundantes e têm poucas oportunidades de investimento.
2. *Incentivos.* Os gestores têm um interesse maior na empresa por meio de opções de compra de ações (*stock options*) e de propriedade direta de posições acionárias.
3. *Saída da bolsa.* A empresa resultante da LBO torna-se de capital fechado. Torna-se propriedade de um grupo de investidores particulares que vigiam o *desempenho* e que podem atuar imediatamente se alguma coisa corre mal. Mas a saída da bolsa não é para ser permanente. As LBOs com mais sucesso regressam à bolsa logo que a dívida é suficientemente amortizada e que sejam provadas melhorias no desempenho operacional.

As reestruturações alavancadas partilham as duas primeiras características, mas mantêm-se cotadas em uma bolsa de valores.

---

[10] K. H. Wruck, "Financial Policy as a Catalyst for Organizational Change: Sealed Air's Leveraged Special Dividend," *Journal of Applied Corporate Finance* 7 (Winter 1995), pp. 20-37.

32.2 Fusão e cisão nas finanças empresariais

A Figura 32.1 mostra algumas das aquisições e vendas da AT&T. Antes de 1984, a AT&T controlava a maior parte dos serviços de telefonia local e praticamente todos os de longa distância dos Estados Unidos. (Os clientes costumavam referir-se à onipresente "Tia Bell".) Então, em 1984, a empresa aceitou uma decisão antitruste que exigia que os serviços de telefonia local fossem separados e divididos entre sete novas empresas independentes. A AT&T ficou com o seu serviço de longa distância com a Bell Laboratories, a Western Electric (produção de aparelhos de telecomunicações) e vários outros ativos. À medida que o setor de telecomunicações foi se tornando mais competitivo, a AT&T adquiriu vários outros negócios, com destaque para computadores, serviços de telefonia celular e de televisão a cabo. Algumas dessas aquisições estão indicadas como setas inclinadas verdes na Figura 32.1.

A AT&T era uma adquirente muito ativa. Era uma empresa gigante tentando reagir a tecnologias e mercados em mudança acelerada. Mas ela estava, paralelamente, *desinvestindo* em dezenas de outros negócios. Por exemplo, a operação de cartões de crédito (a AT&T Universal Credit) foi vendida ao Citicorp. A AT&T também criou muitas empresas novas separando e fundindo parte dos seus negócios. Por exemplo, em 1996, separou e vendeu a Lucent (incorporando a Bell Laboratories e a Western Electric) assim como a empresa de computadores (NCR). Não mais do que seis anos antes, a AT&T tinha pago $7,5 bilhões para comprar a NCR. Esses e outros desinvestimentos estão indicados na Figura 32.1.

Essa figura não retrata o fim da história da AT&T. Em 2004, a empresa foi adquirida pela Cingular Wireless, que reteve o nome AT&T. Em 2005, essa empresa, por sua vez, fundiu-se com a SBC Communications Inc., uma organização originária da Southwestern Bell. Em 2006, foi a própria SBC Communications que se fundiu com a BellSouth. Não há muito deixado pela AT&T original, mas o nome sobrevive.[11]

No mercado de controle corporativo, as junções – fusões e aquisições – recebem mais atenção e publicidade, mas as cisões – venda ou distribuição de ativos ou de atividades operacionais – podem ter o mesmo grau de importância, conforme ilustrado na metade superior da Figura 32.1.

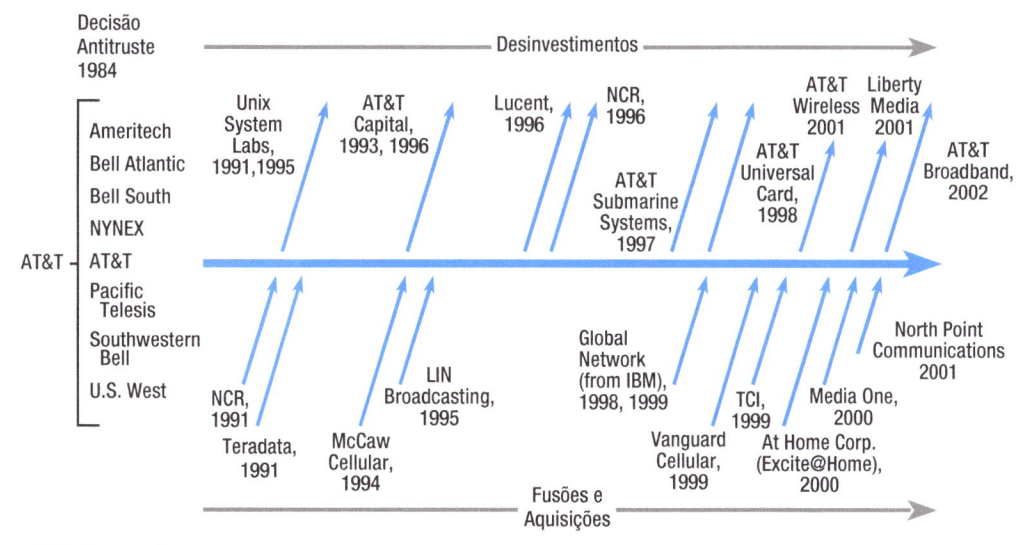

▶ **FIGURA 32.1** Os efeitos do acordo da AT&T com a decisão antitruste, em 1984, e algumas aquisições e vendas da AT&T entre 1991 e 2003. Os desinvestimentos, ou vendas, estão indicados pelas setas inclinadas verdes. Quando se indicam dois anos é porque as operações foram realizadas em duas fases.

---

[11] A fusão com a BellSouth não indicou o fim das aquisições. Ao longo dos anos seguintes, a AT&T seguiu ativa no mercado, incluindo uma oferta fracassada de $39 bilhões pela T-Mobile e uma aquisição por $48,5 bilhões da DirectTV.

Em muitos casos, essas operações são transacionadas em LBOs ou MBOs. Todavia, outras transações são comuns, incluindo as *spin-offs*, *carve-outs*, *divestitures*, vendas de ativos e privatizações. Começaremos com as *spin-offs*.

Spin-offs

Uma **spin-off** (ou *split-up*, separação) é uma empresa nova e independente criada pela separação de parte dos ativos e das operações da matriz. Aos acionistas desta última são distribuídas ações da nova empresa.[12] Deparamos com um exemplo recente no último capítulo, onde vimos como a Motorola foi pressionada por Carl Icahn a criar a Motorola Mobility via *spin-off*. Os acionistas da Motorola receberam ações da nova empresa e puderam comercializar suas ações da Motorola Mobility bem como aquelas da Motorola Solutions, agora enxugada.

A Motorola não estava sozinha em desejar uma divisão interna. Outros que seguiram esse mesmo caminho recentemente incluem Abbott Laboratories, Pfizer, 21st Century Fox, Baxter International, Chesapeake Energy, FMC Corporation e Liberty Media.[13] As operações de *spin-off* ampliam as possibilidades de escolha dos investidores, permitindo-lhes investir em apenas uma parte dos negócios. Mais importante ainda, podem melhorar os incentivos para os gestores. As empresas referem-se, por vezes, às divisões ou às linhas de negócios como "maus ajustamentos". Separando-se desses negócios, a gestão da matriz pode concentrar-se na atividade principal. Se as diferentes linhas de negócios forem empresas independentes, é mais fácil ver o valor e o desempenho de cada uma, assim como é mais fácil recompensar os gestores dando-lhes ações ou opções de compra de ações (*stock options*) da nova empresa independente. Além disso, as operações de *spin-off* aliviam os investidores da preocupação de que haja fundos retirados de um negócio e aplicados em investimentos não lucrativos em outros negócios.

Quando a AT&T anunciou os planos de se separar da Lucente e da NCR, o presidente da empresa comentou que:

> três empresas independentes serão capazes de perseguir as várias oportunidades da atividade mais depressa do que se fizessem parte de uma grande empresa. As três novas empresas... estarão livres para seguir os melhores interesses dos seus clientes sem andarem aos encontrões no mercado. Foram concebidas para serem rápidas e focalizadas, com uma estrutura de capital adequada às respectivas atividades individuais.

Aparentemente, os investidores ficaram convencidos porque o anúncio das operações de *spin-off* acrescentou $10 bilhões ao seu valor de mercado de um dia para o outro.

A operação de *spin-off* da AT&T em relação à Lucent e à NCR foi pouco usual em vários aspectos, mas os pesquisadores que estudaram o tópico descobriram que, geralmente, os investidores recebem os anúncios de *spin-offs* como boas notícias.[14] Tal entusiasmo aparenta ser justificado, pois as *spin-offs* parecem trazer decisões de investimento mais eficientes em cada uma das empresas, bem como melhorias de desempenho operacional.[15]

---

[12] O valor das ações recebidas pelos acionistas é sujeito a imposto como dividendo, a menos que recebam pelo menos 80% das ações da nova empresa.

[13] Em vez de fazer uma operação de *spin-off*, algumas empresas têm distribuído aos seus acionistas *tracking stock*, isto é, ações ligadas ao desempenho de determinadas divisões. Por exemplo, em 2000, a AT&T distribuiu uma classe especial de ações ligada ao desempenho do negócio de *wireless*. Mas tais ações não provaram ser populares com os investidores e, um ano mais tarde, a AT&T tirou as devidas conclusões e separou esse negócio, criando a nova empresa AT&T Wireless.

[14] Por exemplo, P. J. Cusatis, J. A. Miles, and J. R. Woolridge, "Restructuring Through Spin-offs: The Stock-Market Evidence," *Journal of Financial Economics* 33 (Summer 1994), pp. 293-311.

[15] Ver R. Gertner, E. Powers, and D. Scharfstein, "Learning about Internal Capital Markets from Corporate Spin-offs," *Journal of Finance* 57 (December 2003), pp. 2.479-2.506; L. V. Daley, V. Mehrotra, and R. Sivakumar, "Corporate Focus and Value Creation: Evidence from Spin-offs," *Journal of Financial Economics* 45 (August 1997), pp. 257-281; T. R. Burch and V. Nanda, "Divisional Diversity and the Conglomerate Discount: Evidence from Spin-offs," *Journal of Financial Economics* 70 (October 2003), pp. 69-78; e A. K. Dittmar and A. Shivdasani, "Divestitures and Divisional Investment Policies," *Journal of Finance* 58 (December 2003), pp. 2.711-2.744.. Mas G. Colak e T. M. Whited argumentam que os aumentos aparentes de valor são por causa dos problemas econométricos, e não por causa dos aumentos efetivos da eficiência dos investimentos. Ver "Spin-offs, Divestitures and Conglomerate Investment," *Review of Economic Studies* 20 (May 2007), pp. 557-595.

PRÁTICA FINANCEIRA

Como a Palm sofreu operações de *carve-out* e *spin-off*

Quando a 3Com adquiriu a US Robotics, em 1997, tornou-se também proprietária da Palm, uma pequena e jovem empresa que desenvolvia e fabricava computadores de mão. Foi sorte porque, ao longo dos três anos seguintes, o Palm Pilot dominou o mercado de computadores manuais. Mas como a Palm começou a tomar muito tempo de gestão, a 3Com chegou à conclusão de que tinha de voltar à base e focalizar no seu negócio central de vender sistemas de redes informáticas. Em 2003, anunciou que venderia (*carve-out*) 5% da sua participação na Palm por meio de uma oferta pública inicial (em inglês, *initial public offering* – IPO) e que, depois, faria uma operação de *spin-off* com os 95% restantes de ações, dando aos acionistas da 3Com 1,5 ação da Palm por ação da 3Com.

A operação de *carve-out* ocorreu quase no fim do pico do *boom* das empresas de tecnologia e foi um sucesso impressionante. As ações foram oferecidas a $38 na OPI. No primeiro dia de transação na bolsa, as ações chegaram a atingir $165, antes de fechar a $95. Em consequência, quem detivesse uma ação da 3Com poderia esperar cerca de 1,5 ação da Palm, valendo 1,5 × 95 = $142,50. Mas, aparentemente, os acionistas da 3Com não estavam completamente convencidos de que a sua recém-obtida riqueza fosse real, porque, no mesmo dia, a cotação das ações da 3Com fechou a $82, mais de $60 *abaixo* do valor de mercado das ações da Palm que receberiam mais tarde nesse mesmo ano.*

Três anos após a 3Com ter feito o *spin-off* da sua participação na Palm, a própria Palm entrou no mercado desse tipo de operação, dando aos seus acionistas ações da PalmSource, uma subsidiária que era responsável por desenvolver e licenciar o sistema operacional Palm™. O restante da empresa, renomeada palmOne, iria centrar-se na concepção e fabricação de dispositivos móveis. A empresa deu três razões para a sua decisão de se dividir em duas. Primeiro, como havia acontecido com a gestão da 3Com, a gestão da Palm acreditava que a empresa se beneficiaria da clareza no foco e na missão. Segundo, argumentou que o valor para os acionistas poderia "ser aumentado se os investidores pudessem avaliar e escolher entre os dois negócios separadamente, atraindo, assim, investidores novos e diferentes". Por fim, parece que as empresas rivais da Palm tinham relutância em comprar *software* de uma empresa que concorria com eles no mercado de computadores de mão.

---

*Essa diferença parecia apresentar oportunidades de arbitragem. Um investidor que comprasse 1 ação da 3Com e vendesse 1,5 ação da Palm obteria um lucro de $60 e ficava com os outros ativos da 3Com de graça. A dificuldade em executar essa arbitragem está explorada em O. A. Lamont and R. H. Thaler, "Can the Market Add and Subtract? Mispricing in Tech Stock Carve-Outs," *Journal of Political Economy* 111 (April 2003), pp. 227-268.

Carve-outs

As operações de **carve-out** (desmembramento) são similares às de *spin-off*, com a diferença de que as ações da nova empresa não são dadas aos atuais acionistas; são vendidas em uma oferta pública de venda. Em 2013, por exemplo, a Pfizer arrecadou $2,2 bilhões para financiar sua nova divisão de saúde animal, rebatizada como Zoetis.

A maior parte das operações desse tipo deixam a matriz com o controle majoritário da subsidiária; usualmente, cerca de 80% do capital acionário.[16] Isso pode não dar suficiente conforto aos investidores que estão preocupados com a falta de focalização ou com um "mau ajustamento", mas o importante é que permite que a matriz fixe a remuneração dos gestores com base no desempenho nas cotações das ações da subsidiária. Algumas vezes as empresas fazem uma operação de *carve-out* de uma pequena proporção das ações para a subsidiária se estabelecer no mercado de capitais e, subsequentemente, fazem uma operação de *spin-off* do restante das suas ações. Em 2014, por exemplo, a Fiat Chrysler anunciou planos de vender uma fatia de 10% da Ferrari no mercado acionário, para então conduzir um *spin-off* das ações restantes aos seus acionistas. O quadro Prática Financeira descreveu como uma empresa de informática, a Palm, foi, primeiro, objeto de uma operação de *carve-out* e, depois, objeto de uma operação de *spin-off*.

A Thermo Electron, com atividades na área da saúde, de equipamentos de geração de energia, de instrumentação, de proteção ambiental e em vários outros setores, foi talvez a empresa que mais entusiasticamente realizou operações de *carve-out* nas décadas de 1980 e 1990. Até 1997,

---

[16] A matriz deve reter uma taxa de juro de 80% para consolidar a subsidiária com as contas fiscais da matriz. Senão, a subsidiária é tributada como uma empresa independente.

realizou operações de *carve-out* com sete subsidiárias cotadas, as quais, por sua vez, fizeram operações do mesmo tipo com 15 organizações também cotadas em bolsa. Essas 15 eram netas da Thermo Electron. Os gestores dessa empresa acreditavam que as operações de *carve-out* dariam aos gestores de cada empresa responsabilidade pelas suas próprias decisões e as exporia ao escrutínio do mercado de capitais. Durante algum tempo, a estratégia pareceu dar bom resultado, e as ações da Thermo Electron foram as estrelas da bolsa. No entanto, a estrutura complexa começou a dar origem a ineficiências e, em 2000, a Thermo Electron começou a operar em sentido inverso. Readquiriu muitas das subsidiárias de que tinha parcialmente se separado apenas alguns anos antes e separou-se completamente, por *spin-off*, de outras empresas a que dera origem, incluindo a Viasis Health Care e a Kadant Inc., uma fabricante de papel e de equipamento para reciclagem de papel. Depois, em novembro de 2006, a Thermo Electron se fundiu com a Fisher Scientific.

Venda de ativos

A maneira mais simples de desinvestir em um ativo é vendê-lo. *Desfazer-se de ativos* (ou *divestiture*) refere-se à venda de parte de uma empresa a outra. Isso pode consistir em uma fábrica ou depósito, mas, por vezes, divisões inteiras são vendidas. A venda de ativos é outra maneira de livrar-se de "maus ajustamentos". Essas vendas são frequentes. Por exemplo, um estudo indicou que mais de 30% dos ativos comprados em uma amostra de aquisições hostis foram subsequentemente vendidos.[17]

Maksimovic e Phillips examinaram uma amostra de 50 mil fábricas norte-americanas em todos os anos, desde 1974 até 1992. Em torno de 34 mil delas mudaram de mãos no decurso desse período. Metade das mudanças de propriedade foi o resultado de fusões ou aquisições da totalidade das empresas, mas a outra metade resultou da venda de ativos, isto é, da venda de parte de uma divisão ou de uma divisão inteira.[18] A venda de ativos por vezes capta somas vultosas de dinheiro. Em 2014, por exemplo, a Xerox anunciou que venderia seu empreendimento de tecnologia da informação por $1,05 bilhão à empresa francesa Atos. A Xerox decidiu que sua divisão de TI era pequena demais para competir de maneira efetiva.

Anúncios de intenções de vendas de ativos são boas notícias para os investidores da empresa vendedora e, em média, os ativos são mais bem utilizados depois da venda.[19] As vendas de ativos parecem transferir unidades de negócios para as empresas que podem geri-las com maior eficácia.

Privatização e nacionalização

A **privatização** é a venda de uma empresa que é propriedade do governo a investidores privados. Nos anos mais recentes quase todos os governos do mundo parecem ter um programa de privatização. Veja alguns exemplos de anúncios recentes de privatizações:

- O Paquistão vende uma posição acionária majoritária no Habib Bank (fevereiro de 2004).
- O Japão vende a Companhia Ferroviária do Japão Ocidental (março de 2004).
- A Índia vende uma posição acionária na ONGC, uma empresa de exploração e produção de petróleo (março de 2004).
- A Ucrânia vende a siderúrgica Kryvorizhstal (junho de 2004).
- A Alemanha privatiza o Postbank, o maior banco de varejo do país (junho de 2004).
- A Turquia vende uma posição acionária de 55% na Türk Telecom (novembro de 2005).
- A França vende 30% da EDF (Electricité de France) (dezembro de 2005).
- A China vende o Industrial and Commercial Bank of China (outubro de 2006).
- A Polônia vende a Tauron Polska Energia (março de 2011).

---

[17] Ver S. Bhagat, A. Shleifer, and R. Vishny, "Hostile Takeovers in the 1980s: The Return to Corporate Specialization," *Brookings Papers on Economic Activity: Microeconomics*, 1990, pp. 1-12.

[18] V. Maksimovic and G. Phillips, "The Market for Corporate Assets: Who Engages in Mergers and Asset Sales and Are There Efficiency Gains?" *Journal of Finance* 56 (December 2001), Table 1, p. 2.000.

[19] Ibid.

- O Reino Unido vende o Royal Mail (outubro de 2013).
- A Grécia concorda em vender 14 aeroportos (agosto de 2015).

A maior parte das privatizações mais parecem com *carve-outs* do que com *spin-offs*, porque as ações são vendidas por dinheiro em vez de serem distribuídas aos acionistas em "última instância", ou seja, os cidadãos do país que vende a empresa. Mas vários países ex-comunistas, incluindo a Rússia, a Polônia e a República Tcheca, privatizaram por meio de cupons distribuídos aos seus cidadãos. Os cupons podiam ser usados para fazer ofertas de compra das ações das empresas que estavam sendo privatizadas. Assim, as empresas não eram vendidas por dinheiro, mas por cupons.[20]

As privatizações deram enormes receitas aos governos vendedores. A China levantou $22 bilhões com a privatização do Industrial and Commercial Bank of China. As sucessivas vendas do governo japonês de sua participação na NTT (Nippon Telegraph and Telephone) conseguiram arrecadar um montante de $100 bilhões.

Em muitos casos, os governos venderam apenas parte de suas posses. O governo brasileiro, por exemplo, ainda possui 50% das ações da Petrobras, enquanto o governo russo controla mais de 50% das ações da Gazprom. A ideia por trás de tais empresas controladas pelo estado é de que o governo pode representar os interesses mais amplos da sociedade. Mas você pode ver os perigos que podem surgir quando a empresa fica sujeita a interferências políticas.

Os motivos para privatização parecem resumir-se nos três seguintes:

1. *Aumento da eficiência.* Pela privatização, a empresa é exposta à disciplina da concorrência e fica isolada da influência da política sobre as decisões de investimento e operacionais. Pode-se dar incentivos mais fortes aos gestores e aos funcionários para cortar custos e acrescentar valor.
2. *Posse de ações.* As privatizações estimulam a detenção de ações. Muitas privatizações oferecem condições especiais (mais favoráveis) para funcionários e pequenos investidores.
3. *Receitas para o governo.* É a última vantagem, mesmo que, por vezes, não seja a mais importante.

Houve receio de que as privatizações levassem a grandes ondas de demissão e a desemprego, mas não parece ser o que aconteceu. Embora seja verdade que as empresas depois de privatizadas funcionam mais eficientemente e, por isso, reduzem o nível de emprego, também é verdade que crescem mais depressa e, portanto, criam mais empregos. Em muitos casos, o efeito líquido é positivo.

Em outros domínios, o impacto da privatização é quase sempre positivo. Um recenseamento das pesquisas sobre privatização chega à conclusão de que as empresas "tornam-se quase sempre mais eficientes, mais lucrativas, financeiramente mais saudáveis e aumentam o dispêndio em investimentos".[21]

O processo de privatização não é uma via de mão única. Ele, às vezes, pode ser invertido e o governo pode assumir o controle de empresas de capital aberto. Por exemplo, como parte de seu desejo de construir uma república socialista na Venezuela, Hugo Chávez tem nacionalizado empresas nos setores bancário, petrolífero, elétrico, das telecomunicações, siderúrgico e do cimento.

Em alguns outros países, a nacionalização temporária tem sido um último recurso pragmático e não uma parte de uma estratégia de longo prazo. Em 2008, por exemplo, o governo dos Estados Unidos assumiu o controle das gigantes hipotecárias Fannie Mae e Freddie Mac quando estavam ameaçadas de declararem falência.[22] Em 2012, o governo japonês concordou em fornecer um trilhão de ienes em troca da posse majoritária da Tepco, a operadora da planta nuclear de Fukushima, atingida por tsunami.

---

[20] Há muitos trabalhos de pesquisa sobre privatizações por cupons. Ver, por exemplo, M. Boyco, A. Shleifer, and R. Vishny. "Voucher Privatizations," *Journal of Financial Economics* 35 (April 1994), pp. 249-266; e R. Aggarwal and J. T. Harper, "Equity Valuation in the Czech Voucher Privatization Auctions," *Financial Management* 29 (Winter 2000), pp. 77-100.

[21] W. L. Megginson and J. M. Netter, "From State to Market: A Survey of Empirical Studies on Privatization," *Journal of Economic Literature* 39 (June 2001), p. 381.

[22] A crise do crédito provocou uma série de nacionalizações de empresas em todas as partes do mundo, como a da Northern Rock no Reino Unido, a Hypo Real Estate na Alemanha, a do Landsbanki na Islândia e a do Anglo-Irish Bank na Irlanda.

32.3 Private equity

Os anos de 2006 e 2007 testemunharam um volume assombroso de operações de *private equity*. Por exemplo, em abril de 2007, a Blackstone, uma das maiores empresas do setor, venceu uma licitação de $39 bilhões para a compra da Equity Office Properties, a maior proprietária de escritórios comerciais dos Estados Unidos. Em julho, ela investiu cerca de $12 bilhões na Biomet, fabricante de aparelhos médicos. Passados três meses, a Blackstone anunciou a compra da Hilton, a operadora de hotéis, por $27 bilhões.

Talvez a notícia mais importante de 2007 foi o anúncio do consórcio Daimler-Chrysler dando conta de que estava vendendo sua participação de 80% na Chrysler para a Cerberus Capital Management. A Chrysler, uma das Três grandes montadoras automotivas de Detroit, se fundira para formar a Daimler-Chrysler em 1998, mas as esperadas sinergias entre as linhas de produtos da Chrysler e da Mercedes-Benz mal conseguiram se sustentar. A divisão da Chrysler teve alguns anos de boa rentabilidade, mas perdeu $1,5 bilhão em 2006. As perspectivas pareciam sombrias. A Daimler-Chrysler (agora Daimler A. G.) *pagou* $677 milhões à Cerberus para assumir o controle da Chrysler. A Cerberus, contudo, assumiu cerca de $18 bilhões em obrigações relativas à pensão e à saúde de seus funcionários, e concordou em investir $6 bilhões na Chrysler e em sua subsidiária financeira.[23] Dois anos mais tarde, a Chrysler entrou com um pedido de falência, exaurindo todo o investimento da Cerberus. Subsequentemente, a Chrysler foi adquirida pela Fiat.

Com o advento da crise de crédito a explosão de LBOs de 2007 se desvaneceu rapidamente. Embora as empresas adquirentes tenham entrado em 2008 com grandes somas de fundos próprios, o mercado de endividamento para aquisições alavancadas se esgotou e o volume de operações caiu mais de 70% antes de se recuperar lentamente.

Sociedades de *private equity*

A Figura 32.2 mostra como um fundo de investimento de *private equity* é organizado. O fundo é uma sociedade, não uma corporação. O *sócio geral* constitui e gere o fundo. Os *sócios limitados* põem a maior parte do dinheiro. Esses sócios são, de modo geral, investidores institucionais como fundos de pensão, fundações universitárias e seguradoras. Indivíduos ricos também podem

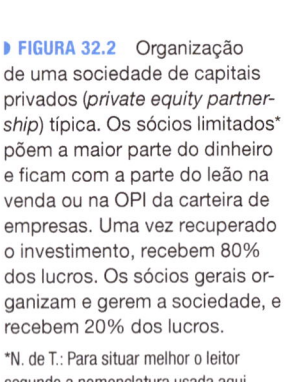

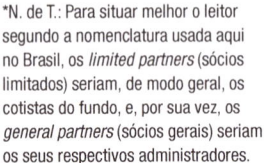

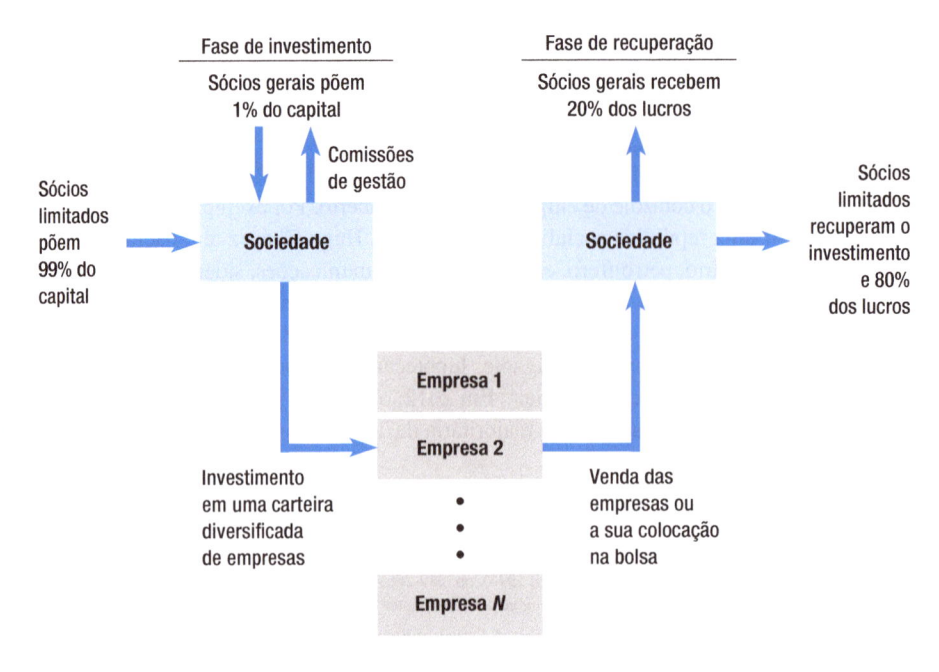

▶ **FIGURA 32.2** Organização de uma sociedade de capitais privados (*private equity partnership*) típica. Os sócios limitados* põem a maior parte do dinheiro e ficam com a parte do leão na venda ou na OPI da carteira de empresas. Uma vez recuperado o investimento, recebem 80% dos lucros. Os sócios gerais organizam e gerem a sociedade, e recebem 20% dos lucros.

*N. de T.: Para situar melhor o leitor segundo a nomenclatura usada aqui no Brasil, os *limited partners* (sócios limitados) seriam, de modo geral, os cotistas do fundo, e, por sua vez, os *general partners* (sócios gerais) seriam os seus respectivos administradores.

---

[23] A Cerberus tinha comprado anteriormente uma participação na GMAC, subsidiária financeira da General Motors.

participar. Os sócios limitados têm responsabilidade limitada, a exemplo dos acionistas em uma corporação, mas não participam da gestão.

Logo que se forma a sociedade, os sócios buscam empresas em que seja interessante investir. As sociedades de capital de risco procuram *start-ups* de alta tecnologia ou empresas jovens que precisam de capital para crescer. Os fundos de LBO procuram empresas estabelecidas com fluxos de caixa abundantes, mas que necessitam de reestruturação. Alguns fundos se especializam em determinadas linhas de atividade, como biotecnologia, imobiliário ou energético. Todavia, os fundos de aquisição como os da Blackstone e da Cerberus procuram oportunidades praticamente em todos os setores.

O acordo da sociedade tem um prazo limitado, que normalmente é de 10 anos. É nesse prazo que as empresas da carteira devem ser vendidas e os lucros, distribuídos. Portanto, os sócios não podem reinvestir o dinheiro dos sócios limitados, mas, como é óbvio, se um fundo tem muito sucesso, os sócios podem voltar a recorrer aos mesmos sócios limitados ou a outros investidores institucionais para formar outro fundo. (Mencionamos três das operações da Blackstone em 2007 anteriormente nesta seção. Essas aquisições foram financiadas pelas sociedades de investimento existentes da Blackstone. Ao mesmo tempo, ela estava levantando $20 bilhões para um *novo* fundo de aquisição e $10 bilhões para um novo fundo do ramo imobiliário.)

Os sócios auferem uma comissão de gestão, normalmente 1% a 2% do capital envolvido,[24] mais 20% de *juros carregados* (participação) dos lucros da sociedade até o final. Em outras palavras, os sócios limitados recebem primeiro, mas só auferem 80% dos lucros posteriores. Os sócios gerais, portanto, têm uma opção de compra de 20% do rendimento futuro total da sociedade, com um preço de exercício fixado pelo investimento dos sócios limitados.[25]

É possível vermos algumas das vantagens das sociedades de *private equity*:

- O montante da participação oferece aos sócios uma grande dose de otimismo. Eles são fortemente motivados para recuperar o investimento dos sócios limitados e obter lucros.
- O montante da participação, por se tratar de uma opção de compra, dá aos sócios gerais incentivos para assumir riscos. Os fundos de capital de risco correm os riscos inerentes em *start-ups*. Os fundos de aquisição alavancada amplificam os riscos de negócios com a alavancagem financeira.
- Não há nenhuma separação entre a propriedade e o controle. Os sócios gerais podem intervir nas empresas da carteira do fundo a qualquer momento em que o desempenho fique defasado ou a estratégia precise de correções.
- Não há problemas de fluxo de caixa livre: os sócios limitados não devem se preocupar que o caixa em uma primeira rodada de investimentos seja alocado para as rodadas posteriores. O dinheiro da primeira rodada *deve* ser distribuído aos investidores.

As operações de *private equity* têm sido ajudadas também por taxas de juros baixas e o fácil acesso ao financiamento.

Os motivos precedentes são boas razões pelas quais o setor de *private equity* cresceu. Mas alguns opositores alegam que o crescimento rápido deriva também de uma exuberância irracional e de um excesso especulativo. Esses investidores opositores esperaram ansiosa e reservadamente (mas de forma esperançosa) pela "quebra".

A popularidade dos fundos de *private equity* também tem sido vinculada aos custos e descontrole da propriedade pública, incluindo os custos de lidar com a Sarbanes-Oxley e outros requisitos legais e regulatórios. (Discutimos a Lei Sarbanes-Oxley no Capítulo 1.) Muitos CEOs e CFOs sentem-se pressionados para cumprir as metas de lucros no curto prazo. Talvez eles passem muito tempo se preocupando com essas metas e com as alterações diárias na cotação das ações. Provavelmente fechar o capital da empresa evita os investidores de pensar no "imediatismo" e facilita os investimentos no longo prazo. Mas recorde que, no caso dos *private equity*, o longo prazo é a vida útil da sociedade, de 8 a 10 anos na melhor das hipóteses. Os sócios *devem* encontrar um meio de auferir lucros com a carteira das empresas do fundo. Há apenas duas maneiras de fazê-lo: uma IPO ou uma *venda comercial* para uma

---

[24] Os fundos de aquisição e de LBO ainda extraem taxas por arranjar financiamento para suas transações de *takeovers*.

[25] A estrutura e a compensação das sociedades de investimento privado são descritas em A. Metrick and A. Yasuda, "The Economics of Private Equity Funds," *Review of Financial Studies*, a ser publicado.

QUADRO 32.2 O Blackstone Group investe em um número grande de ramos de atividade. Eis algumas das 81 participações em sua carteira em 2014

Empresa	Atividade	Empresa	Atividade
Alliance Automotive Group (França/Reino Unido)	Fornecedor de peças automotivas	Michaels Stores (EUA)	Lojas de artes e artesanato
Center Parcs (Reino Unido)	*Resorts* de férias	Pinnacle Foods (EUA)	Alimentos
Emdeon (EUA)	TI na Saúde	Seaworld Parks and Entertainment (EUA)	Parques temáticos
Jack Wolfskin (EUA)	Vestuário	Sithe Global (EUA)	Geração de energia
Leica (Alemanha)	Câmeras	Vivint (EUA)	Automação doméstica
Merlin Entertainments (Reino Unido)	Parque temáticos	Xinrong Best Medical Instrument Co. (China)	Implantes ortopédicos

Fonte: The Blackstone Group, **www.blackstone.com**.

outra empresa. Muitas das operações correntes de *private equity* serão futuras IPOs, de modo que os investidores nessa modalidade precisam de mercados públicos. As empresas que buscam um divórcio dos acionistas de empresas de capital aberto podem muito bem ter que casar com eles posteriormente.

Os fundos de *private equity* são os conglomerados de hoje?

Um *conglomerado* é uma empresa que diversifica ao longo de várias atividades não relacionadas entre si. A Blackstone é um conglomerado? O Quadro 32.2, que lista algumas das companhias mantidas pelos fundos da Blackstone, sugere que sim. Os fundos da Blackstone têm investido em dezenas de setores de atividade.

No início deste capítulo, sugerimos que os fundos de *private equity* fazem hoje algumas das tarefas que os conglomerados públicos habitualmente faziam no passado. Vamos examinar brevemente a história dos conglomerados norte-americanos.

A explosão das fusões nos anos 1960 criou mais de uma dezena de conglomerados. O Quadro 32.3 mostra que, na década de 1970, alguns desses conglomerados tinham atingido níveis de expansão muito consideráveis. O maior dos conglomerados, a ITT, operava em 38 setores de atividade e, segundo o critério das vendas, estava na oitava posição das organizações norte-americanas.

A maior parte dos conglomerados foram "quebrados" nas décadas de 1980 e 1990. Em 1995, a ITT, que já tinha vendido ou separado em operações de *spin-off* várias linhas de atividade, dividiu as operações que restavam em outras três organizações. Uma ficou com as atividades da ITT na hotelaria e nos jogos de azar; outra ficou com os interesses da ITT nos setores de autopeças, de defesa e de eletrônica; e a terceira especializou-se em seguros e serviços financeiros.

Quais eram as vantagens atribuídas aos conglomerados? Primeiro, a diversificação por vários setores poderia estabilizar os lucros e reduzir os riscos. Não é muito convincente, porque os acionistas podem diversificar muito melhor sozinhos.

QUADRO 32.3 Os maiores conglomerados de 1979, e o número de indústrias que abrangiam ordenados por vendas. Na sua maior parte, essas empresas já foram divididas

Posição nas vendas	Empresa	Número de indústrias
8	International Telephone & Telegraph (ITT)	38
15	Tenneco	28
42	Gulf & Western Industries	4
51	Litton Industries	19
66	LTV	18

Fonte: A. Chandler and R. S. Tetlow (eds.), *The Coming of Managerial Capitalism* (Homewood, IL: Richard D. Irwin, Inc., 1985), p. 772. © 1985 Richard D. Irwin. Ver também J. Baskin and P. J. Miranti, Jr., *A History of Corporate Finance* (Cambridge, U.K.: Cambridge University Press, 1997), ch. 7.

Segundo, uma empresa muito diversificada pode operar um *mercado de capitais interno*. Fluxos financeiros liberados por divisões de indústrias maduras (*vacas leiteiras*) podem ser canalizados, no interior da organização, para divisões com muitas oportunidades de crescimento (*estrelas*). Consequentemente, não há necessidade de se obter financiamento no exterior para as divisões de crescimento rápido.

Há bons argumentos para os mercados de capitais internos. É provável que os gestores da empresa saibam mais acerca das suas oportunidades de investimento do que os investidores externos, além de que evitam os custos de transação de emissão de títulos de dívida. Contudo, parece que tentativas feitas pelos conglomerados para alocar investimentos entre vários setores não relacionados entre si resultam mais em subtração do que em acréscimo de valor. O problema é que os mercados de capitais internos não são mercados verdadeiros, mas, antes, combinações de planejamento central (pela gestão de topo do conglomerado e dos gestores financeiros) e de negociações no seio da organização. Os orçamentos de capital das divisões dependem tanto de fatores políticos como de fatores puramente econômicos. Divisões grandes e lucrativas, com amplos fluxos de caixa positivos, provavelmente têm mais poder de negociação; podem obter orçamentos mais generosos, enquanto divisões menores, mas com oportunidades de crescimento, ficam com orçamentos austeros.

Mercados de capitais internos na indústria petrolífera A má alocação de recursos pelos mercados internos de capitais não é exclusiva dos conglomerados. Por exemplo, Lamont descobriu que, quando os preços do petróleo caíram, em meados de 1986, algumas empresas petrolíferas diversificadas cortaram o investimento de capital das suas *divisões não petrolíferas*. Essas divisões foram forçadas a partilhar "o sofrimento", embora a queda do preço do petróleo não tenha diminuído suas oportunidades de investimento. O *Wall Street Journal* reportou um exemplo:[26]

> A Chevron Corp. cortou o seu orçamento de capital e de exploração para 1986 em cerca de 30% em virtude da queda do preço do petróleo... Um porta-voz da Chevron disse que os cortes de despesas seriam transversais, e não sobre uma ou outra operação em particular.
> Cerca de 65% do orçamento de $3,5 bilhões seria gasto em exploração e produção de petróleo e gás – a mesma proporção do que a de antes da revisão do orçamento.
> A Chevron também iria cortar despesas de refinação e de marketing, de oleodutos de petróleo e de gás natural, de atividades em minerais, produtos químicos e transporte naval.

Qual a razão para cortar despesas de capital em, por exemplo, minerais e produtos químicos? Preços de petróleo baixos geralmente são boas notícias, e não más, para a produção de produtos químicos, porque os produtos da destilação do petróleo são matérias-primas importantes.

A propósito, a maior parte das petrolíferas da amostra de Lamont eram empresas grandes e estrelas da bolsa. Podiam ter conseguido mais capital dos investidores para manter o nível de despesas nas divisões não petrolíferas. Decidiram não fazê-lo. Não compreendemos o porquê.

Todas as grandes empresas têm de alocar fundos pelas suas divisões e linhas de negócios. Por isso, todas têm mercados de capitais internos e preocupam-se com erros e más decisões de distribuição de recursos. Mas é provável que o perigo aumente à medida que a empresa se afasta da focalização em um negócio ou em negócios relacionados entre si e se torna um conglomerado diversificado de atividades sem relação entre si. Veja novamente o Quadro 32.3: como os principais gestores da ITT podiam manter controle confiável sobre oportunidades de investimento em 38 linhas de negócios diferentes?

Os conglomerados defrontam-se ainda com outros problemas. O valor de mercado de suas divisões não pode ser observado independentemente e é difícil estabelecer incentivos para gestores de divisões. Isso é particularmente grave quando se pede aos gestores para se comprometerem com aventuras arriscadas. Por exemplo, que êxito teria uma empresa iniciante de biotecnologia se fosse uma divisão de um conglomerado tradicional? O conglomerado seria tão paciente e tão tole-

---

[26] O. Lamont, "Cash Flow and Investment: Evidence from Internal Capital Markets," *Journal of Finance* 52 (March 1997), pp. 83-109. A citação no *The Wall Street Journal* aparece nas pp. 89-90. © Dow Jones & Company Inc. Um exemplo mais recente foi a decisão de janeiro de 2015 pela Royal Dutch Shell e pela Qatar Petroleum de abandonar planos de construir uma planta petroquímica de $6,5 bilhões porque ela era "inviável comercialmente" no atual mercado de energia. Deve ter havido boas razões para a decisão, mas não foi porque o petróleo ficou muito mais barato em 2015. Presumivelmente, preços mais baixos do petróleo levariam a uma redução nos custos de produtos petroquímicos, aquecimento da demanda e, portanto, maior lucratividade para a planta.

rante ao risco como os investidores do mercado de capitais? Como é que os cientistas e os médicos que fazem pesquisa em biotecnologia serão remunerados se tiverem êxito? Não pretendemos afirmar que as inovações de alta tecnologia e a aceitação de riscos são impossíveis em conglomerados cotados na bolsa, mas as dificuldades são obvias.

O terceiro argumento para os conglomerados tradicionais nasce da ideia de que os bons gestores são fungíveis; em outras palavras, sugeria-se que os gestores modernos funcionariam tão bem na produção de autopeças como na gestão de cadeias de hotéis. Por isso, se supunha que os conglomerados da década de 1960 acrescentavam valor por meio da remoção de gestões fora de moda, que seriam substituídas por equipes de gestores da nova escola da ciência da administração.

Havia alguma verdade nisso. Os mais bem-sucedidos dos primeiros conglomerados adicionaram valor ao mirar empresas que necessitavam de reparos – empresas com gestores negligentes, ativos em excesso ou caixa excedente que não estava sendo investido em projetos de VPL positivo. Esses conglomerados objetivavam os mesmos tipos de empresas que os fundos para LBOs e *private equity* objetivariam mais tarde. A diferença é que os conglomerados compravam empresas, tentavam melhorá-las e, depois, gerenciavam-nas a longo prazo. A gestão de longo prazo era a parte mais difícil do jogo. Os conglomerados compravam, ajustavam e mantinham. Os *private equity* compram, ajustam e vendem. Ao vender, as operações de *private equity* evitam os problemas de gerir a empresa do conglomerado e operam mercados de capitais internos.[27] Pode-se dizer que as sociedades de *private equity* são *conglomerados temporários*.

O Quadro 32.4 é uma versão resumida da comparação realizada por Baker e Montgomery entre a estrutura financeira de um fundo de *private equity* e de um conglomerado típico. Ambos são diversificados, mas os sócios limitados do fundo não precisam se preocupar com o risco de o fluxo de caixa liberado ser reinvestido em investimentos não lucrativos. O fundo não tem mercado interno de capitais. O controle e a remuneração dos gestores também difere. No fundo, cada empresa é gerida como um negócio separado. Os gestores reportam diretamente aos proprietários, os sócios do fundo. Os gestores de cada empresa possuem ações ou opções de compra de ações na empresa, não no fundo. A respectiva remuneração depende do valor de mercado ou de venda da empresa na bolsa.

Em um conglomerado cujas ações estão cotadas na bolsa, aqueles negócios seriam divisões do conglomerado, e não empresas independentes. A propriedade do conglomerado estaria dispersa, e não concentrada. As divisões não seriam avaliadas separadamente pelos investidores na bolsa, mas pelos quadros do conglomerado, as mesmas pessoas que controlam o mercado interno de capitais. A remuneração dos gestores não dependeria do valor de mercado das respectivas divi-

QUADRO 32.4 Fundo de *private equity versus* conglomerado cotado na bolsa. Ambos diversificam investindo em uma carteira de atividades não relacionadas entre si, mas as respectivas estruturas financeiras são muito diferentes

Fundo de *private equity*	Conglomerado cotado na Bolsa
Ampla diversificação, investimentos em atividades não relacionadas entre si.	Ampla diversificação, investimentos em atividades não relacionadas entre si.
Duração de vida limitada força a venda das empresas da carteira.	Empresas cotadas na bolsa concebidas para operar divisões no longo prazo.
Não há elos financeiros ou transferências entre as empresas da carteira.	Mercado interno de capitais.
Os sócios gerais "fazem o negócio" e o controlam; os investidores também controlam.	Uma hierarquia de quadros de pessoal avalia os planos das divisões, bem como os respectivos desempenhos.
A remuneração dos gestores depende do valor da empresa no momento da venda.	A remuneração dos gestores das divisões depende principalmente do salário – "pouco para cima", "devagar para baixo".

Fonte: Adaptado de G. Baker and C. Montgomery, "Conglomerates and LBO Associations: A Comparison of Organizational Forms," working paper, Harvard Business School, Cambridge, MA, July 1996. Publicado com a autorização dos autores.

---

[27] Os economistas tentaram avaliar se a diversificação de empresas acrescenta ou subtrai valor. Berger e Ofek estimam um desconto de conglomerado médio de 12% a 15%. Isto é, o valor estimado de mercado do todo é 12% a 15% menor do que a soma dos valores das partes. A principal causa desse desconto parece ser o sobreinvestimento e a má alocação de investimentos. Ver P. Berger and E. Ofek, "Diversification's Effect on Firm Value," *Journal of Financial Economics* 37 (January 1995), pp. 39-65. Mas nem todo mundo está convencido de que o desconto de conglomerado é real. Outros pesquisadores encontraram descontos menores ou apontaram problemas estatísticos que dificultam as medições dos descontos. Veja, por exemplo, J. M. Campa and S. Kedia, "Explaining the Diversification Discount," *Journal of Finance* 57 (August 2002), pp. 1.731-1.762; e B. Villalonga, "Diversification Discount or Premium? Evidence from the Business Information Tracking Service," *Journal of Finance* 59 (April 2004), pp. 479-506.

sões, porque não haveria ações dessas divisões e porque o conglomerado não teria o compromisso de se separar das divisões, por venda ou por operação de *spin-off*.

É possível ver os argumentos a favor da focalização e contra a diversificação corporativa. Mas devemos ter cuidado para não exagerarmos muito com esses argumentos. Por exemplo, a GE, uma empresa muito bem-sucedida, opera em uma faixa ampla de setores não relacionados entre si. Ainda, no próximo capítulo, descobriremos que os conglomerados, embora raros nos Estados Unidos, são comuns e aparentemente obtêm sucesso em muitas partes do mundo.

32.4 Falência

Algumas empresas são forçadas a se reorganizarem em virtude do surgimento de dificuldades financeiras. Em tal situação, as empresas têm de chegar a um acordo com os credores sobre um plano de reorganização ou, então, têm de pedir falência perante um tribunal. O Quadro 32.5 apresenta a lista das principais falências de empresas não financeiras nos Estados Unidos. A redução do crédito também provocou uma boa dose de falências de instituições financeiras de grande porte. O Lehman Brothers está no topo da lista. Sua falência foi decretada em setembro de 2008, com ativos no valor de $691,1 bilhões. Duas semanas depois, o Washington Mutual teve o mesmo destino, com ativos da ordem de $327,9 bilhões.

Os procedimentos de falência nos Estados Unidos podem ser desencadeados pelos credores, mas, no caso de empresas de capital aberto, normalmente é a própria empresa que dá início aos procedimentos judiciais. Ela pode escolher entre dois procedimentos, que estão definidos nos Capítulos 7 ou 11 da Lei de Reforma da Falência de 1978 (*1978 Bankruptcy Reform Act*). O objetivo do **Capítulo 7** é supervisionar o processo de desmembramento e morte da empresa (*falência*), enquanto o **Capítulo 11** tem por objetivo ajudar a empresa a recuperar a sua saúde financeira (*recuperação*).

A maior parte das pequenas empresas recorre ao Capítulo 7. Nesse caso, o juiz nomeia um liquidatário para fechar a empresa e colocar os ativos em leilão. Os proveitos do leilão são utilizados para pagar os credores, e estes, com garantias reais, podem recuperar o valor do respectivo colateral. O que restar vai para os credores sem garantias reais, que recebem segundo determinada ordem. O tribunal e o liquidatário são os primeiros. Depois, vêm os salários devidos, seguidos por impostos federais e estaduais, e dívidas a algumas agências governamentais, tais como a instituição federal de garantia das pensões de aposentadorias (Pension Benefit Guarantee Corporation, nos Estados Unidos). Por fim, os credores restantes sem garantias dividem entre si as migalhas que

QUADRO 32.5 As maiores falências de empresas não financeiras nos Estados Unidos

Empresa	Data da falência	Ativos pré-falência ($ bilhões)
WorldCom	Julho de 2002	103,9
General Motors	Julho de 2009	91,0
Enron	Dezembro de 2001	65,5
Conseco	Dezembro de 2002	61,4
Pacific Gas and Electric	Abril de 2001	36,2
Chrysler	Abril de 2009	39,3
Texaco	Abril de 1987	34,9
Global Crossing	Janeiro de 2002	30,2
General Growth Properties	Abril de 2009	29,6
Lyondell Chemical Company	Janeiro de 2009	27,4
Calpine	Dezembro de 2005	27,2
UAL	Dezembro de 2002	25,2

Fonte: New Generation Research Inc. **www.bankruptcydata.com**.

restarem sobre a mesa.[28] É frequente o administrador da falência ter de impedir que alguns credores "furem" a fila valendo-se de métodos pouco ortodoxos, bem como é usual ter de recuperar ativos retidos na última hora por credores.

Os gestores de pequenas empresas em dificuldades sabem que o Capítulo 7 é o fim da linha (falência) e, por isso, tentam adiar o fato por tanto tempo quanto possível. Por essa razão, os procedimentos protegidos pelo Capítulo 7 normalmente são desencadeados pelos credores, e não pela própria empresa.

Quando as grandes empresas não conseguem pagar as dívidas, tentam, em geral, fazer a recuperação do negócio. Isso é do interesse dos acionistas; eles não têm nada a perder se a situação se deteriorar ainda mais e têm tudo a ganhar se a empresa se recuperar. Os procedimentos de recuperação estão estabelecidos no Capítulo 11. A maioria das empresas se vê enquadrada no Capítulo 11, porque não consegue pagar as dívidas, mas às vezes as empresas pedem falência segundo o Capítulo 11 não porque não têm mais disponibilidades, e sim porque não querem lidar com contratos ou processos trabalhistas bastante onerosos. Por exemplo, a Delphi, fabricante de autopeças, entrou com pedido de falência em 2005. As operações norte-americanas da Delphi estavam no vermelho, em parte por conta do alto custo dos contratos de trabalho feitos com a United Auto Workers (UAW) e, parcialmente, em função do seu contrato de fornecimento com a GM, seu maior cliente. A Delphi solicitou a proteção do Capítulo 11 para reestruturar suas operações e para negociar melhores termos junto à UAW e à GM.

O objetivo do Capítulo 11 é manter a empresa viva e em funcionamento enquanto é executado um plano de recuperação.[29] Durante esse período, outros procedimentos contra a empresa são suspensos e, geralmente, a empresa continua sendo gerida pela mesma equipe de gestão.[30] A responsabilidade para desenvolver o plano recai sobre o devedor, mas, se este não conseguir apresentar um plano aceitável, o tribunal pode convidar qualquer outra entidade para fazê-lo – por exemplo, um comitê de credores.

O plano entra em ação se for aceito pelos credores e confirmado pelo tribunal. Cada *classe* de credores vota no plano separadamente. Para o plano ser aceito, é necessária a sua aprovação por pelo menos metade dos votos expressos em cada classe de credores; além disso, os votos a favor têm de representar pelo menos dois terços do valor dos créditos reclamados contra a empresa. O plano tem também de ser aprovado por dois terços dos acionistas. Depois de os credores e os acionistas terem aceitado o plano, normalmente, o tribunal o aprova, desde que todas as classes de credores sejam a favor e que os credores não fiquem pior do que se os ativos da empresa fossem liquidados e os proveitos distribuídos. Em certas condições, o tribunal pode confirmar um plano mesmo com os votos contra de uma ou mais classes de credores,[31] mas as regras dessa situação são complexas e não iremos discuti-las neste livro.

O plano de reorganização é basicamente uma declaração sobre quem obtém o quê; cada classe de credores desiste da sua reclamação de pagamento em troca de títulos ou de uma mistura de títulos e de dinheiro. O problema é conceber, para a empresa, uma nova estrutura de capital que (1) satisfaça os credores e (2) permita à empresa resolver os problemas *de negócios* que, originalmente, a lançaram na situação problemática.[32] Por vezes, a satisfação dessas duas condições exige um plano de complexidade barroca, envolvendo a criação de uma dúzia de títulos, ou mesmo mais.

A SEC (Securities and Exchange Commission) desempenha um papel importante em muitas reorganizações, particularmente no caso de grandes empresas cotadas na bolsa. O interesse que almeja é o de garantir que todas as informações relevantes sejam disponibilizadas aos credores antes de eles votarem o plano de reorganização proposto.

---

[28] Em geral, não sobra muito. Ver M. J. White, "Survey Evidence on Business Bankruptcy," in *Corporate Bankruptcy*, ed. J. S. Bhandari and L. A. Weiss (Cambridge, U.K.: Cambridge University Press, 1996).

[29] Para manter a empresa viva, pode ser necessário continuar a usar ativos que serviram de colateral na prestação de garantias, mas isso nega aos respectivos credores o acesso ao colateral. Para resolver esse problema, a referida lei prevê que as empresas que estejam funcionando sob o Capítulo 11 possam manter esses ativos, desde que os credores que tenham esses ativos como garantia sejam compensados por qualquer redução do respectivo valor. Assim, a empresa pode fazer pagamentos aos credores com garantias a fim de cobrir a depreciação econômica desses ativos.

[30] Por vezes, o tribunal escolhe e nomeia ele próprio um administrador da falência.

[31] No entanto, pelo menos uma classe de credores tem de votar a favor do plano de recuperação; caso contrário, o tribunal não pode aprová-lo.

[32] Embora o Capítulo 11 tenha sido concebido para manter a empresa em funcionamento, é frequente o plano de reorganização envolver o encerramento de partes significativas do negócio.

Os procedimentos do Capítulo 11 frequentemente têm êxito, e o paciente emerge com saúde e vigor. Mas, em outros casos, a reabilitação da empresa revela-se impossível e, então, os ativos são liquidados sob o que determina o Capítulo 7. Por vezes, a empresa emerge do Capítulo 11 durante um breve período, antes de se ver novamente mergulhada em desastre e levada novamente ao tribunal de falência. Por exemplo, a TWA saiu do Capítulo 11 no final de 1993, regressou dois anos mais tarde e, em 1998, regressou pela terceira vez, dando origem a piadas sobre o "Capítulo 22" e o "Capítulo 33".[33]

O Capítulo 11 é eficiente?

Eis uma visão simples sobre a decisão relativa à falência: sempre que um pagamento deve ser feito aos credores, a administração verifica o valor do capital próprio da empresa. Se for positivo, a empresa faz o pagamento (se necessário, obtendo o dinheiro por meio de um aumento de capital). Se não for positivo, a empresa não faz o pagamento e desencadeia o processo judicial ao abrigo da lei de falências. Se os ativos da empresa puderem ser utilizados de melhor maneira em outro lugar, a empresa é liquidada e os proveitos servem para pagar os credores; caso contrário, os credores tornam-se os novos proprietários e a empresa continua funcionando.[34]

Na prática, é raro as coisas serem assim tão simples. Por exemplo, vemos empresas pedirem a sua própria falência mesmo com capital próprio positivo, assim como há empresas que continuam funcionando quando os respectivos ativos poderiam ser mais úteis em outro negócio. Os problemas do Capítulo 11 geralmente têm sua origem no fato de o objetivo de pagar os credores entrar em conflito com o objetivo de manter a empresa em funcionamento. Já descrevemos, no Capítulo 18, como os ativos da Eastern Airlines se dissiparam no processo de falência. Quando a empresa desencadeou os procedimentos de falência, seus ativos eram mais que suficientes para pagar o passivo de $3,7 bilhões, mas o juiz do caso estava decidido a salvar a Eastern. Quando, finalmente, se tornou claro que a Eastern era um caso terminal, os ativos foram vendidos, e os credores receberam menos do que $900 milhões. Os credores teriam ficado claramente melhor se a Eastern tivesse sido logo liquidada, uma vez que a vã tentativa de ressuscitar a empresa custou $2,8 bilhões a eles.[35]

Aqui estão algumas das outras razões pelas quais os procedimentos do Capítulo 11 nem sempre conseguem soluções eficientes:

1. Embora a empresa reorganizada seja uma entidade legal nova, tem direito, para efeitos fiscais, a transitar prejuízos de exercícios passados da antiga empresa. Se a empresa for liquidada em vez de reorganizada, o efeito fiscal devido aos prejuízos do passado desaparece. Logo, há um incentivo fiscal para que a empresa continue em funcionamento, mesmo que os ativos pudessem ser aproveitados da melhor maneira possível em outro negócio.

2. Se os ativos da empresa são vendidos, é fácil determinar o que está disponível para o pagamento de credores. Contudo, quando a empresa é reorganizada, é necessário conservar dinheiro em caixa. Portanto, os credores que reclamam o pagamento dos seus créditos são geralmente pagos em uma mistura de dinheiro e títulos. Isso torna difícil avaliar se é justa a retribuição que recebem.

3. Os credores seniores sabem que não serão muito bem tratados em uma reorganização e podem fazer pressão em favor da liquidação. Os acionistas e os credores juniores preferem uma reorganização. Têm esperança de que o tribunal não interprete de uma maneira muito estrita a fila de prioridade de credores e de que acabem por receber algum prêmio de consolação quando o valor final da empresa for dividido.

---

[33] Um estudo que mostra que, depois de sair do Capítulo 11, cerca de uma em cada três empresas regressa ao procedimento de falência ou reestrutura a dívida em moldes privados. Ver. E. S. Hotchkiss, "Postbankruptcy Reform and Management Turnover," *Journal of Finance* 50 (March 1995), pp. 3-21.

[34] Nesse modelo simplista, se houver várias classes de credores, os que têm menores garantias tornam-se, inicialmente, os novos donos da empresa e ficam responsáveis pelo serviço da dívida com maiores garantias. Ficam exatamente na mesma posição dos donos originais. Se a propriedade que adquiriram não tiver valor, eles falharão os pagamentos aos credores e passarão a propriedade à classe de credores seguinte.

[35] Essas estimativas das perdas dos credores foram retiradas de L. A. Weiss and K. H. Wruck, "Information Problems, Conflicts of Interest, and Asset Stripping: Chapter 11's Failure in the Case of Eastern Airlines," *Journal of Financial Economics* 48 (April 1998), pp. 55-97.

4. Embora os acionistas e os credores juniores estejam no fim da lista de prioridades, eles têm uma arma secreta – podem jogar com o tempo. Ao usar táticas de adiamento, os credores juniores estão apostando em um golpe de sorte que lhes salve o investimento. Por outro lado, os credores seniores sabem que o tempo joga contra eles e, por isso, podem estar preparados para aceitar uma remuneração menor como o preço a pagar para que o plano seja rapidamente aceito. Além disso, casos de falência prolongados custam dinheiro, como já vimos no Capítulo 18. Os credores seniores podem ver o dinheiro passar para o bolso dos advogados e decidirem-se por chegar rapidamente a um acordo.

Entretanto, tem havido mudanças nas práticas relativas às falências nos últimos anos, e os procedimentos do Capítulo 11 têm se tornado mais favoráveis aos credores.[36] Por exemplo, no passado, os investidores em capitais próprios e os credores juniores achavam que os gestores eram aliados dispostos a alongar uma liquidação, mas, nos dias de hoje, os gestores de empresas em processo de falência geralmente recebem um plano-chave de retenção de funcionários se forem acelerados os procedimentos de reorganização e um de menor montante se a empresa demorar no Capítulo 11. Isso tem contribuído para uma redução no tempo gasto nos procedimentos de falências, de aproximadamente dois anos antes de 1990 para cerca de 1 ano e quatro meses nos dias de hoje.

Enquanto se procede à elaboração de um plano de reorganização, é natural que a empresa precise de capital de giro adicional. Por isso, tem se tornado mais comum permitir que a empresa compre bens a crédito e a pedir dinheiro emprestado (dívida conhecida pelo nome *debtor in possession*, ou *DIP*). Os emprestadores, que frequentemente são os próprios credores da organização, têm propensão de insistir em condições estritas e, portanto, têm uma influência considerável no resultado dos procedimentos de falência.

À medida que os credores ganharam mais e mais influência, os acionistas das empresas em processo de falência têm recebido um número mais reduzido de migalhas. Nos últimos anos, os tribunais têm observado mais conscienciosamente a ordem hierárquica dos pedidos em cerca de 90% dos acordos estabelecidos pelo Capítulo 11.

Em 2009, tanto a GM como a Chrysler entraram com pedidos de falência. As duas empresas não se limitavam a ser duas das maiores falências de todos os tempos, mas constituíram também dois eventos extraordinários na esfera legal. Com a injeção de bilhões de dólares do Tesouro norte-americano, as empresas transitavam pelas salas do tribunal de falência com uma velocidade impressionante, se compararmos com o ritmo plácido tradicional do Capítulo 11. O governo dos Estados Unidos estava extremamente envolvido no resgate e no financiamento das Novas GM e Chrysler. O próximo quadro explica algumas das questões financeiras levantadas pela falência da Chrysler. A falência da GM levantou questões semelhantes.

Acordos (*workouts*)

Se as reorganizações do Capítulo 11 não são eficientes, por que as empresas não evitam os procedimentos judiciais e se reúnem com credores para negociar uma solução? Muitas empresas em dificuldades financeiras *começam* procurando uma solução negociada, um *acordo*. Por exemplo, podem tentar adiar o pagamento da dívida ou negociar um prazo de carência para o pagamento de juros. Contudo, os acionistas e os credores juniores sabem que os credores seniores querem evitar os procedimentos judiciais de falência. Por isso, os primeiros costumam ser duros negociadores e os últimos têm, geralmente, de fazer concessões para se chegar a um acordo.[37] Quanto maior for a empresa e mais complexa a sua estrutura de capital, menor é probabilidade de se conseguir acordo para uma proposta.

Às vezes, as empresas chegam a um acordo informal com os seus credores e, depois, submetem-se ao Capítulo 11 para obter a homologação do tribunal de falência. Tais *acordos previamente combinados ou negociados* reduzem a probabilidade de haver novos litígios judiciais e permitem à

---

[36] Para uma discussão dessas mudanças, ver S. T. Bharath, V. Panchapagesan, and I. Werner, "The Changing Nature of Chapter 11," working paper, Ohio State University, November 2010.

[37] Franks e Torous apuraram que os credores ainda fazem maiores concessões aos credores juniores em acordos informais do que sob o abrigo do Capítulo 11. J. R. Franks and W. N. Torous, "A Comparison of Financial Recontracting in Distressed Exchanges and Chapter 11 Reorganizations," *Journal of Financial Economics* 35 (May 1994), pp. 349-370.

PRÁTICA FINANCEIRA

A controvertida falência da Chrysler

A Chrysler era a mais fraca das três grandes montadoras automotivas norte-americanas. Já mencionamos a sua compra, em 2007, pelo fundo de *private equity* de nome Cerberus. Em 2009, em meio à crise financeira e à recessão, a Chrysler estava se encaminhando para o seu epílogo a menos que pudesse conseguir obter um resgate do governo dos Estados Unidos. Infelizmente, ele chegou somente *após* a falência da montadora. A posição acionária da Cerberus foi "varrida do mapa".

A Chrysler pediu falência em 30 de abril de 2009. Ela devia $6,9 bilhões para credores com garantias reais, $5,3 bilhões para credores comerciais (fornecedores de autopeças, por exemplo) e $10 bilhões para o fundo da Voluntary Employee's Beneficiary Association (Veba), criado para financiar a assistência à saúde e outros benefícios prometidos aos funcionários aposentados da organização. Além disso, tinha um passivo para financiamento de pensões não coberto, obrigações com as concessionárias e obrigações garantidas em favor dos clientes.

Apenas seis semanas depois, em 11 de junho, a falência foi liquidada, quando todos os ativos e operações da montadora foram vendidos a uma nova corporação por $2 bilhões. Essa soma assegurava 29 centavos por dólar aos credores com garantias reais. A Fiat concordou em assumir o controle da Nova Chrysler, conseguindo uma participação de 35%. A Nova Chrysler obteve $6 bilhões em empréstimos renovados do Tesouro norte-americano e do governo canadense, além de, mais tarde, empréstimos adicionais totalizando $9,5 bilhões. O Tesouro norte-americano e o governo canadense obtiveram, respectivamente, 8% e 2% de participações acionárias.

Os credores com garantias ficaram, certamente, insatisfeitos. O tribunal e o governo não concederam tempo para confirmar se a Chrysler efetivamente valia somente $2 bilhões, ou se poderia ser atingido um valor superior com um desmembramento da empresa. Todavia, os credores com garantias ainda devem estar insatisfeitos, certo? A venda por $2 bilhões não deixou nada para eles.

Errado! Os credores comerciais obtiveram um crédito da dívida sobre a Nova Chrysler a 100 centavos por dólar. Todas as outras modalidades de obrigações obtiveram, da mesma forma, uma proporção de um dólar por dólar da Nova Chrysler. O fundo da Veba obteve um crédito de $4,6 bilhões e uma posição acionária de 55%.

Observamos que os credores juniores e os acionistas por vezes conseguem pequenas fatias das empresas reorganizadas que brotam das falências. Esses prêmios de consolação são designados *violações da prioridade absoluta*, pois o *status* de prioridade absoluta confere o pagamento total aos credores seniores antes de os credores juniores ou acionistas receberem alguma coisa. No entanto, a falência da Chrysler foi resolvida segundo o *status* de *prioridade inversa*: as demandas dos credores juniores foram honradas e a dos credores seniores, praticamente extintas.

A importância disso para a legislação e a prática de falências nos Estados Únicos não é clara. Talvez a falência de 42 dias da Chrysler tenha sido um procedimento único que jamais deverá ser repetido, exceto pela GM. Mas, agora, os investidores assegurados se preocupam com o fato de que os "credores juniores poderiam pular na sua frente se a situação não se resolvesse".*

---

*George J. Schultze, quoted in M. Roe and D. Skeel, "Assessing the Chrysler Bankruptcy." http://ssrn.com/abstract=1426530. Este artigo examina as questões jurídicas criadas pela prioridade inversa na venda envolvendo a Nova Chrysler.

---

empresa auferir os benefícios fiscais especiais do Capítulo 11.[38] Por exemplo, em 2014, a Energy Future Holdings, a companhia de energia elétrica, levou à homologação um tal acordo depois de estar tudo acordado com os respectivos credores. Desde 1980, cerca de 25% das falências nos Estados Unidos têm sido previamente combinadas ou negociadas.[39]

Procedimentos alternativos de falências

O sistema de falências nos Estados Unidos é frequentemente descrito como amigo do devedor, e seu principal foco incide na salvação de empresas em dificuldades financeiras. Mas isso tem um custo, porque há muitos casos nos quais os ativos de uma empresa seriam mais bem utilizados em outros negócios. Michael Jensen, crítico do Capítulo 11, defendeu que o "código de falências dos Estados Unidos tem erros fundamentais. É caro, exacerba os conflitos de interesses entre as diversas

---

[38] Em uma falência pré-combinada, o devedor obtém a concordância do plano de reorganização antes da entrada do seu pedido oficial de falência. Em uma falência previamente negociada, o devedor negocia os termos do plano somente com os principais credores.

[39] Dados extraídos do Bankruptcy Research Database de Lynn LoPuck. Disponível em **http://lopucki.law.ucla.edu**.

classes de credores e, com frequência, leva anos para resolver determinados casos". A solução proposta por Jensen consiste em exigir que as empresas falidas sejam imediatamente levadas a leilão, com os proveitos distribuídos aos credores de acordo com a prioridade dos respectivos créditos.[40]

Em alguns países, o sistema de falências é ainda mais amigo dos devedores. Por exemplo, na França, os principais deveres do tribunal de falência são manter a empresa funcionando e preservar os empregos. Somente depois de cumpridos esses requisitos é que o tribunal tem responsabilidade com os credores. Estes têm muito pouco controle sobre o processo, e é o tribunal que decide se a empresa deve ser liquidada ou preservada. Se o tribunal escolher a liquidação, pode escolher o ofertante que dá um preço mais baixo, mas melhores perspectivas de emprego.

O Reino Unido está exatamente no outro extremo da escala. Quando uma empresa inglesa está incapacitada de pagar as dívidas, os direitos de controle passam para os credores. O mais comum é um credor com garantias reais designar um *liquidatário* (*receiver*), o qual assume a direção da empresa, vende ativos suficientes para pagar os credores com garantias e toma medidas para que o que restar seja pago aos outros credores de acordo com a lista de prioridades creditícias.

Davydenko e Franks estudaram sistemas alternativos de falências e descobriram que os bancos reagem a essas diferenças nos códigos de falência ajustando as respectivas práticas de concessão de empréstimos. Em qualquer dos casos, como seria de se esperar, os credores recuperam uma proporção menor do seu dinheiro nos países que têm um sistema de falências amigo dos devedores. Por exemplo, na França, os bancos recuperam, em média, 47% do dinheiro que lhes é devido por empresas falidas, enquanto no Reino Unido o número correspondente é de 69%.[41]

Obviamente, o jardim do meu vizinho é sempre mais bonito do que o meu. Nos Estados Unidos e na França, os críticos queixam-se dos custos de se tentar salvar empresas que deixaram de ser viáveis. Pelo contrário, em países como o Reino Unido, acusa-se a legislação das falências de provocar a quebra de empresas saudáveis, e o Capítulo 11 é tido como o modelo de um sistema de falências eficiente.

---

[40] M. C. Jensen, "Corporate Control and the Politics of Finance," *Journal of Applied Corporate Finance* 4 (Summer 1991), pp. 13-33. Um conjunto alternativo e engenhoso de procedimentos de falência foi proposto em L. Bebchuk, "A New Approach to Corporate Reorganizations," *Harvard Law Review* 101 (1988), pp. 775-804; e P. Aghion, O. Hart, and J. Moore, "The Economics of Bankruptcy Reform," *Journal of Law, Economics and Organization* 8 (1992), pp. 523-546.

[41] S. A. Davydenko and J. R. Franks, "Do Bankruptcy Codes Matter? A Study of Defaults in France, Germany and the U.K.," *Journal of Finance* 63 (2008), pp. 565-608. Para descrições de falências na Suécia e na Finlândia, ver P. Stromberg, "Conflicts of Interest and Market Illiquidity in Bankruptcy Auctions: Theory and Tests," *Journal of Finance* 55 (December 2000), pp. 2.641-2.692; e S. A. Ravid and S. Sundgren, "The Comparative Efficiency of Small-Firm Bankruptcies: A Study of the U.S. and Finnish Bankruptcy Codes," *Financial Management* 27 (Winter 1998), pp. 28-40.

RESUMO

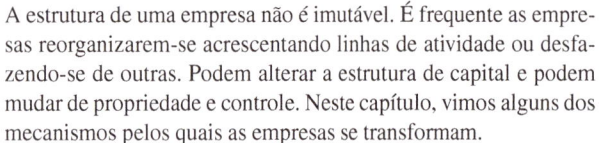

A estrutura de uma empresa não é imutável. É frequente as empresas reorganizarem-se acrescentando linhas de atividade ou desfazendo-se de outras. Podem alterar a estrutura de capital e podem mudar de propriedade e controle. Neste capítulo, vimos alguns dos mecanismos pelos quais as empresas se transformam.

Começamos com as aquisições alavancadas (*leveraged buyouts* – LBOs). Uma LBO é uma aquisição de uma empresa ou divisão basicamente financiada por dívida. Uma LBO não é cotada em bolsa, sendo normalmente propriedade de uma sociedade de investimento. O financiamento por meio de dívida não é o objetivo da maior parte das LBOs; é um meio para um fim. A maior parte das LBOs são regimes de reestruturação. A necessidade de dinheiro para o serviço da dívida força os gestores a desfazerem-se dos ativos não necessários, a melhorar a eficiência operacional e a cortar despesas supérfluas. Aos gestores e aos funcionários é dada uma participação importante na organização e, por isso, eles têm incentivos para fazer essas melhorias.

Uma reestruturação alavancada é, de várias maneiras, similar a uma LBO. Nesse caso, a empresa se *autocoloca* em dieta. Aumenta-se o endividamento e as receitas são pagas aos acionistas. A empresa é forçada a gerar fluxo de caixa para o serviço da dívida, mas não há mudança de controle, e a empresa permanece cotada na bolsa, propriedade dos respectivos acionistas.

A maior parte dos investimentos em LBOs é feita por sociedades de *private equity*, ou sociedades privadas de investimento. Os sócios limitados, que põem a maior parte do dinheiro, são, de modo geral, investidores institucionais, como fundos de pensão, fundações universitárias e seguradoras. Os sócios gerais, que constituem e gerem os fundos, auferem uma comissão de gestão e mais juros carregados (participação) dos lucros da sociedade até o final. Chamamos essas sociedades de "conglomerados temporários". São conglomerados porque criam uma carteira de empresas em setores não relacionados entre si. São temporárias porque a sociedade tem duração limitada, usualmente de 10 anos. No final desse período, os ativos da sociedade devem ser vendidos ou colocados novamente em bolsa por meio de uma IPO. Os fundos de *private equity* não compram para manter, mas sim para corrigir e vender. Os investidores nessas sociedades não têm de se preocupar com reinvestimentos não lucrativos dos fluxos de caixa.

O mercado desse tipo de investimento (*private equity*) tem aumentado regularmente. Em contraste com esses conglomerados temporários, os conglomerados cotados na bolsa têm diminuído nos Estados Unidos. Em empresas cotadas, a diversificação em atividades não relacionadas parece destruir valor – o todo vale menos que a soma das partes, e há duas razões possíveis para isso. Primeiro, dado que o valor das partes não pode ser observado separadamente, é mais difícil criar incentivos para os gestores das divisões. Segundo, os mercados internos de capital dos conglomerados são ineficientes. É difícil os gestores avaliarem devidamente as oportunidades de investimento em diversas indústrias, e o mercado interno de capital é propenso a sobreinvestimentos e a subsidiações cruzadas.

Obviamente, as empresas tanto se desfazem de uns ativos como compram outros. Há desinvestimentos em ativos por meio de operações de *spin-off*, de *carve-out* e de venda de ativos. Em operações de *spin-off*, a matriz faz a cisão de parte do negócio, criando uma empresa separada cotada na bolsa, e distribui as ações pelos seus acionistas. Em operações de *carve-out*, a matriz obtém receitas separando e vendendo, privadamente ou na bolsa, parte do negócio. Esses desinvestimentos são, geralmente, boas notícias para os investidores; as divisões vão para outras mãos, nas quais podem ser mais bem geridas e tornarem-se mais lucrativas. O mesmo tipo de melhoria em eficiência e lucratividade verifica-se também nas privatizações, as quais são operações de *spin-off* ou de *carve-out* realizadas com empresas do governo.

As empresas em dificuldades financeiras podem reorganizar-se reunindo com os credores e negociando um acordo. Por exemplo, podem acordar no adiamento de pagamentos. Se o acordo se mostrar impossível, a empresa tem de se submeter aos procedimentos de falência. O Capítulo 11 da Lei de Falências, o qual é utilizado principalmente por grandes empresas cotadas na bolsa, procura reorganizá-las para reerguê-las. No entanto, o objetivo de pagar aos credores da organização muitas vezes entra em conflito com o objetivo de mantê-la em funcionamento. Em consequência, por vezes o Capítulo 11 permite que uma empresa continue a operar quando os seus ativos seriam mais bem utilizados em outras operações ou em outros negócios, com os proveitos da venda dos ativos sendo utilizados para pagar os credores.

O Capítulo 11 tende a favorecer aos devedores, mas, em alguns países, o sistema de falências foi concebido quase exclusivamente para recuperar tanto dinheiro quanto possível para pagar aos credores. Enquanto os críticos do Capítulo 11 nos Estados Unidos se queixam dos custos de salvar empresas que não merecem, há analistas em outros países que se queixam dos respectivos sistemas de falências destruírem empresas potencialmente saudáveis.

LEITURAS ADICIONAIS

O artigo a seguir apresenta um panorama geral da reestruturação de empresas:

B. E. Eckbo and K. S. Thorburn, "Corporate Restructurings: Breakups and LBOs", in B. E. Eckbo (ed.), *Handbook of Empirical Corporate Finance* (Amsterdam: Elsevier/North-Holland, 2007), Chapter 16.

Os artigos de Kaplan e Stein e de Kaplan e Stromberg fornecem informações sobre a evolução e o desempenho de LBOs. Jensen, principal proponente da teoria das aquisições com base nos fluxos de caixa liberados, faz uma defesa ardente e controversa das operações de LBO:

S. N. Kaplan and J. C. Stein, "The Evolution of Buyout Pricing and Financial Structure (Or What Went Wrong) in the 1980s," *Journal of Applied Corporate Finance* 6 (Spring 1993), pp. 72-88.

S. N. Kaplan and P. Stromberg, "Leveraged Buyouts and Private Equity," *Journal of Economic Perspectives* 23 (2009), pp. 121-146.

M. C. Jensen, "The Eclipse of the Public Corporation," *Harvard Business Review* 67 (September/October 1989), pp. 61-74.

A edição de verão de 2006 do Journal of Applied Corporate Finance *inclui um painel de discussão e diversos artigos sobre o private equity. A privatização é pesquisada em:*

W. L. Megginson, *The Financial Economics of Privatization* (Oxford: Oxford University Press, 2005).

Os livros e artigos seguintes pesquisam o processo de falência. Bris, Welch e Zhu fornecem uma comparação detalhada da experiência com empresas falidas pelo Capítulo 7 e pelo Capítulo 11.

E. I. Altman, *Corporate Financial Distress and Bankruptcy: A Complete Guide to Predicting and Avoiding Distress and Profiting from Bankruptcy*, 3rd ed. (New York: John Wiley & Sons, 2005).

E. S. Hotchkiss, K. John, R. M. Mooradian, and K. S. Thorburn, "Bankruptcy and the Resolution of Financial Distress," in B. E. Eckbo (ed.), *Handbook of Empirical Corporate Finance* (Amsterdam: Elsevier/North-Holland, 2007), Chapter 14.

L. Senbet and J. Seward, "Financial Distress, Bankruptcy and Reorganization," in R. A. Jarrow, V. Maksimovic, and W. T. Ziemba (eds.), *North-Holland Handbooks of Operations Research and Management Science: Finance*, vol. 9 (New York: Elsevier, 1995), pp. 921-961.

J. S. Bhandari, L. A. Weiss, and B. E. Adler (eds.), *Corporate Bankruptcy: Economic and Legal Perspectives* (Cambridge, U.K.: Cambridge University Press, 1996).

A. Bris, I. Welch, and N. Zhu, "The Costs of Bankruptcy: Chapter 7 Liquidation versus Chapter 11 Reorganization," *Journal of Finance* 61 (June 2006), pp. 1.253-1.303.

Eis uma lista de bons estudos de caso sobre tópicos abordados neste capítulo:

B. Burrough and J. Helyar, *Barbarians at the Gate: The Fall of RJR Nabisco* (New York: Harper & Row, 1990).

G. P. Baker, "Beatrice: A Study in the Creation and Destruction of Value," *Journal of Finance* 47 (July 1992), pp. 1.081-1.120.

K. H. Wruck, "Financial Policy as a Catalyst for Organizational Change: Sealed Air's Leveraged Special Dividend," *Journal of Applied Corporate Finance* 7 (Winter 1995), pp. 20-37.

J. Allen, "Reinventing the Corporation: The Satellite Structure of Thermo Electron," *Journal of Applied Corporate Finance* 11 (Summer 1998), pp. 38-47.

R. Parrino, "Spinoffs and Wealth Transfers: The Marriott Case," *Journal of Financial Economics* 43 (February 1997), pp. 241-274.

C. Eckel, D. Eckel, and V. Singal, "Privatization and Efficiency: Industry Effects of the Sale of British Airways," *Journal of Financial Economics* 43 (February 1997), pp. 275-298.

L. A. Weiss and K. H. Wruck, "Information Problems, Conflicts of Interest, and Asset Stripping: Chapter 11's Failure in the Case of Eastern Airlines," *Journal of Financial Economics* 48 (April 1998), pp. 55-97.

W. Megginson and D. Scannapieco, "The Financial and Economic Lessons of Italy's Privatization Program," *Journal of Applied Corporate Finance* 18 (Summer 2006), pp. 56-65.

PROBLEMAS

BÁSICO

1. **Vocabulário**   Defina os seguintes termos:
    a. LBO
    b. MBO
    c. *Spin-off*
    d. *Carve-out*
    e. Venda de ativos
    f. Privatização
    g. Reestruturação alavancada

2. **Reestruturação**   Verdadeiro ou falso?
    a. Uma das primeiras tarefas de um gestor financeiro de uma LBO é pagar a dívida.
    b. Quando uma empresa, adquirida por meio de uma LBO ou de uma MBO, sai da bolsa, é para não voltar.
    c. Os alvos das LBOs na década de 1980 eram tendencialmente empresas lucrativas em indústrias maduras.
    d. Os "juros carregados" referem-se ao diferimento de pagamentos de juros sobre a dívida de uma LBO.
    e. Em 2008, novas transações de LBO e de *private equity* eram extremamente raras.
    f. O anúncio de uma operação de *spin-off* é geralmente seguido por uma queda acentuada na cotação das ações.
    g. As privatizações são geralmente seguidas por demissões em massa.
    h. Em média, as privatizações parecem melhorar a eficiência e aumentar o valor.

3. **Privatização**   Quais são as motivações do governo nos casos de privatização?

4. **Conglomerados**   Quais *vantagens* têm sido alegadas no caso de conglomerados cotados na bolsa?

5. **Conglomerados**   Liste as *desvantagens* dos conglomerados tradicionais nos Estados Unidos.

6. *Private equity*   As sociedades de *private equity* têm um prazo limitado. Quais são as vantagens desse contrato?

7. **Falência**   Qual é a diferença entre uma falência ao abrigo do Capítulo 7 e outra ao abrigo do Capítulo 11?

8. **Falência**   Verdadeiro ou falso?
    a. Quando uma empresa entra em falência, é usual que os interesses dos acionistas seja uma liquidação e não uma reorganização.
    b. O plano de reorganização ao abrigo do Capítulo 11 tem de ser apresentado para aprovação por todas as classes de credores.
    c. Em uma reorganização, os credores podem ser pagos com uma mistura de dinheiro e de títulos.
    d. Quando uma empresa é liquidada, um dos ativos mais valiosos que é vendido é o direito de transitar resultados negativos para efeitos fiscais.

9. **Falência**   Explique por que, por vezes, o capital próprio pode ter valor positivo mesmo quando a empresa recorre à lei de falências.

INTERMEDIÁRIO

10. **Reestruturação**   Verdadeiro, falso ou "depende"?
    a. Uma operação de *carve-out* ou de *spin-off* de uma divisão melhora os incentivos dos gestores da divisão.
    b. Sociedades de *private equity* têm vidas limitadas. O principal objetivo é forçar os sócios gerais a procurar atingir rápidos retornos do investimento.
    c. Os gestores de fundos de *private equity* têm um incentivo para fazer investimentos arriscados.

11. **Aquisições alavancadas**   Para quais tipos de empresa uma aquisição nos moldes de uma LBO ou MBO *não* seria produtiva?

12. **Aquisições alavancadas**   Resuma as semelhanças e diferenças entre a LBO da RJR Nabisco e a reestruturação alavancada da Sealed Air. Os objetivos econômicos eram os mesmos? Onde os resultados eram os mesmos? Você acha que foi uma vantagem para a Sealed Air ter permanecido cotada na bolsa?

13. **Desinvestimentos**   Considere alguns exemplos recentes de desinvestimentos. Na sua opinião, quais foram as razões que ocorreram nos bastidores desses desinvestimentos?

    Como os investidores reagiram às notícias?

14. **Aquisições alavancadas**   Leia *Barbarians at the Gate* (Leituras Adicionais). Que custos de agência você consegue identificar? (*Dica:* veja o Capítulo 12.) Você acha que a LBO foi bem projetada para reduzir esses custos?

15. *Private equity*   Explique a estrutura de uma sociedade de investimento privada (*private equity partnership*) Atente especialmente para os incentivos e as remunerações. Que tipos de investimento tais sociedades foram concebidas para fazer?

16. *Private equity*   Descrevemos os "juros carregados" como uma opção? Que tipo de opção? De que maneira essa opção muda os incentivos em uma sociedade de *private equity*? Você pode pensar em circunstâncias em que essas mudanças de incentivos seriam perversas, ou seja, potencialmente destruidoras de valor? Justifique.

17. **Privatização**   "As privatizações parecem trazer ganhos de eficiência porque as empresas cotadas na bolsa são mais capazes de reduzir os custos de agência." Por que você pensa que isso pode ser verdadeiro (ou não)?

18. **Falência**   Já descrevemos vários problemas com o Capítulo 11 das falências. Quais desses problemas podem ser mitigados por acordos prévios antes de darmos início a procedimentos judiciais?

CAPÍTULO 33

Governança e controle corporativo ao redor do mundo

Grande parte das finanças corporativas (e grande parte deste livro) parte do princípio de que existe uma determinada estrutura financeira – empresas com ações ativamente negociadas em bolsa e com acesso relativamente fácil ao mercado de capitais. Mas há outras maneiras de organizar e financiar empresas. Os sistemas de propriedade, controle e financiamento variam bastante de um país para outro. Neste capítulo, vamos ver algumas diferenças.

As empresas obtêm dinheiro nos mercados financeiros e, também, nas instituições financeiras. Os mercados são relativamente mais importantes nos Estados Unidos, no Reino Unido e em outras economias "anglo-saxônicas". As instituições financeiras, particularmente os bancos, são relativamente mais importantes em muitos outros países, incluindo a Alemanha e o Japão. Em sistemas baseados em bancos, é menos provável que os investidores individuais detenham diretamente dívida ou capital das empresas. Em vez disso, a propriedade passa pelos bancos, pelas companhias de seguros e por outros intermediários financeiros.

Este capítulo começa com uma visão rápida dos mercados financeiros, das instituições financeiras e das fontes de financiamento. Colocamos em contraste a Europa, o Japão e o resto da Ásia com os Estados Unidos e o Reino Unido. Depois, a Seção 33.2 trata com mais detalhe das questões de propriedade, controle e governança. Aqui, começamos com os Estados Unidos e o Reino Unido e, então, nos voltamos para o Japão, para a Alemanha e para o restante do mundo. A Seção 33.3 questiona se essas diferenças têm importância. Por exemplo, será que instituições e mercados financeiros funcionando bem contribuem para o desenvolvimento e o crescimento econômico? Quais são as vantagens e as desvantagens do sistema baseado nos mercados e do sistema baseado nos bancos?

Antes de começar essa volta ao mundo, é conveniente recordar que os princípios da gestão financeira se aplicam durante toda a jornada. Os conceitos e os instrumentos básicos das finanças não variam. Por exemplo, todas as empresas em todos os países devem reconhecer o custo de oportunidade do capital (embora o custo do capital seja ainda mais difícil de medir nos países onde as bolsas são pequenas ou erráticas). O valor presente do fluxo de caixa continua fazendo sentido, e há opções reais em todos os lados. E mesmo nos sistemas financeiros baseados nos bancos as empresas participam nos mercados financeiros mundiais – negociando moeda estrangeira ou cobrindo riscos no mercado de futuros, por exemplo.

33.1 Instituições e mercados financeiros

Na maior parte deste livro, partimos do princípio de que uma grande parcela do financiamento com dívida provém dos mercados públicos de obrigações. No entanto, nada muda quando, em vez disso, uma empresa contrai um empréstimo junto a um banco. Mas, em alguns países, os mercados de obrigações são reduzidos, e o financiamento bancário é mais importante. A Figura 33.1 mostra os valores totais dos empréstimos bancários, das obrigações privadas (não governamentais) e dos mercados acionários em diferentes partes do mundo no ano de 2013. Para medir esses ativos financeiros em uma base comparável, os montantes são apresentados em uma escala baseada no produto interno bruto (PIB).[1]

---

[1] Para mais detalhes e discussão do material desta seção, ver F. Allen, M. Chui, and A. Maddaloni, "Financial Structure and Corporate Governance in Europe, the USA, and Asia", in *Handbook of European Financial Markets and Institutions*, ed. X. Freixas, P. Hartmann, and C. Mayer (Oxford: Oxford University Press, 2008), pp. 31-67.

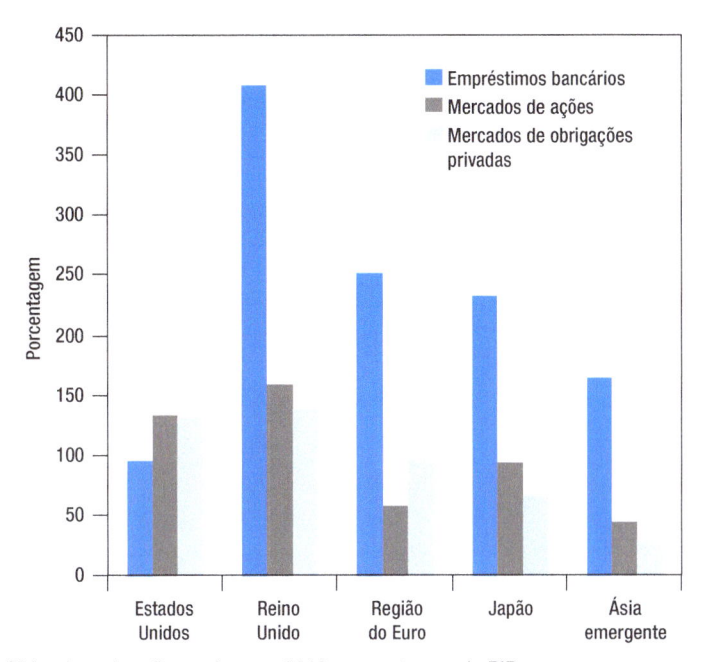

▶ **FIGURA 33.1** Valor dos ativos financeiros em 2013, porcentagem do PIB.
Fontes: Dados do *Global Financial Stability Report*, outubro de 2014. Agradecemos a Michael Chui pela cessão deste diagrama.

O financiamento de empresas nos Estados Unidos é diferente do que acontece na maior parte dos outros países. Nos Estados Unidos, além de um montante elevado de empréstimos bancários, também há mercados de ações de grandes dimensões *e* um grande mercado de obrigações de empresas, por isso, diz-se que os Estados Unidos têm um sistema financeiro fundamentado no mercado. A dimensão dos mercados de ações também é grande no Reino Unido, mas os empréstimos bancários são muito mais importantes do que os mercados de obrigações. Porém, isso se dá porque o Reino Unido é um centro bancário internacional, então as cifras para empréstimos bancários inclui empréstimos em euromoeda. Na Europa, Japão e Àsia emergente,[2] o financiamento bancário ultrapassa os mercados de obrigações, mas este é relativamente pequeno. A maior parte dos países europeus, incluindo Alemanha, França, Itália e Espanha, têm sistemas financeiros com base em bancos. O mesmo acontece em outros países asiáticos, incluindo o Japão.

Vamos olhar para essas regiões sob uma perspectiva diferente. A Figura 33.2 mostra os investimentos financeiros feitos pelas famílias, igualmente em porcentagem do PIB.[3] ("Famílias" ou "particulares" significa investidores individuais.) As carteiras das famílias dividem-se em quatro categorias: depósitos bancários; apólices de seguros e fundos mútuos e de pensões; ações e "outros". Observe, na Figura 33.2, as diferenças entre o total dos ativos financeiros. Somando as colunas para cada país e região, o montante dos ativos financeiros é 334% do PIB nos Estados Unidos, 281% no Reino Unido, 288% no Japão e 186% na Europa. Isso não significa que os investidores europeus são pobres, mas sim que eles detêm menos riqueza sob a forma de ativos financeiros. A Figura 33.2 não inclui outras categorias importantes, tais como terra, casas ou empresas não negociadas na bolsa. Também não inclui o valor de pensões pagas pelos governos.

Nos Estados Unidos, uma fração significativa das carteiras das famílias é detida diretamente em ações, principalmente em ações ordinárias. Por isso, os investidores individuais têm o potencial de desempenhar um papel importante na governança das empresas. A posse direta desses papéis é menor no Japão. As famílias japonesas não podem desempenhar um papel significativo e direto na governança das empresas, mesmo que quisessem. Não podem votar com ações que não possuem.

---

[2] Nesse contexto, a Ásia emergente inclui China, Hong Kong SAR, Índia, Indonésia, Coreia, Malásia, Filipinas, Cingapura, Taiwan-China e Tailândia.

[3] Nessa figura e nas figuras seguintes, que se referem à composição de carteiras, não há dados disponíveis para a Ásia.

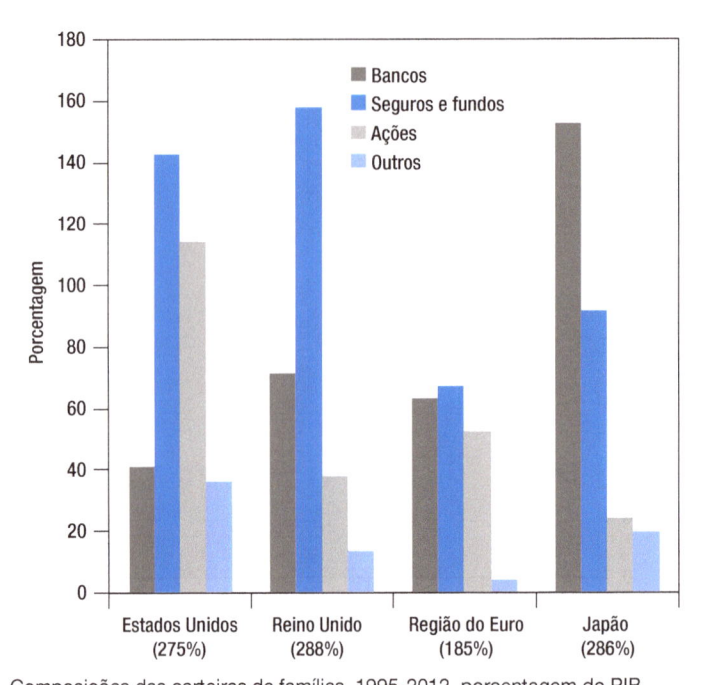

▶ **FIGURA 33.2** Composições das carteiras de famílias, 1995-2012, porcentagem do PIB.

Fontes: Bank of Japan, EUROSTAT, Federal Reserve Board e U.K. Office for National Statistics. Agradecemos a Michael Chui pela cessão deste diagrama.

Quando o investimento direto em ações é pequeno, os investimentos das famílias em depósitos bancários, apólices de seguros e fundos mútuos e de pensões são correspondentemente grandes. No Reino Unido, as categorias de seguros e de fundos dominam, com os depósitos bancários em segundo lugar. Na Europa, os depósitos bancários, os seguros e os fundos vêm em primeiro lugar, praticamente equiparados. No Japão, os depósitos bancários são, de longe, a primeira aplicação, com os seguros e os fundos em segundo lugar e as participações acionárias em um distante terceiro lugar.

A Figura 33.2 nos informa que, em muitas partes do mundo, há relativamente poucos acionistas individuais. A maior parte das pessoas não investe diretamente nos mercados de capitais, mas sim indiretamente, por meio de companhias de seguros, fundos mútuos, bancos e outros intermediários financeiros. Obviamente, a raiz das propriedades vai dos intermediários até os investidores individuais. No final, todos os ativos são propriedade de indivíduos. Pelo que sabemos, não há investidores marcianos ou extraterrestres.[4]

Vejamos agora as instituições financeiras. A Figura 33.3 mostra os ativos financeiros detidos pelas instituições financeiras, incluindo bancos, fundos mútuos, companhias de seguros, fundos de pensões e outros intermediários financeiros. Em relação ao PIB, esses investimentos são mais baixos nos Estados Unidos do que em outros países (como seria de se esperar do sistema de mercado dos Estados Unidos). As instituições financeiras do Reino Unido, da Europa e do Japão investiram grandes somas em empréstimos e em depósitos. A posse de ações é mais elevada no Reino Unido. Elas pertencem principalmente a companhias de seguros e por fundos de pensões.

Já vimos as famílias e as instituições financeiras. Haverá outras fontes de financiamento de empresas? Sim, o financiamento pode provir de outras empresas. A Figura 33.4 mostra os ativos financeiros mantidos por empresas não financeiras. O aspecto que provavelmente chamará mais a atenção é o montante de ações mantido pelas empresas na Europa. O montante de ações mantido no Japão e no Reino Unido também é elevado. Nos Estados Unidos, é relativamente pequeno. Como veremos, os montantes de ações mantidos por outras instituições não financeiras têm implicações importantes no que tange à propriedade e à governança das empresas.

---

[4] Contudo, pode haver proprietários que ainda não estão presentes no planeta. Por exemplo, os fundos de educação, de caridade e de organizações religiosas são investidos, em parte, em benefício das futuras gerações.

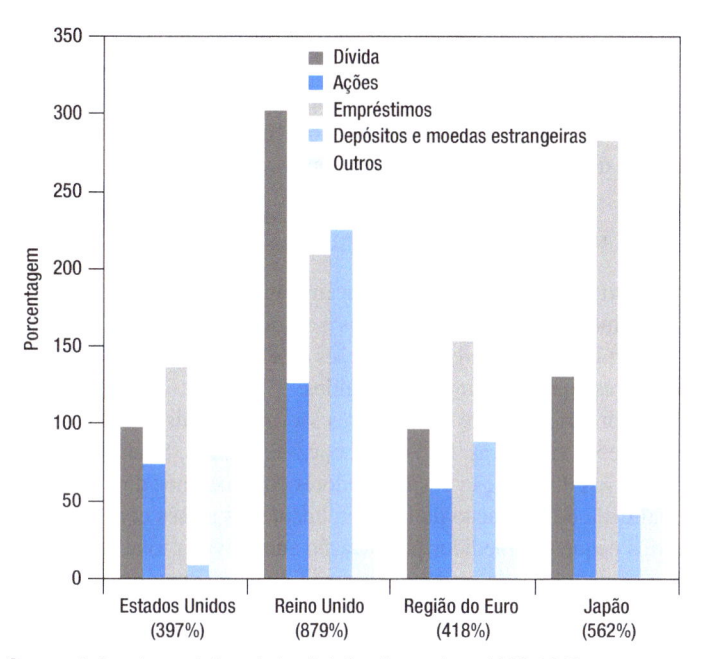

▶ **FIGURA 33.3** Composições das carteiras de instituições financeiras, 1995-2012, porcentagem do PIB.
Fontes: Bank of Japan, EUROSTAT, Federal Reserve Board e U.K. Office for National Statistics. Agradecemos a Michael Chui pela cessão deste diagrama.

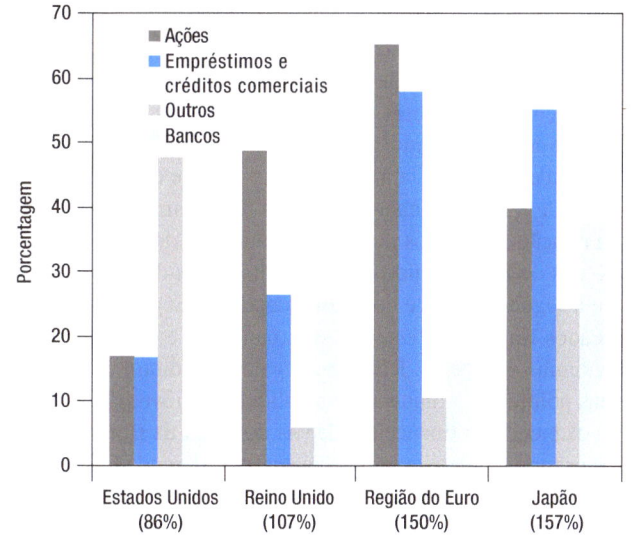

▶ **FIGURA 33.4** Composições das carteiras de empresas não financeiras, 1995-2012, porcentagem do PIB.
Fontes: Bank of Japan, EUROSTAT, Federal Reserve Board e U.K. Office for National Statistics. Agradecemos a Michael Chui pela cessão deste diagrama.

Outro aspecto interessante da Figura 33.4 é o grande montante de empréstimos e de crédito comercial entre empresas na Europa e no Japão. Muitas empresas japonesas dependem excessivamente do crédito comercial, isto é, de contas a serem pagas futuramente a outras empresas. Obviamente, as outras empresas têm o reverso da medalha: estão financiando sob a forma de contas a receber.

As Figuras 33.1 a 33.4 mostram que, se nos limitarmos a traçar uma linha divisória entre sistemas financeiros com base nos mercados, ou "anglo-saxônicos", e sistemas financeiros com base nos bancos, isso pode ser simplista. É preciso ir um pouco mais fundo quando se comparam sistemas financeiros. Por exemplo, as famílias detêm diretamente mais ações nos Estados Unidos do que no Reino Unido, e a composição das carteiras de famílias, empresas não financeiras e instituições financeiras são, também, significativamente diferentes. Além disso, percebemos o grande cruzamento de propriedades entre as empresas europeias. Por fim, as famílias japonesas mantêm uma parte mais significativa das suas economias no banco e as empresas japonesas usam o crédito comercial muito mais do que em outras economias avançadas.

Proteção dos investidores e desenvolvimento dos mercados financeiros

O que explica a importância dos mercados financeiros em alguns países, enquanto outros atuam menos com base nos mercados e mais nos bancos e outras instituições financeiras? Uma resposta é a proteção aos investidores. Os mercados de ações e de obrigações florescem nos locais em que aqueles que investem estão razoavelmente protegidos.

Os direitos de propriedade dos investidores são muito mais bem protegidos em algumas partes do mundo e menos em outras. La Porta, Lopez-de-Silanes, Shleifer e Vishny conceberam indicadores quantitativos da proteção aos investidores com base nos direitos dos acionistas e dos credores, e na qualidade da aplicação da lei. Geralmente, os países com más classificações têm mercados acionários pequenos, medidos pela relação entre o valor total de mercado e o PIB, e os números de empresas cotadas e de ofertas públicas iniciais são menores em relação à população. Más classificações também estão associadas a menos financiamento para títulos de dívida nas empresas não cotadas na bolsa.[5]

É fácil compreender por que a pouca proteção a investidores externos à empresa impede o crescimento dos mercados financeiros. Uma questão mais difícil é por que a proteção é boa em alguns países e não o é em outros. La Porta, Lopez-de-Silanes, Shleifer e Vishny apontam para a origem dos sistemas legais. Eles também distinguem sistemas legais derivados da tradição de leis consuetudinárias (*common law*), a qual teve origem na Inglaterra, e sistemas legais com base na lei civil, como se desenvolveram na França, na Alemanha e na Escandinávia. Os sistemas inglês, francês e alemão espalharam-se pelo mundo por intermédio de conquistas, imperialismo e imitação. Tanto os acionistas como os credores, segundo o argumento, estão mais bem protegidos pela legislação nos países que adotaram a tradição de lei consuetudinária.

Mas Rajan e Zingales[6] chamam a atenção para o fato de que a França, a Bélgica e a Alemanha, que são países de lei civil, tinham mercados financeiros bem desenvolvidos no início do século XX. Com relação ao PIB, os mercados financeiros desses países eram, àquela altura, da mesma dimensão dos do Reino Unido e maiores do que os dos Estados Unidos. Essa ordem foi invertida durante a segunda metade do século, depois da Segunda Guerra Mundial, embora, atualmente, os mercados financeiros estejam se expandindo e desempenhando um papel mais importante nas economias europeias. Rajan e Zingales acreditam que essa inversão pode ser atribuída a tendências políticas e a mudanças na política dos governos. Por exemplo, eles recordam a reação contra os mercados financeiros depois do *crash* da Bolsa de 1929 e a expansão da regulamentação e da propriedade governamentais durante a Grande Depressão e após a Segunda Guerra Mundial.

Resta observar como os fatores políticos vão se desenrolar por completo na esteira da crise financeira de 2007-2009 e da crise da dívida pública na zona do euro que começou em 2010. Ambas já tiveram efeitos significativos, e essa tendência parece propensa a continuar.

33.2 Propriedade, controle e governança

Quem são os proprietários de uma empresa? Nos Estados Unidos e no Reino Unido, diz-se apenas: "os acionistas". Há normalmente apenas uma classe de ações ordinárias, e cada ação tem um voto.

---

[5] R. La Porta, F. Lopez-de-Silanes, A. Shleifer, and R. Vishny, "Legal Determinants of External Finance," *Journal of Finance* 52 (July 1997) pp. 1.131-1.150, e "Law and Finance," *Journal of Political Economy* 106 (December 1998), pp. 1.113-1.155.

[6] R. Rajan and L. Zingales, *Saving Capitalism from the Capitalists* (New York: Crown Business, 2003).

Alguns acionistas podem ter mais influência do que outros, mas apenas porque possuem mais ações. Em outros países, a propriedade não é assim tão simples, como veremos mais adiante nesta seção.

Qual é o objetivo financeiro de uma empresa? Normalmente, dizemos apenas: "maximizar o valor para o acionista". De acordo com a legislação sobre empresas dos Estados Unidos e do Reino Unido, os gestores têm um *dever fiduciário* com os acionistas. Em outras palavras, têm a obrigação legal de atuar de acordo com os interesses dos acionistas. Considere o caso ilustrativo clássico proporcionado por um processo antigo relativo à Ford Motor Company. Henry Ford anunciou um dividendo extra, mas posteriormente voltou atrás, afirmando que o dinheiro reservado para esse dividendo seria gasto em benefício dos funcionários. Um acionista levou o caso ao tribunal com base no argumento de que as corporações existem para o benefício dos acionistas e que os gestores não tinham o direito de melhorar a situação dos funcionários à custa dos acionistas. Ford perdeu o processo.[7]

A ideia de que as empresas devem ser geridas segundo o interesse dos acionistas está, portanto, integrada à legislação dos Estados Unidos e do Reino Unido. Parte-se do princípio de que o conselho administrativo representa os interesses dos acionistas, mas as leis e os costumes são diferentes em outros países. Vamos ver algumas dessas diferenças, começando pelo Japão.

Propriedade e controle no Japão

Tradicionalmente, a característica mais notável das finanças empresariais japonesas é o **keiretsu**, que é uma rede de empresas normalmente organizada em torno de um banco de grande dimensão. É comum dizer que o Japão tem um sistema de *banco principal*, caracterizado por relações duradouras entre os bancos e as empresas, e há também relações duradouras de negócios entre as empresas de um mesmo *keiretsu*. Por exemplo, uma empresa industrial comprará a maior parte das matérias-primas de fornecedores pertencentes ao grupo e, por sua vez, venderá a maior parte dos seus produtos a outras empresas do grupo.

O banco e as outras instituições financeiras que estão no centro do *keiretsu* detêm ações da maior parte das empresas do grupo (embora os bancos comerciais no Japão tenham um limite de 5% da propriedade de cada organização). Por sua vez, essas empresas detêm ações do banco ou ações umas das outras. Por causa dessas participações cruzadas, a quantidade de ações disponíveis para serem compradas pelos investidores externos é muito inferior ao número total de ações em circulação.

O *keiretsu* é mantido coeso de diversas outras maneiras. A maior parte dos empréstimos é concedida pelo banco principal do *keiretsu* ou por outras instituições financeiras do grupo. Os administradores podem fazer parte do conselho administrativo de outras empresas do grupo, e um "conselho de presidentes", constituído pelos presidentes-executivos (CEOs) das empresas mais importantes do grupo, reúne-se regularmente.

Pense no *keiretsu* como um sistema de administração empresarial, em que o poder está dividido entre o banco principal, as maiores empresas e o grupo como um todo. Essa organização tem certas vantagens financeiras. Em primeiro lugar, as empresas têm acesso a financiamentos adicionais "internos" – ou seja, internos ao grupo. Uma empresa com um orçamento para projetos de investimento superior aos fluxos de caixa operacionais pode recorrer ao banco principal ou a outras empresas do *keiretsu* para obter financiamento. Isso evita os custos ou os eventuais sinais negativos de uma venda pública de títulos. Em segundo lugar, quando uma empresa do *keiretsu* entra em dificuldades financeiras, com fundos insuficientes para pagar as contas ou financiar os investimentos necessários, é possível arranjar facilmente um acordo. Uma nova direção pode ser trazida de algum lugar de dentro do grupo para obter o financiamento, também "internamente".

Hoshi, Kashyap e Scharfstein analisaram as despesas de investimento de uma grande amostra de empresas japonesas – muitas das quais, mas não todas, pertencentes a *keiretsus*. Os investimentos das empresas dos *keiretsus* eram mais estáveis e menos expostos aos altos e baixos dos fluxos de caixa operacionais ou a eventuais dificuldades financeiras.[8] Aparentemente, o apoio

---

[7] Mais tarde foi sugerido que Henry Ford renegou os dividendos a fim de poder comprar blocos de ações a preços baixos!

[8] T. Hoshi, A. Kashyap, and D. Scharfstein, "Corporate Structure, Liquidity and Investment: Evidence from Japanese Industrial Groups," *Quarterly Journal of Economics* 106 (February 1991), pp. 33-60, e "The Role of Banks in Reducing the Costs of Financial Distress in Japan," *Journal of Financial Economics* 27 (September 1990), pp. 67-88.

financeiro dos *keiretsus* permite aos seus membros investir "a longo prazo", independentemente das dificuldades financeiras.

A legislação empresarial japonesa tem semelhanças com a dos Estados Unidos, mas há diferenças importantes. Por exemplo, no Japão é mais fácil aos acionistas nomearem e elegerem os diretores. Além disso, a remuneração dos administradores tem de ser aprovada em reuniões gerais de acionistas.[9] De qualquer maneira, os acionistas detentores de ações ordinárias não têm, de fato, muita influência. Os conselhos japoneses tradicionalmente têm 40 ou 50 membros, poucos dos quais são realmente independentes das gerências.[10] O CEO é quem efetivamente controla as nomeações para o conselho administrativo. Enquanto a situação financeira de uma organização japonesa for boa, quem a controla é ele, juntamente com os administradores e gestores seniores. Os acionistas externos têm muito pouca influência.

Dado esse controle, bem como as participações cruzadas entre grupos industriais, não surpreende que as aquisições hostis sejam extremamente raras no Japão. Além disso, as empresas japonesas têm sido muito "sovinas" com os dividendos, fato que, provavelmente, reflete a relativa falta de influência dos investidores externos. Em contrapartida, os CEOs japoneses não usam seu poder para acumular riqueza pessoal. Não são bem pagos, quando comparados com os CEOs de vários outros países desenvolvidos. (Para conferir as remunerações médias dos gestores de topo no Japão e em outros países, veja a Figura 12.1.)

As participações cruzadas atingiram o seu auge próximo a 1990, quando cerca de 50% das ações das empresas eram detidas por empresas japonesas e instituições financeiras. Iniciando em meados daquela década, ocorreu uma crise do setor bancário no Japão, o que fez as empresas venderem as ações atreladas a bancos porque as consideravam maus investimentos. Bancos e empresas em dificuldades financeiras, tal como a Nissan, venderam as ações das outras empresas para levantarem fundos. Em 2004, o nível de participações cruzadas havia caído a 20%. Todavia, em poucos anos, o nível de participações cruzadas aumentou novamente quando empresas do setor siderúrgico e de outros setores começaram a se preocupar com as aquisições hostis, o que constituiu a motivação inicial para a aquisição de participações cruzadas nos anos de 1950 e 1960.[11]

Propriedade e controle na Alemanha

Na Alemanha, os bancos tradicionalmente desempenharam um papel importante na governança corporativa. Isso envolveu a concessão de empréstimos, deter diretamente grandes quantidades de ações e de um número considerável de direitos de votação por procuração associados a ações mantidas em nomes de clientes. O relacionamento entre o maior banco alemão, o Deutsche Bank, e uma das maiores empresas alemãs, a Daimler AG, fornece uma boa ilustração.

O diagrama (*a*) da Figura 33.5 exibe a estrutura de propriedades da Daimler, ou como ela era conhecida à época – Daimler-Benz, em 1990. Os proprietários diretos eram o Deutsche, com uma participação de 28%; a Mercedes Automobil Holding, com 25%; e o governo do Kuwait, com 14%. Os 32% restantes das ações estavam dispersas por cerca de 300 mil investidores individuais e institucionais. Mas essa era apenas a primeira "camada". A *holding* da Mercedes Automobil era detida em partes iguais por duas *holdings*, que designaremos abreviadamente por Stella e Stern. As demais ações estavam muito dispersas. Por sua vez, as ações da Stella estavam divididas entre quatro acionistas: dois bancos, a Robert Bosch, uma empresa industrial, e outra *holding*, a Komet. A Stella também era detida por cinco acionistas, mas já não temos mais espaço.[12]

---

[9] Esses requisitos deram origem a uma característica única da vida empresarial japonesa: os *sokaiya*, bandos que exigem pagamentos em troca de não perturbarem as assembléias dos acionistas.

[10] Recentemente, algumas empresas japonesas, entre elas a Sony, mudaram seus conselhos administrativos para o estilo norte-americano, com menos membros mas com mais administradores independentes.

[11] H. Miyajima and F. Kuroki, "The Unwinding of Cross-Shareholding in Japan: Causes, Effects and Implications," in *Corporate Governance in Japan: Institutional Change and Organizational Diversity*, ed. M. Aoki, G. Jackson, and H. Miyajima (Oxford and New York: Oxford University Press, 2007), pp. 79-124. Ver também "Criss-Crossed Capitalism," *The Economist* print edition, November 6, 2008.

[12] O diagrama em cinco estratos dos proprietários da Daimler-Benz é apresentado em S. Prowse, "Corporate Governance in an International Perspective: A Survey of Corporate Control Mechanisms among Large Firms in the U.S., U.K., Japan and Germany," *Financial Markets, Institutions, and Instruments* 4 (February 1995), Table 16.

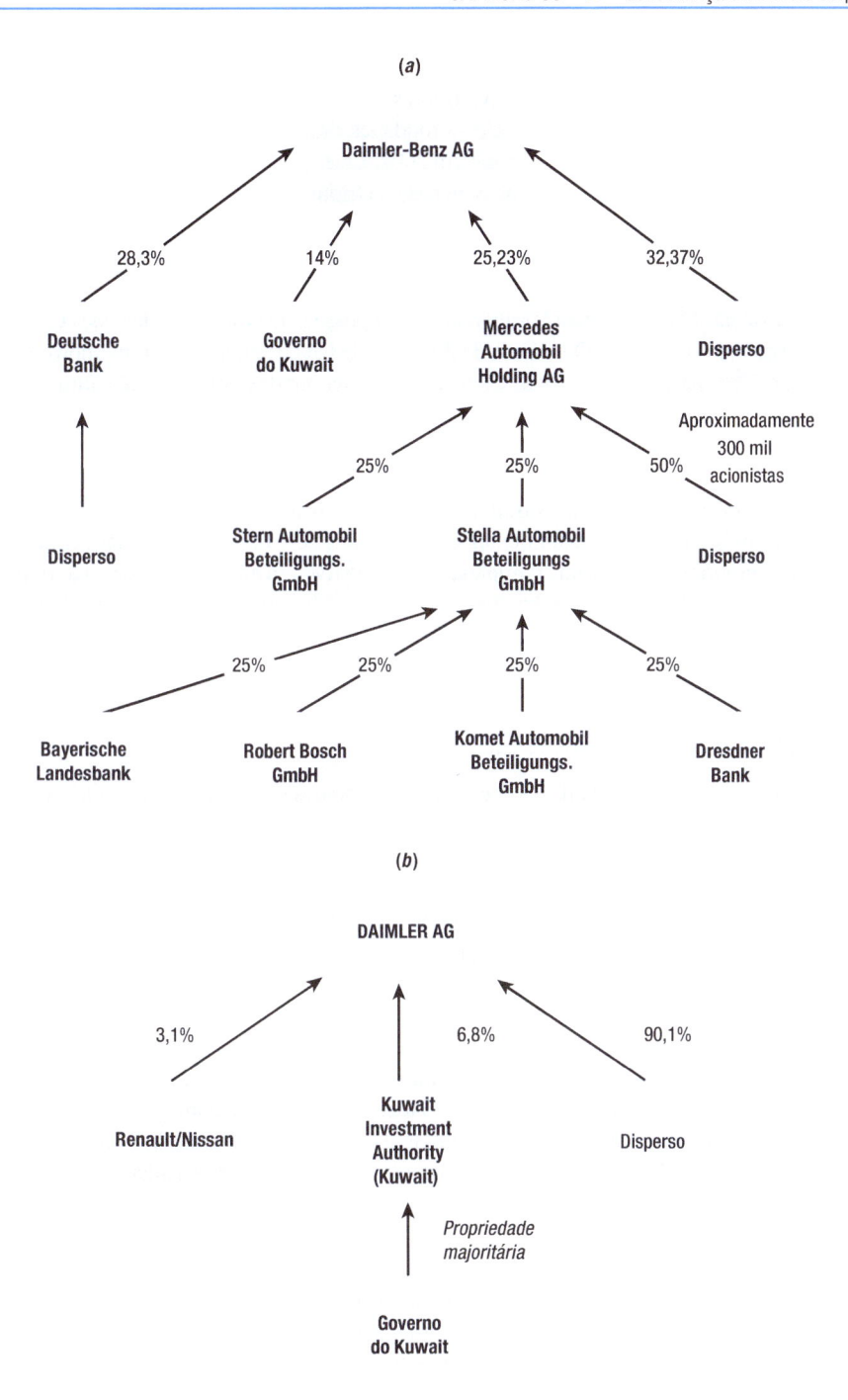

CAPÍTULO 33 • Governança e controle corporativo ao redor do mundo 831

(a)

Daimler-Benz AG

- 28,3% — Deutsche Bank
- 14% — Governo do Kuwait
- 25,23% — Mercedes Automobil Holding AG
- 32,37% — Disperso

Mercedes Automobil Holding AG:
- Disperso → Stern Automobil Beteiligungs. GmbH — 25% → Mercedes Automobil Holding AG
- Stella Automobil Beteiligungs GmbH — 25% → Mercedes Automobil Holding AG
- Disperso — 50% → Mercedes Automobil Holding AG (Aproximadamente 300 mil acionistas)

- Bayerische Landesbank — 25% → Stern Automobil Beteiligungs. GmbH
- Robert Bosch GmbH — 25% → Stern Automobil Beteiligungs. GmbH / Stella Automobil Beteiligungs GmbH
- Komet Automobil Beteiligungs. GmbH — 25% → Stella Automobil Beteiligungs GmbH
- Dresdner Bank — 25% → Stella Automobil Beteiligungs GmbH

(b)

DAIMLER AG

- 3,1% — Renault/Nissan
- 6,8% — Kuwait Investment Authority (Kuwait)
- 90,1% — Disperso

Governo do Kuwait → *Propriedade majoritária* → Kuwait Investment Authority (Kuwait)

▶ **FIGURA 33.5** Diagrama (a): propriedade da Daimler-Benz, 1990; Diagrama (b): propriedade da Daimler, 2014.

Fontes: Diagrama (a): J. Franks and C. Mayer, "The Ownership and Control of German Corporations," *Review of Financial Studies* 14 (Winter 2001), Figure 1, p. 949. © 2001 Oxford University Press. Usada com autorização. Diagrama (b): www.Daimler.com.

O diagrama (*b*) exibe a estrutura de propriedades em 2014, a qual é muito diferente. O Deutsche Bank já não tem mais uma posição acionária direta. O governo do Kuwait ainda detém uma posição acionária substancial, em torno de 8%, mas consideravelmente menor do que os 14% detidos em 1990. Além disso, a Renault e a Nissan possuem cerca de 1,5% cada. Há um contraste muito grande entre a situação de 1990, quando somente 32% das ações estavam dispersas com muitos investidores, em comparação com 2014, quando esse número subiu para 90% das ações. A estrutura de propriedades, nesse caso, percorreu um longo caminho até chegar em um padrão de propriedade norte-americano, em que várias empresas de grande porte têm uma grande diluição de ações entre um número substancial de investidores.

Uma das razões importantes para essa mudança drástica na estrutura de propriedades foi uma alteração fiscal que começou a vigorar em 2002. Esses ganhos de capital isentos de tributação das ações vigoraram por mais de um ano com base na tributação das empresas. Antes disso, a taxa de ganhos de capital das empresas havia sido de 52%, o que, para elas, tornava a venda das ações um processo muito dispendioso.

A Daimler não foi a única companhia a ter uma queda significativa no nível de propriedade bancária. Dittman, Maug e Schneider apontam que a posse bancária média de ações caiu de 4,1% em 1994 para 0,4% em 2005. O número de diretores de bancos eleitos como membros de conselhos caiu de 9,6% para 5,6% do total. Os resultados encontrados por esses três autores sugerem que os bancos agora não estão essencialmente mais interessados em utilizar seus representantes nos conselhos para promover suas atividades bancárias de investimento e de financiamento. No entanto, as empresas com conselhos que abrigam representantes bancários aparentemente têm desempenho pior do que empresas similares sem tal presença.[13]

Outros países da Europa continental, como a França e a Itália, também têm empresas com estruturas de propriedades bastante complexas, mas não tiveram alterações fiscais tão importantes como as que ocorreram na Alemanha. Todavia, tem havido uma série de mudanças regulatórias que, sobretudo, tiveram o efeito de tornar a estrutura legal da governança corporativa ainda mais similar à encontrada nos Estados Unidos.[14]

Os conselhos administrativos na Europa

A Alemanha possui um sistema de *codeterminação*. Grandes empresas (geralmente, com mais de 2 mil funcionários) têm *dois* conselhos administrativos: o de supervisão (*Aufsichtsrat*) e o de gestão (*Vorstand*). Metade do conselho de supervisão é eleita pelos funcionários, incluindo gestores, trabalhadores e representantes sindicais. A outra metade representa os acionistas e, geralmente, inclui membros executivos de bancos. Há também um presidente, eleito pelos acionistas, que pode exercer voto de qualidade em casos de empate.

O conselho de supervisão representa os interesses da empresa como um todo, não apenas os interesses dos funcionários ou dos acionistas. Supervisiona a estratégia e elege, e também monitora o conselho de gestão, o qual dirige as operações da organização. Geralmente, os conselhos de supervisão têm 20 membros, mais do que é comum nos Estados Unidos, ou no Reino Unido, mas menos do que no Japão. Os conselhos de gestão têm cerca de 10 membros.

Na França, as empresas podem eleger um único conselho administrativo, como nos Estados Unidos, no Reino Unido e no Japão, ou um sistema dual, como na Alemanha. O conselho único, que é o mais comum, é basicamente constituído por administradores externos, os quais são acionistas e representantes de instituições financeiras com as quais a empresa tem relações. O sistema dual tem um conselho de vigilância (*conseil de surveillance*), órgão que se assemelha ao conselho de supervisão alemão, e um diretório (*directoire*), que é o conselho de gestão. A respeito da representação dos funcionários, as empresas parcialmente privatizadas e aquelas em que os funcionários detêm 3% ou mais das ações obtêm o direito de ter administradores eleitos por eles próprios.

Acionistas X *stakeholders*

Muitas vezes é sugerido que as empresas deveriam ser geridas em nome de todas as partes interessadas, ou *stakeholders*, e não apenas dos acionistas (*shareholders*). Outros *stakeholders* incluem funcionários, clientes, fornecedores e as comunidades onde as fábricas e escritórios da empresa estão localizados.

---

[13] Ver I. Dittmann, E. Maug, and C. Schneider. "Bankers on the Boards of German Firms: What They Do, What They Are Worth, and Why They Are (Still) There." *Review of Finance*, 14 (2010), pp.35-71

[14] Ver L. Enriques and P. Volpin. "Corporate Governance Reforms in Continental Europe," *Journal of Economic Perspectives* 21 (2007), pp. 117-140.

Diferentes países assumem visões distintas. Nos Estados Unidos, no Reino Unido e em outras economias "anglo-saxônicas", a ideia de valorizar o valor aos acionistas é amplamente aceita como a principal meta financeira da empresa.

Em outros países, os interesses dos trabalhadores ficam mais em evidência. Na Alemanha, por exemplo, conforme já foi analisado, os trabalhadores de grandes empresas têm o direito de eleger até metade dos diretores dos conselhos administrativos de sua instituição. Como resultado, eles cumprem um papel significativo na governança da empresa e menos atenção é prestada aos acionistas.[15] No Japão, os gestores costumam colocar os interesses dos funcionários e dos clientes em pé de igualdade, ou mesmo à frente, dos interesses dos acionistas.

A Figura 33.6 resume os resultados de entrevistas com executivos de grandes empresas em cinco países. Executivos japoneses, alemães e franceses acreditam que suas empresas devem ser conduzidas em nome de todas as partes interessadas, enquanto executivos norte-americanos e britânicos afirmam que os acionistas devem vir em primeiro lugar. Quando questionados sobre como deve pender a balança entre a segurança dos empregos e os dividendos, a maioria dos executivos norte-americanos e britânicos consideram que os dividendos devem ter a prioridade. Em contraste, quase todos os executivos japoneses e a maioria dos franceses e alemães acreditam que a segurança dos empregos deve vir em primeiro lugar.

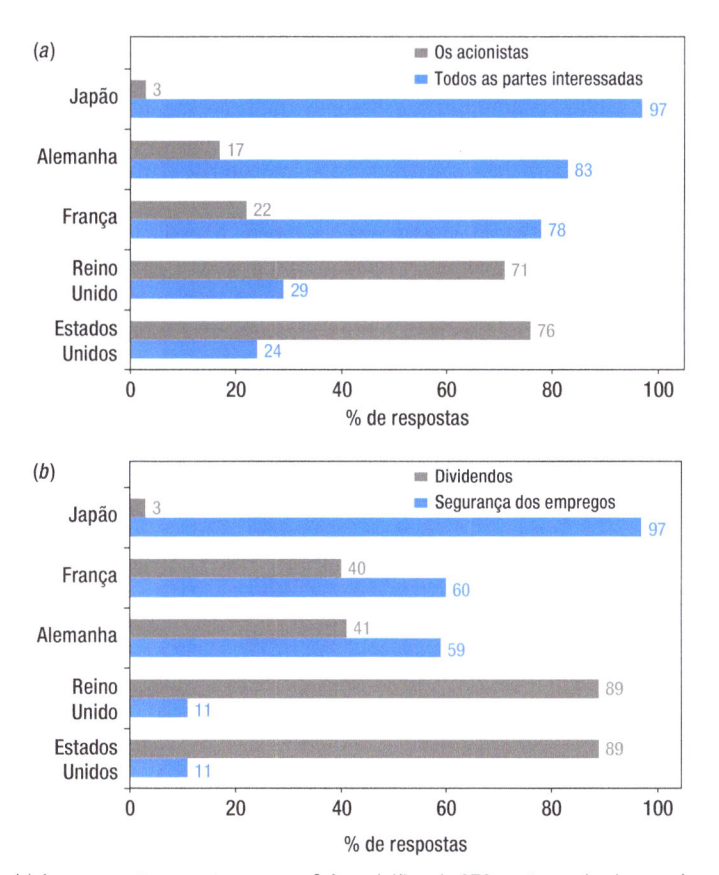

▶ **FIGURA 33.6** (a) A quem pertence esta empresa? As opiniões de 378 gestores de cinco países.
(b) O que é mais importante: a segurança no emprego para os funcionários ou os dividendos aos acionistas? As opiniões de 399 gestores de cinco países.

Fonte: M. Yoshimori, "Whose Company is it? The Concept of Corporation in Japan and the West," *Long Range Planning* 28 (August 1995), pp. 2-3, 33-34. Copyright © 1995 com permissão da Elsevier Science.

---

[15] A citação a seguir do banqueiro alemão Carl Fürstenberg (1850-1933) oferece uma versão extrema de como os acionistas eram encarados pelos gestores alemães: "Acionistas são burros e impertinentes – burros porque dão dinheiro a outra pessoa sem qualquer controle efetivo sobre o que ela está fazendo com ele e impertinentes porque exigem dividendos como recompensa por sua burrice". Citado por M. Hellwig, "On the Economics and Politics of Corporate Finance and Corporate Control," in *Corporate Governance*, ed. X. Vives (Cambridge, U.K.: Cambridge University Press, 2000), p. 109.

Conforme os mercados de capital se tornam mais globais, empresas de todos os países se sentem mais pressionadas a adotar a criação de riqueza para os acionistas como a meta principal. Algumas empresas alemãs, incluindo a Daimler e o Deutsche Bank, já anunciaram como sua meta principal a criação de riqueza para os acionistas. No Japão, também tem havido alguma movimentação nessa direção, seguindo uma forte tendência nos últimos anos de cada vez mais corporações passando para as mãos de estrangeiros.

Talvez não devamos tirar conclusões muito definitivas dessas diferenças de objetivos. Por si só, as forças competitivas obrigam empresas alemãs e japonesas a tocarem seus negócios com rédea firme. Da mesma forma, o foco das empresas norte-americanas nos acionistas não significa que elas podem passar para trás seus clientes ou funcionários. Como examinamos no Capítulo 1, corporações agregam valor estabelecendo uma reputação de negócios justos e integridade junto a todos os seus *stakeholders*. Essa mensagem fica explícita em um estudo de Alex Edmans, que descobriu que as empresas norte-americanas com os funcionários mais satisfeitos também proporcionam retornos superiores a seus acionistas.[16]

Propriedade e controle em outros países

La Porta, Lopez-de-Silanes e Shleifer estudaram a propriedade de empresas em 27 economias desenvolvidas.[17] Encontraram-se relativamente poucas delas com ações ativamente negociadas e propriedade dispersa. O padrão de propriedade significativa por bancos e outras instituições financeiras também não é muito comum. Em vez disso, as empresas são tipicamente controladas por famílias abastadas ou pelo Estado. Normalmente, os acionistas que detêm o controle em última instância têm o controle seguro das votações, mesmo quando não têm a maioria dos lucros, dos dividendos ou dos valores dos ativos.

O controle por famílias é comum na Europa e, também, na Ásia. O Quadro 33.1 resume um estudo de Claessens, Djankov e Lang que pesquisou a propriedade, em 1996, de uma amostra de quase 3 mil empresas asiáticas. Exceto no Japão, uma grande proporção das empresas com ações negociadas em bolsa eram controladas por propriedade familiar. Assim, famílias abastadas con-

QUADRO 33.1 Controle por famílias na Ásia

		Controle[a]			Porcentagem de ativos[b] controlados pelas 10 famílias principais
	Número de empresas na amostra	Família	Estado	Disperso	
Hong Kong	330	66,7%	1,4%	7,0%	32,1%
Indonésia	178	71,5	8,2	5,1	57,7
Japão	1.240	9,7	0,8	79,8	2,4
Coreia	345	48,4	1,6	43,2	36,8
Malásia	238	67,2	13,4	10,3	24,8
Filipinas	120	44,6	2,1	19,2	52,5
Cingapura	221	55,4	23,5	5,4	26,6
Taiwan	141	48,2	2,8	26,2	18,4
Tailândia	167	61,6	8,0	6,6	46,2

[a] "Controle" significa posse de ações com no mínimo 20% dos direitos de voto. Porcentagens controladas por empresas ou instituições financeiras não são reportadas.
[b] Porcentagem dos ativos totais de todas as empresas das amostras em cada país.
Fonte: S. Claessens, S. Djankov, and L. H. P. Lang, "The Separation of Ownership and Control in East Asian Corporations," *Journal of Financial Economics* 58 (October/November 2000), Table 6, p. 103, and Table 9, p. 108. © 2000 Elsevier, publicado com autorização.

---

[16] Ver A. Edmans, "The Link Between Job Satisfaction and Firm Value, With IMplications for Corporate Social Responsibility," *Academy of Management Perspectives* 26 (2012), pp. 1-19.

[17] R. La Porta, F. Lopez-de-Silanes, and A. Shleifer, "Corporate Ownership around the World," *Journal of Finance* 54 (1999), pp. 471-517.

trolam grande parte de muitas economias asiáticas. Por exemplo, em Hong Kong, os 10 maiores grupos familiares controlam 32% dos ativos do conjunto das empresas com ações negociadas nas bolsas de valores. Na Tailândia, as 10 maiores famílias controlam 46% dos ativos. Na Indonésia, controlam quase 58% dos ativos.[18]

O controle familiar não significa necessariamente uma maioria das ações. Ele é normalmente exercido por meio de participações cruzadas, pirâmides e duas classes de ações. Já discutimos participações cruzadas. As pirâmides e as duas classes de ações necessitam de explicações adicionais.

Pirâmides   As pirâmides são comuns nos países asiáticos e em vários países europeus.[19] Em uma pirâmide, o controle é exercido por uma sequência de posições de controle em várias camadas de empresas. As empresas efetivamente operacionais estão na base da pirâmide. Por cima de cada empresa operacional está uma primeira *holding*, depois outra e, talvez, ainda outras na parte de cima da pirâmide.[20] Considere uma pirâmide de três níveis e uma única empresa operacional. Parta do princípio de que 51% dos votos proporcionam o controle em cada nível. Suponha que a segunda *holding* – a que está mais alta na pirâmide – detém uma participação de controle de 51% na *holding* que está abaixo, a qual, por sua vez, detém uma participação de controle de 51% na empresa operacional. Uma participação de 51% na *holding* mais elevada é apenas uma participação de 26% na empresa operacional ($0{,}51 \times 0{,}51 = 0{,}26$ ou 26%). Assim, um investidor na *holding* de topo pode controlar uma empresa operacional valendo $100 milhões com um investimento de apenas $26 milhões. Acrescentando outra camada, o investimento necessário cai para $0{,}51 \times 26 = \$13$ milhões.

Duas classes de capital   Outra maneira de manter controle é deter ações com direitos de voto extra. Pode haver uma classe especial de ações vinculadas a votos extra. Por exemplo, as ações de Classe A de uma empresa podem ter 10 votos e as de Classe B, apenas um voto. A situação de *duas classes de capital* ocorre frequentemente em muitos países, incluindo Brasil, Canadá, Dinamarca, Finlândia, Alemanha, Itália, México, Noruega, Coreia do Sul, Suécia e Suíça. Ações com direitos de votos diferentes também ocorrem (mas com menos frequência) na Austrália, no Chile, na França, em Hong Kong, na África do Sul, no Reino Unido e nos Estados Unidos[21]. Por exemplo, a Ford Motor Company ainda é controlada pela família Ford, que detém uma classe especial de ações com 40% dos direitos de voto. Muitas empresas novas de tecnologia, tais como Google, Facebook e LinkedIn, possuem ações vinculadas a duas classes de capital que proporcionam aos seus fundadores um grau considerável de controle.

Como discutimos brevemente no Capítulo 14, há uma grande variação no valor dos votos de país para país. O Quadro 33.2 mostra as estimativas de Tatiana Nenova sobre os valores de blocos de controle em vários países, calculados como uma fração do valor de mercado da respectiva organização. Esses valores são calculados a partir das diferenças de preços entre ações ordinárias e ações com direitos de voto extra. O leque de valores é extenso. Por exemplo, os países escandinavos têm, de modo uniforme, prêmios baixos para o controle. A Coreia do Sul e o México têm prêmios de controle muito elevados.

Por que o controle do acionista é importante? Por duas razões, uma positiva e outra negativa. O acionista com o controle da empresa pode maximizar o valor por meio da vigilância da gestão e, também, garantindo que a organização siga as melhores estratégias operacionais e de investimento. Mas, por outro lado, o acionista de controle pode ser tentado a *capturar* valor extraindo benefícios privados à custa dos outros acionistas. Nesse caso, o prêmio do controle é realmente um desconto sobre as ações com direitos inferiores de voto, desconto este que reflete o valor que esses acionistas *não* poderão esperar receber.

---

[18] A maior empresa do mundo, a petrolífera Saudi Aramco, é de propriedade integra da família real saudita.

[19] L. A. Bebchuk, R. Kraakman, and G. R. Triantis, "Stock Pyramids, Cross-Ownership, and Dual Class Equity," in *Concentrated Corporate Ownership*, ed. R. Morck (Chicago: University of Chicago Press, 2000), pp. 295-318.

[20] Uma *holding* é uma companhia cujos únicos ativos são participações de controle em outras empresas.

[21] A modalidade de duas classes de capital é proibida na Bélgica, China, Japão, Cingapura e Espanha.

QUADRO 33.2 Valor de blocos de controle de voto em proporção ao valor da empresa

Austrália	0,23	Itália	0,29
Brasil	0,23	Coreia	0,48
Canadá	0,03	México	0,36
Chile	0,23	Noruega	0,06
Dinamarca	0,01	África do Sul	0,07
Finlândia	0,00	Suécia	0,01
França	0,28	Suíça	0,06
Alemanha	0,09	Reino Unido	0,10
Hong Kong	−0,03	Estados Unidos	0,02

Fonte: T. Nenova, "The Value of Corporate Voting Rights and Control: A Cross-Country Analysis", *Journal of Financial Economics* 68 (June 2003), Table 4, p. 336. © 2003 Elsevier, publicado com autorização.

Os conglomerados revisitados

Obviamente, também há exemplos de empresas dos Estados Unidos que são controladas por famílias ou por investidores detendo grandes blocos de ações. Mas, nesses casos, o controle é exercido sobre uma única empresa, não sobre um grupo de empresas. Em outras partes do mundo, e especialmente em países sem mercados financeiros bem desenvolvidos, o controle abrange grupos de empresas em diversas atividades. Esses grupos são, na realidade, conglomerados.

Na Coreia, por exemplo, os 20 maiores conglomerados controlam cerca de 40% do total de ativos corporativos do país. Esses *chaebols* são também fortes exportadores: nomes como Samsung e Hyundai são reconhecidos no mundo inteiro. Na América Latina, os conglomerados também são frequentes. Um dos mais bem-sucedidos, a *holding* chilena Quinenco, participa de uma estonteante variedade de negócios, incluindo hotéis e produção de cerveja, serviços de telefonia móvel, bancos e produção de cabos de cobre. Grupos muito diversificados também são comuns na Índia. O maior deles, o Grupo Tata, estende-se por 80 empresas em vários ramos de atividade, incluindo aço, energia elétrica, imóveis, telecomunicações e serviços financeiros. Todas essas empresas tem as suas ações cotadas e negociadas em bolsas de valores, mas o controle é detido pelo grupo e, em última instância, pela família Tata.

Os Estados Unidos conheceram uma onda de fusões que levaram à formação de conglomerados nas décadas de 1960 e 1970, mas a diversificação não resultou em maior valor de longo prazo, e a maior parte dos conglomerados dessa era já foi dissolvida, mas os conglomerados sobrevivem e crescem nas economias em desenvolvimento. Por quê?

Parte da resposta é: propriedade familiar. Uma família abastada pode reduzir o risco mantendo o controle e expandindo os negócios da família para novos ramos de atividade. É certo que essa família poderia também diversificar pela aquisição de ações de outras empresas. Mas onde os mercados são limitados e a proteção do investidor é fraca, a diversificação interna pode superar a diversificação financeira. A diversificação interna implica operar em um mercado de capitais interno, mas, bem vistas as coisas, se as instituições e os mercados financeiros de um país forem abaixo do padrão, um mercado de capitais interno pode não ser muito ruim.

"Abaixo do padrão" não significa apenas reduzida dimensão ou falta de liquidez do mercado. Pode também significar a existência de regulamentos governamentais que limitem o acesso ao financiamento bancário ou que requeiram autorização prévia para a emissão de ações ou de obrigações.[22] Pode significar informação insuficiente ou de baixa qualidade. Se os padrões contábeis forem imprecisos e as empresas tiverem tendência para o sigilo, a vigilância por investidores externos torna-se muito cara e difícil, e os custos de agência proliferam.

Diversificar internamente pode também ser a única maneira prática de crescer. Não se pode ser grande *e* focalizado em uma economia pequena e fechada, porque a escala de empresa de uma

---

[22] Nos Estados Unidos, a SEC *não* tem poderes para impedir emissões de ações. O seu mandato consiste apenas em garantir que os investidores tenham acesso à informação adequada.

só atividade está limitada pelo mercado local. A dimensão pode ser uma vantagem se as maiores empresas tiverem acesso mais fácil aos mercados financeiros internacionais. Isso é importante se os mercados financeiros locais forem ineficientes. A dimensão também significa poder político, o qual é especialmente importante em economias controladas ou em países em que a política econômica do governo é imprevisível.

Muitos grupos de negócios amplamente diversificados têm sido eficientes e bem-sucedidos, particularmente em países como a Coreia, que cresceram rapidamente. Mas também há um lado negro. Por vezes, os grupos de negócios em conglomerados *canalizam* recursos entre empresas do grupo às custas dos acionistas externos minoritários. A empresa X, pertencente ao Grupo, pode transferir valor para a empresa Y emprestando-lhe dinheiro a taxa de juro baixa, comprando produtos de Y a preço elevado ou pela venda a Y de ativos de X por preços baixos. Bertrand, Mehta e Mullainathan encontraram provas de ampla utilização dessas práticas na Índia.[23] Johnson, Boone, Breach e Friedman fazem notar que a tentação para essas práticas é mais forte durante recessões ou crises financeiras e defendem que essa canalização de recursos – e má governança corporativa, em geral – contribuiu para a crise asiática de 1997-1998.[24]

33.3 Essas diferenças têm importância?

Aparentemente, um bom sistema financeiro acelera o crescimento econômico.[25] De fato, pelo menos uns rudimentos de mecanismos financeiros parecem ser necessários para que haja algum crescimento. Raghu Rajan e Luigi Zingales dão o exemplo de uma artesã de cadeiras de bambu, em Bangladesh, que precisa de 22 centavos para comprar as matérias-primas de uma cadeira. Infelizmente, ela não tinha os 22 centavos e tinha de pedi-los emprestados a um intermediário. Era forçada a vender as cadeiras aos que lhe emprestavam o dinheiro e ficava com apenas 2 centavos de lucro. Por causa da falta de financiamento, ela nunca foi capaz de quebrar esse círculo de pobreza. Por outro lado, os mesmos autores dão o exemplo de Kevin Taweel e Jim Ellis, dois MBAs de Stanford, que conseguiram comprar o próprio negócio pouco depois de acabarem o curso. Eles não tinham capital suficiente, mas conseguiram obter financiamento a fim de poderem procurar a aquisição adequada, e, depois, obtiveram fundos adicionais para completarem a operação.[26] Taweel e Ellis se beneficiaram de um moderno sistema financeiro, incluindo um mercado de *private equity* sofisticado.

É fácil compreender a relação entre desenvolvimento financeiro e econômico observando uma decisão financeira muito simples. Suponha que você precise decidir se deve dar crédito a um pequeno negócio. Se estiver nos Estados Unidos, pode obter quase instantaneamente, via Internet, um relatório da Dun & Bradstreet sobre qualquer uma das dezenas de milhões de empresas e negócios. Esse relatório mostrará as demonstrações financeiras da empresa, a dimensão média dos saldos bancários e se a empresa costuma pagar em dia. O relatório inclui também uma pontuação (*score*) da credibilidade da empresa. Uma disponibilidade de informação de crédito tão ampla reduz o custo dos empréstimos e aumenta a oferta de crédito. Além disso, implica também que nenhum financiador individual tem monopólio da informação, fato que aumenta a concorrência entre os fornecedores de crédito e reduz os custos para os que pedem empréstimos. Em contrapartida, na maioria dos países em desenvolvimento, não é possível obter uma boa informação sobre a credibilidade das empresas, e o crédito, sobretudo para as pequenas empresas, é tanto reduzido como caro.

Obviamente, as finanças têm importância, mas, se se tratar de um sistema avançado, será que a natureza do sistema financeiro é importante? Faz alguma diferença se um país desenvolvido tem um sistema com base nos mercados ou com base nos bancos? Ambos os sistemas são eficientes, mas cada um tem suas vantagens próprias.

---

[23] M. Bertrand, P. Mehta, and S. Mullainathan, "Ferreting out Tunneling: An Application to Indian Business Groups," *Quarterly Journal of Economics* 117 (February 2002), pp. 121-148.

[24] S. Johnson, P. Boone, A. Breach, and E. Friedman, "Corporate Governance in the Asian Financial Crisis," *Journal of Financial Economics* 58 (October/November 2000), pp. 141-186.

[25] R. Levine, "Financial Development and Economic Growth: Views and Agenda," *Journal of Economic Literature* 35 (1997), pp. 688-726; e R. Rajan and L. Zingales, "Financial Dependence and Growth," *American Economic Review* 88 (1998), pp. 559-586.

[26] R. Rajan and L. Zingales, *Saving Capitalism from the Capitalists* (New York: Crown Business, 2003), pp. 4-8.

Risco e visão de curto prazo

Se você voltar a observar a Figura 33.2, verá que o montante de risco suportado pelas famílias nas suas carteiras de ativos financeiros varia significativamente de país para país. Em um extremo está o Japão, em que as famílias colocam mais da metade dos seus ativos financeiros em depósitos bancários. A maior parte do que resta está em seguros e fundos de pensões, os quais, no Japão, fazem pagamentos fixos e não estão ligados ao mercado de ações. Só uma pequena proporção das carteiras das famílias está exposta aos riscos desse mercado e ao risco das empresas japonesas. As famílias europeias também têm uma exposição relativamente reduzida aos riscos do setor empresarial. No outro extremo, as famílias nos Estados Unidos têm grandes investimentos em ações e em fundos mútuos.

Como é óbvio, alguém tem de arcar com os riscos dos negócios. Os riscos que não são suportados pelas famílias são passados para os bancos e outras instituições financeiras e, por fim, para o governo. Na maior parte dos países, o governo garante os depósitos bancários, explícita ou implicitamente. Se os bancos entrarem em dificuldades, o governo intervém e a sociedade como um todo arca com o peso do risco. Foi isso o que aconteceu na crise de 2007-2009.[27]

Alguns autores argumentam que as empresas podem "investir a longo prazo" nos sistemas financeiros baseados em bancos, em que as instituições financeiras absorvem o risco do negócio e poucos indivíduos investem diretamente no mercado de ações. Supõe-se que as ligações estreitas das empresas japonesas e das empresas alemãs com os bancos impedem a temida doença do *"curto prazismo"*. E supõe-se que as empresas dos Estados Unidos e do Reino Unido estão cativas da demanda pelos acionistas de retornos rápidos e, em consequência, essas empresas têm de apresentar crescimento rápido dos lucros à custa das vantagens competitivas a longo prazo. Muitos autores acharam que esse argumento era pertinente durante a última parte da década de 1980, quando as economias japonesa e alemã estavam especialmente robustas.[28] Quando as economias baseadas em mercado pularam à frente nos anos 90, as opiniões mudaram junto. Se o "curto prazismo" é um problema em economias baseadas em mercado, por que não oferecer incentivos para que os acionistas mantenham consigo suas ações? A França, por exemplo, já adotou uma regra que confere direitos extras de votação para acionistas de longo prazo. O perigo é que a diminuição do poder de voto dos novos investidores pode servir para proteger gestores incompetentes em seus cargos.

Setores em crescimento e setores em declínio

Os sistemas com base no mercado parecem ser particularmente bem-sucedidos quanto ao desenvolvimento de indústrias completamente novas. Por exemplo, as ferrovias se desenvolveram mais cedo no Reino Unido, no século XIX, financiadas em grande parte por meio da Bolsa de Valores de Londres. No século XX, os Estados Unidos foram os primeiros a desenvolverem a produção automobilística de massa, embora o automóvel tenha sido inventado na Alemanha. A indústria de aviões comerciais foi também basicamente desenvolvida nos Estados Unidos, tal qual a informática, depois da II Guerra Mundial, e, mais recentemente, a biotecnologia e as indústrias da Internet.[29] Por outro lado, a Alemanha e o Japão, dois países com sistemas financeiros baseados nos bancos, sustentaram sua vantagem competitiva em indústrias estabelecidas, tais como a automobilística.

Por que os mercados financeiros são melhores quando se trata de estimular indústrias inovadoras?[30] Quando são descobertos novos produtos ou processos, há uma grande diversidade de opiniões sobre as perspectivas da nova indústria e sobre o melhor modo de desenvolvê-la. Os mercados financeiros acomodam essa diversidade, permitindo que empresas jovens e ambiciosas

---

[27] Outra possibilidade é os bancos que adotarem uma visão de longo prazo e estiverem sujeitos a concorrência acirrada poderem igualar o risco entre diferentes gerações, constituindo reservas quando os lucros são elevados e usando-as quando os lucros são baixos. A concorrência dos mercados financeiros impede esse tipo de partilha de risco entre gerações diferentes. As gerações com lucros elevados querem recebê-los e não estão dispostas a acumular reservas. Ver Allen and D. Gale, "Financial Markets, Intermediaries, and Intertemporal Smoothing," *Journal of Political Economy* 105 (June 1997), pp. 523-546.

[28] Ver M. Porter, "Capital Disadvantage: America's Failing Capital Investment System," *Harvard Business Review*, September/October 1992, pp. 65-82.

[29] Há exemplos contrários, tal como o desenvolvimento da indústria química de grande escala na Alemanha do século XIX.

[30] Ver F. Allen and D. Gale, "Diversity of Opinion and the Financing of New Technologies," *Journal of Financial Intermediation* 8 (April 1999), pp. 68-89.

procurem investidores com a mesma mentalidade para financiar o respectivo crescimento. É menos provável que isso aconteça quando o financiamento tem de provir de uns poucos bancos principais.

Além disso, os sistemas com base no mercado parecem ser mais eficazes em forçar empresas e indústrias em declínio a reduzirem atividade e liberaram capital.[31] Quando uma empresa não consegue ganhar o seu custo de capital e ainda mais crescimento destruiria valor, a cotação das ações cai, e essa queda envia um sinal claramente negativo. Todavia, em sistemas com base em bancos, as empresas não econômicas muitas vezes são salvas. Quando a Mazda teve dificuldades financeiras, na década de 1970, o Banco Sumitomo garantiu as dívidas da empresa e orquestrou uma operação de salvamento, em parte exortando os funcionários do seu *keiretsu* a comprar carros Mazda. O Banco Sumitomo tinha um incentivo para fazer a salvação, porque sabia que, após a recuperação da Mazda, continuaria a tê-la como cliente. Na década de 1990, houve bancos japoneses que continuaram a fazer empréstimos a empresas "fantasmas", mesmo muito depois de ter se tornado claro que não havia perspectivas de recuperação. Por exemplo, uma coligação de bancos manteve em funcionamento a empresa varejista Sogo durante vários anos, apesar de haver provas claras de insolvência. Quando, finalmente, a Sogo faliu, em 2000, havia um acúmulo de dívidas de ¥1,9 trilhões.[32]

Transparência e governança

Apesar de todas as vantagens dos sistemas com base no mercado, por vezes acontecem acidentes graves. Pense nas muitas subidas de custos e custosas quebras empresariais após o *boom* das telecomunicações e das ponto.com, nos últimos anos da década de 1990. No capítulo anterior, vimos a falência da WorldCom, avaliada em $100 bilhões (reorganizada sob o nome de MCI e agora parte da Verizon). Mas a quebra mais notória foi a da Enron, que foi à falência no final de 2001.

A Enron começou como uma empresa de gasodutos, mas se expandiu rapidamente para o comércio de energia e de mercadorias, e fez grandes investimentos na geração de eletricidade, nas comunicações de banda larga e em empresas de tratamento de água. No final de 2000, o seu valor de mercado situava-se na casa dos $60 bilhões. Um ano mais tarde e a empresa estava falida. Mas aqueles $60 bilhões não foram realmente perdidos quando a empresa foi à falência, porque a maior parte pura e simplesmente não estava lá. No final de 2001, a Enron era, de várias maneiras, uma concha vazia. A cotação de suas ações no mercado era sustentada mais pelo entusiasmo dos investidores do que pelos resultados operacionais de suas atividades. A empresa tinha acumulado grandes dívidas ocultas. Por exemplo, a Enron endividou-se agressivamente por meio de sociedades de propósito específico (*special-purpose entities* – SPEs). As dívidas dessas entidades não aparecem no balanço da Enron, embora muitas delas não cumprissem os requisitos para serem omitidas. (A queda da Enron arrastou consigo a queda de sua empresa de contabilidade, a Arthur Andersen.)

As más notícias começaram a vir a público nos últimos meses de 2001. Em outubro, a Enron anunciou a anulação de $1 bilhão nos negócios de tratamento de água e de banda larga. Em novembro, procedeu à consolidação retroativa das SPEs, o que aumentou a dívida inscrita no balanço em $658 milhões e reduziu os lucros acumulados em $591 milhões.[33] A classificação de suas obrigações caiu para níveis de elevadíssimo risco (*junk*) em 28 de novembro, e a empresa declarou à falência em 2 de dezembro.

O caso da Enron demonstra a importância da *transparência* em sistemas com base no mercado. Se uma empresa for transparente com os investidores externos – se os investidores puderem ver a real lucratividade e as verdadeiras perspectivas – então os problemas aparecem logo na queda da cotação das ações. Por sua vez, isso suscita maior escrutínio pelos analistas financeiros, pelas agências de *rating* e pelos investidores. Pode também levar a uma aquisição hostil.

---

[31] Ver R. Rajan and L. Zingales, "Banks and Markets: The Changing Character of European Finance," in V. Gaspar, P. Hartmann, O. Sleijpen (eds.), *The Transformation of the European Financial System*, Second ECB Central Banking Conference, October 2002, Frankfurt, Germany. (Frankfurt: European Central Bank, 2003), pp. 123-167.

[32] T. Hoshi and A. Kashyap, "Japan's Financial Crisis and Economic Stagnation," *Journal of Economic Perspectives* 18 (Winter 2004), pp. 3-26.

[33] A Enron defrontava-se com muitos outros problemas financeiros. Por exemplo, disse aos investidores que tinha coberto os riscos das transações das SPEs, mas não disse que essas sociedades estavam garantidas com o penhor das ações da própria Enron. Quando a cotação das ações caiu, a corda estourou. Ver P. Healy and K. Palepu, "The Fall of Enron," *Journal of Economic Perspectives* 17 (Spring 2003), pp. 3-26.

Com transparência, os problemas de empresas levam, geralmente, a ações corretivas. Mas a alta direção de uma empresa opaca e em dificuldades financeiras pode conseguir manter a cotação das ações e adiar a disciplina do mercado. A disciplina do mercado só apanhou a Enron um ou dois meses antes da falência.

A falta de transparência já não é tão perigosa em um sistema com base nos bancos. As empresas têm relações duráveis com os bancos, os quais podem vigiar estreitamente a empresa e exigir que esta estanque as perdas ou cancele estratégias muito perigosas. Mas não há sistema financeiro que consiga evitar totalmente quebras ocasionais de organizações.

A Parmalat, empresa italiana do ramo alimentício, parecia ser uma organização solidamente lucrativa com boas perspectivas de crescimento. Tinha se expandido pelo mundo e, em 2003, estava em operação em 30 países com 36 mil funcionários. Reportou cerca de € 2 bilhões de dívida, mas também afirmava ter uma grande carteira de dinheiro em caixa e de títulos de curto prazo de grande liquidez. Mas começaram a acumular-se dúvidas sobre a solidez financeira da organização. Em 19 de dezembro de 2003, foi revelado que um depósito bancário de € 3,9 bilhões reportado pela Parmalat nunca existira. Em duas semanas, a cotação das ações da Parmalat caiu 80%, e a empresa foi colocada sob administração judicial (o processo italiano de falência) em 24 de dezembro. Os investidores ficaram sabendo que a verdadeira dívida da Parmalat excedia € 14 bilhões, que mais uns bilhões de euros de ativos haviam desaparecido por um buraco negro e que as vendas e os lucros tinham sido superavaliados.

Seria ótimo sonhar com um sistema financeiro que protegesse completamente os investidores contra surpresas desagradáveis como a da Enron ou da Parmalat. Contudo, uma proteção completa dos investidores é impossível. Na realidade, a proteção completa seria ineficiente e pouco inteligente, mesmo que fosse possível. Por quê? Porque os investidores externos não podem saber tudo o que os gestores estão fazendo ou por que o estão fazendo. Por isso, os gestores necessitam de um grau de poder para atuar em resposta a oportunidades ou problemas imprevistos.

Com tal poder discricionário, eles consideram o seu próprio interesse e o interesse dos investidores. Problemas de agência são inevitáveis, e o melhor que um sistema financeiro pode conseguir é proteger os investidores de modo razoável e tentar manter a congruência entre os interesses dos gestores e dos investidores. Já discutimos os problemas de agência em várias partes do livro, mas não faz mal reiterar os mecanismos que mantêm esses problemas sob controle:

- Leis e regulamentos que protejam os investidores externos de transações em interesse próprio por parte de quem está dentro da empresa.
- Requisitos de informações e de padrões contábeis que mantenham as empresas cotadas razoavelmente transparentes.
- Vigilância por bancos e por outras instituições financeiras.
- Vigilância por conselhos de diretores.
- A ameaça de aquisições hostis (embora essas sejam raras em muitos países).
- Remunerações ligadas aos lucros e às cotações das ações em bolsas de valores.

Neste capítulo, acentuamos a importância da proteção do investidor para o desenvolvimento dos mercados financeiros, mas não se deve partir do princípio de que mais proteção para os investidores é sempre uma coisa boa. Uma empresa é uma espécie de sociedade entre investidores externos e gestores, e funcionários que fazem a organização funcionar. Os gestores e funcionários também são investidores: comprometem capital humano em vez de capital financeiro. Uma empresa de sucesso exige coinvestimento de capital humano e capital financeiro. Quando se dá muito poder ao capital financeiro, o capital humano não aparece – ou, se aparece, não tem a motivação adequada.[34]

---

[34] É complexo avaliar o esforço e o valor do capital humano e, por isso, é difícil estabelecer esquemas de compensação que remunerem apropriadamente o esforço e o capital humano. Assim, pode ser melhor dar aos gestores alguma margem de manobra para atuarem em seu próprio interesse para preservar os incentivos deles. Os acionistas podem proporcionar essa margem de manobra deixando de lado alguns dos seus direitos e comprometendo-se a não interferir caso os gestores e os funcionários capturem benefícios privados se a organização for bem-sucedida. Como se comprometer? Uma maneira é tornar a empresa pública, com ações negociadas nas bolsas de valores. A intervenção direta dos acionistas externos na operação da empresa é difícil e, em conseqüência, rara. Ver M. Burkart, D. Gromb, and F. Panunzi, "Large Shareholders, Monitoring and the Value of the Firm," *Quarterly Journal of Economics* 112 (1997), pp. 693-728; S. C. Myers, "Outside Equity," *Journal of Finance* 55 (June 2000), pp. 1.005-1.037; e S. C. Myers, "Financial Architecture," *European Financial Management* 5 (July 1999), pp. 133-142.

RESUMO

É comum distinguir entre sistemas financeiros com base no mercado e com base nos bancos. Os Estados Unidos têm um sistema com base no mercado, porque têm mercados de ações e de obrigações de grande escala. O Reino Unido também tem um sistema baseado no mercado: o mercado de obrigações é menos importante, mas o mercado acionário do Reino Unido ainda desempenha um papel crucial nas finanças e na governança empresariais. A Alemanha e o Japão têm sistemas com base nos bancos, porque a maior parte do financiamento por títulos de dívida provém de bancos e os mercados acionários desses países são menos importantes.

Obviamente a simples distinção entre bancos e mercados está longe de contar toda a história. Por exemplo:

- As famílias no Reino Unido têm tendência para deter ações de maneira indireta, por meio de seguros e de fundos de pensões. O investimento direto em ações é muito menos comum do que nos Estados Unidos.
- As famílias japonesas detêm relativamente pouco risco em ações. A maior parte das respectivas economias vai para depósitos bancários e apólices de seguro.
- Na Europa, grandes blocos de ações de uma empresa são muitas vezes detidos por outras empresas.
- No Japão, as empresas dependem muito do crédito comercial, isto é, das contas que devem ser pagas a outras empresas.

No Japão e na Alemanha, o papel dos bancos vai muito além dos meros empréstimos de dinheiro. Os maiores bancos japoneses são os centros dos *keiretsus*, grandes grupos de empresas que cooperam entre si. Cada *keiretsu* é mantido coeso por meio de ligações de longa duração com o banco principal e pelas participações cruzadas com outras organizações do grupo.

Os bancos alemães também têm tradicionalmente ligações de longa duração com os seus clientes empresariais (é o sistema de *hausbank*). Os bancos também exercem influência votando em nome de outros investidores por procuração.

A propriedade das grandes empresas cotadas em bolsas de valores, nos Estados Unidos e no Reino Unido, é muito simples: há uma única classe de ações, com propriedade dispersa e grande liquidez de mercado. No Japão, normalmente há uma única classe de ações, mas uma parte significativa delas está mantida em participações cruzadas internas nos *keiretsus*, embora essa fração tenha diminuído desde meados dos anos 1990. Tanto os acionistas japoneses quanto os europeus têm pouca influência na administração dessas empresas, dada a grande concentração da propriedade em bancos e outras empresas.

Nos Estados Unidos e no Reino Unido, a lei coloca os interesses dos acionistas em primeiro lugar. Os diretores e os conselhos administrativos têm um dever de confiança com os acionistas. Mas na Alemanha, o conselho administrativo, que dirige efetivamente a empresa, responde perante um conselho de supervisão, que representa todos os funcionários e também os investidores. A empresa como um todo vem em primeiro lugar.

Fora desses países mais desenvolvidos, emerge um padrão de propriedade muito diferente. Há grupos de empresas que são controlados por famílias e, por vezes, pelo Estado. O controle é mantido por participações cruzadas, por pirâmides e pela emissão de ações com direitos de voto extra para os investidores que exercem o controle.

Há famílias abastadas que controlam grandes frações do setor empresarial de muitos países em desenvolvimento. Esses grupos familiares operam como conglomerados. Os conglomerados são uma espécie em declínio nos Estados Unidos, mas o mercado de capitais interno de um conglomerado pode ter sentido quando as instituições e os mercados financeiros não estão bem desenvolvidos. A escala e a extensão dos conglomerados podem também proporcionar poder político, o que pode acrescentar valor em países onde o governo tenta dirigir a economia ou onde as leis e regulamentos são aplicados de forma errática.

Controle familiar concentrado pode ser uma coisa boa, se for usado para forçar os gestores a serem poupados e a focarem na maximização do valor dos investimentos. Entretanto, a concentração do controle pode também abrir a porta à canalização dos recursos para fora da empresa, à custa dos investidores minoritários.

A proteção para os investidores externos varia muito de país para país. Onde a proteção é boa, os sistemas com base no mercado florescem. Esses sistemas têm certas vantagens: aparentemente, estimulam a inovação e encorajam a liberação de capital nas indústrias em declínio. Por outro lado, os sistemas com base no mercado podem levar a muitos investimentos em inovações em moda, como o colapso do *boom* das telecomunicações e das ponto.com já demonstrou. Sistemas com base nos bancos podem ser melhores para indústrias estabelecidas. Esses sistemas também ajudam a proteger os indivíduos de exposição direta aos riscos dos mercados de ações.

Os sistemas com base no mercado só funcionam bem quando as empresas cotadas em bolsa são razoavelmente transparentes com os investidores. Quando há falta de transparência, como no caso da Enron, é de se esperar que, ocasionalmente, ocorram falências. Os sistemas financeiros com base nos bancos podem ter vantagens na vigilância e no controle de empresas opacas. Os bancos têm relações de longa duração com os seus clientes empresariais e, por isso, têm melhor informação do que os investidores externos.

LEITURAS ADICIONAIS

Os estudos a seguir pesquisam ou comparam sistemas financeiros:

F. Allen and D. Gale, *Comparing Financial Systems* (Cambridge, MA: MIT Press, 2000).

M. Aoki, G. Jackson and H. Miyajima, *Corporate Governance in Japan:* (Oxford: Oxford University Press, 2007).

J. P. Krahnen and R. H. Schmidt (eds.), *The German Financial System* (Oxford: Oxford University Press, 2004).

R. La Porta, F. Lopez-de-Silanes, and A. Shleifer, "Corporate Ownership around the World," *Journal of Finance* 54 (April 1999), pp. 471-517.

Para excelentes discussões sobre administração empresarial, ver:

M. Becht, P. Bolton, and A. Röell, "Corporate Governance and Control" in G. Constantinides, M. Harris, and R. Stulz (eds.), *Handbook of the Economics of Finance* (Amsterdam: North-Holland, 2003), pp. 1-109.

R. Morck and B. Yeung, "Never Waste a Good Crisis: An Historical Perspective on Comparative Corporate Governance," *Annual Review of Financial Economics* 1 (2009), pp. 145 – 179.

A. Shleifer and R. W. Vishny, "A Survey of Corporate Governance," *Journal of Finance* 52 (June 1997), pp. 737-783.

Para discussões sobre o papel da legislação, da política e das finanças, ver:

R. LaPorta, F. Lopez-de-Silanes, and A. Shleifer, "The Economic Consequences of Legal Origins," *Journal of Economic Literature* 46 (2008), pp. 285-332.

R. Rajan and L. Zingales, *Saving Capitalism from the Capitalists* (New York: Crown Business, 2003).

Para evidência de que as finanças têm importância para o crescimento, ver:

R. Levine, "Financial Development and Economic Growth: Views and Agenda," *Journal of Economic Literature* 35 (1997), pp. 688-726.

R. Rajan and L. Zingales, "Financial Dependence and Growth," *American Economic Review* 88 (June 1998), pp. 559-586.

Por fim, se você desejar leituras sobre má administração empresarial:

P. Healy and K. Palepu, "The Fall of Enron," *Journal of Economic Perspectives* 17 (Spring 2003), pp. 3-26.

S. Johnson, R. La Porta, F. Lopez-de-Silanes, and A. Shleifer, "Tunneling," *American Economic Review* 90 (May 2000), pp. 22-27.

PROBLEMAS

BÁSICO

1. **Estrutura de sistema financeiro** Que países possuem:
   a. Os maiores mercados de ações?
   b. Os maiores mercados de obrigações?
   c. A menor detenção direta de ações por investidores individuais?
   d. Os maiores depósitos bancários detidos por investidores individuais?
   e. As maiores detenções de ações por parte de outras empresas?
   f. A maior utilização do crédito comercial para financiar empresas?

   Defina, para cada caso, "maior" ou "menor" como valor total em relação ao PIB.

2. **Estrutura de sistema financeiro** O que é um *keiretsu*? Dê uma breve descrição.

3. **Governança corporativa** Os investidores japoneses desempenham um papel importante na política financeira da empresa e na administração? Se não, poderiam fazê-lo?

4. **Governança corporativa** É frequente os bancos alemães controlarem uma grande fração dos votos dos acionistas das empresas do país. Como obtêm tal poder em direitos de voto?

5. **Governança corporativa** O que é o sistema alemão da *codeterminação*?

6. **Forma de propriedade** Qual é, mundialmente, a maneira mais comum de propriedade de empresas?

7. **Pirâmides** Suponha que um acionista consegue o controle efetivo de uma empresa com 30% das ações. Explique como um acionista pode ganhar o controle da empresa Z pela criação de uma *holding* X^2, a qual detém ações de uma segunda *holding* X, que, por sua vez, tem ações de Z.

8. **Efeitos reais dos sistemas financeiros** Por que os sistemas financeiros com base no mercado podem ser melhores para apoiar a inovação e para liberar capitais de indústrias em declínio.

9. **Governança corporativa** Em que consiste a canalização de recursos? Por que a ameaça de canalização de recursos impede o desenvolvimento dos mercados financeiros?

INTERMEDIÁRIO

10. **Governança corporativa** Os problemas de agência são inevitáveis. Isto é, não podemos esperar que os gestores deem um peso de 100% aos interesses dos acionistas e ignorem os seus próprios interesses.
    a. Por que não?
    b. Liste os mecanismos que são usados em diferentes países para manter os problemas sob controle.

11. **Financiamento por intermediários** Os bancos não são os únicos intermediários financeiros junto aos quais as empresas podem obter financiamento. Quais são os outros intermediários? No Reino Unido, na Alemanha e no Japão, proporcionam muito ou pouco financiamento em comparação com os bancos?

12. **Governança corporativa** Por que a transparência é importante em sistemas financeiros com base no mercado? Por que é menos importante em sistemas com base nos bancos?

13. **Governança corporativa** O que significa haver duas classes de ações? Você acredita que isso deve ser permitido ou proibido?

14. **Estrutura de sistema financeiro** Que tipos de indústrias você acredita que deveriam florescer em um sistema financeiro com base no mercado? E em um sistema com base nos bancos?

15. **Pirâmides** Por que as pirâmides são comuns em muitos países, mas não nos Estados Unidos ou no Reino Unido?

16. **Estrutura de sistema financeiro** Indique as vantagens e as desvantagens dos *keiretsus* japoneses.

PARTE XI Conclusão

CAPÍTULO 34

Conclusão: o que sabemos e o que não sabemos sobre finanças

Chegou o momento de nos despedirmos. Vamos terminar com uma reflexão sobre algumas das coisas que sabemos e que não sabemos sobre finanças.

34.1 O que sabemos: os sete conceitos mais importantes em finanças

O que você diria se lhe pedissem para indicar os sete conceitos mais importantes em finanças? Esta é a nossa lista.

1. Valor presente líquido

Quando você deseja saber o valor de um carro usado, consulta os preços no mercado dos carros de segunda mão. Da mesma forma, quando você deseja saber o valor de um fluxo de caixa futuro, consulta os preços cotados nos mercados de capitais, onde são negociados os direitos sobre fluxos de caixa futuros (lembre-se de que aqueles banqueiros de investimento, altamente remunerados, não passam de *dealers* dos fluxos de caixa de segunda mão). Caso você possa comprar fluxos de caixa para os seus acionistas a um preço mais baixo do que o que teria de pagar no mercado de capitais, terá aumentado o valor do seu investimento.

Essa é a ideia simples que está na base do *valor presente líquido* (VPL). Quando calculamos o VPL de um projeto de investimento, estamos questionando se o projeto vale mais do que custa. Estamos estimando o seu valor com o cálculo de quanto valeriam os seus fluxos de caixa se os direitos sobre eles fossem oferecidos separadamente aos investidores e negociados nos mercados de capitais.

É por isso que calculamos o VPL descontando os fluxos de caixa futuros ao custo de oportunidade do capital, isto é, com a taxa de retorno esperado oferecida por títulos que tenham o mesmo grau de risco que o projeto. Nos mercados de capitais que funcionam bem, todos os ativos com risco equivalente são cotados de modo a oferecer o mesmo retorno esperado. Descontando ao custo de oportunidade do capital, calculamos o preço a que os investidores no projeto poderiam esperar obter essa taxa de retorno.

Tal como a maioria das boas ideias, o critério do valor presente líquido é "óbvio quando se pensa nele". Mas atente para a importância desta ideia. A regra do VPL permite a milhares de acionistas, que podem ter níveis de riqueza e atitudes completamente díspares em relação ao risco, participarem na mesma empresa e delegarem a sua gestão a um gestor profissional. E, com isso, dão ao gestor uma instrução simples: "maximize o valor presente líquido".

2. O modelo de avaliação de ativos de capital

Há quem diga que as finanças modernas se resumem no modelo de avaliação de ativos de capital, o CAPM. Isso não faz sentido. Se o modelo CAPM nunca tivesse sido inventado, o nosso conselho aos gestores financeiros seria basicamente o mesmo. O que o modelo tem de atraente é o fato de nos proporcionar um instrumento prático para refletir sobre o retorno exigido de um investimento de risco.

Mais uma vez, é uma ideia atraentemente simples. Há dois tipos de risco: o que se pode diversificar e o que não se pode. Pode-se medir o risco *não diversificável*, ou de *mercado*, de um investimento pelo grau em que o valor do investimento é afetado por uma variação no valor *agregado* de todos os ativos da economia. Isso é designado por *beta* do investimento. Os únicos riscos com os quais as pessoas se preocupam são aqueles dos quais não se podem ver livres – os riscos não diversificáveis, por isso o retorno exigido de um ativo aumenta linearmente com o seu beta.

Muitas pessoas se preocupam com alguns dos pressupostos mais ousados em que o modelo CAPM se baseia ou com as dificuldades de se estimar o beta de um projeto. Elas têm razão em estar preocupadas com essas coisas. Em um prazo de 10 ou 20 anos, provavelmente teremos teorias muito melhores do que as que temos atualmente[1]. Mas ficaremos bastante surpreendidos se essas teorias futuras não continuarem insistindo na distinção crucial entre risco diversificável e risco não diversificável – e isso é, no fundo, a principal ideia do modelo CAPM.

3. Mercados de capitais eficientes

O terceiro conceito fundamental é o de que os preços dos títulos refletem, com rigor, as informações disponíveis e respondem rapidamente a uma nova informação logo que ela estiver disponível. Essa *teoria de mercado eficiente* aparece em três versões correspondentes a diferentes definições de "informação disponível". A forma fraca (ou teoria do movimento aleatório) afirma que os preços refletem toda a informação dos preços anteriores. A forma semiforte afirma que os preços refletem toda a informação publicamente disponível, e a forma forte sustenta que os preços refletem toda a informação passível de ser obtida.

Não nos equivoquemos com a ideia do mercado eficiente. Não quer dizer que não haja impostos ou custos, nem que não haja pessoas inteligentes e outras estúpidas. Significa simplesmente que a competição nos mercados de capitais é muito acirrada – não há máquinas de fazer dinheiro nem oportunidades de arbitragem, e os preços dos títulos refletem os verdadeiros valores dos ativos subjacentes.

Por volta de 1970, a teoria do mercado eficiente começou a ser submetida a um sem número de testes empíricos. Em 2015, após praticamente 40 anos de trabalho, os testes revelaram dezenas de anomalias estatisticamente significativas. Lamentamos, mas esse trabalho não se traduziu em dezenas de novas maneiras de ganhar dinheiro fácil. Os grandes retornos não são fáceis de se obter. Por exemplo, só um pequeno número de gestores de fundos de investimento consegue gerar retornos mais altos durante vários anos consecutivos, e apenas de montante reduzido.[2] Os estatísticos conseguem vencer o mercado, mas para os investidores reais isso é muito difícil. E quanto a essa questão essencial, existe um amplo consenso atualmente.[3]

4. Aditividade do valor e lei da conservação do valor

O princípio da *aditividade do valor* estabelece que o valor do todo é igual à soma dos valores das partes. É, por vezes, designada *lei da conservação do valor*.

Quando avaliamos um projeto que gera uma sucessão de fluxos de caixa, sempre admitimos que os valores são adicionáveis. Ou seja, admitimos que:

$$\text{VP(projeto)} = \text{VP}(C_1) + \text{VP}(C_2) + \cdots + \text{VP}(C_t)$$
$$= \frac{C_1}{1+r} + \frac{C_2}{(1+r)^2} + \cdots + \frac{C_t}{(1+r)^t}$$

---

[1] Devemos confessar que fizemos essa previsão 35 anos atrás na primeira edição deste livro. Mais cedo ou mais tarde teremos razão.

[2] Veja, por exemplo, R. Kosowski, A. Timmerman, R. Werners, and H. White, "Can Mutual Fund 'Stars' Really Pick Stocks? New Evidence from a Bootstrap Analysis", *Journal of Finance* 61 (December 2006), pp. 2.551-2.595.

[3] Alguns anos atrás, um jovem gestor de carreira ascendente gabou-se para um dos autores afirmando que, se não fosse capaz de superar o mercado em 25% a cada ano, ele se daria um tiro. Poucas pessoas hoje em dia diriam isso em tom de seriedade.

Admitimos, do mesmo modo, que a soma dos valores presentes dos projetos A e B é igual ao valor presente do projeto composto AB.[4] Entretanto, a aditividade do valor também significa que não se pode aumentar o valor fundindo duas empresas, a não ser que com isso se aumente o fluxo de caixa total. Em outras palavras, não há ganhos com fusões unicamente pela diversificação.

5. Teoria da estrutura do capital

Se a lei da conservação do valor funciona para a adição de fluxos de caixa, deve funcionar também para a subtração desses fluxos.[5] Portanto, as decisões financeiras que simplesmente subdividem os mesmos fluxos de caixa operacionais não aumentam o valor total das empresas. Essa é a ideia básica subjacente à famosa proposição I de Modigliani e Muller: em mercados perfeitos as alterações na estrutura do capital não afetam o valor. Desde que o fluxo de caixa *total* gerado pelos ativos da empresa não seja modificado pela estrutura do capital, o valor total é independente da estrutura deste. O valor da totalidade do bolo não depende do modo como ele é fatiado.

Evidentemente, a proposição de MM não é "a resposta", mas nos informa onde devemos procurar as razões pelas quais as decisões sobre a estrutura do capital podem ser importantes. Os impostos são uma possibilidade. O endividamento proporciona à empresa um benefício fiscal pelos juros, crédito este que pode compensar amplamente qualquer excesso de imposto individual que o investidor tenha de pagar sobre os juros da dívida. Por outro lado, elevados níveis de endividamento podem impulsionar os gestores a trabalharem mais arduamente e a conduzir melhor o navio. Mas a dívida tem os seus inconvenientes, se provocar tensões financeiras com custos elevados.

6. Teoria das opções

Na linguagem corrente usamos, frequentemente, o termo "opção" como sinônimo de "escolha" ou "alternativa"; assim, falamos de alguém como "*tendo uma série de opções*". Em finanças, uma *opção* refere-se especificamente à oportunidade de negociar, no futuro, segundo condições fixadas no presente. Os gestores clarividentes sabem que, frequentemente, vale a pena pagar hoje pela opção de comprar ou vender um ativo amanhã.

Se as opções são tão importantes, o gestor financeiro necessita saber como valorizá-las. Os especialistas financeiros conheciam, já há algum tempo, as variáveis relevantes – o preço de exercício e a data de exercício da opção, o risco do ativo subjacente e a taxa de juro. Mas foram Black e Scholes quem, pela primeira vez, demonstraram como todas elas podem ser englobadas em uma única fórmula prática.

A fórmula de Black-Scholes foi desenvolvida para opções simples de compra (*call*) e não se aplica diretamente a opções mais complicadas encontradas com frequência nas finanças das empresas. Entretanto, as ideias mais básicas deles – por exemplo, o método de avaliação pela neutralidade ao risco que está implícito na sua fórmula – são válidas mesmo que a fórmula não seja aplicável. A avaliação de opções reais, descritas no Capítulo 22, pode obrigar a mais cálculos numéricos, mas não a mais conceitos.

7. Teoria da agência

Uma empresa moderna é um esforço de equipe com vários participantes, incluindo gestores, funcionários, acionistas e credores. Durante muito tempo, os economistas partiram do princípio inquestionável de que todos esses intervenientes agiam para o bem comum, mas, nos últimos 30 anos, tiveram muito mais a dizer sobre os possíveis conflitos de interesses e o modo como as empresas tentam superar esses conflitos. Essas ideias constituem, no seu conjunto, a chamada *teoria da agência*.

---

[4] Isto é, se
$$VP(A) = VP[C_1(A)] + VP[C_2(A)] + \cdots + VP[C_t(A)]$$
$$VP(B) = VP[C_1(B)] + VP[C_2(B)] + \cdots + VP[C_t(B)]$$
e se para cada período t, $C_t(AB) = C_t(A) + C_t(B)$, então
$$VP(AB) = VP(A) + VP(B)$$

[5] Se *partirmos* do fluxo de caixa $C_t(AB)$ e o dividirmos em duas parcelas, $C_t(A)$ e $C_t(B)$, então o valor total não se altera. Isto é, $VP[C_t(A)] + VP[C_t(B)] = VP[C_t(AB)]$. Ver Nota de rodapé 2.

Considere, por exemplo, a relação entre os acionistas e os gestores. Os acionistas (os *clientes*) querem que os gestores (os *seus agentes*) maximizem o valor da empresa. Nos Estados Unidos, a propriedade de muitas das principais empresas é bastante dispersa, e nenhum acionista pode, individualmente, vigiar os gestores ou repreender os que não se esforçam. Por isso, para encorajar os gestores a darem o seu melhor, as empresas procuram associar a remuneração deles ao valor que eles acrescentam à organização. Para os gestores que negligenciam de maneira persistente os interesses dos acionistas, existe a ameaça de que a sua empresa seja adquirida por outra, que dispense os seus serviços.

Algumas empresas são pertencentes a um pequeno grupo de grandes acionistas, sendo por isso menor a distância entre a propriedade e o controle. Por exemplo, as famílias, empresas e bancos que detêm ou controlam grandes participações em empresas alemãs têm possibilidade de rever os principais planos e decisões da administração. Na maior parte dos casos, também têm poder para forçar as alterações que acharem necessárias. No entanto, na Alemanha as aquisições hostis são raras.

Discutimos os problemas dos incentivos aos gestores e do controle da empresa nos Capítulos 12, 14, 32 e 33, mas não foram apenas nesses capítulos que abordamos os problemas de agência. Por exemplo, nos Capítulos 18 e 24 vimos alguns dos conflitos que podem surgir entre acionistas e credores, e descrevemos de que modo os contratos de empréstimo tentam antecipar e minimizar esses conflitos.

Esses sete conceitos são teorias excitantes ou questões de senso comum? Independentemente da designação que lhes der, a verdade é que são essenciais para a tarefa do gestor financeiro. Se, com a leitura deste livro, você tiver compreendido esses conceitos e aprendido a aplicá-los, pode acreditar que você aprendeu muito.

34.2 O que não sabemos: 10 problemas não resolvidos sobre finanças

Uma vez que o desconhecido não tem limites, a lista do que não conhecemos sobre finanças poderia continuar indefinidamente. Mas, seguindo a terceira lei de Brealey, Myers e Allen (ver a Seção 29.5), assinalaremos e discutiremos brevemente dez problemas não resolvidos que parecem prontos para uma profícua pesquisa.

1. O que determina o risco do projeto e o valor presente?

Um bom investimento é o que tem um VPL positivo. Discorremos longamente sobre o processo do cálculo do VPL, mas informamos muito pouco sobre a maneira de encontrar projetos com VPL positivo, exceto ao afirmarmos, na Seção 11.2, que os projetos têm VPL positivo quando a empresa pode obter lucros econômicos. Mas por que algumas empresas obtêm esses lucros enquanto outras, no mesmo setor de atividade, não os obtêm? Serão tais lucros algo que cai do céu, ou poderão ser previstos e planejados? Qual é a sua fonte e quanto tempo persistem antes que a concorrência os destrua? Muito pouco se conhece acerca dessas importantes questões.

Esta é uma questão relacionada: por que certos ativos reais apresentam algum risco enquanto outros são relativamente seguros? Na Seção 9.3, sugerimos algumas razões para as diferenças nos betas dos projetos – diferenças na alavancagem operacional, por exemplo, ou no grau com que os fluxos de caixa do projeto reagem ao comportamento da economia nacional. São pistas úteis, mas não temos, até agora, um procedimento genérico para estimar os betas dos projetos. A estimativa do risco de um projeto é, ainda, em boa medida, fruto do instinto.

2. Risco e retorno – nos esquecemos de alguma coisa?

Em 1848, John Stuart Mill escreveu: "Felizmente, não há, nas leis do valor, nada que reste para um escritor do presente ou do futuro clarificar; a teoria está completa". Atualmente, os economistas não estão seguros quanto a isso. Por exemplo, o modelo CAPM é um enorme passo em direção à compreensão do efeito do risco no valor de um ativo, mas há muitas outras incógnitas em aberto, algumas de natureza estatística e outras de natureza mais teóricas.

Os problemas estatísticos surgem porque o modelo CAPM é difícil de provar ou de refutar de maneira concludente. Parece que os retornos médios das ações com beta baixo são muito elevados (isto é, maiores do que o modelo prevê) e que os das ações com beta alto são muito baixos; mas isso poderá ser um problema resultante do modo como os testes são conduzidos, e não do próprio modelo.[6] Também descrevemos a surpreendente descoberta de Fama e French de que os retornos esperados parecem estar relacionados com a dimensão da empresa e com o índice valor contábil-valor de mercado das suas ações. Ninguém compreende por que terá de ser assim; talvez, essas variáveis estejam relacionadas com a variável x, essa misteriosa segunda variável de risco, que racionalmente os investidores consideram quando calculam o preço das suas ações.[7]

Entretanto, os acadêmicos ocupam-se com a frente teórica. Discutimos alguns dos trabalhos produzidos por eles na Seção 8.4. Mas, só por brincadeira, veja outro exemplo: suponha que você adore vinho de boa qualidade. Fará sentido para você comprar ações de um *château gran cru*, mesmo que isso absorva uma grande parte da sua fortuna pessoal e o deixe com uma carteira relativamente pouco diversificada. No entanto, você fica *coberto* contra um aumento do preço do vinho de qualidade; o seu hobby lhe será mais dispendioso em uma subida dos preços do vinho, mas a sua cota no *château* o tornará proporcionalmente mais rico. Você terá, assim, uma carteira relativamente pouco diversificada, mas por uma boa razão. Não seria de esperar que se exigisse um prêmio pelo fato de ter de suportar o risco não diversificável de sua carteira.

Em geral, se duas pessoas têm gostos diferentes, faz sentido para elas possuírem carteiras diferenciadas. Uma pode fazer a cobertura das suas necessidades de consumo com um investimento em uma empresa vinícola, enquanto a outra pode preferir investir em uma cadeia de sorveterias. O modelo CAPM não é suficientemente rico para lidar com um mundo assim. Nele, admite-se que todos os investidores possuem os mesmos gostos: o "motivo de cobertura de risco" não é considerado e, portanto, detêm a mesma carteira de ativos com risco.

Merton ampliou o modelo CAPM para incorporar o motivo de cobertura (*hedge*) de risco.[8] Se há pesquisadores suficiente procurando cobertura de risco para a mesma coisa, o modelo acarreta uma relação risco-retorno mais complicada. Contudo, ainda não está claro quem está cobrindo o quê e, por isso, continua sendo difícil testar o modelo.

Por isso, o modelo CAPM sobrevive não a uma falta de concorrentes, mas a um excedente. Há muitas e plausíveis medições opcionais de risco, e até agora não existe qualquer consenso sobre o curso certo a seguir se abandonarmos o beta.

Por ora, temos de reconhecer o modelo CAPM tal como é: uma maneira incompleta, mas extremamente útil, de interligar risco e retorno. E reconhecer também que a mensagem mais básica do modelo – que o risco diversificável não interessa – é aceita por quase todo mundo.

3. Qual a importância das exceções à teoria dos mercados eficientes?

A teoria dos mercados eficientes é sólida, mas nenhuma teoria é perfeita – deve haver exceções.

Algumas das aparentes exceções podem ser simples coincidências, pois quanto mais os pesquisadores estudam o desempenho das ações, mas probabilidades há de encontrarem estranhas coincidências. Por exemplo, há provas de que os retornos diários em períodos de lua nova são quase o dobro dos obtidos em períodos de lua cheia.[9] É difícil acreditar que se trate de algo mais do que uma relação casual – algo que é divertido de ler, mas que não é certamente uma preocupação para os investidores e os gestores financeiros que levem a sua profissão a sério. Mas nem todas as exceções podem ser ignoradas com a mesma facilidade. Vimos que as ações de empresas que anunciam resultados ines-

---

[6] Veja R. Roll, "A Critique of the Asset Pricing Theory's Tests: Part 1: On Past and Potential Testability of the Theory." *Journal of Financial Economics* 4 (March 1977), pp. 129-176; e, para a crítica da crítica, veja D. Mayers and E. M. Rice, "Measuring Portfolio Performance and the Empirical Content of Asset Pricing Models." *Journal of Financial Economics* 7 (March 1979), pp. 3-28.

[7] Fama e French salientam que as pequenas empresas e as empresas com índices elevados valor contábil-valor de mercado são também empresas pouco lucrativas. Essas empresas são mais afetadas em ciclos negativos da economia. Assim, a dimensão e o valor do índice valor contábil-valor de mercado podem ser fatores a ser considerados na exposição ao risco dos ciclos econômicos. Veja E. F. Fama and K. R. French, "Size and Book-to-Market Factors in Earnings and Returns." *Journal of Finance* 50 (March 1995), pp. 131-155.

[8] Veja R. Merton, "An Intertemporal Capital Asset Pricing Model." *Econometrica* 41 (1973), pp. 867-887.

[9] K. Yuan, L. Zheng, and Q. Zhu, "Are Investors Moonstruck? Lunar Phases and Stock Returns." *Journal of Empirical Finance* 13 (January 2006), pp. 1-23.

peradamente bons continuam tendo um bom desempenho durante alguns meses após esse anúncio. Na opinião de alguns estudiosos, isso pode significar que o mercado acionista é ineficiente, e que os investidores são sempre lentos para reagirem à divulgação de resultados. É óbvio que não podemos esperar que os investidores nunca se enganem. Se no passado foram lentos para reagirem, talvez aprendam com esse erro e no futuro sejam mais eficientes para colocarem preços em suas ações.

Para alguns pesquisadores, a hipótese do mercado eficiente ignora aspectos importantes do comportamento humano. Por exemplo, os psicólogos acham que as pessoas tendem a dar muita ênfase aos acontecimentos recentes quando preveem o futuro. Se isso for verdade, é possível que os investidores tenham uma reação excessiva a novas informações. Seria interessante ver até que ponto essas observações comportamentais podem nos ajudar a compreender aparentes anomalias.

Durante o *boom* das ponto.com, no final dos anos 1990, os preços das ações atingiram níveis astronômicos. O Nasdaq Composite Index subiu 580% entre o início de 1995 e o seu valor máximo em março de 2000, e, depois, perdeu quase 80%. Essas oscilações não se limitaram aos Estados Unidos. Por exemplo, os preços das ações no Neuer Market da Alemanha subiram 1.600% no período de três anos desde a sua criação em 1997 e, em outubro de 2002, já haviam perdido 95%.

Essa não foi a única ocasião em que os preços dos ativos atingiram níveis insustentáveis. No final da década de 1980, os preços das ações e dos bens imóveis registraram um crescimento assinalável no Japão. Em 1989, no melhor momento do ramo imobiliário, as propriedades de primeira linha no distrito de Ginza, em Tóquio, estavam tendo uma valorização milionária. Nos 17 anos subsequentes, os preços dos imóveis no Japão sofreram uma queda de 70%.[10]

Talvez essas extremas oscilações de preços possam ser explicadas por técnicas padronizadas de avaliação. No entanto, também há quem argumente que os preços das ações são suscetíveis a "bolhas especulativas", nas quais os investidores são arrastados por uma onda de exuberância irracional.[11] Pode ser verdade, se estivermos falando do público em geral, mas por que não se demarcam os investidores profissionais das ações com preços extremamente altos? Talvez o fizessem, se fosse o dinheiro deles que estivesse em jogo, mas talvez haja algum problema de agência oriundo da maneira como o seu desempenho é avaliado e recompensado que os encoraje a ir na corrente.[12] (Lembre-se da observação feita pelo CEO do Citigroup: "enquanto a música estiver tocando, você deve levantar e dançar.")

São questões importantes. É preciso investigar muito mais até que possamos compreender completamente por que razão os preços dos ativos se afastam tanto daquilo que parece ser o valor descontado de seus resultados futuros.

4. A administração de uma empresa será um passivo fora do balanço?

Os fundos de investimento fechados são empresas cujo único ativo é uma carteira de ações. Poderia se pensar que, caso se soubesse o valor dessas ações, se saberia também o valor da empresa. Contudo, não é o que acontece. As unidades de participação de um fundo fechado negociam-se, frequentemente, bastante abaixo do valor da carteira do fundo.[13]

Tudo isso poderia não ter muita importância se não fosse o fato de se poder tratar apenas da ponta do iceberg. Por exemplo, as ações das imobiliárias parecem ser vendidas abaixo do valor de mercado de seus ativos líquidos. No final dos anos 1970 e início dos anos 1980, o valor de mercado de muitas grandes empresas petrolíferas era inferior ao valor de mercado das suas reservas de petróleo. Os analistas brincavam dizendo que se podia comprar petróleo mais barato em Wall Street do que no Oeste do Texas.

---

[10] Veja W. Ziemba and S. Schwartz, *Invest Japan* (Chicago, IL: Probus, 1992), p. 109.

[11] Veja C. Kindleberger, *Manias, Panics, and Crashes: A History of Financial Crises*, 4th ed. (New York: Wiley, 2000); e R. Shiller, Irrational Exuberance (Princeton, NJ: Princeton University Press, 2000).

[12] Os gestores de investimentos podem argumentar que, se as ações continuarem subindo, se beneficiarão no futuro se apostarem nessas ações; por outro lado, se elas deixarem de subir, serão os seus clientes que sofrerão as perdas, e o pior que poderá acontecer-lhes é terem de arranjar outro emprego. Veja F. Allen, "Do Financial Institutions Matter?" *Journal of Finance* 56 (August 2001), pp. 1.165-1.174.

[13] Há relativamente poucos fundos de investimento fechados. Os fundos são, em sua maioria, *abertos*. Isso significa que estão sempre prontos a comprar ou vender unidades de participação adicionais a um preço igual ao valor do patrimônio líquido do fundo por ação. Por isso, o preço das unidades de um fundo aberto é sempre igual ao valor do patrimônio líquido.

Todos esses são casos especiais em que foi possível comparar o valor de mercado da empresa como um todo com os valores dos seus ativos individualizados. Talvez, se pudéssemos observar o valor das partes separadas de outras organizações, concluíssemos que o valor da totalidade era frequentemente menor que a soma dos valores das partes.

Sempre que as empresas calculam o valor presente líquido de um projeto, admitem implicitamente que o valor de todo o projeto é simplesmente a soma dos valores dos fluxos de caixa de cada ano. Referimo-nos anteriormente a isso como a lei da conservação do valor. Se não pudermos confiar nessa lei, a ponta do iceberg pode acabar sendo uma verdadeira "batata quente".

Não compreendemos por que os fundos de investimento fechados ou quaisquer outras empresas deverão oferecer um desconto no valor de mercado dos seus ativos. Uma explicação é que o valor acrescentado pela administração da empresa é menor que o respectivo custo. É por isso que sugerimos que a administração das empresas pode ser um passivo fora do balanço. Por exemplo, uma explicação para o desconto nas ações de empresas petrolíferas no tocante ao valor do petróleo nos poços é que os investidores esperam que os lucros de exploração do petróleo sejam desperdiçados em investimentos com VPL negativo e em excessos burocráticos. O valor presente das oportunidades de crescimento (VPOC) seria negativo!

Não queremos apresentar uma imagem dos gestores como sanguessugas a drenarem os fluxos de caixa destinados aos investidores. Os gestores emprestam o seu capital humano à empresa e têm todo o direito de esperar um ganho monetário em troca desse investimento pessoal. Se os investidores se apropriarem de uma fatia muito grande dos fluxos de caixa da empresa, estarão desencorajando os investimentos pessoais e, no longo prazo, a saúde e o crescimento da empresa podem ser afetados.

Na maior parte das empresas, os gestores e os funcionários coinvestem com os acionistas e os credores – os primeiros investem o seu capital humano e os segundos investem o seu capital financeiro. Até o momento, sabe-se muito pouco sobre o modo como esse coinvestimento funciona.

5. Como podemos explicar o êxito dos novos tipos de títulos e dos novos mercados?

Nos últimos 40 anos, as empresas e as bolsas criaram um número enorme de novos títulos – opções, futuros, opções sobre futuros; obrigações de cupom zero, obrigações de taxa flutuante; obrigações com coleiras e tetos; instrumentos de dívida titularizados; obrigações-catástrofe... a lista não tem fim. Em alguns casos é fácil explicar o êxito dos novos mercados ou dos novos títulos – talvez permitam aos investidores precaverem-se contra novos riscos ou eles resultem de uma alteração fiscal ou regulamentar. Por vezes, um mercado desenvolve-se por causa de uma alteração nos custos de emissão ou de transação de diferentes títulos. Mas há muitas inovações com êxito que não podem ser explicadas tão facilmente. Por que os bancos de investimento continuam inventando, e vendendo com êxito, novos títulos complexos que ultrapassam a nossa capacidade para avaliá-los? A verdade é que não compreendemos por que algumas inovações têm êxito nos mercados, e outras nunca chegaram a levantar voo.

Também há as inovações que conseguem levantar voo, mas que se "arrebentam" mais tarde, incluindo muitos dos títulos complexos e superestimados lastreados por hipotecas *subprime*. É mais do que certo que as hipotecas *subprime* não são intrinsecamente ruins; elas podem ser a única rota para que algumas pessoas consigam comprar sua casa própria. Mas os empréstimos baseados nesse tipo de hipoteca colocaram muitos proprietários de imóveis em situação delicada quando os preços das casas caíram e empregos foram perdidos. Os títulos lastreados em hipotecas *subprime* provocaram enormes perdas no setor bancário. Uma série de novos títulos e derivativos caíram em desgraça durante a crise. Seria interessante ver quais deles continuarão permanentemente mal vistos, e os que poderão recuperar a confiança do público e, com isso, recuperar sua utilidade.

6. Como podemos resolver a controvérsia sobre os dividendos?

Dedicamos todo o Capítulo 16 à política de dividendos sem termos sido capazes de resolver a controvérsia sobre o assunto. Muitos acreditam que os dividendos são uma boa opção; outros assinalam que os dividendos atraem mais impostos e, portanto, é mais recomendável que as empresas recomprem suas ações; e, também, há quem os considere irrelevantes, desde que as decisões de investimento da empresa não sejam afetadas.

Talvez o problema resida no fato de estarmos fazendo a pergunta errada. Em vez de perguntarmos se os dividendos são uma boa ou má opção, talvez devêssemos perguntar *quando* faz sentido pagar altos ou baixos dividendos. Por exemplo, os investidores em empresas estabelecidas com poucas oportunidades de investimento podem acolher muito bem a disciplina financeira imposta por um pagamento alto de dividendos. No caso de empresas mais jovens ou com um excedente de caixa temporário, a vantagem fiscal na recompra de ações pode ter uma maior influência. Todavia, ainda não sabemos o suficiente sobre como a política de pagamento de dividendos deve variar de empresa para empresa.

Nos últimos anos, o modo como as organizações têm distribuído recursos têm mudado. Há um número crescente de organizações que não pagam dividendos e, ao mesmo tempo, o volume de recompra de ações tem registrado um aumento considerável. Essas tendências podem refletir parcialmente o crescimento na proporção de pequenas empresas de alto crescimento com uma grande gama de oportunidades de investimento, mas isso não parece esclarecer completamente o problema. Entender essas mudanças na política de pagamento de dividendos das empresas pode também nos ajudar a entender em que medida essa política afeta o valor das empresas.

7. Quais riscos uma empresa deve assumir?

Os gestores financeiros sempre acabam gerindo riscos. Por exemplo:

- Quando uma empresa aumenta a produção, os gestores frequentemente reduzem os custos das falhas por meio da opção de alterar o *mix* de produtos ou de desistir, pura e simplesmente, do projeto.
- Reduzindo o endividamento da empresa, os gestores podem dividir os riscos operacionais por uma base mais ampliada de capital próprio.
- A maior parte das empresas contrata seguros contra diversos riscos específicos.
- Os gestores utilizam, muitas vezes, futuros e outros instrumentos derivativos para se protegerem contra oscilações adversas nos preços de mercadorias, nas taxas de juros e nas taxas de câmbio.

Todas essas ações reduzem o risco, mas um risco menor nem sempre é melhor. O objetivo da gestão de risco não é reduzi-lo, mas acrescentar valor. Quem nos dera dar linhas gerais de orientação sobre as apostas que a empresa deve fazer e qual o nível *adequado* de risco.

Na prática, as decisões de gestão de risco interagem de maneiras complexas. Por exemplo, as empresas que estão cobertas contra as flutuações dos preços de mercadorias podem, talvez, suportar mais dívida do que as que não estão cobertas. A cobertura de risco pode fazer sentido se permitir à empresa tirar maior partido dos benefícios fiscais dos juros, desde que os custos da cobertura de risco sejam suficientemente baixos.

Como uma empresa pode definir uma estratégia de gestão de risco que contribua para criar um todo que faça sentido?

8. Qual é o valor da liquidez?

Ao contrário dos títulos do Tesouro, as disponibilidades de dinheiro em caixa não rendem quaisquer juros. Por outro lado, o dinheiro em caixa permite uma maior liquidez do que os títulos do Tesouro. Quem detém caixa deve estar convencido de que essa liquidez adicional compensa a perda de juros. Em equilíbrio, o valor marginal da liquidez adicional deve ser igual à taxa de juros dos títulos.

O que podemos dizer sobre o caixa mantido pelas empresas? É errado ignorar o ganho de liquidez e dizer que o custo das disponibilidades em dinheiro são os juros perdidos. Isso implicaria que as disponibilidades têm sempre um VPL *negativo*. É igualmente errôneo afirmar que, dado que o valor marginal da liquidez é igual à perda de juros, não interessa qual o volume de caixa. Isso implicaria que o caixa tem sempre um VPL igual a *zero*. Sabemos que o valor marginal do caixa para o seu detentor decresce com o volume do caixa disponível, mas não sabemos realmente como avaliar o serviço prestado pela liquidez em caixa e, por isso, não podemos dizer qual a liquidez suficiente ou qual a prontidão com que a empresa deverá poder obtê-la. Para complicar ainda mais o assunto, chamamos a atenção para o fato de o caixa poder ser obtido rapidamente por meio de empréstimos, com a emissão de outros títulos, ou, ainda, com a venda de ativos. O gestor financeiro com uma linha de crédito não utilizada de $100 milhões pode dormir tão descansado como um outro cuja empresa disponha de $100 milhões em títulos negociáveis. Em nossos capítulos sobre a gestão do capital de giro, detalhamos o problema apresentando modelos extremamente simples, ou falando vagamente da necessidade de assegurar uma "adequada" reserva de liquidez.

Um melhor conhecimento da liquidez também nos ajudaria a compreender melhor o preço das obrigações de empresas. Já sabemos, em parte, por que as obrigações de empresas são vendidas a um preço inferior ao das obrigações do Tesouro – as empresas, em dificuldades financeiras, têm a opção de não pagar as suas dívidas. No entanto, as diferenças entre os preços das obrigações de empresas e os das obrigações do Tesouro são muito grandes para serem explicadas apenas pela opção de inadimplência das empresas. Parece provável que, em parte, a diferença de preço seja pelo fato de as obrigações de empresas terem uma menor liquidez do que as obrigações do Tesouro. Mas, enquanto não soubermos como colocar preço nas diferenças no nível de liquidez, não podemos adiantar muito mais sobre esse assunto.

Eis outro problema: você é sócio de uma empresa de *private equity* que está cogitando um novo e importante investimento. Você dispõe de uma previsão dos fluxos de caixa futuros e uma estimativa do retorno que os investidores exigiriam do negócio *caso se tratasse de uma empresa de capital aberto*. Mas de quanto retorno extra você precisa para compensar o fato de que a ação não está aberta ao público? Um acréscimo de 1 ou 2 pontos percentuais à taxa de desconto pode fazer uma grande diferença no valor estimado.

A crise de 2007-2009 demonstrou novamente que os investidores parecem atribuir um valor muito mais elevado à liquidez em determinados momentos do que em outros. Apesar das enormes injeções de liquidez pelos bancos centrais, houve efetivamente um exaurimento de vários mercados financeiros. Por exemplo, os bancos cada vez mais ficaram relutantes em trocar empréstimos entre si em uma base não garantida, e o fariam somente com um prêmio considerável. Na primavera de 2007, a diferença entre a Libor e a taxa de juro nos títulos do Tesouro (o *spread* do "TED") era de 0,4%. Em outubro de 2008, o mercado para empréstimos sem garantias reais entre bancos praticamente tinha desaparecido e a Libor estava sendo cotada a mais do que 4,6% acima da taxa dos títulos do Tesouro.[14]

Os mercados financeiros trabalham bem a maior parte do tempo, mas não entendemos bem por que, ocasionalmente, ficam obstruídos ou fecham totalmente, e não podemos dar muitos conselhos para os gestores sobre a melhor maneira de responder a esse problema.

9. Como podemos explicar as ondas de fusões?

Claro que há muitas razões plausíveis para que duas empresas desejem se fundir. Considerando uma fusão em *particular*, é geralmente possível pensar em uma razão para que essa fusão tenha sentido, mas isso nos deixa com uma hipótese especial para cada fusão. Aquilo que necessitamos é uma hipótese geral que explique as ondas de fusões. Por exemplo, parecia que todas as empresas se fundiriam de 1998 a 2000 e, novamente, entre 2006 e 2007, enquanto nos anos intermediários as fusões pareciam ter saído de moda.

Podemos pensar em outros exemplos de aparentes modas em finanças. Por exemplo, de tempos em tempos, há períodos de novas emissões em abundância quando parece haver uma insaciável oferta de novas emissões especulativas e uma igualmente insaciável procura daquelas. Não entendemos o que, por vezes, leva empresários experientes a ir atrás dessas modas, mas a história que vamos contar a seguir talvez contenha o esboço de uma explicação.

Ao princípio da noite, George está tentando decidir a qual de dois restaurantes deverá ir, o Hungry Horse ou o Golden Trough. George tira cara ou coroa, e opta pelo Hungry Horse. Pouco depois, Georgina faz uma pausa perto dos dois restaurantes. Tem certa preferência pelo Golden Trough mas, ao ver George no Hungry Horse e o outro restaurante vazio, conclui que talvez George saiba alguma coisa que ela não sabe e, por isso, a decisão racional é imitar George. Fred é a terceira pessoa a chegar. Vê que George e Georgina escolheram ambos o Hungry Horse e, ignorando a sua própria decisão, decide acompanhar o pessoal. O mesmo acontece com todas as outras

---
[14] Veja M. Brunnermeier, "Deciphering the Liquidity and Credit Crunch 2007–2008," *Journal of Economic Perspectives* 23 (Winter 2009), pp. 77-100.

pessoas que chegam para jantar, que se limitam a ver um restaurante cheio e o outro vazio, e a tirar a conclusão óbvia. Todos os clientes agem racionalmente ao ponderarem as suas próprias opiniões com as preferências mostradas pelos outros clientes. No entanto, a popularidade do Hungry Horse resultou, em grande parte, do gesto de George tirar no "cara ou coroa". Se Georgina tivesse sido a primeira a chegar, ou se todos os clientes pudessem ter partilhado as informações antes de tomarem uma decisão, o Hungry Horse poderia não ter tido tanta sorte.

Os economistas designam esse comportamento de imitação por *cascata*.[15] Resta saber até que ponto as cascatas, ou outra teoria alternativa, podem ajudar a explicar as modas financeiras.

10. Por que os sistemas financeiros são tão propensos a crises?

A crise que iniciou em 2007 foi um aviso desagradável sobre a fragilidade dos sistemas financeiros. Em uma hora a situação parecia estar sob controle; depois houve a "quebra" de mercados, alguns bancos faliram e, em pouco tempo, a economia estava em recessão. Carmen Reinhart e Kenneth Rogoff documentaram os efeitos de crises bancárias em vários países.[16] Constataram que as crises bancárias sistêmicas normalmente são precedidas por *booms* de crédito e bolhas nos preços dos ativos. Quando há o estouro dessas bolhas, os preços das moradias caem em média 35%, e os preços das ações, 55%. Nos dois anos subsequentes, os rendimentos caem em média 9%, e o desemprego experimenta um aumento de 7% durante os próximos quatro anos. A dívida dos governos centrais praticamente duplica comparada ao seu nível pré-crise.

No início de 2010, o aumento da dívida governamental na Grécia e em diversos outros países periféricos da Zona do Euro transformaram esta numa crise de dívida pública. Primeiro a Grécia, depois a Irlanda e Portugal, solicitaram um resgate financeiro junto ao FMI e a outros países da Zona do Euro. Em junho de 2012, a Espanha buscou um resgate junto a seus bancos. Quando da escrita deste capítulo, um governo novo e radical na Grécia acaba de negociar mais um resgate junto a seus credores, mas a fase da dívida pública dessa crise ainda está longe de acabar. A interação de política e economia é especialmente importante, mas mal compreendida.

Não conseguimos compreender completamente essas crises financeiras. Precisamos saber quais são as suas causas, como elas podem ser evitadas e como podem ser gerenciadas quando ocorrerem. Revisamos as raízes da crise mais recente no Capítulo 14, no entanto, a prevenção de crises terá que incorporar princípios e práticas que abordamos nos demais capítulos, tais como a importância de uma boa governança corporativa, planos de incentivos bem elaborados e uma gestão eficiente dos riscos. A tarefa de entender as crises financeiras tomará o tempo de economistas e reguladores financeiros durante muitos anos no futuro.[17] Vamos ter esperanças de que eles consigam entender a última antes de a próxima crise propriamente bater à nossa porta.

34.3 Uma palavra final

Fica assim concluída a nossa lista de problemas não resolvidos. Apresentamos a você os dez problemas que ocupam a maior parte de nossos pensamentos. Se houver outros que você considere mais interessantes e desafiadores, não hesite em fazer a sua própria lista e comece a pensar nela.

Serão necessários anos para que os nossos dez problemas sejam finalmente resolvidos e substituídos por uma nova lista. Entretanto, o convidamos a continuar o estudo do que *já* conhecemos sobre finanças. Também o convidamos a aplicar o que aprendeu com a leitura deste livro.

Agora que o livro está concluído, concordamos plenamente com Huckleberry Finn, que, no epílogo de seu livro, diz:

Portanto, não tenho mais nada para escrever e estou louco de alegria por isso, porque se eu soubesse o trabalho que dava fazer um livro, não o teria começado, e não tornarei a entrar em outro.

---

[15] Para uma introdução ao conceito de cascatas, veja, S. Bikhchandani, D. Hirschleifer, and I. Welch, "Learning from the Behavior of Others: Conformity, Fads, and Informational Cascades," *Journal of Economic Perspectives* 12 (Summer 1998), pp. 151-170.

[16] Veja C. Reinhart and K. Rogoff, "The Aftermath of Financial Crises," *American Economic Review* 99 (May 2009), pp. 466-472.

[17] Para uma revisão da literatura atual sobre crises financeiras, veja F. Allen, A. Babus, and E. Carletti, "Financial Crises: Theory and Evidence," *Annual Review of Financial Economics* 1 (2009), pp. 97-116.

Apêndice

Respostas de problemas básicos selecionados

CAPÍTULO 1

1. (a) Reais; (b) aviões; (c) marcas comerciais; (d) financeiros; (e) obrigações; (f) investimento; (g) orçamento de capital; (h) financiamento.

3. a. Ativos financeiros, como ações ou empréstimos bancários, são garantias detidas pelos investidores. As empresas vendem ativos financeiros a fim de reunir os fundos para investirem em ativos reais, como fábricas e equipamentos. Alguns ativos reais são intangíveis.

   b. O orçamento de capital significa investimentos em ativos reais. O financiamento significa obter os recursos para esses investimentos.

   c. As ações de empresas de capital aberto são negociadas nas bolsas de valores e podem ser compradas por um amplo conjunto de investidores. As ações de empresas de capital fechado não são negociadas e, geralmente, não estão disponíveis para os investidores.

   d. Responsabilidade ilimitada: os investidores são responsáveis por todas as dívidas da empresa. Um empresário em nome individual tem responsabilidade ilimitada. Os investidores nas empresas têm responsabilidade limitada. Apenas podem perder os seus investimentos.

CAPÍTULO 2

1. $100 \times (1,15)^8 = \$305,90$.

3. $374/(1,09)^9 = \$172,20$.

5. a. Falso; b. Verdadeiro; c. Verdadeiro; d. Falso.

7. $VP = 4/(0,14 - 0,04) = \$40$.

9. a. $\$90,53$; b. $\$29,46$; c. $\$3,52$; d. $\$240,18$.

11. (a) $\$12,625$ milhões; (b) $\$12,705$ milhões; (c) $\$12,712$ milhões.

CAPÍTULO 3

1. (a) Não se altera; (b) o preço cai; (c) o retorno sobe.

3. O retorno em seis meses será de $2,7/2 = 1,35\%$, com 52 períodos de seis meses até o vencimento. $VP = \$1.381,20$.

5. a. Caem (por exemplo, o título a 10% de um ano valerá $110/1,1 = 100$ se $r = 10\%$, e valerá $110/1,15 = 95,65$ se $r = 15\%$).

   b. Menor (por exemplo, veja a Resposta 5a).

   c. Menor (por exemplo, com $r = 5\%$, o título a 10% de um ano valerá $110/1,05 = 104,76$).

   d. Superiores (por exemplo, se $r = 10\%$, o título a 10% de um ano valerá $110/1,1 = 100$, enquanto o título a 8% de um ano valerá $108/1,1 = 98,18$).

   e. Não, títulos de cupom baixo têm durações mais longas (a menos que haja somente um período até o vencimento) e, portanto, são mais voláteis (por exemplo, se r cai de 10% para 5%, o valor de um título a 10% de dois anos aumenta de 100 para 109,3 (um aumento de 9,3%). O valor de um título a 5% de dois anos aumentará de 91,3 para 100 (um aumento de 9,5%).

7. (a) 4%; (b) $VP = \$1.075,44$.

9. a. $r_2 = (100/99,523)^{0,5} - 1 = 0,24\%$; $r_3 = (100/98,937)^{0,33} - 1 = 0,35\%$; $r_4 = (100/97,904)^{0,25} - 1 = 0,53\%$; $r_5 = (100/96,034)^{0,2} - 1 = 0,81\%$.

   b. Ascendente.

   c. Superior. (O retorno do título é uma média complicada das taxas à vista consideradas separadamente.)

11. a. Falso. A duração depende do juro e da maturidade.

    b. Falso. Dado o retorno até o vencimento, a volatilidade é proporcional à duração.

    c. Verdadeiro. Um cupom menor indica duração maior e, portanto, maior volatilidade.

    d. Falso. Uma maior taxa de juros reduz o valor presente relativo de pagamentos (distantes) dos principais.

13. 7,01%. (O retorno extra que você obtém se investir durante dois anos em vez de um ano é de $1,06^2/1,05 - 1 = 0,0701$.)

CAPÍTULO 4

1. (a) Verdadeiro; (b) Verdadeiro.

3. $P_0 = (5 + 110)/1,08 = \$106,48$.

5. $P_0 = 10/(0,08 - 0,05) = \$333,33$.

7. $15/0,08 + VPOC = 333,33$; portanto, $VPOC = \$145,83$.

9. (a) Falso; (b) Verdadeiro.

11. Fluxo de caixa livre é o montante de caixa liberado por um negócio após a dedução de todos os investimentos necessários para o crescimento. Em nossos exemplos simples, o fluxo de caixa livre é igual ao fluxo de caixa operacional menos o dispêndio de capital. Se os investimentos forem substanciais, o fluxo de caixa livre poderá ser negativo.

13. Se $VPOC = 0$ na data-horizonte H, o valor no horizonte de tempo = lucros previstos para $H + 1$ divididos por r.

CAPÍTULO 5

1. (a) A = 3 anos, B = 2 anos, C = 3 anos; (b) B; (c) A, B e C; (d) B e C (VPL$_A$ = $1.011; VPL$_B$ = $3.378; VPL$_C$ = $2.405); (e) verdadeiro; (f) Não aceitará projetos de VPL negativo, mas recusará alguns projetos com VPL positivo. Um projeto pode ter um VPL positivo se considerarem todos os fluxos de caixa futuros e, mesmo assim, não satisfazer o período de recuperação previsto.
3. (a) $15.750; $4.250; $0; (b) 100%.
5. (a) Duas; (b) –50% e + 50%; (c) sim, VPL = +14,6.
7. 1, 2, 4 e 6.

CAPÍTULO 6

1. *a*, *b*, *d*, *g* e *h*.
3. (a) Falso; (b) Falso; (c) Falso; (d) Falso.
5.

	2012	2013	2014	2015	2016
Capital de giro	50.000	230.000	305.000	250.000	0
Fluxos de caixa	−50.000	−180.000	−75.000	+55.000	+250.000

7. Custo do VP = 1,5 + 0,2 × 14,09 = $4,319 milhões. O custo anual equivalente é $4,319/14,09 = $0,3065 milhão.
9. Substituir ao fim de cinco anos ($80.000 > $72.350).

CAPÍTULO 7

1. O resultado esperado é de $100, e o retorno esperado, zero. A variância é de 20 mil (porcentagem ao quadrado), e o desvio-padrão, 141%.
3. Sra. Sauros: retorno médio = 19,98%; variância = 194,85; SD = 13,96%.
S&P500: retorno médio = 16,02%; variância = 105,95; SD = 10,29%.
5. *d*.
7. (a) 26%; (b) zero; (c) 0,75; (d) menos de 1,0 (o risco da carteira é igual ao do mercado, mas uma parcela desse risco é de risco único).
9. A: 1,0; B: 2,0; C: 1,5; D: 0; E: –1,0.

CAPÍTULO 8

1. (a) 7%; (b) 27% com correlação perfeita positiva; 1% com correlação perfeita negativa; 19,1% sem correlação; (c) veja a Figura 1; (d) Não, meça o risco pelo beta, não pelo desvio-padrão.

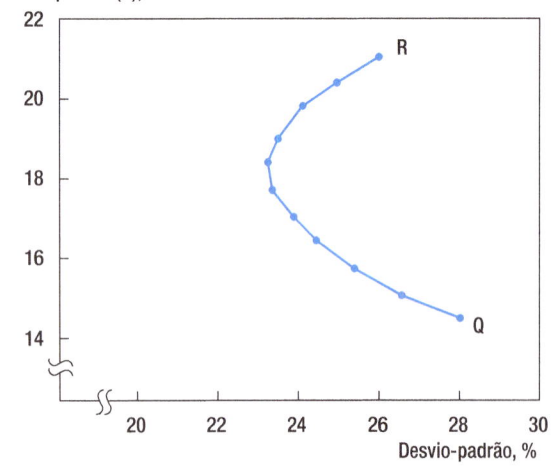

▶ **FIGURA 1** Capítulo 8, Problema 1(c)

3. Índice de Sharpe = 7,7/19,9 = 0,387.
5. (a) Veja a Figura 2; (b) A, D e G; (c) F; (d) 15% em C; (e) Invista 25/32 de seu dinheiro em F e empreste 7/32 a 12%: retorno esperado = 7/32 × 12 + 25/32 × 18 = 16,7%; desvio-padrão = 7/32 × 0 + 25/32 × 32 = 25%.

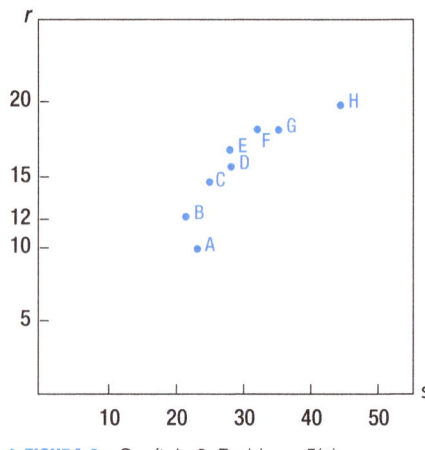

▶ **FIGURA 2** Capítulo 8, Problema 5(a)

7. (a) Verdadeiro; (b) Falso (oferece o dobro do *prêmio de risco* do mercado); (c) Falso.

CAPÍTULO 9

1. Superestimado.
3. 0,60, ou 60%, da variação ocorreu em virtude das oscilações do mercado; os 40% restantes da variação foram diversificáveis. O risco diversificável é evidenciado na dispersão dos pontos em torno da linha ajustada. O erro-padrão do beta da estimativa foi de 0,17. Se você dissesse que o beta real foi de 2 × 0,17 = 0,34 sob qualquer hipótese de sua estimativa, teria uma probabilidade na faixa de 95% de estar correto.
5. O beta do ativo = 0,5 × 0,15 + 0,5 × 1,25 = 0,7.

7. Suponha que o fluxo de caixa esperado para o ano 1 é de 100, mas a previsão otimista é de 107. O VP verdadeiro para o primeiro fluxo de caixa é 107/1,08 = 92,59. Descontando 107 a 15%, obtém-se aproximadamente a mesma resposta: 107/1,15 = 93,04. Mas esse ajuste por fator de risco deixa de funcionar para fluxos de caixa posteriores. Para o ano 2, o VP verdadeiro = $100/1,08^2 = 85,73$. Descontando-se a 15%, obtém-se $107/1,15^2 = 80,91$.

9. (a) Falso; (b) Falso; (c) Verdadeiro.

CAPÍTULO 10

1. (a) Falso; (b) Verdadeiro; (c) Verdadeiro.
3. a. Análise de como um único dado afeta o VPL de um projeto.
   b. O VPL do projeto é calculado novamente utilizando vários dados novos, mas consistentes.
   c. Determina o nível futuro das vendas ao qual o retorno ou o VPL do projeto são iguais a zero.
   d. Uma extensão da análise de sensibilidade que explora todos os resultados possíveis e avalia cada um em função da sua probabilidade.
   e. Técnica gráfica para representar possíveis acontecimentos futuros e as decisões tomadas em resposta a esses acontecimentos.
   f. Opção para modificar um projeto em uma data futura.
   g. O valor presente adicional criado pela opção de abandonar um projeto e recuperar parte do investimento inicial, no caso de um projeto correr mal.
   h. O valor presente adicional criado pela opção de investir mais e expandir o resultado, se um projeto correr bem.
5. a. Descreva como o fluxo de caixa do projeto depende das variáveis subjacentes.
   b. Especifique quais as distribuições de probabilidade para os erros de previsão dessas variáveis.
   c. Partindo das distribuições de probabilidade para simular os fluxos de caixa.
7. A proporção de projetos propostos que apresentam VPLs positivos à taxa de obstáculo corporativo é independente da taxa de obstáculo.

CAPÍTULO 11

1. (a) Falso; (b) Verdadeiro; (c) Verdadeiro; (d) Falso.
3. Considere primeiro se *arrendar* o edifício e abrir o Taco Palace tem um VPL positivo. Depois considere a compra (em vez de arrendar) com base na perspectiva otimista de um vendedor imobiliário local.
5. O valor de mercado dos aviões usados diminui o suficiente para compensar o seu consumo mais elevado. Além disso, os aviões em segunda mão são utilizados em rotas onde a eficiência de consumo é relativamente menos importante.

CAPÍTULO 12

1. (a) Verdadeiro; (b) Verdadeiro; (c) Falso; (d) Verdadeiro.
3. O monitoramento é dispendioso e tem rendimentos decrescentes. Além disso, um monitoramento total efetivo exige informação perfeita.

5. ROI = 1,6/20 = 0,08 ou 8%. Retorno líquido = 8 − 11,5 = −3,5%. EVA = 1,6 − (0,115 × 20) = −$0,7 milhão. O EVA é negativo.
7. De modo geral, não pela contabilidade criativa, mas sim reduzindo ou postergando despesas arbitrárias com propaganda, manutenção, pesquisa e desenvolvimento ou outros tipos de despesas.

CAPÍTULO 13

1. *c.*
3. (a) Falso; (b) Falso; (c) Verdadeiro; (d) Falso; (e) Falso; (f) Verdadeiro.
5. 6 − (−0,2 + 1,45 × 5) = −1,05%.
7. Descer. O preço das ações já reflete um aumento esperado de 25%. O aumento de 20% traduz uma má notícia relativamente às expectativas.
9. a. Constatações de que dois títulos com fluxos de caixa idênticos (por exemplo, Royal Dutch Shell e Shell Transport & Trading) podem ser vendidos a preços diferentes.
   b. Ações com pequenos limites superiores de juros e ações com elevado índice de valor contábil-valor de mercado aparentemente têm retornos acima da média para os seus níveis de risco.
   c. As IPOs geram retornos relativamente baixos após seus primeiros dias de negociação nas bolsas.
   d. Ações de empresas que anunciam lucros inesperadamente altos têm desempenhos muito bons nos meses subsequentes.

   Em cada um dos casos parece que tem havido oportunidades para a obtenção de lucros superiores.

CAPÍTULO 14

1. (a) Falso; (b) Verdadeiro; (c) Verdadeiro.
3. (a) subordinado; (b) taxa flutuante; (c) conversível; (d) *warrant*; (e) ação ordinária; ação preferencial.

CAPÍTULO 15

1. a. Venda adicional de ações já comercializadas publicamente;
   b. Emissão de obrigações nos Estados Unidos por uma empresa estrangeira;
   c. Emissão de obrigações por uma empresa industrial;
   d. Emissão de obrigações por uma grande empresa industrial.
3. a. Financiamento de *start-ups*.
   b. Subscritores recolhem indicações não associativas de demanda por uma nova emissão.
   c. A diferença entre o preço pelo qual o subscritor compra o título da empresa e o revende aos investidores.
   d. Descrição de uma emissão de títulos na SEC.
   e. Os vencedores da licitação de uma nova emissão tendem a pagar demasiado.
5. (a) Falso; (b) Falso; (c) Verdadeiro.
7. a. Número de novas ações: 50 mil;
   b. Montante do novo investimento: $500 mil;
   c. Valor total da empresa após a emissão: $4,5 milhões;
   d. Número total de ações após a emissão: 150 mil;

e. Preço da ação depois da emissão: $4.500.000/150.000 = $30;

f. A oportunidade para comprar uma ação tem o valor de $20.

CAPÍTULO 16

1. a. Data de declaração; última data com dividendos; data de isenção de dividendos; data de registro; data de pagamento;
    b. Em 12 de agosto, a data de isenção de dividendos;
    c. $(0,83 \times 4)/\$71 = 0,0468$, ou 4,68%;
    d. $(0,83 \times 4)/\$5,90 = 0,5627$, ou 56,27%;
    e. O preço cairia para 71/1,10 = $64,55.

3. a. O anúncio de um aumento nos dividendos sinaliza confiança por parte dos gestores em lucros futuros, fazendo o preço das ações subir com o anúncio.
    b. Na data de isenção de dividendos, o preço cairá aproximadamente no mesmo valor que o dividendo ($1).

5. a. Ainda haverá 1 milhão de ações e seu preço cairá para $10 cada. A riqueza dos acionistas, incluindo o ganho com dividendos, será igual a $10 + 2 = $12 por ação.
    b. Gastará $2 milhões para recomprar 166.667 ações a $12 cada, deixando 833.333 ações em circulação. O preço das ações continua em $12 ($10 milhões dividido por 833.333 ações).

7. O Sr. Milquetoast terá de vender uma fração de seu investimento a cada ano para arrecadar $5.000.

9. Não, a demanda dos investidores que preferem uma ação que paga dividendos não necessariamente aumenta os preços dessas ações com relação a ações de empresas que não pagam dividendos, mas que recompram ações. A oferta de dividendos deve se expandir para satisfazer essa clientela, e se a oferta de dividendos já satisfaz a demanda, então nenhuma empresa é capaz de elevar seu valor de mercado mediante o pagamento de dividendos. Sem distinções fiscais significativas, o valor de uma empresa não é afetado pela opção entre dividendos ou recompras.

11. Primeiro, o diretor financeiro precisa confirmar a quantidade de caixa excedente. Há fluxo de caixa positivo confiável? O índice de endividamento é prudente? Há uma folga suficiente de caixa ou capacidade de endividamento a ser usada? Se as respostas forem sim, a distribuição de lucros pode começar. O pagamento de dividendos regulares é um compromisso difícil de ser revertido.

CAPÍTULO 17

1.

	Valor de mercado
Ações ordinárias (8 milhões de ações com preço unitário de $2)	$16.000.000
Empréstimos de curto prazo	$ 2.000.000

A Sra. Kraft detém 0,625% da empresa, que propõe aumentar as ações ordinárias para $17 milhões e reduzir as dívidas de curto prazo. A Sra. Kraft pode compensar isto (a) pedindo emprestado $0,00625 \times 1.000.000 = \$6.250$ e (b) comprando com esse montante mais ações da Copperhead.

3. O retorno esperado dos ativos é $r_A = 0,13$. O novo retorno dos capitais próprios será $r_{CP} = 0,147$.

5. a. Verdadeiro;
    b. Verdadeiro (desde que os ganhos obtidos pela empresa sejam superiores aos juros pagos, os lucros por ação aumentam, mas o índice LPA diminui, refletindo o aumento de risco;
    c. Falso (o custo dos capitais próprios aumenta com o índice D/CP);
    d. Falso (a fórmula $r_{CP} = r_A + (D/CP)(r_A - r_D)$ não exige que r_D seja constante);
    e. Falso (a dívida amplifica as variações no ganho dos capitais próprios);
    f. Falso (o valor só aumenta se o grupo de investidores não estiver satisfeito).

7. Veja a Figura 17.3.

CAPÍTULO 18

1. O cálculo considera que a alíquota de imposto é fixa, a dívida é fixa e perpétua, e que as alíquotas dos impostos dos investidores (pessoas físicas) sobre os juros e os lucros dos capitais próprios são idênticas.

3. A vantagem relativa da dívida $= \dfrac{1 - T_p}{(1 - T_{pCP})(1 - T_c)}$

$$= \frac{0,65}{(1)(0,65)} = 1,00$$

Vantagem relativa $= \dfrac{0,65}{(0,85)(0,65)} = 1,18$

5. a. Os custos diretos das tensões financeiras são os custos legais e administrativos da falência. Os custos indiretos incluem eventuais atrasos na liquidação (Eastern Airlines) ou más decisões operacionais ou de investimento enquanto o processo de falência está correndo. A *ameaça* da falência também pode originar custos.
    b. Se as tensões financeiras aumentam as probabilidades de inadimplência, alteram-se os incentivos dos gestores e dos acionistas. Isso pode originar más decisões de investimento ou de financiamento.
    c. Ver a Resposta 5(b). Como exemplo, temos os "jogos" descritos na Seção 18.3.

7. As empresas mais lucrativas têm mais resultados tributáveis de onde tirar benefícios e terão menos probabilidades de incorrer nos custos de tensões financeiras. Por isso a teoria do equilíbrio (*trade-off theory*) prevê elevados índices de endividamento (contábeis). Na prática, as empresas mais rentáveis endividam-se menos.

9. Quando uma empresa emite títulos, os investidores externos preocupam-se com a possibilidade de os gestores terem informações desfavoráveis. Se for esse o caso, os títulos podem estar sobrevalorizados. Essa preocupação é muito menor na dívida do que nas ações. Os títulos de dívida são mais seguros do que as ações, e o seu preço é menos afetado, se mais tarde surgirem notícias desfavoráveis.

Uma empresa que possa endividar-se (sem incorrer em custos substanciais das tensões financeiras) geralmente o fará. Uma emissão de ações seria interpretada como uma "má notícia" pelos investidores, e as novas ações só poderiam ser vendidas com um desconto em relação ao preço anterior de mercado.

11. A folga financeira tem mais valor para as empresas em crescimento com oportunidades de investimento boas, mas incertas. A folga significa que será possível obter rapidamente o financiamento para projetos com VPL positivo. Mas uma folga grande demais pode tentar as empresas mais antigas a investir em excesso. O aumento do endividamento pode obrigar essas empresas a ter de distribuir dinheiro para os investidores.

CAPÍTULO 19

1. Os valores de mercado da dívida e dos capitais próprios são $D = 0,9 \times 75 = \$67,5$ milhões e $CP = 42 \times 2,5 = \$105$ milhões. $D/V = 0,39$. CMPC $= 0,09(1 - 0,35)0,39 + 0,18(0,61) = 0,1325$, ou 13,25%.

3. (a) Falso; (b) Verdadeiro; (c) Verdadeiro.

5. (a) Verdadeiro; (b) Falso, se os benefícios fiscais dos juros forem calculados separadamente; (c) Verdadeiro.

7. a. 12%, obviamente.
   b. $r_{CP} = 0,12 + (0,12 - 0,075)(30/70) = 0,139$; CMPC $= 0,075(1 - 0,35)(0,30) + 0,139(0,70) = 0,112$, ou 11,2%.

9. Não. Quanto mais dívida for utilizada, mais elevada será a taxa exigida pelos investidores em ações. (Os credores também poderão pedir mais.) Por conseguinte, existe um custo oculto na dívida "barata": torna os capitais próprios mais caros.

CAPÍTULO 20

1. de compra (*call*); de exercício; de venda (*put*); europeias.

3. a. O preço de exercício da opção de venda.
   b. O valor da ação.

5. Adquirir uma opção de compra e emprestar o valor presente do preço de exercício.

7. (a) Ver a Figura 3; (b) preço da ação − VP(EX) = 100 − 100/1,1 = \$9,09.

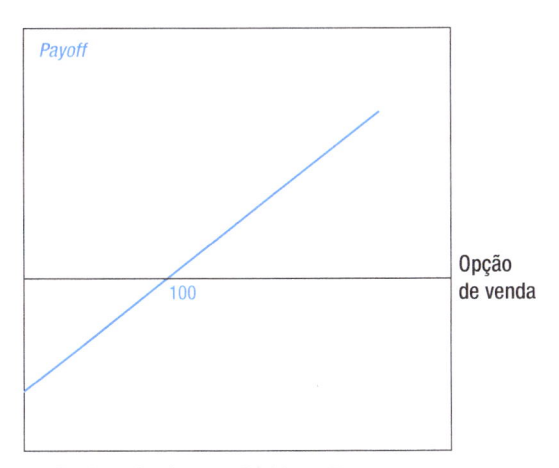

▶ **FIGURA 3** Capítulo 20, Problema 7.

9. (a) Zero; (b) O preço da ação menos o valor corrente do preço de exercício.

11. a. Todos os investidores, por mais avessos que sejam ao risco, devem avaliar mais positivamente uma opção por um ativo volátil. Tanto no caso da Exxon Mobil como no caso da Google, a opção não terá valor se o preço final da ação for inferior ao preço de exercício, mas a opção da Google tem um maior potencial de subida.
    b. Opções americanas poder ser exercitadas a qualquer momento. No entanto, sabemos que na ausência de dividendos o valor de uma opção de compra aumenta com o tempo até o vencimento. Assim, se você exercitar uma opção americana de compra cedo, poderá reduzir sem necessidade o seu valor. O investidor se sairá melhor vendendo a opção de compra da Fava Farms do que a exercitando.

CAPÍTULO 21

1. a. Utilizando o método da neutralidade face ao risco,
   $(p \times 20) + (1 - p)(-16,7) = 1, p = 0,48$.

   $$\text{Valor da opção de compra} = \frac{(0,48 \times 8) + (0,52 \times 0)}{1,01} = 3,8$$

   b. $\text{Delta} = \dfrac{\text{diferença entre os preços da opção}}{\text{diferença entre os preços da ação}}$

   $= \dfrac{8}{14,7} = 0,544$.

   c.

	Fluxos de caixa correntes	Possíveis fluxos de caixa futuros	
Comprar uma opção de compra equivale a	−3,8	0	+8,0
Comprar 0,544 ações	−21,8	−18,2	+26,2
Contrair um empréstimo de 18,0	+18,0	−18,2	−18,2
	−3,8	0	−8,0

   d. Preços possíveis das ações com os preços da opção de compra entre parênteses:

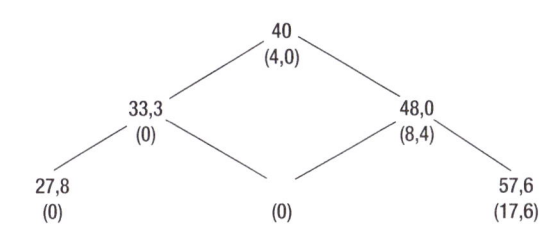

   ```
                    40
                   (4,0)
          33,3            48,0
           (0)            (8,4)
    27,8           (0)            57,6
    (0)                          (17,6)
   ```

   Os preços das opções foram calculados da seguinte maneira:

   $$\text{Mês 1:} \quad \text{(i)} \; \frac{(0,48 \times 0) + (0,52 \times 0)}{1,01} = 0$$

   $$\text{(ii)} \; \frac{(0,48 \times 17,6) + (0,52 \times 0)}{1,01} = 8,4$$

   $$\text{Mês 0:} \quad = \frac{(0,48 \times 8,4) + (0,52 \times 0)}{1,01} = 4,0$$

   e. $\text{Delta} = \dfrac{\text{diferença entre os preços da opção}}{\text{diferença entre os preços da ação}} = \dfrac{8,4}{14,7} = 0,571$

3. Na Figura 21.3, $p = 0,4764$, $1 - p = 0,5236$, taxa de juros $= 0,5\%$ por período de três meses. No mês 6, a opção de compra paga \$276,55 ao preço da ação = \$726,55, \$80 ao preço da ação = \$530, zero ao preço da ação = \$386,57.

Usando o método neutro a risco, o valor da opção de compra no mês 3 é:

$$\frac{0{,}4764 \times 276{,}55 + 0{,}5236 \times 80}{1{,}005} = 172{,}77$$

ou $\dfrac{0{,}4764 \times 80 + 0{,}5236 \times 0}{1{,}005} = 37{,}9$

O valor da opção de compra no início é:

$$\frac{0{,}4764 \times 172{,}77 + 0{,}5236 \times 37{,}9}{1{,}005} = 101{,}64$$

Agora use replicação. Os resultados são idênticos, mas pequenos erros de arredondamento aparecerão. Os deltas da opção no mês 3 são $\delta = \dfrac{276{,}55 - 80}{726{,}55 - 530} = 1$ e $\delta = \dfrac{80 - 0}{530 - 386{,}57} = 0{,}558$.

Se o preço da ação é $620,59, compre $\delta = 1$ ação e contraia um empréstimo no valor do VP do preço de exercício: $620{,}59 - \dfrac{450}{1{,}005} = 172{,}83$. Se o preço da ação é $452,64, compre $\delta = 0{,}558$ ação e contraia um empréstimo no valor do VP de 215,71: $0{,}558 \times 452{,}64 - \dfrac{215{,}71}{1{,}005} = 37{,}9$. O delta da opção no início é

$$\delta = \frac{172{,}83 - 37{,}9}{620{,}59 - 452{,}64} = 0{,}803$$

Compre 0,803 ações por $0{,}803 \times 530$, contraia um empréstimo no valor do VP de 325,59: $0{,}803 \times 530 - 325{,}59/1{,}005 = 101{,}62$. A opção de venda de 6 meses pode ser avaliada pela paridade *put-call*: $101{,}62 + 450/(1{,}005)^2 - 530 = 17{,}15$.

5. a. Delta = 100/(200 − 50) = 0,667.

   b.

	Fluxos de caixa correntes	Possíveis fluxos de caixa futuros	
Comprar uma opção de compra equivalente a	−36,36	0	+100,0
Comprar 0,667 ações	−66,67	+33,33	+133,33
Contrair um empréstimo de 30,30	+30,30	−33,33	−33,33
	−36,36	0	+100

   c. $(p \times 100) + (1 - p)(-50) = 10$, $p = 0{,}4$.

   d. Valor da opção de compra $= \dfrac{(0{,}4 \times 100) + (0{,}6 \times 0)}{1{,}10} = 36{,}36$.

   e. Não, a verdadeira probabilidade de uma subida do preço é quase com certeza superior à probabilidade da neutralidade face ao risco, mas não ajuda a valorizar a opção.

7. Verdadeiro; à medida que o preço das ações sobe, o risco da opção diminui.

CAPÍTULO 22

1. a. Aumentaria o valor.
   b. Aumentaria o valor.
   c. Diminuiria o valor.

3. A vida útil de um projeto não é fixada antecipadamente. A IM&C tem a opção de abandonar o projeto do guano depois de dois ou três anos se o desempenho for fraco. No entanto, se o desempenho for bom, o exercício da opção de abandono pode ser postergado bem além da vida estimada de sete anos.

5. As turbinas a gás podem entrar em operação em um curto intervalo de tempo quando os hiatos de ativação são elevados. O valor dessas turbinas deriva da flexibilidade na produção.

7. (a) Verdadeiro; (b) Verdadeiro; (c) Verdadeiro; (d) Verdadeiro; (e) Verdadeiro – a série de fábricas de menor porte gera opções reais, mas, no fundo, uma única fábrica grande pode ser mais eficaz.

CAPÍTULO 23

1. Retorno prometido = 12,77%; retorno esperado = 9,42%.

3. Opção de venda sobre os ativos da empresa com um preço de exercício igual ao valor nominal (ou de face) da obrigação.

5. O crescimento esperado do valor de mercado dos ativos, o valor nominal e o vencimento da dívida, e a variabilidade dos futuros valores dos ativos. (Na pratica, é necessário um compromisso se, por exemplo, a empresa tiver emitido obrigações com diferentes vencimentos).

7. Ambas as obrigações têm mais probabilidades de serem revistas em baixa.

CAPÍTULO 24

1. (a) Obrigações de empresas de serviços públicos com alta avaliação de *rating*; (b) *holdings* industriais; (c) obrigações de empresas industriais; (d) empresas ferroviárias; (e) título lastreado por ativos.

3. a. Preferiria uma nova emissão não prioritária.
   b. Preferiria que não se fizesse qualquer nova emissão (a menos que fosse também dívida não prioritária). O patrimônio existente pode ser insuficiente para pagar a sua parte da dívida.

5. a. Aproximadamente 99,489 + 8,25/12 = 100,18%.
   b. $0{,}04125 \times 250 = \$10{,}3$ milhões em 15 de fevereiro de 1993.
   c. Depois de fazer os pagamentos iniciais ao fundo de amortização, serão reembolsados $12,5 milhões no dia 15 de agosto de 2022.
   d. 2008 (mas veja algumas possíveis complicações na nota de rodapé 18).

7. a. Falso. Em caso de inadimplência, obrigações seguras têm prioridade aos ativos relevantes.
   b. Verdadeiro, mas alguns títulos novos (por exemplo, euro-obrigações) sobrevivem mesmo que o motivo original para o seu aparecimento se extinga.
   c. Falso. É uma opção do devedor.
   d. Verdadeiro. Mas houve emissões de dívida com cláusulas fracas que sofreram em aquisições desse tipo.
   e. Verdadeiro. Os custos da renegociação são inferiores para as colocações privadas.

9. (a) Falso; (b) Verdadeiro; (c) Falso; (d) Verdadeiro.

CAPÍTULO 25

1. A, *c;* B, *d* ou *i;* C, *b* ou *e;* D, *f;* E, *a;* F, *h;* G, *g.*

3. a. O locador deve cobrar o suficiente para cobrir o valor atual dos custos de possuir e dispor do bem durante a sua vida econômica esperada. Em um mercado competitivo de *leasing*, o valor presente das prestações não pode exceder o valor presente dos custos. O pagamento competitivo do aluguel acaba sendo igual ao custo anual equivalente do locador.

    b. O custo anual equivalente do utilizador é o custo anual para o utilizador, de possuir e dispor do bem. Se o custo operacional do *leasing* for inferior a este custo, ele vale a pena.

5. Se o *leasing* é aprovado, o locatário continua a utilizar o ativo arrendado e deverá fazer os pagamentos completos do *leasing*. Se for rejeitado, o ativo arrendado retornará para o locador. Se o valor do ativo retornado não for suficiente para cobrir os pagamentos de manutenção restantes do leasing, a perda do locador torna-se um crédito não garantido sobre a empresa que faliu.

7. Significa que os emprestadores não têm direitos sobre o locador se o locatário deixar de fazer os pagamentos. O locador, nesse caso, evita ter alguma responsabilidade. Mas os emprestadores exigirão melhores condições, como uma taxa de juros mais elevada, como compensação pela falta de recurso.

CAPÍTULO 26

1. a. Preço pago pela entrega imediata.

    b. Os contratos a termo são contratos para comprar ou vender em uma data futura especificada a um preço especificado. Os contratos futuros têm duas diferenças principais em relação aos contratos a termo. São transacionados numa bolsa e o seu preço é reavaliado ao preço de mercado.

    c. Investidores com posições compradas (*long*) concordaram em comprar o ativo. Os investidores com posições vendidas (*short*) comprometeram-se a vender.

    d. O risco que advém do fato de o preço do ativo utilizado para cobrir o risco não estar perfeitamente correlacionado com o preço do ativo que está sendo coberto.

    e. Os ganhos e perdas de uma posição são liquidados regularmente (por exemplo, diariamente).

    f. Vantagem de ter a mercadoria em vez da promessa de uma entrega futura *menos* o custo de armazenagem da mercadoria.

3. Está pedindo que pague (pois a sua venda está perdendo).

5. A Northern Refineries fixa o preço que receberá pelo petróleo (ignoramos um possível risco de base). Como já tem um rendimento certo, afasta a possibilidade de surpresas agradáveis, mas também das desagradáveis.

7. a. A falta de combustível para aquecimento aumenta o retorno líquido da oportunidade e reduz o preço dos futuros em relação ao preço à vista.

    b. Os preços futuros e os preços à vista caem. O preço dos futuros aumenta em relação ao preço à vista porque o retorno da oportunidade diminui e os custos de armazenagem aumentam.

9. a. Lucrativo;

    b. Se o banco tiver feito um novo *swap* a 4 anos, terá de pagar mais $0,25 milhão por ano. Com a nova taxa de juros de 6,5%, o pagamento extra tem um valor presente de $856.449,65. É esse o montante que o banco terá de cobrar para terminar o contrato.

11. Vender a descoberto $1,2 milhão da carteira de mercado. Na prática, em vez de "vender o mercado" você venderia futuros sobre o $1,2 milhão do índice de mercado.

CAPÍTULO 27

1. a. 117.565;

    b. 117,541;

    c. O iene está a prêmio (o dólar a desconto);

    d. (117,565/116,903) – 1 = 0,0057, ou 0,57%.

    e. $1 + r_{iene} = (116,903/117,565)1,015 = 1,009285$. $r_{iene} = 0,9285\%$

    f. 117,429

    g. (1 + 3 meses de inflação japonesa) = (117,429/117,565) × (1 + 3 meses de inflação norte-americana) = 0,9988 × 3 meses de inflação norte-americana.

3. a. 2.419 × 1,3 /1,02 = R3.083 = $1.

    b. O valor real da rúpia caiu 3.083/8.325 – 1 = 0,63, ou 63%.

5. *b.*

7. Pode pedir emprestado o valor presente de € 1 milhão, vender os euros no mercado à vista e investir o produto em um empréstimo em dólares a oito anos.

9. a. VPL = 6,61 × 1,2 = $7,94 milhões.

    b.

Ano	0	1	2	3	4	5
Taxa a termo	1,2	1,223	1,246	1,269	1,293	1,318
$ milhões	–96	12,23	24,91	29,19	34,92	32,94

   c. Não afetará. A empresa pode sempre fazer a cobertura contra o risco de uma queda do euro.

CAPÍTULO 28

1.

	$ Milhares		$ Milhares	
Caixa	$ 25	$ 24	Contas a pagar	
Contas a receber	35	24	Total do passivo circulante	
Estoques	30	130	Dívida de longo prazo	
Total do ativo circulante	90	76	Capitais próprios	
Fábricas e equipamentos (líquido)	140			
Total dos ativos	230	230	Total dos passivos e patrimônio líquido	

3.

Balanço contábil de tamanho comum

	%		%
Caixa e títulos negociáveis	17,2%	Contas a pagar	20,9%
Contas a receber	8,8	Outros passivos correntes	7,4
Estoques	10,1	Total do passivo circulante	28,3
Outros ativos circulantes	2,7	Dívida de longo prazo	19,0
Total do ativo circulante	38,8	Outros passivos de longo prazo	3,7
Ativo fixos tangíveis líquidos	32,7	Total dos passivos	51,0
Outros ativos de longo prazo	28,5	Total das ações dos acionistas	49,0
Total dos ativos	100	Total dos passivos e patrimônio líquido	100

Demonstrativo de resultado de tamanho comum

Vendas	100%
Custo dos produtos vendidos	41,7%
Despesas administrativas, gerais e relativas às vendas	34,4%
Depreciação	4,3%
Lucros antes de juros e impostos	19,6%
Encargos com juros	0,4%
Rendimento tributável	19,2%
Impostos	6,6%
Lucro líquido	4,8%
Acréscimo a lucros retidos	7,8%

5. Os índices ilógicos são *a*, *b*, *d*, *e* e *h*. As definições corretas são:

$$\text{Índice dívida-capitais próprios} = \frac{\text{dívida a longo prazo} + \text{valor das locações}}{\text{capitais próprios}}$$

$$\text{Retorno dos capitais próprios} = \frac{\text{lucro líquido}}{\text{capitais próprios no início do ano}}$$

$$\text{Dias no estoque} = \frac{\text{COGS}}{(\text{estoque}/365)}$$

$$\text{Índice de liquidez corrente} = \frac{\text{ativo circulante}}{\text{passivo circulante}}$$

$$\text{Índice de juros recebidos} = \frac{\text{LAJIR}}{\text{despesa com juros}}$$

7. a. Vendas = 3 × 500.000 = 1.500.000; juro após impostos + lucro líquido = 0,08 × 1.500.000 = 120.000; ROA = 120.000/500.000 = 24%;

b. Lucro líquido = 0,08 × 3 × 500.000 − (1 − 0,35) × 30.000 = 100.500. RCP = lucro líquido/capital próprio = 100.500/300.000 = 0,34.

9. 0,73; 3,65%

11. Considere que a nova dívida é um passivo de curto prazo.

a. O índice de liquidez geral varia de 100/60 = 1,67 a 120/80 = 1,50; o índice de liquidez imediata varia de 30/60 = 0,5 a 50/80 = 0,63;

b. O índice de dívida de longo prazo é constante; total dos passivos/total dos ativos varia de 410/600 = 0,6833 a 430/620 = 0,6935.

13. $82 milhões.

CAPÍTULO 29

1. Ciclo de caixa (dias) = 96 + 104 − 110 = 90

3.

Caixa	Capital de giro
1. Diminuição de $2 milhões	Diminuição de $2 milhões
2. Aumento de $2.500	Inalterado
3. Diminuição de $50.000	Inalterado
4. Inalterado	Aumento de $10 milhões
5. Inalterado	Inalterado
6. Aumento de $5 milhões	Inalterado

5. Mês 3: 18 + (0,5 × 90) + (0,3 × 120) + (0,2 × 100) = $119.000.

Mês 4: 14 + (0,5 × 70) + (0,3 × 90) + (0,2 × 120) = $100.000

7. a. Quadro 29.2: caixa = 40, total do ativo circulante = 340; empréstimos bancários = 15; passivo circulante = 150; e total dos passivos = total dos ativos e patrimônio líquido = 590.

Quadro 29.3: aumento (diminuição) na dívida de curto prazo = −10; fluxo de caixa líquido de atividades de financiamento = −35; aumento no saldo de caixa = 20.

b. Quadro 29.2: dívida de longo prazo = 130; investimento bruto = 375; imobilizado líquido = 275; caixa = 40; ativo circulante = 340; e total de ativos = total de passivos e patrimônio líquido = 615.

Quadro 29.3: aumento (diminuição) na dívida de longo prazo = 30 + 40 = 70; fluxo de caixa líquido de atividades de financiamento = −50 + 40 = −10; investimento em imobilizado = −(25 + 30) = −55; aumento no saldo de caixa = 20.

c. Quadro 29.1: custo operacional (custo dos produtos vendidos + outras despesas) = (1,644 + 411) × 0,9 = 1.850; lucro antes de impostos = 2.200 − 1.850 − 20 − 5 = 325; lucro líquido = 325 × 0,5 = 162,5. Se a distribuição de dividendos é inalterada, os lucros retidos na empresa = 162,5 − 30 = 132,5.

Quadro 29.2: considerando que o nível de estoques é inalterado, caixa = 25 + 132,5 − 30 = 127,5; ativo circulante = 427,5; patrimônio líquido = 452,5; total de ativos = total de passivos e patrimônio líquido = 677,5.

Quadro 29.3: lucro líquido = 162,5; fluxo de caixa líquido de atividades operacionais = 85 + 102,5 = 187,5; aumento (diminuição) no saldo de caixa = 107,5.

d. O Quadro 29.5 se altera da seguinte forma:

	Terceiro trimestre	Quarto trimestre
Contas a receber no início do período	181,6	105,2
Vendas	742	836
Recebimentos:		
Vendas no mesmo período	667,8	752,4
Vendas no período anterior	150,6	74,2
Recebimentos totais	818,4	826,6
Contas a receber no final do período	105,2	114,6

O Quadro 29.6 se altera da seguinte forma:

	Terceiro trimestre	Quarto trimestre
Cobranças de contas a receber	818,4	826,6
Total das origens	895,4	826,6
Origens menos aplicações	268,4	189,1
Caixa no início do período	−188,6	79,8
Variação no saldo de caixa	268,4	189,1
Caixa no final do período	79,8	268,9
Financiamento acumulado necessário	−54,8	243,9

e. O Quadro 29.6 se altera da seguinte forma:

	T1	T2	T3	T4
Mão de obra e outras despesas	116	116	116	116
Total das origens	531	539,4	767	827,8
Origens menos aplicações	121	−52,6	140	190,3
Requisitos dos empréstimos de curto prazo:				
Caixa no início do período	25	−96	−148,6	−8,6
Variação no saldo de caixa	−121	−52,6	140	190,3
Caixa no final do período	−96	−148,6	−8,6	181,7
Financiamento acumulado necessário	121	173,6	33,6	−156,7

f. O Quadro 29.6 se altera da seguinte forma:

	T2	T3	T4
Outros	50	77	
Total das origens	569,4	747	807,8
Origens menos aplicações	−22,6	120	170,3
Requisitos dos empréstimos de curto prazo:			
Caixa no início do período	−116	−138,6	−18,6
Variação no saldo de caixa	−22,6	120	170,3
Caixa no final do período	−138,6	−18,6	151,7
Financiamento acumulado necessário	163,6	43,6	−126,7

g. O Quadro 29.6 se altera da seguinte forma:

	T1	T2	T3	T4
Saldo operacional mínimo	10	10	10	10
Financiamento acumulado necessário	126	198,6	78,6	−91,7

9. (a) $2.900.000; (b) $225.000; (c) 0,25.

11. (a) Taxa de crescimento interno = $(0,5 \times 500)/2.700 = 0,93$, ou 9,3%. (b) Taxa de crescimento sustentável = $0,5 \times (500/1.667) = 0,150$, ou 15,0%.

CAPÍTULO 30

1. Ao manter níveis elevados de estoques, a empresa evita o risco de esgotar as matérias-primas e os produtos acabados. Pode encomendar materiais em maior quantidade e se preparar para turnos extensos de produção. Por outro lado, os estoques são um empate de capital, têm de ser armazenados e segurados, e podem estar sujeitos a danos.

   Do mesmo modo, grandes saldos de tesouraria reduzem o risco de ficar sem capital ou de ter que vender títulos no curto prazo. As empresas necessitam fazer vendas menos frequentes de títulos para minimizarem os custos fixos dessas vendas. Por outro lado, os saldos de tesouraria imobilizam capital.

3. a. O atraso desde o vencimento diminui, portanto o atraso no pagamento diminui.
   b. O atraso desde o vencimento aumenta, portanto o atraso no pagamento aumenta.
   c. O atraso acordado aumenta, portanto o atraso no pagamento aumenta.

5. a. Lucro esperado = $p(1.200 - 1.050) - 1.050(1 - p) = 0$

   $$p = 0,875$$

   Portanto, conceder crédito se a probabilidade de pagamento exceder 87,5%.

   b. Lucro esperado de vender a um cliente que se atrase no pagamento: $0,8(150) - 0,2(1.050) = -90$. O ponto de equilíbrio desta análise de crédito: $(0,05 \times 90 \times \text{unidades}) - 12 = 0$. Unidades = 2,67.

7. (a) Falso; (b) Falso; (c) Falso – deveria ser um escritório de cobrança ou advogado.

9. Centralização bancária; Fedwire; CHIPS; Sistema de cobrança bancária.

11. (a) Acordos de recompra. (b) *commercial papers*; (c) *commercial paper* das empresas financeiras; (d) títulos a três meses; (e) letras do Tesouro; (f) letras do Tesouro.

CAPÍTULO 31

1. (a) Horizontal; (b) em conglomerado; (c) vertical; (d) em conglomerado.

3. (a) $5 milhões (admitimos que a economia de $500 mil é um valor depois de impostos); (b) $4 milhões; (c) $7,5 milhões; (d) $1 milhão; (e) –$2,5 milhões.

5. (a) Verdadeiro; (b) Falso; (c) Falso; (d) Verdadeiro; (e) Falso (podem produzir ganhos, mas não "substanciais"); (f) Falso; (g) Verdadeiro.

CAPÍTULO 32

1. a. Aquisição de empresa ou de negócio largamente financiado com endividamento. A empresa passa a ter o capital fechado. Os gestores recebem uma parcela substancial das ações.

   b. Uma LBO feita pelos gestores.

   c. A matriz cria uma empresa nova com parte dos seus ativos e das suas operações. As ações da nova empresa são distribuídas pelos acionistas da matriz.

   d. Semelhante a uma *spin-off*, mas as ações da nova empresa são vendidas a investidores.

   e. Venda de ativos específicos e não da empresa na sua totalidade.

   f. Uma empresa estatal é vendida a investidores privados.

   g. Uma empresa passa a ter um índice de endividamento muito maior. O produto do endividamento adicional é pago aos acionistas.

3. Maior eficiência, maior número de acionistas e receitas para o governo.

5. Muitas vezes os mercados de capitais internos fazem aplicações ruins de capital. O valor de mercado das divisões do conglomerado não pode ser observado separadamente, o que torna difícil criar incentivos e premiar a aceitação do risco.

7. A falência sob o Capítulo 7 leva à liquidação; a que segue o Capítulo 11 (segundo a legislação norte-americana) protege a empresa dos seus credores enquanto o plano de reestruturação está sendo desenvolvido.

9. Há sempre a possibilidade de a empresa se recuperar, permitindo pagar aos credores e deixar alguma quantia para os acionistas. Além disso, o tribunal pode não observar a *prioridade absoluta*, e os acionistas poderão receber algumas "migalhas" numa reestruturação ao abrigo do Capítulo 11.

CAPÍTULO 33

1. (a) Estados Unidos e Reino Unido; (b) Estados Unidos; (c) Japão e Europa; (d) Japão; (e) Zona do Euro; (f) Japão. (*Obs:* as respostas excluem países não individualmente indicados nas Figuras 33.1-33.4.)

3. Não. Os investidores particulares detêm diretamente um número relativamente pequeno de ações. Além disso, as participações cruzadas entre as empresas japonesas limitam a possibilidade de os investidores individuais terem um papel importante na governança.

5. As empresas alemãs têm dois conselhos administrativos: um conselho de gestão e um conselho de supervisão, em que metade dos membros são eleitos pelos funcionários. O conselho de supervisão representa os interesses da empresa no seu todo e não apenas os interesses dos funcionários ou dos acionistas.

7. O acionista tem uma participação de 0,3 em x_2. Esta, por sua vez, tem uma participação de 0,3 em x, que tem uma participação de 0,3 em z. Na realidade, o acionista detém apenas uma participação de $0,3^3$ ou 0,027 em z.

9. Se a empresa y detém uma participação significativa em x, pode transferir valor de x, pedindo-lhe um empréstimo a uma taxa de juros baixa, vendendo materiais a x a preços excessivos ou comprando dela produção a preços baixos.

Glossário

Observações:
1. As palavras em *itálico* estão definidas em algum ponto neste glossário.
2. Há inúmeros *sites* contendo glossários abrangentes de termos financeiros. Veja, por exemplo, **www.duke.edu/~charvey/Classes/wpg/glossary.htm**

10-K   Demonstrativos financeiros anuais registrados na *SEC*.

10-Q   Demonstrativos financeiros trimestrais registrados na *SEC*.

A

ABS (*asset-backed security*)   Título lastreado por ativos

Aceite bancário (*banker's acceptance* – BA)   Título aceito por um banco para pagamento de um dado montante em uma data futura. (Ver *aceite comercial*.)

Aceite comercial (*trade acceptance*)   Título aceito por uma empresa industrial para o pagamento de um determinado valor em uma data futura. (Ver *aceite bancário*.)

Ações de crescimento (*growth stock*)   *Ações* de empresas com oportunidade de investimento proporcionando um retorno superior ao *custo de oportunidade do capital*. (Ver *ações de rendimento*.)

Ações de valor (*income stock*)   *Ações* com elevada *taxa de retorno por dividendos* e poucas oportunidades de investimento lucrativo. (Ver *ações de crescimento*.)

Ações de rendimento (*value stock*)   *Ação* esperada para gerar rendimento estável, mas com crescimento relativamente baixo (geralmente refere-se a ações com um baixo índice de valor de mercado-valor contábil).

Ações em tesouraria (*treasury stock*)   *Ações ordinárias* que foram recompradas pela empresa e mantidas em sua tesouraria.

Ações "letter stock"   Colocação privada de *ações*, assim chamadas devido a SEC exigir do comprador uma carta em que este declara que não tenciona revender as ações.

Ações na posse do público (*outstanding share capital*)   *Ações* emitidas menos as que estão na posse da empresa emitente.

Ações ordinárias, ações comuns (*common stock*)   Título representativo da propriedade de uma *empresa*.

Ações preferenciais (*preferred stock*)   *Ações* com prioridade sobre as *ações ordinárias* na distribuição de *dividendos*. Não podem ser pagos dividendos às ações ordinárias antes dos dividendos devidos às ações preferenciais. (Ver *ações preferenciais cumulativas*.) A proporção de dividendos sobre as ações preferenciais geralmente é fixada na emissão.

Ações preferenciais conversíveis no vencimento (*preferred equity redemption cumulative stock* – PERC)   *Ações preferenciais* que se convertem automaticamente em *ações ordinárias* em uma data especificada. Existe um limite para o valor das ações recebidas pelos investidores.

Ações preferenciais cumulativas (*cumulative preferred stock*)   *Ações* que têm prioridade sobre as *ações ordinárias* no que diz respeito ao recebimento de dividendos. Estes não podem ser pagos às ações ordinárias até terem sido liquidados todos os *dividendos* das *ações preferenciais* em dívida.

Ações preferenciais indexadas (*floating-rate preferred*)   *Ações* preferenciais que pagam dividendos variáveis com a taxa de juro de curto prazo.

Ações preferenciais indexadas por leilão (*auction-rate preferred*)   Uma variante de *ações preferenciais de taxa flutuante* em que o dividendo é reajustado em leilão a cada 49 dias.

Ações preferenciais "MIP" (*monthly income preferred security*)   *Ações preferenciais* emitidas por uma subsidiária localizada em um paraíso fiscal. A subsidiária reempresta os fundos à matriz.

Acordo (*workout*)   Acordo informal entre um tomador de empréstimo e seus credores.

Acordo da Basileia (*Basel Accord*)   Acordo internacional que determina os níveis de capital que os grandes bancos deverão manter para realizarem empréstimos que comportem algum risco.

Acordo de colocação "tudo ou nada" (*all-or-none underwriting*)   Acordo pelo qual uma emissão de valores mobiliários será cancelada se o *subscritor* não conseguir colocar a sua totalidade.

Acordo de dupla tributação (*double-tax agreement*)   Acordo entre dois países para que os impostos pagos em um deles possam ser deduzidos dos impostos a pagar no outro país sobre os *dividendos* provenientes do primeiro.

Acordo de pagamento dos custos (*cost company arrangement*)   Acordo pelo qual os proprietários de um projeto de investimento recebem a produção livre de encargos, mas se obrigam a pagar os custos operacionais e financeiros do projeto.

Acordo de recompra (*repurchase agreement*, "repo", *buy-back*)   Compra dos títulos do Tesouro a um *dealer* com o compromisso de este os recomprar a um preço especificado.

Acordo direto particular (*indenture*)   Acordo formal, por exemplo, estabelecendo as condições de uma emissão de *obrigações*.

Acordo sobre a deficiência de caixa (*cash-deficiency arrangement*)   Acordo em que os acionistas de um projeto concordam em prover capital de giro suficiente para a empresa operadora.

Acordo sobre a utilização de oleodutos (*throughput arrangement*)   Acordo pelo qual os acionistas de uma empresa de oleodutos se comprometem a fazer uma utilização suficiente da sua rede de modo que permita à organização o cumprimento do serviço da sua dívida.

Adiantamento (*production payment*)   Empréstimos sob a forma de pagamentos antecipados de encomendas que serão satisfeitas no futuro.

Aditividade do valor (*value additivity*)   Regra segundo a qual o valor do todo deve ser igual à soma dos valores das partes.

Administrador da casa (*inside director*)   Administrador que também é funcionário da empresa.

Agente de transferência (*transfer agent*)   Indivíduo ou instituição apontada por uma empresa para cuidar do processo de transferência de títulos.

AIBD   Association of International Bond Dealers.

Alavancagem (*leverage*)   Ver *efeito de alavancagem financeira*, *efeito de alavancagem operacional*.

Alfa (*alpha*)   Medida do retorno da carteira ajustada quanto ao efeito do mercado.

Amex   American Stock Exchange.

Amortização (*amortization*)   (1) Pagamento de um empréstimo em prestações; (2) Abono para a *depreciação*.

Análise de cenários (*scenario analysis*)   Análise da lucratividade de um projeto em diversos cenários econômicos alternativos.

Análise de regressão (*regression analysis*)   Em estatística, uma técnica para ajustar uma linha a um conjunto de pontos.

Análise de sensibilidade (*sensitivity analysis*)   Análise do efeito na lucratividade do projeto de possíveis alterações nas vendas, nos custos etc.

Análise discriminante múltipla (ADM) (*multiple-discriminant analysis – MDA*)   Técnica estatística para distinção entre dois grupos com base na observação de suas características.

Análise do ponto de equilíbrio (*break-even analysis*)   Cálculo do volume de vendas de um projeto em que os custos e as receitas estão exatamente em equilíbrio.

Análise fundamental (*fundamental analysis*)   Método de análise de títulos que tem por objetivo identificar ativos mal-avaliados por meio da análise das perspectivas de negócio da empresa. (Ver *análise técnica*.)

Análise técnica (*technical analysis*)   Método de análise de títulos que procura detectar e interpretar padrões gráficos no comportamento histórico dos seus preços (Ver *análise fundamental*.)

Anjos caídos (*fallen angel*)   Obrigações de alto risco que anteriormente eram de baixo risco.

Antecipação (*anticipation*)   Arranjo em que os clientes que pagam antes da data final podem ter o direito de deduzir a uma taxa normal de juros.

Ante-datagem (*backdating*)   Prática desacreditada de selecionar retroativamente uma data de concessão de *opções* "*at-the-money*" em ações a executivos, quando a cotação da ação (e, consequentemente, seu *preço de exercício*) fosse especialmente baixa(o).

Anuidade (*annuity*)   Aplicação que produz fluxos de caixa constantes durante um número limitado de períodos.

Anuidade imediata (*annuity due*)   *Anuidade* cujos pagamentos ocorrem no princípio de cada período.

Anulação (de dívida) (*defeasance*)   Prática utilizada pelo devedor de reservar fundos ou *obrigações* em montante suficiente para pagar uma dívida contraída. Tanto a dívida como os correspondentes ativos em reserva são retirados do balanço.

Anulação de dívida em substância (*in-substance defeasance*)   *Anulação de dívida* na qual a dívida é removida do balanço, mas não é cancelada. (Ver *novação*.)

Anúncio de emissão (*tombstone*)   Anúncio em que consta todos os *subscritores* de uma emissão de títulos.

Apresentação e pagamento de contas por meio eletrônico (*electronic bill presentment and payment – EBPP*)   Sistema que possibilita às empresas faturar os clientes e receber os correspondentes pagamentos via Internet.

Aquisição alavancada (*leveraged buyout – LBO*)   Aquisição de uma empresa em que (1) uma grande parcela do preço de compra é financiada pela dívida e (2) o remanescente desse valor é objeto de colocação privada em um pequeno número de investidores (capital).

Aquisição de uma empresa pela administração (*management buyout – MBO*)   Aquisição alavancada em que o grupo adquirente é liderado pelos gestores da própria empresa.

Aquisição por troca de ações (*exchange of stock*)   Aquisição de uma empresa por meio da compra das suas ações pagas com dinheiro ou com ações da adquirente.

Aquisição por troca de ativos (*exchange of assets*)   Aquisição de uma empresa por meio da compra dos seus ativos pagos com dinheiro ou com ações da adquirente.

Arb   Abreviação de "arbitrageur".

Arbitragem (*arbitrage*)   Compra de um título e venda simultânea de outro título para obtenção de lucro sem risco.

"Arbitragem" ou "arbitragem de risco" (*arbitrage* ou *risk arbitrage*)   Expressão habitualmente usada para descrever a tomada de posições simétricas em títulos relacionados, por exemplo, quando ocorre uma oferta pública de aquisição.

Armazém de campo (*field warehouse*)   Armazém gerido por uma empresa independente da armazenagem nas instalações de outra empresa. (ver *armazém público*.)

Armazém público (armazém terminal) [*public warehouse (terminal warehouse)*]   Armazém gerido por uma empresa independente de armazenagem em suas próprias instalações. (Ver *armazém de campo*.)

Armazém terminal (*terminal warehouse*)   Ver *Armazém público*.

Árvore de decisão (*decision tree*)   Método de representação de decisões sequenciais alternativas e dos possíveis resultados dessas decisões.

Asian Currency Units (ACU)   Depósitos de moeda estrangeira em Cingapura ou em outros países asiáticos.

Asset stripper   Comprador que adquire empresas com o objetivo de vender grande parte dos seus ativos.

Ativo circulante ou corrente (*current asset*)   Ativo que será normalmente convertido em caixa em um prazo de até um ano.

Ativo com liquidez (*liquid asset*)   Ativos que podem ser facilmente convertidos em dinheiro e a baixo custo, como dinheiro e títulos de curto prazo.

Ativo intangível (*intangible asset*)   Ativos não materiais, tais como conhecimentos tecnológicos, marcas e patentes registradas. (Ver *ativo tangível*.)

Ativo tangível (*tangible asset*)   Ativos físicos, tais como instalações fabris, equipamentos e escritórios. (Ver *ativo intangível*.)

Ativos financeiros (*financial assets*)   Títulos que representam direitos sobre *ativos reais*.

Ativos reais (*real assets*)   *Ativos tangíveis* e *ativos intangíveis* utilizados em um negócio. (Ver *ativos financeiros*.)

Autofinanciamento (*internal finance*)   Financiamento gerado por uma empresa por meio dos *lucros retidos* e das *depreciações*. (Ver *financiamento exterior*.)

Autosseleção (*self-selection*)   Consequência de um contrato que conduz à participação de um único grupo (por exemplo, os indivíduos de baixo risco).

Aval bancário (*aval*)   Garantia prestada por um banco para uma dívida contraída por uma empresa.

B

Backwardation   Situação em que o *preço à vista* de uma mercadoria excede o preço do respectivo *contrato futuro*. (Ver *contango*.)

Benefício fiscal por depreciação   O rendimento extra após impostos que resulta da dedução por depreciação do rendimento tributável.

Benefício fiscal por juros   O rendimento extra após impostos advindo da dedução de juros.

Beta (*beta*)   Medida do *risco de mercado*.

Beta de ativos   O *beta* de uma empresa se ela não estivesse alavancada.

Big Board   Nome coloquial da New York Stock Exchange.

Bloco (*bracket*)   Termo que denomina a amplitude do compromisso do *subscritor* em uma nova emissão; por exemplo, um grande bloco ou um pequeno bloco.

Bolsa de futuros   Bolsa em que *contratos futuros* são comercializados.

"Bookbuilding"   Método pelo qual os *subscritores* recolhem informações não vinculantes sobre a demanda que uma nova emissão terá no mercado.

"Book runner"   O subscritor gerente de uma nova emissão; ele deverá manter o registro dos títulos vendidos.

Bund   Obrigação de longo prazo do governo alemão.

"Butterfly spread"   A compra de duas *opções de compra* com diferentes *preços de exercício* e a venda simultânea de duas opções de compra que podem ser exercidas na média desses dois preços de exercício. Com isso, a aposta é que o preço das ações permanecerá dentro de um intervalo estreito.

C

Cable   Termo usado no mercado cambial para fazer referência ao câmbio dólar/libra.

Câmara de Compensação Automatizada (CCA) (Automated Clearing House – ACH)   Sistema eletrônico privado administrado por um grupo de bancos, para pagamentos de baixo valor em número muito elevado.

Capex   Dispêndio de capital.

Capital circulante (*working capital*)   *Ativo circulante* menos *passivo circulante*. A expressão é normalmente usada como sinônimo de *capital de giro líquido*.

Capital de giro líquido (*net working capital*)   *Ativo circulante* menos *passivo circulante*.

Capital de risco (*venture capital*)   Capital aplicado no financiamento de uma nova empresa.

Capital em dívida (*principal*)   Montante de dívida que tem de ser reembolsado.

Capital(is) próprio(s) (*equity*)   (1) *Ações ordinárias* e *ações preferenciais*. Expressão frequentemente usada para designar apenas as ações ordinárias. (2) *Patrimônio líquido*.

Capitalização (*capitalization*)   Dívida de longo prazo mais *ações preferenciais* mais *patrimônio líquido*.

Capitalização de mercado (*market capitalization*)   Valor de mercado do capital próprio em circulação.

Capital realizado (*issued share capital*)   Número total de ações que foram emitidas. (Ver *ações na posse do público*.)

Capital social autorizado (*authorized share capital*)   Número máximo de ações que uma empresa pode emitir conforme esteja definido pelo seu *estatuto*.

Capítulo 7 (*Chapter 7*)   Processo de falência norte-americano em que os ativos do devedor são vendidos e o produto da venda é utilizado para pagar os credores.

Capítulo 11 (*Chapter 11*)   Processo de falência norte-americano em que o objetivo é reestruturar e recuperar uma empresa em situação de inadimplência.

CAPM   Capital Asset Pricing Model.

CARDs (Certificates for Amortizing Revolving Debt)   Títulos de dívida garantidos por créditos de cartões de crédito.

Carry trade   Contrair empréstimo em país com baixa taxa de juros para reempréstimo em outro país com taxa de juros mais alta.

CARs (Certificates of Automobile Receivables)   *Títulos de dívida* garantidos por créditos de venda de automóveis a prestações.

Carta de crédito (*letter of credit*)   Carta de um banco informando que abriu um crédito a favor de uma empresa.

Carteira de réplica (*replicating portfolio*)   Pacote de ativos cujos retornos reproduzem exatamente os de uma opção.

Carteira eficiente (*efficient portfolio*)   Carteira de títulos que oferece o menor risco (*desvio-padrão*) para o seu *retorno esperado*, e o maior retorno possível para o seu nível de risco.

Carteira ótima tangente (*tangent efficient portfolio*)   A carteira de ativos com risco que oferece o maior *prêmio de risco* por unidade de risco (*desvio-padrão*).

Cascata (*cascade*)   Processo de "comportamento de manada", em que cada pessoa deduz que as decisões tomadas anteriormente por outras podem ter sido baseadas em informações adicionais.

Cash and carry   Compra de um ativo e venda simultânea de um *contrato futuro*, sendo o saldo financiado por meio de um empréstimo ou de um acordo de recompra (*repo*).

Cash cow   Empresa estabelecida que gera uma quantidade significativa de fluxos de caixa livres.

Cavaleiro branco (*white knight*)   Um potencial comprador amigável procurado por uma empresa que se encontra ameaçada por um comprador hostil.

CBD (*cash before delivery*)   Pagamento antes da entrega de mercadorias.

CDO (*collaterized debt obligation*)   Obrigação de dívida colaterizada. Também CLO (*collaterized loan obligation*) e CMO (*collaterized montgage obligation*).

Centralização de operações bancárias (*concentration banking*) Sistema pelo qual os clientes fazem os pagamentos em um centro regional aglutinador que, depois, os deposita em uma conta de um banco regional, sendo os saldos transferidos para o banco principal da empresa.

CEO (*Chief executive officer*) Administrador-chefe, presidente-executivo, principal executivo.

Certificado de antecipação de impostos (*tax-anticipation bill*) Títulos de curto prazo emitidos pelo Tesouro dos Estados Unidos que podem ser utilizados, ao *valor de face*, para o pagamento de impostos.

Certificado de depósito (*certificate of deposit* – CD) Um certificado que comprova a existência de um depósito em um banco.

Certificado de depósito (CD) negociável Um certificado de um depósito temporal de mais de $1 milhão que pode ser vendido antes do vencimento.

Certificado garantido por equipamento (*equipment trust certificate*) Título de *dívida garantida*, usualmente utilizado para financiamentos no setor ferroviário, em que o credor mantém a propriedade do equipamento até a dívida estar paga.

Certificados de depósito renováveis (*roll-over CDs*) Conjunto de *certificados de depósito* sucessivos.

CFO (*Chief Financial Officer*) Vice-presidente financeiro, diretor financeiro, gestor financeiro.

CFTC Commodity Futures Trading Commission.

Chaebol Conglomerado de empresas coreanas.

Cheque 21 (*Check 21*) A compensação de cheques segundo a Regra do Século XXI possibilita aos bancos fazer todo o processamento dos cheques via eletrônica.

Cheque emitido por um banco (*depository transfer check* – DTC) Cheque emitido por um banco regional a favor de uma empresa específica.

CHIPS (Clearing House Interbank Payments System) Sistema eletrônico internacional de transferências usado por um grupo de grandes bancos.

Ciclo de caixa (*cash cycle*) O período que vai desde o pagamento das matérias-primas pela empresa até o recebimento pelas vendas dos produtos acabados aos clientes.

Ciclo operacional (*operating cycle*) O período que se estende desde a compra inicial de matérias-primas até o pagamento dos produtos acabados pelos clientes de uma empresa.

Cláusula afirmativa (*affirmative covenant*) *Cláusula* de um contrato de empréstimo que especifica determinadas ações que o devedor deve realizar.

Cláusula (*covenant*) Cláusula de um contrato de empréstimo.

Cláusula de inadimplência cruzada (*cross-default clause*) Cláusula de um contrato de empréstimo que especifica determinadas ações que o devedor tem de realizar.

Cláusula de não penhor (*negative pledge clause*) Cláusula pela qual o devedor se compromete a não constituir qualquer *ônus* exclusivo sobre quaisquer dos seus ativos.

Cláusula de resgate antecipado (*call provision*) Provisão que permite a um emitente recomprar as obrigações que emitiu a um preço especificado.

Cláusula de resgate antecipado "make whole" *Cláusula de resgate antecipado* de uma *obrigação* em que o preço de compra é ajustado para garantir que o detentor da obrigação não saia em desvantagem.

Cláusula "hell-or-high-water" (*hell-or-high-water clause*) Cláusula em um contrato de *leasing* que obriga o *locatário* a fazer pagamentos, independentemente do que acontece para o *locador* ou para o equipamento.

CMBS (*commercial mortgage-backed security*) Título comercial lastreado por hipotecas

Cobertura a termo (*forward cover*) Compra ou venda a termo de moeda estrangeira, tendo em vista contrabalançar um fluxo de caixa futuro conhecido.

Cobertura de risco (*hedging*) Comprar um ativo e vender outro para reduzir o risco. Uma cobertura perfeita produz uma carteira sem risco.

Cobertura dos custos das operações (*INTERVAL measure*) Índice que mede o número de dias que a empresa consegue financiar as suas operações sem recebimentos adicionais.

Cobertura dos juros pagos (*interest cover*) Resultado antes de juros e impostos divididos pelos juros pagos.

Cobertura dos juros pagos [*times-interest-earned* (*interest cover*)] Resultado antes de juros e impostos divididos pelos juros pagos.

Cobrança "lock-box" (*lockbox system*) Forma de *centralização de operações bancárias*. Os clientes enviam os pagamentos para uma caixa postal. O banco local recebe, faz o processamento dos cheques e transfere o saldo para o banco principal da organização.

CoCo (*contingent convertible bond*) Obrigação conversível contingente

COD (*cash on delivery*) Pagamento contraentrega.

Coeficiente de correlação (*correlation coeficient*) Medida estatística de interdependência entre duas variáveis.

Colar (*collar*) Limites superior e inferior na taxa de juro de uma *obrigação de cupom indexado*.

Colateral (*colleral*) Ativos dados como garantia para um empréstimo.

Collateral trust bonds Obrigações garantidas por ações ordinárias ou outros títulos de posse do devedor.

Colocação assegurada (*bought deal*) Emissão de títulos em que um ou dois *subscritores* compram toda a emissão.

Colocação privada (*private placement*) Emissão de *obrigações* ou *ações* colocadas privadamente a poucos investidores e não disponíveis em bolsa de valores.

Colocação sob condição de melhores esforços (*best-efforts underwriting*) Os subscritores se comprometem a não colocar uma emissão de títulos, mas apenas a desenvolver os melhores esforços para a sua integral subscrição.

Com direitos (*cum rights, rights on*) Aquisição de ações em que o comprador mantém o direito de preferência no aumento de capital. (Ver *sem direitos*.)

Com dividendos (*cum dividend, with dividend*) Aquisição de ações em que o comprador ainda tem direito ao próximo dividendo. (Ver *sem dividendos*.)

Comissão de compromisso (*commitment fee*) Comissão cobrada pelos bancos sobre uma linha de crédito não utilizada.

Comissão "take-up" (*take-up fee*) Comissão paga a *subscritores* de uma emissão de ações com direito preferencial sobre qualquer ação que eles sejam obrigados a comprar.

Commercial paper Títulos de dívida não garantidos emitidos pelas empresas e com vencimentos de até nove meses.

Commercial paper de dealers (*dealer paper*) *Commercial paper* vendido por meio de um intermediário e não diretamente pela empresa.

Common-size financial statements Balanços patrimoniais cujos valores são expressos como uma proporção do total dos ativos, e demonstrativos de resultados cujos valores são expressos como uma proporção das receitas.

Composition Concordância voluntária em reduzir os pagamentos da dívida de uma empresa.

Compromisso comercial (*firm commitment*) Acordo em que o *subscritor* garante a venda de toda a emissão.

Compromisso "standby" (*standby agreement*) Em uma emissão de ações com direito preferencial de subscrição, acordo em que o *subscritor* comprará qualquer número de ações que os investidores não compraram.

Conhecimento de embarque (*bill of landing*) Título que estabelece a propriedade de mercadorias em trânsito.

Conselho administrativo classificado *Conselho administrativo com eleições alternadas.*

Conselho administrativo com eleições alternadas (*staggered board*) Conselho cujos membros são eleitos periodicamente e não, por exemplo, em uma data particular do ano.

Consolidado (dívida pública) (*consol*) As obrigações perpétuas emitidas pelo governo britânico; algumas vezes usado como sinônimo de *perpetuidade*.

Conta de depósito bancário "MMDA" (*money-market deposit account – MMDA*) O depositante recebe juros à taxa do *mercado monetário*.

Conta em aberto (*open account*) Procedimento em que as vendas são realizadas sem qualquer contrato de dívida formal. O comprador assina um recibo, e o vendedor registra a venda em seu livro-registro.

Contango Situação em que o *preço à vista* de uma mercadoria é inferior ao preço do respectivo *contrato futuro*. (Ver *backwardation*.)

Contas a pagar [*accounts payable* (*payables, trade debt*)] Dinheiro devido a fornecedores.

Contas a receber [*accounts receivable* (*receivables, trade credit*)] Dinheiro devido pelos clientes.

Contraparte (*counterparty*) A outra parte de um contrato de *derivativos*.

Contrato a termo Acordo em comprar ou vender um ativo no futuro por um preço acordado de antemão.

Contrato futuro (futuro, contrato a futuro) (*futures contract*) Contrato para a compra de uma mercadoria ou de um ativo financeiro em uma data futura por um preço fixado no presente. Ao contrário dos contratos a termo, os futuros são transacionáveis em bolsa e sujeitos à reavaliação diária (*marked to market*) ao preço de referência.

Controller Executivo responsável pela gestão orçamentária, contabilidade e auditoria interna de uma empresa. (Ver *diretor financeiro*).

Conversão de cheques (*check conversion*) Quando um cliente faz um cheque, a informação é automaticamente capturada, e sua conta bancária, imediatamente debitada.

Convexidade (*convexity*) Em um diagrama em que é representado o preço de uma *obrigação* contra a sua taxa de juros, a convexidade mede a curvatura da linha.

Corporate venturing Prática de uma grande empresa em fornecer financiamento a novas empresas.

Corporation Uma empresa com separação legal de seus proprietários.

Corporation "C" Qualquer corporação norte-americana que é tributada separadamente de seus proprietários. Em sua maioria, as grandes corporações nos Estados Unidos são do tipo "C" (cf. *corporation* "S").

Corporation "S" Uma corporação norte-americana que não paga imposto de renda. Em vez disso, os acionistas (cujo número deve ser limitado) declaram seu quinhão de renda em suas declarações individuais ao fisco (cf. *corporation* "C").

Cotação direta (nos Estados Unidos) (*direct quote*) Indicação da quantidade de dólares americanos necessária para adquirir uma unidade de uma divisa estrangeira. (Ver *cotação indireta*.)

Cotação inversa (nos Estados Unidos) (*indirect quote*) Número de unidades de moeda estrangeira necessárias para comprar $1. (Ver *cotação direta*.)

Covariância (*covariance*) Medida da variação conjunta de duas variáveis.

Cramdown Ação desencadeada por um tribunal de falências, destinada a impor um plano de reorganização.

Crédito comercial (*trade credit*) Ver *Contas a receber*.

Crédito de consumidor Contas aguardando pagamento do consumidor final a uma empresa.

Crédito renovável (*revolving credit*) *Linha de crédito* formalmente negociada com um banco.

Crédito rotativo permanente (*evergreen credit*) Crédito renovável sucessivamente.

Crédito sazonal (*season datings*) Extensão de crédito dos quais se beneficiam os clientes que colocam suas encomendas fora da alta temporada.

Crowdfunding Financiamento de capital para um empreendimento arrecadado via Internet a partir de um grande número de indivíduos.

Cupom (*coupon*) (1) No sentido restrito, um cupom agregado ou impresso no certificado representativo de um *título ao portador* que deve ser entregue para o recebimento dos juros. (2) Mais genericamente, o pagamento dos juros da dívida.

Curva de rendimentos (*yield curve*) Ver *Estrutura temporal das taxas de juros*.

Custo de oportunidade do capital [*opportunity cost of capital* (*hurdle rate, cost of capital*)] *Retorno esperado* que se deixa de obter por investir em um projeto, em vez de investir em títulos de risco semelhante.

Custo do capital (próprio) [*cost of* (*equity*) *capital*] Custo de oportunidade do capital.

Custo do capital da empresa (*company cost of capital*) Retorno esperado de uma carteira composta de todos os títulos da empresa.

Custo médio ponderado do capital (CMPC) (*weighted-average cost of capital – WACC*). *Retorno esperado* de uma carteira composta de todos os títulos da empresa. Utilizado como *taxa mínima de retorno* para investimentos de capital.

Custos de agência (*agency costs*) Custos surgidos quando um agente (por exemplo, um gestor) não atua unicamente no interesse do principal (por exemplo, o acionista).

Custos irrecuperáveis (*sunk costs*) Custos já incorridos e que não podem ser revertidos.

D

Data de registro (*record date*) Data fixada pelos administradores quando fazem um pagamento de dividendos. Os *dividendos* são enviados aos acionistas previamente cadastrados na data de registro.

Data mining (*data snooping*) Processo analítico destinado a explorar comportamentos interessantes (mas, provavelmente, coincidentes) em uma coleção de dados.

Death spiral convertible *Obrigação conversível* em ações com um determinado valor de mercado.

Debênture (*debenture*) *Obrigação* não garantida.

Débito automático (*automatic debit; direct debit; direct payment*) Os clientes de uma empresa autorizam-na a efetuar débitos automáticos em suas contas bancárias. (Ver *depósito direto.*)

Declaração de registro Um documento detalhado preparado para a Securities and Exchange Commission que apresenta informações sobre o financiamento proposto e o histórico da empresa, seus empreendimentos existentes e seus planos para o futuro.

Delta Ver *Índice de cobertura de risco.*

Delta da opção (*option delta*) Índice de cobertura de risco.

Depósito direto (*direct deposit*) A empresa autoriza o banco a depositar dinheiro na conta de seus funcionários ou acionistas.

Depósito em eurodólares (*eurodollar deposit*) Depósito de dólares em um banco fora do país de origem.

Depreciação (*depreciation*) (1) Redução do valor contábil ou de mercado de um ativo; (2) Parcela de um investimento que pode ser deduzida do rendimento tributável.

Depreciação acelerada (*accelerated depreciation*) Qualquer método de *depreciação* de que resultem maiores deduções nos primeiros anos da vida de um projeto.

Depreciação econômica (*economic depreciation*) Diminuição no *valor presente* de um ativo.

Depreciação pelo método da soma dos dígitos (*sum-of-the-years'-digits depreciation*) Método de *depreciação acelerada.*

Depreciação pelo método do saldo decrescente (*double-declining--balance depreciation*) Método de *depreciação acelerada.*

Depreciação pelo método linear (*straight-line depreciation*) Um mesmo valor de *depreciação* por período.

Derivativo de crédito (*credit derivative*) Contrato destinado a *mitigar* a exposição ao risco de inadimplência ou a alterações do risco de crédito. (Ver *swap de default de crédito.*)

Desconto bancário (*bank discount*) Juros descontados do valor inicial de um empréstimo.

Desconto original de emissão de dívida (*original issue discount debt – OID debt*) Título de dívida inicialmente oferecido a um preço inferior de seu valor nominal.

Desdobramento de ações (*stock split*) Emissão "gratuita" de ações para os acionistas atuais.

Desdobramento reverso (*reverse split*) Procedimento da empresa para reduzir o número de ações em circulação, substituindo duas ou mais de suas ações com uma única ação, mas de maior valor.

Desintermediação (*disintermediation*) Retirada de fundos de uma instituição financeira com o objetivo de investi-los diretamente. (Ver *intermediação.*)

Desmembramento (*carve-out*) Oferta pública de ações em uma subsidiária.

Desvio-padrão (*standard deviation*) Raiz quadrada da *variância* – uma medida da variabilidade.

Diagrama de posição (*position diagram*) Diagrama que mostra os possíveis retornos de um derivativo.

Diferencial de juros "TED" (*TED spread*) Diferença entre a LIBOR e as taxas de juros proporcionadas pelos "T-bills" norte-americanos.

Differential swap (***diff, quanto swap***) Variante de *swap* entre duas taxas de juros LIBOR; por exemplo, entre a Libor do iene e a Libor do dólar. Os pagamentos são feitos na mesma moeda.

Diluição (*dilution*) Diminuição da proporção do rendimento a que cada ação tem direito.

Direito condicionado (*contingent claim*) Direito cujo valor depende do valor de outro ativo.

Direito de avaliação independente (*appraisal rights*) Direito de os acionistas, em uma *fusão*, solicitarem o pagamento de um preço justo pelas suas ações, determinado de um modo independente.

Direito de preferência (*preemptive right*) Direito dos acionistas de receber qualquer distribuição de valores efetuada pela empresa.

Direito "greenshoe" (*greenshoe option*) Opção que beneficia um *subscritor* em uma nova emissão, permitindo adquirir e revender ações adicionais.

Direito preferencial na emissão (*rights issue, privileged subscription issue*) Emissão de títulos oferecida aos acionistas já existentes. (Ver *oferta pública de subscrição.*)

Diretor financeiro (*treasurer*) O principal gestor financeiro. (Ver *controller.*)

Disponibilidades em trânsito (*availability float*) Cheques depositados por uma empresa, cujo valor ainda não foi disponibilizado pelo banco.

Distribuição distorcida (*skewed distribution*) Distribuição de probabilidades em que um número desigual de observações cai abaixo e acima da média.

Distribuição normal (*normal distribution*) Distribuição de probabilidades simétrica em forma de sino, que é completamente definida por uma média e um *desvio-padrão.*

Dívida comercial (*trade debt*) Ver *Contas a pagar.*

Dívida fundada (*funded debt*) Dívida com vencimento superior a um ano. (Ver *dívida não fundada.*)

Dívida garantida (*secured debt*) Dívida que, em caso de inadimplência, tem direitos prioritários sobre determinados ativos.

Dívida não fundada (*unfunded debt*) Dívida com vencimento inferior a um ano. (Ver *dívida fundada.*)

Dívida não refinanciável (*nonrefundable debt*) Dívida que não pode ser colocada para substituir outra emissão a um custo de juros mais baixo.

Dívida prioritária (*senior debt*) Dívida que, no caso de falência, deve ser liquidada antes da *dívida subordinada*.

Dívida subordinada (*subordinated debt, junior debt*) Dívida sobre a qual tem precedência a *dívida prioritária*. Em caso de falência, os credores subordinados são reembolsados apenas depois de os créditos prioritários terem sido liquidados por inteiro.

Dividendo de liquidação (*liquidating dividend*) *Dividendos* que representam um retorno de capital.

Dividendo em ações (*stock dividend*) *Dividendos* atribuídos sob a forma de ações em vez de dinheiro.

Dividendo especial (dividendo extraordinário) [*special dividend* (*extra dividend*)] *Dividendo* com pouca probabilidade de repetição.

Dividendo extraordinário (*extra dividend*) Dividendo suscetível ou não de repetição. (Ver *dividendo regular.*)

Dividendo regular (*regular dividend*) Dividendo que a empresa espera manter no futuro.

Dividendos (*dividend*) Lucros distribuídos aos acionistas de uma empresa.

Dodd-Frank Act Legislação de 2010 que emenda a regulação dos mercados financeiros e bancos.

Dual-class equity Ações com direitos de votos diferentes.

Duração (*duration*) Vida média (em anos) dos fluxos de caixa descontados de um ativo.

E

Efeito de alavancagem financeira [*financial leverage* (*gearing*)] Utilização do endividamento para aumentar o *retorno esperado* dos *capitais próprios*. Esse efeito é medido pelo índice entre a dívida e a soma da dívida com os capitais próprios. (Ver *efeito de alavancagem operacional.*)

Efeito de alavancagem operacional (*operating leverage*) Ampliação das variações dos lucros causada pelos custos fixos operacionais. (Ver *efeito de alavancagem financeira.*)

Eficiência forte (de mercado) (*strong-form eficiente market*) Mercado onde os preços dos títulos refletem instantaneamente toda a informação disponível para os investidores. (Ver *eficiência fraca* e *eficiência semiforte de mercado.*)

Eficiência fraca (de mercado) (*weak-form efficient market*) Mercado onde os preços dos títulos refletem instantaneamente a informação histórica neles contida. Nesse mercado os preços dos títulos seguem um movimento aleatório ("random walk"). (Ver *eficiência semiforte* e *eficiência forte de mercado.*)

Eficiência semiforte (de mercado) (*semistrong-form efficient market*) Mercado onde os preços dos títulos refletem toda a informação disponível publicamente. (Ver *eficiência fraca* e *eficiência forte de mercado.*)

Emissão clássica (*vanilla issue*) Oferta de ações ou títulos sem características extraordinárias.

Emissão de ações com direito preferencial de subscrição (*privileged subscription issue*) Ver *Direito preferencial na emissão.*

Emissão de ações de empresa já cotada (*seasoned issue*) Emissão de títulos para os quais já existe um mercado. (Ver *oferta pública inicial.*)

Emissão "Regulation A" (*regulation A issue*) Pequenas emissões de títulos parcialmente isentas dos requisitos de registro na SEC.

Emissões de obrigações em séries (*series bonds*) *Obrigações* que podem ser emitidas em diversas séries sob o mesmo *acordo direto particular*.

Empresa "blue-chip" (*blue-chip company*) Empresa grande com elevada capacidade de endividamento.

Empresa de responsabilidade limitada (*limited liability company-LLC*) Sociedade em que todos os sócios têm responsabilidade limitada.

Empresa captadora de recursos (*captive finance company*) Subsidiária cuja função é financiar as compras da matriz.

Empréstimo auto-liquidante (*self-liquidating loan*) Empréstimo para financiar o ativo circulante. A venda desses ativos fornece os fundos para o seu reembolso.

Empréstimo descontado (*discount loan*) Empréstimo bancário em que os juros são pagos de antemão.

Empréstimo estruturado (*structured debt*) Empréstimo com características adaptadas ao comprador, frequentemente incorporando algumas *opções* pouco usuais.

Empréstimo *peer-to-peer* Empréstimos a indivíduos feitos via *sites* com este fim específico.

Empréstimo ponte (*bridge loan*) Empréstimo de curto prazo que proporciona um financiamento temporário até a obtenção de fundos permanentes.

Empréstimo sindicalizado (*syndicated loan*) Um empréstimo de grande valor fornecido por um grupo de bancos.

Empréstimos *subprime* (*subprime loans*) A categoria dos empréstimos que comporta mais riscos.

Engenharia financeira (*financial engineering*) Combina ou desagrega instrumentos financeiros existentes para criar novos produtos financeiros.

Entrenching investment Investimento que faz uso particular das habilidades da administração corrente da empresa.

Equivalente certo (*certainty equivalent*) Um fluxo de caixa certo cujo valor futuro é igual ao de um outro fluxo de caixa com risco.

Erro-padrão (*standard error*) Em estatística, a medida do possível erro de uma estimativa.

Escritura de "trust" (*trust deed*) Acordo entre o agente fiduciário e o devedor estabelecendo os termos de uma *obrigação*.

"Especialista" designado de mercado (*designated market maker*) Membro da *NYSE* responsável pelo mercado de títulos especificados (designado formalmente por *expert*).

ESOP *employee stock ownership plan.*

Especialista (*specialist*) "*Expert*" nomeado de mercado.

Estatuto da empresa (*articles of incorporation*) Documento legal de constituição de uma sociedade e que define a sua estrutura e o seu objeto social.

Estrutura de capital (*capital structure*) Estrutura do conjunto dos diferentes títulos emitidos pela empresa.

Estrutura temporal das taxas de juros (*term structure of interest rates*) Relação entre as taxas de juros de empréstimos com diferentes prazos de vencimento. (Ver *curva de rendimento*.)

Euribor (*euro interbank offered rate*) A taxa de juros utilizada pelos maiores bancos internacionais da Europa ao contraírem empréstimos uns dos outros.

Eurocurrency Depósito mantido fora do país emitente da moeda (por exemplo, *depósito em eurodólares* ou *em euroienes*).

Euro-obrigações (*Eurobond*) (1) Obrigação denominada na divisa de um país, mas comercializada internacionalmente fora dele; (2) Também usado para se referir a emissões de títulos soberanos sugeridos que seriam garantidos por todos os países da Zona do Euro.

Event risk Risco de que um acontecimento não previsto (por exemplo, uma oferta pública de aquisição) leve à inadimplência de uma dívida.

Exposição contábil (*translation exposure*) Risco de efeitos desfavoráveis nas demonstrações financeiras de uma empresa que podem ocorrer por variações nas taxas de câmbio. (Ver *exposição econômica*, *exposição de transação*.)

Exposição de transação (*transaction exposure*) Risco em que uma empresa incorre com fluxos de caixa futuros conhecidos, mas denominados em uma moeda estrangeira, e que resulta de possíveis variações de taxas de câmbio. (Ver *exposição econômica*, *exposição contábil*.)

Exposição econômica (*economic exposure*) Risco procedente de alterações nas taxas de câmbio reais. (Ver *exposição de transação*, *exposição contábil*.)

F

Facilidade de crédito "swingline" (*swingline facility*) Linha de crédito bancário para concessão de financiamento a curto prazo enquanto a empresa substitui o *commercial paper* norte-americano por europapel comercial.

Factoring Acordo pelo qual uma instituição financeira compra as *contas a receber* de uma empresa e procede à sua cobrança.

***Factoring* no vencimento (*maturity factoring*)** Contrato de *factoring* que oferece a cobrança e o seguro de *contas a receber*.

Falência pré-negociada (*prenegotiated bankruptcy*) Capítulo 11 da lei das falências que indica que apenas os credores principais concordaram quanto ao plano de reorganização antes do pedido de falência. (Ver *falência previamente combinada*.)

Falência previamente combinada (*prepack, prepackaged bankruptcy*) Procedimentos de falência que objetivam confirmar um plano de reorganização já acordado informalmente.

FASB Financial Accounting Standards Board.

Fator (1) Uma influência comum sobre preços de títulos (tal como o nível da taxa de juros ou os preços do petróleo); (2) Uma empresa oferecendo *factoring*.

Fator de desconto (*discount factor*) *Valor presente* de $1 recebido em uma data futura conhecida.

Fator de desconto de uma anuidade (*annuity factor*) *Valor presente* de $1 pago em cada um de *t* períodos.

FCIA Foreign Credit Insurance Association.

FDIC Federal Deposit Insurance Corporation.

Fedwire Um sistema eletrônico para pagamentos de montante elevado a cargo do Sistema de Reserva Federal. (Ver *CHIPS*.)

Finanças comportamentais (*behavioral finance*) Ramo das finanças que discute alguns aspectos da irracionalidade dos investidores.

Financiamento a produtores de bens de consumo (*floor planning*) Estrutura usada para financiar estoques. Uma empresa financeira compra o estoque que é, posteriormente, mantido em confiança pelo usuário.

Financiamento DIP (*debtor-in-possession financing – DIP financing*) Dívida emitida por uma empresa em processo de falência segundo o *Capítulo 11*.

Financiamento exterior (*external finance*) Financiamento que não é gerado pela própria empresa: novo endividamento ou uma emissão de ações. (Ver *autofinanciamento*.)

Financiamento fora do balanço (*off-balance-sheet financing*) Financiamento não lançado como passivo no balanço de uma empresa.

Flipping Comprar ações em uma *oferta pública inicial* (OPI) e vendê-las imediatamente.

Fluxo de caixa anual equivalente (ou custo) [*equivalent annual cash flow (or cost)*] Anuidade com o mesmo *valor presente* que o investimento proposto pela empresa.

Fluxo de caixa descontado – FCD (*discounted cash flow – DCF*) Fluxos de caixa futuros multiplicados pelos *fatores de desconto*, para obter o seu *valor presente*.

Fluxo de caixa livre (*free cash flow*) Fundos que não são necessários nas operações correntes nem no reinvestimento.

Forex Abreviatura de "Foreign exchange".

Fórmula Du Pont Fórmula que expressa o relacionamento entre retorno sobre ativos, vendas por ativos, margem de lucro e medidas de alavancagem.

***Forward rate agreement* (FRA)** Contrato de empréstimo no futuro a uma taxa de juro fixada no presente.

Fração (*odd lot*) Transação de menos do que 100 ações. (Ver *lote-padrão*.)

Free-rider problem Tentação de não suportar os custos decorrentes da participação em uma decisão quando a influência nessa decisão é mínima.

Fronteira eficiente O conjunto de *carteiras eficientes* com diferentes níveis de retorno esperado.

Fundo de amortização [*sinking fund (sinker)*] Fundo constituído por uma empresa para o reembolso antecipado de uma dívida.

Fundo de compra (*purchase fund*) Semelhante a um *fundo de amortização*, exceto pelo fato de que o dinheiro é utilizado somente para comprar obrigações se elas estiverem sendo vendidas abaixo de seus valores nominais.

Fundo de investimento (*mutual fund*) Fundo de investimento em títulos cujas unidades de participação são vendidas a investidores.

Fundo de pensão Plano de investimento estabelecido por um empregador para proporcionar aposentadoria para os funcionários.

Fundo do mercado monetário (*money-market fund*) *Fundo de investimento* que aplica somente em títulos seguros de curto prazo.

Fundo fechado (*closed-end fund*) Empresa cujo ativo consiste em investimentos em várias empresas industriais e comerciais.

Fundo indexado (*Index fund*)   Fundo de investimento concebido para atrelar os retornos a um índice do mercado de ações.

Fundo negociável em bolsa (*exchange-traded fund* – ETF)   Ação concebida para seguir um índice do mercado de ações.

Fundos federais (*federal funds*)   Depósitos que não rendem juros feitos por bancos no Sistema da Reserva Federal. As reservas excedentes são emprestadas mutuamente entre os bancos.

Fusão (*merger*)   (1) Aquisição em que todos os ativos e passivos são absorvidos pelo comprador (ver *aquisição por troca de ativos*, *aquisição por troca de ações*); (2) mais genericamente, qualquer associação entre duas empresas.

Fusão em conglomerado (*conglomerate merger*)   Fusão entre duas empresas de setores de atividade não relacionados. (Ver *fusão horizontal*, *fusão vertical*.)

Fusão horizontal (*horizontal merger*)   Fusão entre duas empresas que fabricam produtos similares. (Ver *fusão vertical*, *fusão em conglomerado*.)

Fusão vertical (*vertical merger*)   Fusão entre um fornecedor e o seu cliente. (Ver *fusão horizontal*, *fusão em conglomerado*.)

G

Gama (*gamma*)   Uma medida de como o delta de uma opção varia com as variações do preço do ativo subjacente.

Garantia de execução plena (*completion bonding*)   Garantia de que um contrato de construção será integralmente cumprido.

Garantia penhoratícia (*floating lien*)   Ônus sobre todos os ativos de uma empresa ou sobre uma classe específica desses ativos.

GAAP (*Generally Accepted Accounting Principles*)   Princípios contábeis geralmente aceitos.

Gilt   Obrigação do governo britânico.

Goodwill   Diferença entre o montante pago por uma empresa em uma *fusão* e o seu valor contábil.

Governança (*governance*)   Supervisão da gestão de uma empresa.

Grau (nível) de alavancagem operacional (*degree of operating leverage* – DOL)   A variação percentual nos lucros em face de 1% de variação nas vendas.

Greenmail   Situação em que um grande bloco de ações é detido por uma empresa adversa e que obriga a empresa-alvo a recomprar essas ações com um prêmio substancial para evitar ser controlada.

Gregas (*greeks*)   As letras gregas que se referem às características de uma *opção*, tais como *delta* e *vega*.

H

Haircut   Margem adicional de garantia de um empréstimo.

Hedge fund   Fundo de investimento que cobra uma taxa de desempenho e que está disponível apenas a uma faixa limitada de investidores. Os fundos, de modo geral, seguem estratégias complexas, incluindo as *vendas a descoberto*.

Hipoteca aberta (*open-end mortgage*)   Hipoteca que ainda pode garantir a contratação de dívida adicional. (Ver *hipoteca fechada*.)

Hipoteca Alt-A   Empréstimo residencial menos arriscado que a *subprime*, mas mais arriscado que os empréstimos de grau A.

Hipoteca fechada (*closed-end mortgage*)   Hipoteca incapaz de garantir empréstimos adicionais. (Ver *hipoteca aberta*.)

I

Imposto diferido   Ativo ou passivo advindo das diferenças entre despesas fiscais mostradas na declaração de rendimentos e os impostos realmente pagos.

Imposto mínimo alternativo (*alternative minimum tax* – AMT)   Imposto mínimo, calculado separadamente, pago por empresas ou particulares.

Imposto retido na fonte (*withholding tax*)   Imposto aplicado aos *dividendos* pagos no estrangeiro.

Imunização (*immunization*)   A construção de um ativo e de um passivo com alterações que se contrabalançam no valor.

Índice custo-benefício (*benefit-cost ratio*)   Um, mais o *índice de rentabilidade*.

Índice de cobertura de risco [*hedge ratio* (*delta*, *delta da opção*)]   Número de ações a adquirir por *opção* subscrita para criar uma posição sem risco; mais genericamente, o número de unidades de um ativo que deverá ser comprado para cobrir o risco de uma unidade vendida de outro ativo.

Índice de conversão (*conversion rate*)   Número de ações pelo qual uma obrigação conversível pode ser trocada.

Índice de distribuição de dividendos (*payout ratio*)   Relação entre os *dividendos* e os lucros por ação.

Índice de liquidez geral (*current ratio*)   *Ativo circulante* dividido pelo *passivo circulante* – uma medida de liquidez.

Índice de liquidez seca (*quick ratio*, *acid-test ratio*)   Medida de liquidez: (caixa + títulos negociáveis + contas a receber), dividido pelo *passivo circulante*.

Índice de medo   *VIX*.

Índice de rentabilidade (*profitability index*)   Relação entre o *valor presente líquido* de um projeto e o seu investimento inicial.

Índice de Sharpe (*Sharpe ratio*)   Quociente entre o *prêmio de risco* e o risco (*desvio-padrão*) propriamente dito de uma carteira.

Índice de valor de mercado-valor contábil (*market-to-book ratio*)   Quociente entre o valor de mercado e o valor contábil das ações de uma empresa.

Índice P/L (*P/E ratio*)   Quociente entre o preço das ações e os lucros por ação.

Informação assimétrica (*asymmetric information*)   Diferença na informação disponível para duas partes, como, por exemplo, entre um gestor e os investidores.

Instituição financeira   Um banco, uma companhia de seguro ou um *intermediário financeiro* similar.

Instrumento financeiro derivativo (*derivative*)   Ativo financeiro cujo valor depende do valor de outro ativo (por exemplo, um *futuro* ou uma *opção*).

Intermediação (*intermediation*)   Investimento por meio de uma instituição financeira. (Ver *desintermediação*.)

Intermediário financeiro   Uma organização que arrecada dinheiro junto à investidores diversos e que oferece financiamento para indivíduos, empresas e outras organizações.

International Banking Facility (IBF)   Dependência de um banco americano estabelecida nos Estados Unidos para atuar no mercado de eurodólares.

International Monetary Market (IMM)   Mercado de futuros financeiros pertencentes à Chicago Mercantile Exchange (CME).

Inversão fiscal   Mudança de domicílio de uma empresa para um país que cobra menos imposto.

Investidor-anjo (*angel investor*)   Investidor abastado disposto a colocar dinheiro para as pequenas *start-ups*.

IOSCO   International Organization of Securities Commissions.

IRB   Industrial Revenue Bond.

IRS   Internal Revenue Service.

ISDA   International Swap and Derivatives Association.

ISMA   International Securities Market Association.

J

***Junk bond* (*high-yield bond*)**   Dívida que na avaliação de risco de crédito está abaixo da atribuída às *obrigações de baixo risco*.

Juro simples (*simple interest*)   Juro calculado somente sobre o capital inicial. (Ver *juro composto*.)

Juros carregados (*carried interest*)   Uma proporção dos lucros a que têm direito os sócios gerais das sociedades de private equity.

Juros compostos (*compound interest*)   Reinvestimento dos juros vencidos em conjunto com o capital inicial para render mais juros. (Ver *juros simples*.)

Juros vencidos (*accrued interest*)   Juros já vencidos, mas ainda não pagos.

Just-in-time   Sistema de gestão de estoques que prevê a manutenção de quantidades mínimas de estoques e entregas frequentes pelos fornecedores.

K

Keiretsu   Um grupo de empresas japonesas organizadas em torno de um grande banco.

L

LAJIR (EBIT)   Lucros antes de juros e impostos.

LAJIRDA (EBITDA)   Lucros antes de juros, impostos, depreciação e *amortização*.

Lançador (*writer*)   Vendedor de *opções*.

***Leasing* alavancado (*leveraged lease*)**   Modalidade de *leasing* em que o *locador* financia parte do custo do ativo por uma emissão de dívida garantida pelo ativo e pelos pagamentos resultantes do próprio *leasing*.

***Leasing* com venda prévia (*sale and lease-back*)**   Venda de um ativo existente a uma instituição financeira que posteriormente o concede em *leasing* ao utilizador anterior. (Ver *leasing direto*.)

***Leasing* (*lease*)**   Contrato de aluguel de longo prazo.

***Leasing* de capital (*capital leasing*)**   Ver *Leasing financeiro*.

***Leasing* de serviço completo [*full-service lease* (*rental lease*)]**   *Leasing* no qual o *locador* se compromete a fazer uma manutenção e a suportar as despesas do seguro do equipamento. (Ver *leasing simples*.)

***Leasing* direto (*direct lease*)**   *Leasing* em que o *locador* compra diretamente do fabricante um equipamento novo e o aluga ao *locatário*. (Ver *leasing com venda prévia*.)

***Leasing* financeiro (*financial lease, capital lease, full-payout lease*)**   *Leasing* de longo prazo e não cancelável. (Ver *leasing operacional*.)

***Leasing* operacional (*operating lease*)**   *Leasing* de curto prazo cancelável. (Ver *leasing financeiro*.)

***Leasing* simples (*net lease*)**   Modalidade de *leasing* em que compete ao *locatário* assegurar a manutenção e o seguro do equipamento. (Ver *leasing de serviço completo*.)

Lei do preço único   Dois fluxos de caixa ou *commodities* idênticos devem ser vendidos pelo mesmo preço em um mercado competitivo.

Leilão de preço uniforme (*uniform price auction*)   Leilão em que todos os licitantes vencedores pagam o mesmo preço. (Ver *leilão discriminatório*.)

Leilão discriminatório (ou leilão de primeiro preço) (*discriminatory price auction*)   Leilão em que os licitantes vencedores pagam o preço que propõem. (Ver *leilão de preço uniforme*.)

Leilão holandês (*Dutch auction*)   Neste leilão, os investidores apresentam os preços com os quais estão dispostos a comprar (ou vender) títulos. O preço de compra é o mais baixo que possibilita à empresa vender (ou comprar) a quantidade especificada de títulos.

Leis estaduais do mercado de capitais (*blue-sky laws*)   Leis estaduais para a emissão e a negociação de títulos.

Letra (*bill of exchange*)   Termo genérico de documento que representa a exigência de um pagamento.

Letra [Letra de Câmbio] (*commercial draft* [*bill of exchange*])   Ordem (solicitação) de pagamento.

Letra, Nota, Título do Tesouro (*Treasury bill, T-bill*).   Títulos com vencimento inferior a um ano, emitidos abaixo do valor nominal e de forma regular pelo governo.

LIBOR   London Interbank Offered Rate

Linha de crédito (*line of credit*)   Acordo pelo qual o banco se compromete a conceder a uma empresa um empréstimo até certo limite e em qualquer momento.

Linha do mercado de capitais (*capital market line*)   Representação gráfica do conjunto de carteiras com o *índice de Sharpe* mais elevado. A linha passa pela taxa de juro sem risco e pela *carteira ótima tangente* dos ativos de risco.

Linha do mercado de títulos (*security market line*)   Linha que representa a relação entre *retorno esperado* e o *risco de mercado*.

Liquidatário (*liquidator*)   Pessoa nomeada pelos credores gerais, no Reino Unido, para controlar a venda dos bens de uma empresa insolvente, assim como o pagamento das dívidas.

Liquidez   Capacidade de vender um ativo com pouca antecedência perto do preço de mercado.

Locador (*lessor*)   Proprietário de um ativo alugado. (Ver *locatário*.)

Glossário 875

Locatário (*lessee*)   Usufrutuário de um ativo alugado. (Ver *locador.*)

Lockup   Restrição a acionistas existentes de venderem ações até certo período após uma IPO.

London Interbank Offered Rate (LIBOR)   A taxa de juro pela qual os maiores bancos internacionais operando em Londres contraem empréstimos uns dos outros. (LIBID é a taxa londrina interbancária pela qual compram fundos; LIMEAN é a média das taxas interbancárias da procura e da oferta de fundos).

Lote-padrão (*round lot*)   Transação de um lote com 100 ações. (Ver *fração.*)

LPA   Lucros por ação.

Lucro econômico (*economic income*)   Fluxo de caixa mais a variação do *valor presente.*

Lucro residual (*residual income*)   Lucro depois de impostos menos o *custo de oportunidade do capital.* (Ver também *valor econômico adicionado.*)

Lucros econômicos (*economic rents*)   Resultados acima do nível de uma situação com concorrência.

Lucros retidos (*retained earnings*)   Lucros não distribuídos como *dividendos.*

M

Maioria substancial, supermaioria (*supermajority*)   Cláusula do estatuto de uma empresa exigindo uma maioria de, digamos, 80% dos acionistas para aprovar certas mudanças, tais como uma *fusão.*

Mail float   O tempo que um cheque demora nos correios.

Maldição dos vencedores (*winner's curse*)   Problema enfrentado pelos subscritores mal-informados. Por exemplo, em uma *oferta pública inicial*, é provável que os participantes mal-informados recebam maiores lotes da emissão do que os outros, mais bem-informados e que sabem da sobrevalorização dos títulos.

Margem (*margin*)   Dinheiro ou títulos caucionados por um investidor para a garantia da boa execução do contrato.

Margem de lucro operacional   Rendimento operacional após impostos como um percentual das vendas.

Margem de manutenção (*maintenance margin*)   Margem mínima que deverá ser mantida em um *contrato futuro.*

Margem de variação (*variation margin*)   Ganhos e perdas diárias em um *contrato futuro* que são creditados na conta do investidor.

MBS   *Mortgage-backed security*, ou título lastreado por hipoteca.

Mercado cinzento (*gray market*)   Compras e vendas de títulos antes de o preço da emissão ser fixado.

Mercado de balcão (*over-the-counter* – OTC)   Mercado informal fora da bolsa de valores.

Mercado de capitais (*capital market*)   Mercado financeiro, especialmente o de títulos de longo prazo.

Mercado de *dealers* (*dealer market*)   Bolsa de valores na qual os *dealers* postam ofertas de compra ou de venda, como a Nasdaq. (Ver *mercado de leilão.*)

Mercado de leilão (*auction market*)   Bolsa de valores mobiliários em que os preços são determinados por um processo de leilão, como é o caso da NYSE. (Ver *mercado de dealers*).

Mercado eficiente (*efficient market*)   Mercado no qual toda a informação reflete-se instantaneamente nos preços dos títulos.

Mercado em alta (*bull market*)   Subida generalizada das cotações das ações. (Ver *mercado em baixa.*)

Mercado em baixa (*bear market*)   Declínio generalizado das cotações das ações. (Ver *mercado em alta.*)

Mercado monetário (*money market*)   Mercado de curto prazo para investimentos financeiros seguros.

Mercado secundário (*secondary market*)   Mercado para a compra e venda de títulos já emitidos.

Mercados financeiros   Mercados em que títulos são emitidos e comercializados.

Método ACRS de depreciação acelerada modificado (*modified accelerated cost recovery system* – MACRS)   Programa de deduções de *depreciação* concedidas para fins fiscais.

Método binomial (*binomial method*)   Método para avaliar *opções* que assume que há somente duas possíveis mudanças no preço de um ativo em um determinado período.

Método "flow-to-equity" (*flow-to-equity method*)   Valor descontado dos fluxos de caixa de e para detentores de ações.

Modelo CAPM de avaliação de ativos (Capital Asset Pricing Model – CAPM)   Modelo no qual os retornos esperados aumentam linearmente com o *beta* dos ativos.

Modelo de desconto de dividendos (*dividend discount model*)   Modelo que mostra que o valor de uma ação é igual ao valor descontado dos dividendos esperados no futuro.

Modelo de mercado (*market model*)   Modelo que sugere a existência de uma relação linear entre os retornos reais de uma ação e da carteira do mercado.

Momentum   Característica de ações que exibem persistentes e recentes retornos elevados.

Money center bank   Grande banco norte-americano que efetua diversas atividades bancárias.

Monolinha (*monoline*)   Seguradora que protege os detentores de títulos contra o risco de inadimplência.

N

NASD   National Association of Security Dealers (Associação Nacional de Comerciantes de Títulos)

Nasdaq   Bolsa americana cujos *dealers* tendem a especializar-se em ações de empresas de alta tecnologia.

NOPAT (*net operating profit after tax*)   Lucro operacional líquido depois de impostos.

Novação (*legal defeasance, Novation*)   Anulação pela qual a dívida de uma empresa é cancelada. (Ver *anulação de dívida em substância.*)

NYSE   Abreviatura de "New York Stock Exchange".

O

Obligation assimilable du Trésor (OAT)   Obrigação do governo francês.

Obrigação (*bond*)   Dívida de longo prazo.

Obrigação (*note*) Dívida sem garantias reais com um prazo de vencimento de até dez anos.

Obrigação "bull-bear" (*bull-bear bond*) *Obrigações* cujo valor de reembolso está indexado ao preço de um outro título. As obrigações são emitidas em duas *parcelas*: na primeira, o reembolso cresce com o preço do outro título; na segunda, o reembolso decresce com o preço do outro título.

Obrigação "bulldog" (*bulldog bond*) Emissão de *obrigações estrangeiras* no mercado de Londres.

Obrigação catástrofe (*catastrophe bond*) *Obrigação* cujo rendimento está indexado à dimensão das perdas devido a uma catástrofe, como o nível indenizações pagas pelas seguradoras.

Obrigação conversível (*convertible bond*) *Obrigação* que pode ser convertida em outro título por opção do seu titular; de modo semelhante às *ações preferenciais conversíveis*.

Obrigação conversível contingente (*CoCo*) Tipicamente uma obrigação que é convertida em capital próprio quando o emissor passa por dificuldades financeiras.

Obrigação conversível de taxa flutuante [*floating-price convertible* (*death spiral convertible*)] Obrigação conversível em ações com um determinado valor de mercado.

Obrigação de alta rentabilidade (*high-yield bond*) Ver *Junk bond*.

Obrigação de cupom indexado (OCI) (*floating-rate note* – FRN) *Obrigação* cujo pagamento de juro varia com a taxa de juro de curto prazo.

Obrigação de dívida colateralizada (*collateralized loan obligation* – CDO) Título garantido por um conjunto de empréstimos e emitido em *parcelas* com diferentes graus de prioridade.

Obrigação de receita [municipal] (*revenue bond*) Obrigação municipal independente das receitas de um particular projeto.

Obrigação indexada (*indexed bond*) Obrigação cujos pagamentos estão associados a um índice, como, por exemplo, o Índice de Preços ao Consumidor. (Ver *TIPS*.)

Obrigação indexada a índice (*equity-linked bond*) *Obrigação* cujos pagamentos são indexados a um índice do mercado de ações.

Obrigação global *Obrigação* que é vendida ao mesmo tempo doméstica e internacionalmente.

Obrigação "on the run" (*on the run*) Obrigação governamental emitida mais recentemente (e, portanto, de maior liquidez) em uma faixa particular de prazos de vencimento.

Obrigação prorrogável (*extendable bond*) Obrigações cujo vencimento pode ser prorrogado por opção do credor (ou do emitente).

Obrigação "reverse convertible" (*reverse convertible*) Obrigação que dá ao emitente o direito de determinar a sua própria conversão em ações ordinárias.

Obrigação "step-up" (*step-up bond*) *Obrigações* cujos *cupons* são aumentados com o tempo. (Há também a obrigação *"step-down"*.)

Obrigação sushi (*sushi bond*) Uma *euro-obrigação* emitida por uma empresa japonesa.

Obrigações abaixo do par (*discount bond*) Dívida vendida abaixo do seu valor nominal. Se as obrigações não pagarem quaisquer juros são chamadas de obrigações a desconto "puras" ou *obrigações de cupom zero*.

Obrigações com vencimento escalonado (*serial bonds*) Pacote de *obrigações* que vencem em anos sucessivos.

Obrigações de baixo risco (*investment-grade bond*) Obrigações cuja avaliação de *rating de crédito* é, pelo menos, Baa, segundo a Moody's ou BBB, segundo a Standard and Poor's ou a Fitch.

Obrigações de cupom zero (*zero-coupon bond*) *Obrigações* abaixo do par, porque não fazem qualquer pagamento de juros.

Obrigações de longevidade (*longevity bonds*) *Obrigações* que pagam uma taxa de juro mais elevada se uma alta proporção da população sobreviver até uma determinada idade.

Obrigações de médio prazo (*medium-term note* – MTN) Obrigações com prazo de vencimento típico entre um e dez anos, oferecidas à subscrição com regularidade por uma empresa, utilizando o mesmo procedimento que o *commercial paper*.

Obrigações de mortalidade (*mortality bonds*) *Obrigações* que pagam uma taxa de juro mais elevada se houver um aumento acentuado na taxa de mortalidade.

Obrigações em duas divisas (*dual-currency bonds*) Obrigações com juros pagos em uma divisa, e capital reembolsado em outra divisa.

Obrigações estrangeiras (*foreign bond*) Obrigações emitidas no *mercado de capitais* doméstico de um país diferente do país da entidade emitente.

Obrigações forçosamente conversíveis (*mandatory convertible*) *Obrigações* automaticamente conversíveis em *ações*, normalmente dentro de um limite sobre o valor do lote de ações recebido.

Obrigações hipotecárias (*mortgage bond*) *Obrigações* garantidas pela hipoteca de instalações e equipamentos.

Obrigações hipotecárias colateralizadas (*collateralized mortgage obligations* – CMOs) Uma variação das *obrigações "pass-through"* em que os fluxos de caixa de um fundo de hipotecas servem para fazer os pagamentos de várias séries *de obrigações* com diferentes prazos de vencimento.

Obrigações "industrial revenue" (*Industrial Revenue Bond* – IRB) Obrigações emitidas por agências governamentais locais (dos Estados Unidos) para fomentar o investimento das empresas.

Obrigações "Lyon" (*Liquid Yield Option Note* – Lyon) Obrigações de cupom zero, reembolsáveis por iniciativa da emitente e/ou dos investidores, e conversíveis.

Obrigações "mismatch" (*mismatch bond*) *Obrigações de cupom indexado* cuja taxa é reajustada em intervalos mais frequentes do que o período de referência dessa taxa (por exemplo, uma obrigação cujos pagamentos são reajustados trimestralmente, porém com base em uma taxa anual).

Obrigações participantes (*income bond*) *Obrigações* cujos juros serão pagos somente se a empresa tiver lucros.

Obrigações "pass-through" (*pass-through securities*) Obrigações garantidas por uma carteira de ativos financeiros (por exemplo, por hipotecas, *CARs*, *CARDs*).

Obrigações PIK (*pay-in-kind bond*) *Obrigação* em que o emitente pode escolher pagar os juros periódicos sob a forma de obrigações adicionais.

Obrigações PN (*project note* – PN) *Obrigações* emitidas por um instituto público para a habitação ou para a renovação urbana.

Obrigações samurai (*samurai bond*) Obrigações em ienes emitidas em Tóquio por uma empresa não japonesa. (Ver *obrigações "bulldog"*, *obrigações "yankee".*)

Obrigações shogun (*shogun bond*) Obrigações em divisa diferente de iene emitidas no Japão por uma empresa não residente.

Obrigações VRDB (*variable-rate demand bond –VRDB*) Obrigações de cupom indexado que podem ser periodicamente revendidas à emitente.

Obrigações "yankee" (*yankee bond*) Obrigações em dólares emitidas nos Estados Unidos por uma organização não residente. (Ver *obrigações "bulldog"* e *obrigações samurai.*)

Oferta de aquisição (*tender offer*) Oferta geral feita diretamente aos acionistas de uma empresa para a compra de suas ações.

Oferta primária (*primary issue*) Emissão de novos títulos por uma empresa. (Ver *oferta secundária.*)

Oferta pública de subscrição (*general cash offer*) Oferta de subscrição de títulos dirigida a todos os investidores. (Ver *direito de preferência.*)

Oferta pública inicial (*unseasoned issue*) Emissão de títulos para os quais ainda não existe mercado. (Ver *emissão de ações de empresa já cotada.*)

Oferta pública inicial (OPI) (*Initial Public Offering – IPO*) A primeira emissão pública de ações de uma empresa.

Oferta secundária de ações (*secondary issue*) (1) Processo de venda por blocos de ações já cotadas; (2) Mais genericamente, venda de ações já emitidas.

Opção (*option*) Ver *opção de compra, opção de venda.*

Opção a descoberto (*naked option*) Opção que é colocada em seus próprios termos, não utilizada para *cobrir o risco* da posição de um ativo ou de outras opções.

Opção americana (*American option*) Opção que pode ser exercida em qualquer momento até a data final de exercício. (Ver *opção europeia.*)

Opção asiática (*Asian option*) Opção com base no preço médio do ativo subjacente durante a vida da opção.

Opção "at-the-money" (*at-the-money option*) Opção cujo preço de exercício é igual ao preço corrente do ativo subjacente (Ver *opção "in-the-money"* e *opção "out-of-the-money"*).

Opção bermuda (*bermuda option*) Opção que pode ser exercida em datas específicas antes do vencimento.

Opção "caput" Opção de compra sobre uma *opção de venda.*

Opção coberta (*covered option*) Opção utilizada para cobrir uma posição no ativo subjacente.

Opção com limite(s) de preço (*barrier option*) Opção cuja existência depende de o preço do ativo atingir um determinado patamar. (Ver *opção down-and-out*; *opção down-and-in.*)

Opção composta (*compound option*) Opção sobre uma outra *opção.*

Opção de compra (*call option*) Opção de compra de um determinado ativo por um *preço de exercício* especificado, na data de vencimento ou até essa data. (Ver *opção de venda.*)

Opção dependente da trajetória (*path-dependent option*) Opção cujo valor depende da sequência de preços do ativo subjacente e não de unicamente do valor final do ativo.

Opção de venda (*put option*) Opção de venda de um ativo por um *preço de exercício* especificado até uma data predefinida ou nessa mesma data. (Ver *opção de compra.*)

Opção de venda envenenada (*poison put*) Cláusula conferindo ao credor o direito de solicitar o reembolso da dívida em caso de uma fusão hostil.

Opção de venda protetora (*protective put*) *Opção de venda* combinada com uma posição no ativo subjacente.

Opção digital (*digital option*) Opção que paga uma soma fixa se o preço do ativo estiver do lado direito do *preço de exercício*; do contrário, não remunera nada.

Opção do titular (*chooser option*) O titular decide se será uma *opção de compra* ou uma *opção de venda.*

Opção "down-and-in" (*down-and-in option*) Opção com limite(s) que se torna efetiva se o preço do ativo subjacente atingir o(s) limite(s).

Opção "down-and-out" (*down-and-out option*) Opção com limite(s) que se expira se o preço do ativo subjacente atingir o(s) limite(s).

Opção europeia (*European option*) Opção que pode ser exercida só na data de vencimento. (Ver *opção americana.*)

Opção "in-the-money" (*in-the-money option*) Opção lucrativa quando seu vencimento é imediato. (Ver *opção "out-of-the-money".*)

Opção "lookback" (*lookback option*) Opção em que os resultados dependem do preço mais elevado que se verificar durante a vida da opção.

Opção "out-of-the-money" (*out-of-the-money option*) Opção que não é vantajosa exercer se vencer imediatamente. (Ver *opção "in-the-money".*)

Opção real (*real option*) Possibilidade de alterar, adiar, expandir ou abandonar um projeto.

Open interest Número de contratos de opções ou futuros em aberto no mercado.

Orçamento de caixa (*cash budget*) Previsão das origens e das aplicações das disponibilidades.

Orçamento de capital, orçamento de investimentos (*capital budget*) Planos, geralmente anuais, dos investimentos programados.

Ordem a mercado (*market order*) Ordem para comprar ou vender títulos ao preço prevalente do mercado. (Ver *ordem limitada.*)

Ordem limitada (*limit order*) Ordem para comprar (vender) títulos dentro de um preço máximo (mínimo) especificado. (Ver *ordem a mercado.*)

P

Pagamentos a ser compensados (*payment float*) Cheques emitidos pela empresa mas que ainda não foram compensados. (Ver *disponibilidades em trânsito.*)

Paraquedas dourado (*golden parachute*) Um grande pagamento final em virtude de os administradores de uma empresa perderem suas posições por causa de uma *fusão.*

Parcela (*tranche*) Parte de uma nova emissão vendida em um momento diferente ou que tem condições diferentes.

Paridade das taxas de juros (*interest rate parity*) Teoria segundo a qual o diferencial entre a *taxa de câmbio a termo* e a *taxa de câmbio à vista* é igual à diferença entre as taxas de juros no país dessa divisa e as do mercado doméstico.

Paridade "put-call" (*put-call parity*) A relação entre os preços de *opções de compra* e *de venda* europeias.

Passivo circulante ou de curto prazo (*current liability*) Passivo que será normalmente liquidado no prazo de até um ano.

Passivo, passivo total (*liabilities, total liabilities*) Valor total dos créditos sobre os ativos da empresa. É igual (1) ao valor do ativo ou (2) ao valor total do ativo menos o *patrimônio líquido*.

Patrimônio líquido (*net worth*) Soma dos valores contábeis do *capital social*, das reservas e dos *lucros retidos*.

PBGC Pension Benefit Guarantee Corporation.

Pedido de afetação de fundos (*appropriation request*) Pedido formal de fundos para um projeto de investimento.

Penhor (*lien*) Direitos do credor sobre determinados ativos.

Penhor cobertor Penhor geral contra todos os ativos da empresa.

Período de recuperação descontado (*discounted payback rule*) Regra segundo a qual os valores descontados dos fluxos de caixa devem ser suficientes para a recuperação do investimento inicial dentro de determinado período.

Período de recuperação (*payback period*) Tempo até que o fluxo de caixa acumulado iguale o investimento inicial.

Perpetuidade (*perpetuity*) Investimento que proporciona uma renda perpétua constante. (Ver *consolidado*.)

Pílula envenenada (*poison pill*) Inclui uma série de defesas contra aquisições de controle, notavelmente o direito de os acionistas existentes adquirir ações com desconto se um ofertante comprar um lote mínimo de ações.

Pirâmide (*pyramid*) *Holding* cujo único ativo é uma posição de controle em uma segunda *holding*, que, por sua vez, têm uma posição de controle em uma empresa. (Ver *Sociedade holding*.)

Plano de aquisição de ações para trabalhadores (Paat) (*employee stock ownership plan* – ESOP) Contribuição de uma empresa para um fundo comum destinado à aquisição de ações em proveito de seus funcionários.

Plano de reinvestimento de dividendos (*dividend reinvestment plan* – DRIP) Plano que permite aos acionistas um reinvestimento automático de dividendos que lhe tenham sido atribuídos.

Ponto-base (*basis point* – BP) 0,01%.

Pontuação do risco de crédito (*credit scoring*) Método para atribuir uma pontuação a quem pede emprestado, com base no seu risco de inadimplência.

Pontuação Z (*Z-score*) Medida da probabilidade de falência.

Pooling of interest Método contábil usado para *fusões* (já não disponível nos Estados Unidos). O balanço consolidado de empresa que resulta da fusão é obtido pela combinação dos balanços individuais de cada uma das empresas. (Ver *purchase accounting*.)

Pós-auditoria (*postaudit*) Avaliação de um projeto de investimento após ele ter sido empreendido.

Posição comprada de cobertura (*long hedge*) Compra de um instrumento de cobertura de risco (por exemplo, um *futuro*) para cobrir uma posição vendida no ativo subjacente. (Ver *posição vendida de cobertura*.)

Posição vendida de cobertura (*short hedge*) Venda de instrumento de cobertura de risco (por exemplo, um *futuro*) para cobrir uma posição comprada no ativo subjacente. (Ver *posição comprada de cobertura*.)

Praecipium Taxa de preparação para um empréstimo sindicalizado.

Prazo (*Tenor*) Vencimento de um empréstimo.

Preço a termo Preço acordado para um *contrato a termo*.

Preço à vista (*spot price*) Preço de um ativo para entrega imediata (em contraste com um preço a termo ou o preço de um futuro).

Preço de compra (*bid price*) Preço que um *dealer* está disposto a comprar. (Ver *preço de venda*.)

Preço de conversão (*conversion price*) *Valor nominal* de uma *obrigação conversível* dividido pelo número de ações pelo qual ela pode ser trocada.

Preço de exercício [*exercise price* (*strike price*)] Preço pelo qual uma *opção de compra* ou *opção de venda* pode ser exercida.

Preço de venda [*asked price* (*offered price*)] Preço a que um *dealer* está disposto a vender. (Ver *preço de compra*.)

Preço limpo [*clean price* (*flat price*)] Preço de uma *obrigação* líquida de juros. (Ver *preço total*.)

Preço total (*dirty price*) Preço de uma *obrigação* incluindo os juros vencidos, isto é, o preço pago pelo comprador da obrigação. (Ver *preço limpo*.)

Prêmio de liquidez (*liquidity premium*) (1) Remuneração adicional exigida por uma aplicação em títulos com reduzido grau de liquidez; (2) diferença entre a *taxa de juro a termo* e a futura *taxa de juro à vista* esperada para o mesmo período.

Prêmio de resgate (*call premium*) (1) Diferença entre o preço do resgate antecipado das *obrigações* pelo seu emitente e o seu *valor nominal*; (2) Preço de uma *opção de compra*.

Prêmio de risco (*risk premium*) Retorno adicional esperado para um investimento com risco em relação a outro sem risco.

Preparador (*arranger*) O principal *subscritor* de um *empréstimo sindicalizado*.

Pride Semelhante às *ações preferenciais conversíveis no vencimento* (Perc) com a exceção de que, quando o preço das ações ultrapassar um determinado nível, o investidor recebe o ganho de capital.

Prime rate Taxa de juro ativa de referência utilizada pelos bancos americanos.

Princípios contábeis geralmente aceitos (GAAP) Procedimentos para preparar demonstrativos financeiros.

Private equity Investimento em participações no capital de empresas, em *aquisições alavancadas* etc., e não por meio da bolsa.

Privatização Venda de uma empresa estatal a investidores privados.

Privilégio absoluto (*absolute priority*) Regra do processo de falência pela qual os credores seniores são pagos integralmente antes de qualquer pagamento aos credores juniores.

Privilégio em uma subscrição excessiva (*oversubscription privilege*) Em uma emissão de ações com direito preferencial de subscrição, sistema pelo qual concede-se o direito aos acionistas de poderem comprar quaisquer ações que ainda não foram negociadas.

Probabilidade de risco neutro A probabilidade de um acontecimento futuro que seria consistente com o valor da segurança a um investidor neutro a risco.

Problema principal-agente (*principal-agent problem*) Problema com que se confronta o principal (por exemplo, um acionista) no sentido de garantir que o agente (por exemplo, um gestor de empresa) defenda os seus interesses.

Pro forma   Projetado.

Programação de cobrança (*aging schedule*)   Resumo da idade das *contas a receber* que ainda estão em aberto para cada cliente.

Programação linear (PL) (*Linear Programming* – LP)   Técnica para encontrar o valor máximo de uma função objetiva sujeita a determinadas restrições lineares.

Programação por inteiros (*integer programming*)   Variante da *programação linear* em que os valores da solução devem ser números inteiros.

Programação quadrática (*quadratic programming*)   Variante da programação linear em que as equações são de segundo grau em vez de lineares.

Programa "sweep" (*sweep program*)   Acordo pelo qual um banco investe diariamente o saldo disponível na conta de uma empresa.

Project finance   Dívida que, em grande parte, será paga pelos fluxos de caixa produzidos por um projeto específico e não pelas receitas gerais da organização.

Projeção de dívida (*debt overhand*)   Relutância dos acionistas em oferecer mais capital se os fluxos de caixa extras forem usados em grande parte para pagar credores.

Projeto condicionado (*contingent project*)   Projeto que não pode ser empreendido, a menos que outro também o seja.

Projetos mutuamente excludentes (*mutually exclusive projects*)   Dois projetos que não podem ser implementados conjuntamente.

Prospecto (*prospectus*)   Resumo da informação fornecida à SEC para efeito de registro de uma emissão de títulos.

Proteção contra tubarões (*shark repellant*)   Alteração estatutária da empresa destinada à defesa contra uma aquisição.

Purchase accounting   Método contábil usado para fusões. Os ativos da empresa adquirida são evidenciados ao valor de mercado no balanço da empresa adquirente. (Ver *pooling of interest*.)

Q

q   Quociente entre o valor de mercado de um ativo e o seu custo de substituição.

Quadrado do coeficiente de correlação (R2) [*R squared* (*R2*)]   A proporção da variabilidade de uma série que pode ser explicada pela variabilidade de outra ou de mais séries.

Qualified Institutional Buyers (QIBs)   Investidores institucionais qualificados autorizados a transacionar ações ao portador entre si.

Quanto swap   Ver *differential swap*.

R

Range forward   Um contrato de *taxa de câmbio a termo* que impõe limites superior e inferior no custo da moeda estrangeira.

Ratchet bonds   Obrigações de cupom indexado cujo cupom só pode ser revisto em baixa.

Rate-sensitive bonds   Obrigações cuja taxa de juro varia conforme a variação da avaliação de crédito do emitente.

Rating de crédito (*credit rating*)   Classificação da dívida atribuída por uma agência de classificação de riscos, tais como a Moody's ou a Standard & Poor's.

Rating de uma obrigação (*bond rating*)   Nota atribuída à probabilidade de inadimplência de uma obrigação.

Real estate investment trust (REIT)   Sociedade "trust" criada para investir no setor imobiliário.

Reavaliação (diária) ao preço de mercado (*marked to market*)   Procedimento em que os ganhos e as perdas de um *contrato futuro* são liquidados diariamente.

Recebíveis (*receivables*)   Ver *Contas a pagar*.

Receiver   Profissional nomeado pelos credores privilegiados, no Reino Unido, para supervisionar o pagamento das dívidas em uma situação de falência.

Recibo de armazenagem (*warehouse receipt*)   Documento comprobatório de que uma empresa possui mercadorias estocadas em um armazém.

Recibo de depósito americano de valores mobiliários (American depository receipt – ADR).   Certificado emitido nos Estados Unidos em representação de ações emitidas por uma empresa estrangeira.

Recompra (*buyback*)   Ver *Acordo de recompra*.

Recurso (*recourse*)   Termo que descreve um tipo de empréstimo. Se o empréstimo tiver recurso, o credor tem um direito geral contra a matriz da empresa se a *garantia* for insuficiente para o pagamento da dívida.

Reembolso-balão (*balloon payment*)   O último pagamento (por exemplo, quando um empréstimo é liquidado em prestações).

Reembolso final único (*bullet pagament*)   Pagamento integral no final do prazo, por exemplo, de um empréstimo (ao contrário do reembolso em prestações).

Refinanciamento (*refunding*)   Troca da dívida existente por uma nova emissão de títulos de dívida.

Regime de capitalização contínua (*continuous compounding*)   Juros compostos continuamente, e não em datas fixas.

Regime fiscal de imputação (*imputation tax system*)   Sistema pelo qual investidores que recebem *dividendos* também recebem um crédito fiscal relativo aos impostos corporativos já pagos pela empresa.

Registrador (*registrar*)   Instituição financeira encarregada de registrar a emissão e a propriedade dos títulos emitidos pela organização.

Registro (*registration*)   Processo de obtenção, na SEC, da autorização para uma emissão pública de títulos.

Registro contábil (*book entry*)   Propriedade registrada de ações sem emissão de seus certificados.

Registro de prateleira (*shelf registration*)   Procedimento que possibilita às empresas preencherem um único pedido de *registro* que cobre diversas emissões para um mesmo título.

Regra 144a (*Rule 144a*)   Regra da SEC que permite a investidores institucionais qualificados (*Qualified Institutional Buyers*) adquirirem e transacionarem títulos não registrados.

Rendimento atual (*current yield*)   Juros de uma obrigação divididos pelo seu preço.

Rendimento (rentabilidade) até o vencimento (*yield to maturity*)   Taxa interna de retorno de uma *obrigação*.

Rendimento para opção de compra (*yeld to call*)   Rendimento de uma obrigação assumindo que a opção de compra será exercida.

Rentabilidade da conveniência (*convenience yield*) Vantagem adicional que a empresa obtém por possuir um bem em vez de um *contrato futuro*.

Renúncia do comprador (*forfaiter*) Compra de títulos de dívida (por exemplo, letras de câmbio ou notas promissórias) emitidas por importadores, em que o comprador renuncia a quaisquer disputas anteriores havidas com os mesmos.

Reporte (*Repo*) Ver *acordo de recompra*.

Responsabilidade limitada (*limited liability*) Limitação dos prejuízos dos acionistas aos montantes investidos na empresa.

Restrição de capital (*capital rationing*) Escassez de recursos financeiros que obriga uma empresa a escolher entre projetos de investimento com um valor presente positivo.

Retorno anormal (*abnormal return*) A parte do retorno que não é devida a alterações generalizadas de preços no mercado.

Retorno do capital próprio (RCP) (*return on equity*) Habitualmente, é o índice entre o lucro líquido e o valor contábil do capital próprio.

Retorno do investimento (*return on investment* – ROI) De modo geral, é o quociente do resultado contábil pelo valor contábil líquido.

Retorno esperado (*expected return*) Média dos possíveis retornos futuros ponderados pelas respectivas probabilidades.

Retorno sobre os ativos (ROA – *return on assets*) Rendimento após impostos como um percentual dos ativos totais.

Retorno sobre o capital (ROC – *return on capital*) Rendimento operacional após impostos como um percentual do capital a longo prazo.

Retorno sobre o capital próprio (ROE – *return on equity*) Geralmente, lucros de capital próprio como uma proporção do valor contábil líquido.

Rights on Ver *com direitos*.

Risco "comportamental" (*moral hazard*) A existência de um contrato cria o risco de poder alterar o comportamento de um ou ambos os contratantes; por exemplo, uma empresa com um seguro contra incêndios pode reduzir as precauções que toma.

Risco de base (*basis risk*) Risco residual que se verifica quando o preço do ativo de base e o do futuro não variam exatamente em paralelo.

Risco de mercado (risco sistemático) [*market risk* (*systematic risk*)] Risco que não pode ser reduzido por diversificação.

Risco específico (*specific risk, residual risk, unique risk, unsystematic risk*) Risco que pode ser eliminado pela diversificação.

Risco residual (*residual risk*) Ver *risco específico*.

Risco sistemático (*systematic risk*) Ver *risco de mercado*.

ROA (*return on assets*) *Retorno sobre os ativos*.

ROE (*return on equity*) *Retorno sobre o capital próprio*.

Road show Série de reuniões entre uma empresa e potenciais investidores antes de se decidir sobre as condições de uma nova emissão pública.

S

Sarbanes-Oxley Act (SOX) Legislação de 2002 para proteger os acionistas contra contabilidade enganosa e práticas fraudulentas.

Saldo compensatório (*compensating balance*) Depósitos à ordem não remunerados para compensar empréstimos ou serviços prestados pelo banco.

Saque a termo (*time draft*) Solicitação de pagamento em uma data futura especificada. (Ver *saque à vista*.)

Saque à vista (*sight draft*) Solicitação de pagamento imediato. (Ver *saque a termo*.)

SBIC Small Business Investment Company.

Securities and Exchange Commission (SEC) Comissão de Valores Imobiliários (CVI).

Seleção adversa (*adverse selection*) Situação na qual determinada política de preços leva a que somente os clientes menos desejáveis façam negócios. Por exemplo, um aumento dos prêmios de seguro resulta na compra de seguros exclusivamente para cobrir os piores riscos.

Seleção negociada do subscritor (*negotiated underwriting*) Processo de escolha do *subscritor* de uma emissão de títulos. A maioria das empresas escolhe esse intermediário por negociação. (Ver *seleção por concurso*.)

Seleção por concurso (*competitive bidding*) Procedimento exigido às empresas de serviço de utilidade pública na escolha de um *subscritor* de uma emissão de títulos. (Ver *seleção negociada do subscritor*.)

Sem direitos (*ex rights*) Aquisição de ações na qual o proprietário não tem o direito de preferência na subscrição de novas ações na próxima emissão. (Ver *com direitos*.)

Sem dividendos (*ex dividends*) Aquisição de ações na qual o comprador já não tem direito a receber os dividendos em fase de pagamento. (Ver *com dividendos*.)

Simulação de Monte Carlo (*Monte Carlo simulation*) Método para calcular a distribuição de probabilidades de acontecimentos (resultados) aleatórios, por exemplo, de um projeto.

Simulação (*simulation*) Ver *simulação de Monte Carlo*.

Sinal (*signal*) Ação que demonstra as características ocultas de um agente (porque seria indevidamente caro para alguém sem essas características desenvolver a ação).

Sociedade (*partnership*) Sociedade comercial em que os sócios gerais assumem uma responsabilidade ilimitada.

Sociedade de propósito específico (*special purpose entity* – SPE) *Sociedade* criada por certas empresas para deterem ativos e obterem financiamento. Podem ser utilizadas para certos financiamentos excluídos das demonstrações financeiras da matriz.

Sociedade *holding* (SGPS) (*holding company*) Sociedade cuja única função é deter participações no capital das subsidiárias da organização.

Sociedade limitada (*limited partnership*) Sociedade em que alguns sócios têm *responsabilidade limitada* e os sócios gerais têm uma responsabilidade ilimitada.

SOX *Sarbanes-Oxley Act*.

Spin-off Distribuição de ações em uma subsidiária aos acionistas de uma empresa de forma tal que detenham ações separadamente, tanto na matriz como na subsidiária.

Spinning A *subscrição* de uma *oferta pública inicial* desloca de forma antiética uma porção do lote aos gestores seniores de uma empresa-cliente.

Spread Diferença entre o preço pelo qual um *subscritor* compra uma emissão de uma empresa e o preço pelo qual ele a vende para o público.

***Spread* horizontal (*horizontal spread*)** A compra e a venda simultâneas de duas *opções* que diferem somente na data de exercício. (Ver *spread vertical.*)

***Spread* vertical (*vertical spread*)** Compra e venda simultâneas de duas opções que diferem somente no preço de exercício. (Ver *spread horizontal.*)

***Stop-out* (rendimento)** O preço mais alto (menor rendimento) ao qual uma *letra do Tesouro* é vendida em um leilão.

Straddle Combinação de uma *opção de venda* e de uma *opção de compra* com o mesmo *preço de exercício*.

Strike price Preço de exercício de uma opção.

Stripped bond (strip) Obrigações que são subdivididas em uma série de *obrigações de cupom zero*.

Subscritor (*underwritter*) Empresa que adquire uma emissão de títulos de uma emitente e os revende aos investidores.

Swap Acordo em que duas empresas concedem entre si dois créditos sob diferentes condições. Por exemplo, em divisas diferentes, ou em que um tem uma taxa de juro fixa e o outro, uma taxa de juro flutuante.

***Swap* de *default* de crédito (*credit default swap* – CDS)** Derivativo de crédito em que uma parte faz pagamentos fixos enquanto a outra depende da ocorrência de um *default* no empréstimo.

Swaption Opção sobre um *swap*.

T

Take-or-pay No *project finance*, acordo pelo qual a matriz se compromete a pagar pela produção do projeto mesmo que escolha não receber os produtos.

Taxa administrativa de empréstimo (*loan origination fee*) Taxa inicial cobrada pelo banco que concede o empréstimo.

Taxa à vista (*spot rate*) Taxa de juro fixada hoje para um empréstimo feito na mesma data. (Ver *taxa de juro a termo.*)

Taxa de câmbio a termo (*forward exchange rate*) Taxa de câmbio fixada no presente para o câmbio de divisas em uma data futura. (Ver *taxa de câmbio à vista.*)

Taxa de câmbio à vista (*spot exchange rate*) Taxa de câmbio de uma divisa para entrega imediata. (Ver *taxa de câmbio a termo.*)

Taxa de câmbio cruzada Taxa cambial entre duas divisas de fora dos EUA.

Taxa de capitalização de mercado (*market capitalization rate*) *Retorno esperado* de um título.

Taxa de crescimento autofinanciado (*internal growth rate*) Taxa máxima pela qual uma empresa pode crescer sem financiamento exterior. (Ver *taxa de crescimento sustentável.*)

Taxa de crescimento sustentável (*sustainable growth rate*) Taxa máxima de crescimento de uma empresa sem aumentar sua alavancagem financeira. (Ver *taxa de crescimento autofinanciado.*)

Taxa de desconto (*discount rate*) Taxa usada para calcular o *valor presente* dos fluxos de caixa futuros.

Taxa de juro anual (em %) (*annual percentage rate* – APR) A taxa de juro por período (por exemplo, ao mês) multiplicada pelo número de períodos em um ano.

Taxa de juro a termo (*forward interest rate*) Taxa de juro fixada hoje para um empréstimo com início em uma data futura. (Ver *taxa de juro à vista.*)

Taxa de juro nominal (*nominal interest rate*) Taxa de juro expressa em termos monetários. (Ver *taxa de juro real.*)

Taxa de juro real (*real interest rate*) Taxa de juro expressa em termos de bens reais, ou seja, a *taxa de juro nominal* corrigida da inflação.

Taxa de retorno Rendimento total e apreciação de capital por período por dólar investido.

Taxa de retorno por dividendos (*dividend yield*) Dividendo anual dividido pelo preço de mercado da ação.

Taxa Interna de Retorno (TIR) (Internal Rate of Return – IRR) *Taxa de desconto* que torna o *valor presente líquido* de um investimento igual a zero.

Taxa mínima de retorno (*hurdle rate*) Valor mínimo aceitável para o retorno de um projeto.

Teoria da agência (*agency theory*) Teoria que respeita a relação entre o principal (o acionista, por exemplo) e seu agente (tal como um gestor de empresa).

Teoria da perspectiva (*prospect theory*) Teoria de avaliação de ativos sugerida pela observação dos psicólogos comportamentais de que os investidores têm uma aversão particular às perdas, mesmo que reduzidas.

Teoria das expectativas (*expectations theory*) Teoria segundo a qual a *taxa de juro a termo* ou a *taxa de câmbio a termo* é igual à *taxa à vista* esperada.

Teoria de avaliação por arbitragem (*arbitrage pricing theory* – APT) Modelo segundo o qual os retornos esperados aumentam linearmente com a sensibilidade de um ativo a um conjunto de fatores influenciados pelo mercado.

Teoria de preferência pela liquidez (*liquidity-preference theory*) Teoria segundo a qual os investidores exigem uma remuneração mais elevada para compensar o risco adicional das *obrigações* de longo prazo.

Teta (*theta*) Queda no valor de uma opção por um período de um dia.

Teto (*cap*) Limite superior da taxa de juro de uma *obrigação de cupom indexado*.

Texto-padrão (*boilerplate*) Termos e condições-padrão em um contrato, por exemplo, de empréstimo.

Tick Variação mínima de preço de um título.

TIR modificada (*modified IRR*) *Taxa interna de retorno* calculada primeiramente descontando-se os fluxos de caixas mais recentes de períodos anteriores, de modo que permaneça apenas uma variação no sinal dos fluxos de caixa.

Titularização (*securitization*) Conversão em títulos negociáveis de instrumentos negociados em privado.

Títulos (*securities*) Direitos sobre ativos reais.

Título ao portador (*bearer security*) Título cuja titularidade é garantida simplesmente pela sua posse. (Ver *título registrado.*)

Título lastreado por hipoteca (MBS) Um título lastreado por um agrupamento de hipotecas.

Título registrado (*registered security*)   Título cujo proprietário está cadastrado no *registrador* da empresa. (Ver *título ao portador*.)

Títulos "*drop lock*" (*drop lock*)   Acordo pelo qual a taxa de juro de uma *obrigação de cupom indexado* ou de uma *ação preferencial* se torna fixa se atingir um valor mínimo pré-especificado.

Títulos lastreados por ativos (*asset-backed securities*)   Títulos emitidos por uma sociedade de propósito específico que detém um conjunto de ativos cujos fluxos de caixa são suficientes para o pagamento das *obrigações*.

Toehold   Pequeno investimento de uma empresa nas ações de uma potencial empresa-alvo para fins de aquisição de controle.

Tolling contract   No *project finance*, acordo pelo qual a matriz se compromete a fornecer os materiais do projeto e depois os readquirir.

Transação de alta alavancagem (*highly leveraged transaction – HLT*)   Empréstimo bancário a uma empresa extremamente alavancada (anteriormente precisava ser reportada separadamente junto ao Federal Reserve Board).

Transferência eletrônica de fundos (*electronic funds transfer – EFT*)   Transferência de dinheiro por via eletrônica (por exemplo, via *Fedwire*).

Treasury Inflation Protected Securities (TIPS)   *Obrigações* do Tesouro norte-americano em que o pagamento tanto do *juro* como do *capital* está associado ao Índice de Preços ao Consumidor.

Trust receipt   Recibo dos bens que serão mantidos em confiança pelo credor.

Tunneling   Ações desencadeadas pelo acionista majoritário de uma empresa com o objetivo de transferir fundos para fora dela (por exemplo, fornecendo materiais a um preço inflacionado).

U

Underpricing   Emissão de títulos com preço abaixo de seu valor de mercado.

V

Valor de mercado adicionado (*market value added*)   Diferença entre o valor de mercado e o valor contábil do capital próprio de uma empresa.

Valor econômico adicionado (VEA) (*economic value added – EVA*)   Modo de medir os lucros *residuais* implementado pela consultoria Stern Stewart.

Valor nominal (*face value, par value*)   Valor impresso no certificado de um título.

Valor presente (*present value*)   Valor descontado de um conjunto de fluxos de caixa futuros.

Valor presente ajustado (VPA) (*adjusted present value – APV*)   Soma do *valor presente líquido* de um ativo financiado exclusivamente por capital próprio com o *valor presente* dos vários efeitos laterais oriundos do financiamento adotado.

Valor presente das oportunidades de crescimento (VPOC) (*Present Value of Growth Opportunities – PVGO*)   *Valor presente líquido* dos investimentos previstos para a empresa.

Valor presente líquido (VPL) (*net present value – NPV*)   A contribuição líquida de um projeto para a criação de riqueza – o *valor presente* deduzido do valor inicial do investimento.

Valor residual (*salvage value*)   Valor de revenda ou de sucata de instalações e equipamentos.

Value at risk (VAR)   A probabilidade de as perdas da carteira excederem alguma proporção especificada.

Variância (*variance*)   Desvio médio quadrático em relação ao valor esperado de uma medida de variabilidade.

Vega   Medida de como o preço de uma *opção* varia com a variação da volatilidade do ativo subjacente.

Veículo de investimento estruturado (*structured investment vehicle – SIV*)   Um fundo que normalmente investia em títulos lastreados por hipotecas, e que é financiado por *parcelas* juniores e seniores da emissão de *commercial papers* e de *obrigações* com um prazo mais longo.

Vencimento benchmark (*benchmark maturity*)   Prazo de vencimento de uma nova emissão de obrigações do Tesouro.

Venda a descoberto (*short sale*)   Venda de um título que o investidor não possui.

Venda condicionada (*conditional sale*)   Venda na qual o direito de propriedade dos bens não passa para o comprador sem que seja feito o pagamento integral.

VIX (*índice de medo*)   Uma medida da *volatilidade implícita* das ações no Índice S&P 500.

Volatilidade implícita (*implied volatility*)   A volatilidade implícita pelos preços da *opção*.

Votação acumulativa (*cumulative voting*)   Um acionista pode juntar todos os seus votos no candidato ao conselho administrativo. (Ver *votação por maioria*.)

Votação por maioria (*majority voting*)   Sistema de votação segundo o qual se vota separadamente para cada administrador. (Ver *votação acumulativa*.)

Votação vazia   Situação em que um investidor pode ter um voto mesmo que não tenha qualquer interesse econômico na empresa.

Voto por procuração (*proxy vote*)   Voto expresso por uma pessoa em representação de outra.

W

Warrant   *Opção de compra* de longo prazo emitida por uma empresa.

Wi   Abreviatura para "quando emitido" (*when issued*).

X

xd   Abreviatura de "*ex dividend*" (sem dividendos).

xr   Abreviatura de "*ex rights*" (sem direitos).

Índice

Observação: números de página em *itálico* indicam tabelas e figuras; números de página acompanhados da letra *n* indicam notas de rodapé.

A

A. M. Best, 575-576*n*
AB (aceites bancários), 751, *763,* 764-765
Abandono temporário, 549–550
Abordagem *just-in-time,* 750, 750*n*
ABS (*asset-backed securities,* ou instrumentos de dívida titularizados), 585, 589–590, *602-603, 603-604,* 608-609
Accenture, 128
Aceites bancários (ABs), 751, *763,* 764-765
Aceites comerciais, 751
Acharya, V. V., 354, 590*n*
Acionistas
  como investidores de capital próprio, 4
  função dos, 787-789
  gestores e exigências dos, 10–12
  grupos de interesse *versus,* 832–833
  maximização de valor e, 7–13, 16-17, 231-253, 695–696
  minoritários, 338–339
  monitoramento pelos, 284-285
  problema de agência e, 10–12, 847–848
  responsabilidade limitada dos, 787-789
  separação de propriedade e controle, 6, 12–13, 787-789, 828-838
Ações ao portador, 337
Ações de classe A, 835-836
Ações de classe B, 835-836
Ações de classe dupla, 338–339, 835-836
Ações de crescimento, 86, 192-194
Ações de desempenho, 287-288
Ações de rendimento, 86
Ações de valorização, 192-194
Ações ordinárias, 72–95. *Ver também*
 Financiamento por capital próprio; Avaliação de capital próprio; Risco de carteira; Opções em ações; Recompra de ações
  ações de crescimento, 86
  ações de crescimento, 86, 192-194
  ações de valor, 192-194
  avaliação de, 72–95
  classes de, 835-836
  desempenho histórico dos mercados de capital, 151–158
  desvios-padrão e variâncias anuais, 161
  dividendos. *Ver* Dividendo(s)
  financiamento por capital próprio, 335-340
    capital de risco, 356-360
    emissões com reservas de preferência, 375-377
    ofertas públicas iniciais (IPOs), 361–371
    ofertas secundárias, 371–375
    truste, 339-340
  procedimentos de votação, 337–338
  transação de, 72–74

Ações preferenciais cumulativas, 339-340
Ações preferenciais indexadas por leilão, 765-766
Ações preferenciais, 339-340, 765-766
Ações registradas, 337
Ações restritas, 287-289
Acordo *throughput*, 615*n*
Acordos (*workouts*), 818-819
Acordos de *private equity*, 800
Acordos de recompra (*repos*), *763,* 764-766
Actavis, *771,* 786-788
Adequação de receitas, 84
Adler, B. E., 821-822
Agency for International Development (AID), 762-763*n*
Agentes, 12
Aggarwal, R. K., 299-300, 809*n*
Aghion, P., 819*n*
Agrawal, A., 790-791*n*
Agrawal, D., 574*n,* 575*n*
Agregação de valor de mercado, 700, *701*
Agregação de valor, 413, 846–847
  definição, 173–174
  diversificação e, 173–174
  fusões de conglomerados, 797-799
  valor econômico adicionado (VEA), 291-293
Agricultural Bank of China, 361
AIG, 49, 351, 495, 670
Air France-KLM, 495
Airbus, 245-246, 553–555
Aivasian, V., 454*n*
Alabama Power, *63*
Alavancagem financeira
  custo do capital próprio e, 409–411
  definição, 411, 707
  efeito numa economia competitiva livre de impostos, 411–416
    abordagem tradicional, 411
    método de Modigliani-Miller approach, 412-428
  impacto sobre o fluxo esperado de lucros por ação, 416–417
  índices de alavancagem, 707-710
  mensuração, 707-710
Alavancagem operacional, 239-241
  beta do ativo e, 214–216
  definição, 240-241
  pontos de equilíbrio e, 239-241
Alcoa, *702*
Alemanha
  cálculo de valor presente líquido em, 137-139
  compensação de CEOs, 286-287
  fusões e, 773
  impostos em, 137-139
  inflação em, *62*
  padrões contábeis em, 697
  problema de agência e, 848
  propriedade e controle em, 830–832
  setores em crescimento e declínio na, 838-839
  visão de curto prazo, 838-839

Alibaba Group, 361, *373*
Alios BioPharma, 775
Allayanis, G., 690
Allen, Franklin, 158, 233, 322*n,* 354, 405, 427-428, 739-740, 824*n,* 838-839*n,* 841-842, 848, 850*n,* 854*n*
Allen, J., 821-822
Allen, L., 583
Allergan, *771*
Alliance Automotive Group, *812*
Allied Crude Vegetable Oil Refining Corporation, 606-608
Allied Irish Bank, 352
Allman-Ward, M., 766
Alpert, M., 233*n*
Alpha Natural Resources, *63*
Alpha, 311
Alstom, *771*
Alterações estatutárias "repelentes a tubarões", 790-791, *791-792*
Altice, *771*
Altinkilic, O., 372*n*
Altman, Edward I., 442-443*n,* 577-578*n,* 583, 803*n,* 821
Amazon, 80, 386, 558
American Airlines (AMR), 343, 568, 575, 621, 784-785
American International Group (AIG), 49, 351, 495, 670
Amortização, 31
AMR (American Airlines), 343, 568, 575, 621, 784-785
Amran, M., 560
AMT (*alternative minimum tax*, ou imposto mínimo alternativo), 135, 621
Anadarko, 76, *76*
Análise de cenários, 137-138, 237-238, 544*n*
Análise de crédito, 752
Análise de ponto de equilíbrio, 137-138, 237-241
  alavancagem operacional e, 239-241
  definição, 237-239
Análise de projeto, 231-253
  análise de sensibilidade, 234-241
  árvores de decisão, 245-251
  opções reais, 244-249
  processo de investimento de capital, 232-235
  simulação de Monte Carlo, 241-245
  valor presente líquido e, 136-138
Análise de risco (*hazard analysis*), 577-578*n*
Análise de sensibilidade, 137-138, 234-241
  alavancagem operacional e, 239-241
  análise de cenários, 137-138, 237-238, 544*n*
  análise de ponto de equilíbrio, 237-241
  definição, 234-236
  limites à, 236-238
  na teoria de avaliação pro arbitragem, 194–195
  no modelo dos três fatores, 196–197
  valor da informação, 234-237

Análise financeira, 695–715
　demonstrativos financeiros da Home Depot, 697–715
　índices financeiros, 695–715
Anders, C., 802n
Andrade, G., 442-443, 442-443n, 784-785, 784-785n, 792-793, 792-793n, 794, 796
Anglo-Irish Bank, 809n
Anjos caídos, 575-576
Anomalias, 315
Ante-datagem, 532
Anthony, R., 291-292n
Antikarov, V., 560
Anuidade vencida, 30
Anuidades, 27–34. *Ver também* Custo anual equivalente
　cálculo das, 27–29
　　anuidades crescentes, 33–34
　　anuidades vencidas, 30
　　custos de planos de prestações, 28–29
　　pagamentos anuais, 30–31
　　valor futuro, 32
　　valor presente, 27–29
　　vencedores de loteria, 29
　crescimento, 33–34
　definição, 27
　homogêneas e decrescentes, 624n
Aoki, M., 830n, 841-842
AOL, 327, 773
Apex One, 773
Apollo Management, *801*
Apostando por uma redenção, 282, 282n, 641-642n
Apple Computer Inc., 11–12, *163, 169-170, 183, 187,* 363n, 386, 402-404, *701, 702,* 723, 760-761
APR (*annual percentage rate*, ou taxa percentual anual), 35–38
Apresentação de pagamento de contas por meio eletrônico (EBPP – *electronic bill presentation and payment*), 756-757
APT (*arbitrage pricing theory*, ou teoria da avaliação por arbitragem), 194–195
Aquisições alavancadas (LBOs), 446-447, 483, 708, 800–804
　características das, 804
　exemplos, *801,* 801–803
　impostos e, 803
　incentivos e, 803, 804
　obrigações de risco (*junk*) e, 567, 575-577, 802, 803
　outras partes interessadas e, 803
Aquisições hostis, 11, 312, 788-793. *Ver também* Fusões
Aquisições pelos gestores da empresa (MBOs – *Management buyouts*), 800–804
Aquisições. *Ver* Fusões
Aramark, 362
Arbitragem
　avaliação de opção em cenário de neutralidade em face do risco e, 518–521, 546-547
　definição, 55, 320
　eficiência de mercado e, 320–321
　limites da, 320–321
　máquina de fazer dinheiro e, 55, 675
　mesas de operações Delta One, 660

　risco, 792-793n
　riscos de, 660–661
Arbitragem de risco, 792-793n
Arcelor, 791-793
Archipelago, 73n
Argentina, calote da dívida, 64–65, 670n
Arizona Public Service Co., *373*
Arquimedes, 517n
Artigos de incorporação, 5
Árvores de decisão, 245-251
　definição, 245–246
　exemplo de uso, 248-251
　método binomial de avaliação de opções e, 525–526
　opção de abandono, 246-248
　opção de expansão, 245-247
　prós e contras de, 251
　usos de, 245-249
Ashanti Goldfields, 640-641n
Asquith, Paul A., 322n, 326-327, 326-327n, 446-447n, 594-595, 594-595n
Assimetrias de informações, 452–454, 784-785
Astra Zeneca, 76, *76,* 787-788
AT&T, *771,* 784-785, 805, *805,* 806, 806n
Ativo de longa vida útil
　escolha entre ativos de curta vida útil e, 138-142
　investimento em, 332–333
　taxa única de desconto ajustada a risco para, 221–223
　taxas múltiplas de desconto ajustadas a risco para, 222–223
Ativos correntes, 698, 722–723
Ativos de curta vida útil
　escolha entre ativos de longa vida útil e, 138-142
　investimento em, 332–333
Ativos financeiros, 2. *Ver também* Títulos negociáveis
Ativos intangíveis
　aplicação da regra de valor presente líquido, 124–125
　em avaliação de capital próprio, 75
　em contabilidade de fusão, 786-787
　natureza dos, 18
　opção de investimento, 555–556
Ativos reais, 2, 16-17
Ativos tangíveis
　em contabilidade de fusão, 786-787
　natureza dos, 18
Atmos Energy Corp., *83*
Atos, 808
Atribuições, 606-607n
Auditores, monitoramento pelos, 284-285
Auerbach, A. J., 795n
Austrália
　eliminação de penalidade fiscal sobre dividendos, 399-400
　sistema de imputação fiscal, 400-402, 450-451n
Automated Clearing House (ACH), 756-758
Autonomia, 4
Avaliação
　anuidade. *Ver* Anuidades
　capital próprio. *Ver* Avaliação de capital próprio
　de abandono de opção, 549

　de negócios. *Ver* Processo de avaliação de negócios
　dívida. *Ver* Avaliação de dívida
　leasing financeiro, 626-632
　obrigação. *Ver* Avaliação de obrigações
　opção, 506–511, 516–536. *Ver também* Modelos de avaliação de opções de Black-Scholes
　por comparáveis, 75–77, 214
　por equivalentes certos, 220–221
　warrant, 529-531, 600-601
Avaliação de capital próprio, 72–95
　ações ordinárias, 74–81
　comparáveis em, 75–77, 214
　dividendos e, 77–86
　estimativa de custo do capital próprio, 81–86
　fórmula do fluxo de caixa descontado (FCD) em, 77–86, 89-95
　lucros por ação (LPA) em, 74, 75, 86-90
　preços acionário em, 72–74
　transação, 72–74
　valor contábil, 74–75
Avaliação de dívidas, 586-597
　duração em, 49–51
　estrutura temporal de taxas de juros e, 51–57
　inflação em, 57–60
　retornos sobre a dívida corporativa, 63–64, 565–670
　risco de inadimplência em, 572–575
　　garantias de empréstimos governamentais, 575
　　obrigações de risco (*junk*), 575-578
　　ratings de crédito, 63, 575-578
　risco de taxa de juros e, 51–57
　taxa de juros nominal e, 58–60
　taxa de juros real e, 57–60
　títulos conversíveis, 597-602
　volatilidade em, 51
Avaliação de obrigações, 43-68
　duração em, 49–51
　estrutura temporal de taxas de juros na, 51–57
　finanças internacionais, 46–47
　fórmulas de valor presente em, 42–47
　funções de planilha, 66
　inflação em, 57–60
　nos Estados Unidos, 45–47
　obrigações conversíveis, 597-602
　rendimento até o vencimento, 45, *46*
　risco de inadimplência em, 61–66, 569–575, 593
　taxas de juros em, 42–51, 57–60
　volatilidade em, 51
Avaliação de opção em cenário de neutralidade em face do risco, 518–521, 546–547
Avaliação de opções. *Ver* Modelos de avaliação de opções
Aversão a risco, 8
Aviation Week, 646-647

B

Babus, A., 854n
Bachelier, Louis, 307n, 497
Bain Capital, *801*
Baker Hughes, *771*
Baker, G. P., 814, 814n, 821-822
Baker, M., 320n, 328, 396n, 455-456n

Balanço
    descrição, 697–699
    exemplo, 725
    índices de endividamento, 334–335, 335, 432, 454, 478n, 707–708
    tamanho comum, 711–713
Banco Central Europeu, 65–66
Banco Central Hispanico, 777
Banco Mundial, 616, 688
Banco Santander, 777
Banco subscritor em empréstimos sindicalizados, 604-606
Banco(s). *Ver também* Empréstimos bancários; *bancos específicos*
    centralização de contas, 758–759
    como intermediários, 347–348
    concentração de riscos e, 350
    contas com múltiplas moedas, 759
    depósitos bancários a prazo e certificados de depósito, 763, 764-765
    em finanças corporativas, 347–348
    em mercados financeiros, 824–828
    emprestar e contrair empréstimos via, 347–348
    empréstimos. *Ver* Empréstimos bancários
    internacionais, 759
    mecanismo de pagamento e, 349
    pagamento de serviços, 759
    pagamento direto, 756-758
    tipos, 347–348, 348n
Bancos comerciais, 347–348
Bancos de investimento, 348, 366-367
Bancos de poupança, 348n
Bandler, J., 532n
Bank of America Merrill Lynch, 365, 605-606
Bank of America National Trust and Savings Association, 588
Bank of America, 282, 343–344, 345n, 347, 348, 348n, 351, 569, 591, 700, 702, 702, 777
Bank of International Settlements, 661n
Bankers Trust, 323
Banque Paribas, 777
Barberis, N., 194n, 317-318n, 328
Barclays Bank, 283
Barclays Capital, 365
Baring Brothers, 282n, 661
Barwise, P., 275
BASF, 76
Baskin, J., 812n
Bausch & Lomb, 273
Bautista, A. J., 630-631n
Baxter International, 806
Bayerische Vereinsbank, 777
Beam Inc., 771
Bear Stearns, 351, 590
Beaver, William H., 577-578, 577-578n, 579n
Bebchuk, L. A., 299-300, 819n, 835-836n
Becht, M., 841-842
Bechtel, 362
Bek, J., 313n
Bell Laboratories, 805
Bellicum Pharmaceuticals, 373
BellSouth, 805, 805n
Benartzi, L., 194n
Benefício fiscal dos juros, 433–436
    impostos pessoais e, 436-439
    valor do capital próprio dos acionistas, 434
Benefícios adicionais, 281, 283

Benefícios fiscais
    depreciação, 134–136, 491-493, 620, 623n, 625-629
    juros, 433–436
    leasing, 620
    natureza dos, 433–436
Benefícios privados, 281, 338
Benetton, 6
Benmelech, E., 621n
Bens imóveis
    decisões de investimento para, 259-262
    timing ideal para desenvolvimento de, 547–548
Benveniste, L. M., 370n, 378
Berger, P., 814n
Bergman, N. K., 621n
Berkshire Hathaway, 10n, 273, 274, 386, 801
Bernard, V. L., 715
Berndt, A., 568n
Bertrand, M., 282n, 455-456, 455-456n, 836-838, 837-838n
Beta da carteira, 211, 213
Beta da indústria, 211
Beta de custo fixo, 215–216
Beta de fluxo de caixa, 214
Beta de realavancagem, 477, 478n
Beta do ativo
    cálculo, 213
    definição, 213
    determinantes do, 214–216
Beta do projeto, 206–209
Beta dos lucros, 214
Beta, 846
    alterações na estrutura de capital e, 419–420
    cálculo, 171–172
    carteira, 211, 213
    custo fixo, 215–216
    definição, 169-170
    desalavancar, 477, 478n, 544n
    do ativo, 213–216
    do projeto, 206–209
    dos lucros, 214
    em modelo de mercado, 311
    empresa, 206–209
    estimativa, 209–211
    fluxo de caia, 214
    impacto de contração de dívida no, 184–186
    indústria, 211
    realavancar, 477, 478n
    risco de carteira e, 169-173, 186–189
    risco de mercado e, 169-173
Betton, S., 796
Bhagat, S., 808n
Bhandari, J. S., 815n, 821-822
Bharath, S. T., 818-819n
BHP Billiton, 163, 171
Bhutto, Benazir, 616
Bikhchandani, S., 854n
Biomet, 810
Bizjak, J. M., 289-290n
BK Vision, 337
Black, B., 360n
Black, Fischer, 190n, 191n, 192n, 198-199, 517, 517n, 526-533, 527n, 536
Blackstone Group, 801, 810–811, 812
Bloomberg, 205
BMW, 6
BNP Paribas, 365, 602-603n

BNP, 777
Bodie, Zvi, 297-298n, 343n
Boeing, 129, 245-246, 581–582
Bohr, Niels, 13
Bolha "ponto.com", 317, 319, 326-327, 351, 360, 365-367
Bolha da Internet, 317, 319, 326-327, 351, 360, 365-367
Bolhas, 326-327
    ações de empresas "ponto.com", 317, 319, 326-327, 351, 359, 360, 365-367
    crise *subprime*, 282–283, 286-287, 321–322, 351–352, 568-670, 590, 853, 854
    eficiência de mercado e, 315–317
    no Japão, 317, 319
    warrants chinesas, 533
Bolton, P., 841-842
Boone, P., 837-838, 837-838n
Booth, L., 454n
Borison, A., 252-253
Bort, R., 766
Bortolotti, B., 372n
Bowie, David, 590
Boycko, M., 809n
BP, 163, 171, 339-340
Bradley, M., 93-94n, 607-608n
Branson, Richard, 214
Brau, J. C., 361n
Brav, A., 389n, 405
Breach, A., 837-838, 837-838n
Brealey, Richard A., 158, 218, 233, 610-611, 739-740, 848
Brennan, Michael J., 225-226, 550n, 560, 592n, 610-611
Bris, A., 821-822
Bristol-Myers Squibb, 792-793
British Salt, 772
Brown, S. J., 198-199
Bruner, R., 796
Brunnermeier, M., 317n, 329, 853n
Buffett, Warren, 10n, 26, 273, 274
Bulow, J. I., 529-530n
Burch, T. R., 806n
Burger King, 801
Burkart, M., 840-841n
Burroughs, B., 802n, 821-822
Bush, George W., 352n

C

Cable (taxa de câmbio), 672n
"Cadeia de sorte", 779
Caesar's Entertainment, 565-567
Cálculo de plano de prestações, 28–29
California Public Employee Retirement System (CALPERS), 532
California State Teachers' Retirement System (CSTRS), 11
Call protection, 591–592
Calote da dívida russa (1998), 65, 321, 321n, 670n
Calpine, 815
Câmara de Compensação Automatizada (Automated Clearing House – ACH), 756-758
Câmbio futuro, 646-653
Cambridge Associates, 360
"Caminhada de Wall Street", 284-285
Campa, J. M., 814n

Campbell Soup, *163, 169-170, 183,* 184, *187,* 209–211, *210*
Campbell, J. Y., 198-199, 216*n*
Canadian Pacific, 73, *76, 211,* 264-265*n,* 283, 475
Canalização de recursos, 339, 836-838
Caouette, J. B., 583
Capacidade de endividamento, 480–481, 492-493
Capacidade excedente, fluxo de caixa anual equivalente e, 142–143
CAPEX (dispêndio de capital). *Ver* Dispêndios de capital
Capital de giro líquido. *Ver* Capital de giro
Capital de giro. *Ver também* Gestão de capital de giro
   características da, 729–731
   definição, 126–127, 747
   em estimativa de fluxos de caixa, 126–127
   fluxos de caixa e, 726–727
   fontes de contração de empréstimo a curto prazo, 731-735
   investimento em, 126–127, 133–134
   investindo em, 332–333
   na aplicação da regra de valor presente líquido, 126–127
   orçamento de caixa, 729–731
Capital de referência, 653-654
Capital de risco, 356–360
   estágios de financiamento, 356–357
   mercado para, 358–360
Capital próprio alavancado, 411
Capital próprio dos acionistas, benefícios fiscais dos juros e valor do, 434
Capital, definição, 4
Capitalia, 777
Capitalização contínua, 35–38
Capitalização de mercado, 4–5, 686, 700
Capitalização total, 474, 701
Capitalização, mercado, 700
Capítulo 11 falência, 815–820
Capítulo 7 falência, 815–816
CAPM. *Ver* Modelo CAPM de avaliação de ativos (CAPM)
Cargill, 362
Carhart, Mark M., 313*n*
Carletti, E., 354, 854*n*
Carrow, K. A., 601-602*n*
Carry trades, 681-682
Carteira de mercado
   ações em, 191*n*
   risco de, 154
Carteiras de famílias, 825–826
Carteiras eficientes
   concessão e contração de empréstimos em, 184–186
   definição, 184, 188
   exemplos, *183*
Carter, D. A., 646-647, 646-647*n*
Cartões de valor armazenado, 756-757
Carve-outs (desdobramentos), 807–808
Caso da Marvin Enterprises, 268–274, 356–358, 362-367, 382–384
Caterpillar, *163, 169-170, 183,* 187, *187*
Celanese, *76*
Centerparcs, *812*
CEOs. *Ver* Presidentes executivos (CEOs)
Cerberus Capital Management, 773, 810, 810*n,* 811, 819

Certificados de depósito (CDs) negociáveis, *763,* 764-765
Certificados de depósito (CDs), *763,* 764-765
Certificados garantidos por equipamentos, 589
Certificados *mortgage pass-through*, 590*n*
Certificados *pass-through*, 590*n*
Cessão fraudulenta, 446-447*n*
CFOs. *Ver* Vice-presidente financeiro (CFOs)
Chandler, A., *812n*
Charles River Laboratories, 289–290
Charter Communications, *771*
Chava, S., *594-595n*
Chavez, Hugo, 809
Chen, C. R., 801*n,* 803, 803*n*
Chen, H. C., 366-367, 366-367*n*
Cheques, 758–759
Chesapeake Energy, 76, *76,* 806
Chevron Corp., 392-393, 813
Chicago Board of Trade (CBOT), 646-649, 646-647*n, 647-649*
Chicago Board Options Exchange (CBOE), 162*n,* 496*n,* 531–532, 534
Chicago Mercantile Exchange (CME), 646-649, 646-647*n, 647-649*
Childs, P. D., 547*n, 548n*
Chile, influxos de capital a curto prazo, 483
China
   bolha de *warrants,* 533
   ofertas públicas iniciais (IPOs) in, 361, 367, 372, 373, *373*
   privatizações, 808, 809
China Eastern Airlines, 73
CHIPS, 758
Chiquita Brands, 792-793
Choi, Bill, 403
Choudhry, M., 766
Chrysler, 443-444, 457-458, 605-606, 773, 775, 810, *815,* 818-819
Chui, M., 824*n*
Ciclo de caixa, 727–728
Ciclo de vida de uma empresa, política de distribuição de lucros e, 401-405
Ciclo operacional, 727, 728
Cingular Wireless, 805
Cisco, 723
"Cisnes Negros", 180*n*
Citibank, *365,* 605-606
Citicorp, 805
Citigroup, 282, 348
Claessens, S., 834-836, 834*n*
Classe de risco, 78
Cláusula de compromisso negativo (*negative pledge clause*), 588*n,* 593
Clausulas de dívidas, 593-595, 607-608
Cláusulas de opção de venda envenenada, 594-595
Cláusulas de resgate antecipado, 591–593
Cláusulas restritivas de obrigações, 593-595
Clayton Act of 1914, 784-785
Clayton, J., 213*n*
Clear Channel Communications, *801*
Clinton, K., 690
CME Group, 646-647*n*
Cobertura de juros, 708-710
Cobrança flutuante, 606-607
Coca-Cola, 194, 289–290*n,* 317, 700, *701, 702*
Cochrane, J. H., 198-199
Codeterminação, na Alemanha, 832

Colak, G., 806*n*
Colateral, 342
   empréstimo bancário, 606-607
   obrigação, 588
Cole, R. H., 766
Coleções, 755-759
Coleiras (*collars*), 587, 851
Collateral trust bonds, 589
Collins, D., 715
Colocações privadas, 376-377, 594-597
Comcast, 784-785
COMEX (Commodity Exchange Division of NYMEX), 646-647*n, 647-648*
Comitês de compensação, 288-290
Comment, R., 389–390, 390*n*
Commercial paper (CP), 585, 607-609, *763,* 764-765
Commerzbank, 777
Commodity Exchange Division of NYMEX (COMEX), 646-647*n, 647-648*
Comparáveis, 75–77, 214, 544
Compensação de gestores, 285–288. *Ver também* Incentivos; Opções acionárias
Compensation Discussion and Analysis (CD&A), 289-290
Compra de suprimentos, 552–555
Compradores institucionais qualificados, 376-377
Comroad, 360
Concentração de riscos, 350, 642-645
Concessão e contração de empréstimos. *Ver também* Financiamento por endividamento; Decisões financeiras; *Leasing*
   bancos e, 347–348
   na teoria das carteiras, 184–186
   papel dos mercados financeiros na, 349–350
   taxa interna de retorno e, 108–109
Concorrentes
   em análise de opção real, 558–559
   monitoramento pelos, 284-285
Condições de venda, 751
Conglomerados, 214
   definição, 812
   fundos de *private equity* como, 812–815
   propriedade e controle de, 835-838
Conjunto de obrigações e *warrants*, 600-602
Conrad, Joseph, 687*n*
Conseco, *815*
Conselheiros. *Ver* Conselho de administração
Conselho de administração
   com eleições alternadas, *791-792*
   comitê de compensação, 288-290
   conexões com o CEO, 283-287
   direitos de controle e, 336–337, 828-838
   função do, 5, 283–285, 288–290
   procedimentos de votação e, 337–338
Conselhos estratificados, 337
Consistência
   em planejamento financeiro, 735-737
   em processo de avaliação, 492-493
Consolidação da indústria, fusões e, 776–777
Consolidated Edison, *163,* 169-170, *183,* 184, *187*
Construção de impérios, 281
Conta aberta, 751
Contas a pagar, 730
Contas de concentração, 758-759
Continental, 274

Contrato de emissão, 588
Contrato de emissão, obrigação, 588
Contrato internacional de *leasing*, 632-633, 632-633n
Contrato *take-or-pay*, 615n
Contratos a termo, 645-646
    domésticos, 652-653, *653-654*
    especulação em, 660–661
    forward rate agreements (FRAs), 652-653
    mercado a termo, definição, 672
    simples, 645-646
    taxas cambiais a termo, 672–673
Contratos futuros de *commodities*, 650-653
Contratos futuros, 646-653, 673
    avaliação, 650-651
    comercialização e avaliação, 649-651
    commodity, 650-653
    especulação em, 660–661
    hedging com, 646-653, 656–658
    mecanismos de comercialização, 647-650
Contratos incompletos, 336n
Contratos *tolling*, 615n
Controle familiar, 834-836, 836-837
Conversão de cheques, 758
Conversão forçada, 598-599
Converse Inc., 773
Conversíveis de preço flutuante, 601-603
Cooper, I. A., 154n, 610-611
Cooper, M., 317n
Cootner, P. H., 307n
Copeland, T., 560
Cornell, B., 174-175, 216n
Cornett, M. M., 374, 374n
Corporações profissionais (*professional corporations* – PC), 6
Corus Steel, 772, 792-793
Corwin, S. A., 376-377n
Cotação direta, 672
Cotação indireta, 671–672
Coval, J. D., 590n
Covariância
    beta e, 171–172
    definição, 166, 166n
    no cálculo do risco de carteira, 166–167, 171–172
Covidien, *76, 771*
Cowgill, B., 325n
Coy, P., 553n
Crash de 1929, 11, 191n
Credit Suisse, *365*
CreditMetrics, 581, 581n
Crédito ao consumidor, 750
Crédito comercial, 750, 827
Credito rotativo permanente (*evergreen credit*), 604-605
Crédito rotativo, 604-605
Credores, monitoramento pelos, 284-285
Crise financeira de 2007-2009, 11, 282–283, 286–287, 321–322, 351–352, 568–670, 590, 853, 854
Crise hipotecária *subprime*, 282–283, 286–287, 321–322, 351–352, 568–670, 590, 853, 854
Critério de recuperação (*payback*) descontada, 105-106
Critério do período de recuperação (*payback*), 104-106
Crowdfunding, 359
CSX, *76, 211*

Cupom anual, 42–45
Cupom, obrigação
    anual, 42–45
    definição, 42, 42n
    semianual, 45–47, 586
Cupons semestrais, 45–47, 586
Curva de rentabilidade, 53
Cusatis, P. J., 806n
Custo anual equivalente, *leasing* operacional e, 623-626
Custo de capital da empresa, 205-226. *Ver também* Custo médio ponderado de capital (CMPC)
    custo de endividamento, 208–209
    custo do capital próprio, 209–213, 484–486
    definição, 206
    determinação, 206–207
    natureza de, 206–207
    para investimentos internacionais, 686–687
    retorno esperado e, 416–417
Custo de capital do projeto, 206-226
Custo de capital. *Ver* Custo de oportunidade do capital
Custo de endividamento, em custo de capital da empresa, 208–209
Custo de oportunidade do capital. *Ver também* Taxa de desconto
    cálculo, 21–22
    decisões financeiras e, 307
    definição, 10
    empresa, 205-226, 417
    evidências históricas para avaliar, 154–157
    exemplo, 25
    múltiplo, 113
    natureza do, 10, 87
    para investimentos internacionais, 686–687
    período de recuperação e, 102, 104–106
    projeto, 206-226
    taxas de desconto para projetos internacionais, 219
    tom perfeito e, 207–208
    uso de capital e, 206–209
    valor presente líquido e, 102–103, 128–129
Custo do capital próprio, 209–213, 484–486. *Ver também* Custo de capital da empresa; Custo de oportunidade do capital
Custo médio ponderado de capital (CMPC)
    após impostos, 209, 212–213, 426, 463–468, 484–486
Custo médio ponderado de capital (CMPC), 205–210, 417, 422–426, *702*. *Ver também* Custo de capital da empresa
    ajuste
        desalavancando e realavancando o custo do capital próprio, 477
        índices de endividamento e riscos de negócios diferem, 475–477
        reequilíbrio, 478
    após impostos, 209, 212–213, 426, 463–468, 484–486
    cálculo, 212–213, 467–468
    custos de capital na indústria, 475
    definição, 208–209
    empresa versus indústria, 475
    erros comuns no, 468
    método de avaliação de fluxo de caixa/capital próprio *versus*, 472–473
    na avaliação de projetos, 468

    na prática, 473–479, 484–486
    no processo de avaliação de negócios, 463–468
    palavra final, 426
    questões envolvendo, 484–486
    revisão de pressupostos para, 468
Custos administrativos
    em *leasing*, 620–621
    na concentração de riscos, 643-644
Custos de agência, 12, 283-285
    gestão de riscos e, 640-643
    na tomada de empréstimo, 446-449
    redução de, 603-604
Custos de transação, em *leasing*, 620–621
Cutrale-Safra, 792-793

D

Dabora, E., 315n
Dados históricos
    de compensação de CEOs, 285-286
    sobre fusões, 794–795
    sobre inflação, 57–58, *62*
    sobre mercados de capitais, 151–158
Daimler AG, 810, 830, 833
Daimler-Benz, 773, 830, 830n, *831*
DaimlerChrysler, 810
Dakota, Minnesota & Eastern Railroad, 264-265n
Daley, J. P., 741
Daley, L. V., 806n
Dalian Commodity Exchange (China), *647-648*
Danone, 784-785
Data limite, em período de recuperação, 104–106
Data-mining/data snooping, 193-194, 576-578
Davis, S. J., 803n
Davydenko, S. A., 820, 820n
DBRS, 575-576n
De alavancagem de betas, 477, 478n, 544n
De Jong, A., 315n
DeAngelo, H., 401-402n, 405
DeAngelo, L., 401-402n, 405
Debêntures, 588
Débito automático, 756-758
Débito direto, 756-757-758
Debtor in possession (DIP), 818-819
Decisão de crédito, 752–755
Decisões de investimento. *Ver também* Orçamento de capital; *Project finance*
    decisões financeiras *versus*, 5, 130, 133, 307
    definição, 2
    em imóveis, 259-262
    equilíbrio de investimentos, 9–10
    exemplos, 2–4, *3,* 4–5
    processo de orçamento de capital para, 232-235
    valor de mercado em, 259-262
    valor presente líquido (VPA) e, 100–104, 124–143
        alternativas a, 102
        análise de recuperação *versus*, 104–106
        custo de capacidade excedente, 138-139, 142–143
        decisões de investimento *versus* de financiamento, 5, 130, 133, 307
        depreciação e, 129, 131–132, 134–136
        exemplo, 131-139

fluxo de caixa em, 124–130
impostos e, 134–136
incentivos, 280-290
inflação e, 129–130
múltiplos fluxos de caixa, 24–25
previsão de lucros econômicos, 263–267
principais pontos de atenção, 102–103
problema da substituição, 138-139, 142
projetos de vida útil longa *versus* curta, 138-142
revisão dos fundamentos, 100–104
taxa contábil de retorno *versus*, 103–104
timing, 138-140
valores de mercado em, 259-262
Decisões de orçamento de capital, 231-253. *Ver também* Valor presente líquido (VPL), decisões de investimento e
análise de sensibilidade, 234-241
árvores de decisão, 245-249
incentivos, 282–283, 397
lucros econômicos. *Ver* Lucros econômicos
mensuração de desempenho, 289-299
opções reais, 244-249, 541–560
orçamento de capital, definição, 232
previsão de lucros econômicos, 263-267
previsão de valores de mercado, 259-262
processo de investimento de capital, 232-235
simulação de Monte Carlo, 241-245
valores de mercado na avaliação, 259-262
Decisões de substituição, fluxo de caixa em anual equivalente e, 138-139, 142
Decisões financeiras a curto prazo, 731-735
commercial paper, 585, 607-609
dilatação do prazo de pagamento, 730
empréstimos bancários, 732-733
planejamento financeiro a longo prazo *versus*, 341
plano de financiamento a curto prazo, 731-735
Decisões financeiras a longo prazo, 586-597. *Ver também* Financiamento de empresas
armadilhas no *design* de modelos, 738-739
escolha de um plano, 738-740
exemplo, 736-739
planejamento de contingência, 735-736
Decisões financeiras. *Ver também* Estrutura de capital; Financiamento corporativo; Financiamento por endividamento; Hipótese do mercado eficiente; Financiamento por capital próprio; *Leasing*; Fusões
ajuste de taxa de desconto por meio do custo médio ponderado de capital (CMPC), 422–426, 463–479, 484-487
avaliação de negócios, 492
custo médio ponderado de capital em, 422–426, 463–468
decisões de investimento *versus*, 5, 130, 133, 307
definição, 2
exemplos, *3*
fusões em, 779–780
valor presente ajustado (VPA), 463, 480–483
valor presente líquido e, 130, 133
Declaração de prateleira, 371
Declarações de fluxos de caixa, 724-728
atividade de financiamento, 725, 726
atividade de investimento, 725, 726
atividade operacional, 725
exemplo, *725*

Deere, 618
Defesa com opção de venda envenenada, *791-792*
Defesa com pílula envenenada, 790-791, *791-792*
Defesa de direitos restritivos de votação, *791-792*
Defesa de período de espera, *791-792*
Defesa do preço justo, *791-792*
Defesa por conselho de administração estratificado, *791-792*
Defesa por conselho estratificado, *791-792*
definição, 78
alavancagem e, 417–419
estimativa, 81–86
Deflação, 58, 60*n*
DeGeorge, F., 298-299, 298-299*n*
Del Monte Foods, *801*
Dell Computer, 750, *801*
Delphi, 775, 816
Delta Air Lines, 646-647, *702*
Delta da opção, 518, 520, 520*n*, 523
Demirguc-Kunt, A., 454*n*
Demonstrativo de resultados
descrição, 699–700
em estimativa de fluxo de caixa, 724–725
exemplo, *724*
leasing e, 623
tamanho comum, 711–713
Demonstrativos financeiros de tamanho comum, 711–713
Demonstrativos financeiros, 696–715
balanço, 697–699, *725*
declaração de fluxo de caixa, 724–728
declaração de renda, 699–700, *725*
em análise de fusões, 785–787
tamanho comum, 711–713
Denis, D. J., 386*n*, 594-595*n*, 595-596*n*, 603-604*n*
Departamento de Justiça dos Estados Unidos, 366-367*n*, 790-791
Department of Veterans' Affairs (Vinnie Mae) dos Estados Unidos, 762-763*n*
Depósito a prazo, *763*, 764-765
Depósito direto, 758
Depósitos a prazo não negociáveis, *763*
Depreciação
acelerada, 134–136, 138-139*n*, 372*n*, 621
benefício fiscal, 134–136, 491-493, 620, 623*n*, 625-626, 627-629
decisões de investimento e, 134–136
linear, 131–132, 136, 621
valor residual, 129, 131–132, 625-626
vieses no cálculo de retornos, 294-296
Depreciação acelerada, 134–136, 138-139*n*, 372*n*, 621
Depreciação econômica, 294-298
Depreciação linear, 131–132, 136, 621
Derivativos, 642-656. *Ver também* Contratos a termo; Contratos futuros; Opção(ões); Swaps
Descartes, René, 109*n*
Descoberta dos preços, 652-653*n*
Desconto, obrigação, 45
Descontos a vista, 751
Desdobramentos de ações, 387*n*
reversos, 339, 339*n*
Desdobramentos reversos de ações (*reverse stock splits*), 339, 339*n*

Desembolsos, controle, 730–731, 756-758
Desinvestimento, 808
Despesas gerais, em análise de valor presente líquido, 129
Despesas operacionais, 103–104
Desvio-padrão
carteira, 158–161
de ações estrangeiras, 162, *162*
definição, 158–159
na medição do risco de carteira, 158–162, 171–172
na teoria da carteira, 179–180, 185*n*
no índice de Sharpe, 185–186, 185*n*
Deutsche Bank, 73, 308–309, *309, 365,* 774, 830, 833
Deutsche Börse, 73
Deutsche Telecom, 603-604
Devarajan, S., 262-263*n*
Dever de razoabilidade (*due diligence*), 365
Dever fiduciário, 829
Devon Energy, 76, *76*
Dewenter, K. L., 389*n*
10-K, 289–290, 696
10-Q, 696
Diagramas de lucro, 499–500, 500*n*
Diagramas de posição, 497–500
Diamond, D., 341*n*
Diamonds, 346
Dias em estoque, 727, 728
Dificuldades financeiras, 439-440–452. *Ver também* Falência
gestão de risco e, 640-642
incentivos e, 443-445
leasing e, 620–621
natureza das, 439–440
sem falência, 443-452
teoria do equilíbrio da estrutura de capital, 439-440, 454-456
tipo de ativo e, 448-450
Dilatação do prazo de pagamento, 730
Dill, D. A., 630-631*n*
Diluição, em avaliação conversível, 600-601
Dimitrov, O., 317*n*
Dimon, James, 390
Dimson, E., *58n, 62n,* 151–153, 151*n, 152n, 153n,* 155–156, 156*n, 157n, 159n, 162n,* 174–175, *680n*
DirectTV, *771*
Direito a inadimplência, 439-441
Direitos a voto
ações ordinárias, 337–338
ações preferenciais, 339-340
na Suíça, 337
restritivo, como defesa a aquisição hostil, 791-792, *791-792*
Direitos de controle, 336–337, 358, 828-838
Direitos de fluxo de caixa, 336, 338, 358
Direitos de preferência, 364*n*, 375-377
Direitos residuais, 336, 343
Dirksen, Everett, 585*n*
Disney, 788-789
Dispêndios de capital . *Ver também* Investimentos de capital; Decisões de investimento
decisões de orçamento de capital, 2–4
leasing e, 622
na aplicação da regra de valor presente líquido, 125–126

Disputas por procuração, 284-285, 338, 788-789
Distribuições lognormais, 180n
Dittmann, I., 832, 832n
Dittmar, A. K., 766, 806n
Diversificação
  agregação de valor e, 173–174
  fusões e, 777–778
  interna, 836-837
  limites da, 168–169
  risco de carteira e, 162–165, 173
  risco de mercado e, 162–165
  teoria da avaliação por arbitragem e, 195
Diversificação interna, 836-837
Dívida a curto prazo, 473–474
Dívida com taxa flutuante, 341, 568, 568n, 653-654
Dívida da zona do euro, 65–66
Dívida de taxa fixada, 341
Dívida em moeda estrangeira, 64–65
Dívida não garantida, 588
Dívida prioritária, 342, 588–589, 593
Dívida subordinada, 342
Dívida subordinada, 342, 593
Dívidas garantidas, 342, 588
Dividendo(s). *Ver também* Política de distribuição de lucros
  ações preferenciais, 339-340
  conteúdo informativo e, 388–390, 397
  e emissões de quotas, 394–396
  em avaliação conversível, 600-601
  em avaliação de ações ordinárias, 77–86
  em avaliação de negócios, 90-91
  em avaliação de opções, 534–535
  em avaliação de *warrants*, 600-601
  fluxo de caixa livre e, 93-95
  impostos sobre ganhos de capital *versus*, 397-402
  índice de distribuição de lucros, 82–83, 397
  irrelevância, 392-394
Dividendos em ações, 387, 387n
Dividendos especiais, 387
Dividendos por ação, 81n
Dividendos regulares em dinheiro, 387
Dixit, A. K., 252-253, 550n, 560
Djankov, S., 834-836, 834n
Doherty, N. A., 643-644n
Dominion, 495
Dossiê de registro, 362–363
Dossiê de registro, 363, 382–384
Douglas, R., 568n
Dow Chemical, *63, 75, 76, 163, 169-170, 183, 187,* 209–211, *210,* 211n, 568, *569*
Dow Jones Industrial Average, 74, *163,* 346
DP World, 785-787
Dresdner Bank, 777
Dresdner Kleinwort, 364–365
Drexel Burnham, 803
Duffie, D., 568n, 583
Duke Energy, 774
Dun and Bradstreet, 752, 837-838
Dupont, *76*
Duração
  em *hedging*, 657–658, 658n
  na avaliação de obrigações, 49–51
Duração de Macaulay, 49–50, 51n
Duração equiparada, 657–658
Duração modificada, 51
Durand, David, 412n

E

Easterbrook, F., 397n
Eastern Airlines, 442-443, 817
Eastman Chemical, *76*
Eastman Kodak, 75
eBay, 367–369
Ebner, Martin, 337
EBPP (*electronic bill presentation and payment*, ou apresentação de pagamento de contas por meio eletrônico), 756-757
ECFs (*electronic communication networks*, ou redes de comunicação eletrônicas), 73
Eckbo, B. E., 311n, 377-378, 796, 821
Eckel, C., 821-822
Eckel, D., 821-822
Economias de escala, em fusões, 774
Economias de integração vertical, 774–775
Economist, The, 337
EDF (Electricité de France), 808
Edmans, Alex, 834, 834n
Efeito da pequena empresa, 195–197, 314–315
Efeito de informações. *Ver também* Sinalização de política de distribuição de lucros, 388–390
  em análise de sensibilidade, 234-237
  em eficiência do mercado semiforte, 310–312, 846
  em planos de recompra de ações, 389–390
  informações fornecidas por mercados financeiros, 350–351
  na forma forte de eficiência de mercado, 310, 312–313, 846
  na forma fraca de eficiência de mercado, 310, 322–323, 846
  para fusões, 784–785
  reação do mercado a emissões de ações, 373–375
  reação dos investidores a, 312–313
Efeito de valor contábil/valor de mercado, 192, 192n, 193-197
Efeito Fisher internacional, 676n
Efeitos incidentais, 127–128
Eficiência de mercado. *Ver* Hipótese do mercado eficiente
Egan-Jones Ratings, 575-576n
eHI Car Services, 372
Ehrbar, A., 292-293, 292-293n, 300-301
Eichholtz, P., 213n
Eight O'Clock Coffee, 772
Einstein, Albert, 307n
Eisner, Michael, 788-789
Eiteman, D. K., 690
Elizabeth Arden, *63*
Ellis, Jim, 837-838
Ellis, K., 362n
Ellison, Larry, 287-288, 529-530
Elton, E. J., 198-199, 574n, 575n
Emdeon, *812*
Emissões com subscrição privilegiada, 375-377
Emissões de ações de empresas já cotadas (SEOs), 371-377
  direitos de preferência, 364n, 375-377
  oferta geral de caixa, 371–375
  reação do mercado a emissões de ações, 373–375
  títulos internacionais, 372
Emissões primárias, 344–345, 361. *Ver também* Ofertas públicas iniciais (IPOs)

Emissões secundárias, 344–345, 361, 371-377
Emissores involuntários, 374n
Empresas de capital aberto, 5–6
  definição, 5
  dispersão de propriedade, 336
  empresas de capital fechado *versus*, 5–6
  vendas de títulos, 371-377
    custos, 372–373
    direitos de preferência, 375-377
    ofertas gerais de caixa, 371–375
    reação do mercado a emissões de ações, 373–375
Empresas de capital fechado, 5–6, 804
Empresas de empréstimo *peer-to-peer* (P2PLs), 350n
Empresas de responsabilidade limitada (LLCs – *limited liability companies*), 6
Empresas de seguro, 348–349
Empresas privadas, 362, 362n
Empresas. *Ver também* Obrigações de empresas; Governança corporativa; Financiamento por endividamento; Financiamento por capital próprio; Acionistas; Impostos, sobre empresas de capital aberto. *Ver* Empresas de capital aberto
  de capital fechado, 5–6, 804
  definição, 5
  gestor financeiro em, 7
  reestruturação por . *Ver* Reestruturação
  separação de propriedade e controle, 6, 12–13, 787-789, 828-838
Empréstimos a prazo, 604-605
Empréstimos bancários, 2, 603-608, 732-733
  cálculo de pagamentos, 30–31
  cláusulas de dívidas, 607-608
  comprometimento e, 604-605
  segurança de, 606-607
  sindicalizados, 604-607
  taxas de juros, 604-605
  vencimento de, 604-605
Empréstimos de amortização, 30–31
Empréstimos em dólar, 674
Empréstimos em pesos, 674
Empréstimos entre empresas, 827
Empréstimos equivalentes, 629-630
Empréstimos para ativo circulante, 604-605
Empréstimos sindicalizados, 604-607
Empréstimos-ponte (*bridge loans*), 348n, 604-605
Encana, 76, *76*
Encargos de loja, 606-607n
Energy Future Holdings, 5, *815,* 818-819
Engenharia financeira, 505
Enriques, L., 832n
Enron, 343, 362, 442-443, 449-450, 576-577, 586, *815,* 839-840, 839-840n
Entergy, 288-289
EOG, *76*
Equity Office Properties, *801,* 810
Equivalentes a opção, 517–520
Equivalentes certos, 219-225, 263-264, 556-557
  avaliação por, 220–221, 520
  definição, 219
Erb, C., 687n
Erro-padrão, 153n
  do beta estimado, 211
Escassez de capital, 112
Especulação, 660–661

Especuladores corporativos, 359
Espiral da morte, 601-603
Esquemas de pirâmide (esquemas de Ponzi), 11–12, 12*n*
Estados Unidos
  aumentos no teto de endividamento no, 65
  beta de ações selecionadas, *169-170*
  crise do déficit no, 2010, 65
  desvio-padrão de ações no, *163*
  financiamento com capital de risco no, 358–360
  financiamento de empresas no, 825–828
  fusões no, *772*
  histórico de desempenho dos mercados de capitais, 151–158
  inflação no, 57–58, *62*
  intervalos de capitalização no, 45–47
  ofertas públicas iniciais (IPOs) em, 361–371, *369*
  ondas de fusões, *771, 794–795*
  política de distribuição de lucros nos, 385, *386*
  prêmios de risco de mercado no, 157–158
  regulamentação de falências, 815–820
  retornos do mercado acionário, *159*
  retornos dos dividendos, 157–158, *158*
  sistema financeiro anglo-saxão no, 696–697, 824–828
Estágio zero de financiamento, 356–357
Estrutura de capital, 847. *Ver também* Financiamento por endividamento; Política de endividamento; Financiamento por capital próprio ; Reestruturação
  abordagem de Modigliani-Miller a, 391, 412-428, 847
  alterações na, 419–420
  definição, 4
  teoria da otimização da, 456–458
  teoria do equilíbrio da estrutura de capital, 439–440, 449-452
Estrutura financeira. *Ver* Estrutura de capital
Estrutura industrial, componentes da, 264-265
Estrutura temporal de taxas de juros, 51–57
  definição, 51
  em avaliação de ações, 51–57
  explicação, 55–57
  inflação em, 57
  lei do preço único, 52–53, 568
  medição, 53–54
  risco em, 56-57
  teoria das expectativas de, 55-57
Esty, B. C., 610-611
Eurex Exchange, *648-649*
Euribor (*euro interbank offered rate*), 761-762
Euro interbank offered rate (Euribor), 761-762
Eurodólares, 761-762
Euromoeda (*eurocurrency*), 342, 761-762
Euronext, 73, 73*n*, 646-647*n*
Euro-obrigações, 342, 372, 596-597
European Monetary Union (EMU), 672*n*, 761-762
Euros, 342, 672*n*
EVA Dimensions, 700, 704
Evans, M. D., 690
Eventos de crédito, 569
Everett, S. J., 796
Exchange-traded funds (ETFs), 74, 346
Export-Import Bank, 755*n*

Exposição econômica, 683
Exposição por transação, 683
Exxon Mobil, *3,* 7, 194, 343–344, 345*n,* 386, 445-446, 700, *701, 702,* 703
Ezzell, J., 478*n*
Ezzell, R., 486-487

F

Fabozzi, F. J., 67-68, 610-611, 634, 766
Facebook, *3, 771,* 835-836
Fair Isaac & Co. (FICO), 576-577*n,* 752*n*
Falácia dos custos irrecuperáveis, 129
Falência, 815-820
  a maior, *815*
  acordos (*workouts*), 818-819
  Chrysler, 818-819
  custos de, 439-444
    diretos *versus* indiretos, 442-444
    evidências de, 442-443
  direitos de controle em, 336
  natureza da, 439-441
  procedimentos alternativos, 818-820
Faleye, O., 337*n*
Fama, Eugene F., 156*n,* 192*n,* 196, 196*n,* 313*n,* 328, 450-451*n,* 455-456*n,* 677*n,* 849, 849*n*
Fanjul, G., 803*n*
Fannie Mae, 49, 322, 351, 591, 762-763, 809
Farm Credit Financial Assistance Corporation, 762-763*n*
Farre-Mensa, J., 405
Fatias, 590
Fator de anuidade, 27–29
Fator de desconto, 20, 54–55
Fator de mercado, no modelo de três fatores, 195–197
Fator tamanho, no modelo de três fatores, 195–197
Fatoração, 755
Fawcett, S. E., 361*n*
FCX, 129
FDA (U.S. Food and Drug Administration), 248-251, 558
Federal Communications Commission (FCC) dos Estados Unidos, 784-785
Federal Deposit Insurance Corporation (FDIC), 575
Federal Express, 360
Federal Family Education Loan (FFEL), 575
Federal Home Loan Mortgage Corporation (Freddie Mac), 49, 322, 351, 591, 762-763, 809
Federal National Mortgage Association (FNMA; Fannie Mae), 49, 322, 351, 591, 762-763, 809
Federal Power Commission v. Hope Natural Gas Company, 82*n*
Federal Reserve Bank of New York, 321
Federal Reserve dos Estados Unidos, 212, 351, 352, 590
Federal Trade Commission (FTC) dos Estados Unidos, 784-785
FedEx, 245-246, 360
Fedwire, 758
Ferguson, M., 568*n*
Fernandez Acín, I., 155*n,* 174-175
Fernandez, P., 155*n,* 174-175
Ferrari, 807
Fiat Chrysler, *3,* 807

Fiat, 443-444, 810
Fidelity Investments, 346
Finanças comportamentais, 317-322. *Ver também* Efeito das informações
  eficiência de mercado e, 317-322
  limites à arbitragem, 320–321
  pagamentos de dividendos em, 388–390, 397
  sentimento, 319–320
  sinalização e, 349, 357, 389–390
  timing de mercado e, 455-456
Finanças internacionais, 824-842. *Ver também* Crise financeira de 2007–2009; *nomes de países específicos*
  ações de classe dupla, 338, 835-836
  bancos em, 759
  beta para ações estrangeiras selecionadas, *171*
  bolhas em, 317
  calote de dívida, *566*
  capital de risco, 360
  comparações entre países, 824–828
  compensação de CEOs, 285-288
  conglomerados, 835-838
  custo médio ponderado de capital (CMPC), 208–209
  demonstrativos financeiros, 696–697
  desvios-padrão de ações em, 161, *162, 163*
  dívida pública, 64–66, 352
  emissões de títulos, 372
  fusões transfronteiriças, *771,* 786-788
  fusões, *771,* 791-793
  gestão de caixa, 759
  intervalos de capitalização em, 42–45, 45*n*
  leasing em, 632-633, 632-633*n*
  mercado monetário internacional, 761-763
  mercados e instituições financeiros, 372, 824–828
  nomes corporativos, 5*n*
  obrigações em, 342, 596-597
  ofertas públicas iniciais, 361, *368,* 373
  opções cambiais, 644-645
  padrões contábeis, 622*n,* 697
  perpetuidades em, 26–27
  prêmios médios de risco de mercado, *156*
  privatização em, 808–809
  propriedade e controle, 828-838
  recompras de ações, 388
  reestruturação, 808–812, 819–820
  regime fiscal de imputação, 400-402, 450-451*n*
  retornos de mercados acionários, 161, *162*
  risco cambial e, 684–687
  riscos em. *Ver* Riscos internacionais
  taxas de desconto para projetos internacionais, 219
  taxas de inflação comparativas, 57–58, *62*
  taxas de inflação por país, *58, 62*
  tributação de empresas multinacionais, 11–12
  valor presente ajustado, 483
  valor presente líquido em outros países, 137-139
Financial Accounting Standards Board (FASB), 622, 622*n,* 785-787
Financial Times, 70-71
Financiamento de empresas, 332–354. *Ver também* Decisões de financiamento
  capital próprio, 335-340. *Ver também* Ações ordinárias; Financiamento por capital próprio
  capital de risco, 356–360

ofertas públicas iniciais, 361–371
ofertas secundárias, 371-377
dívida, 334–335, *335,* 339-343, 478*n.*
Ver também Obrigações de empresas;
Financiamento por endividamento; Política
de endividamento
elos entre financiamento a curto prazo e,
721–724
fundos internos, 333–334
instituições financeiras em, 335–336,
347–349, 824–828
mercados financeiros e, 335–336
padrões, 332–335
Financiamento de primeiro estágio, 357
Financiamento externo, 454, 739-741
Financiamento mezanino, 358, 358*n*
Financiamento por capital próprio. *Ver também*
Avaliação de capital próprio
ação ordinária, 335-340
capital de risco, 356–360
direitos de preferência, 375-377
emissões secundárias, 371-377
ofertas públicas iniciais (IPOs), 361–371
truste, 339-340
ações preferenciais, 339-340
capital de risco, 356–360
decisões financeiras e, 4–5
direitos de preferência, 375-377
disfarçado, 339-340
em situações de tensão financeira, 445-446
emissões de títulos internacionais, 372
métodos de, 4
parceria, 339
Financiamento por endividamento, 339-343,
565–583, 585-611. *Ver também* Obrigação(ões);
Obrigações de empresas; Política de
endividamento; Avaliação de dívida; *Leasing*
financeiro; *Leasing*
colocações privadas, 376-377, 594-597
de curto prazo, 731-735
commercial paper, 585, 607-609
empréstimos bancários, 732-733
financiamento a longo prazo *versus,* 341
pagamentos mais alongados, 730
plano de financiamento a curto prazo, 731-735
de longo prazo, 586-597
armadilhas no *design* do modelo, 738-739
escolha de um plano, 738-740
exemplo, 736-739
financiamento a curto prazo *versus,* 341
planos de contingência, 735-736
disfarçado, 342-343
emissões de títulos internacionais, 372
empréstimos bancários, 603-608
formas de dívida, 341-342, 585-611
índices de endividamento, 334-335, *335, 432,*
454, 478*n,* 707–708
notas de médio prazo (*medium-term notes –*
MTNs), 585, 608-609, *763,* 764-765
obrigações lastreadas por ativos, 585, 589–
590, *602-603,* 603-604, 608-609
ofertas secundárias, 371-377
quantidade relativa de, 334-335
First Data, *801*
Fisher Scientific, 808
Fisher, A. C., 262-263*n*
Fisher, F., 491-492*n*

Fisher, Irving, 60–61, 676*n*
Flexibilidade de produção e de compra de
suprimentos, 551–555
Fluidigm, *373*
Fluxo de caixa anual equivalente, 140–142
análise de valor presente líquido, 141–142
definição, 140
em decisões de substituição, 142
equipamento de longa *versus* curta vida útil,
141
impostos e, 142
inflação, 140–142
mudanças tecnológicas, 141
Fluxo de caixa de equivalentes certos, 220–221,
263-264
Fluxo de caixa descontado (FCD)
definição, 24
dois estágios de crescimento, 84–86
em avaliação de opções reais, 558–559
funções de planilha, 37–38
na avaliação de ações ordinárias, 77–86
na avaliação de negócios, 89-95
na fixação dos preços de eletricidade e gás,
82–83
no cálculo do valor presente, 24–25
perigos de fórmulas de crescimento constante,
84–86
problemas em avaliação de opções, 517
recompra de ações e, 392-394
risco e
taxa de desconto única ajustada ao risco e
single, 221–223
várias taxas de desconto ajustadas ao risco
e, 222–223
seguro, fluxos de caixa nominais, 491-493
taxa de retorno e. *Ver* Taxa interna de retorno
(TIR)
Fluxo de caixa em nominal, 491-493
Fluxo de caixa livre (FCL)
em avaliação de negócios, 90-92, 468–470
folga financeira e, 90-91, 93-95, 456–457,
468–470
Fluxos de caixa. *Ver também* Fluxo de caixa
descontado (FCD)
desconto, 37–38
equivalente anual, 140–142
estimativa, 127–129, 729–731
fusões de fundos excedentes e, 775–776
na análise de valor presente líquido, 24–25,
103–104, 124–130
na aplicação da regra do valor presente
líquido, 125–127
na simulação de Monte Carlo, 241-244
previsão, 24–25, 102–103, 132–133, 472
rastreamento de alterações em caixa, 724–728
reinvestimento, 4
FMC Corporation, 806
Folga financeira
definição, 456-457
fluxo de caixa livre e, 90-91, 93-95, 456-457,
468–470
Food and Drug Administration (FDA) dos
Estados Unidos, 248-251, 558
Ford Credit, 457-458, 608-609
Ford Motor Company, 37, *163, 164,* 164-170,
169-170, 180–184, *182, 183, 187,* 287–288,
456-457, 457-458, 608-609, 687, 775, 792-793,
829, 835-836

Ford, Henry, 829, 829*n*
Foreign Credit Insurance Association
(FCIA), 755*n*
Forelle, C., 532*n*
Forest Laboratories, *771*
Forest Labs, 787-788
Forma forte de eficiência de mercado, 310,
312–313, 846
Forma fraca de eficiência do mercado, 310,
322–323, 846
Forma semiforte de eficiência de mercado,
310–312, 846
Fórmula de Du Pont, 706–707
Fórmulas de crescimento constante
e eficiência de mercado, 316
na estimativa de valor no horizonte, 91-92
perigos das, 84–86
Fortis, 352
Forward rate agreements (FRAs), 652-653
França
avaliação de obrigação governamental, 42–45
intervalos de capitalização em, 42–45
propriedade e controle em, 832
taxas de juros nominais *versus* reais,
679-682
Frank, M., 455-456*n*
Franks, J. R., 442-443, 442-443*n,* 630-631*n,*
784-785*n,* 818-819*n,* 820, 820*n, 831n*
Fraude, 10–12
Freddie Mac, 49, 322, 351, 591, 762-763, 809
French, Kenneth R., 156*n,* 192*n, 192n,* 196,
196*n,* 313*n,* 317*n,* 328, 450-451*n,* 455-456*n,*
849, 849*n*
Fried, J., 299-300
Friedman, E., 837-838, 837-838*n*
Froot, K. A., 315*n,* 643-644*n,* 663, 677*n,* 690
Fundo Monetário Internacional (FMI), 65–
66, 854
Fundos abutres, 347
Fundos de amortização, 591
Fundos de índice, 169, 313, 346
Fundos de investimento fechados, 74*n,* 346, 850
Fundos de investimento, 345–347. *Ver também*
Hedge funds; Fundos mútuos; Fundos de pensão
Fundos de pensão, 343, 347, 359–360, 398, 575,
602-603, 668*n*
Fundos excedentes, em fusões, 775–776
Fundos mútuos abertos, 74*n,* 346
Fundos mútuos, 345–346
abertos, 74*n,* 346
fechados, 74*n,* 346, 850
Fürstenberg, Carl, 833*n*
Fusões de conglomerados, 772, 797-799
Fusões horizontais, 772
Fusões transfronteiriças, *771,* 786-788
Fusões verticais, 772–775
Fusões, 771–796
Bank of America, 777
batalhas e táticas de aquisição hostil, 787-793,
790-791
contabilidade de fusão, 785-787
economia e, 794–795
estimativa de ganhos e custos de, 780-785,
792-794
forma de aquisição, 785-787
fusões de conglomerados e agregação de
valor, 797-799
lei antitruste e, 784-787

mecanismo, 784-788
motivos dúbios para, 777–780
motivos sensatos para, 772–777
obrigações de risco (*junk*) e, 802, 803
ondas de, *771,* 794, 853–854
sinergias em, 773–777
tipos, 772–773

G

Gabaix, X., 286-287n
Gadanecz, B., 605-606n
Galai, D., 780n
Gale, D., 354, 838-839n, 841-842
Gao, P., 608-609n
Gaspar, V., 838-839n
Gates, Bill, 26
Gavazza, A., 625-626n
Gazprom, 809
GE Capital Aviation Services, 618
GE Capital Corporation, 607-608, 618
Gearing. Ver Alavancagem financeira
Geely, 792-793
Geithner, Tim, 65
Geltner, D., 213n
"Gêmeos siameses", 315, 315n
Genentech, 360
General Electric (GE), 72–74, 128, 298-299n, *771,* 784-785
General Motors (GM), 124, 361, 390, 457-458, 586, 608-609, 724, 775, *815,* 816, 818-819
General Motors Acceptance Corporation (GMAC), 810n
Genesee & Wyoming, *211*
Gertner, R., 806n
Gestão de caixa, 756-759
  em cobranças, 729–730, 758–759
  em desembolsos, 730–731, 756-758
  internacional, 759
  investimentos de mercado monetário em, 346, 760-766
Gestão de capital de giro, 747–766. *Ver também* Capital de giro
  capital de giro, definição, 747
  ciclo de conversão de caixa, 756-759
  ciclo operacional, 727
  gestão de caixa, 756-759
  gestão de crédito, 750-757
  gestão de estoque, 748–750
  gestão de títulos negociáveis, 760-766
Gestão de crédito, 750-757
  análise de crédito em, 752
  condições de venda na, 751
  decisão de crédito em, 752–755
  política de cobranças na, 755-757
  promessa de pagamento e, 751
Gestão de estoque, 748–750
Gestão de risco, 639–663, 852
  contratos a termo, 645-646
  custos de agência, 640-643
  derivativos em, 642-656
  dificuldades financeiras e, 640-642
  evidencias sobre, 642-643
  hedging
    com contratos futuros, 646-653, 656–658
    definição, 639-641, 645-646
    estabelecendo uma cobertura de risco, 656–660

motivos para, 639-643
opções, 644-645
riscos internacionais em. *Ver* Riscos internacionais
seguro, 531, 642-645
swaps, 653-656
Gestores financeiros
  compensação e planos de incentivo para, 280-290, 350
  fraude financeira e, 10–12
  função do, 7
  lições da eficiência do mercado e, 322–327
  maximização de valor e, 7–13, 16-17, 231-253
  questões éticas, 10–12
  separação de propriedade e controle e, 6, 12–13, 787-789, 828-838
Gestores seniores. *Ver também* Conselho de administração; Presidente executivo (CEOs); Vice-presidente financeiro (CFOs)
  como passivo fora do balanço, 850–851
  compensação de CEOs por país, 285-286
Gilligan, Thomas W., 620n
Gilson, R., 360n
Ginnie Mae, 762-763n
Giro de estoques, 705
Giro de recebíveis, 705–706
Glaxo Smith Kline, 2, *3*
Glencore, *771*
Global Crossing, *815*
Goetzmann, W. N., 155n, 174-175, 198-199
Going dark ("ir para o escuro"), 362n
Goldman Sachs, 6, 348, 348n, *365,* 605-606
Goldreich, D., 371n
Gompers, P. A., 377-378, 790-791n
Goodwill, 786-787
Google, 89-90, 325, 325n, 338, 370, 370n, *373,* 386, 449-450, 496–510, 516–536, 558, 772, 835-836
Gordon, M. J., 81n
Governança corporativa, 828-838. *Ver também* Patrimônio e controle
  diferenças em, 837–841
  maximização de valor na, 7–13, 16-17
  mercados e instituições financeiras em, 824–828
  papel do gestor financeiro, 7
  política de distribuição de lucros e, 402-405
Governança. *Ver* Propriedade e controle
Government National Mortgage Association (GNMA; Ginnie Mae), 762-763n
Goyal, V., 455-456n
Graham, John R., *103n,* 119, 190n, 297-298, 297-298n, 298-299n, 299-300, 389n, 396n, 398n, 405, 438-439, 438-439n, 450-451n, 459, 599-600, 599-600n, 620n, 640-641n, 722n
Grande Depressão, 58, 321
Grant, R. M., 264-265n
Grau de alavancagem operacional (DOL – *degree of operating leverage*), 215n, 240-241, 240-241n
Graus de liberdade, 159n
Grécia, crise da dívida pública, 65–66, 352, 569, 854
Greenspan, Alan, 320n
Greinke, Zack, 286-287
Grenadier, S. R., 634
Grinstein, Y., 398n

Gromb, D., 840-841n
Grossman, S. J., 314n
Gruber, M. J., 198-199, 313n, 574n, 575n
Grullon, G., 388n
Gucci, 283
Guiso, L., 10n
Gulf & Western Industries, *812*

H

Habib, M., 610-611
Hall, B. H., 795n
Hall, B. J., 299-300
Halliburton, *771*
Haltiwanger, R. S., 803n
Hamada, R. S., 479n
Hammond, J. S., 252-253
Hansen, Robert S., 366-367n, 372n
Harford, J., 794n, 796
Harper, J. T., 809n
Harrah's Entertainment, *801*
Harrah's Operating Company, 565n
Harris, M., 459
Harris, R. S., 687n, 784-785n
Hart, O., 336n, 353, 775n, 819n
Hartman, P., 838-839n
Harvey, Campbell R., *103n,* 119, 190n, 297-298, 297-298n, 298-299n, 299-300, 389n, 405, 450-451n, 459, 599-600, 599-600n, 687n, 722n
Haushalter, G. David, 642-643, 642-643n
HBOS, 364–365, 375-377
Healy, Paul M., 388–389, 388n, 389n, 715, 795, 795n, 839-840n, 841-842
Hedge funds, 321, 346–347, 590
Hedging
  com contratos futuros, 646-653, 656–658
  custos de combustíveis, 644-647, 649-650
  definição, 639-641, 645-646
  estabelecendo uma cobertura de risco, 656–660
  jogo de soma zero, 639-641
  risco cambial, 642-643, 681-683
    exemplo, 682
    exposição a transação, 683
    exposição econômica, 683
  risco de preços de *commodities*, 642-643
  risco de taxa de juros, 642-643
Hedging de manutenção zero, 657–658
Heinz, *771, 801*
Hellman, T., 360n
Hellwig, M., 833n
Helyar, J., 802$n,* 821-822
Hendel, Igal, 620n
Herman Miller Corporation, 292-293
Hess, 77, 89-90
Hewlett-Packard (HP), 4, 495, 552–553, 553n
Hierarquia das fontes de escolhas financeiras, 452-458
  folga financeira, 455-457, 468–470
  impacto das informações assimétricas, 452–454
  implicações da, 454
  teoria do equilíbrio *versus,* 454-456
Higgins, R. C., 780n
Hill, M., 766
Hilton Hotels, *801,* 810
Hilton Worldwide, *373*
Hiperinflação, 57

Hipoteca de taxa ajustável, 351n
Hipotecas
 cálculo de pagamentos, 31
 crise *subprime* de 2007-2009, 282–283, 286-287, 321–322, 351–352, 568–670, 590, 853, 854
Hipótese da movimentação aleatória, 307–310, 509n
Hipótese do mercado eficiente, 306–317, 846
 concorrência e, 310
 evidências a favor dos mercados eficientes, 310–314
 evidências contra os mercados eficientes, 314–317
 exceções a, 849–850
 finanças comportamentais e, 317-322
 formas de eficiência de mercado, 310
 hipótese do movimento aleatório, 307–310, 509n
 irrelevância de dividendos e, 391–396
 lições da eficiência do mercado, 322–327
 mudanças aleatórias de preços, 307–310
 níveis de mercados, 310
 oportunidades de transações *versus*, 326-327
 política de distribuição de lucros em, 391–396
 preços equivocados, 326-327
Hirshleifer, J., 854n
Histogenics Corp., 373
Hodges, Stewart D., 268n, 630-631n
Holcim, 771
Holderness, Clifford, 336, 336n
Holding bancária, 607-608n
Holmstrom, B., 796
Home Depot, The, 286-287, 697–715
Honeywell, 784-785
Horizonte de avaliação, 91-93, 470–472
Hoshi, T., 829, 829n, 839-840n
Host Marriott, 594-595
Hotchkiss, E. S., 577-578n, 583, 817n, 821
House of Fraser, 792-793
Houston, J. F., 777n
Howe, Christopher D., 243-244n
HR Ratings de Mexico, 575-576n
HSBC Holdings, 365
HSBC, 619, 619n
Huang, J., 574n
Huang, M., 194n, 317-318n, 574n
Hub Power Company (Hubco), 615–616
Hudson's Bay Company, 6
Hull, J. C., 536, 663
Hypo Group, 352
Hypo Real Estate, 809n
Hypobank, 777

I

Ibbotson, R. G., 174-175, 378
IBES, 82n
IBM, 60n, 112, 179–180, *180*, 219, 289-290n, 386, 572, 618, 656, 787-788, *792-793*
Icahn, Carl, 284-285, 788-789
ICE Benchmark Administration (ICE), 605-606
Ihrig, J., 690
IKEA, 264-265
Ikenberry, D., 390n
Ilusão financeira (*bootstrap game*), em fusões, 778–779

Imposto mínimo alternativo (*alternative minimum tax* – AMT), 135, 621
Impostos
 em análise de valor presente líquido, 127
 evitação fiscal, 11–12
 forma de organização empresarial e, 6
 na Alemanha, 137-139
 regime fiscal de imputação, 400-402, 450-451n
 sobre conjuntos de obrigações e *warrants*, 601-602
 sobre empresas
  aquisições alavancadas (LBOs) e, 803
  decisões de investimento e, 134–136
  em análise de fusões, 786-788
  estrutura de capital e, 433-439
  fluxo de caixa anual equivalente e, 142
  impacto de opções reais, 556-558
  imposto mínimo alternativo (AMT – *alternative minimum tax*), 135, 621
  inovação no mercado de obrigações, 601-604
  inversão fiscal, 787-788
  leasing financeiro, 627-629
  regras de depreciação, 134–136
 sobre ganhos de capital *versus* dividendos em dinheiro, 397-402
 sobre opções acionárias, 288-289
 sobre pessoas físicas, alavancagem e, 436-439
 sobre REITs, 339-340
 sobre sociedades, 339
Impostos diferidos, 473n
Impostos sobre ganhos de capital, 397-402
Imputação das despesas gerais, em análise de valor presente líquido, 129
IMS Health, 801
Incentivos. *Ver também* Opções acionárias
 aquisições alavancadas (LBOs) e, 803, 804
 para gestores financeiros, 280-290, 350
 política de distribuição de lucros e, 397
 tensão financeira e, 443-445
Inco, 792-793
Indexação, 169
Indicadores de lucratividade, 108
 cálculo de probabilidade, 294-296
 retorno líquido sobre o investimento, 290-291
 valor econômico adicionado (VEA), 291-293, 701–702
 vieses em, 292-299
Índice Big Mac, 678, *678*
Índice corrente, 710-711
Índice de caixa, 711
Índice de cobertura de caixa, 709-710
Índice de cobertura de juros (*times-interest-earned*), 708-710
Índice de conversão, 597-598
Índice de custo/benefício, 115n
Índice de distribuição de lucros, 82–83, 397. *Ver também* Política de distribuição de lucros, polêmica envolvendo
Índice de dívida/capital próprio (D/CP), 417–418, 475–477, 622–623
Índice de futuros, 650-651
Índice de giro de ativo, 704–705
Índice de *hedge*, 518, 658–660
Índice de liquidez seca (*quick ratio*), 710-711
Índice de liquidez seca, 710-711
Índice de lucratividade, 102, 115–116
Índice de Preço ao Consumidor (IPC), 57

Índice de preço/lucros (P/L), 74–77, 91-93
Índice de preço/valor contábil, 75–77
Índice de Sharpe, 185–186, 186n
Índice de valor contábil/valor de mercado, 91-93
Índice de valor de mercado/valor contábil, 700, *700*, 700n
Índice de Volatilidade do Mercado (VIX – Market Volatility Index), 162n, 531–532, 533
Índice lucros/preço, 88
Índice preço/dividendos, 157–158
Índices de alavancagem, 707-710
Índices de desempenho, 700–704
Índices de eficiência, 704–706
Índices de endividamento, 334–335, *335, 432*, 454, 478n, 707–708
Índices de liquidez, 709-711
Índices financeiros, 695–715
 alavancagem, 707-710
 desempenho, 700–704
 eficiência, 704–706
 interpretação, 711–715
 liquidez, 709-711
 para a Home Depot, *714, 715*
 sistema Du Pont, 706–707
Industrial and Commercial Bank of China, 808, 809
Industrial Bank (China), *163, 171*
Ineficiência
 eliminação, 776
 fusões e, 776
Informações assimétricas, 452–454, 784-785
ING, 352
Instituições financeiras, 335–336, 347–349, 826–828. *Ver também* Crise financeira de 2007–2009
Instituições patrocinadas pelo governo (GSEs – *government sponsored enterprises*), 762-763, 762-763n, *763*
Intel, 359, 360, 723
Intercontinental Exchange (ICE), 73n, 646-647n, *647-648*, 648-649n
Intermediários financeiros, 335–336, 345–352. *Ver também* Crise financeira de 2007–2009
 função dos, 345, 349–352
 tipos, 345–347. *Ver também* Banco(s); Instituições financeiras; Fundos de investimento
Intermediários, 345
Internal Revenue Service (IRS), 136, 398, 398n, 473n, 627-629, 627-628n, 760-761
International Accounting Standards Board (IASB), 622n, 697
International banking facilities (IBFs), 762-763
International Financial Reporting Standards (IFRS), 697
International Power, 615
International Securities Exchange (ISE), 496n
International Swap Dealers Association (ISDA), 568n, 569
International Swaps and Derivatives Association, 653-654n
Intervalo de confiança, 211
Intervalos de capitalização, 35–38, 42–47
Investidores ativistas, 11
Investidores em ações, 4
Investidores institucionais
 colocações privadas e, 376-377, 594-597
 ofertas públicas iniciais e, 363–364

Investidores-anjo (*angel investors*), 358–359
Investimento ativo, 169
Investimento entrincheirado, 281
Investimento passivo, 169
Investimentos de capital, 103–104, 232-235. *Ver também* Orçamento de capital
Investimentos de *private equity*, 359–360, 362, 800, 810–815
Investimentos em mercado monetário, 346, 760-766
   cálculo de rendimento em, 760-762
   rendimentos em, 760-762
   tipos, 762-766
Iowa Electronic Markets, 325
Iridium Communications, Inc., 3–4
IRS. *Ver* Internal Revenue Service (IRS)
Isenções fiscais a curto prazo, 762-763
Ishii, J. L., 790-791*n*
ISS, 289-290
Itália, taxas de juros nominais *versus* reais, 679-682
ITT, 812, *812*, 813
Ivanhoe Mines, 375-377

J

J.C. Penney, 580–581, *587*, 591, 593, 594-597
Jack Wolfskin, *812*
Jackson, G., 830*n*, 841-842
Jacquier, E., 154*n*
Jaguar Land Rover, 772, 792-793
James Webb Space Telescope, 129
James, C. M., 777*n*
Japão
   abordagem *just-in-time*, 750, 750*n*
   bolhas em, 317, 319
   fusões e, 774
   obrigações estrangeiras em, 596-597
   propriedade e controle em, 829–830, 838-840
   visão de curto prazo em, 838-839
Jarmin, R. S., 803*n*
Jarrell, G., 93-94*n*, 389–390, 390*n*
Jenkinson, T., 378
Jensen, Michael C., 281, 281*n*, 299–300, 397*n*, 456-457, 456-457*n*, 803*n*, 818-819, 819*n*, 821
Jin, L., 343*n*
Jobs, Steve, 403
Jogo de enganar e mudar, em dificuldades financeiras, 446-447
Jogo de ganhar tempo, em dificuldades financeiras, 446-447
Jogo de receber e fugir, em dificuldades financeiras, 446-447
Jogo de soma zero, 639-641
Jogo de transferência de risco, em dificuldades financeiras, 444-446
John, K., 821
Johnson & Johnson, *63*, 76, *76, 163,* 165–168, *169-170,* 180–184, *182, 183, 187,* 206–207, 214, 273, 434–436, *435-436,* 450-451, 775
Johnson, B., 715
Johnson, E. J., 317-318*n*
Johnson, Ross, 801–802, 803
Johnson, S., 339*n*, 837-838, 837-838*n*, 841-842
Jorion, P., 155*n*
JP Morgan Prime Money Market Fund, 346
JPMorgan Chase, 347, 351, *365*, 389, 390, 581*n*

Jung, K., *373*
Jurek, J., 590*n*
Juros carregados, 359–360, 811
Juros compostos
   definição, 19
   intervalos de capitalização, 35–38
Juros compostos, 46*n*, 588

K

K.G.R. Ökologische Naturdüngemittel GmbH (KGR), 137-139
Kadant Inc., 808
Kahneman, D., 233*n*, 317-318*n*, 319*n*
Kalay, A., 405
Kallberg, J. G., 741
Kane, A., 154*n*
Kaneko, T., 370*n*
Kansas City Southern Railroad, 76, *211,* 475
Kaplan, S. N., 287–288*n*, 360*n*, 442-443, 442-443*n*, 483, 483*n*, 796, 803, 803*n*, 821
Kashyap, A., 829, 829*n*, 839-840*n*
Kay, John A., 264–265, 264-265*n*, 293-294*n*
Kedia, S., 814*n*
Keeney, R. L., 252-253
Keiretsu, 829–830, 838-840
Kendall, Maurice G., 307–308, 307*n*, 310–311
Keown, A., 312*n*
Kerviel, Jérôme, 660
Kester, W. C., 252-253
Keurig Green Mountain, 495
Kickstarter, 359
Kim, Y., *373*
Kinder Morgan, *801*
Kindleberger, C., 850*n*
Kiska, Wendy, 575
KKR (Kohlberg Kravis Roberts & Co.), *801,* 801–802
Klein, M., 616-617*n*
KLM, 495
Knoeber, C. R., 790-791*n*
Kohlberg Kravis Roberts & Co. (KKR), *801,* 801–802
Kosowski, R., 313*n*, 846*n*
Kothari, S. P., 311*n*
Kozlowski, Dennis, 12
KPMG, 75
Kraakman, R., 835-836*n*
Kraft, *771*
Krahnen, J. P., 841-842
Krigman, L., 362*n*
Kroll Brand Ratings, 575-576*n*
Kryvorizhstal, 808
Kulatilaka, N., 551*n*, 560
Kumar, A., 396*n*, 398*n*
Kumar, P., *594-595n*
Kuoni, 683
Kuroki, F., 830*n*

L

L'Oreal, 6
LA Dodgers, 286-287
La Porta, R., 336*n*, 404-405*n*, 828, 828*n*, 834, 834*n*, 841-842
Laboratórios Abbott, 806
Laclede Group Inc., *83*
Lafarge, *771*

LAJIR (lucros antes de juros e impostos), 76*n*, 577-578, 699–700, 708-710
Lakonishok, J., 390*n*
Lamont, O. A., 807*n*, 813, 813*n*
Landier, A., 286-287*n*
Landsbanki, 809*n*
Lang, L. H. P., 834-836, 834*n*
Laredo Petroleum, *76*
Lazard, 348
LBOs. *Ver* Aquisições alavancadas (LBOs)
Leary, M. T., 620*n*
Leases, 342–343
Leasing alavancado, 619, 632-634
Leasing de alto valor, 632-634
Leasing de capital, 622
Leasing de pagamento integral, 619
Leasing de serviço completo, 619
Leasing de serviço integral, 619
Leasing direto, 619
Leasing financeiro, 626-633, 707*n*
   avaliação, 626-631
   capitalização, 622
   como fonte de financiamento, 619
   definição, 619
   exemplo, 626-628
   exigências para, 622
   impostos e, 627-629
   propriedade do ativo, 627-628
   valor presente do *leasing*, 628-631
   valor residual para depreciação, 625-626
   vantagens do, 631-633
Leasing líquido, 619
Leasing operacional, 623-626
   decisão entre fazer leasing ou comprar e, 625-626
   definição, 619
   exemplo, 623–624
Leasing, 342–343, 618-634
   como financiamento alheio ao balanço contábil, 622–623
   leases alavancados, 619, 632-634
   leasing financeiro. *Ver Leasing* financeiro
   leasing operacional, 619, 623-626
   motivos dúbios para, 622–623
   motivos sensatos para, 619–621
   na teoria da estrutura ideal de capital, 456-457
   natureza dos *leases,* 618–619
Lee, D. S., 390*n*
Leeson, Nick, 282*n,* 661
Lehman Brothers, 5, 49, 351, 424-425*n,* 442-443, 607-609, 760-761, 815
Lei "Check Clearing for the 21st Century" (Check 21), 758
Lei Antitruste de Hart-Scott-Rodino de 1976, 784-785, 784-785*n*
Lei antitruste, fusões e, 784-787
Lei da conservação de valor, 413–414, 846-847
Lei da Criação de Empregos nos Estados Unidos (American Jobs Creation – JOBS) de 2004, 632-633*n*
Lei da Reforma da Falência de 1978 (*Bankruptcy Reform Act of 1978*), 815, 816*n*
Lei da Reforma Fiscal (*Tax Reform Act*) de 1986, 134–136
Lei do controle orçamentário de 2010 (*Budget Control Act of 2010*), 65
Lei do preço único, 52–53, 568, 676*n*

Lei dos Títulos (*Securities Act*) de 1933, 362*n*
Lei Sarbanes-Oxley de 2002 (SOX), 283, 362, 363, 403, 811
Leica, *812*
Leilão holandês, 388
Leilões de preço uniforme, 370–371
Leilões discriminatórios, 370–371
Leis estaduais do mercado de capitais (*blue-sky laws*), 363
Lemmon, M. L., 289-290*n*, 405, 450-451*n*, 455-456*n*
Lenovo, 792-793
Lerner, J., 377-378, 803*n*
Lessard, D. R., 690
Letras a prazo, 751
Letras à vista, 751
Letras comerciais, 751
Letras do Tesouro, 45–47, 762-763, *763*
   desvios-padrão e variâncias anuais, 161
   duração, 49–51
   fórmulas de valor presente e, 45–47
   histórico de desempenho de mercados de capital, 151–153, 186
   histórico de taxas de juros, 47–49
   indexadas, 59–60, 59*n*, *61*
   juros semestrais, 45-47
   simples (*stripped*), 53–54, 59
   spread de rendimento entre obrigações de empresas e, *64*, 567–670
   tendências de retorno até o vencimento, *46*
Lev, B., 215*n*
   Alavancagem financeira
   custo do capital próprio e, 409–411, 418–419, 422-425
   financial. *Ver* Alavancagem financeira
   oculta, 420–422
   operacional, 214–216, 239-241
Levi Strauss, 362
Levi, M. D., 690
Levine, R., 837-838*n*, 841-842
Lewellen, W. G., 780*n*
Lewis, C. M., 599-600*n*, 610-611
Lewis, K. K., 690
Lewis, M., 3 36*n*
Li, F., 560
Liberty Media, 806
LIBOR (London Interbank Offered Rate), 341, 587, 604-606, 652-653*n*, 653-654, 761-762
Lichtenberg, F., 795*n*
Lie, E., 532*n*
Life Technologies, *771*
LIFFE, 646-647*n*, *647-649*
Linares, P., 155*n*, 174-175
Lindt & Sprüngli, *683*
Linha de mercado de títulos
   ações situadas fora da, 188–189
   definição, 187
LinkedIn, 835-836
Lintner, John, 187, 187*n*, 391*n*
Liquid yield option notes (LYONs), *602-603*
Liquidez
   de ativos correntes, 722–723
   definição, 709–711
   valor de, 852–853
Litton Industries, *812*
Litzenberger, R. H., 399-400, 399-400*n*
Lizzeri, Alessandro, 620*n*
Ljungqvist, A., 369*n*, 377-378

Locações com venda prévia, 619
   depreciação e, 129, 131–132, 625-626
   em análise de valor presente líquido, 129, 131–132
   em decisões de substituição, 142
   leasing e, 625-626
   opções de abandono e, 549–550
   Valor residual
Locador (proprietário), 618
Locatário (usuário), 618
Lockbox systems, 759
London Interbank Offered Rate (LIBOR), 341, 587, 604-606, 652-653*n*, 653-654, 761-762
London Metal Exchange (LME), *647-648*
London Stock Exchange, 73, 838-839
Long Term Capital Management (LTCM), 321
Loomis, C., 274*n*
Lopez-de-Silanes, F., 336*n*, 404-405*n*, 828, 828*n*, 834, 834*n*, 841-842
LoPucki, Lynn, 818-819*n*
Lorillard, *771*
Loughran, R., 315*n*
Loughran, T., *368n, 369n, 375n, 376-377n*
Lowe's Companies, *714*
LTV, *812*
Lu, Qi, 327*n*
Lucas, Deborah, 575
Lucent Technologies, 805, 806
Lucro econômico (EP – *economic profit*), 291-292
Lucro operacional líquido depois dos impostos (NOPAT – *net operating profit after tax*), 703*n*
Lucro residual. *Ver* Valor econômico adicionado (VEA)
Lucro total esperado, 754
Lucros antes de juros e impostos (LAJIR), 76*n*, 577-578, 699–700, 708-710
Lucros econômicos, 259–275
   análise de valor de mercado, 259-262
   exemplos, 260-262, 268–274
   previsão, 263-267
   vantagem competitiva e, 263-267
Lucros por ação (LPA)
   em avaliação de capitais próprios, 74, 75, 86–90
   fusões e, 778–779
   metas de lucros, 297-299
   previsão, 297-299
Luehrman, T. A., 486-487
Lufthansa, 343, 646-647
Luxottica Group SpA, 595-596
LVMH, *3, 3n, 163, 171*
Lyondell Chemical Company, *815*

M

Mackie-Mason, J., 450-451*n*
MacKinlay, A. C., 311*n*
Macquarie Bank, 348
Maddaloni, A., 824*n*
Madoff, Bernard, 11–12, 12*n*
Majd, S., 549*n*
Majluf, N. S., 374*n*
Maksimovic, V., 454*n*, 808, 808*n*
Maldição do vencedor, 367, 367*n*, 371*n*
Malkiel, B. G., 328
Malmendier, U., 792-793*n*
Mandelker, G. N., 215*n*

Maness, T., 766
Mann, C., 574*n*, 575*n*
Mann, S. V., 67-68, 766
Mannesmann, 286-287
Máquinas de fazer dinheiro, 55, 675
Marcus, A. J., 154*n*
Maremont, Mark, 773*n*
Margem de lucro operacional, 706
Margem de lucro, 706
Margem, em transações de futuros, 647-650
Margrabe, W., 544*n*
Markowitz, Harry M., 179, 179*n*, 184
Marriott Corporation, 594-595, 608-609
Marsh, P. R., *58n, 62n,* 151–153, 151*n, 152n, 153n,* 155–156, 156*n, 157n, 159n, 162n,* 174-175, 275, 322*n, 680n*
Marston, F. C., 687*n*
Martin, K. J., 776, 776*n*
Marx, Karl, 274
Mason, S. P., 560
Masulis, R. W., 377-378, 461-462*n*, 780*n*
Mattel, 283
Matthews, J., 590*n*
Mauer, D. C., 722*n*
Maug, E., 832, 832*n*
Maximização de lucros, 754
Maximização de valor
   como meta da empresa, 7–13, 16-17, 231-253, 695–696
   problema de agência em, 12–13
Mayer, C., *831in*
Mayers, D., 849*n*
Mazda, 838-839
McCardle, K. F., 792-793, 792-793*n*
McConnell, J. J., 601-602*n*, 625-626*n*, 634, 776, 776*n*
McDonald, R. L., 536, 560
McDonald's, 283
McGuire, William, 532
MCI, 839-840
McKinnell, Henry, 286-287
McKinsey & Company, 291-292
McNichols, Maureen F., 577-578, 577-578*n*, 579*n*
Mecanismo de pagamento, 349
Médias aritméticas, risco e, 153–154
Medição de desempenho, 289-299
   incentivos e. *Ver* Incentivos; Opções acionárias
Medtronic, *771*
Megginson, W., 372*n*, 377-378, 809*n*, 821-822
Mehra, R., 155*n*, 174-175
Mehrotra, V., 806*n*
Mehta, P., 836-838, 837-838*n*
Mei, J., 216*n*
Memorando informativo, 605-607
Mentalidade "grande demais para falir", 322
Mercado cinzento (*gray market*), 367*n*
Mercado de balcão (*over-the-counter market* – OTC), 73, 344–345, 532
Mercado de renda fixa, 45
Mercado futuro de moedas, 673
Mercado interno de capital, 812–815
Mercado monetário, 760-761
Mercado para controle corporativo, 788-789
Mercados de capital . *Ver também* Mercados financeiros
   desempenho histórico de, 151–158

Mercados de *dealers*, 73
Mercados de leilão, natureza dos, 72–74
Mercados de previsões, 325
Mercados financeiros, 343–352, 824–828. *Ver também* Finanças internacionais
   como fonte de financiamento, 349–352
   concentração de risco e, 350, 642-645
   consumo atual *versus* futuro e, 16-17
   crise de 2007–2009, 11, 282–283, 286–287, 321–322, 351–352, 568–670, 590, 853, 854
   função dos, 349–352
   informações fornecidas por, 350–351
   instituições financeiras em, 335–336, 347–349, 824–828
   mercados internacionais de capital, 372, 824–828
   natureza dos, 8, 8n, 344
   novos, 851
   ofertas públicas iniciais (IPOs), 361–371, 811
   proteção de investidores e, 828
Mercados futuros, 263-264, 646-653
Mercados globais. *Ver* Finanças internacionais
Mercados primários, 73, 344–345
Mercados secundários, 73, 371-377
Mercados segmentados, 307
Mercedes Automobil Holding, 830
Mercedes-Benz, 810
Merck, 76, 771
Merlin Entertainment, *812*
Merrill Lynch, 282, 286-287, 348n, 351
Merton, Robert C., 343n, 353, 527n, 560, 572n, 849, 849n
Método ACRS de depreciação acelerada modificado (MACRS – *modified accelerated cost recovery system*), 134–136, 138-139n
Método binomial de avaliação de opções, 521–526, 546–547
   árvores de decisão e, 525–526
   definição, 521
   em duas fases, 523–524
   método binomial geral, 524–525
   modelo Black-Scholes e, 529-530, 556-557
Método da aquisição na contabilização de fusões, 785-787
Método de *bookbuilding*, 369–370
Método de Modigliani-Miller (MM)
   para estrutura de capital, 412-428, 847
      impostos em, 434–436
      lei da conservação de valor, 413–414, 846–847
      Proposição 1, 413–418, 420, 422-425, 434-436, 476
      Proposição 2, 417–419, 422-423, 426, 476, 477
      reequilíbrio e, 478n, 479
      violações do, 424-425
   para política de distribuição de lucros, 391–396, 401-402
Método do fluxo/capital próprio de avaliação de empresas, 472–473
Metrick, A., 377-378, 790-791n, 811n
México, opções de venda de petróleo, 644-645
Mian, S. L., 766
Michaels Stores, *812*
Michaely, R., 362n, 388n, 389n, 398n, 405
Microsoft, 4–5, *163, 169-170, 183, 187,* 209–211, *210,* 308–309, *309,* 449–450, *701, 702,* 703

Mihov, V. T., 594-595n, 595-596n, 603-604n
Mikkelson, W. H., 390n
Miles, J. A., 478n, 486-487, 806n
Milgrom, P., 378
Mill, John Stuart, 848
Miller, Merton H., 391–392, 391n, 399-400, 399-400n, 412n, 427-428, 435-436n, 437, 437n, 479n, 602-604, 640-641
Miller, N. G., 213n
Miller, S. C., 605-606n
Miranda, J., 803n
Miranti, P. J., Jr., *812n*
Mishler, L., 766
Mishra, D. R., 687n
Mitchell, M., 784-785, 784-785n, 792-793, 792-793n, 794, 796
Mitsubishi Estate Company, 448-449n
Mitsui & Co., 615
Mittal Steel, 791-793
Mittelstaedt, F., 715
Miyajima, H., 830n, 841-842
Mizuho Bank, 774, 774n
Modelo Black-Scholes de avaliação de opções, 516, 526–533, 542-544, 555–557, 847
   desenvolvimento do, 526–527
   método binomial e, 529-530, 556-557
   risco de uma opção, 529
   utilização do, 527–529
      para avaliar seguros de carteiras, 531
      para avaliar volatilidades implícitas, 531–532
      para avaliar *warrants*, 529-531
      para opções em ações como bônus para executivos, 529-532
Modelo CAPM de avaliação de ativos, 186-194, 846, 848
   alternativas ao, 193-197, 209n
   custo do capital próprio e, 209–213, 484–486
   definição, 187
   estimativas de retorno esperados no, 187–188
   estrutura de capital e, 420
   evidências a favor da eficiência do mercado, 310–314
   evidências contra a eficiência do mercado, 314–317
   linha do mercado de títulos e, 187–189
   pressupostos por trás, 193–194
   revisão do, 188
   teoria da avaliação por arbitragem (APT) *versus*, 195
   testes do, 190-194
   validade e papel do, 189-194
Modelo de desconto de dividendos. *Ver* Fluxo de caixa descontado (FCD)
Modelo de mercado, 311
Modelo de percentual de vendas, 738-739
Modelo de três fatores de Fama-French, 195–197, 209n, 311n
Modelo de três fatores, 195–197
Modelos de avaliação de opções, 506–511, 516–536
   Black-Scholes, 516, 526–533, 542-544, 555–557, 847
   dividendos em, 534–535
   garantias financeiras governamentais, 575
   método binomial, 521–526, 546–547
   modelo simples de avaliação de opções, 517–521, 558–559

opções de venda, 517–520, 527–529
risco e, 510–511, 518–520, 581–582
tipos de opções, 533–535
valor acionário e, 506–511
valores de opções em um relance, 533–535
Modelos de otimização, 734-735
Modelos de risco baseados em mercado, 577-581
Modigliani, F., 391–392, 391n, 412n, 435-436n, 479n, 640-641
Moffett M. H., 690
Mohan, N., 801n, 803, 803n
Mola, S., 376-377n
Montgomery, C., 814, 814n
Mooradian, R. M., 821
Moore, J., 819n
Morck, R., 841-842
Moretti, E., 792-793n
Morgan Stanley, 6, 348, 348n, 364–365, *365,* 371–372, 605-606
Morris, J. R., 741
Motorola Mobility, 772
Motorola, 788-789, 806
Movimentos cíclicos, beta do ativo e, 214
Mudança tecnológica
   exploração de uma nova tecnologia, 268–274
   fluxo de caixa anual equivalente e, 141
Mulally, Alan, 457-458
Mulherin, J. H., 796
Mullainathan, S., 282n, 836-838, 837-838n
Mullins, David W., Jr., 322n, 326-327, 326-327n
Multi Commodity Exchange (Índia), *647-648*
Müntegering, Franz, 802n
Murphy, K. J., 299-300
Murphy, T., 750n
Myers, Stewart C., 158, 218, 233, 275, 374n, 455-456n, 459, 479n, 480n, 549n, 558n, 630-631n, 649-650n, 739-740, 779n, 780n, 840-841n, 848

N

Nagel, S., 396n
Nanda, V., 369n, 806n
Nanjing Cenbest, 792-793
Narayanan, P., 583
Nardelli, Robert, 286-287
Nasdaq (National Association of Securities Dealers Automated Quotations System), 73, 532
Nasdaq Composite Index, 317, 850
Nationalization, 808–809
Nationally recognized statistical rating organizations (NRSOs), 575-576n
Naveen, L., 289-290n
Navistar, 284-285
NCR, 805, 806
Negociação de convergência, 320–321
Nenova, Tatiana, 338, 338n, 835-836, *836-837n*
Nestlé, *163, 171,* 683, *683*
Netter, J. M., 809n
Neuberger, Anthony J., 263-264n, 278-279n
Neuer Markt, 360, 850
Nevitt, P. K., 634
New Jersey Resources Corp., *83*
New York Mercantile Exchange (NYMEX), 646-647, 646-647n, *647-648,* 649-650
New York Stock Exchange (NYSE), 73, 73n, 288-290, 339

Newmont Mining, *163, 164,* 164–165, *169-170,* 169-171, 183, *183,* 184, 187, *187*
Ng, C. K., 751*n*
Nikkei 209 Index, 317
Nimmo, R., 583
Nippon Telegraph and Telephone (NTT), 774, 809
NiSource Inc., *83*
Nocco, B. W., 663
Nomura, 283, 348
Norfolk Southern, *76, 211*
Norli, Ø, 377-378
Northern Rock, 809*n*
Northwest Natural Gas Co., 82–83, *83*
Notas com taxas flutuantes, 587
Notas de médio prazo (*medium-term notes –* MTN), 585, 608-609, *763,* 764-765
Notes
    avaliação. *Ver* Avaliação de obrigações de médio prazo (*medium-term notes –* MTNs), 585, 608-609, *763,* 764-765
    definição, 588
    floating rate, 587
    Tesouro, 45–47
Novartis, *76,* 388, 683, *683*
Novas emissões
    custos de, 365-367
    hipótese do mercado eficiente e, 306–317
    leilões, 370–371
    mercado primário, 73, 344–345. *Ver também* Ofertas públicas iniciais (IPOs)
    mercado secundário, 73, 371-377
    períodos "quentes" para novas emissões, 369
    procedimentos alternativos de emissão, 369–371
Novos títulos, 851
NPV. *Ver* Valor presente líquido (VPL)
NTT (Nippon Telephone and Telegraph), 774, 809
Nuclear Regulatory Commission dos Estados Unidos, 2–3
NYSE Euronext LIFFE, 646-647*n*
NYSE Euronext, 73, 73*n*

O

O'Brien, T. J., 687*n*
O'Hara, M., 362*n*
OATs (Obligations Assimilables du Trésor), 42–45
Obama, Barack, 65, 286-287, 325
Obrigação(ões). *Ver também Ratings* de obrigações; Avaliação de obrigações; Financiamento por endividamento; Política de endividamento
    alpinas, 596-597
    ao portador, 42*n,* 588
    avaliação de. *Ver* Avaliação de obrigações
    catástrofe, *602-603,* 643-645
    com opção de resgate antecipado, 595-596
    conversíveis, 342, 597-602
    corporativas. *Ver* Obrigações de empresas
    cupom, 42–47, 586
    do Tesouro. *Ver* Letras do Tesouro
    euro-obrigações, 342, 372, 596-597
    globais, 372, 596-597
    inovação no mercado de obrigações, 601-604
    internacionais, 342, 596-597
    registradas, 42*n,* 588
    samurai, 596-597
    tamanho do mercado de, 43
    vendidas por empresa estrangeira, 596-597
    yankee, 596-597
Obrigações "catástrofe", *602-603,* 643-645
Obrigações alpinas, 596-597
Obrigações ao portador, 42*n,* 588
Obrigações Bowie, 590
Obrigações com opção de resgate antecipado, 595-596
Obrigações com opção de venda, 592–593
Obrigações conversíveis contingentes ("*cocos*"), *602-603*
Obrigações conversíveis, 342, 597-602
    avaliação, 597-602
    conjunto obrigação-*warrant,* 600-602
    conversão forçada, 598-599
    diluição e, 600-601
    dividendos e, 600-601
    motivos para a emissão, 598-601
Obrigações de cupom zero, 53–54, 59, 573–574, 587*n*
Obrigações de dívida colateralizadas (CDOs), 590, 590*n*
Obrigações de empresas, 2, 565–583. *Ver também* Obrigação(ões); Avaliação de obrigações; Financiamento por endividamento; Política de endividamento
    cláusulas de obrigações, 48, 586–588
    cláusulas de resgate antecipado (*call provisions*), 591–593
    cláusulas restritivas de obrigações, 593–595
    colocações privadas, 376-377, 594-597
    com direito de venda, 592–593
    contrato de emissão, 588
    conversíveis, 342, 597-602
    de alto risco (*junk*), 567, 575-577, 802, 803
    domésticas e estrangeiras, 596-597
    emissões de títulos internacionais, 372
    fundos de amortização, 591
    garantia de, 372, 588-589
    margem de retorno entre títulos do Tesouro, *64,* 567–670
    prioridade sobre, 588–589
    ratings, 575-578
    rendimentos de, 63–64, 565–670
    risco de inadimplência, 61–66
    tipos, 588–589, *602-603*
Obrigações de longevidade, *602-603*
Obrigações de mortalidade, *602-603*
Obrigações de risco (*junk*), 567, 575-577, 802, 803
Obrigações de taxa inversa (*reverse floaters/ yield-curve notes*), *602-603*
Obrigações emitidas originalmente abaixo do par, 587*n*
Obrigações estrangeiras, 596-597
Obrigações globais, 372, 596-597
Obrigações hipotecárias, 588–589
Obrigações indexadas, 59–60, 59*n, 61*
Obrigações lastreadas por ativos (*asset-backed securities* – ABS), 585, 589–590, *602-603,* 603-604, 608-609
Obrigações municipais livres de impostos, 762-763, *763*
Obrigações *pay-in-kind* (PIK), *602-603*
Obrigações pensionárias sem fundos, 343
Obrigações registradas, 42*n,* 588
Obrigações samurai, 596-597
Obrigações sensíveis a crédito, *602-603*
Obrigações *step-up, 602-603*
Obrigações vinculadas a capital próprio, *602-603*
Obrigações *yankee,* 596-597
Ofek, E., 317*n,* 814*n*
Ofer, A. R., 389*n*
Oferta pública de aquisição (OPA), 388, 788-791
Ofertas públicas de subscrição, 371–375
    custos de, 372–373
    emissões de títulos internacionais, 372
    reação do mercado a, 373–375
Ofertas públicas iniciais (IPOs), 361–371, 811
    enigma das novas emissões, 315
    maldição dos vencedores e, 367, 367*n,* 371
    método de preparação contábil, 369–370
    preparação, 362–364
    subavaliações de, 366-369
    subscritores de, 364–365
    venda de, 366-369
Omidyar, Pierre, 369
Omnicom Group, *771*
ONGC, 808
Opção de abandono, 246-248, 496, 548–550
    avaliação da, 549
    temporária, 549–550
    vida do projeto e, 549
Opção de aquisição, 553
Opção de aquisição, 553–555
Opção de compromisso imediato, 553
Opção de esperar e decidir, 553, 554
Opção de expansão, 245-247, 495–496, 735–736
    exploração de novas tecnologias em, 268–274
    oportunidades de investimentos se expandirem, 541–545
    previsão de valores de mercado em, 259-262
    produção flexível, 551–555
Opção de inadimplência, 670-575, 593
Opção de investimento, 245-247, 259-262, - 268–274, 495, 496, 541–545, 555–556
Opção de produção, 247-249, 551–555
Opção de *timing,* 138-140, 248-249, 545–548
Opção de venda protetiva, 501*n*
Opção *greenshoe,* 364
Opção(ões), 495–511. *Ver também* Obrigações conversíveis; Modelos de avaliação de opções; Opções reais; Opções acionárias; *Warrants*
    disfarçadas, 495
    estratégias para usar, 500–505
    identificação, 504–505
    investimento, 245-247, 259-262, 268–274
    redução de risco com, 644-645
    tipos, 533–535. *Ver também tipos específicos de opções*
Opções "*at-the-money*", 529-530*n*
Opções "*caput*", 535
Opções "*out-of-the-money*", 544
Opções acionárias, 495–511. *Ver também* Modelos de avaliação de opções
    alquimia financeira com, 500–505
    diagramas de lucro, 499–500, 500*n*
    diagramas de posição, 497–500
    estratégias para uso, 500–505
    incentivos criados por, 287–289
    modelo de avaliação de Black-Scholes, 516, 526-533, 555–557, 847

opções de compra. *Ver* Opções de compra
opções de venda. *Ver* Opções de venda
política de distribuição de lucros e, 397
tipos, 533–535
valor acionário e, 506–511
venda/subscrição, 498–499, 501
Opções ade ações executivas. *Ver* Opções de ações
Opções arco-íris, 535
Opções asiáticas (médias), 535
Opções Bermuda, 535
Opções compostas, 535
Opções de cancelamento, 620, 625-626
Opções de compra a descoberto ("*naked*"), 207n
Opções de compra compostas, 556
Opções de compra, 496–498
avaliação de, 517–520, 527–529
definição, 496
determinantes de preço, *510*
europeias, 496–498, 534–535
norte-americanas, 496, 533–535
relação entre preços de opção de venda e, 521, 571
venda/subscrição, 498–499, 501
Opções de retrocesso (*lookback options*), 535
Opções de venda
avaliação de, 520–521
na redução de riscos, 644-645
relações entre preços de chamada e, 521, 571
venda, 498–499
Opções de venda de não cumprimento (*default puts*), 571–572
Opções digitais (binárias oi *cash-or-nothing*), 535
Opções europeias, 496–498, 520–521, 534–535
Opções flexíveis (como o detentor queira), 535
Opções incorporadas, 495
Opções norte-americanas, 496, 520n, 533–535
Opções reais, 244–249, 541–560
árvores de decisão e, 245-249
avaliação, 556-559
definição, 245–246
desafios práticos, 558–559
exemplos, 495
opção de abandono, 246-248, 496, 548-550
opção de aquisição, 553–555
opção de expansão, 245-247, 268–274, 495–496, 541–545, 735-736
opção de inadimplência, 670–575, 593
opção de investimento, 245-247, 259-262, 268–274, 495, 496, 541–545, 555–556
opção de produção, 247-249, 551–555
opção de *timing*, 138-140, 248-249, 545-548
problemas conceituais, 556-557
risco de inadimplência, 572–575
Opções-barreira, 535
Operações de dieta, 802–803
Opiniões qualificadas, 284-285
Opler, Tim, 723, 723n
Oportunidade de investimento, valor presente de, 21–22
Oracle Corporation, 287-288, 529-530, 529-530n, 790-793
Orçamento de caixa, 729–731
entrada de caixa, 729–730
saída de caixa, 730–731

Orçamento de capital, 2–4. *Ver também*
Decisões de orçamento de capital; Decisões de investimento; Valor presente líquido (VPL), decisões de investimento e
análise de valor presente líquido em, 100–104, 136-138
armadilhas do, 259-262
autorizações de projetos, 232–233
definição, 232
em planejamento financeiro a longo prazo, 734-736
período de recuperação (*payback*) em, 102, 104–106, 114
pós-auditorias, 233-235
problemas de agência em, 281–282
processo de investimento de capital para, 232-235
racionamento de capital em, 114–119, 184
taxa interna de retorno em, 102, 114
taxas de desconto para projetos internacionais, 219
Ordem limite, 73
Ordens de mercado, 73
Osaka Securities Exchange (OSE), *648-649*
Oshkosh, 284-285
Osobov, I., 386n
Ouro, 261-264, 640-641, 640-641n, 642-643
Owens Corning, 529-531, 531n

P

P&O, 785-787
Pacific Gas & Electric, 607-608, *815*
Padrão de lucratividade, 108
Padrões contábeis, 622, 622n, 696–697, 785-787
Padrões, contabilidade, 696–697
Pagador do retorno total, 656
Pagamento de juros semestrais, 45–47, 586
Pagamento direto, 756-758
Pagamento na entrega (PNE), 751
Pagamento por desempenho, monitoramento, 288-290
Pagamentos finais únicos, 604-605
Pakistan State Oil Company, 615
Palepu, Krishna G., 388–389, 388n, 389n, 715, 795, 795n, 839-840n, 841-842
Palm, 807
Panchapegesan, V., 818-819n
Panunzi, F., 840-841n
Paramount, 791-792
Paraquedas dourado, 791-792
Parcerias gerais, 810–811
Parcerias, 6, 339
Paridade de poder aquisitivo, 676, 676n, 678–679, 683n
Paridade de taxa de juros, 674, 677
Paridade *put-call*, 501–503, 503n
Parkinson, K., 741
Parmalat, 839-840
Parrino, R., 821-822
Partch, M. M., 390n
Partes interessadas
acionistas *versus*, 832–833
em aquisições alavancadas, 801–803
maximização de valor, 7–13
Participação, 606-607n
Passivos correntes, 474, 698

Passivos fora do balanço, 558, 622–623, 850–851
Passivos, correntes, 474
Pastor, L., 369n
Patel, J., 298-299, 298-299n
Paulson, John, 11, 11n, 321n
Pemex, 644-645
Penman, S., 715
Penney (J.C.), 580–581, *587,* 591, 593, 594-597
Pension Benefit Guarantee Corporation (PBGC), 575, 815
PeopleSoft, 790-793
PepsiCo, 317, 784-785
Pequena empresa. *Ver também* Fusões
efeito da pequena empresa no modelo de três fatores, 195–197
formas de organização, 6
Período de recuperação, 102, 104–106
aplicação, 104-106, 114
critério do período de recuperação (*payback*) e, 104-106
descontado, 105-106
determinação, 104-106
Período médio de cobrança, 727, 728
Período tranquilo, 362n
Perkins, C. A., 560
Perpetuidades, 26–27
avaliações, 26–27
crescimento, 33, 81
definição, 26
Peters, F., 792-793n
Petersen, M. A., 766
Peterson, M. A., 756-757n
Petrobrás, 809
Pettway, R., 370n
Pfizer, *76,* 124–125, 286-287, 387, *569,* 787-788, 806, 807
Phaup, Marvin, 575
Philips Electronics, 308–309, *309*
Phillips Petroleum, 109
Phillips, G., 808, 808n
Piedmont Natural Gas Co., *83*
PIK (*pay in kind*), *602-603*
Pindyck, R. S., 252-253, 550n, 560
Pinkerton, J., 312n
Pinkowitz, L., 723n, 724, 724n, 766
Pinnacle Foods, *812*
Pirâmides, 835-836
Piso, 587
Plains All American Pipeline LP, 339
Plains GP Holdings, *373*
Planejamento de contingência, 735-736
Planejamento financeiro a curto prazo, 721-724, 731-735
exemplo, 732-735
fontes de contração de empréstimo a curto prazo, 731-735
leasing em, 619
modelos, 734-735
orçamento de caixa, 729–731
planejamento financeiro a longo prazo *versus*, 721–724
plano de avaliação, 733-735
Planejamento financeiro a longo prazo, 734-740
armadilhas no *design* de modelos, 738-739
exemplo, 736-739
planejamento de contingência, 735-736
planejamento financeiro a curto prazo *versus*, 721–724

Planejamento financeiro, 721–741
  a curto prazo, 619, 721–724, 731-735
  a longo prazo, 734-740
  armadilhas no *design* de modelos, 738-739
  crescimento e financiamento externo, 739-741
  escolha de um plano, 738-740
  modelos para, 721–724
Planos de compensação
  incentivos para gestores e, 280-290, 350
  medidas contábeis de desempenho e, 289-299
  paraquedas dourado, 791-792
  presidente executivo, 280-290, 350
Planos de negócios, em financiamento por capital de risco, 357
Planos de pensão de benefícios definidos, 347*n*, 668
Planos de pensão de contribuição definida, 347, 347*n*, 668*n*
Planos de reinvestimento de dividendos (DRIPs – *dividend reinvestment plans*), 387
Política de distribuição de lucros, 385–405
  ciclo de vida da empresa e, 401-405
  decisão de distribuição de lucros, 4
  efeitos das informações, 388–390
  em governança corporativa, 402-405
  estrutura de capital e, economia livre de impostos, 411–416
  fatos preocupantes, 386–388
  hierarquia das fontes de escolhas financeiras, 454
  hipótese de eficiência de mercado e, 391–396
  método de Modigliani-Miller para, 391–396, 401-402
  método de pagamento de dividendos, 387
  polêmica envolvendo, 391–396, 851–852
  posição direitista, 396–397
  posição esquerdista, 397-402
  recompras de ações, 385, 392-396
Política de endividamento, 410–459
  custo médio ponderado de capital (CMPC), 422-426, 463-468
  custos de tensões financeiras, 439-452
    custos de agência, 446-449
    falência, 439-444
    natureza das tensões financeiras, 439-440
    sem falência, 443-452
    teoria do equilíbrio da estrutura de capital, 439-440, 449-452
    variando com o tipo de ativo, 448-450
  efeito da alavancagem numa economia livre de impostos, 411–416
  hierarquia das fontes de escolhas financeiras, 452-458
    folga financeira, 455-457, 468–470
    impacto das informações assimétricas, 452–454
    implicações da, 454
    teoria do equilíbrio *versus*, 454-456
  impostos e, 433–436
    benefícios fiscais dos juros e capitais próprios dos acionistas, 433–436
    impostos sobre pessoa física, 436-439
Ponto de equilíbrio de risco-retorno, alavancagem financeira e, 411–416
Pontos de equilíbrio, 239-241
Pontuação de crédito, 576-578
Pontuações Z, 577-578*n*
Ponzi, Charles, 12*n*

Porsche, 320–321
Porter, Michael E., 264-265, 264-265*n*, 275, 838-839*n*
Pós-auditorias, em processo de orçamento de capital, 233-235
Postbank, 808
Poterba, J. M., 311*n*, 317*n*
Powers, E., 806*n*
PPG, 76
Prazo médio de contas a pagar, 728
Preço das ações
  dividendos e, 77–81
  elo entre lucros por ação e, 74, 75, 86-90
  expectativa de fusão, 782–784
  futuro, 78–81
  na avaliação de capital próprio, 72–74
  reação do mercado a emissões de ações e, 373–375
  valores de opções e, 506–511
Preço de conversão, 597-598
Preço de oferta, 365-367
Preço de venda, 46
Preço de venda, obrigação, 46
Preço efetivo (*full/dirty*), 46*n*
Preço limpo (*flat/clean price*), 46*n*
Preços a termo, 645-646
Preços à vista, 645-646, 650-653
Predação de ativos, 11
Predadores corporativos, 11
Predadores, 11
Preferências fiscais, 135
Prêmio a termo, 673–675
Prêmio de aquisição hostil, 312
Prêmio de resgate antecipado, 592*n*
Prêmio de risco
  cálculo, 153, 153*n*
  definição, 155*n*
  histórico, 151–153
  mercado. *Ver* Prêmio de risco do mercado
  no índice de Sharpe, 185–186, 186*n*
  retornos de dividendos e, 157–158
Prêmio de risco de mercado
  definição, 186
  esperado, 151–153
  histórico, 151–153
  no modelo de três fatores, 196
Prêmio, obrigação, 45
Prescott, E. C., 174-175
President's Council on Jobs and Competitiveness, 363
Presidente executivo (CEOs)
  conselho de administração e, 283-287
  lucros e metas de lucros, 297-299
  opções em ações. *Ver* Opções em ações
  remuneração dos, 280-290, 350
Previsões
  correção de otimismo, 218–219
  em processo de orçamento de capital, 232–233, 263-267
  fluxo de caixa, 24–25, 102–103, 132–133, 472
  lucros econômicos em, 263-267
  lucros por ação, 297-299
  mercados de previsões, 325
  valores de mercado em, 259-262
Prince, Charles, 282
Principais, agentes e, 12
Principal, obrigação, 42

Princípio de Hotelling, 262-263*n*
Princípios contábeis geralmente aceitos (GAAP – *generally accepted accounting principles*), 75, 284-285, 697
Prioridade absoluta, 443-444
Private Export Funding Corporation (PEFCO), 762-763*n*
Privatização, 808–809
Probabilidades, crenças sobre, 317-319
Problema das "maças podres", *leasing* e, 620*n*
Problema de agência, 280-301, 847–848
  agentes *versus* principais, 12–13
  crise das hipotecas *subprime*, 282–283, 286-287, 321–322, 351–352, 568–670, 590, 853, 854
  custos. *Ver* Custos de agência
  esquemas de pirâmide (esquemas de Ponzi), 11–12
  função de monitoramento, 283-285
  gestão de risco e, 640-643
  planos de compensação, 280-290, 350
  risco assumido e, 282–283
  transparência e, 839-841
Problema do fluxo de caixa livre, 281
Procedimentos de votação, 337–338
Processo de avaliação de empresas (negócios), 468–473
  custo médio ponderado de capital (CMPC) em, 208–209
  fluxo de caixa descontado (FCD) in, 89-95
  fluxo de caixa livre, 90-92, 468–470
  valor presente ajustado (VPA) in, 481–483
Procter & Gamble (P&G), 2, 3, 323–324
Programação linear (PL), 116–118, 184
Programação quadrática, 184
Programas de recompra. *Ver* Recompras de ações
Progress Energy, 774
Project finance, 615-617
  características comuns, 616
  custo médio ponderado de capital (CMPC), 208–209
  definição, 615
  exemplo, 615–616
  função do, 616-617
  taxas de desconto para projetos internacionais, 219
  valor presenta ajustado para investimentos internacionais, 483
Projetos *"close-to-the-money"*, 114*n*
Projetos *"deep-in-the-money"*, 114*n*
Projetos internacionais. *Ver Project finance*
Projetos mutuamente excludentes
  regra do valor presente líquido e, 138-139–143
  taxa interna de retorno e, 110–113
Projetos novos. *Ver também* Orçamento de capital; Racionamento de capital *e verbetes que começam por* "Projetos"
  efeitos incidentais de, 127–128
Proporção entre capital de giro líquido/total de ativos, 710-711
Propriedade e controle. *Ver também* Teoria da agência; Conselho de administração; Governança corporativa
  capital próprio de duas classes em, 338–339, 835-836
  de ativos adquiridos mediante *leasing*, 627-628

de conglomerados, 835-838
familiar, 834-837
na França, 832
nas Alemanha, 830–832
no Japão, 829–830
pirâmides em, 835-836
risco e visão de curto prazo e, 837-839
separação de propriedade e controle, 6, 12–13, 787-789, 828-838
transparência e, 839-841
Propriedades Gerais de Crescimento, *815*
Propriedades individuais, 6
Prosper and Lending Club, 350*n*
Prowse, S., 830*n*
PRS Group, Inc., 687, *688n*
Prudhoe Bay Royalty Trust, 339-340
Publicis Group, *771*
Pure plays, 214
Puri, M., 360*n*

Q

QQQQs, 346
Quantidade econômica do pedido (EOQ – *economic order quantity*), 749, 749*n*
Quatar Petroleum, 813*n*
QUBES, 346
Questões éticas, 10–12. *Ver também* Teoria agência
evitação fiscal, 11–12
fraudes, 10–12
predadores corporativos, 11
vendas a descoberto, 11
QVC, 791-792

R

Racionamento de capital, 114–119
definição, 114
exemplo, 116–118
extremo, 118
índice de lucratividade em, 102, 115–116
programação linear em, 116–118, 184
programação quadrática em, 184
suave, 117–118
Raghaven, Anita, 595-596*n*
Raiffa, H., 233*n*, 252-253
Rajan, Raghu G., 281*n*, 353, 454-456, 756-757*n*, 766, 828, 828*n*, 837-838, 837-838*n*, 838-839*n*, 841-842
Rajaratnam, Raj, 312*n*
Rajgopal, S., 297-298, 297-298*n*, 298-299*n*, 299-300
Rally Software, *373*
Ramaswamy, K., 399-400, 399-400*n*
Ratings de crédito da Fitch, 63, 575-576, 607-608*n*
Ratings de crédito da Moody's, 63, 575-576, 580–581, 603-604, 607-608*n*, 752
Ratings de crédito da Morningstar, 575-576*n*
Ratings de credito da Standard & Poor's, 63, 65, 575-576, 603-604, 607-608*n*, 752
Ratings de obrigações, 63, *63,* 64–65, 352, 670, 575-577, 581–582, 581*n,* 589, 603-604, 752
Rau, P. R., 317*n*
Rauh, J. D., 287-288*n*
Ravenscroft, D. J., 795, 795*n*
Ravid, S. A., 820*n*

Raviv, A., 459
RCP (returno sobre o capital próprio), 82–86, 703, 709-710
RDA (retorno dos ativos), 290-291*n,* 703–704, 706–707
Read, J. A., Jr., 558*n,* 649-650*n*
Real estate investment trusts (REITs), 213, 213*n,* 339-340, 448-449*n*
Reavaliação ao preço de mercado (*mark to market*), contrato futuro, 648-649
Receita econômica, 294-296
Recipiente do retorno total, 656
Recompras de ações, 385, 392-396
conteúdo informativo de, 389–390
crescimento no uso, 333, *333*
fluxo de caixa livre e, 93-95
irrelevância, 392-394
método de uso, 388
Recompras de cotas. *Ver* Recompras de ações
Recursos complementares, de candidatos a fusão, 775
Red herring, 363*n*
Redes de comunicação eletrônicas (ECFs – *electronic communication networks*), 73
Reembolsos-balão, 604-605
Reequilíbrio de dívida, 478
Reestruturação de ativos, 791-792
Reestruturação dos passivos, 791-792
Reestruturação, 800-822
aquisições alavancadas, 800–804
ativo/passivo, 791-792
carve-outs, 807–808
como defesa para aquisição hostil, *791-792*
da AT&T, 805, *805,* 806
falência, 439-444, 815–820
private equity, 812–815
privatização, 808–809
reestruturações alavancadas, 804
spin-offs, 806, 807
vendas de ativos, 808
Reestruturações alavancadas, 804
Regime fiscal de imputação, 400-402, 450-451*n*
Regra 10b-16-17, 388*n*
Regra 136A, 376-377, 596-597
Regra da taxa de retorno, enunciado da, 24
Regra do valor presente líquido, 124–143
aplicação, 124–130
enunciado da, 24
para escolher entre projetos, 138-143
Regra dos sinais (Descartes), 109*n*
Regulamentação governamental, 602-603–603-604. *Ver também* nomes de leis e agências governamentais específicas
Reinhart, Carmen M., 354, 854, 854*n*
Reino Unido
inflação no, *62*
mercado cambial a termo, *677*
padrões contábeis no, 696–697
preços da eletricidade, 551–552
sistema financeiro anglo-saxão no, 696–697, 824-828
taxas de juros nominais *versus* reais, 679-682
Relational Investors, 11
Renda contábil, renda tributável *versus*, 136
Renda justa do mercado, 261, 261*n*
Rendimento corrente, 45
Rendimento de dividendos, 74, 81, 157–158
Rendimento oferecido até o vencimento, 46

Rentabilidade
conveniência, 262-263*n*, 650-652, *651-652*
corrente, 45
dividendo, 74, 81, 157–158
em investimentos no mercado monetário, 760-762
sobre dívida corporativa, 63–64, 565–670
Rentabilidade até o vencimento
avaliação de obrigações, 45
definição, 45
risco de inadimplência e, 572–575
Rentabilidade de conveniência (*convenience yield*) líquida, 650-652
Rentabilidade de conveniência (*convenience yield*), 262-263*n*, 650-652, *651-652*
Replicação de carteira, 518
Requisitos cumulativos de capital, 722
Reserve Primary Fund, 424-425*n*, 760-761
Responsabilidade limitada, 5, 440-441, 571–572
Restrição flexível, 117–118
Restrição inflexível, 118
Restrições de capital, em orçamento de capital, 114–119
Retorno anormal, 311, 311*n*
Retorno anual composto, risco e, 153–154, 154*n*
Retorno dos ativos (RDA), 290-291*n,* 703–704, 706–707
Retorno geométrico médio, 154*n*
Retorno líquido sobre o investimento, 290-291
Retornos esperados
abordagem tradicional à estrutura de capital e, 416–417
estimativas de, 187–188
modelo CAPM e, 187–188, 211–213
Retornos nominais, retornos reais *versus*, 676–677
Returno sobre o capital (ROC), 290-291*n,* 702, 703
Returno sobre o capital próprio (RCP), 82–86, 703, 709-710
Returno sobre o investimento (ROI)
líquido, 290-291
vieses em, 292-299
Revlon, 790-791*n*
Revsine, L., 715
Reynolds American, *771*
Rhee, S. G., 215*n*
Rhie, Jung-Wu, 577-578, 577-578*n,* 579*n*
Rice, E. M., 849*n*
Richardson, M. W., 317*n*, 354, 590*n*
Richemont, *683*
Riddiough, T. J., 547*n, 548n*
Rieker, M., 390*n*
Risco absoluto, 207
Risco cambial. *Ver* Risco de moeda estrangeira
Risco da contraparte, 645–646
Risco de acidente moral, 643–644
Risco de carteira, 151-175
beta de segurança e, 171–173
beta e, 169-173, 186–189
cálculo, 165–172
desvio-padrão em, 158–162, 171–172
diversificação e, 162–165, 173
histórico de desempenho dos mercados de capitais e, 151–158
mensuração, 158–165
relação com o retorno, 186–189
títulos individuais e, 169–173
variância em, 158–169

Risco de crédito, 565–583
  empréstimo bancário, 605-606
  opção de inadimplência, 569–575, 593
  ratings de obrigações, 63, 63*n*, 64–65, 352, 670, 575-578, 581–582, 581*n*, 589, 603-604, 752
  rendimentos sobre dívidas de empresas, 565–670
  value at risk (VAR), 581–582
Risco de inadimplência, 213*n*, 572–575. *Ver também* Falência
  cálculo de probabilidade de inadimplência, 576-581
  modelos de risco com base no mercado, 577-581
  obrigações de empresas, 61–66
  pontuação de crédito e, 576-578
  ratings de crédito, 63, 670, 575-578
  rendimento até o vencimento, 572–575
  rendimentos de investimentos em mercados monetários, 761-762
  títulos soberanos, 64–66
  value at risk (VAR), 581–582
Risco de mercado, 846
  beta na mensuração, 169-173
  definição, 165, 179
  diversificação de carteira e, 162–165
  estimativa, 224-225
  funções de planilha na estimativa, 224-225
Risco de moeda estrangeira, 671–687
  decisões de investimento internacional, 684–687
  exposição a transações, 683
  exposição econômica, 683
  hedging de risco cambial, 642-643, 681-683
  mercado de moedas estrangeiras, 671–687
  relações básicas, 673-682
Risco de preço de commodity, cobertura de risco (*hedging*), 642-643
Risco de seleção adversa, 643-644
Risco de taxa de juros
  em avaliação de obrigações, 51–57
  hedging, 642-643, 656–658
Risco diversificável (específico), 165, 165*n*, 169-171, 179, 214, 216–218
Risco do projeto, 848
  análise, 213–219
  orçamento de capital e, 206–209
Risco empresarial, 206–209
Risco específico (diversificável), 165, 165*n*, 169-171, 179, 214, 216–218
Risco financeiro, 417–420
Risco não diversificável. *Ver* Risco de mercado
Risco não diversificável. *Ver* Risco de mercado
Risco não sistemático. *Ver* Risco específico (diversificável)
Risco político, 687–689
Risco relativo, 207
Risco residual, 658–660
Risco residual. *Ver* Risco específico (diversificável)
Risco sistemático. *Ver* Risco de mercado
Risco único. *Ver* Risco específico (diversificável)
Risco. *Ver também* Riscos internacionais; Risco de carteira
  atitudes perante o, 317-318
  avaliação de opções e, 510–511, 518–520, 581–582

carteira. *Ver* Risco de carteira
concentração, 350, 642-645
contrapartida, 645-646
de investimentos estrangeiros, 219
de uma opção, 529
diversificável (específico), 165, 165*n*, 169-171, 179, 214, 216–218
empresa, 206–209
inadimplência, 61–66, 572–575
mercado. *Ver* Risco de mercado
modelo de CAPM e, 186–189, 211–213
moeda estrangeira, 671–687
na estrutura temporal de taxas de juros, 56-57
político, 687–689
projeto, 206–209, 213–219
retorno anual composto e, 153–154, 154*n*
retorno e, 848–849
retorno esperado e, 186–189
valor presente e, 22–23
visão de curto prazo e, 837-839
Riscos de eventos, 594-595
Riscos internacionais, 671–690
  risco de moeda estrangeira, 671–687
    decisões de investimento internacional, 684–687
    exposição a transações, 683
    exposição econômica, 683
    hedging de risco cambial, 681-683
    mercado de câmbio estrangeiro, 671–687
    relações básicas, 673-682
  risco político, 687–689
  teoria do poder aquisitivo, 678–679
Riscos súbitos, 643-644
Ritter, J. R., 315*n*, 366-367, 366-367*n*, 368*n*, 369*n*, 369*n*, 374, 375, 378
Ritz Carlton, 772
RJR Nabisco, 446-447, 446-447*n*, 800–803
Road show, 363–364
Robert Bosch, 830
Roberts, M. R., 450-451*n*, 604-605*n*, 607-608*n*
ROC (returno sobre o capital), 290-291*n*, 702, 703
Roche, 683, *683*, 683–686
Rockefeller Center Properties, 448-449*n*
Rockefeller Center, 448-449*n*
Roe, M., 819*n*
Röell, A., 841-842
Rogalski, R. J., 599-600*n*, 610-611
Rogers, D. A., 646-647, 646-647*n*
Rogoff, Kenneth, 354, 690, 854, 854*n*
ROI. *Ver* Returno sobre o investimento (ROI)
Rolfe, David A., 403
Roll, Richard, 849*n*
Romaine, C., 491-492*n*
Rosenthal, L., 315*n*
Rosetta Restaurants, *63*
Ross, Stephen, 194–195
Royal Bank of Scotland, 352
Royal Dutch Petroleum, 315, *316,* 321
Royal Dutch Shell, 73, 388, 813
Royal Mail, 808
Royal Statistical Society, 307
Ruback, Richard S., 328, 483, 483*n*, 486-487, 795, 795*n*, 803, 803*n*
Rubinstein, M. E., 328
Rydqvist, K., *368n*
Ryngaaert, M. D., 777*n*

S

Sacconaghi, A. M., 403
Sagner, J., 766
Sahlman, W. A., 377-378
Samsung, *163, 171*
Sanofi, 283
Santos, T., 194*n*, 317-318*n*
Sapienza, P., 10*n*
Saunders, A., 583
Savor, Pavel, 327*n*
SBC (banco), 337
SBC Communications, Inc., 805
Scannapieco, D., 821-822
Schaefer, S. M., 67-68, 663
Schall, L. D., 780*n*
Schallheim, J. S., 625-626*n*, 634
Scharfstein, D., 663, 806*n*, 829, 829*n*
Scherbina, A., 329
Scherer, F. M., 795, 795*n*
Schmalz, M., 405
Schmidt, R. H., 841-842
Schneider, C., 832, 832*n*
Schoar, A., 455-456, 455-456*n*
Schofield, Adrian, 646-647, 646-647*n*
Scholes, Myron S., *387n,* 399-400, 399-400*n,* 517, 517*n*, 526–533, 527*n*
Schranz, D., 568*n*
Schreffler, R., 750*n*
Schultze, George J., 819*n*
Schwartz, E. S., 263-264*n*, 550*n*, 560, *592n*, 610-611, 850*n*
Schwartz, S. L., 317, 317*n*
Schwert, G. W., 328
SCOR, 602-603
Sealed Air Corporation, 804
Seaworld Parks and Entertainment, *812*
SEC. *Ver* Securities and Exchange Commission (SEC) dos Estados Unidos
Securities and Exchange Commission (SEC) dos Estados Unidos, 10–12, 288-290, 362–363, 816
  padrões de contabilidade e de divulgação de demonstrativos financeiros, 696–697
  Regra 10b-18, 388*n*
  Regra 144A, 376-377, 596-597
  Regra proposta 14a-11, 338*n*
  well-known seasoned issuer (WKSI), 371*n*
Segunda fase do financiamento, 358
Segunda Lei, Brealey, Myers, e Allen, 218*n*, 233, 233*n*
"Segunda-Feira Negra" (1987), 162
Seguro de carteira, 531
Seguro de crédito, 755*n*
Seguro, 642-645
  carteira, 531
  crédito, 755*n*
  transferência de risco e, 642-644
Senbet, L., 821
Sentimento, em finanças comportamentais, 319–320
Separação (*split-ups*), 806
Separação de propriedade e controle, 6, 12–13, 787-789, 828-838
Sercu, P., 690
Setor bancário, 776–777
Setores em crescimento, 838-840
Setores em declínio, 838-840
Seuss, Dr., 283-285, 284-285*n,* 289-290

Seward, J. K., 599-600n, 610-611, 821
SFR, *771*
Shanghai Futures Exchange, *647-648*
Shapiro, A. C., 690
Shapiro, E., 81n
Sharpe, William F., 187, 187n
Shaw, W. H., 362n
Shefrin, H., 397n
Sheifer, A., 834n
Shell Transport & Trading, 315, *316,* 321
Shenzhen Stock Exchange, 533
Shiely, J. S., 300-301
Shiller, Robert J., *158n,* 320n, 328, 329
Shin, B., 616-617n
Shivdasani, A., 806n
Shleifer, A., 281n, 328, 336n, 404-405n, 808n, 809n, 828, 828n, 841-842
Short squeeze, 320–321
Shoven, J. B., 529-530n
Shutterstock, *373*
Shyam-Sunder, L., 375n, 455-456n
Sidel, R., 390n
Siegel, D. R., 389n, 795n
Siemens, *163, 171,* 283, 388
Sigma-Aldrich, *771*
Simkins, B. J., 646-647, 646-647n, 663
Simulação de Monte Carlo, 241-245
    definição, 241-242
    exemplo, 241-245
Sinalização, 349, 357, 389–390. *Ver* Efeito das informações
Sindelar, J. L., 378
Sindicatos, subscrição, 371
Sinergia, 773–777
Singal, V., 821-822
Singapore Exchange (SGX), *648-649*
Singh, R., 369n
Singleton, K. J., 583
Sistema de pagamentos brutos em tempo real, 758n
Sistema do ponto de reordenação (ou *two-bin*), 750n
Sistema financeiro anglo-saxão, 696–697, 824-828, 832–834
Sistema financeiro asiático, 834-836
Sistemas legais, 784-787
Sithe Global, *812*
Sivakumar, R., 806n
Skeel, D., 819n
Skinner, Douglas J., 386n, 401-402n, 403, 405
Slavic, P., 233n
Small Business Administration (SBA), 575, 762-763n
Smart, S. B., 372n
Smit, H., 558n, 560
Smith, Clifford W., Jr., 634, 640-641n, 766
Smith, J. K., 751n
Smith, R. L., 751n
Smithson, C. H., 663
So, J., 616-617n
Sociedade de propósito específico (SPEs – *special-purpose entities*), 343, 449-450, 586, 632-634, 839-840
Sociedade em comandita *master,* 339
Sociedades de responsabilidade limitada (LLPs – *limited liability partnerships*), 6
Sociedades limitada, 6, 339, 359–360, 810–811

Société Générale, 660
Sogo, 839-840
Solicitações de apropriação, 232–233
Sony, 73, 127–128, *163, 171,* 308–309, *309, 830n*
South Jersey Industries Inc., *83*
Southern California Edison, 607-608
Southern Company, 3
Southwest Gas Corp., *83*
Southwestern Bell, 805
Spark Energy, *373*
SPDRs (Standard & Poor's Depository Receipts), 346
Spindt, P. A., 370n
Spinning, 365, 366-367
Spin-offs, 806, 807
Spitzer, Eliot, 366-367
Spread
    avaliação de obrigações, 66
    de ignição (*spark*), 551
    desconto de fluxo de caixa, 37–38
    estimativa de risco acionário, 224-225
    estimativa de risco de mercado, 224-225
    Funções de planilha
    rentabilidade, 63–64, 567–670
    subscrição, 365-367, 372–373, *373*
    taxa interna de retorno, 117
Spread de ignição, 551
Spread de rentabilidade, 63–64, 567–670
Sprint, *702*
Stafford, E., 590n, 784-785, 784-785n, 792-793, 792-793n, 794, 796
Standard & Poor's 500 Index, 74, 313, 531–532, 534
Standard & Poor's Composite Index, 154, 169, 316, 346, 532
Standard & Poor's Depository Receipts (SPDRs), 346
Starbucks, 11–12
State Bank of Pakistan, 615
Statman, M., 397n
Staunton, M., *58n, 62n,* 151–153, 151n, *152n, 153n,* 155–156, 156n, 157n, 159n, 162n, 174-175, *680n*
Stein, Jeremy C., 326-327n, 599-600n, 663, 821
Stern Stewart, 291-292, 291-292n
Stern, J. M., 300-301
Stertz, Bradley A., 773n
Stigler, George, 452
Stiglin, L., 803n
Stiglitz, J. E., 314n
Stillwell Financial, 475
Stohs, M. H., 722n
Stonehill, A. I., 690
Stonier, J. E., 553n, *553n, 554n*
Stripped bonds (*strips*), 53–54, 59
Stromberg, P., 360n, 820n, 821
Stulz, R. M., 373n, 663, 687n, 723n
Subscrição "tudo ou nada", 364n
Subscrição, melhores esforços, 364
Subscrições aceleradas, 372n, 621
Subscritores, 348, 362, 364-367
Sufi, A., 604-605n, 606-607n
Suíça
    direitos a voto na, 337
    obrigações estrangeiras em, 596-597
    transação/exposição econômica in, 683

Sumitomo Bank, 838-839
Summers, L. H., 311n
Sundaresan, S., 67-68
Sundgren, S., 820n
Suntory, *771*
Supermaioria, 338, 790-791, *791-792*
Suprema Corte dos Estados Unidos, 82n
Surface Transportation Board (STB) dos Estados Unidos, 84
Sussman, O., 442-443, 442-443n
Swaminathan, B., 388n
Swaps cambiais, 654–655
Swaps de *default* de crédito, 568–670, 655
Swaps de inflação, 656
Swaps de retorno total, 656
Swaps de taxa de juros, 653–654
Swaps, 653-656
    cambiais, 654–655
    inadimplência de crédito, 568–670, 655
    inflação, 656
    outros tipos, 656
    retorno total, 656
    taxa de juros, 653-654
Swatch Group, 6, 683, *683*
Swiss Bank Corp., 660, 777
Swiss Re, *683*
Symantec, 283

T

Taggart, R. A., Jr., 486-487
Target, 283, 676
Tata Group, 772, 792-793, 836-837
Tata Motors, 73, *163, 171*
Tauron Polska Energia, 808
Taweel, Kevin, 837-838
Taxa a termo, teoria das expectativas de, 677–678
Taxa à vista
    de câmbio, 672, *672,* 674–675
    definição, 52
    lei do preço único e, 52–53, 568, 676n
    prêmio a termo e, 674–675
Taxa composta anualmente, 42–45
Taxa contábil de retorno, 102–104, 114, 703
Taxa de capitalização de mercado, 78, 83. *Ver também* Custo do capital próprio
Taxa de crescimento interna, 739-741
Taxa de crescimento sustentável, 740-741
Taxa de desconto ajustada a risco, 220–223
Taxa de desconto. *Ver também* Custo de oportunidade do capital
    evitando fatores de risco em, 214, 218–219, 233, 233n
    múltipla, 222–223
    única, 221–223
Taxa de fundos federais, 604-605n
Taxa de juros a termo, 56-57n
Taxa de juros a termo, 652-653
Taxa de juros corporativa, 433–434, 437
Taxa de juros livre de risco, 502n
Taxa de juros nominal, 58–60
    inflação e, 60–61
    taxas de juros reais *versus*, 58–60, 679-682
Taxa de obstáculo. *Ver* Custo de oportunidade do capital
Taxa de retorno de fluxo de caixa descontado. *Ver* Taxa interna de retorno (TIR)

Taxa interna de retorno (TIR), 102, 106–114
  cálculo, 107–108
  funções de planilha, 117
  mais de um custo de oportunidade do capital, 113
  modificada, 110n
  múltiplas taxas de retorno e, 109–110
  na contração *versus* concessão de empréstimo, 108–109
  para projetos mutuamente excludentes, 110–113
  regra de IRR, 102, 108
  veredito sobre, 113–114
Taxa interna de retorno modificada, 110n
Taxa percentual anual (*annual percentage rate* – APR), 35–38
Taxa TED, 605-606
Taxa(s) de juros. *Ver também* Estrutura temporal de taxas de juros
  em avaliação de obrigações, 42–51, 57–60
  em investimentos em mercados monetários, 760-762
  nominal *versus* real, 58–60, 679–682
  prazos de obrigações e, 48, 586–588
  preços de obrigações e, 47–51
  real, 57–60
  sobre empréstimos bancários, 604-605
  taxas cambiais e, 674
  taxas de inflação e, 57–60, 676-682
  teoria de Fisher de, 60–61, 676n
  valor de opção e, 507–509
Taxas cambiais a termo, 672–673
Taxas cambiais reais, definição, 679n
Taxas cambiais. *Ver também* Risco de moeda estrangeira
  confiança nos preços de mercado, 323
  mudanças em, 675–676
  taxas de juros e, 674
Taxas de crescimento
  internas, 739-741
  sustentáveis, 740-741
Taxas de inflação
  em análise de valor presente líquido, 129–130
  fluxo de caixa anual equivalente, 141
  Índice de Preço ao Consumidor (IPC), 57
  na avaliação de obrigações, 57–60
  na estrutura temporal de taxas de juros, 57
  por país, *58, 62*
  taxas cambiais e, 675–676
  taxas de juros e, 57–60, 676-682
  taxas de juros nominais e, 60–61
  taxas internacionais, *62*
Taxas de juros reais iguais, 679-682
Taxas de juros reais, 57–60
  determinantes de, 60
  em avaliação de obrigações, 57–60
  obrigações indexadas e, 59–60, 59n, *61*
  taxas de juros nominais *versus*, 58–60, 679–682
Taxas de retorno contábil, 702–704
  natureza das, 702–703
  problemas com, 704
Taxas de retorno. *Ver também tipos específicos de retorno*
  book, 102–104, 114, 703
  cálculo, 151–153
  contabilidade, 702–704
  definição, 49

obrigação, 49
sobre capital próprio alavancado, 418–419, 422-425
valor presente e, 23–24
Taylor, A. M., 690
Taylor, M. P., 690
Tehranian, H., 374n
Telefônica Brasil, 73
Tempo até o vencimento, valor da opção e, 507–510
Tendência consolidada, 776–777
Tenneco, *812*
Teoria da agência, 847–848
Teoria da avaliação por arbitragem (*arbitrage pricing theory* – APT), 194–195
  definição, 194
  modelo CAPM de avaliação de ativos *versus*, 195
  modelos de três fatores de Fama-French e, 195–197, 311n
Teoria da carteira, 179–199
  carteiras eficientes em, *183,* 184–186, 188
  concessão e contração de empréstimos em, 184–186
  desenvolvimento de carteiras acionárias, 180–184
  desvio-padrão e, 179–180, 185n
  nascimento da, 179–186
Teoria da perspectiva, 317-318
Teoria das expectativas da estrutura temporal, 55-57
Teoria das expectativas das taxas a termo, 677–678
Teoria das expectativas de taxas de câmbio, 674–675
Teoria das opções, 847
Teoria do equilíbrio da estrutura de capital, 439-440, 449-452
  hierarquia das fontes de escolhas financeiras *versus*, 454-456
Tepco, 809
Tepper, David, 347n
Tesco, 283-285
Tesla Motors, *3*
Tetley Tea, 792-793
Tetlow, R. S., 812n
Tetos, 587, 851
Texaco, *815*
Texas Pacific Group, *801*
Textura Corp., *373*
Thaler, R. H., 194n, 317-318n, 328, 677n, 807n
The Kroger Co., *373*
Thermo Electron, 807–808
Thermo Fisher Scientific, *771*
Third Law, Brealey, Myers, and Allen, 739-740, 848
Thomas Lee, *801*
Thorburn, K. S., 796, 821
Thornburg, Karin, 442-443n
Tightwad Bank, 347
Time Warner, 327, *702, 771,* 773, 784-785. *Ver também* AOL
Timing de mercado, 455-456
Timken Co., 11
Timmerman, A., 313n, 846n
TIPS (Treasury Inflation-Protected Securities), 59–60, 59n, *61*
TIR. *Ver* Taxa interna de retorno (TIR)

Titman, S., 427-428, 784-785n
Titularização, 590
Títulos consolidados (dívida pública), 26
Títulos de agências federais, 762-763
Títulos exóticos
  e violação do método de Modigliani-Miller para estrutura de capital, 424-425
  inovação no mercado de obrigações, 601-604
  obrigações lastreadas por ativos, 585, 589–590, *602-603,* 603-604, 608-609
Títulos lastreados por hipotecas (MBSs – *mortgage-backed securities*), 282
  crise *subprime* de 2007–2009, 11, 282–283, 286-287, 321–322, 351–352, 568–670, 590, 853, 854
  vendas a descoberto de, 11
Títulos municipais com taxa variável, *763,* 764-765
Títulos negociáveis. *Ver também tipos específicos*
  como ativos financeiros, 2–3
  gestão de, 760-766
Títulos soberanos
  crise da dívida pública, 65–66, 352
  risco de inadimplência, 64–66
Títulos. *Ver* Títulos negociáveis *e tipos específicos*
T-Mobile, 784-785, 805n
Tokyo Financial Futures Exchange (TFX), *648-649*
Tokyo Gas, 774
Tokyo Stock Exchange (TSE), 73, *648-649*
Toronto Dominion Bank, *163, 171*
Torous, W. N., 818-819n
Toyota, 206, 287-288, 388, 750
TPG Capital, *801*
Trans World Airlines, 621
Transferência de valor, 394–396
Transparência, 839-841
Travlos, N., 784-785n
Treasury Inflation-Protected Securities (TIPS), 59–60, 59n, *61*
3Com, 807
3Doodler, 359
3G, *801*
Treynor, Jack, 187
Triantis, A. J., 252-253, 547n, 548n, 835-836n
Trigeorgis, L., 558n, 560
Troubled Asset Relief Program (TARP), 390
Trustes, 339-340
TRW, *771*
TSE (Tokyo Stock Exchange), 73, *648-649*
Tufano, Peter, 427-428, 642-643, 642-643n
Tufts Center for the Study of Drug Development, 249-250n
Tversky, A., 317-318n
Tversky, L. A., 233n
TWA, 621n, 816–817
21st Century Fox, 806
Twitter, *373,* 495
TXU, 5, *801*
Tyco, 12

U

U.S. Airways, 784-785
U.S. Robotics, 807

U.S. Shoe Corp., 595-596
U.S. Steel, 597-598, 598-599n
UBS, 337, 352, 660–661, 777
Uma linda mulher (filme), 11
Unicredit, 777
Union Pacific, 2, *3,* 4, 75, *76, 211,* 211–213, 211n, 426, *426*
United Airlines (UAL), 575n, 646-647, *815*
United Auto Workers (UAW), 816
United Health Group Inc., 532

V

Va Linux, 365, 367n
Vale, 2, *3,* 792-793
Valor contábil, 74–75
Valor de face, definição, 42
Valor de liquidação, 75, 472
Valor de mercado, 259-262
　em decisões de investimento, 259-262
　em decisões de orçamento de capital, 259-262
　parábola do Cadillac/estrela do cinema, 260
Valor de referência, 653-654
Valor econômico adicionado (VEA), 289-299, 701–702
　aplicado a empresas, 289-291
　cálculo, 291-293, 701–702
　definição, 701
　problemas com, 704
　prós e contras de, 292-293
　vieses em, 292-299
Valor futuro
　cálculo, 18–19
　de anuidade, 32
　definição, 18–19
　valor presente líquido e, 24
Valor no horizonte
　estimativa, 91-93, 470–472
　índice preço/lucro e, 91-93
　índices de valor de mercado/valor contábil e, 91-93
Valor presente (VP), 18-39. *Ver também* Valor presente ajustado (VPA); Valor presente líquido (VPL)
　cálculo, 19–20
　custo de oportunidade do capital e, 25
　de anuidades, 27–29
　de oportunidade de investimento, 20–22
　de perpetuidade, 26–27
　definição, 19–20, 100
　em avaliação de obrigações, 42–47
　em simulação de Monte Carlo, 243-245
　fórmula do valor presente, 26n
　regra do valor presente líquido, 24, 124–143
　risco e, 22–23
　taxas de juros nominais e, 58–60
　taxas de juros reais e, 57–60
　taxas de retorno e, 23–24
　valor presente líquido *versus*, 22, 22n
Valor presente ajustado (VPA), 463, 480–483
　adições à capacidade de endividamento, 480–481
　custos de emissão e, 480–481
　leasing e, 630-631
　para avaliação de negócios, 481–483
　para projetos internacionais, 483

Valor presente de oportunidades de crescimento (VPOC), 88-90, 246-247, 297-298n
　cálculo, 88-90
　definição, 88
　em avaliação de negócios, 92-94
　exemplos de oportunidades de crescimento, 88-90
Valor presente líquido (VPL), 100–104, 306–307, 845. *Ver também* Regra do valor presente líquido ; Valor presente (VP)
　análise de projeto, 136-138
　análise de sensibilidade e, 234-237
　cálculo, 100–101
　características-chave, 102–103
　decisões de financiamento e, 5, 130, 133, 297-298
　decisões de investimento e, 100–104, 124–143
　　alternativas a, 102
　　análise de recuperação *versus*, 104–106
　　custo de capacidade excedente, 138-139, 142–143
　　decisões de investimento *versus* de financiamento, 130, 133, 307
　　depreciação e, 129, 131–132, 134–136
　　exemplo, 131-139
　　fluxo de caixa em, 124–130
　　impostos e, 134–136
　　incentivos, 280-290
　　inflação e, 129–130
　　múltiplos fluxos de caixa, 24–25
　　previsão de lucros econômicos, 263-267
　　principais pontos de atenção, 102–103
　　problema da substituição, 138-139, 142
　　projetos de vida útil longa *versus* curta, 138-142
　　revisão dos fundamentos, 100–104
　　taxa de retorno contábil *versus*, 103–104
　　timing, 138-140
　　valores de mercado em, 259-262
　decisões de orçamento de capital e, 231-253
　　análise de sensibilidade, 234-241
　　árvores de decisão, 245-249
　　incentivos, 282–283
　　lucros econômicos. *Ver* Lucros econômicos
　　medição de desempenho, 289-299
　　opções reais, 244-249, 541-560
　　orçamento de capital, definição, 232
　　previsão de valores de mercado, 259-262
　　processo de investimento de capital, 232-235
　　processo para, 232-235
　　simulação de Monte Carlo, 241-245
　definição, 22, 100
　leasing e, 630-631, 632-633n
　na avaliação de opção de expansão, 268–274
　opção de produção 3, 551-555
　para outros países/moedas, 137-139
　revisão, 100–104
　risco de projeto e, 848
　valor presente *versus*, 22, 22n
Valor presente líquido incremental, 127–129
Valor temporal do dinheiro, 102–103
Valor vigente relevante, 75
Value at risk (VAR), 581–582
Value Line, 82n

Van Binsbergen, J. H., 313n
Van Dijk, M. A., 315n
Vanguard 500 Index Fund, 313
Vanguard Index Funds, 346
Vanguard Total Stock Market index, 346
Vantagem competitiva, 263-267
　exemplo, 268–274
　lucros econômicos e, 263-267
Vantagem fiscal relativa da dívida, 436–437
Vantagens superiores (*double-dipping*), 632-633
Variabilidade
　diversificação na redução, 163–165
　medição, 161–162
Variância
　carteira, 158–169
　definição, 158–159
　na medição do risco de carteira, 158–161
Variância de carteiras, 158–161, 162–169
Veículos estruturados de investimento (SIVs – *structured investment vehicles*), 608-609, 710-711
Vencedores de loteria, 29
Vencimentos equiparados, 722
Vendas a descoberto, 11, 320–321, 347
Vendas comerciais, 811
Vendas de ativos, 808
Verizon, 734-736, *771*
Vermaelen, T., 390n
Veronesi, P., 369n
Viacom, 791-792
Viasys Health Care, 808
Vice-presidente financeiro (CFOs)
　lucros e metas de lucros, 297-299
　opções em ações. *Ver* Opções em ações
　reação do mercado a emissões de ações, 373–375
Vida útil do projeto, valor de abandono e, 549
Viés conservador, 317-318
Viés de confiança excessiva, 233$n*,* 317-319
Vieses, nos indicadores contábeis de desempenho, 292-299
Villalonga, B., 814n
Violações de prioridade absoluta, 819
Virgin America, *373*
Virgin Atlantic, 214
Virgin Group, 214
Visão de curto prazo, 297-298, 811, 837-839
Vishny, R. W., 281n, 404-405n, 808n, 809n, 828, 828$n,* 841-842
Viskanta, T., 687n
Viswanathan, S., 792-793, 792-793n
Vivint, *812*
VIX (Market Volatility Index), 162n, 531–533
Vlasic, Bill, 773n
Vodafone, *771*
Volatilidade. *Ver também* Beta
　implícita, 531–532
　obrigação, 51
Volcker, Paul, 47
Volkswagen (VW), 320–321, 735-737
Volpin, P., 832n
Voluntary Employees' Beneficiary Association (VEBA), 819
Volvo, 792-793
Votação acumulativa, 337–338

Votação por maioria, 337–338
VP. *Ver* Valor presente (VP)
VPA (valor presente ajustado), 480–483, 630-631
VPOC. *Ver* Valor presente de oportunidades de crescimento (VPOC)

W

Wakeman, L. M., 634
Wald, J. K., 450-451*n*
Wall Street (filme), 11
Wall Street Journal, The, 70-71, 73*n*
Walmart, 3, *3*, 4, 7, 9–10, *63, 163, 169-170, 183, 184, 187*, 187–188, 676, 700, *701, 702*
Walt Disney Company, 788-789
Walter Energy, 475
Warga, A., *594-595n*
Warner, J. B., 311*n*, 442-443*n*
Warner-Chilcott, 786-788
Warrants
　avaliação, 529-531, 600-601
　bolha de *warrants* chinesa, 533
　conjunto de obrigação-*warrant*, 600-602
　natureza dos, 342
Warther, V. A., 389*n*
Washington Mutual, 815
Washington Public Power Supply System (WPPSS), 763*n*
Water and Power Development Authority (WAPDA), 615
Weiss, Lawrence A., 442-443, 442-443*n*, 815*n*, 817*n*, 821-822
Welch, I., 821-822, 854*n*
Well-known seasoned issuer (WKSI), 371, 371*n*

Wensley, R., 275
Wermers, R., 313*n*, 846*n*
Werner, I., 818-819*n*
West Japan Railway Company, 808
West, L. G., 352
Western Electric, 805
Weston, J. F., 690, 796
WGL Holdings Inc., *83*
Whaley, R. E., 534*n*
WhatsApp, *771*
White, H., 313*n*, 846*n*
White, M. J., 815*n*
Whited, T. M., 806*n*
Wilhelm, W. J., Jr., 378
Williams Act of 1968, 788-789, 790-791*n*, 794
Williams, J. B., 81*n*, 391*n*, 412*n*
Williamson, O., 775*n*
Williamson, R., 723*n*, 724, 724*n*, 766
Wilmott, P., 536
Wilshire 5000 Index, 312
Wingfield, N., 403*n*
Wizman, Thierry, 594-595, 594-595*n*
WobbleWorks, 359
Wolfers, J., 325*n*
Wolfson, M. A., *387n*
Womack, K. L., 362*n*
Woolley, S., 275
Woolridge, J. R., 806*n*
WorldCom, 63, 362, *815*, 839-840
Wright, Orville, 274
Wruck, E. G., 299-300
Wruck, K. H., 442-443*n*, 804*n*, 817*n*, 821-822
Wulf, J., 281*n*
WuLiangYe Corporation, 533
Wurgler, J., 320*n*, 328, 396*n*, 455-456*n*

X

Xerox, 808
Xinrong Best Medical Instrument Co., *812*
Xiong, Wei, 533*n*
Xstrata, *771*

Y

Yago, G., 427-428
Yahoo! Finance, 73–74, 74*n*, 205
Yahoo!, 317
Yasuda, A., 377-378, 811*n*
Yellen, Janet, 287-288
Yermack, D., 532*n*
Yeung, B., 841-842
Yoshimori, M., *833n*
Yu, Jialin, 533*n*
Yuan, K., 849*n*
Yun, H., 608-609*n*

Z

Zeckhauser, R., 298-299, 298-299*n*
Zender, J. F., 450-451*n*, 455-456*n*
ZF, *771*
Zheng, L., 849*n*
Zhengzhou Commodity Exchange, *647-648*
Zhu, N., 821-822
Zhu, Q., 849*n*
Ziemba, W. T., 317, 317*n*, 850*n*
Zietlow, J., 766
Zingales, Luigi, 10*n*, 353, 443-444, 443-444*n*, 454-456, 828, 828*n*, 837-838, 837-838*n*, 838-839*n*, 841-842
Zitzewitz, E., 325*n*
Zuckerman, G., 11*n*